Zugang zur Online-Datenbank:

http://www.stotax-portal.de/anmelden

Bitte folgenden Registrierungscode im Eingabefeld „Benutzername/Registrierungscode" eingeben

64H8R87D6D

und mit „Enter" bestätigen. Nach erfolgter Registrierung erhalten Sie für die Aktivierung Ihrer persönlichen Zugangsdaten eine E-Mail.

Stollfuß Medien GmbH & Co. KG

AO/FGO Handausgabe 2012

**Allgemeines steuerliches
Verfahrens- und Verwaltungsrecht**

**Abgabenordnung
Finanzgerichtsordnung**

mit Anwendungserlass zur AO,
Verwaltungsverlautbarungen,
Rechtsprechung in Leitsätzen,
Nebenbestimmungen

Bearbeitet von

Michael Baum

Oberregierungsrat im Bundesministerium der Finanzen

Ausgabe März 2012

Hinweise

- Die **_halbfett kursiv_** gedruckten Stellen kennzeichnen die Änderungen gegenüber der Vorauflage bei den Gesetzestexten und dem Anwendungserlass zur Abgabenordnung; Weglassungen sind mit einer **senkrechten Randlinie (l)** markiert.

- Hinweise auf BMF-Schreiben, Ländererlasse usw. sind jeweils im Anschluss an den betreffenden Paragraphen der Abgabenordnung (AO) und den dazugehörigen Anwendungserlass zur Abgabenordnung (AEAO) abgedruckt. Soweit möglich, sind bei BMF-Schreiben auch die Fundstellen im Bundessteuerblatt (BStBl) angegeben.

- Die Rechtsprechung in Leitsätzen bildet den Abschluss des jeweiligen Paragraphen und wird chronologisch abgedruckt.

- Die Randziffern sind fortlaufend für den Anwendungserlass zur Abgabenordnung, die Hinweise und die Rechtsprechung in Leitsätzen vergeben, wobei jedem Hinweis bzw. jedem Leitsatz eine eigene Randziffer zugeordnet ist. In jedem Paragraphen beginnt die Randziffernvergabe neu mit 1.

- Querverweise auf Rechtsprechung, Hinweise oder Anhänge erscheinen als Randhinweise. So bedeutet z. B. AO 12/10 f., dass auf die Randziffern 10 f. zu Paragraph 12 der Abgabenordnung hingewiesen wird.

Über Rechtsänderungen nach Drucklegung informieren wir Sie auf unserer Homepage im Internet unter http://www.stollfuss.de.

Bibliografische Information der Deutschen Nationalbibliothek
Die Deutsche Nationalbibliothek verzeichnet diese Publikation in der Deutschen Nationalbibliografie; detaillierte bibliografische Daten sind im Internet über http://dnb.d-nb.de abrufbar.

ISBN 978-3-08-**367512**-9

Stollfuß Medien GmbH & Co. KG, 2012
Alle Rechte vorbehalten
Satz: Reemers Publishing Services GmbH, Krefeld
Druck und Verarbeitung: Bonner Universitäts-Buchdruckerei (bub)

Vorwort

Jedes Jahr sieht sich der Praktiker im Bereich des Steuerverfahrensrechts mit einer Vielzahl von gesetzlichen Änderungen, neuen Entscheidungen der Finanzgerichtsbarkeit – und zunehmend mehr auch des Bundesverfassungsgerichts – sowie mit einer Fülle von Verwaltungsanweisungen konfrontiert. Obwohl das Steuerverfahrensrecht in der Praxis häufig im „Schatten" des materiellen Steuerrechts steht, ist für diejenigen, die mit der Materie befasst sind, eine umfassende, aktuelle und leicht nachvollziehbare Information mehr denn je unerlässlich. Aktualität ist nicht zuletzt auch deshalb von besonderer Bedeutung, weil steuerverfahrensrechtliche Änderungen grundsätzlich in allen „offenen" Verfahren anzuwenden sind.

Die vorliegende Handausgabe enthält sämtliche für das allgemeine Steuerverfahrensrecht bedeutsame Gesetzesänderungen des Jahres 2011. Darüber hinaus berücksichtigt das Werk die Änderungen des Anwendungserlasses zur AO, zuletzt vom 30. Januar 2012. Sämtliche Änderungen der AO und des AEAO gegenüber der in der Vorauflage abgedruckten Fassung sind hervorgehoben.

Der bewährte systematische Aufbau der Handausgabe trägt den Bedürfnissen des Praktikers an einer schnellen und zielgerichteten Information im Steuerverfahrensrecht Rechnung. Den einzelnen Vorschriften der AO in der jeweils aktuellen Fassung sind die entsprechenden Bestimmungen des AEAO und weitere aktuelle Verwaltungsverlautbarungen (BMF-Schreiben, Erlasse der obersten Finanzbehörden der Länder, Verfügungen der Oberfinanzdirektionen usw.) im Volltext sowie Urteile des BVerfG, des BFH, des BGH, der FG und anderer Gerichte in Leitsätzen zugeordnet. In entsprechender Weise sind auch den einzelnen Vorschriften der Finanzgerichtsordnung (FGO) Leitsätze bedeutsamer Entscheidungen der Rechtsprechung angefügt. Soweit vom BFH nicht zur amtlichen Veröffentlichung bestimmte Entscheidungen wiedergegeben werden, wurde der maßgebliche Inhalt der Entscheidung redaktionell gebildet. Rechtsverordnungen zur AO – wie z. B. die Steuer-Auskunftsverordnung – sind jeweils bei der maßgebenden AO-Norm wiedergegeben, ebenso das EG-Amtshilfe-Gesetz (vgl. § 117 AO) sowie relevante Regelungen des BGB.

Im Anhang enthalten sind für das Steuerverfahrensrecht relevante Nebengesetze in der jeweils aktuellen Fassung sowie wichtige Verwaltungsverlautbarungen: z. B. das Einführungsgesetz zur Abgabenordnung (EGAO), das Verwaltungszustellungsgesetz (VwZG) und die Regelungen der Zivilprozessordnung (ZPO) zum gerichtlichen Zustellungsverfahren, das Finanzverwaltungsgesetz (FVG), Auszüge aus dem Strafgesetzbuch (StGB) und das Geldwäschegesetz (GwG) sowie ein Auszug aus dem Zollverwaltungsgesetz (ZollVG). Von besonderer Bedeutung sind auch die im Anhang wiedergegebene Betriebsprüfungsordnung (BpO), die Vollstreckungsanweisung (VollstrA) und die Anweisungen für das Straf- und Bußgeldverfahren (AStBV (St) 2012) sowie die steuerlichen Anweisungen zum Insolvenzverfahren.

Neu in den Anhang aufgenommen wurden das BMF-Schreiben zu den Anwendungsfragen zu § 55 Abs. 4 InsO und das Formular für Abtretungs- und Verpfändungsanzeigen.

Durch Online-Nutzung besteht die Möglichkeit, auf die vollständigen Daten für die Jahre 2006 – 2012 zuzugreifen. Zudem besteht hierdurch auch ein schneller Zugriff auf relevante zitierte BStBl-Quellen (z. B. Entscheidungen des BFH und BMF-Schreiben) im Volltext.

Die Auswahl und Bearbeitung der Texte sowie die gesamte redaktionelle Verantwortung lagen in den Händen von Herrn Oberregierungsrat Michael Baum, Bundesministerium der Finanzen, Berlin.

Bonn, im März 2012   Der Verlag

Inhaltsübersicht

	Seite
Vorwort	5
Abkürzungsverzeichnis	29
AO-Änderungshistorie	33

Abgabenordnung, Nebengesetze
Hinweise, Rechtsprechung

ERSTER TEIL
EINLEITENDE VORSCHRIFTEN (§§ 1–32)

ERSTER ABSCHNITT
Anwendungsbereich (§§ 1–2)

		Seite
§ 1	Anwendungsbereich	45
	AEAO	45
§ 2	Vorrang völkerrechtlicher Vereinbarungen	46

ZWEITER ABSCHNITT
Steuerliche Begriffsbestimmungen (§§ 3–15)

		Seite
§ 3	Steuern, steuerliche Nebenleistungen	46
	AEAO	46
	Rechtsprechung	46
§ 4	Gesetz	47
	AEAO	47
	Hinweise	47
	Rechtsprechung	49
§ 5	Ermessen	50
	AEAO	51
	Rechtsprechung	51
§ 6	Behörden, Finanzbehörden	52
§ 7	Amtsträger	52
	AEAO	53
	AEAO (Vor §§ 8, 9 AO)	53
§ 8	Wohnsitz	53
	AEAO	53
	Rechtsprechung	54
§ 9	Gewöhnlicher Aufenthalt	56
	AEAO	56
	Rechtsprechung	57
§ 10	Geschäftsleitung	57
	Rechtsprechung	57

		Seite
§ 11	Sitz	58
§ 12	Betriebstätte	58
	AEAO	58
	Rechtsprechung	59
§ 13	Ständiger Vertreter	61
	Rechtsprechung	61
§ 14	Wirtschaftlicher Geschäftsbetrieb	61
	Rechtsprechung	61
§ 15	Angehörige	62
	AEAO	63
	Rechtsprechung	63

DRITTER ABSCHNITT
Zuständigkeit der Finanzbehörden (§§ 16–29)

		Seite
§ 16	Sachliche Zuständigkeit	63
	AEAO	63
§ 17	Örtliche Zuständigkeit	64
	AEAO	64
§ 18	Gesonderte Feststellungen	64
	AEAO	65
	Hinweise	65
§ 19	Steuern vom Einkommen und Vermögen natürlicher Personen	66
	EStZustV	67
	AEAO	67
§ 20	Steuern vom Einkommen und Vermögen der Körperschaften, Personenvereinigungen, Vermögensmassen	68
	AEAO	68
	Rechtsprechung	68
§ 20a	Steuern vom Einkommen bei Bauleistungen	68
	ArbZustBauV	69
	AEAO	69
	Hinweise	69

Inhaltsübersicht

		Seite
§ 21	Umsatzsteuer	70
	UStZustV	70
	AEAO	71
§ 22	Realsteuern	72
§ 23	Einfuhr- und Ausfuhrabgaben und Verbrauchsteuern	72
§ 24	Ersatzzuständigkeit	72
	AEAO	73
§ 25	Mehrfache örtliche Zuständigkeit	73
	AEAO	73
	Hinweise	73
	Rechtsprechung	74
§ 26	Zuständigkeitswechsel	74
	AEAO	74
	Hinweise	75
	Rechtsprechung	78
§ 27	Zuständigkeitsvereinbarung	79
	AEAO	79
§ 28	Zuständigkeitsstreit	79
§ 29	Gefahr im Verzug	79

VIERTER ABSCHNITT
Steuergeheimnis (§§ 30–31b)

§ 30	Steuergeheimnis	80
	StDAV	81
	AEAO	83
	Hinweise	89
	Rechtsprechung	110
§ 30a	Schutz von Bankkunden	112
	AEAO	112
	Hinweise	113
	Rechtsprechung	113
§ 31	Mitteilung von Besteuerungsgrundlagen	115
	AEAO	115
	Hinweise	116
§ 31a	Mitteilungen zur Bekämpfung der illegalen Beschäftigung und des Leistungsmissbrauchs	118
	AEAO	119
	Rechtsprechung	122

		Seite
§ 31b	Mitteilungen zur Bekämpfung der Geldwäsche und der Terrorismusfinanzierung	122
	AEAO	123

FÜNFTER ABSCHNITT
Haftungsbeschränkung für Amtsträger (§ 32)

§ 32	Haftungsbeschränkung für Amtsträger	123
	AEAO	124

ZWEITER TEIL
STEUERSCHULDRECHT (§§ 33–77)

ERSTER ABSCHNITT
Steuerpflichtiger (§§ 33–36)

§ 33	Steuerpflichtiger	124
	AEAO	124
§ 34	Pflichten der gesetzlichen Vertreter und der Vermögensverwalter	124
	AEAO	125
	Rechtsprechung	125
§ 35	Pflichten des Verfügungsberechtigten	127
	AEAO	127
	Rechtsprechung	127
§ 36	Erlöschen der Vertretungsmacht	128
	AEAO	128

ZWEITER ABSCHNITT
Steuerschuldverhältnis (§§ 37–50)

§ 37	Ansprüche aus dem Steuerschuldverhältnis	128
	AEAO	129
	Hinweise	130
	Rechtsprechung	137
§ 38	Entstehung der Ansprüche aus dem Steuerschuldverhältnis	140
	AEAO	141
	Rechtsprechung	141
§ 39	Zurechnung	142
	AEAO	142
	Rechtsprechung	142
§ 40	Gesetz- oder sittenwidriges Handeln	146
	Rechtsprechung	146

		Seite
§ 41	Unwirksame Rechtsgeschäfte	146
	AEAO	146
	Rechtsprechung	147
§ 42	Missbrauch von rechtlichen Gestaltungsmöglichkeiten	149
	AEAO	149
	Rechtsprechung	150
§ 43	Steuerschuldner, Steuervergütungsgläubiger	153
§ 44	Gesamtschuldner	153
	AEAO	154
	Hinweise	154
	Rechtsprechung	155
§ 45	Gesamtrechtsnachfolge	155
	AEAO	156
	Rechtsprechung	156
§ 46	Abtretung, Verpfändung, Pfändung	157
	AEAO	158
	Hinweise	159
	Rechtsprechung	172
§ 47	Erlöschen	174
	AEAO	175
	Rechtsprechung	175
§ 48	Leistung durch Dritte, Haftung Dritter	176
	AEAO	176
§ 49	Verschollenheit	176
§ 50	Erlöschen und Unbedingtwerden der Verbrauchsteuer, Übergang der bedingten Verbrauchsteuerschuld	176

DRITTER ABSCHNITT
Steuerbegünstigte Zwecke (§§ 51–68)

§ 51	Allgemeines	177
	AEAO	177
	Rechtsprechung	179
§ 52	Gemeinnützige Zwecke	179
	AEAO	181
	Rechtsprechung	186
§ 53	Mildtätige Zwecke	187
	AEAO	188
	Rechtsprechung	189
§ 54	Kirchliche Zwecke	189
	AEAO	190

		Seite
§ 55	Selbstlosigkeit	190
	AEAO	190
	Hinweise	195
	Rechtsprechung	199
§ 56	Ausschließlichkeit	199
	AEAO	199
	Rechtsprechung	200
§ 57	Unmittelbarkeit	200
	AEAO	200
§ 58	Steuerlich unschädliche Betätigungen	201
	AEAO	202
§ 59	Voraussetzung der Steuervergünstigung	205
	AEAO	205
	Rechtsprechung	207
§ 60	Anforderungen an die Satzung	208
	AEAO	209
	Rechtsprechung	210
§ 61	Satzungsmäßige Vermögensbindung	211
	AEAO	211
	Hinweise	212
	Rechtsprechung	212
§ 62	(aufgehoben)	213
§ 63	Anforderungen an die tatsächliche Geschäftsführung	213
	AEAO	213
	Rechtsprechung	214
§ 64	Steuerpflichtige wirtschaftliche Geschäftsbetriebe	215
	AEAO	215
	Rechtsprechung	219
§ 65	Zweckbetrieb	220
	AEAO	220
	Hinweise	221
	Rechtsprechung	221
§ 66	Wohlfahrtspflege	222
	AEAO	223
	Rechtsprechung	223
§ 67	Krankenhäuser	224
	Rechtsprechung	224
§ 67a	Sportliche Veranstaltungen	224
	AEAO	224

Inhaltsübersicht

		Seite
§ 68	Einzelne Zweckbetriebe	229
	AEAO	230
	Hinweise	232
	Rechtsprechung	235

VIERTER ABSCHNITT
Haftung (§§ 69–77)

§ 69	Haftung der Vertreter	235
	AEAO	236
	Hinweise	236
	Rechtsprechung	241
§ 70	Haftung des Vertretenen	244
	AEAO	244
	Rechtsprechung	244
§ 71	Haftung des Steuerhinterziehers und des Steuerhehlers	244
	AEAO	244
	Rechtsprechung	245
§ 72	Haftung bei Verletzung der Pflicht zur Kontenwahrheit	246
§ 73	Haftung bei Organschaft	246
	AEAO	246
	Rechtsprechung	246
§ 74	Haftung des Eigentümers von Gegenständen	247
	AEAO	247
	Rechtsprechung	247
§ 75	Haftung des Betriebsübernehmers	248
	AEAO	248
	Rechtsprechung	252
§ 76	Sachhaftung	252
§ 77	Duldungspflicht	253
	AEAO	253

DRITTER TEIL
ALLGEMEINE VERFAHRENSVORSCHRIFTEN
(§§ 78–133)

ERSTER ABSCHNITT
Verfahrensgrundsätze (§§ 78–117)

1. Unterabschnitt
Beteiligung am Verfahren (§§ 78–81)

§ 78	Beteiligte	253
	AEAO	253

		Seite
§ 79	Handlungsfähigkeit	254
	§§ 53, 55 ZPO	254
	Hinweise	254
	Rechtsprechung	255
§ 80	Bevollmächtigte und Beistände	255
	AEAO	256
	Rechtsprechung	256
§ 81	Bestellung eines Vertreters von Amts wegen	257
	AEAO	258
	Rechtsprechung	258

2. Unterabschnitt
Ausschließung und Ablehnung von Amtsträgern und anderen Personen (§§ 82–84)

§ 82	Ausgeschlossene Personen	258
	AEAO	259
	Rechtsprechung	259
§ 83	Besorgnis der Befangenheit	259
	AEAO	260
	Rechtsprechung	260
§ 84	Ablehnung von Mitgliedern eines Ausschusses	260

3. Unterabschnitt
Besteuerungsgrundsätze, Beweismittel (§§ 85–107)

I.
Allgemeines (§§ 85–92)

§ 85	Besteuerungsgrundsätze	260
	AEAO	261
	Rechtsprechung	261
§ 86	Beginn des Verfahrens	263
§ 87	Amtssprache	263
	AEAO	263
§ 87a	Elektronische Kommunikation	263
	AEAO	264
	Rechtsprechung	265
§ 88	Untersuchungsgrundsatz	266
	AEAO	266
	Hinweise	267
	Rechtsprechung	270
§ 88a	Sammlung von geschützten Daten	272
	Rechtsprechung	272

Inhaltsübersicht

		Seite
§ 89	Beratung, Auskunft	273
	StAuskV	273
	AEAO	274
	Hinweise	281
	Rechtsprechung	281
§ 90	Mitwirkungspflichten der Beteiligten	282
	GAufzV	283
	AEAO	286
	Hinweise	287
	Rechtsprechung	287
§ 91	Anhörung Beteiligter	289
	AEAO	289
	Hinweise	290
	Rechtsprechung	291
§ 92	Beweismittel	291
	AEAO	292

II.
Beweis durch Auskünfte und Sachverständigengutachten (§§ 93–96)

§ 93	Auskunftspflicht der Beteiligten und anderer Personen	292
	Bundesdatenschutzgesetz – Auszug –	293
	AEAO	294
	Rechtsprechung	297
§ 93a	Allgemeine Mitteilungspflichten	300
	MV	300
	AEAO	303
	Hinweise	303
§ 93b	Automatisierter Abruf von Kontoinformationen	310
	§ 24c KWG	310
§ 94	Eidliche Vernehmung	311
§ 95	Versicherung an Eides statt	312
	AEAO	312
	Rechtsprechung	312
§ 96	Hinzuziehung von Sachverständigen	313
	Rechtsprechung	313

III.
Beweis durch Urkunden und Augenschein (§§ 97–100)

§ 97	Vorlage von Urkunden	314
	Hinweise	314
	Rechtsprechung	315

		Seite
§ 98	Einnahme des Augenscheins	315
§ 99	Betreten von Grundstücken und Räumen	315
	AEAO	316
§ 100	Vorlage von Wertsachen	316

IV.
Auskunfts- und Vorlageverweigerungsrechte (§§ 101–106)

§ 101	Auskunfts- und Eidesverweigerungsrecht der Angehörigen	316
	AEAO	316
	Rechtsprechung	316
§ 102	Auskunftsverweigerungsrecht zum Schutz bestimmter Berufsgeheimnisse	317
	Hinweise	317
	Rechtsprechung	318
§ 103	Auskunftsverweigerungsrecht bei Gefahr der Verfolgung wegen einer Straftat oder einer Ordnungswidrigkeit	319
	Rechtsprechung	319
§ 104	Verweigerung der Erstattung eines Gutachtens und der Vorlage von Urkunden	320
	AEAO	320
	Rechtsprechung	320
§ 105	Verhältnis der Auskunfts- und Vorlagepflicht zur Schweigepflicht öffentlicher Stellen	320
	Rechtsprechung	321
§ 106	Beschränkung der Auskunfts- und Vorlagepflicht bei Beeinträchtigung des staatlichen Wohls	321

V.
Entschädigung der Auskunftspflichtigen und der Sachverständigen (§ 107)

§ 107	Entschädigung der Auskunftspflichtigen und der Sachverständigen	321
	AEAO	321
	Hinweise	322

4. Unterabschnitt
Fristen, Termine, Wiedereinsetzung (§§ 108–110)

§ 108	Fristen und Termine	325
	BGB-Vorschriften zu § 108 AO (§§ 187–193 BGB)	325
	AEAO	326

Inhaltsübersicht

		Seite
§ 109	Verlängerung von Fristen	326
	Rechtsprechung	326
§ 110	Wiedereinsetzung in den vorigen Stand	327
	AEAO	327
	Rechtsprechung	328

5. Unterabschnitt
Rechts- und Amtshilfe (§§ 111–117)

§ 111	Amtshilfepflicht	330
	AEAO	330
	Hinweise	330
§ 112	Voraussetzungen und Grenzen der Amtshilfe	332
	AEAO	332
§ 113	Auswahl der Behörde	332
§ 114	Durchführung der Amtshilfe	333
§ 115	Kosten der Amtshilfe	333
§ 116	Anzeige von Steuerstraftaten	333
	Rechtsprechung	333
§ 117	Zwischenstaatliche Rechts- und Amtshilfe in Steuersachen	334
	EGAHiG	335
	AEAO	337
	Rechtsprechung	337

ZWEITER ABSCHNITT
Verwaltungsakte (§§ 118–133)

§ 118	Begriff des Verwaltungsakts	339
	AEAO	339
	Rechtsprechung	339
§ 119	Bestimmtheit und Form des Verwaltungsakts	341
	Rechtsprechung	341
§ 120	Nebenbestimmungen zum Verwaltungsakt	343
	AEAO	343
	Rechtsprechung	343
§ 121	Begründung des Verwaltungsakts	344
	AEAO	344
	Rechtsprechung	344

		Seite
§ 122	Bekanntgabe des Verwaltungsakts	345
	AEAO	346
	Rechtsprechung	380
§ 123	Bestellung eines Empfangsbevollmächtigten	381
	AEAO	381
§ 124	Wirksamkeit des Verwaltungsakts	382
	AEAO	382
	Rechtsprechung	383
§ 125	Nichtigkeit des Verwaltungsakts	385
	AEAO	385
	Hinweise	385
	Rechtsprechung	388
§ 126	Heilung von Verfahrens- und Formfehlern	388
	AEAO	389
	Rechtsprechung	389
§ 127	Folgen von Verfahrens- und Formfehlern	390
	AEAO	390
	Rechtsprechung	390
§ 128	Umdeutung eines fehlerhaften Verwaltungsakts	391
	Rechtsprechung	391
§ 129	Offenbare Unrichtigkeiten beim Erlass eines Verwaltungsakts	391
	AEAO	391
	Rechtsprechung	392
	AEAO (Vor §§ 130, 131 AO)	394
§ 130	Rücknahme eines rechtswidrigen Verwaltungsakts	394
	AEAO	395
	Hinweise	396
	Rechtsprechung	397
§ 131	Widerruf eines rechtmäßigen Verwaltungsakts	399
	AEAO	399
	Rechtsprechung	400
§ 132	Rücknahme, Widerruf, Aufhebung und Änderung im Rechtsbehelfsverfahren	400
	Rechtsprechung	400
§ 133	Rückgabe von Urkunden und Sachen	401

VIERTER TEIL
DURCHFÜHRUNG DER BESTEUERUNG
(§§ 134–217)

ERSTER ABSCHNITT
Erfassung der Steuerpflichtigen (§§ 134–139d)

1. Unterabschnitt
Personenstands- und Betriebsaufnahme
(§§ 134–136)

		Seite
§ 134	Personenstands- und Betriebsaufnahme	401
§ 135	Mitwirkungspflicht bei der Personenstands- und Betriebsaufnahme	401
§ 136	Änderungsmitteilungen für die Personenstandsaufnahme	402

2. Unterabschnitt
Anzeigepflichten (§§ 137–139)

§ 137	Steuerliche Erfassung von Körperschaften, Vereinigungen und Vermögensmassen	402
§ 138	Anzeigen über die Erwerbstätigkeit	402
	AEAO	403
	Hinweise	403
	Rechtsprechung	405
§ 139	Anmeldung von Betrieben in besonderen Fällen	405

3. Unterabschnitt
Identifikationsmerkmal (§§ 139a–139d)

§ 139a	Identifikationsmerkmal	405
§ 139b	Identifikationsnummer	406
	Rechtsprechung	407
§ 139c	Wirtschafts-Identifikationsnummer	407
§ 139d	Verordnungsermächtigung	409
	StIdV	409

ZWEITER ABSCHNITT
Mitwirkungspflichten (§§ 140–154)

1. Unterabschnitt
Führung von Büchern und Aufzeichnungen
(§§ 140–148)

§ 140	Buchführungs- und Aufzeichnungspflichten nach anderen Gesetzen	411
	AEAO	411
	Rechtsprechung	411
§ 141	Buchführungspflicht bestimmter Steuerpflichtiger	411
	AEAO	412
	Rechtsprechung	413
§ 142	Ergänzende Vorschriften für Land- und Forstwirte	414
§ 143	Aufzeichnung des Wareneingangs	414
	AEAO	414
§ 144	Aufzeichnung des Warenausgangs	415
	AEAO	415
§ 145	Allgemeine Anforderungen an Buchführung und Aufzeichnungen	415
	Hinweise	415
§ 146	Ordnungsvorschriften für die Buchführung und für Aufzeichnungen	416
	AEAO	417
	Rechtsprechung	417
§ 147	Ordnungsvorschriften für die Aufbewahrung von Unterlagen	418
	AEAO	419
	Hinweise	419
	Rechtsprechung	426
§ 147a	Vorschriften für die Aufbewahrung von Aufzeichnungen und Unterlagen bestimmter Steuerpflichtiger	427
§ 148	Bewilligung von Erleichterungen	428
	AEAO	428

2. Unterabschnitt
Steuererklärungen (§§ 149–153)

§ 149	Abgabe der Steuererklärungen	428
	Hinweise	428
	Rechtsprechung	429
§ 150	Form und Inhalt der Steuererklärungen	430
	StDÜV	431
	AEAO	433
	Hinweise	433
	Rechtsprechung	439
§ 151	Aufnahme der Steuererklärung an Amtsstelle	440
	AEAO	440
§ 152	Verspätungszuschlag	440
	AEAO	441
	Hinweise	442
	Rechtsprechung	442

Inhaltsübersicht

		Seite
§ 153	Berichtigung von Erklärungen	444
	Hinweise	444
	Rechtsprechung	445

**3. Unterabschnitt
Kontenwahrheit (§ 154)**

§ 154	Kontenwahrheit	446
	AEAO	446
	Hinweise	447
	Rechtsprechung	448

**DRITTER ABSCHNITT
Festsetzungs- und Feststellungsverfahren
(§§ 155–192)**

**1. Unterabschnitt
Steuerfestsetzung (§§ 155–178a)**

**I.
Allgemeine Vorschriften (§§ 155–168)**

§ 155	Steuerfestsetzung	449
	AEAO	449
	Rechtsprechung	449
§ 156	Absehen von Steuerfestsetzung	451
	Kleinbetragsverordnung (KBV)	451
	AEAO	452
	Rechtsprechung	452
§ 157	Form und Inhalt der Steuerbescheide	452
	AEAO	453
	Rechtsprechung	453
§ 158	Beweiskraft der Buchführung	454
	AEAO	454
	Rechtsprechung	454
§ 159	Nachweis der Treuhänderschaft	455
	AEAO	455
	Rechtsprechung	455
§ 160	Benennung von Gläubigern und Zahlungsempfängern	456
	AEAO	456
	Rechtsprechung	457
§ 161	Fehlmengen bei Bestandsaufnahmen	459
§ 162	Schätzung von Besteuerungsgrundlagen	459
	AEAO	460
	Rechtsprechung	460

		Seite
§ 163	Abweichende Festsetzung von Steuern aus Billigkeitsgründen	463
	AEAO	463
	Hinweise	464
	Rechtsprechung	465
§ 164	Steuerfestsetzung unter Vorbehalt der Nachprüfung	467
	AEAO	467
	Hinweise	468
	Rechtsprechung	469
§ 165	Vorläufige Steuerfestsetzung, Aussetzung der Steuerfestsetzung	471
	AEAO	472
	Hinweise	473
	Rechtsprechung	475
§ 166	Drittwirkung der Steuerfestsetzung	478
	Rechtsprechung	478
§ 167	Steueranmeldung, Verwendung von Steuerzeichen oder Steuerstemplern	479
	AEAO	479
	Rechtsprechung	480
§ 168	Wirkung einer Steueranmeldung	481
	AEAO	481
	Rechtsprechung	482

**II.
Festsetzungsverjährung (§§ 169–171)**

	AEAO (Vor §§ 169–171 AO)	483
§ 169	Festsetzungsfrist	484
	AEAO	484
	Hinweise	485
	Rechtsprechung	486
§ 170	Beginn der Festsetzungsfrist	488
	AEAO	489
	Rechtsprechung	489
§ 171	Ablaufhemmung	492
	AEAO	493
	Rechtsprechung	495

**III.
Bestandskraft (§§ 172–177)**

	AEAO (Vor §§ 172–177 AO)	500
	Rechtsprechung	502

Inhaltsübersicht

		Seite
§ 172	Aufhebung und Änderung von Steuerbescheiden	502
	AEAO	503
	Hinweise	504
	Rechtsprechung	505
§ 173	Aufhebung oder Änderung von Steuerbescheiden wegen neuer Tatsachen oder Beweismittel	507
	AEAO	507
	Hinweise	515
	Rechtsprechung	519
§ 174	Widerstreitende Steuerfestsetzungen	524
	AEAO	525
	Rechtsprechung	527
§ 175	Aufhebung oder Änderung von Steuerbescheiden in sonstigen Fällen	533
	AEAO	533
	Rechtsprechung	538
§ 175a	Umsetzung von Verständigungsvereinbarungen	542
	AEAO	543
§ 176	Vertrauensschutz bei der Aufhebung und Änderung von Steuerbescheiden	543
	AEAO	543
	Rechtsprechung	544
§ 177	Berichtigung von materiellen Fehlern	546
	AEAO	546
	Rechtsprechung	547

IV.
Kosten (§§ 178–178a)

§ 178	Kosten bei besonderer Inanspruchnahme der Zollbehörden	548
§ 178a	Kosten bei besonderer Inanspruchnahme der Finanzbehörden	549

2. Unterabschnitt
Gesonderte Feststellung von Besteuerungsgrundlagen, Festsetzung von Steuermessbeträgen (§§ 179–184)

I.
Gesonderte Feststellungen (§§ 179–183)

§ 179	Feststellung von Besteuerungsgrundlagen	550

		Seite
	AEAO	550
	Rechtsprechung	551
§ 180	Gesonderte Feststellung von Besteuerungsgrundlagen	554
	V § 180 II	555
	AEAO	557
	Hinweise	558
	Rechtsprechung	568
§ 181	Verfahrensvorschriften für die gesonderte Feststellung, Feststellungsfrist, Erklärungspflicht	573
	AEAO	573
	Hinweise	574
	Rechtsprechung	574
§ 182	Wirkungen der gesonderten Feststellung	577
	AEAO	577
	Rechtsprechung	577
§ 183	Empfangsbevollmächtigte bei der einheitlichen Feststellung	579
	AEAO	579
	Rechtsprechung	580

II.
Festsetzung von Steuermessbeträgen (§ 184)

§ 184	Festsetzung von Steuermessbeträgen	581
	AEAO	581
	Rechtsprechung	581

3. Unterabschnitt
Zerlegung und Zuteilung (§§ 185–190)

§ 185	Geltung der allgemeinen Vorschriften	582
	Rechtsprechung	583
§ 186	Beteiligte	583
§ 187	Akteneinsicht	583
	Rechtsprechung	583
§ 188	Zerlegungsbescheid	583
	AEAO	584
§ 189	Änderung der Zerlegung	584
	Rechtsprechung	584
§ 190	Zuteilungsverfahren	585
	Rechtsprechung	585

Inhaltsübersicht

**4. Unterabschnitt
Haftung (§§ 191–192)**

		Seite
§ 191	Haftungsbescheide, Duldungsbescheide	585
	AEAO	586
	Rechtsprechung	587
§ 192	Vertragliche Haftung	591
	AEAO	591

**VIERTER ABSCHNITT
Außenprüfung (§§ 193–207)**

**1. Unterabschnitt
Allgemeine Vorschriften (§§ 193–203)**

§ 193	Zulässigkeit einer Außenprüfung	591
	AEAO	591
	Rechtsprechung	592
§ 194	Sachlicher Umfang einer Außenprüfung	595
	AEAO	595
	Rechtsprechung	596
§ 195	Zuständigkeit	598
	AEAO	599
	Rechtsprechung	599
§ 196	Prüfungsanordnung	599
	AEAO	599
	Hinweise	600
	Rechtsprechung	602
§ 197	Bekanntgabe der Prüfungsanordnung	603
	AEAO	603
	Rechtsprechung	609
§ 198	Ausweispflicht, Beginn der Außenprüfung	611
	AEAO	611
§ 199	Prüfungsgrundsätze	611
	Rechtsprechung	611
§ 200	Mitwirkungspflichten des Steuerpflichtigen	612
	AEAO	612
	Rechtsprechung	613
§ 201	Schlussbesprechung	614
	AEAO	615
§ 202	Inhalt und Bekanntgabe des Prüfungsberichts	615
	AEAO	615
	Rechtsprechung	616

		Seite
§ 203	Abgekürzte Außenprüfung	616
	AEAO	617

**2. Unterabschnitt
Verbindliche Zusagen auf Grund einer
Außenprüfung (§§ 204–207)**

§ 204	Voraussetzung der verbindlichen Zusage	617
	AEAO	617
	Rechtsprechung	618
§ 205	Form der verbindlichen Zusage	618
	AEAO	618
§ 206	Bindungswirkung	618
	AEAO	619
§ 207	Außerkrafttreten, Aufhebung und Änderung der verbindlichen Zusage	619
	AEAO	619
	Rechtsprechung	619

**FÜNFTER ABSCHNITT
Steuerfahndung (Zollfahndung) (§ 208)**

§ 208	Steuerfahndung (Zollfahndung)	620
	AEAO	620
	Hinweise	621
	Rechtsprechung	622

**SECHSTER ABSCHNITT
Steueraufsicht in besonderen Fällen (§§ 209–217)**

§ 209	Gegenstand der Steueraufsicht	624
§ 210	Befugnisse der Finanzbehörde	625
	Rechtsprechung	625
§ 211	Pflichten des Betroffenen	625
§ 212	Durchführungsvorschriften	626
§ 213	Besondere Aufsichtsmaßnahmen	626
§ 214	Beauftragte	626
§ 215	Sicherstellung im Aufsichtsweg	626
§ 216	Überführung in das Eigentum des Bundes	627
§ 217	Steuerhilfspersonen	627

Inhaltsübersicht

FÜNFTER TEIL
ERHEBUNGSVERFAHREN (§§ 218–248)

ERSTER ABSCHNITT
Verwirklichung, Fälligkeit und Erlöschen von Ansprüchen aus dem Steuerschuldverhältnis (§§ 218–232)

1. Unterabschnitt
Verwirklichung und Fälligkeit von Ansprüchen aus dem Steuerschuldverhältnis (§§ 218–223)

		Seite
§ 218	Verwirklichung von Ansprüchen aus dem Steuerschuldverhältnis	628
	AEAO	628
	Hinweise	628
	Rechtsprechung	629
§ 219	Zahlungsaufforderung bei Haftungsbescheiden	630
	AEAO	630
	Rechtsprechung	631
§ 220	Fälligkeit	631
	AEAO	631
	Rechtsprechung	631
§ 221	Abweichende Fälligkeitsbestimmung	632
§ 222	Stundung	632
	Hinweise	632
	Rechtsprechung	640
§ 223	Zahlungsaufschub	640

2. Unterabschnitt
Zahlung, Aufrechnung, Erlass (§§ 224–227)

		Seite
§ 224	Leistungsort, Tag der Zahlung	640
	AEAO	641
	Rechtsprechung	641
§ 224a	Hingabe von Kunstgegenständen an Zahlungs statt	642
§ 225	Reihenfolge der Tilgung	642
	Rechtsprechung	642
§ 226	Aufrechnung	643
	BGB-Vorschriften zu § 226 AO (§§ 387–396 BGB)	643
	AEAO	644
	Rechtsprechung	645
§ 227	Erlass	649
	Hinweise	650
	Rechtsprechung	653

3. Unterabschnitt
Zahlungsverjährung (§§ 228–232)

		Seite
§ 228	Gegenstand der Verjährung, Verjährungsfrist	655
	AEAO	655
§ 229	Beginn der Verjährung	655
	AEAO	655
	Rechtsprechung	656
§ 230	Hemmung der Verjährung	656
§ 231	Unterbrechung der Verjährung	656
	AEAO	656
	Rechtsprechung	657
§ 232	Wirkung der Verjährung	658
	Rechtsprechung	658

ZWEITER ABSCHNITT
Verzinsung, Säumniszuschläge (§§ 233–240)

1. Unterabschnitt
Verzinsung (§§ 233–239)

		Seite
§ 233	Grundsatz	658
	Rechtsprechung	659
§ 233a	Verzinsung von Steuernachforderungen und Steuererstattungen	659
	AEAO	660
	Rechtsprechung	681
§ 234	Stundungszinsen	685
	AEAO	685
	Rechtsprechung	688
§ 235	Verzinsung von hinterzogenen Steuern	689
	AEAO	689
	Rechtsprechung	692
§ 236	Prozesszinsen auf Erstattungsbeträge	693
	AEAO	694
	Rechtsprechung	695
§ 237	Zinsen bei Aussetzung der Vollziehung	696
	AEAO	696
	Rechtsprechung	697
§ 238	Höhe und Berechnung der Zinsen	698
	AEAO	699
	Rechtsprechung	699

Inhaltsübersicht

		Seite
§ 239	Festsetzung der Zinsen	699
	AEAO	700
	Rechtsprechung	700

2. Unterabschnitt
Säumniszuschläge (§ 240)

§ 240	Säumniszuschläge	701
	AEAO	701
	Rechtsprechung	704

DRITTER ABSCHNITT
Sicherheitsleistung (§§ 241–248)

§ 241	Art der Sicherheitsleistung	705
	AEAO	706
§ 242	Wirkung der Hinterlegung von Zahlungsmitteln	706
§ 243	Verpfändung von Wertpapieren	706
§ 244	Taugliche Steuerbürgen	707
§ 245	Sicherheitsleistung durch andere Werte	707
§ 246	Annahmewerte	707
§ 247	Austausch von Sicherheiten	707
§ 248	Nachschusspflicht	708

SECHSTER TEIL
VOLLSTRECKUNG (§§ 249–346)

Erster Abschnitt
Allgemeine Vorschriften (§§ 249–258)

§ 249	Vollstreckungsbehörden	708
	Rechtsprechung	708
§ 250	Vollstreckungsersuchen	708
	Rechtsprechung	709
§ 251	Vollstreckbare Verwaltungsakte	709
	Rechtsprechung	709
§ 252	Vollstreckungsgläubiger	712
§ 253	Vollstreckungsschuldner	712
§ 254	Voraussetzungen für den Beginn der Vollstreckung	713
	Rechtsprechung	713
§ 255	Vollstreckung gegen juristische Personen des öffentlichen Rechts	713

		Seite
§ 256	Einwendungen gegen die Vollstreckung	714
§ 257	Einstellung und Beschränkung der Vollstreckung	714
§ 258	Einstweilige Einstellung oder Beschränkung der Vollstreckung	714
	Rechtsprechung	714

ZWEITER ABSCHNITT
Vollstreckung wegen Geldforderungen
(§§ 259–327)

1. Unterabschnitt
Allgemeine Vorschriften (§§ 259–267)

§ 259	Mahnung	716
	Rechtsprechung	716
§ 260	Angabe des Schuldgrundes	716
	Rechtsprechung	716
§ 261	Niederschlagung	717
	Rechtsprechung	717
§ 262	Rechte Dritter	717
	Rechtsprechung	717
§ 263	Vollstreckung gegen Ehegatten	718
§ 264	Vollstreckung gegen Nießbraucher	718
§ 265	Vollstreckung gegen Erben	718
	Rechtsprechung	718
§ 266	Sonstige Fälle beschränkter Haftung	719
§ 267	Vollstreckungsverfahren gegen nicht rechtsfähige Personenvereinigungen	719

2. Unterabschnitt
Aufteilung einer Gesamtschuld (§§ 268–280)

§ 268	Grundsatz	719
	Rechtsprechung	719
§ 269	Antrag	721
§ 270	Allgemeiner Aufteilungsmaßstab	721
	Rechtsprechung	721
§ 271	Aufteilungsmaßstab für Vermögensteuer	721
§ 272	Aufteilungsmaßstab für Vorauszahlungen	721

Inhaltsübersicht

		Seite
§ 273	Aufteilungsmaßstab für Steuernachforderungen	722
	Rechtsprechung	722
§ 274	Besonderer Aufteilungsmaßstab	722
§ 275	Abrundung	722
§ 276	Rückständige Steuer, Einleitung der Vollstreckung	722
	Rechtsprechung	723
§ 277	Vollstreckung	723
	Rechtsprechung	723
§ 278	Beschränkung der Vollstreckung	724
	Rechtsprechung	724
§ 279	Form und Inhalt des Aufteilungsbescheides	725
§ 280	Änderung des Aufteilungsbescheids	725

3. Unterabschnitt
Vollstreckung in das bewegliche Vermögen (§§ 281–321)

I.
Allgemeines (§§ 281–284)

§ 281	Pfändung	726
§ 282	Wirkung der Pfändung	726
	Rechtsprechung	726
§ 283	Ausschluss von Gewährleistungsansprüchen	726
§ 284	Eidesstattliche Versicherung	727
	Hinweise	730
	Rechtsprechung	730

II.
Vollstreckung in Sachen (§§ 285–308)

§ 285	Vollziehungsbeamte	732
§ 286	Vollstreckung in Sachen	732
§ 287	Befugnisse des Vollziehungsbeamten	733
	Rechtsprechung	733
§ 288	Zuziehung von Zeugen	733
§ 289	Zeit der Vollstreckung	734
§ 290	Aufforderungen und Mitteilungen des Vollziehungsbeamten	734
§ 291	Niederschrift	734

		Seite
§ 292	Abwendung der Pfändung	734
§ 293	Pfand- und Vorzugsrechte Dritter	734
§ 294	Ungetrennte Früchte	735
§ 295	Unpfändbarkeit von Sachen	735
	Rechtsprechung	735
§ 296	Verwertung	735
§ 297	Aussetzung der Verwertung	735
§ 298	Versteigerung	736
§ 299	Zuschlag	736
§ 300	Mindestgebot	736
§ 301	Einstellung der Versteigerung	737
§ 302	Wertpapiere	737
§ 303	Namenspapiere	737
§ 304	Versteigerung ungetrennter Früchte	737
§ 305	Besondere Verwertung	737
§ 306	Vollstreckung in Ersatzteile von Luftfahrzeugen	737
§ 307	Anschlusspfändung	737
§ 308	Verwertung bei mehrfacher Pfändung	738

III.
Vollstreckung in Forderungen und andere Vermögensrechte (§§ 309–321)

§ 309	Pfändung einer Geldforderung	738
	Rechtsprechung	738
§ 310	Pfändung einer durch Hypothek gesicherten Forderung	740
§ 311	Pfändung einer durch Schiffshypothek oder Registerpfandrecht an einem Luftfahrzeug gesicherten Forderung	740
§ 312	Pfändung einer Forderung aus indossablen Papieren	740
§ 313	Pfändung fortlaufender Bezüge	740
§ 314	Einziehungsverfügung	741
	Rechtsprechung	741
§ 315	Wirkung der Einziehungsverfügung	741
§ 316	Erklärungspflicht des Drittschuldners	742

Inhaltsübersicht

		Seite
§ 317	Andere Art der Verwertung	742
§ 318	Ansprüche auf Herausgabe oder Leistung von Sachen	742
§ 319	Unpfändbarkeit von Forderungen	743
	Rechtsprechung	743
§ 320	Mehrfache Pfändung einer Forderung	743
§ 321	Vollstreckung in andere Vermögensrechte	744
	Rechtsprechung	744

4. Unterabschnitt
Vollstreckung in das unbewegliche Vermögen (§§ 322–323)

§ 322	Verfahren	744
	Rechtsprechung	745
§ 323	Vollstreckung gegen den Rechtsnachfolger	745

5. Unterabschnitt
Arrest (§§ 324–326)

§ 324	Dinglicher Arrest	745
	Rechtsprechung	746
§ 325	Aufhebung des dinglichen Arrestes	747
	Rechtsprechung	747
§ 326	Persönlicher Sicherheitsarrest	747

6. Unterabschnitt
Verwertung von Sicherheiten (§ 327)

§ 327	Verwertung von Sicherheiten	748
	Rechtsprechung	748

DRITTER ABSCHNITT
Vollstreckung wegen anderer Leistungen als Geldforderungen (§§ 328–336)

1. Unterabschnitt
Vollstreckung wegen Handlungen, Duldungen oder Unterlassungen (§§ 328–335)

§ 328	Zwangsmittel	748
	Hinweise	748
	Rechtsprechung	753
§ 329	Zwangsgeld	753
§ 330	Ersatzvornahme	753
§ 331	Unmittelbarer Zwang	753

		Seite
§ 332	Androhung der Zwangsmittel	753
§ 333	Festsetzung der Zwangsmittel	754
	Rechtsprechung	754
§ 334	Ersatzzwangshaft	754
§ 335	Beendigung des Zwangsverfahrens	754

2. Unterabschnitt
Erzwingung von Sicherheiten (§ 336)

§ 336	Erzwingung von Sicherheiten	755
	Rechtsprechung	755

VIERTER ABSCHNITT
Kosten (§§ 337–346)

§ 337	Kosten der Vollstreckung	755
§ 338	Gebührenarten	755
§ 339	Pfändungsgebühr	755
§ 340	Wegnahmegebühr	756
§ 341	Verwertungsgebühr	756
§ 342	Mehrheit von Schuldnern	756
§ 343	(weggefallen)	756
§ 344	Auslagen	756
§ 345	Reisekosten und Aufwandsentschädigungen	757
§ 346	Unrichtige Sachbehandlung, Festsetzungsfrist	757
	Rechtsprechung	757

SIEBENTER TEIL
AUSSERGERICHTLICHES RECHTSBEHELFSVERFAHREN (§§ 347–368)

Erster Abschnitt
Zulässigkeit (§§ 347–354)

	AEAO (Vor § 347 AO)	758
§ 347	Statthaftigkeit des Einspruchs	758
	AEAO	759
	Rechtsprechung	759
§ 348	Ausschluss des Einspruchs	760
§ 349	(weggefallen)	760
§ 350	Beschwer	760
	AEAO	760
	Rechtsprechung	761

Inhaltsübersicht

		Seite
§ 351	Bindungswirkung anderer Verwaltungsakte	761
	AEAO	762
	Rechtsprechung	762
§ 352	Einspruchsbefugnis bei der einheitlichen Feststellung	763
	AEAO	763
	Hinweise	764
	Rechtsprechung	768
§ 353	Einspruchsbefugnis des Rechtsnachfolgers	769
	AEAO	769
§ 354	Einspruchsverzicht	769
	Rechtsprechung	770

ZWEITER ABSCHNITT
Verfahrensvorschriften (§§ 355–368)

§ 355	Einspruchsfrist	770
	AEAO	770
	Rechtsprechung	770
§ 356	Rechtsbehelfsbelehrung	772
	Rechtsprechung	772
§ 357	Einlegung des Einspruchs	772
	AEAO	773
	Rechtsprechung	773
§ 358	Prüfung der Zulässigkeitsvoraussetzungen	774
	Rechtsprechung	774
§ 359	Beteiligte	774
§ 360	Hinzuziehung zum Verfahren	774
	AEAO	775
	Hinweise	775
	Rechtsprechung	776
§ 361	Aussetzung der Vollziehung	777
	AEAO	778
	Rechtsprechung	788
§ 362	Rücknahme des Einspruchs	789
	AEAO	789
	Rechtsprechung	789
§ 363	Aussetzung und Ruhen des Verfahrens	790
	AEAO	790
	Rechtsprechung	791

		Seite
§ 364	Mitteilung der Besteuerungsunterlagen	791
	AEAO	792
§ 364a	Erörterung des Sach- und Rechtsstands	792
	AEAO	792
§ 364b	Fristsetzung	792
	AEAO	793
	Hinweise	793
	Rechtsprechung	796
§ 365	Anwendung von Verfahrensvorschriften	797
	AEAO	797
	Rechtsprechung	797
§ 366	Form, Inhalt und Bekanntgabe der Einspruchsentscheidung	798
	AEAO	798
	Rechtsprechung	798
§ 367	Entscheidung über den Einspruch	799
	AEAO	799
	Rechtsprechung	801
§ 368	(weggefallen)	803

ACHTER TEIL
STRAF- UND BUßGELDVORSCHRIFTEN,
STRAF- UND BUßGELDVERFAHREN
(§§ 369–412)

ERSTER ABSCHNITT
Strafvorschriften (§§ 369–376)

§ 369	Steuerstraftaten	803
	Rechtsprechung	803
§ 370	Steuerhinterziehung	804
	§ 100a StPO	805
	Rechtsprechung	805
§ 370a	(weggefallen)	814
§ 371	Selbstanzeige bei Steuerhinterziehung	815
	Rechtsprechung	815
§ 372	Bannbruch	818
§ 373	Gewerbsmäßiger, gewaltsamer und bandenmäßiger Schmuggel	818
	Rechtsprechung	818
§ 374	Steuerhehlerei	819
	Rechtsprechung	819

Inhaltsübersicht

		Seite
§ 375	Nebenfolgen	820
§ 376	Verfolgungsverjährung	820
	Rechtsprechung	820

ZWEITER ABSCHNITT
Bußgeldvorschriften (§§ 377–384)

§ 377	Steuerordnungswidrigkeiten	821
§ 378	Leichtfertige Steuerverkürzung	821
	Rechtsprechung	821
§ 379	Steuergefährdung	822
§ 380	Gefährdung der Abzugsteuern	822
§ 381	Verbrauchsteuergefährdung	823
§ 382	Gefährdung der Einfuhr- und Ausfuhrabgaben	823
§ 383	Unzulässiger Erwerb von Steuererstattungs- und Vergütungsansprüchen	823
§ 383a	Zweckwidrige Verwendung des Identifikationsmerkmals nach § 139a	823
§ 384	Verfolgungsverjährung	824

DRITTER ABSCHNITT
Strafverfahren (§§ 385–408)

1. Unterabschnitt
Allgemeine Vorschriften (§§ 385–396)

§ 385	Geltung von Verfahrensvorschriften	824
	Rechtsprechung	824
§ 386	Zuständigkeit der Finanzbehörde bei Steuerstraftaten	825
§ 387	Sachlich zuständige Finanzbehörde	825
§ 388	Örtlich zuständige Finanzbehörde	825
§ 389	Zusammenhängende Strafsachen	825
§ 390	Mehrfache Zuständigkeit	826
§ 391	Zuständiges Gericht	826
§ 392	Verteidigung	826
§ 393	Verhältnis des Strafverfahrens zum Besteuerungsverfahren	826
	Rechtsprechung	827
§ 394	Übergang des Eigentums	829
§ 395	Akteneinsicht der Finanzbehörde	829

		Seite
§ 396	Aussetzung des Verfahrens	829

2. Unterabschnitt
Ermittlungsverfahren (§§ 397–405)

I.
Allgemeines (§§ 397–398a)

§ 397	Einleitung des Strafverfahrens	829
	Rechtsprechung	829
§ 398	Einstellung wegen Geringfügigkeit	830
§ 398a	Absehen von Verfolgung in besonderen Fällen	830

II.
Verfahren der Finanzbehörde bei Steuerstraftaten (§§ 399–401)

§ 399	Rechte und Pflichten der Finanzbehörde	831
	Rechtsprechung	831
§ 400	Antrag auf Erlass eines Strafbefehls	831
§ 401	Antrag auf Anordnung von Nebenfolgen im selbständigen Verfahren	831

III.
Stellung der Finanzbehörde im Verfahren der Staatsanwaltschaft (§§ 402–403)

§ 402	Allgemeine Rechte und Pflichten der Finanzbehörde	832
§ 403	Beteiligung der Finanzbehörde	832

IV.
Steuer- und Zollfahndung (§ 404)

§ 404	Steuer- und Zollfahndung	832
	Rechtsprechung	832

V.
Entschädigung der Zeugen und der Sachverständigen (§ 405)

§ 405	Entschädigung der Zeugen und der Sachverständigen	832

3. Unterabschnitt
Gerichtliches Verfahren (§§ 406–407)

§ 406	Mitwirkung der Finanzbehörde im Strafbefehlsverfahren und im selbständigen Verfahren	833

Inhaltsübersicht

		Seite
§ 407	Beteiligung der Finanzbehörde in sonstigen Fällen	833

4. Unterabschnitt
Kosten des Verfahrens (§ 408)

§ 408	Kosten des Verfahrens	832

VIERTER ABSCHNITT
Bußgeldverfahren (§§ 409–412)

§ 409	Zuständige Verwaltungsbehörde	833
§ 410	Ergänzende Vorschriften für das Bußgeldverfahren	833

		Seite
§ 411	Bußgeldverfahren gegen Rechtsanwälte, Steuerberater, Steuerbevollmächtigte, Wirtschaftsprüfer oder vereidigte Buchprüfer	834
§ 412	Zustellung, Vollstreckung, Kosten	834

NEUNTER TEIL
SCHLUSSVORSCHRIFTEN (§§ 413–415)

§ 413	Einschränkung von Grundrechten	834
	Rechtsprechung	835
§ 414	(gegenstandslos)	835
§ 415	(Inkrafttreten)	835

Finanzgerichtsordnung
Hinweise, Rechtsprechung

ERSTER TEIL
GERICHTSVERFASSUNG (§§ 1–39)

ABSCHNITT I
Gerichte (§§ 1–13)

		Seite
§ 1	Unabhängigkeit der Gerichte	839
§ 2	Gerichte der Finanzgerichtsbarkeit	839
§ 3	Errichtung und Aufhebung von Finanzgerichten	839
§ 4	Anwendung des Gerichtsverfassungsgesetzes	839
§ 5	Verfassung der Finanzgerichte	839
	Rechtsprechung	840
§ 6	Einzelrichter	840
	Rechtsprechung	841
§§ 7–9	(weggefallen)	841
§ 10	Verfassung des Bundesfinanzhofs	841
	Rechtsprechung	842
§ 11	Zuständigkeit des Großen Senats	842
	Rechtsprechung	842
§ 12	Geschäftsstelle	844
§ 13	Rechts- und Amtshilfe	844

ABSCHNITT II
Richter (§§ 14–15)

		Seite
§ 14	Richter auf Lebenszeit	844
§ 15	Richter auf Probe	844

ABSCHNITT III
Ehrenamtliche Richter (§§ 16–30)

§ 16	Stellung	844
§ 17	Voraussetzungen für die Berufung	845
§ 18	Ausschlussgründe	845
	Rechtsprechung	845
§ 19	Unvereinbarkeit	845
§ 20	Recht zur Ablehnung der Berufung	845
§ 21	Gründe für Amtsentbindung	846
§ 22	Wahl	846
§ 23	Wahlausschuss	846
§ 24	Bestimmung der Anzahl	846
§ 25	Vorschlagsliste	847
§ 26	Wahlverfahren	847
§ 27	Liste und Hilfsliste	847
	Rechtsprechung	847

Inhaltsübersicht

		Seite
§ 28	(weggefallen)	848
§ 29	Entschädigung	848
§ 30	Ordnungsstrafen	848

ABSCHNITT IV
Gerichtsverwaltung (§§ 31–32)

§ 31	Dienstaufsicht	848
§ 32	Verbot der Übertragung von Verwaltungsgeschäften	848

ABSCHNITT V
Finanzrechtsweg und Zuständigkeit (§§ 33–39)

Unterabschnitt 1
Finanzrechtsweg (§§ 33–34)

§ 33	Zulässigkeit des Rechtsweges	849
	Rechtsprechung	849
§ 34	(weggefallen)	851

Unterabschnitt 2
Sachliche Zuständigkeit (§§ 35–37)

§ 35	Zuständigkeit der Finanzgerichte	851
§ 36	Zuständigkeit des Bundesfinanzhofs	852
	Rechtsprechung	852
§ 37	(weggefallen)	852

Unterabschnitt 3
Örtliche Zuständigkeit (§§ 38–39)

§ 38	Örtliche Zuständigkeit des Finanzgerichts	852
	Rechtsprechung	852
§ 39	Bestimmung des Gerichts durch den Bundesfinanzhof	853
	Rechtsprechung	853

ZWEITER TEIL
VERFAHREN (§§ 40–134)

ABSCHNITT I
Klagearten, Klagebefugnis, Klagevoraussetzungen, Klageverzicht (§§ 40–50)

§ 40	Anfechtungs- und Verpflichtungsklage	854
	Rechtsprechung	854

		Seite
§ 41	Feststellungsklage	858
	Rechtsprechung	858
§ 42	Unanfechtbare Verwaltungsakte	861
	Rechtsprechung	861
§ 43	Verbindung von Klagen	861
	Rechtsprechung	862
§ 44	Außergerichtlicher Rechtsbehelf, Vorverfahren	864
	Rechtsprechung	864
§ 45	Sprungklage	864
	Rechtsprechung	864
§ 46	Untätigkeitsklage	864
	Rechtsprechung	864
§ 47	Klagefrist	866
	Rechtsprechung	866
§ 48	Klagebefugnis	868
	Rechtsprechung	868
§ 49	(weggefallen)	871
§ 50	Klageverzicht	871
	Rechtsprechung	871

ABSCHNITT II
Allgemeine Verfahrensvorschriften (§§ 51–62a)

§ 51	Ausschließung und Ablehnung der Gerichtspersonen	872
	Rechtsprechung	872
§ 52	Sitzungspolizei usw.	874
	Rechtsprechung	874
§ 52a	Elektronische Kommunikation	875
	Rechtsprechung	875
§ 52b	Elektronische Prozessakten	876
§ 53	Zustellung	876
	Rechtsprechung	876
§ 54	Beginn des Laufs von Fristen, Fristberechnung	879
	Rechtsprechung	879
§ 55	Rechtsbehelfsbelehrung	879
	Rechtsprechung	880
§ 56	Wiedereinsetzung in den vorigen Stand	880
	Rechtsprechung	881

Inhaltsübersicht

		Seite
§ 57	Beteiligte	886
	Rechtsprechung	886
§ 58	Verfahrenshandlungsfähigkeit	886
	Rechtsprechung	887
§ 59	Streitgenossenschaft	888
	Rechtsprechung	888
§ 60	Beiladungen	888
	Rechtsprechung	889
§ 60a	Beiladungen von mehr als fünfzig Personen	893
§ 61	(weggefallen)	893
§ 62	Bevollmächtigte und Beistände	893
	Hinweise	895
	Rechtsprechung	895
§ 62a	(weggefallen)	896

ABSCHNITT III
Verfahren im ersten Rechtszug (§§ 63–94a)

§ 63	Passivlegitimation	896
	Rechtsprechung	897
§ 64	Form der Klageerhebung	898
	Rechtsprechung	898
§ 65	Notwendiger Inhalt der Klage	899
	Rechtsprechung	900
§ 66	Rechtshängigkeit	902
	Rechtsprechung	902
§ 67	Klageänderung	903
	Rechtsprechung	903
§ 68	Änderung des angefochtenen Verwaltungsakts	904
	Hinweise	904
	Rechtsprechung	905
§ 69	Aussetzung der Vollziehung	906
	Rechtsprechung	906
§ 70	Sachliche und örtliche Zuständigkeit des Gerichts	911
§ 71	Zustellung der Klageschrift, Übermittlung der Akten	911
	Rechtsprechung	912
§ 72	Zurücknahme der Klage	912
	Rechtsprechung	912

		Seite
§ 73	Verbindung mehrerer Verfahren	913
	Rechtsprechung	913
§ 74	Aussetzung der Verhandlung	913
	Rechtsprechung	914
§ 75	Mitteilung der Besteuerungsunterlagen	917
	Rechtsprechung	917
§ 76	Erforschung des Sachverhalts durch das Gericht	917
	Rechtsprechung	917
§ 77	Schriftsätze	920
§ 77a	(weggefallen)	920
§ 78	Akteneinsicht	921
	Rechtsprechung	921
§ 79	Vorbereitung der mündlichen Verhandlung	923
§ 79a	Entscheidungen des Vorsitzenden	923
	Hinweise	924
	Rechtsprechung	925
§ 79b	Fristsetzung zur Angabe von Tatsachen	925
	Rechtsprechung	926
§ 80	Persönliches Erscheinen	926
	Rechtsprechung	927
§ 81	Beweiserhebung	927
	Rechtsprechung	927
§ 82	Verfahren bei der Beweisaufnahme	929
	Rechtsprechung	930
§ 83	Benachrichtigung der Parteien	931
	Rechtsprechung	931
§ 84	Zeugnisverweigerungsrecht	931
§ 85	Pflichten der Zeugen	932
§ 86	Aktenvorlage und Auskunftserteilung	932
	Rechtsprechung	932
§ 87	Zeugnis von Behörden	933
§ 88	Weiterer Grund für Ablehnung von Sachverständigen	933
§ 89	Erzwingung der Vorlage von Urkunden und elektronischen Dokumenten	933
§ 90	Entscheidung grundsätzlich auf Grund mündlicher Verhandlung	934
	Rechtsprechung	934

25

Inhaltsübersicht

		Seite
§ 90a	Entscheidungen durch Gerichtsbescheid	935
	Rechtsprechung	936
§ 91	Ladung der Beteiligten	936
	Rechtsprechung	936
§ 91a	Verfahrenshandlungen außerhalb des Sitzungszimmers	937
§ 92	Gang der Verhandlung	937
§ 93	Erörterung der Streitsache	937
	Rechtsprechung	938
§ 93a	Zeugenvernehmung außerhalb des Sitzungszimmers	939
§ 94	Niederschrift	939
	Rechtsprechung	939
§ 94a	Bestimmung des Verfahrens nach billigem Ermessen	940
	Rechtsprechung	940

ABSCHNITT IV
Urteile und andere Entscheidungen (§§ 95–114)

§ 95	Urteil	941
§ 96	Freie Beweiswürdigung, notwendiger Inhalt des Urteils	941
	Rechtsprechung	941
§ 97	Zwischenurteil über Zulässigkeit der Klage	945
§ 98	Teilurteil	945
§ 99	Vorabentscheidung über den Grund	945
	Rechtsprechung	946
§ 100	Aufhebung angefochtener Verwaltungsakte	946
	Rechtsprechung	947
§ 101	Urteil auf Erlass eines Verwaltungsakts	950
	Rechtsprechung	950
§ 102	Nachprüfung des Ermessensgebrauchs	950
	Hinweise	950
	Rechtsprechung	952
§ 103	Am Urteil beteiligte Richter	954
	Rechtsprechung	954
§ 104	Verkündung und Zustellung des Urteils	955
	Rechtsprechung	955

		Seite
§ 105	Urteilsform	956
	Rechtsprechung	956
§ 106	Gerichtsbescheide	958
§ 107	Berichtigung des Urteils	958
	Rechtsprechung	958
§ 108	Antrag auf Berichtigung des Tatbestandes	959
	Rechtsprechung	959
§ 109	Nachträgliche Ergänzung eines Urteils	959
	Rechtsprechung	959
§ 110	Rechtskraftwirkung der Urteile	960
	Rechtsprechung	960
§§ 111, 112 (weggefallen)		960
§ 113	Beschlüsse	960
	Rechtsprechung	961
§ 114	Einstweilige Anordnungen	961
	Rechtsprechung	961

ABSCHNITT V
Rechtsmittel und Wiederaufnahme des Verfahrens (§§ 115–134)

Unterabschnitt 1
Revision (§§ 115–127)

§ 115	Zulassung der Revision	964
	Rechtsprechung	964
§ 116	Nichtzulassungsbeschwerde	967
	Rechtsprechung	967
§ 117	(weggefallen)	969
§ 118	Revisionsgründe	969
	Rechtsprechung	969
§ 119	Verletzung von Bundesrecht	971
	Rechtsprechung	972
§ 120	Einlegung der Revision	974
	Rechtsprechung	974
§ 121	Verfahrensvorschriften	977
§ 122	Beteiligte am Revisionsverfahren	977
	Rechtsprechung	977
§ 123	Klageänderung und Beiladung im Revisionsverfahren, Rüge von Verfahrensmängeln durch einen Beigeladenen	978
	Rechtsprechung	978

		Seite				Seite
§ 124	Prüfung der Zulässigkeit der Revision	979		§ 137	Anderweitige Auferlegung der Kosten	1000
§ 125	Rücknahme der Revision	979		§ 138	Kostenentscheidung durch Beschluss	1001
	Rechtsprechung	980			Rechtsprechung	1001
§ 126	Entscheidung über die Revision	980		§ 139	Erstattungsfähige Kosten	1003
	Rechtsprechung	981			Rechtsprechung	1003
§ 126a	Entscheidung über die Revision durch Beschluss	982		§§ 140, 141	(weggefallen)	1004
				§ 142	Prozesskostenhilfe	1004
	Rechtsprechung	982			Rechtsprechung	1005
§ 127	Zurückverweisung	982		§ 143	Kostenentscheidung	1006
	Rechtsprechung	982			Rechtsprechung	1007

Unterabschnitt 2
Beschwerde, Erinnerung, Anhörungsrüge
(§§ 128–133a)

				§ 144	Kostenentscheidung bei Rücknahme eines Rechtsbehelfs	1007
					Rechtsprechung	1007
§ 128	Zulässigkeit der Beschwerde	982		§ 145	Anfechtung der Kostenentscheidung	1007
	Rechtsprechung	983			Rechtsprechung	1008
§ 129	Einlegung der Beschwerde	984		§§ 146–148	(weggefallen)	1008
	Rechtsprechung	984		§ 149	Festsetzung der zu erstattenden Aufwendungen	1008
§ 130	Abhilfe oder Vorlage beim BFH	984				
	Rechtsprechung	985			Rechtsprechung	1008

ABSCHNITT II
Vollstreckung (§§ 150–154)

§ 131	Aufschiebende Wirkung der Beschwerde	985		§ 150	Anwendung der Bestimmungen der AO	1008
	Rechtsprechung	985		§ 151	Anwendung der Bestimmungen der ZPO	1009
§ 132	Entscheidung über die Beschwerde	986			Hinweise	1010
	Rechtsprechung	986			Rechtsprechung	1010
§ 133	Antrag auf Entscheidung des Gerichts	986		§ 152	Vollstreckung wegen Geldforderungen	1010
§ 133a	Anhörungsrüge	986			Rechtsprechung	1011
	Rechtsprechung	987		§ 153	Ohne Vollstreckungsklausel	1011

Unterabschnitt 3
Wiederaufnahme des Verfahrens (§§ 134)

				§ 154	Androhung eines Zwangsgeldes	1011
§ 134	Wiederaufnahme des Verfahrens	989			Rechtsprechung	1011
	Rechtsprechung	989				

DRITTER TEIL
KOSTEN UND VOLLSTRECKUNG (§§ 135–154)

VIERTER TEIL
ÜBERGANGS- UND SCHLUSSBESTIMMUNGEN
(§§ 155–184)

Abschnitt I
Kosten (§§ 135–149)

	Hinweise	990		§ 155	Anwendung von GVG und von ZPO	1012
§ 135	Kostenpflichtige	999			Rechtsprechung	1012
§ 136	Kompensation der Kosten	1000		§ 156	Anwendbarkeit von § 6 EGGVG	1014
	Rechtsprechung	1000		§ 157	Folgen der Nichtigkeitserklärung von landesrechtlichen Vorschriften	1014

Inhaltsübersicht

		Seite
§ 158	Vernehmung eines Auskunftspflichtigen, Beeidigung eines Sachverständigen	1014
§ 159	(weggefallen)	1014
§ 160	Abweichende Regelungen	1014
§ 161	Aufhebung von Vorschriften	1014
§§ 162–183	(weggefallen)	1014
§ 184	(Inkrafttreten, Überleitungsbestimmungen)	1014

Anhänge

Übersicht 1015

		Seite
Anhang 1:	Einführungsgesetz zur Abgabenordnung (EGAO)	1016
Anhang 2:	Zustellungsverfahren – Verwaltungszustellungsgesetz (VwZG) –	1029
	– Zivilprozessordnung (ZPO) – Auszug –	1033
Anhang 3:	Finanzverwaltungsgesetz (FVG)	1039
Anhang 4:	Betriebsprüfungsordnung (BpO 2000)	1051
Anhang 5:	Anwendungsfragen zu § 10 Abs. 1 BpO	1059
Anhang 6:	Einordnung in Größenklassen gem. § 3 BpO 2000; Merkmale zum 1. 1. 2010	1061
Anhang 7:	Zusammenstellung der in der steuerlichen Betriebsprüfung zu verwendenden Begriffe	1062
Anhang 8:	Vollstreckungsanweisung (VollstrA)	1073
Anhang 9:	Behandlung von Ansprüchen aus dem Steuerschuldverhältnis im Insolvenzverfahren	1103
Anhang 10:	Insolvenzordnung; Anwendungsfragen zu § 55 Abs. 4 InsO	1113
Anhang 11:	Kriterien für die Entscheidung über einen Antrag auf außergerichtliche Schuldenbereinigung (§ 305 Abs. 1 Nr. 1 InsO)	1118
Anhang 12:	Anweisungen für das Straf- und Bußgeldverfahren (Steuer) – AStBV (St) 2012 –	1122
Anhang 13:	Strafgesetzbuch (StGB) – Auszug –	1169
Anhang 14:	Justizvergütungs- und -entschädigungsgesetz (JVEG)	1180
Anhang 15:	Geldwäschegesetz (GwG)	1189
Anhang 16:	Zollverwaltungsgesetz (ZollVG) – Auszug –	1205
Anhang 17:	Anwendung von Entscheidungen des Bundesfinanzhofs	1209
Anhang 18:	Unterrichtung der obersten Finanzbehörden des Bundes und der Länder über Gerichtsverfahren von grundsätzlicher Bedeutung	1210
Anhang 19:	Verfahren vor dem Finanzgericht	1211
Anhang 20:	Mitteilungen der Finanzbehörden über Pflichtverletzungen und andere Informationen gemäß § 10 StBerG	1220
Anhang 21:	Aufteilung einer Gesamtschuld nach § 268 ff. AO; Gesamtdarstellung für den Veranlagungsbereich	1225
Anhang 22:	Formular zur Abtretungs- und Pfändungsanzeige	1233

Stichwortverzeichnis

Abkürzungsverzeichnis

a. A.	anderer Ansicht	BFHEntlG	Gesetz zur Entlastung des Bundesfinanzhofs
a. a. O.	am angegebenen Ort	BGB	Bürgerliches Gesetzbuch
ABl.EG	Amtsblatt der Europäischen Gemeinschaft	BGBl.	Bundesgesetzblatt
ABl.EU	Amtsblatt der Europäischen Union	BGH	Bundesgerichtshof
Abs.	Absatz	BGHSt	Entscheidungssammlung des Bundesgerichtshofs in Strafsachen
Abschn.	Abschnitt	BGHZ	Entscheidungssammlung des Bundesgerichtshofs in Zivilsachen
ADV	Automatisierte Datenverarbeitung	BKGG	Bundeskindergeldgesetz
AdV	Aussetzung der Vollziehung (ggf. auch Aufhebung der Vollziehung)	BMF	Bundesministerium der Finanzen
AEAO	Anwendungserlass zur Abgabenordnung	BMWF	Bundesministerium für Wirtschaft und Finanzen
a. F.	alte Fassung	Bp	Betriebsprüfung
AfA	Absetzung für Abnutzung	BpO	Betriebsprüfungsordnung 2000
AG	1. Amtsgericht 2. Aktiengesellschaft	BSG	Bundessozialgericht
AnfG	Anfechtungsgesetz	BSGE	Entscheidungssammlung des Bundessozialgerichts
Anm.	Anmerkung	BStBl	Bundessteuerblatt
ANZustV-Bau	Arbeitnehmer-Zuständigkeitsverordnung-Bau	BT-Drs.	Bundestags-Drucksache
AO	Abgabenordnung (früher: Abgabenordnung 1977)	BT-Drucks.	Bundestags-Drucksache
		Buchst.	Buchstabe
Ap	Außenprüfung	BuchO	Buchungsordnung
ArbZustBauV	Arbeitnehmer-Zuständigkeitsverordnung-Bau	BuStra	Bußgeld- und Strafsachenstelle
		BVerfG	Bundesverfassungsgericht
Art.	Artikel	BVerfGE	Entscheidungssammlung des Bundesverfassungsgerichts
AS RP-SL	Amtliche Sammlung von Entscheidungen der Oberverwaltungsgerichte Rheinland-Pfalz und Saarland	BVerfGG	Gesetz über das Bundesverfassungsgericht
AStBV (St)	Anweisung für das Straf- und Bußgeldverfahren (Steuer)	BVerwG	Bundesverwaltungsgericht
		BVerwGE	Entscheidungssammlung des Bundesverwaltungsgerichts
AStG	Außensteuergesetz		
AÜG	Arbeitnehmerüberlassungsgesetz	BZBl	Bundeszollblatt
Aufl.	Auflage	BZSt	Bundeszentralamt für Steuern
AuslG	Ausländergesetz	bzw.	beziehungsweise
BAG	Bundesarbeitsgericht	COM	Computer Output on Microfilm
BAnz	Bundesanzeiger	DA-ADV	Dienstanweisung für die Bearbeitung von Aufgaben der Steuerverwaltung NW mit Hilfe der ADV
BayObLG	Bayerisches Oberstes Landesgericht		
BB	Betriebs-Berater	DB	Der Betrieb
BBauG	Bundesbaugesetz	DBA	Doppelbesteuerungsabkommen
BdF	Bundesminister(ium) der Finanzen	d. h.	das heißt
BerlinFG	Berlinförderungsgesetz	DStR	Deutsches Steuerrecht
BewG	Bewertungsgesetz	DStRE	Deutsches Steuerrecht Entscheidungsdienst
BewR	Bewertungs-Richtlinien		
BfF	Bundesamt für Finanzen (jetzt: Bundeszentralamt für Steuern – BZSt)	DStZ	Deutsche Steuerzeitung
		DStZ/E	Deutsche Steuerzeitung/Eildienst
BFH	Bundesfinanzhof	EDV	Elektronische Datenverarbeitung
BFHE	Entscheidungssammlung des Bundesfinanzhofs	EFG	Entscheidungen der Finanzgerichte

Abkürzungsverzeichnis

EGAHiG	EG-Amtshilfe-Gesetz		**GoB**	Grundsätze ordnungsmäßiger Buchführung
EGAO	Einführungsgesetz zur Abgabenordnung		**GoS**	Grundsätze ordnungsmäßiger Speicherbuchführung
EK	(verwendbares) Eigenkapital		**GrESt**	Grunderwerbsteuer
entspr.	entsprechend		**GrEStDV**	Grunderwerbsteuer-Durchführungsverordnung
ErbStG	Erbschaftsteuergesetz		**GrEStG**	Grunderwerbsteuergesetz
ESt	Einkommensteuer		**GrSt**	Grundsteuer
EStDV	Einkommensteuer-Durchführungsverordnung		**GrStG**	Grundsteuergesetz
EStG	Einkommensteuergesetz		**GrStR**	Grundsteuer-Richtlinien
EStR	Einkommensteuer-Richtlinien		**GüKG**	Güterkraftverkehrsgesetz
EStZustV	Einkommensteuer-Zuständigkeitsverordnung		**GVBl**	Gesetz- und Verordnungsblatt
EUSt	Einfuhrumsatzsteuer		**GVG**	Gerichtsverfassungsgesetz
EWG	Europäische Wirtschaftsgemeinschaft		**GWG**	Geldwäschegesetz
EWGV	EWG-Vertrag		**HFR**	Höchstrichterliche Finanzrechtsprechung
EURLUmsG	Richtlinien-Umsetzungsgesetz		**HGA**	Hypothekengewinnabgabe
FA	Finanzamt		**HGB**	Handelsgesetzbuch
ff.	folgende		**HSGZ**	Hessische Städte- und Gemeinde-Zeitung
FG	Finanzgericht		**HZA**	Hauptzollamt
FGO	Finanzgerichtsordnung		**i. d. F.**	in der Fassung
FinMin	Finanzminister(ium)		**i. d. R.**	in der Regel
FinSen	Finanzsenator		**i.L.**	in Liquidation
FKS	Finanzkontrolle Schwarzarbeit (Zoll)		**INF**	Die Information über Steuer und Wirtschaft
FM	Finanzminister(ium)		**InsO**	Insolvenzordnung
FVG	Gesetz über die Finanzverwaltung		**i. S.**	im Sinne
GABl	Gemeinsames Amtsblatt		**i. S. d.**	im Sinne des (der)
GAufzV	Gewinnabgrenzungsaufzeichnungsverordnung		**i. V. m.**	in Verbindung mit
GBO	Grundbuchordnung		**Jg.**	Jahrgang
GbR	Gesellschaft bürgerlichen Rechts		**JStG**	Jahressteuergesetz
GDPdU	Grundsätze zum Datenzugriff und zur Prüfbarkeit digitaler Unterlagen		**JVEG**	Justizvergütungs- und -entschädigungsgesetz
GemV	Gemeinnützigkeitsverordnung		**JURIS**	Juristisches Informationssystem
GewO	Gewerbeordnung		**KAG**	Kommunalabgabengesetz
GewSt	Gewerbesteuer		**KBV**	Kleinbetragsverordnung
GewStDV	Gewerbesteuer-Durchführungsverordnung		**KO**	Konkursordnung
GewStG	Gewerbesteuergesetz		**KostO**	Kostenordnung
GewStR	Gewerbesteuer-Richtlinien		**KraftSt**	Kraftfahrzeugsteuer
GG	Grundgesetz		**KraftStDV**	Kraftfahrzeugsteuer-Durchführungsverordnung
ggf.	gegebenenfalls		**KraftStG**	Kraftfahrzeugsteuergesetz
GKG	Gerichtskostengesetz		**KSt**	Körperschaftsteuer
GmbH	Gesellschaft mit beschränkter Haftung		**KStDV**	Körperschaftsteuer-Durchführungsverordnung
GmBl	Gemeinsames Ministerialblatt		**KStG**	Körperschaftsteuergesetz
GmSOGB	Gemeinsamer Senat der Obersten Gerichtshöfe des Bundes		**KStR**	Körperschaftsteuer-Richtlinien
GNOFÄ	Grundsätze zur Neuorganisation der Finanzämter und zur Neuordnung des Besteuerungsverfahrens		**KStZ**	Kommunale Steuerzeitschrift
			KWG	Gesetz über das Kreditwesen
			LG	Landgericht

Abkürzungsverzeichnis

LSt	Lohnsteuer
LStDV	Lohnsteuer-Durchführungsverordnung
LStR	Lohnsteuer-Richtlinien
MDR	Monatsschrift für Deutsches Recht
MinöSt	Mineralölsteuer
MV	Mitteilungsverordnung
m. w. N.	mit weiteren Nachweisen
n. F.	neue Fassung
NJW	Neue Juristische Wochenschrift
Nr.	Nummer
NRW, NW	Nordrhein-Westfalen
NStZ	Neue Zeitschrift für Strafrecht
nv	nicht veröffentlicht
NWB	Neue Wirtschaftsbriefe
OFD	Oberfinanzdirektion
OHG	Offene Handelsgesellschaft
OLG	Oberlandesgericht
OVG	Oberverwaltungsgericht
OWiG	Gesetz über Ordnungswidrigkeiten
R	Rechtsspruch
RAO	Reichsabgabenordnung
RennwLottAB	Ausführungsbestimmungen zum Rennwett- und Lotteriesteuergesetz
RFH	Reichsfinanzhof
RGBl	Reichsgesetzblatt
RStBl	Reichssteuerblatt
RZF	Rechenzentrum der Finanzverwaltung
S.	Seite
SchwarzArbG	Schwarzarbeitsbekämpfungsgesetz
SchwbG	Schwerbehindertengesetz
SGB	Sozialgesetzbuch
SGG	Sozialgerichtsgesetz
sog.	so genannte
StÄndG	Steueränderungsgesetz
StAnpG	Steueranpassungsgesetz
StAuskV	Steuer-Auskunftsverordnung
StB	Der Steuerberater
StBauFG	Städtebauförderungsgesetz
StBer	Steuerberater
StBerG	Steuerberatungsgesetz
StDAV	Steuerdaten-Abrufverordnung
StDÜV	Steuerdaten-Übermittlungsverordnung
StEd/StE	Steuer-Eildienst
Steufa	Steuerfahndung
StEuglG	Gesetz zur Umrechnung und Glättung steuerlicher Euro-Beträge (Steuer-Euroglättungsgesetz)
SteuerH-BekV	Steuerhinterziehungsbekämpfungsverordnung
StGB	Strafgesetzbuch
StIdV	Steueridentifikationsnummerverordnung
StMBG	Mißbrauchsbekämpfungs- und Steuerbereinigungsgesetz
Stpfl.	Steuerpflichtiger
StPO	Strafprozessordnung
StraBEG	Strafbefreiungserklärungsgesetz
StRK	Steuerrechtsprechung in Karteiform
StVBG	Steuerverkürzungsbekämpfungsgesetz
StZBl	Steuer- und Zollblatt
Tz.	Textziffer
u. a.	unter anderem, und andere
u.Ä.	und Ähnliche
UmwStG	Umwandlungssteuergesetz
Urt.	Urteil
USt	Umsatzsteuer
UStDV	Umsatzsteuer-Durchführungsverordnung
UStG	Umsatzsteuergesetz
UStR	Umsatzsteuer-Richtlinien, Umsatzsteuerrundschau
UStZustV	Umsatzsteuerzuständigkeitsverordnung
usw.	und so weiter
u. U.	unter Umständen
v.	vom
V	Verordnung
V zu § 180 Abs. 2 AO	Verordnung über die gesonderte Feststellung von Besteuerungsgrundlagen nach § 180 Abs. 2 AO
VA	Verwaltungsakt/-e
VermBG	Vermögensbildungsgesetz
VersStDV	Versicherungssteuer-Durchführungsverordnung
v. H.	vom Hundert
VG	Verwaltungsgericht
vGA	verdeckte Gewinnausschüttung
VGFGEntlG	Gesetz zur Entlastung der Gerichte in der Verwaltungs- und Finanzgerichtsbarkeit
VGH	Verwaltungsgerichtshof
vgl.	vergleiche
v. H.	vom Hundert
VollstrA	Vollstreckungsanweisung
VollzA	Vollziehungsanweisung
VSt	Vermögensteuer
VStG	Vermögensteuergesetz
VwGO	Verwaltungsgerichtsordnung

Abkürzungsverzeichnis

VwVfG	Verwaltungsverfahrensgesetz	**ZfZ**	Zeitschrift für Zölle und Verbrauchsteuern
VwVG	Verwaltungsvollstreckungsgesetz		
VwZG	Verwaltungszustellungsgesetz	**ZG**	Zollgesetz
vZTA	verbindliche Zolltarifauskunft	**ZollVG**	Zollverwaltungsgesetz
WEG	Wohnungseigentumsgesetz	**ZPO**	Zivilprozessordnung
wistra	Zeitschrift für Wirtschaft, Steuer, Strafrecht	**ZSteu**	Zeitschrift für Steuern und Recht
		z.v.E.	zu versteuerndes Einkommen
WM	Wertpapier-Mitteilungen	**ZVG**	Zwangsverwaltungsgesetz
WoBauG	Wohnungsbaugesetz	**z.z./z.Z.**	zurzeit
WoPG	Wohnungsbauprämiengesetz		
z. B.	zum Beispiel		

Abgabenordnung

Abgabenordnung
(AO)

in der Fassung der Bekanntmachung vom 1. 10. 2002
(BGBl. 2002 I S. 3866; ber. BGBl. 2003 I S. 61 = BStBl 2002 I S. 1056),
zuletzt geändert durch Artikel 2 und Artikel 5 des Gesetzes vom 22. 12. 2011
(BGBl. 2011 I S. 3044)

Anwendungserlass zur Abgabenordnung
(AEAO)

vom 2. 1. 2008 – IV A 4 – S 0062/07/0001 – (BStBl 2008 I S. 27),
zuletzt geändert durch BMF-Schreiben vom 17. 1. 2012 – IV A 3 – S 0062/08/10007- 12 – (BStBl 2012 I S. 83) und vom 30. 1. 2012 – IV A 3 – S 0062/08/10007- 13 – BStBl 2012 I S. 147.

Die inhaltlichen Änderungen der AO und des AEAO gegenüber der Vorauflage sind in halbfett kursiv gedruckter Schrift optisch hervorgehoben; Weglassungen sind jeweils an den betreffenden Stellen durch einen senkrechten Randbalken markiert (I).

Änderungen der AO

lfd. Nr.	Änderndes Gesetz	Datum	Fundstelle	betroffene §§	Inkrafttreten
1	Gesetz über die Annahme als Kind und zur Änderung anderer Vorschriften (Adoptionsgesetz)	2. 7. 1976	BGBl. 1976 I S. 1749 BStBl 1976 I S. 406	15	1. 1. 1977
2	Viertes Gesetz zur Änderung der Pfändungsfreigrenzen	28. 2. 1978	BGBl. 1978 I S. 333 BStBl 1978 I S. 92	314	1. 4. 1978
3	Strafverfahrensänderungsgesetz 1979 (StVÄG 1979)	5. 10. 1978	BGBl. 1978 I S. 1645 BStBl 1978 I S. 420	391, 400	1. 1. 1979
4	Gesetz zur Änderung des Kraftfahrzeugsteuergesetzes	22. 12. 1978	BGBl. 1978 I S. 2063 BStBl 1979 I S. 65	150	1. 6. 1979
5	Gesetz zur Änderung zwangsvollstreckungsrechtlicher Vorschriften	1. 2. 1979	BGBl. 1979 I S. 127 BStBl 1979 I S. 112	284	1. 7. 1979
6	Gesetz zur Neufassung des Umsatzsteuergesetzes und zur Änderung anderer Gesetze	26. 11. 1979	BGBl. 1979 I S. 1953 BStBl 1979 I S. 654	53, 68, 141, 149	1. 1. 1980
7	Gesetz zur Änderung der Abgabenordnung und des Einkommensteuergesetzes	25. 6. 1980	BGBl. 1980 I S. 731 BStBl 1980 I S. 395	52, 58, 68	29. 6. 1980
8	Gesetz zur Neuregelung der Einkommensbesteuerung der Land- und Forstwirtschaft	25. 6. 1980	BGBl. 1980 I S. 732 BStBl 1980 I S. 400	141	29. 6. 1980
9	Gesetz zur Steuerentlastung und Familienförderung (Steuerentlastungsgesetz 1981 – StEntlG 1981)	16. 8. 1980	BGBl. 1980 I S. 1381 BStBl 1980 I S. 534	31	22. 8. 1980

lfd. Nr.	Änderndes Gesetz	Datum	Fundstelle	betroffene §§	Inkrafttreten
10	Gesetz zur Änderung und Vereinfachung des Einkommensteuergesetzes und anderer Gesetze[1)]	18. 8. 1980	BGBl. 1980 I S. 1537 BStBl 1980 I S. 581		1. 1. 1982
11	Gesetz zur Änderung des Einkommensteuergesetzes, des Körperschaftsteuergesetzes und anderer Gesetze	20. 8. 1980	BGBl. 1980 I S. 1545 BStBl 1980 I S. 589	46, 155, 162, 287	29. 8. 1980
12	Siebentes Gesetz zur Änderung des Bundesausbildungsförderungsgesetzes	13. 7. 1981	BGBl. 1981 I S. 625 BStBl 1981 I S. 532	150	1. 8. 1981
13	Gesetz zur Neuordnung des Betäubungsmittelrechts	28. 7. 1981	BGBl. 1981 I S. 681	391	1. 1. 1982
14	Gesetz zur Bekämpfung der illegalen Beschäftigung (BillBG)	15. 12. 1981	BGBl. 1981 I S. 1390 BStBl 1982 I S. 288	31a	1. 1. 1982
15	Zweites Gesetz zur Verbesserung der Haushaltsstruktur (2. Haushaltsstrukturgesetz – 2. HStruktG)	22. 12. 1981	BGBl. 1981 I S. 1523 BStBl 1982 I S. 235	175	1. 1. 1982
16	Gesetz zur Änderung des Parteiengesetzes und anderer Gesetze	22. 12. 1983	BGBl. 1983 I S. 1577 BStBl 1984 I S. 7	52, 55, 415	1. 1. 1984
17	Steuerentlastungsgesetz 1984	22. 12. 1983	BGBl. 1983 I S. 1583 BStBl 1984 I S. 14	180	29. 12. 1983
18	Bilanzrichtlinien-Gesetz	19. 12. 1985	BGBl. 1985 I S. 2355 BStBl 1985 I S. 704	141, 145, 147	1. 1. 1986
19	Steuerbereinigungsgesetz 1986	19. 12. 1985	BGBl. 1985 I S. 2436 BStBl 1985 I S. 735	6, 19, 30 Abs. 6, 58, 93a, 117, 150, 152 und 180 Abs. 2, 67, 67a, 68, 155, 183 Abs. 3 und 4 sowie 184 Abs. 1, 30 Abs. 2, 61, 69, 105, 111, 116, 122, 123, 138, 141, 144, 160, 165, 167, 171, 172, 173, 174, 179, 180 Abs. 3 und 5, 181, 182, 183 Abs. 3, 184 Abs. 3, 185, 196, 204, 207, 226, 237, 309, 332, 334, 339, 349, 361 und 365	25. 12. 1985 1. 1. 1986 1. 1. 1987

[1)] Anmerkung: Art. 2 des Gesetzes zur Änderung und Vereinfachung des Einkommensteuergesetzes und anderer Gesetze vom 18. 8. 1980 (BGBl. 1980 I S. 1537) ist durch Art. 5 des Steuerbereinigungsgesetzes 1986 vom 19. 12. 1985 (BGBl. 1985 I S. 2436) rückwirkend zum 1. 1. 1982 wieder aufgehoben worden.

lfd. Nr.	Änderndes Gesetz	Datum	Fundstelle	betroffene §§	Inkrafttreten
20	Strafverfahrensänderungsgesetz 1987 (StVÄG 1987)	27. 1. 1987	BGBl. 1987 I S. 475 BStBl 1987 I S. 250	406	1. 4. 1987
21	Steuerreformgesetz 1990	25. 7. 1988	BGBl. 1988 I S. 1093 BStBl 1988 I S. 224	30a, 167, 233a, 235, 236, 237, 239, 241	3. 8. 1988
22	Vereinsförderungsgesetz	18. 12. 1989	BGBl. 1989 I S. 2212 BStBl 1989 I S. 499	51, 52 Abs. 2, 58, 64, 67a, 68	23. 12. 1989
23	Wohnungsbauförderungsgesetz	22. 12. 1989	BGBl. 1989 I S. 2408 BStBl 1989 I S. 505	233a Abs. 2	30. 12. 1989
24	Einigungsvertrag i. V. m. Einigungsvertragsgesetz	23. 9. 1990	BGBl. 1990 II S. 885, 968 BStBl 1990 I S. 654, 666	52 Abs. 2, 263	29. 9. 1990
25	Betreuungsgesetz	12. 9. 1990	BGBl. 1990 I S. 2002 BStBl 1990 I S. 622	79, 81, 171 Abs. 11	1. 1. 1992
26	Sechstes Überleitungsgesetz	25. 9. 1990	BGBl. 1990 I S. 2106, 2153 BStBl 1990 I S. 644	6 Abs. 2, 347 Abs. 2, 349 Abs. 3	3. 10. 1990
27	Kultur- und Stiftungsförderungsgesetz	13. 12. 1990	BGBl. 1990 I S. 2775 BStBl 1991 I S. 51	47, 63 Abs. 4, 224a	22. 12. 1990
28	Rechtspflege-Vereinfachungsgesetz	17. 12. 1990	BGBl. 1990 I S. 2847 BStBl 1991 I S. 3	284 Abs. 8, 334 Abs. 2	1. 4. 1991
29	Steueränderungsgesetz 1992	25. 2. 1992	BGBl. 1992 I S. 297 BStBl 1992 I S. 146	366	29. 2. 1992
30	Gesetz zur Änderung des Finanzverwaltungsgesetzes und anderer Gesetze	7. 7. 1992	BGBl. 1992 I S. 1222 BStBl 1992 I S. 441	6	15. 7. 1992
31	Umsatzsteuer-Binnenmarktgesetz	25. 8. 1992	BGBl. 1992 I S. 1548 BStBl 1992 I S. 552	370 Abs. 6 Satz 4	2. 9. 1992
				21 Abs. 2, 370 Abs. 6 u. 7, 372 Abs. 1 379 Abs. 1	1. 1. 1993
32	FGO-Änderungsgesetz	21. 12. 1992	BGBl. 1992 I S. 2109 BStBl 1993 I S. 90	171 Abs. 3, 361 Abs. 5	1. 1. 1993
33	Drittes Gesetz zur Änderung des Steuerbeamten-Ausbildungsgesetzes	21. 12. 1992	BGBl. 1992 I S. 2118 BStBl 1993 I S. 40	374 Abs. 2, 378 Abs. 1, 379 Abs. 1	1. 1. 1993

lfd. Nr.	Änderndes Gesetz	Datum	Fundstelle	betroffene §§	Inkrafttreten
34	Verbrauchsteuer-Binnenmarktgesetz	21. 12. 1992	BGBl. 1992 I S. 2150 BStBl 1993 I S. 96	76 Abs. 2, 209 Abs. 1, 210 Abs. 1, 2, 3, 370 Abs. 6	1. 1. 1993
35	Gesetz zur Umsetzung des Föderalen Konsolidierungsprogramms	23. 6. 1993	BGBl. 1993 I S. 944 BStBl 1993 I S. 510	240 Abs. 3	27. 6. 1993
36	Mißbrauchsbekämpfungs- und Steuerbereinigungsgesetz	21. 12. 1993	BGBl. 1993 I S. 2310 BStBl 1994 I S. 50	6 Abs. 2, 21 Abs. 1, 30, 31 Abs. 3, 31a, 58, 61 Abs. 3, 88a, 93a Abs. 1, 111 Abs. 4, 117, 139 Abs. 2, 141 Abs. 1, 150 Abs. 6, 152 Abs. 5, 156 Abs. 1, 163 Abs. 2, 165, 167 Abs. 1, 170, 171, 173 Abs. 1, 175a, 176 Abs. 1, 177, 178 Abs. 3, 180, 181, 183 Abs. 2, 212 Abs. 1, 220 Abs. 2, 222, 224, 227 Abs. 2, 229 Abs. 1, 233a, 234, 235 Abs. 3, 236 Abs. 5, 237 Abs. 5, 239, 240 Abs. 1, 241 Abs. 1, 249 Abs. 2, 273 Abs. 1, 280, 284, 339 Abs. 4, 344, 354 Abs. 1a, 362 Abs. 1a, 370 Abs. 6, 382 Abs. 4, 387 Abs. 2	30. 12. 1993
37	Kostenrechtsänderungsgesetz 1994	24. 6. 1994	BGBl. 1994 I S. 1325 BStBl 1994 I S. 383	339 Abs. 4	1. 7. 1994
38	Gesetz zur Änderung des Rechtspflegergesetzes und anderer Gesetze	24. 6. 1994	BGBl. 1994 I S. 1374 BStBl 1994 I S. 382	30 Abs. 3	1. 7. 1994
39	Grenzpendlergesetz	24. 6. 1994	BGBl. 1994 I S. 1395	233a Abs. 2, 382 Abs. 1, 126 Abs. 2, 3,	1. 7. 1994

lfd. Nr.	Änderndes Gesetz	Datum	Fundstelle	betroffene §§	Inkrafttreten
			BStBl 1994 I S. 440	132, 172 Abs. 1, 183 Abs. 1, 237 Abs. 1, 2, 239 Abs. 1, 347, 348, 349, 350, 352, 353, 354 Abs. 1, 1a, 355, 356 Abs. 1, 2, 357, 358, 359, 360 Abs. 1, 4, 5, 361 Abs. 1, 4, 362 Abs. 1, 1a, 2, 363, 364, 364a, 364b, 365 Abs. 1, 3, 366, 367 Abs. 2, 368	1. 1. 1996
40	Gesetz zur Änderung von Vorschriften über das Schuldnerverzeichnis	15. 7. 1994	BGBl. 1994 I S. 1566 BStBl 1994 I S. 540	284 Abs. 6, 7	1. 1. 1995
41	Drittes Durchführungsgesetz/ EWG zum VAG	21. 7. 1994	BGBl. 1994 I S. 1630 BStBl 1994 I S. 742	244	29. 7. 1994
42	Postneuordnungsgesetz	14. 9. 1994	BGBl. 1994 I S. 2325 BStBl 1995 I S. 256	93a Abs. 2, 105 Abs. 1, 111 Abs. 3, 224 Abs. 3	1. 1. 1995
43	Jahressteuergesetz 1996	11. 10. 1995	BGBl. 1995 I S. 1250 BStBl 1995 I S. 438	19 Abs. 1 Satz 3, 23 Abs. 2 Satz 2, 30, 37 Abs. 2, 149 Abs. 3, 182 Abs. 3, 382 Abs. 1, 382 Abs. 4, 237 Abs. 1 Satz 2, 237 Abs. 2	21. 10. 1995 1. 1. 1996
44	Jahressteuer-Ergänzungsgesetz 1996	18. 12. 1995	BGBl. 1995 I S. 1959 BStBl 1995 I S. 786	6, 386	1. 1. 1996
45	Jahressteuergesetz 1997	20. 12. 1996	BGBl. 1996 I S. 2049 BStBl 1996 I S. 1523	67 Abs. 1, 68, 141 Abs. 1, 171 Abs. 10, 233a, 361 Abs. 2	28. 12. 1996
46	Zweite Zwangsvollstreckungsnovelle	17. 12. 1997	BGBl. 1997 I S. 3039, 1998 I S. 583 BStBl 1998 I S. 3	284, 287, 313, 315	1. 1. 1999
47	Sechstes Gesetz zur Reform des Strafrechts	26. 1. 1998	BGBl. 1998 I S. 164	31a	1. 4. 1998

lfd. Nr.	Änderndes Gesetz	Datum	Fundstelle	betroffene §§	Inkrafttreten
48	Gesetz über die Berufe des Psychologischen Psychotherapeuten und des Kinder- und Jugendlichenpsychotherapeuten, zur Änderung des Fünften Buches Sozialgesetzbuch und anderer Gesetze	16. 6. 1998	BGBl. 1998 I S. 1311 BStBl 1998 I S. 936	102 Abs. 1 Nr. 3c	1. 1. 1999
49	Gesetz zur Datenermittlung für den Verteilungsschlüssel des Gemeindeanteils am Umsatzsteueraufkommen und zur Änderung steuerlicher Vorschriften	23. 6. 1998	BGBl. 1998 I S. 1496 BStBl 1998 I S. 873	171 Abs. 10, 240 Abs. 1	27. 6. 1998
50	Gesetz zu dem Übereinkommen vom 26. Juli 1995 über den Schutz der finanziellen Interessen der Europäischen Gemeinschaften	10. 9. 1998	BGBl. 1998 II S. 2322 BStBl 1998 I S. 1220	370	22. 9. 1998
51	Steueränderungsgesetz 1998	19. 12. 1998	BGBl. 1998 I S. 3816 BStBl 1999 I S. 117	147	24. 12. 1998
52	Gesetz zur Änderung des Einführungsgesetzes zur Insolvenzordnung und anderer Gesetze	19. 12. 1998	BGBl. 1998 I S. 3836 BStBl 1999 I S. 118	75, 171, 231, 251, 266, 282, 284	1. 1. 1999
53	Steuerbereinigungsgesetz 1999	22. 12. 1999	BGBl. 1999 I S. 2601 BStBl 2000 I S. 13	31a, 55, 68, 122, 149, 152, 155, 170, 171, 172, 180, 182, 183, 191, 231, 233a, 238, 240, 251, 284, 312, 329, 339, 340	30. 12. 1999
54	Gesetz zur Änderung von Vorschriften über die Tätigkeit der Steuerberater (7. StBÄndG)	24. 6. 2000	BGBl. 2000 I S. 874 BStBl 2000 I S. 1162	80, 348	1. 7. 2000
55	Gesetz zur weiteren steuerlichen Förderung von Stiftungen	14. 7. 2000	BGBl. 2000 I S. 1034 BStBl 2000 I S. 1192	55, 58	26. 7. 2000
56	Steuersenkungsgesetz (StSenkG)	23. 10. 2000	BGBl. 2000 I S. 1433 BStBl 2000 I S. 1428	146, 147, 200	27. 10. 2000
57	Steuer-Euroglättungsgesetz (StEuglG)[1]	19. 12. 2000	BGBl. 2000 I S. 1790 BStBl 2001 I S. 3	64, 67a, 115, 141, 152, 156, 238, 239, 240, 275, 329, 339, 341, 343, 344, 378, 379, 380, 381, 382, 383	1. 1. 2002
58	Gesetz zur Änderung des Investitionszulagengesetzes 1999	20. 12. 2000	BGBl. 2000 I S. 1850 BStBl 2001 I S. 28	58, 64, 68	28. 12. 2000

---

[1] Art. 23 des StEuglG wurde noch vor seinem Inkrafttreten durch Art. 2 des Gesetzes vom 30. 8. 2001 (BGBl. 2001 I S. 2267; siehe Nr. 63) und Art. 35 Nr. 7 des Gesetzes vom 20. 12. 2001 (BGBl. 2001 I S. 3794; siehe Nr. 64) geändert.

lfd. Nr.	Änderndes Gesetz	Datum	Fundstelle	betroffene §§	Inkrafttreten
59	Gesetz zur Neuordnung des Gerichtsvollzieherkostenrechts (GvKostRNeuOG)	19. 4. 2001	BGBl. 2001 I S. 623 BStBl 2001 I S. 255	339, 340, 343, Anlage	1. 5. 2001
60	Zustellungsreformgesetz (ZustRG)	25. 6. 2001	BGBl. 2001 I S. 1206 BStBl 2001 I S. 491	289	1. 7. 2002
61	Altersvermögensgesetz (AVmG)	26. 6. 2001	BGBl. 2001 I S. 1310 BStBl 2001 I S. 420	6	1. 1. 2002
62	Zivilprozessreformgesetz (ZPO-RG)	27. 7. 2001	BGBl. 2001 I S. 1887 BStBl 2001 I S. 546	284, 326, 334	1. 1. 2002
63	Gesetz zur Eindämmung illegaler Betätigung im Baugewerbe	30. 8. 2001	BGBl. 2001 I S. 2267 BStBl 2001 I S. 602	20a, 21, 380	7. 9. 2001 1. 1. 2002[1)]
64	Steueränderungsgesetz 2001	20. 12. 2001	BGBl. 2001 I S. 3794 BStBl 2002 I S. 4	244 1, 3, 21, 22, 23, 30, 42, 76, 126, 150, 152, 156, 167, 169, 170, 172, 178, 180, 209, 211, 212, 214, 215, 223, 353, 370, 373, 374, 375, 379, 382 6, 340, 343, Anlage zu § 339 Abs. 4	1. 7. 2001 23. 12. 2001 1. 1. 2002[2)]
65	Unternehmenssteuerfortentwicklungsgesetz	20. 12. 2001	BGBl. 2001 I S. 3858 BStBl 2002 I S. 35	138	1. 1. 2002
66	Steuerverkürzungsbekämpfungsgesetz (StBVG)	19. 12. 2001	BGBl. 2001 I S. 3922 BStBl 2002 I S. 32	117, 370a	28. 12. 2001
67	Viertes Finanzmarktförderungsgesetz	21. 6. 2002	BGBl. 2002 I S. 2010 BStBl 2002 I S. 814	31b	1. 7. 2002
68	Fünftes Gesetz zur Änderung des Steuerbeamten-Ausbildungsgesetzes und zur Änderung von Steuergesetzen	23. 7. 2002	BGBl. 2002 I S. 2715 BStBl 2002 I S. 714	23, 219, 233, 370a	27. 7. 2002
69	Gesetz zur Erleichterung der Bekämpfung von illegaler Beschäftigung und Schwarzarbeit	23. 7. 2002	BGBl. 2002 I S. 2787 BStBl 2002 I S. 816	31, 31a	1. 8. 2002
70	Zollfahndungsneuregelungsgesetz	16. 8. 2002	BGBl. 2002 I S. 3202 BStBl 2002 I S. 818	6	24. 8. 2002

[1)] Vgl. FN zu lfd. Nr. 57.
[2)] Vgl. FN zu lfd. Nr. 57.

lfd. Nr.	Änderndes Gesetz	Datum	Fundstelle	betroffene §§	Inkrafttreten
71	Drittes Gesetz zur Änderung verwaltungsverfahrensrechtlicher Vorschriften	21. 8. 2002	BGBl. 2002 I S. 3322 BStBl 2002 I S. 820	80, 87, 87a, 93, 119, 121, 122, 123, 125, 129, 150, 224a, 244, 309, 324, 356, 366	28. 8. 2002
72	Zweites Gesetz für moderne Dienstleistungen am Arbeitsmarkt	23. 12. 2002	BGBl. 2002 I S. 4621 BStBl 2003 I S. 3	6	1. 1. 2003
73	Steuervergünstigungsabbaugesetz	16. 5. 2003	BGBl. 2003 I S. 660 BStBl 2003 I S. 321	3, 90, 138, 162 21	21. 5. 2003 1. 7. 2003
74	Kleinunternehmerförderungsgesetz	31. 7. 2003	BGBl. 2003 I S. 1550 BStBl 2003 I S. 398	141	1. 1. 2003
75	Steueränderungsgesetz 2003	15. 12. 2003	BGBl. 2003 I S. 2645 BStBl 2003 I S. 710	139a, 139b, 139c, 139d, 144, 147, 167, 178, 231, 240, 251 27, 138	20. 12. 2003 1. 1. 2004
76	Drittes Gesetz für moderne Dienstleistungen am Arbeitsmarkt	23. 12. 2003	BGBl. 2003 I S. 2848 BStBl 2004 I S. 114	31	1. 1. 2004
77	Gesetz zur Förderung der Steuerehrlichkeit	23. 12. 2003	BGBl. 2003 I S. 2928 BStBl 2004 I S. 22	93, 93b	1. 4. 2005
78	Viertes Gesetz für moderne Dienstleistungen am Arbeitsmarkt	24. 12. 2003	BGBl. 2003 I S. 2954 BStBl 2004 I S. 116	53	1. 1. 2005
79	Gesetz zur Einordnung des Sozialhilferechts in das Sozialgesetzbuch	27. 12. 2003	BGBl. 2003 I S. 3022 BStBl 2004 I S. 118	53	1. 1. 2005
80	Gesetz zur Förderung der Ausbildung und Beschäftigung schwerbehinderter Menschen	23. 4. 2004	BGBl. 2004 I S. 606 BStBl 2004 I S. 474	68	1. 5. 2004
81	Kostenrechtsmodernisierungsgesetz	5. 5. 2004	BGBl. 2004 I S. 718 BStBl 2004 I S. 486	87, 107, 405	1. 7. 2004
82	Gesetz zur Änderung der Abgabenordnung und weiterer Gesetze	21. 7. 2004	BGBl. 2004 I S. 1753	58	27. 7. 2004
83	1. Justizmodernisierungsgesetz	24. 8. 2004	BGBl. 2004 I S. 2198	392, 397, 399, 404	1. 9. 2004
84	Gesetz zur Organisationsreform in der gesetzlichen Rentenversicherung	9. 12. 2004	BGBl. 2004 I S. 3242 BStBl 2004 I S. 1156	6	1. 10. 2005
85	Richtlinien-Umsetzungsgesetz	9. 12. 2004	BGBl. 2004 I S. 3310 BStBl 2004 I S. 1158	20a, 31, 139b, 139c, 175, 318, 383a, 337, 339, 340, 341, 342, 344, Anlage zu § 339	16. 12. 2004 1. 1. 2005

lfd. Nr.	Änderndes Gesetz	Datum	Fundstelle	betroffene §§	Inkrafttreten
86	Justizkommunikationsgesetz	22. 3. 2005	BGBl. 2005 I S. 837 BStBl 2005 I S. 602	360	1. 4. 2005
87	Gesetz zur Umbenennung des Bundesgrenzschutzes in Bundespolizei	21. 6. 2005	BGBl. 2005 I S. 1818 BStBl 2005 I S. 854	134	1. 7. 2005
88	Gesetz zur Novellierung des Verwaltungszustellungsrechts	12. 8. 2005	BGBl. 2005 I S. 2354 BStBl 2005 I S. 855	169, 216, 394	1. 2. 2006
89	Gesetz zur Neuorganisation der Bundesfinanzverwaltung und zur Schaffung eines Refinanzierungsregisters	22. 9. 2005	BGBl. 2005 I S. 2809	6, 93, 93b, 139a, 139b, 139c, 386	1. 1. 2006
90	Gesetz zur Eindämmung missbräuchlicher Steuergestaltungen	28. 4. 2006	BGBl. 2006 I S. 1095 BStBl 2006 I S. 353	379	6. 5. 2006
91	Steueränderungsgesetz 2007	19. 7. 2006	BGBl. 2006 I S. 1652 BStBl 2006 I S. 432	55	1. 1. 2007
92	Erstes Gesetz zum Abbau bürokratischer Hemmnisse insbesondere in der mittelständischen Wirtschaft	22. 8. 2006	BGBl. 2006 I S. 1970 BStBl 2006 I S. 486	141	26. 8. 2006
93	Föderalismusreform-Begleitgesetz	5. 9. 2006	BGBl. 2006 I S. 2098 BStBl 2006 I S. 506	89, 116	12. 9. 2006
94	Jahressteuergesetz 2007	13. 12. 2006	BGBl. 2006 I S. 2878 BStBl 2007 I S. 28	3, 6, 19, 62, 67, 87a, 89, 139b, 139d, 172, 178a, 224, 348, 367	19. 12. 2006
				58, 64, 67, 68, 138, 152, 162, 238, 240	1. 1. 2007
95	Gesetz zur Änderung des Passgesetzes und weiterer Vorschriften	20. 7. 2007	BGBl. 2007 I S. 1566	139b	1. 11. 2007
96	Unternehmensteuerreformgesetz 2008	14. 8. 2007	BGBl. 2007 I S. 1912 BStBl 2007 I S. 630	90, 93 Abs. 8 – 10, 93b, 102, 162 Abs. 3	18. 8. 2007
				93 Abs. 7, 162 Abs. 2	1. 1. 2009
97	Zweites Gesetz zum Abbau bürokratischer Hemmnisse insbesondere in der mittelständischen Wirtschaft	7. 9. 2007	BGBl. 2007 I S. 2246	141 Abs. 1	14. 9. 2007
98	Gesetz zur weiteren Stärkung des bürgerschaftlichen Engagements	10. 10. 2007	BGBl. 2007 I S. 2332 BStBl 2007 I S. 815	52, 58, 61, 64, 67a	1. 1. 2007
99	Zweites Gesetz zur Änderung des Finanzverwaltungsgesetzes und anderer Gesetze	13. 12. 2007	BGBl. 2007 I S. 2897 BStBl 2008 I S. 298	6, 244	1. 1. 2008

lfd. Nr.	Änderndes Gesetz	Datum	Fundstelle	betroffene §§	Inkrafttreten
100	Jahressteuergesetz 2008	20. 12. 2007	BGBl. 2007 I S. 3150 BStBl 2008 I S. 218	26, 42, 116, 139b, 178, 393	29. 12. 2007
101	Gesetz zur Neuregelung der Telekommunikationsüberwachung und anderer verdeckter Ermittlungsmaßnahmen sowie zur Umsetzung der Richtlinie 2006/24/EG	21. 12. 2007	BGBl. 2007 I S. 3198 BStBl 2008 I S. 305	370, 370a, 373, 374	1. 1. 2008
102	Achtes Gesetz zur Änderung des Steuerberatungsgesetzes	8. 4. 2008	BGBl. 2008 I S. 666 BStBl 2008 I S. 544	80, 348	12. 4. 2008
103	Geldwäschebekämpfungsergänzungsgesetz	13. 8. 2008	BGBl. 2008 I S. 1690 BStBl 2008 I S. 922	31b	21. 8. 2008
104	Gesetz zur Modernisierung des GmbH-Rechts und zur Bekämpfung von Missbräuchen (MoMiG)	23. 10. 2008	BGBl. 2008 I S. 2026	191	1. 11. 2008
105	FGG-Reformgesetz (FGG-RG)	17. 12. 2008	BGBl. 2008 I S. 2586 BStBl 2009 I S. 4	81	1. 9. 2009
106	Jahressteuergesetz 2009 (JStG 2009)	19. 12. 2008	BGBl. 2008 I S. 2794 BStBl 2009 I S. 74	3, 93a, 146, 278, 376 19, 51, 60, 62, 285, 289, 291, Anlage	25. 12. 2008 1. 1. 2009
107	Gesetz zur Modernisierung und Entbürokratisierung des Steuerverfahrens (Steuerbürokratieabbaugesetz)	20. 12. 2008	BGBl. 2008 I S. 2850 BStBl 2009 I S. 124	18, 88, 138, 150, 165, 181, 363	1. 1. 2009
108	Gesetz zur Fortführung der Gesetzeslage 2006 bei der Entfernungspauschale	20. 4. 2009	BGBl. 2009 I S. 774 BStBl 2009 I S. 536	55	24. 4. 2009
109	Bilanzrechtsmodernisierungsgesetz (BilMoG)	25. 5. 2009	BGBl. 2009 I S. 1102 BStBl 2009 I S. 650	141	29. 5. 2009
110	Gesetz zur Reform des Kontopfändungsschutzes (KtoPfSchRefG)	7. 7. 2009	BGBl. 2009 I S. 1707 BStBl 2009 I S. 872	309 Abs. 3, 314 Abs. 4, 316 Abs. 1 Nr. 3, 316 Abs. 1 Nr. 4 und 5 309 Abs. 3 316 Abs. 1 Nr. 4	1. 7. 2010 1. 1. 2012
111	Gesetz zur Reform der Sachaufklärung in der Zwangsvollstreckung (ZwVollstrAufklRefG)	29. 7. 2009	BGBl. 2009 I S. 2258 BStBl 2009 I S. 878	284, 326, 334,	1. 1. 2013
112	Gesetz zur Bekämpfung der Steuerhinterziehung (StHintBekG)	29. 7. 2009	BGBl. 2009 I S. 2302 BStBl 2009 I S. 826	90 Abs. 2, 147a, 162 Abs. 2, 193	1. 8. 2009

lfd. Nr.	Änderndes Gesetz	Datum	Fundstelle	betroffene §§	Inkrafttreten
113	Gesetz über die Internetversteigerung in der Zwangsvollstreckung und zur Änderung anderer Gesetze (InternetZwVollstrG)	30. 7. 2009	BGBl. 2009 I S. 2474 BStBl 2009 I S. 871	296, 298, 299, 301, 341	5. 8. 2009
114	Jahressteuergesetz 2010 (JStG 2010)	8. 12. 2010	BGBl. 2010 I S. 1768 BStBl I 2010, S. 1394	2, 3, 31b, 55, 58, 146, 170, 289, 299, 370, 379	14. 12. 2010
115	Zweites Gesetz zur erbrechtlichen Gleichstellung nichtehelicher Kinder, zur Änderung der Zivilprozessordnung und der Abgabenordnung (ErbGleichG 2)	12. 4. 2011	BGBl. 2011 I S. 615	314	16. 4. 2011
116	Schwarzgeldbekämpfungsgesetz (SchwarzGBekG)	28. 4. 2011	BGBl. 2011 I S. 676 BStBl 2011 I S. 495	371, 378, 398a	3. 5. 2011
117	Steuervereinfachungsgesetz 2011 (StVereinfG 2011)	1. 11. 2011	BGBl. 2011 I S. 2131 BStBl 2011 I S. 986	87a, 89, 138, 149, 150, 233a	5. 11. 2011
				93, 270, 273, 279	1. 1. 2012
118	Beitreibungsrichtlinie-Umsetzungsgesetz (BeitrRLUmsG)	7. 12. 2011	BGBl. 2011 I S. 2592 BStBl 2011 I S. 1171	370	14. 12. 2011
119	Gesetz zur Optimierung der Geldwäscheprävention	22. 12. 2011	BGBl. 2011 I S. 2959 BStBl 2012 I S. 3	31b	29. 12. 2011
120	Gesetz zur Änderung von Vorschriften über Verkündung und Bekanntmachungen sowie der Zivilprozessordnung, des Gesetzes betreffend die Einführung der Zivilprozessordnung und der Abgabenordnung	22. 12. 2011	BGBl. 2011 I S. 3044	360	1. 4. 2012
				284	1. 1. 2013

ERSTER TEIL
EINLEITENDE VORSCHRIFTEN (§§ 1–32)

ERSTER ABSCHNITT
Anwendungsbereich (§§ 1–2)

§ 1 Anwendungsbereich

AO
S 0100

(1) ¹Dieses Gesetz gilt für alle Steuern einschließlich der Steuervergütungen, die durch Bundesrecht oder Recht der Europäischen Gemeinschaften geregelt sind, soweit sie durch Bundesfinanzbehörden oder durch Landesfinanzbehörden verwaltet werden. ²Es ist nur vorbehaltlich des Rechts der Europäischen Gemeinschaften anwendbar.

(2) Für die Realsteuern gelten, soweit ihre Verwaltung den Gemeinden übertragen worden ist, die folgenden Vorschriften dieses Gesetzes entsprechend:
1. die Vorschriften des Ersten, Zweiten und Vierten Abschnitts des Ersten Teils (Anwendungsbereich, steuerliche Begriffsbestimmungen, Steuergeheimnis),
2. die Vorschriften des Zweiten Teils (Steuerschuldrecht),
3. die Vorschriften des Dritten Teils mit Ausnahme der §§ 82 bis 84 (Allgemeine Verfahrensvorschriften),
4. die Vorschriften des Vierten Teils (Durchführung der Besteuerung),
5. die Vorschriften des Fünften Teils (Erhebungsverfahren),
6. die §§ 351 und 361 Abs. 1 Satz 2 und Abs. 3,
7. die Vorschriften des Achten Teils (Straf- und Bußgeldvorschriften, Straf- und Bußgeldverfahren).

(3) ¹Auf steuerliche Nebenleistungen sind die Vorschriften dieses Gesetzes vorbehaltlich des Rechts der Europäischen Gemeinschaften sinngemäß anzuwenden. ²Der Dritte bis Sechste Abschnitt des Vierten Teils gilt jedoch nur, soweit dies besonders bestimmt wird.

Anwendungserlass zur Abgabenordnung

AEAO
1

Zu § 1 – Anwendungsbereich:
1. Der Anwendungsbereich beschränkt sich auf die Steuern einschließlich der Steuervergütungen. Die AO gilt auch für Steuererstattungen; diese sind als Umkehr der Steuerentrichtung bereits durch den Begriff der Steuer in den Anwendungsbereich mit einbezogen (§ 37 Abs. 1).
2. Für die von den Finanzbehörden verwalteten, durch Bundesrecht geregelten übrigen öffentlich-rechtlichen Abgaben, Prämien und Zulagen wird die Geltung der AO durch die jeweiligen Rechtsvorschriften bestimmt. Dies gilt insbesondere für die Wohnungsbauprämien, Eigenheimzulagen, Arbeitnehmer-Sparzulagen und die Investitionszulagen.
3. Die Vorschriften der AO sind grundsätzlich sinngemäß auch auf die steuerlichen Nebenleistungen (§ 3 Abs. 4) anzuwenden. Ausgenommen sind die Bestimmungen über die Festsetzung, Außenprüfung, Steuerfahndung und Steueraufsicht in besonderen Fällen (§§ 155 bis 217), soweit sie nicht ausdrücklich für anwendbar erklärt worden sind (§ 155 Abs. 3 Satz 2, § 156 Abs. 2).
4. Die AO ist auch für die Angelegenheiten anzuwenden, die nicht unmittelbar der Besteuerung dienen, aber aufgrund der Verwaltungskompetenz für diese Steuern in den Zuständigkeitsbereich der Finanzbehörden fallen (z. B. Erteilung von Bescheinigungen in Steuersachen, Ausstellung von Einkommensbescheinigungen für nichtsteuerliche Zwecke).
5. Wegen der Anwendung der AO bei der Leistung von Rechts- und Amtshilfe wird auf die §§ 111 ff. hingewiesen.

§ 2 Vorrang völkerrechtlicher Vereinbarungen

(1) Verträge mit anderen Staaten im Sinne des Artikels 59 Abs. 2 Satz 1 des Grundgesetzes über die Besteuerung gehen, soweit sie unmittelbar anwendbares innerstaatliches Recht geworden sind, den Steuergesetzen vor.

(2) ¹Das Bundesministerium der Finanzen wird ermächtigt, zur Sicherung der Gleichmäßigkeit der Besteuerung und zur Vermeidung einer Doppelbesteuerung oder doppelten Nichtbesteuerung mit Zustimmung des Bundesrates Rechtsverordnungen zur Umsetzung von Konsultationsvereinbarungen zu erlassen. ²Konsultationsvereinbarungen nach Satz 1 sind einvernehmliche Vereinbarungen der zuständigen Behörden der Vertragsstaaten eines Doppelbesteuerungsabkommens mit dem Ziel, Einzelheiten der Durchführung eines solchen Abkommens zu regeln, insbesondere Schwierigkeiten oder Zweifel, die bei der Auslegung oder Anwendung des jeweiligen Abkommens bestehen, zu beseitigen.

ZWEITER ABSCHNITT
Steuerliche Begriffsbestimmungen (§§ 3–15)

§ 3 Steuern, steuerliche Nebenleistungen

(1) Steuern sind Geldleistungen, die nicht eine Gegenleistung für eine besondere Leistung darstellen und von einem öffentlich-rechtlichen Gemeinwesen zur Erzielung von Einnahmen allen auferlegt werden, bei denen der Tatbestand zutrifft, an den das Gesetz die Leistungspflicht knüpft; die Erzielung von Einnahmen kann Nebenzweck sein.

(2) Realsteuern sind die Grundsteuern und die Gewerbesteuer.

(3) Einfuhr- und Ausfuhrabgaben nach Artikel 4 Nr. 10 und 11 des Zollkodexes sind Steuern im Sinne dieses Gesetzes.

(4) Steuerliche Nebenleistungen sind Verzögerungsgelder (§ 146 Abs. 2b), Verspätungszuschläge (§ 152), Zuschläge gemäß § 162 Abs. 4, Zinsen (§§ 233 bis 237), Säumniszuschläge (§ 240), Zwangsgelder (§ 329) und Kosten (§§ 89, 178, 178a und §§ 337 bis 345) sowie Zinsen im Sinne des Zollkodexes und Verspätungsgelder nach § 22a Absatz 5 des Einkommensteuergesetzes.

(5) ¹Das Aufkommen der Zinsen auf Einfuhr- und Ausfuhrabgaben im Sinne des Artikels 4 Nr. 10 und 11 des Zollkodexes steht dem Bund zu. ²Das Aufkommen der übrigen Zinsen steht den jeweils steuerberechtigten Körperschaften zu. ³Das Aufkommen der Kosten im Sinne des § 89 steht jeweils der Körperschaft zu, deren Behörde für die Erteilung der verbindlichen Auskunft zuständig ist. ⁴Das Aufkommen der Kosten im Sinne des § 178a steht dem Bund und den jeweils verwaltenden Körperschaften je zur Hälfte zu. ⁵Die übrigen steuerlichen Nebenleistungen fließen den verwaltenden Körperschaften zu.

AEAO — Anwendungserlass zur Abgabenordnung

1 Zu § 3 – Steuern, steuerliche Nebenleistungen:

Steuerliche Nebenleistungen sind keine Steuern. Sie sind in § 3 Abs. 4 abschließend aufgezählt. Wegen der Anwendung der AO auf steuerliche Nebenleistungen wird auf § 1 hingewiesen.

Rsp — Rechtsprechung

2 BVerfG vom 6. 11. 1984 – 2 BvL 19/83, 2 BvL 20/83, 2 BvR 363/83, 2 BvR 491/83 (BStBl 1984 II S. 858)

Der Steuerbegriff des Art. 105 ff. GG umfasst nur Abgaben, die dem Staat endgültig zufließen. Abgaben, deren Rückzahlung von vornherein vorgesehen ist (sogenannte Zwangsanleihen), sind keine Steuern im Sinne der Verfassung.

§ 4   Gesetz

Gesetz ist jede Rechtsnorm.

Anwendungserlass zur Abgabenordnung

Zu § 4 – Gesetz:

Bei der Auslegung von Steuergesetzen gelten die allgemeinen Auslegungsregeln und damit auch die wirtschaftliche Betrachtungsweise, so wie sie ihren Niederschlag in der Rechtsprechung gefunden hat (vgl. BVerfG vom 24. 1. 1962 – 1 BvR 232/60 – BStBl 1962 I S. 506).

Hinweise

Treu und Glauben im Steuerrecht

(Finanzministerium Nordrhein-Westfalen, Erlass vom 1. 5. 1997 – S 0111 I –)

Die Anwendbarkeit des Grundsatzes von Treu und Glauben im Steuerrecht ist, obwohl dies – anders als im BGB (§ 242) – nicht ausdrücklich normiert ist, uneingeschränkt anerkannt (BFH vom 8. 2. 96, DStR 1996 S. 1201; BFH vom 9. 8. 89, BStBl II S. 990; BFH vom 8. 2. 95, BStBl II S. 764; von Groll, Treu und Glauben im Steuerrecht, in: FR 1995 S. 814).

Er bringt keine Steueransprüche zum Entstehen (§ 38 AO) oder Erlöschen (§ 47 AO); er kann allenfalls ein konkretes Steuerrechtsverhältnis modifizieren und verhindern, daß eine Forderung oder ein Recht geltend gemacht werden kann. Insoweit gebietet der Grundsatz von Treu und Glauben, daß im Steuerrechtsverhältnis jeder auf die berechtigten Belange des anderen Teils angemessen Rücksicht nimmt und sich mit seinem eigenen früheren Verhalten nicht in Widerspruch setzt (venire contra proprium factum).

Unabhängig davon wirkt der Grundsatz von Treu und Glauben ganz allgemein in der Weise auf die einzelnen Steuerrechtsverhältnisse ein, daß er zur Konkretisierung unbestimmter Rechtsbegriffe des einschlägigen Gesetzestatbestandes oder einer generalklauselartigen Regelung beitragen kann.

Der Grundsatz von Treu und Glauben wirkt rechtsbegrenzend aber lediglich innerhalb eines bestehenden Steuerschuldverhältnisses und erfordert deshalb Identität der Rechtssubjekte (BFH v. 5. 5. 93, BStBl II S. 817). Er bindet deshalb nur den einzelnen Steuerpflichtigen und die jeweils zuständige Behörde (BFH vom 3. 8. 93, BStBl 1994 II S. 561).

Entsprechend der verschiedenen Stadien der Rechtsverwirklichung wirkt der Grundsatz von Treu und Glauben in unterschiedlicher Weise:

1. Unmittelbare Einwirkung auf den Steueranspruch

Im Bereich des materiellen Steuerrechts kann der Grundsatz von Treu und Glauben die Geltendmachung eines konkreten Rechts hindern. Dies kann im Hinblick auf den Grundsatz der Gleichmäßigkeit der Besteuerung (§ 85 AO) nur in eng begrenzten Ausnahmefällen Anwendung finden, so unter dem Gesichtspunkt der

a) Verwirkung, die neben dem reinen „Zeitmoment" auch ein „Umstandsmoment" voraussetzt (grundlegend: BFH vom 8. 10. 86, BStBl 1987 II S. 12; BFH vom 24. 6. 88, BFH/NV 1989 S. 351) oder

b) in besonders gelagerten Ausnahmefällen, wie etwa der Durchsetzung
   – eines Erstattungsanspruchs (§ 37 Abs. 2 AO; BFH vom 17. 6. 92, BStBl 1993 II S. 174),
   – eines Zinsanspruchs (§§ 3 Abs. 2, 37 Abs. 1, 233a ff. AO) oder
   – eines Haftungsanspruchs (§§ 37 Abs. 1, 191 Abs. 1 AO; BFH vom 23. 10. 92, BStBl 1993 II S. 844).

Häufig aktualisieren sich die Grundsätze von Treu und Glauben im Ermessensbereich, insbesondere durch Selbstbindung der Finanzverwaltung (BFH vom 28. 4. 92, BFH/NV 1993 S. 573; BFH vom 23. 6. 93, BFH/NV 1994 S. 517).

2. Bei der Konkretisierung der Ansprüche durch Verwaltungsakt

Auch bei der Umsetzung abgabenrechtlicher Ansprüche durch Steuerverwaltungsakte kann der Grundsatz von Treu und Glauben eingreifen:

a) Dem Erlaß, der Aufhebung oder der Änderung eines Steuerverwaltungsaktes kann eine verbindliche Zusage der zuständigen Finanzbehörde entgegenstehen, deren Verbindlichkeit aus Treu und Glauben hergeleitet wird (vgl. BFH vom 5. 10. 90, BStBl 1991 II S. 45; BFH vom 29. 10. 87, BStBl 1988 II S. 121).

b) Der Grundsatz von Treu und Glauben kann einem Antrag auf Feststellung der Nichtigkeit eines Steuerverwaltungsaktes gem. § 125 Abs. 5 AO entgegenstehen, wenn der Antragsteller die Nichtigkeit mit zu verantworten hat (BFH vom 17. 6. 1992, BStBl 1993 II S. 174).

c) Auch bei der Korrektur von Steuerverwaltungsakten findet der Grundsatz von Treu und Glauben Anwendung:

So ist im Rahmen des § 173 Abs. 1 Nr. 1 AO trotz später bekannt gewordener Tatsachen oder Beweismittel eine denselben Sachverhalt betreffende Änderung des Steuerbescheids treuwidrig, wenn das Finanzamt trotz bekannter Zweifel an der Richtigkeit der Besteuerungsgrundlagen endgültig veranlagt hat (BFH vom 27. 10. 92, BStBl 1993 II S. 569; BFH vom 18. 3. 88, BFH/NV 1990 S. 1).

Andererseits verstößt es gegen das aus den Grundsätzen von Treu und Glauben abgeleitete Verbot widersprüchlichen Verhaltens, wenn ein Steuerpflichtiger aufgrund einer Rechtsprechungsänderung die Aufhebung eines ihn belastenden Verwaltungsaktes fordert und erreicht und später geltend macht, er habe auf die Anwendung der früheren Rechtsprechung vertraut und sei nicht bereit, die für ihn negativen Folgen der Rechtsprechung im Rahmen einer Änderung nach § 174 Abs. 4 und 5 AO hinzunehmen (BFH vom 8. 2. 95, BStBl II S. 764).

Die Berufung auf Treu und Glauben kann aber regelmäßig nicht dazu führen,

- die in § 164 Abs. 2 AO eröffneten Korrekturmöglichkeiten zu beschneiden (BFH vom 14. 9. 94, BFH/NV 1995 S. 369),
- die richtigen steuerlichen Folgerungen gem. § 174 Abs. 4 AO nach der zuvor vom Finanzamt vertretenen Rechtsansicht zu bestimmen (BFH vom 21. 10. 93, BStBl 1994 II S. 385),
- die in § 175 Abs. 1 Satz 1 Nr. 1 AO geregelte Anpassungspflicht zu modifizieren (BFH vom 4. 11. 92, BFH/NV 1993 S. 454).

Soweit die Modalitäten bei Durchführung der gesetzlich angeordneten Korrektur betroffen sind, wird dem Grundsatz von Treu und Glauben bereits weitgehend durch die §§ 176 und 177 AO Rechnung getragen.

3. Bedeutung im Verfahrensrecht

Der Grundsatz von Treu und Glauben gilt auch im Bereich des Verfahrens- und des Prozeßrechts.

a) Das bereits angesprochene (vgl. 2. c), die Durchsetzung von Ansprüchen aus dem Steuerschuldverhältnis von der Entstehung bis zum Erlöschen kennzeichnende Zusammenspiel von Sachaufklärungspflicht der Finanzbehörde und Mitwirkungspflicht des Steuerpflichtigen besonders in Schätzungsfällen hat zur Anerkennung der sog. „Tatsächlichen Verständigung" geführt, die aus Treu und Glauben gerechtfertigt und an den Kriterien dieses allgemeinen Rechtsgrundsatzes gemessen wird (vgl. BFH vom 28. 11. 90, BStBl 1992 II S. 510).

b) Weiterhin kann die verfahrensrechtliche Position eines Beteiligten in Fällen des Rechtsmißbrauchs oder in Fällen der Verletzung prozessualer Mitverantwortung für einen bestimmten Zustand beeinträchtigt werden (von Groll, a. a. O.). Zu dieser Fallgruppe gehören:

- der Verlust der Klagebefugnis desjenigen, der den Rechtsmangel des Verwaltungsakts, den er angreift, in maßgeblicher Weise mitverantwortet hat (BFH vom 17. 6. 92, BStBl 1993 II S. 174),
- die Unzulässigkeit einer unter Berufung auf § 46 FGO erhobenen Klage, die unzweifelhaft der Prozeßverschleppung dient (BFH vom 8. 5. 92, BStBl II S. 673),
- die Beachtung des Grundsatzes, daß der Beweisverderber aus seinem Tun keinen verfahrensrechtlichen Vorteil ziehen darf (BFH vom 15. 2. 89, BStBl II S. 462).

In diesem Zusammenhang ist darauf hinzuweisen, daß auch Zusagen auf Vornahme bestimmter Verfahrenshandlungen bindend sein können, so z. B. die Zusage auf Rücknahme einer Klage (BFH vom 21. 3. 95, BFH/NV 1995 S. 994). Bezugspunkt des Vertrauensschutzes ist hier regelmäßig nicht die Verwirklichung eines Steuertatbestandes, sondern die Aufgabe eines verfahrensrechtlichen Besitzstandes. Das Vertrauen hierauf wird aber ebenfalls durch den Grundsatz von Treu und Glauben geschützt (BFH vom 22. 8. 90, BFH/NV 1991 S. 572).

Rechtsprechung

BFH vom 20. 10. 1983 – IV R 175/79 (BStBl 1984 II S. 221) 3

Lücken in den Steuergesetzen können unter gewissen Voraussetzungen auch durch Analogieschluß mit steuerverschärfender Wirkung gefüllt werden. Das Gebot der Rechtssicherheit wird hierdurch nicht verletzt.

BFH vom 8. 2. 1985 – III R 62/84 (BStBl 1985 II S. 319) 4

Allgemeine Verwaltungsanweisungen sind Ausdruck der Rechtsmeinung der Verwaltung; sie hindern die Gerichte nicht, das Gesetz hiervon abweichend auszulegen und ihm auch eine für den Steuerpflichtigen ungünstigere Auslegung zu geben. Art. 3 GG gebietet nicht, im Hinblick auf die günstigere Rechtsanwendung in der Vergangenheit von einer verschärfenden Auslegung für die noch nicht bestandskräftigen Fälle Abstand zu nehmen. Die Finanzbehörden können allerdings gehalten sein, auftretende Härten durch geeignete Billigkeitsmaßnahmen zu beseitigen.

BFH vom 27. 7. 1988 – I R 68/84 (BStBl 1989 II S. 57) 5

1. ...

2. Das FA ist nur dann an eine von ihm abgegebene Zusage gebunden, wenn der Steuerpflichtige den Sachverhalt in seinen entscheidungserheblichen Teilen objektiv vollständig und richtig dargelegt hat.[1)]

BFH vom 21. 10. 1999 – I R 68/98 (HFR 2000 S. 517) 6

1. Ein Steuerpflichtiger hat grundsätzlich einen Rechtsanspruch darauf, nach allgemeinen Verwaltungsanweisungen besteuert zu werden, die eine auf Erfahrungen der Verwaltung beruhende Schätzung zum Inhalt haben, es sei denn, dass die Anwendung der Schätzungsrichtlinie im Regelfall oder im Einzelfall offensichtlich zu falschen Ergebnissen führt.

2. Für die Auslegung von Verwaltungsanweisungen ist maßgebend, wie die Verwaltung sie verstanden hat und verstanden wissen wollte und wie sie dementsprechend verfahren ist (Anschluß an BFH-Urteil vom 27. Oktober 1978 VI R 8/76, BFHE 126, 217, BStBl II 1979, 54, HFR 1979, 45).

BFH vom 21. 6. 2001 – V R 33/99 (HFR 2001 S. 1182) 7

Äußerungen, tatsächliche und rechtliche Feststellungen in einem Prüfungsbericht sind für die Veranlagungsstelle nicht verbindlich.

BFH vom 29. 3. 2007 – IV R 14/05 (BStBl 2007 II S. 816) 8

Aus den Gründen:

Norminterpretierende Verwaltungsanweisungen, die die gleichmäßige Auslegung und Anwendung des Rechts sichern sollen, können im Allgemeinen weder eine einer Rechtsverordnung vergleichbare Bindung aller Rechtsanwender noch eine Bindung nach dem Grundsatz von Treu und Glauben herbeiführen. Eine von den Gerichten zu beachtende Selbstbindung der Verwaltung besteht lediglich ausnahmsweise in dem Bereich der ihr vom Gesetz eingeräumten Entscheidungsfreiheit; also im Bereich des Ermessens, der Billigkeit (z. B. bei Änderung der Rechtsprechung) und der Typisierung oder Pauschalierung (vgl. BFH-Urteile vom 26. 4. 1995, BStBl 1995 II S. 754, und vom 7. 12. 2005, HFR 2006 S. 175).

BFH vom 30. 7. 2008 – II R 40/06 (BFH/NV 2008 S. 2060) 9

Eine Selbstbindung der Verwaltung kommt nur im Rahmen der Anwendung von Ermessensvorschriften, nicht aber im Bereich der gebundenen Verwaltung in Betracht. Art. 3 Abs. 1 GG gewährt keinen Anspruch auf Beibehaltung einer rechtswidrigen Verwaltungspraxis (vgl. BVerwG-Urteil vom 10. 12. 1969 VIII C 104.69).

BVerfG vom 15. 10. 2008 – 1 BvR 1138/06 (HFR 2009 S. 187) 10

Es widerspricht nicht dem Grundsatz der Gewaltenteilung, wenn der Gesetzgeber eine Rspr. auf der Grundlage der früher bestehenden Gesetzeslage, die er nicht für sachgerecht hält, durch eine Gesetzesänderung korrigiert.

[1)] Vgl. auch BFH vom 16. 3. 1983 (BStBl 1983 II S. 459).

11 **BFH vom 23. 2. 2010 – VII R 19/09 (BStBl 2010 II S. 729)**

1. ...
2. Auch aus Treu und Glauben ergibt sich kein Informationsanspruch gegen das Finanzamt, wenn die Auskunft nicht der Wahrnehmung von Rechten im Besteuerungsverfahren dienen kann.

12 **BFH vom 7. 10. 2010 – V R 17/09 (HFR 2011 S. 576)**

Aus den Gründen:
1. Die Verdrängung gesetzten Rechts durch den Grundsatz von Treu und Glauben kann nur in besonders liegenden Fällen in Betracht kommen, in denen das Vertrauen des Steuerpflichtigen in ein bestimmtes Verhalten der Verwaltung nach allgemeinem Rechtsgefühl in einem so hohen Maß schutzwürdig ist, dass demgegenüber die Grundsätze der Gesetzmäßigkeit der Verwaltung zurücktreten müssen. In diesem Zusammenhang verlangt der Grundsatz von Treu und Glauben einen Vertrauenstatbestand, aufgrund dessen der Steuerpflichtige disponiert hat.
2. Der Vertrauenstatbestand besteht in einer bestimmten Position oder einem bestimmten Verhalten des einen Teils, aufgrund dessen der andere bei objektiver Beurteilung annehmen konnte, jener werde an seiner Position oder seinem Verhalten konsequent und auf Dauer festhalten. Die Anwendung des Grundsatzes von Treu und Glauben setzt nach der Rechtsprechung des BFH regelmäßig voraus, dass sich der Steuerpflichtige und die Verwaltungsbehörde als Partner eines konkreten Rechtsverhältnisses (§§ 33 ff. AO) gegenüberstehen. Eine solche Vertrauenssituation kann der Steuerpflichtige selbst durch die Erteilung einer verbindlichen Zusage oder Auskunft des FA herbeiführen; daran fehlt es im Streitfall.
3. Bei einer durch die Rechtsprechung noch nicht geklärten Rechtslage liegt demgegenüber kein Vertrauenstatbestand vor. Ein Vertrauenstatbestand ergibt sich daher nicht bereits aus einem „Verwaltungsunterlassen". Es reicht deshalb nicht aus, dass die Finanzverwaltung einen bestimmten Sachverhalt über einen längeren Zeitraum bisher nicht als steuerpflichtig aufgegriffen hat.
4. Auch dass im Rahmen von mehreren Außenprüfungen die von der Klägerin angenommene Steuerfreiheit nicht beanstandet wurde, begründet keinen nach Treu und Glauben zu beachtenden Vertrauenstatbestand. Denn nach den Grundsätzen der Abschnittsbesteuerung ergibt sich allein aus der früheren, auch aufgrund von Außenprüfungen vorgenommenen Beurteilung keine Bindung des FA für die Zukunft.
5. Nach ständiger Rechtsprechung vermittelt Art. 3 GG keinen Anspruch auf Anwendung einer rechtswidrigen Verwaltungspraxis.

13 **BFH vom 30. 3. 2011 – XI R 30/09 (BStBl 2011 II S. 613)**

1. Ändert sich die einer unverbindlichen Auskunft zugrunde liegende Rechtslage, ist das Finanzamt nach Treu und Glauben gehindert, einen der geänderten Rechtslage entsprechenden erstmaligen Umsatzsteuerbescheid zu erlassen, es sei denn, es hat anderweitig einen Vertrauenstatbestand geschaffen.
2. Das Finanzamt schafft in der Regel nicht dadurch einen Vertrauenstatbestand, dass es nach Änderung der einer unverbindlichen Auskunft zugrunde liegenden Rechtslage einen entsprechenden Hinweis an den Steuerpflichtigen unterlässt.

14 **BFH vom 5. 5. 2011 – V R 45/09 (HFR 2011 S. 1236)**

Verwirkung setzt ein bestimmtes Verhalten der Finanzbehörde voraus, aufgrund dessen der Steuerpflichtige bei objektiver Betrachtung annehmen darf, dass die Behörde den Anspruch nicht oder nicht mehr geltend macht, wofür es auf ein Zeitmoment und ein Umstandsmoment ankommt. Während für das Zeitmoment bereits eine längere Untätigkeit des Anspruchsberechtigten genügen kann, setzt das Umstandsmoment ein bestimmtes Verhalten des Anspruchsberechtigten und einen hierdurch ausgelösten Vertrauenstatbestand beim Verpflichteten voraus.

§ 5 Ermessen

Ist die Finanzbehörde ermächtigt, nach ihrem Ermessen zu handeln, hat sie ihr Ermessen entsprechend dem Zweck der Ermächtigung auszuüben und die gesetzlichen Grenzen des Ermessens einzuhalten.

Anwendungserlass zur Abgabenordnung

Zu § 5 – Ermessen:

1. Bei der Ausübung des Ermessens sind nicht nur die in einzelnen gesetzlichen Bestimmungen vorgeschriebenen Voraussetzungen, sondern auch die Grundsätze der Gleichmäßigkeit der Besteuerung, der Verhältnismäßigkeit der Mittel, der Erforderlichkeit, der Zumutbarkeit, der Billigkeit und von Treu und Glauben sowie das Willkürverbot und das Übermaßverbot zu beachten. Verwaltungsvorschriften, die die Ausübung des Ermessens regeln, sind für die Finanzbehörden bindend.
2. Wegen der Begründung von Ermessensentscheidungen wird auf § 121, wegen Rücknahme und Widerruf auf §§ 130 und 131 hingewiesen.

Rechtsprechung

BFH vom 23. 7. 1985 – VIII R 197/84 (BStBl 1986 II S. 36)

Allgemeine Verwaltungsanweisungen eines Landes können keine Selbstbindung des Ermessens der Verwaltung eines anderen Landes bewirken.

BFH vom 26. 3. 1991 – VII R 15/89 (BStBl 1991 II S. 552)

Die Ablehnung einer nach § 130 Abs. 1 AO beantragten Zurücknahme eines rechtswidrigen bestandskräftigen Verwaltungsakts ist in der Regel dann ermessensfehlerfrei, wenn der Betroffene zur Begründung seines Antrags nur solche Umstände vorträgt, die er bei fristgerechter Einlegung des statthaften Rechtsmittels im Rechtsbehelfsverfahren vorzubringen in der Lage gewesen wäre.

BFH vom 13. 1. 2000 – VII R 91/98 (BStBl 2000 II S. 246)

1. Rechnet das Finanzamt eine bei Fälligkeit nicht entrichtete Steuerforderung gegen eine damals bereits entstandene Erstattungsforderung des Steuerpflichtigen auf, bleiben in der Zeit bis zum Fälligwerden der Erstattungsforderung entstandene Säumniszuschläge bestehen (s. jetzt § 240 Abs. 1 Satz 5 AO i. d. F. des StBereinG 1999).
2. Der Steuerpflichtige hat keinen Anspruch auf ermessensfehlerfreie Entscheidung über den Abschluss eines Verrechnungsvertrages über noch nicht fällige Erstattungsansprüche.

BFH vom 25. 10. 2007 – VIII B 41/07 (BFH/NV 2008 S. 189)

Es ist höchstrichterlich geklärt, dass jede Behörde bei der Ausübung ihres Ermessens den Grundsatz der Verhältnismäßigkeit zu berücksichtigen hat. Der Grundsatz der Verhältnismäßigkeit ist mit Verfassungsrang ausgestattet und bei der Auslegung und Anwendung der Normen des sog. einfachen Rechts zu beachten (vgl. Beschluss des Bundesverfassungsgerichts vom 9. November 1976 2 BvL 1/76, BVerfGE 43, 101, 106). Der Grundsatz besagt, dass das eingesetzte Mittel geeignet und erforderlich sein muss, um den erstrebten Zweck zu erreichen (BFH-Urteil vom 24. September 1991 VII R 34/90, BStBl II 1992, 57, m. w. N.).

BFH vom 1. 7. 2008 – II R 2/07 (BStBl 2008 II S. 897)

Aus den Gründen:

Fehlt die erforderliche Begründung einer Ermessensentscheidung und wird sie auch nicht in zulässiger Form nachgeholt, ist der gegen den Bedachten ergangene Steuerbescheid bereits aus diesem Grund rechtswidrig und aufzuheben.

Die Vorschrift des § 102 Satz 2 FGO gestattet es der Finanzbehörde nur, bereits angestellte oder dargestellte Ermessenserwägungen zu vertiefen, zu verbreitern oder zu verdeutlichen. Die Finanzbehörde ist dagegen nicht befugt, Ermessenserwägungen im finanzgerichtlichen Verfahren erstmals anzustellen, die Ermessensgründe auszuwechseln oder vollständig nachzuholen.

BFH vom 30. 7. 2008 – II R 40/06 (BFH/NV 2008 S. 2060)

Eine Selbstbindung der Verwaltung kommt nur im Rahmen der Anwendung von Ermessensvorschriften, nicht aber im Bereich der gebundenen Verwaltung in Betracht. Art. 3 Abs. 1 GG gewährt keinen Anspruch auf Beibehaltung einer rechtswidrigen Verwaltungspraxis (vgl. BVerwG-Urteil vom 10. 12. 1969 VIII C 104.69).

8 BFH vom 12. 2. 2009 – VI R 40/07 (BStBl 2009 II S. 478)

1. Liegt eine vorsätzlich begangene Steuerstraftat vor, ist das Auswahlermessen des FA insoweit vorgeprägt, als die Haftungsschuld gegen den Steuerstraftäter festzusetzen ist und dass es einer besonderen Begründung dieser Ermessensbetätigung nicht bedarf.

2. Diese Vorprägung des Ermessens gilt insbesondere auch dann, wenn sich mehrere Haftungsschuldner einer Steuerhinterziehung schuldig gemacht haben und deshalb bei der Ausübung des Auswahlermessens grundsätzlich gleichrangig nebeneinander stehen.

3. Der jeweils betroffene Haftungsschuldner kann in diesem Fall nicht beanspruchen, dass das FA bei der Ermessensausübung in einer Weise differenziert, dass andere Haftungsschuldner abgabenrechtlich in Anspruch genommen werden, er selbst hingegen nicht.

9 BFH vom 14. 5. 2009 – IV R 27/06 (BStBl 2009 II S. 881)

1. Der Steuerpflichtige hat einen Anspruch auf die im pflichtgemäßen Ermessen der Finanzbehörde stehende Gewährung einer Steuervergünstigung nach § 3 Abs. 1 ZRFG, wenn die Finanzverwaltung in einschlägigen Verwaltungsanweisungen eine dahingehende Selbstbindung eingegangen ist.

...

10 BFH vom 13. 1. 2011 – V R 43/09 (BStBl 2011 II S. 610)

Das FG darf Verwaltungsanweisungen nicht selbst auslegen, sondern nur darauf überprüfen, ob die Auslegung durch die Behörde möglich ist.

§ 6 Behörden, Finanzbehörden

(1) Behörde ist jede Stelle, die Aufgaben der öffentlichen Verwaltung wahrnimmt.

(2) Finanzbehörden im Sinne dieses Gesetzes sind die folgenden im Gesetz über die Finanzverwaltung genannten Bundes- und Landesfinanzbehörden:[1)]

1. das Bundesministerium der Finanzen und die für die Finanzverwaltung zuständigen obersten Landesbehörden als oberste Behörden,
2. die Bundesmonopolverwaltung für Branntwein und das Bundeszentralamt für Steuern als Bundesoberbehörden,
3. Rechenzentren als Landesoberbehörden,
4. die Bundesfinanzdirektionen, die Oberfinanzdirektionen und das Zollkriminalamt als Mittelbehörden,
4a. die nach dem Finanzverwaltungsgesetz oder nach Landesrecht an Stelle einer Oberfinanzdirektion eingerichteten Landesfinanzbehörden,
5. die Hauptzollämter einschließlich ihrer Dienststellen, die Zollfahndungsämter, die Finanzämter und die besonderen Landesfinanzbehörden als örtliche Behörden und
6. Familienkassen,
7. die zentrale Stelle im Sinne des § 81 des Einkommensteuergesetzes und
8. die Deutsche Rentenversicherung Knappschaft-Bahn-See/Verwaltungsstelle Cottbus (§ 40a Abs. 6 des Einkommensteuergesetzes).

§ 7 Amtsträger

Amtsträger ist, wer nach deutschem Recht
1. Beamter oder Richter (§ 11 Abs. 1 Nr. 3 des Strafgesetzbuchs) ist,
2. in einem sonstigen öffentlich-rechtlichen Amtsverhältnis steht oder
3. sonst dazu bestellt ist, bei einer Behörde oder bei einer sonstigen Stelle oder in deren Auftrag Aufgaben der öffentlichen Verwaltung wahrzunehmen.

[1)] Wiedergegeben in Anhang 3.

Anwendungserlass zur Abgabenordnung

Zu § 7 – Amtsträger:

1. Der Begriff des Amtsträgers ist u. a. im Zusammenhang mit dem Steuergeheimnis (§ 30), der Haftungsbeschränkung (§ 32), der Ausschließung und Ablehnung von Personen in einem Verwaltungsverfahren (§§ 82 ff.) und bei der Selbstanzeige (§ 371 Abs. 2) von Bedeutung. Die Bestimmung entspricht § 11 Abs. 1 Nrn. 2 und 3 StGB.
2. Die in § 7 Nrn. 1 und 2 genannten Personen sind ohne Rücksicht auf Art und Inhalt der ausgeübten Tätigkeit Amtsträger.
3. Die in § 7 Nr. 3 aufgeführten Personen sind nur Amtsträger, soweit sie Aufgaben der öffentlichen Verwaltung wahrnehmen. Das sind Aufgaben, bei deren Erledigung Angelegenheiten der Gemeinwesen und ihrer Mitglieder unmittelbar gebietend, verbietend, entscheidend oder sonst wie handelnd innerhalb der gesetzlichen Grenzen wahrgenommen werden. Unter § 7 Nr. 3 fallen insbesondere Verwaltungsangestellte (z. B. Angestellte im Außenprüfungsdienst), soweit sie nicht lediglich als Hilfskräfte bei öffentlichen Aufgaben mitwirken (z. B. Registratur- und Schreibkräfte).

Anwendungserlass zur Abgabenordnung

Vor §§ 8, 9 – Wohnsitz, gewöhnlicher Aufenthalt:

1. Die Begriffe des Wohnsitzes (§ 8) bzw. des gewöhnlichen Aufenthaltes (§ 9) haben insbesondere Bedeutung für die persönliche Steuerpflicht natürlicher Personen (siehe § 1 EStG, § 2 ErbStG) oder für familienbezogene Entlastungen (z. B. Realsplitting nach § 10 Abs. 1 Nr. 1 EStG). Sie stellen allein auf die tatsächlichen Verhältnisse ab (BFH-Urteil vom 10. 11. 1978 – VI R 27/76 – BStBl II 1979 S. 335).

   Zwischenstaatliche Vereinbarungen enthalten dagegen z. T. Fiktionen, die den §§ 8, 9 vorgehen (z. B. Art. 14 des Protokolls über die Vorrechte und Befreiungen der Europäischen Gemeinschaften vom 08. 04. 1965; Artikel X des NATO-Truppenstatuts i. V. m. § 68 Abs. 4, § 73 des Zusatzabkommens zum NATO-Truppenstatut). Andere Abkommen enthalten persönliche Steuerbefreiungen (z. B. Wiener Übereinkommen vom 18. 4. 1961 über diplomatische Beziehungen und vom 24. 4. 1963 über konsularische Beziehungen). Für Auslandsbedienstete gelten traditionell Sonderregelungen zur Steuerpflicht (§ 1 Abs. 2 EStG). Teilweise ist auch die Höhe der Einkünfte Anknüpfungskriterium für den Umfang der Steuerpflicht (§ 1 Abs. 3 EStG).

   Der Begriff der Ansässigkeit im Sinne der DBA ist allein auf deren Anwendung (insbesondere hinsichtlich der Abkommensberechtigung und der Zuteilung der Besteuerungsrechte) beschränkt und hat keine Auswirkung auf die persönliche Steuerpflicht. Die deutsche unbeschränkte Steuerpflicht besteht daher auch dann, wenn der Steuerpflichtige je eine Wohnung bzw. einen gewöhnlichen Aufenthalt im Inland und im Ausland hat und nach dem anzuwendenden DBA im ausländischen Vertragsstaat ansässig ist (vgl. BFH-Urteil vom 04. 06. 1975 – I R 250/73 – BStBl II S. 708).

2. Auch wenn ein Steuerpflichtiger im Inland keinen Wohnsitz (§ 8) mehr hat, kann er hier noch seinen gewöhnlichen Aufenthalt (§ 9) haben.

§ 8 Wohnsitz

Einen Wohnsitz hat jemand dort, wo er eine Wohnung unter Umständen innehat, die darauf schließen lassen, dass er die Wohnung beibehalten und benutzen wird.

Anwendungserlass zur Abgabenordnung

Zu § 8 – Wohnsitz:

1. Die Frage des Wohnsitzes ist bei Ehegatten und sonstigen Familienangehörigen für jede Person gesondert zu prüfen. Personen können aber über einen Familienangehörigen einen Wohnsitz beibehalten. Ein Ehegatte, der nicht dauernd getrennt lebt, hat seinen Wohnsitz grundsätzlich dort, wo seine Familie lebt (BFH-Urteil vom 6. 2. 1985 – I R 23/82 – BStBl II S. 331). Ein ausländisches Kind, das im Heimatland bei Verwandten untergebracht ist und dort die Schule besucht,

hat grundsätzlich keinen Wohnsitz im Inland. Dies gilt auch dann, wenn es sich in den Schulferien bei seinen Eltern im Inland aufhält (BFH-Urteil vom 22. 4. 1994 – III R 22/92 – BStBl II S. 887).

2. Die bloße Absicht, einen Wohnsitz zu begründen oder aufzugeben, bzw. die An- und Abmeldung bei der Ordnungsbehörde entfalten allein keine unmittelbare steuerliche Wirkung (BFH-Urteil vom 14. 11. 1969 – III R 95/68 – BStBl 1970 S. 153). I.d.R. stimmen der bürgerlich-rechtliche, aufgrund einer Willenserklärung des Steuerpflichtigen von ihm selbst bestimmte Wohnsitz und der steuerlich maßgebende Wohnsitz überein. Deshalb können die An- und Abmeldung bei der Ordnungsbehörde im Allgemeinen als Indizien dafür angesehen werden, dass der Steuerpflichtige seinen Wohnsitz unter der von ihm angegebenen Anschrift begründet bzw. aufgegeben hat.

3. Mit Wohnung sind die objektiv zum Wohnen geeigneten Wohnräume gemeint. Es genügt eine bescheidene Bleibe. Nicht erforderlich ist eine abgeschlossene Wohnung mit Küche und separater Waschgelegenheit i. S. d. Bewertungsrechts.

4. Der Steuerpflichtige muss die Wohnung innehaben, d. h. er muss tatsächlich über sie verfügen können und sie als Bleibe nicht nur vorübergehend benutzen (BFH-Urteile vom 24. 4. 1964 – VI 236/62 U – BStBl III S. 462, und 6. 3. 1968 – I 38/65 – BStBl II 1968 S. 439). Es genügt, dass die Wohnung z. B. über Jahre hinweg jährlich regelmäßig zweimal zu bestimmten Zeiten über einige Wochen benutzt wird (BFH-Urteil vom 23. 11. 1988 – II R 139/87 – BStBl II 1989 S. 182). Anhaltspunkte dafür können die Ausstattung und Einrichtung sein; nicht erforderlich ist, dass sich der Steuerpflichtige während einer Mindestanzahl von Tagen oder Wochen im Jahr in der Wohnung aufhält (BFH-Urteil vom 19. 3. 1997 – I R 69/96 – BStBl II S. 447). Wer eine Wohnung von vornherein in der Absicht nimmt, sie nur vorübergehend (weniger als sechs Monate) beizubehalten und zu benutzen, begründet dort keinen Wohnsitz (BFH-Urteil vom 30. 8. 1989 – I R 215/85 – BStBl II S. 956). Auch gelegentliches Übernachten auf einem inländischen Betriebsgelände, in einem Büro u.ä. (sog. Schlafstelle) kann dort keinen Wohnsitz begründen (BFH-Urteil vom 6. 2. 1985 – I R 23/82 – BStBl II S. 331). Wer sich – auch in regelmäßigen Abständen – in der Wohnung eines Angehörigen oder eines Bekannten aufhält, begründet dort ebenfalls keinen Wohnsitz (BFH-Urteil vom 24. 10. 1969 – IV R 290/64 – BStBl II 1970 S. 109), sofern es nicht wie im Fall einer Familienwohnung oder der Wohnung einer Wohngemeinschaft gleichzeitig die eigene Wohnung ist.

5. Wer einen Wohnsitz im Ausland begründet und seine Wohnung im Inland beibehält, hat auch im Inland einen Wohnsitz im Sinne von § 8 (BFH-Urteil vom 4. 6. 1975 – I R 250/73 – BStBl II S. 708). Bei einem ins Ausland versetzten Arbeitnehmer ist ein inländischer Wohnsitz widerlegbar zu vermuten, wenn er seine Wohnung im Inland beibehält, deren Benutzung ihm möglich ist und die nach ihrer Ausstattung jederzeit als Bleibe dienen kann (BFH-Urteil vom 17. 5. 1995 – I R 8/94 – BStBl II 1996 S. 2). Das Innehaben der inländischen Wohnung kann nach den Umständen des Einzelfalles auch dann anzunehmen sein, wenn der Steuerpflichtige sie während eines Auslandsaufenthalts kurzfristig (bis zu sechs Monaten) vermietet oder untervermietet, um sie alsbald nach Rückkehr im Inland wieder zu benutzen. Zur Zuständigkeit in diesen Fällen siehe § 19 Abs. 1 Satz 2.

6. Ein Wohnsitz i. S. v. § 8 besteht nicht mehr, wenn die inländische Wohnung/die inländischen Wohnungen aufgegeben wird/werden. Das ist z. B. der Fall bei Kündigung und Auflösung einer Mietwohnung, bei nicht nur kurzfristiger Vermietung der Wohnung im eigenen Haus bzw. der Eigentumswohnung. Wird die inländische Wohnung zur bloßen Vermögensverwaltung zurückgelassen, endet der Wohnsitz mit dem Wegzug. Bloße Vermögensverwaltung liegt z. B. vor, wenn ein ins Ausland versetzter Steuerpflichtiger bzw. ein im Ausland lebender Steuerpflichtiger seine Wohnung/sein Haus verkaufen oder langfristig vermieten will und dies in absehbarer Zeit auch tatsächlich verwirklicht. Eine zwischenzeitliche kurze Rückkehr (zur Beaufsichtigung und Verwaltung der zurückgelassenen Wohnung) führt nicht dazu, dass die zurückgelassene Wohnung dadurch zum inländischen Wohnsitz wird.

Rsp   **Rechtsprechung**

2   **BFH vom 19. 3. 1997 – I R 69/96 (BStBl 1997 II S. 447)**

1. Ein Steuerpflichtiger kann mehrere Wohnungen und mehrere Wohnsitze i. S. des § 8 AO haben. Diese können im In- und/oder im Ausland gelegen sein.

2. Ein Wohnsitz i. S. des § 8 AO setzt nicht voraus, daß der Steuerpflichtige von dort aus seiner täglichen Arbeit nachgeht. Ebenso wenig ist es erforderlich, daß der Steuerpflichtige sich während einer Mindestanzahl von Tagen oder Wochen im Jahr in der Wohnung aufhält.

3. Ein FG kann seine Beurteilung, daß objektiv erkennbare Umstände für die Beibehaltung der Wohnung für Zwecke des eigenen Wohnens sprechen, auf die Wohnungsausstattung und die tatsächliche Nutzung der Wohnung stützen.
4. Nach der Lebenserfahrung spricht es für die Beibehaltung eines Wohnsitzes i. S. des § 8 AO, wenn jemand eine Wohnung, die er vor und nach einem Auslandsaufenthalt als einzige ständig nutzt, während desselben unverändert und in einem ständig nutzungsbereiten Zustand beibehält.

BFH vom 23. 11. 2000 – VI R 107/99 (BStBl 2001 II S. 294) 3

1. Begibt sich ein Kind zum Zwecke des Studiums für mehrere Jahre ins Ausland, behält es seinen Wohnsitz in der Wohnung der Eltern im Inland nur dann bei, wenn es diese Wohnung zum zwischenzeitlichen Wohnen in ausbildungsfreien Zeiten nutzt.
2. Die Absicht des Kindes, nach Beendigung des Auslandsstudiums in die Bundesrepublik zurückzukehren, besagt nichts darüber, ob der Wohnsitz bei den Eltern zwischenzeitlich beibehalten wird.
3. Auch bei langjährigen Auslandsaufenthalten kann ein Wohnsitz des Kindes jedenfalls dann gegeben sein, wenn es sich im Jahr fünf Monate im Inland in der Wohnung der Eltern aufhält.

BFH vom 23. 11. 2000 – VI R 165/99 (BStBl 2001 II S. 279) 4

Schicken die Eltern ihr sechsjähriges Kind zum Zwecke des für die Dauer von neun Jahren angelegten Schulbesuchs zu den Großeltern ins Ausland, verliert das Kind grundsätzlich seinen Wohnsitz im Inland. Besuchsweise Aufenthalte des Kindes in der elterlichen Wohnung führen auch dann nicht zur Beibehaltung des Wohnsitzes, wenn die Rückkehr des Kindes nach Deutschland nach Erreichen des Schulabschlusses beabsichtigt ist.

BFH vom 24. 1. 2001 – I R 100/99 (HFR 2001 S. 952) 5

1. Ein inländischer Wohnsitz führt auch dann zur unbeschränkten Steuerpflicht, wenn der Mittelpunkt der Lebensinteressen sich im Ausland befindet.
2. Es verstößt nicht gegen den Gleichheitsgrundsatz des Art. 3 Abs. 1 GG, wenn ein im Ausland wohnhafter Steuerpflichtiger, der kein Doppelbesteuerungsabkommen in Anspruch nehmen kann, in der Bundesrepublik wegen seines inländischen Wohnsitzes mit seinem Welteinkommen besteuert wird.

BFH vom 28. 1. 2004 – I R 56/02 (HFR 2004 S. 988) 6

Ein Steuerpflichtiger kann mehrere Wohnsitze i. S. des § 8 AO haben. Auch unregelmäßige Aufenthalte in einer Wohnung können zu einem Wohnsitz führen. Ein inländischer Wohnsitz führt auch dann zur unbeschränkten Steuerpflicht, wenn er nicht den Mittelpunkt der Lebensinteressen des Steuerpflichtigen darstellt.

BFH vom 24. 4. 2007 – I R 64/06 (HFR 2007 S. 1204) 7

Wird eine inländische Wohnung von ihrem Eigentümer immer wieder nicht nur geschäftlich oder besuchsweise, sondern „als eigene" genutzt, so ist sie auch dann sein „Wohnsitz" im steuerrechtlichen Sinne, wenn sich der Eigentümer zeitlich überwiegend im Ausland aufhält.

BFH vom 22. 8. 2007 – III R 89/06 (HFR 2008 S. 557) 8

1. Die damalige Freundin und spätere Ehefrau des Klägers hatte ihren Wohnsitz im Inland, wenn sie die tatsächliche Verfügungsmöglichkeit über die gemeinsam mit ihm bezogene inländische Wohnung nicht abgeleitet und die Wohnung während eines zeitlich zusammenhängenden Aufenthalts im Inland von mehr als sechs Monaten Dauer genutzt hat.
2. Mit ihrer Heimkehr in die USA vom Anfang April bis Mitte August 2001 hat sie ihren inländischen Wohnsitz nicht aufgegeben, weil sie ihre persönlichen Gegenstände in der Wohnung zurückgelassen hat und in die Wohnung am 14. August 2001 zurückgekehrt ist.
3. Hierfür spricht auch ihre Eheschließung mit dem unbeschränkt steuerpflichtigen Kläger am 7. Juni 2001, da in der Regel anzunehmen ist, dass ein Ehepartner die Wohnung, in der die Familie wohnt, ebenfalls benutzen und daher dort seinen Wohnsitz haben wird.

BFH vom 28. 4. 2010 – III R 52/09 (BStBl 2010 II S. 1013) 9

Hängt die Kindergeldberechtigung davon ab, dass das im Ausland studierende Kind seinen inländischen Wohnsitz beibehalten hat, und ist dafür die Dauer seiner Aufenthalte im inländischen Elternhaus von Bedeutung, so kommt es nur auf die Unterbrechungen des Auslandsaufenthaltes an. Die Dauer der Inlandsaufenthalte vor dem Beginn oder nach dem Ende des Studiums bleibt dabei außer Betracht.

10 **BFH vom 7. 4. 2011 – III R 77/09 (BFH/NV 2011 S. 1351)**

1. Ein im Ausland geborenes Kind begründet nicht bereits ab seiner Geburt einen Wohnsitz in der elterlichen Wohnung im Inland, wenn sich die Mutter gut 18 Monate im Ausland aufhält und das Kind erstmals nach mehr als einem Jahr nach seiner Geburt in die elterliche Wohnung gebracht wird. Auf die Gründe für den Auslandsaufenthalt kommt es nicht an.
2. Auch ein Kind teilt nicht automatisch den Wohnsitz oder – falls die Eltern über mehrere Wohnsitze verfügen – sämtliche Wohnsitze der Eltern.

§ 9 Gewöhnlicher Aufenthalt

¹Den gewöhnlichen Aufenthalt hat jemand dort, wo er sich unter Umständen aufhält, die erkennen lassen, dass er an diesem Ort oder in diesem Gebiet nicht nur vorübergehend verweilt. ²Als gewöhnlicher Aufenthalt im Geltungsbereich dieses Gesetzes ist stets und von Beginn an ein zeitlich zusammenhängender Aufenthalt von mehr als sechs Monaten Dauer anzusehen; kurzfristige Unterbrechungen bleiben unberücksichtigt. ³Satz 2 gilt nicht, wenn der Aufenthalt ausschließlich zu Besuchs-, Erholungs-, Kur- oder ähnlichen privaten Zwecken genommen wird und nicht länger als ein Jahr dauert.

Anwendungserlass zur Abgabenordnung

1 Zu § 9 – Gewöhnlicher Aufenthalt:

1. Sofern nicht die besonderen Voraussetzungen des § 9 Satz 3 vorliegen, wird an den inländischen Aufenthalt während eines zusammenhängenden Zeitraums von mehr als sechs Monaten die unwiderlegbare Vermutung für das Vorhandensein eines gewöhnlichen Aufenthalts geknüpft. Der Begriff „gewöhnlich" ist gleichbedeutend mit „dauernd". „Dauernd" erfordert keine ununterbrochene Anwesenheit, sondern ist im Sinne „nicht nur vorübergehend" zu verstehen (BFH-Urteil vom 30. 8. 1989 – I R 215/85 – BStBl 1989 II S. 956). Bei Unterbrechungen der Anwesenheit kommt es darauf an, ob noch ein einheitlicher Aufenthalt oder mehrere getrennte Aufenthalte anzunehmen sind. Ein einheitlicher Aufenthalt ist gegeben, wenn der Aufenthalt nach den Verhältnissen fortgesetzt werden sollte und die Unterbrechung nur kurzfristig ist. Als kurzfristige Unterbrechung kommen in Betracht Familienheimfahrten, Jahresurlaub, längerer Heimaturlaub, Kur und Erholung, aber auch geschäftliche Reisen. Der Tatbestand des gewöhnlichen Aufenthalts kann bei einem weniger als sechs Monate dauernden Aufenthalt verwirklicht werden, wenn Inlandsaufenthalte nacheinander folgen, die sachlich miteinander verbunden sind und der Steuerpflichtige von vornherein beabsichtigt, nicht nur vorübergehend im Inland zu verweilen (BFH-Urteile vom 27. 7. 1962 – VI 156/59 U – BStBl III S. 429, und vom 3. 8. 1977 – I R 210/75 – BStBl 1978 II S. 118).
2. Der gewöhnliche Aufenthalt im Inland ist zu verneinen, wenn der Steuerpflichtige unter Benutzung einer im Ausland gelegenen Wohnung lediglich seine Tätigkeit im Inland ausübt (BFH-Urteil vom 25. 5. 1988 – I R 225/82 – BStBl II S. 944). Grenzgänger haben ihren gewöhnlichen Aufenthalt grundsätzlich im Wohnsitzstaat (BFH-Urteile vom 10. 5. 1989 – I R 50/85 – BStBl II S. 755, und vom 10. 7. 1996 – I R 4/96 – BStBl II 1997 S. 15). Dasselbe gilt für Unternehmer/Freiberufler, die regelmäßig jeweils nach Geschäftsschluss zu ihrer Familienwohnung im Ausland zurückkehren (BFH-Urteil vom 6. 2. 1985 – I R 23/82 – BStBl II S. 331). Wer allerdings regelmäßig an Arbeitstagen am Arbeits-/Geschäftsort im Inland übernachtet und sich nur am Wochenende bzw. an Feiertagen und im Urlaub zu seiner Wohnung im Ausland begibt, hat an dem inländischen Arbeits-/Geschäftsort jedenfalls seinen gewöhnlichen Aufenthalt.
3. Der gewöhnliche Aufenthalt kann nicht gleichzeitig an mehreren Orten bestehen. Bei fortdauerndem Schwerpunktaufenthalt im Ausland begründen kurzfristige Aufenthalte im Inland, z. B. Geschäfts-, Dienstreisen, Schulungen, keinen gewöhnlichen Aufenthalt im Inland. Umgekehrt führen kurzfristige Auslandsaufenthalte bei fortdauerndem Schwerpunktaufenthalt im Inland nicht zur Aufgabe eines gewöhnlichen Aufenthalts im Inland.
4. Der gewöhnliche Aufenthalt im Inland ist aufgegeben, wenn der Steuerpflichtige zusammenhängend mehr als sechs Monate im Ausland lebt, es sei denn, dass besondere Umstände darauf schließen lassen, dass die Beziehungen zum Inland bestehen bleiben. Entscheidend ist dabei, ob der Steuerpflichtige den persönlichen und geschäftlichen Lebensmittelpunkt ins Ausland

verlegt hat und ob er seinen Willen, in den Geltungsbereich dieses Gesetzes zurückzukehren, endgültig aufgegeben hat (BFH-Urteil vom 27. 7. 1962 – VI 156/59 U – BStBl III S. 429). Als Kriterien dafür können die familiären, beruflichen und gesellschaftlichen Bindungen herangezogen werden (z. B. Wohnung der Familienangehörigen im Inland, Sitz des Gewerbebetriebs im Inland). Hält sich der Steuerpflichtige zusammenhängend länger als ein Jahr im Ausland auf, ist grundsätzlich eine Aufgabe des gewöhnlichen Aufenthalts im Inland anzunehmen.

Rechtsprechung

BFH vom 22. 6. 2011 – I R 26/10 (BFH/NV 2011 S. 2001)

Ein zeitlich zusammenhängender Aufenthalt von mehr als 6 Monaten i.S. des § 9 Satz 2 AO ist gegeben, wenn der Aufenthalt über diese Zeitspanne hinaus erfolgt; kurzfristige Unterbrechungen werden bei der Berechnung der Frist mitgerechnet. Der „äußerlich erkennbare Zusammenhang" dieses Aufenthalts ist nicht durch eine konkrete und in ihrem Maß an der 6-Monats-Grenze orientierten Zeitgrenze für die (unschädliche) Abwesenheit zu ergänzen. Vielmehr ist eine einzelfallbezogene zeitliche Gewichtung der kurzfristigen Unterbrechung unter Berücksichtigung der Dauer des Gesamtaufenthalts maßgebend.

§ 10 Geschäftsleitung

Geschäftsleitung ist der Mittelpunkt der geschäftlichen Oberleitung.

Rechtsprechung

BFH vom 23. 1. 1991 – I R 22/90 (BStBl 1991 II S. 554)

Die Geschäftsleitung (der Mittelpunkt der geschäftlichen Oberleitung) einer Gesellschaft befindet sich regelmäßig an dem Ort, an dem die zur Vertretung der Gesellschaft befugte Person die ihr obliegende geschäftsführende Tätigkeit entfaltet. Dies ist bei einer GmbH im Allgemeinen der Ort, wo sich das Büro ihres Geschäftsführers, notfalls dessen Wohnsitz befindet.

BFH vom 7. 12. 1994 – I K 1/93 (BStBl 1995 II S. 175)

1. – 2. ...
3. Jede nichtnatürliche Person muß einen Ort ihrer Geschäftsleitung haben.
4. Unter der „geschäftlichen Oberleitung" einer Kapitalgesellschaft i. S. des § 10 AO ist ihre Geschäftsführung im engeren Sinne zu verstehen. Zu ihr gehören die tatsächlichen und rechtsgeschäftlichen Handlungen, die der gewöhnliche Betrieb der Gesellschaft mit sich bringt, und solche organisatorischen Maßnahmen, die zur gewöhnlichen Verwaltung der Gesellschaft gehören („Tagesgeschäfte").
5. Unter den Begriff der „geschäftlichen Oberleitung" fallen nur solche Entscheidungen und Maßnahmen, die für Rechnung der Person getroffen werden, deren Ort der Geschäftsleitung zu bestimmen ist.
6. Organgesellschaften haben grundsätzlich einen „eigenen" Ort ihrer Geschäftsleitung, der mit dem Ort der Geschäftsleitung des Organträgers zusammenfallen kann, aber nicht zusammenfallen muß.
...

BFH vom 3. 7. 1997 – IV R 58/95 (BStBl 1998 II S. 86)

Bei einem Schiffahrtsunternehmen kann sich der Mittelpunkt der geschäftlichen Oberleitung in den Geschäftsräumen eines ausländischen Managers oder Korrespondentreeders befinden. Maßgeblich sind die vom FG festzustellenden tatsächlichen Umstände.

4 BFH vom 16. 12. 1998 – I R 138/97 (BStBl 1999 II S. 437)

Der Mittelpunkt der geschäftlichen Oberleitung (§ 10 AO) einer ausländischen Kapitalgesellschaft kann sich (hier: im Bauleistungsgewerbe) in der Wohnung ihres Geschäftsführers oder in Baucontainern befinden.

5 BFH vom 9. 7. 2003 – I R 4/02 (HFR 2004 S. 148)

Führt ein Unternehmer ganzjährig im Ausland Bauarbeiten und Montagearbeiten aus, so hat er dennoch seine Geschäftsleitung im Inland, wenn er am inländischen Familienwohnsitz ein für seinen Betrieb genutztes Büro unterhält und an den Wochenenden regelmäßig dorthin zurückkehrt.

6 BFH vom 3. 4. 2008 – I B 77/07 (BFH/NV 2008 S. 1445)

Nach der ständigen Rechtsprechung des Senats befindet sich der Mittelpunkt der geschäftlichen Oberleitung dort, wo der für die Geschäftsführung maßgebliche Wille gebildet wird und die für die Geschäftsführung notwendigen Maßnahmen von einiger Wichtigkeit angeordnet werden. Bei einer Körperschaft ist dies regelmäßig der Ort, an dem die zur Vertretung befugten Personen die ihnen obliegende laufende Geschäftsführertätigkeit entfalten, d. h. an dem sie die tatsächlichen, organisatorischen und rechtsgeschäftlichen Handlungen vornehmen, die der gewöhnliche Betrieb der Gesellschaft mit sich bringt (sog. Tagesgeschäfte). Im Allgemeinen wird es sich hierbei um die Büroräume dieser Personen handeln (vgl. etwa Senatsurteil vom 23. 1. 1991 I R 22/90, BStBl II 1991, 554). Maßgeblich sind jeweils die tatsächlichen Umstände des Einzelfalls (vgl. BFH-Urteil vom 3. 7. 1997 IV R 58/95, BStBl II 1998, 86, m. w. N.).

§ 11 Sitz

Den Sitz hat eine Körperschaft, Personenvereinigung oder Vermögensmasse an dem Ort, der durch Gesetz, Gesellschaftsvertrag, Satzung, Stiftungsgeschäft oder dergleichen bestimmt ist.

§ 12 Betriebstätte

¹Betriebstätte ist jede feste Geschäftseinrichtung oder Anlage, die der Tätigkeit eines Unternehmens dient. ²Als Betriebstätten sind insbesondere anzusehen:

1. die Stätte der Geschäftsleitung,
2. Zweigniederlassungen,
3. Geschäftsstellen,
4. Fabrikations- oder Werkstätten,
5. Warenlager,
6. Ein- oder Verkaufsstellen,
7. Bergwerke, Steinbrüche oder andere stehende, örtlich fortschreitende oder schwimmende Stätten der Gewinnung von Bodenschätzen,
8. Bauausführungen oder Montagen, auch örtlich fortschreitende oder schwimmende, wenn
    a) die einzelne Bauausführung oder Montage oder
    b) eine von mehreren zeitlich nebeneinander bestehenden Bauausführungen oder Montagen oder
    c) mehrere ohne Unterbrechung aufeinanderfolgende Bauausführungen oder Montagen länger als sechs Monate dauern.

Anwendungserlass zur Abgabenordnung

1 Zu § 12 – Betriebstätte:

1. Die Begriffsbestimmung gilt auch für die freiberufliche Tätigkeit und Steuerpflichtige mit Einkünften aus Land- und Forstwirtschaft.
2. Auch nicht sichtbare, unterirdisch verlaufende Rohrleitungen (Pipelines) sind feste Geschäftseinrichtungen i. S. d. § 12 Satz 1 und damit Betriebstätten (BFH-Urt. vom 30. 10. 1996 – II R 12/

92 – BStBl II 1997 S. 12). Zu den Betriebstätten zählen auch bewegliche Geschäftseinrichtungen mit vorübergehend festem Standort (z. B. fahrbare Verkaufsstätten mit wechselndem Standplatz).
3. Stätten der Erkundung von Bodenschätzen (z. B. Versuchsbohrungen) sind als Betriebstätten anzusehen, wenn die Voraussetzungen des § 12 Nr. 8 erfüllt sind.
4. § 12 ist nicht anzuwenden, soweit andere Rechtsvorschriften (z. B. DBA, OECD-Musterabkommen, EStG) abweichende Regelungen zum Begriff „Betriebstätte" enthalten.

Rechtsprechung

BFH vom 30. 1. 1981 – III R 116/79 (BStBl 1981 II S. 560) 2

Ist die Zweigniederlassung (§ 13 HGB) einer ausländischen Kapitalgesellschaft im Handelsregister eingetragen, so spricht eine – widerlegbare – Vermutung dafür, daß das ausländische Unternehmen im Inland eine Betriebstätte unterhält.

BFH vom 11. 10. 1989 – I R 77/88 (BStBl 1990 II S. 166) 3

Eine Geschäftseinrichtung im Sinne des § 12 Satz 1 AO ist nur dann die Betriebstätte eines Steuerpflichtigen, wenn dieser über sie nicht nur vorübergehende Verfügungsmacht hat.

BFH vom 16. 5. 1990 – I R 113/87 (BStBl 1990 II S. 983) 4

1. Dem Montagebegriff i. S. des § 12 Satz 2 Nr. 8 AO kommt neben dem Begriff „Bauausführungen" selbständige Bedeutung zu.
2. Unter den Begriff „Montage" fallen nur das Zusammenfügen oder der Umbau von vorgefertigten Einzelteilen, nicht dagegen bloße Reparatur- und Instandsetzungsarbeiten. Dabei erfüllen untergeordnete Einzelleistungen für sich allein noch nicht den Begriff „Montage". Die Tätigkeit muß vielmehr zumindest die wesentlichen Arbeiten des Zusammenfügens von Einzelteilen zu einer Sache umfassen.

BFH vom 28. 7. 1993 – I R 15/93 (BStBl 1994 II S. 148) 5

Verkauft ein nur in den Niederlanden ansässiger Händler Waren ausschließlich auf inländischen Wochenmärkten, so kann die Geschäftsleitungsbetriebstätte am niederländischen Wohnsitz des Händlers gelegen sein. Bejahendenfalls ist der Gewinn auf die inländische und die ausländische Betriebstätte aufzuteilen.

BFH vom 16. 12. 1998 – I R 74/98 (BStBl 1999 II S. 365) 6

Betriebsstätten i. S. von § 8 Nr. 7 Satz 2 GewStG i. V. m. § 12 AO sind auch bei mehreren Bauausführungen anzunehmen, die sich zeitlich überschneidend insgesamt über einen Zeitraum von mehr als sechs Monaten hinziehen.

BFH vom 21. 4. 1999 – I R 99/97 (BStBl 1999 II S. 694) 7

1. Eine Montage beginnt nicht schon mit der Anlieferung der zu montierenden Gegenstände am vorgesehenen Montageort, sondern erst mit dem Eintreffen der ersten Person, die vom Montageunternehmen mit den vorzunehmenden Montagearbeiten betraut worden ist. Als „Montagearbeiten" in diesem Sinne sind auch solche Arbeiten anzusehen, die der unmittelbaren Vorbereitung der eigentlichen Montage (Zusammenfügen der Gegenstände zu einer einheitlichen Sache) dienen.
2. Ist eine Montage Bestandteil eines Werklieferungsvertrags und ist in diesem Vertrag eine Abnahme des fertigen Werks unter Mitwirkung des Montageunternehmens vorgesehen, so endet die Montage frühestens mit der Abnahme.
3. Werden Montagearbeiten vor dem Abschluß der Montage aus im Betriebsablauf liegenden Gründen unterbrochen, so wird hierdurch der Lauf der für die Betriebstättenbegründung maßgeblichen Fristen nicht berührt. Das gilt grundsätzlich unabhängig von der Dauer der Unterbrechung.
4. Werden Montagearbeiten aus nicht im Betriebsablauf liegenden Gründen unterbrochen, so werden die genannten Fristen gehemmt, sofern die Unterbrechung nicht nur ganz kurzfristig ist und während der Unterbrechungszeit die Arbeitnehmer und Beauftragten des Montageunternehmens vom Montageort abgezogen werden.

5. Ist eine Montage unterbrochen und wird während der Unterbrechungszeit mit einer weiteren Montage begonnen, so sind für Zwecke der Fristberechnung beide Montagen in entsprechender Anwendung des § 12 Satz 2 Nr. 8 Buchst. c AO zusammenzuzählen.

8 **BFH vom 13. 9. 2000 – X R 174/96 (BStBl 2001 II S. 734)**

Der Kehrbezirk eines Bezirksschornsteinfegermeisters ist gewerbesteuerrechtlich nicht dessen Betriebsstätte i. S. des § 12 Satz 1 AO. Diese Vorschrift ist maßgebend für den Begriff der Betriebsstätte im GewStG; die hiervon abweichende einkommensteuerrechtliche Auslegung des Begriffs der Betriebsstätte in § 4 Abs. 5 Nr. 6 EStG durch die BFH-Rechtsprechung (Urteile vom 13. Juli 1989 IV R 55/88, BStBl II 1990, 23; vom 19. September 1990 X R 44/89, BStBl II 1991, 97, und X R 110/88, BStBl II 1991, 208; vom 18. September 1991 XI R 34/90, BStBl II 1992, 90) gilt nicht für den Anwendungsbereich des GewStG.

9 **BFH vom 23. 5. 2002 – III R 8/00 (BStBl 2002 II S. 512)**

Wird einem Fuhrunternehmer durch einen angestellten Fahrer die Mitbenutzung eines Raumes in dessen Privatwohnung ohne vertragliche Grundlage gestattet, so fehlt es an der für die Annahme einer Betriebsstätte unerlässlichen allgemein-rechtlichen Absicherung einer nicht nur vorübergehenden, unbestrittenen Verfügungsmacht des Unternehmers bezüglich dieses Raumes.

10 **BFH vom 17. 9. 2003 – I R 12/02 (BStBl 2004 II S. 396)**

1. Eine Verkaufsstelle (§ 12 Satz 2 Nr. 6 AO) ist nur dann eine Betriebsstätte, wenn sie eine i. S. des § 12 Satz 1 AO feste Geschäftseinrichtung oder Anlage ist.
2. Ein Verkaufsstand, den ein Unternehmen einmal im Jahr vier Wochen lang auf einem Weihnachtsmarkt unterhält, begründet keine Betriebsstätte.

11 **BFH vom 30. 6. 2005 – III R 76/03 (BStBl 2006 II S. 84)**

Aus den Gründen:

Die tatbestandlichen Voraussetzungen für eine Betriebsstätte richten sich auch im Investitionszulagenrecht ausschließlich nach § 12 AO und der dazu ergangenen Rechtsprechung (Urteil des BFH vom 23. 5. 2002, BStBl II 2002, 512, m. w. N.). Die Definitionen der Betriebsstätte in Doppelbesteuerungsabkommen dienen der Zuordnung des Besteuerungsrechts und gelten nur im Verhältnis zu dem jeweiligen Vertragsstaat. Entgegen der Auffassung der Klägerin können sie daher zur Auslegung des nationalen Rechts nicht herangezogen werden (BFH-Urteile vom 5. 6. 1986 BStBl II 1986, 659, und vom 26. 11. 1986, BFH/NV 1988 S. 82).

12 **BFH vom 13. 6. 2006 – I R 84/05 (BStBl 2007 II S. 94)**

1. Verpachtet ein Mineralölunternehmen Tankstellen an Personen, die die an den Tankstellen angebotenen Produkte als selbständige Handelsvertreter vertreiben, so sind regelmäßig weder die Tankstellen insgesamt noch einzelne dort befindliche Einrichtungen Betriebsstätten des Mineralölunternehmens (Anschluss an BFH-Urteil vom 30. 6. 2005 III R 76/03, BStBl II 2006, 84).

...

13 **BFH vom 4. 6. 2008 – I R 30/07 (BStBl 2008 II S. 922)**

1. Eine Betriebsstätte i. S. von § 12 Satz 1 AO erfordert, dass der Unternehmer eine nicht nur vorübergehende Verfügungsmacht über die von ihm genutzte Geschäftseinrichtung oder Anlage hat (Bestätigung der ständigen Rechtsprechung).
2. Das bloße Tätigwerden in den Räumlichkeiten des Vertragspartners genügt für sich genommen selbst dann nicht zur Begründung der erforderlichen Verfügungsmacht, wenn die Tätigkeit über mehrere Jahre hinweg erbracht wird. Neben der zeitlichen Komponente müssen zusätzliche Umstände auf eine auch örtliche Verfestigung der Tätigkeit schließen lassen (Abgrenzung zum Senatsurteil vom 14. 7. 2004 I R 106/03, BFH/NV 2005 S. 154).

14 **BFH vom 18. 3. 2009 – III R 2/06 (BFH/NV 2009 S. 1457)**

– Eine Betriebsstätte erfordert eine nicht nur vorübergehende Verfügungsmacht des Unternehmens über die Einrichtung oder Anlage. Es bedarf keiner alleinigen Verfügungsmacht, ein Mitbenutzungsrecht des Unternehmers genügt. Eine hinreichende Verfügungsmacht liegt vor, wenn der Unternehmer eine Rechtsposition inne hat, die ihm ohne seine Mitwirkung nicht ohne weiteres entzogen oder verändert werden kann. Sie kann auf Eigentum sowie auf einer entgeltlichen oder unentgeltlichen Nutzungsüberlassung beruhen.

– Die bloße Berechtigung zur Nutzung eines Raumes oder einer Grundstücksfläche im Interesse eines anderen sowie eine rein tatsächliche Nutzungsmöglichkeit begründen dagegen nicht die für eine Betriebsstätte vorauszusetzende „Verwurzelung". Eine lediglich „allgemeine rechtliche Absicherung" oder eine ständige Nutzungsbefugnis tatsächlicher Art können aber ausreichen, wenn die Verfügungsmacht nicht bestritten wird.

– Eine für die Annahme einer Betriebsstätte hinreichende Nutzungsbefugnis braucht sich nicht auf einen bestimmten Raum oder eine bestimmte Fläche zu beziehen, sondern kann auch vorliegen, wenn der Unternehmer jeweils irgendeinen geeigneten Raum des Gebäudes oder die wechselnde Teilfläche eines Grundstücks ständig nutzen darf. Eine Befugnis des Grundeigentümers, dem Unternehmer einen anderen Raum oder eine andere Teilfläche zuzuweisen, steht der Annahme einer Betriebsstätte nicht entgegen.

BFH vom 16. 12. 2009 – I R 56/08 (BStBl 2010 II S. 492) 15

Einrichtungen zur Messung von Lärmemissionen stellen eine Betriebsstätte eines Verkehrsflughafens dar. Es liegt aber wegen eines fehlenden räumlichen Zusammenhangs keine mehrgemeindliche Betriebsstätte vor, wenn eine Verbindung mit den Lärmmessstationen (Datenübertragung) nur über allgemeine Kommunikationsleitungen besteht.

§ 13 Ständiger Vertreter

AO
S 0115

[1]Ständiger Vertreter ist eine Person, die nachhaltig die Geschäfte eines Unternehmens besorgt und dabei dessen Sachweisungen unterliegt. [2]Ständiger Vertreter ist insbesondere eine Person, die für ein Unternehmen nachhaltig

1. Verträge abschließt oder vermittelt oder Aufträge einholt oder
2. einen Bestand von Gütern oder Waren unterhält und davon Auslieferungen vornimmt.

Rechtsprechung

BFH vom 30. 6. 2005 – III R 76/03 (BStBl 2006 II S. 84) 1

Aus den Gründen:
Der Begriff des ständigen Vertreters ist nur von Bedeutung für inländische Einkünfte i. S. der beschränkten Steuerpflicht (§ 49 Abs. 1 Nr. 2 Buchst. a EStG) und für ausländische Einkünfte (§ 34d Nr. 2 Buchst. a EStG). Insoweit kommt dem ständigen Vertreter eine vergleichbare Wirkung wie einer Betriebsstätte zu.

§ 14 Wirtschaftlicher Geschäftsbetrieb

AO
S 0116

[1]Ein wirtschaftlicher Geschäftsbetrieb ist eine selbständige nachhaltige Tätigkeit, durch die Einnahmen oder andere wirtschaftliche Vorteile erzielt werden und die über den Rahmen einer Vermögensverwaltung hinausgeht. [2]Die Absicht, Gewinn zu erzielen, ist nicht erforderlich. [3]Eine Vermögensverwaltung liegt in der Regel vor, wenn Vermögen genutzt, z. B. Kapitalvermögen verzinslich angelegt oder unbewegliches Vermögen vermietet oder verpachtet wird.

Rechtsprechung

BFH vom 27. 3. 2001 – I R 78/99 (BStBl 2001 II S. 449) 1

Die Beteiligung einer steuerbefreiten Körperschaft an einer gewerblich tätigen Personengesellschaft begründet einen wirtschaftlichen Geschäftsbetrieb. Dies gilt auch für Kommanditbeteiligungen.

2 BFH vom 30. 9. 2003 – IX R 35/02 (BFH/NV 2004 S. 184)

Die Vermietung oder Verpachtung eines bebauten Grundstücks ist in der Regel eine vermögensverwaltende Tätigkeit i. S. der § 21 Abs. 1 Nr. 1 EStG, § 14 Satz 3 AO, wenn nicht besondere Umstände hinzutreten, hinter der die Nutzung des Mietobjekts als Vermögensanlage zurücktritt.

3 BFH vom 6. 4. 2005 – I R 85/04 (BStBl 2005 II S. 545)

Die entgeltliche (Mit-)Überlassung eines medizinischen Großgerätes und nichtärztlichen medizinisch-technischen Personals an eine ärztliche Gemeinschaftspraxis durch ein Krankenhaus i. S. des § 67 Abs. 1 AO stellt einen steuerpflichtigen wirtschaftlichen Geschäftsbetrieb dar.

4 BFH vom 4. 4. 2007 – I R 76/05 (BStBl 2007 II S. 631)

1. Eine Forschungseinrichtung finanziert sich nicht überwiegend aus Zuwendungen der öffentlichen Hand oder Dritter oder aus der Vermögensverwaltung, wenn die Einnahmen aus Auftragsforschung oder Ressortforschung mehr als 50 v. H. der gesamten Einnahmen betragen.
2. Ob in diesem Fall die Auftragsforschung in einem steuerpflichtigen wirtschaftlichen Geschäftsbetrieb zu erfassen ist, oder die Steuerbefreiung insgesamt verloren geht, ist danach zu beurteilen, ob die Auftragsforschung der eigenen Forschung dient oder als eigenständiger Zweck verfolgt wird.

5 BFH vom 22. 4. 2009 – I R 15/07 (BStBl 2011 II S. 475)[1]

Das Veranstalten von Trabrennen kann ein steuerpflichtiger wirtschaftlicher Geschäftsbetrieb sein.

6 BFH vom 25. 5. 2011 – I R 60/10 (BStBl 2011 II S. 858)

Die Beteiligung einer gemeinnützigen Stiftung an einer gewerblich geprägten vermögensverwaltenden Personengesellschaft ist kein wirtschaftlicher Geschäftsbetrieb.

§ 15 Angehörige

(1) Angehörige sind:
1. der Verlobte,
2. der Ehegatte,
3. Verwandte und Verschwägerte gerader Linie,
4. Geschwister,
5. Kinder der Geschwister,
6. Ehegatten der Geschwister und Geschwister der Ehegatten,
7. Geschwister der Eltern,
8. Personen, die durch ein auf längere Dauer angelegtes Pflegeverhältnis mit häuslicher Gemeinschaft wie Eltern und Kind miteinander verbunden sind (Pflegeeltern und Pflegekinder).

(2) Angehörige sind die in Absatz 1 aufgeführten Personen auch dann, wenn
1. in den Fällen der Nummern 2, 3 und 6 die die Beziehung begründende Ehe nicht mehr besteht;
2. in den Fällen der Nummern 3 bis 7 die Verwandtschaft oder Schwägerschaft durch Annahme als Kind erloschen ist;
3. im Fall der Nummer 8 die häusliche Gemeinschaft nicht mehr besteht, sofern die Personen weiterhin wie Eltern und Kind miteinander verbunden sind.

---

[1] Die Verfassungsbeschwerde wurde gemäß §§ 93a, 93b BVerfGG nicht zur Entscheidung angenommen (BVerfG-Beschluss vom 26.1.2011, 1 BvR 2924/09, StEd 2011 S. 162). Zur Anwendung vgl. auch BMF-Schreiben vom 4.5.2011, IV C 4 – S 0171/07/0011 :001, BStBl 2011 I S. 539, AO 65/2.

§§ 15, 16 AO
Rsp **AEAO**

Anwendungserlass zur Abgabenordnung

AEAO

Zu § 15 – Angehörige:

1

1. Dem Angehörigenbegriff kommt überwiegend verfahrensrechtliche Bedeutung zu. Für das materielle Recht können die Einzelsteuergesetze abweichende Regelungen treffen.
2. § 15 Abs. 1 Nr. 1 (Verlobte) setzt ein wirksames Eheversprechen voraus.
3. Zu den Geschwistern im Sinne des § 15 Abs. 1 Nr. 4 gehören auch die Halbgeschwister. Das sind die Geschwister, die einen Elternteil gemeinsam haben; darunter fallen jedoch nicht die mit in eine Ehe gebrachten Kinder, die keinen Elternteil gemeinsam haben.
4. Das Angehörigenverhältnis im Sinne des § 15 Abs. 1 Nr. 5 besteht lediglich zu den Kindern der Geschwister (Neffen oder Nichten), nicht jedoch zwischen den Kindern der Geschwister untereinander (z. B. Vettern).
5. Die Ehegatten mehrerer Geschwister sind im Verhältnis zueinander keine Angehörigen im Sinne des § 15 Abs. 1 Nr. 6. Dasselbe gilt für die Geschwister der Ehegatten.
6. Für die Annahme eines Pflegeverhältnisses gem. § 15 Abs. 1 Nr. 8 ist nicht erforderlich, dass das Kind außerhalb der Pflege und Obhut seiner leiblichen Eltern steht. Ein Pflegeverhältnis kann z. B. auch zwischen einem Mann und einem Kind begründet werden, wenn der Mann mit der leiblichen Mutter des Kindes und diesem in häuslicher Gemeinschaft lebt. Die Unterhaltsgewährung ist nicht Merkmal dieses Pflegekinderbegriffes. Soweit Bestimmungen in Einzelsteuergesetzen auch daran anknüpfen, müssen dort besondere Regelungen getroffen sein.
7. Durch die Annahme als Kind erhält ein Kind die volle rechtliche Stellung eines ehelichen Kindes des oder der Annehmenden. Damit wird auch die Angehörigeneigenschaft zwischen dem Kind und den Angehörigen des oder der Annehmenden nach Maßgabe des § 15 Abs. 1 begründet. Dieser Grundsatz gilt entsprechend bei ähnlichen familienrechtlichen Rechtsbeziehungen ausländischen Rechts (Adoption).
8. Für die in § 15 Abs. 2 genannten Personen bleibt die Angehörigeneigenschaft auch dann bestehen, wenn die Beziehung, die ursprünglich die Angehörigeneigenschaft begründete, nicht mehr besteht; lediglich bei Verlobten erlischt die Angehörigeneigenschaft mit Aufhebung des Verlöbnisses.

Rechtsprechung

Rsp

BFH vom 26. 9. 2007 – IX B 115/07 (BFH/NV 2007 S. 2235)

2

Wenn Personen in einer nichtehelichen Lebensgemeinschaft leben, sind auf Verträge, die diese Gemeinschaft mit einem Angehörigen eines der an ihr Beteiligten schließt, die Grundsätze über die steuerrechtliche Anerkennung von Verträgen zwischen nahen Angehörigen anwendbar.

DRITTER ABSCHNITT
Zuständigkeit der Finanzbehörden (§§ 16–29)

§ 16 Sachliche Zuständigkeit

AO
S 0120

Die sachliche Zuständigkeit der Finanzbehörden richtet sich, soweit nichts anderes bestimmt ist, nach dem Gesetz über die Finanzverwaltung.

Anwendungserlass zur Abgabenordnung

AEAO

Zu § 16 – Sachliche Zuständigkeit:

1

1. Die sachliche Zuständigkeit betrifft den einer Behörde dem Gegenstand und der Art nach durch Gesetz zugewiesenem Aufgabenbereich. Neben dem Aufgabenkreis, der durch das FVG bestimmt wird, ergeben sich für die Finanzbehörden auch Aufgabenzuweisungen aus der AO (z. B. §§ 208, 249, 386) und anderen Gesetzen (z. B. StBerG, InvZulG, EigZulG).
2. Im Rahmen des föderativen Aufbaus der Bundesrepublik ist die verbandsmäßige Zuständigkeit als besondere Art der sachlichen Zuständigkeit zu beachten. Nach der Rechtsprechung des BFH ist jedoch bei den nicht gebietsgebundenen Steuern (z. B. Einkommensteuer) die Verwal-

tungskompetenz nicht auf die Finanzämter des verbandsmäßig zuständigen Bundeslandes beschränkt. Das Wohnsitzfinanzamt ist für die Besteuerung nach dem Einkommen auch für Besteuerungszeiträume zuständig, in denen der Steuerpflichtige in einem anderen Bundesland wohnte (BFH-Urteile vom 29. 10. 1970 – IV R 247/69 – BStBl 1971 II S. 151 und vom 23. 11. 1972 – VIII R 42/67 – BStBl 1973 II S. 198).
3. Wegen der Rücknahme eines Verwaltungsaktes einer sachlich unzuständigen Behörde wird auf § 130 Abs. 2 Nr. 1 hingewiesen.

§ 17 Örtliche Zuständigkeit

Die örtliche Zuständigkeit richtet sich, soweit nichts anderes bestimmt ist, nach den folgenden Vorschriften.

Anwendungserlass zur Abgabenordnung

Zu § 17 – Örtliche Zuständigkeit:

1. Neben den Vorschriften im Dritten Abschnitt bestehen Sonderregelungen über die örtliche Zuständigkeit z. B. in den §§ 195, 367, 388 sowie in Einzelsteuergesetzen.
2. Wegen der Folgen der Verletzung von Vorschriften über die örtliche Zuständigkeit Hinweis auf § 125 Abs. 3 Nr. 1 und § 127. Zur mehrfachen örtlichen Zuständigkeit Hinweis auf §§ 25 und 28.

§ 18 Gesonderte Feststellungen

(1) Für die gesonderten Feststellungen nach § 180 ist örtlich zuständig:

1. bei Betrieben der Land- und Forstwirtschaft, bei Grundstücken, Betriebsgrundstücken und Mineralgewinnungsrechten das Finanzamt, in dessen Bezirk der Betrieb, das Grundstück, das Betriebsgrundstück, das Mineralgewinnungsrecht oder, wenn sich der Betrieb, das Grundstück oder das Betriebsgrundstück oder das Mineralgewinnungsrecht auf die Bezirke mehrerer Finanzämter erstreckt, der wertvollste Teil liegt (Lagefinanzamt),
2. bei gewerblichen Betrieben mit Geschäftsleitung im Geltungsbereich dieses Gesetzes das Finanzamt, in dessen Bezirk sich die Geschäftsleitung befindet, bei gewerblichen Betrieben ohne Geschäftsleitung im Geltungsbereich dieses Gesetzes das Finanzamt, in dessen Bezirk eine Betriebstätte – bei mehreren Betriebstätten die wirtschaftlich bedeutendste – unterhalten wird (Betriebsfinanzamt),
3. bei Einkünften aus selbständiger Arbeit das Finanzamt, von dessen Bezirk aus die Tätigkeit vorwiegend ausgeübt wird,
4. bei einer Beteiligung mehrerer Personen an anderen Einkünften als Einkünften aus Land- und Forstwirtschaft, aus Gewerbebetrieb oder aus selbständiger Arbeit, die nach § 180 Abs. 1 Nr. 2 Buchstabe a gesondert festgestellt werden, das Finanzamt, von dessen Bezirk die Verwaltung dieser Einkünfte ausgeht, oder, wenn diese im Geltungsbereich dieses Gesetzes nicht feststellbar sind, das Finanzamt, in dessen Bezirk sich der wertvollste Teil des Vermögens, aus dem die gemeinsamen Einkünfte fließen, befindet. Dies gilt sinngemäß auch bei einer gesonderten Feststellung nach § 180 Abs. 1 Nr. 3 oder nach § 180 Abs. 2.

(2) ¹Ist eine gesonderte Feststellung mehreren Steuerpflichtigen gegenüber vorzunehmen und lässt sich nach Absatz 1 die örtliche Zuständigkeit nicht bestimmen, so ist jedes Finanzamt örtlich zuständig, das nach den §§ 19 oder 20 für die Steuern vom Einkommen und Vermögen eines Steuerpflichtigen zuständig ist, dem ein Anteil an dem Gegenstand der Feststellung zuzurechnen ist. ²Soweit dieses Finanzamt aufgrund einer Verordnung nach § 17 Abs. 2 Satz 3 und 4 des Finanzverwaltungsgesetzes sachlich nicht für die gesonderte Feststellung zuständig ist, tritt an seine Stelle das sachlich zuständige Finanzamt.

§ 18 AO
H **AEAO**

Anwendungserlass zur Abgabenordnung

AEAO

Zu § 18 – Gesonderte Feststellung:

1

1. Die Zuständigkeitsvorschriften des § 18 Abs. 1 Nrn. 1 bis 3 gelten für die Feststellung von Einheitswerten und Einkünften aus Land- und Forstwirtschaft, aus Gewerbebetrieb oder aus selbständiger Arbeit. Bei den Einkünften gilt dies sowohl in den Fällen der Beteiligung mehrerer Personen (§ 180 Abs. 1 Nr. 2 Buchstabe a) wie auch in den Fällen, in denen der Betriebsort, Ort der Geschäftsleitung bzw. Ort der Tätigkeit und der Wohnsitz auseinanderfallen (§ 180 Abs. 1 Nr. 2 Buchstabe b). Wegen der gesonderten Feststellung bei Zuständigkeit mehrerer Finanzämter in einer Gemeinde vgl. zu § 19, Nr. 3.
2. – aufgehoben –
3. Die Regelung nach § 18 Abs. 1 Nr. 4 bestimmt eine abweichende Zuständigkeit für die gesonderte Feststellung der Einkünfte aus Vermietung und Verpachtung oder aus Kapitalvermögen; i. d. R. ist nicht das Lagefinanzamt, sondern das Finanzamt zuständig, von dessen Bezirk die Verwaltung ausgeht. Entsprechendes regelt § 18 Abs. 1 Nr. 4 für die Feststellung von sonstigem Vermögen, von Schulden und sonstigen Abzügen (§ 180 Abs. 1 Nr. 3) und für die Durchführung von Feststellungen bei Bauherrengemeinschaften usw. (V zu § 180 Abs. 2 AO).
4. Aus Vereinfachungsgründen kann das Finanzamt bei der gesonderten Feststellung der Einkünfte aus Vermietung und Verpachtung aus nur einem Grundstück davon ausgehen, dass die Verwaltung dieser Einkünfte von dem Ort ausgeht, in dem das Grundstück liegt, es sei denn, die Steuerpflichtigen legen etwas anderes dar.
5. Wird von der gesonderten Feststellung nach § 180 Abs. 3 abgesehen (z. B. Fälle geringerer Bedeutung), verbleibt es bei der für die Einzelsteuern getroffenen Zuständigkeitsregelung.
6. Die Regelung in § 18 Abs. 2 hat insbesondere Bedeutung für die gesonderte Feststellung von ausländischen Einkünften, an denen mehrere im Inland steuerpflichtige Personen beteiligt sind. Auf § 25 wird hingewiesen.

Hinweise

H

Örtliche Zuständigkeit für ausländische Personengesellschaften

2

(BMF-Schreiben vom 11. 12. 1989 – IV A 5 – S 0120 – 4/89 –, BStBl 1989 I S. 470, geändert durch BMF-Schreiben vom 2. 1. 2001 – IV A 4 – S 0121 – 2/00 –, BStBl 2001 I S. 40)

Unter Bezugnahme auf das Ergebnis der Erörterung mit den obersten Finanzbehörden der Länder richtet sich die örtliche Zuständigkeit für die gesonderte und einheitliche Feststellung von Einkünften ausländischer Personengesellschaften, an denen inländische Gesellschafter beteiligt sind, nach folgenden Grundsätzen:

1. Ist ein Anknüpfungsmerkmal im Sinne des § 18 Abs. 1 AO gegeben, ist das dort genannte Finanzamt zuständig.
2. Fehlt ein Anknüpfungsmerkmal im Sinne des § 18 Abs. 1 AO, gilt nach § 25 AO i. V. m. § 18 Abs. 2 AO folgendes:
   a) Zuständig ist das Finanzamt, in dessen Bezirk die Beteiligten mit den insgesamt höchsten Anteilen ansässig sind. Bei Änderung der Beteiligungsverhältnisse tritt ein Zuständigkeitswechsel nicht ein, solange ein Beteiligter im Bezirk des Finanzamts ansässig ist.
   b) Ist für die inländischen Beteiligten ein Treuhänder oder eine andere die Interessen der inländischen Beteiligten vertretende Person bestellt, ist das Finanzamt zuständig, in dessen Bezirk der Treuhänder oder die andere Person ansässig ist.
   c) Wenn sich mehrere Finanzämter nach den Buchstaben a) und b) für zuständig oder für unzuständig halten oder wenn die Zuständigkeit nach den Buchstaben a) und b) aus anderen Gründen zweifelhaft ist, entscheidet das Bundesamt für Finanzen (§ 181 Abs. 1 Satz 1 AO i. V. m. § 5 Abs. 1 Nr. 7 FVG).
   d) Im Einzelfall kann die gemeinsame fachlich zuständige Aufsichtsbehörde bestimmen, daß ein anderes als das nach den vorgenannten Buchstaben zuständige Finanzamt zuständig ist (§ 25 AO). Ist die gemeinsame fachlich zuständige Aufsichtsbehörde der Bundesminister der Finanzen, so entscheidet dieser.

3 Örtliche Zuständigkeit für die gesonderte und einheitliche Feststellung von Einkünften aus Vermietung und Verpachtung (§ 18 Abs. 1 Nr. 4 AO)

(OFD Koblenz, Vfg. vom 12. 4. 2001 – S 0121 A – St 53 1 –)

In Ergänzung des AEAO zu § 18 wird folgendes bestimmt:
Die Vereinfachungsregelung gilt nur, wenn sich aus der Feststellungserklärung keinerlei Anhaltspunkte für die Feststellung des Orts der Verwaltung ergeben. Andernfalls richtet sich die örtliche Zuständigkeit nach der gesetzlichen Regelung (§ 18 Abs. 1 Nr. 4 AO).

Ab dem Veranlagungszeitraum 1999 wird im Erklärungsvordruck zur gesonderten und einheitlichen Feststellung von Grundlagen für die Einkommensbesteuerung (Vordruck ESt 1 B) nach dem Ort der Verwaltung des Grundstücks ausdrücklich gefragt (Zeile 8). Werden von den Feststellungsbeteiligten Angaben zum Ort der Verwaltung gemacht, bleibt für die Anwendung der Vereinfachungsregelung kein Raum. Wurde bisher die Feststellung vom „Lage"-Finanzamt durchgeführt, sind nach Benennung des Orts der Verwaltung in der Feststellungserklärung die Akten an das zuständige „Verwaltungs"-Finanzamt abzugeben.

Werden hingegen zum Ort der Verwaltung in der Feststellungserklärung keine Angaben gemacht und äußern sich die Feststellungsbeteiligten auch nicht in anderer Weise zum Ort der Verwaltung, z. B. durch Angabe einer vom Belegenheitsort abweichenden Adresse als Anschrift der Grundstücksgemeinschaft, ist die Vereinfachungsregelung weiter zu beachten. Insbesondere sind die Feststellungsbeteiligten in diesen Fällen nicht aufzufordern, die Feststellungserklärung nachträglich durch Angabe des Orts der Verwaltung zu ergänzen. Auch sonstige Ermittlungen über diesen Ort sind zu unterlassen.

Bei fehlenden Angaben zum Ort der Verwaltung reicht die Benennung eines Empfangsbevollmächtigten nicht für die Vermutung aus, dass dieser auch die Verwaltung des Grundstücks innehat. Das gilt insbesondere, wenn es sich bei dieser Person um einen Angehörigen der steuerberatenden Berufe handelt. Die Verwaltung setzt nämlich eine umfassende Vertretungsmacht voraus, nicht lediglich eine bloße Empfangsvollmacht.

---

§ 19 Steuern vom Einkommen und Vermögen natürlicher Personen

(1) ¹Für die Besteuerung natürlicher Personen nach dem Einkommen und Vermögen ist das Finanzamt örtlich zuständig, in dessen Bezirk der Steuerpflichtige seinen Wohnsitz oder in Ermangelung eines Wohnsitzes seinen gewöhnlichen Aufenthalt hat (Wohnsitzfinanzamt). ²Bei mehrfachem Wohnsitz im Geltungsbereich des Gesetzes ist der Wohnsitz maßgebend, an dem sich der Steuerpflichtige vorwiegend aufhält; bei mehrfachem Wohnsitz eines verheirateten Steuerpflichtigen, der von seinem Ehegatten nicht dauernd getrennt lebt, ist der Wohnsitz maßgebend, an dem sich die Familie vorwiegend aufhält. ³Für die nach § 1 Abs. 2 des Einkommensteuergesetzes und nach § 1 Abs. 2 des Vermögensteuergesetzes unbeschränkt steuerpflichtigen Personen ist das Finanzamt örtlich zuständig, in dessen Bezirk sich die zahlende öffentliche Kasse befindet; das Gleiche gilt in den Fällen des § 1 Abs. 3 des Einkommensteuergesetzes bei Personen, die die Voraussetzungen des § 1 Abs. 2 Satz 1 Nr. 1 und 2 des Einkommensteuergesetzes erfüllen, und in Fällen des § 1a Abs. 2 des Einkommensteuergesetzes.

(2) ¹Liegen die Voraussetzungen des Absatzes 1 nicht vor, so ist das Finanzamt örtlich zuständig, in dessen Bezirk sich das Vermögen des Steuerpflichtigen und, wenn dies für mehrere Finanzämter zutrifft, in dessen Bezirk sich der wertvollste Teil des Vermögens befindet. ²Hat der Steuerpflichtige kein Vermögen im Geltungsbereich des Gesetzes, so ist das Finanzamt örtlich zuständig, in dessen Bezirk die Tätigkeit im Geltungsbereich des Gesetzes vorwiegend ausgeübt oder verwertet wird oder worden ist.

(3) ¹Gehören zum Bereich der Wohnsitzgemeinde mehrere Finanzämter und übt ein Steuerpflichtiger mit Einkünften aus Land- und Forstwirtschaft, Gewerbebetrieb oder freiberuflicher Tätigkeit diese Tätigkeit innerhalb der Wohnsitzgemeinde, aber im Bezirk eines anderen Finanzamts als dem des Wohnsitzfinanzamts aus, so ist abweichend von Absatz 1 jenes Finanzamt zuständig, wenn es nach § 18 Abs. 1 Nr. 1, 2 oder 3 für eine gesonderte Feststellung dieser Einkünfte zuständig wäre. ²Einkünfte aus Gewinnanteilen sind bei Anwendung des Satzes 1 nur dann zu berücksichtigen, wenn sie die einzigen Einkünfte des Steuerpflichtigen im Sinne des Satzes 1 sind.

(4) Steuerpflichtige, die zusammen zu veranlagen sind oder zusammen veranlagt werden können, sind bei Anwendung des Absatzes 3 so zu behandeln, als seien ihre Einkünfte von einem Steuerpflichtigen bezogen worden.

(5) ¹Durch Rechtsverordnung der Landesregierung kann bestimmt werden, dass als Wohnsitzgemeinde im Sinne des Absatzes 3 ein Gebiet gilt, das mehrere Gemeinden umfasst, soweit dies

mit Rücksicht auf die Wirtschafts- oder Verkehrsverhältnisse, den Aufbau der Verwaltungsbehörden oder andere örtliche Bedürfnisse zweckmäßig erscheint. ²Die Landesregierung kann die Ermächtigung auf die für die Finanzverwaltung zuständige oberste Landesbehörde übertragen.

(6) ¹Das Bundesministerium der Finanzen kann zur Sicherstellung der Besteuerung von Personen, die nach § 1 Abs. 4 des Einkommensteuergesetzes beschränkt steuerpflichtig sind und Einkünfte im Sinne von § 49 Abs. 1 Nr. 7 und 10 des Einkommensteuergesetzes beziehen, durch Rechtsverordnung mit Zustimmung des Bundesrates einer Finanzbehörde die örtliche Zuständigkeit für den Geltungsbereich des Gesetzes übertragen. ²Satz 1 gilt auch in den Fällen, in denen ein Antrag nach § 1 Abs. 3 des Einkommensteuergesetzes gestellt wird.

Einkommensteuer-Zuständigkeitsverordnung (EStZustV)

vom 2. 1. 2009 (BGBl. 2009 I S. 3, BStBl 2009 I S. 338)

EStZustV 1

Auf Grund des § 19 Abs. 6 Satz 1 und 2 der Abgabenordnung in der Fassung der Bekanntmachung vom 1. Oktober 2002 (BGBl. I S. 3866, 2003 I S. 61), der zuletzt durch Artikel 10 Nr. 3 des Gesetzes vom 19. Dezember 2008 (BGBl. I S. 2794) geändert worden ist, verordnet das Bundesministerium der Finanzen:

§ 1
Örtliche Zuständigkeit

Für die Besteuerung nach dem Einkommen von Personen, die nach § 1 Abs. 4 des Einkommensteuergesetzes beschränkt einkommensteuerpflichtig sind und ausschließlich mit Einkünften im Sinne des § 49 Abs. 1 Nr. 7 und 10 des Einkommensteuergesetzes zu veranlagen sind, ist das Finanzamt Neubrandenburg örtlich zuständig. Das Finanzamt Neubrandenburg ist ebenfalls zuständig in den Fällen des § 19 Abs. 6 Satz 2 der Abgabenordnung.

§ 2
Anwendungszeitraum

Diese Verordnung ist erstmals für den Veranlagungszeitraum 2005 und letztmals für den Veranlagungszeitraum 2013 anzuwenden.

§ 3
Inkrafttreten

Diese Verordnung tritt mit Wirkung vom 1. Januar 2009 in Kraft.

Anwendungserlass zur Abgabenordnung

AEAO 2

Zu § 19 – Steuern vom Einkommen und Vermögen natürlicher Personen:

1. Bei verheirateten, nicht dauernd getrennt lebenden Steuerpflichtigen ist bei mehrfachem Wohnsitz im Inland das Finanzamt des Aufenthalts der Familie für die Besteuerung nach dem Einkommen und Vermögen zuständig. Insoweit sind für die Bestimmung der örtlichen Zuständigkeit die Kinder in die Betrachtung einzubeziehen.

2. Nach § 19 Abs. 3 ist das Lage-, Betriebs- oder Tätigkeitsfinanzamt auch für die persönlichen Steuern vom Einkommen und Vermögen zuständig, wenn ein Steuerpflichtiger in einer Gemeinde (Stadt) mit mehreren Finanzämtern einen land- und forstwirtschaftlichen oder gewerblichen Betrieb unterhält bzw. eine freiberufliche Tätigkeit ausübt. In diesen Fällen ist keine gesonderte Feststellung durchzuführen (§ 180 Abs. 1 Nr. 2 Buchstabe b).

3. Wenn der Steuerpflichtige außerhalb des Bezirks seines Wohnsitzfinanzamtes, aber in den Bezirken mehrerer Finanzämter derselben Wohnsitzgemeinde, Einkünfte aus Land- und Forstwirtschaft, Gewerbebetrieb oder freiberuflicher Tätigkeit erzielt, so können nach § 19 Abs. 3 mehrere Finanzämter zuständig sein. In diesen Fällen ist nach § 25 zu verfahren. Gesonderte Feststellungen sind nur von den Finanzämtern vorzunehmen, die den Steuerpflichtigen nicht zur Einkommensteuer und Vermögensteuer veranlagen (§ 180 Abs. 1 Nr. 2 Buchstabe b).

4. Zuständigkeitsregelungen enthalten auch § 20a i. V. m. der Arbeitnehmerzuständigkeitsverordnung-Bau vom 30. 8. 2001 (BGBl. I S. 2267, BStBl I S. 602) sowie die Einzelsteuergesetze und das FVG.
5. *Das Vermögen im Sinne des § 19 Abs. 2 Satz 1 bestimmt sich nach § 121 BewG, aber abweichend von § 121 Nr. 4 BewG unabhängig von der Höhe der prozentualen Beteiligung an der inländischen Kapitalgesellschaft.* Im Fall der Beteiligung an einer Grundbesitz verwaltenden Personengesellschaft ist für die Bestimmung der örtlichen Zuständigkeit die Belegenheit des Grundstücks maßgebend.

§ 20 Steuern vom Einkommen und Vermögen der Körperschaften, Personenvereinigungen, Vermögensmassen

(1) Für die Besteuerung von Körperschaften, Personenvereinigungen und Vermögensmassen nach dem Einkommen und Vermögen ist das Finanzamt örtlich zuständig, in dessen Bezirk sich die Geschäftsleitung befindet.

(2) Befindet sich die Geschäftsleitung nicht im Geltungsbereich des Gesetzes oder lässt sich der Ort der Geschäftsleitung nicht feststellen, so ist das Finanzamt örtlich zuständig, in dessen Bezirk die Steuerpflichtige ihren Sitz hat.

(3) Ist weder die Geschäftsleitung noch der Sitz im Geltungsbereich des Gesetzes, so ist das Finanzamt örtlich zuständig, in dessen Bezirk sich Vermögen der Steuerpflichtigen und, wenn dies für mehrere Finanzämter zutrifft, das Finanzamt, in dessen Bezirk sich der wertvollste Teil des Vermögens befindet.

(4) Befindet sich weder die Geschäftsleitung noch der Sitz noch Vermögen der Steuerpflichtigen im Geltungsbereich des Gesetzes, so ist das Finanzamt örtlich zuständig, in dessen Bezirk die Tätigkeit im Geltungsbereich des Gesetzes vorwiegend ausgeübt oder verwertet wird oder worden ist.

Anwendungserlass zur Abgabenordnung

1 Zu § 20 – Steuern vom Einkommen und Vermögen der Körperschaften, Personenvereinigungen, Vermögensmassen:

In den Fällen des § 20 Abs. 3 gilt Nr. 5 zu § 19 entsprechend.

Rechtsprechung

2 BFH vom 29. 11. 2006 – I R 103/05 (BFH/NV 2007 S. 1067)

Die Zuständigkeit für den Erlass von Haftungsbescheiden ist regelmäßig nicht nach § 20 Abs. 1 AO, sondern nach § 24 AO zu beurteilen.

§ 20a Steuern vom Einkommen bei Bauleistungen

(1) ¹Abweichend von §§ 19 und 20 ist für die Besteuerung von Unternehmen, die Bauleistungen im Sinne von § 48 Abs. 1 Satz 3 des Einkommensteuergesetzes erbringen, das Finanzamt zuständig, das für die Besteuerung der entsprechenden Umsätze nach § 21 Abs. 1 zuständig ist, wenn der Unternehmer seinen Wohnsitz oder das Unternehmen seine Geschäftsleitung oder seinen Sitz außerhalb des Geltungsbereiches des Gesetzes hat. ²Das gilt auch abweichend von den §§ 38 bis 42f des Einkommensteuergesetzes beim Steuerabzug vom Arbeitslohn.

(2) ¹Für die Verwaltung der Lohnsteuer in den Fällen der Arbeitnehmerüberlassung durch ausländische Verleiher nach § 38 Abs. 1 Satz 1 Nr. 2 des Einkommensteuergesetzes ist das Finanzamt zuständig, das für die Besteuerung der entsprechenden Umsätze nach § 21 Abs. 1 zuständig ist. ²Satz 1 gilt nur, wenn die überlassene Person im Baugewerbe eingesetzt ist.

(3) Für die Besteuerung von Personen, die von Unternehmen im Sinne des Absatzes 1 oder 2 im Inland beschäftigt werden, kann abweichend von § 19 das Bundesministerium der Finanzen

durch Rechtsverordnung mit Zustimmung des Bundesrates die örtliche Zuständigkeit einem Finanzamt für den Geltungsbereich des Gesetzes übertragen.

Arbeitnehmer-Zuständigkeitsverordnung-Bau (ArbZustBauV)

vom 30. 8. 2001 (BGBl. 2001 I S. 2267, BStBl 2001 I S. 602), geändert durch Art. 62b des Gesetzes vom 8. 5. 2008 (BGBl. 2008 I S. 810)

ArbZust-BauV 1

§ 1

Für die Einkommensteuer des Arbeitnehmers, der von einem Unternehmer im Sinne des § 20a Abs. 1 oder 2 der Abgabenordnung im Inland beschäftigt ist und der seinen Wohnsitz im Ausland hat, ist das in § 1 Abs. 1 oder 2 der Umsatzsteuerzuständigkeitsverordnung für seinen Wohnsitzstaat genannte Finanzamt zuständig. Hat der Arbeitnehmer eines in der Republik Polen ansässigen Unternehmens im Sinne des § 20a Abs. 1 oder 2 der Abgabenordnung seinen Wohnsitz in der Republik Polen, ist für seine Einkommensteuer abweichend von Satz 1 das Finanzamt zuständig, das für seinen Arbeitgeber zuständig ist.

§ 2

Diese Verordnung tritt am 7. 9. 2001 in Kraft.

Anwendungserlass zur Abgabenordnung

AEAO 2

Zu § 20a – Steuern vom Einkommen bei Bauleistungen

1. Liegen die Voraussetzungen des § 20a Abs. 1 Satz 1 vor, beschränkt sich die Zuständigkeit nicht auf den Steuerabzug nach §§ 48 ff. EStG und auf Umsätze aus Bauleistungen; sie erfasst die gesamte Besteuerung des Einkommens des Unternehmers (Einkommensteuer, Körperschaftsteuer). Das nach § 20a Abs. 1 Satz 1 zuständige Finanzamt ist auch für die Umsatzsteuer (§ 21 Abs. 1 Satz 2) und die Realsteuern (§ 22 Abs. 1 Satz 2) zuständig. Siehe auch Rz. 100 des BMF-Schreibens vom 27. 12. 2002, BStBl I S. 1399.

2. Zur Vermeidung eines erschwerten Verwaltungsvollzugs ist im Regelfall eine von der zentralen Zuständigkeit nach § 20a Abs. 1 und 2, § 21 Abs. 1 Satz 2 und § 22 Abs. 1 Satz 2 abweichende Zuständigkeitsvereinbarung nach § 27 mit dem ortsnahen Finanzamt herbeizuführen, wenn
   – das Unternehmen nur gelegentlich Bauleistungen im Sinne von § 48 Abs. 1 Satz 3 EStG erbringt,
   – das Unternehmen Bauleistungen im Sinne von § 48 Abs. 1 Satz 3 EStG erbringt, die im Verhältnis zum Gesamtumsatz nur von untergeordneter Bedeutung sind oder
   – eine zentrale Zuständigkeit weder für den Steuerpflichtigen noch für die Finanzbehörden zweckmäßig ist.

Hinweise

H 3

Steuerabzug von Vergütungen für im Inland erbrachte Bauleistungen (§§ 48 ff. EStG)

(Auszug aus dem BMF-Schreiben vom 27. 12. 2002 – IV A 5 – S 2272 – 1/02 –, BStBl 2002 I, 1399; geändert durch BMF-Schreiben vom 4. 9. 2003, BStBl 2003 I S. 431)

11. Zuständiges Finanzamt

Für den Steuerabzug im Zusammenhang mit Bauleistungen ist das Finanzamt des Leistenden zuständig. Ist der leistende Unternehmer eine natürliche Person, ist dies das Finanzamt, in dessen Bezirk sich dessen inländischer Wohnsitz befindet. An die Stelle des Wohnsitzes tritt der inländische gewöhnliche Aufenthalt, wenn der leistende Unternehmer über keinen Wohnsitz verfügt. Ist das leistende Unternehmen eine Personengesellschaft mit Geschäftsleitung bzw. eine Körperschaft mit Sitz und Geschäftsleitung im Inland, ist dies das Finanzamt, in dessen Bezirk sich die Geschäftsleitung befindet. Findet für eine Arbeitsgemeinschaft keine gesonderte Feststellung der

Besteuerungsgrundlagen statt (§ 180 Abs. 4 AO), ist für den Steuerabzug das Finanzamt zuständig, das für die Umsatzsteuer zuständig ist.

Hat der leistende Unternehmer seinen Wohnsitz im Ausland bzw. das leistende Unternehmen (Körperschaft oder Personenvereinigung) den Sitz oder die Geschäftsleitung im Ausland, besteht eine zentrale Zuständigkeit im Bundesgebiet (siehe Umsatzsteuerzuständigkeitsverordnung – UStZustV). Dies gilt auch, wenn eine natürliche Person zusätzlich im Inland einen weiteren Wohnsitz hat. Zuständigkeitsvereinbarungen sind unter den Voraussetzungen des § 27 AO zulässig. Dies gilt auch für die Verwaltung der Lohnsteuer. Demzufolge kann ein im Ausland ansässiges Bauunternehmen im Inland nur eine lohnsteuerliche Betriebsstätte haben. Daher sind die in der Umsatzsteuerzuständigkeitsverordnung genannten Finanzämter für die Besteuerung der inländischen Umsätze und des im Inland steuerpflichtigen Einkommens des Leistenden, für die Verwaltung der Lohnsteuer der Arbeitnehmer des Leistenden, für die Anmeldung und Abführung des Steuerabzugs nach § 48 EStG, für die Erteilung oder Ablehnung von Freistellungsbescheinigungen und für die Anrechnung oder Erstattung des Steuerabzugs nach § 48c EStG zuständig.

Die zentrale Zuständigkeit gilt auch für die Einkommensbesteuerung der Arbeitnehmer ausländischer Bauunternehmen, die im Inland tätig werden und ihren Wohnsitz im Ausland haben, dabei ist für die zentrale Zuständigkeit der Wohnsitzstaat des jeweiligen Arbeitnehmers maßgeblich.

Bei Personengesellschaften ist das zentrale Finanzamt auch für die gesonderte und einheitliche Feststellung nach § 18 Abs. 1 Nr. 2 AO zuständig. Das zentrale Finanzamt ist ferner gemäß § 48a Abs. 3 Satz 4 EStG für den Erlass eines Haftungsbescheides gemäß § 42d Abs. 6 EStG zuständig.

§ 21 Umsatzsteuer

(1) ¹Für die Umsatzsteuer mit Ausnahme der Einfuhrumsatzsteuer ist das Finanzamt zuständig, von dessen Bezirk aus der Unternehmer sein Unternehmen im Geltungsbereich des Gesetzes ganz oder vorwiegend betreibt. ²Das Bundesministerium der Finanzen kann zur Sicherstellung der Besteuerung durch Rechtsverordnung mit Zustimmung des Bundesrates für Unternehmer, die Wohnsitz, Sitz oder Geschäftsleitung außerhalb des Geltungsbereiches dieses Gesetzes haben, die örtliche Zuständigkeit einer Finanzbehörde für den Geltungsbereich des Gesetzes übertragen.

(2) Für die Umsatzsteuer von Personen, die keine Unternehmer sind, ist das Finanzamt zuständig, das auch für die Besteuerung nach dem Einkommen zuständig ist (§§ 19 und 20); in den Fällen des § 180 Abs. 1 Nr. 2 Buchstabe a ist das Finanzamt für die Umsatzsteuer zuständig, das auch für die gesonderte Feststellung zuständig ist (§ 18).

Umsatzsteuerzuständigkeitsverordnung (UStZustV)

in der Fassung von Art. 21 des Gesetzes vom 20. 12. 2001 (BGBl. 2001 I S. 3794), zuletzt geändert durch Art. 5 des Jahressteuergesetzes 2010 vom 8. 12. 2010 (BGBl. 2010 I S. 1768, BStBl 2010 I, S. 1394)

§ 1

(1) Für die Umsatzsteuer der Unternehmer im Sinne des § 21 Abs. 1 Satz 2 der Abgabenordnung sind folgende Finanzämter örtlich zuständig:

1. das Finanzamt Trier für im Königreich Belgien ansässige Unternehmer,
2. das Finanzamt Neuwied für in der Republik Bulgarien ansässige Unternehmer,
3. das Finanzamt Flensburg für im Königreich Dänemark ansässige Unternehmer,
4. das Finanzamt Rostock für in der Republik Estland ansässige Unternehmer,
5. das Finanzamt Bremen-Mitte für in der Republik Finnland ansässige Unternehmer,
6. das Finanzamt Offenburg für in der Französischen Republik ansässige Unternehmer,
7. das Finanzamt Hannover-Nord für im Vereinigten Königreich Großbritannien und Nordirland ansässige Unternehmer,
8. das Finanzamt Berlin Neukölln für in der Griechischen Republik ansässige Unternehmer,
9. das Finanzamt Hamburg Nord für in der Republik Irland ansässige Unternehmer,
10. das Finanzamt München für in der Italienischen Republik ansässige Unternehmer,

11. das Finanzamt Kassel-Hofgeismar für in der Republik Kroatien ansässige Unternehmer,
12. das Finanzamt Bremen-Mitte für in der Republik Lettland ansässige Unternehmer,
13. das Finanzamt Konstanz für im Fürstentum Liechtenstein ansässige Unternehmer,
14. das Finanzamt Mühlhausen für in der Republik Litauen ansässige Unternehmer,
15. das Finanzamt Saarbrücken Am Stadtgraben für im Großherzogtum Luxemburg ansässige Unternehmer,
16. das Finanzamt Berlin Neukölln für in der Republik Mazedonien ansässige Unternehmer,
17. das Finanzamt Kleve für im Königreich der Niederlande ansässige Unternehmer,
18. das Finanzamt Bremen-Mitte für im Königreich Norwegen ansässige Unternehmer,
19. das Finanzamt München für in der Republik Österreich ansässige Unternehmer,
20. das Finanzamt Oranienburg für in der Republik Polen ansässige Unternehmer mit den Anfangsbuchstaben des Nachnamens oder bei Personen- und Kapitalgesellschaften des Firmennamens A bis M; das Finanzamt Cottbus für in der Republik Polen ansässige Unternehmer mit den Anfangsbuchstaben des Nachnamens oder des Firmennamens N bis Z,
21. das Finanzamt Kassel-Hofgeismar für in der Portugiesischen Republik ansässige Unternehmer,
22. das Finanzamt Chemnitz-Süd für in Rumänien ansässige Unternehmer,
23. das Finanzamt Magdeburg für in der Russischen Föderation ansässige Unternehmer,
24. das Finanzamt Hamburg Nord für im Königreich Schweden ansässige Unternehmer,
25. das Finanzamt Konstanz für in der Schweizerischen Eidgenossenschaft ansässige Unternehmer,
26. das Finanzamt Chemnitz-Süd für in der Slowakischen Republik ansässige Unternehmer,
27. das Finanzamt Kassel-Hofgeismar für im Königreich Spanien ansässige Unternehmer,
28. das Finanzamt Oranienburg für in der Republik Slowenien ansässige Unternehmer,
29. das Finanzamt Chemnitz-Süd für in der Tschechischen Republik ansässige Unternehmer,
30. das Finanzamt Dortmund-Unna für in der Republik Türkei ansässige Unternehmer,
31. das Finanzamt Magdeburg für in der Ukraine ansässige Unternehmer,
32. das Zentralfinanzamt Nürnberg für in der Republik Ungarn ansässige Unternehmer,
33. das Finanzamt Magdeburg für in der Republik Weißrußland ansässige Unternehmer,
34. das Finanzamt Bonn-Innenstadt für in den Vereinigten Staaten von Amerika ansässige Unternehmer.

(2) Für die Umsatzsteuer der Unternehmer im Sinne des § 21 Abs. 1 Satz 2 der Abgabenordnung, die nicht von Absatz 1 erfasst werden, ist das Finanzamt Berlin Neukölln zuständig.

(2a) Abweichend von den Absätzen 1 und 2 ist für die Unternehmer, die von § 18 Abs. 4c des Umsatzsteuergesetzes Gebrauch machen, das Bundeszentralamt für Steuern zuständig.

(3) Die örtliche Zuständigkeit nach § 61 Abs. 1 Satz 1 der Umsatzsteuer-Durchführungsverordnung für die Vergütung der abziehbaren Vorsteuerbeträge an im Ausland ansässige Unternehmer bleibt unberührt.

§ 2

Diese Verordnung tritt am Tage nach ihrer Verkündung in Kraft. Gleichzeitig tritt die Umsatzsteuerzuständigkeitsverordnung vom 21. Februar 1995 (BGBl. I S. 225), zuletzt geändert durch Artikel 3 des Gesetzes vom 30. August 2001 (BGBl. I S. 2267) außer Kraft.

Anwendungserlass zur Abgabenordnung

Zu § 21 – Umsatzsteuer:

Die zentrale Zuständigkeit nach § 21 Abs. 1 Satz 2 gilt bereits dann, wenn auch nur ein Anknüpfungspunkt der gesetzlichen Kriterien Wohnsitz, Sitz oder Geschäftsleitung im Ausland gegeben ist. § 21 Abs. 1 Satz 2 hat daher Vorrang vor § 21 Abs. 1 Satz 1.

Die zentrale Zuständigkeit nach § 21 Abs. 1 Satz 2 i. V. m. der UStZustV ist insbesondere in den Fällen von Bedeutung, in denen ein Unternehmen vom Ausland aus betrieben wird und der Unternehmer im Inland nicht einkommen- oder körperschaftsteuerpflichtig ist. Sie ist aber auch zu beachten, wenn der Unternehmer im Inland auch zur Einkommen- oder Körperschaftsteuer zu veranlagen ist.

Ein Auseinanderfallen der örtlichen Zuständigkeiten für die Ertrags- und Umsatzbesteuerung kann allerdings zu einem erschwerten Verwaltungsvollzug führen, z. B. bei Kapitalgesellschaften mit statutarischem Sitz im Ausland und Geschäftsleitung im Inland. Betroffen sind beispielsweise Fälle, in denen ein bisher im Inland ansässiges Unternehmen in eine britische „private company limited by shares" (Limited) umgewandelt wird oder eine Limited neu gegründet wird, die lediglich ihren statutarischen Sitz in Großbritannien hat, aber allein oder überwiegend im Inland unternehmerisch tätig und unbeschränkt körperschaftsteuerpflichtig ist.

In diesen Fällen ist im Regelfall eine Zuständigkeitsvereinbarung nach § 27 herbeizuführen, nach der das für die Ertragsbesteuerung zuständige ortsnahe Finanzamt auch für die Umsatzsteuer zuständig wird (vgl. zu § 27, Nr. 3).

---

§ 22 Realsteuern

(1) ¹Für die Festsetzung und Zerlegung der Steuermessbeträge ist bei der Grundsteuer das Lagefinanzamt (§ 18 Abs. 1 Nr. 1) und bei der Gewerbesteuer das Betriebsfinanzamt (§ 18 Abs. 1 Nr. 2) örtlich zuständig. ²Abweichend von Satz 1 ist für die Festsetzung und Zerlegung der Gewerbesteuermessbeträge bei Unternehmen, die Bauleistungen im Sinne von § 48 Abs. 1 Satz 3 des Einkommensteuergesetzes erbringen, das Finanzamt zuständig, das für die Besteuerung der entsprechenden Umsätze nach § 21 Abs. 1 zuständig ist, wenn der Unternehmer seinen Wohnsitz oder das Unternehmen seine Geschäftsleitung oder seinen Sitz außerhalb des Geltungsbereiches des Gesetzes hat.

(2) ¹Soweit die Festsetzung, Erhebung und Beitreibung von Realsteuern den Finanzämtern obliegt, ist dafür das Finanzamt örtlich zuständig, zu dessen Bezirk die hebeberechtigte Gemeinde gehört. ²Gehört eine hebeberechtigte Gemeinde zu den Bezirken mehrerer Finanzämter, so ist von diesen Finanzämtern das Finanzamt örtlich zuständig, das nach Absatz 1 zuständig ist oder zuständig wäre, wenn im Geltungsbereich dieses Gesetzes nur die in der hebeberechtigten Gemeinde liegenden Teile des Betriebs, des Grundstücks oder des Betriebsgrundstücks vorhanden wären.

(3) Absatz 2 gilt sinngemäß, soweit einem Land nach Artikel 106 Abs. 6 Satz 3 des Grundgesetzes das Aufkommen der Realsteuern zusteht.

---

§ 23 Einfuhr- und Ausfuhrabgaben und Verbrauchsteuern

(1) Für die Einfuhr- und Ausfuhrabgaben im Sinne des Artikels 4 Nr. 10 und 11 des Zollkodexes und Verbrauchsteuern ist das Hauptzollamt örtlich zuständig, in dessen Bezirk der Tatbestand verwirklicht wird, an den das Gesetz die Steuer knüpft.

(2) ¹Örtlich zuständig ist ferner das Hauptzollamt, von dessen Bezirk aus der Steuerpflichtige sein Unternehmen betreibt. ²Wird das Unternehmen von einem nicht zum Geltungsbereich des Gesetzes gehörenden Ort aus betrieben, so ist das Hauptzollamt zuständig, in dessen Bezirk der Unternehmer seine Umsätze im Geltungsbereich des Gesetzes ganz oder vorwiegend bewirkt.

(3) Werden Einfuhr- und Ausfuhrabgaben im Sinne des Artikels 4 Nr. 10 und 11 des Zollkodexes und Verbrauchsteuern im Zusammenhang mit einer Steuerstraftat oder einer Steuerordnungswidrigkeit geschuldet, so ist auch das Hauptzollamt örtlich zuständig, das für die Strafsache oder die Bußgeldsache zuständig ist.

---

§ 24 Ersatzzuständigkeit

Ergibt sich die örtliche Zuständigkeit nicht aus anderen Vorschriften, so ist die Finanzbehörde zuständig, in deren Bezirk der Anlass für die Amtshandlung hervortritt.

Anwendungserlass zur Abgabenordnung

Zu § 24 – Ersatzzuständigkeit:

1. Für den Fall, dass sich die Zuständigkeit nicht aus den anderen Vorschriften ableiten lässt, ist die Finanzbehörde zuständig, in deren Bezirk objektiv ein Anlass für eine Amtshandlung besteht. Abgesehen von der Zuständigkeit für Maßnahmen zur Aufdeckung unbekannter Steuerfälle (§ 208 Abs. 1 Nr. 3) ist hiernach auch die Zuständigkeit für den Erlass von Haftungsbescheiden (§§ 191, 192) zu bestimmen. Wegen des Sachzusammenhangs ist mithin i. d. R. das Finanzamt des Steuerpflichtigen gleichzeitig für die Heranziehung des Haftenden örtlich zuständig.
2. Kann die örtliche Zuständigkeit nicht sofort einwandfrei geklärt werden, ist bei unaufschiebbaren Maßnahmen die Zuständigkeit auf § 29 zu stützen.

§ 25 Mehrfache örtliche Zuständigkeit

¹Sind mehrere Finanzbehörden zuständig, so entscheidet die Finanzbehörde, die zuerst mit der Sache befasst worden ist, es sei denn, die zuständigen Finanzbehörden einigen sich auf eine andere zuständige Finanzbehörde oder die gemeinsame fachlich zuständige Aufsichtsbehörde bestimmt, dass eine andere örtlich zuständige Finanzbehörde zu entscheiden hat. ²Fehlt eine gemeinsame Aufsichtsbehörde, so treffen die fachlich zuständigen Aufsichtsbehörden die Entscheidung gemeinsam.

Anwendungserlass zur Abgabenordnung

Zu § 25 – Mehrfache örtliche Zuständigkeit:

Einigen sich bei mehrfacher örtlicher Zuständigkeit die Finanzbehörden auf eine der örtlich zuständigen Finanzbehörden, so handelt es sich hierbei nicht um eine Zuständigkeitsvereinbarung im Sinne des § 27. Der Zustimmung des Betroffenen bedarf es nicht.

Hinweise

Örtliche Zuständigkeit für die Einkommensbesteuerung von getrennt lebenden/geschiedenen Ehegatten

(OFD Niedersachsen, Vfg. vom 19. 1. 2010 – S 0122-10-St 142 –)

1. Zusammenveranlagung

1.1 Trennen sich Ehegatten, so ist dadurch eine Zusammenveranlagung zur Einkommensteuer im Jahr der Trennung nicht ausgeschlossen (§§ 26 Abs. 1 Satz 1, 26b EStG). Die örtliche Zuständigkeit für die Einkommensteuer richtet sich im Jahr der Trennung nach dem Wohnsitz des jeweiligen Ehegatten (§ 19 Abs. 1 AO). Trotz der Zusammenveranlagung bleibt jeder Ehegatte für sich „Steuerpflichtiger" nach § 19 AO.

Wohnen die Ehegatten in den Bezirken verschiedener Finanzämter, liegt damit eine mehrfache örtliche Zuständigkeit nach § 25 AO vor. Zuständig ist danach das Finanzamt, das zuerst mit der Sache befasst war.

1.2 Zieht nach Trennung/Scheidung von Eheleuten ein Ehegatte in den Bezirk eines anderen Finanzamts und behält der andere Ehegatte den bisherigen Wohnsitz bei oder zieht nur innerhalb des bisherigen Finanzamtsbezirks um, bleibt das bisherige als das zuerst mit der Sache befasste Finanzamt für Erst- oder Berichtigungs-/Änderungsveranlagungen für Zeiträume, in denen noch eine Zusammenveranlagung in Betracht kommt, örtlich zuständig. Hat dieser Ehegatte im Veranlagungszeitraum jedoch keine oder nur geringe eigene Einkünfte erzielt, so dass künftig keine (Einzel-)Veranlagung mehr durchzuführen sein dürfte oder ist der andere Ehegatte auch zur Umsatzsteuer, Gewerbesteuer usw. zu veranlagen, kann es sich anbieten, dass das für den verzogenen Ehegatten zuständige Finanzamt die Besteuerung übernimmt. Eine Zustimmung der Steuerpflichtigen ist hierzu nicht erforderlich (§ 25 Satz 1 AO), weil es sich nicht um eine Zuständigkeitsvereinbarung i. S. d. § 27 AO handelt (AEAO zu § 25).

- 1.3 Verlegen nach Trennung/Scheidung beide Ehegatten ihren Wohnsitz in andere Finanzamtsbezirke, ist die Personensteuerakte der Eheleute an das Finanzamt abzugeben, in dessen Bezirk der Ehegatte verzogen ist, bei dem das Schwergewicht der Besteuerungsgrundlagen liegt.

  Dieses Finanzamt ist nach § 25 AO ab dem Zeitpunkt des Eintritts des Zuständigkeitwechsels (§ 26 AO) auch für ggf. noch durchzuführende Erst- oder Berichtigungs-/Änderungsveranlagungen für Veranlagungszeiträume vor dem Jahr der Trennung örtlich zuständig, soweit in den betreffenden Zeiträumen die Voraussetzungen für eine Zusammenveranlagung vorlagen und die Zusammenveranlagung gewählt wurde bzw. wird.

- 1.4 Wechselt nach dem Tode eines Ehegatten der bisher mit ihm zusammenveranlagte Ehepartner den Wohnsitz, geht die örtliche Zuständigkeit auch für den verstorbenen Ehegatten auf das neue Wohnsitzfinanzamt des überlebenden Ehepartners über.

2. Getrennte Veranlagung

Beantragt ein verheirateter Steuerpflichtiger die getrennte Veranlagung, so ist für jeden Ehegatten das für ihn zuständige Finanzamt (nach § 19 Abs. 1 bzw. 19 Abs. 3 AO) für die Durchführung der getrennten Veranlagung örtlich zuständig.

Rechtsprechung

3 BFH vom 5. 12. 2007 – VIII B 79/07 (BFH/NV 2008 S. 732)

Das bislang für die Zusammenveranlagung der Eheleute zuständige Finanzamt bleibt als erstbefasste Behörde gemäß § 25 Satz 1 AO i. V. m. § 195 Satz 1 AO für den Erlass einer an die Ehefrau gerichteten, die Zeiträume der Zusammenveranlagung betreffenden Außenprüfungsanordnung örtlich zuständig, wenn die Ehefrau – nicht aber der Ehemann – nach Trennung der Eheleute in den Bezirk eines anderen Finanzamts verzogen ist.

§ 26 Zuständigkeitswechsel

¹Geht die örtliche Zuständigkeit durch eine Veränderung der sie begründenden Umstände von einer Finanzbehörde auf eine andere Finanzbehörde über, so tritt der Wechsel der Zuständigkeit in dem Zeitpunkt ein, in dem eine der beiden Finanzbehörden hiervon erfährt. ²Die bisher zuständige Finanzbehörde kann ein Verwaltungsverfahren fortführen, wenn dies unter Wahrung der Interessen der Beteiligten der einfachen und zweckmäßigen Durchführung des Verfahrens dient und die nunmehr zuständige Finanzbehörde zustimmt. ³Ein Zuständigkeitswechsel nach Satz 1 tritt so lange nicht ein, wie

1. über einen Insolvenzantrag noch nicht entschieden wurde,
2. ein eröffnetes Insolvenzverfahren noch nicht aufgehoben wurde oder
3. sich eine Personengesellschaft oder eine juristische Person in Liquidation befindet.

Anwendungserlass zur Abgabenordnung

1 Zu § 26 – Zuständigkeitswechsel:

1. Der Steuerpflichtige kann sich auf den Zuständigkeitswechsel nicht berufen, solange keine der beiden beteiligten Finanzbehörden von die Zuständigkeit verändernden Tatsachen Kenntnis erlangt hat. Wegen der Bedeutung der Zuständigkeit für die Steuerberechtigung ist die Kenntnis über die Umstände, die die Zuständigkeit ändern, mit Angabe des Datums aktenkundig zu machen und unverzüglich der anderen Finanzbehörde mitzuteilen.

2. Die Fortführung eines bereits begonnenen Verwaltungsverfahrens durch das bisher zuständige Finanzamt ist zulässig, wenn das Finanzamt, dessen Zuständigkeit durch die veränderten Umstände begründet wird, zustimmt. Der Steuerpflichtige soll gehört werden; er ist jedoch von der Fortführung des Verwaltungsverfahrens zu benachrichtigen.

3. Bei Verlegung des Wohnsitzes in den Bezirk eines anderen Finanzamtes unter gleichzeitiger Betriebsaufgabe sind von dem bisher für Personensteuern und Betriebssteuern zuständigen Finanzamt nur die Personensteuerakten abzugeben. Das bisher zuständige Finanzamt ermittelt

im Wege der Amtshilfe den Gewinn aus der Zeit bis zur Betriebsaufgabe und teilt ihn dem neuen Wohnsitzfinanzamt mit.

Für die Betriebsteuern bleibt grundsätzlich das Betriebsfinanzamt zuständig, auch hinsichtlich der Erhebung und etwaigen Vollstreckung. Rückstände sind erforderlichenfalls im Weg der Amtshilfe beizutreiben. Ausnahmsweise kommt eine Zuständigkeitsvereinbarung nach § 27 in Betracht, wenn sich dies als zweckmäßig erweist.

4. Zu den Auswirkungen eines Zuständigkeitswechsels auf das Rechtsbehelfsverfahren vgl. zu § 367, Nr. 1 und BMF-Schreiben vom 10. 10. 1995, BStBl I, S. 664.

AO 26/2

Hinweise

Auswirkungen eines Zuständigkeitswechsels auf das Rechtsbehelfsverfahren

H 2

(BMF-Schreiben vom 10. 10. 1995 – IV A 5 – S 0600 – 17/95 –, BStBl 1995 I S. 664)

Unter Bezugnahme auf das Ergebnis der Erörterungen mit den obersten Finanzbehörden der Länder bitte ich, zu den Auswirkungen eines Zuständigkeitswechsels auf das Rechtsbehelfsverfahren folgende Auffassung zu vertreten:

I. Zuständigkeitswechsel durch Maßnahmen des Steuerpflichtigen (insbesondere Wohnsitzverlegung)

1. Einspruchsverfahren

Wird während eines anhängigen Einspruchsverfahrens nachträglich eine andere Finanzbehörde für den Steuerfall zuständig, so entscheidet diese Finanzbehörde über den Einspruch, wenn keine Vereinbarung nach § 26 Satz 2 AO getroffen worden ist (§ 367 Abs. 1 Satz 2 AO). Unter der „zuständigen Finanzbehörde" i. S. d. § 354 Abs. 2 AO, der gegenüber ein Einspruchsverzicht zu erklären ist, ist die für die Durchführung des Verwaltungsverfahrens (insbesondere des Besteuerungsverfahrens) sachlich und örtlich zuständige Finanzbehörde zu verstehen. Da § 354 AO keine besonderen Regelungen enthält, sind über § 365 Abs. 1 AO die allgemeinen Zuständigkeitsvorschriften der AO anzuwenden. Nach Eintritt eines Zuständigkeitswechsels ist daher die Verzichtserklärung gegenüber der neu zuständigen Finanzbehörde und in den Fällen des § 26 Satz 2 AO gegenüber der das Verwaltungsverfahren fortführenden Finanzbehörde zu erklären.

2. Gerichtliches Rechtsbehelfsverfahren

Nach § 63 Abs. 2 Nr. 1 FGO ist bei vorangegangenem Einspruchsverfahren die Klage gegen die Behörde zu richten, welche die Einspruchsentscheidung erlassen hat; das ist bei einem Zuständigkeitswechsel vor Erlaß der Einspruchsentscheidung die neu zuständige Finanzbehörde und bei einer Zuständigkeitsvereinbarung nach § 26 Satz 2 AO die bisher zuständige, das Verwaltungsverfahren weiterführende Finanzbehörde (vgl. § 367 Abs. 1 AO). Durch einen Zuständigkeitswechsel nach Erlaß der Einspruchsentscheidung wird die Passivlegitimation nicht berührt. In Fällen der unmittelbaren Klage nach § 46 FGO ist die Behörde passivlegitimiert, die im Zeitpunkt der Klageerhebung zuständig war. Ein erst nach Klageerhebung eintretender Zuständigkeitswechsel hat keine Auswirkungen auf die Passivlegitimation.

II. Zuständigkeitswechsel durch Änderung der FA-Bezirksgrenzen oder Übertragung von Verwaltungsaufgaben

Bei einer Änderung der FA-Bezirksgrenzen (z. B. durch kommunale Neugliederung) oder einer Übertragung von Verwaltungsaufgaben (z. B. durch Zentralisierung) verliert die bisher zuständige Finanzbehörde im Verhältnis zu den von der Veränderung betroffenen Steuerpflichtigen die Fähigkeit, Pflichtsubjekt des öffentlichen Rechts zu sein (vgl. BFH-Urteile vom 15. 12. 1971, BStBl 1972 II S. 438 und vom 10. 11. 1977, BStBl 1978 II S. 310; s. auch BFH-Urteil vom 7. 11. 1978, BStBl 1979 II S. 169).

1. Einspruchsverfahren

Für das Einspruchsverfahren ergibt sich der Übergang der Entscheidungskompetenz auf die neu zuständige Finanzbehörde ausdrücklich aus § 367 Abs. 1 Satz 2 AO. Zur Frage des zutreffenden Adressaten eines Einspruchsverzichts gelten die Ausführungen zu I 1 entsprechend.

2. Gerichtliches Rechtsbehelfsverfahren

Im finanzgerichtlichen Verfahren geht die Passivlegitimation auf die nunmehr zuständige Behörde über, wenn vor Erlaß der Entscheidung über den Einspruch eine andere Behörde zuständig geworden ist (§ 63 Abs. 2 FGO). Gleiches gilt, wenn der Zuständigkeitswechsel nach Erlaß der Einspruchsentscheidung eingetreten ist; die während eines bereits anhängigen gerichtlichen Verfahrens eintretende Zuständigkeitsänderung führt zu einem gesetzlichen Beteiligtenwechsel (vgl. BFH-Urteile vom 15. 12. 1971, BStBl 1972 II S. 438, vom 19. 2. 1975, BStBl II S. 584 und vom 10. 11. 1977, BStBl 1978 II S. 310). Dies gilt auch bei einem Zuständigkeitswechsel während eines Revisionsverfahrens (vgl. BFH-Urteile vom 19. 11. 1974, BStBl 1975 II S. 210 und vom 1. 8. 1979, BStBl 1979 II S. 714).

3 Örtliche Zuständigkeit in Liquidations- und Insolvenzfällen

(OFD Magdeburg, Vfg. vom 10. 8. 2010 – S 0127 – 4 – St 257)

1. Liquidation und Insolvenz

Aufgrund des Beginns der Liquidation oder durch Eröffnung des Insolvenzverfahrens kann es zu einem Wechsel der örtlichen Zuständigkeit kommen, wenn der Liquidator oder der Insolvenzverwalter die Geschäftsführung von einem Ort ausübt, der nicht im Bezirk des bisher zuständigen Finanzamts liegt.

Zur Vermeidung eines Wechsels der örtlichen Zuständigkeit bzw. eines Herbeiführens von Zuständigkeitsvereinbarungen wurde durch das Jahressteuergesetz 2008 der § 26 AO durch einen dritten Satz ergänzt. Nach der neu angeführten Bestimmung tritt ein Zuständigkeitswechsel solange nicht ein, wie

- über einen Insolvenzantrag noch nicht entschieden wurde,
- ein eröffnetes Insolvenzverfahren noch nicht aufgehoben wurde oder
- sich eine Personengesellschaft oder eine juristische Person in Liquidation befindet.

Damit ist gesetzlich geregelt, dass die Zuständigkeit in Insolvenz- und Liquidationsfällen bei der bisher zuständigen Finanzbehörde verbleibt.

§ 26 Satz 3 AO gilt sowohl für das Regelinsolvenzverfahren als auch für das Verbraucherinsolvenzverfahren.

Die Besteuerung des Insolvenzschuldners während einer etwaigen Wohlverhaltensphase (§ 287 Abs. 2 Satz 1 InsO) nach einem Wechsel des Wohnsitzes in einen anderen Finanzamtsbezirk ist demgegenüber von dem dann neu zuständig gewordenen Finanzamt durchzuführen, da die Wohlverhaltensphase erst an das bereits eingestellte oder aufgehobene Insolvenzverfahren anschließt.

In den Fällen, in denen eine natürliche Person nach Eröffnung des Insolvenzverfahrens in einem anderen Finanzamtsbezirk eine (neue) gewerbliche oder selbstständige Tätigkeit i. S. d. § 35 Abs. 2 InsO aufnimmt (ggf. verbunden mit einer Wohnsitzverlegung), gilt Folgendes:

- Ist der Steuerpflichtige bereits ertrags- und betriebssteuerlich geführt worden, verbleibt es gem. § 26 Satz 3 AO bei der bisherigen Zuständigkeit.
- Handelt es sich um die erstmalige Aufnahme einer unternehmerischen Tätigkeit, wird hinsichtlich der Betriebssteuern erstmals eine Zuständigkeit begründet und somit mangels Zuständigkeitswechsel nicht von § 26 Satz 3 AO erfasst. Die örtliche Zuständigkeit für die Betriebssteuern liegt bei dem Finanzamt, von dessen Bezirk der Unternehmer das Unternehmen ganz oder vorwiegend betreibt. Unabhängig davon bleibt die Möglichkeit, mit Zustimmung des Betroffenen eine Zuständigkeitsvereinbarung (§ 27 AO) zu treffen, um den gesamten Steuerfall bei einem Finanzamt zu konzentrieren.

Dabei ist es unerheblich, ob die neue Tätigkeit insolvenzfrei ist oder nicht.

In den Fällen der vom Insolvenzgericht angeordneten Eigenverwaltung (§§ 270 ff. InsO) ist der Schuldner berechtigt, unter der Aufsicht eines Sachwalters die Insolvenzmasse zu verwalten und über sie zu verfügen. Die Tätigkeit des Sachwalters beschränkt sich in diesen Fällen grundsätzlich auf die Überwachung des Schuldners. Somit ergeben sich hinsichtlich der örtlichen Zuständigkeit keine Besonderheiten.

Sonderfall: Zwangsverwaltung eines zur Insolvenzmasse gehörenden Grundstücks

Das Recht zur Verwertung eines unbeweglichen Gegenstandes (insbesondere eines Grundstücks, § 864 Abs. 1 ZPO) im Wege der Zwangsverwaltung (§§ 146 bis 161 ZVG) steht ebenso wie das Recht zur Verwertung im Wege der Zwangsversteigerung sowohl dem Insolvenzverwalter (§ 172 ZVG) als auch dem absonderungsberechtigten Gläubiger (§ 49 InsO) oder dem Massegläubiger (§ 90 Abs. 1 InsO) zu. Unterliegt der unbewegliche Gegenstand im Zeitpunkt der Eröffnung des Insolvenzverfahrens bereits der Zwangsverwaltung, dauert diese neben dem Insolvenzverfahren fort (§ 80 Abs. 2 Satz 2 InsO). Die Beschlagnahme des Grundstücks kann aber auch nach Eröffnung des Insolvenzverfahrens erfolgen.

Das der Zwangsverwaltung unterliegende Grundstück stellt bei gleichzeitigem Insolvenzverfahren eine Sondermasse innerhalb der Insolvenzmasse dar. Der Zwangsverwalter und der Insolvenzverwalter werden nebeneinander tätig, wobei die Befugnisse des Zwangsverwalters unberührt bleiben und der Insolvenzverwalter keine Verfügungsbefugnis über Gegenstände hat, die die Sondermasse der Zwangsverwaltung ausmachen. Abweichend von § 148 Abs. 1 InsO erlangt der Insolvenzverwalter wegen § 150 Abs. 2 ZVG keinen Besitz.

Wird das der Zwangsverwaltung unterliegende Grundstück umsatzsteuerpflichtig vermietet oder verpachtet (§§ 4 Nr. 12, 9 Abs. 1 UStG), so stellt die hieraus resultierende – positive wie negative – Umsatzsteuer weder eine Insolvenzforderung (§ 38 InsO) noch eine Masseforderung noch eine sonstige Masseverbindlichkeit (§ 55 InsO) dar.

Bei der Zwangsverwaltung eines umsatzsteuerpflichtig vermieteten oder verpachteten Grundstücks bleibt der Insolvenzschuldner als Unternehmer des Umsatzsteuerrechts Steuerschuldner und damit Steuerpflichtiger. Neben ihn (bzw. neben den Insolvenzverwalter) tritt gem. § 34 Abs. 3 AO der Zwangsverwalter als Steuerpflichtiger, soweit seine Verwaltung reicht. Die von dem Zwangsverwalter bei der Ausübung seines Amtes begründete positive und negative Umsatzsteuer ist von ihm bzw. gegen ihn geltend zu machen.

Der Zwangsverwalter hat, soweit seine Zwangsverwaltung reicht, Voranmeldungen (§ 18 Abs. 1 UStG) und Steuererklärungen für das Kalenderjahr oder den kürzeren Besteuerungszeitraum (§ 18 Abs. 3 UStG) abzugeben. Er erhält zu diesem Zweck eine eigene Steuernummer.

2. Örtliche Zuständigkeit bei 'formloser' Beendigung der werbenden Tätigkeit einer GmbH

Es kommen immer wieder Fälle vor, in denen eine GmbH ohne Durchführung eines Insolvenzverfahrens bzw. ohne förmliche Liquidation (§§ 60 ff. GmbHG) ihre aktive Beteiligung am Wirtschaftsverkehr einstellt. Der zur Vertretung der GmbH befugte Geschäftsführer ist vielfach nicht mehr auffindbar. Die nach § 137 AO vorgesehene Anzeige wird regelmäßig nicht erstattet.

Da sich in diesen Fällen der gem. § 20 Abs. 1 AO für die örtliche Zuständigkeit maßgebliche Ort der Geschäftsleitung regelmäßig nicht mehr feststellen lässt, kommt es zu einem Zuständigkeitswechsel, wenn sich der nunmehr gem. § 20 Abs. 2 AO maßgebliche Sitz der GmbH nicht im Bezirk des gem. § 20 Abs. 1 AO zuständig gewesenen Finanzamts befindet.

Auch in diesen Fällen sollte gem. § 26 Satz 2 AO regelmäßig das bisher für die Besteuerung zuständige Finanzamt das Verwaltungsverfahren fortführen und beenden.

Zuständigkeitswechsel nach § 26 AO 4

(Bayer. Landesamt für Steuern, Vfg. vom 23. 3. 2011 – S 0127.2.1-7/1 St 42 –)

1. Allgemeines

Geht die örtliche Zuständigkeit für die Besteuerung durch eine Änderung der sie begründenden Umstände von einem Finanzamt auf ein anderes Finanzamt über, tritt ein Wechsel in der Zuständigkeit erst in dem Zeitpunkt ein, in dem eines der betroffenen Finanzämter von dem Zuständigkeitswechsel erfährt (§ 26 Satz 1 AO) und kein Grund vorliegt, der den Wechsel der Zuständigkeit gesetzlich ausschließt (§ 26 Satz 3 AO). Ein Steuerpflichtiger kann sich auf eine veränderte örtliche Zuständigkeit der Finanzämter nicht berufen, solange die die Zuständigkeit verändernden Umstände keinem der betroffenen Finanzämter zweifelsfrei bekannt geworden sind (BFH-Urteil vom 25.01.1989 X R 158/87, BStBl II 1989 S. 483).

Tritt ein Zuständigkeitswechsel ein, hat das neu zuständig gewordene Finanzamt die Besteuerung in vollem Umfange zu übernehmen. Es hat sowohl die unerledigte Veranlagungen durchzuführen als auch die Kassengeschäfte zum Stand des Zuständigkeitswechsels zu übernehmen. Erforderlichenfalls hat es auch Vollstreckungsmaßnahmen wegen Abgabenrückständen aus der Zeit vor Eintritt des Zuständigkeitswechsels vorzunehmen bzw. fortzuführen, weil die Zuständigkeit für die Besteuerung auch die Durchführung von Vollstreckungsmaßnahmen umfasst.

Die Übernahme der Besteuerung kann daher nicht mit der Begründung abgelehnt werden, dass

- Steuererklärungen unbearbeitet und Veranlagungen noch nicht durchgeführt sind,
- die persönliche und/oder sachliche Steuerpflicht zwischenzeitlich erloschen ist;
- die Steuerpflicht zwischen unbeschränkter und beschränkter Steuerpflicht gewechselt hat,
- über Anträge des Steuerpflichtigen (z.B. auf Erlass von Steuerschulden) noch nicht entschieden ist oder
- der Steuerpflichtige mit der Zahlung fälliger Steuern rückständig ist, auch wenn keine Steuererklärungspflicht mangels keiner/geringer Einkünfte mehr besteht.

Auch ein anhängiges Einspruchsverfahren hindert die Übernahme der Besteuerung durch das neu zuständig gewordene Finanzamt nicht, da nach § 367 Abs. 1 Satz 2 AO jeder nach Erlass des Verwaltungsakts eingetretene Zuständigkeitswechsel auch eine Zuständigkeitsänderung im Einspruchsverfahren bewirkt (Hinweis auf AEAO zu § 367, Nr. 1). Die Rechtsbehelfsvorgänge sind daher mit den übrigen Akten abzugeben.

2. Fortführung des Verfahrens nach § 26 Satz 2 AO

Nach § 26 Satz 2 AO kann das bisher zuständige Finanzamt ein bereits begonnenes Verwaltungsverfahren – trotz eines zwischenzeitlich eingetretenen Zuständigkeitswechsels – fortführen, wenn dies unter Wahrung der Interessen des Steuerpflichtigen der einfachen und zweckmäßigen Durchführung des Verfahrens dient und das nunmehr zuständige Finanzamt zustimmt. Eine entsprechende Vereinbarung zwischen den beteiligten Finanzämtern kann sich stets nur auf einzelne, im Zeitpunkt des Zuständigkeitswechsels anhängige Verwaltungsverfahren beziehen, nicht jedoch auf die örtliche Zuständigkeit für die Besteuerung insgesamt (insoweit Hinweis auf § 27 AO).

Als Verwaltungsverfahren im Sinne des § 26 Satz 2 AO ist insbesondere das einzelne Besteuerungsverfahren anzusehen, das im Allgemeinen mit der Aufforderung zur Abgabe der Steuererklärung oder der Abgabe der Steuererklärung beginnt und mit der erforderlichenfalls im Vollstreckungswege durchzuführenden Verwirklichung des Anspruchs (Einziehung bzw. Erstattung der Steuer) endet, einschließlich eines etwaigen Einspruchsverfahrens. Dabei ist jede Steuerart und jeder Veranlagungszeitraum gesondert zu betrachten.

Vereinbarungen nach § 26 Satz 2 AO können insbesondere zweckmäßig sein, wenn

– der Steuerpflichtige die Fortführung des Verfahrens durch das bisher zuständige Finanzamt beantragt und dafür wichtige Gründe anführt,
– die Bearbeitung eines Falles bereits kurz vor dem Abschluss steht oder
– eine Außenprüfung stattgefunden hat und der Prüfungsbericht noch nicht ausgewertet ist.

Eine Vereinbarung nach § 26 Satz 2 AO bedarf zwar nicht der Zustimmung des betroffenen Steuerpflichtigen, jedoch sind seine Interessen angemessen zu berücksichtigen. Von der Fortführung des Verwaltungsverfahrens durch das bisher zuständige Finanzamt ist er in Kenntnis zu setzen.

3. Hinweis auf die Bestimmungen der BuchO

Bei der Abgabe bzw. Übernahme von Steuerfällen/Akten sind die Bestimmungen der §§ 86 ff BuchO einzuhalten. Vgl. hierzu auch die gleichlautenden Verfügungen der OFD Nürnberg vom 30.01.2001, O 2206 – 6/St 11 und der OFD München vom 19.03.2001, O 2206 – 35 St 114.

Rechtsprechung

5 BFH vom 11. 10. 2007 – V B 68/07 (BFH/NV 2008 S. 343)

Die örtliche Zuständigkeit geht erst dann nach § 26 AO von einer Finanzbehörde auf eine andere Finanzbehörde über, wenn die die Zuständigkeit ändernden Umstände einer der von der Zuständigkeitsfrage betroffenen Finanzbehörden zweifelsfrei bekanntgeworden sind. Ein Kennenkönnen oder Kennenmüssen genügt nicht.

6 BFH vom 19. 5. 2008 – V B 29/07 (BFH/NV 2008 S. 1501)

– Die durch die Erhebung der Klage gegen eine bestimmte Behörde begründete örtliche Zuständigkeit des FG wird nach § 70 Satz 1 FGO i. V. m. § 17 Abs. 1 Satz 1 GVG grundsätzlich durch eine nach Rechtshängigkeit eintretende Veränderung der die Zuständigkeit begründenden Umstände nicht berührt (Grundsatz der sog. perpetuatio fori).
– Richtet sich eine Klage nicht gegen die nach § 63 FGO zu verklagende Behörde, führt dies nicht dazu, dass das FG die beklagte Behörde durch die passivlegitimierte zu ersetzen hat, sondern zur Abweisung der Klage. Änderungen der behördlichen Zuständigkeit durch Vorgänge im Bereich des Klägers bleiben ohne Einfluss auf die Passivlegitimation.
– Kann ein Steuerpflichtiger bereits in einem Klageverfahren gegen einen Steuerbescheid einwenden, dass das FA für seinen Erlass nicht zuständig war, hat die mögliche Anfechtungsklage Vorrang vor einer Feststellungsklage (§ 41 Abs. 2 Satz 1 FGO).
– Die Anfechtungsbeschränkung des § 127 AO bei fehlender örtlicher Zuständigkeit kann nicht durch Erhebung einer Feststellungsklage umgangen werden.

BFH vom 11. 8. 2010 – VI B 143/09 (BFH/NV 2010 S. 2230) 7

Die Zustimmung des zuständigen Finanzamtes zur Fortsetzung eines Verwaltungsverfahrens durch das bisher zuständige Finanzamt nach § 26 Satz 2 AO ist kein Verwaltungsakt und damit nicht rechtsbehelfsfähig.

§ 27 Zuständigkeitsvereinbarung

AO
S 0128

¹Im Einvernehmen mit der Finanzbehörde, die nach den Vorschriften der Steuergesetze örtlich zuständig ist, kann eine andere Finanzbehörde die Besteuerung übernehmen, wenn der Betroffene zustimmt. ²Eine der Finanzbehörden nach Satz 1 kann den Betroffenen auffordern, innerhalb einer angemessenen Frist die Zustimmung zu erklären. ³Die Zustimmung gilt als erteilt, wenn der Betroffene nicht innerhalb dieser Frist widerspricht. ⁴Der Betroffene ist auf die Wirkung seines Schweigens ausdrücklich hinzuweisen.

Anwendungserlass zur Abgabenordnung

AEAO

Zu § 27 – Zuständigkeitsvereinbarung: 1

1. Durch Vereinbarung zwischen den Finanzbehörden kann auch außer in den Fällen des § 26 Satz 2 die Zuständigkeit einer an sich nicht zuständigen Finanzbehörde begründet werden; Voraussetzung für diese Zuständigkeitsbegründung ist die Zustimmung des Betroffenen. Das Zustimmungserfordernis ist eingefügt, um der Verfassungsbestimmung des Art. 101 Abs. 1 Satz 2 GG zu genügen, weil an die Zuständigkeit der Finanzbehörde die Zuständigkeit des Finanzgerichts anknüpft.
2. Eine bestimmte Form ist für die Zustimmung des Betroffenen nicht vorgeschrieben. Die Zustimmung ist bedingungsfeindlich und kann nur mit Wirkung für die Zukunft widerrufen werden.
3. Eine Zuständigkeitsvereinbarung ist insbesondere in den Fällen herbeizuführen, in denen eine zentrale Zuständigkeit nach § 21 Abs. 1 Satz 2 i. V. m. der UStZustV weder für den Steuerpflichtigen noch für die Finanzbehörden zweckmäßig ist.
   Eine Zuständigkeitsvereinbarung, nach der das für die Ertragsbesteuerung zuständige Finanzamt auch für die Umsatzsteuer zuständig wird, ist hiernach regelmäßig herbeizuführen z. B.
   a) bei Steuerpflichtigen, die ihr Unternehmen als Einzelunternehmer ausschließlich oder überwiegend im Inland betreiben und sowohl im Inland als auch im Ausland einen Wohnsitz haben;
   b) bei Kapitalgesellschaften mit statutarischem Sitz im Ausland und Geschäftsleitung im Inland, die allein oder überwiegend im Inland unternehmerisch tätig sind (vgl. zu § 21).
4. Zur Zuständigkeitsvereinbarung bei Unternehmen, die Bauleistungen im Sinne von § 48 Abs. 1 Satz 3 EStG erbringen, vgl. zu § 20a, Nr. 2.

§ 28 Zuständigkeitsstreit

AO
S 0129

(1) ¹Die gemeinsame fachlich zuständige Aufsichtsbehörde entscheidet über die örtliche Zuständigkeit, wenn sich mehrere Finanzbehörden für zuständig oder für unzuständig halten oder wenn die Zuständigkeit aus anderen Gründen zweifelhaft ist. ²§ 25 Satz 2 gilt entsprechend.

(2) § 5 Abs. 1 Nr. 7 des Gesetzes über die Finanzverwaltung bleibt unberührt.

Anh. 3

§ 29 Gefahr im Verzug

AO
S 0129

¹Bei Gefahr im Verzug ist für unaufschiebbare Maßnahmen jede Finanzbehörde örtlich zuständig, in deren Bezirk der Anlass für die Amtshandlung hervortritt. ²Die sonst örtlich zuständige Behörde ist unverzüglich zu unterrichten.

VIERTER ABSCHNITT
Steuergeheimnis (§§ 30–31b)

§ 30 Steuergeheimnis

(1) Amtsträger haben das Steuergeheimnis zu wahren.

(2) Ein Amtsträger verletzt das Steuergeheimnis, wenn er
1. Verhältnisse eines anderen, die ihm
   a) in einem Verwaltungsverfahren, einem Rechnungsprüfungsverfahren oder einem gerichtlichen Verfahren in Steuersachen,
   b) in einem Strafverfahren wegen einer Steuerstraftat oder einem Bußgeldverfahren wegen einer Steuerordnungswidrigkeit,
   c) aus anderem Anlass durch Mitteilung einer Finanzbehörde oder durch die gesetzlich vorgeschriebene Vorlage eines Steuerbescheids oder einer Bescheinigung über die bei der Besteuerung getroffenen Feststellungen

   bekannt geworden sind, oder
2. ein fremdes Betriebs- oder Geschäftsgeheimnis, das ihm in einem der in Nummer 1 genannten Verfahren bekannt geworden ist,

unbefugt offenbart oder verwertet oder

3. nach Nummer 1 oder 2 geschützte Daten im automatisierten Verfahren unbefugt abruft, wenn sie für eines der in Nummer 1 genannten Verfahren in einer Datei gespeichert sind.

(3) Den Amtsträgern stehen gleich
1. die für den öffentlichen Dienst besonders Verpflichteten (§ 11 Abs. 1 Nr. 4 des Strafgesetzbuchs),
1a. die in § 193 Abs. 2 des Gerichtsverfassungsgesetzes genannten Personen,
2. amtlich zugezogene Sachverständige,
3. die Träger von Ämtern der Kirchen und anderen Religionsgemeinschaften, die Körperschaften des öffentlichen Rechts sind.

(4) Die Offenbarung der nach Absatz 2 erlangten Kenntnisse ist zulässig, soweit
1. sie der Durchführung eines Verfahrens im Sinne des Absatzes 2 Nr. 1 Buchstaben a und b dient,
2. sie durch Gesetz ausdrücklich zugelassen ist,
3. der Betroffene zustimmt,
4. sie der Durchführung eines Strafverfahrens wegen einer Tat dient, die keine Steuerstraftat ist, und die Kenntnisse
   a) in einem Verfahren wegen einer Steuerstraftat oder Steuerordnungswidrigkeit erlangt worden sind; dies gilt jedoch nicht für solche Tatsachen, die der Steuerpflichtige in Unkenntnis der Einleitung des Strafverfahrens oder des Bußgeldverfahrens offenbart hat oder die bereits vor Einleitung des Strafverfahrens oder des Bußgeldverfahrens im Besteuerungsverfahren bekannt geworden sind, oder
   b) ohne Bestehen einer steuerlichen Verpflichtung oder unter Verzicht auf ein Auskunftsverweigerungsrecht erlangt worden sind,
5. für sie ein zwingendes öffentliches Interesse besteht; ein zwingendes öffentliches Interesse ist namentlich gegeben, wenn
   a) Verbrechen und vorsätzliche schwere Vergehen gegen Leib und Leben oder gegen den Staat und seine Einrichtungen verfolgt werden oder verfolgt werden sollen,
   b) Wirtschaftsstraftaten verfolgt werden oder verfolgt werden sollen, die nach ihrer Begehungsweise oder wegen des Umfangs des durch sie verursachten Schadens geeignet sind, die wirtschaftliche Ordnung erheblich zu stören oder das Vertrauen der Allgemeinheit auf die Redlichkeit des geschäftlichen Verkehrs oder auf die ordnungsgemäße Arbeit der Behörden und der öffentlichen Einrichtungen erheblich zu erschüttern, oder

c) die Offenbarung erforderlich ist zur Richtigstellung in der Öffentlichkeit verbreiteter unwahrer Tatsachen, die geeignet sind, das Vertrauen in die Verwaltung erheblich zu erschüttern; die Entscheidung trifft die zuständige oberste Finanzbehörde im Einvernehmen mit dem Bundesministerium der Finanzen; vor der Richtigstellung soll der Steuerpflichtige gehört werden.

(5) Vorsätzlich falsche Angaben des Betroffenen dürfen den Strafverfolgungsbehörden gegenüber offenbart werden.

(6) ¹Der automatisierte Abruf von Daten, die für eines der in Absatz 2 Nr. 1 genannten Verfahren in einer Datei gespeichert sind, ist nur zulässig, soweit er der Durchführung eines Verfahrens im Sinne des Absatzes 2 Nr. 1 Buchstaben a und b oder der zulässigen Weitergabe von Daten dient. ²Zur Wahrung des Steuergeheimnisses kann das Bundesministerium der Finanzen durch Rechtsverordnung mit Zustimmung des Bundesrates bestimmen, welche technischen und organisatorischen Maßnahmen gegen den unbefugten Abruf von Daten zu treffen sind. ³Insbesondere kann es nähere Regelungen treffen über die Art der Daten, deren Abruf zulässig ist, sowie über den Kreis der Amtsträger, die zum Abruf solcher Daten berechtigt sind. ⁴Die Rechtsverordnungen bedürfen nicht der Zustimmung des Bundesrates, soweit sie Einfuhr- und Ausfuhrabgaben und Verbrauchsteuern, mit Ausnahme der Biersteuer, betreffen.

Steuerdaten-Abrufverordnung (StDAV)

vom 13. 10. 2005 (BGBl. 2005 I S. 3021)

§ 1 Anwendungsbereich

Diese Verordnung regelt den automatisierten Abruf von Daten (Abrufverfahren), die dem Steuergeheimnis unterliegen und für eines der in § 30 Abs. 2 Nr. 1 der Abgabenordnung genannten Verfahren gespeichert sind. Sie regelt nicht Abrufverfahren, die Verbrauchsteuern und Verbrauchsteuervergütungen oder Ein- und Ausfuhrabgaben im Sinne des Artikels 4 Nr. 10 und 11 des Zollkodexes¹⁾ betreffen.

§ 2 Maßnahmen zur Wahrung des Steuergeheimnisses

(1) Es sind angemessene organisatorische und dem jeweiligen Stand der Technik entsprechende technische Vorkehrungen zur Wahrung des Steuergeheimnisses zu treffen. Hierzu zählen insbesondere Maßnahmen, die sicherstellen, dass

1. Unbefugten der Zutritt zu Datenverarbeitungsanlagen, mit denen die in § 1 Satz 1 bezeichneten Daten abgerufen werden können, verwehrt wird (Zutrittskontrolle),
2. Datenverarbeitungssysteme nicht unbefugt zum Abruf genutzt werden können (Zugangskontrolle),
3. die zur Benutzung eines Datenverarbeitungssystems zum Datenabruf Befugten ausschließlich auf die ihrer Zugriffsbefugnis unterliegenden Daten zugreifen können und dass die Daten während des Abrufs nicht unbefugt gelesen oder kopiert werden können (Zugriffskontrolle),
4. überprüft und festgestellt werden kann, wer personenbezogene Daten abrufen darf oder abgerufen hat (Weitergabekontrolle).

(2) Abrufverfahren zur Übermittlung von Daten an Empfänger außerhalb der für die Speicherung verantwortlichen Stelle sollen nur eingerichtet werden, wenn es wegen der Vielzahl der Übermittlungen oder wegen ihrer besonderen Eilbedürftigkeit unter Berücksichtigung der schutzwürdigen Interessen der Betroffenen angemessen ist.

§ 3 Erteilung der Abrufbefugnis

Die Erteilung einer Abrufbefugnis kommt in Betracht bei

1. Amtsträgern (§ 7 der Abgabenordnung) oder gleichgestellten Personen (§ 30 Abs. 3 der Abgabenordnung), die in einem Verwaltungsverfahren, einem Rechnungsprüfungsverfahren oder gerichtlichen Verfahren in Steuersachen, in einem Strafverfahren wegen einer Steuerstraftat oder einem Bußgeldverfahren wegen einer Steuerordnungswidrigkeit tätig sind,
2. Amtsträgern oder gleichgestellten Personen, soweit die Abrufbefugnis zur Wahrnehmung der Dienst- und Fachaufsicht erforderlich ist,

---

¹⁾ Verordnung (EWG) Nr. 2913/92 des Rates vom 12. 10. 1992 zur Festlegung des Zollkodexes der Gemeinschaften (ABl.EG Nr. L 302 S. 1, 1993 Nr. L 79 S. 84, 1996 Nr. L 97 S. 38), zuletzt geändert anlässlich des Beitritts Bulgariens und Rumäniens durch VO (EG) Nr. 1791/2006 vom 20. 11. 2006 (ABl.EU 2006 Nr. L 363, 1).

3. Amtsträgern oder gleichgestellten Personen, soweit die Abrufbefugnis zur zulässigen Weitergabe von Daten nach § 30 Abs. 4 und 5 der Abgabenordnung erforderlich ist,
4. Amtsträgern oder gleichgestellten Personen, die mit der Entwicklung oder Betreuung automatisierter Verfahren oder der dabei eingesetzten technischen Einrichtungen befasst sind, in denen die in § 1 bezeichneten Daten verarbeitet werden, wenn der Abruf allein der Beseitigung von Fehlern oder der Kontrolle der ordnungsgemäßen Arbeitsweise der Verfahren oder der technischen Einrichtungen dient und dies nicht mit vertretbarem Aufwand durch Zugriff auf anonymisierte oder pseudonymisierte Daten erreicht werden kann,
5. Amtsträgern der Zollverwaltung oder gleichgestellten Personen, soweit die Abrufbefugnis für die Festsetzung oder Erhebung der Einfuhrumsatzsteuer erforderlich ist und die Daten beim Bundesamt für Finanzen gespeichert sind,
6. Amtsträgern der Gemeinden, soweit sie in einem Realsteuerverfahren in Ausübung der nach § 21 des Finanzverwaltungsgesetzes den Gemeinden zustehenden Rechte tätig sind.

§ 4 Umfang der Abrufbefugnis

(1) Die Abrufbefugnis ist auf die Daten oder die Arten von Daten zu beschränken, die zur Erledigung der jeweiligen Aufgabe erforderlich sind. Hiervon darf nur abgesehen werden, wenn der Aufwand für eine Beschränkung auf bestimmte Daten oder Arten von Daten unter Berücksichtigung der schutzwürdigen Interessen der Betroffenen außer Verhältnis zu dem angestrebten Zweck steht.

(2) Die Abrufbefugnis ist zu befristen, wenn der Verwendungszweck zeitlich begrenzt ist. Sie ist unverzüglich zu widerrufen, wenn der Anlass für ihre Erteilung weggefallen ist.

§ 5 Prüfung der Abrufbefugnis

(1) Die Abrufbefugnis ist automatisiert zu prüfen
1. bei jedem Aufbau einer Verbindung anhand eines Identifizierungsschlüssels (Benutzerkennung) und eines geheim zu haltenden Passwortes oder sonst zum hinreichend sicheren Nachweis von Benutzeridentität und Authentizität geeigneter Verfahren,
2. bei jedem Abruf anhand eines Verzeichnisses über den Umfang der dem Abrufenden eingeräumten Abrufbefugnis.

Benutzerkennungen und Passwörter sind nach höchstens fünf aufeinander folgenden Fehlversuchen zum Aufbau einer Verbindung zu sperren.

(2) Die Passwörter nach Absatz 1 Satz 1 Nr. 1 sind spätestens nach 90 Tagen, bei Kenntnisnahme durch andere Personen unverzüglich, zu ändern.

(3) Werden zur Authentifizierung automatisiert lesbare Ausweiskarten verwendet, so sind deren Bestand, Ausgabe und Einzug nachzuweisen und zu überwachen. Abhanden gekommene Ausweiskarten sind unverzüglich zu sperren. Der Inhaber darf die Ausweiskarte nicht weitergeben. Er hat sie unter Verschluss aufzubewahren, wenn er sie nicht zum Datenabruf verwendet.

§ 6 Aufzeichnung der Abrufe

(1) Abrufe und Abrufversuche sind zur Prüfung der Zulässigkeit der Abrufe automatisiert aufzuzeichnen. Die Aufzeichnungen umfassen mindestens die Benutzerkennung, das Datum, die Uhrzeit sowie die sonstigen zur Prüfung der Zulässigkeit der Abrufe erforderlichen Daten.

(2) Die Aufzeichnungspflicht entfällt, soweit die Abrufbefugnis durch technische Maßnahmen auf die Daten oder Arten von Daten beschränkt worden ist, die zur Erledigung der jeweiligen Aufgabe erforderlich sind. Unbeschadet des Satzes 1 können Aufzeichnungen anlassbezogen durchgeführt werden.

(3) Die Aufzeichnungen dürfen nur zur Prüfung der Zulässigkeit der Abrufe verwendet werden.

(4) Die Aufzeichnungen sind zwei Jahre aufzubewahren und danach unverzüglich zu löschen.

§ 7 Prüfung der Zulässigkeit der Abrufe

Anhand der Aufzeichnungen ist zeitnah und in angemessenem Umfang zu prüfen, ob der Abruf nach § 30 Abs. 6 Satz 1 der Abgabenordnung und nach dieser Verordnung zulässig war. Unbeschadet des Satzes 1 können aufgezeichnete Abrufe anlassbezogen geprüft werden.

§ 8 Ergänzende Regelungen und Verfahrensdokumentation

Bei Einrichtung eines Abrufverfahrens sind von den beteiligten Stellen zu regeln und in einer für sachverständige Dritte verständlichen Weise zu dokumentieren

1. Anlass, Zweck und beteiligte Stellen des Abrufverfahrens,
2. die notwendigen technischen Voraussetzungen und die verwendeten Programme,
3. die zum Abruf bereitgehaltenen Daten,
4. auf welche Weise und zu welchem Zeitpunkt die verantwortlichen Stellen über die Abrufbefugnis anderer Behörden zu unterrichten sind,
5. die Gruppen der zum Abruf berechtigten Personen (§ 3) und der Umfang der Abrufbefugnisse (§ 4),
6. die protokollierende Stelle,
7. die zur Identifizierung, Authentisierung und Verschlüsselung verwendeten Verfahren,
8. die für die Vergabe und Verwaltung von Benutzerkennungen, Passwörtern und Ausweiskarten sowie die für die Prüfung der aufgezeichneten Abrufe und Stichproben zuständigen Stellen,
9. Art und Umfang der Maßnahmen zur nachträglichen Überprüfung eingeräumter Abrufbefugnisse sowie die Frist zur Aufbewahrung der revisionsfähigen Unterlagen,
10. die Einzelheiten des Prüfungsverfahrens nach § 7,
11. das Verfahren zur Erprobung und zur Qualitätssicherung der Programme vor dem Einsatz,
12. die Fristen, nach deren Ablauf Daten zum Abruf durch Abrufberechtigte außerhalb der für die Speicherung verantwortlichen Stelle nicht mehr für einen Datenabruf bereitgehalten werden dürfen,
13. die sonstigen zur Wahrung der schutzwürdigen Belange der Betroffenen sowie zur Gewährleistung von Datenschutz und Datensicherheit getroffenen technischen und organisatorischen Maßnahmen.

Die Verfahrensdokumentation ist fortlaufend zu aktualisieren. Sie ist mindestens zwei Jahre über das Ende des Verfahrenseinsatzes hinaus aufzubewahren.

§ 9 Abrufe durch den Steuerpflichtigen

Für Verfahren, die dem Steuerpflichtigen (§ 33 der Abgabenordnung) den Abruf von zu seiner Person gespeicherten Daten ermöglichen, gelten die §§ 1 bis 8 entsprechend. Satz 1 ist auch anzuwenden, wenn anstelle des Steuerpflichtigen seinem gesetzlichen Vertreter, Vermögensverwalter, Verfügungsberechtigten, Bevollmächtigten oder Beistand eine Abrufberechtigung erteilt wird.

§ 10 Übergangsvorschrift

Bestehende Abrufverfahren sind spätestens bis zum 31. Oktober 2008 so zu gestalten, dass sie den vorstehenden Regelungen entsprechen.

§ 11 Inkrafttreten

Diese Verordnung tritt am Tag nach der Verkündung[1] in Kraft.

Anwendungserlass zur Abgabenordnung

AEAO

Zu § 30 – Steuergeheimnis:

Inhaltsübersicht

1. Gegenstand des Steuergeheimnisses
2. Verpflichteter Personenkreis
3. Befugnis zur Offenbarung
4. Offenbarung zur Durchführung eines steuerlichen Verfahrens (§ 30 Abs. 4 Nr. 1)
5. Gesetzlich zugelassene Offenbarung (§ 30 Abs. 4 Nr. 2)
6. Offenbarung mit Zustimmung des Betroffenen (§ 30 Abs. 4 Nr. 3)
7. Offenbarung zur Durchführung eines außersteuerlichen Strafverfahrens (§ 30 Abs. 4 Nr. 4)

---

[1] Verkündung erfolgte am 26. 10. 2005.

	8.	Offenbarung aus zwingendem öffentlichen Interesse (§ 30 Abs. 4 Nr. 5)
	9.	Offenbarung vorsätzlich falscher Angaben (§ 30 Abs. 5)
2	1.	**Gegenstand des Steuergeheimnisses**

Durch das Steuergeheimnis wird alles geschützt, was dem Amtsträger oder einer ihm gleichgestellten Person in einem der in § 30 Abs. 2 Nr. 1 Buchstabe a bis c genannten Verfahren über den Steuerpflichtigen oder andere Personen bekannt geworden ist. Dabei macht es keinen Unterschied, ob diese Tatsachen für die Besteuerung relevant sind oder nicht. Das Steuergeheimnis erstreckt sich demnach auf die gesamten persönlichen, wirtschaftlichen, rechtlichen, öffentlichen und privaten Verhältnisse einer natürlichen oder juristischen Person. Zu den Verhältnissen zählen auch das Verwaltungsverfahren selbst, die Art der Beteiligung am Verwaltungsverfahren und die Maßnahmen, die vom Beteiligten getroffen wurden. So unterliegt z.B. auch dem Steuergeheimnis, ob und bei welcher Finanzbehörde ein Beteiligter steuerlich geführt wird, ob ein Steuerfahndungsverfahren oder eine Außenprüfung stattgefunden hat, wer für einen Beteiligten im Verfahren aufgetreten ist und welche Anträge gestellt worden sind. Geschützt werden auch auskunftspflichtige Dritte sowie Gewährspersonen, die den Finanzbehörden Angaben über steuerliche Verhältnisse anderer machen; § 30 Abs. 5 bleibt unberührt.

3	2.	**Verpflichteter Personenkreis**
	2.1	Das Steuergeheimnis haben Amtsträger und die in § 30 Abs. 3 genannten Personen zu wahren.
	2.2	Amtsträger sind die in § 7 abschließend aufgeführten Personen
	2.3	Den Amtsträgern sind nach § 30 Abs. 3 gleichgestellt u.a. die für den öffentlichen Dienst besonders Verpflichteten. Nach § 11 Abs. 1 Nr. 4 StGB ist dies, wer, ohne Amtsträger zu sein, bei einer Behörde oder bei einer sonstigen Stelle, die Aufgaben der öffentlichen Verwaltung wahrnimmt, oder bei einem Verband oder sonstigen Zusammenschluss, Betrieb oder Unternehmen, die für eine Behörde oder für eine sonstige Stelle Aufgaben der öffentlichen Verwaltung ausführen, beschäftigt oder für sie tätig und auf die gewissenhafte Erfüllung seiner Obliegenheiten aufgrund eines Gesetzes förmlich verpflichtet ist. Rechtsgrundlage für die Verpflichtung ist das Verpflichtungsgesetz vom 2. 3. 1974 (BGBl. I S. 469, 547; BStBl I, S. 380). Für eine Verpflichtung kommen z.B. Schreib- und Registraturkräfte, ferner Mitarbeiter in Rechenzentren sowie Unternehmer und deren Mitarbeiter, die Hilfstätigkeiten für die öffentliche Verwaltung erbringen (z.B. Datenerfassung, Versendung von Erklärungsvordrucken) in Betracht.
	2.4	Sachverständige stehen Amtsträgern nur dann gleich, wenn sie von einer Behörde oder einem Gericht hinzugezogen werden
4	3.	**Befugnis zur Offenbarung**

Die Absätze 4 und 5 des § 30 erlauben die Offenbarung der in § 30 Abs. 2 geschützten Verhältnisse, Betriebs- und Geschäftsgeheimnisse, nicht aber die Verwertung von Betriebs- und Geschäftsgeheimnissen. Offenbarung ist jedes ausdrückliche oder konkludente Verhalten, auf Grund dessen Verhältnisse eines anderen bekannt werden können. Eine Offenbarung kann sich aus mündlichen, schriftlichen oder elektronischen Erklärungen, aber auch anderen Handlungen (z.B. Gewährung von Akteneinsicht, Kopfnicken usw.) oder Unterlassungen ergeben. Die Finanzbehörde ist, sofern eine der in § 30 Abs. 4 und 5 genannten Voraussetzungen vorliegt, zur Offenbarung befugt, jedoch nicht verpflichtet. Es gelten die Grundsätze des § 5. Bei der Entscheidung, ob dem Steuergeheimnis unterliegende Verhältnisse offenbart werden sollen, ist zu berücksichtigen, dass das Steuergeheimnis auch dazu dient, die Beteiligten am Besteuerungsverfahren zu wahrheitsgemäßen Angaben zu veranlassen. Ist die Befugnis zur Offenbarung nach § 30 gegeben und besteht gleichzeitig ein Auskunftsanspruch, der für sich allein das Steuergeheimnis nicht durchbricht, z.B. § 161 StPO, so ist die Finanzbehörde zur Auskunftserteilung verpflichtet.

5	4.	**Offenbarung zur Durchführung eines steuerlichen Verfahrens (§ 30 Abs. 4 Nr. 1)**
	4.1	§ 30 Abs. 4 Nr. 1 lässt eine Offenbarung zur Durchführung eines steuerlichen Verfahrens oder eines Steuerstraf- oder Bußgeldverfahrens zu. Es genügt, dass das Offenbaren für die Einleitung oder den Fortgang dieses Verfahrens nützlich sein könnte. Die Zulässigkeit ist nicht auf die Mitteilung von Tatsachen zwischen Finanzbehörden beschränkt (z.B. Mitteilungen zwischen Zollbehörden und Steuerbehörden, zwischen Finanzämtern und übergeordneten Finanzbehörden). Zulässig ist auch die Mitteilung an andere Behörden, soweit sie unmittelbar der Durchführung eines der oben genannten Verfahren dient, z.B. Mitteilungen an die Denkmalschutzbehörden im Bescheinigungsverfahren nach § 7i EStG.

Sofern Verwaltungsgerichte Verfahren in Steuersachen (insbesondere Realsteuersachen, Kirchensteuersachen) zu entscheiden haben, besteht eine Offenbarungsbefugnis wie gegenüber Finanzgerichten. Bei verwaltungsgerichtlichen Streitigkeiten in anderen als steuerlichen Verfahren dürfen die Finanzbehörden den Gerichten Auskünfte nur dann erteilen, wenn die Offenbarung nach § 30 Abs. 4 Nr. 2 bis 5 zugelassen ist.

4.2 Auskünfte darüber, ob eine Körperschaft wegen Verfolgung gemeinnütziger, mildtätiger oder kirchlicher Zwecke steuerbegünstigt ist oder nicht, sind dem Spender nur dann zu erteilen, wenn
- er im Besteuerungsverfahren die Berücksichtigung der geleisteten Spende beantragt (§ 30 Abs. 4 Nr. 1 i.V. mit Abs. 2 Nr. 1 Buchstabe a),
- die Körperschaft ihm den Tatsachen entsprechend mitgeteilt hat, dass sie zur Entgegennahme steuerlich abzugsfähiger Spenden berechtigt ist,
- die Körperschaft wahrheitswidrig behauptet, sie sei zur Entgegennahme steuerlich abzugsfähiger Spenden berechtigt (§ 30 Abs. 4 Nr. 1 i.V. mit Abs. 2 Nr. 1 Buchstabe a, vgl. zu § 85); die Richtigstellung kann öffentlich erfolgen, wenn die Körperschaft ihre wahrheitswidrige Behauptung öffentlich verbreitet.

Ansonsten ist der Spender bei Anfragen stets an die Körperschaft zu verweisen, sofern keine Zustimmung der Körperschaft zur Auskunftserteilung vorliegt.

4.3 Wird eine beantragte Steuerermäßigung, die von Einkommens- oder Vermögensverhältnissen Dritter abhängt (z.B. nach §§ 32, 33a EStG), abgelehnt, weil die Einkünfte und Bezüge bzw. das Vermögen gesetzliche Betragsgrenzen übersteigen, ist dies dem Steuerpflichtigen ohne Angabe des genauen Betrags mitzuteilen. Wird ein derartiger Ermäßigungsantrag im Hinblick auf die eigenen Einkünfte und Bezüge oder das Vermögen des Dritten teilweise abgelehnt, so darf dem Steuerpflichtigen die Höhe dieser Beträge mitgeteilt werden.

4.4 Der Erbe tritt als Gesamtrechtsnachfolger in die rechtliche Stellung des Erblassers ein (§ 1922 BGB; § 45 Abs. 1 Satz 1). Die Auskünfte, die dem Erblasser aus den Steuerakten erteilt werden durften, dürfen auch dem Erben erteilt werden. Sind mehrere Erben vorhanden, so ist jeder einzelne Gesamtrechtsnachfolger des Erblassers. Zur Auskunftserteilung bedarf es nicht der Zustimmung der übrigen Miterben. Der auskunftsuchende Erbe hat sich erforderlichenfalls durch Erbschein auszuweisen. Vermächtnisnehmer, Pflichtteilsberechtigte sowie Erbersatzanspruchsberechtigte sind keine Gesamtrechtsnachfolger. Ihnen darf daher keine Auskunft erteilt werden.

4.5 Bei der Schätzung von Besteuerungsgrundlagen sind ggf. die für Vergleichsbetriebe geführten Steuerakten dem Finanzgericht vorzulegen, damit das Finanzgericht überprüfen kann, ob gegen die Zahlen der Vergleichsbetriebe Bedenken bestehen. Da der Steuerpflichtige jedoch gem. § 78 FGO das Recht hat, die dem Finanzgericht vorgelegten Akten einzusehen, hat die Vorlage an das Finanzgericht stets in anonymisierter Form zu erfolgen (vgl. BFH-Urteil vom 18. 12. 1984 – VIII R 195/82 – BStBl II 1986 S. 226). Das Finanzgericht darf die Verwertung der vom Finanzamt eingebrachten anonymisierten Daten über Vergleichsbetriebe nicht schon im Grundsatz ablehnen (vgl. BFH-Urteil vom 17. 10. 2001 – I R 103/00 – BStBl II 2004 S. 171).

4.6 Zur Auskunftserteilung bei Betriebsübernahme im Hinblick auf die Haftung nach § 75 vgl. zu § 75, Nr. 6.

4.7 Anträge auf Erteilung von Auskünften über die Besteuerung Dritter bei der Anwendung drittschützender Normen (u.a. §§ 64–68 AO und § 2 Abs. 3 UStG) sind zur Vorbereitung einer Konkurrentenklage grundsätzlich zulässig (vgl. BFH-Urteil vom 5. 10. 2006 – VII R 24/03 – BStBl 2007 II, S. 243). Ein solcher Auskunftsanspruch setzt allerdings voraus, dass der Steuerpflichtige substantiiert und glaubhaft darlegt, durch die unzutreffende Besteuerung des Konkurrenten konkret feststellbare und spürbare Wettbewerbsnachteile zu erleiden und deshalb gegen die Steuerbehörde mit Aussicht auf Erfolg ein subjektives öffentliches Recht auf steuerlichen Drittschutz geltend machen zu können. Die Auskünfte sind auf das für die Rechtsverfolgung notwendige Maß zu beschränken. In der Auskunft dürfen deshalb nur Angaben über die Art und Weise der Besteuerung der für die Konkurrenzsituation relevanten Umsätze der fraglichen öffentlichen Einrichtung gemacht werden, nicht aber über die Höhe dieser Umsätze und der hierauf festgesetzten Steuer. Der betroffene Dritte soll gehört werden.

4.8 Gerichtliche Verfahren im Vollstreckungsverfahren

4.8.1 Im Rahmen einer Drittwiderspruchsklage (§ 262) darf die Vollstreckungsbehörde (§ 249 Abs. 1 Satz 2) im Prozess Verhältnisse des Vollstreckungsschuldners und anderer Personen nach § 30 Abs. 4 Nr. 1 offenbaren, soweit dies der Durchsetzung der Steueransprüche gegen den Vollstreckungsschuldner dient.

4.8.2 Der Drittschuldner (vgl. § 309) ist befugt, Einwendungen gegen die Art und Weise der Zwangsvollstreckung, wozu auch die Geltendmachung der Unpfändbarkeit von Forderungen (vgl. § 319) gehört, mit der Anfechtungsklage nach § 40 Abs. 1 FGO geltend zu machen. Im finanzgerichtlichen Verfahren darf die Vollstreckungsbehörde die Verhältnisse des Vollstreckungsschuldners und anderer Personen nach § 30 Abs. 4 Nr. 1 offenbaren, soweit dies der Durchführung des finanzgerichtlichen Verfahrens dient.

4.8.3 Leistet der Drittschuldner (vgl. § 309) nicht, kann die Vollstreckungsbehörde zivilgerichtlich gegen ihn vorgehen. Dabei ist dem Vollstreckungsschuldner der Streit zu verkünden (§ 316 Abs. 3 AO i.V.m. § 841 ZPO). Die Klage gegen den Drittschuldner dient der Durchsetzung der Steueransprüche gegen den Vollstreckungsschuldner. Die Vollstreckungsbehörde darf daher im Prozess Verhältnisse des Vollstreckungsschuldners, des Drittschuldners und anderer Personen nach § 30 Abs. 4 Nr. 1 offenbaren, soweit dies der Durchsetzung der Steueransprüche dient.

5. Gesetzlich zugelassene Offenbarung (§ 30 Abs. 4 Nr. 2)

Auf § 30 Abs. 4 Nr. 2 kann eine Offenbarung nur gestützt werden, wenn die Befugnis zum Offenbaren in einem Gesetz ausdrücklich enthalten ist. Eine Bestimmung über die allgemeine Pflicht zur Amtshilfe genügt nicht. Die Befugnis kann in der AO selbst (z.B. § 31), in anderen Steuergesetzen oder in außersteuerlichen Vorschriften enthalten sein.

Zu den außersteuerlichen Vorschriften gehören insbesondere:

– § 5 Abs. 3 des Gesetzes über den Abbau der Fehlsubventionierung im Wohnungswesen;
– § 236 Abs. 1 und § 379 Abs. 2 des Gesetzes über Verfahren in Familiensachen und in Angelegenheiten der freiwilligen Gerichtsbarkeit;
– § 88 Abs. 3 des Aufenthaltsgesetzes;
– § 197 Abs. 2 Satz 2 des Baugesetzbuches;
– § 49 des Beamtenstatusgesetzes und § 115 des Bundesbeamtengesetzes;
– § 24 Abs. 2 und 6 des Bundesdatenschutzgesetzes;
– § 34 des Erdölbevorratungsgesetzes;
– § 17 Satz 2 des Gesetzes über das gerichtliche Verfahren in Landwirtschaftssachen;
– § 14 Abs. 5 und § 153a Abs. 1 Satz 2 der Gewerbeordnung;
– § 3 Abs. 5 des Güterkraftverkehrsgesetzes;
– § 52 des Jugendarbeitsschutzgesetzes;
– § 19 Abs. 2 des Gesetzes über die Kosten in Angelegenheiten der freiwilligen Gerichtsbarkeit;
– § 8 Abs. 2 des Gesetzes über das Kreditwesen;
– § 4a Abs. 3 Satz 4 des Melderechtsrahmengesetzes;
– § 25 Abs. 3 des Personenbeförderungsgesetzes;
– § 7 Abs. 2 des Gesetzes über die Preisstatistik;
– § 27 Abs. 1 Satz 2 des Gesetzes zur Regelung offener Vermögensfragen;
– § 21 Abs. 4 SGB X;
– § 5 Abs. 2, § 10 StBerG;
– § 9 des Gesetzes über Steuerstatistiken;
– § 492 Abs. 3 der StPO i.V.m. §§ 385, 399 AO;
– § 20 Abs. 4 des Unterhaltssicherungsgesetzes;
– § 3a der Verfahrensordnung für Höfesachen;
– §§ 32 Abs. 4 und § 35 Abs. 4 des Wohnraumförderungsgesetzes und § 2 des Wohnungsbindungsgesetzes;
– § 2 des Verwaltungsdatenverwendungsgesetzes;
– § 36 Abs. 2 Bundesrechtsanwaltsordnung;
– § 10 Abs. 3 des Gesetzes über die Zwangsversteigerung und die Zwangsverwaltung;
– § 18 Abs. 2 Nr. 2 des Wohnungseigentumsgesetzes;
– § 18 Abs. 3a Bundesverfassungsschutzgesetz (vgl. auch § 51 Abs. 3 Satz 3 AO);
– § 2 Abs. 4 und § 8 Bundesarchivgesetz;
– § 36a Abs. 3 Wirtschaftsprüfungsordnung;
– § 64a Abs. 2 Bundesnotarordnung;
– § 34 Abs. 2 Patentanwaltsordnung und
– § 54 Abs. 1 Satz 4 Gerichtskostengesetz.

6. Offenbarung bei Zustimmung des Betroffenen (§ 30 Abs. 4 Nr. 3)

Nach § 30 Abs. 4 Nr. 3 ist die Offenbarung zulässig, soweit der Betroffene zustimmt. Betroffener ist nicht nur der Verfahrensbeteiligte selbst, sondern auch jeder Andere, dessen Verhältnisse durch § 30 geschützt werden (z.B. Geschäftsführer, Geschäftspartner, Arbeitnehmer, Empfänger von Zahlungen und anderen Vorteilen). Sind mehrere Personen betroffen, so müssen alle ihre Zustimmung zur Offenbarung eines Sachverhalts erteilen. Stimmen einzelne Personen nicht zu, so dürfen die geschützten Verhältnisse derjenigen, die ihre Zustimmung nicht erteilt haben, nicht offenbart werden.

7. Offenbarung zur Durchführung eines außersteuerlichen Strafverfahrens (§ 30 Abs. 4 Nr. 4)

7.1 Gemäß § 30 Abs. 4 Nr. 4 Buchstabe a dürfen im Steuerstrafverfahren oder Steuerordnungswidrigkeitsverfahren gewonnene Erkenntnisse über außersteuerliche Straftaten an Gerichte und Strafverfolgungsbehörden für Zwecke der Strafverfolgung weitergeleitet werden. Die Finanzbehörden können daher z.B. die Staatsanwaltschaft auch über sog. Zufallsfunde unterrichten. Voraussetzung ist jedoch stets, dass die Erkenntnisse im Steuerstraf- oder Bußgeldverfahren selbst gewonnen wurden. Kenntnisse, die bereits vorher in einem anderen Verfahren (z.B. Veranlagungs-, Außenprüfungs- oder Vollstreckungsverfahren) erlangt wurden, dürfen den Strafverfolgungsbehörden gegenüber nicht offenbart werden. Sind die Tatsachen von dem Steuerpflichtigen (§ 33) selbst oder der für ihn handelnden Person (§ 200 Abs. 1) der Finanzbehörde mitgeteilt worden, ist die Weitergabe zur Strafverfolgung wegen nichtsteuerlicher Straftaten nur zulässig, wenn der Steuerpflichtige zum Zeitpunkt der Abgabe der Mitteilung an die Finanzbehörde die Einleitung des steuerlichen Straf- oder Bußgeldverfahrens gekannt hat, es sei denn, einer der in § 30 Abs. 4 Nr. 5 oder Abs. 5 geregelten Fälle läge vor.

7.2 Gemäß § 30 Abs. 4 Nr. 4 Buchstabe b ist eine Offenbarung von Kenntnissen zur Durchführung eines Strafverfahrens wegen einer nichtsteuerlichen Straftat uneingeschränkt zulässig, wenn die Tatsachen der Finanzbehörde ohne Bestehen einer steuerlichen Verpflichtung oder unter Verzicht auf ein Auskunftsverweigerungsrecht bekannt geworden sind. Tatsachen sind der Finanzbehörde ohne Bestehen einer steuerlichen Verpflichtung bekannt geworden, wenn die Auskunftsperson nicht zuvor durch die Finanzbehörde zur Erteilung einer Auskunft aufgefordert worden ist. Ein Verzicht auf ein Auskunftsverweigerungsrecht (siehe §§ 101 ff.) kann nur angenommen werden, wenn dem Berechtigten sein Auskunftsverweigerungsrecht bekannt war; dies setzt in den Fällen des § 101 eine Belehrung voraus.

8. Offenbarung aus zwingendem öffentlichen Interesse (§ 30 Abs. 4 Nr. 5)

Eine Offenbarung ist gem. § 30 Abs. 4 Nr. 5 zulässig, soweit für sie ein zwingendes öffentliches Interesse besteht. § 30 Abs. 4 Nr. 5 enthält eine beispielhafte Aufzählung von Fällen, in denen ein zwingendes öffentliches Interesse zu bejahen ist. Bei anderen Sachverhalten ist ein zwingendes öffentliches Interesse nur gegeben, wenn sie in ihrer Bedeutung einem der in § 30 Abs. 4 Nr. 5 erwähnten Fälle vergleichbar sind. Liegt ein zwingendes öffentliches Interesse vor, macht es für die Zulässigkeit der Offenbarung keinen Unterschied, ob die Finanzbehörde aufgrund eigener Erkenntnisse von Amts wegen die zuständige Behörde informiert oder ob die zuständige Behörde unter Schilderung der Umstände, die das Vorliegen eines zwingenden öffentlichen Interesses begründen, die Finanzbehörde um Auskunft ersucht.

8.1 Die Gewerbebehörden können bei Vorliegen eines zwingenden öffentlichen Interesses für Zwecke eines Gewerbeuntersagungsverfahrens über die Verletzung steuerlicher Pflichten unterrichtet werden, die mit der Ausübung des Gewerbes, das untersagt werden soll, im Zusammenhang stehen (vgl. im Einzelnen BMF-Schreiben vom 14.12.2010, BStBl I S. 1430).

AO 30/17

Zur Wahrung des Steuergeheimnisses gegenüber Parlamenten bzw. einem Untersuchungsausschuss des Deutschen Bundestages vgl. BMF-Schreiben vom 13.5.1987.

AO 30/11

8.2 Verbrechen i.S. von § 30 Abs. 4 Nr. 5 Buchstabe a sind alle Straftaten, die im Mindestmaß mit Freiheitsstrafe von einem Jahr oder darüber bedroht sind (§ 12 Abs. 1 StGB). Als vorsätzliche schwere Vergehen gegen Leib und Leben oder gegen den Staat und seine Einrichtungen kommen nur solche Vergehen in Betracht, die eine schwerwiegende Rechtsverletzung darstellen und dementsprechend mit Freiheitsstrafe bedroht sind.

8.3 Unter den Begriff der Wirtschaftsstraftat i. S des § 30 Abs. 4 Nr. 5 Buchstabe b fallen Straftaten nicht schon deswegen, weil sie nach § 74c des Gerichtsverfassungsgesetzes zur Zuständigkeit des Landgerichts gehören. Es ist vielmehr in jedem Einzelfall unter Abwägung der Interessen zu prüfen, ob die besonderen Voraussetzungen des § 30 Abs. 4 Nr. 5 Buchstabe b gegeben sind.

8.4 § 6 des Subventionsgesetzes, wonach Behörden von Bund und Ländern Tatsachen, die sie dienstlich erfahren, und die den Verdacht eines Subventionsbetrugs (§ 264 StGB) begründen, den Strafverfolgungsbehörden mitzuteilen haben, stellt keine Ermächtigungsvorschrift i.S. des § 30 Abs. 4 Nr. 2 dar. Anzeigen an Strafverfolgungsbehörden wegen des Verdachts eines Subventionsbetrugs sind daher nur zulässig, wenn ein zwingendes öffentliches Interesse an der Offenbarung besteht (§ 30 Abs. 4 Nr. 5 Buchstabe b) oder die Voraussetzungen des § 30 Abs. 5 vorliegen (vgl. Nr. 9). Betrifft der Subventionsbetrug allerdings Investitionszulagen, so sind entsprechende Tatsachen wie bei Steuerstraftaten den Bußgeld- und Strafsachenstellen zu melden (vgl. § 14 InvZulG 2010 i.V.m. § 30 Abs. 4 Nr. 1). Nach § 31a besteht daneben eine Offenbarungsbefugnis gegenüber den für die Bewilligung, Gewährung, Rückforderung, Erstattung, Weitergewährung oder für das Belassen einer Subvention zuständigen Behörden und Gerichten; vgl. im Einzelnen Nr. 4.3 zu § 31a.

8.5 Die Weitergabe von Informationen über Verstöße gegen die Umweltschutzbestimmungen kommt insbesondere in Betracht, wenn daran ein zwingendes öffentliches Interesse nach § 30 Abs. 4 Nr. 5 besteht. Dies ist nicht nur zur Verfolgung der in § 30 Abs. 4 Nr. 5 Buchstaben a und b genannten Straftaten gegeben, sondern auch zur Verfolgung anderer Straftaten, die wegen ihrer Schwere und ihrer Auswirkungen auf die Allgemeinheit den genannten Regeltatbeständen entsprechen. Bei Verdacht eines besonders schweren Falles einer Umweltstraftat i.S.d. § 330 StGB oder einer schweren Gefährdung durch Freisetzung von Giften i.S.d. § 330a StGB ist ein zwingendes öffentliches Interesse für eine Offenbarung zu bejahen. Keine Offenbarungsbefugnis besteht, wenn lediglich der abstrakte Gefährdungstatbestand einer Umweltstraftat wie etwa § 325 StGB (Luftverunreinigung), § 325a StGB (Verursachen von Lärm, Erschütterungen und nichtionisierenden Strahlen) bzw. § 326 StGB (umweltgefährdende Abfallbeseitigung) erfüllt ist. Kann die Finanzbehörde nicht beurteilen, ob die vorgenannten Voraussetzungen für eine Weitergabe erfüllt sind, hat sie zunächst unter Anonymisierung des Sachverhalts eine sachkundige Stelle zur Klärung einzuschalten. Soweit Verstöße gegen Umweltschutzbestimmungen steuerliche Auswirkungen haben, z.B. für die Anerkennung einer Teilwertabschreibung, ergibt sich die Befugnis zur Weitergabe aus § 30 Abs. 4 Nr. 1, sofern die Weitergabe zur Durchführung des Besteuerungsverfahrens erforderlich ist. Sieht die Finanzbehörde die Notwendigkeit, Angaben des Steuerpflichtigen, z.B. über schadstoffbelastete Wirtschaftsgüter, zu überprüfen, kann sie den Sachverhalt einer zuständigen Fachbehörde offenbaren. Die Finanzbehörde hat dabei zu prüfen, ob es ausreicht, den Sachverhalt der Fachbehörde in anonymisierter Form vorzutragen. Ist die Offenbarung der Identität des Steuerpflichtigen erforderlich, soll sie die Fachbehörde darauf hinweisen, dass die Angaben des Steuerpflichtigen nach § 30 Abs. 2 Nr. 1 Buchstabe c weiterhin dem Steuergeheimnis unterliegen. Die Weitergabe von Erkenntnissen über Verstöße gegen Umweltschutzbestimmungen kann gleichzeitig auf mehrere Offenbarungsgründe gestützt werden. Eine Weitergabe von Erkenntnissen unter dem Gesichtspunkt des zwingenden öffentlichen Interesses ist deshalb auch dann zulässig, wenn der gleiche Sachverhalt bereits nach § 30 Abs. 4 Nr. 1 offenbart worden ist. Die Weitergabe von Informationen über Verstöße gegen die Umweltschutzbestimmungen kann nicht auf das Umweltinformationsgesetz vom 23. 8. 2001 (BGBl. I S. 2218) gestützt werden.

AO 30/16   **8.6** *Zu Mitteilungen an Disziplinarstellen zur Durchführung dienstrechtlicher Maßnahmen bei Beamten und Richtern vgl. BMF-Schreiben vom 12.3.2010 – IV A 3 – S 0130/08/10006 – BStBl I, S. 222, geändert durch BMF-Schreiben vom 20.6.2011 – IV A 3 – S 0130/08/10006 – BStBl I, S. 574. Die Regelungen dieses BMF-Schreibens sind bei vergleichbaren Verfehlungen sonstiger Angehöriger der Finanzverwaltung (Arbeitnehmer, die weder Beamte noch Richter sind) entsprechend anzuwenden, soweit dies zur Ergreifung vergleichbarer arbeitsrechtlicher Maßnahmen (z. B. Abmahnung, Kündigung) führen kann. Eine Steuerhinterziehung in erheblicher Höhe ist bei einem hoheitlich tätigen Angestellten oder Tarifbeschäftigten einer Finanzbehörde als wichtiger Grund zur fristlosen Kündigung an sich auch dann geeignet, wenn der Angestellte bzw. Tarifbeschäftigte die Hinterziehung gemäß § 371 selbst angezeigt hat (vgl. BAG, Urteile vom 21.6.2001 – 2 AZR 325/00, HFR 2003, 183, und vom 10.9.2009 – 2 AZR 257/08, juris).*

8.7 Die Finanzbehörden sind verpflichtet, den für die Bekämpfung terroristischer Aktivitäten zuständigen Stellen die nach § 30 geschützten Verhältnisse auf deren Ersuchen mitzuteilen. Für die Mitteilungen an die genannten Stellen besteht in diesen Fällen ein zwingendes öffentliches Interesse im Sinne des § 30 Abs. 4 Nr. 5. Die ersuchenden Stellen haben in ihrem Ersuchen zu versichern, dass die erbetenen Daten für Ermittlungen und Aufklärungsarbeiten im Zusammenhang mit der Bekämpfung des Terrorismus erforderlich sind. Eine bestimmte Form für die Auskunftsersuchen und die Erteilung der Auskünfte ist nicht erforderlich. Bei Zweifeln an der Identität des Auskunftsersuchenden haben sich die Finanzbehörden vor Auskunftserteilung über die Identität des Auskunftsersuchenden auf geeignete Weise zu vergewissern. Zur Mitteilungspflicht zur Bekämpfung der Geldwäsche und der Terrorismusfinanzierung vgl. § 31b.

8.8 § 30 Abs. 4 Nr. 5 Buchstabe c gestattet die Offenbarung zur Richtigstellung unwahrer Tatsachen, die geeignet sind, das Vertrauen in die Verwaltung erheblich zu erschüttern. Diese Offenbarungsbefugnis begründet ein Abwehrrecht der Verwaltung und dient damit nicht dem Aufklärungsinteresse der Öffentlichkeit. Die Verwaltung selbst hat zu entscheiden, ob und in welchem Umfang sie richtig stellen will. Sie hat dabei den Grundsatz der Verhältnismäßigkeit zu wahren und sich auf die zur Richtigstellung erforderliche Offenbarung zu beschränken. Eine Offenbarung zur Richtigstellung in der Öffentlichkeit verbreiteter unwahrer Tatsachen gem. § 30 Abs. 4 Nr. 5 Buchstabe c kommt nur im Ausnahmefall in Betracht.

8.9 Werden strafrechtlich geschützte Individualrechtsgüter eines Amtsträgers oder einer gleichgestellten Person im Sinne des § 30 Abs. 3 verletzt, ist die Durchbrechung des Steuergeheimnisses gemäß § 30 Abs. 4 Nr. 5 zulässig, soweit dies für die Verfolgung des Deliktes erforderlich ist. In Betracht kommen hierbei insbesondere:

- falsche Verdächtigung (§ 164 StGB),
- Beleidigung (§ 185 StGB),
- üble Nachrede (§ 186 StGB),
- Verleumdung (§ 187 StGB),
- Körperverletzung (§§ 223, 224, 229 StGB),
- Freiheitsberaubung (§ 239 StGB),
- Nötigung (§ 240 StGB),
- Bedrohung (§ 241 StGB).

8.10 § 30 Abs. 4 Nr. 5 gestattet die Offenbarung der Verhältnisse eines anderen zur Verfolgung von

- Widerstand gegen Vollstreckungsbeamte (§ 113 Abs. 1 StGB),
- Verstrickungsbrüchen (§ 136 Abs. 1 StGB),
- Siegelbrüchen (§ 136 Abs. 2 StGB) oder
- Vereitelung der Vollstreckung (§ 288 StGB)

im Besteuerungsverfahren durch die Finanzbehörden gegenüber Gerichten oder Strafverfolgungsbehörden. Das zwingende öffentliche Interesse an der Offenbarung folgt daraus, dass sich die strafrechtlich relevanten Handlungen gegen die Gesetzmäßigkeit des Steuerverfahrens als Ganzes – Steuererhebung und Steuerverstrickung – richten.

8.11 Liegen den Finanzbehörden Erkenntnisse zu Insolvenzstraftaten i.S.d. §§ 283 bis 283c StGB oder zu Insolvenzverschleppungsstraftaten (§ 15a InsO) vor, die sie im Besteuerungsverfahren erlangt haben, so ist eine Offenbarung dieser Erkenntnisse an die Strafverfolgungsbehörden nach § 30 Abs. 4 Nr. 5 zulässig.

8.12 Liegen den Finanzbehörden Anhaltspunkte zu Misshandlungen von Kindern i.S.d. § 223 StGB und Misshandlungen von Schutzbefohlenen i.S.d. § 225 StGB vor, die sie im Besteuerungs- bzw. Steuerstrafverfahren erlangt haben, ist eine Offenbarung dieser Kenntnisse an die Sozialbehörden bzw. Strafverfolgungsbehörden nach § 30 Abs. 4 Nr. 5 zulässig.

8.13 Soweit den Finanzbehörden im Besteuerungsverfahren Erkenntnisse über Verstöße gegen europäische Embargo-Verordnungen bekannt werden, haben sie diese den für die Verfolgung derartiger Verstöße zuständigen Behörden mitzuteilen. Die Offenbarung ist nach § 30 Abs. 4 Nr. 5 zulässig. Der Stand der bestehenden Embargos sowie eine Liste der jeweils zuständigen Ermittlungsbehörde sind zu finden unter: http://www.bmwi.de/BMWi/Navigation/Aussenwirtschaft/aussenwirtschaftsrecht,did=193616.html.

9. **Offenbarung vorsätzlich falscher Angaben (§ 30 Abs. 5)** 10

Die Unterrichtung der Strafverfolgungsbehörden über vorsätzlich falsche Angaben des Betroffenen gem. § 30 Abs. 5 darf nur erfolgen, wenn nach Auffassung der Finanzbehörde durch die falschen Angaben ein Straftatbestand verwirklicht worden ist; die Durchführung eines Strafverfahrens wegen dieser Tat ist nicht Voraussetzung für die Zulässigkeit der Offenbarung.

Hinweise H

Wahrung des Steuergeheimnisses gegenüber Parlamenten 11

(BMF-Schreiben vom 13. 5. 1987 – IV A 5 – S 0130–35/87 –)

Das Bundesverfassungsgericht hat mit Urteil vom 17. Juli 1984 (BVerfGE 67, 100) zur Wahrung des Steuergeheimnisses gegenüber einem Untersuchungsausschuß des Deutschen Bundestages Stellung genommen. Zur Anwendung dieses Urteils vertrete ich die folgende Auffassung, die entsprechend auch für die Wahrung des Steuergeheimnisses gegenüber Untersuchungsausschüssen der Gesetzgebungskörperschaften der Länder gilt.

1 Anwendungsbereich des § 30 AO

1.1 Amtsträger

Das Steuergeheimnis haben Amtsträger im Sinne von § 7 AO zu wahren. Amtsträger sind nicht nur Angehörige der Finanz- und Wirtschaftsverwaltungen, sondern z.B. auch Staatsanwälte und Richter sowie die Angehörigen der Rechnungshöfe. Zu den Amtsträgern zählen auch Minister und parlamentarische Staatssekretäre. Die Pflicht zur Wahrung des Steuergeheimnisses hat der Amtsträger auch dann noch zu beachten, wenn er aus dem Dienst ausgeschieden ist.

Mitglieder der Parlamente sind keine Amtsträger im Sinne von § 7 AO. Eine Verpflichtung zur Wahrung des Steuergeheimnisses kann sich deshalb für sie nicht unmittelbar aus § 30 AO ergeben. Auch Parlamentsmitglieder sind jedoch nach Maßgabe der verfassungsgerichtlichen Rechtsprechung zur Geheimhaltung verpflichtet, falls sie ausnahmsweise Kenntnis von Tatsachen erlangen, die in den Schutzbereich des § 30 AO fallen.

1.2 Verwaltungsverfahren in Steuersachen

Dem Steuergeheimnis unterliegen insbesondere die Tatsachen, die in einem „Verwaltungsverfahren in Steuersachen" oder aus anderem Anlaß durch Mitteilung einer Finanzbehörde bekannt geworden sind. Dies gilt auch für die Akten und Unterlagen, die auf Ersuchen oder von Amts wegen durch eine das steuerliche Verwaltungsverfahren durchführende Behörde einer anderen Stelle zur Verfügung gestellt worden sind (z.B. Staatsanwaltschaft, Sozialversicherungsträger, Religionsgemeinschaften, Anerkennungsbehörden nach dem VVG usw.).

1.3 Bescheinigungsverfahren

Ein Verwaltungsverfahren in Steuersachen liegt auch dann vor, wenn Behörden außerhalb der Finanzverwaltung Bescheinigungen erteilen, sofern die Erteilung der Bescheinigung nach einem Steuergesetz erforderlich ist und ausschließlich für steuerliche Zwecke erfolgt. Deshalb sind auch die in dem Bescheinigungsverfahren tätig gewordenen Amtsträger dieser Behörden an das Steuergeheimnis gebunden (BVerfGE 67, 141).

1.4 Mitteilungen einer Finanzbehörde

Amtsträger, z.B. im Bereich der Staatsanwaltschaft, sind auch dann an das Steuergeheimnis gebunden, wenn sie „Mitteilungen" (Auskünfte, Unterlagen und Akten aus einem Verwaltungsverfahren in Steuersachen) von anderen Behörden als den in § 30 Abs. 2 Nr. 1 Buchst. c AO genannten „Finanzbehörden" (z.B. einer Wirtschaftsbehörde) erhalten haben. Nach dem Sinn und Zweck der o.a. Vorschrift kann nicht davon ausgegangen werden, daß der Gesetzgeber den in § 30 Abs. 1 AO enthaltenen Grundsatz der umfassenden Wahrung des Steuergeheimnisses eingrenzen wollte. Daher unterliegen diejenigen Verhältnisse des Steuerpflichtigen, die den Wirtschaftsbehörden in Bescheinigungsverfahren bekannt geworden sind, auch dann noch dem Steuergeheimnis, wenn sie später der Staatsanwaltschaft im Zuge strafrechtlicher Ermittlungen bekannt werden. Dies gilt auch dann, wenn sie in deren Akten mit anderweitig erlangten Informationen verbunden werden.

1.5 Verhältnisse

Durch § 30 AO werden nicht nur Geheimnisse im engeren Sinne, sondern alle „Verhältnisse" des Beteiligten geschützt, d.h. grundsätzlich alles, was im Besteuerungsverfahren bekanntgeworden ist. Dabei macht es einen Unterschied, ob diese Tatsachen für die Besteuerung relevant sind oder nicht. Das Steuergeheimnis erstreckt sich demnach auf die gesamten persönlichen, wirtschaftlichen, rechtlichen, öffentlichen und privaten Verhältnisse einer natürlichen oder juristischen Person.

Zu den „Verhältnissen" zählen auch das Verwaltungsverfahren selbst, die Art der Beteiligung am Verwaltungsverfahren und die Maßnahmen, die vom Beteiligten getroffen wurden. So unterliegt es z.B. schon dem Steuergeheimnis, ob und bei welcher Finanzbehörde ein Beteiligter steuerlich geführt wird, ob ein Steuerfahndungsverfahren oder eine Außenprüfung stattgefunden hat. Geschützt ist auch die Information darüber, wer für einen Beteiligten im Verfahren aufgetreten ist, welche Anträge gestellt worden sind und in welcher Form das Verfahren von dem Beteiligten betrieben worden ist.

1.6 Verwaltungsinterne Vorgänge

Unter den Schutz des Steuergeheimnisses fallen nur die Verhältnisse eines „anderen", nicht aber verwaltungsinterne Vorgänge oder die Verhältnisse des Amtsträgers, der im Verwaltungsverfahren in Steuersachen tätig geworden ist. Allerdings sind Auskünfte insoweit unzulässig, soweit sie, und sei es auch nur mittelbar, Rückschlüsse auf Verhältnisse des Steuerpflichtigen oder einer anderen Person zulassen, die durch das Steuergeheimnis geschützt sind.

1.7 Offenbarung

Offenbarung ist jedes Verhalten, auf Grund dessen Verhältnisse eines anderen bekannt werden oder bekannt werden können. Eine Offenbarung kann sich aus mündlichen oder schriftlichen Erklärungen, aber auch aus anderen Handlungen (Gewährung von Akteneinsicht, Kopfnicken usw.) oder Unterlassungen ergeben (z.B. Schweigen auf Fragen anstelle der Erklärung, daß weder bestätigt noch verneint werden darf usw.). Um eine Offenbarung handelt es sich auch, wenn durch die Mitteilung von einzelnen Tatsachen oder von Rechtsauffassungen im Zusammenhang mit bereits bekannten Tatsachen Schlüsse auf geschützte Verhältnisse eines Beteiligten möglich sind.

Das Steuergeheimnis erstreckt sich nicht auf Vorgänge, die bereits „offenbar" sind. „Offenbarung" im Sinne des § 30 AO setzt begrifflich voraus, daß das, was offenbart wird, nicht offenkundig und auch dem Empfänger der Mitteilung noch nicht bekannt ist. Offenkundig ist, was jedem Interessenten ohne größere Schwierigkeiten und Opfer zugänglich ist.

Hat ein Dritter über geschützte Verhältnisse nur eine unbestätigte Information oder eine Vermutung, so liegt in einer bestätigenden Auskunft ihm gegenüber eine Offenbarung im Sinne des § 30 AO. Solange Zweifel bestehen, ob eine Tatsache offenkundig ist, ist das Steuergeheimnis zu wahren.

2 Ausnahmen vom Steuergeheimnis

Für die Offenbarung der in den Schutzbereich des § 30 AO fallenden Kenntnisse gegenüber Untersuchungsausschüssen des Bundes und der Länder gilt folgendes:

2.1 Allgemeines

2.1.1 Durchführung des Besteuerungsverfahrens

Nach § 30 Abs. 4 Nr. 1 AO ist eine Offenbarung geschützter Verhältnisse auch dann zulässig, wenn sie der Überprüfung des Besteuerungsverfahrens in Einzelfällen dient. Die Überprüfung des Besteuerungsverfahrens im Rahmen dieser Bestimmung obliegt jedoch nicht den Parlamenten. Sie obliegt vielmehr den Rechnungshöfen, die den Parlamenten zu berichten haben.

2.1.2 Ausdrückliche Zulassung durch Gesetz (§ 30 Abs. 4 Nr. 2 AO)

Gesetzliche Vorschriften, die eine Offenbarung gegenüber Gesetzgebungskörperschaften des Bundes und der Länder, deren Ausschüssen und Mitgliedern ausdrücklich gestatten, sind nicht vorhanden. Bundesregierung und Landesregierungen sind nach Artikel 20 Abs. 3 GG an Gesetz und Recht gebunden. Zu den gesetzlichen Bestimmungen, die beachtet werden müssen, gehören unter anderem die Vorschriften über das Steuergeheimnis. § 30 AO steht nicht in Widerspruch zu Art. 35 Abs. 1 GG, da sich aus dieser Verfassungsvorschrift nicht die näheren Einzelheiten über Voraussetzungen sowie Umfang und Grenzen der Rechts- und Amtshilfe ergeben; insofern ist vielmehr das einfache Recht maßgebend (BVerwGE 38, 336, 340; 50, 301, 310).

Die Tatsache, daß der Empfänger einer Information verpflichtet ist, diese Information vertraulich zu behandeln, oder sich hierzu freiwillig bereit erklärt, ist in der Abgabenordnung nicht als Voraussetzung für eine Durchbrechung des Steuergeheimnisses erwähnt. Die zugesicherte vertrauliche Behandlung einer Angelegenheit durch ein Parlament oder seine Ausschüsse allein rechtfertigt deshalb die Durchbrechung des Steuergeheimnisses nicht.

2.1.3 Zustimmung des Betroffenen (§ 30 Abs. 4 Nr. 3 AO)

Nach § 30 Abs. 4 Nr. 3 AO ist eine Auskunft an Parlamente, deren Ausschüsse oder einzelne Mitglieder der Parlamente zulässig, soweit der Betroffene zustimmt. Von der Zustimmung des Betroffenen kann in der Regel ausgegangen werden, wenn er sich mit einer Petition an das Parlament wendet oder ein einzelnes Mitglied des Parlaments bittet, sich seines Anliegens anzunehmen. „Betroffener" ist nicht nur der Verfahrensbeteiligte selbst, sondern auch jeder „andere", dessen Verhältnisse durch § 30 AO geschützt werden (z.B. Geschäftspartner, Geschäftsführer, Arbeitnehmer und Bevollmächtigte als Einzelpersonen, Empfänger von Zahlungen und anderen Vorteilen). Wenn nur einige von mehreren „Betroffenen" ihre Zustimmung zur Offenbarung eines komplexen Sachverhaltes erteilen, darf nur offenbart werden, soweit dies ohne Verletzung der Rechte Dritter möglich ist. Geschützte steuerliche Verhältnisse Dritter, die ihre Zustimmung nicht erteilt haben, dürfen nicht mitgeteilt werden.

2.1.4 Zwingendes öffentliches Interesse (§ 30 Abs. 4 Nr. 5 AO)

2.1.4.1 Allgemeines

§ 30 Abs. 4 Nr. 5 AO läßt eine Auskunftserteilung bei zwingendem öffentlichen Interesse zu. Der Begriff des zwingenden öffentlichen Interesses ist in der Abgabenordnung zwar nicht abschließend geregelt; jedoch hat der Gesetzgeber durch die Aufzählung von Regelbeispielen in § 30 Abs. 4

Nr. 5 AO die Richtung angegeben, in der dieser Begriff auszulegen ist. Ein zwingendes öffentliches Interesse besteht danach an der Verfolgung von Verbrechen und vorsätzlichen schweren Vergehen gegen Leib und Leben oder gegen den Staat und seine Einrichtungen sowie bei schweren Wirtschaftsstraftaten; es ist außerdem gegeben, wenn eine Offenbarung steuerlicher Verhältnisse erforderlich ist zur Richtigstellung in der Öffentlichkeit verbreiteter unwahrer Tatsachen, die geeignet sind, das Vertrauen in die Verwaltung erheblich zu erschüttern. Aus dieser Aufzählung ergibt sich, daß nach dem Willen des Gesetzgebers weder das Informationsinteresse einzelner noch die allgemeinen Kontrollrechte des Parlaments ein zwingendes öffentliches Interesse im Sinne des § 30 AO begründen. Unter dem Gesichtspunkt des zwingenden öffentlichen Interesses ist deshalb eine Bekanntgabe steuerlicher Verhältnisse auch an Parlamente nur zulässig, soweit die Unterrichtung zum Schutz der in § 30 Abs. 4 Nr. 5 AO genannten Rechtsgüter notwendig ist.

2.1.4.2 Regelbeispiele für zwingendes öffentliches Interesse

Die vom Gesetzgeber gebildeten drei Regelbeispiele in § 30 Abs. 4 Nr. 5 AO machen die Wertigkeit derjenigen Rechtsgüter deutlich, die eine Offenbarung gestatten.

Für Auskünfte an das Parlament läßt sich aus den beiden ersten Regelbeispielen eine Offenbarungsbefugnis nicht ableiten.

Das Regelbeispiel in § 30 Abs. 4 Nr. 5 Buchst. c AO begründet nur ein Abwehrrecht der Verwaltung. Adressat dieser Norm ist die Verwaltung selbst. Sie hat zu entscheiden, ob und in welchem Umfang sie richtigstellen will. Sie hat dabei den Grundsatz der Verhältnismäßigkeit zu wahren und sich auf die zur Richtigstellung erforderliche Offenbarung zu beschränken.

Abgesehen von der Bedeutung der Vorschrift für Untersuchungsausschüsse (BVerfGE 67, 142) dient die Vorschrift nicht dem Aufklärungsinteresse der Öffentlichkeit oder der Parlamente. Nach ihrem Wortlaut geht es lediglich um die Richtigstellung von unwahren Tatsachenbehauptungen, nicht um die Sachaufklärung als solche. Bei der Beratung der Vorschrift im Deutschen Bundestag sind als Anwendungsbeispiele vor allem solche Fälle genannt worden, in denen der Steuerpflichtige selbst unwahre Tatsachen über seinen eigenen Steuerfall verbreitet hatte. Bereits damals ist die Gefahr gesehen worden, daß durch Angriffe Dritter gegen die Verwaltung das Steuergeheimnis des beteiligten Steuerpflichtigen gefährdet werden könne.

2.1.4.3 Offenbarungsbefugnis auf Grund anderen „zwingenden öffentlichen Interesses"

Aus dem unbestimmten Rechtsbegriff des „zwingenden öffentlichen Interesses" kann auf dem Hintergrund der Wertigkeit der in den Regelbeispielen des § 30 Abs. 4 Nr. 5 AO genannten Rechtsgüter eine Offenbarungsbefugnis abgeleitet werden. Wenn Sachverhalte auftreten, die von ihrem Gewicht den in § 30 Abs. 4 Nr. 5 AO genannten Sachverhalten vergleichbar sind, ist zu prüfen, ob ihre Nichtaufklärung schwere Nachteile für das öffentliche Wohl befürchten läßt. Nur wenn dies zu bejahen ist, kann ein zwingendes öffentliches Interesse an einer Offenbarung steuerlicher Verhältnisse angenommen werden.

2.1.5 Umfang der Offenbarung

2.1.5.1 Verhältnismäßigkeit der Mittel

Ist eine Offenbarung dem Grunde nach zulässig, so hat dies nicht zur Folge, daß sämtliche Erkenntnisse, die im Besteuerungsverfahren gewonnen wurden, bekanntgegeben werden dürfen. Nach dem Einleitungssatz zu § 30 Abs. 4 AO ist die Offenbarung nur zulässig, „soweit" sie der Erfüllung des Offenbarungszweckes dient. Mit dieser Formulierung trägt § 30 AO der Tatsache Rechnung, daß bei jeder Auskunftserteilung der Grundsatz der Verhältnismäßigkeit der Mittel gilt. Es muß daher jeweils eine Einzelprüfung stattfinden, ob und wieweit die vorgesehene Offenbarung dem sie rechtfertigenden Zweck dient. Außerdem muß jeweils diejenige Form der Information gewählt werden (z.B. mündliche Auskunft), die die geheimhaltungsbedürftigen Verhältnisse der Beteiligten am besten schützt.

2.1.5.2 Vorlage von Akten

Soweit Auskünfte nur eingeschränkt zulässig sind, weil in den Akten enthaltene Angaben teilweise dem Steuergeheimnis unterliegen und teilweise nicht oder weil sich die festgestellten Offenbarungsgründe nur auf einen Teil der Angaben beziehen, ist jede Auskunft unzulässig, die teilweise eine unzulässige Offenbarung bewirkt.

Während es bei mündlichen Auskünften in der Regel möglich ist, zwischen geschützten und nicht geschützten Tatsachen zu unterscheiden, ist es häufig nicht möglich, Akten in schutzwürdige und in nicht schutzwürdige zu trennen. Wenn man durch Unlesbarmachung oder Abtrennung schutzwürdiger Teile nicht zu bewirken ist oder zu unsinnigen Ergebnissen führt, weil nur völlig nichtssagende Aktenteile übrigbleiben, ist es zweckmäßig, von der Vorlage der Akten abzusehen und die Information auf mündliche Auskünfte zu beschränken.

Bei der Vorlage von Akten oder Aktenauszügen einer anderen Behörde bedarf es deren Einverständnisses.

2.1.6 Anhörung

In entsprechender Anwendung des § 30 Abs. 4 Nr. 5 Buchst. c AO erscheint es zweckdienlich, vor einer Offenbarung, die unter dem Gesichtspunkt des zwingenden öffentlichen Interesses erfolgt, dem Betroffenen Gelegenheit zur Stellungnahme zu geben. Er hat dann ggf. die Möglichkeit, Rechtsbehelfe gegen die vermeintliche Rechtsverletzung einzulegen, eine einstweilige Anordnung gegen die Maßnahme zu beantragen oder durch die Zustimmung zur Offenbarung Zweifel an der Zulässigkeit auszuschließen.

2.2 Besonderheiten bei Untersuchungsausschüssen

2.2.1 Grundsätze des Bundesverfassungsgerichts (BVerfGE 67, 100)

Wird ein Untersuchungsausschuß zur Kontrolle der Regierung eingesetzt, schließt sein Beweiserhebungsrecht auch das Recht auf Vorlage der Akten ein. Die Regierung hat die verfassungsrechtliche Pflicht, die Ausübung des Kontrollrechts des Parlaments in geeigneter Weise zu unterstützen. Sie muß grundsätzlich dem Untersuchungsausschuß alle für seine Entscheidungen erheblichen Unterlagen zugänglich machen und hat sich dabei von dem Interesse der vollständigen Aufklärung des Sachverhalts leiten zu lassen.

Das Wohl des Bundes oder eines Landes ist im parlamentarischen Regierungssystem des Grundgesetzes dem Parlament und der Regierung gemeinsam anvertraut. Die Berufung auf das Wohl des Bundes oder eines Landes gegenüber dem Parlament kann mithin in aller Regel dann nicht in Betracht kommen, wenn beiderseits wirksame Vorkehrungen gegen das Bekanntwerden von Dienstgeheimnissen getroffen werden.

Das Recht auf Wahrung des in § 30 AO gesetzlich umschriebenen Steuergeheimnisses ist als solches kein Grundrecht. Die Geheimhaltung bestimmter steuerlicher Angaben und Verhältnisse kann indessen durch grundrechtliche Verbürgungen geboten sein.

Die Bedeutung, die das Kontrollrecht des Parlaments sowohl für die parlamentarische Demokratie als auch für das Ansehen des Staates hat, gestattet in der Regel dann keine Verkürzung des Aktenherausgabeanspruchs zugunsten des Schutzes des allgemeinen Persönlichkeitsrechts und des Eigentumsschutzes, wenn Parlament und Regierung Vorkehrungen für den Geheimschutz getroffen haben, die das ungestörte Zusammenwirken beider Verfassungsorgane auf diesem Gebiete gewährleisten, und wenn der Grundsatz der Verhältnismäßigkeit gewahrt ist.

2.2.2 Allgemeine Voraussetzungen

In einem parlamentarischen Untersuchungsverfahren steht die Entscheidung darüber, welche Auskünfte und welche Unterlagen zur Aufklärung des Sachverhalts benötigt werden, dem Untersuchungsausschuß zu. Soweit der Untersuchungsausschuß Auskünfte oder Unterlagen anfordert, die dem Steuergeheimnis unterliegende Angaben enthalten, hat die Regierung die Pflicht, auf der Grundlage der Rechtsprechung des Bundesverfassungsgerichts zu prüfen, in welchem Umfang und unter welchen Voraussetzungen dem Begehren des Untersuchungsausschusses zu entsprechen ist; bei dieser Entscheidung hat die Regierung das Interesse des Untersuchungsausschusses an der vollständigen Sachaufklärung zu beachten:

a) Das Auskunfts- oder Vorlagebegehren geht dem Steuergeheimnis grundsätzlich nur dann vor, wenn der Untersuchungsausschuß im Rahmen politischer Kontrolle zur Aufklärung von Sachverhalten handelt (BVerfGE 67, 140).

b) Die Kontrollkompetenz des Parlaments erstreckt sich grundsätzlich nur auf bereits abgeschlossene Vorgänge; sie enthält nicht die Befugnis, in laufende Verhandlungen und Entscheidungsvorbereitungen einzugreifen (BVerfGE 67, 139).

c) Es muß ein sachlicher Zusammenhang zwischen dem Untersuchungsauftrag und der erbetenen Auskunft bestehen (BVerfGE 67, 134).

d) Das Auskunftsbegehren darf sich nicht auf solche Informationen erstrecken, deren Weitergabe wegen ihres streng persönlichen Charakters für die Betroffenen unzumutbar ist (BVerfGE 67, 144). Soweit dies der Fall ist, ist die Auskunft abzulehnen.

Ob die vorstehenden Ausführungen auch gelten, soweit ein Untersuchungsausschuß gegenüber Behörden tätig wird, die nicht seiner Kontrolle unterliegen, ist höchstrichterlich noch nicht entschieden. Das Bundesverfassungsgericht (BVerfGE 67, 129) läßt diese Frage offen. Ersucht ein Untersuchungsausschuß Behörden einer anderen, gleichgestellten und nicht seiner Kontrolle unterliegenden Körperschaft um Erteilung von Auskünften und Vorlage von Akten, ist nach Auffassung der Finanzverwaltung das Ersuchen nach Amtshilferecht zu erledigen. Dem Ersuchen darf deshalb nur entsprochen werden, soweit die Pflicht zur Wahrung des Steuergeheimnisses es zuläßt.

2.2.3 Wahrung des Steuergeheimnisses

Ist die Auskunft oder die Vorlage von Akten an den Untersuchungsausschuß grundsätzlich gerechtfertigt, so ist zu beachten, daß die nach § 30 AO bestehende Verpflichtung zur Geheimhaltung durch das Begehren des Untersuchungsausschusses nicht aufgehoben wird. Die Regierung hat festzulegen, welche der angeforderten Akten und Unterlagen im Untersuchungsverfahren wegen des Steuergeheimnisses geheimzuhalten sind; der Geheimhaltungsgrad wird davon abhängen, ob und ggf. in welchem Umfang durch eine mit § 30 AO unvereinbare Offenbarung zugleich Grundrechte Betroffener verletzt würden (BVerfGE 67, 138, 142).

Die Regierung kann die von ihr notwendig gehaltene Geheimhaltung durch den Untersuchungsausschuß nicht erzwingen. Der Untersuchungsausschuß ist vielmehr Herr über die Öffentlichkeit seiner Verhandlungen. Es steht in seiner Entscheidung und Verantwortung, ob er dem Schutz geheimhaltungsbedürftiger Tatsachen Vorrang vor dem Grundsatz der Öffentlichkeit einräumt. Andererseits ist die Regierung nicht verpflichtet, dem Untersuchungsausschuß geheimhaltungsbedürftige Unterlagen vorzulegen, wenn dieser nicht den von der Regierung für notwendig erachteten Geheimschutz gewährleistet.

Die Verantwortung für die Wahrung der Vertraulichkeit obliegt demnach der Regierung und dem Untersuchungsausschuß gemeinsam, wobei in jedem Stadium des Verfahrens die miteinander konkurrierenden Belange des Geheimschutzes und des Öffentlichkeitsgrundsatzes gegeneinander abzuwägen sind. Um die Vertraulichkeit zu sichern, ist in der Regel Einvernehmen über die zu treffenden Maßnahmen erforderlich. Schriftliche Unterlagen können nach den Bestimmungen der Verschlußsachenanweisung oder ähnlicher Geheimschutzvorschriften eingestuft werden. Diese Einstufung gilt grundsätzlich auch für mündliche Auskünfte über denselben Sachverhalt.

Die Regierung wird in der Regel von der Geheimhaltung der dem Untersuchungsausschuß von ihr zu gebenden Auskünfte und Unterlagen ausgehen können, wenn

a) der Untersuchungsausschuß beschlossen hat, über die dem Steuergeheimnis unterliegenden Verhältnisse nur in nicht-öffentlicher Sitzung zu beraten und Beweis zu erheben und

b) die Geheimhaltung aller Teile von Niederschriften und Berichten beschlossen worden ist, die dem Steuergeheimnis unterliegende Angaben betreffen.

Vor allem aber kann die Regierung die Geheimhaltung als gewährleistet ansehen, wenn ein Beschluß gefaßt worden ist, der alle Mitglieder des Untersuchungsausschusses, dessen Mitarbeiter und etwaige Sachverständige in strafrechtlich relevanter Form (§ 353b Abs. 2 Nr. 1 StGB) zur Geheimhaltung der dem Steuergeheimnis unterliegenden Angaben verpflichtet.

Auskünfte dürfen nicht erteilt und Unterlagen nicht vorgelegt werden, bis die erforderlichen Maßnahmen getroffen worden sind. Dies gilt auch, wenn im Zuge der Vernehmung eines Amtsträgers als Zeuge in öffentlicher oder nicht-öffentlicher Sitzung unerwartet dem Steuergeheimnis unterliegende Bereiche berührt werden.

2.2.4 Verfahren bei Ablehnung der Offenbarung

Die Verweigerung der Auskunft oder der Aktenherausgabe ist gegenüber dem Untersuchungsausschuß zu begründen. Die Regierung hat den Untersuchungsausschuß, ggf. in vertraulicher Sitzung, im einzelnen und umfassend über die Art der zurückgehaltenen Schriftstücke oder sonstigen Informationen, die Notwendigkeit der Geheimhaltung und den Grad der Geheimhaltungsbedürftigkeit zu unterrichten, der diesen Tatsachen ihrer Auffassung nach zukommt (BVerfGE 67, 138). Nach Möglichkeit sollen andere Mittel zur Aufklärung des Sachverhalts angeboten werden, die das Steuergeheimnis nicht verletzen.

Hat der Untersuchungsausschuß Grund zu der Annahme, daß zurückgehaltene Informationen mit dem ihm erteilten Kontrollauftrag zu tun haben und besteht er deshalb auf Herausgabe der Akten, so hat die Regierung die vom Untersuchungsausschuß genannten Gründe zu erwägen und, sollten sie ihre Auffassung nicht erschüttern können, zu prüfen, welche Wege beschritten werden können, um den Untersuchungsausschuß davon zu überzeugen, daß seine Annahme nicht zutrifft. So kann als eine der möglichen Verfahrensweisen dem Vorsitzenden des Untersuchungsausschusses und seinem Stellvertreter Akteneinsicht gewährt werden.

2.2.5 Aussagegenehmigung

Für eine Aussage vor einem Untersuchungsausschuß bedarf ein Amtsträger einer Aussagegenehmigung. Die Aussage ist, auch wenn im übrigen keiner der genannten Gründe entgegensteht, nur im Rahmen der Aussagegenehmigung zulässig. Geht eine Frage über diesen Rahmen hinaus, hat der Amtsträger sich um eine Erweiterung der Aussagegenehmigung zu bemühen. Wird sie versagt (z.B. weil im Staatsinteresse eine Sperr-Erklärung abgegeben werden soll), darf er selbst dann nicht aussagen, wenn der Untersuchungsausschuß die Verweigerung der Aussage für unbegründet hält.

Mit der Aussagegenehmigung hat die jeweils zuständige oberste Dienstbehörde auch darüber zu befinden, ob der einzelne Amtsträger dem Steuergeheimnis unterliegende Verhältnisse eines anderen gegenüber dem Untersuchungsausschuß offenbaren darf. Die oberste Dienstbehörde wird eine Offenbarungsbefugnis bejahen, wenn die allgemeinen Voraussetzungen der Tz. 2.2.2 erfüllt sind und der Untersuchungsausschuß wirksame Vorkehrungen gegen das Bekanntwerden von dem Steuergeheimnis unterliegenden Tatsachen getroffen hat (vgl. Tz. 2.2.3). Der Amtsträger ist allerdings an die Auffassung der obersten Dienstbehörde nicht gebunden, wenn er selbst eine Offenbarung für unzulässig hält (vgl. § 38 Abs. 2 BRRG).

Beschlagnahme von dem Steuergeheimnis unterliegenden Steuerakten bei der Finanzbehörde nach den §§ 98, 103, 105 StPO 12

(FinMin Nordrhein-Westfalen, Erlass vom 1. 8. 2003 – S 0130 –)

Die allgemeinen Beschlagnahmevorschriften der Strafprozessordnung gelten ungeachtet der Vorschrift des § 96 StPO auch für die im Gewahrsam einer Behörde befindlichen Akten, sofern eine Sperrerklärung gem. § 96 StPO nicht abgegeben wird.

Die Beschlagnahme von Behördenakten ist daher nicht ausgeschlossen. Der Beschlagnahme von Steuerakten bzw. der Unterlagen daraus steht jedoch grundsätzlich § 30 AO entgegen. Eine Beschlagnahme ist nur möglich, wenn die Voraussetzungen des § 30 Abs. 4 AO vorliegen. Liegen die Voraussetzungen für die Offenbarung von dem Steuergeheimnis unterfallenden Verhältnissen nach § 30 Abs. 4 AO nicht vor, so kann die Offenbarung in diesen Fällen auch nicht dadurch erzwungen werden, dass bei einer berechtigten Weigerung des Bediensteten der Finanzbehörde, die entsprechenden Unterlagen herauszugeben, diese nach dem strafprozessualen Vorschriften beschlagnahmt werden.

Auch das Auskunftsrecht der Staatsanwaltschaft gem. § 161 Abs. 1 StPO führt nicht dazu, dass solche Erkenntnisse, die den Finanzbehörden im Besteuerungsverfahren über außersteuerstrafrechtliche Straftaten des Steuerpflichtigen bekannt geworden sind, zu offenbaren oder heraus zu geben sind.

Strafanzeigen und Strafanträge bei nichtsteuerlichen Straftaten 13

(FinMin Nordrhein-Westfalen, Erlass vom 1. 4. 2006 – S 0130 –)

I. Schutzbereich des § 30 AO

1 Sachlicher Schutzbereich

Durch § 30 AO werden nicht nur Geheimnisse im engeren Sinne, sondern alle „Verhältnisse" des Beteiligten geschützt, d.h. grundsätzlich alles, was im Besteuerungsverfahren bekannt geworden ist. Dabei macht es keinen Unterschied, ob diese Tatsachen für die Besteuerung relevant sind oder nicht. Das Steuergeheimnis erstreckt sich demnach auf die gesamten persönlichen, wirtschaftlichen, rechtlichen, öffentlichen und privaten Verhältnissen einer natürlichen oder juristischen Person.

Zu den „Verhältnissen" zählen auch das Verwaltungsverfahren selbst, die Art der Beteiligung am Verwaltungsverfahren und die Maßnahmen, die vom Beteiligten getroffen wurden. So unterliegt es z.B. schon dem Steuergeheimnis, ob und bei welcher Finanzbehörde ein Beteiligter steuerlich geführt wird, ob ein Steuerfahndungsverfahren oder eine Außenprüfung stattgefunden hat. Geschützt ist auch die Information darüber, wer für einen Beteiligten im Verfahren aufgetreten ist, welche Anträge gestellt worden sind und in welcher Form das Verfahren von dem Beteiligten betrieben worden ist.

2 Persönlicher Schutzbereich

Geschützt sind „die Verhältnisse eines anderen", also eines jeden, der nicht Amtsträger ist oder einem solchen gemäß § 30 Abs. 3 AO gleichsteht. Folglich erstreckt sich das Steuergeheimnis nicht nur auf die Verhältnisse des Steuerpflichtigen (§ 33 Abs. 1 AO), sondern auch auf die Verhältnisse Dritter. Dritte können dabei die in § 33 Abs. 2 AO genannten, aber auch alle möglichen weiteren Personen sein. Geschützt werden demnach auch auskunftspflichtige Dritte sowie Gewährspersonen, die den Finanzbehörden Angaben über steuerliche Verhältnisse anderer machen.

II. Offenbarungsbefugnis

Mitteilungen und Auskünfte an die Strafverfolgungsbehörden und Strafgerichte zur Verfolgung von nichtsteuerlichen Straftaten sind nur unter den Voraussetzungen des § 30 Absätze 4 und 5 AO zulässig. Die in §§ 96 und 161 StPO begründeten Auskunftsansprüche der Strafverfolgungsbehörden treten gegenüber der Verpflichtung zur Wahrung des Steuergeheimnisses zurück. Das gilt auch bei Auskunftsersuchen der Staatsanwaltschaft nach Eröffnung von Insolvenzverfahren (z.B. über rückständige Steuerzahlungen des Gemeinschuldners, über durchgeführte Außenprüfungen oder über beabsichtigte Steuerstrafverfahren). Bei entsprechenden Auskunftsersuchen der Strafverfolgungsbehörden und Strafgerichte ist daher in jedem Fall zu prüfen, ob das Finanzamt zur Offenbarung der Kenntnisse, auf die sich das Ersuchen bezieht, befugt ist.

Ist eine Offenbarung dem Grunde nach zulässig, so hat dies nicht zur Folge, dass sämtliche Erkenntnisse, die im Besteuerungsverfahren gewonnen wurden, bekanntgegeben werden dürfen. Nach dem Einleitungssatz zu § 30 Abs. 4 AO ist die Offenbarung nur zulässig, „soweit" sie zur Erfüllung des Offenbarungszweckes dient. Mit dieser Formulierung wird der Tatsache Rechnung getragen, dass bei jeder Auskunftserteilung der Grundsatz der Verhältnismäßigkeit der Mittel gilt. Es ist daher jeweils zu prüfen, ob und inwieweit die vorgesehene Offenbarung in einem angemessenen Verhältnis zu ihrem Zweck steht.

Ist eine Befugnis zur Offenbarung gegeben und besteht gleichzeitig nach § 161 StPO eine Verpflichtung zur Auskunft, muss das Finanzamt die Auskunft erteilen.

Eine Offenbarung kann nach folgenden Bestimmungen in Betracht kommen:

1 Offenbarung nach § 30 Abs. 4 Nr. 1 AO

Nach § 30 Abs. 4 Nr. 1 AO ist die Offenbarung zulässig, wenn sie der Durchführung eines Verfahrens in Steuersachen oder eines Strafverfahrens/Bußgeldverfahrens wegen einer Steuerstraftat bzw. Steuerordnungswidrigkeit dient.

In Straf- oder Bußgeldverfahren wegen einer Steuerstraftat bzw. -ordnungswidrigkeit besteht eine Offenbarungsbefugnis auch bezüglich jener allgemeinen Straftaten, die mit der Steuerstraftat untrennbar verknüpft sind und folglich mit ihr einen einheitlichen Lebensvorgang darstellen (sog. prozessualer Tatbegriff; dieser umfasst insbesondere die Fälle der Tateinheit gemäß § 52 StGB; hierzu Müller, Steuergeheimnis und Verwertungsverbot bei nichtsteuerlichen Straftaten, in: DStR 1986, 699). Andernfalls kann eine Mitteilung an die Staatsanwaltschaft zur Durchführung eines einheitlichen Ermittlungsverfahrens nur unter den Voraussetzungen des § 30 Abs. 4 Nr. 4 oder Nr. 5 oder Abs. 5 AO erfolgen.

Sind etwa unrichtige oder unvollständige Angaben in einer beim Finanzamt (§ 95 AO oder § 284 AO) oder auf Betreiben des Finanzamts vor dem Amtsgericht abgegebenen eidesstattlichen Versicherung gemacht worden, so wird regelmäßig neben einer falschen Versicherung an Eides Statt gemäß § 156 StGB gleichzeitig auch eine (versuchte) Steuerhinterziehung vorliegen. In diesen Fällen ist dem zuständigen Finanzamt für Steuerstrafsachen und Steuerfahndung zur weiteren Veranlassung Mitteilung zu machen. Die Abgabe der Strafsache an die Staatsanwaltschaft ist unter dem Gesichtspunkt des § 30 Abs. 4 Nr. 1 AO zulässig.

Wurde vor dem Amtsgericht als Vollstreckungsgericht auf Betreiben eines anderen Gläubigers als dem Finanzamt eine eidesstattliche Versicherung abgegeben (vgl. § 284 Abs. 3 AO), die nach Feststellungen des Finanzamts falsch ist, kommt eine Offenbarung gegenüber den Strafverfolgungsbehörden nur in Betracht, soweit entweder zugleich der Verdacht einer Steuerhinterziehung gegeben ist oder aber die Voraussetzungen des § 30 Abs. 4 Nr. 4 oder Nr. 5 AO vorliegen.

2 Offenbarung nach § 30 Abs. 4 Nr. 2 AO

Die Offenbarung ist zulässig, soweit sie durch Gesetz ausdrücklich zugelassen ist.

Die Vorschrift des § 6 des Subventionsgesetzes, nach dem die Behörden von Bund und Ländern den Strafverfolgungsbehörden Tatsachen mitzuteilen haben, die sie dienstlich erfahren und die den Verdacht eines Subventionsbetruges (§ 264 StGB) begründen, stellt keine ausdrückliche gesetzliche Ermächtigung im Sinne von § 30 Abs. 4 Nr. 2 AO dar. Anzeigen an die Strafverfolgungsbehörden wegen des Verdachts des Subventionsbetrugs sind daher grundsätzlich nicht zulässig. Im Einzelfall kann eine Anzeige aus zwingendem öffentlichen Interesse gemäß § 30 Abs. 4 Nr. 4 oder Nr. 5 b) AO zulässig sein.

Betrifft der Subventionsbetrug Investitionszulagen nach dem Investitionszulagengesetz 1999, ist dieser Subventionsbetrug von der Straf- und Bußgeldsachenstelle in gleicher Weise wie eine Steuerstraftat zu verfolgen (§ 8 InvZulG); die Unterrichtung dieser Stellen ist deshalb geboten (AEAO zu § 30, Nr. 8.4).

Zur Unterrichtung des Subventionsgebers über subventionserhebliche Tatsachen im Sinne des § 264 Abs. 8 StGB siehe AEAO zu § 31a, Nr. 4.

3 Offenbarung nach § 30 Abs. 4 Nr. 3 AO

Eine Offenbarung nach § 30 Abs. 4 Nr. 3 AO ist zulässig, soweit der Betroffene ihr zuvor schriftlich oder mündlich zugestimmt hat. Die Zustimmung muss ausdrücklich erklärt werden, nur in ganz besonderen Ausnahmefällen dürfte eine Erklärung durch konkludentes Handeln genügen.

4 Offenbarung nach § 30 Abs. 4 Nr. 4 AO

Unter den in § 30 Abs. 4 Nr. 4 AO genannten Voraussetzungen ist eine Offenbarungsbefugnis für allgemeine Straftaten gegeben, soweit eine solche nicht bereits gemäß § 30 Abs. 4 Nr. 1 AO besteht (vgl. Ziffer II.1).

4.1 Nach § 30 Abs. 4 Nr. 4 a) ist die Offenbarung zulässig, soweit sie der Durchführung eines nichtsteuerlichen Strafverfahrens dient, und die Kenntnisse in einem Verfahren wegen einer Steuerstraftat oder Steuerordnungswidrigkeit erlangt worden sind; dies gilt jedoch nicht für solche Tatsachen, die der Steuerpflichtige in Unkenntnis der Einleitung des Strafverfahrens oder des Bußgeldverfahrens offenbart hat oder die bereits vor Einleitung des Strafverfahrens oder des Bußgeldverfahrens im Besteuerungsverfahren bekannt geworden sind.

Dabei ist es ist nicht zulässig, Steuerstraf- und Bußgeldverfahren auf einen vagen Verdacht zu stützen, um den für nichtsteuerliche Straftaten bestehenden Schutz des Steuergeheimnisses aufzuheben.

Nicht unter diese Vorschrift fällt die Offenbarung von Kenntnissen für ein Bußgeldverfahren.

4.2 Nach § 30 Abs. 4 Nr. 4 b) AO ist die Offenbarung zulässig, soweit die Kenntnisse ohne Bestehen einer steuerlichen Verpflichtung (§§ 90, 93, 200, 393 Abs. 1 AO) oder unter Verzicht auf ein Auskunftsverweigerungsrecht des Betroffenen (§§ 101–103 AO) erlangt worden sind.

Ohne steuerliche Verpflichtung handeln zum Beispiel Informationspersonen wie Anzeigenerstatter oder Gewährsleute, wenn sie nicht zuvor durch die Finanzbehörde zur Erteilung der Auskunft aufgefordert worden sind. Dabei ist jedoch zu berücksichtigen, dass auch der Name dieser Informationsperson zu den durch das Steuergeheimnis geschützten „Verhältnissen eines anderen" gehören (vgl. I. 2.).

Die Preisgabe des Namens einer Informationsperson gegenüber den Strafverfolgungsbehörden ist nur zulässig, wenn ein Anzeigenerstatter nach Auffassung der Finanzbehörde durch vorsätzlich falsche Angaben Straftatbestände verwirklicht hat, wie z.B. falsche Verdächtigung (§ 164 StGB), Beleidigung (§ 185 StGB) oder üble Nachrede (§ 186 StGB). Sind die Voraussetzungen für eine Offenbarung hiernach gegeben und ersucht die Strafverfolgungsbehörde um Namensnennung aufgrund einer Strafanzeige des Steuerpflichtigen gegen Unbekannt im Ermittlungsverfahren nach § 161 StPO, so ist die Finanzbehörde zur Auskunftserteilung verpflichtet. Im übrigen wird hierzu auf AO-Kartei NRW § 30 Karte 9 verwiesen.

Zum Anspruch des Steuerpflichtigen auf Benennung der Person, die ihn gegenüber dem Finanzamt einer Steuerstraftat bezichtigt hat, wird auf das Urteil des BFH vom 08. 02. 94, BStBl 1994 II 552 hingewiesen.

5 Offenbarung nach § 30 Abs. 4 Nr. 5 AO

Eine Offenbarung ist gem. § 30 Abs. 4 Nr. 5 AO zulässig, soweit für sie ein zwingendes öffentliches Interesse besteht. Die Vorschrift enthält eine beispielhafte Aufzählung von Fällen, in denen eine zwingendes öffentliches Interesse zu bejahen ist.

5.1 Verbrechen im Sinne von § 30 Abs. 4 Nr. 5 a) AO sind alle Straftaten, die im Mindestmaß mit Freiheitsstrafe von einem Jahr oder darüber bedroht sind (§ 12 Abs. 1 StGB). Als vorsätzliche schwere Vergehen gegen Leib und Leben oder gegen den Staat und seine Einrichtungen kommen nur solche Vergehen in Betracht, die eine schwerwiegende Rechtsverletzung darstellen und dementsprechend mit Freiheitsstrafe bedroht sind.

5.2 Unter den Begriff der Wirtschaftsstraftat im Sinne des § 30 Abs. 4 Nr. 5 b) AO fallen Straftaten nicht schon deswegen, weil sie nach § 74c des Gerichtsverfassungsgesetzes zur Zuständigkeit der Landgerichte gehören. Es ist vielmehr in jedem Einzelfall unter Abwägung der Interessen zu prüfen, ob die besonderen Voraussetzungen dieser Vorschrift gegeben sind. In jedem Fall muss es sich um Straftaten handeln, die nach ihrer Begehungsweise oder wegen des Umfangs des durch sie verursachten Schadens geeignet sind, die wirtschaftliche Ordnung erheblich zu stören oder das Vertrauen der Allgemeinheit auf die Redlichkeit des geschäftlichen Verkehrs oder auf die ordnungsgemäße Arbeit der Behörden und der öffentlichen Einrichtungen erheblich zu erschüttern.

5.3 Eine Offenbarung zur Richtigstellung in der Öffentlichkeit verbreiteter unwahrer Tatsachen gem. § 30 Abs. 4 Nr. 5 c) AO kommt nur im Ausnahmefall in Betracht (AEAO zu § 30, Nr. 8.8). Derartige Fälle sind der Oberfinanzdirektion unter eingehender Darlegung des Sachverhalts und unter Beifügung der Akten vorzulegen, damit die Entscheidung des Finanzministeriums eingeholt werden kann.

5.4 Bei anderen Sachverhalten ist ein zwingendes öffentliches Interesse nur gegeben, wenn sie in ihrer Bedeutung einem in der § 30 Abs. 4 Nr. 5 AO genannten Regeltatbeständen vergleichbar sind. In Betracht kommen folgende Fälle:

5.4.1 Nach § 138 Abs. 1 und 3 StGB wird mit Freiheitsstrafe bis zu fünf Jahren oder mit Geldstrafe – bei leichtfertigem Handeln mit Freiheitsstrafe bis zu einem Jahr oder mit Geldstrafe – bestraft, wer von dem Vorhaben oder der Ausführung

- einer Vorbereitung eines Angriffskrieges (§ 80 StGB),
- eines Hochverrats in den Fällen der §§ 81 bis 83 Abs. 1 StGB,
- eines Landesverrats oder einer Gefährdung der äußeren Sicherheit in den Fällen der §§ 94 bis 96, 97a oder 100 StGB,
- einer Geld- oder Wertpapierfälschung in den Fällen der §§ 146, 151 oder 152 StGB oder einer Fälschung von Zahlungskarten und Vordrucken für Euroschecks in den Fällen des § 152a Abs. 1 bis 3 StGB,
- eines Menschenhandels in den Fällen des § 181 Abs. 1 Nr. 2 oder 3 StGB,
- eines Mordes, Totschlags oder Völkermordes (§§ 211, 212 oder 220a StGB),
- eines Menschenraubes, einer Verschleppung, eines erpresserischen Menschenraubes oder einer Geiselnahme (§§ 234, 234a, 239a, 239b StGB),
- eines Raubes oder einer räuberischen Erpressung (§§ 249 bis 251 oder 255 StGB) oder
- einer gemeingefährlichen Straftat in den in § 138 Abs. 1 Nr. 9 StGB aufgezählten Fällen

zu einer Zeit, zu der die Ausführung oder der Erfolg noch abgewendet werden kann, glaubhaft erfährt und es unterlässt, der Behörde oder dem Bedrohten rechtzeitig Anzeige zu machen.

Nach § 138 Abs. 2 StGB wird ebenso bestraft, wer von dem Vorhaben oder der Ausführung einer Straftat nach § 129a StGB (Bildung terroristischer Vereinigungen) zu einer Zeit, zu der die Ausführung noch abgewendet werden kann, glaubhaft erfährt und es unterlässt, der Behörde unverzüglich Anzeige zu erstatten.

Aufgrund dieser Vorschriften besteht für die Bediensteten der Finanzbehörden gegenüber den Strafverfolgungsbehörden eine gesetzliche Anzeigepflicht über Wahrnehmungen von dem Vorhaben oder der Ausführung eines der vorgenannten Verbrechen.

5.4.2 Werden dem Finanzamt im Rahmen des Besteuerungsverfahrens konkrete Anhaltspunkte für eine terroristische Aktivität bekannt, ist eine Mitteilung an die zuständigen Stellen ebenfalls nach § 30 Abs. 4 Nr. 5 AO wegen zwingenden öffentlichen Interesses zulässig. Bei entsprechenden Anfragen dieser Stellen sind die Finanzbehörden verpflichtet, die nach § 30 AO geschützten Verhältnisse mitzuteilen. Die ersuchenden Stellen haben in ihrem Ersuchen zu versichern, dass die erbetenen Daten für Ermittlungs- und Aufklärungsarbeiten im Zusammenhang mit der Bekämpfung des Terrorismus erforderlich sind. Eine bestimmte Form für die Auskunftsersuchen und die Erteilung der Auskünfte ist nicht erforderlich. Bei Zweifeln an der Identität des Auskunftsersuchenden haben sich die Finanzbehörden vor der Auskunftserteilung über diese auf geeignete Weise zu vergewissern.

Liegen Anhaltspunkte für ein Geldwäschedelikt (§ 261 StGB) vor, so besteht gem. § 31b AO die Verpflichtung, den Strafverfolgungsbehörden (z.B. Staatsanwaltschaft, Polizei, Bundeskriminalamt) die Tatsachen zu offenbaren, die auf das Geldwäschedelikt schließen lassen. Weitere Hinweise enthält der AEAO zu § 31b.

Sollen andere Straftaten verfolgt werden, haben die Behörden, die mit der Bekämpfung der organisierten Kriminalität befasst sind, bei Ersuchen um Auskunft oder Akteneinsicht darzulegen, aus welchen Umständen sich Anhaltspunkte für das Vorliegen der Straftaten ergeben, damit das Finanzamt in die Lage versetzt wird, das Vorliegen der Voraussetzungen eines zwingenden öffentlichen Interesses zu prüfen.

5.4.3 Zu Verstößen gegen Umweltschutzbestimmungen siehe AEAO zu § 30, Nr. 8.5 und AO-Kartei NRW sect; 30 Karte 15.

5.4.4 Eine Offenbarungsbefugnis besteht ebenfalls in den Fällen, in denen strafrechtlich geschützte Individualrechtsgüter (z.B. Ehre, körperliche Unversehrtheit, Freiheit gemäß Art. 1 und 2 GG) eines Bediensteten der Finanzverwaltung bei Gelegenheit der Dienstausübung verletzt werden, ohne dass der Bedienstete hierdurch an der Durchführung seines Auftrages gehindert worden sein muss. Beispielhaft sind hier folgende Delikte zu nennen:
- Beleidigung (§§ 185, 192 StGB),
- üble Nachrede (§ 186 StGB),
- Verleumdung (§ 187 StGB),
- Körperverletzung (§§ 223, 223a, 230, 232 StGB),
- Freiheitsberaubung (§ 239 StGB),
- Nötigung (§ 240 StGB),
- Bedrohung (§ 241 StGB).

Das Interesse des Steuerpflichtigen an der Geheimhaltung seiner im Besteuerungsverfahren gewonnenen personenbezogenen Daten ist gegen das Interesse des Staates und des betroffenen Bediensteten an der Durchsetzung des Strafanspruchs und ggf. bestehender zivilrechtlicher Ansprüche auf Schadensersatz abzuwägen. Dabei sind die Umstände, unter denen die Tat begangen wurde, die Art der Begehungsweise, die Verschuldensform und die Schwere der Verletzung zu berücksichtigen. Handelt es sich danach nicht nur um einen geringfügigen Angriff auf die Persönlichkeitsrechte des Bediensteten der Finanzverwaltung, bestehen keine Bedenken, Strafantrag zu stellen oder Strafanzeige zu erstatten.

5.4.5 Die Befugnis zur Offenbarung der Verhältnisse eines anderen zur Verfolgung von Straftaten im Zusammenhang mit der Vollstreckungstätigkeit der Finanzverwaltung gegenüber Gerichten und Strafverfolgungsbehörden ergibt sich aus § 30 Abs. 4 Nr. 5 AO. Das zwingende öffentliche Interesse an der Offenbarung folgt daraus, dass sich die strafrechtlich relevanten Handlungen gegen die Gesetzmäßigkeit des Steuerverfahrens als Ganzes – Steuererhebung und Steuerverstrickung – richten.

Aus § 30 Abs. 4 Nr. 1 AO ergibt sich keine Offenbarungsbefugnis, da das nichtsteuerliche Strafverfahren keiner der in § 30 Abs. 2 Nr. 1 Buchst. a und b AO erwähnten Verfahrensarten zuzurechnen ist. Die Tatsache, dass bereits die Einleitung eines solchen Strafverfahrens die Aufgaben der Finanzbehörden erleichtert und damit im steuerlichen Interesse liegt, reicht für die Anwendung der Offenbarungsbefugnis nach § 30 Abs. 4 Nr. 1 AO nicht aus, da die Vorschrift einen unmittelbaren funktionalen Zusammenhang zwischen der Offenbarung und der Verfahrensdurchführung verlangt (BFH-Urteil vom 10. 02. 1987, BStBl 1987 II 545). Die Einleitung des Strafverfahrens soll unmittelbar nur den Strafanspruch des Staates erfüllen und hat damit nicht zum Ziel, die künftige Verletzung steuerlicher Pflichten zu unterbinden, insbesondere das Anwachsen weiterer Steuerrückstände zu verhindern. Das ist lediglich mittelbare Folge.

Auch kommt eine Offenbarungsbefugnis nach § 30 Abs. 4 Nr. 2 AO nicht in Betracht. Eine ausdrückliche gesetzliche Befugnis zur Mitteilung steuerlicher Verhältnisse gegenüber den Strafverfolgungsbehörden ergibt sich insbesondere nicht aus Strafgesetzen, bei denen der Strafantrag eine Strafverfolgungsvoraussetzung ist.

Eine Offenbarungsbefugnis ergibt sich meist auch nicht aus § 30 Abs. 4 Nr. 4 b) AO. Zur Begründung der Strafanzeige ist regelmäßig die Schilderung des steuerlichen Hintergrundes erforderlich. Dessen Offenbarung ist jedoch nach dieser Vorschrift ausgeschlossen, soweit ihn die Finanzbehörde nur aufgrund von Mitwirkungs- und Offenbarungspflichten in Erfahrung gebracht hat. Dies dürfte aber regelmäßig der Fall sein.

Eine Strafanzeige kommt demnach bei folgenden Straftaten in Betracht:
- Verstrickungsbruch (§ 136 Abs. 1 StGB),
- Siegelbruch (§ 136 Abs. 2 StGB),
- Widerstand gegen Vollstreckungsbeamte (§ 113 StGB).

Zur Abgabe einer falschen eidesstattlichen Versicherung siehe II. Nr. 1.

6 Offenbarung nach § 30 Abs. 5 AO

Gemäß § 30 Abs. 5 AO dürfen vorsätzlich falsche Angaben des Betroffenen gegenüber der Finanzbehörde den Strafverfolgungsbehörden offenbart werden. Es genügt, dass nach Ansicht der Finanzbehörde durch die falschen Angaben ein Straftatbestand verwirklicht worden ist; die Durchführung eines Strafverfahrens wegen dieser Tat ist nicht Voraussetzung für die Zulässigkeit der Offenbarung (AEAO zu § 30, Nr. 9).

Dieser Tatbestand hat für die Praxis allerdings nur geringe Bedeutung, da in diesen Fällen oftmals zugleich auch Täterschaft (§ 25 StGB) oder Teilnahme (§§ 26, 27 StGB) an einer (versuchten) Steuerhinterziehung (§ 370 AO ggf. i.V.m. §§ 22 ff. StGB) anzunehmen sein wird (Bsp.: Abgabe einer falschen Drittschuldnererklärung; BGH-Urteil vom 18. 12. 1975, NJW 1976, 525)

Auskunftserteilung in Angelegenheiten des Insolvenzrechts   14

(OFD Magdeburg, Vfg. vom 26. 10. 2006 – S 0130 –103 – St 251 –)

Inhaltsverzeichnis
I   Auskunftserteilung zu Verfahrenszwecken
II   Auskunftserteilung gegenüber Insolvenzverwaltern
III   Teilnahme am Gläubigerausschuss
IV   Verbraucherinsolvenzverfahren
V   Restschuldbefreiungsverfahren
VI   Allgemeine Befreiung vom Steuergeheimnis

I Auskunftserteilung zu Verfahrenszwecken

Das Steuergeheimnis ist in Angelegenheiten des Insolvenzrechts gegenüber allen Beteiligten zu wahren.

Das Insolvenzverfahren dient der Durchführung eines Verwaltungsverfahrens in Steuersachen. Die Offenbarung ist daher gem. § 30 Abs. 4 Nr. 1 AO zulässig, soweit die Angaben zur Durchführung dieses Verfahrens erforderlich sind, wie z.B.:

– die in dem Antrag des Finanzamts auf Eröffnung des Insolvenzverfahrens (§§ 13, 14 Insolvenzordnung – InsO) zur Glaubhaftmachung eines Eröffnungsgrundes (§§ 16–19 InsO) notwendigen Angaben,

– die Anmeldung der Abgabenforderungen zum Forderungsverzeichnis (der Tabelle) und deren genaue Bezeichnung dem Grund und der Höhe nach (§§ 174, 175 InsO). Soweit im Einzelfall förderlich, können der Anmeldung die zugrunde liegenden Steuerbescheide, Anmeldungen oder Steuerberechnungen beigefügt werden (§ 174 Abs. 1 Satz 2 InsO) sowie

– Informationen zur Anreicherung der Masse durch den Insolvenzverwalter mit dem Ziel, eine höhere Quote für die Finanzverwaltung zu erreichen.

Bestreitet der Insolvenzverwalter oder ein Insolvenzgläubiger Forderungen des Finanzamts in tatsächlicher oder rechtlicher Hinsicht, werden diese nach § 176 Satz 2 InsO einzeln erörtert. Die Erörterung dient der unbestrittenen Feststellung der Forderung, was Einfluss auf das Stimmrecht der Finanzbehörde (§ 77 InsO) und den weiteren Verlauf des Verfahrens (§§ 178 ff. InsO) hat. Die Offenbarung von Verhältnissen, welche die Forderung des Finanzamts in tatsächlicher und rechtlicher Hinsicht begründen und stützen (z.B. durch Vorlage der Steuerbescheide, Erteilung von Feststellungsbescheiden gem. § 251 Abs. 3 AO), dient der Durchführung sowohl des Festsetzungs- als auch des Vollstreckungsverfahrens in Steuersachen und ist nach § 30 Abs. 4 Nr. 1 AO zulässig. Entsprechendes gilt, wenn das Finanzamt Angriffe Dritter auf seine Eigentums- und Pfandrechte abzuwehren gezwungen wird.

Die Offenbarung weiterer Umstände oder gar die Abgabe der Steuerakten an das Insolvenzgericht würden über den Rahmen des Erforderlichen und nach dem Gesetz Notwendigen hinausgehen und ist daher nicht zulässig.

II Auskunftserteilung gegenüber Insolvenzverwaltern

1. Vorläufiger Insolvenzverwalter ohne allgemeines Verfügungsverbot des Schuldners; Gutachter

Bei Mitteilungen gegenüber vorläufigen Insolvenzverwaltern ist zu beachten, dass die Gerichte dem Schuldner vielfach kein allgemeines Verfügungsverbot auferlegen und dem vorläufigen Insolvenzverwalter nur vereinzelte Pflichten übertragen (§ 22 Abs. 2 InsO). Das Steuergeheimnis ist einem solchen (sog. 'schwachen') Insolvenzverwalter gegenüber uneingeschränkt zu wahren.

Dies gilt entsprechend für Gutachter vor Eröffnung des Insolvenzverfahrens.

2. Vorläufiger Insolvenzverwalter mit allgemeinem Verfügungsverbot des Schuldners; Insolvenzverwalter

Wird dem Schuldner ein allgemeines Verfügungsverbot auferlegt (§ 22 Abs. 1 InsO) bzw. wird das Insolvenzverfahren eröffnet, gilt zur Auskunftserteilung an den vorläufigen (sog. 'starken') Insolvenzverwalter und den Insolvenzverwalter Folgendes:

Mit der Anordnung eines allgemeinen Verfügungsverbots (§§ 21 Abs. 2, 22 Abs. 1 InsO) bzw. mit der Eröffnung des Insolvenzverfahrens (§ 80 Abs. 1 InsO) verliert der Schuldner die Befugnis, sein zur Insolvenzmasse gehörendes Vermögen zu verwalten und über dasselbe zu verfügen. Das Verwaltungs- und Verfügungsrecht wird von diesem Zeitpunkt an durch den vorläufigen Insolvenzverwalter im Sinne von § 22 Abs. 1 InsO bzw. den Insolvenzverwalter im Sinne von § 27 InsO ausgeübt. Der vorläufige Insolvenzverwalter und der Insolvenzverwalter sind Vertreter gem. § 34 Abs. 3 AO und haben auch die steuerlichen Pflichten des Schuldners zu erfüllen. Ihnen können deshalb alle Auskünfte über Verhältnisse des Schuldners erteilt werden, die sie zur Erfüllung dieser steuerlichen Pflichten benötigen.

Haben zusammen veranlagte Ehegatten Klage gegen ihren Einkommensteuerbescheid erhoben und ist wegen Eröffnung des Insolvenzverfahrens über das Vermögen eines Ehegatten das Klageverfahren insoweit gem. § 240 Satz 1 ZPO unterbrochen worden, so gilt für den Fall, dass der Insolvenzverwalter vor Aufnahme des unterbrochenen Klageverfahrens Akteneinsicht in die – die streitige Steuersache beider Ehegatten betreffende – Steuerakte begehrt, Folgendes:

Mit der Eröffnung des Insolvenzverfahrens ist die Prozessführungsbefugnis des Insolvenzschuldners (Ehegatte) auf den Insolvenzverwalter übergegangen (§ 155 FGO i.V.m. § 240 ZPO). Der Insolvenzverwalter kann daher über die steuerlichen Verhältnisse des Gemeinschuldners (Ehegatten) Auskunft verlangen. Da der Insolvenzverwalter – Kraft der auf ihn übergegangenen Prozessführungsbefugnis – an die Stelle des Ehegatten getreten ist und die Eheleute wegen der Zusammenveranlagung Gesamtschuldner sind (§ 44 AO), steht das Steuergeheimnis der Offenbarung von Verhältnissen, die die Gesamtschuldnerschaft betreffen, gegenüber dem Insolvenzverwalter nicht entgegen (BFH-Beschluss vom 15. 06. 2000, IX B 13/00, BFH/NV 2000, 1303 m.w.N.). Streitgegenstand im Klageverfahren sind nicht die Besteuerungsgrundlagen, sondern die festgesetzte Steuer. Da sich der Insolvenzverwalter im Klageverfahren aber zu den für die Steuerfestsetzung maßgeblichen Besteuerungsgrundlagen äußern können muss, ist er insoweit auch zur Einsicht in die Besteuerungsgrundlagen befugt. In der Akte enthaltene Vorgänge oder Unterlagen, die nicht mit dem streitbefangenen Steuerbescheid im Zusammenhang stehen, sind vor Akteneinsicht zu entfernen. Im Übrigen ist der Insolvenzverwalter gem. § 60 InsO i.V.m. § 823 BGB gehalten, die so erworbenen Kenntnisse nur für Zwecke des Insolvenzverfahrens zu nutzen.

Fragt ein vorläufiger Insolvenzverwalter, dem die Verwaltungs- und Verfügungsbefugnis über das Vermögen des Insolvenzschuldners übertragen ist (§ 22 Abs. 1 InsO), mit Rücksicht auf seine Möglichkeiten der Insolvenzanfechtung beim Finanzamt an, welche Forderungspfändungsmaßnahmen bei welchen Drittschuldnern in der letzten Zeit vor Antragstellung ausgebracht wurden, steht § 30 AO einer Auskunftserteilung nicht entgegen. Da die Verwaltungs- und Verfügungsbefugnis über das Vermögen des Schuldners auf den vorläufigen Insolvenzverwalter übergegangen ist, ist dieser nicht als 'Dritter' anzusehen. Die Erteilung der Auskunft steht im Ermessen der Finanzbehörde (§ 5 AO).

3. Sachwalter bei der Eigenverwaltung (§§ 270 ff. InsO)

Wird im Insolvenzverfahren die Eigenverwaltung angeordnet (§§ 270 ff. InsO), kann der vom Gericht bestellte Sachwalter (§ 274 InsO) nicht als Vertreter im Sinne der §§ 34, 35 AO angesehen werden. Verhältnisse des Schuldners dürfen ihm nur insoweit offenbart werden, als dies für Besteuerungszwecke erforderlich ist (z.B. Anmeldung der Insolvenzforderungen beim Sachwalter gem. § 270 Abs. 3 Satz 2 InsO).

III Teilnahme am Gläubigerausschuss

Ist die Finanzbehörde im Gläubigerausschuss vertreten (§§ 67 ff. InsO) und erfordert die Wahrnehmung der damit verbundenen Rechte und Pflichten die Offenbarung im Besteuerungsverfahren bekannt gewordener Verhältnisse, ist dies im Hinblick auf § 30 Abs. 4 Nr. 1 AO zulässig.

IV Verbraucherinsolvenzverfahren

1. Außergerichtliches Einigungsverfahren, Schuldnerberatungsstelle

Im außergerichtlichen Einigungsverfahren gem. § 305 Abs. 1 Nr. 1 InsO ist von einer Zustimmung des Betroffenen gem. § 30 Abs. 4 Nr. 3 AO auszugehen, wenn eine Schuldnerberatungsstelle eingeschaltet ist und diese nach landesspezifischen Regelungen als geeignet anerkannt ist (vgl. hierzu Vollstreckungskartei ST 'Insolvenzordnung' Karte 20 und AO-Kartei ST § 30 AO Karte 29). Bestehen hierüber Zweifel, ist die ausdrückliche schriftliche Zustimmung des Schuldners einzuholen, bevor dem Steuergeheimnis unterliegende Verhältnisse gegenüber der Schuldnerberatung offenbart werden.

2. Vereinfachtes Insolvenzverfahren, Treuhänder

Grundsätzlich finden die Regelungen der InsO auch für das vereinfachte Insolvenzverfahren (§§ 311 ff. InsO) Anwendung, welches sich an das außergerichtliche Verfahren (§ 305 Abs. 1 Nr. 1 InsO) und den Versuch einer Schuldenbereinigung (§§ 305–310 InsO) anschließt. Das Insolvenzgericht bestellt beim Falle des Vorliegens eines Eröffnungsgrundes einen Treuhänder, der die Aufgaben des Insolvenzverwalters wahrnimmt (§ 313 Abs. 1 Satz 2 InsO). Der Treuhänder ist zwar in seinen Befugnissen eingeschränkt, jedoch für die Dauer des vereinfachten Insolvenzverfahrens als Vertreter im Sinne der §§ 34, 35 AO anzusehen. Der Treuhänder verliert diese Stellung nicht mit Anordnung einer vereinfachten Verteilung nach § 314 Abs. 1 InsO, sondern erst mit Aufhebung nach § 200 InsO bzw. mit Einstellung des Insolvenzverfahrens nach § 215 InsO. Korrespondierend dürfen ihm während dieser Zeit Auskünfte, die zur Erfüllung steuerlicher Pflichten erforderlich sind, erteilt werden.

V Restschuldbefreiungsverfahren

Im Restschuldbefreiungsverfahren (§§ 286 ff. InsO) ist zu beachten, dass der vom Gericht bestellte Treuhänder wegen seiner eingeschränkten Befugnisse (§ 292 InsO) nicht als Vertreter im Sinne der §§ 34, 35 AO angesehen werden kann. Ist das Finanzamt Insolvenzgläubiger im Rahmen eines Restschuldbefreiungsverfahrens, können im Besteuerungsverfahren bekannt gewordene Gründe, welche die Versagung der Restschuldbefreiung zur Folge haben (§ 290 InsO), gem. § 30 Abs. 4 Nr. 1 AO offenbart werden.

VI Allgemeine Befreiung vom Steuergeheimnis

Hat der Schuldner im Einzelfall oder allgemein seine Zustimmung zur Offenbarung im Insolvenzverfahren gegeben, ist das Finanzamt nach § 30 Abs. 4 Nr. 3 AO berechtigt, die entsprechenden Einzelheiten mitzuteilen.

Die Zustimmung des ‚starken' vorläufigen Verwalters oder des Insolvenzverwalters genügt nicht, da die §§ 34, 35 AO den Vertreter lediglich zur Wahrnehmung der steuerlichen Pflichten ermächtigen, während die Befreiung vom Steuergeheimnis ein höchstpersönliches Recht ist, über das nur der Betroffene selbst verfügen kann.

15 Bekanntgabe des Namens eines Anzeigeerstatters durch die Finanzbehörde

(OFD Frankfurt/Main, Vfg. vom 11. 12. 2008 – S 0130 A – 18 – St 23 –)

1 Allgemeines

Durch das Steuergeheimnis wird auch der Name eines Anzeigeerstatters geschützt, wenn die Anzeige eines der in § 30 Abs. 2 Nr. 1 Buchst. a und b AO genannten Verfahren auslöst oder innerhalb eines solchen Verfahrens verwertet wird (BFH-Beschluss vom 07. 12. 2006, BStBl II 2007 S. 275, m.w.N.).

Wird auf Grund der Anzeige ein Steuerstrafverfahren gegen den Angezeigten eingeleitet, ist bereits bei Anlage der Ermittlungsakte darauf zu achten, dass Daten zur Person des Hinweisgebers darin nicht aufgenommen werden. Dies kann ggf. durch einen Aktenvermerk in anonymisierter Form erfolgen.

2 Offenbarungsbefugnis gem. § 30 Abs. 5 AO

Hat der Anzeigeerstatter vorsätzlich falsche Angaben gemacht, so kann die Finanzbehörde dies gem. § 30 Abs. 5 der zuständigen Strafverfolgungsbehörde mitteilen, sofern der Gesetzestatbestand sowohl in subjektiver als auch in objektiver Hinsicht erfüllt ist. Vorsatz ist das Wissen und Wollen des rechtswidrigen Erfolges. Selbst wenn die Angaben des Anzeigeerstatters objektiv falsch sein sollten, so kann doch subjektiv das Element des Vorsatzes fehlen mit der Folge, dass eine Offenbarungsbefugnis nach § 30 Abs. 5 AO nicht gegeben ist.

3 Offenbarungsbefugnis gem. § 30 Abs. 4 Nr. 4 Buchst. b AO

Die Unterrichtung der Strafverfolgungsbehörde über die Anzeige – unter Nennung des Namens des Anzeigeerstatters – ist nach § 30 Abs. 4 Nr. 4 Buchst. b AO zulässig, wenn die Anzeige ohne Bestehen einer steuerlichen Verpflichtung erstattet worden ist und die Mitteilung der Durchführung eines Strafverfahrens wegen einer Tat dient, die keine Steuerstraftat ist (falsche Verdächtigung, § 164 StGB; Beleidigung, § 185 StGB; üble Nachrede, § 186 StGB). Die Anzeige ist ohne Bestehen einer steuerlichen Verpflichtung erstattet worden, wenn der Anzeigeerstatter nicht zuvor durch die Finanzbehörde zur Erteilung der Auskunft aufgefordert worden ist. Die Offenbarungsbefugnis nach § 30 Abs. 4 Nr. 4 Buchst. b AO setzt im Unterschied zu § 30 Abs. 5 AO nicht voraus, dass der Anzeigeerstatter vorsätzlich falsche Angaben gemacht hat. Es reicht aus, dass die Offenbarung der Durchführung eines Strafverfahrens wegen einer nichtsteuerlichen Straftat dient. Dabei kann allerdings von Bedeutung sein, ob die Angaben des Anzeigeerstatters zutreffend waren oder nicht.

4 Entscheidung nach pflichtgemäßem Ermessen

Sind die Voraussetzungen des § 30 Abs. 4 Nr. 4 Buchst. b AO oder des § 30 Abs. 5 AO erfüllt, ist die Finanzbehörde zu einer Unterrichtung der Strafverfolgungsbehörde befugt, jedoch grundsätzlich nicht verpflichtet. Bei der Frage, ob eine Offenbarung erfolgen soll, sind die Persönlichkeitsrecht des Angezeigten und der ebenfalls gegebene Schutz des Persönlichkeitsrechts des Informanten, das hier insbesondere im Anspruch auf Wahrung des Steuergeheimnisses besteht, gegeneinander abzuwägen. Die Preisgabe des Namens des Informanten kann nur in Betracht kommen, wenn überragende Gründe des Gemeinwohls oder die angezeigten Steuerpflichtigen dies verlangen. Die Offenbarungsbefugnis kann sich jedoch im Hinblick auf das allgemeine Persönlichkeitsrecht des von der Anzeige betroffenen Steuerpflichtigen zu einer Verpflichtung verdichten, wenn der Anzeigeerstatter nach Auffassung der Finanzbehörden Straftatbestände, wie z.B. § 164 StGB (falsche Verdächtigung), § 185 StGB (Beleidigung) oder § 186 StGB (üble Nachrede) verwirklicht hat (vgl. BFH-Urteile vom 07. 05. 1985, BStBl II 1985 S. 571, und vom 08. 02. 1994, BStBl II 1994 S. 552).

Eine Verpflichtung zur Unterrichtung der Strafverfolgungsbehörde über die Person des Anzeigeerstatters besteht unter den Voraussetzungen des § 30 Abs. 4 Nr. 4 Buchst. b AO oder des § 30 Abs. 5 AO ferner dann, wenn die Strafverfolgungsbehörde aufgrund einer Strafanzeige des Steuerpflichtigen gegen Unbekannt im Ermittlungsverfahren nach § 161 StPO um Namensnennung ersucht.

Über die Unterrichtung der Strafverfolgungsbehörde entscheidet die zuständige Bußgeld- und Strafsachenstelle.

5 Mitteilung an den Steuerpflichtigen

Weder § 30 Abs. 5 AO noch datenschutzrechtliche Bestimmungen noch der sich nur auf Rechte und Pflichten im Verfahren beziehende Auskunftsanspruch gem. § 89 AO verschaffen dem von der Anzeige betroffenen Steuerpflichtigen einen Rechtsanspruch gegenüber dem Finanzamt auf Namensnennung eines Anzeigeerstatters.

Der Steuerpflichtige hat aber einen Anspruch darauf, dass über seinen Antrag auf Namensnennung im Rahmen pflichtgemäßen Ermessens (§ 5 AO) entschieden wird (BFH-Urteil vom 07. 05. 1985, BStBl II 1985 S. 571). Das Finanzamt muss hierbei zwischen dem durch § 30 Abs. 2 Nr. 1 AO geschützten Interesse des Informanten an der Wahrung des Steuergeheimnisses und dem allgemeinen Persönlichkeitsrecht des Steuerpflichtigen abwägen. § 30 Abs. 4 Nr. 4 Buchst. b AO kann die Nennung des Namens des Anzeigeerstatters an den Steuerpflichtigen nur rechtfertigen, wenn der Schutz des grundrechtlich verbürgten allgemeinen Persönlichkeitsrechts des Angezeigten dies nach den Grundsätzen des BFH-Urteils vom 08. 02. 1994, BStBl II 1994 S. 552, ausnahmsweise erfordert. Dies gilt auch, wenn sich der von der Anzeige Betroffene ohne Kenntnis des Anzeigeerstatters nicht wirksam verteidigen kann (z.B. weil die Aussage des Anzeigeerstatters das einzige Beweismittel darstellt). Das Finanzamt handelt somit regelmäßig nicht fehlerhaft, wenn es unter Berufung auf das Steuergeheimnis die Benennung des Namens eines Anzeigeerstatters ablehnt (BFH-Urteil vom 08. 02. 1994, BStBl II S. 552). Nur in Ausnahmefällen kann der Einfluss des grundgesetzlich verbürgten allgemeinen Persönlichkeitsrechts eines Angezeigten zu einer anderen Beurteilung führen.

6 Rechtsbehelfe

6.1 Ablehnung des Auskunftsersuchens des Steuerpflichtigen

Wird der Antrag des von der Anzeige betroffenen Steuerpflichtigen auf Benennung des Namens des Anzeigeerstatters durch das Finanzamt abgelehnt, ist hiergegen zunächst der Einspruch und sodann der Finanzrechtsweg gegeben (BFH-Urteil vom 02. 12. 1976, BStBl II 1977 S. 318). Für die gerichtliche Überprüfung der Verwaltungsentscheidung gilt § 102 FGO.

6.2 Beschwerde gem. § 86 Abs. 3 FGO

Nach § 86 Abs. 1 FGO sind Behörden dem Finanzgericht zur Vorlage von Urkunden und Akten und zu Auskünften verpflichtet, soweit nicht durch das Steuergeheimnis geschützte Verhältnisse Dritter unbefugt offenbart werden.

Ist das Finanzamt der Auffassung, der Schutz des Steuergeheimnisses des Informanten gehe dem allgemeinen Persönlichkeitsrecht der an der Offenbarung des Namens des Informanten interessierten Person vor, stellt der Bundesfinanzhof auf Antrag eines Beteiligten ohne mündliche Verhandlung durch Beschluss fest, ob die Verweigerung rechtmäßig ist (§ 86 Abs. 3 FGO; BFH-Beschluss vom 07. 12. 2006, BStBl II 2007 S. 275, m.w.N.).

Steuergeheimnis; Mitteilungen der Finanzbehörden zur Durchführung dienstrechtlicher Maßnahmen bei Beamten und Richtern   **16**

(BMF-Schreiben vom 12. 3. 2010 – IV A 3 – S 0130/08/10006, BStBl 2010 I S. 222, geändert durch BMF-Schreiben vom 20. 6. 2011 – IV A 3 – S 0130/08/10006, BStBl 2011 I S. 574)

Unter Bezugnahme auf das Ergebnis der Erörterungen mit den obersten Finanzbehörden der Länder gilt Folgendes:

1. Mitteilungen im Zusammenhang mit einem Strafverfahren

1.1 Nach § 49 Abs. 1 in Verbindung mit Abs. 6 Satz 1 Beamtenstatusgesetz (BeamtStG) sowie nach § 115 Abs. 1 in Verbindung mit Abs. 6 Satz 1 Bundesbeamtengesetz (BBG) ist die Strafverfolgungsbehörde verpflichtet, in Strafverfahren – einschl. Steuerstrafverfahren – gegen Beamte zur Sicherstellung der erforderlichen dienstrechtlichen Maßnahmen im Fall der Erhebung der öffentlichen Klage oder der an ihre Stelle tretende Antragsschrift, den Antrag auf Erlass eines Strafbefehls und die einen Rechtszug abschließende Entscheidung mit Begründung der für die Durchführung dienstrechtlicher Maßnahmen zuständigen Stelle zu übermitteln, auch soweit sie Daten enthalten, die dem Steuergeheimnis unterliegen.

1.2 Nach § 49 Abs. 2 in Verbindung mit Abs. 6 Satz 1 BeamtStG sowie nach § 115 Abs. 2 in Verbindung mit Abs. 6 Satz 1 BBG besteht eine Verpflichtung zur Übermittlung der in Nr. 1.1 genannten Unterlagen in Verfahren wegen fahrlässig begangener Straftaten nur bei schweren Verstößen (genannt sind Trunkenheit im Straßenverkehr und fahrlässige Tötung) oder in sonstigen Fällen, wenn die Kenntnis der Daten aufgrund der Umstände des Einzelfalls erforderlich ist, um zu prüfen, ob dienstrechtliche Maßnahmen zu ergreifen sind, auch soweit sie Daten enthalten, die dem Steuergeheimnis unterliegen.

1.3 Nach § 49 Abs. 3 in Verbindung mit Abs. 6 Satz 1 BeamtStG sowie nach § 115 Abs. 3 in Verbindung mit Abs. 6 Satz 1 BBG sollen Entscheidungen über Verfahrenseinstellungen, auch soweit sie Daten enthalten, die dem Steuergeheimnis unterliegen und die nicht bereits nach Nr. 1.1 und 1.2 zu übermitteln sind, übermittelt werden, wenn die Kenntnis der Daten auf Grund der Umstände des Einzelfalls erforderlich ist, um zu prüfen, ob dienstrechtliche Maßnahmen zu ergreifen sind. Hierbei ist zu berücksichtigen, wie gesichert die zu übermittelnden Erkenntnisse sind.

Von der Strafverfolgungsbehörde ist keine vorweggenommene Prüfung der gebotenen disziplinarrechtlichen Behandlung des Falles gefordert, sondern nur die Abwägung, ob die Daten für eine solche disziplinarrechtliche Prüfung von Belang sein können und deshalb für den Dienstherrn des Beamten von Interesse sind (vgl. BFH-Beschluss vom 15. Januar 2008 – VII B 149/07, BStBl 2008 II S. 337). Dies gilt auch für Fälle, in denen das Strafverfahren nach § 153 StPO, nach § 170 Abs. 2 StPO i.V.m. § 371 AO oder nach § 153a StPO eingestellt wurde. Im Falle des Entschlusses zur Übermittlung sind der Gegenstand des Verfahrens, die damit unmittelbar zusammenhängenden Erkenntnisse und die Verfahrenseinstellung als solche mitzuteilen.

1.4 Darüber hinaus dürfen nach § 49 Abs. 4 in Verbindung mit Abs. 6 Satz 2 BeamtStG sowie nach § 115 Abs. 4 in Verbindung mit Abs. 6 Satz 1 BBG sonstige Tatsachen, die dem Steuergeheimnis unterliegen und in einem Steuerstrafverfahren bekannt geworden sind, mitgeteilt werden, wenn

– ihre Kenntnis aufgrund besonderer Umstände des Einzelfalls für dienstrechtliche Maßnahmen gegen einen Beamten erforderlich ist (erforderlich ist die Kenntnis der Daten auch dann, wenn diese Anlass zur Prüfung bieten, ob dienstrechtliche Maßnahmen zu ergreifen sind),
– an der Mitteilung ein zwingendes öffentliches Interesse im Sinne des § 30 Abs. 4 Nr. 5 AO besteht (vgl. Nr. 1.5) und
– für die Strafverfolgungsbehörde erkennbar ist, dass schutzwürdige Interessen des Beamten an dem Ausschluss der Übermittlung nicht überwiegen.

1.5 *Ein zwingendes öffentliches Interesse an der Übermittlung im Sinne von § 30 Abs. 4 Nr. 5 AO besteht insbesondere, wenn die mitteilende Stelle zur Überzeugung gelangt ist, dass ein schweres Dienstvergehen vorliegt, der Sachverhalt mithin nach ihrer Auffassung geeignet erscheint, eine im Disziplinarverfahren zu verhängende Maßnahme von Gewicht, das heißt grundsätzlich eine Zurückstufung oder die Entfernung aus dem Dienst, zu tragen (vgl. BVerfG, Beschluss vom 6. Mai 2008 – 2 BvR 336/07, NJW 2008 S. 3489).*

Ein relevanter Verstoß gegen Dienstpflichten und damit ein zwingendes öffentliches Interesse an einer Datenübermittlung kann auch darin liegen, dass das in Rede stehende Delikt das Ansehen des Beamtentums und die Funktionsfähigkeit des Beamtentums nachhaltig schädigen könnte (BVerwG, Beschluss vom 5. März 2010 – 2 B 22/09, NJW 2010 S. 2229). Dies kann der Fall sein, wenn der Kernbereich der dienstlichen Pflichten betroffen ist oder wenn es um Bereiche der öffentlichen Verwaltung geht, die – wie insbesondere die Finanzverwaltung – für das Vertrauen der Öffentlichkeit in die Integrität der Verwaltung von besonders hoher Bedeutung sind. Für diese Prüfung sind nicht allein der Umfang der Steuerhinterziehung (Höhe der verkürzten Steuern), sondern auch Art und Dauer der Straftat(en) zu berücksichtigen. Ein zwingendes öffentliches Interesse kann z. B. auch bei einem geringen Steuerausfallschaden dann vorliegen, wenn die Steuerhinterziehung durch Beamte der Finanzverwaltung begangen und von weiteren Delikten, insbesondere von geschäftsmäßiger Hilfeleistung in Steuersachen, begleitet wird, die über einen längeren Zeitraum begangen wurden (vgl. BVerwG, Beschluss vom 5. März 2010, a.a.O.).

1.6 Die vorstehenden Regelungen gelten für Richter entsprechend, soweit nichts anderes bestimmt ist (vgl. §§ 46, 71 DRiG).

2. Mitteilungen außerhalb eines Strafverfahrens

2.1 Werden außerhalb eines Strafverfahrens, d.h. in einem sonstigen Verfahren nach § 30 Abs. 4 Nr. 1 AO (z.B. im Besteuerungsverfahren), Verfehlungen eines Beamten oder Richters festgestellt, die dieser im Zusammenhang mit seiner dienstlichen Tätigkeit begangen hat, z.B. Straftaten im Amt (§§ 331 ff. StGB), ist die Zulässigkeit einer Mitteilung zu prüfen.

2.2 Auch das Verhalten des Beamten außerhalb des Dienstes stellt ein Dienstvergehen dar, wenn es nach den Umständen des Einzelfalles in besonderem Maße geeignet ist, Achtung und Vertrauen in einer für sein Amt oder das Ansehen des Beamtentums bedeutsamen Weise zu beeinträchtigen (vgl. § 77 Abs. 1 Satz 2 BBG).

2.3 Hiernach stellt insbesondere bei einem Beamten der Finanzverwaltung oder einem Richter eine Steuerstraftat in eigener Sache ein Dienstvergehen dar, das eine Weitergabe der Daten an die für die Durchführung eines Disziplinarverfahrens oder sonstiger dienstrechtlicher Maßnahmen zuständige Stelle nach § 30 Abs. 4 Nr. 5 AO rechtfertigen kann.

2.4 Ein Dienstvergehen stellt auch die unerlaubte Hilfeleistung in Steuersachen durch Beamte der Finanzverwaltung dar.

2.5 **Bei den unter Nr. 2.1 bis 2.4 genannten Sachverhalten ist zu prüfen, ob ein schweres Dienstvergehen vorliegt. Die Regelungen in Nr. 1.5 gelten entsprechend. Ist dies zur Überzeugung der mitteilenden Stelle nicht der Fall, ist eine Offenbarung der in einem Verfahren nach § 30 Abs. 2 Nr. 1 AO bekannt gewordenen Daten nicht zulässig.**

3. Dritte

Die steuerlichen Verhältnisse Dritter dürfen anlässlich einer Mitteilung nach Nr. 1 oder 2 nur mitgeteilt werden, soweit dienstrechtliche Maßnahmen gegen den Beamten oder Richter ohne die Mitteilung dieser Daten nicht ergriffen werden können.

Auskünfte an Gewerbebehörden in gewerberechtlichen Verfahren und Mitteilungen bei Betriebsaufgaben und Betriebsveräußerungen 17

(BMF-Schreiben vom 14. 12. 2010 – IV A 3 – S 0130/10/10019 –, BStBl 2010 I S. 1430)

Unter Bezugnahme auf das Ergebnis der Erörterungen mit den obersten Finanzbehörden der Länder gilt Folgendes:

1. **Mitteilungen an Gewerbebehörden von Amts wegen**

1.1 Das Gewerberecht sieht die Versagung, Rücknahme oder den Widerruf einer gewerberechtlichen Erlaubnis sowie die Untersagung eines Gewerbes bei gewerberechtlicher Unzuverlässigkeit vor (z.B. §§ 33c, 34a, 34c, 35, 38 GewO, § 15 GastG). Die gewerberechtliche Unzuverlässigkeit kann auch aus steuerrechtlichen Sachverhalten hergeleitet werden. Die Gewerbebehörden sind verpflichtet, mit den Mitteln der Gewerbeuntersagung gegen solche Gewerbetreibende einzuschreiten, die ihre steuerlichen Pflichten nicht erfüllen, um so das Vertrauen der Allgemeinheit auf die Redlichkeit des Geschäftsverkehrs und die ordnungsgemäße Arbeit der Gewerbebehörden zu bewahren.

1.2 Die gewerberechtlichen Vorschriften über die Versagung, Rücknahme oder den Widerruf einer gewerberechtlichen Erlaubnis sowie die Untersagung eines Gewerbes bei gewerberechtlicher Unzuverlässigkeit rechtfertigen keine Durchbrechung des Steuergeheimnisses nach § 30 Abs. 4 Nr. 2 AO. Die Finanzbehörden sind aber aufgrund eines zwingenden öffentlichen Interesses an der Durchbrechung des Steuergeheimnisses zur Offenbarung von steuerlichen Verhältnissen im Hinblick auf diejenigen Tatsachen befugt, aus denen sich die Unzuverlässigkeit des Gewerbetreibenden im Sinne des Gewerberechts ergeben kann (vgl. BFH-Urteil vom 10. Februar 1987, BStBl II S. 545). Die richtige Auslegung und Anwendung des Gewerberechts in einem gewerberechtlichen Erlaubnis- oder Untersagungsverfahren obliegt dabei den Gewerbebehörden, nicht den Finanzbehörden. Die Finanzbehörde hat aber nach § 30 Abs. 4 Nr. 5 AO in eigener Verantwortung zu prüfen, ob ein zwingendes öffentliches Interesse die Durchbrechung des Steuergeheimnisses rechtfertigt.

1.3 Das von § 30 Abs. 4 Nr. 5 AO verlangte zwingende öffentliche Interesse ist dabei nicht davon abhängig, ob die Voraussetzungen des Gewerberechts (z.B. §§ 33c, 34a, 34c, 35, 38 GewO, § 15 GastG) tatsächlich vorliegen. Das zu beurteilen gestattet § 30 Abs. 4 Nr. 5 AO der Finanzbehörde nicht, die damit vielmehr dem Vollzug des Gewerberechts, der allein der Gewerbebehörde obliegt, unzulässig vorgreifen würde. Tatsachen, die eindeutig nicht geeignet sind, alleine oder in Verbindung mit anderen Tatsachen eine Versagung, Rücknahme oder den Widerruf einer gewerberechtlichen Erlaubnis oder eine Gewerbeuntersagung zu rechtfertigen, dürfen nicht mitgeteilt werden. Dabei muss die Finanzbehörde die Maßstäbe anlegen, die von den Verwaltungsbehörden und -gerichten aufgestellt worden sind (BFH-Urteil vom 29. Juli 2003, BStBl II S. 828).

1.4 Ein zwingendes öffentliches Interesse an der Mitteilung von steuerlichen Verhältnissen gegenüber den Gewerbebehörden liegt grundsätzlich nur vor, soweit es sich um Steuern handelt, die durch die gewerbliche Tätigkeit ausgelöst wurden (insbesondere Lohnsteuer, Umsatzsteuer – vgl. BFH-Urteil vom 10. Februar 1987, BStBl II S. 545). Bei Personensteuern (insbesondere Einkommensteuer, Kirchensteuer) besteht ein solcher Zusammenhang, soweit diese Steuern durch die gewerbliche Tätigkeit ausgelöst wurden. Unabhängig davon ist ein zwingendes öffentliches Interesse an der Mitteilung hinsichtlich der Personensteuern auch dann zu bejahen, wenn Versagung, Rücknahme oder Widerruf einer gewerberechtlichen Erlaubnis oder Gewerbeuntersagung wegen Unzuverlässigkeit infolge wirtschaftlicher Leistungsunfähigkeit im Raume stehen (z.B. hohe Schuldenlast, kein Sanierungskonzept – vgl. OVG Münster, Urteil vom 2. September 1987, Gewerbearchiv 1988 S. 87).

1.5 Zu Mitteilungen in den Fällen des § 14 Abs. 5 GewO siehe Tz. 6.

2. **Voraussetzungen der Unzuverlässigkeit**

Die Verletzung steuerrechtlicher Pflichten, die mit der Ausübung des Gewerbes im Zusammenhang stehen, begründet die gewerberechtliche Unzuverlässigkeit nicht in jedem Fall, wohl aber dann, wenn das Verhalten des Steuerpflichtigen darauf schließen lässt, dass er nicht willens oder in der Lage ist, seine öffentlichen Berufspflichten zu erfüllen. Wegen der weittragenden Bedeutung, die die Versagung einer Erlaubnis oder die Unterbindung der gewerblichen Tätigkeit für den Betroffenen hat, muss es sich um erhebliche Verstöße handeln. Wann jeweils Unzuverlässigkeit vorliegt, kann nur unter Würdigung aller Umstände des Einzelfalles entschieden werden. Anhaltspunkte für die Entscheidung bieten folgende Kriterien:

2.1 Nichtabgabe von Steuererklärungen

Die Nichtabgabe von Steuererklärungen begründet für sich allein eine Unzuverlässigkeit nur dann, wenn die Erklärungen trotz Erinnerung hartnäckig über längere Zeit nicht abgegeben werden. Die Nichtabgabe von Lohnsteueranmeldungen oder von Umsatzsteuer-Voranmeldungen hat in der Regel besonderes Gewicht. Die Nichtabgabe von Steuererklärungen in den übrigen Fällen wird regelmäßig nur in Verbindung mit der Nichtentrichtung von Steuern nach Tz. 2.2 von Belang sein.

2.2 Nichtentrichtung von Steuern

Die Nichtentrichtung von Steuern, insbesondere ein erheblicher Steuerrückstand, wird vielfach die Unzuverlässigkeit begründen. Mitgeteilt werden können dabei nicht nur bestandskräftig festgesetzte Steuerforderungen, sondern auch fällige, aber noch nicht bestandskräftig festgesetzte Steuerforderungen (BFH-Urteil vom 29. Juli 2003, BStBl II S. 828). Nur wenn die Vollziehung eines Steuerbescheides nach § 361 AO oder § 69 FGO ausgesetzt ist, darf die Nichtzahlung der festgesetzten Steuer im gewerberechtlichen Untersagungsverfahren nicht berücksichtigt werden (vgl. Beschluss des BVerwG vom 30. September 1998, GewArch 1999 S. 31, mit Hinweis auf den Beschluss vom 5. März 1997, GewArch 1997 S. 244).

In diesem Zusammenhang sind folgende Gesichtspunkte zu berücksichtigen:

2.2.1 Umfang und Art der Steuerrückstände

Erforderlich ist in jedem Fall ein für die Verhältnisse des Betriebes erheblicher Steuerrückstand. Beträge unter 5.000 € reichen in aller Regel nicht aus.

Von Bedeutung ist ferner die Entwicklung der Steuerrückstände – getrennt nach Steuerarten – über längere Zeit. Ständig schleppender Zahlungseingang kann auch bei verhältnismäßig geringen Steuerrückständen die Unzuverlässigkeit begründen, während etwa eine hohe Steuerschuld im Anschluss an eine Außenprüfung nicht ohne weiteres auf steuerliche Unzuverlässigkeit schließen lässt.

Beruhen die Steuerrückstände ganz oder teilweise darauf, dass einbehaltene Steuerabzugsbeträge (insbesondere Lohnsteuerbeträge) mehrfach nicht abgeführt worden sind, so begründet dies in der Regel Unzuverlässigkeit.

2.2.2 Vollstreckungsversuch

Ein Vollstreckungsversuch des Finanzamts ist in aller Regel unabdingbare Voraussetzung für die Einleitung eines gewerberechtlichen Untersagungsverfahrens wegen Steuerrückständen.

2.3 Subjektive und objektive Seite der Verstöße

Unzuverlässigkeit ist u.a. anzunehmen, wenn der Gewerbetreibende nicht willens ist, seine steuerrechtlichen Verpflichtungen zu erfüllen. Hierauf lässt eine ständige Missachtung der ihm obliegenden Verpflichtungen schließen, z.B. die Weigerung, Steuererklärungen abzugeben, Steuerrückstände zu begleichen, einen Abzahlungsplan zu vereinbaren oder einzuhalten sowie der Versuch, Vollstreckungsmaßnahmen des Finanzamts zu vereiteln.

Aber auch eine unverschuldet eingetretene Notlage, die z.B. auf allgemeine oder strukturelle wirtschaftliche Schwierigkeiten zurückzuführen ist, kann die Annahme der Unzuverlässigkeit rechtfertigen. Unzuverlässigkeit setzt weder ein Verschulden im Sinne eines moralischen oder ethischen Vorwurfs noch einen Charaktermangel voraus. Die gewerberechtlichen Bestimmungen über die Versagung, die Rücknahme oder den Widerruf einer Erlaubnis sowie über die Untersagung eines Gewerbes sind wertneutral und keine Strafvorschriften. Der Schutz der Allgemeinheit gebietet es, bei unzuverlässigen Gewerbetreibenden die weitere Ausübung des Gewerbes zu unterbinden, wobei es im Hinblick auf etwaige Schädigungen des zu schützenden Personenkreises belanglos ist, ob Verschulden vorliegt oder nicht. Die Unzuverlässigkeit kann auch allein durch wirtschaftliche Leistungsunfähigkeit begründet werden. Eine Gewerbeuntersagung setzt damit kein Verschulden des Gewerbetreibenden oder sonst einen ihn persönlich treffenden Vorwurf der Unredlichkeit voraus, sondern ist nach der verwaltungsgerichtlichen Rechtsprechung auch dann gerechtfertigt, wenn der Gewerbetreibende lediglich objektiv nicht in der Lage ist, seinen steuerlichen Zahlungspflichten zumindest im Rahmen eines realistischen Planes zur finanziellen Sanierung seines Gewerbebetriebes nachzukommen (vgl. BVerwG-Urteil vom 2. Februar 1982, BVerwGE 65, 1).

2.4 Steuerliche Straf- und Bußgeldverfahren

Wichtige Anhaltspunkte für die Unzuverlässigkeit können steuerliche Straf- oder Bußgeldverfahren sein, die im Zusammenhang mit der Ausübung eines Gewerbebetriebes stehen. Für die Prüfung der Zuverlässigkeit des Gewerbetreibenden sind sowohl der Sachverhalt, der zur Einleitung des Verfahrens geführt hat, als auch das Ergebnis des Verfahrens sowie das Verhalten des Steuerpflichtigen nach dem Verfahren erheblich.

2.5 Künftiges Verhalten

Maßgebend für die Beurteilung der gewerberechtlichen Unzuverlässigkeit ist stets, ob der Gewerbetreibende keine Gewähr dafür bietet, dass er das Gewerbe künftig ordnungsgemäß ausüben wird. Steuerrechtliche Sachverhalte sind nur dann gewerberechtlich von Bedeutung, wenn aus ihnen auf ein künftiges nicht ordnungsmäßiges Verhalten geschlossen werden kann.

2.6 Sondervorschriften

Besondere gesetzliche Bestimmungen über die Berücksichtigung steuerlichen Verhaltens (z.B. § 102b Abs. 2 Nr. 8 des Güterkraftverkehrsgesetzes, § 25 Abs. 2 Nr. 3 des Personenbeförderungsgesetzes) bleiben unberührt.

3. Auskunftsersuchen der Gewerbebehörde an das Finanzamt

3.1 Anwendungsbereich

Ergeben sich im Rahmen eines Verfahrens auf Erteilung einer Erlaubnis, eines Verfahrens auf Rücknahme oder Widerruf einer Erlaubnis oder auf Gewerbeuntersagung Anhaltspunkte für eine Verletzung steuerrechtlicher Pflichten, so bittet die Gewerbebehörde das zuständige Finanzamt um Auskunft, soweit nicht die Erteilung einer Bescheinigung an den Betroffenen über seine steuerlichen Verhältnisse vorgesehen ist.

Anhaltspunkte für die Verletzung steuerrechtlicher Pflichten bestehen insbesondere dann, wenn ein Gewerbetreibender sonstige öffentlich-rechtliche Zahlungsverpflichtungen, z.B. zur Abführung von Sozialversicherungsbeiträgen, nicht erfüllt. Die Gewerbebehörde muss in ihrer Anfrage das Vorliegen derartiger Anhaltspunkte darlegen.

3.2 Voraussetzungen der Auskunft

Die gewerberechtlichen Bestimmungen enthalten keine ausdrückliche Auskunftsermächtigung im Sinne des § 30 Abs. 4 Nr. 2 AO (siehe Tz. 1.2).

Auskünfte der Finanzämter an die Gewerbebehörden, die in gewerberechtlichen Verfahren für die Versagung einer beantragten Erlaubnis, die Rücknahme oder den Widerruf einer Erlaubnis oder eine Gewerbeuntersagung mitentscheidend sein können, sind daher nur in folgenden Fällen zulässig:

a) Der Gewerbetreibende stimmt einer Auskunft durch das Finanzamt zu (§ 30 Abs. 4 Nr. 3 AO).

b) Die Auskunftserteilung liegt im zwingenden öffentlichen Interesse (§ 30 Abs. 4 Nr. 5 AO). Dies ist der Fall, wenn die Voraussetzungen der Tz. 1, 2, 2.1 bis 2.6 erfüllt sind.

3.3 Erteilung der Auskunft

3.3.1 Liegen die Voraussetzungen für eine Offenbarung vor, hat das Finanzamt der Gewerbebehörde die steuerlichen Verhältnisse des Steuerpflichtigen mitzuteilen, die für das gewerberechtliche Verfahren von Bedeutung sein können (vgl. Tz. 2.1 ff.). Tatsachen, die eindeutig nicht geeignet sind, alleine oder in Verbindung mit anderen Tatsachen eine Versagung, Rücknahme oder den Widerruf einer gewerberechtlichen Erlaubnis oder eine Gewerbeuntersagung zu rechtfertigen, dürfen nicht mitgeteilt werden.

Vergleiche aber Tz. 5.

3.3.2 Ist der Betroffene steuerlich zuverlässig oder fallen seine steuerlichen Verhältnisse bei der Beurteilung seiner gewerberechtlichen Zuverlässigkeit nicht ins Gewicht, teilt das Finanzamt der Gewerbebehörde lediglich mit, dass eine Offenbarung mangels zwingenden öffentlichen Interesses im Sinne des § 30 Abs. 4 Nr. 5 AO nicht zulässig ist, soweit keine Zustimmung des Steuerpflichtigen im Sinne des § 30 Abs. 4 Nr. 3 AO vorliegt.

4. Anregung des Finanzamts an die Gewerbebehörde auf Einleitung eines Untersagungsverfahrens

4.1 Anwendungsbereich

Vor Ausübung seiner Befugnis, die Rücknahme oder den Widerruf einer gewerberechtlichen Erlaubnis oder die Untersagung eines Gewerbes bei der zuständigen Behörde anzuregen und dazu die steuerlichen Verhältnisse des Betroffenen zu offenbaren, soll das

Finanzamt wegen des Gebotes der Verhältnismäßigkeit der Mittel zunächst prüfen, ob das Besteuerungsverfahren auch mit anderen, den Steuerpflichtigen weniger hart treffenden Maßnahmen gefördert werden kann (Zwangsvollstreckung in das bewegliche oder unbewegliche Vermögen, Festsetzung von Zwangsgeld, Inanspruchnahme von Haftungsschuldnern). Ist dies nicht der Fall, ist abzuwägen, ob die Pflichtverstöße des Steuerpflichtigen oder seine Rückstände derart schwer wiegen, dass ihm die Möglichkeit eigener wirtschaftlicher Betätigung ganz oder teilweise entzogen werden muss.

4.2 Voraussetzungen für die Mitteilung steuerlicher Verhältnisse

Die Auskunftserteilung ist nur zulässig, wenn neben den unter Tz. 4.1 dargestellten Voraussetzungen auch die in Tz. 3.2 genannten Bedingungen erfüllt sind.

5. **Auswirkungen der Insolvenzordnung (InsO) auf gewerberechtliche Maßnahmen**

Nach § 12 GewO finden Vorschriften, welche die Untersagung eines Gewerbes oder die Rücknahme oder den Widerruf einer Zulassung wegen Unzuverlässigkeit des Gewerbetreibenden, die auf ungeordnete Vermögensverhältnisse zurückzuführen ist, ermöglichen, während eines Insolvenzverfahrens, während der Zeit, in der Sicherungsmaßnahmen nach § 21 InsO angeordnet sind, und während der Überwachung der Erfüllung eines Insolvenzplans (§ 260 InsO) keine Anwendung in Bezug auf das Gewerbe, das zurzeit des Antrags auf Eröffnung des Insolvenzverfahrens ausgeübt wurde. Innerhalb der in § 12 GewO genannten Zeiträume ist die Anregung einer Gewerbeuntersagung bezüglich des insolvenzbefangenen Gewerbes daher nicht zulässig und die Offenbarung entsprechender Daten nicht durch § 30 Abs. 4 Nr. 5 AO (zwingendes öffentliches Interesse) gestattet. Tritt in einem Fall, in dem das Finanzamt die Gewerbeuntersagung angeregt hat, einer der Tatbestände des § 12 GewO ein, soll das Finanzamt die Gewerbebehörde entsprechend informieren.

6. **Mitteilung bei Betriebsaufgabe und Betriebsveräußerung**

Nach § 14 Abs. 5 GewO teilen die Finanzbehörden den zuständigen Behörden die nach § 30 AO geschützten Verhältnisse von Unternehmen im Sinne des § 5 GewStG mit, bei denen deren Steuerpflicht erloschen ist; mitzuteilen sind lediglich Name und Anschrift des Unternehmers und der Tag, an dem die Steuerpflicht endete. Die Mitteilungspflicht besteht nicht, soweit ihre Erfüllung mit einem unverhältnismäßigen Aufwand verbunden wäre.

Solange ein automationsunterstützter Mitteilungsdienst noch nicht eingerichtet ist, ist regelmäßig davon auszugehen, dass die gesonderte Übermittlung der Daten mit einem unverhältnismäßigen Aufwand verbunden wäre. Eine Verpflichtung der Finanzbehörden, für die Gewerbebehörden weitere als die aus steuerlichen Gründen notwendigen Nachforschungen anzustellen, besteht nicht.

18   **Steuerdaten-Übermittlungsverordnung (StDÜV);**
Steuerdaten-Abrufverordnung (StDAV)

(BMF-Schreiben vom 16. 11. 2011 – IV A 7 – O 2200/09/10009 :001 –, BStBl 2011 I S. 1063[1])

– Auszug –

Aufgrund § 1 Absatz 2 der Steuerdaten-Übermittlungsverordnung – StDÜV – vom 28. Januar 2003 (BGBl. I, Seite 139), die zuletzt durch das Steuervereinfachungsgesetz 2011 vom 4. November 2011 (BGBl. I, Seite 2131) geändert worden ist, § 8 der Steuerdaten-Abrufverordnung – StDAV – vom 13. Oktober 2005 (BGBl. I, Seite 3021) und unter Bezugnahme auf das Ergebnis der Erörterungen mit den obersten Finanzbehörden der Länder (AO II/2011 zu TOP 10; AutomSt/O II/2011 zu TOP O 5) werden die folgenden Regelungen getroffen.

1. Anwendungsbereich

Die Steuerdaten-Übermittlungsverordnung (StDÜV) bzw. die Steuerdaten-Abrufverordnung (StDAV) regeln die elektronische Übermittlung steuerlich erheblicher Daten an die Finanzverwaltung bzw. den Abruf steuerlich erheblicher Daten von der Finanzverwaltung.

Nicht geregelt werden

– die Übermittlung steuerlich erheblicher Daten an Dritte (z. B. Zahlungsverkehrsdaten an Banken) bzw. der Abruf solcher Daten durch die Finanzverwaltung,
– die verwaltungsübergreifende Übermittlung steuerlich erheblicher Daten (Datenübermittlungen zwischen der Finanzverwaltung und anderen Verwaltungen, z. B. Datenübermittlungen nach dem Steuerstatistikgesetz),
– die finanzverwaltungsinterne Übermittlung (Datenübermittlungen zwischen den Finanzverwaltungen des Bundes und der Länder bzw. der Länder untereinander) und

---
[1]) Vollständiger Text wiedergegeben bei § 150 AO.

- sonstige explizit ausgenommene Übermittlungen (insbesondere die Übermittlung von Rentenbezugsmitteilungen an die Zentrale Stelle für Altersvermögen (ZfA) sowie die Übermittlung von Verbrauchsteuerdaten).
...

7. Elektronischer Abruf von Bescheiddaten

Der elektronische Abruf von Bescheiddaten ersetzt nicht die Bekanntgabe des Steuerbescheides. Auf die elektronische Bereitstellung von Bescheiddaten wird im Steuerbescheid hingewiesen. Für diesen Fall sichert die Finanzverwaltung zu, dass die elektronisch bereitgestellten Daten mit dem bekannt gegebenen Bescheid übereinstimmen. Wird ein Einspruch nur deshalb verspätet eingelegt, weil im Vertrauen auf diese Zusicherung oder in Erwartung einer mit der elektronisch übermittelten Steuererklärung beantragten Bescheiddatenbereitstellung eine Überprüfung des Steuerbescheids innerhalb der Einspruchsfrist unterblieb, ist unter analoger Anwendung des § 126 Absatz 3 AO eine Wiedereinsetzung in den vorigen Stand möglich.

8. Schlussbestimmungen

Dieses Schreiben ersetzt die BMF-Schreiben vom 15. Januar 2007 (BStBl I, Seite 95) und vom 14. Dezember 1999 (BStBl I, Seite 1055).

Auskunftserteilung an Gerichte in Unterhaltssachen   19

(FinMin Nordrhein-Westfalen, Erlass vom 16. 11. 2011 – S 0130 –)

1. Zivilgerichtliches Verfahren über den Unterhalt

Durch das am 01.09.2009 in Kraft getretene Gesetz über das Verfahren in Familiensachen und in den Angelegenheiten der freiwilligen Gerichtsbarkeit (FamFG) wurde das zivilgerichtliche Verfahren in Unterhaltssachen neu geregelt.

Bei Unterhaltsstreitigkeiten kann das Gericht gemäß § 235 Abs. 1 FamFG anordnen, dass der Antragsteller und der Antragsgegner Auskunft über ihre Einkünfte, ihr Vermögen und ihre persönlichen und wirtschaftlichen Verhältnisse erteilen sowie bestimmte Belege vorlegen, soweit dies für die Bemessung des Unterhalts von Bedeutung ist.

Kommt ein Beteiligter innerhalb der hierfür gesetzten Frist einer Verpflichtung nach § 235 Abs. 1 FamFG nicht oder nicht vollständig nach, kann das Gericht, soweit dies für die Bemessung des Unterhalts von Bedeutung ist, u.a. bei den Finanzämtern gemäß § 236 Abs. 1 Nr. 5 FamFG über die Höhe der Einkünfte Auskunft und bestimmte Belege anfordern.

Die in § 236 Abs. 1 FamFG bezeichneten Personen und Stellen sind verpflichtet, der gerichtlichen Anordnung Folge zu leisten (§ 236 Abs. 4 FamFG). Die Befugnis der Finanzämter zur Offenbarung der durch das Steuergeheimnis geschützten Verhältnisse ergibt sich insoweit aus § 30 Abs. 4 Nr. 2 AO.

Im Gegensatz zu der bisherigen Vorschrift des § 643 Abs. 2 Zivilprozessordnung gestattet § 236 Abs. 1 FamFG dem Gericht nicht, Auskünfte über das Vermögen und die persönlichen und wirtschaftlichen Verhältnisse der Beteiligten bei Dritten anzufordern. Es dürfen nur Auskünfte über die Höhe der Einkünfte verlangt und erteilt werden. Eine Übersendung von Steuerakten oder Steuerbescheiden ist nicht zulässig.

Außerdem wurde die bislang bestehende Beschränkung der Auskunftspflicht der Finanzämter auf Rechtsstreitigkeiten, die den Unterhaltsanspruch eines minderjährigen Kindes betreffen, aufgegeben. Die Auskunftspflicht der Finanzämter bezieht sich nunmehr auf alle Verfahren in Unterhaltssachen i.S.d. § 231 Abs. 1 FamFG.

2. Strafrechtliches Ermittlungsverfahren wegen Verletzung der Unterhaltspflicht

Zur Frage, ob die Gerichte in einem strafrechtlichen Ermittlungsverfahren wegen Verletzung der Unterhaltspflicht (§ 170 StGB) befugt sind, zum Zwecke der Auffindung von Beweismitteln die Beschlagnahme von Steuerakten bei der Finanzbehörde und die Durchsuchung der Diensträume anzuordnen (§§ 98, 103, 105 StPO), vgl. AO-Kartei NW § 30 Abs. 4 Nr. 2 AO Karte 818.

§ 30 AO
Rsp

Rechtsprechung

20 **BFH vom 2. 4. 1992 – VIII B 129/91 (BStBl 1992 II S. 616)[1]**

Aus den Gründen:
Informationen, die sich eine Dienststelle der Finanzverwaltung rechtmäßig verschafft hat, dürfen von allen Dienststellen des Finanzressorts zur Erfüllung ihrer Aufgaben verwertet werden. Die Finanzverwaltung ist insoweit als Einheit anzusehen. Dem trägt die Vorschrift des § 30 Abs. 4 Nr. 1 AO Rechnung. Die Offenbarung der nach § 30 Abs. 2 AO erlangten Kenntnisse ist danach zulässig, soweit sie der Durchführung eines steuerlichen Verfahrens dient. § 30 Abs. 4 Nr. 1 AO entspricht dem Sinn und Zweck des Steuergeheimnisses. Der Schutz des Steuerpflichtigen durch das Steuergeheimnis ist das Gegenstück zu seinen Offenbarungs- und Mitwirkungspflichten. Das Steuergeheimnis soll daher nicht allein den Steuerpflichtigen schützen, sondern auch die zutreffende Besteuerung sichern helfen. Es darf daher der Ermittlung von Besteuerungsgrundlagen grundsätzlich nicht entgegenstehen. Dies verdeutlicht der Gesetzgeber in seinen Motiven zu § 30 AO (BT-Drucks 7/4292, 17). Dort wird ausdrücklich die Zulässigkeit von Kontrollmitteilungen bestätigt.

21 **BFH vom 27. 10. 1993 – I R 25/92 (BStBl 1994 II S. 210)**

1. Eine mathematisch-statistische Auswertung der anläßlich eines Besteuerungsverfahrens erhobenen personenbezogenen Daten zu steuerlichen Zwecken bedarf keiner besonderen gesetzlichen Ermächtigungsgrundlage.
2. Statistische Vergleichswerte sind keine personenbezogenen Daten im Sinne des Rechts auf informationelle Selbstbestimmung.

22 **BFH vom 8. 2. 1994 – VII R 88/92 (BStBl 1994 II S. 552)**

Zum Anspruch eines Steuerpflichtigen auf Benennung des Namens einer Person, die ihn gegenüber den Finanzbehörden einer Steuerstraftat bezichtigt hat.

23 **BFH vom 18. 7. 2000 – VII R 101/98 (BStBl 2001 II S. 5)**

Das Steuergeheimnis verlangt nicht, vor Erlass einer Pfändungsverfügung beim Drittschuldner wegen des Bestandes einer Forderung des Vollstreckungsschuldners anzufragen.

24 **BFH vom 7. 5. 2001 – VII B 199/00 (HFR 2001 S. 1045)**

1. Auch Handakten eines Fahndungsprüfers gehören zu den dem FG vorzulegenden Akten. Allerdings dürfen durch die Vorlage durch das Steuergeheimnis geschützte Verhältnisse Dritter nicht unbefugt offenbart werden. Unbefugt ist die Offenbarung des Namens eines Anzeigeerstatters nicht, wenn diese vom Gesetz für zulässig erklärt wird.
2. Will die Behörde der Aufforderung zur Vorlage der Akten nicht Folge leisten, hat sie glaubhaft zu machen, dass die gesetzlichen Voraussetzungen für die Weigerung vorliegen.
3. Zur Effektivität des durch Art. 19 Abs. 4 GG gewährleisteten Rechtsschutzes gehört, dass das Gericht die tatsächlichen Grundlagen der Verweigerung der Aktenvorlage durch die Behörde selbst ermitteln und seine rechtliche Auffassung unabhängig von der Verwaltung gewinnen und begründen muss.

25 **BFH vom 17. 10. 2001 – I R 103/00 (BStBl 2004 II S. 171)**

1.–3. ...
4. Das Akteneinsichtsrecht der Beteiligten erstreckt sich auch auf vom FG beigezogene „fremde" Steuerakten (Abweichung vom BFH-Urteil vom 18. Dezember 1984 VIII R 195/82, BFHE 142, 558, BStBl 1986 II, S. 226). Ein FG kann jedoch von der Beiziehung solcher Akten absehen, wenn die Gefahr einer Verletzung von § 30 AO im Falle der Akteneinsichtnahme durch die Beteiligten besteht.
...

---

[1] Die Verfassungsbeschwerde gegen diesen Beschluss ist vom BVerfG nicht zur Entscheidung angenommen worden (vgl. StEd 1996 S. 141).

BFH vom 15. 2. 2006 – I B 87/05 (BStBl 2006 II S. 616)[1]) 26

1. Eine Spontanauskunft an die Steuerverwaltung eines anderen Mitgliedstaats der EU gemäß § 2 Abs. 2 Nr. 1 EGAHiG setzt tatsächliche Anhaltspunkte für die Vermutung voraus, dass Steuern gerade dieses Mitgliedstaats verkürzt worden sind oder werden könnten.

2. Wenn im Rahmen eines Antrags auf Erlass einer einstweiligen Anordnung als Anordnungsanspruch glaubhaft gemacht wurde, dass die Tatbestandsvoraussetzungen für eine Spontanauskunft i.S. des § 2 Abs. 2 Nr. 1 EGAHiG nicht erfüllt sind, ist wegen der Gefahr einer nicht mehr rückgängig zu machenden Verletzung des subjektiven Rechts auf Wahrung des Steuergeheimnisses auch ein Anordnungsgrund glaubhaft gemacht.

BFH vom 17. 9. 2007 – I B 30/07 (BFH/NV 2008 S. 51) 27

Eine Spontanauskunft an die Steuerverwaltung der USA ist schon dann zulässig, wenn die ernstliche Möglichkeit besteht, dass ein bestimmter Vorgang zu einem abkommensrechtlichen Besteuerungsrecht der USA führt und dass die dortigen Behörden ohne die Auskunft von dem Vorgang keine Kenntnis erhalten. Soweit der in Deutschland verwirklichte Vorgang schon Gegenstand von in den USA abgegebenen Steuererklärungen ist, ist eine Auskunft nicht „erforderlich".

BFH vom 14. 4. 2008 – VII B 226/07 (BFH/NV 2008 S. 1295) 28

1. Eine Anordnung zur vorläufigen Regelung eines Zustandes in Bezug auf ein streitiges Rechtsverhältnis kann nicht mit dem Ziel ergehen, eine Pressemitteilung von der Homepage der Finanzverwaltung zu entfernen, wenn die dort offenbarten Tatsachen bereits in das Gedächtnis der Öffentlichkeit eingegangen sind und außer auf der Homepage der Finanzverwaltung in anderen elektronischen Quellen, in Archiven und dergleichen nachgelesen werden können.

2. Ist eine dem Steuergeheimnis unterliegende Tatsache einem unbeschränkten größeren Kreis Dritter tatsächlich bekannt geworden, so sind Amtsträger nicht zu einer weiteren „Geheimhaltung" in dem Sinne verpflichtet, dass sie nicht zu einer weiteren Verbreitung der Kenntnis von diesen Tatsachen beitragen dürften, sofern sich Dritte, denen die Tatsachen trotz ihrer Offenbarung noch nicht bekannt sind, jederzeit und ohne erhebliche Schwierigkeiten von ihnen aus anderen Quellen Kenntnis verschaffen können.

BFH vom 7. 7. 2008 – II B 9/07 (BFH/NV 2008 S. 1811) 29

Die Durchbrechung des Steuergeheimnisses nach § 30 Abs. 4 Nr. 1 i.V.m. Abs. 2 Nr. 1 Buchst. a AO setzt einen unmittelbaren funktionalen Zusammenhang zwischen der Offenbarung und der Verfahrensdurchführung voraus (BFH-Urteil vom 10. 2. 1987, BStBl II 1987, 545); ferner hat die Offenbarung den Anforderungen des Verhältnismäßigkeitsprinzips zu genügen.

BFH vom 14. 7. 2008 – VII B 92/08 (BStBl 2008 II S. 850) 30

1. Begründen Tatsachen den Verdacht einer Tat, die den Straftatbestand einer rechtswidrigen Zuwendung von Vorteilen i.S. des § 299 Abs. 2 StGB erfüllt, so ist die Finanzbehörde ohne eigene Prüfung, ob eine strafrechtliche Verurteilung in Betracht kommt, verpflichtet, die erlangten Erkenntnisse an die Strafverfolgungsbehörden weiterzuleiten.

Das Recht auf „informationelle Selbstbestimmung" und der Grundsatz der Verhältnismäßigkeit gebieten es nicht, dass das FA vor der Übermittlung der den Tatverdacht begründenden Tatsachen prüft, ob hinsichtlich der festgestellten Zuwendungen Strafverfolgungsverjährung eingetreten ist oder Verwertungsverbote bzw. Verwendungsverbote vorliegen.

2. Ein Verdacht i.S. der § 4 Abs. 5 Nr. 10 Satz 3 EStG, der die Information der Strafverfolgungsbehörden gebietet, besteht, wenn ein Anfangsverdacht im Sinne des Strafrechts gegeben ist. Es müssen also zureichende tatsächliche Anhaltspunkte für eine Tat nach § 4 Abs. 5 Nr. 10 Satz 1 EStG vorliegen.

BVerwG vom 5. 3. 2010 – 2 B 22/09 (NJW 2010 S. 2229) 31

Die in einem Steuerstrafverfahren gegen einen Beamten ermittelten Steuerdaten können ohne Verstoß gegen das Steuergeheimnis für disziplinarische Zwecke an den Dienstherrn des Beamten weitergegeben werden, wenn hinreichender Verdacht auf ein schweres Dienstvergehen besteht (§ 125c Abs. 4 und 6 BRRG = § 115 Abs. 4 und 6 BBG 2009). Das für die Übermittlung der Daten erforderliche zwingende öffentliche Interesse (§ 30 Abs. 4 Nr. 5 AO) ist nicht auf die Fälle beschränkt, in denen eine Degradierung oder Entfernung aus dem Dienst zu erwarten ist; erforderlich ist eine Würdigung des Einzelfalls.

---
[1]) Vgl. dazu auch BMF-Schreiben vom 1. 8. 2006, BStBl 2006 I S. 489.

§ 30a AO
AEAO

AO
S 0130a

§ 30a   Schutz von Bankkunden

(1) Bei der Ermittlung des Sachverhalts (§ 88) haben die Finanzbehörden auf das Vertrauensverhältnis zwischen den Kreditinstituten und deren Kunden besonders Rücksicht zu nehmen.

(2) Die Finanzbehörden dürfen von den Kreditinstituten zum Zweck der allgemeinen Überwachung die einmalige oder periodische Mitteilung von Konten bestimmter Art oder bestimmter Höhe nicht verlangen.

(3) ¹Die Guthabenkonten oder Depots, bei deren Errichtung eine Legitimationsprüfung nach § 154 Abs. 2 vorgenommen worden ist, dürfen anlässlich der Außenprüfung bei einem Kreditinstitut nicht zwecks Nachprüfung der ordnungsmäßigen Versteuerung festgestellt oder abgeschrieben werden. ²Die Ausschreibung von Kontrollmitteilungen soll insoweit unterbleiben.

(4) In Vordrucken für Steuererklärungen soll die Angabe der Nummern von Konten und Depots, die der Steuerpflichtige bei Kreditinstituten unterhält, nicht verlangt werden, soweit nicht steuermindernde Ausgaben oder Vergünstigungen geltend gemacht werden oder die Abwicklung des Zahlungsverkehrs mit dem Finanzamt dies bedingt.

(5) ¹Für Auskunftsersuchen an Kreditinstitute gilt § 93. ²Ist die Person des Steuerpflichtigen bekannt und gegen ihn kein Verfahren wegen einer Steuerstraftat oder einer Steuerordnungswidrigkeit eingeleitet, soll auch im Verfahren nach § 208 Abs. 1 Satz 1 ein Kreditinstitut erst um Auskunft und Vorlage von Urkunden gebeten werden, wenn ein Auskunftsersuchen an den Steuerpflichtigen nicht zum Ziele führt oder keinen Erfolg verspricht.

AEAO

Anwendungserlass zur Abgabenordnung

1   Zu § 30a – Schutz von Bankkunden:

1. § 30a Abs. 3 Satz 2 verbietet nicht generell und ausnahmslos die Ausschreibung von Kontrollmitteilungen anlässlich einer Bankenprüfung.

§ 30a Abs. 3 gilt nur für Guthabenkonten oder Depots, bei deren Errichtung eine Identitätsprüfung nach § 154 Abs. 2 vorgenommen worden ist. Guthabenkonten oder Depots, bei deren Errichtung keine Identitätsprüfung nach § 154 Abs. 2 vorgenommen worden ist, dürfen anlässlich der Außenprüfung bei einem Kreditinstitut zwecks Nachprüfung der ordnungsgemäßen Versteuerung festgestellt oder abgeschrieben werden. Für die Ausschreibung von Kontrollmitteilungen gilt in diesen Fällen § 194 Abs. 3.

Zufallserkenntnisse, die den Verdacht einer Steuerverkürzung im Einzelfall begründen, können auch hinsichtlich solcher Guthabenkonten oder Depots, bei deren Errichtung eine Identitätsprüfung vorgenommen worden ist, dem zuständigen Finanzamt mitgeteilt werden (BFH-Beschluss vom 2. August 2001 – VII B 290/99 – BStBl 2001 II S. 665). § 30a Abs. 3 entfaltet aber auch im Rahmen nicht strafrechtlich veranlasster, typisch steuerrechtlicher Ermittlungen zur Gewinnung von Prüfmaterial für die Veranlagung keine „Sperrwirkung", wenn ein hinreichender Anlass für die Kontrollmitteilung besteht (BFH-Urteil vom 9. Dezember 2008 – VII R 47/07 – BStBl 2009 II S. 509). Eine Kontrollmitteilung ist dann „hinreichend veranlasst", wenn das zu prüfende Bankgeschäft Auffälligkeiten aufweist, die aus dem Kreis der alltäglichen und banküblichen Geschäfte hervorheben oder eine für Steuerhinterziehung besonders anfällige Art der Geschäftsabwicklung erkennen lassen, wenn also eine erhöhte Wahrscheinlichkeit der Entdeckung unbekannter Steuerfälle besteht. Der hinreichende Anlass für die Nachprüfung der steuerlichen Verhältnisse muss sich anhand der konkreten Ermittlungen im Einzelfall und der in vergleichbaren Prüfsituationen gewonnenen verallgemeinerungsfähigen Erkenntnisse nachvollziehbar ergeben.

§ 194 Abs. 3 bleibt hinsichtlich der Kreditkonten, der Eigenkonten und der Konten pro Diverse durch § 30a Abs. 3 ebenfalls unberührt. Erkenntnisse aus der Überprüfung derartiger Konten fallen allerdings auch unter den Schutz des § 30a Abs. 3, soweit die entsprechenden Belege notwendigerweise auch zu einem legitimationsgeprüften Guthabenkonto oder Depot gehören (BFH-Urteil vom 9. Dezember 2008, a. a. O.).

Im Übrigen steht § 30a Abs. 3 einer Außenprüfung nach § 50b EStG bei den Kreditinstituten nicht entgegen.

2   2. Für Auskunftsersuchen an Kreditinstitute gelten §§ 93 und 208. Ermittlungen „ins Blaue hinein" sind unzulässig (vgl. BFH-Urteil vom 23. 10. 1990 – VIII R 1/86 – BStBl II 1991 S. 277 [278]). Auskünfte können bei hinreichendem Anlass verlangt werden (BFH-Urteile vom 29. 10. 1986 – VII R 82/85 – BStBl II 1988 S. 359, und vom 24. 3. 1987 – VII R 30/86 – BStBl II S. 484). Unter dieser Voraussetzung sind auch Auskunftsersuchen, die sich auf eine Vielzahl von Einzelfällen beziehen (Sammelauskunftsersuchen), zulässig (vgl. BFH-Urteil vom 24. 10. 1989 – VII R 1/87 – BStBl II 1990 S. 198).

Hingegen sind Sammelauskunftsersuchen über Bestände von Konten einschließlich Depotkonten sowie über Gutschriften von Kapitalerträgen nach § 30a Abs. 2 unzulässig.

3. Die Anzeigepflicht der Kreditinstitute nach § 33 ErbStG und die Auswertung der Anzeigen auch für Einkommensteuerzwecke bleiben durch § 30a Abs. 2 unberührt (BFH-Beschluss vom 2. 4. 1992, VIII B 129/91 – BStBl II S. 616).

4. Bei Ermittlungen im Steuerstrafverfahren und im Bußgeldverfahren wegen Steuerordnungswidrigkeiten findet § 30a keine Anwendung.

Hinweise

Schutz von Bankkunden (§ 30a AO); Anwendung des BFH-Beschlusses vom 25. 7. 2000 – VII B 28/99 –

(BMF vom 12. 12. 2000 – IV A 4 – S 0130a – 9/00 –, BStBl 2000 I S. 1549)

Der Bundesfinanzhof hat mit Beschluss vom 25. Juli 2000 – VII B 28/99 – im Wege der Gewährung einstweiligen Rechtsschutzes entschieden,

– bei der im Eilverfahren gebotenen summarischen Prüfung ist von einer unzulässigen Rasterfahndung auszugehen, wenn die Steuerfahndung ein steuerstrafrechtliches Ermittlungsverfahren in einem Kreditinstitut mit einem bestimmten Auftrag dazu benutzt, ohne Rücksicht auf einen etwaigen Zusammenhang mit diesem Auftrag bestimmte Verhaltensweisen von Kunden dieses Kreditinstituts möglichst vollständig zu erfassen (hier: Inhaber von Tafelpapieren) mit dem Ziel, in allen Fällen undifferenziert, d. h. unabhängig von der Höhe der festgestellten Beträge oder von sonstigen Besonderheiten, die Vorgänge auf ihre steuerlich korrekte Erfassung einer Überprüfung zu unterziehen.

– die Inhaberschaft von Tafelpapieren verbunden mit der Einlieferung solcher Papiere in die (legitimationsgeprüfte) Sammeldepotverwahrung eines Kreditinstituts begründet keinen steuerstrafrechtlichen Anfangsverdacht. Daher werden in einem solchen Fall auch die Ermittlungsbefugnisse der Steuerfahndung hinsichtlich der Feststellung der Verhältnisse anderer als der von der Prüfung unmittelbar betroffenen Personen im Bankenbereich durch die Spezialvorschrift des § 30a Abs. 3 AO begrenzt.

Nach dem Ergebnis der Erörterungen mit den obersten Finanzbehörden der Länder bitte ich, die Grundsätze des v. g. BFH-Beschlusses über den entschiedenen Einzelfall hinaus nicht allgemein anzuwenden, da die Grundsätze dieses Beschlusses nicht mit der von der Finanzverwaltung vertretenen Rechtsauffassung in Einklang stehen, die im BFH-Beschluss vom 4. September 2000 – I B 17/00 – bestätigt wird.

Rechtsprechung

BFH vom 18. 2. 1997 – VIII R 33/95 (BStBl 1997 II S. 499)[1]

§ 30a AO ist verfassungskonform einschränkend in der Weise auszulegen, daß er der von Art. 3 Abs. 1 GG gebotenen gleichmäßigen Erhebung der Steuer auf Zinseinkünfte nicht entgegensteht. Die Regelungen des § 30a Abs. 1, 2, 4 und 5 AO haben lediglich rechtsbestätigenden Charakter. § 30a Abs. 3 AO hindert nicht die Fertigung und Auswertung von Kontrollmitteilungen anläßlich einer Außenprüfung bei Kreditinstituten, wenn hierfür ein „hinreichend begründeter Anlaß" besteht.

BFH vom 4. 9. 2000 – I B 17/00 (BStBl 2000 II S. 648)

– Die FG haben in einem Verfahren nach § 2 Abs. 2 Nr. 5 EGAHiG zu prüfen, ob die weiterzugebenden Informationen über legitimationsgeprüfte Konten i. S. von § 154 Abs. 2 AO im Rahmen einer vorangegangenen Steuerfahndungsprüfung bei einem Kreditinstitut unter Verstoß gegen § 30a Abs. 3 AO erlangt worden sind (Abgrenzung zum Senatsbeschluss in BStBl 1995 II S. 497).

– Eine Steuerfahndungsprüfung nach § 208 Abs. 1 AO ist keine Außenprüfung i. S. des § 30a Abs. 3 AO. Für die Feststellungen der Steuerfahndungsbehörde über legitimationsgeprüfte Konten ergibt sich deshalb kein Verwertungsverbot aus § 30a Abs. 3 Satz 2 AO (Abgrenzung zu den BFH-Beschlüssen v. 28. 10. 1997, BFH/NV 1998 S. 424, und vom 25. 7. 2000, DStR 2000 S. 1511). Auch

---

[1] Verfassungsbeschwerde vom BVerfG nicht angenommen (StEd 1997 S. 799).

das Bundesamt für Finanzen ist nicht gehindert, über solche Informationen gem. § 2 Abs. 2 Nr. 5 EGAHiG Auskunft zu erteilen.

6 **BFH vom 15. 6. 2001 – VII B 11/00 (BStBl 2001 II S. 624)**

1. Der so genannte Anfangsverdacht einer Steuerstraftat ist bei der Durchführung von Tafelgeschäften dann gerechtfertigt, wenn der Bankkunde solche Geschäfte bei dem Kreditinstitut, bei dem er seine Konten und/oder Depots führt, außerhalb dieser Konten und Depots durch Bareinzahlungen und Barabhebungen abwickelt.

2. Der hiernach (1.) einer Steuerstraftat verdächtige Bankkunde bzw. sein Erbe muss auch noch nach Eintritt eines Strafverfolgungshindernisses mit einem Vorgehen der Steuerfahndung auf der Grundlage von § 208 Abs. 1 Satz 1 Nr. 2 AO zwecks Ermittlung der Besteuerungsgrundlagen rechnen, solange jedenfalls hinsichtlich des in Frage stehenden Steuerentstehungstatbestands noch keine Festsetzungsverjährung eingetreten ist.

3. Besteht ein Anfangsverdacht, steht das so genannte Bankgeheimnis der Auswertung des im Rahmen einer richterlichen Beschlagnahmeanordnung gewonnenen Materials durch die Steuerfahndung, auch in Form der Weitergabe dieses Materials im Wege von Kontrollmitteilungen an die zuständigen Veranlagungsfinanzämter, nicht im Wege.

7 **BFH vom 2. 8. 2001 – VII B 290/99 (BStBl 2001 II S. 665)**

1. Ein „hinlänglicher Anlass" für die Ausfertigung von Kontrollmitteilungen besteht jedenfalls dann, wenn der Betriebsprüfer bei der Prüfung der bankinternen Konten einer Bank feststellt, dass Bankkunden, obwohl sie dort ihre Geldkonten führen, Tafelgeschäfte außerhalb dieser Konten anonymisiert in der Art von Bargeschäften abgewickelt haben.

2. Ist der Anlass, der zur Ausfertigung von Kontrollmitteilungen berechtigt, von einer solchen Qualität, dass sich hieraus sogar ein steuerstrafrechtlicher Anfangsverdacht ableiten lässt – wie z. B. bei der anonymisierten Abwicklung von Tafelgeschäften (1.) – entfaltet das so genannte Bankengeheimnis keine Schutz- der Vertrauenswirkung für den Bankkunden.

8 **BFH vom 21. 3. 2002 – VII B 152/01 (BStBl 2002 II S. 495)**

1. Weder die Kenntnis der Steuerfahndungsbehörden von der Anzahl und der Kursentwicklung der am deutschen Aktienmarkt in einem bestimmten Zeitraum eingeführten Neuemissionen noch die Kenntnis über das Erklärungsverhalten aller Steuerpflichtigen bezüglich der Einkünfte aus Spekulationsgeschäften lassen Rückschlüsse auf tatsächlich erzielte Spekulationsgewinne von Kunden eines bestimmten Kreditinstitutes zu. Ein hinreichender Anlass für Ermittlungen der Steuerfahndung zur Aufdeckung und Ermittlung unbekannter Steuerfälle bei irgendeinem Kreditinstitut liegt daher nicht vor. Ein solcher ist aber dann zu bejahen, wenn die Steuerfahndung darüber hinaus Kenntnis davon erhalten hat (hier durch sparkasseninterne Informationen), dass gerade Kunden dieses Kreditinstitutes in erheblicher Zahl in einem bestimmten Marktsegment innerhalb der Spekulationsfrist Aktiengeschäfte getätigt und Spekulationsgewinne realisiert haben.

2. Ist ein hinreichender Anlass für Ermittlungsmaßnahmen der Steuerfahndung gegeben, scheidet die Annahme einer Rasterfahndung oder einer Ermittlung ins Blaue selbst dann aus, wenn gegen eine große Zahl von Personen ermittelt wird. Aus Gründen der Steuergleichheit und Steuergerechtigkeit darf die Steuerfahndung ihre Ermittlungsmaßnahmen insoweit auch an dem vom Gesetz vorgegebenen „Erheblichkeitswert" orientieren.

3. Der Schutz des Bankkunden vor unberechtigten (Sammel-)Auskunftsersuchen ist nur an der Regelung des § 30a Abs. 2 i. V. m. § 30a Abs. 5 AO zu messen. Liegen die Voraussetzungen der §§ 93, 208 Abs. 1 Satz 1 Nr. 3 AO vor, dürfen die Finanzbehörden Auskünfte – auch Sammelauskünfte – bei den Kreditinstituten einholen. Eine Erweiterung des Bankkundenschutzes durch eine entsprechende Anwendung des § 30a Abs. 3 AO ist nicht geboten.

9 **BFH vom 27. 9. 2006 – IV R 45/04 (BStBl 2007 II S. 39)**

Das sog. Bankengeheimnis nach § 30a AO schließt nicht aus, dass einer Bank die von ihr vereinnahmten Erträge aus ausländischen Wertpapieren nach § 159 AO zugerechnet werden, wenn sie nicht nachweist, dass sie die Papiere lediglich treuhänderisch für ihre Kunden hält.

10 **BFH vom 9. 12. 2008 – VII R 47/07 (BStBl 2009 II S. 509)**

1. Kontrollmitteilungen aus Anlass von Bankenprüfungen sind, wenn keine legitimationsgeprüften Konten oder Depots betroffen sind, nach § 194 Abs. 3 AO grundsätzlich ohne besonderen Anlass zulässig. Aus § 30a Abs. 1 AO ergibt sich keine weitergehende Auswertungsbeschränkung „im Bankenbereich".

2. Ein bankinternes Aufwandskonto ist kein legitimationsgeprüftes Konto i.S. des § 154 Abs. 2 AO. Buchungsbelege zu diesem Konto, die ein legitimationsgeprüftes Konto oder Depot betreffen, fallen gleichwohl unter den Schutz des § 30a Abs. 3 Satz 2 AO, weil sie notwendigerweise auch zu diesem Kundenkonto gehören.

3. § 30a Abs. 3 AO entfaltet auch im Rahmen nicht strafrechtlich veranlasster, typisch steuerrechtlicher Ermittlungen zur Gewinnung von Prüfmaterial für die Veranlagung keine „Sperrwirkung", wenn ein hinreichender Anlass für die Kontrollmitteilung besteht (Abgrenzung zum BFH-Beschluss vom 28. Oktober 1997 VII B 40/97, BFH/NV 1998, 424).

4. „Hinreichend veranlasst" ist eine Kontrollmitteilung dann, wenn das zu prüfende Bankgeschäft Auffälligkeiten aufweist, die es aus dem Kreis der alltäglichen und banküblichen Geschäfte hervorheben oder eine für Steuerhinterziehung besonders anfällige Art der Geschäftsabwicklung erkennen lassen, die – mehr als es bei Kapitaleinkünften das Banken geführten Konten und Depots stets zu besorgen ist – dazu verlockt, solche Einkünfte dem FA zu verschweigen, wenn also eine erhöhte Wahrscheinlichkeit der Entdeckung unbekannter Steuerfälle besteht.

5. Der hinreichende Anlass für die „Nachprüfung der steuerlichen Verhältnisse" muss sich anhand der konkreten Ermittlungen im Einzelfall und der in vergleichbaren Prüfsituationen gewonnenen verallgemeinerungsfähigen Erkenntnisse nachvollziehbar ergeben.

BFH vom 27. 9. 2010 – II B 164/09 (BFH/NV 2011 S. 193)

Die im Urteil des BFH vom 9. Dezember 2008 VII R 47/07 (BFHE 224, 1, BStBl II 2009, 509) aufgestellten Grundsätze zum Schutz von Bankkunden bei einer Betriebsprüfung von Kreditinstituten gelten auch für einen digitalen Datenzugriff nach § 147 Abs. 6 AO.

§ 31 Mitteilung von Besteuerungsgrundlagen

(1) ¹Die Finanzbehörden sind verpflichtet, Besteuerungsgrundlagen, Steuermessbeträge und Steuerbeträge an Körperschaften des öffentlichen Rechts einschließlich der Religionsgemeinschaften, die Körperschaften des öffentlichen Rechts sind, zur Festsetzung von solchen Abgaben mitzuteilen, die an diese Besteuerungsgrundlagen, Steuermessbeträge oder Steuerbeträge anknüpfen. ²Die Mitteilungspflicht besteht nicht, soweit deren Erfüllung mit einem unverhältnismäßigen Aufwand verbunden wäre. ³Die Finanzbehörden dürfen Körperschaften des öffentlichen Rechts auf Ersuchen Namen und Anschriften ihrer Mitglieder, die dem Grunde nach zur Entrichtung von Abgaben im Sinne des Satzes 1 verpflichtet sind, sowie die von der Finanzbehörde für die Körperschaft festgesetzten Abgaben übermitteln, soweit die Kenntnis dieser Daten zur Erfüllung von in der Zuständigkeit der Körperschaft liegenden öffentlichen Aufgaben erforderlich ist und überwiegende schutzwürdige Interessen des Betroffenen nicht entgegenstehen.

(2) ¹Die Finanzbehörden sind verpflichtet, die nach § 30 geschützten Verhältnisse des Betroffenen den Trägern der gesetzlichen Sozialversicherung, der Bundesagentur für Arbeit und der Künstlersozialkasse mitzuteilen, soweit die Kenntnis dieser Verhältnisse für die Feststellung der Versicherungspflicht oder die Festsetzung von Beiträgen einschließlich der Künstlersozialabgabe erforderlich ist oder der Betroffene einen Antrag auf Mitteilung stellt. ²Die Mitteilungspflicht besteht nicht, soweit deren Erfüllung mit einem unverhältnismäßigen Aufwand verbunden wäre.

(3) Die für die Verwaltung der Grundsteuer zuständigen Behörden sind berechtigt, die nach § 30 geschützten Namen und Anschriften von Grundstückseigentümern, die bei der Verwaltung der Grundsteuer bekannt geworden sind, zur Verwaltung anderer Abgaben sowie zur Erfüllung sonstiger öffentlicher Aufgaben zu verwenden oder den hierfür zuständigen Gerichten, Behörden oder juristischen Personen des öffentlichen Rechts auf Ersuchen mitzuteilen, soweit nicht überwiegende schutzwürdige Interessen des Betroffenen entgegenstehen.

Anwendungserlass zur Abgabenordnung

Zu § 31 – Mitteilung von Besteuerungsgrundlagen:

1. Die Finanzbehörden sind nach § 31 Abs. 2 zur Offenbarung gegenüber der Bundesagentur für Arbeit, der Künstlersozialkasse und den Trägern der gesetzlichen Sozialversicherung nur verpflichtet, soweit die Angaben für die Feststellung der Versicherungspflicht oder die Festsetzung von Beiträgen benötigt werden. Die Träger der Sozialversicherung, die Bundesagentur für Arbeit und die Künstlersozialkasse haben dies bei Anfragen zu versichern.

2. Sozialleistungsträger sind gemäß § 12 SGB I die in §§ 18 bis 29 SGB I genannten Körperschaften, Anstalten und Behörden, die entsprechende Dienst-, Sach- und Geldleistungen gewähren (z. B. Sozialämter und die gesetzlichen Krankenkassen). Der Begriff „Bundesagentur für Arbeit" umfasst auch den nachgeordneten Bereich, z. B. die Agenturen für Arbeit. Nicht zu den Trägern der gesetzlichen Sozialversicherung gehören private Krankenversicherungen. Eine ständig aktualisierte Liste der auskunftsberechtigten Krankenkassen kann unter http://www.gkv-spitzenverband.de eingesehen werden.

3. Die Finanzbehörden sind gegenüber Trägern der gesetzlichen Sozialversicherung hinsichtlich freiwillig Versicherter, die hauptberuflich selbständig erwerbstätig sind, nicht nach § 31 Abs. 2 auskunftspflichtig. Denn bei diesem Personenkreis gilt die Beitragsbemessungsgrenze als beitragspflichtige Einnahme, sofern der Versicherte keine geringeren Einnahmen nachweist (§ 240 Abs. 4 SGB V).

Bei anderen freiwillig Versicherten ist der Sozialversicherungsträger berechtigt und verpflichtet, die sozialversicherungsrelevanten Verhältnisse zu ermitteln. Kommt der Versicherte seiner Mitwirkungspflicht nicht nach, kann der Sozialversicherungsträger die Finanzbehörden um Auskunft ersuchen. Die Auskunft ist auf die zur Beitragsfestsetzung unbedingt notwendigen Angaben zu beschränken (insbesondere Höhe einzelner Einkünfte oder Summe der Einkünfte).

H Hinweise

2 Mitteilung von Besteuerungsgrundlagen an die Industrie- und Handelskammern sowie an die Handwerkskammern

(FinMin Nordrhein-Westfalen vom 1. 5. 2005 – S 0131 –)

Nach § 31 Abs. 1 AO sind die Finanzämter verpflichtet, Besteuerungsgrundlagen, Gewerbesteuermessbeträge und Steuerbeträge an Körperschaften des öffentlichen Rechts zur Festsetzung von solchen Abgaben mitzuteilen, die an diese Besteuerungsgrundlagen, Steuermessbeträge und Steuerbeträge anknüpfen.

Die Industrie- und Handelskammern (IHK) und die Handwerkskammern (HWK) sind Körperschaften des öffentlichen Rechts. Sie erheben von ihren Kammerzugehörigen u. a. Kammerbeiträge. Beitragsmessungsgrundlage können der Gewerbesteuermessbetrag bzw. der Zerlegungsanteil, der Gewerbeertrag oder der Gewinn aus Gewerbebetrieb sein. Die Finanzämter sind gem. § 31 Abs. 1 AO somit verpflichtet, den Kammern diese zur Festsetzung der Kammerbeiträge erforderlichen Beitragsmessungsgrundlagen mitzuteilen.

Die Mitteilung der Beitragsbemessungsgrundlagen erfolgt im Wege der Amtshilfe (§ 5 VwVfG) auf der Grundlage der mit den Kammern getroffenen Rahmenvereinbarung vom 09. 09. 1994 grundsätzlich durch Datenträgeraustausch (Hinweis auf Fach 20 Teil 19 der DA-ADV). Zur Durchführung dieses Verfahrens haben die Kammern sogenannte Leitstellen eingerichtet (z. B. die Arbeitsgemeinschaft Kammerleitstelle für Bemessungsgrundlagen – AKB – in Dortmund). Die mit der Wahrnehmung der übertragenen Aufgaben befassten Angehörigen der Leitstellen sind nach Maßgabe des Verpflichtungsgesetzes auf die Wahrung des Steuergeheimnisses verpflichtet worden. Die Verpflichtung zur Mitteilung der durch das Steuergeheimnis geschützten Daten besteht damit auch gegenüber den Leitstellen. Dies gilt auch insoweit, als diese Stellen im Einzelfall unter Bezugnahme auf die Rahmenvereinbarungen die Finanzämter um entsprechende Auskünfte ersuchen.

Die Mitteilung von Daten an die Kammern oder Leitstellen ist nicht zulässig, wenn der Steuerpflichtige zwar gewerbesteuerpflichtig ist, jedoch keiner Kammer angehört.

3 Mitteilung von Besteuerungsgrundlagen an die Träger der gesetzlichen Sozialversicherung, die Bundesagentur für Arbeit und die Künstlersozialkasse

(OFD Frankfurt vom 11. 1. 2011 – S 0131A – 9 – St 23 –)

1. Allgemeines

Nach § 31 Abs. 2 AO sind die Finanzämter verpflichtet, die nach § 30 AO geschützten Verhältnisse des Betroffenen den Trägern der gesetzlichen Sozialversicherung, der Bundesagentur für Arbeit und der Künstlersozialkasse mitzuteilen, soweit dies Kenntnis dieser Verhältnisse für die Feststellung der Versicherungspflicht oder die Festsetzung von Beiträgen einschließlich der Künstlersozialabgabe erforderlich ist oder der Betroffene einen Antrag auf Mitteilung stellt.

Der Begriff „Bundesagentur für Arbeit" umfasst auch den nachgeordneten Bereich, z.B. die Agenturen für Arbeit. Nicht zu den Trägern der gesetzlichen Sozialversicherung gehören private Krankenversicherungen. Eine ständig aktualisierte Liste der auskunftsberechtigten Krankenkassen kann eingesehen werden.

Die Finanzämter sind nach § 31 Abs. 2 AO von Amts wegen verpflichtet, entsprechende Auskünfte zu erteilen. Die Mitteilungspflicht besteht jedoch nicht, soweit deren Erfüllung mit einem unverhältnismäßigen Aufwand verbunden wäre. Ob ein unverhältnismäßiger Aufwand vorliegt, ist anhand des jeweiligen Einzelfalls zu beurteilen.

Im Einzelnen gilt hierzu Folgendes:

Sozialversicherungsträger

Träger der gesetzlichen Sozialversicherung sind gemäß § 12 des 1. Buches des Sozialgesetzbuches (SGB I) die in den §§ 18 bis 29 SGB I genannten Körperschaften, Anstalten und Behörden, die entsprechende Dienst-, Sach- und Geldleistungen gewähren, also z.B.:

- für Leistungen der Ausbildungsförderung die Ämter und die Landesämter für Ausbildungsförderung (§ 18 Abs. 2 SGB I),
- für Leistungen der Arbeitsförderung und Leistungen bei gleitendem Übergang älterer Arbeitnehmer in den Ruhestand die Agenturen für Arbeit und die sonstigen Dienststellen der Bundesagentur für Arbeit (§§ 19 Abs. 2, 19a Abs. 2 SGB I),
- für Leistungen der gesetzlichen Krankenversicherung und Leistungen bei Schwangerschaftsabbrüchen die Orts-, Betriebs- und Innungskrankenkassen, die landwirtschaftlichen Krankenkassen, die Deutsche Rentenversicherung Knappschaft-Bahn-See und die Ersatzkassen (§§ 21 Abs. 2, 21b Abs. 2 SGB I),
- für Leistungen der sozialen Pflegeversicherung die bei den Krankenkassen errichteten Pflegekassen (§ 21a Abs. 2 SGB I),
- für Leistungen aus der gesetzlichen Unfallversicherung die gewerblichen und die landwirtschaftlichen Berufsgenossenschaften (vgl. unter Mitteilung von Besteuerungsgrundlagen an die landwirtschaftlichen Berufsgenossenschaften), die Gemeindeunfallversicherungsverbände, die Feuerwehr-Unfallkassen, die Eisenbahn-Unfallkasse, die Unfallkasse Post und Telekom, die Unfallkassen der Länder und Gemeinden, die gemeinsamen Unfallkassen für den Landes- und kommunalen Bereich und die Unfallkasse des Bundes (§ 22 Abs. 2 SGB I),
- für Leistungen der gesetzlichen Rentenversicherung einschließlich der Alterssicherung der Landwirte die Regionalträger der allgemeinen Rentenversicherung, die Deutsche Rentenversicherung Bund, die Deutsche Rentenversicherung Knappschaft-Bahn-See sowie die landwirtschaftlichen Alterskassen (§ 23 Abs. 2 SGB I),
- für Versorgungsleistungen bei Gesundheitsschäden die Versorgungsämter und die orthopädischen Versorgungsstellen, die Kreise und kreisfreien Städte sowie die Hauptfürsorgestellen (§ 24 Abs. 2 SGB I),
- für Kinder-, Erziehungs- und Elterngeld die Familienkassen, die nach § 10 des Bundeserziehungsgeldgesetzes bzw. die nach § 12 des Bundeselterngeld- und Elternzeitgesetzes bestimmten Stellen (§ 25 Abs. 3 SGB I),
- für Wohngeld die durch Landesrecht bestimmten Behörden (§ 26 Abs. 2 SGB I),
- für Leistungen der Kinder- und Jugendhilfe, der Sozialhilfe und der Grundsicherung die Kreise und die kreisfreien Städte, nach Maßgabe des Landesrechts auch kreisangehörige Gemeinden, die überörtlichen Träger der Sozialhilfe und für besondere Aufgaben die Gesundheitsämter (§§ 27 Abs. 2 , 28 Abs. 2 SGB I) und
- für Leistungen zur Rehabilitation und Teilhabe behinderter Menschen die in §§ 19 bis 24, 27 und 28 SGB I genannten Leistungsträger und die Integrationsämter.

Umfang der Offenbarungsbefugnis

Eine Verpflichtung zur Offenbarung besteht nach dem Gesetzeswortlaut nur, soweit die Angaben für die Feststellung der Versicherungspflicht oder die Festsetzung von Beiträgen einschließlich der Künstlersozialabgabe benötigt werden. Mitteilungen für andere Zwecke, z.B. für die Erhebung oder Vollstreckung der festgesetzten Beiträge, dürfen nicht erfolgen. Auch schließt die Befugnis zur Mitteilung nicht die Befugnis zur Gewährung von Akteneinsicht und Übersendung der Akten ein.

Die Mitteilungspflicht besteht auch, soweit die Mitteilung für die Berechnung eines staatlichen Zuschusses zum festgesetzten Betrag erforderlich ist. So gewähren z.B. die landwirtschaftlichen Alterskassen (LAK) nach § 32 des Gesetzes über die Alterssicherung der Landwirte (ALG) Zuschüsse zu den Beiträgen zur landwirtschaftlichen Alterssicherung an versicherungspflichtige landwirtschaftliche Unternehmer, wenn das jährliche Einkommen eine bestimmte Grenze nicht übersteigt. Grundlage für die Berechnung dieser Zuschüsse ist das Jahreseinkommen des Landwirts und seines nicht dauernd getrennt lebenden Ehegatten. Hierzu haben die Beitragspflichtigen der LAK spätestens zwei Monate nach der Ausfertigung die Einkommensteuerbescheide vorzulegen. Nach § 61a ALG erfolgt die Unterrichtung über den Zeitpunkt der Ausfertigung des letzten vorliegenden Einkommensteuerbescheides zur Überprüfung, wann der nach § 32 Abs. 4 S. 1 ALG vorzulegende Einkommensteuerbescheid ausgefertigt wurde, im Wege eines automatisierten Datenabgleiches von den Finanzbehörden über den Gesamtverband der landwirtschaftlichen Alterskassen (GLA) als Kopfstelle an die zuständigen LAK.

§ 31 Abs. 2 AO erlaubt für Zwecke der Beitragsfestsetzung sehr weitgehende Auskünfte, die nicht auf Besteuerungsgrundlagen im eigentlichen Sinne beschränkt sind. Es können auch andere Sachverhalte mitgeteilt werden. Außerdem ist in § 31 Abs. 2 AO der Personenkreis, über den Auskünfte erteilt werden können, nicht umschrieben. Auskünfte sind deshalb z.b. sowohl über den Arbeitgeber als auch über den Arbeitnehmer zulässig. Weiterhin schließt § 31 Abs. 2 AO nicht aus, dass die Finanzämter auf entsprechende Auskunftsersuchen der Träger der gesetzlichen Sozialversicherung und der Künstlersozialkasse im Einzelfall eigene Ermittlungshandlungen vornehmen müssen.

Hinsichtlich freiwillig Versicherter gilt Folgendes (vgl. auch AEAO zu § 31, Nr. 3, in der Fassung des BMF-Schreibens vom 28.07.2010, BStBl. I 2010, 630):

Die Finanzbehörden sind gegenüber Trägern der gesetzlichen Sozialversicherung hinsichtlich freiwillig Versicherter, die hauptberuflich selbständig erwerbstätig sind, nicht nach § 31 Abs. 2 auskunftspflichtig. Denn bei diesem Personenkreis gilt die Beitragsbemessungsgrenze als beitragspflichtige Einnahme, sofern der Versicherte keine geringeren Einnahmen nachweist (§ 240 Abs. 4 SGB V).

Bei anderen freiwillig Versicherten ist der Sozialversicherungsträger berechtigt und verpflichtet, die sozialversicherungsrelevanten Verhältnisse zu ermitteln. Kommt der Versicherte seiner Mitwirkungspflicht nicht nach, kann der Sozialversicherungsträger die Finanzbehörden um Auskunft ersuchen. Die Auskunft ist auf die zur Beitragsfestsetzung unbedingt notwendigen Angaben zu beschränken (insbesondere Höhe einzelner Einkünfte oder Summe der Einkünfte).

2. Mitteilung von Besteuerungsgrundlagen an die Künstlersozialkasse

Nach § 31 Abs. 2 AO sind die entsprechenden Daten auch für Zwecke der Festsetzung der Künstlersozialabgabe zu übermitteln.

3. Mitteilung von Besteuerungsgrundlagen an die landwirtschaftlichen Berufsgenossenschaften

Nach § 197 Abs. 2 SGB VII haben die Finanzämter grundsätzlich in einem automatisierten Verfahren dem Gesamtverband der landwirtschaftlichen Alterskassen (GLA) als Kopfstelle die maschinell vorhandenen Feststellungen über bewirtschaftete Flächen und Viehbestand zur Weiterleitung an die landwirtschaftlichen Berufsgenossenschaften als Träger der gesetzlichen Sozialversicherung zu übermitteln, soweit diese Daten zur Feststellung der Versicherungspflicht und zum Zweck der Beitragserhebung erforderlich sind (vgl. Allgemeines). Voraussetzung ist jedoch, dass die landwirtschaftlichen Berufsgenossenschaften einen an den vorgenannten Werten orientierten Beitragsmaßstab anwenden.

§ 31a Mitteilungen zur Bekämpfung der illegalen Beschäftigung und des Leistungsmissbrauchs

(1) Die Offenbarung der nach § 30 geschützten Verhältnisse des Betroffenen ist zulässig, soweit sie
1. für die Durchführung eines Strafverfahrens, eines Bußgeldverfahrens oder eines anderen gerichtlichen oder Verwaltungsverfahrens mit dem Ziel
    a) der Bekämpfung von illegaler Beschäftigung oder Schwarzarbeit oder
    b) der Entscheidung
        aa) über Erteilung, Rücknahme oder Widerruf einer Erlaubnis nach dem Arbeitnehmerüberlassungsgesetz oder
        bb) über Bewilligung, Gewährung, Rückforderung, Erstattung, Weitergewährung oder Belassen einer Leistung aus öffentlichen Mitteln
    oder
2. für die Geltendmachung eines Anspruchs auf Rückgewähr einer Leistung aus öffentlichen Mitteln

erforderlich ist.

(2) ¹Die Finanzbehörden sind in den Fällen des Absatzes 1 verpflichtet, der zuständigen Stelle die jeweils benötigten Tatsachen mitzuteilen. ²In den Fällen des Absatzes 1 Nr. 1 Buchstabe b

und Nr. 2 erfolgt die Mitteilung auch auf Antrag des Betroffenen. ³Die Mitteilungspflicht nach den Sätzen 1 und 2 besteht nicht, soweit deren Erfüllung mit einem unverhältnismäßigen Aufwand verbunden wäre.

Anwendungserlass zur Abgabenordnung

Zu § 31a – Mitteilungen zur Bekämpfung der illegalen Beschäftigung und des Leistungsmissbrauchs:

1. **Allgemeines**

   Die Offenbarung erfolgt aufgrund einer Anfrage der für die in § 31a genannten Verfahren zuständigen Stellen. Die zuständigen Stellen haben in der Anfrage zu versichern, dass die Offenbarung der Verhältnisse für ein Verfahren im Sinne des § 31a Abs. 1 erforderlich ist.

   Die Offenbarung erfolgt von Amts wegen, wenn die Finanzbehörden über konkrete Informationen verfügen, die für die zuständigen Stellen für ein Verfahren nach § 31a Abs. 1 erforderlich sind. Es genügt die Möglichkeit, dass die konkreten Tatsachen für die Durchführung eines Verfahrens nach § 31a Abs. 1 erforderlich sind, ein konkreter Tatverdacht im strafprozessualen Sinne ist nicht notwendig. Vorsorgliche Mitteilungen sind nicht vorzunehmen.

   Die Mitteilungspflicht der Finanzbehörden bezieht sich nur auf die konkret vorhandenen Anhaltspunkte, sie sind nicht zu zusätzlichen Ermittlungen verpflichtet. Die Mitteilungspflicht des § 31a gilt nur gegenüber den jeweils zuständigen Stellen und schließt nicht die Befugnis zur Gewährung von Akteneinsicht oder die Übersendung von Akten ein.

   Eine Mitteilungspflicht besteht nicht, soweit deren Erfüllung mit einem unverhältnismäßigen Aufwand verbunden wäre (§ 31a Abs. 2 Satz 3). Ein unverhältnismäßiger Aufwand liegt in der Regel dann vor, wenn der zur Erfüllung der Mitteilungspflicht erforderliche sachliche, personelle oder zeitliche Aufwand erkennbar außer Verhältnis zum angestrebten Erfolg der Mitteilung steht.

2. **Bekämpfung von illegaler Beschäftigung oder Schwarzarbeit (§ 31 Abs. 1 Nr. 1 Buchstabe a)**

   2.1 Illegale Beschäftigung

   Nach § 16 Abs. 2 Schwarzarbeitsbekämpfungsgesetz (SchwarzArbG) liegt illegale Beschäftigung unter anderem dann vor, wenn Ausländer ohne eine erforderliche Genehmigung arbeiten oder beschäftigt werden (illegale Arbeitnehmerbeschäftigung) oder Arbeitnehmer von einem Arbeitgeber an einen Dritten gewerbsmäßig zur Arbeitsleistung überlassen werden, obwohl eine erforderliche Erlaubnis nach dem Arbeitnehmerüberlassungsgesetz nicht vorliegt oder die Überlassung gesetzlich nicht gestattet ist (unerlaubte Arbeitnehmerüberlassung).

   2.2 Schwarzarbeit

   Nach § 1 Abs. 2 SchwarzArbG leistet Schwarzarbeit, wer Dienst- oder Werkleistungen erbringt oder ausführen lässt und dabei

   1. als Arbeitgeber, Unternehmer oder versicherungspflichtiger Selbstständiger seine sich auf Grund der Dienst- oder Werkleistungen ergebenden sozialversicherungsrechtlichen Melde-, Beitrags- oder Aufzeichnungspflichten nicht erfüllt,
   2. als Steuerpflichtiger seine sich auf Grund der Dienst- oder Werkleistungen ergebenden steuerlichen Pflichten nicht erfüllt,
   3. als Empfänger von Sozialleistungen seine sich auf Grund der Dienst- oder Werkleistungen ergebenden Mitteilungspflichten gegenüber dem Sozialleistungsträger nicht erfüllt,
   4. als Erbringer von Dienst- oder Werkleistungen seiner sich daraus ergebenden Verpflichtung zur Anzeige vom Beginn des selbstständigen Betriebes eines stehenden Gewerbes (§ 14 der Gewerbeordnung) nicht nachgekommen ist oder die erforderliche Reisegewerbekarte (§ 55 der Gewerbeordnung) nicht erworben hat,
   5. als Erbringer von Dienst- oder Werkleistungen ein zulassungspflichtiges Handwerk als stehendes Gewerbe selbstständig betreibt, ohne in der Handwerksrolle eingetragen zu sein (§ 1 der Handwerksordnung).

   2.3 Zuständige Stellen

   Zuständig für die Prüfung und Bekämpfung von illegaler Beschäftigung nach Nr. 2.1 und Schwarzarbeit nach Nr. 2.2 lfd. Nr. 1 und 2 sind die Behörden der Zollverwaltung, Arbeitsbereich Finanzkontrolle Schwarzarbeit (FKS). Die FKS prüft auch, ob Verstöße gegen Mitteilungspflichten nach Nr. 2.2 lfd. Nr. 3 vorliegen, sofern diese Mitteilungspflichten Sozialleistungen nach dem SGB II, dem SGB III oder Leistungen nach dem Altersteilzeitgesetz

§ 31a AO
AEAO

betreffen; für Sozialleistungen nach dem SGB I sind die jeweiligen Leistungs- bzw. Subventionsgeber zuständig (vgl. unter Nr. 4.2). Für die Verfolgung und Ahndung von Verstößen gegen die in Nr. 2.2 lfd. Nr. 4 und 5 aufgeführten Pflichten, sind die nach Landesrecht zuständigen Behörden zuständig (§ 2 Abs. 1a SchwarzArbG). Die Prüfung der Erfüllung steuerlicher Pflichten obliegt gemäß § 2 Abs. 1 Satz 2 SchwarzArbG weiterhin den Landesfinanzbehörden. Die FKS ist gemäß § 2 Abs. 1 Satz 3 SchwarzArbG zur Mitwirkung an diesen Prüfungen berechtigt. Unabhängig davon prüft die FKS gemäß § 2 Abs. 1 Satz 4 SchwarzArbG zur Erfüllung ihrer Mitteilungspflichten nach § 6 Abs. 1 Satz 1 i. V. m. Abs. 3 Nr. 4 SchwarzArbG, ob Anhaltspunkte dafür bestehen, dass steuerlichen Pflichten aus Dienst- und Werkleistungen nicht nachgekommen wurde. Ergeben sich bei der Prüfung der FKS Anhaltspunkte für Verstöße gegen die Steuergesetze, so unterrichtet die FKS hierüber die zuständigen Finanzbehörden (§ 6 Abs. 3 Nr. 4 SchwarzArbG). Zur Durchführung des SchwarzArbG führt die FKS eine zentrale Prüfungs- und Ermittlungsdatenbank (§ 16 SchwarzArbG). Den Landesfinanzbehörden wird auf Ersuchen Auskunft aus der zentralen Datenbank erteilt zur Durchführung eines Steuerstraf- oder Steuerordnungswidrigkeitenverfahrens und für die Besteuerung, soweit sie im Zusammenhang mit der Erbringung von Dienst- oder Werkleistungen steht (§ 17 Abs. 1 Nr. 4 SchwarzArbG). Soweit durch eine Auskunft die Gefährdung des Untersuchungszwecks eines Ermittlungsverfahrens zu besorgen ist, kann die für dieses Verfahren zuständige Behörde der Zollverwaltung oder die zuständige Staatsanwaltschaft anordnen, dass hierzu keine Auskunft erteilt werden darf (§ 17 Abs. 1 Satz 2 SchwarzArbG). § 478 Abs. 1 Satz 1 und 2 StPO findet Anwendung, wenn die Daten Verfahren betreffen, die zu einem Strafverfahren geführt haben (§ 17 Abs. 1 Satz 3 SchwarzArbG).

2.4 Mitteilungen

Verfügt die Finanzbehörde über Informationen, die die FKS oder die nach Landesrecht zuständigen Behörden für die Erfüllung ihrer Aufgaben zur Bekämpfung illegaler Beschäftigung und Schwarzarbeit benötigt, hat sie diese mitzuteilen. Anhaltspunkte für einen möglichen Verstoß reichen für eine Mitteilung aus. Ein unverhältnismäßiger Aufwand im Sinne des § 31a Abs. 2 Satz 3 liegt bei den Mitteilungen an die FKS im Regelfall nicht vor.

2.5 Verfahren FKS

Sowohl die Hauptzollämter als auch die Landesfinanzbehörden haben so genannte „Partnerstellen" für die Zusammenarbeit der FKS mit den Finanzbehörden eingerichtet. Mitteilungen sind daher nicht direkt an die FKS zu richten, sondern der jeweils örtlichen „Partnerstelle Steuer" zu übermitteln. Diese leitet die Mitteilungen dann an die jeweils örtliche „Partnerstelle FKS" weiter. In begründeten Einzelfällen sind ausnahmsweise auch direkte Kontakte zwischen den Stellen der FKS und den Finanzämtern möglich. Hierüber sind die örtlichen Partnerstellen zeitnah zu unterrichten.

3. **Entscheidung über Arbeitnehmerüberlassung (§ 31a Abs. 1 Nr. 1 Buchstabe b)**

3.1 Arbeitnehmerüberlassung

Nach § 1 Abs. 1 Arbeitnehmerüberlassungsgesetz (AÜG) ist eine Erlaubnis erforderlich, wenn ein Arbeitgeber (Verleiher) einem Dritten (Entleiher) Arbeitnehmer (Leiharbeitnehmer) gewerbsmäßig zur Arbeitsleistung überlassen will, ohne dass damit eine Arbeitsvermittlung nach § 1 Abs. 2 AÜG und i. S. d. §§ 35 ff. SGB III betrieben wird. Die gewerbsmäßige Arbeitnehmerüberlassung in Betrieben des Baugewerbes für Arbeiten, die üblicherweise von Arbeitern verrichtet werden, ist zwischen Betrieben des Baugewerbes gestattet, wenn diese Betriebe von denselben Rahmen- und Sozialkassentarifverträgen oder von deren Allgemeinverbindlichkeiten erfasst werden; ansonsten ist sie unzulässig (§ 1b AÜG).

Die Erlaubnis zur Arbeitnehmerüberlassung hängt nach den Vorschriften des AÜG u. a. von der Zuverlässigkeit des Verleihers ab. Diese Erlaubnis kann aus den in §§ 3, 4 und 5 AÜG aufgeführten Gründen versagt, zurückgenommen oder widerrufen werden. Die Zuverlässigkeitsprüfung durch die Arbeitsbehörde hat sich dabei auch auf das steuerliche Verhalten – insbesondere die Einhaltung der Vorschriften über die Einbehaltung und Abführung der Lohnsteuer – zu erstrecken (§ 3 Abs. 1 Nr. 1 AÜG).

3.2 Zuständige Stellen

Zuständig für die Durchführung des AÜG ist die Bundesagentur für Arbeit (§ 17 AÜG).

3.3 Mitteilungen

Die Finanzbehörden unterrichten die zuständigen Dienststellen der Bundesagentur für Arbeit von Amts wegen über jede Verletzung steuerlicher Pflichten eines Arbeitnehmerverleihers, die mit der Ausübung seiner gewerblichen Tätigkeit im Zusammenhang steht, es sei denn, es handelt sich um Pflichtverletzungen, die nach ihrem betragsmäßigen Umfang und ihrer Bedeutung als geringfügig anzusehen sind.

Solche Pflichtverletzungen, die nach ihrem betragsmäßigen Umfang und ihrer Bedeutung als geringfügig anzusehen sind, sind jedoch auf Anfrage den Dienststellen der Bundesagentur für Arbeit mitzuteilen, wenn in der Anfrage von ihnen bescheinigt wird, dass die Informationen für ein nach § 31a Abs. 1 Nr. 1 Buchstabe b genanntes Verfahren erforderlich sind.

Zu den mitzuteilenden Tatsachen gehören z. B.:
- Die Nichtanmeldung von Lohnsteuer,
- die verspätete Abgabe von Lohnsteuer-Anmeldungen,
- die verspätete Abführung oder Nichtabführung der einbehaltenen Steuerabzugsbeträge,
- bestehende Steuerrückstände, soweit diese durch die gewerbliche Tätigkeit ausgelöst wurden,
- erhebliche Nachforderungen aus Lohnsteuer-Außenprüfungen,
- wirtschaftliche Leistungsunfähigkeit.

3.4 Verfahren

Damit die Finanzbehörden zwischen unerlaubter Arbeitnehmerüberlassung (vgl. Nr. 2.1) und genehmigter Arbeitnehmerüberlassung unterscheiden und überprüfen können, ob ein Verleiher seinen steuerlichen Pflichten nachkommt, unterrichten die Dienststellen der Bundesagentur für Arbeit die Finanzbehörden von Amts wegen über die Erteilung, Versagung, Verlängerung, Rücknahme und den Widerruf sowie das Erlöschen der Erlaubnis zur gewerbsmäßigen Arbeitnehmerüberlassung. Die Dienststellen der Bundesagentur für Arbeit unterrichten die Finanzbehörden ferner über jeden Antrag eines Unternehmers mit Sitz im Ausland auf Erteilung einer Erlaubnis nach dem AÜG, über Anfragen von Unternehmen mit Sitz im Ausland, ob ihre im Inland beabsichtigte Tätigkeit erlaubnispflichtig sei, und über Anfragen inländischer Unternehmer, ob einem bestimmten ausländischen Unternehmen eine Erlaubnis nach dem AÜG erteilt wurde.

4. Entscheidung über Leistungen aus öffentlichen Mitteln (§ 31a Abs. 1 Nr. 1 Buchstabe b)

4.1 Leistungen aus öffentlichen Mitteln

Unter dem Begriff „Leistungen aus öffentlichen Mitteln" sind alle Leistungen der öffentlichen Hand zu verstehen. Insbesondere fallen darunter Sozialleistungen und Subventionen.

4.1.1 Sozialleistungen

Sozialleistungen sind gemäß § 11 SGB I die im SGB I vorgesehenen Dienst-, Sach- und Geldleistungen. Hierzu zählen die in §§ 18 bis 29 SGB I und die in § 68 SGB I aufgezählten Leistungen. Sozialleistungen sind danach zum Beispiel die Leistungen der Agenturen für Arbeit, der gesetzlichen Krankenkassen, der gesetzlichen Rentenversicherungsträger, der Sozialämter und der Unterhaltsvorschussbehörden.

4.1.2 Subventionen

Subventionen sind gemäß § 1 Abs. 1 des Gesetzes gegen missbräuchliche Inanspruchnahme von Subventionen (Subventionsgesetz – SubvG –) i. V. m. § 264 Abs. 7 StGB Leistungen, die aus öffentlichen Mitteln nach Bundes- oder Landesrecht oder nach dem Recht der Europäischen Gemeinschaften an Betriebe oder Unternehmen wenigstens zum Teil ohne marktübliche Gegenleistung gewährt werden und der Förderung der Wirtschaft dienen sollen.

Leistungsgrundlage für die Gewährung von Subventionen sind das Recht von Bund, Ländern (zugleich auch Gemeinden) oder der Europäischen Gemeinschaft, wobei es sich nicht um ein Gesetz handeln muss, sondern auch auf Gesetz beruhende Haushaltsansätze genügen. Anhaltspunkte dafür, dass es sich bei der Zuwendung (Förderung) um eine Subvention handelt, ergeben sich regelmäßig aus den Antragsunterlagen oder aus dem Bewilligungsbescheid.

4.2 Zuständige Stellen

Mitteilungen sind an die jeweilig zuständigen Leistungs- bzw. Subventionsgeber zu richten, die für die Entscheidung über die Bewilligung, Gewährung, Rückforderung, Erstattung, Weitergewährung oder das Belassen der Leistung aus öffentlichen Mitteln zuständig sind.

4.3 Mitteilungen

Liegt eine Anfrage der Bewilligungsbehörde nicht vor, müssen sich konkrete Anhaltspunkte aus der Buchführung, den Aufzeichnungen oder den Unterlagen des Steuerpflichtigen ergeben (z. B. ein entsprechender Bewilligungsbescheid bei einer Außenprüfung). Vorsorgliche Mitteilungen aufgrund bloßer Vermutungen sind nicht vorzunehmen.

Von Amts wegen hat eine Offenbarung insbesondere zu erfolgen, wenn konkrete Anhaltspunkte es möglich erscheinen lassen, dass
- aufgrund eines Verwaltungsakts Sozialleistungen zu Unrecht in Anspruch genommen werden oder genommen wurden oder
- Sozialleistungen zu erstatten sind oder

§§ 31a, 31b AO
AEAO Rsp

– Tatsachen subventionserheblich i. S. d. § 264 Abs. 8 des Strafgesetzbuches sind. Subventionserheblich sind auch Tatsachen, die sich auf die Förderung nach der Gemeinschaftsaufgabe „Verbesserung der regionalen Wirtschaftsstruktur" (GA Förderung) beziehen.

Es genügt die Möglichkeit, dass die gewährten Subventionen oder Sozialleistungen zurückgefordert werden können. Ein konkreter Tatverdacht im strafprozessualen Sinne (z. B. Subventionsbetrug) ist nicht erforderlich.

Es ist nicht Aufgabe des Finanzamts, zur Feststellung von Leistungsmissbräuchen über die Überprüfung steuerlicher Sachverhalte hinausgehende oder zusätzliche Ermittlungen vorzunehmen.

Die Entscheidung, ob tatsächlich ein Leistungsmissbrauch vorliegt, trifft die informierte Stelle.

5. **Rückgewähr einer Leistung aus öffentlichen Mitteln (§ 31a Abs. 1 Nr. 2)**

Die Offenbarung ist zulässig, wenn sie für die Geltendmachung eines Anspruchs auf Rückgewähr einer Forderung aus öffentlichen Mitteln erforderlich ist. Hierunter ist sowohl die Durchsetzung, insbesondere die Vollstreckung, von nach § 31a Abs. 1 Nr. 1 Buchstabe b Doppelbuchstabe bb bereits festgesetzten Rückforderungen von Leistungen aus öffentlichen Mitteln, z.B. durch die für die Vollstreckung zuständigen Hauptzollämter, als auch die privatrechtliche Rückabwicklung von Leistungen oder Subventionen aus öffentlichen Mitteln durch die zuständigen Stellen zu verstehen. Eine Offenbarung ist insbesondere auch zulässig für die Rückforderung von Zahlungen der gesetzlichen Krankenkassen und Ersatzkassen gegenüber Ärzten, Zahnärzten, Apothekern und Krankenhäusern auf Grund von Abrechnungsbetrügereien. Die Mitteilungen erfolgen im Regelfall nur aufgrund einer Anfrage der zuständigen Stelle bzw. auf Anfrage des Betroffenen. Die Mitteilungen sind an die für die Vollstreckung zuständigen Stellen bzw. an die für die Rückgewährung der Leistung aus öffentlichen Mitteln zuständigen Stellen (z.B. Sozialleistungsträger, Gewährer von Fördermitteln oder Subventionsgeber) zu richten.

Rsp Rechtsprechung

2 BFH vom 4. 10. 2007 – VII B 110/07 (BStBl 2008 II S. 42)

1. Die Offenbarung durch das Steuergeheimnis geschützter Verhältnisse zur Durchführung eines Verwaltungsverfahrens zur Rückforderung von Arbeitslosengeld setzt nicht voraus, dass die Finanzbehörde festgestellt hat, dass die Kenntnis der zu offenbarenden Tatsachen die Rückforderung rechtfertigt oder mit einer gewissen Wahrscheinlichkeit rechtfertigen wird; ausreichend ist insofern, dass die Tatsachen für die Durchführung eines solchen Verwaltungsverfahrens überhaupt geeignet sind.

2. § 31a Abs. 1 Nr. 1 Buchst. b bb AO ist verfassungsgemäß. Er verletzt insbesondere das Recht auf informationelle Selbstbestimmung weder in materieller noch wegen Unbestimmtheit der Offenbarungsbefugnisse der Finanzbehörde in formeller Hinsicht.

AO
[1)]

§ 31b Mitteilungen zur Bekämpfung der Geldwäsche und der Terrorismusfinanzierung

¹Die Offenbarung der nach § 30 geschützten Verhältnisse des Betroffenen ist zulässig, soweit sie der Durchführung eines Strafverfahrens wegen einer Straftat nach § 261 des Strafgesetzbuchs, der Bekämpfung der Terrorismusfinanzierung im Sinne des § 1 Absatz 2 des Geldwäschegesetzes oder der Durchführung eines Bußgeldverfahrens im Sinne des § 17 des Geldwäschegesetzes gegen Verpflichtete im Sinne des § 2 Absatz 1 Nummer 9 bis 12 des Geldwäschegesetzes dient. ²Die Finanzbehörden haben dem Bundeskriminalamt – Zentralstelle für Verdachtsmeldungen – und der zuständigen Strafverfolgungsbehörde unverzüglich mündlich, telefonisch, fernschriftlich oder durch elektronische Datenübermittlung Transaktionen unabhängig von deren Höhe oder Geschäftsbeziehung zu melden, wenn Tatsachen vorliegen, die darauf hindeuten, dass es sich bei Vermögenswerten, die mit einer Transaktion oder Geschäftsbeziehung im Zusammenhang stehen, um den Gegenstand einer Straftat nach § 261 des Strafgesetzbuchs handelt oder die Vermögenswerte im Zusammenhang mit Terrorismusfinanzierung stehen. ³Tatsachen, die darauf schließen lassen, dass eine Ordnungswidrigkeit im Sinne des § 17 des Geldwäschegesetzes durch

---

[1)] § 31b Satz 2 AO neugefasst durch Art. 5 des Gesetzes zur Optimierung der Geldwäscheprävention vom 22. 12. 2011 (BGBl. 2011 I S. 2959 = BStBl 2012 I S. 3) mit Wirkung ab 29. 12. 2011.

einen Verpflichteten im Sinne des § 2 Absatz 1 Nummer 9 bis 12 des Geldwäschegesetzes begangen wurde oder wird, sind unverzüglich der zuständigen Verwaltungsbehörde mitzuteilen.

Anwendungserlass zur AO

Zu § 31b – Mitteilungen zur Bekämpfung der Geldwäsche:

1. Sind der Finanzbehörde Tatsachen bekannt geworden, die darauf schließen lassen, dass eine Geldwäsche (§ 261 StGB) oder eine Terrorismusfinanzierung (§ 1 Abs. 2 GwG) begangen oder versucht wurde oder wird, hat sie diese nach § 31b den Strafverfolgungsbehörden (z. B. Staatsanwaltschaft, Polizei) sowie in Kopie der beim Bundeskriminalamt eingerichteten Zentralstelle für Verdachtsanzeigen (Financial Intelligence Unit – FIU –) mitzuteilen. Die maßgeblichen Fakten sollen grundsätzlich in der Verdachtsanzeige selbst wiedergegeben werden.

    Die Kopien der Verdachtsanzeigen sind zu richten an:

    Bundeskriminalamt
    – Referat SO 32 –
    65173 Wiesbaden
    Tel.: 0611/55-18615
    Fax: 0611/55-45300
    E-Mail: FIU@bka.bund.de

    Die Übermittlung dieser Kopie soll dabei grundsätzlich per Fax erfolgen. Von der Beifügung umfangreicher Anlagen ist hierbei grundsätzlich abzusehen.

2. Anzuzeigen sind alle Tatsachen, die darauf schließen lassen, dass eine bare oder unbare Finanztransaktion einer Geldwäsche dient oder im Falle ihrer Durchführung dienen würde. Den Finanzbehörden obliegt jedoch die Prüfung im Einzelfall, ob ein anzeigepflichtiger Verdachtsfall gemäß § 31b vorliegt (Beurteilungsspielraum). Für das Vorliegen eines mitteilungspflichtigen Verdachts ist es ausreichend, dass objektiv erkennbare Anhaltspunkte für das Vorliegen von Tatsachen, die auf eine Geldwäsche-Straftat schließen lassen, sprechen und ein krimineller Hintergrund im Sinne des § 261 StGB nicht ausgeschlossen werden kann. Die zur Verdachtsmeldung verpflichtete Finanzbehörde muss nicht das Vorliegen sämtlicher Tatbestandsmerkmale des § 261 StGB einschließlich der Geldwäsche zugrunde liegenden Vortat prüfen. Hinsichtlich des Vortatenkatalogs reicht der Verdacht auf die illegale Herkunft der Gelder schlechthin aus. Die Finanzbehörde muss vor einer Mitteilung nach § 31b nicht prüfen, ob eine strafrechtliche Verurteilung in Betracht kommt. Zur Freistellung eines Anzeigeerstatters von der Verantwortlichkeit vgl. § 13 GwG.

    Diese Grundsätze gelten bei Erkenntnissen über eine Terrorismusfinanzierung entsprechend.

3. Der Betroffene ist über eine Verdachtsanzeige nicht zu informieren, da ansonsten der Zweck der Anzeige gefährdet würde (analog § 12 GwG).

FÜNFTER ABSCHNITT
Haftungsbeschränkung für Amtsträger (§ 32)

§ 32   Haftungsbeschränkung für Amtsträger

Wird infolge der Amts- oder Dienstpflichtverletzung eines Amtsträgers

1. eine Steuer oder eine steuerliche Nebenleistung nicht, zu niedrig oder zu spät festgesetzt, erhoben oder beigetrieben oder
2. eine Steuererstattung oder Steuervergütung zu Unrecht gewährt oder
3. eine Besteuerungsgrundlage oder eine Steuerbeteiligung nicht, zu niedrig oder zu spät festgesetzt,

so kann er nur in Anspruch genommen werden, wenn die Amts- oder Dienstpflichtverletzung mit einer Strafe bedroht ist.

§§ 32–34 AO
AEAO

AEAO

Anwendungserlass zur Abgabenordnung

1 Zu § 32 – Haftungsbeschränkung für Amtsträger:

Die Vorschrift enthält keine selbständige Haftungsgrundlage; sie schränkt vielmehr die sich aus anderen Bestimmungen ergebende Haftung für Amtsträger ein. Disziplinarmaßnahmen sind keine Strafen i. S. d. Vorschrift.

ZWEITER TEIL
STEUERSCHULDRECHT (§§ 33–77)

ERSTER ABSCHNITT
Steuerpflichtiger (§§ 33–36)

AO
S 0150

§ 33 Steuerpflichtiger

(1) Steuerpflichtiger ist, wer eine Steuer schuldet, für eine Steuer haftet, eine Steuer für Rechnung eines Dritten einzubehalten und abzuführen hat, wer eine Steuererklärung abzugeben, Sicherheit zu leisten, Bücher und Aufzeichnungen zu führen oder andere ihm durch die Steuergesetze auferlegte Verpflichtungen zu erfüllen hat.

(2) Steuerpflichtiger ist nicht, wer in einer fremden Steuersache Auskunft zu erteilen, Urkunden vorzulegen, ein Sachverständigengutachten zu erstatten oder das Betreten von Grundstücken, Geschäfts- und Betriebsräumen zu gestatten hat.

AEAO

Anwendungserlass zur Abgabenordnung

1 Zu § 33 – Steuerpflichtiger:

1. Zu den Pflichten, die nach § 33 Abs. 1 den Steuerpflichtigen auferlegt werden, gehören: Eine Steuer als Steuerschuldner, Haftender oder für Rechnung eines anderen (§ 43) zu entrichten, die Verpflichtung zur Abgabe einer Steuererklärung (§ 149), zur Mitwirkung und Auskunft in eigener Steuersache (§§ 90, 93, 200), zur Führung von Büchern und Aufzeichnungen (§§ 140 ff.), zur ordnungsgemäßen Kontenführung (§ 154) oder zur Sicherheitsleistung (§ 241).

2. Nicht unter den Begriff des Steuerpflichtigen fällt (§ 33 Abs. 2), wer in einer für ihn fremden Steuersache tätig wird oder werden soll. Das sind neben Bevollmächtigten und Beiständen (§§ 80, 123, 183) diejenigen, die Auskunft zu erteilen (§ 93), Urkunden (§ 97) oder Wertsachen (§ 100) vorzulegen, Sachverständigengutachten zu erstatten (§ 96) oder das Betreten von Grundstücken oder Räumen zu gestatten (§ 99) oder Steuern aufgrund vertraglicher Verpflichtung zu entrichten haben (§ 192).

3. Unter Steuergesetzen sind alle Gesetze zu verstehen, die steuerrechtliche Vorschriften enthalten, auch wenn diese nur einen Teil des Gesetzes umfassen.

AO
S 0151

§ 34 Pflichten der gesetzlichen Vertreter und der Vermögensverwalter

(1) ¹Die gesetzlichen Vertreter natürlicher und juristischer Personen und die Geschäftsführer von nicht rechtsfähigen Personenvereinigungen und Vermögensmassen haben deren steuerliche Pflichten zu erfüllen. ²Sie haben insbesondere dafür zu sorgen, dass die Steuern aus den Mitteln entrichtet werden, die sie verwalten.

(2) ¹Soweit nicht rechtsfähige Personenvereinigungen ohne Geschäftsführer sind, haben die Mitglieder oder Gesellschafter die Pflichten im Sinne des Absatzes 1 zu erfüllen. ²Die Finanzbehörde kann sich an jedes Mitglied oder jeden Gesellschafter halten. ³Für nicht rechtsfähige Vermögensmassen gelten die Sätze 1 und 2 mit der Maßgabe, dass diejenigen, denen das Vermögen zusteht, die steuerlichen Pflichten zu erfüllen haben.

(3) Steht eine Vermögensverwaltung anderen Personen als den Eigentümern des Vermögens oder deren gesetzlichen Vertretern zu, so haben die Vermögensverwalter die in Absatz 1 bezeichneten Pflichten, soweit ihre Verwaltung reicht.

Anwendungserlass zur Abgabenordnung
Zu § 34 – Pflichten der gesetzlichen Vertreter und der Vermögensverwalter:

1. Die gesetzlichen Vertreter natürlicher und juristischer Personen, die Geschäftsführer nichtrechtsfähiger Personenvereinigungen oder Vermögensmassen (§ 34 Abs. 1) sowie die Vermögensverwalter im Rahmen ihrer Verwaltungsbefugnis (§ 34 Abs. 3) treten in ein unmittelbares Pflichtenverhältnis zur Finanzbehörde. Sie haben alle Pflichten zu erfüllen, die den von ihnen Vertretenen auferlegt sind. Dazu gehören z. B. die Buchführungs-, Erklärungs-, Mitwirkungs- oder Auskunftspflichten (§§ 140 ff., 90, 93), die Verpflichtung, Steuern zu zahlen und die Vollstreckung in dieses Vermögen zu dulden (§ 77).

2. Hat eine nichtrechtsfähige Personenvereinigung oder Vermögensmasse keinen Geschäftsführer, so kann sich die Finanzbehörde unmittelbar an jedes Mitglied oder jeden Gesellschafter halten, ohne dass vorher in jedem Fall eine Aufforderung zur Bestellung von Bevollmächtigten ergehen muss. Die Finanzbehörde kann auch mehrere Mitglieder (Gesellschafter) zugleich zur Pflichterfüllung auffordern.

3. Hat eine GmbH keinen Geschäftsführer (führungslose GmbH) und befindet sie sich nicht in Liquidation oder im Insolvenzverfahren, wird die Gesellschaft für den Fall, dass ihr gegenüber Willenserklärungen abgegeben oder Schriftstücke zugestellt werden, nach § 35 Abs. 1 GmbHG durch die Gesellschafter vertreten. Hat eine AG keinen Vorstand (führungslose AG) und befindet sie sich nicht in Liquidation oder im Insolvenzverfahren, wird die Gesellschaft für den Fall, dass ihr gegenüber Willenserklärungen abgegeben oder Schriftstücke zugestellt werden, nach § 78 Abs. 1 AktG durch den Aufsichtsrat vertreten. Diese Vertretung gilt auch für die Bekanntgabe von Steuerverwaltungsakten (vgl. zu § 122, Nr. 2.8.1).

Die besonderen Vertreter einer führungslosen GmbH oder AG sind allerdings nur Passivvertreter und dürfen grundsätzlich keine aktiven Handlungen vornehmen. Daher liegt keine umfassende gesetzliche Vertretung der Gesellschaft im Sinne des § 34 Abs. 1 vor. Sobald aktive Handlungen der Gesellschaft – wie z. B. die Begleichung einer Steuerschuld – erforderlich sind, müssen die besonderen Vertreter einen Geschäftsführer bzw. Vorstand bestellen. Gegebenenfalls kann die Finanzbehörde beim Registergericht auch die Bestellung eines Notgeschäftsführers beantragen. Von dieser Möglichkeit sollte aber nur Gebrauch gemacht werden, wenn kein Verfügungsberechtigter i. S. d. § 35 vorhanden ist (vgl. zu § 35, Nr. 1), die Gesellschaft nicht vermögenslos ist und auch künftig Steuerverwaltungsakte gegenüber der Gesellschaft zu vollziehen sind. Das Amt des Notgeschäftsführers endet mit der Bestellung des ordentlichen Geschäftsführers, der Erledigung der dem Notgeschäftsführer zugewiesenen Aufgabe oder mit der Abberufung durch das bestellende Gericht. Zur Inanspruchnahme des bisherigen Geschäftsführers als Haftungsschuldner vgl. zu § 69.

Rechtsprechung

BFH vom 23. 8. 1994 – VII R 143/92 (BStBl 1995 II S. 194)

Der Konkursverwalter über das Vermögen einer KG ist nicht zur Abgabe der Erklärung zur gesonderten Feststellung der Einkünfte verpflichtet.

Ist der Konkursverwalter zur Abgabe von Steuererklärungen für den Gemeinschuldner verpflichtet (hier: Gewerbesteuererklärung und Vermögensaufstellung), so kann er diese nicht mit der Begründung ablehnen, die Kosten für die Erstellung der Steuererklärung durch einen Steuerberater könnten aus der Konkursmasse nicht beglichen werden.

BFH vom 9. 1. 1997 – VII R 51/96 (HFR 1997 S. 461)

Der gesetzliche Vertreter einer GmbH verletzt die ihm obliegenden Pflichten und haftet gemäß §§ 34, 69 AO, wenn er in Kenntnis der Zahlungsunfähigkeit des Steuerschuldners für einen steuerfreien Umsatz auf die Steuerbefreiung verzichtet, obwohl er weiß, daß die durch die Option entstehende Steuerschuld nicht beglichen werden kann, er aber zugleich als Erwerber den aus dem Umsatz resultierenden Vorsteuerabzug in Anspruch nimmt.

BFH vom 4. 5. 1998 – I B 116/96 (BFH/NV 1998 S. 1460)

Wird eine juristische Person von mehreren Personen gesetzlich vertreten, ist grundsätzlich jede von ihnen für die Erfüllung der steuerlichen Pflichten verantwortlich. Durch eine interne Aufgabenverteilung kann diese Verantwortlichkeit begrenzt werden. Die Begrenzung, die sich auch auf die Haftung auswirkt, setzt jedoch voraus, daß von vornherein klar und eindeutig – und somit schriftlich – festgelegt worden ist, welcher der gesetzlichen Vertreter für welche Aufgabe zuständig ist. Die Begrenzung gilt nur insoweit und nur solange, als kein Anlaß besteht, an der ordnungsgemäßen Erfüllung der steuerlichen Pflichten durch den zuständigen gesetzlichen Vertreter zu zweifeln.

5 BFH vom 23. 6. 1998 – VII R 4/98 (BStBl 1998 II S. 761)

Ein ehrenamtlich und unentgeltlich tätiger Vorsitzender eines Vereins, der sich als solcher wirtschaftlich betätigt und zur Erfüllung seiner Zwecke Arbeitnehmer beschäftigt, haftet für die Erfüllung der steuerlichen Verbindlichkeiten des Vereins grundsätzlich nach denselben Grundsätzen wie ein Geschäftsführer einer GmbH.

6 BFH vom 22. 4. 2002 – IX B 181/01 (BFH/NV 2002 S. 1048)

Eine KG muss sich das Verschulden ihrer gesetzlichen Vertreter wie eigenes Verschulden anrechnen lassen, d. h. das Verschulden ihrer Geschäftsführerin (§ 34 Abs. 1 AO), der GmbH, diese das Verschulden ihres Geschäftsführers (§ 35 Abs. 1 GmbHG). Von der GmbH zu erfüllende Verpflichtungen, darunter die Pflicht, Fristen zu überwachen, treffen grundsätzlich den Geschäftsführer der GmbH. Er kann diese Aufgabe einem Angestellten übertragen, wenn er sie nach Lage der Dinge nicht persönlich erfüllen kann.

7 BFH vom 13. 3. 2003 – VII R 46/02 (BStBl 2003 II S. 556)

1. Der Vorsitzende eines eingetragenen Vereins ist als gesetzlicher Vertreter dieser juristischen Person verpflichtet, deren steuerliche Pflichten zu erfüllen.

...

3. Die für das Verhältnis mehrerer Geschäftsführer entwickelten Grundsätze für die Möglichkeit einer Begrenzung der Verantwortlichkeit des gesetzlichen Vertreters einer juristischen Person durch eine Verteilung der Aufgaben innerhalb derselben gelten auch für die Übertragung steuerlicher Pflichten einer juristischen Person (hier: eines Vereins) auf deren Abteilungen.

8 BFH vom 19. 11. 2007 – VII B 104/07 (BFH/NV 2008 S. 334)

Im Insolvenzverfahren der Personengesellschaft hat der Insolvenzverwalter die Erklärungspflichten und Bilanzierungspflichten auch dann zu erfüllen, wenn die betroffenen Steuerabschnitte vor der Eröffnung des Insolvenzverfahrens liegen und wenn das Honorar eines Steuerberaters für die Erstellung dieser Erklärungen durch die Masse nicht gedeckt sein sollte.

9 BFH vom 12. 5. 2009 – VII B 266/08 (BFH/NV 2009 S. 1589)

1. Ein GmbH-Geschäftsführer ohne Leitungsbefugnisse (sog. Titular-Geschäftsführer) kann selbst dann als Haftungsschuldner nach § 69 AO in Anspruch genommen werden, wenn in der finanziellen Krise der Gesellschaft die Geschäftsführung tatsächlich von anderen Personen, wie z. B. von Sanierungsexperten, wahrgenommen wird.

2. Ein Haftungsprivileg für den Geschäftsführer einer im Konzern eingebundenen GmbH ist grundsätzlich nicht anzuerkennen.

10 BFH vom 27. 5. 2009 – VII B 156/08 (BFH/NV 2009 S. 1591)

Ein sog. schwacher vorläufiger Insolvenzverwalter mit Zustimmungsvorbehalt kann selbst dann nicht als Vermögensverwalter i. S. von § 34 Abs. 3 AO oder als Verfügungsberechtigter i. S. von § 35 AO angesehen werden, wenn er die ihm vom Insolvenzgericht übertragenen Verwaltungsbefugnisse überschreitet und tatsächlich über Gelder des noch verfügungsberechtigten Schuldners verfügt.

11 BFH vom 15. 9. 2010 – II B 4/10 (BFH/NV 2011 S. 2)

1. Mit der Eröffnung des Insolvenzverfahrens steht dem Insolvenzverwalter, der nach § 34 Abs. 3 und 1 AO die steuerlichen Pflichten des Insolvenzschuldners zu erfüllen hat, das Recht zu, dass die Finanzbehörde über seinen im außergerichtlichen Besteuerungsverfahren gestellten Antrag auf Akteneinsicht nach pflichtgemäßem Ermessen entscheidet. Das Akteneinsichtsrecht des Insolvenzverwalters reicht grundsätzlich nicht weiter als das zunächst dem Insolvenzschuldner zustehende Akteneinsichtsrecht.

2. Das dem FA bei der Entscheidung zustehende Ermessen ist auch bei einem Antrag des Insolvenzverwalters nicht generell auf Null reduziert.

§ 35 Pflichten des Verfügungsberechtigten

Wer als Verfügungsberechtigter im eigenen oder fremden Namen auftritt, hat die Pflichten eines gesetzlichen Vertreters (§ 34 Abs. 1), soweit er sie rechtlich und tatsächlich erfüllen kann.

Anwendungserlass zur Abgabenordnung

Zu § 35 – Pflichten des Verfügungsberechtigten:

1. Tatsächlich verfügungsberechtigt ist derjenige, der wirtschaftlich über Mittel, die einem anderen gehören, verfügen kann. Dies kann auch der Alleingesellschafter einer GmbH ohne Geschäftsführer sein (BFH-Urteil vom 27. 11. 1990 – VII R 20/89 – BStBl II 1991 S. 284; vgl. zu § 34, Nr. 3).
2. Rechtlich ist zur Erfüllung von Pflichten in der Lage, wer im Außenverhältnis rechtswirksam handeln kann. Auf etwaige Beschränkungen im Innenverhältnis (Auftrag, Vollmacht) kommt es nicht an. Bevollmächtigte werden von dieser Bestimmung nur betroffen, wenn sie tatsächlich und rechtlich verfügungsberechtigt sind.
3. Der Sicherungsnehmer einer Sicherungsübereignung oder Sicherungsabtretung ist grundsätzlich kein Verfügungsberechtigter i. S. d. Vorschrift, da er im Regelfall zur Verwertung des Sicherungsgutes lediglich zum Zweck seiner Befriedigung befugt und insoweit einem Pfandrechtsgläubiger vergleichbar ist. Im Einzelfall kann jedoch die Rechtsstellung des Sicherungsnehmers weitergehen, wenn er sich z. B. eigene Mitsprache- oder Verfügungsrechte im Betrieb des Sicherungsgebers vorbehalten hat, so dass er auch wirtschaftlich über die Mittel des Sicherungsgebers verfügen kann. Das kann dann der Fall sein, wenn sich ein Gläubiger zur Sicherstellung seiner Ansprüche die gesamten Kundenforderungen mit dem Recht zur Einziehung abtreten lässt und aus diesen Forderungen nur diejenigen Mittel frei gibt, die er zur Unternehmensfortführung des Sicherungsgebers für erforderlich hält.

Rechtsprechung

BFH vom 27. 11. 1990 – VII R 20/89 (BStBl 1991 II S. 284)

Der Alleingesellschafter einer GmbH kann die Pflichten eines gesetzlichen Vertreters (§ 34 Abs. 1 AO) nach dem Ausscheiden des bisherigen Geschäftsführers rechtlich und tatsächlich i. S. des § 35 AO erfüllen, wenn er zumindest mittelbar dazu in der Lage ist.

BFH vom 16. 3. 1995 – VII R 38/94 (BStBl 1995 II S. 859)

1. Zur Haftung einer Bank als Verfügungsberechtigte (§§ 35, 69 AO) für die Steuerschulden des Kreditnehmers reicht es grundsätzlich nicht aus, daß sie sich zur Sicherung ihrer Betriebskredite die Forderungen des Kreditnehmers hat abtreten lassen und daß sie in tatsächlicher Hinsicht auf dessen Geschäftsführung und die Vermögensdispositionen Einfluß nehmen kann.
2. Der Verfügungsberechtigte i. S. von § 35 AO muß in der Lage sein, aufgrund bürgerlich-rechtlicher Verfügungsmacht im Außenverhältnis wirksam zu handeln.

BFH vom 19. 6. 2007 – VIII R 54/05 (BStBl 2007 II S. 830)

Aus den Gründen:
Eine steuerrechtliche Haftung gemäß §§ 69 ff. AO besteht zulasten des Gesellschafters einer GmbH grundsätzlich nicht, solange er nicht faktischer Geschäftsführer oder Verfügungsberechtigter (§ 35 AO) ist.

BFH vom 24. 3. 2009 – VII B 178/08 (BFH/NV 2009 S. 1277)

Verfügungsberechtigter über Mittel, die einem anderen zuzurechnen sind (§ 35 AO), kann auch derjenige sein, der tatsächlich Zahlungen vornimmt bzw. der über eine Kontovollmacht verfügt.

6 **BFH vom 5. 8. 2010 – V R 13/09 (HFR 2011 S. 197)**

1. – 3. ....

4. Im Bereich des Sonderdelikts aus § 370 Abs. 1 Nr. 2 AO kann in Bezug auf die Hinterziehung von Umsatzsteuer Täter nur sein, wer die rechtliche Erklärungspflicht für die Voranmeldungen und die Jahreserklärungen zu erfüllen hat. Zu den Erklärungsverpflichteten gehört unter anderem auch der Verfügungsberechtigte i. S. des § 35 AO.

5. Verfügungsberechtigter i. S. des § 35 AO ist jeder, der nach dem Gesamtbild der Verhältnisse rechtlich und wirtschaftlich über Mittel, die einem anderen zuzurechnen sind, verfügen kann und als solcher nach außen auftritt. Eine rechtliche Verfügungsmacht besteht danach, wenn der Verfügungsberechtigte die Pflichten des gesetzlichen Vertreters – mittelbar – durch die Bestellung der entsprechenden Organe erfüllen lassen kann. Der „Auftritt nach außen" liegt vor, wenn der faktische Geschäftsführer sich gegenüber einer begrenzten Öffentlichkeit als solcher geriert, das Auftreten gegenüber der allgemeinen Öffentlichkeit aber weisungsabhängigen Personen überlässt.

7 **BFH vom 9. 12. 2010 – VII B 102/10 (BFH/NV 2011 S. 740)**

1. Verfügungsberechtigter i.S. des § 35 AO ist derjenige, der auf Grund bürgerlich-rechtlicher Verfügungsmacht im Außenverhältnis wirksam handeln kann. Einschränkungen, denen der Verfügungsberechtigte im Innenverhältnis unterliegt, sind unbeachtlich. Pflichten öffentlich-rechtlicher Natur, die dem als verfügungsberechtigt Auftretenden auferlegt sind, können nicht durch private Abmachungen abbedungen werden.

2. Die von § 35 AO vorausgesetzte Verfügungsmacht kann auf Gesetz, behördlicher oder gerichtlicher Anordnung oder Rechtsgeschäft beruhen. Die Frage, ob Verfügungsmacht vorliegt, ist gesondert von der Frage zu beurteilen, ob die Tätigkeit des Verfügenden ertragsteuerlich als unternehmerisch einzuordnen ist.

§ 36 Erlöschen der Vertretungsmacht

Das Erlöschen der Vertretungsmacht oder der Verfügungsmacht lässt die nach den §§ 34 und 35 entstandenen Pflichten unberührt, soweit diese den Zeitraum betreffen, in dem die Vertretungsmacht oder Verfügungsmacht bestanden hat und soweit der Verpflichtete sie erfüllen kann.

Anwendungserlass zur Abgabenordnung

1 Zu § 36 – Erlöschen der Vertretungsmacht:

Auch nach dem Erlöschen der Vertretungs- oder Verfügungsmacht, gleichgültig, worauf dies beruht, hat der gesetzliche Vertreter, Vermögensverwalter oder Verfügungsberechtigte die nach §§ 34 und 35 bestehenden Pflichten zu erfüllen, soweit sie vor dem Erlöschen entstanden sind und er zur Erfüllung noch in der Lage ist. Daraus ergibt sich u. a., dass sich der zur Auskunft für einen Beteiligten Verpflichtete nach dem Erlöschen der Vertretungs- oder Verfügungsmacht nicht auf ein evtl. Auskunftsverweigerungsrecht (§§ 101, 103, 104) berufen kann. Auch entsteht kein Entschädigungsanspruch (§ 107).

ZWEITER ABSCHNITT
Steuerschuldverhältnis (§§ 37 – 50)

§ 37 Ansprüche aus dem Steuerschuldverhältnis

(1) Ansprüche aus dem Steuerschuldverhältnis sind der Steueranspruch, der Steuervergütungsanspruch, der Haftungsanspruch, der Anspruch auf eine steuerliche Nebenleistung, der Erstattungsanspruch nach Absatz 2 sowie die in Einzelsteuergesetzen geregelten Steuererstattungsansprüche.

(2) ¹Ist eine Steuer, eine Steuervergütung, ein Haftungsbetrag oder eine steuerliche Nebenleistung ohne rechtlichen Grund gezahlt oder zurückgezahlt worden, so hat derjenige, auf dessen Rechnung die Zahlung bewirkt worden ist, an den Leistungsempfänger einen Anspruch auf Erstattung des gezahlten oder zurückgezahlten Betrags. ²Dies gilt auch dann, wenn der rechtliche Grund für die Zahlung oder Rückzahlung später wegfällt. ³Im Fall der Abtretung, Verpfändung oder Pfändung richtet sich der Anspruch auch gegen den Abtretenden, Verpfänder oder Pfändungsschuldner.

Anwendungserlass zur Abgabenordnung

Zu § 37 – Ansprüche aus dem Steuerschuldverhältnis:

Inhaltsverzeichnis

1. Ansprüche aus dem Steuerschuldverhältnis (§ 37 Abs. 1)
2. Erstattungsanspruch nach § 37 Abs. 2
2.1 Rückforderungsanspruch des Finanzamts
2.2 Erstattungsanspruch des Steuerpflichtigen
2.2.1 Allgemeines
2.2.2 Erstattungsanspruch bei Gesamtschuldnern
2.3 Erstattungsanspruch bei der Einkommensteuer

1. Ansprüche aus dem Steuerschuldverhältnis (§ 37 Abs. 1)

§ 37 Abs. 1 enthält eine abschließende Aufzählung der Ansprüche aus dem Steuerschuldverhältnis. Die Ansprüche aus Strafen und Geldbußen gehören nicht zu den Ansprüchen aus dem Steuerschuldverhältnis.

2. Erstattungsanspruch nach § 37 Abs. 2

§ 37 Abs. 2 enthält eine allgemeine Umschreibung des öffentlich-rechtlichen Erstattungsanspruchs, der einem Steuerpflichtigen oder Steuergläubiger dadurch erwächst, dass eine Leistung aus dem Steuerschuldverhältnis ohne rechtlichen Grund erfolgt ist oder der Grund hierfür später wegfällt. Eine Zahlung ist ohne rechtlichen Grund geleistet, wenn sie den materiell-rechtlichen Anspruch übersteigt (BFH-Urteile vom 6.2.1996 – VII R 50/95 – BStBl 1997 II, S. 112, und vom 15.10.1997 – II R 56/94 – BStBl II, S. 796). § 37 Abs. 2 Satz 1 gilt sowohl für den Erstattungsanspruch des Steuerpflichtigen gegen das Finanzamt als auch für den umgekehrten Fall der Rückforderung einer an den Steuerpflichtigen oder einen Dritten rechtsgrundlos geleisteten Steuererstattung durch das Finanzamt (vgl. BFH-Urteil vom 22.3.2011 – VII R 42/10 – BStBl II, S. 607).

Ein nach materiellem Recht bestehender Erstattungsanspruch kann allerdings nur durchgesetzt werden, wenn ein entgegenstehender Verwaltungsakt i.S.d. § 218 Abs. 1 aufgehoben oder geändert worden ist; maßgebend ist bei mehrfacher Änderung der letzte Verwaltungsakt (BFH-Urteil vom 6.2.1996, a.a.O.). Im Übrigen siehe zu § 218.

2.1 Rückforderungsanspruch des Finanzamts

Schuldner eines abgabenrechtlichen Rückforderungsanspruchs (Erstattungsverpflichteter) ist derjenige, zu dessen Gunsten erkennbar die Zahlung geleistet wurde (Leistungsempfänger), die zurückverlangt wird. In der Regel ist dies derjenige, demgegenüber die Finanzbehörde ihre – vermeintliche oder tatsächlich bestehende – abgabenrechtliche Verpflichtung erfüllen will.

Der Empfänger der Steuererstattung oder Steuervergütung (Zahlungsempfänger) ist aber nicht in allen Fällen auch der Leistungsempfänger.

War ein Dritter tatsächlicher Empfänger einer Zahlung, ist er dann nicht Leistungsempfänger, wenn er lediglich als Zahlstelle, unmittelbarer Vertreter oder Bote für den Erstattungsberechtigten (siehe dazu Nummer 2.2) aufgetreten bzw. von diesem benannt worden ist oder das Finanzamt an ihn aufgrund einer Zahlungsanweisung des Erstattungsberechtigten eine Steuererstattung ausgezahlt hat (BFH-Urteil vom 6.12.1988 – VII R 206/83 – BStBl 1989 II, S. 223). Denn in einem solchen Fall will das Finanzamt erkennbar nicht mit befreiender Wirkung zu dessen Gunsten leisten, sondern es erbringt seine Leistung mit dem Willen, eine Forderung des steuerlichen Rechtsinhabers zu erfüllen (vgl. BFH-Urteil vom 22.8.1980 – VI R 102/77 – BStBl 1981 II, S. 44). Mithin ist nicht der Zahlungsempfänger, sondern der nach materiellem Steuerrecht Erstattungsberechtigte als Leistungsempfänger i.S.d. § 37 Abs. 2 anzusehen (BFH-Beschluss vom 8.4.1986 – VII B 128/85 – BStBl II, S. 511).

Ungeachtet des Willens des Finanzamts, an den Rechtsinhaber der Erstattungsforderung eine Leistung zu erbringen, ist aber der tatsächliche Empfänger der Zahlung des Finanzamts in folgenden Fällen Leistungsempfänger und Schuldner des Rückforderungsanspruchs, weil insoweit keine Leistung mit befreiender Wirkung gegenüber dem Erstattungsberechtigten erfolgt ist:

- Ein vermeintlicher Bote, Vertreter oder Bevollmächtigter nimmt Erstattungszahlungen des Finanzamts entgegen, obwohl keine Weisung oder Vollmacht des Erstattungsberechtigten besteht (vgl. BFH-Beschluss vom 27.4.1998 – VII B 296/97 – BStBl II, S. 499).
- Das Finanzamt nimmt an einen am Steuerschuldverhältnis nicht beteiligten Dritten eine Zahlung in der irrigen Annahme vor, er sei von dem Erstattungsberechtigten ermächtigt, für diesen Zahlungen entgegenzunehmen, in Wahrheit besteht jedoch eine diesbezügliche Rechtsbeziehung zwischen dem Zahlungsempfänger und dem Erstattungsberechtigten nicht.
- Das Finanzamt leistet ohne rechtlichen Grund an einen Dritten, weil es sich beispielsweise über die Person des Erstattungsberechtigten irrt oder den Erstattungsbetrag auf ein Bankkonto überweist, dessen Inhaber nicht der Erstattungsberechtigte, sondern der Dritte ist.

2.2 Erstattungsanspruch des Steuerpflichtigen

2.2.1 Allgemeines

Erstattungsberechtigter ist derjenige, auf dessen Rechnung die Zahlung geleistet worden ist, auch wenn tatsächlich ein Dritter die Zahlung geleistet hat. Es kommt nicht darauf an, von wem oder mit wessen Mitteln gezahlt worden ist. Maßgeblich ist vielmehr, wessen Steuerschuld nach dem Willen des Zahlenden, wie er im Zeitpunkt der Zahlung dem Finanzamt erkennbar hervorgetreten ist, getilgt werden sollte (BFH-Urteil vom 30.9.2008 – VII R 18/08 – BStBl 2009 II, S. 38 m.w.N.). Den Finanzbehörden wird damit nicht zugemutet, im Einzelfall die zivilrechtlichen Beziehungen zwischen dem Steuerschuldner und einem zahlenden Dritten daraufhin zu überprüfen, wer von ihnen – im Innenverhältnis – auf die zu erstattenden Beträge materiell-rechtlich einen Anspruch hat (BFH-Urteil vom 25.7.1989 – VII R 118/87 – BStBl 1990 II, S. 41).

2.2.2 Erstattungsanspruch bei Gesamtschuldnern

Personen, die gemäß § 44 Gesamtschuldner sind, sind nicht Gesamtgläubiger eines Erstattungsanspruchs nach § 37 Abs. 2 (BFH-Urteil vom 19.10.1982 – VII R 55/80 – BStBl 1983 II, S. 162). Erstattungsberechtigter ist der Gesamtschuldner, auf dessen Rechnung die Zahlung erfolgt ist.

Lässt sich aus den dem Finanzamt bei Zahlung erkennbaren Umständen nicht entnehmen, wessen Steuerschuld der zahlende Gesamtschuldner begleichen wollte, ist grundsätzlich davon auszugehen, dass der Gesamtschuldner nur seine eigene Steuerschuld tilgen wollte (vgl. BFH-Urteil vom 18.2.1997 – VII R 117/95 – BFH/NV S. 482, m.w.N.). Ist eine Zahlung aber erkennbar für gemeinsame Rechnung der Gesamtschuldner geleistet worden, so sind diese grundsätzlich nach Köpfen erstattungsberechtigt.

2.3 Erstattungsanspruch bei der Einkommensteuer

Zu Besonderheiten bei Bestimmung des Einkommensteuer-Erstattungsanspruchs – insbesondere bei Ehegatten – vgl. BMF-Schreiben vom 30. Januar 2012 – IV A 3 – S 0160/11/10001 – .

Hinweise

2 Erstattungsanspruch nach § 37 Abs. 2 AO bei der Einkommensteuer; Erstattungsberechtigung und Reihenfolge der Anrechnung in Nachzahlungsfällen

(BMF-Schreiben vom 30.1.2012 – IV A 3 – S 0160/11/10001 –, BStBl II 2012 S. 149)

Unter Bezugnahme auf das Ergebnis der Erörterung mit den obersten Finanzbehörden der Länder richtet sich die Ermittlung von Einkommensteuer-Erstattungsansprüchen nach § 37 Abs. 2 AO bzw. die Erstattungsberechtigung – einschließlich der Reihenfolge der Anrechnung – nach folgenden Grundsätzen:

Inhaltsverzeichnis

1. Allgemeines
   1.1 Öffentlich-rechtlicher Erstattungsanspruch
   1.2 Einkommensteuer-Erstattungsanspruch

2. Erstattungsberechtigung bei zusammen veranlagten Ehegatten
2.1 Wirkung einer Erstattung nach § 36 Abs. 4 Satz 3 EStG
2.2 Ausnahmen von § 36 Abs. 4 Satz 3 EStG
2.3 Ermittlung des Erstattungsberechtigten
2.4 Tilgungsbestimmung
2.5 Bedeutung von Einkommensteuer-Vorauszahlungen
3. Aufteilung eines Einkommensteuer-Erstattungsanspruchs bei Ehegatten
3.1 Steuerabzugsbeträge
3.2 Vorauszahlungen mit Tilgungsbestimmung
3.3 Vorauszahlungen ohne Tilgungsbestimmung
3.4 Sonstige Zahlungen
3.5 Reihenfolge der Anrechnung bei Zusammenveranlagung
3.6 Reihenfolge der Anrechnung bei getrennter Veranlagung
4. Widerrufsvorbehalt

1. Allgemeines

1.1 Öffentlich-rechtlicher Erstattungsanspruch

§ 37 Abs. 2 AO enthält eine allgemeine Umschreibung des öffentlich-rechtlichen Erstattungsanspruchs, der einem Steuerpflichtigen dadurch erwächst, dass eine Leistung aus dem Steuerschuldverhältnis ohne rechtlichen Grund erfolgt ist oder der Grund hierfür später wegfällt (vgl. dazu AEAO zu § 37, Nr. 2).

1.2 Einkommensteuer-Erstattungsanspruch

Im Bereich der Einkommensteuer können sich Erstattungsansprüche nach § 37 Abs. 2 AO insbesondere ergeben

– infolge der Anrechnung von Einkommensteuer-Vorauszahlungen (§ 36 Abs. 2 Nr. 1 EStG),
– infolge der Anrechnung von Steuerabzugsbeträgen (z.B. Lohnsteuer, Kapitalertragsteuer, vgl. § 36 Abs. 2 Nr. 2 EStG) sowie
– im Falle der Aufhebung der Einkommensteuerfestsetzung oder der Durchführung von Änderungs- bzw. Berichtigungsveranlagungen, wenn die ursprünglich festgesetzte Steuer bereits entrichtet war.

2. Erstattungsberechtigung bei zusammen veranlagten Ehegatten

2.1 Wirkung einer Erstattung nach § 36 Abs. 4 Satz 3 EStG

§ 36 Abs. 4 Satz 3 EStG, wonach die Auszahlung des Erstattungsbetrags (Überschuss im Sinne des § 36 Abs. 4 Satz 2 EStG) aus der Einkommensteuer-Zusammenveranlagung an einen Ehegatten auch für und gegen den anderen Ehegatten wirkt, lässt die materielle Rechtslage hinsichtlich der Erstattungsberechtigung zusammen veranlagter Ehegatten unberührt. In Bezug auf den Erstattungsanspruch sind zusammen veranlagte Ehegatten weder Gesamtgläubiger i.S.d. § 428 BGB noch Mitgläubiger i.S.d. § 432 BGB (BFH-Beschluss vom 17.2.2010 – VII R 37/08 – BFH/NV, S. 1078). Die Regelung, der die Annahme zugrunde liegt, dass bei einer intakten Ehe die Erstattung an einen Ehegatten vom anderen Ehegatten gebilligt wird, will dem Finanzamt für Fälle, in denen diese Annahme zutrifft, Nachforschungen zur Erstattungsberechtigung der Ehegatten ersparen (BFH-Urteil vom 5.4.1990 – VII R 2/89 – BStBl II, S. 719). Sie findet ihre Rechtfertigung darin, dass sich Ehegatten, die die Zusammenveranlagung beantragen, durch ihre beiderseitigen Unterschriften auf der Steuererklärung gegenseitig bevollmächtigen können, nicht nur den Steuerbescheid, sondern auch einen etwaigen Erstattungsbetrag in Empfang zu nehmen. Die Vorschrift des § 36 Abs. 4 Satz 3 EStG enthält demnach eine widerlegbare gesetzliche Vermutung hinsichtlich einer Einziehungsvollmacht.

2.2 Ausnahmen von § 36 Abs. 4 Satz 3 EStG

2.2.1 Bei zusammen veranlagten Ehegatten kann es trotz der Vorschrift des § 36 Abs. 4 Satz 3 EStG, wonach die Auszahlung an einen Ehegatten auch für und gegen den anderen Ehegatten wirkt, erforderlich werden, Entscheidungen zur Erstattungsberechtigung der beiden Ehegatten zu treffen und ggf. die Höhe des auf jeden entfallenden Erstattungsbetrags zu ermitteln. Soweit das Finanzamt nach Aktenlage erkennt oder erkennen musste, dass ein Ehegatte aus beachtlichen Gründen nicht mit der Auszahlung des gesamten Erstattungsbetrags an den anderen Ehegatten einverstanden ist, darf es nicht mehr an den anderen Ehegatten auszahlen. Das ist z.B. dann der Fall, wenn die Ehegatten inzwischen geschieden sind oder getrennt leben oder wenn dem Finanzamt aus sonstigen Umständen bekannt ist, dass ein Ehegatte die Erstattung an den anderen nicht billigt (BFH-Urteile vom 5.4.1990 – VII R 2/89 – BStBl II, S. 719, und vom 8.1.1991 – VII R 18/90 – BStBl II, S. 442).

2.2.2 § 36 Abs. 4 Satz 3 EStG ist aber auch dann nicht anzuwenden,
– wenn das Finanzamt mit Abgabenrückständen eines der beiden Ehegatten aufrechnen will oder
– wenn der Erstattungsanspruch nur eines der beiden Ehegatten abgetreten, gepfändet oder verpfändet worden ist.

In solchen Fällen muss die materielle Anspruchsberechtigung nach § 37 Abs. 2 AO selbst dann geprüft werden, wenn die Ehegatten übereinstimmend davon ausgehen, dass der steuerliche Erstattungsanspruch ihnen gemeinsam zusteht (BFH-Beschluss vom 12.3.1991 – VII S 30/90 – BFH/NV 1992, S. 145). Zahlt das Finanzamt bei der Zusammenveranlagung aufgrund des gegenüber einem Ehegatten ergangenen Pfändungs- und Überweisungsbeschlusses auch den auf den anderen Ehegatten entfallenden Erstattungsbetrag an den Pfändungsgläubiger aus, kann es von diesem jedoch die Rückzahlung dieses ohne Rechtsgrund gezahlten Betrages verlangen (BFH-Urteil vom 13.2.1996 – VII R 89/95 – BStBl II, S. 436).

2.3 Ermittlung des Erstattungsberechtigten

Der Erstattungsanspruch steht demjenigen Ehegatten zu, auf dessen Rechnung die Zahlung bewirkt worden ist (vgl. BFH-Urteil vom 30.9.2008 – VII R 18/08 – BStBl 2009 II, S. 38 m.w.N.). Unerheblich ist dagegen, welcher der Ehegatten den Steuerermäßigungstatbestand verwirklicht hat, der im Rahmen des Veranlagungsverfahrens zu der Steuererstattung geführt hat. Dies gilt auch in Fällen des Verlustabzugs nach § 10d EStG (BFH-Urteile vom 19.10.1982 – VII R 55/80 – BStBl II, S. 162, und vom 18.9.1990 – VII R 99/89 – BStBl 1991 II, S. 47). Unerheblich ist auch, auf wessen Einkünften die festgesetzten Steuern (Vorauszahlungen und Jahressteuer) beruhen.

2.4 Tilgungsbestimmung

Liegen keine Anhaltspunkte oder ausdrücklichen Absichtsbekundungen für eine Tilgungsbestimmung vor, kann das Finanzamt als Zahlungsempfänger, solange die Ehe besteht und die Ehegatten nicht dauernd getrennt leben (§ 26 Abs. 1 EStG), aufgrund der zwischen ihnen bestehenden Lebens- und Wirtschaftsgemeinschaft allerdings davon ausgehen, dass derjenige Ehegatte, der auf die gemeinsame Steuerschuld zahlt, mit seiner Zahlung auch die Steuerschuld des anderen mit ihm zusammen veranlagten Ehegatten begleichen will (vgl. BFH-Urteil vom 15.11.2005 – VII R 16/05 – BStBl 2006 II, S. 453, m.w.N.); das gilt grundsätzlich auch dann, wenn über das Vermögen des anderen Ehegatten das Insolvenzverfahren eröffnet worden ist (BFH-Urteil vom 30.9.2008 – VII R 18/08 – BStBl 2009 II, S. 38). Ob die Ehegatten sich später trennen oder einer der Ehegatten nachträglich die getrennte Veranlagung beantragt, ist für die Beurteilung der Tilgungsabsicht nicht maßgeblich, denn es kommt nur darauf an, wie sich die Umstände dem Finanzamt zum Zeitpunkt der Zahlung darstellten (vgl. BFH-Urteil vom 26.6.2007 – VII R 35/06 – BStBl II, S. 742).

2.5 Bedeutung von Einkommensteuer-Vorauszahlungen

Einkommensteuer-Vorauszahlungen sind nach § 37 Abs. 1 EStG – unabhängig davon, wer sie zahlt oder von wessen Konto sie abgebucht werden – auf die für den laufenden Veranlagungszeitraum voraussichtlich geschuldete Einkommensteuer zu entrichten. Bei Vorauszahlungen ohne Tilgungsbestimmung ist davon auszugehen, dass sich der Ehegatte, der auf einen an ihn und seinen Ehegatten gerichteten Vorauszahlungsbescheid leistet, nicht nur bewusst ist, dass seine Zahlungen in Höhe der später festgesetzten Einkommensteuer endgültig beim Fiskus verbleiben sollen, sondern dass er die – wenn auch unmittelbar zur Erfüllung der Gesamtschuld aus dem Vorauszahlungsbescheid entrichteten – Zahlungen auch leistet, um damit die zu erwartende Einkommensteuer beider Ehegatten zu tilgen. Ist die im Zeitpunkt der Vorauszahlungen nach Kenntnisstand des Finanzamts noch bestehende Wirtschaftsgemeinschaft hinreichender Anknüpfungspunkt dafür, die Vorauszahlungen als für Rechnung beider Ehegatten geleistet zu unterstellen, dann ist daraus auch in diesem Zeitpunkt übereinstimmende Wille abzuleiten, dass diese Vorauszahlungen später dafür verwendet werden sollen, die auf beide Ehegatten später entfallenden Steuerschulden auszugleichen (vgl. BFH-Urteil vom 22.3.2011 – VII R 42/10 – BStBl II, S. 607).

3. Aufteilung eines Einkommensteuer-Erstattungsanspruchs bei Ehegatten

Übersteigen die anzurechnenden Steuerabzugsbeträge, die geleisteten Vorauszahlungen und die sonstigen Zahlungen der Ehegatten die Summe der gegen die beiden Ehegatten insgesamt (im Wege der Zusammenveranlagung oder im Wege der getrennten Veranlagung) festgesetzten Steuern, ist wie folgt zu verfahren:

Zunächst sind für jeden Ehegatten die bei ihm anzurechnenden Steuerabzugsbeträge sowie seine mit individueller Tilgungsbestimmung geleisteten Vorauszahlungen und sonstigen Zahlungen zu ermitteln. Daneben sind alle übrigen Zahlungen zu ermitteln, die beiden Ehegatten gemeinsam zuzurechnen sind. Die auf diese Weise ermittelten Zahlungen sind dem jeweiligen Ehegatten gemäß den Nrn. 3.1 bis 3.4 an Hand der materiellen Erstattungsberechtigung zuzuordnen.

Bei der weiteren Bearbeitung ist zwischen der Zusammenveranlagung (Nr. 3.5) und der getrennten Veranlagung (Nr. 3.6) zu unterscheiden.

3.1 Steuerabzugsbeträge

Hinsichtlich einbehaltener Steuerabzugsbeträge (insbesondere Lohnsteuer, Kapitalertragsteuer) ist derjenige Ehegatte erstattungsberechtigt, von dessen Einnahmen (z.B. Arbeitslohn oder Kapitaleinnahme) die Abzugssteuer einbehalten wurde (vgl. BFH-Urteil vom 19.10.1982 – VII R 55/80 – BStBl 1983 II, S. 162); denn diese Steuer ist für seine Rechnung an das Finanzamt abgeführt worden (BFH-Urteil vom 5.4.1990 – VII R 2/89 – BStBl II, S. 719). Wurden für beide Ehegatten Steuerabzugsbeträge einbehalten und wurden keine Vorauszahlungen geleistet, ist die Aufteilung des Erstattungsanspruchs im Verhältnis des jeweiligen Steuerabzugs der Ehegatten zum Gesamtabzug durchzuführen (vgl. BFH-Urteil vom 1.3.1990 – VII R 103/88 – BStBl II, S. 520).

3.2 Vorauszahlungen mit Tilgungsbestimmung

Hat der zahlende Ehegatte im Zeitpunkt einer Vorauszahlung kenntlich gemacht, dass er nur seine eigene Steuerschuld tilgen will, ist er im Falle der Erstattung dieses Betrags allein erstattungsberechtigt.

Die Angabe einer Tilgungsbestimmung muss dabei nicht „ausdrücklich" erfolgen, sondern kann sich aus den Umständen des Einzelfalls ergeben (als Indiz z.B. Angabe des eigenen Namens im Feld „Verwendungszweck" einer Überweisung; vgl. BFH-Urteil vom 25.7.1989 – VII R 118/87 – BStBl 1990 II, S. 41). Eine spätere „Interpretation" (d.h. eine nachträglich geltend gemachte Tilgungsbestimmung) durch den zahlenden Ehegatten kann keine Berücksichtigung finden.

Erfolgt eine Vorauszahlung aufgrund eines an beide Ehegatten gemeinsam gerichteten Vorauszahlungsbescheids durch einen Ehegatten ab dem Zeitpunkt, zu dem das dauernde Getrenntleben der Ehegatten dem Finanzamt bekannt geworden ist, ist davon auszugehen, dass der Zahlende nur auf eigene Rechnung leisten will. Im Falle einer Erstattung einer solchen Zahlung ist er allein erstattungsberechtigt (BFH-Urteil vom 25.7.1989, a.a.O.).

3.3 Vorauszahlungen ohne Tilgungsbestimmung

Vorauszahlungen aufgrund eines an beide Ehegatten gemeinsam gerichteten Vorauszahlungsbescheids ohne individuelle Tilgungsbestimmung sind unabhängig davon, ob die Ehegatten später zusammen oder getrennt veranlagt werden, zunächst auf die festgesetzten Steuern beider Ehegatten anzurechnen (BFH-Urteil vom 22.3.2011 – VII R 42/10 – BStBl II, S. 607). Daher ist nur ein nach der Anrechnung der „gemeinsamen" Vorauszahlungen verbleibender Überschuss nach Köpfen an die Ehegatten auszukehren.

Vorauszahlungen ohne individuelle Tilgungsbestimmung aufgrund eines nur an einen Ehegatten gerichteten Vorauszahlungsbescheids sind nur diesem Ehegatten zuzurechnen (zur Wirkung siehe Nr. 3.2).

3.4 Sonstige Zahlungen

Für sonstige Zahlungen (z.B. Abschlusszahlungen) gelten Nrn. 3.2 und 3.3 entsprechend.

3.5 Reihenfolge der Anrechnung bei Zusammenveranlagung

Übersteigt die Summe der im Rahmen einer Zusammenveranlagung anzurechnenden Steuerabzugsbeträge (Nr. 3.1), geleisteten Vorauszahlungen (Nrn. 3.2 und 3.3) und sonstigen Zahlungen (Nr. 3.4) der Ehegatten die festgesetzte Steuer und ist die Aufteilung des Erstattungsbetrages erforderlich (vgl. Nr. 2.2), ist wie folgt zu verfahren:

Zunächst sind für jeden Ehegatten die bei ihm anzurechnenden Steuerabzugsbeträge sowie seine mit individueller Tilgungsbestimmung geleisteten Vorauszahlungen und sonstigen

Zahlungen zu ermitteln. Daneben sind alle übrigen Zahlungen zu ermitteln, die beiden Ehegatten gemeinsam zuzurechnen sind.

Anschließend sind in Abhängigkeit von der Fallgestaltung folgende Ermittlungen und Berechnungen anzustellen:

a) Wurden ausschließlich Steuerabzugsbeträge einbehalten und Zahlungen geleistet, die individuell zuzurechnen sind, ist die Aufteilung des Erstattungsanspruchs im Verhältnis der Summe der jeweiligen Steuerabzugsbeträge und Zahlungen jedes Ehegatten zur Summe der Steuerabzugsbeträge und Zahlungen beider Ehegatten durchzuführen.

b) Wurden ausschließlich Vorauszahlungen aufgrund eines an beide Ehegatten gemeinsam gerichteten Vorauszahlungsbescheids ohne Tilgungsbestimmungen geleistet, ist die Aufteilung des Erstattungsanspruchs nach Köpfen durchzuführen.

c) Wurden für die Ehegatten sowohl Steuerabzugsbeträge einbehalten und/oder Zahlungen geleistet, die individuell zuzurechnen sind, als auch Vorauszahlungen aufgrund eines an beide Ehegatten gemeinsam gerichteten Vorauszahlungsbescheids ohne Tilgungsbestimmungen geleistet, ist

– zunächst für jeden Ehegatten die Summe der bei ihm anzurechnenden Zahlungen zu ermitteln (Steuerabzugsbeträge nach Nr. 3.1, direkt zuzuordnende Zahlungen nach Nrn. 3.2 und 3.4 und nach Köpfen ermittelter Anteil an Zahlungen im Sinne der Nrn. 3.3 und 3.4) und anschließend

– der Erstattungsanspruch der Ehegatten im Verhältnis der Summe der bei dem einzelnen Ehegatten zuzurechnenden Zahlungen zur Summe aller Zahlungen aufzuteilen.

Beispiel zu Fallgruppe c)

Gegen die Ehegatten M und F hatte das Finanzamt gemeinsam Einkommensteuer-Vorauszahlungen in Höhe von insgesamt 14.000 € festgesetzt. Hierauf wurden 8.000 € ohne Tilgungsbestimmung entrichtet. In Höhe von 5.000 € hat M Vorauszahlungen mit individueller Tilgungsbestimmung geleistet. F hat in Höhe von 1.000 € Vorauszahlungen mit individueller Tilgungsbestimmung geleistet.

Vom Arbeitslohn des M wurden 10.000 € Lohnsteuer einbehalten. Vom Arbeitslohn der F wurden 5.000 € Lohnsteuer einbehalten.

Im Rahmen einer Zusammenveranlagung wurde gegen die Ehegatten Einkommensteuer in Höhe von 20.000 € festgesetzt. Aufgrund der anzurechnenden Lohnsteuerbeträge (10.000 € + 5.000 € = 15.000 €) und der geleisteten Vorauszahlungen (8.000 € + 5.000 € + 1.000 € = 14.000 €) ergibt sich ein Erstattungsanspruch von insgesamt 9.000 €.

Lösung:

Die individuellen Erstattungsansprüche der Ehegatten M und F sind wie folgt zu ermitteln:

(1) individuelle Ermittlung der bei den Ehegatten nach Nr. 3.1 jeweils anzurechnenden Steuerabzugsbeträge:

    M: 10.000 €
    F: 5.000 €

(2) individuelle Ermittlung der bei den Ehegatten nach Nr. 3.2 jeweils anzurechnenden Zahlungen mit individueller Tilgungsbestimmung:

    M: 5.000 €
    F: 1.000 €

(3) hälftige Aufteilung der „gemeinsamen" Zahlungen i.S.d. Nr. 3.3 und Zurechnung des jeweiligen Anteils wie eine Zahlung i.S.d. Nr. 3.2:

    M: ½ von 8.000 € =   4.000 €
    F: ½ von 8.000 € =   4.000 €

(4) für jeden Ehegatten sind die nach (1) bis (3) ermittelten Anrechnungsbeträge jeweils zu addieren:

M:		F:	
	10.000 €		5.000 €
	+ 5.000 €		+ 1.000 €
	+ 4.000 €		+ 4.000 €
Summe:	19.000 €	Summe:	10.000 €

(5) Die Aufteilung des Erstattungsanspruchs (9.000 €) auf die Ehegatten erfolgt im Verhältnis der Summe der dem einzelnen Ehegatten zuzurechnenden Zahlungen zur Summe aller Zahlungen:

→ M: 9.000 € x (19.000/29.000) = 5.896,55 €
→ F: 9.000 € x (10.000/29.000) = 3.103,45 €

3.6 Reihenfolge der Anrechnung bei getrennter Veranlagung

3.6.1 Erstattungsüberhang

Übersteigen die im Rahmen getrennter Veranlagungen anzurechnenden Steuerabzugsbeträge (Nr. 3.1), geleisteten Vorauszahlungen (Nrn. 3.2 und 3.3) und sonstigen Zahlungen (Nr. 3.4) der Ehegatten die Summe der gegen beide Ehegatten festgesetzten Steuern, ist wie folgt zu verfahren:

a) Wurden ausschließlich Steuerabzugsbeträge einbehalten und Zahlungen geleistet, die individuell zuzurechnen sind, sind bei jedem Ehegatten die jeweiligen Steuerabzugsbeträge und Zahlungen anzurechnen.

b) Wurden ausschließlich Vorauszahlungen aufgrund eines an beide Ehegatten gemeinsam gerichteten Vorauszahlungsbescheids ohne Tilgungsbestimmung geleistet und übersteigt deren Summe die Summe der in den getrennten Veranlagungen festgesetzten Einkommensteuerbeträge, ist der die Summe der in getrennten Veranlagungen festgesetzten Einkommensteuerbeträge übersteigende Erstattungsbetrag nach Köpfen aufzuteilen.

c) Wurden für die Ehegatten sowohl Steuerabzugsbeträge einbehalten und/oder Zahlungen geleistet, die individuell zuzurechnen sind, als auch Vorauszahlungen aufgrund eines an beide Ehegatten gemeinsam gerichteten Vorauszahlungsbescheids ohne Tilgungsbestimmungen geleistet, ist wie folgt zu verfahren:

– Zuerst sind von den gegen die Ehegatten getrennt festgesetzten Einkommensteuerbeträgen jeweils die anzurechnenden Steuerabzugsbeträge (Nr. 3.1) abzuziehen (Zwischensumme I = Soll);

– danach sind von diesen Sollbeträgen (Zwischensumme I) jeweils die (Voraus-)Zahlungen abzuziehen, die der einzelne Ehegatte mit individueller Tilgungsbestimmung geleistet hat (Nr. 3.2), und die für jeden Ehegatten danach individuell verbleibenden Beträge zu ermitteln (Zwischensumme II);

– die (aufgrund eines gegen beide Ehegatten gerichteten Vorauszahlungsbescheids) geleisteten „gemeinsamen" Vorauszahlungen ohne individuelle Tilgungsbestimmung (Nr. 3.3) werden nun zunächst auf die Steuern beider Ehegatten maximal bis zum vollständigen „Verbrauch" der jeweiligen (positiven) Zwischensumme II aufgeteilt, der danach verbleibende Restbetrag ist nach Köpfen auszukehren.

Beispiel:
Die Ehegatten M und F haben die gegen sie gemeinsam festgesetzten Vorauszahlungen (4 x 4.000 € = 16.000 €) ohne individuelle Tilgungsbestimmung entrichtet. Vom Arbeitslohn wurden jeweils folgende Lohnsteuerbeträge einbehalten:

M: 5.000 €
F: 1.000 €

Es werden getrennte Veranlagungen durchgeführt:

M: festgesetzte Einkommensteuer =	15.000 €
F: festgesetzte Einkommensteuer =	5.000 €
Summe der getrennt festgesetzten Steuerbeträge =	20.000 €
Summe der hierauf anzurechnenden Beträge =	./. 22.000€
Erstattungsüberhang =	./. 2.000€

Lösung:
Der Betrag von 2.000 € ist nach Köpfen auszukehren.
Die Zurechnung erfolgt wie folgt:

(1) Bei jedem Ehegatten sind von den festgesetzten Einkommensteuerbeträgen zunächst jeweils die anzurechnenden Lohnsteuerbeträge abzuziehen (= Sollbeträge):

M: 15.000 € ./. 5.000 € = 10.000 €
F: 5.000 € ./. 1.000 € = 4.000 €

(2) Im zweiten Schritt werden – mangels Zahlungen mit individueller Tilgungsbestimmung i.S.d. Nr. 3.2 – die gemeinsamen Vorauszahlungen nun jeweils bis zur Höhe der Sollbeträge (hier identisch mit Zwischensumme II) bei M und F aufgeteilt, der danach verbleibende Restbetrag (2.000 €) ist jedem Ehegatten zur Hälfte zuzurechnen:

„gemeinsame" Vorauszahlungen 16.000 €
→ M:
Sollbetrag: 10.000 €
„vorab" anzurechnen ./. 10.000 € ./. 10.000 €
vorläufiger Restbetrag 0 €
→ F:
Sollbetrag: 4.000 €
„vorab" anzurechnen ./. 4.000 € ./. 4.000 €
vorläufiger Restbetrag 0 €
nicht verbrauchte, gemeinsame Vorauszahlungen 2.000 €

(3) Im dritten Schritt werden die nicht verbrauchten gemeinsamen Vorauszahlungen nach Köpfen zugerechnet:

M: ½ von 2.000 € = 1.000 €
F: ½ von 2.000 € = 1.000 €

(4) Die Abrechnungsverfügungen der Steuerbescheide sehen wie folgt aus:

M:
  15.000 € festgesetzte Einkommensteuer
./. 5.000 € anzurechnende Lohnsteuer
./. 11.000 € anzurechnende Vorauszahlungen
=./. 1.000 € Erstattung

F:
  5.000 € festgesetzte Einkommensteuer
./. 1.000 € anzurechnende Lohnsteuer
./. 5.000 € anzurechnende Vorauszahlungen
=./. 1.000 € Erstattung

3.6.2 Nachzahlungsüberhang

Werden Ehegatten getrennt zur Einkommensteuer veranlagt und ist die Summe der anzurechnenden Steuerabzugsbeträge und (Voraus-)Zahlungen geringer als die Summe der festgesetzten Steuern, sind aufgrund eines gegen beide Ehegatten gerichteten Vorauszahlungsbescheids geleistete Vorauszahlungen ohne individuelle Tilgungsbestimmung (Nr. 3.3) wie folgt aufzuteilen und zuzuordnen:

– Zuerst sind von den gegen die Ehegatten getrennt festgesetzten Einkommensteuerbeträgen jeweils die anzurechnenden Steuerabzugsbeträge (Nr. 3.1) abzuziehen (Zwischensumme I = Soll);

– danach sind von diesen Sollbeträgen (Zwischensumme I) jeweils die (Voraus)Zahlungen abzuziehen, die der einzelne Ehegatte mit individueller Tilgungsbestimmung geleistet hat (Nr. 3.2), und die für jeden Ehegatten danach individuell verbleibenden Beträge zu ermitteln (Zwischensumme II);

– die (aufgrund eines gegen beide Ehegatten gerichteten Vorauszahlungsbescheids) geleisteten „gemeinsamen" Vorauszahlungen ohne individuelle Tilgungsbestimmung (Nr. 3.3) werden nun nach Köpfen – allerdings maximal bis zum vollständigen „Verbrauch" der jeweiligen (positiven) Zwischensumme II – aufgeteilt, ein danach verbleibender Restbetrag ist dem Ehegatten mit der höheren Zwischensumme II allein zuzurechnen.

Beispiel:
Die Ehegatten M und F haben die gegen sie gemeinsam festgesetzten Vorauszahlungen (4 x 2.500 € = 10.000 €) ohne individuelle Tilgungsbestimmung entrichtet. Vom Arbeitslohn wurden jeweils folgende Lohnsteuerbeträge einbehalten:

M: 5.000 €
F: 1.000 €

Es werden getrennte Veranlagungen durchgeführt:

M: festgesetzte Einkommensteuer = 15.000 €
F: festgesetzte Einkommensteuer = 5.000 €
Summe der getrennt festgesetzten Steuerbeträge = 20.000 €
Summe der hierauf anzurechnenden Beträge = ./. 16.000 €
Nachzahlungsüberhang = 4.000 €

Lösung:

(1) Von den gegen die Ehegatten festgesetzten Einkommensteuerbeträgen sind zunächst jeweils die anzurechnenden Lohnsteuerbeträge abzuziehen (= Sollbeträge):

M: 15.000 € ./. 5.000 € = 10.000 €
F: 5.000 € ./. 1.000 € = 4.000 €

(2) Im zweiten Schritt werden – mangels Zahlungen mit individueller Tilgungsbestimmung i.S.d. Nr. 3.2 – die gemeinsamen Vorauszahlungen nun nach Köpfen – allerdings maximal bis zur Höhe der jeweiligen Sollbeträge (hier identisch mit Zwischensumme II) – aufgeteilt, der danach verbleibende Restbetrag ist dem Ehegatten mit dem höheren Soll allein zuzurechnen:

F:	½ von 10.000 €, maximal aber 4.000 € =	4.000 €
M:	½ von 10.000 €, maximal aber 10.000 € =	5.000 €
	zuzüglich Restbetrag	1.000 €
	Summe der bei M anzurechnenden Beträge:	6.000 €

(3) Die Abrechnungsverfügungen der Steuerbescheide sehen wie folgt aus:

M:
15.000 €	festgesetzte Einkommensteuer
./. 5.000 €	anzurechnende Lohnsteuer
./. 6.000 €	anzurechnende Vorauszahlungen
= 4.000 €	Abschlusszahlung

F:
5.000 €	festgesetzte Einkommensteuer
./. 1.000 €	anzurechnende Lohnsteuer
./. 4.000 €	anzurechnende Vorauszahlungen
= 0 €	Abschlusszahlung

4. **Widerrufsvorbehalt**

Anrechnungsverfügungen gegenüber Ehegatten sind unter dem Vorbehalt des Widerrufs zu erteilen. Solange die Beistellung dieses Widerrufsvorbehalts noch nicht automationsgestützt erfolgt, ist ein Widerrufsvorbehalt in folgenden Fällen personell anzuordnen:

– der Erstattungsanspruch (mindestens) eines Ehegatten wurde abgetreten, verpfändet oder gepfändet,
– das Finanzamt rechnet mit Abgabenrückständen (mindestens) eines Ehegatten auf oder nimmt eine Verrechnung vor,
– es ist bekannt oder zu erwarten, dass die Ehegatten über die Anrechnung von Einkommensteuer-Vorauszahlungen unterschiedlicher Auffassung sind, oder
– das Finanzamt sieht anderweitige Risiken für Steuerausfälle aufgrund von Streitigkeiten über die Zurechnung oder Anrechnung von Steuerzahlungen.

Rechtsprechung

BFH vom 10. 11. 1987 – VII R 171/84 (BStBl 1988 II S. 41) 3

Der Steuerpflichtige trägt die Verlustgefahr für einen Steuererstattungsbetrag, den das FA auf ein Konto überwiesen hat, das vom Steuerpflichtigen in der Steuererklärung als das seine bezeichnet, von ihm aber schon vorher aufgelöst und von der Bank sodann auf eine andere Person umgeschrieben worden ist.

BFH vom 1. 3. 1990 – VII R 103/88 (BStBl 1990 II S. 520) 4

1. Hat das FA an den Steuerpflichtigen aufgrund eines Einkommensteuererstattungsanspruchs geleistet, obwohl der Erstattungsanspruch zuvor gepfändet und dem Vollstreckungsgläubiger zur Einziehung überwiesen war, so kann es die irrtümlich erbrachte Zahlung nach § 37 Abs. 2 AO zurückverlangen.
2. Richtet sich die Vollstreckung bei zusammenveranlagten Eheleuten, die beide dem Lohnsteuerabzug unterliegen, nur gegen einen der Ehegatten, so ist eine Aufteilung der Steuererstattung im Verhältnis der bei den Ehegatten einbehaltenen Lohnsteuerabzugsbeträge erforderlich.

5 **BFH vom 25. 2. 1992 – VII R 8/91 (BStBl 1992 II S. 713)**

Der Umstand, daß das FA seinen Erstattungsanspruch nach § 37 Abs. 2 AO nicht zuvor in einem besonderen Rückforderungsbescheid festgesetzt hat, steht seiner Aufnahme in einen Abrechnungsbescheid nach § 218 Abs. 2 AO nicht entgegen.

6 **BFH vom 12. 10. 1995 – I R 39/95 (BStBl 1996 II S. 87)**

1. Die Anmeldung der Lohnsteuer durch den Arbeitgeber bildet den Rechtsgrund für deren Zahlung an das FA.
2. Der Arbeitnehmer kann die Anmeldung der Lohnsteuer gegenüber dem zuständigen FA mit dem Einspruch anfechten oder einen Antrag nach §§ 168, 164 Abs. 2 AO stellen.
3. Ergeht nach der Anmeldung der Lohnsteuer gegenüber dem Arbeitnehmer ein Einkommensteuerbescheid, so bildet er einen (neuen) Rechtsgrund für die Steuerzahlung, der die Erstattung von Lohnsteuer gemäß § 37 Abs. 2 AO ausschließt.

7 **BFH vom 13. 2. 1996 – VII R 89/95 (BStBl 1996 II S. 436)**

Zahlt das FA bei der Zusammenveranlagung aufgrund des gegenüber einem Ehegatten ergangenen Pfändungs- und Überweisungsbeschlusses auch den auf den anderen Ehegatten entfallenden Einkommensteuererstattungsbetrag an den Pfändungsgläubiger aus, so kann es von diesem die Rückzahlung dieses Betrages verlangen.

8 **BFH vom 19. 12. 2000 – VII R 69/99 (BStBl 2001 II S. 353)**

Aus den Gründen:

Dem allgemeinen Erstattungsanspruch zu Unrecht einbehaltener Lohnsteuer nach § 37 Abs. 2 AO gehen die Anrechnungsvorschrift des § 36 Abs. 2 Nr. 2 EStG sowie die einkommensteuerrechtliche Erstattungsregelung aufgrund der Veranlagung nach § 36 Abs. 4 S. 2 EStG als Spezialnormen vor.

Die Anmeldung der Lohnsteuer und sonstigen Steuerabzugsbeträge durch den Arbeitgeber bildet zunächst den (formellen) Rechtsgrund für deren Zahlung. Ergeht aber nach der Anmeldung der Lohnsteuer gegenüber dem Arbeitnehmer ein ESt-Bescheid, so bildet dieser einen neuen Rechtsgrund für die Steuerzahlungen, der die durch die Lohnsteueranmeldung gesetzte Rechtsgrundlage ablöst; die Lohnsteueranmeldung hat sich insoweit hinsichtlich dieses Arbeitnehmers – wie ein ESt-Vorauszahlungsbescheid – nach § 124 Abs. 2 AO „auf andere Weise" erledigt.

9 **BFH vom 23. 8. 2001 – VII R 94/99 (BStBl 2002 II S. 330)**

Der Organträger hat auch nach Aufhebung der gegenüber einer vermeintlichen Organgesellschaft ergangenen Umsatzsteuerbescheide keinen unmittelbaren Anspruch auf Erstattung der Umsatzsteuer, welche die Organgesellschaft zugunsten ihres eigenen Umsatzsteuerkontos gezahlt hat.

10 **BFH vom 24. 8. 2001 – VI R 83/99 (BStBl 2002 II S. 47)**

Zahlt die Familienkasse Kindergeld nach § 74 Abs. 1 EStG an einen Dritten (Abzweigungsempfänger) aus, so ist nur dieser nach § 37 Abs. 2 AO zur Erstattung verpflichtet, wenn die Zahlung ohne rechtlichen Grund erfolgte.

11 **BFH vom 18. 7. 2002 – V R 56/01 (BStBl 2002 II S. 705)**

1. Voraussetzung für einen Anspruch auf Rückerstattung von Vorauszahlungen ist, dass die Jahressteuer niedriger ist als die Summe der – an das FA abgeführten – Vorauszahlungen.
2. Zu diesen Vorauszahlungen gehört auch eine Sondervorauszahlung nach § 47 UStDV 1993. Nach Festsetzung der Jahressteuer kommt die Erstattung der Sondervorauszahlung nach § 37 Abs. 2 Satz 2 AO nur in Betracht, soweit sie nicht zur Tilgung der Jahressteuer benötigt wird.
3. Der Erstattungsanspruch ist nach Konkurseröffnung in dem an den Konkursverwalter gerichteten Abrechnungsbescheid zur Jahresumsatzsteuer zu berücksichtigen.

12 **BFH vom 29. 10. 2002 – VII R 2/02 (BStBl 2003 II S. 43)**

Die bestandskräftige Festsetzung der angemeldeten und selbstberechneten Getreide-Mitverantwortungsabgabe für Getreidelieferungen in den Beitrittsländern vor dem 3. Oktober 1990 schließt einen Anspruch auf Erstattung der Abgabe aus, obwohl deren Erhebung rechtswidrig war.

BFH vom 6. 6. 2003 – VII B 262/02 (BFH/NV 2003 S. 1532)[1]   13

1. Ein Dritter ist als tatsächlicher Empfänger einer Zahlung dann Leistungsempfänger, wenn das FA an ihn eine Steuererstattung oder Vergütung in der irrigen Annahme ausgezahlt hat, er sei von dem Rechtsinhaber ermächtigt, für diesen Zahlungen entgegenzunehmen.
2. Das gilt entsprechend bei Anweisungen an eine Bank, wenn der angebliche Kunde bei der Bank kein Konto unterhält.
3. Rückforderungsansprüche wegen Steuern, die zu Unrecht erstattet worden sind, sind durch Verwaltungsakt geltend zu machen; das gilt auch in dem Fall, dass sich eine Zahlung entgegen der inneren Vorstellung des FA nicht als Leistung an den Steuerpflichtigen, sondern als solche an einen an dem Steuerschuldverhältnis unbeteiligten Dritten darstellt (sog. fehlgeleitete Zahlung).

BFH vom 14. 10. 2003 – VIII R 56/01 (BStBl 2004 II S. 123)   14

Der Grundsatz von Treu und Glauben steht der Rückforderung zu viel gezahlten Kindergeldes nicht bereits dann entgegen, wenn die Behörde trotz Kenntnis von Umständen, die zum Wegfall des Kindergeldanspruchs führen, zunächst weiterhin Leistungen erbringt. Erforderlich sind vielmehr besondere Umstände, die die Geltendmachung des Rückforderungsanspruchs als illoyale Rechtsausübung erscheinen lassen.

BFH vom 14. 7. 2004 – I R 100/03 (BStBl II 2005 S. 31)   15

Ist Kapitalertragsteuer einbehalten und abgeführt worden, obwohl eine Verpflichtung hierzu nicht bestand, ist die Steueranmeldung gemäß § 44b Abs. 4 EStG auf Antrag des zum Steuerabzug verpflichteten Vergütungsschuldners aufzuheben und an diesen zu erstatten. Der Schuldner der Kapitalerträge ist nach § 44b Abs. 4 Satz 2 EStG auch dann erstattungsberechtigt, wenn die Kapitalertragsteuer nicht für seine Rechnung entrichtet wurde.

BFH vom 30. 8. 2005 – VII R 64/04 (BStBl 2006 II S. 353)   16

1. Stimmen in einem Mehr-Personen-Verhältnis die Vorstellungen des leistenden Finanzamts über den Zahlungszweck mit denen des Zahlungsempfängers nicht überein, hat die Bestimmung des Leistungsempfängers im Sinne von § 37 Abs. 2 Satz 1 AO aufgrund einer objektiven Betrachtungsweise aus der Sicht des Zahlungsempfängers zu erfolgen.
2. Hat das Finanzamt aufgrund eines Pfändungs- und Überweisungsbeschlusses als Drittschuldner ein Erstattungsguthaben des Vollstreckungsschuldners ohne rechtlichen Grund an einen Vertreter oder Boten des Pfändungsgläubigers ausgezahlt, ist die Zahlung unmittelbar vom Pfändungsgläubiger und nicht von dessen Vertreter oder Boten zurückzufordern.

BFH vom 5. 6. 2007 – VII R 17/06 (BStBl 2007 II S. 738)   17

1. Zahlt die Finanzbehörde aufgrund einer Sicherungsabtretung auf ein in der Abtretungsanzeige angegebenes Konto bei einer Bank, so ist die Bank selbst dann Leistungsempfängerin i. S. des § 37 Abs. 2 AO, wenn Kontoinhaber der Zedent ist.
2. War der Zedent aufgrund der Sicherungsabrede im Innenverhältnis zur Bank weiterhin verfügungsberechtigt, so kann die Finanzbehörde die Bank nur dann nicht auf Erstattung einer rechtsgrundlosen Zahlung in Anspruch nehmen, wenn der Finanzbehörde ausdrücklich mitgeteilt worden ist, dass der Zedent trotz der Abtretungsanzeige Leistungsempfänger sein soll.

BFH vom 19. 8. 2008 – VII R 36/07 (BStBl 2009 II S. 90)   18

1. Wird eine Lieferung, für die der Vorsteuerabzug in Anspruch genommen worden ist, rückgängig gemacht und dadurch die Berichtigungspflicht des Unternehmers nach § 17 Abs. 2 Nr. 3 i. V. m. Abs. 1 Satz 3 UStG 1999 ausgelöst, bewirkt die vom FA in einem nachfolgenden Voranmeldungszeitraum vollzogene Berichtigung die (Teil-)Erledigung der vorangegangenen (negativen) Umsatzsteuerfestsetzung „auf andere Weise" i. S. des § 124 AO. War ein Vergütungsanspruch aus dieser Festsetzung abgetreten, so entsteht der Rückforderungsanspruch des Fiskus aus § 37 Abs. 2 AO gegenüber dem Zessionar im Umfang der ursprünglich zu hoch ausgezahlten Steuervergütung (Bestätigung der Senatsrechtsprechung).
2. Die Feststellung einer vom FA angemeldeten, einen früheren Vorsteuerabzug berichtigenden Umsatzsteuer zur Insolvenztabelle hat die gleiche Wirkung wie ein inhaltsgleicher Berichtigungsbescheid i. S. des § 17 UStG 1999. Ein Zessionar als Rechtsnachfolger im Zahlungsanspruch aus dem ursprünglichen Vorauszahlungsbescheid und Leistungsempfänger ist einem Rückforderungsanspruch in beiden Fällen gleichermaßen ausgesetzt (Fortentwicklung der Rechtsprechung).

---
[1] Vgl. auch BFH vom 10. 11. 2009 – VII R 6/09 – (AO 37/22).

19 **BFH vom 16. 12. 2008 – VII R 7/08 (BStBl 2009 II S. 514)**

1. Hat das für die Besteuerung der Organgesellschaft zuständige FA den Umsatzsteuererstattungsbetrag nicht an die Organgesellschaft, sondern an das für die Organträgerin zuständige FA – zugunsten des Steuerkontos der Organträgerin – überwiesen, und ist dieser Betrag dort mit Umsatzsteuerschulden der Organträgerin verrechnet worden, so stellt die Überweisung des Erstattungsbetrags keine Leistung des für die Organgesellschaft zuständigen FA an die Organträgerin dar und löst folglich auch keinen Rückforderungsanspruch dieses FA gegenüber der Organträgerin aus.
2. Die Überweisung eines Geldbetrags von einem FA an ein anderes FA – zugunsten des Steuerkontos eines dort veranlagten Steuerpflichtigen – kann nicht wie die Zahlung eines Dritten auf eine fremde Schuld behandelt werden, hat also keine unmittelbare Tilgungswirkung.

20 **BFH vom 17. 3. 2009 – VII R 38/08 (BStBl 2009 II S. 953)**

Sind im Umsatzsteuerjahresbescheid abzugsfähige Vorsteuer mit 0 DM/€ zugrunde gelegt, verliert die Festsetzung eines Vergütungsanspruchs aufgrund einer Umsatzsteuervoranmeldung (Vorbehaltsfestsetzung), soweit sie auf berücksichtigten Vorsteuern beruht, ihre Wirksamkeit als formeller Rechtsgrund für die infolge einer wirksamen Abtretung des Anspruchs bewirkte Auszahlung. Im Falle der Uneinbringlichkeit beim Zedenten ist das FA zur Rückforderung des Beitrages vom Zessionar berechtigt (Fortentwicklung der Rechtsprechung).

21 **BFH vom 27. 10. 2009 – VII R 4/08 (BStBl 2010 II S. 257)**

– Hat der Unternehmer einen Umsatzsteuervergütungsanspruch abgetreten und das Finanzamt den Vergütungsbetrag an den Zessionar ausgezahlt, entsteht ein Rückzahlungsanspruch gegen den Zessionar, wenn und soweit der Vergütungsanspruch auf einem später gemäß § 17 UStG berichtigten Vorsteuerabzug beruhte.
– Der Rückzahlungsanspruch setzt die Feststellung voraus, dass die Ereignisse, die gemäß § 17 UStG die Vorsteuerberichtigung erfordern, diejenigen Umsätze betreffen, auf deren Besteuerung der abgetretene Vergütungsanspruch beruhte. Verbleibt nach Abzug der berichtigten Vorsteuern in dem von der Zession betroffenen Voranmeldungszeitraum noch ein negativer Umsatzsteuerbetrag, so ist die Rückforderung in Höhe dieses Restbetrags nicht gerechtfertigt (Fortentwicklung der Rechtsprechung).

22 **BFH vom 10. 11. 2009 – VII R 6/09 (BStBl 2010 II S. 255)**

Ein Kreditinstitut ist auch dann nur Zahlstelle und nicht zur Rückzahlung des vom FA auf ein vom Steuerpflichtigen angegebenes Girokonto überwiesenen Betrags verpflichtet, wenn es den Betrag auf ein bereits gekündigtes, aber noch nicht abgerechnetes Girokonto verbucht und nach Rechnungsabschluss an den früheren Kontoinhaber bzw. dessen Insolvenzverwalter ausgezahlt hat (Abgrenzung zu den Beschlüssen vom 28. 1. 2004 VII B 139/03, BFH/NV 2004, 762, und vom 6. 6. 2003 VII B 262/02, BFH/NV 2003, 1532).

23 **BFH vom 17. 2. 2010 – VII R 41/08 (BStBl 2011 II S. 4)**

Die Erstattung in der DDR gezahlter Steuern, deren Rechtsgrund durch Aufhebung des als rechtsstaatswidrig erkannten Verwaltungsakts gemäß Art. 19 Satz 2 EinigVtr entfallen ist, richtet sich nicht nach § 37 Abs. 2 AO, sondern nach den Vorschriften des Gesetzes zur Regelung offener Vermögensfragen (VermG). § 1 Abs. 1 Satz 2 des Verwaltungsrechtlichen Rehabilitierungsgesetzes schließt die Anwendung des § 1 Abs. 7 VermG auf die Rückgabe von Vermögenswerten im Zusammenhang mit rechtsstaatswidrigen steuerrechtlichen Entscheidungen nicht aus.

§ 38 Entstehung der Ansprüche aus dem Steuerschuldverhältnis

Die Ansprüche aus dem Steuerschuldverhältnis entstehen, sobald der Tatbestand verwirklicht ist, an den das Gesetz die Leistungspflicht knüpft.

Anwendungserlass zur Abgabenordnung

AEAO

Zu § 38 – Entstehung der Ansprüche aus dem Steuerschuldverhältnis:

1. Der Steueranspruch entsteht in dem Zeitpunkt, in dem der Tatbestand verwirklicht wird, an den das Gesetz eine bestimmte Leistungspflicht knüpft, soweit nicht im Gesetz eine abweichende Regelung getroffen worden ist (z. B. § 36 Abs. 1 EStG, § 30 KStG, § 13 Abs. 1 UStG, § 18 GewStG, § 9 Abs. 2 GrStG, § 9 ErbStG). Das gilt nicht nur für den Steueranspruch, sondern auch für den Steuervergütungsanspruch und den Steuererstattungsanspruch (z. B. zur Lohnsteuer vgl. zu § 46, Nr. 1). Der auf einem Verlustrücktrag nach § 10d Abs. 1 EStG beruhende Erstattungsanspruch entsteht erst mit Ablauf des Veranlagungszeitraums, in dem der Verlust entstanden ist (BFH-Urteil vom 6. 6. 2000 – VII R 104/98 – BStBl II S. 491). Der Erstattungsanspruch nach § 37 Abs. 2 entsteht in dem Zeitpunkt, in dem die materiell-rechtliche Anspruch aus dem Steuerschuldverhältnis übersteigende Leistung erbracht wurde oder der rechtliche Grund für die Leistung entfallen ist.

2. Von der Entstehung der Ansprüche aus dem Steuerschuldverhältnis zu unterscheiden sind
   - die Festsetzung durch Steuerbescheid (§§ 155 ff.),
   - die Fälligkeit (§ 220) sowie
   - die Verwirklichung im Erhebungsverfahren (§§ 218 ff.).

Rechtsprechung

BFH vom 6. 2. 1996 – VII R 50/95 (BStBl 1997 II S. 112)

1. ...
2. Ob ein (Einkommensteuer-)Erstattungsanspruch zur Entstehung gelangt ist, ist bei mehrfacher Änderung der Veranlagung nicht aufgrund der jeweiligen Steuerfestsetzungen, sondern nach dem Stand der Erkenntnis zum maßgeblichen Entscheidungszeitpunkt (z. B. Erlaß des angefochtenen Abrechnungsbescheids) zu beurteilen.
3. Der einheitliche Anspruch aus dem Steuerschuldverhältnis für die Steuer eines Veranlagungszeitraums kann bei mehrfach geänderter Steuerfestsetzung nicht in unterschiedliche Steuerzahlungs- und Erstattungsansprüche aufgespalten werden, die bezogen auf die jeweils ergangenen Steuerbescheide unterschiedlichen Verjährungsfristen unterliegen.

BFH vom 8. 2. 1996 – V R 54/94 (HFR 1996 S. 722)

1. Der Grundsatz von Treu und Glauben bringt keine Steueransprüche und -schulden zum Entstehen oder Erlöschen; er kann allenfalls das Steuerrechtsverhältnis modifizieren und verhindern, daß eine Forderung oder ein Recht geltend gemacht werden kann.
2. Der Grundsatz von Treu und Glauben wirkt rechtsbegrenzend innerhalb eines bestehenden Steuerschuldverhältnisses und erfordert Identität der Rechtssubjekte.
3. Das FA ist zur Änderung eines Aufhebungsbescheids nur berechtigt, wenn seine Annahme der Eingliederung in das Unternehmen (umsatzsteuerrechtliche Organschaft) der anderen Person unrichtig war.

BFH vom 15. 10. 1996 – VII R 46/96 (BStBl 1997 II S. 171)

Der Haftungsanspruch des FA entsteht, sobald die gesetzlichen Voraussetzungen des Haftungstatbestandes erfüllt sind; es bedarf hierzu nicht des Erlasses eines Haftungsbescheids.

BFH vom 1. 4. 2008 – X B 201/07 (BFH/NV 2008 S. 925)

Ein Steueranspruch ist dann eine Insolvenzforderung i. S. von § 38 InsO, wenn er vor der Eröffnung des Insolvenzverfahrens in der Weise begründet worden ist, dass der zu Grunde liegende zivilrechtliche Sachverhalt, der zur Entstehung der Steuerforderung führt, bereits vor Eröffnung des Insolvenzverfahrens verwirklicht worden ist. Auf die Entstehung des Steueranspruchs i. S. von § 38 AO kommt es nicht an.

§ 39 Zurechnung

AO
S 0162

(1) Wirtschaftsgüter sind dem Eigentümer zuzurechnen.

(2) Abweichend von Absatz 1 gelten die folgenden Vorschriften:

1. ¹Übt ein anderer als der Eigentümer die tatsächliche Herrschaft über ein Wirtschaftsgut in der Weise aus, dass er den Eigentümer im Regelfall für die gewöhnliche Nutzungsdauer von der Einwirkung auf das Wirtschaftsgut wirtschaftlich ausschließen kann, so ist ihm das Wirtschaftsgut zuzurechnen. ²Bei Treuhandverhältnissen sind die Wirtschaftsgüter dem Treugeber, beim Sicherungseigentum dem Sicherungsgeber und beim Eigenbesitz dem Eigenbesitzer zuzurechnen.
2. Wirtschaftsgüter, die mehreren zur gesamten Hand zustehen, werden den Beteiligten anteilig zugerechnet, soweit eine getrennte Zurechnung für die Besteuerung erforderlich ist.

AEAO

Anwendungserlass zur Abgabenordnung

1 Zu § 39 – Zurechnung:

1. § 39 Abs. 2 Nr. 1 Satz 1 definiert den Begriff des wirtschaftlichen Eigentums i. S. d. Rechtsprechung des BFH (z. B. BFH-Urteile vom 12. 9. 1991 – III R 233/90 – BStBl 1992 II, S. 182, und vom 11. 6. 1997 – XI R 77/96 – BStBl II, S. 774), insbesondere zur ertragsteuerlichen Behandlung von Leasing-Verträgen. Beispiele für die Anwendung des Grundsatzes des § 39 Abs. 2 Nr. 1 Satz 1 enthält Satz 2. Der landwirtschaftliche Pächter ist grundsätzlich nicht als wirtschaftlicher Eigentümer zu behandeln.
2. Für die anteilige Zurechnung von Wirtschaftsgütern, die mehreren zur gesamten Hand zustehen, sind die jeweiligen Steuergesetze sowie die allgemeinen gesetzlichen und vertraglichen Regelungen maßgebend. Eine Ermittlung der Anteile erfolgt nur, soweit eine getrennte Zurechnung für die Besteuerung erforderlich ist.

Rsp

Rechtsprechung

2 BFH vom 27. 11. 1996 – X R 92/92 (BStBl 1998 II S. 97)

1. Errichtet der Steuerpflichtige auf eigene Kosten auf einem fremden Grundstück mit Zustimmung des Eigentümers ein Haus für eigene Wohnzwecke und steht ihm aufgrund eindeutiger, vor Bebauung getroffener Vereinbarung ein Nutzungsrecht für die voraussichtliche Nutzungsdauer des Gebäudes zu, kann er als dessen wirtschaftlicher Eigentümer (§ 39 AO) zur Inanspruchnahme der Begünstigung nach § 10e Abs. 1 EStG berechtigt sein (Abgrenzung zum BFH-Urteil vom 21. 5. 1992, BStBl 1992 II S. 944).

2. Dementsprechend ist wirtschaftliches Miteigentum am Wohnobjekt gegeben, wenn die Alleineigentümerin eines unbebauten Grundstücks dort mit ihrem späteren Ehemann nach Einräumung eines dauernden Mitnutzungsrechts ein Einfamilienhaus errichten läßt, dessen Herstellungskosten beide je zur Hälfte tragen.

3 BFH vom 28. 2. 2001 – I R 12/00 (BStBl 2001 II S. 468)

Eine klare, eindeutige und im Vorhinein abgeschlossene Treuhandvereinbarung zwischen einer Kapitalgesellschaft und ihrem Gesellschafter kann auch dann steuerlich anerkannt werden, wenn die Gesellschaft das treuhänderisch erworbene Wirtschaftsgut nicht schon in ihrer laufenden Buchführung, sondern erst im Jahresabschluss als Treuhandvermögen ausgewiesen hat. Das gilt jedenfalls dann, wenn die zunächst unrichtige Verbuchung nicht auf eine Maßnahme der Geschäftsleitung der Gesellschaft zurückzuführen oder mit deren Einverständnis erfolgt ist.

4 BFH vom 17. 2. 2004 – VIII R 26/01 (BStBl 2004 II S. 651)

Schließen einander nicht nahe stehende Personen einen formunwirksamen Kaufvertrag über den Geschäftsanteil einer GmbH, geht das wirtschaftliche Eigentum über, wenn dem Erwerber das Gewinnbezugsrecht und das Stimmrecht eingeräumt werden oder der zivilrechtliche Gesellschafter verpflichtet ist, bei der Ausübung des Stimmrechts die Interessen des Erwerbers wahrzunehmen, vorausgesetzt, die getroffenen Vereinbarungen und die formwirksame Abtretung werden in der Folgezeit tatsächlich vollzogen.

BFH vom 17. 2. 2004 – VIII R 28/02 (BStBl 2005 II S. 46) 5

Ist aufgrund wirksamer schuldrechtlicher Vereinbarungen zwischen einander nicht nahe stehenden Personen das wirtschaftliche Eigentum an den Geschäftsanteilen einer GmbH übergegangen und werden die schuldrechtlichen Vereinbarungen nachträglich unwirksam, dann bleibt der Erwerber wirtschaftlicher Eigentümer, wenn die Beteiligten die wirtschaftlichen Folgen des Rechtsgeschäfts nicht rückgängig machen.

BFH vom 6. 10. 2004 – IX R 68/01 (BStBl 2005 II S. 324) 6

Bringen Bruchteilseigentümer Grundstücke zu unveränderten Anteilen in eine personenidentische Gesellschaft bürgerlichen Rechts mit Vermietungseinkünften ein, liegt steuerrechtlich kein Anschaffungsvorgang vor, weil die Gesellschafter gemäß § 39 Abs. 2 Nr. 2 AO weiterhin im bisherigen Umfang als Bruchteilseigentümer der Grundstücke anzusehen sind.

BFH vom 28. 6. 2006 – III R 19/05 (BStBl 2007 II S. 131) 7

Investitionszulage für die Herstellung eines Gebäudes i. S. von § 2 Abs. 3 Satz 1 InvZulG 1999 setzt nicht voraus, dass der Hersteller bürgerlich-rechtlicher oder wirtschaftlicher Eigentümer des Gebäudes wird.

BFH vom 4. 7. 2007 – VIII R 68/05 (BStBl 2007 II S. 937) 8

1. Eine durch ein notariell beurkundetes Verkaufsangebot erlangte Option auf den Erwerb von Aktien begründet regelmäßig noch kein wirtschaftliches Eigentum des potentiellen Erwerbers.
2. Bei rechtlich, wirtschaftlich und zeitlich verbundenen Erwerben von Aktienpaketen einer AG durch denselben Erwerber zu unterschiedlichen Entgelten muss der Kaufpreis (= Veräußerungspreis i. S. von § 17 Abs. 2 Satz 1 EStG) für das einzelne Paket für steuerliche Zwecke abweichend von der zivilrechtlichen Vereinbarung aufgeteilt werden, wenn sich keine kaufmännisch nachvollziehbaren Gründe für die unterschiedliche Preisgestaltung erkennen lassen.

BFH vom 4. 12. 2007 – VIII R 14/05 (HFR 2008 S. 672) 9

1. Für die steuerrechtliche Anerkennung eines Treuhandverhältnisses muss dieses auf ernst gemeinten, zivilrechtlich wirksam abgeschlossenen und klar nachweisbaren Vereinbarungen zwischen Treugeber und Treuhänder beruhen und insbesondere auch tatsächlich durchgeführt werden.
2. Das Handeln des Treuhänders im fremden Interesse muss wegen der vom zivilrechtlichen Eigentum abweichenden Zurechnungsfolge eindeutig erkennbar sein. Eine fehlende vereinbarungsgemäße Durchführung stellt ein gewichtiges Indiz gegen die Ernstlichkeit einer Treuhandvereinbarung dar.
3. Ausnahmsweise lässt die Rechtsprechung dann eine formlose Treuhandvereinbarung zu, wenn im Falle einer Erwerbstreuhand jemand beauftragt wird, Anteile an einer erst noch zu gründenden GmbH zu erwerben.
4. Allein in einem derartigen Fall wird der Zweck für das Beurkundungsbedürfnis, nämlich neben dem eindeutigen Nachweis der Inhaberschaft bezüglich des Gesellschaftsanteils zu verhindern, dass GmbH-Geschäftsanteile Gegenstand des freien Handelsverkehrs werden, nicht berührt.
5. Das Verhältnis des § 39 Abs. 2 Satz 1 Nr. 1 AO zu § 41 Abs. 1 AO ist für den Fall formunwirksamer Erwerbsgeschäfte geklärt. Die zivilrechtliche Formunwirksamkeit von Verträgen nach Maßgabe des § 41 Abs. 1 AO steht der im Rahmen einer Gewinnermittlung nach § 17 Abs. 1 und 2 EStG zumindest erforderlichen Annahme wirtschaftlichen Eigentums an einem GmbH-Geschäftsanteile nicht entgegen.
6. Indes ist auch dann die tatsächliche vereinbarungsgemäße Durchführung der formunwirksamen Vereinbarung sowie die Nachholung einer formwirksamen Vereinbarung geboten.
7. Finanzierungskosten einer im Privatvermögen gehaltenen GmbH-Beteiligung sind nicht den Anschaffungskosten zuzurechnen, sondern als laufende Werbungskosten im Rahmen der Einkünfte aus Kapitalvermögen zu berücksichtigen. Fehlt es an steuerlich anzuerkennenden Anschaffungskosten, so haben auch die zur Refinanzierung derartiger Aufwendungen aufgenommenen Darlehen nicht zur Erzielung von Einnahmen im Rahmen des § 20 EStG gedient.

BFH vom 12. 12. 2007 – X R 17/05 (BStBl 2008 II S. 579) 10

Aus den Gründen:
Bei Anteilen an Kapitalgesellschaften und an den mit ihnen bereits identischen Vorgesellschaften erlangt der Erwerber das wirtschaftliche Eigentum im Allgemeinen ab dem Zeitpunkt, von dem ab

er nach dem Willen der Vertragspartner über die betreffenden Anteile verfügen kann. Dies ist in der Regel der Fall, sobald Besitz, Gefahr, Nutzungen und Lasten, insbesondere die mit solchen Beteiligungen gemeinhin verbundenen Risiken einer Wertminderung und Chancen einer Wertsteigerung auf den Erwerber übergegangen sind und diesem zudem die mit dem Erwerb der Anteile verbundenen wesentlichen (Vermögens- und Verwaltungs-)Rechte, namentlich insbesondere das Gewinnbezugsrecht und die Stimmrechte, zustehen (vgl. BFH-Urteil vom 17. 2. 2004, BStBl 2005 II S. 46). Wirtschaftliches Eigentum kann u. U. auch dann anzunehmen sein, wenn einzelne dieser dargelegten Merkmale nicht in vollem Umfang vorliegen.

11 BFH vom 2. 4. 2008 – IX R 18/06 (BStBl 2008 II S. 679)

1. Bringen die Miteigentümer mehrerer Grundstücke ihre Miteigentumsanteile in eine Personengesellschaft mit Vermietungseinkünften ein, sind keine Anschaffungsvorgänge gegeben, soweit die den Gesellschaftern nach der Übertragung ihrer Miteigentumsanteile nach § 39 Abs. 2 Nr. 2 AO zuzurechnenden Anteile an den Grundstücken ihre bisherigen Miteigentumsanteile nicht übersteigen.

2. Anschaffungsvorgänge liegen nur insoweit vor, als sich die Anteile der Gesellschafter an den jeweiligen Grundstücken gegenüber den bisherigen Beteiligungsquoten erhöht haben (Fortentwicklung des BFH-Urteils vom 6. 10. 2004 IX R 68/01, BStBl II 2005, 324).

12 BFH vom 22. 7. 2008 – IX R 61/05 (HFR 2009 S. 240)

1. Ein an einem Kapitalgesellschaftsanteil Unterbeteiligter ist nur dann wirtschaftlicher Eigentümer, wenn er nach dem Inhalt der getroffenen Abrede alle mit der Beteiligung verbundenen wesentlichen Rechte (Vermögensrechte und Verwaltungsrechte) ausüben und im Konfliktfall effektiv durchsetzen kann.

2. Wirtschaftliches Eigentum ist (auch dann) gegeben, wenn – einander nicht nahestehende – Vertragsparteien die in einem formunwirksamen Vertrag getroffenen Vereinbarungen tatsächlich durchführen. Auch bei Verträgen zwischen nahen Angehörigen führt die zivilrechtliche Unwirksamkeit eines Vertragsabschlusses nicht ausnahmslos zum Ausschluss der steuerlichen Anerkennung des Vertragsverhältnisses.

13 BFH vom 22. 7. 2008 – IX R 74/06 (BStBl 2009 II S. 124)

Bestimmen die Parteien eines Aktienkaufvertrags den im Jahr des Vertragsabschlusses zunächst nur vorläufig festgelegten Kaufpreis aufgrund eines erst im folgenden Jahr zu erstellenden Wertgutachtens und machen sie die Besitzübertragung von der vollständigen Zahlung des Kaufpreises abhängig, geht das wirtschaftliche Eigentum an den Anteilen noch nicht mit Abschluss des Kaufvertrags auf den Erwerber über.

14 BFH vom 12. 2. 2009 – IX B 139/08 (BFH/NV 2009 S. 921)

§ 39 Abs. 2 Nr. 2 AO wird bei vermögensverwaltenden Personengesellschaften nicht durch § 15 Abs. 1 Nr. 2 Halbsatz 1 EStG verdrängt.

15 BFH vom 25. 6. 2009 – IV R 3/07 (BStBl 2010 II S. 182)

Wird ein Gesellschaftsanteil unter einer aufschiebenden Bedingung veräußert, geht das wirtschaftliche Eigentum an dem Gesellschaftsanteil grundsätzlich erst mit dem Eintritt der Bedingung auf den Erwerber über, wenn ihr Eintritt nicht allein vom Willen und Verhalten des Erwerbers abhängt.

16 BFH vom 6. 10. 2009 – IX R 14/08 (BStBl 2010 II S. 460)

1. Der Annahme eines zivilrechtlich wirksamen Treuhandverhältnisses steht nicht entgegen, dass dieses nicht an einem selbständigen Geschäftsanteil, sondern – als sog. Quotentreuhand – lediglich an einem Teil eines solchen Geschäftsanteils vereinbart wird.

2. Ein solcher quotaler Anteil ist steuerrechtlich ein Wirtschaftsgut i. S. des § 39 Abs. 2 Nr. 1 Satz 2 AO und stellt damit einen treugutfähigen Gegenstand dar.

17 BFH vom 24. 11. 2009 – I R 12/09 (BStBl 2010 II S. 590)

Sind Aktien Gegenstand eines „Treuhandvertrags", so sind auf sie entfallende Dividenden nur dann steuerlich dem „Treugeber" zuzurechnen, wenn dieser sowohl nach den mit dem „Treuhänder" getroffenen Absprachen als auch bei deren tatsächlichem Vollzug das Treuhandverhältnis in vollem Umfang beherrscht (Bestätigung der BFH-Rechtsprechung).

BFH vom 11. 5. 2010 – IX R 19/09 (BStBl 2010 II S. 823) 18

1. Ob bei Verträgen zwischen nahen Angehörigen der Mangel der zivilrechtlichen Form als Beweisanzeichen mit verstärkter Wirkung den Vertragsparteien anzulasten ist, beurteilt sich nach der Eigenqualifikation des Rechtsverhältnisses durch die Parteien.

2. Vereinbaren Ehegatten die Unterbeteiligung an einem von einem Dritten treuhänderisch für einen der Ehegatten als Treugeber gehaltenen Kapitalgesellschaftsanteil in einer zivilrechtlich nicht hinreichenden Form und behaupten sie, den Vertrag entsprechend dem Vereinbarten auch tatsächlich vollzogen zu haben, so können sie zum Beweis nicht lediglich ihre eigene Schilderung des Verfahrensablaufs mit Blick auf die zwischen Ehegatten intern üblichen Gepflogenheiten (keine schriftliche Kommunikation) anbieten.

BFH vom 26. 8. 2010 – I R 17/09 (StEd 2010 S. 794) 19

1. Das wirtschaftliche Eigentum an einer Forderung verbleibt im Rahmen eines Asset-Backed-Securities-Modells beim Forderungsverkäufer, wenn er das Bonitätsrisiko (weiterhin) trägt. Dies ist der Fall, wenn der Forderungskäufer bei der Kaufpreisbemessung einen Risikoeinbehalt vornimmt, der den erwartbaren Forderungsausfall deutlich übersteigt, aber nach Maßgabe des tatsächlichen Forderungseingangs erstattungsfähig ist.

2. Ist das wirtschaftliche Eigentum nach dieser Maßgabe beim Forderungsverkäufer verblieben, stellen die an den Forderungskäufer geleisteten „Gebühren" Entgelte für Schulden i. S. des § 8 Nr. 1 GewStG 2002 dar, wenn der Vorfinanzierungsbetrag dem Forderungsverkäufer für mindestens ein Jahr zur Verfügung steht.

BFH vom 1. 12. 2010 – IV R 17/09 (BStBl 2011 II S. 419) 20

1. Die steuerrechtliche Anerkennung einer sog. Mittelverwendungstreuhand scheidet aus, wenn die vom „Treugeber" erteilte Vollmacht zum Abschluss eines Treuhandvertrags die tatsächliche Mittelverwendung nicht deckt und diese auch nicht durch den „Treugeber" genehmigt wird.

...

BFH vom 26. 1. 2011 – IX R 7/09 (BStBl 2011 II S. 540) 21

1. Ein zivilrechtlicher Durchgangserwerb (in Gestalt einer logischen Sekunde) hat nicht zwangsläufig auch einen steuerrechtlichen Durchgangserwerb i. S. des Innehabens wirtschaftlichen Eigentums in der Person des zivilrechtlichen Durchgangserwerbers zur Folge; vielmehr ist die steuerrechtliche Zuordnung nach Maßgabe des § 39 Abs. 2 Nr. 1 AO zu beurteilen.

2. Für die Feststellung des wirtschaftlichen Eigentums i. S. von § 39 Abs. 2 Nr. 1 AO kommt es entscheidend auf das wirtschaftlich Gewollte und das tatsächlich Bewirkte an, also auf konkrete tatsächliche Umstände; daher ist eine – nicht reale – logische Sekunde als lediglich gedankliche Hilfskonstruktion für eine solche tatsächliche Feststellung unerheblich.

BFH vom 25. 5. 2011 – IX R 25/10 (HFR 2011 S. 1183) 22

Ein Treuhandvertrag zwischen Ehegatten, demzufolge einer der Ehegatten als Treuhänder für Rechnung des anderen Ehegatten als Treugeber mit einem Darlehen eine vom Treugeber vermietete Immobilie finanziert, ist nicht tatsächlich durchgeführt, wenn der Treugeber dem Treuhänder lediglich die vereinnahmte Miete überweist und der Treuhänder die restlichen Aufwendungen für das Darlehen selber trägt. Einem solchen Vertrag ist die steuerrechtliche Anerkennung zu versagen.

BFH vom 25. 5. 2011 – IX R 23/10 (HFR 2011 S. 1283) 23

Besteht die Position eines Gesellschafters allein in der gebundenen Mitwirkung an einer inkongruenten Kapitalerhöhung, vermittelt sie kein wirtschaftliches Eigentum i. S. von § 39 Abs. 2 Nr. 1 AO an einem Gesellschaftsanteil.

BFH vom 18. 10. 2011 – IX R 15/11 (StEd 2011 S. 794) 24

1. Wird ein Grundstück gegen Gewährung von Gesellschaftsrechten in eine vermögensverwaltende Personengesellschaft mit Vermietungseinkünften eingebracht, so liegen Anschaffungsvorgänge insoweit vor, als sich die nach § 39 Abs. 2 Nr. 2 AO zuzurechnenden Anteile der Gesellschafter an dem Grundstück gegenüber den bisherigen Beteiligungsquoten erhöht haben.

2. Zu Anschaffungskosten führt auch die Übernahme einer Verbindlichkeit, die die Personengesellschaft als Gegenleistung von dem einbringenden Gesellschafter übernimmt, und zwar auch

dann, wenn die Verbindlichkeit ursprünglich aufgenommen wurde, um ein privat genutztes Gebäude damit zu finanzieren.

§ 40 Gesetz- oder sittenwidriges Handeln

Für die Besteuerung ist es unerheblich, ob ein Verhalten, das den Tatbestand eines Steuergesetzes ganz oder zum Teil erfüllt, gegen ein gesetzliches Gebot oder Verbot oder gegen die guten Sitten verstößt.

Rechtsprechung

1 **BVerfG vom 12. 4. 1996 – 2 BvL 18/93 (HFR 1996 S. 597)[1]**

Aus den Gründen:

Aus dem allgemeinen Gleichheitssatz folgt jedenfalls für die direkten Steuern, daß die Besteuerung an der wirtschaftlichen Leistungsfähigkeit des Steuerpflichtigen ausgerichtet werden muß. Dies gilt insbesondere für das Einkommensteuerrecht. Die Besteuerung bestimmt sich hier nach der durch das erworbene Einkommen vermittelten Leistungsfähigkeit des Steuerschuldners. Für die Einkommensteuer erscheint § 40 AO damit als Klarstellung einer sich aus diesem Belastungsprinzip ergebenden Rechtsfolge. Demgegenüber müßte jede Ausnahme von der für alle Steuerschuldner gleichermaßen geltenden Steuerpflicht besonders geregelt und gerechtfertigt werden. Es ist jedoch kein rechtfertigender Grund erkennbar, weshalb die Rechts- oder Sittenwidrigkeit des Einkommenserwerbs eine Entlastung von der Einkommensteuer begründen sollte.

Schließlich verliert die Vorschrift des § 40 AO auch dann nicht ihre Berechtigung, wenn sie bei strafbarem Handeln möglicherweise kaum praktisch vollzogen werden könnte. Auch insofern sind die Ausführungen des vorlegenden Gerichts nicht schlüssig. Der Regelungsbereich der Vorschrift des § 40 AO geht nämlich wesentlich über die rechtswidrigen Taten im Sinne des § 73 StGB hinaus. § 40 AO stellt grundsätzlich klar, daß jedes Handeln, das den Tatbestand eines Steuergesetzes ganz oder zum Teil erfüllt, der Besteuerung unterliegt. Unerheblich ist danach nicht nur, ob es gegen ein Strafgesetz verstößt, sondern auch, ob es gegen ein sonstiges gesetzliches Ge- oder Verbot oder die guten Sitten verstößt. Im übrigen ist es zwar richtig, daß die praktische Durchsetzung der Steuerpflicht strafbarer Handlungen im allgemeinen insbesondere wegen der mangelnden Mitwirkungsbereitschaft des steuerpflichtigen Straftäters besonders schwierig sein dürfte. Die unterschiedliche Durchsetzbarkeit dieser Steueransprüche beruht aber offensichtlich nicht auf strukturellen Mängeln der gesetzlichen Regelungen, sondern auf der fehlenden Rechtstreue der Steuerschuldner. Diese rechtfertigt jedenfalls keine steuerliche Entlastung entgegen den Erfordernissen der Belastungsgleichheit.

§ 41 Unwirksame Rechtsgeschäfte

(1) [1]Ist ein Rechtsgeschäft unwirksam oder wird es unwirksam, so ist dies für die Besteuerung unerheblich, soweit und solange die Beteiligten das wirtschaftliche Ergebnis dieses Rechtsgeschäfts gleichwohl eintreten und bestehen lassen. [2]Dies gilt nicht, soweit sich aus den Steuergesetzen etwas anderes ergibt.

(2) [1]Scheingeschäfte und Scheinhandlungen sind für die Besteuerung unerheblich. [2]Wird durch ein Scheingeschäft ein anderes Rechtsgeschäft verdeckt, so ist das verdeckte Rechtsgeschäft für die Besteuerung maßgebend.

Anwendungserlass zur Abgabenordnung

1 **Zu § 41 – Unwirksame Rechtsgeschäfte:**

1. Ein unwirksames oder anfechtbares Rechtsgeschäft ist für Zwecke der Besteuerung als gültig zu behandeln, soweit die Beteiligten das wirtschaftliche Ergebnis bestehen lassen. Soweit aus-

---

[1]) Vgl. auch BFH vom 23. 2. 2000 (BStBl 2000 II S. 610) betr. „Telefonsex".

nahmsweise die rückwirkende Aufhebung eines vollzogenen Vertrages steuerlich zu berücksichtigen ist, wird auf die in Einzelsteuergesetzen geregelten Besonderheiten (z. B. § 17 UStG) hingewiesen; zur verfahrensmäßigen Abwicklung Hinweis auf § 175 Abs. 1 Satz 1 Nr. 2.

2. Nach § 41 Abs. 2 sind z. B. Scheinarbeitsverhältnisse zwischen Ehegatten oder die Begründung eines Scheinwohnsitzes für die Besteuerung ohne Bedeutung.

3. Beteiligter ist nicht der Beteiligte i. S. d. § 78, sondern der am Vertrag Beteiligte.

Rechtsprechung

BGH vom 7. 11. 1996 – 5 StR 294/96 (HFR 1997 S. 610)

1. ...

2. Die Vorschrift des § 41 Abs. 1 AO ist Ausdruck der wirtschaftlichen Betrachtungsweise im Steuerrecht; danach ist der Besteuerung ein Sachverhalt so zugrunde zu legen, wie die Beteiligten ihn tatsächlich gestaltet haben.

3. Wird ein zivilrechtlich unwirksames Rechtsgeschäft von den Beteiligten als wirksam behandelt, so ist der Steuertatbestand erfüllt und der Steueranspruch entstanden. Ein später gefaßter Entschluß, das unwirksame Rechtsgeschäft tatsächlich auch als unwirksam zu behandeln, hat auf die Erfüllung des Steuertatbestandes keinen Einfluß mehr; er kann sich nur für die Zukunft auswirken.

BFH vom 28. 1. 1997 – IX R 23/94 (BStBl 1997 II S. 655)

Ein mit Angehörigen geschlossener Mietvertrag über eine Wohnung (hier: in einem Zweifamilienhaus) ist nur dann steuerrechtlich anzuerkennen, wenn feststeht, daß die gezahlte Miete tatsächlich endgültig aus dem Vermögen des Mieters in das des Vermieters gelangt ist. Die Feststellung der tatsächlichen Voraussetzungen obliegt insoweit dem FG.

BFH vom 17. 2. 1998 – IX R 30/96 (BStBl 1998 II S. 349)

Ob einem Mietvertrag zwischen nahen Angehörigen die steuerrechtliche Anerkennung zu versagen ist, weil die Vereinbarung und Durchführung des Vertrages hinsichtlich der Nebenabgaben von dem unter Fremden Üblichen abweicht, kann nur im Rahmen einer Würdigung aller Umstände des Streitfalles entschieden werden.

BFH vom 13. 7. 1999 – VIII R 29/97 (BStBl 2000 II S. 386)

1. Ein zunächst formunwirksamer Vertrag zwischen nahen Angehörigen ist ausnahmsweise dann von vornherein steuerlich anzuerkennen, wenn aus den besonderen übrigen Umständen des konkreten Einzelfalles ein ernsthafter Bindungswillen der Angehörigen zweifelsfrei abgeleitet werden kann. Dies trifft jedenfalls dann zu, wenn den Angehörigen aufgrund der bestehenden Rechtslage nicht anzulasten ist, daß sie die Formvorschriften zunächst nicht beachtet haben, und wenn sie zeitnah nach dem Auftauchen von Zweifeln alle erforderlichen Maßnahmen ergriffen haben, um die zivilrechtliche Wirksamkeit des Vertrages herbeizuführen.

2. Ist in einem tatsächlich durchgeführten Pachtvertrag zwischen einer Personengesellschaft und Angehörigen der beherrschenden Gesellschafter ein angemessener monatlicher Pachtzins vereinbart, kann die Gesellschaft als Pächterin die monatlichen Pachtzahlungen selbst dann als Betriebsausgaben abziehen, wenn außerdem ein Verzicht auf Wertausgleich gemäß §§ 812, 951 BGB für die von der Gesellschaft errichteten Bauten vereinbart ist und dieser Verzicht als privat veranlaßt zu werten sein sollte.

BFH vom 31. 1. 2002 – V B 108/01 (HFR 2002 S. 647)

1. Auch ein „Strohmann" kommt als leistender Unternehmer in Betracht. Dementsprechend können auch dem Strohmann die Leistungen zuzurechnen sein, die der sog. Hintermann als Subunternehmer im Namen des Strohmanns tatsächlich ausgeführt hat (Abgrenzung zum BFH-Urteil vom 13. 7. 1994, BFH/NV 1995 S. 168).

2. Unbeachtlich ist das „vorgeschobene" Strohmanngeschäft dann, wenn es zwischen dem Leistungsempfänger und dem Strohmann nur zum Schein abgeschlossen worden ist und der Leistungsempfänger weiß oder davon ausgehen muss, dass der Strohmann keine eigene – ggf. auch durch Subunternehmer auszuführende – Verpflichtung aus dem Rechtsgeschäft übernehmen will und dementsprechend auch keine eigenen Leistungen versteuern will.

7 **BFH vom 7. 11. 2006 – IX R 4/06 (BStBl 2007 II S. 372)**

1. ...
2. Ein Scheingeschäft liegt vor, wenn die Vertragsparteien – offenkundig – die notwendigen Folgerungen aus einem Darlehensvertrag bewusst nicht ziehen, weil das Darlehen von vornherein nicht zurückgezahlt werden soll.

8 **BFH vom 5. 9. 2007 – IX B 250/06 (BFH/NV 2007 S. 2233)**

Allein der dingliche Vollzug eines nur zum Schein abgeschlossenen Geschäfts beseitigt noch nicht den Scheincharakter der Erklärungen.

9 **BVerfG vom 26. 6. 2008 – 2 BvR 2067/07 (HFR 2008 S. 1280)**

Der Begriff des Scheingeschäfts in § 41 Abs. 2 AO entspricht der Definition in § 117 BGB und ist hinreichend bestimmt. Ein Scheingeschäft liegt vor, wenn die Parteien einverständlich lediglich den äußeren Schein eines Rechtsgeschäfts hervorrufen, aber die mit dem betreffenden Rechtsgeschäft verbundenen Rechtswirkungen nicht eintreten lassen wollen. Ist eine bestimmte vertragliche Regelung zivilrechtlich nicht gewollt, so ist sie ein Scheingeschäft mit dem Ziel einer Steuerhinterziehung.

10 **BFH vom 12. 2. 2010 – VIII B 192/09 (BFH/NV 2010 S. 833)**

Geht das FG aufgrund einer Gesamtwürdigung der Umstände davon aus, dass Guthaben auf einem inländischen Bankkonto nicht dem im EU-Ausland ansässigen Kontoinhaber, sondern den Klägern als eigene zuzurechnen sind, weil die Kontoeröffnung durch den ausländischen Staatsbürger ein unbeachtliches Scheingeschäft war, darf es die Höhe der Einkünfte schätzen.

11 **BFH vom 11. 5. 2010 – IX R 19/09 (BStBl 2010 II S. 823)**

1. Ob bei Verträgen zwischen nahen Angehörigen der Mangel der zivilrechtlichen Form als Beweisanzeichen mit verstärkter Wirkung den Vertragsparteien anzulasten ist, beurteilt sich nach der Eigenqualifikation des Rechtsverhältnisses durch die Parteien.
2. Vereinbaren Ehegatten die Unterbeteiligung an einem von einem Dritten treuhänderisch für einen der Ehegatten als Treugeber gehaltenen Kapitalgesellschaftsanteil in einer zivilrechtlich nicht hinreichenden Form und behaupten sie, den Vertrag entsprechend dem Vereinbarten auch tatsächlich vollzogen zu haben, so können sie zum Beweis nicht lediglich ihre eigene Schilderung des Verfahrensablaufs mit Blick auf die zwischen Ehegatten intern üblichen Gepflogenheiten (keine schriftliche Kommunikation) anbieten.

12 **BFH vom 1. 7. 2010 – IV R 100/06 (BFH/NV 2010 S. 2056)**

Die zivilrechtliche Unwirksamkeit eines Gesellschaftsvertrags ist steuerrechtlich unerheblich, wenn die Gesellschafter die Vereinbarung im Gesellschaftsvertrag tatsächlich vollzogen haben (§ 41 Abs. 1 Satz 1 AO).

13 **BFH vom 10.11.2010 – XI R 15/09 (HFR 2011 S. 677)**

1. Tritt jemand im Rechtsverkehr – als sog. „Strohmann" – im eigenen Namen, aber für Rechnung eines anderen auf, der nicht selbst als berechtigter oder verpflichteter Vertragspartner in Erscheinung treten will, ist zivilrechtlich grundsätzlich nur der „Strohmann" aus dem Rechtsgeschäft berechtigt und verpflichtet.
2. Die gegenteiligen Rechtsgrundsätze in dem BFH-Urteil vom 15. 9. 1994 – XI R 56/93 (BStBl II 1995, 275), dass die von einem (weisungsabhängigen) Strohmann bewirkten Leistungen trotz selbständigen Auftretens im Außenverhältnis dem Hintermann als Leistenden zuzurechnen seien, sind zwischenzeitlich aufgegeben worden.
3. Unbeachtlich ist das „vorgeschobene" Strohmanngeschäft nur dann, wenn es nur zum Schein abgeschlossen wird, d. h. wenn die Vertragsparteien – der „Strohmann" und der Leistungsempfänger – einverständlich oder stillschweigend davon ausgehen, dass die Rechtswirkungen des Geschäfts gerade nicht zwischen ihnen, sondern zwischen dem Leistungsempfänger und dem „Hintermann" eintreten sollen.

§ 42 Missbrauch von rechtlichen Gestaltungsmöglichkeiten

(1) ¹Durch Missbrauch von Gestaltungsmöglichkeiten des Rechts kann das Steuergesetz nicht umgangen werden. ²Ist der Tatbestand einer Regelung in einem Einzelsteuergesetz erfüllt, die der Verhinderung von Steuerumgehungen dient, so bestimmen sich die Rechtsfolgen nach jener Vorschrift. ³Anderenfalls entsteht der Steueranspruch beim Vorliegen eines Missbrauchs im Sinne des Absatzes 2 so, wie er bei einer den wirtschaftlichen Vorgängen angemessenen rechtlichen Gestaltung entsteht.

(2) ¹Ein Missbrauch liegt vor, wenn eine unangemessene rechtliche Gestaltung gewählt wird, die beim Steuerpflichtigen oder einem Dritten im Vergleich zu einer angemessenen Gestaltung zu einem gesetzlich nicht vorgesehenen Steuervorteil führt. ²Dies gilt nicht, wenn der Steuerpflichtige für die gewählte Gestaltung außersteuerliche Gründe nachweist, die nach dem Gesamtbild der Verhältnisse beachtlich sind.

Anwendungserlass zur Abgabenordnung

Zu § 42 – Missbrauch von rechtlichen Gestaltungsmöglichkeiten:

1. Bei Anwendung des § 42 Abs. 1 Satz 2 ist zunächst zu prüfen, ob das im Einzelfall anzuwendende Einzelsteuergesetz für den vorliegenden Sachverhalt eine Regelung enthält, die der Verhinderung von Steuerumgehungen dient. Ob eine Regelung in einem Einzelsteuergesetz der Verhinderung der Steuerumgehung dient, ist nach dem Wortlaut und dem Sinnzusammenhang, nach der systematischen Stellung im Gesetz sowie nach der Entstehungsgeschichte der Regelung zu beurteilen.

   Liegt danach eine Regelung vor, die der Verhinderung von Steuerumgehungen dient, gilt Folgendes:
   - Ist der Tatbestand der Regelung erfüllt, bestimmen sich die Rechtsfolgen allein nach dieser Vorschrift, nicht nach § 42 Abs. 1 Satz 3 i. V. m. Abs. 2. In diesem Fall ist unerheblich, ob auch die Voraussetzungen des § 42 Abs. 2 vorliegen.
   - Ist der Tatbestand der Regelung dagegen nicht erfüllt, ist in einem weiteren Schritt zu prüfen, ob ein Missbrauch im Sinne des § 42 Abs. 2 vorliegt. Allein das Vorliegen einer einzelgesetzlichen Regelung, die der Verhinderung von Steuerumgehungen dient, schließt die Anwendbarkeit des § 42 Abs. 1 Satz 3 i. V. m. Abs. 2 damit nicht aus.

2. Sofern ein Missbrauch im Sinne des § 42 Abs. 2 vorliegt, entsteht der Steueranspruch bei allen vom Sachverhalt Betroffenen so, wie er bei einer den wirtschaftlichen Vorgängen angemessenen rechtlichen Gestaltung entsteht (§ 42 Abs. 1 Satz 3).

   2.1 Ein Missbrauch im Sinne des § 42 Abs. 2 liegt vor, wenn
   - eine rechtliche Gestaltung gewählt wird, die den wirtschaftlichen Vorgängen nicht angemessen ist,
   - die gewählte Gestaltung beim Steuerpflichtigen oder einem Dritten im Vergleich zu einer angemessenen Gestaltung zu einem Steuervorteil führt,
   - dieser Steuervorteil gesetzlich nicht vorgesehen ist und
   - der Steuerpflichtige für die von ihm gewählte Gestaltung keine außersteuerlichen Gründe nachweist, die nach dem Gesamtbild der Verhältnisse beachtlich sind.

   2.2 Ob eine rechtliche Gestaltung unangemessen ist, ist für jede Steuerart gesondert nach den Wertungen des Gesetzgebers, die den jeweiligen maßgeblichen steuerrechtlichen Vorschriften zugrunde liegen, zu beurteilen. Das Bestreben, Steuern zu sparen, macht für sich allein eine Gestaltung noch nicht unangemessen. Eine Gestaltung ist aber insbesondere dann auf ihre Angemessenheit zu prüfen, wenn sie ohne Berücksichtigung der beabsichtigten steuerlichen Effekte unwirtschaftlich, umständlich, kompliziert, schwerfällig, gekünstelt, überflüssig, ineffektiv oder widersinnig erscheint. Die Ungewöhnlichkeit einer Gestaltung begründet allein noch keine Unangemessenheit.

   Indizien für die Unangemessenheit einer Gestaltung sind zum Beispiel:
   - die Gestaltung wäre von einem verständigen Dritten in Anbetracht des wirtschaftlichen Sachverhalts und der wirtschaftlichen Zielsetzung ohne den Steuervorteil nicht gewählt worden;
   - die Vor- oder Zwischenschaltung von Angehörigen oder anderen nahe stehenden Personen oder Gesellschaften war rein steuerlich motiviert;
   - die Verlagerung oder Übertragung von Einkünften oder Wirtschaftsgütern auf andere Rechtsträger war rein steuerlich motiviert.

§ 42 AO
AEAO Rsp

2.2 Bei einer grenzüberschreitenden Gestaltung ist nach der Rechtsprechung des EuGH (vgl. z. B. Urteil vom 12. 9. 2006 – Rs. C-196/04 –, EuGHE I 2006, 7995) Unangemessenheit insbesondere dann anzunehmen, wenn die gewählte Gestaltung rein künstlich ist und nur dazu dient, die Steuerentstehung im Inland zu umgehen.

2.3 Bei der Prüfung, ob die gewählte Gestaltung zu Steuervorteilen führt, sind die steuerlichen Auswirkungen der gewählten Gestaltung mit der hypothetischen steuerlichen Auswirkung einer angemessenen Gestaltung zu vergleichen. Dabei sind auch solche Steuervorteile zu berücksichtigen, die nicht beim handelnden Steuerpflichtigen selbst, sondern bei Dritten eintreten. Dritte im Sinne des § 42 Abs. 2 Satz 1 sind nur solche Personen, die in einer gewissen Nähe zum Steuerpflichtigen stehen. Dies ist insbesondere dann anzunehmen, wenn die Beteiligten Angehörige des Steuerpflichtigen im Sinne des § 15 oder persönlich oder wirtschaftlich mit ihm verbunden sind (z. B. nahe stehende Personen i. S. v. H 36 KStH 2006 oder § 1 Abs. 2 AStG).

2.4 Der in § 42 Abs. 2 verwendete Begriff des „gesetzlich nicht vorgesehenen Steuervorteils" ist nicht deckungsgleich mit dem „nicht gerechtfertigten Steuervorteil" im Sinne des § 370 Abs. 1. Steuervorteile im Sinne des § 42 Abs. 2 sind daher nicht nur Steuervergütungen oder Steuererstattungen, sondern auch geringere Steueransprüche.

2.5 Der durch die gewählte Gestaltung begründete Steuervorteil ist insbesondere dann gesetzlich vorgesehen, wenn der Tatbestand einer Norm erfüllt ist, mit der der Gesetzgeber ein bestimmtes Verhalten durch steuerliche Anreize fördern wollte.

2.6 § 42 Abs. 2 Satz 2 eröffnet dem Steuerpflichtigen die Möglichkeit, die bei Vorliegen des Tatbestands des § 42 Abs. 2 Satz 1 begründete Annahme eines Missbrauchs durch Nachweis außersteuerlicher Gründe zu entkräften. Die vom Steuerpflichtigen nachgewiesenen außersteuerlichen Gründe müssen allerdings nach dem Gesamtbild der Verhältnisse beachtlich sein. Sind die nachgewiesenen außersteuerlichen Gründe nach dem Gesamtbild der Verhältnisse im Vergleich zum Ausmaß der Unangemessenheit der Gestaltung und den vom Gesetzgeber nicht vorgesehenen Steuervorteilen nicht wesentlich oder sogar nur von untergeordneter Bedeutung, sind sie nicht beachtlich. In diesem Fall bleibt es bei der Annahme eines Missbrauchs nach § 42 Abs. 2 Satz 1.

3. Ein Missbrauch von rechtlichen Gestaltungsmöglichkeiten nach § 42 ist als solcher nicht strafbar. Eine leichtfertige Steuerverkürzung oder eine Steuerhinterziehung kann aber vorliegen, wenn der Steuerpflichtige pflichtwidrig unrichtige oder unvollständige Angaben macht, um das Vorliegen einer Steuerumgehung zu verschleiern.[1)]

4. § 42 in der Fassung des Jahressteuergesetzes 2008 ist ab dem 1. Januar 2008 für Kalenderjahre, die nach dem 31. Dezember 2007 beginnen, anzuwenden. Für Kalenderjahre, die vor dem 1. Januar 2008 liegen, ist § 42 in der am 28. Dezember 2007 geltenden Fassung weiterhin anzuwenden.

Rsp

Rechtsprechung[2)]

2 BFH vom 8. 5. 2001 – IX R 10/96 (BStBl 2001 II S. 720)

Dem Abzug von Aufwendungen als Werbungskosten, die ein Anleger, der sich an einem Immobilienfonds beteiligt, als „Gebühren" für in gesonderten Verträgen vereinbarte Dienstleistungen (z. B. Mietgarantie, Treuhänderleistung) entrichtet, steht § 42 AO entgegen, wenn aufgrund der modellimmanenten Verknüpfung aller Verträge diese Aufwendungen in wirtschaftlichem Zusammenhang mit der Erlangung des Eigentums an der bezugsfertigen Immobilie stehen (Bestätigung der bisherigen Rechtsprechung).

3 BFH vom 26. 6. 2002 – IV R 63/00 (BStBl 2002 II S. 679)

Schenkt eine Mutter ihren minderjährigen Kindern einen Geldbetrag, der zeitnah dem Vater zur Finanzierung der Anschaffung eines Grundstücksanteils als Darlehn gewährt wird, überträgt der Vater alsdann die Hälfte des Grundstücks auf die Mutter und investiert diese einen Betrag in die Renovierung des Gebäudes, der dem Wert ihres Anteils entspricht, dann ist die Darlehnsgewährung nicht rechtsmissbräuchlich (Abgrenzung zum BFH-Urteil vom 26. März 1996 IX R 51/92, BFHE 180, 333, BStBl II 1996, 443).

[1)] Vgl. auch BFH vom 1. 2. 1983 – VIII R 30/80 (BStBl 1983 II S. 534).
[2)] Es ist zu beachten, dass die nachfolgend dargestellte Rechtsprechung noch zu § 42 AO i. d. F. vor Änderung durch das JStG 2008 ergangen ist und daher auf ab 2008 verwirklichte Sachverhalte nicht uneingeschränkt anwendbar ist.

BFH vom 14. 1. 2003 – IX R 5/00 (BStBl 2003 II S. 509) 4

Vermietet der Steuerpflichtige sein Haus zu fremdüblichen Bedingungen an seine Eltern, kann er die Werbungskostenüberschüsse bei seinen Einkünften aus Vermietung und Verpachtung auch dann abziehen, wenn er selbst ein Haus seiner Eltern unentgeltlich zu Wohnzwecken nutzt; ein Missbrauch steuerrechtlicher Gestaltungsmöglichkeiten i. S. des § 42 AO liegt insoweit nicht vor.

BFH vom 11. 3. 2003 – IX R 55/01 (BStBl 2003 II S. 627) 5

Ein Missbrauch rechtlicher Gestaltungsmöglichkeiten i. S. des § 42 AO liegt nicht vor, wenn ein Ehegatte dem anderen seine an dessen Beschäftigungsort belegene Wohnung im Rahmen einer doppelten Haushaltsführung zu fremdüblichen Bedingungen vermietet.

BFH vom 1. 4. 2003 – I R 39/02 (BStBl 2003 II S. 869) 6

§ 42 AO steht der Anwendung des § 34c Abs. 3 EStG jedenfalls dann nicht entgegen, wenn der den Steuerabzug begehrende unbeschränkt steuerpflichtige Gesellschafter einer ausländischen Domizilgesellschaft ausländische Steuern vom Einkommen gezahlt hat, die auf ihm nach § 42 AO zugerechnete Einkünfte der Gesellschaft erhoben wurden.

BFH vom 26. 11. 2003 – VI R 10/99 (BStBl 2004 II S. 195) 7

Ein Arbeitgeber ist weder unter dem Gesichtspunkt des Rechtsmissbrauchs noch durch die Zielrichtung des § 40a EStG gehindert, nach Ablauf des Kalenderjahres die Pauschalversteuerung des Arbeitslohnes für die in seinem Betrieb angestellte Ehefrau rückgängig zu machen und zur Lohn-Regelbesteuerung überzugehen.

BFH vom 10. 12. 2003 – IX R 12/01 (BStBl 2004 II S. 643) 8

Der Abschluss eines Mietvertrages unter Angehörigen stellt nicht schon deshalb einen Gestaltungsmissbrauch i. S. von § 42 AO dar, weil der Mieter das Grundstück zuvor gegen wiederkehrende Leistungen auf den Vermieter übertragen hat.

BFH vom 17. 12. 2003 – IX R 60/98 (BStBl 2004 II S. 646) 9

1. Es stellt keinen Gestaltungsmissbrauch i. S. von § 42 AO dar, wenn auf die Ausübung eines im Zusammenhang mit einer Grundstücksübertragung eingeräumten unentgeltlichen Wohnungsrechts verzichtet und stattdessen zwischen dem Übertragenden und dem neuen Eigentümer des Grundstücks ein Mietvertrag geschlossen wird; der Fortbestand des dinglichen Wohnungsrechts allein hindert die Wirksamkeit des Mietvertrages nicht (Fortentwicklung des BFH-Urteils vom 27. Juli 1999 IX R 64/96, BFHE 190, 125, BStBl 1999 II, S. 826).

...

BFH vom 17. 12. 2003 – IX R 56/03 (BStBl 2004 II S. 648) 10

Es stellt einen Gestaltungsmissbrauch i. S. von § 42 AO dar, wenn ein im Zusammenhang mit einer Grundstücksübertragung eingeräumtes, unentgeltliches Wohnungsrecht gegen Vereinbarung einer dauernden Last aufgehoben und gleichzeitig ein Mietverhältnis mit einem Mietzins in Höhe der dauernden Last vereinbart wird.

BFH vom 25. 2. 2004 – I R 42/02 (BStBl 2005 II S. 14) 11

1. Die nicht nur vorübergehend angelegte Beteiligung einer inländischen Kapitalgesellschaft an einer Kapitalgesellschaft im niedrig besteuerten Ausland innerhalb der Europäischen Gemeinschaft (hier: an einer gemeinschaftsrechtlich geförderten sog. IFSC-Gesellschaft in den irischen *Dublin Docks*) ist jedenfalls nicht deshalb missbräuchlich im Sinne des § 42 Abs. 1 AO, weil die Abwicklung der Wertpapiergeschäfte im Ausland durch eine Managementgesellschaft erfolgt (Bestätigung der Senatsurteile v. 19. 1. 2000, I R 94/97, BFHE 191, 257, BStBl 2001 II, S. 222, und I R 117/97, BFH/NV 2000, 824).

...

BFH vom 18. 3. 2004 – III R 25/02 (BStBl 2004 II S. 787) 12

1. Veräußert der Alleingesellschafter-Geschäftsführer ein von ihm erworbenes unaufgeteiltes Mehrfamilienhaus an „seine GmbH", die er zur Aufteilung bevollmächtigt und die die entstandenen vier Eigentumswohnungen noch im selben Jahr an verschiedene Erwerber veräußert, so kön-

nen die Aktivitäten der GmbH nur dem Anteilseigner zugerechnet werden, wenn die Voraussetzungen eines Gestaltungsmissbrauchs vorliegen.

2. Für einen Gestaltungsmissbrauch kann insbesondere neben weiteren Umständen sprechen, dass die Mittel für den an den Anteilseigner zu entrichtenden Kaufpreis zu einem erheblichen Teil erst aus den Weiterverkaufserlösen zu erbringen sind.

13 **BFH vom 7. 9. 2005 – I R 118/04 (BStBl 2006 II S. 537)**

Es ist nicht missbräuchlich, wenn eine Tochtergesellschaft ihr Ausschüttungsverhalten gegenüber der Muttergesellschaft danach ausrichtet, dass die Muttergesellschaft einerseits für die Ausschüttungen in den Genuss des abkommensrechtlichen Schachtelprivilegs kommt und ihr andererseits die Möglichkeit erhalten bleibt, die mit der Beteiligung in unmittelbarem wirtschaftlichem Zusammenhang stehenden Kosten als Betriebsausgaben abzuziehen (Bestätigung des Senatsurteils vom 29. 5. 1996 I R 21/95, BStBl II 1997, 63).

14 **BFH vom 9. 11. 2006 – V R 43/04 (BStBl 2007 II S. 344)**

1. Zur Anwendbarkeit von § 42 AO im Mehrwertsteuerrecht.

2. Schaltet ein Kreditinstitut bei der Erstellung eines Betriebsgebäudes eine Personengesellschaft vor, die das Gebäude errichtet und anschließend unter Verzicht auf die Steuerfreiheit an das Kreditinstitut vermietet, kann darin ein Rechtsmissbrauch vorliegen, der bei der Personengesellschaft zur Versagung des Vorsteuerabzugs aus den Herstellungskosten des Gebäudes führt.

3. Die Gestaltung kann aber auch durch wirtschaftliche oder sonst beachtliche nichtsteuerliche Gründe gerechtfertigt sein. Ertragsteuerliche Gründe gehören nicht dazu.

15 **BFH vom 9. 11. 2006 – IV R 21/05 (BStBl 2010 II S. 230)**

Legt eine Personen-Obergesellschaft ihr Wirtschaftsjahr abweichend von den Wirtschaftsjahren der Untergesellschaften fest, so liegt hierin jedenfalls dann kein Missbrauch von Gestaltungsmöglichkeiten des Rechts, wenn dadurch die Entstehung eines Rumpfwirtschaftsjahres vermieden wird.

16 **BFH vom 22. 8. 2007 – I R 32/06 (BStBl 2007 II S. 961)**

1. Die Begründung einer Organschaft zwischen verschiedenen kommunalen Eigenbetrieben in der Rechtsform einer GmbH als Organgesellschaften und einer kommunalen Holding-GmbH als Organträgerin ist grundsätzlich nicht als missbräuchliche Gestaltung i. S. von § 42 Abs. 1 AO anzusehen (Anschluss an das Senatsurteil vom 14. Juli 2004 I R 9/03, BFHE 207, 142).

...

17 **BFH vom 29. 5. 2008 – IX R 77/06 (BStBl 2008 II S. 789)**

Die Veräußerung von GmbH-Anteilen an eine von den Gesellschaftern der GmbH neu gegründete, beteiligungsidentische GmbH ist nicht deshalb rechtsmissbräuchlich i. S. des § 42 AO, weil die Anteile zu einem Zeitpunkt veräußert wurden, als die Veräußerung noch nicht dem Halbeinkünfteverfahren unterlag, oder weil sich die Tätigkeit der neu gegründeten GmbH auf das Halten der veräußerten Anteile beschränkte.

18 **BFH vom 25. 8. 2009 – IX R 60/07 (BStBl 2009 II S. 999)**

Werden Wertpapiere, die innerhalb der Jahresfrist des § 23 Abs. 1 Satz 1 Nr. 2 EStG mit Verlust veräußert werden, am selben Tage in gleicher Art und Anzahl, aber zu unterschiedlichem Kurs wieder gekauft, so liegt hierin kein Gestaltungsmissbrauch i. S. von § 42 AO.

19 **BFH vom 21. 10. 2009 – IX R 60/07 (HFR 2010 S. 689)**

Hat ein inländisches Unternehmen in Geschäftsbeziehungen zu einer ausländischen Gesellschaft gestanden, so können deren Gewinne nicht allein deshalb bei dem inländischen Unternehmen erfasst werden, weil die Geschäftsbeziehungen in dessen Buchführung unübersichtlich und nicht plausibel dargestellt erscheinen.

20 **BFH vom 11. 11. 2009 – IX R 1/09 (HFR 2010 S. 357)**

Arbeitgeber und Arbeitnehmer können den Zeitpunkt des Zuflusses einer Abfindung oder eines Teilbetrags einer solchen beim Arbeitnehmer in der Weise steuerwirksam gestalten, dass sie deren ursprünglich vorgesehene Fälligkeit vor ihrem Eintritt auf einen späteren Zeitpunkt verschieben.

BFH vom 17. 2. 2010 – I R 85/08 (BStBl 2011 II S. 758) 21

1. Es ist nicht missbräuchlich (§ 42 AO), wenn eine inländische Bank ihre Kunden veranlasst, Zinsscheine von Inhaberschuldverschreibungen (sog. Tafelpapiere) über ein ausländisches Kreditinstitut einzulösen. Auszahlende Stelle i. S. von § 44 Abs. 1 Satz 3 EStG 1997/2002 ist dann das ausländische Kreditinstitut, das nach § 44 Abs. 1 Satz 4 Nr. 1 Buchst. a Doppelbuchst. bb EStG 1997/2002 nicht zum Einbehalt und zur Abführung von KapSt verpflichtet ist.

...

BFH vom 17. 3. 2010 – IV R 25/08 (BStBl 2010 II S. 622) 22

Im Hinblick auf einen gewerblichen Grundstückshandel ist die Zwischenschaltung einer GmbH grundsätzlich nicht missbräuchlich, wenn die GmbH nicht funktionslos ist, d. h., wenn sie eine wesentliche – wertschöpfende – eigene Tätigkeit (z. B. Bebauung des erworbenen Grundstücks) ausübt.

BFH vom 7. 12. 2010 – IX R 40/09 (BStBl 2011 II S. 427) 23

Die verlustbringende Veräußerung eines Kapitalgesellschaftsanteils i. S. des § 17 Abs. 1 Satz 1 EStG an einen Mitgesellschafter ist nicht deshalb rechtsmissbräuchlich i. S. des § 42 AO, weil der Veräußerer in engem zeitlichen Zusammenhang von einem anderen Mitgesellschafter dessen in gleicher Höhe bestehenden Gesellschaftsanteil an derselben Gesellschaft erwirbt.

BFH vom 19. 1. 2011 – X B 43/10 (BFH/NV 2011 S. 636) 24

Es ist geklärt, dass die Rechtsfigur des Gesamtplans ein Anwendungsfall von § 42 AO ist. Die Bedeutung des Gesamtplangedankens kann von der jeweiligen Fassung des § 42 AO abhängen. Die rechtliche Möglichkeit und Zulässigkeit einer Gestaltung schließt eine Beurteilung nach den Maßstäben von § 42 AO nicht aus.

BFH vom 17. 2. 2011 – I R 85/08 (BStBl 2011 II S. 758) 25

1. Es ist nicht missbräuchlich (§ 42 AO), wenn eine inländische Bank ihre Kunden veranlasst, Zinsscheine von Inhaberschuldverschreibungen (sog. Tafelpapiere) über ein ausländisches Kreditinstitut einzulösen. Auszahlende Stelle i. S. von § 44 Abs. 1 Satz 3 EStG 1997/2002 ist dann das ausländische Kreditinstitut, das nach § 44 Abs. 1 Satz 4 Nr. 1 Buchst. a Doppelbuchst. bb EStG 1997/2002 nicht zum Einbehalt und zur Abführung von Kapitalertragsteuer verpflichtet ist.

...

§ 43 Steuerschuldner, Steuervergütungsgläubiger

AO
S 0165

[1]Die Steuergesetze bestimmen, wer Steuerschuldner oder Gläubiger einer Steuervergütung ist. [2]Sie bestimmen auch, ob ein Dritter die Steuer für Rechnung des Steuerschuldners zu entrichten hat.

§ 44 Gesamtschuldner

AO
S 0165

(1) [1]Personen, die nebeneinander dieselbe Leistung aus dem Steuerschuldverhältnis schulden oder für sie haften oder die zusammen zu einer Steuer zu veranlagen sind, sind Gesamtschuldner. [2]Soweit nichts anderes bestimmt ist, schuldet jeder Gesamtschuldner die gesamte Leistung.

(2) [1]Die Erfüllung durch einen Gesamtschuldner wirkt auch für die übrigen Schuldner. [2]Das Gleiche gilt für die Aufrechnung und für eine geleistete Sicherheit. [3]Andere Tatsachen wirken nur für und gegen den Gesamtschuldner, in dessen Person sie eintreten. [4]Die Vorschriften der §§ 268 bis 280 über die Beschränkung der Vollstreckung in den Fällen der Zusammenveranlagung bleiben unberührt.

§ 44 AO
AEAO H

AEAO   **Anwendungserlass zur Abgabenordnung**

1   **Zu § 44 – Gesamtschuldner:**

Zur Steuerfestsetzung bei Gesamtschuldnern wird auf § 122 Abs. 6 und 7, § 155 Abs. 3 hingewiesen, zur Inanspruchnahme eines Haftungsschuldners auf § 219, wegen der Vollstreckung gegen Gesamtschuldner auf § 342 Abs. 2, wegen einer Beschränkung der Vollstreckung in den Fällen der Zusammenveranlagung auf §§ 268 bis 280, wegen der Erstattung an Gesamtschuldner vgl. zu § 37, Nr. 2.

H   **Hinweise**

2   **Offenbarung steuerlicher Verhältnisse gegenüber Gesamtschuldnern**

(OFD Frankfurt/Main vom 8. 12. 2008 – S 0130 A-44-St 23 –)

Berührt ein Auskunftsersuchen die Verhältnisse mehrerer Steuerpflichtiger, so ist hinsichtlich jedes einzelnen Betroffenen zu prüfen, ob eine Offenbarung zulässig ist. Gegebenenfalls ist jeder einzelne Betroffene um Zustimmung zur Offenbarung zu ersuchen. Dagegen gilt das Steuergeheimnis bei der Offenbarung von Verhältnissen eines Gesamtschuldners gegenüber dem/den anderen Gesamtschuldner/n nur eingeschränkt:

1. Gesamtschuldnerschaft

Gesamtschuldner sind Personen, die nebeneinander dieselbe Leistung aus dem Steuerschuldverhältnis schulden oder für sie haften oder die zusammen zu einer Steuer zu veranlagen sind (§ 44 Abs. 1 S. 1 AO). Ein Gesamtschuldverhältnis kann danach zwischen mehreren Schuldnern oder zwischen mehreren Haftenden bestehen.

Beispiele für eine Gesamtschuldnerschaft:

Mehrere Personen schulden nebeneinander dieselbe Leistung:
- Veräußerer und Erwerber hinsichtlich der Grunderwerbsteuer

Mehrere Haftungsschuldner haben für dieselbe Leistung einzustehen:
- Gesellschafter einer OHG für die Umsatzsteuer
- GmbH und deren Geschäftsführer für die Lohnsteuer (§§ 42d EStG; 69 AO)

Zusammenveranlagte Personen:
- Ehegatten hinsichtlich der Einkommensteuer

Ein Gesamtschuldverhältnis kann auch zwischen Steuerschuldner und Haftungsschuldner bestehen:
- Veräußerer und Betriebsübernehmer bei Haftung nach § 75 AO (vgl. AEAO zu § 75, Nr. 6)

Bei Vorliegen einer Gesamtschuldnerschaft steht der Offenbarung von Verhältnissen, die die Gesamtschuldnerschaft betreffen, gegenüber einem der Gesamtschuldner das Steuergeheimnis nicht entgegen. Eine solche Offenbarung bezieht sich auf gemeinsame Verhältnisse der Gesamtschuldner, so dass die Mitteilung an einen der Gesamtschuldner keine unzulässige Offenbarung i. S. d. § 30 Abs. 2 AO darstellt (vgl. BFH-Urteile vom 08. 03. 1973, BStBl II S. 625, 627, und vom 03. 02. 1987, BFH/NV S. 774). Zur Frage der Akteneinsicht (und der Anfertigung von Abschriften oder Fotokopien der Steuerakten) wird auf den AEAO zu § 91, Nr. 4 verwiesen.

Es ist jedoch stets sorgfältig in jedem Einzelfall zu prüfen, ob die Auskünfte bzw. Unterlagen nicht auch Verhältnisse Dritter beinhalten, deren Offenbarung unzulässig wäre.

2. Formen der Offenbarung

2.1 Adressierung

Nach § 155 Abs. 3 Satz 1 AO können gegen Gesamtschuldner zusammengefasste Steuerbescheide ergehen. Das gilt auch dann, wenn im Innenverhältnis die Steuer nicht von allen Gesamtschuldnern zu tragen ist. Es ist daher zulässig, einen Gesamtschuldner ohne Zustimmung des/der anderen über die dem Gesamtschuldverhältnis zugrunde liegenden steuerlichen Verhältnisse, wie z. B. über Bestehen und Höhe der aus dem Gesamtschuldverhältnis herrührenden Steuerrückstände, zu unterrichten. Die Offenbarungsbefugnis geht aber nur so weit, wie das Gesamtschuldverhältnis reicht (vgl. Tz. 2.2).

2.2 Auskunftserteilung

Das Vorliegen einer Gesamtschuldnerschaft rechtfertigt auch die Erteilung von Auskünften über Einkommen und Vermögen eines Ehegatten an den anderen, z. B. zur Verwendung in Ehescheidungs- und Unterhaltsprozessen, und zwar unabhängig davon, ob der anfragende Ehegatte selbst Einkünfte bezogen hat bzw. Vermögen besitzt und ob der andere Ehegatte die geschuldete Steuer allein entrichtet hat. Voraussetzung ist aber, dass die Auskunft Zeiträume betrifft, für die die Ehegatten zusammen veranlagt worden sind. Die Auskunft muß sich auf die Zusammenveranlagung betreffende Vorgänge beschränken (z. B. Einkommensteuererklärung, Einkommensteuerbescheid). Die Offenbarung umsatzsteuerlicher Vorgänge oder Einzelheiten der Gewinnermittlung des anderen, allein gewerblich tätigen Ehegatten ist dagegen nicht zulässig.

Haben zur Einkommensteuer zusammen veranlagte Eheleute Klage zum Finanzgericht erhoben und ist das einen Ehegatten betreffende Verfahren wegen Eröffnung des Insolvenzverfahrens unterbrochen, ist der Insolvenzverwalter bereits vor Aufnahme des unterbrochenen Verfahrens berechtigt, Akteneinsicht in die -die streitige Steuersache beider Ehegatten betreffende – Steuerakte zu nehmen. Die Verpflichtung zur Wahrung des Steuergeheimnisses (§ 30 AO) steht dem nicht entgegen, da der Insolvenzverwalter als Rechtsnachfolger (§ 80 Abs. 1 InsO) des betroffenen Ehegatten Gesamtschuldner geworden ist (BFH-Beschluss vom 15. 06. 2000, BStBl II S. 431).

3. Offenbarung gegenüber einem Nichtgesamtschuldner

Für die Offenbarung von Verhältnissen der Gesamtschuldnerschaft gegenüber einem unbeteiligten Dritten, der nicht Gesamtschuldner ist, ist dagegen die Zustimmung aller Gesamtschuldner erforderlich.

Rechtsprechung

BFH vom 12. 10. 1994 – II R 63/93 (BStBl 1995 II S. 174) 3

Erwerben beide Ehegatten ein Grundstück zu gemeinschaftlichem Eigentum, so ist jeder Ehegatte grunderwerbsteuerrechtlich als Erwerber der Hälfte des Grundstücks anzusehen. Jeder Ehegatte ist Schuldner nur der auf ihn entfallenden Grunderwerbsteuer, ohne daß Gesamtschuldnerschaft besteht. Ein Grunderwerbsteuerbescheid, der in einem derartigen Fall ohne sonstige Erläuterung an beide Ehegatten gerichtet ist, genügt nicht dem Erfordernis der hinreichenden Bestimmtheit.

BFH vom 3. 1. 2010 – X S 28/10 (BFH/NV 2011 S. 203) 4

Die Aufteilung einer Steuerschuld berührt weder den Einkommensteuerbescheid noch die Gesamtschuldnerschaft der zusammen veranlagten Ehegatten. Die Steuerschuld wird auch nicht in Teilschulden in der Weise aufgeteilt, dass nachträglich getrennte Veranlagungen durchgeführt und Teilsteuern festgesetzt werden. Vielmehr wird allein für Zwecke der Vollstreckung eine fiktive getrennte Veranlagung durchgeführt und so erreicht, dass jeder Gesamtschuldner nur noch mit dem Steuerbetrag in Anspruch genommen wird, der seinem Anteil am zusammen veranlagten Einkommen entspricht.

BFH vom 26. 4. 2010 – II B 131/08 (BFH/NV 2010 S. 1854) 5

Legt einer von mehreren Gesamtschuldnern gegen den an ihn gerichteten Bescheid ein Rechtsmittel ein, liegt grundsätzlich weder ein Fall notwendiger Hinzuziehung gemäß § 360 Abs. 3 AO noch ein Fall notwendiger Beiladung gemäß § 60 Abs. 3 FGO vor. Die Gesamtschuldnerschaft begründet kein Verhältnis gegenseitiger Abhängigkeit; die Entscheidung gegenüber den Gesamtschuldnern muss nicht einheitlich ergehen. Dies gilt auch im Falle der Inanspruchnahme des Schenkers, der neben dem Beschenkten auch Steuerschuldner ist.

§ 45 Gesamtrechtsnachfolge

(1) ¹Bei Gesamtrechtsnachfolge gehen die Forderungen und Schulden aus dem Steuerschuldverhältnis auf den Rechtsnachfolger über. ²Dies gilt jedoch bei der Erbfolge nicht für Zwangsgelder.

(2) ¹Erben haben für die aus dem Nachlass zu entrichtenden Schulden nach den Vorschriften des bürgerlichen Rechts über die Haftung des Erben für Nachlassverbindlichkeiten einzustehen. ²Vorschriften, durch die eine steuerrechtliche Haftung der Erben begründet wird, bleiben unberührt.

§ 45 AO
AEAO — Anwendungserlass zur Abgabenordnung

1 **Zu § 45 – Gesamtrechtsnachfolge:**

1. Ob eine Gesamtrechtsnachfolge (der gesetzlich angeordnete Übergang des Vermögens) i. S. d. § 45 Abs. 1 vorliegt, ist grundsätzlich nach dem Zivilrecht zu beurteilen. Eine Gesamtrechtsnachfolge i. S. d. § 45 Abs. 1 liegt daher beispielsweise vor in Fällen der Erbfolge (§ 1922 Abs. 1 BGB), der Anwachsung des Anteils am Gesellschaftsvermögen bei Ausscheiden eines Gesellschafters (§ 738 Abs. 1 Satz 1 BGB; BFH-Urteile vom 28. 4. 1965 – II 9/62 U – BStBl III, S. 422, und vom 18. 9. 1980 – V R 175/74 – BStBl 1981 II, S. 293), der Verschmelzung von Gesellschaften (§ 1 Abs. 1 Nr. 1, §§ 2 ff. UmwG) und der Vermögensübertragung im Wege der Vollübertragung (§ 1 Abs. 1 Nr. 3, § 174 Abs. 1, §§ 175, 176, 178, 180 ff. UmwG). Abweichend von der zivilrechtlichen Betrachtung gilt aber in den vorgenannten Fällen der Anwachsung, der Verschmelzung und der Vermögensübertragung im Wege der Vollübertragung § 45 Abs. 1 nicht in Bezug auf die gesonderte und einheitliche Feststellung von Besteuerungsgrundlagen.

2. Ebenfalls abweichend von der zivilrechtlichen Betrachtung und unabhängig von der Anwendung der §§ 15, 16 und 20 ff. UmwStG liegt eine Gesamtrechtsnachfolge im Sinne des § 45 Abs. 1 nicht in Fällen einer Abspaltung oder Ausgliederung (§ 1 Abs. 1 Nr. 2, §§ 123 ff. UmwG; BFH-Urteil vom 7. 8. 2002 – I R 99/00 – BStBl 2003 II, S. 835) sowie einer Vermögensübertragung im Wege der Teilübertragung (§ 1 Abs. 1 Nr. 3, § 174 Abs. 2, §§ 175, 177, 179, 184 ff., 189 UmwG). In den Fällen einer Aufspaltung (§ 1 Abs. 1 Nr. 2, § 123 Abs. 1 UmwG) ist jedoch § 45 Abs. 1 sinngemäß anzuwenden; dies gilt nicht in Bezug auf die gesonderte und einheitliche Feststellung von Besteuerungsgrundlagen.

3. Eine formwechselnde Umwandlung (§ 1 Abs. 1 Nr. 4, §§ 190 ff. UmwG) führt grundsätzlich nicht zu einer Gesamtrechtsnachfolge im Sinne des § 45 Abs. 1, da lediglich ein Wechsel der Rechtsform eines Rechtsträgers unter Wahrung seiner rechtlichen Identität vorliegt (§ 202 Abs. 1 Nr. 1 UmwG). Ändert sich aber durch den Formwechsel das Steuersubjekt (z. B. in Fällen der Umwandlung einer Personengesellschaft in eine Kapitalgesellschaft oder der Umwandlung einer Kapitalgesellschaft in eine Personengesellschaft), ist § 45 Abs. 1 sinngemäß anzuwenden.

4. Zur Bekanntgabe von Steuerverwaltungsakten in Fällen einer Gesamtrechtsnachfolge vgl. zu § 122, Nrn. 2.12, 2.15 und 2.16 sowie zu § 197, Nrn. 8 und 9. Zu den ertragsteuerlichen Auswirkungen von Maßnahmen nach dem UmwG vgl. BMF-Schreiben vom 25. 3. 1998 (BStBl I, S. 268).

Rechtsprechung

2 **BFH vom 22. 1. 1993 – III R 92/89 (BFH/NV 1993 S. 455)**

1. Der Erbe tritt als Gesamtrechtsnachfolger materiell-rechtlich und verfahrensrechtlich grundsätzlich in die gesamte abgabenrechtliche Rechtsstellung der verstorbenen Steuerpflichtigen ein. Von dem Übergang der „Schulden aus dem Steuerschuldverhältnis" sind nur die Zwangsgelder ausgenommen. Die übrigen steuerlichen Nebenleistungen, die Verspätungszuschläge, Zinsen (§§ 233 bis 237 AO), Säumniszuschläge und Kosten (§ 178, §§ 337 bis 345 AO), gehen kraft Gesetzes auf den Erben über. Verwirkte Säumniszuschläge sind auch noch nach dem Tod des Steuerpflichtigen zu erheben.

2. Ein Erlaß von Säumniszuschlägen und Verspätungszuschlägen aus sachlichen Billigkeitsgründen kann geboten sein, wenn die Einziehung dieser Zuschläge den Wertungen des Gesetzgebers zuwiderlaufen würde; dagegen rechtfertigen Umstände, die der Gesetzgeber bei der Ausgestaltung des gesetzlichen Tatbestandes einer steuerrechtlichen Vorschrift bewußt in Kauf genommen hat, keinen Einfluß aus sachlichen Billigkeitsgründen (vgl. BFH-Rechtsprechung).

3. Der Erbe kann den Erlaß von Säumniszuschlägen aus sachlichen, auf den Erblasser bezogenen Billigkeitsgründen geltend machen (vgl. BFH-Urteil vom 19. 1. 1989 – V R 98/83).

3 **BFH vom 10. 7. 1997 – V R 56/95 (BFH/NV 1998 S. 232)**

1. Die Gesamtrechtsnachfolge einer Kapitalgesellschaft nach einer Gesellschaft des bürgerlichen Rechts (GbR) kann eintreten, wenn die Gesellschaftsanteile der GbR auf die Kapitalgesellschaft übertragen und bei dieser in einer Hand vereinigt werden. Ein nach Eintritt der Gesamtrechtsnachfolge an die GbR gerichteter Bescheid über Nachzahlungszinsen zur Umsatzsteuer ist unwirksam.

2. Die ehemaligen Gesellschafter der GbR sind befugt, die Rechtsscheinwirkung des unwirksamen Bescheides an die erloschene GbR anzufechten. Ein darüber hinausgehender Verpflichtungsantrag auf Erlaß der nicht entstandenen Nachzahlungszinsen geht ins Leere.

BFH vom 7. 8. 2002 – I R 99/00 (BStBl 2003 II S. 835)   4

Bei einer Ausgliederung durch Neugründung gemäß § 123 Abs. 3 Nr. 2 UmwG 1995 ist der übernehmende Rechtsträger nicht Gesamtrechtsnachfolger des übertragenden Rechtsträgers. Dieser bleibt deshalb Steuerschuldner. Er bleibt auch Beteiligter eines anhängigen Aktivprozesses (Anschluss an BGH-Urteil vom 6. 12. 2000 XII ZR 219/98, NJW 2001, 1217).

BFH vom 13. 2. 2008 – I R 11/07 (HFR 2008 S. 1171)   5

Bei der Verschmelzung zweier Kapitalgesellschaften ist der von der übertragenden Gesellschaft im Verschmelzungsjahr erzielte Gewinn nicht mit einem von der übernehmenden Gesellschaft erwirtschafteten Verlust zu verrechnen. Vielmehr unterliegt der Gewinn der übertragenden Gesellschaft einer eigenständigen Steuerfestsetzung, die gegenüber der übernehmenden Gesellschaft als Rechtsnachfolgerin erfolgt.

BFH vom 5. 11. 2009 – IV R 29/08 (HFR 2010 S. 233)   6

Bei einer Abspaltung durch Neugründung gemäß § 123 Abs. 2 Nr. 2 UmwG 1995 ist der übernehmende Rechtsträger nicht Gesamtrechtsnachfolger des übertragenden Rechtsträgers. Dieser bleibt deshalb jedenfalls unter der Geltung von § 132 UmwG a. F. Steuerschuldner (Bestätigung der Rechtsprechung).

BFH vom 12. 1. 2011 – XI R 11/08 (BStBl 2011 II S. 477)   7

1. Wird ein Unternehmen i. S. des § 75 AO von mehreren Personen zu Miteigentum nach Bruchteilen erworben, so haften sie aufgrund der gemeinsamen Tatbestandsverwirklichung als Gesamtschuldner.
...

BFH vom 15. 6. 2011 – XI R 10/11 (HFR 2011 S. 1216)   8

1. Verstirbt der Kläger während des Klageverfahrens, kann nur dessen Gesamtrechtsnachfolger, nicht aber ein Vermächtnisnehmer das Klageverfahren wirksam aufnehmen.
2. Der Mangel der Prozessführungsbefugnis ist von Amts wegen und in jeder Lage des Rechtsstreits, also auch in der Revisionsinstanz, zu beachten.
3. Bei einem Vermächtnis (§ 1939 BGB) liegt keine Gesamtrechtsnachfolge i.S. von § 45 AO und § 239 ZPO vor.

---

§ 46 Abtretung, Verpfändung, Pfändung

(1) Ansprüche auf Erstattung von Steuern, Haftungsbeträgen, steuerlichen Nebenleistungen und auf Steuervergütungen können abgetreten, verpfändet und gepfändet werden.

(2) Die Abtretung wird jedoch erst wirksam, wenn sie der Gläubiger in der nach Absatz 3 vorgeschriebenen Form der zuständigen Finanzbehörde nach Entstehung des Anspruchs anzeigt.

(3) ¹Die Abtretung ist der zuständigen Finanzbehörde unter Angabe des Abtretenden, des Abtretungsempfängers sowie der Art und Höhe des abgetretenen Anspruchs und des Abtretungsgrundes auf einem amtlich vorgeschriebenen Vordruck anzuzeigen. ²Die Anzeige ist vom Abtretenden und vom Abtretungsempfänger zu unterschreiben.

(4) ¹Der geschäftsmäßige Erwerb von Erstattungs- oder Vergütungsansprüchen zum Zweck der Einziehung oder sonstigen Verwertung auf eigene Rechnung ist nicht zulässig. ²Dies gilt nicht für die Fälle der Sicherungsabtretung. ³Zum geschäftsmäßigen Erwerb und zur geschäftsmäßigen Einziehung der zur Sicherung abgetretenen Ansprüche sind nur Unternehmen befugt, denen das Betreiben von Bankgeschäften erlaubt ist.

(5) Wird der Finanzbehörde die Abtretung angezeigt, so müssen Abtretender und Abtretungsempfänger der Finanzbehörde gegenüber die angezeigte Abtretung gegen sich gelten lassen, auch wenn sie nicht erfolgt oder nicht wirksam oder wegen Verstoßes gegen Absatz 4 nichtig ist.

(6) ¹Ein Pfändungs- und Überweisungsbeschluss oder eine Pfändungs- und Einziehungsverfügung dürfen nicht erlassen werden, bevor der Anspruch entstanden ist. ²Ein entgegen diesem Verbot erwirkter Pfändungs- und Überweisungsbeschluss oder erwirkte Pfändungs- und Einziehungsverfügung sind nichtig. ³Die Vorschriften der Absätze 2 bis 5 sind auf die Verpfändung sinngemäß anzuwenden.

(7) Bei Pfändung eines Erstattungs- oder Vergütungsanspruchs gilt die Finanzbehörde, die über den Anspruch entschieden oder zu entscheiden hat, als Drittschuldner im Sinne der §§ 829, 845 der Zivilprozessordnung.

AEAO

Anwendungserlass zur Abgabenordnung

Zu § 46 – Abtretung, Verpfändung, Pfändung:

1. Der Gläubiger kann die Abtretung oder Verpfändung der zuständigen Finanzbehörde wirksam nur nach Entstehung des Anspruchs anzeigen. Die Anzeige wirkt nicht auf den Zeitpunkt des Abtretungs- oder Verpfändungsvertrages zurück. Vor Entstehung des Steueranspruchs sind Pfändungen wirkungslos; sie werden auch nicht mit Entstehung des Anspruchs wirksam. Da z.B. der Einkommensteuererstattungsanspruch aus überzahlter Lohnsteuer grundsätzlich mit Ablauf des für die Steuerfestsetzung maßgebenden Erhebungszeitraums entsteht (§ 38 AO i.V.m. § 36 Abs. 1 EStG), sind während des betreffenden Erhebungszeitraums (bis 31.12.) angezeigte Lohnsteuer-Abtretungen bzw. Verpfändungen oder ausgebrachte Pfändungen wirkungslos. Ein auf einem Verlustrücktrag nach § 10d Abs. 1 EStG beruhender Erstattungsanspruch ist nur dann wirksam abgetreten, gepfändet oder verpfändet, wenn die Abtretung, Verpfändung oder Pfändung erst nach Ablauf des Verlustentstehungsjahres angezeigt bzw. ausgebracht worden ist (vgl. zu § 38, Nr. 1 Satz 3). Der Anspruch auf Erstattungszinsen nach § 233a entsteht erst, wenn eine Steuerfestsetzung zu einer Steuererstattung führt und die übrigen Voraussetzungen des § 233a in diesem Zeitpunkt erfüllt sind. Eine vor der Steuerfestsetzung angezeigte Abtretung des Anspruchs auf Erstattungszinsen ist unwirksam (BFH-Urteil vom 14. 5. 2002 – VII R 6/01 – BStBl II S. 677).

2. Der geschäftsmäßige Erwerb und die geschäftsmäßige Einziehung von Erstattungs- oder Vergütungsansprüchen ist nur bei Sicherungsabtretungen und nur Bankunternehmen gestattet (BFH-Urteil vom 23. 10. 1985 – VII R 196/82 – BStBl II 1986 S. 124). Verstöße gegen § 46 Abs. 4 werden als Steuerordnungswidrigkeit geahndet (§ 383). Auskünfte darüber, inwieweit einem Unternehmen das Betreiben von Bankgeschäften nach § 32 des Kreditwesengesetzes erlaubt worden ist, können bei der Bundesanstalt für Finanzdienstleistungsaufsicht oder auch bei der für den Sitz des betreffenden Unternehmens zuständigen Landeszentralbank eingeholt werden. Die Geschäftsmäßigkeit wird stets zu bejahen sein, wenn für den Erwerb von Erstattungsansprüchen organisatorische Vorkehrungen getroffen werden (z.B. vorbereitete Formulare, besondere Karten). Für die Annahme der Geschäftsmäßigkeit reicht es nicht aus, dass die – vereinzelte – Abtretung im Rahmen eines Handelsgeschäfts vorgenommen wurde.

3. Auch bei einem Verstoß gegen § 46 Abs. 4 Satz 1 oder bei sonstiger Unwirksamkeit des der Abtretung oder Verpfändung zugrunde liegenden Rechtsgeschäfts kann die Finanzbehörde nach erfolgter Anzeige mit befreiender Wirkung an den Abtretungsempfänger zahlen, soweit nicht Rechte anderer Gläubiger entgegenstehen.

4. Mit der wirksam angezeigten Abtretung oder Verpfändung (bzw. ausgebrachten Pfändung) geht nicht die gesamte Rechtsstellung des Steuerpflichtigen über (BFH-Urteile vom 21. 3. 1975 – VI R 238/71 – BStBl II S. 669, vom 15. 5. 1975 – V R 84/70 – BStBl II 1976 S. 41, vom 25. 4. 1978 – VII R 2/75 – BStBl II S. 465, und vom 27. 1. 1993 – II S 10/92 – BFH/NV 1993 S. 350). Übertragen wird nur der Zahlungsanspruch. Auch nach einer Abtretung, Pfändung oder Verpfändung ist der Steuerbescheid nur dem Steuerpflichtigen bekannt zu geben. Der neue Gläubiger des Erstattungsanspruchs kann nicht den Steuerbescheid anfechten. Dem neuen Gläubiger des Erstattungsanspruchs muss nur mitgeteilt werden, ob und ggf. in welcher Höhe sich aus der Veranlagung ein Erstattungsanspruch ergeben hat und ggf. in welcher Höhe aufgrund der Abtretung, Pfändung oder Verpfändung an ihn zu leisten ist. Über Streitigkeiten hierüber ist durch Verwaltungsakt nach § 218 Abs. 2 zu entscheiden. Der neue Gläubiger des Erstattungsanspruchs ist nicht befugt, einen Antrag auf Einkommensteuerveranlagung gem. § 46 Abs. 2 Nr. 8 EStG zu stellen (vgl. BFH-Urteil vom 18. 8. 1998 – VII R 114/97 – BStBl 1999 II S. 84). Dieser Antrag ist ein von den Rechtswirkungen des § 46 nicht erfasstes höchstpersönliches steuerliches Gestaltungsrecht. Die vorstehenden Sätze gelten entsprechend für Fälle einer Überleitung von Steuererstattungsansprüchen gemäß § 93 SGB XII. Für die Überleitung von Steuererstattungsansprüchen nach dem Asylbewerberleistungsgesetz ist § 93 SGB XII entsprechend anzuwenden (§ 7 Abs. 3 AsylbLG). Für Fälle des Übergangs von Steuererstattungsansprüchen im Wege des gesetzlichen Forderungsübergangs im Rahmen der Leistungen zur Grundsicherung für Arbeitsuchende nach § 33 SGB II gelten die vorstehenden Sätze entsprechend.

5. Fehlt in der Abtretungsanzeige, nach der die Erstattungsansprüche aus der Zusammenveranlagung abgetreten worden sind, die Unterschrift eines Ehegatten, so wird dadurch die Wirksamkeit der Abtretung des Anspruchs, soweit er auf den Ehegatten entfällt, der die Anzeige

unterschrieben hat, nicht berührt (BFH-Urteil vom 13. 3. 1997 – VII R 39/96 – BStBl II S. 522). Zum Erstattungsanspruch bei zusammenveranlagten Ehegatten vgl. zu § 37, Nr. 2.

6. Für die Anzeige der Abtretung oder Verpfändung eines Erstattungs- oder Vergütungsanspruches wird der in der Anlage[1)] abgedruckte Vordruck bestimmt. **Die bislang geltende Fassung des Vordrucks kann weiterhin verwendet werden, wenn in Abschnitt III Nummer 3 im Freitextfeld nach dem Wort „oder" eine kurze stichwortartige Kennzeichnung des der Abtretung zugrunde liegenden schuldrechtlichen Lebenssachverhaltes erfolgt (vgl. BFH-Urteil vom 28.9.2011 – VII R 52/10 – BStBl 2012 II, S. 92).**

7. Die auf einem vollständig ausgefüllten amtlichen Vordruck erklärte, vom Abtretenden und vom Abtretungsempfänger jeweils eigenhändig unterschriebene Abtretungsanzeige kann der zuständigen Finanzbehörde auch per Telefax übermittelt werden (vgl. BFH-Urteil vom 8.6.2010 – VII R 39/09 – BStBl II, S. 839). Dies gilt entsprechend, wenn eine Abtretungsanzeige im Sinne des Satzes 1 eingescannt per E-Mail übermittelt wird. Die Anzeige der Abtretung wird wirksam, sobald die Kenntnisnahme durch die Finanzbehörde möglich und nach der Verkehrsanschauung zu erwarten ist (§ 130 Abs. 1 Satz 1 BGB). Dies bedeutet: Eintritt der Wirksamkeit bei Übermittlung

- während der üblichen Dienststunden der Finanzbehörde im Zeitpunkt der vollständigen Übermittlung;
- außerhalb der üblichen Dienststunden der Finanzbehörde zum Zeitpunkt des Dienstbeginns am nächsten Arbeitstag.

Hinweise

Pfändung von Erstattungs- und Vergütungsansprüchen nach § 46 AO

(Bayer. Landesamt für Steuern, Vfg. vom 13. 12. 2005 – S 0166–3 – St 41 N –)

1. Allgemeines

Erstattungs- und Vergütungsansprüche aus dem Steuerschuldverhältnis können gepfändet werden (§ 46 Abs. 1 AO). Für die Pfändung durch private Gläubiger gelten die Vorschriften der §§ 829 ff. ZPO, für behördliche Pfändungs- und Einziehungsverfügungen bei öffentlich-rechtlichen Forderungen die entsprechenden Vollstreckungsgesetze des Bundes bzw. des Landes. Darüber hinaus sind die aus § 46 AO sich ergebenden Einschränkungen zu beachten.

Die Überleitung von Erstattungsansprüchen nach § 90 BSHG hat die Wirkung einer Abtretung (BFH v. 23. 2. 1988, BStBl II 1988 S. 500).

2. Pfändbare Ansprüche

Vgl. Karte 1 zu § 46 AO, Tz 2.

3. Wirksamkeit eines Pfändungs- und Überweisungsbeschlusses

Die Pfändung erfolgt durch einen Pfändungsbeschluss des Amtsgerichts (§ 829 ZPO). Dieser bewirkt die Belastung des Erstattungs- oder Vergütungsanspruchs mit einem Pfandrecht. Zur Verwirklichung des Anspruchs muss darüber hinaus der gepfändete Anspruch zur Einziehung oder an Zahlungs statt dem Gläubiger überwiesen werden (§ 835 ZPO). In der Praxis wird die Überweisung regelmäßig mit der Pfändung verbunden (Pfändungs- und Überweisungsbeschluss).

Voraussetzung für die Wirksamkeit ist ein wirksamer Pfändungsbeschluss, dessen wirksame Zustellung, die Erstattungsberechtigung des Pfändungsschuldners und die Verfügbarkeit des gepfändeten Anspruchs.

3.1. Inhaltliche Voraussetzungen

Der Pfändungsbeschluss muss den Pfändungsgläubiger und Pfändungsschuldner, den Drittschuldner (Tz 3.2), den vollstreckbaren Anspruch und den gepfändeten Anspruch genau bezeichnen.

Pfändungsgläubiger und -schuldner müssen i.d.R. mit Vor- und Familienname, Beruf oder Gewerbe, Wohnort und Parteistellung bezeichnet werden. Ungenaue oder fehlerhafte Bezeichnungen sind nur dann unschädlich, wenn die Feststellung der Identität dennoch zweifelsfrei gewährleistet ist.

[1)] Anlage ist in Anhang 22 abgedruckt.

§ 46 AO
H

Der vollstreckbare Anspruch des Pfändungsgläubigers muss nach Vollstreckungstitel und Betrag (Hauptforderung zuzüglich Zinsen und Kosten) bezeichnet sein, weil sich danach der Umfang des Pfandrechts und der Einziehungsbefugnis bestimmt.

Zur Bezeichnung des gepfändeten Anspruchs vgl. Karte 1 zu § 46 AO, Tz 3.1.

3.2. Bezeichnung des Drittschuldners/Zuständiges Finanzamt

Nach § 46 Abs. 7 AO gilt die Finanzbehörde, die über den Anspruch zu entscheiden hat, als Drittschuldner nach §§ 829, 845 ZPO. Dies ist das nach den steuerlichen Zuständigkeitsbestimmungen sachlich (§ 16 AO, § 17 Abs. 2 FVG i.V.m. der Zuständigkeitsverordnung) und örtlich (§ 17 ff. AO) für den Pfändungsschuldner zuständige FA, in München das entsprechende Veranlagungsfinanzamt.

Diese Finanzbehörde muss im Beschluss so eindeutig bezeichnet werden, dass eine genaue Bestimmung möglich und eine Verwechslung ausgeschlossen ist. Schreibfehler und ähnliche fehlerhafte Bezeichnungen, die keinen Zweifel am richtigen Empfänger aufkommen lassen, sind unschädlich. Auch die Außenstelle eines Finanzamts kann, ebenso wie das Stammfinanzamt selbst, als Drittschuldner angegeben werden, wenn der Pfändungsschuldner bei der Außenstelle erfasst ist. Die Bezeichnung „FA München" ist aber, selbst bei einer Zustellung an das zutreffende FA, nicht ausreichend.

Für die Bestimmung des zuständigen FA kommt es auf den Zeitpunkt der Zustellung des Pfändungs- und Überweisungsbeschlusses an. War bereits vor diesem Zeitpunkt die Zuständigkeit nach den Vorschriften des § 26 AO auf ein anderes FA übergegangen oder war das FA nie zuständig, ist der nicht wirksam gewordene und darf auch nicht an das zuständige FA weitergeleitet werden (vgl. Tz. 5.2). Ändert sich die Zuständigkeit nach der Zustellung des Beschlusses, geht die sich daraus ergebende Verpflichtung auf das neue FA über. Der Pfändungs- und Überweisungsbeschluss ist mit den Steuerakten an das neu zuständig gewordene FA abzugeben.

Wird der Pfändungsschuldner beim FA (noch) nicht geführt, kann eine im Beschluss angegebene, im Zuständigkeitsbereich des FA liegende neue Anschrift des Stpfl. die Kenntnis des die Zuständigkeitsveränderung begründenden Umstandes nach § 26 S. 1 AO auslösen.

3.3. Entstehung des gepfändeten Anspruchs

Weitere Voraussetzung für einen wirksamen Pfändungs- und Überweisungsbeschluss ist, dass er nicht erlassen wurde, bevor der zu pfändende Anspruch nach § 38 AO entstanden ist. Erstattungs- und Vergütungsansprüche entstehen grundsätzlich mit Ablauf des Veranlagungs-, Vorauszahlungs-, Voranmeldungs- oder Erhebungszeitraums.

Ist der Erstattungsanspruch auf eine fehlerhafte Jahres-Steuerfestsetzung zurückzuführen, entsteht der Erstattungsanspruch in dem Zeitpunkt, in dem die zu hoch festgesetzte Steuer aufgrund des unzutreffenden Bescheids beglichen worden ist (vgl. BFH vom 26. 04. 1994, BFH/NV S. 839).

Beispiel:
Die materiell-rechtlich unzutreffende Veranlagung zur Einkommensteuer führt zu einer Steuernachzahlung in Höhe von 2 000 € für den Veranlagungszeitraum 01, die vom Steuerpflichtigen am 10. 08. 02 beglichen wird. Für den Veranlagungszeitraum 01 liegt seit dem 02. 01. 2002 ein Pfändungs- und Überweisungsbeschluss zur Einkommensteuer für das Jahr 01 in unbegrenzter Höhe vor. Nach Durchführung der Änderungsfestsetzung im November 2002 ergibt sich eine Erstattung in Höhe von 1 000 €.

Der Pfändungs- und Überweisungsbeschuss hindert nicht an die Auszahlung der Erstattung an den Steuerpflichtigen bzw. an der Verrechnung mit offenen Steuerrückständen, da im Zeitpunkt des Zugangs des Pfändungs- und Überweisungsbeschluss beim Finanzamt der Erstattungsanspruch noch nicht entstanden war.

Zum Zeitpunkt des Erlasses von vor Entstehung des Anspruchs vorbereiteten, aber nach Entstehung zugestellten Beschlüssen s. BFH v. 24. 07. 1990, BStBl II 1990 S. 946.

3.4. Zustellung des Pfändungs- und Überweisungsbeschlusses

Die Pfändung wird bewirkt mit Zustellung des Pfändungs- und Überweisungsbeschlusses (§ 829 Abs. 3 ZPO). Diese erfolgt durch den Gerichtsvollzieher nach Maßgabe der §§ 193 und 194 ZPO (§ 192 Abs. 1 ZPO). Dabei kann der Gerichtsvollzieher selbst zustellen oder sich der Post bedienen.

Wirksam wird die Zustellung mit Übergabe des Pfändungs- und Überweisungsbeschlusses an den Amtsleiter (§ 170 Abs. 2 ZPO). Dies geschieht im Regelfall im Dienstgebäude während der Dienststunden. Der Amtsleiter sollte den Gerichtsvollzieher (Postboten) veranlassen, neben dem Datum der Zustellung auch die Uhrzeit auf dem Schriftstück zu vermerken. Soweit dies nicht geschieht, sollte der Amtsleiter diese Vermerke selbst anbringen.

Der Amtsleiter kann auch Bedienstete des Amtes zur Entgegennahme von Pfändungs- und Überweisungsbeschlüssen ermächtigen. Ist der Amtsleiter nicht anwesend oder an der Annahme verhindert, ist eine solche Ersatzzustellung auch an einen anderen nicht besonders ermächtigten Bediensteten möglich (§ 178 Abs. 1 Nr. 2 ZPO).

Pfändungs- und Überweisungsbeschlüsse können dem Amtsleiter auch außerhalb des Dienstgebäudes an jedem Ort – also z.B. auch in seiner Wohnung – übergeben werden (§ 177 ZPO).

Wird der Amtsleiter in seiner Wohnung nicht angetroffen, kann nach § 178 Abs. 1 Nr. 1 ZPO auch einem erwachsenen Familienangehörigen, einer in der Familie beschäftigten Person oder einem erwachsenen ständigen Mitbewohner zugestellt werden.

Ist eine Ersatzzustellung in der Wohnung oder in den Geschäftsräumen (des Finanzamts) nicht ausführbar, ist die Ersatzzustellung durch Einlegen des Schriftstücks in einen zu der Wohnung oder dem Geschäftsraum gehörenden Briefkasten oder eine ähnliche Vorrichtung zulässig (§ 180 ZPO). Mit der Einlegung gilt das Schriftstück als zugestellt.

Eine Ersatzzustellung durch Niederlegung ist erst dann zulässig, wenn die Ersatzzustellung durch Einlegung des Schriftstücks in den Briefkasten nicht ausführbar ist (§ 181 Abs. 1 ZPO). Das Schriftstück gilt dabei mit der Abgabe der schriftlichen Mitteilung über die Niederlegung als zugestellt.

Lässt sich die formgerechte Zustellung eines Schriftstücks nicht nachweisen oder ist es unter Verletzung zwingender Zustellungsvorschriften zugegangen, gilt es in dem Zeitpunkt als zugestellt, in dem das Schriftstück der Person, an die die Zustellung gerichtet war, tatsächlich zugegangen ist (§ 189 ZPO). In diesen Fällen sollte der genaue Zeitpunkt, an dem das Schriftstück tatsächlich vorgelegt worden ist, vermerkt werden.

Zur Zustellung behördlicher Pfändungsverfügungen s. Tz 8.

3.4.1. Erstattungsberechtigung und Verfügbarkeit

Zur Erstattungsberechtigung des Pfändungsschuldners und zur Verfügbarkeit des gepfändeten Anspruchs vgl. Karte 1 zu § 46 AO, Tz 3.3 und 3.4.

4. Folgen einer wirksamen Pfändung und Überweisung

Die Pfändung verschafft dem Pfändungsgläubiger ein Pfändungspfandrecht an dem gepfändeten Anspruch (§ 804 Abs. 1 ZPO). Die Überweisung ermächtigt den Pfändungsgläubiger, den gepfändeten Anspruch im eigenen Namen geltend zu machen und ggf. einzuziehen (§ 835 Abs. 1 ZPO). Die Einziehungsbefugnis besteht aber nur in Höhe der Forderung des Pfändungsgläubigers (einschl. Zinsen und Kosten).

4.1. Rechtsfolgen

Die Pfändung verschafft dem Pfändungsgläubiger eine Pfändungspfandrecht an dem gepfändeten Erstattungs- oder Vergütungsanspruch (§ 804 Abs. 1 ZPO). Durch die Überweisung des gepfändeten Anspruchs zur Einziehung (§ 835 Abs. 1 ZPO) ist der Pfändungsgläubiger ermächtigt, den gepfändeten Anspruch in eigenem Namen geltend zu machen. Der Anspruch selbst geht nicht auf den Pfändungsgläubiger über, sondern bleibt Bestandteil des Schuldnervermögens. Die Ermächtigung des Pfändungsgläubigers schließt die Befugnis ein, beim Vorliegen der Voraussetzungen mit dem ihm zur Einziehung überwiesenen Erstattungs- oder Vergütungsanspruch gegen eine eigene Steuerschuld aufzurechnen.

Der Pfändungsgläubiger tritt durch die infolge der Überweisung ausgelöste Einziehungsermächtigung nur insoweit an die Stelle des Steuerpflichtigen (Pfändungsschuldner), als die Geltendmachung des Zahlungsanspruchs betroffen ist. Deshalb gehen die Mitwirkungspflichten der §§ 90 ff. AO nicht über, Verwaltungsakte sind weiterhin dem Steuerpflichtigen bekannt zu geben. Der Pfändungsgläubiger hat weder das Recht, Einspruch einzulegen oder Änderungsanträge zu stellen, noch ist er zu einem Einspruchsverfahren nach § 360 AO hinzuzuziehen.

Der neue Gläubiger des Erstattungsanspruchs ist nicht befugt, einen Antrag auf Einkommensteuerveranlagung gem. § 46 Abs. 2 Nr. 8 EStG zu stellen. Dieser Antrag ist ein von den Rechtswirkungen des § 46 nicht erfasstes höchstpersönliches steuerliches Gestaltungsrecht.

Dem neuen Gläubiger des Erstattungsanspruchs muss nach Erteilung der Drittschuldnererklärung (vgl. Tz 5) auf Anfrage nur mitgeteilt werden, ob und ggf. in welcher Höhe sich aus der Veranlagung ein Erstattungsanspruch ergeben hat und ob und ggf. in welcher Höhe aufgrund der Pfändung an ihn zu leisten ist (vgl. AEAO, Tz 4 zu § 46).

4.2. Leistung an den Gläubiger/nachträgliche Änderung des Erstattungsanspruchs

Mit Zugang des Pfändungs- und Überweisungsbeschlusses kann das FA in Höhe der Vollstreckungsforderung nicht mehr mit befreiender Wirkung an den Vollstreckungsschuldner leisten. Soweit die Erstattung bereits eingeleitet ist, ist der Zahlungsvorgang zu unterbrechen, wenn dies bei einem vertretbaren Aufwand noch zumutbar ist. Nach Übermittlung der Erstattungsdaten an das Technische Finanzamt ist eine Unterbrechung nicht mehr zumutbar.

Bis zur Höhe des gepfändeten Anspruchs (einschl. Zinsen und Kosten) ist an den Pfändungsgläubiger zu zahlen, sobald der Erstattungsbetrag verfügbar ist.

Zu nachträglichen Erhöhungen des Erstattungsbetrags aufgrund von Rechtsbehelfsverfahren, Änderungen oder Berichtigungen sowie zu Rückforderungen bei Änderungen zuungunsten des Pfändungsschuldners vgl. Karte 1 zu § 46 AO, Tz 4.2.

4.3. Aufrechnung

Unter den Voraussetzungen des § 392 BGB ist auch gegen einen gepfändeten Erstattungsanspruch eine Aufrechnung möglich. Die Ausführungen in Tz. 4.3 der Karte 1 zu § 46 AO gelten hier entsprechend mit dem Unterschied, dass die Aufrechnung gegenüber dem Steuerpflichtigen zu erklären ist, weil er Inhaber der gepfändeten Ansprüche bleibt. Dem Pfändungsgläubiger ist ein Abdruck der Aufrechnungserklärung, für die die UNIFA-Vorlage „Aufrechnung durch FK gegen gepfändete Forderung" (Ordner Finanzkasse/4) für FK Buchhaltung 1 und 2/4a) Aufrechnung) zur Verfügung steht, zu übersenden.

4.4. Versehentliche Auszahlung an den Steuerpflichtigen

Wurde trotz wirksamer Pfändung der Erstattungsbetrag (versehentlich) an den Stpfl. ausbezahlt, ist an den Pfändungsgläubiger nochmals zu zahlen und gegen den Stpfl. ein auf § 37 Abs. 2 AO gestützter Rückforderungsbescheid zu erlassen (BFH vom 1. 3. 1990, BStBl II 1990 S. 520).

4.5. Mehrfache Pfändungen bzw. Abtretungen

Bei mehrfachen Pfändungen und/oder Abtretungen desselben Erstattungsanspruchs s. Tz 4.5 der Karte 1 zu § 46 AO.

5. Drittschuldnererklärung

5.1. Verpflichtung zur Abgabe der Drittschuldnererklärung

Mit dem Pfändungs- und Überweisungsbeschluss ist regelmäßig die Aufforderung an das FA als Drittschuldner verbunden, nach § 840 Abs. 1 ZPO eine Erklärung darüber abzugeben,

a) ob und inwieweit es die Forderung als begründet anerkennt und Zahlung zu leisten bereit ist,

b) ob und welche Ansprüche andere Personen an die Forderung erheben,

c) ob und wegen welcher Ansprüche die Forderung bereits gepfändet ist.

Die Drittschuldnererklärung ist innerhalb von zwei Wochen abzugeben. Bei einer schuldhaft verspätet, unvollständig, unrichtig oder nicht abgegebenen Drittschuldnererklärung kann das FA schadensersatzpflichtig werden (§ 840 Abs. 2 S. 2 ZPO). Die Frist kann vom Gläubiger verlängert werden.

Die Drittschuldnererklärung ist kein Verwaltungsakt, sondern eine bloße Mitteilung an den Pfändungsgläubiger. Sie ist deshalb nicht anfechtbar und auch kein bindendes Schuldanerkenntnis (BGH v. 10. 10. 1977, BB 1977 S. 1628).

5.2. Inhalt der Drittschuldnererklärung

Die Drittschuldnererklärung ist unter Verwendung der UNIFA-Word Vorlage „Drittschuldnererklärung" (Ordner Veranlagung/Bearbeitung Verwaltungsakte) abzugeben. Hieraus ergibt sich auch der Inhalt der im Einzelfall abzugebenden Erklärung.

Wird die Pfändung wegen Unzuständigkeit nicht anerkannt (Tz 3.2), ist es nicht zulässig, dem Pfändungsgläubiger eine neue oder abweichende Anschrift des Stpfl. oder das zuständige FA mitzuteilen (§ 30 AO). Es ist jedoch zulässig, mitzuteilen, welches FA für eine im Pfändungs- und Überweisungsbeschluss angegebene Anschrift zuständig ist.

Äußern muss sich das FA nur zu den in § 840 Abs. 1 Nr. 1–3 ZPO aufgeführten Fragen. Im Übrigen berechtigt die allgemeine Auskunftspflicht das FA als Drittschuldner in dem durch die Pfändung gezogenen Rahmen zur Auskunft nur, soweit das Steuergeheimnis nicht verletzt wird. Anfragen eines Gläubigers vor Zustellung eines Pfändungs- und Überweisungsbeschlusses dürfen grundsätzlich nicht beantwortet werden.

Liegt ein Pfändungs- und Überweisungsbeschluss nur gegen einen Ehegatten vor und ergibt sich der Erstattungsanspruch aus einer Zusammenveranlagung, kann die Pfändung nur teilweise anerkannt werden, wenn beide Ehegatten die Steuer gezahlt haben (vgl. Tz 3.5). Die Drittschuldnererklärung ist entsprechend zu ergänzen, nähere Angaben zur Aufteilung des Erstattungsbetrags sind aber wegen § 30 AO nicht zulässig. Zur Aufteilung von Steuererstattungsansprüchen vgl. Karte 1 zu § 37 AO).

Wird die Pfändung in der Drittschuldnererklärung nicht anerkannt, weil die Veranlagung bereits durchgeführt wurde und Erstattungsansprüche nicht mehr bestehen, bleibt die Pfändung im Hinblick auf eine möglicherweise sich ergebende weitere Erstattung durch eine Änderung der Steuerfestsetzung wirksam.

6. Unwirksamkeit der Pfändung

6.1. Mitteilung in der Drittschuldnererklärung

Ist die Pfändung nach Auffassung des FA unwirksam, teilt es dies dem Pfändungsgläubiger in der Drittschuldnererklärung unter Hinweis auf die Gründe der Unwirksamkeit mit. Weitere Angaben, z.B. über andere Pfändungen oder Abtretungen, sind dann nicht zulässig (§ 30 AO). Hat er einen Antrag auf Veranlagung gestellt (Tz 4.1), ist dieser nur ihm gegenüber abzulehnen.

Besteht der Pfändungsgläubiger auf Auszahlung des Erstattungsbetrags, ist ihm ein Abrechnungsbescheid nach § 218 Abs. 2 AO zu erteilen (BFH v. 14. 7. 1987, BStBl II 1987, S. 802). Legt er dagegen Einspruch ein, ist eine Hinzuziehung des Stpfl. nach § 360 AO möglich und oft ratsam, aber nicht notwendig (BFH v. 9. 4. 1986, BStBl II 1986 S. 565).

6.2. Erinnerung

In Ausnahmefällen kann das FA gegen den Pfändungs- und Überweisungsbeschluss Erinnerung nach § 766 ZPO einlegen. Dies z.B. bei zweifelhafter zivilrechtlicher Rechtslage oder wenn der Pfändungsgläubiger unter Androhung von Schadensersatzansprüchen auf die Abgabe einer Drittschuldnererklärung in seinem Sinne besteht. Die Erinnerung ist an keine Frist gebunden.

6.3. Hinterlegung

Bei Streit über die Wirksamkeit eines Pfändungs- und Überweisungsbeschlusses oder bei mehrfacher Pfändung und/oder Abtretung und Uneinigkeit über die Rangfolge kann der Erstattungsbetrag beim Amtsgericht hinterlegt werden.

6.3.1. Hinterlegung nach § 853 ZPO

Liegen nur Pfändungs- und Überweisungsbeschlüsse vor und besteht Streit über die Rangfolge, kommt eine Hinterlegung nach § 853 ZPO bei demjenigen Amtsgericht in Betracht, dessen Beschluss dem FA zuerst zugestellt wurde. Die Hinterlegung ist dem Amtsgericht mit einem dort erhältlichen Vordruck anzuzeigen. Die Gründe sind dem Amtsgericht darzulegen und die Pfändungs- und Überweisungsbeschlüsse zu übersenden. Die Hinterlegung hat für das FA schuldbefreiende Wirkung.

6.3.2. Hinterlegung nach § 372 BGB

Bei anderen Streitigkeiten oder beim Zusammentreffen eines Pfändungs- und Überweisungsbeschlusses mit einer Abtretungsanzeige ist nur eine Hinterlegung nach den engeren Voraussetzungen des § 372 BGB beim für den Sitz des FA zuständigen Amtsgericht möglich. Vgl. hierzu Tz 5.2 der Karte 1 zu § 46 AO.

6.4. Schutz bei fehlerhaften Pfändungs- und Überweisungsbeschlüssen

Zahlt das FA aufgrund eines von ihm für wirksam gehaltenen Pfändungs- und Überweisungsbeschlusses an den Pfändungsgläubiger aus und stellt sich danach die Fehlerhaftigkeit des Beschlusses heraus, kann sich das FA dem Stpfl. gegenüber auf die Schutzwirkung des § 836 Abs. 2 ZPO berufen und eine nochmalige Erstattung an ihn ablehnen.

7. Vorpfändung

7.1. Voraussetzungen einer wirksamen Vorpfändung

Schon vor Erlass des Pfändungs- und Überweisungsbeschlusses durch das Gericht kann der Gläubiger selbst nach § 845 Abs. 1 ZPO zur Sicherung seiner Forderung das FA durch die sog. Vorpfändung über die bevorstehende Pfändung benachrichtigen. Diese Benachrichtigung muss im Wesentlichen den Anforderungen entsprechen, die an den Inhalt eines Pfändungsbeschlusses zu stellen sind (Tz 3.1), sowie die Aufforderung beinhalten, nicht mehr an den Schuldner zu zahlen. Fehlt eines dieser wesentlichen Merkmale, ist die Vorpfändung unwirksam.

Auch die Vorpfändung muss durch den Gerichtsvollzieher zugestellt werden, Tz. 3.4 gilt entsprechend. Eine Zustellung durch den Gläubiger selbst oder eine von ihm beauftragte andere Person ist unwirksam und, da nicht vom Gerichtsvollzieher gewollt, auch nicht nach § 189 ZPO heilbar. Eine vor Entstehung des Anspruchs zugestellte Vorpfändung ist unwirksam. Eine Drittschuldnererklärung ist aufgrund einer Vorpfändung nicht abzugeben. Eine unwirksame Vorpfändung hat auf die Wirksamkeit einer ordnungsgemäßen Pfändung keinen Einfluss. In der Drittschuldnererklärung für den Pfändungs- und Überweisungsbeschluss ist jedoch hierauf im Hinblick auf die unterbliebene rangwahrende Wirkung (Tz 7.2) hinzuweisen.

7.2. Wirkung der Vorpfändung

Die Vorpfändung hat nach § 845 Abs. 2 ZPO die Wirkung eines Arrests, also einer vorläufigen Beschlagnahme, und beinhaltet das Verbot einer Zahlung des FA an den Stpfl. Der Gläubiger erwirbt ein auflösend bedingtes Pfandrecht. Die Bedingung entfällt mit der fristgemäßen Pfändung. Wird der Pfändungsbeschluss, gerechnet vom Tag der Zustellung der Vorpfändung, innerhalb der Monatsfrist des § 845 Abs. 2 ZPO zugestellt, so erlangt sie (rückwirkend) den Rang, der der Vorpfändung nach dem Zeitpunkt ihrer Zustellung zukommen würde. Sie geht damit Pfändungen und/oder Abtretungen vor, die nach der Vorpfändung zugestellt wurden. Die Vorpfändung verliert ihre Wirkung, wenn die Pfändung nicht, nicht rechtzeitig oder nicht wirksam vorgenommen wird. Wird die Pfändung nach Fristablauf zugestellt, kommt ihr die rangwahrende Wirkung der Vorpfändung nicht mehr zu und sie erhält den Rang nach dem eigenen Eingang.

8. Behördliche Pfändungsverfügungen

Behördliche Pfändungs- und Einziehungsverfügungen sind Verwaltungsakte im Rahmen des Verwaltungsvollstreckungsverfahrens. Auch für sie gilt § 46 Abs. 6 AO, so dass vor Entstehung des Anspruchs erlassene Verfügungen nichtig sind. Zum Zeitpunkt des Erlasses s. BFH-Urteil vom 24. 7. 1990 (BStBl II 1990 S. 946).

Wirksam wird eine behördliche Pfändungsverfügung mit ihrer Bekanntgabe, die mit dem Eingang beim FA bewirkt ist. Danach richtet sich deren Rangfolge in Konkurrenz mit gerichtlichen Pfändungsbeschlüssen und Abtretungen. Nach Art. 5 Abs. 2 Satz 1, 2. Halbsatz i.V.m. Art. 26 Abs. 5 des Bayer. Verwaltungszustellungs- und Vollstreckungsgesetz (VwZVG) können Gemeinden, Landkreise, Bezirke und Zweckverbände ihre Pfändungs- und Einziehungsverfügungen auch per Telefax zustellen. In diesem Fall ist an die Vollstreckungsbehörde eine mit Datum und Unterschrift versehene Empfangsbestätigung zurückzusenden (Art. 5 Abs. 2 Satz 2 VwZVG).

Im Übrigen gelten die Regelungen über gerichtliche Pfändungs- und Überweisungsbeschlüsse mit Ausnahme der Vorpfändung entsprechend.

9. Eröffnung des Insolvenzverfahrens nach Eingang des Pfändungs- und Überweisungsbeschlusses

Im Insolvenzverfahren berechtigt die Pfändung den Pfandgläubiger zur abgesonderten Befriedigung (§§ 50 Abs. 1, § 51 Nr. 1 InsO). Die abgesonderte Befriedigung erfolgt nach Maßgabe der §§ 166 bis 173 InsO.

Die abgesonderte Befriedigung setzt ein wirksames und unanfechtbares Recht voraus. Ein Pfändungspfandrecht an einem Erstattungsanspruch, das unter die Rückschlagsperre (§ 88 InsO) fällt, ist unwirksam und für das Finanzamt unbeachtlich. Dies ist dann der Fall, wenn der Pfandgläubiger im letzten Monat vor dem Antrag auf Eröffnung des Insolvenzverfahrens oder nach diesem Antrag durch den Pfändungs- und Überweisungsbeschluss eine Sicherung an dem Erstattungsanspruch erlangt hat. Der Erstattungsanspruch ist in diesem Fall an den Verwalter auszuzahlen, soweit nicht mit Steuerrückständen gem. § 406 BGB aufgerechnet werden kann.

Wurde die Pfändung vom Insolvenzverwalter erfolgreich angefochten (§§ 129 ff. InsO) ist der Pfändungs- und Überweisungsbeschluss für das Finanzamt unbeachtlich.

5 Abtretung von Erstattungs- und Vergütungsansprüchen des Steuerpflichtigen

(OFD Magdeburg, Vfg. vom 28. 9. 2011
– S 0166-13-St 313 a/S 0166-13-St 252 –)

1. Allgemeines zur Abtretung von Ansprüchen der Steuerpflichtigen

1.1 Gesetzliche Grundlagen

Ansprüche eines Steuerpflichtigen gegen den Fiskus sind wie andere Geldforderungen abtretbar. Die Abtretung erfolgt nach den Vorschriften des Zivilrechts, insbesondere den §§ 398 ff. BGB. Zusätzlich sind die (einschränkenden) Sonderbestimmungen des § 46 AO zu beachten.

1.2 Anwendungsbereich des § 46 AO

Der Regelung – und damit auch den Beschränkungen – des § 46 AO unterliegen nur die im Abs. 1 dieser Vorschrift genannten Ansprüche. Im Einzelnen hierzu siehe Vfg. der OFD Magdeburg vom 14. 6. 2001 – S 0166-11-St 313 a (= AO-Kartei ST § 46 AO Karte 1).

Soweit Ansprüche nicht unter den Regelungsbereich des § 46 AO fallen (z. B. Schadensersatzansprüche), unterliegt ihre Abtretung nicht den Einschränkungen des § 46 AO. Es ist z. B. keine

Abtretungsanzeige erforderlich (siehe Nr. 2.3) und der geschäftsmäßige Erwerb (siehe Nr. 2.6) ist möglich.

2. Wirksamkeitsvoraussetzungen für die Abtretung

2.1 Überblick

Wirksamkeitsvoraussetzungen sind
- ein wirksamer Abtretungsvertrag (Nr. 2.2),
- eine sowohl in formeller (Nr. 2.3.2) als auch in inhaltlicher (Nr. 2.3.3) Hinsicht wirksame Abtretungsanzeige,
- der wirksame Zugang der Abtretungsanzeige (Nr. 2.3.6) bei der zuständigen Finanzbehörde (Nr. 2.3.5) nach Entstehung des Anspruchs (Nr. 2.3.7),
- die Erstattungsberechtigung des Abtretenden (Nr. 2.4),
- die Verfügbarkeit des abgetretenen Anspruchs (Nr. 2.5) und
- grundsätzlich ein nicht geschäftsmäßiger Erwerb des an ihn abgetretenen Anspruchs durch den Abtretungsempfänger (Nr. 2.6).

2.2 Abtretungsvertrag

Durch den Abtretungsvertrag (nicht identisch mit der Abtretungsanzeige) wird der Übergang der Ansprüche des Abtretenden (der Steuerpflichtige) auf den Abtretungsempfänger vereinbart (§ 398 BGB). Der Vertrag bedarf keiner Form; er kann z. B. konkludent durch Ausfüllen und Unterzeichnen des amtlich vorgeschriebenen Vordrucks für die Abtretungsanzeige (siehe Nr. 2.3.2) geschlossen werden.

Gegenstand des Abtretungsvertrags kann auch ein künftiger, also noch nicht entstandener Anspruch sein. Jedoch wird die Abtretung nach § 46 Abs. 2 AO erst wirksam, wenn sie dem zuständigen Finanzamt **nach Entstehung** des Anspruchs **angezeigt** wird (siehe Nr. 2.3.6.1).

Für die Wirksamkeit des Abtretungsvertrags ist die Geschäftsfähigkeit der Vertragspartner erforderlich; Vertretung ist möglich (zur Bevollmächtigung bei der Ausfertigung der Abtretungsanzeige siehe Nr. 2.3.3.5).

2.3 Abtretungsanzeige

2.3.1 Rechtsnatur der Abtretungsanzeige, Widerruf

Die Abtretungsanzeige ist eine einseitige empfangsbedürftige und auslegungsfähige Willenserklärung i. S. d. § 130 BGB, die erst mit Zugang bei der Finanzbehörde wirksam wird. Bis zum Zugang der Abtretungsanzeige ist die Abtretung unwirksam, erzeugt also keine Rechtswirkungen. Sie wirkt auch nicht auf den Zeitpunkt des Abtretungsvertrags zurück (AEAO zu § 46, Nr. 1). Dies ist für die Rangfolge bedeutsam, wenn der Anspruch des Steuerpflichtigen zusätzlich gepfändet oder nochmals abgetreten wird (siehe Vfg. der OFD Magdeburg vom 14. 6. 2001 – S 0166-10-St 313 a).

Ein Widerruf der Abtretungsanzeige ist nur mit Zustimmung des Abtretungsempfängers möglich (§ 409 Abs. 2 BGB). Vom Zeitpunkt des Zugangs der Widerrufserklärung bei der Finanzbehörde an entfallen die Rechtsfolgen der Abtretung (siehe Nr. 3) und auch die Schutzfunktion des § 46 Abs. 5 AO (hierzu siehe Nr. 4.6).

2.3.2 Form der Abtretungsanzeige

Die Abtretung ist auf einem amtlich vorgeschriebenen Vordruck anzuzeigen (§ 46 Abs. 3 AO). Der amtlich vorgeschriebene Vordruck muss nicht amtlich hergestellt sein. Es genügen Ablichtungen des amtlichen oder privat hergestellte Nachdrucke, sofern diese in Form, Inhalt und Aufbau dem amtlichen Muster vollinhaltlich entsprechen (Hess. Finanzgericht, Urteil vom 29. 11. 1985, EFG 1986 S. 210). So dürfen weder die im amtlichen Vordruck aufgeführten Erläuterungen und Warnhinweise weggelassen noch amtlich nicht geforderte Anmerkungen und Erläuterungen hinzugefügt werden.

Grundsätzlich sollte nur der aktuelle Vordruck verwendet werden. Nach der BFH-Rechtsprechung (Urteile vom 16. 11. 1993, BFH/NV 1994 S. 598 und vom 26. 9. 1995, BFH/NV 1996 S. 385) macht die Verwendung eines älteren Vordrucks – vor allem wenn nur unwesentliche Änderungen vorgenommen wurden – die Abtretung jedoch nicht automatisch unwirksam. Vielmehr kommt es vor allem darauf an, ob die gesetzlich bezweckte Warn- und Schutzfunktion für den Steuerpflichtigen erhalten bleibt.

Auch ein aus zwei getrennten, einseitig bedruckten und zusammengehefteten Blättern bestehender Computerausdruck einer Abtretungsanzeige genügt den gesetzlichen Anforderungen und ist daher formwirksam.

Der mit den Formvorschriften des § 46 Abs. 2 und 3 AO bezweckte Schutz ist auch gewahrt, wenn die auf einem vollständig ausgefüllten amtlichen Vordruck erklärte, vom Abtretenden und vom Abtretungsempfänger jeweils eigenhändig unterschriebene Abtretungsanzeige durch Telefax übersandt wird (BFH-Urteil vom 8. 6. 2010, BStBl. 2010 II S. 839). Dies gilt entsprechend, wenn der amtliche Papiervordruck einer Abtretungsanzeige eingescannt per E-Mail übermittelt wird.

Die notarielle Beurkundung der Abtretung eines Anspruchs des Steuerpflichtigen ersetzt nicht die Anzeige auf dem amtlich vorgeschriebenen Vordruck (Finanzgericht Nürnberg, Urteil vom 6. 10. 1988, EFG 1989 S. 206). Das gilt auch für Abtretungen zu Protokoll eines Gerichts.

2.3.3 Notwendiger Inhalt der Abtretungsanzeige

2.3.3.1 Angabe des Abtretenden und des Abtretungsempfängers

Abtretender (Zedent) und Abtretungsempfänger (Zessionar) sind mit Name und Adresse so genau zu bezeichnen, dass sie identifizierbar sind. Ungenauigkeiten, die keinen Zweifel an der Person des Abtretenden oder des Abtretungsempfängers aufkommen lassen, sind unschädlich.

2.3.3.2 Angabe der Art des abgetretenen Anspruchs

Der abgetretene Anspruch muss so konkret bezeichnet werden, dass er – notfalls im Wege der Auslegung – zweifelsfrei bestimmbar ist (Niedersächsisches Finanzgericht, Urteil vom 23. 10. 1978, EFG 1979 S. 158). Insoweit gelten die Ausführungen in AO-Kartei ST § 46 AO Karte 1 Nr. 2.3.4 entsprechend. Eine insoweit unvollständige Abtretungsanzeige kann anhand beigefügter Anlagen ausgelegt werden (Finanzgericht Köln, Urteil vom 1. 7. 1992, EFG 1993 S. 194).

2.3.3.3 Angabe der Höhe des abgetretenen Anspruchs

Bei – rechtlich zulässigen – Teilabtretungen ist stets die genaue Höhe des abgetretenen Betrages anzugeben.

Dagegen muss bei Vollabtretungen die Höhe des abgetretenen Betrages nicht angegeben werden. Ein gleichwohl genannter (unzutreffender) Betrag macht die Abtretungsanzeige nicht unwirksam. Vielmehr ist auch in diesen Fällen grundsätzlich von einer Vollabtretung auszugehen, es sei denn, aufgrund der im Wege der Auslegung zu berücksichtigenden Gesamtumstände ergibt sich, dass lediglich eine Teilabtretung gewollt ist. In Zweifelsfällen – z. B. bei erheblicher Abweichung des angegebenen vom tatsächlichen Betrag – sind entsprechende Ermittlungen vorzunehmen, bevor der gesamte Erstattungsbetrag an den Abtretungsempfänger ausgezahlt wird.

Übersteigt bei einer „Teilabtretung" der angegebene Betrag den tatsächlichen Erstattungsbetrag, so liegt eine Vollabtretung vor.

2.3.3.4 Angabe des Abtretungsgrundes

Die Frage nach dem Abtretungsgrund ist stets zu beantworten, denn sie steht im Zusammenhang mit den Regelungen in § 46 Abs. 4 AO, wonach der geschäftsmäßige Erwerb von Erstattungsansprüchen mit Ausnahme der Sicherungsabtretung an Banken unzulässig ist (BFH-Urteil vom 25. 9. 1990, BStBl. 1991 II S. 201). Es ist ausreichend, wenn sich der Abtretungsgrund stichwortartig aus der Abtretungsanzeige ergibt (BFH-Urteil vom 13. 11. 2001, BStBl. 2002 II S. 402).

2.3.3.5 Unterschriften des Abtretenden und des Abtretungsempfängers

Der amtlich vorgeschriebene Vordruck der Abtretungsanzeige sieht die persönliche Unterschrift des Abtretenden ausdrücklich vor. Dadurch soll sichergestellt werden, dass der Gesetzeszweck – den Erstattungsberechtigten vor einer übereilten Abtretung zu schützen und insbesondere so genannte Blankoabtretungen zu verhindern – erreicht wird. Es besteht die Vermutung, dass der Steuerpflichtige seine Unterschrift in Kenntnis aller im Vordruck enthaltenen Angaben geleistet hat (Finanzgericht Berlin, Urteil vom 13. 10. 1981, EFG 1982 S. 330).

Ergibt sich aus einer vorgelegten Vollmachtsurkunde, dass der Steuerpflichtige den Inhalt der ausgefüllten Abtretungsanzeige kennt, bestehen keine Bedenken, die Wirksamkeit der Abtretungsanzeige insoweit auch dann anzuerkennen, wenn sie von dem Bevollmächtigten unterzeichnet wurde. Das gilt sowohl für unwiderruflich (BFH-Urteil vom 26. 11. 1982, BStBl. 1983 II S. 123) als auch für widerruflich (BFH-Urteil vom 27. 10. 1987, BStBl. 1988 II S. 178) erteilte Vollmachten. Etwas anderes gilt aber, wenn die Vollmacht lediglich dazu berechtigt, die Abtretung **anzuzeigen**, also die Befugnis zur **Unterzeichnung** der Abtretungsanzeige nicht umfasst.

Die erforderlichen Unterschriften müssen im Original geleistet worden sein; Durchschriften oder Faksimile sind nicht zulässig.

Fehlt in der Abtretungsanzeige, nach der die Erstattungsansprüche aus einer Zusammenveranlagung abgetreten worden sind, die Unterschrift eines Ehegatten, so wird dadurch die Wirksamkeit der Abtretung des Anspruchs, soweit er auf den Ehegatten entfällt, der die Anzeige unterschrieben hat, nicht berührt (BFH-Urteil vom 13. 3. 1997, BStBl. 1997 II S. 522). Zum Erstattungsanspruch bei zusammenveranlagten Ehegatten siehe auch AO-Kartei BMF § 37 Karte 1 Nr. 2 und AO-Kartei ST § 37 AO Karte 2.

2.3.3.6 Rechtsfolge inhaltlicher Mängel

Fehlt eine Angabe im amtlich vorgeschriebenen Vordruck, so ist die Abtretungsanzeige unwirksam. Fehlende Angaben können nicht nachgeholt werden. Denn eine rangwahrende – und damit im Ergebnis wirksame – Abtretungsanzeige darf nicht von den Unwägbarkeiten der Nachholung erforderlicher Angaben abhängig sein. Auch eine Umdeutung in eine Zahlungsanweisung (hierzu siehe AO-Kartei ST § 46 AO Karte 5 Nr. 1) ist nicht möglich (Finanzgericht Baden-Württemberg, Urteil vom 1. 12. 1982, EFG 1983 S. 388).

2.3.4 Erstatter der Abtretungsanzeige

Nach § 46 Abs. 2 AO ist die Abtretung durch den Gläubiger (Abtretender) anzuzeigen. Er kann sich dazu jedoch eines anderen (z. B. des Abtretungsempfängers) als Vertreter oder Boten bedienen (Finanzgericht Berlin, Urteil vom 24. 6. 1991, EFG 1992 S. 103). Dies ist in der Praxis der Regelfall, weil die sichere Übermittlung der Anzeige vor allem im Interesse des Abtretungsempfängers liegt.

Im Hinblick auf den Schutzzweck des § 46 Abs. 5 AO und den hier sinngemäß anwendbaren allgemeinen Rechtsgedanken des § 409 Abs. 1 BGB kann das Finanzamt aber auch dann mit befreiender Wirkung zahlen, wenn ihm eine ordnungsgemäß ausgefüllte und sowohl vom Abtretenden wie vom Abtretungsempfänger unterschriebene Abtretungsanzeige von dem letzteren angezeigt (vorgelegt) wird (vgl. hierzu BFH-Urteil vom 22. 3. 1994, BStBl. 1994 II S. 789, (791)).

2.3.5 Zuständige Finanzbehörde

Nach § 46 Abs. 3 AO ist die Abtretung der zuständigen Finanzbehörde anzuzeigen. Das ist das für den Abtretenden nach den steuerrechtlichen Zuständigkeitsbestimmungen (§§ 17 ff. AO, § 17 FVG) sachlich und örtlich zuständige Finanzamt.

Dabei kommt es für die Wirksamkeit der Abtretung lediglich darauf an, dass die Abtretungsanzeige dem zuständigen Finanzamt **zugeht** (hierzu siehe Nr. 2.3.6); eine ungenaue oder unzutreffende Bezeichnung schadet nicht. Eine bei einem unzuständigen Finanzamt eingegangene Abtretungsanzeige ist an das zuständige Finanzamt weiterzuleiten (hierzu siehe Nr. 4.1 Abs. 2); die Abtretung wird in diesen Fällen allerdings erst wirksam, wenn die Abtretungsanzeige dort eingeht.

2.3.6 Zugang der Abtretungsanzeige

2.3.6.1 Grundsätzliches

Eine Abtretung ist nur wirksam, wenn sie **nach Entstehung des Anspruchs** des Abtretenden gegen den Fiskus (hierzu siehe Nr. 2.3.7) angezeigt wird. Geht sie vorher zu, so ist sie unwirksam; sie wird auch nicht mit dem Entstehen des Anspruchs nachträglich wirksam (vgl. AEAO zu § 46, Nr. 1). Nach Entstehung des Anspruchs muss vielmehr eine neue Abtretungsanzeige eingereicht werden.

Angezeigt ist die Abtretung in dem Zeitpunkt, in dem die Abtretungsanzeige wirksam wird. Als einseitige empfangsbedürftige Willenserklärung wird die Anzeige gem. § 130 Abs. 1 und 3 BGB mit dem Zugang beim zuständigen Finanzamt (hierzu siehe Nr. 2.3.5) als Erklärungsempfänger wirksam. Dabei muss die Abtretungsanzeige dem Finanzamt übergeben werden. Es genügt nicht, sie nur zu zeigen (BFH-Urteil vom 13. 10. 1987, BFH/NV 1988 S. 416). Eine förmliche Zustellung ist jedoch nicht erforderlich. Abtretungsanzeigen sind damit wirksam, wenn sie mit einfachem Brief übersandt oder in den Hausbriefkasten eingeworfen werden. Der Zugang ist bewirkt, sobald die Kenntnisnahme durch das Finanzamt nach der Verkehrsanschauung erwartet werden kann (BFH-Beschluss vom 3. 8. 1978, BStBl. 1978 II S. 649). Das ist regelmäßig der Zeitpunkt der nächsten Leerung des Hausbriefkastens. Kann hiernach eine umgehende Kenntnisnahme nicht erwartet werden (z. B. bei Einwurf in den Behördenbriefkasten zur Nachtzeit), so gilt die Abtretungsanzeige erst bei der ersten Leerung am nächsten Tag als zugegangen. Ein etwaiger Vermerk des Datums und des Zeitpunkts des Einwurfs durch den Überbringer der Anzeige auf dem Briefumschlag entfaltet demnach keine Wirkung und ist bedeutungslos. Einzelheiten zur Dokumentation des Zugangszeitpunkts siehe Nr. 2.3.6.2.

Abtretungsanzeigen können auch dem Vorsteher des Finanzamts in dessen Privatwohnung übergeben werden. In diesem Fall gilt die Abtretungsanzeige im Zeitpunkt der tatsächlichen Kenntnisnahme durch den Vorsteher als zugegangen. Dieser Zeitpunkt ist auf der Anzeige zu vermerken.

2.3.6.2 Dokumentation des Zugangszeitpunkts

Da es sowohl für die Wirksamkeit der Abtretungsanzeige (§ 46 Abs. 2 AO) als auch für die Rangfolge bei Gläubigerkonkurrenz (vgl. AO-Kartei ST § 46 AO Karte 4) auf den Zugangszeitpunkt ankommt, ist es geboten, den genauen Zeitpunkt des Zugangs zu vermerken. Bei der Behandlung in den Hausbriefkasten eingeworfener Abtretungsanzeigen ist wie folgt zu verfahren:

- Abtretungsanzeigen, die am **ersten Werktag des Jahres** dem Hausbriefkasten bei der **ersten Leerung** entnommen werden, sind mit dem Eingangsstempel dieses Werktages zu versehen. Zusätzlich ist auf den Anzeigen zu vermerken: „**Dem Hausbriefkasten bei Dienstbeginn (... Uhr) entnommen"**. Diese Abtretungsanzeigen gelten damit als nach Entstehung des abgetretenen Erstattungsanspruchs zugegangen und daher als wirksam. Durch dieses Verfahren wird eine nachteilige Behandlung der zwischen 00:00 Uhr und Dienstbeginn eingeworfenen Abtretungsanzeigen vermieden. Hierbei wird in Kauf genommen, dass zum Jahreswechsel bis 24:00 Uhr in den Hausbriefkasten gelangte Abtretungsanzeigen ebenfalls als im neuen Jahr zugegangen behandelt werden.

- Abtretungsanzeigen, die am **zweiten und jedem weiteren Werktag** des Jahres dem Hausbriefkasten bei der **ersten Leerung** entnommen werden, sind mit folgendem Vermerk zu versehen: „**Dem Hausbriefkasten bei Dienstbeginn (... Uhr) entnommen am ...**". Ein evtl. nach dem üblichen Verfahren angebrachter Posteingangsstempel des vorhergehenden Werktags ist insoweit bedeutungslos.

- Abtretungsanzeigen, die **nach der ersten Leerung** dem Hausbriefkasten bei weiteren Leerungen im Laufe des Tages entnommen werden, erhalten den Posteingangsstempel dieses Tages. Zusätzlich ist auf den Anzeigen der Zeitpunkt der Leerung zu vermerken.

- Bei Abtretungsanzeigen, die dem Postschließfach entnommen werden, ist entsprechend zu verfahren.

Wenn eine Abtretungsanzeige als Anlage zu einem Schriftsatz, einer Steuererklärung o. Ä. eingereicht wird, ist sie entsprechend den vorstehenden Regelungen mit einem eigenen Posteingangsstempel und ggf. erforderlichen Vermerk zu versehen. Wird der Zugang irrtümlich nicht erkannt, z. B. weil die Abtretungsanzeige in einer umfangreichen Steuererklärung enthalten war, **ist bei Kenntnisnahme unverzüglich** ein Eingangsvermerk anzubringen (z. B.: „Der am xx.xx.xxxx eingegangenen X-Steuererklärung xxxx am xx.xx.xxxx entnommen.", Namenszeichen). Zugangszeitpunkt ist das tatsächliche Eingangsdatum, evtl. bereits abgegebene Drittschuldnererklärungen sind unter Hinweis auf das Datum der Kenntnisnahme unverzüglich zu berichtigen.

Bei Übermittlung der Abtretungsanzeige per Telefax oder als scan-Anhang zu einer E-Mail wird sie wirksam, sobald die Kenntnisnahme durch das Finanzamt möglich und nach der Verkehrsanschauung zu erwarten ist. Das bedeutet im Einzelnen, dass bei Übermittlung während der üblichen Dienstzeit die Wirksamkeit im Zeitpunkt der vollständigen Übermittlung eintritt, bei Übermittlung außerhalb der Dienststunden hingegen mit Dienstbeginn am nächsten Arbeitstag eintritt.

Die Bediensteten der Posteingangsstelle müssen mit den vorstehenden Regelungen vertraut sein.

Liegen nach den oben erwähnten Leerungen/Eingangsvermerken gleichzeitig mehrere ordnungsmäßige Anzeigen über die Abtretung vor, so ist der Erstattungsbetrag wegen der Gleichrangigkeit der Anzeigen zu hinterlegen (hierzu Hinweis auf AO-Kartei ST § 46 AO Karte 4 Nr. 5.3). In diesem Fall sind die Gläubiger entsprechend zu unterrichten.

2.3.7 Zeitpunkt der Entstehung des Erstattungs- oder Vergütungsanspruchs

Die Abtretungsanzeige darf – soll sie wirksam werden – erst nach Entstehung des Anspruchs des Steuerpflichtigen beim Finanzamt eingehen. Zur Frage, wann diese Ansprüche entstanden sind, gelten die Hinweise in AO-Kartei ST § 46 AO Karte 1 Nr. 2.4.2.

2.4 Erstattungsberechtigung des Abtretenden

Eine wirksame Abtretung setzt voraus, dass der Abtretende Inhaber des abgetretenen Anspruchs ist (Erstattungsberechtigung).

Für die Frage der Erstattungsberechtigung gelten (BFH-Urteil vom 13. 3. 1997, BStBl. 1997 II S. 522) die Anweisungen in AO-Kartei ST § 46 AO Karte 1 Nr. 2.6 entsprechend.

Soll im Falle der Zusammenveranlagung von Ehegatten der gesamte Erstattungsbetrag abgetreten werden, so sind in der Abtretungsanzeige beide Eheleute als Abtretende aufzuführen, und die Anzeige ist von beiden zu unterschreiben. Ist nur ein Ehegatte aufgeführt und/oder hat nur einer unterschrieben, so ist die Abtretung lediglich in Höhe des auf ihn entfallenden Anteils am Gesamterstattungsbetrag wirksam. Das Finanzamt hat dann diesen Anteil durch Aufteilung zu ermitteln. Insoweit gelten die Weisungen in AO-Kartei ST § 46 AO Karte 1 Nr. 2.6.2 entsprechend.

Hinsichtlich der Hinterlegung bei Zweifeln über die Erstattungsberechtigung siehe Nr. 4.5.

2.5 Verfügbarkeit des abgetretenen Anspruchs

Weitere Voraussetzung für eine wirksame Abtretung ist, dass der Erstattungs- oder Vergütungsanspruch im Zeitpunkt des Zugangs der Abtretungsanzeige noch besteht und auch dem Abtretenden noch zusteht. Der Anspruch darf zum maßgebenden Zeitpunkt also noch nicht durch Zahlung, Aufrechnung, Verjährung oder Ablauf einer Ausschlussfrist (z. B. § 46 Abs. 2 Nr. 8 EStG) erloschen sein. Auch darf keine vorrangige Pfändung vorliegen (hierzu siehe AO-Kartei ST § 46 AO Karte 4).

Ebenfalls darf die Verfügbarkeit nicht von Gesetzes wegen ausgeschlossen sein. Dies ist beispielsweise bei den Ansprüchen auf die Arbeitnehmer-Sparzulage zu vermögenswirksamen Leistungen der Fall, die nach dem 31.12.1993 angelegt wurden (vgl. AO-Kartei ST § 46 AO Karte 1 Nr. 1.2.3).

2.6 Geschäftsmäßiger Erwerb von Erstattungs- oder Vergütungsansprüchen

2.6.1 Grundsatz der Unzulässigkeit

Nach § 46 Abs. 4 Satz 1 AO ist der geschäftsmäßige Erwerb von Erstattungs- oder Vergütungsansprüchen zum Zwecke der Einziehung oder sonstigen Verwertung auf eigene Rechnung unzulässig.

Bei einem Verstoß gegen § 46 Abs. 4 AO ist die Abtretung nichtig (siehe § 46 Abs. 5 letzter Halbsatz AO).

Geschäftsmäßig handelt, wer die Tätigkeit selbständig – sei es haupt- oder nebenberuflich, sei es entgeltlich oder unentgeltlich – und in Wiederholungsabsicht ausübt (BFH-Urteile vom 23. 10. 1985, BStBl. 1986 II S. 124 und vom 17. 9. 1987, BFH/NV 1988 S. 9).

Geschäftsmäßigkeit wird stets zu bejahen sein, wenn für den Erwerb von Erstattungs- oder Vergütungsansprüchen organisatorische Vorkehrungen (z. B. vorbereitete Formulare, besondere Karten) getroffen werden. Sie sind jedoch andererseits für die Geschäftsmäßigkeit nicht notwendige Voraussetzung.

So liegt z. B. ein unzulässiger geschäftsmäßiger Erwerb auch dann vor, wenn sich ein Angehöriger der steuerberatenden Berufe innerhalb eines überschaubaren Zeitraums von mehreren Mandanten oder von einem Mandanten mehrfach Steuererstattungsansprüche zum Ausgleich oder zur Sicherung von Honorarforderungen abtreten lässt (BFH-Urteile vom 23. 10. 1985, BStBl. 1986 II S. 124 und vom 17. 9. 1987, BFH/NV 1988 S. 9).

Zur Geschäftsmäßigkeit von Abtretungen an Inkassounternehmen Hinweis auf AO-Kartei ST § 46 AO Karte 8.

2.6.2 Ausnahme vom Grundsatz der Unzulässigkeit

Nach § 46 Abs. 4 Sätze 2 und 3 AO ist der geschäftsmäßige Erwerb von Erstattungs- oder Vergütungsansprüchen **nur** dann zulässig, wenn es sich bei dem Abtretungsempfänger um ein Unternehmen handelt, dem das Betreiben von Bankgeschäften erlaubt ist, **und** wenn es sich bei der Abtretung um eine Sicherungsabtretung handelt.

Darüber hinaus ist gem. § 37 Abs. 5 KStG der geschäftsmäßige Erwerb von Körperschaftsteuerguthaben erlaubt.

2.6.2.1 Unternehmen, denen das Betreiben von Bankgeschäften erlaubt ist

Bestehen im Einzelfall ernsthafte Zweifel, ob einem Unternehmen das Betreiben von Bankgeschäften erlaubt ist, so bitte ich an das Bundesaufsichtsamt für das Kreditwesen oder an die für den Sitz des betreffenden Unternehmens zuständige Landeszentralbank ein entsprechendes Auskunftsersuchen zu richten (AEAO zu § 46, Nr. 2). Ggf. ist die zuständige Bußgeld- und Strafsachenstelle einzuschalten (siehe auch § 383 Abs. 1 AO).

2.6.2.2 Begriff der Sicherungsabtretung

Ist der Abtretungsempfänger ein Kreditinstitut (Bank oder Sparkasse), so bitte ich aus verwaltungsökonomischen Gründen und im Hinblick auf § 46 Abs. 5 AO (siehe Nr. 4.6) grundsätzlich davon auszugehen, dass die in der Abtretungsanzeige enthaltene Angabe, es handele sich um eine Sicherungsabtretung, zutreffend ist. Im Übrigen gilt Folgendes:

Eine Sicherungsabtretung liegt nur vor, wenn für die Beteiligten der Sicherungszweck eindeutig im Vordergrund steht (BFH-Urteil vom 3. 2. 1984, BStBl. 1984 II S. 411). Diese Voraussetzung ist nicht erfüllt, wenn eine Gesamtwürdigung der vertraglichen Vereinbarung ergibt, dass die Vertragsparteien – vorausgesetzt der Erstattungsanspruch lässt sich in dem vorgesehenen Zeitraum und in der erforderlichen Höhe durchsetzen – an eine Rückzahlung des „gesicherten" Darlehens von vornherein nicht gedacht haben, vielmehr der Abtretungsempfänger sich aus der abgetretenen Forderung sobald wie möglich befriedigen soll. Denn dann erfolgt die Abtretung in der Erwartung, dass damit die Rückzahlung des Darlehens erledigt ist, sich der Abtretende also nicht mehr um die Einziehung seiner Forderung kümmern muss, sondern sie als „verkauft" ansieht. In einem solchen Falle hat die „Sicherungsabtretung" reinen Erfüllungscharakter und verfolgt keinen Sicherungszweck.

Anhaltspunkte dafür, dass der Sicherungszweck eindeutig gegenüber dem Erfüllungszweck (Tilgung des Darlehens) zurücktritt, bieten z. B. folgende Vertragsgestaltungen:
– Das Darlehen wird bei Eingang des abgetretenen Anspruchs fällig.
– Der eingegangene Erstattungsbetrag wird für die Tilgung des Darlehens verwendet.
– Anstelle einer nach der tatsächlichen Laufzeit des Darlehens bemessenen Zinsberechnung wird ein Pauschalzinsbetrag vereinbart.

2.6.2.3 Geschäftsmäßiger Erwerb von Körperschaftsteuerguthaben

Bei dem gesondert festzusetzenden Anspruch auf Auszahlung des Körperschaftsteuerguthabens nach § 37 Abs. 5 KStG handelt es sich um einen Anspruch auf eine Erstattung von Steuern, welcher abgetreten, verpfändet oder gepfändet werden kann.

Mit dem Jahressteuergesetz 2008, welches am 8. 11. 2007 vom Bundestag verabschiedet worden ist, wurde dem § 37 Abs. 5 KStG der Satz „Auf die Abtretung oder Verpfändung des Anspruchs ist § 46 Abs. 4 der Abgabenordnung nicht anzuwenden." angefügt.

Damit ist der geschäftsmäßige Erwerb von Körperschafsteuerguthaben erlaubt.

Darüber hinaus wird darauf hingewiesen, dass gemäß § 37 Abs. 5 Satz 2 KStG der Anspruch spätestens mit Ablauf des 31. 12. 2006 entstanden ist. Nach diesem Stichtag angezeigte Abtretungen sind deshalb auch für die erst in der Zukunft liegenden Auszahlungstermine wirksam (vgl. § 46 Abs. 2 AO).

3 Rechtsfolgen einer wirksamen Abtretung

3.1 Rechtsstellung des Abtretungsempfängers

Mit der wirksamen Abtretung tritt der Abtretungsempfänger insoweit an die Stelle des Abtretenden (Steuerpflichtigen) (vgl. AEAO zu § 46, Nr. 4). Das bedeutet, dass nur die Rechtsstellung, die der Abtretende als Inhaber des Erstattungs- oder Vergütungsanspruchs im **Erhebungsverfahren** hat, übertragbar ist (BFH-Urteil vom 8. 12. 1988, BStBl. 1988 II S. 223).

Damit entspricht die Rechtslage bei Abtretungen der bei Pfändungen und Überweisungen. Es gelten deshalb die Anweisungen in AO-Kartei ST § 46 AO Karte 1 Nr. 3.2 entsprechend.

3.2 Rechtsstellung des Finanzamts

3.2.1 Wegfall der Befugnis, an den Abtretenden zu zahlen

Hierzu gelten die Anweisungen in AO-Kartei ST § 46 AO Karte 1 Nr. 3.3.1 entsprechend.

3.2.2 Zahlungsverpflichtung gegenüber dem Abtretungsempfänger

Hierzu gelten die Anweisungen in AO-Kartei ST § 46 AO Karte 1 Nr. 3.3.2 entsprechend.

3.2.3 Aufrechnung gegen den abgetretenen Anspruch mit einer Forderung gegen den Abtretenden

Hierzu gelten die Anweisungen in AO-Kartei ST § 46 AO Karte 1 Nr. 3.3.3 entsprechend; anstelle von § 392 BGB gilt hier § 406 BGB. Zu beachten ist, dass die Aufrechnungserklärung nach Kenntnisnahme von der Abtretungsanzeige gegenüber dem Abtretungsempfänger zu erfolgen hat (§§ 406, 407 BGB).

3.2.4 Aufrechnung gegen den abgetretenen Anspruch mit einer Forderung gegen den Abtretungsempfänger

Hierzu gelten die Anweisungen in AO-Kartei ST § 46 AO Karte 1 Nr. 3.3.4 entsprechend.

3.2.5 Verrechnungsvertrag

Hierzu gelten die Anweisungen in AO-Kartei ST § 46 AO Karte 1 Nr. 3.3.5 entsprechend.

3.2.6 Zahlungsverpflichtung bei späterer Erhöhung/Minderung des Erstattungsanspruchs

Die Abtretung eines Steuererstattungsanspruchs erfasst in der Regel auch dessen Erhöhung aufgrund späterer Änderung oder Berichtigung des ursprünglichen bestandskräftigen Steuerbescheides (vgl. auch AO-Kartei ST § 46 AO Karte 1 Nr. 3.3.2).

Die Ansprüche aus dem Steuerschuldverhältnis entstehen kraft Gesetzes in der Regel mit Ablauf des Jahres, für das die Steuer erhoben wird, bzw. mit der Überzahlung, falls sie später eintritt. Wird der Erstattungsanspruch im Steuerbescheid irrtümlich zu niedrig konkretisiert, hat dies auf den Umfang der Abtretung keine Auswirkung. Wird später aufgrund von Änderungsvorschriften (z. B. §§ 129, 164 Abs. 2, 165 Abs. 2, 173, 174 AO) die richtige steuerliche Folge gezogen, wird die dadurch verursachte Auszahlung von der Abtretung mit umfasst. Dies gilt allerdings nicht, wenn die Grundlage für die Änderung erst nach der Abtretung eingetreten ist (z. B. bei Verlustrücktrag oder rückwirkendem Ereignis).

Bei nicht oder nicht voll befriedigter Abtretung erfordert die Rechtslage somit grundsätzlich eine Überwachung. Hierfür gelten die Regelungen in der AO-Kartei ST § 46 AO Karte 1 Nr. 3.3.7 i. V. m. AO-Kartei ST § 46 AO Karte 1 Nr. 2.7 entsprechend.

Bei Änderungen zu Ungunsten des Stpfl. ist § 37 Abs. 2 Satz 3 AO zu beachten. Nach dieser Vorschrift richtet sich der Rückforderungsanspruch zugleich an den Abtretungsempfänger als Leistungsempfänger der ohne rechtlichen Grund geleisteten Zahlung und an den Abtretenden selbst. Abtretender und Abtretungsempfänger sind Gesamtschuldner des Rückforderungsanspruchs (§ 44 Abs. 1 Satz 1 AO).

Der Steuerbescheid einschließlich Abrechnung ist dem Steuerpflichtigen bekannt zu geben. Nach pflichtgemäßem Ermessen ist grundsätzlich auch das Leistungsgebot gegen ihn zu richten. Kann der Steuerpflichtige den Rückforderungsanspruch nicht erfüllen, ist anschließend der Abtretungsempfänger zur Zahlung aufzufordern.

Eine Rückforderung beim Abtretungsempfänger kann auch dann erfolgen, wenn die Vorsteuer beim Abtretenden nach § 17 UStG in einem anderen Voranmeldungszeitraum berichtigt wird (vgl. BFH vom 9. 4. 2002, BStBl. II S. 562) und die vorrangige Geltendmachung durch Steuerbescheid beim Steuerschuldner nicht zum Erfolg führt (vgl. BFH vom 9. 4. 2002, BStBl. 2002 II S. 562).

Wendet sich der Abtretungsempfänger gegen die Rückforderung, ist ihm ein Abrechnungsbescheid nach § 218 Abs. 2 Satz 2 AO zu erteilen.

3.3 Verfahren bei wirksamen Abtretungen

3.3.1 Mitteilung des Finanzamts

Dem Anzeigenden ist **auf Antrag** mit dem Vordruck aus der UNIFA-TV Ordner: OFD und Finanzamt\Allgemein\AO 046.4 Mitteilung betr. Abtretung der Eingang der Abtretungsanzeige zu bestätigen. Eine weitergehende Auskunftsbefugnis – ähnlich der Drittschuldnererklärung bei Pfändungen – besteht jedoch nicht.

3.3.2 Erledigung der Abtretungsanzeige

Hierzu gelten die Anweisungen in AO-Kartei ST § 46 AO Karte 1 Nr. 3.3.7 entsprechend.

4 Maßnahmen des Finanzamts bei unwirksamen Abtretungen

4.1 Hinweis auf die Sach- und Rechtslage

Gelangt das Finanzamt zu der Auffassung, dass die Abtretung unwirksam ist, so hat es den Anzeigenden mit Vordruck aus der UNIFA-TV Ordner: OFD und Finanzamt\Allgemein\AO 046.4 Mitteilung betr. Abtretung auf die Sach- und Rechtslage hinzuweisen. Dabei dürfen im Hinblick auf das Steuergeheimnis über Angaben zur Unwirksamkeit und deren Gründe hinaus keine weiteren Angaben (z. B. über weitere Abtretungen und/oder Pfändungen) gemacht werden.

Ist die Abtretungsanzeige beim unzuständigen Finanzamt eingegangen und an das zuständige Finanzamt weitergeleitet worden (Nr. 2.3.5), so ist dem Anzeigenden in einer Anlage zum Vordruck aus der UNIFA-TV Ordner: OFD und Finanzamt\Allgemein\AO 046.4 Mitteilung betr. Abtretung eine entsprechende Abgabenachricht zu erteilen. Er ist dabei darauf hinzuweisen, dass die Anzeige erst mit dem Eingang beim zuständigen Finanzamt wirksam wird.

4.2 Bescheid nach § 218 Abs. 2 AO

Die Mitteilung des Finanzamts, dass eine Abtretungsanzeige unwirksam sei (Nr. 4.1 Abs. 1), stellt keinen Verwaltungsakt dar, weil ihr der Regelungscharakter fehlt (§ 118 AO); es handelt sich vielmehr lediglich um eine Rechtsauskunft und damit um eine bloße Wissenserklärung. Deshalb entfällt für den Steuerpflichtigen die Möglichkeit, sich dagegen in einem förmlichen Verfahren zu wenden.

Besteht der (vermeintliche) Abtretungsempfänger trotz Hinweises auf die Rechtslage auf Auszahlung des Erstattungs- oder Vergütungsbetrages, so besteht Streit über die Verwirklichung des Steueranspruchs, und es ist ein Bescheid nach § 218 Abs. 2 AO zu erteilen (BFH-Urteil vom 30. 8. 1988, BFH/NV 1989 S. 210), durch den festzustellen ist, dass – wegen Unwirksamkeit der Abtretung – ein etwaiger Erstattungs- oder Vergütungsanspruch nicht durch Zahlung an den (vermeintlichen) Abtretungsempfänger zu verwirklichen ist. Der Bescheid nach § 218 Abs. 2 AO ist zweckmäßigerweise erst zu erteilen, wenn der Erstattungs- oder Vergütungsbetrag fällig geworden ist.

4.3 Ablehnungsbescheid

Stellt der (vermeintliche) Abtretungsempfänger einen Antrag auf Erlass eines Steuer- oder Vergütungsbescheids (vgl. Nr. 3.1 Abs. 2), so ist der Antrag schriftlich mit der Begründung abzulehnen, dem (vermeintlichen) Abtretungsempfänger fehle die Antragsbefugnis (vgl. AEAO zu § 46, Nr. 4).

4.4 Rechtsbehelfe

Hierzu gelten die Anweisungen in AO-Kartei ST § 46 AO Karte 1 Nr. 4.4 entsprechend.

4.5 Hinterlegung

Hierzu gelten die Anweisungen in AO-Kartei ST § 46 AO Karte 1 Nr. 4.6 entsprechend.

4.6 Schutzwirkung der Anzeige zu Gunsten der Finanzbehörde

Gelangt das Finanzamt nach Überprüfung der Abtretungsanzeige zu dem Ergebnis, dass die Abtretung wirksam ist, zahlt es deshalb den Erstattungs- oder Vergütungsbetrag an den Abtretungsempfänger aus und stellt sich danach die Unwirksamkeit der Abtretung heraus, so kann sich das Finanzamt nach § 46 Abs. 5 AO auf sein Vertrauen auf die Wirksamkeit der Abtretung berufen und eine nochmalige Erstattung ablehnen. Dabei können die Wirksamkeitsmängel im Abtretungsvertrag oder in der Anzeige selbst liegen (BFH-Urteil vom 25. 9. 1990, BStBl. 1991 II S. 201).

Das Finanzamt ist nicht verpflichtet, vor Auszahlung des Erstattungs- oder Vergütungsbetrages die Wirksamkeit des **Abtretungsvertrags** zu überprüfen; § 46 Abs. 5 AO soll ihm diese Prüfung gerade ersparen.

Ob die Schutzwirkung des § 46 Abs. 5 AO jedoch auch eingreift, wenn das Finanzamt weiß, dass der Abtretungsvertrag unwirksam ist, oder wenn der Mangel der Anzeige offensichtlich ist und deshalb bei Überprüfung der Anzeige ohne weiteres hätte erkannt werden müssen, ist höchstrichterlich noch nicht entschieden. In diesen Fällen dürfte es jedoch ermessenswidrig sein, sich auf die Schutzwirkung zu berufen (Finanzgericht Baden-Württemberg, Urteil vom 1. 12. 1982, EFG 1983 S. 388, 389).

Ist die Abtretungsanzeige wirksam, so tritt – entsprechend dem Zweck des § 46 Abs. 5 AO – die Schutzwirkung dieser Vorschrift auch gegenüber einem (vermeintlich) nachrangigen Abtretungsempfänger, Pfandgläubiger oder Pfändungsgläubiger ein.

Der Schutz von geschäftsunfähigen und beschränkt geschäftsfähigen Personen geht der Regelung des § 46 Abs. 5 AO jedoch vor.

5 Eröffnung des Insolvenzverfahrens nach Zugang der Abtretungsanzeige

Im Insolvenzverfahren berechtigt die Abtretung den Abtretungsempfänger zur abgesonderten Befriedigung (§ 50 Abs. 1, § 51 Nr. 1 InsO), sodass diesem der Erstattungsanspruch weiterhin zusteht.

Nach § 166 Abs. 2 InsO darf der Insolvenzverwalter aber Forderungen, die der Steuerpflichtige zur Sicherung eines Anspruchs abgetreten hat, einziehen oder in anderer Weise verwerten. Von einer Sicherungsabtretung ist auszugehen, wenn die Abtretung in der Anzeige als solche bezeichnet worden ist. Vor Auszahlung an den Insolvenzverwalter ist aber zu prüfen, ob eine Aufrechnung mit Steuerrückständen vorgenommen werden kann (§ 406 BGB). Im Verbraucherinsolvenzverfahren und bei Eigenverwaltung ist § 166 InsO unbeachtlich (§ 313 und § 282 InsO).

Wurde die Abtretung/Verpfändung vom Insolvenzverwalter erfolgreich angefochten (§§ 129 ff. InsO) – wobei Anfechtungsgegner nicht das Finanzamt, sondern der Abtretungsempfänger ist – ist die Abtretung für das Finanzamt unbeachtlich.

Rechtsprechung

6 BFH vom 6. 2. 1990 – VII R 86/88 (BStBl 1990 II S. 523)

1. Ein Einkommensteuererstattungsanspruch wegen Überzahlung von Vorauszahlungen kann – unabhängig von der Festsetzung der Jahressteuer – mit Ablauf des Veranlagungszeitraums abgetreten und gepfändet werden.

2. Hat der Steuerpflichtige einen gegen das FA gerichteten Erstattungsanspruch abgetreten und besteht im Zeitpunkt der Abtretungsanzeige zugunsten des FA eine Aufrechnungslage, so kann das FA die Aufrechnung auch gegenüber dem Neugläubiger erklären. Die Aufrechnung ist jedoch nur so lange möglich, wie im Zeitpunkt der Aufrechnungserklärung die Aufrechnungslage noch fortbesteht. Erklärt der Neugläubiger seinerseits früher als das FA mit der ihm abgetretenen Forderung gegen eigene Steuerschulden die Aufrechnung, geht die Aufrechnungserklärung des FA ins Leere. Für ein Widerspruchsrecht des FA gegen eine frühere Aufrechnungserklärung des Neugläubigers ist kein Raum (Bestätigung des Urteils des Senats vom 10. Februar 1976 VII R 37/72, BStBl II S. 549).

BFH vom 27. 4. 1998 – VII B 296/97 (BStBl 1998 II S. 499) 7

Der Abtretungsempfänger ist Rückforderungsschuldner auch dann, wenn seine Unterschrift auf der Abtretungsanzeige von einem Dritten gefälscht worden ist.

BFH vom 4. 2. 1999 – VII R 112/97 (BStBl 1999 II S. 430) 8

Der geschäftsmäßige Erwerb von Erstattungsansprüchen ist nach § 46 Abs. 4 Satz 1 AO ungeachtet des Rechtsverhältnisses zwischen dem Zedenten und dem Zessionar unzulässig. Die Vorschrift kann auch dann nicht einschränkend ausgelegt werden, wenn der Einkommensteuererstattungsanspruch des Arbeitnehmers aufgrund eines nach ausländischem Recht zu beurteilenden Arbeitsvertrages (zivilrechtlich) dem Arbeitgeber zusteht.

BFH vom 1. 4. 1999 – VII R 82/98 (BStBl 1999 II S. 439) 9

Ein Pfändungsbeschluß und Überweisungsbeschluß, mit dem sinngemäß die angeblichen Steuererstattungsansprüche des Vollstreckungsschuldners aufgrund der Einkommensteuerveranlagungen „für das abgelaufene Kalenderjahr und alle früheren Kalenderjahre" gepfändet werden sollen, ist nicht wegen inhaltlicher Unbestimmtheit der gepfändeten Forderungen nichtig.

BFH vom 29. 2. 2000 – VII R 109/98 (BStBl 2000 II S. 573) 10

Der Pfändungsgläubiger des Anspruchs auf Erstattung von Lohnsteuer bzw. Einkommensteuer eines Ehegatten ist nicht berechtigt, anstelle seines Vollstreckungsschuldners und dessen Ehegatten beim Finanzamt den Antrag auf Durchführung einer Ehegattenzusammenveranlagung zu stellen (Anschluss an BFH-Urteil vom 18. August 1998, BStBl 1999 II S. 84).

BFH vom 12. 7. 2001 – VII R 19, 20/00 (BStBl 2002 II S. 67) 11

1. Ein Pfändungs- und Überweisungsbeschluss über nicht näher konkretisierte Umsatzsteuervergütungsansprüche ist auch dann hinsichtlich der bei seiner Zustellung bereits entstandenen Ansprüche hinreichend bestimmt, wenn der letzte betroffene Vergütungszeitraum nicht benannt ist.
2. Ein solcher Pfändungs- und Überweisungsbeschluss ist dahin auszulegen, dass alle bereits entstandenen Vergütungsansprüche betroffen sind.
3. Sofern er ferner dahin auszulegen ist, dass auch zukünftig entstehende Vergütungsansprüche betroffen sein sollen, und eine solche Pfändung einer unbestimmten Vielzahl von künftigen Ansprüchen mangels Bestimmtheit nichtig sein sollte, wäre er nur insoweit, nicht jedoch insgesamt auch hinsichtlich der schon entstandenen Ansprüche nichtig.

BFH vom 14. 5. 2002 – VII R 6/01 (BStBl 2002 II S. 677) 12

Eine vor der Steuerfestsetzung angezeigte Abtretung des Anspruchs auf Erstattungszinsen gemäß § 233a AO ist unwirksam.

BFH vom 5. 10. 2004 – VII R 37/03 (BStBl 2005 II S. 238) 13

1. Die Finanzbehörde verstößt nicht gegen den Grundsatz von Treu und Glauben, wenn sie die Formgültigkeit einer Abtretungsanzeige wegen fehlender Angabe des Abtretungsgrundes in einem Zeitpunkt beanstandet, in dem sie bereits Kenntnis von dem Abtretungsgrund hat.
2. Die Abtretungsanzeige stellt eine einseitige empfangsbedürftige Willenserklärung dar. Bei der Ermittlung des in ihr verkörperten Willens sind nur solche Umstände zu berücksichtigen, die für die Finanzbehörde als Empfänger im Zeitpunkt des Zugangs der Erklärung erkennbar gewesen sind.
3. Die mangelnde Angabe des Abtretungsgrundes kann nicht nachgeholt werden, wenn dessen Bezeichnung gänzlich fehlte.

14 BFH vom 4. 2. 2005 – VII R 54/04 (BStBl 2006 II S. 348)

Allein der Umstand, dass dem FA die Abtretung verschiedener Steuererstattungsansprüche durch mehrere Abtretungsanzeigen jeweils nach der Entstehung des betreffenden Erstattungsanspruchs angezeigt wird, rechtfertigt nicht die Annahme, dass ein geschäftsmäßiger Forderungserwerb vorliegt.

15 BFH vom 5. 6. 2007 – VII R 17/06 (BStBl 2007 II S. 738)

1. Zahlt die Finanzbehörde aufgrund einer Sicherungsabtretung auf ein in der Abtretungsanzeige angegebenes Konto ein, so ist die Bank selbst dann Leistungsempfängerin i.S. des § 37 Abs. 2 AO, wenn Kontoinhaber der Zedent ist.

2. War der Zedent aufgrund der Sicherungsabrede im Innenverhältnis zur Bank weiterhin verfügungsberechtigt, so kann die Finanzbehörde die Bank nur dann nicht auf Erstattung einer rechtsgrundlosen Zahlung in Anspruch nehmen, wenn der Finanzbehörde ausdrücklich mitgeteilt worden ist, dass der Zedent trotz der Abtretungsanzeige Leistungsempfänger sein soll.

16 BFH vom 19. 3. 2009 – VII B 45/08 (BFH/NV 2009 S. 1236)

Auf das nach § 46 Abs. 5 AO geschützte Vertrauen, dass der Erstattungsanspruch abgetreten ist, kann sich das FA nicht berufen, wenn die Abtretung mangels Vertretungsbefugnis des Unterzeichners nicht wirksam angezeigt worden ist.

17 BFH vom 22. 7. 2010 – VII B 227/09 (BFH/NV 2010 S. 2238)

1. Wird ein Anspruch auf Steuervergütung abgetreten, die Wirksamkeit der Abtretung jedoch vom FA bestritten und der Vergütungsbetrag dem Zedenten gezahlt, kann dieser die streitige Frage der Wirksamkeit der Abtretung nicht durch eine Klage gegen einen Abrechnungsbescheid, der seinen Anspruch als durch Zahlung erloschen ausweist, einer gerichtlichen Klärung zuführen.

2. Das berechtigte Interesse für eine finanzgerichtliche Feststellungsklage, mit dem Ziel, die Wirksamkeit der Abtretung gerichtlich feststellen zu lassen, lässt sich allein mit der Vorbereitung eines Amtshaftungsprozesses nicht begründen, weil das für eine Schadensersatzklage zuständige Zivilgericht über sämtliche den geltend gemachten Anspruch betreffenden Rechtsfragen in eigener Zuständigkeit zu befinden hat.

3. Bei gänzlich fehlenden Angaben zum Abtretungsgrund ist eine Abtretungsanzeige unwirksam.

18 BFH-Urteil vom 28. 9. 2011 – VII R 52/10 (StEd 2011 S. 774)

1. Die in einer Abtretungsanzeige notwendigen Angaben zum Abtretungsgrund erfordern auch dann eine kurze stichwortartige Kennzeichnung des zugrunde liegenden schuldrechtlichen Lebenssachverhalts, wenn das auf dem amtlichen Vordruck vorgesehene Feld „Sicherungsabtretung" angekreuzt worden ist.

2. Fehlen solche Angaben, leidet die Abtretungsanzeige an einem Formmangel, der zur Unwirksamkeit der Abtretung führt.

3. Dass der Vordruck die gesetzlich geforderten formalen Anforderungen nur unzureichend wiedergibt und zu dem Irrtum verleitet, im Fall einer Sicherungsabtretung seien weitere Angaben zum Abtretungsgrund entbehrlich, ändert daran nichts.

19 BGH vom 10. 11. 2011 – VII ZB 55/10 (WM 2011 S. 2333)

Die Vorpfändung eines Steuererstattungsanspruchs ist mit der vom Gerichtsvollzieher bewirkten Zustellung des die Vorpfändung enthaltenden Schreibens im Sinne des § 46 Abs. 6 AO „erlassen". Auf den Zeitpunkt, zu dem das Schreiben dem Gerichtsvollzieher übergeben worden ist, kommt es nicht an.

§ 47 Erlöschen

Ansprüche aus dem Steuerschuldverhältnis erlöschen insbesondere durch Zahlung (§§ 224, 224a, 225), Aufrechnung (§ 226), Erlass (§§ 163, 227), Verjährung (§§ 169 bis 171, §§ 228 bis 232), ferner durch Eintritt der Bedingung bei auflösend bedingten Ansprüchen.

Anwendungserlass zur Abgabenordnung

Zu § 47 – Erlöschen:

Außer in den aufgezählten Fällen können entstandene Ansprüche aus dem Steuerschuldverhältnis auch auf andere Weise erlöschen, z. B. bei Zwangsgeldern durch Erbfolge (§ 45 Abs. 1) oder durch Verzicht auf Erstattung (§ 37 Abs. 2).

Rechtsprechung

BFH vom 8. 1. 1991 – VII R 18/90 (BStBl 1991 II S. 442)

Das FA wird von seiner Leistungspflicht gegenüber dem erstattungsberechtigten Ehegatten nicht frei, wenn es den Steuererstattungsbetrag nach Scheidung der Ehe auf das ihm in der Einkommensteuererklärung benannte Konto überweist, die Bank aber wegen zwischenzeitlicher Auflösung dieses Kontos den Überweisungsbetrag einem (anderen) Konto des nicht erstattungsberechtigten früheren Ehegatten gutschreibt, der ihr auf dem Überweisungsträger als Empfänger benannt war.[1]

BFH vom 25. 3. 1993 – V B 73/92 (BFH/NV 1994 S. 438)

Die Zahlungsverjährung führt zur Erledigung des Rechtsstreits über die Steuerfestsetzung in der Hauptsache.

BFH vom 6. 2. 1996 – VII R 50/95 (BStBl 1997 II S. 112)

1. Zahlungen, die nach Entstehung des abstrakten, materiell-rechtlichen Anspruchs aus dem Steuerschuldverhältnis auf diesen geleistet worden sind, haben Tilgungswirkung (§ 47 AO), auch wenn sie die durch Steuerbescheid festgesetzte Steuer übersteigen.
2. Ob ein (Einkommensteuer-)Erstattungsanspruch zur Entstehung gelangt ist, ist bei mehrfacher Änderung der Veranlagung nicht aufgrund der jeweiligen Steuerfestsetzungen, sondern nach dem Stand der Erkenntnis zum maßgeblichen Entscheidungszeitpunkt (z. B. Erlaß des angefochtenen Abrechnungsbescheids) zu beurteilen.
3. Der einheitliche Anspruch aus dem Steuerschuld-Verhältnis für die Steuer eines Veranlagungszeitraums kann bei mehrfach geänderter Steuerfestsetzung nicht in unterschiedliche Steuerzahlungsansprüche und Erstattungsansprüche aufgespalten werden, die bezogen auf die jeweils ergangenen Steuerbescheide unterschiedlichen Verjährungsfristen unterliegen.

BFH vom 19. 8. 1999 – III R 57/98 (BFH/NV 2000 S. 543)

Ist Festsetzungsverjährung eingetreten, kann die Geltung von Treu und Glauben einerseits nicht dazu führen, dass zu Lasten des Steuerpflichtigen ein erloschener Anspruch des Finanzamts aus den Steuerschuldverhältnis wieder auflebt. Andererseits kann nach diesem Grundsatz ein Verschulden des Finanzamts in der Regel nicht zur Folge haben, dass nach Eintritt der Festsetzungsverjährung ein Steuerbescheid zugunsten des Steuerpflichtigen zu ändern ist.

BFH vom 7. 2. 2002 – VII R 33/01 (BStBl 2002 II S. 447)

Der Eintritt der Verjährung ist von Amts wegen zu prüfen, seine Geltendmachung steht nicht zur Disposition der Behörde.

BFH vom 7. 3. 2006 – VII R 12/05 (BStBl 2006 II S. 584)

1. Wird der Fiskus gesetzlicher Erbe, so erledigt sich ein noch offener Einkommensteueranspruch – auch aus einer Zusammenveranlagung – vollen Umfangs durch die Vereinigung von Forderung und Schuld (Konfusion). Es kommt nicht darauf an, ob die Erbschaft bei dem Bundesland des letzten Wohnsitzes oder beim Bund eingetreten ist (§ 1922 i. V. m. § 1936 BGB). Der Fiskalerbe muss sich hinsichtlich des gesamten aus der Einkommensteuerveranlagung herrührenden Anspruchs als Gläubiger behandeln lassen.

BFH v. 25.10.2011– VII R 55/10 (StEd 2012 S. 55)

Führt die Anrechnung tatsächlich nicht festgesetzter und geleisteter Vorauszahlungen wie der Lohnsteuer dazu, dass in der Anrechnungsverfügung eine Abschlusszahlung nicht oder in zu

---

[1] Vgl. auch BFH vom 10. 11. 1987 (BStBl 1988 II S. 41).

geringer Höhe ausgewiesen wird, so erlischt der festgesetzte Steueranspruch nach Ablauf der Zahlungsverjährungsfrist (Anschluss an das Urteil des Senats v. 27.10.2009 - VII R 51/08, BStBl II 2010, 382).

§ 48 Leistung durch Dritte, Haftung Dritter

(1) Leistungen aus dem Steuerschuldverhältnis gegenüber der Finanzbehörde können auch durch Dritte bewirkt werden.

(2) Dritte können sich vertraglich verpflichten, für Leistungen im Sinne des Absatzes 1 einzustehen.

Anwendungserlass zur Abgabenordnung

1 Zu § 48 – Leistung durch Dritte, Haftung Dritter:

Die Vorschrift eröffnet die Möglichkeit, dass alle Leistungen aus dem Steuerschuldverhältnis (§ 37) gegenüber der Finanzbehörde auch durch Dritte bewirkt werden oder sich Dritte hierzu vertraglich verpflichten können. Der Steuerpflichtige wird in diesen Fällen von seiner eigenen Leistungspflicht nicht befreit. Derartige rechtsgeschäftliche Verpflichtungsgeschäfte (z. B. Bürgschaft, Schuldversprechen oder kumulative Schuldübernahme) können auf einem Vertrag zwischen Steuergläubiger und Schuldübernehmer oder auf einem Vertrag zwischen Steuerschuldner und Übernehmer zugunsten des Steuergläubigers beruhen. In beiden Fällen sind die sich hieraus ergebenden Ansprüche der Finanzbehörde privatrechtlicher, nicht öffentlich-rechtlicher Natur und können gem. § 192 nur nach den Vorschriften des bürgerlichen Rechts durchgesetzt werden. Diese Vorschriften gelten auch für steuerliche Nebenleistungen (§ 3 Abs. 4).

§ 49 Verschollenheit

Bei Verschollenheit gilt für die Besteuerung der Tag als Todestag, mit dessen Ablauf der Beschluss über die Todeserklärung des Verschollenen rechtskräftig wird.

§ 50 Erlöschen und Unbedingtwerden der Verbrauchsteuer, Übergang der bedingten Verbrauchsteuerschuld

(1) Werden nach den Verbrauchsteuergesetzen Steuervergünstigungen unter der Bedingung gewährt, dass verbrauchsteuerpflichtige Waren einer besonderen Zweckbestimmung zugeführt werden, so erlischt die Steuer nach Maßgabe der Vergünstigung ganz oder teilweise, wenn die Bedingung eintritt oder wenn die Waren untergehen, ohne dass vorher die Steuer unbedingt geworden ist.

(2) Die bedingte Steuerschuld geht jeweils auf den berechtigten Erwerber über, wenn die Waren vom Steuerschuldner vor Eintritt der Bedingung im Rahmen der vorgesehenen Zweckbestimmung an ihn weitergegeben werden.

(3) [1]Die Steuer wird unbedingt,

1. wenn die Waren entgegen der vorgesehenen Zweckbestimmung verwendet werden oder ihr nicht mehr zugeführt werden können. [2]Kann der Verbleib der Waren nicht festgestellt werden, so gelten sie als nicht der vorgesehenen Zweckbestimmung zugeführt, wenn der Begünstigte nicht nachweist, dass sie ihr zugeführt worden sind,

2. in sonstigen gesetzlich bestimmten Fällen.

DRITTER ABSCHNITT
Steuerbegünstigte Zwecke (§§ 51–68)

§ 51 Allgemeines

(1) ¹Gewährt das Gesetz eine Steuervergünstigung, weil eine Körperschaft ausschließlich und unmittelbar gemeinnützige, mildtätige oder kirchliche Zwecke (steuerbegünstigte Zwecke) verfolgt, so gelten die folgenden Vorschriften. ²Unter Körperschaften sind die Körperschaften, Personenvereinigungen und Vermögensmassen im Sinne des Körperschaftsteuergesetzes zu verstehen. ³Funktionale Untergliederungen (Abteilungen) von Körperschaften gelten nicht als selbstständige Steuersubjekte.

(2) Werden die steuerbegünstigten Zwecke im Ausland verwirklicht, setzt die Steuervergünstigung voraus, dass natürliche Personen, die ihren Wohnsitz oder ihren gewöhnlichen Aufenthalt im Geltungsbereich dieses Gesetzes haben, gefördert werden oder die Tätigkeit der Körperschaft neben der Verwirklichung der steuerbegünstigten Zwecke auch zum Ansehen der Bundesrepublik Deutschland im Ausland beitragen kann.

(3) ¹Eine Steuervergünstigung setzt zudem voraus, dass die Körperschaft nach ihrer Satzung und bei ihrer tatsächlichen Geschäftsführung keine Bestrebungen im Sinne des § 4 des Bundesverfassungsschutzgesetzes fördert und dem Gedanken der Völkerverständigung nicht zuwiderhandelt. ²Bei Körperschaften, die im Verfassungsschutzbericht des Bundes oder eines Landes als extremistische Organisation aufgeführt sind, ist widerlegbar davon auszugehen, dass die Voraussetzungen des Satzes 1 nicht erfüllt sind. ³Die Finanzbehörde teilt Tatsachen, die den Verdacht von Bestrebungen im Sinne des § 4 des Bundesverfassungsschutzgesetzes oder des Zuwiderhandelns gegen den Gedanken der Völkerverständigung begründen, der Verfassungsschutzbehörde mit.

Anwendungserlass zur Abgabenordnung

Zu § 51 – Allgemeines:

Zu § 51 Abs. 1:

1. Unter Körperschaften i. S. d. § 51, für die eine Steuervergünstigung in Betracht kommen kann, sind Körperschaften, Personenvereinigungen und Vermögensmassen i. S. d. KStG zu verstehen. Dazu gehören auch die juristischen Personen des öffentlichen Rechts mit ihren Betrieben gewerblicher Art (§ 1 Abs. 1 Nr. 6, § 4 KStG), nicht aber die juristischen Personen des öffentlichen Rechts als solche.
2. Regionale Untergliederungen (Landes-, Bezirks-, Ortsverbände) von Großvereinen sind als nichtrechtsfähige Vereine (§ 1 Abs. 1 Nr. 5 KStG) selbständige Steuersubjekte im Sinne des Körperschaftsteuerrechts, wenn sie
   a) über eigene satzungsmäßige Organe (Vorstand, Mitgliederversammlung) verfügen und über diese auf Dauer nach außen im eigenen Namen auftreten und
   b) eine eigene Kassenführung haben.

   Die selbständigen regionalen Untergliederungen können nur dann als gemeinnützig behandelt werden, wenn sie eine eigene Satzung haben, die den gemeinnützigkeitsrechtlichen Anforderungen entspricht. Zweck, Aufgaben und Organisation der Untergliederungen können sich auch aus der Satzung des Hauptvereins ergeben.
3. Über die Befreiung von der Körperschaftsteuer nach § 5 Abs. 1 Nr. 9 KStG wegen Förderung steuerbegünstigter Zwecke ist stets für einen bestimmten Veranlagungszeitraum zu entscheiden (Grundsatz der Abschnittsbesteuerung). Eine Körperschaft kann nur dann nach dieser Vorschrift von der Körperschaftsteuer befreit werden, wenn sie in dem zu beurteilenden Veranlagungszeitraum alle Voraussetzungen für die Steuerbegünstigung erfüllt. Die spätere Erfüllung einer der Voraussetzungen für die Steuervergünstigung kann nicht auf frühere, abgelaufene Veranlagungszeiträume zurückwirken.
4. Wird eine bisher steuerpflichtige Körperschaft nach § 5 Abs. 1 Nr. 9 KStG von der Körperschaftsteuer befreit, ist eine Schlussbesteuerung nach § 13 KStG durchzuführen.
5. Für die Steuerbegünstigung einer Körperschaft reichen Betätigungen aus, mit denen die Verwirklichung der steuerbegünstigten Satzungszwecke nur vorbereitet wird. Die Tätigkeiten müssen ernsthaft auf die Erfüllung eines steuerbegünstigten satzungsmäßigen Zwecks gerichtet sein. Die bloße Absicht, zu einem ungewissen Zeitpunkt einen der Satzungszwecke zu verwirklichen, genügt nicht (BFH-Urteil vom 23. 7. 2003 – I R 29/02 – BStBl II, S. 930).
6. Die Körperschaftsteuerbefreiung einer Körperschaft, die nach ihrer Satzung steuerbegünstigte Zwecke verfolgt, endet, wenn die eigentliche steuerbegünstigte Tätigkeit eingestellt und über

das Vermögen der Körperschaft das Konkurs- oder Insolvenzverfahren eröffnet wird (BFH-Urteil vom 16. 5. 2007 – I R 14/06 – BStBl II, S. 808).

Zu § 51 Abs. 2:

7. Verwirklicht die Körperschaft ihre förderungswürdigen Zwecke nur außerhalb von Deutschland, setzt die Steuerbegünstigung – neben den sonstigen Voraussetzungen der §§ 51 ff. – zusätzlich den so genannten Inlandsbezug nach § 51 Abs. 2 i.d.F. des Jahressteuergesetzes 2009 vom 19. 12. 2008 (BGBl. I S. 2794) voraus. Dieser liegt zum einen vor, wenn natürliche Personen, die ihren Wohnsitz oder ihren gewöhnlichen Aufenthalt im Inland haben, gefördert werden. Auf die Staatsangehörigkeit der natürlichen Personen kommt es dabei nicht an.

Falls durch die Tätigkeit im Ausland keine im Inland lebenden Personen gefördert werden, ist ein Inlandsbezug gegeben, wenn die Tätigkeit der Körperschaft neben der Verwirklichung der steuerbegünstigten Zwecke auch zur Verbesserung des Ansehens Deutschlands im Ausland beitragen kann. Dabei bedarf es keiner spürbaren oder messbaren Auswirkung auf das Ansehen Deutschlands im Ausland. Bei im Inland ansässigen Körperschaften ist der mögliche Beitrag zum Ansehen Deutschlands im Ausland – ohne besonderen Nachweis – bereits dadurch erfüllt, dass sie sich personell, finanziell, planend, schöpferisch oder anderweitig an der Förderung gemeinnütziger und mildtätiger Zwecke im Ausland beteiligen (Indizwirkung). Der Feststellung der positiven Kenntnis aller im Ausland Begünstigten oder aller Mitwirkenden von der Beteiligung deutscher Organisationen bedarf es dabei nicht.

Ausländische Körperschaften können den Inlandsbezug ebenfalls erfüllen, beispielsweise indem sie ihre steuerbegünstigten Zwecke zum Teil auch in Deutschland verwirklichen oder – soweit sie nur im Ausland tätig sind – auch im Inland lebende natürliche Personen fördern, selbst wenn sie diese Personen sich zu diesem Zweck im Ausland aufhalten. Bei der Tatbestandsalternative des möglichen Ansehensbeitrags zugunsten Deutschlands entfällt zwar bei ausländischen Körperschaften die Indizwirkung, die Erfüllung dieser Tatbestandsalternative durch ausländische Einrichtungen ist aber nicht grundsätzlich ausgeschlossen.

Der nach § 51 Abs. 2 bei Auslandsaktivitäten zusätzlich geforderte Inlandsbezug wirkt sich nicht auf die Auslegung der weiteren, für die Anerkennung der Gemeinnützigkeit notwendigen Voraussetzungen aus. Deren Vorliegen ist weiterhin unabhängig von der Frage, ob die Tätigkeit im In- oder Ausland ausgeübt wird, zu prüfen. Der Inlandsbezug hat somit insbesondere keine Auswirkung auf Inhalt und Umfang der in den §§ 52 bis 53 beschriebenen förderungswürdigen Zwecke. Daher können beispielsweise kirchliche Zwecke weiterhin nur zugunsten inländischer Religionsgemeinschaften, die Körperschaften des öffentlichen Rechts sind, verfolgt werden; andererseits kann die Förderung der Religion nach § 52 Abs. 2 Satz 1 Nr. 2 wie bisher auch im Ausland erfolgen; auch kann wie bisher z.B. eine hilflose Person im Ausland unterstützt werden (§ 53 Nr. 1).

Mit der Prüfung des Inlandsbezugs selbst ist keine zusätzliche inhaltliche Prüfung der Tätigkeit der Körperschaft verbunden. Das heißt, es ist weder ein weiteres Mal zu ermitteln, ob die Körperschaft gemeinnützige oder mildtätige Zwecke i.S.d. §§ 52 und 53 fördert, noch kommt es darauf an, ob die Tätigkeit mit den im Ausland geltenden Wertvorstellungen übereinstimmt und somit nach ausländischen Maßstäben ein Beitrag zum Ansehen Deutschlands geleistet werden kann. Falls die Verfolgung der in den §§ 52 und 53 genannten förderungswürdigen Zwecke zu bejahen ist, ist daher davon auszugehen, dass eine solche Tätigkeit dem Ansehen Deutschlands im Ausland nicht entgegensteht. Der Inlandsbezug wird für die Anerkennung der Gemeinnützigkeit ab Veranlagungszeitraum 2009 vorausgesetzt.

Zu § 51 Abs. 3:

8. Der Ausschluss so genannter extremistischer Körperschaften von der Steuerbegünstigung ist nunmehr in § 51 Abs. 3 gesetzlich geregelt.

9. Die Ergänzung des § 51 soll klarstellen, dass eine Körperschaft nur dann als steuerbegünstigt behandelt werden kann, wenn sie weder nach ihrer Satzung und ihrer tatsächlichen Geschäftsführung Bestrebungen im Sinne des § 4 des Bundesverfassungsschutzgesetzes (BVerfSchG) verfolgt noch dem Gedanken der Völkerverständigung zuwiderhandelt. § 4 BVerfSchG ist im Zusammenhang mit § 3 BVerfSchG zu lesen, der die Aufgaben der Verfassungsschutzbehörden des Bundes und der Länder und die Voraussetzungen für ein Tätigwerden des Verfassungsschutzes festlegt. Die Aufgabe besteht in der Sammlung und Auswertung von Informationen über die in § 3 Abs. 1 BVerfSchG erwähnten verfassungsfeindlichen Bestrebungen, die § 4 BVerfSchG zum Teil definiert. So beinhaltet § 4 BVerfSchG im ersten Absatz eine Legaldefinition von Bestrebungen

   a) gegen den Bestand des Bundes oder eines Landes

   b) gegen die Sicherheit des Bundes oder eines Landes

   c) gegen die freiheitliche demokratische Grundordnung.

Im zweiten Absatz des § 4 BVerfSchG werden die grundlegenden Prinzipien der freiheitlichen demokratischen Grundordnung aufgeführt.

Gemäß § 51 Abs. 3 Satz 1 ist eine Steuervergünstigung auch ausgeschlossen, wenn die Körperschaft dem Gedanken der Völkerverständigung zuwiderhandelt. Diese Regelung nimmt Bezug auf § 3 Abs. 1 Nr. 4 BVerfSchG, der wiederum auf Artikel 9 Abs. 2 Grundgesetz (gegen den Gedanken der Völkerverständigung gerichtete Bestrebungen) sowie Artikel 26 Abs. 1 Grundgesetz (Störung des friedlichen Zusammenlebens der Völker) verweist.

10. Die Regelung des § 51 Abs. 3 Satz 2 gilt in allen offenen Fällen. Der Tatbestand des § 51 Abs. 3 Satz 2 ist nur bei solchen Organisationen erfüllt, die im Verfassungsschutzbericht des Bundes oder eines Landes für den zu beurteilenden Veranlagungszeitraum ausdrücklich als extremistisch eingestuft werden oder bei denen es nach einem Verfassungsschutzbericht zumindest belegbare Hinweise für eine Einstufung als extremistisch gibt. Hat das Finanzamt die Körperschaft bisher als steuerbegünstigt behandelt und wird später ein Verfassungsschutzbericht veröffentlicht, in dem die Körperschaft als extremistisch aufgeführt wird, kommt ggf. eine Änderung nach § 173 Abs. 1 Nr. 1 in Betracht.

11. Bei Organisationen, die nicht unter § 51 Abs. 3 Satz 2 fallen, ist eine Prüfung nach § 51 Abs. 3 Satz 1 vorzunehmen (vgl. Nr. 9). Insbesondere eine Erwähnung als „Verdachtsfall" oder eine nur beiläufige Erwähnung im Verfassungsschutzbericht, aber auch sonstige Erkenntnisse bieten im Einzelfall Anlass zu weitergehenden Ermittlungen der Finanzbehörde, z. B. auch durch Nachfragen bei den Verfassungsschutzbehörden.

12. Die Finanzbehörden sind befugt und verpflichtet, den Verfassungsschutzbehörden Tatsachen i. S. d. § 51 Abs. 3 Satz 3 unabhängig davon mitzuteilen, welchen Besteuerungszeitraum diese Tatsachen betreffen.

Rechtsprechung

BFH vom 15. 10. 1997 – I R 10/92 (BStBl 1998 II S. 63)

1. Wird ein Steuerpflichtiger rechtswidrig nicht oder zu niedrig besteuert, werden dadurch in der Regel nur Rechte der Steuergläubiger verletzt, die von den Behörden der Finanzverwaltung im Interesse der Allgemeinheit wahrzunehmen sind. Eine Verletzung der Rechte eines an dem betreffenden Steuerschuldverhältnis nicht beteiligten Dritten kommt nur in Betracht, wenn die Nichtbesteuerung oder zu niedrige Besteuerung gegen eine Norm verstößt, die nicht ausschließlich im Interesse der Allgemeinheit, insbesondere im öffentlichen Interesse an der gesetzmäßigen Steuererhebung und Sicherung des Steueraufkommens erlassen wurde, sondern – zumindest auch – dem Schutz der Interessen einzelner an dem betreffenden Steuerschuldverhältnis nicht beteiligter Dritter dient – sog. „drittschützende" Norm –.

2. §§ 51 bis 63 AO sind keine drittschützenden Normen.

3. § 5 Abs. 1 Nr. 9 Satz 2 KStG, § 3 Nr. 6 Satz 2 GewStG, § 3 Abs. 1 Nr. 12 Satz 2 VStG jeweils i. V. m. §§ 64 bis 68 AO sind drittschützende Normen. Ein Verstoß der Finanzbehörden gegen diese Vorschriften kann – wenn er wettbewerbsrelevant ist – zu einer Verletzung von Rechten des Wettbewerbers führen. Inhaltlich besteht das Recht des Wettbewerbers in einem Anspruch gegenüber der für die Besteuerung der Körperschaft zuständigen Finanzbehörde, die Körperschaft hinsichtlich des wirtschaftlichen Geschäftsbetriebs zu besteuern, falls der Betrieb nicht die Voraussetzungen eines Zweckbetriebs gemäß §§ 65 bis 68 AO erfüllt und sich die Nichtbesteuerung zum Nachteil des Wettbewerbers auswirkt.

4. Das Steuergeheimnis schließt es nicht aus, Rechte Dritter aus § 5 Abs. 1 Nr. 9 Satz 2 KStG, § 3 Nr. 6 Satz 2 GewStG oder § 3 Abs. 1 Nr. 12 Satz 2 VStG jeweils i. V. m. §§ 64 bis 68 AO herzuleiten.

5. Voraussetzung der Zulässigkeit einer auf einen Verstoß gegen § 5 Abs. 1 Nr. 9 Satz 2 KStG, § 3 Nr. 6 Satz 2 GewStG, § 3 Abs. 1 Nr. 12 Satz 2 VStG jeweils i. V. m. §§ 64 bis 68 AO 1977 gestützten Klage eines Dritten ist, daß der Kläger substantiiert geltend macht, die rechtswidrige Nichtbesteuerung oder zu geringe Besteuerung des mit ihm in Wettbewerb stehenden Steuerpflichtigen beeinträchtige das Recht des Klägers auf Teilnahme an einem steuerrechtlich nicht zu seinem Nachteil verfälschten Wettbewerb.

§ 52 Gemeinnützige Zwecke

(1) ¹Eine Körperschaft verfolgt gemeinnützige Zwecke, wenn ihre Tätigkeit darauf gerichtet ist, die Allgemeinheit auf materiellem, geistigem oder sittlichem Gebiet selbstlos zu fördern. ²Eine Förderung der Allgemeinheit ist nicht gegeben, wenn der Kreis der Personen, dem die Förderung zugute kommt, fest abgeschlossen ist, zum Beispiel Zugehörigkeit zu einer Familie oder

zur Belegschaft eines Unternehmens, oder infolge seiner Abgrenzung, insbesondere nach räumlichen oder beruflichen Merkmalen, dauernd nur klein sein kann. ³Eine Förderung der Allgemeinheit liegt nicht allein deswegen vor, weil eine Körperschaft ihre Mittel einer Körperschaft des öffentlichen Rechts zuführt.

(2) ¹Unter den Voraussetzungen des Absatzes 1 sind als Förderung der Allgemeinheit anzuerkennen:

1. die Förderung von Wissenschaft und Forschung;
2. die Förderung der Religion;
3. die Förderung des öffentlichen Gesundheitswesens und der öffentlichen Gesundheitspflege, insbesondere die Verhütung und Bekämpfung von übertragbaren Krankheiten, auch durch Krankenhäuser im Sinne des § 67, und von Tierseuchen;
4. die Förderung der Jugend- und Altenhilfe;
5. die Förderung von Kunst und Kultur;
6. die Förderung des Denkmalschutzes und der Denkmalpflege;
7. die Förderung der Erziehung, Volks- und Berufsbildung einschließlich der Studentenhilfe;
8. die Förderung des Naturschutzes und der Landschaftspflege im Sinne des Bundesnaturschutzgesetzes und der Naturschutzgesetze der Länder, des Umweltschutzes, des Küstenschutzes und des Hochwasserschutzes;
9. die Förderung des Wohlfahrtswesens, insbesondere der Zwecke der amtlich anerkannten Verbände der freien Wohlfahrtspflege (§ 23 der Umsatzsteuer-Durchführungsverordnung), ihrer Unterverbände und ihrer angeschlossenen Einrichtungen und Anstalten;
10. die Förderung der Hilfe für politisch, rassisch oder religiös Verfolgte, für Flüchtlinge, Vertriebene, Aussiedler, Spätaussiedler, Kriegsopfer, Kriegshinterbliebene, Kriegsbeschädigte und Kriegsgefangene, Zivilbeschädigte und Behinderte sowie Hilfe für Opfer von Straftaten; Förderung des Andenkens an Verfolgte, Kriegs- und Katastrophenopfer; Förderung des Suchdienstes für Vermisste;
11. die Förderung der Rettung aus Lebensgefahr;
12. die Förderung des Feuer-, Arbeits-, Katastrophen- und Zivilschutzes sowie der Unfallverhütung;
13. die Förderung internationaler Gesinnung, der Toleranz auf allen Gebieten der Kultur und des Völkerverständigungsgedankens;
14. die Förderung des Tierschutzes;
15. die Förderung der Entwicklungszusammenarbeit;
16. die Förderung von Verbraucherberatung und Verbraucherschutz;
17. die Förderung der Fürsorge für Strafgefangene und ehemalige Strafgefangene;
18. die Förderung der Gleichberechtigung von Frauen und Männern;
19. die Förderung des Schutzes von Ehe und Familie;
20. die Förderung der Kriminalprävention;
21. die Förderung des Sports (Schach gilt als Sport);
22. die Förderung der Heimatpflege und Heimatkunde;
23. die Förderung der Tierzucht, der Pflanzenzucht, der Kleingärtnerei, des traditionellen Brauchtums einschließlich des Karnevals, der Fastnacht und des Faschings, der Soldaten- und Reservistenbetreuung, des Amateurfunkens, des Modellflugs und des Hundesports;
24. die allgemeine Förderung des demokratischen Staatswesens im Geltungsbereich dieses Gesetzes; hierzu gehören nicht Bestrebungen, die nur bestimmte Einzelinteressen staatsbürgerlicher Art verfolgen oder die auf den kommunalpolitischen Bereich beschränkt sind;
25. die Förderung des bürgerschaftlichen Engagements zugunsten gemeinnütziger, mildtätiger und kirchlicher Zwecke.

²Sofern der von der Körperschaft verfolgte Zweck nicht unter Satz 1 fällt, aber die Allgemeinheit auf materiellem, geistigem oder sittlichem Gebiet entsprechend selbstlos gefördert wird, kann dieser Zweck für gemeinnützig erklärt werden. ³Die obersten Finanzbehörden der Länder haben jeweils eine Finanzbehörde im Sinne des Finanzverwaltungsgesetzes zu bestimmen, die für Entscheidungen nach Satz 2 zuständig ist.

Anwendungserlass zur Abgabenordnung

Zu § 52 – Gemeinnützige Zwecke:

1. Die Gemeinnützigkeit einer Körperschaft setzt voraus, dass ihre Tätigkeit der Allgemeinheit zugute kommt (§ 52 Abs. 1 Satz 1). Dies ist nicht gegeben, wenn der Kreis der geförderten Personen infolge seiner Abgrenzung, insbesondere nach räumlichen oder beruflichen Merkmalen, dauernd nur klein sein kann (§ 52 Abs. 1 Satz 2). Hierzu gilt Folgendes:

1.1 Allgemeines

Ein Verein, dessen Tätigkeit in erster Linie seinen Mitgliedern zugute kommt (insbesondere Sportvereine und Vereine, die in § 52 Abs. 2 Nr. 23 genannte Freizeitbetätigungen fördern), fördert nicht die Allgemeinheit, wenn er den Kreis der Mitglieder durch hohe Aufnahmegebühren oder Mitgliedsbeiträge (einschließlich Mitgliedsumlagen) klein hält.

Bei einem Verein, dessen Tätigkeit in erster Linie seinen Mitgliedern zugute kommt, ist eine Förderung der Allgemeinheit im Sinne des § 52 Abs. 1 anzunehmen, wenn

a) die Mitgliedsbeiträge und Mitgliedsumlagen zusammen im Durchschnitt 1 023 € je Mitglied und Jahr und

b) die Aufnahmegebühren für die im Jahr aufgenommenen Mitglieder im Durchschnitt 1 534 € nicht übersteigen.

1.2 Investitionsumlage

Es ist unschädlich für die Gemeinnützigkeit eines Vereins, dessen Tätigkeit in erster Linie seinen Mitgliedern zugute kommt, wenn der Verein neben den o. a. Aufnahmegebühren und Mitgliedsbeiträgen (einschließlich sonstiger Mitgliedsumlagen) zusätzlich eine Investitionsumlage nach folgender Maßgabe erhebt:

Die Investitionsumlage darf höchstens 5 113 € innerhalb von 10 Jahren je Mitglied betragen. Die Mitglieder müssen die Möglichkeit haben, die Zahlung der Umlage auf bis zu 10 Jahresraten zu verteilen. Die Umlage darf nur für die Finanzierung konkreter Investitionsvorhaben verlangt werden. Unschädlich ist neben der zeitnahen Verwendung der Mittel für Investitionen auch die Ansparung für künftige Investitionsvorhaben im Rahmen von nach § 58 Nr. 6 zulässigen Rücklagen und die Verwendung für die Tilgung von Darlehen, die für die Finanzierung von Investitionen aufgenommen worden sind. Die Erhebung von Investitionsumlagen kann auf neu eintretende Mitglieder (und ggf. nachzahlende Jugendliche, vgl. Nr. 1.3.1.2) beschränkt werden.

Investitionsumlagen sind keine steuerlich abziehbaren Spenden.

1.3 Durchschnittsberechnung

Der durchschnittliche Mitgliedsbeitrag und die durchschnittliche Aufnahmegebühr sind aus dem Verhältnis der zu berücksichtigenden Leistungen der Mitglieder zu der Zahl der zu berücksichtigenden Mitglieder zu errechnen.

1.3.1 Zu berücksichtigende Leistungen der Mitglieder

1.3.1.1 Grundsatz

Zu den maßgeblichen Aufnahmegebühren bzw. Mitgliedsbeiträgen gehören alle Geld- und geldwerten Leistungen, die ein Bürger aufwenden muss, um in den Verein aufgenommen zu werden bzw. in ihm verbleiben zu können. Umlagen, die von den Mitgliedern erhoben werden, sind mit Ausnahme zulässiger Investitionsumlagen (vgl. 1.2) bei der Berechnung der durchschnittlichen Aufnahmegebühren oder Mitgliedsbeiträge zu berücksichtigen.

1.3.1.2 Sonderentgelte und Nachzahlungen

So genannte Spielgeldvorauszahlungen, die im Zusammenhang mit der Aufnahme in den Verein zu entrichten sind, gehören zu den maßgeblichen Aufnahmegebühren. Sonderumlagen und Zusatzentgelte, die Mitglieder z. B. unter der Bezeichnung Jahresplatzbenutzungsgebühren zahlen müssen, sind bei der Durchschnittsberechnung als zusätzliche Mitgliedsbeiträge zu berücksichtigen.

Wenn jugendliche Mitglieder, die zunächst zu günstigeren Konditionen in den Verein aufgenommen werden, bei Erreichen der Altersgrenze höhere Aufnahmegebühren nach zu entrichten haben, sind diese im Jahr der Zahlung bei der Berechnung der durchschnittlichen Aufnahmegebühr zu erfassen.

1.3.1.3 Auswärtige Mitglieder

Mitgliedsbeiträge und Aufnahmegebühren, die auswärtige Mitglieder an andere gleichartige Vereine entrichten, sind nicht in die Durchschnittsberechnungen einzubeziehen. Dies gilt auch dann, wenn die Mitgliedschaft in dem anderen Verein Voraussetzung für die Aufnahme als auswärtiges Mitglied oder die Spielberechtigung in der vereinseigenen Sportanlage ist.

1.3.1.4 Juristische Personen und Firmen

Leistungen, die juristische Personen und Firmen in anderer Rechtsform für die Erlangung und den Erhalt der eigenen Mitgliedschaft in einem Verein aufwenden (so genannte Firmenmitgliedschaften), sind bei den Durchschnittsberechnungen nicht zu berücksichtigen (vgl. Nr. 1.3.2).

1.3.1.5 Darlehen

Darlehen, die Mitglieder dem Verein im Zusammenhang mit ihrer Aufnahme in den Verein gewähren, sind nicht als zusätzliche Aufnahmegebühren zu erfassen. Wird das Darlehen zinslos oder zu einem günstigeren Zinssatz, als er auf dem Kapitalmarkt üblich ist, gewährt, ist der jährliche Zinsverzicht als zusätzlicher Mitgliedsbeitrag zu berücksichtigen. Dabei kann typisierend ein üblicher Zinssatz von 5,5 v. H. angenommen werden (BFH-Urteil vom 13. 11. 1996 – I R 152/93 – BStBl 1998 II, S. 711). Als zusätzlicher Mitgliedsbeitrag sind demnach pro Jahr bei einem zinslosen Darlehen 5,5 v. H. des Darlehensbetrags und bei einem zinsgünstigen Darlehen der Betrag, den der Verein weniger als bei einer Verzinsung mit 5,5 v. H. zu zahlen hat, anzusetzen.

Diese Grundsätze gelten auch, wenn Mitgliedsbeiträge oder Mitgliedsumlagen (einschließlich Investitionsumlagen) als Darlehen geleistet werden.

1.3.1.6 Beteiligung an Gesellschaften

Kosten für den zur Erlangung der Spielberechtigung notwendigen Erwerb von Geschäftsanteilen an einer Gesellschaft, die neben dem Verein besteht und die die Sportanlagen errichtet oder betreibt, sind mit Ausnahme des Agios nicht als zusätzliche Aufnahmegebühren zu erfassen.

Ein Sportverein kann aber mangels Unmittelbarkeit dann nicht als gemeinnützig behandelt werden, wenn die Mitglieder die Sportanlagen des Vereins nur bei Erwerb einer Nutzungsberechtigung von einer neben dem Verein bestehenden Gesellschaft nutzen dürfen.

1.3.1.7 Spenden

Wenn Bürger im Zusammenhang mit der Aufnahme in einen Sportverein als Spenden bezeichnete Zahlungen an den Verein leisten, ist zu prüfen, ob es sich dabei um freiwillige unentgeltliche Zuwendungen, d. h. um Spenden, oder um Sonderzahlungen handelt, zu deren Leistung die neu eintretenden Mitglieder verpflichtet sind.

Sonderzahlungen sind in die Berechnung der durchschnittlichen Aufnahmegebühr einzubeziehen. Dies gilt auch, wenn kein durch die Satzung oder durch Beschluss der Mitgliederversammlung festgelegter Rechtsanspruch des Vereins besteht, die Aufnahme in den Verein aber faktisch von der Leistung einer Sonderzahlung abhängt.

Eine faktische Verpflichtung ist regelmäßig anzunehmen, wenn mehr als 75 v. H. der neu eingetretenen Mitglieder neben der Aufnahmegebühr eine gleich oder ähnlich hohe Sonderzahlung leisten. Dabei bleiben passive oder fördernde, jugendliche und auswärtige Mitglieder sowie Firmenmitgliedschaften außer Betracht. Für die Beurteilung der Frage, ob die Sonderzahlungen der neu aufgenommenen Mitglieder gleich oder ähnlich hoch sind, sind die von dem Mitglied innerhalb von drei Jahren nach seinem Aufnahmeantrag oder, wenn zwischen dem Aufnahmeantrag und der Aufnahme in den Verein ein ungewöhnlich langer Zeitraum liegt, nach seiner Aufnahme geleisteten Sonderzahlungen, soweit es sich dabei nicht um von allen Mitgliedern erhobene Umlagen handelt, zusammenzurechnen.

Die 75 v. H.-Grenze ist eine widerlegbare Vermutung für das Vorliegen von Pflichtzahlungen. Maßgeblich sind die tatsächlichen Verhältnisse des Einzelfalls. Sonderzahlungen sind deshalb auch dann als zusätzliche Aufnahmegebühren zu behandeln, wenn sie zwar von weniger als 75 v. H. der neu eingetretenen Mitglieder geleistet werden, diese Mitglieder aber nach den Umständen des Einzelfalls zu den Zahlungen nachweisbar verpflichtet sind.

Die vorstehenden Grundsätze einschließlich der 75 v. H.-Grenze gelten für die Abgrenzung zwischen echten Spenden und Mitgliedsumlagen entsprechend. Pflichtzahlungen sind in diesem Fall in die Berechnung des durchschnittlichen Mitgliedsbeitrags einzubeziehen.

Nicht bei der Durchschnittsberechnung der Aufnahmegebühren und Mitgliedsbeiträge zu berücksichtigen sind Pflichteinzahlungen in eine zulässige Investitionsumlage (vgl. Nr. 1.2).

Für Leistungen, bei denen es sich um Pflichtzahlungen (z. B. Aufnahmegebühren, Mitgliedsbeiträge, Ablösezahlungen für Arbeitsleistungen und Umlagen einschließlich Investitionsumlagen) handelt, dürfen keine Zuwendungsbestätigungen i. S. des § 50 EStDV ausgestellt werden. Die Grundsätze des BFH-Urteils vom 13. 12. 1978 – I R 39/78 – BStBl II

1979 S. 482 [488] sind nicht anzuwenden, soweit sie mit den vorgenannten Grundsätzen nicht übereinstimmen.

1.3.2 Zu berücksichtigende Mitglieder

Bei der Berechnung des durchschnittlichen Mitgliedsbeitrags ist als Divisor die Zahl der Personen anzusetzen, die im Veranlagungszeitraum (Kalenderjahr) Mitglieder des Vereins waren. Dabei sind auch die Mitglieder zu berücksichtigen, die im Laufe des Jahres aus dem Verein ausgetreten oder in ihn aufgenommen worden sind. Voraussetzung ist, dass eine Dauermitgliedschaft bestanden hat bzw. die Mitgliedschaft auf Dauer angelegt ist.

Divisor bei der Berechnung der durchschnittlichen Aufnahmegebühr ist die Zahl der Personen, die in dem Veranlagungszeitraum neu in den Verein aufgenommen worden sind. Bei den Berechnungen sind grundsätzlich auch die fördernden oder passiven, jugendlichen und auswärtigen Mitglieder zu berücksichtigen. Unter auswärtigen Mitgliedern sind regelmäßig Mitglieder zu verstehen, die ihren Wohnsitz außerhalb des Einzugsgebiets des Vereins haben und/oder bereits ordentliches Mitglied in einem gleichartigen anderen Sportverein sind und die deshalb keine oder geringere Mitgliedsbeiträge oder Aufnahmegebühren zu zahlen haben. Nicht zu erfassen sind juristische Personen oder Firmen in anderer Rechtsform sowie die natürlichen Personen, die infolge der Mitgliedschaft dieser Organisationen Zugang zu dem Verein haben.

Die nicht aktiven Mitglieder sind nicht zu berücksichtigen, wenn der Verein ihre Einbeziehung in die Durchschnittsberechnung missbräuchlich ausnutzt. Dies ist z. B. anzunehmen, wenn die Zahl der nicht aktiven Mitglieder ungewöhnlich hoch ist oder festgestellt wird, dass im Hinblick auf die Durchschnittsberechnung gezielt nicht aktive Mitglieder beitragsfrei oder gegen geringe Beiträge aufgenommen worden sind. Entsprechendes gilt für die Einbeziehung auswärtiger Mitglieder in die Durchschnittsberechnung.

2. Bei § 52 Abs. 2 handelt es sich grundsätzlich um eine abschließende Aufzählung gemeinnütziger Zwecke. Die Allgemeinheit kann allerdings auch durch die Verfolgung von Zwecken, die hinsichtlich der Merkmale, die ihre steuerrechtliche Förderung rechtfertigen, mit den in § 52 Abs. 2 aufgeführten Zwecken identisch sind, gefördert werden.

2.1 **Jugendliche i.S.d. § 52 Abs. 2 Nr. 4 bzw. des § 68 Nr. 1 Buchstabe b sind alle Personen vor Vollendung des 27. Lebensjahres.**

2.2 Die Förderung von Kunst und Kultur umfasst die Bereiche der Musik, der Literatur, der darstellenden und bildenden Kunst und schließt die Förderung von kulturellen Einrichtungen, wie Theater und Museen, sowie von kulturellen Veranstaltungen, wie Konzerte und Kunstausstellungen, ein. Zur Förderung von Kunst und Kultur gehört auch die Förderung der Pflege und Erhaltung von Kulturwerten. Kulturwerte sind Gegenstände von künstlerischer und sonstiger kultureller Bedeutung, Kunstsammlungen und künstlerische Nachlässe, Bibliotheken, Archive sowie andere vergleichbare Einrichtungen.

2.3 Die Förderung der Denkmalpflege bezieht sich auf die Erhaltung und Wiederherstellung von Bau- und Bodendenkmälern, die nach den jeweiligen landesrechtlichen Vorschriften anerkannt sind. Die Anerkennung ist durch eine Bescheinigung der zuständigen Stelle nachzuweisen.

2.4 Zur Förderung des Andenkens an Verfolgte, Kriegs- und Katastrophenopfer gehört auch die Errichtung von Ehrenmalen und Gedenkstätten.

Zur Förderung der Tier- bzw. Pflanzenzucht gehört auch die Förderung der Erhaltung vom Aussterben bedrohter Nutztierrassen und Nutzpflanzen.

Die Förderung des Einsatzes für nationale Minderheiten im Sinne des durch Deutschland ratifizierten Rahmenabkommens zum Schutz nationaler Minderheiten und die Förderung des Einsatzes für die gemäß der von Deutschland ratifizierten Charta der Regional- und Minderheitensprachen geschützten Sprachen sind – je nach Betätigung im Einzelnen – Förderung von Kunst und Kultur, Förderung der Heimatpflege und Heimatkunde oder Förderung des traditionellen Brauchtums. Bei den nach der Charta geschützten Sprachen handelt es sich um die Regionalsprache Niederdeutsch sowie die Minderheitensprachen Dänisch, Friesisch, Sorbisch und das Romanes der deutschen Sinti und Roma.

2.5 Unter dem Begriff „bürgerschaftliches Engagement" versteht man eine freiwillige, nicht auf das Erzielen eines persönlichen materiellen Gewinns gerichtete, auf die Förderung der Allgemeinheit hin orientierte, kooperative Tätigkeit. Die Anerkennung der Förderung des bürgerschaftlichen Engagements zugunsten gemeinnütziger, mildtätiger und kirchlicher Zwecke dient der Hervorhebung der Bedeutung, die ehrenamtlicher Einsatz für unsere Gesellschaft hat. Eine Erweiterung der gemeinnützigen Zwecke ist damit nicht verbunden.

2.6 Durch § 52 Abs. 2 Satz 2 wird die Möglichkeit eröffnet, Zwecke auch dann als gemeinnützig anzuerkennen, wenn diese nicht unter den Katalog des § 52 Abs. 2 Satz 1 fallen. Die

§ 52 AO
AEAO

        Anerkennung der Gemeinnützigkeit solcher gesellschaftlicher Zwecke wird bundeseinheitlich abgestimmt.

3. Internetvereine können wegen Förderung der Volksbildung als gemeinnützig anerkannt werden, sofern ihr Zweck nicht der Förderung der (privat betriebenen) Datenkommunikation durch Zurverfügungstellung von Zugängen zu Kommunikationsnetzwerken sowie durch den Aufbau, die Förderung und den Unterhalt entsprechender Netze zur privaten und geschäftlichen Nutzung durch die Mitglieder oder andere Personen dient. Freiwilligenagenturen können regelmäßig wegen der Förderung der Bildung (§ 52 Abs. 2 Nr. 7) als gemeinnützig behandelt werden, weil das Schwergewicht ihrer Tätigkeit in der Aus- und Weiterbildung der Freiwilligen liegt (BMF-Schreiben vom 15. 9. 2003, BStBl I, S. 446).

4. Bei Körperschaften, die Privatschulen betreiben oder unterstützen, ist zwischen Ersatzschulen und Ergänzungsschulen zu unterscheiden. Die Förderung der Allgemeinheit ist bei Ersatzschulen stets anzunehmen, weil die zuständigen Landesbehörden die Errichtung und den Betrieb einer Ersatzschule nur dann genehmigen dürfen, wenn eine Sonderung der Schüler nach den Besitzverhältnissen der Eltern nicht gefördert wird (Art. 7 Abs. 4 Satz 3 GG und die Privatschulgesetze der Länder). Bei Ergänzungsschulen kann eine Förderung der Allgemeinheit dann angenommen werden, wenn in der Satzung der Körperschaft festgelegt ist, dass mindestens 25 v. H. der Schüler keine Sonderung nach den Besitzverhältnissen der Eltern im Sinne des Art. 7 Abs. 4 Satz 3 GG und der Privatschulgesetze der Länder vorgenommen werden darf.

5. Nachbarschaftshilfevereine, Tauschringe und ähnliche Körperschaften, deren Mitglieder kleinere Dienstleistungen verschiedenster Art gegenüber Vereinsmitgliedern erbringen (z. B. kleinere Reparaturen, Hausputz, Kochen, Kinderbetreuung, Nachhilfeunterricht, häusliche Pflege), sind grundsätzlich nicht gemeinnützig, weil regelmäßig durch die gegenseitige Unterstützung in erster Linie eigenwirtschaftliche Interessen ihrer Mitglieder gefördert werden und damit gegen den Grundsatz der Selbstlosigkeit (§ 55 Abs. 1) verstoßen wird. Solche Körperschaften können jedoch gemeinnützig sein, wenn sich ihre Tätigkeit darauf beschränkt, alte und hilfsbedürftige Menschen in Verrichtungen des täglichen Lebens zu unterstützen und damit die Altenhilfe gefördert bzw. mildtätige Zwecke (§ 53) verfolgt werden. Soweit sich der Zweck der Körperschaften zusätzlich auf die Erteilung von Nachhilfeunterricht und Kinderbetreuung erstreckt, können sie auch wegen Förderung der Jugendhilfe anerkannt werden. Voraussetzung für die Anerkennung der Gemeinnützigkeit solcher Körperschaften ist, dass die aktiven Mitglieder ihre Dienstleistungen als Hilfspersonen der Körperschaft (§ 57 Abs. 1 Satz 2) ausüben.

        Vereine, deren Zweck die Förderung esoterischer Heilslehren ist, z. B. Reiki-Vereine, können nicht wegen Förderung des öffentlichen Gesundheitswesens oder der öffentlichen Gesundheitspflege als gemeinnützig anerkannt werden.

6. Ein wesentliches Element des Sports (§ 52 Abs. 2 Nr. 21) ist die körperliche Ertüchtigung. Motorsport fällt unter den Begriff des Sports (BFH-Urteil vom 29. 10. 1997 – I R 13/97 – BStBl II 1998 S. 9), ebenso Ballonfahren. **Dagegen sind Skat (BFH-Urteil vom 17. 2. 2000 – I R 108, 109/98 – BFH/NV S. 1071), Bridge, Gospiel, Gotcha, Paintball und Tipp-Kick kein Sport i.S.d. Gemeinnützigkeitsrechts.** Dies gilt auch für Amateurfunk, Modellflug und Hundesport, die jedoch eigenständige gemeinnützige Zwecke sind (§ 52 Abs. 2 Nr. 23). Schützenvereine können auch dann als gemeinnützig anerkannt werden, wenn sie nach ihrer Satzung neben dem Schießsport (als Hauptzweck) auch das Schützenbrauchtum (vgl. Nr. 11) fördern. Die Durchführung von volksfestartigen Schützenfesten ist kein gemeinnütziger Zweck.

7. Die Förderung des bezahlten Sports ist kein gemeinnütziger Zweck, weil dadurch eigenwirtschaftliche Zwecke der bezahlten Sportler gefördert werden. Sie ist aber unter bestimmten Voraussetzungen unschädlich für die Gemeinnützigkeit eines Sportvereins (siehe § 58 Nr. 9 und § 67a).

8. Eine steuerbegünstigte allgemeine Förderung des demokratischen Staatswesens ist nur dann gegeben, wenn sich die Körperschaft umfassend mit den demokratischen Grundprinzipien befasst und diese objektiv und neutral würdigt. Ist hingegen Zweck der Körperschaft die politische Bildung, der es auf der Grundlage der Normen und Vorstellungen einer rechtsstaatlichen Demokratie um die Schaffung und Förderung politischer Wahrnehmungsfähigkeit und politischen Verantwortungsbewusstseins geht, liegt Volksbildung vor. Diese muss nicht nur in theoretischer Unterweisung bestehen, sie kann auch durch den Aufruf zu konkreter Handlung ergänzt werden. Keine politische Bildung ist demgegenüber die einseitige Agitation, die unkritische Indoktrination oder die parteipolitisch motivierte Einflussnahme (BFH-Urteil vom 23. 9. 1999 – XI R 63/98 – BStBl II 2000 S. 200).

9. Die Förderung von Freizeitaktivitäten außerhalb des Bereichs des Sports ist nur dann als Förderung der Allgemeinheit anzuerkennen, wenn die Freizeitaktivitäten hinsichtlich der Merkmale, die ihre steuerrechtliche Förderung rechtfertigen, mit den im Katalog des § 52

Abs. 2 Nr. 23 genannten Freizeitgestaltungen identisch sind. Es reicht nicht aus, dass die Freizeitgestaltung sinnvoll und einer der in § 52 Abs. 2 Nr. 23 genannten ähnlich ist (BFH-Urteil vom 14. 9. 1994 – I R 153/93 – BStBl II 1995 S. 499). Die Förderung des Baus und Betriebs von Schiffs-, Auto-, Eisenbahn- und Drachenflugmodellen ist identisch im vorstehenden Sinne mit der Förderung des Modellflugs, die Förderung des CB-Funkens mit der Förderung des Amateurfunkens. Diese Zwecke sind deshalb als gemeinnützig anzuerkennen. Nicht identisch im vorstehenden Sinne mit den in § 52 Abs. 2 Nr. 23 genannten Freizeitaktivitäten und deshalb nicht als eigenständige gemeinnützige Zwecke anzuerkennen sind z. B. die Förderung des Amateurfilmens und -fotografierens, des Kochens, von Brett- und Kartenspielen und des Sammelns von Gegenständen, wie Briefmarken, Münzen und Autogrammkarten, sowie die Tätigkeit von Reise- und Touristik-, Sauna-, Geselligkeits-, Kosmetik-, und Oldtimer-Vereinen. Bei Vereinen, die das Amateurfilmen und -fotografieren fördern, und bei Oldtimer-Vereinen kann aber eine Steuerbegünstigung wegen der Förderung von Kunst oder (technischer) Kultur in Betracht kommen.

10. Obst- und Gartenbauvereine fördern i. d. R. die Pflanzenzucht im Sinne des § 52 Abs. 2 Nr. 23. Die Förderung der Bonsaikunst ist Pflanzenzucht, die Förderung der Aquarien- und Terrarienkunde ist Tierzucht im Sinne der Vorschrift.

11. Historische Schützenbruderschaften können wegen der Förderung der Brauchtumspflege (vgl. Nr. 6), Freizeitwinzervereine wegen der Förderung der Heimatpflege, die Teil der Brauchtumspflege ist, als gemeinnützig behandelt werden. Dies gilt auch für Junggesellen- und Burschenvereine, die das traditionelle Brauchtum einer bestimmten Region fördern, z. B. durch das Setzen von Maibäumen (Maiclubs). Die besondere Nennung des traditionellen Brauchtums als gemeinnütziger Zweck in § 52 Abs. 2 Nr. 23 bedeutet jedoch keine allgemeine Ausweitung des Brauchtumsbegriffs i. S. des Gemeinnützigkeitsrechts. Studentische Verbindungen, z. B. Burschenschaften, ähnliche Vereinigungen, z. B. Landjugendvereine, Country- und Westernvereine und Vereine, deren Hauptzweck die Veranstaltung von örtlichen Volksfesten (z. B. Kirmes, Kärwa, Schützenfest) ist, sind deshalb i. d. R. nach wie vor nicht gemeinnützig.

12. Bei Tier- und Pflanzenzuchtvereinen, Freizeitwinzervereinen sowie Junggesellen- oder Burschenvereinen ist besonders auf die Selbstlosigkeit (§ 55) und die Ausschließlichkeit (§ 56) zu achten. Eine Körperschaft ist z. B. nicht selbstlos tätig, wenn sie in erster Linie eigenwirtschaftliche Zwecke ihrer Mitglieder fördert. Sie verstößt z. B. gegen das Gebot der Ausschließlichkeit, wenn die Durchführung von Festveranstaltungen (z. B. Winzerfest, Maiball) Satzungszweck ist. Bei der Prüfung der tatsächlichen Geschäftsführung von Freizeitwinzer-, Junggesellen- und Burschenvereinen ist außerdem besonders darauf zu achten, dass die Förderung der Geselligkeit nicht im Vordergrund der Vereinstätigkeit steht.

13. Soldaten- und Reservistenvereine verfolgen i. d. R. gemeinnützige Zwecke i. S. des § 52 Abs. 2 Nr. 23, wenn sie aktive und ehemalige Wehrdienstleistende, Zeit- und Berufssoldaten betreuen, z. B. über mit dem Soldatsein zusammenhängende Fragen beraten, Möglichkeiten zu sinnvoller Freizeitgestaltung bieten oder beim Übergang in das Zivilleben helfen. Die Pflege der Tradition durch Soldaten- und Reservistenvereine ist weder steuerbegünstigte Brauchtumspflege noch Betreuung von Soldaten und Reservisten i. S. des § 52 Abs. 2 Nr. 23. Die Förderung der Kameradschaft kann neben einem steuerbegünstigten Zweck als Vereinszweck genannt werden, wenn sich aus der Satzung ergibt, dass damit lediglich eine Verbundenheit der Vereinsmitglieder angestrebt wird, die aus der gemeinnützigen Vereinstätigkeit folgt (BFH-Urteil vom 11. 3. 1999 – V R 57, 58/96 – BStBl II S. 331).

14. Einrichtungen, die mit ihrer Tätigkeit auf die Erholung arbeitender Menschen ausgerichtet sind (z. B. der Betrieb von Freizeiteinrichtungen wie Campingplätze oder Bootsverleihe), können nicht als gemeinnützig anerkannt werden, es sei denn, dass das Gewähren von Erholung einem besonders schutzwürdigen Personenkreis (z. B. Kranken oder der Jugend) zugute kommt oder in einer bestimmten Art und Weise (z. B. auf sportlicher Grundlage) vorgenommen wird (BFH-Urteile vom 22. 11. 1972 – I R 21/71 – BStBl II 1973 S. 251, und vom 30. 9. 1981 – III R 2/80 – BStBl II 1982 S. 148). Wegen Erholungsheimen wird auf § 68 Nr. 1 Buchstabe a hingewiesen.

15. Politische Zwecke (Beeinflussung der politischen Meinungsbildung, Förderung politischer Parteien u. dergl.) zählen grundsätzlich nicht zu den gemeinnützigen Zwecken i. S. des § 52. Eine gewisse Beeinflussung der politischen Meinungsbildung schließt jedoch die Gemeinnützigkeit nicht aus (BFH-Urteil vom 29. 8. 1984 – I R 203/81 – BStBl II S. 844). Eine politische Tätigkeit ist danach unschädlich für die Gemeinnützigkeit, wenn eine gemeinnützige Tätigkeit nach den Verhältnissen im Einzelfall zwangsläufig mit einer politischen Zielsetzung verbunden ist und die unmittelbare Einwirkung auf die politischen Parteien und die staatliche Willensbildung gegenüber der Förderung des gemeinnützigen Zwecks weit in den Hintergrund tritt. Eine Körperschaft fördert deshalb auch dann ausschließlich ihren steuerbegünstigten Zweck, wenn sie gelegentlich zu tagespolitischen Themen im Rahmen

ihres Satzungszwecks Stellung nimmt. Entscheidend ist, dass die Tagespolitik nicht Mittelpunkt der Tätigkeit der Körperschaft ist oder wird, sondern der Vermittlung der steuerbegünstigten Ziele der Körperschaft dient (BFH-Urteil vom 23. 11. 1988 – I R 11/88 – BStBl II 1989 S. 391).

Dagegen ist die Gemeinnützigkeit zu versagen, wenn ein politischer Zweck als alleiniger oder überwiegender Zweck in der Satzung einer Körperschaft festgelegt ist oder die Körperschaft tatsächlich ausschließlich oder überwiegend einen politischen Zweck verfolgt.

Rsp **Rechtsprechung**

2 BFH vom 27. 9. 2001 – V R 17/99 (BStBl 2002 II S. 169)

Eine Körperschaft verfolgt dann keine gemeinnützigen Zwecke, wenn sie Tätigkeiten nachgeht, die gegen die Rechtsordnung verstoßen. Dies kann eine der Körperschaft als tatsächliche Geschäftsführung zurechenbare Lohnsteuerverkürzung sein. Die Zurechenbarkeit eines eigenmächtigen Handelns einer für die Körperschaft tätigen Person ist bereits bei grober Vernachlässigung der dem Vertretungsorgan obliegenden Überwachungspflichten zu bejahen; insoweit kommt auch ein Organisationsverschulden in Betracht (Fortführung des BFH-Urteils vom 31. 7. 1963, HFR 1963 S. 407).

3 BFH vom 23. 7. 2003 – I R 29/02 (BStBl 2003 II S. 930)

Tätigkeiten einer neu gegründeten Körperschaft, die die Verwirklichung der steuerbegünstigten Satzungszwecke nur vorbereiten – wie z. B. der Aufbau einer Vereinsorganisation, das Einsammeln von Mitteln zur Erfüllung der Satzungszwecke – reichen aus, um die tätigkeitsbezogenen Voraussetzungen der Steuerbefreiung zu erfüllen. Die Tätigkeiten müssen jedoch ernsthaft auf die Erfüllung eines steuerbegünstigten satzungsmäßigen Zwecks gerichtet sein. Die bloße Absicht, zu einem unbestimmten Zeitpunkt einen der Satzungszwecke zu verwirklichen, genügt nicht.

4 BFH vom 14. 7. 2004 – I R 94/02 (BStBl 2005 II S. 721)

1. Eine Stiftung fördert auch dann die Allgemeinheit i. S. des § 52 Abs. 1 AO, wenn sie ihre Zwecke ausnahmslos oder überwiegend im Ausland erfüllt und ihre Förderung vorzugsweise auf die Jugend eines Staates (hier: der Schweiz) oder einer Stadt (hier: Bern) beschränkt ist.
2. Die formelle Satzungsmäßigkeit nach § 59 AO erfordert hinsichtlich der steuerbegünstigten Zweckverfolgung nicht die ausdrückliche Verwendung der Begriffe „ausschließlich" und „unmittelbar".
3. Die satzungsmäßige Vermögensbindung (§ 61 Abs. 1 AO) ist bei einer staatlich beaufsichtigten Stiftung auch dann nach § 62 AO entbehrlich, wenn es sich um eine Stiftung ausländischen Rechts handelt, die der Stiftungsaufsicht eines EU-Mitgliedstaates unterfällt.
4. Dem EuGH wird die folgende Frage zur Vorabentscheidung vorgelegt:
Widerspricht es Art. 52 i. V. m. Art. 58, Art. 59 i. V. m. Art. 66 und 58 sowie Art. 73b EGV, wenn eine gemeinnützige Stiftung privaten Rechts eines anderen Mitgliedstaates, die im Inland mit Vermietungseinkünften beschränkt steuerpflichtig ist, anders als eine im Inland gemeinnützige unbeschränkt steuerpflichtige Stiftung mit entsprechenden Einkünften nicht von der Körperschaftsteuer befreit ist?

5 BFH vom 20. 12. 2006 – I R 94/02 (BStBl 2010 II S. 331)[1]

1. Eine Stiftung fördert auch dann die Allgemeinheit i. S. des § 52 Abs. 1 AO, wenn sie ihre Zwecke ausnahmslos oder überwiegend im Ausland erfüllt (gegen BMF-Schreiben vom 20. 9. 2005, BStBl I 2005, 902) und ihre Förderung vorzugsweise auf die Jugend eines Staates (hier: der Schweiz) oder einer Stadt (hier: Bern) beschränkt ist.
…

6 BFH vom 16. 5. 2007 – I R 14/06 (BStBl 2007 II S. 808)

Die Körperschaftsteuerbefreiung einer Körperschaft, die nach ihrer Satzung steuerbegünstigte Zwecke verfolgt, endet, wenn die eigentliche steuerbegünstigte Tätigkeit eingestellt und über das Vermögen der Körperschaft das Konkurs- oder Insolvenzverfahren eröffnet wird.

---

[1] Vgl. jetzt § 51 Abs. 2 AO i. d. F. des JStG 2009 (BGBl. 2008 I S. 2794, BStBl 2009 I S. 74).

BFH vom 7. 11. 2007 – I R 42/06 (BStBl 2008 II S. 949)   7

Verpflichtet sich der Sponsor eines eingetragenen, wegen Förderung des Sports i. S. von § 52 AO als gemeinnützig anerkannten Vereins, die Vereinstätigkeit (finanziell und organisatorisch) zu fördern, und räumt der Verein dem Sponsor im Gegenzug u. a. das Recht ein, in einem von dem Verein herausgegebenen Publikationsorgan Werbeanzeigen zu schalten, einschlägige sponsorbezogene Themen darzustellen und bei Vereinsveranstaltungen die Vereinsmitglieder über diese Themen zu informieren und dafür zu werben, dann liegt in diesen Gegenleistungen ein steuerpflichtiger wirtschaftlicher Geschäftsbetrieb.

EuGH vom 27. 1. 2009 – C-318/07 (HFR 2009 S. 417)   8

1. Macht ein Steuerpflichtiger in einem Mitgliedstaat die steuerliche Abzugsfähigkeit von Spenden an Einrichtungen geltend, die in einem anderen Mitgliedstaat ansässig und dort als gemeinnützig anerkannt sind, fallen solche Spenden auch dann unter die Bestimmungen des EG-Vertrags über den freien Kapitalverkehr, wenn es sich um Sachspenden in Form von Gegenständen des täglichen Gebrauchs handelt.

2. Art. 56 EG steht der Regelung eines Mitgliedstaats entgegen, wonach bei Spenden an als gemeinnützig anerkannte Einrichtungen nur Spenden an im Inland ansässige Einrichtungen von der Steuer abgezogen werden können, ohne jede Möglichkeit für den Spender, nachzuweisen, dass eine Spende an eine Einrichtung, die in einem anderen Mitgliedstaat ansässig ist, die nach dieser Regelung geltenden Voraussetzungen für die Gewährung einer solchen Vergünstigung erfüllt.

BFH vom 27. 5. 2009 – X R 46/05 (BFH/NV 2009 S. 1633)   9

Der EuGH-Entscheidung vom 27. 1. 2009 Rs. C-318/07 entsprechend hat der Steuerpflichtige unter bestimmten Voraussetzungen die Möglichkeit, auch Spenden an eine Einrichtung, die in einem anderen Mitgliedstaat ansässig ist, abzuziehen. Das ist der Fall, wenn die begünstigte Einrichtung die Voraussetzungen der nationalen Rechtsvorschriften (§§ 51 bis 68 AO) für die Gewährung von Steuervergünstigungen erfüllt. Die beteiligten Steuerbehörden können vom Steuerpflichtigen alle Belege verlangen, die ihnen für die Beurteilung der Frage notwendig erscheinen, ob die Voraussetzungen für die Abziehbarkeit der Ausgaben nach den einschlägigen nationalen Rechtsvorschriften erfüllt sind und der verlangte Abzug dementsprechend gewährt werden kann. Es ist Sache der zuständigen nationalen Behörden einschließlich der Gerichte zu überprüfen, ob der Nachweis für die Einhaltung der von diesem Mitgliedstaat für die Gewährung der fraglichen Steuervergünstigung aufgestellten Voraussetzungen gemäß den Regeln des nationalen Rechts erbracht worden ist. Erweist sich die Nachprüfung der von dem Steuerpflichtigen vorgelegten Auskünfte als schwierig, insbesondere wegen der in der Amtshilfe-Richtlinie vorgesehenen Grenzen des Auskunftsaustauschs, sind die Finanzbehörden nicht daran gehindert, bei Nichtvorlage der Nachweise, die sie für die zutreffende Steuerfestsetzung als erforderlich ansehen, den beantragten Steuerabzug zu verweigern.

BFH vom 6. 10. 2009 – I R 55/08 (BStBl 2010 II S. 335)   10

Ein Verein zur Bekämpfung unlauteren Wettbewerbs ist nicht gemeinnützig, wenn seine Satzung nicht ausschließt, dass er vornehmlich zur Wahrung der gewerblichen Interessen seiner unternehmerisch tätigen Mitglieder tätig wird.

BFH vom 17. 2. 2010 – I R 2/08 (BStBl 2010 II S. 1006)   11

Eine steuerbefreite Körperschaft, die eine andere steuerbefreite Körperschaft bei der Verwirklichung satzungsmäßiger Zwecke gegen Entgelt selbständig und eigenverantwortlich unterstützt, kann einen Zweckbetrieb unterhalten, wenn sie hierdurch zugleich eigene satzungsmäßige Ziele verfolgt.

§ 53 Mildtätige Zwecke

¹Eine Körperschaft verfolgt mildtätige Zwecke, wenn ihre Tätigkeit darauf gerichtet ist, Personen selbstlos zu unterstützen,
1. die infolge ihres körperlichen, geistigen oder seelischen Zustands auf die Hilfe anderer angewiesen sind oder
2. deren Bezüge nicht höher sind als das Vierfache des Regelsatzes der Sozialhilfe im Sinne des § 28 des Zwölften Buches Sozialgesetzbuch; beim Alleinstehenden oder Haushaltsvorstand

§ 53 AO
AEAO

tritt an die Stelle des Vierfachen das Fünffache des Regelsatzes. ²Dies gilt nicht für Personen, deren Vermögen zur nachhaltigen Verbesserung ihres Unterhalts ausreicht und denen zugemutet werden kann, es dafür zu verwenden. ³Bei Personen, deren wirtschaftliche Lage aus besonderen Gründen zu einer Notlage geworden ist, dürfen die Bezüge oder das Vermögen die genannten Grenzen übersteigen. ⁴Bezüge im Sinne dieser Vorschrift sind

a) Einkünfte im Sinne des § 2 Abs. 1 des Einkommensteuergesetzes und

b) andere zur Bestreitung des Unterhalts bestimmte oder geeignete Bezüge,

die der Alleinstehende oder der Haushaltsvorstand und die sonstigen Haushaltsangehörigen haben. ⁵Zu den Bezügen zählen nicht Leistungen der Sozialhilfe, Leistungen zur Sicherung des Lebensunterhalts nach dem Zweiten Buch Sozialgesetzbuch und bis zur Höhe der Leistungen der Sozialhilfe Unterhaltsleistungen an Personen, die ohne die Unterhaltsleistungen sozialhilfeberechtigt wären oder Anspruch auf Sicherung des Lebensunterhalts nach dem Zweiten Buch Sozialgesetzbuch hätten. ⁶Unterhaltsansprüche sind zu berücksichtigen.

AEAO
1 Zu § 53 – Mildtätige Zwecke:

Anwendungserlass zur Abgabenordnung

1. Der Begriff „mildtätige Zwecke" umfasst auch die Unterstützung von Personen, die wegen ihres seelischen Zustands hilfsbedürftig sind. Das hat beispielsweise für die Telefonseelsorge Bedeutung.

2. Völlige Unentgeltlichkeit der mildtätigen Zuwendung wird nicht verlangt. Die mildtätige Zuwendung darf nur nicht des Entgelts wegen erfolgen.

3. Eine Körperschaft, zu deren Satzungszwecken die Unterstützung von hilfsbedürftigen Verwandten der Mitglieder, Gesellschafter, Genossen oder Stifter gehört, kann nicht als steuerbegünstigt anerkannt werden. Bei einer derartigen Körperschaft steht nicht die Förderung mildtätiger Zwecke, sondern die Förderung der Verwandtschaft im Vordergrund. Ihre Tätigkeit ist deshalb nicht, wie § 53 verlangt, auf die selbstlose Unterstützung hilfsbedürftiger Personen gerichtet. Dem steht bei Stiftungen § 58 Nr. 5 nicht entgegen. Diese Vorschrift ist lediglich eine Ausnahme von dem Gebot der Selbstlosigkeit (§ 55), begründet aber keinen eigenständigen gemeinnützigen Zweck. Bei der tatsächlichen Geschäftsführung ist die Unterstützung von hilfsbedürftigen Angehörigen grundsätzlich nicht schädlich für die Steuerbegünstigung. Die Verwandtschaft darf jedoch kein Kriterium für die Förderleistungen der Körperschaft sein.

4. Hilfen nach § 53 Nr. 1 (Unterstützung von Personen, die infolge ihres körperlichen, geistigen oder seelischen Zustands auf die Hilfe anderer angewiesen sind) dürfen ohne Rücksicht auf die wirtschaftliche Unterstützungsbedürftigkeit gewährt werden. Bei der Beurteilung der Bedürftigkeit i. S. des § 53 Nr. 1 kommt es nicht darauf an, dass die Hilfsbedürftigkeit dauernd oder für längere Zeit besteht. Hilfeleistungen wie beispielsweise „Essen auf Rädern" können daher steuerbegünstigt durchgeführt werden. Bei Personen, die das 75. Lebensjahr vollendet haben, kann körperliche Hilfsbedürftigkeit ohne weitere Nachprüfung angenommen werden.

5. § 53 Nr. 2 legt die Grenzen der wirtschaftlichen Hilfsbedürftigkeit fest. Danach können ohne Verlust der Steuerbegünstigung Personen unterstützt werden, deren Bezüge das Vierfache, beim Alleinstehenden oder Haushaltsvorstand das Fünffache des Regelsatzes der Sozialhilfe i. S. des § 28 SGB XII nicht übersteigen. Etwaige Mehrbedarfszuschläge zum Regelsatz sind nicht zu berücksichtigen. Leistungen für die Unterkunft werden nicht gesondert berücksichtigt. Für die Begriffe „Einkünfte" und „Bezüge" sind die Ausführungen in H 33a.1 und H 33a.2 (Anrechnung eigener Einkünfte und Bezüge) EStH sowie in H 32.10 (Anrechnung eigener Bezüge) EStH maßgeblich.

6. Zu den Bezügen i. S. d. § 53 Nr. 2 zählen neben den Einkünften i. S. d. § 2 Abs. 1 EStG auch alle anderen für die Bestreitung des Unterhalts bestimmten oder geeigneten Bezüge aller Haushaltsangehörigen. Hierunter fallen auch solche Einnahmen, die im Rahmen der steuerlichen Einkunftsermittlung nicht erfasst werden oder nicht steuerbar als auch für steuerfrei erklärte Einnahmen (BFH-Urteil vom 2. 8. 1974 – VI R 148/71 – BStBl 1975 II, S. 139).

Bei der Beurteilung der wirtschaftlichen Hilfsbedürftigkeit von unverheirateten minderjährigen Schwangeren und minderjährigen Müttern, die ihr leibliches Kind bis zur Vollendung seines 6. Lebensjahres betreuen, und die dem Haushalt ihrer Eltern oder eines Elternteils angehören, sind die Bezüge und das Vermögen der Eltern oder des Elternteils nicht zu berücksichtigen. Bei allen Schwangeren oder Müttern, die ihr leibliches Kind bis zur Vollendung seines 6. Lebensjahres betreuen – einschließlich der volljährigen, verheirateten und nicht bei ihren Eltern lebenden Frauen – bleiben ihre Unterhaltsansprüche gegen Verwandte ersten Grades unberücksichtigt.

7. Bei Renten zählt der über den von § 53 Nr. 2 Buchstabe a erfassten Anteil hinausgehende Teil der Rente zu den Bezügen i. S. des § 53 Nr. 2 Buchstabe b.
8. Bei der Feststellung der Bezüge i. S. des § 53 Nr. 2 Buchstabe b sind aus Vereinfachungsgründen insgesamt 180 € im Kalenderjahr abzuziehen, wenn nicht höhere Aufwendungen, die in wirtschaftlichem Zusammenhang mit den entsprechenden Einnahmen stehen, nachgewiesen oder glaubhaft gemacht werden.
9. *Als Vermögen, das zur nachhaltigen Verbesserung des Unterhalts ausreicht und dessen Verwendung für den Unterhalt zugemutet werden kann (§ 53 Nr. 2 Satz 2), ist in der Regel ein Vermögen mit einem gemeinen Wert (Verkehrswert) von mehr als 15.500 € anzusehen.* Dabei bleiben außer Ansatz:
   - *Vermögensgegenstände, deren Veräußerung offensichtlich eine Verschleuderung bedeuten würde oder die einen besonderen Wert, z. B. Erinnerungswert, für die unterstützte Person haben oder zu seinem Hausrat gehören*
   - *ein angemessenes Hausgrundstück im Sinne des § 90 Abs. 2 Nr. 8 SGB XII, das die unterstützte Person allein oder zusammen mit Angehörigen, denen es nach dem Tod der unterstützten Person weiter als Wohnraum dienen soll, bewohnt.*

   Die Grenze bezieht sich auch bei einem Mehrpersonenhaushalt auf jede unterstützte Person. H 33a.1 (Geringes Vermögen – „Schonvermögen") EStH 2010 gilt entsprechend.
10. Erbringt eine Körperschaft ihre Leistungen an wirtschaftlich hilfsbedürftigen Personen, muss sie an Hand ihrer Unterlagen nachweisen können, dass die Höhe der Einkünfte und Bezüge sowie das Vermögen der unterstützten Personen die Grenzen des § 53 Nr. 2 nicht übersteigen. Eine Erklärung, in der von der unterstützten Person nur das Unterschreiten der Grenzen des § 53 Nr. 2 mitgeteilt wird, reicht allein nicht aus. *Eine Berechnung der maßgeblichen Einkünfte und Bezüge sowie eine Berechnung des Vermögens sind stets beizufügen.*

Rechtsprechung

BFH vom 24. 7. 1996 – I R 35/94 (BStBl 1996 II S. 583)

1. Eine GmbH, die entsprechend ihrer Satzung die ihr gehörenden Wohnungen vorrangig an Personen vermietet, die die Voraussetzungen des § 53 Nr. 1 oder 2 AO erfüllen, kann gemäß § 5 Abs. 1 Nr. 9 KStG von der Körperschaftsteuer befreit sein. Die Steuerbefreiung wird nicht dadurch ausgeschlossen, daß ein Teil der Wohnungen an nicht oder nicht mehr unterstützungsbedürftige Personen vermietet wird.
2. Die Steuerbefreiung wegen Verfolgung kirchlicher Zwecke durch Verwaltung von Kirchenvermögen setzt keine gemeinnützige oder mildtätige Verwaltung des Kirchenvermögens voraus.
3. Eine nicht über den Rahmen einer Vermögensverwaltung hinausgehende Vermietung und Verwaltung eigenen Grundbesitzes wird nicht dadurch Teil eines wirtschaftlichen Geschäftsbetriebs, daß daneben auch der Kirche gehörender Grundbesitz verwaltet wird.

BFH vom 7. 11. 1996 – V R 34/96 (BStBl 1997 II S. 366)

Leistungen einer Einrichtung der Wohlfahrtspflege an andere steuerbegünstigte Körperschaften oder Behörden sind nicht nach § 4 Nr. 18 UStG 1991 steuerfrei, wenn sie nicht unmittelbar, sondern allenfalls mittelbar hilfsbedürftigen Personen i. S. der §§ 53, 66 AO zugute kommen.

BFH vom 23. 10. 2003 – V R 24/00 (BStBl 2004 II S. 89)

Der Betreiber eines Altenheims, der weder in § 53 Nr. 2 AO bezeichnete Personen aufnimmt noch Personen i. S. des § 68 BSHG aufnehmen darf, kann die Steuerbefreiung nach § 4 Nr. 16 Buchst. d UStG 1991/1993 nicht beanspruchen.

§ 54 Kirchliche Zwecke

(1) Eine Körperschaft verfolgt kirchliche Zwecke, wenn ihre Tätigkeit darauf gerichtet ist, eine Religionsgemeinschaft, die Körperschaft des öffentlichen Rechts ist, selbstlos zu fördern.

(2) Zu diesen Zwecken gehören insbesondere die Errichtung, Ausschmückung und Unterhaltung von Gotteshäusern und kirchlichen Gemeindehäusern, die Abhaltung von Gottesdiensten, die Ausbildung von Geistlichen, die Erteilung von Religionsunterricht, die Beerdigung und die

Pflege des Andenkens der Toten, ferner die Verwaltung des Kirchenvermögens, die Besoldung der Geistlichen, Kirchenbeamten und Kirchendiener, die Alters- und Behindertenversorgung für diese Personen und die Versorgung ihrer Witwen und Waisen.

Anwendungserlass zur Abgabenordnung

AEAO

1 Zu § 54 – Kirchliche Zwecke:

Ein kirchlicher Zweck liegt nur vor, wenn die Tätigkeit darauf gerichtet ist, eine Religionsgemeinschaft des öffentlichen Rechts zu fördern. Bei Religionsgemeinschaften, die nicht Körperschaften des öffentlichen Rechts sind, kann wegen Förderung der Religion eine Anerkennung als gemeinnützige Körperschaft in Betracht kommen.

§ 55 Selbstlosigkeit

AO
S 0174

(1) Eine Förderung oder Unterstützung geschieht selbstlos, wenn dadurch nicht in erster Linie eigenwirtschaftliche Zwecke – zum Beispiel gewerbliche Zwecke oder sonstige Erwerbszwecke – verfolgt werden und wenn die folgenden Voraussetzungen gegeben sind:

1. ¹Mittel der Körperschaft dürfen nur für die satzungsmäßigen Zwecke verwendet werden. ²Die Mitglieder oder Gesellschafter (Mitglieder im Sinne dieser Vorschriften) dürfen keine Gewinnanteile und in ihrer Eigenschaft als Mitglieder auch keine sonstigen Zuwendungen aus Mitteln der Körperschaft erhalten. ³Die Körperschaft darf ihre Mittel weder für die unmittelbare noch für die mittelbare Unterstützung oder Förderung politischer Parteien verwenden.
2. Die Mitglieder dürfen bei ihrem Ausscheiden oder bei Auflösung oder Aufhebung der Körperschaft nicht mehr als ihre eingezahlten Kapitalanteile und den gemeinen Wert ihrer geleisteten Sacheinlagen zurückerhalten.
3. Die Körperschaft darf keine Person durch Ausgaben, die dem Zweck der Körperschaft fremd sind, oder durch unverhältnismäßig hohe Vergütungen begünstigen.
4. ¹Bei Auflösung oder Aufhebung der Körperschaft oder bei Wegfall ihres bisherigen Zwecks darf das Vermögen der Körperschaft, soweit es die eingezahlten Kapitalanteile der Mitglieder und den gemeinen Wert der von den Mitgliedern geleisteten Sacheinlagen übersteigt, nur für steuerbegünstigte Zwecke verwendet werden (Grundsatz der Vermögensbindung). ²Diese Voraussetzung ist auch erfüllt, wenn das Vermögen einer anderen steuerbegünstigten Körperschaft oder einer juristischen Person des öffentlichen Rechts für steuerbegünstigte Zwecke übertragen werden soll.
5. ¹Die Körperschaft muss ihre Mittel grundsätzlich zeitnah für ihre steuerbegünstigten satzungsmäßigen Zwecke verwenden. ²Verwendung in diesem Sinne ist auch die Verwendung der Mittel für die Anschaffung oder Herstellung von Vermögensgegenständen, die satzungsmäßigen Zwecken dienen. ³Eine zeitnahe Mittelverwendung ist gegeben, wenn die Mittel spätestens in dem auf den Zufluss folgenden Kalender- oder Wirtschaftsjahr für die steuerbegünstigten satzungsmäßigen Zwecke verwendet werden.

(2) Bei der Ermittlung des gemeinen Werts (Absatz 1 Nr. 2 und 4) kommt es auf die Verhältnisse zu dem Zeitpunkt an, in dem die Sacheinlagen geleistet worden sind.

(3) Die Vorschriften, die die Mitglieder der Körperschaft betreffen (Absatz 1 Nr. 1, 2 und 4), gelten bei Stiftungen für die Stifter und ihre Erben, bei Betrieben gewerblicher Art von juristischen Personen des öffentlichen Rechts für die Körperschaft sinngemäß, jedoch mit der Maßgabe, dass bei Wirtschaftsgütern, die nach § 6 Absatz 1 Nummer 4 Satz 4 des Einkommensteuergesetzes aus einem Betriebsvermögen zum Buchwert entnommen worden sind, an die Stelle des gemeinen Werts der Buchwert der Entnahme tritt.

Anwendungserlass zur Abgabenordnung

AEAO

1 Zu § 55 – Selbstlosigkeit:

Zu § 55 Abs. 1 Nr. 1:
1. Eine Körperschaft handelt selbstlos, wenn sie weder selbst noch zugunsten ihrer Mitglieder eigenwirtschaftliche Zwecke verfolgt. Ist die Tätigkeit einer Körperschaft in erster Linie auf

Mehrung ihres eigenen Vermögens gerichtet, so handelt sie nicht selbstlos. Eine Körperschaft verfolgt z. B. in erster Linie eigenwirtschaftliche Zwecke, wenn sie ausschließlich durch Darlehen ihrer Gründungsmitglieder finanziert ist und dieses Fremdkapital satzungsgemäß tilgen und verzinsen muss (BFH-Urteile vom 13. 12. 1978 – I R 39/78 – BStBl 1979 II, S. 482, vom 26. 4. 1989 – I R 209/85 – BStBl II, S. 670 und vom 28. 6. 1989 – I R 86/85 – BStBl 1990 II, S. 550).

2. Nach § 55 Abs. 1 dürfen sämtliche Mittel der Körperschaft nur für die satzungsmäßigen Zwecke verwendet werden (Ausnahmen siehe § 58). Auch der Gewinn aus Zweckbetrieben und aus dem steuerpflichtigen wirtschaftlichen Geschäftsbetrieb (§ 64 Abs. 2) sowie der Überschuss aus der Vermögensverwaltung dürfen nur für die satzungsmäßigen Zwecke verwendet werden. Dies schließt die Bildung von Rücklagen im wirtschaftlichen Geschäftsbetrieb und im Bereich der Vermögensverwaltung nicht aus. Die Rücklagen müssen bei vernünftiger kaufmännischer Beurteilung wirtschaftlich begründet sein (entsprechend § 14 Abs. 1 Nr. 4 KStG). Für die Bildung einer Rücklage im wirtschaftlichen Geschäftsbetrieb muss ein konkreter Anlass gegeben sein, der auch aus objektiver unternehmerischer Sicht die Bildung der Rücklage rechtfertigt (z. B. eine geplante Betriebsverlegung, Werkserneuerung oder Kapazitätsausweitung). Eine fast vollständige Zuführung des Gewinns zu einer Rücklage im wirtschaftlichen Geschäftsbetrieb ist nur dann unschädlich für die Steuerbegünstigung, wenn die Körperschaft nachweist, dass die betriebliche Mittelverwendung zur Sicherung ihrer Existenz geboten war (BFH-Urteil vom 15. 7. 1998 – I R 156/94 – BStBl 2002 II, S. 162). Im Bereich der Vermögensverwaltung dürfen außerhalb der Regelung des § 58 Nr. 7 Rücklagen nur für die Durchführung konkreter Reparatur- oder Erhaltungsmaßnahmen an Vermögensgegenständen i. S. d. § 21 EStG gebildet werden. Die Maßnahmen, für deren Durchführung die Rücklage gebildet wird, müssen notwendig sein, um den ordnungsgemäßen Zustand des Vermögensgegenstandes zu erhalten oder wiederherzustellen, und in einem angemessenen Zeitraum durchgeführt werden können (z. B. geplante Erneuerung eines undichten Daches).

3. Es ist grundsätzlich nicht zulässig, Mittel des ideellen Bereichs (insbesondere Mitgliedsbeiträge, Spenden, Zuschüsse, Rücklagen), Gewinne aus Zweckbetrieben, Erträge aus der Vermögensverwaltung und das entsprechende Vermögen für einen steuerpflichtigen wirtschaftlichen Geschäftsbetrieb zu verwenden, z. B. zum Ausgleich eines Verlustes. Für das Vorliegen eines Verlustes ist das Ergebnis des einheitlichen steuerpflichtigen wirtschaftlichen Geschäftsbetriebs (§ 64 Abs. 2) maßgeblich. Eine Verwendung von Mitteln des ideellen Bereichs für den Ausgleich des Verlustes eines einzelnen wirtschaftlichen Geschäftsbetriebs liegt deshalb nicht vor, soweit der Verlust bereits im Entstehungsjahr mit Gewinnen anderer steuerpflichtiger wirtschaftlicher Geschäftsbetriebe verrechnet werden kann. Verbleibt danach ein Verlust, ist keine Verwendung von Mitteln des ideellen Bereichs für dessen Ausgleich anzunehmen, wenn dem ideellen Bereich in den sechs vorangegangenen Jahren Gewinne des einheitlichen steuerpflichtigen wirtschaftlichen Geschäftsbetriebs in mindestens gleicher Höhe zugeführt worden sind. Insoweit ist der Verlustausgleich im Entstehungsjahr als Rückgabe früherer, durch das Gemeinnützigkeitsrecht vorgeschriebener Gewinnabführungen anzusehen.

4. Ein nach ertragsteuerlichen Grundsätzen ermittelter Verlust eines steuerpflichtigen wirtschaftlichen Geschäftsbetriebs ist unschädlich für die Steuerbegünstigung der Körperschaft, wenn er ausschließlich durch die Berücksichtigung von anteiligen Abschreibungen auf gemischt genutzte Wirtschaftsgüter entstanden ist und wenn die folgenden Voraussetzungen erfüllt sind:

   – Das Wirtschaftsgut wurde für den ideellen Bereich angeschafft oder hergestellt und wird nur zur besseren Kapazitätsauslastung und Mittelbeschaffung teil- oder zeitweise für den steuerpflichtigen wirtschaftlichen Geschäftsbetrieb genutzt. Die Körperschaft darf nicht schon im Hinblick auf eine zeit- oder teilweise Nutzung für den steuerpflichtigen wirtschaftlichen Geschäftsbetrieb ein größeres Wirtschaftsgut angeschafft oder hergestellt haben, als es für die ideelle Tätigkeit notwendig war.

   – Die Körperschaft verlangt für die Leistungen des steuerpflichtigen wirtschaftlichen Geschäftsbetriebs marktübliche Preise.

   – Der steuerpflichtige wirtschaftliche Geschäftsbetrieb bildet keinen eigenständigen Sektor eines Gebäudes (z. B. Gaststättenbetrieb in einer Sporthalle).

   Diese Grundsätze gelten entsprechend für die Berücksichtigung anderer gemischter Aufwendungen (z. B. zeitweiser Einsatz von Personal des ideellen Bereichs in einem steuerpflichtigen wirtschaftlichen Geschäftsbetrieb) bei der gemeinnützigkeitsrechtlichen Beurteilung von Verlusten.

5. Der Ausgleich des Verlustes eines steuerpflichtigen wirtschaftlichen Geschäftsbetriebs mit Mitteln des ideellen Bereichs ist außerdem unschädlich für die Steuerbegünstigung, wenn

   – der Verlust auf einer Fehlkalkulation beruht,

- die Körperschaft innerhalb von 12 Monaten nach Ende des Wirtschaftsjahres, in dem der Verlust entstanden ist, dem ideellen Tätigkeitsbereich wieder Mittel in entsprechender Höhe zuführt und
- die zugeführten Mittel nicht aus Zweckbetrieben, aus dem Bereich der steuerbegünstigten Vermögensverwaltung, aus Beiträgen oder aus anderen Zuwendungen, die zur Förderung der steuerbegünstigten Zwecke der Körperschaft bestimmt sind, stammen (BFH-Urteil vom 13. 11. 1996 – I R 152/93 – BStBl 1998 II, S. 711).

Die Zuführungen zu dem ideellen Bereich können demnach aus dem Gewinn des (einheitlichen) steuerpflichtigen wirtschaftlichen Geschäftsbetriebs, der in dem Jahr nach der Entstehung des Verlustes erzielt wird, geleistet werden. Außerdem dürfen für den Ausgleich des Verlustes Umlagen und Zuschüsse, die dafür bestimmt sind, verwendet werden. Derartige Zuwendungen sind jedoch keine steuerbegünstigten Spenden.

6. Eine für die Steuerbegünstigung schädliche Verwendung von Mitteln für den Ausgleich von Verlusten des steuerpflichtigen wirtschaftlichen Geschäftsbetriebs liegt auch dann nicht vor, wenn dem Betrieb die erforderlichen Mittel durch die Aufnahme eines betrieblichen Darlehens zugeführt werden oder bereits in dem Betrieb verwendete ideelle Mittel mittels eines Darlehens, das dem Betrieb zugeordnet wird, innerhalb der Frist von 12 Monaten nach dem Ende des Verlustentstehungsjahres an den ideellen Bereich der Körperschaft zurück gegeben werden. Voraussetzung für die Unschädlichkeit ist, dass Tilgung und Zinsen für das Darlehen ausschließlich aus Mitteln des steuerpflichtigen wirtschaftlichen Geschäftsbetriebs geleistet werden.

Die Belastung von Vermögen des ideellen Bereichs mit einer Sicherheit für ein betriebliches Darlehen (z. B. Grundschuld auf einer Sporthalle) führt grundsätzlich zu keiner anderen Beurteilung. Die Eintragung einer Grundschuld bedeutet noch keine Verwendung des belasteten Vermögens für den steuerpflichtigen wirtschaftlichen Geschäftsbetrieb.

7. Steuerbegünstigte Körperschaften unterhalten steuerpflichtige wirtschaftliche Geschäftsbetriebe regelmäßig nur, um dadurch zusätzliche Mittel für die Verwirklichung der steuerbegünstigten Zwecke zu beschaffen. Es kann deshalb unterstellt werden, dass etwaige Verluste bei Betrieben, die schon längere Zeit bestehen, auf einer Fehlkalkulation beruhen. Bei dem Aufbau eines neuen Betriebs ist eine Verwendung von Mitteln des ideellen Bereichs für den Ausgleich von Verlusten auch dann unschädlich für die Steuerbegünstigung, wenn mit Anlaufverlusten zu rechnen war. Auch in diesem Fall muss die Körperschaft aber i. d. R. innerhalb von drei Jahren nach dem Ende des Entstehungsjahres des Verlustes dem ideellen Bereich wieder Mittel, die gemeinnützigkeitsunschädlich dafür verwendet werden dürfen, zuführen.

8. Die Regelungen in Nrn. 4 bis 8[1]) gelten entsprechend für die Vermögensverwaltung.

9. Mitglieder dürfen keine Zuwendungen aus Mitteln der Körperschaft erhalten. Dies gilt nicht, soweit es sich um Annehmlichkeiten handelt, wie sie im Rahmen der Betreuung von Mitgliedern allgemein üblich und nach allgemeiner Verkehrsauffassung als angemessen anzusehen sind.

10. Keine Zuwendung i. S. d. § 55 Abs. 1 Nr. 1 liegt vor, wenn der Leistung der Körperschaft eine Gegenleistung des Empfängers gegenübersteht (z. B. bei Kauf-, Dienst- und Werkverträgen) und die Werte von Leistung und Gegenleistung nach wirtschaftlichen Grundsätzen gegeneinander abgewogen sind.

11. Ist einer Körperschaft zugewendetes Vermögen mit vor der Übertragung wirksam begründeten Ansprüchen (z. B. Nießbrauch, Grund- oder Rentenschulden, Vermächtnisse aufgrund testamentarischer Bestimmungen des Zuwendenden) belastet, deren Erfüllung durch die Körperschaft keine nach wirtschaftlichen Grundsätzen abgewogene Gegenleistung für die Übertragung des Vermögens darstellt, mindern die Ansprüche das übertragene Vermögen bereits im Zeitpunkt des Übergangs. Wirtschaftlich betrachtet wird der Körperschaft nur das nach der Erfüllung der Ansprüche verbleibende Vermögen zugewendet. Die Erfüllung der Ansprüche aus dem zugewendeten Vermögen ist deshalb keine Zuwendung i. S. d. § 55 Abs. 1 Nr. 1. Dies gilt auch, wenn die Körperschaft die Ansprüche aus ihrem anderen zulässigen Vermögen einschließlich der Rücklage nach § 58 Nr. 7 Buchstabe a erfüllt.

12. Soweit die vorhandenen flüssigen Vermögensmittel nicht für die Erfüllung der Ansprüche ausreichen, darf die Körperschaft dafür auch Erträge verwenden. Ihr müssen jedoch ausreichende Mittel für die Verwirklichung ihrer steuerbegünstigten Zwecke verbleiben. Diese Voraussetzung ist als erfüllt anzusehen, wenn für die Erfüllung der Verbindlichkeiten höchstens ein Drittel des Einkommens der Körperschaft verwendet wird. Die Ein-Drittel-Grenze umfasst bei Rentenverpflichtungen nicht nur die über den Barwert hinausgehenden, sondern die gesamten Zahlungen. Sie bezieht sich auf den Veranlagungszeitraum.

---

[1]) An dieser Stelle müsste es richtigerweise heißen **Nr. 3 bis 7**.

13. § 58 Nr. 5 enthält eine Ausnahmeregelung zu § 55 Abs. 1 Nr. 1 für Stiftungen. Diese ist nur anzuwenden, wenn eine Stiftung Leistungen erbringt, die dem Grunde nach gegen § 55 Abs. 1 Nr. 1 verstoßen, also z. B. freiwillige Zuwendungen an den in § 58 Nr. 5 genannten Personenkreis leistet oder für die Erfüllung von Ansprüchen dieses Personenkreises aus der Übertragung von Vermögen nicht das belastete oder anderes zulässiges Vermögen, sondern Erträge einsetzt. Im Unterschied zu anderen Körperschaften kann eine Stiftung unter den Voraussetzungen des § 58 Nr. 5 auch dann einen Teil ihres Einkommens für die Erfüllung solcher Ansprüche verwenden, wenn ihr dafür ausreichende flüssige Vermögensmittel zur Verfügung stehen. Der Grundsatz, dass der wesentliche Teil des Einkommens für die Verwirklichung der steuerbegünstigten Zwecke verbleiben muss, gilt aber auch für Stiftungen. Daraus folgt, dass eine Stiftung insgesamt höchstens ein Drittel ihres Einkommens für unter § 58 Nr. 5 fallende Leistungen und für die Erfüllung von anderen durch die Übertragung von belastetem Vermögen begründeten Ansprüchen verwenden darf.

14. Die Vergabe von Darlehen aus Mitteln, die zeitnah für die steuerbegünstigten Zwecke zu verwenden sind, ist unschädlich für die Gemeinnützigkeit, wenn die Körperschaft damit selbst unmittelbar ihre steuerbegünstigten satzungsmäßigen Zwecke verwirklicht. Dies kann z. B. der Fall sein, wenn die Körperschaft im Rahmen ihrer jeweiligen steuerbegünstigten Zwecke Darlehen im Zusammenhang mit einer Schuldnerberatung zur Ablösung von Bankschulden, Darlehen an Nachwuchskünstler für die Anschaffung von Instrumenten oder Stipendien für eine wissenschaftliche Ausbildung teilweise als Darlehen vergibt. Voraussetzung ist, dass sich die Darlehensvergabe von einer gewerbsmäßigen Kreditvergabe dadurch unterscheidet, dass sie zu günstigeren Bedingungen erfolgt als zu den allgemeinen Bedingungen am Kapitalmarkt (z. B. Zinslosigkeit, Zinsverbilligung).

Die Vergabe von Darlehen aus zeitnah für die steuerbegünstigten Zwecke zu verwendenden Mitteln an andere steuerbegünstigte Körperschaften ist im Rahmen des § 58 Nrn. 1 und 2 zulässig (mittelbare Zweckverwirklichung), wenn die andere Körperschaft die darlehensweise erhaltenen Mittel unmittelbar für steuerbegünstigte Zwecke innerhalb der für eine zeitnahe Mittelverwendung vorgeschriebenen Frist verwendet.

Darlehen, die zur unmittelbaren Verwirklichung der steuerbegünstigten Zwecke vergeben werden, sind im Rechnungswesen entsprechend kenntlich zu machen. Es muss sichergestellt und für die Finanzbehörde nachprüfbar sein, dass die Rückflüsse, d. h. Tilgung und Zinsen, wieder zeitnah für die steuerbegünstigten Zwecke verwendet werden.

15. Aus Mitteln, die nicht dem Gebot der zeitnahen Mittelverwendung unterliegen (Vermögen einschließlich der zulässigen Zuführungen und der zulässig gebildeten Rücklagen), darf die Körperschaft Darlehen nach folgender Maßgabe vergeben:

Die Zinsen müssen sich in dem auf dem Kapitalmarkt üblichen Rahmen halten, es sei denn, der Verzicht auf die üblichen Zinsen ist eine nach den Vorschriften des Gemeinnützigkeitsrechts und der Satzung der Körperschaft zulässige Zuwendung (z. B. Darlehen an eine ebenfalls steuerbegünstigte Mitgliedsorganisation oder eine hilfsbedürftige Person). Bei Darlehen an Arbeitnehmer aus dem Vermögen kann der (teilweise) Verzicht auf eine übliche Verzinsung als Bestandteil des Arbeitslohns angesehen werden, wenn dieser insgesamt, also einschließlich des Zinsvorteils, angemessen ist und der Zinsverzicht von der Körperschaft als Arbeitslohn behandelt wird (z. B. Abführung von Lohnsteuer und Sozialversicherungsbeiträgen).

Maßnahmen, für die eine Rücklage nach § 58 Nr. 6 gebildet worden ist, dürfen sich durch die Gewährung von Darlehen nicht verzögern.

16. Die Vergabe von Darlehen ist als solche kein steuerbegünstigter Zweck. Sie darf deshalb nicht Satzungszweck einer steuerbegünstigten Körperschaft sein. Es ist jedoch unschädlich für die Steuerbegünstigung, wenn die Vergabe von zinsgünstigen oder zinslosen Darlehen nicht als Zweck, sondern als Mittel zur Verwirklichung des steuerbegünstigten Zwecks in der Satzung der Körperschaft aufgeführt ist.

17. Eine Körperschaft kann nicht als steuerbegünstigt behandelt werden, wenn ihre Ausgaben für die allgemeine Verwaltung einschließlich der Werbung um Spenden einen angemessenen Rahmen übersteigen (§ 55 Abs. 1 Nrn. 1 und 3). Dieser Rahmen ist in jedem Fall überschritten, wenn eine Körperschaft, die sich weitgehend durch Geldspenden finanziert, diese – nach einer Aufbauphase – überwiegend zur Bestreitung von Ausgaben für Verwaltung und Spendenwerbung statt für die Verwirklichung der steuerbegünstigten satzungsmäßigen Zwecke verwendet (BFH-Beschluss vom 23. 9. 1998 – I B 82/98 – BStBl 2000 II, S. 320). Die Verwaltungsausgaben einschließlich Spendenwerbung sind bei der Ermittlung der Anteile ins Verhältnis zu den gesamten vereinnahmten Mitteln (Spenden, Mitgliedsbeiträge, Zuschüsse, Gewinne aus wirtschaftlichen Geschäftsbetrieben usw.) zu setzen.

Für die Frage der Angemessenheit der Verwaltungsausgaben kommt es entscheidend auf die Umstände des jeweiligen Einzelfalls an. Eine für die Steuerbegünstigung schädliche Mittelverwendung kann deshalb auch schon dann vorliegen, wenn der prozentuale Anteil der Verwaltungsausgaben einschließlich der Spendenwerbung deutlich geringer als 50 v. H. ist.

18. Während der Gründungs- oder Aufbauphase einer Körperschaft kann auch eine überwiegende Verwendung der Mittel für Verwaltungsausgaben und Spendenwerbung unschädlich für die Steuerbegünstigung sein. Die Dauer der Gründungs- oder Aufbauphase, während der dies möglich ist, hängt von den Verhältnissen des Einzelfalls ab.

    Der in dem BFH-Beschluss vom 23. 9. 1998 – I B 82/98 – BStBl 2000 II, S. 320 zugestandene Zeitraum von vier Jahren für die Aufbauphase, in der höhere anteilige Ausgaben für Verwaltung und Spendenwerbung zulässig sind, ist durch die Besonderheiten des entschiedenen Falles begründet (zweite Aufbauphase nach Aberkennung der Steuerbegünstigung). Er ist deshalb als Obergrenze zu verstehen. I.d.R. ist von einer kürzeren Aufbauphase auszugehen.

19. Die Steuerbegünstigung ist auch dann zu versagen, wenn das Verhältnis der Verwaltungsausgaben zu den Ausgaben für die steuerbegünstigten Zwecke zwar insgesamt nicht zu beanstanden, eine einzelne Verwaltungsausgabe (z. B. das Gehalt des Geschäftsführers oder der Aufwand für die Mitglieder- und Spendenwerbung) aber nicht angemessen ist (§ 55 Abs. 1 Nr. 3).

20. Bei den Kosten für die Beschäftigung eines Geschäftsführers handelt es sich grundsätzlich um Verwaltungsausgaben. Eine Zuordnung dieser Kosten zu der steuerbegünstigten Tätigkeit ist nur insoweit möglich, als der Geschäftsführer unmittelbar bei steuerbegünstigten Projekten mitarbeitet. Entsprechendes gilt für die Zuordnung von Reisekosten.

21. Eine Unternehmergesellschaft im Sinne des § 5a Abs. 1 GmbHG i.d.F. des Gesetzes zur Modernisierung des GmbH-Rechts und zur Bekämpfung von Missbräuchen (MoMiG) vom 23. 10. 2008 (BGBl. I S. 2026) ist nach § 5a Abs. 3 GmbHG i.d.F. des MoMiG gesetzlich verpflichtet, von ihrem um einen Verlustvortrag aus dem Vorjahr geminderten Jahresüberschuss bis zum Erreichen des Stammkapitals von 25.000 € mindestens 25 % in eine gesetzliche Rücklage einzustellen. Mit der Bildung dieser Rücklage verstößt die Unternehmergesellschaft grundsätzlich nicht gegen das Gebot der zeitnahen Mittelverwendung.

Zu § 55 Abs. 1 Nrn. 2 und 4:

22. Die in § 55 Abs. 1 Nrn. 2 und 4 genannten Sacheinlagen sind Einlagen i. S. d. Handelsrechts, für die dem Mitglied Gesellschaftsrechte eingeräumt worden sind. Insoweit sind also nur Kapitalgesellschaften, nicht aber Vereine angesprochen. Unentgeltlich zur Verfügung gestellte Vermögensgegenstände, für die keine Gesellschaftsrechte eingeräumt sind (Leihgaben, Sachspenden) fallen nicht unter § 55 Abs. 1 Nrn. 2 und 4. Soweit Kapitalanteile und Sacheinlagen von der Vermögensbindung ausgenommen werden, kann von dem Gesellschafter nicht die Spendenbegünstigung des § 10b EStG (§ 9 Abs. 1 Nr. 2 KStG) in Anspruch genommen werden. *Eingezahlte Kapitalanteile i.S.d. § 55 Abs. 1 Nr. 2 und 4 liegen nicht vor, soweit für die Kapitalerhöhung Gesellschaftsmittel verwendet wurden (z. B. nach § 57c GmbHG).*

Zu § 55 Abs. 1 Nr. 3:

23. Bei Vorstandsmitgliedern von Vereinen sind Tätigkeitsvergütungen gemeinnützigkeitsrechtlich nur zulässig, wenn eine entsprechende Satzungsregelung besteht. Zu Einzelheiten bei Zahlungen an den Vorstand steuerbegünstigter Vereine siehe BMF-Schreiben vom 14. 10. 2009 – IV C 4 – S 2121/07/0010 – BStBl I S. 1318.

    Diese Regelung gilt für Stiftungen entsprechend.

Zu § 55 Abs. 1 Nr. 4:

24. Eine wesentliche Voraussetzung für die Annahme der Selbstlosigkeit bildet der Grundsatz der Vermögensbindung für steuerbegünstigte Zwecke im Falle der Beendigung des Bestehens der Körperschaft oder des Wegfalles des bisherigen Zwecks (§ 55 Abs. 1 Nr. 4).

    Hiermit soll verhindert werden, dass Vermögen, das sich aufgrund der Steuervergünstigungen gebildet hat, später zu nicht begünstigten Zwecken verwendet wird. *Die satzungsmäßigen Anforderungen an die Vermögensbindung sind in § 61 geregelt.*

25. Eine Körperschaft ist nur dann steuerbegünstigt i. S. d. § 55 Abs. 1 Nr. 4 Satz 2, wenn sie nach § 5 Abs. 1 Nr. 9 KStG von der Körperschaftsteuer befreit ist. *Als Empfänger des Vermögens der Körperschaft kommen neben inländischen Körperschaften auch die in § 5 Abs. 2 Nr. 2 KStG aufgeführten Körperschaften in Betracht.*

Zu § 55 Abs. 1 Nr. 5:

26. Die Körperschaft muss ihre Mittel grundsätzlich zeitnah für ihre steuerbegünstigten satzungsmäßigen Zwecke verwenden. Verwendung in diesem Sinne ist auch die Verwendung der Mittel für die Anschaffung oder Herstellung von Vermögensgegenständen, die satzungsmäßigen Zwecken dienen (z. B. Bau eines Altenheims, Kauf von Sportgeräten oder medizinischen Geräten).

    Die Bildung von Rücklagen ist nur unter den Voraussetzungen des § 58 Nrn. 6 und 7 zulässig. Davon unberührt bleiben Rücklagen in einem steuerpflichtigen wirtschaftlichen Geschäftsbetrieb und Rücklagen im Bereich der Vermögensverwaltung (vgl. Nr. 3). Die Verwendung von Mitteln, die zeitnah für die steuerbegünstigten Zwecke zu verwenden sind, für die Ausstattung einer Körperschaft mit Vermögen ist ein Verstoß gegen das Gebot der zeitnahen Mittelverwendung, es sei denn, die Mittel werden von der empfangenden Körperschaft zeitnah für satzungsmäßige Zwecke verwendet, z. B. für die Errichtung eines Altenheims.

27. Eine zeitnahe Mittelverwendung ist gegeben, wenn die Mittel spätestens in dem auf den Zufluss folgenden Kalender- oder Wirtschaftsjahr für die steuerbegünstigten satzungsmäßigen Zwecke verwendet werden. Am Ende des Kalender- oder Wirtschaftsjahres noch vorhandene Mittel müssen in der Bilanz oder Vermögensaufstellung der Körperschaft zulässigerweise dem Vermögen oder einer zulässigen Rücklage zugeordnet oder als im zurückliegenden Jahr zugeflossene Mittel, die im folgenden Jahr für die steuerbegünstigten Zwecke zu verwenden sind, ausgewiesen sein. Soweit Mittel nicht schon im Jahr des Zuflusses für die steuerbegünstigten Zwecke verwendet oder zulässigerweise dem Vermögen zugeführt werden, ist ihre zeitnahe Verwendung nachzuweisen, zweckmäßigerweise durch eine Nebenrechnung (Mittelverwendungsrechnung).

28. Nicht dem Gebot der zeitnahen Mittelverwendung unterliegt das Vermögen der Körperschaften, auch soweit es durch Umschichtungen innerhalb des Bereichs der Vermögensverwaltung entstanden ist (z. B. Verkauf eines zum Vermögen gehörenden Grundstücks einschließlich des den Buchwert übersteigenden Teils des Preises). Außerdem kann eine Körperschaft die in § 58 Nrn. 11 und 12 bezeichneten Mittel ohne für die Gemeinnützigkeit schädliche Folgen ihrem Vermögen zuführen.

Zu § 55 Abs. 2:

29. Wertsteigerungen bleiben für steuerbegünstigte Zwecke gebunden. Bei der Rückgabe des Wirtschaftsguts selbst hat der Empfänger die Differenz in Geld auszugleichen.

Zu § 55 Abs. 3:

30. Die Regelung, nach der sich die Vermögensbindung nicht auf die eingezahlten Kapitalanteile der Mitglieder und den gemeinen Wert der von den Mitgliedern geleisteten Sacheinlagen erstreckt, gilt bei Stiftungen für die Stifter und ihre Erben sinngemäß (§ 55 Abs. 3 erster Halbsatz). Es ist also zulässig, das Stiftungskapital und die Zustiftungen von der Vermögensbindung auszunehmen und im Falle des Erlöschens der Stiftung an den Stifter oder seine Erben zurückfallen zu lassen. Für solche Stiftungen und Zustiftungen kann aber vom Stifter nicht die Spendenvergünstigung nach § 10b EStG (§ 9 Abs. 1 Nr. 2 KStG) in Anspruch genommen werden.

31. Die Vorschrift des § 55 Abs. 3 zweiter Halbsatz, die sich nur auf Stiftungen und Körperschaften des öffentlichen Rechts bezieht, berücksichtigt die Regelung im EStG, wonach die Entnahme eines Wirtschaftsgutes mit dem Buchwert angesetzt werden kann, wenn das Wirtschaftsgut den in **§ 6 Abs. 1 Nr. 4 Satz 4 EStG** genannten Körperschaften unentgeltlich überlassen wird. Dies hat zur Folge, dass der Zuwendende bei der Aufhebung der Stiftung nicht den gemeinen Wert der Zuwendung, sondern nur den dem ursprünglichen Buchwert entsprechenden Betrag zurückerhält. Stille Reserven und Wertsteigerungen bleiben hiernach für steuerbegünstigte Zwecke gebunden. Bei Rückgabe des Wirtschaftsgutes selbst hat der Empfänger die Differenz in Geld auszugleichen.

Hinweise

Gemeinnützigkeitsrecht; Zulässigkeit von Rücklagen im wirtschaftlichen Geschäftsbetrieb

(BMF-Schreiben vom 15. 2. 2002 – IV C 4 – S 0174 – 2/01, BStBl 2002 I S. 267)

Der BFH hat mit Urteil vom 15. Juli 1998 (BStBl 2002 II S. 162) entschieden, dass

1. eine Körperschaft mit umfangreicher wirtschaftlicher Betätigung bereits dann die Voraussetzung einer in erster Linie selbstlosen Verfolgung steuerbegünstigter Zwecke (§ 55 Abs. 1 Satz 1 AO) erfüllt, wenn sie den Gewinn des steuerpflichtigen wirtschaftlichen Geschäftsbetriebs – ggf. den nach einer Thesaurierung im Betrieb verbleibenden Rest – für steuerbegünstigte Zwecke verwendet,

2. auch eine beinahe vollständige Thesaurierung des Gewinns des steuerpflichtigen wirtschaftlichen Geschäftsbetriebs über einen längeren Zeitraum hinweg unschädlich für die Gemeinnützigkeit ist, wenn die Körperschaft nachweist, dass der Umfang der Gewinnthesaurierung zur Sicherung ihrer Existenz geboten war,

3. eine selbstlose Förderung der Allgemeinheit auch dann vorliegt, wenn die Körperschaft den Teil des Gewinns, der nicht für die Sicherung der Existenz des Betriebs benötigt wird, nicht zeitnah für ihre steuerbegünstigten satzungsmäßigen Zwecke verwendet, jedoch alsbald nach einer erheb-

lichen Verbesserung der Ertragslage mit Vorbereitungen (Überlegungen) für eine satzungsgemäße Mittelverwendung beginnt,

4. eine Körperschaft, die keine Mittelbeschaffungskörperschaft im Sinne des § 58 Nr. 1 AO ist, das Merkmal der Unmittelbarkeit (§ 57 AO) als Voraussetzung für die Gemeinnützigkeit auch in den Veranlagungszeiträumen erfüllt, in denen sie sich nur mittelbar gemeinnützig betätigt hat, wenn sie ihre steuerbegünstigten Zwecke in späteren Veranlagungszeiträumen selbst oder durch eine Hilfsperson verwirklicht.

Unter Bezugnahme auf das Ergebnis der Erörterung mit den obersten Finanzbehörden der Länder nehme ich zur Anwendung der Rechtsgrundsätze dieses Urteils wie folgt Stellung:

1. **Verbot einer Förderung von in erster Linie eigenwirtschaftlichen Zwecken**

    Nach § 55 Abs. 1 Satz 1 AO darf eine gemeinnützige Körperschaft nicht in erster Linie eigenwirtschaftliche Zwecke – z. B. gewerbliche Zwecke oder sonstige Erwerbszwecke – verfolgen. Zur Beurteilung der Frage, ob diese Voraussetzung für die Gemeinnützigkeit erfüllt wird, ist zwischen der steuerbegünstigten und der wirtschaftlichen Tätigkeit der Körperschaft zu gewichten. Gibt eine wirtschaftliche Tätigkeit der Körperschaft bei einer Gesamtbetrachtung das Gepräge, ist die Gemeinnützigkeit zu versagen.

2. **Bildung von Rücklagen im steuerpflichtigen wirtschaftlichen Geschäftsbetrieb**

    Es ist grundsätzlich unschädlich für die Gemeinnützigkeit einer Körperschaft, wenn sie einen Teil des Gewinns des steuerpflichtigen wirtschaftlichen Geschäftsbetriebs einer Rücklage im wirtschaftlichen Geschäftsbetrieb zuführt. Die Rücklage muss bei vernünftiger kaufmännischer Beurteilung wirtschaftlich notwendig sein und stets begründet werden. Eine fast vollständige Zuführung des Gewinns zu einer Rücklage im wirtschaftlichen Geschäftsbetrieb ist entsprechend den Ausführungen des BFH nur dann unschädlich für die Gemeinnützigkeit, wenn die Körperschaft nachweist, dass die betriebliche Mittelverwendung zur Sicherung ihrer Existenz geboten war.

3. **Rücklagen im gemeinnützigen Bereich – Überlegungsphase**

    Eine gemeinnützige Körperschaft muss ihre Mittel grundsätzlich zeitnah für die Erfüllung der steuerbegünstigten satzungsmäßigen Zwecke verwenden. Zeitnah ist eine Verwendung bis zum Ende des auf den Zufluss der Mittel folgenden Kalender- oder Wirtschaftsjahrs (§ 55 Abs. 1 Nr. 5 AO). Ausnahmen von diesem Gebot enthalten die Vorschriften in § 58 Nr. 6 und 7 AO zur Bildung von Rücklagen im gemeinnützigen Bereich. Sie gelten, wie das Gebot der zeitnahen Mittelverwendung, nur für den Teil des Gewinns, der nach der Zuführung zu Rücklagen im wirtschaftlichen Geschäftsbetrieb für die Förderung steuerbegünstigter Zwecke zur Verfügung steht. Die Frist des § 55 Abs. 1 Nr. 5 AO für die zeitnahe Verwendung von Mitteln kann nicht mit der Begründung verlängert werden, die Überlegungen zur Verwendung der Mittel seien noch nicht abgeschlossen. Auch die Bildung einer Rücklage nach § 58 Nr. 6 AO kommt mit einer solchen Begründung nicht in Betracht. Nach § 58 Nr. 6 AO darf eine gemeinnützige Körperschaft ihre Mittel ganz oder teilweise einer Rücklage zuführen, soweit dies für die nachhaltige Erfüllung ihrer steuerbegünstigten satzungsmäßigen Zwecke erforderlich ist. Die Rücklagenbildung ist nur zulässig, wenn die Mittel für bestimmte – die steuerbegünstigten Satzungszwecke verwirklichende – Vorhaben angesammelt werden (siehe Anwendungserlass zur AO, zu § 58 Nr. 6, Tz. 9).

4. **Jahresprinzip**

    Über die Steuerbefreiung nach § 5 Abs. 1 Nr. 9 KStG, die die Anerkennung der Gemeinnützigkeit bedeutet, ist stets für einen bestimmten Veranlagungszeitraum zu entscheiden (Grundsatz der Abschnittsbesteuerung). Eine Körperschaft kann nur dann nach dieser Vorschrift von der Körperschaftsteuer befreit werden, wenn sie in dem zu beurteilenden Veranlagungszeitraum alle Voraussetzungen für die Gemeinnützigkeit erfüllt. Die spätere Erfüllung einer der Voraussetzungen für die Gemeinnützigkeit, z. B. des Merkmals der Unmittelbarkeit (§ 57 AO), kann nicht auf frühere, abgelaufene Veranlagungszeiträume zurückwirken.

Soweit die Rechtsgrundsätze des BFH-Urteils vom 15. Juli 1998 im Widerspruch zu diesen Verwaltungsanweisungen stehen, sind sie über den entschiedenen Einzelfall hinaus nicht anzuwenden.

4 Mittelverwendung i. S. d. § 55 Abs. 1 AO

(OFD Frankfurt, Vfg. vom 9. 9. 2003 – S 0174 A – 16-St II 1.03 –)

Für die gemeinnützigkeitsrechtliche Beurteilung der ordnungsgemäßen Mittelverwendung nach § 55 Abs. 1 AO gilt folgendes:

1. Grundsatz der ordnungsgemäßen Mittelverwendung

Nach § 55 Abs. 1 Nr. 1 AO dürfen die Mittel der Körperschaft nur für die satzungsmäßigen Zwecke verwendet werden, mit Ausnahme der in § 58 AO aufgeführten unschädlichen Betätigungen. Die satzungsgemäße Mittelverwendung erlaubt grundsätzlich nur den Einsatz der Mittel für die ideellen Satzungszwecke einschließlich der steuerbegünstigten Zweckbetriebe.

2. Grundsatz der zeitnahen Mittelverwendung

Steuerbegünstigte Körperschaften müssen ihre Mittel grundsätzlich zeitnah für ihre steuerbegünstigten Zwecke verwenden. Verwendung in diesem Sinne ist auch die Verwendung der Mittel für die Anschaffung oder Herstellung von Vermögensgegenständen, die satzungsgemäßen Zwecken dienen (§ 55 Abs. 1 Nr. 5 AO).

3. Ausnahmen vom Grundsatz der zeitnahen Mittelverwendung

Nicht dem Gebot der zeitnahen Mittelverwendung unterliegen die nach den Vorschriften des § 58 Nrn. 6, 7, 11 und 12 AO zulässigen Rücklagen bzw. Vermögenszuführungen. Zu unterscheiden ist hierbei zwischen projektbezogenen, gebundenen Rücklagen (§ 58 Nr. 6 AO), freien Rücklagen (§ 58 Nr. 7a AO), Rücklagen zum Erwerb von Gesellschaftsrechten (§ 58 Nr. 7b AO) sowie Vermögenszuführungen i. S. d. § 58 Nrn. 11 und 12. Darüber hinaus sind zulässig Rücklagenbildungen im Bereich der Vermögensverwaltung sowie im steuerpflichtigen wirtschaftlichen Geschäftsbetrieb, soweit hierfür bei vernünftiger kaufmännischer Beurteilung eine wirtschaftliche Begründung besteht (AEAO Tz. 3 zu § 55 Abs. 1 Nr. 1).

4. Errichtung eines steuerpflichtigen wirtschaftlichen Geschäftsbetriebes

Der Einsatz des Vermögens einer steuerbegünstigten Körperschaft, einschließlich ihrer freien Rücklagen, zur Einrichtung eines steuerpflichtigen wirtschaftlichen Geschäftsbetriebes ist gemeinnützigkeitsrechtlich unschädlich. Nicht zu diesem Vermögen gehören die zeitnah zu verwendenden Mittel.

5. Ausstattung einer Kapitalgesellschaft

Die Ausstattung einer Kapitalgesellschaft stellt sich als Anschaffung einer Beteiligung und damit als Vermögensumschichtung bei der steuerbegünstigten Körperschaft dar. Für die Frage, ob die Kapitalausstattung gemeinnützigkeitsrechtlich unbedenklich ist, ist entscheidend, ob die Empfängerkörperschaft selbst steuerbegünstigt ist und welche Mittel verwendet werden.

5.1. Die auszustattende Körperschaft ist steuerbegünstigt

5.1.1 Einsatz von nicht zeitnah zu verwendenden Mitteln

Der Einsatz von nicht zeitnah zu verwendenden Mitteln ist gemeinnützigkeitsrechtlich unschädlich. Dies gilt unabhängig davon, ob die Beteiligung Vermögensverwaltung darstellt oder ob sie aufgrund von Einflussnahme auf die laufende Geschäftsführung der Kapitalgesellschaft als steuerpflichtiger wirtschaftlicher Geschäftsbetrieb zu beurteilen ist.

5.1.2 Einsatz von zeitnah zu verwendenden Mitteln

Der Einsatz von zeitnah zu verwendenden Mitteln ist zulässig, wenn die Empfängerkörperschaft die erhaltenen Mittel ebenfalls zeitnah für ihre steuerbegünstigten Zwecke einsetzt. Dies kann auch durch die Anschaffung oder Herstellung von Vermögensgegenständen, die steuerbegünstigten Zwecken dienen, erfolgen (AEAO Tz. 26 zu § 55 Abs. 1 Nr. 5). Das Stammkapital der auszustattenden Körperschaft kann daher auch durch Ausgliederung eines Zweckbetriebes finanziert werden, wenn dieser unmittelbar für die steuerbegünstigten Zwecke der auszustattenden Körperschaft eingesetzt wird.

5.2. Die auszustattende Körperschaft ist nicht steuerbegünstigt

5.2.1 Einsatz von nicht zeitnah zu verwendenden Mitteln

Die Verwendung von nicht zeitnah zu verwendenden Mitteln ist unschädlich. Insoweit gelten die gleichen Grundsätze wie zu Tz. 5.1.1.

5.2.2 Einsatz von zeitnah zu verwendenden Mitteln

Die Verwendung von zeitnah zu verwendenden Mitteln ist gemeinnützigkeitsrechtlich schädlich. Auf § 63 Abs. 4 AO wird hingewiesen.

6. Ausstattung einer Stiftung

Die Kapitalausstattung einer Stiftung stellt sich mangels Beteiligung des Stifters bzw. Zuwendenden nicht als Vermögensumschichtung dar. In diesem Fall verlassen die Mittel endgültig den Vermögensbereich der steuerbegünstigten Körperschaft. Ist die Empfängerstiftung nicht als steuerbegünstigte Körperschaft i. S. d. §§ 51 ff. AO anerkannt, ist jeglicher Mitteleinsatz gemeinnützigkeitsschädlich, da die Mittel endgültig dem steuerbegünstigten Bereich entzogen werden. Ist die Empfängerstiftung als steuerbegünstigte Körperschaft anerkannt, ist die Verwendung von Mitteln unter den Voraussetzungen des § 58 Nr. 1 und 2 AO zulässig. Dies bedeutet, dass der Einsatz von zeitnah zu verwendenden Mitteln nur unschädlich ist, wenn die Mittel beim Empfänger auch zeitnah verwendet werden.

5 Beurteilung von Aufwendungen einer steuerbegünstigten Körperschaft unter dem Gesichtspunkt der § 55 AO und § 10 Nr. 1 KStG

(BMF-Schreiben vom 24. 3. 2005 – IV C 4 – S 0171 – 32/05, BStBl 2005 I S. 608)

Der BFH hat im Urteil vom 5. 6. 2003, BStBl II 2005 S. 305, zur steuerlichen Behandlung von Aufwendungen zur Erfüllung einer Auflage, nach der ein gemeinnütziger Verein zur Förderung der Traberzucht Einnahmen zur Auszahlung von Züchterprämien verwenden muss, Stellung genommen.

Nach dem Ergebnis einer Erörterung mit den obersten Finanzbehörden der Länder sind die Grundsätze des Urteils nicht über den entschiedenen Einzelfall hinaus anzuwenden. Eine gemeinnützige Körperschaft ist bereits nach § 55 Abs. 1 Nr. 1 AO verpflichtet, ihre Mittel ausschließlich zur Förderung gemeinnütziger Zwecke einzusetzen. Ein steuerlicher Abzug derartiger Aufwendungen als Betriebsausgaben scheidet aus. Nichtabziehbar sind nach § 10 Nr. 1 KStG auch Aufwendungen für die Erfüllung von Zwecken, die in der Satzung vorgeschrieben sind. Die gemeinnützige oder satzungsmäßige Zwecke können auch nicht aufgrund einer „Auflage" als abziehbare Betriebsausgaben behandelt werden.

6 Gemeinnützigkeitsrechtliche Folgerungen aus der Anwendung des § 3 Nummer 26a EStG: Zahlungen an Mitglieder des Vorstands

(BMF-Schreiben vom 14. 10. 2009 – IV C 4 – S 2121/07/0010 –, BStBl 2009 I S. 1318)

Nach den Feststellungen der Finanzverwaltung haben gemeinnützige Vereine die Einführung des neuen Steuerfreibetrags für Einnahmen aus nebenberuflichen Tätigkeiten im Dienst oder Auftrag einer steuerbegünstigten Körperschaft oder einer Körperschaft des öffentlichen Rechts zur Förderung steuerbegünstigter Zwecke in Höhe von 500 Euro im Jahr durch das Gesetz zur weiteren Stärkung des bürgerschaftlichen Engagements vom 10. Oktober 2007 (vgl. § 3 Nummer 26a EStG) zum Anlass genommen, pauschale Tätigkeitsvergütungen an Mitglieder des Vorstands zu zahlen.

Im Einvernehmen mit den obersten Finanzbehörden der Länder gilt dazu Folgendes:

Nach dem gesetzlichen Regelstatut des BGB hat ein Vorstandsmitglied Anspruch auf Auslagenersatz (§§ 27, 670 BGB). Die Zahlung von pauschalen Vergütungen für Arbeits- oder Zeitaufwand (Tätigkeitsvergütungen) an den Vorstand ist nur dann zulässig, wenn dies durch bzw. aufgrund einer Satzungsregelung ausdrücklich zugelassen ist. Ein Verein, der nicht ausdrücklich die Bezahlung des Vorstands regelt und der dennoch Tätigkeitsvergütungen an Mitglieder des Vorstands zahlt, verstößt gegen das Gebot der Selbstlosigkeit. Die regelmäßig in den Satzungen enthaltene Aussage: „Es darf keine Person ... durch unverhältnismäßig hohe Vergütungen begünstigt werden" (vgl. Anlage 1 zu § 60 AO; dort § 4 der Mustersatzung) ist keine satzungsmäßige Zulassung von Tätigkeitsvergütungen an Vorstandsmitglieder.

Eine Vergütung ist auch dann anzunehmen, wenn sie nach der Auszahlung an den Verein zurückgespendet oder durch Verzicht auf die Auszahlung eines entstandenen Vergütungsanspruchs an den Verein gespendet wird.

Der Ersatz tatsächlich entstandener Auslagen (z. B. Büromaterial, Telefon- und Fahrtkosten) ist auch ohne entsprechende Regelung in der Satzung zulässig. Der Einzelnachweis der Auslagen ist nicht erforderlich, wenn pauschale Zahlungen den tatsächlichen Aufwand offensichtlich nicht übersteigen; dies gilt nicht, wenn durch die pauschalen Zahlungen auch Arbeits- oder Zeitaufwand abgedeckt werden soll. Die Zahlungen dürfen nicht unangemessen hoch sein (§ 55 Absatz 1 Nummer 3 AO).

Falls ein gemeinnütziger Verein bis zu dem Datum dieses Schreibens ohne ausdrückliche Erlaubnis dafür in seiner Satzung bereits Tätigkeitsvergütungen gezahlt hat, sind daraus unter den folgenden Voraussetzungen keine für die Gemeinnützigkeit des Vereins schädlichen Folgerungen zu ziehen:

1. Die Zahlungen dürfen nicht unangemessen hoch gewesen sein (§ 55 Absatz 1 Nummer 3 AO).
2. Die Mitgliederversammlung beschließt bis zum 31. Dezember 2010 eine Satzungsänderung, die Tätigkeitsvergütungen zulässt. An die Stelle einer Satzungsänderung kann ein Beschluss des Vorstands treten, künftig auf Tätigkeitsvergütungen zu verzichten.

Rechtsprechung

BFH vom 23. 10. 1991 – I R 19/91 (BStBl 1992 II S. 62)

1. Mittel i. S. des § 55 Abs. 1 Nr. 1 AO sind sämtliche Vermögenswerte der Körperschaft, nicht nur die ihr durch Spenden, Beiträge und Erträge ihres Vermögens und ihrer wirtschaftlichen Zweckbetriebe zur Verfügung stehenden Geldbeträge.
2. Eine Zuwendung i. S. des § 55 Abs. 1 Nr. 1 Satz 2 AO ist ein wirtschaftlicher Vorteil, den die Körperschaft bewußt unentgeltlich oder gegen ein zu geringes Entgelt einem Dritten zukommen läßt. Die Zuwendung erhält der Dritte aus Mitteln der Körperschaft, wenn deren Vermögenswerte eingesetzt werden, um den wirtschaftlichen Vorteil dem Dritten zukommen zu lassen.

BFH vom 3. 12. 1996 – I R 67/95 (BStBl 1997 II S. 474)

1. Ein Sportverein verstößt nicht gegen das Mittelverwendungsgebot des § 55 Abs. 1 Nr. 1 AO, soweit er in Erfüllung eines Anspruchs nachgewiesenen, angemessenen Aufwand eines Mitglieds für den Verein ersetzt. Dies gilt auch dann, wenn das Mitglied unmittelbar vor der Erfüllung des Anspruchs eine Durchlaufspende in derselben Höhe geleistet hat.
2. Die Gemeinnützigkeit ist nicht wegen bloßer Bedenken hinsichtlich des Spendenabzugs zu versagen.

BFH vom 21. 1. 1998 – II R 16/95 (BStBl 1998 II S. 758)

Verbindlichkeiten, die in Ausführung des Stiftungsgeschäftes auf die Stiftung übergehen, mindern von vornherein das der Stiftung zugewendete Vermögen; der zur Erfüllung derartiger Ansprüche notwendige Teil des Stiftungsvermögens steht den satzungsmäßigen Zwecken der Stiftung von Anfang an nicht zur Verfügung. Die Erfüllung derartiger Ansprüche stellt keinen Verstoß gegen die Gebote der Selbstlosigkeit und Ausschließlichkeit dar; für die Anwendung des § 58 Nr. 5 AO ist insoweit kein Raum.

§ 56 Ausschließlichkeit

Ausschließlichkeit liegt vor, wenn eine Körperschaft nur ihre steuerbegünstigten satzungsmäßigen Zwecke verfolgt.

Anwendungserlass zur Abgabenordnung

Zu § 56 – Ausschließlichkeit:

1. Das Ausschließlichkeitsgebot des § 56 besagt, dass eine Körperschaft nicht steuerbegünstigt ist, wenn sie neben ihrer steuerbegünstigten Zielsetzung weitere Zwecke verfolgt und diese Zwecke nicht steuerbegünstigt sind. Im Zusammenhang mit der Vermögensverwaltung und wirtschaftlichen Geschäftsbetrieben, die Nicht-Zweckbetriebe sind, folgt daraus, dass deren Unterhaltung der Steuerbegünstigung einer Körperschaft entgegensteht, wenn sie in der Gesamtschau zum Selbstzweck wird und in diesem Sinne neben die Verfolgung des steuerbegünstigten Zwecks der Körperschaft tritt. Die Vermögensverwaltung sowie die Unterhaltung eines Nicht-Zweckbetriebs sind aus der Sicht des Gemeinnützigkeitsrechts nur dann unschädlich, wenn sie um des steuerbegünstigten Zwecks willen erfolgen, indem sie z. B. der Beschaffung von Mitteln zur Erfüllung der steuerbegünstigten Aufgabe dienen. Ist die Vermögensverwaltung bzw. der wirtschaftliche Geschäftsbetrieb dagegen nicht dem steuerbegünstigten Zweck untergeordnet, sondern ein davon losgelöster Zweck oder gar Hauptzweck der Betätigung der Körperschaft, so scheitert deren Steuerbegünstigung an § 56. In einem solchen Fall kann die Betätigung der Körperschaft nicht in einen steuerfreien und in einen steuerpflichtigen Teil aufgeteilt werden; vielmehr ist dann die Körperschaft insgesamt als steuerpflichtig zu behandeln. Bei steuerbegünstigten Körperschaften, insbesondere Mittelbeschaffungskörperschaften, die sich im Rahmen ihrer tatsächlichen Geschäftsführung an die in ihrer Satzung enthaltene Pflicht zur Verwendung sämtlicher Mittel für die satzungsmäßigen Zwecke halten, ist das Ausschließlichkeitsgebot selbst dann als erfüllt anzusehen, wenn sie sich vollständig aus Mitteln eines steuerpflichtigen wirtschaftlichen Geschäftsbetriebs oder aus der Vermögensverwaltung finanzieren. Auf das BFH-Urteil vom 4. 4. 2007 – I R 76/05 – BStBl II, S. 631, wird hingewiesen.

2. *Eine Körperschaft darf mehrere steuerbegünstigte Zwecke nebeneinander verfolgen, ohne dass dadurch die Ausschließlichkeit verletzt wird.* Die verwirklichten steuerbegünstigten Zwecke müssen jedoch sämtlich satzungsmäßige Zwecke sein. Will demnach eine Körperschaft steuerbegünstigte Zwecke, die nicht in die Satzung aufgenommen sind, fördern, so ist eine Satzungsänderung erforderlich, die den Erfordernissen des § 60 entsprechen muss.

Rechtsprechung

Rsp

2 BFH vom 23. 10. 1991 – I R 19/91 (BStBl 1992 II S. 62)

Eine vermögensverwaltende Tätigkeit verstößt nicht gegen das Ausschließlichkeitsgebot des § 56 AO.

3 BFH vom 21. 1. 1998 – II R 16/95 (BStBl 1998 II S. 758)

Verbindlichkeiten, die in Ausführung des Stiftungsgeschäftes auf die Stiftung übergehen, mindern von vornherein das der Stiftung zugewendete Vermögen; der zur Erfüllung derartiger Ansprüche notwendige Teil des Stiftungsvermögens steht den satzungsmäßigen Zwecken der Stiftung von Anfang an nicht zur Verfügung. Die Erfüllung derartiger Ansprüche stellt keinen Verstoß gegen die Gebote der Selbstlosigkeit und Ausschließlichkeit dar; für die Anwendung des § 58 Nr. 5 AO ist insoweit kein Raum.

4 BFH vom 11. 3. 1999 – V R 57, 58/96 (BStBl 1999 II S. 331)

Ein Verein, der satzungsgemäß einem gemeinnützigen Zweck dient, verfolgt diesen auch dann ausschließlich, wenn in der Satzung neben dem gemeinnützigen Zweck als weiterer Vereinszweck „Förderung der Kameradschaft" genannt wird und sich aus der Satzung ergibt, daß damit lediglich eine Verbundenheit der Vereinsmitglieder angestrebt wird, die aus der gemeinnützigen Vereinstätigkeit folgt.

§ 57 Unmittelbarkeit

AO
S 0176

(1) ¹Eine Körperschaft verfolgt unmittelbar ihre steuerbegünstigten satzungsmäßigen Zwecke, wenn sie selbst diese Zwecke verwirklicht. ²Das kann auch durch Hilfspersonen geschehen, wenn nach den Umständen des Falls, insbesondere nach den rechtlichen und tatsächlichen Beziehungen, die zwischen der Körperschaft und der Hilfsperson bestehen, das Wirken der Hilfsperson wie eigenes Wirken der Körperschaft anzusehen ist.

(2) Eine Körperschaft, in der steuerbegünstigte Körperschaften zusammengefasst sind, wird einer Körperschaft, die unmittelbar steuerbegünstigte Zwecke verfolgt, gleichgestellt.

Anwendungserlass zur Abgabenordnung

AEAO

1 Zu § 57 – Unmittelbarkeit:

1. Die Vorschrift stellt in Absatz 1 klar, dass die Körperschaft die steuerbegünstigten satzungsmäßigen Zwecke selbst verwirklichen muss, damit Unmittelbarkeit gegeben ist (wegen der Ausnahmen Hinweis auf § 58).
2. Das Gebot der Unmittelbarkeit ist gemäß § 57 Abs. 1 Satz 2 auch dann erfüllt, wenn sich die steuerbegünstigte Körperschaft einer Hilfsperson bedient. Hierfür ist es erforderlich, dass nach den Umständen des Falles, insbesondere nach den rechtlichen und tatsächlichen Beziehungen, die zwischen der Körperschaft und der Hilfsperson bestehen, das Wirken der Hilfsperson wie eigenes Wirken der Körperschaft anzusehen ist, d. h. die Hilfsperson nach den Weisungen der Körperschaft einen konkreten Auftrag ausführt. Hilfsperson kann eine natürliche Person, Personenvereinigung oder juristische Person sein. **Die Körperschaft hat durch Vorlage entsprechender Vereinbarungen nachzuweisen, dass sie den Inhalt und den Umfang der Tätigkeit der Hilfsperson im Innenverhältnis bestimmen kann.** Die Tätigkeit der Hilfsperson muss den Satzungsbestimmungen der Körperschaft entsprechen. Diese hat nachzuweisen, dass sie die Hilfsperson überwacht. Die weisungsgemäße Verwendung der Mittel ist von ihr sicherzustellen.

Die Steuerbegünstigung einer Körperschaft, die nur über eine Hilfsperson das Merkmal der Unmittelbarkeit erfüllt (§ 57 Abs. 1 Satz 2), ist unabhängig davon zu gewähren, wie die Hilfsperson gemeinnützigkeitsrechtlich behandelt wird.

Die Steuerbegünstigung einer Hilfsperson ist nicht ausgeschlossen, wenn die Körperschaft mit ihrer Hilfspersonentätigkeit nicht nur die steuerbegünstigte Tätigkeit einer anderen Körperschaft unterstützt, sondern zugleich eigene steuerbegünstigte Satzungszwecke verfolgt.

Keine Hilfspersonentätigkeit, sondern eine eigene unmittelbare Tätigkeit, liegt auch dann vor, wenn der auftraggebenden Person dadurch nicht nach § 57 Abs. 1 Satz 2 die Gemeinnützigkeit vermittelt wird, z. B. Tätigkeiten im Auftrag von juristischen Personen des öffentlichen Rechts (Hoheitsbereich), voll steuerpflichtigen Körperschaften oder natürlichen Personen.

3. Ein Zusammenschluss im Sinne des § 57 Abs. 2 AO ist gegeben, wenn die Einrichtung ausschließlich allgemeine, aus der Tätigkeit und Aufgabenstellung der Mitgliederkörperschaften erwachsene Interessen wahrnimmt. Nach Absatz 2 wird eine Körperschaft, in der steuerbegünstigte Körperschaften zusammengefasst sind, einer Körperschaft gleichgestellt, die unmittelbar steuerbegünstigte Zwecke verfolgt. Voraussetzung ist, dass jede der zusammengefassten Körperschaften sämtliche Voraussetzungen für die Steuerbegünstigung erfüllt. Verfolgt eine solche Körperschaft selbst unmittelbar steuerbegünstigte Zwecke, ist die bloße Mitgliedschaft einer nicht steuerbegünstigten Organisation für die Steuerbegünstigung unschädlich. Die Körperschaft darf die nicht steuerbegünstigte Organisation aber nicht mit Rat und Tat fördern (z. B. Zuweisung von Mitteln, Rechtsberatung).

§ 58 Steuerlich unschädliche Betätigungen

Die Steuervergünstigung wird nicht dadurch ausgeschlossen, dass

1. eine Körperschaft Mittel für die Verwirklichung der steuerbegünstigten Zwecke einer anderen Körperschaft oder für die Verwirklichung steuerbegünstigter Zwecke durch eine juristische Person des öffentlichen Rechts beschafft; die Beschaffung von Mitteln für die unbeschränkt steuerpflichtige Körperschaft des privaten Rechts setzt voraus, dass diese selbst steuerbegünstigt ist,
2. eine Körperschaft ihre Mittel teilweise einer anderen, ebenfalls steuerbegünstigten Körperschaft oder einer juristischen Person des öffentlichen Rechts zur Verwendung zu steuerbegünstigten Zwecken zuwendet,
3. eine Körperschaft ihre Arbeitskräfte anderen Personen, Unternehmen, Einrichtungen oder einer juristischen Person des öffentlichen Rechts für steuerbegünstigte Zwecke zur Verfügung stellt,
4. eine Körperschaft ihr gehörende Räume einer anderen, ebenfalls steuerbegünstigten Körperschaft oder einer juristischen Person des öffentlichen Rechts zur Nutzung zu steuerbegünstigten Zwecken überlässt,
5. eine Stiftung einen Teil, jedoch höchstens ein Drittel ihres Einkommens dazu verwendet, um in angemessener Weise den Stifter und seine nächsten Angehörigen zu unterhalten, ihre Gräber zu pflegen und ihr Andenken zu ehren,
6. eine Körperschaft ihre Mittel ganz oder teilweise einer Rücklage zuführt, soweit dies erforderlich ist, um ihre steuerbegünstigten satzungsmäßigen Zwecke nachhaltig erfüllen zu können,
7. a) eine Körperschaft höchstens ein Drittel des Überschusses der Einnahmen über die Unkosten aus Vermögensverwaltung und darüber hinaus höchstens 10 Prozent ihrer sonstigen nach § 55 Abs. 1 Nr. 5 zeitnah zu verwendenden Mittel einer freien Rücklage zuführt,
   b) eine Körperschaft Mittel zum Erwerb von Gesellschaftsrechten zur Erhaltung der prozentualen Beteiligung an Kapitalgesellschaften ansammelt oder im Jahr des Zuflusses verwendet; diese Beträge sind auf die nach Buchstabe a in demselben Jahr oder künftig zulässigen Rücklagen anzurechnen,
8. eine Körperschaft gesellige Zusammenkünfte veranstaltet, die im Vergleich zu ihrer steuerbegünstigten Tätigkeit von untergeordneter Bedeutung sind,
9. ein Sportverein neben dem unbezahlten auch den bezahlten Sport fördert,
10. eine von einer Gebietskörperschaft errichtete Stiftung zur Erfüllung ihrer steuerbegünstigten Zwecke Zuschüsse an Wirtschaftsunternehmen vergibt,
11. eine Körperschaft folgende Mittel ihrem Vermögen zuführt:
    a) Zuwendungen von Todes wegen, wenn der Erblasser keine Verwendung für den laufenden Aufwand der Körperschaft vorgeschrieben hat,

§ 58 AO
AEAO

    b) Zuwendungen, bei denen der Zuwendende ausdrücklich erklärt, dass sie zur Ausstattung der Körperschaft mit Vermögen oder zur Erhöhung des Vermögens bestimmt sind,
    c) Zuwendungen auf Grund eines Spendenaufrufs der Körperschaft, wenn aus dem Spendenaufruf ersichtlich ist, dass Beträge zur Aufstockung des Vermögens erbeten werden,
    d) Sachzuwendungen, die ihrer Natur nach zum Vermögen gehören,
12. eine Stiftung im Jahr ihrer Errichtung und in den zwei folgenden Kalenderjahren Überschüsse aus der Vermögensverwaltung und die Gewinne aus wirtschaftlichen Geschäftsbetrieben (§ 14) ganz oder teilweise ihrem Vermögen zuführt.

AEAO

1   **Anwendungserlass zur Abgabenordnung**

Zu § 58 – Steuerlich unschädliche Betätigungen:

Zu § 58 Nr. 1:

1. Diese Ausnahmeregelung ermöglicht es, Körperschaften als steuerbegünstigt anzuerkennen, die andere Körperschaften fördern und dafür Spenden sammeln oder auf andere Art Mittel beschaffen (Mittelbeschaffungskörperschaften). Die Beschaffung von Mitteln muss als Satzungszweck festgelegt sein. Ein steuerbegünstigter Zweck, für den Mittel beschafft werden sollen, muss in der Satzung angegeben sein. Es ist nicht erforderlich, die Körperschaften, für die Mittel beschafft werden sollen, in der Satzung aufzuführen. Die Körperschaft, für die Mittel beschafft werden, muss nur dann selbst steuerbegünstigt sein, wenn sie eine unbeschränkt steuerpflichtige Körperschaft des privaten Rechts ist. Werden Mittel für nicht unbeschränkt steuerpflichtige Körperschaften beschafft, muss die Verwendung der Mittel für die steuerbegünstigten Zwecke ausreichend nachgewiesen werden.

Zu § 58 Nr. 2:

2. Die teilweise (nicht überwiegende) Weitergabe eigener Mittel (auch Sachmittel) ist unschädlich. Als Mittelempfänger kommen in Betracht:
– *inländische steuerbegünstigte Körperschaften*
– *die in § 5 Abs. 2 Nr. 2 KStG aufgeführten Körperschaften*
– *juristische Personen des öffentlichen Rechts.*

Ausschüttungen und sonstige Zuwendungen einer steuerbegünstigten Körperschaft sind unschädlich, wenn die Gesellschafter oder Mitglieder als Begünstigte ausschließlich steuerbegünstigte Körperschaften sind. Entsprechendes gilt für Ausschüttungen und sonstige Zuwendungen an juristische Personen des öffentlichen Rechts, die die Mittel für steuerbegünstigte Zwecke verwenden.

Zu § 58 Nr. 3:

3. Eine steuerlich unschädliche Betätigung liegt auch dann vor, wenn nicht nur Arbeitskräfte, sondern zugleich Arbeitsmittel (z. B. Krankenwagen) zur Verfügung gestellt werden.

Zu § 58 Nr. 4:

4. Zu den „Räumen" i. S. d. Nr. 4 gehören beispielsweise auch Sportstätten, Sportanlagen und Freibäder.

Zu § 58 Nr. 5:

5. Eine Stiftung darf einen Teil ihres Einkommens höchstens ein Drittel dazu verwenden, die Gräber des Stifters und seiner nächsten Angehörigen zu pflegen und deren Andenken zu ehren. In diesem Rahmen ist es auch gestattet, dem Stifter und seinen nächsten Angehörigen Unterhalt zu gewähren.

Unter Einkommen ist die Summe der Einkünfte aus den einzelnen Einkunftsarten des § 2 Abs. 1 EStG zu verstehen, unabhängig davon, ob die Einkünfte steuerpflichtig sind oder nicht. Positive und negative Einkünfte sind dabei zu saldieren. Die Verlustverrechnungsbeschränkungen nach § 2 Abs. 3 EStG sind dabei unbeachtlich. Bei der Ermittlung der Einkünfte sind von den Einnahmen die damit zusammenhängenden Aufwendungen einschließlich der Abschreibungsbeträge abzuziehen.

Zur steuerrechtlichen Beurteilung von Ausgaben für die Erfüllung von Verbindlichkeiten, die durch die Übertragung von belastetem Vermögen begründet worden sind, wird auf die Nrn. 12 bis 14 zu § 55 hingewiesen.

6. Der Begriff des nächsten Angehörigen ist enger als der Begriff des Angehörigen nach § 15. Er umfasst:
– Ehegatten,
– Eltern, Großeltern, Kinder, Enkel (auch falls durch Adoption verbunden),

- Geschwister,
- Pflegeeltern, Pflegekinder.

7. Unterhalt, Grabpflege und Ehrung des Andenkens müssen sich in angemessenem Rahmen halten. Damit ist neben der relativen Grenze von einem Drittel des Einkommens eine gewisse absolute Grenze festgelegt. Maßstab für die Angemessenheit des Unterhalts ist der Lebensstandard des Zuwendungsempfängers.

8. § 58 Nr. 5 enthält lediglich eine Ausnahmeregelung zu § 55 Abs. 1 Nr. 1 für Stiftungen (vgl. zu § 55, Nr. 14), begründet jedoch keinen eigenständigen steuerbegünstigten Zweck. Eine Stiftung, zu deren Satzungszwecken die Unterstützung von hilfsbedürftigen Verwandten des Stifters gehört, kann daher nicht unter Hinweis auf § 58 Nr. 5 als steuerbegünstigt behandelt werden.

Zu § 58 Nr. 6:

9. Bei der Bildung der Rücklage nach § 58 Nr. 6 kommt es nicht auf die Herkunft der Mittel an. Der Rücklage dürfen also auch zeitnah zu verwendende Mittel wie z. B. Spenden zugeführt werden.

10. Voraussetzung für die Bildung einer Rücklage nach § 58 Nr. 6 ist in jedem Fall, dass ohne sie die steuerbegünstigten satzungsmäßigen Zwecke nachhaltig nicht erfüllt werden können. Das Bestreben, ganz allgemein die Leistungsfähigkeit der Körperschaft zu erhalten, reicht für eine steuerlich unschädliche Rücklagenbildung nach dieser Vorschrift nicht aus (hierfür können nur freie Rücklagen nach § 58 Nr. 7 gebildet werden, vgl. Nrn. 13 bis 17). Vielmehr müssen die Mittel für bestimmte – die steuerbegünstigten Satzungszwecke verwirklichende – Vorhaben angesammelt werden, für deren Durchführung bereits konkrete Zeitvorstellungen bestehen. Besteht noch keine konkrete Zeitvorstellung, ist eine Rücklagenbildung zulässig, wenn die Durchführung des Vorhabens glaubhaft und bei den finanziellen Verhältnissen der steuerbegünstigten Körperschaft in einem angemessenen Zeitraum möglich ist. Die Bildung von Rücklagen für periodisch wiederkehrende Ausgaben (z. B. Löhne, Gehälter, Mieten) in Höhe des Mittelbedarfs für eine angemessene Zeitperiode ist zulässig (so genannte Betriebsmittelrücklage). Ebenfalls unschädlich ist die vorsorgliche Bildung einer Rücklage zur Bezahlung von Steuern außerhalb eines steuerpflichtigen wirtschaftlichen Geschäftsbetriebs, solange Unklarheit darüber besteht, ob die Körperschaft insoweit in Anspruch genommen wird.

Unter diesen Voraussetzungen ist auch eine Wiederbeschaffungsrücklage für Grundstücke, Fahrzeuge und andere Wirtschaftsgüter, für deren Anschaffung die laufenden Einnahmen nicht ausreichen, zulässig. Daraus folgt aber nicht, dass Mittel in Höhe der Abschreibungen generell einer Rücklage nach § 58 Nr. 6 zugeführt werden dürfen. Vielmehr ist es erforderlich, dass tatsächlich eine Neuanschaffung des einzelnen Wirtschaftsguts geplant und in einem angemessenen Zeitraum möglich ist. Eine Einstellung von Mitteln in Höhe der Abschreibungen in die Rücklage wäre z. B. dann nicht gerechtfertigt, wenn ein Fuhrpark verkleinert oder ein Gebäude während unabsehbar langer Zeit nicht durch einen Neubau ersetzt werden soll. Die Zuführung von Mitteln in Höhe der Abschreibungen dürfte z. B. dann nicht ausreichen, wenn das vorhandene Wirtschaftsgut entweder frühzeitig oder durch ein besseres, größeres und teureres Wirtschaftsgut ersetzt werden soll. Die Zuführung dürfte z. B. dann überhöht sein, wenn die steuerlich zulässigen (Sonder-)Abschreibungen nicht mit dem tatsächlichen Wertverlust übereinstimmen.

Die Bildung einer Rücklage kann nicht damit begründet werden, dass die Überlegungen zur Verwendung der Mittel noch nicht abgeschlossen sind.

11. Die vorstehenden Grundsätze zu § 58 Nr. 6 gelten auch für Mittelbeschaffungskörperschaften i. S. d. § 58 Nr. 1 (BFH-Urteil vom 13. 9. 1989 – I R 19/85 – BStBl 1990 II, S. 28). Voraussetzung ist jedoch, dass die Rücklagenbildung dem Zweck der Beschaffung von Mitteln für die steuerbegünstigten Zwecke einer anderen Körperschaft entspricht. Diese Voraussetzung ist z. B. erfüllt, wenn die Mittelbeschaffungskörperschaft wegen Verzögerung der von ihr zu finanzierenden steuerbegünstigten Maßnahmen gezwungen ist, die beschafften Mittel zunächst zu thesaurieren.

12. Unterhält eine steuerbegünstigte Körperschaft einen steuerpflichtigen wirtschaftlichen Geschäftsbetrieb, so können dessen Erträge der Rücklage erst nach Versteuerung zugeführt werden.

Zu § 58 Nr. 7:

13. Der freien Rücklage (§ 58 Nr. 7 Buchstabe a) darf jährlich höchstens ein Drittel des Überschusses der Einnahmen über die Unkosten aus der Vermögensverwaltung zugeführt werden. Unter Unkosten sind Aufwendungen zu verstehen, die dem Grunde nach Werbungskosten sind.

14. Darüber hinaus kann die Körperschaft höchstens 10 v. H. ihrer sonstigen nach § 55 Abs. 1 Nr. 5 zeitnah zu verwendenden Mittel einer freien Rücklage zuführen. Mittel i. S. d. Vorschrift

sind die Überschüsse bzw. Gewinne aus steuerpflichtigen wirtschaftlichen Geschäftsbetrieben und Zweckbetrieben sowie die Bruttoeinnahmen aus dem ideellen Bereich. Bei Anwendung der Regelungen des § 64 Abs. 5 und 6 können in die Bemessungsgrundlage zur Ermittlung der Rücklage statt der geschätzten bzw. pauschal ermittelten Gewinne die tatsächlichen Gewinne einbezogen werden.

Verluste aus Zweckbetrieben sind mit entsprechenden Überschüssen zu verrechnen; darüber hinaus gehende Verluste mindern die Bemessungsgrundlage nicht. Das gilt entsprechend für Verluste aus dem einheitlichen wirtschaftlichen Geschäftsbetrieb. Ein Überschuss aus der Vermögensverwaltung ist – unabhängig davon, inwieweit er in eine Rücklage eingestellt wurde – nicht in die Bemessungsgrundlage für die Zuführung aus den sonstigen zeitnah zu verwendenden Mitteln einzubeziehen. Ein Verlust aus der Vermögensverwaltung mindert die Bemessungsgrundlage nicht.

15. Wird die Höchstgrenze nach den Nrn. 13 und 14 nicht voll ausgeschöpft, so ist eine Nachholung in späteren Jahren nicht zulässig. Die steuerbegünstigte Körperschaft braucht die freie Rücklage während der Dauer ihres Bestehens nicht aufzulösen. Die in die Rücklage eingestellten Mittel können auch dem Vermögen zugeführt werden.

16. Die Ansammlung und Verwendung von Mitteln zum Erwerb von Gesellschaftsrechten zur Erhaltung der prozentualen Beteiligung an Kapitalgesellschaften schließen die Steuervergünstigungen nicht aus (§ 58 Nr. 7 Buchstabe b). Die Herkunft der Mittel ist dabei ohne Bedeutung. § 58 Nr. 7 Buchstabe b ist nicht auf den erstmaligen Erwerb von Anteilen an Kapitalgesellschaften anzuwenden. Hierfür können u. a. freie Rücklagen nach § 58 Nr. 7 Buchstabe a eingesetzt werden.

17. Die Höchstgrenze für die Zuführung zu der freien Rücklage mindert sich um den Betrag, den die Körperschaft zum Erwerb von Gesellschaftsrechten zur Erhaltung der prozentualen Beteiligung an Kapitalgesellschaften ausgibt oder bereitstellt. Übersteigt der für die Erhaltung der Beteiligungsquote verwendete oder bereitgestellte Betrag die Höchstgrenze, ist auch in den Folgejahren eine Zuführung zu der freien Rücklage erst wieder möglich, wenn die für eine freie Rücklage verwendbaren Mittel insgesamt die für die Erhaltung der Beteiligungsquote verwendeten oder bereitgestellten Mittel übersteigen. Die Zuführung von Mitteln zu Rücklagen nach § 58 Nr. 6 berührt die Höchstgrenze für die Bildung freier Rücklagen dagegen nicht.

Beispiel:

		Freie Rücklage (§ 58 Nr. 7 Buchstabe a)	Verwendung von Mitteln zur Erhaltung der Beteiligungsquote (§ 58 Nr. 7 Buchstabe b)
	€	€	€
Jahr 01 Zuführung zur freien Rücklage		25 000	
Jahr 02 Höchstbetrag für die Zuführung zur freien Rücklage:			
⅓ von 15 000 € =	5 000		
10 v. H. von 50 000 € =	5 000		
Ergibt	10 000		
Verwendung von Mitteln zur Erhaltung der Beteiligungsquote	25 000		25 000
Übersteigender Betrag	./. 15 000		
Zuführung zur freien Rücklage		0	
Jahr 03 Höchstbetrag für die Zuführung zur freien Rücklage:	10 000		
⅓ von 30 000 € =			
10 v. H. von 100 000 € =	10 000		
Ergibt	20 000		
Übersteigender Betrag aus dem Jahr 02	./. 15 000		
Verbleibender Betrag	5 000		
Zuführung zur freien Rücklage		5 000	

Zu § 58 Nrn. 6 und 7:

18. Ob die Voraussetzungen für die Bildung einer Rücklage gegeben sind, hat die steuerbegünstigte Körperschaft dem zuständigen Finanzamt im Einzelnen darzulegen. Weiterhin muss sie die Rücklagen nach § 58 Nrn. 6 und 7 in ihrer Rechnungslegung – ggf. in einer Nebenrechnung – gesondert ausweisen, damit eine Kontrolle jederzeit und ohne besonderen Aufwand möglich ist (BFH-Urteil vom 20. 12. 1978 – I R 21/76 – BStBl 1979 II, S. 496).

Zu § 58 Nr. 8:

19. Gesellige Zusammenkünfte, die im Vergleich zur steuerbegünstigten Tätigkeit nicht von untergeordneter Bedeutung sind, schließen die Steuervergünstigung aus.

Zu § 58 Nr. 10:

20. Diese Ausnahmeregelung ermöglicht es den ausschließlich von einer oder mehreren Gebietskörperschaften errichteten rechtsfähigen und nichtrechtsfähigen Stiftungen, die Erfüllung ihrer steuerbegünstigten Zwecke mittelbar durch Zuschüsse an Wirtschaftsunternehmen zu verwirklichen. Diese mittelbare Zweckverwirklichung muss in der Satzung festgelegt sein. Die Verwendung der Zuschüsse für steuerbegünstigte Satzungszwecke muss nachgewiesen werden.

Zu § 58 Nr. 11:

21. Bei den in der Vorschrift genannten Zuwendungen ist es ausnahmsweise zulässig, grundsätzlich zeitnah zu verwendende Mittel dem zulässigen Vermögen zuzuführen. Die Aufzählung ist abschließend. Unter Zuwendungen, die ihrer Natur nach zum Vermögen gehören, sind Wirtschaftsgüter zu verstehen, die ihrer Art nach von der Körperschaft im ideellen Bereich, im Rahmen der Vermögensverwaltung oder im wirtschaftlichen Geschäftsbetrieb genutzt werden können.

Werden Mittel nach dieser Vorschrift dem Vermögen zugeführt, sind sie aus der Bemessungsgrundlage für Zuführungen von sonstigen zeitnah zu verwendenden Mitteln nach § 58 Nr. 7 Buchstabe a herauszurechnen.

Zu § 58 Nr. 12:

22. Stiftungen dürfen im Jahr ihrer Errichtung und in den zwei folgenden Kalenderjahren Überschüsse und Gewinne aus der Vermögensverwaltung, aus Zweckbetrieb und aus steuerpflichtigen wirtschaftlichen Geschäftsbetrieben ganz oder teilweise ihrem Vermögen zuführen. Für sonstige Mittel, z. B. Zuwendungen und Zuschüsse, gilt diese Regelung dagegen nicht.

Liegen in einem Kalenderjahr positive und negative Ergebnisse aus der Vermögensverwaltung, aus den Zweckbetrieben und dem einheitlichen steuerpflichtigen wirtschaftlichen Geschäftsbetrieb vor, ist eine Zuführung zum Vermögen auf den positiven Betrag begrenzt, der nach der Verrechnung der Ergebnisse verbleibt.

Zu § 58 Nr. 2 bis 12:

23. Die in § 58 Nrn. 2 bis 9, 11 und 12 genannten Ausnahmetatbestände können auch ohne entsprechende Satzungsbestimmung verwirklicht werden. Entgeltliche Tätigkeiten nach § 58 Nrn. 3, 4 oder 8 begründen einen steuerpflichtigen wirtschaftlichen Geschäftsbetrieb oder Vermögensverwaltung (z. B. Raumüberlassung). Bei den Regelungen des § 58 Nrn. 5, 10 und 12 kommt es jeweils nicht auf die Bezeichnung der Körperschaft als Stiftung, sondern auf die tatsächliche Rechtsform an. Dabei ist es unmaßgeblich, ob es sich um eine rechtsfähige oder nichtrechtsfähige Stiftung handelt.

§ 59 Voraussetzung der Steuervergünstigung

Die Steuervergünstigung wird gewährt, wenn sich aus der Satzung, dem Stiftungsgeschäft oder der sonstigen Verfassung (Satzung im Sinne dieser Vorschriften) ergibt, welchen Zweck die Körperschaft verfolgt, dass dieser Zweck den Anforderungen der §§ 52 bis 55 entspricht und dass er ausschließlich und unmittelbar verfolgt wird; die tatsächliche Geschäftsführung muss diesen Satzungsbestimmungen entsprechen.

Anwendungserlass zur Abgabenordnung

Zu § 59 – Voraussetzung der Steuervergünstigung:

1. Die Vorschrift bestimmt u. a., dass die Steuervergünstigung nur gewährt wird, wenn ein steuerbegünstigter Zweck (§§ 52 bis 54), die Selbstlosigkeit (§ 55) und die ausschließliche

§ 59 AO
AEAO

und unmittelbare Zweckverfolgung (§§ 56, 57) durch die Körperschaft aus der Satzung direkt hervorgehen. Eine weitere satzungsmäßige Voraussetzung in diesem Sinn ist die in § 61 geforderte Vermögensbindung. Das Unterhalten wirtschaftlicher Geschäftsbetriebe (§ 14 Sätze 1 und 2 und § 64), die keine Zweckbetriebe (§§ 65 bis 68) sind, und die Vermögensverwaltung (§ 14 Satz 3) dürfen nicht Satzungszweck sein. Die Erlaubnis zur Unterhaltung eines Nichtzweckbetriebs und die Vermögensverwaltung in der Satzung können zulässig sein (BFH-Urteil vom 18. 12. 2002 – I R 15/02 – BStBl 2003 II, S. 384). Bei Körperschaften, die ausschließlich Mittel für andere Körperschaften oder Körperschaften des öffentlichen Rechts beschaffen (§ 58 Nr. 1), kann in der Satzung auf das Gebot der Unmittelbarkeit verzichtet werden.

2. Bei mehreren Betrieben gewerblicher Art einer juristischen Person des öffentlichen Rechts ist für jeden Betrieb gewerblicher Art eine eigene Satzung erforderlich.

3. Ein besonderes Anerkennungsverfahren ist im steuerlichen Gemeinnützigkeitsrecht nicht vorgesehen. Ob eine Körperschaft steuerbegünstigt ist, entscheidet das Finanzamt im Veranlagungsverfahren durch Steuerbescheid (ggf. Freistellungsbescheid). Dabei hat es von Amts wegen die tatsächlichen und rechtlichen Verhältnisse zu ermitteln, die für die Steuerpflicht und für die Bemessung der Steuer wesentlich sind. Eine Körperschaft, bei der nach dem Ergebnis dieser Prüfung die gesetzlichen Voraussetzungen für die steuerliche Behandlung als steuerbegünstigte Körperschaft vorliegen, muss deshalb auch als solche behandelt werden, und zwar ohne Rücksicht darauf, ob ein entsprechender Antrag gestellt worden ist oder nicht. Ein Verzicht auf die Behandlung als steuerbegünstigte Körperschaft ist somit für das Steuerrecht unbeachtlich.

4. Auf Antrag einer neu gegründeten Körperschaft, bei der die Voraussetzungen der Steuervergünstigung noch nicht im Veranlagungsverfahren festgestellt worden sind, bescheinigt das zuständige Finanzamt vorläufig, z. B. für den Empfang steuerbegünstigter Spenden oder für eine Gebührenbefreiung, dass bei ihm die Körperschaft steuerlich erfasst ist und die eingereichte Satzung alle nach § 59 Satz 1, §§ 60 und 61 geforderten Voraussetzungen erfüllt, welche u. a. für die Steuerbefreiung nach § 5 Abs. 1 Nr. 9 KStG vorliegen müssen. Eine vorläufige Bescheinigung über die Gemeinnützigkeit darf erst ausgestellt werden, wenn eine Satzung vorliegt, die den gemeinnützigkeitsrechtlichen Vorschriften entspricht.

5. Die vorläufige Bescheinigung über die Gemeinnützigkeit stellt keinen Verwaltungsakt, sondern lediglich eine Auskunft über den gekennzeichneten Teilbereich der für die Steuervergünstigung erforderlichen Voraussetzungen dar. Sie sagt z. B. nichts über die Übereinstimmung von Satzung und tatsächlicher Geschäftsführung aus. Sie ist befristet zu erteilen und ist frei widerruflich (BFH Beschluss vom 7. 5. 1986 – I B 58/85 – BStBl II, S. 677). Die Geltungsdauer sollte 18 Monate nicht überschreiten.

6. Die Erteilung einer vorläufigen Bescheinigung über die Gemeinnützigkeit kann auch in Betracht kommen, wenn eine Körperschaft schon längere Zeit existiert und die Gemeinnützigkeit im Veranlagungsverfahren versagt wurde (BFH Beschluss vom 23. 9. 1998 – I B 82/98 – BStBl 2000 II, S. 320).

6.1 Eine vorläufige Bescheinigung über die Gemeinnützigkeit ist in diesen Fällen auf Antrag zu erteilen, wenn die Körperschaft die Voraussetzungen für die Gemeinnützigkeit im gesamten Veranlagungszeitraum, der dem Zeitraum der Nichtgewährung folgt, voraussichtlich erfüllen wird. Ihre Geltungsdauer sollte 18 Monate nicht überschreiten.

6.2 Darüber hinaus kann die Erteilung einer vorläufigen Bescheinigung über die Gemeinnützigkeit auch dann geboten sein, wenn die Körperschaft nach Auffassung des Finanzamts nicht gemeinnützig ist. In diesen Fällen darf die Bescheinigung nur erteilt werden, wenn die folgenden Voraussetzungen erfüllt sind:

6.2.1 Die Körperschaft muss gegen eine Entscheidung des Finanzamts, mit der die Erteilung einer vorläufigen Bescheinigung über die Gemeinnützigkeit abgelehnt wurde, beim zuständigen Finanzgericht Rechtsschutz begehrt haben.

6.2.2 Es müssen ernstliche Zweifel bestehen, ob die Ablehnung der Gemeinnützigkeit im Klageverfahren bestätigt wird. Dies erfordert, dass die Körperschaft schlüssig darlegt und glaubhaft macht, dass sie die Voraussetzungen für die Gemeinnützigkeit nach ihrer Satzung und bei der tatsächlichen Geschäftsführung erfüllt.

6.2.3 Die wirtschaftliche Existenz der Körperschaft muss in Folge der Nichterteilung der vorläufigen Bescheinigung gefährdet sein. Für die Beurteilung sind die Verhältnisse im jeweiligen Einzelfall maßgeblich. Eine Existenzgefährdung kann nicht allein deshalb unterstellt werden, weil sich die Körperschaft bisher zu einem wesentlichen Teil aus Spenden oder steuerlich abziehbaren Mitgliedsbeiträgen finanziert hat und wegen der Nichtgewährung der Steuervergünstigungen ein erheblicher Rückgang dieser Einnahmen zu erwarten ist. Sie liegt z. B. auch dann nicht vor, wenn die Körperschaft über ausreichendes verwertbares Vermögen verfügt oder sich ausreichende Kredite verschaffen kann. Die Körperschaft muss als Antragsgrund die Existenzgefährdung schlüssig darlegen und glaubhaft machen.

6.3 Die vorläufige Bescheinigung über die Gemeinnützigkeit nach Nr. 6.2 ist ggf. formlos zu erteilen. Sie muss die Körperschaft in die Lage versetzen, unter Hinweis auf die steuerliche Abzugsfähigkeit um Zuwendungen zu werben. Ihre Geltungsdauer ist bis zum rechtskräftigen Abschluss des gerichtlichen Verfahrens zu befristen. Ob Auflagen, wie sie der BFH in dem entschiedenen Fall beschlossen hat (u. a. vierteljährliche Einreichung von Aufstellungen über die Einnahmen und Ausgaben), sinnvoll und erforderlich sind, hängt von den Umständen des Einzelfalls ab.

7. Die vorläufige Bescheinigung wird durch den Steuerbescheid (ggf. Freistellungsbescheid) ersetzt. Die Steuerbefreiung soll spätestens alle drei Jahre überprüft werden.

8. Die Satzung einer Körperschaft ist vor der Erteilung einer erstmaligen vorläufigen Bescheinigung über die Steuerbegünstigung oder eines Freistellungsbescheids zur Körperschaft- und Gewerbesteuer sorgfältig zu prüfen. Wird eine vorläufige Bescheinigung über die Gemeinnützigkeit erteilt oder die Steuerbegünstigung anerkannt, bei einer späteren Überprüfung der Körperschaft aber festgestellt, dass die Satzung doch nicht den Anforderungen des Gemeinnützigkeitsrechts genügt, dürfen aus Vertrauensschutzgründen hieraus keine nachteiligen Folgerungen für die Vergangenheit gezogen werden. Die Körperschaft ist trotz der fehlerhaften Satzung für abgelaufene Veranlagungszeiträume und für das Kalenderjahr, in dem die Satzung beanstandet wird, als steuerbegünstigt zu behandeln. Dies gilt nicht, wenn bei der tatsächlichen Geschäftsführung gegen Vorschriften des Gemeinnützigkeitsrechts verstoßen wurde.

Die Vertreter der Körperschaft sind aufzufordern, die zu beanstandenden Teile der Satzung so zu ändern, dass die Körperschaft die satzungsmäßigen Voraussetzungen für die Steuervergünstigung erfüllt. Hierfür ist eine angemessene Frist zu setzen. Vereinen soll dabei in der Regel eine Beschlussfassung in der nächsten ordentlichen Mitgliederversammlung ermöglicht werden. Wird die Satzung innerhalb der gesetzten Frist entsprechend den Vorgaben des Finanzamts geändert, ist die Steuervergünstigung für das der Beanstandung der Satzung folgende Kalenderjahr auch dann anzuerkennen, wenn zu Beginn des Kalenderjahres noch keine ausreichende Satzung vorgelegen hat.

Die vorstehenden Grundsätze gelten nicht, wenn die Körperschaft die Satzung geändert hat und eine geänderte Satzungsvorschrift zu beanstanden ist. In diesen Fällen fehlt es an einer Grundlage für die Gewährung von Vertrauensschutz.

Rechtsprechung Rsp

BFH vom 13. 8. 1997 – I R 19/96 (BStBl 1997 II S. 794) 3

1. Der formellen Satzungsmäßigkeit ist Genüge getan, wenn sich steuerbegünstigter Zweck und die Art seiner Verwirklichung im Wege der Satzungsauslegung feststellen lassen.

2. Die Satzung einer gemeinnützigen Körperschaft muß keine ausdrückliche Regelung darüber enthalten, unter welchen Voraussetzungen ein Bewerber um die Mitgliedschaft abgelehnt werden kann.

3. Eine Satzungsbestimmung, wonach jedes Aufnahmegesuch von zwei Vereinsmitgliedern befürwortet werden muß, ist nicht per se gemeinnützigkeitsschädlich.

4. Hat das FG anhand statistischen Materials festgestellt, dass die Höhe der im Eintrittsjahr von einem Neumitglied zu zahlenden Beiträge u.ä. eine Repräsentation der Allgemeinheit im Verein nicht ausschließt, so ist der BFH daran grundsätzlich gebunden. Betrugen im Jahr 1990 die Zahlungsverpflichtungen eines Neumitglieds eines Golfclubs im Eintrittsjahr 4 800 DM, so kann nicht davon ausgegangen werden, dass damit die Allgemeinheit von dem Beitritt ausgeschlossen wurde.

5. Sog. erwartete Spenden sind einem Eintrittsgeld nicht gleichzustellen, wenn festgestellt wird, dass keinem Bewerber die Mitgliedschaft vorenthalten oder wieder entzogen wurde, weil die Spende nicht oder nicht in der erwarteten Höhe geleistet wurde.

BFH vom 14. 7. 2004 – I R 94/02 (BStBl 2005 II S. 721)[1)] 4

Die formelle Satzungsmäßigkeit nach § 59 AO erfordert hinsichtlich der steuerbegünstigten Zweckverfolgung nicht die ausdrückliche Verwendung der Begriffe „ausschließlich" und „unmittelbar".

[1)] Bestätigt mit BFH-Urteil vom 20. 12. 2006 – I R 94/02, BStBl 2010 II S. 331.

§ 60 Anforderungen an die Satzung

(1) ¹Die Satzungszwecke und die Art ihrer Verwirklichung müssen so genau bestimmt sein, dass auf Grund der Satzung geprüft werden kann, ob die satzungsmäßigen Voraussetzungen für Steuervergünstigungen gegeben sind. ²Die Satzung muss die in der Anlage 1 bezeichneten Festlegungen enthalten.

(2) Die Satzung muss den vorgeschriebenen Erfordernissen bei der Körperschaftsteuer und bei der Gewerbesteuer während des ganzen Veranlagungs- oder Bemessungszeitraums, bei den anderen Steuern im Zeitpunkt der Entstehung der Steuer entsprechen.

Anlage 1 (zu § 60)

Mustersatzung für Vereine, Stiftungen, Betriebe gewerblicher Art von juristischen Personen des öffentlichen Rechts, geistliche Genossenschaften und Kapitalgesellschaften (nur aus steuerlichen Gründen notwendige Bestimmungen)

§ 1

Der – Die – ... (Körperschaft) mit Sitz in ... verfolgt ausschließlich und unmittelbar – gemeinnützige – mildtätige – kirchliche – Zwecke (nicht verfolgte Zwecke streichen) im Sinne des Abschnitts „Steuerbegünstigte Zwecke" der Abgabenordnung.

Zweck der Körperschaft ist ... (z. B. die Förderung von Wissenschaft und Forschung, Jugend- und Altenhilfe, Erziehung, Volks- und Berufsbildung, Kunst und Kultur, Landschaftspflege, Umweltschutz, des öffentlichen Gesundheitswesens, des Sports, Unterstützung hilfsbedürftiger Personen).

Der Satzungszweck wird verwirklicht insbesondere durch ... (z. B. Durchführung wissenschaftlicher Veranstaltungen und Forschungsvorhaben, Vergabe von Forschungsaufträgen, Unterhaltung einer Schule, einer Erziehungsberatungsstelle, Pflege von Kunstsammlungen, Pflege des Liedgutes und des Chorgesanges, Errichtung von Naturschutzgebieten, Unterhaltung eines Kindergartens, Kinder-, Jugendheimes, Unterhaltung eines Altenheimes, eines Erholungsheimes, Bekämpfung des Drogenmissbrauchs, des Lärms, Förderung sportlicher Übungen und Leistungen).

§ 2

Die Körperschaft ist selbstlos tätig; sie verfolgt nicht in erster Linie eigenwirtschaftliche Zwecke.

§ 3

Mittel der Körperschaft dürfen nur für die satzungsmäßigen Zwecke verwendet werden. Die Mitglieder erhalten keine Zuwendungen aus Mitteln der Körperschaft.

§ 4

Es darf keine Person durch Ausgaben, die dem Zweck der Körperschaft fremd sind, oder durch unverhältnismäßig hohe Vergütungen begünstigt werden.

§ 5

Bei Auflösung oder Aufhebung der Körperschaft oder bei Wegfall steuerbegünstigter Zwecke fällt das Vermögen der Körperschaft
1. an – den – die – das – ... (Bezeichnung einer juristischen Person des öffentlichen Rechts oder einer anderen steuerbegünstigten Körperschaft), – der – die – das – es unmittelbar und ausschließlich für gemeinnützige, mildtätige oder kirchliche Zwecke zu verwenden hat.
   oder
2. an eine juristische Person des öffentlichen Rechts oder eine andere steuerbegünstigte Körperschaft zwecks Verwendung für ... (Angabe eines bestimmten gemeinnützigen, mildtätigen oder kirchlichen Zwecks, z. B. Förderung von Wissenschaft und Forschung, Erziehung, Volks- und Berufsbildung, der Unterstützung von Personen, die im Sinne von § 53 der Abgabenordnung wegen ... bedürftig sind, Unterhaltung des Gotteshauses in ...).

Weitere Hinweise

Bei Betrieben gewerblicher Art von juristischen Personen des öffentlichen Rechts, bei den von einer juristischen Person des öffentlichen Rechts verwalteten unselbständigen Stiftungen und bei geistlichen Genossenschaften (Orden, Kongregationen) ist folgende Bestimmung aufzunehmen:

§ 3 Abs. 2:
„Der – die – das ... erhält bei Auflösung oder Aufhebung der Körperschaft oder bei Wegfall steuerbegünstigter Zwecke nicht mehr als – seine – ihre – eingezahlten Kapitalanteile und den gemeinen Wert seiner – ihrer – geleisteten Sacheinlagen zurück."

Bei Stiftungen ist diese Bestimmung nur erforderlich, wenn die Satzung dem Stifter einen Anspruch auf Rückgewähr von Vermögen einräumt. Fehlt die Regelung, wird das eingebrachte Vermögen wie das übrige Vermögen behandelt.

Bei Kapitalgesellschaften sind folgende ergänzende Bestimmungen in die Satzung aufzunehmen:

1. § 3 Abs. 1 Satz 2:
   „Die Gesellschafter dürfen keine Gewinnanteile und auch keine sonstigen Zuwendungen aus Mitteln der Körperschaft erhalten."
2. § 3 Abs. 2:
   „Sie erhalten bei ihrem Ausscheiden oder bei Auflösung der Körperschaft oder bei Wegfall steuerbegünstigter Zwecke nicht mehr als ihre eingezahlten Kapitalanteile und den gemeinen Wert ihrer geleisteten Sacheinlagen zurück."
3. § 5:
   „Bei Auflösung der Körperschaft oder bei Wegfall steuerbegünstigter Zwecke fällt das Vermögen der Körperschaft, soweit es die eingezahlten Kapitalanteile der Gesellschafter und den gemeinen Wert der von den Gesellschaftern geleisteten Sacheinlagen übersteigt, ...".

§ 3 Abs. 2 und der Satzteil „soweit es die eingezahlten Kapitalanteile der Gesellschafter und den gemeinen Wert der von den Gesellschaftern geleisteten Sacheinlagen übersteigt," in § 5 sind nur erforderlich, wenn die Satzung einen Anspruch auf Rückgewähr von Vermögen einräumt.

Anwendungserlass zur Abgabenordnung

Zu § 60 – Anforderungen an die Satzung:

1. Die Satzung muss so präzise gefasst sein, dass aus ihr unmittelbar entnommen werden kann, ob die Voraussetzungen der Steuervergünstigung vorliegen (formelle Satzungsmäßigkeit). Die bloße Bezugnahme auf Satzungen oder andere Regelungen Dritter genügt nicht (BFH vom 19. 4. 1989 – I R 3/88 – BStBl II S. 595).
2. Die Satzung muss die in der Mustersatzung bezeichneten Festlegungen enthalten, soweit sie für die jeweilige Körperschaft im Einzelfall einschlägig sind.
   Unter anderem sind in folgenden Fällen Abweichungen vom Wortlaut der Mustersatzung möglich:
   a) Bei Mittelbeschaffungskörperschaften (§ 58 Nr. 1) kann entgegen § 1 der Mustersatzung auf das Gebot der Unmittelbarkeit verzichtet werden (vgl. Nr. 1 zu § 59).
   b) Insbesondere bei Stiftungen ist der in § 3 der Mustersatzung verwendete Begriff „Mitglieder" durch eine andere geeignete Formulierung zu ersetzen (vgl. § 55 Abs. 3).
   c) Körperschaften, deren Gesellschafter oder Mitglieder steuerbegünstigte Körperschaften sind und/oder juristische Personen des öffentlichen Rechts, die die Mittel für steuerbegünstigte Zwecke verwenden, können auf die Regelung in § 3 Satz 2 der Mustersatzung verzichten.
   d) § 5 der Mustersatzung kann in Satzungen von Vereinen ohne die Formulierung „Aufhebung" verwendet werden.
   Derselbe Aufbau und dieselbe Reihenfolge der Bestimmungen wie in der Mustersatzung werden nicht verlangt.
3. Die Bestimmung, dass die Satzung die in der Mustersatzung bezeichneten Festlegungen enthalten muss (§ 60 Abs. 1 Satz 2), gilt für Körperschaften, die nach dem 31. 12. 2008 gegründet werden oder die ihre Satzung mit Wirkung nach diesem Zeitpunkt ändern. Die Satzung einer Körperschaft, die bereits vor dem 1. 1. 2009 bestanden hat, braucht nicht allein zur Anpassung an die Festlegungen in der Mustersatzung geändert werden.
4. Eine Satzung braucht nicht allein deswegen geändert zu werden, weil in ihr auf Vorschriften des StAnpG oder der GemV verwiesen oder das Wort „selbstlos" nicht verwandt wird.
5. Ordensgemeinschaften haben eine den Ordensstatuten entsprechende zusätzliche Erklärung nach dem Muster der **Anlage zu Nr. 5 zu § 60** abzugeben, die die zuständigen Organe der Orden bindet.
6. Die tatsächliche Geschäftsführung (vgl. § 63) muss mit der Satzung übereinstimmen.

§ 60 AO
AEAO Rsp

7. Die satzungsmäßigen Voraussetzungen für die Anerkennung der Steuerbegünstigung müssen
   – bei der Körperschaftsteuer vom Beginn bis zum Ende des Veranlagungszeitraums,
   – bei der Gewerbesteuer vom Beginn bis zum Ende des Erhebungszeitraums,
   – bei der Grundsteuer zum Beginn des Kalenderjahres, für das über die Steuerpflicht zu entscheiden ist (§ 9 Abs. 2 GrStG),
   – bei der Umsatzsteuer zu den sich aus § 13 Abs. 1 UStG ergebenden Zeitpunkten,
   – bei der Erbschaftsteuer zu den sich aus § 9 ErbStG ergebenden Zeitpunkten,
   erfüllt sein.

Muster einer Erklärung
der Ordensgemeinschaften

Anlage
Zu Nr. 5
zu § 60

1. Der – Die ....
   (Bezeichnung der Ordensgemeinschaft)
   mit dem Sitz in ....
   ist eine anerkannte Ordensgemeinschaft der katholischen Kirche.
2. Der – Die ....
   verfolgt ausschließlich und unmittelbar kirchliche, gemeinnützige oder mildtätige Zwecke, und zwar insbesondere durch ....
   ....
3. Überschüsse aus der Tätigkeit der Ordensgemeinschaft werden nur für die satzungsmäßigen Zwecke verwendet. Den Mitgliedern stehen keine Anteile an den Überschüssen zu. Ferner erhalten die Mitglieder weder während der Zeit ihrer Zugehörigkeit zu der Ordensgemeinschaft noch im Fall ihres Ausscheidens noch bei Auflösung oder Aufhebung der Ordensgemeinschaft irgendwelche Zuwendungen oder Vermögensvorteile aus deren Mitteln. Es darf keine Person durch Ausgaben, die den Zwecken der Ordensgemeinschaft fremd sind, oder durch unverhältnismäßig hohe Vergütungen begünstigt werden.
4. Der – Die ....
   wird vertreten durch ....

(Ort)   (Datum)

....
(Unterschrift des Ordensobern)

Rsp   **Rechtsprechung**

4   BFH vom 13. 8. 1997 – I R 19/96 (BStBl 1997 II S. 794)

1. Der formellen Satzungsmäßigkeit ist Genüge getan, wenn sich steuerbegünstigter Zweck und die Art seiner Verwirklichung im Wege der Satzungsauslegung feststellen lassen.
2. Die Satzung einer gemeinnützigen Körperschaft muß keine ausdrückliche Regelung darüber enthalten, unter welchen Voraussetzungen ein Bewerber um die Mitgliedschaft abgelehnt werden kann.
3. Eine Satzungsbestimmung, wonach jedes Aufnahmegesuch von zwei Vereinsmitgliedern befürwortet werden muß, ist nicht per se gemeinnützigkeitsschädlich.

5   BFH vom 21. 7. 1999 – I R 2/98 (HFR 2000 S. 245)

Soll das Vermögen einer gemeinnützigen Körperschaft im Fall ihrer Auflösung satzungsgemäß auf eine Körperschaft des öffentlichen Rechts übertragen werden, so ist der Grundsatz der Vermögensbindung (§ 55 Abs. 1 Nr. 4 AO) nur erfüllt, wenn aus der Satzung eindeutig zu entnehmen ist, für welchen steuerbegünstigten Zweck die empfangende Körperschaft das Vermögen zu verwenden hat (§ 61 Abs. 1 AO).

6   BFH vom 18. 12. 2002 – I R 15/02 (BStBl 2003 II S. 384)

Die Steuervergünstigungen wegen Verfolgung gemeinnütziger, mildtätiger oder kirchlicher Zwecke werden nicht schon dadurch ausgeschlossen, dass die Satzung der Körperschaft das Unterhalten eines Nichtzweckbetriebes ausdrücklich erlaubt.

BFH vom 6. 10. 2009 – I R 55/08 (BStBl 2010 II S. 335)

Ein Verein zur Bekämpfung unlauteren Wettbewerbs ist nicht gemeinnützig, wenn seine Satzung nicht ausschließt, dass er vornehmlich zur Wahrung der gewerblichen Interessen seiner unternehmerisch tätigen Mitglieder tätig wird.

§ 61 Satzungsmäßige Vermögensbindung

(1) Eine steuerlich ausreichende Vermögensbindung (§ 55 Abs. 1 Nr. 4) liegt vor, wenn der Zweck, für den das Vermögen bei Auflösung oder Aufhebung der Körperschaft oder bei Wegfall ihres bisherigen Zwecks verwendet werden soll, in der Satzung so genau bestimmt ist, dass auf Grund der Satzung geprüft werden kann, ob der Verwendungszweck steuerbegünstigt ist.

(2) – (aufgehoben) –

(3) ¹Wird die Bestimmung über die Vermögensbindung nachträglich so geändert, dass sie den Anforderungen des § 55 Abs. 1 Nr. 4 nicht mehr entspricht, so gilt sie von Anfang an als steuerlich nicht ausreichend. ²§ 175 Abs. 1 Satz 1 Nr. 2 ist mit der Maßgabe anzuwenden, dass Steuerbescheide erlassen, aufgehoben oder geändert werden können, soweit sie Steuern betreffen, die innerhalb der letzten zehn Kalenderjahre vor der Änderung der Bestimmung über die Vermögensbindung entstanden sind.

Anwendungserlass zur AO

Zu § 61 – Satzungsmäßige Vermögensbindung:

1. Die Vorschrift stellt klar, dass die zu den Voraussetzungen der Selbstlosigkeit zählende Bindung des Vermögens für steuerbegünstigte Zwecke vor allem im Falle der Auflösung der Körperschaft aus der Satzung genau hervorgehen muss (Mustersatzung, § 5). **Als Empfänger des Vermögens kommen in Betracht:**
   - *inländische steuerbegünstigte Körperschaften,*
   - *die in § 5 Abs. 2 Nummer 2 KStG aufgeführten Körperschaften,*
   - *juristische Personen des öffentlichen Rechts.*

2. Nach dem aufgehobenen § 61 Abs. 2 durfte bei Vorliegen zwingender Gründe in der Satzung bestimmt werden, dass über die Verwendung des Vermögens zu steuerbegünstigten Zwecken nach Auflösung oder Aufhebung der Körperschaft oder bei Wegfall steuerbegünstigter Zwecke erst nach Einwilligung des Finanzamts bestimmt wird. Eine Satzung braucht nicht allein deswegen geändert zu werden, weil sie vor der Aufhebung des § 61 Abs. 2 zulässige Bestimmung über die Vermögensbindung enthält.

3. Wird die satzungsmäßige Vermögensbindung aufgehoben, gilt sie von Anfang an als steuerlich nicht ausreichend. Die Regelung greift auch ein, wenn die Bestimmung über die Vermögensbindung erst zu einem Zeitpunkt geändert wird, in dem die Körperschaft nicht mehr als steuerbegünstigt anerkannt ist. Die entsprechenden steuerlichen Folgerungen sind durch Steuerfestsetzung rückwirkend zu ziehen.

4. Bei Verstößen gegen den Grundsatz der Vermögensbindung bildet die Festsetzungsverjährung (§§ 169 ff.) keine Grenze. Vielmehr können nach § 175 Abs. 1 Satz 1 Nr. 2 auch Steuerbescheide noch geändert werden, die Steuern betreffen, die innerhalb von zehn Jahren vor der erstmaligen Verletzung der Vermögensbindungsregelung entstanden sind. Es kann demnach auch dann noch zugegriffen werden, wenn zwischen dem steuerfreien Bezug der Erträge und dem Wegfall der Steuerbegünstigung ein Zeitraum von mehr als fünf Jahren liegt, selbst wenn in der Zwischenzeit keine Erträge mehr zugeflossen sind.

   Beispiel:
   Eine gemeinnützige Körperschaft hat in den Jahren 01 bis 11 steuerfreie Einnahmen aus einem Zweckbetrieb bezogen und diese teils für gemeinnützige Zwecke ausgegeben und zum Teil in eine Rücklage eingestellt. Eine in 11 vollzogene Satzungsänderung sieht jetzt vor, dass bei Auflösung des Vereins das Vermögen an die Mitglieder ausgekehrt wird. In diesem Fall muss das Finanzamt für die Veranlagungszeiträume 01 ff. Steuerbescheide erlassen, welche die Nachversteuerung aller genannten Einnahmen vorsehen, wobei es unerheblich ist, ob die Einnahmen noch im Vereinsvermögen vorhanden sind.

5. Verstöße gegen § 55 Abs. 1 und 3 begründen die Möglichkeit einer Nachversteuerung im Rahmen der Festsetzungsfrist.

6. Die Nachversteuerung gem. § 61 Abs. 3 greift nicht nur bei gemeinnützigkeitsschädlichen Änderungen satzungsrechtlicher Bestimmungen über die Vermögensbindung ein, sondern erfasst auch die Fälle, in denen die tatsächliche Geschäftsführung gegen die von § 61 geforderte Vermögensbindung verstößt (§ 63 Abs. 2).

Beispiel:
Eine gemeinnützige Körperschaft verwendet bei ihrer Auflösung oder bei Aufgabe ihres begünstigten Satzungszweckes ihr Vermögen entgegen der Vermögensbindungsbestimmung in der Satzung nicht für begünstigte Zwecke.

7. Verstöße der tatsächlichen Geschäftsführung gegen § 55 Abs. 1 Nr. 1 bis 3 können so schwerwiegend sein, dass sie einer Verwendung des gesamten Vermögens für satzungsfremde Zwecke gleichkommen. Auch in diesen Fällen ist eine Nachversteuerung nach § 61 Abs. 3 möglich.

8. Bei der nachträglichen Besteuerung ist so zu verfahren, als ob die Körperschaft von Anfang an uneingeschränkt steuerpflichtig gewesen wäre. § 13 Abs. 3 KStG ist nicht anwendbar.

H   **Hinweise**

3   **Anforderungen an die Satzung eines steuerbegünstigten Vereins hinsichtlich der so genannten Vermögensbindung;**
Urteil des BFH vom 23. 7. 2009 – V R 20/08 – (BStBl 2010 II S. 719)

(BMF-Schreiben vom 7. 7. 2010 – IV C 4 – S 0180/07/0001 :001, BStBl 2010 I S. 630)

Unter Bezugnahme auf das Ergebnis der Erörterung mit den obersten Finanzbehörden der Länder gilt zur Anwendung des BFH-Urteils – V R 20/08 – vom 23. Juli 2009 (BStBl II 2010 S. 719) Folgendes:

Dieses Urteil ist nur auf die Fälle anzuwenden, in denen die Satzung eines Vereins keine Bestimmung darüber enthält, wie sein Vermögen im Fall der Auflösung und bei Wegfall der steuerbegünstigten Zwecke verwendet werden soll. Eine Regelung für den Fall der Aufhebung des Vereins ist dagegen nicht erforderlich. Die entsprechende Formulierung in § 61 AO bezieht sich auf Körperschaften, für die nach den zivilrechtlichen Regelungen eine Aufhebung in Frage kommt (z. B. Stiftungen, § 87 BGB). Dies ist bei Vereinen nicht der Fall.

Rsp   **Rechtsprechung**

4   **BFH vom 25. 4. 2001 – I R 22/00 (BStBl 2001 II S. 518)**

1. Geändert i. S. des § 61 Abs. 3 Satz 1 AO ist die Bestimmung über die Vermögensbindung in der Satzung einer GmbH oder eines eingetragenen Vereins erst dann, wenn das Änderungsverfahren durch die Eintragung der Satzungsänderung im Handels- bzw. Vereinsregister abgeschlossen ist.
2. § 61 Abs. 3 Satz 2 AO schließt die Anwendung der Vorschriften über die Festsetzungsverjährung nicht aus.

5   **BFH vom 17. 9. 2003 – I R 85/02 (BStBl 2005 II S. 149)**

1. …
2. Erfüllt eine Körperschaft die Voraussetzungen des § 62 AO und ist daher die gemeinnützigkeitskonforme Verwendung ihres Restvermögens sichergestellt, so ist es unschädlich, wenn in der Satzung eine Regelung zur Vermögensbindung enthalten ist, die die Vorgaben des § 61 AO nicht vollständig erfüllt.

6   **BFH vom 25. 1. 2005 – I R 52/03 (BStBl 2005 II S. 514)**

1. Beruft sich eine Körperschaft darauf, dass aus zwingenden Gründen der künftige Verwendungszweck ihres Vermögens bei Aufstellung der Satzung noch nicht nach § 61 Abs. 1 AO genau angegeben werden kann, muss sie die zwingenden Gründe substantiiert vortragen, soweit sie sich nicht bereits aus der Satzung ergeben.
2. Die Körperschaft hat die Feststellungslast dafür zu tragen, dass die Gründe im Zeitpunkt der Aufstellung der Satzung oder der Änderung der Satzungsbestimmung über die Vermögensbindung bestanden.

3. Ob ein Grund zwingend ist, hängt von den Umständen des Einzelfalls ab und obliegt der Würdigung des FG als Tatsacheninstanz.

BFH vom 23. 7. 2009 – V R 20/08 (BStBl 2010 II S. 719)[1] 7

1. Der ermäßigte Steuersatz nach § 12 Abs. 2 Nr. 8 UStG für gemeinnützige Körperschaften ist nur zu gewähren, wenn die Vereinssatzung die formellen Anforderungen an die sog. Vermögensbindung nach § 61 AO erfüllt.
2. Hierzu ist erforderlich, dass die Vereinssatzung eine Regelung sowohl hinsichtlich der Auflösung und der Aufhebung als auch bei Zweckänderung enthält.

BFH vom 12. 10. 2010 – I R 59/09 (HFR 2011 S. 257) 8

Ist die tatsächliche Geschäftsführung einer gemeinnützigen GmbH nicht während des gesamten Besteuerungszeitraums auf die ausschließliche und unmittelbare Erfüllung der steuerbegünstigten Zwecke gerichtet, führt dies grundsätzlich nur zu einer Versagung der Steuerbefreiung für diesen Besteuerungszeitraum. Schüttet eine gemeinnützige GmbH jedoch die aus der gemeinnützigen Tätigkeit erzielten Gewinne überwiegend verdeckt an ihre steuerpflichtigen Gesellschafter aus, liegt ein schwer wiegender Verstoß gegen § 55 Abs. 1 Nr. 1 bis 3 AO vor, der die Anwendung des § 61 Abs. 3 AO ermöglicht.

---

§ 62 (aufgehoben)

AO S 0181

---

§ 63 Anforderungen an die tatsächliche Geschäftsführung

AO S 0182

(1) Die tatsächliche Geschäftsführung der Körperschaft muss auf die ausschließliche und unmittelbare Erfüllung der steuerbegünstigten Zwecke gerichtet sein und den Bestimmungen entsprechen, die die Satzung über die Voraussetzungen für Steuervergünstigungen enthält.

(2) Für die tatsächliche Geschäftsführung gilt sinngemäß § 60 Abs. 2, für eine Verletzung der Vorschrift über die Vermögensbindung § 61 Abs. 3.

(3) Die Körperschaft hat den Nachweis, dass ihre tatsächliche Geschäftsführung den Erfordernissen des Absatzes 1 entspricht, durch ordnungsmäßige Aufzeichnungen über ihre Einnahmen und Ausgaben zu führen.

(4) ¹Hat die Körperschaft Mittel angesammelt, ohne dass die Voraussetzungen des § 58 Nr. 6 und 7 vorliegen, kann das Finanzamt ihr eine Frist für die Verwendung der Mittel setzen. ²Die tatsächliche Geschäftsführung gilt als ordnungsgemäß im Sinne des Absatzes 1, wenn die Körperschaft die Mittel innerhalb der Frist für steuerbegünstigte Zwecke verwendet.

Anwendungserlass zur Abgabenordnung

AEAO

Zu § 63 – Anforderungen an die tatsächliche Geschäftsführung: 1

1. Den Nachweis, dass die tatsächliche Geschäftsführung den notwendigen Erfordernissen entspricht, hat die Körperschaft durch ordnungsmäßige Aufzeichnungen (insbesondere Aufstellung der Einnahmen und Ausgaben, Tätigkeitsbericht, Vermögensübersicht mit Nachweisen über die Bildung und Entwicklung der Rücklagen) zu führen. Die Vorschriften der AO über die Führung von Büchern und Aufzeichnungen (§§ 140 ff.) sind zu beachten. Die Vorschriften des Handelsrechts einschließlich der entsprechenden Buchführungsvorschriften gelten nur, sofern sich dies aus der Rechtsform der Körperschaft oder aus ihrer wirtschaftlichen Tätigkeit ergibt. Bei der Verwirklichung steuerbegünstigter Zwecke im Ausland besteht eine erhöhte Nachweispflicht (§ 90 Abs. 2).
2. Die tatsächliche Geschäftsführung umfasst auch die Ausstellung steuerlicher Zuwendungsbestätigungen. Bei Missbräuchen auf diesem Gebiet, z. B. durch die Ausstellung von Gefälligkeitsbestätigungen, ist die Steuerbegünstigung zu versagen.

---

[1] Vgl. dazu aber auch BMF-Schreiben vom 7. 7. 2010 – IV C 4 – S 0180/07/0001 :001, AO 61/3.

§ 63 AO
AEAO Rsp

3. Die tatsächliche Geschäftsführung muss sich im Rahmen der verfassungsmäßigen Ordnung halten, da die Rechtsordnung als selbstverständlich das gesetzestreue Verhalten aller Rechtsunterworfenen voraussetzt. Als Verstoß gegen die Rechtsordnung, der die Steuerbegünstigung ausschließt, kommt auch eine Steuerverkürzung in Betracht (BFH-Urteil vom 27. 9. 2001 – V R 17/99 – BStBl II 2002 S. 169). *Die verfassungsmäßige Ordnung wird schon durch die Nichtbefolgung von polizeilichen Anordnungen durchbrochen (BFH-Urteil vom 29. 8. 1984, BStBl 1985 II, S. 106). Gewaltfreier Widerstand, z. B. Sitzblockaden, gegen geplante Maßnahmen des Staates, verstößt grundsätzlich nicht gegen die verfassungsmäßige Ordnung (vgl. BVerfG-Beschluss vom 10. 1. 1995 – 1 BvR 718/89, 1 BvR 719/89, 1 BvR 722/89, 1 BvR 723/89 – BVerfGE 92, 1–25).*

Rsp **Rechtsprechung**

2 **BFH vom 11. 6. 2001 – I B 30/01 (HFR 2001 S. 1048)**

Ist einer Körperschaft für einen Veranlagungszeitraum ein Bescheid über die Freistellung von der Körperschaftsteuer gemäß § 5 Abs. 1 Nr. 9 KStG erteilt worden, ist sie auch für die Folgejahre vorläufig zum Empfang steuerbegünstigter Spenden berechtigt (Anschluss an den rechtsprechungsändernden BFH-Beschluss vom 23. 9. 1998 I B 82/98, BStBl II 2000, 814).

3 **BFH vom 27. 9. 2001 – V R 17/99 (BStBl 2002 II S. 169)**

Eine Körperschaft verfolgt dann keine gemeinnützigen Zwecke, wenn sie Tätigkeiten nachgeht, die gegen die Rechtsordnung verstoßen. Dies kann eine der Körperschaft als tatsächliche Geschäftsführung zurechenbare Lohnsteuerverkürzung sein. Die Zurechenbarkeit eines eigenmächtigen Handelns einer für die Körperschaft tätigen Person ist bereits bei grober Vernachlässigung der dem Vertretungsorgan obliegenden Überwachungspflichten zu bejahen; insoweit kommt auch ein Organisationsverschulden in Betracht (Fortführung des BFH-Urteils vom 31. 7. 1963, HFR 1963 S. 407).

4 **BFH vom 23. 7. 2003 – I R 29/02 (BStBl 2003 I S. 930)**

Zur tatsächlichen Geschäftsführung i. S. des § 63 Abs. 1 AO gehören alle der Körperschaft zuzurechnenden Handlungen und somit die Tätigkeiten und Entscheidungen, die der Verwirklichung der Satzungszwecke vorausgehen und sie vorbereiten.

5 **BFH vom 16. 5. 2007 – I R 14/06 (BStBl 2007 I S. 808)**

Die Körperschaftsteuerbefreiung einer Körperschaft, die nach ihrer Satzung steuerbegünstigte Zwecke verfolgt, endet, wenn die eigentliche steuerbegünstigte Tätigkeit eingestellt und über das Vermögen der Körperschaft das Konkurs- oder Insolvenzverfahren eröffnet wird.

6 **BFH vom 12. 10. 2010 – I R 59/09 (HFR 2011 S. 257)**

Ist die tatsächliche Geschäftsführung einer gemeinnützigen GmbH nicht während des gesamten Besteuerungszeitraums auf die ausschließliche und unmittelbare Erfüllung der steuerbegünstigten Zwecke gerichtet, führt dies grundsätzlich nur zu einer Versagung der Steuerbefreiung für diesen Besteuerungszeitraum. Schüttet eine gemeinnützige GmbH jedoch die aus der gemeinnützigen Tätigkeit erzielten Gewinne überwiegend verdeckt an ihre steuerpflichtigen Gesellschafter aus, liegt ein schwer wiegender Verstoß gegen § 55 Abs. 1 Nr. 1 bis 3 AO vor, der die Anwendung des § 61 Abs. 2 AO ermöglicht.

7 **BFH vom 9. 2. 2011 – I R 19/10 (HFR 2011 S. 952)**

Die tatsächliche Geschäftsführung eines Vereins, der wegen Verfolgung gemeinnütziger Zwecke die Befreiung von der Körperschaftsteuer begehrt, muss auf die ausschließliche Erfüllung seiner steuerbegünstigten satzungsmäßigen Zwecke gerichtet sein. Diese Voraussetzung ist nicht gegeben, wenn der Verein in seiner Selbstdarstellung im Internet umfänglich zu politischen Themen Stellung bezieht, die nichts mit seinem satzungsmäßigen Zweck zu tun haben.

§ 64 Steuerpflichtige wirtschaftliche Geschäftsbetriebe

(1) Schließt das Gesetz die Steuervergünstigung insoweit aus, als ein wirtschaftlicher Geschäftsbetrieb (§ 14) unterhalten wird, so verliert die Körperschaft die Steuervergünstigung für die dem Geschäftsbetrieb zuzuordnenden Besteuerungsgrundlagen (Einkünfte, Umsätze, Vermögen), soweit der wirtschaftliche Geschäftsbetrieb kein Zweckbetrieb (§§ 65 bis 68) ist.

(2) Unterhält die Körperschaft mehrere wirtschaftliche Geschäftsbetriebe, die keine Zweckbetriebe (§§ 65 bis 68) sind, werden diese als ein wirtschaftlicher Geschäftsbetrieb behandelt.

(3) Übersteigen die Einnahmen einschließlich Umsatzsteuer aus wirtschaftlichen Geschäftsbetrieben, die keine Zweckbetriebe sind, insgesamt nicht 35 000 Euro im Jahr, so unterliegen die diesen Geschäftsbetrieben zuzuordnenden Besteuerungsgrundlagen nicht der Körperschaftsteuer und der Gewerbesteuer.

(4) Die Aufteilung einer Körperschaft in mehrere selbständige Körperschaften zum Zweck der mehrfachen Inanspruchnahme der Steuervergünstigung nach Absatz 3 gilt als Missbrauch von rechtlichen Gestaltungsmöglichkeiten im Sinne des § 42.

(5) Überschüsse aus der Verwertung unentgeltlich erworbenen Altmaterials außerhalb einer ständig dafür vorgehaltenen Verkaufsstelle, die der Körperschaftsteuer und der Gewerbesteuer unterliegen, können in Höhe des branchenüblichen Reingewinns geschätzt werden.

(6) Bei den folgenden steuerpflichtigen wirtschaftlichen Geschäftsbetrieben kann der Besteuerung ein Gewinn von 15 Prozent der Einnahmen zu Grunde gelegt werden:
1. Werbung für Unternehmen, die im Zusammenhang mit der steuerbegünstigten Tätigkeit einschließlich Zweckbetrieben stattfindet,
2. Totalisatorbetriebe,
3. Zweite Fraktionierungsstufe der Blutspendedienste.

Anwendungserlass zur Abgabenordnung

Zu § 64 – Steuerpflichtige wirtschaftliche Geschäftsbetriebe:

Zu § 64 Abs. 1:

1. Als Gesetz, das die Steuervergünstigung teilweise, nämlich für den wirtschaftlichen Geschäftsbetrieb (§ 14 Sätze 1 und 2), ausschließt, ist das jeweilige Steuergesetz zu verstehen, also § 5 Abs. 1 Nr. 9 KStG, § 3 Nr. 6 GewStG, § 12 Abs. 2 Nr. 8 Satz 2 UStG, § 3 Abs. 1 Nr. 3b GrStG i. V. m. A 12 Abs. 4 GrStR.

2. Wegen des Begriffs „Wirtschaftlicher Geschäftsbetrieb" wird auf § 14 hingewiesen. Zum Begriff der „Nachhaltigkeit" bei wirtschaftlichen Geschäftsbetrieben siehe BFH-Urteil vom 21. 8. 1985 – I R 60/80 – BStBl II 1986 S. 88. Danach ist eine Tätigkeit grundsätzlich nachhaltig, wenn sie auf Wiederholung angelegt ist. Es genügt, wenn bei der Tätigkeit der allgemeine Wille besteht, gleichartige oder ähnliche Handlungen bei sich bietender Gelegenheit zu wiederholen. Wiederholte Tätigkeiten liegen auch vor, wenn der Grund zum Tätigwerden auf einem einmaligen Entschluss beruht, die Erledigung aber mehrere (Einzel-)Tätigkeiten erfordert. Die Einnahmen aus der Verpachtung eines vorher selbst betriebenen wirtschaftlichen Geschäftsbetriebs unterliegen solange der Körperschaft- und Gewerbesteuer, bis die Körperschaft die Betriebsaufgabe erklärt (BFH-Urteil vom 4. 4. 2007 – I R 55/06 – BStBl II, S. 725).

3. Ob eine an einer Personengesellschaft oder Gemeinschaft beteiligte steuerbegünstigte Körperschaft gewerbliche Einkünfte bezieht und damit einen wirtschaftlichen Geschäftsbetrieb (§ 14 Sätze 1 und 2) unterhält, wird im einheitlichen und gesonderten Gewinnfeststellungsbescheid der Personengesellschaft bindend festgestellt (BFH-Urteil vom 27. 7. 1988 – I R 113/84 – BStBl II 1989 S. 134). Ob der wirtschaftliche Geschäftsbetrieb steuerpflichtig ist oder ein Zweckbetrieb (§§ 65 bis 68) vorliegt, ist dagegen bei der Körperschaftsteuerveranlagung der steuerbegünstigten Körperschaft zu entscheiden. Die Beteiligung einer steuerbegünstigten Körperschaft an einer Kapitalgesellschaft ist grundsätzlich Vermögensverwaltung (§ 14 Satz 3). Sie stellt jedoch einen wirtschaftlichen Geschäftsbetrieb dar, wenn mit ihr tatsächlich ein entscheidender Einfluss auf die laufende Geschäftsführung der Kapitalgesellschaft ausgeübt wird oder ein Fall der Betriebsaufspaltung vorliegt (vgl. BFH-Urteil vom 30. 6. 1971 – I R 57/70 – BStBl II S. 753; H 15.7 Abs. 4 bis 6 EStH). Besteht die Beteiligung an einer Kapitalgesellschaft, die selbst ausschließlich der Vermögensverwaltung dient, so liegt auch bei Einflussnahme auf die Geschäftsführung kein wirtschaftlicher Geschäftsbetrieb vor, R 16 Abs. 5 KStR. Dies gilt auch bei Beteiligung an einer steuerbegünstigten Kapitalgesellschaft. Die Grundsätze der Betriebsaufspaltung sind nicht anzuwenden, wenn sowohl das Betriebs- als auch das Besitzunternehmen steuerbegünstigt sind. *Dies gilt aber nur insoweit, als die über-*

§ 64 AO
AEAO

lassen wesentlichen Betriebsgrundlagen bei dem Betriebsunternehmen nicht in einem steuerpflichtigen wirtschaftlichen Geschäftsbetrieb eingesetzt werden.

4. Bei der Ermittlung des Gewinns aus dem wirtschaftlichen Geschäftsbetrieb sind die Betriebsausgaben zu berücksichtigen, die durch den Betrieb veranlasst sind. Dazu gehören Ausgaben, die dem Betrieb unmittelbar zuzuordnen sind, weil sie ohne den Betrieb nicht oder zumindest nicht in dieser Höhe angefallen wären.

5. Bei so genannten gemischt veranlassten Kosten, die sowohl durch die steuerfreie als auch durch die steuerpflichtige Tätigkeit veranlasst sind, scheidet eine Berücksichtigung als Betriebsausgaben des steuerpflichtigen wirtschaftlichen Geschäftsbetriebs grundsätzlich aus, wenn sie ihren primären Anlass im steuerfreien Bereich haben. Werden z. B. Werbemaßnahmen bei sportlichen oder kulturellen Veranstaltungen durchgeführt, sind die Veranstaltungskosten, soweit sie auch ohne die Werbung entstanden wären, keine Betriebsausgaben des steuerpflichtigen wirtschaftlichen Geschäftsbetriebs „Werbung" (BFH-Urteil vom 27. 3. 1991 – I R 31/89 – BStBl II 1992 S. 103; zur pauschalen Gewinnermittlung bei Werbung im Zusammenhang mit der steuerbegünstigten Tätigkeit einschließlich Zweckbetrieben vgl. Nrn. 28 ff.).

6. Unabhängig von ihrer primären Veranlassung ist eine anteilige Berücksichtigung von gemischt veranlassten Aufwendungen (einschließlich Absetzung für Abnutzung) als Betriebsausgaben des steuerpflichtigen wirtschaftlichen Geschäftsbetriebs dann zulässig, wenn ein objektiver Maßstab für die Aufteilung der Aufwendungen (z. B. nach zeitlichen Gesichtspunkten) auf den ideellen Bereich einschließlich der Zweckbetriebe und den steuerpflichtigen wirtschaftlichen Geschäftsbetrieb besteht.

Danach ist z. B. bei der Gewinnermittlung für den steuerpflichtigen wirtschaftlichen Geschäftsbetrieb „Greenfee" von steuerbegünstigten Golfvereinen – abweichend von den Grundsätzen des BFH-Urteils vom 27. 3. 1991 – I R 31/89 – BStBl II 1992 S. 103 – wegen der Abgrenzbarkeit nach objektiven Maßstäben (z. B. im Verhältnis der Nutzung der Golfanlage durch vereinsfremde Spieler zu den Golf spielenden Vereinsmitgliedern im Kalenderjahr) trotz primärer Veranlassung durch den ideellen Bereich des Golfvereins ein anteiliger Betriebsausgabenabzug der Aufwendungen (z. B. für Golfplatz- und Personalkosten) zulässig. Bei gemeinnützigen Musikvereinen sind Aufwendungen, die zu einem Teil mit Auftritten ihrer Musikgruppen bei eigenen steuerpflichtigen Festveranstaltungen zusammenhängen, anteilig als Betriebsausgaben des steuerpflichtigen wirtschaftlichen Geschäftsbetriebs abzuziehen. Derartige Aufwendungen sind z. B. Kosten für Notenmaterial, Uniformen und Verstärkeranlagen, die sowohl bei Auftritten, die unentgeltlich erfolgen oder Zweckbetriebe sind, als auch bei Auftritten im Rahmen eines eigenen steuerpflichtigen Betriebs eingesetzt werden. Als Maßstab für die Aufteilung kommt die Zahl der Stunden, die einschließlich der Proben auf die jeweiligen Bereiche entfallen, in Betracht.

Auch die Personal- und Sachkosten für die allgemeine Verwaltung können grundsätzlich im wirtschaftlichen Geschäftsbetrieb abgezogen werden, soweit sie bei einer Aufteilung nach objektiven Maßstäben teilweise darauf entfallen. Bei Kosten für die Errichtung und Unterhaltung von Vereinsheimen gibt es i. d. R. keinen objektiven Aufteilungsmaßstab.

7. Unter Sponsoring wird üblicherweise die Gewährung von Geld oder geldwerten Vorteilen durch Unternehmen zur Förderung von Personen, Gruppen und/oder Organisationen in sportlichen, kulturellen, kirchlichen, wissenschaftlichen, sozialen, ökologischen oder ähnlich bedeutsamen gesellschaftspolitischen Bereichen verstanden, mit der regelmäßig auch eigene unternehmensbezogene Ziele der Werbung oder Öffentlichkeitsarbeit verfolgt werden. Leistungen eines Sponsors beruhen häufig auf einer vertraglichen Vereinbarung zwischen dem Sponsor und dem Empfänger der Leistungen (Sponsoring-Vertrag), in dem Art und Umfang der Leistungen des Sponsors und des Empfängers geregelt sind.

8. Die im Zusammenhang mit dem Sponsoring erhaltenen Leistungen können bei einer steuerbegünstigten Körperschaft steuerfreie Einnahmen im ideellen Bereich, steuerfreie Einnahmen aus der Vermögensverwaltung oder Einnahmen eines steuerpflichtigen wirtschaftlichen Geschäftsbetriebs sein. Die steuerliche Behandlung der Leistungen beim Empfänger hängt grundsätzlich nicht davon ab, wie die entsprechenden Aufwendungen beim leistenden Unternehmen behandelt werden. Für die Abgrenzung gelten die allgemeinen Grundsätze.

9. Danach liegt kein wirtschaftlicher Geschäftsbetrieb vor, wenn die steuerbegünstigte Körperschaft dem Sponsor nur die Nutzung ihres Namens zu Werbezwecken in der Weise gestattet, dass der Sponsor selbst zu Werbezwecken oder zur Imagepflege auf seine Leistungen an die Körperschaft hinweist.

Ein wirtschaftlicher Geschäftsbetrieb liegt auch dann nicht vor, wenn der Empfänger der Leistungen z. B. auf Plakaten, Veranstaltungshinweisen, in Ausstellungskatalogen oder in anderer Weise auf die Unterstützung durch einen Sponsor lediglich hinweist. Dieser Hinweis kann unter Verwendung des Namens, Emblems oder Logos des Sponsors, jedoch ohne besondere Hervorhebung, erfolgen. Entsprechende Sponsoringeinnahmen sind nicht als Einnahmen aus der Vermögensverwaltung anzusehen. Eine Zuführung zur freien Rücklage nach § 58 Nr. 7

Buchstabe a ist daher lediglich i.H.v. 10 v. H. der Einnahmen, nicht aber i.H.v. einem Drittel des daraus erzielten Überschusses möglich.

10. Ein wirtschaftlicher Geschäftsbetrieb liegt dagegen vor, wenn die Körperschaft an den Werbemaßnahmen mitwirkt. **Dies ist z. B. der Fall, wenn die Körperschaft dem Sponsor das Recht einräumt, in einem von ihr herausgegebenen Publikationsorgan Werbeanzeigen zu schalten, einschlägige sponsorbezogene Themen darzustellen und bei Veranstaltungen der Körperschaft deren Mitglieder über diese Themen zu informieren und dafür zu werben (vgl. BFH-Urteil vom 7. 11. 2007 – I R 42/06 – BStBl 2008 II, S. 949).** Der wirtschaftliche Geschäftsbetrieb kann kein Zweckbetrieb (§§ 65 bis 68) sein. Soweit Sponsoringeinnahmen unmittelbar in einem aus anderen Gründen steuerpflichtigen wirtschaftlichen Geschäftsbetrieb anfallen, sind sie diesem zuzurechnen.

Zu § 64 Abs. 2:

11. Die Regelung, dass bei steuerbegünstigten Körperschaften mehrere steuerpflichtige wirtschaftliche Geschäftsbetriebe als ein Betrieb zu behandeln sind, gilt für die Ermittlung des steuerpflichtigen Einkommens der Körperschaft und für die Beurteilung der Buchführungspflicht nach § 141 Abs. 1. Für die Frage, ob die Grenzen für die Buchführungspflicht überschritten sind, kommt es also auf die Werte (Einnahmen, Überschuss) des Gesamtbetriebs an.

12. § 55 Abs. 1 Nr. 1 Satz 2 und Nr. 3 gilt auch für den steuerpflichtigen wirtschaftlichen Geschäftsbetrieb. Das bedeutet u. a., dass Verluste und Gewinnminderungen in den einzelnen steuerpflichtigen wirtschaftlichen Geschäftsbetrieben nicht durch Zuwendungen an Mitglieder oder durch unverhältnismäßig hohe Vergütungen entstanden sein dürfen.

13. Bei einer Körperschaft, die mehrere steuerpflichtige wirtschaftliche Geschäftsbetriebe unterhält, ist für die Frage, ob gemeinnützigkeitsschädliche Verluste vorliegen, nicht auf das Ergebnis des einzelnen steuerpflichtigen wirtschaftlichen Geschäftsbetriebs, sondern auf das zusammengefasste Ergebnis aller steuerpflichtigen wirtschaftlichen Geschäftsbetriebe abzustellen. Danach ist die Gemeinnützigkeit einer Körperschaft gefährdet, wenn die steuerpflichtigen wirtschaftlichen Geschäftsbetriebe insgesamt Verluste erwirtschaften (vgl. zu § 55, Nrn. 4 ff.).

In den Fällen des § 64 Abs. 5 und 6 ist nicht der geschätzte bzw. pauschal ermittelte Gewinn, sondern das Ergebnis zu berücksichtigen, das sich bei einer Ermittlung nach den allgemeinen Regelungen ergeben würde (vgl. Nrn. 4 bis 6).

Zu § 64 Abs. 3:

14. Die Höhe der Einnahmen aus den steuerpflichtigen wirtschaftlichen Geschäftsbetrieben bestimmt sich nach den Grundsätzen der steuerlichen Gewinnermittlung. Bei steuerbegünstigten Körperschaften, die den Gewinn nach § 4 Abs. 1 oder § 5 EStG ermitteln, kommt es deshalb nicht auf den Zufluss i. S. d. § 11 EStG an, so dass auch Forderungszugänge als Einnahmen zu erfassen sind. Bei anderen steuerbegünstigten Körperschaften sind die im Kalenderjahr zugeflossenen Einnahmen (§ 11 EStG) maßgeblich. Ob die Einnahmen die Besteuerungsgrenze übersteigen, ist für jedes Jahr gesondert zu prüfen. Nicht leistungsbezogene Einnahmen sind nicht den für die Besteuerungsgrenze maßgeblichen Einnahmen zuzurechnen (vgl. Nr. 16).

15. Zu den Einnahmen i. S. des § 64 Abs. 3 gehören leistungsbezogene Einnahmen einschließlich Umsatzsteuer aus dem laufenden Geschäft, wie Einnahmen aus dem Verkauf von Speisen und Getränken. Dazu zählen auch erhaltene Anzahlungen.

16. Zu den leistungsbezogenen Einnahmen i. S. d. Nr. 15 gehören z. B. nicht
   a) der Erlös aus der Veräußerung von Wirtschaftsgütern des Anlagevermögens des steuerpflichtigen wirtschaftlichen Geschäftsbetriebs;
   b) Betriebskostenzuschüsse sowie Zuschüsse für die Anschaffung oder Herstellung von Wirtschaftsgütern des steuerpflichtigen wirtschaftlichen Geschäftsbetriebs;
   c) Investitionszulagen;
   d) der Zufluss von Darlehen;
   e) Entnahmen i. S. d. § 4 Abs. 1 EStG;
   f) die Auflösung von Rücklagen;
   g) erstattete Betriebsausgaben, z. B. Gewerbe- oder Umsatzsteuer;
   h) Versicherungsleistungen mit Ausnahme des Ersatzes von leistungsbezogenen Einnahmen.

17. Ist eine steuerbegünstigte Körperschaft an einer Personengesellschaft oder Gemeinschaft beteiligt, sind für die Beurteilung, ob die Besteuerungsgrenze überschritten wird, die anteiligen (Brutto-)Einnahmen aus der Beteiligung – nicht aber der Gewinnanteil – maßgeblich. Bei Beteiligung einer steuerbegünstigten Körperschaft an einer Kapitalgesellschaft sind die

§ 64 AO
AEAO

Bezüge i. S. d. § 8b Abs. 1 KStG und die Erlöse aus der Veräußerung von Anteilen i. S. d. § 8b Abs. 2 KStG als Einnahmen i. S. d. § 64 Abs. 3 zu erfassen, wenn die Beteiligung einen steuerpflichtigen wirtschaftlichen Geschäftsbetrieb darstellt (vgl. Nr. 3) oder in einem steuerpflichtigen wirtschaftlichen Geschäftsbetrieb gehalten wird.

18. In den Fällen des § 64 Abs. 5 und 6 sind für die Prüfung, ob die Besteuerungsgrenze i. S. d. § 64 Abs. 3 überschritten wird, die tatsächlichen Einnahmen anzusetzen.

19. Einnahmen aus sportlichen Veranstaltungen, die nach § 67a Abs. 1 Satz 1 oder – bei einer Option – Abs. 3 kein Zweckbetrieb sind, gehören zu den Einnahmen i. S. d. § 64 Abs. 3.

Beispiel:

Ein Sportverein, der auf die Anwendung des § 67a Abs. 1 Satz 1 (Zweckbetriebsgrenze) verzichtet hat, erzielt im Jahr 01 folgende Einnahmen aus wirtschaftlichen Geschäftsbetrieben:

Sportliche Veranstaltungen, an denen kein bezahlter Sportler teilgenommen hat:	40 000 €
Sportliche Veranstaltungen, an denen bezahlte Sportler des Vereins teilgenommen haben:	20 000 €
Verkauf von Speisen und Getränken:	5 000 €

Die Einnahmen aus wirtschaftlichen Geschäftsbetrieben, die keine Zweckbetriebe sind, betragen 25 000 € (20 000 € + 5 000 €). Die Besteuerungsgrenze von 35 000 € wird nicht überschritten.

20. Eine wirtschaftliche Betätigung verliert durch das Unterschreiten der Besteuerungsgrenze nicht den Charakter des steuerpflichtigen wirtschaftlichen Geschäftsbetriebs. Das bedeutet, dass kein Beginn einer teilweisen Steuerbefreiung i. S. des § 13 Abs. 5 KStG vorliegt und dementsprechend keine Schlussbesteuerung durchzuführen ist, wenn Körperschaft- und Gewerbesteuer wegen § 64 Abs. 3 nicht mehr erhoben werden.

21. Bei Körperschaften mit einem vom Kalenderjahr abweichenden Wirtschaftsjahr sind für die Frage, ob die Besteuerungsgrenze überschritten wird, die in dem Wirtschaftsjahr erzielten Einnahmen maßgeblich.

22. Der allgemeine Grundsatz des Gemeinnützigkeitsrechts, dass für die steuerbegünstigten Zwecke gebundene Mittel nicht für den Ausgleich von Verlusten aus steuerpflichtigen wirtschaftlichen Geschäftsbetrieben verwendet werden dürfen, wird durch § 64 Abs. 3 nicht aufgehoben. Unter diesem Gesichtspunkt braucht jedoch bei Unterschreiten der Besteuerungsgrenze der Frage der Mittelverwendung nicht nachgegangen zu werden, wenn bei überschlägiger Prüfung der Aufzeichnungen erkennbar ist, dass in steuerpflichtigen wirtschaftlichen Geschäftsbetrieb (§ 64 Abs. 2) keine Verluste entstanden sind.

23. Verluste und Gewinne aus Jahren, in denen die maßgeblichen Einnahmen die Besteuerungsgrenze nicht übersteigen, bleiben bei dem Verlustabzug (§ 10d EStG) außer Ansatz. Ein rück- und vortragbarer Verlust kann danach nur in Jahren entstehen, in denen die Einnahmen die Besteuerungsgrenze übersteigen. Dieser Verlust wird nicht für Jahre verbraucht, in denen die Einnahmen die Besteuerungsgrenze von 35 000 € nicht übersteigen.

Zu § 64 Abs. 4:

24. § 64 Abs. 4 gilt nicht für regionale Untergliederungen (Landes-, Bezirks-, Ortsverbände) steuerbegünstigter Körperschaften.

Zu § 64 Abs. 5:

25. § 64 Abs. 5 gilt nur für Altmaterialsammlungen (Sammlung und Verwertung von Lumpen, Altpapier, Schrott). Die Regelung gilt nicht für den Einzelverkauf gebrauchter Sachen (Gebrauchtwarenhandel). Basare und ähnliche Einrichtungen sind deshalb nicht begünstigt *(vgl. BFH-Urteil vom 11. 2. 2009 – I R 73/08 – BStBl II, S. 516)*.

26. § 64 Abs. 5 ist nur anzuwenden, wenn die Körperschaft dies beantragt (Wahlrecht).

27. Der branchenübliche Reingewinn ist bei der Verwertung von Altpapier mit 5 v. H. und bei der Verwertung von anderem Altmaterial mit 20 v. H. der Einnahmen anzusetzen.

Zu § 64 Abs. 6:

28. Bei den genannten steuerpflichtigen wirtschaftlichen Geschäftsbetrieben ist der Besteuerung auf Antrag der Körperschaft ein Gewinn von 15 v. H. der Einnahmen zugrunde zu legen. Der Antrag gilt jeweils für alle gleichartigen Tätigkeiten in dem betreffenden Veranlagungszeitraum. Er entfaltet keine Bindungswirkung für folgende Veranlagungszeiträume.

29. Nach § 64 Abs. 6 Nr. 1 kann der Gewinn aus Werbemaßnahmen pauschal ermittelt werden, wenn sie im Zusammenhang mit der steuerbegünstigten Tätigkeit einschließlich Zweckbetrieben stattfinden. Beispiele für derartige Werbemaßnahmen sind die Trikot- oder Bandenwerbung bei Sportveranstaltungen, die ein Zweckbetrieb sind, oder die aktive Werbung in

Programmheften oder auf Plakaten bei kulturellen Veranstaltungen. Dies gilt auch für Sponsoring i. S. v. Nr. 10.

30. Soweit Werbeeinnahmen nicht im Zusammenhang mit der ideellen steuerbegünstigten Tätigkeit oder einem Zweckbetrieb erzielt werden, z. B. Werbemaßnahmen bei einem Vereinsfest oder bei sportlichen Veranstaltungen, die wegen Überschreitens der Zweckbetriebsgrenze des § 67a Abs. 1 oder wegen des Einsatzes bezahlter Sportler ein steuerpflichtiger wirtschaftlicher Geschäftsbetrieb sind, ist § 64 Abs. 6 nicht anzuwenden.

31. Nach § 64 Abs. 6 Nr. 2 kann auch der Gewinn aus dem Totalisatorbetrieb der Pferderennvereine mit 15 v. H. der Einnahmen angesetzt werden. Die maßgeblichen Einnahmen ermitteln sich wie folgt:

    Wetteinnahmen
    abzgl. Rennwettsteuer (Totalisatorsteuer)
    abzgl. Auszahlungen an die Wetter.

Zu § 64 Abs. 5 und 6:

32. Wird in den Fällen des § 64 Abs. 5 oder 6 kein Antrag auf Schätzung des Überschusses oder auf pauschale Gewinnermittlung gestellt, ist der Gewinn nach den allgemeinen Regeln durch Gegenüberstellung der Betriebseinnahmen und der Betriebsausgaben zu ermitteln (vgl. Nrn. 4 bis 6).

33. Wird der Überschuss nach § 64 Abs. 5 geschätzt oder nach § 64 Abs. 6 pauschal ermittelt, sind dadurch auch die damit zusammenhängenden tatsächlichen Aufwendungen der Körperschaft abgegolten; sie können nicht zusätzlich abgezogen werden.

34. Wird der Überschuss nach § 64 Abs. 5 geschätzt oder nach § 64 Abs. 6 pauschal ermittelt, muss die Körperschaft die mit diesen Einnahmen im Zusammenhang stehenden Einnahmen und Ausgaben gesondert aufzeichnen. Die genaue Höhe der Einnahmen wird zur Ermittlung des Gewinns nach § 64 Abs. 5 bzw. 6 benötigt. Die mit diesen steuerpflichtigen wirtschaftlichen Geschäftsbetrieben zusammenhängenden Ausgaben dürfen das Ergebnis der anderen steuerpflichtigen wirtschaftlichen Geschäftsbetriebe nicht mindern.

35. Die in den Bruttoeinnahmen ggf. enthaltene Umsatzsteuer gehört nicht zu den maßgeblichen Einnahmen i. S. d. § 64 Abs. 5 und 6.

Rechtsprechung

BFH vom 13. 3. 1991 – I R 8/88 (BStBl 1992 II S. 101)

Ein gemeinnütziger Verein unterhält mit der entgeltlichen Gestattung von Bandenwerbung in seinen Sportstätten einen steuerschädlichen wirtschaftlichen Geschäftsbetrieb.

BFH vom 27. 3. 2001 – I R 78/99 (BStBl 2001 II S. 449)

1. Die Beteiligung einer steuerbefreiten Körperschaft an einer gewerblich tätigen Personengesellschaft begründet einen wirtschaftlichen Geschäftsbetrieb. Dies gilt auch für Kommanditbeteiligungen.
2. Im Rahmen der Anwendung des § 64 Abs. 3 AO ist auf die Bruttoeinnahmen abzustellen.

BFH vom 4. 4. 2007 – I R 76/05 (BStBl 2007 II S. 631)

1. Eine Forschungseinrichtung finanziert sich nicht überwiegend aus Zuwendungen der öffentlichen Hand oder Dritter oder aus der Vermögensverwaltung, wenn die Einnahmen aus Auftragsforschung oder Ressortforschung mehr als 50 v. H. der gesamten Einnahmen betragen.
2. Ob in diesem Fall die Auftragsforschung in einem steuerpflichtigen wirtschaftlichen Geschäftsbetrieb zu erfassen ist, oder die Steuerbefreiung insgesamt verloren geht, ist danach zu beurteilen, ob die Auftragsforschung der eigenen Forschung dient oder als eigenständiger Zweck verfolgt wird.

BFH vom 4. 4. 2007 – I R 55/06 (BStBl 2007 II S. 725)

Verpachtet eine gemeinnützige Körperschaft einen zuvor von ihr selbst betriebenen wirtschaftlichen Geschäftsbetrieb, unterliegt sie mit den Pachteinnahmen solange der Körperschaft- und Gewerbesteuer, bis sie die Betriebsaufgabe erklärt. Überschreiten die Pachteinnahmen die Besteuerungsgrenze des § 64 Abs. 3 AO nicht, sind bei ihr die Pachtentgelte allerdings nicht zur Gewerbesteuer heranzuziehen. Gemäß § 8 Nr. 7 Satz 1 GewStG ist daher die Hälfte der Pachtzinsen beim Pächter dem Gewerbeertrag hinzuzurechnen.

8 BFH vom 1. 7. 2009 – I R 6/08 (BFH/NV 2009 S. 1837)

1. Aus § 5 Abs. 1 Nr. 9 Satz 2 KStG folgt, dass steuerbegünstigte Körperschaftsteuersubjekte eine wirtschaftliche Tätigkeit ausüben dürfen. Aufwendungen zur Ingangsetzung einer wirtschaftlichen Tätigkeit sind unschädlich, sofern mit Überschüssen zu rechnen ist.
2. Zeitnah zu verwendende Mittel sind grundsätzlich nicht im Bereich der Einkünfteerzielung, sondern unmittelbar zur Verwirklichung des steuerbegünstigten Zwecks einzusetzen.
3. Sobald absehbar ist, dass durch den wirtschaftlichen Geschäftsbetrieb zeitnah keine Überschüsse mehr erzielt werden können, ist die wirtschaftliche Tätigkeit einzustellen.
4. Der wirtschaftliche Geschäftsbetrieb wandelt sich auch in den Jahren, in denen die Besteuerungsgrenze unterschritten wird, nicht in einen Zweckbetrieb.

§ 65 Zweckbetrieb

Ein Zweckbetrieb ist gegeben, wenn
1. der wirtschaftliche Geschäftsbetrieb in seiner Gesamtrichtung dazu dient, die steuerbegünstigten satzungsmäßigen Zwecke der Körperschaft zu verwirklichen,
2. die Zwecke nur durch einen solchen Geschäftsbetrieb erreicht werden können und
3. der wirtschaftliche Geschäftsbetrieb zu nicht begünstigten Betrieben derselben oder ähnlicher Art nicht in größerem Umfang in Wettbewerb tritt, als es bei Erfüllung der steuerbegünstigten Zwecke unvermeidbar ist.

Anwendungserlass zur Abgabenordnung

1 Zu § 65 – Zweckbetrieb:

1. Der Zweckbetrieb ist ein wirtschaftlicher Geschäftsbetrieb i. S. v. § 14. Jedoch wird ein wirtschaftlicher Geschäftsbetrieb unter bestimmten Voraussetzungen steuerlich dem begünstigten Bereich der Körperschaft zugerechnet.
2. Ein Zweckbetrieb muss tatsächlich und unmittelbar satzungsmäßige Zwecke der Körperschaft verwirklichen, die ihn betreibt. Es genügt nicht, wenn er begünstigte Zwecke verfolgt, die nicht satzungsmäßige Zwecke der ihn tragenden Körperschaft sind. Ebenso wenig genügt es, wenn er der Verwirklichung begünstigter Zwecke nur mittelbar dient, z. B. durch Abführung seiner Erträge (BFH-Urteil vom 21. 8. 1985 – I R 60/80 – BStBl II 1986 S. 88). Ein Zweckbetrieb muss deshalb in seiner Gesamtrichtung mit den ihn begründenden Tätigkeiten und nicht nur mit den durch ihn erzielten Einnahmen den steuerbegründenden Zwecken dienen (BFH-Urteil vom 26. 4. 1995 – I R 35/93 – BStBl II S. 767).
3. Weitere Voraussetzung eines Zweckbetriebes ist, dass die Zwecke der Körperschaft nur durch ihn erreicht werden können. Die Körperschaft muss den Zweckbetrieb zur Verwirklichung ihrer satzungsmäßigen Zwecke unbedingt und unmittelbar benötigen. **Dies ist zum Beispiel nicht der Fall beim Betrieb einer Beschaffungsstelle (zentraler Ein- und Verkauf von Ausrüstungsgegenständen, Auftragsbeschaffung, etc.), da dieser weder unentbehrlich noch das einzige Mittel zur Erreichung des steuerbegünstigten Zwecks ist.**
4. Der Wettbewerb des Zweckbetriebes zu nicht begünstigten Betrieben derselben oder ähnlicher Art muss auf das zur Erfüllung der steuerbegünstigten Zwecke unvermeidbare Maß begrenzt sein. **Wettbewerb i.S.d. § 65 Nr. 3 setzt nicht voraus, dass die Körperschaft auf einem Gebiet tätig ist, in der sie tatsächlich in Konkurrenz zu steuerpflichtigen Betrieben derselben oder ähnlicher Art tritt. Der Sinn und Zweck des § 65 Nr. 3 liegt in einem umfänglichen Schutz des Wettbewerbs, der auch den potentiellen Wettbewerb umfasst (vgl. BFH-Urteile vom 27. 10. 1993 – I R 60/91 – BStBl 1994 II, S. 573 und vom 29. 1. 2009 – V R 46/06 – BStBl II, S. 560).** Ein Zweckbetrieb ist daher – entgegen dem BFH-Urteil vom 30. 3. 2000 – V R 30/99 – BStBl II S. 705 – bereits dann nicht gegeben, wenn ein Wettbewerb mit steuerpflichtigen Unternehmen lediglich möglich wäre, ohne dass es auf die tatsächliche Wettbewerbssituation vor Ort ankommt. Unschädlich ist dagegen der uneingeschränkte Wettbewerb zwischen Zweckbetrieben, die demselben steuerbegünstigten Zweck dienen und ihn in der gleichen oder in ähnlicher Form verwirklichen.

Hinweise

**Veranstalten von Galopprennen und Betrieb eines Totalisators;
Urteil des Bundesfinanzhofs (BFH) – I R 15/07 –
vom 22. 4. 2009 (BStBl II 2011 S. 475)**

(BMF-Schreiben vom 4. 5. 2011 – IV C 4 – S 0171/07/0011 :001,
BStBl 2011 I S. 539)

Der BFH hat mit Urteil vom 22. April 2009 – I R 15/07 – (BStBl II 2011 S. 475) entgegen seiner früheren Rechtsprechung (vgl. BFH-Urteil vom 5. Juni 2003 – I R 76/01 BStBl II 2005, 305) entschieden, das Veranstalten von Trabrennen könne ein steuerpflichtiger wirtschaftlicher Geschäftsbetrieb sein, der mit dem Betrieb eines Totalisators einen einheitlichen wirtschaftlichen Geschäftsbetrieb bilde. Diesem Betrieb seien sämtliche Einnahmen und Ausgaben zuzuordnen, die durch ihn veranlasst seien.

Nach dem Ergebnis der Erörterungen mit den obersten Finanzbehörden der Länder ist das Urteil über den entschiedenen Einzelfall hinaus allgemein anzuwenden; für Körperschaften, die am 27. Mai 2009 bereits bestanden haben und als steuerbegünstigt anerkannt waren, sind die Urteilsgrundsätze jedoch erst für nach dem 31. Dezember 2011 beginnende Veranlagungszeiträume anzuwenden. Diese zeitliche Begrenzung der Anwendbarkeit des Urteils gilt nicht für Körperschaften,
- die nach dem 27. Mai 2009 gegründet wurden oder,
- die zwar bereits am 27. Mai 2009 bestanden haben, aber die Anerkennung der Gemeinnützigkeit erstmalig nach dem 27. Mai 2009 beantragt haben oder noch beantragen werden.

Rechtsprechung

BFH vom 30. 3. 2000 – V R 30/99 (BStBl 2000 II S. 705)

1. Gestattet ein als gemeinnützig anerkannter Eislaufverein sowohl Mitgliedern als auch Nichtmitgliedern die Benutzung seiner Eisbahn gegen Entgelt und vermietet er in diesem Zusammenhang Schlittschuhe, unterliegen diese entgeltlichen Leistungen gemäß § 12 Abs. 2 Nr. 8 UStG 1980 dem ermäßigten Umsatzsteuersatz, wenn sie im Rahmen eines Zweckbetriebs ausgeführt werden.
2. Dies setzt u. a. voraus, dass der Eislaufverein mit den Leistungen zu nicht begünstigten Betrieben derselben oder ähnlicher Art nicht in größerem Umfang in Wettbewerb tritt, als es bei Erfüllung seiner steuerbegünstigten Zwecke unvermeidbar ist.
3. Ein Wettbewerb in diesem Sinne liegt vor, wenn im Einzugsbereich des Eislaufvereins ein nicht steuerbegünstigter Unternehmer den Nutzern der Eisbahn gleiche Leistungen wie der Eislaufverein anbietet oder anbieten könnte.

BFH vom 4. 6. 2003 – I R 25/02 (BStBl 2004 II S. 660)

§ 68 AO ist gegenüber § 65 AO als vorrangige Vorschrift zu verstehen. Daher setzt die steuerliche Begünstigung eines Betriebes als Zweckbetrieb gemäß § 68 Nr. 3 Alternative 2 AO nicht voraus, dass die von ihm ausgehende Wettbewerbswirkung das zur Erfüllung des steuerbegünstigten Zwecks unvermeidbare Maß nicht übersteigt.

BFH vom 19. 2. 2004 – V R 39/02 (BStBl 2004 II S. 672)

Das Einstellen und Betreuen von Pferden durch einen gemeinnützigen Verein ist nach § 12 Abs. 2 Nr. 8 Buchst. a UStG 1991/1993 ermäßigt zu besteuern, wenn die Umsätze im Rahmen eines Zweckbetriebs nach § 65 Abs. 1 AO erbracht werden und nicht umsatzsteuerfrei sind.

BFH vom 6. 4. 2005 – I R 85/04 (BStBl 2005 II S. 545)

Die entgeltliche (Mit-)Überlassung eines medizinischen Großgerätes und nichtärztlichen medizinisch-technischen Personals an eine ärztliche Gemeinschaftspraxis durch ein Krankenhaus i. S. des § 67 Abs. 1 AO stellt einen steuerpflichtigen wirtschaftlichen Geschäftsbetrieb dar.

7 **BFH vom 18. 9. 2007 – I R 30/06 (BStBl 2009 II S. 126)**

1. ...
2. § 5 Abs. 1 Nr. 9 Satz 2 KStG, § 3 Nr. 6 Satz 2 GewStG i. V. m. §§ 64 bis 68 AO sind (auch) drittschützende Normen. Ein Verstoß der Finanzbehörden gegen diese Vorschriften kann zu einer Verletzung von Rechten der Mitbewerber führen (Bestätigung der Senatsrechtsprechung).

...

8 **BFH vom 29. 1. 2009 – V R 46/06 (BStBl 2009 II S. 560)**

Aus den Gründen:
Sind die von der Körperschaft verfolgten gemeinnützigen Zwecke ... auch ohne steuerrechtlich begünstigte entgeltliche Tätigkeit zu erreichen, so ist aus der Sicht des Gemeinnützigkeitsrechts eine Beeinträchtigung des Wettbewerbs vermeidbar (vgl. BFH-Urteile vom 30. 3. 2000 V R 30/99, BStBl II 2000, 705; vom 11. 4. 1990 I R 122/87, BStBl II 1990, 724; vom 15. 10. 1997 II R 94/94, BFH/NV 1998, 150).

Der Wettbewerbssituation steht dabei weder entgegen, dass die Leistungsempfänger ... gehalten sind, die von ihnen benötigten Leistungen nicht am freien Markt, sondern von einem der ... nahe stehenden Anbieter zu beziehen, noch ändert hieran etwas die fehlende Bereitschaft des Klägers, Verwaltungsdienstleistungen an andere als die genannten Leistungsempfänger zu erbringen. Tatsächlich werden die vom Kläger ausgeführten Leistungen auch von Angehörigen der rechts- und steuerberatenden Berufe ausgeübt. Die Wettbewerbssituation wird nicht durch die subjektive Entscheidung des Leistungsempfängers, Leistungen nur von einem bestimmten Anbieter oder Kreis von Anbietern zu empfangen, aufgehoben. Dasselbe gilt für die Entscheidung des Leistenden, nur an bestimmte Empfänger zu leisten. Wettbewerb i. S. des § 65 Nr. 3 AO setzt nicht voraus, dass die Körperschaft auf einem Gebiet tätig ist, in der sie tatsächlich in Konkurrenz zu steuerpflichtigen Betrieben derselben oder ähnlicher Art tritt. Der Sinn und Zweck des § 65 Nr. 3 AO liegt in einem umfänglichen Schutz des Wettbewerbs, der auch den potentiellen Wettbewerb umfasst (vgl. BFH-Urteile vom 27. 10. 1993 I R 60/91, BStBl II 1994, 573; vom 23. 11. 1988 I R 11/88, BStBl II 1989, 391; in BStBl II 1986, 831).

9 **BFH vom 16. 12. 2009 – I R 49/08 (BStBl 2011 II S. 398)**

Verpflichtet sich eine gemäß § 5 Abs. 1 Nr. 9 KStG steuerbefreite Körperschaft gegenüber der steuerpflichtigen Vermieterin von Wohnungen, Leistungen gegen Entgelt im Bereich des altenbetreuten Wohnens zu erbringen, begründet die Körperschaft damit weder einen Betrieb der Wohlfahrtspflege noch einen steuerbefreiten Zweckbetrieb.

10 **BFH vom 17. 2. 2010 – I R 2/08 (BStBl 2010 II S. 1006)**

Eine steuerbefreite Körperschaft, die eine andere steuerbefreite Körperschaft bei der Verwirklichung satzungsmäßiger Zwecke gegen Entgelt selbständig und eigenverantwortlich unterstützt, kann einen Zweckbetrieb unterhalten, wenn sie hierdurch zugleich eigene satzungsmäßige Ziele verfolgt.

§ 66 Wohlfahrtspflege

(1) Eine Einrichtung der Wohlfahrtspflege ist ein Zweckbetrieb, wenn sie in besonderem Maß den in § 53 genannten Personen dient.

(2) ¹Wohlfahrtspflege ist die planmäßige, zum Wohle der Allgemeinheit und nicht des Erwerbs wegen ausgeübte Sorge für notleidende oder gefährdete Mitmenschen. ²Die Sorge kann sich auf das gesundheitliche, sittliche, erzieherische oder wirtschaftliche Wohl erstrecken und Vorbeugung oder Abhilfe bezwecken.

(3) ¹Eine Einrichtung der Wohlfahrtspflege dient in besonderem Maße den in § 53 genannten Personen, wenn diesen mindestens zwei Drittel ihrer Leistungen zugute kommen. ²Für Krankenhäuser gilt § 67.

Anwendungserlass zur Abgabenordnung

Zu § 66 – Wohlfahrtspflege:

1. Die Bestimmung enthält eine Sonderregelung für wirtschaftliche Geschäftsbetriebe, die sich mit der Wohlfahrtspflege befassen.
2. Die Wohlfahrtspflege darf nicht des Erwerbs wegen ausgeführt werden. Damit ist keine Einschränkung gegenüber den Voraussetzungen der Selbstlosigkeit gegeben, wie sie in § 55 bestimmt sind.
3. Die Tätigkeit muss auf die Sorge für notleidende oder gefährdete Menschen gerichtet sein. Notleidend bzw. gefährdet sind Menschen, die eine oder beide der in § 53 Nrn. 1 und 2 genannten Voraussetzungen erfüllen. Es ist nicht erforderlich, dass die gesamte Tätigkeit auf die Förderung notleidender bzw. gefährdeter Menschen gerichtet ist. Es genügt, wenn zwei Drittel der Leistungen einer Einrichtung notleidenden bzw. gefährdeten Menschen zugute kommen. Auf das Zahlenverhältnis von gefährdeten bzw. notleidenden und übrigen geförderten Menschen kommt es nicht an.
4. Eine Einrichtung der Wohlfahrtspflege liegt regelmäßig vor bei häuslichen Pflegeleistungen durch eine steuerbegünstigte Körperschaft im Rahmen des Siebten oder Elften Buches Sozialgesetzbuch, des Bundessozialhilfegesetzes oder des Bundesversorgungsgesetzes.
5. Die Belieferung von Studentinnen und Studenten mit Speisen und Getränken in Mensa- und Cafeteria-Betrieben von Studentenwerken ist als Zweckbetrieb zu beurteilen. Der Verkauf von alkoholischen Getränken, Tabakwaren und sonstigen Handelswaren darf jedoch nicht mehr als 5 v. H. des Gesamtumsatzes ausmachen. Entsprechendes gilt für die Grundversorgung von Schülerinnen und Schülern mit Speisen und Getränken an Schulen.
6. Der Krankentransport von Personen, für die während der Fahrt eine fachliche Betreuung bzw. der Einsatz besonderer Einrichtungen eines Krankentransport- oder Rettungswagens erforderlich ist oder möglicherweise notwendig wird, ist als Zweckbetrieb zu beurteilen. *Die steuerbegünstigten Körperschaften üben ihren Rettungsdienst und Krankentransport entgegen der Annahme des BFH in seinem Beschluss vom 18. 9. 2007 – I R 30/06, BStBl 2009 II, S. 126 – regelmäßig nicht des Erwerbs wegen und zur Beschaffung zusätzlicher Mittel aus, sondern verfolgen damit ihren satzungsmäßigen steuerbegünstigten Zweck der Sorge für Not leidende oder gefährdete Menschen. Sind die übrigen Voraussetzungen erfüllt, können deshalb auch Leistungen wie der Krankentransport und der Rettungsdienst, die Wohlfahrtsverbände zu denselben Bedingungen wie private gewerbliche Unternehmen anbieten, begünstigte Einrichtungen der Wohlfahrtspflege sein.* Dagegen erfüllt die bloße Beförderung von Personen, für die der Arzt eine Krankenfahrt (Beförderung in Pkws, Taxen oder Mietwagen) verordnet hat, nicht die Kriterien nach § 66 Abs. 2.
7. *Werden die Leistungen unter gleichen Bedingungen sowohl gegenüber hilfsbedürftigen als auch nicht hilfsbedürftigen Personen erbracht, ist ein einheitlicher wirtschaftlicher Geschäftsbetrieb „Einrichtung der Wohlfahrtspflege" anzunehmen. Dieser ist als Zweckbetrieb zu behandeln, wenn die 2/3-Grenze des § 66 erfüllt wird.*
8. Gesellige Veranstaltungen sind als steuerpflichtige wirtschaftliche Geschäftsbetriebe zu behandeln. Veranstaltungen, bei denen zwar auch die Geselligkeit gepflegt wird, die aber in erster Linie zur Betreuung behinderter Personen durchgeführt werden, können unter den Voraussetzungen der §§ 65, 66 Zweckbetrieb sein.

Rechtsprechung

BFH vom 18. 9. 2007 – I R 30/06 (BStBl 2009 II S. 126)

1.–2. ...

3. § 66 AO steht einer Verpflichtungsklage nicht entgegen, die ein körperschaftsteuer- und gewerbesteuerpflichtiger Anbieter von Rettungsdienst- und Krankentransportleistungen mit dem Ziel erhebt, andere Anbieter dieser Leistungen – insbesondere Wohlfahrtsverbände – zu besteuern.

BFH vom 16. 12. 2009 – I R 49/08 (BStBl 2011 II S. 398)

Verpflichtet sich eine gemäß § 5 Abs. 1 Nr. 9 KStG steuerbefreite Körperschaft gegenüber der steuerpflichtigen Vermieterin von Wohnungen, Leistungen gegen Entgelt im Bereich des altenbetreuten Wohnens zu erbringen, begründet die Körperschaft damit weder einen Betrieb der Wohlfahrtspflege noch einen steuerbefreiten Zweckbetrieb.

§ 67 Krankenhäuser

(1) Ein Krankenhaus, das in den Anwendungsbereich des Krankenhausentgeltgesetzes oder der Bundespflegesatzverordnung fällt, ist ein Zweckbetrieb, wenn mindestens 40 Prozent der jährlichen Belegungstage oder Berechnungstage auf Patienten entfallen, bei denen nur Entgelte für allgemeine Krankenhausleistungen (§ 7 des Krankenhausentgeltgesetzes, § 10 der Bundespflegesatzverordnung) berechnet werden.

(2) Ein Krankenhaus, das nicht in den Anwendungsbereich des Krankenhausentgeltgesetzes oder der Bundespflegesatzverordnung fällt, ist ein Zweckbetrieb, wenn mindestens 40 Prozent der jährlichen Belegungstage oder Berechnungstage auf Patienten entfallen, bei denen für die Krankenhausleistungen kein höheres Entgelt als nach Absatz 1 berechnet wird.

Rechtsprechung

1 BFH vom 6. 4. 2005 – I R 85/04 (BStBl 2005 II S. 545)

Die entgeltliche (Mit-)Überlassung eines medizinischen Großgerätes und nichtärztlichen medizinisch-technischen Personals an eine ärztliche Gemeinschaftspraxis durch ein Krankenhaus i. S. des § 67 Abs. 1 AO stellt einen steuerpflichtigen wirtschaftlichen Geschäftsbetrieb dar.

§ 67a Sportliche Veranstaltungen

(1) [1]Sportliche Veranstaltungen eines Sportvereins sind ein Zweckbetrieb, wenn die Einnahmen einschließlich Umsatzsteuer insgesamt 35 000 Euro im Jahr nicht übersteigen. [2]Der Verkauf von Speisen und Getränken sowie die Werbung gehören nicht zu den sportlichen Veranstaltungen.

(2) [1]Der Sportverein kann dem Finanzamt bis zur Unanfechtbarkeit des Körperschaftsteuerbescheids erklären, dass er auf die Anwendung des Absatzes 1 Satz 1 verzichtet. [2]Die Erklärung bindet den Sportverein für mindestens fünf Veranlagungszeiträume.

(3) [1]Wird auf die Anwendung des Absatzes 1 Satz 1 verzichtet, sind sportliche Veranstaltungen eines Sportvereins ein Zweckbetrieb, wenn

1. kein Sportler des Vereins teilnimmt, der für seine sportliche Betätigung oder für die Benutzung seiner Person, seines Namens, seines Bildes oder seiner sportlichen Betätigung zu Werbezwecken von dem Verein oder einem Dritten über eine Aufwandsentschädigung hinaus Vergütungen oder andere Vorteile erhält oder

2. kein anderer Sportler teilnimmt, der für die Teilnahme an der Veranstaltung von dem Verein oder einem Dritten im Zusammenwirken mit dem Verein über eine Aufwandsentschädigung hinaus Vergütungen oder andere Vorteile erhält.

[2]Andere sportliche Veranstaltungen sind ein steuerpflichtiger wirtschaftlicher Geschäftsbetrieb. [3]Dieser schließt die Steuervergünstigung nicht aus, wenn die Vergütungen oder andere Vorteile ausschließlich aus wirtschaftlichen Geschäftsbetrieben, die nicht Zweckbetriebe sind, oder von Dritten geleistet werden.

Anwendungserlass zur Abgabenordnung

1 Zu § 67a – Sportliche Veranstaltungen

Allgemeines

1. Sportliche Veranstaltungen eines Sportvereins sind grundsätzlich ein Zweckbetrieb, wenn die Einnahmen einschließlich der Umsatzsteuer aus allen sportlichen Veranstaltungen des Vereins die Zweckbetriebsgrenze von 35 000 € im Jahr nicht übersteigen (§ 67a Abs. 1 Satz 1). Übersteigen die Einnahmen die Zweckbetriebsgrenze von 35 000 €, liegt grundsätzlich ein steuerpflichtiger wirtschaftlicher Geschäftsbetrieb vor.

Der Verein kann auf die Anwendung der Zweckbetriebsgrenze verzichten (§ 67a Abs. 2). Die steuerliche Behandlung seiner sportlichen Veranstaltungen richtet sich dann nach § 67a Abs. 3.

2. Unter Sportvereinen i. S. d. Vorschrift sind alle gemeinnützigen Körperschaften zu verstehen, bei denen die Förderung des Sports (§ 52 Abs. 2 Nr. 21) Satzungszweck ist; die tatsächliche Geschäftsführung muss diesem Satzungszweck entsprechen (§ 59). § 67a gilt also z. B. auch für Sportverbände. Sie gilt auch für Sportvereine, die Fußballveranstaltungen unter Einsatz ihrer Lizenzspieler nach der „Lizenzordnung Spieler" der Organisation „Die Liga-Fußballverband e. V. – Ligaverband" durchführen.

3. Als sportliche Veranstaltung ist die organisatorische Maßnahme eines Sportvereins anzusehen, die es aktiven Sportlern (die nicht Mitglieder des Vereins zu sein brauchen) ermöglicht, Sport zu treiben (BFH-Urteil vom 25. 7. 1996 – V R 7/95 –, BStBl 1997 II, S. 154). Eine sportliche Veranstaltung liegt auch dann vor, wenn ein Sportverein in Erfüllung seiner Satzungszwecke im Rahmen einer Veranstaltung einer anderen Person oder Körperschaft eine sportliche Darbietung erbringt. Die Veranstaltung, bei der die sportliche Darbietung präsentiert wird, braucht keine steuerbegünstigte Veranstaltung zu sein (BFH-Urteil vom 4. 5. 1994 – XI R 109/90 –, BStBl II, S. 886).

4. Sportreisen sind als sportliche Veranstaltungen anzusehen, wenn die sportliche Betätigung wesentlicher und notwendiger Bestandteil der Reise ist (z. B. Reise zum Wettkampfort). Reisen, bei denen die Erholung der Teilnehmer im Vordergrund steht (Touristikreisen), zählen dagegen nicht zu den sportlichen Veranstaltungen, selbst wenn anlässlich der Reise auch Sport getrieben wird.

5. Die Ausbildung und Fortbildung in sportlichen Fertigkeiten gehört zu den typischen und wesentlichen Tätigkeiten eines Sportvereins. Sportkurse und Sportlehrgänge für Mitglieder und Nichtmitglieder von Sportvereinen (Sportunterricht) sind daher als „sportliche Veranstaltungen" zu beurteilen. Es ist unschädlich für die Zweckbetriebseigenschaft, dass der Verein mit dem Sportunterricht in Konkurrenz zu gewerblichen Sportlehrern (z. B. Reitlehrer, Skilehrer, Tennislehrer, Schwimmlehrer) tritt, weil § 67a als die speziellere Vorschrift dem § 65 vorgeht. Die Beurteilung des Sportunterrichts als sportliche Veranstaltung hängt nicht davon ab, ob der Unterricht durch Beiträge, Sonderbeiträge oder Sonderentgelte abgegolten wird.

6. Der Verkauf von Speisen und Getränken – auch an Wettkampfteilnehmer, Schiedsrichter, Kampfrichter, Sanitäter usw. – und die Werbung gehören nicht zu den sportlichen Veranstaltungen. Diese Tätigkeiten sind gesonderte steuerpflichtige wirtschaftliche Geschäftsbetriebe. Nach § 64 Abs. 2 ist es jedoch möglich, Überschüsse aus diesen Betrieben mit Verlusten aus sportlichen Veranstaltungen, die steuerpflichtige wirtschaftliche Geschäftsbetriebe sind, zu verrechnen.

7. Wird für den Besuch einer sportlichen Veranstaltung, die Zweckbetrieb ist, mit Bewirtung ein einheitlicher Eintrittspreis bezahlt, so ist dieser – ggf. im Wege der Schätzung – in einen Entgeltsanteil für den Besuch der sportlichen Veranstaltung und in einen Entgeltsanteil für die Bewirtungsleistungen aufzuteilen.

8. Zur Zulässigkeit einer pauschalen Gewinnermittlung beim steuerpflichtigen wirtschaftlichen Geschäftsbetrieb „Werbung" wird auf Nrn. 28 bis 35 zu § 64 hingewiesen.

9. Die entgeltliche Übertragung des Rechts zur Nutzung von Werbeflächen in vereinseigenen oder gemieteten Sportstätten (z. B. an der Bande) sowie von Lautsprecheranlagen an Werbeunternehmer ist als steuerfreie Vermögensverwaltung (§ 14 Satz 3) zu beurteilen. Voraussetzung ist jedoch, dass dem Pächter (Werbeunternehmer) ein angemessener Gewinn verbleibt. Es ist ohne Bedeutung, ob die sportlichen Veranstaltungen, bei denen der Werbeunternehmer das erworbene Recht nutzt, Zweckbetrieb oder wirtschaftlicher Geschäftsbetrieb sind.

Die entgeltliche Übertragung des Rechts zur Nutzung von Werbeflächen auf der Sportkleidung (z. B. auf Trikots, Sportschuhen, Helmen) und auf Sportgeräten ist stets als steuerpflichtiger wirtschaftlicher Geschäftsbetrieb zu behandeln.

10. Die Unterhaltung von Club-Häusern, Kantinen, Vereinsheimen oder Vereinsgaststätten ist keine „sportliche Veranstaltung", auch wenn diese Einrichtungen ihr Angebot nur an Mitglieder richten.

11. Bei Vermietung von Sportstätten einschließlich der Betriebsvorrichtungen für sportliche Zwecke ist zwischen der Vermietung auf längere Dauer und der Vermietung auf kurze Dauer (z. B. stundenweise Vermietung, auch wenn die Stunden für einen längeren Zeitraum im Voraus festgelegt werden) zu unterscheiden. *Zur Vermietung öffentlicher Schwimmbäder an Schwimmvereine und zur Nutzung durch Schulen für den Schwimmunterricht siehe Nr. 13.*

12. Die Vermietung auf längere Dauer ist dem Bereich der steuerfreien Vermögensverwaltung zuzuordnen, so dass sich die Frage der Behandlung als „sportliche Veranstaltung" i. S. d. § 67a dort nicht stellt.

Die Vermietung von Sportstätten und Betriebsvorrichtungen auf kurze Dauer schafft lediglich die Voraussetzungen für sportliche Veranstaltungen. Sie ist jedoch selbst keine „sportliche Veranstaltung", sondern ein wirtschaftlicher Geschäftsbetrieb eigener Art. Dieser ist als Zweckbetrieb i. S. d. § 65 anzusehen, wenn es sich bei den Mietern um Mitglieder des Vereins handelt. Bei der Vermietung auf kurze Dauer an Nichtmitglieder tritt der Verein dagegen in größerem Umfang in Wettbewerb zu nicht begünstigten Vermietern, als es bei Erfüllung seiner steuerbegünstigten Zwecke unvermeidbar ist (§ 65 Nr. 3). Diese Art der Vermietung ist deshalb als steuerpflichtiger wirtschaftlicher Geschäftsbetrieb zu behandeln.

13. Durch den Betrieb eines öffentlichen Schwimmbades werden gemeinnützige Zwecke (öffentliche Gesundheitspflege und Sport) unabhängig davon gefördert, ob das Schwimmbad von einem Verein oder von einer juristischen Person des öffentlichen Rechts als Betrieb gewerblicher Art unterhalten wird.

Die verschiedenen Tätigkeiten eines gemeinnützigen Schwimmvereins sind wie folgt zu beurteilen:

a) *Schulschwimmen*

Die Vermietung des Schwimmbads auf längere Dauer an die Träger der Schulen ist als Vermögensverwaltung anzusehen. Eine Vermietung auf längere Dauer ist in Anlehnung an Abschnitt 4.12.3 Absatz 2 UStAE bei stundenweiser Nutzungsmöglichkeit des Schwimmbads durch die Schulen anzunehmen, wenn die Nutzung mehr als ein Schulhalbjahr (mindestens sechs Monate) erfolgt. Unselbständige Nebenleistungen des Vereins, wie Reinigung des Schwimmbads, gehören mit zur Vermögensverwaltung.

b) *Vereinsschwimmen*

Das Vereinsschwimmen und die Durchführung von Schwimmkursen sind nach Maßgabe des § 67a Zweckbetriebe (sportliche Veranstaltungen). Dabei ist es ohne Bedeutung, ob die Teilnehmer an den Schwimmkursen Mitglieder des Vereins oder Vereinsfremde sind.

c) *Jedermannschwimmen*

Das Jedermannschwimmen ist insgesamt als Zweckbetrieb i.S.d. § 65 anzusehen, wenn die nicht unmittelbar dem Schwimmen dienenden Angebote (zum Beispiel Sauna, Solarium) von untergeordneter Bedeutung sind. Schwimmbäder, die danach als Zweckbetriebe begünstigt sind, stehen in keinem schädlichen Wettbewerb zu steuerpflichtigen Schwimmbädern (§ 65 Nr. 3), weil sie i. d. R. anders strukturiert sind (so genannte Spaßbäder) und sich ihre Angebote erheblich von dem im Wesentlichen auf das Schwimmen begrenzten Angebot der Vereinsschwimmbäder unterscheiden.

14. Werden im Zusammenhang mit der Vermietung von Sportstätten und Betriebsvorrichtungen auch bewegliche Gegenstände, z. B. Tennisschläger oder Golfschläger überlassen, stellt die entgeltliche Überlassung dieser Gegenstände ein Hilfsgeschäft dar, das das steuerliche Schicksal der Hauptleistung teilt (BFH-Urteil vom 30. 3. 2000 – V R 30/99 –, BStBl II, S. 705). Bei der alleinigen Überlassung von Sportgeräten, z. B. eines Flugzeugs, bestimmt sich die Zweckbetriebseigenschaft danach, ob die Sportgeräte Mitgliedern oder Nichtmitgliedern des Vereins überlassen werden.

15. § 3 Nr. 26 EStG gilt nicht für Einnahmen, die ein nebenberuflicher Übungsleiter etc. für eine Tätigkeit in einem steuerpflichtigen wirtschaftlichen Geschäftsbetrieb „sportliche Veranstaltungen" erhält.

16. Werden sportliche Veranstaltungen, die im vorangegangenen Veranlagungszeitraum Zweckbetrieb waren, zu einem steuerpflichtigen wirtschaftlichen Geschäftsbetrieb oder umgekehrt, ist grundsätzlich § 13 Abs. 5 KStG anzuwenden.

2 Zu § 67a Abs. 1

17. Bei der Anwendung der Zweckbetriebsgrenze von 35 000 € sind alle Einnahmen der Veranstaltungen zusammenzurechnen, die in dem maßgeblichen Jahr nach den Regelungen der Nrn. 1 bis 15 als sportliche Veranstaltungen anzusehen sind. Zu diesen Einnahmen gehören insbesondere Eintrittsgelder, Startgelder, Zahlungen für die Übertragung sportlicher Veranstaltungen in Rundfunk und Fernsehen, Lehrgangsgebühren und Ablösezahlungen. Zum allgemeinen Einnahmebegriff wird auf die Nrn. 15 und 16 zu § 64 hingewiesen.

18. Die Bezahlung von Sportlern in einem Zweckbetrieb i. S. d. § 67a Abs. 1 Satz 1 ist zulässig (§ 58 Nr. 9). Dabei ist die Herkunft der Mittel, mit denen die Sportler bezahlt werden, ohne Bedeutung.

19. Die Zahlung von Ablösesummen ist in einem Zweckbetrieb i. S. d. § 67a Abs. 1 Satz 1 uneingeschränkt zulässig.

20. Bei Spielgemeinschaften von Sportvereinen ist – unabhängig von der Qualifizierung der Einkünfte im Feststellungsbescheid für die Gemeinschaft – bei der Körperschaftsteuerveranlagung der beteiligten Sportvereine zu entscheiden, ob ein Zweckbetrieb oder ein steuerpflichtiger wirtschaftlicher Geschäftsbetrieb gegeben ist. Dabei ist für die Beurteilung der Frage, ob die Zweckbetriebsgrenze des § 67a Abs. 1 Satz 1 überschritten wird, die Höhe der anteiligen Einnahmen (nicht des anteiligen Gewinns) maßgeblich.

Zu § 67a Abs. 2

21. Ein Verzicht auf die Anwendung des § 67a Abs. 1 Satz 1 ist auch dann möglich, wenn die Einnahmen aus den sportlichen Veranstaltungen die Zweckbetriebsgrenze von 35 000 € nicht übersteigen.

22. Die Option nach § 67a Abs. 2 kann bis zur Unanfechtbarkeit des Körperschaftsteuerbescheids widerrufen werden. Die Regelungen in Abschnitt 247 Abs. 2 und 6 UStR sind entsprechend anzuwenden. Der Widerruf ist – auch nach Ablauf der Bindungsfrist – nur mit Wirkung ab dem Beginn eines Kalender- oder Wirtschaftsjahres zulässig.

Zu § 67a Abs. 3

23. Verzichtet ein Sportverein gem. § 67a Abs. 2 auf die Anwendung der Zweckbetriebsgrenze (§ 67a Abs. 1 Satz 1), sind sportliche Veranstaltungen ein Zweckbetrieb, wenn an ihnen kein bezahlter Sportler des Vereins teilnimmt und der Verein keinen vereinsfremden Sportler selbst oder im Zusammenwirken mit einem Dritten bezahlt. Auf die Höhe der Einnahmen oder Überschüsse dieser sportlichen Veranstaltungen kommt es bei Anwendung des § 67a Abs. 3 nicht an. Sportliche Veranstaltungen, an denen ein oder mehrere Sportler teilnehmen, die nach § 67a Abs. 3 Satz 1 Nr. 1 oder 2 als bezahlte Sportler anzusehen sind, sind steuerpflichtige wirtschaftliche Geschäftsbetriebe. Es kommt nach dem Gesetz nicht darauf an, ob ein Verein eine Veranstaltung von vornherein als steuerpflichtigen wirtschaftlichen Geschäftsbetrieb angesehen oder ob er – aus welchen Gründen auch immer – zunächst irrtümlich einen Zweckbetrieb angenommen hat.

24. Unter Veranstaltungen i. S. d. § 67a Abs. 3 sind bei allen Sportarten grundsätzlich die einzelnen Wettbewerbe zu verstehen, die in engem zeitlichen und örtlichen Zusammenhang durchgeführt werden. Bei einer Mannschaftssportart ist nicht die gesamte Meisterschaftsrunde, sondern jedes einzelne Meisterschaftsspiel die zu beurteilende sportliche Veranstaltung. Bei einem Turnier hängt es von der Gestaltung im Einzelfall ab, ob das gesamte Turnier oder jedes einzelne Spiel als eine sportliche Veranstaltung anzusehen ist. Dabei ist von wesentlicher Bedeutung, ob für jedes Spiel gesondert Eintritt erhoben wird und ob die Einnahmen und Ausgaben für jedes Spiel gesondert ermittelt werden.

25. Sportkurse und Sportlehrgänge für Mitglieder und Nichtmitglieder von Sportvereinen sind bei Anwendung des § 67a Abs. 3 als Zweckbetrieb zu behandeln, wenn kein Sportler als Auszubildender teilnimmt, der wegen seiner Betätigung in dieser Sportart als bezahlter Sportler i. S. d. § 67a Abs. 3 anzusehen ist. Die Bezahlung von Ausbildern berührt die Zweckbetriebseigenschaft nicht.

26. Ist ein Sportler in einem Kalenderjahr als bezahlter Sportler anzusehen, sind alle in dem Kalenderjahr durchgeführten sportlichen Veranstaltungen des Vereins, an denen der Sportler teilnimmt, ein steuerpflichtiger wirtschaftlicher Geschäftsbetrieb. Bei einem vom Kalenderjahr abweichenden Wirtschaftsjahr ist das abweichende Wirtschaftsjahr zugrunde zu legen. Es kommt nicht darauf an, ob der Sportler die Merkmale des bezahlten Sportlers erst nach Beendigung der sportlichen Veranstaltung erfüllt. Die Teilnahme unbezahlter Sportler an einer Veranstaltung, an der auch bezahlte Sportler teilnehmen, hat keinen Einfluss auf die Behandlung der Veranstaltung als steuerpflichtiger wirtschaftlicher Geschäftsbetrieb.

27. Die Vergütungen oder anderen Vorteile müssen in vollem Umfang aus steuerpflichtigen wirtschaftlichen Geschäftsbetrieben oder von Dritten geleistet werden (§ 67a Abs. 3 Satz 3). Eine Aufteilung der Vergütungen ist nicht zulässig. Es ist also z. B. steuerlich nicht zulässig, Vergütungen an bezahlte Sportler bis zu 400 € im Monat als Ausgaben des steuerbegünstigten Bereichs und nur die 400 € übersteigenden Vergütungen als Ausgaben des steuerpflichtigen wirtschaftlichen Geschäftsbetriebs „sportliche Veranstaltungen" zu behandeln.

28. Auch die anderen Kosten müssen aus dem steuerpflichtigen wirtschaftlichen Geschäftsbetrieb „sportliche Veranstaltungen", anderen steuerpflichtigen wirtschaftlichen Geschäftsbetrieben oder von Dritten geleistet werden. Dies gilt auch dann, wenn an der Veranstaltung neben bezahlten Sportlern auch unbezahlte Sportler teilnehmen. Die Kosten eines steuerpflichtigen wirtschaftlichen Geschäftsbetriebs „sportliche Veranstaltungen" sind also nicht danach aufzuteilen, ob sie auf bezahlte oder auf unbezahlte Sportler entfallen. Etwaiger Aufwandsersatz an unbezahlte Sportler für die Teilnahme an einer Veranstaltung mit bezahlten Sportlern ist als eine Ausgabe dieser Veranstaltung zu behandeln. Aus Vereinfachungsgründen ist es aber nicht zu beanstanden, wenn die Aufwandspauschale (vgl. **Nr. 32**) an unbezahlte Sportler nicht als Betriebsausgabe des steuerpflichtigen wirtschaftlichen Geschäftsbetriebs behandelt, sondern aus Mitteln des ideellen Bereichs abgedeckt wird.

29. Trainingskosten (z. B. Vergütungen an Trainer), die sowohl unbezahlte als auch bezahlte Sportler betreffen, sind nach den im Einzelfall gegebenen Abgrenzungsmöglichkeiten aufzuteilen. Als solche kommen beispielsweise in Betracht der jeweilige Zeitaufwand oder – bei gleichzeitigem Training unbezahlter und bezahlter Sportler – die Zahl der trainierten Sportler oder Mannschaften. Soweit eine Abgrenzung anders nicht möglich ist, sind die auf das Trai-

ning unbezahlter und bezahlter Sportler entfallenden Kosten im Wege der Schätzung zu ermitteln.

30. Werden bezahlte und unbezahlte Sportler einer Mannschaft gleichzeitig für eine Veranstaltung trainiert, die als steuerpflichtiger wirtschaftlicher Geschäftsbetrieb zu beurteilen ist, sind die gesamten Trainingskosten dafür Ausgaben des steuerpflichtigen wirtschaftlichen Geschäftsbetriebs. Die Vereinfachungsregelung in **Nr. 28** letzter Satz gilt entsprechend.

31. Sportler des Vereins i. S. d. § 67a Abs. 3 Satz 1 Nr. 1 sind nicht nur die (aktiven) Mitglieder des Vereins, sondern alle Sportler, die für den Verein auftreten, z. B. in einer Mannschaft des Vereins mitwirken. Für Verbände gilt **Nr. 38**.

32. Zahlungen an einen Sportler des Vereins bis zu insgesamt 400 € je Monat im Jahresdurchschnitt sind für die Beurteilung der Zweckbetriebseigenschaft der sportlichen Veranstaltungen – nicht aber bei der Besteuerung des Sportlers – ohne Einzelnachweis als Aufwandsentschädigung anzusehen. Werden höhere Aufwendungen erstattet, sind die gesamten Aufwendungen im Einzelnen nachzuweisen. Dabei muss es sich um Aufwendungen persönlicher oder sachlicher Art handeln, die dem Grunde nach Werbungskosten oder Betriebsausgaben sein können.

    Die Regelung gilt für alle Sportarten.

33. Die Regelung über die Unschädlichkeit pauschaler Aufwandsentschädigungen bis zu 400 € je Monat im Jahresdurchschnitt gilt nur für Sportler des Vereins, nicht aber für Zahlungen an andere Sportler. Einem anderen Sportler, der in einem Jahr nur an einer Veranstaltung des Vereins teilnimmt, kann also nicht ein Betrag bis zu 4 800 € als pauschaler Aufwandsersatz dafür gezahlt werden. Vielmehr führt in den Fällen des § 67a Abs. 3 Satz 1 Nr. 2 jede Zahlung an einen Sportler, die über eine Erstattung des tatsächlichen Aufwands hinausgeht, zum Verlust der Zweckbetriebseigenschaft der Veranstaltung.

34. Zuwendungen der Stiftung Deutsche Sporthilfe, Frankfurt, und vergleichbarer Einrichtungen der Sporthilfe an Spitzensportler sind i. d. R. als Ersatz von besonderen Aufwendungen der Spitzensportler für ihren Sport anzusehen. Sie sind deshalb nicht auf die zulässige Aufwandspauschale von 400 € je Monat im Jahresdurchschnitt anzurechnen. Weisen Sportler die tatsächlichen Aufwendungen nach, so muss sich der Nachweis auch auf die Aufwendungen erstrecken, die den Zuwendungen der Stiftung Deutsche Sporthilfe und vergleichbarer Einrichtungen gegenüber stehen.

35. Bei der Beurteilung der Zweckbetriebseigenschaft einer Sportveranstaltung nach § 67a Abs. 3 ist nicht zu unterscheiden, ob Vergütungen oder andere Vorteile an einen Sportler für die Teilnahme an sich oder für die erfolgreiche Teilnahme gewährt werden. Entscheidend ist, dass der Sportler aufgrund seiner Teilnahme Vorteile hat, die er ohne seine Teilnahme nicht erhalten hätte. Auch die Zahlung eines Preisgeldes, das über die Aufwandsentschädigung hinausgeht, begründet demnach einen steuerpflichtigen wirtschaftlichen Geschäftsbetrieb.

36. Bei einem so genannten Spielertrainer ist zu unterscheiden, ob er für die Trainertätigkeit oder für die Ausübung des Sports Vergütungen erhält. Wird er nur für die Trainertätigkeit bezahlt oder erhält er für die Tätigkeit als Spieler nicht mehr als den Ersatz seiner Aufwendungen (vgl. **Nr. 32**), ist seine Teilnahme an sportlichen Veranstaltungen unschädlich für die Zweckbetriebseigenschaft.

37. Unbezahlte Sportler werden wegen der Teilnahme an Veranstaltungen mit bezahlten Sportlern nicht selbst zu bezahlten Sportlern. Die Ausbildung dieser Sportler gehört nach wie vor zu der steuerbegünstigten Tätigkeit eines Sportvereins, es sei denn, sie werden zusammen mit bezahlten Sportlern für eine Veranstaltung trainiert, die ein steuerpflichtiger wirtschaftlicher Geschäftsbetrieb ist (vgl. **Nr. 30**).

38. Sportler, die einem bestimmten Sportverein angehören und die nicht selbst unmittelbar Mitglieder eines Sportverbandes sind, werden bei der Beurteilung der Zweckbetriebseigenschaft von Veranstaltungen des Verbandes als andere Sportler i. S. d. § 67a Abs. 3 Satz 1 Nr. 2 angesehen. Zahlungen der Vereine an Sportler im Zusammenhang mit sportlichen Veranstaltungen der Verbände (z. B. Länderwettkämpfe) sind in diesen Fällen als „Zahlungen von Dritten im Zusammenwirken mit dem Verein" (hier: Verband) zu behandeln.

39. Ablösezahlungen, die einem steuerbegünstigten Sportverein für die Freigabe von Sportlern zufließen, beeinträchtigen seine Gemeinnützigkeit nicht. Die erhaltenen Beträge zählen zu den Einnahmen aus dem steuerpflichtigen wirtschaftlichen Geschäftsbetrieb „sportliche Veranstaltungen", wenn der den Verein wechselnde Sportler in den letzten zwölf Monaten vor seiner Freigabe bezahlter Sportler i. S. d. § 67a Abs. 3 Satz 1 Nr. 1 war. Ansonsten gehören sie zu den Einnahmen aus dem Zweckbetrieb „sportliche Veranstaltungen".

40. Zahlungen eines steuerbegünstigten Sportvereins an einen anderen (abgebenden) Verein für die Übernahme eines Sportlers sind unschädlich für die Gemeinnützigkeit des zahlenden Vereins, wenn sie aus steuerpflichtigen wirtschaftlichen Geschäftsbetrieben für die Übernahme eines Sportlers gezahlt werden, der beim aufnehmenden Verein in den ersten zwölf Monaten

nach dem Vereinswechsel als bezahlter Sportler i. S. d. § 67a Abs. 3 Satz 1 Nr. 1 anzusehen ist. Zahlungen für einen Sportler, der beim aufnehmenden Verein nicht als bezahlter Sportler anzusehen ist, sind bei Anwendung des § 67a Abs. 3 nur dann unschädlich für die Gemeinnützigkeit des zahlenden Vereins, wenn lediglich die Ausbildungskosten für den Verein wechselnden Sportler erstattet werden. Eine derartige Kostenerstattung kann bei Zahlungen bis zur Höhe von 2.557 € je Sportler ohne weiteres angenommen werden. Bei höheren Kostenerstattungen sind sämtliche Ausbildungskosten im Einzelfall nachzuweisen. Die Zahlungen mindern nicht den Überschuss des steuerpflichtigen wirtschaftlichen Geschäftsbetriebs „sportliche Veranstaltungen".

Zur steuerlichen Behandlung von Ablösezahlungen bei Anwendung der Zweckbetriebsgrenze des § 67a Abs. 1 Satz 1 vgl. **Nrn. 17** und **19**.

§ 68 Einzelne Zweckbetriebe

Zweckbetriebe sind auch:

1. a) Alten-, Altenwohn- und Pflegeheime, Erholungsheime, Mahlzeitendienste, wenn sie in besonderem Maß den in § 53 genannten Personen dienen (§ 66 Abs. 3),

   b) Kindergärten, Kinder-, Jugend- und Studentenheime, Schullandheime und Jugendherbergen,

2. a) landwirtschaftliche Betriebe und Gärtnereien, die der Selbstversorgung von Körperschaften dienen und dadurch die sachgemäße Ernährung und ausreichende Versorgung von Anstaltsangehörigen sichern,

   b) andere Einrichtungen, die für die Selbstversorgung von Körperschaften erforderlich sind, wie Tischlereien, Schlossereien,

   wenn die Lieferungen und sonstigen Leistungen dieser Einrichtungen an Außenstehende dem Wert nach 20 Prozent der gesamten Lieferungen und sonstigen Leistungen des Betriebs – einschließlich der an die Körperschaften selbst bewirkten – nicht übersteigen,

3. a) Werkstätten für behinderte Menschen, die nach den Vorschriften des Dritten Buches Sozialgesetzbuch förderungsfähig sind und Personen Arbeitsplätze bieten, die wegen ihrer Behinderung nicht auf dem allgemeinen Arbeitsmarkt tätig sein können,

   b) Einrichtungen für Beschäftigungs- und Arbeitstherapie, in denen behinderte Menschen aufgrund ärztlicher Indikationen außerhalb eines Beschäftigungsverhältnisses zum Träger der Therapieeinrichtung mit dem Ziel behandelt werden, körperliche oder psychische Grundfunktionen zum Zwecke der Wiedereingliederung in das Alltagsleben wiederherzustellen oder die besonderen Fähigkeiten und Fertigkeiten auszubilden, zu fördern und zu trainieren, die für eine Teilnahme am Arbeitsleben erforderlich sind, und

   c) Integrationsprojekte im Sinne des § 132 Abs. 1 des Neunten Buches Sozialgesetzbuch, wenn mindestens 40 Prozent der Beschäftigten besonders betroffene schwerbehinderte Menschen im Sinne des § 132 Abs. 1 des Neunten Buches Sozialgesetzbuch sind,

4. Einrichtungen, die zur Durchführung der Blindenfürsorge und zur Durchführung der Fürsorge für Körperbehinderte unterhalten werden,

5. Einrichtungen der Fürsorgeerziehung und der freiwilligen Erziehungshilfe,

6. von den zuständigen Behörden genehmigte Lotterien und Ausspielungen, wenn der Reinertrag unmittelbar und ausschließlich zur Förderung mildtätiger, kirchlicher oder gemeinnütziger Zwecke verwendet wird,

7. kulturelle Einrichtungen, wie Museen, Theater, und kulturelle Veranstaltungen, wie Konzerte, Kunstausstellungen; dazu gehört nicht der Verkauf von Speisen und Getränken,

8. Volkshochschulen und andere Einrichtungen, soweit sie selbst Vorträge, Kurse und andere Veranstaltungen wissenschaftlicher oder belehrender Art durchführen; dies gilt auch, wenn die Einrichtungen den Teilnehmern dieser Veranstaltungen selbst Beherbergung und Beköstigung gewähren,

9. Wissenschafts- und Forschungseinrichtungen, deren Träger sich überwiegend aus Zuwendungen der öffentlichen Hand oder Dritter oder aus der Vermögensverwaltung finanziert. ²Der Wissenschaft und Forschung dient auch die Auftragsforschung. ³Nicht zum Zweckbetrieb gehören Tätigkeiten, die sich auf die Anwendung gesicherter wissenschaftlicher Erkenntnisse beschränken, die Übernahme von Projektträgerschaften sowie wirtschaftliche Tätigkeiten ohne Forschungsbezug.

§ 68 AO
AEAO

AEAO	Anwendungserlass zur Abgabenordnung

1 Zu § 68 – Einzelne Zweckbetriebe:

Allgemeines

1. § 68 enthält einen gesetzlichen Katalog einzelner Zweckbetriebe und geht als spezielle Norm der Regelung des § 65 vor (BFH-Urteil vom 4. 6. 2003 – I R 25/02 – BStBl 2004 II S. 660). Die beispielhafte Aufzählung von Betrieben, die ihrer Art nach Zweckbetriebe sein können, gibt wichtige Anhaltspunkte für die Auslegung der Begriffe Zweckbetrieb (§ 65) im Allgemeinen und Einrichtungen der Wohlfahrtspflege (§ 66) im Besonderen.

Zu § 68 Nr. 1:

2. Wegen der Begriffe „Alten-, Altenwohn- und Pflegeheime" Hinweis auf § 1 des Heimgesetzes. Eine für die Allgemeinheit zugängliche Cafeteria ist ein steuerpflichtiger wirtschaftlicher Geschäftsbetrieb. Soweit eine steuerbegünstigte Körperschaft Leistungen im Rahmen der häuslichen Pflege erbringt, liegt i. d. R. ein Zweckbetrieb nach § 66 vor (vgl. zu § 66, Nr. 4).

3. Bei Kindergärten, Kinder-, Jugend- und Studentenheimen sowie bei Schullandheimen und Jugendherbergen müssen die geförderten Personen die Voraussetzungen nach § 53 nicht erfüllen. Jugendherbergen verlieren ihre Zweckbetriebseigenschaft nicht, wenn außerhalb ihres satzungsmäßigen Zwecks der Umfang der Beherbergung alleinreisender Erwachsener 10 v. H. der Gesamtbeherbergungen nicht übersteigt (BFH-Urteil vom 18. 1. 1995 – V R 139-142/92 –, BStBl II, S. 446).

Zu § 68 Nr. 2:

4. *Von § 68 Nr. 2 Buchstabe b werden nur solche Selbstversorgungseinrichtungen umfasst, die den darin genannten Handwerksbetrieben vergleichbar sind. Werden auch Leistungen gegenüber Außenstehenden erbracht, sind nur solche Einrichtungen der steuerbegünstigten Körperschaft begünstigt, die nicht regelmäßig ausgelastet sind und deshalb gelegentlich auch Leistungen an Außenstehende erbringen, nicht aber solche, die über Jahre hinweg Leistungen an Außenstehende ausführen und hierfür auch personell entsprechend ausgestattet sind (vgl. BFH-Urteil vom 29. 1. 2009 – V R 46/06 – BStBl II, S. 560 und BMF-Schreiben vom 12. 4. 2011 – IV C 4 – S 0187/09/10005:001, BStBl I S. 538). Außenstehende im Sinne dieser Regelung sind auch Arbeitnehmer der Körperschaft.* Bei Lieferungen und Leistungen an Außenstehende tritt die Körperschaft mit Dritten in Leistungsbeziehung. Solange der Umfang dieser Geschäfte mit Dritten, wozu auch Leistungsempfänger, die selbst eine steuerbegünstigte Körperschaft i. S. d. § 68 Nr. 2 sind (BFH-Urteil vom 18. 10. 1990 – V R 35/85 –, BStBl 1991 II, S. 157), nicht mehr als 20 v. H. der gesamten Lieferungen und Leistungen der begünstigten Körperschaft ausmachen, bleibt die Zweckbetriebseigenschaft erhalten.

Zu § 68 Nr. 3:

5. *Der Begriff „Werkstatt für behinderte Menschen" bestimmt sich nach § 136 Sozialgesetzbuch – Neuntes Buch – (SGB IX). Werkstätten für behinderte Menschen bedürfen der förmlichen Anerkennung. Anerkennungsbehörde ist die Bundesagentur für Arbeit, die im Einvernehmen mit dem überörtlichen Träger der Sozialhilfe über die Anerkennung einer Einrichtung als Werkstatt für behinderte Menschen durch Anerkennungsbescheid entscheidet (§ 142 SGB IX).*

Läden oder Verkaufsstellen von Werkstätten für behinderte Menschen sind grundsätzlich als Zweckbetriebe zu behandeln, wenn dort Produkte verkauft werden, die von der – den Laden oder die Verkaufsstelle betreibenden – Werkstatt für behinderte Menschen oder einer anderen Werkstatt für behinderte Menschen i.S.d. § 68 Nr. 3a hergestellt worden sind. Werden von dem Laden oder der Verkaufsstelle der Werkstatt für behinderte Menschen auch zugekaufte Waren, die nicht in ihr oder von anderen Werkstätten für behinderte Menschen hergestellt worden sind, weiterverkauft, liegt insoweit ein gesonderter steuerpflichtiger wirtschaftlicher Geschäftsbetrieb vor.

Zu den Zweckbetrieben gehören auch die von den Trägern der Werkstätten für behinderte Menschen betriebenen Kantinen, weil die besondere Situation der behinderten Menschen auch während der Mahlzeiten eine Betreuung erfordert.

6. *Integrationsprojekte i.S.d. § 132 SGB IX sind rechtlich und wirtschaftlich selbständige Unternehmen (Integrationsunternehmen) oder unternehmensinterne oder von öffentlichen Arbeitgebern im Sinne des § 73 Abs. 3 SGB IX geführte Betriebe (Integrationsbetriebe) oder Abteilungen (Integrationsabteilungen) zur Beschäftigung schwerbehinderter Menschen, deren Teilhabe an einer sonstigen Beschäftigung auf dem allgemeinen Arbeitsmarkt aufgrund von Art oder Schwere der Behinderung oder wegen sonstiger Umstände voraussichtlich auf besondere Schwierigkeiten stößt. Während Integrationsprojekte i.S.d. § 132 SGB IX mindestens 25 % und höchstens 50 % besonders betroffene schwerbehinderte Menschen beschäftigen sollen, um sozialrechtlich als Integrationsprojekt anerkannt werden zu können, bedarf es für die steuerliche Eignung als Zweckbetrieb nach § 68 Nr. 3 Buchstabe c einer Beschäftigungsquote von mindestens 40 % dieser Personengruppe. Für Integrationsprojekte wird*

anders als bei Werkstätten für behinderte Menschen kein förmliches Anerkennungsverfahren durchgeführt. Als Nachweis für die Eigenschaft als Integrationsprojekt dient der Bescheid des zuständigen Integrationsamtes über erbrachte Leistungen nach § 134 SGB IX (Leistungsbescheid). Zusätzlich ist für die steuerliche Beurteilung als Integrationsprojekt nach § 68 Nr. 3 Buchstabe c eine Beschäftigungsquote von mindestens 40 % der o. g. Personengruppe nachzuweisen.

7. Zusätzliche Beschäftigungsmöglichkeiten für (schwer-)behinderte Menschen schaffen Handelsbetriebe, die als wohnortnahe Einzelhandelsgeschäfte beispielsweise mit einem Lebensmittelvollsortiment und entsprechendem Einsatz von Fachpersonal betrieben werden. Mit dieser Beschäftigungsform soll behinderten Menschen eine Möglichkeit zur Teilhabe am Arbeitsleben auf dem allgemeinen Arbeitsmarkt auch außerhalb von Werkstätten für behinderte Menschen geboten werden.

Handelsbetriebe, die keine Läden oder Verkaufsstellen von Werkstätten für behinderte Menschen i.S.d. Nr. 5 darstellen, können als Integrationsprojekt (vgl. Nr. 6) oder als zusätzlicher Arbeitsbereich, zusätzlicher Betriebsteil oder zusätzliche Betriebsstätte einer (anerkannten) Werkstatt für behinderte Menschen gegründet werden. Im letzteren Fall muss die Werkstatt für behinderte Menschen bei den Anerkennungsbehörden (§ 142 SGB IX) die Erweiterung der anerkannten Werkstatt um den zusätzlichen Arbeitsbereich, den Betriebsteil oder die zusätzliche Betriebsstätte „Handelsbetrieb" anzeigen und um deren Einbeziehung in die Anerkennung nach § 142 SGB IX ersuchen. Die Anerkennungsbehörden prüfen, ob die anerkannte Werkstatt für behinderte Menschen auch mit einer solchen Erweiterung insgesamt noch die Anerkennungsvoraussetzungen als Werkstatt für behinderte Menschen nach § 142 SGB IX erfüllt.

Handelsbetriebe, die von den Sozialbehörden als Integrationsprojekte gefördert werden, stellen grundsätzlich einen steuerbegünstigten Zweckbetrieb nach § 68 Nr. 3 Buchstabe c dar, wenn die Beschäftigungsquote von 40 % der Personengruppe erreicht ist.

Die von den Sozialbehörden vorgenommene sozialrechtliche Einordnung dieser Handelsbetriebe als Teil einer Werkstatt für behinderte Menschen (§ 68 Nr. 3 Buchstabe a) oder als Integrationsprojekt (§ 68 Nr. 3 Buchstabe c) soll von der zuständigen Finanzbehörde regelmäßig übernommen werden. Dem zuständigen Finanzamt obliegt aber die abschließende rechtsverbindliche Entscheidung im Einzelfall. Dabei kommt den Bescheiden der Sozialbehörden (Anerkennungsbescheid nach § 142 SGB IX bzw. Bescheid über erbrachte Leistungen nach § 134 SGB IX) grundsätzlich Tatbestandswirkung zu. Die Bescheide stellen aber keine Grundlagenbescheide i. S. v. § 171 Abs. 10 dar.

8. Einrichtungen für Beschäftigungs- und Arbeitstherapie, die der Eingliederung von behinderten Menschen dienen, sind besondere Einrichtungen, in denen eine Behandlung von behinderten Menschen aufgrund ärztlicher Indikationen erfolgt. Während eine Beschäftigungstherapie ganz allgemein das Ziel hat, körperliche oder psychische Grundfunktionen zum Zwecke der Wiedereingliederung in das Alltagsleben wiederherzustellen, zielt die Arbeitstherapie darauf ab, die besonderen Fähigkeiten und Fertigkeiten auszubilden, zu fördern und zu trainieren, die für eine Teilnahme am Arbeitsleben erforderlich sind. Beschäftigungs- und Arbeitstherapie sind vom medizinischen Behandlungszweck geprägt und erfolgen regelmäßig außerhalb eines Beschäftigungsverhältnisses zum Träger der Therapieeinrichtung. Ob eine entsprechende Einrichtung vorliegt, ergibt sich aufgrund der Vereinbarungen über Art und Umfang der Heilbehandlung und Rehabilitation zwischen dem Träger der Einrichtung und den Leistungsträgern.

Zu § 68 Nr. 4:

9. Begünstigte Einrichtungen sind insbesondere Werkstätten, die zur Fürsorge von blinden und körperbehinderten Menschen unterhalten werden.

Zu § 68 Nr. 6:

10. Lotterien und Ausspielungen sind ein Zweckbetrieb, wenn sie von den zuständigen Behörden genehmigt sind oder nach den jeweiligen landesrechtlichen Bestimmungen wegen des geringen Umfangs der **Ausspielung** oder Lotterieveranstaltung per Verwaltungserlass pauschal als genehmigt gelten. Die sachlichen Voraussetzungen und die Zuständigkeit für die Genehmigung bestimmen sich nach den lotterierechtlichen Verordnungen der Länder. Der Gesetzeswortlaut lässt es offen, in welchem Umfang solche Lotterien veranstaltet werden dürfen. Da eine besondere Einschränkung fehlt, ist auch eine umfangreiche Tätigkeit so lange unschädlich, als die allgemein durch das Gesetz gezogenen Grenzen nicht überschritten werden und die Körperschaft durch den Umfang der Lotterieveranstaltungen nicht ihr Gepräge als begünstigte Einrichtung verliert.

11. Zur Ermittlung des Reinertrags dürfen den Einnahmen aus der Lotterieveranstaltung oder Ausspielung nur die unmittelbar damit zusammenhängenden Ausgaben gegenübergestellt werden. Führt eine steuerbegünstigte Körperschaft eine Lotterieveranstaltung durch, die nach dem Rennwett- und Lotteriegesetz nicht genehmigungsfähig ist, z. B. eine **Ausspielung**

anlässlich einer geselligen Veranstaltung, handelt es sich insoweit nicht um einen Zweckbetrieb nach § 68 Nr. 6.

2 Zu § 68 Nr. 7:

12. Wegen der Breite des Spektrums, die die Förderung von Kunst und Kultur umfasst, ist die im Gesetz enthaltene Aufzählung der kulturellen Einrichtungen nicht abschließend.

13. Kulturelle Einrichtungen und Veranstaltungen i. S. d. § 68 Nr. 7 können nur vorliegen, wenn die Förderung der Kultur Satzungszweck der Körperschaft ist. Sie sind stets als Zweckbetrieb zu behandeln. Das BFH-Urteil vom 4. 5. 1994 – XI R 109/90 – BStBl II, S. 886 zu sportlichen Darbietungen eines Sportvereins (vgl. zu § 67a, Nr. 3) gilt für kulturelle Darbietungen entsprechend. Demnach liegt auch dann eine kulturelle Veranstaltung der Körperschaft vor, wenn diese eine Darbietung kultureller Art im Rahmen einer Veranstaltung präsentiert, die nicht von der Körperschaft selbst organisiert wird und die ihrerseits keine kulturelle Veranstaltung i. S. d. § 68 Nr. 7 darstellt. Wenn z. B. ein steuerbegünstigter Musikverein, der der Förderung der volkstümlichen Musik dient, gegen Entgelt im Festzelt einer Brauerei ein volkstümliches Musikkonzert darbietet, gehört der Auftritt des Musikvereins als kulturelle Veranstaltung zum Zweckbetrieb.

14. Der Verkauf von Speisen und Getränken und die Werbung bei kulturellen Veranstaltungen gehören nicht zum Zweckbetrieb. Diese Tätigkeiten sind gesonderte wirtschaftliche Geschäftsbetriebe. Wird für den Besuch einer kulturellen Veranstaltung mit Bewirtung ein einheitliches Entgelt entrichtet, so ist dieses – ggf. im Wege der Schätzung – in einen Entgeltsanteil für den Besuch der Veranstaltung (Zweckbetrieb) und für die Bewirtungsleistungen (wirtschaftlicher Geschäftsbetrieb) aufzuteilen.

Zu § 68 Nr. 9:

15. Auf das BMF-Schreiben vom 22. 9. 1999 (BStBl I, S. 944) wird verwiesen. Abweichend von Tz. I.5 letzter Satz des genannten BMF-Schreibens kann bei einer Forschungseinrichtung, auf die § 68 Nr. 9 anzuwenden ist, deren Träger die Finanzierungsvoraussetzungen der Vorschrift jedoch nicht zwingend davon ausgegangen werden, dass sie in erster Linie eigenwirtschaftliche Zwecke verfolgt. Nach den Grundsätzen des BFH-Urteils vom 4. 4. 2007 – I R 76/05 – BStBl II, S. 631 ist unter Berücksichtigung der gesamten Umstände des Einzelfalls zu prüfen, ob sich die Auftragsforschung von der steuerbegünstigten Tätigkeit trennen lässt. Ist in diesem Fall der Auftragsforschung von untergeordneter Bedeutung, kann der Träger der Einrichtung nach § 5 Abs. 1 Nr. 9 KStG gleichwohl steuerbefreit sein und die Auftragsforschung lediglich einen steuerpflichtigen wirtschaftlichen Geschäftsbetrieb (§ 64) darstellen. Die Steuerbefreiung nach § 5 Abs. 1 Nr. 9 KStG geht nur dann verloren, wenn die Auftragsforschung als eigenständiger Zweck neben die Eigenforschung (Grundlagenforschung) tritt und somit gegen das Gebot der Ausschließlichkeit des § 56 verstoßen wird.

H **Hinweise**

3 Gemeinnützigkeitsrechtliche Behandlung von Forschungseinrichtungen des privaten Rechts; Anwendung des § 68 Nr. 9 AO

(BMF-Schreiben vom 22. 9. 1999 – IV C 6 – S 0171 – 97/99 –, BStBl 1999 I S. 944)

Nach § 68 Nr. 9 AO sind Wissenschafts- und Forschungseinrichtungen, deren Träger sich überwiegend aus Zuwendungen der öffentlichen Hand oder Dritter oder aus der Vermögensverwaltung finanziert, einschließlich ihrer Auftragsforschung als Zweckbetrieb anzusehen. Nicht zum Zweckbetrieb gehören Tätigkeiten, die sich auf die Anwendung gesicherter wissenschaftlicher Erkenntnisse beschränken, die Übernahme von Projektträgerschaften sowie wirtschaftliche Tätigkeiten ohne Forschungsbezug.

Unter Bezugnahme auf das Ergebnis der Erörterungen mit den obersten Finanzbehörden der Länder nehme ich zur Anwendung dieser Vorschrift wie folgt Stellung:

Bei der Anwendung des § 68 Nr. 9 AO bestehen keine Unterschiede zwischen Wissenschaftseinrichtungen und Forschungseinrichtungen. Die nachfolgenden Erläuterungen zur steuerlichen Behandlung von Forschungseinrichtungen gelten deshalb auch für Wissenschaftseinrichtungen.

I. Anwendungsbereich und Verhältnis zu anderen Vorschriften des Gemeinnützigkeitsrechts

1. § 68 Nr. 9 AO gilt nur für Körperschaften, deren satzungsmäßiger Zweck die Förderung von Wissenschaft und Forschung ist. Fördert die Körperschaft daneben nach ihrer Satzung auch andere steuerbegünstigte Zwecke, ist § 68 Nr. 9 AO nur anzuwenden, wenn die Forschungs-

tätigkeit bei der tatsächlichen Geschäftsführung die Förderung der anderen steuerbegünstigten Zwecke überwiegt.
2. Die Sonderregelung in § 68 Nr. 9 AO geht der allgemeinen Regelung über die Zweckbetriebseigenschaft wirtschaftlicher Betätigungen in § 65 AO vor. Die Zweckbetriebseigenschaft der Forschungstätigkeit von Forschungseinrichtungen, auf die § 68 Nr. 9 AO anzuwenden ist, richtet sich deshalb ausschließlich nach dieser Vorschrift. Darauf, ob die Forschungstätigkeit die Voraussetzungen des § 65 AO erfüllt, kommt es nicht an. Dies gilt auch dann, wenn die Forschungseinrichtung die Voraussetzungen des § 68 Nr. 9 AO für die Annahme eines Zweckbetriebs nicht erfüllt. Die gesamte Forschungstätigkeit ist in diesem Fall ein steuerpflichtiger wirtschaftlicher Geschäftsbetrieb.
3. Die steuerliche Beurteilung der Zweckbetriebseigenschaft von wirtschaftlichen Geschäftsbetrieben, die nicht unmittelbar der Forschung dienen, richtet sich nach den §§ 65 bis 68 Nr. 1 bis 8 AO. Danach ist z. B. die teilweise Überlassung der Nutzung eines Rechenzentrums für Zwecke Dritter gegen Entgelt ein steuerpflichtiger wirtschaftlicher Geschäftsbetrieb. Zweckbetriebe kommen insbesondere bei der Förderung anderer steuerbegünstigter Zwecke in Betracht (z. B. Unterhaltung eines Museums durch den Träger einer Forschungseinrichtung – § 68 Nr. 7 AO).
4. Betreibt eine steuerbegünstigte Körperschaft, auf die § 68 Nr. 9 AO nicht anzuwenden ist (s. I.1). auch Forschung, ist die Zweckbetriebseigenschaft der Forschungstätigkeit nach § 65 AO zu beurteilen. Hierbei sind die Grundsätze des BFH-Urteils vom 30. November 1995 (BStBl 1997 II S. 189) zu beachten. Danach ist die Auftragsforschung ein steuerpflichtiger wirtschaftlicher Geschäftsbetrieb. Falls sich die Auftragsforschung nicht von der Grundlagen- oder Eigenforschung abgrenzen lässt, liegt insgesamt ein steuerpflichtiger wirtschaftlicher Geschäftsbetrieb vor.
5. Eine Körperschaft ist nicht selbstlos tätig und kann deshalb nicht als gemeinnützig behandelt werden, wenn sie in erster Linie nicht steuerbegünstigte, sondern eigenwirtschaftliche Zwecke verfolgt (§ 55 Abs. 1 Satz 1 AO). Zweckbetriebe sind bei dieser Abgrenzung dem ideellen steuerbegünstigten Bereich zuzuordnen. Wenn eine Forschungseinrichtung nach § 68 Nr. 9 AO ein Zweckbetrieb ist, besteht deshalb die unwiderlegbare Vermutung, daß das Schwergewicht ihrer Tätigkeit im steuerbegünstigten Bereich liegt. Dagegen ist bei einer Forschungseinrichtung, auf die § 68 Nr. 9 AO anzuwenden ist (s. I.1), die die Voraussetzungen dieser Vorschrift für die Behandlung als Zweckbetrieb jedoch nicht erfüllt, davon auszugehen, dass sie in erster Linie eigenwirtschaftliche Zwecke verfolgt.

II. Trägerkörperschaft

Unter „Träger" einer Forschungseinrichtung ist die Körperschaft (z. B. Verein, GmbH) zu verstehen, die die Einrichtung betreibt. Wie sich die Mitglieder oder Gesellschafter der Körperschaft finanzieren, ist ohne Bedeutung.

III. Überwiegende Finanzierung des Trägers

1. Die überwiegende Finanzierung des Trägers ergibt sich aus der Gegenüberstellung der Zuwendungen an den Träger von dritter Seite zuzüglich der Einnahmen aus der Vermögensverwaltung einerseits und der übrigen Einnahmen des Trägers (Ausnahme s. Tz. III.3) andererseits.
2. Zuwendungen von dritter Seite sind nur unentgeltliche Leistungen. Dazu gehören z. B. die Projektförderung (vgl. Tz. IV.4) von Bund, Ländern und der Europäischen Union, Spenden und echte Mitgliedsbeiträge.
3. Fördert die Körperschaft auch andere steuerbegünstigte Zwecke als die Wissenschaft und Forschung (zur Anwendung des § 68 Nr. 9 AO in diesem Fall siehe I.1) und geschieht dies durch einen Zweckbetrieb, sind die Einnahmen und Überschüsse aus diesem Zweckbetrieb bei der Beurteilung der Frage, aus welchen Mitteln sich der Träger der Forschungseinrichtung überwiegend finanziert, nicht zu berücksichtigen. Die Einnahmen und Überschüsse anderer Zweckbetriebe sind also weder als Zuwendungen noch als andere (schädliche) Mittelzuflüsse zu erfassen.
4. In welchem Jahr die Einnahmen anzusetzen sind, bestimmt sich nach den Grundsätzen der steuerlichen Einkünfteermittlung. Bei Körperschaften, die den Gewinn durch Betriebsvermögensvergleich (§ 4 Abs. 1 oder § 5 EStG) ermitteln, sind Forderungszugänge bereits als Einnahmen zu erfassen. Bei anderen Körperschaften sind die im Kalenderjahr zugeflossenen Einnahmen maßgeblich (§ 11 EStG).
5. Der Beurteilung, ob der Träger einer Forschungseinrichtung sich überwiegend aus Zuwendungen und der Vermögensverwaltung finanziert, ist grundsätzlich ein Dreijahreszeitraum zugrunde zu legen. Dieser umfasst den zu beurteilenden und die beiden vorangegangenen Veranlagungszeiträume.

Beispiel:

Jahr	Zuwendungen und Vermögensverwaltung TDM	Andere Finanzierung TDM	Gesamtfinanzierung TDM
01	1 000	1 100	2 100
02	1 400	1 000	2 400
03	1 200	1 300	2 500
Zusammen	3 600	3 400	7 000

Im Jahr 03 (zu beurteilender Veranlagungszeitraum) liegt ein Zweckbetrieb vor, weil sich der Träger der Forschungseinrichtung im maßgeblichen Beurteilungszeitraum (Jahre 01 bis 03) überwiegend aus Zuwendungen und der Vermögensverwaltung finanziert hat. Für die Beurteilung der Zweckbetriebseigenschaft im Jahr 04 ist die Finanzierung des Trägers der Forschungseinrichtung in den Jahren 02 bis 04 zugrunde zu legen.

IV. Abgrenzung zwischen Forschungstätigkeit und nicht begünstigten Tätigkeiten

1. Die Anfertigung von Prototypen und die Nullserie gehören noch zur Forschungstätigkeit.
2. Bei Routinemessungen, dem Routineeinsatz eines Ergebnisses und der Fertigung marktfähiger Produkte ist grundsätzlich anzunehmen, dass sich die Tätigkeit auf die Anwendung gesicherter wissenschaftlicher Erkenntnisse beschränkt. Dies ist eine Vermutung, die im Einzelfall von der Forschungseinrichtung widerlegt werden kann.
3. Bei der Anfertigung von Gutachten kommt es bei der Zuordnung auf Thema und Inhalt an. Gutachten, in denen lediglich gesicherte wissenschaftliche Erkenntnisse verwertet werden, gehören nicht zur Forschungstätigkeit.
4. „Projektträgerschaften" sind von der „Projektförderung" zu unterscheiden.
   „Projektförderung" ist die Vergabe von Zuwendungen für bestimmte, einzeln abgrenzbare Forschungs- und Entwicklungsvorhaben an Forschungseinrichtungen, z. B. durch Bund, Länder und Europäische Union. Bei der Forschungseinrichtung liegen hierbei Zuwendungen i. S. des § 68 Nr. 9 Satz 1 AO vor.
   „Projektträgerschaft" ist die fachliche und verwaltungsmäßige Betreuung und Abwicklung der Projektförderung durch Forschungseinrichtungen (Projektträger) im Auftrag des Bundes oder eines Landes. Zu den Aufgaben der Projektträger gehören u. a. die Prüfung und Beurteilung der Förderanträge der Forschungseinrichtungen, die eine Projektförderung beantragen, mit Entscheidungsvorschlag, Verwaltung der vom Zuwendungsgeber bereitgestellten Mittel, Kontrolle der Abwicklung des Vorhabens, Mitwirkung bei der Auswertung und Veröffentlichung der Arbeitsergebnisse. Die Projektträger erhalten vom Zuwendungsgeber ein Entgelt in Höhe der bei ihnen entstandenen Selbstkosten. Projektträgerschaften sind steuerpflichtige wirtschaftliche Geschäftsbetriebe. Bei der Beurteilung, wie sich die Forschungseinrichtung überwiegend finanziert, gehören die Einnahmen aus Projektträgerschaften zu den Einnahmen, die den Zuwendungen und den Einnahmen aus der Vermögensverwaltung gegenüberzustellen sind.
5. Eine Tätigkeit ohne Forschungsbezug ist z. B. der Betrieb einer Kantine.

V. Anwendungszeitraum und Übergangsregelung

1. § 68 Nr. 9 AO gilt grundsätzlich ab dem Veranlagungszeitraum 1997 und rückwirkend für alle noch nicht bestandskräftigen Steuerfestsetzungen (Artikel 97 § 1e EGAO).
2. Nach der früheren, bundeseinheitlichen Verwaltungsauffassung war die Auftragsforschung als Zweckbetrieb zu behandeln, wenn die Forschungsergebnisse veröffentlicht und dem Auftraggeber keine Exklusivrechte bei der Verwertung eingeräumt wurden (vgl. KSt-Kartei Nordrhein-Westfalen, Karte 22 zu § 4, und KSt-Kartei der OFD Frankfurt am Main, Karte H 46 zu § 5). Aus Vertrauensschutzgründen ist bei der steuerlichen Beurteilung der Auftragsforschung von Forschungseinrichtungen, die nicht bereits nach § 68 Nr. 9 AO als Zweckbetrieb behandelt werden können, bis zum Veranlagungszeitraum 1996 einschließlich noch nach diesen Verwaltungsanweisungen zu verfahren.

Selbstversorgungseinrichtungen nach § 68 Nummer 2 Buchstabe b AO; 4
Urteil des BFH vom 29. 1. 2009 – V R 46/06 – (BStBl 2009 II S. 560)

(BMF-Schreiben vom 12. 4. 2011 – IV C 4 – S 0187/09/10005:001, BStBl 2011 I S. 538)

Nach den Erörterungen mit den obersten Finanzbehörden der Länder gilt zur Anwendung des Urteils des Bundesfinanzhofs vom 29. 1. 2009 – V R 46/06 – (BStBl 2009 II S. 560) Folgendes:
Bei Selbstversorgungsbetrieben im Sinne von § 68 Nummer 2 Buchstabe b AO, die bereits am 1. 1. 2010 bestanden haben, sollen bis einschließlich des Veranlagungszeitraums 2012 keine nachteiligen Folgen aus dem BFH-Urteil vom 29. 1. 2009 – V R 46/06 – (BStBl 2009 II S. 560) gezogen werden. Für nach dem 31. 12. 2009 gegründete Selbstversorgungsbetriebe gilt diese Übergangsregelung nicht. In diesen Fällen sind hinsichtlich der Anwendung des BFH-Urteils die allgemeinen Grundsätze heranzuziehen.

Rechtsprechung Rsp

BFH vom 4. 6. 2003 – I R 25/02 (BStBl 2004 II S. 660) 5
§ 68 AO ist gegenüber § 65 AO als vorrangige Vorschrift zu verstehen. Daher setzt die steuerliche Begünstigung eines Betriebes als Zweckbetrieb gemäß § 68 Nr. 3 Alternative 2 AO nicht voraus, dass die von ihm ausgehende Wettbewerbswirkung das zur Erfüllung des steuerbegünstigten Zwecks unvermeidbare Maß nicht übersteigt.

BFH vom 4. 4. 2007 – I R 76/05 (BStBl 2007 II S. 631) 6
1. Eine Forschungseinrichtung finanziert sich nicht überwiegend aus Zuwendungen der öffentlichen Hand oder Dritter oder aus der Vermögensverwaltung, wenn die Einnahmen aus Auftrags- oder Ressortforschung mehr als 50 v. H. der gesamten Einnahmen betragen.
2. Ob in diesem Fall die Auftragsforschung in einem steuerpflichtigen wirtschaftlichen Geschäftsbetrieb zu erfassen ist, oder die Steuerbefreiung insgesamt verloren geht, ist danach zu beurteilen, ob die Auftragsforschung der eigenen Forschung dient oder als eigenständiger Zweck verfolgt wird.

BFH vom 29. 1. 2009 – V R 46/06 (BStBl 2009 II S. 560)[1] 7
§ 68 Nr. 2 Buchst. b AO umfasst nach seinem Sinn und Zweck nur Einrichtungen, die nicht regelmäßig ausgelastet sind und deshalb gelegentlich auch Leistungen an Dritte erbringen, nicht aber solche, die über Jahre hinweg Leistungen an Dritte ausführen und hierfür auch personell entsprechend ausgestattet sind.

BFH vom 22. 6. 2011 – I R 43/10 (BStBl 2011 II S. 892) 8
Die Gewerbesteuerbefreiung des § 3 Nr. 20 Buchst. c und d GewStG 2002 umfasst nur Tätigkeiten, die für den Betrieb einer der dort aufgeführten Altenheime, Altenwohnheime und Pflegeeinrichtungen notwendig sind. Nicht erfasst von der Steuerbefreiung werden daher Überschüsse aus Tätigkeiten, die bei einer von der Körperschaftsteuer befreiten Körperschaft als steuerpflichtige wirtschaftliche Geschäftsbetriebe zu behandeln sind.

VIERTER ABSCHNITT
Haftung (§§ 69–77)

§ 69 Haftung der Vertreter

[1]Die in den §§ 34 und 35 bezeichneten Personen haften, soweit Ansprüche aus dem Steuerschuldverhältnis (§ 37) infolge vorsätzlicher oder grob fahrlässiger Verletzung der ihnen auferlegten Pflichten nicht oder nicht rechtzeitig festgesetzt oder erfüllt oder soweit infolgedessen Steuervergütungen oder Steuererstattungen ohne rechtlichen Grund gezahlt werden. [2]Die Haftung umfasst auch die infolge der Pflichtverletzung zu zahlenden Säumniszuschläge.

---
1) Vgl. BMF-Schreiben v. 12. 4. 2011, – IV C 4 – S 0187/09/10005:001 –, BStBl 2011 I S. 538, AO 68/4.

§ 69 AO
AEAO H

AEAO	**Anwendungserlass zur Abgabenordnung**
1	Zu § 69 – Haftung der Vertreter:

1. Bevollmächtigte, Beistände und Vertreter (§§ 80 und 81) haften nur, wenn sie gleichzeitig Vertreter oder Verfügungsberechtigte i. S. d. §§ 34 und 35 (z. B. Vermögensverwalter, Konkursverwalter, Insolvenzverwalter, Testamentsvollstrecker) sind.

2. Die Haftung wird durch Erlass eines Haftungsbescheides gem. § 191 geltend gemacht. Wegen der Einwendungen des Haftenden gegen den ursprünglichen Steuerbescheid Hinweis auf § 166, wegen des Leistungsgebots vgl. zu § 219; wegen der Verpflichtung zur Anhörung der zuständigen Berufskammern vgl. zu § 191.

H	**Hinweise**
2	**Verfahren bei der Sachverhaltsermittlung hinsichtlich der Haftung nach § 69 AO**

(FM Nordrhein-Westfalen, Erlass vom 7. 12. 2010 – S 0190 –)[1]

Vertreter bzw. Verfügungsberechtigte im Sinne der §§ 34, 35 AO haften gemäß § 69 AO insoweit persönlich für Steuerschulden der von ihnen vertretenen Gesellschaft, als durch vorsätzliche oder grob fahrlässige Verletzung der ihnen obliegenden Verpflichtungen Steueransprüche verkürzt worden sind.

So haben Vorstände oder Geschäftsführer von Kapitalgesellschaften als deren gesetzliche Vertreter (§§ 76, 78 AktG; § 35 GmbHG) und die Geschäftsführer von Personengesellschaften (GbR: §§ 709 ff. BGB; OHG: §§ 114 ff. HGB; KG: §§ 164, 161 Abs. 2 i. V. m. §§ 114 ff. HGB; Partnerschaft: §§ 6 und 7 PartG i. V. m. §§ 114 ff. HGB) die steuerlichen Pflichten der von ihnen vertretenen Gesellschaften zu erfüllen. Sie haben insbesondere dafür zu sorgen, dass die Steuern aus den Mitteln entrichtet werden, die sie verwalten (§ 34 Abs. 1 und 2 AO). Sie haften, soweit Ansprüche aus dem Steuerschuldverhältnis (§ 37 AO) infolge vorsätzlicher oder grob fahrlässiger Verletzung der ihnen auferlegten Pflichten nicht oder nicht rechtzeitig festgesetzt oder erfüllt oder soweit infolgedessen Steuervergütungen oder Steuererstattungen ohne rechtlichen Grund gezahlt werden (§ 69 Satz 1 AO). Die Haftung umfasst auch die infolge der Pflichtverletzung zu zahlenden Säumniszuschläge (§ 69 Satz 2 AO).

Sind in einer Gesellschaft mehrere Geschäftsführer bestellt, trifft grundsätzlich jeden von ihnen die Verantwortung für die Erfüllung steuerlicher Pflichten der Gesellschaft. Die Gesamtverantwortung verlangt eine gewisse Überwachung der Geschäftsführung im Ganzen. Diese kann durch eine – zwingend schriftliche, beispielsweise im Gesellschaftsvertrag enthaltene – Verteilung der Geschäfte zwar begrenzt, aber nicht aufgehoben werden (BFH-Urteil vom 26. 4. 1984, BStBl 1984 II 776; BFH-Urteil vom 4. 3. 1986, BStBl 1986 II 384). Ist die Wahrnehmung der steuerlichen Belange der Gesellschaft wirksam einem Mitgeschäftsführer zugewiesen, so tritt für die anderen Geschäftsführer der Umfang ihrer Pflichten nur insoweit und solange zurück, wie für sie unter dem Maßstab der Sorgfalt eines ordentlichen Geschäftsmannes (§ 347 HGB, § 93 AktG, § 43 GmbHG) kein Grund für die Annahme besteht, die steuerlichen Pflichten würden nicht genau erfüllt.

Zeichnet sich die naheliegende Zahlungsunfähigkeit oder Überschuldung der Gesellschaft ab, ist jeder einzelne Geschäftsführer verpflichtet, sich um die Gesamtbelange der Gesellschaft zu kümmern (solidarische Verantwortlichkeit und Haftung). Das gleiche gilt, wenn im konkreten Fall die Person eines handelnden Mitgesellschafters, Geschäftsführers oder Angestellten Veranlassung zu einer Überprüfung gibt, z. B. wenn sich aus dem Betriebsablauf der Gesellschaft, insbesondere aus dem Zahlungsverkehr ergibt, dass keine oder kaum Umsatzsteuer- oder Lohnsteuerbeträge an das Finanzamt abgeführt werden (BFH-Urteil vom 26. 4. 1984, BStBl 1984 II 776; BFH-Urteil vom 12. 5. 1992, BFH/NV 1992, 785).

Bei der Prüfung des Verschuldens ist dabei weiterhin von Belang, ob es sich bei den verkürzten Steuern um Lohnsteuerabzugsbeträge (Abschn. I) oder um sonstige Betriebssteuern (Abschn. II) handelt.

I. Lohnsteuerabzugsbeträge

Werden einzubehaltende Lohnsteuerabzugsbeträge, für die der Arbeitgeber nach den einkommensteuerlichen Bestimmungen haftet (also nicht die pauschalierte Lohnsteuer; siehe unter II.1.), nicht oder nicht rechtzeitig an das Finanzamt abgeführt, liegt nach den vom BFH aufgestellten

---
[1] Anlagen hier nicht wiedergegeben.

Grundsätzen (siehe z. B. Urteil vom 26. 7. 1988, BStBl 1988 II 859) regelmäßig eine zumindest grob fahrlässige Pflichtverletzung vor.

Vom Arbeitgeber einbehaltene und abzuführende Lohnsteuern (vgl. § 41a Abs. 1 EStG) werden gleichsam treuhänderisch für den Arbeitnehmer als Steuerschuldner (§ 38 Abs. 2 EStG) und den Fiskus als Gläubiger vereinnahmt und sind deshalb auch und gerade bei angespannter finanzieller Lage in voller Höhe an das Finanzamt abzuführen. Die einbehaltenen Lohnsteuerabzugsbeträge sind für den Arbeitgeber fremde Gelder, die er nicht sach- und zweckwidrig verwenden darf, und zwar auch nicht im Vertrauen darauf, diese Beträge später aus noch eingehenden Außenständen begleichen zu können. Die Nichtabführung einbehaltener Lohnsteuern verletzt daher ohne weiteres die in § 34 Abs. 1 Satz 2 AO normierte Pflicht des für den Arbeitgeber verantwortlich Handelnden, die Steuern aus den von ihm verwalteten Mitteln des Arbeitgebers zu entrichten (BFH-Urteil vom 26. 7. 1988, BStBl 1988 II 859).

Reichen die zur Verfügung stehenden Mittel nicht zur Zahlung der vereinbarten Löhne aus, darf ein verantwortungsbewusst handelnder Geschäftsführer die Löhne nur gekürzt als Vorschuss oder Teilbetrag auszahlen; aus den dann verbleibenden Mitteln hat er die entsprechende Lohnsteuer an das Finanzamt abzuführen (BFH a. a. O. sowie Urteile vom 17. 10. 1980, BStBl 1981 II 138, vom 20. 4. 1982, BStBl 1982 II 521, und vom 12. 07. 1983, BStBl 1983 II 653).

Diese Rechtsansicht führt aber nicht dazu, dass eine Haftung nur in der Höhe in Betracht kommt, in der bei Zugrundelegung des ausgezahlten Nettolohnes als Bruttolohn Lohnsteuer angefallen wäre. Vielmehr kann der für die Einhaltung und Abführung der Lohnsteuern Verantwortliche grundsätzlich unabhängig von der Liquiditätslage des Unternehmens **in vollem Umfang** als Haftender in Anspruch genommen werden.

Nur in wenigen Ausnahmefällen kann eine Haftungsbeschränkung im Rahmen eines längeren Haftungszeitraums für den bzw. die letzten Lohnsteueranmeldungszeiträume in Betracht kommen, wobei allerdings dem Haftenden die objektive Feststellungslast dafür obliegt, dass ihm ab dem Zeitpunkt der letzten Lohnzahlung **nur** Mittel in Höhe der ausbezahlten Nettolöhne zur Verfügung standen (BFH-Urteil vom 26. 7. 1988, BStBl 1988 II 859, 861 Ziff. 3).

Gleiches gilt für andere Steuerabzugsbeträge, die der Arbeitgeber einzubehalten und abzuführen hat; hierzu gehören insbesondere die Kirchenlohnsteuer und der Solidaritätszuschlag (§ 51a Abs. 1 EStG).

II. Sonstige Betriebssteuern

Bei der rechtlichen Beurteilung der Frage, inwieweit die in §§ 34, 35 AO bezeichneten Personen für sonstige Betriebssteuern und damit in Zusammenhang stehende Nebenleistungen haften, ist davon auszugehen, dass beim Fehlen ausreichender Mittel zur Tilgung sämtlicher Verbindlichkeiten die rückständigen Steuerbeträge in etwa dem gleichen Verhältnis zu tilgen sind, wie die Verbindlichkeiten gegenüber anderen Gläubigern (BFH-Urteil vom 26. 4. 1984, BStBl 1984 II 776). Benachteiligt der Haftungsschuldner das Finanzamt bei der Verteilung der verwalteten Mittel, verletzt er diese Pflicht zumindest grob fahrlässig und haftet deshalb im Umfang des die durchschnittliche Tilgungsquote unterschreitenden Differenzbetrages. Dies ist die Haftungssumme.

1 Dem Grundsatz gleichrangiger Tilgung unterliegende Forderungen aus dem Steuerschuldverhältnis

Der Grundsatz gleichrangiger Tilgung aller Schulden ist insbesondere bei der Haftung für Umsatzsteuerrückstände von praktischer Bedeutung; da sich Liquiditätsschwierigkeiten in der Regel in nachlassenden Erträgen niederschlagen, werden ertragsabhängige Steuern nur selten haftungsrelevant. Gleichwohl gilt dieser Grundsatz auch für andere Betriebssteuern und die damit in Zusammenhang stehenden steuerlichen Nebenleistungen, so für die Körperschaftsteuer (BFH-Urteil vom 17. 7. 1985, BStBl 1985 II 702) und die **pauschalierte** Lohnsteuer (BFH-Urteil vom 3. 5. 1990, BStBl 1990 II 767). Bei der Gewerbesteuer ist die Rechtslage ebenso zu beurteilen.

Etwas anderes gilt für die einzubehaltenden bzw. die einbehaltenen und abzuführenden Lohnsteuerabzugsbeträge (siehe unter I.).

Die Haftung erstreckt sich ebenfalls auf die aufgrund der Pflichtverletzung **bei der Gesellschaft auf die Steuerschulden** angefallenen Säumniszuschläge, ggf. begrenzt auf die für die zugrundeliegenden Steuern ermittelte Tilgungsquote. Das gilt selbst dann, wenn die den Säumniszuschlägen zugrundeliegenden Steuerschulden später auf 0,– € herabgesetzt werden (FG Saarland, Urteil vom 27. 9. 1990, EFG 1991, 294).

2 Der Haftungszeitraum

Der Haftungszeitraum wird wie folgt abgegrenzt:

Er beginnt grundsätzlich mit dem Tag der ältesten Fälligkeit der für die Haftung in Betracht kommenden Ansprüche.

Er **endet** an dem Zeitpunkt, an dem sichergestellt ist, dass eine Benachteiligung (durch Zahlungen an andere Gläubiger) des Fiskus ausscheidet.

Dies ist eine reine Sachverhaltsfrage. Grundsätzlich endet der Haftungszeitraum mit dem Zeitpunkt, ab dem durch die Steuerschuldnerin keine Gläubiger mehr befriedigt worden sind. Dies **kann** z.b. der Tag der Antragstellung auf Eröffnung eines Insolvenzverfahrens sein.

Es **kann** aber auch ein späterer Zeitpunkt sein, wenn nämlich Sachverhalte festgestellt werden, in denen z.b. nach dem Insolvenzantrag noch andere Gläubiger befriedigt wurden.

Der insolvenzrechtliche Begriff der **Zahlungsunfähigkeit** bedeutet lediglich das Unvermögen des Schuldners, seine gesamten fälligen Geldschulden zu begleichen. Er besagt jedoch nicht, ob noch ausreichend liquide Mittel (Bar- und Buchgeld) vorhanden waren. Das Ende des Haftungszeitraums kann auch durch den Zeitpunkt gekennzeichnet sein, an dem der Haftungsschuldner aus seinem Amt ausgeschieden ist (BFH-Urteil vom 8. 5. 1990, BFH/NV 1991, 12).

Ist es dadurch zum Steuerausfall gekommen, dass der Steueranspruch gem. § 69 Satz 1, 1. Alt. AO infolge schuldhaften Verhaltens nicht oder nicht rechtzeitig festgesetzt wurde (Bsp.: Umsätze werden in der Umsatzsteuerjahreserklärung nicht, aber bereits in der betreffenden Umsatzsteuervoranmeldung angegeben oder schuldhaft nicht angemeldete Mehrumsätze werden erst bei einer Außenprüfung festgestellt), kann hinsichtlich des Beginns des Haftungszeitraums nicht auf die Fälligkeit der Jahressteuernachzahlung abgestellt werden. Vielmehr ist dann der Zeitpunkt maßgebend, zu dem der Anspruch bei ordnungsgemäßer Erfüllung der Erklärungspflicht fällig geworden wäre (BFH-Urteil vom 12. 4. 1988, BStBl 1988 II 742). Insoweit ist auf das Urteil des BFH vom 12. 7. 1988 (BStBl 1988 II 980, 981) hinzuweisen, in dem als maßgebender Zeitpunkt für die Beurteilung der Liquidität nicht auf die Fälligkeit der Nachzahlungsschuld aufgrund der Umsatzsteuerjahreserklärung, sondern auf den drei Jahre früheren Fälligkeitszeitpunkt aufgrund der fehlerhaften Umsatzsteuervoranmeldung abgestellt wurde.

Ein früherer Beginn des Haftungszeitraums muss dann festgelegt werden, wenn die Jahressteuererklärung schuldhaft zu spät abgegeben worden ist und die Steuerfestsetzung und deren Fälligkeit dadurch in eine Zeit fällt, in der die Liquiditätslage sich gegenüber dem Zeitpunkt verschlechtert hat, zu dem die Abschlusszahlung bei gebührender Erfüllung der Erklärungspflicht voraussichtlich fällig geworden wäre. In diesem Zusammenhang ist zu beachten, dass der Haftungsschuldner die dem Steuergläubiger gegenüber bestehenden Pflichten bereits dann verletzt, wenn er sich durch Vorwegbefriedigung oder in sonstiger Weise vorsätzlich oder grob fahrlässig außerstande setzt, eine bereits entstandene, aber erst künftig fällig werdende Steuerforderung im Zeitpunkt der Fälligkeit zu tilgen. Dann haftet der Verantwortliche insoweit, als der Steuergläubiger bei pflichtgemäßem Verhalten im Fälligkeitszeitpunkt befriedigt worden wäre (BFH-Urteil vom 26. 4. 1984, BStBl 1984 II 776).

3 Haftungsbegründende Kausalität

Eine Haftung entfällt jedoch, wenn zwischen Verletzung der Steuererklärungspflicht und dem eingetretenen Steuerausfall ein ursächlicher Zusammenhang nicht besteht. Das ist der Fall, wenn mangels ausreichender Zahlungsmittel und vollstreckbaren Vermögens auch bei fristgerechter Abgabe der Steuererklärung die geschuldete Steuer nicht hätte beglichen werden können (BFH-Urteil vom 26. 8. 1992, BStBl 1993 II 8). Hingegen haftet der Haftungsschuldner ohne Rücksicht auf die Verfügbarkeit von Geldmitteln für den eingetretenen Steuerausfall, wenn durch die unterlassene oder verspätete Steueranmeldung aussichtsreiche Vollstreckungsmöglichkeiten des Finanzamts vereitelt worden sind (BFH-Urteil vom 5. 3. 1991, BStBl 1991 II 678, 681). Die Haftung besteht dann unabhängig vom Umfang der sonstigen Gläubigerbefriedigung jedenfalls insoweit uneingeschränkt, als bei ordnungsgemäßer rechtzeitiger Voranmeldung die verkürzten Steuern vom Finanzamt ohne weiteres hätten beigetrieben werden können (BFH-Urteil vom 8. 10. 1991, BFH/NV 1992, 79).

Im Übrigen ist die Berechnung der durchschnittlichen Tilgungsquote nur **überschlägig** vorzunehmen. Eine auf „Heller und Pfennig" abgestimmte Verteilung der vorhandenen Mittel auf die Verbindlichkeiten des Steuerschuldners kommt nicht in Betracht. Besonderheiten des Einzelfalles (z. B. außergewöhnliche Liquiditätsschwankungen im Haftungszeitraum; Unvollständigkeit der Buchführungsunterlagen) zur Feststellung der durchschnittlichen Tilgungsquote können durch einen Pauschalabschlag auf die durchschnittliche Tilgungsquote haftungsmindernd berücksichtigt werden (BFH-Urteil vom 14. 7. 1987, BStBl 1988 II 172).

4 Keine Berücksichtigung der Lohnsteuerabzugsbeträge bei Ermittlung von Haftungsquote und Haftungssumme

Bei der Ermittlung der Haftungsquote sind die im Haftungszeitraum getilgten Lohnsteuern weder bei den Gesamtverbindlichkeiten noch bei den geleisteten Zahlungen zu berücksichtigen (BFH-Urteil vom 27. 2. 2007, BStBl II 2008, 508).

Nach der BFH-Rechtsprechung sind in die Berechnung der anteiligen Tilgungsquote grundsätzlich alle Verbindlichkeiten einzubeziehen, ungeachtet ihres Rechtsgrundes und ihrer Bedeutung für die Fortführung des Unternehmens. Eine Tilgungsvordringlichkeit – mit der Folge der Nichtberücksichtigung einer Zahlung bei der Ermittlung der Haftungsquote – ist grundsätzlich nicht anzuerkennen, auch nicht bei Personalkosten, d. h. den Löhnen und den darauf entfallenden Abgaben. Grundsätzlich sind deshalb auch die auf die gesamten rückständigen Steuerverbindlichkeiten geleisteten Zahlungen der GmbH zu berücksichtigen.

Ausgenommen davon jedoch sind Zahlungen auf die vorrangig zu tilgenden Lohnsteuerbeträge (vgl. BFH-Entscheidungen in BFH/NV 2000, 1322; vom 26. 3. 1985 VII R 139/81, BStBl II 1985, 539; vom 14. 7. 1987 VII R 188/82, BStBl II 1988, 172).

Damit sind Lohnsteuern, soweit sie getilgt sind, **weder bei den Verbindlichkeiten noch bei den** im Haftungszeitraum **geleisteten Zahlungen zu berücksichtigen.**

Denn die Einbeziehung der abzuführenden Lohnsteuern im Rahmen der Gesamtverbindlichkeiten und der abgeführten Lohnsteuern bei den geleisteten Zahlungen führt rechnerisch – weil insoweit eine Tilgung zu 100 % vorliegt – zu einer höheren Tilgungsquote als die jeweilige Nichtberücksichtigung dieser Beträge.

Ein solches Ergebnis widerspräche der vom BFH wiederholt hervorgehobenen **haftungsrechtlichen Sonderstellung der Lohnsteuer,** die den Geschäftsführer zur vorrangigen und ungekürzten Abführung der Lohnsteuern an das Finanzamt vor der Begleichung sonstiger Verbindlichkeiten verpflichtet.

Geschäftsführer, die sich dieser Pflicht entsprechend verhalten, verhalten sich dem Fiskus gegenüber gerade nicht pflichtwidrig. Es muss deshalb sichergestellt werden, dass die – im Verhältnis zu sonstigen Zahlungen – überproportionale Tilgung der Lohnsteuer nicht dazu führt, dass sich die Haftungsquote hinsichtlich der übrigen Steuerverbindlichkeiten zu Lasten des Haftungsschuldners erhöht.

Im Hinblick auf diese vorrangige Tilgungspflicht der Lohnsteuerbeträge (vgl. BFH Urteil vom 27. 2. 2007 – VII R 60/05 –), sind Lohnsteuern im Rahmen der Vergleichsberechnung **nicht** zu berücksichtigen.

Bei Ermittlung der auf die Steuerrückstände geleisteten Zahlungen sind auch die vom Finanzamt verrechneten Vorsteuerüberschüsse als Zahlungen auf die Umsatzsteuerschulden anzusetzen (BFH-Urteil vom 7. 11. 1989, BStBl 1990 II 201).

5 Umfang der Ermittlungen

Vor Erlass eines Haftungsbescheides sind demnach insbesondere folgende Feststellungen zu treffen:
– der Bestand an Eigenmitteln bei der Gesellschaft zu Beginn und am Ende des Haftungszeitraums;
– Art und Umfang der Verbindlichkeiten und der Mittelverwendung bei der Gesellschaft im Haftungszeitraum;
– Verhältnis der Tilgung der Steuerschulden (ohne Lohnsteuer) zur Tilgung der außersteuerlichen Verbindlichkeiten;
– Art und Umfang der Verantwortungsabgrenzung zwischen mehreren Geschäftsführern und ihre Auswirkung auf die Haftung (vgl. BFH-Urteile vom 26. 4. 1984, BStBl 1984 II 776, und vom 4. 3. 1986 BStBl 1986 II 384);
– bei einzubehaltender und abzuführender Lohnsteuer: Vollauszahlung der Löhne und die Gründe für eine unterlassene anteilige Kürzung.

Angaben über Gläubiger, Schuldgrund, Fälligkeits- und Zahlungszeitpunkt der einzelnen Verbindlichkeiten können wegen ihrer Bedeutungslosigkeit im Rahmen einer zeitraumbezogenen Haftungsermittlung in der Regel nicht verlangt werden (BFH-Urteil vom 11. 7. 1989, BStBl 1990 II 357, 359).

6 Verfahren bei der Sachverhaltsermittlung

Das Verfahren bei der Sachverhaltsermittlung ergibt sich aus den §§ 88, 90 bis 93, 97 AO.

6.1 Zunächst sind Beteiligte und ggf. auch Dritte um sachdienliche Auskünfte zu ersuchen (§§ 90, 93 AO).

Das Finanzamt soll sich zunächst an den Geschäftsführer in seiner Eigenschaft als möglicher Haftungsschuldner (§ 33 AO) und als Beteiligter gem. §§ 93 Abs. 1 Satz 1, 78 Nr. 2 AO (vgl. BFH-Urteil vom 11. 7. 1989, BStBl 1990 II 357) wenden. Falls dieser sich nicht äußert oder eine weitere Sachverhaltsaufklärung erforderlich ist, kann das Finanzamt sein Ersuchen auch an die Gesellschaft selbst richten (§ 93 Abs. 1 Satz 3 AO). Das ist allerdings nur dann erfolgversprechend, wenn der als

Vertreter der Gesellschaft zu befragende Geschäftsführer nicht derselbe ist, der bereits vorher als potentiell Haftender ergebnislos befragt worden ist.

Die Befolgung des Auskunftsersuchens kann gem. §§ 328 ff. AO erzwungen werden (BFH-Urteil vom 11. 7. 1989, BStBl 1990 II 357).

6.2 Werden die nach § 93 AO erbetenen Auskünfte nicht erteilt, sind die Auskünfte unzureichend oder bestehen gegen ihre Richtigkeit Bedenken, kann das Finanzamt die Vorlage von Urkunden und sonstigen Unterlagen zur Einsicht und Prüfung verlangen (§ 97 Abs. 1 AO).

Die Einsichtnahme und Prüfung der für die Sachverhaltsermittlung erforderlichen Unterlagen bei der Gesellschaft ist zulässig, wenn diese einverstanden ist oder wenn die Urkunden für eine Vorlage an Amtsstelle ungeeignet sind (§ 97 Abs. 3 AO).

Urkunden sind zur Vorlage an Amtsstelle insbesondere dann ungeeignet, wenn sie
- wegen ihres Umfangs in zumutbarer Weise nicht zum Finanzamt verbracht werden können,
- wegen einer besonderen Aufbewahrungsform ortsgebunden sind,
- nur unter Verwendung besonderer technischer Hilfsmittel gelesen werden können,
- Betriebs- oder Geschäftsgeheimnisse enthalten.

Die Ermittlung der Haftungsvoraussetzungen bei der GmbH stellt keine Außenprüfung im Sinne der §§ 193 ff. AO dar. Gleichwohl kann es angezeigt sein, den die Haftung auslösenden Sachverhalt gelegentlich einer Außenprüfung feststellen zu lassen, sofern sich eine laufende oder kurz bevorstehende Prüfung hierfür anbietet.

Die Vorlage von Urkunden durch die Gesellschaft nach § 97 AO kann im Einzelfall wegen deren Bedeutung oder zur Vermeidung unvertretbarer Verzögerung der Sachverhaltsermittlung (drohende Festsetzungsverjährung, drohender Vermögensverfall) auch ohne vorausgehendes Auskunftsersuchen in Betracht kommen.

7 Entscheidung nach den Grundsätzen der objektiven Feststellungslast bei mangelnder Mitwirkung

Verletzt der Geschäftsführer seine Mitwirkungspflicht, indem er keine oder nur unzureichende Auskünfte erteilt, die Unterlagen im Sinne des § 97 AO nicht oder nicht vollständig vorlegt, obwohl er dazu in der Lage gewesen wäre, oder verhindert er die notwendige Überprüfung nach § 97 Abs. 3 AO, ist das Finanzamt berechtigt, diesen Umstand frei zu würdigen.

Mangels weiterer Anhaltspunkte kann es die mangelnde Mitwirkung des Geschäftsführers bei Sachverhalten, die in seinem Wissens- oder auch nur Einflussbereich liegen, gegen ihn verwerten (vgl. BFH-Urteil vom 9. 10. 1985, BFH/NV 1986, 321, 323). Es kann von einem ihm ungünstigen Sachverhalt ausgehen, sofern dieser einen gewissen Grad an Wahrscheinlichkeit für sich hat. Trotz der bestehenden Feststellungs- und Beweislast für die anspruchsbegründenden Tatsachen im Sinne von § 69 AO (vgl. hierzu BFH-Urteil vom 21. 11. 1989, BFH/NV 1990, 650), kann ohne näheren Nachweis von dem Umständen möglichen Sachverhalt ausgegangen werden (Tipke/Kruse, § 88 AO Tz. 9 und § 90 AO Tz. 5).

Die Höhe der Haftungssumme ist erforderlichenfalls im Wege der Schätzung festzustellen. Bei dieser Schätzung kann das Finanzamt in der Regel den Grundsatz der anteiligen Tilgung der Steuerschulden außer Betracht lassen und die Haftungssumme – ungeachtet etwaiger Haftungsminderungen – mit dem vollen Steuerrückstand festsetzen. Es kann dann ohne weiteres von der Annahme ausgehen, dass der Haftungsschuldner im fraglichen Zeitraum über ausreichende Mittel zur Begleichung der rückständigen Ansprüche aus dem Steuerschuldverhältnis verfügte und deshalb seine Pflichten im Sinne des § 69 AO in vollem Umfang zumindest grob fahrlässig verletzte (BFH-Urteil vom 26. 9. 1989, BFH/NV 1990, 351; BFH-Urteil vom 9. 10. 1985, BFH/NV 1986, 321, 323; Urteile des FG Rheinland-Pfalz vom 15. 4. 1986 6 K 151/83 – n. v., vom 10. 8. 1987 5 K 196/86, und vom 9. 3. 1993 2 K 2439/90; Niedersächsisches FG, Urteil vom 9. 9. 1993 XI 163/89 – n. v.; Besprechung der AO-Referenten der OFDen vom 25.–27. 04. 1994, TOP 3). Soweit im Einzelfall davon ausgegangen werden muss, dass die Forderungen anderer Gläubiger nicht voll befriedigt wurden (z. B. bei Konkurs der Gesellschaft), kann es jedoch geboten sein, den Haftungsanspruch entsprechend niedriger zu schätzen.

8 Haftung nach §§ 71, 370 AO

Die vorstehend dargelegten Grundsätze der anteiligen Tilgung finden auch Anwendung, wenn die in §§ 34, 35 AO bezeichneten Personen zugleich den Haftungstatbestand des § 71 i. V. m. § 370 AO (Haftung als Steuerhinterzieher) verwirklicht haben (BFH-Urteile vom 26. 8. 1992, BStBl 1993 II 8, und vom 2. 3. 1993, BFH/NV 1994, 526). Jedoch obliegt in diesen Fällen dem Haftungsschuldner die Feststellungslast für die eine Haftungsbeschränkung nach den Grundsätzen der anteiligen Tilgung begründenden Tatsachen (BFH-Urteil vom 26. 8. 1992, BStBl 1993 II 8).

9 Sachverhaltsermittlung und Klageverfahren

Eine hinreichende, d. h. den Haftungsanspruch tragende Sachverhaltsermittlung ist schon deshalb unerlässlich, weil andernfalls das Finanzgericht die Möglichkeit hat, unter Aufhebung des Haftungsbescheides und der Einspruchsentscheidung die Sache nach § 100 Abs. 3 Satz 1 FGO – ohne Sachentscheidung zu treffen – an das Finanzamt zurückzuverweisen und diesem die Kosten des Verfahrens aufzuerlegen (vgl. Tipke/Kruse, § 100 FGO Tz. 17). In diesem Fall hat das Finanzamt die erforderliche Sachverhaltsermittlung nachzuholen und – soweit das Ergebnis der Ermittlungen dies zulässt – einen neuen Haftungsbescheid zu erlassen. Eine Entscheidung nach § 100 Abs. 3 Satz 1 FGO kann allerdings nur binnen sechs Monaten seit Eingang der Akten des Finanzamts bei Gericht ergehen (§ 100 Abs. 3 Satz 5 FGO).

Nach rechtskräftiger Aufhebung eines Haftungsbescheides durch das Finanzgericht darf kein neuer Bescheid über die gleiche Haftungsschuld erlassen werden, wenn das Finanzamt es versäumt hat, Erkenntnisse und Beweismittel, derer es sich bei gehöriger Ermittlung des Sachverhalts hätte bedienen können, dem Gericht zu unterbreiten (BFH-Urteil vom 21. 11. 1989, BFH/NV 1990, 651).

Zur Frage des Erlasses eines erneuten Haftungsbescheides nach Aufhebung des ursprünglichen Haftungsbescheides durch das Finanzgericht wegen fehlerhafter **Ermessensausübung** siehe BFH-Urteil vom 23. 3. 1993, BStBl 1993 II 582.

10

Im Übrigen sind die Haftungsprüfungen zur Vermeidung von Steuerausfällen zeitnah und zügig durchzuführen.

Rechtsprechung

BFH vom 3. 5. 1990 – VII R 108/88 (BStBl 1990 II S. 767)

Wird der Geschäftsführer einer GmbH als Haftungsschuldner für die pauschale Lohnsteuer der GmbH (§ 40 Abs. 1 Nr. 2 EStG) in Anspruch genommen, so bestimmt sich die Pflichtverletzung und sein Verschulden gemäß § 69 AO nicht nach den Zeitpunkten der Nichteinbehaltung, -anmeldung und -abführung der individuellen Lohnsteuer der Arbeitnehmer, sondern nach dem Zeitpunkt der Fälligkeit der pauschalierten Lohnsteuer. Der Geschäftsführer haftet nur insoweit, als er das FA hinsichtlich der im Nachforderungsbescheid festgesetzten pauschalen Lohnsteuer gegenüber den anderen Gläubigern der GmbH benachteiligt hat.

BFH vom 29. 5. 1990 – VII R 85/89 (BStBl 1990 II S. 1008)

1. Das Auswahlermessen für die Inanspruchnahme eines von zwei jeweils alleinvertretungsberechtigten GmbH-Geschäftsführern als Haftungsschuldner ist in der Regel nicht sachgerecht ausgeübt, wenn das FA hierfür allein auf die Beteiligungsverhältnisse der Geschäftsführer am Gesellschaftskapital abstellt.

2. Die Tatsache der Geburt eines Kindes durch eine Geschäftsführerin während des Haftungszeitraums ist – wenn nicht bereits beim Haftungstatbestand (§ 69 AO) – bei der Ausübung des Auswahlermessens zu berücksichtigen.

BFH vom 27. 11. 1990 – VII R 20/89 (BStBl 1991 II S. 284)

1. Der Alleingesellschafter einer GmbH kann die Pflichten eines gesetzlichen Vertreters (§ 34 Abs. 1 AO) nach dem Ausscheiden des bisherigen Geschäftsführers rechtlich und tatsächlich i. S. des § 35 AO erfüllen, wenn er zumindest mittelbar dazu in der Lage ist.

2. Ein haftungsbegründendes grob fahrlässiges Verhalten eines Geschäftsführers i. S. von § 69 AO liegt bei Abgabe fehlerhafter Steuererklärungen dann nicht vor, wenn die Ausführung der steuerlichen Angelegenheiten auf Mitarbeiter übertragen worden ist und wenn die nach den Umständen des konkreten Einzelfalles erforderlichen, aber auch ausreichenden Überwachungsmaßnahmen nicht geeignet gewesen wären, die Fehlerhaftigkeit der Steuererklärung aufzudecken.

BFH vom 11. 12. 1990 – VII R 85/88 (BStBl 1991 II S. 282)

Der Geschäftsführer einer GmbH haftet für die nicht an das FA abgeführte Lohnsteuer auch dann, wenn nach dem Fälligkeitszeitpunkt, aber innerhalb der Fünftagesfrist gemäß § 240 Abs. 3 AO unerwartet die Zahlungsunfähigkeit der GmbH eintritt, so daß ihm die beabsichtigte Steuerentrichtung innerhalb dieser Schonfrist nicht mehr möglich ist.

7 BFH vom 2. 11. 2001 – VII B 155/01 (BStBl 2002 II S. 73)

Die Geschäftsführerhaftung wird von der Sperrwirkung des § 93 InsO nicht erfasst und kann auch nach der Eröffnung des Insolvenzverfahrens von dem FA mit Haftungsbescheid geltend gemacht werden.

8 BFH vom 28. 11. 2002 – VII R 41/01 (BStBl 2003 II S. 337)

1. Der gesetzliche Vertreter einer GmbH ist auch in Zeiten der Krise nicht verpflichtet, von Geschäften Abstand zu nehmen, weil diese Umsatzsteuer auslösen; das gilt grundsätzlich auch für die Ausübung steuerlicher Gestaltungsrechte wie der Option nach § 9 UStG. Ein Konkursverwalter verletzt jedoch seine steuerlichen Pflichten, wenn er aufgrund einer Vereinbarung mit einem Grundpfandgläubiger ein Grundstück unter Verzicht auf die Umsatzsteuerbefreiung freihändig verkauft und den Kaufpreisanspruch an den Grundpfandgläubiger abtritt, obwohl er weiß, dass Mittel zur Tilgung der Steuerschuld nicht zur Verfügung stehen (Abgrenzung zu BFH-Urteil vom 9. 1. 1997, BFH/NV 1997 S. 324).

2. Der Grundsatz der anteiligen Tilgung wird durch die konkursrechtlichen Vorschriften modifiziert.

9 BFH vom 16. 12. 2003 – VII R 77/00 (BStBl 2005 II S. 249)

1. Das UStG verlangt von dem Unternehmer nicht, bei der Ausübung des ihm zustehenden Wahlrechts nach § 9 UStG auf das Interesse des Fiskus Rücksicht zu nehmen, nicht Vorsteuer ohne die gesicherte Erwartung vergüten zu müssen, seine Umsatzsteuerforderung gegen den Leistenden durchsetzen zu können (Anschluss an das Urteil vom 28. 11. 2002, BStBl II 2003, 337).

2. Der Liquidator einer GmbH begeht keine einen Haftungstatbestand auslösende Pflichtverletzung, wenn er auf die Steuerbefreiung für einen Grundstücksumsatz nach § 9 Abs. 1 UStG verzichtet; eine Pflichtverletzung liegt aber darin, dass er, obwohl ihm dies möglich gewesen wäre, nicht durch eine Nettokaufpreisvereinbarung dafür Sorge trägt, dass die GmbH über den der Umsatzsteuer entsprechenden Anteil des vom Erwerber im Hinblick auf die Option gezahlten Kaufpreises verfügen kann.

3. Es entspricht einer Erfahrungsregel, dass dort, wo die Sicherungsabrede nicht eine Bruttokaufpreisvereinbarung und die Abrede enthält, der Sicherungsnehmer könne ggf. freihändige Verwertung des Sicherungsgutes verlangen, der Liquidator gegenüber dem Sicherungsnehmer eine so starke Verhandlungsposition einnimmt, dass es praktisch ausgeschlossen erscheint, dass der Sicherungsnehmer sich nicht darauf einlässt, dem Verwalter den Umsatzsteueranteil des Kaufpreises zu überlassen.

4. Die Haftungsinanspruchnahme für Säumniszuschläge ist ein selbständiger Teil eines Haftungsbescheides, so dass die Entscheidung des FG darüber in (Teil-)Rechtskraft erwachsen kann.

10 BFH vom 11. 3. 2004 – VII R 52/02 (BStBl 2004 II S. 579)

1. Eine Inhaftungnahme des nominell bestellten Geschäftsführers für die Steuerschulden der GmbH ist auch dann von der Finanzbehörde in Betracht zu ziehen, wenn dieser lediglich als „Strohmann" eingesetzt worden ist.

…

11 BFH vom 7. 3. 2006 – VII R 11/05 (BStBl 2006 II S. 573)

1. Ein durch die Eröffnung des Insolvenzverfahrens über das Vermögen des Haftungsschuldners unterbrochener Rechtsstreit über die Rechtmäßigkeit eines Haftungsbescheides kann sowohl vom Insolvenzverwalter als auch vom FA aufgenommen werden.

2. Macht das FA den noch unerfüllten Haftungsanspruch als Insolvenzforderung geltend, handelt es sich um einen Passivprozess, dessen Aufnahme dem Schuldner verwehrt ist.

3. Wenn der nicht beteiligtenfähige Schuldner den durch die Insolvenzeröffnung unterbrochenen Rechtsstreit selbst aufnimmt, ist er aus dem Prozess zu weisen. Seine Prozesshandlungen sind unwirksam.

4. Der Erlass eines Feststellungsbescheides nach § 251 Abs. 3 AO 1977 kommt nicht mehr in Betracht, wenn das FA seine Forderung gegenüber dem Schuldner bereits mit einem Haftungsbescheid geltend gemacht hat.

…

BFH vom 5. 6. 2007 – VII R 65/05 (BStBl 2008 II S. 273) 12

1. Werden fällig gewordene Steuerbeträge pflichtwidrig nicht an das FA abgeführt, kann die Kausalität dieser Pflichtverletzung für einen dadurch beim Fiskus entstandenen Vermögensschaden nicht durch nachträglich eingetretene Umstände oder durch die Annahme eines hypothetischen Kausalverlaufs beseitigt werden.

2. Die Frage, ob ein hypothetischer Kausalverlauf bei der haftungsrechtlichen Inanspruchnahme Berücksichtigung finden kann, ist im Rahmen der Schadenszurechnung unter Berücksichtigung des Schutzzwecks von § 69 AO zu beantworten.

3. Die Funktion und der Schutzzweck des in § 69 AO normierten Haftungstatbestandes schließen die Berücksichtigung hypothetischer Kausalverläufe aus. Deshalb entfällt die Haftung eines GmbH-Geschäftsführers nicht dadurch, dass der Steuerausfall unter Annahme einer hypothetischen, auf § 130 Abs. 1 InsO gestützten Anfechtung gedachter Steuerzahlungen durch den Insolvenzverwalter ebenfalls entstanden wäre.

BFH vom 22. 4. 2008 – VII R 21/07 (BStBl 2008 II S. 735) 13

Die Festsetzungsfrist für den Erlass eines Haftungsbescheids ist gemäß § 191 Abs. 3 Satz 2 2. Halbsatz AO bei leichtfertiger Steuerverkürzung nur in den Fällen auf fünf Jahre verlängert, in denen die Haftungsinanspruchnahme auf § 70 AO beruht, nicht aber für jeden Fall der Haftung, dem eine leichtfertige Steuerverkürzung zugrunde liegt, also auch nicht bei der Haftung gemäß § 69 AO (Klarstellung der Rechtsprechung).

BFH vom 23. 9. 2008 – VII R 27/07 (BStBl 2009 II S. 129) 14

1. Allein der Antrag auf Eröffnung des Insolvenzverfahrens befreit den GmbH-Geschäftsführer nicht von der Haftung wegen Nichtabführung der einbehaltenen Lohnsteuer.

2. Sind im Zeitpunkt der Lohnsteuer-Fälligkeit noch liquide Mittel zur Zahlung der Lohnsteuer vorhanden, besteht die Verpflichtung des Geschäftsführers zu deren Abführung so lange, bis ihm durch Bestellung eines (starken) Insolvenzverwalters oder Eröffnung des Insolvenzverfahrens die Verfügungsbefugnis entzogen wird.

3. Die Haftung ist auch nicht ausgeschlossen, wenn die Nichtzahlung der fälligen Steuern in die dreiwöchige Schonfrist fällt, die dem Geschäftsführer zur Massesicherung ab Feststellung der Zahlungsunfähigkeit gemäß § 64 Abs. 1 Satz 1 GmbHG eingeräumt ist (Fortentwicklung der Senatsrechtsprechung im Hinblick auf die geänderte Rechtsprechung des BGH im Urteil vom 14. 5. 2007 II ZR 48/06, HFR 2007 S. 1242).

BFH vom 11. 11. 2008 – VII R 19/08 (BStBl 2009 II S. 342) 15

1. Die erforderliche Kausalität zwischen der Pflichtverletzung und dem mit der Haftung geltend gemachten Schaden richtet sich wegen des Schadensersatzcharakters der Haftung nach § 69 AO wie bei zivilrechtlichen Schadensersatzansprüchen nach der Adäquanztheorie.

2. Die erfolgreiche Insolvenzanfechtung einer erst nach Fälligkeit abgeführten Lohnsteuer unterbricht den Kausalverlauf zwischen Pflichtverletzung und Schadenseintritt jedenfalls dann nicht, wenn der Fälligkeitszeitpunkt vor dem Beginn der Anfechtungsfrist lag.

3. Die Pflicht zur Begleichung der Steuerschuld der GmbH im Zeitpunkt ihrer Fälligkeit ist dem Geschäftsführer nach § 34 Abs. 1 AO, § 41a EStG nicht allein zur Vermeidung eines durch eine verspätete Zahlung eintretenden Zinsausfalls auferlegt, sondern soll auch die Erfüllung der Steuerschuld nach den rechtlichen und wirtschaftlichen Gegebenheiten zum Zeitpunkt ihrer Fälligkeit sicherstellen.

4. Der Zurechnungszusammenhang zwischen einer pflichtwidrig verspäteten Lohnsteuerzahlung und dem eingetretenen Schaden (Steuerausfall) ergibt sich daraus, dass dieser Schaden vom Schutzzweck der verletzten Pflicht zur fristgemäßen Lohnsteuerabführung erfasst wird.

BFH vom 21. 7. 2009 – VII R 49/08 (BStBl 2010 II S. 13) 16

Jedenfalls nach der Rechtslage bis zum Inkrafttreten des Gesetzes zur Vereinfachung des Insolvenzverfahrens vom 13. 4. 2007 konnte das FA den Insolvenzverwalter über das Vermögen des Geschäftsführers einer GmbH, der nach Eröffnung des Insolvenzverfahrens die von der GmbH geschuldeten Lohnsteuern nicht abgeführt hat, nicht mit Haftungsbescheid in Anspruch nehmen. Die Haftungsschuld war keine Masseverbindlichkeit. Die bloße Duldung der Geschäftsführertätigkeit durch den Insolvenzverwalter erfüllte nicht das Tatbestandsmerkmal des Verwaltens der Insolvenzmasse i. S. des § 55 Abs. 1 Nr. 1 2. Halbsatz InsO.

17 BFH vom 12. 8. 2009 – XI R 4/08 (HFR 2010 S. 452)

1. Die Herabsetzung einer Haftungsschuld wegen Erlösminderungen beim Steuerschuldner setzt voraus, dass der Haftungsschuldner substantiiert darlegt und nachweist, welche Forderungen im Haftungszeitraum uneinbringlich geworden sind.
2. Ob im Rahmen der Ermessensausübung des FA auch zu berücksichtigen ist, dass sich die Steuerschuld wegen der Uneinbringlichkeit von Forderungen außerhalb des Haftungszeitraums vermindert hat, kann dann offen bleiben, wenn das FA bei Erlass der Einspruchsentscheidung keinen Anlass hatte, sich mit dieser Frage auseinanderzusetzen.

§ 70 Haftung des Vertretenen

(1) Wenn die in den §§ 34 und 35 bezeichneten Personen bei Ausübung ihrer Obliegenheiten eine Steuerhinterziehung oder eine leichtfertige Steuerverkürzung begehen oder an einer Steuerhinterziehung teilnehmen und hierdurch Steuerschuldner oder Haftende werden, so haften die Vertretenen, soweit sie nicht Steuerschuldner sind, für die durch die Tat verkürzten Steuern und die zu Unrecht gewährten Steuervorteile.

(2) ¹Absatz 1 ist nicht anzuwenden bei Taten gesetzlicher Vertreter natürlicher Personen, wenn diese aus der Tat des Vertreters keinen Vermögensvorteil erlangt haben. ²Das Gleiche gilt, wenn die Vertretenen denjenigen, der die Steuerhinterziehung oder die leichtfertige Steuerverkürzung begangen hat, sorgfältig ausgewählt und beaufsichtigt haben.

Anwendungserlass zur Abgabenordnung

1 Zu § 70 – Haftung des Vertretenen:

Die Vorschrift hat vor allem Bedeutung auf dem Gebiet des Zoll- und Verbrauchsteuerrechts, im Bereich der Besitz- und Verkehrsteuern kommt ihre Anwendung insbesondere bei Abzugsteuern in Betracht. Für Handlungen eines Arbeitnehmers wird nur gehaftet, wenn dieser zu dem in den §§ 34 und 35 genannten Personenkreis gehört.

Rechtsprechung

2 BFH vom 22. 4. 2008 – VII R 21/07 (BStBl 2008 II S. 735)

Die Festsetzungsfrist für den Erlass eines Haftungsbescheids ist gemäß § 191 Abs. 3 Satz 2 2. Halbsatz AO bei leichtfertiger Steuerverkürzung nur in den Fällen auf fünf Jahre verlängert, in denen die Haftungsinanspruchnahme auf § 70 AO beruht, nicht aber für jeden Fall der Haftung, dem eine leichtfertige Steuerverkürzung zugrunde liegt, also auch nicht bei der Haftung gemäß § 69 AO (Klarstellung der Rechtsprechung).

§ 71 Haftung des Steuerhinterziehers und des Steuerhehlers

Wer eine Steuerhinterziehung oder eine Steuerhehlerei begeht oder an einer solchen Tat teilnimmt, haftet für die verkürzten Steuern und die zu Unrecht gewährten Steuervorteile sowie für die Zinsen nach § 235.

Anwendungserlass zur Abgabenordnung

1 Zu § 71 – Haftung des Steuerhinterziehers und des Steuerhehlers:

Die für den Erlass des Haftungsbescheides zuständige Stelle der Finanzbehörde hat im Einvernehmen mit der für Straf- und Bußgeldsachen zuständigen Stelle zu prüfen, ob der objektive und subjektive Tatbestand der einschlägigen Strafvorschrift gegeben ist. Eine vorherige strafgerichtliche Verurteilung ist nicht erforderlich. Ebenso wenig sind Selbstanzeige (§ 371), Eintritt der Strafverfolgungsverjährung oder sonstige Verfahrenshindernisse von Bedeutung. An Entscheidungen im strafgerichtlichen Verfahren ist die Finanzbehörde nicht gebunden (BFH-Urteil vom 10. 10. 1972 – VII R 117/69 –, BStBl 1973 II, S. 68).

Rechtsprechung

BFH vom 26. 8. 1992 – VII R 50/91 (BStBl 1993 II S. 8)   2

Die Grundsätze der anteiligen Haftung für die Umsatzsteuer, die der Senat für die Haftung nach § 69 AO entwickelt hat, können auch dann Anwendung finden, wenn der Geschäftsführer einer GmbH zugleich den Haftungstatbestand des § 71 AO (Steuerhinterziehung) verwirklicht hat.[1]

BFH vom 13. 7. 1994 – I R 112/93 (BStBl 1995 II S. 198)   3

Eine Haftung wegen Steuerhinterziehung scheidet aus, wenn auch ohne die vorsätzliche Tat keine Steuer entstanden wäre.

BFH vom 27. 4. 1999 – III R 21/96 (BStBl 1999 II S. 670)   4

Wer durch falsche Angaben im Antrag auf Bescheinigung der Förderungswürdigkeit nach § 2 InvZulG 1982 oder im Investitionszulagenantrag den Tatbestand des Subventionsbetruges vorsätzlich erfüllt, haftet im Rahmen des über § 5 Abs. 5 Satz 1 InvZulG 1982 entsprechend anzuwendenden § 71 AO für die zu Unrecht gewährte Investitionszulage. Darüber hinaus erstreckt sich die Haftung auch auf Zinsen gemäß § 235 AO.

BFH vom 6. 3. 2001 – VII R 17/00 (HFR 2001 S. 940)   5

Die Haftung nach § 71 AO 1977 reicht nur so weit wie der Vorsatz des Täters.

BFH vom 16. 4. 2002 – IX R 40/00 (BStBl 2002 II S. 501)   6

Mittäter oder Teilnehmer einer Steuerhinterziehung ist nicht, wer sich als Ehegatte darauf beschränkt, die gemeinsame Einkommensteuererklärung zu unterschreiben, in der der andere Ehegatte unrichtige oder unvollständige Angaben über eigene Einkünfte macht.

BFH vom 9. 12. 2003 – VI R 35/96 (BStBl 2004 II S. 641)   7

Zahlungen aufgrund einer Haftung wegen Beihilfe zur Steuerhinterziehung Dritter können bei einem GmbH-Gesellschafter-Geschäftsführer zu Erwerbsaufwendungen führen.

BFH vom 8. 9. 2004 – XI R 1/03 (HFR 2005 S. 293)   8

1. Beihilfe zur Steuerhinterziehung leistet, wer, ohne die Einzelheiten der Steuerhinterziehung zu kennen, dem Kunden die Möglichkeit einräumt, Waren durch Barverkaufsrechnungen ohne Empfängerbezeichnung zu beziehen, so dass der Kunde annehmen kann, dass sein Name auch in der Buchführung des Lieferanten nicht als Abnehmer von Waren in Erscheinung tritt.
2. Bei vorsätzlicher Beihilfe zur Steuerhinterziehung ist eine Haftungsinanspruchnahme in Höhe der hinterzogenen Steuer „vorgeprägt". Sie ist ohne nähere Darlegung der Ermessenserwägungen im Haftungsbescheid oder in der Einspruchsentscheidung ermessensgerecht (Bestätigung von BFH-Urteil vom 26. 2. 1991 – VII R 3/90, BFH/NV 1991, 504).
3. Es besteht daher kein Grund, Gesichtspunkte zu berücksichtigen, die sich aus der Größenordnung der Haftungsschuld im Vergleich zu den finanziellen Möglichkeiten des Haftungsschuldners ergeben. Die Haftungsinanspruchnahme ist auch unabhängig von der Relation des Grades des Verschuldens und des Steuerschadens und es bleiben wirtschaftliche Vorteile oder Nichtvorteile des Teilnehmers und ein eventuelles Mitverschulden des FA unberücksichtigt.

BFH vom 7. 3. 2006 – X R 8/05 (BStBl 2007 II S. 594)   9

Gegen den Mittäter oder Teilnehmer einer Steuerhinterziehung kann ein Haftungsbescheid nach § 71 AO ergehen, wenn wegen Aufteilung der Steuerschuld nach §§ 268, 278 AO gegen diesen nicht als Steuerschuldner vollstreckt werden kann.

---

[1] Vgl. auch BFH vom 8. 10. 1991 (wistra 1992 S. 151).

10 **BFH vom 16. 7. 2009 – VIII B 64/09 (BStBl 2010 II S. 8)**

Es ist ernstlich zweifelhaft, welche Auswirkungen es für die Haftung (§ 71 AO) des Leiters der Wertpapierabteilung eines Kreditinstituts hat, wenn auf seine Initiative und mit seiner Billigung Wertpapiere anonym ins Ausland verlagert worden sind, jedoch die mutmaßlichen Haupttäter einer Steuerhinterziehung nicht ermittelt werden können und folglich nicht individuell festgestellt werden kann, ob eine Steuerhinterziehung überhaupt begangen und welche Steuer dadurch konkret hinterzogen worden ist.

11 **BFH vom 5. 8. 2010 – V R 13/09 (HFR 2011 S. 197)**

1. Soweit der EuGH in seiner Rechtsprechung davon ausgeht, dass die objektiven Kriterien einer Lieferung im Fall einer Steuerhinterziehung nicht vorliegen, handelt es sich um einen eigenständigen Vorsteuerversagungsgrund. Für die Besteuerung der Ausgangsumsätze ist dies ohne Bedeutung.
2. Für die Haftung des Lieferers in einem Umsatzsteuerkarussell gemäß § 71 AO bestimmt sich der Vermögensschaden des Fiskus grundsätzlich nach den verkürzten (vorsätzlich nicht angemeldeten) nominalen Steuerbeträgen für die Lieferungen und nicht nach den beim Leistungsempfänger zu dessen Gunsten unberechtigt verrechneten oder an diesen ausgezahlten Vorsteuerbeträgen.
3. Die Haftung gemäß § 71 AO entfällt, wenn derselbe Vermögensschaden für den Fiskus auch bei steuerehrlichem Verhalten eingetreten wäre. Die Haftung ist im Fall der Nichtabgabe von Umsatzsteuer-Voranmeldungen und Nichtentrichtung fälliger Steuerbeträge auf den Betrag begrenzt, der bei rechtzeitiger Abgabe und Zahlung unter gleichmäßiger Befriedigung aller Gläubiger hätte getilgt werden können.
...

§ 72 Haftung bei Verletzung der Pflicht zur Kontenwahrheit

Wer vorsätzlich oder grob fahrlässig der Vorschrift des § 154 Abs. 3 zuwiderhandelt, haftet, soweit dadurch die Verwirklichung von Ansprüchen aus dem Steuerschuldverhältnis beeinträchtigt wird.

§ 73 Haftung bei Organschaft

¹Eine Organgesellschaft haftet für solche Steuern des Organträgers, für welche die Organschaft zwischen ihnen steuerlich von Bedeutung ist. ²Den Steuern stehen die Ansprüche auf Erstattung von Steuervergütungen gleich.

AEAO — **Anwendungserlass zur Abgabenordnung**

1 Zu § 73 – Haftung bei Organschaft:

1. Die Haftung bezieht sich auf die Steuern, für die die Organschaft gilt. Besteht z. B. nur hinsichtlich der Umsatzsteuer Organschaft, so erstreckt sich die Haftung der Tochtergesellschaft nicht auch auf die Körperschaftsteuer oder Gewerbesteuer der Muttergesellschaft.
2. Ob eine Organschaft vorliegt, richtet sich nach dem jeweiligen Steuergesetz, das für die einzelne Steuer von Bedeutung ist (z. B. § 14 KStG; § 2 Abs. 2 Nr. 2 UStG; § 2 Abs. 2 GewStG).

Rsp — **Rechtsprechung**

2 **BFH vom 5. 10. 2004 – VII R 76/03 (BStBl 2006 II S. 3)**

1. Die in § 73 AO angeordnete Haftung der Organgesellschaft für Steuern des Organträgers erstreckt sich nicht auf steuerliche Nebenleistungen.
2. Von der in § 239 Abs. 1 AO angelegten Verweisung auf die für Steuern geltenden Vorschriften werden die haftungsrechtlichen Bestimmungen des Zweiten Teils der AO nicht erfasst.

BFH vom 23. 9. 2009 – VII R 43/08 (BStBl 2010 II S. 215) 3

1. – 2. ...
3. Der Haftungsanspruch nach § 73 AO ist gegenüber dem Steueranspruch subsidiär, wenn feststeht, dass der Steuerschuldner zur Zahlung in der Lage ist. Der Tatbestand des § 73 AO wird ergänzt durch die Regelungen in § 191 Abs. 1 Satz 1 i. V. m. § 5 AO. Danach setzt der Haftungsanspruch voraus, dass die Haftungsinanspruchnahme bei der gebotenen Ermessensausübung in Betracht kommt.

§ 74 Haftung des Eigentümers von Gegenständen

(1) ¹Gehören Gegenstände, die einem Unternehmen dienen, nicht dem Unternehmer, sondern einer an dem Unternehmen wesentlich beteiligten Person, so haftet der Eigentümer der Gegenstände mit diesen für diejenigen Steuern des Unternehmens, bei denen sich die Steuerpflicht auf den Betrieb des Unternehmens gründet. ²Die Haftung erstreckt sich jedoch nur auf die Steuern, die während des Bestehens der wesentlichen Beteiligung entstanden sind. ³Den Steuern stehen die Ansprüche auf Erstattung von Steuervergütungen gleich.

(2) ¹Eine Person ist an dem Unternehmen wesentlich beteiligt, wenn sie unmittelbar oder mittelbar zu mehr als einem Viertel am Grund- oder Stammkapital oder am Vermögen des Unternehmens beteiligt ist. ²Als wesentlich beteiligt gilt auch, wer auf das Unternehmen einen beherrschenden Einfluss ausübt und durch sein Verhalten dazu beiträgt, dass fällige Steuern im Sinne des Absatzes 1 Satz 1 nicht entrichtet werden.

Anwendungserlass zur Abgabenordnung

Zu § 74 – Haftung des Eigentümers von Gegenständen:

1. Der Eigentümer der Gegenstände haftet persönlich, aber beschränkt auf die dem Unternehmen zur Verfügung gestellten Gegenstände. Der Inhaber von Rechten (immateriellen Wirtschaftsgütern) haftet nicht.
2. Der Eigentümer haftet für die Steuern und Ansprüche auf Erstattung von Steuervergütungen, bei denen sich die Steuerpflicht auf den Betrieb des Unternehmens gründet und die während des Bestehens der wesentlichen Beteiligung entstanden sind; auf die Fälligkeit kommt es nicht an. Hierzu gehören die Steuern bzw. Ansprüche, für die der in den Einzelsteuergesetzen bezeichnete Tatbestand an den Betrieb eines Unternehmens geknüpft ist (z. B. Umsatzsteuer – auch bei Eigenverbrauch –, Gewerbesteuer, Verbrauchsteuer bei Herstellungsbetrieben, Rückforderung von Investitionszulage), nicht dagegen z. B. Personensteuern (z. B. Einkommen-, Körperschaft-, Erbschaftsteuer), Zölle, Abschöpfungen, Steuerabzugsbeträge (z. B. Lohnsteuer) oder Kapitalverkehrsteuern. Die Haftung erstreckt sich nicht auf die steuerlichen Nebenleistungen (§ 3 Abs. 4).
3. Eine wesentliche Beteiligung liegt auch dann vor, wenn der betroffene Eigentümer nur mittelbar, z. B. über eine Tochtergesellschaft oder einen Treuhänder, beteiligt ist.
4. Einer wesentlichen Beteiligung steht es gleich, wenn jemand ohne entsprechende Vermögensbeteiligung auf das Unternehmen einen beherrschenden Einfluss tatsächlich und in einer Weise ausübt, die dazu beiträgt, dass fällige Betriebsteuern nicht entrichtet werden; es genügt nicht, wenn eine Person nur die Möglichkeit hat, beherrschenden Einfluss auszuüben.

Rechtsprechung

BFH vom 13. 11. 2007 – VII R 61/06 (BStBl 2008 II S. 790) 2

Aus den Gründen:
Nach § 74 Abs. 1 Satz 1 AO haften Personen, die an einem gewerblichen Unternehmen wesentlich beteiligt sind, mit den in ihrem Eigentum stehenden und dem gewerblichen Unternehmen dienenden Gegenständen für diejenigen Steuern des Unternehmens, die sich – wie die Umsatzsteuer – auf den Betrieb des Unternehmens gründen. Den Haftungsgrund nach dieser Vorschrift bildet dabei nicht die wesentliche Beteiligung am Unternehmen als solche, sondern der objektive Beitrag, den der Gesellschafter durch die Bereitstellung von Gegenständen, die dem Unternehmen dienen,

für die Weiterführung des Gewerbebetriebes geleistet hat (Beschluss des BVerfG vom 14. 12. 1966 – 1 BvR 496/65, BVerfGE 21, 6, BStBl 1967 III S. 166; BFH-Urteil vom 10. 11. 1983, BStBl 1984 II S. 127).

Die Belastung der Grundstücke mit Grundschulden steht der Annahme, dass die Grundstücke als Sonderbetriebsvermögen der KG vertragsgemäß uneingeschränkt und in vollem Umfang für betriebliche Zwecke zur Verfügung gestanden haben, nicht entgegen. Denn nach § 74 Abs. 1 Satz 1 AO haftet der Eigentümer mit den Gegenständen, die er dem Unternehmen überlassen hat. Demzufolge betrifft die Haftung im Streitfall nicht den Wert der Grundstücke, sondern die Gegenstände selbst. Die bestehenden Grundpfandrechte wirken sich als Haftungsbeschränkung erst in der Zwangsvollstreckung aus (BFH-Beschluss vom 24. 11. 1994, BFH/NV 1995 S. 720).

Das FA hat den Schuldner auch zu Recht für den Haftungszeitraum von ... in Anspruch genommen. Die Entscheidung war ermessensfehlerfrei. Dass die Betriebsgrundstücke im Haftungszeitraum nicht ausschließlich der KG dienten, kann entgegen der Auffassung der Revision nach ständiger Rechtsprechung des Senats nur auf der Tatbestandsebene der Haftungsvorschrift des § 74 Abs. 1 Satz 1 AO Berücksichtigung finden, so dass eine nochmalige Berücksichtigung im Rahmen der Ermessensentscheidung nicht in Betracht kommt (BFH-Urteil vom 23. 2. 1988, BFH/NV 1988 S. 617).

3 BFH vom 7. 1. 2011 – VII S 60/10 (StuB 2011 S. 239)

1. Es ist ernstlich zweifelhaft, ob sich die Haftung des Eigentümers von Gegenständen nach § 74 Abs. 1 AO auf Forderungen und Rechte erstreckt und damit auch ein Erbbaurecht erfassen kann.
2. Ernstlich zweifelhaft ist auch, ob sich die Eigentümerhaftung nach § 74 AO auf Gegenstände erstreckt, die dem in Anspruch genommenen Haftungsschuldner nicht allein gehören und über die er nur gemeinsam mit weiteren Gesellschaftern verfügen kann.
3. Die Veräußerung des Gegenstandes, mit dem der Eigentümer nach § 74 AO in Haftung genommen worden ist, lässt die Haftung nicht entfallen.

4 BFH v. 22.11.2011 – VII R 63/10 (StEd 2012 S. 88)

Die Haftung des an einem Unternehmen wesentlich beteiligten Eigentümers nach § 74 AO erstreckt sich nicht nur auf die dem Unternehmen überlassenen und diesem dienenden Gegenstände, sondern sie erfasst in Fällen der Weggabe oder des Verlustes von Gegenständen nach der Haftungsinanspruchnahme auch die Surrogate, wie z.B. Veräußerungserlöse oder Schadensersatzzahlungen.

---

§ 75 Haftung des Betriebsübernehmers

(1) ¹Wird ein Unternehmen oder ein in der Gliederung eines Unternehmens gesondert geführter Betrieb im Ganzen übereignet, so haftet der Erwerber für Steuern, bei denen sich die Steuerpflicht auf den Betrieb des Unternehmens gründet, und für Steuerabzugsbeträge, vorausgesetzt, dass die Steuern seit dem Beginn des letzten, vor der Übereignung liegenden Kalenderjahrs entstanden sind und bis zum Ablauf von einem Jahr nach Anmeldung des Betriebs durch den Erwerber festgesetzt oder angemeldet werden. ²Die Haftung beschränkt sich auf den Bestand des übernommenen Vermögens. ³Den Steuern stehen die Ansprüche auf Erstattung von Steuervergütungen gleich.

(2) Absatz 1 gilt nicht für Erwerbe aus einer Insolvenzmasse und für Erwerbe im Vollstreckungsverfahren.

Anwendungserlass zur Abgabenordnung

1 Zu § 75 – Haftung des Betriebsübernehmers:

Inhaltsübersicht

1. Art der Haftung
2. Haftungsschuldner
3. Haftungstatbestand
   3.1 Übereignung eines Unternehmens oder gesondert geführten Betriebs
   3.2 Übereignung der wesentlichen Betriebsgrundlagen

3.3 Lebendes Unternehmen

3.4 Haftungsausschluss für Erwerbe aus einer Insolvenzmasse und im Vollstreckungsverfahren

4. Umfang der Haftung

4.1 Sachliche Beschränkung

4.2 Zeitliche Beschränkung

4.3 Gegenständliche Beschränkung der Haftung

5. Verjährung

6. Auskunftserteilung bei Betriebsübernahme

1. Art der Haftung

§ 75 begründet eine persönliche, keine dingliche Haftung, die jedoch ihrem Gegenstand nach auf den Bestand des übereigneten Unternehmens bzw. Teilbetriebes beschränkt ist.

2. Haftungsschuldner

Haftungsschuldner ist der an der Geschäftsveräußerung beteiligte Erwerber. Als Erwerber kommt jeder in Betracht, der Träger von Rechten und Pflichten sein kann.

3. Haftungstatbestand

Haftungstatbestand ist die Übereignung eines Unternehmens oder eines in der Gliederung eines Unternehmens gesondert geführten Betriebes im Ganzen.

3.1 Übereignung eines Unternehmens oder gesondert geführten Betriebes

Unternehmen ist jede wirtschaftliche Einheit oder organisatorische Zusammenfassung persönlicher oder sachlicher Mittel zur Verfolgung wirtschaftlicher Zwecke, d. h. ein Unternehmen i. S. d. § 2 Abs. 1 UStG (BFH-Urteile vom 14. 5. 1970 – V R 117/66 –, BStBl II S. 676, vom 28. 11. 1973 – I R 129/71 –, BStBl II 1974 S. 145, vom 27. 11. 1979 – VII R 12/79 –, BStBl II 1980 S. 258, vom 11. 5. 1993 – VII R 86/92 –, BStBl II S. 700, und vom 7. 3. 1996 – VII B 242/95 –, BFH/NV S. 726).

Ein gesondert geführter Betrieb i. S. d. § 75 ist ein mit gewisser Selbständigkeit ausgestatteter, organisch geschlossener Teil eines Gesamtbetriebes, der für sich allein lebensfähig ist. Fehlt es hieran, so kommt eine Haftung – ohne Rücksicht auf den Umfang der übernommenen Wirtschaftsgüter – nicht in Betracht (BFH-Urteile vom 15. 3. 1984 – IV R 189/81 –, BStBl II S. 486; vom 3. 12. 1985 – VII R 186/83 –, BStBl II 1986 S. 315; und vom 29. 4. 1993 – IV R 88/92 –, BFH/NV 1994 S. 694). Ob ein Betriebsteil die für die Annahme eines gesondert geführten Betriebes erforderliche Selbständigkeit besitzt, ist nach dem Gesamtbild der Verhältnisse zu entscheiden. Als Abgrenzungsmerkmale sind u. a. von Bedeutung: Räumliche Trennung vom Hauptbetrieb, gesonderte Buchführung, eigenes Personal, eigene Verwaltung, selbständige Organisation, eigenes Anlagevermögen, ungleichartige betriebliche Tätigkeit und eigener Kundenstamm. Diese Merkmale, die nicht sämtlich vorliegen müssen, haben unterschiedliches Gewicht je nachdem, ob es sich um einen Handels-, Dienstleistungs- oder Fertigungsbetrieb handelt (vgl. BFH-Urteile vom 23. 11. 1988 – X R 1/86 –, BStBl 1989 II S. 376; und vom 29. 4. 1993 – IV R 88/92 –, a. a. O.). Bei Einzelhandelsfilialen reicht es für die Annahme eines gesondert geführten Betriebes regelmäßig nicht aus, dass die Filiale vom Hauptbetrieb räumlich getrennt ist und über eigenes Personal, eine selbständige Kassenführung und einen eigenen Kundenkreis verfügt. Es muss hinzukommen, dass die Filiale über selbständige Wareneinkaufsbeziehungen und eine selbständige Preisgestaltung verfügt (BFH-Urteile vom 12. 9. 1979 – I R 146/76 –, BStBl 1980 II S. 51; vom 12. 2. 1992 – XI R 21/90 –, BFH/NV S. 516; und vom 29. 4. 1993, a. a. O.).

3.2 Übereignung der wesentlichen Betriebsgrundlagen

Die Übereignung des Unternehmens im Ganzen setzt voraus, dass alle wesentlichen Betriebsgrundlagen von dem Veräußerer auf den Erwerber dergestalt übergehen, dass dieser in der Lage ist, wirtschaftlich wie ein Eigentümer darüber zu verfügen und so das Unternehmen fortzuführen (BFH-Urteile vom 18. 3. 1986 – VII R 146/81 –, BStBl II S. 589 und vom 10. 12. 1991 – VII R 57/89 –, BFH/NV 1992 S. 712). Welche Wirtschaftsgüter wesentliche Betriebsgrundlage sind, hängt letztendlich von der Art des Betriebes ab und ist nach den Umständen des Einzelfalls zu entscheiden; in Betracht kommen z. B. Geschäftsgrundstücke, -räume und -einrichtung, das Warenlager, Maschinen, Nutzungs- und Gebrauchsrechte oder der Kundenstamm. Maßgeblich ist das tatsächliche Ergebnis der Übertragung, nicht etwa vertraglich getroffene Vereinbarungen (BFH-Urteil vom 23. 10. 1985 – VII R 142/81 –, BStBl 1986 II S. 381). Eine Haftung kommt nicht in Betracht, sofern der frühere Betriebsinhaber eine wesentliche Betriebsgrundlage zurückbehält und später übereignet (BFH-Urteil vom 6. 8. 1985 – VII R 189/82 –, BStBl II S. 651).

Eine Betriebsübereignung i. S. d. § 75 setzt bei Grundstücken, die zu den wesentlichen Grundlagen des Unternehmens gehören und im Eigentum des Betriebsinhabers stehen, voraus, dass sie nach den Vorschriften des BGB an den Erwerber übereignet werden. Die Vermietung oder Verpachtung eines solchen Grundstücks durch den früheren Betriebsinhaber an den fortführenden Unternehmer vermag die Haftung nicht zu begründen (BFH-Urteile vom 18. 3. 1986 – VII R 146/81 –, BStBl II S. 589 und vom 29. 10. 1985 – VII R 194/82 –, BFH/NV 1987 S. 358). Das Gleiche gilt, wenn der frühere Unternehmer den ihm gehörenden Hälfteanteil des Betriebsgrundstücks als wesentliche Grundlage des Betriebes nicht an die als Haftungsschuldner in Betracht kommende GmbH, sondern an deren Alleingesellschafter und alleinigen Geschäftsführer übereignet (BFH-Urteil vom 16. 3. 1982 – VII R 105/79 –, BStBl II S. 483).

Umfassen die wesentlichen Betriebsgrundlagen Wirtschaftsgüter, die nicht im bürgerlich-rechtlichen Sinne übereignet werden können (z. B. Erfahrungen, Geheimnisse, Beziehungen zu Kunden, Lieferanten und Mitarbeitern), genügt es, wenn diese lediglich im wirtschaftlichen Sinne übereignet werden, so dass der Erwerber ein eigentümerähnliches Herrschaftsverhältnis erlangt (BFH-Urteile vom 27. 11. 1979 – VII R 12/79 –, BStBl 1980 II S. 258, vom 16. 3. 1982 – VII R 105/79 –, BStBl II S. 483, und vom 3. 5. 1994 – VII B 265/93 –, BFH/NV S. 762).

Gehören zu den wesentlichen Betriebsgrundlagen auch Nutzungsrechte, z. B. Miet- oder Pachtrechte, die nicht nach bürgerlich-rechtlichen Grundsätzen übereignet werden können, so reicht es für die Übertragung solcher Rechte aus, dass der Betriebsübernehmer unter Mitwirkung des bisherigen Betriebsinhabers mit dem Vermieter oder Verpächter einen entsprechenden Nutzungsvertrag abschließt. Für die Mitwirkung des bisherigen Betriebsinhabers ist es ausreichend, wenn dieser in irgendeiner tatsächlichen Art und Weise in den Abschluss des neuen Nutzungsvertrages eingeschaltet war, sei es, dass er den Eintritt des Betriebsübernehmers in den alten Vertrag oder den Neuabschluss des Nutzungsvertrages initiierte, vermittelte, befürwortete oder auch nur billigte (BFH-Urteil vom 21. 2. 1989 – VII R 164/85 –, BFH/NV S. 617 und BFH-Beschluss vom 19. 5. 1998 – VII B 281/97 –, BFH/NV 1999 S. 4).

Ein auf fremdem Grundstück unterhaltener Betrieb ist erst dann übereignet, wenn der Pachtvertrag mit dem Grundstückseigentümer auf den Erwerber übergeleitet ist. Dies gilt auch dann, wenn andere Betriebsgrundlagen bereits vorher auf den Erwerber übergegangen sind (BFH-Urteil vom 17. 2. 1988 – VII R 97/85 –, BFH/NV S. 755).

Für die Haftung des Betriebsübernehmers kommt es nur darauf an, dass das wirtschaftliche Eigentum an den wesentlichen Betriebsgrundlagen, d. h. die Möglichkeit, über den Einsatz der Gegenstände allein entscheiden zu können, vom bisherigen Unternehmer auf den Erwerber übergeht. Die Haftung des Betriebsübernehmers kommt daher auch dann in Betracht, wenn der Erwerber das wirtschaftliche Herrschaftsverhältnis über im fremden Sicherungseigentum stehendes Betriebsvermögen durch Vereinbarung mit dem bisherigen Unternehmer erlangt (BFH-Urteil vom 22. 9. 1992 – VII R 73-74/91 –, BFH/NV 1993 S. 215). Eine Haftung des Betriebsübernehmers scheidet dagegen aus, wenn der Erwerber das (wirtschaftliche) Eigentum durch Erwerb vom Sicherungsnehmer erlangt, ohne dass der frühere Betreiber des Unternehmens an dem Geschäft in irgendeiner Weise beteiligt war (BFH-Urteil vom 19. 1. 1988 – VII R 74/85 –, BFH/NV S. 479, und BFH-Beschluss vom 3. 5. 1994 – VII B 265/93 –, BFH/NV S. 762).

Eine Übereignung in mehreren Teilakten ist eine Übertragung im Ganzen, wenn die einzelnen Teile im wirtschaftlichen Zusammenhang stehen und der Wille auf Erwerb des Unternehmens gerichtet ist (BFH-Urteile vom 16. 3. 1982 – VII R 105/79 –, BStBl II S. 483, vom 17. 2. 1988 – VII R 97/85 –, BFH/NV S. 755, und vom 3. 5. 1994 – VII B 265/93 – BFH/NV S. 762).

3.3 Lebendes Unternehmen

Der Haftung des Betriebsübernehmers stehen Überschuldung, Zahlungsunfähigkeit bzw. Insolvenzreife des bisherigen Unternehmens nicht entgegen. Die Haftung des Erwerbers ist davon abhängig, dass er ein lebendes Unternehmen erwirbt. Dazu ist erforderlich, dass der Erwerber das Unternehmen ohne nennenswerte finanzielle Aufwendungen fortführen oder, sofern der Betrieb des Unternehmens vor dem Erwerb bereits eingestellt war, ohne großen Aufwand wieder in Gang setzen kann (BFH-Urteile vom 18. 3. 1986 – VII R 146/81 –, BStBl II S. 589, vom 11. 5. 1993 – VII R 86/92 –, BStBl II S. 700, und vom 10. 12. 1991 – VII R 57/89 –, BFH/NV 1992 S. 712)

Die Haftung des Erwerbers wird nicht dadurch ausgeschlossen, dass dieser den Betrieb nur dann in der bisherigen Weise fortführen kann, wenn er an die Stelle des Veräußerers in das Vertragsnetz eines anderen Unternehmens eintritt (BFH-Urteil vom 27. 5. 1986 – VII R 183/83 –, BStBl II S. 654).

Die Abweisung des Antrags des bisherigen Betriebsinhabers auf Eröffnung des Insolvenzverfahrens mangels Masse kann ein Indiz dafür sein, dass ein lebendes Unternehmen nicht mehr vorhanden ist; sie ist aber kein Kriterium, das eine Haftung des Betriebsübernehmers generell ausschließt (vgl. BFH-Urteile vom 22. 9. 1992 – VII R 73-74/91 –, BFH/NV 1993 S. 215).

3.4 Haftungsausschluss für Erwerbe aus einer Insolvenzmasse und im Vollstreckungsverfahren

Für Erwerbe aus einer Insolvenzmasse und im Vollstreckungsverfahren scheidet eine Haftung des Betriebsübernehmers aus (§ 75 Abs. 2). Aus einer Insolvenzmasse wird ein Unternehmen erworben, wenn der Erwerb nach Eröffnung und vor Einstellung oder Aufhebung des Insolvenzverfahrens getätigt wird. Ist die Eröffnung des Insolvenzverfahrens mangels Masse abgelehnt worden, so greift der Haftungsausschluss nach § 75 Abs. 2 nicht ein (vgl. BFH-Urteil vom 23. 7. 1998 – VII R 143/97 –, BStBl II S. 765).

Ein Erwerb im Vollstreckungsverfahren liegt vor, wenn dieser im Rahmen der Verwertung, also der Zwangsversteigerung (§ 17 ZVG), der besonderen Verwertung (§ 65 ZVG), der Versteigerung (§ 814 ZPO), der anderweitigen Verwertung (§ 825 ZPO) oder der Verwertung nach den §§ 296, 305 erfolgt.

Einen darüber hinausgehenden Haftungsausschluss durch private Vereinbarung, etwa vergleichbar des § 25 Abs. 2 HGB, lässt die öffentlich-rechtliche Natur der Haftung nach § 75 nicht zu.

4. Umfang der Haftung

4.1 Sachliche Beschränkung

Der Übernehmer eines Unternehmens oder gesondert geführten Betriebes haftet nur

– für die im Betrieb begründeten Steuern (z. B. Umsatzsteuer – ausschließlich der Einfuhrumsatzsteuer gemäß § 1 Abs. 1 Nr. 4 UStG und der Umsatzsteuer wegen unberechtigten Steuerausweises gemäß § 14c Abs. 2 UStG –, pauschalierte Lohnsteuer, Gewerbesteuer); er haftet dagegen insbesondere nicht für Einkommensteuer, Körperschaftsteuer, Erbschaftsteuer, Grundsteuer, Grunderwerbsteuer und Kraftfahrzeugsteuer;

– für Ansprüche auf Erstattung von Steuervergütungen sowie Prämien und Zulagen, auf die die Vorschriften für Steuervergütungen entsprechend anwendbar sind, wobei der Erstattungsanspruch aus einer betriebsbedingten Steuervergütung bzw. Prämie oder Zulage resultieren muss (insbesondere Rückforderung der Investitionszulage);

– für Steuerabzugsbeträge, insbesondere Lohnsteuer, Kapitalertragsteuer, Abzugsbeträge nach §§ 48, 50a EStG.

Nach dem BFH-Urteil vom 28. 1. 1982 – V S 13/81 –, BStBl II S. 490, umfasst die Haftung auch die durch die Unternehmensveräußerung entstandene Umsatzsteuerschuld. Zwar unterliegt eine Unternehmensveräußerung gemäß § 1 Abs. 1a UStG nicht mehr der Umsatzsteuer. Die Haftung umfasst aber auch die in diesen Fällen unberechtigt ausgewiesene nach § 14c Abs. 1 UStG geschuldete Umsatzsteuer.

Steuerliche Nebenleistungen (§ 3 Abs. 4) sind von der Haftung ausgenommen.

4.2 Zeitliche Beschränkung

Voraussetzung für die Haftung ist, dass die Steuern und Erstattungsansprüche seit dem Beginn des letzten vor der wirtschaftlichen Übereignung liegenden Kalenderjahres entstanden (§ 38) sind und innerhalb eines Jahres nach Anmeldung (§ 138) des Betriebes bei der zuständigen Finanzbehörde durch den Erwerber festgesetzt oder angemeldet worden sind. Die Jahresfrist beginnt frühestens mit dem Zeitpunkt der Betriebsübernahme. Die Fälligkeit der Ansprüche ist unerheblich.

Es reicht aus, wenn die Steuern gegenüber dem Veräußerer innerhalb der Jahresfrist festgesetzt worden sind, der Haftungsbescheid kann später erlassen werden.

4.3 Gegenständliche Beschränkung der Haftung

Die Haftung beschränkt sich auf das übernommene Vermögen (einschließlich Surrogate). Darunter ist das übernommene Aktivvermögen zu verstehen; Schulden sind nicht abzuziehen. Der Haftungsschuldner haftet nicht in Höhe des Wertes des übernommenen Vermögens, sondern mit diesem Vermögen.

Der Umfang der Haftung ist ausreichend bestimmt (§ 119 Abs. 1), wenn im Haftungsbescheid der Vermögenswert angegeben wird, auf den die Haftung beschränkt ist (BFH-Urteil vom 22. 9. 1992 – VII R 73-74/91 –, BFH/NV 1993 S. 215). Alternativ können die einzelnen übernommenen Gegenstände aufgeführt werden. Handelt es sich um eine größere Anzahl von Gegenständen, können diese in einer besonderen Anlage zum Haftungsbescheid angegeben werden. Es genügt jedoch auch, im Haftungsbescheid auf den Übergabevertrag Bezug zu nehmen, sofern sich aus diesem die übernommenen Gegenstände in eindeutig abgrenzbarer Weise ergeben.

5. Verjährung

Die Festsetzungsfrist beträgt 4 Jahre (§ 191 Abs. 3 Satz 2).

6. Auskunftserteilung bei Betriebsübernahme

Ersucht ein Kaufinteressent das Finanzamt um Auskunft über Rückstände an Betriebssteuern und Steuerabzugsbeträgen, für die eine Haftung in Frage kommt, so kann diese Auskunft nur erteilt werden, wenn der Betriebsinhaber zustimmt (§ 30 Abs. 4 Nr. 3). Der anfragende Kaufinteressent ist ggf. auf die erforderliche Zustimmung sowie darauf hinzuweisen, dass der Erwerber auch dann nach § 75 Abs. 1 haftet, wenn ihm bei der Übereignung die Steuerschulden des Veräußerers nicht bekannt sind.

Der haftungsbegründende Tatbestand ist mit der Eigentumsübertragung verwirklicht. Da Steuerschuldner und Haftender nach § 44 Abs. 1 Gesamtschuldner sind, darf dem Erwerber nach erfolgter Eigentumsübertragung eine Auskunft über etwaige bekannte Steuerrückstände des Veräußerers insoweit erteilt werden, als eine Haftung nach § 75 Abs. 1 in Betracht kommt. Es ist nicht erforderlich, dass gegen den Erwerber bereits ein Haftungsbescheid ergangen ist.

Rechtsprechung

Rsp

2 BFH vom 7. 11. 2002 – VII R 11/01 (BStBl 2003 II S. 226)

Maßgebender Zeitpunkt für die Frage, ob die wesentlichen Grundlagen eines Unternehmens auf den Erwerber übergegangen sind, ist derjenige der Übereignung (Festhaltung an der st. Rspr. des Senats). Eine Übereignung eines Unternehmens im Ganzen liegt danach jedenfalls dann vor, wenn die bei Beginn der Übertragung der einzelnen Grundlagen des Unternehmens vorhandenen Betriebsgrundlagen im Wesentlichen vollständig auf den Erwerber übergehen.

3 BFH vom 17. 3. 2008 – V B 173/06 (BFH/NV 2008 S. 1108)

Es ist geklärt, dass die Haftung des Betriebsübernehmers nach § 75 AO für alle Betriebssteuern und Steuerabzugsbeträge einschließlich der Kirchenlohnsteuer gilt.

4 BFH vom 27. 10. 2008 – XI B 202/07 (BFH/NV 2009 S. 118)

Es ist durch die BFH-Rechtsprechung geklärt, dass es im Hinblick auf die Haftungsbeschränkung nach § 75 Abs. 1 Satz 2 AO für die Rechtmäßigkeit eines Haftungsbescheides ausreicht, wenn er einen Hinweis auf die Beschränkung der Haftung enthält.

5 BFH vom 12. 1. 2011 – XI R 11/08 (BStBl 2011 II S. 477)

1. Wird ein Unternehmen i. S. des § 75 AO von mehreren Personen zu Miteigentum nach Bruchteilen erworben, so haften sie aufgrund der gemeinsamen Tatbestandsverwirklichung als Gesamtschuldner.

2. Der Haftungsschuldner kann Einwendungen nicht nur gegen die Haftungsschuld, sondern auch gegen die Steuerschuld erheben, für die er als Haftungsschuldner in Anspruch genommen wird, soweit nicht die Voraussetzungen des § 166 AO erfüllt sind.

§ 76 Sachhaftung

(1) Verbrauchsteuerpflichtige Waren und einfuhr- und ausfuhrabgabenpflichtige Waren dienen ohne Rücksicht auf die Rechte Dritter als Sicherheit für die darauf ruhenden Steuern (Sachhaftung).

(2) Die Sachhaftung entsteht bei einfuhr- und ausfuhrabgaben- oder verbrauchsteuerpflichtigen Waren, wenn nichts anderes vorgeschrieben ist, mit ihrem Verbringen in den Geltungsbereich dieses Gesetzes, bei verbrauchsteuerpflichtigen Waren auch mit Beginn ihrer Gewinnung oder Herstellung.

(3) [1]Solange die Steuer nicht entrichtet ist, kann die Finanzbehörde die Waren mit Beschlag belegen. [2]Als Beschlagnahme genügt das Verbot an den, der die Waren im Gewahrsam hat, über sie zu verfügen.

(4) [1]Die Sachhaftung erlischt mit der Steuerschuld. [2]Sie erlischt ferner mit der Aufhebung der Beschlagnahme oder dadurch, dass die Waren mit Zustimmung der Finanzbehörde in einen steuerlich nicht beschränkten Verkehr übergehen.

(5) Von der Geltendmachung der Sachhaftung wird abgesehen, wenn die Waren dem Verfügungsberechtigten abhanden gekommen sind und die verbrauchsteuerpflichtigen Waren in einen Herstellungsbetrieb aufgenommen oder die einfuhr- und ausfuhrabgabenpflichtigen Waren eine zollrechtliche Bestimmung erhalten.

§ 77 Duldungspflicht

(1) Wer kraft Gesetzes verpflichtet ist, eine Steuer aus Mitteln, die seiner Verwaltung unterliegen, zu entrichten, ist insoweit verpflichtet, die Vollstreckung in dieses Vermögen zu dulden.

(2) ¹Wegen einer Steuer, die als öffentliche Last auf Grundbesitz ruht, hat der Eigentümer die Zwangsvollstreckung in den Grundbesitz zu dulden. ²Zugunsten der Finanzbehörde gilt als Eigentümer, wer als solcher im Grundbuch eingetragen ist. ³Das Recht des nicht eingetragenen Eigentümers, die ihm gegen die öffentliche Last zustehenden Einwendungen geltend zu machen, bleibt unberührt.

Anwendungserlass zur Abgabenordnung

Zu § 77 – Duldungspflicht:

1. Eine Duldungspflicht kommt vor allem bei den in den §§ 34 und 35 genannten Personen in Betracht. Als öffentliche Last ruht auf dem Grundbesitz die Grundsteuer (§ 12 GrStG).
2. Zum Erlass eines Duldungsbescheides wird auf § 191 hingewiesen, wegen weiterer Vorschriften über die Duldung der Zwangsvollstreckung auf die §§ 262, 264 und 265.

DRITTER TEIL
ALLGEMEINE VERFAHRENSVORSCHRIFTEN (§§ 78–133)

ERSTER ABSCHNITT
Verfahrensgrundsätze (§§ 78–117)

1. Unterabschnitt
Beteiligung am Verfahren (§§ 78–81)

§ 78 Beteiligte

Beteiligte sind
1. Antragsteller und Antragsgegner,
2. diejenigen, an die die Finanzbehörde den Verwaltungsakt richten will oder gerichtet hat,
3. diejenigen, mit denen die Finanzbehörde einen öffentlich-rechtlichen Vertrag schließen will oder geschlossen hat.

Anwendungserlass zur Abgabenordnung

Zu § 78 – Beteiligte:

Unter Beteiligten sind i. d. R. die Steuerpflichtigen (§ 33 Abs. 1) zu verstehen. Der Beteiligtenbegriff des § 78 gilt nicht im Zerlegungs- und Einspruchsverfahren (§§ 186, 359; vgl. BFH-Beschluss vom 28. 3. 1979 – I B 79/78 –, BStBl II S. 538).

§ 79 Handlungsfähigkeit

(1) Fähig zur Vornahme von Verfahrenshandlungen sind:
1. natürliche Personen, die nach bürgerlichem Recht geschäftsfähig sind,
2. natürliche Personen, die nach bürgerlichem Recht in der Geschäftsfähigkeit beschränkt sind, soweit sie für den Gegenstand des Verfahrens durch Vorschriften des bürgerlichen Rechts als geschäftsfähig oder durch Vorschriften des öffentlichen Rechts als handlungsfähig anerkannt sind,
3. juristische Personen, Vereinigungen oder Vermögensmassen durch ihre gesetzlichen Vertreter oder durch besonders Beauftragte,
4. Behörden durch ihre Leiter, deren Vertreter oder Beauftragte.

(2) Betrifft ein Einwilligungsvorbehalt nach § 1903 des Bürgerlichen Gesetzbuchs den Gegenstand des Verfahrens, so ist ein geschäftsfähiger Betreuter nur insoweit zur Vornahme von Verfahrenshandlungen fähig, als er nach den Vorschriften des bürgerlichen Rechts ohne Einwilligung des Betreuers handeln kann oder durch Vorschriften des öffentlichen Rechts als handlungsfähig anerkannt ist.

(3) Die §§ 53 und 55 der Zivilprozessordnung gelten entsprechend.

Anwendbare ZPO-Vorschriften (§§ 53, 55 ZPO)

§ 53 ZPO   Prozessunfähigkeit bei Betreuung oder Pflegschaft

Wird in einem Rechtsstreit eine prozessfähige Person durch einen Betreuer oder Pfleger vertreten, so steht sie für den Rechtsstreit einer nicht prozessfähigen Person gleich.

§ 55 ZPO   Prozessfähigkeit von Ausländern

Ein Ausländer, dem nach dem Recht seines Landes die Prozessfähigkeit mangelt, gilt als prozessfähig, wenn ihm nach dem Recht des Prozessgerichts die Prozessfähigkeit zusteht.

Hinweise

Rechte und Pflichten des Betreuers

OFD Niedersachsen, Vfg. vom 24. 11. 2010 – S 0151 – 7 – St 141 – .

1. Doppelzuständigkeit

Die Bestellung eines Betreuers führt, sofern der Betreute nicht geschäftsunfähig oder nur beschränkt geschäftsfähig ist, auch im Aufgabenkreis des Betreuers (z. B. Vermögenssorge, Rechts-/Antrags- und Behördenangelegenheiten) nicht zur Geschäftsunfähigkeit nach § 104 BGB bzw. im Besteuerungsverfahren zur Handlungsunfähigkeit i.S. von § 79 AO des Betreuten. Innerhalb des Wirkungskreises ist der Betreuer gesetzlicher Vertreter (§ 1902 BGB) mit der Folge des Zustandekommens einer Doppelzuständigkeit von Betreuer und Betreutem, die im Verwaltungsverfahren und im finanzgerichtlichen Verfahren gemäß § 79 Abs. 3 AO i.V.m. § 53 ZPO zu lösen ist.

§ 53 ZPO betrifft den Fall, dass der Betreuer im Besteuerungsverfahren für den Betreuten handelt. Ausnahmsweise verliert der Betreute seine Handlungsfähigkeit für das Besteuerungsverfahren nicht, wenn der Betreuer tatsächlich handelt. Hierfür ist der Zeitpunkt maßgebend, von dem an der Betreuer handelt. Soweit die Verfahrenshandlung des Betreuers im Widerspruch zu derjenigen des Betreuten steht, ist nur die Handlung des Betreuers wirksam.

Als gesetzlicher Vertreter hat der Betreuer innerhalb seines ihm übertragenen Wirkungskreises – der ggf. zu klären ist – die steuerlichen Pflichten des Betreuten wahrzunehmen (§ 34 Abs. 1 AO). Dazu gehört die Abgabe einer Steuererklärung.

2. Ausnahme von der Doppelzuständigkeit

Eine (weitere) Ausnahme von der Doppelzuständigkeit kann sich aus einem Einwilligungsvorbehalt ergeben. § 79 Abs. 2 AO erkennt den Vorrang des Einwilligungsvorbehalts (§ 1903 BGB) an, um widersprechende Verfahrenshandlungen zu vermeiden. Der Betreute wird dadurch zum nur partiell Handlungsfähigen. Wird eine Verfahrenshandlung ohne Einwilligung vorgenommen, so bleibt sie bis zur Genehmigung durch den Betreuer unwirksam.

Besteht nach dem Betreuerausweis beispielsweise ein Einwilligungsvorbehalt für die Rechts-/ Antrags- und Behördenangelegenheiten, kann der Betreute wirksam keine Steuererklärung abgeben, von ihm also die Abgabe einer Steuererklärung auch nicht erzwungen werden.

3. Vertreter gem. § 81 Abs. 1 Nr. 4 AO

Der nach § 81 Abs. 1 Nr. 4 AO bestellte Vertreter ist kein Betreuer. Nur die Vorschriften über die Betreuung sind entsprechend anwendbar (§ 81 Abs. 4 AO). Ist eine Vermögenssorge angeordnet und wird der Betreuer deshalb auch im Besteuerungsverfahren tätig, sind in der Praxis kaum Fälle denkbar, in denen für einen unter Betreuung stehenden volljährigen Steuerpflichtigen ein Vertreter nach § 81 Abs. 1 Nr. 4 AO bestellt werden müsste.

4. Bekanntgabe von Verwaltungsakten

Zustellungen sind an den bestellten Betreuer vorzunehmen, soweit der Aufgabenkreis des Betreuers reicht (§ 6 Abs. 1 Satz 2 VwZG). Gehört die Erfüllung steuerlicher Pflichten zum Aufgabenkreis des Betreuers, so ist dieser auch Zustellungsempfänger für Steuerbescheide. Die Regelung in § 6 Abs. 1 Satz 2 VwZG ist entsprechend auf einfache Bekanntgaben nach § 122 Abs. 1 AO anzuwenden. Das Erfordernis der Bekanntgabe an den Betreuer gilt unabhängig davon, ob das Finanzamt bei Absendung des Bescheides von der Betreuung wusste oder nicht.

Rechtsprechung

BFH vom 15. 10. 1998 – III R 58/95 (BStBl 1999 II S. 237)[1]

1. Der Antrag einer GmbH auf Gewährung einer Investitionszulage nach dem InvZulG 1991 ist grundsätzlich nur wirksam, wenn er von dem Geschäftsführer eigenhändig unterschrieben ist.
2. Andere Angestellte einer GmbH sind nicht als „besonders Beauftragte" i. S. von § 79 Abs. 1 Nr. 3 AO anstelle des Geschäftsführers zur Unterzeichnung eines Investitionszulagenantrags für die GmbH befugt.
3. Die Unterzeichnung eines Investitionszulagenantrags nach dem InvZulG 1991 durch einen rechtsgeschäftlich Bevollmächtigten ist nur unter den Voraussetzungen des § 150 Abs. 3 AO zulässig. Bei einer Abwesenheit von einigen Tagen liegt keine Verhinderung an der Unterschriftsleistung durch eine längere Abwesenheit i. S. von § 150 Abs. 3 Satz 1 AO vor.

BFH vom 30. 10. 2008 – III R 107/07 (BStBl 2009 II S. 352)

Anträge einer Personengesellschaft auf Investitionszulage haben deren „besonders Beauftragte" zu unterschreiben. Als „besonders Beauftragter" einer GmbH & Co. KG kommt neben der Komplementär-GmbH – vertreten durch ihren Geschäftsführer als gesetzlichen Vertreter – auch ein Kommanditist in Betracht, dem die Wahrnehmung der steuerlichen Vertretung der KG wirksam übertragen wurde.

§ 80 Bevollmächtigte und Beistände

(1) ¹Ein Beteiligter kann sich durch einen Bevollmächtigten vertreten lassen. ²Die Vollmacht ermächtigt zu allen das Verwaltungsverfahren betreffenden Verfahrenshandlungen, sofern sich aus ihrem Inhalt nicht etwas anderes ergibt; sie ermächtigt nicht zum Empfang von Steuererstattungen und Steuervergütungen. ³Der Bevollmächtigte hat auf Verlangen seine Vollmacht schriftlich nachzuweisen. ⁴Ein Widerruf der Vollmacht wird der Behörde gegenüber erst wirksam, wenn er ihr zugeht.

(2) Die Vollmacht wird weder durch den Tod des Vollmachtgebers noch durch eine Veränderung in seiner Handlungsfähigkeit oder seiner gesetzlichen Vertretung aufgehoben; der Bevollmächtigte hat jedoch, wenn er für den Rechtsnachfolger im Verwaltungsverfahren auftritt, dessen Vollmacht auf Verlangen schriftlich beizubringen.

---
[1] Siehe auch BFH vom 16. 5. 2002, HFR 2002 S. 771.

(3) ¹Ist für das Verfahren ein Bevollmächtigter bestellt, so soll sich die Behörde an ihn wenden. ²Sie kann sich an den Beteiligten selbst wenden, soweit er zur Mitwirkung verpflichtet ist. ³Wendet sich die Finanzbehörde an den Beteiligten, so soll der Bevollmächtigte verständigt werden.

(4) ¹Ein Beteiligter kann zu Verhandlungen und Besprechungen mit einem Beistand erscheinen. ²Das von dem Beistand Vorgetragene gilt als von dem Beteiligten vorgebracht, soweit dieser nicht unverzüglich widerspricht.

(5) Bevollmächtigte und Beistände sind zurückzuweisen, wenn sie geschäftsmäßig Hilfe in Steuersachen leisten, ohne dazu befugt zu sein; dies gilt nicht für Notare und Patentanwälte.

(6) ¹Bevollmächtigte und Beistände können vom Vortrag zurückgewiesen werden, wenn sie hierzu ungeeignet sind; vom mündlichen Vortrag können sie nur zurückgewiesen werden, wenn sie zum sachgemäßen Vortrag nicht fähig sind. ²Dies gilt nicht für die in § 3 Nr. 1 und in § 4 Nr. 1 und 2 des Steuerberatungsgesetzes bezeichneten natürlichen Personen.

(7) (aufgehoben)

(8) ¹Die Zurückweisung nach den Absätzen 5 und 6 ist auch dem Beteiligten, dessen Bevollmächtigter oder Beistand zurückgewiesen wird, mitzuteilen. ²Verfahrenshandlungen des zurückgewiesenen Bevollmächtigten oder Beistands, die dieser nach der Zurückweisung vornimmt, sind unwirksam.

AEAO — Anwendungserlass zur Abgabenordnung

1 Zu § 80 – Bevollmächtigte und Beistände:

1. Die Finanzbehörde soll den schriftlichen Nachweis einer Vollmacht nur verlangen, wenn begründete Zweifel an der Vertretungsmacht bestehen; dieser Nachweis kann auch in elektronischer Form (§ 87a Abs. 3) erbracht werden. Bei Angehörigen der steuerberatenden Berufe, die für den Steuerpflichtigen handeln, wird eine ordnungsgemäße Bevollmächtigung vermutet.

2. Eine Vollmacht ermächtigt zwar nicht zum Empfang von Erstattungen oder Vergütungen. Der Bevollmächtigte kann jedoch in anderer Weise über das Guthaben des Steuerpflichtigen verfügen, indem er z. B. namens des Steuerpflichtigen gegenüber der Finanzbehörde aufrechnet (§ 226). Erstattungen an Bevollmächtigte oder andere Personen sind zulässig, wenn der Steuerpflichtige eine entsprechende Zahlungsanweisung erteilt; die Finanzbehörde ist jedoch nicht zur Zahlung an sie verpflichtet.

3. Bei der Unterzeichnung von Steuererklärungen ist, wenn die Einzelsteuergesetze die eigenhändige Unterschrift vorsehen, eine Vertretung durch Bevollmächtigte nur unter den Voraussetzungen des § 150 Abs. 3 zulässig.

4. Der Schriftwechsel und die Verhandlungen im Besteuerungsverfahren sind mit dem Bevollmächtigten zu führen. Nur bei Vorliegen besonderer Gründe soll sich die Finanzbehörde an den Beteiligten selbst wenden, z. B. um ihn um Auskünfte zu bitten, die nur er selbst als Wissensträger geben kann. In diesem Fall ist der Bevollmächtigte zu unterrichten. Inwieweit Verwaltungsakte, insbesondere Steuerbescheide, gegenüber dem Bevollmächtigten bekannt zu geben sind, richtet sich nach § 122.

5. Mit der Bestellung eines Bevollmächtigten verliert der Steuerpflichtige nicht die Möglichkeit, selbst rechtswirksame Erklärungen gegenüber der Finanzbehörde abzugeben. Er kann z. B. auch einen von dem Bevollmächtigten eingelegten Einspruch zurücknehmen.

6. Verfahrenshandlungen, die ein Bevollmächtigter oder Beistand vor seiner Zurückweisung vorgenommen hat, sind wirksam.

Rechtsprechung

2 BFH vom 16. 10. 1990 – VII R 118/89 (BStBl 1991 II S. 3)

Steuererstattungen und Steuervergütungen dürfen nur dann auf ein Konto des steuerlichen Beraters des Steuerpflichtigen (Gläubigers) überwiesen werden, wenn der Berater eindeutig zum Empfang der Erstattungs-/Vergütungsbeträge ermächtigt worden ist.

3 BFH vom 7. 11. 1997 – VI R 45/97 (BStBl 1998 II S. 54)

Dem Erfordernis der in einem Steuergesetz angeordneten Eigenhändigkeit der Unterschrift ist nicht genügt, wenn ein Bevollmächtigter mit dem Namen des Antragstellers oder Steuerpflichtigen ohne jeden Zusatz oder sonstigen Hinweis auf eine Bevollmächtigung unterschreibt.

BFH vom 18. 8. 1998 – VII R 114/97 (BStBl 1999 II S. 84) 4

Der Pfändungsgläubiger eines Lohnsteuererstattungsanspruchs ist nicht berechtigt, durch Abgabe einer von ihm selbst oder seinem Bevollmächtigten für den Vollstreckungsschuldner ausgefertigten und unterschriebenen Einkommensteuererklärung für diesen die Veranlagung zur Einkommensteuer i. S. des § 46 Abs. 2 Nr. 8 Satz 1 und 2 EStG zu beantragen.

BFH vom 5. 10. 2000 – VII R 96/99 (BStBl 2001 II S. 86) 5

Eine Verpflichtung zur Bekanntgabe eines Verwaltungsakts an den Bevollmächtigten des Steuerpflichtigen besteht nur dann, wenn für den Steuerpflichtigen als denjenigen, für den der Verwaltungsakt bestimmt ist, ein Bevollmächtigter eindeutig und unmissverständlich gerade (auch) als Bekanntgabeadressat bestellt worden ist und sich dies unmittelbar aus der diesbezüglichen Erklärung des Steuerpflichtigen bzw. seines Bevollmächtigten ergibt.

BFH vom 1. 12. 2004 – II R 17/04 (BStBl 2005 II S. 855) 6

Gibt das FA einen Steuerbescheid einem nicht empfangsbevollmächtigten Dritten bekannt, der auch in einem anschließenden Einspruchsverfahren und Klageverfahren als vollmachtloser Vertreter auftritt, kann der Steuerpflichtige die Rechtsbehelfsführung und Prozessführung des Dritten genehmigen, ohne zugleich die Empfangnahme des Steuerbescheids durch diesen genehmigen zu müssen.

BFH vom 23. 3. 2010 – IV B 28/09 (BFH/NV 2010 S. 1242) 7

1. Die (Prozess-)Vollmacht ermächtigt, sofern dies nicht ausdrücklich ausgeschlossen ist, auch zur Erteilung einer Untervollmacht.
2. Die Untervollmacht kann ebenso wie die Vollmacht formlos erteilt werden.
3. Die Zustellung an den Unterbevollmächtigten ersetzt die Zustellung an den Bevollmächtigten.

BFH vom 12. 1. 2011 – II R 30/09 (BFH/NV 2011 S. 755) 8

Wird eine Sozietät von Rechtsanwälten oder Steuerberatern in der Rechtsform einer GbR, der eine Verfahrensvollmacht oder Prozessvollmacht erteilt worden war, aufgelöst, führt dies nicht zu einem Erlöschen der Vollmacht.

BFH vom 21. 7. 2011 – II R 6/10 (BStBl 2011 II S. 906) 9

Eine in einem anderen Mitgliedstaat der Europäischen Union registrierte Steuerberatungsgesellschaft Ltd. ist weder nach § 3a StBerG noch aufgrund der Dienstleistungsfreiheit zur geschäftsmäßigen Hilfeleistung in Steuersachen i.S. des § 80 Abs. 5 AO befugt, wenn sie nicht über eine Berufshaftpflichtversicherung oder einen anderen individuellen oder kollektiven Schutz in Bezug auf die Berufshaftpflicht verfügt.

---

§ 81 Bestellung eines Vertreters von Amts wegen

(1) Ist ein Vertreter nicht vorhanden, so hat das Betreuungsgericht, für einen minderjährigen Beteiligten das Familiengericht auf Ersuchen der Finanzbehörde einen geeigneten Vertreter zu bestellen
1. für einen Beteiligten, dessen Person unbekannt ist,
2. für einen abwesenden Beteiligten, dessen Aufenthalt unbekannt ist oder der an der Besorgung seiner Angelegenheiten verhindert ist,
3. für einen Beteiligten ohne Aufenthalt im Geltungsbereich dieses Gesetzes, wenn er der Aufforderung der Finanzbehörde, einen Vertreter zu bestellen, innerhalb der ihm gesetzten Frist nicht nachgekommen ist,
4. für einen Beteiligten, der infolge einer psychischen Krankheit oder körperlichen, geistigen oder seelischen Behinderung nicht in der Lage ist, in dem Verwaltungsverfahren selbst tätig zu werden,
5. bei herrenlosen Sachen, auf die sich das Verfahren bezieht, zur Wahrung der sich in Bezug auf die Sache ergebenden Rechte und Pflichten.

(2) Für die Bestellung des Vertreters ist in den Fällen des Absatzes 1 Nr. 4 das Betreuungsgericht, für einen minderjährigen Beteiligten das Familiengericht zuständig, in dessen Bezirk der Beteiligte seinen gewöhnlichen Aufenthalt (§ 272 Abs. 1 Nr. 2 des Gesetzes über das Verfahren in

Familiensachen und in den Angelegenheiten der freiwilligen Gerichtsbarkeit) hat; im Übrigen ist das Gericht zuständig, in dessen Bezirk die ersuchende Finanzbehörde ihren Sitz hat.

(3) ¹Der Vertreter hat gegen den Rechtsträger der Finanzbehörde, die um seine Bestellung ersucht hat, Anspruch auf eine angemessene Vergütung und auf die Erstattung seiner baren Auslagen. ²Die Finanzbehörde kann von dem Vertretenen Ersatz ihrer Aufwendungen verlangen. ³Sie bestimmt die Vergütung und stellt die Auslagen und Aufwendungen fest.

(4) Im Übrigen gelten für die Bestellung und für das Amt des Vertreters in den Fällen des Absatzes 1 Nr. 4 die Vorschriften über die Betreuung, in den übrigen Fällen die Vorschriften über die Pflegschaft entsprechend.

AEAO   **Anwendungserlass zur Abgabenordnung**

1   Zu § 81 – Bestellung eines Vertreters von Amts wegen:

Die Finanzbehörden haben im Allgemeinen keinen Anlass, die Bestellung eines Vertreters von Amts wegen zu beantragen. Wegen der Bekanntgabe von Verwaltungsakten an Beteiligte im Ausland vgl. zu § 122, Nr. 1.8.4.

Rsp   **Rechtsprechung**

2   BFH vom 24. 10. 1995 – III B 171/93 (BFH/NV 1996 S. 289)

1. Soweit ein nach § 81 Abs. 1 Nr. 4 AO bestellter Vertreter die Vertretung in einem Verwaltungsverfahren, auf das sich sein Amt erstreckt, tatsächlich übernommen hat, ist der Beteiligte selbst zur Vornahme von Verfahrenshandlungen nicht fähig.
2. Das Einspruchsverfahren stellt gegenüber dem Veranlagungsverfahren kein selbständiges Verwaltungsverfahren dar.
3. Das FA darf die Einspruchsbegründung eines nicht handlungsfähigen Beteiligten nicht von vornherein gänzlich unberücksichtigt lassen; es muß im Rahmen seiner in § 367 Abs. 1 AO bezeichneten Prüfungspflicht etwaigen aus ihr ersichtlichen Tatsachen nachgehen.
4. Durch die Bestellung eines Vertreters für das Verwaltungsverfahren nach § 81 Abs. 1 Nr. 4 AO ist ein Beteiligter nicht gehindert, Prozeßhandlungen vor dem FG selbst vorzunehmen.
5. Das FG kann anordnen, daß ein Prozeßbevollmächtigter bestellt werden muß; es kann die Bestellung aber nicht selbst vornehmen.
6. Der für einen Beteiligten nach § 81 Abs. 1 AO bestellte Vertreter kann vom FG nicht beigeladen werden.

3   BFH vom 27. 4. 2001 – XI S 10/01 (BFH/NV 2001 S. 1363)

Es besteht kein Anspruch eines Steuerpflichtigen auf Beiordnung eines Steuerberaters zum Zweck der Erstattung von Steuererklärungen.

---

2. Unterabschnitt
Ausschließung und Ablehnung von Amtsträgern und
anderen Personen (§§ 82–84)

§ 82   Ausgeschlossene Personen

(1) ¹In einem Verwaltungsverfahren darf für eine Finanzbehörde nicht tätig werden,
1. wer selbst Beteiligter ist,
2. wer Angehöriger (§ 15) eines Beteiligten ist,
3. wer einen Beteiligten kraft Gesetzes oder Vollmacht allgemein oder in diesem Verfahren vertritt,
4. wer Angehöriger (§ 15) einer Person ist, die für einen Beteiligten in diesem Verfahren Hilfe in Steuersachen leistet,

5. wer bei einem Beteiligten gegen Entgelt beschäftigt ist oder bei ihm als Mitglied des Vorstands, des Aufsichtsrats oder eines gleichartigen Organs tätig ist; dies gilt nicht für den, dessen Anstellungskörperschaft Beteiligte ist,
6. wer außerhalb seiner amtlichen Eigenschaft in der Angelegenheit ein Gutachten abgegeben hat oder sonst tätig geworden ist.

²Dem Beteiligten steht gleich, wer durch die Tätigkeit oder durch die Entscheidung einen unmittelbaren Vorteil oder Nachteil erlangen kann. ³Dies gilt nicht, wenn der Vor- oder Nachteil nur darauf beruht, dass jemand einer Berufs- oder Bevölkerungsgruppe angehört, deren gemeinsame Interessen durch die Angelegenheit berührt werden.

(2) Wer nach Absatz 1 ausgeschlossen ist, darf bei Gefahr im Verzug unaufschiebbare Maßnahmen treffen.

(3) ¹Hält sich ein Mitglied eines Ausschusses für ausgeschlossen oder bestehen Zweifel, ob die Voraussetzungen des Absatzes 1 gegeben sind, ist dies dem Vorsitzenden des Ausschusses mitzuteilen. ²Der Ausschuss entscheidet über den Ausschluss. ³Der Betroffene darf an dieser Entscheidung nicht mitwirken. ⁴Das ausgeschlossene Mitglied darf bei der weiteren Beratung und Beschlussfassung nicht zugegen sein.

Anwendungserlass zur Abgabenordnung

Zu § 82 – Ausgeschlossene Personen:

1. Wegen der Rechtsfolgen bei einem Verstoß gegen diese Vorschrift wird auf §§ 125 und 127 hingewiesen.
2. Hilfe in Steuersachen i. S. d. § 82 Abs. 1 Nr. 4 leisten nicht nur diejenigen, die nach dem StBerG ausdrücklich dazu befugt sind, sondern auch sonstige Personen, die ohne gesetzliche Befugnis Hilfe in Steuersachen leisten. Zur Hilfe in Steuersachen zählen auch die nicht dem Erlaubnisvorbehalt des § 2 StBerG unterliegenden mechanischen Buchführungsarbeiten und die Erstattung wissenschaftlicher Gutachten (§ 6 StBerG).
3. Zum Begriff des Amtsträgers Hinweis auf § 7.

Rechtsprechung

BFH vom 14. 12. 1983 – I R 301/81 (BStBl 1984 II S. 409)

Der Einsatz eines Betriebsprüfers ist nicht deshalb rechtswidrig, weil dessen Ehefrau am Ort als Steuerberaterin tätig ist und die geprüften Unternehmer ebenfalls steuerlich beraten werden.

BVerfG vom 18. 6. 1984 – 1 BvR 491/84 (HFR 1984 S. 435)

Nach § 82 Abs. 1 Satz 1 Nr. 2 i. V. m. § 82 Abs. 1 Satz 2 AO darf für eine Finanzbehörde nicht tätig werden, wer Angehöriger einer Person ist, die durch die Tätigkeit oder durch die Entscheidung einen unmittelbaren Vorteil oder Nachteil erlangen kann.

§ 83 Besorgnis der Befangenheit

(1) ¹Liegt ein Grund vor, der geeignet ist, Misstrauen gegen die Unparteilichkeit des Amtsträgers zu rechtfertigen oder wird von einem Beteiligten das Vorliegen eines solchen Grundes behauptet, so hat der Amtsträger den Leiter der Behörde oder den von ihm Beauftragten zu unterrichten und sich auf dessen Anordnung der Mitwirkung zu enthalten. ²Betrifft die Besorgnis der Befangenheit den Leiter der Behörde, so trifft diese Anordnung die Aufsichtsbehörde, sofern sich der Behördenleiter nicht selbst einer Mitwirkung enthält.

(2) Bei Mitgliedern eines Ausschusses ist sinngemäß nach § 82 Abs. 3 zu verfahren.

Anwendungserlass zur Abgabenordnung

Zu § 83 – Besorgnis der Befangenheit:

1. Das in § 83 vorgeschriebene Verfahren ist nicht nur dann durchzuführen, wenn der Amtsträger tatsächlich befangen ist oder sich für befangen hält, sondern schon dann, wenn ein vernünftiger Grund vorliegt, der den Beteiligten von seinem Standpunkt aus befürchten lassen könnte, dass der Amtsträger nicht unparteiisch sachlich entscheiden werde.
2. Die Entscheidung, ob sich ein Amtsträger der Mitwirkung an einem Verwaltungsverfahren zu enthalten hat, trifft der Behördenleiter bzw. der von ihm Beauftragte oder die Aufsichtsbehörde. Über die Zulässigkeit der Mitwirkung des Amtsträgers im Verwaltungsverfahren ist ggf. im Rechtsbehelfsverfahren über den Verwaltungsakt zu entscheiden.

Rechtsprechung

2 BFH vom 29. 4. 2002 – IV B 2/02 (BStBl 2002 II S. 507)

Es ist ernstlich zweifelhaft, ob nicht dem Steuerpflichtigen ein Recht auf gerichtliche Überprüfung der Festlegung des Außenprüfers zusteht, wenn aufgrund des bisherigen Verhaltens des Prüfers – über die bloße Besorgnis der Befangenheit hinaus – zu befürchten ist, dass der Prüfer Rechte des Steuerpflichtigen verletzen wird, ohne dass diese Rechtsverletzung durch spätere Rechtsbehelfe rückgängig gemacht werden könnte.

3 BFH vom 3. 2. 2004 – VII R 1/03 (BStBl 2004 II S. 842)

1. Allein der Umstand, dass ein in der Steuerberaterprüfung mitwirkender Prüfer Vorsitzender eines Instituts ist, das Vorbereitungskurse für die Steuerberaterprüfung gegen Entgelt anbietet, begründet für einen Prüfling, der nicht Kunde dieses Instituts gewesen ist, nicht die Besorgnis der Befangenheit dieses Prüfers.

...

---

§ 84 Ablehnung von Mitgliedern eines Ausschusses

¹Jeder Beteiligte kann ein Mitglied eines in einem Verwaltungsverfahren tätigen Ausschusses ablehnen, das in diesem Verwaltungsverfahren nicht tätig werden darf (§ 82) oder bei dem die Besorgnis der Befangenheit besteht (§ 83). ²Eine Ablehnung vor einer mündlichen Verhandlung ist schriftlich oder zur Niederschrift zu erklären. ³Die Erklärung ist unzulässig, wenn sich der Beteiligte, ohne den ihm bekannten Ablehnungsgrund geltend zu machen, in eine mündliche Verhandlung eingelassen hat. ⁴Für die Entscheidung über die Ablehnung gilt § 82 Abs. 3 Sätze 2 bis 4. ⁵Die Entscheidung über das Ablehnungsgesuch kann nur zusammen mit der Entscheidung angefochten werden, die das Verfahren vor dem Ausschuss abschließt.

---

3. Unterabschnitt
Besteuerungsgrundsätze, Beweismittel (§§ 85–107)

I. Allgemeines (§§ 85–92)

§ 85 Besteuerungsgrundsätze

¹Die Finanzbehörden haben die Steuern nach Maßgabe der Gesetze gleichmäßig festzusetzen und zu erheben. ²Insbesondere haben sie sicherzustellen, dass Steuern nicht verkürzt, zu Unrecht erhoben oder Steuererstattungen und Steuervergütungen nicht zu Unrecht gewährt oder versagt werden.

Anwendungserlass zur Abgabenordnung

Zu § 85 – Besteuerungsgrundsätze:

1. Das Gesetz unterscheidet nicht zwischen dem Steuerermittlungsverfahren, das der Festsetzung der Steuer gegenüber einem bestimmten Steuerpflichtigen dient, und dem Steueraufsichtsverfahren, in dem die Finanzbehörden gegenüber allen Steuerpflichtigen darüber wachen, dass die Steuern nicht verkürzt werden. Die Finanzbehörden können sich sowohl bei Ermittlungen, die sich gegen einen bestimmten Steuerpflichtigen richten, als auch bei der Erforschung unbekannter Steuerfälle der Beweismittel des § 92 bedienen. Sie können mit der Aufdeckung und Ermittlung unbekannter Steuerfälle auch die Steuerfahndung beauftragen (§ 208 Abs. 1 Satz 1 Nr. 3).

2. Die Finanzbehörde hat die Grundlagen der Besteuerung bei jeder Veranlagung ohne Rücksicht auf die Behandlung desselben Sachverhalts in Vorjahren selbstständig festzustellen und die Rechtslage neu zu beurteilen. Sie ist an die Sach- oder Rechtsbehandlung in früheren Veranlagungszeiträumen nicht gebunden. Etwas anderes gilt nur dann, wenn dem Steuerpflichtigen wirksam eine bestimmte Behandlung zugesagt worden ist (vgl. § 89 Abs. 2 und § 204 ff.) oder die Finanzbehörde durch ihr früheres Verhalten außerhalb einer Zusage einen Vertrauenstatbestand geschaffen hat (vgl. BFH-Urteil vom 30. 9. 1997 – IX R 80/94 –, BStBl 1998 II S. 771, m. w. N.). Fehlt es hieran, gebieten es die Grundsätze der Gesetzmäßigkeit der Verwaltung und der Gleichmäßigkeit der Besteuerung, dass die Finanzbehörde eine als falsch erkannte Auffassung vom frühestmöglichen Zeitpunkt an aufgibt, auch wenn der Steuerpflichtige auf sie vertraut haben sollte. Diese Verpflichtung besteht auch, wenn die fehlerhafte Auffassung in einem Prüfungsbericht niedergelegt worden ist oder wenn die Finanzbehörde über eine längere Zeitspanne eine rechtsirrige, für den Steuerpflichtigen günstige Auffassung vertreten hat. Die Finanzbehörde ist selbst dann nicht an eine bei einer früheren Veranlagung zugrunde gelegte Auffassung gebunden, wenn der Steuerpflichtige im Vertrauen darauf disponiert hat (vgl. BFH-Urteil vom 21. 10. 1992 – X R 99/88 –, BStBl 1993 II S. 289, m. w. N.).

3. Die Finanzbehörde kann nach pflichtgemäßem Ermessen „betriebsnahe Veranlagungen" durchführen. Die betriebsnahen Veranlagungen gehören zum Steuerfestsetzungsverfahren, wenn sie ohne Prüfungsanordnung mit Einverständnis des Steuerpflichtigen an Ort und Stelle durchgeführt werden; es gelten die allgemeinen Verfahrensvorschriften über Besteuerungsgrundsätze und Beweismittel (§§ 85, 88 und 90 ff.). Eine betriebsnahe Veranlagung bewirkt keine Ablaufhemmung nach § 171 Abs. 4 (BFH-Urteil vom 6. 7. 1999 – VIII R 17/97 –, BStBl 2000 II S. 306).

4. Der gesetzliche Auftrag „sicherzustellen", dass Steuern nicht verkürzt werden usw., weist auf die Befugnis zu Maßnahmen außerhalb eines konkreten Besteuerungsverfahrens hin. So sind den Finanzbehörden allgemeine Hinweise an die Öffentlichkeit oder ähnliche vorbeugende Maßnahmen gegenüber Einzelnen zur Erfüllung des gesetzlichen Auftrags gestattet. Auf der Grundlage des § 85 können auch im Wege der Amtshilfe andere Behörden ersucht werden, wenn eine von der Finanzbehörde erteilte Bescheinigung in Steuersachen die Bewertung ermöglicht, dass der Bewerber seinen steuerlichen Pflichten im Wesentlichen nachkommt. Wegen der allgemeinen Mitteilungspflicht von Behörden und Rundfunkanstalten wird auf die Mitteilungsverordnung hingewiesen.

Rechtsprechung

Siehe auch Rechtsprechung zu § 4 und zu § 88 AO.

BVerfG vom 27. 6. 1991 – 2 BvR 1493/89 (BStBl 1991 II S. 654)

1. Der Gleichheitssatz verlangt für das Steuerrecht, daß die Steuerpflichtigen durch ein Steuergesetz rechtlich und tatsächlich gleich belastet werden. Die Besteuerungsgleichheit hat mithin als ihre Komponenten die Gleichheit der normativen Steuerpflicht ebenso wie die Gleichheit bei deren Durchsetzung in der Steuererhebung. Daraus folgt, daß das materielle Steuergesetz in ein normatives Umfeld eingebettet sein muß, welches die Gleichheit der Belastung auch hinsichtlich des tatsächlichen Erfolges prinzipiell gewährleistet.

2. Hängt die Festsetzung einer Steuer von der Erklärung des Steuerschuldners ab, werden erhöhte Anforderungen an die Steuerehrlichkeit des Steuerpflichtigen gestellt. Der Gesetzgeber muß die Steuerehrlichkeit deshalb durch hinreichende, die steuerliche Belastungsgleichheit gewährleistende Kontrollmöglichkeiten abstützen. Im Veranlagungsverfahren bedarf das Deklarationsprinzip der Ergänzung durch das Verifikationsprinzip.

3. Gesamtwirtschaftliche Gründe können einen Verzicht des Gesetzgebers auf eine hinreichende Kontrolle der im Veranlagungsverfahren abgegebenen Erklärungen des Steuerpflichtigen verfassungsrechtlich nicht rechtfertigen.

4. Wirkt sich eine Erhebungsregelung gegenüber einem Besteuerungstatbestand in der Weise strukturell gegenläufig aus, daß der Besteuerungsanspruch weitgehend nicht durchgesetzt werden kann, und liegen die Voraussetzungen dafür vor, daß dieses Ergebnis dem Gesetzgeber zuzurechnen ist, so führt die dadurch bewirkte Gleichheitswidrigkeit zur Verfassungswidrigkeit auch der materiellen Steuernorm.

3 **BFH vom 25. 11. 1997 – VIII R 4/94 (BStBl 1998 II S. 461)**

Der Verwertung von im Rahmen einer Außenprüfung ermittelten Tatsachen bei erstmaliger Steuerfestsetzung oder – dem gleichgestellt – bei Änderung eines unter dem Vorbehalt der Nachprüfung ergangenen Steuerbescheides vor Ablauf der Festsetzungsfrist steht nicht entgegen, daß die Finanzbehörde eine ohne weiteres zulässige Erweiterungs-Prüfungsanordnung nicht erlassen hatte. In einem solchen Fall hat das Interesse an einer materiell-rechtlich gesetzmäßigen und gleichmäßigen Steuerfestsetzung Vorrang vor dem Interesse an einem formal ordnungsgemäßen Verfahren (Anschluß an das BFH-Urteil vom 23. 8. 1994, BFH/NV 1995 S. 572).

4 **BFH vom 22. 2. 2000 – VII R 73/98 (BStBl 2000 II S. 366)**

Aus den Gründen:

Die Anwendung der allgemeinen Verfahrensvorschriften der AO auf alle nach der AO vorgesehenen Verfahrensabschnitte gründet auf der in Art. 20 Abs. 3 GG festgelegten Forderung nach der Gesetzmäßigkeit allen Verwaltungshandelns und dem sich aus § 85 AO ergebenden Gebot für die Finanzbehörden, die Steuer nach Maßgabe der Gesetze gleichmäßig festzusetzen und zu erheben. Die in den allgemeinen Verfahrensvorschriften vorgesehenen Mittel der Sachaufklärung sind daher in jedem Verfahrensstadium anzuwenden, um die Durchsetzung des materiell-rechtlich begründeten Steueranspruchs bis zu seiner endgültigen Verwirklichung zu gewährleisten.

5 **BFH vom 23. 1. 2002 – XI R 10, 11/01 (BStBl 2002 II S. 328)**

Eine Verletzung der Belehrungspflicht gemäß § 393 Abs. 1 Satz 4 AO führt im Besteuerungsverfahren zu keinem Verwertungsverbot.

6 **BFH vom 7. 7. 2004 – X R 24/03 (BStBl 2004 II S. 975)**

Eine tatsächliche Verständigung zwischen einem Steuerpflichtigen und der für seine Besteuerung zuständigen Finanzbehörde, deren Gegenstand die Übernahme von Steuerschulden Dritter ist, bindet die für die Besteuerung der Begünstigten zuständigen Finanzbehörden nicht, wenn diese am Zustandekommen der tatsächlichen Verständigung nicht beteiligt waren.

7 **BFH vom 22. 7. 2008 – IX R 74/06 (BStBl 2009 II S. 124)**

Aus den Gründen:

Die Finanzverwaltung darf nach Art. 20 Abs. 3 des Grundgesetzes nur in dem vom Gesetz und Recht vorgesehenen Rahmen handeln (vgl. BFH-Urteil vom 7. 7. 2004, BStBl 2004 II S. 975). Sie setzt den gesetzlichen Steuertatbestand im Festsetzungs- und Feststellungsverfahren (§§ 155 ff. AO) um. Das Gesetz ermächtigt sie grundsätzlich nicht, durch einseitige Erklärung jenseits einer Steuerfestsetzung oder -feststellung den Steueranspruch oder einzelne Besteuerungsgrundlagen zu konkretisieren (so explizit § 157 Abs. 2 AO).

8 **BVerfG vom 15. 10. 2008 – 1 BvR 1138/06 (HFR 2009 S. 187)**

Es widerspricht nicht dem Grundsatz der Gewaltenteilung, wenn der Gesetzgeber eine Rechtsprechung auf der Grundlage der früher bestehenden Gesetzeslage, die er nicht für sachgerecht hält, durch eine Gesetzesänderung korrigiert.

9 **BFH vom 19. 3. 2009 – V R 48/07 (BStBl 2010 II S. 92)**

1. – 3. ...

4. Ein aus Art. 3 Abs. 1 GG herzuleitender Anspruch gegenüber einer Behörde auf Fortführung einer gesetzwidrigen Verwaltungspraxis besteht nicht.

§ 86 Beginn des Verfahrens

¹Die Finanzbehörde entscheidet nach pflichtgemäßem Ermessen, ob und wann sie ein Verwaltungsverfahren durchführt. ²Dies gilt nicht, wenn die Finanzbehörde auf Grund von Rechtsvorschriften
1. von Amts wegen oder auf Antrag tätig werden muss,
2. nur auf Antrag tätig werden darf und ein Antrag nicht vorliegt.

§ 87 Amtssprache

(1) Die Amtssprache ist Deutsch.

(2) ¹Werden bei einer Finanzbehörde in einer fremden Sprache Anträge gestellt oder Eingaben, Belege, Urkunden oder sonstige Dokumente vorgelegt, kann die Finanzbehörde verlangen, dass unverzüglich eine Übersetzung vorgelegt wird. ²In begründeten Fällen kann die Vorlage einer beglaubigten oder von einem öffentlich bestellten oder beeidigten Dolmetscher oder Übersetzer angefertigten Übersetzung verlangt werden. ³Wird die verlangte Übersetzung nicht unverzüglich vorgelegt, so kann die Finanzbehörde auf Kosten des Beteiligten selbst eine Übersetzung beschaffen. ⁴Hat die Finanzbehörde Dolmetscher oder Übersetzer herangezogen, erhalten diese eine Vergütung in entsprechender Anwendung des Justizvergütungs- und -entschädigungsgesetzes.

(3) Soll durch eine Anzeige, einen Antrag oder die Abgabe einer Willenserklärung eine Frist in Lauf gesetzt werden, innerhalb deren die Finanzbehörde in einer bestimmten Weise tätig werden muss, und gehen diese in einer fremden Sprache ein, so beginnt der Lauf der Frist erst mit dem Zeitpunkt, in dem der Finanzbehörde eine Übersetzung vorliegt.

(4) ¹Soll durch eine Anzeige, einen Antrag oder eine Willenserklärung, die in fremder Sprache eingehen, zugunsten eines Beteiligten eine Frist gegenüber der Finanzbehörde gewahrt, ein öffentlich-rechtlicher Anspruch geltend gemacht oder eine Leistung begehrt werden, so gelten die Anzeige, der Antrag oder die Willenserklärung als zum Zeitpunkt des Eingangs bei der Finanzbehörde abgegeben, wenn auf Verlangen der Finanzbehörde innerhalb einer von dieser zu setzenden angemessenen Frist eine Übersetzung vorgelegt wird. ²Andernfalls ist der Zeitpunkt des Eingangs der Übersetzung maßgebend, soweit sich nicht aus zwischenstaatlichen Vereinbarungen etwas anderes ergibt. ³Auf diese Rechtsfolge ist bei der Fristsetzung hinzuweisen.

Anwendungserlass zur Abgabenordnung

Zu § 87 – Amtssprache:

1. Bei Eingaben in fremder Sprache soll die Finanzbehörde zunächst prüfen, ob eine zur Bearbeitung ausreichende Übersetzung durch eigene Bedienstete oder im Wege der Amtshilfe ohne Schwierigkeiten beschafft werden kann. Übersetzungen sind nur im Rahmen des Notwendigen, nicht aus Prinzip anzufordern. Die Finanzbehörde kann auch Schriftstücke in fremder Sprache entgegennehmen und in einer fremden Sprache verhandeln, wenn der Amtsträger über entsprechende Sprachkenntnisse verfügt. Anträge, die ein Verwaltungsverfahren auslösen, und fristwahrende Eingaben sollen in ihren wesentlichen Teilen in deutscher Sprache aktenkundig gemacht werden. Verwaltungsakte sind grundsätzlich in deutscher Sprache bekannt zu geben.
2. Wegen der Führung von Büchern in einer fremden Sprache Hinweis auf § 146 Abs. 3.

§ 87a Elektronische Kommunikation

(1) ¹Die Übermittlung elektronischer Dokumente ist zulässig, soweit der Empfänger hierfür einen Zugang eröffnet. ²Ein elektronisches Dokument ist zugegangen, sobald die für den Empfang bestimmte Einrichtung es in für den Empfänger bearbeitbarer Weise aufgezeichnet hat. ³Übermittelt die Finanzbehörde Daten, die dem Steuergeheimnis unterliegen, sind diese Daten mit einem geeigneten Verfahren zu verschlüsseln.

(2) ¹Ist ein der Finanzbehörde übermitteltes elektronisches Dokument für sie zur Bearbeitung nicht geeignet, hat sie dies dem Absender unter Angabe der für sie geltenden technischen Rah-

menbedingungen unverzüglich mitzuteilen. ²Macht ein Empfänger geltend, er könne das von der Finanzbehörde übermittelte elektronische Dokument nicht bearbeiten, hat sie es ihm erneut in einem geeigneten elektronischen Format oder als Schriftstück zu übermitteln.

(3) ¹Eine durch Gesetz für Anträge, Erklärungen oder Mitteilungen an die Finanzbehörden angeordnete Schriftform kann, soweit nicht durch Gesetz etwas anderes bestimmt ist, durch die elektronische Form ersetzt werden. ²In diesem Fall ist das elektronische Dokument mit einer qualifizierten elektronischen Signatur nach dem Signaturgesetz zu versehen. ³Die Signierung mit einem Pseudonym ist unzulässig.

(4) ¹Eine durch Gesetz für Verwaltungsakte oder sonstige Maßnahmen der Finanzbehörden angeordnete Schriftform kann, soweit nicht durch Gesetz etwas anderes bestimmt ist, durch die elektronische Form ersetzt werden. ²In diesem Fall ist das elektronische Dokument mit einer qualifizierten elektronischen Signatur nach dem Signaturgesetz zu versehen. ³Für von der Finanzbehörde aufzunehmende Niederschriften gilt Satz 1 nur, wenn dies durch Gesetz ausdrücklich zugelassen ist.

(5) ¹Ist ein elektronisches Dokument Gegenstand eines Beweises, wird der Beweis durch Vorlegung oder Übermittlung der Datei angetreten; befindet diese sich nicht im Besitz des Steuerpflichtigen oder der Finanzbehörde, gilt § 97 Abs. 1 und 3 entsprechend. ²Der Anschein der Echtheit eines mit einer qualifizierten elektronischen Signatur nach dem Signaturgesetz übermittelten Dokuments, der sich auf Grund der Prüfung nach dem Signaturgesetz ergibt, kann nur durch Tatsachen erschüttert werden, die ernstliche Zweifel daran begründen, dass das Dokument mit dem Willen des Signaturschlüssel-Inhabers übermittelt worden ist.

¹⁾ (6) ¹*Das Bundesministerium der Finanzen kann im Benehmen mit dem Bundesministerium des Innern durch Rechtsverordnung mit Zustimmung des Bundesrates für die Fälle der Absätze 3 und 4 neben der qualifizierten elektronischen Signatur auch ein anderes sicheres Verfahren zulassen, das den Datenübermittler (Absender der Daten) authentifiziert und die Integrität des elektronisch übermittelten Datensatzes gewährleistet.* ²*Zur Authentifizierung des Datenübermittlers kann auch der elektronische Identitätsnachweis des Personalausweises genutzt werden; die dazu erforderlichen Daten dürfen zusammen mit den übrigen übermittelten Daten gespeichert und verwendet werden.* ³*Einer Zustimmung des Bundesrates bedarf es nicht, soweit Kraftfahrzeug-*
²⁾ *steuer, Versicherungsteuer und Verbrauchsteuern mit Ausnahme der Biersteuer betroffen sind.*

AEAO Anwendungserlass zur Abgabenordnung

1 Zu § 87a – Elektronische Kommunikation:

Inhaltsübersicht

1. Zugangseröffnung
2. Zugang
3. Elektronisch signierte Dokumente
4. Beweis durch elektronische Dokumente

1. Zugangseröffnung

Die Übermittlung elektronischer Dokumente an die Finanzbehörden und an die Steuerpflichtigen ist zulässig, soweit der Empfänger hierfür einen Zugang eröffnet hat (§ 87a Abs. 1 Satz 1). Die Zugangseröffnung kann durch ausdrückliche Erklärung oder konkludent sowie generell oder nur für bestimmte Fälle erfolgen. Vorbehaltlich einer ausdrücklichen gesetzlichen Anordnung besteht weder für die Steuerpflichtigen noch für die Finanzbehörden ein Zwang zur Übermittlung elektronischer Dokumente.

Finanzbehörden, die eine E-Mail-Adresse angeben, erklären damit ihre Bereitschaft zur Entgegennahme elektronischer Dokumente; für die Übermittlung elektronisch signierter Dokumente (vgl. Nr. 3) muss der Zugang gesondert eröffnet werden. Wegen der elektronischen Übermittlung von Steuererklärungsdaten Hinweis auf § 150 Abs. 1 Satz 2 und die Steuerdaten-Übermittlungsverordnung.

Bei natürlichen oder juristischen Personen, die eine gewerbliche oder berufliche Tätigkeit selbständig ausüben und die auf einem im Verkehr mit der Finanzbehörde verwendeten Briefkopf, in einer Steuererklärung oder in einem Antrag an die Finanzbehörde ihre E-Mail-Adresse angegeben oder sich per E-Mail an die Finanzbehörde gewandt haben, kann i. d. R. davon ausgegangen werden, dass sie damit konkludent ihre Bereitschaft zur Entgegennahme elektronischer Dokumente erklärt haben. Bei Steuerpflichtigen, die keine gewerbliche oder berufliche

---

¹⁾ § 87a Abs. 6 AO geändert durch Art. 3 Nr. 1 des Steuervereinfachungsgesetzes 2011 v. 1. 11. 2011 (BGBl. 2011 I S. 2131, BStBl 2011 I S. 986) mit Wirkung ab 5. 11. 2011.
²⁾ Hinweis auf § 6 StDÜV (AO 150/1).

Tätigkeit selbständig ausüben (z. B. Arbeitnehmer), ist dagegen derzeit nur bei Vorliegen einer ausdrücklichen, aber nicht formgebundenen Einverständniserklärung von einer Zugangseröffnung i. S. d. § 87a Abs. 1 Satz 1 auszugehen.

2. **Zugang**

Ein elektronisches Dokument ist zugegangen, sobald die für den Empfang bestimmte Einrichtung es in für den Empfänger bearbeitbarer Weise aufgezeichnet hat (§ 87a Abs. 1 Satz 2). Ob und wann der Empfänger das bearbeitbare Dokument tatsächlich zur Kenntnis nimmt, ist für den Zeitpunkt des Zugangs unbeachtlich. Zur widerlegbaren Vermutung des Tags des Zugangs elektronischer Verwaltungsakte vgl. § 122 Abs. 2a und § 123 Sätze 2 und 3. Ein für den Empfänger nicht bearbeitbares Dokument ist nicht i. S. d. § 87a Abs. 1 Satz 2 zugegangen und löst somit noch keine Rechtsfolgen (z. B. die Wahrung einer Antrags- oder Rechtsbehelfsfrist oder das Wirksamwerden eines Verwaltungsakts) aus. Zum Verfahren nach Übermittlung eines nicht bearbeitbaren elektronischen Dokuments vgl. zu § 87a Abs. 2.

3. **Elektronisch signierte Dokumente**

Soweit durch Gesetz die Schriftform vorgeschrieben ist, kann dieser Form grundsätzlich auch durch Übermittlung in elektronischer Form entsprochen werden. Hierbei muss das Dokument mit einer qualifizierten elektronischen Signatur i. S. d. § 2 Nr. 3 des Signaturgesetzes (BStBl 2001 I, S. 351) versehen sein (§ 87a Abs. 3 und 4).

§ 87a Abs. 3 gilt auch, wenn eine eigenhändige Unterschrift gesetzlich vorgeschrieben ist. In diesem Fall ist das Dokument von derjenigen Person elektronisch zu signieren, die zur eigenhändigen Unterschrift verpflichtet ist, bzw. in den Fällen des § 150 Abs. 3 von der bevollmächtigten Person.

Elektronische Dokumente, die mit einem Wahlnamen signiert worden sind, dem die Funktion des bürgerlichen Namens zukommt, sind von den Finanzbehörden nicht unter Berufung auf § 87a Abs. 3 Satz 3 zurückzuweisen.

4. **Beweis durch elektronische Dokumente**

Ist ein elektronisches Dokument Gegenstand eines Beweises, wird der Beweis durch Vorlegung oder Übermittlung der Datei angetreten. Befindet sich das vorzulegende elektronische Dokument weder im Besitz des Steuerpflichtigen noch im Besitz der Finanzbehörde, gilt hinsichtlich der Vorlage- bzw. Übermittlungspflicht Dritter § 97 Abs. 1 und 3 entsprechend (§ 87a Abs. 5 Satz 1). Die Finanzbehörde hat bei ihrem Herausgabeverlangen anzugeben, dass das elektronische Dokument für die Besteuerung einer anderen Person benötigt wird (§ 97 Abs. 1 Satz 2). Sie kann das elektronische Dokument an Amtsstelle oder bei dem Dritten einsehen, wenn dieser damit einverstanden ist (§ 97 Abs. 3 Satz 1). Der Dritte hat ggf. auf seine Kosten diejenigen Hilfsmittel zur Verfügung zu stellen, die erforderlich sind, um das Dokument lesbar zu machen (§ 97 Abs. 3 Satz 2 i. V. m. § 147 Abs. 5).

Der Anschein der Echtheit eines mit einer qualifizierten elektronischen Signatur nach dem Signaturgesetz übermittelten Dokuments, der sich aufgrund der Prüfung nach dem Signaturgesetz ergibt, kann nur durch Tatsachen erschüttert werden, die ernstliche Zweifel daran begründen, dass das Dokument mit dem Willen des Signaturschlüssel-Inhabers übermittelt wurde (§ 87a Abs. 5 Satz 2). Für die Beurteilung der Frage, wann „ernstliche Zweifel" vorliegen, können die Auslegungsgrundsätze zu § 361 Abs. 2 Satz 2 (vgl. zu § 361, Nr. 2.5) herangezogen werden. Für die Widerlegung der Echtheitsvermutung ist daher erforderlich, dass die vorgetragenen Tatsachen ergeben, dass die Wahrscheinlichkeit, dass das Dokument nicht mit dem Willen des Signaturschlüssel-Inhabers übermittelt worden ist, zumindest ebenso hoch ist wie die Wahrscheinlichkeit, dass das übermittelte Dokument dem Willen des Signaturschlüssel-Inhabers entspricht.

Die Vermutung des § 87a Abs. 5 Satz 2 gilt nicht, wenn das übermittelte elektronische Dokument mit einer „einfachen" elektronischen Signatur (§ 2 Nr. 1 des Signaturgesetzes), mit einer „fortgeschrittenen elektronischen Signatur" (§ 2 Nr. 2 des Signaturgesetzes) oder mit einer Signatur i. S. d. § 87a Abs. 6 versehen worden ist.

Rechtsprechung

BFH vom 2. 2. 2010 – III B 20/09 (BFH/NV 2010 S. 830)

Eine Rechtsbehelfsbelehrung, die den Wortlaut des § 357 Abs. 1 AO wiedergibt und die Informationen zu Beginn und Dauer der Rechtsmittelfrist enthält, ist ausreichend. Einen Hinweis auf die etwaige Möglichkeit der Rechtsbehelfseinlegung per E-Mail braucht sie nicht zu enthalten.

§ 88 Untersuchungsgrundsatz

(1) ¹Die Finanzbehörde ermittelt den Sachverhalt von Amts wegen. ²Sie bestimmt Art und Umfang der Ermittlungen; an das Vorbringen und an die Beweisanträge der Beteiligten ist sie nicht gebunden. ³Der Umfang dieser Pflichten richtet sich nach den Umständen des Einzelfalls.

(2) Die Finanzbehörde hat alle für den Einzelfall bedeutsamen, auch die für die Beteiligten günstigen Umstände zu berücksichtigen.

(3) ¹Zur Sicherstellung einer gleichmäßigen und gesetzmäßigen Festsetzung und Erhebung der Steuern kann das Bundesministerium der Finanzen durch Rechtsverordnung mit Zustimmung des Bundesrates Anforderungen an Art und Umfang der Ermittlungen bei Einsatz automatischer Einrichtungen bestimmen. ²Einer Zustimmung des Bundesrates bedarf es nicht, soweit Verbrauchsteuern mit Ausnahme der Biersteuer betroffen sind.

Anwendungserlass zur Abgabenordnung

1 Zu § 88 – Untersuchungsgrundsatz:

1. Die Finanzbehörden haben alle notwendigen Maßnahmen zu ergreifen, um die entscheidungserheblichen Tatsachen aufzuklären. Sie bestimmen Art und Umfang der Ermittlungen nach den Umständen des Einzelfalles. Der Grundsatz der Verhältnismäßigkeit ist zu beachten. Die Ermittlungshandlungen dürfen danach zu dem angestrebten Erfolg nicht erkennbar außer Verhältnis stehen. Sie sollen so gewählt werden, dass damit unter Berücksichtigung der Verhältnisse des Einzelfalles ein möglichst geringer Eingriff in die Rechtssphäre des Beteiligten oder Dritter verbunden ist. Der Gewährung rechtlichen Gehörs kommt besondere Bedeutung zu.

   Trotz des in § 85 festgelegten Legalitätsprinzips können bei den Entscheidungen der Finanzbehörden Erwägungen einbezogen werden, die im Ergebnis Zweckmäßigkeitserwägungen gleichzustellen sind (BVerfG-Beschluss vom 20. 6. 1973 – 1 BvL 9/71, 1 BvL 10/71 –, BStBl II S. 720). Für die Anforderungen, die an die Aufklärungspflicht der Finanzbehörden zu stellen sind, darf die Erwägung eine Rolle spielen, dass die Aufklärung einen nicht mehr vertretbaren Zeitaufwand erfordert. Dabei kann auf das Verhältnis zwischen voraussichtlichem Arbeitsaufwand und steuerlichem Erfolg abgestellt werden. Die Finanzämter dürfen auch berücksichtigen, in welchem Maße sie durch ein zu erwartendes finanzgerichtliches Verfahren belastet werden, sofern sie bei vorhandenen tatsächlichen oder rechtlichen Zweifeln dem Begehren des Steuerpflichtigen nicht entsprechen und zu seinem Nachteil entscheiden. In Fällen erschwerter Sachverhaltsermittlung dient es unter bestimmten Voraussetzungen der Effektivität der Besteuerung und allgemein dem Rechtsfrieden, wenn sich die Beteiligten über die Annahme eines bestimmten Sachverhalts und über eine bestimmte Sachbehandlung einigen können (BFH-Urteil vom 11. 12. 1984 – VIII R 131/76 –, BStBl 1985 II S. 354). Vgl. hierzu BMF-Schreiben vom 30. 7. 2008, BStBl I S. 831.

2. Die Aufklärungspflicht der Finanzbehörden wird durch die Mitwirkungspflicht der Beteiligten (§ 90) begrenzt. Die Finanzbehörden sind nicht verpflichtet, den Sachverhalt auf alle möglichen Fallgestaltungen zu erforschen. Für den Regelfall kann davon ausgegangen werden, dass die Angaben des Steuerpflichtigen in der Steuererklärung vollständig und richtig sind (BFH-Urteil vom 17. 4. 1969 – V R 21/66 –, BStBl II S. 474). Die Finanzbehörde kann den Angaben eines Steuerpflichtigen Glauben schenken, wenn nicht greifbare Umstände vorliegen, die darauf hindeuten, dass seine Angaben falsch oder unvollständig sind (BFH-Urteil vom 11. 7. 1978 – VIII R 120/75 –, BStBl 1979 II S. 57). Sie verletzt ihre Aufklärungspflicht nur, wenn sie Tatsachen oder Beweismittel außer acht lässt und offenkundigen Zweifelsfragen nicht nachgeht, die sich ihr den Umständen nach ohne weiteres aufdrängen mussten (BFH-Urteile vom 16. 1. 1964 – V 94/61 U –, BStBl III S. 149, und vom 13. 11. 1985 – II R 208/82 –, BStBl 1986 II S. 241).

3. Im Rahmen der Prüfung zugunsten des Steuerpflichtigen muss die Finanzbehörde ihrer Pflicht zur Fürsorge für den Steuerpflichtigen (§ 89) gerecht werden. So ist auch die Verjährung von Amts wegen zu berücksichtigen.

Hinweise

Tatsächliche Verständigung über den der Steuerfestsetzung zugrunde liegenden Sachverhalt

(BMF-Schreiben vom 30. 7. 2008, – IV A 3 – S 0223/07/10002 –, BStBl 2008 I S. 831)

Unter Bezugnahme auf das Ergebnis der Erörterungen mit den obersten Finanzbehörden der Länder gilt Folgendes:

1 Einleitung

Der Untersuchungsgrundsatz in § 88 Abs. 1 Satz 1 AO bestimmt, dass die Finanzbehörde den Sachverhalt von Amts wegen zu ermitteln hat. Nach § 88 Abs. 1 Satz 2 AO bestimmt sie Art und Umfang der Ermittlungen. Die Finanzbehörde ist an das Vorbringen und an die Beweisanträge der Beteiligten nicht gebunden. Der Umfang dieser Pflichten richtet sich nach den Umständen des Einzelfalls.

Unter Zugrundelegung des Prinzips der Gesetzmäßigkeit der Verwaltung und der Gleichmäßigkeit der Besteuerung sind Vergleiche über Steueransprüche nicht möglich. Jedoch ist in Fällen erschwerter Sachverhaltsermittlung unter bestimmten Voraussetzungen zur Förderung der Effektivität der Besteuerung als auch zur Sicherung des Rechtsfriedens eine die Beteiligten bindende Einigung über die Annahme eines bestimmten Sachverhalts und über eine bestimmte Sachbehandlung (AEAO, Nr. 1 zu § 88 AO) möglich. Derartige Vereinbarungen zwischen dem Steuerpflichtigen und der Finanzbehörde werden als „tatsächliche Verständigung" bezeichnet.

Diese tatsächliche Verständigung kann nach ständiger Rechtsprechung des Bundesfinanzhofes (BFH-Urteile vom 11. Dezember 1984 – VIII R 131/76 –, BStBl II 1985 S. 354, vom 5. Oktober 1990 – III R 19/88 –, BStBl II 1991 S. 45, vom 6. Februar 1991 – I R 13/86 –, BStBl II 1991 S. 673, vom 8. September 1994 – V R 70/91 –, BStBl II 1995 S. 32, vom 13. Dezember 1995 – XI R 43-45/89 –, BStBl II 1996 S. 232 und vom 31. Juli 1996 – XI R 78/95 –, BStBl II 1996 S. 625) in jedem Stadium des Veranlagungsverfahrens, insbesondere auch anlässlich einer Außenprüfung und während eines anhängigen Rechtsbehelfs- bzw. Rechtsmittelverfahrens (z. B. im Rahmen einer Erörterung nach § 364a AO) getroffen werden. Von ihr kann auch bei Steuerfahndungsprüfungen bzw. nach Einleitung eines Steuerstrafverfahrens Gebrauch gemacht werden. In solchen Fällen ist frühzeitig die für Straf- und Bußgeldverfahren zuständige Stelle bzw. die Staatsanwaltschaft einzubeziehen.

Beabsichtigen die Beteiligten, sich auf diese Weise über eine bestimmte Sachbehandlung zu verständigen, sind die folgenden Grundsätze zu beachten.

2 Zulässigkeit

2.1 Die tatsächliche Verständigung ist ausschließlich im Bereich der Sachverhaltsermittlung zulässig.

2.2 Die tatsächliche Verständigung ist nicht zulässig:
 – zur Klärung zweifelhafter Rechtsfragen,
 – über den Eintritt bestimmter Rechtsfolgen,
 – über die Anwendung bestimmter Rechtsvorschriften und
 – wenn sie zu einem offensichtlich unzutreffenden Ergebnis führt.

2.3 Eine tatsächliche Verständigung ist aber insoweit möglich, als im Rahmen einer rechtlichen Beurteilung über eine Vorfrage zum Sachverhalt zu entscheiden ist (BFH-Urteil vom 1. Februar 2001 – IV R 3/00 –, BStBl II 2001 S. 520).

3 Voraussetzungen

Voraussetzung für eine tatsächliche Verständigung ist das Vorliegen eines Sachverhalts, der nur unter erschwerten Umständen ermittelt werden kann. Das ist z. B. der Fall, wenn sich einzelne Sachverhalte nur mit einem nicht mehr vertretbaren Arbeits- oder Zeitaufwand *ermitteln lassen* (vgl. AEAO zu § 88 AO, Nr. 1 Abs. 2). Allein die Kompliziertheit eines Sachverhalts begründet für sich noch nicht die Annahme einer erschwerten Sachverhaltsermittlung.

Bei der Frage, ob eine erschwerte Sachverhaltsermittlung vorliegt, kann auch auf das Verhältnis zwischen voraussichtlichem Arbeitsaufwand und steuerlichem Erfolg abgestellt und ferner berücksichtigt werden, in welchem Maß das Finanzamt durch ein zu erwartendes finanzgerichtliches Verfahren belastet wird, sofern es bei vorhandenen tatsächlichen Zweifeln dem Begehren des Steuerpflichtigen nicht entspricht und zu seinem Nachteil entscheidet.

4 Anwendungsbereich

4.1 Die tatsächliche Verständigung kommt insbesondere in Fällen in Betracht, in denen ein

- Schätzungsspielraum,
- Bewertungsspielraum,
- Beurteilungsspielraum oder
- Beweiswürdigungsspielraum

besteht.

4.2 Im Gegensatz zur verbindlichen Auskunft (§ 89 Abs. 2 AO) bezieht sich die tatsächliche Verständigung ausschließlich auf abgeschlossene Sachverhalte. Wirkt sich der in der tatsächlichen Verständigung festgelegte Sachverhalt auch in die Zukunft aus und sollte sie sich nach dem Willen der Beteiligten auch hierauf erstrecken, tritt – gleich bleibende tatsächliche Verhältnisse vorausgesetzt – insoweit ebenfalls eine Bindung ein. Das ist z. B. der Fall bei der Festlegung der Nutzungsdauer eines Wirtschaftsgutes oder der Abgrenzung von Erhaltungs- und Herstellungsaufwendungen.

4.3 Hinsichtlich der Besteuerungsgrundlagen, die von der tatsächlichen Verständigung nicht umfasst sind, bestehen die gesetzlich festgelegten Pflichten des Finanzamts zur Ermittlung des Sachverhalts von Amts wegen (§§ 85, 88 AO), des Steuerpflichtigen zur Mitwirkung (§ 90 AO) sowie des Finanzamts und des Finanzgerichts zur Schätzung nicht ermittelbarer Besteuerungsgrundlagen (§ 162 AO, § 96 Abs. 1 FGO) fort.

5 Durchführung

Die tatsächliche Verständigung dient der Herstellung des Rechtsfriedens und der Vermeidung von Rechtsbehelfen, indem der Arbeits- und Zeitaufwand für die Ermittlung des maßgeblichen Sachverhalts auf ein vertretbares Maß beschränkt werden soll. In Fällen, denen keine wesentliche Bedeutung zukommt, soll eine Einigung außerhalb einer tatsächlichen Verständigung angestrebt werden. Es kann z. B. eine (ggf. auch fernmündliche) Einigung in Form einer Absprache für die Behandlung im Besteuerungsverfahren mit anschließendem Aktenvermerk getroffen werden.

Die Abgrenzung hat sich an der Bedeutung des Gesamtsteuerfalles zu orientieren; hierbei ist nicht kleinlich zu verfahren.

In anderen Fällen ist bei der Durchführung der tatsächlichen Verständigung Folgendes zu beachten:

5.1 Die Beteiligten müssen zu einer abschließenden Regelung befugt sein.

5.2 Wird der Steuerpflichtige durch einen Bevollmächtigten (§ 80 Abs. 1 Satz 1 AO) vertreten, muss eine entsprechende Vollmacht vorliegen. Eine uneingeschränkte Vollmacht gemäß § 80 Abs. 1 Satz 2 AO umfasst auch die Befugnis zu einer tatsächlichen Verständigung.

5.3 Auf Seiten des Finanzamts muss mindestens der für die Entscheidung über die Steuerfestsetzung zuständige, d. h. der zur abschließenden Zeichnung berechtigte Amtsträger beteiligt sein. War an dem Abschluss einer tatsächlichen Verständigung ein für die Entscheidung über die Steuerfestsetzung zuständiger Amtsträger nicht beteiligt, kann dieser Mangel durch ausdrückliche nachträgliche Zustimmung gegenüber allen Beteiligten geheilt werden.

5.4 Eine tatsächliche Verständigung soll sich grundsätzlich nur auf einen einzelnen Sachverhalt beziehen. Sollen tatsächliche Verständigungen über mehrere Sachverhalte herbeigeführt werden, sind in der Regel auch mehrere, voneinander unabhängige tatsächliche Verständigungen anzustreben. Im Hinblick auf den denkbaren Einwand des Wegfalls der Geschäftsgrundlage sollten „Paketlösungen" (Einzelregelungen, die in ihrem Bestand voneinander abhängig gemacht werden) nur dann in Erwägung gezogen werden, wenn eine Klärung der offenen Sachverhaltsfragen nur auf diesem Wege erreichbar erscheint.

5.5 Der Inhalt der tatsächlichen Verständigung ist in einfacher, aber beweissicherer Form unter Darstellung der Sachlage schriftlich festzuhalten und von den Beteiligten aus Beweisgründen zu unterschreiben. Es genügt, wenn die Ergebnisse der tatsächlichen Verständigung in dieser Form festgehalten werden. Ausführungen zu den Rechtsfolgen einer tatsächlichen Verständigung sind in der Regel nicht aufzunehmen. In dieser Niederschrift sind die Beteiligten in eindeutiger und zweifelsfreier Form auf die Bindungswirkung der tatsächlichen Verständigung hinzuweisen. Dies dient der Vermeidung von Irrtümern und den sich daraus unter Umständen ergebenden Anfechtungsmöglichkeiten. Den Beteiligten ist eine Ausfertigung der Vereinbarung auszuhändigen.

Beispiel einer Niederschrift:

Nach Erörterung der Sachlage erklären das Finanzamt ..., vertreten durch ..., und der Steuerpflichtige ..., vertreten durch ..., übereinstimmend und verbindlich, dass [Sachverhalt] .... Die tatsächliche Verständigung ist für alle Beteiligten bindend. Die Beteiligten bzw. ihre durch Vollmacht ausgewiesenen Vertreter haben am [Datum einsetzen] eine Ausfertigung der Niederschrift erhalten.

[Unterzeichnung durch die Beteiligten]

6 Rechtsfolgen

6.1 Die Bindungswirkung ergibt sich nicht erst durch die Berücksichtigung der tatsächlichen Verständigung im Steuerbescheid (BFH-Urteile vom 6. Februar 1991 – I R 13/86 –, BStBl II 1991 S. 673 und vom 31. Juli 1996 – XI R 78/95 –, BStBl II 1996 S. 625). Mit Abschluss der tatsächlichen Verständigung sind die Beteiligten an die vereinbarte Tatsachenbehandlung nach dem Grundsatz von Treu und Glauben gebunden, wenn sie wirksam und unanfechtbar zustande gekommen ist. Eine tatsächliche Verständigung bindet nur die an ihrem Zustandekommen Beteiligten, nicht jedoch Dritte (Ausnahme: Gesamtrechtsnachfolger).

Nachträglich bekannt gewordene Tatsachen, die die tatsächliche Verständigung hätten beeinflussen können, wenn sie vorher bekannt geworden wären, beseitigen die Bindungswirkung der tatsächlichen Verständigung regelmäßig nicht. Insoweit ist das Rechtsschutzbedürfnis für einen Rechtsbehelf bzw. ein Rechtsmittel gegen die entsprechende Steuerfestsetzung entfallen.

Eine im Rahmen einer Außenprüfung getroffene zulässige und wirksame tatsächliche Verständigung über eine bestimmte Behandlung eines Sachverhalts bindet die Finanzbehörde bereits vor Erlass der darauf beruhenden Bescheide (BFH-Urteil vom 31. Juli 1996 – XI R 78/95 –, BStBl II 1996 S. 625).

6.2 Die Vereinbarung ist dem Verwaltungsakt zugrunde zu legen, für den die tatsächliche Verständigung bestimmt ist. Eine Änderung des die tatsächliche Verständigung enthaltenden Verwaltungsaktes lässt die Bindungswirkung der Vereinbarung grundsätzlich unberührt.

7 Aufhebung/Änderung der tatsächlichen Verständigung

7.1 Die tatsächliche Verständigung kann von den Beteiligten einvernehmlich aufgehoben oder geändert werden. Im Hinblick auf den Zweck dieses Rechtsinstituts sollte dies jedoch auf Ausnahmefälle beschränkt bleiben.

7.2 Die Aufhebung oder Änderung des Verwaltungsaktes, dessen Bestandteil die tatsächliche Verständigung ist, kommt nur dann in Betracht, wenn dies nach den verfahrensrechtlichen Bestimmungen zulässig ist.

8 Unwirksamkeit der tatsächlichen Verständigung

8.1 Die tatsächliche Verständigung ist dann unwirksam, wenn sie unter Ausübung unzulässigen Drucks auf den Steuerpflichtigen oder durch dessen unzulässige Beeinflussung zustande gekommen ist.

Andererseits kann eine Willenserklärung des Steuerpflichtigen, die zu einer tatsächlichen Verständigung mit dem Finanzamt geführt hat, nicht deshalb angefochten werden, weil die Erklärung nur aus Sorge vor weiteren lästigen Ermittlungen und unter dem Druck eines laufenden Steuerstrafverfahrens abgegeben worden ist.

Eine tatsächliche Verständigung ist außerdem unwirksam, wenn sie zu einem offensichtlich unzutreffenden Ergebnis führt (BFH-Urteil vom 6. Februar 1991 – I R 13/86 –, BStBl II 1991 S. 673), d. h., wenn die Vereinbarung gegen die Regeln der Logik oder gegen allgemeine Erfahrungssätze verstößt.

8.2 Als weitere Gründe für die Unwirksamkeit der tatsächlichen Verständigung kommen die im BGB über die Willenserklärung aufgeführten Gründe zum Tragen:

– Scheingeschäft, § 117 BGB,

– Anfechtung, §§ 119, 120, 123 BGB,

– offener Einigungsmangel, § 154 BGB,

– Vertretungsmängel, z. B. nach §§ 164 ff. BGB,

– Störung der Geschäftsgrundlage, § 313 BGB.

Unwirksamkeit kann auch bei Vorliegen der Tatbestände des § 130 Abs. 2 AO gegeben sein.

Beispiel:
Wird von einem Steuerpflichtigen bei den zugrunde liegenden Erörterungen bewusst der Sachverhalt verfälscht oder verschleiert und werden für die Besteuerung wesentliche Tatsachen gegenüber der Finanzbehörde verschwiegen, so kann die tatsächliche Verständigung keine Bindungswirkung entfalten.

8.3 Werden derartige Gründe von einem der Beteiligten geltend gemacht, so ist für die weitere Behandlung der tatsächlichen Verständigung von Bedeutung, ob diese bereits in einem Verwaltungsakt berücksichtigt worden sind oder nicht.

8.3.1 Die tatsächliche Verständigung ist noch nicht in einem Verwaltungsakt berücksichtigt worden:

Variante 1:
Macht der Steuerpflichtige die Unwirksamkeit der tatsächlichen Verständigung mitzutreffenden Gründen geltend, so teilt ihm das Finanzamt mit, dass sie einvernehmlich als aufgehoben anzusehen ist.

Geht das Finanzamt weiterhin vom Bestehen und der Bindungswirkung der tatsächlichen Verständigung aus, so teilt es dem Steuerpflichtigen mit, dass dessen Rechtsauffassung nicht geteilt wird, und berücksichtigt die Vereinbarung bei der entsprechenden Steuerfestsetzung. Der Steuerpflichtige kann seine Rechtsauffassung in einem sich anschließenden Rechtsbehelfsverfahren gegen den Steuerbescheid weiterverfolgen.

Variante 2:
Hält das Finanzamt die tatsächliche Verständigung für unwirksam, teilt es dies dem Steuerpflichtigen mit und gibt ihm Gelegenheit zur Stellungnahme. Geht das Finanzamt entgegen der Rechtsauffassung des Steuerpflichtigen weiterhin von der Unwirksamkeit der tatsächlichen Verständigung aus, ist sie bei der Steuerfestsetzung nicht zu berücksichtigen. Der Steuerpflichtige kann seine Rechtsauffassung in einem sich anschließenden Rechtsbehelfsverfahren gegen den Steuerbescheid weiterverfolgen.

8.3.2 Die tatsächliche Verständigung ist bereits in einem Verwaltungsakt berücksichtigt worden:

Die Unwirksamkeit der tatsächlichen Verständigung kann sich nur dann steuerlich auswirken, wenn die betreffende Steuerfestsetzung verfahrensrechtlich noch geändert werden kann (z. B. gemäß §§ 164, 172 ff., 367 Abs. 2 Satz 2 AO).

Verschweigt z. B. der Steuerpflichtige dem Finanzamt steuererhebliche Tatsachen bei Abschluss der tatsächlichen Verständigung, kann der daraus erwachsene Steuerbescheid gemäß § 173 Abs. 1 Nr. 1 AO geändert werden. Eine Änderung kann auch bei Vorliegen der Voraussetzungen des § 172 Abs. 1 Nr. 2 Buchstabe c AO erfolgen.

8.4 Nach Wegfall der tatsächlichen Verständigung sind jedoch regelmäßig weitere Ermittlungen zur Feststellung der Besteuerungsgrundlagen erforderlich. Die hierbei erstmalig bekannt gewordenen Tatsachen oder Beweismittel können z. B. eine Änderung der Steuerfestsetzung nach § 173 AO zur Folge haben.

Rsp **Rechtsprechung**

3 BFH vom 7. 7. 1983 – VII R 43/80 (BStBl 1983 II S. 760)

Aus den Gründen:

Eine gesetzlich festgelegte Regel über die Verteilung der Feststellungslast fehlt für den Steuerprozeß. Nach der Rechtsprechung des BFH gilt im Regelfall, daß die Finanzbehörde die Feststellungslast für die Tatsachen trägt, die vorliegen müssen, um einen Steueranspruch geltend machen zu können, der in Anspruch genommene Steuerpflichtige dagegen für Tatsachen, die Steuerbefreiungen und -ermäßigungen begründen oder einen Steueranspruch aufheben oder einschränken. Diese Regel gilt aber nicht ohne Ausnahme.

4 BFH vom 27. 7. 1983 – I R 210/79 (BStBl 1984 II S. 285)

Rechtswidrig erlangte Außenprüfungsergebnisse dürfen nur dann nicht verwertet werden, wenn der Steuerpflichtige erfolgreich gegen die Rechtswidrigkeit der betreffenden Prüfungsmaßnahme vorgegangen ist.

5 BFH vom 28. 8. 1987 – III R 189/84 (BStBl 1988 II S. 2)

Dem FA ist es nicht verwehrt, aus der im Rahmen einer rechtmäßigen Außenprüfung erlangten Kenntnis bestimmter betrieblicher Verhältnisse eines Steuerpflichtigen in den Jahren des Prüfungszeitraums (z. B. 1977–1979) Schlußfolgerungen auf die tatsächlichen Gegebenheiten in anderen Jahren vor oder nach dem Prüfungszeitraum zu ziehen und demgemäß einen Steuerbescheid, der unter dem Vorbehalt der Nachprüfung steht, entsprechend zu ändern.

6 BFH vom 2. 4. 1992 – VIII B 129/91 (BStBl 1992 II S. 616)

Aus den Gründen:

Die Finanzbehörden sind nach § 85 AO allgemein verpflichtet, die Steuern nach Maßgabe der Gesetze gleichmäßig festzusetzen. In Erfüllung dieser Aufgabe ist die Finanzverwaltung berechtigt, steuererhebliche Daten eines Steuerpflichtigen von einer Finanzbehörde oder Dienststelle einer Finanzbehörde an die andere weiterzuleiten.[1]

BFH vom 28. 6. 2002 – IX R 68/99 (BStBl 2004 II S. 787) 7

1. Bei der Prüfung von Mietverträgen unter Angehörigen am Maßstab des Fremdvergleichs kann für die Auslegung ursprünglich unklarer Vereinbarungen die spätere tatsächliche Übung der Parteien herangezogen werden.
2. Weisen ein mit Fremden geschlossener Mietvertrag und ein Mietvertrag mit Angehörigen nach ihrem Inhalt oder in ihrer Durchführung gleichartige Mängel auf, so verliert das zwischen fremden Dritten übliche Vertragsgebaren für die Indizienwürdigung an Gewicht. Die Mängel des Angehörigenvertrages deuten dann nicht ohne weiteres auf eine private Veranlassung des Leistungsaustauschs hin.

BFH vom 18. 3. 2004 – III R 50/02 (BStBl 2004 II S. 594) 8

1. ...
2. Die Bescheinigung kann noch nachträglich erbracht werden und sogar gänzlich entbehrlich sein, wenn der Wegfall öffentlicher Mittel offenkundig ist. Ausnahmsweise kann die Finanzbehörde gehalten sein, entsprechende Auskünfte von der zuständigen Behörde im Wege der Amtshilfe einzuholen, wenn es der unterstützenden Person trotz ihres ernsthaften und nachhaltigen Bemühens nicht gelingt, die Bescheinigung von der zuständigen Behörde zu erlangen.

BFH vom 31. 3. 2004 – I R 71/03 (BStBl 2004 II S. 742) 9

– Eine „reine" Rechtsfrage kann nicht Gegenstand einer das FA bindenden „tatsächlichen Verständigung" sein (Bestätigung der Rechtsprechung).
– Ein von einem Sachbearbeiter unterzeichnetes Schreiben kann keine das FA bindende Zusage beinhalten, wenn der Sachbearbeiter im Zeitpunkt der Absendung des Schreibens nicht für die abschließende Beurteilung des betreffenden Sachverhalts zuständig ist (Bestätigung der Rechtsprechung).

BFH vom 7. 7. 2004 – X R 24/03 (BStBl 2004 II S. 975) 10

Eine tatsächliche Verständigung zwischen einem Steuerpflichtigen und der für seine Besteuerung zuständigen Finanzbehörde, deren Gegenstand die Übernahme von Steuerschulden Dritter ist, bindet die für die Besteuerung der Begünstigten zuständigen Finanzbehörden nicht, wenn diese am Zustandekommen der tatsächlichen Verständigung nicht beteiligt waren.

BFH vom 4. 10. 2006 – VIII R 53/04 (BStBl 2007 II S. 227) 11

1. Der Senat hält an seiner Rechtsprechung (BFH-Urteil vom 25. 11. 1997 – VIII R 4/94, BStBl II 1998 S. 461) fest, dass im Rahmen einer Außenprüfung ermittelte Tatsachen bei der Änderung eines unter dem Vorbehalt der Nachprüfung ergangenen Steuerbescheides nur ausnahmsweise nicht verwertet werden dürfen, wenn ein sog. qualifiziertes materiell-rechtliches Verwertungsverbot zum Zuge kommt.
...
3. Liegen die Voraussetzungen für ein qualifiziertes Verwertungsverbot vor, weil ein weiteres Beweismittel nur unter Verletzung von Grundrechten oder in strafbarer Weise von der Finanzbehörde erlangt worden ist, so kann dieses Verwertungsverbot ausnahmsweise im Wege einer sog. Fernwirkung auch der Verwertung dieses nur mittelbaren – isoliert betrachtet rechtmäßig erhobenen – weiteren Beweismittels entgegenstehen.

BFH vom 26. 7. 2007 – VI R 68/04 (BStBl 2009 II S. 338) 12

1. – 2. ...
3. Die Außenprüfung nach § 193 Abs. 2 Nr. 2 AO kann auch in den Räumen des FA durchgeführt werden. Sie ist insoweit von einer Prüfung an Amtsstelle durch Maßnahmen der Einzelermittlung i. S. der §§ 88 ff. AO zu unterscheiden.

---

[1] Die Verfassungsbeschwerde gegen diesen Beschluss ist vom BVerfG nicht zur Entscheidung angenommen worden (vgl. StEd 1996 S. 141).

13 BFH vom 13. 2. 2008 – I R 63/06 (BStBl 2009 II S. 414)

1. ...

2. Eine während einer Betriebsprüfung getroffene „tatsächliche Verständigung" kann in zeitlicher Hinsicht nur dann über den Prüfungszeitraum hinaus bindend sein, wenn sie von allen Beteiligten in diesem Sinne verstanden worden ist oder werden musste.

...

14 BFH vom 8. 10. 2008 – I R 63/07 (BStBl 2009 II S. 121)

Eine tatsächliche Verständigung im Steuerfestsetzungsverfahren ist nicht schon deshalb unwirksam, weil sie zu einer von einem Beteiligten nicht vorhergesehenen Besteuerungsfolge führt und dadurch die vor der Verständigung offengelegten Beweggründe des Beteiligten zum Abschluss der Verständigung (hier: die Erwartung der steuerlichen Neutralität des Vereinbarten) entwertet werden.

15 BFH vom 28. 1. 2009 – X R 18/08 (HFR 2009 S. 646)

Ist sich das FA nicht sicher, ob den Stpfl. belastende Feststellungen aus einem Grundlagenbescheid in einem Folgebescheid umgesetzt wurden, so darf es eine Korrektur des Folgebescheids nicht mit Hinweis auf die Feststellungslast ablehnen, wenn die Ursachen für die Ungewissheit in der Sphäre der Finanzverwaltung liegen.

16 BFH vom 12. 5. 2009 – IX R 46/08 (BStBl 2011 II S. 24)

1. Halten nahe Angehörige zivilrechtliche Formerfordernisse nicht ein, spricht dies im Rahmen der steuerrechtlichen Beurteilung des Vertrages indiziell gegen den vertraglichen Bindungswillen (Bestätigung der BFH-Urteile vom 7. 6. 2006 IX R 4/04, BStBl II 2007, 294, und vom 22. 2. 2007 IX R 45/06, BFHE 217, 409).

2. Die Gesamtwürdigung mehrerer Beweisanzeichen ist insgesamt fehlerhaft, wenn das FG aus einem Indiz, das es in seine Gesamtbetrachtung einbezieht, den falschen Schluss zieht.

17 BFH vom 1. 9. 2009 – VIII R 78/06 (HFR 2010 S. 562)

1. Durch eine tatsächliche Verständigung wird ein bestimmter, schwierig zu klärender Besteuerungssachverhalt einvernehmlich festgelegt.

2. Die tatsächliche Verständigung kann nicht einseitig widerrufen werden. Ihre Bindungswirkung entfällt allerdings, wenn sie zu einem unzutreffenden Ergebnis führt.

3. Die Anfechtungsvorschriften der §§ 119, 123 BGB sind auf die tatsächliche Verständigung im Steuerverfahren grundsätzlich anwendbar.

18 BFH vom 4. 4. 2011 – V B 87/10 (BFH/NV 2011 S. 1745)

Eine tatsächliche Verständigung setzt eine eindeutige Willensäußerung über Inhalt und Gegenstand der Verständigung voraus. Hierfür reicht die in einem Schreiben des FA enthaltene Formulierung „es bestünden keine Bedenken" nicht aus.

§ 88a Sammlung von geschützten Daten

¹Soweit es zur Sicherstellung einer gleichmäßigen Festsetzung und Erhebung der Steuern erforderlich ist, dürfen die Finanzbehörden nach § 30 geschützte Daten auch für Zwecke künftiger Verfahren im Sinne des § 30 Abs. 2 Nr. 1 Buchstabe a und b, insbesondere zur Gewinnung von Vergleichswerten, in Dateien oder Akten sammeln und verwenden. ²Eine Verwendung ist nur für Verfahren im Sinne des § 30 Abs. 2 Nr. 1 Buchstabe a und b zulässig.

Rechtsprechung

1 BVerfG vom 10. 3. 2008 – 1 BvR 2388/03 (BStBl 2009 II S. 23)

1. Gegen die bei dem Bundeszentralamt für Steuern auf der Grundlage von § 88a AO i. V. m. § 5 Abs. 1 Nr. 6 FVG geführte Datensammlung über steuerliche Auslandsbeziehungen bestehen keine verfassungsrechtlichen Bedenken.

...

§ 89   Beratung, Auskunft

(1) ¹Die Finanzbehörde soll die Abgabe von Erklärungen, die Stellung von Anträgen oder die Berichtigung von Erklärungen oder Anträgen anregen, wenn diese offensichtlich nur versehentlich oder aus Unkenntnis unterblieben oder unrichtig abgegeben oder gestellt worden sind. ²Sie erteilt, soweit erforderlich, Auskunft über die den Beteiligten im Verwaltungsverfahren zustehenden Rechte und die ihnen obliegenden Pflichten.

(2) ¹Die Finanzämter und das Bundeszentralamt für Steuern können auf Antrag verbindliche Auskünfte über die steuerliche Beurteilung von genau bestimmten, noch nicht verwirklichten Sachverhalten erteilen, wenn daran im Hinblick auf die erheblichen steuerlichen Auswirkungen ein besonderes Interesse besteht. ²Zuständig für die Erteilung einer verbindlichen Auskunft ist die Finanzbehörde, die bei Verwirklichung des dem Antrag zugrunde liegenden Sachverhalts örtlich zuständig sein würde. ³Bei Antragstellern, für die im Zeitpunkt der Antragstellung nach den §§ 18 bis 21 keine Finanzbehörde zuständig ist, ist auf dem Gebiet der Steuern, die von den Landesfinanzbehörden im Auftrag des Bundes verwaltet werden, abweichend von Satz 2 das Bundeszentralamt für Steuern zuständig; in diesem Fall bindet die verbindliche Auskunft auch die Finanzbehörde, die bei der Verwirklichung des der Auskunft zugrunde liegenden Sachverhalts zuständig ist. ⁴Das Bundesministerium der Finanzen wird ermächtigt, mit Zustimmung des Bundesrates durch Rechtsverordnung nähere Bestimmungen zu Form, Inhalt und Voraussetzungen des Antrages auf Erteilung einer verbindlichen Auskunft und zur Reichweite der Bindungswirkung zu treffen.

(3) ¹Für die Bearbeitung eines Antrags auf Erteilung einer verbindlichen Auskunft nach Absatz 2 wird eine Gebühr erhoben. ²Die Gebühr ist vom Antragsteller innerhalb eines Monats nach Bekanntgabe ihrer Festsetzung zu entrichten. ³Die Finanzbehörde kann die Entscheidung über den Antrag bis zur Entrichtung der Gebühr zurückstellen.

(4) ¹Die Gebühr wird nach dem Wert berechnet, den die verbindliche Auskunft für den Antragsteller hat (Gegenstandswert). ²Der Antragsteller soll den Gegenstandswert und die für seine Bestimmung erheblichen Umstände in seinem Antrag auf Erteilung einer verbindlichen Auskunft darlegen. ³Die Finanzbehörde soll der Gebührenfestsetzung den vom Antragsteller erklärten Gegenstandswert zugrunde legen, soweit dies nicht zu einem offensichtlich unzutreffenden Ergebnis führt.

(5) ¹Die Gebühr wird in entsprechender Anwendung des § 34 des Gerichtskostengesetzes mit einem Gebührensatz von 1,0 erhoben. ²§ 39 Absatz 2 des Gerichtskostengesetzes ist entsprechend anzuwenden. ³Beträgt der Gegenstandswert weniger als 10 000 Euro, wird keine Gebühr erhoben.

(6) ¹Ist ein Gegenstandswert nicht bestimmbar und kann er auch nicht durch Schätzung bestimmt werden, ist eine Zeitgebühr zu berechnen; sie beträgt 50 Euro je angefangene halbe Stunde Bearbeitungszeit. ²Beträgt die Bearbeitungszeit weniger als zwei Stunden, wird keine Gebühr erhoben.

(7) ¹Auf die Gebühr kann ganz oder teilweise verzichtet werden, wenn ihre Erhebung nach Lage des einzelnen Falls unbillig wäre. ²Die Gebühr kann insbesondere ermäßigt werden, wenn ein Antrag auf Erteilung einer verbindlichen Auskunft vor Bekanntgabe der Entscheidung der Finanzbehörde zurückgenommen wird.

Verordnung zur Durchführung von § 89 Abs. 2 der Abgabenordnung (Steuer-Auskunftsverordnung – StAuskV)

vom 30. 11. 2007 (BGBl. 2007 I S. 2783)

§ 1   Form und Inhalt des Antrags auf Erteilung einer verbindlichen Auskunft

(1) Der Antrag auf Erteilung einer verbindlichen Auskunft ist schriftlich bei dem nach § 89 Abs. 2 Satz 2 der Abgabenordnung zuständigen Finanzamt, in den Fällen des § 89 Abs. 2 Satz 3 der Abgabenordnung beim Bundeszentralamt für Steuern, zu stellen und hat zu enthalten:

1. die genaue Bezeichnung des Antragstellers (Name, bei natürlichen Personen Wohnsitz oder gewöhnlicher Aufenthalt, bei Körperschaften, Personenvereinigungen und Vermögensmassen Sitz oder Ort der Geschäftsleitung, soweit vorhanden Steuernummer),

---

1) § 89 Abs. 3 bis 5 AO geändert durch Art. 3 Nr. 2 des Steuervereinfachungsgesetzes 2011 v. 1. 11. 2011 (BGBl. 2011 I S. 2131, BStBl 2011 I S. 986) mit Wirkung ab 5. 11. 2011. Nach Art. 97 § 25 EGAO ist § 89 Abs. 3 bis 7 AO n.F. erstmals auf Anträgen anzuwenden, die nach dem 4. 11. 2011 bei der zuständigen Finanzbehörde eingegangen sind.

2. eine umfassende und in sich abgeschlossene Darstellung des zum Zeitpunkt der Antragstellung noch nicht verwirklichten Sachverhalts,
3. die Darlegung des besonderen steuerlichen Interesses des Antragstellers,
4. eine ausführliche Darlegung des Rechtsproblems mit eingehender Begründung des eigenen Rechtsstandpunktes des Antragstellers,
5. die Formulierung konkreter Rechtsfragen,
6. die Erklärung, dass über den zur Beurteilung gestellten Sachverhalt bei keiner anderen der in § 89 Abs. 2 Satz 2 und 3 der Abgabenordnung genannten Finanzbehörden (Finanzämter oder Bundeszentralamt für Steuern) eine verbindliche Auskunft beantragt wurde, sowie
7. die Versicherung, dass alle für die Erteilung der Auskunft und für die Beurteilung erforderlichen Angaben gemacht wurden und der Wahrheit entsprechen.

(2) ¹Bezieht sich die verbindliche Auskunft auf einen Sachverhalt, der mehreren Personen steuerlich zuzurechnen ist (§ 179 Abs. 2 Satz 2 der Abgabenordnung), kann die Auskunft nur von allen Beteiligten gemeinsam beantragt werden. ²Die Beteiligten sollen einen gemeinsamen Empfangsbevollmächtigten bestellen, der ermächtigt ist, für sie alle Verwaltungsakte und Mitteilungen in Empfang zu nehmen.

(3) ¹Soll der dem Antrag zugrunde liegende Sachverhalt durch eine Person, Personenvereinigung oder Vermögensmasse verwirklicht werden, die im Zeitpunkt der Antragstellung noch nicht existiert, kann der Antrag auf Erteilung einer verbindlichen Auskunft auch durch einen Dritten gestellt werden, sofern er ebenfalls ein eigenes berechtigtes Interesse an der Auskunftserteilung darlegen kann. ²In diesem Fall sind die in Absatz 1 Nr. 1 und 3 genannten Angaben auch hinsichtlich der Person, Personenvereinigung oder Vermögensmasse zu machen, die den der Auskunft zugrunde liegenden Sachverhalt verwirklichen soll.

§ 2 Bindung einer verbindlichen Auskunft

(1) ¹Die von der nach § 89 Abs. 2 Satz 2 und 3 der Abgabenordnung zuständigen Finanzbehörde erteilte verbindliche Auskunft ist für die Besteuerung des Antragstellers oder in den Fällen des § 1 Abs. 3 für die Besteuerung der Person, Personenvereinigung oder Vermögensmasse, die den Sachverhalt verwirklicht hat, bindend, wenn der später verwirklichte Sachverhalt von dem der Auskunft zugrunde gelegten Sachverhalt nicht oder nur unwesentlich abweicht. ²Die verbindliche Auskunft ist nicht bindend, wenn sie zuungunsten des Steuerpflichtigen dem geltenden Recht widerspricht.

(2) Die Bindungswirkung der verbindlichen Auskunft entfällt ab dem Zeitpunkt, in dem die Rechtsvorschriften, auf denen die Auskunft beruht, aufgehoben oder geändert werden.

(3) Unbeschadet der §§ 129 bis 131 der Abgabenordnung kann eine verbindliche Auskunft mit Wirkung für die Zukunft aufgehoben oder geändert werden, wenn sich herausstellt, dass die erteilte Auskunft unrichtig war.

§ 3 Inkrafttreten

Diese Verordnung tritt am Tag nach der Verkündung in Kraft.¹⁾

AEAO   **Anwendungserlass zur Abgabenordnung**

2   Zu § 89 – Beratung, Auskunft:

Inhaltsverzeichnis

1. Beratung des Steuerpflichtigen
2. Auskünfte nach § 89 Abs. 1 Satz 2
3. Verbindliche Auskünfte nach § 89 Abs. 2
3.1 Allgemeines
3.2 Antragsteller
3.3 Zuständigkeit für die Erteilung verbindlicher Auskünfte
3.4 Form, Inhalt und Voraussetzungen des Antrags auf Erteilung einer verbindlichen Auskunft
3.5 Erteilung einer verbindlichen Auskunft

---

¹⁾ Die StAuskV wurde am 7. 12. 2007 verkündet und ist am 8. 12. 2007 in Kraft getreten. Zur Anwendung vgl. Nr. 5 des AEAO zu § 89.

3.6 Bindungswirkung einer verbindlichen Auskunft
3.7 Rechtsbehelfsmöglichkeiten
4. Gebühren für die Bearbeitung von Anträgen auf Erteilung einer verbindlichen Auskunft (§ 89 Abs. 3 bis 7)
4.1 Gebührenpflicht
4.2 Gegenstandswert
4.3 Zeitgebühr
4.4 Gebührenfestsetzung
4.5 Ermäßigung der Gebühr
5. Anwendung der StAuskV

1. Beratung des Steuerpflichtigen

1.1 In § 89 Abs. 1 Satz 1 sind Erklärungen und Anträge gemeint, die sich bei dem gegebenen Sachverhalt aufdrängen. Im Übrigen ist es Sache des Steuerpflichtigen, sich über die Antragsmöglichkeiten zu unterrichten, ggf. durch Rückfrage beim Finanzamt (§ 89 Abs. 1 Satz 2). Die Finanzämter wären überfordert, wenn sie darauf zu achten hätten, ob der Steuerpflichtige jede sich ihm bietende Möglichkeit, Steuern zu sparen, ausgenutzt hat (BFH-Urteil vom 22. 1. 1960 – VI 175/59 U –, BStBl III, S. 178).

1.2 Kann bei einem eindeutigen Verstoß der Finanzbehörden gegen die Fürsorgepflicht nach § 89 Abs. 1 Satz 1 dem Steuerpflichtigen nicht durch Wiedereinsetzung in den vorigen Stand (§ 110) oder durch Änderung des bestandskräftigen Steuerbescheides nach § 173 Abs. 1 Nr. 2 geholfen werden, so kann es geboten sein, die zu Unrecht festgesetzte Steuer wegen sachlicher Unbilligkeit (§ 227) zu erlassen.

2. Auskünfte nach § 89 Abs. 1 Satz 2

In § 89 Abs. 1 Satz 2 sind Auskünfte über das Verfahren (z. B. Fristberechnung, Wiedereinsetzung in den vorigen Stand, Aussetzung der Vollziehung) gemeint. Die Erteilung von Auskünften materieller Art ist den Finanzbehörden gestattet; hierauf besteht jedoch kein Anspruch.

3. Verbindliche Auskünfte nach § 89 Abs. 2

3.1 Allgemeines

Die Finanzämter und das Bundeszentralamt für Steuern können unter den Voraussetzungen des § 89 Abs. 2 Satz 1 und der StAuskV auf Antrag verbindliche Auskünfte über die steuerliche Beurteilung von genau bestimmten, noch nicht verwirklichten Sachverhalten erteilen, wenn daran im Hinblick auf die erheblichen steuerlichen Auswirkungen ein besonderes Interesse besteht.

3.2 Antragsteller

3.2.1 Antragsteller einer verbindlichen Auskunft i. S. d. § 89 Abs. 2 (und zugleich Gebührenschuldner i. S. d. § 89 Abs. 3 bis 5) ist derjenige, in dessen Namen der Antrag gestellt wird. Zur Antragstellung durch Personenmehrheiten vgl. § 1 Abs. 2 StAuskV. Antragsteller und Steuerpflichtiger müssen nicht identisch sein.

3.2.2 Antragsteller und Steuerpflichtiger sind in der Regel identisch, wenn der Steuerpflichtige, dessen künftige Besteuerung Gegenstand der verbindlichen Auskunft sein soll, bei Antragstellung bereits existiert. Eine dritte Person hat in diesen Fällen im Regelfall kein eigenes berechtigtes Interesse an einer Auskunftserteilung hinsichtlich der Besteuerung eines anderen, bereits existierenden Steuerpflichtigen.

3.2.3 Existiert der Steuerpflichtige bei Antragstellung noch nicht, kann bei berechtigtem Interesse auch ein Dritter Antragsteller sein (§ 1 Abs. 3 StAuskV). Berechtigte/r Antragsteller einer verbindlichen Auskunft über die künftige Besteuerung einer noch nicht existierenden Kapitalgesellschaft kann die Person/können die Personen gemeinsam sein, die diese Kapitalgesellschaft gründen und dann (gemeinsam) zu mindestens 50 % an der Gesellschaft beteiligt sein will/wollen. Entsprechendes gilt für Auskunftsanträge einer Vorgründungsgesellschaft. Die einem Dritten wegen seines berechtigten Interesses erteilte verbindliche Auskunft entfaltet gegenüber dem künftigen Steuerpflichtigen auch dann Bindungswirkung, wenn die tatsächlichen Beteiligungsverhältnisse bei Verwirklichung des Sachverhalts von den bei Antragstellung geplanten Beteiligungsverhältnissen abweichen, soweit die Beteiligungsverhältnisse für die steuerrechtliche Beurteilung ohne Bedeutung sind.

3.2.4 § 1 Abs. 3 StAuskV geht der Regelung in § 1 Abs. 2 StAuskV als lex specialis vor. Deshalb muss ein Auskunftsantrag für eine noch zu gründende Kapitalgesellschaft oder Personengesellschaft nicht von allen künftigen Gesellschaftern gemeinsam gestellt werden.

3.3 Zuständigkeit für die Erteilung verbindlicher Auskünfte

Nach § 89 Abs. 2 Satz 2 ist das Finanzamt für die Erteilung einer verbindlichen Auskunft zuständig, das bei Verwirklichung des dem Antrag zugrunde liegenden Sachverhalts für die Besteuerung örtlich zuständig sein würde. Abweichend hiervon ist allerdings bei Antragstellern, für die im Zeitpunkt der Antragstellung nach §§ 18 bis 21 kein Finanzamt zuständig ist, auf dem Gebiet der Steuern, die von den Landesfinanzbehörden im Auftrag des Bundes verwaltet werden, nach § 89 Abs. 2 Satz 3 das Bundeszentralamt für Steuern für die Auskunftserteilung zuständig.

3.3.1 Zuständigkeit des Bundeszentralamts für Steuern nach § 89 Abs. 2 Satz 3

3.3.1.1 Die Sonderregelung des § 89 Abs. 2 Satz 3 geht der allgemeinen Regelung in § 89 Abs. 2 Satz 2 vor. Sie gilt allerdings nur für Steuern, die von den Landesfinanzbehörden im Auftrag des Bundes verwaltet werden. Für andere von den Finanzämtern verwaltete Steuern sowie für die Gewerbesteuermessbetragsfestsetzung kann das Bundeszentralamt für Steuern auch dann keine verbindliche Auskunft erteilen, wenn im Zeitpunkt der Antragstellung nach §§ 18 bis 21 kein Finanzamt für die Besteuerung des Antragstellers zuständig ist.

3.3.1.2 § 89 Abs. 2 Satz 3 stellt auf die aktuellen Verhältnisse des Antragstellers im Zeitpunkt der Antragstellung ab, während § 89 Abs. 2 Satz 2 auf künftige (geplante) Verhältnisse des Steuerpflichtigen (d. h. der Person, deren künftige Besteuerung Gegenstand der verbindlichen Auskunft ist) abstellt.

3.3.1.3 § 89 Abs. 2 Satz 3 ist für jede Steuerart gesondert anzuwenden. Bei einem Antragsteller, für den im Zeitpunkt der Antragstellung ein Finanzamt für eine von den Landesfinanzbehörden im Auftrag des Bundes verwaltete Steuer zuständig ist, ist das Bundeszentralamt für Steuern für die Auskunftserteilung nur hinsichtlich solcher von den Landesfinanzbehörden im Auftrag des Bundes verwalteten Steuern zuständig, für die im Zeitpunkt der Antragstellung noch kein Finanzamt zuständig ist.

3.3.1.4 Beispiel:

Die im Ausland ansässige natürliche Person A unterliegt im Zeitpunkt der Antragstellung im Inland nur der Umsatzsteuer. Für die Umsatzbesteuerung des A ist in diesem Zeitpunkt nach § 21 Abs. 1 Satz 2 i. V. m. der UStZustV das Finanzamt U zuständig. A beantragt eine verbindliche Auskunft nach § 89 Abs. 2 Satz 1 über Einkommen- und Umsatzsteuer.

– Für die verbindliche Auskunft über Einkommensteuer ist nach § 89 Abs. 2 Satz 3 das Bundeszentralamt für Steuern zuständig.

– Für die verbindliche Auskunft über Umsatzsteuer ist nach § 89 Abs. 2 Satz 2 das Finanzamt zuständig, das bei Verwirklichung des vorgetragenen Sachverhalts nach § 21 (ggf. i. V. m. der UStZustV) für die Umsatzbesteuerung des A örtlich zuständig sein würde.

3.3.1.5 Bei Anwendung des § 89 Abs. 2 Satz 3 kommt es nicht darauf an, ob der Antragsteller im Inland bereits bei einem Finanzamt geführt wird. Entscheidend ist, ob nach den Verhältnissen zum Zeitpunkt der Antragstellung ein Finanzamt örtlich zuständig ist, d. h. ob vom Antragsteller bereits steuerrelevante Sachverhalte im Inland verwirklicht wurden. Unerheblich ist, ob das örtlich zuständige Finanzamt hiervon bereits Kenntnis hat bzw. ob es bereits ein Besteuerungsverfahren durchgeführt hat.

3.3.1.6 Das Bundeszentralamt für Steuern kann unter den Voraussetzungen des § 89 Abs. 2 Satz 3 auch dann eine verbindliche Auskunft erteilen, wenn der Ort, an dem der vorgetragene Sachverhalt im Inland verwirklicht werden soll, noch nicht feststeht.

3.3.1.7 Betrifft eine verbindliche Auskunft mehrere Steuerarten und sind hierfür zum Teil das Bundeszentralamt für Steuern und im Übrigen ein oder mehrere Finanzämter zuständig, sollen sich die beteiligten Finanzbehörden untereinander abstimmen, um widersprüchliche verbindliche Auskünfte zu vermeiden.

3.3.2 Zuständigkeit eines Finanzamts nach § 89 Abs. 2 Satz 2

3.3.2.1 Die Zuständigkeitsregelung des § 89 Abs. 2 Satz 2 gilt bei den von den Landesfinanzbehörden im Auftrag des Bundes verwalteten Steuern nur, soweit nicht das Bundeszentralamt für Steuern nach § 89 Abs. 2 Satz 3 zuständig ist (vgl. Nr. 3.3.1). Für andere von den Finanzämtern verwaltete Steuern sowie für die Gewerbesteuermessbetragsfestsetzung richtet sich die Zuständigkeit für die Erteilung einer verbindlichen Auskunft immer nach § 89 Abs. 2 Satz 2.

3.3.2.2 Die Zuständigkeit nach § 89 Abs. 2 Satz 2 knüpft an die künftigen steuerlichen Verhältnisse des Steuerpflichtigen bei Verwirklichung des Sachverhaltes an. Das hiernach für die Auskunftserteilung zuständige Finanzamt muss nicht mit dem Finanzamt identisch sein, das zum Zeitpunkt der Antragstellung für die Besteuerung des Steuerpflichtigen zuständig ist. Wird eine verbindliche Auskunft berechtigterweise durch einen Dritten beantragt (vgl. Nr. 3.2.3), ist ebenso unerheblich, welches Finanzamt für seine Besteuerung zuständig ist.

3.3.2.3 Betrifft eine verbindliche Auskunft mehrere Steuerarten und sind hierfür jeweils unterschiedliche Finanzämter nach § 89 Abs. 2 Satz 2 zuständig, soll eine Zuständigkeitsvereinbarung nach § 27 herbeigeführt werden, wenn die unterschiedliche Zuständigkeit weder für den Steuerpflichtigen noch für die Finanzbehörden zweckmäßig ist. Eine derartige Zuständigkeitsvereinbarung kann auch schon vor Verwirklichung des geplanten Sachverhaltes getroffen werden. Sofern keine Zuständigkeitsvereinbarung herbeigeführt werden kann, sollen sich die beteiligten Finanzämter untereinander abstimmen, um widersprüchliche verbindliche Auskünfte zu vermeiden (vgl. Nr. 3.3.1.7).

3.4 Form, Inhalt und Voraussetzungen des Antrags auf Erteilung einer verbindlichen Auskunft

3.4.1 Der Antrag muss schriftlich gestellt werden und die in § 1 Abs. 1 StAuskV bezeichneten Angaben enthalten. Zusätzlich soll der Antragsteller nach § 89 Abs. 4 Satz 2 Angaben zum Gegenstandswert der Auskunft machen.

3.4.2 Im Auskunftsantrag ist der ernsthaft geplante und zum Zeitpunkt der Antragstellung noch nicht verwirklichte Sachverhalt ausführlich und vollständig darzulegen (§ 1 Abs. 1 Nr. 2 StAuskV). Es ist unschädlich, wenn bereits mit vorbereitenden Maßnahmen begonnen wurde, solange der dem Auskunftsantrag zugrunde gelegte Sachverhalt im Wesentlichen noch nicht verwirklicht wurde und noch anderweitige Dispositionen möglich sind.

3.4.3 Der Antragsteller muss sein eigenes steuerliches Interesse darlegen (§ 1 Abs. 1 Nr. 3 StAuskV). Außer in den Fällen des § 1 Abs. 3 StAuskV ist ein Auskunftsantrag mit Wirkung für Dritte nicht zulässig. Denn eine dritte Person hat kein eigenes berechtigtes Interesse an einer Auskunftserteilung hinsichtlich der Besteuerung eines anderen, bereits existierenden Steuerpflichtigen.

3.4.4 Im Auskunftsantrag sind konkrete Rechtsfragen darzulegen (§ 1 Abs. 1 Nr. 5 StAuskV). Es reicht nicht aus, allgemeine Fragen zu den bei Verwirklichung des geplanten Sachverhalts eintretenden steuerlichen Rechtsfragen darzulegen.

3.5 Erteilung einer verbindlichen Auskunft

3.5.1 Der Auskunft ist der vom Antragsteller vorgetragene Sachverhalt zugrunde zu legen. Das Finanzamt ist nicht verpflichtet, eigens für die zu erteilende Auskunft Ermittlungen durchzuführen, es soll aber dem Antragsteller Gelegenheit zum ergänzenden Sachvortrag geben, wenn dadurch eine Entscheidung in der Sache ermöglicht werden kann. Die Erteilung einer verbindlichen Auskunft für alternative Gestaltungsvarianten ist nicht zulässig.

3.5.2 Die Erteilung einer verbindlichen Auskunft ist ausgeschlossen, wenn der Sachverhalt im Wesentlichen bereits verwirklicht ist. Über Rechtsfragen, die sich aus einem bereits abgeschlossenen Sachverhalt ergeben, ist ausschließlich im Rahmen des Veranlagungs- oder Feststellungsverfahrens zu entscheiden. Das gilt auch, wenn der Sachverhalt zwar erst nach Antragstellung, aber vor der Entscheidung über den Antrag verwirklicht wird.

3.5.3 Eine Auskunft kann auch erteilt werden, wenn der Antragsteller eine Auskunft für die ernsthaft geplante Umgestaltung eines bereits vorliegenden Sachverhalts begehrt. Das gilt insbesondere bei Sachverhalten, die wesentliche Auswirkungen in die Zukunft haben (z. B. Dauersachverhalte). Bei Dauersachverhalten richtet sich das zeitliche Ausmaß der Bindungswirkung nach dem Auskunftsantrag, soweit die Finanzbehörde nicht aus materiell-rechtlichen Gründen von den zeitlichen Vorstellungen des Antragstellers abweicht (z. B. wegen Verlängerung oder Verkürzung des Abschreibungszeitraumes) und deshalb ihre Auskunft für einen anderen Zeitraum erteilt.

3.5.4 Verbindliche Auskünfte sollen nicht erteilt werden in Angelegenheiten, bei denen die Erzielung eines Steuervorteils im Vordergrund steht (z. B. Prüfung von Steuersparmodellen, Feststellung der Grenzpunkte für das Handeln eines ordentlichen Geschäftsleiters). Die Befugnis, nach pflichtgemäßem Ermessen auch in anderen Fällen die Erteilung verbindlicher Auskünfte abzulehnen, bleibt unberührt (z. B. wenn zu dem Rechtsproblem eine gesetzliche Regelung, eine höchstrichterliche Entscheidung oder eine Verwaltungsanweisung in absehbarer Zeit zu erwarten ist).

3.5.5 Anders als die frühere Auskunft mit Bindungswirkung nach Treu und Glauben ist die verbindliche Auskunft nach § 89 Abs. 2 ein Verwaltungsakt. Die verbindliche Auskunft (auch wenn sie nicht der Rechtsauffassung des Antragstellers entspricht) und die Ablehnung der Erteilung einer verbindlichen Auskunft sind schriftlich zu erteilen und mit einer Rechtsbehelfsbelehrung zu versehen. Die Bekanntgabe richtet sich nach § 122 und den Regelungen zu § 122. In den Fällen des § 1 Abs. 2 StAuskV ist die Auskunft allen Beteiligten gegenüber einheitlich zu erteilen und dem von ihnen bestellten Empfangsbevollmächtigten bekannt zu geben.

3.5.6 Die verbindliche Auskunft hat zu enthalten
– den ihr zugrunde gelegten Sachverhalt; dabei kann auf den im Antrag dargestellten Sachverhalt Bezug genommen werden,

- die Entscheidung über den Antrag, die zugrunde gelegten Rechtsvorschriften und die dafür maßgebenden Gründe; dabei kann auf die im Antrag dargelegten Rechtsvorschriften und Gründe Bezug genommen werden;
- eine Angabe darüber, für welche Steuern und für welchen Zeitraum die verbindliche Auskunft gilt.

3.5.7 Ist vor einer Entscheidung über die Erteilung einer verbindlichen Auskunft die Anhörung eines Beteiligten oder die Mitwirkung einer anderen Behörde oder eines Ausschusses vorgesehen, so darf die verbindliche Auskunft erst nach Anhörung der Beteiligten oder nach Mitwirkung dieser Behörde oder des Ausschusses erteilt werden.

3.6 Bindungswirkung einer verbindlichen Auskunft

3.6.1 Die von der nach § 89 Abs. 2 Satz 2 und 3 zuständigen Finanzbehörde erteilte verbindliche Auskunft ist für die Besteuerung des Antragstellers nur dann bindend, wenn der später verwirklichte Sachverhalt von dem der Auskunft zugrunde gelegten Sachverhalt nicht oder nur unwesentlich abweicht (§ 2 Abs. 1 Satz 1 StAuskV). Die Bindungswirkung tritt daher nicht ein, wenn der tatsächlich verwirklichte Sachverhalt mit dem bei der Beantragung der verbindlichen Auskunft vorgetragenen Sachverhalt in wesentlichen Punkten nicht übereinstimmt. Eine vom Bundeszentralamt für Steuern nach § 89 Abs. 2 Satz 3 rechtmäßig erteilte verbindliche Auskunft bindet auch das Finanzamt, das bei Verwirklichung des der Auskunft zugrunde liegenden Sachverhalts zuständig ist.

3.6.2 Im Fall der Gesamtrechtsnachfolge geht die Bindungswirkung entsprechend § 45 auf den Rechtsnachfolger über. Bei Einzelrechtsnachfolge erlischt die Bindungswirkung. Die Bindungswirkung tritt daher nicht ein, wenn der Sachverhalt nicht durch den Antragsteller, sondern durch einen Dritten verwirklicht wurde, der nicht Gesamtrechtsnachfolger des Antragstellers ist.

3.6.3 Ist die verbindliche Auskunft zuungunsten des Steuerpflichtigen rechtswidrig, tritt nach § 2 Abs. 1 Satz 2 StAuskV keine Bindungswirkung ein. In diesem Fall ist die Steuer nach Maßgabe der Gesetze und den in diesem Zeitpunkt geltenden Verwaltungsanweisungen zutreffend festzusetzen. Die Frage, ob sich die (rechtswidrige) verbindliche Auskunft zuungunsten des Steuerpflichtigen auswirkt, ist durch einen Vergleich zwischen zugesagter und rechtmäßiger Behandlung zu beantworten und kann sich nur auf die konkret erteilte Auskunft beziehen.

3.6.4 Die Bindungswirkung der verbindlichen Auskunft entfällt nach § 2 Abs. 2 StAuskV ohne Zutun der zuständigen Finanzbehörde ab dem Zeitpunkt, in dem die Rechtsvorschriften, auf denen die Auskunft beruht, aufgehoben oder geändert werden. Wird die verbindliche Auskunft in diesem Fall zur Klarstellung aufgehoben, hat dies nur deklaratorische Wirkung.

3.6.5 Eine verbindliche Auskunft nach § 89 Abs. 2 kann unter den Voraussetzungen der §§ 129 bis 131 berichtigt, zurückgenommen und widerrufen werden. Die Korrektur einer verbindlichen Auskunft mit Wirkung für die Vergangenheit kommt danach insbesondere in Betracht, wenn

- die Auskunft durch unlautere Mittel wie arglistige Täuschung, Drohung oder Bestechung erwirkt worden ist oder
- die Rechtswidrigkeit der Auskunft dem Begünstigten bekannt oder infolge grober Fahrlässigkeit nicht bekannt war.

Ist die verbindliche Auskunft von einer sachlich oder örtlich unzuständigen Behörde erlassen worden, entfaltet sie von vornherein keine Bindungswirkung.

3.6.6 Über die Fälle der §§ 129 bis 131 hinaus kann eine verbindliche Auskunft nach § 2 Abs. 3 StAuskV auch mit Wirkung für die Zukunft aufgehoben oder geändert werden, wenn sich herausstellt, dass die erteilte Auskunft unrichtig war.

Eine verbindliche Auskunft ist materiell rechtswidrig und damit rechtswidrig i. S. d. § 2 Abs. 3 StAuskV, wenn sie ohne Rechtsgrundlage oder unter Verstoß gegen materielle Rechtsnormen erlassen wurde oder ermessensfehlerhaft ist. Für die Beurteilung der Rechtmäßigkeit oder Rechtswidrigkeit kommt es auf den Zeitpunkt des Wirksamwerdens, also der Bekanntgabe der verbindlichen Auskunft an.

Eine Änderung der Rechtsprechung stellt keine Änderung der Rechtslage dar, weil sie die bisherige Rechtsauffassung nur richtig stellt, also die von Anfang an bestehende Rechtslage klarstellt. Daher ist eine verbindliche Auskunft von vornherein unrichtig i. S. d. § 2 Abs. 3 StAuskV, wenn sie von einem nach ihrer Bekanntgabe ergangenen FG- oder BFH-Urteil oder einer später ergangenen Verwaltungsanweisung abweicht. Sie ist nicht unrichtig geworden, ihre Unrichtigkeit wurde lediglich erst nachträglich erkannt.

Die Aufhebung oder Änderung nach § 2 Abs. 3 StAuskV steht im Ermessen der Finanzbehörde. Eine Aufhebung oder Änderung mit Wirkung für die Zukunft ist z. B. sachgerecht, wenn sich die steuerrechtliche Beurteilung des der verbindlichen Auskunft zugrunde gelegten Sachverhalts durch die Rechtsprechung oder durch eine Verwaltungsanweisung zum Nachteil des Steuerpflichtigen geändert hat.

Dem Vertrauensschutz wird dadurch Rechnung getragen, dass die Aufhebung oder Änderung nur mit Wirkung für die Zukunft erfolgen darf. War der Sachverhalt im Zeitpunkt der Bekanntgabe der Aufhebung oder Änderung bereits im Wesentlichen verwirklicht, bleibt die Bindungswirkung bestehen, wenn der später verwirklichte Sachverhalt von dem der Auskunft zugrunde gelegten Sachverhalt nicht oder nur unwesentlich abweicht.

3.6.7 Der Steuerpflichtige ist vor einer Korrektur der verbindlichen Auskunft zu hören (§ 91 Abs. 1).

3.6.8 Im Einzelfall kann es aus Billigkeitsgründen gerechtfertigt sein, von einem Widerruf der verbindlichen Auskunft abzusehen oder die Wirkung des Widerrufs zu einem späteren Zeitpunkt eintreten zu lassen. Eine solche Billigkeitsmaßnahme wird in der Regel jedoch nur dann geboten sein, wenn sich der Steuerpflichtige nicht mehr ohne erheblichen Aufwand bzw. unter beträchtlichen Schwierigkeiten von den im Vertrauen auf die Auskunft getroffenen Dispositionen oder eingegangenen vertraglichen Verpflichtungen zu lösen vermag.

3.6.9 Die Regelungen in Nrn. 3.6.1 bis 3.6.8 gelten in den Fällen des § 1 Abs. 3 StAuskV für die Person, Personenvereinigung oder Vermögensmasse, die den Sachverhalt verwirklicht hat, entsprechend.

3.7 Rechtsbehelfsmöglichkeiten

Gegen die erteilte verbindliche Auskunft wie auch gegen die Ablehnung der Erteilung einer verbindlichen Auskunft ist der Einspruch gegeben (§ 347).

4. Gebühren für die Bearbeitung von Anträgen auf Erteilung einer verbindlichen Auskunft (§ 89 Abs. 3 bis 7)

4.1 Gebührenpflicht

4.1.1 **§ 89 Abs. 3 bis 7 in der Fassung des Steuervereinfachungsgesetzes 2011 vom 1. 11. 2011 (BGBl. I S. 2131) ist erstmals auf Anträge anzuwenden, die nach dem 4. 11. 2011 bei der zuständigen Finanzbehörde eingegangen sind (Art. 97 § 25 EGAO). Für Anträge, die nach dem 18. 12. 2006 und vor dem 5. 11. 2011 bei der zuständigen Finanzbehörde eingegangen sind, richtet sich die Gebührenerhebung nach § 89 Abs. 3 bis 5 in der Fassung des Jahressteuergesetzes 2007 vom 13. 12. 2006 (BGBl. I S. 2878).**

4.1.2 Gebühren sind nicht nur zu erheben, wenn die beantragte Auskunft erteilt wird. § 89 Abs. 3 Satz 1 ordnet eine Gebührenpflicht für die Bearbeitung eines Auskunftsantrags an. Gebühren sind daher grundsätzlich auch dann zu entrichten, wenn die Finanzbehörde in ihrer verbindlichen Auskunft eine andere Rechtsauffassung als der Antragsteller vertritt, wenn sie die Erteilung einer verbindlichen Auskunft ablehnt oder wenn der Antrag zurückgenommen wird. Zur Möglichkeit einer Gebührenermäßigung siehe Nr. 4.5.

4.1.3 Die Gebühr wird für jeden Antrag auf verbindliche Auskunft festgesetzt. Es handelt sich jeweils um einen Antrag, soweit sich die rechtliche Beurteilung eines Sachverhalts auf einen Steuerpflichtigen bezieht. Dieser Sachverhalt kann sich auf mehrere Steuerarten auswirken. In den Fällen des § 1 Abs. 2 StAuskV gelten die Gesellschafter und die Gesellschaft bei der Gebührenberechnung als ein Steuerpflichtiger. In Umwandlungsfällen ist jeder abgebende, übernehmende oder entstehende Rechtsträger eigenständig zu beurteilen.

4.1.4 Die Gebührenpflicht gilt nicht für Anträge auf verbindliche Zusagen auf Grund einer Außenprüfung nach §§ 204 ff. oder für Lohnsteueranrufungsauskünfte nach § 42e EStG. Sie gilt auch nicht für Anfragen, die keine verbindliche Auskunft des Finanzamts i. S. d. § 89 Abs. 2 zum Ziel haben.

4.2 Gegenstandswert

4.2.1 Die Gebühr richtet sich grundsätzlich nach dem Wert, den die Auskunft für den Antragsteller hat (Gegenstandswert; § 89 Abs. 4 Satz 1).

4.2.2 Maßgebend für die Bestimmung des Gegenstandswerts ist die steuerliche Auswirkung des vom Antragsteller dargelegten Sachverhalts. Die steuerliche Auswirkung ist in der Weise zu ermitteln, dass der Steuerbetrag, der bei Anwendung der vom Antragsteller vorgetragenen Rechtsauffassung entstehen würde, dem Steuerbetrag gegenüberzustellen ist, der entstehen würde, wenn die Finanzbehörde eine entgegen gesetzte Rechtsauffassung vertreten würde.

4.2.3 Bei Dauersachverhalten ist auf die durchschnittliche steuerliche Auswirkung eines Jahres abzustellen (vgl. auch Nr. 3.5.3).

4.2.4 *Der Gegenstandswert ist in entsprechender Anwendung des § 39 Abs. 2 GKG auf 30 Mio. € begrenzt (§ 89 Abs. 5 Satz 2). Die Gebühr beträgt damit höchstens 91.456 €. Beträgt der Gegenstandswert weniger als 10.000 €, wird keine Gebühr erhoben (§ 89 Abs. 5 Satz 3).*

4.2.5 Der Antragsteller soll den Gegenstandswert und die für seine Bestimmung maßgeblichen Umstände bereits in seinem Auskunftsantrag darlegen (§ 89 Abs. 4 Satz 2). Diese Darlegung erfordert schlüssige und nachvollziehbare Angaben; fehlen derartige Angaben oder sind sie unzureichend, ist der Antragsteller hierauf hinzuweisen und um entsprechende Ergänzung seines Antrags oder um Erläuterung zu bitten, warum er keine Angaben machen kann.

4.2.6 Den Angaben des Antragstellers ist im Regelfall zu folgen. Eine Ermittlung des Gegenstandswerts durch das Finanzamt ist nur dann geboten, wenn der Antragsteller keine Angaben machen kann oder wenn seine Angaben zu einem offensichtlich unzutreffenden Ergebnis führen würden (§ 89 Abs. 4 Satz 3).

4.2.7 Will das Finanzamt von dem erklärten Gegenstandswert abweichen oder konnte der Antragsteller keine Angaben zum Gegenstandswert machen, ist dem Antragsteller vor Erlass des Gebührenbescheids rechtliches Gehör (§ 91) zu gewähren. Die Bearbeitung des Auskunftsantrags soll bis zum Eingang der Stellungnahme des Antragstellers, höchstens aber bis zum Ablauf der (regelmäßig einmonatigen) Frist zur Stellungnahme zurückgestellt werden.

4.3 Zeitgebühr

4.3.1 *Beziffert der Antragsteller den Gegenstandswert nicht und ist der Gegenstandswert auch nicht durch Schätzung bestimmbar, ist eine Zeitgebühr zu berechnen (§ 89 Abs. 6 Satz 1 1. Halbsatz). Die Zeitgebühr beträgt 50 € je angefangene halbe Stunde Bearbeitungszeit (§ 89 Abs. 6 Satz 1 2. Halbsatz). Beträgt bei der Gebührenbemessung nach dem Zeitwert die Bearbeitungszeit weniger als zwei Stunden, wird keine Gebühr erhoben (§ 89 Abs. 6 Satz 2).*

4.3.2 Wird eine solche Zeitgebühr erhoben, ist der zeitliche Aufwand für die Bearbeitung des Antrags auf verbindliche Auskunft zu dokumentieren. Zur Bearbeitungszeit rechnen nur die Zeiten, in denen der vorgetragene Sachverhalt ermittelt und dessen rechtliche Würdigung geprüft wurde. Waren vorgesetzte Finanzbehörden wegen der besonderen Bedeutung des Einzelfalls oder der grundsätzlichen Bedeutung entscheidungserheblicher Rechtsfragen hinzuzuziehen, ist die dortige Bearbeitungszeit ebenfalls zu berücksichtigen, soweit sie dem konkreten Auskunftsantrag individuell zuzuordnen ist.

4.4 Gebührenfestsetzung

4.4.1 Die Gebühr ist durch schriftlichen Bescheid gegenüber dem Antragsteller festzusetzen; Bekanntgabebevollmächtigte sind zu beachten. Der Antragsteller hat die Gebühr innerhalb eines Monats nach Bekanntgabe dieses Bescheids zu entrichten (§ 89 Abs. 3 Satz 2).

Auf die Gebühr sind die Vorschriften der AO grundsätzlich sinngemäß anzuwenden (vgl. im Einzelnen Nr. 3 des AEAO zu § 1). Die Gebührenfestsetzung kann nach §§ 129 bis 131 korrigiert werden. Gegen die Gebührenfestsetzung ist der Einspruch gegeben (§ 347).

4.4.2 Die Entscheidung über den Antrag auf verbindliche Auskunft soll bis zur Zahlung der Gebühr zurückgestellt werden, wenn der Zahlungseingang nicht gesichert erscheint. In derartigen Fällen ist im Gebührenbescheid darauf hinzuweisen, dass über den Antrag auf Erteilung einer verbindlichen Auskunft erst nach Zahlungseingang entschieden wird.

4.5 Ermäßigung der Gebühr

4.5.1 *Die Gebühr nach § 89 Abs. 3 bis 6 entsteht auch für die Bearbeitung eines Antrags auf verbindliche Auskunft, der die formalen Voraussetzungen nicht erfüllt (Beispiel: der Antrag beinhaltet keine ausführliche Darlegung des Rechtsproblems oder keine eingehende Begründung des Rechtsstandpunkts des Antragstellers). Vor einer Ablehnung eines Antrags aus formalen Gründen hat die Finanzbehörde den Antragsteller auf diese Mängel und auf die Möglichkeit der Ergänzung oder Rücknahme des Antrags hinzuweisen.*

4.5.2 Wird ein Antrag vor Bekanntgabe der Entscheidung über den Antrag auf verbindliche Auskunft zurückgenommen, kann die Gebühr ermäßigt werden **(§ 89 Abs. 7 Satz 2)**. Hierbei ist wie folgt zu verfahren:

- Hat die Finanzbehörde noch nicht mit der Bearbeitung des Antrags begonnen, ist die Gebühr auf Null zu ermäßigen. In diesem Fall kann aus Vereinfachungsgründen bereits von der Erteilung eines Gebührenbescheides abgesehen werden.

- Hat die Finanzbehörde bereits mit der Bearbeitung des Antrags begonnen, ist der bis zur Rücknahme des Antrags angefallene Bearbeitungsaufwand angemessen zu berücksichtigen und die Gebühr anteilig zu ermäßigen.

5. Anwendung der StAuskV 10

Die StAuskV gilt für alle verbindlichen Auskünfte, die ab Inkrafttreten des § 89 Abs. 2 (12. 9. 2006) erteilt worden sind. Für Auskünfte mit Bindungswirkung nach Treu und Glauben, die bis zum 11. 9. 2006 erteilt worden sind, sind die Regelungen in Nummer 4 und 5 des BMF-Schreibens vom 29. 12. 2003 – IV A 4 – S 0430 – 7/03 – (BStBl 2003 S. 742) weiter anzuwenden.[1)]

Hinweise H

Informationsaustausch vor Erteilung verbindlicher Auskünfte über Leistungen an Bundeseinrichtungen 11

(Finanzbeh. Hamburg, Erlass vom 23. 2. 2005 – 51 – S 0430 – 001/03 –)

Die Vertreter der obersten Finanzbehörden des Bundes und der Länder haben beschlossen, dass sich die Finanzbehörden der Länder vor Erteilung einer verbindlichen Auskunft bei Beschaffungsvorhaben der Bundeswehr oder supranationaler Einrichtungen mit einem Auftragsvolumen in Höhe von mindestens 50 Mio. Euro gegenseitig und das BMF nachrichtlich mit kurzer Einlassungsfrist informieren.

Im Interesse einer einheitlichen Rechtsauslegung insbesondere bei Ausschreibungsverfahren der genannten Einrichtungen ist zur Vermeidung unterschiedlicher Entscheidungen im Besteuerungsverfahren und von Wettbewerbsverzerrungen eine zeitnahe und sachgerechte Abstimmung zwischen den beteiligten Finanzbehörden erforderlich. Ich bitte daher, in einschlägigen Fällen das fachlich zuständige Referat der Finanzbehörde rechtzeitig über einen vorliegenden Antrag auf Erteilung einer Auskunft mit Bindungswirkung nach Treu und Glauben zu informieren sowie zu der beabsichtigten Entscheidung Stellung zu nehmen. Der erforderliche Informationsaustausch erfolgt sodann zwischen den obersten Landesfinanzbehörden.

Rechtsprechung Rsp

BFH vom 8. 2. 1994 – VII R 88/92 (BStBl 1994 II S. 552) 12

Aus den Gründen:
Der Auskunftsanspruch gemäß § 89 [Absatz 1] Satz 2 AO bezieht sich nur auf Rechte und Pflichten im Verfahren. Verfahrensrechtsungewandte Rechtsuchende sollen die gleiche Möglichkeit haben, ihr Recht durchzusetzen, wie im Verfahrensrecht Erfahrene.

BFH vom 30. 4. 2009 – VI R 54/07 (BStBl 2010 II S. 996)[2)] 13

1. Eine dem Arbeitgeber erteilte Anrufungsauskunft (§ 42e EStG) stellt nicht nur eine Wissenserklärung (unverbindliche Rechtsauskunft) des Betriebsstätten-FA darüber dar, wie im einzelnen Fall die Vorschriften über die Lohnsteuer anzuwenden sind. Sie ist vielmehr feststellender Verwaltungsakt i. S. des § 118 Satz 1 AO, mit dem sich das FA selbst bindet.
2. Die Vorschrift des § 42e EStG gibt dem Arbeitgeber nicht nur ein Recht auf förmliche Bescheidung seines Antrags. Sie berechtigt ihn auch, eine ihm erteilte Anrufungsauskunft erforderlichenfalls im Klagewege inhaltlich überprüfen zu lassen.

BFH vom 2. 9. 2009 – I R 20/09 (HFR 2010 S. 450) 14

Der Widerruf einer verbindlichen Auskunft mit Wirkung für die Zukunft ist in der Regel ermessensgerecht, wenn sich der Inhalt der Auskunft als materiell-rechtlich unzutreffend und damit als rechtswidrig erweist.

BFH vom 30. 3. 2011 – I R 61/10 (BStBl 2011 II S. 536) 15

Die sog. Wertgebühr, die für die Bearbeitung von Anträgen auf verbindliche Auskünfte erhoben wird, ist dem Grunde und der Höhe nach verfassungsgemäß.

[1)] Auszugsweise zuletzt abgedruckt in der AO/FGO-Handausgabe 2011.
[2)] Vgl. auch BFH vom 2. 9. 2010 – VI R 3/09, BStBl 2011 II S. 233.

16 BFH vom 30. 3. 2011 – I B 136/10 (HFR 2011 S. 630)

1. ...
2. Es ist nicht ernstlich zweifelhaft, dass die Gebührenerhebung für die Bearbeitung von Anträgen auf verbindliche Auskünfte gemäß § 89 Abs. 3 bis 5 AO dem Grunde und der Höhe nach verfassungsgemäß ist. Das gilt sowohl für die sog. Zeitgebühr als auch für die sog. Wertgebühr, und zwar für Letztere auch dann, wenn diese auf der Grundlage eines Gegenstandswerts von 30 Mio. € zu bemessen ist.

17 BFH vom 30. 3. 2011 – XI R 30/09 (BStBl 2011 II S. 613)

1. Ändert sich die einer unverbindlichen Auskunft zugrunde liegende Rechtslage, ist das Finanzamt nicht nach Treu und Glauben gehindert, einen der geänderten Rechtslage entsprechenden erstmaligen Umsatzsteuerbescheid zu erlassen, es sei denn, es hat anderweitig einen Vertrauenstatbestand geschaffen.
2. Das Finanzamt schafft in der Regel nicht dadurch einen Vertrauenstatbestand, dass es nach Änderung der einer unverbindlichen Auskunft zugrunde liegenden Rechtslage einen entsprechenden Hinweis an den Steuerpflichtigen unterlässt.

§ 90 Mitwirkungspflichten der Beteiligten

(1) ¹Die Beteiligten sind zur Mitwirkung bei der Ermittlung des Sachverhalts verpflichtet. ²Sie kommen der Mitwirkungspflicht insbesondere dadurch nach, dass sie die für die Besteuerung erheblichen Tatsachen vollständig und wahrheitsgemäß offen legen und die ihnen bekannten Beweismittel angeben. ³Der Umfang dieser Pflichten richtet sich nach den Umständen des Einzelfalls.

(2) ¹Ist ein Sachverhalt zu ermitteln und steuerrechtlich zu beurteilen, der sich auf Vorgänge außerhalb des Geltungsbereichs dieses Gesetzes bezieht, so haben die Beteiligten diesen Sachverhalt aufzuklären und die erforderlichen Beweismittel zu beschaffen. ²Sie haben dabei alle für sie bestehenden rechtlichen und tatsächlichen Möglichkeiten auszuschöpfen. ³Bestehen objektiv erkennbare Anhaltspunkte für die Annahme, dass der Steuerpflichtige über Geschäftsbeziehungen zu Finanzinstituten in einem Staat oder Gebiet verfügt, mit dem kein Abkommen besteht, das die Erteilung von Auskünften entsprechend Artikel 26 des Musterabkommens der OECD zur Vermeidung der Doppelbesteuerung auf dem Gebiet der Steuern vom Einkommen und vom Vermögen in der Fassung von 2005 vorsieht, oder der Staat oder das Gebiet keine Auskünfte in einem vergleichbaren Umfang erteilt oder keine Bereitschaft zu einer entsprechenden Auskunftserteilung besteht, hat der Steuerpflichtige nach Aufforderung der Finanzbehörde die Richtigkeit und Vollständigkeit seiner Angaben an Eides statt zu versichern und die Finanzbehörde zu bevollmächtigen, in seinem Namen mögliche Auskunftsansprüche gegenüber den von der Finanzbehörde benannten Kreditinstituten außergerichtlich und gerichtlich geltend zu machen; die Versicherung an Eides statt kann nicht nach § 328 erzwungen werden. ⁴Ein Beteiligter kann sich nicht darauf berufen, dass er Sachverhalte nicht aufklären oder Beweismittel nicht beschaffen kann, wenn er sich nach Lage des Falls bei der Gestaltung seiner Verhältnisse die Möglichkeit dazu hätte beschaffen oder einräumen lassen können.

(3) ¹Bei Sachverhalten, die Vorgänge mit Auslandsbezug betreffen, hat ein Steuerpflichtiger über die Art und den Inhalt seiner Geschäftsbeziehungen mit nahestehenden Personen im Sinne des § 1 Abs. 2 des Außensteuergesetzes Aufzeichnungen zu erstellen. ²Die Aufzeichnungspflicht umfasst auch die wirtschaftlichen und rechtlichen Grundlagen für eine den Grundsatz des Fremdvergleichs beachtende Vereinbarung von Preisen und anderen Geschäftsbedingungen mit den Nahestehenden. ³Bei außergewöhnlichen Geschäftsvorfällen sind die Aufzeichnungen zeitnah zu erstellen. ⁴Die Aufzeichnungspflichten gelten entsprechend für Steuerpflichtige, die für die inländische Besteuerung Gewinne zwischen ihrem inländischen Unternehmen und dessen ausländischer Betriebsstätte aufzuteilen oder den Gewinn der inländischen Betriebsstätte ihres ausländischen Unternehmens zu ermitteln haben. ⁵Um eine einheitliche Rechtsanwendung sicherzustellen, wird das Bundesministerium der Finanzen ermächtigt, mit Zustimmung des Bundesrates durch Rechtsverordnung Art, Inhalt und Umfang der zu erstellenden Aufzeichnungen zu bestimmen. ⁶Die Finanzbehörde soll die Vorlage von Aufzeichnungen in der Regel nur für die Durchführung einer Außenprüfung verlangen. ⁷Die Vorlage richtet sich nach § 97 mit der Maßgabe, dass Absatz 2 dieser Vorschrift keine Anwendung findet. ⁸Sie hat jeweils auf Anforderung innerhalb einer Frist von 60 Tagen zu erfolgen. ⁹Soweit Aufzeichnungen über außergewöhnliche Geschäftsvorfälle vorzulegen sind, beträgt die Frist 30 Tage. ¹⁰In begründeten Einzelfällen kann die Vorlagefrist verlängert werden.

---

1) § 90 Abs. 2 Satz 3 AO ist erstmals für Besteuerungszeiträume anzuwenden, die nach dem 31. 12. 2009 beginnen (vgl. § 5 der Steuerhinterziehungsbekämpfungsverordnung – SteuerHBekV – vom 18. 9. 2009; BGBl. 2009 I S. 3046; BStBl 2009 I S. 1146).

Gewinnabgrenzungsaufzeichnungsverordnung (GAufzV)
vom 13. 11. 2003, BGBl. 2003 I S. 2296, BStBl 2003 I S. 739,
geändert durch Art. 9 des Gesetzes vom 14. 8. 2007, BGBl. 2007 I S. 1912

Auf Grund des § 90 Abs. 3 Satz 5 der Abgabenordnung vom 16. 3. 1976 (BGBl. I S. 613), der durch Artikel 9 Nr. 3 des Gesetzes vom 16. 5. 2003 (BGBl. I S. 660) eingefügt worden ist, verordnet das Bundesministerium der Finanzen:

§ 1 Grundsätze der Aufzeichnungspflicht

(1) [1]Aus den nach § 90 Abs. 3 der Abgabenordnung zu erstellenden Aufzeichnungen muss ersichtlich sein, welchen Sachverhalt der Steuerpflichtige im Rahmen seiner Geschäftsbeziehungen im Sinne des § 1 Abs. 4 des Außensteuergesetzes mit nahe stehenden Personen im Sinne des § 1 Abs. 2 des Außensteuergesetzes verwirklicht hat und ob und inwieweit er diesen Geschäftsbeziehungen Bedingungen einschließlich von Preisen zu Grunde gelegt hat, die erkennen lassen, dass er den Grundsatz des Fremdverhaltens (Fremdvergleichsgrundsatz) beachtet hat (Aufzeichnungen). [2]Die Aufzeichnungen müssen das ernsthafte Bemühen des Steuerpflichtigen belegen, seine Geschäftsbeziehungen zu nahe stehenden Personen unter Beachtung des Fremdvergleichsgrundsatzes zu gestalten. [3]Die Aufzeichnungspflicht bezieht sich auch auf Geschäftsbeziehungen, die keinen Leistungsaustausch zum Gegenstand haben, wie Vereinbarungen über Arbeitnehmerentsendungen und Poolvereinbarungen (zum Beispiel Umlageverträge). [4]Aufzeichnungen, die im Wesentlichen unverwertbar sind (§ 162 Abs. 3 und 4 der Abgabenordnung), sind als nicht erstellt zu behandeln.

(2) Soweit nach Absatz 1 in Verbindung mit § 90 Abs. 3 Satz 1 der Abgabenordnung aufzuzeichnen ist, welcher Sachverhalt verwirklicht wurde, sind Aufzeichnungen über die Art, den Umfang und die Abwicklung sowie über die wirtschaftlichen und rechtlichen Rahmenbedingungen der Geschäftsbeziehungen erforderlich.

(3) [1]Soweit nach Absatz 1 in Verbindung mit § 90 Abs. 3 Satz 2 der Abgabenordnung aufzuzeichnen ist, ob und inwieweit der Steuerpflichtige bei seinen Geschäftsbeziehungen den Fremdvergleichsgrundsatz im Sinne des Absatzes 1 beachtet hat, sind die Markt- und Wettbewerbsverhältnisse darzustellen, die für die Tätigkeiten des Steuerpflichtigen und die vereinbarten Bedingungen von Bedeutung sind. [2]Der Steuerpflichtige hat für seine Aufzeichnungen entsprechend der von ihm gewählten Methode Vergleichsdaten heranzuziehen, soweit solche Daten im Zeitpunkt der Vereinbarung der Geschäftsbeziehung bei ihm oder bei ihm nahe stehenden Personen vorhanden sind oder soweit er sich diese mit zumutbarem Aufwand aus ihm frei zugänglichen Quellen beschaffen kann. [3]Zu den zu verwendenden und erforderlichenfalls für die Erstellung der Aufzeichnungen zu beschaffenden Informationen gehören insbesondere Daten aus vergleichbaren Geschäften zwischen fremden Dritten sowie aus vergleichbaren Geschäften, die der Steuerpflichtige oder eine ihm nahe stehende Person mit fremden Dritten abgeschlossen hat, zum Beispiel Preise und Geschäftsbedingungen, Kostenaufteilungen, Gewinnaufschläge, Bruttospannen, Nettospannen, Gewinnaufteilungen. [4]Zusätzlich sind Aufzeichnungen über innerbetriebliche Daten zu erstellen, die eine Plausibilitätskontrolle der vom Steuerpflichtigen vereinbarten Verrechnungspreise ermöglichen, wie zum Beispiel Prognoserechnungen und Daten zur Absatz-, Gewinn- und Kostenplanung.

§ 2 Art, Inhalt und Umfang der Aufzeichnungen

(1) [1]Aufzeichnungen können schriftlich oder elektronisch erstellt werden. [2]Sie sind in sachgerechter Ordnung zu führen und aufzubewahren. [3]Die Aufzeichnungen müssen es einem sachverständigen Dritten ermöglichen, innerhalb einer angemessenen Frist festzustellen, welche Sachverhalte der Steuerpflichtige im Zusammenhang mit seinen Geschäftsbeziehungen zu nahe stehenden Personen verwirklicht hat und ob und inwieweit er dabei den Fremdvergleichsgrundsatz beachtet hat.

(2) [1]Art, Inhalt und Umfang der zu erstellenden Aufzeichnungen bestimmen sich nach den Umständen des Einzelfalles, insbesondere nach der vom Steuerpflichtigen angewandten Verrechnungspreismethode. [2]Der Steuerpflichtige hat aufzuzeichnen, welche Methode er angewandte Methode hinsichtlich der Art seiner Geschäfte und der sonstigen Verhältnisse für geeignet hält. [3]Er ist nicht verpflichtet, Aufzeichnungen für mehr als eine geeignete Methode zu erstellen.

(3) [1]Aufzeichnungen sind grundsätzlich geschäftsvorfallbezogen zu erstellen. [2]Geschäftsvorfälle, die gemessen an Funktionen und Risiken wirtschaftlich vergleichbar sind, können für die Erstellung von Aufzeichnungen zu Gruppen zusammengefasst werden, wenn die Gruppenbildung nach vorher festgelegten und nachvollziehbaren Regeln vorgenommen wurde und wenn die Geschäftsvorfälle gleichartig oder gleichwertig sind oder die Zusammenfassung auch bei Geschäften zwischen fremden Dritten üblich ist. [3]Eine Zusammenfassung ist auch zulässig bei ursächlich zusammenhängenden Geschäftsvorfällen und bei Teilleistungen im Rahmen eines Gesamtgeschäfts, wenn es für die Prüfung der Angemessenheit weniger auf den einzelnen Geschäftsvorfall, sondern mehr auf die Beurteilung des Gesamtgeschäfts ankommt. [4]Werden Aufzeichnungen für Gruppen

von Geschäftsvorfällen erstellt, sind die Regeln für deren Abwicklung und die Kriterien für die Gruppenbildung darzustellen. ⁵Bestehen für eine Gruppe verbundener Unternehmen dem Fremdvergleichsgrundsatz genügende innerbetriebliche Verrechnungspreisrichtlinien, die für die einzelnen Unternehmen eine oder mehrere geeignete Methoden vorgeben, können die Richtlinien als Bestandteil der Aufzeichnungen verwendet werden. ⁶Soweit solche Richtlinien die Preisermittlung regeln und tatsächlich befolgt werden, kann auf geschäftsvorfallbezogene Einzelaufzeichnungen verzichtet werden.

(4) ¹Ergibt sich bei Dauersachverhalten eine Änderung der Umstände, die für die Angemessenheit vereinbarter Preise von wesentlicher Bedeutung ist, hat der Steuerpflichtige auch nach dem Geschäftsabschluss Informationen zu sammeln und aufzuzeichnen, die der Finanzbehörde die Prüfung ermöglichen, ob und ab welchem Zeitpunkt fremde Dritte eine Anpassung der Geschäftsbedingungen vereinbart hätten. ²Dies gilt insbesondere, wenn in einem Geschäftsbereich steuerliche Verluste erkennbar werden, die ein fremder Dritter nicht hingenommen hätte, oder wenn Preisanpassungen zu Lasten des Steuerpflichtigen vorgenommen werden.

(5) ¹Aufzeichnungen sind grundsätzlich in deutscher Sprache zu erstellen. ²Die Finanzbehörde kann auf Antrag des Steuerpflichtigen Ausnahmen hiervon zulassen. ³Der Antrag kann vor der Anfertigung der Aufzeichnungen gestellt werden, er ist aber spätestens unverzüglich nach Anforderung der Aufzeichnungen durch die Finanzbehörde zu stellen. ⁴Erforderliche Übersetzungen von Verträgen und ähnlichen Dokumenten im Sinne der §§ 4 und 5 gehören zu den Aufzeichnungen. ⁵§ 87 Abs. 2 der Abgabenordnung bleibt unberührt.

(6) ¹Aufzeichnungen sollen regelmäßig nur für Zwecke der Durchführung einer Außenprüfung angefordert werden. ²Die Anforderung soll die Geschäftsbereiche und die Geschäftsbeziehungen des Steuerpflichtigen bezeichnen, die Gegenstand der Prüfung sein sollen. ³Die Anforderung soll auch Art und Umfang der angeforderten Aufzeichnungen angeben. ⁴Die Anforderung kann zusammen mit der Prüfungsanordnung erfolgen und jederzeit nachgeholt, ergänzt oder geändert werden.

§ 3 Zeitnahe Erstellung von Aufzeichnungen bei außergewöhnlichen Geschäftsvorfällen

(1) ¹Aufzeichnungen über außergewöhnliche Geschäftsvorfälle im Sinne des § 90 Abs. 3 Satz 3 der Abgabenordnung sind zeitnah erstellt, wenn sie im engen zeitlichen Zusammenhang mit dem Geschäftsvorfall gefertigt wurden. ²Sie gelten als noch zeitnah erstellt, wenn sie innerhalb von sechs Monaten nach Ablauf des Wirtschaftsjahres gefertigt werden, in dem sich der Geschäftsvorfall ereignet hat.

(2) Als außergewöhnliche Geschäftsvorfälle sind insbesondere anzusehen der Abschluss und die Änderung langfristiger Verträge, die sich erheblich auf die Höhe der Einkünfte des Steuerpflichtigen aus seinen Geschäftsbeziehungen auswirken, Vermögensübertragungen im Zuge von Umstrukturierungsmaßnahmen, die Übertragung und Überlassung von Wirtschaftsgütern und Vorteilen im Zusammenhang mit wesentlichen Funktions- und Risikoänderungen im Unternehmen, Geschäftsvorfälle im Zusammenhang mit einer für die Verrechnungspreisbildung erheblichen Änderung der Geschäftsstrategie sowie der Abschluss von Umlageverträgen.

§ 4 Allgemein erforderliche Aufzeichnungen

Der Steuerpflichtige hat nach Maßgabe der §§ 1 bis 3 folgende Aufzeichnungen, soweit sie für die Prüfung von Geschäftsbeziehungen im Sinne des § 90 Abs. 3 der Abgabenordnung von Bedeutung sind, zu erstellen:

1. Allgemeine Informationen über Beteiligungsverhältnisse, Geschäftsbetrieb und Organisationsaufbau:
   a) Darstellung der Beteiligungsverhältnisse zwischen dem Steuerpflichtigen und nahe stehenden Personen im Sinne des § 1 Abs. 2 Nr. 1 und 2 des Außensteuergesetzes, mit denen er unmittelbar oder über Zwischenpersonen Geschäftsbeziehungen unterhält, zu Beginn des Prüfungszeitraums sowie deren Veränderung bis zu dessen Ende,
   b) Darstellung der sonstigen Umstände, die das „Nahestehen" im Sinne des § 1 Abs. 2 Nr. 3 des Außensteuergesetzes begründen können,
   c) Darstellung der organisatorischen und operativen Konzernstruktur sowie deren Veränderungen, einschließlich Betriebsstätten und Beteiligungen an Personengesellschaften,
   d) Beschreibung der Tätigkeitsbereiche des Steuerpflichtigen, zum Beispiel Dienstleistungen, Herstellung oder Vertrieb von Wirtschaftsgütern, Forschung und Entwicklung;
2. Geschäftsbeziehungen zu nahe stehenden Personen:
   a) Darstellung der Geschäftsbeziehungen mit nahe stehenden Personen, Übersicht über Art und Umfang dieser Geschäftsbeziehungen (zum Beispiel Warenverkauf, Dienstleistung, Darlehensverhältnisse und andere Nutzungsüberlassungen, Umlagen) und Übersicht über die den Geschäftsbeziehungen zu Grunde liegenden Verträge und ihre Veränderung,

b) Zusammenstellung (Liste) der wesentlichen immateriellen Wirtschaftsgüter, die dem Steuerpflichtigen gehören und die er im Rahmen seiner Geschäftsbeziehungen zu Nahestehenden nutzt oder zur Nutzung überlässt;
3. Funktions- und Risikoanalyse:
   a) Informationen über die jeweils vom Steuerpflichtigen und den nahe stehenden Personen im Rahmen der Geschäftsbeziehungen ausgeübten Funktionen und übernommenen Risiken sowie deren Veränderungen, über die eingesetzten wesentlichen Wirtschaftsgüter, über die vereinbarten Vertragsbedingungen, über gewählte Geschäftsstrategien sowie über die bedeutsamen Markt- und Wettbewerbsverhältnisse,
   b) Beschreibung der Wertschöpfungskette und Darstellung des Wertschöpfungsbeitrags des Steuerpflichtigen im Verhältnis zu den nahe stehenden Personen, mit denen Geschäftsbeziehungen bestehen;
4. Verrechnungspreisanalyse:
   a) Darstellung der angewandten Verrechnungspreismethode,
   b) Begründung der Geeignetheit der angewandten Methode,
   c) Unterlagen über die Berechnungen bei der Anwendung der gewählten Verrechnungspreismethode,
   d) Aufbereitung der zum Vergleich herangezogenen Preise beziehungsweise Finanzdaten unabhängiger Unternehmen sowie Unterlagen über vorgenommene Anpassungsrechnungen.

§ 5 Erforderliche Aufzeichnungen in besonderen Fällen

[1]Soweit besondere Umstände der in Satz 2 genannten Art für die vom Steuerpflichtigen vereinbarten Geschäftsbeziehungen von Bedeutung sind oder er sich im Hinblick auf von ihm vereinbarte Geschäftsbedingungen zur Begründung der Fremdüblichkeit auf besondere Umstände beruft, sind Aufzeichnungen über diese Umstände nach Maßgabe der §§ 1 bis 3 zu erstellen. [2]Dazu können nach den Verhältnissen des Einzelfalles folgende Aufzeichnungen gehören:
1. Informationen über die Änderung von Geschäftsstrategien (zum Beispiel Marktanteilsstrategien, Wahl von Vertriebswegen, Management-Strategien) und über andere Sonderumstände wie Maßnahmen zum Vorteilsausgleich, soweit sie die Bestimmung der Verrechnungspreise des Steuerpflichtigen beeinflussen können;
2. bei Umlagen die Verträge, gegebenenfalls in Verbindung mit Anhängen, Anlagen und Zusatzvereinbarungen, Unterlagen über die Anwendung des Aufteilungsschlüssels und über den erwarteten Nutzen für alle Beteiligten sowie mindestens Unterlagen über Art und Umfang der Rechnungskontrolle, über die Anpassung an veränderte Verhältnisse, über die Zugriffsberechtigung auf die Unterlagen des leistungserbringenden Unternehmens, über die Zuordnung von Nutzungsrechten;
3. Informationen über Verrechnungspreiszusagen oder -vereinbarungen ausländischer Steuerverwaltungen gegenüber beziehungsweise mit dem Steuerpflichtigen und über beantragte oder abgeschlossene Verständigungs- oder Schiedsstellenverfahren anderer Staaten, die Geschäftsbeziehungen des Steuerpflichtigen mit Nahestehenden berühren;
4. Aufzeichnungen über Preisanpassungen beim Steuerpflichtigen, auch wenn diese die Folge von Verrechnungspreiskorrekturen oder Vorwegauskünften ausländischer Finanzbehörden bei dem Steuerpflichtigen nahe stehenden Personen sind;
5. Aufzeichnungen über die Ursachen von Verlusten und über Vorkehrungen zur Beseitigung der Verlustsituation, wenn der Steuerpflichtige in mehr als drei aufeinander folgenden Wirtschaftsjahren aus Geschäftsbeziehungen mit Nahestehenden einen steuerlichen Verlust ausweist;
6. in Fällen von Funktions- und Risikoänderungen im Sinne des § 3 Abs. 2 Aufzeichnungen über Forschungsvorhaben und laufende Forschungstätigkeiten, die im Zusammenhang mit einer Funktionsänderung stehen können und in den drei Jahren vor Durchführung der Funktionsänderung stattfanden oder abgeschlossen worden sind; die Aufzeichnungen müssen mindestens Angaben über den genauen Gegenstand der Forschungen und die insgesamt jeweils zuzuordnenden Kosten enthalten. Dies gilt nur, soweit ein Steuerpflichtiger regelmäßig Forschung und Entwicklung betreibt und aus betriebsinternen Gründen Unterlagen über seine Forschungs- und Entwicklungsarbeiten erstellt, aus denen die genannten Aufzeichnungen abgeleitet werden können.

§ 6 Anwendungsregelungen für kleinere Unternehmen und Steuerpflichtige mit anderen als Gewinneinkünften

(1) Bei Steuerpflichtigen, die aus Geschäftsbeziehungen mit Nahestehenden andere als Gewinneinkünfte beziehen, und bei kleineren Unternehmen gelten die in § 90 Abs. 3 Satz 1 bis 4 der Abgabenordnung und in dieser Verordnung bezeichneten Aufzeichnungspflichten als durch die Erteilung von Auskünften, die den Anforderungen des § 1 Abs. 1 Satz 2 entsprechen, und durch die Vorlage vorhandener Unterlagen auf Anforderung des Finanzamts als erfüllt, wenn die in § 90 Abs. 3 Satz 8 und 9 der Abgabenordnung genannten Fristen eingehalten werden.

(2) ¹Kleinere Unternehmen im Sinne des Absatzes 1 sind Unternehmen, bei denen jeweils im laufenden Wirtschaftsjahr weder die Summe der Entgelte für die Lieferung von Gütern oder Waren aus Geschäftsbeziehungen mit nahe stehenden Personen im Sinne des § 1 Abs. 2 des Außensteuergesetzes 5 Millionen Euro übersteigt noch die Summe der Vergütungen für andere Leistungen als die Lieferung von Gütern oder Waren aus Geschäftsbeziehungen mit solchen Nahestehenden mehr als 500 000 Euro beträgt. ²Werden die genannten Beträge in einem Wirtschaftsjahr überschritten, ist Absatz 1 ab dem darauf folgenden Wirtschaftsjahr nicht mehr anzuwenden. ³Unterschreitet ein Unternehmen, das nicht nach Absatz 1 begünstigt ist, die genannten Beträge in einem Wirtschaftsjahr, ist es im darauf folgenden Wirtschaftsjahr als Unternehmen im Sinne des Satzes 1 zu behandeln.

Anh. 4 (3) Zusammenhängende inländische Unternehmen im Sinne der §§ 13, 18 und 19 der Betriebsprüfungsordnung vom 15. März 2000 (BStBl I S. 368) in der jeweils geltenden Fassung und inländische Betriebsstätten nahe stehender Personen sind für die Prüfung der Betragsgrenzen nach Absatz 2 zusammenzurechnen.

§ 7 Entsprechende Anwendung bei Betriebsstätten und Personengesellschaften

¹Die §§ 1 bis 6 gelten entsprechend für Steuerpflichtige, die für die inländische Besteuerung Gewinne zwischen ihrem inländischen Unternehmen und dessen ausländischer Betriebsstätte aufzuteilen oder den Gewinn der inländischen Betriebsstätte ihres ausländischen Unternehmens zu ermitteln haben, soweit aufgrund der Überführung von Wirtschaftsgütern oder der Erbringung von Dienstleistungen ein Gewinn anzusetzen ist oder soweit Auskunftspflichten mit steuerlicher Wirkung aufzuteilen sind. ²Satz 1 gilt entsprechend für die Gewinnermittlung von Personengesellschaften, an denen der Steuerpflichtige beteiligt ist, soweit dabei Geschäftsbeziehungen im Sinne des § 1 des Außensteuergesetzes zu prüfen sind.

§ 8 Inkrafttreten

Diese Verordnung tritt mit Wirkung vom 30. Juni 2003 in Kraft.

AEAO   **Anwendungserlass zur Abgabenordnung**

2   Zu § 90 – Mitwirkungspflichten der Beteiligten:

1. Verletzt ein Steuerpflichtiger seine Pflichten gemäß § 90 Abs. 2 und ist der Sachverhalt nicht anderweitig aufklärbar, so kann zu seinem Nachteil von einem Sachverhalt ausgegangen werden, für den unter Berücksichtigung der Beweisnähe des Steuerpflichtigen und seiner Verantwortung für die Aufklärung des Sachverhalts eine gewisse Wahrscheinlichkeit spricht. Insbesondere dann, wenn die Mitwirkungspflicht sich auf Tatsachen und Beweismittel aus dem alleinigen Verantwortungsbereich des Steuerpflichtigen bezieht, können aus seiner Pflichtverletzung für ihn nachteilige Schlussfolgerungen gezogen werden (BFH-Beschluss vom 17. 3. 1997 – I B 123/95 –, BFH/NV 1997 S. 730).

2. Zu den Folgen der Verletzung der Aufzeichnungs- und Vorlagepflicht nach § 90 Abs. 3 vgl. § 162 Abs. 3 und 4.

3. Zu den Grundsätzen für die Prüfung der Einkunftsabgrenzung zwischen nahe stehenden Personen mit grenzüberschreitenden Geschäftsbeziehungen in Bezug auf Ermittlungs- und Mitwirkungspflichten, Berichtigungen sowie auf Verständigungs- und EU-Schiedsverfahren (Verwaltungsgrundsätze-Verfahren) vgl. BMF-Schreiben vom 12. 4. 2005, BStBl I S. 570.

Hinweise

Steuerhinterziehungsbekämpfungsgesetz und Steuerhinterziehungsbekämpfungsverordnung; Nicht kooperierende Staaten und Gebiete

(BMF-Schreiben vom 5. 1. 2010 – IV B 2 – S 1315/08/10001-09, BStBl 2010 I S. 19)

Die Steuerhinterziehungsbekämpfungsverordnung (SteuerHBekV) ist am 25. 9. 2009 in Kraft getreten und ab dem Veranlagungszeitraum 2010 anzuwenden.

Die SteuerHBekV konkretisiert Maßnahmen, die nach § 51 Absatz 1 Nummer 1 Buchstabe f EStG, § 33 Absatz 1 Nummer 2 Buchstabe e KStG in der Fassung des Steuerhinterziehungsbekämpfungsgesetzes Steuerpflichtigen auferlegt werden, welche Geschäftsbeziehungen zu Staaten und Gebieten unterhalten, die im Verhältnis zu Deutschland nicht als kooperativ gelten. Darüber hinaus kommt im Verhältnis zu solchen Staaten und Gebieten die Anwendung des § 90 Absatz 2 Satz 3 AO i. d. Fassung des Steuerhinterziehungsbekämpfungsgesetzes in Betracht.

Nach den vorgenannten Vorschriften gelten Staaten und Gebiete als nicht kooperativ, wenn

a) Mit ihnen kein Abkommen besteht, das die Erteilung von Auskünften entsprechend Artikel 26 des Musterabkommens der OECD zur Vermeidung der Doppelbesteuerung auf dem Gebiet der Steuern vom Einkommen und vom Vermögen in der Fassung von 2005 vorsieht,

b) sie keine Auskünfte in einem vergleichbaren Umfang erteilen und

c) bei ihnen keine Bereitschaft zu einer entsprechenden Auskunftserteilung besteht.

Die Voraussetzung des Buchst. c) ist insbesondere dann erfüllt, wenn die Staaten und Gebiete nach förmlicher Aufforderung nicht bereit sind, Rechtsgrundlagen für einen entsprechenden Auskunftsaustausch mit Deutschland zu schaffen.

Hierzu stelle ich fest, dass

– zum 1. Januar 2010 kein Staat oder Gebiet die Voraussetzungen für Maßnahmen nach der SteuerHBekV erfüllt;

– das BMF Staaten und Gebiete, die künftig die Voraussetzungen für Maßnahmen nach der SteuerHBekV erfüllen, zum jeweils gegebenen Zeitpunkt bekannt geben wird. Bis dahin bestehen für die Steuerpflichtigen keine zusätzlichen Mitwirkungs-, Nachweis- oder Aufklärungspflichten nach § 51 Absatz 1 Nummer 1 Buchstabe f EStG, § 33 Absatz 1 Nummer 2 Buchstabe e KStG sowie § 90 Absatz 2 Satz 3 AO.

Dieses Schreiben ergeht im Einvernehmen mit den obersten Finanzbehörden der Länder sowie mit Zustimmung des Bundesministeriums für Wirtschaft und Technologie und des Auswärtigen Amtes.

Rechtsprechung

Zu § 90 Abs. 1:

BFH vom 11. 11. 1987 – I R 108/85 (BStBl 1988 II S. 115)

Macht ein Steuerpflichtiger in seiner Einkommensteuererklärung oder den dieser beigefügten Unterlagen keine Angaben über die Veräußerung seines Unternehmens, so liegt darin eine erhebliche Verletzung seiner Erklärungspflicht.

Wird das Veräußerungsgeschäft nachträglich bekannt, steht Treu und Glauben wegen der Schwere der Erklärungspflichtverletzung der Änderung des Steuerbescheids auch dann nicht entgegen, wenn das FA den Veräußerungsvorgang vor dem Erlaß des geänderten Bescheids hätte ermitteln können.

BGH vom 10. 11. 1999 – 5 StR 221/99 (wistra 2000 S. 137)

Der Umfang der für den Steuerpflichtigen bestehenden Mitteilungspflichten ergibt sich unmittelbar aus dem Gesetz. Es steht dem Steuerpflichtigen nicht etwa frei, den Steuerbehörden aus einem Gesamtsachverhalt nur einen Teil der Tatsachen richtig vorzutragen und sie im Übrigen nach Maßgabe einer nicht offengelegten, ersichtlich strittigen eigenen rechtlichen Bewertung des Vorgangs zu verschweigen, obwohl die Einzelheiten für die steuerliche Beurteilung bedeutsam sein können. Nach § 90 Abs. 1 Satz 2 AO haben die Beteiligten im Rahmen ihrer Mitwirkungspflichten im Besteuerungsverfahren die für die Besteuerung erheblichen Tatsachen vollständig und wahrheitsgemäß offenzulegen. Es besteht zumindest eine Offenbarungspflicht für diejenigen Sachverhaltselemente, deren rechtliche Relevanz objektiv zweifelhaft ist. Dies ist insbesondere dann der Fall, wenn die von dem Steuerpflichtigen vertretene Auffassung über die Auslegung von Rechtsbegriffen oder die Subsumtion bestimmter Tatsachen von der Rechtsprechung, Richtlinien der Finanzverwaltung oder der regelmäßigen Veranlagungspraxis abweicht.

6 BFH vom 7. 11. 2001 – I R 14/01 (HFR 2002 S. 501)

Die Verletzung einer Pflicht zur Beschaffung von Beweismitteln kann nur dann zu nachteiligen Rechtsfolgen führen, wenn zumindest Anhaltspunkte dafür bestehen, dass mit Hilfe der betreffenden Beweismittel eine weitere Sachverhaltsaufklärung möglich gewesen wäre.

7 BFH vom 9. 12. 2004 – III B 83/04 (BFH/NV 2005 S. 503)

1. Es bestehen keine verfassungsrechtlichen Bedenken dagegen, dass der Steuerpflichtige im Besteuerungsverfahren zur Mitwirkung verpflichtet bleibt, wenn gegen ihn ein Strafverfahren läuft. Der Steuerpflichtige wird dadurch nicht gezwungen, sich selbst zu belasten. Er muss nur als Folge seiner mangelnden Mitwirkung hinnehmen, dass die Besteuerungsgrundlagen geschätzt werden.
2. Das FG ist grundsätzlich nicht verpflichtet, das Besteuerungsverfahren bis zum Abschluss des Strafverfahrens auszusetzen. Eine Aussetzung des Verfahrens kann aber dann geboten sein, wenn das Strafverfahren kurz vor dem Abschluss steht und der Steuerpflichtige vorträgt, nach dessen Ende seinen Mitwirkungspflichten voll genügen zu wollen.

8 BFH vom 19. 10. 2005 – I R 121/04 (HFR 2006 S. 582)

1. ...
2. Dem Steuerpflichtigen ist die Offenbarung seines ausländischen Wohnsitzes möglicherweise unzumutbar, wenn er in seinem Wohnsitzland mit Strafverfolgung rechnen müsste. Dies gilt jedoch nicht, wenn ein öffentliches Interesse an der Offenbarung besteht, wovon bei Verbrechen regelmäßig auszugehen ist.

9 BFH vom 25. 8. 2009 – I R 89/07 (BFH/NV 2009, 2047)

1. Behauptet der Steuerpflichtige, die Voraussetzungen eines Steuertatbestands (hier: § 17 EStG 1997) seien aufgrund von innerfamiliären Transaktionen (hier: Übertragung von Aktien) nicht gegeben und unterlässt er es aber unter Hinweis auf zeitlaufbedingte Erinnerungslücken, die behaupteten Transaktionen substantiiert darzulegen, trägt er die Gefahr, dass das FA die Besteuerungsgrundlagen nicht ermitteln kann und deshalb die Voraussetzungen für eine Schätzung gemäß § 162 AO gegeben sind. Das gilt auch, wenn hinsichtlich der Transaktionen keine spezifischen steuerrechtlichen Dokumentationspflichten bestehen.
...

Zu § 90 Abs. 2:

10 BFH vom 19. 5. 2004 – III R 39/03 (BStBl 2005 II S. 24)

Die von der Rechtsprechung des BFH und der Finanzverwaltung anerkannte Beweiserleichterung für bei Auslandsfahrten bar geleistete Unterhaltsleistungen an Personen im Ausland gilt nicht, wenn beide Ehegatten im Inland leben. In derartigen Fällen sind grundsätzlich inländische Belege über das Vorhandensein entsprechender Mittel (z. B. Abhebungsnachweise) und detaillierte Empfängerbestätigungen vorzulegen.

11 BFH vom 2. 12. 2004 – III R 49/03 (BStBl 2005 II S. 483)

1. Macht ein Steuerpflichtiger Unterhaltszahlungen an im Ausland lebende Angehörige steuermindernd geltend, trifft ihn nach § 90 Abs. 2 AO eine erhöhte Mitwirkungspflicht zur Aufklärung des Sachverhalts sowie zur Vorsorge und Beschaffung von Beweismitteln. Da die Erfüllung dieser Mitwirkungspflichten erforderlich, möglich, zumutbar und verhältnismäßig sein muss, können hinsichtlich der Beschaffung amtlicher Bescheinigungen aus Krisengebieten Beweiserleichterungen in Betracht kommen.
2. Auch wenn das FG nach seiner freien, aus dem Gesamtergebnis des Verfahrens gewonnenen Überzeugung entscheidet und ihm als Tatsacheninstanz die Auswahl und Gewichtung der erforderlichen Beweismittel obliegt, hat es die erhöhte Mitwirkungspflicht des Steuerpflichtigen nach § 90 Abs. 2 AO zu berücksichtigen. Die Entscheidung, welche Anforderungen an den Nachweis von Unterhaltszahlungen an im Ausland lebende, unterstützungsbedürftige Angehörige zu stellen sind und welche Beweismittel der Steuerpflichtige zu beschaffen hat, gehört zur Rechtsanwendung und kann daher vom BFH überprüft werden.

BFH vom 7. 7. 2008 – VIII B 106/07 (BFH/NV 2008 S. 2028)   12

1. Nach § 90 Abs. 2 AO haben Beteiligte Beweismittel, die sich auf Vorgänge im Ausland beziehen, selbst zu beschaffen, mithin im Ausland ansässige Zeugen in die Sitzung zu stellen, sofern es sich um den Nachweis eines im Ausland verwirklichten Sachverhalts handelt.
....

BFH vom 18. 11. 2008 – VIII R 24/07 (BStBl 2009 II S. 518)   13
Aus den Gründen:
Die innerstaatliche Regelung des § 90 AO, die dem Steuerpflichtigen bei Auslandssachverhalten eine erhöhte Mitwirkungspflicht aufbürdet, rechtfertigt es nicht, im Anwendungsbereich des Art. 73b EGV die deutschen Finanzbehörden von der Verpflichtung freizustellen, sich gegebenenfalls im Wege der Amtshilfe um die Beschaffung der für die Besteuerung notwendigen Informationen zu bemühen oder – wenn diese Bemühungen erfolglos bleiben – die Besteuerungsgrundlagen gemäß § 162 AO zu schätzen.

---

§ 91 Anhörung Beteiligter

AO
S 0226

(1) ¹Bevor ein Verwaltungsakt erlassen wird, der in Rechte eines Beteiligten eingreift, soll diesem Gelegenheit gegeben werden, sich zu den für die Entscheidung erheblichen Tatsachen zu äußern. ²Dies gilt insbesondere, wenn von dem in der Steuererklärung erklärten Sachverhalt zuungunsten des Steuerpflichtigen wesentlich abgewichen werden soll.

(2) Von der Anhörung kann abgesehen werden, wenn sie nach den Umständen des Einzelfalls nicht geboten ist, insbesondere wenn

1. eine sofortige Entscheidung wegen Gefahr im Verzug oder im öffentlichen Interesse notwendig erscheint,
2. durch die Anhörung die Einhaltung einer für die Entscheidung maßgeblichen Frist in Frage gestellt würde,
3. von den tatsächlichen Angaben eines Beteiligten, die dieser in einem Antrag oder einer Erklärung gemacht hat, nicht zu seinen Ungunsten abgewichen werden soll,
4. die Finanzbehörde eine Allgemeinverfügung oder gleichartige Verwaltungsakte in größerer Zahl oder Verwaltungsakte mit Hilfe automatischer Einrichtungen erlassen will,
5. Maßnahmen in der Vollstreckung getroffen werden sollen.

(3) Eine Anhörung unterbleibt, wenn ihr ein zwingendes öffentliches Interesse entgegensteht.

Anwendungserlass zur Abgabenordnung

AEAO
1

Zu § 91 – Anhörung Beteiligter:

1. Im Besteuerungsverfahren äußert sich der Beteiligte zu den für die Entscheidung erheblichen Tatsachen regelmäßig in der Steuererklärung. Will die Finanzbehörde von dem erklärten Sachverhalt zuungunsten des Beteiligten wesentlich abweichen, so muss sie den Beteiligten hiervon vor Erlass des Steuerbescheides oder sonstigen Verwaltungsaktes unterrichten. Der persönlichen (ggf. fernmündlichen) Kontaktaufnahme mit dem Steuerpflichtigen kommt hierbei besondere Bedeutung zu. Sind die steuerlichen Auswirkungen der Abweichung nur gering, so genügt es, die Abweichung im Steuerbescheid zu erläutern.
2. Eine versehentlich unterbliebene Anhörung der Beteiligten kann nach Erlass des Steuerbescheides nachgeholt und die Fehlerhaftigkeit des Bescheides dadurch geheilt werden (§ 126 Abs. 1 Nr. 3).
3. Ist die erforderliche Anhörung eines Beteiligten unterblieben und dadurch die rechtzeitige Anfechtung des Verwaltungsaktes versäumt worden, so ist Wiedereinsetzung in den vorigen Stand zu gewähren (§ 126 Abs. 3 i. V. m. § 110). Die unterlassene Anhörung ist im Allgemeinen nur dann für die Versäumung der Einspruchsfrist ursächlich, wenn die notwendigen Erläuterungen auch im Verwaltungsakt selbst unterblieben sind (BFH-Urteil vom 13. 12. 1984 – VIII R 19/81 –, BStBl 1985 II S. 601).
4. Zur Erteilung von Auskünften über zu einer Person gespeicherte Daten einschließlich der Akteneinsicht im Steuerfestsetzungsverfahren vgl. BMF-Schreiben vom 17. 12. 2008 – IV A 3 – S 0030/08/10001 – BStBl 2009 I S. 6.

AO 91/2

5. Wegen des zwingenden öffentlichen Interesses (§ 91 Abs. 3) Hinweis auf § 30 Abs. 4 Nr. 5 und § 106, deren Grundsätze entsprechend anzuwenden sind.

Hinweise

H 2 Erteilung von Auskünften über Daten, die zu einer Person im Besteuerungsverfahren gespeichert sind

(BMF-Schreiben vom 17. 12. 2008 – IV A 3 – S 0030/08/10001, BStBl 2009 I S. 2)

Nach dem Ergebnis der Erörterungen mit den obersten Finanzbehörden der Länder gilt Folgendes:
1. Beteiligten (§§ 78, 359 AO) ist – unabhängig von ihrer Rechtsform – auf Antrag Auskunft über die zu ihrer Person gespeicherten Daten zu erteilen, wenn sie ein berechtigtes Interesse darlegen und keine Gründe für eine Auskunftsverweigerung vorliegen.
2. Ein berechtigtes Interesse ist zum Beispiel bei einem Beraterwechsel oder in einem Erbfall gegeben, wenn der Antragsteller durch die Auskunft in die Lage versetzt werden will, zutreffende und vollständige Steuererklärungen abzugeben. Hinsichtlich solcher Daten, die ohne Beteiligung und ohne Wissen des Beteiligten erhoben wurden, liegt ein berechtigtes Interesse vor.
3. Ein berechtigtes Interesse liegt nicht vor, soweit der Beteiligte bereits in anderer Weise über zu seiner Person gespeicherten Daten informiert wurde, der Finanzbehörde nur Daten vorliegen, die ihr vom Beteiligten übermittelt wurden, oder die spätere Information des Beteiligten in rechtlich gesicherter Weise vorgesehen ist. Ein berechtigtes Interesse ist namentlich nicht gegeben, wenn die Auskunft dazu dienen kann, zivilrechtliche Ansprüche gegen den Bund oder ein Land durchzusetzen und Bund oder Land zivilrechtlich nicht verpflichtet sind Auskunft zu erteilen (z. B. Amtshaftungssachen, Insolvenzanfechtung).
4. Für Daten, die nur deshalb gespeichert sind, weil sie auf Grund gesetzlicher, satzungsmäßiger oder vertraglicher Aufbewahrungsvorschriften nicht gelöscht werden dürfen, oder die ausschließlich Zwecken der Datensicherung oder der Datenschutzkontrolle dienen, gilt Nummer 1 nicht, wenn eine Auskunftserteilung einen unverhältnismäßigen Aufwand erfordern würde.
5. In dem Antrag sind die Art der Daten, über die Auskunft erteilt werden soll, näher zu bezeichnen und hinreichend präzise Angaben zu machen, die das Auffinden der Daten ermöglichen.
6. Die Finanzbehörde bestimmt das Verfahren, insbesondere die Form der Auskunftserteilung nach pflichtgemäßem Ermessen. Die Auskunft kann schriftlich, elektronisch oder mündlich, aber auch durch Gewährung von Akteneinsicht erteilt werden. Akteneinsicht ist nur an Amtsstelle zu gewähren.
7. Die Auskunftserteilung unterbleibt, soweit
    a) die Auskunft die ordnungsgemäße Erfüllung der in der Zuständigkeit der verantwortlichen Stelle liegenden Aufgaben gefährden würde,
    b) die Auskunft die öffentliche Sicherheit oder Ordnung gefährden oder sonst dem Wohle des Bundes oder eines Landes Nachteile bereiten würde oder
    c) die Daten oder die Tatsache ihrer Speicherung nach einer Rechtsvorschrift oder ihrem Wesen nach, insbesondere wegen der überwiegenden berechtigten Interessen eines Dritten, geheim gehalten werden müssen,

    und deswegen das Interesse des Betroffenen an der Auskunftserteilung zurücktreten muss.
8. Eine Auskunftsverweigerung nach Nummer 7 Buchstabe a) kommt insbesondere in Betracht, wenn der Antragsteller bei Erteilung der Auskunft Informationen erlangen würde, die ihn in die Lage versetzen könnten, Sachverhalte zu verschleiern oder Spuren zu verwischen. Eine Auskunftsverweigerung nach Nummer 7 Buchstabe a) kommt auch vor Beginn des Steuerfestsetzungsverfahrens in Betracht, wenn die Auskunft dem Beteiligten offenbaren würde, über welche Besteuerungsgrundlagen die Finanzbehörde bereits informiert ist, wodurch der Beteiligte sein Erklärungsverhalten auf den Kenntnisstand der Finanzbehörde einstellen könnte. Vgl. auch BVerfG, Beschluss vom 10. März 2008 – 1 BvR 2388/03 – (BStBl 2009 II S. 23).
9. Eine Auskunftserteilung hat nach Nummer 7 Buchstabe a) zu unterbleiben,
    – solange eine Finanzbehörde durch die Zahl oder den Umfang gestellter Auskunftsanträge daran gehindert wäre, ihre gesetzlichen Aufgaben ordnungsgemäß zu erfüllen, oder
    – wenn sichere Anhaltspunkte dafür vorliegen, dass es dem Antragsteller nicht auf die Erteilung der Auskunft, sondern allein darauf ankommt, die Arbeit der Finanzbehörde zu blockieren und sie an der zeitnahen, gesetzmäßigen und gleichmäßigen Festsetzung und Erhebung der Steuern zu hindern.

10. Eine Auskunftsverweigerung nach Nummer 7 Buchstabe c) kommt insbesondere in Betracht, soweit durch die Auskunft vom Steuergeheimnis geschützte Daten über Dritte bekannt würden. Eine Auskunftserteilung über Daten Dritter ist nur unter den Voraussetzungen des § 30 Abs. 4 AO zulässig. So kann z. B. die Identität eines Anzeigeerstatters gegenüber dem Steuerpflichtigen dem Steuergeheimnis unterliegen; im Einzelfall ist eine Abwägung vorzunehmen. Dabei kommt dem Informantenschutz regelmäßig ein höheres Gewicht gegenüber dem allgemeinen Persönlichkeitsrecht des Steuerpflichtigen zu, wenn sich die vertraulich mitgeteilten Informationen im Wesentlichen als zutreffend erweisen und zu Steuernachforderungen führen (BFH-Beschluss vom 7. Dezember 2006 – V B 163/05 – BStBl II 2007, S. 275). Siehe auch Nummer 4.7 des AEAO zu § 30 zur Auskunft über die Besteuerung Dritter bei Anwendung drittschützender Steuernormen.

11. Die Ablehnung eines Antrags auf Auskunftserteilung ist mit dem Einspruch (§ 347 AO) anfechtbar. Die Ablehnung ist nicht zu begründen, wenn dadurch der mit der Auskunftsverweigerung verfolgte Zweck gefährdet würde. Gegen die Einspruchsentscheidung ist der Finanzrechtsweg gegeben.

12. Kann der Beteiligte infolge des Ausschlusses seines Auskunftsanspruchs die Richtigkeit der zu seiner Person gespeicherten Daten und die Rechtmäßigkeit ihrer fortdauernden Speicherung nicht zeitnah überprüfen lassen, sind ihm diese Daten spätestens dann mitzuteilen, wenn sie in einem konkreten steuerlichen Verfahren zu seinem Nachteil herangezogen werden.

Rechtsprechung

BFH vom 15. 10. 2008 – II B 91/08 (ZInsO 2009 S. 47)

Macht ein Insolvenzverwalter geltend, der Rechtsfrage, ob er nach Ablauf der Frist für die Insolvenzanfechtung im Hinblick auf zur Insolvenztabelle angemeldete Säumniszuschläge vom FA die Erteilung eines Kontoauszugs für den Schuldner für einen bestimmten Zeitraum vor Eröffnung des Insolvenzverfahrens verlangen könne, komme grundsätzliche Bedeutung zu, muss er u. a. darlegen, dass dafür trotz der Möglichkeit, den Säumniszuschlägen zu widersprechen, ein Rechtsschutzbedürfnis bestehe.

BGH vom 13. 8. 2009 – IX ZR 58/06 (HFR 2010 S. 299)

1. Ein Insolvenzverwalter kann einen Anspruch auf Auskunftserteilung nicht aus dem Rechtsverhältnis herleiten, das zwischen der Insolvenzschuldnerin und dem FA besteht. Die AO regelt einen Auskunftsanspruch nicht. Der BFH hat zwar unter bestimmten Voraussetzungen einen Auskunftsanspruch aus dem Rechtsstaatsprinzip in Verbindung mit dem Grundrecht der Berufsfreiheit des Art. 12 Abs. 1 GG und dem Prozessgrundrecht des Art. 19 Abs. 4 GG angenommen (BFHE 215, 32). Ob diese Voraussetzungen im Streitfall vorlagen, konnte offen bleiben, denn der Insolvenzverwalter verlangte die Auskunft nicht, um steuerliche Rechte der Insolvenzschuldnerin zu wahren, sondern aus zugunsten der Gesamtheit der Gläubiger Zahlungen der Schuldnerin im Wege der Anfechtung zur Insolvenzmasse zu ziehen.

2. Das beklagte Land ist auch nicht nach Treu und Glauben zur Auskunft verpflichtet.

BFH vom 23. 2. 2010 – VII R 19/09 (BStBl 2010 II S. 729)

1. Einen Anspruch auf Überlassung von Kopien der von Kreditinstituten gemäß § 33 ErbStG eingereichten Anzeigen haben Erben nicht, wenn das Finanzamt die Akte mit dem Vermerk „steuerfrei" geschlossen hat, ohne die Erben an dem Verfahren zu beteiligen.

2. Auch aus Treu und Glauben ergibt sich kein Informationsanspruch gegen das Finanzamt, wenn die Auskunft nicht der Wahrnehmung von Rechten im Besteuerungsverfahren dienen kann.

§ 92 Beweismittel

¹Die Finanzbehörde bedient sich der Beweismittel, die sie nach pflichtgemäßem Ermessen zur Ermittlung des Sachverhalts für erforderlich hält. ²Sie kann insbesondere
1. Auskünfte jeder Art von den Beteiligten und anderen Personen einholen,
2. Sachverständige zuziehen,

3. Urkunden und Akten beiziehen,
4. den Augenschein einnehmen.

AEAO Anwendungserlass zur Abgabenordnung

1 Zu § 92 – Beweismittel

Die Finanzbehörden sind verpflichtet, die Steuern nach Maßgabe der Gesetze gleichmäßig festzusetzen und zu erheben (§ 85). Sie müssen dazu den steuererheblichen Sachverhalt von Amts wegen aufklären (§ 88). Hierbei sind sie auf die gesetzlich vorgeschriebene Mitwirkung der Beteiligten (§ 90) angewiesen.

Es besteht dabei zwar keine Verpflichtung der Finanzbehörden, in jedem Fall alle Angaben des Beteiligten auf Vollständigkeit und Richtigkeit zu prüfen (vgl. zu § 88); soweit die Finanzbehörde im Einzelfall jedoch Anlass dazu sieht, hat sie die Angaben des Beteiligten zu überprüfen. Anderenfalls ergäbe sich eine Steuerbelastung, die nahezu allein auf der Erklärungsbereitschaft und der Ehrlichkeit des einzelnen Beteiligten beruhte (vgl. BVerfG-Urteil vom 27. 6. 1991 – 2 BvR 1493/89 – BStBl II, S. 654).

Die Finanzbehörde kann sich zur Ermittlung des steuerrelevanten Sachverhalts aller Beweismittel bedienen, die sie nach pflichtgemäßem Ermessen zur Ermittlung des Sachverhalts für erforderlich hält (§ 92). Die Erforderlichkeit der Beweiserhebung ist von der Finanzbehörde nach den Umständen des jeweiligen Einzelfalles im Wege der Prognose zu beurteilen.

II. Beweis durch Auskünfte und Sachverständigengutachten (§§ 93–96)

§ 93 Auskunftspflicht der Beteiligten und anderer Personen

(1) ¹Die Beteiligten und andere Personen haben der Finanzbehörde die zur Feststellung eines für die Besteuerung erheblichen Sachverhalts erforderlichen Auskünfte zu erteilen. ²Dies gilt auch für nicht rechtsfähige Vereinigungen, Vermögensmassen, Behörden und Betriebe gewerblicher Art der Körperschaften des öffentlichen Rechts. ³Andere Personen als die Beteiligten sollen erst dann zur Auskunft angehalten werden, wenn die Sachverhaltsaufklärung durch die Beteiligten nicht zum Ziel führt oder keinen Erfolg verspricht.

(2) ¹In dem Auskunftsersuchen ist anzugeben, worüber Auskünfte erteilt werden sollen und ob die Auskunft für die Besteuerung des Auskunftspflichtigen oder für die Besteuerung anderer Personen angefordert wird. ²Auskunftsersuchen haben auf Verlangen des Auskunftspflichtigen schriftlich zu ergehen.

(3) ¹Die Auskünfte sind wahrheitsgemäß nach bestem Wissen und Gewissen zu erteilen. ²Auskunftspflichtige, die nicht aus dem Gedächtnis Auskunft geben können, haben Bücher, Aufzeichnungen, Geschäftspapiere und andere Urkunden, die ihnen zur Verfügung stehen, einzusehen und, soweit nötig, Aufzeichnungen daraus zu entnehmen.

(4) ¹Der Auskunftspflichtige kann die Auskunft schriftlich, elektronisch, mündlich oder fernmündlich erteilen. ²Die Finanzbehörde kann verlangen, dass der Auskunftspflichtige schriftlich Auskunft erteilt, wenn dies sachdienlich ist.

(5) ¹Die Finanzbehörde kann anordnen, dass der Auskunftspflichtige eine mündliche Auskunft an Amtsstelle erteilt. ²Hierzu ist sie insbesondere dann befugt, wenn trotz Aufforderung eine schriftliche Auskunft nicht erteilt worden ist oder eine schriftliche Auskunft nicht zu einer Klärung des Sachverhalts geführt hat. ³Absatz 2 Satz 1 gilt entsprechend.

(6) ¹Auf Antrag des Auskunftspflichtigen ist über die mündliche Auskunft an Amtsstelle eine Niederschrift aufzunehmen. ²Die Niederschrift soll den Namen der anwesenden Personen, den Ort, den Tag und den wesentlichen Inhalt der Auskunft enthalten. ³Sie soll von dem Amtsträger, dem die mündliche Auskunft erteilt wird, und dem Auskunftspflichtigen unterschrieben werden. ⁴Den Beteiligten ist eine Abschrift der Niederschrift zu überlassen.

(7) ¹Ein automatisierter Abruf von Kontoinformationen nach § 93b ist nur zulässig, soweit
1. der Steuerpflichtige eine Steuerfestsetzung nach § 32d Abs. 6 des Einkommensteuergesetzes beantragt oder
2. – aufgehoben –

---

[1]) § 93 Abs. 7 Satz 1 Nr. 2 AO wurde durch Art. 3 Nr. 3 des Steuervereinfachungsgesetzes 2011 vom 1. 11. 2011 (BGBl. 2011 I S. 2131, BStBl 2011 I S. 986) mit Wirkung ab 1. 1. 2012 aufgehoben. Die am 31. 12. 2011 geltende Fassung ist nach Art. 97 § 26 EGAO für Veranlagungszeiträume vor 2012 weiterhin anzuwenden.

und der Abruf in diesen Fällen zur Festsetzung der Einkommensteuer erforderlich ist oder er erforderlich ist
3. zur Feststellung von Einkünften nach den §§ 20 und 23 Abs. 1 des Einkommensteuergesetzes in Veranlagungszeiträumen bis einschließlich des Jahres 2008 oder
4. zur Erhebung von bundesgesetzlich geregelten Steuern
oder
5. der Steuerpflichtige zustimmt.

²In diesen Fällen darf die Finanzbehörde oder in den Fällen des § 1 Abs. 2 die Gemeinde das Bundeszentralamt für Steuern ersuchen, bei den Kreditinstituten einzelne Daten aus den nach § 93b Abs. 1 zu führenden Dateien abzurufen; in den Fällen des Satzes 1 Nr. 1 bis 4 darf ein Abrufersuchen nur dann erfolgen, wenn ein Auskunftsersuchen an den Steuerpflichtigen nicht zum Ziel geführt hat oder keinen Erfolg verspricht.

(8) ¹Die für die Verwaltung
1. der Grundsicherung für Arbeitsuchende nach dem Zweiten Buch Sozialgesetzbuch,
2. der Sozialhilfe nach dem Zwölften Buch Sozialgesetzbuch,
3. der Ausbildungsförderung nach dem Bundesausbildungsförderungsgesetz,
4. der Aufstiegsfortbildungsförderung nach dem Aufstiegsfortbildungsförderungsgesetz und
5. des Wohngeldes nach dem Wohngeldgesetz

zuständigen Behörden dürfen das Bundeszentralamt für Steuern ersuchen, bei den Kreditinstituten die in § 93b Abs. 1 bezeichneten Daten abzurufen, soweit dies zur Überprüfung des Vorliegens der Anspruchsvoraussetzungen erforderlich ist und ein vorheriges Auskunftsersuchen an den Betroffenen nicht zum Ziel geführt hat oder keinen Erfolg verspricht. ²Für andere Zwecke ist ein Abrufersuchen an das Bundeszentralamt für Steuern hinsichtlich der in § 93b Abs. 1 bezeichneten Daten nur zulässig, soweit dies durch ein Bundesgesetz ausdrücklich zugelassen ist.

(9) ¹Vor einem Abrufersuchen nach Absatz 7 oder Absatz 8 ist der Betroffene auf die Möglichkeit eines Kontenabrufs hinzuweisen; dies kann auch durch ausdrücklichen Hinweis in amtlichen Vordrucken und Merkblättern geschehen. ²Nach Durchführung eines Kontenabrufs ist der Betroffene vom Ersuchenden über die Durchführung zu benachrichtigen. ³Ein Hinweis nach Satz 1 erster Halbsatz und eine Benachrichtigung nach Satz 2 unterbleiben, soweit
1. sie die ordnungsgemäße Erfüllung der in der Zuständigkeit des Ersuchenden liegenden Aufgaben gefährden würden,
2. sie die öffentliche Sicherheit oder Ordnung gefährden oder sonst dem Wohle des Bundes oder eines Landes Nachteile bereiten würden oder
3. die Tatsache des Kontenabrufs nach einer Rechtsvorschrift oder seinem Wesen nach, insbesondere wegen der überwiegenden berechtigten Interessen eines Dritten, geheim gehalten werden muss

und deswegen das Interesse des Betroffenen zurücktreten muss; § 19 Abs. 5 und 6 des Bundesdatenschutzgesetzes in der Fassung der Bekanntmachung vom 14. Januar 2003 (BGBl. I S. 66), das zuletzt durch Artikel 1 des Gesetzes vom 22. August 2006 (BGBl. I S. 1970) geändert worden ist, in der jeweils geltenden Fassung gilt entsprechend, soweit gesetzlich nichts anderes bestimmt ist.

(10) Ein Abrufersuchen nach Absatz 7 oder Absatz 8 und dessen Ergebnis sind vom Ersuchenden zu dokumentieren.

Bundesdatenschutzgesetz BDSG

In der Fassung der Bekanntmachung vom 14. 1. 2203 (BGBl. 2003 I S. 66), zuletzt geändert durch Art. 1 des Gesetzes vom 14. 8. 2009 (BGBl. 2009 I S. 2814)

– Auszug –

§ 19 Auskunft an den Betroffenen

...

(5) ¹Die Ablehnung der Auskunftserteilung bedarf einer Begründung nicht, soweit durch die Mitteilung der tatsächlichen und rechtlichen Gründe, auf die Entscheidung gestützt wird, der mit der Auskunftsverweigerung verfolgte Zweck gefährdet würde. ²In diesem Fall ist der Betroffene darauf hinzuweisen, dass er sich an den Bundesbeauftragten für den Datenschutz und die Informationsfreiheit wenden kann.

§ 93 AO
AEAO § 19 BDSG

(6) ¹Wird dem Betroffenen keine Auskunft erteilt, so ist sie auf sein Verlangen dem Bundesbeauftragten für den Datenschutz und die Informationsfreiheit zu erteilen, soweit nicht die jeweils zuständige oberste Bundesbehörde im Einzelfall feststellt, dass dadurch die Sicherheit des Bundes oder eines Landes gefährdet würde. ²Die Mitteilung des Bundesbeauftragten an den Betroffenen darf keine Rückschlüsse auf den Erkenntnisstand der verantwortlichen Stelle zulassen, sofern diese nicht einer weitergehenden Auskunft zustimmt.

AEAO

Anwendungserlass zur Abgabenordnung

2 Zu § 93 – Auskunftspflicht der Beteiligten und anderer Personen:

1. Auskunftsersuchen nach § 93 Abs. 1 Satz 1

1.1 Auskunftsersuchen nach § 93 Abs. 1 Satz 1 sind im gesamten Besteuerungsverfahren, d. h. auch im Rechtsbehelfsverfahren oder im Vollstreckungsverfahren (§ 249 Abs. 2 Satz 1; BFH-Urteil vom 22. 2. 2000 – VII R 73/98 –, BStBl II S. 366), möglich. Im Rahmen der Außenprüfung und der Steuerfahndung sind die Regelungen in §§ 200, 208, 210 und 211 zu beachten. Im Steuerstraf- und -bußgeldverfahren gelten nach § 385 Abs. 1 und § 410 Abs. 1 die Vorschriften der StPO und des OWiG.

1.2 Voraussetzung für ein Auskunftsersuchen nach § 93 Abs. 1 Satz 1 ist, dass die Heranziehung eines Auskunftspflichtigen im Einzelfall aufgrund hinreichender konkreter Umstände oder aufgrund allgemeiner Erfahrungen geboten ist (vgl. BFH-Urteile vom 29. 10. 1986 – VII R 82/85 –, BStBl 1988 II S. 359, und vom 18. 3. 1987 – II R 35/86 –, BStBl II S. 419). Unter dieser Voraussetzung sind grundsätzlich auch Sammelauskunftsersuchen zulässig (vgl. BFH-Urteil vom 24. 10. 1989 – VII R 1/87, BStBl 1990 II S. 198). Unzulässig sind Auskunftsersuchen „ins Blaue hinein" (vgl. BFH-Urteil vom 23. 10. 1990 – VIII R 1/86 – BStBl 1991 II S. 277).

Darüber hinaus müssen die Auskunft zur Sachverhaltsaufklärung geeignet und notwendig, die Pflichterfüllung für den Betroffenen möglich und dessen Inanspruchnahme geeignet, erforderlich und zumutbar sein (vgl. BFH-Urteile vom 29. 10. 1986 und vom 24. 10. 1989, jeweils a. a. O.). Die Erforderlichkeit eines Auskunftsersuchens ist von der zuständigen Finanzbehörde nach den Umständen des Einzelfalles und unter Berücksichtigung allgemeiner Erfahrungen im Wege der Prognose zu beurteilen. Die Erforderlichkeit setzt keinen begründeten Verdacht voraus, dass steuerrechtliche Unregelmäßigkeiten vorliegen; es genügt, wenn aufgrund konkreter Momente oder aufgrund allgemeiner Erfahrungen ein Auskunftsersuchen angezeigt ist (vgl. BFH-Urteil vom 17. 3. 1992 – VII R 122/91 –, BFH/NV S. 791).

1.3 Die Finanzämter können Auskunftsersuchen an die Beteiligten (§ 78), aber auch an andere Personen richten, wenn das Ersuchen zur Feststellung eines für die Besteuerung erheblichen Sachverhalts erforderlich ist.

1.4 Die Auskunftspflicht anderer Personen ist wie die prozessuale Zeugenpflicht eine allgemeine Staatsbürgerpflicht und verfassungsrechtlich unbedenklich (vgl. BFH-Urteil vom 22. 2. 2000 – VII R 73/98 –, BStBl II S. 366, und Beschluss des BVerfG vom 15. 11. 2000 – 1 BvR 1213/00 –, BStBl 2002 II S. 142). Eine Auskunftspflicht besteht nicht, soweit dem Dritten ein Auskunftsverweigerungsrecht zusteht (vgl. §§ 101 – 103).

An Dritte soll ein Auskunftsersuchen erst herangetreten werden, wenn die Sachverhaltsaufklärung durch die Beteiligten selbst nicht zum Ziel führt oder keinen Erfolg verspricht (§ 93 Abs. 1 Satz 3). Unerheblich ist dabei, worauf dies zurück zu führen ist. Ob die Voraussetzungen des § 93 Abs. 1 Satz 3 vorliegen, entscheidet die Finanzbehörde im Einzelfall anhand einer Prognoseentscheidung nach pflichtgemäßem Ermessen (vgl. BFH-Urteil vom 22. 2. 2000, a. a. O.).

Die Sachaufklärung durch die Beteiligten hat nicht zum Ziel geführt, wenn sie zwar versucht worden ist, aber letztlich nicht gelungen ist. Unerheblich ist dabei insbesondere, ob die Beteiligten den Sachverhalt nicht aufklären konnten oder wollten.

Die Sachaufklärung durch die Beteiligten verspricht keinen Erfolg, wenn sie nach den Umständen des Einzelfalles oder nach den bisherigen Erfahrungen der Finanzbehörde mit den Beteiligten nicht zu erwarten ist.

Auskunftsersuchen an Dritte können insbesondere geboten sein, wenn die Beteiligten keine eigenen Kenntnisse über den relevanten Sachverhalt besitzen und eine Auskunft daher ohne Hinzuziehung Dritter nicht erteilt werden kann; in diesem Fall ist das Auskunftsersuchen unmittelbar an denjenigen zu richten, der über die entsprechenden Kenntnisse verfügt. Ein Auskunftsersuchen an einen Dritten kann aber auch geboten sein, wenn eine Auskunft des Beteiligten aufgrund konkreter Umstände von vornherein als unwahr zu werten wäre.

1.5 Ein Dritter kann sich seinen Auskunftspflichten nicht mit dem Hinweis auf die Möglichkeit entziehen, auch andere seien zur gewünschten Auskunft in der Lage. § 93 Abs. 1 Satz 3 sieht keine Rangfolge vor, welche von mehreren – möglicherweise – als Auskunftspflichtige in Betracht kommenden Personen in Anspruch zu nehmen ist (vgl. BFH-Urteil vom 22. 2. 2000 – VII R 73/98 –, BStBl II S. 366).

Die Auswahl hat nach pflichtgemäßem Ermessen zu erfolgen. Dabei ist auch eine Interessenabwägung zwischen den besonderen Belastungen, denen ein Auskunftsverpflichteter ausgesetzt ist, und dem Interesse der Allgemeinheit an der möglichst gleichmäßigen Festsetzung und Erhebung der Steueransprüche vorzunehmen. Die Beantwortung eines Auskunftsersuchens ist i. d. R. auch dann zumutbar, wenn mit dessen Befolgung eine nicht unverhältnismäßige Beeinträchtigung eigenwirtschaftlicher Interessen verbunden ist (vgl. BVerfG-Beschluss vom 15. 11. 2000 – 1 BvR 1213/00 –, BStBl 2002 II S. 142).

1.6 § 30a steht einem Auskunftsersuchen an Kreditinstitute nicht entgegen (§ 30a Abs. 5; vgl. zu § 30a, Nr. 2).

1.7 Vor Befragung eines Dritten soll der Beteiligte, falls der Ermittlungszweck nicht gefährdet wird, über die Möglichkeit eines Auskunftsersuchens gegenüber Dritten informiert werden, um es gegebenenfalls abwenden zu können und damit zu verhindern, dass seine steuerlichen Verhältnisse Dritten bekannt werden. Falls der Ermittlungszweck nicht gefährdet wird, ist der Beteiligte über das Auskunftsersuchen zu informieren.

1.8 Im Auskunftsersuchen ist anzugeben, worüber Auskunft erteilt werden soll und für die Besteuerung welcher Person die Auskunft angefordert wird (§ 93 Abs. 2 Satz 1). Zur Begründung des Ersuchens reichen im Allgemeinen die Angabe der Rechtsgrundlage sowie bei einem Auskunftsersuchen an einen Dritten der Hinweis aus, dass die Sachverhaltsaufklärung durch die Beteiligten nicht zum Ziele geführt hat oder keinen Erfolg verspricht. Eine Begründung des Auskunftsersuchens hinsichtlich der Frage, warum die Finanzbehörde einen bestimmten Auskunftspflichtigen vor einem anderen Auskunftsverpflichteten in Anspruch nimmt, ist nur erforderlich, wenn gewichtige Anhaltspunkte dafür bestehen, dass der andere vorrangig in Anspruch zu nehmen sein könnte (BFH-Urteil vom 22. 2. 2000 – VII R 73/98 – BStBl II, S. 366).

1.9 Auskunftsersuchen nach § 93 Abs. 1 Satz 1 sind Verwaltungsakte i. S. d. § 118. Für Auskunftsersuchen ist keine bestimmte Form vorgesehen (§ 119 Abs. 2). Regelmäßig ist jedoch Schriftform angebracht (vgl. § 93 Abs. 2 Satz 2). Im Auskunftsersuchen ist eine angemessene Frist zur Auskunftserteilung zu bestimmen sowie anzugeben, in welcher Form die Auskunft erteilt werden soll (vgl. § 93 Abs. 4).

2. **Kontenabruf nach § 93 Abs. 7 in der ab dem 1. 1. 2009 geltenden Fassung**

2.1 Die Finanzbehörde kann unter den Voraussetzungen des § 93 Abs. 7 bei den Kreditinstituten über das Bundeszentralamt für Steuern folgende Bestandsdaten zu Konten- und Depotverbindungen abrufen:

– die Nummer eines Kontos, das der Verpflichtung zur Legitimationsprüfung i. S. d. § 154 Abs. 2 Satz 1 unterliegt, oder eines Depots,

– der Tag der Errichtung und der Tag der Auflösung des Kontos oder Depots,

– der Name, sowie bei natürlichen Personen der Tag der Geburt, des Inhabers und eines Verfügungsberechtigten sowie

– der Name und die Anschrift eines abweichend wirtschaftlich Berechtigten (§ 1 Abs. 6 GwG).

Kontenbewegungen und Kontenstände können auf diesem Weg nicht ermittelt werden.

Die Verpflichtung der Kreditinstitute, Daten für einen Kontenabruf durch das Bundeszentralamt für Steuern bereitzuhalten, ergibt sich unmittelbar aus § 93b AO i. V. m. § 24c KWG und bedarf daher keines Verwaltungsaktes.

2.2 Ein Kontenabruf nach § 93 Abs. 7 ist nur in den gesetzlich abschließend aufgezählten Fällen möglich.

2.2.1 Steuerpflichtige, deren persönlicher Steuersatz niedriger ist als der Abgeltungsteuersatz, können nach § 32d Abs. 6 EStG beantragen, dass ihre Einkünfte nach § 20 EStG im Rahmen einer Einkommensteuerveranlagung ihrem individuellen niedrigeren Steuersatz unterworfen werden (Günstigerprüfung). In diesem Fall muss der Steuerpflichtige sämtliche Kapitalerträge erklären (§ 32d Abs. 6 Satz 2 und 3 EStG). Die Finanzbehörden müssen daher prüfen können, ob neben den erklärten Einkünften noch andere Einkünfte nach § 20 EStG vorliegen (vgl. § 93 Abs. 7 Satz 1 Nr. 4).

2.2.2 In den Fällen des § 2 Abs. 5b Satz 2 EStG ist die Kenntnis aller vom Steuerpflichtigen erzielten Kapitalerträge i. S. d. § 32d Abs. 1 und § 43 Abs. 5 EStG erforderlich. Die Finanzbehörden müssen deshalb prüfen können, ob neben erklärten Einnahmen bisher nicht erklärte Kapitalerträge vorliegen (vgl. § 93 Abs. 7 Satz 1 Nr. 2).

2.2.3 § 93 Abs. 7 Satz 1 Nr. 3 dient der Verifikation von Einkünften nach § 20 und § 23 Abs. 1 EStG für die Veranlagungszeiträume bis einschließlich 2008.

2.2.4 Nach § 93 Abs. 7 Satz 1 Nr. 4 ist ein Kontenabruf zulässig, wenn er zur Erhebung (einschließlich der Vollstreckung) von bundesgesetzlich geregelten Steuern, mithin auch von Landessteuern, die durch Bundesgesetz geregelt sind, erforderlich ist (zur Erforderlichkeit vgl. Nr. 2.3). Bei der Geltendmachung von Haftungsansprüchen ist ein Kontenabruf nach § 93 Abs. 7 Satz 1 Nr. 4 zur Erhebung (einschließlich der Vollstreckung) von Haftungsansprüchen zulässig, nicht zur Vorbereitung der Festsetzung eines Haftungsanspruchs.

2.2.5 In den Fällen der Nrn. 2.2.1 bis 2.2.3 ist ein Kontenabruf nur zulässig, wenn er im Einzelfall zur Festsetzung der Einkommensteuer erforderlich ist (vgl. dazu Nr. 2.3). Des Weiteren darf in den Fällen der Nrn. 2.2.1 bis 2.2.4 ein Abrufersuchen nur dann erfolgen, wenn ein Auskunftsersuchen an den Steuerpflichtigen nicht zum Ziel geführt hat oder keinen Erfolg verspricht (§ 93 Abs. 7 Satz 2). Da im Vollstreckungsverfahren eine Gefährdung der Ermittlungszwecke zu befürchten ist, wenn der säumige Steuerschuldner vor einem Kontenabruf individuell informiert würde, muss eine Information des Betroffenen vor Durchführung eines Kontenabrufs nach § 93 Abs. 7 Satz 1 Nr. 4 unterbleiben (vgl. § 93 Abs. 9 Satz 3 Nr. 1). Es reicht aus, dass säumige Steuerschuldner in der Zahlungserinnerung auf die Möglichkeiten der Zwangsvollstreckung (einschließlich der Möglichkeit eines Kontenabrufs) hingewiesen werden (§ 93 Abs. 9 Satz 1 zweiter Halbsatz).

2.2.6 Darüber hinaus ist ein Kontenabruf nur mit Zustimmung des Steuerpflichtigen zulässig (§ 93 Abs. 7 Satz 1 Nr. 5). Der Steuerpflichtige kann seine Zustimmung zu einem Kontenabruf auf Aufforderung der Finanzverwaltung oder unaufgefordert erteilen.

Wenn die Finanzbehörde eine Überprüfung der Angaben des Steuerpflichtigen mittels eines Kontenabrufs für erforderlich hält, weil sie Zweifel daran hat, ob die Angaben des Steuerpflichtigen vollständig und richtig sind, kann sie ihn nach § 93 Abs. 7 Satz 1 Nr. 5 auffordern, zur Aufklärung des Sachverhalts einem Kontenabruf zuzustimmen.

In Betracht kommen insbesondere Fälle, in denen aufgeklärt werden soll, ob der Steuerpflichtige betriebliche Erlöse zutreffend in seiner Buchführung erfasst hat oder ob steuerpflichtige Einnahmen auf „private" Konten geflossen sind. Die Finanzbehörden können den Steuerpflichtigen auch dann zur Zustimmung zu einem Kontenabruf auffordern, wenn noch kein strafrechtlicher Anfangsverdacht vorliegt.

Erteilt der Steuerpflichtige trotz Aufforderung die Zustimmung zu einem Kontenabruf nicht und bestehen tatsächliche Anhaltspunkte für die Unrichtigkeit oder Unvollständigkeit der vom Steuerpflichtigen gemachten Angaben zu steuerpflichtigen Einnahmen oder Betriebsvermögensmehrungen, sind die Besteuerungsgrundlagen nach § 162 Abs. 2 Satz 2 zu schätzen (vgl. auch zu § 162, Nr. 6).

2.2.7 Für Besteuerungsverfahren, auf die die AO nach § 1 nicht unmittelbar anwendbar ist, ist ein Kontenabruf nach § 93 Abs. 7 nicht zulässig. Für strafrechtliche Zwecke kann ein Kontenabruf nur nach § 24c KWG erfolgen. Der Kontenabruf entspricht einer elektronischen Einnahme des Augenscheins und stellt einen Realakt dar.

2.3 Ein Kontenabruf steht im Ermessen der Finanzbehörde und kann nur anlassbezogen und zielgerichtet erfolgen und muss sich auf eine eindeutig bestimmte Person beziehen. Bei der Ausübung des Ermessens sind die Grundsätze der Gleichmäßigkeit der Besteuerung, der Verhältnismäßigkeit der Mittel, der Erforderlichkeit, der Zumutbarkeit, der Billigkeit und von Treu und Glauben sowie das Willkürverbot und das Übermaßverbot zu beachten (vgl. zu § 5, Nr. 1).

Die Erforderlichkeit, die von der Finanzbehörde im Einzelfall im Wege einer Prognose zu beurteilen ist, setzt keinen begründeten Verdacht dafür voraus, dass steuerrechtliche Unregelmäßigkeiten vorliegen. Es genügt vielmehr, wenn aufgrund konkreter Momente oder aufgrund allgemeiner Erfahrungen ein Kontenabruf angezeigt ist (vgl. BVerfG-Beschluss vom 13. 6. 2007 – 1 BvR 1550/03, 1 BvR 2357/04, 1 BvR 603/05 – BStBl II, S. 896).

2.4 Die Verantwortung für die Zulässigkeit des Datenabrufs und der Datenübermittlung trägt die ersuchende Finanzbehörde (§ 93b Abs. 3). Das Bundeszentralamt für Steuern darf lediglich prüfen, ob das Ersuchen plausibel ist.

2.5 Ein Kontenabruf nach § 93 Abs. 7 ist auch zulässig, um Konten oder Depots zu ermitteln, hinsichtlich derer der Steuerpflichtige zwar nicht Verfügungsberechtigter, aber wirtschaftlich Berechtigter ist. Dies gilt auch dann, wenn der Verfügungsberechtigte nach § 102 die Auskunft verweigern könnte (z. B. im Fall von Anderkonten von Anwälten). Denn ein Kontenabruf erfolgt bei dem Kreditinstitut und nicht bei dem Berufsgeheimnisträger. Das Kreditinstitut hat aber kein Auskunftsverweigerungsrecht und muss daher auch nach § 93 Abs. 1 Satz 1 Auskunft geben darüber, ob bei festgestellten Konten eines Berufsgeheimnisträgers eine andere Person wirtschaftlich Berechtigter ist. Das Vertrauensverhältnis zwischen dem Berufsgeheimnisträger und seinem Mandanten bleibt dadurch unberührt.

Ein Kontenabruf nach § 93 Abs. 7 ist auch im Besteuerungsverfahren eines Berufsgeheimnisträgers i. S. d. § 102 grundsätzlich zulässig. Bei der gebotenen Ermessensentscheidung (vgl. Nr. 2.3) ist in diesem Fall zusätzlich eine Güterabwägung zwischen der besonderen Bedeutung der Verschwiegenheitspflicht des Berufgeheimnisträgers und der Bedeutung der Gleichmäßigkeit der Besteuerung unter Berücksichtigung des Verhältnismäßigkeitsprinzips vorzunehmen (vgl. BVerfG-Urteil vom 30. 3. 2004 – 2 BvR 1520/01, 2 BvR 1521/01 –, BVerfGE 110, 226, und BFH-Urteil vom 26. 2. 2004 – IV R 50/01 – BStBl II, S. 502). Über Anderkonten eines Berufsgeheimnisträgers i. S. d. § 102, die durch einen Kontenabruf im Besteuerungsverfahren des Berufsgeheimnisträgers festgestellt werden, sind keine Kontrollmitteilungen zu fertigen.

2.6 Ob die Sachaufklärung durch den Beteiligten zum Ziel führt oder Erfolg verspricht oder ob dies nicht zutrifft, ist eine Frage der Beweiswürdigung (vgl. Nr. 1.4). Diese Beweiswürdigung obliegt der Finanzbehörde.

Die Finanzbehörde soll zunächst dem Beteiligten Gelegenheit geben, Auskunft über seine Konten und Depots zu erteilen und ggf. entsprechende Unterlagen (z. B. Konto- oder Depotauszüge) vorzulegen, es sei denn, der Ermittlungszweck würde dadurch gefährdet. Hierbei soll auch bereits darauf hingewiesen werden, dass die Finanzbehörde unter den Voraussetzungen des § 93 Abs. 7 einen Kontenabruf durchführen lassen oder bei Verweigerung der Zustimmung zu einem Kontenabruf nach § 93 Abs. 7 Satz 1 Nr. 5 die Besteuerungsgrundlagen nach § 162 Abs. 2 Satz 2 schätzen kann, wenn die Sachaufklärung durch den Beteiligten nicht zum Ziel führt.

2.7 Hat sich durch einen Kontenabruf herausgestellt, dass Konten oder Depots vorhanden sind, die der Beteiligte auf Nachfrage (vgl. Nr. 2.6) nicht angegeben hat, ist er über das Ergebnis des Kontenabrufs zu informieren (§ 93 Abs. 9 Satz 2). Hierbei ist der Beteiligte darauf hinzuweisen, dass die Finanzbehörde das betroffene Kreditinstitut nach § 93 Abs. 1 Satz 1 um Auskunft ersuchen kann, wenn ihre Zweifel durch die Auskunft des Beteiligten nicht ausgeräumt werden.

Würde durch eine vorhergehende Information des Beteiligten der Ermittlungszweck gefährdet (§ 93 Abs. 9 Satz 3 Nr. 1) oder ergibt sich aus den Umständen des Einzelfalles, dass eine Aufklärung durch den Beteiligten selbst nicht zu erwarten ist, kann sich die Finanzbehörde nach § 93 Abs. 1 Satz 1 unmittelbar an die betreffenden Kreditinstitute wenden (vgl. Nrn. 1.4 und 1.7) bzw. andere erforderliche Maßnahmen ergreifen. In diesen Fällen ist der Beteiligte nachträglich über die Durchführung des Kontenabrufs zu informieren.

2.8 Wurden die Angaben des Beteiligten durch einen Kontenabruf bestätigt, ist der Beteiligte gleichwohl über die Durchführung des Kontenabrufs zu informieren, z. B. durch eine Erläuterung im Steuerbescheid: „Es wurde ein Kontenabruf nach § 93 Abs. 7 durchgeführt."

2.9 Die Rechtmäßigkeit eines Kontenabrufs nach § 93 Abs. 7 kann vom Finanzgericht im Rahmen der Überprüfung des Steuerbescheides oder eines anderen Verwaltungsaktes, zu dessen Vorbereitung der Kontenabruf vorgenommen wurde, oder isoliert im Wege der Leistungs- oder (Fortsetzungs-)Feststellungsklage überprüft werden (vgl. zu BVerfG-Beschluss vom 4. 2. 2005 – 2 BvR 308/04 – NJW 2005 S. 1637 unter Absatz-Nr. 19).

3. **Kontenabruf nach § 93 Abs. 8**

Ab dem 18. 8. 2007 dürfen die für die Verwaltung der in § 93 Abs. 8 Satz 1 abschließend aufgezählten Gesetze zuständigen Behörden das Bundeszentralamt für Steuern ohne Zwischenschaltung der Finanzämter ersuchen, bei den Kreditinstituten die in § 93b Abs. 1 bezeichneten Daten abzurufen.

Rechtsprechung

BVerfG vom 27. 6. 1991 – 2 BvR 1493/89 (BStBl 1991 II S. 654) 4

Aus den Gründen:

Der in Art. 2 Abs. 1 in Verbindung mit Art. 1 Abs. 1 und Art. 14 GG verbürgte grundrechtliche Datenschutz gibt einen Schutz gegen unbegrenzte Erhebung, Speicherung, Verwendung oder Weitergabe individualisierter oder individualisierbarer Daten (BVerfGE 65, 1 [43]; 67, 100 [143]). Diese Verbürgung darf nur im überwiegenden Interesse der Allgemeinheit und unter Beachtung des Grundsatzes der Verhältnismäßigkeit durch Gesetz oder aufgrund eines Gesetzes eingeschränkt werden; die Einschränkung darf nicht weitergehen, als zum Schutz öffentlicher Interessen unerlässlich ist.

Die bisher im Steuerrecht verankerten Auskunfts- und Anzeigepflichten sowie die Ermächtigung zur Ausschreibung von Kontrollmitteilungen (§§ 93 Abs. 1, 194 Abs. 3, 208 Abs. 1 AO) genügen diesen Voraussetzungen. Sie sind gesetzlich hinreichend bestimmt und entsprechen dem Grundsatz der Verhältnismäßigkeit.

5 **BVerfG vom 5. 12. 1995 – 1 BvR 1463/89 (HFR 1996 S. 153)**

Die Auskunftspflicht von Beteiligten und Dritten nach § 93 Abs. 1 AO 1977 begegnet keinen verfassungsrechtlichen Bedenken.

6 **BVerfG vom 15. 11. 2000 – 1 BvR 1213/00 (BStBl 2001 II S. 142)**

1. Die Pflicht eines Energieversorgungsunternehmens, den Finanzämtern im Rahmen der Vollstreckung von Steuerforderungen nach § 93 AO Auskunft über die Kontoverbindungen ihrer Kunden erteilen zu müssen, ist verfassungsrechtlich gerechtfertigt.
2. Die in § 93 AO enthaltene Auskunftspflicht ist ein Gemeinwohlbelang, der dem Ziel dient, durch die Inpflichtnahme Privater die Ermittlung steuerrelevanter Tatbestände zu fördern und so für eine wirkungsvolle und gleichmäßige Erfüllung von Steuerschulden Sorge zu tragen. Der Verhältnismäßigkeitsgrundsatz ist sowohl im Hinblick auf die gesetzliche Grundlage als auch auf das konkrete Auskunftsverlangen nicht verletzt.

7 **BFH vom 21. 3. 2002 – VII B 152/01 (BStBl 2002 II S. 495)**

Der Schutz des Bankkunden vor unberechtigten (Sammel-)Auskunftsersuchen ist nur an der Regelung des § 30a Abs. 2 i. V. m. § 30a Abs. 5 AO zu messen. Liegen die Voraussetzungen der §§ 93, 208 Abs. 1 Satz 1 Nr. 3 AO vor, dürfen die Finanzbehörden Auskünfte – auch Sammelauskünfte – bei den Kreditinstituten einholen. Eine Erweiterung des Bankkundenschutzes durch eine entsprechende Anwendung des § 30a Abs. 3 AO ist nicht geboten.

8 **BFH vom 29. 11. 2005 – IX R 49/04 (BStBl 2006 II S. 178)**

Aus den Gründen:

Ein ... normatives Defizit bei den Erhebungsregeln besteht jedenfalls nach der Einführung des sog. Kontenabrufverfahrens nicht mehr. ... Dieses Verfahren führt zu einer umfassenden Verifizierung der vom Steuerpflichtigen zu erklärenden Einkünfte aus der Veräußerung von Wertpapieren, so dass von einem strukturellen Vollzugsdefizit nicht (mehr) auszugehen ist. Zwar können Finanzbehörden Konten und Depots nicht routinemäßig oder stichprobenhaft abrufen, sondern nur, wenn dies im Einzelfall zur Festsetzung oder Erhebung von Steuern erforderlich ist. Dabei ist ein begründeter Verdacht steuerrechtlicher Unregelmäßigkeiten nicht notwendig (vgl. Stahl, KÖSDI 7/2005, 14704 ff., m. w. N.); ein hinreichender Anlass für Ermittlungsmaßnahmen ist schon dann zu bejahen, wenn auf Grund konkreter Anhaltspunkte oder auf Grund allgemeiner Erfahrungen die Möglichkeit einer Steuerverkürzung in Betracht kommt (vgl. dazu BFH-Beschluss vom 16. Juli 2002 IX B 62/99, BStBl II 2003, 74, unter B. III. 3. d am Ende; vgl. auch AEAO zu § 93 Abs. 7 AO Nr. 2). So kann die ungeklärte Herkunft von Eigenmitteln ebenso einen Kontenabruf angezeigt sein lassen, wie z. B. das (jahrelange) Halten eines Depots, ohne dass private Veräußerungsgeschäfte deklariert wurden.

...

Die Vollzugsmöglichkeiten sind auch für das Streitjahr 1999 durch die Möglichkeit des Kontenabrufs effektiver ausgestaltet, so dass nicht mehr von einem normativen Vollzugsdefizit ausgegangen werden kann. Verfassungsrechtliche Zweifel bestehen gegen die Vorschriften über den Kontenabruf nicht. § 93 Abs. 7 AO räumt der Finanzbehörde das Ermessen ein, ob es vom Kontenabruf Gebrauch macht. Die Grenzen des Ermessens ergeben sich aus dem Gesetz selbst und aus dem im Zusammenwirken mit dem BVerfG im Verfahren der einstweiligen Anordnung geänderten AEAO (a. a. O.; BVerfG in NJW 2005, 1179). Dies reicht aus (weitergehend mit rechtsvergleichenden Hinweisen Tipke in Tipke/Kruse, Abgabenordnung, Finanzgerichtsordnung, § 93 AO [Stand Juli 2005] Tz. 36 ff.; a. A. Göres, NJW 2005, 1902; Schmidt, BB 2005, 2155; zu den Rechtsschutzmöglichkeiten Cöster/Intemann, DStR 2005, 1249; vgl. dazu auch Stahl in KÖSDI 7/2005, a. a. O., m. w. N.).

9 **BFH vom 4. 10. 2006 – VIII R 53/04 (BStBl 2007 II S. 227)**

1. ...
2. Auskunftsbegehren dürfen auch an Dritte gerichtet werden, wenn der Steuerpflichtige unbekannt ist und ein hinreichender Anlass aufgrund konkreter Umstände oder allgemeiner, auch branchenspezifischer, Erfahrungen besteht.

...

BFH vom 5. 10. 2006 – VII R 63/05 (BStBl 2007 II S. 155)   10

1. ...
2. Die Befragung Dritter, auch wenn sie mit den möglichen Steuerverkürzern in keiner unmittelbaren Beziehung stehen, ist – ohne dass es eines Anlasses in ihrer Person oder Sphäre bedürfte – gerechtfertigt, wenn die Steuerfahndung aufgrund ihrer Vorerkenntnisse nach pflichtgemäßem Ermessen zu dem Ergebnis gelangt, dass die Auskunft zu steuererheblichen Tatsachen zu führen vermag.

BFH vom 19. 12. 2006 – VII R 46/05 (BStBl 2007 II S. 365)   11

1. Die Finanzbehörden sind grundsätzlich berechtigt, von einer Rechtsanwaltskammer Auskünfte über für die Besteuerung erhebliche Sachverhalte eines Kammermitglieds einzuholen; die Vorschriften der Berufsordnung über die Verschwiegenheitspflicht des Kammervorstandes stehen dem nicht entgegen.
2. Ein solches Auskunftsersuchen ist auch im Vollstreckungsverfahren zulässig.
3. Es ist nicht unverhältnismäßig oder unzumutbar, wenn das FA für Zwecke der Zwangsvollstreckung eine Rechtsanwaltskammer zur Auskunft über die Bankverbindung eines Kammermitglieds auffordert, sofern diesbezügliche Aufklärungsbemühungen beim Vollstreckungsschuldner erfolglos waren.

BVerfG vom 13. 6. 2007 – 1 BvR 1550/03, 1 BvR 2357/04, 1 BvR 603/05 (BStBl 2007 II S. 896)   12

1. § 93 Abs. 8 AO verstößt gegen das Gebot der Normenklarheit, da er den Kreis der Behörden, die ein Ersuchen zum Abruf von Kontostammdaten stellen können, und die Aufgaben, denen solche Ersuchen dienen sollen, nicht hinreichend bestimmt festlegt.
2. § 24c Abs. 3 Satz 1 Nr. 2 KWG und § 93 Abs. 7 AO sind mit dem Grundgesetz vereinbar.

BFH vom 16. 1. 2009 – VII R 25/08 (BStBl 2009 II S. 582)   13

1. Die allgemeine, nach der Lebenserfahrung gerechtfertigte Vermutung, dass Steuern nicht selten verkürzt und steuerpflichtige Einnahmen nicht erklärt werden, genügt nicht, um Sammelauskunftsersuchen der Steuerfahndung als „hinreichend veranlasst" und nicht als Ausforschung „ins Blaue hinein" erscheinen zu lassen. Hierfür bedarf es vielmehr der Darlegung einer über die bloße allgemeine Lebenserfahrung hinausgehenden, erhöhten Wahrscheinlichkeit, unbekannte Steuerfälle zu entdecken.
2. Sind die durch den Bezug von Bonusaktien der Deutschen Telekom AG erzielten Einkünfte in der von der Bank ihren Kunden übersandten Erträgnisaufstellung nicht erfasst worden, die Kunden aber durch ein Anschreiben klar und unmissverständlich dahin informiert worden, dass diese Einkünfte nach Auffassung der Finanzverwaltung einkommensteuerpflichtig sind, stellt dies keine für eine Steuerhinterziehung besonders anfällige Art der Geschäftsabwicklung dar, die etwa mehr als bei Kapitaleinkünften aus bei Banken gehaltenen Wertpapierdepots sonst dazu herausfordert, solche Einkünfte dem Finanzamt zu verschweigen.

BFH vom 24. 2. 2010 – II R 57/08 (BStBl 2011 II S. 5)   14

Das FA darf im Besteuerungsverfahren eines Bankkunden von der Bank im Regelfall erst dann die Vorlage von Kontoauszügen als Urkunden i. S. von § 97 AO verlangen, wenn die Bank eine zuvor geforderte Auskunft über das Konto nach § 93 AO nicht erteilt hat, wenn die Auskunft unzureichend ist oder Bedenken gegen ihre Richtigkeit bestehen.

BFH vom 30. 3. 2011 – I R 75/10 (HFR 2011 S. 1075)   15

Ein als Auskunftsersuchen bezeichnetes Schreiben eines Finanzamts an eine Bank, das § 93 AO als Rechtsgrundlage für die Pflicht, Auskünfte zu erteilen, benennt, ist regelmäßig als Auskunfts- und nicht als Vorlageverlangen zu beurteilen und löst einen Entschädigungsanspruch gemäß § 107 AO aus.

§ 93a Allgemeine Mitteilungspflichten

(1) ¹Zur Sicherung der Besteuerung (§ 85) kann die Bundesregierung durch Rechtsverordnung mit Zustimmung des Bundesrates Behörden und andere öffentliche Stellen verpflichten,
1. Verwaltungsakte, die die Versagung oder Einschränkung einer steuerlichen Vergünstigung zur Folge haben oder dem Betroffenen steuerpflichtige Einnahmen ermöglichen,
2. Subventionen und ähnliche Förderungsmaßnahmen sowie
3. Anhaltspunkte für Schwarzarbeit, unerlaubte Arbeitnehmerüberlassung oder unerlaubte Ausländerbeschäftigung

den Finanzbehörden mitzuteilen. ²Durch Rechtsverordnung kann auch bestimmt werden, dass bei Zahlungen von Behörden und anderen öffentlichen Stellen sowie von öffentlich-rechtlichen Rundfunkanstalten der Zahlungsempfänger zur Erleichterung seiner steuerlichen Aufzeichnungs- und Erklärungspflichten über die Summe der jährlichen Zahlungen sowie über die Auffassung der Finanzbehörden zu den daraus entstehenden Steuerpflichten zu unterrichten ist; der zuständigen Finanzbehörde sind der Empfänger, der Rechtsgrund und der Zeitpunkt der Zahlungen mitzuteilen. ³Die Verpflichtung der Behörden, anderer öffentlicher Stellen und der Rundfunkanstalten zu Mitteilungen, Auskünften, Anzeigen und zur Amtshilfe aufgrund anderer Vorschriften bleibt unberührt.

(2) Schuldenverwaltungen, Kreditinstitute, Betriebe gewerblicher Art von juristischen Personen des öffentlichen Rechts im Sinne des Körperschaftsteuergesetzes, öffentliche Beteiligungsunternehmen ohne Hoheitsbefugnisse, Berufskammern und Versicherungsunternehmen sind von der Mitteilungspflicht ausgenommen.

(3) ¹In der Rechtsverordnung sind die mitteilenden Stellen, die Verpflichtung zur Unterrichtung des Betroffenen, die mitzuteilenden Angaben und die für die Entgegennahme der Mitteilungen zuständigen Finanzbehörden näher zu bestimmen sowie der Umfang, der Zeitpunkt und das Verfahren der Mitteilung zu regeln. ²In der Rechtsverordnung können Ausnahmen von der Mitteilungspflicht, insbesondere für Fälle geringer steuerlicher Bedeutung, zugelassen werden.

Mitteilungsverordnung (MV)

vom 7. 9. 1993 (BGBl. 1993 I S. 1554), zuletzt geändert durch Artikel 58 des Gesetzes vom 23. 12. 2003 (BGBl. 2003 I S. 2848)

Auf Grund des § 93a der Abgabenordnung vom 16. März 1976 (BGBl. I S. 613, 1977 I S. 269), der durch Artikel 1 Nr. 10 des Gesetzes vom 19. 12. 1985 (BGBl. I S. 2436) eingefügt worden ist, verordnet die Bundesregierung:

1. Teil – Allgemeine Vorschriften

§ 1 Grundsätze

(1) Behörden (§ 6 Abs. 1 der Abgabenordnung) und öffentlich-rechtliche Rundfunkanstalten sind verpflichtet, Mitteilungen an die Finanzbehörden nach Maßgabe der folgenden Vorschriften ohne Ersuchen zu übersenden. Dies gilt nicht, wenn die Finanzbehörden bereits auf Grund anderer Vorschriften über diese Tatbestände Mitteilungen erhalten. Eine Verpflichtung zur Mitteilung besteht auch dann nicht, wenn die Gefahr besteht, daß das Bekanntwerden des Inhalts der Mitteilung dem Wohl des Bundes oder eines deutschen Landes Nachteile bereiten würde. Ist eine mitteilungspflichtige Behörde einer obersten Dienstbehörde nachgeordnet, muß die oberste Behörde dem Unterlassen der Mitteilung zustimmen; die Zustimmung kann für bestimmte Fallgruppen allgemein erteilt werden.

(2) Auf Grund dieser Verordnung sind personenbezogene Daten, die dem Sozialgeheimnis unterliegen (§ 35 des Ersten Buches Sozialgesetzbuch), und nach Landesrecht zu erbringende Sozialleistungen nicht mitzuteilen.

§ 2 Allgemeine Zahlungsmitteilungen

(1) Die Behörden haben Zahlungen mitzuteilen, wenn der Zahlungsempfänger nicht im Rahmen einer land- und forstwirtschaftlichen, gewerblichen oder freiberuflichen Haupttätigkeit gehandelt hat, oder soweit die Zahlung nicht auf das Geschäftskonto des Zahlungsempfängers erfolgt. Zahlungen sind auch mitzuteilen, wenn zweifelhaft ist, ob der Zahlungsempfänger im Rahmen der Haupttätigkeit gehandelt hat oder die Zahlung auf das Geschäftskonto erfolgt. Eine Mitteilungspflicht besteht nicht, wenn ein Steuerabzug durchgeführt wird.

(2) Die Finanzbehörden können Ausnahmen von der Mitteilungspflicht zulassen, wenn die Zahlungen geringe oder keine steuerliche Bedeutung haben.

§ 3 Honorare der Rundfunkanstalten

(1) Die öffentlich-rechtlichen Rundfunkanstalten haben Honorare für Leistungen freier Mitarbeiter mitzuteilen, die in unmittelbarem Zusammenhang mit der Vorbereitung, Herstellung oder Verbreitung von Hörfunk- und Fernsehsendungen erbracht werden. Das gilt nicht, wenn die Besteuerung den Regeln eines Abzugsverfahrens unterliegt oder wenn die Finanzbehörden auf Grund anderweitiger Regelungen Mitteilungen über die Honorare erhalten.

(2) Honorare im Sinne des Absatzes 1 sind alle Güter, die in Geld oder Geldeswert bestehen und dem Steuerpflichtigen für eine persönliche Leistung oder eine Verwertung im Sinne des Urheberrechtsgesetzes zufließen.

§ 4 Wegfall oder Einschränkung einer steuerlichen Vergünstigung

Die Behörden haben Verwaltungsakte mitzuteilen, die den Wegfall oder die Einschränkung einer steuerlichen Vergünstigung zur Folge haben können.

§ 4a Ausfuhrerstattungen

Die Zollbehörden haben den Landesfinanzbehörden die im Rahmen der gemeinsamen Marktorganisationen gewährten Ausfuhrerstattungen mitzuteilen.

§ 5 Ausgleichs- und Abfindungszahlungen nach dem Flurbereinigungsgesetz

Die Flurbereinigungsbehörden haben Ausgleichs- und Abfindungszahlungen nach dem Flurbereinigungsgesetz mitzuteilen.

§ 6 Gewerberechtliche Erlaubnisse und Gestattungen

(1) Die Behörden haben mitzuteilen
1. die Erteilung von Reisegewerbekarten,
2. zeitlich befristete Erlaubnisse sowie Gestattungen nach dem Gaststättengesetz,
3. Bescheinigungen über die Geeignetheit der Aufstellungsorte für Spielgeräte (§ 33c der Gewerbeordnung),
4. Erlaubnisse zur Veranstaltung anderer Spiele mit Gewinnmöglichkeit (§ 33d der Gewerbeordnung),
5. Festsetzungen von Messen, Ausstellungen, Märkten und Volksfesten (§ 69 der Gewerbeordnung),
6. Genehmigungen nach dem Personenbeförderungsgesetz zur Beförderung von Personen mit Kraftfahrzeugen im Linienverkehr, die Unternehmern mit Wohnsitz oder Sitz außerhalb des Geltungsbereichs des Personenbeförderungsgesetzes erteilt werden, und
7. Erlaubnisse zur gewerbsmäßigen Arbeitnehmerüberlassung und
8. die gemäß der Verordnung (EWG) Nr. 2408/92 des Rates vom 23. Juli 1992 über den Zugang von Luftfahrtunternehmen der Gemeinschaft zu Strecken des innergemeinschaftlichen Flugverkehrs (ABl. EG Nr. L 240 S. 8) erteilten Genehmigungen, Verkehrsrechte auszuüben.

(2) Abweichend von § 1 Abs. 2 teilt die Bundesagentur für Arbeit nach Erteilung der erforderlichen Zusicherung folgende Daten der ausländischen Unternehmen mit, die auf Grund bilateraler Regierungsvereinbarungen über die Beschäftigung von Arbeitnehmern zur Ausführung von Werkverträgen tätig werden:
1. die Namen und Anschriften der ausländischen Vertragspartner des Werkvertrages,
2. den Beginn und die Ausführungsdauer des Werkvertrages und
3. den Ort der Durchführung des Werkvertrages.

§ 7 Ausnahmen von der Mitteilungspflicht über Zahlungen

(1) Zahlungen an Behörden, juristische Personen des öffentlichen Rechts, Betriebe gewerblicher Art von Körperschaften des öffentlichen Rechts oder Körperschaften, die steuerbegünstigte Zwecke im Sinne des Zweiten Teils Dritter Abschnitt der Abgabenordnung verfolgen, sind nicht mitzuteilen; maßgebend sind die Verhältnisse zum Zeitpunkt der Zahlung. Das gilt auch für Mitteilungen über Leistungen, die von Körperschaften des öffentlichen Rechts im Rahmen ihrer Beteiligungen an Unternehmen oder Einrichtungen des privaten Rechts erbracht werden.

(2) Mitteilungen nach dieser Verordnung über Zahlungen, mit Ausnahme von wiederkehrenden Bezügen, unterbleiben, wenn die an denselben Empfänger geleisteten Zahlungen im Kalenderjahr weniger als 1 500 Euro betragen; wurden Vorauszahlungen geleistet, sind diese bei der Errechnung des maßgebenden Betrages zu berücksichtigen. Vorauszahlungen sind nicht gesondert mitzuteilen. In der Mitteilung über die abschließende Zahlung ist anzugeben, ob eine oder mehrere Vorauszahlungen geleistet wurden.

(3) Bei wiederkehrenden Bezügen brauchen nur die erste Zahlung, die Zahlungsweise und die voraussichtliche Dauer der Zahlungen mitgeteilt zu werden, wenn mitgeteilt wird, daß es sich um wiederkehrende Bezüge handelt.

2. Teil – Mitteilungen

§ 8 Form und Inhalt der Mitteilungen

(1) Die Mitteilungen sollen schriftlich ergehen. Sie sind für jeden Betroffenen getrennt zu erstellen. Sie können auch auf maschinell verwertbaren Datenträgern oder durch Datenfernübertragung übermittelt werden; in diesen Fällen bedarf das Verfahren der Zustimmung der obersten Finanzbehörde des Landes, in dem die mitteilende Behörde oder Rundfunkanstalt ihren Sitz hat. Eine Übermittlung im automatisierten Abrufverfahren findet nicht statt.

(2) In Mitteilungen über Zahlungen sind die anordnende Stelle, ihr Aktenzeichen, die Bezeichnung (Name, Vorname, Firma), die Anschrift des Zahlungsempfängers und, wenn bekannt, seine Steuernummer sowie sein Geburtsdatum, der Grund der Zahlung (Art des Anspruchs), die Höhe der Zahlung, der Tag der Zahlung oder der Zahlungsanordnung anzugeben. Als Zahlungsempfänger ist stets der ursprüngliche Gläubiger der Forderung zu benennen, auch wenn die Forderung abgetreten, verpfändet oder gepfändet ist.

(3) In Mitteilungen über Verwaltungsakte sind die Behörde, die den Verwaltungsakt erlassen hat, das Aktenzeichen und das Datum des Verwaltungsakts sowie der Gegenstand und Umfang der Genehmigung, Erlaubnis oder gewährten Leistung und die Bezeichnung (Name, Vorname, Firma), die Anschrift des Beteiligten und, wenn bekannt, seine Steuernummer sowie sein Geburtsdatum anzugeben. Die Mitteilungspflicht kann auch durch die Übersendung einer Mehrausfertigung oder eines Abdrucks des Bescheids erfüllt werden. In diesem Fall dürfen jedoch nicht mehr personenbezogene Daten übermittelt werden, als nach Satz 1 zulässig ist.

§ 9 Empfänger der Mitteilungen

(1) Die Mitteilungen sind an das Finanzamt zu richten, in dessen Bezirk der Zahlungsempfänger oder derjenige, für den ein Verwaltungsakt bestimmt ist, seinen Wohnsitz hat. Bei Körperschaften, Personenvereinigungen und Vermögensmassen ist die Mitteilung dem Finanzamt zuzuleiten, in dessen Bezirk sich die Geschäftsleitung befindet. Mitteilungen nach § 6 Abs. 2 sind an das für die Umsatzbesteuerung zuständige Finanzamt zu richten. Bestehen Zweifel über die Zuständigkeit des Finanzamts, ist die Mitteilung an die Oberfinanzdirektionen zu senden, in deren Bezirk die Behörde oder Rundfunkanstalt ihren Sitz hat. Die Oberfinanzdirektion, in deren Bezirk die mitteilungspflichtige Behörde oder Rundfunkanstalt ihren Sitz hat, kann ein Finanzamt bestimmen, an das die mitteilungspflichtige Behörde oder Rundfunkanstalt die Mitteilung zu übersenden hat.

(2) Werden Mitteilungen auf maschinell verwertbaren Datenträgern oder durch Datenfernübertragung übermittelt, kann die oberste Finanzbehörde des Landes, in dem die mitteilungspflichtige Behörde oder Rundfunkanstalt ihren Sitz hat, eine andere Landesfinanzbehörde oder mit Zustimmung des Bundesministeriums der Finanzen eine Finanzbehörde des Bundes als Empfänger der Mitteilungen bestimmen.

§ 10 Zeitpunkt der Mitteilungen

Die Mitteilungen nach § 6 Abs. 2 sind unverzüglich, die Mitteilungen nach den §§ 4 und 6 Abs. 1 sind mindestens vierteljährlich und die übrigen Mitteilungen mindestens einmal jährlich, spätestens bis zum 30. April des Folgejahres, zu übersenden.

3. Teil – Unterrichtung des Betroffenen

§ 11 Pflicht zur Unterrichtung

Die mitteilungspflichtige Behörde oder öffentlich-rechtliche Rundfunkanstalt hat den Betroffenen von ihrer Verpflichtung, Mitteilungen zu erstellen, spätestens bei Übersendung der ersten Mitteilung an die Finanzbehörde zu unterrichten.

§ 12 Inhalt der Unterrichtung

(1) Der Betroffene ist darüber zu unterrichten, daß den Finanzbehörden die nach § 8 geforderten Angaben mitgeteilt werden, soweit sich diese Unterrichtung nicht aus dem Verwaltungsakt, dem Vertrag, der Genehmigung oder der Erlaubnis ergibt. Der Betroffene ist hierbei in allgemeiner Form auf seine steuerlichen Aufzeichnungs- und Erklärungspflichten hinzuweisen.

(2) In den Fällen des § 2 Satz 2 und des § 3 ist dem Betroffenen eine Aufstellung der im Kalenderjahr geleisteten Zahlungen und ihrer Summe zu übersenden, soweit nicht über die einzelne Zahlung bereits eine Unterrichtung erfolgt ist.

4. Teil – Schlußvorschriften

§ 13 Inkrafttreten

Diese Verordnung tritt am 1. Januar 1994 in Kraft.

Anwendungserlass zur Abgabenordnung

Zu § 93a – Allgemeine Mitteilungspflichten:

Wegen der allgemeinen Mitteilungspflichten (Kontrollmitteilungen) der Behörden und der Rundfunkanstalten Hinweis auf die Mitteilungsverordnung. Die Verpflichtung der Behörden und der Rundfunkanstalten zu Mitteilungen, Auskünften (insbesondere Einzelauskünften nach § 93), Anzeigen (z.B. gem. § 116) und zur Amtshilfe (§§ 111 ff.) aufgrund anderer Vorschriften bleibt unberührt. Mitteilungspflichten, die sich aus Verträgen oder Auflagen in Verwaltungsakten ergeben (z.B. besondere Bedingungen in Zuwendungsbescheiden nach Maßgabe des Haushaltsrechts), bleiben ebenfalls unberührt.

Die Mitteilungspflichten für Zwecke der Feststellung von Einheitswerten des Grundbesitzes sowie für Zwecke der Grundsteuer sind in § 29 Abs. 3 BewG geregelt.

Hinweise

Anwendung der „Verordnung über Mitteilungen an die Finanzbehörden durch andere Behörden und öffentlich-rechtliche Rundfunkanstalten (Mitteilungsverordnung – MV)

(BMF-Schreiben vom 25. 3. 2002 – IV D 2 – S 0229–26/02, BStBl 2002 I S. 477, zuletzt geändert durch BMF-Schreiben vom 25. 3. 2004 – IV D 2 – S 0229–11/04, BStBl 2004 I S. 418)

Unter Bezugnahme auf das Ergebnis der Erörterungen mit den obersten Finanzbehörden der Länder gilt für die Anwendung der Verordnung über Mitteilungen an die Finanzbehörden durch andere Behörden und öffentlich-rechtliche Rundfunkanstalten (Mitteilungsverordnung – MV) vom 7. September 1993 (BGBl. I S. 1554, BStBl I S. 799), geändert durch 1. Verordnung zur Änderung der MV vom 19. Dezember 1994 (BGBl. I S. 3848, BStBl 1995 I S. 4), 2. Verordnung zur Änderung der MV vom 26. Mai 1999 (BGBl. I S. 1077, BStBl I S. 524) und Artikel 25 des Steuer-Euroglättungsgesetzes vom 19. Dezember 2000 (BGBl. I S. 1790, BStBl 2001 I S. 3) Folgendes:

1. Zweck der Verordnung

Die MV, die ihre Ermächtigungsgrundlage in § 93a der Abgabenordnung (AO) hat, regelt die Übermittlung von (Kontroll-)Mitteilungen von Behörden und öffentlich-rechtlichen Rundfunkanstalten an die Finanzbehörden ohne Ersuchen. Sie enthält genaue Anweisungen für die mitteilenden Stellen, was zu welchem Zeitpunkt und in welchem Umfang dem Finanzamt mitzuteilen ist. Damit geht sie über die Regelung des § 93 AO hinaus, der lediglich Mitteilungen im konkreten Einzelfall und auf Anfrage (Auskunftsersuchen) vorsieht.

2. Mitteilungsverpflichtete (§ 1 MV)

§ 1 MV bestimmt, dass Behörden und öffentlich-rechtliche Rundfunkanstalten der Finanzbehörde nach Maßgabe der MV ohne gesonderte Aufforderung Mitteilungen zu übermitteln haben.

2.1 Behörden

Zu den Behörden im Sinne der MV gehören grundsätzlich alle Behörden im Sinne des § 6 Abs. 1 AO und damit alle Stellen, die Aufgaben der öffentlichen Verwaltung wahrnehmen. Demnach sind auch die so genannten beliehenen Unternehmen (z.B. TÜV) mit eingeschlossen.

Nach § 93a Abs. 2 AO sind jedoch folgende Stellen von der Mitteilungspflicht ausgenommen:

- Schuldenverwaltungen,
- Kreditinstitute (auch Sparkassen- und Giroverbände), und zwar auch soweit sie als beliehene Unternehmen bankfremde Aufgaben wahrnehmen,
- Betriebe gewerblicher Art von juristischen Personen des öffentlichen Rechts im Sinne des Körperschaftsteuergesetzes,
- Berufskammern (auch Industrie- und Handelskammern) und
- Versicherungsunternehmen.

Unter die Befreiung fallen nicht nur typische, sondern sämtliche Zahlungen (z.B. auch Zuschüsse eines Kreditinstitutes zum Wohnungsbau).

Kirchen sind nur in Ausnahmefällen als Behörden im Sinne des Verwaltungsrechts tätig (z.B. bei Ausübung ihres vom Staat verliehenen Besteuerungsrechts) und daher von der MV regelmäßig nicht betroffen.

2.2 Öffentlich-rechtliche Rundfunkanstalten

Auch die Rundfunkanstalten unterliegen der Verpflichtung, Mitteilungen an die Finanzbehörden zu übersenden. Dies gilt jedoch nur für die öffentlich-rechtlichen Rundfunkanstalten, nicht für private Sender.

3. Allgemeine Ausnahmen von der Mitteilungspflicht (§§ 1 und 7 Abs. 1 und Abs. 2 MV)

Zu den besonderen Ausnahmen von den allgemeinen Zahlungsmitteilungspflichten der Behörden (§ 2 MV) s. Tz. 4.1.1.2, zu den besonderen Ausnahmen von den Mitteilungspflichten der öffentlich-rechtlichen Rundfunkanstalten (§ 3 MV) s. Tz. 4.2.2.

3.1 Mitteilungen aufgrund anderer Vorschriften (§ 1 Abs. 1 Satz 2 MV)

Zur Vermeidung von Doppelmitteilungen entfällt die Mitteilungspflicht, wenn Mitteilungen bereits aufgrund anderer Vorschriften zu erteilen sind. Hierzu gehören z.B.:

- § 93 AO (Auskunftsersuchen; Aufforderung im Einzelfall, s. Tz. 1.),
- § 111 AO (Amtshilfepflicht),
- § 116 AO (Anzeige von Steuerstraftaten),
- § 29 Abs. 3 des Bewertungsgesetzes (Mitteilung rechtlicher und tatsächlicher Umstände, die für die Feststellung von Einheitswerten usw. von Bedeutung sein können).

3.2 Nachteile für das Wohl des Bundes oder eines deutschen Landes (§ 1 Abs. 1 Sätze 3 und 4 MV)

Eine Mitteilungspflicht besteht auch dann nicht, wenn die Gefahr besteht, dass das Bekanntwerden des Inhalts der Mitteilung dem Wohl des Bundes oder eines deutschen Landes (z.B. Verbrechensbekämpfung) Nachteile bereiten würde (§ 1 Abs. 1 Satz 3 MV).

Um hierbei eine einheitliche Rechtsanwendung sicherzustellen und Missbräuchen vorzubeugen, ist bei nachgeordneten Behörden die Zustimmung der obersten Dienstbehörde erforderlich (§ 1 Abs. 1 Satz 4 MV).

3.3 Sozialgeheimnis; nach Landesrecht zu erbringende Sozialleistungen (§ 1 Abs. 2 MV)

Soweit die Angaben zu den durch § 35 Abs. 1 des Ersten Buches Sozialgesetzbuch (SGB I) geschützten personenbezogenen Daten gehören, sind sie grundsätzlich ebenfalls nicht mitzuteilen (Sozialgeheimnis; Ausnahme: § 6 Abs. 2 MV, s. Tz. 4.1.5.2). Dies gilt auch für nach Landesrecht zu erbringende Sozialleistungen. Grundsätzlich nicht mitteilungspflichtige Sozialdaten sind Einzelangaben über persönliche und sachliche Verhältnisse einer bestimmten oder bestimmbaren natürlichen Person, die von einer in § 35 SGB I genannten Stelle im Hinblick auf ihre Aufgaben nach dem SGB erhoben, verarbeitet oder genutzt werden (§ 67 Abs. 1 Satz 1 SGB X). Unter den Sozialdatenschutz fällt auch die Mitteilung über den Wegfall einer Kraftfahrzeugsteuerbefreiung. Nicht darunter fallen z.B. Honorarzahlungen, die von Sozialbehörden an Leistungserbringer erbracht werden und Zahlungen an ehrenamtlich Tätige.

3.4 Besondere Zahlungsempfänger (§ 7 Abs. 1 MV)

Nach § 7 Abs. 1 Satz 1 MV sind Zahlungen an Behörden, juristische Personen des öffentlichen Rechts, Betriebe gewerblicher Art von Körperschaften des öffentlichen Rechts oder Körperschaften, die steuerbegünstigte Zwecke (§§ 51 bis 68 AO) verfolgen, nicht mitzuteilen. Dies gilt auch für Mitteilungen über Leistungen, die von Körperschaften des öffentlichen Rechts im Rahmen ihrer Beteiligungen an Unternehmen oder Einrichtungen des privaten Rechts erbracht werden (§ 7 Abs. 1 Satz 2 MV), da die infolge der Beteiligung von der Körperschaft des öffentlichen Rechts ausgeübte Aufsichts- und Kontrollfunktion hinreichend Gewähr für eine ordnungsgemäße Erfassung der Leistung bei dem Empfänger bietet.

Bestehen Zweifel, ob der Zahlungsempfänger zum Zeitpunkt der Zahlung eine steuerbegünstigte Zwecke verfolgende Körperschaft ist, ist die Vorlage des vom zuständigen Finanzamt erteilten Freistellungsbescheids bzw. bei neugegründeten Vereinen die Vorlage der vom zuständigen Finanzamt erteilten vorläufigen Bescheinigung über die Gemeinnützigkeit zu verlangen. Dabei ist darauf zu achten, dass das Datum des vorgelegten Freistellungsbescheids nicht länger als fünf Jahre bzw. das Datum der vorläufigen Bescheinigung nicht länger als drei Jahre seit dem Tag der Zahlung zurückliegt.

3.5 Bagatellgrenze (§ 7 Abs. 2 Satz 1 MV)

Nach § 7 Abs. 2 Satz 1 MV sind Zahlungen von weniger als 1 500 Euro pro Empfänger und Kalenderjahr (Bagatellgrenze) nicht mitteilungspflichtig, es sei denn, es handelt sich um wiederkehrende Bezüge (s. Tz. 5.2.1.3).

Bei der Anwendung der Bagatellgrenze sind sämtliche Zahlungen in einer Summe zu betrachten, d.h. unter Berücksichtigung von wiederkehrenden Bezügen (s. Tz. 5.2.1.3) und steuerfreien Bezügen.

Bei der Berechnung des maßgebenden Betrages sind geleistete Vorauszahlungen (s. Tz. 5.2.1.2) zu berücksichtigen.

4. Mitteilungen nach §§ 2 bis 6 MV

§§ 2 bis 6 MV regeln, über welche Vorgänge Behörden und öffentlich-rechtliche Rundfunkanstalten Mitteilungen an die Finanzverwaltung übermitteln müssen, sofern keine Ausnahme von der Mitteilungspflicht (s. Tzn. 3, 4.1.1.2 und 4.2.2) greift.

4.1 Mitteilungen von Behörden

4.1.1 Allgemeine Zahlungsmitteilungen (§ 2 MV)

4.1.1.1 Mitteilungen nach § 2 Abs. 1 Sätze 1 und 2 MV

Die Mitteilungspflicht erstreckt sich grundsätzlich auf alle Zahlungen von Behörden an Dritte, bei denen die Gefahr der unvollständigen Erfassung zu steuerlichen Zwecken als hoch einzuschätzen ist. Dies betrifft folgende Zahlungen:

a) Zahlungen an Zahlungsempfänger, die nicht im Rahmen einer land- und forstwirtschaftlichen, gewerblichen oder freiberuflichen Haupttätigkeit gehandelt haben (§ 2 Abs. 1 Satz 1 1. Alt. MV)

Dadurch werden vor allem Zahlungen erfasst, die an Nichtunternehmer bzw. an Unternehmer, die nicht im Rahmen ihres Unternehmens handeln, geleistet werden. Betroffen sind insbesondere Zahlungen an Arbeitnehmer im Sinne des § 1 der Lohnsteuer-Durchführungsverordnung, die dem Arbeitnehmer nicht für eine Leistung im Rahmen ihrer Arbeitnehmertätigkeit (für die mitteilungspflichtige Behörde) zufließen, Mietzahlungen für Gebäude und Grundstücke an Privatpersonen, Zahlungen für ehrenamtliche und nebenberufliche Tätigkeiten. Damit wird dem Umstand Rechnung getragen, dass die steuerliche Erfassung von Zahlungen im nichtunternehmerischen Bereich nicht in dem Maße abgesichert ist, wie dies im unternehmerischen Bereich – insbesondere aufgrund der Kontrollmöglichkeiten im Rahmen von Außenprüfungen – möglich ist.

Unerheblich ist, in welcher Weise die Zahlungen geleistet werden. Daher sind auch Zahlungen mitzuteilen, die durch Überweisung auf das Konto des Zahlungsempfängers geleistet werden.

b) Zahlungen, die nicht auf das Geschäftskonto des Zahlungsempfängers erfolgen (§ 1 Abs. 1 Satz 1 2. Alt. MV)

Die Regelung ist bei Zahlungen an Zahlungsempfänger, die im Rahmen einer land- und forstwirtschaftlichen, gewerblichen oder freiberuflichen Haupttätigkeit gehandelt haben, von Bedeutung, da Zahlungen an andere Zahlungsempfänger bereits von der Alternative 1 (siehe Buchstabe a) erfasst werden. Die Mitteilungspflicht besteht bei allen Zahlungen, die nicht unmittelbar auf das Geschäftskonto geleistet werden, also insbesondere bei Bar- oder Scheckzahlungen. Als Geschäftskonto kann in der Regel das auf den Geschäftsbriefen angegebene Konto angesehen werden.

Bestehen bei der Behörde Zweifel, ob der Zahlungsempfänger im Rahmen einer land- und forstwirtschaftlichen, gewerblichen oder freiberuflichen Haupttätigkeit gehandelt hat oder ob die Zahlung auf das Geschäftskonto erfolgt ist, ist eine Mitteilung vorzunehmen (§ 2 Abs. 1 Satz 2 MV).

Die Mitteilungspflicht erfasst auch Zahlungen, die keiner konkreten Gegenleistung an die Behörde zugeordnet werden können (z.B. Subventionen; Zahlungen an Abgeordnete und Ratsmitglieder, siehe aber Anlage), da die Mitteilungspflicht keinen Leistungsaustausch zwischen der Behörde und dem Zahlungsempfänger voraussetzt. So werden z.b. auch die Zahlungen nach dem Gesetz über die Entschädigungen für Strafverfolgungsmaßnahmen von der Mitteilungspflicht erfasst.

Zahlungen sind immer in vollem Umfang mitteilungspflichtig, und zwar unabhängig von etwaigen Steuerbefreiungen. Die Steuerfreiheit von Zahlungen entbindet die zahlende Behörde nur dann von ihrer Mitteilungspflicht, wenn die Finanzbehörde eine Ausnahme von der Mitteilungspflicht nach § 2 Abs. 2 MV zugelassen hat (Tz. 4.1.1.2.2) und in den Fällen der Tz. 4.1.1.2.1 letzter Absatz. Die steuerrechtliche Qualifikation von Zahlungen ist nicht Aufgabe der mitteilungspflichtigen Behörde, sondern der zuständigen Finanzbehörde und erfolgt grundsätzlich erst im Besteuerungsverfahren.

4.1.1.2 Besondere Ausnahmen nach § 2 Abs. 1 Satz 3 und Abs. 2 MV

Von den allgemeinen Zahlungsmitteilungspflichten der Behörden bestehen – über die in Tz. 3 genannten Ausnahmen hinaus – folgende besondere Ausnahmen:

4.1.1.2.1 Steuerabzug (§ 2 Abs. 1 Satz 3 MV)

Eine Mitteilungspflicht besteht nicht, wenn ein Steuerabzug durchgeführt wird.

Somit entfällt eine Mitteilung z.B. in den Fällen des Lohnsteuerabzugs durch den Arbeitgeber im Rahmen eines Dienstverhältnisses einschließlich der Lohnsteuer-Pauschalierung für Teilzeitbeschäftigte nach § 40a des Einkommensteuergesetzes (EStG) sowie in den Fällen des Steuerabzugs bei beschränkt Steuerpflichtigen nach § 50a EStG.

Von der Ausnahme sind auch Zahlungen erfasst, bei denen der Steuerabzug allein wegen der Steuerfreiheit nicht durchzuführen ist.

4.1.1.2.2 Geringe oder keine steuerliche Bedeutung (§ 2 Abs. 2 MV)

Nach § 2 Abs. 2 MV können die Finanzbehörden Ausnahmen von der Mitteilungspflicht zulassen, wenn die Zahlungen geringe oder keine steuerliche Bedeutung haben. Ob Zahlungen geringe oder keine steuerliche Bedeutung haben, ist bei an denselben Empfänger im Kalenderjahr geleisteten Zahlungen ab 1 500 Euro von der jeweils zuständigen obersten Landesfinanzbehörde nach Abstimmung mit den obersten Finanzbehörden des Bundes und der Länder zu entscheiden.

Entsprechende Anträge sind an die oberste Finanzbehörde des Landes zu richten, in dessen Bezirk die mitteilungspflichtige Behörde ihren Sitz hat. Die bundeseinheitlich zugelassenen Ausnahmen von der Mitteilungspflicht ergeben sich aus der Anlage.

4.1.2 Wegfall oder Einschränkung einer steuerlichen Vergünstigung (§ 4 MV)

Nach § 4 MV haben Behörden Verwaltungsakte mitzuteilen, die den Wegfall oder die Einschränkung einer steuerlichen Vergünstigung zur Folge haben können.

Sinn dieser Regelung ist es, den Finanzbehörden durch frühzeitige Kenntnis von Verwaltungsakten, die regelmäßig Steuernachforderungen zur Folge haben, die Möglichkeit zu geben, ggf. Maßnahmen zu ergreifen, um zum Teil erhebliche und für die Betroffenen zumeist nicht im Voraus erkennbare Steuernachzahlungen, z.B. durch Anpassung der Vorauszahlungen, zu vermeiden.

Die Behörde ist bereits dann zur Mitteilung verpflichtet, wenn nur die Möglichkeit einer steuerlichen Auswirkung besteht.

Anwendungsbeispiele können sich in den Fällen ergeben, in denen die Gewährung einer steuerlichen Vergünstigung die Vorlage einer Bescheinigung, Genehmigung oder Anerkennung einer anderen Behörde voraussetzt (z.B. § 4 Nr. 20a des Umsatzsteuergesetzes [UStG], § 4 Nr. 21 UStG, § 3 Nr. 23 des Gewerbesteuergesetzes, §§ 7h, 7i, 10f, 10g, 11b EStG und § 82i der Einkommensteuer-Durchführungsverordnung).

Bei den entsprechenden Bescheinigungen handelt es sich um Verwaltungsakte, die als Grundlagenbescheide im Sinne des § 171 Abs. 10 AO Bindungswirkung für die entsprechenden steuerlichen Folgebescheide entfalten. Wird die Bescheinigung von der zuständigen Behörde zurückgenommen oder widerrufen, entfällt die Steuerbefreiung oder sonstige steuerliche Vergünstigung, und die Folgebescheide sind gemäß § 175 Abs. 1 Satz 1 Nr. 1 AO zu erlassen, aufzuheben oder zu ändern.

4.1.3 Ausfuhrerstattungen (§ 4a MV)

Die Zollbehörden haben den Landesfinanzbehörden die im Rahmen der gemeinsamen Marktorganisationen gewährten Ausfuhrerstattungen mitzuteilen.

Die Mitteilungen sind sowohl im Veranlagungsverfahren als auch bei Außenprüfungen eine wesentliche Grundlage zur Feststellung, ob die Empfänger solcher Zahlungen diese Beträge als Betriebseinnahmen erfasst haben. Die Mitteilungspflicht entfällt daher auch dann nicht, wenn der Zahlungsempfänger im Rahmen einer land- und forstwirtschaftlichen, gewerblichen oder freiberuflichen Haupttätigkeit gehandelt hat und die Zahlung auf das Geschäftskonto erfolgt ist.

4.1.4 Ausgleichs- und Abfindungszahlungen nach dem Flurbereinigungsgesetz (§ 5 MV)

Die Flurbereinigungsbehörden haben Ausgleichs- und Abfindungszahlungen nach dem Flurbereinigungsgesetz mitzuteilen.

Bei diesen Leistungen handelt es sich regelmäßig um steuerpflichtige Einkünfte. Den Empfängern der Leistungen ist jedoch oftmals nicht bekannt, welche steuerlichen Folgerungen zu ziehen sind. Es besteht deshalb Gefahr, dass die Einkünfte aus Unwissenheit nicht ordnungsgemäß erklärt werden. Tz. 4.1.3 Abs. 2 Satz 2 gilt entsprechend.

4.1.5 Gewerberechtliche Erlaubnisse und Gestattungen (§ 6 MV)

4.1.5.1 Mitteilungen nach § 6 Abs. 1 MV

Die Mitteilungspflicht nach § 6 Abs. 1 MV stellt eine Ergänzung zu § 138 AO dar.

Nach § 6 Abs. 1 MV haben die Behörden mitzuteilen:
- die Erteilung von Reisegewerbekarten,
- zeitlich befristete Erlaubnisse sowie Gestattungen nach dem Gaststättengesetz,
- Bescheinigungen über die Geeignetheit der Aufstellungsorte für Spielgeräte,
- Erlaubnisse zur Veranstaltung anderer Spiele mit Gewinnmöglichkeit,
- Festsetzungen von Messen, Ausstellungen und Märkten sowie Volksfesten,
- Genehmigungen nach dem Personenbeförderungsgesetz zur Beförderung von Personen mit Kraftfahrzeugen im Linienverkehr, die Unternehmern mit Wohnsitz oder Sitz außerhalb des Geltungsbereichs des Personenbeförderungsgesetzes erteilt werden,
- Erlaubnisse zur gewerbsmäßigen Arbeitnehmerüberlassung und
- die gemäß der Verordnung (EWG) Nr. 2408/92 des Rates vom 23. Juli 1992 über den Zugang von Luftfahrtunternehmen der Gemeinschaft zu Strecken des innergemeinschaftlichen Flugverkehrs erteilten Genehmigungen, Verkehrsrechte auszuüben.

4.1.5.2 Mitteilungen der Bundesanstalt für Arbeit nach § 6 Abs. 2 MV

Nach § 6 Abs. 2 MV hat die Bundesanstalt für Arbeit – abweichend von § 1 Abs. 2 MV (s. Tz. 3.3) – nach Erteilung der erforderlichen Zusicherung folgende Daten der ausländischen Unternehmen mitzuteilen, die aufgrund bilateraler Regierungsvereinbarungen über die Beschäftigung von Arbeitnehmern zur Ausführung von Werkverträgen tätig werden:
- die Namen und Anschriften der ausländischen Vertragspartner des Werkvertrages,
- den Beginn und die Ausführungsdauer des Werkvertrages und
- den Ort der Durchführung des Werkvertrages.

Die Mitteilungen erfolgen unter Durchbrechung des Sozialgeheimnisses nach § 35 SGB I (s. Tz. 3.3). Die Zulässigkeit dieser Durchbrechung ergibt sich aus § 71 Abs. 1 Satz 1 Nr. 3 SGB X.

4.2 Mitteilungen von öffentlich-rechtlichen Rundfunkanstalten (§ 3 MV)

4.2.1 Mitteilungen nach § 3 Abs. 1 Satz 1 i.V.m. Abs. 2 MV

Die öffentlich-rechtlichen Rundfunkanstalten haben Honorare für Leistungen freier Mitarbeiter (z.B. freiberuflich tätige Mitarbeiter, Sportler und Künstler) mitzuteilen, die in unmittelbarem Zusammenhang mit der Vorbereitung, Herstellung oder Verbreitung von Hörfunk- oder Fernsehsendungen erbracht werden (§ 3 Abs. 1 Satz 1 MV). Honorare in diesem Sinne sind alle Güter, die in Geld oder Geldeswert (Sachleistungen) bestehen und dem Steuerpflichtigen für eine persönliche Leistung oder eine Verwertung im Sinne des Urheberrechtsgesetzes zufließen (§ 3 Abs. 2 MV).

4.2.2 Besondere Ausnahmen nach § 3 Abs. 1 Satz 2 MV

Von den Mitteilungspflichten der öffentlich-rechtlichen Rundfunkanstalten bestehen – über die in Tz. 3 genannten Ausnahmen hinaus – folgende besondere Ausnahmen:

Die Pflicht zur Mitteilung besteht nicht, wenn
- die Besteuerung den Regeln eines Abzugsverfahrens (s. Tz. 4.1.1.2.1) unterliegt

oder

- die Finanzbehörde aufgrund anderweitiger Regelungen Mitteilungen über die Honorare erhält (s.a. Tz. 3.1).

5. Form und Inhalt der Mitteilung (§ 8 MV)

5.1 Form (§ 8 Abs. 1 MV)

Die Mitteilungen sollen schriftlich ergehen und sind getrennt nach den jeweiligen Empfängern zu erteilen (§ 8 Abs. 1 Sätze 1 und 2 MV).

Sie sind Belege im Sinne des § 379 AO. Werden Mitteilungen an die Finanzbehörden versandt, die in tatsächlicher Hinsicht unrichtig sind, kann objektiv der Tatbestand der Steuergefährdung erfüllt sein.

Die Übermittlung von Mitteilungen auf maschinell verwertbaren Datenträgern oder durch Datenfernübertragung bedarf der Zustimmung der obersten Finanzbehörde des Landes, in dem die mitteilungspflichtige Behörde oder Rundfunkanstalt ihren Sitz hat (§ 8 Abs. 1 Satz 3 MV). Hiermit wird sichergestellt, dass die Finanzbehörde die Mitteilungen in einer für sie auswertbaren Form erhält.

Die elektronischen Dokumente brauchen nicht mit einer elektronischen Signatur versehen zu werden.

Eine Übermittlung im automatisierten Abrufverfahren findet nicht statt (§ 8 Abs. 1 Satz 4 MV).

5.2 Inhalt (§ 8 Abs. 2 und 3 MV)

5.2.1 Mitteilungen über Zahlungen (§ 8 Abs. 2 MV)

5.2.1.1 Allgemeines

Mitzuteilen sind nach § 8 Abs. 2 Satz 1 MV:
- die die Zahlung anordnende Stelle (Behörde bzw. öffentlich-rechtliche Rundfunkanstalt) und deren Aktenzeichen,
- die Bezeichnung (Name, Vorname, Firma) des Zahlungsempfängers und dessen genaue Anschrift,
- der Rechtsgrund der Zahlung (Art des Anspruchs),
- die Höhe und der Tag der Zahlung oder der Zahlungsanordnung.

Zur Zuordnung der Mitteilung innerhalb der Finanzbehörden sind auch die Steuernummer und das Geburtsdatum des Zahlungsempfängers mitzuteilen, sofern diese der mitteilenden Behörde/Rundfunkanstalt bekannt sind.

Zwecks Sicherung der Besteuerung ist es notwendig, dass die Finanzbehörden den ursprünglichen Gläubiger einer Forderung kennen; deshalb ist dieser stets als Zahlungsempfänger zu benennen, auch wenn die Forderung abgetreten, verpfändet oder gepfändet ist (§ 8 Abs. 2 Satz 2 MV).

5.2.1.2 Vorauszahlungen (§ 7 Abs. 2 Sätze 2 und 3 MV)

Vorauszahlungen sind nicht gesondert mitzuteilen (§ 7 Abs. 2 Satz 2 MV). In der Mitteilung über die abschließende Zahlung ist anzugeben, ob eine oder mehrere Vorauszahlungen geleistet wurden (§ 7 Abs. 2 Satz 3 MV).

5.2.1.3 Wiederkehrende Bezüge (§ 7 Abs. 3 MV)

Wiederkehrende Bezüge liegen vor, wenn Zahlungen aufgrund eines gemeinsamen Rechtsgrundes regelmäßig, d.h. zu bestimmten festgelegten Zeitpunkten und in gleichbleibender Höhe geleistet werden (z.B. Miete, Pacht).

In diesen Fällen brauchen – neben den allgemeinen Angaben (s. Tz. 5.2.1.1) – nur mitgeteilt zu werden:
- die erste Zahlung,
- die Zahlungsweise,
- die voraussichtliche Dauer der Zahlungen und
- dass es sich um wiederkehrende Bezüge handelt.

Wiederkehrende Bezüge sind auch dann mitzuteilen, wenn sie weniger als 1500 Euro pro Empfänger und Kalenderjahr betragen, da die Bagatellgrenze des § 7 Abs. 2 MV (s. Tz. 3.5) nicht zur Anwendung kommt.

5.2.2 Mitteilungen über Verwaltungsakte (§ 8 Abs. 3 MV)

In den Fällen der Mitteilungspflicht nach §§ 4 und 6 Abs. 1 MV hat die Behörde nach § 8 Abs. 3 Satz 1 MV folgende Einzelheiten mitzuteilen:
- die den Verwaltungsakt erlassende Behörde,
- Aktenzeichen und Datum des Verwaltungsakts,
- Gegenstand und Umfang der Erlaubnis, Genehmigung oder gewährten Leistung,
- die Bezeichnung (Name, Vorname, Firma) des Beteiligten und dessen genaue Anschrift und
- wenn bekannt, die Steuernummer und das Geburtsdatum des Beteiligten.

Die Mitteilung kann in der Übersendung einer Mehrausfertigung oder eines Abdrucks des Bescheids bestehen, wenn dadurch nicht mehr personenbezogene Daten als nach § 8 Abs. 3 Satz 1 MV vorgesehen übermittelt werden (§ 8 Abs. 3 Sätze 2 und 3 MV).

5.2.3 Sonstige Mitteilungen

Zu dem Inhalt der Mitteilungen der Bundesanstalt für Arbeit nach § 6 Abs. 2 MV s. Tz. 4.1.5.2.

6. Empfänger der Mitteilung (§ 9 MV)

Die Mitteilung ist grundsätzlich an das Finanzamt zu richten, in dessen Bezirk der Betroffene seinen Wohnsitz hat bzw. bei Körperschaften, Personenvereinigungen und Vermögensmassen sich die Geschäftsleitung befindet (§ 9 Abs. 1 Sätze 1 und 2 MV).

Die von der Bundesanstalt für Arbeit nach § 6 Abs. 2 MV zu erstellenden Mitteilungen sind an das für die Umsatzbesteuerung zuständige Finanzamt, welches sich aus der Verordnung über die örtliche Zuständigkeit für die Umsatzsteuer im Ausland ansässiger Unternehmer (Umsatzsteuerzuständigkeitsverordnung) ergibt, zu richten (§ 9 Abs. 1 Satz 3 MV). Eine gegebenenfalls erforderliche weitere Verteilung für Ertragsteuerzwecke ist durch diese Finanzämter sicherzustellen.

Um für die Mitteilungspflichtigen unzumutbare Nachforschungen auszuschließen, ist die Mitteilung in Zweifelsfällen an die Oberfinanzdirektion zu senden, in deren Bezirk die mitteilungspflichtige Behörde oder Rundfunkanstalt ihren Sitz hat (§ 9 Abs. 1 Satz 4 MV).

Aus Vereinfachungsgründen kann die Oberfinanzdirektion, in deren Bezirk die mitteilungspflichtige Behörde oder Rundfunkanstalt ihren Sitz hat, ein Finanzamt bestimmen, an das die Mitteilungen zu übermitteln sind (§ 9 Abs. 1 Satz 5 MV).

Um in den Fällen maschineller Datenübermittlung die ordnungsgemäße Weiterverarbeitung und einen einfachen Ablauf der Übermittlung sicherzustellen, kann die oberste Finanzbehörde des Landes, in dem die mitteilungspflichtige Behörde oder Rundfunkanstalt ihren Sitz hat, eine andere Landesfinanzbehörde oder mit Zustimmung des Bundesministeriums der Finanzen eine Finanzbehörde des Bundes als Empfänger der Mitteilungen bestimmen (§ 9 Abs. 2 MV). Die mitteilungspflichtige Behörde oder Rundfunkanstalt dürfte regelmäßig ein Interesse an der Übermittlung an nur eine Stelle haben. Entsprechende Anträge sind an die oberste Finanzbehörde des Landes zu richten, in dessen Bezirk die mitteilungspflichtige Behörde oder Rundfunkanstalt ihren Sitz hat.

7. Zeitpunkt der Mitteilung (§ 10 MV)

Die Mitteilungen nach § 6 Abs. 2 MV sind unverzüglich zu übersenden, da es zur Sicherstellung der Besteuerung zweckmäßig ist, mit der Ermittlung der Besteuerungsgrundlagen umgehend zu beginnen.

Die Mitteilungen über Verwaltungsakte, die den Wegfall oder die Einschränkung einer steuerlichen Vergünstigung zur Folge haben können (§ 4 MV) sowie die Mitteilungen über gewerberechtliche Erlaubnisse und Gestattungen nach § 6 Abs. 1 MV sind mindestens vierteljährlich zu übersenden.

Die übrigen Mitteilungen sind, um die sich durch die Fertigung der Mitteilungen ergebende Belastung der Behörden und öffentlich-rechtlichen Rundfunkanstalten so gering wie möglich zu halten, mindestens einmal jährlich, spätestens bis zum 30. April des Folgejahres, zu übermitteln.

8. Unterrichtung der Betroffenen (§§ 11 und 12 MV)

Nach § 11 MV hat die mitteilende Stelle den Betroffenen spätestens bei Übersendung der ersten Mitteilung an die Finanzbehörde über ihre Verpflichtung zur Erstellung von Mitteilungen zu unterrichten.

Der Betroffene ist nach § 12 Abs. 1 MV über den genauen Inhalt der übermittelten Daten zu informieren, soweit sich diese Unterrichtung nicht aus dem Verwaltungsakt, dem Vertrag, der Genehmigung oder Erlaubnis ergibt. Er ist hierbei in allgemeiner Form auf seine steuerlichen Aufzeichnungs- und Erklärungspflichten hinzuweisen. Eine steuerliche Beurteilung der Zahlungen ist jedoch nicht vorzunehmen; diese obliegt den Finanzämtern.

Die Regelung des § 12 Abs. 2 MV, wonach dem Betroffenen in den Fällen des § 2 Abs. 1 Satz 2 und des § 3 MV eine Aufstellung der im Kalenderjahr geleisteten Zahlungen und ihrer Summe zu übersenden ist, soweit nicht bereits eine Unterrichtung über einzelne Zahlungen erfolgt ist, soll die Erfüllung seiner Aufzeichnungs- und Erklärungspflichten erleichtern.

Anlage

Bundeseinheitlich zugelassene Ausnahmen von der Mitteilungspflicht nach § 2 Abs. 2 MV

Abgeordnete

steuerfreie Aufwandsentschädigungen nach § 3 Nr. 12 Satz 1 EStG,

steuerfreier Reisekostenersatz nach § 3 Nr. 13 EStG,

steuerfreie (hälftige) Zuschüsse zur Krankenversicherung nach § 22 Nr. 4 Satz 4 Buchstabe a EStG i.V.m. § 3 Nr. 62 EStG,

steuerfreie Beihilfe nach § 3 Nr. 11 EStG.

Unterhaltssicherungsgesetz (USG)

Zahlungen nach §§ 7b, 13a und 13b USG, die für einen Zeitraum von nicht mehr als einem Kalenderjahr gezahlt werden und weniger als 1 500 € betragen.

NS-Verfolgtenentschädigungsgesetz, Entschädigungsgesetz und Ausgleichsleistungsgesetz

Zahlungen nach diesen Gesetzen, soweit sie nicht Kapitalerträge i.S.d. § 20 Abs. 1 Nr. 7 und Abs. 2 EStG sind.

AO [1)]

§ 93b Automatisierter Abruf von Kontoinformationen

(1) Kreditinstitute haben die nach § 24c Abs. 1 des Kreditwesengesetzes zu führende Datei auch für Abrufe nach § 93 Abs. 7 und 8 zu führen.

(2) Das Bundeszentralamt für Steuern darf in den Fällen des § 93 Abs. 7 und 8 auf Ersuchen bei den Kreditinstituten einzelne Daten aus den nach Absatz 1 zu führenden Dateien im automatisierten Verfahren abrufen und sie an den Ersuchenden übermitteln.

(3) Die Verantwortung für die Zulässigkeit des Datenabrufs und der Datenübermittlung trägt der Ersuchende.

(4) § 24c Abs. 1 Satz 2 bis 6, Abs. 4 bis 8 des Kreditwesengesetzes gilt entsprechend.

KWG 1

Gesetz über das Kreditwesen (Kreditwesengesetz – KWG)

in der Fassung der Bekanntmachung vom 9. 9. 1998 (BGBl. 1998 I S. 2776), zuletzt geändert durch Artikel 2 Abs. 72 des Gesetzes vom 22. 12. 2011 (BGBl. 2011 I S. 3044)

– Auszug –

§ 24c Automatisierter Abruf von Kontoinformationen

(1) ¹Ein Kreditinstitut hat eine Datei zu führen, in der unverzüglich folgende Daten zu speichern sind:
1. die Nummer eines Kontos, das der Verpflichtung zur Legitimationsprüfung im Sinne des § 154 Abs. 2 Satz 1 der Abgabenordnung unterliegt, oder eines Depots sowie der Tag der Errichtung und der Tag der Auflösung.
2. der Name, sowie bei natürlichen Personen der Tag der Geburt, des Inhabers und jedes Verfügungsberechtigten sowie in den Fällen des § 3 Abs. 1 Nr. 3 des Geldwäschegesetzes der Name und, soweit erhoben, die Anschrift eines abweichend wirtschaftlich Berechtigten im Sinne des § 1 Abs. 6 des Geldwäschegesetzes.

²Bei jeder Änderung einer Angabe nach Satz 1 ist unverzüglich ein neuer Datensatz anzulegen. ³Die Daten sind nach Ablauf von drei Jahren nach der Auflösung des Kontos oder Depots zu löschen. ⁴Im Falle des Satzes 2 ist der alte Datensatz nach Ablauf von drei Jahren nach Anlegung des neuen Datensatzes zu löschen. ⁵Das Kreditinstitut hat zu gewährleisten, dass die Bundesanstalt jederzeit Daten aus der Datei nach Satz 1 in einem von ihr bestimmten Verfahren automatisiert

---

[1)] Nähere Informationen siehe AEAO zu § 93, Nr. 2 und 3, und http://www.bzst.de/DE/Steuern_National/Kontenabrufverfahren/kontenabrufverfahren_node.html.

BFH vom 5. 10. 2006 – VII R 63/05 (BStBl 2007 II S. 155)   10

1. ...
2. Die Befragung Dritter, auch wenn sie mit den möglichen Steuerverkürzern in keiner unmittelbaren Beziehung stehen, ist – ohne dass es eines Anlasses in ihrer Person oder Sphäre bedürfte – gerechtfertigt, wenn die Steuerfahndung aufgrund ihrer Vorerkenntnisse nach pflichtgemäßem Ermessen zu dem Ergebnis gelangt, dass die Auskunft zu steuererheblichen Tatsachen zu führen vermag.

BFH vom 19. 12. 2006 – VII R 46/05 (BStBl 2007 II S. 365)   11

1. Die Finanzbehörden sind grundsätzlich berechtigt, von einer Rechtsanwaltskammer Auskünfte über für die Besteuerung erhebliche Sachverhalte eines Kammermitglieds einzuholen; die Vorschriften der Berufsordnung über die Verschwiegenheitspflicht des Kammervorstandes stehen dem nicht entgegen.
2. Ein solches Auskunftsersuchen ist auch im Vollstreckungsverfahren zulässig.
3. Es ist nicht unverhältnismäßig oder unzumutbar, wenn das FA für Zwecke der Zwangsvollstreckung eine Rechtsanwaltskammer zur Auskunft über die Bankverbindung eines Kammermitglieds auffordert, sofern diesbezügliche Aufklärungsbemühungen beim Vollstreckungsschuldner erfolglos waren.

BVerfG vom 13. 6. 2007 – 1 BvR 1550/03, 1 BvR 2357/04, 1 BvR 603/05 (BStBl 2007 II S. 896)   12

1. § 93 Abs. 8 AO verstößt gegen das Gebot der Normenklarheit, da er den Kreis der Behörden, die ein Ersuchen zum Abruf von Kontostammdaten stellen können, und die Aufgaben, denen solche Ersuchen dienen sollen, nicht hinreichend bestimmt festlegt.
2. § 24c Abs. 3 Satz 1 Nr. 2 KWG und § 93 Abs. 7 AO sind mit dem Grundgesetz vereinbar.

BFH vom 16. 1. 2009 – VII R 25/08 (BStBl 2009 II S. 582)   13

1. Die allgemeine, nach der Lebenserfahrung gerechtfertigte Vermutung, dass Steuern nicht selten verkürzt und steuerpflichtige Einnahmen nicht erklärt werden, genügt nicht, um Sammelauskunftsersuchen der Steuerfahndung als „hinreichend veranlasst" und nicht als Ausforschung „ins Blaue hinein" erscheinen zu lassen. Hierfür bedarf es vielmehr der Darlegung einer über die bloße allgemeine Lebenserfahrung hinausgehenden, erhöhten Wahrscheinlichkeit, unbekannte Steuerfälle zu entdecken.
2. Sind die durch den Bezug von Bonusaktien der Deutschen Telekom AG erzielten Einkünfte in der von der Bank ihren Kunden übersandten Erträgnisaufstellung nicht erfasst worden, die Kunden aber durch ein Anschreiben klar und unmissverständlich darüber informiert worden, dass diese Einkünfte nach Auffassung der Finanzverwaltung einkommensteuerpflichtig sind, stellt dies keine für eine Steuerhinterziehung besonders anfällige Art der Geschäftsabwicklung dar, die etwa mehr als bei Kapitaleinkünften aus bei Banken gehaltenen Wertpapierdepots sonst dazu herausfordert, solche Einkünfte dem Finanzamt zu verschweigen.

BFH vom 24. 2. 2010 – II R 57/08 (BStBl 2011 II S. 5)   14

Das FA darf im Besteuerungsverfahren eines Bankkunden von der Bank im Regelfall erst dann die Vorlage von Kontoauszügen als Urkunden i. S. von § 97 AO verlangen, wenn die Bank eine zuvor geforderte Auskunft über das Konto nach § 93 AO nicht erteilt hat, wenn die Auskunft unzureichend ist oder Bedenken gegen ihre Richtigkeit bestehen.

BFH vom 30. 3. 2011 – I R 75/10 (HFR 2011 S. 1075)   15

Ein als Auskunftsersuchen bezeichnetes Schreiben eines Finanzamts an eine Bank, das § 93 AO als Rechtsgrundlage für die Pflicht, Auskünfte zu erteilen, benennt, ist regelmäßig als Auskunfts- und nicht als Vorlageverlangen zu beurteilen und löst einen Entschädigungsanspruch gemäß § 107 AO aus.

AO
S 0229

§ 93a Allgemeine Mitteilungspflichten

(1) ¹Zur Sicherung der Besteuerung (§ 85) kann die Bundesregierung durch Rechtsverordnung mit Zustimmung des Bundesrates Behörden und andere öffentliche Stellen verpflichten,
1. Verwaltungsakte, die die Versagung oder Einschränkung einer steuerlichen Vergünstigung zur Folge haben oder dem Betroffenen steuerpflichtige Einnahmen ermöglichen,
2. Subventionen und ähnliche Förderungsmaßnahmen sowie
3. Anhaltspunkte für Schwarzarbeit, unerlaubte Arbeitnehmerüberlassung oder unerlaubte Ausländerbeschäftigung

den Finanzbehörden mitzuteilen. ²Durch Rechtsverordnung kann auch bestimmt werden, dass bei Zahlungen von Behörden und anderen öffentlichen Stellen sowie von öffentlich-rechtlichen Rundfunkanstalten der Zahlungsempfänger zur Erleichterung seiner steuerlichen Aufzeichnungs- und Erklärungspflichten über die Summe der jährlichen Zahlungen sowie über die Auffassung der Finanzbehörden zu den daraus entstehenden Steuerpflichten zu unterrichten ist; der zuständigen Finanzbehörde sind der Empfänger, der Rechtsgrund und der Zeitpunkt der Zahlungen mitzuteilen. ³Die Verpflichtung der Behörden, anderer öffentlicher Stellen und der Rundfunkanstalten zu Mitteilungen, Auskünften, Anzeigen und zur Amtshilfe aufgrund anderer Vorschriften bleibt unberührt.

(2) Schuldenverwaltungen, Kreditinstitute, Betriebe gewerblicher Art von juristischen Personen des öffentlichen Rechts im Sinne des Körperschaftsteuergesetzes, öffentliche Beteiligungsunternehmen ohne Hoheitsbefugnisse, Berufskammern und Versicherungsunternehmen sind von der Mitteilungspflicht ausgenommen.

(3) ¹In der Rechtsverordnung sind die mitteilenden Stellen, die Verpflichtung zur Unterrichtung der Betroffenen, die mitzuteilenden Angaben und die für die Entgegennahme der Mitteilungen zuständigen Finanzbehörden näher zu bestimmen sowie der Umfang, der Zeitpunkt und das Verfahren der Mitteilung zu regeln. ²In der Rechtsverordnung können Ausnahmen von der Mitteilungspflicht, insbesondere für Fälle geringer steuerlicher Bedeutung, zugelassen werden.

MV
1

Mitteilungsverordnung (MV)

vom 7. 9. 1993 (BGBl. 1993 I S. 1554), zuletzt geändert durch Artikel 58 des Gesetzes vom 23. 12. 2003 (BGBl. 2003 I S. 2848)

Auf Grund des § 93a der Abgabenordnung vom 16. März 1976 (BGBl. I S. 613, 1977 I S. 269), der durch Artikel 1 Nr. 10 des Gesetzes vom 19. 12. 1985 (BGBl. I S. 2436) eingefügt worden ist, verordnet die Bundesregierung:

1. Teil – Allgemeine Vorschriften

§ 1 Grundsätze

(1) Behörden (§ 6 Abs. 1 der Abgabenordnung) und öffentlich-rechtliche Rundfunkanstalten sind verpflichtet, Mitteilungen an die Finanzbehörden nach Maßgabe der folgenden Vorschriften ohne Ersuchen zu übersenden. Dies gilt nicht, wenn die Finanzbehörden bereits auf Grund anderer Vorschriften über diese Tatbestände Mitteilungen erhalten. Eine Verpflichtung zur Mitteilung besteht auch dann nicht, wenn die Gefahr besteht, daß das Bekanntwerden des Inhalts der Mitteilung dem Wohl des Bundes oder eines deutschen Landes Nachteile bereiten würde. Ist eine mitteilungspflichtige Behörde einer obersten Dienstbehörde nachgeordnet, muß die oberste Behörde dem Unterlassen der Mitteilung zustimmen; die Zustimmung kann für bestimmte Fallgruppen allgemein erteilt werden.

(2) Auf Grund dieser Verordnung sind personenbezogene Daten, die dem Sozialgeheimnis unterliegen (§ 35 des Ersten Buches Sozialgesetzbuch), und nach Landesrecht zu erbringende Sozialleistungen nicht mitzuteilen.

§ 2 Allgemeine Zahlungsmitteilungen

(1) Die Behörden haben Zahlungen mitzuteilen, wenn der Zahlungsempfänger nicht im Rahmen einer land- und forstwirtschaftlichen, gewerblichen oder freiberuflichen Haupttätigkeit gehandelt hat, oder soweit die Zahlung nicht auf das Geschäftskonto des Zahlungsempfängers erfolgt. Zahlungen sind auch mitzuteilen, wenn zweifelhaft ist, ob der Zahlungsempfänger im Rahmen der Haupttätigkeit gehandelt hat oder die Zahlung auf das Geschäftskonto erfolgt. Eine Mitteilungspflicht besteht nicht, wenn ein Steuerabzug durchgeführt wird.

abrufen kann. ⁶Es hat durch technische oder organisatorische Maßnahmen sicherzustellen, dass ihm Abrufe nicht zur Kenntnis gelangen.

(2) Die Bundesanstalt darf einzelne Daten aus der Datei nach Absatz 1 Satz 1 abrufen, soweit dies zur Erfüllung ihrer aufsichtlichen Aufgaben nach diesem Gesetz oder dem Gesetz über das Aufspüren von Gewinnen aus schweren Straftaten, insbesondere im Hinblick auf unerlaubte Bankgeschäfte oder Finanzdienstleistungen oder den Missbrauch der Institute durch Geldwäsche oder betrügerische Handlungen zu Lasten der Institute erforderlich ist und besondere Eilbedürftigkeit im Einzelfall vorliegt.

(3) ¹Die Bundesanstalt erteilt auf Ersuchen Auskunft aus der Datei nach Absatz 1 Satz 1
1. den Aufsichtsbehörden gemäß § 9 Abs. 1 Satz 4 Nr. 2, soweit dies zur Erfüllung ihrer aufsichtlichen Aufgaben unter den Voraussetzungen des Absatzes 2 erforderlich ist,
2. den für die Leistung der internationalen Rechtshilfe in Strafsachen sowie im Übrigen für die Verfolgung und Ahndung von Straftaten zuständigen Behörden oder Gerichten, soweit dies für die Erfüllung ihrer gesetzlichen Aufgaben erforderlich ist,
3. der für die Beschränkungen des Kapital- und Zahlungsverkehrs nach dem Außenwirtschaftsgesetz zuständigen nationalen Behörde, soweit dies für die Erfüllung ihrer sich aus dem Außenwirtschaftsgesetz oder Rechtsakten der **Europäischen Union** im Zusammenhang mit der Einschränkung von Wirtschafts- oder Finanzbeziehungen ergebenden Aufgaben erforderlich ist.[1)]

²Die Bundesanstalt hat die in den Dateien gespeicherten Daten im automatisierten Verfahren abzurufen und sie an die ersuchende Stelle weiter zu übermitteln. ³Die Bundesanstalt prüft die Zulässigkeit der Übermittlung nur, soweit hierzu besonderer Anlass besteht. ⁴Die Verantwortung für die Zulässigkeit der Übermittlung trägt die ersuchende Stelle. ⁵Die Bundesanstalt darf zu den in Satz 1 genannten Zwecken ausländischen Stellen Auskunft aus der Datei nach Absatz 1 Satz 1 nach Maßgabe des § 4b des Bundesdatenschutzgesetzes erteilen. ⁶§ 9 Abs. 1 Satz 5, 6 und Abs. 2 gilt entsprechend. ⁷Die Regelungen über die internationale Rechtshilfe in Strafsachen bleiben unberührt.

(4) ¹Die Bundesanstalt protokolliert für Zwecke der Datenschutzkontrolle durch die jeweils zuständige Stelle bei jedem Abruf den Zeitpunkt, die bei der Durchführung des Abrufs verwendeten Daten, die abgerufenen Daten, die Person, die den Abruf durchgeführt hat, das Aktenzeichen sowie bei Abrufen auf Ersuchen die ersuchende Stelle und deren Aktenzeichen. ²Eine Verwendung der Protokolldaten für andere Zwecke ist unzulässig. ³Die Protokolldaten sind mindestens 18 Monate aufzubewahren und spätestens nach zwei Jahren zu löschen.

(5) ¹Das Kreditinstitut hat in seinem Verantwortungsbereich auf seine Kosten alle Vorkehrungen zu treffen, die für den automatisierten Abruf erforderlich sind. ²Dazu gehören auch, nach den Vorgaben der Bundesanstalt, die Anschaffung der zur Sicherstellung der Vertraulichkeit und des Schutzes vor unberechtigten Zugriffen erforderlichen Geräte, die Einrichtung eines geeigneten Telekommunikationsanschlusses und die Teilnahme an dem geschlossenen Benutzersystem sowie die laufende Bereitstellung dieser Vorkehrungen.

(6) ¹Das Kreditinstitut und die Bundesanstalt haben dem jeweiligen Stand der Technik entsprechende Maßnahmen zur Sicherstellung von Datenschutz und Datensicherheit zu treffen, die insbesondere die Vertraulichkeit und Unversehrtheit der abgerufenen und weiter übermittelten Daten gewährleisten. ²Den Stand der Technik stellt die Bundesanstalt im Benehmen mit dem Bundesamt für Sicherheit in der Informationstechnik in einem von ihr bestimmten Verfahren fest.

(7) ¹Das Bundesministerium der Finanzen kann durch Rechtsverordnung Ausnahmen von der Verpflichtung zur Übermittlung im automatisierten Verfahren zulassen. ²Es kann die Ermächtigung durch Rechtsverordnung auf die Bundesanstalt übertragen.

(8) Soweit die Deutsche Bundesbank und die Bundesrepublik Deutschland – Finanzagentur GmbH Konten und Depots für Dritte führen, gelten sie als Kreditinstitute im Sinne der Absätze 1, 5 und 6.

§ 94 Eidliche Vernehmung

(1) ¹Hält die Finanzbehörde mit Rücksicht auf die Bedeutung der Auskunft oder zur Herbeiführung einer wahrheitsgemäßen Auskunft die Beeidigung einer anderen Person als eines Beteiligten für geboten, so kann sie das für den Wohnsitz oder den Aufenthaltsort der zu beeidigenden Person zuständige Finanzgericht um die eidliche Vernehmung ersuchen. ²Befindet sich der Wohnsitz oder der Aufenthaltsort der zu beeidigenden Person nicht am Sitz eines Finanzgerichts

---
[1)] § 24c Abs. 3 Satz 1 Nr. 3 KWG wurde durch Art. 1 Nr. 20 des Gesetzes vom 4. 12. 2011 (BGBl. 2011 I S. 427) mit Wirkung ab 1. 1. 2012 geändert.

oder eines besonders errichteten Senats, so kann auch das zuständige Amtsgericht um die eidliche Vernehmung ersucht werden.

(2) ¹In dem Ersuchen hat die Finanzbehörde den Gegenstand der Vernehmung sowie die Namen und Anschriften der Beteiligten anzugeben. ²Das Gericht hat die Beteiligten und die ersuchende Finanzbehörde von den Terminen zu benachrichtigen. ³Die Beteiligten und die ersuchende Finanzbehörde sind berechtigt, während der Vernehmung Fragen zu stellen.

(3) Das Gericht entscheidet über die Rechtmäßigkeit der Verweigerung des Zeugnisses oder der Eidesleistung.

§ 95 Versicherung an Eides statt

(1) ¹Die Finanzbehörde kann den Beteiligten auffordern, dass er die Richtigkeit von Tatsachen, die er behauptet, an Eides statt versichert. ²Eine Versicherung an Eides statt soll nur gefordert werden, wenn andere Mittel zur Erforschung der Wahrheit nicht vorhanden sind, zu keinem Ergebnis geführt haben oder einen unverhältnismäßigen Aufwand erfordern. ³Von eidesunfähigen Personen im Sinne des § 393 der Zivilprozessordnung darf eine eidesstattliche Versicherung nicht verlangt werden.

(2) ¹Die Versicherung an Eides statt wird von der Finanzbehörde zur Niederschrift aufgenommen. ²Zur Aufnahme sind der Behördenleiter, sein ständiger Vertreter sowie Angehörige des öffentlichen Dienstes befugt, welche die Befähigung zum Richteramt haben oder die Voraussetzungen des § 110 Satz 1 des Deutschen Richtergesetzes erfüllen. ³Andere Angehörige des öffentlichen Dienstes kann der Behördenleiter oder sein ständiger Vertreter hierzu allgemein oder im Einzelfall schriftlich ermächtigen.

(3) ¹Die Angaben, deren Richtigkeit versichert werden soll, sind schriftlich festzustellen und dem Beteiligten mindestens eine Woche vor Aufnahme der Versicherung mitzuteilen. ²Die Versicherung besteht darin, dass der Beteiligte unter Wiederholung der behaupteten Tatsachen erklärt: „Ich versichere an Eides statt, dass ich nach bestem Wissen die reine Wahrheit gesagt und nichts verschwiegen habe." ³Bevollmächtigte und Beistände des Beteiligten sind berechtigt, an der Aufnahme der Versicherung an Eides statt teilzunehmen.

(4) ¹Vor Aufnahme der Versicherung an Eides statt ist der Beteiligte über die Bedeutung der eidesstattlichen Versicherung und die strafrechtlichen Folgen einer unrichtigen oder unvollständigen eidesstattlichen Versicherung zu belehren. ²Die Belehrung ist in der Niederschrift zu vermerken.

(5) ¹Die Niederschrift hat ferner die Namen der anwesenden Personen sowie den Ort und den Tag der Niederschrift zu enthalten. ²Die Niederschrift ist dem Beteiligten, der die eidesstattliche Versicherung abgibt, zur Genehmigung vorzulesen oder auf Verlangen zur Durchsicht vorzulegen. ³Die erteilte Genehmigung ist zu vermerken und von dem Beteiligten zu unterschreiben. ⁴Die Niederschrift ist sodann von dem Amtsträger, der die Versicherung an Eides statt aufgenommen hat, sowie von dem Schriftführer zu unterschreiben.

(6) Die Versicherung an Eides statt kann nicht nach § 328 erzwungen werden.

Anwendungserlass zur Abgabenordnung

1 Zu § 95 – Versicherung an Eides statt:

Aus der Weigerung eines Steuerpflichtigen, eine Tatsachenbehauptung durch eidesstattliche Versicherung zu bekräftigen, können für ihn nachteilige Folgerungen gezogen werden. Im Übrigen wird auf § 162 hingewiesen.

Rechtsprechung

2 BFH vom 24. 9. 1991 – VII R 34/90 (BStBl 1992 II S. 57)

Eine auf § 284 AO gestützte Aufforderung zur Abgabe der eidesstattlichen Versicherung der Richtigkeit und Vollständigkeit des Vermögensverzeichnisses ist – bei Vorliegen der tatbestandlichen Voraussetzungen – unter Berücksichtigung des Grundsatzes der Verhältnismäßigkeit auch dann ermessensgerecht, wenn der Vollstreckungsschuldner die Abgabe einer eidesstattlichen Versicherung nach §§ 249 Abs. 2, 95 AO ohne die Folge der Eintragung in das Schuldnerverzeichnis (§ 915

ZPO) freiwillig anbietet. Eine pflichtgemäße Ermessensausübung nach § 284 Abs. 2 AO setzt deshalb auch nicht voraus, daß die Finanzbehörde zuvor vergeblich versucht hat, eine eidesstattliche Versicherung nach §§ 249 Abs. 2, 95 AO ohne die Folge der Eintragung in das Schuldnerverzeichnis zu erhalten.

BFH vom 20. 11. 2007 – VII B 109/07 (BFH/NV 2008 S. 336) 3

Nach gefestigter Rechtsprechung setzt eine pflichtgemäße Ermessensausübung bei der Aufforderung an den Schuldner zur Vorlage eines Vermögensverzeichnisses und zur Abgabe der eidesstattlichen Versicherung nicht voraus, dass die Finanzbehörde zuvor vergeblich versucht hat, eine eidesstattliche Versicherung nach § 249 Abs. 2, § 95 AO zu erhalten.

§ 96 Hinzuziehung von Sachverständigen

AO
S 0233

(1) ¹Die Finanzbehörde bestimmt, ob ein Sachverständiger zuzuziehen ist. ²Soweit nicht Gefahr im Verzug vorliegt, hat sie die Person, die sie zum Sachverständigen ernennen will, den Beteiligten vorher bekannt zu geben.

(2) ¹Die Beteiligten können einen Sachverständigen wegen Besorgnis der Befangenheit ablehnen, wenn ein Grund vorliegt, der geeignet ist, Zweifel an seiner Unparteilichkeit zu rechtfertigen oder wenn von seiner Tätigkeit die Verletzung eines Geschäfts- oder Betriebsgeheimnisses oder Schaden für die geschäftliche Tätigkeit eines Beteiligten zu befürchten ist. ²Die Ablehnung ist der Finanzbehörde gegenüber unverzüglich nach Bekanntgabe der Person des Sachverständigen, jedoch spätestens innerhalb von zwei Wochen unter Glaubhaftmachung der Ablehnungsgründe geltend zu machen. ³Nach diesem Zeitpunkt ist die Ablehnung nur zulässig, wenn glaubhaft gemacht wird, dass der Ablehnungsgrund vorher nicht geltend gemacht werden konnte. ⁴Über die Ablehnung entscheidet die Finanzbehörde, die den Sachverständigen ernannt hat oder ernennen will. ⁵Das Ablehnungsgesuch hat keine aufschiebende Wirkung.

(3) ¹Der zum Sachverständigen Ernannte hat der Ernennung Folge zu leisten, wenn er zur Erstattung von Gutachten der erforderlichen Art öffentlich bestellt ist oder wenn er die Wissenschaft, die Kunst oder das Gewerbe, deren Kenntnis Voraussetzung der Begutachtung ist, öffentlich zum Erwerb ausübt oder wenn er zur Ausübung derselben öffentlich bestellt oder ermächtigt ist. ²Zur Erstattung des Gutachtens ist auch derjenige verpflichtet, der sich hierzu der Finanzbehörde gegenüber bereit erklärt hat.

(4) Der Sachverständige kann die Erstattung des Gutachtens unter Angabe der Gründe wegen Besorgnis der Befangenheit ablehnen.

(5) Angehörige des öffentlichen Dienstes sind als Sachverständige nur dann zuzuziehen, wenn sie die nach dem Dienstrecht erforderliche Genehmigung erhalten.

(6) Die Sachverständigen sind auf die Vorschriften über die Wahrung des Steuergeheimnisses hinzuweisen.

(7) ¹Das Gutachten ist regelmäßig schriftlich zu erstatten. ²Die mündliche Erstattung des Gutachtens kann zugelassen werden. ³Die Beeidigung des Gutachtens darf nur gefordert werden, wenn die Finanzbehörde dies mit Rücksicht auf die Bedeutung des Gutachtens für geboten hält. ⁴Ist der Sachverständige für die Erstattung von Gutachten der betreffenden Art im Allgemeinen beeidigt, so genügt die Berufung auf den geleisteten Eid; sie kann auch in einem schriftlichen Gutachten erklärt werden. ⁵Anderenfalls gilt für die Beeidigung § 94 sinngemäß.

Rechtsprechung

Rsp

BFH vom 17. 1. 1996 – XI R 62/95 (BFH/NV 1996 S. 527) 1

Das FA ist nicht verpflichtet, einen unabhängigen Sachverständigen einzuschalten, wenn es auf die Sachkunde eigener Bediensteter zurückgreifen kann (Anschluß an BFH-Urteil vom 31. 8. 1994 – X R 170/93, BFH/NV 1995 S. 299).

III. Beweis durch Urkunden und Augenschein (§§ 97–100)

§ 97 Vorlage von Urkunden

(1) ¹Die Finanzbehörde kann von den Beteiligten und anderen Personen die Vorlage von Büchern, Aufzeichnungen, Geschäftspapieren und anderen Urkunden zur Einsicht und Prüfung verlangen. ²Dabei ist anzugeben, ob die Urkunden für die Besteuerung des zur Vorlage Aufgeforderten oder für die Besteuerung anderer Personen benötigt werden. ³§ 93 Abs. 1 Satz 2 gilt entsprechend.

(2) ¹Die Vorlage von Büchern, Aufzeichnungen, Geschäftspapieren und anderen Urkunden soll in der Regel erst dann verlangt werden, wenn der Vorlagepflichtige eine Auskunft nicht erteilt hat, wenn die Auskunft unzureichend ist oder Bedenken gegen ihre Richtigkeit bestehen. ²Diese Einschränkungen gelten nicht gegenüber dem Beteiligten, soweit dieser eine steuerliche Vergünstigung geltend macht, oder wenn die Finanzbehörde eine Außenprüfung nicht durchführen will oder wegen der erheblichen steuerlichen Auswirkungen eine baldige Klärung für geboten hält.

(3) ¹Die Finanzbehörde kann die Vorlage der in Absatz 1 genannten Urkunden an Amtsstelle verlangen oder sie bei dem Vorlagepflichtigen einsehen, wenn dieser einverstanden ist oder die Urkunden für eine Vorlage an Amtsstelle ungeeignet sind. ²§ 147 Abs. 5 gilt entsprechend.

Hinweise

1 Aufbewahrung von privaten Belegen durch den Steuerpflichtigen nach Durchführung der Steuerveranlagung und Glaubhaftmachung von Ausgaben durch ausgedruckte pdf-Dateien

(Bayer. Landesamt für Steuern, Vfg. vom 10. 12. 2010 – S 0240.1.1-3/3 St 42 –)

1. Aufbewahrung von privaten Belegen durch den Steuerpflichtigen nach Durchführung der Steuerveranlagung

Gemäß § 147 AO sind Unterlagen und Belege aufzubewahren, die Bestandteile einer Buchführungs- oder Aufzeichnungspflicht sind. Zusätzlich besteht gem. § 147a AO für Steuerpflichtige mit einer Summe der positiven Einkünfte nach § 2 Abs. 1 Nr. 4 bis 7 EStG (Überschusseinkünfte) von mehr als 500.000 Euro die Verpflichtung zur Aufbewahrung von Aufzeichnungen und Unterlagen, soweit sie diese Einkünfte betreffen. Für Unterlagen über Sachverhalte außerhalb dieser Bereiche (z. B. Werbungskosten bei Überschusseinkünften, die nicht unter § 147a AO fallen, Sonderausgaben und außergewöhnliche Belastungen) besteht keine entsprechende gesetzliche Verpflichtung. Darüber hinaus sind auch von Nicht-Unternehmern Rechnungen über umsatzsteuerpflichtige Werklieferungen oder sonstige Leistungen in Zusammenhangt mit einem Grundstück für die Dauer von zwei Jahren aufzubewahren. Die Zwei-Jahres-Frist beginnt mit Ablauf des Jahres, in dem die Rechnung ausgestellt worden ist (§ 14b Abs. 1 Sätze 3 und 5 i. V. m. § 14 UStG).

Aus § 90 AO lässt sich nur ableiten, dass der Steuerpflichtige zur Mitwirkung bei der Ermittlung des Sachverhalts verpflichtet ist. Entspricht der Steuerpflichtige der vom Finanzamt erbetenen Belegvorlage (§ 97 AO), ist er im Hinblick auf seiner erfüllte Vorlagepflicht nicht gehalten, die Belege nach ihrer Rückgabe durch das Finanzamt, mit Ausnahme der Belege nach § 14b Abs. 1 Satz 5 UStG, weiterhin bereit zu halten. Dies gilt auch, wenn die Steuerfestsetzung unter dem Vorbehalt der Nachprüfung (§ 164 AO) ergeht und der Steuerpflichtige von einer ausreichenden Erfüllung seiner Mitwirkungspflicht ausgehen konnte. In diesem Zusammenhang wird nochmals darauf hingewiesen, dass ein belegmäßiger Nachweis von Aufwendungen vom Steuerpflichtigen nur dann verlangt werden soll, wenn die Angaben und ggf. Aufstellungen nicht schlüssig und glaubhaft sind.

Die von den Steuerpflichtigen eingereichten Belege aus dem Privatbereich sollen bereits bei der Veranlagung so eingehend geprüft und gewürdigt werden, dass später (z. B. bei der abschließenden Prüfung vor Aufhebung des Vorbehalts der Nachprüfung) eine erneute Beleganforderung entbehrlich ist.

In den Fällen, in denen bereits bei einer Vorbehaltsveranlagung eine Belegrückgabe angezeigt ist, jedoch nicht auszuschließen ist, dass in einem späteren Stadium des Verfahrens die Unterlagen benötigt werden (z. B. bei der abschließenden Überprüfung, einer betriebsnahen Veranlagung, Betriebsprüfung), ist wie folgt zu verfahren: Der Steuerpflichtige ist bei der Belegrückgabe darauf hinzuweisen, dass es im Hinblick auf die weiterhin bestehende Mitwirkungspflicht und Beweislast für ein späteres Verfahren in seinem Interesse ist, die Belege aufzubewahren.

Zur Frage der Aufbewahrungspflicht bitte ich bei der Belegrückgabe die Vorlage „Belegrückgabe" (Ordner Veranlagung bzw. Arbeitnehmerstelle, Unterordner Bearbeitung Steuererklärung) zu verwenden, in der die entsprechenden Hinweise gegeben werden.

Belege, von denen das Finanzamt annimmt, dass sie später ausnahmsweise noch einmal benötigt werden könnten, sind entweder zurückzuhalten oder – wenn der Steuerpflichtige die Belege erkennbar zurückerwartet – in Ablichtung zu den Akten zu nehmen. Bei der Zurückbehaltung von Originalbelegen ist der Steuerpflichtige hiervon zu verständigen.

2. Nachweis von Ausgaben durch ausgedruckte pdf-Dateien

Die Anerkennung von Werbungskosten, Sonderausgaben oder außergewöhnlichen Belastungen kann grundsätzlich auf der Basis der Glaubhaftmachung durch Vorlage eines Ausdrucks einer pdf-Datei erfolgen, da hier weder § 147 AO nach § 14 Abs. 3 UStG gelten. Sollten im Einzelfall Zweifel an der Authentizität oder Integrität des Beleges bestehen, bleibt es dem Finanzamt unbenommen, andere Nachweise zu fordern (z. B. Bestätigung des Rechnungsausstellers).

Rechtsprechung

BFH vom 8. 8. 2006 – VII R 29/05 (BStBl 2007 II S. 80)

Ein (reines) Vorlageverlangen i. S. des § 97 AO liegt nur dann vor, wenn das Finanzamt die vorzulegenden Unterlagen so konkret und eindeutig benennt, dass sich die geforderte Tätigkeit des Vorlageverpflichteten auf rein mechanische Hilfstätigkeiten wie das Heraussuchen und Lesbarmachen der angeforderten Unterlagen beschränkt. Das setzt bei der Anforderung von Bankunterlagen voraus, dass das Finanzamt die Konten- und Depotnummern benennt oder vergleichbar konkrete Angaben zu sonstigen Bankverbindungen macht.

BFH vom 24. 2. 2010 – II R 57/08 (BStBl 2011 II S. 5)

Das FA darf im Besteuerungsverfahren eines Bankkunden von der Bank im Regelfall erst dann die Vorlage von Kontoauszügen als Urkunden i. S. von § 97 AO verlangen, wenn die Bank eine zuvor geforderte Auskunft über das Konto nach § 93 AO nicht erteilt hat, wenn die Auskunft unzureichend ist oder Bedenken gegen ihre Richtigkeit bestehen.

FG Niedersachsen vom 21. 4. 2010 – 7 K 228/08 (EFG 2010 S. 1852)

1. Das FA ist nicht verpflichtet, noch nicht abschließend geprüfte Originalbelege auf Aufforderung des Stpfl. jederzeit zurückzugeben, sofern nicht gewichtige Gründe hierfür vorliegen.
2. Der Stpfl. hat keinen Anspruch darauf, dass sein Steuerfall nach seinen Vorstellungen bzw. vorrangig und sofort bearbeitet wird.

§ 98 Einnahme des Augenscheins

(1) Führt die Finanzbehörde einen Augenschein durch, so ist das Ergebnis aktenkundig zu machen.

(2) Bei der Einnahme des Augenscheins können Sachverständige zugezogen werden.

§ 99 Betreten von Grundstücken und Räumen

(1) ¹Die von der Finanzbehörde mit der Einnahme des Augenscheins betrauten Amtsträger und die nach den §§ 96 und 98 zugezogenen Sachverständigen sind berechtigt, Grundstücke, Räume, Schiffe, umschlossene Betriebsvorrichtungen und ähnliche Einrichtungen während der üblichen Geschäfts- und Arbeitszeit zu betreten, soweit dies erforderlich ist, um im Besteuerungsinteresse Feststellungen zu treffen. ²Die betroffenen Personen sollen angemessene Zeit vorher benachrichtigt werden. ³Wohnräume dürfen gegen den Willen des Inhabers nur zur Verhütung dringender Gefahren für die öffentliche Sicherheit und Ordnung betreten werden.

(2) Maßnahmen nach Absatz 1 dürfen nicht zu dem Zweck angeordnet werden, nach unbekannten Gegenständen zu forschen.

AEAO Anwendungserlass zur Abgabenordnung

1 Zu § 99 – Betreten von Grundstücken und Räumen:

Es dürfen auch Grundstücke, Räume usw. betreten werden, die nicht dem Steuerpflichtigen gehören, sondern im Eigentum oder Besitz einer anderen Person stehen. Von der Besichtigung „betroffene" Personen sind alle, die an dem Grundstück usw. entweder Besitzrechte haben, sie tatsächlich nutzen oder eine sonstige tatsächliche Verfügungsbefugnis haben. Wohnräume dürfen im Besteuerungsverfahren nicht gegen den Willen des Inhabers betreten werden (siehe aber § 210 Abs. 2 und § 287).

AO
S 0243

§ 100 Vorlage von Wertsachen

(1) [1]Der Beteiligte und andere Personen haben der Finanzbehörde auf Verlangen Wertsachen (Geld, Wertpapiere, Kostbarkeiten) vorzulegen, soweit dies erforderlich ist, um im Besteuerungsinteresse Feststellungen über ihre Beschaffenheit und ihren Wert zu treffen. [2]§ 98 Abs. 2 ist anzuwenden.

(2) Die Vorlage von Wertsachen darf nicht angeordnet werden, um nach unbekannten Gegenständen zu forschen.

IV. Auskunfts- und Vorlageverweigerungsrechte (§§ 101–106)

AO
S 0250

§ 101 Auskunfts- und Eidesverweigerungsrecht der Angehörigen

(1) [1]Die Angehörigen (§ 15) eines Beteiligten können die Auskunft verweigern, soweit sie nicht selbst als Beteiligte über ihre eigenen steuerlichen Verhältnisse auskunftspflichtig sind oder die Auskunftspflicht für einen Beteiligten zu erfüllen haben. [2]Die Angehörigen sind über das Auskunftsverweigerungsrecht zu belehren. [3]Die Belehrung ist aktenkundig zu machen.

(2) [1]Die in Absatz 1 genannten Personen haben ferner das Recht, die Beeidigung ihrer Auskunft zu verweigern. [2]Absatz 1 Sätze 2 und 3 gelten entsprechend.

AEAO Anwendungserlass zur Abgabenordnung

1 Zu § 101 – Auskunfts- und Eidesverweigerungsrecht der Angehörigen:

1. Der Beteiligte (Steuerpflichtige) selbst hat kein Auskunftsverweigerungsrecht; § 393 Abs. 1 ist zu beachten.
2. Ist die nach § 101 Abs. 1 Satz 2 erforderliche Belehrung unterblieben, dürfen die auf der Aussage des Angehörigen beruhenden Kenntnisse nicht verwertet werden (BFH vom 31. 10. 1990 – II R 180/87 –, BStBl 1991 II S. 204), es sei denn, der Angehörige stimmt nachträglich zu oder wiederholt nach Belehrung seine Aussage (vgl. auch BFH vom 7. 11. 1986 – IV R 6/85 –, BStBl 1986 II, S. 435).

Rsp Rechtsprechung

2 BFH vom 21. 12. 1992 – XI B 55/92 (BStBl 1993 II S. 451)

Angestellte einer öffentlich-rechtlichen Sparkasse sind im finanzgerichtlichen Verfahren nicht berechtigt, über die bei ihrer Tätigkeit erworbenen Kenntnisse das Zeugnis zu verweigern. Die Zeugnispflicht geht der Amtsverschwiegenheitspflicht vor.

3 BFH vom 16. 4. 2002 – IX R 40/00 (BStBl 2002 II S. 501)

Aus den Gründen:
Für die Ehefrau besteht keine Rechtspflicht, eine Erklärung hinsichtlich der Einkünfte des Ehemannes aus dessen Agententätigkeit abzugeben. Ihr steht vielmehr das Recht zu, Auskunft zu verweigern, und zwar zunächst nach § 101 Abs. 1 AO. Sie darf Auskunft überdies nach § 103 AO

wegen der Gefahr strafgerichtlicher Verfolgung verweigern. Würde sie sich zu den Einkünften aus der Agententätigkeit ihres Mannes äußern, könnte das FA die dadurch erlangten Kenntnisse gemäß § 30 Abs. 4 Nr. 5 Buchst. a AO offenbaren, wodurch sich die Gefahr einer strafgerichtlichen Verfolgung ihres Ehemannes ergäbe.

BFH vom 9. 2. 2010 – VIII B 32/09 (BFH/NV 2010 S. 929) 4

Ein Verstoß gegen das aus der Verletzung der Belehrungspflicht bei Angehörigen sich ergebende Beweisverwertungsverbot gehört zu den Verfahrensmängeln, auf deren Einhaltung die Beteiligten verzichten können.

§ 102 Auskunftsverweigerungsrecht zum Schutz bestimmter Berufsgeheimnisse   AO
S 0251

(1) Die Auskunft können ferner verweigern:
1. Geistliche über das, was ihnen in ihrer Eigenschaft als Seelsorger anvertraut worden oder bekannt geworden ist,
2. Mitglieder des Bundestages, eines Landtages oder einer zweiten Kammer über Personen, die ihnen in ihrer Eigenschaft als Mitglieder dieser Organe oder denen sie in dieser Eigenschaft Tatsachen anvertraut haben, sowie über diese Tatsachen selbst,
3. a) Verteidiger,
   b) Rechtsanwälte, Patentanwälte, Notare, Steuerberater, Wirtschaftsprüfer, Steuerbevollmächtigte, vereidigte Buchprüfer,
   c) Ärzte, Zahnärzte, Psychologische Psychotherapeuten, Kinder- und Jugendlichenpsychotherapeuten, Apotheker und Hebammen,

   über das, was ihnen in dieser Eigenschaft anvertraut worden oder bekannt geworden ist,
4. Personen, die bei der Vorbereitung, Herstellung oder Verbreitung von periodischen Druckwerken oder Rundfunksendungen berufsmäßig mitwirken oder mitgewirkt haben, über die Person des Verfassers, Einsenders oder Gewährsmanns von Beiträgen und Unterlagen sowie über die ihnen im Hinblick auf ihre Tätigkeit gemachten Mitteilungen, soweit es sich um Beiträge, Unterlagen und Mitteilungen für den redaktionellen Teil handelt; § 160 bleibt unberührt.

(2) ¹Den im Absatz 1 Nr. 1 bis 3 genannten Personen stehen ihre Gehilfen und die Personen gleich, die zur Vorbereitung auf den Beruf an der berufsmäßigen Tätigkeit teilnehmen. ²Über die Ausübung des Rechts dieser Hilfspersonen, die Auskunft zu verweigern, entscheiden die im Absatz 1 Nr. 1 bis 3 genannten Personen, es sei denn, dass diese Entscheidung in absehbarer Zeit nicht herbeigeführt werden kann.

(3) ¹Die in Absatz 1 Nr. 3 genannten Personen dürfen die Auskunft nicht verweigern, wenn sie von der Verpflichtung zur Verschwiegenheit entbunden sind. ²Die Entbindung von der Verpflichtung zur Verschwiegenheit gilt auch für die Hilfspersonen.

(4) ¹Die gesetzlichen Anzeigepflichten der Notare und die Mitteilungspflichten der in Absatz 1 Nr. 3 Buchstabe b bezeichneten Personen nach der Zinsinformationsverordnung vom 26. Januar 2004 (BGBl. I S. 128), die zuletzt durch Artikel 4 Abs. 28 des Gesetzes vom 22. September 2005 (BGBl. I S. 2809) geändert worden ist, in der jeweils geltenden Fassung bleiben unberührt. ²Soweit die Anzeigepflichten bestehen, sind die Notare auch zur Vorlage von Urkunden und zur Erteilung weiterer Auskünfte verpflichtet.

Hinweise   H

Ertragsteuerliche Erfassung der Nutzung betrieblicher Kraftfahrzeuge zu Privatfahrten, zu Fahrten zwischen Wohnung und Arbeitsstätte sowie zu Familienheimfahrten nach § 4 Abs. 5 Satz 1 Nr. 6 und nach § 6 Abs. 1 Nr. 4 Sätze 2 und 3 EStG;   1
Verschwiegenheitspflichten nach § 102 AO

(OFD Frankfurt, Vfg. vom 19. 1. 2011 – S 2145 A-15-St 210 –)

Nach einem Beschluss der ESt-Referatsleiter der obersten Finanzbehörden des Bundes und der Länder berechtigen berufliche Verschwiegenheitspflichten bei Personen, die zum Kreis der nach § 102 Abs. 1 Nr. 3 AO Auskunftsverweigerungsberechtigten gehören, nicht dazu, zu Reisezweck,

Reiseziel und aufgesuchtem Geschäftspartner auf die Angabe der Namen von Patienten, Mandanten oder Kunden zu verzichten. Es gelten die allgemeinen Grundsätze des BMF-Schreibens vom 18. 11. 2009 (BStBl 2009 I S. 1336).

Auch Ärzte, die regelmäßig Hausbesuche machen haben neben Datum, Kilometerstand, Reisezweck „Patientenbesuch", Reiseziel, d. h. dem Ort, an dem diese Tätigkeit durchgeführt wurde, den aufgesuchten Patienten – als Geschäftspartner – zusätzlich zu der Angabe „Patientenbesuch" als Reisezweck genau zu bezeichnen. *)

Sind die erforderlichen Angaben im Fahrtenbuch des genannten Personenkreises nicht enthalten, ist das Fahrtenbuch nicht ordnungsgemäß geführt. Die Nutzung des betrieblichen Kraftfahrzeugs zu Privatfahrten, zu Fahrten zwischen Wohnung und Betriebsstätte und zu Familienheimfahrten ist sodann nach den Pauschsätzen zu bewerten.

*) *Zusatz der OFD Frankfurt:*

Zu Reisezweck, Reiseziel, Reiseroute und aufgesuchtem Geschäftspartner reicht neben der Angabe des Datums, des Kilometerstands und des Zielortes grundsätzlich die Angabe „Mandantenbesuch" bzw. „Patientenbesuch" als Reisezweck aus, wenn Name und Adresse des aufgesuchten Mandanten bzw. Patienten vom Berufsgeheimnisträger in einem vom Fahrtenbuch getrennt zu führenden Verzeichnis festgehalten werden. Gegen eine solche Verfahrensweise bestehen keine Bedenken, wenn sichergestellt ist, dass die Zusammenführung von Fahrtenbuch und Mandanten-/Patientenverzeichnis leicht und einwandfrei möglich ist und keinen erheblichen Aufwand verursacht. Auch ein elektronisches Fahrtenbuch ist anzuerkennen, wenn sich daraus dieselben Erkenntnisse wie aus einem manuell geführten Fahrtenbuch gewinnen lassen (s. hierzu auch BMF-Schreiben vom 18. 11. 2009, Rdnr. 23 (a. a. O.).

Die Vorlage des Verzeichnisses soll nur verlangt werden, wenn tatsächliche Anhaltspunkte vorliegen, die Zweifel an der Richtigkeit oder Vollständigkeit der Eintragungen im Fahrtenbuch begründen und die Zweifel anders nicht auszuräumen sind.

Rsp

Rechtsprechung

2 **BFH vom 7. 8. 1990 – VII R 106/89 (BStBl 1990 II S. 1010)**

Zur Durchführung eines Verfahrens wegen unbefugter Hilfeleistung in Steuersachen ist das FA befugt, eine Zeitung um Auskunft über die Identität des Inserenten einer Chiffreanzeige zu ersuchen (Bestätigung der Rechtsprechung).

3 **BFH vom 15. 1. 1998 – IV R 81/96 (BStBl 1998 II S. 263)**

Journalisten können die nach § 4 Abs. 5 Satz 1 Nr. 2 Satz 1 EStG geforderten Angaben zu Teilnehmern und Anlaß einer Bewirtung in der Regel nicht unter Berufung auf das Pressegeheimnis verweigern.

4 **BFH vom 14. 5. 2002 – IX R 31/00 (BStBl 2002 II S. 712)**

1. Die Befugnis des Steuerberaters zur Zeugnisverweigerung nach § 84 Abs. 1 FGO i. V. m. § 102 Abs. 1 Nr. 3 Buchst. b AO bezieht sich auch auf die Identität des Mandanten und die Tatsache seiner Beratung.
2. Ergeben sich solche Tatsachen aus vorzulegenden Urkunden (Postausgangsbuch, Fahrtenbuch), so erstreckt sich das Zeugnisverweigerungsrecht auch darauf (§ 85 FGO i. V. m. § 104 Abs. 1 AO).

5 **BFH vom 8. 4. 2008 – VIII R 61/06 (BStBl 2009 II S. 579)[1]**

1. Auch gegen gesetzlich zur Verschwiegenheit verpflichtete und zur Verweigerung von Auskünften berechtigte Personen, wie Steuerberater und Wirtschaftsprüfer, kann eine Außenprüfung angeordnet werden.
2. Die Rechtmäßigkeit der Prüfungsanordnung wird nicht durch die spätere Form der Durchführung der Außenprüfung beeinträchtigt.
3. Für eine vorbeugende Unterlassungsklage gegen die Finanzbehörde, sich bereits vor Beginn der Außenprüfung zu verpflichten, keine mandantenbezogenen Kopien oder Kontrollmitteilungen anzufertigen, fehlt in aller Regel das erforderliche besondere Rechtsschutzbedürfnis.

[1] Die Verfassungsbeschwerde wurde vom BVerfG gemäß §§ 93a, 93b BVerfGG nicht zur Entscheidung angenommen (Beschluss vom 24. 7. 2008, Az. 1 BvR 1828/08).

4. Die Finanzbehörde muss im Einzelfall im Rahmen pflichtgemäßer Ermessensausübung über die Anfertigung von Kontrollmitteilungen entscheiden und den Steuerpflichtigen (Berufsträger) rechtzeitig von einer entsprechenden Absicht informieren. Dem Steuerpflichtigen wird dadurch die Möglichkeit eröffnet, sich mit den gesetzlich eingeräumten Rechtsbehelfen im konkreten Fall gegen die Umsetzung zur Wehr zu setzen.

BFH vom 28. 10. 2009 – XIII R 78/05 (BStBl 2010 II S. 455) 6
1. – 2. ...
3. Vorlageverweigerungsrechte aus § 104 Abs. 1 AO bestehen auch in der beim Berufsgeheimnisträger (Rechtsanwalt, Steuerberater usw.) selbst stattfindenden Außenprüfung, jedoch kann das FA grundsätzlich die Vorlage der zur Prüfung erforderlich erscheinenden Unterlagen in neutralisierter Form verlangen.

BFH vom 18. 8. 2010 – I B 110/10 (BFH/NV 2011 S. 5) 7
Soll ein Rechtsanwalt in seiner Eigenschaft als Gesellschafter und Geschäftsführer einer Vermögensverwaltungs und Immobilienverwaltungs GmbH als Zeuge vernommen werden, ist der bloße Hinweis, er sei weder von der GmbH noch deren jetzigen Geschäftsführer von der Schweigepflicht entbunden worden, keine ordnungsgemäße Berufung auf ein Zeugnisverweigerungsrecht i.S.d. § 386 Abs. 1 ZPO. Es bedarf vielmehr entweder einer Versicherung nach § 386 Abs. 2 ZPO oder weiterer Substantiierung, dass er bei seiner Vernehmung Tatsachen hätte offenbaren müssen, die ihm im Zusammenhang mit seiner Tätigkeit als Anwalt anvertraut wurden.

§ 103 Auskunftsverweigerungsrecht bei Gefahr der Verfolgung wegen einer Straftat oder einer Ordnungswidrigkeit

¹Personen, die nicht Beteiligte und nicht für einen Beteiligten auskunftspflichtig sind, können die Auskunft auf solche Fragen verweigern, deren Beantwortung sie selbst oder einen ihrer Angehörigen (§ 15) der Gefahr strafgerichtlicher Verfolgung oder eines Verfahrens nach dem Gesetz über Ordnungswidrigkeiten aussetzen würde. ²Über das Recht, die Auskunft zu verweigern, sind sie zu belehren. ³Die Belehrung ist aktenkundig zu machen.

Rechtsprechung

BFH vom 16. 4. 2002 – IX R 40/00 (BStBl 2002 II S. 501) 1
Aus den Gründen:
Für die Ehefrau besteht keine Rechtspflicht, eine Erklärung hinsichtlich der Einkünfte des Ehemannes aus dessen Agententätigkeit abzugeben. Ihr steht vielmehr das Recht zu, Auskunft zu verweigern, und zwar zunächst nach § 101 Abs. 1 AO. Sie darf Auskunft überdies nach § 103 AO wegen der Gefahr strafgerichtlicher Verfolgung verweigern. Würde sie sich zu den Einkünften aus der Agententätigkeit ihres Mannes äußern, könnte das FA die dadurch erlangten Kenntnisse gemäß § 30 Abs. 4 Nr. 5 Buchst. a AO offenbaren, wodurch sich die Gefahr einer strafgerichtlichen Verfolgung ihres Ehemannes ergäbe.

BVerfG vom 21. 4. 2010 – 2 BvR 504/08, 2 BvR 1193/08 (wistra 2010 S. 299) 2
Ein Zeuge darf gemäß § 55 Abs. 1 StPO die Auskunft auf solche Fragen verweigern, deren Beantwortung ihm selbst oder einem Angehörigen die Gefahr zuziehen würde, wegen einer Straftat oder einer Ordnungswidrigkeit verfolgt zu werden. Dies ist der Fall, wenn die wahrheitsgemäße Beantwortung einer Frage zwar allein eine Strafverfolgung nicht auslösen könnte, jedoch „als Teilstück in einem mosaikartigen Beweisgebäude" zu einer Belastung des Zeugen beitragen könnte. Für die Gefahr strafgerichtlicher Verfolgung muss es konkrete tatsächliche Anhaltspunkte geben; bloße Vermutungen oder rein denktheoretische Möglichkeiten reichen nicht aus.

§ 104 Verweigerung der Erstattung eines Gutachtens und der Vorlage von Urkunden

(1) ¹Soweit die Auskunft verweigert werden darf, kann auch die Erstattung eines Gutachtens und die Vorlage von Urkunden oder Wertsachen verweigert werden. ²§ 102 Abs. 4 Satz 2 bleibt unberührt.

(2) ¹Nicht verweigert werden kann die Vorlage von Urkunden und Wertsachen, die für den Beteiligten aufbewahrt werden, soweit der Beteiligte bei eigenem Gewahrsam zur Vorlage verpflichtet wäre. ²Für den Beteiligten aufbewahrt werden auch die für ihn geführten Geschäftsbücher und sonstigen Aufzeichnungen.

Anwendungserlass zur Abgabenordnung

1 Zu § 104 – Verweigerung der Erstattung eines Gutachtens und der Vorlage von Urkunden:

Trotz ihres Auskunftsverweigerungsrechts sind die Angehörigen der steuerberatenden Berufe verpflichtet, alle Urkunden und Wertsachen, insbesondere Geschäftsbücher und sonstige Aufzeichnungen, die sie für den Steuerpflichtigen aufbewahren oder führen, auf Verlangen der Finanzbehörde unter den gleichen Voraussetzungen vorzulegen wie der Steuerpflichtige selbst.

Rechtsprechung

2 BFH vom 17. 3. 1982 – II B 58/81 (BStBl 1982 II S. 510)

Das FG kann in einem Rechtsstreit über die Rechtmäßigkeit eines Grunderwerbsteuerbescheides von dem Notar, der den Grundstückskaufvertrag beurkundet hat, nicht pauschal die Vorlage der Handakten zu diesem Vertrag fordern. Vielmehr kann es nur die Vorlage einzelner Schriftstücke verlangen, die den Inhalt der notariellen Urkunde ergänzen und verdeutlichen.

3 BFH vom 28. 10. 2009 – VIII R 78/05 (BStBl 2010 II S. 455)

1. Lässt sich der Regelungsgehalt eines Verlangens zur Vorlage von Unterlagen auch nicht durch Auslegung unter Berücksichtigung der dem Adressaten bekannten Umstände hinreichend klar ermitteln, ist das Verlangen rechtswidrig und nicht nach §§ 328 ff. AO vollstreckbar.
2. Ein Vorlageverlangen ist in der Regel übermäßig und damit rechtswidrig, wenn es sich auf Unterlagen richtet, deren Existenz beim Steuerpflichtigen ihrer Art nach nicht erwartet werden kann.
3. Vorlageverweigerungsrechte aus § 104 Abs. 1 AO bestehen auch in der beim Berufsgeheimnisträger (Rechtsanwalt, Steuerberater usw.) selbst stattfindenden Außenprüfung, jedoch kann das FA grundsätzlich die Vorlage der zur Prüfung erforderlich erscheinenden Unterlagen in neutralisierter Form verlangen.

§ 105 Verhältnis der Auskunfts- und Vorlagepflicht zur Schweigepflicht öffentlicher Stellen

(1) Die Verpflichtung der Behörden oder sonstiger öffentlicher Stellen einschließlich der Deutschen Bundesbank, der Staatsbanken und der Schuldenverwaltungen sowie der Organe und Bediensteten dieser Stellen zur Verschwiegenheit gilt nicht für ihre Auskunfts- und Vorlagepflicht gegenüber den Finanzbehörden.

(2) Absatz 1 gilt nicht, soweit die Behörden und die mit postdienstlichen Verrichtungen betrauten Personen gesetzlich verpflichtet sind, das Brief-, Post- und Fernmeldegeheimnis zu wahren.

Rechtsprechung

BFH vom 19. 12. 2006 – VII R 46/05 (BStBl 2007 II S. 365)

1. Die Finanzbehörden sind grundsätzlich berechtigt, von einer Rechtsanwaltskammer Auskünfte über für die Besteuerung erhebliche Sachverhalte eines Kammermitglieds einzuholen; die Vorschriften der Berufsordnung über die Verschwiegenheitspflicht des Kammervorstandes stehen dem nicht entgegen.
2. Ein solches Auskunftsersuchen ist auch im Vollstreckungsverfahren zulässig.
3. Es ist nicht unverhältnismäßig oder unzumutbar, wenn das FA für Zwecke der Zwangsvollstreckung eine Rechtsanwaltskammer zur Auskunft über die Bankverbindung eines Kammermitglieds auffordert, sofern diesbezügliche Aufklärungsbemühungen beim Vollstreckungsschuldner erfolglos waren.

§ 106 Beschränkung der Auskunfts- und Vorlagepflicht bei Beeinträchtigung des staatlichen Wohls

Eine Auskunft oder die Vorlage von Urkunden darf nicht gefordert werden, wenn die zuständige oberste Bundes- oder Landesbehörde erklärt, dass die Auskunft oder Vorlage dem Wohl des Bundes oder eines Landes erhebliche Nachteile bereiten würde.

V. Entschädigung der Auskunftspflichtigen und der Sachverständigen (§ 107)

§ 107 Entschädigung der Auskunftspflichtigen und der Sachverständigen

[1]Auskunftspflichtige und Sachverständige, die die Finanzbehörde zu Beweiszwecken herangezogen hat, erhalten auf Antrag eine Entschädigung oder Vergütung in entsprechender Anwendung des Justizvergütungs- und -entschädigungsgesetzes. [2]Dies gilt nicht für die Beteiligten und für die Personen, die für die Beteiligten die Auskunftspflicht zu erfüllen haben.

Anwendungserlass zur Abgabenordnung

Zu § 107 – Entschädigung der Auskunftspflichtigen und Sachverständigen:

1. Die Entschädigungspflicht wird nur ausgelöst, wenn die Finanzbehörde Auskunftspflichtige und Sachverständige durch Verwaltungsakt zu Beweiszwecken herangezogen hat. Freiwillig vorgelegte Auskünfte und Sachverständigengutachten führen selbst dann nicht zu einer Entschädigung, wenn die Finanzbehörde sie verwertet.
2. Vorlagepflichtige, die aufzubewahrende Unterlagen nur in der Form einer Wiedergabe auf einem Bildträger oder auf anderen Datenträgern vorlegen können (§ 97 Abs. 3 Satz 2), erhalten keine Entschädigung für Kosten, die dadurch entstehen, dass sie Hilfsmittel zur Verfügung stellen müssen, um die Unterlagen lesbar zu machen (§ 147 Abs. 5). Das Gleiche gilt für die Kosten, die der Ausdruck der Unterlagen oder die Fertigung von lesbaren Reproduktionen verursacht.
3. Für die Vorlage von Urkunden (§ 97) und für die Duldung der Einnahme des Augenscheins (§ 98) besteht kein Anspruch auf eine Entschädigung nach § 107. Bei einem kombinierten Auskunfts- und Vorlageersuchen hat der ersuchte Dritte dagegen Anspruch auf Ersatz aller seiner mit dem Ersuchen zusammenhängenden Aufwendungen, d. h. auch jener, die ihm im Zusammenhang mit der Vorlage von Urkunden entstanden sind (BFH-Urteil vom 24. 3. 1987 – VII R 113/84 – BStBl 1988 II, S. 163).

   Ein (reines) Vorlageverlangen i. S. d. § 97, das keinen Kostenerstattungsanspruch auslöst, liegt vor, wenn die Finanzbehörde die vorzulegenden Unterlagen so konkret und eindeutig benennt, dass sich die geforderte Tätigkeit des Vorlageverpflichteten auf rein mechanische Hilfstätigkeiten wie das Heraussuchen und Lesbarmachen der angeforderten Unterlagen beschränkt. Das setzt bei der Anforderung von Bankunterlagen voraus, dass die Finanzbehörde die Konten- und Depotnummern benennt oder vergleichbar konkrete Angaben zu sonstigen Bankverbindungen macht (BFH-Urteil vom 8. 8. 2006 – VII R 29/05 – BStBl II 2007, S. 80).

§ 107 AO
AEAO H

Ein Vorlageverlangen i. S. d. § 97 gegenüber Dritten ist im Regelfall nur zulässig, wenn
- der Dritte eine von ihm zuvor geforderte Auskunft nicht erteilt hat,
- die Auskunft des Dritten unzureichend ist,
- Bedenken gegen die Richtigkeit der Auskunft bestehen oder
- das Vorliegen steuerrelevanter Tatsachen nur durch die Vorlage eines Schriftstückes beweisbar bzw. eine Auskunft zur Wahrheitsfindung untauglich ist

(vgl. BFH-Urteil vom 24. 2. 2010 – II R 57/08 – BStBl 2011 II, S. 5).

H
2

Hinweise

Entschädigung von Auskunftspflichtigen und Sachverständigen im Besteuerungsverfahren

(Bayer. Landesamt für Steuern, Erlass vom 17. 1. 2011 – S 0256.1.1-1/10 St42 -)

1. Geltungsbereich

Werden im Besteuerungsverfahren Auskünfte von Dritten und Sachverständigen eingeholt, bestimmt sich ihre Entschädigung nach § 107 AO in Verbindung mit dem Justizvergütungs- und Entschädigungsgesetz (JVEG). § 107 AO gilt in allen Abschnitten des Besteuerungsverfahrens einschließlich des Außenprüfungs-, Erhebungs-, Vollstreckungs- und Einspruchsverfahrens. Personen, die ausschließlich als Vorlageverpflichtete nach § 97 AO vom Finanzamt herangezogen werden, steht keine Entschädigung zu (vgl. Tz. 2 und 3).

In Steuerstraf- oder in Bußgeldverfahren, in denen das Finanzamt die Ermittlungen selbständig durchführt, sind die zu Beweiszwecken herangezogenen Zeugen und Sachverständigen entsprechend § 405 AO zu vergüten.

Eine besondere gesetzliche Regelung besteht für Dritte, die aufgrund eines Beweiszwecken dienenden Ersuchens der Strafverfolgungsbehörde Gegenstände herausgeben (§ 95 Abs. 1 StPO) oder die Pflicht zur Herausgabe entsprechend einer Anheimgabe der Strafverfolgungsbehörde abwenden, Auskunft erteilen oder die Überwachung und Aufzeichnung des Fernmeldeverkehrs ermöglichen (§ 100b Abs. 3 StPO). Diese Dritten haben nach § 23 Abs. 1 JVEG einen Anspruch darauf, wie Zeugen entschädigt zu werden.

2. Abgrenzung zwischen Vorlageverlangen und Auskunftsersuchen

Ein Vorlageverlangen gegenüber Dritten ist im Regelfall nur zulässig, wenn der Dritte eine von ihm zuvor geforderte Auskunft nicht erteilt hat, die Auskunft des Dritten unzureichend ist, Bedenken gegen die Richtigkeit der Auskunft bestehen oder das Vorliegen steuerrelevanter Tatsachen nur durch die Vorlage eines Schriftstücks beweisbar bzw. eine Auskunft zur Wahrheitsfindung untauglich ist (AEAO zu § 107, Nummer 3 Absatz 3 unter Hinweis auf BFH-Urteil vom 24. 2. 2010 – II R 57/08 –).

Ein reines Vorlageverlangen i.S. des § 97 AO, das keinen Entschädigungsanspruch auslöst, liegt nur dann vor, wenn keinerlei eigenes Wissen des in Anspruch Genommenen abgefragt wird, darauf zurückgegriffen werden muss (vgl. BFH vom 8. 8. 2006 – VII R 29/05 –, BStBl II 2007 S. 80). Dies ist dann der Fall, wenn das Finanzamt die vorzulegenden Unterlagen so konkret und eindeutig benennt, dass sich die geforderte Tätigkeit des Vorlageverpflichteten auf rein mechanische Hilfstätigkeiten wie das Heraussuchen und Lesbarmachen der angeforderten Unterlagen beschränkt.

3. Anspruchsberechtigte

Die von einem Finanzamt zu Beweiszwecken herangezogenen Auskunftspflichtigen (§ 93 AO) und Sachverständigen (§ 96 AO) erhalten auf Antrag eine Entschädigung bzw. Vergütung in entsprechender Anwendung des JVEG, soweit sie weder Beteiligte (§§ 78, 359 AO) sind noch die Auskunftspflicht für einen Beteiligten zu erfüllen haben (wie z.B. die gesetzlichen Vertreter und die Verfügungsberechtigten i.S. der §§ 34, 35 AO sowie die Bevollmächtigten und die von Amts wegen bestellten Vertreter der Beteiligten i.S. der §§ 80, 81 AO).

Auskunftspflichtige können natürliche Personen, juristische Personen und Personengesellschaften sein.

Nimmt ein Auskunftspflichtiger oder ein Sachverständiger eine Hilfsperson (z.B. Steuerberater) in Anspruch, so hat diese keinen eigenen Entschädigungsanspruch (Urteil des Niedersächsischen FG vom 28. 10. 1988 – XII 649/87 –, n.v.).

Die dem Drittschuldner durch die Erfüllung seiner Erklärungspflicht gem. § 316 AO entstehenden Kosten sind nicht nach § 107 AO zu erstatten. Dies gilt auch, wenn das Finanzamt die Angaben in der Drittschuldnererklärung für unzureichend hält und deshalb um Ergänzung oder Vervollständigung nachsucht. Eine Entschädigung kommt aber in Betracht, wenn das Finanzamt den Drittschuldner um Auskünfte ersucht, die über dessen Erklärungspflicht gem. § 316 AO hinausgehen.

4. Anspruch auf Entschädigung

Die Entscheidung darüber, ob ein Auskunftspflichtiger oder Sachverständiger eine Entschädigung oder Vergütung erhält, liegt nicht im Ermessen des Finanzamtes. Bei Vorliegen der gesetzlichen Voraussetzungen besteht auf die Entschädigung ein Rechtsanspruch (BFH-Urteil vom 23. 12. 1980 – VII R 91/79 –, BStBl 1981 II S. 392).

5. Fürsorgepflicht des Finanzamts

Handelt es sich bei dem Auskunftspflichtigen um eine Person, bei der Kenntnisse über den Entschädigungsanspruch nicht vorausgesetzt werden können und ist ersichtlich, dass dem Verpflichteten durch die Auskunftserteilung nicht nur ganz unbedeutende Kosten erwachsen werden, ist er auf die Entschädigungsmöglichkeit gem. § 107 AO und das Erfordernis der Antragstellung hinzuweisen (vgl. § 89 AO).

6. Umfang der Entschädigung

6.1 Auskunftspflichtige

Erledigt der Auskunftspflichtige das Auskunftsersuchen selbst oder beauftragt er Personen, die in seinem Betrieb beschäftigt sind, so werden der Verdienstausfall bzw. die Personalkosten mit dem Betrag erstattet, den ein Zeuge nach § 22 JVEG beanspruchen könnte. Der Zeitaufwand darf jedoch höchstens mit 17 Euro je Stunde angesetzt werden. Dabei ist unbeachtlich, ob dem Antragsteller durch Zahlung von Überstundenvergütungen oder Neueinstellungen ein Mehraufwand entstanden ist. Soweit die Entschädigung nach Stunden bemessen ist, wird sie für höchstens 10 Stunden je Tag gewährt (§ 19 Abs. 2 JVEG). Die letzte bereits begonnene Stunde wird voll gerechnet.

Werden keine Fachkräfte beschäftigt und kann auch kein Verdienstausfall nachgewiesen werden, kann nach § 20 JVEG nur eine Entschädigung für Zeitversäumnis von 3 Euro je Stunde gewährt werden. Dies gilt nicht, wenn durch die Auskunftserteilung ersichtlich kein Nachteil entstanden ist. Auskunftspflichtige, die nicht erwerbstätig sind und einen Haushalt für mehrere Personen führen, erhalten eine Entschädigung von 12 Euro je Stunde (§ 21 Satz 1 JVEG). Das gleiche gilt für Teilzeitbeschäftigte, die außerhalb ihrer vereinbarten regelmäßigen Arbeitszeit herangezogen werden (§ 21 Satz 1 2. Halbsatz JVEG). Die Entschädigung von Teilzeitbeschäftigten wird für höchstens 10 Stunden je Tag gewährt abzüglich der Zahl an Stunden, die der vereinbarten regelmäßigen täglichen Arbeitszeit entspricht.

In allen Fällen der Geltendmachung von Verdienstausfall oder Personalkosten ist zu prüfen, ob der geltend gemachte Arbeitsaufwand in einem angemessenen Verhältnis zu der erteilten Auskunft steht.

Auskunftspflichtige können auch Fahrtkostenersatz gem. § 5 JVEG und Aufwandsentschädigung (Tagegeld) gem. § 6 JVEG erhalten. Derartige Entschädigungen kommen im Rahmen des § 107 AO jedoch nur in Ausnahmefällen in Betracht. Bei Geltendmachung ist auf die detaillierten Regelungen im Gesetz zurückzugreifen.

Für die Praxis bedeutsam ist jedoch der Ersatz für sonstige Aufwendungen, insbesondere die Kosten für die Anfertigung von Kopien (§ 7 Abs. 2 JVEG). Danach wird für die ersten 50 Seiten 0,50 Euro, für jede weitere Seite 0,15 Euro und für die Anfertigung von Farbkopien 2,00 Euro je Seite ersetzt. Aufwendungen für unaufgefordert eingereichte Abschriften und Ablichtungen werden nicht erstattet. Für die Überlassung von elektronisch gespeicherten Dateien anstelle von Fotokopien werden 2,50 Euro je Datei erstattet (§ 7 Abs. 3 JVEG). § 147 Abs. 5 AO ist in den Fällen einer sich aus §§ 93, 107 AO ergebenden Entschädigungsverpflichtung nicht anwendbar (BFH-Urteil vom 23. 12. 1980, a.a.O.).

Das JVEG sieht grundsätzlich keine Vergütung für die Benutzung von Werkzeugen, Geräten oder technischen Einrichtungen vor, die der Auskunftspflichtige bei der Ausübung seines Berufs oder Gewerbes ohnehin benötigt. Abnutzung im üblichen Rahmen begründet keinerlei Ersatzanspruch. Deshalb können z.B. bei Geldinstituten nur die Aufwendungen für den Arbeitseinsatz von Mitarbeitern ersetzt werden, die das gewünschte Zuordnen der in Betracht kommenden Mikrofilme zu den entsprechenden Kontounterlagen, das Heraussuchen der Mikrofilme, das Ausfindigmachen des richtigen Bildes, dessen Vergrößerung und Fotokopie sowie das Rückeinordnen der Filme vorgenommen haben. Hierfür wird ein Zeitaufwand von durchschnittlich 8 Minuten pro Bild als realistisch (vgl. Beschluss des OLG Düsseldorf vom 13. 6. 1989 – 3 Ws 375/89 –, juris) angesehen. Eine Kostenerstattung kommt jedoch nur dann in Betracht, wenn die Anfrage des Finanzamts nicht als „reines Vorlageersuchen" anzusehen ist (vgl. Tz. 2 und 3).

Die Entschädigung des Auskunftspflichtigen stellt einen sog. „echten" Schadensersatz dar. Dieser unterliegt nicht der Umsatzsteuer (vgl. UStAE Nr. 1.3 Abs. 9). Soweit Umsatzsteuer in Rechnung gestellt wird, ist sie somit nicht zu erstatten (vgl. aber Tz. 6.2 letzter Absatz).

6.2 Sachverständige, Dolmetscher und Übersetzer

Der Einsatz unabhängiger Sachverständiger gem. § 96 AO kommt im Besteuerungsverfahren nur in Ausnahmefällen in Betracht. Soweit dies erforderlich ist, sind die jeweils zuständigen Sachverständigen der Finanzverwaltung einzuschalten. Der Entschädigungsnorm des § 107 AO kommt in diesem Bereich daher keine große Bedeutung zu. In den wenigen in Betracht kommenden Fällen sind insbesondere folgende Vorschriften des JVEG zu beachten:

– §§ 8, 9 JVEG: Danach erhalten Sachverständige für ihre Leistungen ein Honorar nach Stundensätzen zwischen 50 und 95 Euro abhängig von der Honorargruppe. Die Abrechnung erfolgt auch für Reise- und Wartezeiten bis zur jeweils angefangenen halben Stunde.
– § 9 Abs. 3 JVEG: Das Honorar eines Dolmetschers beträgt für jede Stunde 55 Euro.
– § 10 JVEG: Honorar für besondere Leistungen
– § 11 JVEG: Das Honorar für eine Übersetzung beträgt 1,25 Euro für jeweils angefangene 55 Anschläge des schriftlichen Textes. Ist die Übersetzung, insbesondere wegen der Verwendung von Fachausdrücken oder schwerer Lesbarkeit des Textes, erheblich erschwert, erhöht sich das Honorar auf 1,85 Euro, bei außergewöhnlich schwierigen Texten auf 4 Euro. Maßgebend für die Anzahl der Anschläge ist der Text in der Zielsprache; werden jedoch nur in der Ausgangssprache lateinische Schriftzeichen verwendet, ist die Anzahl der Anschläge des Textes in der Ausgangssprache maßgebend.
– § 12 JVEG: Ersatz für besondere Aufwendungen
– §§ 5, 6 JVEG: Fahrtkostenersatz und Aufwandsentschädigungen
– § 7 JVEG: Ersatz für sonstige Aufwendungen.

Im Gegensatz zur Entschädigung des Auskunftspflichtigen ist die auf die Entschädigung des Sachverständigen entfallende Umsatzsteuer erstattungsfähig (§ 12 Abs. 1 Satz 2 Nr. 4 JVEG).

Die Vergütung von Sachverständigen, Dolmetschern und Übersetzern nach Abschnitt 3 JVEG ist Entgelt für eine Leistung. Ob jemand als Zeuge, sachverständiger Zeuge oder Sachverständiger anzusehen ist, richtet sich nach den tatsächliche erbrachten Tätigkeiten (vgl. UStAE Nr. 1.3 Abs. 15).

7. Geltendmachung und Erlöschen des Anspruchs, Verjährung

Von Auskunftspflichtigen und Sachverständigen ist der Entschädigungs- bzw. Vergütungsanspruch innerhalb einer Ausschlussfrist von drei Monaten geltend zu machen. Die Frist beginnt mit der Abgabe der erbetenen Auskunft gegenüber der ersuchenden Stelle, bei der Vernehmung eines Zeugen oder Sachverständigen mit Beendigung der Vernehmung, mit der Übergabe der herauszugebenden Gegenstände an die ersuchende Strafverfolgungsbehörde oder mit der Überwachung des Fernmeldeverkehrs. Wird die Frist überschritten, erlischt der Anspruch (§ 2 Abs. 1 Satz 1 JVEG). Fristverlängerung ist unzulässig und Wiedereinsetzung in den vorigen Stand (§ 110 AO) ist nicht vorgesehen. Zur Wiedereinsetzung in den vorigen Stand bei Fristversäumnis ohne Verschulden des Berechtigten vgl. § 2 Abs. 2 JVEG. Bei der Fristberechnung ist § 108 AO zu beachten.

Im Übrigen verjähren die Entschädigungsansprüche der Auskunftspflichtigen und Sachverständigen drei Jahre nach Ablauf des Kalenderjahres, in dem die Pflicht erfüllt wurde (§ 2 Abs. 1 Satz 2 JVEG i.V.m. § 195 BGB). Die Vorschriften der Abgabenordnung über die Zahlungsverjährung (§§ 228 ff. AO) sind nicht anwendbar, weil es sich bei den Entschädigungsansprüchen nach § 107 AO nicht um Ansprüche aus dem Steuerschuldverhältnis (§ 37 Abs. 1 AO) handelt.

8. Festsetzung der Entschädigung

Für die Festsetzung der Entschädigungen nach § 107 AO ist die Geschäftsstelle des Finanzamts zuständig. In die Überprüfung und Entscheidung über die Entschädigungsansprüche soll die Dienststelle im Finanzamt einbezogen werden, die die Auskunft verlangt oder das Gutachten angefordert hat. Die Entschädigung ist durch schriftlichen Verwaltungsakt, in dem sowohl über den Grund als auch über die Höhe des Anspruchs entschieden wird, festzusetzen (Urteil des FG Baden-Württemberg vom 18. 3. 1994 – 9 K 95/91 –, EFG 1994 S. 819). Wird dem Antrag nicht oder nur zum Teil entsprochen, sind die hierfür maßgeblichen Gründe spätestens im Bescheid zu erläutern (§ 121 AO).

9. Rechtsbehelf

Im Besteuerungsverfahren entscheidet das die Auskunft begehrende Finanzamt über den Antrag auf Kostenerstattung. Lehnt das Finanzamt den Entschädigungsantrag ganz oder teilweise ab, so ist gegen diesen Verwaltungsakt der Rechtsschutz nach der AO/FGO gegeben (Einspruch, Verpflichtungsklage).

Im Steuerstrafverfahren ist die Entschädigung bei der selbständig ermittelnden Bußgeld- und Strafsachenstelle des Finanzamts zu beantragen, die um Auskunft ersucht hat. Lehnt diese

Behörde eine Entschädigung ganz oder teilweise ab, kann Antrag auf richterliche Festsetzung bei dem (ordentlichen) Gericht beantragt werden, bei dem die Staatsanwaltschaft besteht (§§ 405 AO, 4 Abs. 1 Nr. 3 JVEG). Der Finanzrechtsweg ist dann nicht gegeben (vgl. BFH-Urteil vom 23. 12. 1980 – VII R 91/79 –, BStBl II 1981 S. 349).

4. Unterabschnitt
Fristen, Termine, Wiedereinsetzung (§§ 108–110)

§ 108 Fristen und Termine

(1) Für die Berechnung von Fristen und für die Bestimmung von Terminen gelten die §§ 187 bis 193 des Bürgerlichen Gesetzbuchs entsprechend, soweit nicht durch die Absätze 2 bis 5 etwas anderes bestimmt ist.

(2) Der Lauf einer Frist, die von einer Behörde gesetzt wird, beginnt mit dem Tag, der auf die Bekanntgabe der Frist folgt, außer wenn dem Betroffenen etwas anderes mitgeteilt wird.

(3) Fällt das Ende einer Frist auf einen Sonntag, einen gesetzlichen Feiertag oder einen Sonnabend, so endet die Frist mit dem Ablauf des nächstfolgenden Werktags.

(4) Hat eine Behörde Leistungen nur für einen bestimmten Zeitraum zu erbringen, so endet dieser Zeitraum auch dann mit dem Ablauf seines letzten Tages, wenn dieser auf einen Sonntag, einen gesetzlichen Feiertag oder Sonnabend fällt.

(5) Der von einer Behörde gesetzte Termin ist auch dann einzuhalten, wenn er auf einen Sonntag, gesetzlichen Feiertag oder Sonnabend fällt.

(6) Ist eine Frist nach Stunden bestimmt, so werden Sonntage, gesetzliche Feiertage oder Sonnabende mitgerechnet.

BGB-Vorschriften zu § 108 (§§ 187–193 BGB)

§ 187 Fristbeginn

(1) Ist für den Anfang einer Frist ein Ereignis oder ein in den Lauf eines Tages fallender Zeitpunkt maßgebend, so wird bei der Berechnung der Frist der Tag nicht mitgerechnet, in welchen das Ereignis oder der Zeitpunkt fällt.

(2) ¹Ist der Beginn eines Tages der für den Anfang einer Frist maßgebende Zeitpunkt, so wird dieser Tag bei der Berechnung der Frist mitgerechnet. ²Das gleiche gilt von dem Tag der Geburt bei der Berechnung des Lebensalters.

§ 188 Fristende

(1) Eine nach Tagen bestimmte Frist endigt mit dem Ablauf des letzten Tages der Frist.

(2) Eine Frist, die nach Wochen, nach Monaten oder nach einem mehrere Monate umfassenden Zeitraum – Jahr, halbes Jahr, Vierteljahr – bestimmt ist, endigt im Falle des § 187 Abs. 1 mit dem Ablauf desjenigen Tages der letzten Woche oder des letzten Monats, welcher durch seine Benennung oder seine Zahl dem Tag entspricht, in den das Ereignis oder der Zeitpunkt fällt, im Falle des § 187 Abs. 2 mit dem Ablauf desjenigen Tages der letzten Woche oder des letzten Monats, welcher dem Tage vorhergeht, der durch seine Benennung oder seine Zahl dem Anfangstag der Frist entspricht.

(3) Fehlt bei einer nach Monaten bestimmten Frist in dem letzten Monat der für ihren Ablauf maßgebende Tag, so endigt die Frist mit dem Ablaufe des letzten Tages dieses Monats.

§ 189 Berechnung einzelner Fristen

(1) Unter einem halben Jahr wird eine Frist von sechs Monaten, unter einem Vierteljahr eine Frist von drei Monaten, unter einem halben Monat eine Frist von 15 Tagen verstanden.

(2) Ist eine Frist auf einen oder mehrere ganze Monate und einen halben Monat gestellt, so sind die 15 Tage zuletzt zu zählen.

§ 190 Fristverlängerung

Im Falle der Verlängerung einer Frist wird die neue Frist von dem Ablauf der vorigen Frist an berechnet.

§ 191 Berechnung von Zeiträumen

Ist ein Zeitraum nach Monaten oder nach Jahren in dem Sinne bestimmt, dass er nicht zusammenhängend zu verlaufen braucht, so wird der Monat zu 30, das Jahr zu 365 Tagen gerechnet.

§ 192 Anfang, Mitte, Ende des Monats

Unter Anfang des Monats wird der erste, unter Mitte des Monats der 15., unter Ende des Monats der letzte Tag des Monats verstanden.

§ 193 Sonn- und Feiertag; Sonnabend

Ist an einem bestimmten Tag oder innerhalb einer Frist eine Willenserklärung abzugeben oder eine Leistung zu bewirken und fällt der bestimmte Tag oder der letzte Tag der Frist auf einen Sonntag, einen am Erklärungs- oder Leistungsort staatlich anerkannten allgemeinen Feiertag oder einen Sonnabend, so tritt an die Stelle eines solchen Tages der nächste Werktag.

AEAO — **Anwendungserlass zur Abgabenordnung**

2 Zu § 108 – Fristen und Termine:

1. Fristen sind abgegrenzte, bestimmte oder jedenfalls bestimmbare Zeiträume (BFH-Urteil vom 14. 10. 2003 – IX R 68/98 –, BStBl II S. 898). Termine sind bestimmte Zeitpunkte, an denen etwas geschehen soll oder zu denen eine Wirkung eintritt. „Fälligkeitstermine" geben das Ende einer Frist an.
2. § 108 Abs. 3 gilt auch für die Dreitage-Regelungen (§ 122 Abs. 2 Nr. 1, Abs. 2a, § 123 Satz 2; § 4 Abs. 2 VwZG), die Monats-Regelungen (§ 122 Abs. 2 Nr. 2, § 123 Satz 2) und die Zweiwochen-Regelung (§ 122 Abs. 4 Satz 3) zum Zeitpunkt der Bekanntgabe eines Verwaltungsaktes (BFH-Urteil vom 14. 10. 2003 – IX R 68/98 –, BStBl II S. 898).

AO
S 0261

§ 109 Verlängerung von Fristen

(1) ¹Fristen zur Einreichung von Steuererklärungen und Fristen, die von einer Finanzbehörde gesetzt sind, können verlängert werden. ²Sind solche Fristen bereits abgelaufen, so können sie rückwirkend verlängert werden, insbesondere wenn es unbillig wäre, die durch den Fristablauf eingetretenen Rechtsfolgen bestehen zu lassen.

(2) Die Finanzbehörde kann die Verlängerung der Frist von einer Sicherheitsleistung abhängig machen oder sonst nach § 120 mit einer Nebenbestimmung verbinden.

Rsp — **Rechtsprechung**[1]

1 BFH vom 28. 6. 2000 – X R 24/95 (BStBl 2000 II S. 514)

Entscheidungen, mit denen die Finanzbehörden Anträge auf Fristverlängerung für die Abgabe von Steuererklärungen ablehnen, sind Ermessensentscheidungen, die vom Gericht regelmäßig – in den durch § 5 AO, § 102 FGO gezogenen Grenzen – daraufhin zu überprüfen sind, ob einerseits die hierzu ergangenen Richtlinien der Verwaltung und andererseits die darauf gestützte Ablehnung im Einzelfall sachgerechter Ermessensausübung entsprechen.

---

[1] Zur Fristverlängerung bei Steuererklärungsfristen vgl. auch Rspr. zu § 149 AO.

BFH vom 29. 1. 2003 – XI R 82/00 (BStBl 2003 II S. 550) 2

Das FA ist nicht verpflichtet, aufgrund der gleichlautenden Erlasse der obersten Finanzbehörden der Länder über Steuererklärungsfristen (hier vom 4. 1. 1999, BStBl 1999 I S. 152) einem Steuerberater die Frist zur Abgabe der eigenen Steuererklärung zu verlängern.

BFH vom 20. 1. 2005 – II B 52/04 (BStBl 2005 II S. 492) 3

Eine Anzeige ist i. S. des § 16 Abs. 5 GrEStG ordnungsgemäß, wenn der Erwerbsvorgang innerhalb der Anzeigefristen dem FA in einer Weise bekannt wird, dass es die Verwirklichung eines Tatbestands nach § 1 Abs. 2, 2a und 3 GrEStG prüfen kann. Aufgrund eines innerhalb der Anzeigefrist zu stellenden Fristverlängerungsantrags können noch fehlende Angaben binnen einer vom FA zu setzenden angemessenen Frist nachgereicht werden.

BFH vom 21. 2. 2006 – IX R 78/99 (HFR 2006 S. 553) 4

Das FA ist nicht verpflichtet, eine aufgrund der gleich lautenden Ländererlasse über Steuererklärungsfristen im vereinfachten Verfahren beantragte Fristverlängerung bis zum 28. Februar des übernächsten auf den Veranlagungszeitraum folgenden Jahres (ohne eigenes Ermessen) in jedem Falle auszusprechen.

§ 110 Wiedereinsetzung in den vorigen Stand

AO
S 0262

(1) ¹War jemand ohne Verschulden verhindert, eine gesetzliche Frist einzuhalten, so ist ihm auf Antrag Wiedereinsetzung in den vorigen Stand zu gewähren. ²Das Verschulden eines Vertreters ist dem Vertretenen zuzurechnen.

(2) ¹Der Antrag ist innerhalb eines Monats nach Wegfall des Hindernisses zu stellen. ²Die Tatsachen zur Begründung des Antrags sind bei der Antragstellung oder im Verfahren über den Antrag glaubhaft zu machen. ³Innerhalb der Antragsfrist ist die versäumte Handlung nachzuholen. ⁴Ist dies geschehen, so kann Wiedereinsetzung auch ohne Antrag gewährt werden.

(3) Nach einem Jahr seit dem Ende der versäumten Frist kann die Wiedereinsetzung nicht mehr beantragt oder die versäumte Handlung nicht mehr nachgeholt werden, außer wenn dies vor Ablauf der Jahresfrist infolge höherer Gewalt unmöglich war.

(4) Über den Antrag auf Wiedereinsetzung entscheidet die Finanzbehörde, die über die versäumte Handlung zu befinden hat.

Anwendungserlass zur Abgabenordnung

AEAO
1

Zu § 110 – Wiedereinsetzung in den vorigen Stand:

1. § 110 Abs. 1 erfasst nur verfahrensrechtliche und materiell-rechtliche Fristen, die „einzuhalten" sind; das sind Handlungs- und Erklärungsfristen, die Beteiligte (§ 78) oder Dritte gegenüber der Finanzbehörde zu wahren haben. Nicht wiedereinsetzungsfähig sind dagegen die gesetzlichen Fristen, die von den Finanzbehörden als Verwaltungsträger im Verwaltungsverfahren zu beachten sind. So fällt unter § 110 nicht der Ablauf von Festsetzungsfristen (BFH-Urteil vom 24. 1. 2008 – VII R 3/07 – BStBl II, S. 462). Soweit das Gesetz eine Fristverlängerung vorsieht (§ 109 Abs. 1), kommt nicht Wiedereinsetzung, sondern rückwirkende Fristverlängerung in Betracht.

2. Zur Wiedereinsetzung in den vorigen Stand nach unterlassener Anhörung eines Beteiligten bzw. wegen fehlender Begründung des Verwaltungsaktes (§ 126 Abs. 3) vgl. zu § 91, Nr. 3 und zu § 121, Nr. 3. Zur Wiedereinsetzung in den vorigen Stand nach Einspruchseinlegung bei einer unzuständigen Behörde vgl. zu § 357, Nr. 2.

3. Abweichend von § 110 Abs. 2 beträgt im finanzgerichtlichen Verfahren die Frist für den Antrag auf Wiedereinsetzung und die Nachholung der versäumten Rechtshandlung zwei Wochen (§ 56 Abs. 2 FGO).

Rechtsprechung

Siehe auch Rechtsprechung zu § 56 FGO

zu § 110 Abs. 1 AO:

2 **BVerfG vom 5. 2. 1980 – 2 BvR 914/79 (BStBl 1980 II S. 544)[1]**

Dem Stpfl. dürfen Verzögerungen der Briefbeförderung oder -zustellung, die er nicht zu vertreten hat, nicht als Verschulden angerechnet werden.

3 **BFH vom 30. 7. 1980 – I R 148/79 (BStBl 1981 II S. 3)**

Nimmt das FA in den Erläuterungen des Steuerbescheids auf eine telefonische Rücksprache mit dem Steuerberater Bezug, so hat es in der Regel der Steuerpflichtige zu vertreten, wenn er darauf vertraut, der Steuerberater habe die Besteuerungsgrundlagen gebilligt, und wenn er es daher unterläßt, den Steuerbescheid innerhalb der Einspruchsfrist anzufechten.

4 **BFH vom 21. 12. 1990 – VI R 10/86 (BStBl 1991 II S. 437)**

Ein Steuerpflichtiger kann auf die bei der Post ausgehängte „Übersicht wichtiger Brieflaufzeiten" auch dann vertrauen, wenn diese Brieflaufzeiten bei früheren Briefsendungen in Einzelfällen überschritten worden sind.

5 **BFH vom 19. 8. 1999 – III R 57/98 (BStBl 2000 II S. 330)**

Nicht wiedereinsetzungsfähig sind die gesetzlichen Fristen, die von den Finanzbehörden als Verwaltungsträger im Verwaltungsverfahren zu beachten sind, wie z. B. die Fristen des § 169 AO.

6 **BFH vom 14. 9. 1999 – III R 78/97 (BStBl 2000 II S. 37)**

Hat ein FA wiederholt in Verkennung seiner örtlichen Unzuständigkeit für vorhergehende Wirtschaftsjahre Investitionszulagen gewährt, so kann dem Anspruchsberechtigten unter Berücksichtigung der gesamten Umstände nach Treu und Glauben Wiedereinsetzung in den vorigen Stand wegen Versäumung der Antragsfrist zu gewähren sein, wenn ein für ein Folgejahr erneut bei diesem FA gestellter Zulagenantrag erst nach Ablauf der Antragsfrist an das örtlich zuständige FA weitergeleitet worden ist (Abgrenzung zum Urteil vom 27. August 1998, BStBl 1999 II, 65).

7 **BFH vom 19. 12. 2000 – VII R 7/99 (BStBl 2001 II S. 158)**

1. Wird ein Rechtsbehelf fehlerhaft an eine andere als die in der Rechtsbehelfsbelehrung benannte Behörde adressiert, so ist weder das Verhalten der empfangenden Behörde bei der Weiterleitung noch die Verzögerung des Eingangs bei der zuständigen Behörde geeignet, die Sorgfaltspflichtverletzung des Absenders oder die Kausalität seines Verhaltens für die Fristversäumnis entfallen zu lassen.

2. Die einen fehlgeleiteten Schriftsatz empfangende Behörde ist nicht verpflichtet, diesen auf seinen rechtlichen Gehalt zu überprüfen, ggf. den richtigen Adressaten zu ermitteln und das Schriftstück unverzüglich weiterzuleiten.

3. Eine etwaige Fehlleistung der unzuständigen Behörde bei der Weiterleitung eines Rechtsbehelfs führt im Fall der Fristversäumnis jedenfalls bei einer falschen Bezeichnung der Rechtsbehelfsbehörde in der Regel nicht zur Wiedereinsetzung in den vorigen Stand.

8 **BVerfG vom 2. 9. 2002 – 1 BvR 476/01 (BStBl 2002 II S. 835)**

Kann eine Behörde leicht und einwandfrei erkennen, dass sie für einen bei ihr eingegangenen Einspruch nicht zuständig und dass die zuständige Behörde eine Finanzbehörde ist, hat sie diesen Einspruch unverzüglich an die zuständige Finanzbehörde weiterzuleiten. Geschieht dies nicht und wird dadurch die Einspruchsfrist versäumt, kommt Wiedereinsetzung in den vorigen Stand in Betracht.

9 **BFH vom 30. 10. 2003 – III R 24/02 (BStBl 2004 II S. 394)**

Hat der Steuerpflichtige im Formular für die Einkommensteuererklärung in der „Anlage Kinder" die Geburtsdaten, das erhaltene Kindergeld, die Zeiten der Berufsausbildung und die Bruttoarbeitslöhne der Kinder angegeben, hat er damit konkludent Ausbildungsfreibeträge für die Kinder beantragt, auch wenn er die Rubrik „Ausbildungsfreibetrag" nicht ausgefüllt hat. Übergeht

---

[1] Vgl. auch BFH vom 30. 1. 1981 – III R 18/79, BStBl 1981 II S. 390.

das FA derartige Anträge, ohne darauf im Einkommensteuerbescheid hinzuweisen, kann wegen der versäumten Einspruchsfrist Wiedereinsetzung in den vorigen Stand in Betracht kommen.

BFH vom 12. 12. 2007 – XI R 11/07 (HFR 2008 S. 665) 10
1. § 110 Abs. 1 AO ist auch bei Bekanntgabe an einen Empfangsbevollmächtigten i. S. v. § 183 Abs. 1 AO zugunsten der anderen Feststellungsbeteiligten anwendbar.
2. Der bloße Empfangsbevollmächtigte i. S. v. § 183 Abs. 1 AO hat als solcher keine Vollmacht, für die anderen Feststellungsbeteiligten Einspruch gegen den empfangenen Bescheid einzulegen. Er ist daher kein Vertreter i. S. des § 110 Abs. 1 Satz 2 AO.

BFH vom 24. 1. 2008 – VII R 3/07 (BStBl 2008 II S. 462)[1)] 11
Fällt der Ablauf der Frist für die Beantragung einer Steuervergütung mit dem Ablauf der Festsetzungsfrist zusammen und wird ein entsprechender Antrag erst nach Ablauf der Festsetzungsfrist und damit nach dem Erlöschen des Vergütungsanspruchs gestellt, kommt eine Wiedereinsetzung in den vorigen Stand nach § 110 Abs. 1 AO mit der Folge einer rückwirkenden Ablaufhemmung nach § 171 Abs. 3 AO nicht in Betracht.

BFH vom 20. 11. 2008 – III R 66/07 (BStBl 2009 II S. 185) 12
1. Ein Steuerbescheid, der vor dem Datum des Bescheids zugestellt wird, ist wirksam bekanntgegeben, so dass die Einspruchsfrist mit Bekanntgabe des Bescheids zu laufen beginnt.
2. Versäumt der Empfänger die Einspruchsfrist, weil er darauf vertraut hat, die Frist ende nicht vor Ablauf eines Monats nach dem Datum des Bescheids, ist regelmäßig Wiedereinsetzung in den vorigen Stand zu gewähren.

BFH vom 2. 3. 2011 – IX B 88/10 (BFH/NV 2011 S. 1295) 13
Die (gesetzliche) Festsetzungsfrist i.S. des § 169 AO gehört nicht zu den wiedereinsetzungsfähigen Fristen gemäß § 110 AO; Gleiches gilt für die (gesetzliche) Feststellungsfrist.

zu § 110 Abs. 2 AO:

BFH vom 17. 9. 1987 – III R 259/84 (BFH/NV 1988 S. 681) 14
1. Wiedereinsetzungsgründe sind innerhalb der Antragsfrist des § 110 Abs. 2 Satz 1 AO darzulegen, soweit sie nicht offenkundig oder amtsbekannt sind.
2. Auch wenn Wiedereinsetzung ohne Antrag gewährt werden kann (§ 110 Abs. 2 Satz 4 AO), bleibt die Verpflichtung, (innerhalb der Antragsfrist) einen Wiedereinsetzungsgrund vorzubringen, unberührt.
3. Ein – nach Ablauf der Einspruchsfrist – angefochtener nichtiger Bescheid ist auch dann aufzuheben, wenn Wiedereinsetzung nicht gewährt werden kann.

zu § 110 Abs. 3 AO:

BFH vom 12. 1. 2011 – I R 37/10 (HFR 2011 S. 952) 15
Wird der Adressat eines durch öffentliche Zustellung wirksam bekannt gegebenen Verwaltungsakts über den Inhalt des Verwaltungsakts und die öffentliche Zustellung nicht formlos informiert, obwohl die Auslandsanschrift des Adressaten dem FA bekannt ist, kann diese Amtspflichtverletzung des FA, falls sie für die Versäumnis der Jahresfrist des § 110 Abs. 3 AO ursächlich war, als „höhere Gewalt" i. S. des § 110 Abs. 3 AO gewertet werden.

BFH vom 27. 6. 2011 – III B 91/10 (BFH/NV 2011 S. 1664) 16
Aus den Gründen:
Nach der Rechtsprechung des BFH ist hinreichend geklärt, unter welchen Voraussetzungen höhere Gewalt i.S. des § 110 Abs. 3 AO vorliegt. Hierunter versteht man ein außergewöhnliches Ereignis, das unter den gegebenen Umständen auch durch die äußerste, nach Lage der Sache von dem Betroffenen zu erwartende und zumutbare Sorgfalt nicht abgewendet werden konnte (ständige Rechtsprechung, BFH-Beschluss vom 17. 11. 2009 VI B 74/09, BFH/NV 2010, 817, m.w.N.). Der Begriff der höheren Gewalt ist danach enger als der Begriff „ohne Verschulden" in § 110 Abs. 1 AO. Er erfasst jedoch nicht nur Ereignisse, die menschlicher Steuerung völlig entzogen sind (Be-

---
[1)] Die Verfassungsbeschwerde wurde vom BVerfG gem. §§ 93a, 93b BVerfGG nicht zur Entscheidung angenommen (Beschluss vom 6. 4. 2009 Az. 1 BvR 1692/08).

schluss des BVerfG vom 16. 10. 2007 2 BvR 51/05, BVerfGK 12, 303). Er entspricht inhaltlich den Naturereignissen oder anderen unabwendbaren Zufällen (vgl. BFH-Beschluss in BFH/NV 2010, 817; BVerfG-Beschluss in BVerfGK 12, 303).

zu § 110 Abs. 4 AO:

17 **BFH vom 26. 10. 1989 – IV R 82/88 (BStBl 1990 II S. 277)**

Über die Gewährung von Wiedereinsetzung gegen die Versäumung der Einspruchsfrist wird erst in der Einspruchsentscheidung befunden. Das Finanzamt ist dabei an frühere Äußerungen zu dieser Frage im Einspruchsverfahren nicht gebunden. Die Entscheidung des Finanzamtes ist vom Finanzgericht uneingeschränkt überprüfbar (Anschluss an BFH vom 2. Oktober 1986, BStBl 1987 II S. 7).

---

5. Unterabschnitt
Rechts- und Amtshilfe (§§ 111–117)

§ 111 Amtshilfepflicht

(1) ¹Alle Gerichte und Behörden haben die zur Durchführung der Besteuerung erforderliche Amtshilfe zu leisten. ²§ 102 bleibt unberührt.

(2) Amtshilfe liegt nicht vor, wenn
1. Behörden einander innerhalb eines bestehenden Weisungsverhältnisses Hilfe leisten,
2. die Hilfeleistung in Handlungen besteht, die der ersuchten Behörde als eigene Aufgabe obliegen.

(3) Schuldenverwaltungen, Sparkassen, Kreditinstitute und Banken sowie Betriebe gewerblicher Art der Körperschaften des öffentlichen Rechts fallen nicht unter diese Vorschrift.

(4) Auf dem Gebiet der Zollverwaltung erstreckt sich die Amtshilfepflicht auch auf diejenigen dem öffentlichen Verkehr oder dem öffentlichen Warenumschlag dienenden Unternehmen, die das Bundesministerium der Finanzen als Zollhilfsorgane besonders bestellt hat, und auf die Bediensteten dieser Unternehmen.

(5) Die §§ 105 und 106 sind entsprechend anzuwenden.

Anwendungserlass zur Abgabenordnung

1 Zu § 111 – Amtshilfepflicht:

1. Die §§ 111 ff. sind auch dann anzuwenden, wenn sich Finanzbehörden untereinander Amtshilfe leisten.
2. Für Verbände und berufsständische Vertretungen besteht, soweit sie nicht Behörden sind oder unterhalten, keine Beistandspflicht. Sie sind jedoch ebenso wie die in § 111 Abs. 3 erwähnten Institutionen im Rahmen der §§ 88, 92 ff. zur Auskunftserteilung und Vorlage von Urkunden verpflichtet.

Hinweise

2 **Auskunfts- und Amtshilfepflicht der Sozialversicherungsträger**

§ 71 SGB X
Übermittlung für die Erfüllung besonderer gesetzlicher Pflichten und Mitteilungsbefugnisse[1]

– Auszug –

(1) Eine Übermittlung von Sozialdaten ist zulässig, soweit sie erforderlich ist für die Erfüllung der gesetzlichen Mitteilungspflichten

…

---

[1] In der Fassung der Änderung durch Art. 21 des Gesetzes vom 19. 12. 2008 (BGBl. 2008 I S. 2794).

3. zur Sicherung des Steueraufkommens nach § 22a Abs. 4 des Einkommensteuergesetzes und den §§ 93, 97, 105, 111 Abs. 1 und 5, § 116 der Abgabenordnung und § 32b Abs. 3 des Einkommensteuergesetzes, soweit diese Vorschriften unmittelbar anwendbar sind, und zur Mitteilung von Daten der ausländischen Unternehmen, die auf Grund bilateraler Regierungsvereinbarungen über die Beschäftigung von Arbeitnehmern zur Ausführung von Werkverträgen tätig werden, nach § 93a der Abgabenordnung,

...

10. zur Erfüllung der Aufgaben der Deutschen Rentenversicherung Bund als zentraler Stelle nach § 22a und § 91 Abs. 1 Satz 1 des Einkommensteuergesetzes oder
11. zur Erfüllung der Aufgaben der Deutschen Rentenversicherung Knappschaft-Bahn-See, soweit sie bei geringfügig Beschäftigten Aufgaben nach dem Einkommensteuergesetz durchführt.

Erklärungspflichten als Drittschuldner, welche das Vollstreckungsrecht vorsieht, werden durch Bestimmungen dieses Gesetzbuches nicht berührt. ...

...

Erteilung von Bescheinigungen in Steuersachen 3

(OFD Niedersachsen, Vfg. vom 16. 9. 2011 – S 0270 – 8 – St 143 –)

Die Bescheinigung in Steuersachen wird auf Antrag ausgestellt und dient insbesondere zur Vorlage in Verfahren zur Erlangung gewerberechtlicher Erlaubnisse (z. B. nach dem Gaststättengesetz, zur Beförderung von Gütern und Personen nach dem Güterkraftverkehrsgesetz bzw. Personenbeförderungsgesetz), in Ausländerangelegenheiten (zur Erlangung einer Aufenthaltsgenehmigung) und – soweit die Vergabebehörden eine entsprechende Bescheinigung fordern – auch bei der Vergabe öffentlicher Aufträge. Sie kann aber auch in allen anderen Fällen, in denen Behörden oder private Auftraggeber des Antragstellers im Rahmen ihrer Entscheidung auf die steuerliche Zuverlässigkeit abstellen, ausgestellt werden.

Mit der Bescheinigung in Steuersachen wird einer Rechtsprechung Rechnung getragen, nach der die Entscheidung über die (auch steuerliche) Zuverlässigkeit oder Unbedenklichkeit des Antragstellers oder des Bewerbers in Genehmigungs- und Vergabeverfahren der verfahrensführenden Behörde und nicht dem Finanzamt obliegt.

Der Inhalt der Bescheinigung beschränkt sich auf die wertungsfreie Angabe steuerlicher Fakten wie vorhandener Steuerrückstände, Zahlungs- und Abgabeverhalten des Steuerpflichtigen. Durch den Inhalt der Bescheinigung wird derjenige, der die vom Steuerpflichtigen begehrte Maßnahme (z. B. Erteilung der Gaststättenkonzession) treffen soll, in die Lage versetzt, das steuerliche Verhalten des Steuerpflichtigen selbst zu bewerten und die ihm obliegende Einschätzung der Zuverlässigkeit des Steuerpflichtigen selbst zu treffen. Da mit der Bescheinigung in Steuersachen keine (positiv) wertende Aussage über das steuerliche Verhalten des Antragstellers getroffen wird, ist eine Ermessensentscheidung über die Erteilung der Bescheinigung nicht mehr erforderlich. Die Bescheinigung stellt daher auch keinen Verwaltungsakt im Sinne des § 118 AO dar. Folglich ist gegen eine Bescheinigung mit dem Inhalt, dass der Antragsteller seinen steuerlichen Pflichten nicht nachkommt, der Einspruch nicht statthaft.

Die Bescheinigung bezieht sich auf den aktuellen Sachstand unter Berücksichtigung des Verhaltens des Antragstellers in der Vergangenheit. Eine Prognose über das zukünftige Verhalten ist nicht abzugeben. Daher enthält die Bescheinigung keine Gültigkeitsdauer oder Befristung. Es obliegt allein der entgegennehmenden Behörde bzw. dem Auftraggeber, ob und für welchen Zeitraum die begehrte Genehmigung/der Auftrag aufgrund der aktuellen steuerlichen Tatsachen erteilt wird.

Die steuerliche Bescheinigung ist vom zuständigen Finanzamt auf Antrag kostenlos unter Verwendung der Vorlagen aus dem Vorlagenverzeichnis „Abgabenordnung_OFD" AO (S) 49 und AO (S) 49a auszustellen. Wird der Antragsteller steuerlich bei mehreren Finanzämtern geführt, so hat das *Finanzamt*, bei dem der Antrag gestellt worden ist, die Erteilung ergänzender steuerlicher Bescheinigungen durch die anderen Finanzämter zu veranlassen.

Die Bearbeitung der Anträge auf Erteilung einer steuerlichen Bescheinigung obliegt dem zuständigen Amtsprüfer, der sich regelmäßig auf das Ausfüllen der Vorlagen AO (S) 49 und AO (S) 49a anhand von zeitnahen Kontenabfragen beschränken kann.

Die bescheinigten Verhältnisse sind durch das Steuergeheimnis geschützt. Das Bescheinigungsverfahren geht daher davon aus, dass die Bescheinigung dem Antragsteller oder einem berechtigten Vertreter zur Weiterleitung an die Behörde oder den Auftraggeber übersandt wird. Eine unmittelbare Übermittlung an die andere Behörde oder einen Auftraggeber kann nur mit ausdrücklicher Genehmigung des Antragstellers erfolgen, wenn er zuvor auf den Inhalt der Bescheinigung hingewiesen wurde.

Wird eine entsprechende Bescheinigung direkt von einer anderen Behörde oder einem Auftraggeber verlangt, ist auf das vorgesehene Verfahren zu verweisen. Eine direkte Mitteilung kommt nur in Betracht, wenn und soweit dies nach den Voraussetzungen der §§ 30, 31, 31a und 31b AO zulässig ist.

§ 112 Voraussetzungen und Grenzen der Amtshilfe

(1) Eine Finanzbehörde kann um Amtshilfe insbesondere dann ersuchen, wenn sie
1. aus rechtlichen Gründen die Amtshandlung nicht selbst vornehmen kann,
2. aus tatsächlichen Gründen, besonders weil die zur Vornahme der Amtshandlung erforderlichen Dienstkräfte oder Einrichtungen fehlen, die Amtshandlung nicht selbst vornehmen kann,
3. zur Durchführung ihrer Aufgaben auf die Kenntnis von Tatsachen angewiesen ist, die ihr unbekannt sind und die sie selbst nicht ermitteln kann,
4. zur Durchführung ihrer Aufgaben Urkunden oder sonstige Beweismittel benötigt, die sich im Besitz der ersuchten Behörde befinden,
5. die Amtshandlung nur mit wesentlich größerem Aufwand vornehmen könnte als die ersuchte Behörde.

(2) Die ersuchte Behörde darf Hilfe nicht leisten, wenn sie hierzu aus rechtlichen Gründen nicht in der Lage ist.

(3) Die ersuchte Behörde braucht Hilfe nicht zu leisten, wenn
1. eine andere Behörde die Hilfe wesentlich einfacher oder mit wesentlich geringerem Aufwand leisten kann,
2. sie die Hilfe nur mit unverhältnismäßig großem Aufwand leisten könnte,
3. sie unter Berücksichtigung der Aufgaben der ersuchenden Finanzbehörde durch den Umfang der Hilfeleistung die Erfüllung ihrer eigenen Aufgaben ernstlich gefährden würde.

(4) Die ersuchte Behörde darf die Hilfe nicht deshalb verweigern, weil sie das Ersuchen aus anderen als den in Absatz 3 genannten Gründen oder weil sie die mit der Amtshilfe zu verwirklichende Maßnahme für unzweckmäßig hält.

(5) ¹Hält die ersuchte Behörde sich zur Hilfe nicht für verpflichtet, so teilt sie der ersuchenden Finanzbehörde ihre Auffassung mit. ²Besteht diese auf der Amtshilfe, so entscheidet über die Verpflichtung zur Amtshilfe die gemeinsame fachlich zuständige Aufsichtsbehörde oder, sofern eine solche nicht besteht, die für die ersuchte Behörde fachlich zuständige Aufsichtsbehörde.

Anwendungserlass zur Abgabenordnung

1 Zu § 112 – Voraussetzungen und Grenzen der Amtshilfe:

Andere Behörden, die von den Finanzbehörden im Besteuerungsverfahren um Amtshilfe ersucht werden, können die Amtshilfe nur unter den Voraussetzungen dieser Vorschrift ablehnen. Die Bestimmungen des Verwaltungsverfahrensgesetzes und des SGB X über die Amtshilfe sind insoweit nicht anwendbar.

§ 113 Auswahl der Behörde

Kommen für die Amtshilfe mehrere Behörden in Betracht, so soll nach Möglichkeit eine Behörde der untersten Verwaltungsstufe des Verwaltungszweigs ersucht werden, dem die ersuchende Finanzbehörde angehört.

§ 114 Durchführung der Amtshilfe

(1) Die Zulässigkeit der Maßnahme, die durch die Amtshilfe verwirklicht werden soll, richtet sich nach dem für die ersuchende Finanzbehörde, die Durchführung der Amtshilfe nach dem für die ersuchte Behörde geltenden Recht.

(2) [1]Die ersuchende Finanzbehörde trägt gegenüber der ersuchten Behörde die Verantwortung für die Rechtmäßigkeit der zu treffenden Maßnahme. [2]Die ersuchte Behörde ist für die Durchführung der Amtshilfe verantwortlich.

§ 115 Kosten der Amtshilfe

(1) [1]Die ersuchende Finanzbehörde hat der ersuchten Behörde für die Amtshilfe keine Verwaltungsgebühr zu entrichten. [2]Auslagen hat sie der ersuchten Behörde auf Anforderung zu erstatten, wenn sie im Einzelfall 25 Euro übersteigen. [3]Leisten Behörden desselben Rechtsträgers einander Amtshilfe, so werden die Auslagen nicht erstattet.

(2) Nimmt die ersuchte Behörde zur Durchführung der Amtshilfe eine kostenpflichtige Amtshandlung vor, so stehen ihr die von einem Dritten hierfür geschuldeten Kosten (Verwaltungsgebühren, Benutzungsgebühren und Auslagen) zu.

§ 116 Anzeige von Steuerstraftaten

(1) [1]Gerichte und die Behörden von Bund, Ländern und kommunalen Trägern der öffentlichen Verwaltung, die nicht Finanzbehörden sind, haben Tatsachen, die sie dienstlich erfahren und die auf eine Steuerstraftat schließen lassen, dem Bundeszentralamt für Steuern oder, soweit bekannt, den für das Steuerstrafverfahren zuständigen Finanzbehörden mitzuteilen. [2]Soweit die für das Steuerstrafverfahren zuständigen Finanzbehörden nicht bereits erkennbar unmittelbar informiert worden sind, teilt das Bundeszentralamt für Steuern ihnen diese Tatsachen mit. [3]Die für das Steuerstrafverfahren zuständigen Finanzbehörden, ausgenommen die Behörden der Bundeszollverwaltung, übermitteln die Mitteilung an das Bundeszentralamt für Steuern, soweit dieses nicht bereits erkennbar unmittelbar in Kenntnis gesetzt worden ist.

(2) § 105 Abs. 2 gilt entsprechend.

Rechtsprechung

BVerfG vom 9. 11. 2010 – 2 BvR 2101/09 (HFR 2011 S. 98)

1. Es ist nachvollziehbar und lässt eine verfassungsrechtlich relevante Fehlgewichtung nicht erkennen, dass die Daten einer „Steuer-CD" aus Liechtenstein verwendet werden dürfen, um den Anfangsverdacht für eine Durchsuchung zu begründen. Unterstellte Verfahrensverstöße und die Möglichkeit rechtswidrigen oder gar strafbaren Verhaltens beim Erwerb der Daten führen nicht zu einem absoluten Verwertungsverbot.
2. Die Verwendung der Daten berührt nicht den verfassungsrechtlich geschützten absoluten Kernbereich privater Lebensgestaltung, sondern geschäftliche Kontakte mit Kreditinstituten.
3. Vorschriften der StPO zur Beweiserhebung und -verwertung richten sich nach Systematik, Wortlaut und Zweck ausschließlich an die staatlichen Strafverfolgungsorgane. Beweismittel, die von Privaten erlangt wurden, sind – selbst wenn dies in strafbewehrter Weise erfolgte – grundsätzlich verwertbar. Allein von dem Informanten begangene Straftaten müssen bei der Beurteilung eines möglichen Verwertungsverbotes von vornherein nicht berücksichtigt werden.
4. Soweit der BND die Daten im Wege der Amtshilfe lediglich entgegengenommen und weitergeleitet, nicht aber ihre Herstellung, Beschaffung oder Erfassung veranlasst hat, sondern der Informant von sich aus an den BND herangetreten ist, wurde das sogenannte Trennungsgebot nicht verletzt.

§ 117 Zwischenstaatliche Rechts- und Amtshilfe in Steuersachen

(1) Die Finanzbehörden können zwischenstaatliche Rechts- und Amtshilfe nach Maßgabe des deutschen Rechts in Anspruch nehmen.

(2) Die Finanzbehörden können zwischenstaatliche Rechts- und Amtshilfe auf Grund innerstaatlich anwendbarer völkerrechtlicher Vereinbarungen, innerstaatlich anwendbarer Rechtsakte der Europäischen Gemeinschaften sowie des EG-Amtshilfe-Gesetzes leisten.

(3) ¹Die Finanzbehörden können nach pflichtgemäßem Ermessen zwischenstaatliche Rechts- und Amtshilfe auf Ersuchen auch in anderen Fällen leisten, wenn
1. die Gegenseitigkeit verbürgt ist,
2. der ersuchende Staat gewährleistet, dass die übermittelten Auskünfte und Unterlagen nur für Zwecke seines Besteuerungs- oder Steuerstrafverfahrens (einschließlich Ordnungswidrigkeitenverfahren) verwendet werden, und dass die übermittelten Auskünfte und Unterlagen nur solchen Personen, Behörden oder Gerichten zugänglich gemacht wurden, die mit der Bearbeitung der Steuersache oder Verfolgung der Steuerstraftat befasst sind,
3. der ersuchende Staat zusichert, dass er bereit ist, bei den Steuern von Einkommen, Ertrag und Vermögen eine mögliche Doppelbesteuerung im Verständigungswege durch eine sachgerechte Abgrenzung der Besteuerungsgrundlagen zu vermeiden und
4. die Erledigung des Ersuchens die Souveränität, die Sicherheit, die öffentliche Ordnung oder andere wesentliche Interessen des Bundes oder seiner untergeordneten Gebietskörperschaften nicht beeinträchtigt und keine Gefahr besteht, dass dem inländischen Beteiligten ein mit dem Zweck der Rechts- und Amtshilfe nicht zu vereinbarender Schaden entsteht, falls ein Handels-, Industrie-, Gewerbe- oder Berufsgeheimnis oder ein Geschäftsverfahren, das auf Grund des Ersuchens offenbart werden soll, preisgegeben wird.

²Soweit die zwischenstaatliche Rechts- und Amtshilfe Steuern betrifft, die von den Landesfinanzbehörden verwaltet werden, entscheidet das Bundesministerium der Finanzen im Einvernehmen mit der zuständigen obersten Landesbehörde.

(4) ¹Bei der Durchführung der Rechts- und Amtshilfe richten sich die Befugnisse der Finanzbehörden sowie die Rechte und Pflichten der Beteiligten und anderer Personen nach den für Steuern im Sinne von § 1 Abs. 1 geltenden Vorschriften. ²§ 114 findet entsprechende Anwendung. ³Bei der Übermittlung von Auskünften und Unterlagen gilt für inländische Beteiligte § 91 entsprechend; soweit die Rechts- und Amtshilfe Steuern betrifft, die von den Landesfinanzbehörden verwaltet werden, hat eine Anhörung des inländischen Beteiligten abweichend von § 91 Abs. 1 stets stattzufinden, es sei denn, die Umsatzsteuer ist betroffen oder es liegt eine Ausnahme nach § 91 Abs. 2 oder 3 vor.

(5) Das Bundesministerium der Finanzen wird ermächtigt, zur Förderung der zwischenstaatlichen Zusammenarbeit durch Rechtsverordnung mit Zustimmung des Bundesrates völkerrechtliche Vereinbarungen über die gegenseitige Rechts- und Amtshilfe auf dem Gebiete des Zollwesens in Kraft zu setzen, wenn sich die darin übernommenen Verpflichtungen im Rahmen der nach diesem Gesetz zulässigen zwischenstaatlichen Rechts- und Amtshilfe halten.

---

1) § 117 AO soll nach dem Regierungsentwurf eines Gesetzes über die Vereinfachung des Austauschs von Informationen und Erkenntnissen zwischen den Strafverfolgungsbehörden der Mitgliedstaaten der Europäischen Union vom 31.12.2010 (BR-Drs. 853/10) wie folgt geändert werden; die Änderung soll am Tag nach Verkündung des Gesetzes in Kraft treten.
1. Nach § 117 Abs. 4 AO wird folgender Absatz 5 eingefügt:
„(5) Wird im Zuständigkeitsbereich der Landesfinanzbehörden oder des Bundeszentralamtes für Steuern zwischenstaatliche Rechts- und Amtshilfe im Rahmen der Befugnisse gegenüber einem anderen Mitgliedstaat der Europäischen Union oder einem Schengen-assoziierten Staat oder in Höhe von § 91 Absatz 3 des Gesetzes über die internationale Rechtshilfe in Strafsachen geleistet oder um diese ersucht, können die Daten nach amtlich vorgeschriebenem Datensatz durch Datenfernübertragung unmittelbar an diese übermittelt werden. Von der Datenübermittlung der Landesfinanzbehörden ist das Bundeszentralamt für Steuern im Kenntnis zu setzen."
2. Der bisherige Absatz 5 wird Absatz 6.
Der Bundesrat hat am 11.2.2011 weitergehende Änderungen (Einfügung neuer §§ 117a und 117b AO) gefordert (vgl. BR-Drs. 853/10 (Beschluss)). Das Gesetzgebungsverfahren war bei Redaktionsschluss noch nicht abgeschlossen.

EG-Amtshilfe-Gesetz (EGAHiG)
vom 19. 12. 1985, zuletzt geändert durch Artikel 17 des Jahressteuergesetzes 2008 vom 20. 12. 2007 (BGBl. 2007 I S. 3150)

§ 1 Allgemeine Bestimmungen

(1) Dieses Gesetz findet Anwendung auf die Amtshilfe, die sich die Mitgliedstaaten der Europäischen Gemeinschaften gegenseitig
1. bei der Festsetzung der Steuern vom Einkommen, Ertrag und Vermögen (direkte Steuern),
2. bei der Festsetzung und Erhebung der Steuern auf Versicherungsprämien,
3. – aufgehoben –,

zur Durchführung der Richtlinie 77/799/EWG des Rates vom 19. Dezember 1977 über die gegenseitige Amtshilfe zwischen den zuständigen Behörden der Mitgliedstaaten im Bereich der direkten Steuern und der Mehrwertsteuer (ABl.EG Nr. L 336 S. 15), zuletzt geändert durch die Richtlinie 2006/98/EG des Rates vom 20. November 2006 (ABl. EU Nr. L 363 S. 129), durch den Austausch von Auskünften oder die Hilfe bei der Zustellung zwischen den hierfür zuständigen Finanzbehörden leisten.

(2) Die Finanzbehörden erteilen nach Maßgabe der folgenden Vorschriften und des § 117 Abs. 4 der Abgabenordnung der zuständigen Finanzbehörde eines anderen Mitgliedstaates Auskünfte, die für die zutreffende Steuerfestsetzung in diesem Mitgliedstaat erheblich sein können. Die Amtshilfe nach Satz 1 umfasst auch die Zustellung von Steuerverwaltungsakten und sonstigen behördlichen Entscheidungen sowie den Auskunftsaustausch bei Durchführung gleichzeitiger Prüfungen eines oder mehrerer Steuerpflichtiger in zwei oder mehr Mitgliedstaaten.

(3) Bestimmungen in innerstaatlich anwendbaren völkerrechtlichen Vereinbarungen und gemeinschaftsrechtliche Vorschriften, die eine weitergehende Amtshilfe zulassen, bleiben unberührt.

§ 1a Geschäftsweg[1)]

(1) Der Verkehr mit den zuständigen Finanzbehörden der Mitgliedstaaten obliegt dem Bundesministerium der Finanzen.

(2) Das Bundesministerium der Finanzen kann seine Zuständigkeit für den Bereich der direkten Steuern und der Steuern auf Versicherungsprämien auf das Bundeszentralamt für Steuern übertragen; es kann im Einzelfall bei Auskunftsaustausch auf Ersuchen eine Auskunft durch die zuständige oberste Landesfinanzbehörde zulassen. Das Bundesministerium der Finanzen kann in Abstimmung mit den zuständigen obersten Landesbehörden den Auskunftsaustausch für den Bereich der direkten Steuern auf eine Landesbehörde übertragen.

(3) – aufgehoben –

§ 1b Hinzuziehung von Bediensteten anderer Mitgliedstaaten

(1) Die nach § 1a zuständige Finanzbehörde kann im Einvernehmen mit der zuständigen Finanzbehörde eines Mitgliedstaates zulassen, dass von dieser Behörde benannte Bedienstete bei Ermittlungen zur Durchführung der Amtshilfe (§ 1 Abs. 2) oder bei der Inanspruchnahme von Amtshilfe auf Grund der Richtlinie 77/799/EWG in der jeweils gültigen Fassung im Inland anwesend sind Die Ermittlungen werden stets von der zuständigen inländischen Finanzbehörde geführt. Bedienstete der Finanzbehörde eines Mitgliedstaates dürfen keine Ermittlungshandlungen vornehmen. Sie haben jedoch Zugang zu denselben Räumlichkeiten und Unterlagen wie die mit den Ermittlungen beauftragten Bediensteten der inländischen Finanzbehörde, jedoch nur auf deren Vermittlung hin und zum Zweck der laufenden Ermittlungen.

(2) § 1 Abs. 2 und § 3 gelten entsprechend.

§ 2 Arten der Auskunftserteilung

(1) Die Finanzbehörden erteilen die in § 1 Abs. 2 bezeichneten Auskünfte, wenn die zuständige Finanzbehörde eines Mitgliedstaats im Einzelfall darum ersucht.

(2) Die Finanzbehörden können der zuständigen Finanzbehörde eines anderen Mitgliedstaats die in § 1 Abs. 2 bezeichneten Auskünfte ohne Ersuchen erteilen, die für die zutreffende Besteuerung eines Steuerpflichtigen im anderen Mitgliedstaat geeignet sein können. Auskünfte sollen erteilt werden, wenn
1. Gründe für die Vermutung bestehen, dass im anderen Mitgliedstaat der objektive Tatbestand einer Steuerverkürzung erfüllt ist oder erfüllt wird;

[1)] Vgl. hierzu BMF-Schreiben vom 7. 12. 2004 (BStBl 2004 I S. 1184).

2. zum Zweck der Steuerumgehung Geschäftsbeziehungen über andere Mitgliedstaaten oder dritte Staaten geleitet worden sind;
3. eine insgesamt niedrigere Steuerbelastung dadurch eintreten kann, dass Gewinne zwischen nahestehenden Personen nicht wie zwischen nicht nahestehenden Personen abgegrenzt werden;
4. ein Sachverhalt, auf Grund dessen eine Steuerermäßigung oder Steuerbefreiung gewährt worden ist, für den Steuerpflichtigen zu einer Besteuerung oder Steuererhöhung im anderen Mitgliedstaat führen könnte;
5. ein im Zusammenhang mit der Auskunftserteilung eines anderen Mitgliedstaates ermittelter Sachverhalt für die zutreffende Steuerfestsetzung in diesem Mitgliedstaat erheblich ist.

(3) Die Finanzbehörden können mit den zuständigen Finanzbehörden eines Mitgliedstaates nach Maßgabe einer Verwaltungsvereinbarung und auf der Grundlage der Gegenseitigkeit in einen regelmäßigen Austausch von Auskünften über gleichartige Sachverhalte der folgenden Art eintreten:
1. Überlassung ausländischer Arbeitnehmer und Gestaltungen zur Umgehung deutscher Rechtsvorschriften auf diesem Gebiet;
2. Vorbringen eines Sachverhaltes, auf Grund dessen eine Steuerermäßigung oder Steuerbefreiung gewährt worden ist, die für den Steuerpflichtigen zu einer Besteuerung oder Steuererhöhung im anderen Mitgliedstaat führen könnte;
3. Einkünfte und Vermögen, deren Kenntnis für die Besteuerung durch einen Mitgliedstaat erforderlich sein könnte;
4. – aufgehoben –
5. – aufgehoben –

Eine Anhörung ist abweichend von § 117 Abs. 4 Satz 3 der Abgabenordnung nicht erforderlich.

§ 2a   – aufgehoben –

§ 3   Grenzen der Auskunftserteilung

(1) Die Finanzbehörden dürfen Auskünfte nicht erteilen,
1. wenn die dazu dienende Amtshandlung in einem Besteuerungsverfahren nach der Abgabenordnung nicht vorgenommen werden könnte oder einer allgemeinen Verwaltungsanweisung zuwiderlaufen würde;
2. (weggefallen)
3. wenn dies die öffentliche Ordnung beeinträchtigt, insbesondere die Geheimhaltung in dem Mitgliedstaat nicht im Umfang des § 4 gewährleistet ist;
3a. wenn ein angemessener Datenschutz in dem Mitgliedstaat nicht gewährleistet ist;
4. soweit die Gefahr besteht, daß dem inländischen Beteiligten durch die Preisgabe eines Handels-, Industrie-, Gewerbe- oder Berufsgeheimnisses oder eines Geschäftsverfahrens ein mit dem Zweck der Auskunftserteilung nicht zu vereinbarender Schaden entsteht.

(2) Die Finanzbehörden brauchen Auskünfte nicht zu erteilen, wenn
1. bei einem Ersuchen nach § 2 Abs. 1 Anlaß zu der Annahme besteht, daß der Mitgliedstaat die eigenen Ermittlungsmöglichkeiten nicht ausgeschöpft hat, obwohl er von ihnen hätte Gebrauch machen können, ohne den Ermittlungszweck zu gefährden;
2. keine Gegenseitigkeit besteht;
3. sie die Auskünfte nur mit unverhältnismäßig großem Aufwand erteilen könnten;
4. sie durch die Erteilung der Auskünfte die Erfüllung ihrer eigenen Aufgaben ernstlich gefährden würden.

(3) (aufgehoben)

§ 4   Geheimhaltung

(1) ¹Auskünfte, die den Finanzbehörden von der zuständigen Finanzbehörde eines Mitgliedstaats der Europäischen Gemeinschaften zugehen, dürfen nur für Zwecke der Steuerfestsetzung, der Überprüfung der Steuerfestsetzung durch die Aufsichtsbehörden oder der Rechnungsprüfung sowie zur Wahrnehmung gesetzlicher Kontroll- und Aufsichtsbefugnisse verwendet werden und nur solchen Personen offenbart werden, die mit diesen Aufgaben unmittelbar befaßt sind. ²Dies gilt auch, wenn durch Gesetz eine weitergehende Verwendung oder Offenbarung zugelassen ist, es sei denn, die zuständige Finanzbehörde des anderen Mitgliedstats stimmt zu. ³Die Auskünfte dürfen auch in einem gerichtlichen Verfahren oder in einem Straf- oder Bußgeldverfahren für Zwecke dieser Verfahren unmittelbar an diesen Verfahren beteiligten Personen offenbart werden, wenn

diese Verfahren im Zusammenhang mit der Steuerfestsetzung oder der Überprüfung der Steuerfestsetzung stehen.

(2) Soweit erforderlich, dürfen Auskünfte in öffentlichen Gerichtsverhandlungen oder bei der öffentlichen Verkündung von Gerichtsentscheidungen bekannt gegeben werden, es sei denn, die zuständige Finanzbehörde des anderen Mitgliedstaates macht bei der erstmaligen Übermittlung der Auskünfte Einwände geltend. Spätere Einwände dieser Behörde sind zu berücksichtigen, wenn sie dem Gericht vor Beginn seiner Sitzung zugegangen sind.

(3) ¹Von der Berichtigung unrichtiger Daten und der Löschung oder Sperrung unzulässig gespeicherter oder unzulässig übermittelter Daten, die im Rahmen der Auskunftserteilung nach § 1 Abs. 2 übermittelt worden sind, sind alle Mitgliedstaaten, die diese Auskunft erhalten haben, unverzüglich zu unterrichten und anzuhalten, die Berichtigung, Sperrung oder Löschung dieser Daten vorzunehmen. ²In den Fällen des § 2a Absatz 4 erfolgt eine Berichtigung, Sperrung oder Löschung einzelner Daten ebenfalls unverzüglich.

(4) Die Auskünfte dürfen an einen dritten Mitgliedstaat übermittelt werden, wenn
1. deren Inhalt für die zutreffende Steuerfestsetzung in diesem Mitgliedstaat erheblich sein kann und
2. die Finanzbehörde des Mitgliedstaats, der die Daten übermittelt hat, zugestimmt hat.

Anwendungserlass zur Abgabenordnung

Zu § 117 – Zwischenstaatliche Rechts- und Amtshilfe in Steuersachen:

1. Die Voraussetzungen, unter denen die Finanzbehörden für deutsche Besteuerungszwecke die Hilfe ausländischer Behörden in Anspruch nehmen dürfen, richten sich nach deutschem Recht, insbesondere den §§ 85 ff.
2. Gem. § 117 Abs. 2 können die Finanzbehörden zwischenstaatliche Rechts- und Amtshilfe leisten aufgrund
   a) innerstaatlich anwendbarer völkerrechtlicher Vereinbarungen. Derartige Vereinbarungen enthalten vor allem die Doppelbesteuerungsabkommen und die Abkommen im Zollbereich. Über den Stand der Doppelbesteuerungsabkommen veröffentlicht das BMF jährlich im BStBl Teil I eine Übersicht.
   b) innerstaatlich anwendbarer Rechtsakte der Europäischen Gemeinschaft (im Zollbereich und im Bereich der indirekten Steuern). Als Rechtsgrundlagen kommen unmittelbar geltende Verordnungen in Betracht. Hinweis auf die Verordnung (EG) Nr. 1798/2003 des Rates vom 7. 10. 2003 über die Zusammenarbeit der Verwaltungsbehörden auf dem Gebiet der Mehrwertsteuer und zur Aufhebung der Verordnung (EWG) Nr. 218/92 (Amtsblatt Nr. L 264 vom 15. 10. 2003 S. 1).
   c) des EG-Amtshilfe-Gesetzes und des EG-Beitreibungsgesetzes.[1)]
3. Wegen der Voraussetzungen und der Durchführung der zwischenstaatlichen Amtshilfe wird auf folgende Merkblätter verwiesen:
   – Merkblatt für die zwischenstaatliche Amtshilfe durch Auskunftsaustausch in Steuersachen (BMF-Schreiben vom 25. 1. 2006, BStBl I S. 26);
   – Merkblatt für die zwischenstaatliche Amtshilfe bei der Steuererhebung/Beitreibung (BMF-Schreiben vom 19. 1. 2004, BStBl I S. 66).

Rechtsprechung

BFH vom 29. 10. 1986 – I B 28/86 (BStBl 1987 II S. 440)

Für Angriffe gegen ein Auskunftsersuchen, daß der BMF im Besteuerungsverfahren ins europäische Ausland weiterleiten will, ist der Finanzrechtsweg gegeben.

[1)] Jetzt: EU-Beitreibungsgesetz (Art. des Gesetzes vom 7. 12. 2011, BGBl. 2011 I S. 2592 = BStBl 2011 I S. 1171).

7 BFH vom 29. 4. 1992 – I B 12/92 (BStBl 1992 II S. 645)

1. Sowohl Art. XVI Abs. 1 Satz 1 DBA-USA 1954/1965 als auch Art. 26 Abs. 1 DBA-USA 1989 i. V. m. Nr. 26 des Protokolls DBA-USA 1989 gestatten Auskünfte an die USA ohne deren Verlangen (sog. Spontanauskünfte).

2. Rechtsgrundlage einer Spontanauskunft an die USA, die einen 1981 verwirklichten und für die Bundeseinkommensteuer der USA relevanten Sachverhalt betrifft, ist § 117 Abs. 2 AO entweder i. V. m. Art. XVI Abs. 1 Satz 1 DBA-USA 1954/1965 und dem Zustimmungsgesetz vom 20. Dezember 1965 oder i. V. m. Art. 26 Abs. 1 DBA-USA 1989, Nr. 26 des Protokolls DBA-USA 1989 und dem Zustimmungsgesetz vom 11. Januar 1991.

8 BFH vom 15. 2. 2006 – I B 87/05 (BStBl 2006 II S. 616)[1)]

1. Eine Spontanauskunft an die Steuerverwaltung eines anderen Mitgliedstaats der EU gemäß § 2 Abs. 2 Nr. 1 EGAHiG setzt tatsächliche Anhaltspunkte für die Vermutung voraus, dass Steuern gerade dieses Mitgliedstaats verkürzt worden sind oder werden könnten.

2. Wenn im Rahmen eines Antrags auf Erlass einer einstweiligen Anordnung als Anordnungsanspruch glaubhaft gemacht wurde, dass die Tatbestandsvoraussetzungen für eine Spontanauskunft i. S. des § 2 Abs. 2 Nr. 1 EGAHiG nicht erfüllt sind, ist wegen der Gefahr einer nicht mehr rückgängig zu machenden Verletzung des subjektiven Rechts auf Wahrung des Steuergeheimnisses auch ein Anordnungsgrund glaubhaft gemacht.

9 BFH vom 29. 4. 2008 – I R 79/07 (HFR 2008 S. 1214)

Im Rahmen einer sog. kleinen Auskunftsklausel (hier: Art. 27 Abs. 1 DBA-China) müssen sich Spontanauskünfte der inländischen Finanzbehörden an ausländische Finanzbehörden auf jene Gesichtspunkte beschränken, die zur Durchführung des Abkommens für die Festsetzung der Steuer im Adressatstaat unerlässlich sind. Dazu gehören bei Einkünften aus nichtselbständiger Arbeit der Name des Steuerpflichtigen, sein Aufenthaltsort sowie die Art und Höhe der Einkünfte, nicht aber der Name und die Anschrift des Arbeitgebers.

10 BFH vom 21. 7. 2009 – VII R 52/08 (BStBl 2010 II S. 51)

1. ....

2. Bei der Übermittlung von Beitreibungsersuchen an eine Behörde in einem EG-Mitgliedstaat hat das Bundeszentralamt für Steuern die Funktion einer „Kontaktstelle oder Verbindungsstelle" für die Abwicklung des Ersuchens mit dem Ausland. Herr des Verfahrens im Inland ist das für die Vollstreckung zuständige FA.

3. Das Ersuchen ist kein Verwaltungsakt, aber auch kein rein behördeninterner Vorgang. Rechtsschutz auf Rücknahme des Ersuchens kann mit der Leistungsklage gesucht werden.

11 BFH vom 3. 11. 2010 – VII R 21/10 (BStBl 2011 II S. 401)

1. Die Übermittlung eines Vollstreckungstitels durch einen um Vollstreckung ersuchenden Mitgliedstaat der Europäischen Union nach den Bestimmungen der RL 76/308/EWG unter Beifügung einer deutschen Übersetzung des Vollstreckungstitels hindert das FG nicht an der Prüfung, ob die Vollstreckung des ausländischen Titels in Deutschland gegen die öffentliche Ordnung (ordre public) verstieße.

2. Das Gericht ist zu einer solchen Prüfung verpflichtet, wenn der in Deutschland ansässige Steuerpflichtige substantiiert besondere Umstände vorgetragen hat, die einen Verstoß gegen den ordre public zumindest möglich erscheinen lassen.

3. Ein solcher Verstoß liegt vor, wenn ein Mitgliedstaat einem in Deutschland ansässigen Abgabenpflichtigen eine in ausländischer Sprache abgefasste Zahlungsaufforderung zustellen lässt, der mangels einer Rechtsbehelfsbelehrung nicht entnommen werden kann, dass die Rechtsbehelfsfrist lediglich 15 Tage beträgt, und eine Art Wiedereinsetzung in den vorigen Stand entweder im ausländischen Recht nicht vorgesehen oder trotz Geltendmachung von Gründen, welche die Fristversäumnis entschuldigen könnten, nicht geprüft worden ist.

[1)] Vgl. dazu auch BMF-Schreiben vom 1. 8. 2006, BStBl 2006 I S. 489.

ZWEITER ABSCHNITT
Verwaltungsakte (§§ 118–133)

§ 118 Begriff des Verwaltungsakts

¹Verwaltungsakt ist jede Verfügung, Entscheidung oder andere hoheitliche Maßnahme, die eine Behörde zur Regelung eines Einzelfalls auf dem Gebiet des öffentlichen Rechts trifft und die auf unmittelbare Rechtswirkung nach außen gerichtet ist. ²Allgemeinverfügung ist ein Verwaltungsakt, der sich an einen nach allgemeinen Merkmalen bestimmten oder bestimmbaren Personenkreis richtet oder die öffentlich-rechtliche Eigenschaft einer Sache oder ihre Benutzung durch die Allgemeinheit betrifft.

Anwendungserlass zur Abgabenordnung

Zu § 118 – Begriff des Verwaltungsaktes:

Da auch die Steuerbescheide Verwaltungsakte sind, gelten die §§ 118 ff. auch für die Steuerbescheide, soweit in den §§ 155 ff. nichts anderes bestimmt ist. Ausgenommen sind insbesondere die §§ 130 und 131, die kraft ausdrücklicher Regelung (§ 172 Abs. 1 Satz 1 Nr. 2 Buchstabe d) als Rechtsgrundlage für die Aufhebung oder Änderung von Steuerbescheiden ausgeschlossen sind.

Rechtsprechung

BFH vom 2. 4. 1987 – VII R 148/83 (BStBl 1987 II S. 536)

Die Aufrechnungserklärung des FA mit Ansprüchen aus dem Steuerschuldverhältnis ist die rechtsgeschäftliche Ausübung eines Gestaltungsrechts und für sich allein kein Verwaltungsakt. Hat das FA unzulässigerweise die Aufrechnungserklärung als Verwaltungsakt erlassen, so ist dieser auf Anfechtung hin aufzuheben. Die Frage der Wirksamkeit der rechtsgeschäftlichen Aufrechnungserklärung als solche wird hierdurch nicht berührt.

BFH vom 13. 5. 1987 – II R 140/84 (BStBl 1987 II S. 592)

Ein Schreiben des FA, daß die Frist für die steuerbegünstigte Verwendung des erworbenen Grundstückes erneut zu laufen begonnen habe, kann ein wirksamer Verwaltungsakt auch dann sein, wenn es vom Sachbearbeiter unter Überschreitung seiner Zeichnungsmacht unterschrieben worden ist.

BFH vom 10. 11. 1987 – VII B 137/87 (BStBl 1988 II S. 43)

Ein Abrechnungsbescheid, der einen nach Aufrechnung durch das FA geminderten Erstattungsanspruch des Steuerpflichtigen feststellt, ist ein vollziehbarer Verwaltungsakt.

BFH vom 25. 1. 1988 – VII B 85/87 (BStBl 1988 II S. 566)

Die Verfügung der Vollstreckungsbehörde (Finanzamt), mit der die Zwangsversteigerung eines Grundstücks beantragt wird, ist zumindest dann ein aussetzungsfähiger Verwaltungsakt, wenn sie die Feststellung enthält, daß die gesetzlichen Voraussetzungen für die Vollstreckung vorliegen (Bestätigung des Beschlusses vom 29. Oktober 1985, BStBl 1986 II S. 236).

BFH vom 20. 4. 1988 – I R 67/84 (BStBl 1988 II S. 927)

Das Verlangen nach Empfängerbenennung gemäß § 16 AStG i. V. m. § 160 AO ist kein Verwaltungsakt i. S. des § 118 AO, sondern eine Vorbereitungshandlung zum Erlaß eines Verwaltungsakts (Anschluß an BFH vom 12. September 1985, BStBl 1986 II S. 537).

BFH vom 10. 11. 1998 – VIII R 3/98 (BStBl 1999 II S. 199)

Die während einer Außenprüfung vom Prüfer gegenüber dem Steuerpflichtigen erlassene schriftliche Aufforderung, bestimmte Fragen zu beantworten sowie genau bezeichnete Belege, Verträge und Konten vorzulegen, ist in der Regel kein Verwaltungsakt, sondern eine nicht selbständig anfechtbare Vorbereitungshandlung, wenn sie ausschließlich der Ermittlung steuermindernder

Umstände dient und deshalb nicht erzwingbar ist. Dies gilt nicht, wenn der Steuerpflichtige die Aufforderung nach ihrem objektiven Erklärungsinhalt als Maßnahme zur Schaffung einer Rechtsgrundlage für die Einleitung eines Erzwingungsverfahrens verstehen mußte.

8 **BFH vom 28. 2. 2002 – V R 42/01 (BStBl 2002 II S. 642)**

Eine Zustimmung zu einer Steueranmeldung ist ein Verwaltungsakt, wenn sie dem Steuerpflichtigen durch eine Abrechnung bekannt gegeben wird.

9 **BFH vom 18. 11. 2004 – V R 37/03 (BStBl 2005 II S. 217)**

Die formlose Mitteilung des Ergebnisses der Neuberechnung der Steuer gemäß § 100 Abs. 2 Satz 3, 1. Halbsatz FGO ist kein Verwaltungsakt.

10 **BFH vom 29. 4. 2008 – VIII R 28/07 (BStBl 2009 II S. 842)**

Aus den Gründen:
Die Anrechnungsverfügung stellt einen selbständigen, von der Steuerfestsetzung zu unterscheidenden, rechtsbestätigenden Verwaltungsakt dar, der Teil des Erhebungsverfahrens ist (vgl. BFH-Urteile vom 15. 4. 1997, BStBl 1997 II S. 787, und vom 18. 7. 2000, BStBl 2001 II S. 133).

11 **BFH vom 2. 9. 2008 – X R 9/08 (HFR 2009 S. 1)**

Eine wirksame Prüfungsanordnung kann sachlich (z. B. Erstreckung auf neue Steuerarten) oder zeitlich (Ausdehnung auf weitere Besteuerungsabschnitte) ergänzt werden. Diese sog. Ergänzungsanordnung ist ein selbständiger Verwaltungsakt, bei dem die einschränkenden Voraussetzungen von § 130 Abs. 2, § 131 Abs. 2 AO nicht beachtet werden müssen.

12 **BFH vom 30. 4. 2009 – VI R 54/07 (BStBl 2010 II S. 996)**

1. Eine dem Arbeitgeber erteilte Anrufungsauskunft (§ 42e EStG) stellt nicht nur eine Wissenserklärung (unverbindliche Rechtsauskunft) des Betriebsstätten-FA darüber dar, wie im einzelnen Fall die Vorschriften über die Lohnsteuer anzuwenden sind. Sie ist vielmehr feststellender Verwaltungsakt i. S. des § 118 Satz 1 AO, mit dem sich das FA selbst bindet.
2. Die Vorschrift des § 42e EStG gibt dem Arbeitgeber nicht nur ein Recht auf förmliche Bescheidung seines Antrags. Sie berechtigt ihn auch, eine ihm erteilte Anrufungsauskunft erforderlichenfalls im Klagewege inhaltlich überprüfen zu lassen.
(Leitsätze 1 und 2: Änderung der Rechtsprechung)

13 **BFH vom 21. 7. 2009 – VII R 52/08 (BStBl 2010 II S. 51)**

1. ....
2. Bei der Übermittlung von Beitreibungsersuchen an eine Behörde in einem EG-Mitgliedstaat hat das Bundeszentralamt für Steuern die Funktion einer „Kontaktstelle oder Verbindungsstelle" für die Abwicklung des Ersuchens mit dem Ausland. Herr des Verfahrens im Inland ist das für die Vollstreckung zuständige FA.
3. Das Ersuchen ist kein Verwaltungsakt, aber auch kein rein behördeninterner Vorgang. Rechtsschutz auf Rücknahme des Ersuchens kann mit der Leistungsklage gesucht werden.

14 **BFH vom 2. 9. 2010 – VI R 3/09 (BStBl 2011 II S. 233)**

1. Die Aufhebung (Rücknahme, Widerruf) einer dem Arbeitgeber erteilten Anrufungsauskunft (§ 42e EStG) ist ein Verwaltungsakt i. S. von § 118 Satz 1 AO (Anschluss an Senatsentscheidung vom 30. 4. 2009 – VI R 54/07, BStBl 2010 II S. 996).
2. Die Finanzbehörde kann eine Anrufungsauskunft mit Wirkung für die Zukunft aufheben oder ändern (§ 207 Abs. 2 AO analog).

15 **BFH vom 16. 11. 2011 – X R 18/09 (DStR 2011 S. 2447)**

Die Aufforderung zur Einreichung der Anlage EÜR ist ein anfechtbarer Verwaltungsakt.

§ 119 Bestimmtheit und Form des Verwaltungsakts

(1) Ein Verwaltungsakt muss inhaltlich hinreichend bestimmt sein.

(2) ¹Ein Verwaltungsakt kann schriftlich, elektronisch, mündlich oder in anderer Weise erlassen werden. ²Ein mündlicher Verwaltungsakt ist schriftlich zu bestätigen, wenn hieran ein berechtigtes Interesse besteht und der Betroffene dies unverzüglich verlangt.

(3) ¹Ein schriftlich oder elektronisch erlassener Verwaltungsakt muss die erlassende Behörde erkennen lassen. ²Ferner muss er die Unterschrift oder die Namenswiedergabe des Behördenleiters, seines Vertreters oder seines Beauftragten enthalten; dies gilt nicht für einen Verwaltungsakt, der formularmäßig oder mit Hilfe automatischer Einrichtungen erlassen wird. ³Ist für einen Verwaltungsakt durch Gesetz eine Schriftform angeordnet, so muss bei einem elektronischen Verwaltungsakt auch das der Signatur zugrunde liegende qualifizierte Zertifikat oder ein zugehöriges qualifiziertes Attributzertifikat die erlassende Behörde erkennen lassen.

Rechtsprechung

BFH vom 7. 8. 1985 – I R 309/82 (BStBl 1986 II S. 42) 1

1. Ein Nachforderungsbescheid ist inhaltlich unbestimmt und deshalb nichtig, wenn er die festgesetzte Steuer ihrer Art nach nicht bezeichnet.

2. Die Festsetzung einer Kirchensteuer ist nur dann ihrer Art nach hinreichend bestimmt, wenn sich aus dem Steuerbescheid ergibt, für welche Konfessionszugehörigkeit Kirchensteuer erhoben wird.

BFH vom 24. 4. 1986 – IV R 82/84 (BStBl 1986 II S. 545) 2

1. Ein nach dem Tode des Ehemanns an „Herrn und Frau... (Name der Ehefrau)..." gerichteter Einkommensteuerbescheid für den letzten Zusammenveranlagungszeitraum der Eheleute ist jedenfalls dann hinreichend bestimmt und der überlebenden Ehefrau wirksam bekanntgegeben, wenn in der Einspruchsentscheidung nachträglich klargestellt wird, daß nur diese von dem Bescheid betroffen sein sollte.

2. Daß das FA die Ehefrau irrtümlich auch als Erbin des verstorbenen Ehemanns ansah und sie in der Einspruchsentscheidung als solche bezeichnet hat, berührt die Wirksamkeit des Einkommensteuerbescheids in Gestalt der Einspruchsentscheidung nicht.

BFH vom 12. 10. 1988 – II B 85/88 (BStBl 1989 II S. 12) 3

1. Den BFH-Urteilen vom 30. Januar 1980 (BStBl II S. 316), vom 15. Oktober 1980 (BStBl 1981 II S. 84) und vom 12. Oktober 1983 (BStBl 1984 II S. 140) kann nicht der allgemeine Rechtssatz entnommen werden, eine fehlende inhaltliche Bestimmtheit von Steuerbescheiden infolge unaufgegliederter Zusammenfassung mehrerer Rechtsvorgänge könne in jedem Fall nur zur Rechtswidrigkeit im Sinne von Anfechtbarkeit und nicht auch zur Nichtigkeit des Steuerbescheides i. S. von § 125 AO führen.

2. Ob ein entgegen § 119 Abs. 1 AO inhaltlich nicht hinreichend bestimmter Steuerbescheid an einem besonders schwerwiegenden und offenkundigen Fehler i. S. von § 125 Abs. 1 AO leidet und deshalb nichtig ist, kann nur im Einzelfall entschieden werden.

BFH vom 18. 10. 1988 – VII R 123/85 (BStBl 1989 II S. 76) 4

Der Verwaltungsakt mit der Festsetzung des Beginns der Außenprüfung kann auch fernmündlich ergehen.

BFH vom 22. 11. 1988 – VII R 173/85 (BStBl 1989 II S. 220) 5

Ein Lohnsteuerhaftungsbescheid ist – auch wenn er als inhaltlich nicht hinreichend bestimmt angesehen werden muß – nicht deshalb nichtig, weil er keine Aufgliederung des Haftungsbetrages auf die einzelnen Lohnsteueranmeldungszeiträume enthält.

BFH vom 25. 9. 1990 – IX R 84/88 (BStBl 1991 II S. 120) 6

Eine Prüfungsanordnung, die sich an die namentlich bezeichneten Beteiligten einer Bauherrengemeinschaft richtet und die gesonderte und einheitliche Feststellung von Einkünften aus Vermietung und Verpachtung und die Umsatzsteuer betrifft, ist nicht wegen ungenauer Bezeichnung des Inhaltsadressaten nichtig.

7 BFH vom 17. 6. 1992 – X R 47/88 (BStBl 1993 II S. 174)

Ein Steuerbescheid, der sich an einen verstorbenen Steuerschuldner richtet, ist mangels inhaltlicher Bestimmtheit nichtig (unwirksam). Der Zusatz „z.H. ..." (des Bevollmächtigten) ändert hieran nichts.

8 BVerfG vom 8. 12. 1992 – 1 BvR 326/89 (StEd 1993 S. 279)

Der Umstand, daß auf einem Steuerbescheid nach § 119 Abs. 4 Satz 1 AO kein Name erscheint, berührt weder den einzelnen Bürger in seinem Wert als Persönlichkeit noch kann hierin ein Verstoß gegen das in Art. 20 Abs. 3 GG verankerte Rechtsstaatsprinzip gesehen werden.

9 BFH vom 3. 12. 1996 – I B 44/96 (BStBl 1997 II S. 306)

1. Ein Haftungsbescheid ist nur dann nichtig i. S. des § 125 Abs. 1 AO, wenn er nicht die ihn erlassende Behörde, den Haftungsschuldner und/oder die Art der Steuer angibt, für die der Haftungsschuldner haften soll. Die fehlende Angabe des Steuerschuldners ist kein schwerer Fehler i. S. des § 125 Abs. 1 AO, solange die Haftungsschuld in tatsächlicher und rechtlicher Hinsicht in anderer Weise ausreichend konkretisiert werden kann.

2. Die Inanspruchnahme eines inländischen Haftungsschuldners bedarf dann keiner besonderen Begründung bezüglich der Ermessensausübung, wenn ein gegen den Steuerschuldner zu richtender Nachforderungsbescheid im Ausland vollstreckt werden muß.

3. Ein Haftungsbescheid ist nicht schon deshalb rechtswidrig i. S. des § 121 AO 1977, weil er in der Begründung nicht den Namen des Steuerschuldners nennt.

10 BFH vom 23. 8. 2000 – X R 27/98 (BStBl 2001 II S. 662)

Ein Einkommensteuerbescheid ist wegen fehlender hinreichender Bestimmtheit nichtig, wenn er für einen Veranlagungszeitraum ergeht, für den bereits ein – wirksamer – Einkommensteuerbescheid gegenüber demselben Adressaten erlassen wurde, ohne das Verhältnis zu diesem Bescheid klarzustellen.

11 BFH vom 7. 7. 2004 – II R 77/01 (HFR 2005 S. 94)

1. Da der Einheitswert eines Grundstücks im Gesamthandseigentum einer Erbengemeinschaft ab 1996 nur noch für die GrSt von Bedeutung ist, unterbleibt seine Aufteilung auf die Erben. Die Erbengemeinschaft ist formell- wie materiell-rechtlich der richtige Inhaltsadressat. Dieser ist durch die Bezeichnung „Erbengemeinschaft" unter Angabe der Familiennamen der Erben zutreffend bezeichnet, da sich der Inhaltsadressat sicher identifizieren lässt.

...

12 BFH vom 6. 6. 2007 – II R 17/06 (BStBl 2008 II S. 46)

1. Ein mehrere freigebige Zuwendungen zusammenfassender Schenkungsteuerbescheid, der die einzelnen der Besteuerung unterworfenen Lebenssachverhalte nicht konkret bezeichnet, ist mangels hinreichender inhaltlicher Bestimmtheit nichtig (BFH-Urteil vom 15. März 2007 – II R 5/04, BStBl II 2007, 472).

2. Bleiben dem FA die Umstände, die es ihm ermöglichen würden, die Steuer für die Einzelzuwendungen getrennt festzusetzen, deshalb unbekannt, weil der Steuerpflichtige seine Mitwirkungspflichten (§ 90 AO), insbesondere seine Steuererklärungspflichten (§ 149 Abs. 1 AO), verletzt hat, kann sich das FA darauf beschränken, die Steuer unter Angabe des mutmaßlichen Zeitraums, in dem mehrere, der Anzahl und Höhe nach unbekannte Zuwendungen vorgenommen wurden, nach einem einheitlichen (Schätz-)Betrag, der alle Zuwendungen umfassen soll, einheitlich festzusetzen.

13 BFH vom 13. 12. 2007 – II R 28/07 (BStBl 2008 II S. 487)

1. Ein unaufgegliederter Grunderwerbsteuerbescheid über den Erwerb mehrerer Grundstücke aufgrund eines Gesamtausgebots in einem Zwangsversteigerungsverfahren ist hinreichend bestimmt, wenn die Grunderwerbsteuer für jedes Grundstück anhand des Bescheids und ggf. weiterer dem Steuerpflichtigen bekannter Unterlagen zweifelsfrei ermittelt werden kann.

...

BFH vom 12. 5. 2011 – V R 25/10 (HFR 2011 S. 1014) 14

Ein Steuerbescheid ist wegen fehlender hinreichender Bestimmtheit nichtig, wenn er für einen Veranlagungszeitraum ergeht, für den bereits ein wirksamer Steuerbescheid gegenüber demselben Adressaten erlassen wurde, ohne dass sich nach dem Wortlaut des Bescheids oder im Wege der Auslegung ergibt, in welchem Verhältnis der zuletzt ergangene zu dem zuvor ergangenen Bescheid steht.

§ 120 Nebenbestimmungen zum Verwaltungsakt

(1) Ein Verwaltungsakt, auf den ein Anspruch besteht, darf mit einer Nebenbestimmung nur versehen werden, wenn sie durch Rechtsvorschrift zugelassen ist oder wenn sie sicherstellen soll, dass die gesetzlichen Voraussetzungen des Verwaltungsakts erfüllt werden.

(2) Unbeschadet des Absatzes 1 darf ein Verwaltungsakt nach pflichtgemäßem Ermessen erlassen werden mit
1. einer Bestimmung, nach der eine Vergünstigung oder Belastung zu einem bestimmten Zeitpunkt beginnt, endet oder für einen bestimmten Zeitraum gilt (Befristung),
2. einer Bestimmung, nach der der Eintritt oder der Wegfall einer Vergünstigung oder einer Belastung von dem ungewissen Eintritt eines zukünftigen Ereignisses abhängt (Bedingung),
3. einem Vorbehalt des Widerrufs

oder verbunden werden mit

4. einer Bestimmung, durch die dem Begünstigten ein Tun, Dulden oder Unterlassen vorgeschrieben wird (Auflage),
5. einem Vorbehalt der nachträglichen Aufnahme, Änderung oder Ergänzung einer Auflage.

(3) Eine Nebenbestimmung darf dem Zweck des Verwaltungsakts nicht zuwiderlaufen.

Anwendungserlass zur Abgabenordnung

Zu § 120 – Nebenbestimmungen zum Verwaltungsakt: 1

1. Nebenbestimmungen sind zulässig bei Verwaltungsakten, die auf einer Ermessensentscheidung der Finanzbehörden beruhen (z. B. Fristverlängerung, Stundung, Erlass, Aussetzung der Vollziehung). Bei gebundenen Verwaltungsakten (z. B. Steuerbescheiden) sind gesetzlich ausdrücklich zugelassene Nebenbestimmungen der Vorbehalt der Nachprüfung (§ 164), die Vorläufigkeitserklärung (§ 165) und die Sicherheitsleistung (§ 165 Abs. 1 Satz 4).
2. Nebenbestimmungen müssen inhaltlich hinreichend bestimmt sein (§ 119 Abs. 1). Andernfalls sind sie nichtig. Wegen der Rechtsfolgen bei Nichtigkeit der Nebenbestimmung Hinweis auf § 125 Abs. 4.
3. Wegen der unterschiedlichen Folgen, die sich aus der Nichterfüllung einer Nebenbestimmung ergeben können, ist die Nebenbestimmung im Verwaltungsakt genau zu bezeichnen (z. B. „unter der aufschiebenden Bedingung", „unter dem Vorbehalt des Widerrufs").
4. Der Widerrufsvorbehalt ermöglicht den Widerruf rechtmäßiger Verwaltungsakte nach § 131 Abs. 2 Nr. 1. Er ist aber für sich allein kein hinreichender Grund zum Widerruf, sondern lässt den Widerruf nur im Rahmen pflichtgemäßen Ermessens zu.

Rechtsprechung

BFH vom 25. 8. 1981 – VII B 3/81 (BStBl 1982 II S. 34) 2

Bei der Auslegung einer Verfügung der Behörde kommt es gemäß dem entsprechend anzuwendenden § 133 BGB nicht darauf an, was die Behörde mit ihren in der Verfügung enthaltenen Erklärungen gewollt hat, sondern darauf, wie der Betroffene nach den ihm bekannten Umständen den materiellen Gehalt der Erklärungen unter Berücksichtigung von Treu und Glauben verstehen konnte.

§§ 120, 121 AO
AEAO Rsp

3 **BFH vom 25. 10. 1989 – X R 109/87 (BStBl 1990 II S. 278)**

Eine gegen einen vorläufigen Steuerbescheid i. S. des § 165 AO gerichtete Klage darf nicht allein auf Beseitigung des Vorläufigkeitsvermerks abzielen.

4 **BFH vom 12. 5. 2000 – VI B 266/98 (BStBl 2000 II S. 536)**

Darin, dass das FA die Aussetzung der Vollziehung nur unter dem Vorbehalt des Widerrufs gewährt hat, liegt keine teilweise Ablehnung des AdV-Antrags i. S. des § 69 Abs. 4 Satz 1 FGO.

5 **BFH vom 3. 7. 2002 – XI R 20/01 (BStBl 2002 II S. 842)**

Wird die unter einer auflösenden Bedingung ausgesprochene Zulassung von Sonderabschreibungen nach § 3 Abs. 3 ZRFG bei Eintritt der Bedingung durch einen Bescheid aufgehoben, so kann der Streit über den Wegfall der Voraussetzungen der Sonderabschreibung nur in einem Anfechtungsverfahren gegen diesen Bescheid geführt werden.

AO
S 0283

§ 121 Begründung des Verwaltungsakts

(1) Ein schriftlicher, elektronischer sowie ein schriftlich oder elektronisch bestätigter Verwaltungsakt ist mit einer Begründung zu versehen, soweit dies zu seinem Verständnis erforderlich ist.

(2) Einer Begründung bedarf es nicht,
1. soweit die Finanzbehörde einem Antrag entspricht oder einer Erklärung folgt und der Verwaltungsakt nicht in Rechte eines anderen eingreift,
2. soweit demjenigen, für den der Verwaltungsakt bestimmt ist oder der von ihm betroffen wird, die Auffassung der Finanzbehörde über die Sach- und Rechtslage bereits bekannt oder auch ohne Begründung für ihn ohne weiteres erkennbar ist,
3. wenn die Finanzbehörde gleichartige Verwaltungsakte in größerer Zahl oder Verwaltungsakte mit Hilfe automatischer Einrichtungen erlässt und die Begründung nach den Umständen des Einzelfalls nicht geboten ist,
4. wenn sich dies aus einer Rechtsvorschrift ergibt,
5. wenn eine Allgemeinverfügung öffentlich bekannt gegeben wird.

AEAO **Anwendungserlass zur Abgabenordnung**

1 Zu § 121 – Begründung des Verwaltungsaktes:

1. Die Vorschrift gilt für alle Verwaltungsakte einschließlich der Steuerbescheide.
2. Besteht eine Pflicht, den Verwaltungsakt zu begründen, so muss die Begründung nur den Umfang haben, der erforderlich ist, damit der Adressat des Verwaltungsaktes die Gründe für die Entscheidung der Finanzbehörde verstehen kann. Die Begründung von Ermessensentscheidungen soll erkennen lassen, dass die Finanzbehörde ihr Ermessen ausgeübt hat und von welchen Gesichtspunkten sie bei ihrer Entscheidung ausgegangen ist.
3. Das Fehlen der vorgeschriebenen Begründung macht den Verwaltungsakt fehlerhaft. Dieser Mangel kann nach § 126 Abs. 1 und 2 geheilt werden oder gem. § 127 unbeachtlich sein. Wurde wegen der fehlenden Begründung die rechtzeitige Anfechtung des Verwaltungsaktes versäumt, so ist auf Antrag Wiedereinsetzung in den vorigen Stand zu gewähren (§ 126 Abs. 3 i. V. m. § 110; vgl. auch zu § 91, Nr. 3).

Rsp **Rechtsprechung**

2 **BFH vom 2. 10. 1991 – X R 1/88 (BStBl 1992 II S. 274)**

Zur Begründung der Anordnung einer Außenprüfung nach § 193 Abs. 1 AO genügt grundsätzlich der Hinweis auf diese Rechtsgrundlage. Das gilt auch, wenn ein Klein- oder Mittelbetrieb geprüft werden soll und der Prüfungszeitraum unmittelbar an den Prüfungszeitraum der vorangegangenen Prüfung anschließt (Anschluß an BFH vom 2. Oktober 1991, BStBl 1992 II S. 220).

BFH vom 10. 7. 1996 – I R 5/96 (BStBl 1997 II S. 5) 3

1. Die Aufhebung des Vorbehalts der Nachprüfung bedarf regelmäßig keiner besonderen Begründung.
2. Erfolgt die Aufhebung des Vorbehalts durch die Einspruchsentscheidung, kann der Hinweis auf die Möglichkeit einer verbösernden Entscheidung (§ 367 Abs. 2 Satz 2 AO) unterbleiben.

BFH vom 11. 2. 1999 – V R 40/98 (BStBl 1999 II S. 382) 4

1. Ein wegen unterlassener Abgabe einer Steuererklärung ergangener Schätzungsbescheid erfordert grundsätzlich keine über die Wertangaben hinausgehende Begründung der Besteuerungsgrundlagen. Dagegen ist ein Schätzungsbescheid auch der Höhe nach zu begründen, wenn hierfür ein besonderer Anlaß besteht.
2. Die Aufhebung eines Schätzungsbescheids, der nicht nichtig ist, kann nicht allein deshalb beansprucht werden, weil die erforderliche Begründung fehlt und auch in der Einspruchsentscheidung nicht nachgeholt wurde.

BFH vom 16. 3. 2000 – III R 19/99 (BStBl 2000 II S. 520) 5

1. Die Anordnung einer förmlichen Zustellung nach § 122 Abs. 5 AO stellt mangels eigenen Regelungsinhalts keinen Verwaltungsakt dar.
2. Die Finanzbehörde ist daher nicht verpflichtet, die tragenden Erwägungen ihrer Ermessensentscheidung über die Art der Zustellung schriftlich in besonderer Form in den Steuerakten niederzulegen. Es genügt insoweit, dass ihr Wille, den betreffenden Verwaltungsakt durch förmliche Zustellung zu übermitteln, in anderer Weise aus dem Akteninhalt deutlich wird.

BFH vom 11. 2. 2004 – II R 5/02 (HFR 2004 S. 1075) 6

Das Maß der erforderlichen Begründung eines Steuerbescheids ist im Einzelfall unter Berücksichtigung der jeweiligen individuellen Verständnisfähigkeit des Inhaltsadressaten oder Betroffenen zu bestimmen.

BFH vom 1. 7. 2008 – II R 2/07 (BStBl 2008 II S. 897) 7

Hat der Schenker im Verhältnis zum Beschenkten die geschuldete Steuer selbst übernommen und war dies dem FA bei Erlass des Schenkungsteuerbescheids bekannt, erfordert die Inanspruchnahme des Bedachten eine Begründung der getroffenen Auswahlentscheidung, es sei denn, die Gründe sind dem Bedachten bekannt oder für ihn ohne weiteres erkennbar.

BFH vom 17. 3. 2009 – VII R 40/08 (HFR 2009 S. 858) 8

1. Zur Begründung eines auf Art. 202 ZK gestützten Abgabenbescheids ist darzulegen, dass hinsichtlich der unversteuerten Zigaretten eine Einfuhrabgabenschuld entstanden war, weil diese vorschriftswidrig in das Zollgebiet der Gemeinschaft verbracht worden waren (Art. 202 Abs. 1 Buchst. a ZK), und dass der Adressat Schuldner dieser Abgaben ist, weil er an dem vorschriftswidrigen Verbringen beteiligt war, obwohl er wusste oder vernünftigerweise hätte wissen müssen, dass er damit vorschriftswidrig handelte (Art. 202 Abs. 3 Anstrich 2 ZK).
2. Höhere Anforderungen an die Begründung dieses Bescheids sind auch bei Vorliegen einer Steuerhinterziehung nicht zu stellen.
3 Ein Verwaltungsakt ist gemäß § 125 Abs. 1 AO nur dann nichtig, wenn er an einem besonders schwerwiegenden Fehler leidet und dies bei verständiger Würdigung aller in Betracht kommenden Umstände offenkundig ist. Ein derartiger Fehler kann auch bei bewusst willkürlicher Schätzung vorliegen.

---

§ 122 Bekanntgabe des Verwaltungsakts

(1) ¹Ein Verwaltungsakt ist demjenigen Beteiligten bekannt zu geben, für den er bestimmt ist oder der von ihm betroffen wird. ²§ 34 Abs. 2 ist entsprechend anzuwenden. ³Der Verwaltungsakt kann auch gegenüber einem Bevollmächtigten bekannt gegeben werden.

(2) Ein schriftlicher Verwaltungsakt, der durch die Post übermittelt wird, gilt als bekannt gegeben

1. bei einer Übermittlung im Inland am dritten Tage nach der Aufgabe zur Post,
2. bei einer Übermittlung im Ausland einen Monat nach der Aufgabe zur Post,

außer wenn er nicht oder zu einem späteren Zeitpunkt zugegangen ist; im Zweifel hat die Behörde den Zugang des Verwaltungsaktes und den Zeitpunkt des Zugangs nachzuweisen.

(2a) Ein elektronisch übermittelter Verwaltungsakt gilt am dritten Tage nach der Absendung als bekannt gegeben, außer wenn er nicht oder zu einem späteren Zeitpunkt zugegangen ist; im Zweifel hat die Behörde den Zugang des Verwaltungsakts und den Zeitpunkt des Zugangs nachzuweisen.

(3) ¹Ein Verwaltungsakt darf öffentlich bekannt gegeben werden, wenn dies durch Rechtsvorschrift zugelassen ist. ²Eine Allgemeinverfügung darf auch dann öffentlich bekannt gegeben werden, wenn eine Bekanntgabe an die Beteiligten untunlich ist.

(4) ¹Die öffentliche Bekanntgabe eines Verwaltungsakts wird dadurch bewirkt, dass sein verfügender Teil ortsüblich bekannt gemacht wird. ²In der ortsüblichen Bekanntmachung ist anzugeben, wo der Verwaltungsakt und seine Begründung eingesehen werden können. ³Der Verwaltungsakt gilt zwei Wochen nach dem Tag der ortsüblichen Bekanntmachung als bekannt gegeben. ⁴In einer Allgemeinverfügung kann ein hiervon abweichender Tag, jedoch frühestens der auf die Bekanntmachung folgende Tag bestimmt werden.

(5) ¹Ein Verwaltungsakt wird zugestellt, wenn dies gesetzlich vorgeschrieben ist oder behördlich angeordnet wird. ²Die Zustellung richtet sich nach den Vorschriften des Verwaltungszustellungsgesetzes.

(6) Die Bekanntgabe eines Verwaltungsakts an einen Beteiligten zugleich mit Wirkung für und gegen andere Beteiligte ist zulässig, soweit die Beteiligten einverstanden sind; diese Beteiligten können nachträglich eine Abschrift des Verwaltungsakts verlangen.

(7) ¹Betreffen Verwaltungsakte Ehegatten oder Ehegatten mit ihren Kindern oder Alleinstehende mit ihren Kindern, so reicht es für die Bekanntgabe an alle Beteiligten aus, wenn ihnen eine Ausfertigung unter ihrer gemeinsamen Anschrift übermittelt wird. ²Die Verwaltungsakte sind den Beteiligten einzeln bekanntzugeben, soweit sie dies beantragt haben oder soweit der Finanzbehörde bekannt ist, dass zwischen ihnen ernstliche Meinungsverschiedenheiten bestehen.

Anh. 2

AEAO

Anwendungserlass zur Abgabenordnung

1 Zu § 122 – Bekanntgabe des Verwaltungsaktes:

Inhaltsübersicht

1. Allgemeines
1.1 Bekanntgabe von Verwaltungsakten
1.2 Steuerbescheide
1.3 Bezeichnung des Inhaltsadressaten
1.4 Bezeichnung des Bekanntgabeadressaten
1.5 Bezeichnung des Empfängers
1.6 Anschriftenfeld
1.7 Übermittlung an Bevollmächtigte
1.8 Form der Bekanntgabe
2. Bekanntgabe von Bescheiden
2.1 Bekanntgabe von Bescheiden an Ehegatten
2.2 Bekanntgabe an gesetzliche Vertreter natürlicher Personen
2.3 Bescheide an Ehegatten mit Kindern oder Alleinstehende mit Kindern
2.4 Personengesellschaften (Gemeinschaften)
2.5 Bescheide über gesonderte und einheitliche Feststellungen
2.6 Grundsteuermessbescheide, Grunderwerbsteuerbescheide
2.7 Personengesellschaften (Gemeinschaften) in Liquidation
2.8 Bekanntgabe an juristische Personen
2.9 Bekanntgabe in Insolvenzfällen
2.10 Verbraucherinsolvenzverfahren

2.11 Zwangsverwaltung

2.12 Gesamtrechtsnachfolge (z.B. Erbfolge)

2.13 Testamentsvollstreckung, Nachlassverwaltung, Nachlasspflegschaft

2.14 Haftende

2.15 Spaltung

2.16 Formwechselnde Umwandlung

3. Besonderheiten des Zustellungsverfahrens

3.1 Zustellungsarten

3.2 Zustellung an mehrere Beteiligte

3.3 Zustellung an Bevollmächtigte

3.4 Zustellung an Ehegatten

4. Folgen von Verfahrens- und Formfehlern

4.1 Unwirksamkeit des Verwaltungsaktes wegen inhaltlicher Mängel

4.2 Wirksamkeit des Verwaltungsaktes trotz inhaltlicher Mängel

4.3 Unwirksamkeit des Verwaltungsaktes wegen eines Bekanntgabemangels

4.4 Wirksame Bekanntgabe

4.5 Fehler bei förmlichen Zustellungen

4.6 Fehlerhafte Bekanntgabe von Grundlagenbescheiden

4.7 Bekanntgabe von gesonderten und einheitlichen Feststellungen an einzelne Beteiligte

1. Allgemeines

1.1 Bekanntgabe von Verwaltungsakten

1.1.1 Voraussetzung für die Wirksamkeit eines Verwaltungsaktes ist, dass er inhaltlich hinreichend bestimmt ist (§ 119 Abs. 1) und dass er demjenigen, für den er bestimmt ist oder der von ihm betroffen wird, bekannt gegeben wird (§ 124 Abs. 1). Deshalb ist beim Erlass eines Verwaltungsakts festzulegen,

– an wen er sich richtet (Nr. 1.3 – **Inhaltsadressat**),

– wem er bekannt gegeben werden soll (Nr. 1.4 – **Bekanntgabeadressat**),

– welcher Person er zu übermitteln ist (Nr. 1.5 – **Empfänger**) und

– ob eine besondere Form der Bekanntgabe erforderlich oder zweckmäßig ist (Nr. 1.8).

1.1.2 Verfahrensrechtlich ist zu unterscheiden zwischen dem Rechtsbegriff der **Bekanntgabe** als Wirksamkeitsvoraussetzung, den Formen der Bekanntgabe (mündliche, schriftliche, elektronische oder öffentliche Bekanntgabe oder Bekanntgabe in anderer Weise) und den technischen Vorgängen bei der Übermittlung des Inhalts eines Verwaltungsakts. Die Bekanntgabe setzt den Bekanntgabewillen des für den Erlass des Verwaltungsaktes zuständigen Bediensteten voraus (BFH-Urteile vom 27. 6. 1986 – VI R 23/83 – BStBl II, S. 832, und vom 24. 11. 1988 – V R 123/83 – BStBl 1989 II, S. 344). Zur Aufgabe des Bekanntgabewillens vgl. zu § 124, Nrn. 5 und 6.

1.1.3 Mit dem Rechtsbegriff „Bekanntgabe" nicht gleichbedeutend sind die Bezeichnungen für die **technischen Vorgänge** bei der Übermittlung eines verfügten Verwaltungsaktes (z.B. „Aufgabe zur Post", „Zusendung", „Zustellung", „ortsübliche Bekanntmachung", „Zugang"), auch wenn diese Begriffe zugleich eine gewisse rechtliche Bedeutung haben. Die technischen Vorgänge bedürfen, soweit das Gesetz daran Rechtsfolgen knüpft, einer Dokumentation, um nachweisen zu können, dass, wann und wie die Bekanntgabe erfolgt ist.

1.1.4 Die nachfolgenden Grundsätze über die Bekanntgabe von Steuerbescheiden (vgl. Nr. 1.2) gelten entsprechend für andere Verwaltungsakte (z.B. Haftungsbescheide, Prüfungsanordnungen, Androhungen und Festsetzungen von Zwangsgeldern; vgl. Nr. 1.8.1). Zur Adressierung und Bekanntgabe von Prüfungsanordnungen vgl. zu § 197, zur Adressierung und Bekanntgabe von Zwangsgeldandrohungen und Zwangsgeldfestsetzungen vgl. BFH-Urteil vom 23. 11. 1999 – VII R 38/99 – BStBl 2001 II, S. 463.

§ 122 AO
AEAO

2   1.2   Steuerbescheide

Steuerfestsetzungen sind nur dann eine Grundlage für die Verwirklichung von Ansprüchen aus dem Steuerschuldverhältnis, wenn sie gem. § 122 Abs. 1 Satz 1 als Steuerbescheid demjenigen Beteiligten bekannt gegeben worden sind, für den sie bestimmt sind oder der von ihnen betroffen wird. Die folgenden Grundsätze regeln, wie der Steuerschuldner als Inhaltsadressat und ggf. der Bekanntgabeadressat und der Empfänger zu bezeichnen sind und wie der Bescheid zu übermitteln ist.

3   1.3   Bezeichnung des Inhaltsadressaten

       1.3.1   Der Inhaltsadressat muss im Bescheid so eindeutig bezeichnet werden, dass Zweifel über seine Identität nicht bestehen. Inhaltsadressat eines Steuerbescheides ist der Steuerschuldner.

       1.3.2   Im Allgemeinen wird eine natürliche Person als Inhaltsadressat durch Vornamen und Familiennamen genügend bezeichnet. Nur bei **Verwechslungsmöglichkeiten**, insbesondere bei häufiger vorkommenden Namen, sind weitere Angaben erforderlich (z.B. Wohnungsanschrift, Geburtsdatum, Berufsbezeichnung, Namenszusätze wie „senior" oder „junior"). Bei juristischen Personen und Handelsgesellschaften ergibt sich der zutreffende „Name" aus Gesetz, Satzung, Register oder ähnlichen Quellen (bei Handelsgesellschaften Firma gemäß § 17 HGB); wegen der Bezeichnung von Ehegatten vgl. 2.1.2, wegen der Bezeichnung der nichtrechtsfähigen Personenvereinigungen vgl. Nrn. 2.4, 2.4.1.2.

4   1.4   Bezeichnung des Bekanntgabeadressaten

       1.4.1   Die Person, der ein Verwaltungsakt bekannt zu geben ist, wird als Bekanntgabeadressat bezeichnet. Bei Steuerfestsetzungen ist dies i.d.R. der Steuerschuldner als Inhaltsadressat, weil der Steuerbescheid seinem Inhalt nach für ihn bestimmt ist oder er von ihm betroffen wird (§ 122 Abs. 1 Satz 1).

       1.4.2   Als Bekanntgabeadressat kommen jedoch auch **Dritte** in Betracht, wenn sie für den Inhaltsadressaten (Steuerschuldner) steuerliche Pflichten zu erfüllen haben. Dabei handelt es sich in erster Linie um Fälle, in denen die Bekanntgabe an den Steuerschuldner nicht möglich oder nicht zulässig ist (§ 79).

Die Bekanntgabe ist insbesondere an folgende Dritte erforderlich:

a) Eltern (§ 1629 BGB), Vormund (§ 1793 BGB), Pfleger (§§ 1909 ff. BGB) als gesetzliche Vertreter natürlicher Personen (§ 34 Abs. 1),

b) Geschäftsführer von nichtrechtsfähigen Personenvereinigungen (z.B. Vorstände nichtsrechtsfähiger Vereine, § 54 BGB),

c) Geschäftsführer von Vermögensmassen (z.B. nichtrechtsfähige Stiftungen, §§ 86, 26 BGB),

d) Vermögensverwalter i.S.v. § 34 Abs. 3 (z.B. Insolvenzverwalter, Zwangsverwalter, gerichtlich bestellte Liquidatoren, Nachlassverwalter),

e) Verfügungsberechtigte i.S.v. § 35,

f) für das Besteuerungsverfahren bestellte Vertreter i.S.v. § 81.

       1.4.3   Ist der Bekanntgabeadressat nicht mit dem Inhaltsadressaten identisch (vgl. Nr. 1.4.2), so ist er zusätzlich zum Inhaltsadressaten anzugeben. Hinsichtlich der eindeutigen Bezeichnung gelten dieselben Grundsätze wie für die Bezeichnung des Inhaltsadressaten (vgl. Nr. 1.3.2). Das Vertretungsverhältnis (vgl. Nr. 1.4.2) ist im Bescheid anzugeben (vgl. Nr. 1.6).

5   1.5   Bezeichnung des Empfängers

       1.5.1   Als Empfänger wird derjenige bezeichnet, dem der Verwaltungsakt tatsächlich zugehen soll, damit er durch Bekanntgabe wirksam wird. I.d.R. ist der Inhaltsadressat nicht nur Bekanntgabeadressat, sondern auch „Empfänger" des Verwaltungsaktes.

       1.5.2   Es können jedoch auch andere Personen Empfänger sein, wenn für sie eine Empfangsvollmacht des Bekanntgabeadressaten vorliegt oder wenn die Finanzbehörde nach ihrem Ermessen den Verwaltungsakt einem Bevollmächtigten übermitteln will (vgl. Nr. 1.7).

Beispiel:

Die gesetzlichen Vertreter (Bekanntgabeadressaten) eines Minderjährigen (Steuerschuldner und damit Inhaltsadressat) haben einen Dritten (Empfänger) bevollmächtigt.

Inhaltsadressat (Steuerschuldner):
Hans Huber

Bekanntgabeadressaten:
Herrn Anton Huber, Frau Maria Huber
als gesetzliche Vertreter des Hans Huber, Moltkestraße 5, 12203 Berlin

Empfänger (Anschriftenfeld):

Herrn
Steuerberater
Anton Schulz
Postfach 11 48
80335 München

Darstellung im Bescheid:

(Die Angaben in Klammern werden im Bescheid nicht ausgedruckt. Dies gilt auch für die übrigen Beispiele).

Anschriftenfeld (Empfänger):

Herrn
Steuerberater
Anton Schulz
Postfach 11 48
80335 München

Bescheidkopf:

Für
Herrn Anton Huber und Frau Maria Huber (Bekanntgabeadressaten) als gesetzliche Vertreter des Hans Huber (Steuerschuldner und Inhaltsadressat), Moltkestraße 5, 12203 Berlin

1.5.3 Eine Empfangsvollmacht ist auch erforderlich, wenn der Verwaltungsakt nur namentlich benannten Geschäftsführern oder anderen Personen (z.B. dem Steuerabteilungsleiter) zugehen soll.

Beispiel:

Anschriftenfeld (Empfänger):

Herrn
Steuerabteilungsleiter
Fritz Schulz
i.Hs. der Meyer GmbH
Postfach 10 01
50859 Köln

Bescheidkopf

Für die Meyer GmbH (Inhalts- und Bekanntgabeadressat)

1.5.4 Zur Bekanntgabe nach § 122 Abs. 6 vgl. Nr. 2.1.3, zur Bekanntgabe an einen gemeinsamen Empfangsbevollmächtigten i.S.v § 183 Abs. 1 vgl. Nr. 2.5.2.

1.6 Anschriftenfeld

Der Empfänger ist im Anschriftenfeld des Steuerbescheids mit seinem Namen und **postalischer Anschrift** zu bezeichnen. Es reicht nicht aus, den Empfänger nur auf dem Briefumschlag und in den Steuerakten anzugeben, weil sonst die ordnungsmäßige Bekanntgabe nicht einwandfrei nachgewiesen werden kann. Sind Inhaltsadressat (Steuerschuldner), Bekanntgabeadressat und Empfänger nicht dieselbe Person, muss jeder im Steuerbescheid benannt werden: Der Empfänger ist im Anschriftenfeld anzugeben, der Inhalts- und ggf. der Bekanntgabeadressat sowie das Vertretungsverhältnis müssen an anderer Stelle des Steuerbescheides aufgeführt werden (vgl. z.B. bei Bekanntgabe an Minderjährige Nr. 2.2.2).

1.7 Übermittlung an Bevollmächtigte

1.7.1 Der einem Angehörigen der steuerberatenden Berufe erteilte Auftrag zur Erstellung und Einreichung der Steuererklärungen schließt i.d.R. seine Bestellung als Empfangsbevollmächtigter nicht ein (BFH-Urteil vom 30. 7. 1980 – I R 148/79 – BStBl 1981 II, S. 3). Aus der Mitwirkung eines Steuerberaters bei der Steuererklärung folgt daher nicht, dass die Finanzbehörde einen Steuerbescheid dem Steuerberater zu übermitteln hat. Dasselbe gilt in Bezug auf die anderen zur Hilfe in Steuersachen befugten Personen und Vereinigungen (§§ 3, 4 StBerG).

1.7.2 Es liegt im Ermessen des Finanzamts, ob es einen Steuerbescheid an den Steuerpflichtigen selbst oder an dessen Bevollmächtigten bekannt gibt (§ 122 Abs. 1 Satz 3). Zur Ausübung des Ermessens gilt Folgendes:

Hat der Steuerpflichtige dem Finanzamt ausdrücklich mitgeteilt, dass er seinen Vertreter auch zur Entgegennahme von Steuerbescheiden ermächtigt, sind diese grundsätzlich dem Bevollmächtigten bekannt zu geben (BFH-Urteil vom 5. 10. 2000 – VII R 96/99 – BStBl 2001 II, S. 86). Dies gilt auch, wenn der Steuerpflichtige dem Finanzamt eine Vollmacht vorgelegt hat, nach der der Bevollmächtigte berechtigt ist, für den Steuerpflichtigen „rechtsverbindliche Erklärungen" entgegen zu nehmen (BFH-Urteil vom 23. 11. 1999 – VII R 38/99 – BStBl 2001 II, S. 463). Nur dann, wenn im Einzelfall besondere Gründe gegen die Bekanntgabe des Steuerbescheids an den Bevollmächtigten sprechen, kann der Steuerbescheid unmittelbar dem Steuerpflichtigen bekannt gegeben werden. Derartige besondere Gründe können auch technischer Natur sein.

Fehlt es an einer ausdrücklichen Benennung eines Empfangsbevollmächtigten, hat das Finanzamt Verwaltungsakte dem Vertreter des Steuerpflichtigen übermittelt, so darf es sich nicht in Widerspruch zu seinem bisherigen Verhalten setzen und sich bei gleichliegenden Verhältnissen ohne ersichtlichen Grund an den Steuerpflichtigen selbst wenden (vgl. BFH-Urteile vom 11. 8. 1954 – II 239/53 U – BStBl III, S. 327, und vom 13. 4. 1965 – I 36/64 U, I 37/64 U – BStBl III, S. 389). In diesen Fällen ist jedoch eine schriftliche Vollmacht nachzufordern; der Vollmachtnachweis kann auch in elektronischer Form (§ 87a Abs. 3) erbracht werden.

Die im Einkommensteuererklärungsvordruck erteilte Empfangsvollmacht gilt nur für Bescheide des betreffenden Veranlagungszeitraums. Dagegen entfaltet die im Erklärungsvordruck zur gesonderten und einheitlichen Feststellung erteilte Empfangsvollmacht nicht lediglich Wirkung für das Verfahren des entsprechenden Feststellungszeitraums, sondern ist solange zu beachten, bis sie durch Widerruf entfällt (Urteil des FG Brandenburg vom 17. 9. 1997, EFG 1998 S. 7).

Ein während eines Klageverfahrens ergehender Änderungsbescheid ist i.d.R. dem Prozessbevollmächtigten bekannt zu geben (BFH-Urteile vom 5. 5. 1994 – VI R 98/93 – BStBl II, S. 806 und vom 29. 10. 1997 – X R 37/95 – BStBl 1998 II, S. 266).

1.7.3 Wird ein Verwaltungsakt dem betroffenen Steuerpflichtigen bekannt gegeben und hierdurch eine von ihm erteilte Bekanntgabevollmacht zugunsten seines Bevollmächtigten ohne besondere Gründe nicht beachtet, wird der Bekanntgabemangel durch die Weiterleitung des Verwaltungsaktes an den Bevollmächtigten geheilt. Die Frist für einen außergerichtlichen Rechtsbehelf beginnt in dem Zeitpunkt, in dem der Bevollmächtigte den Verwaltungsakt nachweislich erhalten hat (BFH-Urteil vom 8. 12. 1988 – IV R 24/87 – BStBl 1989 II, S. 346).

1.7.4 Wegen der Zustellung an Bevollmächtigte vgl. Nr. 3.3.

1.7.5 Hat der Steuerpflichtige einen Bevollmächtigten benannt, bleibt die Vollmacht so lange wirksam, bis der Finanzbehörde ein Widerruf zugeht (§ 80 Abs. 1). Die Wirksamkeit einer Vollmacht ist nur dann auf einen Besteuerungszeitraum oder einen einzelnen Bearbeitungsvorgang begrenzt, wenn dies ausdrücklich in der Vollmacht erwähnt ist oder sich aus den äußeren Umständen ergibt (z.B. bei Einzelsteuerfestsetzungen); vgl. aber auch Nr. 1.7.2.

1.7.6 Wendet sich die Finanzbehörde aus besonderem Grund an den Beteiligten selbst (z.B. um ihn um Auskünfte zu bitten, die nur er selbst als Wissensträger geben kann, oder um die Vornahme von Handlungen zu erzwingen), so soll der Bevollmächtigte unterrichtet werden (§ 80 Abs. 3 Satz 3).

8 1.8 Form der Bekanntgabe

Schriftliche Verwaltungsakte, insbesondere Steuerbescheide, sind grundsätzlich durch die Post zu übermitteln (vgl. Nr. 1.8.2), sofern der Empfänger im Inland wohnt oder soweit der ausländische Staat mit der Postübermittlung einverstanden ist (vgl. Nr. 1.8.4). Ein Verwaltungsakt kann ferner durch Telefax (vgl. Nr. 1.8.2) wirksam bekannt gegeben werden, auch wenn für ihn die Schriftform gesetzlich vorgeschrieben ist (BFH-Urteil vom 8. 7. 1998 – I R 17/96 – BStBl 1999 II, S. 48). Eine förmliche Zustellung ist nur erforderlich, wenn dies gesetzlich vorgeschrieben ist oder die Finanzbehörde die Zustellung anordnet (vgl. Nr. 1.8.3). Die Zustellung erfolgt nach den Vorschriften des Verwaltungszustellungsgesetzes (vgl. Nr. 3.1). Unter den Voraussetzungen des § 87a können Verwaltungsakte auch elektronisch übermittelt werden.

1.8.1 Schriftform

Grundsätzlich ist die schriftliche Bekanntgabe eines Verwaltungsaktes nur erforderlich, wenn das Gesetz sie ausdrücklich vorsieht (für Steuerbescheide, § 157; für die Aufhebung des Vorbehalts der Nachprüfung, § 164 Abs. 2; für Haftungs- und Duldungsbescheide, § 191 Abs. 1; für Prüfungsanordnungen, § 196; für verbindliche Zusagen, § 205 Abs. 1; für Pfändungsverfügungen, § 309 Abs. 2; für Androhung von Zwangsmitteln, § 332 Abs. 1; für Einspruchsentscheidungen, § 366). Im Übrigen reicht die mündliche Bekanntgabe eines steuerlichen Verwaltungsaktes aus (z.B. bei Fristverlängerungen, Billigkeitsmaßnahmen, Stundungen). Aus Gründen der Rechtssicherheit sollen Verwaltungsakte aber im Allgemeinen schriftlich erteilt werden. Ein mündlicher Verwaltungsakt ist ggf. schriftlich zu bestätigen (§ 119 Abs. 2).

1.8.2 Übermittlung durch die Post oder durch Telefax

Der in § 122 Abs. 2 verwendete Begriff der „Post" ist nicht auf die Deutsche Post AG (als Nachfolgeunternehmen der Deutschen Bundespost) beschränkt, sondern umfasst alle Unternehmen, soweit sie Postdienstleistungen erbringen. Wird ein schriftlicher Verwaltungsakt durch die Post übermittelt, so hängt die Wirksamkeit der Bekanntgabe nicht davon ab, dass der Tag der Aufgabe des Verwaltungsaktes zur Post in den Akten vermerkt wird. Um den Bekanntgabezeitpunkt berechnen zu können und im Hinblick auf die Regelung in § 169 Abs. 1 Satz 3 Nr. 1 ist jedoch der Tag der Aufgabe zur Post in geeigneter Weise festzuhalten.

Ein durch Telefax (einschließlich Computerfax) bekannt gegebener Verwaltungsakt (vgl. Nr. 1.8) ist ein i.S.d. § 122 Abs. 2a elektronisch übermittelter Verwaltungsakt. Er gilt somit grundsätzlich am dritten Tag nach der Absendung als bekannt gegeben. Die für elektronische Verwaltungsakte geltenden Regelungen des § 87a sind auf ihn aber nicht anwendbar.

1.8.3 Förmliche Bekanntgabe (Zustellung)

Zuzustellen sind:
- die Ladung zu dem Termin zur Abgabe der eidesstattlichen Versicherung (§ 284 Abs. 6),
- die Verfügung über die Pfändung einer Geldforderung (§ 309 Abs. 2),
- die Arrestanordnung (§ 324 Abs. 2, § 326 Abs. 4).

Darüber hinaus kann die Finanzbehörde die Zustellung anordnen (§ 122 Abs. 5 Satz 1). Diese Anordnung stellt keinen Verwaltungsakt dar (BFH-Urteil vom 16. 3. 2000 – III R 19/99 – BStBl 2000 II, S. 520).

Wegen der Besonderheiten des Zustellungsverfahrens vgl. Nr. 3; wegen der Zustellung von Einspruchsentscheidungen vgl. zu § 366, Nr. 2.

1.8.4 Bekanntgabe an Empfänger im Ausland

Mit Ausnahme der in Nr. 3.1.4.1 Satz 4 angeführten Staaten kann davon ausgegangen werden, dass an Empfänger (einschließlich der Bevollmächtigten; BFH-Urteil vom 1. 2. 2000 – VII R 49/99 – BStBl II, S. 334) im Ausland Steuerverwaltungsakte durch einfachen Brief, durch Telefax oder – unter den Voraussetzungen des § 87a – durch elektronische Übermittlung bekannt gegeben werden können.

Ansonsten muss nach § 123 AO, § 9 VwZG (vgl. Nr. 3.1.4) oder § 10 VwZG (vgl. Nr. 3.1.5) verfahren werden, wenn ein Verwaltungsakt an einen Empfänger im Ausland bekannt zu geben ist.

Welche der bestehenden Möglichkeiten einer Auslandsbekanntgabe gewählt wird, liegt im pflichtgemäßen Ermessen (§ 5) der Finanzbehörde. Die Auswahl ist u.a. abhängig von den gesetzlichen Erfordernissen (z.B. Zustellung, vgl. Nr. 1.8.3) und von dem Erfordernis, im Einzelfall einen einwandfreien Nachweis des Zugangs des amtlichen Schreibens zu erhalten.

2. Bekanntgabe von Bescheiden

2.1 Bekanntgabe von Bescheiden an Ehegatten

2.1.1 Allgemeines

Ehegatten sind im Fall der ESt- Zusammenveranlagung stets Gesamtschuldner (§ 44). Gemäß § 155 Abs. 3 Satz 1 kann daher gegen sie ein zusammengefasster Steuerbescheid erlassen werden. Dabei handelt es sich formal um die Zusammenfassung zweier Bescheide zu einer nur äußerlich gemeinsamen Festsetzung. Dies gilt auch für die Festsetzung von Verspätungszuschlägen gegenüber zusammen veranlagten Ehegatten (BFH-Urteil vom 28. 8. 1987 – III R 230/83 – BStBl II S. 836).

Bei anderen Steuerarten sind gegenüber Ehegatten zusammengefasste Steuerbescheide nur zulässig, wenn tatsächlich Gesamtschuldnerschaft vorliegt. Gesamtschuldnerschaft liegt nicht vor, wenn es sich lediglich um gleichgeartete Steuervorgänge handelt. So liegen z.B. für die Grunderwerbsteuer zwei Steuerfälle vor, wenn Ehegatten gemeinschaftlich ein Grundstück erwerben. An jeden Ehegatten ist für den auf ihn entfallenden Steuerbetrag ein gesonderter Steuerbescheid zu erteilen (BFH Urteil vom 12. 10. 1994 – II R 63/93 – BStBl 1995 II S. 174).

Leben Eheleute in einer konfessions- oder einer glaubensverschiedenen Ehe, darf ein Kirchensteuerbescheid nur an den kirchensteuerpflichtigen Ehegatten gerichtet werden (BFH-Urteil vom 29. 6. 1994 – II R 63/93 – BStBl 1995 II S. 510).

2.1.2 Bekanntgabe nach § 122 Abs. 7

Bei Zusammenveranlagung von Ehegatten reicht es für die wirksame Bekanntgabe an beide Ehegatten aus, wenn ihnen eine Ausfertigung des Steuerbescheides an die gemeinsame Anschrift übermittelt wird. Ebenso genügt es, wenn der Steuerbescheid in das Postfach eines Ehegatten eingelegt wird (BFH-Urteil vom 13. 10. 1994 – IV R 100/93 – BStBl 1995 II, S. 484).

Es handelt sich nicht um eine Bekanntgabe an einen der Ehegatten mit Wirkung für und gegen den anderen (vgl. Nr. 2.1.3). Beide Ehegatten sind Empfänger des Steuerbescheides und daher im Anschriftenfeld aufzuführen. Diese vereinfachte Bekanntgabe ist auch dann möglich, wenn eine gemeinsam abzugebende Erklärung nicht eingereicht worden ist (z.b. bei Schätzung von Besteuerungsgrundlagen).

Beispiel für die Bekanntgabe eines Bescheides an Eheleute, die eine gemeinsame Anschrift haben und zusammen zu veranlagen sind:

Anschriftenfeld:

Herrn Adam Meier   oder   Herrn und Frau
Frau Eva Meier   Adam u. Eva Meier
Hauptstraße 100   Hauptstraße 100
67433 Neustadt   67433 Neustadt

Die Angabe von besonderen Namensteilen eines der Eheleute (z.B. eines akademischen Grades oder eines Geburtsnamens) ist namensrechtlich geboten (vgl. aber Nr. 4.2.3).

Beispiel:

Herrn Adam Meier
Frau Dr. Eva Schulze-Meier.

2.1.3   Bekanntgabe nach § 122 Abs. 6

Nach dieser Vorschrift ist die Übermittlung des Steuerbescheides an einen der Ehegatten zugleich mit Wirkung für und gegen den anderen Ehegatten zulässig, soweit die Ehegatten einverstanden sind.

Eine Bekanntgabe nach dieser Vorschrift kommt insbesondere in den Fällen in Betracht, in denen die Bekanntgabe nicht nach § 122 Abs. 7 erfolgen kann, weil die Ehegatten keine gemeinsame Anschrift haben.

Im Bescheidkopf ist darauf hinzuweisen, dass der Verwaltungsakt an den einen Ehegatten zugleich mit Wirkung für und gegen den anderen Ehegatten ergeht.

Beispiel für die Bekanntgabe an einen der Ehegatten mit Einverständnis beider:

Anschriftenfeld:

Herrn Adam Meier
Hauptstraße 100
67433 Neustadt

Bescheidkopf:

Dieser Bescheid ergeht an Sie zugleich mit Wirkung für und gegen Ihre Ehefrau Eva Meier.

2.1.4   Einzelbekanntgabe

Einzelbekanntgabe ist insbesondere erforderlich, wenn

– keine gemeinsame Anschrift besteht und kein Einverständnis zur Bekanntgabe nach § 122 Abs. 6 vorliegt,
– bekannt ist, dass zwischen den Ehegatten ernstliche Meinungsverschiedenheiten bestehen (z.B. bei offenbarer Interessenkollision der Eheleute, bei getrennt lebenden oder geschiedenen Ehegatten),
– dies nach § 122 Abs. 7 Satz 2 beantragt worden ist.

Bei Einzelbekanntgabe ist der Empfänger in dem jeweiligen Anschriftenfeld mit seinem Vor- und Familiennamen genau zu bezeichnen. Dies gilt auch bei förmlichen Zustellungen (vgl. Nr. 3.2). Dabei ist darauf zu achten, dass nicht versehentlich eine nur für einen Ehegatten geltende Postanschrift (z.B. Firma oder Praxis) verwandt wird, sondern für jeden Ehegatten seine persönliche Anschrift. Auch die kassenmäßige Abrechnung und ggf. das Leistungsgebot sind doppelt zu erteilen.

Beispiel für die Bekanntgabe an den Ehemann:

Anschriftenfeld (Empfänger und Bekanntgabeadressat):

Herrn
Adam Meier
Hauptstraße 100
67433 Neustadt

Bescheidkopf (Inhaltsadressaten):
Für
Herrn Adam Meier und Frau Eva Meier
In jede Bescheidausfertigung ist als Erläuterung aufzunehmen:
„Ihrem Ehegatten wurde ein Bescheid gleichen Inhalts erteilt."

2.1.5 Sonderfälle
Betreiben beide Ehegatten gemeinsam einen Gewerbebetrieb oder sind sie gemeinsam Unternehmer i.S.d. Umsatzsteuergesetzes, so gelten für Bescheide über Betriebsteuern die Grundsätze zu Nrn. 2.4 und 2.5. Sind Ehegatten z.B. Miteigentümer eines Grundstücks oder eines selbständigen Wirtschaftsguts, für das ein Einheitswert festgestellt wird, so ist nach Nr. 2.5.4 zu verfahren.

Betreibt nur ein Ehegatte ein Gewerbe (oder eine Praxis als Freiberufler usw.), so ist nur dieser Inhaltsadressat für Verwaltungsakte, die ausschließlich den Geschäftsbetrieb betreffen.

2.2 Bekanntgabe an gesetzliche Vertreter natürlicher Personen

2.2.1 Ist ein **Inhaltsadressat** (Steuerschuldner) bei Bekanntgabe des Bescheides **geschäftsunfähig oder beschränkt geschäftsfähig**, so ist Bekanntgabeadressat der gesetzliche Vertreter (Ausnahme vgl. Nr. 2.2.3). Das Vertretungsverhältnis muss aus dem Bescheid hervorgehen (BFH-Beschluss vom 14. 5. 1968 – II B 41/67 – BStBl II, S. 503). Der Inhaltsadressat (Steuerschuldner) ist dabei i.d.R. durch Angabe seines Vor- und Familiennamens eindeutig genug bezeichnet (vgl. Nr. 1.3.2). Das Vertretungsverhältnis ist ausreichend gekennzeichnet, wenn Name und Anschrift des Vertreters genannt werden und angegeben wird, dass ihm der Bescheid „als gesetzlicher Vertreter" für den Inhaltsadressaten (Steuerschuldner) bekannt gegeben wird. Ist der gesetzliche Vertreter nicht gleichzeitig auch der Empfänger, so braucht er i.d.R. nur mit seinem Vor- und Familiennamen bezeichnet zu werden.

2.2.2 Soweit nicht ausnahmsweise die gesetzliche Vertretung nur einem Elternteil zusteht, sind die Eltern Bekanntgabeadressaten des Steuerbescheides für ihr **minderjähriges Kind**. Die Bekanntgabe an einen von beiden reicht jedoch aus, um den Verwaltungsakt wirksam werden zu lassen. Für die Zustellung von Verwaltungsakten ist es gemäß § 6 Abs. 3 VwZG ausreichend, wenn der Verwaltungsakt einem von beiden Ehegatten zugestellt wird (BFH-Beschluss vom 19. 6. 1974 – VI B 27/74 – BStBl II, S. 640 und BFH-Urteil vom 22. 10. 1976 – VI R 137/74 – BStBl II, S. 762). Diese vom BFH für die förmliche Zustellung von Verwaltungsakten aufgestellten Grundsätze sind auch bei der Bekanntgabe mit einfachem Brief anzuwenden.

Wenn die Eltern bereits beide als Empfänger des Steuerbescheides im Anschriftenfeld aufgeführt sind, kann darauf verzichtet werden, sie im Text des Bescheides noch einmal mit vollem Namen und in voller Anschrift als Bekanntgabeadressaten zu bezeichnen.

Beispiel:
Den Eltern Anton und Maria Huber steht gesetzlich gemeinsam die Vertretung für den minderjährigen Steuerschuldner Hans Huber zu. Sie sind die Bekanntgabeadressaten für den Steuerbescheid an Hans Huber.

Der Steuerbescheid ist zu übermitteln an:

Anschriftenfeld (Empfänger):
Herrn Anton Huber
Frau Maria Huber
Moltkestraße 5
12203 Berlin

Bescheidkopf:
Als gesetzliche Vertreter (Bekanntgabeadressaten) von Hans Huber (Steuerschuldner und Inhaltsadressat)

Bei Empfangsvollmacht vgl. das Beispiel bei Nr. 1.5.2.

2.2.3 Ermächtigt der gesetzliche Vertreter mit Genehmigung des Vormundschaftsgerichts den **Minderjährigen** zum selbständigen **Betrieb eines Erwerbsgeschäfts**, so ist der Minderjährige für diejenigen Rechtsgeschäfte unbeschränkt geschäftsfähig, die der Geschäftsbetrieb mit sich bringt (§ 112 BGB). Steuerbescheide, die ausschließlich diesen Geschäftsbetrieb betreffen, sind daher nur dem Minderjährigen bekannt zu geben (vgl. Nr. 1.4 – Bekanntgabeadressat –). Das Gleiche gilt bei einer Veranlagung nach § 46 EStG, wenn das Einkommen ausschließlich aus Einkünften aus nichtselbständiger Arbeit besteht und der gesetzliche Vertreter den Minderjährigen zur Eingehung des Dienstverhältnisses ermächtigt hat (§ 113 BGB). Von der Ermächtigung kann im Regelfall ausgegangen werden.

Hat der Minderjährige noch weitere Einkünfte oder Vermögenswerte und werden diese in die Festsetzung einbezogen, so kann der Steuerbescheid nicht durch Bekanntgabe gegenüber dem minderjährigen Steuerschuldner wirksam werden. Bekanntgabeadressat des Bescheides ist der gesetzliche Vertreter.

11 **2.3 Bescheide an Ehegatten mit Kindern oder Alleinstehende mit Kindern**

2.3.1 Allgemeines

Sofern Ehegatten mit ihren Kindern oder Alleinstehende mit ihren Kindern Gesamtschuldner sind, gelten für die Bekanntgabe von Bescheiden an diese Personen die Nrn. 2.1 und 2.2 entsprechend. Insbesondere kann auch nach § 122 Abs. 7 (gleichzeitige Bekanntgabe; vgl. hierzu Nr. 2.1.2) und § 122 Abs. 6 (einverständliche Bekanntgabe an einen der Beteiligten; vgl. Nr. 2.1.3) bekannt gegeben werden. Hierbei sind die nachfolgenden Besonderheiten zu beachten.

2.3.2 Bekanntgabe nach § 122 Abs. 7

Hat ein Familienmitglied Einzelbekanntgabe beantragt, so ist für die übrigen Familienmitglieder gleichwohl eine Bekanntgabe nach § 122 Abs. 7 möglich. In diesem Fall ist eine Ausfertigung des zusammengefassten Bescheides an den Antragsteller und eine weitere Ausfertigung an die übrigen Familienmitglieder bekannt zu geben. Im Bescheidkopf sind alle Steuerschuldner/Beteiligten als Inhaltsadressaten namentlich aufzuführen.

12 **2.4 Personengesellschaften (Gemeinschaften)**

Zu den Personengesellschaften (Gemeinschaften) i. S. dieser Regelung zählen die Handelsgesellschaften (vgl. Nr. 2.4.1.1) und die sonstigen nicht rechtsfähigen Personenvereinigungen (vgl. Nr. 2.4.1.2).

Es ist zu unterscheiden zwischen Bescheiden, die sich an die Gesellschaft richten, und Bescheiden, die sich an die Gesellschafter richten.

2.4.1 Bescheide an die Gesellschaft (Gemeinschaft)

Steuerbescheide und Steuermessbescheide sind an die Gesellschaft zu richten, wenn die Gesellschaft selbst Steuerschuldner ist. Dies gilt z.B. für

a) die Umsatzsteuer (§ 13a UStG)
b) die Gewerbesteuer einschließlich der Festsetzung des Messbetrags und der Zerlegung (§ 5 Abs. 1 Satz 3 GewStG),
c) die Kraftfahrzeugsteuer, wenn das Fahrzeug für die Gesellschaft zum Verkehr zugelassen ist (§ 7 KraftStG; BFH-Urteil vom 24. 7. 1963 – II 8/62 – HFR 1964 S. 20),
d) die pauschale Lohnsteuer (§ 40 Abs. 3, § 40a Abs. 5 und § 40b Abs. 5 EStG),
e) die Festsetzung des Grundsteuermessbetrags, wenn der Gesellschaft der Steuergegenstand zugerechnet worden ist (§ 10 Abs. 1 GrStG),
f) die Grunderbsteuer, soweit Gesamthandseigentum der Personengesellschaft besteht (insbesondere bei GbR, OHG, KG und ungeteilter Erbengemeinschaft; BFH-Urteile vom 28. 4. 1965 – II 9/62 U – BStBl III, S. 422, vom 27. 10. 1970 – II 72/65 – BStBl 1971 II, S. 278, vom 29. 11. 1972 – II R 28/67 – BStBl 1973 II, S. 370, vom 11. 2. 1987 – II R 103/84 – BStBl II, S. 325 und vom 12. 12. 1996 – II R 61/93 – BStBl 1997 II, S. 299),
g) die Körperschaftsteuer bei körperschaftsteuerpflichtigen nicht rechtsfähigen Personenvereinigungen

und entsprechend für

h) Haftungsbescheide für Steuerabzugsbeträge.

Da eine typisch oder atypisch stille Gesellschaft nicht selbst Steuerschuldnerin ist, sind Steuerbescheide und Steuermessbescheide an den Inhaber des Handelsgeschäfts zu richten (BFH-Urteil vom 12. 11. 1985 – VIII R 364/83 – BStBl 1986 II, S. 311; *R 5.1 Abs. 2 GewStR 2009*). Entsprechendes gilt bei einer verdeckten Mitunternehmerschaft (BFH-Urteil vom 16. 12. 1997 – VIII R 32/90 – BStBl 1998 II, S. 480).

Eine Europäische Wirtschaftliche Interessenvereinigung (EWIV) kann selbst Steuerschuldnerin sein. Dies gilt jedoch nicht für die Gewerbesteuer. Schuldner der Gewerbesteuer sind die Mitglieder der Vereinigung (§ 5 Abs. 1 Satz 4 GewStG), bei einer Bruchteilsgemeinschaft die Gemeinschafter; an diese sind Gewerbesteuermessbescheide und Gewerbesteuerbescheide zu richten.

2.4.1.1 Handelsgesellschaften

Bei Handelsgesellschaften (OHG, KG, EWIV) sind Steuerbescheide der Gesellschaft unter ihrer Firma bekannt zu geben, wenn sie Steuerschuldner und damit Inhaltsadressat ist. Die Handelsgesellschaft kann im Wirtschaftsleben mit ihrer Firma eindeutig bezeichnet werden; bei Zweifeln über die zutreffende Bezeichnung ist das Handelsregister maßgebend.

§ 122 AO
AEAO

Ist eine Handelsgesellschaft Steuerschuldner und damit Inhaltsadressat, genügt deshalb zur Bezeichnung des Inhaltsadressaten die Angabe der Firma im Steuerbescheid (BFH-Urteil vom 16. 12. 1997 – VIII R 32/90 – BStBl 1998 II, S. 480). Ein zusätzlicher Hinweis auf Vertretungsbefugnisse oder einzelne Gesellschafter (z.B. „zu Händen des Geschäftsführers Meier") ist zur Kennzeichnung des Inhaltsadressaten nicht erforderlich; wegen der Bekanntgabe an namentlich benannte Geschäftsführer usw. vgl. Nrn. 1.5.2 und 1.5.3.

Beispiel:

Ein Umsatzsteuerbescheid für die Firma Schmitz & Söhne KG muss folgende Angaben enthalten:

Steuerschuldner und Inhaltsadressat (zugleich Bekanntgabeadressat und Empfänger):

Firma
Schmitz & Söhne KG
Postfach 11 47
50853 Köln

Zur Bekanntgabe von Feststellungsbescheiden vgl. Nr. 2.5.

2.4.1.2 Sonstige nicht rechtsfähige Personenvereinigungen

Zu den sonstigen nicht rechtsfähigen Personenvereinigungen gehören insbesondere die nicht eingetragenen Vereine, Gesellschaften bürgerlichen Rechts, Partnerschaftsgesellschaften, Arbeitsgemeinschaften, Erbengemeinschaften (vgl. Nr. 2.12.6) und Bruchteilsgemeinschaften. Sie haben formal keinen eigenen Namen und keine gesetzliche Vertretung, können aber ggf. durch Teilnahme am Rechtsverkehr eigene Rechte und Pflichten begründen (BGH-Urteil vom 29.1.2001 – II ZR 331/00 – DB S. 423; BFH-Beschluss vom 19.8.2004 – II B 22/03 – BFH/NV 2005 S. 156). In diesen Fällen ist bei Steuerbescheiden, die an Personenvereinigungen gerichtet werden, die Identität des Inhaltsadressaten (Steuerschuldners) durch Angabe des geschäftsüblichen Namens, unter dem sie am Rechtsverkehr teilnehmen, ausreichend gekennzeichnet (BFH-Urteile vom 21.5.1971 – II R 103/84 – BStBl II, S. 540, und vom 11.2.1987 – V R 117/67 – BStBl II, S. 325). Ein solcher Bescheid reicht nach § 267 zur Vollstreckung in das Vermögen der Personenvereinigung aus.

Beispiel:

Ein Umsatzsteuerbescheid für die Brennstoffhandlung Josef Müller Erben GbR muss folgende Angaben enthalten:

Steuerschuldner und Inhaltsadressat (zugleich Bekanntgabeadressat und Empfänger):

Brennstoffhandlung
Josef Müller Erben GbR
Postfach 11 11
54290 Trier

Hat die nichtrechtsfähige Personenvereinigung keine Geschäftsadresse, ist als Empfänger eine natürliche Person anzugeben (vgl. Nr. 2.4.1.3).

Ein Umsatzsteuerbescheid hat sich bei **Arbeitsgemeinschaften** (ARGE) an diese als eine umsatzsteuerlich rechtsfähige Personenvereinigung (Unternehmer) zu richten. Es ist ausreichend und zweckmäßig, wenn der Bescheid der geschäftsführenden Firma als der Bevollmächtigten übermittelt wird (BFH-Urteil vom 21. 5. 1971 – V R 117/67 – BStBl II, S. 540).

Beispiel:

Anschriftenfeld (Empfänger):

Firma
Rheinische Betonbau GmbH & Co. KG
Postfach 90 11
50890 Köln

Bescheidkopf:

Für
ARGE Rheinbrücke Bonn (Inhalts- und Bekanntgabeadressat)

2.4.1.3 *Soweit bei Steuerbescheiden an Personenvereinigungen kein geschäftsüblicher Name vorhanden ist, sind die Bescheide an alle Mitglieder (Gemeinschafter, Gesellschafter) zu richten (BFH-Urteil vom 17.3.1970 – II 65/63 – BStBl II, S. 598; zur Erbengemeinschaft: BFH-Urteil vom 29.11.1972 – II R 42/67 – BStBl 1973 II, S. 372). Ist die Bezeichnung der Mitglieder der nicht rechtsfähigen Personenvereinigung durch die Aufzählung aller Namen im Kopf des Bescheides aus technischen Gründen nicht möglich, kann so ver-*

fahren werden, dass neben einer Kurzbezeichnung im Bescheidkopf (Beispiel: „Erbengemeinschaft Max Meier", „Bruchteilsgemeinschaft Goethestraße 100", „GbR Peter Müller unter anderem", „Kegelclub Alle Neune") die einzelnen Mitglieder in den Bescheiderläuterungen oder in einer Anlage zum Bescheid aufgeführt werden.

Die Bescheide werden durch Bekanntgabe an ein vertretungsberechtigtes Mitglied gegenüber der Personenvereinigung wirksam. Bei mehreren vertretungsberechtigten Mitgliedern reicht die Bekanntgabe an eines von ihnen (BFH-Urteile vom 11.2.1987 – II R 103/84 – BStBl II, S. 325, vom 27.4.1993 – VIII R 27/92 – BStBl 1994 II, S. 3, und vom 8.11.1995 – V R 64/94 – BStBl 1996 II, S. 256). Es genügt, wenn dem Bekanntgabeadressaten eine Ausfertigung des Steuerbescheides zugeht. Ausfertigungen für alle Mitglieder sind i. d. R. nicht erforderlich.

Als Bekanntgabeadressat kommen vor allem der von den Mitgliedern bestellte Geschäftsführer (§ 34 Abs. 1) oder die als Verfügungsberechtigter auftretende Person (§ 35) in Betracht. Hat eine nicht rechtsfähige Personenvereinigung keinen Geschäftsführer, kann der Bescheid einem der Mitglieder nach Wahl des Finanzamts bekannt gegeben werden (§ 34 Abs. 2). In den Bescheid ist folgender Erläuterungstext aufzunehmen: „Der Bescheid ergeht an Sie als Mitglied der Gemeinschaft/Gesellschaft mit Wirkung für und gegen die Gemeinschaft/Gesellschaft".

Im Bescheid ist zum Ausdruck zu bringen, dass er dieser Person als Vertreter der Personenvereinigung bzw. ihrer Mitglieder zugeht (§§ 34, 35). Der Bekanntgabeadressat muss sich dabei aus dem Bescheid selbst ergeben, die Angabe auf dem Briefumschlag der Postsendung reicht nicht aus (BFH-Urteil vom 8.2.1974 – III R 27/73 – BStBl II, S. 367).

Beispiel:
Bekanntgabeadressat:

a) Herrn Peter Meier
als Geschäftsführer der
Erbengemeinschaft Max Meier

b) Herrn Emil Krause
für die Bruchteilsgemeinschaft
Goethestraße 100

c) Herrn Karl Huber
für die Grundstücksgemeinschaft
Karl und Maria Huber

d) Herrn Hans Schmidt
als Vorsitzender des
Kegelclubs „Alle Neune"

Ist für die Mitglieder einer Personenvereinigung kein gemeinsamer Bekanntgabeadressat vorhanden oder wird von der Bestimmung eines Bekanntgabeadressaten abgesehen, so ist jedem der Mitglieder eine Ausfertigung des Steuerbescheides bekannt zu geben. Soll auch in das Vermögen einzelner Mitglieder vollstreckt werden, vgl. Abschn. 33 VollstrA.

2.4.2 Bescheide an Gesellschafter (Mitglieder)

Steuerbescheide und Feststellungsbescheide sind an die Gesellschafter (Mitglieder, Gemeinschafter) zu richten, wenn die einzelnen Beteiligten unmittelbar aus dem Steuerschuldverhältnis in Anspruch genommen werden sollen oder ihnen der Gegenstand der Feststellung zugerechnet wird (vgl. Nrn. 2.5 und 2.6).

2.5 Bescheide über gesonderte und einheitliche Feststellungen

2.5.1 Bescheide über gesonderte und einheitliche Feststellungen richten sich nicht an die Personengesellschaft als solche, sondern an die einzelnen Gesellschafter (Mitglieder), die den Gegenstand der Feststellung (z.B. Vermögenswerte als Einheitswert oder Einkünfte) anteilig zu versteuern haben und denen er deshalb insbesondere bei Feststellungen nach § 180 Abs. 1 Nr. 1, Nr. 2 Buchstabe a und Abs. 2 zuzurechnen ist (§ 179 Abs. 2).

Es genügt i.d.R., wenn im Bescheidkopf die Personengesellschaft als solche bezeichnet wird (Sammelbezeichnung) und sich alle Gesellschafter eindeutig als Betroffene (Inhaltsadressaten) aus dem für die Verteilung der Besteuerungsgrundlagen vorgesehenen Teil des Bescheids ergeben (BFH-Urteil vom 7. 4. 1987 – VIII R 259/84 – BStBl II, S. 766). Aus einem kombinierten positiv-negativen Feststellungsbescheid muss eindeutig hervorgehen, welchen Beteiligten Besteuerungsgrundlagen zugerechnet werden und für welche Beteiligte eine Feststellung abgelehnt wird (BFH-Urteil vom 7. 4. 1987, a.a.O.).

Der einheitliche Feststellungsbescheid erlangt volle Wirksamkeit, wenn er allen Feststellungsbeteiligten bekannt gegeben wird. Mit seiner Bekanntgabe an einzelne Feststellungsbeteiligte entfaltet er nur diesen gegenüber Wirksamkeit (BFH-Urteile vom 7. 4. 1987 – VIII R 259/84 – BStBl II, S. 766, vom 25. 11. 1987 – II R 227/84 – BStBl 1988 II, S. 410, und vom 23. 6. 1988 – IV R 33/86 – BStBl II, S. 979). Eine unterlassene oder unwirksame Bekanntgabe gegenüber einzelnen Feststellungsbeteiligten kann noch im Klageverfahren nachgeholt werden (vgl. BFH-Urteil vom 19. 5. 1983 – IV R 125/82 – BStBl 1984 II, S. 15). Der Bescheid ist diesen mit unverändertem Inhalt bekannt zu geben (vgl. Nr. 4.7.1).

2.5.2 Gemeinsame Empfangsbevollmächtigte

Alle Feststellungsbeteiligten sollen einen **gemeinsamen Empfangsbevollmächtigten** bestellen, der ermächtigt ist, den an sämtliche Gesellschafter (Gemeinschafter) gerichteten Feststellungsbescheid, sonstige Verwaltungsakte und das Feststellungsverfahren betreffende Mitteilungen in Empfang zu nehmen (§ 183 Abs. 1 Satz 1). Das Finanzamt kann aber im Einzelfall zulassen, dass ein gemeinsamer Empfangsbevollmächtigter nur durch einen Teil der Feststellungsbeteiligten bestellt wird. In diesem Fall ist der Feststellungsbescheid den übrigen Feststellungsbeteiligten einzeln bekannt zu geben.

Die Empfangsvollmacht nach § 183 Abs. 1 Satz 1 gilt fort auch bei Ausscheiden des Beteiligten aus der Gesellschaft oder bei ernstlichen Meinungsverschiedenheiten, bis sie gegenüber dem Finanzamt widerrufen wird (§ 183 Abs. 3).

Ist kein gemeinsamer Empfangsbevollmächtigter bestellt, so gilt ein zur Vertretung der Gesellschaft oder der Feststellungsbeteiligten oder ein zur Verwaltung des Gegenstands der Feststellung Berechtigter, z.B. der vertraglich zur Vertretung berufene Geschäftsführer einer Personenhandelsgesellschaft, als Empfangsbevollmächtigter (§ 183 Abs. 1 Satz 2). Bei einer Gesellschaft des bürgerlichen Rechts ist nach § 183 Abs. 1 Satz 2 jeder Gesellschafter zur Vertretung der Feststellungsbeteiligten und damit zum Empfang von Feststellungsbescheiden berechtigt, sofern sich aus einem dem Finanzamt vorliegenden Gesellschaftsvertrag nichts anderes ergibt (BFH-Urteil vom 23. 6. 1988 – IV R 33/86 – BStBl II, S. 979). Die Sonderregelung des § 183 Abs. 3 gilt in diesen Fällen nicht.

In der Liquidationsphase einer Personengesellschaft ist der Liquidator Empfangsbevollmächtigter i.S.d. § 183 Abs. 1 Satz 2. Nach Abschluss der gesellschaftsrechtlichen Liquidation (vgl. Nr. 2.7.1) kann von dieser Bekanntgabemöglichkeit nicht mehr Gebrauch gemacht werden (BFH-Urteil vom 26. 10. 1989 – IV R 23/89 – BStBl 1990 II, S. 333).

Bei der Bekanntgabe an einen Empfangsbevollmächtigten ist nach § 183 Abs. 1 Satz 5 in dem Feststellungsbescheid stets darauf hinzuweisen, dass die Bekanntgabe mit Wirkung für und gegen alle Feststellungsbeteiligten erfolgt (BFH-Urteile vom 26. 8. 1982 – IV R 31/82 – BStBl 1983 II, S. 23 und vom 23. 7. 1985 – VIII R 315/82 – BStBl 1986 II, S. 123).

Zur Zustellung an einen Empfangsbevollmächtigten vgl. Nr. 3.3.3.

2.5.3 Ist ein Empfangsbevollmächtigter i.S.d. Nr. 2.5.2 nicht vorhanden, kann das Finanzamt die Beteiligten zur Benennung eines Empfangsbevollmächtigten auffordern. Die Aufforderung ist an jeden Beteiligten zu richten. Mit der Aufforderung ist gleichzeitig ein Beteiligter als Empfangsbevollmächtigter vorzuschlagen und darauf hinzuweisen, dass diesem künftig Verwaltungsakte mit Wirkung für und gegen alle Beteiligten bekannt gegeben werden, soweit nicht ein anderer Empfangsbevollmächtigter benannt wird (§ 183 Abs. 1 Satz 4). Die Sonderregelung des § 183 Abs. 3 gilt in diesen Fällen nicht.

Bei der Bekanntgabe des Feststellungsbescheids ist § 183 Abs. 1 Satz 5 zu beachten (vgl. Nr. 2.5.2 vorletzter Absatz).

2.5.4 Einheitswertbescheide an Eheleute, Eltern mit Kindern und Alleinstehende mit Kindern

Bei der Bekanntgabe eines Bescheides über Einheitswerte des Grundbesitzes an Eheleute, die gemeinsam Eigentümer sind, sind die Eheleute einzeln als Beteiligte anzugeben (vgl. Nr. 2.5.1). Haben die Eheleute eine gemeinsame Anschrift und haben sie keinen Empfangsbevollmächtigten benannt, kann der Einheitswertbescheid beiden in einer Ausfertigung bekannt gegeben werden (§ 183 Abs. 4 i.V.m. § 122 Abs. 7).

Haben die Eheleute gemäß § 183 Abs. 1 Satz 1 einen Empfangsbevollmächtigten benannt, ist der Bescheid an diesen bekannt zu geben. Im Bescheid ist darauf hinzuweisen, dass die Bekanntgabe mit Wirkung für und gegen beide Ehegatten erfolgt.

In den übrigen Fällen ist der Bescheid an beide Ehegatten getrennt bekannt zu geben.

Dies gilt für Eheleute mit Kindern und Alleinstehende mit Kindern entsprechend.

2.5.5 Ausnahmen von der Bekanntgabe an Empfangsbevollmächtigte

Die in § 183 Abs. 1 zugelassene Vereinfachung darf nicht so weit gehen, dass der Steuerpflichtige in seinen Rechten eingeschränkt wird. Diese Art der Bekanntgabe ist daher gemäß § 183 Abs. 2 unzulässig, soweit

a) ein Gesellschafter (Gemeinschafter) im Zeitpunkt der Bekanntgabe des Feststellungsbescheides bereits ausgeschieden und dies dem für den Erlass des Feststellungsbescheides zuständigen Finanzamt bekannt ist oder wegen einer entsprechenden Eintragung im Handelsregister als bekannt gelten muss (BFH-Urteil vom 14. 12. 1978 – IV R 221/75 – BStBl 1979 II, S. 503);
b) die Zusendung eines Feststellungsbescheides an einen Erben erforderlich wird, der nicht in die Gesellschafterstellung des Rechtsvorgängers eintritt (BFH-Urteil vom 23. 5. 1973 – I R 121/71 – BStBl II, S. 746); vgl. Nr. 2.12;
c) die Gesellschaft (Gemeinschaft) im Zeitpunkt der Zusendung des Bescheides nicht mehr besteht (BFH-Urteil vom 30. 3. 1978 – IV R 72/74 – BStBl II, S. 503);
d) über das Vermögen der Gesellschaft, aber nicht ihrer Gesellschafter, das Insolvenzverfahren eröffnet worden ist (vgl. Nr. 2.9 und BFH-Urteile vom 12. 12. 1978 – VIII R 10/76 – BStBl 1979 II, S. 440 und vom 21. 6. 1979 – IV R 131/74 – BStBl II, S. 780);
e) zwischen den Gesellschaftern (Gemeinschaftern) erkennbar ernstliche Meinungsverschiedenheiten bestehen;
f) durch einen Bescheid das Bestehen oder Nichtbestehen einer Gesellschaft (Gemeinschaft) erstmals mit steuerlicher Wirkung festgestellt wird und die Gesellschafter noch keinen Empfangsbevollmächtigten i.S.d. § 183 Abs. 1 benannt haben.

In den Fällen a) und b) ist auch dem ausgeschiedenen Gesellschafter (Gemeinschafter) bzw. dem Erben, in den übrigen Fällen jedem der Gesellschafter (Gemeinschafter) ein Bescheid bekannt zu geben.

In den Fällen a), c) und e) wirkt eine von den Beteiligten nach § 183 Abs. 1 Satz 1 erteilte Vollmacht bis zum Widerruf fort (§ 183 Abs. 3; vgl. BFH-Urteil vom 7. 2. 1995 – IX R 3/93 – BStBl II, S. 357). Der Widerruf wird dem Finanzamt gegenüber erst mit seinem Zugang wirksam.

2.5.6 Soweit nach § 183 Abs. 2 Satz 1 Einzelbekanntgabe erforderlich wird, ist grundsätzlich ein verkürzter Feststellungsbescheid bekannt zu geben (§ 183 Abs. 2 Satz 2). Bei berechtigtem Interesse ist den Beteiligten allerdings der gesamte Inhalt des Feststellungsbescheides mitzuteilen (§ 183 Abs. 2 Satz 3).

2.6 **Grundsteuermessbescheide, Grunderwerbsteuerbescheide**

2.6.1 Grundsteuermessbescheide sind in gleicher Weise bekannt zu geben wie Feststellungsbescheide über Einheitswerte des Grundbesitzes (§ 184 Abs. 1); vgl. Nr. 2.4.1 Buchstabe e.

2.6.2 Zur Grunderwerbsteuer, soweit Bruchteilseigentum besteht (z.B. geteilte Erbengemeinschaft), vgl. Nr. 2.1.1; zur Grunderwerbsteuer, soweit Gesamthandseigentum besteht, vgl. Nr. 2.4.1, Buchstabe f.

2.7 **Personengesellschaften (Gemeinschaften) in Liquidation**

2.7.1 Bei der Liquidation einer Personengesellschaft ist zwischen der gesellschaftsrechtlichen und der steuerrechtlichen Liquidation zu unterscheiden. Bei der gesellschaftsrechtlichen Liquidation ist die Personengesellschaft vollständig abgewickelt mit der Realisierung des Gesellschaftsvermögens (= Verteilung an die Gläubiger und Ausschüttung des Restes an die Gesellschafter). Bei der steuerrechtlichen Liquidation ist die Personengesellschaft erst dann vollständig abgewickelt, wenn alle gemeinsamen Rechtsbeziehungen, also auch die Rechtsbeziehungen zwischen Personengesellschaft und Finanzamt, unter den Gesellschaftern beseitigt sind (BFH-Urteil vom 1. 10. 1992 – IV R 60/91 – BStBl 1993 II, S. 82).

2.7.2 Befindet sich eine Handelsgesellschaft (OHG, KG) in der gesellschaftsrechtlichen Liquidation, so ist der Liquidator das einzige zur Geschäftsführung und Vertretung befugte Organ der Abwicklungsgesellschaft. Die Löschung im Handelsregister wirkt nur deklaratorisch (BFH-Urteil vom 22. 1. 1985 – VIII R 37/84 – BStBl II, S. 501). Verwaltungsakte sind dem Liquidator unter Angabe des Vertretungsverhältnisses bekannt zu geben (vgl. Nr. 1.4; BFH-Urteile vom 16. 6. 1961 – III 329/58 U – BStBl III, S. 349, und vom 24. 3. 1987 – X R 28/80 BStBl 1988 II, S. 316). Bei mehreren Liquidatoren genügt die Bekanntgabe an einen von ihnen (BFH-Urteil vom 8. 11. 1995 – V R 64/94 – BStBl 1996 II, S. 256; siehe auch § 6 Abs. 3 VwZG). Sind gegenüber einer GmbH & Co. KG nach Löschung im Handelsregister noch Verwaltungsakte zu erlassen, ist die Bestellung eines Nachlassliquidators für die bereits im Handelsregister gelöschte GmbH entbehrlich. Die ehemaligen Kommanditisten vertreten hier als gesetzliche Liquidatoren die KG (§ 161 Abs. 2 HGB i.V.m. § 146 Abs. 1 Satz 1 HGB). Auch insoweit genügt die Bekanntgabe an einen der Liquidatoren (§ 150 Abs. 2 Satz 2 HGB i.V.m. § 125 Abs. 2 Satz 3 HGB).

Bei einer Gesellschaft bürgerlichen Rechts steht mit der Auflösung der Gesellschaft die Geschäftsführung grundsätzlich allen Gesellschaftern gemeinschaftlich zu (§ 730 Abs. 2 BGB).

2.7.3 Nach Beendigung der gesellschaftsrechtlichen Liquidation (vollständige Abwicklung) ist es i.d.R. unzweckmäßig, Verwaltungsakte noch gegenüber der Gesellschaft zu erlassen (z.B. Gewerbesteuermessbescheide). In diesen Fällen sind Ansprüche aus dem Steuerschuldverhältnis gegenüber jedem einzelnen Gesellschafter (Gemeinschafter) durch Haftungsbescheid geltend zu machen.

2.7.4 Wird eine Personengesellschaft ohne Liquidation durch Ausscheiden ihres vorletzten Gesellschafters und Anwachsung des Anteils am Gesamthandsvermögen bei dem übernehmenden Gesellschafter beendet, gehen in der Gesellschaft entstandene Ansprüche aus dem Steuerschuldverhältnis (z.B. Umsatzsteuer, Gewerbesteuer) auf den Gesamtrechtsnachfolger über (vgl. Nr. 2.12.2). In Bezug auf die gesonderte und einheitliche Feststellung von Besteuerungsgrundlagen (vgl. Nr. 2.5) tritt jedoch keine Gesamtrechtsnachfolge i.S.d. § 45 Abs. 1 ein (vgl. zu § 45, Nr. 1).

2.8 Bekanntgabe an juristische Personen

2.8.1.1 Der Steuerbescheid ist an die juristische Person zu richten und ihr unter ihrer Geschäftsanschrift bekannt zu geben. Die Angabe des gesetzlichen Vertreters als Bekanntgabeadressat ist nicht erforderlich (BFH-Beschluss vom 7. 8. 1970 – VI R 24/67 – BStBl II, S. 814).

Beispiel:

Anschriftenfeld (Steuerschuldner als Inhaltsadressat, Bekanntgabeadressat und Empfänger):

Müller GmbH
Postfach 67 00
40210 Düsseldorf

(Angaben wie „z.H. des Geschäftsführers Müller" o.ä. sind nicht erforderlich.)

Zur Bekanntgabe an namentlich genannte Vertreter vgl. Nrn. 1.5.2 und 1.5.3.

2.8.1.2 Eine führungslose GmbH, die sich nicht in Liquidation oder im Insolvenzverfahren befindet, wird nach § 35 Abs. 1 GmbHG durch ihre Gesellschafter vertreten, soweit ihr gegenüber u. a. Steuerverwaltungsakte bekannt gegeben oder zugestellt werden. Eine führungslose AG, die sich nicht in Liquidation oder im Insolvenzverfahren befindet, wird nach § 78 Abs. 1 AktG durch ihren Aufsichtsrat vertreten, soweit ihr gegenüber u.a. Steuerverwaltungsakte bekannt gegeben oder zugestellt werden. Vgl. zu § 34, Nr. 3. Solange die führungslose Gesellschaft über eine Geschäftsadresse verfügt, können ihr Steuerbescheide weiterhin unter dieser Anschrift bekannt gegeben werden. Ein Hinweis auf die besondere gesetzliche Vertretung der Gesellschaft durch die Gesellschafter bzw. den Vorstand ist nur erforderlich, wenn keine Geschäftsanschrift mehr besteht und die Bekanntgabe an die Gesellschafter bzw. die Aufsichtsratsmitglieder unter ihrer persönlichen Anschrift erfolgen soll.

2.8.2 Bekanntgabe an juristische Personen des öffentlichen Rechts

Die Grundsätze zu Nr. 2.8.1 gelten auch für die Bekanntgabe von Steuerbescheiden an Körperschaften des öffentlichen Rechts (BFH-Urteil vom 18. 8. 1988 – V R 194/83 – BStBl II, S. 932).

Juristische Personen des öffentlichen Rechts sind wegen jedes einzelnen von ihnen unterhaltenen Betriebs gewerblicher Art oder mehrerer zusammengefasster Betriebe gewerblicher Art Körperschaftsteuersubjekt (BFH-Urteile vom 13. 3. 1974 – I R 7/71 – BStBl II, S. 391, und vom 8. 11. 1989 – I R 187/85 – BStBl 1990 II, S. 242). Gegenstand der Gewerbesteuer ist gemäß § 2 Abs. 1 GewStG i.V.m. § 2 Abs. 1 GewStDV der einzelne Betrieb gewerblicher Art, sofern er einen Gewerbebetrieb i.S.d. Einkommensteuergesetzes darstellt; Steuerschuldner ist die juristische Person des öffentlichen Rechts (§ 5 Abs. 1 Sätze 1 und 2 GewStG). Im Gegensatz zur Umsatzsteuer sind daher für jeden Betrieb gewerblicher Art gesonderte Körperschaftsteuer- und Gewerbesteuer(mess)bescheide erforderlich. Damit eine entsprechende Zuordnung erleichtert wird, ist es zweckmäßig, aber nicht erforderlich, im Anschriftenfeld der Körperschaftsteuer- und Gewerbesteuer(mess)bescheide einen Hinweis auf den jeweils betroffenen Betrieb gewerblicher Art anzubringen.

Beispiel:
Anschriftenfeld (Steuerschuldner als Inhaltsadressat, Bekanntgabeadressat und Empfänger):

Gemeinde Mainwiesen
– Friedhofsgärtnerei –
Postfach 12 34
61116 Mainwiesen

Der Hinweis auf den betroffenen Betrieb gewerblicher Art kann auch in den Erläuterungen zum Steuer(mess)bescheid angebracht werden.

2.8.3 Juristische Personen in und nach Liquidation (Abwicklung)

2.8.3.1 Bei einer in Liquidation (bei Aktiengesellschaften: Abwicklung) befindlichen Gesellschaft ist der Steuerbescheid der Gesellschaft, z.H. des Liquidators (Abwicklers), bekannt zu geben.

Beispiel:
Für die in Liquidation befindliche Müller GmbH (Inhaltsadressat) ist der Steuerberater Hans Schmidt als Liquidator (Bekanntgabeadressat) bestellt worden.

Anschriftenfeld:

Müller GmbH i.L.
z.H. des Liquidators
Herrn Steuerberater Hans Schmidt

2.8.3.2 Steuerrechtlich wird auch eine im Handelsregister bereits gelöschte juristische Person so lange als fortbestehend angesehen, wie sie noch steuerrechtliche Pflichten zu erfüllen hat (BFH-Urteil vom 1. 10. 1992 – IV R 60/91 – BStBl 1993 II, S. 82). Zu ihrer steuerrechtlichen Vertretung bedarf es eines Liquidators, der insoweit auch die steuerlichen Pflichten zu erfüllen hat (§ 34 Abs. 3). Ein Liquidator kann auch nur zum Zweck der Entgegennahme eines Steuerbescheids für die gelöschte GmbH bestellt werden (BayObLG-Beschluss vom 2. 2. 1984 – BReg 3 Z 192/83 – DB S. 870). Das Finanzamt hat ggf. die Neubestellung eines Liquidators beim Registergericht zu beantragen, weil mit dem Erlöschen der Firma auch das Amt des zunächst bestellten Liquidators endet (BFH-Urteile vom 2. 7. 1969 – I R 190/67 – BStBl II, S. 656, und vom 6. 5. 1977 – III R 19/75 – BStBl II, S. 783). Die Neubestellung eines Liquidators ist nicht erforderlich, wenn eine gelöschte Kapitalgesellschaft durch einen Bevollmächtigten vertreten wird, der bereits vor Löschung bestellt wurde und dessen Bevollmächtigung die Entgegennahme von Entscheidungen der Finanzbehörde umfasst. Eine vor Löschung erteilte Vollmacht wirkt insoweit fort (§ 80 Abs. 2; vgl. BFH-Urteil vom 27. 4. 2000 – I R 65/98 – BStBl II, S. 500 zu § 86 ZPO). Wegen § 80 Abs. 1 Satz 2 zweiter Halbsatz ist jedoch für etwaige Zahlungen an die im Handelsregister gelöschte Gesellschaft die nachträgliche Bestellung eines Liquidators erforderlich, wenn nicht der Bevollmächtigte bereits vor Löschung ausdrücklich zur Entgegennahme von Zahlungen für die Gesellschaft ermächtigt worden ist (vgl. zu § 80, Nr. 2).

2.9 Bekanntgabe in Insolvenzfällen

2.9.1 Mit der Eröffnung des Insolvenzverfahrens (ggf. schon vorher bei Bestellung eines vorläufigen Insolvenzverwalters; vgl. Nr. 2.9.3) verliert der Steuerpflichtige (= Schuldner) die Befugnis, sein Vermögen zu verwalten und darüber zu verfügen (Ausnahme: Fälle der Eigenverwaltung; vgl. Nr. 2.9.6). Die Insolvenzmasse erfasst das gesamte Vermögen, das dem Schuldner zur Zeit der Eröffnung des Verfahrens gehört und das er während des Verfahrens erlangt (§ 35 InsO). Die Verwaltungs- und Verfügungsrechte werden durch den Insolvenzverwalter ausgeübt (§ 80 InsO), der im Rahmen seiner Tätigkeit auch die steuerlichen Pflichten des Schuldners zu erfüllen hat (§ 34 Abs. 3 AO). Die Insolvenzmasse betreffende Verwaltungsakte können daher nicht mehr durch Bekanntgabe an den Steuerpflichtigen (Inhaltsadressaten) wirksam werden.

Während des Insolvenzverfahrens dürfen hinsichtlich der Insolvenzforderungen Verwaltungsakte über die Festsetzung von Ansprüchen aus dem Steuerschuldverhältnis nicht mehr ergehen. Zur Geltendmachung derartiger Ansprüche vgl. Nrn. 5 und 6 des BMF-Schreibens vom 17. 12. 1998, BStBl I, S. 1500. Bescheide, die einen Erstattungsanspruch zugunsten der Insolvenzmasse festsetzen, können bekannt gegeben werden. Bis zum Abschluss der Prüfungen gemäß §§ 176, 177 InsO dürfen grundsätzlich auch keine Bescheide mehr erlassen werden, die Besteuerungsgrundlagen feststellen oder Steuermessbeträge festsetzen, welche die Höhe der zur Insolvenztabelle anzumeldenden Steuerforderungen beeinflussen können (BFH-Urteil vom 18. 12. 2002 – I R 33/01 – BStBl 2003

II, S. 630). Dies gilt nicht, wenn sich Feststellungen von Besteuerungsgrundlagen oder Festsetzungen von Steuermessbeträgen für den Insolvenzschuldner vorteilhaft auswirken – z.b. weil sie zu einem Verlustrücktrag führen oder zusammen mit einer Steuerfestsetzung Grundlagen für die Erstattung von Vorauszahlungen sind – und der Insolvenzverwalter die Feststellung bzw. Festsetzung ausdrücklich beantragt (BFH-Urteil vom 18. 12. 2002, a.a.O.) oder wenn die Feststellung oder Festsetzung ausschließlich zu dem Zweck erfolgt, Masseforderungen der Finanzbehörde zu ermitteln. In Gewerbesteuerfällen teilt die Festsetzungsstelle der Finanzbehörde der steuerberechtigten Körperschaft (z.B. Gemeinde) den berechneten Messbetrag formlos für Zwecke der Anmeldung im Insolvenzverfahren mit.

2.9.2 In diesen Fällen ist Bekanntgabeadressat aller die Insolvenzmasse betreffenden Verwaltungsakte der Insolvenzverwalter. Das gilt insbesondere für die Bekanntgabe von

- Verwaltungsakten nach § 251 Abs. 3 AO (ggf. neben einer Bekanntgabe an den widersprechenden Gläubiger, § 179 Abs. 1 InsO),
- Verwaltungsakten nach § 218 Abs. 2 AO,
- Steuerbescheiden wegen Steueransprüchen, die nach der Verfahrenseröffnung entstanden und damit sonstige Masseverbindlichkeiten sind,
- Steuerbescheiden wegen Steueransprüchen, die aufgrund einer neuen beruflichen oder gewerblichen Tätigkeit des Insolvenzschuldners entstanden sind (sog. Neuerwerb, § 35 InsO),
- Gewerbesteuermessbescheiden (§ 184 AO) und Zerlegungsbescheiden (§ 188 AO) nach einem Widerspruch gegen die Anmeldung von Gewerbesteuerforderungen durch die erhebungsberechtigte Körperschaft (BFH-Urteil vom 2. 7. 1997 – I R 11/97 – BStBl 1998 II, S. 428),
- Bescheiden, die Besteuerungsgrundlagen feststellen, die eine vom Insolvenzverwalter im Prüfungstermin bestrittene Steuerforderung betreffen (BFH vom 1. 4. 2003 – I R 51/02 – BStBl II, S. 779),
- Prüfungsanordnungen (vgl. zu § 197).

2.9.3 Hat das Gericht nach § 21 Abs. 2 Nr. 1 InsO zur Sicherung der Masse die vorläufige Verwaltung angeordnet und nach § 21 Abs. 2 Nr. 2 InsO ein allgemeines Verfügungsverbot erlassen (sog. starker vorläufiger Insolvenzverwalter), hat der vorläufige Insolvenzverwalter als Vermögensverwalter i.S.d. § 34 Abs. 3 AO die steuerlichen Pflichten des Schuldners zu erfüllen; Nrn. 2.9.1 und 2.9.2 gelten entsprechend.

Ist vom Insolvenzgericht eine vorläufige Verwaltung angeordnet, aber kein allgemeines Verfügungsverbot erlassen (sog. schwacher vorläufiger Insolvenzverwalter), sind Verwaltungsakte bis zur Eröffnung des Insolvenzverfahrens weiterhin dem Schuldner bekannt zu geben (§ 22 Abs. 2 InsO).

2.9.4 **Beispiele** für Bescheiderläuterungen:

„Der Bescheid ergeht an Sie als Verwalter/vorläufiger Verwalter im Insolvenzverfahren/Verfahren über den Antrag auf Eröffnung des Insolvenzverfahrens über das Vermögen des Schuldners ...."

Die Erläuterung ist, soweit erforderlich, zur Klarstellung zu ergänzen:

„Die Steuerfestsetzung betrifft die Festsetzung der Umsatzsteuer als sonstige Masseverbindlichkeit."

„Die Festsetzung des Gewerbesteuermessbetrags dient der erhebungsberechtigten Körperschaft als Grundlage zur Verfolgung des Widerspruchs gegen die Anmeldung der Gewerbesteuerforderung zur Tabelle."

2.9.5 Der Insolvenzverwalter ist nicht Bekanntgabeadressat für

- Feststellungsbescheide nach §§ 179 ff. bei Personengesellschaften, wenn über das Vermögen der Gesellschaft, aber nicht ihrer Gesellschafter das Insolvenzverfahren eröffnet worden ist (BFH-Urteile vom 13. 7. 1967 – IV 191/63 – BStBl III, S. 790, vom 12. 12. 1978 – VIII R 10/76 – BStBl 1979 II, S. 440, und vom 21. 6. 1979 – IV R 131/74 – BStBl II, S. 780),
- Verwaltungsakte an den Schuldner, die sein insolvenzfreies Vermögen betreffen (z.B. Kraftfahrzeugsteuerbescheid für ein vom Verwalter freigegebenes Kraftfahrzeug).

2.9.6 Hat das Gericht in dem Beschluss über die Eröffnung des Insolvenzverfahrens die Eigenverwaltung angeordnet (§ 270 InsO), kann der Schuldner weiterhin sein Vermögen verwalten und über dieses verfügen. Auch in diesen Fällen dürfen aber Verwaltungsakte über die Festsetzung von Ansprüchen aus dem Steuerschuldverhältnis hinsichtlich der

§ 122 AO
AEAO

Insolvenzforderungen nicht mehr ergehen. Abweichend von Nr. 2.9.2 ist der Schuldner Bekanntgabeadressat für alle die Insolvenzmasse betreffenden Verwaltungsakte.

2.9.7 Soweit sich bei natürlichen Personen ein Restschuldbefreiungsverfahren anschließt (§§ 286 ff. InsO), sind Verwaltungsakte wieder dem Schuldner bekannt zu geben. Der hier zu bestellende Treuhänder hat keine Befugnis, das Vermögen des Schuldners zu verwalten und über dieses zu verfügen (vgl. § 291 Abs. 2, § 292 InsO).

2.9.8 Auf Konkurs-, Vergleichs- und Gesamtvollstreckungsverfahren, die vor dem 1. 1. 1999 beantragt worden sind, und deren Wirkungen sind weiter die bisherigen gesetzlichen Vorschriften und die Regelungen der Tzn. 2.10 und 2.11 des „Bekanntgabeerlasses" (BMF-Schreiben vom 8. 4. 1991, BStBl I, S. 398, zuletzt geändert durch BMF-Schreiben vom 13. 12. 1995, BStBl I, S. 796) anzuwenden (Art. 97 § 11a EGAO).

2.10 Verbraucherinsolvenzverfahren

2.10.1 Hat ein Schuldner, der die Voraussetzungen des § 304 InsO erfüllt, den Antrag auf Eröffnung eines Insolvenzverfahrens gestellt, beginnt das vereinfachte Schuldenbereinigungsverfahren. Bis zu einer Entscheidung über den vorgelegten Schuldenbereinigungsplan ruht das Verfahren über den Eröffnungsantrag gemäß § 306 Abs. 1 InsO. Unabhängig von etwaigen Sicherungsmaßnahmen des Insolvenzgerichts (§ 306 Abs. 2 InsO) sind alle Verwaltungsakte weiterhin dem Schuldner bekannt zu geben.

2.10.2 Hat das Insolvenzgericht nach dem Scheitern der Schuldenbereinigung das vereinfachte Insolvenzverfahren eröffnet (§§ 311 ff. InsO), werden die Aufgaben des Insolvenzverwalters durch den Treuhänder wahrgenommen. Während der Dauer des Insolvenzverfahrens ist dieser als Vertreter des Schuldners nach § 34 Abs. 3 AO anzusehen (vgl. § 313 Abs. 1 InsO), dem auch alle Verwaltungsakte bekannt zu geben sind.

2.10.3 Schließt sich an das vereinfachte Insolvenzverfahren ein Restschuldbefreiungsverfahren an, gelten die Regelungen zu Nr. 2.9.7.

2.11 Zwangsverwaltung

Mit Anordnung der Zwangsverwaltung verliert der Grundstückseigentümer (Schuldner) die Befugnis, über das beschlagnahmte Grundstück zu verfügen. Bekanntgabeadressat von Verwaltungsakten, die das beschlagnahmte Grundstück betreffen (Grundsteuermessbescheid, Grundsteuerbescheid, Umsatzsteuerbescheid), ist daher der Zwangsverwalter. Der dem Zwangsverwalter bekannt zu gebende Verwaltungsakt muss neben der Bezeichnung der der Zwangsverwaltung unterliegenden Grundstücks auch die Person des Grundstückseigentümers (Inhaltsadressat) angeben (BFH-Urteil vom 23. 6. 1988 – V R 203/83 – BStBl II, S. 920).

Soweit die Wirkung von Steuerbescheiden über die Zwangsverwaltung hinausgeht, sind sie auch dem Grundstückseigentümer (Inhaltsadressat) bekannt zu geben. Einheitswertbescheide über zwangsverwaltete Grundstücke sind sowohl dem Zwangsverwalter als auch dem Grundstückseigentümer (Inhaltsadressat) bekannt zu geben (RFH-Urteil vom 1. 9. 1939, RStBl S. 1007).

Beispiel für die Bekanntgabe eines Einheitswertbescheides:

Bekanntgabeadressaten sind

sowohl der	als auch der
Schuldner	**Zwangsverwalter**
Anschriftenfeld (Empfänger):	
Herrn	Herrn
Josef Meier	Rechtsanwalt
	Helmut Müller
Sophienstraße 20	Schellingstraße 40
80799 München	80799 München
	Bescheidkopf:
	Als Zwangsverwalter des Grundstücks
	Sophienstraße 20
	(Grundstückseigentümer Josef Meier)

2.12 Gesamtrechtsnachfolge (z.B. Erbfolge)

2.12.1 Zur Frage, wann eine Gesamtrechtsnachfolge i.S.d. § 45 Abs. 1 vorliegt, vgl. zu § 45. Bescheide, die bereits vor Eintritt der Gesamtrechtsnachfolge an den Rechtsvorgänger gerichtet und ihm zugegangen waren, wirken auch gegen den Gesamtrechtsnachfolger. Er kann nur innerhalb der für den Rechtsvorgänger maßgeblichen Rechtsbehelfsfrist Einspruch einlegen. § 353 schreibt dies für Bescheide mit dinglicher Wirkung ausdrücklich auch vor, soweit es sich um Einzelrechtsnachfolge handelt. Die Regelung in § 166, wonach unanfechtbare Steuerfestsetzungen auch gegenüber einem Gesamtrechtsnachfolger gelten, bedeutet nicht, dass gegenüber einem Gesamtrechtsnachfolger die Bekanntgabe zu wiederholen ist oder dass eine neue Rechtsbehelfsfrist läuft. Hat der

Rechtsvorgänger zwar den Steuertatbestand verwirklicht, wurde ihm aber der Bescheid vor Eintritt der Rechtsnachfolge nicht mehr bekannt gegeben, so ist der Bescheid an den Gesamtrechtsnachfolger zu richten (BFH-Urteil vom 16. 1. 1974 – I R 254/70 – BStBl II, S. 388).

2.12.2 Bei einer Gesamtrechtsnachfolge i.S.d. § 45 Abs. 1 geht die Steuerschuld des Rechtsvorgängers auf den Rechtsnachfolger über. In den Bescheidkopf ist der Hinweis aufzunehmen, dass der Steuerschuldner als Gesamtrechtsnachfolger des Rechtsvorgängers in Anspruch genommen wird. Entsprechendes gilt, wenn der Steuerschuldner zugleich aufgrund eines eigenen Steuerschuldverhältnisses und als Gesamtrechtsnachfolger in Anspruch genommen wird.

Beispiel:

Der Ehemann ist 08 verstorben. Die Ehefrau ist Alleinerbin. Für den Veranlagungszeitraum 07 soll ein zusammengefasster ESt-Bescheid bekannt gegeben werden.

Anschriftenfeld (Steuerschuldner als Inhaltsadressat, Bekanntgabeadressat und Empfänger):

Frau
Eva Meier
Hauptstraße 100
67433 Neustadt

Bescheidkopf:

Dieser Steuerbescheid ergeht an Sie zugleich als Alleinerbin nach Ihrem Ehemann.

Beispiel:

Die Meier-OHG mit den Gesellschaftern Max und Emil Meier ist durch Austritt des Gesellschafters Emil Meier aus der OHG und gleichzeitige Übernahme des Gesamthandsvermögens durch Max Meier ohne Liquidation erloschen (vollbeendet). Nach dem Ausscheiden des vorletzten Gesellschafters soll ein Umsatzsteuerbescheid für einen Zeitraum vor dem Ausscheiden für die erloschene OHG ergehen.

Anschriftenfeld (Steuerschuldner als Inhaltsadressat, Bekanntgabeadressat und Empfänger):

Herrn
Max Meier
Hauptstraße 101
67433 Neustadt

Bescheidkopf:

Dieser Bescheid ergeht an Sie als Gesamtrechtsnachfolger der Meier-OHG.

Beispiel:

Die A-GmbH ist unter Auflösung ohne Abwicklung auf die B-GmbH verschmolzen worden.

Anschriftenfeld (Steuerschuldner als Inhaltsadressat, Bekanntgabeadressat und Empfänger):

B-GmbH
Hauptstraße 101
67433 Neustadt

Bescheidkopf:

Dieser Bescheid ergeht an Sie als Gesamtrechtsnachfolgerin der A-GmbH.

2.12.3 Das Finanzamt kann gegen Gesamtrechtsnachfolger (z.B. mehrere Erben) Einzelbescheide nach § 155 Abs. 1 oder einen nach § 155 Abs. 3 zusammengefassten Steuerbescheid erlassen (BFH-Urteile vom 24. 11. 1967 – III 2/63 – BStBl 1968 II, S. 163, und vom 28. 3. 1973 – I R 100/71 – BStBl II, S. 544). Grundsätzlich ist ein zusammengefasster Bescheid zu erlassen, der an die Gesamtrechtsnachfolger als Gesamtschuldner zu richten und jedem von ihnen bekannt zu geben ist, soweit nicht nach § 122 Abs. 6 (vgl. Nr. 2.1.3) verfahren werden kann (§ 122 Abs. 1 und BFH-Urteil vom 24. 3. 1970 – I R 141/69 – BStBl II, S. 501). Der Steuerbescheid ist nur wirksam, wenn die Gesamtrechtsnachfolger, an die sich der Bescheid richtet, namentlich als Inhaltsadressaten aufgeführt sind.

Im Einzelfall können sich die Gesamtrechtsnachfolger, gegen die sich der Bescheid als Inhaltsadressaten richtet, auch durch Auslegung des Bescheids ergeben, z.B. durch die Bezugnahme auf einen den Betroffenen bekannten Betriebsprüfungsbericht (BFH-Urteil vom 17. 11. 2005 – III R 8/03 – BStBl 2006 II, S. 287). Die Ermittlung des Inhaltsadressaten durch Auslegung kann jedoch einen Mangel der fehlenden Bestimmtheit des Steuerschuldners nicht heilen. Für eine Auslegung, an wen der Steuerbescheid sich richtet, ist z.B. dann kein Raum, wenn in einem Einkommensteuerbescheid ohne namentliche Anführung der Beteiligten eine Erbengemeinschaft als Inhaltsadressat benannt (z.B. „Erbengemeinschaft nach Herrn Adam Meier") und zugleich der Hinweis auf die Gesamtrechtsnachfolge unterblieben ist (vgl. Nr. 2.12.2). Die Angabe, wer die Steuer schuldet (§ 157 Abs. 1 Satz 2), fehlt hier, denn eine Erbengemeinschaft kann nicht Schuldnerin der Einkommensteuer sein.

Aus Gründen der Rechtsklarheit sind die Inhaltsadressaten grundsätzlich namentlich aufzuführen (vgl. die Beispiele zu Nr. 2.12.4); von dem Verweis auf für die Betroffenen bekannte Umstände ist nur ausnahmsweise Gebrauch zu machen.

Es ist unschädlich, nur einen oder mehrere aus einer größeren Zahl von Gesamtrechtsnachfolgern auszuwählen, weil es nicht zwingend erforderlich ist, einen Steuerbescheid an alle Gesamtrechtsnachfolger zu richten (vgl. Nr. 4.4.5). Betrifft der zusammengefasste Bescheid Eheleute, Eheleute mit Kindern oder Alleinstehende mit Kindern, kann auch von der Sonderregelung des § 122 Abs. 7 (vgl. Nr. 2.1.2) Gebrauch gemacht werden.

2.12.4 **Beispiele:**

1.1 Der Steuerschuldner Adam Meier ist im Jahr 08 verstorben.
Erben sind seine Kinder Konrad, Ludwig und Martha Meier zu gleichen Teilen. Die Steuerbescheide für das Jahr 07 (ESt, USt, GewSt) können erst im Jahr 09, d.h. nach dem Tode des Adam Meier ergehen.
Die Erben Konrad, Ludwig und Martha Meier sind durch Gesamtrechtsnachfolge Steuerschuldner (Inhaltsadressaten) geworden (§ 45 Abs. 1); sie haben jeder für sich für die gesamte Steuerschuld einzustehen (§ 45 Abs. 2, § 44 Abs. 1).
Gegen die Miterben können zusammengefasste Bescheide nach § 155 Abs. 3 ergehen. Jedem Erben ist eine Ausfertigung des zusammengefassten Bescheides an die Wohnanschrift zu übermitteln. Die Bekanntgabe an einen Erben mit Wirkung für und gegen alle anderen Erben ist in diesem Fall nur unter den Voraussetzungen des § 122 Abs. 6 (vgl. Beispiel 1.2) möglich. Der Bescheid wird gegenüber dem Erben, dem er bekannt gegeben wurde, auch wirksam, wenn er dem oder den anderen Miterben nicht bekannt gegeben wurde. Um eine Zwangsvollstreckung in den ungeteilten Nachlass zu ermöglichen, ist aber die Bekanntgabe des Bescheides an jeden einzelnen Miterben notwendig (§ 265 AO i.V.m. § 747 ZPO).

Anschriftenfeld (jeweils in gesonderten Ausfertigungen):

Herrn
Konrad Meier
Sternstraße 15
53111 Bonn

Herrn
Ludwig Meier
Königstraße 200
40212 Düsseldorf

Frau
Martha Meier
Sophienstraße 3
80333 München

Bescheidkopf:

Für Konrad, Ludwig und Martha Meier als Miterben nach Adam Meier. Den anderen Miterben wurde ein Bescheid gleichen Inhalts erteilt. Die Erben sind Gesamtschuldner (§ 44 AO).

1.2 Wie Beispiel 1.1, jedoch ist Konrad Meier mit Einverständnis von Ludwig und Martha Meier Empfänger des Steuerbescheides (einverständliche Bekanntgabe nach § 122 Abs. 6).

Anschriftenfeld:

Herrn
Konrad Meier
Sternstraße 15
53111 Bonn

Bescheidkopf:
Der Steuerbescheid ergeht an Sie als Miterben nach Adam Meier zugleich mit Wirkung für und gegen die Miterben Ludwig und Martha Meier. Die Erben sind Gesamtschuldner (§ 44 AO).

1.3 Wie Beispiel 1.1, jedoch sind die Erben Eheleute oder nahe Familienangehörige unter gemeinschaftlicher Anschrift i.S.d. § 122 Abs. 7. Es genügt die Bekanntgabe einer Ausfertigung des Steuerbescheides an die gemeinsame Anschrift.

Anschriftenfeld:
Konrad Meier
Ludwig Meier
Martha Meier
Sternstraße 15
53111 Bonn

Bescheidkopf:
Der Steuerbescheid ergeht an Sie als Miterben nach Adam Meier. Die Erben sind Gesamtschuldner (§ 44 AO).

2.1 Der Steuerschuldner Herbert Müller ist im Jahr 08 verstorben. Erben sind seine Ehefrau Anna Müller und die gemeinsamen Kinder Eva Müller und Thomas Müller. Der ESt-Bescheid für das Jahr 07 kann erst nach dem Tod des Herbert Müller ergehen. Herbert und Anna Müller sind zusammen zu veranlagen.

Anna Müller ist Gesamtschuldner zunächst als zusammenveranlagter Ehegatte (§ 26b EStG i.V.m. § 44 AO) sowie gemeinsam mit den Kindern Eva und Thomas Müller als Erben des verstorbenen Herbert Müller (§ 45 Abs. 1). Sie haben jeder für sich für die gesamte Steuerschuld einzustehen (§ 45 Abs. 2, § 44 Abs. 1).

Gegen die Beteiligten Anna Müller, Eva Müller und Thomas Müller können zusammengefasste Bescheide nach § 155 Abs. 3 ergehen. Jedem Beteiligten ist eine Ausfertigung des zusammengefassten Bescheides an seine Wohnanschrift zu übermitteln. Der Bescheid wird gegen einen Beteiligten, dem er bekannt gegeben wurde, auch wirksam, wenn er einem oder mehreren anderen Beteiligten nicht bekannt gegeben wurde (siehe aber § 265 AO i.V.m. § 747 ZPO, vgl. Beispiel 1.1).

Anschriftenfeld (jeweils in gesonderten Ausfertigungen):
Frau
Anna Müller
Hohe Straße 27
50667 Köln

Frau
Eva Müller
Wilhelmstraße 19
3111 Bonn

Herrn
Thomas Müller
Sophienstraße 35
80333 München

Bescheidkopf:
Für Anna Müller und die Erben nach Herbert Müller: Anna Müller, Eva Müller und Thomas Müller. Alle Beteiligten sind Gesamtschuldner (§ 44 AO).

2.2 Wie Beispiel 2.1, jedoch ist Anna Müller mit Einverständnis von Eva und Thomas Müller Empfänger des Bescheids (§ 122 Abs. 6).

Anschriftenfeld:
Frau
Anna Müller
Hohe Straße 27
50667 Köln

Bescheidkopf:
Für Anna Müller und die Erben nach Herbert Müller: Anna Müller, Eva Müller und Thomas Müller. Der Bescheid ergeht an Sie zugleich mit Wirkung für und gegen die Miterben. Alle Beteiligten sind Gesamtschuldner (§ 44 AO).

2.3 Wie Beispiel 2.1, jedoch leben alle Beteiligten unter gemeinsamer Anschrift i.S.v. § 122 Abs. 7 (in Köln, Hohe Straße 27). Es genügt die Bekanntgabe einer Ausfertigung des Steuerbescheids an die gemeinsame Anschrift.

Anschriftenfeld:

Anna Müller
Eva Müller
Thomas Müller
Hohe Straße 27
50667 Köln

Bescheidkopf:

Für Anna Müller und die Erben nach Herbert Müller: Anna Müller, Eva Müller und Thomas Müller. Alle Beteiligten sind Gesamtschuldner (§ 44 AO).

2.12.5 Zur Bekanntgabe von Bescheiden bei unbekannten Erben vgl. Nr. 2.13.1.3.

2.12.6 Ist eine Erbengemeinschaft Unternehmer oder selbständiger Rechtsträger, so ist ein Steuerbescheid (z.B. über Umsatzsteuer oder Grunderwerbsteuer) an sie als Erbengemeinschaft zu richten (vgl. Nrn. 2.4 und 2.4.1.2). Hat die Erbengemeinschaft keinen Namen und keinen gesetzlichen Vertreter, muss sie zur zweifelsfreien Identifizierung der Gemeinschaft und ihrer Gemeinschafter grundsätzlich durch den Namen des Erblassers und der einzelnen Miterben charakterisiert werden (BFH-Urteil vom 29. 11. 1972 – II R 42/67 – BStBl 1973 II, S. 372). Zur Ermittlung der Inhaltsadressaten durch Auslegung gelten die Ausführungen in Nr. 2.12.3 entsprechend.

2.12.7 Vollstreckung in den Nachlass

Ist ein Steuerbescheid bereits zu Lebzeiten des Erblassers wirksam geworden und will die Finanzbehörde wegen der Steuerschuld vollstrecken, muss sie vor Beginn der Vollstreckung ein Leistungsgebot erlassen (vgl. im Einzelnen Abschn. 29 ff. VollstrA).

2.12.8 Umwandlung von Gesellschaften

Zum Erlass von Steuerverwaltungsakten in Spaltungsfällen und in Fällen eines Formwechsels vgl. Nrn. 2.15 und 2.16 sowie zu § 45, Nrn. 2 und 3.

2.13 Testamentsvollstreckung, Nachlassverwaltung, Nachlasspflegschaft

2.13.1 Der Testamentsvollstrecker ist nicht Vertreter der Erben, sondern Träger eines durch letztwillige Verfügung des Erblassers begründeten Amts, dessen Inhalt durch die letztwillige Verfügung bestimmt wird (§§ 2202, 2197 ff. BGB). Soweit die Verwaltungsbefugnis des Testamentsvollstreckers reicht, ist den Erben die Verfügungsbefugnis entzogen (§ 2211 BGB). Der Testamentsvollstrecker kann den Erben nicht persönlich verpflichten und hat auch nicht dessen persönliche Pflichten gegenüber den Finanzbehörden zu erfüllen (BFH-Urteil vom 16. 4. 1980 – VII R 81/79 – BStBl II, S. 605).

2.13.1.1 Hat der Erblasser selbst noch den Steuertatbestand verwirklicht, ist aber gegen ihn kein Steuerbescheid mehr ergangen, so ist der Steuerbescheid an den Erben als Inhaltsadressaten zu richten und diesem bekannt zu geben (vgl. Beispiele zu Nr. 2.12.4; BFH-Urteile vom 15. 2. 1978 – I R 36/77 – BStBl II, S. 491 und vom 8. 3. 1979 – IV R 75/76 – BStBl II, S. 501), es sei denn, der Testamentsvollstrecker ist zugleich Empfangsbevollmächtigter des Erben. Ist der Testamentsvollstrecker im Rahmen seiner Verwaltung des gesamten Nachlassvermögens nach § 2213 Abs. 1 BGB zur Erfüllung von Nachlassverbindlichkeiten verpflichtet und soll er zur Erfüllung der Steuerschuld aus dem von ihm verwalteten Nachlass herangezogen werden, kann der Steuerbescheid – auch – an ihn gerichtet werden (BFH-Urteil vom 30. 9. 1987 – II R 42/84 – BStBl II, S. 120). Geschieht dies nicht, ist er durch Übersendung einer Ausfertigung des dem Erben oder dem Nachlasspfleger bekannt gegebenen Steuerbescheides in Kenntnis zu setzen. Ggf. ist er durch Duldungsbescheid (§ 191 Abs. 1) in Anspruch zu nehmen. Seine persönliche Haftung nach § 69 i.V.m. § 34 Abs. 3 bleibt davon unberührt.

2.13.1.2 Betrifft die Steuerpflicht Tatbestände nach dem Erbfall, so ist der Erbe Steuerschuldner auch für Steuertatbestände, die das Nachlassvermögen betreffen. Steuerbescheide über Einkünfte, die dem Erben aus dem Nachlassvermögen zufließen, sind dem Erben als Inhaltsadressaten und nicht dem Testamentsvollstrecker bekannt zu geben (BFH-Urteil vom 7. 10. 1970 – I R 145/68 – BStBl 1971 II, S. 119; BFH-Beschluss vom 29. 11. 1995 – X B 328/94 – BStBl 1996 II, S. 322). Dies gilt auch, wenn der Testamentsvollstrecker ein Unternehmen im eigenen Namen weiterführt (BFH-Urteil vom 16. 2. 1977 – I R 53/74 – BStBl II, S. 481, für GewSt-Messbescheide). Steht dem Testamentsvollstrecker nach § 2213 Abs. 1 BGB die Verwaltung des gesamten Nachlasses zu, sind die drei letzten Sätze der Nr. 2.13.1.1 entsprechend anzuwenden.

2.13.1.3 Sind der oder die Erben (noch) unbekannt, so ist der Steuerbescheid, gleichgültig ob der Steuertatbestand vom Erblasser selbst noch verwirklicht worden ist oder erst nach Eintritt des Erbfalls, einem zu bestellenden Nachlasspfleger als gesetzlichem Vertreter bekannt zu geben. Die Vertretungsbefugnis des Nachlasspflegers endet auch dann erst mit Aufhebung der Nachlasspflegschaft durch das Nachlassgericht, wenn die Erben zwischenzeitlich bekannt wurden (BFH-Urteil vom 30. 3. 1982 – VIII R 227/80 – BStBl II, S. 687).

Der Testamentsvollstrecker ist nicht bereits kraft Amtes Vertreter des unbekannten Erben, kann aber dazu bestellt werden (vgl. Nr. 2.13.2).

2.13.2 Der Nachlasspfleger ist gesetzlicher Vertreter des künftigen Erben, falls dieser noch unbekannt ist oder die Annahme der Erbschaft noch ungewiss ist. Er wird von Amts wegen oder auf Antrag eines Nachlassgläubigers vom Nachlassgericht bestellt (siehe §§ 1960, 1961 BGB, § 81 AO). Nr. 2.2 ist entsprechend anzuwenden.

2.13.3 Nachlassverwaltung ist die Nachlasspflegschaft zum Zwecke der Befriedigung der Nachlassgläubiger (§ 1975 BGB). Die Stellung des Nachlassverwalters ist derjenigen des Testamentsvollstreckers vergleichbar. Nr. 2.13.1.1 und Nr. 2.13.1.2 sind daher entsprechend anzuwenden (BFH Urteil vom 5. 6. 1991 – XI R 26/89 – BStBl II, S. 820).

2.13.4 Erbschaftsteuerbescheide

2.13.4.1 Ein Erbschaftsteuerbescheid ist nach § 32 Abs. 1 ErbStG dem Testamentsvollstrecker oder Nachlassverwalter mit Wirkung für und gegen die Erben bekannt zu geben, wenn er die Steuererklärung für die Erben abgegeben hat. Dies gilt auch, wenn sich der Steueranspruch gegen die Erben nicht nur auf die Erbschaft i.S.d. bürgerlichen Rechts gründet. Ein Erbschaftsteuerbescheid, mit dem lediglich Erbschaftsteuer aufgrund des Erwerbs eines schuldrechtlichen Anspruchs erbrechtlicher Natur (z.B. Vermächtnis, Pflichtteilsrecht, Erbersatzanspruch) und/oder aufgrund Erwerbs infolge eines Vertrages des Erblassers zugunsten des Erwerbers auf den Todesfall festgesetzt wird, kann hingegen dem Testamentsvollstrecker oder Nachlassverwalter nicht mit Wirkung für und gegen den Steuerschuldner bekannt gegeben werden (BFH-Urteile vom 14. 11. 1990 – II R 255/85 – und – II R 58/86 – BStBl 1991 II, S. 49 und S. 52).

Ist der Erbschaftsteuerbescheid nach den vorgenannten Grundsätzen dem Testamentsvollstrecker bekannt zu geben, muss der Bescheid mit hinreichender Bestimmtheit erkennen lassen, dass er sich – ungeachtet der Verpflichtung des Testamentsvollstreckers, für die Zahlung der Steuer zu sorgen (§ 32 Abs. 1 Satz 2 ErbStG) an den Erben als Steuerschuldner richtet (BFH-Urteil vom 10. 7. 1991 – VIII R 16/90 – BFH/NV 1992 S. 223). Der Bescheidvordruck ist daher in diesen Fällen wie folgt auszufüllen:

Anschriftenfeld:
Name und Anschrift des Testamentsvollstreckers

Bescheidkopf:
Erbschaftsteuerbescheid über den Erwerb des .... (Name des Erben/Miterben) aufgrund des Ablebens von ....

Erläuterungen:
Der Bescheid wird Ihnen nach § 32 Abs. 1 Satz 1 ErbStG mit Wirkung für und gegen den oben bezeichneten Erben bekannt gegeben. Dieser ist Steuerschuldner.

2.13.4.2 Die Bekanntgabe des Erbschaftsteuerbescheids an den Testamentsvollstrecker oder Nachlassverwalter setzt auch die Rechtsbehelfsfrist für die Anfechtung durch den Erben in Lauf. Dem Erben ist bei verspäteter Unterrichtung durch den Testamentsvollstrecker oder den Nachlassverwalter innerhalb der Jahresfrist des § 110 Abs. 3 Wiedereinsetzung in den vorigen Stand zu gewähren, da dessen Verhalten ihm nicht zuzurechnen ist (BFH-Urteil vom 14. 11. 1990 – II R 58/86 – BStBl 1991 II, S. 52). Testamentsvollstrecker oder Nachlassverwalter haben nach § 32 Abs. 1 Satz 2 ErbStG für die Entrichtung der Erbschaftsteuer der Erben zu sorgen.

2.14 Haftende

2.14.1 Der Steuerschuldner und der Haftende sind nach § 44 Abs. 1 zwar Gesamtschuldner, diese Bestimmung führt aber nicht zu einer völligen Gleichstellung. Der Steuerbescheid ist an den Steuerschuldner zu richten. Über die Haftung ist durch selbständigen Haftungsbescheid zu entscheiden (§ 191) und der Haftende durch Zahlungsaufforderung in Anspruch zu nehmen (§ 219). Beide Maßnahmen können auch getrennt voneinander ausgeführt werden. Die Zusendung einer Ausfertigung des Steuerbescheides reicht zur Inanspruchnahme des Haftenden nicht aus.

2.14.2 Der Haftungsbescheid muss eindeutig erkennen lassen, gegen wen sich der Haftungsanspruch richtet.

§ 122 AO
AEAO

Beispiele für Lohnsteuerhaftungsbescheide bei Inanspruchnahme:

a) des Arbeitgebers:
Haftungsschuldner als
Inhaltsadressat,
Bekanntgabeadressat
und Empfänger

Meier GmbH
Sophienstraße 2a
80333 München

b) des Geschäftsführers des Arbeitgebers:
Haftungsschuldner als
Inhaltsadressat,
Bekanntgabeadressat
und Empfänger

Herrn
Josef Meier
(Geschäftsführer der Meier-GmbH)
Hansastraße 100
81373 München

(jeweils mit Angabe
des Haftungsgrundes
in der Erläuterung)

(jeweils mit Angabe
des Haftungsgrundes
in der Erläuterung)

Bei der Inanspruchnahme des Geschäftsführers als Haftungsschuldner für Steuerschulden der von ihm vertretenen juristischen Person oder nichtrechtsfähigen Personenvereinigung ist darauf zu achten, dass die persönliche Inanspruchnahme in der Adressierung und auch sonst im Bescheid eindeutig zum Ausdruck kommt. Als postalische Anschrift ist im Haftungsbescheid i.d.R. die von der Firmenanschrift abweichende Wohnanschrift des Geschäftsführers zu verwenden. Wird ein Haftungsbescheid an den Geschäftsführer durch die Post mit Zustellungsurkunde (vgl. Nr. 3.1.1) ausnahmsweise unter der Firmenanschrift zugestellt, ist im Kopf des Vordrucks „Zustellungsurkunde" in roter Schrift oder durch rotes Unterstreichen zu vermerken: „Keine Ersatzzustellung".

2.14.3 Sollen wegen desselben Anspruchs mehrere Haftungsschuldner herangezogen werden, kann in entsprechender Anwendung des § 155 Abs. 3 ein zusammengefasster Haftungsbescheid erlassen werden. Für jeden Haftungsschuldner ist jedoch ein gesonderter Bescheid auszufertigen und bekannt zu geben, um ihm gegenüber Wirksamkeit zu erlangen. Dies gilt auch dann, wenn der zusammengefasste Haftungsbescheid gegen Ehegatten gerichtet ist (BFH-Beschluss vom 22. 10. 1975 – I B 38/75 – BStBl 1976 II, S. 136).

Bei der Inanspruchnahme von mehreren Haftungsschuldnern wegen desselben Anspruchs sind im Haftungsbescheid alle als Haftungsschuldner herangezogenen Personen zu benennen. Eine fehlende Angabe der übrigen Haftungsschuldner führt aber nicht ohne weiteres zur Unwirksamkeit der Haftungsbescheide (BFH-Urteil vom 5. 11. 1980 – II R 25/78 – BStBl 1981 II, S. 176), sondern kann im Rahmen des § 126 nachgeholt werden. Die einzelnen Haftungsschuldner werden durch die gemeinsame Inanspruchnahme zu Gesamtschuldnern (§ 44); die Erfüllung durch einen der Gesamtschuldner wirkt auch für die übrigen.

23 2.15 Spaltung

In den Fällen einer Abspaltung, Ausgliederung oder Vermögensübertragung nach dem UmwG liegt mit Ausnahme der Vermögensübertragung im Wege der Vollübertragung keine Gesamtrechtsnachfolge i.S.d. § 45 Abs. 1 vor (vgl. zu § 45, Nr. 2). Die an einer Spaltung beteiligten Rechtsträger sind aber Gesamtschuldner für die Verbindlichkeiten des übertragenden Rechtsträgers, die vor dem Wirksamwerden der Spaltung begründet worden sind (§ 133 Abs. 1 Satz 1 UmwG). Der übernehmende Rechtsträger kann daher durch Haftungsbescheid (im Falle der Vermögensübertragung im Wege der Vollübertragung durch Steuerbescheid) in Anspruch genommen werden.

Bei einer Aufspaltung erlischt der übertragende Rechtsträger mit der Registereintragung der Spaltung (§ 131 Abs. 1 Nr. 2 UmwG). Die Regelung über die steuerliche Gesamtrechtsnachfolge (§ 45 Abs. 1) ist sinngemäß anzuwenden; dies gilt nicht für die gesonderte und einheitliche Feststellung von Besteuerungsgrundlagen (vgl. zu § 45, Nr. 2).

Bei der Entscheidung, ob ein übernehmender Rechtsträger für Steuerverbindlichkeiten des übertragenden Rechtsträgers in Anspruch zu nehmen ist, soll i.d.R. eine im Spaltungs- und Übernahmevertrag getroffene Zuweisung der Steuerverbindlichkeiten berücksichtigt werden. Enthält der Spaltungs- und Übernahmevertrag keine Zuweisung der Steuerverbindlichkeiten, soll in Fällen der Abspaltung oder Ausgliederung i.d.R. zunächst nur der übertragende Rechtsträger in Anspruch genommen werden.

Beispiel 1:
Vom Vermögen der Spalt-GmbH wurde ein Teil abgespalten und an die A-GmbH übertragen. Der Spaltungs- und Übernahmevertrag enthält keine Regelungen zur Zuweisung der Steuerverbindlichkeiten.

Steuerbescheid an Spalt-GmbH:

Anschriftenfeld (Steuerschuldner als Inhaltsadressat, Bekanntgabeadressat und Empfänger):

Spalt-GmbH
Moltkestraße 5
12203 Berlin

Beispiel 2:
Wie Beispiel 1, jedoch sollen die Spalt-GmbH und die A-GmbH als Gesamtschuldner in Anspruch genommen werden.

Steuerbescheid an Spalt-GmbH:

Anschriftenfeld (Steuerschuldner als Inhaltsadressat, Bekanntgabeadressat und Empfänger):

Spalt-GmbH
Moltkestraße 5
12203 Berlin

Bescheidkopf:
Der A-GmbH wurde ein Haftungsbescheid erteilt. Die an der Abspaltung beteiligten Rechtsträger sind Gesamtschuldner (§ 44 AO, § 133 Abs. 1 Satz 1 UmwG).

Haftungsbescheid an A-GmbH:

Anschriftenfeld (Haftungsschuldner als Inhaltsadressat, Bekanntgabeadressat und Empfänger):

A-GmbH
Meiserstraße 4
80284 München

Bescheidkopf:
Dieser Bescheid ergeht an Sie als partielle Nachfolgerin der Spalt-GmbH. Der Spalt-GmbH wurde ein Steuerbescheid erteilt. Die an der Abspaltung beteiligten Rechtsträger sind Gesamtschuldner (§ 44 AO, § 133 Abs. 1 Satz 1 UmwG).

Beispiel 3:
Die Spalt-GmbH wurde in die A-GmbH und die B-GmbH aufgespalten. Im Spaltungs- und Übernahmevertrag wurden die Steuerverbindlichkeiten der erloschenen Spalt-GmbH der A-GmbH zugewiesen.

Steuerbescheid an A-GmbH:

Anschriftenfeld (Steuerschuldner als Inhaltsadressat, Bekanntgabeadressat und Empfänger):

A-GmbH
Meiserstraße 4
80284 München

Bescheidkopf:
Dieser Bescheid ergeht an Sie als Nachfolgerin der durch Aufspaltung erloschenen Spalt-GmbH.

Beispiel 4:
Die Spalt-GmbH wurde in die A-GmbH und die B-GmbH aufgespalten. Der Spaltungs- und Übernahmevertrag enthält keine Regelungen zur Zuweisung der Steuerverbindlichkeiten der Spalt-GmbH. Die A-GmbH und die B-GmbH sollen als Gesamtschuldner in Anspruch genommen werden.

Steuerbescheid an A-GmbH:

Anschriftenfeld (Steuerschuldner als Inhaltsadressat, Bekanntgabeadressat und Empfänger):

A-GmbH
Meiserstraße 4
80284 München

Bescheidkopf:
Dieser Bescheid ergeht an Sie als Nachfolgerin der durch Aufspaltung erloschenen Spalt-GmbH. Der B-GmbH wurde ein Bescheid gleichen Inhalts erteilt. Die an der Spaltung beteiligten Rechtsträger sind Gesamtschuldner (§ 44 AO, § 133 Abs. 1 Satz 1 UmwG).

Steuerbescheid an B-GmbH:

Anschriftenfeld (Steuerschuldner als Inhaltsadressat, Bekanntgabeadressat und Empfänger):

B-GmbH
Hauptstr. 101
67433 Neustadt

Bescheidkopf:

Dieser Bescheid ergeht an Sie als Nachfolgerin der durch Aufspaltung erloschenen Spalt-GmbH. Der A-GmbH wurde ein Bescheid gleichen Inhalts erteilt. Die an der Spaltung beteiligten Rechtsträger sind Gesamtschuldner (§ 44 AO, § 133 Abs. 1 Satz 1 UmwG).

2.16 Formwechselnde Umwandlung

Bei einer formwechselnden Umwandlung (§ 1 Abs. 1 Nr. 4, §§ 190 ff. UmwG) liegt lediglich ein Wechsel der Rechtsform eines Rechtsträgers unter Wahrung seiner rechtlichen Identität vor. Ändert sich allerdings durch den Formwechsel das Steuersubjekt, ist die Regelung des § 45 Abs. 1 über die steuerliche Gesamtrechtsnachfolge sinngemäß anzuwenden (vgl. zu § 45, Nr. 3).

Wird eine Personengesellschaft in eine Kapitalgesellschaft umgewandelt, sind Bescheide über Steuern, für die die Personengesellschaft Steuerschuldnerin war (vgl. Nr. 2.4.1), nach der Umwandlung an die Kapitalgesellschaft zu richten und dieser bekannt zu geben. Bescheide über die gesonderte und einheitliche Feststellung von Besteuerungsgrundlagen sind an die Gesellschafter der umgewandelten Personengesellschaft zu richten (vgl. Nr. 2.5). Wird eine Kapitalgesellschaft in eine Personengesellschaft umgewandelt, sind Bescheide über Steuern, für die die Kapitalgesellschaft Steuerschuldnerin war, an die Personengesellschaft zu richten.

3. Besonderheiten des Zustellungsverfahrens

3.1 Zustellungsarten

Die Zustellung richtet sich nach dem Verwaltungszustellungsgesetz – VwZG – (§ 122 Abs. 5 Satz 2). Die vom Amtsgericht zu erlassende Anordnung eines persönlichen Sicherheitsarrestes ist nach den Vorschriften der ZPO zuzustellen (§ 326 Abs. 4).

Das VwZG sieht die folgenden Zustellungsarten vor:

– Zustellung durch die Post mit Zustellungsurkunde (§ 3 VwZG; vgl. Nr. 3.1.1),
– Zustellung durch die Post mittels Einschreiben (§ 4 VwZG; vgl. Nr. 3.1.2),
– Zustellung (auch eines elektronischen Dokuments) durch die Behörde gegen Empfangsbekenntnis (§ 5 VwZG; vgl. Nr. 3.1.3),
– Zustellung (auch eines elektronischen Dokuments) im Ausland (§ 9 VwZG; vgl. Nr. 3.1.4),
– Öffentliche Zustellung (§ 10 VwZG; vgl. Nr. 3.1.5).

Kommen mehrere Zustellungsarten in Betracht, soll die kostengünstigste gewählt werden, sofern nicht besondere Umstände (z.B. Zweifel an der Annahmebereitschaft des Empfängers; vgl. Nr. 3.1.2) für eine Zustellung durch die Post mit Zustellungsurkunde sprechen.

Die Allgemeinen Verwaltungsvorschriften zum VwZG vom 13.12.1966 (BStBl I, S. 969), geändert durch die Allgemeine Verwaltungsvorschrift vom 27.4.1973 (BStBl I, S. 220), sind überholt.

3.1.1 Zustellung durch die Post mit Zustellungsurkunde (§ 3 VwZG)

Soll ein Verwaltungsakt durch die Post mit Zustellungsurkunde zugestellt werden, sind § 3 VwZG sowie die dort angeführten Vorschriften der §§ 177 bis 182 ZPO zu beachten. „Post" ist jeder Erbringer von Postdienstleistungen (§ 2 Abs. 2 Satz 1 VwZG; siehe auch § 33 des Postgesetzes vom 22.12.1997, BGBl. I, S. 3294).

Die Finanzbehörde hat der Post den Zustellungsauftrag, das zuzustellende Dokument in einem verschlossenen Umschlag und einen vorbereiteten Vordruck einer Zustellungsurkunde zu übergeben (§ 3 Abs. 1 VwZG). Für die Zustellungsurkunde, den Zustellungsauftrag und den verschlossenen Umschlag sind die in der Zustellungsvordruckverordnung vom 12.2.2002 (BGBl. I S. 671, 1019), geändert durch Verordnung vom 23.4.2004 (BGBl. I S. 619), bestimmten Vordrucke zu verwenden (§ 3 Abs. 2 Satz 3 VwZG). Der vorbereitete Vordruck der Zustellungsurkunde muss den Empfänger (vgl. Nrn. 1.5 und 1.6) und das Aktenzeichen (vgl. Nr. 3.1.1.1) des zuzustellenden Dokuments sowie die Anschrift der auftraggebenden Finanzbehörde enthalten. Fehlen diese Angaben auf der zuzustellenden Sendung ganz oder teilweise, ist die Zustellung unwirksam, auch wenn die Zustellungsurkunde den Anforderungen des § 182 ZPO genügt. Gleiches gilt, wenn auf der Sendung ein falsches Aktenzeichen angegeben ist.

Ausnahmsweise kann als Zustellungsanschrift eine Postfachnummer gewählt werden. In diesem Fall ist aber die tatsächliche Zustellung beim Rücklauf der Zustellungsurkunde zu überwachen (BFH-Urteil vom 9. 2. 1983 – II R 10/79 – BStBl II, S. 698). Bei Ersatzzustellung durch Niederlegung ist die Zustellung nicht wirksam, wenn die Mitteilung über die Niederlegung in das Postfach des Empfängers eingelegt wird (BFH-Urteil vom 17. 2. 1983 – V R 76/77 – BStBl II, S. 528).

3.1.1.1 Das auf der vorbereiteten Zustellungsurkunde und auf dem verschlossenen Umschlag anzugebende Aktenzeichen (vgl. Nr. 3.1.1.1) ist mit Abkürzungen zu bilden. Anhand des Aktenzeichens muss einerseits der Inhalt des zuzustellenden Dokuments einwandfrei zu identifizieren sein (BFH-Urteil vom 18. 3. 2004 – V R 11/02 – BStBl II, S. 540), andererseits muss das Aktenzeichen so gewählt werden, dass es einem Dritten möglichst keinen Rückschluss auf den Inhalt der Sendung zulässt. Die bloße Angabe der Steuernummer reicht nicht aus (BFH-Urteil vom 13. 10. 2005 – IV R 44/03 – BStBl 2006 II, S. 214).

Neben der Steuernummer und grundsätzlich neben dem Datum des zuzustellenden Verwaltungsaktes sind die folgenden verwaltungsüblichen Abkürzungen und Listennummern zu verwenden.

Beispiele:

Abkürzung	Inhalt der Sendung
210/50108, EStB 2005 vom xx.xx.xxxx	StNr. 210/50108, ESt-Bescheid 2005 vom xx.xx.xxxx
210/50108, VZB ESt 2006 vom xx.xx.xxxx	StNr. 210/50108, Vorauszahlungsbescheid für ESt 2006 vom xx.xx.xxxx
210/50108, HaB LSt 2005 vom xx.xx.xxxx	StNr. 210/50108, Haftungsbescheid für LSt 2005 vom xx.xx. xxxx
210/50108, NachB LSt 2005 vom xx.xx.xxxx	StNr. 210/50108, Nachforderungsbescheid für LSt 2005 vom xx.xx.xxxx
210/50108 EE EStB 2005	StNr. 210/50108, Einspruchsentscheidung in Sachen ESt-Bescheid 2005
210/50108 EE RbL 150/2006	StNr. 210/50108, Einspruchsentscheidung für den in die Rechtsbehelfsliste 2006 unter Nr. 150 eingetragenen Einspruch
210/50108 PrA vom xx.xx.xxxx	StNr. 210/50108 Prüfungsanordnung vom xx.xx.xxxx
210/50108 Mitteilung 141 Abs. 2 AO vom xx.xx.xxxx	StNr. 210/50108 Mitteilung vom xx.xx.xxxx über den Beginn der Buchführungspflicht
210/50108 ZG.-A. vom xx.xx.xxxx	StNr. 210/50108 Verwaltungsakt über die Androhung eines Zwangsgeldes vom xx.xx.xxxx

Bei der Zustellung eines Bescheids über die gesonderte Feststellung von Besteuerungsgrundlagen muss sich aus dem Aktenzeichen auch der Gegenstand der Feststellung ergeben (BFH-Urteil vom 13. 10. 2005 – IV R 44/03 – BStBl 2006 II, S. 214). Für die hinreichende Unterscheidung von gesonderten Feststellungen sind – neben den übrigen Angaben, wie Steuernummer und Datum des zuzustellenden Verwaltungsaktes (vgl. die vorstehenden Beispiele) – zweckmäßigerweise die folgenden Kürzel zu verwenden:

Beispiele:

Kürzel	Gegenstand
VF-ESt 31. 12. 05	Feststellung des verbleibenden Verlustvortrages zur ESt auf den 31. 12. 2005
VF-KSt 31. 12. 05	Feststellung des verbleibenden Verlustvortrages zur KSt auf den 31. 12. 2005
VF-Gew 31. 12. 05	Feststellung des vortragsfähigen Gewerbeverlustes auf den 31. 12. 2005

§ 122 AO
AEAO

Kürzel	Gegenstand
Fest2B 2005	Feststellung der negativen Einkünfte aus der Beteiligung an Verlustzuweisungsgesellschaften nach § 2b EStG i.V.m. § 10d Abs. 4 EStG für 2005
ges. Fest 2005	Gesonderte Feststellung gem. § 180 Abs. 1 Nr. 2 Buchst. b AO für 2005
ges+ein Fest 2005	Gesonderte und einheitliche Feststellung i.S.v. § 180 Abs. 1 Nr. 2 Buchst. a AO für 2005

3.1.1.2 Sollen **mehrere Verwaltungsakte** (z.B. Einspruchsentscheidungen) verschiedenen Inhalts **in einer Postsendung** zugestellt werden, müssen die gesetzlichen Form- und Beurkundungserfordernisse in Bezug auf jedes einzelne Schriftstück gewahrt werden. Das Aktenzeichen muss aus Angaben über die einzelnen Schriftstücke bestehen (BFH-Urteil vom 7. 7. 2004 – X R 33/02 – BFH/NV 2005 S. 66). Enthält die Sendung mehr Schriftstücke als durch Aktenzeichen auf der Zustellungsurkunde und/oder dem Umschlag bezeichnet, ist nur die Zustellung des nicht bezeichneten Schriftstücks unwirksam. Der Zustellungsmangel kann jedoch nach § 8 VwZG geheilt werden (vgl. Nr. 4.5.2).

3.1.1.3 Eine wirksame Zustellung an mehrere Personen gemeinsam ist nicht möglich, sondern nur die Zustellung an einen bestimmten Zustellungsempfänger. In der Anschrift auf dem Briefumschlag und dementsprechend in der Zustellungsurkunde darf daher als Empfänger nur eine Person angesprochen werden. Das gilt auch für die Zustellung an Ehegatten (BFH–Urteil vom 8. 6. 1995 – IV R 104/94 – BStBl II, S. 681). Eine mit der Anschrift „Herrn Adam und Frau Eva Meier" versehene Sendung kann daher nicht wirksam zugestellt werden (vgl. zu Nr. 3.4).

3.1.1.4 Die Zustellungsurkunde ist eine öffentliche Urkunde i.S.d. § 418 Abs. 1 ZPO (vgl. § 182 Abs. 1 Satz 2 ZPO) und erbringt daher den vollen Beweis für die in ihr bezeugten Tatsachen. Dieser ist aber nach § 418 Abs. 2 ZPO durch Gegenbeweis widerlegbar. Dies erfordert den vollen Nachweis eines anderen Geschehensablaufs; durch bloße Zweifel an der Richtigkeit der urkundlichen Feststellungen ist der Gegenbeweis nicht erbracht (BFH-Urteil vom 28. 9. 1993 – II R 34/92 – BFH/NV 1994 S. 291).

3.1.2 Zustellung durch die Post mittels Einschreiben (§ 4 VwZG)

Die durch § 4 VwZG eröffnete Zustellungsmöglichkeit ist auf die Varianten „Einschreiben mittels Übergabe" und „Einschreiben mit Rückschein" beschränkt. Die Zustellung mittels eines „Einwurf-Einschreibens" ist somit nicht möglich. Nicht nur Briefe, sondern auch umfangreichere Sendungen z.B. Pakete können mittels Einschreiben zugestellt werden, soweit die Post (zum Begriff der „Post" vgl. Nr. 3.1.1) dies ermöglicht.

Eine Zustellung durch **Einschreiben mit Rückschein** gilt an dem Tag als bewirkt, den der Rückschein angibt. Zum Nachweis der Zustellung genügt der Rückschein (§ 4 Abs. 2 Satz 1 VwZG). Im Gegensatz zu der bei einer Zustellung nach § 3 VwZG (vgl. Nr. 3.1.1) errichteten Zustellungsurkunde ist der Rückschein keine öffentliche Urkunde i.S.d. § 418 ZPO. Der von dem Rückschein ausgehende Nachweis der Zustellung ist somit auf das Maß eines normalen Beweismittels eingeschränkt. Geht der Rückschein nicht bei der die Zustellung veranlassenden Behörde ein oder enthält er kein Datum, gilt die Zustellung am dritten Tag nach der Aufgabe zur Post als bewirkt, es sei denn, dass der Verwaltungsakt nicht oder zu einem späteren Zeitpunkt zugegangen ist; im Zweifel hat die Behörde den Zugang und dessen Zeitpunkt nachzuweisen (§ 4 Abs. 2 Sätze 2 und 3 VwZG).

Eine Zustellung mittels **Einschreiben durch Übergabe** gilt am dritten Tag nach der Aufgabe zur Post als bewirkt, es sei denn, dass der Verwaltungsakt nicht oder zu einem späteren Zeitpunkt zugegangen ist. Auch insoweit hat im Zweifel die Behörde den Zugang und dessen Zeitpunkt nachzuweisen (§ 4 Abs. 2 Sätze 2 und 3 VwZG). Der Tag der Aufgabe zur Post ist den Akten zu vermerken (§ 4 Abs. 2 Satz 4 VwZG).

Für eine eventuelle Ersatzzustellung gelten nicht die §§ 178 bis 181 ZPO, sondern die einschlägigen allgemeinen Geschäftsbedingungen des in Anspruch genommenen Postdienstleisters. Verweigert der Empfänger oder der Ersatzempfänger die Annahme der eingeschriebenen Sendung, wird sie als unzustellbar an den Absender zurückgeschickt. Im Gegensatz zur Zustellung durch die Post mit Zustellungsurkunde (vgl. Nr. 3.1.1) kann daher gegen den Willen des Empfängers bzw. Ersatzempfängers eine Zustellung mittels Einschreiben nicht bewirkt werden.

§ 122 AO
AEAO

3.1.3 Zustellung gegen Empfangsbekenntnis (§ 5 VwZG)

Gegen Empfangsbekenntnis kann zugestellt werden,
- indem die Behörde den zuzustellenden Verwaltungsakt dem Empfänger aushändigt (§ 5 Abs. 1 bis 3 VwZG; vgl. Nr. 3.1.3.1),
- durch Übermittlung auf andere Weise an Behörden, Körperschaften, Anstalten und Stiftungen des öffentlichen Rechts sowie an Angehörige bestimmter Berufe (§ 5 Abs. 4 VwZG; vgl. Nrn. 3.1.3.2, 3.1.3.4 und 3.1.3.5),
- durch elektronische Übermittlung an andere Empfänger unter den Voraussetzungen des § 5 Abs. 5 VwZG (vgl. Nrn. 3.1.3.3 bis 3.1.3.5).

3.1.3.1 In den Fällen des § 5 Abs. 1 VwZG ist das zuzustellende Dokument grundsätzlich in einem verschlossenen Umschlag auszuhändigen. Nur wenn keine schutzwürdigen Interessen des Empfängers entgegenstehen, kann das Dokument auch offen ausgehändigt werden. Dies ist z.B. der Fall, wenn das Dokument durch den fachlich zuständigen Bediensteten selbst – etwa bei Erscheinen des Empfängers in den Diensträumen ausgehändigt wird.

Bei einer Ersatzzustellung gem. § 5 Abs. 2 Nr. 3 VwZG ist wegen des Verweises auf § 181 ZPO für die Mitteilung über die Niederlegung der Vordruck gem. Anlage 4 der Zustellungsvordruckverordnung vom 12. 2. 2002 (BGBl. I S. 671) zu verwenden.

3.1.3.2 Nach § 5 Abs. 4 VwZG kann an Behörden, Körperschaften, Anstalten und Stiftungen des öffentlichen Rechts, an Rechtsanwälte, Patentanwälte, Notare, Steuerberater, Steuerbevollmächtigte, Wirtschaftsprüfer, vereidigte Buchprüfer, Steuerberatungsgesellschaften, Wirtschaftsprüfungsgesellschaften und Buchprüfungsgesellschaften auch auf andere Weise, somit z.B. durch **einfachen Brief oder elektronisch** (auch durch **Telefax**), zugestellt werden. § 5 Abs. 4 VwZG enthält eine abschließende Aufzählung des in Betracht kommenden Empfängerkreises. Abweichend von § 174 Abs. 1 ZPO darf daher an andere Personen, bei denen aufgrund ihres Berufs von einer erhöhten Zuverlässigkeit ausgegangen werden kann, nicht nach § 5 Abs. 4 VwZG zugestellt werden; in Betracht kommt aber eine elektronische Zustellung gem. § 5 Abs. 5 VwZG (vgl. Nr. 3.1.3.3).

Ob eine elektronische Zustellung die Verwendung einer qualifizierten elektronischen Signatur erfordert, bestimmt sich danach, ob für den zuzustellenden Verwaltungsakt die Schriftform gesetzlich vorgeschrieben ist (§ 87a Abs. 4). Das elektronisch zuzustellende Dokument ist mit einem geeigneten Verfahren zu verschlüsseln (§ 87a Abs. 1 Satz 3). Die Regelungen des § 87a sind jedoch nicht anwendbar, wenn die elektronische Zustellung durch Telefax erfolgt (vgl. Nr. 1.8.2). Die Formerfordernisse der folgenden Nr. 3.1.3.3 gelten daher insoweit nicht.

3.1.3.3 Gemäß § 5 Abs. 5 VwZG kann ein Dokument auch an einen nicht in § 5 Abs. 4 VwZG genannten Empfänger elektronisch zugestellt werden, soweit der Empfänger hierfür einen Zugang eröffnet hat (zur „Zugangseröffnung" vgl. zu § 87a, Nr. 1). Für die Übermittlung ist das Dokument mit einer qualifizierten elektronischen Signatur nach dem Signaturgesetz zu versehen (§ 5 Abs. 5 Satz 2 VwZG), also auch dann, wenn für den zuzustellenden Verwaltungsakt die Schriftform nicht gesetzlich vorgeschrieben ist. Es ist gegen unbefugte Kenntnisnahme Dritter zu schützen (§ 5 Abs. 5 Satz 2 VwZG) und mit einem geeigneten Verfahren zu verschlüsseln (§ 87a Abs. 1 Satz 3).

3.1.3.4 Bei der elektronischen Zustellung nach § 5 Abs. 4 oder Abs. 5 VwZG ist die Übermittlung mit dem Hinweis „Zustellung gegen Empfangsbekenntnis" einzuleiten. Die Übermittlung muss die absendende Behörde, den Namen und die Anschrift des Zustellungsadressaten („Empfänger" i.S.d. Nr. 1.5) sowie den Namen des Bediensteten erkennen lassen, der das Dokument zur Übermittlung aufgegeben hat (§ 5 Abs. 6 VwZG). Beizufügen ist ein vorbereitetes Formular für das Empfangsbekenntnis (vgl. Nr. 3.1.3.5).

3.1.3.5 Zum Nachweis der Zustellung in den Fällen des § 5 Abs. 4 und 5 VwZG genügt das mit Datum und Unterschrift versehene Empfangsbekenntnis, das an die Behörde durch die Post oder elektronisch zurückzusenden ist (§ 5 Abs. 7 VwZG). Es kann auch durch Telefax übermittelt werden. Wird das Empfangsbekenntnis als elektronisches Dokument erteilt, bedarf es einer qualifizierten elektronischen Signatur nach dem Signaturgesetz, die in diesem Fall die Unterschrift ersetzt.

Das datierte und unterschriebene Empfangsbekenntnis erbringt den vollen Beweis dafür, dass das darin bezeichnete Dokument an dem vom Empfänger bezeichneten Tag tatsächlich zugestellt worden ist; ein Gegenbeweis ist aber zulässig (BFH-Urteil vom 31. 10. 2000 – VIII R 14/00 – BStBl 2001 II, S. 156). Das Fehlen des Datums auf dem vom Empfänger unterschriebenen Empfangsbekenntnis ist für die Rechtswirksamkeit der Zustellung unschädlich. Maßgebend für den durch die Zustellung ausgelösten Beginn einer Frist ist der Zeitpunkt, in dem der Aussteller des Empfangsbekenntnisses das Dokument als zugestellt entgegengenommen hat (BFH-Beschluss vom 20. 8. 1982 – VIII R 58/82 – BStBl 1983 II, S. 63).

Der Rücklauf der Empfangsbekenntnisse ist in geeigneter Weise zu überwachen. Werden Empfangsbekenntnisse nicht zurückgesandt, ist zunächst an die Rückgabe zu erinnern. Bleibt diese Erinnerung erfolglos, ist der Verwaltungsakt auf andere Weise erneut zuzustellen, es sei denn, der Empfänger hat das zuzustellende Dokument in Kenntnis der Zustellungsabsicht nachweislich entgegengenommen und behalten (BFH-Urteil vom 6. 3. 1990 – II R 131/87 – BStBl II, S. 477); dies gilt aber nicht bei einer Zustellung nach § 5 Abs. 5 VwZG (vgl. § 8 VwZG).

3.1.4 Zustellung im Ausland (§ 9 VwZG)

3.1.4.1 Soweit ein Verwaltungsakt im Ausland zuzustellen ist und nicht ein Fall des § 9 Abs. 1 Nr. 3 VwZG (vgl. Nr. 3.1.4.2) vorliegt, sollte vorrangig von der Möglichkeit der Zustellung durch Einschreiben mit Rückschein (§ 9 Abs. 1 Nr. 1 VwZG) bzw. der Zustellung elektronischer Dokumente (§ 9 Abs. 1 Nr. 4 VwZG) Gebrauch gemacht werden. Beide Zustellungsarten setzen aber voraus, dass sie „völkerrechtlich zulässig" sind. Diese Formulierung umfasst nicht nur völkerrechtliche Übereinkünfte, sondern auch etwaiges Völkergewohnheitsrecht, ausdrückliches nichtvertragliches Einverständnis, aber auch Tolerierung einer entsprechenden Zustellungspraxis durch den Staat, in dem zugestellt werden soll. Es kann davon ausgegangen werden, dass eine Zustellung durch Einschreiben mit Rückschein oder eine Zustellung elektronischer Dokumente zumindest toleriert wird und daher völkerrechtlich zulässig ist; dies gilt nicht hinsichtlich folgender Staaten: Ägypten, Argentinien, China, Republik Korea, Kuwait, Liechtenstein, Mexiko, Russische Föderation, San Marino, Schweiz, Slowenien, Sri Lanka, Ukraine, Venezuela.

Zum Beweiswert eines Rückscheins bei der Zustellung durch Einschreiben vgl. § 9 Abs. 2 Satz 1 VwZG sowie Nr. 3.1.2.

Bei einer Zustellung durch Übermittlung elektronischer Dokumente sind neben der völkerrechtlichen Zulässigkeit die Regelungen des § 5 Abs. 5 VwZG, insbesondere die Erfordernisse einer „Zugangseröffnung" und einer qualifizierten elektronischen Signatur, zu beachten; vgl. Nr. 3.1.3.3. Zum Empfangsbekenntnis vgl. § 9 Abs. 2 Satz 3 VwZG sowie Nr. 3.1.3.5.

3.1.4.2 Zustellungsersuchen nach § 9 Abs. 1 Nr. 2 VwZG (Zustellung durch die Behörde des fremden Staates oder durch die zuständige diplomatische oder konsularische Vertretung der Bundesrepublik Deutschland) oder nach § 9 Abs. 1 Nr. 3 VwZG (Zustellung durch das Auswärtige Amt) sind auf dem Dienstweg dem Bundeszentralamt für Steuern zuzuleiten. Hierbei ist die Staatsangehörigkeit des Empfängers anzugeben, weil diese für die Ausführung der Zustellung maßgeblich sein kann. Ist die Staatsangehörigkeit nicht bekannt, so ist dies zu vermerken. Ferner ist Folgendes zu beachten:

– Der zuzustellende Verwaltungsakt muss in Maschinenschrift gefertigt sein und die vollständige ausländische Anschrift des Empfängers enthalten.

– In dem Zustellungsersuchen sind die zuzustellenden Schriftstücke einzeln aufzuführen. Sie sind genau und mit Datum zu bezeichnen.

– Steuer- oder Haftungsbescheide müssen abgerechnet sein und erforderlichenfalls ein Leistungsgebot enthalten. Wegen der Ungewissheit über die Dauer des Zustellungsverfahrens sind etwaige Zahlungsfristen nicht datumsmäßig zu bestimmen, sondern vom Tag der Zustellung abhängig zu machen (z.B. durch die Formulierung „einen Monat nach dem Tag der Zustellung dieses Bescheids").

– In der Rechtsbehelfsbelehrung ist – ggf. unter Änderung eines vorgedruckten Textes – darüber zu belehren, dass der für den Beginn der Rechtsbehelfsfrist maßgebliche Tag der Bekanntgabe der Tag der Zustellung ist.

– Sind Verwaltungsakte an mehrere Empfänger zuzustellen, müssen jeweils gesonderte Zustellungsersuchen gestellt werden (vgl. Nr. 3,2). Dies gilt auch bei Zustellungen an Ehegatten (vgl. Nr. 3.4).

3.1.4.3 Von der durch § 9 Abs. 3 VwZG eingeräumten Möglichkeit, bei einer Zustellung nach § 9 Abs. 1 Nr. 2 oder Nr. 3 VwZG anzuordnen, dass ein inländischer Zustellungsbevollmächtigter benannt wird, sollte nur Gebrauch gemacht werden, wenn zu erwarten ist, dass künftig Verwaltungsakte erlassen werden, für die das Gesetz die förmliche Zustellung vorschreibt (vgl. Nr. 1.8.3). Ansonsten ist vorrangig nach § 123 zu verfahren, soweit die Benennung eines inländischen Empfangsbevollmächtigten für erforderlich oder zweckmäßig gehalten wird.

3.1.5 Öffentliche Zustellung (§ 10 VwZG)

Die öffentliche Zustellung kommt nur als „letztes Mittel" der Bekanntgabe in Betracht, wenn alle Möglichkeiten erschöpft sind, das Dokument dem Empfänger in anderer Weise zu übermitteln.

§ 122 AO
AEAO

3.1.5.1 Eine öffentliche Zustellung wegen eines **unbekannten Aufenthaltsortes** des Empfängers (§ 10 Abs. 1 Satz 1 Nr. 1 VwZG) ist nicht bereits dann zulässig, wenn die Finanzbehörde die Anschrift nicht kennt oder Briefe als unzustellbar zurückkommen. Die Anschrift des Empfängers muss vielmehr allgemein unbekannt sein *(BFH-Urteil vom 9. 12. 2009 – X R 54/06 – BStBl 2010 II, S. 732)*. Dies ist durch eine Erklärung der zuständigen Meldebehörde oder auf andere Weise zu belegen. Die bloße Feststellung, dass sich der Empfänger bei der Meldebehörde abgemeldet hat, ist nicht ausreichend. Die Finanzbehörde muss daher, bevor sie durch öffentliche Bekanntmachung zustellt, die nach Sachlage gebotenen und zumutbaren Ermittlungen anstellen. Dazu gehören insbesondere Nachforschungen bei der Meldebehörde, u.U. auch die Befragung von Angehörigen oder des bisherigen Vermieters des Empfängers. Auch Hinweisen auf den mutmaßlichen neuen Aufenthaltsort des Empfängers muss durch Rückfrage bei der dortigen Meldebehörde nachgegangen werden.

Eine Rechtspflicht der zustellenden Behörde, Anschriften im Ausland zu ermitteln, ist regelmäßig zu verneinen, wenn ein Fall der „Auslandsflucht" vorliegt oder wenn sich der Empfänger beim inländischen Melderegister „ins Ausland" ohne Angabe einer Anschrift abgemeldet hat oder sich in einer Weise verhält, die auf seine Absicht schließen lässt, seinen Aufenthaltsort zu verheimlichen. Die Finanzbehörde ist in diesen Fällen vorrangig nur zu Ermittlungsmaßnahmen im Inland verpflichtet, z. B. durch Nachfragen beim Einwohnermeldeamt und bei Kontaktpersonen des Empfängers (BFH-Urteil vom 9. 12. 2009, a. a. O.) Ist aber zu vermuten, dass sich der Steuerpflichtige in einem bestimmten anderen Land aufhält, sind die Ermittlungsmöglichkeiten des zwischenstaatlichen Auskunftsaustauschs nach dem BMF-Schreiben vom 25. 1. 2006, BStBl I, S. 26 auszuschöpfen (BFH-Urteil vom 9. 12. 2009, a. a. O.).

Nicht zulässig ist es beispielsweise, eine öffentliche Zustellung bereits dann anzuordnen, wenn eine versuchte Bekanntgabe unter einer Adresse, die der Empfänger angegeben hat, einmalig fehlgeschlagen ist oder wenn lediglich die Vermutung besteht, dass eine Adresse, an die sich der Empfänger bei der Meldebehörde abgemeldet hat, eine Scheinadresse ist (BFH-Urteil vom 6. 6. 2000 – VII R 55/99 – BStBl II, S. 560, und BFH-Beschluss vom 13. 3. 2003 – VII B 196/02 – BStBl II, S. 609). Eine öffentliche Zustellung ist aber wirksam, wenn die Finanzbehörde durch unrichtige Auskünfte Dritter zu der unrichtigen Annahme verleitet wurde, der Empfänger sei unbekannten Aufenthaltsortes, sofern die Finanzbehörde auf die Richtigkeit der ihr erteilten Auskunft vertrauen konnte (BFH-Beschluss vom 13. 3. 2003 – VII B 196/02 – BStBl II, S. 609).

3.1.5.2 Nach § 10 Abs. 1 Satz 1 Nr. 2 VwZG kann öffentlich zugestellt werden, wenn bei juristischen Personen, die zur Anmeldung einer inländischen Geschäftsanschrift zum Handelsregister verpflichtet sind, eine Zustellung weder unter der eingetragenen Anschrift noch unter einer im Handelsregister eingetragenen Anschrift einer für Zustellungen empfangsberechtigten Person oder einer ohne Ermittlungen bekannten anderen inländischen Anschrift möglich ist.

3.1.5.3 Nach § 10 Abs. 1 Satz 1 Nr. 3 VwZG kommt eine öffentliche Zustellung in Betracht, wenn eine **Zustellung im Ausland** (§ 9 VwZG; vgl. Nr. 3.1.4) **nicht möglich** ist oder **keinen Erfolg verspricht**. Eine Zustellung im Ausland verspricht keinen Erfolg, wenn sie grundsätzlich möglich wäre, ihre Durchführung aber etwa wegen Kriegs, Abbruchs der diplomatischen Beziehungen, Verweigerung der Amtshilfe oder unzureichender Vornahme durch die örtlichen Behörden nicht zu erwarten ist. Der Umstand, dass die Ausführung eines Zustellungsersuchens längere Zeit in Anspruch nehmen wird, rechtfertigt aber nicht die Anordnung einer öffentlichen Zustellung (BFH-Urteil vom 6. 6. 2000 – VII R 55/99 – BStBl II, S. 560).

Sobald die ausländische Anschrift des Steuerpflichtigen bekannt ist und eine Postverbindung besteht, sind nach erfolgter öffentlicher Zustellung dem Steuerpflichtigen die Tatsache der öffentlichen Zustellung und der Inhalt des Verwaltungsaktes (z.B. durch Beifügen einer Ablichtung) mit einfachem Brief mitzuteilen. Diese Mitteilung ist an Empfänger in sämtlichen Staaten zulässig, da es sich hierbei mangels rechtlicher Regelung nicht um einen Verwaltungsakt handelt.

3.1.5.4 Zur Durchführung der öffentlichen Zustellung ist nicht der Inhalt (auch nicht der verfügende Teil) des zuzustellenden Verwaltungsaktes öffentlich bekannt zu geben, sondern lediglich eine **Benachrichtigung** mit weitgehend neutralem Inhalt (§ 10 Abs. 2 VwZG). Die Benachrichtigung muss die Behörde, für die zugestellt wird, den Namen und die letzte bekannte Anschrift des Zustellungsempfängers, das Datum und das Aktenzeichen des Dokuments sowie die Stelle, wo das Dokument eingesehen werden kann, erkennen lassen (§ 10 Abs. 2 Satz 2 VwZG). Für das in der Benachrichtigung anzugebende Aktenzeichen des zuzustellenden Dokuments (§ 10 Abs. 2 Satz 2 Nr. 3 VwZG) gelten die Ausführungen in Nr. 3.1.1.1 entsprechend. Die Benachrichtigung muss ferner den Hinweis enthalten, dass das Dokument öffentlich zugestellt wird und Fristen in Lauf gesetzt werden können, nach deren Ablauf Rechtsverluste eintreten können (§ 10 Abs. 2 Satz 3 VwZG). Bei der Zustellung einer Ladung muss die Benachrichtigung den Hinweis enthalten, dass das Dokument eine Ladung zu einem Termin enthält, dessen Versäumung Rechtsnachteile zur Folge haben kann (§ 10 Abs. 2 Satz 4 VwZG). Die Benachrichtigung ist an der Stelle bekannt zu machen, die von der Behörde hierfür allgemein bestimmt ist (z.B. durch Aushang im Dienstgebäude). Alternativ hierzu kann die Benachrichtigung auch durch Veröffentlichung im Bundesanzeiger oder im elektronischen Bundesanzeiger bekannt gemacht werden (§ 10 Abs. 2 Satz 1 VwZG). In den Akten ist zu vermerken, wann und in welcher Weise die Benachrichtigung bekannt gemacht wurde (§ 10 Abs. 2 Satz 5 VwZG).

Wird die Benachrichtigung über die öffentliche Zustellung durch Aushang bekannt gemacht, ist sie stets bis zu dem Zeitpunkt auszuhängen, zu dem die Zustellung nach § 10 Abs. 2 Satz 6 VwZG als bewirkt anzusehen ist. Das gilt auch dann, wenn der Empfänger vor Fristablauf bei der Finanzbehörde erscheint und ihm das zuzustellende Schriftstück ausgehändigt wird (vgl. Nr. 3.1.5.5). Die Aushändigung ist in den Akten zu vermerken.

3.1.5.5 Der Verwaltungsakt gilt zwei Wochen nach dem Tag der Bekanntmachung der Benachrichtigung als zugestellt (§ 10 Abs. 2 Satz 6 VwZG). Dies gilt auch, wenn dem Empfänger vor Ablauf dieser zweiwöchigen Frist der Verwaltungsakt ausgehändigt wurde. Die Frist gem. § 10 Abs. 2 Satz 6 VwZG bestimmt sich nach § 108 Abs. 1 AO i.V.m. §§ 187 Abs. 1, 188 Abs. 2 BGB. Danach ist bei der Berechnung der Aushangfrist der Tag des Aushangs nicht mitzurechnen. Die Frist endet mit Ablauf des Tages, der dem Aushangtag kalendermäßig entspricht. Bei der Berechnung der Frist ist ggf. § 108 Abs. 3 AO zu beachten (vgl. zu § 108 Nr. 1).

26 3.2 Zustellung an mehrere Beteiligte

Soll ein Verwaltungsakt mehreren Beteiligten zugestellt werden, so ist – soweit kein gemeinsamer Bevollmächtigter vorhanden ist (vgl. Nr. 3.3) – das Dokument jedem einzelnen gesondert zuzustellen (vgl. zu Nr. 3.1.1.3 und Nr. 3.1.4.2). Zur Zustellung an Ehegatten vgl. Nr. 3.4.

27 3.3 Zustellung an Bevollmächtigte (§ 7 VwZG)

3.3.1 Ist für das **Verfahren** ein **Bevollmächtigter** bestellt, **kann** an diesen zugestellt werden (§ 7 Abs. 1 Satz 1 VwZG). Hat der Bevollmächtigte eine schriftliche Vollmacht vorgelegt, **muss** an diesen zugestellt werden (§ 7 Abs. 1 Satz 2 VwZG); dies gilt auch, wenn die Vollmacht in elektronischer Form (§ 87a Abs. 3) vorgelegt wurde. Eine Zustellung direkt an den/die Beteiligten ist in diesem Falle unwirksam. Haben mehrere Beteiligte einen **gemeinsamen Verfahrensbevollmächtigten** bestellt, genügt es, dem Bevollmächtigten **eine** Ausfertigung des Dokuments mit Wirkung für alle Beteiligten zuzustellen (§ 7 Abs. 1 Satz 3 VwZG; BFH-Urteil vom 13. 8. 1970 – IV 48/65 – BStBl II, S. 839). Dies gilt auch, wenn der Verfahrensbevollmächtigte selbst Beteiligter ist und zugleich andere Beteiligte vertritt.

3.3.2 Einem **Zustellungsbevollmächtigten** mehrerer Beteiligter sind so viele Ausfertigungen oder Abschriften zuzustellen, als Beteiligte vorhanden sind (§ 7 Abs. 2 VwZG).

3.3.3 Haben mehrere Personen im Feststellungsverfahren einen gemeinsamen **Empfangsbevollmächtigten** (§ 183; § 6 der V zu § 180 Abs. 2 AO), so vertritt dieser die Feststellungsbeteiligten auch bei Zustellungen (§ 7 Abs. 3 VwZG). Dem Empfangsbevollmächtigten ist eine Ausfertigung des Dokuments zuzustellen und dabei darauf hinzuweisen, dass die Bekanntgabe mit Wirkung für und gegen alle von ihm vertretenen Feststellungsbeteiligten erfolgt (§ 183 Abs. 1 Satz 5; § 6 Abs. 1 Satz 5 der V zu § 180; vgl. Nr. 2.5.2).

3.3.4 Soll eine **Einspruchsentscheidung** zugestellt werden (vgl. zu § 366, Nr. 2), hat die Finanzbehörde diese dem Verfahrensbevollmächtigten (vgl. Nr. 3.3.1) auch ohne Nachweis einer Vollmacht zuzustellen, wenn dieser den Einspruch eingelegt und die Finanzbehörde ihn als Bevollmächtigten in der Einspruchsentscheidung aufgeführt hat (BFH-Urteil vom 25. 10. 1963 – III 7/60 U – BStBl III, S. 600). Hat der Steuerpflichtige den Einspruch selbst eingelegt, ist jedoch im weiteren Verlauf des Einspruchsverfahrens ein Bevollmächtigter vom Steuerpflichtigen aufgetreten, ist die Einspruchsentscheidung nur dann dem Bevollmächtigten zuzustellen, wenn eine Empfangsvollmacht vorliegt oder das Interesse des Steuerpflichtigen an einer Bekanntgabe gegenüber dem Bevollmächtigten nach den Umständen des Einzelfalls eindeutig erkennbar ist (BFH-Urteil vom 29. 7. 1987 I R 367, 379/83 BStBl 1988 II, S. 242).

28 3.4 Zustellung an Ehegatten

Der Grundsatz der Nr. 3.2 ist auch bei der Zustellung an Ehegatten zu beachten.

Haben beide Ehegatten gegen einen zusammengefassten Steuerbescheid (vgl. Nr. 2.1.1) Einspruch eingelegt, so ist – falls die Finanzbehörde die förmliche Zustellung angeordnet hat (vgl. Nr. 1.8.3 und zu § 366, Nr. 2) – grundsätzlich jedem der Ehegatten je eine Ausfertigung der an beide zu richtenden einheitlichen Einspruchsentscheidung zuzustellen (BFH–Urteil vom 8. 6. 1995 – IV R 104/94 – BStBl II, S. 681; vgl. Nr. 3.1.1.3). Dies gilt unabhängig davon, in welcher Weise (vgl. Nrn. 2.1.1 bis 2.1.5) der angefochtene Bescheid bekannt gegeben worden ist. Bei einer Zustellung mittels Einschreiben (vgl. Nr. 3.1.2) können aber beide Ausfertigungen in einer an beide Eheleute gemeinsam adressierten Sendung zur Post gegeben werden (Urteil des FG Bremen vom 23. 6. 1992 – II 87/91 K – EFG S. 758).

Tritt gegenüber der Finanzbehörde nur einer der Ehegatten im Einspruchsverfahren auf, so ist im Zweifel zu klären, ob dieser den Einspruch nur im eigenen Namen oder auch für den anderen Ehegatten führt. Bei Vorliegen einer „Vollmacht" ist zu unterscheiden, ob der Einspruchsführer **Zustellungsbevollmächtigter** (vgl. Nr. 3.3.2) oder **Verfahrensbevollmächtigter** (vgl. Nr. 3.3.1) ist. Dem Ehegatten als Zustellungsbevollmächtigten **darf** mit Wirkung auch für den anderen Ehegatten zugestellt werden, wobei an ihn **je eine Ausfertigung** der Entscheidung für jeden Ehegatten zuzustellen ist. Dem Ehegatten als Verfahrensbevollmächtigten **muss** mit Wirkung für den anderen Ehegatten zugestellt werden, wobei **eine Ausfertigung** genügt.

4.	**Folgen von Verfahrens- und Formfehlern**	**29**
4.1	Unwirksamkeit des Verwaltungsaktes wegen inhaltlicher Mängel	

Fehlen in einem Verwaltungsakt unverzichtbare wesentliche Bestandteile (siehe zum Steuerbescheid § 157 Abs. 1 Satz 2), die dazu führen, dass dieser inhaltlich nicht hinreichend bestimmt ist (§ 119 Abs. 1), so ist ein solcher Verwaltungsakt gemäß § 125 Abs. 1 nichtig und damit unwirksam (§ 124 Abs. 3). Eine Heilung derartiger Fehler ist nicht möglich, vielmehr ist ein neuer Verwaltungsakt zu erlassen (BFH-Urteil vom 17. 7. 1986 – V R 96/85 – BStBl II, S. 834).

4.1.1 Wird der Steuerschuldner (Inhaltsadressat) im Steuerbescheid gar nicht, falsch oder so ungenau bezeichnet, dass Verwechslungen möglich sind, ist der Verwaltungsakt wegen inhaltlicher Unbestimmtheit nichtig und damit unwirksam. Eine Heilung im weiteren Verfahren gegen den tatsächlichen Schuldner ist nicht möglich, es muss ein neuer Steuerbescheid mit richtiger Bezeichnung des Steuerschuldners (Inhaltsadressaten) verfügt und bekannt gegeben werden (BFH-Urteil vom 17. 3. 1970 – II 65/63 – BStBl II, S. 598).

Ist dagegen im Steuerbescheid eine falsche Person eindeutig und zweifelsfrei als Steuerschuldner (Inhaltsadressat) angegeben und wurde der Bescheid dieser Person bekannt gegeben, so ist der Bescheid nicht nichtig, sondern rechtswidrig und damit lediglich anfechtbar (BFH-Beschluss vom 17. 11. 1987 – V B 111/87 – BFH/NV 1988 S. 682).

4.1.2 Konnte im Fall einer Gesamtrechtsnachfolge ein Steuerbescheid dem Rechtsvorgänger (Erblasser) nicht mehr rechtswirksam bekannt gegeben werden, ist der Bescheid an den Gesamtschuldner (Inhaltsadressaten) als Steuerschuldner (Inhaltsadressaten) zu richten. Ein gleichwohl an den Rechtsvorgänger gerichteter Bescheid ist unwirksam (BFH-Urteil vom 24. 3. 1970 – I R 141/69 – BStBl II, S. 501, vgl. Nr. 2.12.1).

4.1.3 Ein Verwaltungsakt, der dem Inhaltsadressaten selbst bekannt gegeben wird, obwohl eine andere Person der zutreffende Bekanntgabeadressat ist (vgl. Nr. 1.4.3), ist unwirksam (BFH-Beschluss vom 14. 5. 1968 – II B 41/67 – BStBl II, S. 503). Eine Heilung ist nicht möglich; vielmehr ist ein neuer Verwaltungsakt mit Bezeichnung des zutreffenden Bekanntgabeadressaten (vgl. Nr. 1.4.3) zu erlassen. Zu den Folgen einer nur fehlerhaften Bezeichnung des Bekanntgabeadressaten vgl. Nr. 4.2.3.

4.2	Wirksamkeit des Verwaltungsaktes trotz inhaltlicher Mängel	**30**

4.2.1 Wird der richtige Steuerschuldner (Inhaltsadressat) lediglich ungenau bezeichnet, ohne dass Zweifel an der Identität bestehen (z.B. falsche Bezeichnung der Rechtsform einer Gesellschaft: OHG statt KG, GbR statt OHG o.ä.), so liegt kein Fall der inhaltlichen Unbestimmtheit vor. Der Steuerbescheid ist daher nicht unwirksam; die falsche Bezeichnung kann berichtigt werden (BFH-Urteile vom 26. 6. 1974 – II R 199/72 – BStBl II, S. 724 und vom 26. 9. 1974 – IV R 24/71 – BStBl 1975 II, S. 311; BFH-Beschluss vom 18. 3. 1998 – IV B 50/97 – BFH/NV S. 1255).

4.2.2 Ist in einem Feststellungsbescheid ein Beteiligter falsch bezeichnet, weil Rechtsnachfolge eingetreten ist, kann dies durch besonderen Bescheid gegenüber den Betroffenen berichtigt werden (§ 182 Abs. 3).

4.2.3 Die fehlerhafte Bezeichnung des Bekanntgabeadressaten macht den Bescheid nicht in jedem Fall unwirksam, die Bekanntgabe kann aber fehlerhaft sein. Die aus einer formell fehlerhaften Bezeichnung herrührenden Mängel können geheilt werden, wenn der von der Finanzbehörde zutreffend bestimmte, aber fehlerhaft bezeichnete Bekanntgabeadressat tatsächlich vom Inhalt des Bescheides Kenntnis erhält.

Beispiel:

Der gesetzliche Vertreter (Bekanntgabeadressat) eines Minderjährigen (Steuerschuldner und Inhaltsadressat) wird irrtümlich als Adam Meier bezeichnet, obwohl es sich um Alfred Meier handelt, dem der Verwaltungsakt auch tatsächlich zugeht.

Aus Gründen der Rechtssicherheit soll im Zweifel die Bekanntgabe des Verwaltungsaktes unter richtiger Angabe des Bekanntgabeadressaten wiederholt werden.

4.2.4 Geringfügige Abweichungen bei der Bezeichnung des Inhaltsadressaten, des Bekanntgabeadressaten oder des Empfängers, die insbesondere bei ausländischen Namen – auf technischen Schwierigkeiten, Lesefehlern usw. beruhen, machen den Bescheid weder unwirksam noch anfechtbar. Dies gilt auch, wenn bei einer juristischen Person ein unwesentlicher Namensbestandteil weggelassen oder abgekürzt wird oder eine allgemein übliche Kurzformel eines eingetragenen Namens verwendet wird. Bei einem Verstoß gegen das Namensrecht (z.B. Abkürzung überlanger Namen, Übersehen von Adelsprädikaten oder akademischen Graden) wird der Steuerbescheid dennoch durch Bekanntgabe wirksam, wenn der Steuerschuldner (Inhaltsadressat) durch die verwendeten Angaben unverwechselbar bezeichnet wird.

31 4.3 Unwirksamkeit des Verwaltungsaktes wegen eines Bekanntgabemangels

Ein Verwaltungsakt wird erst mit ordnungsmäßiger Bekanntgabe wirksam (§ 122 Abs. 1, § 124). Zur Heilung von Bekanntgabemängeln vgl. Nr. 4.4.4; zu Mängeln bei der förmlichen Zustellung vgl. Nr. 4.5.

Wird ein inhaltlich richtiger Verwaltungsakt einem auf der Postsendung unrichtig ausgewiesenen Empfänger übermittelt (z.B. Briefumschläge werden vertauscht), ist der Verwaltungsakt weder gegenüber dem richtigen noch gegenüber dem falschen Empfänger wirksam.

Beispiel:

Das FA erlässt einen für Herrn Konrad Meier, Sternstraße 15, 53111 Bonn, bestimmten Einkommensteuerbescheid. Der Bescheid weist im Anschriftenfeld die vorstehende Adresse aus, wird aber in einen Briefumschlag eingelegt, der an Herrn Ludwig Meier, Königstraße 200, 40212 Düsseldorf, adressiert ist.

Der Bescheid ist nicht wegen fehlender inhaltlicher Bestimmtheit nichtig, weil aus ihm eindeutig hervorgeht, wer Steuerschuldner (Inhaltsadressat) ist. Er wurde jedoch nicht dem Beteiligten, für den er bestimmt ist, bekannt gegeben und ist damit nicht wirksam. Die Unwirksamkeit des Bescheids kann unter entsprechender Anwendung des § 125 Abs. 5 förmlich festgestellt werden. Gegenüber dem richtigen Bekanntgabeadressaten/ Empfänger wird er erst wirksam, wenn die Bekanntgabe an diesen nachgeholt wird. Leitet der falsche Empfänger die Ausfertigung des Verwaltungsaktes an den richtigen Empfänger (Bekanntgabeadressaten) weiter, wird der zunächst vorliegende Bekanntgabemangel geheilt und der Verwaltungsakt wirksam (vgl. Nrn. 4.4.1, 4.4.4 und 1.7.3).

32 4.4 Wirksame Bekanntgabe

4.4.1 **Fehler beim technischen Ablauf** der Übermittlung des Verwaltungsaktes und Verletzungen von Formvorschriften können unbeachtlich sein (§ 127), wenn der Betroffene den für ihn bestimmten Verwaltungsakt tatsächlich zur Kenntnis genommen hat (vgl. Nrn. 4.2.3 und 4.4.4 zweiter Absatz). Andererseits kann eine Bekanntgabe im Rechtssinne unter bestimmten Voraussetzungen auch wirksam sein, wenn der Betroffene selbst den Verwaltungsakt tatsächlich nicht erhalten, zur Kenntnis genommen oder verstanden hat. Das Gesetz fingiert in diesen Fällen die Bekanntgabe (z.B. bei Übermittlung an einen für den Betroffenen handelnden Bekanntgabeadressaten). Zu den Folgen der Nichtbeachtung einer Empfangsvollmacht vgl. Nr. 1.7.3.

4.4.2 Ein Feststellungsbescheid, der im Anschriftenfeld eine im Zeitpunkt seines Erlasses bereits erloschene Personengesellschaft benennt, ist wirksam bekannt gegeben, wenn aus dem Gesamtinhalt des Bescheides erkennbar ist, welche Personen und in welcher Höhe Besteuerungsgrundlagen festgestellt werden, und dieser Bescheid diesen Personen auch übermittelt wird (BFH-Urteil vom 27. 4. 1978 – IV R 187/74 – BStBl 1979 II, S. 89).

4.4.3 Solange das Ausscheiden eines Gesellschafters im Handelsregister nicht eingetragen und dem Finanzamt auch sonst nicht bekannt geworden ist, ist die Bekanntgabe des Feststellungsbescheides an einen Empfangsbevollmächtigten i.S.d. § 183 auch dem ausgeschiedenen Gesellschafter gegenüber wirksam erfolgt (BFH-Urteile vom 3. 11. 1959 – I 2/59 U – BStBl III, 1960 S. 96 und vom 14. 12. 1978 – IV R 221/75 – BStBl 1979 II, S. 503; vgl. Nr. 2.5.5 und Nr. 4.2.2).

4.4.4 Heilung von Bekanntgabemängeln

Bekanntgabemängel können unter den Voraussetzungen des entsprechend anwendbaren § 8 VwZG (vgl. Nr. 4.5.1) geheilt werden (BFH-Urteil vom 29. 10. 1997 X R 37/95 BStBl 1998 II, S. 266).

Ein Verwaltungsakt kann trotz unrichtig angegebener Anschrift wirksam sein, wenn der Bekanntgabeadressat die Sendung tatsächlich erhält (BFH-Urteil vom 1. 2. 1990 – V R 74/85 – BFH/NV 1991 S. 2, für den Fall der Angabe einer unzutreffenden Hausnummer).

Wird dem Bekanntgabeadressaten eines Verwaltungsakts die Einspruchsentscheidung ordnungsgemäß bekannt gegeben, so kommt es auf Bekanntgabemängel des ursprünglichen Bescheides grundsätzlich nicht mehr an (BFH Urteile vom 28. 10. 1988 – III R 52/86 – BStBl 1989 II, S. 257 und vom 16. 5. 1990 – X R 147/87 – BStBl II, S. 942). Der Fehler bei der Bekanntgabe wird jedoch nicht geheilt, wenn der Einspruch in der Einspruchsentscheidung als unzulässig verworfen wird (BFH-Urteil vom 25. 1. 1994 – VIII R 45/92 – BStBl II, S. 603).

4.4.5 Zusammengefasste Steuerbescheide

Zusammengefasste Steuerbescheide (§ 155 Abs. 3) können **gegenüber mehreren Beteiligten** zu verschiedenen Zeitpunkten bekannt gegeben werden. Eine unterlassene oder unwirksame Bekanntgabe kann jederzeit nachgeholt werden (BFH-Urteil vom 25. 5. 1976 – VIII R 66/74 – BStBl II, S. 606); der Ablauf der Festsetzungsfrist ist zu beachten. Die Wirksamkeit eines Steuerbescheides gegenüber einem Beteiligten wird nicht dadurch berührt, dass dieser Bescheid gegenüber einem anderen Beteiligten unwirksam ist. Zur Bekanntgabe an Ehegatten vgl. Nr. 2.1.

4.5 Fehler bei förmlichen Zustellungen

4.5.1 Lässt sich die formgerechte Zustellung eines Dokuments nicht nachweisen oder ist es unter Verletzung zwingender Zustellungsvorschriften zugegangen, gilt es als in dem Zeitpunkt zugestellt, in dem es dem Empfangsberechtigten tatsächlich zugegangen ist; im Fall des § 5 Abs. 5 VwZG (Zustellung eines elektronischen Dokuments; vgl. Nrn. 3.1.3.3 bis 3.1.3.5) in dem Zeitpunkt, in dem der Empfänger das Empfangsbekenntnis zurückgesendet hat (§ 8 VwZG). Dies gilt auch dann, wenn durch die Zustellung eine Klagefrist in Lauf gesetzt wird (z.B. in den Fällen der behördlich angeordneten förmlichen Zustellung einer Einspruchsentscheidung). Ein Zustellungsmangel ist nach § 8 VwZG auch dann geheilt, wenn der Empfänger nachweislich nur eine Fotokopie des Verwaltungsaktes erhalten hat (BFH-Urteil vom 15. 1. 1991 VII R 86/89 – BFH/NV 1992 S. 81).

4.5.2 Zwingende Zustellungsvorschriften sind insbesondere bei der Zustellung durch die Post mit Zustellungsurkunde (vgl. Nr. 3.1.1) zu beachten. Es müssen sowohl die Zustellungsart (z.B. Ersatzzustellung) als auch der Zustellungsort (Wohnung, Geschäftsraum) richtig durch den Postbediensteten beurkundet werden (BFH-Urteil vom 10. 10. 1978 – VIII R 197/74 – BStBl 1979 II, S. 209). Das Aktenzeichen (vgl. Nr. 3.1.1.1) muss sowohl auf dem Briefumschlag als auch auf der Zustellungsurkunde angegeben sein (BFH-Urteil vom 24. 11. 1977 – IV R 113/75 – BStBl 1978 II, S. 467). Auch ein Verstoß gegen § 10 VwZG bei der Anordnung einer öffentlichen Zustellung (vgl. Nr. 3.1.5) kann unter den Voraussetzungen des § 8 VwZG geheilt werden (BFH-Urteil vom 6. 6. 2000 – VII R 55/99 – BStBl II, S. 560).

4.5.3 Eine wegen Formmangels unwirksame, von der Finanzbehörde angeordnete Zustellung eines Verwaltungsakts kann nicht in eine wirksame „schlichte" Bekanntgabe i.S.d. § 122 Abs. 1 umgedeutet werden (BFH-Urteile vom 25. 1. 1994 – VIII R 45/92 – BStBl II, S. 603, und vom 8. 6. 1995 – IV R 104/94 – BStBl II S. 681).

4.6 Fehlerhafte Bekanntgabe von Grundlagenbescheiden

Da ein Folgebescheid gemäß § 155 Abs. 2 vor Erlass eines notwendigen Grundlagenbescheides ergehen kann, ist die Unwirksamkeit der Bekanntgabe eines Grundlagenbescheides für den bereits vorliegenden Folgebescheid ohne Bedeutung. Erst wenn der Grundlagenbescheid wirksam bekannt gegeben worden ist, sind daraus für den Folgebescheid Folgerungen zu ziehen (§ 175 Abs. 1 Satz 1 Nr. 1).

4.7 Bekanntgabe von gesonderten und einheitlichen Feststellungen an einzelne Beteiligte

4.7.1 Ein Verwaltungsakt, der an mehrere Beteiligte gerichtet ist (z.B. gesonderte und einheitliche Feststellung), aber nicht allen Beteiligten bekannt gegeben wird, ist dadurch nicht unwirksam. Mit der Bekanntgabe an einzelne Beteiligte ist der Verwaltungsakt als entstanden anzusehen; er hat gegenüber diesen Beteiligten Wirksamkeit erlangt und kann insgesamt nicht mehr frei, sondern nur bei Vorliegen der gesetzlichen Änderungsvorschriften geändert werden (BFH-Urteile vom 31. 5. 1978 – I R 76/76 – BStBl II, S. 600 und vom 25. 11. 1987 – II R 227/84 – BStBl 1988 II, S. 410). Zur Nachholung der Bekanntgabe an die übrigen Beteiligten vgl. Nr. 2.5.1.

4.7.2 Die einzelnen Gesellschafter sind nicht in ihren Rechten verletzt, wenn ein gesonderter und einheitlicher Feststellungsbescheid anderen Gesellschaftern nicht oder nicht ordnungsgemäß bekannt gegeben worden ist (BFH-Urteil vom 12. 12. 1978 VIII R 10/76 – BStBl 1979 II, S. 440).

Rechtsprechung

36 BFH vom 8. 7. 1998 – I R 17/96 (BStBl 1999 II S. 48)

1. Einspruchsentscheidungen können auch durch Telefax übermittelt und in Form von Telefaxausdrucken wirksam bekanntgegeben werden.
2. Gibt ein steuerlicher Berater im Briefkopf seiner Schriftsätze eine Telefaxnummer an, ohne ausdrücklich darauf hinzuweisen, dass nicht er, sondern ein Dritter Inhaber des Telefaxanschlusses ist, muß er sich aufgrund des von ihm geschaffenen Rechtsscheins so behandeln lassen, als habe er den Dritten zu seinem Empfangsbevollmächtigten für Telefaxsendungen bestellt.

37 BFH vom 23. 11. 1999 – VII R 38/99 (BStBl 2001 II S. 463)

Zwangsgeldandrohungen und Zwangsgeldfestsetzungen können bei Vorliegen einer Vollmacht zur Vertretung in steuerlichen Angelegenheiten und zur Entgegennahme rechtsverbindlicher Erklärungen dem Bevollmächtigten bekannt gegeben werden.

38 BFH vom 16. 3. 2000 – III R 19/99 (BStBl 2000 II S. 520)

1. Die Anordnung einer förmlichen Zustellung nach § 122 Abs. 5 AO stellt mangels eigenen Regelungsinhalts keinen Verwaltungsakt dar.
2. Die Finanzbehörde ist daher nicht verpflichtet, die tragenden Erwägungen ihrer Ermessensentscheidung über die Art der Zustellung schriftlich in besonderer Form in den Steuerakten niederzulegen. Es genügt insoweit, dass ihr Wille, den betreffenden Verwaltungsakt durch förmliche Zustellung zu übermitteln, in anderer Weise aus dem Akteninhalt deutlich wird.
3. Es liegt eine zwingende Verletzung der Vorschriften über die förmliche Zustellung nach § 3 Abs. 1 Satz 2 VwZG vor, wenn die zuzustellende Sendung nicht mit einer ausreichenden, den Inhalt der Sendung einwandfrei identifizierenden Geschäftsnummer versehen ist. Es genügt insoweit nicht, wenn die Postzustellungsurkunde und/oder die Sendung als „Geschäftsnummer" lediglich die Steuernummer ausweist.

39 BFH vom 14. 10. 2003 – IX R 68/98 (BStBl 2003 II S. 898)

Die Dreitagesfrist zwischen der Aufgabe eines Verwaltungsakts zur Post und seiner vermuteten Bekanntgabe (§ 122 Abs. 2 Nr. 1 AO) verlängert sich, wenn das Fristende auf einen Sonntag, gesetzlichen Feiertag oder Sonnabend fällt, bis zum nächstfolgenden Werktag.

40 BFH vom 3. 2. 2004 – VII R 30/02 (BStBl 2004 II S. 439)

Die Zustellung eines Verwaltungsaktes an den Betroffenen persönlich führt in der Regel auch dann zur Wirksamkeit der Bekanntgabe und dem Lauf der durch diese ausgelösten Rechtsbehelfsfrist, wenn für das Verwaltungsverfahren ein Bevollmächtigter bestellt, eine schriftliche Vollmacht für diesen jedoch nicht vorgelegt worden ist.

41 BFH vom 31. 5. 2005 – I R 103/04 (BStBl 2005 II S. 623)

Bestreitet ein Steuerberater, den Steuerbescheid eines Mandanten erhalten zu haben, ist die Zugangsvermutung des § 122 Abs. 2 Nr. 1 AO auch dann widerlegt, wenn er kein Fristenkontrollbuch führt, sofern nicht weitere Indizien für den Zugang des Bescheides sprechen.

42 BFH vom 13. 10. 2005 – IV R 44/03 (BStBl 2006 II S. 214)

Bei der förmlichen Zustellung eines Bescheids über die gesonderte Feststellung von Besteuerungsgrundlagen durch Postzustellungsurkunde müssen Zustellungsurkunde und Sendung einen Hinweis auf den Gegenstand der Feststellung enthalten.

43 BFH vom 9. 11. 2005 – I R 111/04 (BStBl 2006 II S. 219)

Wird ein Steuerbescheid mit der Post übermittelt und wird die betreffende Postsendung später als drei Tage nach Absendung in den Hausbriefkasten des Empfängers eingeworfen, so beginnt die Einspruchsfrist am Tag des Einwurfs. Das gilt auch dann, wenn der Empfänger des Steuerbescheids ein Unternehmen ist, der Einwurf an einem Sonnabend erfolgt und in dem betreffenden Unternehmen sonnabends nicht gearbeitet wird (Abgrenzung zum BFH-Urteil vom 14. 10. 2003 IX R 68/98, BStBl II 2003, 898).

BFH vom 20. 11. 2008 – III R 66/07 (BStBl 2009 II S. 185) 44

1. Ein Steuerbescheid, der vor dem Datum des Bescheids zugestellt wird, ist wirksam bekanntgegeben, so dass die Einspruchsfrist mit Bekanntgabe des Bescheids zu laufen beginnt.
2. Versäumt der Empfänger die Einspruchsfrist, weil er darauf vertraut hat, die Frist ende nicht vor Ablauf eines Monats nach dem Datum des Bescheids, ist regelmäßig Wiedereinsetzung in den vorigen Stand zu gewähren.

BFH vom 29. 4. 2009 – X R 35/08 (HFR 2009 S. 1165) 45

Bestreitet der Steuerpflichtige, einen durch die Post übermittelten Steuerbescheid überhaupt erhalten zu haben, dann obliegt dem FA der volle Beweis über den Zugang. Dies gilt auch dann, wenn der Steuerpflichtige zusätzlich darlegt, aus welchen Gründen ihn der Bescheid möglicherweise nicht erreicht hat.

BFH vom 28. 5. 2009 – III R 84/06 (BStBl 2009 II S. 949)[1] 46

1. Teilt der Sachbearbeiter nach Aufgabe des Steuerbescheids zur Post, aber vor dessen Zugang, den Empfangsbevollmächtigten telefonisch mit, der Bescheid sei falsch und solle deshalb nicht bekanntgegeben werden, wird der Bescheid trotz des späteren Zugangs nicht wirksam.
2. Nimmt ein nicht zur Entgegennahme von Willenserklärungen ermächtigter Mitarbeiter des Empfangsbevollmächtigten die Mitteilung entgegen, ist diese den Empfangsbevollmächtigten zu dem Zeitpunkt zugegangen, zu dem unter regelmäßigen Umständen damit zu rechnen ist, dass der Mitarbeiter als Empfangsbote die Mitteilung weiterleitet.

BFH vom 25. 3. 2011 – II B 141/10 (BFH/NV 2011 S. 1006) 47

Wird ein Verwaltungsakt durch Empfangsbekenntnis zugestellt, beginnt eine Rechtsbehelfsfrist mit Ablauf des Tages, an dem der Zustellungsadressat das Empfangsbekenntnis unterzeichnet. § 122 Abs. 2 Halbsatz 1 Nr. 1 AO ist als Regelung über die Bekanntgabe von Verwaltungsakten durch einfachen Brief nicht anwendbar.

BFH vom 5. 8. 2011 – III B 76/11 (BFH/NV 2011 S. 1845) 48

Ein von dem vermuteten Zugang eines Verwaltungsakts binnen dreier Tage nach Postaufgabe abweichender Eingangsvermerk reicht zur Begründung von Zweifeln nicht aus, wenn der Steuerpflichtige im Hinblick auf den geltend gemachten atypisch langen Postlauf keine (weitere) Beweisvorsorge getroffen hat.

§ 123 Bestellung eines Empfangsbevollmächtigten

AO
S 0285

¹Ein Beteiligter ohne Wohnsitz oder gewöhnlichen Aufenthalt, Sitz oder Geschäftsleitung im Inland hat der Finanzbehörde auf Verlangen innerhalb einer angemessenen Frist einen Empfangsbevollmächtigten im Inland zu benennen. ²Unterlässt er dies, so gilt ein an ihn gerichtetes Schriftstück einen Monat nach der Aufgabe zur Post und ein elektronisch übermitteltes Dokument am dritten Tage nach der Absendung als zugegangen. ³Dies gilt nicht, wenn feststeht, dass das Schriftstück oder das elektronische Dokument den Empfänger nicht oder zu einem späteren Zeitpunkt erreicht hat. ⁴Auf die Rechtsfolgen der Unterlassung ist der Beteiligte hinzuweisen.

Anwendungserlass zur Abgabenordnung

AEAO
1

Zu § 123 – Bestellung eines Empfangsbevollmächtigten:

Die Vorschrift lässt den Nachweis zu, dass das Schriftstück oder das elektronische Dokument den Empfänger nicht oder erst zu einem späteren Zeitpunkt erreicht hat. Zweifel gehen zu Lasten des Empfängers.

---

[1] Vgl. hierzu auch AEAO zu § 124.

§ 124 Wirksamkeit des Verwaltungsakts

AO
S 0290

(1) ¹Ein Verwaltungsakt wird gegenüber demjenigen, für den er bestimmt ist oder der von ihm betroffen wird, in dem Zeitpunkt wirksam, in dem er ihm bekannt gegeben wird. ²Der Verwaltungsakt wird mit dem Inhalt wirksam, mit dem er bekannt gegeben wird.

(2) Ein Verwaltungsakt bleibt wirksam, solange und soweit er nicht zurückgenommen, widerrufen, anderweitig aufgehoben oder durch Zeitablauf oder auf andere Weise erledigt ist.

(3) Ein nichtiger Verwaltungsakt ist unwirksam.

AEAO

Anwendungserlass zur Abgabenordnung

1 Zu § 124 – Wirksamkeit des Verwaltungsaktes:

1. Der Verwaltungsakt wird mit dem Inhalt wirksam, mit dem er bekannt gegeben wird. Maßgebend ist nicht die Aktenverfügung der Finanzbehörde, sondern die Fassung, die dem Beteiligten zugegangen ist.
Bei der Auslegung des Verwaltungsaktes kommt es gemäß dem entsprechend anzuwendenden § 133 BGB nicht darauf an, was die Finanzbehörde mit ihren Erklärungen gewollt hat, sondern darauf, wie der Betroffene nach den ihm bekannten Umständen den materiellen Gehalt der Erklärungen unter Berücksichtigung von Treu und Glauben verstehen konnte. Im Zweifel ist das den Steuerpflichtigen weniger belastende Auslegungsergebnis vorzuziehen (BFH-Urteil vom 27. 11. 1996 – X R 20/95 – BStBl II 1997, S. 791).

2. Weicht der bekannt gegebene Verwaltungsakt von der Aktenverfügung ab, so liegt i. d. R. ein Schreib- oder Übertragungsfehler vor, der gem. § 129 berichtigt werden kann. Sind die Voraussetzungen des § 129 nicht gegeben, hat die Finanzbehörde alle Möglichkeiten einer Rücknahme, des Widerrufs, der Aufhebung oder Änderung des Verwaltungsaktes zu prüfen.

3. Bis zur Bekanntgabe wird der Verwaltungsakt nicht wirksam. Er kann daher bis zu diesem Zeitpunkt rückgängig gemacht oder abgeändert werden, ohne dass die Voraussetzungen der §§ 130, 131 oder der §§ 172 ff. vorliegen müssen.

4. Eine wirksame Bekanntgabe setzt voraus, dass der zum Erlass befugte Bedienstete diese veranlasst und dass er mit dem Willen handelt, den Bescheid bekannt zu geben (BFH-Urteil vom 24. 11. 1988 – V R 123/83 – BStBl II 1989, S. 344). Der Bekanntgabewille wird dadurch gebildet, dass der zeichnungsberechtigte Bedienstete die Aktenverfügung des Verwaltungsakts abschließend zeichnet und den Versand des Verwaltungsakts veranlasst oder dass die Bescheiderteilung in anderer Form abschließend veranlasst und die Versendung des Bescheides angewiesen wird.

5. Der Bekanntgabewille kann aufgegeben werden. Die Aufgabe des Willens der Finanzbehörde zur Bekanntgabe eines Verwaltungsakts führt aber nur dann zu dessen Unwirksamkeit, wenn der Wille aufgegeben wird, bevor der Bescheid den Herrschaftsbereich der Verwaltung verlassen hat; die Rechtzeitigkeit der Aufgabe des Bekanntgabewillens muss in den Akten hinreichend klar und eindeutig dokumentiert sein (BFH-Urteil vom 23. 8. 2000 – X R 27/98 – BStBl II 2001, S. 662). Der Empfänger des Verwaltungsaktes ist unverzüglich schriftlich über die Aufgabe des Bekanntgabewillens zu unterrichten. Es ist unerheblich, wenn der Empfänger diese Mitteilung erst nach Zugang des Verwaltungsaktes erhält. Der Aufgabe des Bekanntgabewillens kommt keine Bedeutung mehr zu, wenn der Verwaltungsakt den Herrschaftsbereich der Finanzbehörde bereits verlassen hat (BFH-Urteil vom 12. 8. 1996 – VI R 18/94 – BStBl II 1996, S. 627).

6. Unabhängig vom Zeitpunkt der Aufgabe des Bekanntgabewillens (vgl. Nummer 5) wird ein Verwaltungsakt aber auch dann nicht wirksam, wenn die Finanzbehörde dem Empfänger vor oder spätestens mit der Bekanntgabe des Verwaltungsakts mitteilt, dieser Bescheid solle nicht gelten (vgl. BFH-Urteil vom 28. 5. 2009 – III R 84/06 – BStBl 2009 II, S. 949). Wurde der Verwaltungsakt mit einfachem Brief versandt, ist ein solcher Widerruf auch dann bis zum Ablauf des nach § 122 Abs. 2 fingierten Bekanntgabetages möglich, wenn der Verwaltungsakt dem Empfänger tatsächlich früher zugegangen sein sollte (vgl. BFH-Urteil vom 18. 8. 2009 – X R 25/06 – BStBl 2009 II, S. 965). Der Widerruf bedarf nicht der Schriftform, er muss aber in den Akten hinreichend klar und eindeutig dokumentiert sein.

Rechtsprechung

Siehe auch Rechtsprechung zu § 122 AO

BFH vom 25. 11. 1987 – II R 227/84 (BStBl 1988 II S. 410)   2

Ein einheitlicher Feststellungsbescheid (Einheitswertbescheid) wird zwar erst mit der Bekanntgabe an alle Feststellungsbeteiligten allen gegenüber wirksam, er entfaltet aber mit seiner Bekanntgabe an einzelne der notwendigen Bekanntgabeempfänger diesen gegenüber Wirksamkeit.

BFH vom 8. 12. 1988 – IV R 24/87 (BStBl 1989 II S. 346)   3

Wird ein Einkommensteuerbescheid dem betroffenen Steuerpflichtigen bekanntgegeben und dadurch eine von ihm erteilte Bekanntgabevollmacht zugunsten seines Steuerberaters nicht beachtet, wird der Bekanntgabemangel durch die Weiterleitung des Einkommensteuerbescheids an den Bevollmächtigten geheilt. Die Einspruchsfrist beginnt mit dem Erhalt des Bescheids durch den Bevollmächtigten.

BFH vom 14. 11. 1990 – II R 58/86 (BStBl 1991 II S. 52)   4

Ein Steuerbescheid, mit dem die Erbschaftsteuer gegen einen Erben (Miterben) festgesetzt wird, wird mit der Bekanntgabe an den Testamentsvollstrecker dem Erben gegenüber wirksam. Das gilt auch, wenn sich der Steueranspruch nicht nur auf die Erbschaft i. S. des bürgerlichen Rechts gründet.

BFH vom 12. 8. 1996 – VI R 18/94 (BStBl 1996 II S. 627)   5

Die Aufgabe des zunächst vorhandenen Bekanntgabewillens ist bei einem dem Betroffenen gleichwohl bekanntgegebenen Steuerbescheid nur beachtlich, wenn die Rechtzeitigkeit der Aufgabe des Bekanntgabewillens in den Akten klar und eindeutig dokumentiert ist.

BFH vom 23. 8. 2000 – X R 27/98 (BStBl 2001 II S. 662)   6

Die Aufgabe des Willens der Finanzbehörde zur Bekanntgabe eines Steuerbescheids führt nur dann zu dessen Unwirksamkeit, wenn der Wille aufgegeben wird, bevor der Bescheid den Herrschaftsbereich der Verwaltung verlassen hat; die Rechtzeitigkeit der Aufgabe des Bekanntgabewillens muss in den Akten hinreichend klar und eindeutig dokumentiert sein.

BFH vom 19. 12. 2000 – X R 96/98 (BStBl 2001 II S. 353)   7

Aus den Gründen:
Die Anmeldung der Lohnsteuer und sonstigen Steuerabzugsbeträge durch den Arbeitgeber bildet zunächst den (formellen) Rechtsgrund für deren Zahlung. Ergeht aber nach der Anmeldung der Lohnsteuer gegenüber dem Arbeitnehmer ein Einkommensteuerbescheid, so bildet dieser einen neuen Rechtsgrund für die Steuerzahlungen, der die durch die Lohnsteueranmeldung gesetzte Rechtsgrundlage ablöst; die Lohnsteueranmeldung hat sich insoweit hinsichtlich dieses Arbeitnehmers – wie ein Einkommensteuervorauszahlungsbescheid – nach § 124 Abs. 2 AO „auf andere Weise" erledigt.

BFH vom 28. 2. 2002 – V R 42/01 (BStBl 2002 II S. 642)   8

1. Eine Steuererklärung ohne die gesetzlich vorgeschriebene Unterschrift ist zwar unwirksam. Dieser Mangel ist aber unbeachtlich, wenn auf eine solche Steuererklärung ein wirksamer Steuerbescheid ergeht.
2. Eine Zustimmung zu einer Steueranmeldung ist ein Verwaltungsakt, wenn sie dem *Steuerpflichtigen* durch eine Abrechnung bekannt gegeben wird.

BFH vom 9. 4. 2002 – VII R 108/00 (BStBl 2002 II S. 562)   9

1. Hat das FA abgetretene Vorsteuerüberschüsse eines Voranmeldungszeitraumes an den Zessionar ausgezahlt, entsteht gegen diesen ein Rückforderungsanspruch, wenn der Rechtsgrund für die Auszahlung durch Berichtigung der Bemessungsgrundlage nach § 17 Abs. 2 Nr. 3 i. V. m. Abs. 1 Satz 3 UStG in einem späteren Voranmeldungszeitraum entfallen ist.
2. Die zur Auszahlung des Vorsteuerüberschusses führende Umsatzsteuerfestsetzung (§ 168 AO) hat mit der Berichtigung der Bemessungsgrundlage gemäß § 17 Abs. 2 Nr. 3 UStG in einer späteren Umsatzsteuervoranmeldung (§ 168 AO) ihre Wirksamkeit als formeller Rechtsgrund verloren (§ 124 Abs. 2 i. V. m. § 218 Abs. 1 AO).

10 BFH vom 9. 12. 2004 – VII R 16/03 (BStBl 2006 II S. 346)

Hat das FA einen Schenkungsteuerbescheid in der Annahme aufgehoben, der betreffende Erwerb sei der Erbschaftsteuer zu unterwerfen, hebt es jedoch später auch diesen Aufhebungsbescheid auf, weil es nunmehr doch Schenkungsteuer meint beanspruchen zu können, so wird dadurch die Festsetzung der Schenkungsteuer wieder in Kraft gesetzt.

11 BFH vom 22. 5. 2007 – X R 26/05 (HFR 2007 S. 1003)

1. – 2. ...
3. Die Wirksamkeit einer AdV-Verfügung wird aufgrund ihrer Tatbestandswirkung nur durch Rücknahme, Widerruf, Aufhebung, Zeitablauf oder anderweitige Erledigung eingeschränkt.
4. ...
5. Die Wirksamkeit einer förmlichen Zustellung ist nicht von der Bezeichnung des Bekanntgabeadressaten, sondern von dessen tatsächlicher Rechtsstellung abhängig.
...

12 BFH vom 26. 9. 2007 – I R 43/06 (BStBl 2008 II S. 134)

Eine Fortsetzungsfeststellungsklage ist nicht zulässig, wenn der mit ihr angegriffene Verwaltungsakt sich schon vor der Klageerhebung erledigt hatte und die Feststellung der Rechtswidrigkeit des Verwaltungsakts nicht Voraussetzung dafür ist, dass der Kläger einen effektiven Rechtsschutz erhält.

13 BFH vom 19. 8. 2008 – VII R 36/07 (BStBl 2009 II S. 90)

1. Wird eine Lieferung, für die der Vorsteuerabzug in Anspruch genommen worden ist, rückgängig gemacht und dadurch die Berichtigungspflicht des Unternehmers nach § 17 Abs. 2 Nr. 3 i. V. m. Abs. 1 Satz 3 UStG 1999 ausgelöst, bewirkt die vom FA in einem nachfolgenden Voranmeldungszeitraum vollzogene Berichtigung der vorangegangenen (negativen) Umsatzsteuerfestsetzung „auf andere Weise" i. S. des § 124 AO. War ein Vergütungsanspruch aus dieser Festsetzung abgetreten, so entsteht der Rückforderungsanspruch des Fiskus aus § 37 Abs. 2 AO gegenüber dem Zessionar im Umfang der ursprünglich zu hoch ausgezahlten Steuervergütung (Bestätigung der Senatsrechtsprechung).
2. Die Feststellung einer vom FA angemeldeten, einen früheren Vorsteuerabzug berichtigenden Umsatzsteuer zur Insolvenztabelle hat die gleiche Wirkung wie ein inhaltsgleicher Berichtigungsbescheid i. S. des § 17 UStG 1999. Ein Zessionar als Rechtsnachfolger im Zahlungsanspruch aus dem ursprünglichen Vorauszahlungsbescheid und Leistungsempfänger ist einem Rückforderungsanspruch in beiden Fällen gleichermaßen ausgesetzt (Fortentwicklung der Rechtsprechung).

14 BFH vom 17. 3. 2009 – VII R 38/08 (BStBl 2009 II S. 953)

Sind im Umsatzsteuerjahresbescheid abzugsfähige Vorsteuern mit 0 DM/€ zugrunde gelegt, verliert die Festsetzung eines Vergütungsanspruchs aufgrund einer Umsatzsteuervoranmeldung (Vorbehaltsfestsetzung), soweit sie auf berücksichtigten Vorsteuern beruht, ihre Wirksamkeit als formeller Rechtsgrund für die infolge einer wirksamen Abtretung des Anspruchs bewirkte Auszahlung. Im Falle der Uneinbringlichkeit beim Zedenten ist das FA zur Rückforderung des Betrages vom Zessionar berechtigt (Fortentwicklung der Rechtsprechung).

15 BFH vom 12. 8. 2011 – III B 57/11 (BFH/NV 2011 S. 2004)

Der (weitere) Vollzug eines Bescheides, der zum Zeitpunkt seines Ergehens der Auslegung des § 32 Abs. 4 Satz 2 EStG durch den BFH entsprach und erst durch eine andere Auslegung durch das BVerfG rechtswidrig geworden ist, in Kenntnis dieser Rechtswidrigkeit ist rechtmäßig. Die Bindungswirkung eines bestandskräftigen Verwaltungsakts geht der materiellen Gerechtigkeit auch dann vor, wenn in dem Zeitpunkt, in dem seine Rechtswidrigkeit bemerkt wird, die Vollziehung noch fortdauert.

§ 125 Nichtigkeit des Verwaltungsakts

(1) Ein Verwaltungsakt ist nichtig, soweit er an einem besonders schwerwiegenden Fehler leidet und dies bei verständiger Würdigung aller in Betracht kommenden Umstände offenkundig ist.

(2) Ohne Rücksicht auf das Vorliegen der Voraussetzungen des Absatzes 1 ist ein Verwaltungsakt nichtig,
1. der schriftlich oder elektronisch erlassen worden ist, die erlassende Finanzbehörde aber nicht erkennen lässt,
2. den aus tatsächlichen Gründen niemand befolgen kann,
3. der die Begehung einer rechtswidrigen Tat verlangt, die einen Straf- oder Bußgeldtatbestand verwirklicht,
4. der gegen die guten Sitten verstößt.

(3) Ein Verwaltungsakt ist nicht schon deshalb nichtig, weil
1. Vorschriften über die örtliche Zuständigkeit nicht eingehalten worden sind,
2. eine nach § 82 Abs. 1 Satz 1 Nr. 2 bis 6 und Satz 2 ausgeschlossene Person mitgewirkt hat,
3. ein durch Rechtsvorschrift zur Mitwirkung berufener Ausschuss den für den Erlass des Verwaltungsakts vorgeschriebenen Beschluss nicht gefasst hat oder nicht beschlussfähig war,
4. die nach einer Rechtsvorschrift erforderliche Mitwirkung einer anderen Behörde unterblieben ist.

(4) Betrifft die Nichtigkeit nur einen Teil des Verwaltungsakts, so ist er im Ganzen nichtig, wenn der nichtige Teil so wesentlich ist, dass die Finanzbehörde den Verwaltungsakt ohne den nichtigen Teil nicht erlassen hätte.

(5) Die Finanzbehörde kann die Nichtigkeit jederzeit von Amts wegen feststellen; auf Antrag ist sie festzustellen, wenn der Antragsteller hieran ein berechtigtes Interesse hat.

Anwendungserlass zur Abgabenordnung

Zu § 125 – Nichtigkeit des Verwaltungsaktes:

1. Der nichtige Verwaltungsakt entfaltet keine Rechtswirkungen; aus ihm darf nicht vollstreckt werden.
2. Fehler bei der Anwendung des materiellen Rechts führen i. d. R. nicht zur Nichtigkeit, sondern nur zur Rechtswidrigkeit des Verwaltungsaktes.
3. Der Betroffene kann die Nichtigkeit des Verwaltungsaktes jederzeit auch noch nach Ablauf der Rechtsbehelfsfristen geltend machen. Der Antrag auf Feststellung der Nichtigkeit (§ 125 Abs. 5) ist nicht fristgebunden.

Hinweise

Nichtigkeit eines Verwaltungsaktes

(FM Nordrhein-Westfalen, Erlass vom 1. 3. 2005 – S 0291 –)

1. Allgemeines

Gemäß § 125 Abs. 1 AO ist ein Verwaltungsakt nichtig, soweit er an einem besonders schwerwiegenden Mangel leidet und dies bei verständiger Würdigung aller in Betracht kommenden Umstände offenkundig ist.

Nichtige Verwaltungsakte sind gemäß § 124 Abs. 3 AO unwirksam. Sie erzeugen keinerlei Rechtswirkungen. Aus ihnen darf nicht vollstreckt werden. Nichtige Verwaltungsakte sind auch nicht heilbar gemäß § 126 Abs. 1 AO. So kann ein infolge inhaltlicher Unbestimmtheit nichtiger Verwaltungsakt nicht dadurch geheilt werden, dass der Steuerschuldner in der Einspruchsentscheidung erstmals zutreffend bezeichnet wird (BFH-Urteil vom 17. 8. 1995, BFH/NV 1996, 196).

2. Anfechtung eines nichtigen Verwaltungsaktes

Wegen des Rechtsscheins, den auch ein nichtiger Verwaltungsakt entfalten kann, ist auch ein Einspruch gegen einen nichtigen Verwaltungsakt zulässig. Auf die Nichtigkeit eines Verwaltungsaktes kann sich der Stpfl. jederzeit berufen. Zur Anfechtung eines nichtigen Verwaltungsaktes braucht die Rechtsbehelfsfrist des § 355 Abs. 1 AO nicht gewahrt zu werden (BFH-Urteil vom 17. 7. 1986, BStBl 1986 II 834).

Die zur Beseitigung des Rechtsscheins eines nichtigen Steuerbescheides vorgenommene Anfechtung hat keine den Ablauf der Verjährungsfrist hemmende Wirkung (BFH-Urteile vom 17. 8. 1995, BFH/NV 1996, 196, und vom 27. 2. 1997, BFH/NV 1997, 388).

3. Feststellung der Nichtigkeit eines Verwaltungsakts

Die Feststellung der Nichtigkeit eines Verwaltungsakts sowie die Ablehnung einer solchen Feststellung durch eine Verwaltungsbehörde stellt nach ständiger Rechtsprechung des BFH entgegen der zum Teil in der Literatur vertretenen Auffassung lediglich eine Auskunft darüber dar, ob die Behörde den Verwaltungsakt für wirksam hält oder nicht. Eine darüber hinausgehende Verbindlichkeit ist der von der Behörde getroffenen Entscheidung nicht beizumessen (BFH-Urteile vom 17. 10. 85, BFH/NV 1986, 720, und vom 15. 11. 1991, BStBl II 1992, 224). Demzufolge liegt in derartigen Fällen lediglich eine reine Wissenserklärung, nicht aber ein Verwaltungsakt vor. Begehrt der Stpfl. die rechtsverbindliche Feststellung der Nichtigkeit eines Verwaltungsaktes, so kann er bei Gericht Feststellungsklage gem. § 41 FGO erheben, ohne dass vorher ein Verfahren nach § 125 Abs. 5 AO durchgeführt werden muss.

4. Treu und Glauben

Zu den nicht generell und abstrakt festgelegten Rechtsfolgen, die einen Beteiligten am Steuerrechtsverhältnis aus treuwidrigem Verhalten treffen können, kann es auch gehören, dass er die Befugnis verliert, aus der Nichtigkeit eines Steuerverwaltungsaktes abgeleitete Rechte, wie vor allem Erstattungsansprüche, geltend zu machen. Eine solche Begrenzung kann sich, und zwar für beide Seiten eines konkreten Steuerrechtsverhältnisses, aus den allgemeinen Rechtsgrundsätzen von Treu und Glauben ausnahmsweise dann ergeben, wenn die Berufung auf die Nichtigkeit zu einem schlechthin untragbaren Ergebnis führen würde (BFH-Urteil vom 17. 6. 1992, BStBl 1993 II 174).

So kann es rechtsmissbräuchlich sein, wenn ein Steuerpflichtiger sich erst nach mehreren Jahren allein zu Erstattungszwecken auf einen von ihm mitzuverantwortenden Bestimmtheitsmangel beruft, der bei ihm selbst tatsächlich keinerlei Unklarheiten bewirkt hatte (BFH-Urteil vom 17. 6. 1992 a. a. O.).

Es ist ebenfalls rechtsmissbräuchlich und deshalb ein Verstoß gegen Treu und Glauben, wenn sich die Finanzverwaltung nach jahrelangem Rechtsfrieden auf die von ihr selbst verursachte Nichtigkeit beruft, um nunmehr – ohne dass die Voraussetzungen von Änderungsvorschriften vorliegen – „verbösernde" Erstbescheide zu erlassen (Urteil des FG Köln vom 22. 9. 1994, EFG 1995, 240).

5. Einzelfälle aus der Rechtsprechung

5.1 Inhaltliche Bestimmtheit

Ein Verwaltungsakt ist nichtig, wenn

- aus einem Steuerbescheid nicht eindeutig hervorgeht, von wem was gefordert wird, der Steuerschuldner im Hinblick auf die gegen ihn festgesetzte Steuerschuld nicht klar ersichtlich ist (BFH-Urteil vom 17. 8. 1995, BFH/NV 1996, 196),
- ein Steuerbescheid die festgesetzte Steuer ihrer Art nach nicht bezeichnet (BFH-Urteil vom 7. 8. 1985, BStBl 1986 II 42),
- ein Vorauszahlungsbescheid lediglich den Minderungsbetrag gegenüber der bisherigen Festsetzung ausweist, nicht aber den neu festgesetzten Betrag (Urteil des FG des Landes Brandenburg vom 18. 12. 1996, EFG 1997, 585).

Hingegen ist ein Verwaltungsakt nicht allein deshalb nichtig, weil

- der Steuer- oder Haftungsbetrag wesentlich überhöht festgesetzt worden ist (BFH-Urteil vom 14. 1. 1992, BFH/NV 1992, 365),
- in einem Haftungsbescheid die Angabe des Steuerschuldners fehlt, solange die Haftungsschuld in tatsächlicher und rechtlicher Hinsicht in anderer Weise ausreichend konkretisiert werden kann (BFH-Urteil vom 3. 12. 1996, BStBl 1997 II 306),
- in einem Lohnsteuerhaftungsbescheid die Aufgliederung der Haftungssumme nach Steuerarten und Erhebungszeiträumen fehlt, wenn der Haftungsschuldner aus dem gesamten Inhalt des Bescheides, aus dem Zusammenhang, der von der Finanzbehörde gegebenen Begründung oder aus den den Beteiligten bekannten näheren Umständen im Wege der Auslegung hinreichende Klarheit gewinnen kann (BFH-Urteil vom 24. 4. 1990, BFH/NV 1991, 137).

5.2 Falsche oder fehlende Begründung

Nach der Rechtsprechung ist ein Verwaltungsakt nicht allein deshalb nichtig, weil
- das Recht unrichtig angewandt worden oder eine gesetzliche Grundlage zu Unrecht angenommen worden ist, solange er die an eine ordnungsgemäße Verwaltung zu stellenden Anforderungen nicht in einem so erheblichen Maße verletzt, dass von niemandem mehr erwartet werden kann, den Verwaltungsakt als verbindlich anzuerkennen (BFH-Beschluss vom 1. 10. 1981, BStBl 1982 II 133),
- einem Verwaltungsakt zwar eine unrichtige Rechtsauffassung zugrunde liegt, diese aber über längere Zeit und auch noch im Zeitpunkt der Bekanntgabe des Verwaltungsaktes praktiziert wurde, ohne dass die h. M. in Rechtsprechung, Verwaltung und Literatur dies für rechtsfehlerhaft hielt (BFH-Urteil vom 10. 11. 1993, BStBl 1994 II 327),
- dem Verwaltungsakt die erforderliche Begründung fehlt (BFH-Urteil vom 26. 11. 1996, BStBl 1997 II 422),
- die Begründung einer Einspruchsentscheidung unzutreffend oder zu dürftig ist (BFH-Beschluss vom 9. 5. 1996, BFH/NV 1996, 871),
- in einem Änderungsbescheid die falsche Änderungsvorschrift angegeben worden ist (BFH-Urteil vom 25. 11. 1980, BStBl 1981 II 419),
- einem Bescheid ein Vorläufigkeitsvermerk beigefügt worden ist, obwohl die Voraussetzungen des § 165 Abs. 1 AO nicht erfüllt waren (BFH-Urteil vom 5. 2. 1992, BFH/NV 1992, 579),
- ein Änderungsbescheid erlassen wurde, obwohl die Voraussetzungen für die Änderung oder Berichtigung nicht gegeben waren (Urteil des FG München vom 24. 4. 1996, EFG 1996, 960),
- ein Schätzungsbescheid grobe Schätzungsfehler enthält, es sei denn, das Finanzamt hat bewusst zum Nachteil des Stpfl. geschätzt (BFH-Urteil vom 1. 10. 1992, BStBl 1993 II 259 und vom 20. 12. 2000, BStBl 2001 II 381).

5.3 Folgen von Verfahrens- und Formfehlern

Diese können sowohl zur Nichtigkeit gem. § 125 AO führen als auch zur Folge haben, dass der Verwaltungsakt nicht gem. § 124 Abs. 1 AO wirksam wird. Hierzu wird auf den AEAO zu § 122 AO Tz. 4 verwiesen.

5.4 Sonstiges

Nach der Rechtsprechung führt es nicht zur Nichtigkeit des Verwaltungsaktes, wenn
- eine Aussetzungsverfügung ergangen ist, ohne dass der Steuerbescheid, dessen Aussetzung verfügt wurde, angefochten worden ist (Urteil des FG Düsseldorf vom 26. 2. 1997, EFG 1997, 1087),
- die dem Bescheid zugrunde liegende Steuererklärung oder der zugrunde liegende Antrag entgegen der gesetzlichen Vorschrift vom Stpfl. nicht eigenhändig unterschrieben wurde, wenn der Antrag durch den Stpfl. oder mit seinem Wissen und Wollen beim Finanzamt eingereicht worden ist (BFH-Urteil vom 15. 11. 1991, BStBl 1992 II 224),
- der den Verwaltungsakt unterzeichnende Bedienstete seine Zeichnungsbefugnis überschritten hat (BFH-Urteil vom 13. 5. 1987, BStBl 1987 II 592),
- ein Folgebescheid auf einem nichtigen Grundlagenbescheid beruht (BFH-Beschluss vom 23. 6. 1995, Az. X B 302/94),
- ein Steuerbescheid nach Ablauf der Festsetzungsfrist ergeht (AEAO Vor §§ 169-171),
- das Finanzamt § 91 AO (Anhörung des Stpfl. vor Erlass des Bescheides) nicht beachtet hat (Urteil des FG Bremen vom 28. 11. 1985, EFG 1986, 369),
- eine im außergerichtlichen Rechtsbehelfsverfahren notwendige Hinzuziehung vor Erlass der Einspruchsentscheidung unterlassen worden ist (BFH-Urteil vom 16. 3. 1984, Az.: III R 107/83, nv),
- Steuer- oder Haftungsbescheide aufgrund einer Betriebsprüfung ergangen sind, ohne dass eine (wirksame) Prüfungsanordnung erlassen wurde (BFH-Urteil vom 11. 12. 1987, BFH/NV 1988, 284),
- ein Verstoß gegen die Formvorschrift des § 119 Abs. 3 AO vorliegt, wonach ein schriftlicher Verwaltungsakt unterschrieben oder mit dem Namen eines bestimmten Beamten versehen sein muss (BFH-Urteil vom 18. 7. 1985, BStBl 1986 II 169),
- ein Feststellungsbescheid ergangen ist ohne dass die Voraussetzungen für die gesonderte Feststellung vorlagen (Urteil des FG Rheinland-Pfalz vom 30. 1. 1987, Az.: 6 K 62/85, nv),
- ein Einkommensteuerbescheid über eine Zusammenveranlagung gem. §§ 26, 26b EStG lediglich an einen der beiden Ehegatten adressiert wird und auch der andere Ehegatte in dem Einzelbescheid nicht benannt wird (BFH-Urteil vom 30. 11. 1999, BFH/NV 2000, 678).

Rechtsprechung

3 **BFH vom 23. 8. 2000 – X R 27/98 (BStBl 2001 II S. 662)**

Ein Einkommensteuerbescheid ist wegen fehlender hinreichender Bestimmtheit nichtig, wenn er für einen Veranlagungszeitraum ergeht, für den bereits ein – wirksamer – Einkommensteuerbescheid gegenüber demselben Adressaten erlassen wurde, ohne das Verhältnis zu diesem Bescheid klarzustellen.

4 **BFH vom 20. 12. 2000 – I R 50/00 (BStBl 2001 II S. 381)**

Grobe Schätzungsfehler bei der Ermittlung der Besteuerungsgrundlagen führen regelmäßig nur zur Rechtswidrigkeit und nicht zur Nichtigkeit des Schätzungsbescheides. Anders verhält es sich allerdings, wenn das FA bewusst und willkürlich zum Nachteil des Steuerpflichtigen schätzt (Anschluss an BFH-Beschluss vom 14. April 1989, BStBl 1990 II S. 351; Urteil vom 1. Oktober 1992, BStBl 1993 II S. 259).

5 **BFH vom 7. 2. 2002 – VI R 80/00 (BStBl 2002 II S. 438)**

Ein nach § 40 Abs. 1 Satz 1 Nr. 2 EStG ergangener Lohnsteuer-Pauschalierungsbescheid ist nicht deshalb nichtig, weil der Arbeitgeber keinen Pauschalierungsantrag gestellt hat.

6 **BFH vom 8. 2. 2007 – IV R 65/01 (BStBl 2009 II S. 699)**

1. Die Beantwortung der Frage, ob ein Verwaltungsakt mehrdeutig ist, richtet sich danach, wie ein außenstehender Dritter die Erklärung der Behörde auffassen musste; demgegenüber ist für die Auslegung eines Verwaltungsaktes maßgeblich, wie der Betroffene selbst nach den ihm bekannten Umständen den materiellen Gehalt der Erklärung unter Berücksichtigung von Treu und Glauben verstehen konnte (Bestätigung des Senatsurteils vom 13. 10. 2005, BStBl II 2006, 404).

...

7 **BFH vom 6. 6. 2007 – II R 17/06 (BStBl 2008 II S. 46)**

1. Ein mehrere freigebige Zuwendungen zusammenfassender Schenkungsteuerbescheid, der die einzelnen der Besteuerung unterworfenen Lebenssachverhalte nicht konkret bezeichnet, ist mangels hinreichender inhaltlicher Bestimmtheit nichtig (BFH-Urteil vom 15. 3. 2007, BStBl. 2007 II S. 472).

2. Bleiben dem FA die Umstände, die es ihm ermöglichen würden, die Steuer für die Einzelzuwendungen getrennt festzusetzen, deshalb unbekannt, weil der Steuerpflichtige seine Mitwirkungspflichten (§ 90 AO), insbesondere seine Steuererklärungspflichten (§ 149 Abs. 1 AO), verletzt hat, kann sich das FA darauf beschränken, die Steuer unter Angabe des mutmaßlichen Zeitraums, in dem mehrere, der Anzahl und Höhe nach unbekannte Zuwendungen vorgenommen wurden, nach einem einheitlichen (Schätz-)Betrag, der alle Zuwendungen umfassen soll, einheitlich festzusetzen.

8 **BFH vom 24. 1. 2008 – V R 36/06 (BStBl 2008 II S. 686)**

Die Zulässigkeit einer Nichtigkeits-Feststellungsklage (§ 41 FGO) ist nicht davon abhängig, dass der Kläger vor der Klageerhebung ein entsprechendes Antragsverfahren nach § 125 Abs. 5 AO beim FA durchgeführt hat. Nichts anderes gilt regelmäßig auch dann, wenn der Steuerpflichtige zunächst (freiwillig) einen derartigen Antrag beim FA gestellt hat, jedoch das Ergebnis der Bescheidung vor Klageerhebung nicht abwartet.

9 **BFH vom 20. 1. 2010 – II R 54/07 (BStBl 2010 II S. 463)**

Ist das FA bei der Festsetzung der Schenkungsteuer für mehrere freigebige Zuwendungen erkennbar davon ausgegangen, es liege eine einheitliche Zuwendung vor, führt dies nicht zur Nichtigkeit des Steuerbescheids.

---

§ 126 Heilung von Verfahrens- und Formfehlern

(1) Eine Verletzung von Verfahrens- oder Formvorschriften, die nicht den Verwaltungsakt nach § 125 nichtig macht, ist unbeachtlich, wenn

1. der für den Verwaltungsakt erforderliche Antrag nachträglich gestellt wird,

2. die erforderliche Begründung nachträglich gegeben wird,
3. die erforderliche Anhörung eines Beteiligten nachgeholt wird,
4. der Beschluss eines Ausschusses, dessen Mitwirkung für den Erlass des Verwaltungsakts erforderlich ist, nachträglich gefasst wird,
5. die erforderliche Mitwirkung einer anderen Behörde nachgeholt wird.

(2) Handlungen nach Absatz 1 Nr. 2 bis 5 können bis zum Abschluss der Tatsacheninstanz eines finanzgerichtlichen Verfahrens nachgeholt werden.

(3) ¹Fehlt einem Verwaltungsakt die erforderliche Begründung oder ist die erforderliche Anhörung eines Beteiligten vor Erlass des Verwaltungsakts unterblieben und ist dadurch die rechtzeitige Anfechtung des Verwaltungsakts versäumt worden, so gilt die Versäumung der Einspruchsfrist als nicht verschuldet. ²Das für die Wiedereinsetzungsfrist nach § 110 Abs. 2 maßgebende Ereignis tritt im Zeitpunkt der Nachholung der unterlassenen Verfahrenshandlung ein.

Anwendungserlass zur Abgabenordnung

AEAO

Zu § 126 – Heilung von Verfahrens- und Formfehlern:

1

1. Ein nachträglich gestellter, fristgebundener Antrag heilt den Verwaltungsakt nur, wenn er innerhalb der für die Antragstellung vorgeschriebenen Frist nachgeholt wird.
2. Wegen § 126 Abs. 1 Nr. 3 wird auf § 91 hingewiesen.
3. Zur Wiedereinsetzung in den vorigen Stand nach unterlassener Anhörung eines Beteiligten bzw. wegen fehlender Begründung des Verwaltungsaktes (§ 126 Abs. 3 i. V. m. § 110) vgl. zu § 91, Nr. 3 und zu § 121, Nr. 3.

Rechtsprechung

Rsp

Siehe auch Rechtsprechung zu § 102 FGO

BFH vom 13. 12. 1984 – VIII R 19/81 (BStBl 1985 II S. 601)

2

Die Rechtsfolge des § 126 Abs. 3 Satz 1 AO tritt nur ein, wenn die fehlende Begründung des Steuerbescheids oder die unterlassene Anhörung vor einer beabsichtigten Abweichung von der Steuererklärung ursächlich für das Versäumen der Rechtsbehelfsfrist war.

BFH vom 16. 12. 1986 – VIII R 123/86 (BStBl 1987 II S. 248)

3

Ein Begründungsmangel kann auch in den Fällen des § 193 Abs. 2 Nr. 2 AO dadurch geheilt werden, daß der Prüfer dem Steuerpflichtigen die Gründe für die Anordnung der Prüfung mündlich mitteilt.

BFH vom 26. 9. 2001 – IV R 29/00 (BStBl 2002 II S. 120)

4

Formmängel i. S. von § 126 Abs. 1 Nr. 2 bis 5 AO können durch eine Einspruchsentscheidung auch dann noch geheilt werden, wenn der Einspruchsführer zuvor eine Untätigkeitsklage erhoben hat.

BFH vom 11. 3. 2004 – VII R 52/02 (BStBl 2004 II S. 579)[1)]

5

Die Vorschrift des § 102 Satz 2 FGO i. d. F. des StÄndG 2001 gestattet es der Finanzbehörde nur, bereits an- oder dargestellte Ermessenserwägungen zu vertiefen, zu verbreitern oder zu verdeutlichen. Nicht dagegen ist sie befugt, Ermessenserwägungen im finanzgerichtlichen Verfahren erstmals anzustellen, die Ermessensgründe auszuwechseln oder vollständig nachzuholen.

Aus den Gründen:

Die fehlende Ausübung des Auswahlermessens kann auch nicht gemäß § 126 Abs. 1 Nr. 2, Abs. 2 AO geheilt werden. Unabhängig von der Frage, in welchem Verhältnis die vorgenannte Vorschrift zu § 102 Satz 2 FGO steht, findet § 126 Abs. 1 Nr. 2 Abs. 2 AO im Streitfall schon deswegen keine Anwendung, weil die angefochtenen Haftungsbescheide wegen der mangelnden Ausübung des Auswahlermessens rechtswidrig sind. Eine fehlende Ermessensausübung stellt jedoch nicht nur einen Begründungsmangel i. S. des § 126 Abs. 1 Nr. 2 AO dar.

[1)] Vgl. auch BFH vom 1. 7. 2008 – II R 2/07 (BStBl 2008 II S. 897).

AO

§ 127 Folgen von Verfahrens- und Formfehlern

Die Aufhebung eines Verwaltungsakts, der nicht nach § 125 nichtig ist, kann nicht allein deshalb beansprucht werden, weil er unter Verletzung von Vorschriften über das Verfahren, die Form oder die örtliche Zuständigkeit zustande gekommen ist, wenn keine andere Entscheidung in der Sache hätte getroffen werden können.

AEAO

Anwendungserlass zur Abgabenordnung

1 Zu § 127 – Folgen von Verfahrens- und Formfehlern:

1. Die Vorschrift gilt nur für die gesetzesgebundenen Verwaltungsakte. Sie verhindert, dass der Steuerpflichtige die Aufhebung eines Steuerbescheids allein deshalb beanspruchen kann, weil der Finanzbehörde bei der Steuerfestsetzung ein Verfahrensfehler (z. B. unterlassene Anhörung) oder ein Formfehler (z. B. fehlende Begründung) unterlaufen ist oder weil die Finanzbehörde Vorschriften über die örtliche Zuständigkeit nicht beachtet hat. Die Vorschrift ist auch anwendbar, wenn die Besteuerungsgrundlagen für einen Steuerbescheid geschätzt worden sind (BFH-Urteile vom 19. 2. 1987 – IV R 143/84 – BStBl II, S. 412, vom 17. 9. 1997 – II R 15/95 – BFH/NV 1998 S. 416, und vom 11. 2. 1999 – V R 40/98 – BStBl II, S. 382, sowie BFH-Beschluss vom 18. 8. 1999 – IV B 108/98 – BFH/NV 2000 S. 165). Sie ist nicht anwendbar bei Verletzung der Vorschriften über die sachliche Zuständigkeit (BFH-Urteil vom 21. 4. 1993 – X R 112/91 – BStBl II, S. 649).

2. § 127 gilt nicht für Ermessensentscheidungen (BFH-Urteile vom 20. 6. 1990 – I R 157/87 – BStBl 1992 II, S. 43, vom 18. 5. 1994 – I R 21/93 – BStBl II, S. 697, und vom 15. 10. 1998 – V R 77/97 – BFH/NV 1999 S. 585). Wenn diese mit einem Verfahrens- oder Formfehler behaftet sind, der nicht geheilt werden kann (§ 126), müssen sie aufgehoben werden und – nach erneuter Ausübung des Ermessens – nochmals erlassen werden, falls der Beteiligte rechtzeitig einen Rechtsbehelf eingelegt hat. Dies gilt nur dann nicht, wenn der mit dem Rechtsbehelf gerügte Fehler die Entscheidung durch die zuständige Finanzbehörde unter keinen Umständen beeinflusst haben kann (BFH-Urteil vom 18. 7. 1985 – VI R 41/81 – BStBl 1986 II, S. 169).

3. Die Aufhebung eines Gewerbesteuermessbescheides kann regelmäßig nicht allein deswegen beansprucht werden, weil er von einem örtlich unzuständigen Finanzamt erlassen worden ist (BFH-Urteil vom 19. 11. 2003 – I R 88/02 – BStBl 2004 II, S. 751). Ein Bescheid über die gesonderte Feststellung, der unter Verletzung der in § 180 Abs. 1 Nr. 2 Buchstabe b herangezogenen Vorschriften über die örtliche Zuständigkeit ergangen ist, muss aufgehoben werden, weil die Verletzung der §§ 18, 19 in der gemäß § 180 Abs. 1 Nr. 2 Buchstabe b getroffenen Zuordnung ein nicht heilbarer Rechtsfehler ist (BFH-Urteile vom 15. 4. 1986 – VIII R 325/84 – BStBl 1987 II, S. 195, und vom 10. 6. 1999 – IV R 69/98 – BStBl II, S. 691).

Rsp

Rechtsprechung

2 BFH vom 22. 9. 1983 – IV R 109/83 (BStBl 1984 II S. 342)

Die Aufhebung eines Steuerbescheids wegen örtlicher Unzuständigkeit des FA setzt nach § 127 AO voraus, daß das FG die materielle Unrichtigkeit des Steuerbescheids feststellt; zu diesem Zweck muß es über die Höhe der geschuldeten Steuer befinden und dazu erforderlichenfalls eigene Ermittlungen anstellen. Das gilt auch, wenn die örtliche Unzuständigkeit für das Einspruchsverfahren gerügt und die Aufhebung der Einspruchsentscheidung beantragt wird.

3 BFH vom 23. 4. 1986 – I R 178/82 (BStBl 1986 II S. 880)

§ 127 AO bezieht sich nicht auf die Verletzung der sachlichen Zuständigkeit.

4 BFH vom 19. 2. 1987 – IV R 143/84 (BStBl 1987 II S. 412)

§ 127 AO ist auch anwendbar, wenn die Besteuerungsgrundlagen für einen Einkommensteuerbescheid geschätzt werden müssen.

5 BFH vom 25. 1. 1989 – X R 158/87 (BStBl 1989 II S. 483)

§ 127 AO gilt grundsätzlich nicht für Ermessensentscheidungen. Eine von einem örtlich unzuständigen FA erlassene Prüfungsanordnung ist daher in der Regel als rechtswidrig aufzuheben.

BFH vom 24. 4. 2008 – IV R 50/06 (BStBl 2009 II S. 35)

1. ...
2. § 127 AO ist auf die Korrekturvorschrift des § 174 Abs. 4 AO nicht anwendbar.

§ 128 Umdeutung eines fehlerhaften Verwaltungsakts

(1) Ein fehlerhafter Verwaltungsakt kann in einen anderen Verwaltungsakt umgedeutet werden, wenn er auf das gleiche Ziel gerichtet ist, von der erlassenden Finanzbehörde in der geschehenen Verfahrensweise und Form rechtmäßig hätte erlassen werden können und wenn die Voraussetzungen für dessen Erlass erfüllt sind.

(2) [1]Absatz 1 gilt nicht, wenn der Verwaltungsakt, in den der fehlerhafte Verwaltungsakt umzudeuten wäre, der erkennbaren Absicht der erlassenden Finanzbehörde widerspräche oder seine Rechtsfolgen für den Betroffenen ungünstiger wären als die des fehlerhaften Verwaltungsakts. [2]Eine Umdeutung ist ferner unzulässig, wenn der fehlerhafte Verwaltungsakt nicht zurückgenommen werden dürfte.

(3) Eine Entscheidung, die nur als gesetzlich gebundene Entscheidung ergehen kann, kann nicht in eine Ermessensentscheidung umgedeutet werden.

(4) § 91 ist entsprechend anzuwenden.

Rechtsprechung

BFH vom 22. 8. 2007 – II R 44/05 (HFR 2008 S. 3)

Ein Erstbescheid, der in der unzutreffenden Annahme der Nichtigkeit eines vorangegangenen nach § 165 AO vorläufigen Bescheides ergeht, kann gemäß § 128 AO auch noch im Revisionsverfahren in einen Änderungsbescheid i. S. des § 165 Abs. 2 AO umgedeutet werden, sofern die das Revisionsgericht bindenden tatsächlichen Feststellungen (§ 118 Abs. 2 FGO) ausreichen, den Beteiligten hierzu rechtliches Gehör gewährt worden ist und sie in ihrer Rechtsverteidigung hierdurch nicht beeinträchtigt sind.

§ 129 Offenbare Unrichtigkeiten beim Erlass eines Verwaltungsakts

[1]Die Finanzbehörde kann Schreibfehler, Rechenfehler und ähnliche offenbare Unrichtigkeiten, die beim Erlass eines Verwaltungsakts unterlaufen sind, jederzeit berichtigen. [2]Bei berechtigtem Interesse des Beteiligten ist zu berichtigen. [3]Wird zu einem schriftlich ergangenen Verwaltungsakt die Berichtigung begehrt, ist die Finanzbehörde berechtigt, die Vorlage des Schriftstücks zu verlangen, das berichtigt werden soll.

Anwendungserlass zur Abgabenordnung

Zu § 129 – Offenbare Unrichtigkeit beim Erlass eines Verwaltungsaktes:

1. Die Berichtigung zugunsten und zuungunsten des Steuerpflichtigen ist
   - bei Steuerfestsetzungen und Zinsbescheiden nur innerhalb der Festsetzungsfrist (§ 169 Abs. 1 Satz 2),
   - bei Aufteilungsbescheiden nur bis zur Beendigung der Vollstreckung (§ 280),
   - bei Verwaltungsakten, die sich auf Zahlungsansprüche richten, bis zum Ablauf der Zahlungsverjährung (§ 228),
   - bei anderen Verwaltungsakten zeitlich unbeschränkt

   zulässig. Auf die besondere Ablaufhemmung nach § 171 Abs. 2 wird hingewiesen. Zur Korrektur von Haftungs- und Duldungsbescheiden vgl. zu § 191.

2. Bei einer Berichtigung nach § 129 können im Wege pflichtgemäßer Ermessensausübung materielle Fehler berichtigt werden (vgl. BFH-Urteil vom 8. 3. 1989 – X R 116/87 – BStBl II S. 531).

§ 129 AO
AEAO Rsp

Die Regelungen zu § 177 sind sinngemäß anzuwenden. Zur Anfechtungsbeschränkung vgl. zu § 351, Nr. 3.

Rsp   **Rechtsprechung**

2 **BFH vom 27. 3. 1996 – I R 83/94 (BStBl 1996 II S. 509)**

1. Der Vorbehalt der Nachprüfung ist als Nebenbestimmung eines Zerlegungsbescheides allen am Zerlegungsverfahren Beteiligten bekanntzugeben.
2. Der Änderungsbefugnis (§ 164 Abs. 2 AO) steht eine gegenüber den Steuerberechtigten unterbliebene Vorbehaltskennzeichnung nicht entgegen, wenn sie gem. § 129 AO nachgeholt werden kann.
3. Beim Erstellen eines EDV-Programms aufgetretene „mechanische" Fehler können eine Berichtigung gem. § 129 AO rechtfertigen (Anschluß an BFH-Urteil vom 28. September 1984 III R 10/81, BStBl 1985 II, 32).

3 **BFH vom 9. 12. 1998 – II R 9/96 (HFR 1999 S. 613)**

Eine offenbare Unrichtigkeit scheidet aus, wenn auch nur die ernsthafte Möglichkeit besteht, dass die Nichtbeachtung einer feststehenden Tatsache in einer fehlerhaften Tatsachenwürdigung oder in einem sonstigen sachverhaltsbezogenen Denk- und Überlegungsfehler begründet ist oder aber auf mangelnder Sachaufklärung beruht.

Enthält eine Schenkungsteuererklärung keine Angaben zum Verwandtschaftsverhältnis der Vertragsparteien und schließt der Sachbearbeiter die Sachverhaltslücke durch die (unzutreffende) Überlegung, es handle sich um eine Zuwendung vom Vater an den Sohn, liegt ein Überlegungsfehler und in dessen Folge eine mangelnde Sachaufklärung vor, die der Annahme einer offenbaren Unrichtigkeit entgegensteht.

4 **BFH vom 16. 3. 2000 – IV R 3/99 (BStBl 2000 II S. 372)**

Einigen sich der Steuerpflichtige und das FA auf die zusätzliche Berücksichtigung von Werbungskosten bei den Einkünften aus nicht selbständiger Arbeit innerhalb eines Rechtsbehelfsverfahrens und übersehen sie bei ihrer Einigung, dass der streitige Betrag in dem angefochtenen Bescheid bereits als Verlust bei den Einkünften aus Gewerbebetrieb berücksichtigt war, so liegt eine Verletzung der Amtsermittlungspflicht des FA nicht außerhalb aller Wahrscheinlichkeit, was die Annahme einer ähnlichen offenbaren Unrichtigkeit ausschließt.

5 **BFH vom 29. 1. 2003 – I R 20/02 (HFR 2003 S. 757)**

1. Ein Fehler ist offenbar, wenn er auf der Hand liegt, also durchschaubar, eindeutig oder augenfällig ist (vgl. z. B. BFH-Urteil vom 17. 2. 1993 – X R 47/91, BFH/NV 1993, 638 m. w. N.).
2. Es ist zwar nicht erforderlich, dass die Unrichtigkeit aus dem Bescheid selbst erkennbar ist. Maßgebend ist vielmehr, ob der Fehler bei Offenlegung des Sachverhaltes für jeden unvoreingenommenen Dritten klar und deutlich als offenbare Unrichtigkeit erkannt werden kann. Offenbar i. S. des § 129 AO ist ein Fehler dennoch nur dann, wenn er als solcher auf der Hand liegt und aus sich heraus offen zutage tritt, nicht aber, wenn er erst durch Abfrage subjektiver Einschätzungen seinerzeit Beteiligter ermittelt und damit „offenbart" wird.

6 **BFH vom 16. 7. 2003 – X R 37/99 (BStBl 2003 II S. 867)**

Beachtet das FA beim Erlass eines Steuerbescheids einen bei ihm bereits vorliegenden Grundlagenbescheid nur versehentlich nicht, so führt dies zu einer offenbaren Unrichtigkeit (Abweichung vom BFH-Urteil vom 14. 6. 1991, BStBl 1992 II S. 52).

7 **BFH vom 27. 11. 2003 – V R 52/02 (HFR 2004 S. 467)**

Hat der für die Veranlagung zuständige Finanzbeamte bei Erlass eines Steuerbescheides Teile eines Prüfungsberichts nicht ausgewertet und kann ausgeschlossen werden, dass dies aufgrund rechtlicher Überlegungen geschah, ist der Steuerbescheid offenbar unrichtig i. S. des § 129 AO.

BFH vom 22. 2. 2006 – I R 125/04 (BStBl 2006 II S. 400)   8

1. ....
2. Ist in einem Steuerbescheid die Anordnung des Vorbehalts der Nachprüfung versehentlich unterblieben, so muss das FA den Bescheid nicht zunächst nach § 129 AO berichtigen, um ihn anschließend nach § 164 Abs. 2 AO ändern zu können. Vielmehr kann der Bescheid in diesem Fall unmittelbar nach § 164 Abs. 2 AO geändert werden (Bestätigung des Senatsurteils vom 27. 3. 1996 – I R 83/94, BStBl II 1996, 509).
3. Die Berichtigung nach § 129 AO kann auch im Rahmen einer Entscheidung erfolgen, in der über den Einspruch gegen den auf § 164 Abs. 2 AO gestützten Änderungsbescheid entschieden wird. Darin liegt jedenfalls dann keine „Verböserung" gegenüber jenem Bescheid, wenn der Nachprüfungsvorbehalt in dem Änderungsbescheid aufgehoben wurde und in der Einspruchsentscheidung nicht erneut angebracht wird.

BFH vom 11. 7. 2007 – XI R 17/05 (HFR 2008 S. 6)   9

1. Die Grundsätze, die der BFH in Bezug auf Eintragungen in Eingabewertbögen für die automatische Datenverarbeitung entwickelt hat, gelten entsprechend, wenn Daten direkt in die automatische Datenverarbeitung eingegeben werden.
2. Bei der Nichtbeachtung einer für das maschinelle Veranlagungsverfahren geltenden Dienstanweisung kann es sich um ein mechanisches Versehen i. S. v. § 129 AO handeln.

BFH vom 4. 6. 2008 – X R 47/07 (HFR 2008 S. 1115)   10

§ 129 AO ist auch dann anwendbar, wenn das FA offenbar fehlerhafte Angaben des Stpfl. als eigene übernimmt.

BFH vom 27. 5. 2009 – X R 47/08 (BStBl 2009 II S. 946)   11

Eine die Berichtigung nach § 129 AO ermöglichende offenbare Unrichtigkeit kann auch vorliegen, wenn das FA eine in der Steuererklärung enthaltene offenbare Unrichtigkeit des Steuerpflichtigen als eigene übernimmt. Die Unrichtigkeit ist offenbar, wenn sie sich ohne weiteres aus der Steuererklärung des Steuerpflichtigen, deren Anlagen sowie den in den Akten befindlichen Unterlagen für das betreffende Veranlagungsjahr ergibt.

BFH vom 25. 2. 2010 – IV R 49/08 (BStBl 2010 II S. 726)   12

1. ...
2. Der Begriff der „Berichtigung einer ähnlichen offenbaren Unrichtigkeit" i. S. von § 129 Satz 1 AO erfasst auch sprachliche Klarstellungen und Präzisierungen, mittels derer ein bisher auslegungsbedürftiger Verfügungssatz in einem nunmehr zweifelsfreien Sinne zum Ausdruck gebracht wird.

BFH vom 1. 7. 2010 – IV R 56/07 (HFR 2011 S. 1)   13

1. „Ähnliche offenbare Unrichtigkeiten" i. S. von § 129 Satz 1 AO sind einem Schreib- oder Rechenfehler ähnliche mechanische Versehen. Ob diese Voraussetzung gegeben ist oder ein die Berichtigung nach § 129 AO ausschließender Tatsachen- oder Rechtsirrtum vorliegt, ist im Wesentlichen eine der revisionsrechtlichen Prüfung nur eingeschränkt unterliegende Tatfrage.
2. Eine „offenbare Unrichtigkeit" liegt vor, wenn sich für einen unvoreingenommenen Dritten der Fehler aus dem aktenkundigen Sachverhalt (unter Einbeziehung der im konkreten Fall einschlägigen internen Arbeits- und Dienstanweisungen) klar und deutlich ergibt.
3. Sind die Voraussetzungen des § 129 Satz 1 AO gegeben, kann das FA einen versehentlich unterbliebenen Nachprüfungsvorbehalt in die Änderung nach § 164 Abs. 2 AO einbeziehen.

BFH vom 3. 3. 2011 – IV R 8/08 (BFH/NV 2011 S. 1649)   14

Ist in einem Gewinnfeststellungsbescheid die notwendige Feststellung des Veräußerungsgewinns eines Mitunternehmers unterblieben, kann dies nicht als Berichtigung eines „mechanischen" Fehlers nach § 129 AO nachgeholt werden, wenn weder die Feststellungserklärung (einschließlich beigefügter Unterlagen) noch die Aufzeichnungen einer Außenprüfung eine Zusammenstellung der zur Ermittlung des betreffenden Veräußerungsgewinns erforderlichen Feststellungsgrundlagen enthalten.

BFH vom 3. 3. 2011 – III R 45/08 (BStBl 2011 II S. 673)   15

1. Ein Berichtigungsbescheid nach § 129 AO, durch den ein in verjährter Zeit ergangener, unter einer offenbaren Unrichtigkeit leidender Gewerbesteuermessbescheid korrigiert werden soll, kann

jedenfalls dann nicht mehr erlassen werden, wenn seit Bekanntgabe des fehlerhaften Bescheids ein Jahr vergangen ist (§ 171 Abs. 2 AO).

2. Ist die Festsetzungsfrist für einen Aufhebungsbescheid bereits abgelaufen, so scheidet eine Korrektur nach § 172 Abs. 1 Satz 1 Nr. 2 Buchst. a AO auch mit Zustimmung des Steuerpflichtigen aus.

AEAO   **Anwendungserlass zur Abgabenordnung**

1   **Vor §§ 130, 131 – Rücknahme und Widerruf von Verwaltungsakten:**

1. Die §§ 130 bis 133 gelten für Rücknahme oder Widerruf von Verwaltungsakten nur, soweit keine Sonderregelungen bestehen (Hinweis auf §§ 172 ff. für Steuerbescheide; §§ 206, 207 für verbindliche Zusagen; § 280 für Aufteilungsbescheide). Dabei bestehen hinsichtlich der Bestandskraft unanfechtbarer Verwaltungsakte Unterschiede zwischen begünstigenden Verwaltungsakten und nicht begünstigenden Verwaltungsakten.
2. Begünstigende Verwaltungsakte sind insbesondere
   – Gewährung von Entschädigungen (§ 107),
   – Fristverlängerungen (§ 109),
   – Gewährung von Buchführungserleichterungen (§ 148),
   – Billigkeitsmaßnahmen (§§ 163, 227, 234 Abs. 2),
   – Verlegung des Beginns einer Außenprüfung (§ 197 Abs. 2),
   – Stundungen (§ 222),
   – Einstellung oder Beschränkung der Vollstreckung (§§ 257, 258),
   – Aussetzung der Vollziehung (§ 361 AO, § 69 Abs. 2 FGO).
3. Nicht begünstigende Verwaltungsakte sind insbesondere
   – Ablehnung beantragter begünstigender Verwaltungsakte,
   – Festsetzung von steuerlichen Nebenleistungen (§ 3 Abs. 4, § 218 Abs. 1),
   – Ablehnung einer Erstattung von Nebenleistungen (§ 37 Abs. 2, § 218 Abs. 2),
   – Auskunftsersuchen (§§ 93 ff.),
   – Aufforderung zur Buchführung (§ 141 Abs. 2),
   – Haftungsbescheide (§ 191),
   – Duldungsbescheide (§ 191),
   – Prüfungsanordnungen (§ 196),
   – Anforderung von Säumniszuschlägen (§ 240),
   – Pfändungen (§ 281).
4. Zur Korrektur von Haftungs- und Duldungsbescheiden vgl. zu § 191.

AO   **§ 130   Rücknahme eines rechtswidrigen Verwaltungsakts**
S 0296

(1) Ein rechtswidriger Verwaltungsakt kann, auch nachdem er unanfechtbar geworden ist, ganz oder teilweise mit Wirkung für die Zukunft oder für die Vergangenheit zurückgenommen werden.

(2) Ein Verwaltungsakt, der ein Recht oder einen rechtlich erheblichen Vorteil begründet oder bestätigt hat (begünstigender Verwaltungsakt), darf nur dann zurückgenommen werden, wenn
1. er von einer sachlich unzuständigen Behörde erlassen worden ist,
2. er durch unlautere Mittel wie arglistige Täuschung, Drohung oder Bestechung erwirkt worden ist,
3. ihn der Begünstigte durch Angaben erwirkt hat, die in wesentlicher Beziehung unrichtig oder unvollständig waren,
4. seine Rechtswidrigkeit dem Begünstigten bekannt oder infolge grober Fahrlässigkeit nicht bekannt war.

(3) ¹Erhält die Finanzbehörde von Tatsachen Kenntnis, welche die Rücknahme eines rechtswidrigen begünstigenden Verwaltungsakts rechtfertigen, so ist die Rücknahme nur innerhalb eines Jahres seit dem Zeitpunkt der Kenntnisnahme zulässig. ²Dies gilt nicht im Fall des Absatzes 2 Nr. 2.

(4) Über die Rücknahme entscheidet nach Unanfechtbarkeit des Verwaltungsakts die nach den Vorschriften über die örtliche Zuständigkeit zuständige Finanzbehörde; dies gilt auch dann, wenn der zurückzunehmende Verwaltungsakt von einer anderen Finanzbehörde erlassen worden ist; § 26 Satz 2 bleibt unberührt.

Anwendungserlass zur Abgabenordnung

AEAO

Zu § 130 – Rücknahme eines rechtswidrigen Verwaltungsaktes:

1. Ein Verwaltungsakt ist rechtswidrig, wenn er im Zeitpunkt seines Erlasses ganz oder teilweise gegen zwingende gesetzliche Vorschriften (§ 4) verstößt, ermessensfehlerhaft ist (vgl. zu § 5) oder eine Rechtsgrundlage überhaupt fehlt. Eine nachträgliche Änderung der Sach- oder Rechtslage hingegen macht einen ursprünglich rechtmäßigen Verwaltungsakt grundsätzlich nicht i. S. d. § 130 rechtswidrig, es sei denn, es läge ein Fall steuerrechtlicher Rückwirkung vor, welche den Verwaltungsakt erfasst (vgl. BFH-Urteil vom 9. 12. 2008 – VII R 43/07 – BStBl 2009 II, S. 344). Besonders schwerwiegende Fehler haben die Nichtigkeit und damit die Unwirksamkeit zur Folge (§ 125 i. V. m. § 124 Abs. 3). Liegt kein Fall der Nichtigkeit vor, so wird der rechtswidrige Verwaltungsakt zunächst wirksam.

2. Die Finanzbehörde entscheidet im Rahmen ihres Ermessens, ob sie eine Überprüfung eines rechtswidrigen, unanfechtbaren Verwaltungsaktes vornehmen soll. Die Finanzbehörde braucht nicht in die Überprüfung einzutreten, wenn der Steuerpflichtige nach Ablauf der Einspruchsfrist die Rechtswidrigkeit lediglich behauptet und Gründe, aus denen sich schlüssig die Rechtswidrigkeit des belastenden Verwaltungsaktes ergibt, nicht näher bezeichnet (vgl. BFH-Urteil vom 9. 3. 1989 – VI R 101/84 – BStBl II S. 749, 751). Ist die Fehlerhaftigkeit eines Verwaltungsaktes festgestellt, so ist zunächst die mögliche Nichtigkeit (§ 125), danach die Möglichkeit der Berichtigung offenbarer Unrichtigkeiten (§ 129), danach die Möglichkeit der Heilung von Verfahrens- und Formfehlern (§§ 126, 127), danach die Möglichkeit der Umdeutung (§ 128) und danach die Rücknahme zu prüfen.

3. Nicht begünstigende rechtswidrige Verwaltungsakte können jederzeit zurückgenommen werden, auch wenn die Einspruchsfrist abgelaufen ist. Eine teilweise Rücknahme ist zulässig.

   Beispiel:
   Ein Verspätungszuschlag ist mit einem Betrag festgesetzt worden, der mehr als 10 v. H. der festgesetzten Steuer ausmacht (Verstoß gegen § 152 Abs. 2). Die Festsetzung kann insoweit zurückgenommen werden, wie sie 10 v. H. übersteigt; sie bleibt im Übrigen bestehen.

4. Die Rücknahme eines begünstigenden rechtswidrigen Verwaltungsaktes ist nur unter Einschränkungen möglich (§ 130 Abs. 2 und 3). Unter einer Begünstigung i. S. dieser Vorschriften ist jede Rechtswirkung zu verstehen, an deren Aufrechterhaltung der vom Verwaltungsakt Betroffene ein schutzwürdiges Interesse hat (BFH-Urteil vom 16. 10. 1986 – VII R 159/83 – BStBl II 1987 S. 405). Sofern die Rücknahme zulässig und wirksam ist, kann die Finanzbehörde aufgrund des veränderten Sachverhalts oder der veränderten Rechtslage einen neuen Verwaltungsakt erlassen, der für den Beteiligten weniger vorteilhaft ist:

   Beispiele:
   a) Ein Verspätungszuschlag ist unter Abweichung von der sonst beim Finanzamt üblichen Anwendung der Grundsätze des § 152 auf 500 € festgesetzt worden. Eine Überprüfung des Falles ergibt, dass eine Festsetzung in Höhe von 1 000 € richtig gewesen wäre. Die Rücknahme der Festsetzung, verbunden mit einer neuen höheren Festsetzung, ist rechtlich zulässig, wenn die niedrige Festsetzung auf unrichtigen oder unvollständigen Angaben des Steuerpflichtigen beruhte (§ 130 Abs. 2 Nr. 3).

   b) Der Steuerpflichtige hat durch arglistige Täuschung über seine Vermögens- und Liquiditätslage eine Stundung ohne Sicherheitsleistung erwirkt. Die Finanzbehörde kann die Stundungsverfügung mit Wirkung für die Vergangenheit zurücknehmen (§ 130 Abs. 2 Nr. 2), für die Vergangenheit Säumniszuschläge anfordern und eine in die Zukunft wirkende neue Stundung von einer Sicherheitsleistung abhängig machen.

5. § 130 Abs. 3 normiert keine Prüfungsfrist, innerhalb derer die Finanzbehörde ihr bekannte Tatsachen rechtlich zu bewerten und aus ihnen die gebotenen Schlussfolgerungen zu ziehen hätte, sondern lediglich eine Entscheidungsfrist. Deshalb beginnt die Jahresfrist erst dann, wenn die Finanzbehörde tatsächlich die Erkenntnis gewonnen hat, dass ein Verwaltungsakt zurückgenommen bzw. widerrufen werden kann (vgl. Beschluss des BVerwG vom 19. 12. 1984 – GrS 1 und 2/84 – BVerwGE 70, 356, und daran anschließend die ständige Rechtsprechung des BFH, vgl. u. a. BFH-Urteil vom 9. 12. 2008 – VII R 43/07 – BStBl 2009 II, S. 344). Dies ist der Fall, wenn die Finanzbehörde ohne weitere Sachaufklärung objektiv in der Lage ist, unter sachgerechter Ausübung ihres Ermessens über Rücknahme bzw. Widerruf des Verwaltungsakts zu entscheiden.

Hinweise

3 Anrechnung von Steuervorauszahlungen, Steuerabzugsbeträgen und Körperschaftsteuer; Änderung der Steueranrechnung, Einspruchsmöglichkeiten

(FM Nordrhein-Westfalen, Erlass vom 1. 9. 2005 – S 0296 –)

Die Abrechnung zum Steuerbescheid (Anrechnungsverfügung), in der die Anrechnung von Steuervorauszahlungen (§ 36 Abs. 2 Nr. 1 EStG; § 49 Abs. 1 KStG a.f., § 18 Abs. 4 UStG), von Steuerabzugsbeträgen (§ 36 Abs. 2 Nr. 2 EStG) und von Körperschaftsteuer (§ 36 Abs. 2 Nr. 3 EStG) erfolgt, ist ein von der Steuerfestsetzung gesonderter Verwaltungsakt, der zur Steuererhebung gehört. Es handelt sich um einen deklaratorischen (bestätigenden) Verwaltungsakt, dessen Außenwirkung sich je nach Ergebnis der Anrechnung in einem Leistungsgebot oder einer Erstattungsverfügung äußert (BFH-Urteil vom 15. 4. 1997, BStBl 1997 II S. 405). Die Anrechnungsverfügung ist kein Abrechnungsbescheid im Sinne des § 218 Abs. 2 AO (BFH-Urteil vom 14. 11. 1984, BStBl 1985 II S. 216).

Die Möglichkeit der Änderung der Anrechnungsverfügung im Falle der Rechtswidrigkeit bestimmt sich – soweit nicht § 129 AO anzuwenden ist – nach § 130 AO (BFH-Urteil vom 16. 10. 1986, BStBl 1987 II S. 405). Rechtswidrig ist eine Anrechnungsverfügung u.a. dann, wenn hierbei von einem Sachverhalt (z.B. Schätzung der Besteuerungsgrundlagen) ausgegangen wurde, der sich später als unrichtig erweist. Dabei ist zu beachten, dass die Anrechnungsverfügung ein deklaratorischer Verwaltungsakt ist, welcher festhält, dass die Steuerschuld im Augenblick des Ergehens der Verfügung in einer bestimmten Höhe getilgt bzw. nicht getilgt ist.

1. Änderung zugunsten des Steuerpflichtigen

Die Änderung der Anrechnungsverfügung zugunsten des Steuerpflichtigen (d.h. die nachträgliche Erhöhung der angerechneten Beträge) ist nach § 130 Abs. 1 AO jederzeit ohne Bindung an eine Frist zulässig (BFH-Urteil vom 18. 7. 2000, BStBl 2001 II S. 133). Aus den Vorschriften zur Zahlungsverjährung ergibt sich insoweit keine Einschränkung, da der Zahlungsverjährung nur festgesetzte und fällig gestellte Ansprüche unterworfen sind (§ 229 Abs. 1 AO).

Die von nachträglich bekannt gewordenen Kapitalerträgen einbehaltenen Kapitalertragsteuer kann somit jederzeit – durch Korrektur der Anrechnungsverfügung zugunsten des Steuerpflichtigen nach § 130 Abs. 1 AO – nachträglich berücksichtigt werden. Hierbei ist jedoch zu beachten, dass eine Anrechnung der Kapitalertragsteuer nach § 36 Abs. 2 Nr. 2 EStG nur zulässig ist, soweit sie auf die bei der Veranlagung erfassten Einkünfte entfällt. Die nachträgliche Anrechnung der Kapitalertragsteuer scheidet deshalb aus, wenn die betreffenden Kapitalerträge wegen eingetretener Festsetzungsverjährung nicht mehr der Einkommensteuer unterworfen werden können (Korrespondenzprinzip).

2. Änderung zuungunsten des Steuerpflichtigen

Enthält die Anrechnungsverfügung einen Fehler zugunsten des Steuerpflichtigen (zu hohe Anrechnung von Vorauszahlungen oder Steuerabzugsbeträgen), liegt ein rechtswidriger begünstigender Verwaltungsakt vor. Die Änderung einer derartigen Anrechnungsverfügung zuungunsten des Steuerpflichtigen (d.h. die nachträgliche Minderung der angerechneten Beträge) ist nur unter den Voraussetzungen des § 130 Abs. 2 AO zulässig.

Dabei ist nach § 130 Abs. 3 AO zu beachten, dass die Änderung (Rücknahme) nur innerhalb eines Jahres nach dem Zeitpunkt zulässig ist, an dem das Finanzamt von den Tatsachen Kenntnis erlangt, die die Änderung (Rücknahme) des rechtswidrigen begünstigenden Verwaltungsaktes rechtfertigen.

3. Besonderheiten nach Schätzung der Besteuerungsgrundlagen

Wenn der Steuerpflichtige erst nach Ablauf der Einspruchs-/Klagefrist anhand der Steuererklärung nachweist, dass Einkünfte und Abzugsbeträge niedriger sind als bei der Schätzung berücksichtigt, kommt die Änderung einer – nicht unter dem Vorbehalt der Nachprüfung stehenden – Steuerfestsetzung zu seinen Gunsten nach § 173 Abs. 1 Satz 1 Nr. 2 AO wegen groben Verschuldens regelmäßig nicht in Betracht.

Das Finanzamt ist in diesem Fall aber auch nicht ohne weiteres berechtigt, die anzurechnenden Steuerabzugsbeträge zum Nachteil des Steuerpflichtigen auf die tatsächlich gezahlten Beträge zu kürzen, denn die Anrechnungsverfügung darf im Falle ihrer Rechtswidrigkeit nur unter den Voraussetzungen des § 130 Abs. 2 AO zurückgenommen oder geändert werden (BFH-Urteil vom 16. 10. 1986, BStBl 1987 II S. 405). Selbst wenn diese Voraussetzungen (insbesondere § 130 Abs. 2 Nr. 4 AO) erfüllt sind, soll das Ermessen zugunsten des Steuerpflichtigen ausgeübt und er nicht über die Schätzung hinaus belastet werden. Eine Änderung der Anrechnungsbeträge würde nämlich die bei der ursprünglichen Schätzung aufeinander abgestimmten Größen (z.B. Lohneinkünfte einerseits und anzurechnende Lohnsteuer andererseits) außer Gleichgewicht bringen, so dass es zu einer materiell-rechtlich unzutreffenden Steuernachforderung käme (vgl. auch BFH-Urteil vom 16. 3. 1990, BStBl 1990 II S. 610) und der Steuerpflichtige sich schlechter gestellt sähe als derjenige, der in vergleichbarer Lage keine Steuererklärung mehr einreicht. Der Einwand, dass der Steuerpflichtige mit dem fehlerhaften Steuerbescheid die Folgen seines eigenen rechtswidrigen Verhaltens tragen muss, greift nicht durch; dieses Verhalten hat die ursprüngliche Schätzung zur Folge und rechtfertigt nicht weitere Sanktionen.

Enthält die Anrechnungsverfügung dagegen Fehler, die sich zuungunsten des Steuerpflichtigen auswirken – zu geringe Anrechnung –, so kann sie gemäß § 130 Abs. 1 AO innerhalb der Zahlungsverjährung ohne Einschränkung zurückgenommen werden (BFH-Urteil vom 16. 10. 1986, BStBl 1987 II S. 405). Eine derartige Änderung kommt in Betracht, wenn der Steuerpflichtige nach Ablauf der Einspruchsfrist durch Abgabe der Steuererklärung nachweist, dass die Änderung der Veranlagung – könnte sie durchgeführt werden – zu einer niedrigeren Steuer führen würde, die Abzugsbeträge aber höher sind als bei der Schätzung berücksichtigt.

Eine Anrechnung der durch Steuerabzug erhobenen Einkommensteuern kommt aber nur insoweit in Betracht, als sie mit den bei der Veranlagung angesetzten Einkünften aus nichtselbständiger Arbeit der Höhe nach korrespondieren (vgl. BFH-Urteil vom 10. 1. 1995, BFH/NV 1995 S. 779).

4. Einspruchsmöglichkeiten

Gegen eine Anrechnungsverfügung, die zusammen mit dem Steuerbescheid ergeht, ist der gesonderte Einspruch gegeben, weil es sich hierbei um einen Verwaltungsakt im Bereich der Steuererhebung handelt. Der Einspruch ist regelmäßig als Antrag auf Erlass eines Abrechnungsbescheides nach § 218 Abs. 2 Satz 1 AO anzusehen, weil nur so eine Klärung der streitigen Fragen erreicht werden kann (BFH-Urteil vom 28. 4. 1993, BStBl 1993 II S. 836 und vom 24. 6. 1993, BFH/NV 1994 S. 288). Lediglich in Fällen, in denen der Steuerpflichtige ausdrücklich auf einer Entscheidung über seinen Einspruch besteht, wird man neben dem Verfahren nach § 218 Abs. 2 Satz 1 AO auch noch ein Einspruchsverfahren (Verwerfung des Einspruchs als unzulässig) durchführen müssen.

5. Abrechnungsbescheid

Eine Entscheidung durch Abrechnungsbescheid kommt nur dann in Betracht, wenn sich ein Streit über die Richtigkeit der Anrechnung nicht beilegen lässt. (Im Falle der Schätzung sind beim Streit über die Richtigkeit der Anrechnung insbesondere die zuvor dargelegten zugunsten des Steuerpflichtigen wirkenden Grundsätze zu beachten.)

Bei Erlass eines Abrechnungsbescheides gem. § 218 Abs. 2 AO muss dabei berücksichtigt werden, dass die Anrechnungsverfügung ein Verwaltungsakt mit Bindungswirkung ist. Deshalb kann im Rahmen eines Abrechnungsbescheides die Steueranrechnung zugunsten oder zuungunsten des Steuerpflichtigen nur dann korrigiert werden, wenn eine der Voraussetzungen der §§ 129 bis 131 AO gegeben ist (vgl. BFH-Urteil vom 15. 4. 1997, BStBl 1997 II S. 787).

Rechtsprechung

BFH vom 30. 11. 1982 – VIII R 9/80 (BStBl 1983 II S. 187)   4

Ein rechtswidriger Verwaltungsakt kann entsprechend §§ 130, 131 Abs. 2 Nr. 1 AO widerrufen werden, wenn der Widerruf wirksam vorbehalten worden ist.

BFH vom 16. 10. 1991 – I R 65/90 (BStBl 1992 II S. 322)   5

Nichtveranlagungsbescheinigungen gemäß §§ 36b Abs. 2 und 44a Abs. 2 EStG sind keine Freistellungsbescheide (§ 155 Abs. 1 Satz 3 AO), sondern begünstigende Verfügungen i. S. des § 130 Abs. 2 AO.

BFH vom 16. 6. 1994 – IV R 48/93 (BStBl 1996 II S. 82)   6

Ein auflösend bedingt erlassener begünstigender Verwaltungsakt kann nicht wegen Nichteinhaltung der Begünstigungsvoraussetzungen aufgehoben werden, wenn sich die Umstände seit Erlaß des Verwaltungsaktes nicht geändert haben, sondern die Voraussetzungen für die Begünstigung von vornherein nicht vorlagen. Ob eine Rücknahme möglich ist, richtet sich nach den Voraussetzungen des § 130 AO.

7 **BFH vom 15. 4. 1997 – VII R 100/96 (BStBl 1997 II S. 787)**

Der VII. Senat hält (gegen die Auffassung des I. Senats des BFH[1)]) an seiner Rechtsprechung fest, daß eine fehlerhafte Anrechnung von Steuern in einer Anrechnungsverfügung auch durch einen nachfolgenden Abrechnungsbescheid nur dann zum Nachteil des Steuerpflichtigen geändert werden kann, wenn eine der Voraussetzungen des § 130 Abs. 2 AO für die Rücknahme der Anrechnungsverfügung gegeben ist.

8 **BFH vom 26. 6. 2007– VII R 35/06 (BStBl 2007 II S. 742)**

§ 130 Abs. 2 Nr. 4 AO enthält ermessenslenkende Vorgaben (intendiertes Ermessen). Deshalb ist eine Anrechnungsverfügung im Allgemeinen im Interesse von Gesetzmäßigkeit und Gleichmäßigkeit der Besteuerung zurückzunehmen, wenn der Begünstigte deren Rechtswidrigkeit erkannt oder lediglich infolge grober Fahrlässigkeit nicht erkannt hat. Diese Regelfolge des § 130 Abs. 2 Nr. 4 AO ist grundsätzlich nicht begründungsbedürftig.

9 **BFH vom 18. 9. 2007 – I R 54/06 (HFR 2008 S. 213)**

Aus den Gründen:

§ 130 Abs. 2 AO ... greift nicht ein, wenn es ... um die Rücknahme einer zum Nachteil des Steuerpflichtigen rechtswidrigen Anrechnungsverfügung geht. In einem solchen Fall richten sich die Voraussetzungen für die Rücknahme, wenn und soweit die Anrechnungsverfügung als Verwaltungsakt anzusehen ist, nach § 130 Abs. 1 AO (BFH-Urteil in BStBl 1987 II S. 405, 407 f.)

10 **BFH vom 8. 2. 2008 – VII B 156/07 (BFH/NV 2008 S. 967)**

1. ...
2. Die Aufforderung zur Zahlung (Leistungsgebot) einer Haftungsschuld, die mit dem ursprünglichen Haftungsbescheid verbunden werden kann, stellt grundsätzlich einen selbständigen Verwaltungsakt dar, der gesondert angefochten werden kann.
3. Nach ständiger Rechtsprechung des BFH liegt in der Korrektur eines Haftungsbescheids durch einen weiteren Haftungsbescheid eine Teilrücknahme i. S. des § 130 Abs. 1 AO, wenn durch Letzteren der Erstbescheid nicht ausdrücklich aufgehoben oder ersetzt wird, sondern die Haftungssumme allein deshalb herabgesetzt wird, weil im ursprünglichen Haftungsbescheid zuviel angeforderte Beträge ermäßigt oder nicht mehr berücksichtigt werden und der geänderte Haftungsbescheid im Übrigen eine Wiederholung der wirksam festgesetzten Haftungsbeträge enthält. Eine neue Anfechtungsmöglichkeit hinsichtlich des Haftungsbescheids wird dadurch nicht begründet.
4. Gleiches gilt auch für die mit dem ursprünglichen Haftungsbescheid verbundene Zahlungsaufforderung.
5. Die Wiederholung eines Leistungsgebots lediglich unter Festsetzung einer neuen Zahlungsfrist ist nicht selbständig anfechtbar.

11 **BFH vom 9. 12. 2008 – VII R 43/07 (BStBl 2009 II S. 344)**

1. Ein rechtswidriger begünstigender Verwaltungsakt kann nach § 130 Abs. 2 AO nur dann zurückgenommen werden, wenn bei seinem Erlass von einem tatsächlich nicht gegebenen Sachverhalt ausgegangen oder das im Zeitpunkt seines Erlasses geltende Recht unrichtig angewandt worden ist; eine nachträgliche Änderung der Sach- oder Rechtslage hingegen macht einen ursprünglich rechtmäßigen Verwaltungsakt grundsätzlich nicht i. S. des § 130 AO rechtswidrig, es sei denn, es läge ein Fall steuerrechtlicher Rückwirkung vor.
2. Zur Frage, ob eine Verfügung über die Anrechnung der durch Steuerabzug erhobenen Einkommensteuer Geltung nur im Hinblick auf das Steuerschuldverhältnis beansprucht, wie es im Zeitpunkt des Erlasses der Verfügung („Stichtag") besteht, also stillschweigend unter einer auflösenden Bedingung dergestalt steht, dass bei einer Änderung des Steuerbescheids erneut über die Anrechnung zu entscheiden ist.
...

12 **BFH vom 27. 10. 2009 – VII R 51/08 (BStBl 2010 II S. 383)**

1. Die Änderung einer durch arglistige Täuschung eines fremden Dritten zugunsten des Steuerschuldners erwirkten Anrechnungsverfügung ist zulässig. Sie setzt jedoch eine Abwägung widerstreitender Gesichtspunkte voraus und verlangt eine diesbezügliche Ermessensentscheidung des FA.

[1)] Vgl. u. a. BFH-Urteil vom 28. 4. 1993 (BStBl 1994 II S. 147).

BFH vom 24. 11. 2011 – V R 13/11 (StEd 2012 S. 6) 13

1. Grundlage für die Forderungsanmeldung im Insolvenzverfahren nach §§ 174 ff. InsO ist der gemäß §§ 16 ff. UStG berechnete Steueranspruch für das Kalenderjahr. Im Jahr der Insolvenzeröffnung ist die anzumeldende Steuer für den Zeitraum bis zur Insolvenzeröffnung zu berechnen.
2. Die Steuerberechnung gemäß §§ 16 ff. UStG unterliegt weder den Beschränkungen der Insolvenzaufrechnung noch denen der Insolvenzanfechtung.
3. Werden zur Insolvenztabelle angemeldete Ansprüche aus dem Steuerschuldverhältnis ohne Widerspruch in die Tabelle eingetragen, kommt der Eintragung dieselbe Wirkung wie der beim Bestreiten vorzunehmenden Feststellung gemäß § 185 InsO i.V.m. § 251 Abs. 3 AO zu und kann wie diese unter den Voraussetzungen des § 130 AO geändert werden.

---

§ 131 Widerruf eines rechtmäßigen Verwaltungsakts

AO
S 0297

(1) Ein rechtmäßiger nicht begünstigender Verwaltungsakt kann, auch nachdem er unanfechtbar geworden ist, ganz oder teilweise mit Wirkung für die Zukunft widerrufen werden, außer wenn ein Verwaltungsakt gleichen Inhalts erneut erlassen werden müsste oder aus anderen Gründen ein Widerruf unzulässig ist.

(2) Ein rechtmäßiger begünstigender Verwaltungsakt darf, auch nachdem er unanfechtbar geworden ist, ganz oder teilweise mit Wirkung für die Zukunft nur widerrufen werden,
1. wenn der Widerruf durch Rechtsvorschrift zugelassen oder im Verwaltungsakt vorbehalten ist,
2. wenn mit dem Verwaltungsakt eine Auflage verbunden ist und der Begünstigte diese nicht oder nicht innerhalb einer ihm gesetzten Frist erfüllt hat,
3. wenn die Finanzbehörde auf Grund nachträglich eingetretener Tatsachen berechtigt wäre, den Verwaltungsakt nicht zu erlassen, und wenn ohne den Widerruf das öffentliche Interesse gefährdet würde.

²§ 130 Abs. 3 gilt entsprechend.

(3) Der widerrufene Verwaltungsakt wird mit dem Wirksamwerden des Widerrufs unwirksam, wenn die Finanzbehörde keinen späteren Zeitpunkt bestimmt.

(4) Über den Widerruf entscheidet nach Unanfechtbarkeit des Verwaltungsakts die nach den Vorschriften über die örtliche Zuständigkeit zuständige Finanzbehörde; dies gilt auch dann, wenn der zu widerrufende Verwaltungsakt von einer anderen Finanzbehörde erlassen worden ist.

Anwendungserlass zur Abgabenordnung

AEAO

Zu § 131 – Widerruf eines rechtmäßigen Verwaltungsaktes: 1

1. Ein Verwaltungsakt ist rechtmäßig, wenn er zum Zeitpunkt des Wirksamwerdens (Bekanntgabe) dem Gesetz (§ 4) entspricht. Ändert sich der Sachverhalt durch nachträglich eingetretene Tatsachen oder lässt das Gesetz in derselben Sache unterschiedliche Verwaltungsakte zu (Ermessensentscheidungen), so kann der rechtmäßige Verwaltungsakt unter bestimmten Voraussetzungen mit Wirkung für die Zukunft widerrufen werden.
2. § 131 Abs. 2 Nr. 3 betrifft nur die Änderung tatsächlicher, nicht rechtlicher Verhältnisse. Der Begriff „Tatsache" bezeichnet in dieser Vorschrift dasselbe wie in § 173 (vgl. zu § 173, Nr. 1). „Tatsache" ist auch die steuerrechtliche Beurteilung eines Sachverhalts in einem anderen Bescheid, soweit dieser Bescheid Bindungswirkung für den zu widerrufenden Bescheid hat (vgl. BFH-Urteile vom 13. 1. 2005 – II R 48/02 – BStBl II, S. 451, und vom 9. 12. 2008 – VII R 43/07 – BStBl 2009 II, S. 344). Das öffentliche Interesse i. S. d. Vorschrift ist immer dann gefährdet, wenn bei einem Festhalten an der getroffenen Entscheidung der Betroffene gegenüber anderen Steuerpflichtigen bevorzugt würde.
3. Ein Steuererlass kann nicht widerrufen werden. Die nachträgliche Verbesserung der Liquiditäts- oder Vermögenslage ist unbeachtlich. Für die Rücknahme gilt § 130 Abs. 2 und 3.
4. Ein rechtmäßiger begünstigender Verwaltungsakt darf jederzeit um einen weiteren rechtmäßigen Verwaltungsakt ergänzt werden.

Beispiele:
a) Verlängerung oder Erhöhung einer Stundung,
b) weitere Fristverlängerung,
c) Gewährung ergänzender Buchführungserleichterungen,
d) Erhöhung des zu erlassenden Steuerbetrages.

5. Dementsprechend bedarf es bei demselben Sachverhalt nicht des Widerrufs, wenn zu einem nicht begünstigenden rechtmäßigen Verwaltungsakt lediglich ein weiterer rechtmäßiger Verwaltungsakt hinzutritt.

Beispiele:
a) Wegen einer Steuerschuld von 2 500 € sind Wertpapiere im Werte von 1 500 € gepfändet worden. Es wird eine weitere Pfändung über 1 000 € verfügt.
b) Die Prüfungsanordnung für eine Außenprüfung umfasst den Prüfungszeitraum 1993–1995. Die Prüfungsanordnung wird auf den Besteuerungszeitraum 1996 ausgedehnt.
c) Zur Klärung eines steuerlich bedeutsamen Sachverhalts wird das Kreditinstitut X um Auskunft über die Kontenstände des Steuerpflichtigen gebeten. Im Zuge der Ermittlungen wird auch die Angabe aller baren Einzahlungen über 5 000 € verlangt.

Rechtsprechung

2 BFH vom 9. 12. 2008 – VII R 43/07 (BStBl 2009 II S. 344)

1. – 2. ...
3. Eine „nachträglich eingetretene Tatsache" i. S. des § 131 Abs. 2 Satz 1 Nr. 3 AO kann auch die steuerrechtliche Beurteilung eines Sachverhalts in einem anderen Bescheid sein, der Bindungswirkung für den zu widerrufenden Bescheid hat.
4. Wird ein Einkommensteuerbescheid geändert, weil die in ihm erfassten Lohnzahlungen wegen Festsetzungsverjährung nicht erfasst werden dürfen, kann die mit dem Einkommensteuerbescheid verbundene Anrechnungsverfügung, welche die auf den Lohn entrichtete Lohnsteuer angerechnet hatte, widerrufen werden.

3 BFH vom 21. 4. 2009 – VII R 25/07 (BFH/NV 2009 S. 1669)

Aus den Gründen:
Nach der Rechtsprechung des erkennenden Senats bildet § 131 Abs. 2 Nr. 1 AO über den Wortlaut hinaus eine Rechtsgrundlage für den Widerruf eines mit einem Widerrufsvorbehalt versehenen und als rechtswidrig erkannten begünstigenden Verwaltungsakts (Senatsurteile vom 16. 7. 1985 VII R 31/81, BFHE 144, 189, HFR 1986, 575, und vom 30. 11. 1982 VIII R 9/80, BStBl II 1983, 187).

§ 132 Rücknahme, Widerruf, Aufhebung und Änderung im Rechtsbehelfsverfahren

¹Die Vorschriften über Rücknahme, Widerruf, Aufhebung und Änderung von Verwaltungsakten gelten auch während des Einspruchsverfahrens und während des finanzgerichtlichen Verfahrens. ²§ 130 Abs. 2 und 3 und § 131 Abs. 2 und 3 stehen der Rücknahme und dem Widerruf eines von einem Dritten angefochtenen begünstigenden Verwaltungsakts während des Einspruchsverfahrens oder des finanzgerichtlichen Verfahrens nicht entgegen, soweit dadurch dem Einspruch oder der Klage abgeholfen wird.

Rechtsprechung

1 BFH vom 29. 2. 1984 – II R 69/81 (BStBl 1984 II S. 414)

Während des finanzgerichtlichen Verfahrens darf ein Änderungsbescheid auch dann ergehen, wenn durch ihn dem Klageantrag nur teilweise entsprochen wird.

BFH vom 25. 2. 2009 – IX R 24/08 (BStBl 2009 II S. 587) 2

§ 367 Abs. 2 Satz 2 AO ist auf Änderungen des angefochtenen Steuerbescheids während des Einspruchsverfahrens nach § 132 AO i. V. m. § 164 Abs. 2 AO entsprechend anzuwenden, wenn die Änderungsmöglichkeit nur deshalb besteht, weil die Festsetzungsfrist durch den Einspruch gemäß § 171 Abs. 3a AO in ihrem Ablauf gehemmt ist.

§ 133 Rückgabe von Urkunden und Sachen

¹Ist ein Verwaltungsakt unanfechtbar widerrufen oder zurückgenommen oder ist seine Wirksamkeit aus einem anderen Grund nicht oder nicht mehr gegeben, so kann die Finanzbehörde die auf Grund dieses Verwaltungsakts erteilten Urkunden oder Sachen, die zum Nachweis der Rechte aus dem Verwaltungsakt oder zu deren Ausübung bestimmt sind, zurückfordern. ²Der Inhaber und, sofern er nicht der Besitzer ist, auch der Besitzer dieser Urkunden oder Sachen sind zu ihrer Herausgabe verpflichtet. ³Der Inhaber oder der Besitzer kann jedoch verlangen, dass ihm die Urkunden oder Sachen wieder ausgehändigt werden, nachdem sie von der Finanzbehörde als ungültig gekennzeichnet sind; dies gilt nicht bei Sachen, bei denen eine solche Kennzeichnung nicht oder nicht mit der erforderlichen Offensichtlichkeit oder Dauerhaftigkeit möglich ist.

VIERTER TEIL
DURCHFÜHRUNG DER BESTEUERUNG (§§ 134–217)

ERSTER ABSCHNITT
Erfassung der Steuerpflichtigen (§§ 134–139d)

1. Unterabschnitt
Personenstands- und Betriebsaufnahme (§§ 134–136)

§ 134 Personenstands- und Betriebsaufnahme

(1) ¹Zur Erfassung von Personen und Unternehmen, die der Besteuerung unterliegen, können die Gemeinden für die Finanzbehörden eine Personenstands- und Betriebsaufnahme durchführen. ²Die Gemeinden haben hierbei die Befugnisse nach den §§ 328 bis 335.

(2) Die Personenstandsaufnahme erstreckt sich nicht auf diejenigen Angehörigen der Bundeswehr, der Bundespolizei und der Polizei, die in Dienstunterkünften untergebracht sind und keine andere Wohnung haben.

(3) ¹Die Landesregierungen bestimmen durch Rechtsverordnung den Zeitpunkt der Erhebungen. ²Sie können den Umfang der Erhebungen (§ 135) auf bestimmte Gemeinden und bestimmte Angaben beschränken. ³Die Landesregierungen können diese Ermächtigung durch Rechtsverordnung auf die obersten Finanzbehörden übertragen.

(4) ¹Mit der Personenstands- und Betriebsaufnahme können die Gemeinden für ihre Zwecke besondere Erhebungen verbinden, soweit für diese Erhebungen eine Rechtsgrundlage besteht. ²Für solche Erhebungen gilt Absatz 1 Satz 2 nicht.

§ 135 Mitwirkungspflicht bei der Personenstands- und Betriebsaufnahme

(1) ¹Die Grundstückseigentümer sind verpflichtet, bei der Durchführung der Personenstands- und Betriebsaufnahme Hilfe zu leisten. ²Sie haben insbesondere die Personen anzugeben, die auf dem Grundstück eine Wohnung, Wohnräume, eine Betriebsstätte, Lagerräume oder sonstige Geschäftsräume haben.

(2) Die Wohnungsinhaber und die Untermieter haben über sich und über die zu ihrem Haushalt gehörenden Personen auf den amtlichen Vordrucken die Angaben zu machen, die für die Personenstands- und Betriebsaufnahme notwendig sind, insbesondere über Namen, Familienstand, Geburtstag und Geburtsort, Religionszugehörigkeit, Wohnsitz, Erwerbstätigkeit oder Beschäftigung, Betriebsstätten.

(3) Die Inhaber von Betriebstätten, Lagerräumen oder sonstigen Geschäftsräumen haben über den Betrieb, der in diesen Räumen ausgeübt wird, die Angaben zu machen, die für die Betriebsaufnahme notwendig sind und in den amtlichen Vordrucken verlangt werden, insbesondere über Art und Größe des Betriebs und über die Betriebsinhaber.

§ 136 Änderungsmitteilungen für die Personenstandsaufnahme

Die Meldebehörden haben die ihnen nach den Vorschriften über das Meldewesen der Länder bekannt gewordenen Änderungen in den Angaben nach § 135 dem zuständigen Finanzamt mitzuteilen.

2. Unterabschnitt
Anzeigepflichten (§§ 137–139)

§ 137 Steuerliche Erfassung von Körperschaften, Vereinigungen und Vermögensmassen

(1) Steuerpflichtige, die nicht natürliche Personen sind, haben dem nach § 20 zuständigen Finanzamt und den für die Erhebung der Realsteuern zuständigen Gemeinden die Umstände anzuzeigen, die für die steuerliche Erfassung von Bedeutung sind, insbesondere die Gründung, den Erwerb der Rechtsfähigkeit, die Änderung der Rechtsform, die Verlegung der Geschäftsleitung oder des Sitzes und die Auflösung.

(2) Die Mitteilungen sind innerhalb eines Monats seit dem meldepflichtigen Ereignis zu erstatten.

§ 138 Anzeigen über die Erwerbstätigkeit

(1) ¹Wer einen Betrieb der Land- und Forstwirtschaft, einen gewerblichen Betrieb oder eine Betriebstätte eröffnet, hat dies nach amtlich vorgeschriebenem Vordruck der Gemeinde mitzuteilen, in der der Betrieb oder die Betriebstätte eröffnet wird; die Gemeinde unterrichtet unverzüglich das nach § 22 Abs. 1 zuständige Finanzamt von dem Inhalt der Mitteilung. ²Ist die Festsetzung der Realsteuern den Gemeinden nicht übertragen worden, so tritt an die Stelle der Gemeinde das nach § 22 Abs. 2 zuständige Finanzamt. ³Wer eine freiberufliche Tätigkeit aufnimmt, hat dies dem nach § 19 zuständigen Finanzamt mitzuteilen. ⁴Das Gleiche gilt für die Verlegung und die Aufgabe eines Betriebs, einer Betriebstätte oder einer freiberuflichen Tätigkeit.

(1a) Unternehmer im Sinne des § 2 des Umsatzsteuergesetzes können ihre Anzeigepflichten nach Absatz 1 zusätzlich bei der für die Umsatzbesteuerung zuständigen Finanzbehörde elektronisch erfüllen.

(1b) ¹Durch Rechtsverordnung kann das Bundesministerium der Finanzen mit Zustimmung des Bundesrates zur Vereinfachung des Besteuerungsverfahrens bestimmen, dass Unternehmer im Sinne des § 2 des Umsatzsteuergesetzes anlässlich der Aufnahme der beruflichen oder gewerblichen Tätigkeit der Finanzbehörde zusätzlich zu den Anzeigen nach den Absätzen 1 und 1a auch Auskunft über die für die Besteuerung erheblichen rechtlichen und tatsächlichen Verhältnisse nach amtlich vorgeschriebenem Datensatz durch Datenfernübertragung zu erteilen haben. ²In der Rechtsverordnung kann bestimmt werden, unter welchen Voraussetzungen auf eine elektronische Übermittlung verzichtet werden kann. ³§ 150 Abs. 6 Satz *2 bis 9* gilt entsprechend.

(2) Steuerpflichtige mit Wohnsitz, gewöhnlichem Aufenthalt, Geschäftsleitung oder Sitz im Geltungsbereich dieses Gesetzes haben dem nach den §§ 18 bis 20 zuständigen Finanzamt nach amtlich vorgeschriebenem Vordruck mitzuteilen:

1. die Gründung und den Erwerb von Betrieben und Betriebstätten im Ausland;
2. die Beteiligung an ausländischen Personengesellschaften oder deren Aufgabe oder Änderung;

---

1) § 138 Abs. 1b und 3 AO geändert durch Art. 3 Nr. 4 des Steuervereinfachungsgesetzes 2011 vom 1. 11. 2011 (BGBl. 2011 I S. 2131, BStBl 2011 I S. 986) mit Wirkung ab 5. 11. 2011.

3. den Erwerb von Beteiligungen an einer Körperschaft, Personenvereinigung oder Vermögensmasse im Sinne des § 2 Nr. 1 des Körperschaftsteuergesetzes, wenn damit unmittelbar eine Beteiligung von mindestens 10 Prozent oder mittelbar eine Beteiligung von mindestens 25 Prozent am Kapital oder am Vermögen der Körperschaft, Personenvereinigung oder Vermögensmasse erreicht wird oder wenn die Summe der Anschaffungskosten aller Beteiligungen mehr als 150 000 Euro beträgt.

(3) ¹Mitteilungen nach den Absätzen 1 und 1a sind innerhalb eines Monats nach dem meldepflichtigen Ereignis zu erstatten. ²Mitteilungen nach Absatz 2 sind innerhalb von fünf Monaten nach Ablauf des Kalenderjahres zu erstatten, in dem das meldepflichtige Ereignis eingetreten ist.

Anwendungserlass zur Abgabenordnung

Zu § 138 – Anzeigen über die Erwerbstätigkeit:

1. Die Verpflichtung, die Eröffnung eines Betriebes der Land- und Forstwirtschaft, eines gewerblichen Betriebes oder einer Betriebstätte anzuzeigen, besteht nur gegenüber der Gemeinde, in der dieser Betrieb oder die Betriebstätte eröffnet wird; diese hat unverzüglich das zuständige Finanzamt zu unterrichten. Freiberuflich Tätige haben die Aufnahme ihrer Erwerbstätigkeit dem Wohnsitzfinanzamt (§ 19 Abs. 1, ggf. Tätigkeitsfinanzamt nach § 19 Abs. 3) mitzuteilen. Unter Eröffnung ist auch die Fortführung eines Betriebes oder einer Betriebstätte durch den Rechtsnachfolger oder Erwerber zu verstehen (Hinweis auf § 75).

    Die Meldefrist beträgt einen Monat. Gewerbetreibende, die nach § 14 der Gewerbeordnung gegenüber der zuständigen Behörde (Ordnungs- bzw. Gewerbeamt) anzeigepflichtig sind, genügen mit dieser Anzeige gleichzeitig ihrer steuerlichen Anzeigepflicht nach § 138 Abs. 1. Die Anzeige ist auf dem Vordruck zu erstatten, der durch die Anlagen 1, 2 und 3 zu § 14 Abs. 4 der Gewerbeordnung bestimmt worden ist. Ein Durchschlag ist zur Weiterleitung an das zuständige Finanzamt vorgesehen. Steuerpflichtige, die nicht unter die Anzeigepflicht nach der Gewerbeordnung fallen, können die Anzeige formlos erstatten. Sie können sich auch des Vordrucks gem. der Gewerbeordnung bedienen.

2. § 138 Abs. 2 verpflichtet alle Steuerpflichtigen, Auslandsbeteiligungen innerhalb der Fristen nach § 138 Abs. 3 dem Finanzamt mitzuteilen. Eine Verletzung dieser Verpflichtung kann als Steuergefährdung mit einem Bußgeld geahndet werden (§ 379 Abs. 2 Nr. 1). Näheres zu Inhalt und Form der Anzeigen bei Auslandsbeteiligungen regelt das BMF-Schreiben vom 15. 4. 2010 (BStBl I S. 346).

Hinweise

Anzeigepflicht bei Auslandsbeziehungen nach § 138 Absatz 2 und 3 Abgabenordnung (AO)

(BMF-Schreiben vom 15. 4. 2010 – IV B 5 – S 1300/07/10087 –, BStBl 2010 I S. 346)

Unter Bezugnahme auf die Erörterungen mit den obersten Finanzbehörden der Länder gilt für die Anzeigepflicht bei Auslandsbeteiligungen (§ 138 Absatz 2 und 3 AO) das Folgende:

I. Allgemeines

Nach § 138 Absatz 2 AO haben Steuerpflichtige mit Wohnsitz, gewöhnlichem Aufenthalt, Geschäftsleitung oder Sitz im Inland dem zuständigen Finanzamt nach amtlich vorgeschriebenem Vordruck das Folgende anzuzeigen:

1) die Gründung und den Erwerb von Betrieben und Betriebstätten im Ausland;
2) die Beteiligung an ausländischen Personengesellschaften oder deren Aufgabe oder Änderung;
3) den Erwerb von Beteiligungen an einer Körperschaft, Personenvereinigung oder Vermögensmasse im Sinne des § 2 Nummer 1 des Körperschaftsteuergesetzes, wenn damit unmittelbar eine Beteiligung von mindestens zehn Prozent oder mittelbar eine Beteiligung von mindestens 25 Prozent am Kapital oder am Vermögen der Körperschaft, Personenvereinigung oder Vermögensmasse erreicht wird oder wenn die Summe der Anschaffungskosten aller Beteiligungen mehr als 150.000 Euro beträgt.

Die Mitteilungen sind innerhalb eines Monats nach dem meldepflichtigen Ereignis nach Vordruck BZSt 2 abzugeben (§ 138 Absatz 3 AO).[1] Es bestehen keine Bedenken, wenn ein Steuerpflichtiger, davon abweichend, einmal monatlich alle meldepflichtigen Ereignisse eines Kalendermonats gesammelt anzeigt.[2]

II. Meldepflichten in den Fällen des § 138 Absatz 2 Nummer 2 AO

Beteiligen sich Steuerpflichtige im Sinne des § 138 Absatz 2 Nummer 2 AO an ausländischen Personengesellschaften und sind die Einkünfte für alle inländischen Beteiligten gemäß § 180 Absatz 5 AO einheitlich und gesondert festzustellen, bestehen keine Bedenken, wenn die Meldepflichten von der ausländischen Personengesellschaft, einem Treuhänder oder einer anderen die Interessen der

inländischen Beteiligten vertretenden Person wahrgenommen werden. Voraussetzung ist, dass die ausländische Personengesellschaft, der Treuhänder oder die andere Person dem für die einheitliche und gesonderte Feststellung der Einkünfte zuständigen Finanzamt innerhalb der nach § 138 Absatz 3 AO genannten Frist Namen, Anschrift, Eintritt- oder Austrittsdatum, Wohnsitzfinanzamt und Steuernummer sowie die Höhe der Beteiligung des Anlegers mitteilt. Die Mitteilung ist auf die meldepflichtigen Ereignisse zu beschränken (keine Übersendung fortgeschriebener Listen). Unterlässt die ausländische Personengesellschaft, der Treuhänder oder die andere Person die Anzeige, treffen die Rechtsfolgen den Beteiligten persönlich (vergleiche Abschnitt IV). Zur Zuständigkeit der Finanzämter für Personengesellschaften vergleiche BMF-Schreiben vom 11. Dezember 1989 (BStBl I S. 470) und vom 2. Januar 2001 (BStBl I S. 40).

III. Meldepflichten in den Fällen des § 138 Absatz 2 Nummer 3 AO

1. Anschaffungskosten

Bei der Ermittlung der Anschaffungskosten aller Beteiligungen sind die Anschaffungskosten von früher erworbenen Beteiligungen einzubeziehen.

2. 150.000 Euro-Grenze

Der Erwerb börsennotierter Beteiligungen muss trotz Überschreitens der 150.000 Euro-Grenze nicht angezeigt werden, soweit die Beteiligung weniger als ein Prozent beträgt.

3. Meldepflichten der Kreditinstitute und Finanzdienstleistungsinstitute

Die Anzeigepflichten nach § 138 Absatz 2 Nummer 3 AO gelten nicht für Anteile an Kapitalgesellschaften, die bei Kreditinstituten und Finanzdienstleistungsinstituten im Sinne des Gesetzes über das Kreditwesen (KWG) dem Handelsbuch zuzurechnen sind.

4. Meldepflichten der Versicherungsunternehmen

Die Anzeigepflichten nach § 138 Absatz 2 Nummer 3 AO gelten nicht für Anteile an Kapitalgesellschaften, die auf der Aktivseite der Bilanz der Versicherungsunternehmen entsprechend Formblatt 1 zu § 2 der Verordnung über die Rechnungslegung von Versicherungsunternehmen vom 8. November 1994 (BGBl. I S. 3378), die zuletzt durch Artikel 1 der Verordnung zur Änderung der Versicherungsunternehmens-Rechnungslegungsverordnung sowie zur Änderung weiterer Rechnungslegungsverordnungen vom 18. Dezember 2009 (BGBl. I S. 3934) geändert worden ist, in der jeweils geltenden Fassung unter C Nummer III 1 auszuweisen sind.

IV. Rechtsfolgen bei Verstößen gegen die Anzeigepflichten

Wer vorsätzlich oder leichtfertig seiner Anzeigepflicht nach § 138 Absatz 2 AO nicht, nicht vollständig oder nicht rechtzeitig nachkommt, begeht eine Ordnungswidrigkeit im Sinne des § 379 Absatz 2 Nummer 1 AO, die vorbehaltlich des § 378 AO mit einer Geldbuße bis zu 5.000 Euro geahndet werden kann.

Bei Verstößen gegen die Anzeigepflichten ist nach den Umständen des Einzelfalls die zuständige Bußgeld- und Strafsachenstelle einzuschalten. Die Anzeigepflicht kann auch mit Zwangsmitteln nach § 328 AO durchgesetzt werden.

---

[1] Hinweis auf Änderung des § 138 Abs. 3 AO durch Art. 3 Nr. 4 des Steuervereinfachungsgesetzes 2011 vom 1. 11. 2011 (BGBl. I S. 2131, BStBl 2011 I S. 986).
[2] Der Vordruck steht zum Download bereit unter: https://www.formulare-bfinv.de/ffw/content.do.

V. Beachtung und Auswertung der Meldungen nach § 138 Absatz 2 AO

Die Anzeigepflichten dienen der rechtzeitigen steuerlichen Erfassung und Überwachung grenzüberschreitender Sachverhalte. Auf die Erfüllung der Anzeigepflichten ist nachdrücklich zu achten.

Die Finanzämter werten Meldungen auf Vordruck BZSt 2 aus und leiten eine Durchschrift dem Bundeszentralamt für Steuern (Informationszentrale für steuerliche Auslandsbeziehungen – IZA) zu.

Das Bundeszentralamt für Steuern sammelt die Informationen und wertet sie aus (§ 5 Absatz 1 Nummer 6 Finanzverwaltungsgesetz).

Rechtsprechung

BFH vom 23. 9. 2009 – II R 66/07 (BStBl 2010 II S. 712)

Hat eine natürliche Person durch Anmeldung eines Gewerbes ernsthaft die Absicht bekundet, unternehmerisch i. S. des § 2 UStG tätig zu werden, ist ihr außer in Fällen eines offensichtlichen, auf die Umsatzsteuer bezogenen Missbrauchs auf Antrag eine Steuernummer für Umsatzsteuerzwecke zu erteilen.

§ 139 Anmeldung von Betrieben in besonderen Fällen

(1) ¹Wer Waren gewinnen oder herstellen will, an deren Gewinnung, Herstellung, Entfernung aus dem Herstellungsbetrieb oder Verbrauch innerhalb des Herstellungsbetriebs eine Verbrauchsteuerpflicht geknüpft ist, hat dies der zuständigen Finanzbehörde vor Eröffnung des Betriebs anzumelden. ²Das Gleiche gilt für den, der ein Unternehmen betreiben will, bei dem besondere Verkehrsteuern anfallen.

(2) ¹Durch Rechtsverordnung können Bestimmungen über den Zeitpunkt, die Form und den Inhalt der Anmeldung getroffen werden. ²Die Rechtsverordnung erlässt die Bundesregierung, soweit es sich um Verkehrsteuern handelt, im Übrigen der Bundesminister der Finanzen. ³Die Rechtsverordnung des Bundesministeriums der Finanzen bedarf der Zustimmung des Bundesrates nur, soweit sie die Biersteuer betrifft.

---

3. Unterabschnitt
Identifikationsmerkmal (§§ 139a–139d)

§ 139a Identifikationsmerkmal

(1) ¹Das Bundeszentralamt für Steuern teilt jedem Steuerpflichtigen zum Zwecke der eindeutigen Identifizierung in Besteuerungsverfahren ein einheitliches und dauerhaftes Merkmal (Identifikationsmerkmal) zu, das bei Anträgen, Erklärungen oder Mitteilungen gegenüber Finanzbehörden anzugeben ist. ²Es besteht aus einer Ziffernfolge, die nicht aus anderen Daten über den Steuerpflichtigen gebildet oder abgeleitet werden darf; die letzte Stelle ist eine Prüfziffer. ³Natürliche Personen erhalten eine Identifikationsnummer, wirtschaftlich Tätige eine Wirtschafts-Identifikationsnummer. ⁴Der Steuerpflichtige ist über die Zuteilung eines Identifikationsmerkmals unverzüglich zu unterrichten.

(2) Steuerpflichtiger im Sinne dieses Unterabschnitts ist jeder, der nach einem Steuergesetz steuerpflichtig ist.

(3) Wirtschaftlich Tätige im Sinne dieses Unterabschnitts sind:
1. natürliche Personen, die wirtschaftlich tätig sind,
2. juristische Personen,
3. Personenvereinigungen.

§ 139b Identifikationsnummer

(1) ¹Eine natürliche Person darf nicht mehr als eine Identifikationsnummer erhalten. ²Jede Identifikationsnummer darf nur einmal vergeben werden.

(2) ¹Die Finanzbehörden dürfen die Identifikationsnummer nur erheben und verwenden, soweit dies zur Erfüllung ihrer gesetzlichen Aufgaben erforderlich ist oder eine Rechtsvorschrift die Erhebung oder Verwendung der Identifikationsnummer ausdrücklich erlaubt oder anordnet. ²Andere öffentliche oder nicht öffentliche Stellen dürfen

1. die Identifikationsnummer nur erheben oder verwenden, soweit dies für Datenübermittlungen zwischen ihnen und den Finanzbehörden erforderlich ist oder eine Rechtsvorschrift die Erhebung oder Verwendung der Identifikationsnummer ausdrücklich erlaubt oder anordnet,
2. ihre Dateien nur insoweit nach der Identifikationsnummer ordnen oder für den Zugriff erschließen, als dies für regelmäßige Datenübermittlungen zwischen ihnen und den Finanzbehörden erforderlich ist.

³Vertragsbestimmungen und Einwilligungserklärungen, die darauf gerichtet sind, eine nach den vorstehenden Bestimmungen nicht zulässige Erhebung oder Verwendung der Identifikationsnummer zu ermöglichen, sind unwirksam.

(3) Das Bundeszentralamt für Steuern speichert zu natürlichen Personen folgende Daten:
1. Identifikationsnummer,
2. Wirtschafts-Identifikationsnummern,
3. Familienname,
4. frühere Namen,
5. Vornamen,
6. Doktorgrad,
7. – aufgehoben –
8. Tag und Ort der Geburt,
9. Geschlecht,
10. gegenwärtige oder letzte bekannte Anschrift,
11. zuständige Finanzbehörden,
12. Übermittlungssperren nach dem Melderechtsrahmengesetz und den Meldegesetzen der Länder,
13. Sterbetag.

(4) Die in Absatz 3 aufgeführten Daten werden gespeichert, um
1. sicherzustellen, dass eine Person nur eine Identifikationsnummer erhält und eine Identifikationsnummer nicht mehrfach vergeben wird,
2. die Identifikationsnummer eines Steuerpflichtigen festzustellen,
3. zu erkennen, welche Finanzbehörden für einen Steuerpflichtigen zuständig sind,
4. Daten, die auf Grund eines Gesetzes oder nach über- und zwischenstaatlichem Recht entgegenzunehmen sind, an die zuständigen Stellen weiterleiten zu können,
5. den Finanzbehörden die Erfüllung der ihnen durch Rechtsvorschrift zugewiesenen Aufgaben zu ermöglichen.

(5) ¹Die in Absatz 3 aufgeführten Daten dürfen nur für die in Absatz 4 genannten Zwecke verwendet werden. ²Übermittlungssperren nach dem Melderechtsrahmengesetz und den Meldegesetzen der Länder sind zu beachten und im Fall einer zulässigen Datenübermittlung ebenfalls zu übermitteln. ³Der Dritte, an den die Daten übermittelt werden, hat die Übermittlungssperren ebenfalls zu beachten.

(6) ¹Zum Zwecke der erstmaligen Zuteilung der Identifikationsnummer übermitteln die Meldebehörden dem Bundeszentralamt für Steuern für jeden in ihrem Zuständigkeitsbereich mit alleiniger Wohnung oder Hauptwohnung im Melderegister registrierten Einwohner folgende Daten:
1. Familienname,
2. frühere Namen,
3. Vornamen,
4. Doktorgrad,
5. – aufgehoben –
6. Tag und Ort der Geburt,
7. Geschlecht,
8. gegenwärtige Anschrift der alleinigen Wohnung oder der Hauptwohnung,

9. Tag des Ein- und Auszugs,
10. Übermittlungssperren nach dem Melderechtsrahmengesetz und den Meldegesetzen der Länder.

²Hierzu haben die Meldebehörden jedem in ihrem Zuständigkeitsbereich mit alleiniger Wohnung oder Hauptwohnung registrierten Einwohner ein Vorläufiges Bearbeitungsmerkmal zu vergeben. ³Dieses übermitteln sie zusammen mit den Daten nach Satz 1 an das Bundeszentralamt für Steuern. ⁴Die Übermittlung der Daten nach Satz 1 erfolgt ab dem Zeitpunkt der Einführung des Identifikationsmerkmals, der durch Rechtsverordnung des Bundesministeriums der Finanzen auf Grund von Artikel 97 § 5 Satz 1 des Einführungsgesetzes zur Abgabenordnung bestimmt wird. ⁵Das Bundeszentralamt für Steuern teilt der zuständigen Meldebehörde die dem Steuerpflichtigen zugeteilte Identifikationsnummer zur Speicherung im Melderegister unter Angabe des Vorläufigen Bearbeitungsmerkmals mit und löscht das Vorläufige Bearbeitungsmerkmal anschließend. ⁶Die Daten nach Satz 1 Nr. 9 sind spätestens mit Ablauf des der Übermittlung durch die Meldebehörden folgenden Kalendermonats zu löschen.

(7) ¹Die Meldebehörden haben im Falle der Speicherung einer Geburt im Melderegister sowie im Falle der Speicherung einer Person, für die bisher keine Identifikationsnummer zugeteilt worden ist, dem Bundeszentralamt für Steuern die Daten nach Absatz 6 Satz 1 zum Zwecke der Zuteilung der Identifikationsnummer zu übermitteln. ²Absatz 6 Satz 2 bis 6 gilt entsprechend.

(8) Die Meldebehörde teilt dem Bundeszentralamt für Steuern Änderungen der in Absatz 6 Satz 1 Nr. 1 bis 10 bezeichneten Daten sowie bei Sterbefällen den Sterbetag unter Angabe der Identifikationsnummer oder, sofern diese noch nicht zugeteilt wurde, unter Angabe des Vorläufigen Bearbeitungsmerkmals mit.

(9) Das Bundeszentralamt für Steuern unterrichtet die Meldebehörden, wenn ihm konkrete Anhaltspunkte für die Unrichtigkeit der ihm von den Meldebehörden übermittelten Daten vorliegen.

Rechtsprechung

BFH vom 18. 1. 2012 – II R 49/10 (StEd 2012 S. 82)

Die Zuteilung der Identifikationsnummer und die dazu erfolgte Datenspeicherung sind mit dem Recht auf informelle Selbstbestimmung und sonstigem Verfassungsrecht vereinbar.

§ 139c Wirtschafts-Identifikationsnummer

(1) ¹Die Wirtschafts-Identifikationsnummer wird auf Anforderung der zuständigen Finanzbehörde vergeben. ²Sie beginnt mit den Buchstaben „DE". ³Jede Wirtschafts-Identifikationsnummer darf nur einmal vergeben werden.

(2) ¹Die Finanzbehörden dürfen die Wirtschafts-Identifikationsnummer nur erheben und verwenden, soweit dies zur Erfüllung ihrer gesetzlichen Aufgaben erforderlich ist oder eine Rechtsvorschrift dies erlaubt oder anordnet. ²Andere öffentliche oder nicht öffentliche Stellen dürfen die Wirtschafts-Identifikationsnummer nur erheben oder verwenden, soweit dies zur Erfüllung ihrer Aufgaben oder Geschäftszwecke oder für Datenübermittlungen zwischen ihnen und den Finanzbehörden erforderlich ist. ³Soweit die Wirtschafts-Identifikationsnummer andere Nummern ersetzt, bleiben Rechtsvorschriften, die eine Übermittlung durch die Finanzbehörden an andere Behörden regeln, unberührt.

(3) Das Bundeszentralamt für Steuern speichert zu natürlichen Personen, die wirtschaftlich tätig sind, folgende Daten:
1. Wirtschafts-Identifikationsnummer,
2. Identifikationsnummer,
3. Firma (§§ 17 ff. des Handelsgesetzbuchs) oder Name des Unternehmens,
4. frühere Firmennamen oder Namen des Unternehmens,
5. Rechtsform,
6. Wirtschaftszweignummer,
7. amtlicher Gemeindeschlüssel,
8. Anschrift des Unternehmens, Firmensitz,
9. Handelsregistereintrag (Registergericht, Datum und Nummer der Eintragung),

10. Datum der Betriebseröffnung oder Zeitpunkt der Aufnahme der Tätigkeit,
11. Datum der Betriebseinstellung oder Zeitpunkt der Beendigung der Tätigkeit,
12. zuständige Finanzbehörden.

(4) Das Bundeszentralamt für Steuern speichert zu juristischen Personen folgende Daten:
1. Wirtschafts-Identifikationsnummer,
2. Identifikationsmerkmale der gesetzlichen Vertreter,
3. Firma (§§ 17 ff. des Handelsgesetzbuchs),
4. frühere Firmennamen,
5. Rechtsform,
6. Wirtschaftszweignummer,
7. amtlicher Gemeindeschlüssel,
8. Sitz gemäß § 11, insbesondere Ort der Geschäftsleitung,
9. Datum des Gründungsaktes,
10. Handels-, Genossenschafts- oder Vereinsregistereintrag (Registergericht, Datum und Nummer der Eintragung),
11. Datum der Betriebseröffnung oder Zeitpunkt der Aufnahme der Tätigkeit,
12. Datum der Betriebseinstellung oder Zeitpunkt der Beendigung der Tätigkeit,
13. Zeitpunkt der Auflösung,
14. Datum der Löschung im Register,
15. verbundene Unternehmen,
16. zuständige Finanzbehörden.

(5) Das Bundeszentralamt für Steuern speichert zu Personenvereinigungen folgende Daten:
1. Wirtschafts-Identifikationsnummer,
2. Identifikationsmerkmale der gesetzlichen Vertreter,
3. Identifikationsmerkmale der Beteiligten,
4. Firma (§§ 17 ff. des Handelsgesetzbuchs) oder Name der Personenvereinigung,
5. frühere Firmennamen oder Namen der Personenvereinigung,
6. Rechtsform,
7. Wirtschaftszweignummer,
8. amtlicher Gemeindeschlüssel,
9. Sitz gemäß § 11, insbesondere Ort der Geschäftsleitung,
10. Datum des Gesellschaftsvertrags,
11. Handels- oder Partnerschaftsregistereintrag (Registergericht, Datum und Nummer der Eintragung),
12. Datum der Betriebseröffnung oder Zeitpunkt der Aufnahme der Tätigkeit,
13. Datum der Betriebseinstellung oder Zeitpunkt der Beendigung der Tätigkeit,
14. Zeitpunkt der Auflösung,
15. Zeitpunkt der Beendigung,
16. Datum der Löschung im Register,
17. verbundene Unternehmen,
18. zuständige Finanzbehörden.

(6) Die Speicherung der in den Absätzen 3 bis 5 aufgeführten Daten erfolgt, um
1. sicherzustellen, dass eine vergebene Wirtschafts-Identifikationsnummer nicht noch einmal für einen anderen wirtschaftlich Tätigen verwendet wird,
2. für einen wirtschaftlich Tätigen die vergebene Wirtschafts-Identifikationsnummer festzustellen,
3. zu erkennen, welche Finanzbehörden zuständig sind,
4. Daten, die auf Grund eines Gesetzes oder nach über- und zwischenstaatlichem Recht entgegenzunehmen sind, an die zuständigen Stellen weiterleiten zu können,
5. den Finanzbehörden die Erfüllung der ihnen durch Rechtsvorschrift zugewiesenen Aufgaben zu ermöglichen.

(7) Die in Absatz 3 aufgeführten Daten dürfen nur für die in Absatz 6 genannten Zwecke verwendet werden, es sei denn, eine Rechtsvorschrift sieht eine andere Verwendung ausdrücklich vor.

§ 139d Verordnungsermächtigung

Die Bundesregierung bestimmt durch Rechtsverordnung mit Zustimmung des Bundesrates:
1. organisatorische und technische Maßnahmen zur Wahrung des Steuergeheimnisses, insbesondere zur Verhinderung eines unbefugten Zugangs zu Daten, die durch § 30 geschützt sind,
2. Richtlinien zur Vergabe der Identifikationsnummer nach § 139b und der Wirtschafts-Identifikationsnummer nach § 139c,
3. Fristen, nach deren Ablauf die nach §§ 139b und 139c gespeicherten Daten zu löschen sind, sowie
4. die Form und das Verfahren der Datenübermittlungen nach § 139b Abs. 6 bis 9.

Steueridentifikationsnummerverordnung (StIdV)
vom 28. 11. 2006 (BGBl. 2006 I S. 2726),
geändert durch Artikel 2 Nr. 55 des Gesetzes vom 22. 12. 2011 (BGBl. 2011 I S. 3044[1])

§ 1 Zeitpunkt der Einführung, Aufbau

Die Identifikationsnummer nach § 139b der Abgabenordnung wird zum 1. Juli 2007 eingeführt; sie besteht aus zehn Ziffern und einer Prüfziffer als elfter Ziffer.

§ 2 Form und Verfahren der Datenübermittlungen

(1) [1]Für die Datenübermittlungen der Meldebehörden an das Bundeszentralamt für Steuern nach § 139b Abs. 6 Satz 1, 3, Abs. 7 Satz 1 und Abs. 8 der Abgabenordnung gelten die §§ 5c und 6 der Zweiten Bundesmeldedatenübermittlungsverordnung. [2]Im Fall des § 3 kann die Datenübermittlung auch auf einem vom Bundeszentralamt für Steuern zugelassenen automatisiert verarbeitbaren Datenträger erfolgen; dabei ist die Satzbeschreibung OSCI-XMeld (§ 2 Abs. 4 Satz 1 der Ersten Bundesmeldedatenübermittlungsverordnung) in der im Bundesanzeiger bekannt gemachten jeweils gültigen Fassung zu Grunde zu legen. [3]Daten auf Datenträgern sind mit einer fortgeschrittenen elektronischen Signatur nach § 2 Nr. 2 des Signaturgesetzes zu versehen und nach dem Stand der Technik zu verschlüsseln.

(2) [1]Die Datenübermittlungen des Bundeszentralamts für Steuern an die Meldebehörden nach § 139b Abs. 6 Satz 5 und Abs. 7 Satz 2 der Abgabenordnung erfolgen durch Datenübertragung über verwaltungseigene Kommunikationsnetze oder über das Internet. [2]Sie erfolgen unmittelbar oder über Vermittlungsstellen. [3]Die zu übermittelnden Daten sind mit einer fortgeschrittenen elektronischen Signatur nach § 2 Nr. 2 des Signaturgesetzes zu versehen und nach dem Stand der Technik zu verschlüsseln. [4]Hierbei sind die Satzbeschreibung OSCI-XMeld (§ 2 Abs. 4 Satz 1 der Ersten Bundesmeldedatenübermittlungsverordnung) und das Übermittlungsprotokoll OSCI-Transport (§ 2 Abs. 4 Satz 2 der Ersten Bundesmeldedatenübermittlungsverordnung) in der im Bundesanzeiger bekannt gemachten jeweils geltenden Fassung zu Grunde zu legen. [5]Absatz 1 Satz 2 und 3 gilt entsprechend, wenn zwischen dem Bundeszentralamt für Steuern und dem Empfänger darüber Einvernehmen besteht.

§ 3 Erstmalige Zuteilung der Identifikationsnummer nach § 139b Abs. 6 der Abgabenordnung

(1) Jede Meldebehörde übermittelt dem Bundeszentralamt für Steuern für jeden zum Ablauf des 30. Juni 2007 in ihrem Zuständigkeitsbereich mit alleiniger Wohnung oder Hauptwohnung im Melderegister registrierten Einwohner folgende Daten:

	Blattnummern des Datensatzes für das Meldewesen – Einheitlicher Bundes-/Länderteil – (DSMeld)
1. Familienname (mit Namensbestandteilen)	0101 bis 0106,
2. frühere Namen	0201, 0202,
3. Vornamen	0301, 0302,
4. Doktorgrad	0401,

---
[1]) Die Änderung des § 2 StIdV (Ersetzung „elektronischer Bundesanzeiger" durch „Bundesanzeiger") tritt am 1. 4. 2012 in Kraft.

5. Ordensnamen/Künstlernamen	0501, 0502,
6. Tag und Ort der Geburt	0601 bis 0603,
7. Geschlecht	0701,
8. gegenwärtige Anschrift der alleinigen Wohnung oder der Hauptwohnung	1201 bis 1203, 1205, 1206, 1208 bis 1212.

(2) Die Meldebehörde übermittelt die Daten unter Angabe des Vorläufigen Bearbeitungsmerkmals (§ 139b Abs. 6 Satz 2 der Abgabenordnung) mit der Blattnummer 2702 des DSMeld bis zum 31. Juli 2007.

(3) Nach Übermittlung sämtlicher von den Meldebehörden zu übermittelnden Daten sind die Daten zusammenzuführen und zu bereinigen.

(4) [1]Auf Grund der Datenübermittlungen der Meldebehörden vergibt das Bundeszentralamt für Steuern für jede gemeldete natürliche Person eine Identifikationsnummer. [2]Die Identifikationsnummer ist der zuständigen Meldebehörde zusammen mit dem Vorläufigen Bearbeitungsmerkmal zur Speicherung im Melderegister unverzüglich mitzuteilen.

§ 4 Löschungsfrist

Die beim Bundeszentralamt für Steuern nach § 139b Abs. 3 der Abgabenordnung gespeicherten Daten sind zu löschen, wenn sie zur Erfüllung der gesetzlichen Aufgaben der Finanzbehörden nicht mehr erforderlich sind, spätestens jedoch 20 Jahre nach Ablauf des Kalenderjahres, in dem der Steuerpflichtige verstorben ist.

§ 5 Sicherheit und Funktionsfähigkeit des Verfahrens

[1]Das Bundeszentralamt für Steuern hat die Sicherheit und Funktionsfähigkeit des Verfahrens zu gewährleisten. [2]Anforderungen an die Sicherheit der elektronischen Übermittlung hat das Bundeszentralamt für Steuern im Benehmen mit dem Bundesamt für Sicherheit in der Informationstechnik festzulegen.

§ 6 Benachrichtigung des Betroffenen, Berichtigung unrichtiger Daten

(1) Das Bundeszentralamt für Steuern unterrichtet den Steuerpflichtigen unverzüglich über die ihm zugeteilte Identifikationsnummer und die übrigen beim Bundeszentralamt für Steuern zu seiner Person gespeicherten Daten.

(2) [1]Stellen die Finanzbehörden Unrichtigkeiten der Daten im Sinne des § 139b Abs. 3 der Abgabenordnung fest, teilen sie dies dem Bundeszentralamt für Steuern mit. [2]Einzelheiten des Verfahrens bestimmt das Bundesministerium der Finanzen im Einvernehmen mit den obersten Finanzbehörden der Länder durch ein im Bundessteuerblatt zu veröffentlichendes Schreiben.

§ 7 Erprobung des Verfahrens

(1) [1]Das Bundeszentralamt für Steuern kann bei den Meldebehörden Daten nach § 3 Abs. 1 erheben zum Zwecke der Erprobung

1. des Verfahrens der Datenübermittlungen von den Meldebehörden an das Bundeszentralamt für Steuern,
2. der vom Bundeszentralamt für Steuern einzusetzenden Programme, mit denen die von den Meldebehörden zu liefernden Daten zusammengeführt, verglichen und bereinigt werden sollen,
3. der Zuordnung zu den bei den Rechenzentren der Landesfinanzverwaltungen gespeicherten personenbezogenen Daten.

[2]§ 2 Abs. 1 gilt entsprechend.

(2) [1]Die Daten dürfen nur für die in Absatz 1 genannten Zwecke verwendet werden. [2]Sie sind unmittelbar nach Beendigung der Erprobung, spätestens am 1. Juli 2007, zu löschen.

ZWEITER ABSCHNITT
Mitwirkungspflichten (§§ 140–154)

1. Unterabschnitt
Führung von Büchern und Aufzeichnungen (§§ 140–148)

§ 140 Buchführungs- und Aufzeichnungspflichten nach anderen Gesetzen

AO
S 0310

Wer nach anderen Gesetzen als den Steuergesetzen Bücher und Aufzeichnungen zu führen hat, die für die Besteuerung von Bedeutung sind, hat die Verpflichtungen, die ihm nach den anderen Gesetzen obliegen, auch für die Besteuerung zu erfüllen.

Anwendungserlass zur Abgabenordnung

AEAO

Zu § 140 – Buchführungs- und Aufzeichnungspflichten nach anderen Gesetzen:

1

Durch die Vorschrift werden die sog. außersteuerlichen Buchführungs- und Aufzeichnungsvorschriften, die auch für die Besteuerung von Bedeutung sind, für das Steuerrecht nutzbar gemacht. In Betracht kommen einmal die allgemeinen Buchführungs- und Aufzeichnungsvorschriften des Handels-, Gesellschafts- und Genossenschaftsrechts. Zum anderen fallen hierunter die Buchführungs- und Aufzeichnungspflichten für bestimmte Betriebe und Berufe, die sich aus einer Vielzahl von Gesetzen und Verordnungen ergeben. Verstöße gegen außersteuerliche Buchführungs- und Aufzeichnungspflichten stehen den Verstößen gegen steuerrechtliche Buchführungs- und Aufzeichnungsvorschriften gleich. Hinweis auf § 162 Abs. 2 (Schätzung), § 379 Abs. 1 (Steuergefährdung).

Rechtsprechung

Rsp

BFH vom 2. 2. 1982 – VIII R 65/80 (BStBl 1982 II S. 409)

2

Sind Bücher und Aufzeichnungen nach anderen Gesetzen als den Steuergesetzen auch im Interesse der Besteuerung zu führen und ordnen die anderen Gesetze Aufbewahrungsfristen an, die kürzer als die allgemeinen steuerrechtlichen Aufbewahrungsfristen sind, sind auch steuerrechtlich die kürzeren Fristen maßgeblich.

BFH vom 23. 10. 1990 – VIII R 142/85 (BStBl 1991 II S. 401)

3

Die Buchführungspflicht für Sonderbetriebsvermögen obliegt nicht dem einzelnen Gesellschafter, sondern der Personenhandelsgesellschaft.

---

§ 141 Buchführungspflicht bestimmter Steuerpflichtiger

AO
S 0311

(1) ¹Gewerbliche Unternehmer sowie Land- und Forstwirte, die nach den Feststellungen der Finanzbehörde für den einzelnen Betrieb
1. Umsätze einschließlich der steuerfreien Umsätze, ausgenommen die Umsätze nach § 4 Nr. 8 bis 10 des Umsatzsteuergesetzes, von mehr als 500 000 Euro im Kalenderjahr oder
2. (weggefallen)
3. selbstbewirtschaftete land- und forstwirtschaftliche Flächen mit einem Wirtschaftswert (§ 46 des Bewertungsgesetzes) von mehr als 25 000 Euro oder
4. einen Gewinn aus Gewerbebetrieb von mehr als 50 000 Euro im Wirtschaftsjahr oder
5. einen Gewinn aus Land- und Forstwirtschaft von mehr als 50 000 Euro im Kalenderjahr

gehabt haben, sind auch dann verpflichtet, für diesen Betrieb Bücher zu führen und aufgrund jährlicher Bestandsaufnahmen Abschlüsse zu machen, wenn sich eine Buchführungspflicht nicht aus § 140 ergibt. ²Die §§ 238, 240, 241, 242 Abs. 1 und die §§ 243 bis 256 des Handelsgesetzbuchs gelten sinngemäß, sofern sich nicht aus den Steuergesetzen etwas anderes ergibt. ³Bei der Anwendung der Nummer 3 ist der Wirtschaftswert aller vom Land- und Forstwirt selbstbewirtschafteten Flächen maßgebend, unabhängig davon, ob sie in seinem Eigentum stehen oder nicht. ⁴Bei Land- und Forstwirten, die nach Nummern 1, 3 oder 5 zur Buchführung verpflichtet sind, braucht sich die Bestandsaufnahme nicht auf das stehende Holz zu erstrecken.

(2) ¹Die Verpflichtung nach Absatz 1 ist vom Beginn des Wirtschaftsjahrs an zu erfüllen, das auf die Bekanntgabe der Mitteilung folgt, durch die die Finanzbehörde auf den Beginn dieser Verpflichtung hingewiesen hat. ²Die Verpflichtung endet mit dem Ablauf des Wirtschaftsjahrs, das auf das Wirtschaftsjahr folgt, in dem die Finanzbehörde feststellt, dass die Voraussetzungen nach Absatz 1 nicht mehr vorliegen.

(3) ¹Die Buchführungspflicht geht auf denjenigen über, der den Betrieb im Ganzen zur Bewirtschaftung als Eigentümer oder Nutzungsberechtigter übernimmt. ²Ein Hinweis nach Absatz 2 auf den Beginn der Buchführungspflicht ist nicht erforderlich.

(4) Absatz 1 Nr. 5 in der vorstehenden Fassung ist erstmals auf den Gewinn des Kalenderjahrs 1980 anzuwenden.

AEAO   **Anwendungserlass zur Abgabenordnung**

1   Zu § 141 – Buchführungspflicht bestimmter Steuerpflichtiger:

1. Die Vorschrift findet nur Anwendung, wenn sich nicht bereits eine Buchführungspflicht nach § 140 ergibt. Unter die Vorschrift fallen gewerbliche Unternehmer sowie Land- und Forstwirte, nicht jedoch Freiberufler. Gewerbliche Unternehmer sind solche Unternehmer, die einen Gewerbebetrieb i. S. d. § 15 Abs. 2 oder 3 EStG bzw. des § 2 Abs. 2 oder 3 GewStG ausüben.
   Ausländische Unternehmen fallen unter die Vorschrift jedenfalls dann, wenn und soweit sie im Inland eine Betriebsstätte unterhalten oder einen ständigen Vertreter bestellt haben (BFH-Urteil vom 14. 9. 1994 – I R 116/93 – BStBl II 1995 S. 238). Die Buchführungspflicht einer Personengesellschaft erstreckt sich auch auf das Sonderbetriebsvermögen ihrer Gesellschafter. Die Gesellschafter selbst sind insoweit nicht buchführungspflichtig.

2. Die Finanzbehörde kann die Feststellung i. S. d. § 141 Abs. 1 im Rahmen eines Steuer- oder Feststellungsbescheides oder durch einen selbständigen feststellenden Verwaltungsakt treffen. Die Feststellung kann aber auch mit der Mitteilung über den Beginn der Buchführungspflicht nach § 141 Abs. 2 verbunden werden und bildet dann mit ihr einen einheitlichen Verwaltungsakt (BFH-Urteil vom 23. 6. 1983 – IV R 3/82 – BStBl I S. 768).

3. Die Buchführungsgrenzen beziehen sich grundsätzlich auf den einzelnen Betrieb (zum Begriff vgl. BFH-Urteil vom 13. 10. 1988 – IV R 136/85 – BStBl II 1989 S. 7), auch wenn der Steuerpflichtige mehrere Betriebe der gleichen Einkunftsart hat. Eine Ausnahme gilt für steuerbegünstigte Körperschaften, bei denen mehrere steuerpflichtige wirtschaftliche Geschäftsbetriebe als ein Betrieb zu behandeln sind (§ 64 Abs. 2). In den maßgebenden Umsatz (§ 141 Abs. 1 Nr. 1) sind auch die nicht steuerbaren Auslandsumsätze einzubeziehen. Sie sind ggf. zu schätzen; § 162 gilt entsprechend. Da die Gewinngrenze für die land- und forstwirtschaftlichen Betriebe (§ 141 Abs. 1 Nr. 5) auf das Kalenderjahr abstellt, werden bei einem vom Kalenderjahr abweichenden Wirtschaftsjahr die zeitanteiligen Gewinne aus zwei Wirtschaftsjahren angesetzt. Für die Bestimmung der Buchführungsgrenzen nach § 141 Abs. 1 Nr. 3 sind die Einzelertragswerte der im Einheitswert erfassten Nebenbetriebe bei der Ermittlung des Wirtschaftswertes der selbstbewirtschafteten Flächen nicht anzusetzen (BFH-Urteil vom 6. 7. 1989 – IV R 97/87 – BStBl II 1990 S. 606).

4. Die Finanzbehörde hat den Steuerpflichtigen auf den Beginn der Buchführungspflicht hinzuweisen. Diese Mitteilung soll dem Steuerpflichtigen mindestens einen Monat vor Beginn des Wirtschaftsjahres bekannt gegeben werden, von dessen Beginn ab die Buchführungspflicht zu erfüllen ist. Zur Bekanntgabe der Mitteilung über den Beginn der Buchführungspflicht bei ungeklärter Unternehmereigenschaft der Ehegatten als Miteigentümer der Nutzflächen eines landwirtschaftlichen Betriebs Hinweis auf BFH-Urteile vom 23. 1. 1986 – IV R 108/85 – BStBl II S. 539 und vom 26. 11. 1987 – IV R 22/86 – BStBl II 1988 S. 238. Werden die Buchführungsgrenzen nicht mehr überschritten, so wird der Wegfall der Buchführungspflicht dann nicht wirksam, wenn die Finanzbehörde vor dem Erlöschen der Verpflichtung wiederum das Bestehen der Buchführungspflicht feststellt. Beim einmaligen Überschreiten der Buchführungsgrenze soll auf Antrag nach § 148 Befreiung von der Buchführungspflicht bewilligt werden, wenn nicht zu erwarten ist, dass die Grenze auch später überschritten wird. Bei der Prüfung, ob die in § 141 Abs. 1 Nr. 4 und 5 aufgeführten Buchführungsgrenzen überschritten werden, sind erhöhte Absetzungen für Abnutzung und Sonderabschreibungen unberücksichtigt zu lassen (§ 7a Abs. 6 EStG). Erhöhte Absetzungen für Abnutzung sind nur insoweit dem Gewinn zuzurechnen, als diese die Absetzungsbeträge nach § 7 Abs. 1 oder 4 EStG übersteigen (§ 7a Abs. 3 EStG).

5. Die Buchführungspflicht geht nach § 141 Abs. 3 kraft Gesetzes über. Es ist nicht Voraussetzung, dass eine der in § 141 Abs. 1 Nrn. 1 bis 5 aufgeführten Buchführungsgrenzen überschritten ist. Als Eigentümer bzw. Nutzungsberechtigter kommen z. B. in Betracht: Erwerber, Erbe, Pächter, Nießbraucher. Eine Übernahme des Betriebs im Ganzen liegt vor, wenn seine Identität gewahrt bleibt. Dies ist der Fall, wenn die wesentlichen Grundlagen des Betriebs als einheitliches Ganzes erhalten bleiben. Dies liegt nicht vor, wenn nur der landwirtschaftliche, nicht aber auch der forstwirtschaftliche Teilbetrieb übernommen wird (BFH-Urteil vom 24. 2. 1994, – IV R 4/93 – BStBl II S. 677).

Rechtsprechung

BFH vom 2. 12. 1982 – IV R 8/82 (BStBl 1983 II S. 254) — Rsp 2

Die Mitteilung des FA über den Beginn der Buchführungspflicht nach § 141 Abs. 2 Satz 1 AO ist ein rechtsgestaltender Verwaltungsakt, der den Beginn der Buchführungspflicht zu dem genannten Zeitpunkt auslöst. Wird er weder angefochten, noch zurückgenommen, noch widerrufen, so beginnt die Buchführungspflicht auch dann, wenn die Begründung der Mitteilung (Feststellung des Überschreitens einer Buchführungsgrenze nach § 141 Abs. 1 AO) nicht mehr zutreffend ist.

BFH vom 23. 6. 1983 – IV R 3/82 (BStBl 1983 II S. 768) — 3

Fehlt für eine Mitteilung über den Beginn der Buchführungspflicht (§ 141 Abs. 2 AO) eine Feststellung zur Buchführungspflicht nach § 141 Abs. 1 AO, so bleibt die Mitteilung trotz Anfechtung wirksam, wenn die Finanzbehörde die fehlende Feststellung bis zum Beginn der Buchführungspflicht nachholt.

BFH vom 23. 1. 1986 – IV R 108/85 (BStBl 1986 II S. 540) — 4

1. Hat das FA aufgrund der gemeinsamen Erklärungen der Ehegatten den Ehemann als Alleininhaber eines landwirtschaftlichen Betriebes angesehen und bestandskräftig veranlagt, kann das Vorliegen einer Mitunternehmerschaft der Eheleute erstmals nicht im Verfahren betreffend die Mitteilung über den Beginn der Buchführungspflicht nach § 141 Abs. 2 AO geltend gemacht und entschieden werden, sondern nur im gesonderten Gewinnfeststellungsverfahren nach § 180 Abs. 1 Nr. 2a AO, bzw. in Fällen von geringerer Bedeutung (§ 180 Abs. 3 AO) im Einkommensteuerveranlagungsverfahren.

2. Die Mitteilung über den Beginn der Buchführungspflicht nach § 141 Abs. 2 AO ist rechtswirksam, wenn sie demjenigen Ehegatten bekanntgegeben wird, der gegenüber dem FA in den vorangegangenen gemeinsamen Steuererklärungen der Ehegatten – mit dem Einverständnis des anderen Ehegatten – als Betriebsinhaber aufgetreten ist und die wirklichen Inhaber – das ist entweder der andere Ehegatte oder die beiden Ehegatten zusammen – dem FA im zuständigen Verfahren (s. oben) weder bekanntgeworden noch von ihm festgestellt worden sind.

BFH vom 26. 11. 1987 – IV R 22/86 (BStBl 1988 II S. 238) — 5

Gehören die Nutzflächen eines land- und forstwirtschaftlichen Betriebes beiden Ehegatten und wurde im Verfahren nach § 180 Abs. 1 Nr. 2 und Abs. 3 AO die Frage der Allein- oder Mitunternehmerschaft noch nicht entschieden, so ist die Mitteilung nach § 141 Abs. 2 AO rechtswirksam bekanntgegeben, wenn sie an denjenigen adressiert und bekanntgegeben wird, der (oder die) bei summarischer Prüfung prima facie als Unternehmer in Betracht kommt (oder in Betracht kommen).

BFH vom 13. 10. 1988 – IV R 136/85 (BStBl 1989 II S. 7) — 6

Die Grenzwerte für den Beginn der Buchführungspflicht nach § 141 Abs. 1 AO beziehen sich auf den einzelnen Betrieb i. S. des EStG, d. h. im wesentlichen auf einen Betrieb i. S. der §§ 14, 16 EStG bzw. § 7 Abs. 1 EStDV.

BFH vom 6. 7. 1989 – IV R 97/87 (BStBl 1990 II S. 606) — 7

Für die Bestimmung der Buchführungsgrenze in § 141 Abs. 1 Satz 1 Nr. 3 AO n. F. ist der Wirtschaftswert nur der selbstbewirtschafteten land- und forstwirtschaftlichen Flächen maßgebend. Die Einzelertragswerte der im Einheitswert erfaßten Nebenbetriebe sind nicht anzusetzen.

8 BFH vom 23. 10. 1990 – VIII R 142/85 (BStBl 1991 II S. 401)

Die Buchführungspflicht für Sonderbetriebsvermögen obliegt nicht dem einzelnen Gesellschafter, sondern der Personenhandelsgesellschaft.

9 BFH vom 24. 2. 1994 – IV R 4/93 (BStBl 1994 II S. 677)

Die Buchführungspflicht für einen einheitlichen land- und forstwirtschaftlichen Betrieb endet nicht, wenn der landwirtschaftliche Teilbetrieb einem Dritten zur Nutzung überlassen, der forstwirtschaftliche Teilbetrieb aber nach wie vor selbst bewirtschaftet wird.

10 BFH vom 7. 10. 2009 – II R 23/08 (BStBl 2010 II S. 219)

Die für die Buchführungspflicht maßgebliche Umsatzgrenze i. S. des § 141 Abs. 1 Satz 1 Nr. 1 AO ist unter Einbeziehung der nicht umsatzsteuerbaren Auslandsumsätze zu ermitteln.

11 BFH vom 11. 2. 2010 – V R 38/08 (BStBl 2010 II S. 873)

Die Steuerberechnung nach vereinnahmten Entgelten gemäß § 20 Abs. 1 Satz 1 Nr. 2 UStG kommt nur bei besonderen Härten wie z. B. dem Überschreiten der nach § 20 Abs. 1 Satz 1 Nr. 1 UStG bestehenden Umsatzgrenze aufgrund außergewöhnlicher und einmaliger Geschäftsvorfälle, nicht aber allgemein aufgrund einer fehlenden Buchführungsverpflichtung in Betracht.

§ 142 Ergänzende Vorschriften für Land- und Forstwirte

¹Land- und Forstwirte, die nach § 141 Abs. 1 Nr. 1, 3 oder 5 zur Buchführung verpflichtet sind, haben neben den jährlichen Bestandsaufnahmen und den jährlichen Abschlüssen ein Anbauverzeichnis zu führen. ²In dem Anbauverzeichnis ist nachzuweisen, mit welchen Fruchtarten die selbstbewirtschafteten Flächen im abgelaufenen Wirtschaftsjahr bestellt waren.

§ 143 Aufzeichnung des Wareneingangs

(1) Gewerbliche Unternehmer müssen den Wareneingang gesondert aufzeichnen.

(2) ¹Aufzuzeichnen sind alle Waren einschließlich der Rohstoffe, unfertigen Erzeugnisse, Hilfsstoffe und Zutaten, die der Unternehmer im Rahmen seines Gewerbebetriebes zur Weiterveräußerung oder zum Verbrauch entgeltlich oder unentgeltlich, für eigene oder für fremde Rechnung, erwirbt; dies gilt auch dann, wenn die Waren vor der Weiterveräußerung oder dem Verbrauch be- oder verarbeitet werden sollen. ²Waren, die nach Art des Betriebs üblicherweise für den Betrieb zur Weiterveräußerung oder zum Verbrauch erworben werden, sind auch dann aufzuzeichnen, wenn sie für betriebsfremde Zwecke verwendet werden.

(3) Die Aufzeichnungen müssen die folgenden Angaben enthalten:
1. den Tag des Wareneingangs oder das Datum der Rechnung,
2. den Namen oder die Firma und die Anschrift des Lieferers,
3. die handelsübliche Bezeichnung der Ware,
4. den Preis der Ware,
5. einen Hinweis auf den Beleg.

Anwendungserlass zur Abgabenordnung

1 Zu § 143 – Aufzeichnung des Wareneingangs:

1. Zur gesonderten Aufzeichnung des Wareneingangs sind nur gewerbliche Unternehmer (vgl. zu § 141, Nr. 1) verpflichtet; Land- und Forstwirte fallen nicht unter die Vorschrift. Die Aufzeichnungspflicht besteht unabhängig von der Buchführungspflicht. Bei buchführenden Gewerbetreibenden genügt es, wenn sich die geforderten Angaben aus der Buchführung ergeben.

2. Besondere Aufzeichnungspflichten, die in Einzelsteuergesetzen vorgeschrieben sind (z. B. nach § 22 UStG), werden von dieser Vorschrift nicht berührt.

§ 144 Aufzeichnung des Warenausgangs

(1) Gewerbliche Unternehmer, die nach der Art ihres Geschäftsbetriebs Waren regelmäßig an andere gewerbliche Unternehmer zur Weiterveräußerung oder zum Verbrauch als Hilfsstoffe liefern, müssen den erkennbar für diese Zwecke bestimmten Warenausgang gesondert aufzeichnen.

(2) ¹Aufzuzeichnen sind auch alle Waren, die der Unternehmer
1. auf Rechnung (auf Ziel, Kredit, Abrechnung oder Gegenrechnung), durch Tausch oder unentgeltlich liefert, oder
2. gegen Barzahlung liefert, wenn die Ware wegen der abgenommenen Menge zu einem Preis veräußert wird, der niedriger ist als der übliche Preis für Verbraucher.

²Dies gilt nicht, wenn die Ware erkennbar nicht zur gewerblichen Weiterverwendung bestimmt ist.

(3) Die Aufzeichnungen müssen die folgenden Angaben enthalten:
1. den Tag des Warenausgangs oder das Datum der Rechnung,
2. den Namen oder die Firma und die Anschrift des Abnehmers,
3. die handelsübliche Bezeichnung der Ware,
4. den Preis der Ware,
5. einen Hinweis auf den Beleg.

(4) ¹Der Unternehmer muss über jeden Ausgang der in den Absätzen 1 und 2 genannten Waren einen Beleg erteilen, der die in Absatz 3 bezeichneten Angaben sowie seinen Namen oder die Firma und seine Anschrift enthält. ²Dies gilt insoweit nicht, als nach § 14 Abs. 2 des Umsatzsteuergesetzes 1999 durch die dort bezeichneten Leistungsempfänger eine Gutschrift erteilt wird oder auf Grund des § 14 Abs. 6 des Umsatzsteuergesetzes 1999 Erleichterungen gewährt werden.

(5) Die Absätze 1 bis 4 gelten auch für Land- und Forstwirte, die nach § 141 buchführungspflichtig sind.

Anwendungserlass zur Abgabenordnung

Zu § 144 – Aufzeichnungen des Warenausgangs:

Zur gesonderten Aufzeichnung des Warenausgangs sind gewerbliche Unternehmer (vgl. zu § 141, Nr. 1) sowie nach § 144 Abs. 5 auch buchführungspflichtige Land- und Forstwirte verpflichtet. Mit der Einbeziehung der buchführungspflichtigen Land- und Forstwirte in die Vorschrift soll eine bessere Überprüfung der Käufer land- und forstwirtschaftlicher Produkte (z. B. Obst- oder Gemüsehändler) ermöglicht werden. Bei buchführenden Unternehmern können die Aufzeichnungspflichten im Rahmen der Buchführung erfüllt werden. Besondere Aufzeichnungspflichten, z. B. nach § 22 Abs. 2 Nrn. 1 bis 3 UStG, bleiben unberührt. Erleichterungen nach § 14 Abs. 6 UStG für die Ausstellung von Rechnungen (z. B. nach §§ 31, 33 UStDV) gelten auch für diese Vorschrift.

---

§ 145 Allgemeine Anforderungen an Buchführung und Aufzeichnungen

(1) ¹Die Buchführung muss so beschaffen sein, dass sie einem sachverständigen Dritten innerhalb angemessener Zeit einen Überblick über die Geschäftsvorfälle und über die Lage des Unternehmens vermitteln kann. ²Die Geschäftsvorfälle müssen sich in ihrer Entstehung und Abwicklung verfolgen lassen.

(2) Aufzeichnungen sind so vorzunehmen, dass der Zweck, den sie für die Besteuerung erfüllen sollen, erreicht wird.

Hinweise

Grundsätze ordnungsmäßiger Buchführung;
Verbuchung von Bargeschäften im Einzelhandel, Identitätsnachweis

(BMF-Schreiben vom 24. 2. 2004 – IV D 2 – S 0315 – 4/04, BStBl 2004 I S. 419)

Nach dem Ergebnis der schriftlichen Abstimmung mit den obersten Finanzbehörden der Länder zur Verbuchung von Bargeschäften im Einzelhandel gilt Folgendes:

Die Grundsätze ordnungsmäßiger Buchführung erfordern grundsätzlich die Aufzeichnung jedes einzelnen Handelsgeschäfts in einem Umfang, der eine Überprüfung seiner Grundlagen, seines Inhalts und seiner Bedeutung für den Betrieb ermöglicht. Das bedeutet nicht nur die Aufzeichnung der in Geld bestehenden Gegenleistung, sondern auch des Inhalts des Geschäfts und des Namens oder der Firma und der Anschrift des Vertragspartners (Identität).

Eine Einzelaufzeichnung der baren Betriebseinnahmen im Einzelhandel ist nach der Rechtsprechung des Bundesfinanzhofs unter dem Aspekt der Zumutbarkeit nicht erforderlich, wenn Waren von geringem Wert an eine unbestimmte Vielzahl nicht bekannter und auch nicht feststellbarer Personen verkauft werden (BFH vom 12. Mai 1966, BStBl III S. 371).

Von der Zumutbarkeit von Einzelaufzeichnungen über die Identität ist jedenfalls bei einer Annahme von Bargeld im Wert von 15 000 € und mehr auszugehen. Außersteuerliche Buchführungs- und Aufzeichnungspflichten bleiben unberührt.

§ 146 Ordnungsvorschriften für die Buchführung und für Aufzeichnungen

(1) ¹Die Buchungen und die sonst erforderlichen Aufzeichnungen sind vollständig, richtig, zeitgerecht und geordnet vorzunehmen. ²Kasseneinnahmen und Kassenausgaben sollen täglich festgehalten werden.

(2) ¹Bücher und die sonst erforderlichen Aufzeichnungen sind im Geltungsbereich dieses Gesetzes zu führen und aufzubewahren. ²Dies gilt nicht, soweit für Betriebsstätten außerhalb des Geltungsbereichs dieses Gesetzes nach dortigem Recht eine Verpflichtung besteht, Bücher und Aufzeichnungen zu führen, und diese Verpflichtung erfüllt wird. ³In diesem Fall sowie bei Organgesellschaften außerhalb des Geltungsbereichs dieses Gesetzes müssen die Ergebnisse der dortigen Buchführung in die Buchführung des hiesigen Unternehmens übernommen werden, soweit sie für die Besteuerung von Bedeutung sind. ⁴Dabei sind die erforderlichen Anpassungen an die steuerrechtlichen Vorschriften im Geltungsbereich dieses Gesetzes vorzunehmen und kenntlich zu machen.

(2a) ¹Abweichend von Absatz 2 Satz 1 kann die zuständige Finanzbehörde auf schriftlichen Antrag des Steuerpflichtigen bewilligen, dass elektronische Bücher und sonstige erforderliche elektronische Aufzeichnungen oder Teile davon außerhalb des Geltungsbereichs dieses Gesetzes geführt und aufbewahrt werden können. ²Voraussetzung ist, dass
1. der Steuerpflichtige der zuständigen Finanzbehörde den Standort des Datenverarbeitungssystems und bei Beauftragung eines Dritten dessen Namen und Anschrift mitteilt,
2. der Steuerpflichtige seinen sich aus den §§ 90, 93, 97, 140 bis 147 und 200 Absatz 1 und 2 ergebenden Pflichten ordnungsgemäß nachgekommen ist,
3. der Datenzugriff nach § 147 Absatz 6 in vollem Umfang möglich ist und
4. die Besteuerung hierdurch nicht beeinträchtigt wird.

³Werden der Finanzbehörde Umstände bekannt, die zu einer Beeinträchtigung der Besteuerung führen, hat sie die Bewilligung zu widerrufen und die unverzügliche Rückverlagerung der elektronischen Bücher und sonstigen erforderlichen elektronischen Aufzeichnungen in den Geltungsbereich dieses Gesetzes zu verlangen. ⁴Eine Änderung der unter Satz 2 Nummer 1 benannten Umstände ist der zuständigen Finanzbehörde unverzüglich mitzuteilen.

(2b) Kommt der Steuerpflichtige der Aufforderung zur Rückverlagerung seiner elektronischen Buchführung oder seinen Pflichten nach Absatz 2a Satz 4, zur Einräumung des Datenzugriffs nach § 147 Abs. 6, zur Erteilung von Auskünften oder zur Vorlage angeforderter Unterlagen im Sinne des § 200 Abs. 1 im Rahmen einer Außenprüfung innerhalb einer ihm bestimmten angemessenen Frist nach Bekanntgabe durch die zuständige Finanzbehörde nicht nach oder hat er seine elektronische Buchführung ohne Bewilligung der zuständigen Finanzbehörde ins Ausland verlagert, kann ein Verzögerungsgeld von 2.500 Euro bis 250 000 Euro festgesetzt werden.

(3) ¹Die Buchungen und die sonst erforderlichen Aufzeichnungen sind in einer lebenden Sprache vorzunehmen. ²Wird eine andere als die deutsche Sprache verwendet, so kann die Finanzbehörde Übersetzungen verlangen. ³Werden Abkürzungen, Ziffern, Buchstaben oder Symbole verwendet, muss im Einzelfall deren Bedeutung eindeutig festliegen.

(4) ¹Eine Buchung oder eine Aufzeichnung darf nicht in einer Weise verändert werden, dass der ursprüngliche Inhalt nicht mehr feststellbar ist. ²Auch solche Veränderungen dürfen nicht vorgenommen werden, deren Beschaffenheit es ungewiss lässt, ob sie ursprünglich oder erst später gemacht worden sind.

(5) ¹Die Bücher und die sonst erforderlichen Aufzeichnungen können auch in der geordneten Ablage von Belegen bestehen oder auf Datenträgern geführt werden, soweit diese Formen der Buchführung einschließlich des dabei angewandten Verfahrens den Grundsätzen ordnungsmäßi-

ger Buchführung entsprechen; bei Aufzeichnungen, die allein nach den Steuergesetzen vorzunehmen sind, bestimmt sich die Zulässigkeit des angewandten Verfahrens nach dem Zweck, den die Aufzeichnungen für die Besteuerung erfüllen sollen. ²Bei der Führung der Bücher und der sonst erforderlichen Aufzeichnungen auf Datenträgern muss insbesondere sichergestellt sein, dass während der Dauer der Aufbewahrungsfrist die Daten jederzeit verfügbar sind und unverzüglich lesbar gemacht werden können. ³Dies gilt auch für die Befugnisse der Finanzbehörde nach § 147 Abs. 6. ⁴Absätze 1 bis 4 gelten sinngemäß.

(6) Die Ordnungsvorschriften gelten auch dann, wenn der Unternehmer Bücher und Aufzeichnungen, die für die Besteuerung von Bedeutung sind, führt, ohne hierzu verpflichtet zu sein.

Anwendungserlass zur Abgabenordnung — AEAO

Zu § 146 – Ordnungsvorschriften für die Buchführung und für Aufzeichnungen: 1

1. Nur der ordnungsmäßigen Buchführung kommt Beweiskraft zu (§ 158). Verstöße gegen die Buchführungsvorschriften (§§ 140 bis 147) können z. B. die Anwendung von Zwangsmitteln nach § 328, eine Schätzung nach § 162 oder eine Ahndung nach § 379 Abs. 1 zur Folge haben. Die Verletzung der Buchführungspflichten ist unter den Voraussetzungen der §§ 283 und 283b StGB (sog. Insolvenzstraftaten) strafbar.

2. Der Begriff „geordnet" in § 146 Abs. 1 besagt, dass jede sinnvolle Ordnung genügt, die einen sachverständigen Dritten in den Stand setzt, sich in angemessener Zeit einen Überblick über die Geschäftsvorfälle und über die Lage des Unternehmens zu verschaffen.

3. § 146 Abs. 5 enthält die gesetzliche Grundlage für die sog. „Offene-Posten-Buchhaltung" sowie für die Führung der Bücher und sonst erforderlichen Aufzeichnungen auf maschinell lesbaren Datenträgern (z. B. Magnetplatten, Magnetbänder, Disketten; elektro-optische Speicherplatten, CD-ROM). Bei einer Buchführung auf maschinell lesbaren Datenträgern (DV-gestützte Buchführung) müssen die Daten unverzüglich lesbar gemacht werden können. Es wird nicht verlangt, dass der Buchungsstoff zu einem bestimmten Zeitpunkt (z. B. zum Ende des Jahres) lesbar gemacht wird. Er muss ganz oder teilweise lesbar gemacht werden, wenn die Finanzbehörde es verlangt (§ 147 Abs. 5). Wer seine Bücher oder sonst erforderlichen Aufzeichnungen auf maschinell lesbaren Datenträgern führt, hat die Grundsätze ordnungsmäßiger DV-gestützter Buchführungssysteme – GoBS – zu beachten (BMF-Schreiben vom 7. 11. 1995, BStBl I S. 738).

Rechtsprechung — Rsp

BFH vom 17. 11. 1981 – VIII R 174/77 (BStBl 1982 II S. 430) 2

Kassenaufzeichnungen müssen so beschaffen sein, daß der Sollbestand jederzeit mit dem Istbestand der Geschäftskasse verglichen werden kann (Kassensturzfähigkeit). Auch Geldverschiebungen zwischen mehreren Geschäftskassen eines Steuerpflichtigen sind buchmäßig festzuhalten.

BFH vom 2. 3. 1982 – VIII R 225/80 (BStBl 1984 II S. 504) 3

Gewerbetreibende, die ihren Gewinn zulässigerweise durch Einnahmen-Überschußrechnung nach § 4 Abs. 3 EStG ermitteln, brauchen lediglich die Wareneinkäufe, die Betriebseinnahmen und den Eigenverbrauch aufzuzeichnen.

BFH vom 6. 12. 1983 – VIII R 110/79 (BStBl 1984 II S. 227) 4

Eine Gewinnermittlung aufgrund ordnungsmäßiger Buchführung liegt nicht vor, wenn der Steuerpflichtige die Bilanz nicht innerhalb eines Jahres nach dem Bilanzstichtag aufstellt.

BFH vom 24. 6. 2009 – VIII R 80/06 (BStBl 2010 II S. 452) 5

1. – 3. ...

4. Das Recht, nach § 146 Abs. 5 Satz 1 AO eine bestimmte Form der Aufzeichnung und der Aufbewahrung zu wählen, ist ausgeübt, wenn sich der Steuerpflichtige entschieden hat, Aufzeichnungen sowohl in Papierform als auch in elektronischer Form zu führen und wenn er die notwendigen Unterlagen ebenfalls in beiden Formen aufbewahrt. In diesem Fall erstreckt sich die Pflicht zur Aufbewahrung nach § 147 Abs. 1 AO auf sämtliche Aufzeichnungen und Unterlagen.

5. Führt der Steuerpflichtige Aufzeichnungen, zu denen er gesetzlich nicht verpflichtet ist, so sind die Aufzeichnungen dann nicht gemäß § 146 Abs. 6 AO „für die Besteuerung von Bedeutung", wenn sie der Besteuerung nicht zugrunde zu legen sind.

6 BFH vom 16. 6. 2011 – IV B 120/10 (BStBl 2011 II S. 855)

– Es ist nicht ernstlich zweifelhaft, dass ein Verzögerungsgeld auch verhängt werden kann, wenn ein Steuerpflichtiger einer Aufforderung des Finanzamts zur Erteilung von Auskünften oder zur Vorlage von Unterlagen im Rahmen einer Außenprüfung nicht fristgerecht nachkommt.

– Es bestehen indes ernstliche Zweifel, ob eine mehrfache Festsetzung eines Verzögerungsgelds wegen fortdauernder Nichtvorlage derselben Unterlagen zulässig ist.

7 BFH vom 28. 6. 2011 – X B 37/11 (BFH/NV 2011 S. 1833)

Kommt ein Steuerpflichtiger einer Aufforderung des Finanzamts zur Erteilung von Auskünften oder zur Vorlage angeforderter Unterlagen i.S. von § 200 Abs. 1 AO im Rahmen einer Außenprüfung innerhalb einer angemessenen Frist nicht nach, kann ein Verzögerungsgeld gem. § 146 Abs. 2b AO verhängt werden (Anschluss an den BFH-Beschluss vom 16. 6. 2011 – IV B 120/10).

§ 147 Ordnungsvorschriften für die Aufbewahrung von Unterlagen

(1) Die folgenden Unterlagen sind geordnet aufzubewahren:
1. Bücher und Aufzeichnungen, Inventare, Jahresabschlüsse, Lageberichte, die Eröffnungsbilanz sowie die zu ihrem Verständnis erforderlichen Arbeitsanweisungen und sonstigen Organisationsunterlagen,
2. die empfangenen Handels- oder Geschäftsbriefe,
3. Wiedergaben der abgesandten Handels- oder Geschäftsbriefe,
4. Buchungsbelege,
4a. Unterlagen, die einer mit Mitteln der Datenverarbeitung abgegebenen Zollanmeldung nach Artikel 77 Abs. 1 in Verbindung mit Artikel 62 Abs. 2 Zollkodex beizufügen sind, sofern die Zollbehörden nach Artikel 77 Abs. 2 Satz 1 Zollkodex auf ihre Vorlage verzichtet oder sie nach erfolgter Vorlage zurückgegeben haben,
5. sonstige Unterlagen, soweit sie für die Besteuerung von Bedeutung sind.

(2) Mit Ausnahme der Jahresabschlüsse, der Eröffnungsbilanz und der Unterlagen nach Absatz 1 Nr. 4a können die in Absatz 1 aufgeführten Unterlagen auch als Wiedergabe auf einem Bildträger oder auf anderen Datenträgern aufbewahrt werden, wenn dies den Grundsätzen ordnungsmäßiger Buchführung entspricht und sichergestellt ist, dass die Wiedergabe oder die Daten
1. mit den empfangenen Handels- oder Geschäftsbriefen und den Buchungsbelegen bildlich und mit den anderen Unterlagen inhaltlich übereinstimmen, wenn sie lesbar gemacht werden,
2. während der Dauer der Aufbewahrungsfrist jederzeit verfügbar sind, unverzüglich lesbar gemacht und maschinell ausgewertet werden können.

(3) ¹Die in Absatz 1 Nr. 1, 4 und 4a aufgeführten Unterlagen sind zehn Jahre, die sonstigen in Absatz 1 aufgeführten Unterlagen sechs Jahre aufzubewahren, sofern nicht in anderen Steuergesetzen kürzere Aufbewahrungsfristen zugelassen sind. ²Kürzere Aufbewahrungsfristen nach außersteuerlichen Gesetzen lassen die in Satz 1 bestimmte Frist unberührt. ³Die Aufbewahrungsfrist läuft jedoch nicht ab, soweit und solange die Unterlagen für Steuern von Bedeutung sind, für welche die Festsetzungsfrist noch nicht abgelaufen ist; § 169 Abs. 2 Satz 2 gilt nicht.

(4) Die Aufbewahrungsfrist beginnt mit dem Schluss des Kalenderjahrs, in dem die letzte Eintragung in das Buch gemacht, das Inventar, die Eröffnungsbilanz, der Jahresabschluss oder der Lagebericht aufgestellt, der Handels- oder Geschäftsbrief empfangen oder abgesandt worden oder der Buchungsbeleg entstanden ist, ferner die Aufzeichnung vorgenommen worden ist oder die sonstigen Unterlagen entstanden sind.

(5) Wer aufzubewahrende Unterlagen in der Form einer Wiedergabe auf einem Bildträger oder auf anderen Datenträgern vorlegt, ist verpflichtet, auf seine Kosten diejenigen Hilfsmittel zur Verfügung zu stellen, die erforderlich sind, um die Unterlagen lesbar zu machen; auf Verlangen der Finanzbehörde hat er auf seine Kosten die Unterlagen unverzüglich ganz oder teilweise auszudrucken oder ohne Hilfsmittel lesbare Reproduktionen beizubringen.

(6) ¹Sind die Unterlagen nach Absatz 1 mit Hilfe eines Datenverarbeitungssystems erstellt worden, hat die Finanzbehörde im Rahmen einer Außenprüfung das Recht, Einsicht in die gespei-

cherten Daten zu nehmen und das Datenverarbeitungssystem zur Prüfung dieser Unterlagen zu nutzen. ²Sie kann im Rahmen einer Außenprüfung auch verlangen, dass die Daten nach ihren Vorgaben maschinell ausgewertet oder ihr die gespeicherten Unterlagen und Aufzeichnungen auf einem maschinell verwertbaren Datenträger zur Verfügung gestellt werden. ³Die Kosten trägt der Steuerpflichtige.

Anwendungserlass zur Abgabenordnung

AEAO

Zu § 147 – Ordnungsvorschriften für die Aufbewahrung von Unterlagen:

1

1. Die Aufbewahrungspflicht ist Bestandteil der Buchführungs- und Aufzeichnungspflicht. Wegen der Rechtsfolgen bei Verstößen vgl. zu § 146, Nr. 1.
2. Den in § 147 Abs. 1 Nr. 1 aufgeführten Arbeitsanweisungen und sonstigen Organisationsunterlagen kommt bei DV-gestützten Buchführungen besondere Bedeutung zu. Die Dokumentation hat nach Maßgabe der Grundsätze ordnungsmäßiger DV-gestützter Buchführungssysteme – GoBS – (BMF-Schreiben vom 7. 11. 1995, BStBl I S. 738) zu erfolgen.
3. Bildträger i. S. d. § 147 Abs. 2 sind z. B. Fotokopien, Mikrofilme. Als andere Datenträger kommen z. B. Magnetbänder, Magnetplatten, Disketten in Betracht. § 147 Abs. 2 enthält auch die Rechtsgrundlage für das sog. COM-Verfahren (Computer Output Microfilm); bei diesem Verfahren werden die Daten aus dem Computer direkt auf Mikrofilm ausgegeben. Bei der Aufzeichnung von Schriftgut auf Mikrofilm sind die Mikrofilm-Grundsätze (BMF-Schreiben vom 1. 2. 1984, BStBl I S. 155) zu beachten. Die Lesbarmachung von in nicht lesbarer Form aufbewahrten Unterlagen richtet sich nach § 147 Abs. 5.
4. Zur Anwendung des § 147 Abs. 6 wird auf das BMF-Schreiben vom 16. 7. 2001 (BStBl I S. 415) „Grundsätze zum Datenzugriff und zur Prüfbarkeit digitaler Unterlagen (GDPdU)" hingewiesen.

AO 147/7

Hinweise

H

Verwendung von Mikrofilmaufnahmen zur Erfüllung gesetzlicher Aufbewahrungspflichten

2

(BMF-Schreiben vom 1. 2. 1984 – IV A 7 – S 0318 – 1/84, BStBl 1984 I S. 155)

Unter Bezugnahme auf das Ergebnis der Erörterungen mit den obersten Finanzbehörden der Länder gilt für die Verwendung von Mikrofilmaufnahmen zur Erfüllung gesetzlicher Aufbewahrungspflichten folgendes:

I. Neufassung der Mikrofilm-Grundsätze

Die Arbeitsgemeinschaft für wirtschaftliche Verwaltung e. V. (AWV) hat ihre „Grundsätze für die Aufzeichnung gesetzlich aufbewahrungspflichtiger Unterlagen auf Bildträgern" (Mikrofilm-Grundsätze) aus dem Jahre 1971 neu gefaßt. Hierbei wurden die technische Entwicklung sowie die am 1. Januar 1977 in Kraft getretenen Änderungen der Buchführungsvorschriften in der Abgabenordnung (AO) und im Handelsgesetzbuch (HGB) berücksichtigt. Das Schreiben des Bundesministers für Wirtschaft und Finanzen vom 21. Dezember 1971 und die ihm als Anlage beigefügten Mikrofilm-Grundsätze (Bundessteuerblatt 1971 Teil I S. 647) sind überholt.

Die neuen Mikrofilm-Grundsätze gelten nur für die herkömmliche Schriftgutverfilmung und nicht für andere Aufzeichnungs- und Speicherverfahren (z. B. EDV). Deshalb finden sie auch keine unmittelbare Anwendung auf das COM-Verfahren (Computer-Output-Microfilm), bei dem die Daten aus dem Computer direkt auf Mikrofilm ausgegeben werden; eine Verfilmung eines Originals, von der die Mikrofilm-Grundsätze ausgehen, findet bei diesem Verfahren nicht statt.

Die neuen Mikrofilm-Grundsätze sind diesem Schreiben als Anlage beigefügt.

II. Rechtsgrundlage

3

Die Rechtsgrundlage für die Verwendung von Mikrofilmaufnahmen zur Erfüllung steuerrechtlicher Aufbewahrungspflichten ist in § 147 Abs. 2 und Abs. 5 AO enthalten. Mit diesen Regelungen stimmen die handelsrechtlichen Vorschriften (§§ 44 Abs. 3, 47a HGB) weitgehend überein. Die in § 146 Abs. 2 – 4 AO enthaltenen Grundsätze gelten auch im Mikrofilmverfahren.

Nach § 147 Abs. 2 AO können alle aufbewahrungspflichtigen Unterlagen (§ 147 Abs. 1 AO) mit Ausnahme der Bilanz als Wiedergabe auf einem Bildträger oder auf anderen Datenträgern aufbewahrt werden. Als „Wiedergabe auf einem Bildträger" kommen Mikrofilmaufnahmen in Betracht. Sie stellen eine stark verkleinerte Wiedergabe einer Unterlage usw. mit allen optischen Merkmalen auf einem Bildträger (Mikrofilm) dar. Es handelt sich hierbei um eine Bildaufzeichnung, die technisch eine bildliche und inhaltliche Übereinstimmung mit dem Original gewährleistet. Da jedoch auch beim Mikrofilmverfahren Fälschungen und Verfälschungen grundsätzlich nicht ausgeschlossen werden können, muß der Aufbewahrungspflichtige durch zusätzliche Kontrollmaßnahmen sicherstellen, daß die Mikrofilmaufnahmen bei ihrer Lesbarmachung mit dem Original übereinstimmen (§ 147 Abs. 2 Nr. 1 AO). Ferner muß sichergestellt sein, daß die Mikrofilmaufnahmen während der Dauer der Aufbewahrungsfrist (§ 147 Abs. 3 AO) verfügbar und jederzeit innerhalb angemessener Frist lesbar gemacht werden können (§ 147 Abs. 2 Nr. 2 AO).

Das bei der Aufzeichnung auf Mikrofilm angewandte Verfahren muß den Grundsätzen ordnungsmäßiger Buchführung entsprechen (§ 147 Abs. 2 Satz 1 AO). Die Mikrofilm-Grundsätze stellen insoweit eine Ergänzung der allgemeinen handelsrechtlichen Grundsätze ordnungsmäßiger Buchführung dar.

Werden Unterlagen nach Maßgabe des § 147 Abs. 2 AO in Form von Mikrofilmaufnahmen aufbewahrt, so können die Originale vernichtet werden, sofern nicht andere Rechtsvorschriften oder Verwaltungsanweisungen dem entgegenstehen.

§ 147 Abs. 5 AO enthält die für die Lesbarmachung von Mikrofilmaufnahmen maßgeblichen Regelungen. Danach brauchen Mikrofilmaufnahmen erst auf Verlangen der Finanzbehörde lesbar gemacht zu werden; in der Regel wird dies anläßlich einer Außenprüfung der Fall sein. Die Finanzbehörde hat nach pflichtgemäßem Ermessen zu entscheiden, welche Aufnahmen oder in welchem Umfang Mikrofilmaufnahmen lesbar zu machen sind. Das Verlangen der Finanzbehörde nach Lesbarmachung ist unverzüglich, d. h. ohne schuldhaftes Zögern, zu erfüllen.

Für die Lesbarmachung von Mikrofilmaufnahmen kommen Lesegeräte und Rückvergrößerungsgeräte in Betracht, die – je nach Lage des Einzelfalles – auch unter arbeitsmedizinischen Gesichtspunkten für längerdauernde Benutzung zumutbar sein müssen. Der Aufbewahrungspflichtige hat die für die Lesbarmachung erforderlichen Geräte und sonstigen Hilfsmittel kostenlos am Prüfungsort zur Verfügung zu stellen. Auch die übrigen Kosten der Lesbarmachung hat er zu tragen.

4 III. Ergänzende Regelungen zu den Mikrofilm-Grundsätzen

Angesichts der fortschreitenden technischen Entwicklung können die Mikrofilm-Grundsätze nicht ausschließlich gelten. Abweichende Verfahren können anerkannt werden, wenn der Aufbewahrungszweck in gleicher Weise erfüllt wird. Dabei ist den besonderen Verhältnissen des Einzelfalles Rechnung zu tragen.

Die Aufzeichnung eines Schriftgutes auf Mikrofilm, die Wiedergabegüte sowie die Erfassung, Ablage und Aufbewahrung der fertigen Filme müssen Gewähr dafür bieten, daß die Prüfung des Schriftgutes anhand der Mikrofilmaufnahmen gegenüber der Prüfung der Originale weder verlängert noch erschwert wird. Dazu gehört insbesondere, daß die Schriftstücke nach dem jeweiligen betrieblichen Ordnungsprinzip verfilmt werden. Sind Vermerke oder Notizen auf den Schriftstücken angebracht worden, die den Inhalt des Schriftstücks ändern oder ergänzen, muß die Person des Urhebers durch Namenszeichen oder auf andere geeignete Weise feststellbar sein.

Bei der Verfilmung ist Vorsorge dafür zu treffen, daß Fälschungen und Verfälschungen ausgeschlossen werden. Wird das Schriftstück nach der Verfilmung ergänzt oder geändert, ist es erneut zu verfilmen. Es muß stets sichergestellt sein, daß die verfilmten Schriftstücke erst dann vernichtet werden, wenn nach Überprüfung des Films die Vollständigkeit der Aufnahmen und deren einwandfreie Wiedergabe festgestellt worden sind.

Eine unsortierte Verfilmung (codierter Mikrofilm) ist zulässig, wenn hierdurch das Auffinden eines Mikrofilmbildes nicht erschwert wird.

Die sorgfältige Verfilmung muß durch den Unternehmer oder eine von ihm beauftragte Person verantwortlich überwacht werden. Wird die Mikroverfilmung des Schriftgutes außerhalb des Betriebes, bei dem es entstanden ist, vorgenommen (z. B. durch ein Mikrofilmunternehmen oder ein anderes Service-Unternehmen), so gelten für das Verfahren die vorgenannten Regelungen sinngemäß.

Anlage zum BMF-Schreiben vom 1. 2. 1984 – IV A 7 – S 0318 – 1/84:

5 Grundsätze für die Mikroverfilmung von gesetzlich aufbewahrungspflichtigem Schriftgut

(Mikrofilm-Grundsätze)

1 Allgemeines

Wird aufbewahrungspflichtiges Schriftgut auf Mikrofilm aufgezeichnet und werden nicht die Originale aufbewahrt, so muß sichergestellt sein, daß das hierbei angewandte Verfahren den Grundsätzen der Ordnungsmäßigkeit der Buchführung (GoB) entspricht und das Mikrofilmbild mit der Urschrift übereinstimmt.

2 Verfahrensbeschreibung

Das Verfahren für die Aufzeichnung des Schriftgutes auf Mikrofilm und die Aufbewahrung dieser Mikrofilme ist in einer Verfahrensbeschreibung des Aufbewahrungspflichtigen festzulegen.

Der Rückgriff auf ein Mikrofilmbild ist so zu beschreiben, daß einem Dritten das Auffinden möglich ist.

Die Verfahrensbeschreibung hat den nachstehenden Grundsätzen zu entsprechen.

3 Ordnungsprinzip der Aufzeichnung

3.1 Das Ordnungsprinzip der Mikrofilmaufzeichnung ist in der Verfahrensbeschreibung anzugeben. Es muß einem sachverständigen Dritten möglich sein, jedes Mikrofilmbild in angemessener Zeit aufzufinden.

3.2 Die Mikrofilme müssen dem Aufbewahrungspflichtigen eindeutig zugeordnet werden können.

3.3 Setzt sich der gemäß Verfahrensbeschreibung aufzuzeichnende Inhalt eines Schriftstückes auf der Rückseite fort, so ist dieser derart mitzuerfassen, daß er eindeutig zugeordnet werden kann.

4 Verfahrenskontrolle

Der Aufbewahrungspflichtige hat dafür Sorge zu tragen, daß ein Protokoll geführt wird.

Es hat folgende Angaben zu enthalten:
– Art des aufgezeichneten Schriftgutes
– Ort und Datum der Aufzeichnung
– Erklärung über die unveränderte und vollständige Aufzeichnung des übernommenen Schriftgutes. Diese Erklärung ist vom Verfilmer zu unterschreiben. Sie ist, wenn sie nicht mit aufgezeichnet wird, im Original aufzubewahren.

5 Filmkontrolle

Nach der Aufnahme muß der Mikrofilm auf technische Mängel überprüft werden. Fehlerhafte Aufnahmen sind zu wiederholen, andernfalls ist das Schriftstück im Original aufzubewahren. Das Ergebnis der Kontrolle ist in einem Vermerk festzuhalten.

6 Aufbewahrung

Die Mikrofilme sind sicher und geordnet aufzubewahren. Es können auch Mikrofilm-Einzelbilder aufbewahrt werden, wenn hierfür in der Verfahrensbeschreibung ein Ordnungsprinzip festgelegt ist.

7 Lesen und Wiedergeben

7.1 Lesen

Für das Lesen der Mikrofilme sind geeignete Wiedergabegeräte bereitzustellen.

7.2 Wiedergeben

Es muß sichergestellt sein, daß ohne Hilfsmittel lesbare Reproduktionen (Rückvergrößerungen) in angemessener Zeit angefertigt werden können.

8 Vernichten des Schriftgutes

Die aufgezeichneten Schriftstücke können bei Beachtung dieser Grundsätze vernichtet werden, soweit sie nicht nach anderen Rechtsvorschriften im Original aufzubewahren sind.

Grundsätze zum Datenzugriff und zur Prüfbarkeit digitaler Unterlagen (GDPdU)

(BMF-Schreiben vom 16. 7. 2001 – IV D 2 – S 0316 – 136/01, BStBl 2001 I S. 415)

Unter Bezugnahme auf das Ergebnis der Erörterungen mit den obersten Finanzbehörden der Länder gilt für die Anwendung der Regelungen zum Datenzugriff und zur Prüfbarkeit digitaler Unterlagen (§ 146 Abs. 5, § 147 Abs. 2, 5, 6, § 200 Abs. 1 AO und § 14 Abs. 4 UStG) Folgendes:

I. Datenzugriff

Nach § 147 Abs. 6 AO ist der Finanzbehörde das Recht eingeräumt, die mit Hilfe eines Datenverarbeitungssystems erstellte Buchführung des Steuerpflichtigen durch Datenzugriff zu prüfen. Diese neue Prüfungsmethode tritt neben die Möglichkeit der herkömmlichen Prüfung. Das Recht auf Datenzugriff steht der Finanzbehörde nur im Rahmen steuerlicher Außenprüfungen zu. Durch die Regelungen zum Datenzugriff wird der sachliche Umfang der Außenprüfung (§ 194 AO) nicht erweitert; er wird durch die Prüfungsanordnung (§ 196 AO, § 5 BpO) bestimmt. Gegenstand der Prüfung sind wie bisher nur die nach § 147 Abs. 1 AO aufbewahrungspflichtigen Unterlagen. Es ist jedoch erforderlich, die Prüfungsmethoden den modernen Buchführungstechniken anzupassen.

Dies gilt um so mehr, als in zunehmendem Maße der Geschäftsverkehr papierlos abgewickelt wird und ab dem 1. Januar 2002 der Vorsteuerabzug aus elektronischen Abrechnungen mit qualifizierter elektronischer Signatur und Anbieter-Akkreditierung nach dem Signaturgesetz möglich ist.

Die Einführung dieser neuen Prüfungsmethode ermöglicht zugleich rationellere und zeitnähere Außenprüfungen.

1. **Umfang und Ausübung des Rechts auf Datenzugriff nach § 147 Abs. 6 AO**

   Das Recht auf Datenzugriff beschränkt sich ausschließlich auf Daten, die für die Besteuerung von Bedeutung sind (steuerlich relevante Daten).

   Die Daten der Finanzbuchhaltung, der Anlagenbuchhaltung und der Lohnbuchhaltung sind danach für den Datenzugriff zur Verfügung zu halten.

   Soweit sich auch in anderen Bereichen des Datenverarbeitungssystems steuerlich relevante Daten befinden, sind sie durch den Steuerpflichtigen nach Maßgabe seiner steuerlichen Aufzeichnungs- und Aufbewahrungspflichten zu qualifizieren und für den Datenzugriff in geeigneter Weise vorzuhalten.

   Bei unzutreffender Qualifizierung von Daten kann die Finanzbehörde im Rahmen ihres pflichtgemäßen Ermessens verlangen, dass der Datenzugriff auf diese steuerlich relevanten Daten nachträglich ermöglicht. Das allgemeine Auskunftsrecht des Prüfers (§§ 88, 199 Abs. 1 AO) und die Mitwirkungspflichten des Steuerpflichtigen (§§ 90, 200 AO) bleiben unberührt.

   Bei der Ausübung des Rechts auf Datenzugriff stehen der Finanzbehörde nach dem Gesetz drei Möglichkeiten zur Verfügung. Die Entscheidung, von welcher Möglichkeit des Datenzugriffs die Finanzbehörde Gebrauch macht, steht in ihrem pflichtgemäßen Ermessen; falls erforderlich, kann sie auch mehrere Möglichkeiten in Anspruch nehmen:

   a) Sie hat das Recht, selbst unmittelbar auf das Datenverarbeitungssystem dergestalt zuzugreifen, dass sie in Form des Nur-Lesezugriffs Einsicht in die gespeicherten Daten nimmt und die vom Steuerpflichtigen oder von einem beauftragten Dritten eingesetzte Hard- und Software zur Prüfung der gespeicherten Daten einschließlich der Stammdaten und Verknüpfungen (Daten) nutzt (unmittelbarer Datenzugriff). Dabei darf sie nur mit Hilfe dieser Hard- und Software auf die elektronisch gespeicherten Daten zugreifen. Dies schließt eine Fernabfrage (Online-Zugriff) auf das Datenverarbeitungssystem des Steuerpflichtigen durch die Finanzbehörde aus.

   Der Nur-Lesezugriff umfasst das Lesen, Filtern und Sortieren der Daten gegebenenfalls unter Nutzung der im Datenverarbeitungssystem vorhandenen Auswertungsmöglichkeiten.

   b) Sie kann vom Steuerpflichtigen auch verlangen, dass er an ihrer Stelle die Daten nach ihren Vorgaben maschinell auswertet oder von einem beauftragten Dritten maschinell auswerten lässt, um den Nur-Lesezugriff durchführen zu können (mittelbarer Datenzugriff). Es kann nur eine maschinelle Auswertung unter Verwendung der im Datenverarbeitungssystem des Steuerpflichtigen oder des beauftragten Dritten vorhandenen Auswertungsmöglichkeiten verlangt werden.

   c) Sie kann ferner verlangen, dass ihr die gespeicherten Unterlagen auf einem maschinell verwertbaren Datenträger zur Auswertung überlassen werden (Datenträgerüberlassung). Der zur Auswertung überlassene Datenträger ist spätestens nach Bestandskraft der aufgrund der Außenprüfung ergangenen Bescheide an den Steuerpflichtigen zurückzugeben oder zu löschen.

2. **Umfang der Mitwirkungspflicht nach §§ 147 Abs. 6 und 200 Abs. 1 Satz 2 AO**

   Der Steuerpflichtige hat die Finanzbehörde bei Ausübung ihres Rechts auf Datenzugriff zu unterstützen (§ 200 Abs. 1 AO). Im Einzelnen gilt folgendes:

   a) Beim unmittelbaren Datenzugriff (Abschnitt I Nr. 1 Buchstabe a) hat der Steuerpflichtige dem Prüfer die für den Datenzugriff erforderlichen Hilfsmittel zur Verfügung zu stellen und ihn für den Nur-Lesezugriff in das DV-System einzuweisen. Die Zugangsberechtigung muss so ausgestaltet sein, dass dem Prüfer dieser Zugriff auf alle steuerlich relevanten Daten eingeräumt wird. Sie umfasst u. a. auch die Nutzung der im DV-System vorhandenen Auswertungsprogramme. Enthalten elektronisch gespeicherte Datenbestände andere, z. B. steuerlich nicht relevante personenbezogene oder dem Berufsgeheimnis (§ 102 AO) unterliegende Daten, so obliegt es dem Steuerpflichtigen oder dem von ihm beauftragten Dritten, durch geeignete Zugriffsbeschränkungen sicherzustellen, dass der Prüfer nur auf steuerlich relevante Daten des Steuerpflichtigen zugreifen kann. Die Zugangsberechtigung hat auch die Nutzung der im DV-System vorhandenen Auswertungsprogramme zu umfassen.

   Das Datenverarbeitungssystem muss die Unveränderbarkeit des Datenbestandes gewährleisten (§ 146 Abs. 4 AO; Abschnitt V des BMF-Schreibens zu den Grundsätzen ordnungsmäßiger DV-gestützter Buchführungssysteme (GoBS) vom 7. November 1995, BStBl I S. 738). Eine Veränderung des Datenbestandes und des Datenverarbeitungssystems durch die Finanzbehörde ist somit ausgeschlossen.

b) Beim mittelbaren Datenzugriff (Abschnitt I Nr. 1 Buchstabe b) gehört zur Mithilfe des Steuerpflichtigen beim Nur-Lesezugriff (Abschnitt I Nr. 1 Buchstabe a Abs. 2) neben der Zurverfügungstellung von Hard- und Software die Unterstützung durch mit dem Datenverarbeitungssystem vertraute Personen. Der Umfang der zumutbaren Mithilfe richtet sich nach den betrieblichen Begebenheiten des Unternehmens. Hierfür können z. B. seine Größe oder Mitarbeiterzahl Anhaltspunkte sein.

c) Bei der Datenträgerüberlassung (Abschnitt I Nr. 1 Buchstabe c) sind der Finanzbehörde mit den gespeicherten Unterlagen und Aufzeichnungen alle zur Auswertung der Daten notwendigen Informationen (z. B. über die Dateistruktur, die Datenfelder sowie interne und externe Verknüpfungen) in maschinell auswertbarer Form zur Verfügung zu stellen. Dies gilt auch in den Fällen, in denen sich die Daten bei Dritten befinden.

3. **Grundsatz der Verhältnismäßigkeit**

Die Finanzbehörde hat bei Anwendung der Regelungen zum Datenzugriff den Grundsatz der Verhältnismäßigkeit zu beachten. Dies bedeutet u. a.:

a) Bei **vor dem 1. Januar 2002** archivierten Daten kann sie beim unmittelbaren Datenzugriff (Abschnitt I Nr. 1 Buchstabe a Abs. 1) und beim mittelbaren Datenzugriff (Abschnitt I Nr. 1 Buchstabe b) nicht verlangen, dass diese Daten für Zwecke ihrer maschinellen Auswertung (§ 147 Abs. 2 Nr. 2 AO i. V. mit § 147 Abs. 6 AO) nochmals in das Datenverarbeitungssystem eingespeist (reaktiviert) werden, wenn dies mit unverhältnismäßigem Aufwand für den Steuerpflichtigen verbunden wäre. Dies kommt z. B. in Betracht bei fehlender Speicherkapazität, nochmaliger Erfassung der Daten, Archivierung der Daten außerhalb des aktuellen Datenverarbeitungssystems, Wechsel des Hard- oder Software-Systems. Müssen hiernach die Daten nicht reaktiviert werden, braucht der Steuerpflichtige auch nicht die für eine maschinelle Auswertung der betreffenden Daten erforderliche Hard- und Software zur Verfügung zu halten, wenn sie nicht mehr im Einsatz ist. Dies gilt auch, wenn die Aufbewahrungsfrist (§ 147 Abs. 3 AO) noch nicht abgelaufen ist.

Diese für die maschinelle Auswertbarkeit der Daten erforderliche technische, organisatorische und zeitliche Einschränkung bezieht sich nicht auf die Pflicht des Steuerpflichtigen zur Lesbarmachung der Daten (§ 147 Abs. 2 Nr. 2 AO, § 147 Abs. 5 AO). Die Lesbarmachung muss während der ganzen Aufbewahrungsfrist sichergestellt sein.

b) Bei **nach dem 31. Dezember 2001** archivierten Daten ist beim unmittelbaren Datenzugriff (Abschnitt I Nr. 1 Buchstabe a Abs. 1) und beim mittelbaren Datenzugriff (Abschnitt I Nr. 1 Buchstabe b) die maschinelle Auswertbarkeit (§ 147 Abs. 2 Nr. 2 und Abs. 6 AO) in Form des Nur-Lesezugriffs (Abschnitt I Nr. 1 Buchstabe a Abs. 2) sicherzustellen. Im Falle eines Systemwechsels ist es nicht erforderlich, die ursprüngliche Hard- und Software vorzuhalten, wenn die maschinelle Auswertbarkeit auch für die nach dem 31. Dezember 2001, aber vor dem Systemwechsel archivierten Daten durch das neue oder ein anderes System gewährleistet ist.

c) Für die Datenträgerüberlassung (Abschnitt I Nr. 1 Buchstabe c) kann die Finanzbehörde nicht verlangen, **vor dem 1. Januar 2002** auf nicht maschinell auswertbaren Datenträgern (z. B. Mikrofilm) archivierte Daten auf maschinell auswertbare Datenträger aufzuzeichnen.

II. Prüfbarkeit digitaler Unterlagen

1. **Elektronische Abrechnungen im Sinne des** § 14 Abs. 4 Satz 2 UStG

Die qualifizierte elektronische Signatur mit Anbieter-Akkreditierung nach § 15 Abs. 1 des Signaturgesetzes ist Bestandteil der elektronischen Abrechnung. Der Originalzustand des übermittelten ggf. noch verschlüsselten Dokuments muss jederzeit überprüfbar sein. Dies setzt neben den Anforderungen nach Abschnitt VIII Buchstabe b) Nr. 2 der GoBS (a. a. O.) insbesondere voraus, dass

– vor einer weiteren Verarbeitung der elektronischen Abrechnung die qualifizierte elektronische Signatur im Hinblick auf die Integrität der Daten und die Signaturberechtigung geprüft werden und das Ergebnis dokumentiert wird;

– die Speicherung der elektronischen Abrechnung auf einem Datenträger erfolgt, der Änderungen nicht mehr zulässt. Bei einer temporären Speicherung auf einem änderbaren Datenträger muss das DV-System sicherstellen, dass Änderungen nicht möglich sind;

– bei Umwandlung (Konvertierung) der elektronischen Abrechnung in ein unternehmenseigenes Format (sog. Inhouse-Format) beide Versionen archiviert und nach den GoBS mit demselben Index verwaltet werden sowie die konvertierte Version als solche gekennzeichnet wird;

- der Signaturprüfschlüssel aufbewahrt wird;
- bei Einsatz von Kryptographietechniken die verschlüsselte und die entschlüsselte Abrechnung sowie der Schlüssel zur Entschlüsselung der elektronischen Abrechnung aufbewahrt wird;
- der Eingang der elektronischen Abrechnung, ihre Archivierung und ggf. Konvertierung sowie die weitere Verarbeitung protokolliert werden;
- die Übertragungs-, Archivierungs- und Konvertierungssysteme den Anforderungen der GoBS, insbesondere an die Dokumentation, an das interne Kontrollsystem, an das Sicherungskonzept sowie an die Aufbewahrung entsprechen;
- das qualifizierte Zertifikat des Empfängers aufbewahrt wird.

2. Sonstige aufbewahrungspflichtige Unterlagen
- Bei sonstigen aufbewahrungspflichtigen Unterlagen i. S. d. § 147 Abs. 1 AO, die digitalisiert sind und nicht in Papierform übermittelt werden, muss das dabei angewendete Verfahren den GoBS entsprechen.
- Der Originalzustand der übermittelten ggf. noch verschlüsselten Daten muss erkennbar sein (§ 146 Abs. 4 AO). Die Speicherung hat auf einem Datenträger zu erfolgen, der Änderungen nicht mehr zulässt. Bei einer temporären Speicherung auf einem änderbaren Datenträger muss das Datenverarbeitungssystem sicherstellen, dass Änderungen nicht möglich sind.
- Bei Einsatz von Kryptographietechniken sind die verschlüsselte und die entschlüsselte Unterlage aufzubewahren.
- Bei Umwandlung (Konvertierung) der sonstigen aufbewahrungspflichtigen Unterlagen in ein unternehmenseigenes Format (sog. Inhouse-Format) sind beide Versionen zu archivieren und nach den GoBS mit demselben Index zu verwalten sowie die konvertierte Version als solche zu kennzeichnen.
- Wenn Signaturprüfschlüssel oder kryptographische Verfahren verwendet werden, sind die verwendeten Schlüssel aufzubewahren.
- Bei sonstigen aufbewahrungspflichtigen Unterlagen sind der Eingang, ihre Archivierung und ggf. Konvertierung sowie die weitere Verarbeitung zu protokollieren.

9 III. Archivierung digitaler Unterlagen

1. Originär digitale Unterlagen nach § 146 Abs. 5 AO sind auf maschinell verwertbaren Datenträgern zu archivieren. Originär digitale Unterlagen sind die in das Datenverarbeitungssystem in elektronischer Form eingehenden und die im Datenverarbeitungssystem erzeugten Daten; ein maschinell verwertbarer Datenträger ist ein maschinell lesbarer und auswertbarer Datenträger. Die originär digitalen Unterlagen dürfen nicht ausschließlich in ausgedruckter Form oder auf Mikrofilm aufbewahrt werden. Somit reicht die Aufzeichnung im COM-Verfahren (Computer-Output-Microfilm) nicht mehr aus. Diese Einschränkung gilt nicht, wenn die vor der Übertragung auf Mikrofilm vorgehaltenen Daten, eine maschinelle Auswertbarkeit durch das Datenverarbeitungssystem gewährleisten. Nicht ausreichend ist auch die ausschließliche Archivierung in maschinell nicht auswertbaren Formaten (z. B. pdf-Datei).
Eine Pflicht zur Archivierung einer Unterlage i. S. des § 147 Abs. 1 AO in maschinell auswertbarer Form (§ 147 Abs. 2 Nr. 2 AO) besteht nicht, wenn diese Unterlage zwar DV-gestützt erstellt wurde, sie aber nicht zur Weiterverarbeitung in einem DV-gestützten Buchführungssystem geeignet ist (z. B. Textdokumente).
2. Originär in Papierform angefallene Unterlagen, z. B. Eingangsrechnungen, können weiterhin mikroverfilmt werden.
3. Kann im Falle eines abweichenden Wirtschaftsjahrs die Archivierung ab 1. Januar 2002 nachweisbar aus technischen Gründen nicht auf einem maschinell auswertbaren Datenträger (§ 147 Abs. 2 Nr. 2 AO) erfolgen, wird dies nicht beanstandet, wenn der Steuerpflichtige bis spätestens zu Beginn des anschließenden abweichenden Wirtschaftsjahrs den Archivierungspflichten gemäß § 147 Abs. 2 Nr. 2 AO nachkommt.

IV. Anwendung

1. Die Regelungen zum Datenzugriff (Abschnitt I) sind bei steuerlichen Außenprüfungen anzuwenden, die nach dem 31. Dezember 2001 beginnen.
2. Die Regelungen zur Prüfbarkeit digitaler Unterlagen (Abschnitt II) gelten
   a) für elektronische Abrechnungen mit Inkrafttreten des § 14 Abs. 4 Satz 2 UStG (1. Januar 2002) und
   b) für sonstige aufbewahrungspflichtige Unterlagen, die nach dem 31. Dezember 2001 erstellt werden.

§ 147 AO
H

Im Übrigen bleiben die Regelungen des BMF-Schreibens zu den Grundsätzen ordnungsmäßiger DV-gestützter Buchführungssysteme (GoBS) vom 7. November 1995 (BStBl I S. 738) unberührt.

Ausdruck und Aufbewahrung eines elektronischen Kontoauszugs im Onlinebanking-Verfahren 10

(Bayer. Landesamt für Steuern, Vfg. vom 28. 7. 2010 – S 0317.1.1-3/1 St42 –)

Steuerpflichtige mit Gewinneinkünften nutzen verstärkt das sog. Homebanking- oder Onlinebanking-Verfahren und wollen gleichzeitig auf die Aufbewahrung der Kontoauszüge in Papierform verzichten.

Der am Homebanking-Verfahren teilnehmende Bankkunde erhält vom Kreditinstitut einen Kontoauszug in digitaler Form übermittelt. Lediglich mit dem Ausdruck dieses elektronischen Kontoauszugs genügt der Buchführungspflichtige den nach § 147 AO bestehenden Aufbewahrungspflichten nicht, da es sich beim elektronisch übermittelten Auszug um das originär digitale Dokument handelt.

Für die steuerliche Anerkennung des elektronisches Kontoauszug ist es daher erforderlich, diese Datei auf einem maschinell auswertbaren Datenträger zu archivieren, § 147 Abs. 2 und 5 AO sowie Tz. VIII/b Nr. 2 des BMF-Schreibens vom 7. 11. 1995 (BStBl 1995 I S. 738). Dabei sind sowohl die Grundsätze ordnungsmäßiger Buchführung (GoB) als auch die Grundsätze DV-gestützter Buchführungssysteme (GoBS) zu beachten, die als Anlage zum o. g. BMF-Schreiben veröffentlicht sind. Die GoBS setzen u. a. voraus, dass die übermittelten Daten vor dem Weiterverarbeiten im System des Kunden, vor dem Speichern bzw. bei einem möglichen späteren Ausdruck nicht bzw. nachvollziehbar verändert werden können. Die Übermittlung und Speicherung lediglich einer Datei im pdf-Format genügt diesen Grundsätzen nicht, da bei diesem Dateiformat eine leichte und nicht mehr nachvollziehbare Änderung möglich wäre.

Vermehrt bieten Kreditinstitut weitere Alternativen, mit deren Hilfe die GoB/GoBS eingehalten werden können, zur Aufbewahrung an. Dies kann beispielsweise durch die Übermittlung und Speicherung eines digital signierten elektronischen Kontoauszugs geschehen. Auch die Vorhaltung des Auszugs beim Kreditinstitut und der jederzeitige Zugriffsmöglichkeit während der Aufbewahrungsfrist des § 147 Abs. 3 AO stellt eine denkbare Lösung dar. Auch die Übersendung und Aufbewahrung sog. Monatssammelkontoauszüge in Papierform kann akzeptiert werden.

Häufig weisen Kreditinstitute in ihren Geschäftsbedingungen zum Onlinebanking ihre Kunden darauf hin, die Anerkennung des elektronischen Kontoauszugs sei mit dem zuständigen Finanzamt abzuklären. Die Beachtung der GoB/GoBS liegt in allen Fällen in der Verantwortung des Steuerbürgers.

Im Privatkundenbereich (Steuerzahler ohne Buchführungs- und Aufzeichnungspflichten nach § 145 AO ff.) besteht mit Ausnahme der Steuerbürger i. S. des § 147a AO, für die obige Grundsätze sinngemäß gelten, keine Aufbewahrungspflicht für Kontoauszüge. Zur Aufbewahrung von privaten Belegen als Beweismittel im Besteuerungsverfahren vgl. Karte 1 zu § 97 AO.[1]

Aufbewahrung digitaler Unterlagen bei Bargeschäften 11

(BMF-Schreiben vom 26. 11. 2010 – IV A 4 – S 0316/08/10004-07, BStBl 2010 I S. 1342)

Im Einvernehmen mit den obersten Finanzbehörden der Länder gilt zur Aufbewahrung der mittels Registrierkassen, Waagen mit Registrierkassenfunktion, Taxametern und Wegstreckenzählern (im Folgenden: Geräte) erfassten Geschäftsvorfälle Folgendes:

Seit dem 1. Januar 2002 sind Unterlagen i. S. des § 147 Abs. 1 AO, die mit Hilfe eines Datenverarbeitungssystems erstellt worden sind, während der Dauer der Aufbewahrungsfrist jederzeit verfügbar, unverzüglich lesbar und maschinell auswertbar aufzubewahren (§ 147 Abs. 2 Nr. 2 AO). Die vorgenannten Geräte sowie die mit ihrer Hilfe erstellten digitalen Unterlagen müssen seit diesem Zeitpunkt neben den „Grundsätzen ordnungsmäßiger DV-gestützter Buchführungssysteme (GoBS)" vom 7. November 1995 (BStBl I S. 738) auch den „Grundsätzen zum Datenzugriff und zur Prüfbarkeit digitaler Unterlagen (GDPdU)" vom 16. Juli 2001 (BStBl I S. 415) entsprechen (§ 147 Abs. 6 AO). Die Feststellungslast liegt beim Steuerpflichtigen. Insbesondere müssen alle steuerlich relevanten Einzeldaten (Einzelaufzeichnungspflicht) einschließlich etwaiger mit dem Gerät elektronisch erzeugter Rechnungen i. S. des § 14 UStG unveränderbar und vollständig aufbewahrt werden. Eine Verdichtung dieser Daten oder ausschließliche Speicherung der Rechnungsendsummen ist unzulässig. Ein ausschließliches Vorhalten aufbewahrungspflichtiger Unterlagen in ausgedruckter Form ist nicht ausreichend. Die digitalen Unterlagen und die Strukturinformationen müssen in einem auswertbaren Datenformat vorliegen.

---

[1]) Jetzt: Bayer. Landesamt für Steuern, Vfg. v. 10. 12. 2010 – S 0240.1.1-3/3 St 42 (AO 97/1).

Ist die komplette Speicherung aller steuerlich relevanten Daten – bei der Registrierkasse insbesondere Journal-, Auswertungs-, Programmier- und Stammdatenänderungsdaten – innerhalb des Geräts nicht möglich, müssen diese Daten unveränderbar und maschinell auswertbar auf einem externen Datenträger gespeichert werden. Ein Archivsystem muss die gleichen Auswertungen wie jene im laufenden System ermöglichen.

Die konkreten Einsatzorte und -zeiträume der vorgenannten Geräte sind zu protokollieren und diese Protokolle aufzubewahren (vgl. § 145 Abs. 1 AO, § 63 Abs. 1 UStDV). Einsatzort bei Taxametern und Wegstreckenzähler ist das Fahrzeug, in dem das Gerät verwendet wurde. Außerdem müssen die Grundlagenaufzeichnungen zur Überprüfung der Bareinnahmen für jedes einzelne Gerät getrennt geführt und aufbewahrt werden. Die zum Gerät gehörenden Organisationsunterlagen müssen aufbewahrt werden, insbesondere die Bedienungsanleitung, die Programmieranleitung und alle weiteren Anweisungen zur Programmierung des Geräts (§ 147 Abs. 1 Nr. 1 AO).

Soweit mit Hilfe eines solchen Geräts unbare Geschäftsvorfälle (z. B. EC-Cash, ELV – Elektronisches Lastschriftverfahren) erfasst werden, muss aufgrund der erstellten Einzeldaten ein Abgleich der baren und unbaren Zahlungsvorgänge und deren zutreffende Verbuchung im Buchführungs- bzw. Aufzeichnungswerk gewährleistet sein.

Die vorgenannten Ausführungen gelten auch für die mit Hilfe eines Taxameters oder Wegstreckenzählers erstellten digitalen Unterlagen, soweit diese Grundlage für Eintragungen auf einem Schichtzettel im Sinne des BFH-Urteils vom 26. Februar 2004, XI R 25/02 (BStBl II S. 599) sind. Im Einzelnen können dies sein:

– Name und Vorname des Fahrers
– Schichtdauer (Datum, Schichtbeginn, Schichtende)
– Summe der Total- und Besetztkilometer laut Taxameter
– Anzahl der Touren lt. Taxameter
– Summe der Einnahmen lt. Taxameter
– Kilometerstand lt. Tachometer (bei Schichtbeginn und -ende)
– Einnahme für Fahrten ohne Nutzung des Taxameters
– Zahlungsart (z. B. bar, EC-Cash, ELV – Elektronisches Lastschriftverfahren, Kreditkarte)
– Summe der Gesamteinnahmen
– Angaben über Lohnabzüge angestellter Fahrer
– Angaben von sonstigen Abzügen (z. B. Verrechnungsfahrten)
– Summe der verbleibenden Resteinnahmen
– Summe der an den Unternehmer abgelieferten Beträge
– Kennzeichen der Taxe.

Dies gilt für Unternehmer ohne Fremdpersonal entsprechend.

12 Soweit ein Gerät bauartbedingt den in diesem Schreiben niedergelegten gesetzlichen Anforderungen nicht oder nur teilweise genügt, wird es nicht beanstandet, wenn der Steuerpflichtige dieses Gerät längstens bis zum 31. Dezember 2016 in seinem Betrieb weiterhin einsetzt. Das setzt aber voraus, dass der Steuerpflichtige technisch mögliche Softwareanpassungen und Speichererweiterungen mit dem Ziel durchführt, um die in diesem Schreiben konkretisierten gesetzlichen Anforderungen zu erfüllen. Bei Registrierkassen, die technisch nicht mit Softwareanpassungen und Speichererweiterungen aufgerüstet werden können, müssen die Anforderungen des BMF-Schreibens vom 9. Januar 1996 weiterhin vollumfänglich beachtet werden.

Das BMF-Schreiben zum „Verzicht auf die Aufbewahrung von Kassenstreifen bei Einsatz elektronischer Registrierkassen" vom 9. Januar 1996 (BStBl I S. 34) wird im Übrigen hiermit aufgehoben.

Rechtsprechung

13 **BFH vom 26. 2. 2004 – XI R 25/02 (BStBl 2004 II S. 599)**

1. Auch nicht buchführungspflichtige Gewerbetreibende sind verpflichtet, ihre Betriebseinnahmen gemäß § 22 UStG i. V. m. §§ 63 bis 68 UStDV einzeln aufzuzeichnen.
2. Im Taxigewerbe erstellte Schichtzettel sind gemäß § 147 Abs. 1 AO aufzubewahren. Sie genügen den sich aus der Einzelaufzeichnungspflicht ergebenden Mindestanforderungen.

14 **BFH vom 26. 9. 2007 – I B 53, 54/07 (BStBl 2008 II S. 415)**

1. Der Steuerpflichtige ist gehalten, der Außenprüfung im Original in Papierform erstellte und später durch Scannen digitalisierte Ein- und Ausgangsrechnungen über sein Computersystem per

Bildschirm lesbar zu machen. Er kann diese Verpflichtung nicht durch das Angebot des Ausdruckens auf Papier abwenden.

2. Der Datenzugriff der Finanzverwaltung gemäß § 147 Abs. 6 AO erstreckt sich u. a. auf die Finanzbuchhaltung. Der Steuerpflichtige ist nicht berechtigt, gegenüber der Außenprüfung bestimmte Einzelkonten (hier: Drohverlustrückstellungen, nicht abziehbare Betriebsausgaben, organschaftliche Steuerumlagen) zu sperren, die aus seiner Sicht nur das handelsrechtliche Ergebnis, nicht aber die steuerliche Bemessungsgrundlage beeinflusst haben.

BFH vom 8. 4. 2008 – VIII R 61/06 (BStBl 2009 II S. 579) 15

Aus den Gründen:
Ob und ggf. nach Maßgabe welcher Voraussetzungen der nach § 147 Abs. 6 AO zulässige Datenzugriff der Finanzbehörden im Rahmen von Außenprüfungen zum Schutz der Verpflichtung zur Wahrung der gesetzlich bestimmten Verschwiegenheitspflichten von Berufsträgern und der ihnen zustehenden Auskunftsverweigerungsrechte zum Schutz bestimmter Berufsgeheimnisse nach § 102 AO von Verfassungs wegen einzuschränken wäre, ist nicht in diesem Verfahren zu entscheiden. Auch die Aufforderungen, dem Prüfer Einsicht in die gespeicherten Daten zu gewähren, das Datenverarbeitungssystem zur Prüfung nutzen zu können, die Daten nach Verfahren der Finanzbehörde aufzubereiten oder ihr auf einem Datenträger zur Verfügung zu stellen, sind jeweils gesonderte Verwaltungsakte, die mit dem Einspruch angegriffen werden können (vgl. auch BFH-Beschluss vom 26. 9. 2007, BStBl 2008 II S. 415, zur Beachtung der sich aus dem Verhältnismäßigkeitsgrundsatz ergebenden Grenze). Im Übrigen ist die Verwaltung nach Art. 20 Abs. 3 GG und § 85 AO beim Gesetzesvollzug an Gesetz und Recht gebunden und hat auch bei der Ausübung des ihr zustehenden Ermessens den Grundsatz der Verhältnismäßigkeit zu berücksichtigen (vgl. auch § 5 AO). Dieser Grundsatz ist mit Verfassungsrang ausgestattet und bei der Auslegung und Anwendung der Normen des einfachen Rechts zu beachten (so schon BVerfG-Beschluss vom 9. 11. 1976 2 BvL 1/76, BVerfGE 43, 101, 106; BFH-Beschluss vom 25. 10. 2007, BFH/NV 2008 S. 189, m. w. N.).

BFH vom 24. 6. 2009 – VIII R 80/06 (BStBl 2010 II S. 452) 16

1. Die Befugnisse aus § 147 Abs. 6 AO stehen der Finanzbehörde nur in Bezug auf Unterlagen zu, die der Steuerpflichtige nach § 147 Abs. 1 AO aufzubewahren hat.
2. Die Verpflichtung zur geordneten Aufbewahrung von Unterlagen nach § 147 Abs. 1 AO trifft auch Steuerpflichtige, die gemäß § 4 Abs. 3 EStG als Gewinn den Überschuss der Betriebseinnahmen über die Betriebsausgaben ansetzen.
3. Der sachliche Umfang der Aufbewahrungspflicht in § 147 Abs. 1 AO ist grundsätzlich abhängig vom Bestehen und vom Umfang einer gesetzlichen Aufzeichnungspflicht. Aufzubewahren sind danach alle Unterlagen, die zum Verständnis und zur Überprüfung der für die Besteuerung gesetzlich vorgeschriebenen Aufzeichnungen im Einzelfall von Bedeutung sein können. § 147 Abs. 1 Nr. 5 AO ist mit dieser Maßgabe einschränkend auszulegen.
...

---

§ 147a Vorschriften für die Aufbewahrung von Aufzeichnungen und Unterlagen bestimmter Steuerpflichtiger

¹Steuerpflichtige, bei denen die Summe der positiven Einkünfte nach § 2 Absatz 1 Nummer 4 bis 7 des Einkommensteuergesetzes (Überschusseinkünfte) mehr als 500 000 Euro im Kalenderjahr beträgt, haben die Aufzeichnungen und Unterlagen über die den Überschusseinkünften zu Grunde liegenden Einnahmen und Werbungskosten sechs Jahre aufzubewahren. ²Im Falle der Zusammenveranlagung sind für die Feststellung des Überschreitens des Betrags von 500 000 Euro die Summe der positiven Einkünfte nach Satz 1 eines jeden Ehegatten maßgebend. ³Die Verpflichtung nach Satz 1 ist vom Beginn des Kalenderjahrs an zu erfüllen, das auf das Kalenderjahr folgt, in dem die Summe der positiven Einkünfte im Sinne des Satzes 1 mehr als 500 000 Euro beträgt. ⁴Die Verpflichtung nach Satz 1 endet mit Ablauf des fünften aufeinanderfolgenden Kalenderjahrs, in dem die Voraussetzungen des Satzes 1 nicht erfüllt sind. ⁵§ 147 Absatz 2, Absatz 3 Satz 3 und die Absätze 4 bis 6 gelten entsprechend. ⁶Die Sätze 1 bis 3 und 5 gelten entsprechend in den Fällen, in denen die zuständige Finanzbehörde den Steuerpflichtigen für die

---

1) § 147a AO ist erstmals für Besteuerungszeiträume anzuwenden, die nach dem 31. 12. 2009 beginnen (vgl. § 5 der Steuerhinterziehungsbekämpfungsverordnung – SteuerHBekV – vom 18. 9. 2009 (BGBl. 2009 I S. 3046; BStBl 2009 I S. 1146). Bei Anwendung des § 147a Satz 3 AO im Besteuerungszeitraum 2010 sind die Einkünfte des Besteuerungszeitraums 2009 maßgebend (§ 5 Satz 2 SteuerHBekV).

Zukunft zur Aufbewahrung der in Satz 1 genannten Aufzeichnungen und Unterlagen verpflichtet, weil er seinen Mitwirkungspflichten nach § 90 Absatz 2 Satz 3 nicht nachgekommen ist.

AO
S 0319

§ 148 Bewilligung von Erleichterungen

¹Die Finanzbehörden können für einzelne Fälle oder für bestimmte Gruppen von Fällen Erleichterungen bewilligen, wenn die Einhaltung der durch die Steuergesetze begründeten Buchführungs-, Aufzeichnungs- und Aufbewahrungspflichten Härten mit sich bringt und die Besteuerung durch die Erleichterung nicht beeinträchtigt wird. ²Erleichterungen nach Satz 1 können rückwirkend bewilligt werden. ³Die Bewilligung kann widerrufen werden.

AEAO

Anwendungserlass zur Abgabenordnung

1   Zu § 148 – Bewilligung von Erleichterungen:

Die Bewilligung von Erleichterungen kann sich nur auf steuerrechtliche Buchführungs-, Aufzeichnungs- oder Aufbewahrungspflichten erstrecken. § 148 lässt eine dauerhafte Befreiung von diesen Pflichten nicht zu. Persönliche Gründe, wie Alter und Krankheit des Steuerpflichtigen, rechtfertigen regelmäßig keine Erleichterungen (BFH-Urteil vom 14. 7. 1954 – II 63/53 U – BStBl III S. 253). Eine Bewilligung soll nur ausgesprochen werden, wenn der Steuerpflichtige sie beantragt.

2. Unterabschnitt
Steuererklärungen (§§ 149–153)

AO
S 0320
1)

§ 149 Abgabe der Steuererklärungen

(1) ¹Die Steuergesetze bestimmen, wer zur Abgabe einer Steuererklärung verpflichtet ist. ²Zur Abgabe einer Steuererklärung ist auch verpflichtet, wer hierzu von der Finanzbehörde aufgefordert wird. ³Die Aufforderung kann durch öffentliche Bekanntmachung erfolgen. ⁴Die Verpflichtung zur Abgabe einer Steuererklärung bleibt auch dann bestehen, wenn die Finanzbehörde die Besteuerungsgrundlagen geschätzt hat (§ 162).

(2) ¹Soweit die Steuergesetze nichts anderes bestimmen, sind Steuererklärungen, die sich auf ein Kalenderjahr oder einen gesetzlich bestimmten Zeitpunkt beziehen, spätestens fünf Monate danach abzugeben. ²Bei Steuerpflichtigen, die den Gewinn aus Land- und Forstwirtschaft nach einem vom Kalenderjahr abweichenden Wirtschaftsjahr ermitteln, endet die Frist nicht vor Ablauf des *fünften Monats*, der auf den Schluss des in dem Kalenderjahr begonnenen Wirtschaftsjahrs folgt.

H

Hinweise

1   Gleichlautende Erlasse der obersten Finanzbehörden der Länder[2]
vom 2. 1. 2012 über Steuererklärungsfristen
(BStBl 2012 I S. 58)

I. Abgabefrist für Steuererklärungen

(1) Für das Kalenderjahr 2011 sind die Erklärungen

– zur **Einkommensteuer** – einschließlich der Erklärungen zur gesonderten sowie zur gesonderten und einheitlichen Feststellung von Grundlagen für die Einkommensbesteuerung sowie zur gesonderten Feststellung des verbleibenden Verlustvortrags –,

---

[1] § 149 Abs. 2 Satz 2 AO geändert durch Art. 3 Nr. 5 des Steuervereinfachungsgesetzes 2011 vom 1. 11. 2011 (BGBl. 2011 I S. 2131, BStBl 2011 I S. 986) mit Wirkung ab 5. 11. 2011. Die Neuregelung ist erstmals für Besteuerungszeiträume anzuwenden, die nach dem 31. 12. 2009 beginnen (Art. 97 § 10a Abs. 3 EGAO).
[2] Mit Ausnahme des Landes Hessen.

- zur **Körperschaftsteuer** – einschließlich der Erklärungen zu gesonderten Feststellungen von Besteuerungsgrundlagen, die in Zusammenhang mit der Körperschaftsteuerveranlagung durchzuführen sind, sowie für die Zerlegung der Körperschaftsteuer –,
- zur **Gewerbesteuer** – einschließlich der Erklärungen zur gesonderten Feststellung des vortragsfähigen Gewerbeverlustes sowie für die Zerlegung des Steuermessbetrags –,
- zur **Umsatzsteuer** sowie
- zur gesonderten oder zur gesonderten und einheitlichen Feststellung nach § 18 des Außensteuergesetzes

nach § 149 Abs. 2 der Abgabenordnung (AO)
bis zum 31. Mai 2012
bei den Finanzämtern abzugeben.

(2) Bei Steuerpflichtigen, die den Gewinn aus Land- und Forstwirtschaft nach einem vom Kalenderjahr abweichenden Wirtschaftsjahr ermitteln, endet die Frist nicht vor Ablauf des fünften Monats, der auf den Schluss des Wirtschaftsjahres 2011/2012 folgt.

II. Fristverlängerung

(1) Sofern die vorbezeichneten Steuererklärungen durch Personen, Gesellschaften, Verbände, Vereinigungen, Behörden oder Körperschaften im Sinne der §§ 3 und 4 StBerG angefertigt werden, wird vorbehaltlich des Absatzes 2 die Frist nach § 109 AO allgemein
bis zum 31. Dezember 2012
verlängert. Bei Steuererklärungen für Steuerpflichtige, die den Gewinn aus Land- und Forstwirtschaft nach einem vom Kalenderjahr abweichenden Wirtschaftsjahr ermitteln (Abschnitt I Absatz 2), tritt an die Stelle des 31. Dezember 2012 der 31. Mai 2013.

(2) Es bleibt den Finanzämtern vorbehalten, Erklärungen mit angemessener Frist für einen Zeitpunkt vor Ablauf der allgemein verlängerten Frist anzufordern. Von dieser Möglichkeit soll insbesondere Gebrauch gemacht werden, wenn
- für den vorangegangenen Veranlagungszeitraum die erforderlichen Erklärungen verspätet oder nicht abgegeben wurden,
- für den vorangegangenen Veranlagungszeitraum kurz vor Abgabe der Erklärung bzw. vor dem Ende der Karenzzeit nach § 233a Abs. 2 Satz 1 AO nachträgliche Vorauszahlungen festgesetzt wurden,
- sich aus der Veranlagung für den vorangegangenen Veranlagungszeitraum eine hohe Abschlusszahlung ergeben hat,
- hohe Abschlusszahlungen erwartet werden,
- für Beteiligte an Gesellschaften und Gemeinschaften Verluste festzustellen sind oder
- die Arbeitslage der Finanzämter es erfordert.

Im Übrigen wird davon ausgegangen, dass die Erklärungen laufend fertig gestellt und unverzüglich eingereicht werden.

(3) Aufgrund begründeter Einzelanträge kann die Frist für die Abgabe der Steuererklärungen bis zum 28. Februar 2013 bzw. in den Fällen des Abschnitts I Absatz 2 bis zum 31. Juli 2013 verlängert werden. Eine weitergehende Fristverlängerung kommt grundsätzlich nicht in Betracht.

(4) Die allgemeine Fristverlängerung gilt nicht für Anträge auf Steuervergütungen. Sie gilt auch nicht für die Abgabe von Umsatzsteuererklärungen, wenn die gewerbliche oder berufliche Tätigkeit mit Ablauf des 31. Dezember 2011 endete. Hat die gewerbliche oder berufliche Tätigkeit vor dem 31. Dezember 2011 geendet, ist die Umsatzsteuererklärung für das Kalenderjahr einen Monat nach Beendigung der gewerblichen oder beruflichen Tätigkeit abzugeben (§ 18 Abs. 3 Satz 2 i. V. m. § 16 Abs. 3 des Umsatzsteuergesetzes).

Diese Erlasse ergehen im Einvernehmen mit dem Bundesministerium der Finanzen.

Rechtsprechung

BFH vom 28. 6. 2000 – X R 24/95 (BStBl 2000 II S. 514)

1. Zur Fortsetzungsfeststellungsklage in Fällen, in denen um die Fristverlängerung für die Abgabe von Steuererklärungen gestritten wird.
2. Entscheidungen, mit denen die Finanzbehörden Anträge auf Fristverlängerung für die Abgabe von Steuererklärungen ablehnen, sind Ermessensentscheidungen, die vom Gericht regelmäßig – in den durch § 5 AO, § 102 FGO gezogenen Grenzen – daraufhin zu überprüfen sind, ob einerseits die

hierzu ergangenen Richtlinien der Verwaltung und andererseits die darauf gestützte Ablehnung im Einzelfall sachgerechter Ermessensausübung entsprechen.

3. Die für die Abgabe der Jahressteuererklärungen 1 990 maßgeblichen Verwaltungsvorschriften lassen keinen Ermessensfehler erkennen.

4. Ein Antrag, mit dem von einem Angehörigen der steuerberatenden Berufe über die generell bzw. in einem vereinfachten Verfahren eröffnete Möglichkeit, nämlich über den 29. 2. 1992 hinaus, Fristverlängerung begehrt wurde, bedurfte wegen seines Ausnahmecharakters einer besonderen, substanziierten Begründung.

5. Die Verwaltungsentscheidung, durch die ein solcher Ausnahmeantrag abgelehnt wurde, kann allein deshalb ermessensfehlerhaft sein, weil ihre schriftliche Begründung zu einem bestimmten, die begehrte Ausnahmeregelung möglicherweise rechtfertigenden Vorbringen keine Ausführungen enthält.

3 BFH vom 29. 1. 2003 – XI R 82/00 (BStBl 2003 II S. 550)

Das FA ist nicht verpflichtet, aufgrund der gleichlautenden Erlasse der obersten Finanzbehörden der Länder über Steuererklärungsfristen (hier vom 4. 1. 1999, BStBl 1999 I S. 152) einem Steuerberater die Frist zur Abgabe der eigenen Steuererklärung zu verlängern.

4 BFH vom 21. 2. 2006 – IX R 78/99 (BStBl 2006 II S. 399)

Das FA ist nicht verpflichtet, eine aufgrund der gleich lautenden Ländererlasse über Steuererklärungsfristen (hier vom 2. 1. 1998, BStBl I 1998, 97) im vereinfachten Verfahren beantragte Fristverlängerung bis zum 28. 2. des übernächsten, auf den Veranlagungszeitraum folgenden Jahres (ohne eigenes Ermessen) in jedem Falle auszusprechen.

5 BFH vom 7. 7. 2011 – V R 21/10 (StEd 2011 S. 794)

1. Die beim Leistungsbezug zu treffende Zuordnungsentscheidung ist spätestens im Rahmen der Jahressteuererklärung bis zum Ablauf der gesetzlichen Abgabefrist von Steuererklärungen (31. Mai des Folgejahres) zu dokumentieren.

2. Das gilt auch für den in zeitlicher Hinsicht „gestreckten" Vorgang der Herstellung eines Gebäudes.

3. Eine in Voranmeldungen (nicht) getroffene Zuordnungsentscheidung kann nur innerhalb der für die Jahresfestsetzung maßgebenden Dokumentationsfrist (31. Mai des Folgejahres) korrigiert werden.

---

§ 150 Form und Inhalt der Steuererklärungen

(1) ¹Die Steuererklärungen sind nach amtlich vorgeschriebenem Vordruck abzugeben, soweit nicht eine mündliche Steuererklärung zugelassen ist. ²§ 87a ist nur anwendbar, soweit auf Grund eines Gesetzes oder einer nach Absatz 6 erlassenen Rechtsverordnung die Steuererklärung auf maschinell verwertbarem Datenträger oder durch Datenfernübertragung übermittelt werden darf. ³Der Steuerpflichtige hat in der Steuererklärung die Steuer selbst zu berechnen, soweit dies gesetzlich vorgeschrieben ist (Steueranmeldung).

(2) ¹Die Angaben in den Steuererklärungen sind wahrheitsgemäß nach bestem Wissen und Gewissen zu machen. ²Dies ist, wenn der Vordruck dies vorsieht, schriftlich zu versichern.

(3) ¹Ordnen die Steuergesetze an, dass der Steuerpflichtige die Steuererklärung eigenhändig zu unterschreiben hat, so ist die Unterzeichnung durch einen Bevollmächtigten nur dann zulässig, wenn der Steuerpflichtige infolge seines körperlichen oder geistigen Zustands oder durch längere Abwesenheit an der Unterschrift gehindert ist. ²Die eigenhändige Unterschrift kann nachträglich verlangt werden, wenn der Hinderungsgrund weggefallen ist.

(4) ¹Den Steuererklärungen müssen die Unterlagen beigefügt werden, die nach den Steuergesetzen vorzulegen sind. ²Dritte Personen sind verpflichtet, hierfür erforderliche Bescheinigungen auszustellen.

(5) ¹In die Vordrucke der Steuererklärung können auch Fragen aufgenommen werden, die zur Ergänzung der Besteuerungsunterlagen für Zwecke einer Statistik nach dem Gesetz über Steuerstatistiken erforderlich sind. ²Die Finanzbehörden können ferner von Steuerpflichtigen Aus-

---

[1] § 150 Abs. 6 und 7 AO neugefasst durch Art. 3 Nr. 6 des Steuervereinfachungsgesetzes 2011 vom 1. 11. 2011 (BGBl. 2011 I S. 2131, BStBl 2011 I S. 986) mit Wirkung ab 5. 11. 2011. § 150 Abs. 7 AO n.F. ist erstmals für Besteuerungszeiträume anzuwenden, die nach dem 31. 12. 2010 beginnen (Art. 97 § 10a Abs. 1 EGAO).

künfte verlangen, die für die Durchführung des Bundesausbildungsförderungsgesetzes erforderlich sind. ³Die Finanzbehörden haben bei der Überprüfung der Angaben dieselben Befugnisse wie bei der Aufklärung der für die Besteuerung erheblichen Verhältnisse.

(6) ¹Zur Erleichterung und Vereinfachung des automatisierten Besteuerungsverfahrens kann das Bundesministerium der Finanzen durch Rechtsverordnung mit Zustimmung des Bundesrates bestimmen, dass und unter welchen Voraussetzungen Steuererklärungen oder sonstige für das Besteuerungsverfahren erforderliche Daten ganz oder teilweise durch Datenfernübertragung oder auf maschinell verwertbaren Datenträgern übermittelt werden können. ²Dabei können insbesondere geregelt werden:
1. das Nähere über Form, Inhalt, Verarbeitung und Sicherung der zu übermittelnden Daten,
2. die Art und Weise der Übermittlung der Daten,
3. die Zuständigkeit für die Entgegennahme der zu übermittelnden Daten,
4. die Mitwirkungspflichten Dritter und deren Haftung, wenn auf Grund unrichtiger Erhebung, Verarbeitung oder Übermittlung der Daten Steuern verkürzt oder Steuervorteile erlangt werden,
5. der Umfang und die Form der für dieses Verfahren erforderlichen besonderen Erklärungspflichten des Steuerpflichtigen.

³Bei der Datenübermittlung ist ein sicheres Verfahren zu verwenden, das den Datenübermittler (Absender der Daten) authentifiziert und die Vertraulichkeit und Integrität des elektronisch übermittelten Datensatzes gewährleistet. ⁴Zur Authentifizierung des Datenübermittlers kann auch der elektronische Identitätsnachweis des Personalausweises genutzt werden; die dazu erforderlichen Daten dürfen zusammen mit den übrigen übermittelten Daten gespeichert und verwendet werden. ⁵Das Verfahren wird vom Bundesministerium der Finanzen im Benehmen mit dem Bundesministerium des Innern durch Rechtsverordnung mit Zustimmung des Bundesrates bestimmt. ⁶Die Rechtsverordnung kann auch Ausnahmen von der Pflicht zur Verwendung dieses Verfahrens vorsehen. ⁷Einer Zustimmung des Bundesrates zu einer Rechtsverordnung nach den Sätzen 1 und 5 bedarf es nicht, soweit Kraftfahrzeugsteuer, Versicherungsteuer und Verbrauchsteuern mit Ausnahme der Biersteuer betroffen sind. ⁸Zur Regelung der Datenübermittlung kann in der Rechtsverordnung auf Veröffentlichungen sachverständiger Stellen verwiesen werden. ⁹Hierbei sind das Datum der Veröffentlichung, die Bezugsquelle und eine Stelle zu bezeichnen, bei der die Veröffentlichung archivmäßig gesichert niedergelegt ist. ¹⁰§ 87a Absatz 3 Satz 2 ist nicht anzuwenden.

(7) Soweit die Steuergesetze anordnen, dass der Steuerpflichtige die Steuererklärung nach amtlich vorgeschriebenem Datensatz durch Datenfernübertragung zu übermitteln hat, kann das Bundesministerium der Finanzen durch Rechtsverordnung mit Zustimmung des Bundesrates das Nähere zum Verfahren der elektronischen Übermittlung bestimmen; Absatz 6 Satz 2 bis 9 gilt entsprechend.

(8) ¹Ordnen die Steuergesetze an, dass die Finanzbehörde auf Antrag zur Vermeidung unbilliger Härten auf eine Übermittlung der Steuererklärung nach amtlich vorgeschriebenem Datensatz durch Datenfernübertragung verzichten kann, ist einem solchen Antrag zu entsprechen, wenn eine Erklärungsabgabe nach amtlich vorgeschriebenem Datensatz durch Datenfernübertragung für den Steuerpflichtigen wirtschaftlich oder persönlich unzumutbar ist. ²Dies ist insbesondere der Fall, wenn die Schaffung der technischen Möglichkeiten für eine Datenfernübertragung des amtlich vorgeschriebenen Datensatzes nur mit einem nicht unerheblichen finanziellen Aufwand möglich wäre oder wenn der Steuerpflichtige nach seinen individuellen Kenntnissen und Fähigkeiten nicht oder nur eingeschränkt in der Lage ist, die Möglichkeiten der Datenfernübertragung zu nutzen.

Steuerdaten-Übermittlungsverordnung (StDÜV)

vom 28. 1. 2003, zuletzt geändert durch Artikel 6 des Steuervereinfachungsgesetzes 2011 vom 1. 11. 2011 (BGBl. 2011 I S. 2131, BStBl 2011 I S. 986)

§ 1 Allgemeines

(1) Diese Verordnung gilt für die Übermittlung von für das Besteuerungsverfahren erforderlichen Daten mit Ausnahme solcher Daten, die für die Festsetzung von Verbrauchsteuern bestimmt sind, durch Datenfernübertragung (elektronische Übermittlung) an die Finanzverwaltung. Mit der elektronischen Übermittlung können Dritte beauftragt werden.

(2) Das Bundesministerium der Finanzen bestimmt in Abstimmung mit den obersten Finanzbehörden der Länder Art und Einschränkungen der elektronischen Übermittlung von Daten nach Absatz 1 Satz 1 durch ein im Bundessteuerblatt zu veröffentlichendes Schreiben. In diesem Rah-

men bestimmte Anforderungen an die Sicherheit der elektronischen Übermittlung sind im Benehmen mit dem Bundesamt für Sicherheit in der Informationstechnik festzulegen. Einer Abstimmung mit den obersten Finanzbehörden der Länder bedarf es nicht, soweit ausschließlich die Übermittlung von Daten an Bundesfinanzbehörden betroffen ist.

(3) Bei der elektronischen Übermittlung sind dem jeweiligen Stand der Technik entsprechende Verfahren einzusetzen, die die Authentizität, Vertraulichkeit und Integrität der Daten gewährleisten; im Falle der Nutzung allgemein zugänglicher Netze sind Verschlüsselungsverfahren anzuwenden.

(4) Die in dieser Verordnung genannten Pflichten der Programmhersteller sind ausschließlich öffentlich-rechtlicher Art.

§ 2 Schnittstellen

Bei der elektronischen Übermittlung sind die hierfür aufgrund des § 1 Abs. 2 für den jeweiligen Besteuerungszeitraum oder -zeitpunkt bestimmten Schnittstellen ordnungsgemäß zu bedienen. Die für die Übermittlung benötigten Schnittstellen werden über das Internet zur Verfügung gestellt.

§ 3 Anforderungen an die Programme

(1) Programme, die für die Verarbeitung von für das Besteuerungsverfahren erforderlichen Daten bestimmt sind, müssen im Rahmen des in der Programmbeschreibung angegebenen Programmumfangs die richtige und vollständige Verarbeitung der für das Besteuerungsverfahren erforderlichen Daten gewährleisten.

(2) Auf den Programmumfang sowie auf Fallgestaltungen, in denen eine richtige und vollständige Erhebung, Verarbeitung und Übermittlung ausnahmsweise nicht möglich ist (Ausschlussfälle), ist in der Programmbeschreibung an hervorgehobener Stelle hinzuweisen.

§ 4 Prüfung der Programme

(1) Programme, die für die Verarbeitung von für das Besteuerungsverfahren erforderlichen Daten bestimmt sind, sind vom Hersteller vor der ersten Nutzung und nach jeder Änderung daraufhin zu prüfen, ob sie die Anforderungen nach § 3 Abs. 1 erfüllen. Hierbei sind ein Protokoll über den letzten durchgeführten Testlauf und eine Programmauflistung zu erstellen, die fünf Jahre aufzubewahren sind. Die Aufbewahrungsfrist nach Satz 2 beginnt mit Ablauf des Kalenderjahres der erstmaligen Nutzung zur Datenübermittlung. Elektronische, magnetische und optische Speicherverfahren, die eine jederzeitige Wiederherstellung der eingesetzten Programmversion in Papierform ermöglichen, sind der Programmauflistung gleichgestellt. Die Finanzbehörden sind befugt, die für die Erfassung, Verarbeitung oder elektronische Übermittlung der Daten bestimmten Programme und Dokumentationen zu überprüfen. § 200 der Abgabenordnung in der Fassung der Bekanntmachung vom 1. Oktober 2002 (BGBl. I S. 3866) in der jeweils geltenden Fassung gilt entsprechend. Der Hersteller oder Vertreiber eines fehlerhaften Programms ist unverzüglich zur Nachbesserung oder Ablösung aufzufordern. Soweit eine unverzügliche Nachbesserung bzw. Ablösung nicht erfolgt, sind die Finanzbehörden berechtigt, die Programme des Herstellers von der elektronischen Übermittlung nach § 1 technisch auszuschließen. Die Finanzbehörden sind nicht verpflichtet, die Programme zu prüfen.

(2) Sind Programme nach Absatz 1 zum allgemeinen Vertrieb vorgesehen, hat der Hersteller den Finanzbehörden auf Verlangen Muster zum Zwecke der Prüfung kostenfrei zu stellen.

§ 5 Haftung

(1) Der Hersteller von Programmen, die für die Verarbeitung von für das Besteuerungsverfahren erforderlichen Daten bestimmt sind, haftet, soweit die Daten infolge einer Verletzung einer Pflicht nach dieser Verordnung unrichtig oder unvollständig verarbeitet und dadurch Steuern verkürzt oder zu Unrecht steuerliche Vorteile erlangt werden. Die Haftung entfällt, soweit der Hersteller nachweist, dass die Pflichtverletzung nicht auf grober Fahrlässigkeit oder Vorsatz beruht.

(2) Wer Programme nach Absatz 1 zur elektronischen Übermittlung im Auftrag (§ 1 Abs. 1 Satz 2) einsetzt, haftet, soweit aufgrund unrichtiger oder unvollständiger Übermittlung Steuern verkürzt oder zu Unrecht steuerliche Vorteile erlangt werden. Die Haftung entfällt, soweit er nachweist, dass die unrichtige oder unvollständige Übermittlung der Daten nicht auf grober Fahrlässigkeit oder Vorsatz beruht.

(3) Die Absätze 1 und 2 gelten nicht für Zusammenfassende Meldungen im Sinne von § 18a Abs. 1 des Umsatzsteuergesetzes.

§ 6 Authentifizierung, Datenübermittlung im Auftrag[1)]

(1) Bei der elektronischen Übermittlung ist ein sicheres Verfahren zu verwenden, das den Datenübermittler authentifiziert und die Vertraulichkeit und Integrität des elektronisch übermittelten Datensatzes gewährleistet (§ 150 Absatz 6 der Abgabenordnung). Zur weiteren Erleichterung der elektronischen Übermittlung kann auf die Authentifizierung des Datenübermittlers verzichtet werden bei
1. *Lohnsteuer-Anmeldungen nach § 41a des Einkommensteuergesetzes,*
2. *Steueranmeldungen nach § 18 Absatz 1 bis 2a und 4a des Umsatzsteuergesetzes,*
3. *Anträgen auf Dauerfristverlängerung und Anmeldungen der Sondervorauszahlung nach § 18 Absatz 6 des Umsatzsteuergesetzes in Verbindung mit den §§ 46 bis 48 der Umsatzsteuer-Durchführungsverordnung sowie*
4. *Zusammenfassenden Meldungen nach § 18a des Umsatzsteuergesetzes.*

(2) Im Falle der Übermittlung im Auftrag (§ 1 Abs. 1 Satz 2) hat der Dritte die Daten dem Auftraggeber unverzüglich in leicht nachprüfbarer Form zur Überprüfung zur Verfügung zu stellen. Der Auftraggeber hat die Daten unverzüglich zu überprüfen.

§ 7 Rentenbezugsmitteilungen

[1]Für das Rentenbezugsmitteilungsverfahren nach § 22a, auch in Verbindung mit § 52 Abs. 38a, des Einkommensteuergesetzes findet ausschließlich die Altersvorsorge-Durchführungsverordnung in der Fassung der Bekanntmachung vom 28. Februar 2005 (BGBl. I S. 487), die zuletzt durch Artikel 1 der Verordnung vom 8. Januar 2009 (BGBl. I S. 31) geändert worden ist, in der jeweils geltenden Fassung Anwendung.

§ 8 (aufgehoben)

Anwendungserlass zur Abgabenordnung

Zu § 150 – Form und Inhalt der Steuererklärungen:

Die Umsatzsteuer-Jahreserklärung ist eine Steueranmeldung i.S.d. § 150 Abs. 1 Satz 3, da der Unternehmer nach § 18 Abs. 3 UStG nach Ablauf eines Kalenderjahres eine Steueranmeldung abzugeben hat, in der er die Umsatzsteuer oder den Überschuss selbst berechnen muss. Wegen der Festsetzung der Steuer bei einer Steueranmeldung vgl. zu § 167, wegen der Wirkung einer Steueranmeldung vgl. zu § 168. Zu den Grundsätzen für die Verwendung von Steuererklärungsvordrucken vgl. BMF-Schreiben vom **11. 3. 2011, BStBl I, S. 247**.

Hinweise

Übermittlung von Steuererklärungen per Telefax

(BMF-Schreiben vom 20. 1. 2003 – IV D 2 – S 0321–4/03, BStBl I 2003 S. 74)

Nach dem BFH-Urteil vom 4. Juli 2002 – V R 31/01 – (BStBl 2003 II S. 45) kann eine Umsatzsteuer-Voranmeldung per Telefax wirksam übermittelt werden.
Unter Bezugnahme auf das Ergebnis der Erörterung mit den obersten Finanzbehörden der Länder sind die Grundsätze dieses Urteils zur Telefax-Übermittlung auf sämtliche Steuererklärungen anzuwenden, für die das Gesetz keine eigenhändige Unterschrift des Steuerpflichtigen vorschreibt. Somit können beispielsweise Lohnsteuer-Anmeldungen und Kapitalertragsteuer-Anmeldungen per Telefax wirksam übermittelt werden, nicht jedoch beispielsweise Einkommensteuererklärungen und Umsatzsteuererklärungen für das Kalenderjahr oder für den kürzeren Besteuerungszeitraum.

[1)] § 6 Abs. 1 StDÜV neugefasst durch Art. 6 des Steuervereinfachungsgesetzes 2011 vom 1. 11. 2011 (BGBl. 2011 I S. 2131, BStBl 2011 I S. 986) mit Wirkung ab 5.11.2011. § 6 Abs. 1 Satz 2 StDÜV n.F. wurde zugleich mit Wirkung ab 1. 1. 2013 aufgehoben (Art. 18 Abs. 4 StVereinfG 2011).

4   **Grundsätze für die Verwendung von Steuererklärungsvordrucken;
Amtlich vorgeschriebene Vordrucke**
(BMF-Schreiben vom 11. 3. 2011 – $\frac{\text{IV A 5 – O 1000/07/10086-07}}{\text{IV A 3 – S 0321/07/10004}}$, BStBl 2011 I S. 247)

Unter Bezugnahme auf das Ergebnis der Erörterung mit den obersten Finanzbehörden der Länder gilt Folgendes:

Soweit Steuererklärungen nicht nach Maßgabe der Steuerdaten-Übermittlungsverordnung ausschließlich elektronisch übermittelt werden, sind sie nach amtlich vorgeschriebenem Vordruck abzugeben (§ 150 Abs. 1 AO). Mehrseitige Vordrucke sind vollständig abzugeben.

1. Amtlich vorgeschriebene Vordrucke

Amtlich vorgeschriebene Vordrucke sind:

1.1 Vordrucke, die mit den von den zuständigen Finanzbehörden freigegebenen Druckvorlagen hergestellt worden sind (amtliche Vordrucke), einschließlich der Formulare, die auf den Internetseiten der Steuerverwaltungen angeboten werden (Internetformulare);

1.2 Vordrucke, die im Rahmen einer elektronischen Übermittlung von Steuererklärungsdaten nach Nummer 5 des BMF-Schreibens vom 15. Januar 2007 (BStBl I S. 95) erstellt und ausgefüllt worden sind (komprimierte Vordrucke).

1.3 Vordrucke, die nach dem Muster einer amtlichen Druckvorlage durch Druck, Ablichtung oder mit Hilfe von Datenverarbeitungsanlagen hergestellt worden sind (nichtamtliche Vordrucke).

2. Verwendung nichtamtlicher Vordrucke

Die Verwendung nichtamtlicher Vordrucke (Tz. 1.3) ist zulässig, wenn diese in der drucktechnischen Ausgestaltung (Layout), in der Papierqualität und in den Abmessungen den amtlichen Vordrucken entsprechen.

Die Vordrucke müssen danach insbesondere

– im Wortlaut, im Format und in der Seitenzahl sowie Seitenfolge mit den amtlichen Vordrucken übereinstimmen und

– über einen Zeitraum von mindestens 15 Jahren haltbar und gut lesbar sein.

Geringfügige Veränderungen der Zeilen- und Schreibabstände sowie des Papierformats sind zugelassen; sofern diese gleichmäßig über die ganze Seite erfolgen und das Seitenverhältnis in Längs- und in Querrichtung beibehalten wird. Der Gründruck muss durch entsprechende Graustufen ersetzt werden.

Ein doppelseitiger Druck ist nicht erforderlich und die Verbindung der Seiten mehrseitiger Vordrucke ist zu vermeiden.

Sofern der amtliche Vordruck einen Barcode enthält, ist dieser in den nichtamtlichen Vordruck nicht aufzunehmen; die Eintragung des entsprechenden Formularschlüssels ist vorzunehmen. Weitere aufzunehmende Unterscheidungsmerkmale (z.B. Kennzahl und Wert) ergeben sich aus dem jeweiligen Vordruck.

Weitere Anforderungen an Vordrucke, die mit Hilfe von Datenverarbeitungsanlagen hergestellt wurden, ergeben sich aus dem als Anlage beigefügten Merkblatt.[1]

3. Verwendung von Internetformularen und komprimierten Vordrucken

Bei der Verwendung von Internetformularen und komprimierten Vordrucken sind die Anforderungen an die Papierqualität nichtamtlicher Vordrucke (Tz. 2) einzuhalten.

4. Grundsätze für das maschinelle Ausfüllen von Vordrucken

4.1 Die für die Bearbeitung im Finanzamt erforderlichen Ordnungsangaben sind in dem dafür vorgesehenen Bereich (Vordruckfeld) im Kopf des Vordrucks anzugeben. Die Steuernummern sind nach dem Format aufzubereiten, das für das Land vorgesehen ist, in dem die Steuererklärung abzugeben ist.

4.2 Bei negativen Beträgen ist das Minuszeichen vor den Betrag zu setzen.

4.3 Feldeinteilungen sind einzuhalten. Es ist zu gewährleisten, dass die maschinell vorgenommenen Eintragungen deutlich erkennbar sind (z.B. Fettdruck), die Zuordnung von Beträgen zu den Kennzahlen eindeutig ist und die Kennzahlen nicht überschrieben werden.

4.4 In der Fußzeile des Vordrucks ist zusätzlich der Name des Herstellers des verwendeten Computerprogramms anzugeben.

---

[1] Anlage hier nicht abgedruckt (siehe BStBl 2011 I S. 247).

5. Schlussbestimmungen

Dieses Schreiben tritt mit Veröffentlichung im Bundessteuerblatt Teil I an die Stelle des BMF-Schreibens vom 27. Dezember 1999, BStBl I S. 1049.

Das BMF-Schreiben vom 11. Mai 2004 (BStBl I S. 475) zur Zulassung von Vordrucken, die von den amtlich vorgeschriebenen Vordrucken im Umsatzsteuer-Voranmeldungs- und Lohnsteuer-Anmeldungsverfahren abweichen, wird aufgehoben.

Steuerdaten-Übermittlungsverordnung (StDÜV); Steuerdaten-Abrufverordnung (StDAV)

(BMF-Schreiben vom 16. 11. 2011 – IV A 7 – O 2200/09/10009 :001, BStBl 2011 I S. 1063)

Aufgrund § 1 Absatz 2 der Steuerdaten-Übermittlungsverordnung – StDÜV – vom 28. Januar 2003 (BGBl. I, Seite 139), die zuletzt durch das Steuervereinfachungsgesetz 2011 vom 4. November 2011 (BGBl. I, Seite 2131) geändert worden ist, § 8 der Steuerdaten-Abrufverordnung – StDAV – vom 13. Oktober 2005 (BGBl. I, Seite 3021) und unter Bezugnahme auf das Ergebnis der Erörterungen mit den obersten Finanzbehörden der Länder (AO II/2011 zu TOP 10; AutomSt/O II/2011 zu TOP O 5) werden die folgenden Regelungen getroffen.

1. Anwendungsbereich

Die Steuerdaten-Übermittlungsverordnung (StDÜV) bzw. die Steuerdaten-Abrufverordnung (StDAV) regeln die elektronische Übermittlung steuerlich erheblicher Daten an die Finanzverwaltung bzw. den Abruf steuerlich erheblicher Daten von der Finanzverwaltung.

Nicht geregelt werden

– die Übermittlung steuerlich erheblicher Daten an Dritte (z. B. Zahlungsverkehrsdaten an Banken) bzw. der Abruf solcher Daten durch die Finanzverwaltung,
– die verwaltungsübergreifende Übermittlung steuerlich erheblicher Daten (Datenübermittlungen zwischen der Finanzverwaltung und anderen Verwaltungen, z. B. Datenübermittlungen nach dem Steuerstatistikgesetz),
– die finanzverwaltungsinterne Übermittlung (Datenübermittlungen zwischen den Finanzverwaltungen des Bundes und der Länder bzw. der Länder untereinander) und
– sonstige explizit ausgenommene Übermittlungen (insbesondere die Übermittlung von Rentenbezugsmitteilungen an die Zentrale Stelle für Altersvermögen (ZfA) sowie die Übermittlung von Verbrauchsteuerdaten).

2. Zugänge und Authentifizierung des Datenübermittlers

(1) Die elektronische Übermittlung von für das automatisierte Besteuerungsverfahren erforderlichen Daten ist nur zulässig, soweit die Finanzverwaltung hierfür einen Zugang eröffnet hat (§ 87a Absatz 1 Satz 1 Abgabenordnung (AO)). Ein Zugang wird eröffnet, soweit Art, Umfang und Organisation des Einsatzes automatischer Einrichtungen in den Finanzverwaltungen des Bundes und der Länder die elektronische Datenübermittlung ermöglichen. Eine aktuelle Übersicht der eröffneten Zugänge ist als Anlage beigefügt und wird im Internet unter http://www.eSteuer.de veröffentlicht.

(2) Bei der elektronischen Übermittlung ist ein sicheres Verfahren zu verwenden, das den Datenübermittler authentifiziert und die Vertraulichkeit und Integrität des elektronisch übermittelten Datensatzes gewährleistet (§ 150 Absatz 6 Satz 3 AO). Die Authentifizierung erfolgt grundsätzlich elektronisch. Wird für die Übermittlung der elektronischen Steuererklärung ein Zugang ohne elektronische Authentifizierung genutzt, ist für die Übermittlung und den Ausdruck der elektronisch übermittelten Daten (komprimierter Vordruck) das von der Finanzverwaltung erstellte Softwarepaket (ERiC) zu verwenden. Der Steuerpflichtige hat auf dem komprimierten Vordruck zu versichern, dass er die Daten überprüft und nach der elektronischen Übermittlung keine Änderungen vorgenommen hat. Der komprimierte Vordruck ist zu unterschreiben und dem zuständigen Finanzamt einzureichen. Eine Authentifizierung des Datenübermittlers ist zwingend, soweit ein freier (nicht authentifizierter) Zugang nicht eröffnet ist.

3. Bereitstellung von Schnittstellen

Aus Sicherheitsgründen werden die für den jeweiligen Besteuerungszeitraum oder -zeitpunkt bestimmten und zur elektronischen Datenübermittlung benötigten Daten- und Programmschnittstellen sowie die dazugehörige Dokumentation in einem geschützten Bereich des Internets bereitgestellt. Der Zugang wird Personen, die eine Herstellung von Programmen zur Datenübermittlung nach § 1 StDÜV beabsichtigen, auf Antrag gewährt. Informationen hierzu stehen unter http://

www.eSteuer.de zur Verfügung. Der Antrag auf Zugang ist abzulehnen, wenn berechtigte Zweifel bestehen, dass Programme zur Datenübermittlung nach § 1 StDÜV hergestellt werden sollen.

4. Ordnungsgemäße Bedienung der Schnittstellen

Die für die Datenübermittlung nach § 1 Absatz 2 StDÜV für den jeweiligen Besteuerungszeitraum oder -zeitpunkt bestimmten Schnittstellen sind ordnungsgemäß zu bedienen. Eine ordnungsgemäße Bedienung der Schnittstellen ist bei

a) Fehlern im Datei- oder Schnittstellenaufbau oder in der Datendarstellung
b) Verstößen gegen technische Festlegungen

nicht gegeben. In diesen Fällen gilt die elektronische Übermittlung als nicht erfolgt.

5. Datenübermittlung im Auftrag

(1) Im Fall der Übermittlung im Auftrag hat der Dritte (Datenübermittler) die Daten dem Auftraggeber unverzüglich in leicht nachprüfbarer Form zur Überprüfung zur Verfügung zu stellen. Der Auftraggeber hat die Daten unverzüglich zu überprüfen (§ 6 Absatz 2 StDÜV) und gegebenenfalls zu berichtigen.

(2) Der Dritte (Datenübermittler) kann die Erfüllung dieser Verpflichtung sowohl durch eigene Aufzeichnungen als auch durch einen vom Auftraggeber unterschriebenen Ausdruck der elektronisch übermittelten Daten nachweisen. Nach den Grundsätzen des Beweises des ersten Anscheins ist davon auszugehen, dass eine von einer Person oder Gesellschaft im Sinne der §§ 3 und 4 des Steuerberatungsgesetzes (StBerG) übermittelte Steuererklärung tatsächlich von dem betreffenden Steuerpflichtigen genehmigt worden ist.

6. Zugang elektronisch übermittelter Steuererklärungen

Elektronisch übermittelte Steuererklärungen gelten an dem Tag als zugegangen, an dem die für den Empfang bestimmte Einrichtung die elektronisch übermittelten Daten in bearbeitbarer Weise aufgezeichnet hat (§ 87a Absatz 1 Satz 2 AO). In den Fällen der Tz. 2 Seite 4 Absatz 2 Satz 3 gilt die elektronische Steuererklärung erst mit Eingang des unterschriebenen komprimierten Vordrucks als zugegangen, da eine Bearbeitung der Daten durch die Finanzbehörden erst ab diesem Zeitpunkt möglich ist.

7. Elektronischer Abruf von Bescheiddaten

Der elektronische Abruf von Bescheiddaten ersetzt nicht die Bekanntgabe des Steuerbescheides. Auf die elektronische Bereitstellung von Bescheiddaten wird im Steuerbescheid hingewiesen. Für diesen Fall sichert die Finanzverwaltung zu, dass die elektronisch bereitgestellten Daten mit dem bekannt gegebenen Bescheid übereinstimmen. Wird ein Einspruch nur deshalb verspätet eingelegt, weil im Vertrauen auf diese Zusicherung oder in Erwartung einer mit der elektronisch übermittelten Steuererklärung beantragten Bescheiddatenbereitstellung eine Überprüfung des Steuerbescheids innerhalb der Einspruchsfrist unterblieb, ist unter analoger Anwendung des § 126 Absatz 3 AO eine Wiedereinsetzung in den vorigen Stand möglich.

8. Schlussbestimmungen

Dieses Schreiben ersetzt die BMF-Schreiben vom 15. Januar 2007 (BStBl I, Seite 95) und vom 14. Dezember 1999 (BStBl I, Seite 1055).

Anlage:

A. Übersicht der von den Finanzverwaltungen der Länder eröffneten Zugänge (Stand 1. Januar 2012)[1]

	authentisierter Zugang		Freier Zugang	Bemerkungen
	mit elektronischem Zertifikat	mit komprimierter Steuererklärung		
Einkommensteuer				
– Jahreserklärung	bundesweit	bundesweit	–	Nur unbeschränkt Steuerpflichtige
– Feststellungserklärung	bundesweit	–	–	bis 10 Beteiligte
Körperschaftsteuer				
– Jahreserklärung	bundesweit	–	–	
Lohnsteuer				
– Anmeldung	bundesweit	–	bundesweit	Der freie Zugang wird zum 31. Dezember 2012 geschlossen
Bescheinigung	bundesweit	–	–	
Umsatzsteuer				
– Jahreserklärung	bundesweit	bundesweit	–	
– Voranmeldungen	bundesweit	–	bundesweit	Der freie Zugang wird zum 31. Dezember 2012 geschlossen
Anmeldung von Sondervorauszahlungen	bundesweit	–	bundesweit	Der freie Zugang wird zum 31. Dezember 2012 geschlossen
Antrag auf Dauerfristverlängerung	bundesweit	–	bundesweit	Der freie Zugang wird zum 31. Dezember 2012 geschlossen
Gewerbesteuer				
– Jahreserklärung	bundesweit	bundesweit	–	
– Erklärung zur Zerlegung des Messbetrags	bundesweit	bundesweit	–	
– Hebenummern	Niedersachsen	–	–	

[1] Eine aktuelle Fassung dieser Übersicht wird unter http://www.eSteuer.de im Internet veröffentlicht.

§ 150 AO
H

	authentisierter Zugang		Freier Zugang	Bemerkungen
	mit elektronischem Zertifikat	mit komprimierter Steuererklärung		
				Besonderer Zugang nur für Gemeinden
Bilanzen sowie Gewinn- und Verlustrechnungen	Bundesweit	–	–	
Erbschaftsteuer				
– Sterbefallanzeigen	Bayern, Nordrhein-Westfalen	–	–	Besonderer Zugang nur für Gemeinden
Kraftfahrzeugsteuer				Besonderer Zugang nur für Gemeinden
– Anmeldeliste	Niedersachsen, Saarland, Sachsen-Anhalt, Schleswig-Holstein	–	–	Besonderer Zugang nur für Gemeinden
– Zulassungsdaten	Bayern, Brandenburg, Niedersachsen, Nordrhein-Westfalen, Saarland, Sachsen, Sachsen-Anhalt, Schleswig-Holstein, Thüringen	–	–	Besonderer Zugang nur für Gemeinden
Mitteilungen nach der Mitteilungsverordnung	Nordrhein-Westfalen	–	–	

B. Übersicht der von der Bundesfinanzverwaltung eröffneten Zugänge (Stand 1. Januar 2012)[2)]

Mitteilungen nach § 45d EStG	Ja	–	–	
Mitteilungen nach der Zinsinformationsrichtlinie	Ja	–	–	
Sammelanträge	Ja	–	–	
Umsatzsteuer				
– Zusammenfassende Meldungen	Ja	–	Ja	Der freie Zugang wird zum 31. Dezember 2012 geschlossen

---

[2)] Eine aktuelle Fassung dieser Übersicht wird unter http://www.eSteuer.de im Internet veröffentlicht.

	authentisierter Zugang		Freier Zugang	Bemerkungen
	mit elektronischem Zertifikat	mit komprimierter Steuererklärung		
– Vergütungsanträge	Ja	–	–	

Rechtsprechung

Rsp

BFH vom 7. 11. 1997 – VI R 45/97 (BStBl 1998 II S. 54)   6

Eigenhändigkeit der Unterschrift bedeutet, dass sie „von der Hand" des Antragstellers bzw. des Steuerpflichtigen stammen muß. Eine ausnahmsweise zulässige Unterschrift durch einen Bevollmächtigten erfordert, dass die Bevollmächtigung offenzulegen ist. Eine sog. verdeckte Stellvertretung reicht nicht aus.

BFH vom 14. 1. 1998 – X R 84/95 (BStBl 1999 II S. 203)   7

Gibt der Steuerpflichtige eine mangels Unterzeichnung nicht wirksame Einkommensteuererklärung ab, beginnt die Festsetzungsfrist nicht mit Ablauf des Kalenderjahres, in dem die Steuererklärung eingereicht wurde, sondern spätestens mit Ablauf des dritten Kalenderjahres, das auf das Kalenderjahr folgt, in dem die Steuer entstanden ist (§ 170 Abs. 2 Satz 1 Nr. 1 AO).

BFH vom 15. 10. 1998 – III R 58/95 (BStBl 1999 II S. 237)   8

Bei einer Abwesenheit von einigen Tagen liegt keine Verhinderung an der Unterschriftenleistung durch eine längere Abwesenheit i.S. von § 150 Abs. 3 Satz 1 AO vor.

BFH vom 17. 12. 1998 – III R 101/96 (BStBl 1999 II S. 313)   9

Die fristgerechte Übermittlung eines eigenhändig unterzeichneten Investitionszulagenantrags per Telefax genügt nicht, um den Anspruch des Berechtigten auf Investitionszulage zu wahren. Daran ändert sich – abgesehen von der ausnahmsweisen Möglichkeit der Wiedereinsetzung in den vorigen Stand – auch nichts, wenn der Originalantrag alsbald, aber erst nach Ablauf der Antragsfrist nachgereicht wird.

BFH vom 29. 3. 2001 – III R 48/98 (BStBl 2001 II S. 629)   10

Ein gesetzlicher Vertreter einer Einmann-GmbH ist an der zulagenrechtlich notwendigen eigenhändigen Unterschrift unter den jeweils nur wie eine Jahreserklärung einzureichenden Investitionszulagen-Antrag nicht stets allein schon i.S. von § 150 Abs. 3 AO mit der Folge gehindert, dass ein Bevollmächtigter wirksam unterzeichnen dürfte, weil sich der gesetzliche Vertreter auf einer seit längerem geplanten mehrwöchigen Urlaubsreise im europäischen Ausland aufhält. Vielmehr hängt die Zulässigkeit der Vertretung bei der Unterschrift davon ab, ob im Einzelfall eine postalische Verbindung möglich und deren Inanspruchnahme dem gesetzlichen Vertreter im Hinblick auf die Bedeutung eines Investitionszulagen-Antrags und die gebotene zügige verwaltungsmäßige Durchführung des Bewilligungsverfahrens zumutbar ist.

BFH vom 10. 4. 2002 – VI R 66/98 (BStBl 2002 II S. 455)   11

Kehrt ein ausländischer Arbeitnehmer auf Dauer in sein Heimatland zurück, so kann dessen Einkommensteuer-Erklärung ausnahmsweise durch einen Bevollmächtigten unter Offenlegung des Vertretungsverhältnisses unterzeichnet werden.

BFH vom 16. 5. 2002 – III R 27/01 (BStBl 2002 II S. 668)   12

Ob der Anspruchsberechtigte durch längere Abwesenheit gehindert ist, den Antrag auf Investitionszulage eigenhändig zu unterschreiben, und deshalb die Unterzeichnung durch einen Bevollmächtigten zulässig ist, bestimmt sich nach den Umständen zum Zeitpunkt des Ablaufs der Antragsfrist.

13 **BFH vom 22. 5. 2006 – VI R 15/02 (BStBl 2007 II S. 2)**
Eine Einkommensteuererklärung ist auch dann „nach amtlich vorgeschriebenem Vordruck" abgegeben, wenn ein – auch einseitig – privat gedruckter oder fotokopierter Vordruck verwendet wird, der dem amtlichen Muster entspricht.

14 **BFH vom 22. 5. 2007 – IX R 55/06 (BStBl 2007 II S. 857)**
1. Ist eine Steueranmeldung entgegen der gesetzlichen Anordnung nicht eigenhändig unterschrieben, ist sie unwirksam, steht deshalb einer Steuerfestsetzung nicht gleich und führt mit ihrem Eingang bei der Finanzbehörde nicht zum Beginn der Einspruchsfrist.
2. Wenn die Finanzverwaltung eine strafbefreiende Erklärung trotz fehlender – aber innerhalb einer vom FA gesetzten Frist nachgeholter – Unterschrift allgemein als von Anfang an wirksam behandelt, so kann dies ohne Rechtsgrundlage jedenfalls nicht zu Lasten des Erklärenden die Einspruchsfrist auslösen.

15 **EuGH vom 3. 12. 2009 – C-433/08 (HFR 2010 S. 204)**
Der Begriff „Unterschrift" in dem in Anhang A der Achten Richtlinie 79/1072/EWG des Rates vom 6. 12. 1979 zur Harmonisierung der Rechtsvorschriften der Mitgliedstaaten über die Umsatzsteuern – Verfahren zur Erstattung der Mehrwertsteuer an nicht im Inland ansässige Steuerpflichtige enthaltenen Muster für den Antrag auf Vergütung der Umsatzsteuer ist ein gemeinschaftsrechtlicher Begriff, der einheitlich dahin auszulegen ist, dass ein solcher Vergütungsantrag nicht zwingend von dem Steuerpflichtigen selbst unterschrieben werden muss, sondern dass insoweit die Unterschrift eines Bevollmächtigten genügt.

§ 151 Aufnahme der Steuererklärung an Amtsstelle

Steuererklärungen, die schriftlich abzugeben sind, können bei der zuständigen Finanzbehörde zur Niederschrift erklärt werden, wenn die Schriftform dem Steuerpflichtigen nach seinen persönlichen Verhältnissen nicht zugemutet werden kann, insbesondere, wenn er nicht in der Lage ist, eine gesetzlich vorgeschriebene Selbstberechnung der Steuer vorzunehmen oder durch einen Dritten vornehmen zu lassen.

Anwendungserlass zur Abgabenordnung

1 **Zu § 151 – Aufnahme der Steuererklärung an Amtsstelle:**

Eine Aufnahme der Steuererklärung an Amtsstelle kommt i.d.R. nur bei geschäftlich unerfahrenen oder der deutschen Sprache unkundigen Steuerpflichtigen in Betracht, die nicht fähig sind, die Steuererklärung selbst schriftlich abzugeben oder unter den Voraussetzungen des § 150 Abs. 1 Satz 2 elektronisch zu übermitteln, und auch nicht in der Lage sind, die Hilfe eines Angehörigen der steuerberatenden Berufe in Anspruch zu nehmen.

§ 152 Verspätungszuschlag

(1) ¹Gegen denjenigen, der seiner Verpflichtung zur Abgabe einer Steuererklärung nicht oder nicht fristgemäß nachkommt, kann ein Verspätungszuschlag festgesetzt werden. ²Von der Festsetzung eines Verspätungszuschlags ist abzusehen, wenn die Versäumnis entschuldbar erscheint. ³Das Verschulden eines gesetzlichen Vertreters oder eines Erfüllungsgehilfen steht dem eigenen Verschulden gleich.

(2) ¹Der Verspätungszuschlag darf 10 Prozent der festgesetzten Steuer oder des festgesetzten Meßbetrags nicht übersteigen und höchstens 25 000 Euro betragen. ²Bei der Bemessung des Verspätungszuschlags sind neben seinem Zweck, den Steuerpflichtigen zur rechtzeitigen Abgabe der Steuererklärung anzuhalten, die Dauer der Fristüberschreitung, die Höhe des sich aus der Steuerfestsetzung ergebenden Zahlungsanspruchs, die aus der verspäteten Abgabe der Steuererklärung gezogenen Vorteile sowie das Verschulden und die wirtschaftliche Leistungsfähigkeit des Steuerpflichtigen zu berücksichtigen.

(3) Der Verspätungszuschlag ist regelmäßig mit der Steuer oder dem Steuermessbetrag festzusetzen.

(4) Bei Steuererklärungen für gesondert festzustellende Besteuerungsgrundlagen gelten die Absätze 1 bis 3 mit der Maßgabe, dass bei Anwendung des Absatzes 2 Satz 1 die steuerlichen Auswirkungen zu schätzen sind.

(5) ¹Das Bundesministerium der Finanzen kann zum Verspätungszuschlag, insbesondere über die Festsetzung im automatisierten Besteuerungsverfahren, allgemeine Verwaltungsvorschriften mit Zustimmung des Bundesrates erlassen. ²Diese können auch bestimmen, unter welchen Voraussetzungen von der Festsetzung eines Verspätungszuschlags abgesehen werden soll. ³Die allgemeinen Verwaltungsvorschriften bedürfen nicht der Zustimmung des Bundesrates, soweit sie Einfuhr- und Ausfuhrabgaben und Verbrauchsteuern betreffen.

Anwendungserlass zur Abgabenordnung

AEAO

Zu § 152 – Verspätungszuschlag:

1. Der Verspätungszuschlag wird gegen den Erklärungspflichtigen festgesetzt. Wird die Steuererklärung von einem gesetzlichen Vertreter oder einer sonstigen Person i.S.d. §§ 34, 35 abgegeben, so ist der Verspätungszuschlag gleichwohl grundsätzlich gegen den Steuerschuldner festzusetzen (vgl. BFH-Urteil vom 18. 4. 1991 – IV R 127/89 – BStBl II, S. 675). Eine Festsetzung gegen den Vertreter kommt nur in Ausnahmefällen (z.B. leichtere Beitreibbarkeit des Verspätungszuschlags gegen den Vertreter) in Betracht.

2. Das Versäumnis ist regelmäßig dann nicht entschuldbar, wenn die Steuererklärung wiederholt nicht oder wiederholt nicht fristgemäß abgegeben wurde oder eine von der Finanzbehörde antragsgemäß bewilligte Fristverlängerung (§ 109) nicht eingehalten wurde.

3. Der Verspätungszuschlag ist eine Nebenleistung (§ 3 Abs. 4). Er entsteht mit der Bekanntgabe seiner Festsetzung (§ 124 Abs. 1) und wird mit Ablauf der vom Finanzamt gesetzten Frist fällig (§ 220 Abs. 2). I.d.R. ist dies die Zahlungsfrist für die Steuer (Ausnahme vgl. Nr. 6). Wegen der Verjährung des Verspätungszuschlages wird auf § 228 hingewiesen, wegen der Rücknahme und des Widerrufs auf §§ 130, 131, wegen der Haftung für Verspätungszuschläge auf §§ 69 ff.

4. Ein Verspätungszuschlag kann auch bei verspäteter Abgabe oder bei Nichtabgabe von Erklärungen zur gesonderten Feststellung (§ 180) festgesetzt werden. In diesem Fall sind bei der Bemessung des Verspätungszuschlages die steuerlichen Auswirkungen nach den Grundsätzen zu schätzen, die die Rechtsprechung zur Bemessung des Streitwerts entwickelt hat. Der Verspätungszuschlag ist abweichend von Nr. 1 Satz 3 gegen denjenigen festzusetzen, der nach § 181 Abs. 2 AO, § 3 Abs. 1 der V zu § 180 Abs. 2 AO die Erklärung zur gesonderten Feststellung abzugeben hat. Bei mehreren Feststellungsbeteiligten ist es grundsätzlich ermessensfehlerfrei, ihn gegen den Erklärungspflichtigen festzusetzen, der gegenüber dem Finanzamt bei der Erledigung der steuerlichen Angelegenheiten für die Gemeinschaft bzw. die Beteiligten auftritt (vgl. BFH-Urteil vom 21. 5. 1987 – IV R 134/83 – BStBl II, S. 764).

5. Bei verspäteter Abgabe einer Steueranmeldung (§ 168) ist der Verspätungszuschlag durch besonderen Verwaltungsakt festzusetzen. Einer besonderen Begründung bedarf es hierbei i.d.R. nicht (§ 121 Abs. 2 Nr. 2). Unabhängig von der Fälligkeit der Steuer ist in diesen Fällen jedoch eine Zahlungsfrist für den Verspätungszuschlag einzuräumen (§ 220 Abs. 2).

6. Nach § 152 Abs. 2 Satz 1 darf der Verspätungszuschlag höchstens 25 000 € betragen (zur Anwendung siehe Art. 97 § 8 Abs. 2 und 3 EGAO). Ein Verspätungszuschlag i.H.v. mehr als 5 000 € ist nur festzusetzen, wenn mit einem Verspätungszuschlag in Höhe bis zu 5 000 € ein durch die verspätete Abgabe der Steuererklärung (Steueranmeldung) entstandener Zinsvorteil nicht ausreichend abgeschöpft werden kann.

7. Bei der Ermessensentscheidung sind sämtliche in § 152 Abs. 2 Satz 2 ausdrücklich und abschließend aufgezählten Kriterien zu beachten; das Für und Wider der Kriterien ist gegeneinander abzuwägen (BFH-Urteil vom 26. 4. 1989 – I R 10/85 – BStBl II, S. 693). Wenngleich die Beurteilungsmerkmale grundsätzlich gleichwertig sind, sind sie nicht notwendigerweise in jedem Fall in gleicher Weise zu gewichten. Im Ergebnis kann je nach den Umständen des Einzelfalls ein Merkmal stärker als ein anderes hervortreten (BFH-Urteil vom 11. 6. 1997 – X R 14/95 – BStBl II, S. 642) oder auch ganz ohne Auswirkung auf die Bemessung bleiben.

   Danach gilt für die Anwendung des § 152 Abs. 2 Satz 2 grundsätzlich Folgendes (BFH-Urteil vom 14. 6. 2000 – X R 56/98 – BStBl II 2001, S. 60 m.w.N.):
   – Es ist nicht ermessensfehlerhaft, wenn die Höhe des Verspätungszuschlags den durch die verspätete Abgabe der Erklärung gezogenen Vorteil erheblich übersteigt.

- Da die Bemessung des Zuschlags nicht durch das Maß des gezogenen Vorteils begrenzt wird, kommt es u.U. nicht entscheidend darauf an, ob und in welcher Höhe letztlich ein Zinsvorteil erzielt wurde.
- Ein Verspätungszuschlag kann auch festgesetzt werden, obwohl es aufgrund von Anrechnungsbeträgen zu einer Erstattung gekommen ist oder wenn ein oder zwei der in § 152 Abs. 2 Satz 2 genannten und in jedem Fall zu prüfenden Voraussetzungen nicht erfüllt sind.
- Es ist in schweren Fällen (z.B. bei erheblicher Fristüberschreitung, schwerwiegendem Verschulden und hoher Steuerfestsetzung) nicht ermessensfehlerhaft, den Verspätungszuschlag so zu bemessen, dass er als angemessene Sanktion wirkt.
- Bei der Beurteilung der Frage, welche Vorteile der Steuerpflichtige aus der verspäteten oder unterlassenen Abgabe der Steuererklärung gezogen hat, ist zu berücksichtigen, dass Zinsvorteile bereits durch Zinsen nach § 233a teilweise ausgeglichen sein können.

Hinweise

H 2

Festsetzung von Verspätungszuschlägen wegen verspäteter Abgabe bzw. Nichtabgabe von Umsatzsteuervoranmeldungen; Überprüfung der Verspätungszuschläge nach Erlaß des Jahresbescheids

(BMF-Schreiben vom 25. 4. 1996 – IV A 4 – S 0323–6/96, BStBl 1996 I S. 582)

Mit Urteil vom 16. Mai 1995 – XI R 73/94 – (BStBl 1996 II S. 259) hat der BFH entschieden, daß bei der Umsatzsteuer das Voranmeldungsverfahren und das Verfahren zur Berechnung/Festsetzung der Jahresumsatzsteuer grundsätzlich auch hinsichtlich der Verspätungszuschläge als eigenständige Verfahren anzusehen sind (erster Leitsatz). Gleichwohl soll nach Ergehen des Jahressteuerbescheides dessen Inhalt auch für die Bemessung der im Voranmeldungsverfahren festgesetzten Verspätungszuschläge von Bedeutung sein, wenn im Zeitpunkt der Jahressteuerfestsetzung Rechtsbehelfsverfahren gegen die Verspätungszuschlagfestsetzungen anhängig sind (zweiter Leitsatz).

Nach dem Ergebnis der Erörterungen mit den obersten Finanzbehörden der Länder ist die Aussage des zweiten Leitsatzes dieses BFH-Urteils über den entschiedenen Fall hinaus nicht anzuwenden.

Rechtsprechung

Rsp 3 BFH vom 29. 3. 1979 – V R 69/77 (BStBl 1979 II S. 641)

War in einem Steuerbescheid ein Verspätungszuschlag festgesetzt und wird die Steuerschuld in der Einspruchsentscheidung oder einem Änderungsbescheid herabgesetzt, so hat das FA zu prüfen, in welchem Umfang die für die Festsetzung des Verspätungszuschlags maßgebenden Gesichtspunkte noch gegeben sind. Denn durch die Herabsetzung der Steuerschuld haben sich die für die Ausübung des Ermessens maßgebenden Gesichtspunkte geändert.

4 BFH vom 28. 8. 1987 – III R 230/83 (BStBl 1987 II S. 837)

Der gegenüber zusammenveranlagten Ehegatten wegen verspäteter Abgabe der Einkommensteuererklärung festgesetzte Verspätungszuschlag wird von den Ehegatten als Gesamtschuldnern geschuldet.

5 BFH vom 12. 12. 1990 – I R 92/88 (BStBl 1991 II S. 384)

1. Ein Verspätungszuschlag darf auch gegen eine Kapitalgesellschaft festgesetzt werden.

2. Ob die Festsetzung gegen die Kapitalgesellschaft oder gegen ihren für die fristgemäße Abgabe der Steuererklärung verantwortlichen gesetzlichen Vertreter festgesetzt wird, muß die Finanzbehörde nach pflichtgemäßem Ermessen entscheiden. Eine Festsetzung gegen den gesetzlichen Vertreter statt gegen die Kapitalgesellschaft kommt nur in Ausnahmefällen in Betracht.

3. Aus der verspäteten Abgabe der Steuererklärung gezogene Vorteile i.S. des § 152 Abs. 2 Satz 2 AO sind die wirtschaftlichen Vorteile, die der Steuerpflichtige dadurch erlangte, daß er eine bestimmte Steuererklärung nicht fristgemäß abgab und deshalb Steuern später als bei Einhaltung der Abgabefrist festgesetzt wurden.

BFH vom 20. 3. 1994 – VI R 105/92 (BStBl 1994 II S. 836) 6

Der einem geänderten Einkommensteuerbescheid beigefügte Hinweis des FA, daß der bisher festgesetzte Verspätungszuschlag unverändert bestehen bleibe, ist ein Verwaltungsakt (Anschluß an BFH-Urteil vom 20.September 1990 V R 85/85, BFHE 161 S. 492, BStBl 1991 II S. 2). Der Steuerpflichtige kann diesen Bescheid mit der Beschwerde anfechten oder gemäß § 68 FGO zum Gegenstand eines anhängigen Klageverfahrens machen.

BFH vom 26. 4. 1995 – I R 28/94 (BStBl 1995 II S. 680) 7

1. Der bei der Festsetzung eines Verspätungszuschlags zu berücksichtigende gezogene Zinsvorteil kann summarisch ermittelt werden. Dabei ist jedoch der jeweilige Kapitalmarktzins zu berücksichtigen. Die Finanzverwaltung darf nicht stets von einem festen Zinssatz von 12 v.H. p.a. ausgehen.
2. Die Finanzverwaltung kann sich an dem Durchschnitt zwischen den Haben- und den Schuldzinsen orientieren. Sie kann den Zinsvorteil auch nach den Verhältnissen des Einzelfalles konkret ermitteln.
3. Der von dem Steuerpflichtigen aus der verspäteten Abgabe einer Steuererklärung gezogene Vorteil kann dadurch gemindert werden, daß er seinerseits bei der Körperschaftsteuer, Einkommensteuer oder Gewerbeertragsteuer erfaßt wird. Dieser Umstand ist ggf. zu berücksichtigen.

BFH vom 26. 6. 2002 – IV R 63/00 (BStBl 2002 II S. 679) 8

1. Die Doppelfunktion des Verspätungszuschlags als Sanktion einer Pflichtverletzung und als in die Zukunft gerichtete Prävention kann bei der Bemessung dieses Druckmittels in unterschiedlichem Maße von Bedeutung sein. Jedenfalls wird die verspätete Abgabe der Steuererklärung nicht dadurch entschuldbar, dass das FA seinerseits die Steuerfestsetzung dann nicht zeitnah (nach Eingang der Erklärung) durchführt.
2. Ein Verspätungszuschlag kann auch in Erstattungsfällen festgesetzt werden. Beruht die Erstattung jedoch auf einer Steuerfestsetzung von Null (DM/Euro), so ist dieses Druckmittel von Gesetzes wegen ausgeschlossen.

BFH vom 4. 7. 2002 – V R 31/01 (BStBl 2003 II S. 45) 9

Die Verwaltungspraxis, nach der von der Festsetzung eines Verspätungszuschlages bei einer bis zu fünf Tage verspäteten Umsatzsteuer-Voranmeldung abzusehen ist, wenn der Steuerpflichtige die angemeldete Steuer gleichzeitig mit der Abgabe der Steueranmeldung entrichtet (sog. Abgabe-Schonfrist), ist gerichtlich nicht zu beanstanden.

BFH vom 23. 9. 2009 – XI R 56/07 (HFR 2010 S. 221) 10

1. Die Festsetzung von Verspätungszuschlägen ist nicht deswegen zwingend zurückzunehmen, weil Gesamtrechtsnachfolge eingetreten ist.
2. Die Ablehnung der Rücknahme eines (rechtswidrigen) unanfechtbaren Verwaltungsaktes ist grundsätzlich nicht ermessensfehlerhaft.
3. Die vorgesehene Möglichkeit, rechtswidrige Verwaltungsakte zurückzunehmen, dient grundsätzlich ebensowenig wie der Erlass dazu, die Folgen eines nicht eingelegten oder nicht weiterverfolgten Rechtsbehelfs auszugleichen.
4. Bei der Entscheidung über die Höhe des Verspätungszuschlags muss das FA sämtliche in § 152 Abs. 2 Satz 2 AO erwähnten Beurteilungsmerkmale beachten.
5. Ist das FA trotz zweimaliger rechtskräftiger Verpflichtung zur Neubescheidung und vergeblicher Vergleichsbemühungen des Gerichts nicht bereit, die Verspätungszuschläge herabzusetzen, enthält die FGO keine Grundlage dafür, eine „Ermessensreduzierung ähnlich der Ermessensreduzierung auf Null" anzunehmen.

BFH vom 13. 4. 2010 – IX R 43/09 (BStBl 2010 II S. 815) 11

§ 152 Abs. 3 AO erlaubt der Finanzbehörde nur in begründeten Ausnahmefällen, von einer Festsetzung des Verspätungszuschlags mit der Steuer abzusehen.

BFH vom 14. 4. 2011 – V B 100/10 (BFH/NV 2011 S. 1288) 12

Damit bei der Festsetzung eines Verspätungszuschlags der Höhe des sich aus der Steuerfestsetzung ergebenden Zahlungsanspruchs „genügende Beachtung" geschenkt wird (BFH-Urteil vom 15. 3. 2007 – VI R 29/05, BFH/NV 2007 S. 1076), muss der Verspätungszuschlag nicht zwingend in ein prozentuales Verhältnis zur Abschlusszahlung gesetzt werden. Besondere Umstände des Ein-

13 BFH vom 25. 5. 2011 – VIII B 180/10 (BFH/NV 2011 S. 1478)

§ 152 AO ist nicht deshalb verfassungswidrig, weil sich die Höhe des Verspätungszuschlags nach der insgesamt zu entrichtenden Steuer und nicht nach der Steuer bemisst, die auf die Einkünfte entfällt, welche die Erklärungspflicht ausgelöst haben.

zelfalls können es vielmehr rechtfertigen, auch einen die Abschlusszahlung übersteigenden Verspätungszuschlag festzusetzen.

---

§ 153 Berichtigung von Erklärungen

(1) ¹Erkennt ein Steuerpflichtiger nachträglich vor Ablauf der Festsetzungsfrist,
1. dass eine von ihm oder für ihn abgegebene Erklärung unrichtig oder unvollständig ist und dass es dadurch zu einer Verkürzung von Steuern kommen kann oder bereits gekommen ist oder
2. dass eine durch Verwendung von Steuerzeichen oder Steuerstemplern zu entrichtende Steuer nicht in der richtigen Höhe entrichtet worden ist,

so ist er verpflichtet, dies unverzüglich anzuzeigen und die erforderliche Richtigstellung vorzunehmen. ²Die Verpflichtung trifft auch den Gesamtrechtsnachfolger eines Steuerpflichtigen und die nach den §§ 34 und 35 für den Gesamtrechtsnachfolger oder den Steuerpflichtigen handelnden Personen.

(2) Die Anzeigepflicht besteht ferner, wenn die Voraussetzungen für eine Steuerbefreiung, Steuerermäßigung oder sonstige Steuervergünstigung nachträglich ganz oder teilweise wegfallen.

(3) Wer Waren, für die eine Steuervergünstigung unter einer Bedingung gewährt worden ist, in einer Weise verwenden will, die der Bedingung nicht entspricht, hat dies vorher der Finanzbehörde anzuzeigen.

Hinweise

1 Berichtigungspflicht gemäß § 153 AO hinsichtlich der Anpassung von Einkommensteuer-Vorauszahlungen

(Finanzministerium Nordrhein-Westfalen, Erlass vom 1. 12. 1994 – S 0324 –)

Die Berichtigungspflicht nach § 153 Abs. 1 Nr. 1 AO steht in unmittelbarem inneren Zusammenhang mit der vorausgegangenen Abgabe einer objektiv unrichtigen Erklärung. Erklärungen in diesem Sinne sind insbesondere
- Steuererklärungen (§§ 149, 150 AO),
- Anträge auf niedrigere Steuerfestsetzung,
- Angaben, die im Rahmen der Mitwirkungspflicht nach § 90 AO zu einer niedrigeren Steuerfestsetzung geführt haben.

Für die Festsetzung (Anpassung) von Einkommensteuer-Vorauszahlungen gilt hinsichtlich der Berichtigungspflicht des § 153 Abs. 1 Nr. 1 AO folgendes:
- Eine Verpflichtung des Steuerpflichtigen, von sich aus unaufgefordert auf eine Erhöhung von Einkommensteuer-Vorauszahlungen hinzuwirken, besteht nicht. Es fehlt an einer vorausgegangenen Erklärung.
- Eine Berichtigungspflicht besteht nicht, wenn das Finanzamt im Zuge der Gewährung rechtlichen Gehörs auf die beabsichtigte Anpassung der Vorauszahlungen hinweist, dabei von zu niedrigen Besteuerungsgrundlagen ausgeht und der/die Steuerpflichtige die nachfolgende Steuerfestsetzung stillschweigend hinnimmt.

Das gilt auch dann, wenn das Finanzamt in diesem Zusammenhang auf die Mitwirkungspflicht nach § 90 Abs. 1 AO hinweist. Ein solcher allgemeiner Hinweis stellt keine Regelung dar und löst keine Erklärungspflicht aus, die ihrerseits eine Korrekturpflicht aus § 153 Abs. 1 Nr. 1 AO zur Folge hätte.
- Fordert das Finanzamt dazu auf, konkrete Angaben über die Einkommensentwicklung und -erwartung für das laufende Kalenderjahr (Veranlagungszeitraum) zu machen, so besteht nach § 90 Abs. 1 Satz 2 AO die Verpflichtung, alle für die Steuerfestsetzung erheblichen Tatsachen

vollständig und wahrheitsgemäß offenzulegen und die bekannten Beweismittel anzugeben. Wird dem unter Angabe der voraussichtlich erwarteten Einkünfte Folge geleistet, liegt eine Erklärung i.S. des § 153 Abs. 1 Nr. 1 AO vor. Beruht diese Erklärung auf objektiv unrichtigen oder unvollständigen Angaben, besteht eine Berichtigungspflicht, wenn der Steuerpflichtige die Unrichtigkeit nachträglich erkennt.

- Wird der Aufforderung des Finanzamts zur Abgabe vollständiger und wahrheitsgemäßer Angaben keine Folge geleistet und eine als zu niedrig erweisende Schätzung hingenommen, besteht eine Berichtigungspflicht, weil die nach § 90 Abs. 1 AO gebotene Mitwirkung unterlassen worden ist.
- Erkennt ein Steuerpflichtiger nachträglich, daß die Angaben im Antrag auf Herabsetzung der Vorauszahlungen oder erstmalige Festsetzung von Vorauszahlungen unrichtig oder unvollständig waren und deshalb zu einer zu niedrigen Steuerfestsetzung geführt haben, so besteht eine Berichtigungspflicht.
- Eine Berichtigungspflicht nach § 153 Abs. 1 Nr. 1 AO ist nicht zu bejahen, wenn einem mit zutreffenden Angaben versehenen Antrag auf Herabsetzung der Vorauszahlungen entsprochen worden ist und erst danach Umstände (nachträgliche höhere Umsatz- und Ertragsentwicklung) eintreten, die zu einer höheren Steuer führen. In diesem Fall war die Erklärung im Zeitpunkt der Abgabe richtig. Eine Berichtigung nach § 153 Abs. 2 AO scheidet aus, da die Herabsetzung einer Vorauszahlung keine Steuervergünstigung ist.

Unter welchen Umständen ein Verhalten steuerstrafrechtlich relevant ist und die Zinspflicht aus § 235 AO auslöst, hängt von der Beurteilung des subjektiven Tatbestandes im Einzelfall ab.

Rechtsprechung

BFH vom 22. 1. 1997 – II B 40/96 (BStBl 1997 II S. 266)   2

Erkennt ein Steuerpflichtiger nachträglich, daß eine von ihm oder für ihn abgegebene Steuererklärung unrichtig oder unvollständig ist und es dadurch zu einer Verkürzung von Steuern kommen kann oder bereits gekommen ist, und zeigt er dies dem FA nach § 153 Abs. 1 AO an, liegt hierin keine Anzeige i.S. des § 170 Abs. 2 Nr. 1 AO, die eine Anlaufhemmung der Festsetzungsfrist bewirken könnte.

BFH vom 28. 2. 2008 – VI R 62/06 (BStBl 2008 II S. 595)   3

Reicht ein Steuerpflichtiger vor Ablauf der Festsetzungsfrist eine Berichtigungsanzeige i.S. des § 153 Abs. 1 AO bei einem unzuständigen FA ein, so ist die Anzeige zwar erstattet; zur Berechnung der Ablaufhemmung nach § 171 Abs. 9 AO ist jedoch grundsätzlich auf den Eingang beim zuständigen FA abzustellen.

BGH vom 11. 7. 2008 – 5 StR 156/08 (NStZ 2009, 273)   4

Nach § 35 AO treffen auch einen Verfügungsberechtigten die Pflichten des gesetzlichen Vertreters des Steuerschuldners. Nach § 153 Abs. 1 Satz 1 Nr. 1 AO hat der Steuerschuldner nicht nur eine von ihm, sondern auch eine für ihn abgegebene Erklärung zu berichtigen, wenn er nachträglich erkennt, dass diese Erklärung unrichtig oder unvollständig ist, und dass es dadurch zu einer Verkürzung von Steuern kommen kann oder bereits gekommen ist. Für den Steuerpflichtigen abgegeben i.S.d. § 153 Abs. 1 Satz 1 Nr. 1 AO sind auch die Angaben über den Steuerpflichtigen betreffende steuerlich erhebliche Tatsachen im Rahmen einer Anzeige eines Notars, die dieser auf Grund ihn selbst treffender Pflichten, z.B. aus § 18 GrEStG, dem Finanzamt mitteilt. Unterlässt der Steuerschuldner eine Berichtigung von Angaben in der Anzeige des Notars gegenüber der Finanzbehörde, obwohl er die Unrichtigkeit der Angaben nachträglich erkannt hat, so kann dies eine Strafbarkeit nach § 370 Abs. 1 Nr. 2 AO begründen

BGH vom 17. 3. 2009 – 1 StR 479/08 (NJW 2009 S. 1984)   5

1. Eine steuerrechtliche Anzeige- und Berichtigungspflicht nach § 153 Abs. 1 Satz 1 Nr. 1 AO besteht auch dann, wenn der Steuerpflichtige die Unrichtigkeit seiner Angaben bei Abgabe der Steuererklärung nicht gekannt, aber billigend in Kauf genommen hat und er später zu der sicheren Erkenntnis gelangt ist, dass die Angaben unrichtig sind.

2. Die sich aus § 153 AO ergebende steuerrechtliche Pflicht zur Berichtigung von mit bedingtem Hinterziehungsvorsatz abgegebenen Erklärungen wird strafrechtlich erst mit der Bekanntgabe der Einleitung eines Steuerstrafverfahrens suspendiert, das die unrichtigen Angaben erfasst (im Anschluss an BGH, 26. April 2001, 5 StR 587/00, BGHSt 47, 8, 14).

3. Unterabschnitt
Kontenwahrheit (§ 154)

§ 154 Kontenwahrheit

(1) Niemand darf auf einen falschen oder erdichteten Namen für sich oder einen Dritten ein Konto errichten oder Buchungen vornehmen lassen, Wertsachen (Geld, Wertpapiere, Kostbarkeiten) in Verwahrung geben oder verpfänden oder sich ein Schließfach geben lassen.

(2) ¹Wer ein Konto führt, Wertsachen verwahrt oder als Pfand nimmt oder ein Schließfach überlässt, hat sich zuvor Gewissheit über die Person und Anschrift des Verfügungsberechtigten zu verschaffen und die entsprechenden Angaben in geeigneter Form, bei Konten auf dem Konto, festzuhalten. ²Er hat sicherzustellen, dass er jederzeit Auskunft darüber geben kann, über welche Konten oder Schließfächer eine Person verfügungsberechtigt ist.

(3) Ist gegen Absatz 1 verstoßen worden, so dürfen Guthaben, Wertsachen und der Inhalt eines Schließfachs nur mit Zustimmung des für die Einkommen- und Körperschaftsteuer des Verfügungsberechtigten zuständigen Finanzamts herausgegeben werden.

Anwendungserlass zur Abgabenordnung

1 Zu § 154 – Kontenwahrheit:

1. Das Verbot, falsche oder erdichtete Namen zu verwenden, richtet sich an denjenigen, der als Kunde bei einem anderen ein Konto errichten lassen will oder Buchungen vornehmen lässt. Wegen des Verbots, im eigenen Geschäftsbetrieb falsche oder erdichtete Namen für Konten zu gebrauchen, Hinweis auf § 146 Abs. 1.

2. Es ist zulässig, Konten auf den Namen Dritter zu errichten, hierbei ist die Existenz des Dritten nachzuweisen. Der ausdrücklichen Zustimmung des Dritten bedarf es nicht.

3. Jeder, der für einen anderen Konten führt, Wertsachen verwahrt oder von ihm als Pfand nimmt oder ihm ein Schließfach überlässt, hat sich Gewissheit über die Person des Verfügungsberechtigten zu verschaffen. Die Vorschrift ist nicht auf Kreditinstitute beschränkt, sondern gilt auch im gewöhnlichen Geschäftsverkehr und für Privatpersonen. Verboten ist die Abwicklung von Geschäftsvorfällen über sog. CpD-Konten, wenn der Name des Beteiligten bekannt ist oder unschwer ermittelt werden kann und für ihn bereits ein entsprechendes Konto geführt wird.

4. Das Kreditinstitut hat sich vor Erledigung von Aufträgen, die über ein Konto abgewickelt werden sollen, bzw. vor Überlassung eines Schließfachs Gewissheit über die Person und Anschrift des (der) Verfügungsberechtigten zu verschaffen. Gewissheit über die Person besteht im Allgemeinen nur, wenn der vollständige Name, das Geburtsdatum und der Wohnsitz bekannt sind. Eine vorübergehende Anschrift (Hoteladresse) reicht nicht aus. Bei einer juristischen Person (Körperschaft des öffentlichen Rechts, AG, GmbH usw.) reicht die Bezugnahme auf eine amtliche Veröffentlichung oder ein amtliches Register unter Angabe der Register-Nr. aus. Wird ein Konto auf den Namen eines verfügungsberechtigten Dritten errichtet, müssen die Angaben über Person und Anschrift sowohl des Kontoinhabers als auch desjenigen, der das Konto errichtet, festgehalten werden. Steht der Verfügungsberechtigte noch nicht fest (z.B. der unbekannte Erbe), reicht es aus, wenn das Kreditinstitut sich zunächst Gewissheit über die Person und Anschrift des das Konto Errichtenden (z.B. des Nachlasspflegers) verschafft; die Legitimation des Kontoinhabers ist sobald wie möglich nachzuholen.

2 5. Diese Angaben sind auf dem Kontostammblatt zu machen. Es ist unzulässig, Name und Anschrift des Verfügungsberechtigten lediglich in einer vertraulichen Liste zu führen und das eigentliche Konto nur mit einer Nummer zu kennzeichnen. Die Führung sog. Nummernkonten bleibt verboten. Bei Auflösung des ersten Kontos müssen die Identifikationsmerkmale auf das zweite bzw. weitere Konto bzw. auf die betreffenden Kontounterlagen übertragen werden.

6. Das Kreditinstitut ist nach § 154 Abs. 2 Satz 2 verpflichtet, ein besonderes alphabetisch geführtes Namensverzeichnis der Verfügungsberechtigten zu führen, um jederzeit über die Konten und Schließfächer eines Verfügungsberechtigten Auskunft geben zu können. Eines derartigen Verzeichnisses bedarf es nicht, wenn die Erfüllung der Verpflichtung auf andere Weise sichergestellt werden kann. Die Verpflichtung besteht noch sechs Jahre nach Beendigung der Geschäftsbeziehung, bei Bevollmächtigten sechs Jahre nach Erlöschen der Vollmacht.

7. Verfügungsberechtigte i.S.d. vorstehenden Nummern sind sowohl der Gläubiger der Forderung und seine gesetzlichen Vertreter als auch jede Person, die zur Verfügung über das Konto bevollmächtigt ist (Kontovollmacht). Dies gilt entsprechend für die Verwahrung von Wert-

sachen sowie für die Überlassung von Schließfächern. Personen, die aufgrund Gesetzes oder Rechtsgeschäfts zur Verfügung berechtigt sind, ohne dass diese Berechtigung dem Kreditinstitut usw. mitgeteilt worden ist, gelten insoweit nicht als Verfügungsberechtigte.

Nach dem Grundsatz der Verhältnismäßigkeit ist nicht zu beanstanden, wenn in folgenden Fällen auf die Legitimationsprüfung (Nummern 3 bis 5) und die Herstellung der Auskunftsbereitschaft (Nummer 6) verzichtet wird:

a) bei Eltern als gesetzliche Vertreter ihrer minderjährigen Kinder, wenn die Voraussetzungen für die gesetzliche Vertretung bei Kontoeröffnung durch amtliche Urkunden nachgewiesen werden,

b) bei Vormundschaften und Pflegschaften einschließlich Amtsvormundschaften und Amtspflegschaften sowie bei rechtlicher Betreuung (§§ 1896 ff. BGB),

c) bei Parteien kraft Amtes (Konkursverwalter, Insolvenzverwalter, Zwangsverwalter, Nachlassverwalter, Testamentsvollstrecker und ähnliche Personen),

d) bei Pfandnehmern (insbesondere in Bezug auf Mietkautionskonten, bei denen die Einlage auf einem Konto des Mieters erfolgt und an den Vermieter verpfändet wird),

e) bei Vollmachten auf den Todesfall (auch nach diesem Ereignis),

f) bei Vollmachten zur einmaligen Verfügung über ein Konto,

g) bei Verfügungsbefugnissen im Lastschriftverfahren (Abbuchungsauftragsverfahren und Einzugsermächtigungsverfahren),

h) bei Vertretung juristischer Personen des öffentlichen Rechts (einschließlich Eigenbetriebe),

i) bei Vertretung von Kreditinstituten und Versicherungsunternehmen,

j) bei den als Vertretern eingetragenen Personen, die in öffentlichen Registern (Handelsregister, Vereinsregister) eingetragene Firmen oder Personen vertreten,

k) bei Vertretung von Unternehmen, sofern schon mindestens fünf Personen, die in öffentliche Register eingetragen sind bzw. bei denen eine Legitimationsprüfung stattgefunden hat, Verfügungsbefugnis haben,

l) bei vor dem 1. 1. 1992 begründeten, noch bestehenden oder bereits erloschenen Befugnissen.

Unberührt bleibt die Befugnis der Finanzämter, im Besteuerungsverfahren Auskünfte von Auskunftspersonen (§§ 93, 94) einzuholen und die Vorlage von Unterlagen (§ 97) zu verlangen, sowie in einem Strafverfahren wegen einer Steuerstraftat oder in einem Bußgeldverfahren wegen einer Steuerordnungswidrigkeit die Befugnis zur Vernehmung von Zeugen oder zur Beschlagnahme von Unterlagen (§§ 208, 385, 399 Abs. 2, § 410).

8. Bei einem Verstoß gegen § 154 Abs. 3 haftet der Zuwiderhandelnde nach Maßgabe des § 72. Waren über ein Konto usw. mehrere Personen verfügungsberechtigt (mit Ausnahme der in Nummer 7 Satz 4 genannten Fälle), bedarf es u.U. der Zustimmung aller beteiligten Finanzämter zur Herausgabe.

9. Wegen der Ahndung einer Verletzung des § 154 Abs. 1 als Ordnungswidrigkeit Hinweis auf § 379 Abs. 2 Nr. 2.

10. Die Verletzung der Verpflichtungen nach § 154 Abs. 2 führt allein noch nicht unmittelbar zu einer Haftung oder Ahndung wegen Ordnungswidrigkeit. Es kann sich jedoch um eine Steuergefährdung i.S.d. § 379 Abs. 1 Nr. 3 handeln, soweit nicht sogar der Tatbestand des § 370 erfüllt ist. Wird festgestellt, dass die nach § 154 Abs. 2 bestehenden Verpflichtungen nicht erfüllt sind, soll die für Straf- und Bußgeldsachen zuständige Stelle unterrichtet werden. Die Möglichkeit der Erzwingung der Verpflichtungen (§§ 328 ff.) bleibt unberührt.

Hinweise

Legitimationsprüfung durch Kreditinstitute bei Wechsel eines Steuerinländers zum Steuerausländer; Nachforderung von Kapitalertragsteuer

(Bayer. Landesamt für Steuern, Erlass vom 4. 11. 2011 – S 0325.1.1-2/1 St42 –)

1. Überprüfung des Wegzugs eines Steuerinländers in das Ausland durch den Kontoführenden

Verzieht ein Steuerinländer, für den eine Legitimationsprüfung nach § 154 Abs. 2 AO bei Kontoeröffnung durchgeführt worden ist, ins Ausland und teilt dies dem Kontoführenden lediglich formlos mit, ist dieser verpflichtet, die Ausländereigenschaft eines Kunden anhand der Merkmale festzustellen, die vom Kreditinstitut im Zusammenhang mit der Legitimationsprüfung nach § 154 Abs.

2 AO bzw. der Identifizierung nach § 2 Geldwäschegesetz (GwG) bei der Kontoeröffnung erhoben werden.

Ist im Einzelfall unklar, ob der Kunde Steuerausländer ist, kann das Institut auf die von einer ausländischen Finanzbehörde ausgestellte Wohnsitzbescheinigung vertrauen und für den Steuerabzug davon ausgehen, dass im Inland nur eine beschränkte Steuerpflicht besteht.

Hat ein Umzug des Steuerpflichtigen ins Ausland trotz entsprechender Mitteilung des Steuerpflichtigen an den Kontoführenden nicht stattgefunden, liegt ein Verstoß des Steuerpflichtigen gegen § 154 Abs. 1 AO vor.

Soweit der Kontoführende der Verpflichtung aus § 154 Abs. 2 AO nicht in ausreichendem Maße nachkommt, kann bei einem leichtfertigen/vorsätzlichen Verstoß eine Steuergefährdung gem. § 379 Abs. 1 Satz 1 Nr. 2 AO vorliegen, ggf. sogar eine Beihilfe zur etwaigen Steuerhinterziehung des Kontoinhabers/Verfügungsberechtigten. Wird festgestellt, dass die nach § 154 Abs. 2 AO bestehenden Verpflichtungen nicht erfüllt sind, soll die für Straf- und Bußgeldsachen zuständige Stelle unterrichtet werden (AEAO zu § 154, Nr. 10).

2. Haftung für Kapitalertragsteuer bzw. Erteilung von Nachforderungsbescheiden an den Steuerschuldner

Die Haftung für Kapitalertragsteuer (Abgeltungssteuer) regelt § 44 Abs. 5 EStG. Nach § 44 Abs. 5 Satz 1 EStG haften der Schuldner der Kapitalerträge, die den Vertragsauftrag ausführende Stelle oder die die Kapitalerträge auszahlende Stelle für die Kapitalertragsteuer, die sie einzubehalten und abzuführen haben. Der Schuldner der Kapitalerträge oder die die Kapitalerträge auszahlende Stelle haften also für die richtige Einbehaltung und die Abführung der Kapitalertragsteuer.

Soweit das Finanzamt darlegen kann, dass Kapitalertragsteuer zu Unrecht nicht einbehalten worden ist, obliegt es dem Schuldner der Kapitalerträge, der den Verkaufsauftrag ausführenden Stelle oder der die Kapitalerträge auszahlenden Stelle nachzuweisen, dass dieser Pflichtenverstoß nicht vorsätzlich oder grob fahrlässig erfolgt ist.

Die Übernahme einer (ausländischen) Adresse ohne eingehende Prüfung und folglich die Auszahlung von Kapitalerträgen ohne Einbehalt von Kapitalertragsteuer kann eine grobe Fahrlässigkeit darstellen. Grobe Fahrlässigkeit liegt vor, wenn der Schuldner oder die die Kapitalerträge auszahlende Stelle die Sorgfalt, zu der sie nach ihren persönlichen Kenntnissen und Fähigkeiten verpflichtet und imstande sind, in ungewöhnlichem Maße und in nicht entschuldbarer Weise verletzen. Der Schuldner muss das unbeachtet lassen, was im vorliegenden Fall jedem hätte einleuchten müssen. Durch eine unzureichende Prüfung kann somit grobe Fahrlässigkeit gegeben sein.

Soweit der Nichteinbehalt der Abgeltungssteuer in klaren Fällen auf falschen Angaben des Gläubigers der Kapitalerträge beruht, ist dieser gem. § 44 Abs. 5 Satz 2 EStG vorrangig in Anspruch zu nehmen. Dem bekannten inländischen Wohnsitzfinanzamt (ggf. LUNA-Abfrage) ist eine entsprechende Kontrollmitteilung auf Nachversteuerung oder Kapitalerträge zu übersenden. Gleichzeitig sollte das Wohnsitzfinanzamt aufgefordert werden, den Schuldner der Kapitalertragsteuer (in der Regel das Kreditinstitut) auf den inländischen Wohnsitz hinzuweisen. Diese Offenbarung ist zulässig, da sie der Durchführung des Besteuerungsverfahrens dient (§ 30 Abs. 4 Nr. 1 AO).

Rechtsprechung

5 BFH vom 25. 7. 2000 – VII B 28/99 (BStBl 2000 II S. 643)

Die Inhaberschaft von Tafelpapieren verbunden mit der Einlieferung solcher Papiere in die (legitimationsgeprüfte) Sammeldepotverwahrung eines Kreditinstituts begründet keinen steuerstrafrechtlichen Anfangsverdacht. Daher werden in einem solchen Fall auch die Ermittlungsbefugnisse der Steuerfahndung hinsichtlich der Feststellung der Verhältnisse anderer als der von der Prüfung unmittelbar betroffenen Personen im Bankenbereich durch die Spezialvorschrift des § 30a Abs. 3 AO begrenzt.

6 BFH vom 9. 12. 2008 – VII R 47/07 (BStBl 2009 II S. 509)

1. ...

2. Ein bankinternes Aufwandskonto ist kein legitimationsgeprüftes Konto i.S. des § 154 Abs. 2 AO. Buchungsbelege zu diesem Konto, die ein legitimationsgeprüftes Konto oder Depot betreffen, fallen gleichwohl unter den Schutz des § 30a Abs. 3 Satz 2 AO, weil sie notwendigerweise auch zu diesem Kundenkonto gehören.

DRITTER ABSCHNITT
Festsetzungs- und Feststellungsverfahren (§§ 155–192)

1. Unterabschnitt
Steuerfestsetzung (§§ 155–178a)

I. Allgemeine Vorschriften (§§ 155–168)

§ 155 Steuerfestsetzung

(1) ¹Die Steuern werden, soweit nichts anderes vorgeschrieben ist, von der Finanzbehörde durch Steuerbescheid festgesetzt. ²Steuerbescheid ist der nach § 122 Abs. 1 bekannt gegebene Verwaltungsakt. ³Dies gilt auch für die volle oder teilweise Freistellung von einer Steuer und für die Ablehnung eines Antrags auf Steuerfestsetzung.

(2) Ein Steuerbescheid kann erteilt werden, auch wenn ein Grundlagenbescheid noch nicht erlassen wurde.

(3) ¹Schulden mehrere Steuerpflichtige eine Steuer als Gesamtschuldner, so können gegen sie zusammengefasste Steuerbescheide ergehen. ²Mit zusammengefassten Steuerbescheiden können Verwaltungsakte über steuerliche Nebenleistungen oder sonstige Ansprüche, auf die dieses Gesetz anzuwenden ist, gegen einen oder mehrere der Steuerpflichtigen verbunden werden. ³Das gilt auch dann, wenn festgesetzte Steuern, steuerliche Nebenleistungen oder sonstige Ansprüche nach dem zwischen den Steuerpflichtigen bestehenden Rechtsverhältnis nicht von allen Beteiligten zu tragen sind.

(4) Die für die Steuerfestsetzung geltenden Vorschriften sind auf die Festsetzung einer Steuervergütung sinngemäß anzuwenden.

Anwendungserlass zur Abgabenordnung

Zu § 155 – Steuerfestsetzung:

1. Wegen Einzelheiten zur Bekanntgabe von Steuerbescheiden vgl. zu § 122. Wegen der Wirksamkeit von Steuerbescheiden wird auf § 124 hingewiesen, wegen formeller Fehler auf §§ 126 bis 129, wegen Form und Inhalt auf § 157.
2. Die volle oder teilweise Freistellung von der Steuer sowie die Ablehnung eines Antrags auf Festsetzung der Steuer erfolgt durch Steuerbescheid. Daher ist z.B. die Erstattung von Kapitalertragsteuer aufgrund von Doppelbesteuerungsabkommen eine Steuerfestsetzung i.S.d. Vorschrift. Es gelten alle Verfahrensvorschriften, die bei der Festsetzung von Steuern anzuwenden sind. Für die Festsetzung sind insbesondere die Grundsätze über die Festsetzungsfrist zu beachten (§§ 169 ff., 47). Für die Aufhebung und Änderung dieser Steuerbescheide sind die §§ 172 ff. maßgebend.
3. Ansprüche des Steuerpflichtigen, die auf Rückzahlung eines überzahlten Betrages gerichtet sind (z.B. bei Doppelzahlung), fallen nicht unter den Begriff der Vergütung i.S.d. Vorschrift. Ein solcher Rückzahlungsanspruch ist im Erhebungsverfahren geltend zu machen (Hinweis auf § 218 Abs. 2).
4. Nach den Gesetzen, in denen die Gewährung von Zulagen geregelt wird (z.B. die Investitionszulage, die Eigenheimzulage oder die Arbeitnehmer-Sparzulage), und den Prämiengesetzen sind die für die Steuervergütungen geltenden Vorschriften (§ 155 Abs. 4) auf Zulagen und Prämien entsprechend anzuwenden. Die Gewährung erfolgt somit durch Festsetzung, soweit nichts anderes vorgeschrieben ist (z.B. §§ 4a, 4b WoPG). Die Aufhebung oder Änderung dieser *Bescheide und insbesondere die Rückforderung* zu Unrecht gewährter Beträge regelt sich nach den für das Steuerfestsetzungsverfahren geltenden Vorschriften.

Rechtsprechung

BFH vom 29. 1. 1981 – V R 47/77 (BStBl 1981 II S. 404)

Die abschließende Zeichnung der Steuerfestsetzung durch einen Beamten, der zur Mitwirkung bei der Steuerfestsetzung berufen und grundsätzlich zur Zeichnung ermächtigt ist, aber die verwal-

3 BFH vom 20. 6. 1984 – I R 283/81 (BStBl 1984 II S. 828)

Bestreitet der Steuerschuldner seine beschränkte Steuerpflicht gemäß §§ 49, 50a Abs. 4 EStG, ist darüber – als Grundlage für eine Erstattung der Steuerabzugsbeträge – in einem Freistellungsbescheid zu entscheiden.

4 BFH vom 30. 8. 1988 – VI R 21/85 (BStBl 1989 II S. 193)

Ergeht aufgrund einer Lohnsteuer-Außenprüfung ein Lohnsteuer-Haftungs- und Lohnsteuer-Nachforderungsbescheid, so steht dies dem Erlaß eines weiteren Lohnsteuer-Nachforderungsbescheides wegen eines anderen Sachverhalts des damaligen Prüfungszeitraums jedenfalls dann nicht entgegen, wenn der zweite Bescheid die pauschalierte Besteuerung von Arbeitslöhnen bisher nicht berücksichtigter Arbeitnehmer betrifft.

5 BFH vom 12. 5. 1989 – III R 200/85 (BStBl 1989 II S. 920)

1. Zur verfahrensrechtlichen Bedeutung einer Verfügung des FA, von einer Veranlagung abzusehen (sog. „NV-Verfügung").
2. Eine NV-Verfügung enthält auch dann die Ablehnung eines Antrags auf Steuerfestsetzung gem. § 155 Abs. 1 Satz 3 AO, wenn nach der eingereichten Steuererklärung zwar eine Veranlagung vom Amts wegen durchzuführen wäre, die Steuerfestsetzung jedoch zu einer Erstattung von Abzugsteuern führen würde (Anschluß an BFH vom 4. Juni 1986, BStBl 1987 II S. 3).

6 BFH vom 16. 2. 1990 – VI R 40/86 (BStBl 1990 II S. 565)

Einer sog. NV-Verfügung kann der Erklärungsinhalt beizumessen sein, daß keine Lohnsteuer nachgefordert werde; sie unterliegt dann den für Steuerbescheide geltenden Änderungsvorschriften.

7 BFH vom 16. 10. 1991 – I R 65/90 (BStBl 1992 II S. 322)

Nichtveranlagungsbescheinigungen gemäß §§ 36b Abs. 2 und 44a Abs. 2 EStG sind keine Freistellungsbescheide (§ 155 Abs. 1 Satz 3 AO), sondern begünstigende Verfügungen i.S. des § 130 Abs. 2 AO.

8 BFH vom 11. 10. 2000 – I R 34/99 (BStBl 2001 II S. 291)

1. Die Freistellungsbescheinigung gemäß § 50d Abs. 3 Satz 1 EStG ist Verwaltungsakt, aber nicht Steuerbescheid. Sie kann deshalb auch dann erteilt werden, wenn ein entsprechender Antrag erst nach Ablauf der Festsetzungsfrist für die abzuführende Steuer gestellt worden ist.[1]
2. Über die Erteilung einer Freistellungsbescheinigung ist auch auf Antrag des Vergütungsgläubigers materiell-rechtlich zu entscheiden.

9 BFH vom 30. 10. 2008 – VI R 10/05 (BStBl 2009 II S. 354)

Eine Änderung der Festsetzung der Lohnsteuer-Entrichtungsschuld (§§ 155, 167 Abs. 1 Satz 1 AO i.V.m. § 41a Abs. 1 Satz 1 Nr. 1 EStG) ist unter den Voraussetzungen des § 164 Abs. 2 Satz 1 AO auch nach Übermittlung oder Ausschreibung der Lohnsteuerbescheinigung (§ 41c Abs. 3 EStG) zulässig.

10 BFH vom 3. 12. 2008 – X R 31/05 (BFH/NV 2009 S. 708)

Kommt es wegen Feststellungsverjährung nicht mehr zu einem Grundlagenbescheid, so können Einkünfte selbst dann endgültig zu berücksichtigen sein, wenn sie bisher lediglich nach § 155 Abs. 2 AO angesetzt waren.

11 BFH vom 3. 12. 2008 – X R 3/07 (HFR 2009 S. 645)

Sind die einheitlich und gesondert festzustellenden Besteuerungsgrundlagen nach § 155 Abs. 2 AO vorläufig angesetzt worden und ergeht, obwohl erforderlich, kein Grundlagenbescheid (auch kein negativer Feststellungsbescheid), der Bindungswirkung für den Folgebescheid hätte, verbleibt es (mangels einer Änderungsvorschrift) bei der auf der Grundlage des § 155 Abs. 2 AO durchgeführ-

---

[1] Vgl. aber die Änderung des § 50d EStG durch das StÄndG 2001 (BGBl. 2001 I S. 3794 = BStBl 2002 I, S. 4).

ten Steuerfestsetzung (Anschluss an BFH-Urteile vom 24. 5. 2006 I R 9/05, BFH/NV 2006, 2019 und I R 93/05, BStBl II 2007, 76).

BFH vom 22. 4. 2009 – I R 53/07 (HFR 2009 S. 989)

1. Die Erstattung einbehaltener und abgeführter Kapitalertragsteuer setzt entweder den Erlass eines Freistellungsbescheids oder eine Änderung oder Aufhebung der Steueranmeldung voraus, auf der die Abführung der Steuer beruht. Der Freistellungsanspruch kann, wenn der Kapitalertrag weder der unbeschränkten noch der beschränkten Steuerpflicht unterliegt, auf eine analoge Anwendung von § 50d Abs. 1 EStG 2002 gestützt werden. Zuständig für die Entscheidung über dieses Freistellungsbegehren ist das FA (Bestätigung der ständigen Senatsrechtsprechung).
...

§ 156 Absehen von Steuerfestsetzung

(1) ¹Das Bundesministerium der Finanzen kann zur Vereinfachung der Verwaltung durch Rechtsverordnung bestimmen, dass Steuern und steuerliche Nebenleistungen nicht festgesetzt werden, wenn der Betrag, der festzusetzen ist, einen durch diese Rechtsverordnung zu bestimmenden Betrag voraussichtlich nicht übersteigt; der zu bestimmende Betrag darf 10 Euro nicht überschreiten. ²Die Rechtsverordnung bedarf nicht der Zustimmung des Bundesrates, soweit sie Einfuhr- und Ausfuhrabgaben und Verbrauchsteuern, mit Ausnahme der Biersteuer, betrifft.

(2) Die Festsetzung von Steuern und steuerlichen Nebenleistungen kann unterbleiben, wenn feststeht, dass die Einziehung keinen Erfolg haben wird, oder wenn die Kosten der Einziehung einschließlich der Festsetzung außer Verhältnis zu dem Betrag stehen.

Kleinbetragsverordnung (KBV)

in der Fassung von Art. 26 des StEuglG vom 19. 12. 2000
(BGBl. 2000 I S. 1790, BStBl 2001 I S. 3)

§ 1 Änderung oder Berichtigung von Steuerfestsetzungen

(1) Festsetzungen der
1. Einkommensteuer,
2. Körperschaftsteuer,
3. Erbschaftsteuer (Schenkungsteuer),
4. Grunderwerbsteuer sowie
5. der Rennwett- und Lotteriesteuer

werden nur geändert oder berichtigt, wenn die Abweichung von der bisherigen Festsetzung mindestens 10 Euro beträgt. Bei der Einkommensteuer und bei der Körperschaftsteuer ist die jeweils nach Anrechnung von Steuerabzugsbeträgen und von Körperschaftsteuer verbleibende Steuerschuld zu vergleichen.

(2) Eine angemeldete Umsatzsteuervorauszahlung, eine für das Kalenderjahr angemeldete Umsatzsteuer, eine angemeldete Feuerschutzsteuer oder eine angemeldete Versicherungsteuer wird von der Finanzbehörde nur abweichend festgesetzt, geändert oder berichtigt, wenn die Abweichung von der angemeldeten Steuer mindestens 10 Euro beträgt. Dasselbe gilt, wenn diese Steuern durch Steuerbescheid festgesetzt worden sind.

(3) Ist Lohnsteuer durch Steuerbescheid festgesetzt oder ist eine durch Lohnsteuer-Anmeldung bewirkte *Festsetzung* unanfechtbar geworden, gilt Absatz 2 entsprechend.

§ 2 Änderung oder Berichtigung der Festsetzung eines Gewerbesteuermessbetrages

Die Festsetzung eines Gewerbesteuermessbetrages wird nur geändert oder berichtigt, wenn die Abweichung zur bisherigen Festsetzung mindestens 2 Euro beträgt.

§ 3 Änderung oder Berichtigung der gesonderten Feststellung von Einkünften

(1) Bei gesonderten und einheitlichen Feststellungen von Einkünften wird die Feststellung zur Höhe der Einkünfte nur geändert oder berichtigt, wenn sich diese Einkünfte bei mindestens einem Beteiligten um mindestens 20 Euro ermäßigen oder erhöhen.

(2) Bei gesonderten Feststellungen wird in den Fällen des § 180 Abs. 1 Nr. 2 Buchstabe b der Abgabenordnung die Feststellung zur Höhe der Einkünfte nur geändert oder berichtigt, wenn sich diese Einkünfte um mindestens 20 Euro ermäßigen oder erhöhen.

§ 4 Änderung oder Berichtigung der Festsetzung einer Investitions- oder Eigenheimzulage

Investitions- oder Eigenheimzulagebescheide werden nur geändert oder berichtigt, wenn sich die Investitionszulage oder die Eigenheimzulage um mindestens 10 Euro ändert.

§ 5 Rückforderung von Wohnungsbauprämien

Wohnungsbauprämien werden nur zurückgefordert, wenn die Rückforderung mindestens 10 Euro beträgt.

§ 6 Kraftfahrzeugsteuer bei Beendigung der Steuerpflicht

Bei Beendigung der Kraftfahrzeugsteuerpflicht wird die Steuer für den Entrichtungszeitraum, in den das Ende der Steuerpflicht fällt, auf null Euro festgesetzt, wenn der neu festzusetzende Betrag weniger als 5 Euro betragen würde. Dies gilt nicht, wenn gleichzeitig für dasselbe Fahrzeug und denselben Steuerschuldner die Steuer in geänderter Höhe neu festgesetzt wird.

Anwendungserlass zur Abgabenordnung

2 Zu § 156 – Absehen von Steuerfestsetzung:

Das Absehen von der Festsetzung bringt den Steueranspruch nicht zum Erlöschen; die Festsetzung kann innerhalb der Festsetzungsfrist nachgeholt werden. Wegen der Kleinbetragsregelung für das Festsetzungsverfahren siehe die KBV (zur Anwendung siehe Art. 97 § 9a EGAO). Zur Kleinbetragsregelung für das Erhebungsverfahren siehe BMF-Schreiben vom 22. 3. 2001, BStBl I, S. 242.

Rechtsprechung

3 BFH vom 16. 2. 2011 – X R 21/10 (BStBl 2011 II S. 671)

Die Kleinbetragsverordnung in der ab dem Jahr 2002 geltenden Fassung ist auch insoweit durch § 156 Abs. 1 AO gedeckt, als danach nicht nur Änderungen zulasten des Steuerpflichtigen, sondern gleichermaßen Änderungen, die an sich zugunsten des Steuerpflichtigen vorzunehmen wären, unterbleiben, wenn die Abweichungen zu den bisherigen Festsetzungen oder Feststellungen bestimmte Bagatellgrenzen nicht erreichen.

---

§ 157 Form und Inhalt der Steuerbescheide

(1) ¹Steuerbescheide sind schriftlich zu erteilen, soweit nichts anderes bestimmt ist. ²Schriftliche Steuerbescheide müssen die festgesetzte Steuer nach Art und Betrag bezeichnen und angeben, wer die Steuer schuldet. ³Ihnen ist außerdem eine Belehrung darüber beizufügen, welcher Rechtsbehelf zulässig ist und binnen welcher Frist und bei welcher Behörde er einzulegen ist.

(2) Die Feststellung der Besteuerungsgrundlagen bildet einen mit Rechtsbehelfen nicht selbständig anfechtbaren Teil des Steuerbescheids, soweit die Besteuerungsgrundlagen nicht gesondert festgestellt werden.

§ 157 AO
Rsp AEAO

Anwendungserlass zur Abgabenordnung

Zu § 157 – Form und Inhalt der Steuerbescheide:

1. Steuerbescheide, die zwecks Bekanntgabe dem Steuerpflichtigen nicht selbst übergeben werden, sind mit Rücksicht auf das Steuergeheimnis (§ 30) in einem verschlossenen Umschlag zu versenden.
2. Wegen der Begründung des Steuerbescheides wird auf § 121 hingewiesen, wegen der Bekanntgabe auf §§ 122, 155, wegen der Wirksamkeit auf § 124, wegen des Leistungsgebots auf § 254, wegen der Folgen bei unterbliebener oder unrichtiger Rechtsbehelfsbelehrung auf § 356.

Rechtsprechung

BFH vom 23. 6. 1988 – V R 203/83 (BStBl 1988 II S. 920)

Der an den Zwangsverwalter zu richtende Umsatzsteuerbescheid muß neben der Bezeichnung der der Zwangsverwaltung unterliegenden Grundstücke die Person des Vollstreckungsschuldners angeben.

BFH vom 28. 11. 1990 – VI R 115/87 (BStBl 1991 II S. 488)

Ein Lohnsteuer-Pauschalierungsbescheid ist dann inhaltlich hinreichend bestimmt, wenn in seinem Tenor oder in seinen Anlagen der Sachkomplex bezeichnet ist, auf dem die Erhebung der pauschalen Lohnsteuer beruht.

BFH vom 24. 5. 1991 – III R 105/89 (BStBl 1992 II S. 123)

Ein Verwaltungsakt, der einen Einkommensteueränderungsbescheid aufhebt, kann auch durch Erklärung zu Protokoll des FG erlassen werden (Abgrenzung zum Senatsurteil vom 11. Januar 1991, BStBl II S. 501).

BFH vom 9. 8. 1991 – III R 41/88 (BStBl 1992 II S. 219)

Wird ein Einkommensteuerbescheid durch Beifügung eines Vorläufigkeitsvermerks geändert, so kann eine Wiederholung der unverändert übernommenen Angaben aus dem Ursprungsbescheid durch eine entsprechende Bezugnahme ersetzt werden.

BFH vom 21. 5. 2001 – II R 55/99 (HFR 2001 S. 1170)

Aus einem Verwaltungsakt muss der Regelungsinhalt eindeutig entnommen werden können. Bei einem Steuerbescheid gehört hierzu auch, dass angeführt wird, welcher Sachverhalt besteuert wird. Dabei kann der gesamte Inhalt des Verwaltungsaktes, einschließlich seiner Begründung, zur Auslegung herangezogen werden.

BFH vom 4. 6. 2008 – I R 72/07 (BFH/NV 2008 S. 1977)

Eine Steuerfestsetzung ist unwirksam, wenn der festgesetzte Betrag weder im Steuerbescheid selbst noch in anderweitigen Unterlagen bezeichnet ist, die dem Adressaten des Bescheids zusammen mit diesem oder zeitlich vor dem Bescheid zugegangen sind.

BFH vom 5. 7. 2011 – X B 222/10 (BFH/NV 2011 S. 1843)

Ordnet das FA ein Wirtschaftsgut, das der Steuerpflichtige als Privatvermögen ansieht, dem *Betriebsvermögen* zu, folgt hieraus bei der Einkommensteuer nur dann eine Beschwer, wenn sich für das jeweilige Veranlagungszeitraum die Höhe der Steuer ändert. Die Feststellung der Einkunftsart als solche ist nur bei Bescheiden über die gesonderte Feststellung von Einkünften (§ 180 Abs. 1 Nr. 2 Buchst. a und b AO) selbständig anfechtbar, nicht aber bei Einkommensteuerbescheiden.

§ 158 AO
AEAO Rsp

AO
S 0333

§ 158 Beweiskraft der Buchführung

Die Buchführung und die Aufzeichnungen des Steuerpflichtigen, die den Vorschriften der §§ 140 bis 148 entsprechen, sind der Besteuerung zugrunde zu legen, soweit nach den Umständen des Einzelfalls kein Anlass ist, ihre sachliche Richtigkeit zu beanstanden.

AEAO

Anwendungserlass zur Abgabenordnung

1 Zu § 158 – Beweiskraft der Buchführung:

Die Vorschrift enthält eine gesetzliche Vermutung. Sie verliert ihre Wirksamkeit mit der Folge der Schätzungsnotwendigkeit nach § 162, wenn es nach Verprobung usw. unwahrscheinlich ist, dass das ausgewiesene Ergebnis mit den tatsächlichen Verhältnissen übereinstimmt. Das Buchführungsergebnis ist nicht zu übernehmen, soweit die Beanstandungen reichen. Vollschätzung an Stelle einer Zuschätzung kommt nur dann in Betracht, wenn sich die Buchführung in wesentlichen Teilen als unbrauchbar erweist.

Rsp

Rechtsprechung

2 BFH vom 26. 4. 1983 – VIII R 38/82 (BStBl 1983 II S. 618)

Soll die sachliche Unrichtigkeit formell ordnungsmäßig aufgezeichneter Betriebseinnahmen durch eine Nachkalkulation nachgewiesen werden, muß bei geringfügiger Abweichung der Nachkalkulation vom Buchführungsergebnis in Erwägung gezogen werden, daß die Abweichung auf Schätzungsunschärfen beruhen kann. Liegt die Abweichung im Unschärfebereich, findet keine Schätzung statt.

3 BFH vom 18. 10. 1983 – VIII R 190/82 (BStBl 1984 II S. 88)

Das Unterschreiten des untersten Rohgewinnsatzes (Aufschlagsatz) der Richtsatzsammlung rechtfertigt bei formell ordnungsmäßiger Buchführung eine Schätzung nur dann, wenn das FA (der Betriebsprüfer) zusätzlich konkrete Hinweise auf die sachliche Unrichtigkeit des Buchführungsergebnisses geben kann oder der Steuerpflichtige selbst Unredlichkeiten zugesteht.

4 BFH vom 28. 5. 1986 – I R 265/83 (BStBl 1986 II S. 732)

Kann die Herkunft eines bestimmten Vermögens (Sparguthaben) eines Steuerpflichtigen nicht aufgeklärt werden, so ist, wenn die Buchführung des Steuerpflichtigen ordnungsmäßig ist, nach den Grundsätzen der objektiven Beweislast (Feststellungslast) darüber zu befinden, wer den Nachteil der Unaufgeklärtheit des Sachverhaltes zu tragen hat. Dem Steuerpflichtigen kann das Vermögen in der Regel nur dann als steuerpflichtige Einkünfte zugerechnet werden, wenn mit einer dem Einzelfall angepaßten Vermögenszuwachs- und Geldverkehrsrechnung ein ungeklärter Vermögenszuwachs oder Ausgabenüberschuß aufgedeckt wird.

5 BFH vom 20. 9. 1989 – X R 39/87 (BStBl 1990 II S. 109)

Kassenfehlbeträge können Anlaß geben, die (baren) Betriebseinnahmen zu schätzen. Die Fehlbeträge geben regelmäßig einen ausreichenden Anhalt für die Schätzung der Höhe nach.

6 BFH vom 9. 8. 1991 – III R 129/85 (BStBl 1992 II S. 55)

Das Ergebnis einer formell ordnungsmäßigen Buchführung kann verworfen werden, soweit die Buchführung mit an Sicherheit grenzender Wahrscheinlichkeit materiell unrichtig ist.

7 BFH vom 27. 2. 2007 – X B 7/06 (BFH/NV 2007 S. 1167)

1. Die Frage, ob die im Rahmen einer Außenprüfung festgelegten schwerwiegenden Verletzungen der Buchführungspflicht im Einzelfall eine Vollschätzung rechtfertigen, betrifft den Kernbereich der richterlichen Entscheidungsfindung und muss weder regelmäßig noch in bestimmten Einzelfällen durch ein Sachverständigengutachten vorbereitet werden.

2. Stellt der Steuerpflichtige die ihm vorgehaltenen schwerwiegenden Buchführungsmängel nicht substantiiert in Abrede, ist das FG weder zur Einvernahme des Außenprüfers als Zeuge noch zur eigenständigen Auswertung der in sich unvollständigen Buchführungsunterlagen verpflichtet.

§ 159 Nachweis der Treuhänderschaft

(1) ¹Wer behauptet, dass er Rechte, die auf seinen Namen lauten, oder Sachen, die er besitzt, nur als Treuhänder, Vertreter eines anderen oder Pfandgläubiger innehabe oder besitze, hat auf Verlangen nachzuweisen, wem die Rechte oder Sachen gehören; anderenfalls sind sie ihm regelmäßig zuzurechnen. ²Das Recht der Finanzbehörde, den Sachverhalt zu ermitteln, wird dadurch nicht eingeschränkt.

(2) § 102 bleibt unberührt.

Anwendungserlass zur Abgabenordnung

Zu § 159 – Nachweis der Treuhänderschaft:

Personen, die zur Verweigerung der Auskunft auf Grund ihres Berufes berechtigt sind (§ 102), insbesondere Angehörige der steuerberatenden Berufe, können ein Aussageverweigerungsrecht nur mit der Einschränkung des § 104 Abs. 2 in Anspruch nehmen. Sie haften für steuerliche Folgen u.U. selbst gem. §§ 34, 35, soweit ihnen die Wirtschaftsgüter nicht nach § 159 selbst zuzurechnen sind.

Rechtsprechung

BFH vom 27. 9. 2006 – IV R 45/04 (BStBl 2007 II S. 39)

Das sog. Bankengeheimnis nach § 30a AO schließt nicht aus, dass einer Bank die von ihr vereinnahmten Erträge aus ausländischen Wertpapieren nach § 159 AO zugerechnet werden, wenn sie nicht nachweist, dass sie die Papiere lediglich treuhänderisch für ihre Kunden hält.

BFH vom 11. 3. 2008 – IV B 77/07 (BFH/NV 2008 S. 1159)

Ein Treuhandverhältnis kann nach ständiger Rechtsprechung wegen der vom Zivilrecht abweichenden Zurechnungsfolge nur aufgrund ernst gemeinter und klar nachgewiesener Abreden berücksichtigt werden; zudem kommt es auf den tatsächlichen Vollzug des Vereinbarten an. Über das Vorliegen dieser Voraussetzungen hat das Finanzgericht anhand der Umstände des Einzelfalls zu entscheiden.

BFH vom 23. 2. 2011 – VIII B 126/10 (BFH/NV 2011 S. 1283)

- Die Frage, ob die Grundsätze für den Nachweis des Vorliegens eines Treuhandverhältnisses und die Frage der erhöhten Mitwirkungspflicht auch gelten, wenn ein Anwalt in seiner beruflichen Eigenschaft wie als Mitglied einer Erbengemeinschaft handelt, hat keine grundsätzliche Bedeutung, weil sich ihre Beantwortung bereits aus dem Gesetz ergibt. Gemäß § 159 Abs. 1 AO ist eine Treuhandvereinbarung auf Verlangen nachzuweisen; gemäß Abs. 2 der Norm bleibt die Regelung des § 102 AO unberührt.
- Für die Anerkennung der Treuhandschaft ist ein klarer und eindeutiger Nachweis erforderlich.
- Auch Rechtsanwälte müssen im eigenen Besteuerungsverfahren alles Zumutbare unternehmen, um den Nachweis zu erbringen, dass es sich bei den von ihnen verwahrten Rechten oder Sachen nicht um eigenes, sondern um fremdes Vermögen handelt.

§ 160 AO
AEAO

AO
S 0333

§ 160 Benennung von Gläubigern und Zahlungsempfängern

(1) ¹Schulden und andere Lasten, Betriebsausgaben, Werbungskosten und andere Ausgaben sind steuerlich regelmäßig nicht zu berücksichtigen, wenn der Steuerpflichtige dem Verlangen der Finanzbehörde nicht nachkommt, die Gläubiger oder die Empfänger genau zu benennen. ²Das Recht der Finanzbehörde, den Sachverhalt zu ermitteln, bleibt unberührt.

(2) § 102 bleibt unberührt.

AEAO

Anwendungserlass zur Abgabenordnung

1 Zu § 160 – Benennung von Gläubigern und Zahlungsempfängern:

1. Es steht im pflichtgemäßen Ermessen des Finanzamts, ob es sich den Gläubiger von Schulden oder den Empfänger von Ausgaben vom Steuerpflichtigen benennen lässt (BFH-Urteile vom 25.11.1986 – VIII R 350/82 – BStBl 1987 II, S. 286 und vom 10.3.1999 – XI R 10/98 – BStBl II, S. 434). Liegen Anhaltspunkte für eine straf- oder bußgeldbewehrte Vorteilszuwendung vor, so ist die Benennung des Gläubigers oder des Empfängers stets zu verlangen. Zum einkommensteuerrechtlichen Abzugsverbot für die Zuwendung von Vorteilen i.S.d. § 4 Abs. 5 Satz 1 Nr. 10 EStG und zum Verhältnis dieser Vorschrift zu § 160 vgl. BMF-Schreiben vom 10.10.2002 (BStBl I, S. 1031).

   Bei der Anwendung des § 160 ist nach pflichtgemäßem Ermessen zunächst zu entscheiden, ob ein Benennungsverlangen geboten ist. Das Benennungsverlangen ist eine nicht selbständig anfechtbare Vorbereitungshandlung (BFH-Urteil vom 20.4.1988 – I R 67/84 – BStBl II, S. 927). Zur Belehrungspflicht, wenn das Benennungsverlangen eine vermutete straf- oder bußgeldbewehrte Vorteilszuwendung zum Gegenstand hat, vgl. Tz. 30 des BMF-Schreibens vom 10.10.2002 (a.a.O.). Wegen der Stellung von Personen, die aufgrund ihres Berufes zur Auskunftsverweigerung berechtigt sind, vgl. zu § 159, Satz 1.

2. Unterlässt der Steuerpflichtige es trotz Aufforderung durch die Finanzbehörde, den Gläubiger der Schuld oder den Empfänger der Ausgabe genau zu benennen, so ist im Rahmen einer zweiten Ermessensentscheidung zu prüfen, ob und in welcher Höhe der Abzug der Ausgaben bzw. Schulden zu versagen ist. Nach § 160 Satz 1 ist der Abzug dann „regelmäßig" zu versagen (BFH-Urteil vom 10.3.1999 – XI R 10/98 – BStBl II, S. 434). Ist sowohl streitig, ob der Höhe nach Betriebsausgaben vorliegen, als auch, ob die fehlende Benennung der Zahlungsempfänger dem Abzug entgegensteht, so ist zunächst die Höhe der Betriebsausgaben zu ermitteln oder ggf. zu schätzen. Sodann ist zu prüfen, ob und inwieweit die fehlende Benennung der Zahlungsempfänger dem Abzug der Betriebsausgaben entgegensteht. Die bei der Anwendung des § 160 zu treffenden Ermessensentscheidungen können eine unterlassene Schätzung nicht ersetzen (BFH-Urteil vom 24.6.1997 – VIII R 9/96 – BStBl 1998 II, S. 51).

3. Werden Leistungen über eine Domizilgesellschaft (Briefkastenfirma) abgerechnet, so ist zunächst zu prüfen, ob der Steuerpflichtige überhaupt eine Leistung von objektiv feststellbarem wirtschaftlichen Wert erhalten hat oder ob lediglich ein Scheingeschäft vorliegt. Bei Leistungen an Domizilgesellschaften ist der Empfängernachweis nur erbracht, wenn die hinter der Gesellschaft stehenden Personen benannt werden (BFH-Beschluss vom 25.8.1986 – IV B 76/86 – BStBl 1987 II, S. 481). Das sind die Personen, die anstelle der inaktiven Domizilgesellschaften bei wirtschaftlicher Betrachtungsweise eine Leistung gegenüber dem Steuerpflichtigen erbracht haben und denen damit auch die Gegenleistung zusteht. Die Benennung lediglich formaler Anteilseigner (z.B. Treuhänder) reicht nicht aus, ebenso wenig wie die Erklärung des Steuerpflichtigen, nicht er, sondern ein fremder Dritter stehe hinter der ausländischen Gesellschaft (BFH-Beschluss vom 25.8.1986, a.a.O.). Ungewissheiten hinsichtlich der Person des Empfängers gehen zu Lasten des Steuerpflichtigen (BFH-Urteil vom 13.3.1985 – I R 7/81 – BStBl 1986 II, S. 318, und BFH-Beschluss vom 9.7.1986 – I B 36/86 – BStBl 1987 II, S. 487). Ausländische Verbotsnormen führen nicht dazu, dass ein Offenlegungsverlangen von vornherein unverhältnismäßig oder unzumutbar wird (vgl. BFH-Urteil vom 16.4.1980 – I R 75/78 – BStBl 1981 II, S. 492). § 16 AStG bleibt unberührt.

4. Bei Zahlungen an ausländische Empfänger soll das Finanzamt – soweit keine Anhaltspunkte für eine straf- oder bußgeldbewehrte Vorteilszuwendung vorliegen – auf den Empfängernachweis nach § 160 verzichten, wenn feststeht, dass die Zahlung im Rahmen eines üblichen Handelsgeschäfts erfolgte, der Geldbetrag ins Ausland abgeflossen ist und der Empfänger nicht der deutschen Steuerpflicht unterliegt. Hierzu ist der Empfänger in dem Umfang zu bezeichnen, dass dessen Steuerpflicht im Inland mit hinreichender Sicherheit ausgeschlossen werden kann. Die bloße Möglichkeit einer im Inland nicht bestehenden Steuerpflicht reicht nicht aus (BFH-Urteil vom 13.3.1985 – I R 7/81 – BStBl 1986 II, S. 318). In geeigneten Fällen ist eine Erklärung der mit dem Geschäft betrauten Personen sowie des verantwortlichen Organs des Unterneh-

mens zu verlangen, dass ihnen keine Umstände bekannt sind, die für einen Rückfluss der Zuwendung an einen inländischen Empfänger sprechen. Die Zulässigkeit der Mitteilung von Erkenntnissen deutscher Finanzbehörden im Rahmen des § 117 bleibt hiervon unberührt.

Rechtsprechung Rsp

BFH vom 16. 3. 1988 – I R 151/85 (BStBl 1988 II S. 759) 2

1. § 160 AO kann bei der Festsetzung von Ertragsteuern nicht auf Schulden angewendet werden, deren Ansatz sich in der Jahresbilanz erfolgsneutral vollzogen hat.
2. Eine verdeckte Betriebseinnahme kann steuerrechtlich auch dann nicht gemäß § 160 AO erfaßt werden, wenn sie als zugeflossenes Darlehen bezeichnet wird. Rechtsgrundlage für eine Zuschätzung ist nur § 162 AO.

BFH vom 15. 3. 1995 – I R 46/94 (BStBl 1996 II S. 51) 3

1. Ein in einem Dienstverhältnis beschäftigter Arzt ist nur dann i.S. des § 160 AO als Empfänger ordnungsgemäß benannt, wenn seine Wohnanschrift angegeben wird.
2. Auch wenn der – nicht benannte – Empfänger nachweislich nicht gewerbesteuerpflichtig ist, kann die an ihn geleistete Zahlung bei Ermittlung des Gewerbeertrags nicht abgezogen werden, wenn der Betriebsausgabenabzug bei der Ermittlung des einkommensteuerpflichtigen Gewinns gemäß § 160 AO zu versagen ist.

BFH vom 24. 6. 1997 – VIII R 9/96 (BStBl 1998 II S. 51) 4

Ist sowohl streitig, ob der Höhe nach Betriebsausgaben vorliegen, als auch, ob die fehlende Benennung der Zahlungsempfänger dem Abzug entgegensteht, so ist zunächst die Höhe der Betriebsausgaben zu ermitteln oder ggf. zu schätzen (§ 162 AO). Sodann ist zu prüfen, ob und inwieweit die fehlende Benennung der Zahlungsempfänger gemäß § 160 AO dem Abzug der nachgewiesenen oder geschätzten Ausgaben entgegensteht. Die bei der Anwendung des § 160 AO zu treffenden Ermessensentscheidungen können eine unterlassene Schätzung nicht ersetzen.

BFH vom 15. 10. 1998 – IV R 8/98 (BStBl 1999 II S. 333) 5

Die Anerkennung der Bildung einer Rückstellung wegen Inanspruchnahme aus Bürgschaften kann nicht von der Benennung des Darlehensgläubigers abhängig gemacht werden.

BFH vom 10. 11. 1998 – I R 108/97 (BStBl 1999 II S. 121) 6

1. Leistet ein Steuerpflichtiger Zahlungen an eine in Liechtenstein ansässige Domizilgesellschaft für Leistungen, die diese mangels eigenen fach- und branchenkundigen Personals nicht selbst erbringen kann, so ist Empfänger i.S. des § 160 AO nicht die Domizilgesellschaft, sondern derjenige, an den diese die Gelder weitergeleitet hat (Anschluß an BFH-Beschluß vom 25. August 1986, BStBl 1987 II, 481). Dieser kann, muß aber nicht Gesellschafter der liechtensteinischen Domizilgesellschaft sein (Abgrenzung zu BFH-Urteil vom 1. Juni 1994 – R 73/91, BFH/NV 1995, 2).
2. Die Aufforderung des FA an den Steuerpflichtigen, den unter Nr. 1 genannten Empfänger zu benennen, ist nicht ermessensfehlerhaft, wenn für den Steuerpflichtigen bei vernünftiger Beurteilung der Umstände erkennbar gewesen ist, daß die von der Domizilgesellschaft angebotenen Leistungen nicht von deren Personal erbracht werden können und aus diesem Grund von der Einschaltung inländischer Leistungsträger auszugehen ist.

BFH vom 10. 3. 1999 – XI R 10/98 (BStBl 1999 II S. 434) 7

1. Das Verlangen des FA, die Empfänger geltend gemachter Betriebsausgaben genau zu benennen, ist auch bei einer Vielzahl von Geschäftsvorfällen jedenfalls in bezug auf diejenigen Empfänger rechtmäßig, bei denen nicht geringfügige Steuerausfälle zu befürchten sind.
2. Bei der Bemessung des als Betriebsausgaben nicht abziehbaren Betrages sind die jeweiligen steuerlichen Verhältnisse der Empfänger zugrunde zu legen.

BFH vom 17. 10. 2001 – I R 19/01 (HFR 2002 S. 673) 8

1. Ein Benennungsverlangen gemäß § 160 AO steht in besonderem Maße unter dem Gesichtspunkt der Zumutbarkeit. Das Verlangen darf nicht unverhältnismäßig sein und die für den Steuerpflichti-

gen zu befürchtenden Nachteile dürfen nicht außer Verhältnis zum beabsichtigten Aufklärungserfolg stehen.

2. Hat der Steuerpflichtige im Zeitpunkt der Zahlung das nach den Gepflogenheiten eines ordnungsgemäßen Geschäftsverkehrs Zumutbare getan, um sich der Identität seines Geschäftspartners zu vergewissern, so ist ein darüber hinaus gehendes Benennungsverlangen ermessensfehlerhaft.

9   BFH vom 1. 4. 2003 – I R 28/02 (BStBl 2007 II S. 855)

Sprechen konkrete Anhaltspunkte dafür, dass die Anteile an einer ausländischen Basisgesellschaft treuhänderisch für Dritte gehalten werden, kann das FA gemäß § 160 Abs. 1 Satz 1 AO deren Benennung verlangen.

10   BFH vom 25. 2. 2004 – I R 31/03 (BStBl 2004 II S. 582)

Der Emittent von Inhaberschuldverschreibungen (§§ 793 ff. BGB) im Rahmen bankseitig angebotener sog. Commercial Paper Programme ist nicht verpflichtet, dem an ihn gerichteten Verlangen des FA gemäß § 160 AO nachzukommen und die Gläubiger der verbrieften Ansprüche und der hierauf zu zahlenden Zinsen zu benennen. Das Benennungsverlangen ist regelmäßig unzumutbar und unverhältnismäßig und damit ermessensfehlerhaft.

11   BFH vom 20. 4. 2005 – X R 40/04 (HFR 2005 S. 932)

Die Frage der Verhältnismäßigkeit eines Benennungsverlangens ist im Hinblick auf den jeweiligen einzelnen Geschäftsvorfall zu beurteilen. Entscheidend ist, inwieweit für den Steuerpflichtigen im Zeitpunkt der entsprechenden Zahlung zumutbar war, sich nach den Gepflogenheiten eines ordnungsmäßigen Geschäftsverkehrs der Identität seines jeweiligen Geschäftspartners zu vergewissern, um so in der Lage zu sein, ihn als Empfänger von Zahlungen zutreffend zu bezeichnen.

12   BFH vom 25. 1. 2006 – I R 39/05 (HFR 2006 S. 1074)

Die Aufforderung des Finanzamts an den Steuerpflichtigen, den Empfänger von Geldzahlungen i.S. des § 160 AO zu benennen, ist nicht ermessensfehlerhaft, wenn für den Steuerpflichtigen bei vernünftiger Beurteilung der Umstände erkennbar war, dass die angebotenen Leistungen nicht von seinem Vertragspartner erbracht wurden und daher von der Einschaltung inländischer Leistungsträger auszugehen ist.

13   BFH vom 1. 4. 2007 – I R 28/02 (BStBl 2007 II S. 855)

Sprechen konkrete Anhaltspunkte dafür, dass die Anteile an einer ausländischen Basisgesellschaft treuhänderisch für Dritte gehalten werden, kann das FA gemäß § 160 Abs. 1 Satz 1 AO deren Benennung verlangen.

14   BFH vom 24. 4. 2009 – IV B 104/07 (BFH/NV 2009 S. 1398)

1. Ist eine natürliche oder juristische Person, die Zahlungen des Steuerpflichtigen entgegennahm, lediglich zwischengeschaltet, weil sie entweder mangels eigener wirtschaftlicher Betätigung die vertraglich bedungenen Leistungen gar nicht erbringen konnte oder weil sie aus anderen Gründen die ihr erteilten Aufträge und die empfangenen Gelder an Dritte weiterleitete, ist sie nicht Empfänger i.S. des § 160 Abs. 1 Satz 1 AO, so dass die hinter ihr stehenden Personen, an die die Gelder letztlich gelangt sind, zu benennen sind.

2. Dies gilt gleichermaßen für inländische und ausländische Personen.

3. Im Rahmen des § 160 AO kommt es nicht darauf an, ob und unter welchen Voraussetzungen eine ausländische Gesellschaft – aufgrund des Abkommens über den Europäischen Wirtschaftsraum (EWR) vom 2. Mai 1992 (BGBl II 1993, 267) – als eigenständiges Rechtssubjekt anzuerkennen ist.

4. Sprechen konkrete Anhaltspunkte dafür, dass die Anteile an einer ausländischen Basisgesellschaft treuhänderisch für Dritte gehalten werden, kann das FA nach § 160 Abs. 1 Satz 1 AO deren Benennung verlangen.

§ 161 Fehlmengen bei Bestandsaufnahmen

¹Ergeben sich bei einer vorgeschriebenen oder amtlich durchgeführten Bestandsaufnahme Fehlmengen an verbrauchsteuerpflichtigen Waren, so wird vermutet, dass hinsichtlich der Fehlmengen eine Verbrauchsteuer entstanden oder eine bedingt entstandene Verbrauchsteuer unbedingt geworden ist, soweit nicht glaubhaft gemacht wird, dass die Fehlmengen auf Umstände zurückzuführen sind, die eine Steuer nicht begründen oder eine bedingte Steuer nicht unbedingt werden lassen. ²Die Steuer gilt im Zweifel im Zeitpunkt der Bestandsaufnahme als entstanden oder unbedingt geworden.

§ 162 Schätzung von Besteuerungsgrundlagen

(1) ¹Soweit die Finanzbehörde die Besteuerungsgrundlagen nicht ermitteln oder berechnen kann, hat sie sie zu schätzen. ²Dabei sind alle Umstände zu berücksichtigen, die für die Schätzung von Bedeutung sind.

(2) ¹Zu schätzen ist insbesondere dann, wenn der Steuerpflichtige über seine Angaben keine ausreichenden Aufklärungen zu geben vermag oder weitere Auskunft oder eine Versicherung an Eides statt verweigert oder seine Mitwirkungspflicht nach § 90 Abs. 2 verletzt. ²Das Gleiche gilt, wenn der Steuerpflichtige Bücher oder Aufzeichnungen, die er nach den Steuergesetzen zu führen hat, nicht vorlegen kann, wenn die Buchführung oder die Aufzeichnungen der Besteuerung nicht nach § 158 zugrunde gelegt werden oder wenn tatsächliche Anhaltspunkte für die Unrichtigkeit oder Unvollständigkeit der vom Steuerpflichtigen gemachten Angaben zu steuerpflichtigen Einnahmen oder Betriebsvermögensmehrungen bestehen und der Steuerpflichtige die Zustimmung nach § 93 Abs. 7 Satz 1 Nr. 5 nicht erteilt. ³Hat der Steuerpflichtige seine Mitwirkungspflichten nach § 90 Absatz 2 Satz 3 verletzt, so wird widerlegbar vermutet, dass steuerpflichtige Einkünfte in Staaten oder Gebieten im Sinne des § 90 Absatz 2 Satz 3 vorhanden oder höher als die erklärten Einkünfte sind.

(3) ¹Verletzt ein Steuerpflichtiger seine Mitwirkungspflichten nach § 90 Abs. 3 dadurch, dass er die Aufzeichnungen nicht vorlegt, oder sind vorgelegte Aufzeichnungen im Wesentlichen unverwertbar oder wird festgestellt, dass der Steuerpflichtige Aufzeichnungen im Sinne des § 90 Abs. 3 Satz 3 nicht zeitnah erstellt hat, so wird widerlegbar vermutet, dass seine im Inland steuerpflichtigen Einkünfte, zu deren Ermittlung die Aufzeichnungen im Sinne des § 90 Abs. 3 dienen, höher als die von ihm erklärten Einkünfte sind. ²Hat in solchen Fällen die Finanzbehörde eine Schätzung vorzunehmen und können diese Einkünfte nur innerhalb eines bestimmten Rahmens, insbesondere nur aufgrund von Preisspannen, bestimmt werden, kann dieser Rahmen zu Lasten des Steuerpflichtigen ausgeschöpft werden. ³Bestehen trotz Vorlage verwertbarer Aufzeichnungen durch den Steuerpflichtigen Anhaltspunkte dafür, dass seine Einkünfte bei Beachtung des Fremdvergleichsgrundsatzes höher wären als die auf Grund der Aufzeichnungen erklärten Einkünfte, und können entsprechende Zweifel deswegen nicht aufgeklärt werden, weil eine ausländische, nahe stehende Person ihre Mitwirkungspflichten nach § 90 Abs. 2 oder ihre Auskunftspflichten nach § 93 Abs. 1 nicht erfüllt, ist Satz 2 entsprechend anzuwenden.

(4) ¹Legt ein Steuerpflichtiger Aufzeichnungen im Sinne des § 90 Abs. 3 nicht vor oder sind vorgelegte Aufzeichnungen im Wesentlichen unverwertbar, ist ein Zuschlag von 5 000 Euro festzusetzen. ²Der Zuschlag beträgt mindestens 5 Prozent und höchstens 10 Prozent des Mehrbetrags der Einkünfte, der sich nach einer Berichtigung aufgrund der Anwendung des Absatzes 3 ergibt, wenn sich danach ein Zuschlag von mehr als 5 000 Euro ergibt. ³Bei verspäteter Vorlage von verwertbaren Aufzeichnungen beträgt der Zuschlag bis zu 1 000 000 Euro, mindestens jedoch 100 Euro für jeden vollen Tag der Fristüberschreitung. ⁴Soweit den Finanzbehörden Ermessen hinsichtlich der Höhe des Zuschlags eingeräumt ist, sind neben dessen Zweck, den Steuerpflichtigen zur Erstellung und fristgerechten Vorlage der Aufzeichnungen im Sinne des § 90 Abs. 3 anzuhalten, insbesondere die von ihm gezogenen Vorteile und bei verspäteter Vorlage auch die Dauer der Fristüberschreitung zu berücksichtigen. ⁵Von der Festsetzung eines Zuschlags ist abzusehen, wenn die Nichterfüllung der Pflichten nach § 90 Abs. 3 entschuldbar erscheint oder ein Verschulden nur geringfügig ist. ⁶Das Verschulden eines gesetzlichen Vertreters oder eines Erfüllungsgehilfen steht dem eigenen Verschulden gleich. ⁷Der Zuschlag ist regelmäßig nach Abschluss der Außenprüfung festzusetzen.

(5) In den Fällen des § 155 Abs. 2 können die in einem Grundlagenbescheid festzustellenden Besteuerungsgrundlagen geschätzt werden.

---

1) § 162 Abs. 2 Satz 3 AO ist erstmals für Besteuerungszeiträume anzuwenden, die nach dem 31. 12. 2009 beginnen (vgl. § 5 der Steuerhinterziehungsbekämpfungsverordnung – SteuerHBekV – vom 18. 9. 2009 (BGBl. 2009 I S. 3046; BStBl 2009 I S. 1146). Vgl. auch BMF vom 5. 1. 2010, BStBl 2010 I S. 19, AO 90/3.

AEAO Anwendungserlass zur Abgabenordnung

1 Zu § 162 – Schätzung von Besteuerungsgrundlagen:[1]

1. Bei der Schätzung der Besteuerungsgrundlagen in den Fällen des § 155 Abs. 2 handelt es sich um eine vorläufige Maßnahme des Wohnsitzfinanzamtes, der ein Grundlagenbescheid nachfolgen muss (BFH-Urteil vom 26. 7. 1983 – VIII R 28/79 – BStBl II 1984, S. 290).
2. Wegen der Pflicht zur Abgabe einer Steuererklärung trotz Schätzung vgl. § 149 Abs. 1 Satz 4.
3. Wegen der nur eingeschränkten Offenlegung der Verhältnisse von Vergleichsbetrieben vgl. Nr. 4.5 zu § 30.
4. Werden die Besteuerungsgrundlagen wegen Nichtabgabe der Steuererklärung geschätzt, ist die Steuer unter Nachprüfungsvorbehalt (§ 164) festzusetzen, wenn der Fall für eine eventuelle spätere Überprüfung offen gehalten werden soll. Dies gilt z.B., wenn eine den Schätzungszeitraum umfassende Außenprüfung vorgesehen ist oder zu erwarten ist, dass der Steuerpflichtige nach Erlass des Bescheids die Steuererklärung nachreicht.

   Die unter Nachprüfungsvorbehalt stehende Steuerfestsetzung ist – sofern der Steuerpflichtige keinen Einspruch eingelegt bzw. keinen Änderungsantrag gestellt hat und auch keine Außenprüfung vorgesehen ist – bei der Veranlagung für das Folgejahr zu überprüfen. Dabei sind auch die in einem eventuellen Vollstreckungsverfahren gewonnenen Erkenntnisse zu berücksichtigen. Der Nachprüfungsvorbehalt ist danach grundsätzlich aufzuheben, auch wenn die Steuerfestsetzung nicht zu ändern ist.

   Zur Aufhebung des Nachprüfungsvorbehalts in Fällen einer Fristsetzung nach § 364b vgl. zu § 364b, Nr. 2.
5. Wegen der Befugnis zur Schätzung bei Verletzung der Mitwirkungspflicht nach § 90 Abs. 2 vgl. zu § 90, Nr. 1.
6. Die Besteuerungsgrundlagen sind nach § 162 Abs. 1 unter anderem dann zu schätzen, wenn tatsächliche Anhaltspunkte dafür bestehen, dass die vom Steuerpflichtigen gemachten Angaben zu steuerpflichtigen Einnahmen oder Betriebsvermögensmehrungen unrichtig oder unvollständig sind. Hat der Steuerpflichtige die Zustimmung in einem derartigen Fall für eine Einschätzung zu einem Kontenabruf verweigert (§ 93 Abs. 7 Satz 1 Nr. 5), sind die nach Einschätzung der Finanzbehörde nicht erklärten steuerpflichtigen Einnahmen oder Betriebsvermögensmehrungen nach § 162 Abs. 2 Satz 2 dritte Alternative zu schätzen. In diesem Fall kann zu Lasten des Steuerpflichtigen von einem Sachverhalt ausgegangen werden, für den unter Berücksichtigung seiner Beweisnähe und seiner Verantwortung für die Aufklärung des Sachverhalts eine gewisse Wahrscheinlichkeit spricht. Gleiches gilt, wenn ein mit Zustimmung des Steuerpflichtigen durchgeführter Kontenabruf keine neuen Erkenntnisse gebracht hat, z.B. bei auf ausländischen – und deswegen durch einen Kontenabruf nicht ermittelbaren – Konten zugeflossenen Einnahmen oder bei baren Einnahmen. In diesen Fällen ist auch weiterhin eine Schätzung nach § 162 möglich, wenn Anhaltspunkte dafür vorliegen, dass die Angaben über Einnahmen oder Betriebsvermögensmehrungen nicht vollständig oder unzutreffend sind.

Rsp **Rechtsprechung**

2 BFH vom 18. 10. 1983 – VIII R 190/82 (BStBl 1984 II S. 88)

Das Unterschreiten des untersten Rohgewinnsatzes (Aufschlagsatz) der Richtsatzsammlung rechtfertigt bei formell ordnungsmäßiger Buchführung eine Schätzung nur dann, wenn das FA (der Betriebsprüfer) zusätzlich konkrete Hinweise auf die sachliche Unrichtigkeit des Buchführungsergebnisses geben kann oder der Steuerpflichtige selbst Unredlichkeiten zugesteht.

3 BFH vom 8. 11. 1984 – IV R 33/82 (BStBl 1985 II S. 352)

1. Bei einem buchführungspflichtigen Landwirt, der keine nach §§ 141, 142 AO erforderlichen Bücher und Aufzeichnungen führt, ist den Anforderungen des § 162 Abs. 1 AO an eine Schätzung genügt, wenn die Gewinne nach einer anerkannten, für die betreffende Landwirtschaft brauchbaren Schätzungsmethode, z.B. anhand der Richtsätze nach Hektarerträgen, ermittelt werden.

---

[1] Das BMF hat mit Schreiben v. 22. 8. 2011 – IV A 4 – S 1544/09/10001-03 (BStBl 2011 I S. 758) die Richtsatzsammlung 2010 bekannt gegeben. Die Richtsätze sind ein Hilfsmittel (Anhaltspunkt) für die Finanzverwaltung, Umsätze und Gewinne der Gewerbetreibenden zu verproben und ggf. bei Fehlen anderer geeigneter Unterlagen zu schätzen (§ 162 AO).

2. Ein solcher Landwirt hat in der Regel auch im Rechtsbehelfsverfahren keinen Anspruch darauf, daß für die Veranlagung seine Gewinne durch eine Außenprüfung oder ein Sachverständigengutachten genauer ermittelt werden.

BFH vom 18. 12. 1984 – VIII R 195/82 (BStBl 1986 II S. 226) 4

1. Schätzungen müssen in sich schlüssig sein; ihre Ergebnisse müssen wirtschaftlich vernünftig und möglich sein.
2. Zweifel an einer zutreffenden Reingewinnschätzung können auch Zweifel an der Schätzung der Umsätze bewirken.
3. Das Steuergeheimnis läßt nicht zu, dem Steuerpflichtigen Vergleichsbetriebe, auf die sich das FA zur Begründung der Schätzung berufen hat, namentlich zu benennen. Erforderlich ist jedoch, dem Steuerpflichtigen durch allgemeine Mitteilung über die Heranziehung der Vergleichsbetriebe und der Vergleichszahlen Gelegenheit zur Stellungnahme zu geben.
4. Das Steuergeheimnis schließt nicht aus, daß das FG anhand der für die Vergleichsbetriebe geführten Steuerakten prüft, ob gegen die Zahlen der Vergleichsbetriebe Bedenken bestehen.

BFH vom 20. 9. 1989 – X R 39/87 (BStBl 1990 II S. 109) 5

Kassenfehlbeträge können Anlaß geben, die (baren) Betriebseinnahmen zu schätzen. Die Fehlbeträge geben regelmäßig einen ausreichenden Anhalt für die Schätzung der Höhe nach.

BFH vom 8. 11. 1989 – X R 178/87 (BStBl 1990 II S. 268) 6

1. Die Schätzungsmethode der Vermögenszuwachsrechnung unterscheidet sich von derjenigen der Geldverkehrsrechnung lediglich dadurch, daß die Mittelverwendung für Vermögensanlagen stärker betont wird. Beide Rechnungen vollziehen die Geldflüsse nach. Sie lassen sich ineinander überführen.
2. In einer Gesamtvermögenszuwachsrechnung bleiben die Barentnahmen und -einlagen außer Ansatz. Die Betriebsvermögen können mit den Kapitalkontenwerten angesetzt werden, sofern die Rechnung um die Sachentnahmen und -einlagen berichtigt wird.

BFH vom 14. 8. 1991 – X R 86/88 (BStBl 1992 II S. 128) 7

Sind die Steuern im Festsetzungsverfahren geschätzt worden, können sie bei der Anforderung von Hinterziehungszinsen nicht ohne weiteres als verkürzt angesehen werden. Das FA bzw. das FG muß vielmehr von der Steuerverkürzung überzeugt sein. Dabei ist der strafverfahrensrechtliche Grundsatz in dubio pro reo zu beachten.

BFH vom 7. 4. 1992 – VI R 113/88 (BStBl 1992 II S. 854) 8

Bei der Ermittlung der auf Dienstreisen entfallenden Kfz-Kosten kann der Steuerpflichtige einen Teilnachweis der ihm tatsächlich entstandenen Aufwendungen erbringen und weitere dem Grunde nach feststehende Aufwendungen schätzen lassen. Dabei darf das FA von den für den Steuerpflichtigen ungünstigsten Umständen ausgehen.

BFH vom 11. 2. 1999 – V R 40/98 (BStBl 1999 II S. 382) 9

1. Ein wegen unterlassener Abgabe einer Steuererklärung ergangener Schätzungsbescheid erfordert grundsätzlich keine über die Wertangaben hinausgehende Begründung der Besteuerungsgrundlagen. Dagegen ist ein Schätzungsbescheid auch der Höhe nach zu begründen, wenn hierfür ein besonderer Anlaß besteht.
2. Die Aufhebung eines Schätzungsbescheids, der nicht nichtig ist, kann nicht allein deshalb beansprucht werden, weil die erforderliche Begründung fehlt und auch in der Einspruchsentscheidung nicht nachgeholt wurde.

BFH vom 20. 12. 2000 – I R 50/00 (BStBl 2001 II S. 381) 10

Grobe Schätzungsfehler bei der Ermittlung der Besteuerungsgrundlagen führen regelmäßig nur zur Rechtswidrigkeit und nicht zur Nichtigkeit des Schätzungsbescheides. Anders verhält es sich allerdings, wenn das FA bewusst und willkürlich zum Nachteil des Steuerpflichtigen schätzt (Anschluss an BFH-Beschluss vom 14. April 1989, BStBl 1990 II S. 351; Urteil vom 1. Oktober 1992, BStBl 1993 II S. 259).

11 BFH vom 29. 3. 2001 – IV R 67/99 (BStBl 2001 II S. 484)

Ein buchführungspflichtiger, aber pflichtwidrig keine Bücher führender Landwirt (sog. Schätzungslandwirt) kann gegenüber einer Richtsatzschätzung keine individuellen gewinnmindernden Besonderheiten seines Betriebs geltend machen, die Schätzung aber jederzeit durch Einrichtung einer Buchführung oder Führung von Aufzeichnungen vermeiden, die eine Gewinnermittlung nach § 4 Abs. 3 EStG ermöglichen.

12 BFH vom 19. 9. 2001 – XI B 6/01 (BStBl 2002 II S. 4)

Besteuerungsgrundlagen sind auch dann gemäß § 162 AO zu schätzen, wenn gegen den Steuerpflichtigen ein Strafverfahren wegen einer Steuerstraftat eingeleitet worden ist.

13 BFH vom 17. 10. 2001 – I R 103/00 (BStBl 2004 II S. 171)

– Jede Schätzung des FA ist im Klageverfahren voll nachprüfbar. Das FG kann seine Wahrscheinlichkeitsüberlegungen an die Stelle der des FA setzen, ohne deshalb die Schätzung des FA als rechtsfehlerhaft einstufen zu müssen.

– Bei der Verletzung von Mitwirkungspflichten ist danach zu unterscheiden, ob sich die Pflicht auf eine Tatbestandsvoraussetzung oder die Rechtsfolge eines Besteuerungstatbestandes bezieht. Bezieht sie sich auf eine Tatbestandsvoraussetzung, so löst die Pflichtverletzung eine Reduzierung des Beweismaßes für die Ermittlung der einzelnen Tatbestandsvoraussetzung aus. Bezieht sie sich auf eine Rechtsfolge, so rechtfertigt sie regelmäßig die Schätzung der Besteuerungsgrundlage.

14 BFH vom 29. 11. 2001 – IV R 13/00 (BStBl 2002 II S. 147)

1. Hat das FA die Voraussetzungen der Durchschnittssatzgewinnermittlung auf Grund wissentlich falscher Steuererklärungen des Landwirts (hier: zu geringe Flächenangabe) bejaht, so bedarf es keiner Mitteilung über den Wegfall der Voraussetzungen der Gewinnermittlung nach Durchschnittssätzen gemäß § 13a Abs. 1 Satz 2 EStG, um den tatsächlich erzielten Gewinn zu ermitteln.

2. Mit dem Bekanntwerden der tatsächlichen Verhältnisse ist das FA zur Schätzung des Gewinns aus Land- und Forstwirtschaft befugt, so als habe es rechtzeitig von dem Wegfall der Voraussetzungen der Gewinnermittlung nach Durchschnittssätzen Kenntnis erlangt und eine entsprechende Mitteilung gemäß § 13a Abs. 1 Satz 2 EStG erlassen.

15 BFH vom 26. 2. 2002 – X R 59/98 (BStBl 2002 II S. 450)

Hat das FA aufgrund eines Rechtsbehelfs einen Steuerbescheid unter Anwendung einer dem Steuerpflichtigen günstigeren Schätzungsmethode geändert und führt diese Schätzungsmethode in anderen Veranlagungszeiträumen zu einer höheren Steuer, können die für letztere Zeiträume ergangenen bestandskräftigen Bescheide nicht auf der Rechtsgrundlage des § 174 Abs. 4 AO mit der Begründung geändert werden, sie seien aufgrund irriger Beurteilung eines bestimmten Sachverhalts ergangen.

16 BFH vom 29. 5. 2008 – VI R 11/07 (BStBl 2008 II S. 933)

1. – 2. …

3. Auch bei Schätzung der Höhe der Lohnsteuer-Haftungsschuld sind alle Umstände zu berücksichtigen, die für die Schätzung von Bedeutung sind. Ein Verstoß gegen § 162 Abs. 1 Satz 2 AO kann nicht durch pauschale Abschläge auf die Haftungsschuld geheilt werden.

17 BFH vom 7. 4. 2009 – XI B 115/08 (BFH/NV 2009 S. 1085)

Verletzt der Steuerpflichtige seine Mitwirkungspflicht, indem er die ihm obliegende Jahressteuererklärung nicht abgibt, ist das FA nicht gehalten, im Rahmen der Umsatzsteuerfestsetzung für das Kalenderjahr Umsätze und Vorsteuerbeträge nur in der Höhe zu schätzen, in der sie vom Steuerpflichtigen bei den Voranmeldungen angegeben wurden. Das FA kann vielmehr wegen der bestehenden Unsicherheiten Zuschläge bei den Umsätzen und/oder Abschläge bei den Vorsteuerbeträgen berücksichtigen.

18 BFH vom 25. 8. 2009 – I R 88, 89/07 (BFH/NV 2009 S. 2047)

Behauptet der Steuerpflichtige, die Voraussetzungen eines Steuertatbestands (hier: § 17 EStG) seien aufgrund von innerfamiliären Transaktionen (hier: Übertragung von Aktien) nicht gegeben und unterlässt er es aber unter Hinweis auf zeitlaufbedingte Erinnerungslücken, die behaupteten Transaktionen substantiiert darzulegen, trägt er die Gefahr, dass das FA die Besteuerungsgrundlagen nicht ermitteln kann und deshalb die Voraussetzungen für eine Schätzung gemäß § 162 AO gegeben sind. Das gilt auch, wenn hinsichtlich der Transaktionen keine spezifischen steuerrechtlichen Dokumentationspflichten bestehen.

BFH vom 19. 5. 2010 – XI R 32/08 (BStBl 2010 II S. 1079) 19

1. Nach einer von der Finanzverwaltung getroffenen Vereinfachungsregelung kann der Unternehmer bei der Ermittlung der Bemessungsgrundlage für die Umsatzbesteuerung der nichtunternehmerischen Nutzung seines dem Unternehmen zugeordneten Fahrzeugs von dem ertragsteuerrechtlichen Wert der Nutzungsentnahme nach der sog. 1 %-Regelung des § 6 Abs. 1 Nr. 4 Satz 2 EStG ausgehen und von diesem Wert für die nicht mit Vorsteuern belasteten Kosten einen pauschalen Abschlag von 20 % vornehmen.
2. Diese Vereinfachungsregelung ist eine einheitliche Schätzung, die von einem Unternehmer nur insgesamt oder gar nicht in Anspruch genommen werden kann.
3. Der Unternehmer darf nicht von dem ertragsteuerrechtlichen Wert der Nutzungsentnahme nach der sog. 1 %-Regelung des § 6 Abs. 1 Nr. 4 Satz 2 EStG ausgehen und sodann den prozentualen Abschlag für die nicht mit Vorsteuern belasteten Kosten anhand der tatsächlichen Kosten ermitteln.

BFH vom 27. 6. 2011 – VIII B 138/10 (BFH/NV 2011 S. 1662) 20

1. Schätzungen des FA im Rahmen einer Geldverkehrsberechnung und Vermögenszuwachsberechnung sind nicht zuletzt dann nicht zu beanstanden, wenn der Kläger seinen steuerlichen (Mitwirkungs-)Pflichten nicht nachgekommen ist und der Schätzung des FA lediglich eigene Schätzungen gegenübergestellt.
2. Die Frage, „ob eine Geldverkehrsrechnung über einen Zeitraum von 12 oder mehr Jahren zu sachgerechten Ergebnissen führen kann", hat jedenfalls dann keine grundsätzliche, d.h. über den Streitfall hinausreichende Bedeutung, wenn die Geldverkehrsrechnung von Anfangsbeständen und Endbeständen ausgegangen ist und das FG sich ausführlich mit der Frage der Ertragsentwicklung und der Problematik, ob die geschätzten Einnahmen vom Kläger in den Streitjahren erzielbar waren, auseinander gesetzt hat.

§ 163 Abweichende Festsetzung von Steuern aus Billigkeitsgründen

AO
S 0336

¹Steuern können niedriger festgesetzt werden und einzelne Besteuerungsgrundlagen, die die Steuern erhöhen, können bei der Festsetzung der Steuer unberücksichtigt bleiben, wenn die Erhebung der Steuer nach Lage des einzelnen Falls unbillig wäre. ²Mit Zustimmung des Steuerpflichtigen kann bei Steuern vom Einkommen zugelassen werden, dass einzelne Besteuerungsgrundlagen, soweit sie die Steuer erhöhen, bei der Festsetzung der Steuer erst zu einer späteren Zeit und, soweit sie die Steuer mindern, schon zu einer früheren Zeit berücksichtigt werden. ³Die Entscheidung über die abweichende Festsetzung kann mit der Steuerfestsetzung verbunden werden.

Anwendungserlass zur Abgabenordnung

AEAO

Zu § 163 – Abweichende Festsetzung von Steuern aus Billigkeitsgründen: 1

1. § 163 regelt Billigkeitsmaßnahmen im Festsetzungsverfahren. Billigkeitsmaßnahmen im Erhebungsverfahren regelt § 227. Die Unbilligkeit kann sich aus sachlichen oder aus persönlichen Gründen ergeben.
2. Ein Antrag auf eine Billigkeitsmaßnahme nach § 163 kann auch nach Eintritt der Unanfechtbarkeit der Steuerfestsetzung oder der entsprechenden gesonderten Feststellung gestellt werden.
3. Die Entscheidung über eine Billigkeitsmaßnahme nach § 163 stellt auch dann einen selbständigen Verwaltungsakt dar, wenn sie mit der Steuerfestsetzung oder der entsprechenden gesonderten Feststellung verbunden wird. Sie ist Grundlagenbescheid für den entsprechenden Steuer- oder Feststellungsbescheid (§ 171 Abs. 10). Wird eine Billigkeitsmaßnahme erst nach Erlass des hiervon betroffenen Steuer- oder Feststellungsbescheids getroffen, muss dieser Bescheid nach § 175 Abs. 1 Satz 1 Nr. 1 entsprechend angepasst werden.
4. Bei der Ermessensentscheidung ist der Zeitraum zwischen Entstehung des Steueranspruchs und der Antragstellung zu berücksichtigen. Es ist regelmäßig ermessensgerecht, eine Billigkeitsmaßnahme nach § 163 abzulehnen, sobald für den Folgebescheid die Festsetzungs- oder Feststellungsfrist abgelaufen ist (BFH vom 17. 3. 1987 – VII R 26/84 – BFH/NV 1987, S. 620).

Eine Billigkeitsmaßnahme kann ausnahmsweise auch nach diesem Zeitpunkt getroffen werden, wenn der ihr zugrunde liegende Antrag vor Ablauf der Festsetzungs- oder Feststellungsfrist gestellt worden war.

5. **Wegen der Auswirkungen einer Billigkeitsmaßnahme bei den Steuern vom Einkommen auf die Gewerbesteuer Hinweis auf § 184 Abs. 2.** Danach ist die niedrigere Festsetzung eines Messbetrags nach § 163 Abs. 1 Satz 1 nicht zulässig, wenn die Voraussetzungen dafür nicht in einer allgemeinen Verwaltungsvorschrift der Bundesregierung oder einer obersten Landesfinanzbehörde festgelegt sind.

6. **Zum Einspruchsverfahren gegen die Entscheidung über eine Billigkeitsmaßnahme vgl. zu § 347, Nr. 4.**

Hinweise

Abgrenzung der Billigkeitsmaßnahmen nach §§ 163 und 227 AO

(Bayer. Landesamt für Steuern, Vfg. vom 19. 7. 2011 – S 0336.1.1-1/6 St 42 –)

1. Allgemeines

§ 163 AO behandelt die Berücksichtigung von Billigkeitsmaßnahmen im Festsetzungsverfahren. Die Gewährung von Billigkeitsmaßnahmen im Erhebungsverfahren regelt § 227 AO (AEAO zu § 163 Nr. 1). Ein Antrag auf abweichende Steuerfestsetzung kann auch noch nach Unanfechtbarkeit der Steuerfestsetzung gestellt werden. Wird somit ein derartiger Antrag vor Eintritt der Festsetzungsverjährung gestellt und wird diesem Antrag entsprochen, ist der Steuerbescheid auf den sich der Antrag auf abweichende Festsetzung bezieht, nach § 175 Abs. 1 Satz 1 Nr. 1 AO zu ändern (AEAO zu § 163, Nr. 2). Der Erlass nach § 227 AO kann bis zum Eintritt der Zahlungsverjährung beantragt werden.

2. Abgrenzung

Nachdem aufgrund der weitgehenden Parallelität des zeitlichen Anwendungsbereichs des § 163 AO und des §§ 227 AO die Anwendung beider Vorschriften in Betracht kommt, ist für die Frage, auf welcher rechtlichen Grundlage die Billigkeitsmaßnahmen zu überprüfen ist, grundsätzlich vom Wortlaut des Billigkeitsantrags auszugehen. Eine Umdeutung von Billigkeitsanträgen, die von Angehörigen der steuerberatenden Berufe gestellt wurden, scheidet regelmäßig aus (vgl. AO-Kartei, Karte 2 zu § 357).

Wird die rechtliche Grundlage für die begehrte Billigkeitsmaßnahme nicht ausdrücklich bezeichnet („Erlass nach § 227 AO" bzw. „Antrag auf abweichende (Steuer-)Festsetzung"), ist der Antrag so auszulegen, dass er dem Ansinnen des Steuerpflichtigen gerecht wird. Somit ist z.B. immer von einem Antrag auf abweichende Festsetzung auszugehen, wenn im Zeitpunkt der Antragstellung noch kein wirksames Leistungsgebot vorliegt.

Für Anträge auf Billigkeitsmaßnahmen für Zinsen gelten die gleichen Grundsätze.

Säumniszuschläge betreffen das Erhebungsverfahren, somit findet für Anträge auf Billigkeitsmaßnahmen zu Säumniszuschlägen § 227 AO Anwendung. Deren Einziehung kann aus sachlichen oder persönlichen Gründen unbillig sein.

3. Zuständigkeit

Billigkeitsanträge nach § 163 AO sind von den Veranlagungsstellen zu bearbeiten. Soweit im Rahmen dieser Anträge ausschließlich oder neben sachlichen auch persönlichen Billigkeitsgründe geltend gemacht werden, sind die Stundungs- und Erlassstellen hinsichtlich der persönlichen Billigkeitsgründe zur Stellungnahme aufzufordern. Die Stellungnahme soll so abgefasst sein, dass diese ohne Weiteres als Grundlage für die Entscheidung der zuständigen Stelle herangezogen werden kann. Ebenso haben die Veranlagungsstellen Stellung zu nehmen, wenn im Rahmen von Erlassanträgen nach § 227 AO, die von den Stundungs- und Erlassstellen zu bearbeiten sind, auch sachliche Billigkeitsgründe vorgetragen werden.

Rechtsprechung[1]

BFH vom 12. 1. 1989 – IV R 87/87 (BStBl 1990 II S. 261) 3

Aufgrund einer Rechtsprechungsänderung besteht zu einer Billigkeitsmaßnahme dann kein Anlaß, wenn der Steuerpflichtige die Möglichkeit der Änderung bereits in seine Disposition einbezogen hat.

BFH vom 12. 1. 1989 – IV R 67/87 (BStBl 1990 II S. 259) 4

Es ist rechtlich nicht zu beanstanden, daß der BMF in seinem Erlaß vom 17. März 1986 (BStBl 1986 I S. 129) eine Billigkeitsmaßnahme für den Fall versagt hat, daß eine Personengesellschaft sich gegen die Grundsätze der Geprägerechtsprechung gewehrt, zuvor aber Vorteile aufgrund dieser Rechtsprechung in Anspruch genommen hat. Als ein derartiger Vorteil ist auch die Inanspruchnahme einer Investitionszulage anzusehen.

BFH vom 31. 10. 1990 – I R 3/86 (BStBl 1991 II S. 610) 5

Die Verwaltung ist zu einem Billigkeitserlaß wegen einer verschärfenden Änderung der Rechtsauffassung dann nicht verpflichtet, wenn den (dem) Steuerpflichtigen zumindest Zweifel an der günstigeren rechtlichen Behandlung hätten kommen müssen und daher kein schützenswertes Vertrauen vorlag.

BFH vom 21. 1. 1992 – VIII R 51/88 (BStBl 1993 II S. 3) 6

Ein vor Bestandskraft eines Steuerbescheids gestellter Antrag auf Festsetzung einer niedrigeren Steuer nach § 163 AO ist auch dann sachlich zu prüfen, wenn ein Einspruchsverfahren nicht durchgeführt wurde.

BFH vom 26. 10. 1994 – X R 104/92 (BStBl 1995 II S. 297)[2] 7

1. Die Erhebung (Einziehung) eines Einkommensteueranspruchs kann sachlich unbillig sein, wenn das Zusammenwirken verschiedener Regelungen zu einer hohen Steuerschuld führt, obgleich dem kein Zuwachs an Leistungsfähigkeit zugrunde liegt.
2. Der Urteilsspruch über ein Erlaßbegehren richtet sich auch dann nach § 101 FGO (und nicht etwa nach § 100 Abs. 2 FGO), wenn es um einen Billigkeitserlaß nach § 163 AO geht.

BFH vom 9. 1. 1997 – IV R 5/96 (BStBl 1997 II S. 353) 8

Wird die wegen Verfassungswidrigkeit einer Rechtsnorm (hier § 4 Abs. 5 Nr. 8 EStG i.d.F. vom 25. Juli 1984) erhobene Klage zurückgenommen, weil der BFH zu erkennen gegeben hat, daß der Verfassungswidrigkeit im Wege einer Billigkeitsmaßnahme zu begegnen ist, so kommt eine solche Billigkeitsmaßnahme auch dann in Betracht, wenn die Verfassungswidrigkeit nach Klagerücknahme durch ein Gesetz (§ 4 Abs. 5 Nr. 8 Satz 4 EStG) beseitigt, die Anwendbarkeit der Gesetzesänderung jedoch auf nicht bestandskräftige Fälle beschränkt wird.

BFH vom 23. 10. 2003 – V R 48/01 (BStBl 2004 II S. 196) 9

Aus den Gründen:
Sog. norminterpretierende Verwaltungsvorschriften stehen konkludent unter dem Vorbehalt einer davon abweichenden Auslegung der Norm durch die Rechtsprechung (z.B. BFH-Urteil vom 5. Mai 1999, BStBl II 1999, 653, m.w.N.). Für den Fall einer rückwirkenden verschärfenden Änderung der Rechtsprechung ist es Sache der obersten Verwaltungsbehörden, auf der Grundlage der §§ 163 oder 227 AO unbillige Auswirkungen unter dem Gesichtspunkt des Vertrauensschutzes durch Übergangsregelungen zu vermeiden, die auch von den Steuergerichten grundsätzlich zu beachten sind (Beschluss des Großen Senats des BFH vom 25. Juni 1984 GrS 4/82, BStBl II 1984, 751, 757, zu C.I.1.).

...

Im Übrigen setzt die Anwendung des Grundsatzes von Treu und Glauben eine besondere Vertrauenssituation zwischen dem Steuerpflichtigen und dem Finanzamt voraus. Diese kann grundsätzlich nur durch die Erteilung einer verbindlichen Zusage oder Auskunft geschaffen werden, nicht hingegen durch den Erlass allgemeiner norminterpretierender Verwaltungsrichtlinien (ständige

---

[1] Rechtsprechung zu Billigkeitsmaßnahmen bei Nachzahlungszinsen siehe unter AO § 233a, zu Billigkeitsmaßnahmen bei Säumniszuschlägen siehe unter AO § 240.
[2] Vgl. auch BFH vom 20. 10. 2000 (BFH/NV 2001 S. 442).

Rechtsprechung, z.B. BFH-Urteil in BStBl II 1999, 653, m.w.N.). Für Übergangsregelungen zu rechtswidrigen norminterpretierenden Verwaltungsvorschriften gilt nichts anderes.

10 **BFH vom 16. 3. 2004 – VIII R 33/02 (BStBl 2004 II S. 927)**
Billigkeitsmaßnahmen der Verwaltung zur Anpassung der Verwaltungspraxis an eine von der bisherigen Verwaltungsmeinung abweichende Rechtsauffassung sind von den Gerichten jedenfalls dann zu beachten, wenn sie vom FA im Rahmen der Steuerfestsetzung getroffen wurden und bestandskräftig geworden sind.

11 **BFH vom 7. 2. 2007 – I R 15/06 (BStBl 2008 II S. 340)**
1. …
2. Die Ablehnung eines Antrags auf Erlass einer Billigkeitsentscheidung nach § 163 AO, der auf eine nach einer Rechtsprechungsänderung ergangene Verwaltungsanweisung gestützt wird, derzufolge die „bisherigen Grundsätze" für eine Übergangszeit weiter angewendet werden sollen, ist nicht ermessensfehlerhaft, wenn das Begehren des Antragstellers auf der Grundlage der vor der Rechtsprechungsänderung gehandhabten Verwaltungspraxis ebenfalls abschlägig beschieden worden wäre. Es ist insoweit unerheblich, ob die damalige Verwaltungspraxis auf der Basis der von der früheren Rechtsprechung für zutreffend gehaltenen Rechtslage tragfähig war oder nicht.

12 **BFH vom 26. 9. 2007 – V B 8/06 (BStBl 2008 II S. 405)**
1. Durch die Rechtsprechung ist geklärt, dass der Steuerpflichtige einen Anspruch auf Vertrauensschutz hat, wenn sich die Rechtsprechung des BFH verschärft oder von einer allgemein geübten Verwaltungspraxis abweicht und der Steuerpflichtige im Vertrauen auf die bisherige Rechtslage Dispositionen getroffen hat.
2. Soweit die Verwaltung den Vertrauensschutz nicht durch allgemeine Billigkeitsregelungen oder Übergangsregelungen berücksichtigt hat, muss ihm das FA durch Einzelmaßnahme (z.B. nach § 163 AO) Rechnung tragen.
3. Ein schützenswertes Vertrauen, das die Pflicht zum Erlass einer Übergangsregelung oder Billigkeitsmaßnahme im Einzelfall auslöst, ist nur gegeben, wenn als Vertrauensgrundlage eine gesicherte, für die Meinung des Steuerpflichtigen sprechende Rechtsauffassung bestand und die Rechtslage nicht als zweifelhaft erschien.
4. Eine gesicherte Rechtsauffassung kann aus einem schlichten Verwaltungsunterlassen – wie vorliegend bei jahrelanger Nichtbesteuerung von Schönheitsoperationen – nicht hergeleitet werden.

13 **BFH vom 30. 4. 2009 – V R 15/07 (BStBl 2009 II S. 744)**
1. …
2. Liegen die materiellen Voraussetzungen für den Vorsteuerabzug wegen unzutreffender Rechnungsangaben nicht vor, kommt unter Berücksichtigung des Grundsatzes des Vertrauensschutzes ein Vorsteuerabzug im Billigkeitsverfahren (§§ 163, 227 AO) in Betracht.
3. Macht der Steuerpflichtige im Festsetzungsverfahren geltend, ihm sei der Vorsteuerabzug trotz Nichtvorliegens der materiell-rechtlichen Voraussetzungen zu gewähren, ist die Entscheidung über die Billigkeitsmaßnahme nach § 163 Satz 3 AO regelmäßig mit der Steuerfestsetzung zu verbinden.

14 **BFH vom 12. 5. 2009 – VII R 5/08 (BFH/NV 2009 S. 1602)**
Zur Erlangung eines Billigkeitserweises nach § 163 Satz 1 AO sind die besonderen Umstände der behaupteten Existenzgefährdung substantiiert darzulegen. Hierzu reichen allgemeine Hinweise auf gestiegene Kosten, eine angespannte Liquiditätslage, eine Reduzierung der Kontokorrentlinie und auf eine rückläufige Produktion nicht aus.

15 **BFH vom 14. 7. 2010 – X R 34/08 (BStBl 2010 II S. 916)**
Billigkeitsmaßnahmen nach den Vorgaben des BMF-Schreibens vom 27. März 2003 IV A 6 – S 2140–8/03 (BStBl I 2003, 240) sind in Fällen von unternehmerbezogenen Sanierungen nicht möglich.

§ 164 Steuerfestsetzung unter Vorbehalt der Nachprüfung

AO
S 0337

(1) ¹Die Steuern können, solange der Steuerfall nicht abschließend geprüft ist, allgemein oder im Einzelfall unter dem Vorbehalt der Nachprüfung festgesetzt werden, ohne dass dies einer Begründung bedarf. ²Die Festsetzung einer Vorauszahlung ist stets eine Steuerfestsetzung unter Vorbehalt der Nachprüfung.

(2) ¹Solange der Vorbehalt wirksam ist, kann die Steuerfestsetzung aufgehoben oder geändert werden. ²Der Steuerpflichtige kann die Aufhebung oder Änderung der Steuerfestsetzung jederzeit beantragen. ³Die Entscheidung hierüber kann jedoch bis zur abschließenden Prüfung des Steuerfalls, die innerhalb angemessener Frist vorzunehmen ist, hinausgeschoben werden.

(3) ¹Der Vorbehalt der Nachprüfung kann jederzeit aufgehoben werden. ²Die Aufhebung steht einer Steuerfestsetzung ohne Vorbehalt der Nachprüfung gleich; § 157 Abs. 1 Satz 1 und 3 gilt sinngemäß. ³Nach einer Außenprüfung ist der Vorbehalt aufzuheben, wenn sich Änderungen gegenüber der Steuerfestsetzung unter Vorbehalt der Nachprüfung nicht ergeben.

(4) ¹Der Vorbehalt der Nachprüfung entfällt, wenn die Festsetzungsfrist abläuft. ²§ 169 Abs. 2 Satz 2 und § 171 Abs. 7, 8 und 10 sind nicht anzuwenden.

Anwendungserlass zur Abgabenordnung

AEAO

Zu § 164 – Steuerfestsetzung unter Vorbehalt der Nachprüfung:

1

1. Der Vorbehalt der Nachprüfung ist eine Nebenbestimmung i.S.d. § 120, die im Steuerbescheid anzugeben ist. Im Gegensatz zur vorläufigen Steuerfestsetzung hat der Vorbehalt keine Auswirkung auf den Ablauf der Festsetzungsfrist. Wegen der Wirkung einer Steueranmeldung als Vorbehaltsfestsetzung siehe § 168.

2. Der Vorbehalt der Nachprüfung ist zulässig bei allen Festsetzungen, für die die Vorschriften über das Steuerfestsetzungsverfahren gelten (z.B. bei Steuervergütungen, Zulagen, Prämien, gesonderten Feststellungen, Steuermessbeträgen, Zinsen, vgl. zu § 155). Zum Nachprüfungsvorbehalt in Schätzungsfällen vgl. zu § 162, Nr. 4.

3. Solange ein Steuerfall nicht abschließend geprüft ist, kann die spätere Überprüfung vorbehalten bleiben und die Steuer aufgrund der Angaben des Steuerpflichtigen oder aufgrund vorläufiger Überprüfung (vgl. BFH-Urteil vom 4. 8. 1983 – IV R 79/83 – BStBl II 1984, S. 6) unter Vorbehalt der Nachprüfung festgesetzt werden. Der Vorbehalt der Nachprüfung erfasst die Festsetzung insgesamt; eine Beschränkung auf Einzelpunkte oder Besteuerungsgrundlagen ist nicht zulässig. Eine Begründung dafür, dass die Festsetzung unter Vorbehalt erfolgt, ist nicht erforderlich.

4. Solange der Vorbehalt wirksam ist, bleibt der gesamte Steuerfall „offen", die Steuerfestsetzung kann jederzeit – also auch nach Eintritt der Unanfechtbarkeit – und dem Umfang nach uneingeschränkt von Amts wegen oder auch auf Antrag des Steuerpflichtigen aufgehoben oder geändert werden. Die Grundsätze des Vertrauensschutzes nach § 176 sind aber zu beachten.

2

5. Der Steuerpflichtige hat keinen Anspruch auf unverzügliche Entscheidung über seinen Antrag. Die Entscheidung kann bis zur abschließenden Prüfung des Steuerfalles – an Amtsstelle oder im Wege einer Außenprüfung – hinausgeschoben werden. Sie hat jedoch in angemessener Zeit zu erfolgen. Wegen des Ablaufs der Festsetzungsfrist bei Antragstellung Hinweis auf § 171 Abs. 3.

6. Wird eine Steuerfestsetzung unter Vorbehalt der Nachprüfung geändert, so ist in dem neuen Steuerbescheid zu vermerken, ob dieser weiterhin unter Vorbehalt der Nachprüfung steht oder ob der Vorbehalt aufgehoben wird. Fehlt ein derartiger Vermerk, bleibt der Vorbehalt bestehen (BFH-Urteil vom 14. 9. 1993 – VIII R 9/93 – BStBl 1993, S. 2); dies gilt nicht, wenn die zu ändernde Festsetzung kraft Gesetzes unter Nachprüfungsvorbehalt steht (BFH-Urteil vom 2. 12. 1999 – V R 19/99 – BStBl 2000, S. 284). Die Aufhebung des Vorbehalts muss schriftlich oder in elektronischer Form (§ 87a Abs. 4) ergehen und mit einer Rechtsbehelfsbelehrung versehen sein (§ 164 Abs. 3 Satz 2). Die Aufhebung des Nachprüfungsvorbehalts ist nur nach abschließender Prüfung des Steuerfalles zulässig (BFH-Urteil vom 28. 5. 1998 – V R 100/96 – BStBl II, S. 502) und bedarf regelmäßig keiner Begründung (BFH-Urteil vom 10. 7. 1996 – I R 5/96 – BStBl II 1997, S. 5). Nach der Bekanntgabe der Aufhebung des Vorbehalts kann die Aufhebung oder Änderung einer Steuerfestsetzung nicht mehr auf § 164 Abs. 2 gestützt werden; §§ 172 ff. bleiben unberührt.

3

7. Wird der Vorbehalt nicht ausdrücklich aufgehoben, entfällt der Vorbehalt mit Ablauf der allgemeinen Festsetzungsfrist (§ 169 Abs. 2 Satz 1). Die Verlängerung der Festsetzungsfrist für hinterzogene oder leichtfertig verkürzte Steuern (§ 169 Abs. 2 Satz 2) verlängert nicht die Wirk-

§ 164 AO
AEAO H

samkeit des Vorbehalts, es ergeben sich aber Auswirkungen auf die Ablaufhemmung nach § 171 Abs. 1 bis 6, 9 und 11 bis 14.

8. Wegen des Einspruchs gegen eine Vorbehaltsfestsetzung vgl. zu § 367, Nr. 5.

H **Hinweise**

4 **Änderungssperre für Lohnsteuer-, Haftungs- und Nachforderungsbescheide nach Lohnsteuer-Außenprüfungen**

(OFD Karlsruhe, Rdvfg. vom 1. 12. 2001 – S 0351 –)

1. Nach einer Lohnsteuer-Außenprüfung ist der Vorbehalt der Nachprüfung für die Lohnsteuer-Anmeldungen des Prüfungszeitraums aufzuheben.

Mit der Aufhebung des Vorbehalts der Nachprüfung steht einer Änderung der betreffenden LSt-Anmeldungen im Wege des Erlasses eines Lohnsteuer-, Haftungs- oder Lohnsteuer-Nachforderungsbescheids die Änderungssperre des § 173 Abs. 2 AO entgegen, es sei denn, dass eine Steuerhinterziehung oder leichtfertige Steuerverkürzung vorliegt (BFH-Urteile vom 15. 5. 1992, BStBl II 1993, 829 und 840). Ist aufgrund der Feststellungen der LSt-Außenprüfung ein Haftungs- und/oder Nachforderungsbescheid zu erlassen, ist es zur Vermeidung einer dem Erlass dieser Bescheide entgegenstehenden Änderungssperre deshalb geboten, den Vorbehalt der Nachprüfung für die LSt-Anmeldungen des Prüfungszeitraums erst mit dem Erlass des Haftungs- und/oder Nachforderungsbescheids aufzuheben.

Die mit der Aufhebung des Vorbehalts der Nachprüfung eintretende Änderungssperre des § 173 Abs. 2 AO würde dem Erlass eines Haftungsbescheides gegen den Arbeitgeber auch dann nicht entgegenstehen, wenn der Arbeitgeber im Prüfungsbericht auf die Möglichkeit einer späteren Inanspruchnahme als Haftungsschuldner für den Fall hingewiesen würde, dass die Lohnsteuer nicht von den Arbeitnehmern gezahlt wird (BFH-Urteil vom 17. 2. 1995, BStBl II 1995, 555). Sind aufgrund der Feststellungen der Lohnsteuer-Außenprüfung für nachzufordernde Lohnsteuer vorrangig die Arbeitnehmer in Anspruch zu nehmen, kann die Möglichkeit eines späteren Rückgriffs auf den Arbeitgeber jedoch in der Weise offengehalten werden, dass das Finanzamt dem Arbeitgeber nicht nur einen Haftungsbescheid mit Leistungsgebot über die unstreitig bei ihm anzufordernden Lohnsteuerbeträge, sondern daneben einen weiteren Haftungsbescheid ohne Leistungsgebot über diejenigen Beträge erteilt, die zunächst bei den Arbeitnehmern angefordert werden. In diesem zweiten Haftungsbescheid ist darauf hinzuweisen, dass der Erlass eines Leistungsgebots für den Fall vorbehalten bleibt, dass die Steuererhebung bei den Arbeitnehmern nicht möglich ist. Der Vorbehalt der Nachprüfung für die Lohnsteuer-Anmeldungen des Prüfungszeitraums ist hierbei erst mit Erlass des zuletzt ergehenden Haftungsbescheids aufzuheben.

Zum Beginn der Zahlungsverjährungsfrist bei Erlass eines Haftungsbescheids ohne Leistungsgebot Hinweis auf § 229 Abs. 2 AO.

2. Wird der Vorbehalt der Nachprüfung für die Lohnsteuer-Anmeldungen nach der Lohnsteuer-Außenprüfung nicht aufgehoben, so bleibt er bis zum Ablauf der Festsetzungsfrist wirksam (§ 164 Abs. 2 AO). Ein (noch) wirksamer Vorbehalt der Nachprüfung lässt den Erlass weiterer Haftungs- oder Nachforderungsbescheide selbst dann zu, wenn er bereits vor Erlass des Haftungs- oder Nachforderungsbescheids hätte aufgehoben werden müssen (vgl. BFH-Urteil vom 14. 9. 1994, BFH/NV 1995, 369).

3. Werden durch die Lohnsteuer-Außenprüfung Sachverhalte festgestellt, die auch für andere Steuern bedeutsam sind (z.B. Arbeitsverhältnisse zwischen Ehegatten, Bezüge von Gesellschafter-Geschäftsführern), so können diese Feststellungen im Rahmen der betreffenden anderen Steuerfestsetzungen ungeachtet einer für die Lohnsteuer-Anmeldungen des Prüfungszeitraums eingetretenen Änderungssperre des § 173 Abs. 2 AO ausgewertet werden. Wurde nach einer ergebnislosen Lohnsteuer-Außenprüfung der Vorbehalt der Nachprüfung für die Lohnsteuer-Anmeldungen des Prüfungszeitraums aufgehoben, so kann daher im Rahmen einer nachfolgenden allgemeinen Außenprüfung z.B. gleichwohl die Anerkennung eines Ehegatten-Arbeitsverhältnisses auch für den Lohnsteuer-Außenprüfung zugrunde liegenden Prüfungszeitraum noch versagt werden.

4. Die durch Aufhebung des Vorbehalts der Nachprüfung für die Lohnsteuer-Anmeldungen des Prüfungszeitraums eintretende Änderungssperre nach § 173 Abs. 2 AO wirkt nur gegenüber dem Arbeitgeber. Einer Inanspruchnahme des Arbeitnehmers als Steuerschuldner durch einen Nachforderungsbescheid über Lohnsteuer oder Einkommensteuerbescheid steht sie nicht entgegen.

Rechtsprechung

BFH vom 16. 10. 1984 – VIII R 162/80 (BStBl 1985 II S. 448)[1] 5

Der Vorbehalt der Nachprüfung bleibt trotz Durchführung eines außergerichtlichen Rechtsbehelfsverfahrens wirksam, wenn er nicht ausdrücklich aufgehoben wird.

BFH vom 30. 4. 1987 – V R 29/79 (BStBl 1987 II S. 486) 6

Ist eine Umsatzsteuer-Sonderprüfung auf den Vorsteuerabzug beschränkt, darf das Finanzamt den nach dieser Prüfung eingehenden Umsatzsteuerbescheid weiterhin unter dem Vorbehalt der Nachprüfung stehen lassen.

BFH vom 10. 11. 1989 – VI R 124/88 (BStBl 1990 II S. 414) 7

Der unterbliebene Hinweis auf die Möglichkeit einer verbösernden Entscheidung (§ 367 Abs. 2 Satz 2 AO) ist unschädlich, wenn der angegriffene Steuerbescheid auch nach Rücknahme des Einspruchs zum Nachteil des Einspruchsführers geändert werden kann, weil er unter dem Vorbehalt der Nachprüfung (§ 164 Abs. 1 AO) ergangen ist.

BFH vom 14. 11. 1989 – VIII R 102/87 (BStBl 1990 II S. 545) 8

Gibt das FG der Klage statt und überträgt die Errechnung der Steuer dem FA, dann ist der Rechtsstreit in der Hauptsache erledigt, wenn das FA, nachdem es Revision eingelegt hat, unter Hinweis auf § 164 Abs. 2 AO den Steuerbetrag in einem Steuerbescheid nicht nur entsprechend der Auflage des FG, sondern darüber hinaus unter Berücksichtigung weiterer unstreitiger Besteuerungsgrundlagen neu festsetzt.

BFH vom 7. 2. 1990 – I R 145/87 (BStBl 1990 II S. 1032) 9

Das FA ist an die gerichtliche Entscheidung gebunden, daß die Steuer in dem angefochtenen Bescheid wegen des Abzugs von Betriebsausgaben herabzusetzen ist. Einer Änderung dieses Bescheids – auch wenn er unter dem Vorbehalt der Nachprüfung ergangen ist – steht deshalb die Rechtskraft der gerichtlichen Entscheidung entgegen, solange dazu kein neuer Sachverhalt festgestellt wird.

BFH vom 28. 5. 1998 – V R 100/96 (BStBl 1998 II S. 502) 10

Hat das Finanzamt Steuern unter dem Vorbehalt der Nachprüfung festgesetzt, darf es den Vorbehalt auch dann aufheben, wenn es den Steuerfall nicht abschließend geprüft hat.

BFH vom 11. 3. 1999 – V B 24/99 (BStBl 1999 II S. 335) 11

Die Vollziehung eines Steuerbescheids kann grundsätzlich in demselben Umfang ausgesetzt werden, in dem er angefochten werden kann. Dementsprechend kann auch die Vollziehung eines auf § 164 Abs. 2 AO gestützten Umsatzsteuer-Änderungsbescheids in vollem Umfang ausgesetzt oder aufgehoben werden, wenn in den Vorauszahlungsbescheiden keine positive Umsatzsteuer festgesetzt worden ist.

BFH vom 2. 12. 1999 – V R 19/99 (BStBl 2000 II S. 284) 12

1. Ein Steuerbescheid ist nur dann wirksam unter den Vorbehalt der Nachprüfung gestellt, wenn die Kennzeichnung des Vorbehalts für den Steuerpflichtigen eindeutig erkennbar ist.
2. Der kraft Gesetzes für eine Steueranmeldung geltende Vorbehalt der Nachprüfung entfällt, wenn das FA nach Eingang der Steuererklärung erstmals einen Steuerbescheid ohne Nachprüfungsvorbehalt erlässt.

BFH vom 31. 10. 2000 – VIII R 14/00 (BStBl 2001 II S. 156) 13

Die Regelung, dass bei einem unter dem Vorbehalt der Nachprüfung stehenden Steuerbescheid die Steuerfestsetzung nach Ablauf der Festsetzungsfrist wegen des damit verbundenen Wegfalls des Vorbehalts der Nachprüfung nicht mehr nach § 164 Abs. 2 AO geändert werden kann, gilt für die Änderung eines unter dem Vorbehalt der Nachprüfung stehenden Feststellungsbescheides nach Ablauf der Feststellungsfrist sinngemäß.

---
[1] Vgl. bereits BFH vom 12. 6. 1980 (BStBl 1980 II S. 527).

14 BFH vom 29. 3. 2001 – III R 1/99 (BStBl 2001 II S. 432)

Für die erstmalige Festsetzung der Investitionszulage besteht eine Anlaufhemmung weder nach § 170 Abs. 2 Nr. 1 noch nach § 170 Abs. 3 AO. Die Anlaufhemmung nach § 170 Abs. 3 AO greift indes für die Aufhebung oder Änderung von unter dem Vorbehalt der Nachprüfung durchgeführten Festsetzungen der Investitionszulage mit der Folge ein, dass der Vorbehalt der Nachprüfung nach § 164 Abs. 4 Satz 1 AO nicht vor dem Ablauf der durch § 170 Abs. 3 AO verlängerten Änderungsfrist wegfällt.

15 BFH vom 21. 3. 2002 – III R 30/99 (BStBl 2002 II S. 547)

Eine unter dem Vorbehalt der Nachprüfung ergehende Festsetzung der Investitionszulage verhindert grundsätzlich die Entstehung eines Vertrauensschutzes. Die Finanzbehörde ist an einer Änderung einer solchen Vorbehaltsfestsetzung auch nicht ausnahmsweise nach Treu und Glauben allein deswegen gehindert, weil das FA bei einer für zwei vorangegangene Wirtschaftsjahre durchgeführten Investitionszulagen-Sonderprüfung formelle Mängel der für diese Jahre gestellten Anträge nicht beanstandet hatte.

16 BFH vom 23. 1. 2006 – IV B 80/04 (BFH/NV 2006 S. 1242)

1. Ein unter dem Vorbehalt der Nachprüfung stehender Steuerbescheid kann nach § 165 Abs. 1 Satz 1 AO wegen der Frage der Liebhaberei für vorläufig erklärt werden.

2. Die Aufhebung des Vorbehalts der Nachprüfung nach einer Außenprüfung kann mit der Vorläufigkeitserklärung verbunden werden.

17 BFH vom 22. 2. 2006 – I R 125/04 (BStBl 2006 II S. 400)

1. Die Verwertung von Prüfungsfeststellungen, die ohne wirksame Prüfungsanordnung getroffen worden sind, ist nicht generell unzulässig. Das gilt jedenfalls dann, wenn die Feststellungen im Rahmen eines erstmaligen Steuerbescheids oder einer Änderung gemäß § 164 Abs. 2 AO verwertet werden (Anschluss an BFH-Rechtsprechung).

2. Ist in einem Steuerbescheid die Anordnung des Vorbehalts der Nachprüfung versehentlich unterblieben, so muss das FA den Bescheid nicht zunächst nach § 129 AO berichtigen, um ihn anschließend nach § 164 Abs. 2 AO ändern zu können. Vielmehr kann der Bescheid in diesem Fall unmittelbar nach § 164 Abs. 2 AO geändert werden (Bestätigung des Senatsurteils vom 27. 3. 1996, BStBl II 1996, 509).

3. Die Berichtigung nach § 129 AO kann auch im Rahmen einer Entscheidung erfolgen, in der über den Einspruch gegen den auf § 164 Abs. 2 AO gestützten Änderungsbescheid entschieden wird. Darin liegt jedenfalls dann keine „Verböserung" gegenüber jenem Bescheid, wenn der Nachprüfungsvorbehalt in dem Änderungsbescheid aufgehoben wurde und in der Einspruchsentscheidung nicht erneut angebracht wird.

18 BFH vom 27. 2. 2007 – X B 178/06 (BFH/NV 2007 S. 1073)

1. Im Fall der Änderung eines Steuerbescheids zu Lasten des Steuerpflichtigen trägt die Finanzbehörde zwar die Feststellungslast für das Vorliegen der tatbestandlichen Voraussetzungen der dabei in Anspruch genommenen Änderungsvorschriften, bei einer Änderung nach § 164 Abs. 2 AO aber nicht dafür, dass von den Steuerpflichtigen geltend gemachte und im Ausgangsbescheid auch berücksichtigte Betriebsausgaben nicht angefallen bzw. nicht anzuerkennen sind.

...

19 BFH vom 24. 1. 2008 – IV R 87/06 (BStBl 2008 II S. 428)

Aus den Gründen:

Solange der Vorbehalt der Nachprüfung i.S. des § 164 AO besteht, kann ein als fehlerhaft erkannter Steuerverwaltungsakt geändert werden. Dabei ist unerheblich, ob derjenige, der die Änderung vornimmt (Finanzbehörde) oder begehrt (Steuerpflichtiger), zuvor eine andere Rechtsauffassung vertreten hat.

20 BFH vom 7. 2. 2008 – VI R 83/04 (BStBl 2009 II S. 703)

1. Ist im Anschluss an eine Lohnsteueraußenprüfung der Vorbehalt der Nachprüfung für die den Prüfungszeitraum betreffenden Lohnsteueranmeldungen aufgehoben, darf gegenüber dem Arbeitgeber ein neuer Haftungsbescheid nur unter den Voraussetzungen des § 173 Abs. 2 AO ergehen (Bestätigung der Rechtsprechung).

...

BFH vom 29. 4. 2008 – VIII R 75/05 (BStBl 2008 II S. 817) 21
1. – 2. …
3. Die Korrektur eines unter dem Vorbehalt der Nachprüfung erlassenen Steuerbescheides ist nach dem Grundsatz von Treu und Glauben nur in seltenen Ausnahmefällen ausgeschlossen.

BFH vom 30. 10. 2008 – VI R 10/05 (BStBl 2009 II S. 354) 22
Eine Änderung der Festsetzung der Lohnsteuer-Entrichtungsschuld (§§ 155, 167 Abs. 1 Satz 1 AO i.V.m. § 41a Abs. 1 Satz 1 Nr. 1 EStG) ist unter den Voraussetzungen des § 164 Abs. 2 Satz 1 AO auch nach Übermittlung oder Ausschreibung der Lohnsteuerbescheinigung (§ 41c Abs. 3 EStG) zulässig.

BFH vom 11. 11. 2008 – IX R 53/07 (BFH/NV 2009 S. 364) 23
Ein rechtswidriger Bescheid ist entgegen dem Wortlaut des § 164 Abs. 2 Satz 1 AO zu ändern; insoweit besteht kein Ermessen der Finanzbehörde.

BFH vom 21. 10. 2009 – I R 70/08 (HFR 2010 S. 239) 24
1. Ein Arbeitnehmer kann die Lohnsteuer-Anmeldung des Arbeitgebers – soweit sie ihn betrifft – aus eigenem Recht anfechten. Nach dem Eintritt der formellen Bestandskraft der Lohnsteuer-Anmeldung kann der Arbeitnehmer eine Änderung der Anmeldung (§ 164 Abs. 2 AO) begehren.
…

BFH vom 9. 2. 2011 – IV R 15/08 (BStBl 2011 II S. 764) 25
1. Bei einer Klage gegen einen Gewinnfeststellungsbescheid führt jedes nachträglich gestellte Rechtsschutzbegehren, das nicht mit der Klage angegriffene Feststellungen betrifft, zu einer Klageänderung i. S. des § 67 FGO, die nur innerhalb der Klagefrist zulässig ist. Die nicht innerhalb der Klagefrist angegriffenen Feststellungen werden insoweit auch dann – formell – bestandskräftig, wenn der Gewinnfeststellungsbescheid unter dem Vorbehalt der Nachprüfung steht.
2. Ein während des finanzgerichtlichen Verfahrens geänderter Gewinnfeststellungsbescheid wird nach § 68 FGO nur hinsichtlich der bereits zulässig mit der Klage angefochtenen Besteuerungsgrundlagen (partiell) Gegenstand des anhängigen Verfahrens. Gegen die übrigen im Änderungsbescheid korrigierten Besteuerungsgrundlagen kann der Steuerpflichtige Einspruch einlegen.
3. Bei Gewinnfeststellungsbescheiden unter dem Vorbehalt der Nachprüfung kann der Steuerpflichtige nach § 164 Abs. 2 AO bis zum Ablauf der Festsetzungsfrist die Abänderung nicht bei Gericht anhängiger Feststellungen bei der Finanzbehörde beantragen.

BFH vom 14. 6. 2011 – V B 24/10 (HFR 2011 S. 949) 26
1. Im Hinblick darauf, dass der Vorbehaltsvermerk nach § 164 Abs. 3 Satz 1 AO jederzeit und ohne besondere Begründung aufgehoben werden kann, erscheint ein Antrag auf dessen Aufrechterhaltung nicht sinnlos, auch wenn er lediglich die Möglichkeit eröffnet, einen Änderungsantrag nach § 164 Abs. 2 AO bis zum Ablauf der regulären Festsetzungsverjährung zu stellen.
…

---

§ 165 Vorläufige Steuerfestsetzung, Aussetzung der Steuerfestsetzung

AO
S 0338

(1) ¹Soweit ungewiss ist, ob die Voraussetzungen für die Entstehung einer Steuer eingetreten sind, kann sie vorläufig festgesetzt werden. ²Diese Regelung ist auch anzuwenden, wenn
1. ungewiss ist, ob und wann Verträge mit anderen Staaten über die Besteuerung (§ 2), die sich zugunsten des Steuerpflichtigen auswirken, für die Steuerfestsetzung wirksam werden,
2. das Bundesverfassungsgericht die Unvereinbarkeit eines Steuergesetzes mit dem Grundgesetz festgestellt hat und der Gesetzgeber zu einer Neuregelung verpflichtet ist,
3. die Vereinbarkeit eines Steuergesetzes mit höherrangigem Recht Gegenstand eines Verfahrens bei dem Gerichtshof der Europäischen Gemeinschaften, dem Bundesverfassungsgericht oder einem obersten Bundesgericht ist oder
4. die Auslegung eines Steuergesetzes Gegenstand eines Verfahrens bei dem Bundesfinanzhof ist.
³Umfang und Grund der Vorläufigkeit sind anzugeben. ⁴Unter den Voraussetzungen der Sätze 1 und 2 kann die Steuerfestsetzung auch gegen oder ohne Sicherheitsleistung ausgesetzt werden.

§ 165 AO
AEAO

(2) ¹Soweit die Finanzbehörde eine Steuer vorläufig festgesetzt hat, kann sie die Festsetzung aufheben oder ändern. ²Wenn die Ungewissheit beseitigt ist, ist eine vorläufige Steuerfestsetzung aufzuheben, zu ändern oder für endgültig zu erklären; eine ausgesetzte Steuerfestsetzung ist nachzuholen. ³In den Fällen des Absatzes 1 Satz 2 Nr. 4 endet die Ungewissheit, sobald feststeht, dass die Grundsätze der Entscheidung des Bundesfinanzhofs über den entschiedenen Einzelfall hinaus allgemein anzuwenden sind. ⁴In den Fällen des Absatzes 1 Satz 2 muss eine vorläufige Steuerfestsetzung nach Satz 2 nur auf Antrag des Steuerpflichtigen für endgültig erklärt werden, wenn sie nicht aufzuheben oder zu ändern ist.

(3) Die vorläufige Steuerfestsetzung kann mit einer Steuerfestsetzung unter Vorbehalt der Nachprüfung verbunden werden.

AEAO — Anwendungserlass zur Abgabenordnung

1 Zu § 165 – Vorläufige Steuerfestsetzung, Aussetzung der Steuerfestsetzung:

1. Eine vorläufige Steuerfestsetzung nach § 165 Abs. 1 Satz 1 ist nur zulässig, soweit ungewiss ist, ob der Tatbestand verwirklicht ist, an den das Gesetz die Leistungspflicht knüpft; Zweifel bei der Auslegung des Steuergesetzes reichen nicht aus. Eine Steuerfestsetzung kann dementsprechend nach § 165 Abs. 1 Satz 1 nur im Hinblick auf ungewisse Tatsachen, nicht im Hinblick auf die steuerrechtliche Beurteilung von Tatsachen für vorläufig erklärt werden (BFH-Urteil vom 25. 4. 1985 – IV R 64/83 – BStBl II, S. 648). Vorläufige Steuerfestsetzungen nach § 165 Abs. 1 Satz 1 sind insbesondere dann vorzunehmen, wenn eine Steuerfestsetzung unter Vorbehalt der Nachprüfung nicht zweckmäßig ist, z.B. weil keine Nachprüfung des gesamten Steuerfalles mehr zu erwarten ist oder weil sie aus Rechtsgründen nicht möglich ist (z.B. bei fortbestehender Ungewissheit nach einer Außenprüfung).

2. Die Tatsache, dass ein Doppelbesteuerungsabkommen nach seinem Inkrafttreten voraussichtlich rückwirkend anzuwenden sein wird, rechtfertigt eine vorläufige Steuerfestsetzung nach § 165 Abs. 1 Satz 2 Nr. 1, um dem Steuerpflichtigen die Vorteile des Doppelbesteuerungsabkommens zu sichern.

3. Eine vorläufige Steuerfestsetzung nach § 165 Abs. 1 Satz 2 Nr. 2 setzt voraus, dass die Entscheidung des Bundesverfassungsgerichts bereits ergangen ist und die gesetzliche Neuregelung noch aussteht.

4. Zweifel an der Vereinbarkeit einer der Steuerfestsetzung zugrunde liegenden Rechtsnorm mit höherrangigem Recht (insbesondere mit dem Grundgesetz oder dem Europäischen Gemeinschaftsrecht) rechtfertigen nur dann eine vorläufige Steuerfestsetzung nach § 165 Abs. 1 Satz 2 Nr. 3, wenn dieselbe Frage bereits Gegenstand eines Musterverfahrens bei dem Gerichtshof der Europäischen Gemeinschaften, dem Bundesverfassungsgericht oder einem obersten Bundesgericht ist.

   Zum Rechtsschutzbedürfnis für einen Einspruch gegen eine hinsichtlich des strittigen Punktes bereits vorläufige Steuerfestsetzung vgl. zu § 350, Nr. 6.

5. Nach § 165 Abs. 1 Satz 2 Nr. 4 kann eine Steuer vorläufig festgesetzt werden, soweit eine im Fall des Steuerpflichtigen entscheidungserhebliche Rechtsfrage Gegenstand eines Verfahrens beim Bundesfinanzhof ist. Hierbei handelt es sich auch um solche Fälle, in denen eine strittige Rechtsfrage nicht nur unter verfassungsrechtlichen Aspekten zu beurteilen ist (und derentwegen bereits eine vorläufige Steuerfestsetzung nach § 165 Abs. 1 Satz 2 Nr. 3 erfolgt), sondern vom Bundesfinanzhof auf „einfachgesetzlichem" Wege, d.h. durch Anwendung bzw. Auslegung des einfachen Rechts, entschieden werden könnte.

6. Die Entscheidung, die Steuer vorläufig festzusetzen, steht in sämtlichen Fällen des § 165 Abs. 1 im Ermessen der Finanzbehörde. Von der Möglichkeit, eine Steuer nach § 165 Abs. 1 Abs. 2 vorläufig festzusetzen, ist nur Gebrauch zu machen, soweit die Finanzbehörden hierzu durch BMF-Schreiben oder gleich lautende Erlasse der obersten Finanzbehörden der Länder angewiesen worden sind.

7. Die Vorläufigkeit ist auf die ungewissen Voraussetzungen zu beschränken und zu begründen. Die Begründung kann nachgeholt werden (§ 126 Abs. 1 Nr. 2). Wird eine vorläufige Steuerfestsetzung geändert, ist in dem neuen Steuerbescheid zu vermerken, ob und inwieweit dieser weiterhin vorläufig ist oder für endgültig erklärt wird. Durch einen Vorläufigkeitsvermerk im Änderungsbescheid wird der Umfang der Vorläufigkeit neu bestimmt (BFH-Urteil vom 19. 10. 1999 – IX R 23/98 – BStBl II 2000, S. 282).

8. **Soweit wegen der Frage der Vereinbarkeit einer Rechtsnorm mit dem Grundgesetz eine Steuer nach § 165 Abs. 1 Satz 2 Nr. 3 vorläufig festgesetzt worden ist, sind Steuerbescheide auch dann nach § 165 Abs. 2 zu ändern, wenn das Bundesverfassungsgericht oder der Bundesfinanzhof die streitige Frage dadurch entscheidet, dass das Gericht die vom Vorläufig-**

keitsvermerk erfasste Rechtsnorm entgegen der bisherigen Verwaltungsauffassung verfassungskonform so auslegt, dass das betreffende Steuergesetz mit höherrangigem Recht vereinbar ist und diese Auslegung zu einer Steuerminderung führt (BFH-Urteil vom 30.9.2010 – III R 39/08 – BStBl 2011 II, S. 11). Dies gilt auch, wenn der Vorläufigkeitsvermerk insoweit zusätzlich auf § 165 Abs. 1 Satz 2 Nr. 4 gestützt war.

Soweit eine Steuer (auch) nach § 165 Abs. 1 Satz 2 Nr. 4 vorläufig festgesetzt worden ist, sind die Steuerbescheide (zudem) auch dann nach § 165 Abs. 2 zu ändern, wenn der Bundesfinanzhof die vom Vorläufigkeitsvermerk erfasste Rechtsnorm aufgrund einfachgesetzlicher Auslegung eines Steuergesetzes entgegen der bisherigen Verwaltungsauffassung auslegt, diese Auslegung zu einer Steuerminderung führt und dieses Urteil über den entschiedenen Einzelfall hinaus anzuwenden ist.

9. Die vorläufige Steuerfestsetzung kann jederzeit für endgültig erklärt werden. Die Vorläufigkeit bleibt bis dahin bestehen; für den Ablauf der Festsetzungsfrist gilt § 171 Abs. 8. Wird die vorläufige Steuerfestsetzung nach Beseitigung der Ungewissheit geändert (§ 165 Abs. 2 Satz 2), sind im Rahmen des Änderungsbetrages auch solche Fehler zu berichtigen, die nicht mit dem Grund der Vorläufigkeit zusammenhängen (BFH-Urteil vom 2. 3. 2000 – VI R 49/87 – BStBl II, S. 332).

10. In den Fällen des § 165 Abs. 1 Satz 2 ist eine Endgültigkeitserklärung nicht erforderlich, wenn sich die Steuerfestsetzung letztlich als zutreffend erweist und der Steuerpflichtige keine Entscheidung beantragt. Die Vorläufigkeit entfällt in diesem Fall mit Ablauf der – ggf. nach § 171 Abs. 8 Satz 2 verlängerten – Festsetzungsfrist.

11. Wird die vorläufige Steuerfestsetzung auf Antrag des Steuerpflichtigen oder von Amts wegen für endgültig erklärt oder wird der Vorläufigkeitsvermerk in einem Änderungsbescheid nicht wiederholt (vgl. Nr. 7), kann gegen die insoweit nunmehr endgültige Steuerfestsetzung Einspruch eingelegt und ggf. anschließend Klage erhoben werden; hinsichtlich der Auswirkungen der bisherigen Vorläufigkeit der Steuerfestsetzung ergibt sich aus § 351 Abs. 1 keine Anfechtungsbeschränkung (BFH-Urteil vom 30.9.2010 – III R 39/08 – BStBl 2011 II, S. 11). Der Umfang der Anfechtbarkeit bestimmt sich dabei nicht betragsmäßig, sondern in der Wirkung der fehlenden Bestandskraft der bisherigen Vorläufigkeit. In den Fällen der Vorläufigkeit nach § 165 Abs. 1 Satz 2 Nr. 3 beschränkt sich dieser Rechtsschutz dementsprechend auf die weitere verfassungsrechtliche Klärung dieser Rechtsfrage (BFH-Urteil vom 30.9.2010, a.a.O.).

Hinweise

**Vorläufige Steuerfestsetzung im Hinblick auf anhängige Musterverfahren
(§ 165 Abs. 1 AO); Ruhenlassen von außergerichtlichen Rechtsbehelfsverfahren (§ 363 Abs. 2 AO); Aussetzung der Vollziehung (§ 361 AO, § 69 Abs. 2 FGO)**

(BMF-Schreiben vom 16. 5. 2011 – IV A 3 – S 338/07/10010 –, BStBl 2011 I S. 464)

Wegen der großen Zahl von Rechtsbehelfen, die im Hinblick auf anhängige Musterverfahren eingelegt werden, gilt unter Bezugnahme auf das Ergebnis der Erörterung mit den obersten Finanzbehörden der Länder im Interesse der betroffenen Bürger und eines reibungslosen Verfahrensablaufs Folgendes:

I. Vorläufige Steuerfestsetzungen

1. Erstmalige Steuerfestsetzungen

Erstmalige Steuerfestsetzungen sind hinsichtlich der in der Anlage zu diesem BMF-Schreiben aufgeführten Punkte nach § 165 Abs. 1 Satz 2 Nr. 3 AO vorläufig durchzuführen.

In die Bescheide ist folgender Erläuterungstext aufzunehmen:
„Die Festsetzung der Einkommensteuer ist gem. § 165 Abs. 1 Satz 2 Nr. 3 AO vorläufig hinsichtlich

Die Vorläufigkeitserklärung erfasst sowohl die Frage, ob die angeführten gesetzlichen Vorschriften mit höherrangigem Recht vereinbar sind, als auch den Fall, dass das Bundesverfassungsgericht oder der Bundesfinanzhof die streitige verfassungsrechtliche Frage durch verfassungskonforme Auslegung der angeführten gesetzlichen Vorschriften entscheidet (BFH-Urteil vom 30. September 2010 – III R 39/08 – BStBl 2011 II S. 11). Die Vorläufigkeitserklärung erfolgt lediglich aus verfahrenstechnischen Gründen. Sie ist nicht dahin zu verstehen, dass die im Vorläufigkeitsvermerk angeführten gesetzlichen Vorschriften als verfassungswidrig oder als gegen Unionsrecht verstoßend angesehen werden. Soweit die Vorläufigkeitserklärung die Frage der

Verfassungsmäßigkeit einer Norm betrifft, ist sie außerdem nicht dahingehend zu verstehen, dass die Finanzverwaltung es für möglich hält, das Bundesverfassungsgericht oder der Bundesfinanzhof könne die im Vorläufigkeitsvermerk angeführte Rechtsnorm gegen ihren Wortlaut auslegen.

Die Festsetzung der Einkommensteuer ist ferner gemäß § 165 Abs. 1 Satz 2 Nr. 4 AO vorläufig hinsichtlich

Sollte aufgrund einer diesbezüglichen Entscheidung des Gerichtshofs der Europäischen Union, des Bundesverfassungsgerichts oder des Bundesfinanzhofs diese Steuerfestsetzung aufzuheben oder zu ändern sein, wird die Aufhebung oder Änderung von Amts wegen vorgenommen; ein Einspruch ist daher insoweit nicht erforderlich."

2. Geänderte oder berichtigte Steuerfestsetzungen

Bei Änderungen oder Berichtigungen von Steuerfestsetzungen ist wie folgt zu verfahren:

a) Werden Steuerfestsetzungen nach § 164 Abs. 2 AO geändert oder wird der Vorbehalt der Nachprüfung nach § 164 Abs. 3 AO aufgehoben, sind die Steuerfestsetzungen im selben Umfang wie erstmalige vorläufig vorzunehmen. In die Bescheide ist unter Berücksichtigung der aktuellen Anlage zu diesem BMF-Schreiben derselbe Erläuterungstext wie bei erstmaligen Steuerfestsetzungen aufzunehmen.

b) Werden Steuerfestsetzungen nach anderen Vorschriften (einschließlich des § 165 Abs. 2 Satz 2 AO) **zugunsten des Steuerpflichtigen** geändert oder berichtigt, sind die den vorangegangenen Steuerfestsetzungen beigefügten Vorläufigkeitsvermerke zu wiederholen, soweit die Voraussetzungen des § 165 AO für eine vorläufige Steuerfestsetzung noch erfüllt sind. Soweit dies nicht mehr der Fall ist, sind die Steuerfestsetzungen endgültig durchzuführen.

c) Werden Steuerfestsetzungen nach anderen Vorschriften (einschließlich des § 165 Abs. 2 Satz 2 AO) **zuungunsten des Steuerpflichtigen** geändert oder berichtigt, sind die den jeweils letzten vorangegangenen Steuerfestsetzungen beigefügten Vorläufigkeitsvermerke zu wiederholen, soweit die Voraussetzungen des § 165 AO für eine vorläufige Steuerfestsetzung noch erfüllt sind. Soweit dies nicht mehr der Fall ist, sind die Steuerfestsetzungen endgültig durchzuführen. Soweit aufgrund der aktuellen Anlage zu diesem BMF-Schreiben weitere Vorläufigkeitsvermerke in Betracht kommen, sind diese den Bescheiden nur beizufügen, soweit die Änderung reicht..

In die Bescheide ist folgender Erläuterungstext aufzunehmen:

„Die Festsetzung der Einkommensteuer ist gemäß § 165 Abs. 1 Satz 2 Nr. 3 AO vorläufig hinsichtlich

...

Die Vorläufigkeitserklärung erfasst sowohl die Frage, ob die angeführten gesetzlichen Vorschriften mit höherrangigem Recht vereinbar sind, als auch den Fall, dass das Bundesverfassungsgericht oder der Bundesfinanzhof die streitige verfassungsrechtliche Frage durch verfassungskonforme Auslegung der angeführten gesetzlichen Vorschriften entscheidet (BFH-Urteil vom 30. September 2010 – III R 39/08 – BStBl 2011 II S. 11). Die Vorläufigkeitserklärung erfolgt lediglich aus verfahrenstechnischen Gründen. Sie ist nicht dahin zu verstehen, dass die im Vorläufigkeitsvermerk angeführten gesetzlichen Vorschriften als verfassungswidrig oder als gegen Unionsrecht verstoßend angesehen werden. Soweit die Vorläufigkeitserklärung die Frage der Verfassungsmäßigkeit einer Norm betrifft, ist sie außerdem nicht dahingehend zu verstehen, dass die Finanzverwaltung es für möglich hält, das Bundesverfassungsgericht oder der Bundesfinanzhof könne die im Vorläufigkeitsvermerk angeführte Rechtsnorm gegen ihren Wortlaut auslegen.

Die Festsetzung der Einkommensteuer ist ferner gemäß § 165 Abs. 1 Satz 2 Nr. 4 AO vorläufig hinsichtlich

...

Soweit diese Festsetzung gegenüber der vorangegangenen in weiteren Punkten vorläufig ist, erstreckt sich der Vorläufigkeitsvermerk nur auf den betragsmäßigen Umfang der Änderung der Steuerfestsetzung.

Sollte aufgrund einer diesbezüglichen Entscheidung des Gerichtshofs der Europäischen Union, des Bundesverfassungsgerichts oder des Bundesfinanzhofs diese Steuerfestsetzung aufzuheben oder zu ändern sein, wird die Aufhebung oder Änderung von Amts wegen vorgenommen; ein Einspruch ist daher insoweit nicht erforderlich."

d) Werden bisher vorläufig durchgeführte Steuerfestsetzungen nach Beseitigung der Ungewissheit **ohne betragsmäßige Änderung** gem. § 165 Abs. 2 Satz 2 AO für **endgültig** erklärt, sind die den vorangegangenen Steuerfestsetzungen beigefügten übrigen Vorläufigkeitsvermerke zu wiederholen, soweit die Voraussetzungen des § 165 AO für eine vorläufige Steuerfestsetzung noch erfüllt sind.

II. Einspruchsfälle

In Fällen eines zulässigen Einspruchs ist wie folgt zu verfahren:
1. Wird mit einem Einspruch geltend gemacht, der Vorläufigkeitsvermerk berücksichtige nicht die aktuelle Anlage zu diesem BMF-Schreiben, und ist dieser Einwand begründet, ist dem Einspruch insoweit durch eine Erweiterung des Vorläufigkeitsvermerks abzuhelfen. Ist Gegenstand des Einspruchsverfahrens ein Änderungsbescheid, sind die Regelungen in Abschnitt I Nr. 2 zu beachten. Mit der Erweiterung des Vorläufigkeitsvermerks ist das Einspruchsverfahren erledigt, falls nicht auch andere Einwendungen gegen die Steuerfestsetzung erhoben werden. Dies gilt entsprechend bei einem rechtzeitig gestellten Antrag auf schlichte Änderung (§ 172 Abs. 1 Satz 1 Nr. 2 Buchstabe a AO).

   Wird der Einspruch auch wegen anderer, vom Vorläufigkeitsvermerk nicht erfasster Fragen erhoben, wird ein den Vorläufigkeitsvermerk erweiternder Bescheid Gegenstand des anhängig bleibenden Einspruchsverfahrens (§ 365 Abs. 3 AO).
2. Wird gegen einen nach Abschnitt I vorläufig durchgeführte Steuerfestsetzung Einspruch eingelegt und betrifft die vom Einspruchsführer vorgetragene Begründung Fragen, die vom Vorläufigkeitsvermerk erfasst sind, ist der Einspruch insoweit zurückzuweisen. Ein Ruhenlassen des Einspruchsverfahrens kommt insoweit nicht in Betracht, es sei denn, dass nach Abschnitt IV dieses BMF-Schreibens die Vollziehung auszusetzen ist.
3. Spätestens in der (Teil-)Einspruchsentscheidung ist die Steuerfestsetzung im Umfang der aktuellen Anlage zu diesem BMF-Schreiben für vorläufig zu erklären. Ist Gegenstand des Einspruchsverfahrens ein Änderungsbescheid, sind die Regelungen in Abschnitt I Nr. 2 zu beachten.

III. Rechtshängige Fälle

In Fällen, in denen Verfahren bei einem Finanzgericht oder beim Bundesfinanzhof anhängig sind, sind rechtzeitig vor der Entscheidung des Gerichts die Steuerfestsetzungen hinsichtlich der in der aktuellen Anlage zu diesem BMF-Schreiben aufgeführten Punkte vorläufig vorzunehmen (§ 172 Abs. 1 Satz 1 Nr. 2 Buchstabe a in Verbindung mit § 132 AO). Dies gilt nicht, wenn die Klage oder das Rechtsmittel (Revision, Nichtzulassungsbeschwerde) unzulässig ist oder die Klage sich gegen eine Einspruchsentscheidung richtet, die den Einspruch als unzulässig verworfen hat. Ist Gegenstand des gerichtlichen Verfahrens ein Änderungsbescheid, sind die Regelungen in Abschnitt I Nr. 2 zu beachten. Die hinsichtlich des Vorläufigkeitsvermerks geänderte Steuerfestsetzung wird nach § 68 FGO Gegenstand des gerichtlichen Verfahrens.

IV. Aussetzung der Vollziehung

In den Fällen der Anlage zu diesem BMF-Schreiben kommt eine Aussetzung der Vollziehung nur in Betracht, soweit die Finanzbehörden hierzu durch BMF-Schreiben oder gleich lautende Erlasse der obersten Finanzbehörden der Länder angewiesen worden sind.

Rechtsprechung

BFH vom 22. 12. 1987 – IV B 174/86 (BStBl 1988 II S. 234) — 3

Hat das FA im Hinblick auf die tatsächliche Ungewißheit, ob die vom Stpfl. ausgeübte Erfindertätigkeit steuerrechtlich unbeachtliche Liebhaberei ist, zunächst gemäß § 165 Abs. 1 AO unter Zugrundelegung des vom Steuerpflichtigen vertretenen Rechtsstandpunkts veranlagt, kann es bei der endgültigen Steuerfestsetzung auch die von der tatsächlichen Ungewißheit nicht betroffenen, aber zunächst hingenommenen rechtlichen Fehlbeurteilungen des Steuerpflichtigen zur Abzugsfähigkeit von Betriebsausgaben ändern.

BFH vom 26. 10. 1988 – I R 189/84 (BStBl 1989 II S. 130) — 4

Erklärt das FA einen Steuerbescheid hinsichtlich eines Teils der Bemessungsgrundlage für vorläufig i.S. des § 165 Abs. 1 Satz 1 AO, so ist der Umfang der Vorläufigkeit der Steuerfestsetzung ggf. durch Auslegung zu ermitteln.

BFH vom 25. 10. 1989 – X R 109/87 (BStBl 1990 II S. 278) — 5

1. Eine gegen einen vorläufigen Steuerbescheid i.S. des § 165 AO gerichtete Klage darf nicht allein auf Beseitigung des Vorläufigkeitsvermerks abzielen.

2. Unsicherheiten in der Beurteilung der Gewinn-/Überschußerzielungsabsicht des Steuerschuldners sind grundsätzlich geeignet, den Erlaß vorläufiger Einkommensteuerbescheide zu rechtfertigen.

6 BFH vom 26. 9. 1990 – II R 99/88 (BStBl 1990 II S. 1043)

1. Eine Steuer darf nur dann gemäß § 165 AO vorläufig festgesetzt werden, wenn trotz angemessener Bemühungen des FA, den Sachverhalt aufzuklären, eine Unsicherheit in tatsächlicher Hinsicht bleibt, die entweder zur Zeit der Steuerfestsetzung nicht beseitigt werden kann oder nur unter unverhältnismäßig großen Schwierigkeiten beseitigt werden könnte.
2. Den Anforderungen an die Zulässigkeit einer vorläufigen Steuerfestsetzung ist nicht Genüge getan, wenn das FA der Festsetzung der Grunderwerbsteuer ohne jede weitere Prüfung anstelle der Gegenleistung den Einheitswert der Grundstücke zugrunde legt, weil streitig ist, ob ein grunderwerbsteuerbarer Vorgang gegeben war.

7 BFH vom 9. 8. 1991 – III R 48/90 (BStBl 1992 II S. 219)

1. Auch in einer (möglichen) künftigen gesetzlichen Regelung kann eine tatsächliche Ungewißheit über die Voraussetzungen für die Entstehung einer Steuer i.S. des § 165 Abs. 1 Satz 1 AO liegen (Bestätigung des Beschlusses III R 48/90 in BStBl 1991 II S. 868).
2. Wird ein Einkommensteuerbescheid durch Beifügung eines Vorläufigkeitsvermerks geändert, so kann eine Wiederholung der unverändert übernommenen Angaben aus dem Ursprungsbescheid durch eine entsprechende Bezugnahme ersetzt werden.

8 BFH vom 7. 2. 1992 – III R 61/91 (BStBl 1992 II S. 592)

In Fällen, in denen das FG ein Klageverfahren wegen eines vor dem BVerfG anhängigen Musterverfahrens gemäß § 74 FGO aussetzen müßte, hat der Kläger einen Rechtsanspruch auf Vorläufigkeitserklärung des angegriffenen Steuerbescheides hinsichtlich der vor dem BVerfG umstrittenen gesetzlichen Regelung, wenn in dem Klageverfahren noch andere Fragen streitig sind.

9 BFH vom 6. 3. 1992 – III R 47/91 (BStBl 1992 II S. 588)[1]

Ist ein im Hinblick auf eine Besteuerungsgrundlage teilweise vorläufig ergangener Einkommensteuerbescheid bestandskräftig geworden, so können spätere Änderungen nach § 165 Abs. 2 Satz 1 AO nur aus Gründen erfolgen, die mit dieser Besteuerungsgrundlage zusammenhängen.

10 BFH vom 23. 9. 1992 – X R 10/92 (BStBl 1993 II S. 338)

Ein Vorläufigkeitsvermerk ist nicht mangels Bestimmtheit nichtig, wenn sich der Umfang der Vorläufigkeit durch Auslegung ermitteln läßt.

11 BFH vom 11. 2. 1994 – III R 117/93 (BStBl 1994 II S. 380)

Erklärt die Finanzverwaltung noch nicht bestandskräftige Steuerbescheide für vorläufig, weil vor dem BVerfG oder dem BFH Musterverfahren anhängig sind, so besteht kein Anspruch darauf, daß auch bestandskräftige Bescheide wegen dieser Musterprozesse für vorläufig erklärt werden.

12 BFH vom 22. 3. 1996 – III B 173/95 (BStBl 1996 II S. 506)

1. Ein „Musterverfahren" i.S. der Rechtsprechung des BFH, dessen Anhängigkeit beim BVerfG einem gleichgelagerten Rechtsbehelfsverfahren gegen einen vorläufigen Steuerbescheid entgegensteht, liegt dann nicht vor, wenn in dem Rechtsbehelfsverfahren eine Fassung des Gesetzes anzuwenden ist, die in einem für die Entscheidung maßgeblichen Punkt von der beim BVerfG zur Prüfung stehenden Fassung abweicht.
2. Das Rechtsschutzbedürfnis für einen Rechtsbehelf, mit dem die Verfassungswidrigkeit der Rechtsvorschriften geltend gemacht wird, auf denen der angefochtene Bescheid beruht, kann einem Steuerpflichtigen auch bei einem vorläufigen Bescheid nicht allein deshalb abgesprochen werden, weil beim BVerfG wegen anderer Rechtsvorschriften bereits anhängige Verfahren zur Klärung der verfassungsrechtlichen Beurteilungsmaßstäbe führen können.
3. Das Rechtsschutzbedürfnis für einen Rechtsbehelf gegen einen vorläufigen Bescheid ist grundsätzlich nicht allein deshalb zu verneinen, weil beim BFH ein gleichgelagertes Musterverfahren anhängig ist.

---
[1] Zum Fall des § 165 Abs. 2 Satz 2 AO vgl. AO 165/14.

4. Die vorstehenden Grundsätze sind durch die Rechtsprechung des BFH geklärt. Sie bedürfen keiner weiteren Klärung in einem Revisionsverfahren.

BFH vom 8. 7. 1998 – I B 111/97 (BStBl 1998 II S. 702) 13

1. Eine Steuerfestsetzung darf nicht allein deshalb gemäß § 165 Abs. 1 AO vorläufig erfolgen, weil die rechtliche Beurteilung eines in tatsächlicher Hinsicht unstreitigen Sachverhalts unsicher erscheint und deshalb die Finanzbehörde einschlägige Verwaltungsanweisungen abwarten will.
2. Erklärt die Finanzbehörde gleichwohl in einem solchen Fall die Steuerfestsetzung für vorläufig und wird der entsprechende Bescheid nicht fristgerecht angefochten, so kann der Bescheid in der Folge auch dann nicht geändert werden, wenn die Rechtslage inzwischen zugunsten des Steuerpflichtigen geklärt worden ist und dieser nunmehr die Änderung beantragt.

BFH vom 2. 3. 2000 – VI R 48/97 (BStBl 2000 II S. 332) 14

Bei einer Änderung nach § 165 Abs. 2 Satz 2 AO sind im Rahmen des Änderungsbetrages auch solche Fehler zu berücksichtigen, die nicht mit dem Grund der Vorläufigkeit zusammenhängen.

BFH vom 18. 12. 2001 – VIII R 27/96 (HFR 2002 S. 674) 15

1. Lehnt das FA es in der Einspruchsentscheidung ab, den ESt-Bescheid wegen der Zinsbesteuerung vorläufig zu machen, ist die Entscheidung rechtswidrig, wenn in einem anderen Verfahren wegen der streitigen Frage die Revision beim BFH schwebt, auch wenn das FA dies nicht weiß und nicht wissen konnte.
2. Wird deshalb die Einspruchsentscheidung wegen Ermessensunterschreitung aufgehoben und kommt auch das Ruhen des Verfahrens in Betracht, ist das FA zu verpflichten, unter Ausübung seines Ermessens den Antrag des Kl. zu bescheiden.

BFH vom 14. 5. 2003 – XI R 21/02 (BStBl 2003 II S. 888) 16

Nach Erledigung des Rechtsstreits in der Hauptsache kann ein weiterer Vorläufigkeitsvermerk in den Bescheid, den das Finanzamt seiner vor dem Finanzgericht gegebenen Zusage entsprechend erlässt, nicht mehr aufgenommen werden.

BFH vom 21. 4. 2005 – III R 10/03 (BStBl 2005 II S. 718) 17

Setzt das FA die Investitionszulage im Hinblick auf den noch nicht feststehenden Abschlusszeitpunkt der Investition vorläufig fest, hat es bei der endgültigen Festsetzung zwischenzeitliche, die vorläufige Festsetzung betreffende Gesetzesänderungen (Verkürzung des Investitionszeitraums) zu berücksichtigen.

BFH vom 26. 10. 2005 – II R 9/01 (HFR 2006 S. 340) 18

Wird ein vorläufiger Steuerbescheid mit Einspruch angefochten, ist das FA bei Erlass eines Änderungsbescheids auch zur Korrektur eines unzulässigen Vorläufigkeitsvermerks berechtigt, ohne dass es einer besonderen Änderungsbefugnis bedarf.

BFH vom 31. 5. 2006 – X R 9/05 (BStBl 2006 II S. 858) 19

1. Ist eine Steuer „im Hinblick auf anhängige Verfassungsbeschwerden bzw. andere gerichtliche Verfahren" vorläufig festgesetzt, so bezieht sich der Vorläufigkeitsvermerk nur auf solche Verfahren, die bereits im Zeitpunkt der Festsetzung beim EuGH, beim BVerfG, beim BFH oder bei einem anderen obersten Bundesgericht anhängig sind.
2. Die Vorläufigkeit eines Einkommensteuerbescheids „hinsichtlich der beschränkten Abzugsfähigkeit von Vorsorgeaufwendungen (§ 10 Abs. 3 EStG) erstreckt sich, soweit sie im Hinblick auf die gegen den BFH-Beschluss vom 21. 12. 2000 XI B 75/99 (BFH/NV 2001, 773) erhobene Verfassungsbeschwerde (Az. des BVerfG: 2 BvR 587/01) verfügt worden ist, nur auf die Frage, ob auch bei zusammenveranlagten Ehegatten eine individuelle Kürzung des Vorwegabzugs dergestalt möglich ist, dass jedenfalls demjenigen Ehegatten, der nicht durch vorwegabzugsschädliche Arbeitgeberleistungen begünstigt worden ist, ein eigener Vorwegabzug von 3068 € verbleibt.

BFH vom 10. 5. 2007 – IX R 30/06 (BStBl 2007 II S. 807) 20

Das FA kann eine nach § 165 Abs. 1 AO vorläufige Steuerfestsetzung nach Ablauf der Frist des § 171 Abs. 8 AO nach § 175 Abs. 1 Satz 1 Nr. 2 AO ändern, wenn das die Ungewissheit beseitigende Ereignis (§ 165 Abs. 2 AO) zugleich steuerrechtlich zurückwirkt.

21 BFH vom 12. 7. 2007 – X R 22/05 (BStBl 2008 II S. 2)

Ein Vorläufigkeitsvermerk, der keine Angaben über den Umfang der Vorläufigkeit enthält und bei dem dieser für den Steuerpflichtigen auch weder aufgrund seines dem Erlass des Bescheides vorausgehenden Verhaltens noch aufgrund des Inhalts der Steuererklärung oder des Bescheides erkennbar ist, ist unwirksam, selbst wenn Gegenstand des Bescheides nur eine Einkunftsart ist.

22 BFH vom 22. 8. 2007 – II R 44/05 (BStBl 2009 II S. 754)

Ein Erstbescheid, der in der unzutreffenden Annahme der Nichtigkeit eines vorangegangenen nach § 165 AO vorläufigen Bescheides ergeht, kann gemäß § 128 AO auch noch im Revisionsverfahren in einen Änderungsbescheid i.S. des § 165 Abs. 2 AO umgedeutet werden, sofern die das Revisionsgericht bindenden tatsächlichen Feststellungen (§ 118 Abs. 2 FGO) ausreichen, den Beteiligten hierzu rechtliches Gehör gewährt worden ist und sie in ihrer Rechtsverteidigung hierdurch nicht beeinträchtigt sind.

23 BFH vom 4. 9. 2008 – IV R 1/07 (BStBl 2009 II S. 335)

Die Ungewissheit i.S. von § 165 AO i.V.m. § 171 Abs. 8 AO, ob ein Steuerpflichtiger mit Einkünfteerzielungsabsicht tätig geworden ist oder ob Liebhaberei vorliegt, ist beseitigt, wenn die für die Beurteilung der Einkünfteerzielungsabsicht maßgeblichen Hilfstatsachen festgestellt werden können und das FA davon positive Kenntnis hat.

24 BFH vom 11. 2. 2009 – X R 51/06 (BStBl 2009 II S. 892)

Beantragt der Kläger im Klageverfahren, einen Vorläufigkeitsvermerk zu erweitern, und beantragt er im Revisionsverfahren, die Einkommensteuer herabzusetzen, liegt eine unzulässige Klageänderung i.S. der §§ 67, 123 FGO vor.

25 BFH vom 19. 1. 2011 – X B 156/10 (BFH/NV 2011 S. 745)

Die Ungewissheit i. S. von § 165 i. V. m. § 171 Abs. 8 AO, ob eine Steuerpflichtiger mit Einkünfteerzielungsabsicht tätig geworden ist oder ob eine Liebhaberei vorliegt, ist regelmäßig zu dem Zeitpunkt beseitigt, zu dem dessen unternehmerische Tätigkeit beendigt ist und das FA hiervon Kenntnis hat. Nicht erforderlich ist, dass das FA sich zu diesem Zeitpunkt bereits die vollständige Kenntnis der maßgeblichen Hilfstatsachen verschafft hat.

26 BFH vom 14. 4. 2011 – VI B 143/10 (BFH/NV 2011 S. 1289)

Wird eine Steuer ohne Vorläufigkeitsvermerk festgesetzt, ist der Eintritt der Festsetzungsverjährung auch dann nicht nach § 171 Abs. 8 AO gehemmt, wenn die Finanzbehörde zur vorläufigen Steuerfestsetzung verpflichtet war.

§ 166 Drittwirkung der Steuerfestsetzung

Ist die Steuer dem Steuerpflichtigen gegenüber unanfechtbar festgesetzt, so hat dies neben einem Gesamtrechtsnachfolger auch gegen sich gelten zu lassen, wer in der Lage gewesen wäre, den gegen den Steuerpflichtigen erlassenen Bescheid als dessen Vertreter, Bevollmächtigter oder kraft eigenen Rechts anzufechten.

Rechtsprechung

1 BFH vom 1. 3. 1988 – VII R 109/86 (BStBl 1988 II S. 408)

Der durch Duldungsbescheid des Finanzamts in Anspruch genommene Gegner einer Anfechtung kann gegen den seiner Inanspruchnahme zugrunde liegenden Steuer- oder Haftungsbescheid keine Einwendungen erheben, die der Steuer- oder Haftungsschuldner bereits verloren hat. Mit Einwendungen gegen einen bestandskräftig gewordenen Steuer- oder Haftungsbescheid ist der duldungsverpflichtete Anfechtungsgegner mithin ausgeschlossen.

BFH vom 16. 12. 1997 – VII R 30/97 (BStBl 1998 II S. 319) 2

Die Drittwirkung der Steuerfestsetzung gemäß § 166 AO gilt nicht gegenüber dem Gesellschafter einer GbR, der für Steuerschulden der Gesellschaft als Haftungsschuldner in Anspruch genommen worden ist, wenn dieser nicht zur Alleinvertretung der GbR berechtigt war. Das gilt auch im Hinblick auf ein etwaiges Notgeschäftsführungsrecht nach § 744 Abs. 2 BGB analog.

BFH vom 24. 8. 2004 – VII R 50/03 (BStBl 2005 II S. 127) 3

Eine unzutreffende, jedoch bestandskräftig gewordene Lohnsteueranmeldung muss sich der als Haftungsschuldner in Anspruch genommene Geschäftsführer einer GmbH dann nicht nach § 166 AO entgegenhalten lassen, wenn er nicht während der gesamten Dauer der Rechtsbehelfsfrist Vertretungsmacht und damit das Recht gehabt hat, namens der GmbH zu handeln.

BFH vom 12. 1. 2011 – XI R 11/08 (BStBl 2011 II S. 477) 4

1. ...
2. Der Haftungsschuldner kann Einwendungen nicht nur gegen die Haftungsschuld, sondern auch gegen die Steuerschuld erheben, für die er als Haftungsschuldner in Anspruch genommen wird, soweit nicht die Voraussetzungen des § 166 AO erfüllt sind.

§ 167 Steueranmeldung, Verwendung von Steuerzeichen oder Steuerstemplern

(1) ¹Ist eine Steuer auf Grund gesetzlicher Verpflichtung anzumelden (§ 150 Abs. 1 Satz 3), so ist eine Festsetzung der Steuer nach § 155 nur erforderlich, wenn die Festsetzung zu einer abweichenden Steuer führt oder der Steuer- oder Haftungsschuldner die Steueranmeldung nicht abgibt. ²Satz 1 gilt sinngemäß, wenn die Steuer auf Grund gesetzlicher Verpflichtung durch Verwendung von Steuerzeichen oder Steuerstemplern zu entrichten ist. ³Erkennt der Steuer- oder Haftungsschuldner nach Abschluss einer Außenprüfung im Sinne des § 193 Abs. 2 Nr. 1 seine Zahlungsverpflichtung schriftlich an, steht das Anerkenntnis einer Steueranmeldung gleich.

(2) ¹Steueranmeldungen gelten auch dann als rechtzeitig abgegeben, wenn sie fristgerecht bei der zuständigen Kasse eingehen. ²Dies gilt nicht für Einfuhr- und Ausfuhrabgaben und Verbrauchsteuern.

Anwendungserlass zur Abgabenordnung

Zu § 167 – Steueranmeldung, Verwendung von Steuerzeichen oder Steuerstemplern: 1

1. Die Selbstberechnung der Steuer (§ 150 Abs. 1 Satz 3) durch Steueranmeldung ist gesetzlich insbesondere vorgeschrieben für die Umsatzsteuer (Voranmeldung und Jahreserklärung – § 18 UStG), die Lohnsteuer (§ 41a EStG), die Kapitalertragsteuer (§ 45a EStG), den Steuerabzug nach § 48 i.V.m. § 48a EStG oder nach § 50a EStG, die Versicherungsteuer (§ 8 VersStG), die Wettsteuer (§ 18 RennwLottAB) und für die Feuerschutzsteuer (§ 8 FeuerSchStG). Die Steueranmeldung ist Steuererklärung i.S.d. § 150. Wegen der Wirkung einer Steueranmeldung siehe § 168.
2. Eine Steueranmeldung i.S.d. AO liegt nicht vor, wenn ein Gesetz zwar die Selbstberechnung der Steuer durch den Steuerpflichtigen vorschreibt, daneben aber eine förmliche Steuerfestsetzung vorsieht, z.B. § 9 KraftStDV.
3. Das Anerkenntnis des zum Steuerabzug Verpflichteten, insbesondere des Arbeitgebers hinsichtlich der Lohnsteuer, steht einer Steueranmeldung und damit einer Steuerfestsetzung unter Vorbehalt der Nachprüfung gleich (§ 167 Abs. 1 Satz 3, § 168 Satz 1). Es ist deshalb nicht erforderlich, gegen ihn einen Haftungsbescheid zu erlassen, wenn er seiner Zahlungsverpflichtung aus dem Anerkenntnis nicht nachkommen will. Der Entrichtungspflichtige kann sein Zahlungsanerkenntnis nur mit Zustimmung der Finanzbehörde ändern oder widerrufen. Nach einer abschließenden Prüfung des Steuerfalls ist der Vorbehalt der Nachprüfung durch besonderen Bescheid aufzuheben (§ 164 Abs. 2 und 3).
4. Steueranmeldungen sind bei dem für die Besteuerung zuständigen Finanzamt abzugeben. Es treten aber keine Verspätungsfolgen ein, wenn der Steuerpflichtige die Steueranmeldung und den Scheck fristgemäß bei dem für die Steuererhebung zuständigen Finanzamt einreicht.
5. Gibt jemand (z.B. ein Arbeitgeber) trotz seiner gesetzlichen Verpflichtung, Steuern für Rechnung eines Dritten einzubehalten, anzumelden und abzuführen, keine Steueranmeldung ab, so

kann gegen ihn ein Steuerbescheid aufgrund einer Schätzung ergehen. Die Möglichkeit, einen Haftungsbescheid zu erlassen, steht dem nicht entgegen (vgl. BFH-Urteil vom 7. 7. 2004 – VI R 171/00 – BStBl II, S. 1087).

Rechtsprechung

2 BFH vom 14. 7. 1999 – I B 151/98 (BStBl 2001 II S. 556)

1. Die Verpflichtung des Schuldners der Kapitalerträge zur Abgabe einer Kapitalertragsteuer-Anmeldung gemäß § 45a EStG führt für den Anmeldenden als Entrichtungssteuerschuldner zu einer Anlaufhemmung gemäß § 170 Abs. 2 Satz 1 Nr. 1 AO (Bestätigung des Senatsurteils vom 17. April 1996, BStBl II S. 608).

2. Durch eine Kapitalertragsteuer-Anmeldung kann ein denselben Anmeldungszeitraum betreffender Kapitalertragsteuer-Haftungsbescheid geändert werden.

3 BFH vom 13. 9. 2000 – I R 61/99 (BStBl 2001 II S. 67)

Gibt der Steuerpflichtige keine Anmeldung zur Kapitalertragsteuer ab, kann das FA anstelle eines Haftungsbescheides einen Nachforderungsbescheid gemäß § 167 Abs. 1 Satz 1 AO erlassen. Das ändert aber nichts daran, dass es sich materiell um die Geltendmachung eines Haftungsanspruchs handelt, so dass die Voraussetzungen gemäß § 44 Abs. 5 EStG erfüllt sein müssen (Abgrenzung vom Senatsurteil vom 24. März 1998, BStBl 1999 II S. 3).

4 BFH vom 25. 11. 2002 – I B 69/02 (BStBl 2003 II S. 189)

Eine Steueranmeldung gemäß § 73e EStDV 2000 enthält keine Festsetzung einer Steuerschuld gegenüber dem Vergütungsgläubiger (= Steuerschuldner). Sie kann auf dessen Rechtsbehelf hin deshalb nur daraufhin überprüft werden, ob sie vom Vergütungsschuldner vorgenommen werden durfte oder nicht (Bestätigung des Senatsbeschlusses vom 13. 8. 1997, BStBl 1997 II S. 700).

5 BFH vom 7. 7. 2004 – VI R 171/00 (BStBl 2004 II S. 1087)

Wenn ein Arbeitgeber die Lohnsteuer trotz gesetzlicher Verpflichtung nicht anmeldet und abführt, kann das Finanzamt sie durch Schätzungsbescheid festsetzen. Die Möglichkeit, einen Haftungsbescheid zu erlassen, steht nicht entgegen.

6 BFH vom 20. 8. 2008 – I R 29/07 (BStBl 2010 II S. 142)

1. ...

2. Von den Fremdkapitalvergütungen ist im Zeitpunkt der Leistung gemäß § 43 Abs. 1 Satz 1 Nr. 1, § 44 Abs. 1 EStG 2002 Kapitalertragsteuer einzubehalten und abzuführen (Bestätigung des BMF-Schreibens vom 15. 7. 2004, BStBl I 2004, 593, dort Tz. 5).

3. Es ist schuldhaft i.S. von § 44 Abs. 5 Satz 1 letzter Halbsatz EStG 2002, wenn der abführungsverpflichtete Kapitalnehmer wegen bestehender Ungewissheiten über die Rechtswirkungen des § 8a KStG 2002 auf Anteilseignerebene von der ordnungsgemäßen Einbehaltung und Abführung der Kapitalertragsteuer absieht. Der Kapitalnehmer kann deswegen gemäß § 167 Abs. 1 Satz 1 AO i.V.m. § 44 Abs. 5 Satz 3 EStG 2002 durch Nachforderungsbescheid des FA in Anspruch genommen werden (Anschluss an Senatsurteil vom 13. 9. 2000 I R 61/99, BStBl 2001 II 2001, 67).

7 BFH vom 30. 10. 2008 – VI R 10/05 (BStBl 2009 II S. 354)

Eine Änderung der Festsetzung der Lohnsteuer-Entrichtungsschuld (§§ 155, 167 Abs. 1 Satz 1 AO i.V.m. § 41a Abs. 1 Satz 1 Nr. 1 EStG) ist unter den Voraussetzungen des § 164 Abs. 2 Satz 1 AO auch nach Übermittlung oder Ausschreibung der Lohnsteuerbescheinigung (§ 41c Abs. 3 EStG) zulässig.

8 BFH vom 18. 3. 2009 – I B 210/08 (BFH/NV 2009 S. 1237)

§ 167 Abs. 1 Satz 1 AO begründet ein Wahlrecht für die Finanzbehörde, den Haftungsschuldner wahlweise durch Haftungsbescheid oder durch Steuerbescheid in Anspruch zu nehmen, wenn er seine Steueranmeldepflicht nicht erfüllt hat. Wird der Haftungsschuldner durch Nacherhebungsbescheid in Anspruch genommen, sind keine besonderen Ermessenserwägungen der Behörde erforderlich; dies benachteiligt den Abzugsverpflichteten in der Situation des Steuerabzugs für beschränkt steuerpflichtige Vergütungsempfänger (ausländischer Steuerschuldner) angesichts der geringen Erfordernisse für die Artikulation des Auswahlermessens nicht.

§ 168 Wirkung einer Steueranmeldung

¹Eine Steueranmeldung steht einer Steuerfestsetzung unter Vorbehalt der Nachprüfung gleich. ²Führt die Steueranmeldung zu einer Herabsetzung der bisher zu entrichtenden Steuer oder zu einer Steuervergütung, so gilt Satz 1 erst, wenn die Finanzbehörde zustimmt. ³Die Zustimmung bedarf keiner Form.

Anwendungserlass zur Abgabenordnung

Zu § 168 – Wirkung einer Steueranmeldung:

1. Eine Steueranmeldung, die nicht zu einer Herabsetzung der bisher zu entrichtenden Steuer oder zu einer Steuervergütung führt, hat mit ihrem Eingang bei der Finanzbehörde die Wirkung einer Steuerfestsetzung unter Vorbehalt der Nachprüfung. Wegen der daraus sich ergebenden Folgen vgl. zu § 164.
   Die fällige Steuer ist ohne besonderes Leistungsgebot nach Eingang der Anmeldung vollstreckbar (§ 249 Abs. 1, § 254 Abs. 1 Satz 4).

2. Eine erstmalige Steueranmeldung, die zu einer Steuervergütung führt (z.B. Vorsteuerüberschuss), wirkt erst dann als Steuerfestsetzung unter Vorbehalt der Nachprüfung, wenn dem Steuerpflichtigen die Zustimmung der Finanzbehörde bekannt wird (§ 168 Satz 2; BFH-Urteil vom 28. 2. 1996 – XI R 42/94 – BStBl II, S. 660). Bis dahin ist sie als Antrag auf Steuerfestsetzung (§ 155 Abs. 1 und 4) anzusehen.

3. Auch eine berichtigte Steueranmeldung, die zu einer Herabsetzung der bisher angemeldeten Steuer (Mindersoll) oder zu einer Erhöhung der bisher angemeldeten Steuervergütung führt, wirkt erst dann als Steuerfestsetzung unter Vorbehalt der Nachprüfung, wenn dem Steuerpflichtigen die Zustimmung der Finanzbehörde bekannt wird. Bis dahin ist sie als Antrag auf Änderung der Steuerfestsetzung nach § 164 Abs. 2 Satz 2 zu behandeln. Wegen der Änderung einer nicht mehr unter dem Vorbehalt der Nachprüfung stehenden Steuerfestsetzung vgl. Nr. 12.

4. Die kassenmäßige Sollstellung eines Rotbetrags ist keine Zustimmung zur Anmeldung i.S.d. § 168 Satz 2; sie darf dem Anmeldenden nicht mitgeteilt werden. Wird der Steuerpflichtige schriftlich bzw. elektronisch über die Zustimmung unterrichtet (z.B. zusammen mit einer Abrechnungsmitteilung), ist grundsätzlich davon auszugehen, dass ihm die Zustimmung am dritten Tag nach Aufgabe zur Post bzw. nach der Absendung bekannt geworden ist. Zur Fälligkeit der Erstattung vgl. zu § 220.

5. Die Abgabe einer berichtigten Anmeldung mit Mindersoll hat keine Auswirkungen auf den Zeitpunkt der Fälligkeit des ursprünglich angemeldeten Betrages. Ebenso bleiben auf der Grundlage der ursprünglichen Steueranmeldung entstandene Säumniszuschläge unberührt (§ 240 Abs. 1 Satz 4).

6. Will die Finanzbehörde von der angemeldeten Steuer abweichen, so ist eine Steuerfestsetzung vorzunehmen und darüber ein Steuerbescheid zu erteilen. Die abweichende Festsetzung kann unter dem Vorbehalt der Nachprüfung oder unter den Voraussetzungen des § 165 vorläufig vorgenommen werden.

7. Nach § 18 Abs. 2 UStG ist die für einen Voranmeldungszeitraum errechnete Umsatzsteuer eine Vorauszahlung. Wird eine abweichende USt-Festsetzung durchgeführt, steht diese als Vorauszahlungsbescheid nach § 164 Abs. 1 Satz 2 kraft Gesetzes unter Vorbehalt der Nachprüfung. Dies gilt nicht bei einer von einer USt-Jahreserklärung abweichenden Festsetzung; in diesen Fällen muss die Steuerfestsetzung unter Vorbehalt der Nachprüfung besonders angeordnet und im Bescheid vermerkt werden (BFH-Urteil vom 2. 12. 1999 – V R 19/99 – BStBl II 2000, S. 284).

8. Ergibt sich durch die anderweitige Festsetzung eine höhere Zahllast als angemeldet, ist für den nachzuzahlenden Differenzbetrag eine Zahlungsfrist einzuräumen (§ 220 Abs. 2). Auf § 18 Abs. 4 UStG wird hingewiesen. Liegt der abweichenden Festsetzung eine Steueranmeldung mit Steuervergütung oder Mindersoll zugrunde, so ist Fälligkeitstag des gesamten Erstattungsbetrags der Tag der Bekanntgabe der anderweitigen Festsetzung (§ 220 Abs. 2).

9. Aus Vereinfachungsgründen kann bei Steueranmeldungen, die zu einer Steuervergütung oder zu einem Mindersoll führen, die Zustimmung allgemein erteilt werden. Auch in diesem Fall stehen die Anmeldungen erst dann einer Steuerfestsetzung unter Vorbehalt der Nachprü-

§ 168 AO
AEAO Rsp

fung gleich, wenn dem Steuerpflichtigen die Zustimmung bekannt wird. Wird der Steuerpflichtige schriftlich bzw. elektronisch über die Zustimmung unterrichtet (z.B. zusammen mit einer Abrechnungsmitteilung), ist grundsätzlich davon auszugehen, dass ihm die Zustimmung am dritten Tage nach Aufgabe zur Post bzw. nach der Absendung bekannt geworden ist.

10. In den Fällen, in denen keine allgemeine Zustimmung erteilt wird, ist über die Zustimmung oder Festsetzung alsbald zu entscheiden. Auf die Bearbeitung in angemessener Zeit bzw. auf die rechtzeitige Mitteilung von Hinderungsgründen ist angesichts § 347 Abs. 1 Satz 2 besonders zu achten.

11. Wird die Zustimmung zur Steueranmeldung nicht erteilt, so ist der Antrag des Steuerpflichtigen auf Steuerfestsetzung (vgl. Nr. 2) bzw. auf Änderung der Steuerfestsetzung nach § 164 Abs. 2 Satz 2 (vgl. Nr. 3) durch Bescheid abzulehnen (§ 155 Abs. 1 Satz 3).

12. Führt die berichtigte Anmeldung zu einer höheren Steuer oder zu einem geringeren Vergütungsbetrag, gilt folgendes:
    – Steht die bisherige Steuerfestsetzung noch unter dem Vorbehalt der Nachprüfung, bedarf es keiner Zustimmung der Finanzbehörde; die berichtigte Steueranmeldung steht bereits mit ihrem Eingang bei der Finanzbehörde einer nach § 164 Abs. 2 geänderten Steuerfestsetzung unter Vorbehalt der Nachprüfung gleich.
    – Steht die bisherige Steuerfestsetzung nicht oder nicht mehr unter dem Vorbehalt der Nachprüfung, ist ein nach § 172 Abs. 1 Satz 1 Nr. 2 Buchstabe a geänderter Bescheid zu erteilen.
    Zu prüfen ist, ob die berichtigte Anmeldung eine Selbstanzeige (§ 371) ist. Wegen der Verlängerung der Festsetzungsfrist Hinweis auf § 171 Abs. 9.

13. Eine Steueranmeldung, die – ggf. nach Zustimmung – einer Steuerfestsetzung unter dem Vorbehalt der Nachprüfung gleichsteht, kann mit dem Einspruch angefochten werden (§ 347 Abs. 1 Satz 1). Wegen des Beginns der Einspruchsfrist wird auf § 355 Abs. 1 Satz 2, wegen des Beginns der Zahlungsverjährung auf § 229 hingewiesen.

Rsp   **Rechtsprechung**

4 BFH vom 2. 11. 1989 – V R 56/84 (BStBl 1990 II S. 253)

Die Einschränkung der Änderungsbefugnis gemäß § 176 Abs. 1 Nr. 2 AO ist auch bei der Änderung einer Steuerfestsetzung zu beachten, die auf einer Steueranmeldung beruht (Anschluß an BFH vom 28. September 1987, BStBl 1988 II S. 40).

5 BFH vom 28. 11. 1990 – V R 117/86 (BStBl 1991 II S. 281)

Führt eine Steueranmeldung zur Herabsetzung der bisher entrichteten Steuer, so ist eine Zustimmung der Finanzbehörde zu dieser Steueranmeldung nicht mehr möglich, nachdem sie berichtigt worden ist.

6 BFH vom 13. 8. 1997 – I B 30/97 (BStBl 1997 II S. 700)

1. Eine Steueranmeldung gemäß § 73e EStDV enthält keine Festsetzung einer Steuerschuld gegenüber dem Vergütungsgläubiger.
2. Eine Steueranmeldung kann nur gegenüber dem anmeldenden Vergütungsschuldner vollzogen werden. Wird die Vollziehung einer Steueranmeldung ausgesetzt, so ist die bereits abgeführte Steuer an den Vergütungsschuldner zu erstatten. Läuft die Aussetzung der Vollziehung der Steueranmeldung aus, so kann die Anmeldung (erneut) nur gegenüber dem Vergütungsschuldner vollzogen werden.
3. Die Vollziehung einer Steueranmeldung kann nicht mit der Maßgabe ausgesetzt werden, daß die ausgesetzten Steuerbeträge an den Vergütungsgläubiger zu erstatten sind.
4. Auf Antrag des Vergütungsgläubigers kann die Vollziehung einer Steueranmeldung nicht mit der Maßgabe ausgesetzt werden, daß die Steuer gegen den Willen des Vergütungsschuldners an diesen zu erstatten ist. Der Vergütungsgläubiger ist für einen solchen Fall gehalten, einstweiligen Rechtsschutz im Freistellungsverfahren bzw. Erstattungsverfahren zu beantragen.

7 BFH vom 25. 6. 1998 – V B 104/97 (BStBl 1998 II S. 649)

Im Falle der ohne Zustimmung der Behörde als Steuerfestsetzung unter dem Vorbehalt der Nachprüfung wirkenden Steueranmeldung (§ 168 Satz 1 AO) bedarf es keiner Rechtsbehelfsbelehrung. Die Einspruchsfrist verlängert sich mangels Vorliegens eines schriftlichen Verwaltungsakts demnach nicht auf ein Jahr.

BFH vom 14. 7. 1999 – I B 151/98 (BStBl 2001 II S. 556) 8

Durch eine Kapitalertragsteuer-Anmeldung kann ein denselben Anmeldungszeitraum betreffender Kapitalertragsteuer-Haftungsbescheid geändert werden.

BFH vom 9. 4. 2002 – VII R 108/00 (BStBl 2002 II S. 562) 9

1. Hat das FA abgetretene Vorsteuerüberschüsse eines Voranmeldungszeitraumes an den Zessionar ausgezahlt, entsteht gegen diesen ein Rückforderungsanspruch, wenn der Rechtsgrund für die Auszahlung durch Berichtigung der Bemessungsgrundlage nach § 17 Abs. 2 Nr. 3 i.V.m. Abs. 1 Satz 3 UStG in einem späteren Voranmeldungszeitraum entfallen ist.
2. Die zur Auszahlung des Vorsteuerüberschusses führende Umsatzsteuerfestsetzung (§ 168 AO) hat mit der Berichtigung der Bemessungsgrundlage gemäß § 17 Abs. 2 Nr. 3 UStG in einer späteren Umsatzsteuervoranmeldung (§ 168 AO) ihre Wirksamkeit als formeller Rechtsgrund verloren (§ 124 Abs. 2 i.V.m. § 218 Abs. 1 AO).

BFH vom 9. 7. 2003 – V R 29/02 (BStBl 2003 II S. 904) 10

Wird die nach § 168 AO i.V.m. § 18 Abs. 3 UStG erforderliche Zustimmung zu einer Umsatzsteueranmeldung schriftlich erteilt, beginnt die Rechtsbehelfsfrist nur, wenn eine Rechtsbehelfsbelehrung beigefügt worden ist.

BFH vom 20. 7. 2005 – VI R 165/01 (BStBl 2005 II S. 890) 11

Ein Arbeitnehmer kann die Lohnsteuer-Anmeldung des Arbeitgebers aus eigenem Recht anfechten, soweit sie ihn betrifft (Anschluss an das Urteil des BFH vom 12. 10. 1995, BStBl II 1996, 87).

BFH vom 22. 5. 2007 – IX R 55/06 (BStBl 2007 II S. 857) 12

1. Ist eine Steueranmeldung entgegen der gesetzlichen Anordnung nicht eigenhändig unterschrieben, ist sie unwirksam, steht deshalb einer Steuerfestsetzung nicht gleich und führt mit ihrem Eingang bei der Finanzbehörde nicht zum Beginn der Einspruchsfrist.
2. Wenn die Finanzverwaltung eine strafbefreiende Erklärung trotz fehlender – aber innerhalb einer vom FA gesetzten Frist nachgeholter – Unterschrift allgemein als von Anfang an wirksam behandelt, so kann dies ohne Rechtsgrundlage jedenfalls nicht zu Lasten des Erklärenden die Einspruchsfrist auslösen.

BFH vom 10. 6. 2009 – I R 10/09 (BStBl 2009 II S. 974) 13

Aus den Gründen:
Das FA hat … die gemäß § 168 Satz 2 AO erforderliche Zustimmung zur geänderten Steueranmeldung zu Unrecht verweigert. Da die Zustimmung mit der Verpflichtungsklage (§ 40 Abs. 1 FGO) zu verfolgen ist, kann die Klage nicht unmittelbar zur Änderung der Kapitalertragsteuerfestsetzung führen, sondern nur zur Verpflichtung des FA, die Zustimmung zu erteilen.

BFH vom 21. 10. 2009 – I R 70/08 (HFR 2010 S. 239) 14

1. Ein Arbeitnehmer kann die Lohnsteuer-Anmeldung des Arbeitgebers – soweit sie ihn betrifft – aus eigenem Recht anfechten. Nach dem Eintritt der formellen Bestandskraft der Lohnsteuer-Anmeldung kann der Arbeitnehmer eine Änderung der Anmeldung (§ 164 Abs. 2 AO) begehren.
…

II. Festsetzungsverjährung (§§ 169–171)

Anwendungserlass zur Abgabenordnung

AEAO

Vor §§ 169 bis 171 – Festsetzungsverjährung: 1

1. Durch Verjährung erlöschen allgemein Ansprüche aus dem Steuerschuldverhältnis (§ 47).
   Das Gesetz unterscheidet zwischen der Festsetzungsverjährung (§§ 169 bis 171) und der Zahlungsverjährung (§§ 228 bis 232).
2. Die Finanzbehörde darf die Festsetzung von Steuern, von Erstattungs- oder Vergütungsansprüchen nur vornehmen, soweit die Festsetzungsfrist noch nicht abgelaufen ist. Dies gilt auch für Änderungen oder Aufhebungen von Steuerfestsetzungen sowie Berichtigungen wegen offen-

barer Unrichtigkeit, gleichgültig ob zugunsten oder zuungunsten des Steuerpflichtigen. Mit Ablauf der Festsetzungsfrist sind Ansprüche des Steuergläubigers, aber auch Ansprüche des Erstattungsberechtigten erloschen. Zur Berichtigung (teil-)verjährter Steueransprüche im Zusammenhang mit einer Aufhebung, Änderung oder Berichtigung der Steuerfestsetzung wegen offenbarer Unrichtigkeit vgl. zu § 177, Nr. 1.

3. Eine Festsetzung usw., die erst nach Eintritt der Festsetzungsverjährung erfolgt, ist nicht nichtig (§ 125 Abs. 1), sondern nur anfechtbar, erwächst also ggf. in Bestandskraft; der Bescheid ist auch vollstreckbar.

4. Die Festsetzungsverjährung schließt Ermittlungshandlungen der Finanzbehörde (§§ 88, 92 ff., 193 ff., 208 Abs. 1 Nr. 2) nicht aus (vgl. BFH-Urteil vom 23. 7. 1985 – VIII R 48/85 – BStBl II 1986, S. 433).

5. Die Bestimmungen über die Festsetzungsverjährung gelten sinngemäß auch für die Festsetzung von Steuermessbeträgen (§ 184 Abs. 1) und für die gesonderte Feststellung von Besteuerungsgrundlagen (§ 181 Abs. 1) sowie bei allen Festsetzungen, für die die Vorschriften über das Steuerfestsetzungsverfahren anzuwenden sind (siehe § 155). Auf steuerliche Nebenleistungen (§ 3 Abs. 4) finden sie nur Anwendung, wenn dies besonders vorgeschrieben ist (§ 1 Abs. 3 Satz 2), wie z.B. bei Zinsen (§ 239). Für die Kosten der Vollstreckung gilt die besondere Regelung des § 346. Für Verspätungszuschläge (§ 152) fehlt dagegen eine entsprechende Bestimmung (vgl. zu § 169, Nr. 5). Säumniszuschläge (§ 240) entstehen kraft Gesetzes, sie unterliegen allein der Zahlungsverjährung (§§ 228 ff.).

§ 169 Festsetzungsfrist

(1) ¹Eine Steuerfestsetzung sowie ihre Aufhebung oder Änderung sind nicht mehr zulässig, wenn die Festsetzungsfrist abgelaufen ist. ²Dies gilt auch für die Berichtigung wegen offenbarer Unrichtigkeit nach § 129. ³Die Frist ist gewahrt, wenn vor Ablauf der Festsetzungsfrist

1. der Steuerbescheid den Bereich der für die Steuerfestsetzung zuständigen Finanzbehörde verlassen hat oder
2. bei öffentlicher Zustellung die Benachrichtigung nach § 10 Abs. 2 Satz 1 des Verwaltungszustellungsgesetzes bekannt gemacht oder veröffentlicht wird.

(2) ¹Die Festsetzungsfrist beträgt:

1. ein Jahr
für Verbrauchsteuern und Verbrauchsteuervergütungen,
2. vier Jahre
für Steuern und Steuervergütungen, die keine Steuern oder Steuervergütungen im Sinne der Nummer 1 oder Einfuhr- und Ausfuhrabgaben im Sinne des Artikels 4 Nr. 10 und 11 des Zollkodexes sind.

²Die Festsetzungsfrist beträgt zehn Jahre, soweit eine Steuer hinterzogen, und fünf Jahre, soweit sie leichtfertig verkürzt worden ist. ³Dies gilt auch dann, wenn die Steuerhinterziehung oder leichtfertige Steuerverkürzung nicht durch den Steuerschuldner oder eine Person begangen worden ist, deren er sich zur Erfüllung seiner steuerlichen Pflichten bedient, es sei denn, der Steuerschuldner weist nach, dass er durch die Tat keinen Vermögensvorteil erlangt hat und dass sie auch nicht darauf beruht, dass er die im Verkehr erforderlichen Vorkehrungen zur Verhinderung von Steuerverkürzungen unterlassen hat.

Anwendungserlass zur Abgabenordnung

1 Zu § 169 – Festsetzungsfrist:

1. Die Festsetzungsfrist nach § 169 Abs. 1 Satz 3 Nr. 1 ist nur gewahrt, wenn der vor Ablauf der Frist zur Post gegebene „Steuerbescheid" dem Empfänger nach Fristablauf tatsächlich zugeht (vgl. Beschluss des Großen Senats des BFH vom 25. 11. 2002 – GrS 2/01 – BStBl 2003, S. 548).

Zu den für die Steuerfestsetzung zuständigen Finanzbehörden gehören auch die für die Finanzbehörden arbeitenden Rechenzentren (§§ 2 und 17 FVG) zu zählen, wenn sie die Absendung an den Steuerpflichtigen vornehmen.

Bei Steuermessbescheiden wird die Frist allein durch die Absendung der Mitteilungen an die Gemeinde (§ 184 Abs. 3) nicht gewahrt. Die fristgerechte Absendung der Messbescheide ist Aufgabe der Gemeinden, die insoweit für die Finanzbehörden handeln.

2. Die Festsetzungsfrist verlängert sich auf zehn Jahre, soweit eine Steuer hinterzogen, und auf fünf Jahre, soweit die Steuer leichtfertig verkürzt worden ist (§ 169 Abs. 2 Satz 2).

2.1 Zur Frage der Feststellung, ob Steuern hinterzogen worden sind, vgl. zu § 71. Entsprechendes gilt bezüglich leichtfertig verkürzter Steuern.

2.2 Die Verlängerung der Festsetzungsfrist für hinterzogene oder leichtfertig verkürzte Steuern verlängert nicht die Wirksamkeit eines Vorbehalts der Nachprüfung (vgl. zu § 164, Nr. 7). § 169 Abs. 2 Satz 2 ist auch dann anzuwenden, wenn der Steuerbescheid unter dem Vorbehalt der Nachprüfung ergangen ist; § 164 Abs. 4 Satz 2 regelt lediglich, dass § 169 Abs. 2 Satz 2 und § 171 Abs. 7, 8 und 10 bei Bestimmung des Ablaufs der für § 164 Abs. 4 Satz 1 maßgeblichen Frist nicht anzuwenden sind.

3. Wegen der Frist für die gesonderte Feststellung von Besteuerungsgrundlagen (Feststellungsfrist) Hinweis auf § 181 Abs. 3. Für den Erlass von Haftungsbescheiden wird auf § 191 Abs. 3 hingewiesen.

4. Bei Zinsen und Kosten der Vollstreckung beträgt die Festsetzungsfrist jeweils ein Jahr (§§ 239 und 346).

5. Verspätungszuschläge unterliegen nicht der Festsetzungsverjährung (vgl. vor §§ 169 bis 171, Nr. 2). Von der erstmaligen Festsetzung eines Verspätungszuschlags ist jedoch grundsätzlich abzusehen, wenn die Festsetzungsfrist für die Steuer abgelaufen ist (vgl. zu § 152, Nr. 3). Wird aber ein bereits vor Ablauf der für die Steuer geltenden Festsetzungsfrist festgesetzter Verspätungszuschlag nur aus formellen Gründen oder aufgrund einer fehlerhaften Ermessensausübung bezüglich seiner Höhe aufgehoben, ist die Festsetzung eines Verspätungszuschlags auch nach Ablauf der für die Steuer geltenden Festsetzungsfrist zulässig.

Hinweise

Festsetzungsfrist bei Steuerhinterziehung oder leichtfertiger Steuerverkürzung

(OFD Karlsruhe, Vfg. vom 1. 8. 2001 – S 0340 –[1])

1. Die Anwendung der 10-jährigen Festsetzungsfrist setzt voraus, dass eine Steuerhinterziehung (§ 370 AO), d.h. eine vorsätzliche Steuerverkürzung vorliegt. Der Tatbestand des § 370 AO muss objektiv und subjektiv erfüllt sein (BFH-Urteile vom 10. 10. 1972, BStBl II 1973, 68, und vom 16. 1. 1973, BStBl II 1973, 273). Strafausschließungs- oder Strafaufhebungsgründe stehen der Annahme der 10-jährigen Festsetzungsfrist nicht entgegen. Eine strafbefreiende Selbstanzeige schließt daher die Geltung der 10-jährigen Festsetzungsfrist nicht aus. Gleiches gilt, wenn das Strafverfahren wegen Geringfügigkeit eingestellt worden ist (z.B. nach §§ 153, 153a StPO, 398 AO) oder wenn der Strafverfolgung andere Hindernisse (z.B. Tod des Täters, Strafverfolgungsverjährung) entgegenstehen.

   Von einer leichtfertigen Steuerverkürzung und damit der 5-jährigen Festsetzungsfrist ist auszugehen, wenn die objektiven und subjektiven Tatbestandsmerkmale des § 378 AO erfüllt, d.h. objektiv gesehen die Voraussetzungen einer Steuerhinterziehung gegeben sind, der Täter aber nicht vorsätzlich, sondern nur leichtfertig gehandelt hat (zum Begriff der Leichtfertigkeit Hinweis auf BFH-Urteil vom 19. 12. 2002, BStBl II 2003, 385).

2. Ob ein hinterzogener oder leichtfertig verkürzter Steuerbetrag vorliegt und damit die 10-jährige oder 5-jährige Festsetzungsfrist in Betracht kommt, ist im Rahmen des Besteuerungsverfahrens von der für die Festsetzung der Steuer zuständigen Stelle zu prüfen und zu entscheiden. In Zweifelsfällen ist die Stellungnahme der Straf- und Bußgeldsachenstelle einzuholen.

   An die Entscheidung in einem etwaigen Straf- und Bußgeldverfahren ist die Festsetzungsstelle nicht gebunden. Die in einem Straf- und Bußgeldverfahren getroffenen Feststellungen können jedoch im Regelfall für das Besteuerungsverfahren übernommen werden (BFH-Urteile vom 12. 1. 1988, BFH/NV 1988, 692, und vom 13. 7. 1994, BStBl II 1995, 198).

   Liegen in einem Straf- oder Bußgeldverfahren getroffene Feststellungen nicht vor, hat die Festsetzungsstelle den für die Feststellung der Steuerhinterziehung oder leichtfertigen Steuerverkürzung erheblichen Sachverhalt aufzuklären. Die Weigerung des Steuerpflichtigen, hierbei mitzuwirken, begrenzt die Sachaufklärungspflicht des Finanzamts nicht.

3. Hinsichtlich des Vorliegens einer Steuerhinterziehung oder leichtfertigen Steuerverkürzung trägt das Finanzamt die objektive Beweislast (Feststellungslast). Nach Abschluss der Sachverhaltsermittlungen verbleibende Ungewissheiten in tatsächlicher Hinsicht gehen daher zu seinen Lasten. Soweit ernsthafte Zweifel am Vorliegen einer Steuerhinterziehung bzw. leichtfertigen Steuerverkürzung nicht ausgeräumt werden können, hat das Finanzamt somit zugunsten

---

[1]) Stand: 08/2003

4. Die verlängerten Festsetzungsfristen von 5 und 10 Jahren gelten unabhängig davon, ob der Steuerschuldner, sein Vertreter oder sein Erfüllungsgehilfe der Täter ist. Entsprechend dem Wortlaut des Gesetzes kommt es für die Geltung der verlängerten Festsetzungsfrist nur darauf an, dass die Steuer hinterzogen (leichtfertig verkürzt) ist und nicht darauf, wer die Steuer hinterzogen (leichtfertig verkürzt) hat. Dies gilt grundsätzlich auch dann, wenn die Steuerhinterziehung (leichtfertige Steuerverkürzung) von einer sonstigen, nicht vom Steuerschuldner beauftragten Person begangen worden ist; zur Exkulpationsmöglichkeit des Steuerschuldners in diesen Fällen Hinweis auf § 169 Abs. 2 Satz 3 AO und BFH-Urteil vom 31. 1. 1989, BStBl II 1989, 442.

   Da es nicht darauf ankommt, wer die Steuer hinterzogen oder leichtfertig verkürzt hat, muss bei Gesamtschuldnerschaft jeder Gesamtschuldner die Steuerhinterziehung bzw. leichtfertige Steuerverkürzung eines anderen Gesamtschuldners gegen sich gelten lassen.

5. Der Erbe tritt als Gesamtrechtsnachfolger in die Rechtsstellung des Erblassers ein (§ 45 AO). Die längere Festsetzungsfrist geht damit auf den Erben über, wenn der Erblasser Steuern hinterzogen oder leichtfertig verkürzt hat.

   Um die in der Person eines verstorbenen Steuerschuldners entstandenen Steueransprüche gegen die Erben des Steuerschuldners festzusetzen, hat das Finanzamt daher ggf. zu prüfen, ob der verstorbene Steuerpflichtige eine Steuerhinterziehung oder leichtfertige Steuerverkürzung begangen hat (BFH-Urteil vom 27. 8. 1991, BStBl II 1992, 9). Sofern die objektiven und subjektiven Tatbestandsmerkmale der Steuerhinterziehung oder leichtfertigen Steuerverkürzung in der Person des verstorbenen Steuerpflichtigen erfüllt sind, gilt die 10-jährige bzw. 5-jährige Festsetzungsfrist auch gegenüber dem Erben. Auch kommt im Fall der Steuerhinterziehung durch den verstorbenen Steuerpflichtigen die Festsetzung von Hinterziehungszinsen in Betracht (BFH-Urteil vom 1. 8. 2001, BFH/NV 2002, 155).

   Bei Annahme einer Steuerhinterziehung oder leichtfertigen Steuerverkürzung durch den verstorbenen Steuerpflichtigen ist den Erben Gelegenheit zur Stellungnahme zu geben (§ 91 AO). Erheben die Erben Einwendungen, ist die Stellungnahme der Straf- und Bußgeldsachenstelle einzuholen.

   Die verlängerten Festsetzungsfristen gelten nur, soweit die Steuer hinterzogen oder leichtfertig verkürzt ist. Der Steueranspruch ist daher ggf. in einen hinterzogenen, leichtfertig verkürzten und übrigen Betrag aufzuteilen (Teilverjährung).

Rechtsprechung

3 **BFH vom 27. 4. 1993 – VIII R 27/92 (BStBl 1994 II S. 3)**

Die Feststellungsfrist für einheitliche und gesonderte Gewinnfeststellungsbescheide wird hinsichtlich aller Feststellungsbeteiligten bereits durch die Bekanntgabe gegenüber nur einem Beteiligten noch vor deren Ablauf gewahrt. Die Bekanntgabe gegenüber anderen Beteiligten, z.B. ausgeschiedenen Gesellschaftern, kann noch danach wirksam erfolgen.

4 **BFH vom 28. 8. 1997 – III R 3/94 (BStBl 1997 II S. 827)**

Durch Subventionsbetrug erlangte Investitionszulagen können innerhalb der verlängerten Festsetzungsfristen des § 169 Abs. 2 Satz 2 AO zurückgefordert werden, sofern die betreffenden Zulagengesetze (hier: § 19 Abs. 7 BerlinFG i.d.F. des EGAO 1977) keine speziellen Verjährungsvorschriften enthalten, sondern allgemein die für Steuervergütungen geltenden Vorschriften der AO für entsprechend anwendbar erklären.

5 **BFH vom 2. 4. 1998 – V R 60/97 (BStBl 1998 II S. 530)**

Die zehnjährige Festsetzungsfrist des § 169 Abs. 2 Satz 2 AO ist nicht anwendbar, wenn hinsichtlich der Steuerhinterziehung ein Schuldausschließungsgrund vorliegt.

6 **BFH vom 19. 8. 1999 – III R 57/98 (BStBl 2000 II S. 330)**

Nicht wiedereinsetzungsfähig sind die gesetzlichen Fristen, die von den Finanzbehörden als Verwaltungsträger im Verwaltungsverfahren zu beachten sind, wie z.B. die Fristen des § 169 AO.[1]

---

[1] Vgl. auch BFH v. 2. 3. 2011 – IX B 88/10 (BFH/NV 2011 S. 1295).

Ist Festsetzungsverjährung eingetreten, kann die Geltung von Treu und Glauben einerseits nicht dazu führen, dass zu Lasten des Steuerpflichtigen ein erloschener Anspruch des FA aus dem Steuerschuldverhältnis wieder auflebt. Andererseits kann nach diesem Grundsatz ein Verschulden des FA in der Regel nicht zur Folge haben, dass nach Eintritt der Festsetzungsverjährung ein Steuerbescheid zugunsten des Steuerpflichtigen zu ändern ist.

BFH vom 11. 10. 2000 – I R 34/99 (BStBl 2001 II S. 291) 7

Die Freistellungsbescheinigung gemäß § 50d Abs. 3 Satz 1 EStG ist Verwaltungsakt, aber nicht Steuerbescheid. Sie kann deshalb auch dann erteilt werden, wenn ein entsprechender Antrag erst nach Ablauf der Festsetzungsfrist für die abzuführende Steuer gestellt worden ist.[1]

BFH vom 13. 12. 2001 – III R 13/00 (BStBl 2002 II S. 406) 8

Ein materiell unrichtiger Einkommensteuerbescheid eines örtlich unzuständigen FA wahrt die Festsetzungsfrist nicht, wenn er dem Steuerpflichtigen erst nach Ablauf der Festsetzungsfrist zugeht.

BFH vom 7. 2. 2002 – VII R 33/01 (BStBl 2002 II S. 447) 9

Der Eintritt der Verjährung ist von Amts wegen zu prüfen, seine Geltendmachung steht nicht zur Disposition der Behörde.

BFH vom 8. 8. 2005 – VI B 18/05 (BFH/NV 2005 S. 2042)[2] 10

Die Finanzgerichte sind für die Prüfung zuständig, ob eine leichtfertige Steuerverkürzung oder eine Steuerhinterziehung vorliegt, wenn es sich um eine Vorfrage im Rahmen der Entscheidung über die Rechtmäßigkeit der angefochtenen Steuerbescheide handelt. Dabei sind die Prüfungsmaßstabe der AO und der FGO anzuwenden.

BFH vom 25. 4. 2006 – X R 42/05 (BStBl 2007 II S. 220) 11

Auch im Falle der Zusammenveranlagung von Ehegatten zur ESt ist die Frage, ob Festsetzungsverjährung eingetreten ist, für jeden Ehegatten gesondert zu prüfen.

BFH vom 7. 11. 2006 – VIII R 81/04 (BStBl 2007 II S. 364) 12

Die subjektiven und objektiven Voraussetzungen einer Steuerhinterziehung gemäß §§ 169 Abs. 2 Satz 2, 370 AO sind dem Grunde nach auch bei der Verletzung von Mitwirkungspflichten immer mit an Sicherheit grenzender Wahrscheinlichkeit festzustellen. Dies gilt auch für die Verletzung sog. erweiterter Mitwirkungspflichten bei internationalen Steuerpflichten nach § 90 Abs. 2 AO.

BFH vom 23. 11. 2006 – V R 51/05 (BStBl 2007 II S. 433)[3] 13

1. Ein Betreiber von Geldspielautomaten kann nicht im Hinblick auf das EuGH-Urteil vom 17. Februar 2005 Rs. C-453/02 und Rs. C-462/02 – Linneweber und Akritidis – (Slg. 2005, I-1131) die Änderung bestandskräftiger Steuerfestsetzungen verlangen.
2. Die nicht ordnungsgemäße Umsetzung von Art. 13 Teil B Buchst. f der Richtlinie 77/388/EWG durch § 4 Nr. 9 Buchst. b UStG 1980/1991/1993 erfüllt nicht die Voraussetzungen der sog. Emmott'schen Fristenhemmung i.S. des EuGH-Urteils vom 25. Juli 1991 Rs. C-208/90 – Emmott – (Slg. 1991, I-4269).

BFH vom 24. 10. 2007 – XI R 31/06 (HFR 2008 S. 215) 14

1. Die Änderung des Einkommensteuerbescheids für ein Verlustrücktragsjahr zwecks Gewährung oder Berichtigung eines Verlustrücktrags setzt voraus, dass die Festsetzungsfrist gemäß § 169 Abs. 1 Satz 1 AO noch nicht abgelaufen ist.
2. § 10d Abs. 1 Satz 3 EStG hemmt den Ablauf der Festsetzungsfrist für das Verlustrücktragsjahr bis zum Ablauf der Festsetzungsfrist für das Verlustentstehungsjahr insoweit, als der Verlustabzug zu berücksichtigen ist (Anschluss an BFH-Urteil vom 4. 11. 1992, BStBl 1993 II S. 281).

---

[1] Beachte aber die Änderung des § 50d EStG durch das StÄndG 2001 (BGBl. 2001 I S. 3794).
[2] Die Verfassungsbeschwerde wurde gemäß §§ 93a, 93b BVerfGG nicht zur Entscheidung angenommen (BVerfG-Beschluss vom 25. 11. 2005, Az. 2 BvR 1568/05).
[3] Verfassungsbeschwerde vom BVerfG nicht angenommen (Beschluss vom 4. 9. 2008 – 2 BvR 1321/07, StEd 2008 S. 675).

15 BFH vom 26. 2. 2008 – VIII R 1/07 (BStBl 2008 II S. 659)

1. Mit der gemäß § 169 Abs. 2 Satz 2 AO auf zehn Jahre verlängerten Festsetzungsfrist soll es dem durch eine Steuerstraftat geschädigten Steuergläubiger ermöglicht werden, die ihm vorenthaltenen Steuerbeträge auch noch nach Ablauf von vier Jahren zurückzufordern. Sinn und Zweck des § 169 Abs. 2 Satz 2 AO bestehen jedoch nicht darin, den Steuerhinterzieher in die Lage zu versetzen, Erstattungsansprüche über die reguläre Verjährungsfrist hinaus zu realisieren.

2. § 169 Abs. 2 Satz 2 AO setzt einen hinterzogenen Betrag im Sinne eines Anspruchs des Fiskus auf eine Abschlusszahlung voraus, der wegen einer vollendeten Steuerhinterziehung bislang nicht geltend gemacht werden konnte.

16 BFH vom 30. 1. 2009 – VII B 180/08 (HFR 2009 S. 587)

Der Vorrang des Gemeinschaftsrechts gebietet es, bei der Rückforderung gemeinschaftsrechtswidrig gewährter Verbrauchsteuer-Beihilfen § 169 AO unangewendet zu lassen.

17 BFH vom 24. 3. 2011 – IV R 13/09 (HFR 2011 S. 1281)

Eine Verlängerung der Festsetzungsfrist wegen Steuerhinterziehung oder leichtfertiger Steuerverkürzung auf zehn bzw. fünf Jahre entfällt nicht dadurch, dass der Steuerpflichtige seine unrichtigen Angaben vor Ablauf der normalen Festsetzungsfrist von vier Jahren richtigstellt.

18 BFH vom 25. 5. 2011 – IX R 36/10 (BStBl 2011 II S. 807)

Geht dem FA eine Feststellungserklärung erst einen Tag vor Eintritt der Feststellungsverjährung zu, kann nicht erwartet werden, dass der Feststellungsbescheid noch – wie dies das Gesetz in § 169 Abs. 1 Satz 3 Nr. 1, § 181 Abs. 5 Satz 3 AO ausdrücklich verlangt – innerhalb der Frist den Bereich der für die Feststellung zuständigen Finanzbehörde verlässt.

§ 170 Beginn der Festsetzungsfrist

(1) Die Steuerfestsetzungsfrist beginnt mit Ablauf des Kalenderjahres, in dem die Steuer entstanden ist oder eine bedingt entstandene Steuer unbedingt geworden ist.

(2) ¹Abweichend von Absatz 1 beginnt die Festsetzungsfrist, wenn

1. eine Steuererklärung oder eine Steueranmeldung einzureichen oder eine Anzeige zu erstatten ist, mit Ablauf des Kalenderjahres, in dem die Steuererklärung, die Steueranmeldung oder die Anzeige eingereicht wird, spätestens jedoch mit Ablauf des dritten Kalenderjahres, das auf das Kalenderjahr folgt, in dem die Steuer entstanden ist, es sei denn, dass die Festsetzungsfrist nach Absatz 1 später beginnt,

2. eine Steuer durch Verwendung von Steuerzeichen oder Steuerstemplern zu zahlen ist, mit Ablauf des Kalenderjahres, in dem für den Steuerfall Steuerzeichen oder Steuerstempler verwendet worden sind, spätestens jedoch mit Ablauf des dritten Kalenderjahres, das auf das Kalenderjahr folgt, in dem die Steuerzeichen oder Steuerstempler hätten verwendet werden müssen.

²Dies gilt nicht für Verbrauchsteuern, ausgenommen die Energiesteuer auf Erdgas und die Stromsteuer.

(3) Wird eine Steuer oder eine Steuervergütung nur auf Antrag festgesetzt, so beginnt die Frist für die Aufhebung oder Änderung dieser Festsetzung oder ihrer Berichtigung nach § 129 nicht vor Ablauf des Kalenderjahres, in dem der Antrag gestellt wird.

(4) Wird durch Anwendung des Absatzes 2 Nr. 1 auf die Vermögensteuer oder die Grundsteuer der Beginn der Festsetzungsfrist hinausgeschoben, so wird der Beginn der Festsetzungsfrist für die folgenden Kalenderjahre des Hauptveranlagungszeitraums jeweils um die gleiche Zeit hinausgeschoben.

(5) Für die Erbschaftsteuer (Schenkungsteuer) beginnt die Festsetzungsfrist nach den Absätzen 1 oder 2

1. bei einem Erwerb von Todes wegen nicht vor Ablauf des Kalenderjahres, in dem der Erwerber Kenntnis von dem Erwerb erlangt hat,

2. bei einer Schenkung nicht vor Ablauf des Kalenderjahres, in dem der Schenker gestorben ist oder die Finanzbehörde von der vollzogenen Schenkung Kenntnis erlangt hat,

3. bei einer Zweckzuwendung unter Lebenden nicht vor Ablauf des Kalenderjahres, in dem die Verpflichtung erfüllt worden ist.

(6) Für die Wechselsteuer beginnt die Festsetzungsfrist nicht vor Ablauf des Kalenderjahres, in dem der Wechsel fällig geworden ist.

Anwendungserlass zur Abgabenordnung

Zu § 170 – Beginn der Festsetzungsfrist:

1. Für den Beginn der Festsetzungsfrist kommt es darauf an, wann die Steuer (§ 37) entstanden ist. Der Zeitpunkt der Entstehung der Ansprüche aus dem Steuerschuldverhältnis ist in § 38 und in den Einzelsteuergesetzen (vgl. zu § 38, Nr. 1) geregelt. Die Anlaufhemmung (§ 170 Abs. 2 bis 6) schiebt den Beginn der Festsetzungsfrist hinaus.
2. Wegen des Beginns der Frist für die gesonderte Feststellung von Einheitswerten Hinweis auf § 181 Abs. 3 und 4. Für Haftungsbescheide gilt § 191 Abs. 3. Bei Zinsen und Kosten der Vollstreckung ergibt sich der Beginn der Festsetzungsfrist aus § 239 Abs. 1 Satz 2 bzw. § 346 Abs. 2 Satz 2. Hinsichtlich der Verspätungszuschläge vgl. zu § 169, Nr. 5.
3. Die Anlaufhemmung nach § 170 Abs. 2 gilt für sämtliche Besitz- und Verkehrsteuern, für die auf Grund allgemeiner gesetzlicher Vorschrift (z. B. § 181 Abs. 2; § 25 EStG; § 14a GewStG; § 31 KStG; § 18 UStG; § 31 ErbStG) oder auf Grund einer Aufforderung der Finanzbehörde (§ 149 Abs. 1 Satz 2) eine Steuererklärung oder eine Steueranmeldung einzureichen oder eine Anzeige zu erstatten ist; gesetzliche Vorschrift ist auch eine Rechtsverordnung (§ 4). Eine Berichtigungsanzeige nach § 153 Abs. 1 löst allerdings keine Anlaufhemmung aus (vgl. BFH-Urteil vom 22.1.1997 – II B 40/96 – BStBl II, S. 266).

Ist der Steuerpflichtige berechtigt aber nicht verpflichtet, eine Steuererklärung abzugeben, wie z. B. bei der Antragsveranlagung nach § 46 Abs. 2 Nr. 8 EStG, greift die Anlaufhemmung nach § 170 Absatz 2 Satz 1 Nr. 1 nicht.

Rechtsprechung

BFH vom 21. 7. 1995 – II R 11/92 (BStBl 1995 II S. 802)

Sind die Gerichte, Behörden und Notare sowie die an einem Erwerbsvorgang Beteiligten unabhängig voneinander zur Anzeige eines grunderwerbsteuerrechtlich relevanten Sachverhalts verpflichtet und erstattet einer der Verpflichteten dem zuständigen FA eine den gesetzlichen Anforderungen entsprechende Anzeige, so wird der Beginn der Festsetzungsfrist nicht dadurch weiter hinausgeschoben, daß die anderen ihre Anzeigepflicht nicht erfüllen.

BFH vom 30. 10. 1996 – II R 70/94 (BStBl 1997 II S. 11)

Wird ein der Erbschaftsteuer unterliegender Erwerb entgegen § 30 Abs. 1 ErbStG 1974 bei dem für die Verwaltung der Erbschaftsteuer zuständigen FA nicht angezeigt, wird der Beginn der Festsetzungsfrist für die von dem anzeigepflichtigen Erwerber geschuldete Erbschaftsteuer gem. § 170 Abs. 2 Nr. 1 AO dann nicht weiter hinausgeschoben, wenn dem FA aufgrund der Angaben in der vom Erben eingereichten Erbschaftsteuererklärung der Name des Erblassers und der des (anzeigepflichtigen) Erwerbers sowie der Rechtsgrund für den Erwerb bekannt werden.

BFH vom 22. 1. 1997 – II B 40/96 (BStBl 1997 II S. 266)

Erkennt ein Steuerpflichtiger nachträglich, daß eine von ihm oder für ihn abgegebene Steuererklärung unrichtig oder unvollständig ist und es dadurch zu einer Verkürzung von Steuern kommen kann oder bereits gekommen ist, und zeigt er dies dem FA nach § 153 Abs. 1 AO an, liegt hierin keine Anzeige i.S. des § 170 Abs. 2 Nr. 1 AO, die eine Anlaufhemmung der Festsetzungsfrist bewirken könnte.

BFH vom 14. 1. 1998 – X R 84/95 (BStBl 1999 II S. 203)

Gibt der Steuerpflichtige eine mangels Unterzeichnung nicht wirksame Einkommensteuererklärung ab, beginnt die Festsetzungsfrist nicht mit Ablauf des Kalenderjahres, in dem die Steuererklärung eingereicht wurde, sondern spätestens mit Ablauf des dritten Kalenderjahres, das auf das Kalenderjahr folgt, in dem die Steuer entstanden ist (§ 170 Abs. 2 Satz 1 Nr. 1 AO).

6 BFH vom 28. 5. 1998 – II R 54/95 (BStBl 1998 II S. 647)

Nur die positive Kenntnis der Finanzbehörde von der vollzogenen Schenkung führt zum Beginn der Festsetzungsfrist nach § 170 Abs. 5 Nr. 2, 2. Alternative AO. Nicht ausreichend ist die Kenntnis von Umständen, die erst aufgrund weiterer Ermittlungen eine Prüfung der Frage ermöglichen, ob ein schenkungsteuerpflichtiger Vorgang vorliegt.

7 BFH vom 14. 7. 1999 – I B 151/98 (BStBl 2001 II S. 556)

Die Verpflichtung des Schuldners der Kapitalerträge zur Abgabe einer Kapitalertragsteuer-Anmeldung gem. § 45a EStG führt für den Anmeldenden als Entrichtungssteuerschuldner zu einer Anlaufhemmung gem. § 170 Abs. 2 Satz 1 Nr. 1 AO (Bestätigung des Senatsurteils vom 17. 4. 1996, BStBl 1996 II S. 608).

8 BFH vom 9. 8. 2000 – I R 95/99 (BStBl 2001 II S. 13)

Der Anlauf der Festsetzungsfrist gegenüber einem Haftungsschuldner wird gehemmt, wenn der Haftungsschuldner von Gesetzes wegen zur Abgabe einer Steueranmeldung oder zur Erstattung einer Anzeige verpflichtet ist und dieser Verpflichtung nicht nachkommt.

9 BFH vom 18. 10. 2000 – II R 50/98 (BStBl 2001 II S. 14)

Die Aufforderung zur Abgabe einer Erbschaftsteuererklärung führt auch dann gemäß § 170 Abs. 2 Satz 1 Nr. 1 AO zu einem von Absatz 1 der Vorschrift abweichenden Beginn der Festsetzungsfrist, wenn sie zwar nach Ablauf des dritten auf das Kalenderjahr der Steuerentstehung folgenden Kalenderjahres, aber noch innerhalb der vierjährigen Festsetzungsfrist ergeht. Die Anlaufhemmung ist auch für diesen Fall auf drei Jahre begrenzt.

10 BFH vom 29. 3. 2001 – III R 1/99 (BStBl 2001 II S. 432)

Für die erstmalige Festsetzung der Investitionszulage besteht eine Anlaufhemmung weder nach § 170 Abs. 2 Nr. 1 noch nach § 170 Abs. 3 AO. Die Anlaufhemmung nach § 170 Abs. 3 AO greift indes für die Aufhebung oder Änderung von unter dem Vorbehalt der Nachprüfung durchgeführten Festsetzungen der Investitionszulage mit der Folge ein, dass der Vorbehalt der Nachprüfung nach § 164 Abs. 4 Satz 1 AO nicht vor dem Ablauf der durch § 170 Abs. 3 AO verlängerten Änderungsfrist wegfällt.

11 BFH vom 29. 1. 2003 – I R 10/02 (BStBl 2003 II S. 687)

Gibt eine zur Einbehaltung und Abführung von Steuern verpflichtete Person (Entrichtungsschuldner) die ihr obliegende Steueranmeldung nicht ab, so wird hierdurch der Anlauf der Festsetzungsfrist gegenüber dem Steuerschuldner gemäß § 170 Abs. 2 Satz 1 Nr. 1 AO gehemmt (Bestätigung des Senatsurteils vom 17. 4. 1996 I R 82/95; gegen BMF-Schreiben vom 24. 4. 1997, BStBl 1997 I S. 414[1]).

12 BFH vom 5. 2. 2003 – II R 22/01 (BStBl 2003 II S. 502)

1. Soweit der Anlauf der Festsetzungsfrist für die Schenkungsteuer an die Kenntnis der Finanzbehörde von der Schenkung anknüpft, ist auf die Kenntnis der organisatorisch zur Verwaltung der Erbschaft- und Schenkungsteuer berufenen Dienststelle des zuständigen FA abzustellen.

2. Die Kenntnis des zuständigen FA als solches von der Schenkung genügt lediglich dann, wenn ihm die Schenkung ausdrücklich zur Prüfung der Schenkungsteuerpflicht bekannt gegeben wird, die Information aber aufgrund organisatorischer Mängel oder Fehlverhaltens die berufene Dienststelle nicht unverzüglich erreicht.

13 BFH vom 10. 11. 2004 – II R 1/03 (BStBl 2005 II S. 244)

1. Verlangt das FA die Abgabe einer Erbschaftsteuererklärung, richtet sich der Anlauf der Festsetzungsfrist auch dann nach § 170 Abs. 2 Satz 1 Nr. 1 AO, wenn das Nachlassgericht dem FA die Erteilung von Erbscheinen und die eröffneten Verfügungen von Todes wegen bereits angezeigt hat.

2. Eine Erbschaftsteuererklärung setzt nur dann die Festsetzungsfrist in Lauf, wenn sie unterschrieben ist.

---

[1]) BMF-Schreiben zwischenzeitlich aufgehoben.

BFH vom 7. 4. 2005 – IV R 39/04 (HFR 2005 S. 731) 14

1. Die Festsetzungs- bzw. Feststellungsfrist i.S. von § 170 Abs. 2 Satz 1 Nr. 1 AO beginnt mit Ablauf des Kalenderjahres, in dem die Steuer- bzw. Feststellungserklärung abgegeben wird, auch wenn die abgegebene Erklärung teilweise unvollständig oder unrichtig ist, es sei denn, die Erklärung ist derart lückenhaft, dass dies praktisch auf das Nichteinreichen der Erklärung hinausläuft.
2. Die Feststellungsfrist begann mit der am 10. März 1992 beim FA eingegangenen Steuererklärung mit Ablauf des Jahres 1992 auch für die Einkünfte aus Land- und Forstwirtschaft des Jahres 1991 zu laufen, wenn in der Erklärung die Einkünfte aus den streitigen Grundstücken unzutreffend oder unvollständig (nur) als Einkünfte aus Vermietung und Verpachtung für 1991 angegeben waren.

BFH vom 6. 7. 2005 – II R 9/04 (BStBl 2005 II S. 780) 15

1. Kommt ein nach § 18 GrEStG zu einer Anzeige Verpflichteter seiner Anzeigepflicht durch eine den Anforderungen des § 20 GrEStG entsprechende Anzeige an das zuständige FA nach, wird der Beginn der Festsetzungs-/Feststellungsfrist nach § 170 Abs. 2 Nr. 1 AO nicht dadurch weiter hinausgeschoben, dass für denselben Rechtsvorgang nach § 19 GrEStG Anzeigeverpflichtete ihre Anzeigepflicht nicht erfüllt haben.
2. Die Aussage im Urteil vom 16. 2. 1994 (BStBl II 1994, 866), § 170 Abs. 2 Satz 1 Nr. 1 AO stelle nur auf solche Anzeigen ab, zu deren Erstattung der Steuerpflichtige verpflichtet ist, nicht aber auch auf solche, die von vom Steuerpflichtigen unabhängigen Dritten abzugeben sind, ist auf Sachverhalte beschränkt, in denen eine alleinige Anzeigepflicht der Gerichte, Behörden und Notare besteht.

BFH vom 18. 5. 2006 – III R 80/04 (BStBl 2008 II S. 371) 16

Die Mitteilung über Änderungen in den für das Kindergeld erheblichen Verhältnissen, zu welcher der Kindergeldberechtigte nach § 68 Abs. 1 Satz 1 EStG verpflichtet ist, ist keine „Anzeige" i.S. von § 170 Abs. 2 Satz 1 Nr. 1 AO, die zu einer Anlaufhemmung der Festsetzungsfrist für den Anspruch auf Kindergeld führt.

BFH vom 6. 6. 2007 – II R 54/05 (BStBl 2007 II S. 954) 17

Erlangt das FA erst mehr als drei Jahre nach Steuerentstehung Kenntnis von einer vollzogenen Schenkung i.S. des § 170 Abs. 5 Nr. 2 AO, beginnt die Festsetzungsfrist mit Ablauf des Jahres der Kenntniserlangung.

BFH vom 7. 2. 2008 – VI R 83/04 (BStBl 2009 II S. 703) 18

1. ...
2. Der Beginn der Festsetzungsfrist für die Lohnsteuer richtet sich nach § 170 Abs. 2 Satz 1 Nr. 1 AO.

BFH vom 6. 3. 2008 – VI R 5/05 (BStBl 2008 II S. 597) 19

1. Die Festsetzungsfrist für einen Lohnsteuer-Haftungsbescheid endet nicht vor Ablauf der Festsetzungsfrist für die Lohnsteuer (§ 191 Abs. 3 Satz 4 1. Halbsatz AO).
2. Der Beginn der Festsetzungsfrist für die Lohnsteuer richtet sich nach § 170 Abs. 2 Satz 1 Nr. 1 AO.
3. Für den Beginn der die Lohnsteuer betreffenden Festsetzungsfrist ist die Lohnsteuer-Anmeldung (Steueranmeldung) und nicht die Einkommensteuererklärung der betroffenen Arbeitnehmer maßgebend.

BFH vom 27. 8. 2008 – II R 36/06 (BStBl 2009 II S. 232) 20

Fordert die Finanzbehörde nach Anzeigeerstattung gemäß § 30 Abs. 1 und 2 ErbStG die Einreichung einer Schenkungsteuererklärung, endet die Anlaufhemmung gemäß § 170 Abs. 2 Satz 1 Nr. 1 AO erst mit Ablauf des Kalenderjahres, in dem die Steuererklärung eingereicht wird, spätestens jedoch mit Ablauf des dritten Kalenderjahres nach dem Jahr der Steuerentstehung.

BFH vom 14. 4. 2011 – VI R 53/10 (BStBl 2011 II S. 746) 21

Eine Anlaufhemmung gemäß § 170 Abs. 2 Satz 1 Nr. 1 AO kommt in den Fällen des § 46 Abs. 2 Nr. 8 EStG i. d. F. des JStG 2008 nicht in Betracht. Dies gilt auch bei Anwendung der Übergangsregelung des § 52 Abs. 55j Satz 2 EStG i. d. F. des JStG 2008 (Abgrenzung zur Senatsentscheidung vom 15. 1. 2009 – VI R 23/08, BFH/NV 2009, 755).

§ 171 Ablaufhemmung

(1) Die Festsetzungsfrist läuft nicht ab, solange die Steuerfestsetzung wegen höherer Gewalt innerhalb der letzten sechs Monate des Fristlaufs nicht erfolgen kann.

(2) Ist beim Erlass eines Steuerbescheids eine offenbare Unrichtigkeit unterlaufen, so endet die Festsetzungsfrist insoweit nicht vor Ablauf eines Jahres nach Bekanntgabe dieses Steuerbescheids.

(3) Wird vor Ablauf der Festsetzungsfrist außerhalb eines Einspruchs- oder Klageverfahrens ein Antrag auf Steuerfestsetzung oder auf Aufhebung oder Änderung einer Steuerfestsetzung oder ihrer Berichtigung nach § 129 gestellt, so läuft die Festsetzungsfrist insoweit nicht ab, bevor über den Antrag unanfechtbar entschieden worden ist.

(3a) [1]Wird ein Steuerbescheid mit einem Einspruch oder einer Klage angefochten, so läuft die Festsetzungsfrist nicht ab, bevor über den Rechtsbehelf unanfechtbar entschieden ist; dies gilt auch, wenn der Rechtsbehelf erst nach Ablauf der Festsetzungsfrist eingelegt wird. [2]Der Ablauf der Festsetzungsfrist ist hinsichtlich des gesamten Steueranspruchs gehemmt; dies gilt nicht, soweit der Rechtsbehelf unzulässig ist. [3]In den Fällen des § 100 Abs. 1 Satz 1, Abs. 2 Satz 2, Abs. 3 Satz 1, § 101 der Finanzgerichtsordnung ist über den Rechtsbehelf erst dann unanfechtbar entschieden, wenn ein auf Grund der genannten Vorschriften erlassener Steuerbescheid unanfechtbar geworden ist.

(4) [1]Wird vor Ablauf der Festsetzungsfrist mit einer Außenprüfung begonnen oder wird deren Beginn auf Antrag des Steuerpflichtigen hinausgeschoben, so läuft die Festsetzungsfrist für die Steuern, auf die sich die Außenprüfung erstreckt oder im Fall der Hinausschiebung der Außenprüfung erstrecken sollte, nicht ab, bevor die aufgrund der Außenprüfung zu erlassenden Steuerbescheide unanfechtbar geworden sind oder nach Bekanntgabe der Mitteilung nach § 202 Abs. 1 Satz 3 drei Monate verstrichen sind. [2]Dies gilt nicht, wenn eine Außenprüfung unmittelbar nach ihrem Beginn für die Dauer von mehr als sechs Monaten aus Gründen unterbrochen wird, die die Finanzbehörde zu vertreten hat. [3]Die Festsetzungsfrist endet spätestens, wenn seit Ablauf des Kalenderjahrs, in dem die Schlussbesprechung stattgefunden hat, oder, wenn sie unterblieben ist, seit Ablauf des Kalenderjahrs, in dem die letzten Ermittlungen im Rahmen der Außenprüfung stattgefunden haben, die in § 169 Abs. 2 genannten Fristen verstrichen sind; eine Ablaufhemmung nach anderen Vorschriften bleibt unberührt.

(5) [1]Beginnen die Zollfahndungsämter oder die mit der Steuerfahndung betrauten Dienststellen der Landesfinanzbehörden vor Ablauf der Festsetzungsfrist beim Steuerpflichtigen mit Ermittlungen der Besteuerungsgrundlagen, so läuft die Festsetzungsfrist insoweit nicht ab, bevor die aufgrund der Ermittlungen zu erlassenden Steuerbescheide unanfechtbar geworden sind; Absatz 4 Satz 2 gilt sinngemäß. [2]Das Gleiche gilt, wenn dem Steuerpflichtigen vor Ablauf der Festsetzungsfrist die Einleitung des Steuerstrafverfahrens oder des Bußgeldverfahrens wegen einer Steuerordnungswidrigkeit bekannt gegeben worden ist; § 169 Abs. 1 Satz 3 gilt sinngemäß.

(6) [1]Ist bei Steuerpflichtigen eine Außenprüfung im Geltungsbereich dieses Gesetzes nicht durchführbar, wird der Ablauf der Festsetzungsfrist auch durch sonstige Ermittlungshandlungen im Sinne des § 92 gehemmt, bis die aufgrund dieser Ermittlungen erlassenen Steuerbescheide unanfechtbar geworden sind. [2]Die Ablaufhemmung tritt jedoch nur dann ein, wenn der Steuerpflichtige vor Ablauf der Festsetzungsfrist auf den Beginn der Ermittlungen nach Satz 1 hingewiesen worden ist; § 169 Abs. 1 Satz 3 gilt sinngemäß.

(7) In den Fällen des § 169 Abs. 2 Satz 2 endet die Festsetzungsfrist nicht, bevor die Verfolgung der Steuerstraftat oder der Steuerordnungswidrigkeit verjährt ist.

(8) [1]Ist die Festsetzung einer Steuer nach § 165 ausgesetzt oder die Steuer vorläufig festgesetzt worden, so endet die Festsetzungsfrist nicht vor dem Ablauf eines Jahres, nachdem die Ungewissheit beseitigt ist und die Finanzbehörde hiervon Kenntnis erhalten hat. [2]In den Fällen des § 165 Abs. 1 Satz 2 endet die Festsetzungsfrist nicht vor Ablauf von zwei Jahren, nachdem die Ungewissheit beseitigt ist und die Finanzbehörde hiervon Kenntnis erlangt hat.

(9) Erstattet der Steuerpflichtige vor Ablauf der Festsetzungsfrist eine Anzeige nach den §§ 153, 371 und 378 Abs. 3, so endet die Festsetzungsfrist nicht vor Ablauf eines Jahres nach Eingang der Anzeige.

(10) [1]Soweit für die Festsetzung einer Steuer ein Feststellungsbescheid, ein Steuermessbescheid oder ein anderer Verwaltungsakt bindend ist (Grundlagenbescheid), endet die Festsetzungsfrist nicht vor Ablauf von zwei Jahren nach Bekanntgabe des Grundlagenbescheids. [2]Ist der Ablauf der Festsetzungsfrist hinsichtlich des Teils der Steuer, für den der Grundlagenbescheid nicht bindend ist, nach Absatz 4 gehemmt, endet die Festsetzungsfrist für den Teil der Steuer, für den der Grundlagenbescheid bindend ist, nicht vor Ablauf der nach Absatz 4 gehemmten Frist.

(11) [1]Ist eine geschäftsunfähige oder in der Geschäftsfähigkeit beschränkte Person ohne gesetzlichen Vertreter, so endet die Festsetzungsfrist nicht vor Ablauf von sechs Monaten nach dem Zeitpunkt, in dem die Person unbeschränkt geschäftsfähig wird oder der Mangel der Vertretung

§ 171 AO
AEAO

aufhört. ²Dies gilt auch, soweit für eine Person ein Betreuer bestellt und ein Einwilligungsvorbehalt nach § 1903 des Bürgerlichen Gesetzbuchs angeordnet ist, der Betreuer jedoch verstorben oder auf andere Weise weggefallen oder aus rechtlichen Gründen an der Vertretung des Betreuten verhindert ist.

(12) Richtet sich die Steuer gegen einen Nachlass, so endet die Festsetzungsfrist nicht vor dem Ablauf von sechs Monaten nach dem Zeitpunkt, in dem die Erbschaft von dem Erben angenommen oder das Insolvenzverfahren über den Nachlass eröffnet wird oder von dem an die Steuer gegen einen Vertreter festgesetzt werden kann.

(13) Wird vor Ablauf der Festsetzungsfrist eine noch nicht festgesetzte Steuer im Insolvenzverfahren angemeldet, so läuft die Festsetzungsfrist insoweit nicht vor Ablauf von drei Monaten nach Beendigung des Insolvenzverfahrens ab.

(14) Die Festsetzungsfrist für einen Steueranspruch endet nicht, soweit ein damit zusammenhängender Erstattungsanspruch nach § 37 Abs. 2 noch nicht verjährt ist (§ 228).

Anwendungserlass zur Abgabenordnung

AEAO
1

Zu § 171 – Ablaufhemmung:

1. Die Ablaufhemmung schiebt das Ende der Festsetzungsfrist hinaus. Die Festsetzungsfrist endet in diesen Fällen meist nicht – wie im Normalfall – am Ende, sondern im Laufe eines Kalenderjahres. Wegen der Fristberechnung Hinweis auf § 108.

2. Eine Ablaufhemmung nach § 171 Abs. 3 setzt voraus, dass der Steuerpflichtige vor Ablauf der Festsetzungsfrist einen Antrag auf Steuerfestsetzung oder auf Korrektur einer Steuerfestsetzung stellt. Ist innerhalb der Festsetzungsfrist kein Antrag des Steuerpflichtigen eingegangen, kann keine Wiedereinsetzung in den vorigen Stand nach § 110 Abs. 1 mit dem Ziel einer rückwirkenden Ablaufhemmung nach § 171 Abs. 3 gewährt werden (vgl. BFH-Urteil vom 24. 1. 2008 – VII R 3/07 – BStBl II, S. 462).

   Anträge auf Billigkeitsmaßnahmen nach §§ 163 oder 227 hemmen den Fristablauf nicht nach § 171 Abs. 3; eine Billigkeitsentscheidung nach § 163 bewirkt aber als Grundlagenbescheid eine Ablaufhemmung nach § 171 Abs. 10 (vgl. BFH-Urteil vom 21. 9. 2000 – IV R 54/99 – BStBl 2001 II, S. 178).

   Die Abgabe einer gesetzlich vorgeschriebenen Steuererklärung kann für sich allein eine Ablaufhemmung nach § 171 Abs. 3 grundsätzlich nicht herbeiführen (BFH-Urteil vom 18. 6. 1991 – VIII R 54/89 – BStBl 1992 II, S. 124, und BFH-Beschluss vom 13. 2. 1995 – V B 95/94 – BFH/NV S. 756). Dies gilt hinsichtlich einer Umsatzsteuererklärung auch dann, wenn mit ihr ein Anspruch auf Auszahlung eines Überschusses geltend gemacht wird (BFH-Urteil vom 11. 5. 1995 – V R 96/93 – BFH/NV 1996 S. 1).

   Selbstanzeigen (§§ 371, 378 Abs. 3) und Berichtigungserklärungen (§ 153) lösen keine Ablaufhemmung nach § 171 Abs. 3 aus, sie bewirken ausschließlich eine Ablaufhemmung nach § 171 Abs. 9 (vgl. BFH-Urteil vom 8. 7. 2009 – VIII R 5/07 – BStBl 2010 II, S. 583).

2a. Die Ablaufhemmung nach § 171 Abs. 3a tritt auch dann ein, wenn nach Ablauf der Festsetzungsfrist ein zulässiger Rechtsbehelf eingelegt wird (§ 171 Abs. 3a Satz 1 2. Halbsatz). Dies gilt auch dann, wenn der Rechtsbehelf nach Gewährung von Wiedereinsetzung in den vorigen Stand als fristgerecht zu behandeln ist; die Grundsätze des BFH-Urteils vom 24. 1. 2008, a.a.O. (vgl. Nr. 2) sind auf diesen Fall nicht übertragbar.

   § 171 Abs. 3a Satz 3 hemmt den Ablauf der Festsetzungsfrist nur im Falle der gerichtlichen Kassation eines angefochtenen Bescheids (vgl. BFH-Urteil vom 5. 10. 2004 – VII R 77/03 – BStBl II 2005, S. 122, für Haftungsbescheide). Diese Ablaufhemmung gilt nicht im Fall der Aufhebung des Bescheids durch die Finanzbehörde; denn mit der Aufhebung eines Bescheids verliert er seine ablaufhemmende Wirkung. Hebt die Finanzbehörde allerdings in einem Verwaltungsakt einen angefochtenen Bescheid unter gleichzeitigem Erlass eines neuen Bescheids auf, ist der neue Bescheid noch innerhalb der nach § 171 Abs. 3a Satz 1 gehemmten Festsetzungsfrist ergangen (vgl. BFH-Urteil vom 5. 10. 2004 – VII R 18/03 – BStBl II 2005, S. 323, für Haftungsbescheide).

3. Der Ablauf der Festsetzungsfrist wird durch den Beginn einer Außenprüfung (vgl. zu § 198, Nrn. 1 und 2) hinausgeschoben (§ 171 Abs. 4). Die Ablaufhemmung tritt nicht ein, wenn eine zugrunde liegende Prüfungsanordnung unwirksam ist (BFH-Urteile vom 10. 4. 1987 – III R 202/83 – BStBl 1988 II, S. 165, und vom 17. 9. 1992 – V R 17/86 – BFH/NV 1993 S. 279). Eine Außenprüfung hemmt den Ablauf der Festsetzungsfrist nur für Steuern, auf die sich die Prüfungsanordnung erstreckt (BFH-Urteile vom 18. 7. 1991 – V R 54/87 – BStBl II, S. 824, und vom 25. 1. 1996 – V R 42/95 – BStBl II, S. 338). Wird die Außenprüfung später auf bisher nicht einbezogene Steuern ausgedehnt, ist die Ablaufhemmung nur wirksam, soweit vor Ablauf der

Festsetzungsfrist eine Prüfungsanordnung erlassen (vgl. zu § 196, Nr. 5) und mit der Außenprüfung auch insoweit ernsthaft begonnen wird (BFH-Urteil vom 2. 2. 1994 – I R 57/93 – BStBl II, S. 377).

Bei einem Antrag des Steuerpflichtigen auf Verschiebung des Prüfungsbeginns (§ 197 Absatz 2) wird der Ablauf der Festsetzungsfrist nach § 171 Absatz 4 Satz 1 2. Alternative nur gehemmt, wenn dieser Antrag für die Verschiebung ursächlich war. Wird der Beginn der Außenprüfung nicht maßgeblich aufgrund eines Antrags des Steuerpflichtigen, sondern aufgrund eigener Belange der Finanzbehörde bzw. aus innerhalb deren Sphäre liegenden Gründen hinausgeschoben, läuft die Festsetzungsfrist ungeachtet des Antrags ab. Bei einem vom Steuerpflichtigen gestellten Antrag auf zeitlich befristetes Hinausschieben des Beginns der Außenprüfung entfällt die Ablaufhemmung nach § 171 Absatz 4 Satz 1 2. Alternative rückwirkend, wenn die Finanzbehörde nicht vor Ablauf von zwei Jahren nach Eingang des Antrags mit der Prüfung beginnt (vgl. BFH-Urteil vom 17. 3. 2010 – IV R 54/07 – BStBl 2011 II S. 7). Die Ablaufhemmung entfällt dagegen nicht, wenn der Steuerpflichtige einen unbefristeten bzw. zeitlich unbestimmten Antrag gestellt hat, also bspw. beantragt hat wegen einer noch andauernden Vor-Betriebsprüfung zunächst deren Abschluss abzuwarten.

Der Ablauf der Festsetzungsfrist wird auch gehemmt, wenn der Steuerpflichtige die Prüfungsanordnung angefochten hat und deren Vollziehung ausgesetzt wurde (vgl. BFH-Urteile vom 25. 1. 1989 – X R 158/87 – BStBl II, S. 483, und vom 17. 6. 1998 – IX R 65/95 – BStBl 1999 II, S. 4). Dies gilt unabhängig von der Dauer der Aussetzung der Vollziehung.

Ermittlungen i.S.d. § 171 Abs. 4 Satz 3 sind nur diejenigen Maßnahmen eines Betriebsprüfers, die auf eine Überprüfung der Besteuerungsgrundlagen gerichtet sind. Die Zusammenstellung des Prüfungsergebnisses im Prüfungsbericht stellt keine den Ablauf der Festsetzungsfrist hinausschiebende Ermittlungshandlung dar (BFH-Urteil vom 8. 7. 2009 – XI R 64/07 – BStBl 2010 II, S. 4).

4. Die Ablaufhemmung des § 171 Abs. 5 bei Ermittlungen der Steuerfahndung (Zollfahndung) umfasst – anders als im Fall des § 171 Abs. 4 – nicht den gesamten Steueranspruch; vielmehr tritt die Hemmung nur in dem Umfang ein, in dem sich die Ergebnisse der Ermittlungen auf die festzusetzende Steuer auswirken (BFH-Urteil vom 14. 4. 1999 – IX R 30/96 – BStBl II, S. 478).

5. Bei einer vorläufigen Steuerfestsetzung nach § 165 Abs. 1 Satz 1 endet die Festsetzungsfrist nicht vor Ablauf eines Jahres, nachdem die Finanzbehörde von der Beseitigung der Ungewissheit Kenntnis erhalten hat (§ 171 Abs. 8 Satz 1). Bei einer vorläufigen Steuerfestsetzung nach § 165 Abs. 1 Satz 2 endet die Festsetzungsfrist nicht vor Ablauf von zwei Jahren, nachdem die Finanzbehörde von der Beseitigung der Ungewissheit Kenntnis erlangt hat (§ 171 Abs. 8 Satz 2). Die Ablaufhemmung beschränkt sich dabei auf den für vorläufig erklärten Teil der Steuerfestsetzung.

Eine Ungewissheit, die Anlass für eine vorläufige Steuerfestsetzung war, ist beseitigt, wenn die Tatbestandsmerkmale für die endgültige Steuerfestsetzung feststellbar sind. „Kenntnis" i.S.d. § 171 Abs. 8 verlangt positive Kenntnis der Finanzbehörde von der Beseitigung der Ungewissheit, ein „Kennen-müssen" von Tatsachen steht der Kenntnis nicht gleich (BFH-Urteil vom 26. 8. 1992 – II R 107/90 – BStBl 1993 II, S. 5).

6. § 171 Abs. 10 Satz 1 gewährt eine maximale Anpassungsfrist von zwei Jahren nach Bekanntgabe eines Grundlagenbescheids (vgl. BFH-Urteil vom 19. 1. 2005 – X R 14/04 – BStBl II, S. 242). Der Zeitpunkt des Zugangs der verwaltungsinternen Mitteilung über den Grundlagenbescheid bei der für den Erlass des Folgebescheids zuständigen Finanzbehörde ist für die Fristbestimmung ebenso unbeachtlich wie der Zeitpunkt, an dem der Grundlagenbescheid unanfechtbar geworden ist. Eine Anfechtung des Grundlagenbescheids führt lediglich zur Hemmung der Feststellungsfrist (§ 181 Abs. 1 Satz 1 i.V.m. § 171 Abs. 3a), nicht aber zur Hemmung der Festsetzungsfrist der Folgebescheide (vgl. BFH-Urteil vom 19. 1. 2005, a.a. O.).

6.1 Werden Feststellungen im Grundlagenbescheid in einem Feststellungs-, Einspruchs- oder Klageverfahren geändert, führt dies zu einer erneuten Anpassungspflicht nach § 175 Abs. 1 Satz 1 Nr. 1 und damit wiederum zu einer Ablaufhemmung nach § 171 Abs. 10 Satz 1. Dagegen setzt ein Grundlagenbescheid, der einen gleichartigen, dem Inhaltsadressaten wirksam bekannt gegebenen Steuerverwaltungsakt in seinem verbindlichen Regelungsgehalt lediglich wiederholt, oder eine Einspruchs- oder Gerichtsentscheidung, die einen Grundlagenbescheid lediglich bestätigt, keine neue Zwei-Jahresfrist in Lauf (vgl. BFH-Urteile vom 13. 12. 2000 – X R 42/96 – BStBl II 2001, S. 471 und vom 19. 1. 2005, a.a.O.).

6.2 Die Aufhebung des Vorbehalts der Nachprüfung eines Grundlagenbescheids steht dem Erlass eines geänderten Grundlagenbescheids gleich. Sie setzt daher die Zwei-Jahresfrist des § 171 Abs. 10 Satz 1 in Lauf. Dies gilt auch dann, wenn der Vorbehalt der Nachprüfung hinsichtlich des Grundlagenbescheids aufgehoben wird, ohne dass eine sachliche Änderung des Grundlagenbescheids erfolgt (BFH-Urteil vom 11. 4. 1995 – III B 74/92 – BFH/NV 1995 S. 943).

Soweit ein Folgebescheid den nunmehr endgültigen Grundlagenbescheid noch nicht berücksichtigt hat, muss er selbst dann nach § 175 Abs. 1 Satz 1 Nr. 1 korrigiert werden, wenn der Vorbehalt der Nachprüfung des Grundlagenbescheids aufgehoben wurde, ohne dass eine sachliche Änderung des Grundlagenbescheids erfolgt.

6.3 Die Festsetzungsfrist für einen Folgebescheid läuft nach § 171 Abs. 10 Satz 2 nicht ab, solange der Ablauf der Festsetzungsfrist des von der Bindungswirkung nicht erfassten Teils der Steuer aufgrund einer Außenprüfung nach § 171 Abs. 4 gehemmt ist. Diese Regelung ermöglicht es, die Anpassung des Folgebescheids an einen Grundlagenbescheid (§ 175 Abs. 1 Satz 1 Nr. 1) und die Auswertung der Ergebnisse der Außenprüfung zusammenzufassen.

6.4 Bei der Entscheidung, ob eine gesonderte Feststellung durchgeführt oder geändert werden kann, ist die Frage der Verjährung der von der Feststellung abhängigen Steuern nicht zu prüfen. Ist die Feststellungsfrist bereits abgelaufen, die Steuerfestsetzung in einem Folgebescheid aber noch zulässig, so gilt § 181 Abs. 5.

6.5 Beispiele zur Anwendung des § 171 Abs. 10 Satz 11[1)]

Beispiel 1:
Bei der im Jahr 03 durchgeführten ESt-Veranlagung 01 (Abgabe der Steuererklärung im Jahr 03) wurden die Beteiligungseinkünfte in erklärter Höhe berücksichtigt. Ein von den erklärten Werten abweichender Grundlagenbescheid wird am 4. 4. 06 bekannt gegeben.

Lösung:
Obgleich die allgemeine Festsetzungsfrist gemäß § 170 Abs. 2 Satz 1 Nr. 1 mit Ablauf des 31. 12. 07 endet, kann eine Anpassung des ESt-Bescheids 01 an den Grundlagenbescheid gem. § 171 Abs. 10 Satz 1 bis zum Ablauf des 4. 4. 08 erfolgen, da insoweit die Festsetzungsfrist nicht vor Ablauf von zwei Jahren nach Bekanntgabe des Grundlagenbescheids endet.

Beispiel 2:
Wie Beispiel 1, allerdings wird der Grundlagenbescheid am 4. 4. 05 bekannt gegeben.

Lösung:
Eine Anpassung des ESt-Bescheids kann bis zum Ablauf der allgemeinen Festsetzungsfrist am 31. 12. 07 erfolgen. Ohne Bedeutung ist, dass die Zwei-Jahresfrist des § 171 Abs. 10 Satz 1 bereits mit Ablauf des 4. 4. 07 endet.

Beispiel 3:
Wie Beispiel 1, die Bekanntgabe des Grundlagenbescheids erfolgt in offener Feststellungsfrist, jedoch nach Ablauf der allgemeinen Festsetzungsfrist, am 4. 4. 08.

Lösung:
Eine Anpassung des ESt-Bescheids 01 an den Grundlagenbescheid ist gem. § 171 Abs. 10 Satz 1 bis zum Ablauf des 4. 4. 10 möglich, da die Festsetzungsfrist insoweit nicht vor Ablauf von zwei Jahren nach Bekanntgabe des Grundlagenbescheids endet.

7. § 171 Abs. 14 verlängert die Festsetzungsfrist bis zum Ablauf der Zahlungsverjährung für die Erstattung von rechtsgrundlos gezahlten Steuern. Die Finanzbehörde kann daher Steuerfestsetzungen, die wegen Bekanntgabemängeln unwirksam waren oder deren wirksame Bekanntgabe die Finanzbehörde nicht nachweisen kann (vgl. § 122 Abs. 2 Halbsatz 2), noch nach Ablauf der regulären Festsetzungsfrist nachholen, soweit die Zahlungsverjährungsfrist für die bisher geleisteten Zahlungen noch nicht abgelaufen ist (vgl. BFH-Urteil vom 13. 3. 2001 – VIII R 37/00 – BStBl II, S. 430).

Rechtsprechung

Zu § 171 Abs. 2 AO:

BFH vom 3. 3. 2011 – III R 45/08 (BStBl 2011 II S. 673)

1. Ein Berichtigungsbescheid nach § 129 AO, durch den ein in verjährter Zeit ergangener, unter einer offenbaren Unrichtigkeit leidender Gewerbesteuermessbescheid korrigiert werden soll, kann jedenfalls dann nicht mehr erlassen werden, wenn seit Bekanntgabe des fehlerhaften Bescheids ein Jahr vergangen ist (§ 171 Abs. 2 AO).

...

[1)] Es wird unterstellt, dass kein Fristende auf einen Sonntag, einen gesetzlichen Feiertag oder einen Sonnabend fällt.

Zu § 171 Abs. 3, 3a AO:

5 **BFH vom 23. 9. 1999 – IV R 59/98 (BStBl 2000 II S. 170)**

Die Feststellungsverjährung wird nicht dadurch gehemmt, dass der Feststellungsbescheid von einer in ihm nicht als Inhaltsadressat aufgeführten Person angefochten wird.

6 **BFH vom 12. 12. 2000 – VIII R 12/00 (BStBl 2001 II S. 218)**

Der Ablauf der Festsetzungsfrist wird auch dann gemäß § 171 Abs. 3 AO [jetzt: § 171 Abs. 3a AO] durch Anfechtung eines vor Fristablauf erlassenen Änderungsbescheides gehemmt, wenn das FA den Änderungsbescheid aufgrund rechtlicher Schlussfolgerungen in einer sog. Kontrollmitteilung erlassen hat und ihm die zugrunde liegenden Tatsachen i.S. des § 173 Abs. 1 Nr. 1 AO erst nach Ablauf der regulären Festsetzungsfrist bekannt werden. Der im Zeitpunkt des Erlasses des Änderungsbescheides bestehende Mangel, dass die Tatsachen nicht bekannt waren, kann auch in diesem Fall durch die Einspruchsentscheidung geheilt werden.

7 **BFH vom 24. 5. 2006 – I R 93/05 (BStBl 2007 II S. 76)**

1. – 3. ...
4. Ein Antrag auf Änderung eines Folgebescheids nach § 175 Abs. 1 Satz 1 Nr. 1 AO hemmt den Ablauf der Festsetzungsfrist nach Maßgabe des § 171 Abs. 3 AO.

8 **BFH vom 24. 1. 2008 – VII R 3/07 (BStBl 2008 II S. 462)**

Fällt der Ablauf der Frist für die Beantragung einer Steuervergütung mit dem Ablauf der Festsetzungsfrist zusammen und wird ein entsprechender Antrag erst nach Ablauf der Festsetzungsfrist und damit nach dem Erlöschen des Vergütungsanspruchs gestellt, kommt eine Wiedereinsetzung in den vorigen Stand nach § 110 Abs. 1 AO mit der Folge einer rückwirkenden Ablaufhemmung nach § 171 Abs. 3 AO nicht in Betracht.

Zu § 171 Abs. 4 AO:

9 **BFH vom 18. 10. 1988 – VII R 123/85 (BStBl 1989 II S. 76)**

Die Hemmung der Festsetzungsfrist durch den Antrag des Steuerpflichtigen, den Beginn der Außenprüfung hinauszuschieben, wird nicht dadurch gehindert, daß der voraussichtliche Prüfungsbeginn nicht angemessene Zeit vor Beginn bekanntgegeben worden ist.

10 **BFH vom 2. 2. 1994 – I R 57/93 (BStBl 1994 II S. 377)**

Der Ablauf der Festsetzungsfrist ist auch dann gehemmt, wenn die tatsächliche Prüfungshandlung dem Erlaß einer Ergänzung der Betriebsprüfungsanordnung vorausgeht und die Betriebsprüfungsanordnung vor Ablauf der Festsetzungsfrist ergänzt wird (Abgrenzung zu BFH-Urteil vom 11. August 1993 II R 34/90, BFHE 172 S. 393, BStBl 1994 II S. 375).

Die Ablaufhemmung umfaßt die jeweils geprüfte Steuer, nicht nur die geprüften Sachverhalte.

11 **BFH vom 13. 2. 2003 – IV R 31/01 (BStBl 2003 II S. 552)**

Wird eine Außenprüfung nach einer Unterbrechung von mehr als sechs Monaten vor Ablauf der normalen Festsetzungsfrist fortgeführt, so ist die Verjährung auch dann gehemmt, wenn keine neue Prüfungsanordnung erlassen wurde.

12 **BFH vom 10. 4. 2003 – IV R 30/01 (BStBl 2003 II S. 827)**

Ist der Verwaltungsakt, mit dem der Beginn einer Außenprüfung festgesetzt wurde, rechtswidrig und hat der Steuerpflichtige ihn oder die Prüfungsanordnung angefochten, so beinhaltet ein Antrag auf AdV der Prüfungsanordnung nicht auch einen Antrag auf Verschiebung des Beginns der Prüfung i.S. des § 197 Abs. 2 AO. Der Lauf der Festsetzungsfrist wird in einem solchen Fall nicht gemäß § 171 Abs. 4 Satz 1 AO gehemmt (Abgrenzung zu den BFH-Urteilen vom 18. 10. 1988, BStBl 1989 II S. 76, und vom 25. 1. 1989, BStBl 1989 II S. 483).

13 **BFH vom 24. 4. 2003 – VII R 3/02 (BStBl 2003 II S. 739)**

– Der die Ablaufhemmung der Festsetzungsfrist nach § 171 Abs. 4 Satz 1 AO bewirkende Beginn einer Außenprüfung setzt Maßnahmen voraus, die für den Steuerpflichtigen i.S. der §§ 193 ff. AO als Prüfungshandlungen erkennbar und geeignet sind, sein Vertrauen in den Ablauf der Verjährungsfrist zu beseitigen.

– Eine Außenprüfung ist dann nicht mehr unmittelbar nach ihrem Beginn unterbrochen, wenn die Prüfungshandlungen nach Umfang und Zeitaufwand, gemessen an dem gesamten Prüfungsstoff, erhebliches Gewicht erreicht oder erste verwertbare Prüfungsergebnisse gezeigt haben.
– Die Wiederaufnahme einer unterbrochenen Außenprüfung erfordert nach außen dokumentierte oder zumindest anhand der Prüfungsakten nachvollziehbare Maßnahmen, die der Steuerpflichtige als eine Fortsetzung der Prüfung erkennen kann.

BFH vom 11. 5. 2011 – VIII B 70/10 (BFH/NV 2011 S. 1475) 14

– Es ist geklärt, dass derjenige, der durch Anfechtung und Aussetzung der Vollziehung der Prüfungsanordnung oder der Festlegung des Prüfungsbeginns bewirkt, dass die Prüfung nicht zu dem vorgesehenen Zeitpunkt beginnt, demjenigen gleichzustellen ist, der die Verschiebung der Prüfung beantragt.
– Es ist ferner geklärt, dass der Aussetzungsantrag das Begehren einschließt, den Beginn der Außenprüfung hinauszuschieben, bis über die Rechtmäßigkeit des angefochtenen Verwaltungsakts entschieden ist.
– Es ist geklärt, dass die Finanzbehörde angemessene Zeit nach dem Wegfall der Verschiebungsgründe tätig werden und Prüfungsmaßnahmen ergreifen muss, um zu vermeiden, dass die durch den Verschiebungsantrag ausgelöste Ablaufhemmung rückwirkend entfällt.

BFH vom 28. 6. 2011 – VIII R 6/09 (BFH/NV 2011 S. 1830) 15

Letzte Ermittlungen im Rahmen der Außenprüfung setzen Maßnahmen des Prüfers oder des FA voraus, die darauf gerichtet sind, bisher noch nicht bekannte Sachverhaltselemente festzustellen, etwa indem der Prüfer Unterlagen anfordert, den Steuerpflichtigen in irgend einer Weise zur Mitwirkung auffordert oder vom Steuerpflichtigen nachgereichte Unterlagen auswertet. Es ist erforderlich, dass der Zeitpunkt der letzten Ermittlungshandlungen im Interesse der verjährungsrechtlichen Rechtssicherheit eindeutig feststeht.

BFH vom 31. 8. 2011 – I B 9/11 (BFH/NV 2011 S. 2011) 16

– Eine Außenprüfung wird nicht i.S.v. § 171 Abs. 4 Satz 2 AO unmittelbar nach ihrem Beginn unterbrochen, wenn die bis zur Unterbrechung vorgenommenen Prüfungshandlungen entweder von erheblichem Gewicht waren oder erste verwertbare Ergebnisse gezeigt haben. Für Letzteres ist ausreichend, dass an die Ermittlungsergebnisse nach Wiederaufnahme der Prüfung angeknüpft werden kann.
– Der Vermerk über den Prüfungsbeginn unterliegt der freien Beweiswürdigung.

Zu § 171 Abs. 5 AO:

BFH vom 30. 10. 1990 – VII R 18/88 (BFH/NV 1991 S. 721) 17

Ablaufhemmende Wirkung nach § 171 Abs. 5 AO können nur Ermittlungen der Zollfahndungsämter haben, die bei dem Schuldner der Steueransprüche durchgeführt werden, deren Festsetzungsfrist gehemmt werden soll.

BFH vom 16. 4. 1997 – XI R 61/94 (BStBl 1997 II S. 595) 18

Ermittlungsmaßnahmen der Steuerfahndung gegenüber einem Handlungsunfähigen hemmen nicht den Ablauf der Festsetzungsfrist.

BFH vom 2. 7. 1998 – IV R 39/97 (BStBl 1999 II S. 28) 19

Die Wiederaufnahme einer Fahndungsprüfung, die unmittelbar nach Beginn für mehr als sechs Monate aus von der Finanzbehörde zu vertretenden Gründen unterbrochen war, gilt als Beginn einer erneuten Prüfung und hat eine Ablaufhemmung der Festsetzungsfrist zur Folge. Der Umfang der Ablaufhemmung hängt von den nach der Wiederaufnahme vorgenommenen Ermittlungshandlungen ab.

BFH vom 14. 4. 1999 – XI R 30/96 (BStBl 1999 II S. 478) 20

Die Ablaufhemmung des § 171 Abs. 5 AO umfasst – anders als im Fall des § 171 Abs. 4 AO – nicht den gesamten Steueranspruch; vielmehr tritt die Hemmung nur in dem Umfang ein, in dem sich die Ergebnisse der Ermittlungen auf die festzusetzende Steuer auswirken.

21 BFH vom 15. 3. 2007 – II R 5/04 (BStBl 2007 II S. 472)

Aus den Gründen:

Nach § 171 Abs. 5 AO läuft die Festsetzungsfrist im Falle von Ermittlungen der Fahndungsbehörden beim Steuerpflichtigen nicht ab, bevor die auf Grund der Ermittlungen zu erlassenden Steuerbescheide unanfechtbar geworden sind. Unanfechtbarkeit in diesem Sinne tritt zwar durch die Aufhebung eines wirksamen Bescheids ein (zu § 171 Abs. 3 AO a.F. BFH-Urteil vom 16. 5. 1990, BStBl 1990 II S. 942, unter 4.; zu § 171 Abs. 3a AO BFH-Entscheidungen vom 10. 5. 2002, BFH/NV 2002 S. 1125, und vom 5. 10. 2004, BStBl 2005 II S. 122, unter II.2.; zu § 171 Abs. 4 AO BFH-Urteil vom 6. 5. 1994, BStBl 1994 II S. 715, unter 2.b), nicht jedoch durch die Aufhebung eines unwirksamen Bescheids (zu § 171 Abs. 4 AO BFH-Urteil in BStBl 1994 II S. 715, unter 2.d), weil ein solcher von vornherein nicht der Bestandskraft fähig ist.

…

Der Anwendung des § 171 Abs. 5 AO steht auch nicht entgegen, dass das FA erstmals wirksame Bescheide erst am … erlassen hat. Diese Vorschrift bestimmt keine Frist, innerhalb derer die Ermittlungsergebnisse nach Abschluss der Ermittlungen durch den Erlass von Steuerbescheiden auszuwerten sind. Auf § 171 Abs. 5 AO kann, weil die Vorschrift insoweit nicht lückenhaft ist, die Regelung des § 171 Abs. 4 Satz 3 AO nicht analog angewendet werden; die zeitliche Reichweite der Ablaufhemmung des § 171 Abs. 5 AO wird nur durch das Institut der Verwirkung begrenzt (BFH-Urteil vom 24. 4. 2002, BStBl 2002 II S. 586, unter 4.; Verfassungsbeschwerde durch Beschluss des BVerfG vom 5. 11. 2002 1 BvR 1461/02 nicht zur Entscheidung angenommen).

22 BFH vom 7. 2. 2008 – VI R 83/04 (HFR 2008 S. 552)

Aus den Gründen:

Die Haftungsfestsetzungsfrist wegen Lohnsteuern für die Zeit ab Dezember 1993 hatte mit Ablauf des Jahres 1994 begonnen. Der Ablauf der Frist wurde ebenfalls durch den Beginn der Steuerfahndungsprüfung am 26. 5. 1998 gehemmt. Die Ablaufhemmung beruhte zwar nicht auf § 171 Abs. 4 Satz 1 AO. Denn diese Vorschrift regelt die Hemmung der Festsetzungsfrist durch eine Außenprüfung i.S. von § 193 AO. Fahndung und Außenprüfung sind jedoch nach Voraussetzungen und Rechtsfolgen unterschiedliche Institute, so dass eine Fahndungsprüfung nicht die Wirkungen einer Außenprüfung hervorrufen kann. Im Falle einer Fahndungsprüfung tritt die Ablaufhemmung vielmehr gemäß § 171 Abs. 5 Satz 1 AO ein. Die durch eine Fahndungsprüfung ausgelöste Ablaufhemmung endet nur dann, wenn aufgrund der Prüfung Steuerbescheide ergangen und diese unanfechtbar geworden sind. Die Finanzbehörde ist im Ergebnis befugt, sämtliche durch die Fahndungsprüfung gewonnenen Erkenntnisse umzusetzen, wenn und soweit die Prüfung vor Ablauf der Festsetzungsfrist begonnen hat (BFH-Urteil vom 24. 4. 2002, BStBl 2002 II S. 586).

23 BFH vom 9. 3. 2010 – VIII R 56/07 (HFR 2010 S. 1257)

1. Die Fahndungsprüfung hat das Recht und die Pflicht, alle Besteuerungsgrundlagen zu ermitteln, die für die Feststellung der in Betracht kommenden Straftat oder Ordnungswidrigkeit notwendig sind. Ihre Befugnis zu Ermittlungen ist damit nicht nach § 208 Abs. 1 Satz 1 Nr. 2 AO auf den sich aus dem strafrechtlichen Anfangsverdacht ergebenden Sachverhalt beschränkt.

2. Eine durch die Fahndungsprüfung gemäß § 171 Abs. 5 Satz 1 AO ausgelöste Ablaufhemmung tritt allerdings nur ein, wenn deren Ermittlungen durch § 208 AO gedeckt sind.

Zu § 171 Abs. 8 AO:

24 BFH vom 26. 10. 2005 – II R 9/01 (HFR 2006 S. 340)

Ist die Steuer vorläufig festgesetzt, endet die Festsetzungsfrist nicht vor Ablauf eines Jahres, nachdem die Ungewissheit beseitigt ist und das FA hiervon Kenntnis erhalten hat. Für den Beginn der Jahresfrist kommt es auf die (positive) Kenntnis von der Beseitigung der Ungewissheit an; ein bloßes „Kennenmüssen" von Tatsachen, die das FA bei pflichtgemäßer Ermittlung erfahren hätte, reicht nicht aus. Die Regelung des § 165 Abs. 2 Satz 1 i.V.m. § 171 Abs. 8 Satz 1 AO verletzt weder das Rechtsstaatsprinzip noch den Gleichheitssatz.

25 BFH vom 10. 5. 2007 – IX R 30/06 (BStBl 2007 II S. 807)

Das FA kann eine nach § 165 Abs. 1 AO vorläufige Steuerfestsetzung nach Ablauf der Frist des § 171 Abs. 8 AO nach § 175 Abs. 1 Satz 1 Nr. 2 AO ändern, wenn das die Ungewissheit beseitigende Ereignis (§ 165 Abs. 2 AO) zugleich steuerrechtlich zurückwirkt.

BFH vom 4. 9. 2008 – IV R 1/07 (BStBl 2009 II S. 335) 26

Die Ungewissheit i.S. von § 165 AO i.V.m. § 171 Abs. 8 AO, ob ein Steuerpflichtiger mit Einkünfteerzielungsabsicht tätig geworden ist oder ob Liebhaberei vorliegt, ist beseitigt, wenn die für die Beurteilung der Einkünfteerzielungsabsicht maßgeblichen Hilfstatsachen festgestellt werden können und das FA davon positive Kenntnis hat.

BFH vom 30. 9. 2010 – III R 39/08 (BStBl 2011 II S. 11) 27

1. Ein Vorläufigkeitsvermerk, der auf § 165 Abs. 1 Satz 2 Nr. 3 AO und auf die Besteuerungsgrundlage hinweist, hinsichtlich derer die Steuer vorläufig festgesetzt wird, ist inhaltlich nach Grund und Umfang hinreichend bestimmt. Es ist nicht erforderlich, die betragsmäßige Auswirkung der vorläufigen Festsetzung anzugeben und die anhängigen Musterverfahren nach Gericht und Aktenzeichen zu bezeichnen.
2. Ein solcher Vorläufigkeitsvermerk beschränkt sich nicht auf die zum Zeitpunkt der vorläufigen Festsetzung anhängigen Verfahren. Sind die Verfahren, die der Vorläufigkeit zugrunde liegen, beendet und ist die vorläufige Festsetzung noch nicht für endgültig erklärt, bleibt die Festsetzung vorläufig, wenn vor Ablauf der Festsetzungsfrist (§ 171 Abs. 8 Satz 2 AO) wieder ein einschlägiges Verfahren anhängig wird.
...

BFH vom 14. 4. 2011 – VI B 143/10 (BFH/NV 2011 S. 1289) 28

Wird eine Steuer ohne Vorläufigkeitsvermerk festgesetzt, ist der Eintritt der Festsetzungsverjährung auch dann nicht nach § 171 Abs. 8 AO gehemmt, wenn die Finanzbehörde zur vorläufigen Steuerfestsetzung verpflichtet war.

Zu § 171 Abs. 9 AO:

BFH vom 28. 2. 2008 – VI R 62/06 (BStBl 2008 II S. 595) 29

Reicht ein Steuerpflichtiger vor Ablauf der Festsetzungsfrist eine Berichtigungsanzeige i.S. des § 153 Abs. 1 AO bei einem unzuständigen FA ein, so ist die Anzeige zwar erstattet; zur Berechnung der Ablaufhemmung nach § 171 Abs. 9 AO ist jedoch grundsätzlich auf den Eingang beim zuständigen FA abzustellen.

BFH vom 8. 7. 2009 – VIII R 5/07 (BStBl 2010 II S. 583) 30

1. – 2. ...
3. Der zeitlich auf ein Jahr begrenzte Umfang der Ablaufhemmung, die durch die Erstattung einer Selbstanzeige gemäß § 171 Abs. 9 AO ausgelöst wird, kann durch Steuerfahndungsermittlungen, die erst nach Ablauf der ungehemmten Festsetzungsfrist aufgenommen wurden, nicht mehr erweitert werden.

BFH vom 21. 4. 2010 – X R 1/08 (BStBl 2010 II S. 771) 31

Die Ablaufhemmung nach § 171 Abs. 9 AO beginnt, wenn die angezeigte Steuerverkürzung dem Grunde nach individualisiert werden kann, der Steuerpflichtige also Steuerart und Veranlagungszeitraum benennt und den Sachverhalt so schildert, dass der Gegenstand der Selbstanzeige erkennbar wird.

Zu § 171 Abs. 10 AO:

BFH vom 13. 12. 1985 – III R 204/81 (BStBl 1986 II S. 245) 32

Die Feststellung eines Versorgungsamtes gemäß § 3 Abs. 1 SchwbG über das Vorliegen einer Behinderung und den Grad der auf ihr beruhenden Minderung der Erwerbsfähigkeit ist ein Grundlagenbescheid i.S. des § 171 Abs. 10 AO. Sie ist für die Gewährung eines Körperbehindertenpauschbetrages nach § 33b EStG auch dann gemäß § 175 Abs. 1 Satz 1 Nr. 1 AO zu berücksichtigen, wenn sie bereits vor Erlaß des Steuerbescheides getroffen war und der Steuerpflichtige den Antrag nach § 33b EStG erst nach Eintritt der Bestandskraft des Steuerbescheides gestellt hat.

33 BFH vom 30. 11. 1999 – IX R 41/97 (BStBl 2000 II S. 173)

Eine Einspruchsentscheidung, durch die der Einspruch gegen einen Bescheid über die gesonderte und einheitliche Feststellung von Einkünften aus Vermietung und Verpachtung als unbegründet zurückgewiesen wird, ist kein Grundlagenbescheid i.S. des § 171 Abs. 10 AO.

34 BFH vom 13. 12. 2000 – X R 42/96 (BStBl 2001 II S. 471)

Ein Grundlagenbescheid, der einen gleichartigen, dem Inhaltsadressaten wirksam bekannt gegebenen Steuerverwaltungsakt in seinem verbindlichen Regelungsgehalt nur wiederholt, löst keine Anpassungspflicht nach § 175 Abs. 1 Satz 1 Nr. 1 AO aus und wirkt auch nicht gemäß § 171 Abs. 10 AO auf den Lauf der Festsetzungsfrist für den Folgebescheid ein.

35 BFH vom 5. 10. 2004 – VII R 7/04 (BStBl 2006 II S. 343)

1. Dem nach § 191 Abs. 3 Satz 4 AO auf Haftungsbescheide sinngemäß anzuwendenden § 171 Abs. 10 AO kann nicht entnommen werden, dass der Ablauf der Festsetzungsfrist für den Haftungsbescheid gehemmt ist, soweit und solange in offener Festsetzungsfrist der Steuerbescheid hinsichtlich der Steuer, für die gehaftet wird, noch zulässig ergehen kann.

2. Steuer- und Haftungsbescheid stehen nicht in dem Verhältnis von Grundlagen- und Folgebescheid zueinander.

Zu § 171 Abs. 13 AO:

36 BFH vom 19. 8. 2008 – VII R 36/07 (BStBl 2009 II S. 90)

Aus den Gründen:
Der Einwand der Klägerin, die Existenz des § 171 Abs. 13 AO, wonach dem FA nach Beendigung des Insolvenzverfahrens für mindestens weitere drei Monate die Möglichkeit zum Erlass eines solchen Bescheides eingeräumt ist, spreche gegen eine Gleichstellung der Forderungsanmeldung bzw. -feststellung in einem Insolvenzverfahren mit einem Berichtigungsbescheid, da diese Regelung dann überflüssig sei, trägt nicht. Denn das Hinausschieben der Festsetzungsfrist soll verhindern, dass Steuerforderungen, die vor Eröffnung des Insolvenzverfahrens nicht festgesetzt und wegen Bestreitens der Forderung nicht zur Tabelle festgestellt und deshalb im Verfahren nicht befriedigt worden sind, während des Insolvenzverfahrens verjähren. Dem Fiskus soll in solchen Fällen die Möglichkeit erhalten bleiben, die Forderung nach Beendigung des Verfahrens durch Steuerbescheid festzusetzen.

III. Bestandskraft (§§ 172–177)

Anwendungserlass zur Abgabenordnung

1 Vor §§ 172 bis 177 – Bestandskraft:

1. Die §§ 172 ff. regeln die Durchbrechung der materiellen Bestandskraft (Verbindlichkeit einer Verwaltungsentscheidung). Sie ist von der formellen Bestandskraft (Unanfechtbarkeit) zu unterscheiden. Diese liegt vor, soweit ein Verwaltungsakt nicht oder nicht mehr mit Rechtsbehelfen angefochten werden kann. Unanfechtbarkeit bedeutet nicht Unabänderbarkeit. Dementsprechend können auch Steuerfestsetzungen unter dem Vorbehalt der Nachprüfung unanfechtbar werden (vgl. BFH-Urteil vom 19. 12. 1985 – V R 167/82 – BStBl 1986 II, S. 420).

2. Die Vorschriften über die materielle Bestandskraft gelten für Steuerfestsetzungen i.S.d. § 155 sowie für alle Festsetzungen, für die die Vorschriften über das Steuerfestsetzungsverfahren anzuwenden sind. Keine Anwendung finden sie bei der Rücknahme eines rechtswidrigen und dem Widerruf eines rechtmäßigen begünstigenden oder nicht begünstigenden sonstigen Verwaltungsaktes (vgl. vor §§ 130, 131).

3. Die materielle Bestandskraft wird nur durchbrochen, soweit es das Gesetz zulässt. Die Zulässigkeit ergibt sich nicht nur aus der AO selbst (z.B. §§ 164, 165, 172 bis 175a), sondern auch aus anderen Steuergesetzen (z.B. § 10d Abs. 1 EStG; § 35b GewStG; §§ 24 und 24a BewG; § 20 GrStG).

4. Steuerfestsetzungen unter Vorbehalt der Nachprüfung sowie Vorauszahlungsbescheide (§ 164 Abs. 1 Satz 2) und Steueranmeldungen (§ 150 Abs. 1 Satz 2, § 168), die kraft Gesetzes unter Vorbehalt der Nachprüfung stehen, sind unabhängig von der formellen Bestandskraft nach § 164 Abs. 2 dem Umfang nach uneingeschränkt änderbar, solange der Vorbehalt nicht aufgehoben worden oder entfallen ist; § 176 bleibt unberührt.

5. Wegen der Berichtigung offenbarer Unrichtigkeiten Hinweis auf § 129.
6. Zeitlich ist die Aufhebung, Änderung oder Berichtigung einer Steuerfestsetzung nur innerhalb der Festsetzungsfrist zulässig (§ 169).
7. Bei Änderung oder Berichtigung von Steuerfestsetzungen sind die Vorschriften der KBV zu beachten.
8. Ein steuerliches Wahlrecht liegt vor, wenn ein Steuergesetz für einen bestimmten Tatbestand – ausnahmsweise – mehr als eine Rechtsfolge vorsieht und es dem Steuerpflichtigen überlassen bleibt, sich für eine dieser Rechtsfolgen zu entscheiden. Übt der Steuerpflichtige dieses Wahlrecht nicht oder nicht wirksam aus, tritt die vom Gesetzgeber als Regelfall vorgesehene Rechtsfolge ein.

Die Ausübung des Wahlrechts („Antrag") ist eine empfangsbedürftige Willenserklärung. Soweit im Gesetz keine besondere Form (z.B. Schriftform oder amtlicher Vordruck; vgl. § 13a Abs. 2 Satz 3 EStG, § 4a Abs. 1 UStG) vorgeschrieben ist, kann das Wahlrecht auch durch schlüssiges Verhalten ausgeübt werden (vgl. BFH-Urteil vom 11. 12. 1997 – V R 50/94 – BStBl 1998 II, S. 420).

Setzt die Ausübung des Wahlrechts die Zustimmung des Finanzamtes oder Dritter (vgl. § 10 Abs. 1 Nr. 1 EStG) voraus, treten die Rechtswirkungen der vom Steuerpflichtigen getroffenen Wahl erst mit dieser Zustimmungserklärung ein. Dies gilt entsprechend, wenn das Wahlrecht von mehreren Steuerpflichtigen einheitlich ausgeübt werden muss (vgl. z.B. § 33a Abs. 2 Satz 5, § 33b Abs. 5 Satz 3 EStG).

Soweit das Gesetz im Einzelfall keine bestimmte Frist (vgl. z.B. § 5a Abs. 3 EStG; § 23 Abs. 3 Satz 1 UStG) zur Ausübung des Wahlrechtes („Antragsfrist") vorsieht, kann das Wahlrecht grundsätzlich bis zum Ablauf des Festsetzungsfrist ausgeübt werden. Die Bestandskraft des Steuerbescheides, in dem sich das Wahlrecht auswirkt, schränkt allerdings die Wahlrechtsausübung ein (s.u.).

Umfang und Zeitpunkt des Eintritts der Bindungswirkung der Wahlrechtsausübung richten sich danach, ob der Gesetzgeber diesbezüglich ausdrückliche Regelungen getroffen hat (vgl. z.B. § 23 Abs. 3 Satz 1 UStG: Antrag bis zur Unanfechtbarkeit der Steuerfestsetzung, vgl. Nr. 1). Sieht das Gesetz einen unwiderruflichen Antrag vor (vgl. z.B. § 5a Abs. 1, § 10 Abs. 1 Nr. 1 Satz 2 EStG), wird die Willenserklärung bereits mit ihrem Zugang beim Finanzamt wirksam und kann von diesem Zeitpunkt an nicht mehr zurückgenommen oder widerrufen werden (vgl. BFH-Urteil vom 17. 1. 1995 – IX R 37/91 – BStBl II, S. 410); Ausnahme: Anfechtung nach §§ 119 ff. BGB. Anderenfalls richtet sich die Bindungswirkung der ausgeübten Wahl nach der Bestandskraft des Verwaltungsaktes, in dem sie sich ausgewirkt hat.

Nach Eintritt der Unanfechtbarkeit der Steuerfestsetzung können Wahlrechte grundsätzlich nur noch ausgeübt oder widerrufen werden, soweit die Steuerfestsetzung nach §§ 129, 164, 165, 172 ff. oder nach entsprechenden Regelungen in den Einzelsteuergesetzen (vgl. dazu Nr. 3) korrigiert werden kann (vgl. BFH-Urteil vom 30. 8. 2001 – IV R 30/99 – BStBl 2002 II, S. 49 m.w.N.); dabei sind §§ 177 und 351 Abs. 1 zu beachten. Eine Ausnahme gilt für Wahlrechte, für deren Ausübung das Gesetz keine Frist vorsieht und für die es grundsätzlich auch keine Bindung an die einmal getroffene Wahl gibt, wenn ihre Ausübung die Besteuerungsgrundlagen unberührt lässt (z.B. das Veranlagungswahlrecht nach § 26 EStG); diese Wahlrechte können grundsätzlich bis zur Unanfechtbarkeit eines Änderungsbescheides (erneut) ausgeübt werden (vgl. BFH-Urteile vom 19. 5. 1999 – XI R 97/94 – BStBl II, S. 762 und vom 24. 1. 2002 – III R 49/00 – BStBl II, S. 408 m.w.N.) Die steuerrechtliche Wirkung von Wahlrechten, die nur bis zur Bestandskraft der Steuerfestsetzung ausgeübt werden können, kann nach Eintritt dieses Zeitpunktes nicht nach § 172 Abs. 1 Nr. 2 Buchstabe a beseitigt werden (vgl. BFH-Urteil vom 18. 12. 1973 – VIII R 101/69 – BStBl 1974 II, S. 319). Die Wahlrechtsausübung kann auch nicht durch einen Austausch gegen bisher nicht berücksichtigte Besteuerungsgrundlagen rückgängig gemacht werden; infolge der Bestandskraft der Steuerfestsetzung ist der Steuerpflichtige an seine Wahl gebunden (vgl. BFH-Urteil vom 25. 2. 1992 – VIII R 101/69 – BStBl II, S. 621).

Die nachträgliche Ausübung eines Wahlrechts oder der Widerruf eines bereits ausgeübten Wahlrechts ist auch keine neue Tatsache i.S.d. § 173, sondern Verfahrenshandlung (vgl. BFH-Urteil vom 25. 2. 1992, a.a.O.). Sie ist ausnahmsweise rückwirkendes Ereignis i.S.d. § 175 Abs. 1 Satz 1 Nr. 2, wenn sie selbst Merkmal des gesetzlichen Tatbestands ist (vgl. BFH-Urteil vom 12. 7. 1989 – X R 8/84 – BStBl II, S. 957, zum durch die Zustimmungserklärung des Empfängers qualifizierten Antrag nach § 10 Abs. 1 Nr. 1 Satz 1 EStG). Zur Änderung von Steuerfestsetzungen nach § 175 Abs. 1 Satz 1 Nr. 1 bei nachträglichem Antrag auf Anwendung des § 33b EStG vgl. BFH-Urteil vom 13. 12. 1985 – III R 204/81 – BStBl 1986 II, S. 245 und H 33b EStH.

Rsp   **Rechtsprechung**

3   **BVerfG vom 10. 6. 2009 – 1 BvR 571/07 (HFR 2009 S. 921)**

Aus den Gründen:
Bei der Frage nach der Zulässigkeit der Aufhebung oder Änderung auch bestandskräftiger Verwaltungsentscheidungen hat das Bundesverfassungsgericht stets die Befugnis des Gesetzgebers zur Ausgestaltung des hierbei jeweils auftretenden Konflikts zwischen Rechtssicherheit, Rechtsfrieden, Gerechtigkeit und Gesetzmäßigkeit der Verwaltung betont.

Auch im Verwaltungsverfahren ist hiernach – vom Gesetzgeber bei der Ausgestaltung der normativen Vorgaben wie auch bei deren Anwendung durch die Behörden im Rahmen der Entscheidung des Einzelfalls – der Grundsatz des Vertrauensschutzes zu beachten (vgl. BVerfGE 49, 168 <184 ff. >; 50, 244 <250>; 59, 128 <164 ff.>). Für den Bürger muss eine gewisse Vorhersehbarkeit staatlicher Entscheidungen gegeben sein, die ihm damit die Möglichkeit gewährt, sich auf die staatlichen Entscheidungen einzustellen und einzurichten (vgl. unter anderem BVerfGE 50, 244 <250>; 88, 384 <403>; 105, 48 <57>). Die gebotene Beachtung des Vertrauensschutzes führt aber nicht in jedem Fall zu dem Ergebnis, dass jegliche einmal erworbene Position ungeachtet der wirklichen Rechtslage Bestand haben muss. Erforderlich ist vielmehr eine an den Kriterien der Verhältnismäßigkeit und der Zumutbarkeit im Einzelfall vorzunehmende Prüfung, ob jeweils die Belange des Allgemeinwohls, wie etwa die Wiederherstellung der Gesetzmäßigkeit der Verwaltung, oder die Interessen des Einzelnen am Fortbestand einer Rechtslage, auf die er sich eingerichtet und auf deren Fortbestand er vertraut hat, den Vorrang verdienen (vgl. BVerfGE 59, 128 <166>). Insbesondere kann sich ein Steuerpflichtiger nicht auf Vertrauensschutz berufen, wenn sein Vertrauen auf den Fortbestand einer bestimmten Position eine Rücksichtnahme billigerweise nicht beanspruchen konnte. Für die Frage, ob der Bürger mit einer Änderung der Lage rechnen musste, kommt es nicht auf die subjektiven Vorstellungen der einzelnen Betroffenen und ihre individuelle Situation an, sondern darauf, ob die bisherige Situation bei objektiver Betrachtung geeignet war, ein Vertrauen der betroffenen Personengruppen auf ihren Fortbestand zu begründen (vgl. BVerfGE 25, 269 <290 f.>; 32, 111 <123>).

4   **BFH vom 16. 9. 2010 – V R 57/09 (BStBl 2011 II S. 151)**

Ein Steuerbescheid ist auch bei einem erst nachträglich erkannten Verstoß gegen das Unionsrecht nicht unter günstigeren Bedingungen als bei einer Verletzung innerstaatlichen Rechts änderbar. Das Korrektursystem der §§ 172 ff. AO regelt die Durchsetzung der sich aus dem Unionsrecht ergebenden Ansprüche abschließend. Nach den Vorgaben des Unionsrechts muss das steuerrechtliche Verfahrensrecht auch keine weitergehenden Korrekturmöglichkeiten für Steuerbescheide vorsehen (Bestätigung des BFH-Urteils vom 23. 11. 2006 – V R 67/05, BStBl II 2007, 436).

§ 172   Aufhebung und Änderung von Steuerbescheiden

(1) ¹Ein Steuerbescheid darf, soweit er nicht vorläufig oder unter dem Vorbehalt der Nachprüfung ergangen ist, nur aufgehoben oder geändert werden,
1. wenn er Verbrauchsteuern betrifft,
2. wenn er andere Steuern als Einfuhr- oder Ausfuhrabgaben im Sinne des Artikels 4 Nr. 10 und 11 des Zollkodexes oder Verbrauchsteuern betrifft,
   a) soweit der Steuerpflichtige zustimmt oder seinem Antrag der Sache nach entsprochen wird; dies gilt jedoch zugunsten des Steuerpflichtigen nur, soweit er vor Ablauf der Einspruchsfrist zugestimmt oder den Antrag gestellt hat oder soweit die Finanzbehörde einem Einspruch oder einer Klage abhilft,
   b) soweit er von einer sachlich unzuständigen Behörde erlassen worden ist,
   c) soweit er durch unlautere Mittel, wie arglistige Täuschung, Drohung oder Bestechung erwirkt worden ist,
   d) soweit dies sonst gesetzlich zugelassen ist; die §§ 130 und 131 gelten nicht.

²Dies gilt auch dann, wenn der Steuerbescheid durch Einspruchsentscheidung bestätigt oder geändert worden ist. ³In den Fällen des Satzes 2 ist Satz 1 Nr. 2 Buchstabe a ebenfalls anzuwenden, wenn der Steuerpflichtige vor Ablauf der Klagefrist zugestimmt oder den Antrag gestellt hat; Erklärungen und Beweismittel, die nach § 364b Abs. 2 in der Einspruchsentscheidung nicht berücksichtigt wurden, dürfen hierbei nicht berücksichtigt werden.

(2) Absatz 1 gilt auch für einen Verwaltungsakt, durch den ein Antrag auf Erlass, Aufhebung oder Änderung eines Steuerbescheids ganz oder teilweise abgelehnt wird.

§ 172 AO
AEAO

(3) ¹Anhängige, außerhalb eines Einspruchs- oder Klageverfahrens gestellte Anträge auf Aufhebung oder Änderung einer Steuerfestsetzung, die eine vom Gerichtshof der Europäischen Gemeinschaften, vom Bundesverfassungsgericht oder vom Bundesfinanzhof entschiedene Rechtsfrage betreffen und denen nach dem Ausgang des Verfahrens vor diesen Gerichten nicht entsprochen werden kann, können durch Allgemeinverfügung insoweit zurückgewiesen werden. ²§ 367 Abs. 2b Satz 2 bis 6 gilt entsprechend.

Anwendungserlass zur Abgabenordnung

AEAO

Zu § 172 – Aufhebung und Änderung von Steuerbescheiden:

1

1. Die Vorschrift gilt nur für Steuerbescheide, nicht für Haftungs-, Duldungs- und Aufteilungsbescheide (vgl. vor §§ 130, 131).

2. § 172 Abs. 1 Satz 1 Nr. 2 Buchstabe a lässt die schlichte Änderung eines Steuerbescheids zugunsten des Steuerpflichtigen unter der Voraussetzung zu, dass der Steuerpflichtige vor Ablauf der Einspruchsfrist die Änderung beantragt oder ihr zugestimmt hat. Der Antrag auf schlichte Änderung bedarf keiner Form. Anträge, die nicht schriftlich oder elektronisch gestellt werden, sind aktenkundig zu machen. Nicht ausdrücklich als Einspruch bezeichnete, vor Ablauf der Einspruchsfrist schriftlich oder elektronisch vorgetragene Änderungsbegehren des Steuerpflichtigen können regelmäßig als schlichte Änderungsanträge behandelt werden, wenn der Antragsteller eine genau bestimmte Änderung des Steuerbescheids beantragt und das Finanzamt dem Begehren entsprechen will. Andernfalls ist ein Einspruch anzunehmen, da der Einspruch die Rechte des Steuerpflichtigen umfassender und wirkungsvoller wahrt als der bloße Änderungsantrag. Hat der Steuerpflichtige sich für den Rechtsbehelf des Einspruchs entschieden, so überlagert der förmliche Rechtsbehelf einen etwaigen daneben gestellten Antrag auf schlichte Änderung des Steuerbescheids (vgl. BFH-Urteil vom 27. 9. 1994 – VIII R 36/89 – BStBl 1995 II, S. 353).

   Das Finanzamt darf den Steuerbescheid aufgrund eines schlichten Änderungsantrags nur in dem Umfange zugunsten des Steuerpflichtigen ändern, als der Steuerpflichtige vor Ablauf der Einspruchsfrist eine genau bestimmte Änderung bezogen auf einen konkreten Lebenssachverhalt beantragt hat (vgl. u.a. BFH-Urteil vom 20. 12. 2006 – X R 30/05 – BStBl 2007 II, S. 503 m.w.N.). Es genügt nicht, dass der Steuerpflichtige lediglich die betragsmäßige Auswirkung bzw. den Änderungsrahmen beziffert (z.B. Herabsetzung der Steuer auf „Null") oder dass ein auf Änderung des Bescheids lautender allgemeiner Antrag des Steuerpflichtigen erst nach Ablauf der Einspruchsfrist hinsichtlich der einzelnen Korrekturpunkte konkretisiert wird (z.B. durch Nachreichen einer Steuererklärung). Auch eine Erweiterung des Änderungsbegehrens ist nach Ablauf der Einspruchsfrist nicht mehr möglich (zur Erweiterung eines Einspruchsantrags siehe zu § 367, Nr. 3). Der Antragsteller kann allenfalls nach Ablauf der Einspruchsfrist Argumente oder Nachweise zur Begründung eines rechtzeitig gestellten, hinreichend konkreten Änderungsantrags nachreichen oder ergänzen, soweit hierdurch der durch den ursprünglichen Änderungsantrag (Lebenssachverhalt) festgelegte Änderungsrahmen nicht überschritten wird. Eine Antragserweiterung oder erneute Antragstellung ist nur innerhalb der Einspruchsfrist möglich.

   An das (fristgerechte) Vorbringen des Steuerpflichtigen ist das Finanzamt gebunden. Es kann die Steuerfestsetzung nicht in vollem Umfang erneut überprüfen und ggf. verbösern. Mit der beantragten Änderung nicht in sachlichen oder rechtlichen Zusammenhang stehende materielle Fehler der Steuerfestsetzung können aber ggf. über § 177 berichtigt werden.

   Aussetzung der Vollziehung (§ 361) ist aufgrund eines schlichten Änderungsantrags nicht zulässig, allenfalls ist Stundung (§ 222) möglich.

3. Nach § 172 Abs. 1 Satz 1 Nr. 2 Buchstabe a kann ein Steuerbescheid zu Ungunsten des Steuerpflichtigen aufgehoben oder geändert werden, wenn dieser der Aufhebung oder Änderung zustimmt oder er diese Korrektur beantragt hat. Die Anzeige eines Steuerpflichtigen nach § 153 stellt noch keine Zustimmung zu einer Änderung der Steuerfestsetzung zu seinen Ungunsten i.S.d. § 172 Abs. 1 Satz 1 Nr. 2 Buchstabe a dar; ggf. kommt aber eine Änderung nach § 173 Abs. 1 Nr. 1 in Betracht. Empfangsbedürftige Willenserklärungen unterliegen den Auslegungsregelungen der §§ 133, 157 BGB. Entscheidend ist, wie der Erklärungsempfänger den objektiven Erklärungswert der Erklärung verstehen musste (vgl. BFH-Urteile vom 8. 6. 2000, – IV R 37/99 – BStBl 2001 II, S. 162, und vom 5. 10. 2000 – VII R 96/99 – BStBl 2001 II, S. 86).

4. § 172 Abs. 1 Satz 2 bestimmt, dass auch ein durch Einspruchsentscheidung bestätigter oder geänderter Verwaltungsakt nach den Vorschriften der §§ 129, 164, 165, 172 ff. sowie nach entsprechenden Korrekturnormen in den Einzelsteuergesetzen (vgl. vor §§ 172–177, Nr. 3) korrigiert werden darf. Gleiches gilt für einen im Einspruchsverfahren ergehenden Abhilfe-

§ 172 AO
AEAO H

bescheid (z.B. nach § 172 Abs. 1 Satz 1 Nr. 2 Buchstabe a). Zum Erlass eines Abhilfebescheids im Klageverfahren nach einer rechtmäßigen Fristsetzung gemäß § 364b vgl. zu § 364b, Nr. 5.

5. Nach § 172 Abs. 1 Satz 3 Halbsatz 1 ist eine schlichte Änderung auch dann möglich, wenn der zu ändernde Bescheid bereits durch Einspruchsentscheidung bestätigt oder geändert worden ist. Der Änderungsantrag muss vor Ablauf der Klagefrist gestellt worden sein, nach Ablauf dieser Frist ist er unzulässig. Die Wirkungen einer nach § 364b Abs. 2 gesetzten Ausschlussfrist dürfen allerdings durch eine schlichte Änderung nicht unterlaufen werden (§ 172 Abs. 1 Satz 3 Halbsatz 2).

6. Zum Einspruchsverfahren gegen Entscheidungen über die schlichte Änderung vgl. zu § 347, Nr. 2.

H **Hinweise**

2 **Änderung von Einkommensteuerbescheiden bei einer festgesetzten Steuer von 0,– DM, wenn Besteuerungsgrundlagen außersteuerliche Bindungswirkung haben**

(OFD Frankfurt, Vfg. vom 21. 3. 2000 – S 0350 A – 2 – St II 40 –)

In bestimmten Fällen entfalten die der Steuerfestsetzung zugrunde liegenden Besteuerungsgrundlagen auch außersteuerliche Bindungswirkung. Haben Steuerpflichtige auf die korrekte Zuordnung bzw. Geltendmachung von steuermindernden Tatsachen verzichtet, weil sich durch diese keine steuerliche Auswirkung ergab, so kann dieser Verzicht zu Nachteilen führen.

Wendet sich der Steuerpflichtige nachträglich gegen die Höhe der Einkünfte, bitte ich wie folgt zu verfahren.

1. Leistungen nach dem Bundesausbildungsförderungsgesetz (BAföG)

Nach § 24 Abs. 2 Satz 3 i.V.m. § 21 Abs. 1 Satz 1 BAföG haben die Ämter für Ausbildungsförderung die in einem ESt-Bescheid aufgeführten positiven Einkünfte bei der Ermittlung der Ausbildungsförderung zu übernehmen. Insoweit besteht eine Bindungswirkung (BFH-Urteil vom 20. 10. 1994, BStBl II 1995, 628), so dass eine Änderung nach § 172 Abs. 1 Nr. 2a AO in Betracht kommt.

Demgegenüber entfaltet die Höhe der einer Steuerfestsetzung zugrunde gelegten außergewöhnlichen Belastung gegenüber den Ämtern für Ausbildungsförderung keine Bindungswirkung; die Ämter für Ausbildungsförderung haben vielmehr selbst zu beurteilen, ob Aufwendungen außergewöhnliche Belastungen sind (BFH-Urteil vom 29. 5. 1996, BStBl II, 654).

2. Beitragszuschüsse zur Alterssicherung der Landwirte

Nach § 32 des Gesetzes über die Alterssicherung der Landwirte (ALG) erhalten versicherungspflichtige Landwirte einen Zuschuss zu ihrem Pflichtbeitrag, wenn das jährliche Einkommen einen bestimmten Betrag nicht übersteigt. Maßgebend für die Feststellung des Einkommens sind grundsätzlich die Einkünfte, wie sie der Besteuerung zugrunde gelegt worden sind.

Da somit insoweit eine Bindungswirkung besteht, sind Steuerbescheide nach § 172 Abs. 1 Nr. 2a AO zu ändern, wenn sich der Steuerpflichtige nachträglich gegen die Höhe der Einkünfte wendet.

3. Beiträge zur IHK und anderer Körperschaften

Bemisst sich der Beitrag zur IHK oder anderer vergleichbarer Institutionen nach der Höhe einzelner Einkünfte, kommt ebenfalls eine Änderung nach § 172 Abs. 1 Nr. 2a AO in Betracht, wenn sich der Steuerpflichtige nachträglich gegen die Höhe der Einkünfte wendet. Dies gilt sowohl für Einkommensteuer- als auch für Gewerbesteuermessbescheide.

Die in § 172 Abs. 1 Nr. 2a AO genannte Frist ist in den o.g. Fällen unbeachtlich, weil der Steuerbetrag nicht zugunsten des Steuerpflichtigen geändert wird.

Wird einem Änderungsantrag des Steuerpflichtigen in vollem Umfang entsprochen, sind später erneut gestellte Änderungsanträge aufgrund des gesetzlich eingeräumten Ermessensspielraums abzulehnen.

4. Kindergeld

Seit dem 1. 1. 1996 wird ein Kind, das das 18. Lebensjahr vollendet hat, bei der Kindergeldzahlung nur berücksichtigt, wenn seine eigenen Einkünfte und Bezüge die in § 63 Abs. 1 Satz 2 i.V.m. § 32 Abs. 4 Satz 2 EStG genannte Grenze nicht übersteigen. Als Einkünfte sind solche i.S. des § 2 Abs. 1 EStG zu verstehen. Bezüge sind alle Einnahmen in Geld oder Geldeswert, die nicht im Rahmen der einkommensteuerrechtlichen Einkunftsermittlung erfasst werden (R 180e EStR 1998).

Entgegen der früheren, für den Zuschlag zum Kindergeld geltenden Rechtslage (vgl. § 11a Abs. 1 Satz 2 BKGG in der bis zum 31. 12. 1995 geltenden Fassung), ist die Familienkasse für die Kindergeldzahlungen ab dem 1. 1. 1996 nicht an die entsprechenden Feststellungen des Finanzamts im

Steuerbescheid gebunden, so dass eine Änderung des Steuerbescheides des Kindes nicht in Betracht kommt.

Da die Familienkasse jedoch regelmäßig diese Angaben bei der Prüfung der Kindergeldberechtigung zugrunde legen wird, bitte ich, auf Antrag eine entsprechende Bescheinigung über die vom Steuerbescheid abweichenden Besteuerungsgrundlagen zu erteilen, wenn sich das Kind nachträglich gegen die Höhe der Einkünfte wendet.

Rechtsprechung

BFH vom 24. 3. 1981 – VIII R 85/80 (BStBl 1981 II S. 778) 3

Aus den Gründen:
Liegen materiell die Voraussetzungen für eine Änderung eines Verwaltungsaktes vor, so kommt es nicht darauf an, ob die zur Begründung der Berichtigung herangezogene Vorschrift zutrifft, weil es sich hierbei um nichts anderes als die rechtliche Begründung handelt, die jederzeit wie eine andere rechtliche Begründung ausgewechselt werden kann.

BFH vom 16. 10. 1986 – V B 64/86 (BStBl 1987 II S. 95) 4

Im Sinne des allgemeinen Abgabenrechts gehört die Umsatzsteuer nicht zu den Verbrauchsteuern, sondern zu den anderen (übrigen) Steuern. Für sie beträgt die Festsetzungsfrist daher vier Jahre (§ 169 Abs. 2 Nr. 2 AO).

BFH vom 13. 5. 1987 – II R 189/83 (BStBl 1988 II S. 188) 5

Hat das FA die Schenkungsteuer gegen einen von mehreren Gesamtschuldnern bestandskräftig festgesetzt, so kann es gegenüber einem anderen Gesamtschuldner diese Steuer höher festsetzen, auch wenn die bestandskräftige Festsetzung fehlerhaft ist und nach den §§ 172 ff. AO nicht mehr geändert werden kann.

BFH vom 9. 8. 1990 – X R 5/88 (BStBl 1991 II S. 55) 6

„Sonst gesetzlich zugelassen" i.S. von § 172 Abs. 1 Satz 1 Nr. 2 Buchst. d AO ist die Aufhebung oder Änderung eines bestandskräftigen Steuerbescheides nur, soweit eine gesetzgeberische Wertentscheidung zugunsten der Durchbrechung der Bestandskraft klar erkennbar ist.

BFH vom 24. 5. 1991 – III R 105/89 (BStBl 1992 II S. 123) 7

1. Ehegatten können ihr Veranlagungswahlrecht bei Erlaß eines Einkommensteueränderungsbescheids erneut ausüben. Die erneute Wahl wird allerdings gegenstandslos, wenn der Änderungsbescheid wieder aufgehoben wird.
2. Ein Verwaltungsakt, der einen Einkommensteueränderungsbescheid aufhebt, kann auch durch Erklärung zu Protokoll des FG erlassen werden (Abgrenzung zum Senatsurteil vom 11. Januar 1991, BStBl II S. 501).

BFH vom 9. 10. 1992 – VI S 14/92 (BStBl 1993 II S. 13) 8

1. Es ist nicht ernstlich zweifelhaft, daß ein Steuerbescheid auch dann i.S. von § 172 Abs. 1 Nr. 2c AO durch unlautere Mittel erwirkt ist, wenn dies durch eine andere Person als den Adressaten des Bescheides geschieht.
2. Die Änderung eines derartigen Bescheides ist jedenfalls dann nicht ermessensfehlerhaft, wenn der Adressat des Bescheides eine durch den Einsatz unlauterer Mittel erwirkte Erstattung nachweislich erhalten hat.

BFH vom 3. 12. 1998 – V R 29/98 (BStBl 1999 II S. 158) 9

Wenn ein Steuerbescheid nicht gemäß § 174 Abs. 2 AO aufgehoben oder geändert werden darf, weil die widerstreitende Steuerfestsetzung nicht auf einen Antrag oder eine Erklärung des Steuerpflichtigen zurückzuführen ist, so kann die Aufhebung oder Änderung des Steuerbescheides im Regelfall nicht auf § 172 Abs. 1 Satz 1 Nr. 2 Buchst. a AO mit der Begründung gestützt werden, der Steuerpflichtige verstoße gegen den Grundsatz von Treu und Glauben, indem er die Zustimmung zu einer Berichtigung des Steuerbescheides verweigere.

10 **BFH vom 5. 6. 2003 – IV R 38/02 (BStBl 2004 II S. 2)**

1. Ein Abhilfebescheid i.S. des § 367 Abs. 2 AO liegt auch vor, soweit sich der Bescheid teilweise als dem Einspruchsführer nachteilig erweist, er dieser Änderung aber nach § 172 Abs. 1 Satz 1 Nr. 2 Buchst. a Halbsatz 1 AO zugestimmt hat.

2. Erklärt sich der steuerliche Berater mit der vom Außenprüfer in der Schlussbesprechung vorgeschlagenen Behandlung bestimmter Einkünfte einverstanden, kann darin nach den Umständen des Einzelfalls eine Zustimmung im o.g. Sinn zu einer Änderung zu Ungunsten des Steuerpflichtigen liegen, auch wenn die Erklärung lediglich in Anwesenheit von Angehörigen der Betriebsprüfungsstelle abgegeben wird.

11 **BFH vom 3. 3. 2005 – III R 60/03 (BStBl 2005 II S. 564)**

Beantragen Eheleute innerhalb der Frist für einen Einspruch gegen den Zusammenveranlagungsbescheid die getrennte Veranlagung oder die besondere Veranlagung im Jahr der Eheschließung, ist das FA bei der daraufhin für jeden durchzuführenden getrennten oder besonderen Veranlagung an die tatsächliche und rechtliche Beurteilung der Besteuerungsgrundlagen im Zusammenveranlagungsbescheid gebunden. Den Zusammenveranlagungsbescheid hat es aufzuheben.

12 **BFH vom 7. 11. 2006 – VI R 14/05 (BStBl 2007 II S. 236)**

1. Die Bestandskraft eines nach § 172 Abs. 1 Satz 1 Nr. 2a AO ergangenen Steueränderungsbescheids steht einer erneuten Änderung der Steuerfestsetzung nach dieser Vorschrift unter Berufung auf die vorausgegangene Zustimmung bzw. den vorausgegangenen Antrag entgegen.

2. Die Ersetzungsregelung des § 365 Abs. 3 AO findet keine analoge Anwendung auf Änderungen nach §§ 172 ff. AO außerhalb eines Einspruchsverfahrens.

13 **BFH vom 23. 11. 2006 – V R 51/05 (BStBl 2007 II S. 433)**[1]

1. Ein Betreiber von Geldspielautomaten kann nicht im Hinblick auf das EuGH-Urteil vom 17. Februar 2005 Rs. C-453/02 und Rs. C-462/02 – Linneweber und Akritidis – (Slg. 2005, I-1131) die Änderung bestandskräftiger Steuerfestsetzungen verlangen.

2. Die nicht ordnungsgemäße Umsetzung von Art. 13 Teil B Buchst. f der Richtlinie 77/388/EWG durch § 4 Nr. 9 Buchst. b UStG 1980/1991/1993 erfüllt nicht die Voraussetzungen der sog. Emmott'schen Fristenhemmung i.S. des EuGH-Urteils vom 25. Juli 1991 Rs. C-208/90 – Emmott – (Slg. 1991, I-4269).

14 **BFH vom 20. 12. 2006 – X R 30/05 (BStBl 2007 II S. 503)**

Ein wirksamer Antrag auf „schlichte" Änderung nach § 172 Abs. 1 Satz 1 Nr. 2 Buchst. a AO zugunsten des Steuerpflichtigen muss das verfolgte Änderungsbegehren innerhalb der Einspruchsfrist seinem sachlichen Gehalt nach zumindest in groben Zügen zu erkennen geben. Angaben zur rein betragsmäßigen Auswirkung der Änderung auf die Steuerfestsetzung (z.B.: „die Steuer auf ... € festzusetzen") sind für einen wirksamen Antrag weder erforderlich noch – für sich genommen – ausreichend.

15 **BFH vom 24. 4. 2008 – IV R 50/06 (BStBl 2009 II S. 35)**

1. Hat ein Steuerpflichtiger wegen unzutreffender Aufteilung des Gewinns Einspruch nur für das Vorjahr eingelegt, beantragt er damit nicht zugleich konkludent, die Einkommensteuer für das Folgejahr heraufzusetzen.

...

16 **BFH vom 1. 4. 2009 – IX R 5/08 (HFR 2009 S. 857)**

Aus den Gründen:

Ein Antrag auf schlichte Änderung ist eine Willensbekundung des Steuerpflichtigen, deren Auslegung sich nach den allgemeinen Regeln aus objektivierter Empfängersicht bestimmt. Willenserklärungen sind grundsätzlich Gegenstand der tatsächlichen Feststellung. Die Würdigung einer Willenserklärung durch das FG kann der Bundesfinanzhof (BFH) nur dahin überprüfen, ob das FG die gesetzlichen Auslegungsregeln (z.B. §§ 133, 157 BGB) beachtet und nicht gegen Denkgesetze und Erfahrungssätze verstoßen hat (BFH-Urteil vom 7. 11. 2001 – XI R 14/00, BFH/NV 2002, 745, m.w.N.).

---

[1] Verfassungsbeschwerde vom BVerfG nicht angenommen (Beschluss vom 4. 9. 2008 – 2 BvR 1321/07, StEd 2008 S. 675).

BFH vom 28. 5. 2009 – III R 84/06 (BStBl 2009 II S. 949)[1)] 17

1. Teilt der Sachbearbeiter nach Aufgabe des Steuerbescheids zur Post, aber vor dessen Zugang, den Empfangsbevollmächtigten telefonisch mit, der Bescheid sei falsch und solle deshalb nicht bekanntgegeben werden, wird der Bescheid trotz des späteren Zugangs nicht wirksam.
...

BFH vom 16. 9. 2010 – V R 57/09 (BStBl 2011 II S. 151) 18

Ein Steuerbescheid ist auch bei einem erst nachträglich erkannten Verstoß gegen das Unionsrecht nicht unter günstigeren Bedingungen als bei einer Verletzung innerstaatlichen Rechts änderbar. Das Korrektursystem der §§ 172 ff. AO regelt die Durchsetzung der sich aus dem Unionsrecht ergebenden Ansprüche abschließend. Nach den Vorgaben des Unionsrechts muss das steuerrechtliche Verfahrensrecht auch keine weitergehenden Korrekturmöglichkeiten für Steuerbescheide vorsehen (Bestätigung des BFH-Urteils vom 23. November 2006 – V R 67/05, BFHE 216, 357, BStBl II 2007, 436).

BFH vom 3. 3. 2011 – III R 45/08 (BStBl 2011 II S. 673) 19

1. ...
2. Ist die Festsetzungsfrist für einen Aufhebungsbescheid bereits abgelaufen, so scheidet eine Korrektur nach § 172 Abs. 1 Satz 1 Nr. 2 Buchst. a AO auch mit Zustimmung des Steuerpflichtigen aus.
...

§ 173 Aufhebung oder Änderung von Steuerbescheiden wegen neuer Tatsachen oder Beweismittel

AO
S 0351

(1) ¹Steuerbescheide sind aufzuheben oder zu ändern,
1. soweit Tatsachen oder Beweismittel nachträglich bekannt werden, die zu einer höheren Steuer führen,
2. soweit Tatsachen oder Beweismittel nachträglich bekannt werden, die zu einer niedrigeren Steuer führen und den Steuerpflichtigen kein grobes Verschulden daran trifft, dass die Tatsachen oder Beweismittel erst nachträglich bekannt werden. ²Das Verschulden ist unbeachtlich, wenn die Tatsachen oder Beweismittel in einem unmittelbaren oder mittelbaren Zusammenhang mit Tatsachen oder Beweismitteln im Sinne der Nummer 1 stehen.

(2) ¹Abweichend von Absatz 1 können Steuerbescheide, soweit sie auf Grund einer Außenprüfung ergangen sind, nur aufgehoben oder geändert werden, wenn eine Steuerhinterziehung oder eine leichtfertige Steuerverkürzung vorliegt. ²Dies gilt auch in den Fällen, in denen eine Mitteilung nach § 202 Abs. 1 Satz 3 ergangen ist.

Anwendungserlass zur Abgabenordnung

AEAO
1

Zu § 173 – Aufhebung oder Änderung von Steuerbescheiden wegen neuer Tatsachen oder Beweismittel:

Inhaltsübersicht

1. Tatsachen und Beweismittel
2. Nachträgliches Bekanntwerden der Tatsachen oder Beweismittel
3. Rechtserheblichkeit der Tatsachen oder Beweismittel
4. Ermittlungsfehler des Finanzamts
5. Grobes Verschulden des Steuerpflichtigen
6. Unbeachtlichkeit des Verschuldens des Steuerpflichtigen
7. Änderung von Schätzungsveranlagungen
8. Änderungssperre (§ 173 Abs. 2)

[1)] Vgl. hierzu auch AEAO zu § 124.

9. Umfang der Änderung
10. Anwendung des § 173 in Feststellungsfällen

1. Tatsachen und Beweismittel

1.1 Tatsache i.S.d. § 173 Abs. 1 ist alles, was Merkmal oder Teilstück eines steuergesetzlichen Tatbestandes sein kann, also Zustände, Vorgänge, Beziehungen und Eigenschaften materieller oder immaterieller Art (vgl. BFH-Urteile vom 1. 10. 1993 – III R 58/92 – BStBl 1994 II, S. 346, vom 18. 12. 1996 – XI R 36/96 – BStBl 1997 II, S. 264, und vom 14. 1. 1998 – II R 9/97 – BStBl II, S. 371). Zu den Tatsachen gehören auch innere Tatsachen (z.B. die Absicht, Einkünfte bzw. Gewinne zu erzielen), die nur anhand äußerer Merkmale (Hilfsatsachen) festgestellt werden können (vgl. BFH-Urteil vom 6. 12. 1994 – IX R 11/91 – BStBl 1995 II, S. 192).

1.1.1 Tatsachen i.S.d. § 173 Abs. 1 sind bei einer Schätzung die Schätzungsgrundlagen (nicht die Schätzung selbst; vgl. Nr. 7). Tatsachen sind auch Tatsachen aus nichtsteuerlichen Rechtsgebieten (vgl. BFH-Urteil vom 13. 10. 1983 – I R 11/79 – BStBl 1984 II, S. 181). Um Tatsachen und nicht um juristische Wertungen handelt es sich, wenn ein Steuerpflichtiger z.B. unter der Bezeichnung „Kauf", „Vermietung" oder „Geschäftsführer-Gehalt" in der Steuererklärung vorgreifliche Rechtsverhältnisse geltend macht; derartige Begriffe enthalten eine Zusammenfassung von Tatsachen, die eine bestimmte rechtliche Wertung auslösen (vgl. BFH-Urteil vom 20. 12. 1988 – VIII R 121/83 – BStBl 1989 II, S. 585). Folglich kann ein Steuerbescheid nach § 173 Abs. 1 geändert werden, wenn sich aufgrund nachträglich bekannt gewordener Tatsachen die vom Steuerpflichtigen übernommene Wertung als unzutreffend erweist.

1.1.2 Keine Tatsachen i.S.d. § 173 Abs. 1 sind Rechtsnormen und Schlussfolgerungen aller Art, insbesondere steuerrechtliche Bewertungen (vgl. BFH-Urteil vom 27. 10. 1992 – VIII R 41/89 – BStBl 1993 II, S. 569). Ebenso stellen Entscheidungen des BVerfG zur Verfassungswidrigkeit einer Rechtsnorm sowie nachträgliche Gesetzesänderungen keine neuen Tatsachen i.S.v. § 173 Abs. 1 dar (vgl. BFH-Urteile vom 12. 5. 2009 – IX R 45/08 – BStBl II, S. 891 und vom 11. 2. 1994 – III R 50/92 – BStBl II, S. 389). Gleiches gilt für die (ggf. anderweitige) Ausübung steuerlicher Wahlrechte oder die Nachholung eines Antrags (vgl. zu §§ 172–177, Nr. 8). Ein Antrag kann allerdings nachgeholt werden, soweit die für seine Ausübung relevanten Tatsachen als solche nachträglich bekannt werden (vgl. Nr. 3.2).

1.1.3 Bei Sachverhalten, die bei verschiedenen Steuerpflichtigen steuerlich eigenständig zu berücksichtigen sind, weil die Steuergesetze im Regelfall keine korrespondierende Berücksichtigung vorschreiben, sind die für die einzelne Steuerfestsetzung relevanten Tatsachen und steuerrechtliche Bewertungen zu unterscheiden. So geben Ergebnismitteilungen des Körperschaftsteuer-Finanzamts an das für die Veranlagung der Anteilseigner zuständige Finanzamt über eine bei einer GmbH durchgeführte Außenprüfung rechtliche Schlussfolgerungen und Schätzungsergebnisse wieder, sie stellen für sich jedoch keine Tatsachen dar, die zu einer Änderung nach § 173 Abs. 1 berechtigen (BFH-Urteil vom 27. 10. 1992 – VIII R 41/89 – BStBl 1993 II, S. 569). Deshalb müssen den für die Veranlagung der Anteilseigner zuständigen Finanzämtern die entscheidungserheblichen Tatsachen mitgeteilt werden; die bloße Mitteilung, es seien verdeckte Gewinnausschüttungen festgestellt worden, reicht nicht aus, um eine Änderung nach § 173 Abs. 1 zu rechtfertigen. **Vgl. aber auch § 32a KStG:**

1.2 Beweismittel ist jedes Erkenntnismittel, das zur Aufklärung eines steuerlich erheblichen Sachverhalts dient, d.h. geeignet ist, das Vorliegen oder Nichtvorliegen von Tatsachen zu beweisen (BFH-Urteil vom 20. 12. 1988 – VIII R 121/83 – BStBl 1989 II, S. 585). Dazu gehören Urkunden (Verträge, Geschäftspapiere u.a.) und Auskünfte von Auskunftspersonen (vgl. § 92). Ein Sachverständigengutachten ist nur Beweismittel, soweit es die Erkenntnis neuer Tatsachen vermittelt und nicht lediglich Schlussfolgerungen enthält (BFH-Urteil vom 27. 10. 1992 – VIII R 41/89 – BStBl 1993 II, S. 569).

1.3 Eine Änderung nach § 173 Abs. 1 setzt voraus, dass die Tatsachen bei Erlass des zu ändernden Bescheids bereits vorhanden waren und vom Finanzamt hätten berücksichtigt werden können (vgl. BFH-Urteil vom 26. 7. 1984 – IV R 10/83 – BStBl II, S. 786). Nach dem Zeitpunkt der Steuerfestsetzung entstandene Tatsachen können dagegen eine Änderung nach § 175 Abs. 1 Satz 1 Nr. 2 rechtfertigen, wenn insoweit ein rückwirkendes Ereignis vorliegt. Eine nach dem Zeitpunkt der Steuerfestsetzung entstandene Hilfsatsache, die für diesen Zeitpunkt zu einer veränderten Würdigung in Bezug auf eine innere Tatsache führt, rechtfertigt jedoch nur dann eine Änderung nach § 173 Abs. 1, wenn sie einen sicheren Schluss auf die (innere) Haupttatsache ermöglicht.

1.4 Bei der Prüfung der Frage, ob die Tatsache zu einer höheren oder niedrigeren Steuer führt, sind Steueranrechnungsbeträge unbeachtlich; es ist vielmehr auf die festzusetzende Steuer abzustellen. Das BFH-Urteil vom 16. 3. 1990 – VI R 90/86 – BStBl II, S. 610 betrifft den besonders gelagerten Fall einer Nettolohnvereinbarung und kann daher nicht verallgemeinert werden.

2. Nachträgliches Bekanntwerden der Tatsachen oder Beweismittel

2.1 Tatsachen oder Beweismittel werden nachträglich bekannt, wenn sie einem für die Steuerfestsetzung zuständigen Bediensteten (BFH-Urteile vom 9. 11. 1984 – VI R 157/83 – BStBl 1985 II, S. 191, und vom 20. 6. 1985 – IV R 114/82 – BStBl II, S. 492) bekannt werden, nachdem die Willensbildung über die Steuerfestsetzung abgeschlossen worden ist (Abzeichnung der Verfügung; vgl. BFH-Urteil vom 18. 3. 1987 – II R 226/84 – BStBl II, S. 416). Auf den Tag der Absendung des Steuerbescheids oder den Tag der Bekanntgabe kommt es nicht an. Der im Einzelfall maßgebliche Tag ist dem Steuerpflichtigen auf Verlangen mitzuteilen.

2.2 Sofern im automatisierten Verfahren nachträglich – noch vor der Absendung des Steuerbescheids – eine materiell-rechtliche Kontrolle der gesamten Steuerfestsetzung vorgenommen wird, sind alle bis dahin bekannt gewordenen Tatsachen und Beweismittel zu berücksichtigen (vgl. BFH-Urteil vom 29. 11. 1988 – VIII R 226/83 – BStBl 1989 II, S. 259). Tatsachen und Beweismittel, die dem Finanzamt bis zum Abschluss einer solchen Kontrolle bekannt geworden sind, in dem zu erlassenden Steuerbescheid aber keine Berücksichtigung gefunden haben, können zu einem späteren Zeitpunkt nicht mehr Gegenstand einer Änderung nach § 173 Abs. 1 sein. Um eine materiell-rechtliche Kontrolle des Steuerbescheids handelt es sich nicht, wenn der Steuerbescheid vor seiner Absendung nur einer formellen Prüfung unterzogen wird, die die Feststellung der ermittelten Tatsachen sowie deren rechtliche Würdigung unberührt lässt (z.B. Prüfung auf zutreffende Adressierung oder richtige Erfassung der Daten).

2.3 Eine Tatsache ist nicht schon dann bekannt, wenn irgendeine Stelle des Finanzamts von ihr Kenntnis hat. Es kommt vielmehr auf den Kenntnisstand der Personen an, die innerhalb des Finanzamts dazu berufen sind, den betreffenden Steuerfall zu bearbeiten (BFH-Urteile vom 20. 6. 1985 – IV R 114/82 – BStBl II, S. 492, vom 20. 4. 1988 – X R 40/81 – BStBl II, S. 804, und vom 19. 6. 1990 – VIII R 69/87 – BFH/NV 1991 S. 353).

2.3.1 Die Rechtsbehelfsstelle des Finanzamts muss bei der Entscheidung über den Einspruch eines Steuerpflichtigen grundsätzlich auch Tatsachen verwerten, die der Veranlagungsstelle bekannt sind. Geschieht dies nicht, so können diese in der Einspruchsentscheidung nicht berücksichtigten Tatsachen nach Abschluss des Einspruchsverfahrens nicht mehr Gegenstand eines Änderungsbescheids nach § 173 Abs. 1 Nr. 1 sein (BFH-Urteil vom 23. 3. 1983 – I R 182/82 – BStBl II, S. 548).

2.3.2 Nur dem Betriebsprüfer bekannt gewordene Tatsachen sind der Veranlagungsstelle grundsätzlich nicht zuzurechnen (vgl. BFH-Urteile vom 28. 4. 1987 – IX R 9/83 – BFH/NV 1988 S. 151, vom 29. 10. 1987 – IV R 69/85 – BFH/NV 1988 S. 346, und vom 20. 4. 1988 – X R 40/81 – BStBl II, S. 804).

2.3.3 Für die Frage, ob einem Finanzamt Tatsachen, die zu einer erstmaligen Berücksichtigung oder zu einer höheren Bewertung eines steuerpflichtigen Sachverhalts von Bedeutung sind, i.S.v. § 173 Abs. 1 Nr. 1 nachträglich bekannt geworden sind, kommt es grundsätzlich allein auf die Kenntnis dieses Finanzamts an. Ermittelt aber ein für die Erbschaft-/Schenkungsteuer zuständiges Finanzamt den Wert einer Beteiligung an einer Personengesellschaft allein dadurch, dass es diesen aus einem von einem anderem Finanzamt erteilten Feststellungsbescheid über den Wert des Betriebsvermögens der Gesellschaft auf einen vorangegangenen Bewertungsstichtag ableitet, so macht es sich damit die diesem zugrunde liegenden Kenntnisse zu eigen (BFH-Urteil vom 14. 1. 1998 – II R 9/97 – BStBl II, S. 371).

2.3.4 Einmal bekannt gewordene Tatsachen werden durch den Wechsel in der Zuständigkeit der Finanzbehörde oder durch Wechsel des Bearbeiters nicht wieder unbekannt, wenn der zunächst zuständige Bearbeiter die Tatsachen aktenkundig gemacht hat (vgl. BFH-Urteil vom 15. 10. 1993 – III R 74/92 – BFH/NV 1994 S. 315).

2.3.5 Dem Finanzamt können auch Tatsachen bekannt sein, die sich aus älteren, bereits archivierten Akten ergeben. Voraussetzung dafür ist jedoch, dass zur Hinzuziehung solcher Vorgänge nach den Umständen des Falles, insbesondere nach dem Inhalt der zu bearbeitenden Steuererklärungen oder der präsenten Akten, eine besondere Veranlassung bestand (BFH-Urteil vom 11. 2. 1998 – I R 82/97 – BStBl II, S. 552).

2.3.6 Im Rahmen des § 173 Abs. 1 Nr. 2 kann eine Tatsache nicht zum Nachteil des Steuerpflichtigen als bereits bekannt gelten, wenn der zuständige Bearbeiter sie lediglich hätte kennen können oder kennen müssen; das Finanzamt kann sich in diesem Fall nicht auf sein eigenes Versäumnis oder Verschulden berufen (vgl. BFH-Urteil vom 26. 11. 1996 – IX R 77/95 – BStBl 1997 II, S. 422).

2.4 Steuerbescheid i.S.v. § 173 Abs. 1 ist auch ein Bescheid, der einen schon ergangenen Steuerbescheid inhaltlich abändert. Tatsachen, die zu einer höheren Besteuerung führen, kann das Finanzamt deshalb in einem weiteren Änderungsbescheid nach § 173 Abs. 1 Nr. 1 nur berücksichtigen, wenn sie ihm nach Erlass des Änderungsbescheids bekannt geworden sind. Eine Änderung nach § 173 Abs. 1 Nr. 1 ist jedoch dann nicht ausgeschlossen, wenn das Finanzamt im Hinblick auf einen nachträglich ergangenen Grundlagenbescheid zunächst lediglich eine Änderung nach § 175 Abs. 1 Satz 1 Nr. 1 vorgenommen und dabei Tatsachen unberücksichtigt gelassen hat, die darüber hinaus eine Änderung nach § 173 Abs. 1 Nr. 1 gerechtfertigt hätten (BFH-Urteil vom 12. 1. 1989 – IV R 8/88 – BStBl II, S. 438).

2.5 Ändert das Finanzamt einen bestandskräftigen Steuerbescheid nach § 173 Abs. 1 Nr. 1, so trägt es die objektive Beweislast dafür, dass die für die Änderung erforderlichen tatsächlichen Voraussetzungen vorliegen, insbesondere dafür, dass diese „neu" sind (BFH-Urteil vom 19. 5. 1998 – I R 140/97 – BStBl II, S. 599).

3. Rechtserheblichkeit der Tatsachen oder Beweismittel

3.1 Neue Tatsachen oder Beweismittel können die Änderung eines Steuerbescheids nach § 173 Abs. 1 nur rechtfertigen, wenn sie rechtserheblich sind. Die Rechtserheblichkeit ist zu bejahen, wenn das Finanzamt bei rechtzeitiger Kenntnis der Tatsachen oder Beweismittel schon bei der ursprünglichen Veranlagung mit an Sicherheit grenzender Wahrscheinlichkeit zu einer höheren oder niedrigeren Steuer gelangt wäre (vgl. BFH-Beschluss GrS vom 23. 11. 1987 – GrS 1/86 – BStBl 1988 II, S. 180). Die Vorschrift des § 173 hat nicht den Sinn, dem Steuerpflichtigen das Risiko eines Rechtsbehelfsverfahrens dadurch abzunehmen, dass ihm gestattet wird, sich auf Tatsachen gegenüber dem Finanzamt erst dann zu berufen, wenn etwa durch eine spätere Änderung der Rechtsprechung eine Rechtslage eintritt, die eine bisher nicht vorgetragene Tatsache nunmehr als relevant erscheinen lässt.

Ein Steuerbescheid darf daher wegen nachträglich bekannt gewordener Tatsachen oder Beweismittel weder zugunsten noch zuungunsten des Steuerpflichtigen geändert werden, wenn das Finanzamt bei ursprünglicher Kenntnis der Tatsachen oder Beweismittel nicht anders entschieden hätte. Bei der Beurteilung der Rechtserheblichkeit kommt es nicht darauf an, welche Entscheidung der zuständige Bearbeiter subjektiv bei Erlass des ursprünglichen Bescheids getroffen hätte. Wie das Finanzamt bei Kenntnis bestimmter Tatsachen oder Beweismittel einen Sachverhalt in seinem ursprünglichen Bescheid gewürdigt hätte, ist vielmehr im Einzelfall aufgrund des Gesetzes, wie es nach der damaligen Rechtsprechung des BFH auszulegen war, und der die Finanzämter bindenden Verwaltungsanweisungen zu beurteilen, die im Zeitpunkt des ursprünglichen Bescheiderlasses gegolten haben (vgl. BFH-Urteile vom 11. 5. 1988 – I R 216/85 – BStBl II, S. 715, vom 15. 1. 1991 – IX R 238/87 – BStBl II, S. 741, und vom 10. 3. 1999 – II R 99/97 – BStBl II, S. 433). Subjektive Fehler der Finanzbehörden, wie sie sowohl in rechtlicher als auch in tatsächlicher Hinsicht denkbar sein mögen, sind unbeachtlich (BFH-Urteil vom 11. 5. 1988 – I R 216/85 – BStBl II, S. 715).

3.2 Die erstmalige Ausübung eines nicht fristgebundenen Wahlrechts nach Bestandskraft der Steuerfestsetzung (vgl. vor §§ 172–177, Nr. 8) ist keine neue Tatsache, sie steht einer Änderung nach § 173 Abs. 1 Nr. 2 aber nicht entgegen, sofern die für die Ausübung des Wahlrechts relevanten Tatsachen nachträglich bekannt geworden sind (BFH-Urteile vom 28. 9. 1984 – VI R 48/82 – BStBl 1985 II, S. 117, und vom 25. 2. 1992 – IX R 41/91 – BStBl II, S. 621). Gleiches gilt, wenn der Steuerpflichtige nach Bestandskraft der Steuerfestsetzung erstmals einen nicht fristgebundenen Antrag auf Gewährung einer Steuervergünstigung stellt und hierzu rechtserhebliche (neue) Tatsachen vorträgt (BFH-Urteil vom 21. 7. 1989 – III R 303/84 – BStBl II, S. 960). Eine Änderung nach § 173 Abs. 1 Nr. 2 zugunsten des Steuerpflichtigen setzt jedoch auch in diesen Fällen voraus, dass ihn am nachträglichen Bekanntwerden der steuermindernden Tatsachen kein grobes Verschulden trifft (vgl. Nr. 5).

4. Ermittlungsfehler des Finanzamts

4.1 Nach dem Grundsatz von Treu und Glauben kann das Finanzamt – auch wenn es von einer rechtserheblichen Tatsache oder einem rechtserheblichen Beweismittel nachträglich Kenntnis erhält – daran gehindert sein, einen Steuerbescheid nach § 173 Abs. 1 Nr. 1 zuungunsten des Steuerpflichtigen zu ändern (BFH-Urteil vom 13. 11. 1985 – II R 208/82 – BStBl 1986 II, S. 241). Hat der Steuerpflichtige die ihm obliegenden Mitwirkungspflichten in zumutbarer Weise erfüllt, kommt eine Änderung nach § 173 Abs. 1 Nr. 1 nicht in Betracht, wenn die spätere Kenntnis der Tatsache oder des Beweismittels auf einer Verletzung der dem Finanzamt obliegenden Ermittlungspflicht beruht. Das Finanzamt braucht den Steuererklärungen nicht mit Misstrauen zu begegnen, sondern darf regelmäßig von deren Richtigkeit und Vollständigkeit ausgehen; veranlagt es aber trotz bekannter Zweifel an der Richtigkeit der Besteuerungsgrundlage endgültig, ist eine spätere Änderung der Steuerfestsetzung nach dem Grundsatz von Treu und Glauben ausgeschlossen (vgl. BFH-Urteil vom 27. 10. 1992 – VIII R 41/89 – BStBl 1993 II, S. 569). Zum Umfang der Ermittlungspflicht des Finanzamts vgl. zu § 88.

4.1.1   Sind sowohl das Finanzamt seiner Ermittlungspflicht als auch der Steuerpflichtige seiner Mitwirkungspflicht nicht in vollem Umfang nachgekommen, so fällt das nachträgliche Bekanntwerden einer rechtserheblichen Tatsache oder eines rechtserheblichen Beweismittels i.d.R. in den Verantwortungsbereich des Steuerpflichtigen mit der Folge, dass eine Änderung des Steuerbescheides nach § 173 Abs. 1 Nr. 1 zulässig ist (vgl. BFH-Urteil vom 11. 11. 1987 – I R 108/85 – BStBl 1988 II, S. 115). Eine entsprechende Änderung scheidet lediglich dann aus, wenn der Verstoß des Finanzamts deutlich überwiegt (BFH-Urteil vom 20. 12. 1988 – VIII R 121/83 – BStBl 1989 II, S. 585).

4.1.2   Ändert das Finanzamt einen bestandskräftigen Steuerbescheid nach § 173 Abs. 1 Nr. 1, trägt der Steuerpflichtige die objektive Beweislast, wenn er eine Verletzung der Ermittlungspflichten durch das Finanzamt rügt (BFH-Urteil vom 19. 5. 1998 – I R 140/97 – BStBl II, S. 599).

4.2   Auf neue Tatsachen, die nach § 173 Abs. 1 Nr. 2 eine niedrigere Steuerfestsetzung rechtfertigen, sind die in Nr. 4.1 dargestellten Grundsätze nicht anzuwenden (BFH-Urteile vom 13. 4. 1967 – V 57/65 – BStBl III, S. 519, und vom 26. 11. 1996 – IX R 77/95 – BStBl 1997 II, S. 422; vgl. Nr. 2.2). Hier ist jedoch zu prüfen, ob den Steuerpflichtigen ein grobes Verschulden am nachträglichen Bekanntwerden der neuen Tatsachen trifft (vgl. Nr. 5).

Im Rahmen des § 173 Abs. 1 Nr. 2 kann eine Tatsache allerdings nicht zum Nachteil des Steuerpflichtigen als bereits bekannt gelten, wenn der zuständige Bearbeiter sie lediglich hätte kennen können oder kennen müssen. Das Finanzamt kann sich in diesem Fall nicht auf sein eigenes Versäumnis oder Verschulden berufen (vgl. BFH-Urteil vom 26. 11. 1996 – IX R 77/95 – BStBl 1997 II, S. 422).

5. Grobes Verschulden des Steuerpflichtigen

5.1   Die Aufhebung oder Änderung eines Steuerbescheids zugunsten des Steuerpflichtigen ist grundsätzlich ausgeschlossen, wenn den Steuerpflichtigen ein grobes Verschulden daran trifft, dass die Tatsachen oder Beweismittel dem Finanzamt erst nachträglich bekannt geworden sind. Als grobes Verschulden hat der Steuerpflichtige Vorsatz und grobe Fahrlässigkeit zu vertreten. Grobe Fahrlässigkeit ist anzunehmen, wenn er die ihm nach seinen persönlichen Verhältnissen zumutbare Sorgfalt in ungewöhnlichem Maße und in nicht entschuldbarer Weise verletzt (BFH-Urteile vom 3. 2. 1983 – IV R 153/80 – BStBl II, S. 324 und vom 18. 5. 1988 – X R 57/82 – BStBl II, S. 713). Die objektive Beweislast (Feststellungslast) dafür, dass ihn kein grobes Verschulden trifft, liegt beim Steuerpflichtigen.

5.1.1   Bei der Beurteilung der Schwere der Verletzung dieser Sorgfaltspflicht sind die Gegebenheiten des Einzelfalls und die individuellen Kenntnisse und Fähigkeiten des einzelnen Steuerpflichtigen zu berücksichtigen (BFH-Urteil vom 29. 6. 1984 – VI R 181/80 – BStBl II, S. 693). So kann die Unkenntnis steuerrechtlicher Bestimmungen allein den Vorwurf groben Verschuldens nicht begründen (BFH-Urteile vom 10. 8. 1988 – IX R 219/84 – BStBl 1989 II, S. 131, vom 22. 5. 1992 – VI R 17/91 – BStBl 1993 II, S. 80, und vom 21. 9. 1993 – IX R 63/90 – BFH/NV 1994 S. 100). Offensichtliche Versehen und alltägliche Irrtümer, die sich nie ganz vermeiden lassen, wie z.B. Verwechslungen, Schreib-, Rechen- oder Übertragungsfehler rechtfertigen ebenfalls nicht den Vorwurf des groben Verschuldens; es kann aber vorliegen, wenn das Versehen auf einer vorangegangenen Verletzung steuerlicher Pflichten beruht.

5.1.2   Ein grobes Verschulden kann im Allgemeinen angenommen werden, wenn der Steuerpflichtige trotz Aufforderung keine Steuererklärung abgegeben hat (ständige Rechtsprechung, vgl. z.B. BFH-Urteil vom 16. 9. 2004 – IV R 62/02 – BStBl 2005 II, S. 75 m.w.N.), allgemeine Grundsätze der Buchführung (§§ 145 bis 147) verletzt oder ausdrückliche Hinweise in ihm zugegangenen Vordrucken, Merkblättern oder sonstigen Mitteilungen des Finanzamts nicht beachtet.

5.1.3   Ein Steuerpflichtiger handelt regelmäßig grob schuldhaft, wenn er eine in Steuererklärungsformular ausdrücklich gestellte, auf einen ganz bestimmten Vorgang bezogene Frage nicht beachtet (BFH-Urteile vom 29. 6. 1984 – VI R 181/80 – BStBl II, S. 693, und vom 10. 8. 1988 – IX R 219/84 – BStBl 1989 II, S. 131).

5.1.4   Das grobe Verschulden des Steuerpflichtigen am nachträglichen Bekanntwerden steuermindernder Tatsachen oder Beweismittel wird nicht dadurch ausgeschlossen, dass das Finanzamt seinerseits seinen Fürsorge- oder Ermittlungspflichten nicht hinreichend nachgekommen ist (BFH-Urteil vom 9. 8. 1991 – III R 24/87 – BStBl 1992 II, S. 65). Im Einzelfall kann jedoch ein grobes Verschulden des Steuerpflichtigen zu verneinen sein, wenn die Verletzung der Ermittlungs- und Fürsorgepflichten ursächlich für die verspätete Geltendmachung der steuermindernden Tatsachen oder Beweismittel war, z.B. bei irreführender Auskunftserteilung.

5.2   Bei einer Zusammenveranlagung muss sich jeder Ehegatte das grobe Verschulden des anderen Ehegatten zurechnen lassen (vgl. BFH-Urteil vom 24. 7. 1996 – I R 62/95 – BStBl 1997 II, S. 115).

5.3 Nimmt der Steuerpflichtige bei der Erfüllung seiner steuerlichen Pflichten die Hilfe eines Bevollmächtigten oder anderer Hilfspersonen in Anspruch, so muss er sich ein etwaiges grobes Verschulden dieser Personen wie ein eigenes Verschulden zurechnen lassen. So hat der Steuerpflichtige etwa ein grobes Verschulden seines Buchhalters als eigenes Verschulden zu vertreten (vgl. BFH-Urteil vom 18. 5. 1988 – X R 57/82 – BStBl II, S. 713).

5.4 Der Steuerpflichtige hat ein grobes Verschulden seines steuerlichen Beraters in gleicher Weise zu vertreten wie das Verschulden eines Bevollmächtigten (BFH-Urteile vom 3. 2. 1983 – IV R 153/80 – BStBl II, S. 324, vom 28. 6. 1983 – VIII R 37/81 – BStBl 1984 II, S. 2, vom 25. 11. 1983 – VI R 8/82 – BStBl 1984 II, S. 256, und vom 26. 8. 1987 – I R 144/86 – BStBl 1988 II, S. 109). Bei Festlegung der einem Berater zuzumutenden Sorgfalt ist zu berücksichtigen, dass von einem Angehörigen der steuerberatenden Berufe die Kenntnis und sachgemäße Anwendung der steuerrechtlichen Vorschriften erwartet wird (BFH-Urteil vom 3. 2. 1983 – IV R 153/80 – BStBl II, S. 324). Ein eigenes grobes Verschulden des Steuerpflichtigen kann darin liegen, dass er die von seinem steuerlichen Berater gefertigte Steuererklärung unterschreibt, obwohl ihm bei Durchsicht der Steuererklärung ohne weiteres hätte auffallen müssen, dass steuermindernde Tatsachen oder Beweismittel nicht berücksichtigt worden sind (BFH-Urteil vom 28. 6. 1983 – VIII R 37/81 – BStBl 1984 II, S. 2).

Der steuerliche Berater hat, wenn er Mitarbeiter zur Vorbereitung des Jahresabschlusses und der Steuererklärung einsetzt, Sorgfaltspflichten hinsichtlich der Auswahl seiner Mitarbeiter, der Organisation der Arbeiten in seinem Büro und der Kontrolle der Arbeitsergebnisse der Mitarbeiter (BFH-Urteil vom 26. 8. 1987 – I R 144/86 – BStBl 1988 II, S. 109).

5.5 Bei der Frage des groben Verschuldens ist auch der Zeitraum einzubeziehen, in dem nach Durchführung der Steuerveranlagung der Bescheid noch änderbar ist (BFH-Urteil vom 21. 2. 1991 – V R 25/87 – BStBl II, S. 496: Vortrag steuermindernder Tatsachen bis zur Bekanntgabe der Einspruchsentscheidung). Ein dem Steuerpflichtigen zuzurechnendes grobes Verschulden i.S.d. § 173 Abs. 1 Nr. 2 kann daher auch darin bestehen, dass er es unterlassen hat, gegen einen Steuerbescheid Einspruch einzulegen, obwohl sich ihm innerhalb der Einspruchsfrist die Geltendmachung bisher nicht vorgetragener Tatsachen hätte aufdrängen müssen (BFH-Urteile vom 25. 11. 1983 – VI R 8/82 – BStBl 1984 II, S. 256, und vom 4. 2. 1998 – XI R 47/97 – BFH/NV S. 682).

5.6 *Bei Beantwortung der Frage, ob die Unterlassung bestimmter steuerrelevanter Angaben in der Steuererklärung auf einem groben Verschulden des Steuerpflichtigen, einem entschuldbaren mechanischen Versehen (z. B. Übertragungsfehler) oder einem entschuldbaren Rechtsirrtum infolge mangelnder Kenntnis steuerrechtlicher Vorschriften beruht, ist nicht zwischen Steuererklärungen auf Papier und elektronisch erstellten Steuererklärungen zu unterscheiden. Wird die Steuererklärung elektronisch zum Beispiel mithilfe des Programms ElsterFormular erstellt, kann der Steuerpflichtige bei Erfassung der Daten anhand der gewohnten Formularoberfläche vom kompletten Steuererklärungsvordruck und allen dort gestellten Fragen Kenntnis nehmen; darüber hinaus wird auch eine Hilfefunktion im Umfang der amtlichen Anleitung geboten. Unerheblich ist daher, dass in der komprimierten Steuererklärung nur ein Ausdruck der tatsächlich erfassten und übermittelten Daten erfolgt.*

6. **Unbeachtlichkeit des Verschuldens des Steuerpflichtigen**

6.1 Das Verschulden des Steuerpflichtigen ist nach § 173 Abs. 1 Nr. 2 Satz 2 unbeachtlich, wenn die Tatsachen oder Beweismittel, die zu einer niedrigeren Steuer führen, in einem unmittelbaren oder mittelbaren Zusammenhang mit neuen Tatsachen oder Beweismitteln stehen, die zu einer höheren Steuer führen. Stehen die steuermindernden Tatsachen mit steuererhöhenden Tatsachen im Zusammenhang, sind die steuermindernden Tatsachen nicht nur bis zur steuerlichen Auswirkung der steuererhöhenden Tatsachen, sondern uneingeschränkt zu berücksichtigen (BFH-Urteil vom 2. 8. 1983 – VIII R 190/80 – BStBl 1984 II, S. 4). Ein derartiger Zusammenhang ist gegeben, wenn eine zu einer höheren Besteuerung führende Tatsache die zur Steuerermäßigung führende Tatsache ursächlich bedingt, so dass der steuererhöhende Vorgang nicht ohne den steuermindernden Vorgang denkbar ist (BFH-Urteile vom 28. 3. 1985 – IV R 159/82 – BStBl 1986 II, S. 120, vom 5. 8. 1986 – IX R 13/81 – BStBl 1987 II, S. 297, und vom 8. 8. 1991 – V R 106/88 – BStBl 1992 II, S. 12). Ein rein zeitliches Zusammentreffen von steuererhöhenden und steuermindernden Tatsachen reicht nicht aus (BFH-Urteil vom 28. 3. 1985 a.a.O.).

6.2 Wird dem Finanzamt nachträglich bekannt, dass der Steuerpflichtige nicht erklärte Einkünfte einer bestimmten Einkunftsart erzielt hat, so stellt die Höhe dieser Einkünfte die für die Anwendung des § 173 Abs. 1 Nr. 1 oder Nr. 2 relevante Tatsache dar (BFH-Urteil vom 1. 10. 1993 – III R 58/92 – BStBl 1994 II, S. 346). Dies gilt auch dann, wenn das Finanzamt die Einkünfte zunächst geschätzt hat (BFH-Urteil vom 24. 4. 1991 – XI R 28/89 – BStBl II, S. 606). Eine Aufspaltung dieser Einkünfte in steuererhöhende Einnahmen oder Vermögensmehrungen einerseits und steuermindernde Ausgaben oder Vermögensminderungen andererseits im Hinblick auf § 173 Abs. 1 Nr. 2 Satz 2 ist nicht zulässig.

§ 173 AO
AEAO

6.3 Bei der Umsatzsteuer sind Tatsachen, die eine Erhöhung der Umsatzsteuer begründen, und Tatsachen, die eine höhere Vorsteuer begründen, getrennt zu beurteilen. Ein Zusammenhang zwischen nachträglich bekannt gewordenen Umsätzen und nachträglich bekannt gewordenen Leistungen an den Unternehmer i.S.d. § 173 Abs. 1 Nr. 2 Satz 2 besteht nur insoweit, als die Eingangsleistungen zur Ausführung der nachträglich bekannt gewordenen Umsätze verwendet wurden (BFH-Urteile vom 8. 8. 1991 – V R 106/88 – BStBl 1992 II, S. 12, und vom 19. 10. 1995 – V R 60/92 – BStBl 1996 II, S. 149). Dies gilt allerdings nur, soweit diese Umsätze zum Vorsteuerabzug berechtigen; soweit die nachträglich bekannt gewordenen Vorsteuerbeträge hingegen mit nachträglich bekannt gewordenen steuerfreien oder nichtsteuerbaren Umsätzen in Zusammenhang stehen, sind die Voraussetzungen des § 173 Abs. 1 Nr. 2 Satz 2 nicht erfüllt.

Hat das Finanzamt bei einer Schätzung der Umsatzsteuer davon abgesehen, die Steuer auf der Grundlage des Ansatzes einer Vielzahl einzelner Umsätze mit jeweils genau bezifferter Bemessungsgrundlage zu ermitteln, können die nachträglich bekannt gewordenen Vorsteuerbeträge im Schätzungsweg entsprechend dem Verhältnis der nachträglich erklärten und der ursprünglich vom Finanzamt geschätzten steuerpflichtigen Umsätze berücksichtigt werden, es sei denn, es liegen Anhaltspunkte dafür vor, dass weniger oder mehr Vorsteuerbeträge im Zusammenhang mit den nachträglich bekannt gewordenen Umsätzen stehen als sich nach dieser Aufteilung ergibt (BFH-Urteil vom 19. 10. 1995 – V R 60/92 – BStBl 1996 II, S. 149).

7. **Änderung von Schätzungsveranlagungen**

7.1 Eine auf einer Schätzung beruhende Veranlagung kann nach § 173 Abs. 1 Nr. 1 durch eine höhere Schätzungsveranlagung ersetzt werden, wenn nachträglich Schätzungsunterlagen festgestellt werden, bei deren rechtzeitigem Bekanntsein das Finanzamt die Schätzung in anderer Weise vorgenommen hätte. Die Änderung der ursprünglichen Schätzungsveranlagung ist dabei nur im Ausmaß der nachträglich bekannt gewordenen Schätzungsunterlagen zulässig. Das bisherige Schätzungsverfahren ist nach Möglichkeit fortzuführen, ggf. zu verfeinern. Ein Wechsel der Schätzungsmethode kommt lediglich dann in Betracht, wenn die bisherige Methode angesichts der neuen Schätzungsunterlagen versagt (BFH-Urteil vom 2. 3. 1982 – VIII R 225/80 – BStBl 1984 II, S. 504).

Die Ersetzung einer Schätzungsveranlagung durch eine höhere Schätzungsveranlagung ist auch zulässig, wenn aufgrund einer nachträglichen Vermögenszuwachsrechnung ein gegenüber der ursprünglichen Schätzung wesentlich höherer Gewinn festgestellt wird (BFH-Urteile vom 24. 10. 1985 – IV R 75/84 – BStBl 1986 II, S. 233, und vom 29. 10. 1987 – IV R 69/85 – BFH/NV 1988 S. 346). Dies gilt auch für den Fall, dass es sich bei der ursprünglichen Schätzung um eine Schätzung nach Richtsätzen für einen nicht buchführenden, jedoch buchführungspflichtigen Landwirt handelt (BFH-Urteile vom 3. 10. 1985 – IV R 197/83 – BFH/NV 1987 S. 477, und vom 24. 10. 1985 – IV R 170/84 – BFH/NV 1987 S. 545).

7.2 Nachträglich bekannt gewordene Tatsachen, die zu einer niedrigeren Steuer führen, liegen nach einer vorausgegangenen Gewinnschätzung dann vor, wenn sich aus der Gesamtwürdigung der neuen Tatsachen, also dem gemeinsamen Ergebnis von Betriebseinnahmen und Betriebsausgaben, eine niedrigere Steuer ergibt (BFH-Urteil vom 28. 3. 1985 – IV R 159/82 – BStBl 1986 II, S. 120; vgl. Nr. 6.2). Eine Änderung nach § 173 Abs. 1 Nr. 2 ist in diesen Fällen demzufolge nur zulässig, wenn den Steuerpflichtigen am nachträglichen Bekanntwerden der Tatsachen kein grobes Verschulden trifft (vgl. Nr. 5).

7.3 Hat das Finanzamt den laufenden Gewinn und den Veräußerungsgewinn (§ 16 EStG) geschätzt, so sind die nachträglich bekannt gewordenen tatsächlichen Gewinnbeträge (laufender Gewinn und Veräußerungsgewinn) je eine Tatsache i.S.d. § 173 Abs. 1 (BFH-Urteil vom 30. 10. 1986 – III R 163/82 – BStBl 1987 II, S. 161).

7.4 Zur Schätzung der Umsatzsteuer vgl. Nr. 6.3.

8. **Änderungssperre (§ 173 Abs. 2)**

8.1 Steuerbescheide, die aufgrund einer Außenprüfung ergangen sind, können wegen neuer Tatsachen oder Beweismittel nach § 173 Abs. 1 nur geändert werden, wenn eine Steuerhinterziehung oder leichtfertige Steuerverkürzung vorliegt (Änderungssperre nach § 173 Abs. 2). Durch die Regelung in § 173 Abs. 2 Satz 1 wird solchen Steuerbescheiden eine erhöhte Bestandskraft zugemessen, weil durch die Außenprüfung die steuerlich erheblichen Sachverhalte ausgiebig hätten geprüft werden können. Die Änderungssperre wirkt auch dann, wenn nach einer Außenprüfung Tatsachen oder Beweismittel bekannt werden, die zu einer niedrigeren Steuer führen würden (BFH-Urteile vom 29. 1. 1987 – IV R 96/85 – BStBl II, S. 410, und vom 11. 12. 1997 – V R 56/94 – BStBl 1998 II, S. 367). Die Änderungssperre bezieht sich nur auf Änderungen i.S.v. § 173 Abs. 1, nicht aber auf Änderungen, die aufgrund anderer Vorschriften erfolgen (vgl. BFH-Urteil vom 4. 11. 1992 – XI R 32/91 – BStBl 1993 II, S. 425).

§ 173 AO
AEAO

8.2 Der Umfang der Änderungssperre richtet sich nach dem Inhalt der Prüfungsanordnung (BFH-Urteile vom 12. 10. 1994 – XI R 75/93 – BStBl 1995 II, S. 289, und vom 11. 2. 1998 – I R 82/97 – BStBl II, S. 552).

8.2.1 Im Fall der Beschränkung der Außenprüfung auf bestimmte Steuerarten, Besteuerungszeiträume oder Sachverhalte (§ 194 Abs. 1 Satz 2) umfasst die Änderungssperre daher nur den in der Prüfungsanordnung genannten Teil der Besteuerungsgrundlagen. Wenn andererseits das tatsächliche Prüfungsverhalten über die Prüfungsanordnung hinausgeht, wird hierdurch keine Änderungssperre nach § 173 Abs. 2 ausgelöst (BFH-Urteil vom 11. 2. 1998 – I R 82/97 – BStBl II, S. 552).

8.2.2 Der Eintritt der Änderungssperre ist nicht davon abhängig, ob der Außenprüfer die betreffenden Vorgänge tatsächlich geprüft hat, ob er sie aus rechtlichen Erwägungen von sich aus nicht aufgegriffen hat oder ob er sie in Übereinstimmung mit der damaligen Verwaltungsauffassung unbeanstandet gelassen hat (BFH-Urteil vom 4. 2. 1987 – I R 58/86 – BStBl 1988 II, S. 215).

8.2.3 Eine Umsatzsteuer-Sonderprüfung, durch welche auf der Grundlage eingereichter Umsatzsteuer-Voranmeldungen „insbesondere der Vorsteuerabzug" geprüft wird, bewirkt keine Änderungssperre (BFH-Urteil vom 11. 11. 1987 – X R 54/82 – BStBl 1988 II, S. 307).

8.3 Steuerbescheide sind i.S.d. § 173 Abs. 2 auch dann aufgrund einer Außenprüfung ergangen, wenn diese lediglich die in einer Selbstanzeige gemachten Angaben des Steuerpflichtigen bestätigt hat (BFH-Urteil vom 4. 12. 1986 – IV R 312/84 – BFH/NV 1987 S. 214).

8.4 Außenprüfung i.S.d. § 173 Abs. 2 ist jede Prüfung nach §§ 193 bis 203.
Eine Außenprüfung kann auch von der Steuerfahndung durchgeführt werden (§ 208 Abs. 2 Nr. 1). Führt die Steuerfahndung auf der Grundlage einer Prüfungsanordnung eine Außenprüfung nach den §§ 193 bis 203 durch, gelten uneingeschränkt die Vorschriften über die Außenprüfung. Eine von der Steuerfahndung durchgeführte Außenprüfung hat dementsprechend auch im Hinblick auf die Änderungssperre des § 173 Abs. 2 die Wirkung einer Außenprüfung. Ermittlungshandlungen der Steuerfahndung im Zusammenhang mit der Erforschung von Steuerstraftaten und Steuerordnungswidrigkeiten nach § 208 Abs. 1 Nr. 2 und Maßnahmen der Steuerfahndung auf der Grundlage von § 208 Abs. 1 Nr. 1 und 3 lassen dagegen die Änderungssperre des § 173 Abs. 2 nicht eintreten (BFH-Urteil vom 11. 12. 1997 – V R 56/94 – BStBl 1998 II, S. 367).

8.5 Die Änderungssperre gilt auch in den Fällen, in denen eine Mitteilung nach § 202 Abs. 1 Satz 3 über eine ergebnislose Prüfung ergangen ist. Eine solche Mitteilung ist jedoch kein Verwaltungsakt, der eine allgemeine Änderungssperre für die in der vorangegangenen Außenprüfung behandelten Sachverhalte auslöst. Sie hindert unter den Voraussetzungen des § 173 Abs. 2 nur die Änderung eines Steuerbescheids nach § 173 Abs. 1. Der Änderung des Bescheids aufgrund einer anderen Vorschrift (z.B. § 164 Abs. 2) steht sie nicht entgegen (BFH-Urteile vom 29. 4. 1987 – I R 118/83 – BStBl 1988 II, S. 168, und vom 14. 9. 1993 – VIII R 9/93 – BStBl 1995 II, S. 2).
Die Wirkung einer Mitteilung nach § 202 Abs. 1 Satz 3 hat auch der Vermerk im Prüfungsbericht, dass für den betreffenden Besteuerungszeitraum oder die betreffende Steuerart „keine Änderung" eintritt (BFH-Urteil vom 14. 12. 1989 – III R 158/85 – BStBl 1990 II, S. 283), es sei denn, dass sich der Vermerk auf einen Besteuerungszeitraum bezieht, für den die Steuer unter Vorbehalt der Nachprüfung festgesetzt ist. In diesem Fall tritt die Änderungssperre erst dann ein, wenn der Vorbehalt der Nachprüfung nach § 164 Abs. 3 Satz 3 durch förmlichen Bescheid aufgehoben wird.

8.6 Die Frage, ob die objektiven und subjektiven Tatbestandsmerkmale einer Steuerhinterziehung (§ 370) oder leichtfertigen Steuerverkürzung (§ 378) vorliegen und ob damit § 173 Abs. 2 einer Änderung nicht entgegensteht, ist von der für die Veranlagung zuständigen Stelle im Benehmen mit der für Straf- und Bußgeldsachen zuständigen Stelle zu entscheiden. Voraussetzung für eine Änderung ist nicht, dass eine Bestrafung oder Ahndung mit Bußgeld erfolgt ist. Eine Änderung der Steuerfestsetzung ist deshalb auch bei Selbstanzeige (§ 371), Eintritt der Verfolgungsverjährung (§ 384) oder sonstigen Prozesshindernissen möglich. Die Änderungssperre wird auch dann durchbrochen, wenn der Adressat des Steuerbescheides selbst nicht der Täter oder Teilnehmer der Steuerhinterziehung oder leichtfertigen Verkürzung ist (vgl. BFH-Urteil vom 14. 12. 1994 – XI R 80/92 – BStBl 1995 II, S. 293).

9. Umfang der Änderung

Eine Änderung nach § 173 ist nur soweit zulässig, wie sich die neuen Tatsachen oder Beweismittel auswirken (punktuelle Änderung). Sonstige Fehler können nur im Rahmen des § 177 berücksichtigt werden (vgl. zu § 177).

10. Anwendung des § 173 in Feststellungsfällen

10.1 Nach § 181 Abs. 1 Satz 2 gilt § 173 für die gesonderte Feststellung von Besteuerungsgrundlagen sinngemäß. Bei einem Feststellungsbescheid kommt es demzufolge für die Frage der

Zulässigkeit einer Änderung nach § 173 Abs. 1 darauf an, ob die neuen Tatsachen oder Beweismittel sich zu Gunsten oder zu Ungunsten des Steuerpflichtigen auswirken, dem der Gegenstand der Feststellung zuzurechnen ist. Dabei kommt es nur auf die Änderungen der festgestellten Besteuerungsgrundlagen selbst an, nicht auf die steuerlichen Auswirkungen in den Folgebescheiden (vgl. BFH-Urteil vom 24. 6. 2009 – IV R 55/06 – BStBl 2009 II, S. 950).

10.2 Hierbei ist zu unterscheiden, ob die Feststellung auf einen Betrag oder auf eine Eigenschaft/rechtliche Qualifikation lautet.

10.2.1 Lautet eine gesonderte Feststellung auf einen in Euro bemessenen Betrag (Wert, Einkünfte etc.), ist bei Anwendung des § 173 Abs. 1 auf die Änderungen dieses Betrags abzustellen. Erfolgt eine gesonderte Feststellung auch einheitlich (§ 179 Abs. 2 Satz 2), ist hierbei nicht auf die Verhältnisse der Gesellschaft/Gemeinschaft insgesamt, sondern auf die Verhältnisse jedes einzelnen Feststellungsbeteiligten individuell abzustellen.

Bei einer nachträglich bekannt gewordenen, steuerrechtlich beachtlichen Gewinnverteilungsabrede sind die Voraussetzungen des § 173 Abs. 1 Nr. 1 erfüllt, soweit sich die Gewinnanteile erhöhen. Der Bescheid ist nach § 173 Abs. 1 Nr. 2 zu ändern, soweit sich die Gewinnanteile verringern. Auf ein grobes Verschulden am nachträglichen Bekanntwerden einer Gewinnverteilungsabrede kommt es dabei nach § 173 Abs. 1 Nr. 2 Satz 2 nicht an, weil die nachträglich bekannt gewordene Gewinnverteilungsabrede zugleich bei dem Feststellungsbeteiligten, dessen Gewinnanteil sich erhöht, eine Tatsache i.S. des § 173 Abs. 1 Nr. 1 ist (BFH-Urteil vom 24. 6. 2009 – IV R 55/06 – BStBl 2009 II, S. 950).

10.2.2 Werden zu einer Feststellung, die nicht betragsmäßige Besteuerungsgrundlagen, sondern eine Eigenschaft oder rechtliche Bewertung zum Gegenstand hat (z.B. Art der Einkünfte, Grundstücksart, Zurechnung des Grundstücks), neue Tatsachen oder Beweismittel bekannt, findet § 173 Abs. 1 Nr. 2 Anwendung, wenn der Steuerpflichtige die Änderung des Feststellungsbescheids begehrt. In diesem Fall ist die Änderung daher nur zulässig, wenn den Steuerpflichtigen kein grobes Verschulden am nachträglichen Bekanntwerden der Tatsachen oder Beweismittel trifft; § 173 Abs. 1 Nr. 2 Satz 2 bleibt unberührt. § 173 Abs. 1 Nr. 1 ist dagegen zur Anwendung, wenn das Finanzamt von Amts wegen tätig wird (vgl. das zur Frage der Änderung der Artfeststellung für ein Grundstück ergangene BFH-Urteil vom 16. 9. 1987 – II R 178/85 – BStBl 1988 II, S. 174).

Hinweise

Auswirkungen von Sonderprüfungen (Außenprüfungen) auf die Steuerfestsetzung

(FM Nordrhein-Westfalen, Erlass vom 1. 8. 1998 – S 0351 –)

Bei der Aufhebung oder Änderung von Steuerbescheiden nach vorausgegangener Sonderprüfung (z.B. Umsatzsteuersonderprüfung oder Lohnsteueraußenprüfung) ist folgendes zu beachten:

1. Eine Sonderprüfung wirkt sich nur auf die geprüfte Steuerart und die geprüfte Steuerfestsetzung aus. Eine Änderungssperre hinsichtlich anderer Steuerarten tritt nicht ein. Wurde deshalb z.B. bei einer Umsatzsteuersonderprüfung auch ein ertragsteuerlich relevanter Sachverhalt geprüft, so ist die Finanzbehörde nicht gehindert, im Rahmen einer Außenprüfung (§§ 193–203 AO) denselben Sachverhalt nochmals zu prüfen und aufgrund dieser Überprüfung die Festsetzung der Ertragsteuer aufzuheben oder zu ändern.

Dieser Grundsatz gilt auch, wenn im Wege einer Sonderprüfung die Investitionszulage überprüft worden ist.

Die Aufhebung des Vorbehalts der Nachprüfung ist im Gesetz für den Fall, daß die Außenprüfung zu einer Änderung der Steuerfestsetzung führt, nicht ausdrücklich vorgeschrieben. Aus dem Sinn und Zweck des § 164 AO, insbesondere aus dessen Absatz 1, ist aber zu entnehmen, daß die geänderte Steuerfestsetzung nur dann nicht mehr unter dem Vorbehalt der Nachprüfung ergehen darf, wenn es sich bei der Außenprüfung um eine „abschließende Prüfung" i.S. des § 164 Abs. 1 Satz 1 AO handelte. Eine Sonderprüfung stellt keine abschließende Prüfung dar, wenn sie sich auf einzelne Teilbereiche, z.B. Prüfung der Exportlieferungen bei Umsatzsteuersonderprüfungen, beschränkt. Ob die Prüfung beschränkt war, ergibt sich aus dem Inhalt der Prüfungsanordnung.

2. Im einzelnen gilt hiernach folgendes:
2.1 Umsatzsteuersonderprüfungen

Die für einen Voranmeldungszeitraum errechnete Umsatzsteuer ist eine Vorauszahlung. Die Voranmeldung und die abweichende Steuerfestsetzung stehen kraft Gesetzes unter dem Vorbehalt der Nachprüfung.

Nach einer Umsatzsteuersonderprüfung ist bei Umsatzsteuervoranmeldungen der Vorbehalt der Nachprüfung in keinem Fall aufzuheben (§ 164 Abs. 1 Satz 2 AO). Dies gilt auch dann, wenn die Sonderprüfung nicht beschränkt war und zu keiner Änderung der Umsatzsteuervoranmeldung geführt hat.

Eine Umsatzsteuersonderprüfung, die nur Voranmeldungszeiträume erfaßt, wirkt sich nicht auf die Festsetzung der Jahresumsatzsteuer aus. Bei dieser Steuerfestsetzung tritt keine Änderungssperre i.S. des § 173 Abs. 2 AO hinsichtlich der bereits geprüften Voranmeldungszeiträume ein. Bereits geprüfte Sachverhalte können deshalb bei einer Sonderprüfung oder Betriebsprüfung, die die Jahresumsatzsteuer zum Gegenstand hat, nochmals überprüft werden und zu einer Änderung der Jahresumsatzsteuer führen.

Die Umsatzsteuer-Jahreserklärung steht kraft Gesetzes mit ihrem Eingang bzw. nach Zustimmung der Finanzbehörde einer Steuerfestsetzung unter dem Vorbehalt der Nachprüfung gleich. Ist eine solche Steueranmeldung Gegenstand einer Umsatzsteuersonderprüfung und enthält die Prüfungsanordnung für diese Sonderprüfung keine Einschränkungen, so ist der Vorbehalt der Nachprüfung gem. § 164 Abs. 3 Satz 3 AO aufzuheben, wenn die Sonderprüfung nicht zu einer Änderung der Steueranmeldung führt. Auch eine aufgrund der Sonderprüfung geänderte Steuerfestsetzung kann in diesem Fall nicht mehr unter dem Vorbehalt der Nachprüfung stehen. Bei einer nachfolgenden Außenprüfung ist die Änderungssperre des § 173 Abs. 2 AO zu beachten.

War dagegen die Prüfung der Jahresumsatzsteuer lt. Prüfungsanordnung auf einzelne Sachbereiche beschränkt, so braucht der Vorbehalt der Nachprüfung nicht aufgehoben zu werden, wenn die Prüfung zu keiner Änderung der Jahresumsatzsteuer führt. Auch eine geänderte Steuerfestsetzung kann in diesem Fall mit dem Vorbehalt der Nachprüfung versehen werden. Eine nachfolgende Außenprüfung kann eine derartige unter dem Vorbehalt der Nachprüfung stehende Umsatzsteuerfestsetzung in vollem Umfang nachprüfen; die Änderungssperre des § 173 Abs. 2 AO tritt nicht ein.

Im Hinblick auf die eingeschränkten Änderungsmöglichkeiten im Rahmen einer späteren Außenprüfung sollen sich Umsatzsteuersonderprüfungen, die die Jahresumsatzsteuer betreffen, in der Regel nur auf einzelne Sachbereiche beschränken. Die Beschränkung ist in der Prüfungsanordnung ausdrücklich vorzusehen. Bei einer späteren Außenprüfung soll regelmäßig von der Prüfung der Sachbereiche abgesehen werden, die bereits Gegenstand der Umsatzsteuersonderprüfung waren.

2.2 Lohnsteueraußenprüfungen
2.2.1 Inanspruchnahme des Arbeitgebers als Haftungsschuldner

Die Lohnsteueranmeldung hat keinen Vorauszahlungscharakter. Bei einer Lohnsteueraußenprüfung handelt es sich um eine abschließende Prüfung. Führt daher eine Lohnsteueraußenprüfung nicht zu einer Änderung der angemeldeten Lohnsteuer, ist der Vorbehalt der Nachprüfung gem. § 164 Abs. 3 Satz 3 AO aufzuheben.

Ergeben sich aufgrund der Lohnsteuer-Außenprüfung gegenüber der angemeldeten Lohnsteuer Änderungen, so ist der Vorbehalt der Nachprüfung ebenfalls aufzuheben. Wird jedoch im Anschluß an eine Lohnsteuer-Außenprüfung der Vorbehalt der Nachprüfung für die den Prüfungszeitraum betreffenden Lohnsteuer-Anmeldungen aufgehoben, darf wegen der insoweit eintretenden Änderungssperre des § 173 Abs. 2 AO gegenüber dem Arbeitgeber kein den Prüfungszeitraum betreffender Haftungsbescheid mehr ergehen. Die Aufhebung des Vorbehalts der Nachprüfung hat die Wirkung einer endgültigen Steuerfestsetzung gemäß § 164 Abs. 3 Satz 2 AO. Die Änderungssperre des § 173 Abs. 2 AO tritt selbst für den Fall ein, daß im Prüfungsbericht ausdrücklich auf die Möglichkeit einer späteren Inanspruchnahme für den Fall hingewiesen wurde, daß die Lohnsteuer nicht von den Arbeitnehmern bezahlt wird. Eine Ausnahme gilt lediglich, wenn eine Steuerhinterziehung oder eine leichtfertige Steuerverkürzung festgestellt wird.

Die Änderungssperre greift auch, wenn nach einer Lohnsteuer-Außenprüfung bereits ein Lohnsteuer-Haftungsbescheid ergangen ist und gegen ihn für den gleichen Anmeldungszeitraum neue Tatsachen im Sinne des § 173 Abs. 1 AO bekannt werden. Sie betrifft jedoch nur die Lohnsteuer-Anmeldungen des geprüften Zeitraums, für die der Vorbehalt der Nachprüfung aufgehoben wurde.

Die Möglichkeit eines späteren Rückgriffs auf den Arbeitgeber kann in der Weise offengehalten werden, daß

- gegenüber dem Arbeitgeber ein Haftungsbescheid über die unstreitig bei ihm anzufordernden Lohnsteuerbeträge ergeht und

- ein weiterer Haftungsbescheid – zunächst ohne Leistungsgebot – über diejenigen Beträge erlassen wird, die zunächst bei den Arbeitnehmern angefordert werden. Der Hinweis auf die vorrangige Inanspruchnahme der Arbeitnehmer soll dabei wie folgt gefaßt werden: „Ein Leistungsgebot (Zahlungsaufforderung) ergeht derzeit nicht, weil für den oben angegebenen Gesamtbetrag vorrangig die Arbeitnehmer in Anspruch genommen werden. Der Erlaß eines Leistungsgebotes bleibt für den Fall vorbehalten, daß die Steuererhebung bei den Arbeitnehmern nicht möglich ist. Es wird darauf hingewiesen, daß das Leistungsgebot nicht mehr mit Einwendungen angegriffen werden kann, die sich gegen den Haftungsbescheid richten." Dieser Hinweis ist als abweichende Fälligkeitsbestimmung im Sinne des § 220 Abs. 2 Satz 1 zweiter Halbsatz AO anzusehen mit der Folge, daß die Haftungsforderung nicht bereits mit der Bekanntgabe des Haftungsbescheides fällig wird.

Dabei ist durch geeignete Maßnahmen der Eintritt der Verjährung zu überwachen (§ 229 Abs. 2 AO).

In den beiden Haftungsbescheiden ist jeweils auf den Erlaß des anderen Bescheides hinzuweisen. Erst mit Erlaß des zuletzt ergehenden Haftungsbescheides ist der Vorbehalt der Nachprüfung aufzuheben.

Erkennt der Arbeitgeber erkennt nach Abschluß einer Lohnsteuer-Außenprüfung seine Zahlungsverpflichtung gemäß § 42d Abs. 4 Nr. 2 EStG schriftlich an, bedarf es für seine Inanspruchnahme keines Haftungsbescheides. Die Anerkenntniserklärung steht einer Steueranmeldung und damit einer Steuerfestsetzung unter dem Vorbehalt der Nachprüfung gleich (§ 167 Abs. 1 Satz 3 AO).

2.2.2 Inanspruchnahme des Arbeitgebers als Steuerschuldner

Führt eine Lohnsteuer-Außenprüfung zu einer Nachforderung pauschalierter Lohnsteuer, so ergeht aufgrund der einkommensteuerrechtlichen Sondervorschriften über die Pauschalierung von Lohnsteuer ein Nachforderungsbescheid. Mit diesem Nachforderungsbescheid wird lediglich die nachzuzahlende Lohnsteuer festgesetzt. Der Arbeitgeber ist Schuldner der pauschalen Lohnsteuer. Der Nachforderungsbescheid ist deshalb kein Haftungsbescheid, sondern ein Steuerbescheid und unterliegt daher den Regeln über die Aufhebung und Änderung von Steuerbescheiden.

Wurde nach einer ergebnislosen Lohnsteuer-Außenprüfung der Vorbehalt der Nachprüfung aufgehoben, so steht einer Änderung der Lohnsteuer-Anmeldung nach § 173 Abs. 1 AO durch Erlaß eines Lohnsteuer-Nachforderungsbescheides ebenfalls die Änderungssperre des § 173 Abs. 2 AO entgegen, es sei denn, es liegt Steuerhinterziehung oder leichtfertige Steuerverkürzung vor. Gleiches gilt, wenn nach einer Lohnsteuer-Außenprüfung bereits ein Lohnsteuer-Nachforderungsbescheid ergangen war und später für den gleichen Anmeldungszeitraum neue Tatsachen im Sinne des § 173 Abs. 1 AO bekannt werden.

2.2.3 Fortbestand des Nachprüfungsvorbehalts

Bleibt der Vorbehalt der Nachprüfung in Ausnahmefällen nach einer Lohnsteuer-Außenprüfung bestehen, z.B. weil die Prüfung nicht abschließend durchgeführt werden konnte, so bleibt der Vorbehalt grundsätzlich weiterhin wirksam. § 164 Abs. 2 AO ermöglicht daher in derartigen Fällen den Erlaß weiterer Haftungs- oder Nachforderungsbescheide für denselben Prüfungszeitraum. Dabei ist es unbeachtlich, ob der Vorbehalt der Nachprüfung noch zu Recht oder zu Unrecht besteht. Ggf. bleibt es dem Steuerpflichtigen überlassen, nach Erlaß des Lohnsteuer-Haftungs- oder Lohnsteuer-Nachforderungsbescheides die Aufhebung des Vorbehalts der Nachprüfung nach § 164 Abs. 2 AO zu beantragen.

2.2.4 Auswirkungen der Lohnsteuer-Außenprüfung auf andere Steuerarten

Der Auswertung von Sachverhalten, die sich auf andere Steuerarten auswirken (z.B. Arbeitsverhältnisse zwischen Ehegatten, Bezüge von Gesellschafter-Geschäftsführern), steht die Änderungssperre des § 173 Abs. 2 AO nicht entgegen. Wurde z.B. nach einer ergebnislosen Lohnsteuer-Außenprüfung der Vorbehalt der Nachprüfung für die Lohnsteuer-Anmeldungen des Prüfungszeitraums aufgehoben, so kann gleichwohl im Rahmen einer allgemeinen Außenprüfung die Anerkennung des Ehegatten-Arbeitsverhältnisses für diese Jahre noch versagt werden.

Eine Lohnsteuer-Außenprüfung zielt immer nur auf die zutreffende lohnsteuerrechtliche, bezogen auf Einkommensteuerschuld und Einkommensteuerfestsetzung also in jedem Fall vorläufige Behandlung des Sachverhaltskomplexes ab. Die Änderungssperre wirkt mithin nur gegenüber dem Arbeitgeber und schließt damit eine unmittelbare Inanspruchnahme des Arbeitnehmers als Steuerschuldner nicht aus.

5 Korrektur der Einkommensteuerfestsetzung aufgrund nachträglich bekannt gewordener steuerabzugspflichtiger Kapitalerträge (Rechtslage bis 31. 12. 2008)

(OFD Niedersachsen, Vfg. vom 4. 10. 2010 – S 0351–77- St 144 –)

Werden dem Finanzamt nach bestandskräftig durchgeführter Einkommensteuerfestsetzung vom Steuerpflichtigen bisher nicht erklärte, dem Steuerabzug (Kapitalertragsteuer) unterworfene Kapitalerträge bekannt, gilt Folgendes:

1 Korrektur der Einkommensteuerfestsetzung nach § 173 AO

Die nachträglich bekannt gewordenen Kapitalerträge stellen neue Tatsachen i.S.d. § 173 AO dar, die zur Änderung der Steuerfestsetzung nach § 173 Abs. 1 Nr. 1 AO führen, wenn sich durch die Erfassung der Kapitalerträge eine geänderte (höhere) Einkommensteuerschuld ergibt und noch keine Festsetzungsverjährung eingetreten ist.

Die Steuerfestsetzung ist auch dann nach § 173 Abs. 1 Nr. 1 AO zu ändern, wenn sich nach Anrechnung der Kapitalertragsteuer eine niedrigere verbleibende Einkommensteuerschuld und damit ein Steuererstattungsanspruch ergibt (AEAO zu § 173, Nr. 1.4).

2 Anrechnung der Kapitalertragsteuer

Die regelmäßig mit der Einkommensteuerfestsetzung verbundene Anrechnung der Steuerabzugsbeträge stellt einen selbständigen Verwaltungsakt („Anrechnungsverfügung") dar, der nur unter den Voraussetzungen der §§ 129 bis 131 AO korrigiert werden kann.

Eine Korrektur der Anrechnungsverfügung zur nachträglichen Berücksichtigung von Kapitalertragsteuer ist nur innerhalb der durch die Anrechnungsverfügung in Lauf gebrachten Zahlungsverjährungsfrist zulässig (BFH-Urteil vom 12. Februar 2008, BStBl II 2008, 504, und vom 27. Oktober 2009, BStBl II 2010, 382). Das Institut der Zahlungsverjährung soll im Erhebungsverfahren dafür sorgen, dass nach Ablauf einer angemessenen Frist endgültig Rechtssicherheit darüber einkehrt, was der Stpfl. aufgrund der Steuerfestsetzung unter Berücksichtigung anzurechnender Vorauszahlungen und Abzugsteuern noch zu zahlen hat bzw. was ihm zu erstatten ist.

Die von nachträglich bekannt gewordenen Kapitalerträgen einbehaltene Kapitalertragsteuer kann somit nur innerhalb der Zahlungsverjährungsfrist – durch Korrektur der Anrechnungsverfügung zugunsten des Steuerpflichtigen nach § 130 Abs. 1 AO – nachträglich berücksichtigt werden. Hierbei ist jedoch zu beachten, dass eine Anrechnung der Kapitalertragsteuer nach § 36 Abs. 2 Nr. 2 EStG nur zulässig ist, soweit sie auf die bei der Veranlagung erfassten Einkünfte entfällt. Die nachträgliche Anrechnung der Kapitalertragsteuer scheidet deshalb aus, wenn die betreffenden Kapitalerträge wegen eingetretener Festsetzungsverjährung nicht mehr der Einkommensteuer unterworfen werden können.

Der nachträglichen Berücksichtigung der Kapitalertragsteuer steht § 36 Abs. 2 Nr. 2 EStG nicht entgegen, wenn die Änderung der Steuerfestsetzung im Hinblick auf die nachträglich bekannt gewordenen Kapitalerträge unterbleibt, weil die Einnahmen aus Kapitalvermögen – unter Einbeziehung der nachträglich bekannt gewordenen Kapitalerträge – den Werbungskosten-Pauschbetrag (§ 9a EStG) und den Sparer-Freibetrag (§ 20 Abs. 4 EStG) nicht übersteigen oder die Steuerschuld aus anderen Gründen – trotz Berücksichtigung der nachträglich bekannt gewordenen Kapitaleinkünfte – unverändert bleibt. Auch in solchen Fällen ist von der Erfassung der Kapitaleinkünfte im Sinne des § 36 Abs. 2 Nr. 2 EStG auszugehen, weshalb – bei Vorlage der Steuerbescheinigung – die Kapitalertragsteuer auch in diesen Fällen noch nachträglich angerechnet werden kann.

3 5- bzw. 10-jährige Festsetzungsfrist (§ 169 Abs. 2 Satz 2 AO)

Mit der gemäß § 169 Abs. 2 Satz 2 AO auf 5 bzw. 10 Jahre verlängerten Festsetzungsfrist soll es dem durch eine Steuerstraftat geschädigten Steuergläubiger ermöglicht werden, die ihm vorenthaltenen Steuerbeträge auch noch nach Ablauf von 4 Jahren zurückzufordern. Sinn und Zweck des § 169 Abs. 2 Satz 2 AO bestehen jedoch nicht darin, den Steuerhinterzieher in die Lage zu versetzen, Erstattungsansprüche über die reguläre Verjährungsfrist hinaus zu realisieren. Die Anwendung der verlängerten Festsetzungsfrist setzt deshalb voraus, dass ein Anspruch des Fiskus auf eine Abschlusszahlung wegen einer vollendeten Steuerhinterziehung oder leichtfertigen Steuerverkürzung bislang nicht realisiert werden konnte. An einem hinterzogenen Betrag i.S.v. § 169 Abs. 2 Satz 2 AO fehlt es aber, wenn die geschuldete Einkommensteuer durch Steuerabzug (z.B. Abführung von Kapitalertragsteuern) bereits erhoben war und seitens des Steuergläubigers nie ein Anspruch auf eine Abschlusszahlung bestand (BFH-Urteil vom 26. Februar 2008, BStBl II 2008, 659).

In Fällen der nachträglichen Berücksichtigung von Anrechnungsbeträgen ist für die Anwendung der verlängerten Festsetzungsfrist deshalb erforderlich, dass sich auch nach Berücksichtigung dieser Anrechnungsbeträge ein erhöhter Steueranspruch (Abschlusszahlung) ergibt. Soweit sich der Steueranspruch hiernach, z.B. durch nachträgliche Berücksichtigung von Kapitalertragsteuern, ermäßigt, verlängert sich die Frist nicht. In dieser Fallkonstellation verbleibt es wegen der bereits eingetretenen Festsetzungsverjährung bei der bisherigen Steuerfestsetzung. Eine Anrechnung der Kapitalertragsteuer kann wegen § 36 Abs. 2 Nr. 2 EStG nicht vorgenommen werden.

Rechtsprechung

Zu § 173 Abs. 1 AO (allgemein):

BFH vom 12. 5. 2009 – IX R 45/08 (BStBl 2009 II S. 891)   6

1. Die Änderung eines Steuerbescheids wegen nachträglich bekannt gewordener Tatsachen gemäß § 173 AO kommt nicht in Betracht, wenn das FA bei ursprünglicher Kenntnis der Tatsachen nicht anders hätte entscheiden können.

2. Die Feststellung der Verfassungswidrigkeit eines Steuergesetzes durch das BVerfG ist keine Tatsache i.S. von § 173 AO.

Zu § 173 Abs. 1 Nr. 1 AO:

BFH vom 11. 11. 1987 – I R 108/85 (BStBl 1988 II S. 115)   7

Macht ein Steuerpflichtiger in seiner Einkommensteuererklärung oder den dieser beigefügten Unterlagen keine Angaben über die Veräußerung seines Unternehmens, so liegt darin eine erhebliche Verletzung seiner Erklärungspflicht.

Wird das Veräußerungsgeschäft nachträglich bekannt, steht Treu und Glauben wegen der Schwere der Erklärungspflichtverletzung der Änderung des Steuerbescheids auch dann nicht entgegen, wenn das FA den Veräußerungsvorgang vor dem Erlaß des geänderten Bescheids hätte ermitteln können.

BFH vom 7. 6. 1989 – II R 13/86 (BStBl 1989 II S. 694)   8

Die Änderung eines Artfeststellungsbescheides nach § 173 Abs. 1 Nr. 1 AO aufgrund nachträglich bekanntgewordener Tatsachen ist nicht dadurch ausgeschlossen, daß dem FA bei der ursprünglichen Feststellung ein Rechtsfehler unterlaufen ist, wenn die nachträglich bekanntgewordene Tatsache ungeachtet des unterlaufenen Rechtsfehlers bedeutsam ist.

BFH vom 15. 1. 1991 – IX R 238/87 (BStBl 1991 II S. 741)   9

1. Ist bei der Entscheidung, ob ein Steuerbescheid wegen nachträglich bekanntgewordener Tatsachen oder Beweismittel aufgehoben werden darf, darüber zu befinden, ob das FA bei ursprünglicher Kenntnis der Tatsachen oder Beweismittel nicht anders entschieden hätte, so darf bei dieser Beurteilung auch dann nicht auf neuere BFH-Entscheidungen oder Verwaltungsanweisungen zu Lasten des Steuerpflichtigen zurückgegriffen werden, wenn frühere Rechtsprechung oder Verwaltungsübung nicht festzustellen sind (Anschluß an BFH vom 23. November 1987, BStBl 1988 II S. 180).[1]

2. Das FA ist darlegungs- und nachweispflichtig hinsichtlich der Tatsachen, aus denen sich ergibt, welche Verwaltungsübung im Zeitpunkt der ursprünglichen Steuerfestsetzung bestanden hat.

BFH vom 24. 3. 1992 – VIII R 33/90 (BStBl 1992 II S. 869)   10

1. Zerlegungsbescheide für die Gewerbesteuer sind nach § 173 Abs. 1 i.V.m. §§ 185, 184 Abs. 1 Satz 3 AO änderbar. § 189 AO trifft allein für den Fall der Nichtberücksichtigung von Gemeinden bei der Zerlegung eine abschließende Regelung.

2. Die Besonderheiten des Zerlegungsverfahrens erfordern, bei der sinngemäßen Anwendung des § 173 Abs. 1 AO auf den einzelnen Zerlegungsanteil abzustellen und von der Unterscheidung zwischen der Änderung zuungunsten (§ 173 Abs. 1 Nr. 1 AO) bzw. zugunsten (§ 173 Abs. 1 Nr. 2 AO) des Stpfl. abzusehen.

---
[1] Vgl. auch BFH v. 10. 3. 1999 (BStBl 1999 II S. 433).

11 BFH vom 24. 3. 1998 – VII R 59/97 (BStBl 1998 II S. 450)

Bei programmgesteuerter Erstellung eines Steuerbescheides mittels elektronischer Datenverarbeitung ist nicht der Zeitpunkt des Rechnerlaufs oder der Versendung des betreffenden Bescheides, sondern der Zeitpunkt der Einrichtung des Rechnerprogramms bzw. der Zeitpunkt einer vom FA noch vorzunehmenden Dateneingabe der für die Anwendung des § 173 Abs. 1 AO maßgebliche Zeitpunkt.

Bei mangelnder Erheblichkeit der neuen Tatsache für die Kraftfahrzeugsteuerfestsetzung ist eine Änderungsfestsetzung nur für die Vergangenheit (bei Erlaß des Änderungsbescheides bereits angebrochene Entrichtungszeiträume) ausgeschlossen. Eine unbefristete Kraftfahrzeugsteuerfestsetzung ist hingegen, falls kraftfahrzeugsteuerrechtlich geboten (hier: steuerliche Behandlung eines umgebauten Kraftfahrzeugs als Personenkraftwagen), mit Wirkung für künftige Entrichtungszeiträume zu ändern.

12 BFH vom 28. 4. 1998 – IX R 49/96 (BStBl 1998 II S. 458)

Werden durch den zuständigen Finanzbeamten Tatsachen oder Beweismittel bewußt unterdrückt oder ein fingierter Sachverhalt der Besteuerung zugrunde gelegt, kommt es für die Frage, ob die Tatsachen oder Beweismittel i.S. des § 173 Abs. 1 Nr. 1 AO nachträglich bekanntwerden und ob die Kenntnis des Beamten der Finanzbehörde zuzurechnen ist, darauf an, ob der Steuerpflichtige den Verstoß gegen die Dienstpflichten veranlaßt oder auf sonstige Weise mit dem Finanzbeamten einvernehmlich zusammengearbeitet hat.

13 BFH vom 9. 12. 1998 – IV B 22/98 (BFH/NV 1999 S. 900)

1. Das FA hat bei der Prüfung der Steuererklärung grundsätzlich allen offenkundigen Zweifelsfragen nachzugehen. Das setzt indes voraus, daß der Steuerpflichtige seiner Mitwirkungspflicht voll genügt hat.

2. Die Hinzuziehung archivierter Steuerakten ist nur geboten, wenn dazu ein konkreter Anlaß besteht.

14 BFH vom 4. 3. 1999 – II R 79/97 (HFR 1999 S. 789)

Trotz einer nachträglich bekanntgewordenen Tatsache kann das FA an der Änderung eines Steuerbescheids zuungunsten des Steuerpflichtigen gehindert sein, wenn dem FA die Tatsache infolge Verletzung der ihm obliegenden Ermittlungspflichten unbekannt geblieben ist. Dies gilt jedoch nur, wenn der Steuerpflichtige seinerseits die ihm obliegenden Mitwirkungspflichten erfüllt hat. Ist dies nicht der Fall, kann er sich regelmäßig nicht auf die Verletzung der Ermittlungspflichten des FA berufen. Eine lückenhafte Unterrichtung der Steuerbehörden schließt es für gewöhnlich aus, gegenüber einer Änderung nach § 173 Abs. 1 Nr. 1 AO Ermittlungsfehler der Behörde geltend zu machen. Dasselbe gilt, wenn sich der Steuerpflichtige (bewusst) missverständlich ausgedrückt und die Behörde die Angaben auch tatsächlich missverstanden hat.

15 BFH vom 20. 12. 2000 – III B 43/00 (BFH/NV 2001 S. 744)

Der Steuerpflichtige kann sich im Rahmen der Anwendung des § 173 Abs. 1 Nr. 1 AO nicht darauf berufen, dass dem Finanzamt bei genauerer Ermittlung der nachträglich bekannt gewordene Sachverhalt nicht verborgen geblieben wäre, wenn er selbst keine, ungenaue oder unzutreffende Angaben in seiner Erklärung gemacht hat.

16 BFH vom 13. 9. 2001 – IV R 79/99 (BStBl 2002 II S. 2)

Hebt das FA im Einspruchsverfahren einen nach § 173 Abs. 1 Nr. 1 AO geänderten Bescheid auf, kann es später einen erneuten Änderungsbescheid wegen nachträglich bekannt gewordener Tatsachen erlassen. Hatte der Steuerpflichtige bei Erlass des aufgehobenen Änderungsbescheids seinen Mitwirkungspflichten genügt, stehen die Grundsätze von Treu und Glauben aber einer Berücksichtigung solcher Tatsachen entgegen, die das FA bei Erlass des ersten (aufgehobenen) Änderungsbescheids unter Verletzung seiner Ermittlungspflicht nicht berücksichtigt hatte.

17 BFH vom 23. 11. 2001 – VI R 125/00 (BStBl 2002 II S. 296)

1. Eine Entscheidung der Familienkasse, mit der diese eine Kindergeldfestsetzung aufgehoben hat, erwächst in Bestandskraft, sofern die Familienkasse das Bestehen eines Anspruchs auf Kindergeld deshalb verneint hat, weil nach sachlicher Prüfung die Anspruchsvoraussetzungen nicht gegeben sind.

2. Auf einen derartigen Bescheid finden die Vorschriften der §§ 173 ff. AO[1] über die Änderung und Aufhebung von Steuerbescheiden entsprechende Anwendung.
3. Einem – neuerlichen – Antrag i.S. des § 67 EStG auf Festsetzung von Kindergeld für Zeiträume, für die die Familienkasse nach sachlicher Prüfung das Bestehen eines Kindergeldanspruchs verneint hat, steht die Bestandskraft entgegen.
4. Der für das Kind ergangene Einkommensteuerbescheid stellt für die Kindergeldfestsetzung keinen Grundlagenbescheid dar.
5. Die Familienkasse und nachfolgend das FG haben selbständig die Höhe der Einkünfte und Bezüge des Kindes zu ermitteln.
6. Nimmt das FG an, Werbungskosten des Kindes in einer bestimmten Höhe stellten eine nachträglich bekannt gewordene neue Tatsache i.S. des § 173 Abs. 1 AO dar, bedarf es dazu konkreter tatsächlicher Feststellungen zu Art und Umfang der betreffenden Aufwendungen.

BFH vom 23. 1. 2002 – XI R 55/00 (HFR 2002 S. 767) — 18

1. Bei Änderung eines Steuerbescheids nach § 171 Abs. 1 Satz 1 Nr. 1 AO trägt das FA die Feststellungslast auch dafür, dass ihm zur Änderung berechtigende Tatsachen – wie hier von einem Grundstücksverkauf – erst nachträglich bekannt geworden sind.
2. Es spricht mehr für als gegen die Kenntnis der Veranlagungsstelle des FA von der Veräußerung des Grundstücks, wenn es dem Stpfl. einen Fragebogen wegen der Veräußerung von Grundbesitz zusendet und der Zugang einer Veräußerungsmitteilung der GrESt-Stelle bei ihr deshalb nicht aufklärbar ist, weil beim FA damals infolge eines Zuständigkeitswechsels „chaotische Verhältnisse" geherrscht haben.
3. Der Umstand, dass die Mitteilung der GrESt-Stelle nicht in der ESt-Akte enthalten ist, gehört zur Verantwortungssphäre und zum „Risikobereich" des FA.

BFH vom 7. 7. 2004 – XI R 10/03 (BStBl 2004 II S. 911) — 19

1. Eindeutigen Steuererklärungen braucht das FA nicht mit Misstrauen zu begegnen, es kann regelmäßig von deren Richtigkeit und Vollständigkeit ausgehen. Dies gilt auch, wenn ein nicht selbständig tätiger Steuerpflichtiger unter Vorlage der entsprechend ausgefüllten Lohnsteuerkarte eine tarifbegünstigte Entschädigung (§ 24 Nr. 1, § 34 Abs. 1, 2 EStG) erklärt und an der Erstellung der Steuererklärung kein Angehöriger eines steuerberatenden Berufs mitgewirkt hat.
2. Meldet ein Steuerpflichtiger nach Bestandskraft eines Einkommensteuerbescheides bislang nicht erklärte Einkünfte nach, ist das FA vor einer Änderung nach § 172 Abs. 1 Satz 1 Nr. 2 Buchst. a oder § 173 Abs. 1 Nr. 1 AO grundsätzlich nicht verpflichtet, die Veranlagung in vollem Umfang erneut zu überprüfen.

BFH vom 14. 11. 2007 – XI R 48/06 (HFR 2008 S. 108) — 20

1. Für das Vorliegen einer neuen Tatsache i.S. von § 173 Abs. 1 Nr. 1 AO kommt es auf den Kenntnisstand der organisatorisch zuständigen Dienststelle an.
2. Die Pflicht der Dienststellen zur Zusammenarbeit und zum Erfahrungsaustausch ermöglicht keine Zurechnung von Tatsachen, die der einen Dienststelle bekannt sind, als auch der anderen bekannt.
3. Aus der gesetzlichen Regelung in § 10 Abs. 1 Nr. 1 i.V.m. § 22 Nr. 1a EStG ergibt sich bereits die Notwendigkeit, dass die für den Unterhaltsempfänger zuständige Dienststelle die für den Unterhaltsleistenden zuständige Dienststelle über den Widerruf der Zustimmung zum Realsplitting informiert. Einer besonderen behördeninternen schriftlichen Anweisung, dass dies (unverzüglich) zu geschehen habe, bedarf es deshalb grundsätzlich nicht.

BFH vom 13. 1. 2011 – VI R 61/09 (BStBl 2011 II S. 479) — 21

Kenntnisse einer weisungsbefugten Oberbehörde über eine dem Veranlagungsfinanzamt bei der Steuerfestsetzung nicht bekannte Tatsache muss sich dieses im Rahmen des § 173 Abs. 1 Nr. 1 AO nicht zurechnen lassen.

Zu § 173 Abs. 1 Nr. 2 AO:

BFH vom 21. 4. 1988 – IV R 215/85 (BStBl 1988 II S. 863) — 22

1. Die Möglichkeit der Änderung von Steuerbescheiden wegen neuer Tatsachen oder Beweismittel i.S. vom § 173 Abs. 1 AO und die Möglichkeit der Änderung von Steuerbescheiden wegen Ein-

---
[1] Vgl. auch BFH v. 25. 7. 2001 (BStBl 2002 II S. 81) zum Verhältnis von § 173 AO zu § 70 Abs. 3 EStG.

tritts eines rückwirkenden Ereignisses gemäß § 175 Abs. 1 Satz 1 Nr. 2 AO schließen einander grundsätzlich aus.

2. Der steuerlich beratene Steuerpflichtige handelt i.d.R. selbst grob schuldhaft i.S. von § 173 Abs. 1 (Satz 1) Nr. 2 AO, wenn er nicht rechtzeitig die den Antrag auf Verlustberücksichtigung nach § 2 Abs. 1 Satz 1 AO rechtfertigenden Tatsachen angibt.

23 BFH vom 10. 8. 1988 – IX R 219/84 (BStBl 1989 II S. 131)

Unterläßt es der Steuerpflichtige in der Einkommensteuererklärung rechtsirrig, vorab entstandene Werbungskosten bei den Einkünften aus Vermietung und Verpachtung geltend zu machen, so liegt allein in diesem Rechtsirrtum regelmäßig kein grobes Verschulden, das die Änderung des dementsprechend ergangenen bestandskräftigen Einkommensteuerbescheids wegen nachträglich bekanntgewordener Tatsachen ausschließt.

24 BFH vom 13. 9. 1990 – V R 110/85 (BStBl 1991 II S. 124)

Kommt eine Änderung der USt-Festsetzung gemäß § 173 Abs. 1 Satz 1 Nr. 2 AO im Hinblick darauf in Betracht, daß ein bestimmter Vorsteuerbetrag unberücksichtigt geblieben ist, so sind als Tatsachen, auf deren nachträgliches Bekanntwerden es ankommt, diejenigen Umstände tatsächlicher Art anzusehen, denen zufolge der Vorsteuerbetrag abziehbar ist und in den betroffenen Besteuerungszeitraum fällt.

25 BFH vom 21. 2. 1991 – V R 25/87 (BStBl 1991 II S. 496)

Grobes Verschulden i.S. von § 173 Abs. 1 Nr. 2 AO ist gegeben, wenn der Steuerpflichtige es grundlos versäumt hat, dem FA steuermindernde Tatsachen bis zur Bekanntgabe der Einspruchsentscheidung zur Kenntnis zu bringen.

26 BFH vom 22. 5. 1992 – VI R 17/91 (BStBl 1993 II S. 80)

Einen als Kfz-Mechanikermeister und Kfz-Sachverständigen tätigen Steuerpflichtigen trifft regelmäßig kein grobes Verschulden i.S. von § 173 Abs. 1 Nr. 2 AO, wenn er es infolge mangelnder Steuerrechtskenntnisse unterläßt, anteilige Kosten seiner Wohnung als Aufwendungen für ein häusliches Arbeitszimmer geltend zu machen.

27 BFH vom 23. 1. 2001 – XI R 42/00 (BStBl 2001 II S. 379)

Gibt ein Steuerpflichtiger keine Steuererklärung ab, weil er annimmt, der Begriff „Gewinn" setze Einnahmen voraus, so kann dieser Rechtsirrtum grobes Verschulden i.S. des § 173 Abs. 1 Nr. 2 AO ausschließen.

28 BFH vom 10. 4. 2003 – V R 26/02 (BStBl 2003 II S. 785)

Werden nachträglich sowohl steuererhöhende Tatsachen (Umsätze) als auch steuermindernde Tatsachen (Vorsteuerbeträge) bekannt und führen die steuererhöhenden Tatsachen zur Änderung eines Steuerbescheids nach § 173 Abs. 1 Nr. 1 AO, so können die steuermindernden Tatsachen sowohl gemäß § 173 Abs. 1 Nr. 2 AO als auch gemäß § 177 AO zu berücksichtigen sein (Fortentwicklung des Senatsurteils vom 19. 10. 1995, BStBl 1996 II S. 149).

29 BFH vom 30. 10. 2003 – III R 24/02 (BStBl 2004 II S. 394)

Der nach Bestandskraft des Einkommensteuerbescheids gestellte Antrag auf Gewährung von Ausbildungsfreibeträgen ist keine die Änderung des Bescheids rechtfertigende neue Tatsache i.S. des § 173 AO. Ist aus den Angaben in der Einkommensteuererklärung ersichtlich, dass sich die Kinder in der Ausbildung befinden, wird dem FA durch den Antrag auch nicht nachträglich als neue Tatsache bekannt, dass dem Steuerpflichtigen Aufwendungen für die Berufsausbildung seiner Kinder entstanden sind.

30 BFH vom 16. 9. 2004 – IV R 62/02 (BStBl 2005 II S. 75)

Der Steuerpflichtige handelt in aller Regel grob schuldhaft i.S. des § 173 Abs. 1 Nr. 2 AO, wenn er die Frist zur Abgabe der Steuererklärung versäumt und den Erlass eines Schätzungsbescheids veranlasst. Dieses Verschulden wirkt bis zur Bestandskraft des Schätzungsbescheids fort und wird nicht etwa durch ein späteres leichtes Verschulden des Steuerpflichtigen bei der Anfechtung dieses Bescheids verdrängt.

BFH vom 17. 11. 2005 – III R 44/04 (HFR 2006 S. 653)   31

Hat ein vom Steuerpflichtigen beauftragter, unabhängiger Sachverständiger bei der Wertermittlung eines Grundstücks eine den Wert mindernde Grundstücksbelastung übersehen, muss sich der Stpfl. ein grobes Verschulden des Sachverständigen am nachträglichen Bekanntwerden dieser Tatsache i.S. des § 173 Abs. 1 Nr. 2 AO nicht als eigenes grobes Verschulden zurechnen lassen.

BFH vom 19. 11. 2008 – II R 10/08 (HFR 2009 S. 447)   32

Eine Tatsache, die zu einer niedrigeren Steuer führt, ist dann nachträglich bekannt geworden, wenn sie dem zuständigen Bediensteten des Finanzamts bei Abschluss der Willensbildung in Bezug auf den zu ändernden Steuerbescheid nicht bekannt war. Eine Tatsache kann nicht schon deshalb als bekannt angesehen werden, weil sie der zuständige Bedienstete hätte kennen können oder kennen müssen; nur bei dessen positiver Kenntnis ist die maßgebliche Tatsache nicht mehr neu.

BFH vom 20. 11. 2008 – III R 107/06 (HFR 2009 S. 553)   33

Ein die Änderung bestandskräftiger Steuerbescheide nach § 173 Abs. 1 Nr. 2 EStG ausschließendes grobes Verschulden des Stpfl. daran, dass die neuen Tatsachen erst nachträglich bekannt geworden sind, liegt nicht vor, wenn die unvollständige Steuererklärung des Stpfl. auf einem Rechtsirrtum wegen mangelnder Kenntnis steuerrechtlicher Vorschriften beruht. Ein grobes Verschulden liegt nach Rspr. des BFH aber vor, wenn der Stpfl. deshalb keine Angaben im Erklärungsvordruck macht, weil er aufgrund eines Rechtsirrtums der Meinung ist, sie seien in seinem Fall nicht von Bedeutung.

BFH vom 14. 10. 2009 – X R 14/08 (BStBl 2010 II S. 533)   34

1. ...
2. Eine Änderung wegen einer nachträglich bekannt gewordenen Tatsache kommt nicht in Betracht, wenn sich die nachträglich bekannt gewordene Tatsache zunächst wegen Zusammenveranlagung nicht ausgewirkt hatte.

BFH vom 3. 12. 2009 – VI R 58/07 (BStBl 2010 II S. 531)   35

1. Einem Steuerberater kann ein grobes Verschulden am nachträglichen Bekanntwerden von Zahnbehandlungskosten zur Last fallen, wenn er es unterlässt, seinen Mandanten nach solchen Aufwendungen zu fragen.
2. Die Verpflichtung nachzufragen entfällt auch nicht dadurch, dass ein Dritter Angaben und Unterlagen für den Steuerpflichtigen beibringt.

BFH vom 11. 2. 2010 – VI R 65/08 (BStBl 2010 II S. 628)   36

1. – 2. ...
3. Die Rechtserheblichkeit einer neuen Tatsache (§ 173 AO) entfällt nicht allein wegen einer zuvor unterlassenen Änderung durch das FA hinsichtlich einer anderen Tatsache.

BFH vom 22. 4. 2010 – VI R 40/08 (BStBl 2010 II S. 951)   37

1. Ein Steuerbescheid darf wegen nachträglich bekanntgewordener Tatsachen oder Beweismittel zugunsten des Steuerpflichtigen nicht aufgehoben oder geändert werden, wenn das FA bei ursprünglicher Kenntnis der Tatsachen oder Beweismittel mit an Sicherheit grenzender Wahrscheinlichkeit nicht anders entschieden hätte.
2. Maßgebend für diese Kausalitätsprüfung ist grundsätzlich der Zeitpunkt, in dem die Willensbildung des FA über die Steuerfestsetzung abgeschlossen wird.
3. Wie das FA bei Kenntnis bestimmter Tatsachen und Beweismittel einen Sachverhalt in seinem ursprünglichen Bescheid gewürdigt hätte, ist im Einzelfall aufgrund des Gesetzes, wie es nach der damaligen Rechtsprechung des BFH ausgelegt wurde, und der den FÄ bindenden Verwaltungsanweisungen zu beurteilen.
4. Liegen unmittelbar zu der umstrittenen Rechtslage weder Rechtsprechung des BFH noch bindende Verwaltungsanweisungen vor, so ist aufgrund anderer objektiver Umstände abzuschätzen, wie das FA in Kenntnis des vollständigen Sachverhalts entschieden hätte. Dabei sind das mutmaßliche Verhalten des einzelnen Sachbearbeiters und seine individuellen Rechtskenntnisse ohne Bedeutung.

Zu § 173 Abs. 2 AO:

38 BFH vom 29. 1. 1987 – IV R 96/85 (BStBl 1987 II S. 410)

Die Änderungssperre in § 173 Abs. 2 Satz 1 AO wirkt auch, wenn nach einer Außenprüfung Tatsachen oder Beweismittel bekanntwerden, die zu einer niedrigeren Steuer führen würden.

39 BFH vom 18. 1. 1988 – V B 106/87 (BFH/NV 1990 S. 76)

Eine Steuerfahndungsprüfung steht einer Außenprüfung i.S. des § 173 Abs. 2 AO gleich, wenn es sich um eine den Steuerfall in seiner Gesamtheit betreffende Prüfung gehandelt hat. Die Änderungssperre des § 173 Abs. 2 AO gilt auch für Änderungen zugunsten des Steuerpflichtigen (BFH vom 29. 1. 1987, BStBl II S. 410).

40 BFH vom 14. 12. 1989 – III R 158/85 (BStBl 1990 II S. 283)

Die Änderungssperre des § 173 Abs. 2 Satz 2 AO greift nur ein, wenn aufgrund einer Außenprüfung entweder ein Bescheid oder eine förmliche Mitteilung nach § 202 Abs. 1 Satz 3 AO ergangen ist. In der Übersendung eines Prüfungsberichts, der keinen ausdrücklichen Hinweis darauf enthält, daß die Außenprüfung nicht zu einer Änderung der Besteuerungsgrundlagen geführt hat, kann eine konkludente Mitteilung i.S. des § 202 Abs. 1 Satz 3 AO nicht gesehen werden.

41 BFH vom 2. 3. 1993 – IX R 93/8 (BFH/NV 1993 S. 704)

Die Änderung eines Steuerbescheids gemäß § 173 Abs. 1 Nr. 1 AO aufgrund der Feststellungen einer Außenprüfung scheitert nicht an der sog. erhöhten Bestandskraft i.S. von § 173 Abs. 2 AO, wenn dieser Bescheid zwar aufgrund von Feststellungen einer vorangegangenen Außenprüfung ergangen ist, in dem Betriebsprüfungsbericht aber ausdrücklich festgestellt worden ist, daß die Außenprüfung nur zum Zwecke der Anpassung der Einkommensteuervorauszahlungen durchgeführt worden war und eine endgültige steuerrechtliche Beurteilung einer abschließenden Außenprüfung vorbehalten bleiben sollte.

42 BFH vom 14. 9. 1993 – VIII R 9/93 (BStBl 1995 II S. 2)

1. ....

2. Die in § 173 Abs. 2 Satz 1 AO enthaltene Änderungssperre bezieht sich lediglich auf beabsichtigte Änderungen i.S. des § 173 Abs. 1 AO. Ein nach einer Außenprüfung ergangener Feststellungsbescheid kann daher noch aufgrund eines fortwirkenden Nachprüfungsvorbehalts geändert werden (Anschluß an BFH-Urteile vom 29. April 1987, BStBl 1988 II, 168, und vom 2. Mai 1990, BFH/NV 1991, 219).

43 BFH vom 7. 2. 2008 – VI R 83/04 (BStBl 2009 II S. 703)

1. Ist im Anschluss an eine Lohnsteueraußenprüfung der Vorbehalt der Nachprüfung für die den Prüfungszeitraum betreffenden Lohnsteueranmeldungen aufgehoben, darf gegenüber dem Arbeitgeber ein neuer Haftungsbescheid nur unter den Voraussetzungen des § 173 Abs. 2 AO ergehen (Bestätigung der Rechtsprechung).

...

§ 174 Widerstreitende Steuerfestsetzungen

(1) ¹Ist ein bestimmter Sachverhalt in mehreren Steuerbescheiden zuungunsten eines oder mehrerer Steuerpflichtiger berücksichtigt worden, obwohl er nur einmal hätte berücksichtigt werden dürfen, so ist der fehlerhafte Steuerbescheid auf Antrag aufzuheben oder zu ändern. ²Ist die Festsetzungsfrist für diese Steuerfestsetzung bereits abgelaufen, so kann der Antrag noch bis zum Ablauf eines Jahres gestellt werden, nachdem der letzte der betroffenen Steuerbescheide unanfechtbar geworden ist. ³Wird der Antrag rechtzeitig gestellt, steht der Änderung des Steuerbescheids insoweit keine Frist entgegen.

(2) ¹Absatz 1 gilt sinngemäß, wenn ein bestimmter Sachverhalt in unvereinbarer Weise mehrfach zugunsten eines oder mehrerer Steuerpflichtiger berücksichtigt worden ist; ein Antrag ist nicht erforderlich. ²Der fehlerhafte Steuerbescheid darf jedoch nur dann geändert werden, wenn die Berücksichtigung des Sachverhalts auf einen Antrag oder eine Erklärung des Steuerpflichtigen zurückzuführen ist.

§ 174 AO
AEAO

(3) ¹Ist ein bestimmter Sachverhalt in einem Steuerbescheid erkennbar in der Annahme nicht berücksichtigt worden, dass er in einem anderen Steuerbescheid zu berücksichtigen sei, und stellt sich diese Annahme als unrichtig heraus, so kann die Steuerfestsetzung, bei der die Berücksichtigung des Sachverhalts unterblieben ist, insoweit nachgeholt, aufgehoben oder geändert werden. ²Die Nachholung, Aufhebung oder Änderung ist nur zulässig bis zum Ablauf der für die andere Steuerfestsetzung geltenden Festsetzungsfrist.

(4) ¹Ist auf Grund irriger Beurteilung eines bestimmten Sachverhalts ein Steuerbescheid ergangen, der aufgrund eines Rechtsbehelfs oder sonst auf Antrag des Steuerpflichtigen durch die Finanzbehörde zu seinen Gunsten aufgehoben oder geändert wird, so können aus dem Sachverhalt nachträglich durch Erlass oder Änderung eines Steuerbescheids die richtigen steuerlichen Folgerungen gezogen werden. ²Dies gilt auch dann, wenn der Steuerbescheid durch das Gericht aufgehoben oder geändert wird. ³Der Ablauf der Festsetzungsfrist ist unbeachtlich, wenn die steuerlichen Folgerungen innerhalb eines Jahres nach Aufhebung oder Änderung des fehlerhaften Steuerbescheids gezogen werden. ⁴War die Festsetzungsfrist bereits abgelaufen, als der später aufgehobene oder geänderte Steuerbescheid erlassen wurde, gilt dies nur unter den Voraussetzungen des Absatzes 3 Satz 1.

(5) ¹Gegenüber Dritten gilt Absatz 4, wenn sie an dem Verfahren, das zur Aufhebung oder Änderung des fehlerhaften Steuerbescheids geführt hat, beteiligt waren. ²Ihre Hinzuziehung oder Beiladung zu diesem Verfahren ist zulässig.

Anwendungserlass zur Abgabenordnung

AEAO

Zu § 174 – Widerstreitende Steuerfestsetzungen:

1

1. Die Vorschrift eröffnet die Möglichkeit, Vorteile und Nachteile auszugleichen, die sich durch Steuerfestsetzungen ergeben haben, die inhaltlich einander widersprechen. Sie bietet insoweit die gesetzliche Grundlage für die Änderung einer oder beider Festsetzungen (§ 172 Abs. 1 Satz 1 Nr. 2 Buchstabe d).

2. Nach § 174 Abs. 1 ist ein Steuerbescheid aufzuheben oder zu ändern, wenn ein bestimmter Sachverhalt mehrfach zu Ungunsten eines oder mehrerer Steuerpflichtiger berücksichtigt worden ist, obwohl er nur einmal hätte berücksichtigt werden dürfen. Hierbei kann es sich um Fälle handeln, in denen z.B. dieselbe Einnahme irrtümlich verschiedenen Steuerpflichtigen, verschiedenen Steuern oder verschiedenen Besteuerungszeiträumen zugeordnet worden ist. Auch die Fälle, in denen mehrere Finanzämter gegen denselben Steuerpflichtigen für dieselbe Steuer und denselben Besteuerungszeitraum Steuerbescheide erlassen haben, fallen hierunter.

   Der fehlerhafte Steuerbescheid ist in den Fällen des § 174 Abs. 1 nur auf Antrag aufzuheben oder zu ändern. Hat der Steuerpflichtige fälschlich nur einen Antrag auf Änderung des rechtmäßigen Steuerbescheides gestellt, ist der Antrag allgemein als Antrag auf Beseitigung der widerstreitenden Festsetzung zu behandeln. Die Antragsfrist (§ 174 Abs. 1 Satz 2) ist eine gesetzliche Frist i.S.d. § 110. Über den fristgerecht gestellten Antrag kann auch noch nach Ablauf der Jahresfrist entschieden werden.

3. § 174 Abs. 2 regelt in entsprechender Anwendung des § 174 Abs. 1 die Fälle, dass ein bestimmter Sachverhalt mehrfach zu Gunsten eines oder mehrerer Steuerpflichtiger berücksichtigt worden ist. Die Änderung des fehlerhaften Steuerbescheides ist von Amts wegen vorzunehmen. Eine Änderung nach § 174 Abs. 2 ist nicht auf den Fall der irrtümlichen Doppelberücksichtigung eines bestimmten Sachverhaltes beschränkt, sie kommt auch bei bewusst herbeigeführten widerstreitenden Steuerfestsetzungen in Betracht (vgl. BFH-Urteil vom 6. 9. 1995 – XI R 37/95 – BStBl 1996 II, S. 148).

   Unter den Begriff des Antrages oder einer Erklärung des Steuerpflichtigen im Sinne dieser Vorschrift fallen auch formlose Mitteilungen und Auskünfte außerhalb des Steuererklärungsvordrucks (vgl. BFH-Urteil vom 13. 11. 1996 – XI R 61/96 – BStBl 1997 II, S. 170) sowie für den Beteiligten von Dritten abgegebene Erklärungen (z.B. im Rahmen des § 80 Abs. 1 und 4, § 200 Abs. 1).

4. § 174 Abs. 3 erfasst die Fälle, in denen bei einer Steuerfestsetzung ein bestimmter Sachverhalt in der erkennbaren Annahme nicht berücksichtigt worden ist, dass der Sachverhalt nur Bedeutung für eine andere Steuer, einen anderen Besteuerungszeitraum oder einen anderen Steuerpflichtigen habe. Dieser andere Bescheid muss nicht notwendigerweise schon erlassen worden sein oder später erlassen werden (vgl. BFH-Urteil vom 29. 5. 2001 – VIII R 19/00 – BStBl II, S. 743). Der Anwendung des § 174 Abs. 3 steht auch nicht entgegen, dass die Finanzbehörde in der (erkennbaren) Annahme, ein bestimmter Sachverhalt sei in einem anderen Steuerbescheid zu berücksichtigen, zunächst überhaupt keinen Steuerbescheid erlässt (BFH-Urteil vom 23. 5. 1996 – IV R 49/95 – BFH/NV 1997 S. 89).

2

§ 174 AO
AEAO

Die Annahme, der bestimmte Sachverhalt sei in einem anderen Steuerbescheid zu erfassen, muss für den Steuerpflichtigen erkennbar und für die Nichtberücksichtigung kausal geworden sein. Die Erkennbarkeit ist gegeben, wenn der Steuerpflichtige die (später als fehlerhaft erkannte) Annahme des Finanzamts auch ohne entsprechenden Hinweis aus dem gesamten Sachverhaltsablauf allein aufgrund verständiger Würdigung des fehlerhaften Bescheids erkennen konnte (BFH-Urteil vom 21. 12. 1984 – III R 75/81 – BStBl 1985 II, S. 283, und BFH-Beschluss vom 15. 10. 1998 – IV B 15/98 – BFH/NV 1999 S. 449). An der Kausalität fehlt es dagegen, wenn die Nichtberücksichtigung darauf beruht, dass das Finanzamt von dem bestimmten Sachverhalt gar keine Kenntnis hatte oder annahm, dieser Sachverhalt sei – jetzt und auch später – ohne steuerliche Bedeutung (BFH-Urteil vom 29. 5. 2001, a.a.O.).

Beispiel:
Die Finanzbehörde hat bei der Festsetzung der Einkommensteuer am 31.12. entstandene Aufwendungen nicht zum Abzug als Sonderausgaben zugelassen, weil sie der Auffassung war, dass die Sonderausgaben erst im nächsten Veranlagungszeitraum abzugsfähig seien (§ 11 Abs. 1 Satz 2 EStG). Stellt sich die Annahme später als unrichtig heraus, so kann die Steuerfestsetzung, bei der die Berücksichtigung des Sachverhaltes unterblieben ist, insoweit, trotz etwa eingetretener Bestandskraft noch geändert werden, zeitlich jedoch nur bis zum Ablauf der für die andere Steuerfestsetzung laufenden Festsetzungsfrist.

Die irrige Annahme, der Sachverhalt sei in einem anderen Steuerbescheid zu berücksichtigen, muss von dem für die Steuerfestsetzung zuständigen Amtsträger gemacht worden sein (vgl. BFH-Urteil vom 29. 5. 2001, a.a.O.).

5. § 174 Abs. 4 ergänzt die Regelung des § 174 Abs. 3 um die Fälle, in denen eine Steuerfestsetzung auf Antrag oder im Rechtsbehelfsverfahren zu Gunsten des Steuerpflichtigen geändert worden ist. Der Änderung nach § 174 Abs. 4 steht nicht entgegen, dass der gleiche Sachverhalt sowohl in dem zu Gunsten des Steuerpflichtigen geänderten Steuerbescheid als auch in dem zu ändernden Bescheid steuerlich zu berücksichtigen ist (vgl. BFH-Urteil vom 18. 2. 1997 – VIII R 54/95 – BStBl II, S. 647). Bei der Anwendung der Vorschrift ist zu berücksichtigen, dass § 174 Abs. 4 den Ausgleich einer zugunsten des Steuerpflichtigen eingetretenen Änderung bezweckt. Derjenige, der erfolgreich für seine Rechtsansicht gestritten hat, muss auch die damit verbundenen Nachteile hinnehmen. Die Vorschrift lässt es hingegen nicht zu, dass die zugunsten erwirkte Änderung auf bestandskräftige andere Bescheide übertragen wird (vgl. BFH-Urteil vom 10. 3. 1999 – XI R 28/98 – BStBl II, S. 475).

Beispiele:
a) Die Finanzbehörde hat einen Veräußerungsgewinn bei der Festsetzung der Einkommensteuer erfasst. Der Steuerpflichtige macht im Rechtsbehelfsverfahren mit Erfolg geltend, dass der Veräußerungsgewinn erst im folgenden Veranlagungszeitraum zu berücksichtigen sei. Unter den Voraussetzungen des § 174 Abs. 4 kann die Erfassung des Veräußerungsgewinnes in dem folgenden Veranlagungszeitraum nachgeholt werden, auch wenn die hierfür maßgebliche Steuerfestsetzung bereits unanfechtbar geworden ist oder die Festsetzungsfrist bereits abgelaufen war.

b) Der Steuerpflichtige erreicht wegen eines in einem Veranlagungszeitraum erzielten Einnahmeüberschusses eine geänderte Beurteilung der Einkünfteerzielungsabsicht und damit die Berücksichtigung des Werbungskostenüberschusses in den angefochtenen Steuerbescheiden. Das Finanzamt kann den bisher unberücksichtigt gebliebenen Einnahmeüberschuss nachträglich durch Änderung des für diesen Veranlagungszeitraum bestandskräftig gewordenen Steuerbescheides nach § 174 Abs. 4 erfassen (vgl. BFH-Urteil vom 18. 2. 1997, a.a.O.).

6. Nach § 174 Abs. 4 i.V.m. Abs. 5 können zur Richtigstellung einer irrigen Beurteilung eines bestimmten Sachverhaltes steuerrechtliche Folgerungen auch zu Lasten eines bereits bestandskräftig beschiedenen Dritten gezogen werden. Dritter ist, wer im ursprünglichen Bescheid nicht als Inhaltsadressat angegeben war (vgl. BFH-Urteil vom 8. 2. 1995 – I R 127/93 – BStBl II, S. 764 und vgl. zu § 122, Nr. 1.3.1). Inhaltsadressat eines Feststellungsbescheides – und damit nicht Dritter i.S.d. § 174 Abs. 5 – ist derjenige, dem der Gegenstand der Feststellung zuzurechnen ist. Gesellschafter einer Personengesellschaft sind daher im Gewinnfeststellungsverfahren nicht Dritte i.S.d. § 174 Abs. 5 (BFH-Urteil vom 15. 6. 2004 – VIII R 7/02 – BStBl II, S. 914).

Der Erlass oder die Änderung eines Steuerbescheids gegenüber dem Dritten setzt voraus, dass dieser vor Ablauf der Festsetzungsfrist für den gegen ihn gerichteten Steueranspruch zu dem Verfahren, das zur Aufhebung oder Änderung des fehlerhaften Steuerbescheids geführt hat, hinzugezogen oder beigeladen worden ist (BFH-Urteil vom 13. 4. 2000 – V R 25/99 – BFH/NV 2001 S. 137). Die Finanzbehörde muss daher die Hinzuziehung eines in Betracht kommenden Dritten rechtzeitig vornehmen oder im finanzgerichtlichen Verfahren dessen Beiladung durch rechtzeitige Antragstellung veranlassen (zum Antrag auf Beiladung vgl. BFH-Beschluss vom 22. 12. 1988 – VIII B 131/87 – BStBl 1989 II, S. 314). § 174 Abs. 5 Satz 2 ist selbst Rechtsgrundlage für die Beteiligung des Dritten, ohne dass die Voraussetzungen des § 360 Abs. 3 und des § 60

FGO vorliegen müssen (vgl. BFH-Beschluss vom 17. 5. 1994 – IV B 84/93 – BFH/NV 1995 S. 87). Schon die Möglichkeit, dass ein Steuerbescheid wegen irrtümlicher Beurteilung eines Sachverhalts aufzuheben oder zu ändern ist und hieraus Folgen für einen Dritten zu ziehen sind, rechtfertigt die Hinzuziehung des Dritten (BFH-Beschlüsse vom 4. 1. 1996 – X B 149/95 – BFH/NV S. 453, vom 30. 1. 1996 – VIII B 20/95 – BFH/NV S. 524 und vom 27. 8. 1998 – III B 41/98 – BFH/NV 1999 S. 156).

Eine Hinzuziehung oder Beiladung kommt grundsätzlich nicht mehr in Betracht, wenn gegenüber dem Dritten im Zeitpunkt der beabsichtigten Hinzuziehung oder Beiladung die Festsetzungsfrist für den gegen ihn gerichteten Steueranspruch bereits abgelaufen ist (vgl. BFH-Urteil vom 5. 5. 1993 – X R 111/91 – BStBl II, S. 817). Hat der Dritte aber durch eigene verfahrensrechtliche Initiativen auf die Änderung oder die Aufhebung des fehlerhaften Bescheides hingewirkt, kann er auch nach Ablauf der Festsetzungsfrist hinzugezogen oder beigeladen werden (vgl. BFH-Urteil vom 10. 11. 1993 – I R 20/93 – BStBl 1994 II, S. 327); es reicht aber nicht aus, dass der Dritte den Widerstreit von Steuerfestsetzungen lediglich kennt.

Weil sich die Frage, welches die „richtigen steuerlichen Folgerungen" sind, verbindlich im Ausgangsverfahren entscheidet (vgl. BFH-Urteile vom 24. 11. 1987 – IX R 158/83 – BStBl 1988 II, S. 404, und vom 3. 8. 1988 – I R 115/84 – BFH/NV 1989 S. 482) und der Dritte durch die Ausgangsentscheidung beschwert ist (vgl. BFH-Urteil vom 22. 7. 1980 – VIII R 114/78 – BStBl 1981 II, S. 101), muss ihm die Möglichkeit eröffnet sein, sich im Ausgangsverfahren rechtliches Gehör zu verschaffen und auf das Verfahren dort Einfluss zu nehmen. Korrekturbescheide und abschließende Entscheidungen müssen auch dem Dritten bekannt gegeben werden, damit auch dieser die Möglichkeit hat, hiergegen Rechtsbehelf einzulegen (BFH-Urteile vom 11. 4. 1991 – V R 40/86 – BStBl II, S. 605, und vom 26. 7. 1995 – X R 45/92 – BFH/NV 1996 S. 195). Eine Entscheidung durch Abhilfebescheid (§ 172 Abs. 1 Nr. 2 Buchstabe a), durch die es einer Einspruchsentscheidung nicht mehr bedarf, wahrt die Rechte des Hinzugezogenen nur, wenn sie seinem Antrag der Sache nach entspricht oder wenn er ihr zustimmt (BFH-Urteile vom 11. 4. 1991, a.a.O., vom 20. 5. 1992 – III R 176/90 – BFH/NV 1993 S. 74 und vom 5. 5. 1993 – X R 111/91 – BStBl II, S. 817).

Eine Hinzuziehung oder Beiladung des Dritten ist nur dann entbehrlich, wenn er Verfahrensbeteiligter i.S.d. § 359 AO oder § 57 FGO war oder durch eigene verfahrensrechtliche Initiativen auf die Änderung oder Aufhebung des fehlerhaften Steuerbescheides hingewirkt hat (BFH-Urteile vom 8. 2. 1995, a.a.O., und vom 27. 3. 1996 – I R 100/94 – BFH/NV S. 798).

7. § 174 Abs. 4 und 5 ist nicht auf die Fälle einer alternativen Erfassung bestimmter Sachverhalte entweder beim Steuerpflichtigen oder bei dem Dritten beschränkt. „Bestimmter Sachverhalt" ist ein einheitlicher, deckungsgleicher Lebensvorgang, aus dem steuerrechtliche Folgen sowohl bei dem Steuerpflichtigen als auch bei dem Dritten zu ziehen sind. Die steuerrechtlichen Folgen brauchen bei beiden nicht die Gleichen zu sein. Aufgrund ein und desselben Sachverhalts kann beim Steuerpflichtigen eine zusätzliche Ausgabe und beim Dritten eine Einnahme in Betracht kommen (BFH-Urteil vom 24. 11. 1987 – IX R 158/83 – BStBl 1988 II, S. 404, und BFH-Beschluss vom 2. 12. 1999 – II B 17/99 – BFH/NV 2000 S. 679).

Rechtsprechung

BFH vom 21. 10. 1980 – VIII R 186/78 (BStBl 1981 II S. 388) 3

Nach § 174 Abs. 2 Satz 2 AO darf ein Steuerbescheid nicht geändert werden, wenn der Steuerpflichtige vor Erlaß des fehlerhaften Steuerbescheids den für die Besteuerung erheblichen Sachverhalt vollständig und richtig dargestellt hat. Unerheblich ist es, ob die rechtliche Beurteilung des Sachverhalts durch den Steuerpflichtigen falsch war.

BFH vom 24. 3. 1981 – VIII R 85/80 (BStBl 1981 II S. 778) 4

Bei widerstreitenden Steuerfestsetzungen können nach § 174 Abs. 4 AO die richtigen steuerlichen Folgen durch Erlaß oder Änderung mehrerer Steuerbescheide gezogen werden, wenn sich die irrige Beurteilung des Sachverhalts in mehreren Veranlagungszeiträumen ausgewirkt hat.

BFH vom 19. 5. 1981 – VIII B 90/79 (BStBl 1981 II S. 633) 5

Schon die Möglichkeit, daß ein Steuerbescheid wegen irriger Beurteilung eines Sachverhalts zugunsten des Steuerpflichtigen aufzuheben oder zu ändern ist und hieraus Folgen für keinem Dritten zu ziehen sind, rechtfertigt die Beiladung des Dritten. Bei der Beiladung ist nicht zu prüfen, ob die Bescheide des Dritten geändert werden können.

6 BFH vom 22. 9. 1983 – IV R 227/80 (BStBl 1984 II S. 510)

Ist ein bestimmter Sachverhalt in mehreren Steuerbescheiden zugunsten eines Steuerpflichtigen berücksichtigt worden, obwohl er nur einmal hätte berücksichtigt werden dürfen, so ist der fehlerhafte Steuerbescheid aufzuheben oder zu ändern, wenn die Verursachung der Unrichtigkeit allein oder überwiegend auf Seiten des Steuerpflichtigen liegt.

7 BFH vom 1. 8. 1984 – V R 67/82 (BStBl 1984 II S. 788)

Die Änderung nach § 174 Abs. 3 AO gegenüber einem Dritten nach Einlegung eines Rechtsbehelfs durch den anderen Steuerpflichtigen setzt nicht die Beteiligung des Dritten am Verfahren des anderen voraus.

8 BFH vom 13. 12. 1984 – V R 47/80 (BStBl 1985 II S. 282)

Werden nicht dieselben Sachverhalte zum Gegenstand der Besteuerung gemacht, so rechtfertigt die lediglich materiell-rechtliche Verknüpfung der rechtlichen Qualifikation nicht ein auf § 174 Abs. 4 AO gestütztes Änderungsbegehren eines Dritten.

9 BFH vom 13. 11. 1985 – II R 208/82 (BStBl 1986 II S. 241)

§ 174 Abs. 3 AO stellt die Änderung der Steuerfestsetzung nicht in das Ermessen der Finanzbehörde.

10 BFH vom 14. 1. 1987 – II B 108/86 (BStBl 1987 II S. 267)

Für eine Beiladung gemäß § 174 Abs. 5 Satz 2 AO reicht es aus, daß sich bei einem Erfolg der Klage eine Folgeänderung i.S. des § 174 Abs. 4, 5 AO ergeben kann. Es ist nicht zu prüfen, ob eine etwaige Folgeänderung Bestand haben wird (Anschluß an BFHE 133 S. 348, BStBl 1981 II S. 633).

11 BFH vom 25. 8. 1987 – IX R 98/82 (BStBl 1988 II S. 344)

Der gemäß § 174 Abs. 5 Satz 2 AO am Verfahren Beteiligte hat die Rechtsstellung eines notwendig Beigeladenen i.S. von § 60 Abs. 3 FGO (Ergänzung zu BFH vom 22. Juli 1980, BStBl 1981 II S. 101).

12 BFH vom 28. 11. 1989 – VIII R 83/86 (BStBl 1990 II S. 458)

1. § 174 Abs. 3 AO erlaubt eine zweifache Änderung des Steuerbescheids zumindest dann, wenn der ursprüngliche Steuerbescheid nicht endgültig ergangen ist.
2. Die Änderungssperre des § 173 Abs. 2 AO steht der Änderung von Steuerbescheiden nach § 174 Abs. 3 AO nicht entgegen.

13 BFH vom 6. 3. 1990 – VIII R 28/84 (BStBl 1990 II S. 558)

Ein bestimmter Sachverhalt ist in mehreren Steuerbescheiden i.S. von § 174 Abs. 1 AO „berücksichtigt" worden, wenn er dem Finanzamt bei der Steuerfestsetzung oder Gewinnfeststellung bekannt war und als Entscheidungsgrundlage herangezogen und verwertet wurde.

14 BFH vom 16. 5. 1990 – X R 147/87 (BStBl 1990 II S. 942)

Nicht verwaltungsakt-, sondern sachverhaltsbezogen ist § 174 Abs. 4 AO: Unter den dort genannten Voraussetzungen (vor allem im Rahmen der in § 174 Abs. 4 Satz 3 AO bestimmten Frist) ist die Finanzbehörde befugt, einen Sachverhalt, der Gegenstand eines aufgehobenen Bescheides war, neu zu regeln. Der aufgehobene Bescheid muß allerdings auch in diesem Falle rechtswirksam gewesen sein.

15 BFH vom 22. 8. 1990 – I R 42/88 (BStBl 1991 II S. 387)

Unter einem bestimmten Sachverhalt i.S. des § 174 Abs. 4 Satz 1 AO ist der einzelne Lebensvorgang zu verstehen, an den das Gesetz steuerliche Folgen knüpft.

16 BFH vom 11. 7. 1991 – IV R 52/90 (BStBl 1992 II S. 126)

Ein Steuerbescheid ist nicht wegen rechtsfehlerhafter Berücksichtigung eines Sachverhalts in entsprechender Anwendung des § 174 Abs. 1 AO zu ändern, wenn die entsprechende ebenfalls rechtsfehlerhafte Berücksichtigung des Sachverhalts in dem Steuerbescheid eines anderen Steuerpflichtigen berichtigt wurde.

BFH vom 8. 7. 1992 – XI R 54/89 (BStBl 1992 II S. 867) 17

Wird ein Steuerbescheid nach § 174 Abs. 4 Satz 1 Halbsatz 1 AO durch Gerichtsentscheidung geändert, so rechtfertigt Halbsatz 2 der Vorschrift nicht die nochmalige Änderung desselben Bescheids durch die Verwaltungsbehörde.

BFH vom 21. 6. 1994 – VIII B 5/93 (BStBl 1994 II S. 681) 18

Lehnt das FG eine Beiladung gemäß § 174 Abs. 4 und 5 AO 1977 im Endurteil ab, dann besteht bei einem Beteiligten des finanzgerichtlichen Verfahrens, der im Rahmen der Beschwerde wegen Nichtzulassung der Revision die Ablehnung der Beiladung als Verfahrensmangel rügen kann (§ 115 Abs. 2 Nr. 3 FGO), für eine gesonderte Beschwerde gegen die Ablehnung der Beiladung kein Rechtsschutzbedürfnis (Abweichung vom BFH-Beschluß vom 6. Mai 1988 VI B 35/87, BFH/NV 1989 S. 113).

BFH vom 2. 8. 1994 – VIII R 65/93 (BStBl 1995 II S. 264) 19

1. Wird die Klage einer KG wegen Versagung des Betriebsausgabenabzugs für Darlehenszinsen, die sie an den Sohn des beherrschenden Gesellschafters gezahlt hat, vom FG rechtskräftig abgewiesen, weil das Darlehen den Anforderungen des Fremdvergleichs nicht standhalte, so sind die gegenüber dem Sohn bestandskräftig ergangenen Einkommensteuerbescheide, in denen die Darlehenszinsen als Einkünfte aus Kapitalvermögen erfaßt wurden, weder nach § 174 AO noch gemäß § 175 Abs. 1 Satz 1 Nr. 2 AO änderbar.

2. Es kommt jedoch eine Änderung nach § 173 Abs. 1 Satz 1 Nr. 2 AO wegen neuer Tatsachen in Betracht, wenn dem Veranlagungs-FA nicht bekannt war, daß es sich um ein Darlehen unter nahen Angehörigen gehandelt hat. Dieser nachträglich bekanntgewordene Sachverhalt ist auch für die Besteuerung des Darlehensgläubigers rechtserheblich, da Zinsen für ein Darlehen, das dem einkommensteuerrechtlich gebotenen Fremdvergleich nicht genügt, auch beim Gläubiger keine Kapitalerträge i.S. des § 20 Abs. 1 Nr. 7 EStG bilden.

BFH vom 10. 11. 1997 – GrS 1/96 (BStBl 1998 II S. 83)[1] 20

§ 174 Abs. 4 AO erlaubt die Aufhebung oder Änderung eines Steuerbescheides, in dem ein früherer Bilanzierungsfehler korrigiert wurde, nicht allein mit der Begründung, daß mit der Aufhebung oder Änderung des angefochtenen Bescheides nach § 174 Abs. 4 AO die Möglichkeit geschaffen wird, die Vorjahresbilanz zu ändern.

BFH vom 24. 9. 1998 – IV R 65/96 (BStBl 1999 II S. 46) 21

Dem Erlaß eines Änderungsbescheids nach § 174 Abs. 4 AO steht der Vertrauensschutz nach § 176 Abs. 2 AO jedenfalls dann entgegen, wenn die Finanzverwaltung die Rechtsprechung entgegenstehende begünstigende Verwaltungsvorschrift allen anderen Steuerpflichtigen gegenüber für eine Übergangszeit anwendet.

BFH vom 3. 12. 1998 – V R 29/98 (BStBl 1999 II S. 158) 22

Wenn ein Steuerbescheid nicht gemäß § 174 Abs. 2 AO aufgehoben oder geändert werden darf, weil die widerstreitende Steuerfestsetzung nicht auf einen Antrag oder eine Erklärung des Steuerpflichtigen zurückzuführen ist, so kann die Aufhebung oder Änderung des Steuerbescheides im Regelfall nicht auf § 172 Abs. 1 Satz 1 Nr. 2 Buchst. a AO mit der Begründung gestützt werden, der Steuerpflichtige verstoße gegen den Grundsatz von Treu und Glauben, indem er die Zustimmung zu einer Berichtigung des Steuerbescheides verweigere.

BFH vom 10. 3. 1999 – XI R 28/98 (BStBl 1999 II S. 475) 23

§ 174 Abs. 4 AO läßt nicht zu, daß die durch Rechtsbehelf erwirkte Änderung eines Bescheides zugunsten des Steuerpflichtigen auf bestandskräftige andere Bescheide entsprechend übertragen wird.

BFH vom 15. 2. 2001 – IV R 9/00 (HFR 2001 S. 746) 24

Die Änderung eines Steuerbescheids nach § 174 Abs. 3 AO setzt eine alternative, nicht aber eine kumulative Berücksichtigung des Sachverhalts in dem einen oder anderen Steuerbescheid voraus.

---
[1] Ebenso BFH vom 11. 2. 1998 (BStBl 1998 II S. 503).

25 BFH vom 4. 4. 2001 – XI R 59/00 (BStBl 2001 II S. 564)

Wird ein bestandskräftiger Steuerbescheid, für den die Festsetzungsfrist abgelaufen ist, nach § 174 Abs. 4 AO innerhalb der Jahresfrist dergestalt geändert, dass nunmehr kein nicht ausgeglichener Verlust mehr besteht, so ist innerhalb der Jahresfrist des § 174 Abs. 4 Satz 3 AO der Steuerbescheid des Verlustrücktragsjahres gemäß § 10d Satz 2 EStG a.F. zu ändern.

26 BFH vom 2. 5. 2001 – VIII R 44/00 (BStBl 2001 II S. 562)

Hat das FA in dem Feststellungsbescheid für das Jahr 01 einen Entnahmegewinn erfasst, dessen Herabsetzung mit der Klage erstrebt wird, und erlässt das FA während des Klageverfahrens mit der Begründung einen dem Klagebegehren entsprechenden Änderungsbescheid für das Jahr 01, dass die Entnahme richtigerweise im Jahr 02 zu berücksichtigen sei, dann ist die nachfolgende Erfassung des Entnahmegewinns in einem Änderungsbescheid für das Jahr 02 gemäß § 174 Abs. 4 Satz 1 AO unter der Voraussetzung zulässig, dass die Entnahme bei zutreffender Beurteilung tatsächlich in diesem Jahr getätigt worden ist. Soweit in dem Feststellungsbescheid für das Jahr 01 noch ein Entnahmegewinn erfasst ist, kann der Feststellungsbescheid für das Jahr 01 sodann auf Antrag gemäß § 174 Abs. 1 AO berichtigt werden.

27 BFH vom 26. 2. 2002 – X R 59/98 (BStBl 2002 II S. 450)

Hat das FA aufgrund eines Rechtsbehelfs einen Steuerbescheid unter Anwendung einer dem Steuerpflichtigen günstigeren Schätzungsmethode geändert und führt diese Schätzungsmethode in anderen Veranlagungszeiträumen zu einer höheren Steuer, können die für letztere Zeiträume ergangenen bestandskräftigen Bescheide nicht auf der Rechtsgrundlage des § 174 Abs. 4 AO mit der Begründung geändert werden, sie seien aufgrund irriger Beurteilung eines bestimmten Sachverhalts ergangen.

28 BFH vom 18. 3. 2004 – V R 23/02 (BStBl 2004 II S. 763)

Stehen sich zwei Urteile in unvereinbarer Weise gegenüber, so ist die Wirkung der Rechtskraft, in Bezug auf einen bestimmten, unveränderten Sachverhalt Rechtsfrieden zu schaffen, aufgehoben. § 174 AO ist anwendbar.

29 BFH vom 15. 6. 2004 – VIII R 7/02 (BStBl 2004 II S. 914)

1. Im Klageverfahren einer Personengesellschaft gegen einen Gewinnfeststellungsbescheid sind die Gesellschafter nicht Dritte i.S. des § 174 Abs. 5 AO.
2. Wird ein Gewinnfeststellungsbescheid durch ein finanzgerichtliches Urteil geändert, beginnt die Jahresfrist des § 174 Abs. 4 Satz 3 AO für die steuerlichen Folgerungen erst mit Eintritt der Rechtskraft des Urteils.
3. ....

30 BFH vom 19. 5. 2005 – IV R 17/02 (BStBl 2005 II S. 637)

Eine (Folge-)Änderung nach § 174 Abs. 4 AO setzt weder voraus, dass mit der (Ausgangs-) Änderung zugunsten des Steuerpflichtigen dessen Antrag entsprochen wurde, noch dass die Auswirkungen der Änderung zugunsten und der Änderung zuungunsten des Steuerpflichtigen einander aufheben. Ein Verböserungshinweis ist auch dann nicht erforderlich, wenn die Änderung zugunsten des Steuerpflichtigen im Ergebnis zu einer steuerlichen Mehrbelastung durch die Folgeänderung führt.

31 BFH vom 18. 8. 2005 – IV B 167/04 (BStBl 2006 II S. 158)

Es ist ernstlich zweifelhaft, ob § 174 Abs. 3 AO die Rechtsgrundlage dafür bietet, bestandskräftige Steuerbescheide in der Weise zu ändern, dass ein Entnahmegewinn steuerlich berücksichtigt wird, den das FA seinerzeit wegen Nichtanwendung der BFH-Rechtsprechung zur Bedeutung von Einstimmigkeitsabreden bei der Betriebsaufspaltung nicht erfasst hat (Bedenken gegen die Richtigkeit der im BMF-Schreiben vom 7. 10. 2002, BStBl I 2002, 1028, unter V.1. vertretenen Auffassung).

32 BFH vom 14. 3. 2006 – I R 8/05 (BStBl 2007 II S. 602)

1. ...
2. Ist das FA im Körperschaftsteuerbescheid 1997 sowie im Verlustfeststellungsbescheid zum 31. Dezember 1997 davon ausgegangen, eine GmbH habe ihre wirtschaftliche Identität gemäß § 8 Abs. 4 Satz 2 KStG 1996 n.F. im Jahr 1997 verloren, und werden diese Bescheide auf Antrag der GmbH aufgehoben, kann das FA grundsätzlich den bestandskräftigen Verlustfeststellungs-

bescheid zum 31. Dezember 1996 wegen widerstreitender Steuerfeststellungen gemäß § 174 Abs. 4 AO ändern, wenn es nunmehr davon ausgeht, der Verlust der wirtschaftlichen Identität sei nach § 8 Abs. 4 KStG 1996 a.F. bereits im Jahr 1996 eingetreten.

BFH vom 17. 5. 2006 – II R 48/04 (HFR 2006 S. 1198) 33

Ein Anspruch auf Aufhebung eines rechtmäßigen Steuerbescheids kann nicht auf § 174 Abs. 1 Satz 1 AO gestützt werden. Das gilt auch dann, wenn ein bestimmter in diesem Steuerbescheid zuungunsten des Steuerpflichtigen berücksichtigter Sachverhalt bereits in einem früheren rechtswidrigen Steuerbescheid zu dessen Lasten berücksichtigt worden war und der rechtswidrige Bescheid nicht mehr geändert werden kann.

BFH vom 6. 12. 2006 – XI R 62/05 (BStBl 2007 II S. 238) 34

Erfährt der Steuerpflichtige während des Einspruchsverfahrens, dass eine anderweitige Berücksichtigung eines bestimmten Sachverhalts nicht in Betracht kommt und nimmt er die Gelegenheit, gegen die geänderte Auffassung der Finanzbehörde vorzugehen, nicht wahr, findet § 174 Abs. 3 Satz 1 AO später keine Anwendung.

BFH vom 30. 8. 2007 – IV R 50/05 (BStBl 2008 II S. 129) 35

Aus den Gründen:
Wie der BFH im Urteil vom 3. 8. 1988 (BFH/NV 1989 S. 482) entschieden hat, sind Folgeänderungen nach § 174 Abs. 4 AO nicht auf dieselbe Steuerart beschränkt. Maßgeblich ist allein, ob bezogen auf den zu beurteilenden Sachverhalt eine sachliche Verbindung zwischen beiden Regelungsgegenständen besteht. Eine solche Verbindung existiert zwischen einem Bescheid über den Einheitswert des Betriebsvermögens und einem ertragsteuerlichen Bescheid, in dem die Gewinnauswirkungen im Zusammenhang mit dem Ausscheiden eines Wirtschaftsguts aus dem Betriebsvermögen vor dem Bewertungsstichtag zu erfassen sind.

BFH vom 24. 4. 2008 – IV R 50/06 (BStBl 2009 II S. 35) 36

1. Hat ein Steuerpflichtiger wegen unzutreffender Aufteilung des Gewinns Einspruch nur für das Vorjahr eingelegt, beantragt er damit nicht zugleich konkludent, die Einkommensteuer für das Folgejahr heraufzusetzen.
2. § 127 AO ist auf die Korrekturvorschrift des § 174 Abs. 4 AO nicht anwendbar.
3. Für den rechtmäßigen Erlass eines Änderungsbescheides nach § 174 Abs. 4 AO reicht es (aber) aus, wenn die Voraussetzungen für die Änderung, insbesondere die Aufhebung oder Änderung des anderen Steuerbescheides zugunsten des Steuerpflichtigen, bis zur Entscheidung über den Einspruch gegen den (auf § 174 Abs. 4 AO gestützten) Änderungsbescheid vorliegen.

BFH vom 28. 1. 2009 – X R 27/07 (BStBl 2009 II S. 620) 37

Ein Steuerbescheid kann auch dann nach § 174 Abs. 4 AO geändert werden, wenn die Änderungsmöglichkeit vor Erlass des erstmaligen Steuerbescheids eingetreten ist.

BFH vom 18. 2. 2009 – V R 82/07 (BStBl 2009 II S. 876) 38

1. ...
2. Die Hinzuziehung eines Dritten nach § 174 Abs. 4 und 5 AO muss vor Ablauf der für den Dritten geltenden Festsetzungsfrist erfolgen.

BFH vom 18. 2. 2009 – V R 81/07 (BStBl 2010 II S. 109) 39

Ein Dritter ist am Verfahren über die Aufhebung oder Änderung eines Steuerbescheides beteiligt (§ 174 Abs. 5 Satz 1 AO), wenn er hinzugezogen worden ist und wenn das Verfahren durch Erlass einer ihm, dem Dritten, bekanntgegebenen Einspruchsentscheidung (§ 367 Abs. 1 Satz 1 AO) endet, in der dem Einspruch stattgegeben wird.

BFH vom 4. 3. 2009 – I R 1/08 (BStBl 2010 II S. 407) 40

1. ...
2. Die Änderung oder Aufhebung eines Steuerbescheids zugunsten des Steuerpflichtigen wegen der irrigen Beurteilung eines bestimmten Sachverhalts kann nur dann gemäß § 174 Abs. 4 AO zum Anlass für die Aufhebung oder die Änderung eines weiteren Steuerbescheids genommen werden, wenn der zuerst geänderte Bescheid in seiner ursprünglichen Fassung objektiv rechtswidrig war.

41 **BFH vom 29. 4. 2009 – X R 16/06 (BStBl 2009 II S. 732)**

1. Die Rechte des zum Einspruchsverfahren Hinzugezogenen sind (i.S. des § 40 Abs. 2 FGO) verletzt, wenn die Einspruchsentscheidung den Hinzugezogenen formell und materiell beschwert.
2. Der Hinzugezogene ist klagebefugt, wenn das FA dem Einspruch des Einspruchsführers in der Einspruchsentscheidung abhilft, dem Hinzugezogenen die Einspruchsentscheidung bekanntgegeben worden ist und in der Einspruchsentscheidung (bindende) Feststellungen getroffen sind, die gemäß § 174 Abs. 5 i.V.m. Abs. 4 AO im Folgeänderungsverfahren für den Hinzugezogenen zu einer nachteiligen Korrektur führen können.
3. Das FA ist materiell beschwert (und damit zur Revision befugt), wenn durch ein klageabweisendes Prozessurteil gegen einen Hinzugezogenen der Einspruchsentscheidung die Bindungswirkung für das Folgeänderungsverfahren abgesprochen wird.

42 **BFH vom 5. 11. 2009 – IV R 40/07 (BStBl 2010 II S. 720)**

1. Die Rücknahme eines Einspruchs verstößt nicht gegen den Grundsatz von Treu und Glauben und kann nicht als eine illoyale Rechtsausübung angegriffen werden.
2. Versäumt es das FA, einen Dritten gemäß § 174 Abs. 5 AO am Verfahren zu beteiligen, und scheidet deshalb dem Dritten gegenüber die Änderung eines Steuerbescheids nach § 174 Abs. 4 AO aus, so ist der Dritte nicht nach dem Grundsatz von Treu und Glauben verpflichtet, dem FA durch Antrag oder Zustimmung eine Änderung nach § 172 Abs. 1 Satz 1 Nr. 2 Buchst. a AO zu ermöglichen.

43 **BFH vom 5. 11. 2009 – IV R 99/06 (BStBl 2010 II S. 593)**

1. Die auf § 174 Abs. 3 AO gestützte Änderung eines Gewinnfeststellungsbescheides knüpft hinsichtlich der Erkennbarkeit der fehlerhaften Nichtberücksichtigung eines Sachverhalts an die Person des Feststellungsbeteiligten an.

...

44 **BFH vom 14. 1. 2010 – IV R 33/07 (BStBl 2010 II S. 586)**

1. Unter einem „bestimmten Sachverhalt" i.S. von § 174 Abs. 3 Satz 1 AO ist der einzelne Lebensvorgang zu verstehen, an den das Gesetz steuerliche Folgen knüpft; darunter fällt nicht nur die einzelne steuererhebliche Tatsache oder das einzelne Merkmal, sondern auch der einheitliche, für die Besteuerung maßgebliche Sachverhaltskomplex.
2. Ging das FA anlässlich der Beendigung der betrieblichen Nutzung eines vom Kommanditisten einer KG überlassenen Grundstücks und dessen Übertragung auf eine GmbH & Co. GbR – nach späterer Erkenntnis rechtsirrig – davon aus, dass die Besteuerung stiller Reserven zu einem späteren Zeitpunkt erfolgen könne, so scheidet eine Änderung gegenüber der KG ergangenen bestandskräftigen Feststellungsbescheids nach § 174 Abs. 3 AO aus. Die Umstände, die zu einer späteren Aufdeckung stiller Reserven hätten führen können, sind unbestimmt und gehören nicht zu dem Sachverhalt, der rechtsirrtümlich nicht als Entnahme aus dem Sonderbetriebsvermögen des Kommanditisten gewürdigt worden ist.

45 **BFH vom 11. 5. 2010 – IX R 25/09 (BStBl 2010 II S. 953)**

Die Änderung eines Steuerbescheides gemäß § 174 Abs. 4 AO kommt nur in Betracht, wenn der Antrag oder Rechtsbehelf des Steuerpflichtigen spezifisch auf die Änderung des vorausgegangenen Bescheides gerichtet war.

46 **BFH vom 3. 3. 2011 – III R 45/08 (BStBl 2011 II S. 673)**

1. – 2. ...
3. Eine Änderung einander widersprechender Steuerfestsetzungen, die sich zugunsten des Steuerpflichtigen auswirken (§ 174 Abs. 2 i. V. m. Abs. 1 AO), ist nur möglich, wenn der Steuerpflichtige selbst, allein oder überwiegend, die unzutreffende mehrfache Berücksichtigung des Sachverhalts verursacht hat.

47 **BFH vom 5. 5. 2011 – V R 45/09 (HFR 2011 S. 1236)**

– Die Übertragung von zwei Teileigentumsrechten durch einen Veräußerer und einen Rechtsakt auf einen Erwerber ist ein einheitlicher Sachverhalt i.S. von § 174 Abs. 4 AO.
– Eine (Folge-)Änderung nach § 174 Abs. 4 AO setzt weder voraus, dass mit der (Ausgangs-)Änderung zugunsten des Steuerpflichtigen dessen Antrag entsprochen wurde, noch dass die Auswirkungen der Änderungen zugunsten und zuungunsten des Steuerpflichtigen einander aufheben.

Ein Verböserungshinweis ist auch dann nicht erforderlich, wenn die Änderung zugunsten des Steuerpflichtigen im Ergebnis zu einer steuerlichen Mehrbelastung durch die Folgeänderung führt.

BFH vom 11. 8. 2011 – V R 54/10 (BFH/NV 2011 S. 2017) 48

1. Hat das FA von einer Umsatztätigkeit keine Kenntnis, beruht die Nichtberücksichtigung dieses Sachverhalts in einem zu erlassenden Steuerbescheid nicht kausal auf der Annahme, dieser Sachverhalt sei in einem anderen Steuerbescheid zu berücksichtigen.
2. Erlangt das FA später von einer Umsatztätigkeit Kenntnis, beruht die weiterhin unterbliebene Nichtberücksichtigung des Sachverhalts gleichfalls nicht kausal auf der Annahme, der Sachverhalt sei in einem anderen Steuerbescheid zu erfassen, wenn das FA bis zum Eintritt der Festsetzungsverjährung prüft, ob die Umsätze überhaupt steuerbar waren.
3. Aus dem BFH-Urteil in BStBl II 2010, 586 ergibt sich nicht abschließend, in welchen Fallgruppen die Nichtberücksichtigung eines Sachverhalts nicht kausal auf der Annahme der Berücksichtigung dieses Sachverhalts in einem anderen Steuerbescheid beruht.

BFH vom 6. 9. 2011 – VIII R 38/09 (HFR 2011 S. 1302) 49

1. Geht das FA bei einem Steuerpflichtigen, der eine freiberufliche Praxis übernommen und eine Ansparabschreibung gebildet hat, rechtsirrig davon aus, der Steuerpflichtige sei Existenzgründer i. S. des § 7g Abs. 7 EStG 1997, erkennt es diesen Irrtum aber später, so kann es die Veranlagungen für die Vorjahre gemäß § 174 Abs. 3 AO ändern und die Rücklage gemäß § 7g Abs. 4 Satz 2 EStG 1997 bereits nach zwei Jahren auflösen.

...

§ 175 Aufhebung oder Änderung von Steuerbescheiden in sonstigen Fällen

AO
S 0353

(1) ¹Ein Steuerbescheid ist zu erlassen, aufzuheben oder zu ändern,
1. soweit ein Grundlagenbescheid (§ 171 Abs. 10), dem Bindungswirkung für diesen Steuerbescheid zukommt, erlassen, aufgehoben oder geändert wird,
2. soweit ein Ereignis eintritt, das steuerliche Wirkung für die Vergangenheit hat (rückwirkendes Ereignis).

²In den Fällen des Satzes 1 Nr. 2 beginnt die Festsetzungsfrist mit Ablauf des Kalenderjahrs, in dem das Ereignis eintritt.

(2) ¹Als rückwirkendes Ereignis gilt auch der Wegfall einer Voraussetzung für eine Steuervergünstigung, wenn gesetzlich bestimmt ist, dass diese Voraussetzung für eine bestimmte Zeit gegeben sein muss, oder wenn durch Verwaltungsakt festgestellt worden ist, dass sie die Grundlage für die Gewährung der Steuervergünstigung bildet. ²Die nachträgliche Erteilung oder Vorlage einer Bescheinigung oder Bestätigung gilt nicht als rückwirkendes Ereignis.

Anwendungserlass zur Abgabenordnung

AEAO

Zu § 175 – Aufhebung oder Änderung von Steuerbescheiden in sonstigen Fällen:

1. **Aufhebung oder Änderung von Folgebescheiden nach** § 175 Abs. 1 Satz 1 Nr. 1   1

1.1 Grundlagenbescheide i.S.d. § 175 Abs. 1 Satz 1 Nr. 1 sind Feststellungsbescheide, Steuermessbescheide oder sonstige für eine Steuerfestsetzung bindende Verwaltungsakte (§ 171 Abs. 10). Auch Verwaltungsakte anderer Behörden, die keine Finanzbehörden sind, können Grundlagenbescheide sein (z.B. Verwaltungsakte der zuständigen Behörden, die den Grad einer Behinderung i.S.d. § 33b EStG feststellen). Diese außersteuerlichen Grundlagenbescheide sind auch dann bindend, wenn sie aufgrund der für sie maßgebenden Verfahrensvorschriften nach Ablauf der für steuerliche Grundlagenbescheide geltenden Festsetzungsfrist (§§ 169 ff.) ergehen.

1.2 Die Anpassung des Folgebescheids an einen Grundlagenbescheid steht nicht im Ermessen der Finanzbehörde (BFH-Urteil vom 10. 6. 1999 – IV R 25/98 – BStBl II, S. 545). Der vom Grundlagenbescheid ausgehenden Bindungswirkung (§ 182 Abs. 1) ist durch Änderung des Folgebescheides nach § 175 Abs. 1 Satz 1 Nr. 1 Rechnung zu tragen, wenn der Folgebescheid die mit dem Grundlagenbescheid getroffene Feststellung nicht oder nicht zutreffend berück-

sichtigt. Eine Anpassung des Folgebescheides an den Grundlagenbescheid nach § 175 Abs. 1 Satz 1 Nr. 1 ist auch dann vorzunehmen, wenn der Grundlagenbescheid
- erst nach Erlass des Folgebescheides ergangen ist (siehe §§ 155 Abs. 2 und 162 Abs. 5),
- bei Erlass des Folgebescheides übersehen wurde (BFH-Urteile vom 9. 8. 1983 – VIII R 55/82 – BStBl 1984 II, S. 86, und vom 6. 11. 1985 – II R 255/83 – BStBl 1986 II, S. 168; vgl. auch BFH-Urteil vom 16. 7. 2003 – X R 37/99 – BStBl II, S. 867, zur Anwendbarkeit des § 129, wenn die Finanzbehörde die Auswertung des Grundlagenbescheids nicht bewusst unterlassen hat),
- bei Erlass des Folgebescheides bereits vorlag, die im Grundlagenbescheid getroffenen Feststellungen aber fehlerhaft berücksichtigt worden sind (BFH-Urteile vom 14. 4. 1988 – IV R 219/85 – BStBl II, S. 711, vom 4. 9. 1996 – XI R 50/96 – BStBl 1997 II, S. 261, und vom 10. 6. 1999 – IV R 25/98 – a.a.O.).

1.3 Wird ein Grundlagenbescheid ersatzlos aufgehoben, so eröffnet dies dem für den Erlass des Folgebescheides zuständigen Finanzamt die Möglichkeit, den Sachverhalt, der bisher Gegenstand des Feststellungsverfahrens war, selbständig zu beurteilen und den Folgebescheid insoweit nach § 175 Abs. 1 Satz 1 Nr. 1 zu ändern (BFH-Urteile vom 25. 6. 1991 – IX R 57/88 – BStBl II, S. 821, und vom 24. 3. 1998 – I R 83/97 – BStBl II, S. 601). Das Gleiche gilt, wenn ein zunächst eingeleitetes Feststellungsverfahren zu einem sog. negativen Feststellungsbescheid führt (BFH-Urteil vom 11. 5. 1993 – IX R 27/90 – BStBl II, S. 820) oder wenn einzelne Besteuerungsgrundlagen nachträglich aus dem Feststellungsverfahren ausgeschieden werden (BFH-Urteile vom 11. 4. 1990 – I R 82/86 – BFH/NV 1991 S. 143; vom 25. 6. 1991 – IX R 57/88 – a.a.O.; vom 14. 7. 1993 – X R 34/90 – BStBl 1994 II, S. 77; und vom 7. 12. 1993 – IX R 134/92 – BFH/NV 1994 S. 547; sowie BFH-Beschluss vom 8. 9. 1998 – IX B 71/98 – BFH/NV 1999 S. 157).

1.4 Sind die Voraussetzungen für eine Steuervergünstigung durch einen außersteuerlichen Grundlagenbescheid nachzuweisen, so steht der Anpassung des Steuerbescheides (Folgebescheid) an den Grundlagenbescheid nach § 175 Abs. 1 Satz 1 Nr. 1 nicht entgegen, dass der Steuerpflichtige den für die Steuervergünstigung erforderlichen, aber nicht fristgebundenen Antrag erst zur Unanfechtbarkeit des Steuerbescheides gestellt hat (BFH-Urteil vom 13. 12. 1985 – III R 204/81 – BStBl 1986 II, S. 245).

2. Aufhebung oder Änderung von Steuerbescheiden wegen Eintritt eines rückwirkenden Ereignisses (§ 175 Abs. 1 Satz 1 Nr. 2)

2.1 Die Aufhebung oder Änderung eines Steuerbescheides nach § 175 Abs. 1 Satz 1 Nr. 2 setzt voraus, dass nachträglich ein Ereignis eingetreten ist, das steuerliche Wirkung für die Vergangenheit hat. Hierzu rechnen alle rechtlich bedeutsamen Vorgänge, aber auch tatsächliche Lebensvorgänge, die steuerlich – ungeachtet der zivilrechtlichen Wirkungen – in der Weise Rückwirkung entfalten, dass nunmehr der veränderte anstelle des zuvor verwirklichten Sachverhalts der Besteuerung zugrunde zu legen ist (BFH-Beschluss GrS vom 19. 7. 1993 – GrS 2/92 – BStBl II, S. 897, m.w.N.).

2.2 Ob einer nachträglichen Änderung des Sachverhaltes rückwirkende steuerliche Bedeutung zukommt, bestimmt sich allein nach dem jeweils einschlägigen materiellen Steuerrecht. Nach diesem ist zu beurteilen, ob zum einen eine Änderung des ursprünglich gegebenen Sachverhalts den Steuertatbestand überhaupt betrifft und ob sich darüber hinaus der bereits entstandene materielle Steueranspruch mit steuerlicher Rückwirkung ändert (BFH-Beschluss GrS vom 19. 7. 1993, a.a.O.).

Der Fall eines rückwirkenden Ereignisses liegt vor allem dann vor, wenn die Besteuerung nach dem maßgeblichen Einzelsteuergesetz nicht an Lebensvorgänge, sondern unmittelbar oder mittelbar an Rechtsgeschäfte, Rechtsverhältnisse oder Verwaltungsakte anknüpft und diese Umstände nachträglich mit Wirkung für die Vergangenheit gestaltet werden (BFH-Urteil vom 21. 4. 1988 – IV R 215/85 – BStBl II, S. 863).

Nach § 175 Abs. 2 Satz 2 gilt die nachträgliche Erteilung oder Vorlage einer Bescheinigung oder Bestätigung nicht als rückwirkendes Ereignis. § 175 Abs. 2 Satz 2 ist nicht auf die Bescheinigung der anrechenbaren Körperschaftsteuer bei verdeckten Gewinnausschüttungen anzuwenden (siehe hierzu und zum Anwendungszeitraum der Vorschrift Art. 97 § 9 Abs. 3 EGAO). Beweismittel, die ausschließlich dazu dienen, eine steuerrechtlich relevante Tatsache zu belegen und die als solche keinen Eingang in eine materielle Steuerrechtsnorm gefunden haben, sind auch dann kein rückwirkendes Ereignis i.S.d. § 175 Abs. 1 Satz 1 Nr. 2, wenn sie erst nach Bestandskraft eines Bescheids beschafft werden können; ggf. kommt hier aber § 173 zur Anwendung.

Eine rückwirkende Änderung steuerrechtlicher Normen ist kein rückwirkendes Ereignis im Sinne des § 175 Abs. 1 Satz 1 Nr. 2 (BFH-Urteil vom 9. 8. 1990 – X R 5/88 – BStBl 1991 II, S. 55).

Auch eine Entscheidung des BVerfG stellt kein rückwirkendes Ereignis i.S.v. § 175 Abs. 1 Nr. 2 dar (vgl. u.a. BFH-Urteil vom 12. 5. 2009 – IX R 45/08 – BStBl II, S. 891).

§ 175 AO
AEAO

2.3 Die Änderung des Steuerbescheides nach § 175 Abs. 1 Satz 1 Nr. 2 ist nur zulässig, wenn das rückwirkende Ereignis nachträglich, d.h. nach Entstehung des Steueranspruchs und nach dem Erlass des Steuerbescheides (ggf. des zuletzt erlassenen Änderungsbescheides) eingetreten ist. Die Voraussetzungen des § 175 Abs. 1 Satz 1 Nr. 2 AO liegen nicht vor, wenn das Finanzamt – wie im Fall des § 173 Abs. 1 – lediglich nachträglich Kenntnis von einem bereits gegebenen Sachverhalt erlangt (vgl. BFH-Urteil vom 6. 3. 2003 – XI R 13/02 – BStBl II, S. 554).

Ist im Einzelfall die Änderung des Steuerbescheides nach § 175 Abs. 1 Satz 1 Nr. 2 ausgeschlossen, kann in Fällen, in denen das Ereignis zwar schon vor Erlass des Steuerbescheides eingetreten, dem Finanzamt jedoch erst nachträglich bekannt geworden ist, die Änderung des Steuerbescheides nach § 173 Abs. 1 in Betracht kommen (vgl. BFH-Urteil vom 17. 3. 1994 – V R 123/91 – BFH/NV 1995 S. 274).

2.4 Beispiele für rückwirkende Ereignisse:

Einkommensteuer

– § 4 Abs. 2 Satz 1 EStG

Wird ein für das Betriebsvermögen am Schluss des Wirtschaftsjahres maßgebender Wertansatz korrigiert, der sich auf die Höhe des Gewinns der Folgejahre auswirkt, so stellt dies ein Ereignis mit steuerlicher Rückwirkung hinsichtlich der Veranlagung für die Folgejahre dar (BFH-Urteil vom 30. 6. 2005 – IV R 11/04 – BStBl II, S. 809). Zu den Auswirkungen auf die Verzinsung nach § 233a vgl. zu § 233a, Nr. 10.3.2.

– § 6 Abs. 1 Nr. 1a EStG

Wird nachträglich die 15-v.H.-Grenze im Sinne des § 6 Abs. 1a EStG überschritten, so stellt dies ein rückwirkendes Ereignis dar.

– § 6b EStG

Die Rücklage nach § 6b Abs. 3 EStG kann vom Steuerpflichtigen rückwirkend aufgestockt werden, wenn sich der Veräußerungspreis in einem späteren Veranlagungszeitraum erhöht (vgl. BFH-Urteil vom 13. 9. 2000 – X R 148/97 – BStBl 2001 II, S. 641).

– § 10 EStG (Folgen der Erstattung von Sonderausgaben in einem späteren Veranlagungszeitraum)

Werden gezahlte Sonderausgaben in einem späteren Veranlagungszeitraum an den Steuerpflichtigen erstattet, ist der Erstattungsbetrag aus Gründen der Praktikabilität im Erstattungsjahr mit gleichartigen Sonderausgaben zu verrechnen. Ist im Jahr der Erstattung der Sonderausgaben an den Steuerpflichtigen ein Ausgleich mit gleichartigen Aufwendungen nicht oder nicht in voller Höhe möglich, so ist der Sonderausgabenabzug des Jahres der Verausgabung rückwirkend zu mindern (BFH-Urteil vom 7. 7. 2004 – XI R 10/04 – BStBl II, S. 1087).

– § 10 Abs. 1 Nr. 1 EStG

Wird nach Eintritt der Bestandskraft sowohl die Zustimmung zur Anwendung des Realsplittings erteilt, als auch der Antrag nach § 10 Abs. 1 Nr. 1 EStG gestellt, liegen die Voraussetzungen für eine Änderung nach § 175 Abs. 1 Satz 1 Nr. 2 vor (BFH-Urteil vom 12. 7. 1989 – X R 8/84 – BStBl II, S. 957). Auch die nachträgliche betragsmäßige Erweiterung eines bereits vorliegenden Antrags stellt i.V.m. der erweiterten Zustimmungserklärung ein rückwirkendes Ereignis dar (BFH-Urteil vom 28. 6. 2006 – XI R 32/05 – BStBl 2007 II, S. 6).

– § 14a Abs. 4 EStG

Die Steuerbegünstigung der vorgezogenen Abfindung steht unter dem Gesetzesvorbehalt, dass der Abgefundene nicht doch noch den Betrieb übernimmt oder der Betrieb nicht vorher verkauft wurde (vgl. BFH-Urteil vom 4. 3. 1993 – IV R 110/92 – BStBl 1993 II, S. 788). Entsprechende für die Begünstigung schädliche Handlungen sind als rückwirkende Ereignisse anzusehen (vgl. BFH-Urteil vom 23. 11. 2000 – IV R 85/99 – BStBl 2001 II, S. 122).

– § 16 Abs. 1 Satz 1 Nr. 1 EStG

Wird die gestundete Kaufpreisforderung für die Veräußerung eines Gewerbebetriebs in einem späteren VZ ganz oder teilweise uneinbringlich, so stellt dies ein Ereignis mit steuerlicher Rückwirkung auf den Zeitpunkt der Veräußerung dar (BFH-Urteil vom 19. 7. 1993 – GrS 2/92 – BStBl II, S. 897).

Die Zahlung von Schadensersatzleistungen für betriebliche Schäden nach Betriebsaufgabe beeinflusst die Höhe des Aufgabegewinns, weil sie ein rückwirkendes Ereignis auf den Zeitpunkt der Betriebsaufgabe darstellt (BFH-Urteil vom 10. 2. 1994 – IV R 37/92 – BStBl II, S. 564).

- § 16 Abs. 1 Satz 1 Nr. 2 EStG

  Die spätere vergleichsweise Festlegung eines strittigen Veräußerungspreises ist auf den Zeitpunkt der Realisierung des Veräußerungsgewinns zurück zu beziehen (BFH-Urteil vom 26. 7. 1984 – IV R 10/83 – BStBl II, S. 786).

  Scheidet ein Kommanditist aus einer KG aus und bleibt sein bisheriges Gesellschafterdarlehen bestehen, so ist, wenn diese Forderung später wertlos wird, sein Veräußerungs- bzw. Aufgabengewinn mit steuerlicher Wirkung für die Vergangenheit gemindert (BFH-Urteil vom 14. 12. 1994 – X R 128/92 – BStBl 1995 II, S. 465).

- § 17 EStG

  Fallen nach Auflösung einer Kapitalgesellschaft nachträgliche Anschaffungskosten für eine Beteiligung i.S.d. § 17 Abs. 2 Satz 1 EStG an, können diese bei der Ermittlung des Auflösungsgewinns als rückwirkendes Ereignis berücksichtigt werden (vgl. BFH-Urteil vom 2. 10. 1984 – VIII R 20/84 – BStBl 1985 II, S. 428).

  Wird der Verkauf eines Anteils an einer Kapitalgesellschaft (wesentliche Beteiligung i.S.v. § 17 EStG) nach Übertragung des Anteils und vollständiger Bezahlung des Kaufpreises durch den Abschluss eines außergerichtlichen Vergleiches, mit dem die Vertragsparteien den Rechtsstreit über den Eintritt einer im Kaufvertrag vereinbarten auflösenden Bedingung beilegen, rückgängig gemacht, so ist dies ein Ereignis mit steuerlicher Rückwirkung auf den Zeitpunkt der Veräußerung (BFH-Urteil vom 19. 8. 2003 – VIII R 67/02 – BStBl 2004 II, S. 107).

- § 22 Nr. 1 Satz 3 Buchstabe a EStG

  Wird eine Rente rückwirkend zugebilligt und fällt dadurch rückwirkend ganz oder teilweise der Anspruch auf Sozialleistungen (z.B. Kranken- oder Arbeitslosengeld) weg, sind die bisher im Rahmen des Progressionsvorbehalts berücksichtigten Leistungen als Rentenzahlung anzusehen und nach § 22 Nr. 1 Satz 3 Buchstabe a EStG der Besteuerung zu unterwerfen (vgl. R 32b Abs. 4 EStR 2005).

- § 22 Nr. 3 EStG

  Fallen Werbungskosten für einmalige (sonstige) Leistungen (§ 22 Nr. 3 EStG) nachträglich an und war ihre Entstehung im Jahr des Zuflusses der Einnahme nicht vorhersehbar, ist die Veranlagung des Zuflussjahres nach § 175 Abs. 1 Satz 1 Nr. 2 zu ändern (BFH-Urteil vom 3. 6. 1992 – X R 91/90 – BStBl II, S. 1017).

  Wird ein nach § 22 Nr. 3 EStG steuerbares Entgelt für ein Vorkaufsrecht auf den Kaufpreis eines später zustande kommenden Kaufvertrags angerechnet, führt dies zum rückwirkenden Wegfall des zunächst angenommenen Tatbestands der „Einkünfte aus Leistungen" (BFH-Urteil vom 10. 8. 1994 – X R 42/91 – BStBl 1995 II, S. 57).

- §§ 26 bis 26b EStG

  Wählt ein Ehegatte vor Bestandskraft des ihm gegenüber ergangenen Bescheides die getrennte Veranlagung, sind die Ehegatten auch dann getrennt zu veranlagen, wenn gegenüber dem anderen Ehegatten ergangene Zusammenveranlagungsbescheid bereits bestandskräftig geworden ist. Der Antrag auf getrennte Veranlagung stellt hinsichtlich des Zusammenveranlagungsbescheides des anderen Ehegatten ein rückwirkendes Ereignis mit der Folge dar, dass dieser nach § 175 Abs. 1 Satz 1 Nr. 2 zu ändern ist und die Festsetzungsfrist ihm gegenüber mit Ablauf des Kalenderjahres beginnt, in dem der Antrag auf getrennte Veranlagung gestellt wird (BFH-Urteile vom 3. 3. 2005 – III R 22/02 – BStBl II, S. 690 und vom 28. 7. 2005 – III R 48/03 – BStBl II, S. 865).

  Widerruft ein Ehegatte im Zuge der Veranlagung seinen Antrag auf getrennte Veranlagung, ist die bestandskräftige Veranlagung des anderen Ehegatten nach § 175 Abs. 1 Satz 1 Nr. 2 aufzuheben (vgl. R 26 Abs. 3 Sätze 1 bis 3 EStR 2005).

  Zur Verzinsung siehe Nr. 10.2.1 zu § 233a.

- § 32 Abs. 6 Satz 7 EStG

  Der Antrag zur Übertragung des Kinderfreibetrags/Betreuungsfreibetrags nach Eintritt der Bestandskraft stellt ein rückwirkendes Ereignis dar (vgl. R 32.13 EStR 2005).

  Doppelbesteuerungsabkommen

  Soweit in einem DBA eine sog. Rückfallklausel enthalten ist, sind Einkünfte, für die nach dem DBA dem ausländischen Staat das Besteuerungsrecht zugewiesen wird, aber dort deshalb nicht versteuert werden, weil der Stpfl. keine Steuererklärung abgegeben hat, nicht unter Progressionsvorbehalt freizustellen, sondern im Inland voll zu besteuern. Sollte nachträglich eine Besteuerung im Ausland erfolgen, so liegt ein Ereignis vor, das gem. § 175 Abs. 1 Satz 1 Nr. 2 zurückwirkt und eine Korrektur des im Inland bestandskräftigen Steuerbescheids rechtfertigt (vgl. BFH-Urteil vom 11. 6. 1996 – I R 8/96 – BStBl 1997 II, S. 117).

Gewerbesteuer

Die Änderung der Hinzurechnung der Pachtzinsen nach § 8 Nr. 7 GewStG oder der nachträgliche erstmalige Ansatz der Pachtzinsen als Hinzurechnungsbetrag ist beim Vermieter oder Verpächter als rückwirkendes Ereignis hinsichtlich des Kürzungsbetrages nach § 9 Nr. 4 GewStG anzusehen (vgl. BFH-Urteil vom 7. 11. 2000 III R 81/97 – BFH/NV 2001 S. 814).

Umsatzsteuer

– § 14c Abs. 1 Satz 1 UStG

Weist ein Unternehmer in einer Rechnung Umsatzsteuer gesondert erst zu einem Zeitpunkt aus, in dem die ursprünglich entstandene Steuer für seine Leistung wegen Ablaufs der Festsetzungsfrist nicht mehr erhoben werden kann, so schuldet er die ausgewiesene Steuer nach § 14c Abs. 1 Satz 1 UStG. In diesem Fall liegt ein rückwirkendes Ereignis i.S.d. § 175 Abs. 1 Satz 1 Nr. 2 vor (BFH-Urteil vom 13. 11. 2003 – V R 79/01 – BStBl 2004 II, S. 375).

– §§ 9, 15 Abs. 1 Nr. 1 UStG

Macht der leistende Unternehmer den Verzicht auf die Steuerbefreiung rückgängig, wird der Umsatz rückwirkend wieder steuerfrei, so dass eine Steuer für den berechneten Umsatz nicht mehr geschuldet wird. Der Leistungsempfänger verliert den Vorsteuerabzug rückwirkend im Jahr des Leistungsbezugs unabhängig davon, dass der leistende Unternehmer die gesondert ausgewiesene Umsatzsteuer bis zur Rechnungsberichtigung gem. § 14c Abs. 1 UStG schuldet (BFH-Urteil vom 1. 2. 2001 – V R 23/00 – BStBl 2003 II, S. 673).

Investitionszulage

Ein Investitionszulagebescheid ist nach § 175 Abs. 1 Satz 1 Nr. 2 zu korrigieren, wenn nachträglich gegen die Kumulationsverbote nach § 3 Abs. 1 Satz 2, § 3a Abs. 1 Sätze 4 und 5 InvZulG 1999 verstoßen wurde (vgl. BMF-Schreiben vom 28. 2. 2003, BStBl I S. 218, Tz. 11 und 12).

Erbschaftsteuer

– § 10 Abs. 5 Nr. 3 ErbStG

Nach Steuerfestsetzung entstehende Kosten der Nachlassregulierung (§ 10 Abs. 5 Nr. 3 ErbStG) können als rückwirkendes Ereignis zur Korrektur der Steuerfestsetzung führen.

– § 13 Abs. 1 Nr. 2 und 3 ErbStG

Die Steuerbefreiungen fallen mit Wirkung für die Vergangenheit weg, wenn die Gegenstände, der Grundbesitz oder Teile des Grundbesitzes innerhalb von zehn Jahren nach dem Erwerb veräußert werden oder die Voraussetzungen für die Steuerbefreiung innerhalb dieses Zeitraums entfallen. Die Steuerfestsetzung ist nach § 175 Abs. 1 Satz 1 Nr. 2 vorzunehmen.

– §§ 13a, 19a ErbStG

Freibetrag oder Freibetragsanteil, verminderter Wertansatz und Entlastungsbetrag fallen mit Wirkung für die Vergangenheit weg, soweit innerhalb von fünf Jahren nach dem Zeitpunkt der Steuerentstehung gegen eine der Behaltensregelungen verstoßen wird. Der Steuerbescheid ist nach § 175 Abs. 1 Satz 1 Nr. 2 zu korrigieren (vgl. R 62 Abs. 1 und R 80 Abs. 1 ErbStR 2003).

– § 29 Abs. 1 ErbStG

Auch der Eintritt eines Ereignisses gemäß § 29 Abs. 1 ErbStG, z.B. die Herausgabe eines Geschenks, stellt ein rückwirkendes Ereignis dar.

Grunderwerbsteuer

– § 5 Abs. 3 GrEStG

Die Steuerbegünstigung beim Übergang eines Grundstücks von mehreren Miteigentümern oder einem Alleineigentümer auf eine Gesamthand in dem Umfang, der dem Anteil der Beteiligung des Veräußerers am Vermögen der Gesamthand entspricht, steht unter dem Gesetzesvorbehalt einer mindestens fünf Jahre fortwährenden Beteiligung. Die Minderung des Vermögensanteils innerhalb dieses Zeitraums stellt ein Ereignis mit steuerlicher Rückwirkung auf den Zeitpunkt des Grundstücksübergangs dar. Die Steuerfestsetzung ist gemäß § 175 Abs. 1 Satz 1 Nr. 2 zu korrigieren oder erstmals vorzunehmen.

– § 6 Abs. 3 Satz 2 GrEStG

Die Steuerbegünstigung beim Übergang eines Grundstücks von einer Gesamthand auf eine andere Gesamthand in dem Umfang, in dem ein Gesellschafter sowohl am Vermögen der veräußernden als auch der erwerbenden Gesamthand beteiligt ist, steht unter dem Gesetzesvorbehalt einer mindestens fünf Jahre fortwährenden Beteiligung an der erwerbenden Gesamthand. Die Minderung des Vermögensanteils innerhalb dieses Zeitraums stellt ein Ereignis mit steuerlicher Rückwirkung auf den Zeitpunkt des Grundstücksübergangs dar. Die Steuerfestsetzung ist gemäß § 175 Abs. 1 Satz 1 Nr. 2 zu korrigieren oder erstmals vorzunehmen.

Bewertung

Wird der einem Wertfortschreibungsbescheid vorangegangene Einheitswertbescheid nachträglich geändert und werden hierdurch die für die Wertfortschreibung auf einen späteren Stichtag nach § 22 BewG erforderlichen Wertgrenzen nicht mehr erreicht, ist der Wertfortschreibungsbescheid nach § 175 Abs. 1 Satz 1 Nr. 2 aufzuheben (BFH-Urteil vom 9. 11. 1994 – II R 37/91 – BStBl 1995 II, S. 93).

Rsp   **Rechtsprechung**

3   **BFH vom 3. 8. 2000 – III B 179/96 (BStBl 2001 II S. 33)**

1. Bei Streit über die Rechtmäßigkeit eines Steuerbescheides, der von einem noch ausstehenden oder noch nicht bestandskräftigen Grundlagenbescheid anhängig ist, kann aus prozessökonomischen Gründen ausnahmsweise eine Aussetzung des Klageverfahrens nicht geboten sein oder ein ausgesetztes Verfahren wieder aufgenommen werden.

2. Bestreitet der Kläger allerdings substantiiert, dass von der Feststellung in dem Grundlagenbescheid abhängige Besteuerungsgrundlagen in dem Steuerbescheid (Folgebescheid) in der richtigen Höhe angesetzt worden sind, muss der Kläger entweder in Höhe des substantiierten Bestreitens vom FA klaglos gestellt werden oder das Verfahren muss (ggf. erneut) ausgesetzt werden.

4   **BFH vom 23. 11. 2000 – IV R 85/99 (BStBl 2001 II S. 122)**

Die Aufhebung oder Änderung eines Steuerbescheides auf Grund eines rückwirkenden Ereignisses erfasst auch die bei der ursprünglichen Entscheidung unterlaufenen Rechtsfehler.

5   **BFH vom 13. 12. 2000 – X R 42/96 (BStBl 2001 II S. 471)**

Ein Grundlagenbescheid, der einen gleichartigen, dem Inhaltsadressaten wirksam bekannt gegebenen Steuerverwaltungsakt in seinem verbindlichen Regelungsgehalt nur wiederholt, löst keine Anpassungspflicht nach § 175 Abs. 1 Satz 1 Nr. 1 AO aus und wirkt auch nicht gemäß § 171 Abs. 10 AO auf den Lauf der Festsetzungsfrist für den Folgebescheid ein.

6   **BFH vom 26. 7. 2001 – VI R 83/98 (BStBl 2002 II S. 85)**

Zeichnet sich während eines Kalenderjahres ab, dass die Einkünfte oder Bezüge eines Kindes den Jahresgrenzbetrag gemäß § 32 Abs. 4 Satz 2 EStG voraussichtlich überschreiten werden, so ist die Familienkasse berechtigt, die Festsetzung des Kindergeldes rückwirkend mit Wirkung zu Beginn dieses Kalenderjahres aufzuheben.

7   **BFH vom 30. 8. 2001 – IV R 30/99 (BStBl 2002 II S. 49)**

1. Das Wahlrecht auf Gewinnübertragung nach § 6c EStG kann bis zum Eintritt der formellen Bestandskraft der Steuerfestsetzung ausgeübt werden; seine Ausübung ist daher auch nach Ergehen eines Urteils in der Tatsacheninstanz bis zum Ablauf der Rechtsmittelfrist zulässig.

2. Verfahrensrechtlich lässt sich dieses Wahlrecht mittels § 175 Abs. 1 Satz 1 Nr. 2 AO in entsprechender Anwendung durchsetzen.

8   **BFH vom 23. 11. 2001 – VI R 125/00 (BStBl 2002 II S. 296)**

1. Eine Entscheidung der Familienkasse, mit der diese eine Kindergeldfestsetzung aufgehoben hat, erwächst in Bestandskraft, sofern die Familienkasse das Bestehen eines Anspruchs auf Kindergeld deshalb verneint hat, weil nach sachlicher Prüfung die Anspruchsvoraussetzungen nicht gegeben sind.

2. Auf einen derartigen Bescheid finden die Vorschriften der §§ 173 ff. AO über die Änderung und Aufhebung von Steuerbescheiden entsprechende Anwendung.

3. Einem – neuerlichen – Antrag i.S. des § 67 EStG auf Festsetzung von Kindergeld für Zeiträume, für die die Familienkasse nach sachlicher Prüfung das Bestehen eines Kindergeldanspruchs verneint hat, steht die Bestandskraft entgegen.

4. Der für das Kind ergangene Einkommensteuerbescheid stellt für die Kindergeldfestsetzung keinen Grundlagenbescheid dar.

5. Die Familienkasse und nachfolgend das FG haben selbständig die Höhe der Einkünfte und Bezüge des Kindes zu ermitteln.

BFH vom 28. 1. 2004 – I R 84/03 (BStBl 2004 II S. 539) 9

Die Änderung des dem Organträger zuzurechnenden Einkommens der Organgesellschaft und eines dieser gegenüber ergangenen Körperschaftsteuerbescheids erfüllt bezogen auf die dem Organträger gegenüber festgesetzte Körperschaftsteuer weder die Voraussetzungen des § 175 Abs. 1 Satz 1 Nr. 1 noch die des § 175 Abs. 1 Satz 1 Nr. 2 AO.

BFH vom 10. 11. 2004 – II R 24/03 (BStBl 2005 II S. 182) 10

Eine nach Eintritt der formellen Bestandskraft des Schenkungsteuerbescheids abgegebene Erklärung des Schenkers, den Freibetrag für die Übertragung von Betriebsvermögen nach § 13 Abs. 2a Satz 1 Nr. 2 ErbStG bis Ende 1995 (§ 13a Abs. 1 Satz 1 Nr. 2 ErbStG in der seit 1996 geltenden Fassung) in Anspruch zu nehmen, ist als rückwirkendes Ereignis i.S. des § 175 Abs. 1 Satz 1 Nr. 2 AO anzusehen, solange es hinsichtlich der Wertansätze des übertragenen Betriebsvermögens noch an einer endgültigen Schenkungsteuerfestsetzung fehlt und insoweit eine Änderung nach § 165 Abs. 2 Satz 2 AO unter Berücksichtigung der Ablaufhemmung nach § 171 Abs. 8 Satz 1 AO noch möglich ist (entgegen Tz. 3.2 der Erlasse der obersten Finanzbehörden der Länder vom 29. November 1994, BStBl I 1994, 905 sowie R 58 Abs. 1 Satz 2 ErbStR 2003). § 175 Abs. 1 Satz 2 AO ist nicht anwendbar.

BFH vom 3. 3. 2005 – III R 22/02 (BStBl 2005 II S. 690) 11

Wurden Ehegatten zusammen zur Einkommensteuer veranlagt und wählt ein Ehegatte vor Bestandskraft des ihm gegenüber ergangenen Bescheids die getrennte Veranlagung, sind die Ehegatten auch dann getrennt zur Einkommensteuer zu veranlagen, wenn der gegenüber dem anderen Ehegatten ergangene Zusammenveranlagungsbescheid bereits bestandskräftig geworden ist. Der Antrag auf getrennte Veranlagung stellt hinsichtlich des gegenüber dem anderen Ehegatten ergangenen Zusammenveranlagungsbescheids ein rückwirkendes Ereignis dar. Die dementsprechend erneut in Lauf gesetzte Festsetzungsfrist beginnt ihm gegenüber mit Ablauf des Kalenderjahres, in dem der Antrag auf getrennte Veranlagung gestellt wird.

BFH vom 19. 4. 2005 – VIII R 68/04 (BStBl 2005 II S. 762) 12

1. Den Tatbestand einer „Veräußerung von Anteilen an einer Kapitalgesellschaft" i.S. von § 17 EStG erfüllt auch, wer den durch eine Kapitalerhöhung entstehenden neuen Geschäftsanteil anderen gegen Entgelt zur Übernahme überlässt.

2. Tritt die Bedingung für die Zahlung des Entgelts für das Übernahmerecht erst in einem dem Jahr der Veräußerung folgenden Jahr ein, ist der das Jahr der Veräußerung betreffende Einkommensteuerbescheid nach § 173 Abs. 1 Nr. 1 i.V.m. § 175 Abs. 1 Satz 1 Nr. 2 AO rückwirkend zu ändern.

BFH vom 13. 5. 2005 – VIII B 205/03 (BFH/NV 2005 S. 1741) 13

Die Anwendung des § 175 Abs. 1 Satz 1 Nr. 2 AO setzt voraus, dass ein Ereignis mit materieller Rückwirkung „nachträglich" eintritt; das ist jedenfalls dann nicht der Fall, wenn das Ereignis noch während des Einspruchsverfahrens eintritt und vom Finanzamt in der Einspruchsentscheidung auch berücksichtigt wird.

BFH vom 30. 6. 2005 – IV R 11/04 (BStBl 2005 II S. 809) 14

1. Wird ein für das Betriebsvermögen am Schluss des Wirtschaftsjahres maßgebender Wertansatz korrigiert, der sich auf die Höhe des Gewinns der Folgejahre auswirkt, so stellt dies ein Ereignis mit steuerlicher Rückwirkung hinsichtlich der Veranlagung für die Folgejahre dar (Bestätigung des Senatsurteils vom 19. 8. 1999 IV R 73/98, BStBl II 2000, 18).

2. Maßgebender Zeitpunkt für den Beginn der Festsetzungsfrist für eine Änderung nach § 175 Abs. 1 Satz 1 Nr. 2 AO ist dann der Erlass des Veranlagungsbescheides, mit dem die Korrektur des Betriebsvermögens erstmalig berücksichtigt wurde.

3. Die Änderungen nach § 175 Abs. 1 Satz 1 Nr. 2 AO sind für alle Folgejahre durchzuführen. Tritt für ein Zwischenjahr Festsetzungsverjährung ein, so ist die Gewinnkorrektur des darauf folgenden Jahres so durchzuführen, als wäre der Gewinn des Zwischenjahres zutreffend angepasst worden.

15 BFH vom 28. 7. 2005 – III R 48/03 (BStBl 2005 II S. 865)

1. Wird in dem Rechtsstreit zwischen FA und einem Ehegatten um die Zulässigkeit eines Antrags auf getrennte Veranlagung das Finanzamt gerichtlich verpflichtet, den Ehegatten getrennt zu veranlagen, erstreckt sich diese im Tenor des Urteils ausgesprochene Verpflichtung nur auf die Veranlagung des Ehegatten, der den Rechtsstreit geführt hat, nicht auch auf die Veranlagung des anderen Ehegatten, selbst wenn er zum Verfahren beigeladen war.

2. Der gegenüber dem beigeladenen Ehegatten ergangene Zusammenveranlagungsbescheid ist nach § 175 Abs. 1 Satz 1 Nr. 2 AO aufzuheben und eine getrennte Veranlagung durchzuführen. Auf Festsetzungsverjährung kann sich der beigeladene Ehegatte nicht berufen. Der Ablauf der Festsetzungsfrist ist solange gehemmt, bis über den Antrag auf getrennte Veranlagung unanfechtbar entschieden worden ist (Fortführung des Senatsurteils vom 3. 3. 2005, BFH/NV 2005, 1657).

16 BFH vom 4. 5. 2006 – VI R 33/03 (BStBl 2006 II S. 911)

1. Die Rückzahlung einer Abfindung ist auch dann im Abflussjahr zu berücksichtigen, wenn die Abfindung im Zuflussjahr begünstigt besteuert worden ist.

2. Eine Lohnrückzahlung ist regelmäßig kein rückwirkendes Ereignis, das zur Änderung des Einkommensteuerbescheides des Zuflussjahres berechtigt.

17 BFH vom 24. 5. 2006 – I R 93/05 (BStBl 2007 II S. 76)

1. Ein Anspruch auf Korrektur eines Folgebescheids nach Maßgabe des § 175 Abs. 1 Satz 1 Nr. 1 AO muss im gerichtlichen Verfahren im Wege der Verpflichtungsklage geltend gemacht werden.

2. Die Aufhebung eines Feststellungsbescheids (Grundlagenbescheid) führt nur dann dazu, dass der bisher in diesem Bescheid beurteilte Sachverhalt nunmehr unmittelbar im Einkommensteuerbescheid (Folgebescheid) beurteilt werden kann, wenn sie als Erlass eines negativen Feststellungsbescheids zu werten ist. Anderenfalls bleibt der betreffende Sachverhalt einer Überprüfung im Einkommensteuerverfahren entzogen.

3. Wird ein als Grundlagenbescheid wirkender Feststellungsbescheid aufgehoben, ohne dass damit der Erlass eines negativen Feststellungsbescheides verbunden ist, so muss eine von dem Feststellungsbescheid ausgelöste Änderung des Folgebescheids rückgängig gemacht werden.

4. Ein Antrag auf Änderung eines Folgebescheids nach § 175 Abs. 1 Satz 1 Nr. 1 AO hemmt den Ablauf der Festsetzungsfrist nach Maßgabe des § 171 Abs. 3 AO.

18 BFH vom 22. 8. 2006 – X R 39/02 (BStBl 2008 II S. 4)

Enthält der Bescheid über die gesonderte und einheitliche Feststellung des (gewerblichen) Gewinns keine Feststellung zur Tarifbegrenzung nach § 32c EStG a.F., so entfaltet dieser Grundlagenbescheid insoweit keine Bindungswirkung für die Einkommensteuerbescheide der Gesellschafter/Gemeinschafter. Hat die Finanzbehörde in diesem Fall im bestandskräftigen Einkommensteuerbescheid gegenüber einem Gesellschafter/Gemeinschafter zu Unrecht die Tarifbegrenzung nach § 32c EStG a.F. gewährt, so kann dieser Fehler nicht im Wege der Änderung nach § 175 Abs. 1 Satz 1 Nr. 1 AO korrigiert werden.

19 BFH vom 31. 8. 2006 – IV R 53/04 (BStBl 2006 II S. 906)

Wird bei der Veräußerung landwirtschaftlich genutzter Flächen im Rahmen einer Betriebsaufgabe eine nachträgliche Kaufpreiserhöhung für den Fall vereinbart, dass die Flächen Bauland werden, so erhöht die Nachzahlung den steuerbegünstigten Aufgabegewinn im Kalenderjahr der Betriebsaufgabe.

20 BFH vom 6. 3. 2007 – IX R 51/04 (HFR 2007 S. 1212)

Hatten die Parteien die Höhe des Kaufpreises eines zu errichtenden Wohn- und Geschäftshauses bei Abschluss des Kaufvertrages nur vorläufig bestimmt, da seine Höhe sich nach der zu erzielenden Nettomiete richten sollte, ist die spätere rückwirkende Festlegung der endgültigen Höhe der Anschaffungskosten ein rückwirkendes Ereignis i.S. des § 175 Abs. 1 Satz 1 Nr. 2 AO, das die Berichtigung von bestandskräftigen Feststellungsbescheiden rechtfertigt, in denen Sonderabschreibungen auf zuvor geleistete Anzahlungen nach § 4 Abs. 2 FöGbG festgestellt waren.

21 BFH vom 10. 5. 2007 – IX R 30/06 (BStBl 2007 II S. 807)

Das FA kann eine nach § 165 Abs. 1 AO vorläufige Steuerfestsetzung nach Ablauf der Frist des § 171 Abs. 8 AO nach § 175 Abs. 1 Satz 1 Nr. 2 AO ändern, wenn das die Ungewissheit beseitigende Ereignis (§ 165 Abs. 2 AO) zugleich steuerrechtlich zurückwirkt.

BFH vom 28. 11. 2007 – X R 11/07 (BStBl 2008 II S. 335)   22

Das FA kann aufgrund der Feststellungslast die Änderung eines Folgebescheids nach § 175 Abs. 1 Satz 1 Nr. 1 AO nicht mit der Begründung ablehnen, es beständen wegen Fehlens der Steuerakten Unklarheiten über die im ursprünglichen Folgebescheid angesetzten Besteuerungsgrundlagen, wenn die Ursachen für die Unklarheiten der Finanzverwaltung zuzurechnen sind.

BFH vom 26. 2. 2008 – II R 82/05 (BStBl 2008 II S. 629)   23

Aus den Gründen:
§ 175 Abs. 1 Satz 1 Nr. 2 AO ... erfordert ein Ereignis, das den nach dem Steuertatbestand rechtserheblichen Sachverhalt „nachträglich" anders gestaltet und sich steuerlich in die Vergangenheit auswirkt, und zwar in der Weise, dass nunmehr der veränderte anstelle des zuvor verwirklichten Sachverhalts der Besteuerung zugrunde zu legen ist (vgl. BFH-Beschlüsse vom 19. 7. 1993 GrS 2/92, BStBl 1993 II S. 897; vom 8. 8. 2002, BFH/NV 2002 S. 1548; vom 18. 5. 2007, BFH/NV 2007 S. 1456). Ein Vergleich i.S. des § 779 BGB ist jedoch dadurch gekennzeichnet, dass durch ihn der Streit oder die Ungewissheit der Vertragsparteien über ein Rechtsverhältnis im Wege gegenseitigen Nachgebens beseitigt wird. Da ein solcher Vergleich danach nicht den Lebenssachverhalt rückwirkend anders gestaltet, sondern nur dessen rechtliche Beurteilung betrifft, kommt ihm – abgesehen vom sog. Erbvergleich – keine steuerliche Rückwirkung zu.

BFH vom 6. 3. 2008 – IV R 74/05 (BStBl 2008 II S. 663)   24

Ein Gewinnfeststellungsbescheid für die Tochterpersonengesellschaft einer Organgesellschaft entfaltet verfahrensrechtlich gegenüber dem Organträger nicht die Wirkung eines Grundlagenbescheids.

BFH vom 2. 9. 2008 – X R 46/07 (BStBl 2009 II S. 229)   25

Die Erstattung von Kirchensteuer ist insoweit ein rückwirkendes Ereignis i.S. des § 175 Abs. 1 Satz 1 Nr. 2 AO, als sie die im Jahr der Erstattung gezahlte Kirchensteuer übersteigt (Anschluss an BFH-Urteil vom 7. 7. 2004, BStBl 2004 S. 1058).

BFH vom 17. 9. 2008 – IX R 72/06 (BStBl 2009 II S. 639)   26

Der Antrag, ganz oder teilweise von einem Verlustrücktrag abzusehen, kann nur bis zum Eintritt der Bestandskraft des Bescheids über die gesonderte Feststellung des zum Schluss des Verlustentstehungsjahres verbleibenden Verlustvortrags geändert oder widerrufen werden.

Aus den Gründen:
Die Änderung des Antrags nach § 10d Abs. 1 Satz 7 EStG ist kein rückwirkendes Ereignis i.S. des § 175 Abs. 1 Satz 1 Nr. 2 AO.

BFH vom 3. 12. 2008 – X R 3/07 (HFR 2009 S. 645)   27

Sind die einheitlich und gesondert festzustellenden Besteuerungsgrundlagen nach § 155 Abs. 2 AO vorläufig angesetzt worden und ergeht, obwohl erforderlich, kein Grundlagenbescheid (auch kein negativer Feststellungsbescheid), der Bindungswirkung für den Folgebescheid hätte, verbleibt es (mangels einer Änderungsvorschrift) bei der auf der Grundlage des § 155 Abs. 2 AO durchgeführten Steuerfestsetzung (Anschluss an BFH-Urteile vom 24. 5. 2006 – I R 9/05, BFH/NV 2006, 2019 und I R 93/05, BStBl II 2007, 76).

BFH vom 28. 1. 2009 – X R 18/08 (BFH/NV 2009 S. 1075)   28

Das FA darf eine Änderung eines Folgebescheids zugunsten des Steuerpflichtigen nicht mit Überlegungen zur Feststellungslast ablehnen, wenn der Finanzverwaltung die fehlende Klarheit darüber zuzurechnen ist, ob den Steuerpflichtigen belastende vorangegangene Feststellungen aus einem Grundlagenbescheid in die Veranlagung eingegangen waren.

BFH vom 19. 3. 2009 – IV R 20/08 (BStBl 2010 II S. 528)   29

Die Entscheidung darüber, ob die Änderung eines Gewinnfeststellungsbescheids auf einem rückwirkenden Ereignis i.S. von § 175 Abs. 1 Satz 1 Nr. 2 AO und damit zugleich auch auf einem rückwirkenden Ereignis i.S. von § 233a Abs. 2a AO beruht, ist im Feststellungsverfahren zu treffen.

30 **BFH vom 19. 8. 2009 – I R 3/09 (BStBl 2010 II S. 249)**

Der Gewinn aus der Veräußerung einbringungsgeborener Anteile wird steuerlich rückwirkend geändert, wenn die Vertragsparteien wegen Streitigkeiten über Wirksamkeit oder Inhalt des Vertrages einen Vergleich schließen und den Veräußerungspreis rückwirkend mindern.

31 **BFH vom 20. 8. 2009 – V R 25/08 (BStBl 2010 II S. 15)**

1. Bei der Bescheinigung nach § 4 Nr. 21 Buchst. a Doppelbuchst. bb UStG handelt es sich um einen Grundlagenbescheid i.S. von § 175 Abs. 1 Satz 1 Nr. 1 AO.
2. Bescheinigungen nach § 4 Nr. 21 Buchst. a Doppelbuchst. bb UStG kann Rückwirkung zukommen, ohne dass dem der Grundsatz der Rechtssicherheit entgegensteht.

32 **BFH vom 14. 10. 2009 – X R 14/08 (BStBl 2010 II S. 533)**

1. Allein die Änderung eines Einkommensteuerbescheides wegen eines den Vorwegabzug betreffenden rückwirkenden Ereignisses, das die Verhältnisse nur eines Ehegatten berührt, berechtigt nicht zur Korrektur eines Fehlers, der die steuerlichen Verhältnisse des anderen Ehegatten berührt.
...

33 **BFH vom 21. 1. 2010 – VI R 52/08 (BStBl 2010 II S. 703)**

Entscheidungen des zuständigen Sozialversicherungsträgers über die Sozialversicherungspflicht eines Arbeitnehmers sind im Besteuerungsverfahren zu beachten, soweit sie nicht offensichtlich rechtswidrig sind (Anschluss an BFH-Urteil vom 6. 6. 2002 VI R 178/97, BStBl II 2003, 34).

34 **BFH vom 22. 9. 2010 – II R 54/09 (BStBl 2011 II S. 247)**

Die nach Eintritt der Bestandskraft des deutschen Schenkungsteuerbescheids erfolgte Zahlung einer nach § 21 Abs. 1 ErbStG anrechenbaren ausländischen Steuer stellt ein rückwirkendes Ereignis i. S. des § 175 Abs. 1 Satz 1 Nr. 2 AO dar.

35 **BFH vom 27. 1. 2011 – III R 90/07 (BStBl 2011 II S. 543)**

1. Einwendungen gegen die Berechnung der modifizierten Einkommensteuer nach § 3 Abs. 2 SolZG sind im Rechtsbehelfsverfahren gegen die abgelehnte Änderung der Festsetzung des Solidaritätszuschlags und nicht im Verfahren gegen die abgelehnte Änderung der Einkommensteuerfestsetzung geltend zu machen.
2. Die nachträgliche Festsetzung von Kindergeld führt zu keiner Änderung des bestandskräftig festgesetzten Solidaritätszuschlags nach § 175 Abs. 1 Satz 1 Nr. 1 AO.
3. Die Festsetzung und/oder Zahlung von Kindergeld sind keine Merkmale des Tatbestands von § 3 Abs. 2 SolZG i. V. m. § 32 EStG. Dem nachträglichen Eintreten dieser Umstände kommt daher keine Rückwirkung i. S. des § 175 Abs. 1 Satz 1 Nr. 2 AO für die Festsetzung des Solidaritätszuschlags zu.

36 **BFH vom 5. 5. 2011 – IV R 7/09 (BFH/NV 2011 S. 2007)**

Die nachträgliche Änderung eines Sachverhalts, der einem Steuerbescheid zu Grunde lag, stellt kein rückwirkendes Ereignis i.S. des § 175 Abs. 1 Satz 1 Nr. 2 AO dar, wenn der Steuerbescheid von vornherein rechtswidrig war und nicht erst durch die Sachverhaltsänderung in die Rechtswidrigkeit hineingewachsen ist.

§ 175a Umsetzung von Verständigungsvereinbarungen

¹Ein Steuerbescheid ist zu erlassen, aufzuheben oder zu ändern, soweit dies zur Umsetzung einer Verständigungsvereinbarung oder eines Schiedsspruchs nach einem Vertrag im Sinne des § 2 geboten ist. ²Die Festsetzungsfrist endet insoweit nicht vor Ablauf eines Jahres nach dem Wirksamwerden der Verständigungsvereinbarung oder des Schiedsspruchs.

Anwendungserlass zur Abgabenordnung

Zu § 175a – Umsetzung von Verständigungsvereinbarungen:

Die Vorschrift ist Rechtsgrundlage für die Umsetzung einer Verständigungsvereinbarung oder eines Schiedsspruchs nach einer völkerrechtlichen Vereinbarung i.S.d. § 2. Zum internationalen Verständigungsverfahren und Schiedsverfahren in Steuersachen vgl. Merkblatt vom 13. 7. 2006, BStBl I, S. 461. Zum Teil-Einspruchsverzicht siehe § 354 Abs. 1a, zur Teil-Rücknahme eines Einspruchs siehe § 362 Abs. 1a.

§ 176 Vertrauensschutz bei der Aufhebung und Änderung von Steuerbescheiden

(1) ¹Bei der Aufhebung oder Änderung eines Steuerbescheids darf nicht zuungunsten des Steuerpflichtigen berücksichtigt werden, dass
1. das Bundesverfassungsgericht die Nichtigkeit eines Gesetzes feststellt, auf dem die bisherige Steuerfestsetzung beruht,
2. ein oberster Gerichtshof des Bundes eine Norm, auf der die bisherige Steuerfestsetzung beruht, nicht anwendet, weil er sie für verfassungswidrig hält,
3. sich die Rechtsprechung eines obersten Gerichtshofes des Bundes geändert hat, die bei der bisherigen Steuerfestsetzung von der Finanzbehörde angewandt worden ist.

²Ist die bisherige Rechtsprechung bereits in einer Steuererklärung oder einer Steueranmeldung berücksichtigt worden, ohne dass das für die Finanzbehörde erkennbar war, so gilt Nummer 3 nur, wenn anzunehmen ist, dass die Finanzbehörde bei Kenntnis der Umstände die bisherige Rechtsprechung angewandt hätte.

(2) Bei der Aufhebung oder Änderung eines Steuerbescheids darf nicht zuungunsten des Steuerpflichtigen berücksichtigt werden, dass eine allgemeine Verwaltungsvorschrift der Bundesregierung, einer obersten Bundes- oder Landesbehörde von einem obersten Gerichtshof des Bundes als nicht mit dem geltenden Recht in Einklang stehend bezeichnet worden ist.

Anwendungserlass zur Abgabenordnung

Zu § 176 – Vertrauensschutz bei der Aufhebung und Änderung von Steuerbescheiden:

1. Die Vorschrift schützt das Vertrauen des Steuerpflichtigen in die Gültigkeit einer Rechtsnorm, der Rechtsprechung eines obersten Gerichtshofs des Bundes oder einer allgemeinen Verwaltungsvorschrift (z.B. EStR). Unter Aufhebung und Änderung ist jede Korrektur einer Steuerfestsetzung nach §§ 164, 165, 172 ff. oder nach den Einzelsteuergesetzen zu verstehen (vgl. vor §§ 172 bis 177, Nr. 3), aber nicht die Berichtigung nach § 129.
2. Bei Änderung der Steuerfestsetzung ist so vorzugehen, als hätte die frühere für den Steuerpflichtigen günstige Rechtsauffassung nach wie vor Gültigkeit. Ist z.B. eine Steuer unter Vorbehalt der Nachprüfung festgesetzt worden (§ 164), so muss eine dem Steuerpflichtigen günstige Rechtsprechung des BFH, die bei der Vorbehaltsfestsetzung berücksichtigt worden war, auch dann weiter angewendet werden, wenn der BFH seine Rechtsprechung zum Nachteil des Steuerpflichtigen geändert hat.
3. Hat der Steuerpflichtige die bisherige Rechtsprechung seinen Steuererklärungen stillschweigend und für das Finanzamt nicht erkennbar zugrunde gelegt, gilt der Vertrauensschutz nur, wenn davon ausgegangen werden kann, dass die Finanzbehörde mit der Anwendung der Rechtsprechung einverstanden gewesen wäre. Das Einverständnis ist immer dann zu unterstellen, wenn die Entscheidung im Bundessteuerblatt veröffentlicht worden war und keine Verwaltungsanweisung vorlag, die Rechtsprechung des BFH über den entschiedenen Einzelfall hinaus nicht anzuwenden.
4. Es verstößt gegen Treu und Glauben, wenn der Steuerpflichtige aufgrund einer Rechtsprechungsänderung die Aufhebung eines ihn belastenden Bescheides fordert und erreicht und später geltend macht, er habe auf die Anwendung der früheren Rechtsprechung vertraut und sei nicht bereit, die für ihn negativen Folgen der Rechtsprechungsänderung hinzunehmen. Dies gilt zumindest insoweit, als der der Rechtsprechungsänderung Rechnung tragende Änderungsbescheid im Ergebnis zu keiner höheren Belastung des Steuerpflichtigen führt (vgl. BFH-Urteil vom 8. 2. 1995 – I R 127/93 – BStBl II, S. 764).
5. Wegen der sinngemäßen, eingeschränkten Anwendung des § 176 auf Neuveranlagungen der Vermögensteuer vgl. § 16 Abs. 2 Sätze 2 und 3 VStG, auf Neuveranlagungen der Grundsteuer-

§ 176 AO
AEAO Rsp

messbeträge vgl. § 17 Abs. 2 Nr. 2 GrStG sowie auf Fortschreibungen der Einheitswerte vgl. § 22 Abs. 3 Sätze 2 und 3 BewG.

Rsp
Rechtsprechung

2 BFH vom 28. 9. 1987 – VIII R 163/84 (BStBl 1988 II S. 40)

1. Die Einschränkung der Änderungsbefugnis gemäß § 176 Abs. 2 AO ist auch bei der Aufhebung oder Änderung von Bescheiden zu beachten, die unter dem Vorbehalt der Nachprüfung (§ 164 AO) stehen.

2. § 176 Abs. 2 AO bezieht sich nicht nur auf Fälle, in denen ein oberster Gerichtshof des Bundes eine allgemeine Verwaltungsvorschrift ausdrücklich als nicht mit dem geltenden Recht in Einklang stehend bezeichnet, sondern auch auf solche Entscheidungen, in denen dies sinngemäß zum Ausdruck kommt.

3 BFH vom 2. 11. 1989 – V R 56/84 (BStBl 1990 II S. 253)

1. Die Einschränkung der Änderungsbefugnis gemäß § 176 Abs. 1 Nr. 2 AO ist auch bei der Änderung einer Steuerfestsetzung zu beachten, die auf einer Steueranmeldung beruht (Anschluß an BFH vom 28. September 1987, BStBl 1988 II S. 40).

2. Die Rechtsunwirksamkeit des § 5 der 1. UStDV darf bei der Änderung einer Steuerfestsetzung, die auf dieser Norm beruht, gemäß § 176 Abs. 1 Nr. 2 AO nicht zuungunsten des Steuerpflichtigen berücksichtigt werden.

4 BFH vom 22. 2. 1990 – V R 117/84 (BStBl 1990 II S. 599)

Der Vertrauensschutz gemäß § 176 Abs. 1 Satz 1 Nr. 2 AO bei Aufhebung und Änderung eines Steuerbescheides setzt voraus, daß bereits zu diesem Zeitpunkt die Norm, auf der die bisherige Steuerfestsetzung beruht, von einem obersten Gerichtshof des Bundes nicht angewendet wird, weil er sie für verfassungswidrig hält.

Dem Steuerpflichtigen, in dessen Anfechtungsverfahren der Bundesfinanzhof erstmals die Norm, auf der die Steuerfestsetzung beruht, nicht anwendet, kann Schutz seines Vertrauens in die Gültigkeit der Norm lediglich durch Billigkeitsmaßnahmen der Finanzverwaltung gewährt werden.

5 BFH vom 11. 1. 1991 – III R 60/89 (BStBl 1992 II S. 5)

Im Rahmen des § 176 Abs. 1 Satz 1 Nr. 3 AO besteht eine widerlegbare Vermutung, daß die Finanzbehörde eine bei Erlaß eines Steuerbescheides noch maßgebende, aber später geänderte Rechtsprechung des BFH angewandt hat, wenn der Bescheid mit dieser Rechtsprechung übereinstimmt.

Diese Vermutung gilt jedoch nicht bei Bescheiden unter Vorbehalt der Nachprüfung, wenn im Zeitpunkt des Erlasses des Bescheides eine von dieser Rechtsprechung eindeutig abweichende Verwaltungsregelung oder ein Nichtanwendungserlaß bestanden.

6 BFH vom 28. 10. 1992 – X R 117/89 (BStBl 1993 II S. 261)

1. Der nach § 176 Abs. 2 AO bedeutsame inhaltliche Widerspruch zwischen allgemeiner Verwaltungsvorschrift und höchstrichterlicher Entscheidung erfordert, daß ein bestimmtes Rechtsproblem nach der (zeitlich früheren) Verwaltungsregelung auf andere (für den Steuerpflichtigen günstigere) Weise zu lösen ist als nach der (späteren) Gerichtsentscheidung.

2. Die zweite umfassende und abschließende Prüfung eines Sachverhaltskomplexes, der zuvor schon einer vorläufigen Sonderprüfung unterlag, verstößt jedenfalls dann nicht gegen allgemeine Rechtsgrundsätze, wenn sich die Finanzbehörde eine solche Verfahrensweise von Anfang an (z.B. in der bestandskräftig gewordenen Prüfungsanordnung) ausdrücklich vorbehalten hat.

7 BFH vom 24. 9. 1998 – IV R 65/96 (BStBl 1999 II S. 46)

Dem Erlaß eines Änderungsbescheids nach § 174 Abs. 4 AO steht der Vertrauensschutz nach § 176 Abs. 2 AO jedenfalls dann entgegen, wenn die Finanzverwaltung die der Rechtsprechung entgegenstehende begünstigende Verwaltungsvorschrift allen anderen Steuerpflichtigen gegenüber für eine Übergangszeit anwendet.

BFH vom 8. 12. 1998 – IX R 49/95 (BStBl 1999 II S. 468) 8

Solange zu einer bestimmten Frage keine eindeutige höchstrichterliche Rechtsprechung besteht, sich diese vielmehr erst allmählich entwickelt, kommt ein Vertrauensschutz gemäß § 176 Abs. 1 Nr. 3 AO nicht in Betracht.

BFH vom 20. 12. 2000 – I R 50/95 (BStBl 2001 II S. 409) 9

§ 176 Abs. 1 Nr. 3 AO greift nicht ein, wenn zunächst ein Änderungsbescheid ergeht und erst anschließend eine Rechtsprechungsänderung erfolgt, durch die der Änderungsbescheid materiellrechtlich legitimiert wird.

BFH vom 27. 11. 2003 – V R 52/02 (HFR 2004 S. 467) 10

Die Voraussetzungen der Vorschriften des § 176 Abs. 1 Nr. 3 AO und des § 176 Abs. 2 AO liegen nicht vor, wenn Rechtsgrundlage des Änderungsbescheids § 129 AO ist.

BFH vom 14. 2. 2007 – XI R 30/05 (BStBl 2007 II S. 524) 11

1. ...
2. Nach § 176 Abs. 1 Satz 1 Nr. 3 AO muss sich die Rechtsprechung eines obersten Gerichtshofs des Bundes bereits bei Erlass des Änderungsbescheides zulasten des Steuerpflichtigen geändert haben. Ändert sich die höchstrichterliche Rechtsprechung erst während des Einspruchsverfahrens, ist es dem FA nicht verwehrt, die Einspruchsentscheidung darauf zu stützen.

BFH vom 6. 12. 2007 – V R 3/06 (BStBl 2009 II S. 203) 12

Aus den Gründen:

§ 176 Abs. 1 Satz 1 Nr. 3 AO gilt auch für unter Vorbehalt der Nachprüfung erlassene Bescheide. Die Vorschrift geht davon aus, dass eine geänderte Rechtsprechung auf alle noch nicht abgeschlossenen Steuerfälle anzuwenden ist, selbst wenn sich die Sachverhalte zu einer Zeit ereignet haben, in der noch die günstigere Rechtsprechung galt (ständige Rechtsprechung, z.B. BFH-Urteil vom 31. 7. 2002, BFH/NV 2002 S. 1575). § 176 Abs. 1 Satz 1 Nr. 3 AO schützt nur das Vertrauen in die Bestandskraft der Steuerfestsetzung, für die die Finanzbehörde die günstigere (alte) Rechtsprechung zugrunde gelegt hat (BTDrucks 7/4292, S. 34; vgl. z.B. BFH-Urteil vom 14. 2. 2007, BFH/NV 2007 S. 1397, m.w.N.). Dem Steuerpflichtigen soll eine bereits durch einen Verwaltungsakt aufgrund der günstigeren „alten" Rechtsprechung bestätigte Rechtsposition nicht durch eine nach Ergehen des Verwaltungsakts erfolgte Änderung der Rechtsprechung wieder genommen werden.

Geändert hat sich die Rechtsprechung nicht schon dann, wenn das betreffende Gericht die Entscheidung gefällt hat; d.h. das Entscheidungsdatum ist unerheblich (a.A. FG München, Urteil vom 30. 10. 1997, EFG 1998 S. 433). Maßgeblich ist vielmehr, ob im Zeitpunkt des Erlasses des Verwaltungsakts, der geändert werden soll, zu einem gleichen Sachverhalt und/oder derselben Rechtsfrage die geänderte Rechtsprechung veröffentlicht ist (BFH-Urteil vom 24. 4. 2002, BStBl 2003 II S. 412, unter II.1.c, bb, m.w.N.; Hessisches FG, Urteil vom 4. 2. 1998, EFG 1998 S. 848; FG Baden-Württemberg, Urteil vom 29. 10. 1992, EFG 1993 S. 337, 339).

Ist vor Erlass des Bescheides die Entscheidung zur Veröffentlichung freigegeben und in einer Fachzeitschrift veröffentlicht worden, greift § 176 Abs. 1 Satz 1 Nr. 3 AO jedenfalls nicht mehr ein. Tag der Freigabe des BFH-Urteils in BStBl 1998 II S. 695 war der 6. August 1998 und die – anschließend in Juris-Web eingestellte – Entscheidung ist bereits unter dem 14. 8. 1998 in einer Fachzeitschrift (DStR 1998 S. 1261) veröffentlicht worden. Alle Zeitpunkte liegen vor dem 19. 8. 1998, an dem das FA die Zustimmung zur Steuererklärung für 1995 erteilt hatte.

BFH vom 10. 6. 2008 – VIII R 79/05 (BStBl 2008 II S. 863) 13

Aus den Gründen:

Eine Änderung der Rechtsprechung ist indes nur dann anzunehmen, wenn ein im Wesentlichen gleichgelagerter Fall nunmehr anders entschieden worden ist (vgl. BFH-Urteile in BStBl 2000 II S. 676; vom 21. 11. 2000, BStBl 2001 II S. 789). Weder ist auf ein „Gesamtbild der Rechtsprechung" noch auf bloße Schlussfolgerungen aus früheren Entscheidungen des BFH abzustellen; denn daraus lässt sich keine konkrete entscheidungserhebliche Aussage ableiten, die ein Abweichen hinreichend begründen und justiziabel ist. Maßgebend ist, dass eine bestimmte Rechtsfrage von einem obersten Gericht des Bundes entschieden und nicht nur erörtert oder erwogen worden ist. Allerdings bedarf es keiner ständigen Rechtsprechung, vielmehr genügt bereits eine Entscheidung, die bei Erlass des Erstbescheides die Rechtsfrage einmal ausdrücklich oder jedenfalls eindeutig abweichend entschieden hat. Hingegen verhindert eine noch nicht geklärte Rechtslage das Entstehen eines Vertrauensschutzes. Eine Änderung der höchstrichterlichen Rechtsprechung liegt nur und erst dann vor, wenn ein im

Wesentlichen gleicher Sachverhalt abweichend von einer früheren höchstrichterlichen Entscheidung beurteilt worden ist, nicht hingegen, wenn sich eine Rechtsprechung erst allmählich entwickelt und konkretisiert hat bzw. präzisiert worden ist (vgl. BFH-Urteile vom 3. 2. 1993, BStBl 1993 II S. 459; vom 7. 12. 1988, BStBl 1989 II S. 421; in BStBl 1999 II S. 468; vom 23. 2. 1994, BStBl 1994 II S. 690; in BStBl 2000 II S. 676). Geschützt wird durch diese Regelung nur eine bestimmte konkret feststellbare Vertrauensposition. Der danach erforderliche Vergleich setzt für beide Seiten in rechtlicher Hinsicht eine zwar nicht unbedingt ausdrückliche, so aber zumindest eine deutliche Aussage zu einem bestimmten Rechtsproblem voraus. Nur dann lässt sich mit der notwendigen Eindeutigkeit beurteilen, ob die bisherige höchstrichterliche Rechtsprechung bei einer erneuten Steuerfestsetzung zumindest im Ergebnis angewandt worden ist (BFH-Urteil in BFH/NV 1998 S. 314, m.w.N.).

14 BFH vom 5. 5. 2011 (BFH/NV 2011 S. 1294)

Ein Rechtszustand, der den Anlass und Ausgangspunkt einer sich schrittweise entwickelnden höchstrichterlichen Rechtsprechung bietet, ist nicht geeignet, Vertrauensschutz nach § 176 Abs. 1 Satz 1 Nr. 3 AO auszulösen.

§ 177 Berichtigung von materiellen Fehlern

(1) Liegen die Voraussetzungen für die Aufhebung oder Änderung eines Steuerbescheids zuungunsten des Steuerpflichtigen vor, so sind, soweit die Änderung reicht, zugunsten und zuungunsten des Steuerpflichtigen solche materiellen Fehler zu berichtigen, die nicht Anlass der Aufhebung oder Änderung sind.

(2) Liegen die Voraussetzungen für die Aufhebung oder Änderung eines Steuerbescheids zugunsten des Steuerpflichtigen vor, so sind, soweit die Änderung reicht, zuungunsten und zugunsten des Steuerpflichtigen solche materiellen Fehler zu berichtigen, die nicht Anlass der Aufhebung oder Änderung sind.

(3) Materielle Fehler im Sinne der Absätze 1 und 2 sind alle Fehler, einschließlich offenbarer Unrichtigkeiten im Sinne des § 129, die zur Festsetzung einer Steuer führen, die von der kraft Gesetzes entstandenen Steuer abweicht.

(4) § 164 Abs. 2, § 165 Abs. 2 und § 176 bleiben unberührt.

Anwendungserlass zur Abgabenordnung

1 Zu § 177 – Berichtigung von materiellen Fehlern:

1. Materieller Fehler ist jede objektive Unrichtigkeit eines Steuerbescheids. Materiell fehlerhaft ist ein Bescheid nicht nur, wenn bei Erlass des Steuerbescheids geltendes Recht unrichtig angewendet wurde, sondern auch dann, wenn der Steuerfestsetzung ein Sachverhalt zugrunde gelegt worden ist, der sich nachträglich als unrichtig erweist. Bei der Steuerfestsetzung nicht berücksichtigte Tatsachen sind deshalb, sofern sie zu keiner Änderung nach § 173 führen, nach § 177 zu berücksichtigen (BFH-Urteil vom 5. 8. 1986 – IX R 13/81 – BStBl 1987 II, S. 297, 299). Auf ein Verschulden kommt es ebenso wenig an wie darauf, dass der Steueranspruch insoweit verjährt ist (BFH-Urteil vom 18. 12. 1991 – X R 38/90 – BStBl 1992 II, S. 504). Eine Berichtigung eines materiellen Fehlers nach § 177 ist deshalb auch dann zulässig und geboten, wenn eine isolierte Änderung dieses Fehlers oder seine Berichtigung nach § 129 wegen Ablaufs der Festsetzungsfrist nicht möglich wäre.

2. Die Möglichkeit der Berichtigung materieller Fehler ist bei jeder Aufhebung oder Änderung eines Steuerbescheids zu prüfen. Materielle Fehler sind zu berichtigen, soweit die Voraussetzungen für die Aufhebung oder Änderung eines Steuerbescheids zuungunsten (§ 177 Abs. 1) oder zugunsten des Steuerpflichtigen (§ 177 Abs. 2) vorliegen; die Voraussetzungen des § 177 Abs. 1 und 2 können auch nebeneinander vorliegen. Materielle Fehler dürfen nur innerhalb des Änderungsrahmens berichtigt, d.h. gegengerechnet werden. Liegen sowohl die Voraussetzungen für Änderungen zugunsten des Steuerpflichtigen als auch solche zu dessen Ungunsten vor, sind die oberen und unteren Grenzen der Fehlerberichtigung jeweils getrennt voneinander zu ermitteln (BFH-Urteile vom 9. 6. 1993 – I R 90/92 – BStBl II, S. 822, und vom 14. 7. 1993 – X R 34/90 – BStBl 1994 II, S. 77). Eine Saldierung der Änderungstatbestände zuungunsten und zugunsten des Steuerpflichtigen ist deshalb nicht zulässig (Saldierungsverbot).

3. Änderungsobergrenze ist der Steuerbetrag, der sich als Summe der bisherigen Steuerfestsetzung und der steuerlichen Auswirkung aller selbständigen steuererhöhenden Änderungstatbestände ergibt. Änderungsuntergrenze ist der Steuerbetrag, der sich nach Abzug der steuerli-

chen Auswirkung aller selbständigen steuermindernden Änderungstatbestände von der bisherigen Steuerfestsetzung ergibt.
4. Die Auswirkungen materieller Fehler sind zu saldieren und dann, soweit der Änderungsrahmen reicht, zu berücksichtigen (Saldierungsgebot); vgl. BFH-Urteil vom 9. 6. 1993 – I R 90/92 – BStBl II, S. 822). Bei Änderungen zuungunsten des Steuerpflichtigen kann ein negativer (steuermindernder) Fehler-Saldo nur bis zur Änderungsuntergrenze berücksichtigt werden (§ 177 Abs. 1). Bei Änderungen zugunsten des Steuerpflichtigen kann ein positiver (steuererhöhender) Fehler-Saldo nur bis zur Änderungsobergrenze berücksichtigt werden (§ 177 Abs. 2).

Beispiele:
a) Es werden nachträglich Tatsachen bekannt, die zu einer um 5000 € höheren Steuer führen. Zugleich werden materielle Fehler, die sich bei der früheren Festsetzung i.H.v. 6000 € zugunsten des Steuerpflichtigen ausgewirkt haben, und materielle Fehler, die sich bei der früheren Festsetzung i.H.v. 8500 € zum Nachteil des Steuerpflichtigen ausgewirkt haben, festgestellt.

Der Saldo der materiellen Fehler führt i.H.v. 2500 € zu einer Minderung der Nachforderung.

b) Es werden nachträglich Tatsachen bekannt, die zu einer um 5000 € höheren Steuer führen. Außerdem ist ein geänderter Grundlagenbescheid zu berücksichtigen, der zu einer um 5500 € niedrigeren Steuer führt. Zugleich werden materielle Fehler festgestellt, die sich i.H.v. 8500 € zugunsten und i.H.v. 6000 € zuungunsten des Steuerpflichtigen ausgewirkt haben.

Der Saldo der materiellen Fehler (2500 € zugunsten des Steuerpflichtigen) mindert die Änderung der Steuerfestsetzung zugunsten des Steuerpflichtigen aufgrund des geänderten Grundlagenbescheids (5500 €). Die Differenz von 3000 € ist mit der Nachforderung von 6000 € wegen nachträglich bekannt gewordener Tatsachen zu verrechnen, so dass im Ergebnis eine Änderung des Steuerbescheides i.H.v. 2000 € zugunsten des Steuerpflichtigen vorzunehmen ist.

5. Soweit ein Ausgleich materieller Fehler nach § 177 nicht möglich ist, bleibt der Steuerbescheid fehlerhaft. Hierin liegt keine sachliche Unbilligkeit, da die Folge vom Gesetzgeber gewollt ist.
6. Zur Berichtigung materieller Fehler bei einer Berichtigung offenbarer Unrichtigkeiten nach § 129 vgl. zu § 129, Nr. 2; zur Berichtigung materieller Fehler bei der Änderung einer vorläufigen Steuerfestsetzung nach § 165 Abs. 2 Satz 2 vgl. zu § 165, Nr. **9**.

Rechtsprechung

BFH vom 27. 9. 1988 – VIII R 432/83 (BStBl 1989 II S. 225)

Mit der Gewährung des Verlustrücktrags ist insoweit eine Durchbrechung der Bestandskraft des für das Rücktragsjahr ergangenen Steuerbescheids verbunden, als – ausgehend von der bisherigen Steuerfestsetzung und den dafür ermittelten Besteuerungsgrundlagen – die Steuerschuld durch die Berücksichtigung des Verlustabzugs gemindert würde. Innerhalb dieses punktuellen Korrekturspielraums sind zugunsten und zuungunsten des Steuerpflichtigen Rechtsfehler i.S. von § 177 AO zu berichtigen.

BFH vom 18. 12. 1991 – X R 38/90 (BStBl 1992 II S. 504)

1. Im Rahmen des § 177 AO sind Rechtsfehler auch dann zu berichtigen, wenn sie wegen Eintritts der Verjährung nicht mehr zu einer Aufhebung oder Änderung des Steuerbescheids nach den §§ 172 ff. AO führen könnten.
2. Eine Berichtigung nach § 177 AO kann nach den Grundsätzen von Treu und Glauben ausgeschlossen sein.

BFH vom 14. 7. 1993 – X R 34/90 (BStBl 1994 II S. 77)

Die Kompensationsregelung des § 177 AO enthält in Abs. 1 und Abs. 2 zwei selbständige Tatbestände. Liegen sowohl die Voraussetzungen des Abs. 1 als auch diejenigen des Abs. 2 vor, sind die oberen und die unteren Grenzen der Fehlerberichtigung unabhängig voneinander zu ermitteln.

BFH vom 2. 3. 2000 – VI R 48/97 (BStBl 2000 II S. 332)

Bei einer Änderung nach § 165 Abs. 2 Satz 2 AO sind im Rahmen des Änderungsbetrages auch solche Fehler zu berücksichtigen, die nicht mit dem Grund der Vorläufigkeit zusammenhängen.

6 **BFH vom 23. 11. 2000 – IV R 85/99 (BStBl 2001 II S. 122)**

Die Aufhebung oder Änderung eines Steuerbescheids auf Grund eines rückwirkenden Ereignisses erfasst auch die bei der ursprünglichen Entscheidung unterlaufenen Rechtsfehler.

7 **BFH vom 10. 4. 2003 – V R 26/02 (BStBl 2003 II S. 785)**

Werden nachträglich sowohl steuererhöhende Tatsachen (Umsätze) als auch steuermindernde Tatsachen (Vorsteuerbeträge) bekannt und führen die steuererhöhenden Tatsachen zur Änderung eines Steuerbescheids nach § 173 Abs. 1 Nr. 1 AO, so können die steuermindernden Tatsachen sowohl gemäß § 173 Abs. 1 Nr. 2 AO als auch gemäß § 177 AO zu berücksichtigen sein (Fortentwicklung des Senatsurteils vom 19. 10. 1995, BStBl 1996 II S. 149).

8 **BFH vom 9. 8. 2006 – II R 24/05 (BStBl 2007 II S. 87)**

1. Ein saldierungsfähiger materieller Fehler i.S. des § 177 Abs. 3 AO ist auch dann gegeben, wenn das FA einen Grundlagenbescheid nicht rechtzeitig ausgewertet hat und daher durch die Vorschriften über die Festsetzungsverjährung an einer Auswertung gehindert ist.
2. Zur Ermittlung des Umfangs des Saldierungsrahmens i.S. des § 177 AO ist nicht allein auf den zu erlassenden Änderungsbescheid abzustellen. Vielmehr sind auch alle Änderungen heranzuziehen, die aufgrund der Anwendung selbständiger Korrekturvorschriften zugunsten und zulasten des Steuerpflichtigen in denjenigen Bescheiden vorgenommen worden sind, die dem zu erlassenden Änderungsbescheid vorangegangen, aber nicht formell bestandskräftig geworden sind.

9 **BFH vom 4. 6. 2008 – X R 47/07 (HFR 2008 S. 1115)**

Aus den Gründen:

Im Zusammenhang mit einer Berichtigung nach § 129 AO sind materielle Fehler nicht nach § 177 AO zu berichtigen, sondern die durch die Änderung der Steuerfestsetzung eröffnete Saldierungsmöglichkeit ist im Rahmen des § 129 AO im Wege pflichtgemäßer Ermessensausübung zu berücksichtigen.

10 **BVerfG vom 10. 6. 2009 – 1 BvR 571/07 (HFR 2009 S. 921)**

1. Die nach dem Verständnis des BFH gebotene Heranziehung auch verjährter Besteuerungsgrundlagen zur Begründung saldierungspflichtiger materieller Fehler im Sinne des § 177 AO ist nicht an den verfassungsrechtlichen Vorgaben für die Zulässigkeit rückwirkender Gesetze zu messen und verletzt auch nicht den bei der Steuererhebung zu gewährleistenden Vertrauensschutz.
2. Dass nach Auffassung des BFH der Saldierungsrahmen i.S. des § 177 AO durch Einbeziehung aller noch nicht bestandskräftigen Änderungsbescheide zu bestimmen ist, beeinträchtigt nicht den effektiven Rechtsschutz des Stpfl. in verfassungsrechtlich zu beanstandender Weise. Ein beachtlicher Grund, von der Einlegung von Rechtsbehelfen gegen Änderungsbescheide abzusehen, weil dadurch eine Verschlechterung der eigenen Rechtsstellung droht, besteht nicht.

11 **BFH vom 3. 3. 2011 – IV R 35/09 (BFH/NV 2011 S. 2045)**

Ein materieller Fehler i.S. des § 177 Abs. 3 AO liegt auch dann vor, wenn erst die nachträgliche, aber gleichwohl zulässige Ausübung eines Wahlrechts zu einer materiell unrichtigen Besteuerung führt.

IV. Kosten (§§ 178–178a)

§ 178 Kosten bei besonderer Inanspruchnahme der Zollbehörden

(1) Die Behörden der Bundeszollverwaltung sowie die Behörden, denen die Wahrnehmung von Aufgaben der Bundeszollverwaltung übertragen worden ist, können für eine besondere Inanspruchnahme oder Leistung (kostenpflichtige Amtshandlung) Gebühren erheben und die Erstattung von Auslagen verlangen.

(2) Eine besondere Inanspruchnahme oder Leistung im Sinne des Absatzes 1 liegt insbesondere vor bei

1. Amtshandlungen außerhalb des Arbeitsplatzes und außerhalb der Öffnungszeiten, soweit es sich nicht um Maßnahmen der Steueraufsicht handelt,
2. Amtshandlungen, die zu einer Diensterschwernis führen, weil sie antragsgemäß zu einer bestimmten Zeit vorgenommen werden sollen,

3. Untersuchungen von Waren, wenn
   a) sie durch einen Antrag auf Erteilung einer verbindlichen Zolltarifauskunft, Gewährung einer Steuervergütung oder sonstigen Vergünstigungen veranlasst sind oder
   b) bei Untersuchungen von Amts wegen Angaben oder Einwendungen des Verfügungsberechtigten sich als unrichtig oder unbegründet erweisen oder
   c) die untersuchten Waren den an sie gestellten Anforderungen nicht entsprechen,
4. Überwachungsmaßnahmen in Betrieben und bei Betriebsvorgängen, wenn sie durch Zuwiderhandlungen gegen die zur Sicherung des Steueraufkommens erlassenen Rechtsvorschriften veranlasst sind,
5. amtlichen Bewachungen und Begleitungen von Beförderungsmitteln oder Waren,
6. Verwahrung von Nichtgemeinschaftswaren,
7. Schreibarbeiten (Fertigung von Schriftstücken, Abschriften und Ablichtungen), die auf Antrag ausgeführt werden,
8. Vernichtung oder Zerstörung von Waren, die von Amts wegen oder auf Antrag vorgenommen wird.

(3) Das Bundesministerium der Finanzen wird ermächtigt, durch Rechtsverordnung, die der Zustimmung des Bundesrates nicht bedarf, die kostenpflichtigen Amtshandlungen näher festzulegen, die für sie zu erhebenden Kosten nach dem auf sie entfallenden durchschnittlichen Verwaltungsaufwand zu bemessen und zu pauschalieren sowie die Voraussetzungen zu bestimmen, unter denen von ihrer Erhebung wegen Geringfügigkeit, zur Vermeidung von Härten oder aus ähnlichen Gründen ganz oder teilweise abgesehen werden kann.

(4) ¹Auf die Festsetzung der Kosten sind die für Verbrauchsteuern geltenden Vorschriften entsprechend anzuwenden. ²Die §§ 18 bis 22 des Verwaltungskostengesetzes gelten für diese Kosten nicht.

§ 178a Kosten bei besonderer Inanspruchnahme der Finanzbehörden

(1) ¹Das Bundeszentralamt für Steuern erhebt für die Bearbeitung eines Antrags auf Durchführung eines Verständigungsverfahrens nach einem Vertrag im Sinne des § 2 zur einvernehmlichen Besteuerung von noch nicht verwirklichten Geschäften eines Steuerpflichtigen mit nahe stehenden Personen im Sinne des § 1 des Außensteuergesetzes oder zur zukünftigen einvernehmlichen Gewinnaufteilung zwischen einem inländischen Unternehmen und seiner ausländischen Betriebsstätte oder zur zukünftigen einvernehmlichen Gewinnermittlung einer inländischen Betriebsstätte eines ausländischen Unternehmens (Vorabverständigungsverfahren) Gebühren, die vor Eröffnung des Vorabverständigungsverfahrens durch das Bundeszentralamt für Steuern festzusetzen sind. ²Diese Eröffnung geschieht durch die Versendung des ersten Schriftsatzes an den anderen Staat. ³Hat ein Antrag Vorabverständigungsverfahren mit mehreren Staaten zum Ziel, ist für jedes Verfahren eine Gebühr festzusetzen und zu entrichten. ⁴Das Vorabverständigungsverfahren wird erst eröffnet, wenn die Gebührenfestsetzung unanfechtbar geworden und die Gebühr entrichtet ist; wird ein Herabsetzungsantrag nach Absatz 4 gestellt, muss auch darüber unanfechtbar entschieden sein.

(2) ¹Die Gebühr beträgt 20 000 Euro (Grundgebühr) für jeden Antrag im Sinne des Absatzes 1; der Antrag eines Organträgers im Sinne des § 14 Abs. 1 des Körperschaftsteuergesetzes, der entsprechende Geschäfte seiner Organgesellschaften mit umfasst, gilt als ein Antrag. ²Stellt der Antragsteller einer bereits abgeschlossenen Verständigungsvereinbarung einen Antrag auf Verlängerung der Geltungsdauer, beträgt die Gebühr 15 000 Euro (Verlängerungsgebühr). ³Ändert der Antragsteller seinen Antrag vor der Entscheidung über den ursprünglichen Antrag oder stellt er während der Laufzeit der Verständigungsvereinbarung einen Antrag auf Änderung der Verständigungsvereinbarung, wird eine zusätzliche Gebühr von 10 000 Euro für jeden Änderungsantrag erhoben (Änderungsgebühr); dies gilt nicht, wenn die Änderung vom Bundeszentralamt für Steuern oder vom anderen Staat veranlasst worden ist.

(3) Sofern die Summe der von dem Vorabverständigungsverfahren erfassten Geschäftsvorfälle die Beträge des § 6 Abs. 2 Satz 1 der Gewinnabgrenzungsaufzeichnungsverordnung vom 13. November 2003 (BGBl. I S. 2296) voraussichtlich nicht überschreitet, beträgt die Grundgebühr 10 000 Euro, die Verlängerungsgebühr 7 500 Euro und die Änderungsgebühr 5 000 Euro.

(4) ¹Das Bundeszentralamt für Steuern kann die Gebühr nach Absatz 2 oder 3 auf Antrag herabsetzen, wenn deren Entrichtung für den Steuerpflichtigen eine unbillige Härte bedeutet und das Bundeszentralamt für Steuern ein besonderes Interesse der Finanzbehörden an der Durchführung des Vorabverständigungsverfahrens feststellt. ²Der Antrag ist vor Eröffnung des Vorabverständigungsverfahrens zu stellen; ein später gestellter Antrag ist unzulässig.

(5) Im Fall der Rücknahme oder Ablehnung des Antrags, oder wenn das Vorabverständigungsverfahren scheitert, wird die unanfechtbar festgesetzte Gebühr nicht erstattet.

2. Unterabschnitt
Gesonderte Feststellung von Besteuerungsgrundlagen, Festsetzung von Steuermessbeträgen (§§ 179–184)

I. Gesonderte Feststellungen (§§ 179–183)

§ 179 Feststellung von Besteuerungsgrundlagen

(1) Abweichend von § 157 Abs. 2 werden die Besteuerungsgrundlagen durch Feststellungsbescheid gesondert festgestellt, soweit dies in diesem Gesetz oder sonst in den Steuergesetzen bestimmt ist.

(2) ¹Ein Feststellungsbescheid richtet sich gegen den Steuerpflichtigen, dem der Gegenstand der Feststellung bei der Besteuerung zuzurechnen ist. ²Die gesonderte Feststellung wird gegenüber mehreren Beteiligten einheitlich vorgenommen, wenn dies gesetzlich bestimmt ist oder der Gegenstand der Feststellung mehreren Personen zuzurechnen ist. ³Ist eine dieser Personen an dem Gegenstand der Feststellung nur über eine andere Person beteiligt, so kann insoweit eine besondere gesonderte Feststellung vorgenommen werden.

(3) Soweit in einem Feststellungsbescheid eine notwendige Feststellung unterblieben ist, ist sie in einem Ergänzungsbescheid nachzuholen.

AEAO

Anwendungserlass zur Abgabenordnung

1 Zu § 179 – Feststellung von Besteuerungsgrundlagen:

1. Abweichend von dem Grundsatz, dass die Besteuerungsgrundlagen einen unselbständigen Teil des Steuerbescheides bilden (§ 157 Abs. 2), sehen die §§ 179 ff. bzw. entsprechende Vorschriften der Einzelsteuergesetze (z.B. §§ 2a, 10b Abs. 3, § 10d Abs. 3, § 15a Abs. 4, § 39a Abs. 4 EStG; §§ 27, 28 und 38 KStG, § 151 BewG, § 17 GrEStG) in bestimmten Fällen eine gesonderte Feststellung der Besteuerungsgrundlagen vor. Die gesonderte Feststellung ist zugleich einheitlich vorzunehmen, wenn die AO oder ein Einzelsteuergesetz (z.B. § 15a Abs. 4 Satz 6 EStG) dies besonders vorschreiben oder wenn der Gegenstand der Feststellung bei der Besteuerung mehreren Personen zuzurechnen ist (§ 179 Abs. 2 Satz 2 2. Alternative). Für das Feststellungsverfahren sind die Vorschriften über die Durchführung der Besteuerung sinngemäß anzuwenden (§ 181 Abs. 1).

2. Voraussetzung für den Erlass eines Ergänzungsbescheids nach § 179 Abs. 3 ist, dass der vorangegangene Feststellungsbescheid wirksam, aber unvollständig bzw. lückenhaft ist. In einem Ergänzungsbescheid sind nur solche Feststellungen nachholbar, die in dem vorangegangenen Feststellungsbescheid „unterblieben" sind. Eine Feststellung ist unterblieben, wenn sie im Feststellungsbescheid hätte getroffen werden müssen, tatsächlich aber aus welchen Gründen auch immer – nicht getroffen worden ist. Die Vorschrift des § 179 Abs. 3 durchbricht nicht die Bestandskraft wirksam ergangener Feststellungsbescheide. Inhaltliche Fehler in rechtlicher oder tatsächlicher Hinsicht können daher nicht in einem Ergänzungsbescheid korrigiert werden (BFH-Urteil vom 15. 6. 1994 – II R 120/91 – BStBl I, S. 819; BFH-Urteil vom 11. 5. 1999 – IX R 72/96 – BFH/NV S. 1446).

    Ein Ergänzungsbescheid ist beispielsweise zulässig zur Nachholung:

    – der Feststellung, ob und in welcher Höhe ein Freibetrag nach § 16 Abs. 4 EStG zu gewähren ist;

    – der Feststellung, wie der Gewinn zu verteilen ist (vgl. BFH-Urteil vom 13. 12. 1983 – VIII R 90/81 – BStBl 1984 II, S. 474);

    – des Hinweises über die Reichweite der Bekanntgabe gemäß § 183 Abs. 1 Satz 5 (BFH-Urteil vom 13. 7. 1994 – XI R 21/93 – BStBl II, S. 885);

    – der Feststellung und der Verteilung des Betrags der einbehaltenen Kapitalertragsteuer und der anrechenbaren Körperschaftsteuer (§ 180 Abs. 5 Nr. 2);

    – der Feststellung über das Ausscheiden eines Gesellschafters während eines abweichenden Wirtschaftsjahrs (BFH-Beschluss vom 22. 9. 1997 – IV B 113/96 – BFH/NV 1998 S. 454).

Eine Feststellung ist nicht unterblieben und kann daher auch nicht nachgeholt werden, wenn sie im Feststellungsbescheid ausdrücklich abgelehnt worden ist. Deshalb kann durch den Erlass eines Ergänzungsbescheids nicht nachgeholt werden:
- die im Feststellungsverfahren unterbliebene Entscheidung, ob ein steuerbegünstigter Gewinn vorliegt, wenn das Finanzamt den Gewinn bisher insgesamt als laufenden Gewinn festgestellt hat (BFH-Urteile vom 26. 11. 1975 – I R 44/74 – BStBl 1976 II, S. 304, und vom 24. 7. 1984 – VIII R 304/81 – BStBl II, S. 785);
- die bei einer Feststellung nach § 180 Abs. 1 Nr. 2 Buchstabe a zu Unrecht unterbliebene Berücksichtigung von Sonderbetriebseinnahmen oder -ausgaben;
- ein fehlender oder unklarer Hinweis i.S. von § 181 Abs. 5 Satz 2 (BFH-Urteil vom 18. 3. 1998 – II R 45/96 – BStBl II, S. 426; BFH-Urteil vom 24. 6. 1998 – II R 17/95 – BFH/NV 1999 S. 282)[1]).

Der Erlass eines Ergänzungsbescheids steht nicht im Ermessen der Finanzbehörde.

3. Wegen der Anpassung der Folgebescheide an den Feststellungsbescheid wird auf § 175 Abs. 1 Satz 1 Nr. 1 hingewiesen, wegen der Einspruchsbefugnis bei Feststellungsbescheiden auf § 351 Abs. 2 und §§ 352, 353.

4. In den Fällen der atypischen stillen Unterbeteiligung am Anteil des Gesellschafters einer Personengesellschaft kann eine besondere gesonderte und einheitliche Feststellung vorgenommen werden (§ 179 Abs. 2 letzter Satz). Von dieser Möglichkeit ist wegen des Geheimhaltungsbedürfnisses der Betroffenen regelmäßig Gebrauch zu machen.

Die Berücksichtigung der Unterbeteiligung im Feststellungsverfahren für die Hauptgesellschaft ist nur mit Einverständnis aller Beteiligten – Hauptgesellschaft und deren Gesellschafter sowie der Unterbeteiligten – zulässig. Das Einverständnis der Beteiligten gilt als erteilt, wenn die Unterbeteiligung in der Feststellungserklärung für die Hauptgesellschaft geltend gemacht wird.

Die Regelung gilt für Treuhandverhältnisse, in denen der Treugeber über den Treuhänder Hauptgesellschafter der Personengesellschaft ist, entsprechend.

Die örtliche Zuständigkeit für die besondere gesonderte Feststellung richtet sich i.d.R. nach der Zuständigkeit für die Hauptgesellschaft.

5. Die Gewinnanteile des Unterbeteiligten bei einer typischen stillen Unterbeteiligung sind als Sonderbetriebsausgaben des Hauptbeteiligten im Feststellungsverfahren zu berücksichtigen (BFH-Urteil vom 9. 11. 1988 – I R 191/84 – BStBl 1989 II, S. 343). Eine Nachholung des Sonderbetriebsausgabenabzugs im Veranlagungsverfahren des Hauptbeteiligten ist nicht zulässig.

Rechtsprechung

BFH vom 12. 11. 1985 – IX R 85/82 (BStBl 1986 II S. 239)

Eine gesonderte und einheitliche Feststellung gemäß § 180 Abs. 1 Nr. 2 Buchst. a, § 179 Abs. 2 Satz 2 AO ist auch dann erforderlich, wenn zweifelhaft ist, ob überhaupt einkommensteuerpflichtige Einkünfte vorliegen, an denen mehrere Personen beteiligt sind bzw. die mehreren Personen zuzurechnen sind, oder wenn zweifelhaft ist, ob für diese Personen überhaupt eine Einkommensteuerveranlagung durchgeführt werden darf.

BFH vom 13. 3. 1986 – IV R 204/84 (BStBl 1986 II S. 584)

1. Sind an einer KG Treugeber über einen Treuhandkommanditisten beteiligt, so muß der Gewinn der KG auf die Gesellschafter einschließlich des Treuhandkommanditisten aufgeteilt werden. In einer weiteren Feststellung muß der Gewinnanteil des Treuhänders auf die Treugeber aufgeteilt werden. Beide Feststellungen können miteinander verbunden werden, falls das Treuhandverhältnis allen Beteiligten bekannt ist (Anschluß an BFH-Urteil vom 24. Mai 1977 IV R 47/76, BFHE 122 S. 400, BStBl II S. 737).

2. Werden im Gewinnfeststellungsbescheid anstelle des Treuhandkommanditisten die Treugeber aufgeführt, wird die Gewinnfeststellung für die KG unvollständig und durch Aufnahme des Treuhänders zu ergänzen. Auch in dieser Lage können die Treugeber aber die Höhe des Gesellschaftsgewinns nicht selbst anfechten.

3. Die Feststellung für die Treugeber kann im Vorgriff auf die Gewinnfeststellung für die KG durchgeführt werden. Hierbei müssen der Gesellschaftsgewinn und der Gewinnanteil des Treu-

---

[1]) Vgl. auch BFH vom 14. 6. 2007, BFH/NV 2007 S. 2227.

händers geschätzt werden. Einwendungen gegen diese Schätzung können nur vom Treuhänder, nicht von den Treugebern geltend gemacht werden.

6   BFH vom 6. 10. 1987 – VIII R 137/84 (BStBl 1988 II S. 679)

Ist der Gesellschafter einer Personenhandelsgesellschaft A zugleich Gesellschafter einer weiteren Personenhandelsgesellschaft B, so sind Aufwendungen dieses Gesellschafters, die ihre Wurzel in seiner Gesellschafterstellung bei A haben und dem Betrieb dieser Gesellschaft dienen, dem Sonderbetriebsvermögen I bei A zuzuordnen. Sie können nicht im Rahmen der Gewinnfeststellung der Gesellschaft B berücksichtigt werden. Dies gilt unabhängig davon, ob die Aufwendungen geeignet sind, mittelbar die Beteiligung des Gesellschafters bei B zu stärken und somit auch Sonderbetriebsausgaben II bei B sein könnten.

7   BFH vom 25. 11. 1987 – II R 227/84 (BStBl 1988 II S. 410)

1. Ein einheitlicher Feststellungsbescheid (Einheitswertbescheid) wird zwar erst mit der Bekanntgabe an alle Feststellungsbeteiligten allen gegenüber wirksam, er entfaltet aber mit seiner Bekanntgabe an einzelne der notwendigen Bekanntgabeempfänger diesen gegenüber Wirksamkeit.
2. Ergeht ein Einheitswertfeststellungsbescheid erst nach dem Tode eines Beteiligten auf einen davor liegenden Stichtag, so bleibt der Verstorbene Zurechnungssubjekt unbeschadet des Umstandes, daß seine Erben Feststellungsbeteiligte sind und ihnen der Bescheid bekanntzugeben ist.

8   BFH vom 23. 10. 1991 – I R 86/89 (BStBl 1992 II S. 185)

Einer Feststellung gemäß § 179, § 180 Abs. 1 Nr. 2a AO bedarf es nicht, wenn die Einkommensteuer für die Einkünfte durch den gemäß § 50a EStG vorzunehmenden Steuerabzug als abgegolten gilt. Die Entscheidung darüber ist in dem Feststellungsverfahren zu treffen, in dem ansonsten diese Einkünfte festzustellen wären.

9   BFH vom 21. 5. 1992 – IV R 47/90 (BStBl 1992 II S. 865)

Ist die Bezeichnung eines Beteiligten in einem Bescheid über die gesonderte Feststellung von Einkünften wegen Rechtsnachfolge unrichtig, so kann dies durch besonderen Bescheid gegenüber den betroffenen Beteiligten auch dann berichtigt werden, wenn die Rechtsnachfolge bereits vor Erlaß des Feststellungsbescheides eingetreten war.[1]

10   BFH vom 9. 5. 2000 – VIII R 41/99 (BStBl 2000 II S. 686)

1. Kapitalbeteiligungen einer vermögensverwaltenden Personengesellschaft sind den Gesellschaftern der Personengesellschaft für die Bestimmung des Veräußerungstatbestands nach § 17 EStG anteilig zuzurechnen (sog. Bruchteilsbetrachtung; Bestätigung der ständigen Rechtsprechung).
2. Folge der Bruchteilsbetrachtung ist u.a., dass Veräußerungsgewinne weder nach § 17 EStG weder Gegenstand einer einheitlichen und gesonderten Feststellung nach § 180 Abs. 1 Nr. 2 Buchst. a AO noch – im Falle einer Unterbeteiligung – Gegenstand des besonderen Feststellungsverfahrens gemäß § 179 Abs. 2 Satz 3 AO sein können. Dies gilt selbst dann, wenn ein Gesellschafter aufgrund der Höhe seines Anteils an der Personengesellschaft sowie der Höhe der zum Gesamthandsvermögen gehörenden Kapitalbeteiligung gemäß § 17 EStG wesentlich an der Kapitalgesellschaft beteiligt ist.

11   BFH vom 28. 11. 2001 – X R 23/97 (HFR 2002 S. 475)

1. Haben sich mehrere Personen über einen Treuhänder am Vermögen einer KG beteiligt, so entfällt die Gewinnfeststellung der zweiten Stufe (Aufteilung des Gewinnanteils auf die Treugeber), wenn das Betriebsstätten-FA den Treugeber in die positive Gewinnfeststellung der ersten Stufe (Feststellung des Gewinns der KG und Aufteilung auf die Gesellschafter) einbezogen hat.
2. Hebt das Betriebsstätten-FA diesen Bescheid ersatzlos auf, weil keine Mitunternehmerschaft vorlag, und ist der Bescheid auch an den Treugeber gerichtet, so hat dieser negative Feststellungsbescheid Bindungswirkung auch ihm gegenüber.
3. Entfaltet ausnahmsweise der negative Feststellungsbescheid und somit ein Bescheid der ersten Stufe unmittelbare Wirkung auch gegenüber einem Treugeber, weil damit ein positiver Feststellungsbescheid, der Grundlagenbescheid für die Steuerfestsetzung des Treugebers war, ersatzlos aufgehoben wird, ist der Treuhänder kraft gesetzlicher Fiktion Empfangsbevollmächtigter.

---

[1] Vgl. dazu auch BFH vom 23. 9. 1999 (BStBl 2000 II S. 170): Richtigstellungsbescheid nach Eintritt der Feststellungsverjährung nicht mehr zulässig.

4. Beteiligt sich ein Treugeber zusammen mit zahlreichen anderen Personen mittelbar über den Treuhänder an Schifffahrtsgesellschaften, ohne zivilrechtlich Gesellschafter dieser Gesellschaften zu werden, so war der Treuhänder auch nach den Rechtsgrundsätzen der Anscheinsvollmacht zur Empfangnahme des negativen Feststellungsbescheids befugt, wenn der Treugeber diese gesellschaftsrechtliche Lage gegenüber dem Betriebsstätten-FA nicht klar und deutlich zum Ausdruck gebracht hatte.

5. Wer sich zusammen mit zahlreichen anderen Personen nur mittelbar über einen Treuhänder an einer KG beteiligt hat, ohne zivilrechtlich deren Gesellschafter zu werden, kann den Einwand der Feststellungsverjährung weder im Verfahren gegen den negativen Feststellungsbescheid noch bei seiner ESt-Veranlagung vorbringen.

BFH vom 31. 3. 2004 – II R 54/01 (BStBl 2004 II S. 658) 12

1. In dem Feststellungsbescheid über die gesonderte Feststellung der Besteuerungsgrundlagen nach § 17 Abs. 2 und 3 GrEStG ist beim Vorhandensein mehrerer Steuerschuldner darüber zu entscheiden, welche Steuerschuldner von den für die Steuerfestsetzung zuständigen FÄ in Anspruch zu nehmen sind.

2. Ist nach der im Feststellungsbescheid getroffenen Auswahlentscheidung nur ein Steuerschuldner in Anspruch zu nehmen, bedarf es im Hinblick auf die in Betracht kommende andere Steuerschuldner über die gesonderte Feststellung hinaus keiner einheitlichen Feststellung.

BFH vom 18. 5. 2004 – IX R 49/02 (BStBl 2004 II S. 929) 13

1. ...

2. Erzielen Miteigentümer eines Wohnhauses aus der gemeinsamen Vermietung einer Wohnung gemeinschaftlich Einkünfte aus Vermietung und Verpachtung, so sind diese unabhängig davon, ob und in welchem Umfang die Miteigentümer die übrigen Räumlichkeiten des Hauses jeweils selbst nutzen, den Miteigentümern grundsätzlich entsprechend ihren Miteigentumsanteilen zuzurechnen und einheitlich und gesondert festzustellen (Bestätigung des BFH-Urteils vom 26. 1. 1999, BStBl II 1999, 360).

BFH vom 18. 8. 2004 – II R 22/04 (HFR 2004 S. 1175) 14

Werden zur gleichen Zeit Miteigentumsanteile an einem Grundstück auf mehrere Bedachte schenkweise übertragen, ist keine einheitliche gesonderte Feststellung des Grundbesitzwerts für das ganze Grundstück mit anschließender Verteilung durchzuführen; vielmehr bilden die zugewendeten Miteigentumsanteile jeweils den Gegenstand einer lediglich gesonderten Feststellung nach § 138 Abs. 5 BewG.

BFH vom 6. 12. 2005 – VIII R 99/02 (HFR 2006 S. 760) 15

1. Enthielt der ursprüngliche Feststellungsbescheid eine Feststellung von nach § 32c EStG begünstigten gewerblichen Einkünften, fehlte diese notwendige Feststellung aber im nachfolgenden Änderungsfeststellungsbescheid, konnte die Feststellung nach § 179 Abs. 1 Satz 1 Nr. 1 AO in einem Ergänzungsbescheid nachgeholt werden, da insoweit eine Lücke i.S. dieser Vorschrift bestand.

2. Der Änderungsbescheid konnte insoweit nicht durch den Ergänzungsbescheid gemäß § 129 AO berichtigt werden, da der Änderungsbescheid wegen des Fehlens dieser Feststellung nicht unrichtig war.

BFH vom 22. 6. 2006 – IV R 31, 32/05 (BStBl 2007 II S. 687) 16

1. Der Bescheid über die Feststellung des verrechenbaren Verlustes i.S. des § 15a Abs. 4 Satz 1 EStG ist Grundlagenbescheid für die Feststellung des Gewinns bzw. des ausgleichs- und abzugsfähigen Verlustes eines Kommanditisten gemäß §§ 179 Abs. 1 und 2, 180 Abs. 1 Nr. 2 Buchst. a AO.

...

BFH vom 17. 12. 2008 – IX R 94/07 (BStBl 2009 II S. 444) 17

Hat das FA den verbleibenden Verlustvortrag nur für bestimmte Einkunftsarten gesondert festgestellt, ist eine fehlende Feststellung für eine weitere Einkunftsart nicht in einem Ergänzungsbescheid nachzuholen.

18 BFH vom 20. 5. 2010 – IV R 74/07 (BStBl 2010 II S. 1104)

Das Klageverfahren ist analog § 74 FGO auszusetzen, wenn während der Anhängigkeit des finanzgerichtlichen Rechtsstreits über die gesonderte und einheitliche Gewinnfeststellung ein geänderter Feststellungsbescheid ergeht und der Adressat dieses Bescheides Einspruch einlegt; dies gilt selbst dann, wenn der Änderungsbescheid (hier: Ergänzungsbescheid) zwar einen anderen Regelungsgegenstand (Streitgegenstand) betrifft, dessen außergerichtliche oder gerichtliche Überprüfung jedoch Auswirkungen auf das anhängige Klageverfahren haben kann.

19 BFH vom 3. 3. 2011 – IV R 8/08 (BFH/NV 2011 S. 1649)

1. Ist in einem Gewinnfeststellungsbescheid die notwendige Feststellung des Veräußerungsgewinns eines Mitunternehmers unterblieben, kann dies nicht als Berichtigung eines „mechanischen" Fehlers nach § 129 AO nachgeholt werden, wenn weder die Feststellungserklärung (einschließlich beigefügter Unterlagen) noch die Aufzeichnungen einer Außenprüfung eine Zusammenstellung der zur Ermittlung des betreffenden Veräußerungsgewinns erforderlichen Feststellungsgrundlagen enthalten.
2. Die Feststellung des Veräußerungsgewinns kann auch nicht im Wege eines Ergänzungsbescheids i.S. von § 179 Abs. 3 AO nachgeholt werden, wenn ein Feststellungsbescheid im Rahmen einer Mitunternehmerschaft nur einen laufenden Gewinn feststellt und damit zugleich die negative Feststellung enthält, dass nicht noch zusätzlich ein Veräußerungsgewinn entstanden ist; dieser Feststellungsbescheid ist insoweit nicht lückenhaft, sondern materiell unrichtig.

---

§ 180 Gesonderte Feststellung von Besteuerungsgrundlagen

(1) Gesondert festgestellt werden insbesondere:
1. die Einheitswerte nach Maßgabe des Bewertungsgesetzes,
2. a) die einkommensteuerpflichtigen und körperschaftsteuerpflichtigen Einkünfte und mit ihnen in Zusammenhang stehende andere Besteuerungsgrundlagen, wenn an den Einkünften mehrere Personen beteiligt sind und die Einkünfte diesen Personen steuerlich zuzurechnen sind,
   b) in anderen als den in Buchstabe a genannten Fällen die Einkünfte aus Land- und Forstwirtschaft, Gewerbebetrieb oder einer freiberuflichen Tätigkeit, wenn nach den Verhältnissen zum Schluss des Gewinnermittlungszeitraums das für die gesonderte Feststellung zuständige Finanzamt nicht auch für die Steuern vom Einkommen zuständig ist,
3. der Wert der vermögensteuerpflichtigen Wirtschaftsgüter (§§ 114 bis 117a des Bewertungsgesetzes) und der Wert der Schulden und sonstigen Abzüge (§ 118 des Bewertungsgesetzes), wenn die Wirtschaftsgüter, Schulden und sonstigen Abzüge mehreren Personen zuzurechnen sind und die Feststellungen für die Besteuerung von Bedeutung sind.

(2) ¹Zur Sicherstellung einer einheitlichen Rechtsanwendung bei gleichen Sachverhalten und zur Erleichterung des Besteuerungsverfahrens kann der Bundesminister der Finanzen durch Rechtsverordnung mit Zustimmung des Bundesrates bestimmen, dass in anderen als den in Absatz 1 genannten Fällen Besteuerungsgrundlagen gesondert und für mehrere Personen einheitlich festgestellt werden. ²Dabei können insbesondere geregelt werden
1. der Gegenstand und der Umfang der gesonderten Feststellung,
2. die Voraussetzungen für das Feststellungsverfahren,
3. die örtliche Zuständigkeit der Finanzbehörden,
4. die Bestimmung der am Feststellungsverfahren beteiligten Personen (Verfahrensbeteiligte) und der Umfang ihrer steuerlichen Pflichten und Rechte einschließlich der Vertretung Beteiligter durch andere Beteiligte,
5. die Bekanntgabe von Verwaltungsakten an die Verfahrensbeteiligten und Empfangsbevollmächtigte,
6. die Zulässigkeit, der Umfang und die Durchführung von Außenprüfungen zur Ermittlung der Besteuerungsgrundlagen.

³Durch Rechtsverordnung kann das Bundesministerium der Finanzen mit Zustimmung des Bundesrates bestimmen, daß Besteuerungsgrundlagen, die sich erst später auswirken, zur Sicherung der späteren zutreffenden Besteuerung gesondert und für mehrere Personen einheitlich festgestellt werden; Satz 2 gilt entsprechend. ⁴Die Rechtsverordnungen bedürfen nicht der Zustimmung des Bundesrates, soweit sie Einfuhr- und Ausfuhrabgaben und Verbrauchsteuern, mit Ausnahme der Biersteuer, betreffen.

(3) ¹Absatz 1 Nr. 2 Buchstabe a gilt nicht, wenn

1. nur eine der an den Einkünften beteiligten Personen mit ihren Einkünften im Geltungsbereich dieses Gesetzes einkommensteuerpflichtig oder körperschaftsteuerpflichtig ist oder
2. es sich um einen Fall von geringer Bedeutung handelt, insbesondere weil die Höhe des festgestellten Betrags und die Aufteilung feststehen. ²Dies gilt sinngemäß auch für die Fälle des Absatzes 1 Nr. 2 Buchstabe b und Nr. 3.

²Das nach § 18 Abs. 1 Nr. 4 zuständige Finanzamt kann durch Bescheid feststellen, dass eine gesonderte Feststellung nicht durchzuführen ist. ³Der Bescheid gilt als Steuerbescheid.

(4) Absatz 1 Nr. 2 Buchstabe a gilt ferner nicht für Arbeitsgemeinschaften, deren alleiniger Zweck sich auf die Erfüllung eines einzigen Werkvertrags oder Werklieferungsvertrags beschränkt.

(5) Absatz 1 Nr. 2, Absätze 2 und 3 sind entsprechend anzuwenden, soweit

1. die nach einem Abkommen zur Vermeidung der Doppelbesteuerung von der Bemessungsgrundlage ausgenommenen Einkünfte bei der Festsetzung der Steuern der beteiligten Personen von Bedeutung sind oder
2. Steuerabzugsbeträge und Körperschaftsteuer auf die festgesetzte Steuer anzurechnen sind.

Verordnung über die gesonderte Feststellung von Besteuerungsgrundlagen nach § 180 Abs. 2 der Abgabenordnung (V zu § 180 Abs. 2 AO)

vom 19. 12. 1986 (BGBl. I S. 2663), zuletzt geändert durch Artikel 4 des Gesetzes vom 20. 12. 2008 (BGBl. I S. 2850)

§ 1 Gegenstand, Umfang und Voraussetzungen der Feststellung

(1) ¹Besteuerungsgrundlagen, insbesondere einkommensteuerpflichtige oder körperschaftsteuerpflichtige Einkünfte, können ganz oder teilweise gesondert festgestellt werden, wenn der Einkunftserzielung dienende Wirtschaftsgüter, Anlagen oder Einrichtungen

1. von mehreren Personen betrieben, genutzt oder gehalten werden

oder

2. mehreren Personen getrennt zuzurechnen sind, die bei der Planung, Herstellung, Erhaltung oder dem Erwerb dieser Wirtschaftsgüter, Anlagen oder Einrichtungen gleichartige Rechtsbeziehungen zu Dritten hergestellt oder unterhalten haben (Gesamtobjekt).

²Satz 1 Nr. 2 gilt entsprechend

a) bei Wohneigentum, das nicht der Einkunftserzielung dient,
b) bei der Anschaffung von Genossenschaftsanteilen im Sinne des § 17 des Eigenheimzulagengesetzes und
c) bei Mietwohngebäuden,

wenn die Feststellung für die Besteuerung, für die Festsetzung der Eigenheimzulage oder für die Festsetzung der Investitionszulage von Bedeutung ist.

(2) Absatz 1 gilt für die Umsatzsteuer nur, wenn mehrere Unternehmer im Rahmen eines Gesamtobjekts Umsätze ausführen oder empfangen.

(3) ¹Die Feststellung ist gegenüber den in Absatz 1 genannten Personen einheitlich vorzunehmen. ²Sie kann auf bestimmte Personen beschränkt werden.

§ 2 Örtliche Zuständigkeit

(1) ¹Für Feststellungen in den Fällen des § 1 Abs. 1 Satz 1 Nr. 1 richtet sich die örtliche Zuständigkeit nach § 18 Abs. 1 Nr. 2 der Abgabenordnung. ²Die Wirtschaftsgüter, Anlagen oder Einrichtungen gelten als gewerblicher Betrieb im Sinne dieser Vorschrift.

(2) Für Feststellungen in den Fällen des § 1 Abs. 1 Satz 1 Nr. 2 und Satz 2 ist das Finanzamt zuständig, das nach § 19 oder § 20 der Abgabenordnung für die Steuern vom Einkommen und Vermögen des Erklärungspflichtigen zuständig ist.

(3) Feststellungen nach § 1 Abs. 2 hat das für die Feststellungen nach § 1 Abs. 1 Satz 1 Nr. 2 zuständige Finanzamt zu treffen.

(4) § 18 Abs. 2 der Abgabenordnung gilt entsprechend.

§ 3 Erklärungspflicht

(1) Eine Erklärung zur gesonderten Feststellung der Besteuerungsgrundlagen haben nach Aufforderung durch die Finanzbehörde abzugeben:
1. in den Fällen des § 1 Abs. 1 Satz 1 Nr. 1 die Personen, die im Feststellungszeitraum die Wirtschaftsgüter, Anlagen oder Einrichtungen betrieben, genutzt oder gehalten haben,
2. in den Fällen des § 1 Abs. 1 Satz 1 Nr. 2 und Satz 2 die Personen, die bei der Planung, Herstellung, Erhaltung, dem Erwerb, der Betreuung, Geschäftsführung oder Verwaltung des Gesamtobjektes für die Feststellungsbeteiligten handeln oder im Feststellungszeitraum gehandelt haben; dies gilt in den Fällen des § 1 Abs. 2 entsprechend.

§ 34 der Abgabenordnung bleibt unberührt.

(2) [1]Die Erklärung ist nach amtlich vorgeschriebenem Vordruck abzugeben und von den zur Abgabe verpflichteten Personen eigenhändig zu unterschreiben. [2]Name und Anschrift der Feststellungsbeteiligten sind anzugeben. [3]Der Erklärung ist eine Ermittlung der Besteuerungsgrundlagen beizufügen. [4]Ist Besteuerungsgrundlage ein nach § 4 Abs. 1 oder § 5 des Einkommensteuergesetzes zu ermittelnder Gewinn, gilt § 5b des Einkommensteuergesetzes entsprechend; die Beifügung der in Satz 3 genannten Unterlagen kann in den Fällen des § 5b Abs. 1 des Einkommensteuergesetzes unterbleiben[1)].

(3) Die Finanzbehörde kann entsprechend der vorgesehenen Feststellung den Umfang der Erklärung und die zum Nachweis erforderlichen Unterlagen bestimmen.

(4) Hat ein Erklärungspflichtiger eine Erklärung zur gesonderten Feststellung der Besteuerungsgrundlagen abgegeben, sind andere Erklärungspflichtige insoweit von der Erklärungspflicht befreit.

§ 4 Einleitung des Feststellungsverfahrens

Die Finanzbehörde entscheidet nach pflichtgemäßem Ermessen, ob und in welchem Umfang sie ein Feststellungsverfahren durchführt. Hält sie eine gesonderte Feststellung nicht für erforderlich, insbesondere weil das Feststellungsverfahren nicht der einheitlichen Rechtsanwendung und auch nicht der Erleichterung des Besteuerungsverfahrens dient, kann sie dies durch Bescheid feststellen. Der Bescheid gilt als Steuerbescheid.

§ 5 Verfahrensbeteiligte

Als an dem Feststellungsverfahren Beteiligte gelten neben den Beteiligten nach § 78 der Abgabenordnung auch die in § 3 Abs. 1 Nr. 2 genannten Personen.

§ 6 Bekanntgabe

(1) Die am Gegenstand der Feststellung beteiligten Personen sollen einen gemeinsamen Empfangsbevollmächtigten bestellen, der ermächtigt ist, für sie alle Verwaltungsakte und Mitteilungen in Empfang zu nehmen, die mit dem Feststellungsverfahren und dem anschließenden Verfahren über einen außergerichtlichen Rechtsbehelf zusammenhängen. Ein Widerruf der Empfangsvollmacht wird der Finanzbehörde gegenüber erst wirksam, wenn er ihr zugeht. Ist ein Empfangsbevollmächtigter nicht bestellt, kann die Finanzbehörde die Beteiligten auffordern, innerhalb einer angemessenen Frist einen Empfangsbevollmächtigten zu benennen. Hierbei ist ein Beteiligter vorzuschlagen und darauf hinzuweisen, daß diesem die in Satz 1 genannten Verwaltungsakte und Mitteilungen mit Wirkung für und gegen alle Beteiligten bekanntgegeben werden, soweit nicht ein anderer Empfangsbevollmächtigter benannt wird. Bei der Bekanntgabe an den Empfangsbevollmächtigten ist darauf hinzuweisen, daß die Bekanntgabe mit Wirkung für und gegen alle Feststellungsbeteiligten erfolgt.

(2) Der Feststellungsbescheid ist auch den in § 3 Abs. 1 Nr. 2 genannten Personen bekanntzugeben, wenn sie die Erklärung abgegeben haben, aber nicht zum Empfangsbevollmächtigten bestellt sind.

(3) Absatz 1 Sätze 3 und 4 ist insoweit nicht anzuwenden, als der Finanzbehörde bekannt ist, daß zwischen den Feststellungsbeteiligten und dem Empfangsbeteiligten und dem Empfangsbevollmächtigten ernstliche Meinungsverschiedenheiten bestehen.

(4) Ist Einzelbekanntgabe erforderlich, sind dem Beteiligten nur die ihn betreffenden Besteuerungsgrundlagen bekanntzugeben.

[1)] § 5b EStG ist zwar erstmals für Wirtschaftsjahre anzuwenden, die nach dem 31. 12. 2010 beginnen. Allerdings wurde der erstmalige Anwendungszeitpunkt der Verpflichtungen nach § 5b EStG durch Rechtsverordnung des BMF vom 20. 12. 2010 (BGBl. 2010 I S. 2135) um ein Jahr hinausgeschoben.

§ 7 Außenprüfung

(1) Eine Außenprüfung zur Ermittlung der Besteuerungsgrundlagen ist bei jedem Verfahrensbeteiligten zulässig.

(2) Die Prüfungsanordnung ist dem Verfahrensbeteiligten bekanntzugeben, bei dem die Außenprüfung durchgeführt werden soll.

§ 8 Feststellungsgegenstand beim Übergang zur Liebhaberei

Dient ein Betrieb von einem bestimmten Zeitpunkt an nicht mehr der Erzielung von Einkünften im Sinne des § 2 Abs. 1 bis 3 des Einkommensteuergesetzes und liegt deshalb ein Übergang zur Liebhaberei vor, so ist auf diesen Zeitpunkt unabhängig von der Gewinnermittlungsart für jedes Wirtschaftsgut des Anlagevermögens der Unterschiedsbetrag zwischen dem gemeinen Wert und dem Wert, der nach § 4 Abs. 1 oder nach § 5 des Einkommensteuergesetzes anzusetzen wäre, gesondert und bei mehreren Beteiligten einheitlich festzustellen.

§ 9 Feststellungsgegenstand bei Einsatz von Versicherungen auf den Erlebens- oder Todesfall zu Finanzierungszwecken[1]

Sind für Beiträge zu Versicherungen auf den Erlebens- oder Todesfall die Voraussetzungen für den Sonderausgabenabzug nach § 10 Abs. 1 Nr. 3 Buchstabe b des Einkommensteuergesetzes nicht erfüllt, stellt das für die Einkommensbesteuerung des Versicherungsnehmers zuständige Finanzamt die Steuerpflicht der außerrechnungsmäßigen und rechnungsmäßigen Zinsen aus den in den Beiträgen enthaltenen Sparanteilen (§ 52 Abs. 36 letzter Satz des Einkommensteuergesetzes) gesondert fest.

§ 10 (aufgehoben)

§ 11 Inkrafttreten, Anwendungsvorschriften

Diese Verordnung tritt am Tage nach der Verkündung in Kraft. Sie tritt mit Wirkung vom 25. Dezember 1985 in Kraft, soweit einheitliche und gesonderte Feststellungen nach § 180 Abs. 2 der Abgabenordnung in der bis zum 24. Dezember 1985 geltenden Fassung zulässig waren. § 10 ist für Anteile, bei denen hinsichtlich des Gewinns aus der Veräußerung der Anteile die Steuerfreistellung nach § 8b Abs. 4 des Körperschaftsteuergesetzes in der am 12. Dezember 2006 geltenden Fassung oder nach § 3 Nr. 40 Satz 3 und 4 des Einkommensteuergesetzes in der am 12. Dezember 2006 geltenden Fassung ausgeschlossen ist, weiterhin anzuwenden.

Anwendungserlass zur Abgabenordnung

AEAO

Zu § 180 – Gesonderte Feststellung von Besteuerungsgrundlagen:

2

1. Die gesonderte Feststellung nach § 180 Abs. 1 Nr. 2 Buchstabe a umfasst in erster Linie die von den Feststellungsbeteiligten gemeinschaftlich erzielten Einkünfte. Sie umfasst auch die bei Ermittlung dieser Einkünfte zu berücksichtigenden Sonderbetriebseinnahmen und -ausgaben oder Sonderwerbungskosten eines oder mehrerer Feststellungsbeteiligten.

   Darüber hinaus sind solche Besteuerungsgrundlagen gesondert festzustellen, die in einem rechtlichem, wirtschaftlichem oder tatsächlichem Zusammenhang mit den gemeinschaftlich erzielten Einkünften stehen, aber bei Ermittlung der gemeinschaftlich erzielten Einkünfte nicht zu berücksichtigen sind. Hiernach sind z.B. solche Aufwendungen gesondert festzustellen, die aus Mitteln der Gesellschaft oder Gemeinschaft geleistet werden und für die Besteuerung der Feststellungsbeteiligten, z.B. als Sonderausgaben, von Bedeutung sind. Soweit derartige Besteuerungsgrundlagen bei Erlass des Feststellungsbescheids nicht berücksichtigt worden sind, ist ihre gesonderte Feststellung durch Ergänzungsbescheid (§ 179 Abs. 3) nachzuholen.

   Zum Verfahren bei der Geltendmachung von negativen Einkünften aus der Beteiligung an Verlustzuweisungsgesellschaften und vergleichbaren Modellen vgl. BMF-Schreiben vom 13. 7. 1992, BStBl I, S. 404, und vom 28. 6. 1994, BStBl I, S. 420.

---

[1] § 9 der VO zu § 180 Abs. 2 AO betrifft nur Altverträge, deren Laufzeit vor 2005 begonnen hat und für die bis zum 31. 12. 2004 auch ein Versicherungsbeitrag entrichtet wurde. Auf einen Abdruck des weiterhin geltenden BMF-Schreibens vom 27. 7. 1995 – IV A 4 – S 0361-10/95, geändert durch BMF-Schreiben vom 25. 3. 2002 – IV A 4 – S 0361 – 4/02 –, wurde verzichtet. Der Wortlaut des BMF-Schreibens ist letztmals in der Auflage 2009 wiedergegeben.

2. Fallen der Wohnort und der Betriebs- bzw. Tätigkeitsort auseinander und liegen diese Orte im Bereich verschiedener Finanzämter, sind die Einkünfte des Steuerpflichtigen aus Land- und Forstwirtschaft, Gewerbebetrieb oder freiberuflicher Tätigkeit gesondert festzustellen (§ 180 Abs. 1 Nr. 2 Buchstabe b).

2.1 Maßgebend sind die Verhältnisse zum Schluss des Gewinnermittlungszeitraums. Spätere Änderungen dieser Verhältnisse sind unbeachtlich. Bei einem vom Kalenderjahr abweichenden Wirtschaftsjahr oder einem Rumpfwirtschaftsjahr sind die Verhältnisse zum Schluss dieses Zeitraums maßgebend.

2.2 Einkünfte aus freiberuflicher Tätigkeit i.S.d. § 180 Abs. 1 Nr. 2 Buchstabe b sind nur die Einkünfte nach § 18 Abs. 1 Nr. 1 EStG, nicht die übrigen Einkünfte aus selbständiger Arbeit.

2.3 Übt ein Steuerpflichtiger seine freiberufliche Tätigkeit in mehreren Gemeinden aus, so ist für die dadurch erzielten Einkünfte nur eine gesonderte Feststellung durchzuführen (BFH-Urteil vom 10. 6. 1999 – IV R 69/98 – BStBl II, S. 691). Bei Einkünften aus Land- und Forstwirtschaft oder aus Gewerbebetrieb gilt dies für den Betrieb der Land- und Forstwirtschaft oder den Gewerbebetrieb entsprechend.

2.4 Die örtliche Zuständigkeit für gesonderte Feststellungen im Sinne des § 180 Abs. 1 Nr. 2 Buchstabe b richtet sich nach § 18. Zur Zuständigkeit, wenn Wohnung und Betrieb in einer Gemeinde (Großstadt) mit mehreren Finanzämtern liegen, vgl. zu § 19, Nrn. 2 und 3.

3. Wegen der in § 180 Abs. 2 vorgesehenen Feststellungen wird auf die V zu § 180 Abs. 2 AO verwiesen. Auf Feststellungen nach § 180 Abs. 1 findet die V zu § 180 Abs. 2 AO keine Anwendung. Zur gesonderten Feststellung bei gleichen Sachverhalten nach der V zu § 180 Abs. 2 AO vgl. BMF-Schreiben vom 2. 5. 2001, BStBl I, S. 256. Zum Verfahren bei der Geltendmachung von Vorsteuerbeträgen aus der Beteiligung an Gesamtobjekten vgl. BMF-Schreiben vom 24. 4. 1992, BStBl I, S. 291. Zur gesonderten Feststellung der Steuerpflicht von Zinsen aus einer Lebensversicherung nach § 9 der V zu § 180 Abs. 2 AO vgl. BMF-Schreiben vom 27. 7. 1995, BStBl II, S. 371.

4. Fälle von geringer Bedeutung, in denen eine gesonderte Feststellung entfällt (§ 180 Abs. 3 Nr. 2), sind beispielsweise bei Mieteinkünften von zusammenveranlagten Eheleuten (BFH-Urteil vom 20. 1. 1976 – VIII R 253/71 – BStBl II, S. 305) und bei dem gemeinschaftlich erzielten Gewinn von Landwirts-Eheleuten (BFH-Urteil vom 4. 7. 1985 – IV R 136/83 – BStBl II, S. 576) gegeben, wenn die Einkünfte verhältnismäßig einfach zu ermitteln sind und die Aufteilung feststeht.

Auch bei gesonderten Feststellungen nach § 180 Abs. 1 Nr. 2 Buchstabe b und Nr. 3 kann in Fällen von geringer Bedeutung auf die Durchführung eines gesonderten Gewinnfeststellungsverfahrens verzichtet werden (§ 180 Abs. 3 Satz 2). Ein Fall von geringer Bedeutung ist dabei insbesondere anzunehmen, wenn dasselbe Finanzamt für die Einkommensteuer-Veranlagung zuständig geworden ist (z.B. bei Verlegung des Wohnsitzes nach Ablauf des Feststellungszeitraumes in den Bezirk des Betriebsfinanzamtes).

5. Eine Feststellung ist auch zum Zweck der Ermittlung des anzuwendenden Steuersatzes im Falle eines bei der Steuerfestsetzung zu beachtenden Progressionsvorbehaltes und in den Fällen des § 2a EStG vorzunehmen (§ 180 Abs. 5 Nr. 1).

6. Soweit Einkünfte oder andere Besteuerungsgrundlagen nach § 180 Abs. 1 Nr. 2 AO oder nach der V zu § 180 Abs. 2 AO festzustellen sind, sind auch damit in Zusammenhang stehende Steuerabzugsbeträge und Körperschaftsteuer, die auf die Steuer der Feststellungsbeteiligten anzurechnen sind, gesondert festzustellen (§ 180 Abs. 5 Nr. 2). Steuerbescheinigungen sind deshalb nur dem für die gesonderte Feststellung zuständigen Finanzamt vorzulegen.

7. Zur Bindungswirkung der Feststellung nach § 180 Abs. 5 Nr. 2 und zur Korrektur der Folgebescheide vgl. § 182 Abs. 1 Satz 2.

Hinweise

Gesonderte Feststellung bei gleichen Sachverhalten

(BMF-Schreiben vom 2. 5. 2001 – IV A 4 – S 0361–4/01, BStBl 2001 I S. 256)

Unter Bezugnahme auf das Ergebnis der Erörterungen mit den obersten Finanzbehörden der Länder gilt für gesonderte Feststellungen bei gleichen Sachverhalten Folgendes:

1. Allgemeines

1.1 §§ 1–7 der Verordnung über die gesonderte Feststellung von Besteuerungsgrundlagen nach § 180 Abs. 2 der Abgabenordnung (V zu § 180 Abs. 2 AO) regeln die gesonderte Feststellung von Einkünften in Fällen, in denen die Voraussetzungen des § 180 Abs. 1 AO nicht vorliegen. Sie ermöglichen auch die gesonderte Feststellung anderer Besteuerungsgrundlagen (vgl. zum Begriff § 199 Abs. 1 AO) für Zwecke der Einkommensteuer, Körperschaftsteuer und Umsatzsteuer sowie für die Eigenheimzulage und die Investitionszulage. Feststellungen für andere Steuerarten, Zulagen oder Prämien sind nicht vorzunehmen.

1.2 Nach § 1 V zu § 180 Abs. 2 AO können insbesondere festgestellt werden:
   a) die Betriebsausgaben und -einnahmen der Beteiligten an Gesellschaften oder Gemeinschaften ohne Gewinnerzielungsabsicht, die den Beteiligten Anlagen oder Einrichtungen zur betrieblichen oder freiberuflichen Nutzung zur Verfügung stellen, wie z.B. Laborgemeinschaften, Maschinengemeinschaften (§ 1 Abs. 1 Satz 1 Nr. 1 V zu § 180 Abs. 2 AO);
   b) die Einkünfte der Feststellungsbeteiligten bei Gesamtobjekten (§ 1 Abs. 1 Satz 1 Nr. 2 V zu § 180 Abs. 2 AO; vgl. BFH-Urteil vom 17. August 1989, BStBl 1990 II S. 411);
   c) die Höhe der Vorsteuer aus Umsätzen, die Hersteller oder Erwerber im Rahmen eines Gesamtobjektes (§ 1 Abs. 1 Satz 1 Nr. 2 V zu § 180 Abs. 2 AO) empfangen haben, soweit ein Vorsteuerabzug nach § 15 UStG oder eine Berichtigung des Vorsteuerabzugs nach § 15a UStG in Betracht kommt, sowie die Optionsfähigkeit (§ 9 UStG) der Umsätze, die durch Vermietung oder Verpachtung des Objektes (§ 4 Nr. 12 UStG) bewirkt werden;
   d) die bei Wohneigentum wie Sonderausgaben abziehbaren Beträge (z.B. nach §§ 10f, 10g EStG) und die Bemessungsgrundlage der Eigenheimzulage oder der Investitionszulage nach § 4 InvZulG 1999 vor Abzug des Selbstbehalts bei Gesamtobjekten, soweit diese nicht der Einkunftserzielung dienen (§ 1 Abs. 1 Satz 2 Buchstabe a V zu § 180 Abs. 2 AO);
   e) die Voraussetzungen für die Inanspruchnahme der Eigenheimzulage bei der Anschaffung von Genossenschaftsanteilen i.S. des § 17 EigZulG (§ 1 Abs. 1 Satz 2 Buchstabe b V zu § 180 Abs. 2 AO);
   f) die Bemessungsgrundlage der Investitionszulage bei Mietwohngebäuden nach § 3 InvZulG 1999 vor Abzug des Selbstbehalts (§ 1 Abs. 1 Satz 2 Buchstabe c V zu § 180 Abs. 2 AO).

2. **Voraussetzungen gesonderter Feststellungen bei Gesamtobjekten**

2.1 Eine gesonderte Feststellung nach § 1 Abs. 1 Satz 1 Nr. 2 V zu § 180 Abs. 2 AO kommt in Betracht, wenn folgende Voraussetzungen sämtlich gegeben sind:
   a) Mehrere Steuerpflichtige erzielen Einkünfte aus Wirtschaftsgütern, Anlagen oder Einrichtungen, die ihnen getrennt zuzurechnen sind.
   b) Die Steuerpflichtigen unterhalten bei der Planung, Herstellung, dem Erwerb, der Erhaltung, Verwaltung, Vermietung oder der sonstigen Nutzung dieser Wirtschaftsgüter, Anlagen oder Einrichtungen zu demselben Dritten (Treuhänder, Baubetreuer, Verwalter, Garantiegeber, Finanzierungsvermittler) Rechtsbeziehungen (z.B. Treuhand-, Baubetreuungs-, Bewirtschaftungs- oder Verwaltungsverträge).
   c) Die Rechtsbeziehungen sind gleichartig, z.B. bei Verwendung einheitlicher Musterverträge oder aufgrund gleichartiger Geschäftsbedingungen.

Dies gilt in den Fällen des § 1 Abs. 1 Satz 2 Buchstaben a bis c V zu § 180 Abs. 2 AO (vgl. Tz. 1.2 Buchstaben d bis f) entsprechend.

Hiernach können gesonderte Feststellungen vorgenommen werden insbesondere bei
   – Bauherrenmodellen, die die Errichtung von Einfamilienhäusern, Eigentumswohnungen oder sonstigen Gebäuden zum Gegenstand haben,
   – Erwerbermodellen, einschließlich Bauträgermodellen und Sanierungsmodellen.

2.2 Die gesonderte Feststellung für die Umsatzsteuer setzt zusätzlich voraus, dass mehrere Unternehmer (§ 2 UStG) an dem Gesamtobjekt beteiligt sind (§ 1 Abs. 2 V zu § 180 Abs. 2 AO).

3. **Umfang der gesonderten Feststellung bei Gesamtobjekten**

3.1 *Gesonderte Feststellung von Besteuerungsgrundlagen für die Steuern vom Einkommen*

3.1.1 Nach § 1 V zu § 180 Abs. 2 AO ist die teilweise gesonderte Feststellung zulässig. Die Feststellung soll sich in der Regel nur auf die Besteuerungsgrundlagen (z.B. Einkünfte, wie Sonderausgaben abziehbare Beträge) erstrecken, die sich aus dem vertraglichen Gesamtaufwand ergeben (vgl. Tzn. 3 und 4 des BMF-Schreibens vom 31. August 1990 – IV B 3 – S 2253a – 49/90 –, BStBl I S. 366 –; sog. Bauherrenerlass). Neben den sofort abziehbaren Werbungskosten können insbesondere auch die Grundlagen zur Bemessung der AfA, der Sonderbehandlung von Erhaltungsaufwendungen und des wie Sonderausgaben abziehbaren Betrages (z.B. nach §§ 3 und 4 FördG oder §§ 7, 7h, 7i, 10f, 11a und 11b EStG) gesondert festgestellt werden, wenn die Aufwendungen im Rahmen des Gesamtaufwandes entstanden sind. Bei einheitlicher Finanzierung soll auch das Disagio einbezogen werden; nicht einzubeziehen sind die außerhalb des Gesamtaufwandes entstandenen Aufwendungen, z.B. Kosten einer als Werbungskosten abziehbaren Individualfinanzierung, auch wenn diese über eine der in § 3 Abs. 1 Nr. 2 V zu § 180 Abs. 2 AO genannten Personen abgewickelt wird. Nicht einzubeziehen in die gesonderte Feststellung der Besteuerungsgrundlagen sind ferner die als Werbungskosten abziehbaren Vorsteuern bzw. die als Einnahme anzusetzenden Vorsteuererstattungen.

Gehören die Wirtschaftsgüter, Anlagen oder Einrichtungen zum Betriebsvermögen des Beteiligten, ist die gesonderte Feststellung auf die Höhe der sofort in voller Höhe absetzbaren Betriebsausgaben und die Bemessungsgrundlage der AfA zu beschränken. Kommt die Bildung eines Rechnungsabgrenzungspostens in Betracht, sind auch die hierfür maßgeblichen Besteuerungsgrundlagen festzustellen.

3.1.2 Es ist zulässig, nur für einige der Steuerpflichtigen, die an dem Gesamtobjekt beteiligt sind, eine gesonderte Feststellung durchzuführen.

3.1.3 Die Feststellung soll nur für den Zeitraum bis zur Bezugsfertigkeit (bei Bauherrenmodellen) oder der erstmaligen Vermietung oder Eigennutzung durch den Steuerpflichtigen (bei Erwerbermodellen) durchgeführt werden.

3.1.4 Umfang und Zeitraum der gesonderten Feststellung sind in dem Feststellungsbescheid genau zu bezeichnen. Nachrichtliche Mitteilungen, z.B. über Besteuerungsgrundlagen für nachfolgende Zeiträume, können in den Bescheid aufgenommen werden.

3.1.5 In Zusammenhang mit den festzustellenden Besteuerungsgrundlagen stehende Steuerabzugsbeträge und Körperschaftsteuer, die auf die festgesetzte Steuer anzurechnen sind, können nach § 180 Abs. 5 Nr. 2 AO gesondert festgestellt werden. Diese Feststellung kann mit der Feststellung nach der V zu § 180 Abs. 2 AO verbunden werden.

3.2 *Gesonderte Feststellung für die Umsatzsteuer*

3.2.1 Gesondert festgestellt werden soll, ob die Voraussetzungen für den Vorsteuerabzug vorliegen (§ 15 UStG). Liegen diese Voraussetzungen vor, so soll sich die Feststellung der Vorsteuerbeträge in der Regel auf die Vorsteuern beschränken, die sich aus dem vertraglichen Gesamtaufwand ergeben (vgl. Tz. 3.1.1). In jedem Fall sind jedoch die für eine Berichtigung des Vorsteuerabzugs nach § 15a UStG in Betracht kommenden Vorsteuerbeträge auf Anschaffungs-/Herstellungskosten gesondert festzustellen.

3.2.2 Werden Wirtschaftsgüter, Anlagen oder Einrichtungen von Beteiligten für eigene gewerbliche oder berufliche Zwecke verwendet, ist die Feststellung auf die Höhe der Vorsteuerbeträge zu beschränken. Ob die festgestellten Vorsteuerbeträge ganz oder teilweise vom Abzug ausgeschlossen sind (§ 15 Abs. 2 bis 4 UStG), entscheidet in diesen Fällen das für die Umsatzbesteuerung des Beteiligten zuständige Finanzamt (§ 21 AO).

3.2.3 Die Regelungen zur zeitlichen Begrenzung (Tz. 3.1.3) und zu den Angaben im Feststellungsbescheid (Tz. 3.1.4) gelten entsprechend. Hiervon unberührt bleibt die Durchführung von Amtshilfemaßnahmen, insbesondere zur einheitlichen Anwendung des § 15a UStG nach dem BMF-Schreiben vom 24. April 1992 – IV A 3 – S 7340–45/92 – (BStBl I S. 291).

3.3 *Gesonderte Feststellung für die Eigenheimzulage oder die Investitionszulage*

3.3.1 Feststellungen für Zwecke der Eigenheimzulage oder der Investitionszulage (§ 1 Abs. 1 Satz 2 V zu § 180 Abs. 2 AO) sind nur durchzuführen, wenn und soweit dies für deren Festsetzung erforderlich ist. Umfang und Zeitraum der gesonderten Feststellung sind im Feststellungsbescheid genau zu bezeichnen.

3.3.2 Bei Wohneigentum bzw. Wohngebäuden (§ 1 Abs. 1 Satz 2 Buchstaben a und c V zu § 180 Abs. 2 AO) soll sich die Feststellung nur auf den Teil der Bemessungsgrundlage erstrecken, der sich aus dem vertraglichen Gesamtaufwand ergibt.

3.3.3 Bei der Anschaffung von Genossenschaftsanteilen im Sinne des § 17 EigZulG (§ 1 Abs. 1 Satz 2 Buchstabe b V zu § 180 Abs. 2 AO) ist insbesondere festzustellen, ob von der Genossenschaft mehr als zwei Drittel des Geschäftsguthabens der Genossen zu wohnungswirtschaftlichen Zwecken verwandt wird, ob die Genossenschaft unverzüglich mit der Investitionstätigkeit begonnen hat und ob die Wohnungen überwiegend an Genossenschaftsmitglieder überlassen werden (vgl. BMF-Schreiben vom 11. Mai 1999, BStBl I S. 490). Sofern einzelne Voraussetzungen noch nicht sofort vorliegen, jedoch glaubhaft dargelegt wird, dass sie alsbald erfüllt sein werden, ist die Feststellung insoweit nach § 165 Abs. 1 AO vorläufig durchzuführen.

4. Einleitung des Feststellungsverfahrens

4.1 Sofern die Erklärung zur gesonderten Feststellung nicht unaufgefordert abgegeben wird, wird das Feststellungsverfahren durch Aufforderung des Finanzamts, eine Erklärung abzugeben, eingeleitet (vgl. Tz. 6).

4.2 Die Durchführung des Feststellungsverfahrens liegt nach § 4 V zu § 180 Abs. 2 AO im pflichtgemäßen Ermessen des Finanzamts. Ein Feststellungsverfahren soll nur durchgeführt werden, wenn dies der einheitlichen Rechtsanwendung und gleichzeitig der Erleichterung des Besteuerungsverfahrens dient. Von der Durchführung eines Feststellungsverfahrens kann auch abgesehen werden, wenn es sich um einen Fall von geringer Bedeutung handelt. Hinsichtlich der Feststellung von Besteuerungsgrundlagen für die Steuern vom Einkommen kann bei Bauherrenmodellen und vergleichbaren Modellen ein Feststellungsbedarf angenommen werden, wenn zumindest für einen Veranlagungszeitraum die Besteuerungsgrundlagen von mindestens drei Beteiligten festzustellen sind und der einzelne Beteiligte insgesamt Werbungskosten, Betriebsausgaben oder wie Sonderausgaben abziehbare Beträge (ausgenommen Finanzierungskosten und Notarkosten) von mehr als 5000 DM (ab Veranlagungs-/Feststellungszeitraum 2002: 2500 Euro) geltend macht. Dies gilt – mit Ausnahme der Aufgriffsgrenze von 5000 DM/2500 Euro – bei Feststellungen für die Festsetzung von Eigenheim- oder Investitionszulage entsprechend.

4.3 Zur Beseitigung von Zweifeln, ob ein Feststellungsverfahren durchgeführt wird, kann ein Negativbescheid erteilt werden (§ 4 Satz 2 V zu § 180 Abs. 2 AO). Die Ermittlungspflicht geht in diesem Fall in vollem Umfang auf das für die Steuerfestsetzung zuständige Finanzamt über.

4.4 Über einen Antrag auf Durchführung einer gesonderten Feststellung ist durch Bescheid zu entscheiden.

5. **Verfahrensbeteiligte**
5.1 Verfahrensbeteiligte sind:
 – die Feststellungsbeteiligten, denen die gesondert festzustellenden Besteuerungsgrundlagen zuzurechnen sind,
 – bei Gesamtobjekten auch die in § 3 Abs. 1 Nr. 2 V zu § 180 Abs. 2 AO genannten Personen (Betreuungsunternehmer, Treuhänder, Initiator, Verwalter u.a.).

Bei Gesamtobjekten sollen Ermittlungen und Verfahrenshandlungen gegenüber den in § 3 Abs. 1 Nr. 2 V zu § 180 Abs. 2 AO genannten Personen vorgenommen werden.

5.2 Das Steuergeheimnis steht der Offenbarung von Verhältnissen der Verfahrensbeteiligten gegenüber anderen Verfahrensbeteiligten nicht entgegen, soweit dies der Durchführung des Feststellungsverfahrens, z.B. bei der Bekanntgabe, dient (§ 30 Abs. 4 Nr. 1 AO).

6. **Erklärungspflicht**
6.1 Zur Abgabe der Erklärung zur gesonderten und einheitlichen Feststellung sind die Verfahrensbeteiligten i.S. der Tz. 5.1 verpflichtet. Eine Erklärungspflicht besteht nur nach ausdrücklicher Aufforderung durch das Finanzamt; bei Gesamtobjekten sind die in § 3 Abs. 1 Nr. 2 V zu § 180 Abs. 2 AO genannten Personen zur Abgabe der Erklärung aufzufordern (vgl. BFH-Urteile vom 1. Dezember 1987, BStBl 1988 II S. 319, und vom 17. August 1989, BStBl 1990 II S. 411).

6.2 Steht von vornherein fest, dass nur eine teilweise gesonderte Feststellung getroffen wird, soll das Finanzamt bei der Aufforderung zur Abgabe der Steuererklärung den Umfang der Erklärung entsprechend einschränken (§ 3 Abs. 3 V zu § 180 Abs. 2 AO).

6.3 Die Erklärungspflicht besteht auch in den Fällen, in denen der Betrieb, die Nutzung, Betreuung (Treuhandschaft), Geschäftsführung, Verwaltung usw. nicht mehr besteht (§ 3 Abs. 1 V zu § 180 Abs. 2 AO).

6.4 Kommen für die Abgabe der Erklärung mehrere Personen in Betracht, sind Überschneidungen bei der Aufforderung zur Abgabe der Erklärung zu vermeiden. Im Übrigen wird auf § 3 Abs. 4 V zu § 180 Abs. 2 AO hingewiesen.

6.5 Die Aufforderung des Finanzamts zur Abgabe einer Feststellungserklärung hat eine Anlaufhemmung der Feststellungsfrist nach § 170 Abs. 2 Satz 1 Nr. 1 AO zur Folge. Wird eine Feststellungserklärung dagegen unaufgefordert abgegeben, beginnt die Frist für die Aufhebung oder Änderung der gesonderten Feststellung oder ihrer Berichtigung nach § 129 AO nicht vor Ablauf des Kalenderjahres, in dem die Feststellungserklärung abgegeben worden ist (§ 181 Abs. 1 Satz 3 AO).

7. **Bekanntgabe**
7.1 Der Feststellungsbescheid und andere im Feststellungsverfahren zu erlassene Verwaltungsakte können an einen Empfangsbevollmächtigten mit Wirkung für und gegen alle Feststellungsbeteiligten bekanntgegeben werden. Die Feststellungsbeteiligten sollen hierzu einen gemeinsamen Empfangsbevollmächtigten bestellen (§ 6 Abs. 1 Satz 1 V zu § 180 Abs. 2 AO).

7.2 Benennen die Feststellungsbeteiligten keinen Empfangsbevollmächtigten, so kann das Finanzamt sie dazu auffordern und gleichzeitig einen Verfahrensbeteiligten als Empfangsbevollmächtigten vorschlagen. Bei Gesamtobjekten sollen in der Regel die in § 3 Abs. 1 Nr. 2 V zu § 180 Abs. 2 AO genannten Personen als Empfangsbevollmächtigte vorgeschlagen werden.

Äußern sich die Feststellungsbeteiligten nicht innerhalb einer angemessenen, in der Aufforderung anzugebenden Frist, so gilt der von der Finanzbehörde Vorgeschlagene als Empfangsbevollmächtigter. Dies gilt jedoch nur insoweit, als einer oder mehrere der Feststellungsbeteiligten für sich nicht einen anderen Empfangsbevollmächtigten benennen.

7.3 Das Finanzamt darf keinen Verfahrensbeteiligten als Empfangsbevollmächtigten vorschlagen, von dem ihm bekannt ist, dass er ernstliche Meinungsverschiedenheiten mit Feststellungsbeteiligten hat. Soweit ernstliche Meinungsverschiedenheiten zwischen den Feststellungsbeteiligten bekannt sind, ist insoweit eine gesonderte Bekanntgabe des Feststellungsbescheids (Einzelbekanntgabe) erforderlich.

7.4 Ist Einzelbekanntgabe erforderlich, sind nur diejenigen Besteuerungsgrundlagen bekanntzugeben, die den jeweiligen Feststellungsbeteiligten unmittelbar betreffen (§ 6 Abs. 4 V zu § 180 Abs. 2 AO).

7.5 Sind keine ernstlichen Meinungsverschiedenheiten zwischen den Verfahrensbeteiligten bekannt, sollen auch nach Beendigung des Betriebs, der Nutzung, Betreuung (Treuhandschaft), Geschäftsführung, Verwaltung usw. oder beim Ausscheiden von Feststellungsbeteiligten Feststellungsbescheide weiterhin nur an den bestellten Empfangsbevollmächtigten bekannt gegeben werden, soweit und solange Feststellungsbeteiligte oder der Empfangsbevollmächtigte nicht widersprochen haben.

Die Bekanntgabe eines Feststellungsbescheides an einen Empfangsbevollmächtigten i.S. des § 6 Abs. 1 Satz 1 V zu § 180 Abs. 2 AO ist auch gegenüber einem aus der Bauherrengemeinschaft ausgeschiedenen Feststellungsbeteiligten wirksam, solange dieser die Vollmacht nicht gegenüber der für die Feststellung zuständigen Finanzbehörde widerrufen hat (BFH-Urteil vom 7. Februar 1995, BStBl II S. 357). Der Widerruf einer Empfangsvollmacht gegenüber der Finanzbehörde ist nicht an eine bestimmte Form gebunden, er kann schriftlich oder auch mündlich erfolgen.

7.6 Bei Gesamtobjekten ist der Feststellungsbescheid nach § 6 Abs. 2 V zu § 180 Abs. 2 AO auch den in § 3 Abs. 1 Nr. 2 V zu § 180 Abs. 2 AO genannten Personen bekanntzugeben, wenn sie die Erklärung abgegeben haben, aber nicht gleichzeitig Empfangsbevollmächtigte sind.

8. Rechtsbehelfsbefugnis

Zur Einspruchsbefugnis vgl. § 352 AO, zur Klagebefugnis vgl. § 48 FGO. Vgl. auch die Regelungen im Anwendungserlass zu § 352 AO.

9. Außenprüfung

9.1 Eine Außenprüfung kann bei allen Verfahrensbeteiligten durchgeführt werden. Bei Gesamtobjekten soll sie bei einem Feststellungsbeteiligten nur durchgeführt werden, wenn eine Außenprüfung bei den in § 3 Abs. 1 Nr. 2 V zu § 180 Abs. 2 AO genannten Personen keine hinreichende Sachaufklärung verspricht oder ergibt.

9.2 Die Prüfungsanordnung ist an denjenigen zu richten und bekanntzugeben, bei dem die Außenprüfung durchgeführt werden soll (§ 197 AO, § 7 V zu § 180 Abs. 2 AO). Ergeht die Prüfungsanordnung an eine in § 3 Abs. 1 Nr. 2 V zu § 180 Abs. 2 AO genannte Person, ist darauf hinzuweisen, dass sie die Prüfung nach § 7 Abs. 1 i.V.m. § 5 und § 3 Abs. 1 Nr. 2 V zu § 180 Abs. 2 AO zu dulden hat (vgl. BFH-Beschluss vom 14. März 1989, BStBl II S. 590).

10. Zuständigkeit

Örtlich zuständig ist in den Fällen des § 1 Abs. 1 Satz 1 Nr. 1 V zu § 180 Abs. 2 AO das Betriebsfinanzamt (§ 2 Abs. 1 V zu § 180 Abs. 2 AO), in den Fällen des § 1 Abs. 1 Satz 1 Nr. 2 und Satz 2 sowie § 1 Abs. 2 V zu § 180 Abs. 2 AO das für den Erklärungspflichtigen zuständige Finanzamt (§ 2 Abs. 2 und 3 V zu § 180 Abs. 2 AO).

Bei Bauherrenmodellen und vergleichbaren Modellen ist dies in der Regel das für die Besteuerung des Verfahrensbeteiligten, der die Erklärung abgibt oder zur Abgabe der Erklärung aufgefordert wird, nach dem Einkommen zuständige Finanzamt (§§ 19, 20 AO). In Fällen der Anschaffung von Genossenschaftsanteilen im Sinne des § 17 EigZulG (§ 1 Abs. 1 Satz 2 V zu § 180 Abs. 2 AO) ist das für die Besteuerung der Genossenschaft nach dem Einkommen zuständige Finanzamt (§ 20 AO) für die Feststellung nach der V zu § 180 Abs. 2 AO zuständig.

11. Geltendmachung von negativen Einkünften oder der wie Sonderausgaben abziehbaren Beträge

Zur Berücksichtigung negativer Einkünfte oder der wie Sonderausgaben abziehbaren Beträge bei Gesamtobjekten ist das BMF-Schreiben vom 13. Juli 1992 – IV A 5 – S 0361–19/92 – (BStBl I S. 404), geändert durch BMF-Schreiben vom 28. Juni 1994 – IV A 4 – S 0361–14/94 – (BStBl I S. 420), anzuwenden.

12. **Anwendung des § 2b EStG**

    Bei Gesamtobjekten sind die Voraussetzungen für die Anwendung des § 2b EStG und die sich aus der Anwendung des § 2b EStG ggf. ergebenden Folgerungen im Feststellungsverfahren nach der V zu § 180 Abs. 2 AO zu prüfen.

13. **Schlussbestimmungen**

    13.1 Die vorstehenden Regelungen sind vorbehaltlich der Tz. 13.3 in allen anhängigen Verfahren anzuwenden (Artikel 97 § 1 Abs. 2 EGAO in der Fassung des Steuerbereinigungsgesetzes 1986 vom 19. Dezember 1985, BStBl I S. 2436). Dies gilt auch für Feststellungszeiträume vor dem In-Kraft-Treten der Neuregelungen (vgl. BFH-Urteil vom 1. Dezember 1987, BStBl 1988 II S. 319).

    13.2 Anhängige Verfahren in diesem Sinne sind neben bereits eingeleiteten und noch nicht abgeschlossenen Feststellungsverfahren auch solche Verfahren, in denen die maßgebliche Steuerfestsetzung noch nicht materiell bestandskräftig ist. Ein Verfahren ist insbesondere dann anhängig, wenn noch keine Steuerfestsetzung oder nur eine Steuerfestsetzung unter dem Vorbehalt der Nachprüfung nach § 164 AO erfolgt ist bzw. über einen gegen die Steuerfestsetzung eingelegten Rechtsbehelf noch nicht entschieden ist. Soweit nicht die Verfahren aller Beteiligten anhängig sind, ist die Feststellung auf die noch anhängigen Fälle zu begrenzen.

    Die Anwendung der Neuregelung auf anhängige Verfahren führt nicht zu einer Durchbrechung der Verjährung (vgl. BFH-Urteil vom 17. August 1989, BStBl 1990 II S. 411).

    13.3 Bei Feststellungen nach § 1 Abs. 1 Satz 2 V zu § 180 Abs. 2 AO gilt zur Anwendung der vorstehenden Regelungen Folgendes:
    - Feststellungen für die Einkommensteuerfestsetzung sind ab dem 1. Januar 1991 durchzuführen (Artikel 3 der Ersten Verordnung zur Änderung der Verordnung zu § 180 Abs. 2 AO vom 22. Oktober 1990, BGBl. I S. 2275, BStBl I S. 724);
    - Feststellungen für die Eigenheimzulagenfestsetzung sind ab dem 23. Dezember 1995 durchzuführen (Artikel 15 des Gesetzes zur Neuregelung der steuerrechtlichen Wohneigentumsförderung vom 15. Dezember 1995, BGBl. I S. 1783, BStBl I S. 775).
    - Bei der Anschaffung von Genossenschaftsanteilen i.S. des § 17 EigZulG sind die vorstehenden Regelungen ab dem 30. Dezember 1999 anzuwenden (Artikel 28 Abs. 2 des Steuerbereinigungsgesetzes 1999 vom 22. Dezember 1999, BGBl. I S. 2601, BStBl 2000 I S. 13);
    - Feststellungen für die Festsetzung der Investitionszulage sind ab dem 28. Dezember 2000 (Artikel 11 Abs. 1 des Gesetzes zur Änderung des Investitionszulagengesetzes 1999 vom 20. Dezember 2000, BGBl. I S. 1850, BStBl 2001 I S. 28) durchzuführen.

    Die Neuregelungen sind jeweils ab den genannten Zeitpunkten in allen anhängigen Verfahren anzuwenden (vgl. Tz. 13.1 und 13.2).

Verfahren bei der Geltendmachung von negativen Einkünften aus der Beteiligung an Verlustzuweisungsgesellschaften und vergleichbaren Modellen 7

(BMF-Schreiben vom 13. 7. 1992 – IV A 5 – S 0361–19/92, BStBl 1992 I S. 404, geändert mit BMF-Schreiben vom 28. 6. 1994 – IV A 4 – S 0361–14/94, BStBl 1994 I S. 420)[1]

Unter Bezugnahme auf das Ergebnis der Erörterungen mit den obersten Finanzbehörden der Länder gilt für die gesonderte Feststellung und zur ertragsteuerlichen Berücksichtigung von negativen Einkünften aus der Beteiligung an Verlustzuweisungsgesellschaften und vergleichbaren Modellen folgendes:

1. **Anwendungsbereich**

   1.1 Die nachstehenden Verfahrensgrundsätze gelten insbesondere für Beteiligungen an Verlustzuweisungsgesellschaften und an Gesamtobjekten i.S. des § 1 Abs. 1 Satz 1 Nr. 2 und Satz 2 der Verordnung über die gesonderte Feststellung von Besteuerungsgrundlagen nach § 180 Abs. 2 AO (V zu § 180 Abs. 2 AO) sowie für vergleichbare Modelle mit nur einem Kapitalanleger.

   1.2 **Verlustzuweisungsgesellschaften**

   1.2.1 Es handelt sich hierbei um Personenzusammenschlüsse in gesellschafts- oder gemeinschaftsrechtlicher Form, deren Gegenstand insbesondere die Herstellung oder die Anschaffung eines Anlageobjekts und dessen Nutzungsüberlassung ist und an der eine Beteiligung in der Absicht erworben wird, Verluste aus den Einkunftsarten des § 2 Abs. 1 Nr. 1 bis 3 EStG oder negative Einkünfte i.S. des § 20 Abs. 1 Nr. 4 oder des § 21 EStG zu erzielen. Die Kapitalanleger werden dadurch zum Beitritt zur Verlustzuweisungsgesell-

---
[1] Vgl. auch BMF-Schreiben vom 5. 7. 2000 – IV A 5 – S 2118b – 111/00 – zur Anwendung des § 2b EStG.

schaft bewogen, daß sie auf der Basis eines im voraus gefertigten Konzepts zwecks Erzielung steuerlicher Vorteile – zumindest für eine gewisse Zeit – an den von der Gesellschaft erzielten negativen Einkünften beteiligt werden sollen. Verlustzuweisungsgesellschaften in diesem Sinne sind daher insbesondere sog. gewerbliche Abschreibungsgesellschaften sowie vermögensverwaltende Gesellschaften, wenn von den Initiatoren mit negativen Einkünften geworben wird.

1.2.2 Die im Rahmen einer mit Einkünfteerzielungsabsicht betriebenen Verlustzuweisungsgesellschaft erzielten negativen Einkünfte sind nach § 180 Abs. 1 Nr. 2 Buchstabe a oder Abs. 5 AO gesondert und einheitlich festzustellen. Ist eine Einkünfteerzielungsabsicht nicht anzunehmen, ist ein negativer Feststellungsbescheid nach § 181 Abs. 1 Satz 1 i.V.m. mit § 155 Abs. 1 Satz 3 AO zu erlassen.

1.3 Gesamtobjekte

Es handelt sich hierbei insbesondere um Beteiligungen an Bauherrenmodellen und Erwerbermodellen, einschließlich der Bauträger- und Sanierungsmodelle. Gesondert und einheitlich festgestellt werden nur die auf den gleichartigen Rechtsbeziehungen und Verhältnissen beruhenden Besteuerungsgrundlagen. Soweit im folgenden die Behandlung von Einkünften geregelt ist, gilt dies für die nach der V zu § 180 Abs. 2 AO festzustellenden Besteuerungsgrundlagen entsprechend.

1.4 Modelle mit nur einem Kapitalanleger

Sind die Einkünfte eines vergleichbaren Modells nur einem Stpfl. zuzurechnen, kommt nur in den Fällen des § 180 Abs. 1 Nr. 2 Buchstabe b AO (Einkünfte aus Land- und Forstwirtschaft, Gewerbebetrieb oder freiberuflicher Tätigkeit) eine gesonderte Feststellung in Betracht. In den übrigen Fällen – insbesondere bei Einkünften aus Vermietung und Verpachtung – obliegt die Ermittlungskompetenz allein dem für den Erlaß des ESt-Bescheids zuständigen FA.

2. Allgemeines

2.1 Rechtsfragen, die im Zusammenhang mit der Beteiligung an einem Modell i.S. der Tz. 1 gestellt werden, dürfen nur im Rahmen des nachfolgend dargestellten Prüfungs- oder Feststellungsverfahrens beantwortet werden.

2.2 Eine verbindliche Auskunft aufgrund des BMF-Schreibens vom 24. Juni 1987 – IV A 5 – S 0430–9/87[1) kommt bei diesen Modellen nicht in Betracht.

2.3 Die Bezeichnung „Betriebsfinanzamt" (BetriebsFA) wird im folgenden zur Kennzeichnung des für die gesonderte Feststellung der Einkünfte zuständigen FA verwendet.

Die Bezeichnung „Wohnsitzfinanzamt" (WohnsitzFA) gilt für jedes FA, das die Mitteilung über die Einkünfte des Beteiligten auszuwerten hat.

2.4 Die Beteiligten haben bei der Ermittlung des Sachverhalts, unbeschadet der Untersuchungspflicht der Finanzbehörde, mitzuwirken (§ 90 Abs. 1 AO). Wird die Mitwirkungspflicht verletzt, sind ggf. die Besteuerungsgrundlagen zu schätzen (§ 162 AO). Bei Auslandsinvestitionen besteht eine gesteigerte Mitwirkungsverpflichtung. Hier haben die Beteiligten Beweisvorsorge zu treffen, unter Ausschöpfung aller bestehenden rechtlichen und tatsächlichen Möglichkeiten selbst den Sachverhalt aufzuklären und Beweismittel nicht nur zu benennen, sondern auch zu beschaffen (§ 90 Abs. 2 AO). Werden diese Pflichten nicht ausreichend erfüllt und bleiben deshalb Unklarheiten im Sachverhalt, gehen diese zu Lasten der Beteiligten.

2.5 Bei Gesamtobjekten sind auch die Verfahrensregelungen des BMF-Schreibens vom 5. Dezember 1990 – IV A 5 – S 0361–20/90 –[2) zu beachten.

3. Verfahren beim Betriebsfinanzamt

3.1 Geltendmachung von negativen Einkünften für Zwecke des Vorauszahlungsverfahrens/der Lohnsteuerermäßigung

3.1.1 Wird beim BetriebsFA zum Zwecke der Herabsetzung der Vorauszahlungen oder zur Eintragung eines Freibetrags auf der Lohnsteuerkarte der Beteiligten an einem Modell i.S. der Tz. 1 geltend gemacht, daß negative Einkünfte eintreten werden, so ermittelt das BetriebsFA im Wege der Amtshilfe (§§ 111 bis 115 AO) für die WohnsitzFÄ die Höhe der voraussichtlichen negativen Einkünfte der Beteiligten (Vorprüfung).

3.1.2 Ein Vorprüfungsverfahren findet nicht statt, soweit negative Einkünfte aus Vermietung und Verpachtung bei der Festsetzung der ESt-Vorauszahlungen oder im LSt-Ermäßigungsverfahren nicht berücksichtigt werden dürfen (§ 37 Abs. 3 Sätze 6 ff. und § 39a Abs. 1 Nr. 5 EStG). Wird gleichwohl ein Antrag i.S. der Tz. 3.1.1 beim BetriebsFA gestellt, so sind die WohnsitzFÄ hierüber zu unterrichten.

[1) Vgl. jetzt § 89 Abs. 2 AO.
[2) Jetzt BMF-Schreiben vom 2. 5. 2001 (AO 180/4).

§ 180 AO
H

3.1.3 Das BetriebsFA beginnt mit der Vorprüfung erst, wenn nachgewiesen ist, daß die Planung des Investitionsvorhabens abgeschlossen und durch konkrete Maßnahmen bereits mit ihrer Umsetzung begonnen worden ist (z.B. Beginn der Bau- oder Herstellungsmaßnahmen).

Bei Verlustzuweisungsgesellschaften (Tz. 1.2) ist zusätzlich Voraussetzung, daß mindestens 75 v.H. des von den Beteiligten selbst aufzubringenden Kapitals rechtsverbindlich gezeichnet sind; der Beitritt eines Treuhänders für noch zu werbende Treugeber reicht nicht aus.

3.1.4 Weitere Voraussetzung ist, daß sämtliche Unterlagen vorgelegt werden, die für die Beurteilung der geltend gemachten voraussichtlichen negativen Einkünfte dem Grunde und der Höhe nach sowie hinsichtlich ihrer Ausgleichsfähigkeit erforderlich sind. In einer Fremdsprache abgefaßte Verträge und Unterlagen sind ggf. in beglaubigter deutscher Übersetzung vorzulegen (vgl. § 87 AO).

3.1.5 Zu diesen Unterlagen gehören insbesondere

a) Prospekte, Objektbeschreibungen und Unterlagen für den Vertrieb (z.B. Baubeschreibungen, Musterverträge);

b) alle von den Projektanbietern und sonstigen Personen abgeschlossenen Verträge mit den Beteiligten (z.B. Beitrittserklärungen und Nebenabreden über Zahlungen), mit den an der Planung und Ausführung des Investitionsobjekts beteiligten Unternehmen, mit den in die Finanzierung eingeschalteten Firmen und ggf. mit den Personen, die das Investitionsobjekt nutzen;

c) ein spezifizierter Finanzierungsplan (mit Kreditzusagen und Kreditverträgen) über den Gesamtfinanzierungsaufwand und den voraussichtlichen Einsatz der Finanzierungsmittel (Objektkalkulationen);

d) Angaben über den Projektstand (z.B. Baugenehmigung, Baubeginnanzeige, Baufortschrittsanzeige, Teilungserklärung);

e) eine voraussichtliche Gewinn- und Verlustrechnung/Einnahmen-Überschußrechnung, aus der sich die Betriebsausgaben/Werbungskosten im einzelnen ergeben, bzw. bei Gesamtobjekten (Tz. 1.3) eine entsprechende Aufstellung über die voraussichtlichen Besteuerungsgrundlagen aus den gleichgelagerten Sachverhalten;

f) eine Darstellung des angestrebten Totalgewinns/-überschusses;

g) ein Verzeichnis der Beteiligten mit Anschrift, Angabe des zuständigen FA und der Steuernummer.

Die Antragsteller haben schriftlich zu versichern, daß die Unterlagen vollständig sind und daneben keine weiteren Vereinbarungen getroffen worden sind.

3.1.6 Das BetriebsFA kann von den Projektanbietern, der Verlustzuweisungsgesellschaft, den Verfahrensbeteiligten i.S. der V zu § 180 Abs. 2 AO oder sonstigen Personen (ggf. auf der Grundlage des § 93 AO) auch Erklärungen verlangen, wonach bestimmte Verträge nicht abgeschlossen oder bestimmte Unterlagen nicht vorhanden sind (Negativ-Erklärungen).

3.1.7 Soweit es sich bei den Projektanbietern und den von ihnen zur Ausführung oder Finanzierung des Investitionsvorhabens sowie zur Nutzung des Investitionsobjekts beauftragten Unternehmen um nahestehende Personen i.S. des § 1 Abs. 2 AStG handelt, sind die Beziehungen bekanntzugeben.

3.1.8 Innerhalb eines Zeitraums von sechs Monaten nach Vorlage aller erforderlichen prüfungsfähigen Unterlagen (Tzn. 3.1.3 bis 3.1.7) sollen die Vorprüfung der geltend gemachten negativen Einkünfte vorgenommen und das Ergebnis den WohnsitzFÄ mitgeteilt werden. Hierbei ist auch mitzuteilen, ob eine gesonderte und einheitliche Feststellung nach § 180 Abs. 1 Nr. 2 Buchstabe a AO oder nach § 1 Abs. 1 Satz 1 Nr. 2 und Satz 2 V zu § 180 Abs. 2 AO durchgeführt wird. Sind Sachverhalte vor Ort zu ermitteln, soll das BetriebsFA einen Betriebsprüfer hiermit beauftragen, sobald alle erforderlichen Unterlagen vorliegen.

3.1.9 Werden die geltend gemachten negativen Einkünfte ganz oder teilweise nicht anerkannt, so soll die Mitteilung eine für das WohnsitzFA in einem etwaigen Rechtsbehelfsverfahren verwertbare Begründung und eine Aussage darüber enthalten, ob und ggf. in welcher Höhe eine Aussetzung der Vollziehung in Betracht kommt. Die Entscheidung über einen Antrag auf Aussetzung der Vollziehung obliegt dem WohnsitzFA.

3.1.10 Kann eine Vorprüfung nicht innerhalb von sechs Monaten nach Vorlage sämtlicher Unterlagen (Tzn. 3.1.3 bis 3.1.7) abgeschlossen werden und liegen auch die Voraussetzungen der Tz. 3. 1. 12 nicht vor, teilt das BetriebsFA dem WohnsitzFÄ nach Ablauf dieser Frist mit, ob und in welchem Umfang nach dem gegenwärtigen Stand der Prüfung die geltend gemachten negativen Einkünfte anerkannt werden können. Die Mitteilung soll eine im Rechtsbehelfsverfahren verwertbare Begründung enthalten (= begründeter Schätzungsvorschlag).

3.1.11 Eingehende Anfragen der FÄ (Tz. 4.1.1) sind vom BetriebsFA unverzüglich nach dem gegenwärtigen Verfahrensstand zu beantworten. Hierbei ist der Ablauf der Sechsmonatsfrist mitzuteilen sowie anzugeben, ob die prüfungsfähigen Unterlagen vorliegen. Hier ist auch mitzuteilen, ob eine gesonderte und einheitliche Feststellung nach § 180 Abs. 1 Nr. 2 Buchstabe a AO oder nach § 1 Abs. 1 Satz 1 Nr. 2 und Satz 2 V zu § 180 Abs. 2 AO durchgeführt wird.

3.1.12 Das BetriebsFA kann auf die Vorprüfung verzichten und dem WohnsitzFA die Höhe der voraussichtlichen negativen Einkünfte des Stpfl. mitteilen, wenn es keine ernstlichen Zweifel hinsichtlich der Entstehung und der Höhe der geltend gemachten negativen Einkünfte hat, weil es sich

  a) um ein Projekt handelt, das in tatsächlicher und rechtlicher Hinsicht mit vom BetriebsFA bereits überprüften anderen Projekten desselben Projektanbieter vergleichbar ist und die negativen Einkünfte ohne wesentliche Beanstandung anerkannt worden sind, oder

  b) um negative Einkünfte aus einem Projekt handelt, für das bereits für Vorjahre negative Einkünfte überprüft und ohne wesentliche Beanstandung anerkannt worden sind.

3.2 Gesonderte Feststellung der negativen Einkünfte durch das Betriebsfinanzamt

3.2.1 Das BetriebsFA soll die gesonderte Feststellung der Einkünfte bei Modellen i.S. der Tz. 1 beschleunigt durchführen.

3.2.2 Im Rahmen der Feststellungserklärung sind grundsätzlich die gleichen Angaben zu machen und die gleichen Unterlagen vorzulegen wie im Vorauszahlungsverfahren (vgl. Tzn. 3.1.4 bis 3.1.7). Soweit einzelne nach der Konzeption vorgesehene Verträge noch nicht abgeschlossen sind oder bestimmte Angaben nicht oder noch nicht gemacht werden können, ist hierauf besonders hinzuweisen.

3.2.3 Die Fristen für die Abgabe der Erklärungen zur gesonderten Feststellung der Einkünfte sind in der Regel nicht zu verlängern.

3.2.4 Wird die Erklärung trotz Erinnerung nicht abgegeben oder werden die nach den Tzn. 3.1.3 bis 3.1.7 vorzulegenden Unterlagen und Angaben trotz ergänzender Rückfragen nicht eingereicht, sollen die negativen Einkünfte im Feststellungsverfahren geschätzt werden (ggf. auf null DM). Gleiches gilt bei Auslandssachverhalten, wenn die Beteiligten ihrer erhöhten Mitwirkungspflicht nicht nachkommen (vgl. Tz. 2.4).

3.2.5 Für die Bearbeitung und Prüfung vorliegender Feststellungserklärungen und für die Beantwortung der Anfragen der WohnsitzFÄ gelten die für das Vorprüfungsverfahren getroffenen Regelungen (vgl. Tzn. 3.1.8 und 3.1.10 bis 3.1.12) entsprechend. Ist innerhalb der Sechsmonatsfrist eine abschließende Überprüfung des Sachverhalts nicht möglich, kann aufgrund einer vorläufigen Beurteilung ein unter dem Vorbehalt der Nachprüfung (§ 164 AO) stehender Feststellungsbescheid erlassen werden. Unsicherheiten bei der Ermittlung der festzustellenden Einkünfte, die die Beteiligten (z.B. wegen ausstehender Unterlagen oder Angaben i.S. der Tzn. 3.1.3 bis 3.1.7) zu vertreten haben, sind zu deren Lasten bei der vorläufigen Beurteilung zu berücksichtigen. Die abschließende Prüfung der festzustellenden Einkünfte ist rechtzeitig vor Eintritt der Feststellungsverjährung nachzuholen.

3.2.6 Bei Feststellungen nach der V zu § 180 Abs. 2 AO ist der sachliche und zeitliche Umfang der Feststellung im Feststellungsbescheid und in der Feststellungsmitteilung zu erläutern. Wird eine gesonderte Feststellung abgelehnt, kann das BetriebsFA im Wege der Amtshilfe Ermittlungen für das WohnsitzFA vornehmen.

3.2.7 Ist bei einer Verlustzuweisungsgesellschaft keine Einkünfteerzielungsabsicht anzunehmen, dürfen negative Einkünfte nicht gesondert und einheitlich festgestellt werden (vgl. Tz. 1.1.2). Beantragen die Beteiligten oder die Gesellschaft die Durchführung einer Vorprüfung, ist dies abzulehnen. Wird eine gesonderte und einheitliche Feststellung beantragt, ist ein negativer Feststellungsbescheid zu erlassen. Die WohnsitzFÄ sind hierüber zu unterrichten.

3.2.8 Sind bei Modellen mit nur einem Kapitalanleger (Tz. 1.4) die Voraussetzungen für eine gesonderte Feststellung nach § 180 Abs. 1 Nr. 2 Buchstabe b AO nicht erfüllt, kann bei Einkünften aus Vermietung und Verpachtung das BetriebsFA bei der Festsetzung der Vorauszahlungen und der Jahressteuer zu berücksichtigende Besteuerungsgrundlagen im Wege der Amtshilfe für das WohnsitzFA ermitteln. Die Regelungen der Tzn. 3.1 bis 3.2.5 gelten sinngemäß. Die Entscheidungskompetenz hinsichtlich der zu berücksichtigenden Besteuerungsgrundlagen hat allein das WohnsitzFA. Als BetriebsFA gilt hierbei das FA, von dessen Bezirk die Verwaltung der Einkünfte aus Vermietung und Verpachtung ausgeht.

3.2.9 Hat ein Wohnsitzfinanzamt eine Anfrage an das Betriebsfinanzamt nach Tz. 4.2.1 gerichtet und stellt dieses fest, daß die Voraussetzungen für eine gesonderte Feststellung nach § 180 Abs. 1 Nr. 2 Buchst. a AO nicht erfüllt sind, so muß das Betriebsfinanzamt einen negativen Feststellungsbescheid erlassen. Gleiches gilt, wenn das Betriebsfinanzamt nach § 4 V zu

§ 180 Abs. 2 AO auf die Durchführung eines Feststellungsverfahrens verzichtet. Die Wohnsitzfinanzämter sind hierüber zu unterrichten.

4. Verfahren beim Wohnsitzfinanzamt

4.1 Geltendmachung von negativen Einkünften für Zwecke des Vorauszahlungsverfahrens/der Lohnsteuerermäßigung

4.1.1 Beantragt ein Beteiligter unter Hinweis auf seine voraussichtlichen negativen Einkünfte, Vorauszahlungen herabzusetzen, hat das WohnsitzFA im Rahmen seiner Pflicht zur Ermittlung der voraussichtlichen Jahreseinkommensteuer unverzüglich eine Anfrage an das BetriebsFA zu richten.

4.1.2 Legt der Beteiligte Unterlagen vor, die den Schluß zulassen, daß das BetriebsFA noch nicht eingeschaltet ist, so leitet das WohnsitzFA eine Ausfertigung dieser Unterlagen mit seiner Anfrage dem BetriebsFA zu.

4.1.3 Während der dem BetriebsFA zur Verfügung stehenden Bearbeitungszeit von sechs Monaten (Tz. 3.1.8) soll das WohnsitzFA i.d.R. von weiteren Rückfragen nach dem Stand der Bearbeitung absehen.

4.1.4 Eine Anfrage an das BetriebsFA unterbleibt, wenn die Prüfung des WohnsitzFA ergibt, daß eine Herabsetzung der Vorauszahlungen oder eine LSt-Ermäßigung aus Rechtsgründen nicht in Betracht kommt (vgl. Tz. 3.1.2). Bei der Einkunftsart Vermietung und Verpachtung ist eine Herabsetzung der Vorauszahlungen danach erstmals für Jahre möglich, die dem Jahr der Fertigstellung oder Anschaffung des Objekts folgen. Bei Inanspruchnahme erhöhter Absetzungen nach §§ 14a, 14c oder 14d BerlinFG oder Sonderabschreibungen nach § 4 Fördergebietsgesetz kommt eine Herabsetzung der Vorauszahlungen bereits für das Jahr der Fertigstellung/Anschaffung oder für das Jahr, in dem Teilherstellungskosten/Anzahlungen auf Anschaffungskosten als Bemessungsgrundlage geltend gemacht werden, in Betracht.

4.1.5 Nach Eingang des Antrags auf Herabsetzung der Vorauszahlungen kann das WohnsitzFA zwischenzeitlich fällig werdende Vorauszahlungen solange stunden, bis das BetriebsFA verwertbare Angaben mitgeteilt hat, längstens jedoch für sechs Monate. Die Stundung kann über diesen Zeitraum hinaus gewährt werden, wenn die Gründe für die Verlängerung nicht von den Beteiligten zu vertreten sind. Die gestundeten Steuerbeträge sind nicht zu verzinsen, soweit der Herabsetzungsantrag Erfolg hat.

4.1.6 Teilt das BetriebsFA die Höhe der voraussichtlichen negativen Einkünfte mit, so berücksichtigt das WohnsitzFA diese Mitteilung bei der Entscheidung über den Antrag auf Herabsetzung der Vorauszahlungen.

4.1.7 Teilt das BetriebsFA mit, daß ihm die nach Tzn. 3.1.3 bis 3.1.7 erforderlichen Unterlagen und Angaben nicht oder nicht vollständig vorliegen, und hat sie auch der Beteiligte selbst nicht beigebracht, ist der Antrag auf Herabsetzung der Vorauszahlungen abzulehnen. Das gilt auch, wenn die Voraussetzungen der Tz. 3.1.3 nicht vorliegen. § 30 AO steht entsprechenden begründenden Erläuterungen nicht entgegen.

4.1.8 Liegt dem WohnsitzFA – entgegen den in Tz. 3.1.10 vorgesehenen Regelungen nach Ablauf der dem BetriebsFA eingeräumten Sechsmonatsfrist keine Mitteilung über die Höhe der voraussichtlichen negativen Einkünfte vor und kommt eine Verlängerung der Stundung nach Tz. 4.1.5 nicht in Betracht, entscheidet das WohnsitzFA aufgrund überschlägiger Prüfung, in welcher – ggf. geschätzten – Höhe die negativen Einkünfte des Beteiligten als glaubhaft gemacht anzusehen sind.

4.1.9 Die bei einer Veranlagung berücksichtigten negativen Einkünfte dürfen nicht ungeprüft bei der Festsetzung der Vorauszahlungen für Folgejahre übernommen werden.

4.1.10 Die vorstehenden Grundsätze gelten entsprechend, wenn ein Steuerpflichtiger im Hinblick auf negative Einkünfte aus der Beteiligung an einem Modell im Sinne der Tz. 1 die Eintragung eines Freibetrags auf der Lohnsteuerkarte beantragt, § 39a EStG. Das Wohnsitzfinanzamt kann einen Freibetrag – ggf. in geschätzter Höhe – bereits dann eintragen, wenn die Voraussetzungen vorliegen, unter denen nach Tz. 4.1.5 Vorauszahlungen gestundet werden können. Teilt das Betriebsfinanzamt die Höhe der voraussichtlichen Einkünfte mit, sind nach Maßgabe des § 37 EStG Vorauszahlungen festzusetzen, wenn die negativen Einkünfte aus der Beteiligung bei Bemessung des Freibetrags zu hoch angesetzt worden sind.

4.2 Veranlagungsverfahren beim Wohnsitzfinanzamt

4.2.1 Liegt dem WohnsitzFA bei der Bearbeitung der Steuererklärung des Beteiligten weder eine Feststellungs-Mitteilung noch eine sonstige – vorläufige – Mitteilung für Veranlagungszwecke vor, ist unverzüglich eine entsprechende Anfrage an das BetriebsFA zu richten; Tzn. 4.1.1 und 4.1.2 gelten entsprechend.

4.2.2 Teilt das BetriebsFA mit, daß es die Besteuerungsgrundlagen innerhalb der ihm nach Tz. 3.2.5 eingeräumten Bearbeitungsfrist von 6 Monaten nicht (auch nicht vorläufig) ermit-

§ 180 AO
H Rsp

teln kann, oder äußert sich das BetriebsFA entgegen der in Tzn. 3. 1. 10 und 3. 1. 11 getroffenen Regelung nach Ablauf dieser Frist nicht, hat das WohnsitzFA die Höhe des Anteils an den negativen Einkünften bei der Veranlagung des Beteiligten – ggf. aufgrund einer überschlägigen Überprüfung – selbst zu schätzen (§ 162 Abs. 3 AO). Ein noch ausstehender Grundlagenbescheid hindert den Erlaß eines Folgebescheids nicht (§ 155 Abs. 2 AO). Von den Beteiligten sind geeignete Unterlagen (z.b. unterschriebene Bilanz, Einnahme-Überschußrechnung, Angaben über das Beteiligungsverhältnis usw.; vgl. Tz. 3.1.5) anzufordern, die es ermöglichen, den erklärten Anteil an den negativen Einkünften dem Grund und der Höhe nach zu beurteilen.

4.2.3 Veranlagungen mit voraussichtlich hoher Abschlußzahlung sollen nicht wegen noch fehlender Grundlagenbescheide zurückgestellt werden. Die geltend gemachten negativen Einkünfte können – trotz noch ausstehender Mitteilung des Betriebsfinanzamts – in geschätzter Höhe berücksichtigt werden.

4.2.4 Hat das BetriebsFA bereits im Vorauszahlungsverfahren für denselben Veranlagungszeitraum eine Mitteilung über die Höhe des Anteils an den negativen Einkünften übersandt, soll die Schätzung dieser Anteil an den negativen Einkünften regelmäßig bei der Veranlagung angesetzt werden, höchstens aber die in der Steuererklärung angegebenen negativen Einkünfte. In diesen Fällen kann die Veranlagung auch vor Ablauf der Sechsmonatsfrist durchgeführt werden.

4.2.5 Beruht die zu erwartende gesonderte Feststellung auf § 1 Abs. 1 Satz 1 Nr. 2 und Satz 2 V zu § 180 AO, ist die ESt hinsichtlich der negativen Einkünfte aus der Beteiligung vorläufig festzusetzen (§ 165 AO), damit nach der späteren, ggf. nur einen Teil des Veranlagungszeitraums oder nur einen Teil der negativen Einkünfte betreffenden gesonderten Feststellung auch die durch sie nicht erfaßten Aufwendungen (z.B. Sonderwerbungskosten, als Werbungskosten abziehbare Vorsteuerbeträge) bei der Änderung der ESt-Festsetzung noch berücksichtigt werden können.

4.2.6 Nach Eingang der Feststellungsmitteilung wertet das WohnsitzFA das Ergebnis der gesonderten Feststellung der negativen Einkünfte durch das BetriebsFA möglichst umgehend aus. Liegt bereits ein Steuerbescheid vor, so kann die Auswertung bei nur geringfügigen steuerlichen Auswirkungen bis zu einer aus anderen Gründen erforderlichen Änderung der ESt-Festsetzung zurückgestellt werden. Die Anpassung des Folgebescheids muß rechtzeitig vor Eintritt der Festsetzungsverjährung nachgeholt werden.

4.2.7 Hat das Betriebsfinanzamt einen negativen Feststellungsbescheid erlassen (Tz. 3.2.7 oder 3.2.9), muß das Wohnsitzfinanzamt die betreffenden Einkünfte des Beteiligten selbst ermitteln und diese im Steuerbescheid oder ggf. in einem nach § 175 Abs. 1 Satz 1 Nr. 1 AO zu erlassenden Änderungsbescheid berücksichtigen, BFH-Urt. v. 11. 5. 93, BStBl II S. 820. Hat das Betriebsfinanzamt die Durchführung eines Feststellungsverfahrens wegen fehlender Einkünfteerzielungsabsicht abgelehnt, ist dieser Entscheidung auch im Veranlagungsverfahren zu folgen.

4.2.8 Kann bei einem Modell mit nur einem Kapitalanleger (Tz. 1.4) aus formellen Gründen keine gesonderte Feststellung durchgeführt werden und leistet das BetriebsFA nach Tz. 3.2.8 Amtshilfe, gelten die Regelungen der Tzn. 4.1 bis 4.2.4 sinngemäß. Dabei ist zu beachten, daß der Mitteilung des BetriebsFA keine Bindungswirkung i.S. des § 171 Abs. 10 und des § 175 Abs. 1 Satz 1 Nr. 1 AO zukommt. Daher ist sicherzustellen, daß Steuerbescheide des Kapitalanlegers vor Abschluß der Ermittlungen des BetriebsFA unter dem Vorbehalt der Nachprüfung (§ 164 AO) ergehen und die endgültige Überprüfung vor Eintritt der Festsetzungsverjährung und Wegfall des Vorbehalts der Nachprüfung erfolgt.

Rsp **Rechtsprechung**

9 **BFH vom 19. 7. 1984 – IV R 87/82 (BStBl 1985 II S. 148)**

Feststellungszeitraum für die gesonderte Feststellung der Einkünfte aus Land- und Forstwirtschaft nach § 180 Abs. 1 Nr. 2 Buchst. a AO ist das Kalenderjahr, nicht das davon abweichende Wirtschaftsjahr.

10 **BFH vom 11. 7. 1985 – IV R 61/83 (BStBl 1985 II S. 577)**

1. Zu den im Rahmen einer einheitlichen Gewinnfeststellung nach § 180 Abs. 1 Nr. 2a AO zu erfassenden Einkünften einer Steuerberater-Sozietät gehören auch solche Einkünfte, die ein Mitglied der Sozietät zwar im eigenen Namen, aber mit Unterstützung des von der Sozietät angestellten Personals erzielt.

2. In einem nach § 180 Abs. 1 Nr. 2a AO zu erlassenden Feststellungsbescheid sind Feststellungen darüber zu treffen, ob sich unter den im Bescheid erfaßten Einkünften auch solche befinden, die aus einer i.S. des § 34 Abs. 4 EStG 1977 als „wissenschaftlich" anzusehenden Tätigkeit stammen.

BFH vom 12. 11. 1985 – IX R 85/82 (BStBl 1986 II S. 239) 11

Eine gesonderte und einheitliche Feststellung gemäß § 180 Abs. 1 Nr. 2 Buchst. a, § 179 Abs. 2 Satz 2 AO ist auch dann erforderlich, wenn zweifelhaft ist, ob überhaupt einkommensteuerpflichtige Einkünfte vorliegen, an denen mehrere Personen beteiligt bzw. die mehreren Personen zuzurechnen sind, oder wenn zweifelhaft ist, ob für diese Personen überhaupt eine Einkommensteuerveranlagung durchgeführt werden darf.

BFH vom 23. 1. 1986 – IV R 108/85 (BStBl 1986 II S. 539) 12

Hat das FA aufgrund der gemeinsamen Erklärungen der Ehegatten den Ehemann als Alleininhaber eines landwirtschaftlichen Betriebes angesehen und bestandskräftig veranlagt, kann das Vorliegen einer Mitunternehmerschaft der Eheleute erstmals nicht im Verfahren betreffend die Mitteilung über den Beginn der Buchführungspflicht nach § 141 Abs. 2 AO geltend gemacht und entschieden werden, sondern nur im gesonderten Gewinnfeststellungsverfahren nach § 180 Abs. 1 Nr. 2a AO bzw. in Fällen von geringer Bedeutung (§ 180 Abs. 3 AO) im Einkommensteuerveranlagungsverfahren.

BFH vom 10. 11. 1987 – VIII R 53/84 (BStBl 1988 II S. 186) 13

Bei einer typischen Unterbeteiligung sind Hauptbeteiligter und Unterbeteiligter nicht an denselben Einkünften beteiligt. Eine gesonderte Feststellung solcher Einkünfte findet deshalb nicht statt.

BFH vom 28. 11. 1989 – VIII R 40/84 (BStBl 1990 II S. 561) 14

Die gesonderte Feststellung der Einkünfte erstreckt sich grundsätzlich auf ein volles Wirtschaftsjahr. Das gilt auch für den Fall, daß ein Gesellschafter aus einer mehrgliedrigen Gesellschaft bürgerlichen Rechts ausscheidet und das gewerbliche Unternehmen von den verbliebenen Gesellschaftern in der Rechtsform einer atypisch stillen Gesellschaft fortgeführt wird.

BFH vom 11. 9. 1991 – XI R 35/90 (BStBl 1992 II S. 4)[1)] 15

Sonderbetriebsausgaben (Sonderbetriebsaufwand) können nur im Rahmen des für die Gesellschaft durchzuführenden Gewinnfeststellungsverfahrens geltend gemacht werden.

BFH vom 24. 3. 1998 – I R 79/97 (BStBl 1998 II S. 578) 16

1. Über die Frage, ob eine Komplementär-GmbH verdeckt Gewinne ausgeschüttet hat, ist im Rahmen des einheitlichen Gewinnfeststellungsverfahrens der KG zu entscheiden.
2. Über die Frage, ob der im Feststellungsverfahren als vGA beurteilte Vorgang eine andere Ausschüttung i.S. des § 27 Abs. 3 KStG ist, ist selbständig im Veranlagungsverfahren der Komplementär-GmbH zu entscheiden.

BFH vom 24. 3. 1998 – I R 83/97 (BStBl 1998 II S. 601) 17

1. Lehnt das Feststellungsfinanzamt den Erlaß eines einheitlichen und gesonderten Feststellungsbescheides mit der Begründung ab, es liege keine Mitunternehmerschaft vor, so ist für das Veranlagungsverfahren bindend festgestellt, daß keine gewerblichen Einkünfte vorliegen. Das gilt auch, wenn diese Feststellung rechtswidrig ist.
2. Bei der Qualifizierung der Einkünfte im Veranlagungsverfahren ist in einem solchen Fall von einem Sachverhalt auszugehen, der nicht die Merkmale einer Mitunternehmerschaft aufweist. Danach kann sich die Beteiligung an einer ausländischen, der KG vergleichbaren Personengesellschaft als eine stille Beteiligung i.S. des § 20 Abs. 1 Nr. 4 EStG darstellen.

BFH vom 10. 6. 1999 – IV R 69/98 (BStBl 1999 II S. 691) 18

Eine gesonderte Feststellung, die unter dem Vorbehalt der Nachprüfung steht, darf nach § 164 Abs. 2 Satz 1 AO auch dann aufgehoben werden, wenn sich herausstellt, dass die Voraussetzungen für eine gesonderte Feststellung nicht vorlagen.

[1)] Vgl. auch BFH vom 15. 1. 2002 (BStBl 2002 II S. 309) betr. Sonderwerbungskosten eines Beteiligten.

§ 180 AO
Rsp

19 **BFH vom 10. 6. 1999 – IV R 25/98 (BStBl 1999 II S. 545)**

1. Die gesonderte und einheitliche Feststellung von Betriebsausgaben einer Praxisgemeinschaft ist bei einem Beteiligten, der daneben aus einer Einzelpraxis Einkünfte erzielt, die gesondert festzustellen sind, Grundlagenbescheid allein für die gesonderte Gewinnfeststellung, nicht aber für den Einkommensteuerbescheid.

2. Berücksichtigt das FA im Einkommensteuerbescheid das Ergebnis der gesonderten und einheitlichen Feststellung zu Unrecht neben dem um die anteiligen Betriebsausgaben geminderten, gesondert festgestellten Gewinn, weil es die gesonderte und einheitliche Feststellung bezüglich der Einkommensteuerfestsetzung für einen Grundlagenbescheid hält, so ist der Einkommensteuerbescheid gemäß § 175 Abs. 1 Satz 1 Nr. 1 AO zu ändern.

20 **BFH vom 9. 5. 2000 – VIII R 41/99 (BStBl 2000 II S. 686)**

1. Kapitalbeteiligungen einer vermögensverwaltenden Personengesellschaft sind den Gesellschaftern der Personengesellschaft für die Bestimmung des Veräußerungstatbestands nach § 17 EStG anteilig zuzurechnen (sog. Bruchteilsbetrachtung; Bestätigung der ständigen Rechtsprechung).

2. Folge der Bruchteilsbetrachtung ist u.a., dass Veräußerungsgewinne nach § 17 EStG weder Gegenstand einer einheitlichen und gesonderten Feststellung nach § 180 Abs. 1 Nr. 2 Buchst. a AO noch im Falle einer Unterbeteiligung Gegenstand des besonderen Feststellungsverfahrens gemäß § 179 Abs. 2 Satz 3 AO sein können. Dies gilt selbst dann, wenn ein Gesellschafter auf Grund der Höhe seines Anteils an der Personengesellschaft sowie der Höhe der zum Gesamthandsvermögen gehörenden Kapitalbeteiligung gemäß § 17 EStG wesentlich an der Kapitalgesellschaft beteiligt ist.

21 **BFH vom 23. 1. 2001 – VIII R 30/99 (BStBl 2001 II S. 621)**

Über die Frage, ob Tätigkeitsvergütungen und Zinsen als Sonderbetriebseinnahmen zu erfassen sind, ist im Rahmen der einheitlichen und gesonderten Gewinnfeststellung mit bindender Wirkung auch für den Feststellungsbescheid nach § 15a Abs. 4 EStG zu entscheiden.

22 **BFH vom 14. 5. 2002 – VIII R 8/01 (BStBl 2002 II S. 532)**

1. Wird der Mitunternehmeranteil gegen einen gewinnabhängigen oder umsatzabhängigen Kaufpreis veräußert, so ist das Entgelt zwingend als laufende nachträgliche Betriebseinnahme in der Höhe zu versteuern, in der die Summe der Kaufpreiszahlungen das – ggf. um Einmalleistungen gekürzte – Schlusskapitalkonto zuzüglich der Veräußerungskosten überschreitet (Bestätigung der Rechtsprechung).

2. Ist der Veräußerer eine natürliche Person, so ist über die Erfassung der Entgelte als nachträgliche Betriebseinnahmen nicht im Rahmen der einheitlichen und gesonderten Gewinnfeststellung der Mitunternehmerschaft (hier: KG), sondern bei der Einkommensteuerveranlagung des Veräußerers zu entscheiden.

23 **BFH vom 14. 1. 2003 – VIII B 108/01 (BStBl 2003 II S. 335)**

Die bestandskräftige Feststellung zum Vorliegen einer Mitunternehmerschaft entfaltet als selbständiger Regelungsgegenstand eines Gewinnfeststellungsbescheids Bindungswirkung für die rechtlich nachrangigen Feststellungen und damit auch für die Frage der Erzielung eines Veräußerungsgewinns nach den §§ 16, 34 EStG (Anschluss an BFH-Urteil vom 10. 2. 1988, BStBl 1988 II S. 544).

24 **BFH vom 24. 8. 2004 – VIII R 14/02 (BStBl 2005 II S. 246)**

Nach Eröffnung des Konkurs- bzw. Insolvenzverfahrens darf das FA bis zum Prüfungstermin Steuern nicht mehr festsetzen, die zur Konkurs- bzw. Insolvenztabelle anzumelden sind, und Feststellungsbescheide nicht mehr erlassen, in denen Besteuerungsgrundlagen mit Auswirkung für das Vermögen des Gemeinschuldners festgestellt werden. Das gilt auch für Besteuerungsgrundlagen, die einheitlich und gesondert festzustellen sind (Änderung der Rechtsprechung).

25 **BFH vom 11. 4. 2005 – GrS 2/02 (BStBl 2005 II S. 679)**

Die verbindliche Entscheidung über die Einkünfte eines betrieblich an einer vermögensverwaltenden Gesellschaft beteiligten Gesellschafters ist sowohl ihrer Art als auch ihrer Höhe nach durch das für die persönliche Besteuerung dieses Gesellschafters zuständige (Wohnsitz-)Finanzamt zu treffen.

BFH vom 15. 12. 2005 – IV R 23/05 (HFR 2006 S. 438)   26

1. Klagt eine Personengesellschaft im finanzgerichtlichen Verfahren lediglich gegen die Höhe der ihren Gesellschaftern zugerechneten Sonderbetriebseinnahmen, so ist die vom FA getroffene Feststellung hinsichtlich des Bestehens einer Mitunternehmerschaft und damit hinsichtlich des Vorhandenseins der Gewinnerzielungsabsicht bestandskräftig und daher einer (erneuten) Entscheidung durch das FG entzogen (Bestätigung der bisherigen Rspr.).[1]

2. Wirkt sich die Minderung der Sonderbetriebseinnahmen auf die Höhe der Anschaffungskosten einer zum Gesellschaftsvermögen gehörenden Immobilie aus, erstrecken sich diese Auswirkungen jedenfalls solange nicht auf den Gewinn oder Verlust der Gesellschaft, als keine Abschreibungen vorgenommen werden.

BFH vom 22. 6. 2006 – IV R 31, 32/05 (BStBl 2007 II S. 687)   27

1. Der Bescheid über die Feststellung des verrechenbaren Verlustes i.S. des § 15a Abs. 4 Satz 1 EStG ist Grundlagenbescheid für die Feststellung des Gewinns bzw. des ausgleichs- und abzugsfähigen Verlustes eines Kommanditisten gemäß § 179 Abs. 1 und 2, § 180 Abs. 1 Nr. 2 Buchst. a AO.

2. Eine Anlage ESt 1, 2, 3 B (V), die sich auf die bloße rechnerische Ermittlung des verrechenbaren Verlustes beschränkt, enthält keine Feststellung des verrechenbaren Verlustes und ist deshalb nicht hinreichend bestimmt.

BFH vom 11. 7. 2006 – VIII R 10/05 (HFR 2006 S. 1071)   28

Wird in der Anlage „ESt 1, 2, 3 B" zum einheitlichen und gesonderten Gewinnfeststellungsbescheid die Spalte zum Korrekturbetrag nach § 15a Abs. 1, 2 oder 3 EStG von der Finanzbehörde nicht ausgefüllt, so kann ohne zusätzliche Anhaltspunkte der Empfänger des Gewinnfeststellungsbescheides unter Berücksichtigung von Treu und Glauben nicht von einer zugleich getroffenen – negativen – einheitlichen und gesonderten Feststellung auch über die Höhe des verrechenbaren Verlustes dieses Feststellungszeitraums ausgehen.

BFH vom 4. 4. 2007 – I R 110/05 (BStBl 2007 II S. 521)   29

1. Einkünfte aus der Beteiligung an einer gewerblich tätigen ausländischen Personengesellschaft (hier: Kommanditgesellschaft tschechischen Rechts), die nach Maßgabe eines Doppelbesteuerungsabkommens in Deutschland steuerfrei sind, sind auch dann als dem Progressionsvorbehalt unterliegende gewerbliche Einkünfte der inländischen Gesellschafter anzusehen, wenn die ausländische Personengesellschaft in dem anderen Vertragsstaat als dem Sitzstaat der Gesellschaft als juristische Person besteuert wird.

2. Die gesonderte und einheitliche Feststellung der dem Progressionsvorbehalt unterliegenden Einkünfte (§ 180 Abs. 5 Nr. 1 AO) kann mit einer Feststellung steuerpflichtiger inländischer Einkünfte (§ 180 Abs. 1 Nr. 2 Buchst. a AO) verbunden werden.

BFH vom 6. 3. 2008 – IV R 74/05 (BStBl 2008 II S. 663)   30

Ein Gewinnfeststellungsbescheid für die Tochterpersonengesellschaft einer Organgesellschaft entfaltet verfahrensrechtlich gegenüber dem Organträger nicht die Wirkung eines Grundlagenbescheids.

BFH vom 9. 10. 2008 – IX R 72/07 (BStBl 2009 II S. 231)   31

Die Einkünfte einer vermögensverwaltenden Gesellschaft aus der Vermietung von Räumen an eine freiberuflich tätige Anwaltsgemeinschaft sind auch dann auf der Ebene der Gesellschaft einheitlich und gesondert festzustellen, wenn ein Gesellschafter zugleich an der Anwaltsgemeinschaft beteiligt ist und sein Grundstücksanteil als Sonderbetriebsvermögen im Rahmen der selbständigen Tätigkeit zu erfassen ist.

BFH vom 3. 12. 2008 – X R 31/05 (HFR 2009 S. 443)   32

1. Nach § 155 Abs. 2 AO angesetzte Einkünfte können selbst dann endgültig zu berücksichtigen sein, wenn es wegen Eintritts der Feststellungsverjährung nicht mehr zu einer Feststellung kommen kann.

2. Nach Aufhebung eines Grundlagenbescheids müssen die von ihm ausgegangenen Folgen im Folgebescheid beseitigt werden.

---

[1] Vgl. auch BFH vom 12. 10. 2005 – VIII R 66/03, HFR 2006 S. 478, zur Selbstständigkeit der einzelnen Regelungen eines Gewinnfeststellungsbescheids.

§ 180 AO
Rsp

3. Ein Gewinnfeststellungsbescheid kann ausgewertet worden sein, selbst wenn sich das nicht in einem neuen Einkommensteuerbescheid niedergeschlagen hat.
4. Die Frage der Notwendigkeit eines Feststellungsverfahrens ist im Feststellungsverfahren zu klären.
5. Die Befugnis des Wohnsitzfinanzamts, Beteiligungseinkünfte selbständig zu ermitteln, setzt einen wirksamen negativen Feststellungsbescheid des Betriebsstättenfinanzamts voraus.

33 **BFH vom 16. 12. 2008 – VIII R 83/05 (HFR 2009 S. 777)**

1. Die anteilige Zurechnung der Einkünfte der Gesellschafter richtet sich bei einer GbR als Außengesellschaft mit Gesamthandsvermögen grundsätzlich nach dem zivilrechtlichen Beteiligungsverhältnis.
2. Für die Bejahung der Einkünfteerzielung der Gesellschafter einer vermögensverwaltenden GbR ist entscheidend, ob sie in ihrer gesamthänderischen Verbundenheit den Tatbestand der Erzielung von Einkünften verwirklicht haben.
3. Für die Zurechnung der Einkünfte kommt es nicht darauf an, ob die Gesellschafter im Falle der Auflösung der GbR Anspruch auf eine Beteiligung an den stillen Reserven des Gesellschaftsvermögens haben.

34 **BFH vom 19. 3. 2009 – IV R 20/08 (BStBl 2010 II S. 528)**

Die Entscheidung darüber, ob die Änderung eines Gewinnfeststellungsbescheids auf einem rückwirkenden Ereignis i.S. von § 175 Abs. 1 Satz 1 Nr. 2 AO und damit zugleich auch auf einem rückwirkenden Ereignis i.S. von § 233a Abs. 2a AO beruht, ist im Feststellungsverfahren zu treffen.

35 **BFH vom 25. 6. 2009 – IX R 56/08 (BStBl 2010 II S. 202)**

1. Eine Wohnungseigentümergemeinschaft ist im Verfahren über die einheitliche und gesonderte Feststellung der Bemessungsgrundlagen für Sonderabschreibungen nach dem Fördergebietsgesetz und für Absetzungen für Abnutzung nicht klagebefugt.
...

36 **BFH vom 18. 8. 2010 – X R 8/07 (BStBl 2010 II S. 1043)**

Bei Ausscheiden eines Mitunternehmers aus einer gewerblich tätigen Mitunternehmerschaft mit abweichendem Wirtschaftsjahr ist der Gewinn in dem Kalenderjahr des Ausscheidens bezogen; § 4a Abs. 2 Nr. 2 EStG ist auf den ausscheidenden Mitunternehmer nicht anwendbar.

37 **BFH vom 9. 9. 2010 – IV R 31/08 (HFR 2011 S. 951)**

1. Sind an den Einkünften mehrere Personen beteiligt, muss das Finanzgericht das Klageverfahren wegen Einkommensteuer aussetzen, bis über die Feststellung der Einkünfte im Feststellungsverfahren entschieden ist. Dies gilt auch, wenn das für die gesonderte Feststellung zuständige Finanzamt auch für die Einkommensteuerfestsetzung der an den Einkünften beteiligten Steuerpflichtigen zuständig ist.
2. Ein Fall von geringer Bedeutung i. S. des § 180 Abs. 3 Satz 2 AO liegt nicht vor, wenn die Ermittlung des Gewinns aus der Veräußerung eines Wirtschaftsguts streitig ist.

38 **BFH vom 24. 3. 2011 – IV R 13/09 (HFR 2011 S. 1281)**

Eine gesonderte Feststellung von Einkünften nach § 180 Abs. 1 Nr. 2 Buchst. b AO ist entbehrlich (Fall von geringer Bedeutung nach § 180 Abs. 3 Satz 1 Nr. 2 AO), wenn der Steuerpflichtige seinen Wohnsitz in den Bezirk des Lagefinanzamts verlegt und damit dieses auch für die Einkommensteuerveranlagung zuständig geworden ist.

39 **BFH vom 11. 8. 2011 – V B 108/10 (BFH/NV 2011 S. 2133)**

Nach § 1 Abs. 1 Nr. 2 und Abs. 2 der VO zu § 180 AO können auch Vorsteuerbeträge aus sonstigen Leistungen gesondert festgestellt werden.

§ 181 Verfahrensvorschriften für die gesonderte Feststellung, Feststellungsfrist, Erklärungspflicht

(1) ¹Für die gesonderte Feststellung gelten die Vorschriften über die Durchführung der Besteuerung sinngemäß. ²Steuererklärung im Sinne des § 170 Abs. 2 Nr. 1 ist die Erklärung zur gesonderten Feststellung. ³Wird eine Erklärung zur gesonderten Feststellung nach § 180 Abs. 2 ohne Aufforderung durch die Finanzbehörde abgegeben, gilt § 170 Abs. 3 sinngemäß.

(2) ¹Eine Erklärung zur gesonderten Feststellung hat abzugeben, wem der Gegenstand der Feststellung ganz oder teilweise zuzurechnen ist. ²Erklärungspflichtig sind insbesondere
1. in den Fällen des § 180 Abs. 1 Nr. 2 Buchstabe a jeder Feststellungsbeteiligte, dem ein Anteil an den einkommen- oder körperschaftsteuerpflichtigen Einkünften zuzurechnen ist;
2. in den Fällen des § 180 Abs. 1 Nr. 2 Buchstabe b der Unternehmer;
3. in den Fällen des § 180 Abs. 1 Nr. 3 jeder Feststellungsbeteiligte, dem ein Anteil an den Wirtschaftsgütern, Schulden oder sonstigen Abzügen zuzurechnen ist;
4. in den Fällen des § 180 Abs. 1 Nr. 2 Buchstabe a und Nr. 3 auch die in § 34 bezeichneten Personen.

³Hat ein Erklärungspflichtiger eine Erklärung zur gesonderten Feststellung abgegeben, sind andere Beteiligte insoweit von der Erklärungspflicht befreit.

(2a) ¹Die Erklärung zur gesonderten Feststellung nach § 180 Abs. 1 Nr. 2 ist nach amtlich vorgeschriebenem Datensatz durch Datenfernübertragung zu übermitteln. ²Auf Antrag kann die Finanzbehörde zur Vermeidung unbilliger Härten auf eine elektronische Übermittlung verzichten; in diesem Fall ist die Erklärung zur gesonderten Feststellung nach amtlich vorgeschriebenem Vordruck abzugeben und vom Erklärungspflichtigen eigenhändig zu unterschreiben.

(3) ¹Die Frist für die gesonderte Feststellung von Einheitswerten (Feststellungsfrist) beginnt mit Ablauf des Kalenderjahrs, auf dessen Beginn die Hauptfeststellung, die Fortschreibung, die Nachfeststellung oder die Aufhebung eines Einheitswerts vorzunehmen ist. ²Ist eine Erklärung zur gesonderten Feststellung des Einheitswerts abzugeben, beginnt die Feststellungsfrist mit Ablauf des Kalenderjahrs, in dem die Erklärung eingereicht wird, spätestens jedoch mit Ablauf des dritten Kalenderjahrs, das auf das Kalenderjahr folgt, auf dessen Beginn die Einheitswertfeststellung vorzunehmen oder aufzuheben ist. ³Wird der Beginn der Feststellungsfrist nach Satz 2 hinausgeschoben, so wird der Beginn der Feststellungsfrist für die weiteren Feststellungszeitpunkte des Hauptfeststellungszeitraums jeweils um die gleiche Zeit hinausgeschoben.

(4) In den Fällen des Absatzes 3 beginnt die Feststellungsfrist nicht vor Ablauf des Kalenderjahres, auf dessen Beginn der Einheitswert erstmals steuerlich anzuwenden ist.

(5) ¹Eine gesonderte Feststellung kann auch nach Ablauf der für sie geltenden Feststellungsfrist insoweit erfolgen, als die gesonderte Feststellung für eine Steuerfestsetzung von Bedeutung ist, für die die Festsetzungsfrist im Zeitpunkt der gesonderten Feststellung noch nicht abgelaufen ist; hierbei bleibt § 171 Abs. 10 außer Betracht. ²Hierauf ist im Feststellungsbescheid hinzuweisen.
³§ 169 Abs. 1 Satz 3 gilt sinngemäß.

Anwendungserlass zur Abgabenordnung

Zu § 181 – Verfahrensvorschriften für die gesonderte Feststellung, Feststellungsfrist, Erklärungspflicht:

1. Eine gesonderte und einheitliche Feststellung ist nach § 181 Abs. 5 Satz 1 grundsätzlich auch dann vorzunehmen, wenn bei einzelnen Feststellungsbeteiligten bereits die Festsetzungsfrist abgelaufen ist (vgl. BFH-Urteil vom 27. 8. 1997 – XI R 72/96 – BStBl II, S. 750). In diesem Fall ist im Feststellungsbescheid auf seine eingeschränkte Wirkung hinzuweisen. Der Hinweis soll dem für den Erlass des Folgebescheides zuständigen Finanzamt und dem Steuerpflichtigen deutlich machen, dass es sich um einen Feststellungsbescheid handelt, der nach Ablauf der Feststellungsfrist ergangen und deshalb nur noch für solche Steuerfestsetzungen bedeutsam ist, bei denen die Festsetzungsfrist noch nicht abgelaufen ist (vgl. BFH vom 17. 8. 1989 – IX R 76/88 – BStBl 1990 II, S. 411).

2. Die Anlaufhemmung der Feststellungsfrist für die gesonderte Feststellung von Einheitswerten nach § 181 Abs. 3 Satz 3 ist auch dann maßgeblich, wenn zugleich die Voraussetzungen der Anlaufhemmung nach § 181 Abs. 3 Satz 2 erfüllt sind.

---

¹) § 181 Abs. 2a AO ist nach Art. 97 § 10a Abs. 2 EGAO erstmals für Feststellungszeiträume anzuwenden, die nach dem 31. 12. 2010 beginnen.

Hinweise

3 Notwendiger Inhalt des Hinweises gem. § 181 Abs. 5 Satz 2 AO bei gesonderten Feststellungen nach Ablauf der Feststellungsfrist

(OFD Koblenz, Vfg. vom 1. 7. 1998 – S 0362 – St 53 3 –)

Im Einvernehmen mit dem Bundesministerium der Finanzen und den obersten Finanzbehörden der Länder gilt folgendes:

Der Bundesfinanzhof hat im Urteil vom 11. 01. 95 II R 125/91 (BStBl II 1995, S. 302) entschieden, daß der nach § 181 Abs. 5 Satz 2 AO gebotene Hinweis auf die eingeschränkte Wirkung eines nach Ablauf der Feststellungsfrist ergangenen Feststellungsbescheids erkennen lassen müsse, auf welche Steuerabschnitte (Veranlagungszeiträume) und für welche – konkret bezeichneten – Steuerarten sich die Wirkungen der gesonderten Feststellungen erstrecken sollen. Der Hinweis gehöre zum Regelungsinhalt des Feststellungsbescheids mit der Folge, daß sein Fehlen zur Rechtswidrigkeit des Feststellungsbescheids und damit zu dessen Aufhebbarkeit führe. Im Streitfall kam der BFH allerdings durch Auslegung des Feststellungsbescheids zu dem Ergebnis, daß der Bescheid in seiner Wirkung auf eine bestimmte Steuerart und auf bestimmte Besteuerungsabschnitte beschränkt sei.

Die Entscheidung darf nicht dazu führen, daß das Finanzamt vor Erlaß eines nach Ablauf der Feststellungsfrist ergehenden Feststellungsbescheids erst konkret ermitteln muß, für welche Steuerarten, Steuerabschnitte und für welche Beteiligten der Feststellungsbescheid tatsächlich noch von Bedeutung ist. Es ist vielmehr ausreichend, in (personell und maschinell erstellte) Bescheide über die gesonderte und einheitliche Feststellung von einkommensteuer- und körperschaftsteuerpflichtigen Einkünften, die nach Ablauf der Feststellungsfrist erteilt werden, folgenden Erläuterungstext aufzunehmen:

„Der Feststellungsbescheid ist nach Ablauf der Feststellungsfrist ergangen. Nach § 181 Abs. 5 AO kann er deshalb nur solchen Steuerfestsetzungen zugrunde gelegt werden, deren Festsetzungsfrist im Zeitpunkt der gesonderten Feststellung noch nicht abgelaufen war."

Durch die Auslegung des Feststellungsbescheids ergibt sich hinreichend klar, daß der Bescheid sich auf die Einkommensteuer bzw. Körperschaftsteuer bezieht. Durch die Bezeichnung des Feststellungszeitraums ist auch der Steuerabschnitt hinreichend bezeichnet.

Der gleiche Erläuterungstext kann auch in Einheitswertbescheide eingesetzt werden, da weitergehende Einzelheiten der beschränkten Wirkung eines nach Ablauf der Feststellungsfrist ergehenden Einheitswertbescheids durch die Auslegung dieses Bescheids ermittelt werden können.

Im übrigen hält der BFH, soweit er in seinem o.a. Urteil vom 11. 01. 95 die genaue Angabe für erforderlich angesehen hat, für welche Steuerarten und welche Besteuerungszeiträume (Veranlagungszeiträume) den getroffenen Feststellungen Rechtswirkung zukommen soll, nach der neueren Entscheidung vom 18. 03. 98 II R 45/96 (BStBl II 1998, S. 426) hieran nicht mehr fest.

Er teilt danach vielmehr die Auffassung der Finanzverwaltung, daß ein Hinweis, der sich inhaltlich an dem zwischenzeitlich verwendeten o.a. Erläuterungstext orientiert, regelmäßig ausreichen wird.

Rechtsprechung

4 BFH vom 12. 8. 1987 – II R 202/84 (BStBl 1988 II S. 318)

Soweit und solange in offener Feststellungsfrist ein Feststellungsbescheid, der für die Festsetzung einer Steuer bindend ist, noch zulässig ergehen kann, ist der Ablauf der Festsetzungsfrist für die Folgesteuer im Ausmaß der Bindung dieses Grundlagenbescheids gehemmt und wird diese Hemmung durch § 171 Abs. 10 AO auf die Frist von einem Jahr nach Bekanntgabe des Grundlagenbescheids ausgedehnt.

5 BFH vom 17. 8. 1989 – IX R 76/88 (BStBl 1990 II S. 411)

Fehlt in einem nach Ablauf der Feststellungsfrist erlassenen Feststellungsbescheid der Hinweis nach § 181 Abs. 5 Satz 2 AO i.d.F. des StBereinG 1986 (vorher Abs. 4), so ist der Feststellungsbescheid rechtswidrig und auf Anfechtung hin aufzuheben. Aus dem Hinweis muß sich ergeben, daß der Feststellungsbescheid erst nach Ablauf der Feststellungsfrist ergangen ist.

BFH vom 12. 11. 1992 – IV B 83/91 (BStBl 1993 II S. 265) 6

Der Gesellschafter einer in Konkurs gefallenen Personengesellschaft hat keinen Rechtsanspruch darauf, daß das FA den Konkursverwalter mit Zwangsmitteln dazu anhält, eine Erklärung zur einheitlichen und gesonderten Feststellung der Gewinne der Gesellschaft abzugeben.

BFH vom 10. 12. 1992 – IV R 118/90 (BStBl 1994 II S. 381) 7

Eine gesonderte und einheitliche Gewinnfeststellung kann nach Ablauf der für sie geltenden Festsetzungsfrist nicht durchgeführt oder geändert werden, wenn für eine oder mehrere der Personen, denen die Einkünfte zuzurechnen sind, die Festsetzungsfrist für die Folgesteuer bereits abgelaufen ist.

AO 181/13

BFH vom 13. 9. 1994 – IX R 89/90 (BStBl 1995 II S. 39) 8

Der Einspruch eines Feststellungsbeteiligten gegen den Bescheid über die gesonderte und einheitliche Feststellung von Einkünften aus Vermietung und Verpachtung hemmt den Ablauf der Feststellungsfrist auch dann, wenn das FA den Bescheid bisher nur einem der anderen Feststellungsbeteiligten bekanntgegeben hat.

BFH vom 27. 8. 1997 – XI R 72/96 (BStBl 1997 II S. 750) 9

Eine einheitliche und gesonderte Feststellung ist grundsätzlich auch dann vorzunehmen, wenn bei einzelnen Feststellungsbeteiligten bereits die Festsetzungsfrist abgelaufen ist (Anschluß an BFH-Urteile vom 18. 7. 1990, BFH/NV 1991 S. 498, und vom 8. 6. 1995, BStBl 1995 II S. 822; Abgrenzung zum BFH-Urteil vom 10. 12. 1992, BStBl 1994 II S. 381).

AO 181/7

BFH vom 18. 3. 1998 – II R 45/96 (BStBl 1998 II S. 426) 10

Die „Nachholung" oder Ergänzung eines fehlenden oder unklaren Hinweises nach § 181 Abs. 5 Satz 2 AO durch einen Ergänzungsbescheid i.S. von § 179 Abs. 3 AO ist nicht möglich.

BFH vom 18. 3. 1998 – II R 7/96 (BStBl 1998 II S. 555) 11

Der Hinweis nach § 181 Abs. 5 Satz 2 AO muß unmißverständlich zum Ausdruck bringen, daß die Feststellungen nach Ablauf der Feststellungsfrist getroffen worden und nur noch für solche Folgesteuern von Bedeutung sind, für die die Festsetzungsfrist im Zeitpunkt der gesonderten Feststellung noch nicht abgelaufen war. Die genaue Angabe, für welche Steuerarten und welche Besteuerungszeiträume (Veranlagungszeiträume) den getroffenen Feststellungen Rechtswirkung zukommen soll, ist nicht erforderlich (Änderung der Rechtsprechung; vgl. Urteil vom 11. Januar 1995, BStBl 1995 II, 302, 304).

BFH vom 13. 7. 1999 – VIII R 76/97 (BStBl 1999 II S. 747) 12

Ist in einem Gewinnfeststellungsbescheid bei einem offenen Treuhandverhältnis anstelle des Treuhänders der Treugeber genannt, dann kann der Ergänzungsbescheid, durch den der Treuhänder in die Gewinnfeststellung einbezogen werden soll, auch dann, wenn die Feststellungsfrist für die auf der ersten Stufe des Verfahrens zu treffenden Feststellungen abgelaufen ist, noch ergehen, wenn die Feststellungsfrist für die gesonderte Feststellung gegenüber dem Treugeber auf der zweiten Stufe nicht abgelaufen ist, sondern der Ablauf aufgrund der rechtzeitigen Anfechtung dieses Bescheides gehemmt ist.

BFH vom 23. 9. 1999 – IV R 56/98 (HFR 2000 S. 81) 13

Nach Ablauf der Feststellungsfrist kann eine gesonderte Feststellung gemäß § 181 Abs. 5 AO regelmäßig auch dann noch vorgenommen werden, wenn nur bei einem Feststellungsbeteiligten die Festsetzungsverjährung noch nicht eingetreten ist. Offen bleibt, ob etwas anderes gilt, wenn der Erlass oder die Änderung des Gewinnfeststellungsbescheides den Bilanzenzusammenhang betrifft oder zu einer Änderung der bisherigen Gewinnverteilung führt (Abgrenzung zum Senatsurteil v. 10. 12. 1992, IV R 118/90, BStBl 1994 II, 381).

BFH vom 23. 9. 1999 – IV R 59/98 (BStBl 2000 II S. 170) 14

Die Feststellungsverjährung wird nicht dadurch gehemmt, dass der Feststellungsbescheid von einer in ihm nicht als Inhaltsadressat aufgeführten Person angefochten wird.

15 **BFH vom 29. 8. 2000 – VIII R 33/98 (HFR 2001 S. 406)**

1. Der Senat lässt die Frage offen, ob § 181 Abs. 5 AO stets anzuwenden ist, wenn die Frist für die Festsetzung der ESt bei einem Gesellschafter noch nicht abgelaufen ist.
2. Ein einheitlicher und gesonderter Feststellungsbescheid über gewerbliche Einkünfte einer zwischen R und dem Kl. bestehenden GbR kann jedenfalls ergehen, wenn im Zeitpunkt seines Erlasses die maßgebliche Feststellungsfrist zwar abgelaufen, die Festsetzungsfrist für die ESt nur noch für den Kl. offen ist und R durch den Gewinnfeststellungsbescheid keine sich aus dem Bilanzenzusammenhang ergebenden Nachteile erwachsen können.

16 **BFH vom 31. 10. 2000 – VIII R 14/00 (BStBl 2001 II S. 156)**

Die Regelung, dass bei einem unter dem Vorbehalt der Nachprüfung stehenden Steuerbescheid die Steuerfestsetzung nach Ablauf der Festsetzungsfrist wegen des damit verbundenen Wegfalls des Vorbehalts der Nachprüfung nicht mehr nach § 164 Abs. 2 AO geändert werden kann, gilt für die Änderung eines unter dem Vorbehalt der Nachprüfung stehenden Feststellungsbescheides nach Ablauf der Feststellungsfrist sinngemäß.

17 **BFH vom 14. 6. 2007 – XI R 37/05 (BFH/NV 2007 S. 2227)**

1. Fehlt in einem nach Ablauf der Feststellungsfrist erlassenen Feststellungsbescheid der Hinweis nach § 181 Abs. 5 Satz 2 AO, ist der Bescheid rechtswidrig.
2. Die Ergänzung des Regelungsinhalts eines Feststellungsbescheids um den Hinweis nach § 181 Abs. 5 Satz 2 AO bedarf einer eigenständigen Änderungsbefugnis.
3. Die Klage festzustellen, dass der Bescheid über die gesonderte Feststellung des verbleibenden Verlustabzugs zur Einkommensteuer für die Einkommensteuerveranlagung bindend ist, ist unzulässig. Der Bescheid über die gesonderte Feststellung des verbleibenden Verlustabzugs zur Einkommensteuer ist Verwaltungsakt und kein Rechtsverhältnis im Sinne des § 41 Abs. 1 FGO.

18 **BFH vom 25. 11. 2008 – II R 11/07 (BStBl 2009 II S. 287)**

1. Ist ein Feststellungsbescheid nach Ablauf der für ihn geltenden Feststellungsfrist ohne den Hinweis nach § 181 Abs. 5 Satz 2 AO ergangen und bestandskräftig geworden, entfaltet der (rechtswidrige) Bescheid im Rahmen seiner Bestandskraft uneingeschränkte Bindungswirkung.
....

19 **BFH vom 3. 12. 2008 – X R 31/05 (HFR 2009 S. 443)**

1. Nach § 155 Abs. 2 AO angesetzte Einkünfte können selbst dann endgültig zu berücksichtigen sein, wenn es wegen Eintritts der Feststellungsverjährung nicht mehr zu einer Feststellung kommen kann.
2. Nach Aufhebung eines Grundlagenbescheids müssen die von ihm ausgegangenen Folgen im Folgebescheid beseitigt werden.
3. Ein Gewinnfeststellungsbescheid kann ausgewertet worden sein, selbst wenn sich das nicht in einem neuen Einkommensteuerbescheid niedergeschlagen hat.
4. Die Frage der Notwendigkeit eines Feststellungsverfahrens ist im Feststellungsverfahren zu klären.
5. Die Befugnis des Wohnsitzfinanzamts, Beteiligungseinkünfte selbständig zu ermitteln, setzt einen wirksamen negativen Feststellungsbescheid des Betriebsstättenfinanzamts voraus.

20 **BFH vom 11. 5. 2010 – IX R 48/09 (HFR 2010 S. 1137)**

Wird ein Bescheid zur Änderung der Verlustfeststellung gemäß § 10d EStG nach Ablauf der Festsetzungsfrist ohne einen Hinweis nach § 181 Abs. 5 Satz 2 AO erlassen, so ist er rechtswidrig und im Falle der Anfechtung aufzuheben.

21 **BFH vom 25. 5. 2011 – IX R 36/10 (BStBl 2011 II S. 807)**

Geht dem FA eine Feststellungserklärung erst einen Tag vor Eintritt der Feststellungsverjährung zu, kann nicht erwartet werden, dass der Feststellungsbescheid noch – wie dies das Gesetz in § 169 Abs. 1 Satz 3 Nr. 1, § 181 Abs. 5 Satz 3 AO ausdrücklich verlangt – innerhalb der Frist den Bereich der für die Feststellung zuständigen *Finanzbehörde* verlässt.

§ 182 Wirkungen der gesonderten Feststellung

(1) ¹Feststellungsbescheide sind, auch wenn sie noch nicht unanfechtbar sind, für andere Feststellungsbescheide, für Steuermessbescheide, für Steuerbescheide und für Steueranmeldungen (Folgebescheide) bindend, soweit die in den Feststellungsbescheiden getroffenen Feststellungen für diese Folgebescheide von Bedeutung sind. ²Satz 1 gilt entsprechend bei Feststellungen nach § 180 Abs. 5 Nr. 2 für Verwaltungsakte, die die Verwirklichung der Ansprüche aus dem Steuerschuldverhältnis betreffen; wird ein Feststellungsbescheid nach § 180 Abs. 5 Nr. 2 erlassen, aufgehoben oder geändert, ist ein Verwaltungsakt, für den dieser Feststellungsbescheid Bindungswirkung entfaltet, in entsprechender Anwendung des § 175 Abs. 1 Satz 1 Nr. 1 zu korrigieren.

(2) ¹Ein Feststellungsbescheid über einen Einheitswert (§ 180 Abs. 1 Nr. 1) wirkt auch gegenüber dem Rechtsnachfolger, auf den der Gegenstand der Feststellung nach dem Feststellungszeitpunkt mit steuerlicher Wirkung übergeht. ²Tritt die Rechtsnachfolge jedoch ein, bevor der Feststellungsbescheid ergangen ist, so wirkt er gegen den Rechtsnachfolger nur dann, wenn er ihm bekannt gegeben wird. ³Die Sätze 1 und 2 gelten für gesonderte sowie gesonderte und einheitliche Feststellungen von Besteuerungsgrundlagen, die sich erst später auswirken, nach der Verordnung über die gesonderte Feststellung von Besteuerungsgrundlagen nach § 180 Abs. 2 der Abgabenordnung vom 19. Dezember 1986 (BGBl. I S. 2663), entsprechend.

(3) Erfolgt eine gesonderte Feststellung gegenüber mehreren Beteiligten einheitlich (§ 179 Abs. 2 Satz 2) und ist ein Beteiligter im Feststellungsbescheid unrichtig bezeichnet worden, weil Rechtsnachfolge eingetreten ist, kann dies durch besonderen Bescheid gegenüber dem Rechtsnachfolger berichtigt werden.

Anwendungserlass zur Abgabenordnung

Zu § 182 – Wirkung der gesonderten Feststellung:

1. Ein Feststellungsbescheid über einen Einheitswert ist nur dann an den Rechtsnachfolger bekannt zu geben, wenn die Rechtsnachfolge eintritt, bevor der Bescheid dem Rechtsvorgänger bekannt gegeben worden ist. War der Bescheid bereits im Zeitpunkt der Rechtsnachfolge bekannt gegeben, wirkt der Bescheid auch gegenüber dem Rechtsnachfolger (dingliche Wirkung, § 182 Abs. 2). Der Rechtsnachfolger kann ihn in diesem Fall nach § 353 nur innerhalb der für den Rechtsvorgänger maßgebenden Einspruchsfrist anfechten.

2. § 182 Abs. 2 gilt nicht für Gewerbesteuermessbescheide (§ 184 Abs. 1), wohl aber für Grundsteuermessbescheide.

3. Eine Bindung des Haftungsschuldners an den Einheitswertbescheid ist nicht gegeben.

4. Die wegen Rechtsnachfolge fehlerhafte Bezeichnung eines Beteiligten kann nach § 182 Abs. 3 durch einen besonderen Bescheid richtig gestellt werden (Richtigstellungsbescheid). Der Regelungsgehalt des ursprünglichen Bescheides bleibt im Übrigen unberührt. § 182 Abs. 3 gilt nicht für Feststellungen nach § 180 Abs. 1 Nr. 2 Buchstabe b (vgl. BFH-Urteil vom 12. 5. 1993 – XI R 66/92 – BStBl 1994 II, S. 5).

Rechtsprechung

BFH vom 26. 7. 1984 – IV R 13/84 (BStBl 1985 II S. 3)

Setzt ein nachträglich ergangener Gewinnfeststellungsbescheid den Gewinn in derselben Höhe fest, die im vorausgegangenen Einkommensteuerbescheid berücksichtigt wurde, kann gegenüber dem Einkommensteuerbescheid nicht mehr geltend gemacht werden, das FA habe den Gewinn in unzulässiger Weise ermittelt; den Gewinn betreffende Einwendungen können nur gegenüber dem Feststellungsbescheid erhoben werden.

BFH vom 27. 7. 1988 – I R 113/84 (BStBl 1989 II S. 134)

Im einheitlichen und gesonderten Gewinnfeststellungsbescheid für eine KG wird bindend festgestellt, ob eine als Kommanditistin beteiligte gemeinnützige Körperschaft gewerbliche Einkünfte bezieht und damit einen wirtschaftlichen Geschäftsbetrieb unterhält.

4 BFH vom 21. 5. 1992 – IV R 47/90 (BStBl 1992 II S. 865)

AO 182/6

Ist die Bezeichnung eines Beteiligten in einem Bescheid über die gesonderte Feststellung von Einkünften wegen Rechtsnachfolge unrichtig, so kann dies durch besonderen Bescheid gegenüber den betroffenen Beteiligten auch dann berichtigt werden, wenn die Rechtsnachfolge bereits vor Erlaß des Feststellungsbescheides eingetreten war.[1]

5 BFH vom 24. 3. 1998 – I R 83/97 (BStBl 1998 II S. 601)

1. Lehnt das Feststellungsfinanzamt den Erlaß eines einheitlichen und gesonderten Feststellungsbescheides mit der Begründung ab, es liege keine Mitunternehmerschaft vor, so ist für das Veranlagungsverfahren bindend festgestellt, daß keine gewerblichen Einkünfte vorliegen. Das gilt auch, wenn diese Feststellung rechtswidrig ist.
2. Bei der Qualifizierung der Einkünfte im Veranlagungsverfahren ist in einem solchen Fall von einem Sachverhalt auszugehen, der nicht die Merkmale einer Mitunternehmerschaft aufweist. Danach kann sich die Beteiligung an einer ausländischen, der KG vergleichbaren Personengesellschaft als eine stille Beteiligung i.S. des § 20 Abs. 1 Nr. 4 EStG darstellen.

6 BFH vom 23. 9. 1999 – IV R 59/98 (BStBl 2000 II S. 170)

Wurde in einem einheitlichen und gesonderten Feststellungsbescheid ein Beteiligter unrichtig bezeichnet, ist die Berichtigung gemäß § 182 Abs. 3 AO 1977 durch einen sog. „Richtigstellungsbescheid" nur so lange möglich, als die Feststellungsfrist noch nicht abgelaufen ist.

7 BFH vom 25. 7. 2000 – IX R 93/97 (BStBl 2001 II S. 9)

Beruft sich der Steuerpflichtige auf die Existenz eines Feststellungsbescheides und sind die Feststellungsakten wegen Aussonderung nach Ablauf der Aufbewahrungszeit nicht mehr vorhanden, trägt er insoweit jedenfalls dann die objektive Beweislast (Feststellungslast), wenn er sich zu Beginn des Rechtsbehelfsverfahrens nicht von der Existenz des Feststellungsbescheides überzeugt und insoweit keine Beweisvorsorge getroffen hat.

8 BFH vom 13. 12. 2000 – X R 42/96 (BStBl 2001 II S. 471)

Ein Grundlagenbescheid, der einen gleichartigen, dem Inhaltsadressaten wirksam bekannt gegebenen Steuerverwaltungsakt in seinem verbindlichen Regelungsgehalt nur wiederholt, löst keine Anpassungspflicht nach § 175 Abs. 1 Satz 1 Nr. 1 AO aus und wirkt auch nicht gemäß § 171 Abs. 10 AO auf den Lauf der Festsetzungsfrist für den Folgebescheid ein.

9 BFH vom 8. 11. 2005 – VIII R 11/02 (BStBl 2006 II S. 253)

Die Bindungswirkung der Regelungen eines Feststellungsbescheids wird durch den Feststellungsbereich begrenzt. Dies gilt gleichermaßen für die rechtlichen Erwägungen, die als sog. vorgreifliche Umstände den Regelungen (Verfügungssätzen) des Feststellungsbescheids zugrunde liegen.

10 BFH vom 24. 5. 2006 – I R 93/05 (BStBl 2007 II S. 76)

1. …
2. Die Aufhebung eines Feststellungsbescheides (Grundlagenbescheid) führt nur dann dazu, dass der bisher in diesem Bescheid beurteilte Sachverhalt nunmehr unmittelbar im Einkommensteuerbescheid (Folgebescheid) beurteilt werden kann, wenn sie als Erlass eines negativen Feststellungsbescheids zu werten ist. Anderenfalls bleibt der betreffende Sachverhalt einer Überprüfung im Einkommensteuerverfahren entzogen.
3. Wird ein als Grundlagenbescheid wirkender Feststellungsbescheid aufgehoben, ohne dass damit der Erlass eines negativen Feststellungsbescheids verbunden ist, so muss eine von dem Feststellungsbescheid ausgelöste Änderung des Folgebescheids rückgängig gemacht werden.
…

11 BFH vom 25. 11. 2008 – II R 11/07 (BStBl 2009 II S. 287)

1. Ist ein Feststellungsbescheid nach Ablauf der für ihn geltenden Feststellungsfrist ohne den Hinweis nach § 181 Abs. 5 Satz 2 AO ergangen und bestandskräftig geworden, entfaltet der (rechtswidrige) Bescheid im Rahmen seiner *Bestandskraft* uneingeschränkte Bindungswirkung.
2. War nach der freigebigen Zuwendung von Grundbesitz eine Feststellung des Grundbesitzwerts nach § 138 BewG zunächst unterblieben und wird die Feststellung zum Zwecke der Zusammen-

---
[1] Beachte auch FG Köln vom 6. 6. 1991 (EFG 1992 S. 55).

rechnung des Werts dieses Erwerbs mit einem späteren Erwerb nach § 14 Abs. 1 Satz 1 ErbStG erforderlich, beginnt keine neue Feststellungsfrist.

BFH vom 19. 2. 2009 – II R 8/06 (BFH/NV 2009 S. 1092)

Die Bindungswirkung eines Feststellungsbescheids schließt es aus, dass über einen Sachverhalt, über den im Feststellungsverfahren entschieden ist, im Folgeverfahren in einem damit unvereinbaren Sinn anders entschieden wird, und zwar auch dann, wenn der Feststellungsbescheid zwar rechtswidrig, aber nicht nichtig ist.

§ 183 Empfangsbevollmächtigte bei der einheitlichen Feststellung

(1) ¹Richtet sich ein Feststellungsbescheid gegen mehrere Personen, die an dem Gegenstand der Feststellung als Gesellschafter oder Gemeinschafter beteiligt sind (Feststellungsbeteiligte), so sollen sie einen gemeinsamen Empfangsbevollmächtigten bestellen, der ermächtigt ist, für sie alle Verwaltungsakte und Mitteilungen in Empfang zu nehmen, die mit dem Feststellungsverfahren und dem anschließenden Verfahren über einen Einspruch zusammenhängen. ²Ist ein gemeinsamer Empfangsbevollmächtigter nicht vorhanden, so gilt ein zur Vertretung der Gesellschaft oder der Feststellungsbeteiligten oder ein zur Verwaltung des Gegenstands der Feststellung Berechtigter als Empfangsbevollmächtigter. ³Anderenfalls kann die Finanzbehörde die Beteiligten auffordern, innerhalb einer bestimmten angemessenen Frist einen Empfangsbevollmächtigten zu benennen. ⁴Hierbei ist ein Beteiligter vorzuschlagen und darauf hinzuweisen, dass diesem die in Satz 1 genannten Verwaltungsakte und Mitteilungen mit Wirkung für und gegen alle Beteiligten bekannt gegeben werden, soweit nicht ein anderer Empfangsbevollmächtigter benannt wird. ⁵Bei der Bekanntgabe an den Empfangsbevollmächtigten ist darauf hinzuweisen, dass die Bekanntgabe mit Wirkung für und gegen alle Feststellungsbeteiligten erfolgt.

(2) ¹Absatz 1 ist insoweit nicht anzuwenden, als der Finanzbehörde bekannt ist, dass die Gesellschaft oder Gemeinschaft nicht mehr besteht, dass ein Beteiligter aus der Gesellschaft oder der Gemeinschaft ausgeschieden ist oder dass zwischen den Beteiligten ernstliche Meinungsverschiedenheiten bestehen. ²Ist nach Satz 1 Einzelbekanntgabe erforderlich, so sind dem Beteiligten der Gegenstand der Feststellung, die alle Beteiligten betreffenden Besteuerungsgrundlagen, sein Anteil, die Zahl der Beteiligten und die ihn persönlich betreffenden Besteuerungsgrundlagen bekannt zu geben. ³Bei berechtigtem Interesse ist dem Beteiligten der gesamte Inhalt des Feststellungsbescheids mitzuteilen.

(3) ¹Ist ein Empfangsbevollmächtigter nach Absatz 1 Satz 1 vorhanden, können Feststellungsbescheide ihm gegenüber auch mit Wirkung für einen in Absatz 2 Satz 1 genannten Beteiligten bekannt gegeben werden, soweit und solange dieser Beteiligte oder der Empfangsbevollmächtigte nicht widersprochen hat. ²Der Widerruf der Vollmacht wird der Finanzbehörde gegenüber erst wirksam, wenn er ihr zugeht.

(4) Wird eine wirtschaftliche Einheit Ehegatten oder Ehegatten mit ihren Kindern oder Alleinstehenden mit ihren Kindern zugerechnet und haben die Beteiligten keinen gemeinsamen Empfangsbevollmächtigten bestellt, so gelten für die Bekanntgabe von Feststellungsbescheiden über den Einheitswert die Regelungen über zusammengefasste Bescheide in § 122 Abs. 7 entsprechend.

Anwendungserlass zur Abgabenordnung

Zu § 183 – Empfangsbevollmächtigte bei der einheitlichen Feststellung:

1. Richtet die Finanzbehörde den Feststellungsbescheid an den gemeinsamen Empfangsbevollmächtigten, ist eine Begründung des Bescheids nicht erforderlich, soweit die Finanzbehörde der Feststellungserklärung gefolgt ist und der Empfangsbevollmächtigte die Feststellungserklärung selbst abgegeben oder an ihrer Erstellung mitgewirkt hat (§ 121 Abs. 2 Nr. 1; vgl. zu § 121, Nr. 2).
2. In den Fällen der Einzelbekanntgabe nach § 183 Abs. 2 Satz 1 ist regelmäßig davon auszugehen, dass der betroffene Feststellungsbeteiligte an der Erstellung der Feststellungserklärung nicht mitgewirkt hat. Bei der Bekanntgabe des Feststellungsbescheides sind ihm deshalb die zum Verständnis des Bescheides erforderlichen Grundlagen der gesonderten Feststellung, d.h. insbesondere die Wertermittlung und die Aufteilungsgrundlagen, mitzuteilen (§ 121 Abs. 1).
3. Wegen der Bekanntgabe in Fällen des § 183 vgl. zu § 122, Nrn. 2.5, 3.3.3 und 4.7. Zur Einspruchsbefugnis des gemeinsamen Empfangsbevollmächtigten vgl. zu § 352.

§ 183 AO
Rsp

Rsp   **Rechtsprechung**

2   **BFH vom 23. 7. 1985 – VIII R 315/82 (BStBl 1986 II S. 123)**

Wird ein Feststellungsbescheid, der sich gegen mehrere Personen richtet, einem gemeinsamen Empfangsbevollmächtigten bekanntgegeben, so muß deutlich sein, daß die Bekanntgabe mit Wirkung für und gegen alle Feststellungsbeteiligten erfolgt; dem genügt ein Hinweis, daß der Feststellungsbescheid Wirkung für und gegen alle Beteiligten hat.

3   **BFH vom 13. 3. 1986 – IV R 304/84 (BStBl 1986 II S. 509)**

Da der einem Gesellschafter zugestellte Feststellungsbescheid auch von demjenigen Beteiligten angegriffen werden kann, für den er bestimmt, dem er aber nicht oder nicht formgerecht bekanntgegeben worden ist, ist die Klage des Beteiligten auf förmliche Bekanntgabe des Feststellungsbescheids mangels Rechtsschutzbedürfnisses unzulässig (Anschluß an BFH-Urteil vom 31. Juli 1980, BStBl 1981 II S. 33). Zur Orientierung ist dem Beteiligten aber ggf. eine Abschrift des Bescheids formlos mitzuteilen.

4   **BFH vom 18. 3. 1986 – II R 214/83 (BStBl 1986 II S. 778)**

Für den Fall, daß im außergerichtlichen Rechtsbehelfsverfahren betreffend einen Art- und Wertfortschreibungsbescheid ein notwendig Beteiligter hinzugezogen wurde und in der ihm zugestellten Einspruchsentscheidung der Inhalt des angefochtenen Bescheids wiederholt wird, schließt sich der II. Senat dem Urteil des IV. Senats vom 8. Juli 1982 (BStBl II S. 700) an, daß der Feststellungsbescheid nicht mehr wegen fehlender Bekanntgabe an diesen Beteiligten aufzuheben ist.

5   **BFH vom 25. 11. 1987 – II R 227/84 (BStBl 1988 II S. 410)**

1. Ein einheitlicher Feststellungsbescheid (Einheitswertbescheid) wird zwar erst mit der Bekanntgabe an alle Feststellungsbeteiligten allen gegenüber wirksam, er entfaltet aber mit seiner Bekanntgabe an einzelne der notwendigen Bekanntgabeempfänger diesen gegenüber Wirksamkeit.
2. Ergeht ein Einheitswertfeststellungsbescheid erst nach dem Tode eines Beteiligten auf einen davor liegenden Stichtag, so bleibt der Verstorbene Zurechnungssubjekt unbeschadet des Umstandes, daß seine Erben Feststellungsbeteiligte sind und ihnen der Bescheid bekanntzugeben ist.

6   **BFH vom 23. 6. 1988 – IV R 33/86 (BStBl 1988 II S. 979)**

Schließen sich mehrere Rechtsanwälte zu einer Sozietät zusammen, so kann das FA in dem Fall, daß kein gemeinsamer Empfangsbevollmächtigter bestellt worden ist, Bescheide über die einheitliche Feststellung der Einkünfte aus selbständiger Arbeit einem der Rechtsanwälte als Empfangsbevollmächtigtem i.S. des § 183 Abs. 1 Satz 2 AO 1977 bekanntgeben.

7   **BFH vom 28. 3. 2000 – VIII R 6/99 (HFR 2000 S. 727)**

1. Die Klage einer KG gegen den Gewinnfeststellungsbescheid ist unzulässig, wenn die Vollbeendigung der KG im Einspruchsverfahren eingetreten ist und mit der Klage materiell-rechtliche Mängel geltend gemacht werden.
2. Die vorangegangene Einspruchsentscheidung konnte dem Steuerberater, der den Einspruch für die KG eingelegt hatte, wegen Weiterbestehens seiner Empfangsvollmacht wirksam bekannt gegeben werden.

8   **BFH vom 18. 1. 2007 – IV R 53/05 (BStBl 2007 II S. 369)**

Die Bestellung eines gemeinsamen Empfangsbevollmächtigten i.S. des § 183 Abs. 1 Satz 1 AO durch die Feststellungsbeteiligten wirkt regelmäßig auch für künftige Bescheide in Feststellungsverfahren, und zwar auch soweit diese zurückliegende Feststellungszeiträume betreffen.

9   **BFH vom 12. 12. 2007 – XI R 11/07 (HFR 2008 S. 665)**

1. § 110 Abs. 1 AO ist auch bei *Bekanntgabe an einen Empfangsbevollmächtigten i.S. von § 183 Abs. 1 AO zugunsten der anderen Feststellungsbeteiligten* anwendbar.
2. Der bloße Empfangsbevollmächtigte i.S. von § 183 Abs. 1 AO hat als solcher keine Vollmacht, für die anderen Feststellungsbeteiligten Einspruch gegen den empfangenen Bescheid einzulegen. Er ist daher kein Vertreter i.S. des § 110 Abs. 1 Satz 2 AO.

BFH vom 5. 5. 2011 – X B 139/10 (BFH/NV 2011 S. 1291) 10

1. Auch Rechtsscheinsvollmachten genügen für die Annahme einer Empfangsvollmacht i.S.d. § 183 Abs. 1 Satz 1 AO.
2. Eine nach § 183 Abs. 1 Satz 1 AO erteilte Vollmacht wirkt auch in Fällen des Ausscheidens eines Gesellschafters oder der Auflösung der Gesellschaft bis zu ihrem Widerruf fort.

II. Festsetzung von Steuermessbeträgen (§ 184)

§ 184 Festsetzung von Steuermessbeträgen

AO
S 0365

(1) ¹Steuermessbeträge, die nach den Steuergesetzen zu ermitteln sind, werden durch Steuermessbescheid festgesetzt. ²Mit der Festsetzung der Steuermessbeträge wird auch über die persönliche und sachliche Steuerpflicht entschieden. ³Die Vorschriften über die Durchführung der Besteuerung sind sinngemäß anzuwenden. ⁴Ferner sind § 182 Abs. 1 und für Grundsteuermessbescheide auch Abs. 2 und § 183 sinngemäß anzuwenden.

(2) ¹Die Befugnis, Realsteuermessbeträge festzusetzen, schließt auch die Befugnis zu Maßnahmen nach § 163 Abs. 1 Satz 1 ein, soweit für solche Maßnahmen in einer allgemeinen Verwaltungsvorschrift der Bundesregierung oder einer obersten Landesfinanzbehörde Richtlinien aufgestellt worden sind. ²Eine Maßnahme nach § 163 Abs. 1 Satz 2 wirkt, soweit sie die gewerblichen Einkünfte als Grundlage für die Festsetzung der Steuer vom Einkommen beeinflusst, auch für den Gewerbeertrag als Grundlage für die Festsetzung des Gewerbesteuermessbetrags.

(3) Die Finanzbehörden teilen den Inhalt des Steuermessbescheids sowie die nach Absatz 2 getroffenen Maßnahmen den Gemeinden mit, denen die Steuerfestsetzung (der Erlass des Realsteuerbescheids) obliegt.

Anwendungserlass zur Abgabenordnung

AEAO
1

Zu § 184 – Festsetzung von Steuermessbeträgen

Gemeinden sind nicht befugt, Steuermessbescheide anzufechten (vgl. § 40 Abs. 3 FGO); eine Rechtsbehelfsbefugnis der Gemeinden besteht nur im Zerlegungsverfahren (§ 186 Nr. 2). Die Finanzämter sollen aber die steuerberechtigten Gemeinden über anhängige Einspruchsverfahren gegen Realsteuermessbescheide von größerer Bedeutung unterrichten.

Rechtsprechung

Rsp

BFH vom 7. 4. 1987 – VIII R 260/84 (BStBl 1987 II S. 768)¹⁾ 2

Wird ein Gewerbesteuermeßbescheid an eine Personengesellschaft adressiert, so ist er wegen des Fehlens einer zutreffenden Bezeichnung des Steuerschuldners unwirksam, wenn das FA in dem Bescheid die Gesellschafter der Personengesellschaft ganz oder teilweise nicht als Mitunternehmer behandelt und andere Personen als Mitunternehmer ansieht.

BFH vom 10. 6. 1987 – I R 301/83 (BStBl 1987 II S. 816) 3

Erläßt ein FA sowohl den Gewerbesteuermeß- als auch den Gewerbesteuerbescheid, so muß der Steuerpflichtige den Gewerbesteuermeßbescheid anfechten, wenn er Einwendungen zur Höhe des Gewerbeertrags geltend machen will.

BFH vom 2. 7. 1997 – I R 11/97 (BStBl 1998 II S. 428) 4

1. Eine Finanzbehörde darf nach Eröffnung des Konkursverfahrens bis zum Prüfungstermin Steuern, die zur Konkurstabelle anzumelden sind, nicht mehr festsetzen.
2. Dies gilt auch für Steuerbescheide – wie z.B. Gewerbesteuermeßbescheide –, in denen ausschließlich Besteuerungsgrundlagen ermittelt und festgestellt werden, die ihrerseits die Höhe von

---
¹⁾ Vgl. aber BFH vom 16. 12. 1997 (AO 184/5).

Steuerforderungen beeinflussen, die zur Konkurstabelle anzumelden sind (Änderung der Rechtsprechung).

3. Wird eine angemeldete Steuerforderung im Prüfungstermin bestritten, so ist ein Grundlagenbzw. Meßbescheid unmittelbar gegenüber dem Konkursverwalter zu erlassen. Ein bereits bei Konkurseröffnung gegen einen Grundlagen- bzw. Meßbescheid anhängiges Einspruchsverfahren kann dann fortgeführt werden.

4. Hat der Gemeinschuldner vor Konkurseröffnung Einspruch gegen einen Gewerbesteuermeßbescheid eingelegt, wird das Einspruchsverfahren gemäß § 240 ZPO mit der Konkurseröffnung unterbrochen.

5 **BFH vom 16. 12. 1997 – VIII R 32/90 (BStBl 1998 II S. 480)**

1. Der alleinige Gesellschafter-Geschäftsführer der Komplementär-GmbH ist aufgrund eines verdeckten Gesellschaftsverhältnisses Mitunternehmer der aus Familienangehörigen bestehenden GmbH & Co. KG, wenn er gewinnabhängige Bezüge erhält, die der KG tätigt und die mit der KG abgeschlossenen Austauschverträge ganz oder teilweise tatsächlich nicht durchgeführt werden.

2. Bei einem verdeckten Gesellschaftsverhältnis zwischen einer Personenhandelsgesellschaft und einer natürlichen Person ist der Gewerbesteuer- oder Gewerbesteuermeßbescheid unter Geltung des § 5 Abs. 1 GewStG 1977 nicht an die Innengesellschaft, sondern an die Personenhandelsgesellschaft als Steuerschuldnerin zu adressieren (Abgrenzung zum BFH-Urteil vom 7. April 1987, BStBl II S. 768).

6 **FG Berlin vom 21. 2. 2000 – 6 B 6488/99 (EFG 2000 S. 634)**

Die zerlegungsberechtigte Gemeinde ist im (Gewerbe-)Steuer-Meßbetragsverfahren ausnahmsweise klagebefugt, wenn das die Steuer verwaltende Land zugleich Schuldner der Steuer ist und daher die Gefahr einer Interessenkollision besteht.

7 **BFH vom 18. 8. 2004 – I B 87/04 (BStBl 2005 II S. 143)**

1. Ein Zerlegungsbescheid für Zwecke der Gewerbesteuer-Vorauszahlung steht gemäß § 164 Abs. 1 Satz 2 i.V.m. § 184 Abs. 1 Satz 3, § 185 AO kraft Gesetzes unter Vorbehalt der Nachprüfung.

2. Es ist nicht ernstlich zweifelhaft, dass der Gewerbesteuerpflichtige durch einen möglichen gesetzlichen Verstoß gegen die verfassungsrechtlich gewährleistete kommunale Selbstverwaltung und das gemeindliche Hebesatzrecht nicht beschwert ist. Ihm fehlt das Rechtsschutzbedürfnis, um die Rechte der betroffenen Gemeinde durchzusetzen.

3. Es bestehen keine ernstlichen Zweifel daran, dass der Gesetzgeber berechtigt ist, im Laufe des Erhebungszeitraumes bis zum Entstehen des Steueranspruchs die gesetzlichen Grundlagen zu verändern. Der Gesetzgeber konnte deshalb rückwirkend für das Kalenderjahr 2003 den Zerlegungsmaßstab des § 28 GewStG 2002 zu Lasten solcher Gemeinden verändern, deren Hebesatz 200 v.H. unterschreitet.

8 **BFH vom 20. 4. 2006 – III R 1/05 (BStBl 2007 II S. 375)**

1. – 2. ...

3. Eine Erklärung über den Gewerbesteuermessbetrag ist – bis zum Ablauf der Festsetzungsfrist – auch dann abzugeben, wenn sich die Gewerblichkeit der ersten Veräußerung erst rückblickend aus dem Zusammenhang mit Grundstücksgeschäften in späteren Jahren ergibt.

---

3. Unterabschnitt
Zerlegung und Zuteilung (§§ 185–190)

§ 185 Geltung der allgemeinen Vorschriften

Auf die in den Steuergesetzen vorgesehene Zerlegung von Steuermessbeträgen sind die für die Steuermessbeträge geltenden Vorschriften entsprechend anzuwenden, soweit im Folgenden nichts anderes bestimmt ist.

Rechtsprechung

BFH vom 24. 3. 1992 – VIII R 33/90 (BStBl 1992 II S. 869)

Zerlegungsbescheide für die Gewerbesteuer sind nach § 173 Abs. 1 i. V. m. §§ 185, 184 Abs. 1 Satz 3 AO änderbar. § 189 AO trifft allein für den Fall der Nichtberücksichtigung von Gemeinden bei der Zerlegung eine abschließende Regelung.

BFH vom 20. 4. 1999 – VIII R 13/97 (BStBl 1999 II S. 542)

1. Eine Gemeinde kann im Gewerbesteuer-Zerlegungsverfahren auch dann in ihren Rechten betroffen sein, wenn sich ihr Zerlegungsanteil infolge eines geänderten Gewerbesteuer-Meßbescheids erhöht. Ihre Klagebefugnis ist jedoch auf den Erhöhungsbetrag beschränkt.
2. Die Bestandskraft des Zerlegungs-Erstbescheids erstreckt sich nicht auf den in diesem Bescheid angewendeten Zerlegungsmaßstab; sie umfaßt den in diesem Bescheid festgestellten Zerlegungsanteil nur nach seinem Betrag. Hinsichtlich des Erhöhungsbetrags können auch bei einer Änderung des Gewerbesteuer-Meßbetrags nach § 175 Abs. 1 Nr. 1 AO alle materiell-rechtlichen Fehler des Bescheids zugunsten wie zuungunsten der Gemeinden berichtigt werden (Fortführung des Senatsurteils vom 24. März 1992, BStBl 1992 II, 869).

§ 186 Beteiligte

Am Zerlegungsverfahren sind beteiligt:
1. der Steuerpflichtige,
2. die Steuerberechtigten, denen ein Anteil an dem Steuermessbetrag zugeteilt worden ist oder die einen Anteil beanspruchen. ²Soweit die Festsetzung der Steuer dem Steuerberechtigten nicht obliegt, tritt an seine Stelle die für die Festsetzung der Steuer zuständige Behörde.

§ 187 Akteneinsicht

Die beteiligten Steuerberechtigten können von der zuständigen Finanzbehörde Auskunft über die Zerlegungsgrundlagen verlangen und durch ihre Amtsträger Einsicht in die Zerlegungsunterlagen nehmen.

Rechtsprechung

BFH vom 21. 7. 1999 – I R 111/98 (HFR 2000 S. 169)

1. Das Einsichtsrecht der steuerberechtigten Gemeinde in die Unterlagen einer Gewerbesteuerzerlegung (§ 187 AO) setzt voraus, dass die Zerlegung für die Gemeinde zu einem Zerlegungsanteil führen kann. Lautet der Gewerbesteuermessbetrag auf 0 DM, ist eine Berücksichtigung der Gemeinde ausgeschlossen. Damit entfällt ein Rechtsschutzbedürfnis für eine Akteneinsicht.
2. Die steuerberechtigte Gemeinde ist auch dann nicht berechtigt, die Änderung eines auf 0 DM lautenden Gewerbesteuermessbescheides zu verlangen, wenn der Bescheid rechtswidrig sein sollte.

§ 188 Zerlegungsbescheid

(1) Über die Zerlegung ergeht ein schriftlicher Bescheid (Zerlegungsbescheid), der den Beteiligten bekannt zu geben ist, soweit sie betroffen sind.

(2) ¹Der Zerlegungsbescheid muss die Höhe des zu zerlegenden Steuermessbetrags angeben und bestimmen, welche Anteile den beteiligten Steuerberechtigten zugeteilt werden. ²Er muss ferner die Zerlegungsgrundlagen angeben.

§§ 188, 189 AO
AEAO Rsp

AEAO   Anwendungserlass zur Abgabenordnung

1   Zu § 188 – Zerlegungsbescheid:

Dem Steuerpflichtigen ist der vollständige Zerlegungsbescheid bekannt zu geben, während die einzelnen beteiligten Gemeinden nur einen kurzgefassten Bescheid mit den sie betreffenden Daten erhalten müssen.

AO
S 0366

§ 189 Änderung der Zerlegung

¹Ist der Anspruch eines Steuerberechtigten auf einen Anteil am Steuermessbetrag nicht berücksichtigt und auch nicht zurückgewiesen worden, so wird die Zerlegung von Amts wegen oder auf Antrag geändert oder nachgeholt. ²Ist der bisherige Zerlegungsbescheid gegenüber denjenigen Steuerberechtigten, die an dem Zerlegungsverfahren bereits beteiligt waren, unanfechtbar geworden, so dürfen bei der Änderung der Zerlegung nur solche Änderungen vorgenommen werden, die sich aus der nachträglichen Berücksichtigung des bisher übergangenen Steuerberechtigten ergeben. ³Eine Änderung oder Nachholung der Zerlegung unterbleibt, wenn ein Jahr vergangen ist, seitdem der Steuermessbescheid unanfechtbar geworden ist, es sei denn, dass der übergangene Steuerberechtigte die Änderung oder Nachholung der Zerlegung vor Ablauf des Jahres beantragt hatte.

Rsp   Rechtsprechung

1   BFH vom 24. 3. 1992 – VIII R 33/90 (BStBl 1992 II S. 869)

Zerlegungsbescheide für die Gewerbesteuer sind nach § 173 Abs. 1 i. V. m. §§ 185, 184 Abs. 1 Satz 3 AO änderbar. § 189 AO trifft allein für den Fall der Nichtberücksichtigung von Gemeinden bei der Zerlegung eine abschließende Regelung.

2   BFH vom 12. 5. 1992 (BFH/NV 1993 S. 191)

§ 189 AO gestattet eine Änderung der Zerlegung nur in den in dieser Bestimmung ausdrücklich geregelten Fällen. Bei einem fehlerhaften Zerlegungsmaßstab muß die betroffene Gemeinde ihren Anspruch im Rechtsbehelfsverfahren verfolgen.

3   BFH vom 28. 6. 2000 – I R 84/98 (BStBl 2001 II S. 3)

1. Der Eintritt der Festsetzungsverjährung schließt eine Änderung gemäß § 189 AO nicht aus.
2. § 189 Satz 3 AO differenziert nicht zwischen Erst- und Änderungsbescheiden und auch nicht nach dem Rechtsgrund oder dem Umfang der Änderung des Steuermessbescheids. Für die Änderung oder Nachholung der Zerlegung gemäß § 189 Satz 3 AO ist es daher unerheblich, dass der unanfechtbar gewordene Steuermessbescheid ein Änderungsbescheid gemäß § 175 Abs. 1 Satz 1 Nr. 1 AO ist.

4   BFH vom 8. 11. 2000 – I R 1/00 (BStBl 2001 II S. 769)

Der Eintritt der sog. Zerlegungssperre gemäß § 189 Satz 3 AO lässt sich nur durch den eigenen Antrag des übergangenen Steuerberechtigten auf Änderung oder Nachholung der Zerlegung vermeiden. Ein Antrag des Steuerpflichtigen genügt nicht. Er kann auch nicht über die Grundsätze der öffentlich-rechtlichen Geschäftsführung ohne Auftrag als für den Steuerberechtigten gestellt behandelt werden.

5   BFH vom 7. 9. 2005 – VIII R 42/02 (HFR 2006 S. 437)

Es widerspricht nicht dem Grundsatz der Gleichmäßigkeit der Besteuerung, dass die unanfechtbar gewordene Zerlegung eines Gewerbesteuermessbescheides wegen geänderter Zuordnung von Arbeitnehmern auch dann nicht zugunsten einer bereits berücksichtigten Gemeinde geändert werden kann, wenn dies zu schwerwiegenden wirtschaftlichen Nachteilen für sie führt.

§ 190 Zuteilungsverfahren

¹Ist ein Steuermessbetrag in voller Höhe einem Steuerberechtigten zuzuteilen, besteht aber Streit darüber, welchem Steuerberechtigten der Steuermessbetrag zusteht, so entscheidet die Finanzbehörde auf Antrag eines Beteiligten durch Zuteilungsbescheid. ²Die für das Zerlegungsverfahren geltenden Vorschriften sind entsprechend anzuwenden.

Rechtsprechung

BFH vom 8. 11. 2000 – I R 1/00 (HFR 2001 S. 407)

Aus den Gründen:
Bei dem Zerlegungs- und dem Zuteilungsverfahren handelt es sich um jeweils selbständige Verwaltungsverfahren, die sich strukturell zwar ähneln, aber dennoch voneinander unterscheiden. Besteht zwischen mehreren Gemeinden oder auch zwischen dem Steuerpflichtigen und derjenigen Gemeinde, die auf den Steuermessbetrag Ansprüche erhebt, Streit über die Steuerberechtigung, so kann die Finanzbehörde – anders als im Zerlegungsverfahren – nicht von Amts wegen tätig werden. Ohne das Recht, einen eigenen Zuteilungsantrag zu stellen, hätte der Steuerpflichtige also nur die Möglichkeit, bei der u. U. übergangenen Gemeinde einen solchen Antrag anzuregen. § 190 AO zielt ersichtlich darauf ab, durch das eigene Antragsrecht des Steuerpflichtigen insoweit etwaigen Verfahrensnachteilen vorzubeugen. Beim Zerlegungsverfahren, das ein amtswegiges Vorgehen des FA vorsieht, bedarf es dessen nicht.

4. Unterabschnitt
Haftung (§§ 191–192)

§ 191 Haftungsbescheide, Duldungsbescheide

(1) ¹Wer kraft Gesetzes für eine Steuer haftet (Haftungsschuldner), kann durch Haftungsbescheid, wer kraft Gesetzes verpflichtet ist, die Vollstreckung zu dulden, kann durch Duldungsbescheid in Anspruch genommen werden. ²Die Anfechtung wegen Ansprüchen aus dem Steuerschuldverhältnis außerhalb des Insolvenzverfahrens erfolgt durch Duldungsbescheid, soweit sie nicht im Wege der Einrede nach § 9 des Anfechtungsgesetzes geltend zu machen ist; bei der Berechnung von Fristen nach den §§ 3 und 4 des Anfechtungsgesetzes steht der Erlass eines Duldungsbescheids der gerichtlichen Geltendmachung der Anfechtung nach § 7 Abs. 1 des Anfechtungsgesetzes gleich. ³Die Bescheide sind schriftlich zu erteilen.

(2) Bevor gegen einen Rechtsanwalt, Patentanwalt, Notar, Steuerberater, Steuerbevollmächtigten, Wirtschaftsprüfer oder vereidigten Buchprüfer wegen einer Handlung im Sinne des § 69, die er in Ausübung seines Berufs vorgenommen hat, ein Haftungsbescheid erlassen wird, gibt die Finanzbehörde der zuständigen Berufskammer Gelegenheit, die Gesichtspunkte vorzubringen, die von ihrem Standpunkt für die Entscheidung von Bedeutung sind.

(3) ¹Die Vorschriften über die Festsetzungsfrist sind auf den Erlass von Haftungsbescheiden entsprechend anzuwenden. ²Die Festsetzungsfrist beträgt vier Jahre, in den Fällen des § 70 bei Steuerhinterziehung zehn Jahre, bei leichtfertiger Steuerverkürzung fünf Jahre, in den Fällen des § 71 zehn Jahre. ³Die Festsetzungsfrist beginnt mit Ablauf des Kalenderjahrs, in dem der Tatbestand verwirklicht worden ist, an den das Gesetz die Haftungsfolge knüpft. ⁴Ist die Steuer, für die gehaftet wird, noch nicht festgesetzt worden, so endet die Festsetzungsfrist für den Haftungsbescheid nicht vor Ablauf der für die Steuerfestsetzung geltenden Festsetzungsfrist; andernfalls gilt § 171 Abs. 10 sinngemäß. ⁵In den Fällen der §§ 73 und 74 endet die Festsetzungsfrist nicht, bevor die gegen den Steuerschuldner festgesetzte Steuer verjährt (§ 228).

(4) Ergibt sich die Haftung nicht aus den Steuergesetzen, so kann ein Haftungsbescheid ergehen, solange die Haftungsansprüche nach dem für sie maßgebenden Recht noch nicht verjährt sind.

(5) ¹Ein Haftungsbescheid kann nicht mehr ergehen,
1. soweit die Steuer gegen den Steuerschuldner nicht festgesetzt worden ist und wegen Ablaufs der Festsetzungsfrist auch nicht mehr festgesetzt werden kann,
2. soweit die gegen den Steuerschuldner festgesetzte Steuer verjährt ist oder die Steuer erlassen worden ist.

²Dies gilt nicht, wenn die Haftung darauf beruht, dass der Haftungsschuldner Steuerhinterziehung oder Steuerhehlerei begangen hat.

AEAO   Anwendungserlass zur Abgabenordnung

1   Zu § 191 – Haftungsbescheide, Duldungsbescheide:

1. Die materiell-rechtlichen Voraussetzungen für den Erlass eines Haftungs- oder Duldungsbescheides ergeben sich aus den §§ 69 bis 77, den Einzelsteuergesetzen oder den zivilrechtlichen Vorschriften (z.B. §§ 25, 128 HGB). §§ 93, 227 Abs. 2 InsO schließen eine Haftungsinanspruchnahme nach §§ 69 ff. nicht aus (BFH-Urteil vom 2. 11. 2001 – VII B 155/01 – BStBl 2002 II, S. 73). Der Gesellschafter einer Außen-GbR haftet für Ansprüche aus dem Steuerschuldverhältnis, hinsichtlich deren die GbR Schuldnerin ist, in entsprechender Anwendung des § 128 HGB (vgl. BGH-Urteil vom 29. 1. 2001, NJW S. 1056); dies gilt auch für Ansprüche, die bei seinem Eintritt in die GbR bereits bestanden (entsprechende Anwendung des § 130 HGB; BGH-Urteil vom 7. 4. 2003, NJW 2003 S. 1803). Nach Ausscheiden haftet der Gesellschafter für die Altschulden in analoger Anwendung des § 160 HGB. Bei Auflösung der Gesellschaft ist § 159 HGB entsprechend anzuwenden (vgl. § 736 Abs. 2 BGB; BFH-Urteil vom 26. 8. 1997 – VII R 63/97 – BStBl II, S. 745). Für Gesellschafter aller Formen der Außen-GbR, die vor dem 1. 7. 2003 in die Gesellschaft eingetreten sind, kommt aus Gründen des allgemeinen Vertrauensschutzes eine Haftung nur für solche Ansprüche aus dem Steuerschuldverhältnis in Betracht, die nach ihrem Eintritt in die Gesellschaft entstanden sind. Zum Erlass von Haftungsbescheiden in Spaltungsfällen vgl. zu § 122, Nr. 2.15.

2. Die Befugnis zum Erlass eines Haftungs- oder Duldungsbescheides besteht auch, soweit die Haftung und Duldung sich auf steuerliche Nebenleistungen erstreckt.

3. *Auf den (erstmaligen) Erlass eines Haftungsbescheides sind die Vorschriften über die Festsetzungsfrist (§§ 169 – 171) entsprechend anzuwenden. Eine Korrektur zugunsten des Haftungsschuldners kann dagegen auch noch nach Ablauf der Festsetzungsfrist erfolgen (BFH-Urteil vom 12. 8. 1997 – VII R 107/96 – BStBl 1998 II, S. 131).*

4. Für die Korrektur von Haftungsbescheiden gelten nicht die für Steuerbescheide maßgeblichen Korrekturvorschriften (§§ 172 ff.), sondern die allgemeinen Vorschriften über die Berichtigung, die Rücknahme und den Widerruf von Verwaltungsakten (§§ 129–131). Die Rechtmäßigkeit des Haftungsbescheides richtet sich nach den Verhältnissen im Zeitpunkt seines Erlasses bzw. der entsprechenden Einspruchsentscheidung. Anders als bei der Änderung der Steuerfestsetzung (BFH-Urteil vom 12. 8. 1997 – VII R 107/96 – BStBl 1998 II, S. 131) berühren Minderungen der dem Haftungsbescheid zugrunde liegenden Steuerschuld durch Zahlungen des Steuerschuldners nach Ergehen einer Einspruchsentscheidung die Rechtmäßigkeit des Haftungsbescheides nicht. Ein rechtmäßiger Haftungsbescheid ist aber zugunsten des Haftungsschuldners zu widerrufen, soweit die ihm zugrunde liegende Steuerschuld später gemindert worden ist.

5. Von der Korrektur eines Haftungsbescheides ist der Erlass eines ergänzenden Haftungsbescheides zu unterscheiden.

5.1 *Für die Zulässigkeit eines neben einem bereits bestehenden Haftungsbescheid gegenüber einem bestimmten Haftungsschuldner tretenden weiteren Haftungsbescheids ist grundsätzlich entscheidend, ob dieser den gleichen Gegenstand regelt wie der bereits ergangene Haftungsbescheid oder ob die Haftungsinanspruchnahme für verschiedene Sachverhalte oder zu verschiedenen Zeiten entstandene Haftungstatbestände erfolgen soll.*

Stets zulässig ist es, wegen eines eigenständigen Steueranspruchs (betreffend einen anderen Besteuerungszeitraum oder eine andere Steuerart) einen weiteren Haftungsbescheid zu erlassen, selbst wenn der Steueranspruch bereits im Zeitpunkt der ersten Inanspruchnahme durch Haftungsbescheid entstanden war.

5.2 *Die „Sperrwirkung" eines bestandskräftigen Haftungsbescheids gegenüber einer erneuten Inanspruchnahme des Haftungsschuldners besteht nur, soweit es um ein und denselben Sachverhalt geht; sie ist in diesem Sinne nicht zeitraum-, sondern sachverhaltsbezogen (BFH-Beschluss vom 7. 4. 2005 – I B 140/04 – BStBl 2006 II, S. 530). Der Erlass eines ergänzenden Haftungsbescheids für denselben Sachverhalt ist unzulässig, wenn die zu niedrige Inanspruchnahme auf einer rechtsirrtümlichen Beurteilung des Sachverhalts oder einer fehlerhaften Ermessensentscheidung beruhte (vgl. BFH-Urteil vom 25. 5. 2004 – VII R 29/02 – BStBl 2005 II, S. 3).*

Der Erlass eines ergänzenden Haftungsbescheids ist aber zulässig, wenn die Erhöhung der Steuerschuld auf neuen Tatsachen beruht, die das Finanzamt mangels Kenntnis im ersten Haftungsbescheid nicht berücksichtigen konnte (BFH-Urteil vom 15. 2. 2011 – VII R 66/10 – BStBl II, S. 534).

6. Für Duldungsbescheide gelten die Nrn. 3 *bis* 5 entsprechend. Die Inanspruchnahme des Duldungspflichtigen wird durch § 191 Abs. 3 zeitlich weder begrenzt noch ausgedehnt.

7. Zur Zahlungsaufforderung bei Haftungsbescheiden vgl. zu § 219.

8. In den Fällen des § 191 Abs. 2 soll die Frist für die Abgabe einer Stellungnahme der zuständigen Berufskammer im Allgemeinen zwei Monate betragen. Die Stellungnahme kann in dringenden Fällen auch fernmündlich eingeholt werden. Eine versehentlich unterlassene Anhörung kann nachgeholt werden. Wird innerhalb der von der Finanzbehörde zu setzenden Frist keine Stellungnahme abgegeben, kann gleichwohl ein Haftungsbescheid ergehen.

9. Ein erstmaliger Haftungsbescheid kann wegen Akzessorietät der Haftungsschuld zur Steuerschuld grundsätzlich nicht mehr ergehen, wenn der zugrunde liegende Steueranspruch wegen Festsetzungsverjährung gegenüber dem Steuerschuldner nicht mehr festgesetzt werden darf oder wenn der gegenüber dem Steuerschuldner festgesetzte Steueranspruch durch Zahlungsverjährung oder Erlass erloschen ist (§ 191 Abs. 5 Satz 1). Maßgeblich ist dabei der Steueranspruch, auf den sich die Haftung konkret bezieht. Daher ist bei der Haftung eines Arbeitgebers für zu Unrecht nicht angemeldete und abgeführte Lohnsteuer (§ 42d EStG) auf die vom Arbeitnehmer nach § 38 Abs. 2 EStG geschuldete Lohnsteuer und nicht auf die Einkommensteuer des Arbeitnehmers (§ 25 EStG) abzustellen. Dabei ist für die Berechnung der die Lohnsteuer betreffenden Festsetzungsfrist die Lohnsteuer-Anmeldung des Arbeitgebers und nicht die Einkommensteuererklärung der betroffenen Arbeitnehmer maßgebend (vgl. BFH-Urteil vom 6. 3. 2008 – VI R 5/05 – BStBl II, S. 597). Bei der Berechnung der für die Lohnsteuer maßgebenden Festsetzungsfrist sind Anlauf- und Ablaufhemmungen nach §§ 170, 171 zu berücksichtigen, soweit sie gegenüber dem Arbeitgeber wirken.

Rechtsprechung

BFH vom 24. 2. 1987 – VII R 4/84 (BStBl 1987 II S. 363) — 2

Die gemäß § 191 Abs. 1 AO durch Haftungsbescheid geltend zu machende Haftung erfaßt die steuerlichen Nebenleistungen, wie z.B. Säumniszuschläge (§ 3 Abs. 3 AO), auch im Fall der Gesellschafterhaftung nach § 128 HGB.

BFH vom 1. 3. 1988 – VII R 109/86 (BStBl 1988 II S. 408) — 3

Der durch Duldungsbescheid des Finanzamts in Anspruch genommene Gegner einer Anfechtung kann gegen den seiner Inanspruchnahme zugrundeliegenden Steuer- oder Haftungsbescheid keine Einwendungen erheben, die der Steuer- oder Haftungsschuldner bereits verloren hat. Mit Einwendungen gegen einen bestandskräftig gewordenen Steuer- oder Haftungsbescheid ist der duldungsverpflichtete Anfechtungsgegner mithin ausgeschlossen.

BFH vom 27. 3. 1990 – VII R 26/89 (BStBl 1990 II S. 939) — 4

Die Haftung der Gesellschafter einer GbR für Steuerschulden der Gesellschaft kann nicht durch Vereinbarungen der Gesellschafter auf das Gesellschaftsvermögen beschränkt werden.

BFH vom 2. 2. 1994 – II R 7/91 (BStBl 1995 II S. 300) — 5

Die Haftung des Gesellschafters einer GbR für Steuerschulden der Gesellschaft erfordert eine Mitwirkung des Gesellschafters an der Gestaltung, die den Steuertatbestand ausgelöst hat. War der Gesellschafter an rechtsgeschäftlichem Handeln der Gesellschaft, das steuerliche Folgen nach sich zieht, beteiligt, haftet er auch der Finanzbehörde gegenüber für die sich hieraus ergebende Steuerschuld.

BFH vom 29. 3. 1994 – VII R 120/92 (BStBl 1995 II S. 225) — 6

Mit Eröffnung des Konkursverfahrens über das Vermögen des Schuldners wird das Verfahren über den Anfechtungsanspruch auch dann gemäß § 13 Abs. 2 Satz 1 AnfG unterbrochen, wenn die Finanzbehörde ihre Rechte nach dem AnfG durch Duldungsbescheid nach § 191 Abs. 1 AO geltend gemacht hat; als Konkursgläubiger kann sie den Anfechtungsanspruch gegen den Anfechtungsgegner während des Konkurses nicht weiterverfolgen, selbst wenn der Konkursverwalter auf die Aufnahme des Anfechtungsprozesses und auf den Rückgewähranspruch ausdrücklich verzichtet hat.

BFH vom 26. 8. 1997 – VII R 63/97 (BStBl 1997 II S. 745) — 7

1. Die Frist, innerhalb derer ein Umsatzsteuerhaftungsbescheid gegen den Gesellschafter einer aufgelösten GbR ergehen kann, richtet sich nach den analog anzuwendenden Vorschriften des § 159 HGB.

2. Ob eine auch gegenüber dem Gesellschafter einer GbR nach § 159 Abs. 4 HGB wirksame Unterbrechung der Verjährung des gegen die Gesellschaft festgesetzten Umsatzsteueranspruchs vorliegt, entscheidet sich allein nach den steuerrechtlichen Vorschriften über die Unterbrechung der Zahlungsverjährung.

8 BFH vom 7. 4. 1998 – VII R 82/97 (BStBl 1998 II S. 531)

1. Die Gesellschafter einer vermögenslosen Vor-GmbH haften den Finanzbehörden gegenüber unmittelbar im Verhältnis ihrer gesellschaftsrechtlichen Beteiligung für die durch die Vorgesellschaft begründeten Ansprüche aus dem Steuerschuldverhältnis.

2. Erweist sich die Gründungsgesellschaft als unechte Vorgesellschaft, weil die Eintragungsabsicht schon ursprünglich fehlte oder später aufgegeben worden ist, ohne daß die Gesellschafter ihre geschäftliche Tätigkeit sofort eingestellt hätten, haften diese nach den für Personengesellschaften geltenden zivilrechtlichen Vorschriften unmittelbar und unbeschränkt.

9 BFH vom 13. 5. 1998 – II R 4/96 (BStBl 1998 II S. 760)

Ein Rechtsanwalt, der als Testamentsvollstrecker tätig wird, handelt regelmäßig in Ausübung seines Berufes i.S. des § 191 Abs. 2 AO.

10 BFH vom 12. 10. 1999 – VII R 98/98 (BStBl 2000 II S. 486)

Der Haftungsschuldner kann auch nach Ergehen des Umsatzsteuer-Jahresbescheids gegenüber dem Steuerschuldner noch durch Haftungsbescheid für rückständige Umsatzsteuer-Vorauszahlungen in Anspruch genommen werden, wenn die Haftungsvoraussetzungen (nur) bezüglich der Umsatzsteuer-Vorauszahlungen vorlagen.

11 BFH vom 9. 8. 2000 – I R 95/99 (BStBl 2001 II S. 13)

Der Anlauf der Festsetzungsfrist gegenüber einem Haftungsschuldner wird gehemmt, wenn der Haftungsschuldner von Gesetzes wegen zur Aufgabe einer Steueranmeldung oder zur Erstattung einer Anzeige verpflichtet ist und dieser Verpflichtung nicht nachkommt.

12 BFH vom 11. 7. 2001 – VII R 28/99 (BStBl 2002 II S. 267)

Der Eintritt der Zahlungsverjährung für den Steueranspruch (Primärschuld) berührt die Rechtmäßigkeit eines vor Ablauf der Zahlungsverjährung erlassenen Haftungsbescheides nicht.

13 BFH vom 2. 11. 2001 – VII B 155/01 (BStBl 2002 II S. 73)

Die Geschäftsführerhaftung wird von der Sperrwirkung des § 93 InsO nicht erfasst und kann auch nach der Eröffnung des Insolvenzverfahrens von dem FA mit Haftungsbescheid geltend gemacht werden.

14 BFH vom 9. 8. 2002 – VI R 41/96 (BStBl 2003 II S. 160)

Nimmt das FA sowohl den Arbeitgeber nach § 42d EStG als auch den früheren Gesellschafter-Geschäftsführer u.a. wegen Lohnsteuer-Hinterziehung nach § 71 AO in Haftung, so hat es insoweit eine Ermessensentscheidung nach § 191 Abs. 1 i.V.m. § 5 AO zu treffen und die Ausübung dieses Ermessens regelmäßig zu begründen.

15 BFH vom 4. 9. 2002 – I B 145/01 (BStBl 2003 II S. 223)

1. Es ist nicht ernstlich zweifelhaft, dass haftungsbegründende Pflichtverletzungen gemäß § 69 AO – nur – die Nichtabgabe der Steuererklärungen und die Nichtabführung der sich insoweit ergebenden Zahlungen aufgrund gesetzlicher Verpflichtungen sind, nicht jedoch – zusätzlich – der Zeitpunkt der tatsächlichen Fälligkeit der Steuerzahlungen und der Eintritt eines Schadens auf Seiten der Finanzverwaltung. Mit der so verstandenen Verwirklichung des Haftungstatbestandes beginnt zugleich der Lauf der Haftungsverjährung gemäß § 191 Abs. 3 Satz 3 AO.

2. Es ist auch nicht ernstlich zweifelhaft, dass die Hemmung des Fristablaufs gemäß § 191 Abs. 3 Satz 4 2. Alternative AO unabhängig davon ist, ob die der Haftung zugrunde liegende Steuer vor oder nach Ablauf der regulären Festsetzungsfrist für den Erlass des Haftungsbescheides gemäß § 191 Abs. 3 Satz 2 AO festgesetzt worden ist.

3. Es ist auch nicht ernstlich zweifelhaft, dass die Festsetzungsfrist für den Erlass eines Haftungsbescheides bei Vorliegen einer Steuerhinterziehung gemäß § 191 Abs. 3 Satz 2 AO nur im Falle der Haftung gemäß § 70 und § 71 AO verlängert wird, in anderen Haftungsfällen jedoch nicht.

BFH vom 11. 3. 2004 – VII R 19/02 (BStBl 2004 II S. 967)   16

In den Fällen, in denen einem Antrag auf Aussetzung der Vollziehung im Zeitpunkt der gesetzlichen Fälligkeit einer Umsatzsteuerschuld noch nicht entsprochen worden ist und in denen der Haftungsschuldner die Steuerschuld nicht entrichtet und entsprechende Mittel zur Begleichung der Steuerschuld auch nicht bereitgehalten hat, ist hinsichtlich der Verwirklichung des Haftungstatbestandes des § 69 AO nicht auf den Zeitpunkt der – späteren – tatsächlichen Fälligkeit, sondern auf den der gesetzlichen Fälligkeit des Steueranspruchs abzustellen. Mit der so verstandenen Verwirklichung des Haftungstatbestandes zum gesetzlichen Fälligkeitszeitpunkt beginnt zugleich der Lauf der Festsetzungsverjährung für den Haftungsanspruch gemäß § 191 Abs. 3 AO.

BFH vom 25. 5. 2004 – VII R 29/02 (BStBl 2005 II S. 3)   17

Hat das FA einen Haftungsgegenstand durch einen bestandskräftig gewordenen Haftungsbescheid geregelt, steht dessen Bestandskraft bei unveränderter Sach- und Rechtslage der erneuten Regelung des gleichen Sachverhaltes durch Erlass eines ergänzenden, neben den ersten Haftungsbescheid tretenden Haftungsbescheides entgegen. Hiervon unberührt bleibt die Korrektur des vorangegangenen Haftungsbescheides nach den Vorschriften der §§ 129, 130 und 131 AO.

BFH vom 5. 10. 2004 – VII R 77/03 (BStBl 2005 II S. 122)   18

Die nach § 191 Abs. 3 Satz 1 AO auf Haftungsbescheide sinngemäß anzuwendende Regelung des § 171 Abs. 3a Satz 3 AO hemmt den Ablauf der Festsetzungsfrist nur im Falle der gerichtlichen Kassation eines angefochtenen Haftungsbescheides. Eine analoge Anwendung der Vorschrift auf den Fall der Aufhebung des Bescheides durch die Finanzbehörde kommt nicht in Betracht.

BFH vom 5. 10. 2004 – VII R 7/04 (BStBl 2006 II S. 343)   19

1. Dem nach § 191 Abs. 3 Satz 4 AO auf Haftungsbescheide sinngemäß anzuwendenden § 171 Abs. 10 AO kann nicht entnommen werden, dass der Ablauf der Festsetzungsfrist für den Haftungsbescheid gehemmt ist, soweit und solange in offener Festsetzungsfrist der Steuerbescheid hinsichtlich der Steuer, für die gehaftet wird, noch zulässig ergehen kann.
2. Steuer- und Haftungsbescheid stehen nicht in dem Verhältnis von Grundlagen- und Folgebescheid zueinander.

BFH vom 9. 5. 2006 – VII R 50/05 (BStBl 2007 II S. 600)   20

1. Unterliegt eine GbR als solche der Besteuerung, ergibt sich die persönliche Haftung der Gesellschafter einer GbR für die Steuerschulden und die steuerlichen Nebenleistungen der Gesellschaft entsprechend § 128 Satz 1 HGB i.V.m. § 191 AO (Anschluss an die BGH-Rechtsprechung).
2. Wer gegenüber dem FA den Rechtsschein erweckt, Gesellschafter einer GbR zu sein, haftet für Steuerschulden der Schein-GbR, wenn das FA nach Treu und Glauben auf den gesetzten Rechtsschein vertrauen durfte. Das ist nicht der Fall, wenn das aktive Handeln des in Anspruch Genommenen weder unmittelbar gegenüber dem FA noch zur Erfüllung steuerlicher Pflichten oder zur Verwirklichung steuerlicher Sachverhalte veranlasst war und ihm im Übrigen bloß passives Verhalten gegenüber dem FA vorzuhalten ist.

BFH vom 6. 3. 2008 – VI R 5/05 (BStBl 2008 II S. 597)   21

1. Die Festsetzungsfrist für einen Lohnsteuer-Haftungsbescheid endet nicht vor Ablauf der Festsetzungsfrist für die Lohnsteuer (§ 191 Abs. 3 Satz 4 1. Halbsatz AO).
2. Der Beginn der Festsetzungsfrist für die Lohnsteuer richtet sich nach § 170 Abs. 2 Satz 1 Nr. 1 AO.
3. Für den Beginn der die Lohnsteuer betreffenden Festsetzungsfrist ist die Lohnsteuer-Anmeldung (Steueranmeldung) und nicht die Einkommensteuererklärung der betroffenen Arbeitnehmer maßgebend.

BFH vom 22. 4. 2008 – VII R 21/07 (BStBl 2008 II S. 735)   22

Die Festsetzungsfrist für den Erlass eines Haftungsbescheids ist gemäß § 191 Abs. 3 Satz 2 2. Halbsatz AO bei leichtfertiger Steuerverkürzung nur in den Fällen auf fünf Jahre verlängert, in denen die Haftungsinanspruchnahme auf § 70 AO beruht, nicht aber für jeden Fall der Haftung, dem eine leichtfertige Steuerverkürzung zugrunde liegt, also auch nicht bei der Haftung gemäß § 69 AO (Klarstellung der Rechtsprechung).

23 **BFH vom 27. 8. 2009 – V B 75/08 (BFH/NV 2009 S. 1964)**

1. Ein Haftungsbescheid ist dann inhaltlich hinreichend bestimmt, wenn für den Betroffenen erkennbar ist, was von ihm, auch der Höhe nach, verlangt wird.
2. Dabei genügt es, wenn aus dem gesamten Inhalt des Bescheids einschließlich der von der Behörde gegebenen Begründung hinreichende Klarheit über das Verlangte gewonnen werden kann.
3. Für die inhaltliche Bestimmtheit eines Haftungsbescheides reicht es auch aus, wenn sich aus ihm die konkreten Sachverhalte, die zur Haftung geführt haben, ohne Weiteres zweifelsfrei entnehmen lassen.

24 **BFH vom 18. 3. 2009 – I B 210/08 (BFH/NV 2009 S. 1237)**

§ 167 Abs. 1 Satz 1 AO begründet ein Wahlrecht für die Finanzbehörde, den Haftungsschuldner wahlweise durch Haftungsbescheid oder durch Steuerbescheid in Anspruch zu nehmen, wenn dieser seine Steueranmeldepflicht nicht erfüllt hat. Wird der Haftungsschuldner durch Nacherhebungsbescheid in Anspruch genommen, sind keine besonderen Ermessenserwägungen der Behörde erforderlich; dies benachteiligt den Abzugsverpflichteten in der Situation des Steuerabzugs für beschränkt steuerpflichtige Vergütungsempfänger (ausländischer Steuerschuldner) angesichts der geringen Erfordernisse für die Artikulation des Auswahlermessens nicht.

25 **BFH vom 23. 9. 2009 – VII R 43/08 (BStBl 2010 II S. 215)**

1. – 2. ...
3. Der Haftungsanspruch nach § 73 AO ist gegenüber dem Steueranspruch subsidiär, wenn feststeht, dass der Steuerschuldner zur Zahlung in der Lage ist. Der Tatbestand des § 73 AO wird ergänzt durch die Regelungen in § 191 Abs. 1 Satz 1 i.V.m. § 5 AO. Danach setzt der Haftungsanspruch voraus, dass die Haftungsinanspruchnahme bei der gebotenen Ermessensausübung in Betracht kommt.

26 **BFH vom 30. 3. 2010 – VII R 22/09 (BStBl 2011 II S. 327)**

1. Die Anfechtbarkeit der Bestellung dinglicher Rechte am eigenen Grundstück folgt aus einer unmittelbaren Anwendung des § 3 Abs. 1 AnfG (Fortentwicklung der Senatsrechtsprechung).
2. Die Gläubigerbenachteiligung liegt schon in der Bestellung dinglicher Rechte, unabhängig von einer sich daran anschließenden Übertragung des Grundeigentums. Die Teilrechte verschlechtern im Fall einer Zwangsvollstreckung die Zugriffslage.
3. Der Anspruchsinhalt des § 11 Abs. 1 Satz 1 AnfG ist nicht auf Fälle der Vermögensminderung durch Veräußerung, Weggabe und Aufgabe von Vermögensbestandteilen an einen Dritten beschränkt. Als bloße Rechtsfolgenbestimmung ergänzt diese Vorschrift nicht die Anfechtungsnormen um eine abschließende Regelung der anfechtbaren Rechtshandlungen auf solche der Veräußerung, Weggabe und Aufgabe, sondern beschränkt das, was dem Gläubiger wieder „zur Verfügung gestellt" werden soll, nach Art und Umfang auf das, was „veräußert, weggegeben oder aufgegeben" worden ist.
4. Hat ein Vollstreckungsschuldner ein Nießbrauchsrecht oder ein dingliches Wohnrecht am eigenen Grundstück anfechtbar begründet, hat das FA einen schuldrechtlichen Anspruch auf Duldung des Vorrangs seiner Rechte in der Zwangsvollstreckung.

27 **BFH vom 22. 6. 2011 – VII S 1/11 (BFH/NV 2011 S. 2014)**

1. § 191 Abs. 3 Satz 4 AO ist dahin auszulegen, dass die Festsetzungsfrist für einen Haftungsbescheid nicht endet, solange die Steuer noch geltend gemacht werden kann, sei es durch Festsetzung, sei es in anderer, im Einzelfall durch Gesetz vorgeschriebenen Weise. Deshalb ist im Insolvenzverfahren/Gesamtvollstreckungsverfahren entscheidend, dass die Feststellung der angemeldeten Steuerforderung zur Tabelle wie die Steuerfestsetzung wirkt, der Feststellungsvermerk der Tabelle gilt als Titel für die nachfolgende Einzelzwangsvollstreckung, wenn bzw. soweit die Forderung im Gesamtvollstreckungsverfahren ausgefallen ist.
2. § 191 Abs. 3 Satz 4 2. Variante AO, der das Ende der Festsetzungsfrist für die Haftung in den Fällen, in denen die Steuer festgesetzt ist, entsprechend § 171 Abs. 10 AO bestimmt, regelt keinen absoluten Endzeitpunkt, sondern den frühesten Zeitpunkt des Verjährungseintritts. Auf den Beginn des Fristlaufs hat die Regelung keine Auswirkung.

§ 192 Vertragliche Haftung

Wer sich auf Grund eines Vertrags verpflichtet hat, für die Steuer eines anderen einzustehen, kann nur nach den Vorschriften des bürgerlichen Rechts in Anspruch genommen werden.

Anwendungserlass zur Abgabenordnung

Zu § 192 – Vertragliche Haftung:

Aufgrund vertraglicher Haftung (vgl. zu § 48) ist eine Inanspruchnahme durch Haftungsbescheid nicht zulässig. Eine Verpflichtung zur Inanspruchnahme des vertraglich Haftenden besteht nicht; das Finanzamt entscheidet nach Ermessen.

VIERTER ABSCHNITT
Außenprüfung (§§ 193–207)

1. Unterabschnitt
Allgemeine Vorschriften (§§ 193–203)

§ 193 Zulässigkeit einer Außenprüfung

(1) Eine Außenprüfung ist zulässig bei Steuerpflichtigen, die einen gewerblichen oder land- und forstwirtschaftlichen Betrieb unterhalten, die freiberuflich tätig sind und bei Steuerpflichtigen im Sinne des § 147a.

(2) Bei anderen als den in Absatz 1 bezeichneten Steuerpflichtigen ist eine Außenprüfung zulässig,
1. soweit sie die Verpflichtung dieser Steuerpflichtigen betrifft, für Rechnung eines anderen Steuern zu entrichten oder Steuern einzubehalten und abzuführen,
2. wenn die für die Besteuerung erheblichen Verhältnisse der Aufklärung bedürfen und eine Prüfung an Amtsstelle nach Art und Umfang des zu prüfenden Sachverhalts nicht zweckmäßig ist oder
3. wenn ein Steuerpflichtiger seinen Mitwirkungspflichten nach § 90 Absatz 2 Satz 3 nicht nachkommt.

Anwendungserlass zur Abgabenordnung

Zu § 193 – Zulässigkeit einer Außenprüfung:

1. Eine Außenprüfung ist unabhängig davon zulässig, ob eine Steuer bereits festgesetzt, ob der Steuerbescheid endgültig, vorläufig oder unter dem Vorbehalt der Nachprüfung ergangen ist (BFH-Urteil vom 28. 3. 1985 – IV R 224/83 – BStBl II, S. 700). Eine Außenprüfung nach § 193 kann zur Ermittlung der Steuerschuld sowohl dem Grunde als auch der Höhe nach durchgeführt werden. Der gesamte für die Entstehung und Ausgestaltung eines Steueranspruchs erhebliche Sachverhalt kann Prüfungsgegenstand sein (BFH-Urteil vom 11. 12. 1991 – I R 66/90 – BStBl 1992 II, S. 595). Dies gilt auch, wenn der Steueranspruch möglicherweise verjährt ist oder aus anderen Gründen nicht mehr durchgesetzt werden kann (BFH-Urteil vom 23. 7. 1985 – VIII R 48/85 – BStBl 1986 II, S. 433).
2. Die Voraussetzungen für eine Außenprüfung sind auch gegeben, soweit ausschließlich festgestellt werden soll, ob und inwieweit Steuerbeträge hinterzogen oder leichtfertig verkürzt worden sind. Eine sich insoweit gegenseitig ausschließende Zuständigkeit von Außenprüfung und Steuerfahndung besteht nicht (BFH-Urteile vom 4. 11. 1987 – II R 102/85 – BStBl 1988 II, S. 113, und vom 19. 9. 2001 – XI B 6/01 – BStBl 2002 II, S. 4). Die Einleitung eines Steuerstrafverfahrens hindert nicht weitere Ermittlungen durch die Außenprüfung unter Erweiterung des

---
[1] § 193 Abs. 1 und 2 Nr. 3 AO i.d.F. des StHintBekG ist erstmals für Besteuerungszeiträume anzuwenden, die nach dem 31. 12. 2009 beginnen (vgl. § 5 der Steuerhinterziehungsbekämpfungsverordnung – SteuerHBekV – vom 18. 9. 2009 (BGBl. 2009 I S. 3046; BStBl 2009 I S. 1146). Vgl. auch BMF vom 5. 1. 2010, BStBl 2010 I S. 19, AO 90/3.

Prüfungszeitraums. Dies gilt auch dann, wenn der Steuerpflichtige erklärt, von seinem Recht auf Verweigerung der Mitwirkung Gebrauch zu machen (BFH-Urteil vom 19. 8. 1998 – XI R 37/97 – BStBl 1999 II, S. 7). Sollte die Belehrung gem. § 393 Abs. 1 unterblieben sein, führt dies nicht zu einem steuerlichen Verwertungsverbot (BFH-Urteil vom 23. 1. 2002 – XI R 10, 11/01 – BStBl II, S. 328).

3. Eine Außenprüfung ausschließlich zur Erledigung eines zwischenstaatlichen Amtshilfeersuchens (§ 117) durch Auskunftsaustausch in Steuersachen ist nicht zulässig. Zur Erledigung eines solchen Amtshilfeersuchens kann eine Außenprüfung unter den Voraussetzungen des § 193 nur bei einem am ausländischen Besteuerungsverfahren Beteiligten durchgeführt werden (z.B. der Wohnsitzstaat ersucht um Prüfung der deutschen Betriebsstätte eines ausländischen Steuerpflichtigen).

4. Eine Außenprüfung nach § 193 Abs. 1 ist zulässig zur Klärung der Frage, ob der Steuerpflichtige tatsächlich einen Gewerbebetrieb unterhält, wenn konkrete Anhaltspunkte für eine Steuerpflicht bestehen, d.h. es darf nicht ausgeschlossen sein, dass eine gewerbliche Tätigkeit vorliegt (BFH-Urteile vom 23. 10. 1990 – VIII R 45/88 – BStBl 1991 II, S. 278 und vom 11. 8. 1994 – IV R 126/91 – BStBl II, S. 936). Eine Außenprüfung ist solange zulässig, als noch Ansprüche aus dem Steuerschuldverhältnis bestehen (z.B. handelsrechtlich voll beendigte KG: BFH-Urteil vom 1. 10. 1992 – IV R 60/91 – BStBl 1993 II, S. 82; voll beendigte GbR: BFH-Urteil vom 1. 3. 1994 – VIII R 35/92 – BStBl 1995 II, S. 241). Zur Begründung der Anordnung einer Außenprüfung nach § 193 Abs. 1 genügt der Hinweis auf diese Rechtsgrundlage.

5. § 193 Abs. 2 Nr. 1 enthält die Rechtsgrundlage für die Prüfung der Lohnsteuer bei Steuerpflichtigen, die nicht unter § 193 Abs. 1 fallen (z.B. Prüfung der Lohnsteuer bei Privatpersonen mit mehreren Bediensteten).

Eine Außenprüfung nach § 193 Abs. 2 Nr. 2 ist bereits dann zulässig, wenn Anhaltspunkte vorliegen, die es nach den Erfahrungen der Finanzverwaltung als möglich erscheinen lassen, dass der Besteuerungstatbestand erfüllt ist (BFH-Urteil vom 17. 11. 1992 – VIII R 25/89 – BStBl 1993 II, S. 146). § 193 Abs. 2 Nr. 2 kann insbesondere bei Steuerpflichtigen mit umfangreichen und vielgestaltigen Überschusseinkünften zur Anwendung kommen. Sofern keine konkreten Anhaltspunkte für einen wirtschaftlichen Geschäftsbetrieb oder Zweckbetrieb vorliegen, fällt unter § 193 Abs. 2 Nr. 2 auch die Prüfung einer gemeinnützigen Körperschaft zum Zwecke der Anerkennung, Versagung oder Entziehung der Gemeinnützigkeit. Eine auf § 193 Abs. 2 Nr. 2 gestützte Prüfungsanordnung muss besonders begründet werden. Die Begründung muss ergeben, dass die gewünschte Aufklärung durch Einzelermittlung an Amtsstelle nicht erreicht werden kann (BFH-Urteil vom 7. 11. 1985 – IV R 6/85 – BStBl 1986 II, S. 435 und vom 9. 11. 1994 – XI R 16/94 – BFH/NV 1995 II, S. 578).

6. Von der Außenprüfung zu unterscheiden sind Einzelermittlungen eines Außenprüfers nach § 88, auch wenn sie am Ort des Betriebs durchgeführt werden. In diesen Fällen hat er deutlich zu machen, dass verlangte Auskünfte oder sonstige Maßnahmen nicht im Zusammenhang mit der Außenprüfung stehen (BFH-Urteile vom 5. 4. 1984 – IV R 244/83 – BStBl II, S. 790, vom 2. 2. 1994 – I R 57/93 – BStBl II, S. 377 und vom 25. 11. 1997 – VIII R 4/94 – BStBl 1998 II, S. 461). Zur betriebsnahen Veranlagung vgl. zu § 85, Nr. 2 und 3. Eine Umsatzsteuer-Nachschau gemäß § 27b UStG stellt keine Außenprüfung i.S.d. § 193 dar. Zum Übergang von einer Umsatzsteuer-Nachschau zu einer Außenprüfung siehe BMF-Schreiben vom 23. 12. 2002, BStBl I, S. 1447.

Rechtsprechung

2 BFH vom 5. 11. 1981 – IV R 179/79 (BStBl 1982 II S. 208)

1. Aufgrund von § 193 Abs. 1 AO kann eine Außenprüfung auch angeordnet werden, wenn der Steuerpflichtige nur geringe Gewinne erzielt hat und hierüber keine Unterlagen oder Aufzeichnungen besitzt. In die Prüfung können alle Steuerarten einbezogen werden, für die die betrieblichen Verhältnisse Bedeutung haben können. Im Rahmen dieser Steuerarten können auch alle sonstigen für die Besteuerung wesentlichen Umstände mitgeprüft werden.

2. Bei Anordnung der Außenprüfung nach § 193 Abs. 1 AO muß für das FA feststehen, daß der Steuerpflichtige tatsächlich in der in § 193 Abs. 1 AO beschriebenen Weise tätig war. Für die Prüfung genügt es nicht, daß beim Ehegatten des Steuerpflichtigen eine Außenprüfung durchgeführt wird.

3. Ob ein Aufklärungsbedürfnis i.S. von § 193 Abs. 2 Nr. 2 AO besteht, ist von den Steuergerichten zu überprüfen. Ein solches Bedürfnis ist anzunehmen, wenn Anhaltspunkte bestehen, die es nach den Erfahrungen der Finanzverwaltung als möglich erscheinen lassen, daß der Steuerpflichtige erforderliche Steuererklärungen nicht, unvollständig oder unrichtig abgegeben hat.

4. Die Finanzbehörde entscheidet nach pflichtgemäßem Ermessen, ob in diesem Fall eine Außenprüfung zweckmäßig ist. Sie muß hierbei den Grundsatz der Verhältnismäßigkeit beachten.
5. Prüfungsanordnungen gegen Eheleute können in einer Verfügung zusammengefaßt werden. Zu ihrer Bekanntgabe genügt die Übersendung nur einer Ausfertigung, wenn die Eheleute durch die gemeinsame Abgabe von Einkommensteuererklärungen sich gegenseitig zur Empfangnahme im Besteuerungsverfahren ermächtigt haben.
6. Eine Prüfungsanordnung, die eine Außenprüfung „beim Steuerpflichtigen" anordnet, legt damit noch nicht den Ort der Prüfung fest.

BFH vom 28. 11. 1985 – IV R 323/84 (BStBl 1986 II S. 437)   3
Die bei einem Unternehmer aufgrund von § 193 Abs. 1 AO angeordnete Betriebsprüfung kann sich auch auf nichtbetriebliche Sachverhalte erstrecken (Bestätigung von BFH vom 5. November 1981, BStBl 1982 II S. 208).

BFH vom 16. 12. 1986 – VIII R 123/86 (BStBl 1987 II S. 248)   4
1. Ein Steuerpflichtiger hat an der Feststellung der Rechtswidrigkeit einer erledigten Prüfungsanordnung ein berechtigtes Interesse, wenn er damit die Auswertung der durch die Prüfung erlangten Kenntnisse durch das FA verhindern will.
2. Die Anordnung einer Außenprüfung bei einem Gesellschafter kann auf § 193 Abs. 2 Nr. 2 AO gestützt werden.
3. Eine Prüfungsanordnung ist nicht deshalb unwirksam, weil das Wohnsitz-FA des Gesellschafters die Prüfungsanordnung auf Anregung des Betriebs-FA der Gesellschaft, an der der Gesellschafter beteiligt ist, erlassen hat.
4. Ein Begründungsmangel kann auch in den Fällen des § 193 Abs. 2 Nr. 2 AO dadurch geheilt werden, daß der Prüfer dem Steuerpflichtigen die Gründe für die Anordnung der Prüfung mündlich mitteilt.

BFH vom 13. 3. 1987 – III R 236/83 (BStBl 1987 II S. 664)   5
1. Die Anordnung einer Außenprüfung ist auch nach einer endgültigen, vorbehaltlosen Steuerfestsetzung zulässig (Anschluß an BFH vom 28. März 1985, BStBl II S. 700 und vom 23. Juli 1985, BStBl 1986 II S. 36).
2. Eine auf § 193 Abs. 2 Nr. 2 AO gestützte Prüfungsanordnung muß in der Begründung erkennen lassen, warum die für die Besteuerung maßgeblichen Verhältnisse der Aufklärung bedürfen und warum eine Prüfung an Amtsstelle nach Art und Umfang des zu prüfenden Sachverhalts nicht zweckmäßig ist (Anschluß an BFH vom 7. November 1985, BStBl 1986 II S. 435). Der Hinweis, daß bei zusammenveranlagten Eheleuten mit einer Überprüfung der steuerlichen Verhältnisse des einen Ehegatten zweckmäßigerweise auch die Prüfung der steuerlichen Verhältnisse des anderen Ehegatten verbunden werde, genügt diesen Anforderungen nicht.

BFH vom 28. 8. 1987 – III R 189/84 (BStBl 1988 II S. 2)   6
Dem FA ist es nicht verwehrt, aus der im Rahmen einer rechtmäßigen Außenprüfung erlangten Kenntnis betrieblicher Verhältnisse eines Steuerpflichtigen in den Jahren des Prüfungszeitraums (z.B. 1977–1979) Schlußfolgerungen auf die tatsächlichen Gegebenheiten in anderen Jahren vor oder nach dem Prüfungszeitraum zu ziehen und demgemäß einen Steuerbescheid, der unter dem Vorbehalt der Nachprüfung steht, entsprechend zu ändern.

BFH vom 24. 8. 1989 – IV R 65/88 (BStBl 1990 II S. 2)   7
1. Wird eine Prüfungsanordnung von der Finanzbehörde lediglich wegen eines Bekanntgabemangels aufgehoben, hindert dies nicht den erneuten Erlaß der Anordnung.
2. Für das Unternehmen des Erblassers kann eine Außenprüfung gegenüber dem Erben angeordnet werden.
3. Die Außenprüfung kann auch auf den Abwicklungszeitraum nach Einstellung der freiberuflichen Tätigkeit erstreckt werden.

BFH vom 10. 5. 1991 – V R 51/90 (BStBl 1991 II S. 825)   8
Das berechtigte Interesse des Steuerpflichtigen an der Feststellung der Rechtswidrigkeit einer erledigten Prüfungsanordnung ist nicht gegeben, wenn der Steuerpflichtige sich auf fehlerhafte Bekanntgabe und unzureichende Begründung der Prüfungsanordnung beruft, die bei der Prüfung ermittelten Tatsachen jedoch bei einer erstmaligen Steuerfestsetzung verwertet werden.

9 **BFH vom 21. 6. 1994 – VIII R 54/92 (BStBl 1994 II S. 678)**

1. Die für den zeitlichen Umfang einer Außenprüfung maßgebende Zuordnung eines Betriebes zu einer bestimmten Größenklasse ist grundsätzlich nach der von der Steuerverwaltung zur Ausübung des ihr eingeräumten Auswahlermessens getroffenen Regelung in der BpO(St) auf den im Zeitpunkt des Ergehens der Prüfungsanordnung maßgebenden Stichtag zu ermitteln (§ 4 Abs. 4 Satz 1 BpO[St]). Dieser Stichtag bleibt auch für das Beschwerdeverfahren verbindlich.
2. Der Senat lässt dahingestellt, ob er sich der gewandelten rechtlichen Würdigung des Auswahlermessens nach § 193 Abs. 1 AO 1977 durch den X. Senat (Urteil vom 2. 10. 1991 – X R 89/89, BStBl II 1992, 220) anschließen könnte.

10 **BFH vom 18. 10. 1994 – IX R 128/92 (BStBl 1995 II S. 291)**

Eine Außenprüfung nach § 193 Abs. 2 Nr. 2 AO kann mehr als drei Besteuerungszeiträume umfassen. § 4 Abs. 3 BpO(St) ist auf solche Außenprüfungen nicht anwendbar.

11 **BFH vom 5. 4. 1995 – I B 126/94 (BStBl 1995 II S. 496)**

Der Prüfungszeitraum einer Außenprüfung darf zur Überprüfung vortragsfähiger Verluste auch dann auf die Verlustentstehungsjahre ausgedehnt werden, wenn der aus diesen Zeiträumen verbleibende Verlustabzug gemäß § 10d Abs. 3 EStG festgestellt worden ist.

12 **BFH vom 7. 2. 2002 – IV R 9/01 (BStBl 2002 II S. 269)**[1]

1. Die Anordnung einer sog. Anschlussprüfung bei Großbetrieben ist grundsätzlich rechtmäßig. Insoweit beruht § 4 Abs. 2 Satz 1 BpO 2000 auf sachgerechten Ermessenserwägungen i.S. des § 193 Abs. 1 AO (Anschluss an BFH-Urteil vom 10. 4. 1990, BStBl 1990 II S. 721).
2. Die aus der Einteilung in Größenklassen folgende unterschiedliche Prüfungshäufigkeit der verschiedenen (Klein-, Mittel- und Groß-)Betriebe verstößt nicht gegen das Gleichheitsgebot (Art. 3 Abs. 1 GG).
3. Betriebliche Eigenheiten und einkunftsabhängige Besonderheiten sind hinreichende Differenzierungsgründe für unterschiedliche Maßstäbe zur Einordnung von (hier landwirtschaftlichen) Betrieben in eine der drei prüfungsrelevanten Größenklassen.

13 **BFH vom 24. 4. 2003 – VII R 3/02 (BStBl 2003 II S. 739)**

– Der die Ablaufhemmung der Festsetzungsfrist nach § 171 Abs. 4 Satz 1 AO bewirkende Beginn einer Außenprüfung setzt Maßnahmen voraus, die für den Steuerpflichtigen i.S. der §§ 193 ff. AO als Prüfungshandlungen erkennbar und geeignet sind, sein Vertrauen in den Ablauf der Verjährungsfrist zu beseitigen.
– Eine Außenprüfung ist dann nicht mehr unmittelbar nach ihrem Beginn unterbrochen, wenn die Prüfungshandlungen nach Umfang und Zeitaufwand, gemessen an dem gesamten Prüfungsstoff, erhebliches Gewicht erreicht oder erste verwertbare Prüfungsergebnisse gezeitigt haben.
– Die Wiederaufnahme einer unterbrochenen Außenprüfung erfordert nach außen dokumentierte oder zumindest anhand der Prüfungsakten nachvollziehbare Maßnahmen, die der Steuerpflichtige als eine Fortsetzung der Prüfung erkennen kann.

14 **BFH vom 26. 7. 2007 – VI R 68/04 (BStBl 2009 II S. 338)**

1. Das für eine Außenprüfung nach § 193 Abs. 2 Nr. 2 AO erforderliche Aufklärungsbedürfnis liegt jedenfalls dann vor, wenn dem Steuerpflichtigen im Prüfungszeitraum aufgrund außerordentlich hoher Einkünfte („Einkunftsmillionär") erhebliche Beträge zu Anlagezwecken zur Verfügung standen und der Steuerpflichtige nur Kapitaleinkünfte in geringer Höhe erklärt sowie keine substantiierten und nachprüfbaren Angaben zur Verwendung der verfügbaren Geldmittel gemacht hat.
2. Die Entscheidung des FA über die Zweckmäßigkeit einer Außenprüfung nach § 193 Abs. 2 Nr. 2 AO ist ermessensfehlerfrei, wenn eine Vielzahl von Belegen zu überprüfen und insoweit mit zahlreichen Rückfragen zu rechnen ist.
3. Die Außenprüfung nach § 193 Abs. 2 Nr. 2 AO kann auch in den Räumen des FA durchgeführt werden. Sie ist insoweit von einer Prüfung an Amtsstelle durch Maßnahmen der Einzelermittlung i.S. der §§ 88 ff. AO zu unterscheiden.
4. Die Entscheidung des FA, die Außenprüfung in den eigenen Amtsräumen durchzuführen, ist ermessensfehlerfrei, wenn der Steuerpflichtige weder über Geschäftsräume noch über einen inlän-

---

[1] Verfassungsbeschwerde wurde gem. §§ 93a, 93b BVerfGG nicht zur Entscheidung angenommen (Beschluss des BVerfG vom 26. 1. 2006 – 2 BvR 647/02).

dischen Wohnsitz verfügt. Eine Wohnung des Steuerpflichtigen im Ausland kann das FA bei der Festlegung des Prüfungsortes unberücksichtigt lassen.

BFH vom 8. 4. 2008 – VIII R 61/06 (BStBl 2009 II S. 579)¹⁾ 15

1. Auch gegen gesetzlich zur Verschwiegenheit verpflichtete und zur Verweigerung von Auskünften berechtigte Personen, wie Steuerberater und Wirtschaftsprüfer, kann eine Außenprüfung angeordnet werden.
...

BFH vom 23. 2. 2011 – VIII B 63/10 (BFH/NV 2011 S. 964) 16

Nach der Rechtslage vor Einführung von § 193 Abs. 1 2. Alt. AO (durch das Steuerhinterziehungsbekämpfungsgesetz, für Veranlagungszeiträume ab 2010) begründeten hohe Einkünfte (über 500 000 €) aus nichtselbständiger Arbeit allein kein (abstraktes) Aufklärungsbedürfnis i.S. von § 193 Abs. 2 Nr. 2 AO.

BFH vom 20. 6. 2011 – X B 234/10 (BFH/NV 2011 S. 1829) 17

Auch für Veranlagungszeiträume nach Inkrafttreten des Kleinunternehmerförderungsgesetzes vom 31. Juli 2003 (BGBl I 2003, 1550) genügt für Steuerarten, einen oder mehrere Besteuerungszeiträume beziehen, für die Begründung der Anordnung einer Außenprüfung weiterhin der bloße Hinweis auf § 193 Abs. 1 AO. Dies gilt auch für Steuerpflichtige, die wegen Unterschreitens der in § 141 AO genannten Grenzen nicht buchführungspflichtig sind.

§ 194 Sachlicher Umfang einer Außenprüfung

AO
S 0401

(1) ¹Die Außenprüfung dient der Ermittlung der steuerlichen Verhältnisse des Steuerpflichtigen. ²Sie kann eine oder mehrere Steuerarten, einen oder mehrere Besteuerungszeiträume umfassen oder sich auf bestimmte Sachverhalte beschränken. ³Die Außenprüfung bei einer Personengesellschaft umfasst die steuerlichen Verhältnisse der Gesellschafter insoweit, als diese Verhältnisse für die zu überprüfenden einheitlichen Feststellungen von Bedeutung sind. ⁴Die steuerlichen Verhältnisse anderer Personen können insoweit geprüft werden, als der Steuerpflichtige verpflichtet war oder verpflichtet ist, für Rechnung dieser Personen Steuern zu entrichten oder Steuern einzubehalten und abzuführen; dies gilt auch dann, wenn etwaige Steuernachforderungen den anderen Personen gegenüber geltend zu machen sind.

(2) Die steuerlichen Verhältnisse von Gesellschaftern und Mitgliedern sowie von Mitgliedern der Überwachungsorgane können über die in Absatz 1 geregelten Fälle hinaus in die bei einer Gesellschaft durchzuführende Außenprüfung einbezogen werden, wenn dies im Einzelfall zweckmäßig ist.

(3) Werden anlässlich einer Außenprüfung Verhältnisse anderer als der in Absatz 1 genannten Personen festgestellt, so ist die Auswertung der Feststellungen insoweit zulässig, als ihre Kenntnis für die Besteuerung dieser anderen Personen von Bedeutung ist oder die Feststellungen eine unerlaubte Hilfeleistung in Steuersachen betreffen.

Anwendungserlass zur Abgabenordnung

AEAO

Zu § 194 – Sachlicher Umfang einer Außenprüfung: 1

1. Im Rahmen einer Außenprüfung nach § 193 Abs. 1 können, ohne dass die Voraussetzungen des § 193 Abs. 2 Nr. 2 vorliegen müssen, auch Besteuerungsmerkmale überprüft werden, die mit den betrieblichen Verhältnissen des Steuerpflichtigen in keinem Zusammenhang stehen (BFH-Urteil vom 28. 11. 1985 – IV R 323/84 – BStBl 1986 II, S. 437).

2. § 194 Abs. 1 Satz 3 erlaubt die Prüfung der Verhältnisse der Gesellschafter ohne gesonderte Prüfungsanordnung nur insoweit, als sie mit der Personengesellschaft zusammenhängen und für die Feststellungsbescheide von Bedeutung sind. Die Einbeziehung der steuerlichen Verhältnisse der in § 194 Abs. 2 bezeichneten Personen in die Außenprüfung bei einer Gesellschaft

---
¹⁾ Die Verfassungsbeschwerde wurde vom BVerfG gem. §§ 93a, 93b BVerfGG nicht zur Entscheidung angenommen (Beschluss vom 24. 7. 2008, Az. 1 BvR 1828/08).

setzt die Zulässigkeit (§ 193) und eine eigene Prüfungsanordnung (§ 196) voraus (BFH-Urteil vom 16. 12. 1986 – VIII R 123/86 – BStBl 1987 II, S. 248).

3. Eine Außenprüfung kann zur Erledigung eines zwischenstaatlichen Rechts- und Amtshilfeersuchens (§ 117) unter den Voraussetzungen des § 193 nur bei einem in einem ausländischen Besteuerungsverfahren Steuerpflichtigen, nicht aber zur Feststellung der steuerlichen Verhältnisse bei einer anderen Person durchgeführt werden (z.B. zur Erledigung eines Ersuchens um Prüfung einer im Bundesgebiet belegenen Firma, die im ersuchenden Staat als Zollbeteiligte auftritt, oder einer deutschen Betriebsstätte eines ausländischen Steuerpflichtigen). Ermittlungen sind i.V.m. einer Außenprüfung möglich, die aus anderen Gründen durchgeführt wird.

4. Soll der Prüfungszeitraum in den Fällen des § 4 Abs. 3 BpO mehr als drei zusammenhängende Besteuerungszeiträume umfassen oder nachträglich erweitert werden, muss die Begründung der Prüfungsanordnung die vom Finanzamt angestellten Ermessenserwägungen erkennen lassen (BFH-Urteil vom 4. 2. 1988 – V R 57/83 – BStBl II, S. 413). Der Prüfungszeitraum darf zur Überprüfung vortragsfähiger Verluste auch dann auf die Verlustentstehungsjahre ausgedehnt werden, wenn der aus diesen Zeiträumen verbleibende Verlustabzug gemäß § 10d Abs. 3 EStG (heute: Abs. 4) festgestellt worden ist (BFH-Beschluß vom 5. 4. 1995 – I B 126/94 – BStBl II, S. 496). Bei einer Betriebsaufgabe schließt der Prüfungszeitraum mit dem Jahr der Betriebseinstellung ab (BFH-Urteil vom 24. 8. 1989 – IV R 65/88 – BStBl 1990 II, S. 2). Bei einer Außenprüfung nach § 193 Abs. 2 Nr. 2 ist § 4 Abs. 3 BpO nicht anwendbar. Für jeden Besteuerungszeitraum, der in die Außenprüfung einbezogen werden soll, müssen die besonderen Voraussetzungen des § 193 Abs. 2 Nr. 2 vorliegen (BFH-Urteil vom 18. 10. 1994 – IX R 128/92 – BStBl 1995 II, S. 291).

5. Eine Außenprüfung darf nicht allein zu dem Zwecke durchgeführt werden, die steuerlichen Verhältnisse dritter Personen zu erforschen (BFH-Urteil vom 18. 2. 1997 – VIII R 33/95 – BStBl II, S. 499).

6. § 30a Abs. 3 hindert nicht die Fertigung und Auswertung von Kontrollmitteilungen anlässlich einer Außenprüfung bei Kreditinstituten, wenn hierfür ein hinreichend begründeter Anlass besteht. Dieser ist gegeben, wenn der Außenprüfer infolge Vorliegens konkreter Umstände oder einer aufgrund allgemeiner Erfahrungen getroffenen Prognoseentscheidung im Wege vorweggenommener Beweiswürdigung zum Ergebnis kommt, dass Kontrollmitteilungen zur Aufdeckung steuererheblicher Tatsachen führen könnten (BFH-Urteil vom 18. 2. 1997 – VIII R 33/95 – BStBl II, S. 499, und vom 15. 12. 1998 – VIII R 6/98 – BStBl 1999 II, S. 138).

7. Die Finanzbehörden können Kontrollmitteilungen ins Ausland insbesondere dann versenden, wenn dies ohne besonderen Aufwand möglich ist und höhere Interessen des Steuerpflichtigen nicht berührt werden (BFH-Beschluss vom 8. 2. 1995 – I B 92/94 – BStBl II, S. 358). Zu Auskünften der Finanzbehörden an ausländische Staaten ohne Ersuchen (Spontanauskünfte) wird auf Tz. 4 des Merkblatts über die zwischenstaatliche Amtshilfe durch Auskunftsaustausch in Steuersachen (BMF-Schreiben vom 3. 2. 1999, BStBl I, S. 228) hingewiesen. Zu Amtshilfeersuchen ausländischer Staaten vgl. zu § 193, Nr. 3.

Rechtsprechung

BFH vom 28. 4. 1988 – IV R 106/86 (BStBl 1988 II S. 857)

1. Die Ausdehnung einer Betriebsprüfung wegen zu erwartender nicht unerheblicher Steuernachforderungen (§ 4 Abs. 2 BpO/St) setzt bei einem Mittelbetrieb voraus, daß mit Mehrsteuern von mindestens 3000 DM für das Kalenderjahr zu rechnen ist.

2. Ob diese Voraussetzung erfüllt ist, muß nach den im Zeitpunkt der Beschwerdeentscheidung bekannten Umständen beurteilt werden. Dabei sind auch die Ergebnisse bereits durchgeführter Prüfungshandlungen für den erweiterten Zeitraum zu berücksichtigen.

BFH vom 11. 4. 1990 – I R 167/86 (BStBl 1990 II S. 772)

1. Eine Betriebsprüfung erstreckt sich auf alle Steueransprüche, bezüglich derer Maßnahmen i.S. der §§ 193 ff. AO ergriffen werden, die auf die Ermittlung des Steueranspruchs in tatsächlicher und/oder rechtlicher Hinsicht gerichtet sind (§ 194 Abs. 1 Satz 1 AO).

2. Die tatsächliche Durchführung einer Betriebsprüfung setzt nicht voraus, daß bisher nicht bekannte Tatsachen festgestellt werden, aus denen sich ein höherer oder niedrigerer Steueranspruch ergibt.

BFH vom 10. 6. 1992 – I R 142/90 (BStBl 1992 II S. 784)　　5

Wird ein vom Mittelbetrieb zum Großbetrieb umgestuftes Unternehmen nicht im Prüfungsturnus der erstmaligen Umstufung geprüft, so ist es nicht ermessensfehlerhaft, wenn die in einem späteren Prüfungsturnus ergehende Betriebsprüfungsanordnung den Prüfungszeitraum auf mehr als drei Jahre erstreckt. Der gesamte Prüfungszeitraum darf dabei aber grundsätzlich nicht weiter in die Vergangenheit reichen, als dies Nr. 6 des Einführungserlasses des Landes Nordrhein-Westfalen vom 17. Mai 1978 zu § 4 BpO (St) (heute: § 4 Abs. 4 Satz 2 BpO (St) 1987) zugelassen hätte.

BFH vom 28. 6. 2000 – I R 20/99 (HFR 2001 S. 1)　　6

§ 4 Abs. 3 Satz 2 BpO (St) begrenzt den Prüfungsumfang im Erweiterungszeitraum nicht auf den Sachverhalt, der Grund für die Erweiterung des Prüfungszeitraums war.

BFH vom 2. 8. 2001 – VII B 290/99 (BStBl 2001 II S. 665)　　7

1. Ein „hinlänglicher Anlass" für die Ausfertigung von Kontrollmitteilungen besteht jedenfalls dann, wenn der Betriebsprüfer bei der Prüfung der bankinternen Konten einer Bank feststellt, dass Bankkunden, obwohl sie dort ihre Geldkonten führen, Tafelgeschäfte außerhalb dieser Konten anonymisiert in der Art von Bargeschäften abgewickelt haben.
2. Ist der Anlass, der zur Ausfertigung von Kontrollmitteilungen berechtigt, von einer solchen Qualität, dass sich hieraus sogar ein steuerstrafrechtlicher Anfangsverdacht ableiten lässt – wie z.B. bei der anonymisierten Abwicklung von Tafelgeschäften (1.) – entfaltet das so genannte Bankengeheimnis keine Schutz- oder Vertrauenswirkung für den Bankkunden.

BFH vom 4. 10. 2006 – VIII R 54/04 (BFH/NV 2007 S. 190)　　8

1. Das Merkmal „anlässlich" in § 194 Abs. 3 AO verlangt neben einem zeitlichen Zusammenhang zwischen der Außenprüfung und der Feststellung steuerrelevanter Verhältnisse Dritter auch einen sachlichen Zusammenhang in der Art, dass bei einer konkreten und im Aufgabenbereich des Prüfers liegenden Tätigkeit ein Anlass auftaucht, der den Prüfer veranlasst, solche Feststellungen zu treffen.
2. Als Ausfluss des Verhältnismäßigkeitsprinzips darf der Prüfer die Geschäftsunterlagen der Steuerpflichtigen nicht gezielt einerseits unter Anlegung eines vorgegebenen Rasters und andererseits nicht „ins Blaue hinein" nach steuererheblichen Verhältnissen Dritter durchforsten.
3. Gewinnt ein Prüfer rechtmäßig tatsächliche Erkenntnisse über steuerrelevante Daten Dritter, so hat er weiterhin zu prüfen, ob er diese Kenntnisse mittels Kontrollmitteilungen verwerten darf.
4. § 194 Abs. 3 AO stellt eine zu Gunsten des geprüften Steuerpflichtigen bestehende Schutzvorschrift dar. Der Schutzbereich erfasst somit nicht Geschäftspartner der Steuerpflichtigen. Die Regelung soll lediglich verhindern, dass ein Steuerpflichtiger im Verlauf einer wegen seiner Besteuerung durchgeführten Prüfung auch noch unbeschränkt als Auskunftsperson über die Geschäfte weiterer Steuerpflichtiger herangezogen wird.
5. Die Auskunftspflicht anderer Personen ist – wie die allgemeine Zeugenpflicht – eine allgemeine Staatsbürgerpflicht und verfassungsrechtlich unbedenklich. Sie verstößt insbesondere nicht gegen das Recht des Bürgers auf informationelle Selbstbestimmung.
6. Auskunftsersuchen an Dritte, das heißt an dem Besteuerungsverfahren nicht beteiligte Personen, sollen erst ergehen, wenn die Sachverhaltsaufklärung nicht zum Ziel führt oder keinen Erfolg verspricht. Für ihr Tätigwerden bedürfen die Finanzbehörden eines hinreichenden Anlasses. Sie kommen auch dann in Betracht, wenn der Steuerpflichtige unbekannt ist.
7. Ein hinreichender Anlass liegt indes nicht erst vor, wenn ein begründeter Verdacht dafür besteht, dass steuerrechtliche Unregelmäßigkeiten gegeben sind. Vielmehr genügt es, wenn aufgrund konkreter Umstände oder allgemeiner, ggf. auch branchenspezifischer Erfahrung, ein Auskunftsersuchen angezeigt ist.
8. Nach ständiger Rechtsprechung dürfen im Rahmen einer Außenprüfung ermittelte Tatsachen bei der Änderung von Vorbehaltsbescheiden nur ausnahmsweise dann nicht verwertet werden, wenn ein so genanntes qualifiziertes materiell-rechtliches Verwertungsverbot eingreift.
9. Das Recht auf informationelle Selbstbestimmung soll den Bürger davor schützen, nicht mehr zu wissen, wer was wann und bei welchem Gelegenheiten über ihn erklärt hat. Darum geht es bei Kontrollmitteilungen und Auskunftsverlangen der Finanzbehörden jedoch nicht; denn diese Daten dürfen ausschließlich für das Besteuerungsverfahren verwendet werden und die Finanzbehörden sind insoweit an das Steuergeheimnis gebunden.
10. Werden – unbekannte – Steuerpflichtige typischerweise erwerbswirtschaftlich und damit marktoffen tätig, so geht es überdies nicht um Auskünfte, die die Intimsphäre oder eine zumindest erhöhte schutzwürdige Privatsphäre betreffen. Vielmehr ist auch das verfassungsrechtliche Gebot einer gleichmäßigen gesetzmäßigen Besteuerung aller Steuerpflichtigen zu berücksichtigen.

11. Sind die Voraussetzungen für ein qualifiziertes Verwertungsverbot erfüllt und ist ein weiteres Beweismittel nur unter Verletzung von Grundrechten oder in strafbarer Weise von der Finanzbehörde erlangt worden, so kann das Verwertungsverbot ausnahmsweise im Wege einer so genannten Fernwirkung auch der Verwertung des lediglich mittelbaren, für sich betrachtet rechtmäßig erhobenen, weiteren Beweismittels entgegenstehen.

9   BFH vom 8. 4. 2008 – VIII R 61/06 (BStBl 2009 II S. 579)[1]

1. Auch gegen gesetzlich zur Verschwiegenheit verpflichtete und zur Verweigerung von Auskünften berechtigte Personen, wie Steuerberater und Wirtschaftsprüfer, kann eine Außenprüfung angeordnet werden.
2. Die Rechtmäßigkeit der Prüfungsanordnung wird nicht durch die spätere Form der Durchführung der Außenprüfung beeinträchtigt.
3. Für eine vorbeugende Unterlassungsklage gegen die Finanzbehörde, sich bereits vor Beginn der Außenprüfung zu verpflichten, keine mandantenbezogenen Kopien oder Kontrollmitteilungen anzufertigen, fehlt in aller Regel das erforderliche besondere Rechtsschutzbedürfnis.
4. Die Finanzbehörde muss im Einzelfall im Rahmen pflichtgemäßer Ermessensausübung über die Anfertigung von Kontrollmitteilungen entscheiden und den Steuerpflichtigen (Berufsträger) rechtzeitig von einer entsprechenden Absicht informieren. Dem Steuerpflichtigen wird dadurch die Möglichkeit eröffnet, sich mit den gesetzlich eingeräumten Rechtsbehelfen im konkreten Fall gegen die Umsetzung zur Wehr zu setzen.

10   BFH vom 9. 12. 2008 – VII R 47/07 (BStBl 2009 II S. 509)

1. Kontrollmitteilungen aus Anlass von Bankenprüfungen sind, wenn keine legitimationsgeprüften Konten oder Depots betroffen sind, nach § 194 Abs. 3 AO grundsätzlich ohne besonderen Anlass zulässig. Aus § 30a Abs. 1 AO ergibt sich keine weitergehende Auswertungsbeschränkung „im Bankenbereich".
2. Ein bankinternes Aufwandskonto ist kein legitimationsgeprüftes Konto i.S. des § 154 Abs. 2 AO. Buchungsbelege zu diesem Konto, die ein legitimationsgeprüftes Konto oder Depot betreffen, fallen gleichwohl unter den Schutz des § 30a Abs. 3 Satz 2 AO, weil sie notwendigerweise auch zu diesem Kundenkonto gehören.
3. § 30a Abs. 3 AO entfaltet auch im Rahmen nicht strafrechtlich veranlasster, typisch steuerrechtlicher Ermittlungen zur Gewinnung von Prüfmaterial für die Veranlagung keine „Sperrwirkung", wenn ein hinreichender Anlass für die Kontrollmitteilung besteht (Abgrenzung zum BFH-Beschluss vom 28. Oktober 1997 – VII B 40/97, BFH/NV 1998, 424).
4. „Hinreichend veranlasst" ist eine Kontrollmitteilung dann, wenn das zu prüfende Bankgeschäft Auffälligkeiten aufweist, die es aus dem Kreis der alltäglichen und bankübliches Geschäfte hervorheben oder eine für Steuerhinterziehung besonders anfällige Art der Geschäftsabwicklung erkennen lassen, die – mehr als es bei Kapitaleinkünften aus bei Banken geführten Konten und Depots stets zu besorgen ist – dazu verlockt, solche Einkünfte dem FA zu verschweigen, wenn also eine erhöhte Wahrscheinlichkeit der Entdeckung unbekannter Steuerfälle besteht.
5. Der hinreichende Anlass für die „Nachprüfung der steuerlichen Verhältnisse" muss sich anhand der konkreten Ermittlungen im Einzelfall und der in vergleichbaren Prüfsituationen gewonnenen verallgemeinerungsfähigen Erkenntnisse nachvollziehbar ergeben.

---

§ 195   Zuständigkeit

¹Außenprüfungen werden von den für die Besteuerung zuständigen Finanzbehörden durchgeführt. ²Sie können andere Finanzbehörden mit der Außenprüfung beauftragen. ³Die beauftragte Finanzbehörde kann im Namen der zuständigen Finanzbehörde die Steuerfestsetzung vornehmen und verbindliche Zusagen (§§ 204 bis 207) erteilen.

---

[1] Die Verfassungsbeschwerde wurde vom BVerfG gem. §§ 93a, 93b BVerfGG nicht zur Entscheidung angenommen (Beschluss vom 24. 7. 2008, Az. 1 BvR 1828/08).

Anwendungserlass zur Abgabenordnung

Zu § 195 – Zuständigkeit:

Bei Beauftragung nach § 195 Satz 2 kann die beauftragende Finanzbehörde die Prüfungsanordnung selbst erlassen oder eine andere Finanzbehörde zum Erlass der Prüfungsanordnung ermächtigen. Mit der Ermächtigung bestimmt die beauftragende Finanzbehörde den sachlichen Umfang (§ 194 Abs. 1) der Außenprüfung, insbesondere sind die zu prüfenden Steuerarten und der Prüfungszeitraum anzugeben. Aus der Prüfungsanordnung müssen sich die Gründe für die Beauftragung ergeben (BFH-Urteile vom 10. 12. 1987 – IV R 77/86 – BStBl 1988 II, S. 322 und vom 21. 4. 1993 – X R 112/91 – BStBl II, S. 649). Zur Erteilung einer verbindliche Zusage im Anschluss an eine Auftragsprüfung vgl. zu § 204, Nr. 2.

Rechtsprechung

BFH vom 11. 12. 1991 – I R 66/90 (BStBl 1992 II S. 597)

Das FA ist berechtigt, Prüfungsanordnungen an nach ausländischem Recht gegründete Kapitalgesellschaften unter dem Namen und in der Form zu richten, die sie sich selbst im Geschäftsverkehr beimessen.

Aus den Gründen:
Nach § 195 Satz 2 AO ist das zuständige FA auch berechtigt, die Steuerfahndungsstelle eines anderen FA mit einer Außenprüfung zu beauftragen.

BFH vom 17. 7. 2008 – VI B 40/08 (BFH/NV 2008 S. 1874)

1. Wird eine andere Finanzbehörde nach § 195 Satz 2 AO mit der Außenprüfung beauftragt, ist ein Antrag auf Aussetzung der Vollziehung einer Prüfungsanordnung gegen das FA zu richten, das die Prüfungsanordnung erlassen hat.
2. § 63 Abs. 3 FGO regelt nicht den Fall, dass die zuständige Behörde aufgrund gesetzlicher Ermächtigung einer anderen Behörde einen (Einzel-) Auftrag zu hoheitlichem Tätigwerden erteilt.

BFH vom 18. 11. 2008 – VIII R 16/07 (BStBl 2009 II S. 507)

Bei Beauftragung mit einer Außenprüfung (§ 195 Satz 2 AO) hat das beauftragte Finanzamt über den gegen die Prüfungsanordnung gerichteten Einspruch zu entscheiden, wenn auch die Prüfungsanordnung von ihm – und nicht vom beauftragenden Finanzamt – erlassen wurde.

BFH vom 17. 2. 2011 – VIII B 51/10 (BFH/NV 2011 S. 761)

– Die gemäß § 195 Satz 2 AO beauftragte Behörde hat über den Einspruch gegen eine von ihr erlassene Prüfungsanordnung zu entscheiden; dabei ist es eine Frage des Informationsstandes im Einzelfall, ob es hierbei noch einer klärenden Rücksprache mit dem beauftragenden Finanzamt bedarf.
– Die Befugnis zur Beauftragung eines anderen Finanzamts mit der Außenprüfung wird nicht durch Vorschriften zum Datenschutz eingeschränkt und verstößt auch nicht gegen das Recht auf informationelle Selbstbestimmung.

§ 196 Prüfungsanordnung

Die Finanzbehörde bestimmt den Umfang der Außenprüfung in einer schriftlich zu erteilenden Prüfungsanordnung mit Rechtsbehelfsbelehrung (§ 356).

Anwendungserlass zur Abgabenordnung

Zu § 196 – Prüfungsanordnung:

1. Zur Begründung einer Anordnung einer Außenprüfung nach § 193 Abs. 1 genügt der Hinweis auf diese Rechtsgrundlage. Die Prüfungsanordnung (§ 5 Abs. 2 Satz 1 BpO), die Festlegung des Prüfungsbeginns (BFH-Urteil vom 18. 12. 1986 – I R 49/83 – BStBl 1987 II, S. 408) und des Prü-

fungsorts (BFH-Urteil vom 24. 2. 1989 – III R 36/88 – BStBl II, S. 445) sind selbständig anfechtbare Verwaltungsakte i.S.d. § 118 (BFH-Urteil vom 25. 1. 1989 – X R 158/87 – BStBl II, S. 483). Darüber hinaus können mit der Prüfungsanordnung weitere nicht selbständig anfechtbare prüfungsleitende Bestimmungen (§ 5 Abs. 3 BpO) verbunden werden. Ein Einspruch gegen die Prüfungsanordnung hat keine aufschiebende Wirkung (§ 361 Abs. 1 Satz 1); vorläufiger Rechtsschutz kann erst durch Aussetzung der Vollziehung nach § 361, § 69 FGO gewährt werden. (BFH-Beschluss vom 17. 9. 1974 – VII B 122/73 – BStBl 1975 II, S. 197). Über Anträge auf Aussetzung der Vollziehung ist unverzüglich zu entscheiden; vgl. zu § 361, Nr. 3 gilt sinngemäß.

2. Rechtswidrig erlangte Außenprüfungsergebnisse dürfen nur dann nicht verwertet werden, wenn der Steuerpflichtige erfolgreich gegen die Prüfungsanordnung der betreffenden Prüfungsmaßnahme vorgegangen ist (BFH-Urteil vom 27. 7. 1983 – I R 210/79 – BStBl 1984 II, S. 285). Wenn die Prüfungsfeststellungen bereits Eingang in Steuerbescheide gefunden haben, muss der Steuerpflichtige auch diese Bescheide anfechten, um ein steuerliches Verwertungsverbot zu erlangen (BFH-Urteil vom 16. 12. 1986 – VIII R 123/86 – BStBl 1987 II, S. 248). Feststellungen, deren Anordnung rechtskräftig für rechtswidrig erklärt wurden, unterliegen einem Verwertungsverbot (BFH-Urteil vom 14. 8. 1985 – I R 188/82 – BStBl 1986 II, S. 2). Dies gilt nicht, wenn die bei der Prüfung ermittelten Tatsachen bei einer erstmaligen oder einer unter dem Vorbehalt der Nachprüfung stehenden Steuerfestsetzung verwertet wurden und lediglich formelle Rechtsfehler vorliegen (BFH-Urteile vom 10. 5. 1991 – V R 51/90 – BStBl II, S. 825 und vom 25. 11. 1997 – VIII R 4/94 – BStBl 1998 II, S. 461).

3. Ist eine Prüfungsanordnung aus formellen Gründen durch das Gericht oder die Finanzbehörde aufgehoben oder für nichtig erklärt worden, so kann eine erneute Prüfungsanordnung (Wiederholungsprüfung) unter Vermeidung des Verfahrensfehlers erlassen werden (BFH-Urteile vom 20. 10. 1988 – IV R 104/86 – BStBl 1989 II, S. 180 und vom 24. 8. 1989 – IV R 65/88 – BStBl 1990 II, S. 2). Für die Durchführung der Wiederholungsprüfung ist es regelmäßig geboten, einen anderen Prüfer mit der Prüfung zu beauftragen, der in eigener Verantwortung bei Durchführung der Prüfung ein selbständiges Urteil über die Erfüllung der steuerlichen Pflichten durch den Steuerpflichtigen gewinnt (BFH-Urteil vom 20. 10. 1988 – IV R 104/86 – BStBl 1989 II, S. 180).

4. Die Anordnung einer Außenprüfung für einen bereits geprüften Zeitraum (Zweitprüfung) ist grundsätzlich zulässig (BFH-Urteil vom 24. 1. 1989 – VII R 35/86 – BStBl II, S. 440).

5. Der Umfang der Ablaufhemmung nach § 171 Abs. 4 und der Sperrwirkung nach § 173 Abs. 2 bestimmt sich nach dem in der Prüfungsanordnung festgelegten Prüfungsumfang (BFH-Urteile vom 18. 7. 1991 – V R 54/87 – BStBl II, S. 824 und vom 25. 1. 1996 – V R 42/95 – BStBl II, S. 338). Es bedarf keiner neuen Prüfungsanordnung, wenn die Prüfung unmittelbar nach Beginn für mehr als sechs Monate unterbrochen und vor Ablauf der Festsetzungsfrist zügig beendet wird (BFH-Urteil vom 13. 2. 2003 – IV R 31/01 – BStBl II, S. 552).

Hinweise

H 2 Hinweise auf die wesentlichen Rechte und Mitwirkungspflichten des Steuerpflichtigen bei der Außenprüfung (§ 5 Abs. 2 Satz 2 BpO 2000)

(BMF-Schreiben vom 20. 7. 2001 – IV D 2 – S 0403–3/01, BStBl 2001 I S. 502)

Unter Bezugnahme auf das Ergebnis der Erörterungen mit den obersten Finanzbehörden der Länder sind in der Prüfungsanordnung (§ 196 AO) für Außenprüfungen, die nach dem 31. Dezember 2001 beginnen, die anliegenden Hinweise beizufügen.

Ihre wesentlichen Rechte und Mitwirkungspflichten bei der Außenprüfung

Die Außenprüfung soll dazu beitragen, dass die Steuergesetze gerecht und gleichmäßig angewendet werden; deshalb ist auch zu Ihren Gunsten zu prüfen (§ 199 Abs. 1 AO).

Beginn der Außenprüfung

Wenn Sie wichtige Gründe gegen den vorgesehenen Zeitpunkt der Prüfung haben, können Sie beantragen, dass ihr Beginn hinausgeschoben wird (§ 197 Abs. 2 AO). Wollen Sie wegen der Prüfungsanordnung Rückfragen stellen, wenden Sie sich bitte an die prüfende Stelle und geben Sie hierbei den Namen des Prüfers an. Über den Prüfungsbeginn sollen Sie ggf. Ihren Steuerberater unterrichten.

Der Prüfer wird sich zu Beginn der Außenprüfung unter Vorlage seines Dienstausweises bei Ihnen vorstellen (§ 198 AO).

Ablauf der Außenprüfung

Haben Sie bitte Verständnis dafür, dass Sie für einen reibungslosen Ablauf der Prüfung zur Mitwirkung verpflichtet sind. Aus diesem Grunde sollten Sie Ihren nachstehenden Mitwirkungspflichten unverzüglich nachkommen. Sie können hierüber hinaus auch sachkundige Auskunftspersonen benennen.

Stellen Sie dem Prüfer zur Durchführung der Außenprüfung bitte einen geeigneten Raum oder Arbeitsplatz sowie die erforderlichen Hilfsmittel unentgeltlich zur Verfügung (§ 200 Abs. 2 AO).

Legen Sie ihm bitte Ihre Aufzeichnungen, Bücher, Geschäftspapiere und die sonstigen Unterlagen vor, die er benötigt, erteilen Sie ihm die erbetenen Auskünfte, erläutern Sie ggf. die Aufzeichnungen und unterstützen Sie ihn beim Datenzugriff (§ 200 Abs. 1 AO).

Werden die Unterlagen in Form der Wiedergabe auf einem Bildträger oder auf anderen Datenträgern aufbewahrt, kann der Prüfer verlangen, dass Sie auf Ihre Kosten diejenigen Hilfsmittel zur Verfügung stellen, die zur Lesbarmachung erforderlich sind, bzw. dass Sie auf Ihre Kosten die Unterlagen unverzüglich ganz oder teilweise ausdrucken oder ohne Hilfsmittel lesbare Reproduktionen beibringen (§ 147 Abs. 5 AO).

Wenn Unterlagen und sonstige Aufzeichnungen mit Hilfe eines DV-Systems erstellt worden sind, kann der Prüfer auf Ihre Daten zugreifen (§ 147 Abs. 6 AO)[1]. Dazu kann er verlangen, dass Sie ihm die dafür erforderlichen Geräte und sonstigen Hilfsmittel zur Verfügung stellen. Dies umfasst unter Umständen die Einweisung in das DV-System und die Bereitstellung von fachkundigem Personal zur Auswertung der Daten. Auf Anforderung sind dem Prüfer die Daten auf Datenträgern für Prüfungszwecke zu übergeben.

Über alle Feststellungen von Bedeutung wird Sie der Prüfer während der Außenprüfung unterrichten, es sei denn, Zweck und Ablauf der Prüfung werden dadurch beeinträchtigt (§ 199 Abs. 2 AO).

Ergebnis der Außenprüfung

Wenn sich die Besteuerungsgrundlagen durch die Prüfung ändern, haben Sie das Recht auf eine Schlussbesprechung. Sie erhalten dabei Gelegenheit, einzelne Prüfungsfeststellungen nochmals zusammenfassend zu erörtern (§ 201 AO).

Über das Ergebnis der Außenprüfung ergeht bei Änderung der Besteuerungsgrundlagen ein schriftlicher Prüfungsbericht, der Ihnen auf Antrag vor seiner Auswertung übersandt wird. Zu diesem Bericht können Sie Stellung nehmen (§ 202 AO).

Rechtsbehelfe können Sie allerdings nicht gegen den Bericht, sondern nur gegen die aufgrund der Außenprüfung ergehenden Steuerbescheide einlegen.

Wird bei Ihnen eine abgekürzte Außenprüfung (§ 203 AO) durchgeführt, findet eine Schlussbesprechung nicht statt. Anstelle des schriftlichen Prüfungsberichts erhalten Sie spätestens mit den Steuer-/Feststellungsbescheiden eine schriftliche Mitteilung über die steuerlich erheblichen Prüfungsfeststellungen.

Ablauf der Außenprüfung beim Verdacht einer Steuerstraftat oder einer Steuerordnungswidrigkeit

Ergibt sich während der Außenprüfung der Verdacht einer Steuerstraftat oder einer Steuerordnungswidrigkeit gegen Sie, so dürfen hinsichtlich des Sachverhalts, auf den sich der Verdacht bezieht, die Ermittlungen bei Ihnen erst fortgesetzt werden, wenn Ihnen die Einleitung eines Steuerstraf- oder Bußgeldverfahrens mitgeteilt worden ist (vgl. § 397 AO). Soweit die Prüfungsfeststellungen auch für Zwecke eines Steuerstraf- oder Bußgeldverfahrens verwendet werden können, darf Ihre Mitwirkung bei der Aufklärung der Sachverhalte nicht erzwungen werden (§ 393 Abs. 1 Satz 2 AO). Wirken Sie bei der Aufklärung der Sachverhalte nicht mit (vgl. §§ 90, 93 Abs. 1, 200 Abs. 1 AO), können daraus allerdings im Besteuerungsverfahren für Sie nachteilige Folgerungen gezogen werden, ggf. sind die Besteuerungsgrundlagen zu schätzen, wenn eine zutreffende Ermittlung des Sachverhalts deswegen nicht möglich ist (§ 162 AO).

---

[1] Dies gilt nicht für vor dem 1. 1. 2002 archivierte Daten, wenn ein Datenzugriff (§ 147 Abs. 6 AO) des Prüfers für Sie mit einem unverhältnismäßigen Aufwand verbunden wäre. Die Lesbarmachung der Daten muss jedoch während der ganzen Aufbewahrungsfrist sichergestellt sein.

Rechtsprechung

3 **BFH vom 7. 11. 1985 – IV R 6/85 (BStBl 1986 II S. 435)**
1. Das Anfechtungsrecht gegenüber einer Prüfungsanordnung wird nicht dadurch verwirkt, daß sich der Steuerpflichtige zunächst widerspruchslos auf die Prüfung einläßt.
2. Wird eine Prüfungsanordnung wegen Verfahrensfehlern vom Gericht aufgehoben oder für rechtswidrig erklärt, kann das FA eine bereits abgeschlossene Prüfung aufgrund einer fehlerfreien erneuten Prüfungsanordnung wiederholen.
3. Eine auf § 193 Abs. 2 Nr. 2 AO gestützte Prüfungsanordnung muß begründet werden. Die Begründung muß ergeben, daß die gewünschte Aufklärung durch Einzelermittlungen nicht erreicht werden kann. Hierzu genügt nicht der Hinweis, daß beim Ehegatten des Steuerpflichtigen ohnehin eine Außenprüfung stattfinde.
4. Ob mit nicht unerheblichen Steuernachforderungen zu rechnen und deshalb eine Ausdehnung des Prüfungszeitraums angezeigt ist, muß bei gegen beide Ehegatten gerichteten Prüfungsanordnungen nach den individuellen Verhältnissen jedes Ehegatten beurteilt werden.

4 **BFH vom 4. 2. 1988 – V R 57/83 (BStBl 1988 II S. 413)**
1. Die Revision ist unzulässig, wenn der Kläger nach Durchführung einer Außenprüfung die Aufhebung der Prüfungsanordnung begehrt und es mit der Revision versäumt, seinen Antrag auf die Feststellung der Rechtswidrigkeit der Prüfungsanordnung umzustellen.
2. Die Aufforderung zur Umstellung eines Anfechtungsantrages auf einen Feststellungsantrag kann unterbleiben, wenn die Revision mit dem neuen Antrag als unbegründet zurückzuweisen wäre.
3. In besonderen Fällen kann die Bekanntgabe der Prüfungsanordnung mit dem Beginn der Prüfung zusammenfallen.

5 **BFH vom 20. 2. 1990 – IX R 83/88 (BStBl 1990 II S. 789)**
Wird ausschließlich die Nichtigkeit oder Unwirksamkeit einer Prüfungsanordnung geltend gemacht und sind die Prüfungsfeststellungen bereits im Steuerbescheid ausgewertet, so sind die Einwendungen gegen die Wirksamkeit der Prüfungsanordnung im Rechtsbehelfsverfahren gegen den Steuerbescheid zu prüfen. Für eine Klage auf Feststellung der Nichtigkeit oder Unwirksamkeit fehlt das berechtigte Interesse an der baldigen Feststellung.

6 **BFH vom 18. 12. 1990 – X R 7/89 (BFH/NV 1991 S. 355)**
Will das Finanzamt bei zusammen zur Einkommensteuer veranlagten Ehegatten eine Außenprüfung durchführen, kann es die Prüfungsanordnung gegen die Eheleute in einer Verfügung zusammenfassen, wenn aus der zusammengefaßten Prüfungsanordnung für die Empfänger erkennbar ist, in welchem Umfang jeder von ihnen von der Außenprüfung betroffen ist. Die zusammengefaßten Prüfungsanordnungen können in einer Ausfertigung übersandt werden, wenn die Adressaten eine gemeinsame Anschrift haben und für das Finanzamt auch sonst keine Anhaltspunkte für eine Gefährdung des Bekanntgabezwecks ersichtlich sind (Bestätigung des BFH vom 14. März 1990, BStBl II S. 612).

7 **BFH vom 19. 8. 1998 – XI R 37/97 (BStBl 1999 II S. 7)**
Die Einleitung eines Steuerstrafverfahrens hindert nicht weitere Ermittlungen durch die Außenprüfung unter Erweiterung des Prüfungszeitraums. Dies gilt auch dann, wenn der Steuerpflichtige erklärt, von seinem Recht auf Verweigerung der Mitwirkung Gebrauch zu machen.

8 **BFH vom 3. 5. 2000 – IV B 46/99 (BStBl 2000 II S. 376)**
Eine Prüfungsanordnung, die Gewinnfeststellung, Einheitswert des Betriebsvermögens und Gewerbesteuer einer atypisch stillen Gesellschaft betrifft, ist regelmäßig zutreffend adressiert, wenn sie sich an den Geschäftsinhaber mit dem Zusatz „über die steuerlichen Verhältnisse der atypisch stillen Gesellschaft ..." richtet.

9 **BFH vom 13. 2. 2003 – IV R 31/01 (BStBl 2003 II S. 552)**
Wird eine Außenprüfung nach einer Unterbrechung von mehr als sechs Monaten vor Ablauf der normalen Festsetzungsfrist fortgeführt, so ist die Verjährung auch dann gehemmt, wenn keine neue Prüfungsanordnung erlassen wurde.

BFH vom 13. 10. 2005 – IV R 55/04 (BStBl 2006 II S. 404)   10

1. Geht das Vermögen einer zweigliedrigen Personengesellschaft beim Ausscheiden eines der beiden Gesellschafter auf den verbleibenden Gesellschafter über, so sind für das Jahr des Formwechsels zwei Gewerbesteuermessbescheide, jeweils für die Zeit vor und nach dem Wechsel zu erlassen (Anschluss an Abschn. 35 Abs. 1 Satz 3 und 4 GewStR).

2. In einem solchen Fall ist eine Prüfungsanordnung, die an die erloschene Personengesellschaft adressiert ist, nicht infolge Unbestimmtheit nichtig, wenn der das Geschäft als Einzelunternehmer fortführende Gesellschafter weiterhin unter der Firma der Gesellschaft auftritt und (andererseits) beim FA darauf hinweist, dass das Unternehmen ab dem Zeitpunkt des Formwechsels eine „Scheingesellschaft" darstellt.

BFH vom 8. 4. 2008 – VIII R 61/06 (BStBl 2009 II S. 579)   11

1. ...

2. Die Rechtmäßigkeit der Prüfungsanordnung wird nicht durch die spätere Form der Durchführung der Außenprüfung beeinträchtigt.

...

BFH vom 2. 9. 2008 – X R 9/08 (HFR 2009 S. 1)   12

Eine wirksame Prüfungsanordnung kann sachlich (z.B. Erstreckung auf neue Steuerarten) oder zeitlich (Ausdehnung auf weitere Besteuerungsabschnitte) ergänzt werden. Die sog. Ergänzungsprüfungsanordnung bzw. Erweiterungsprüfungsanordnung ist ein (selbständiger) Verwaltungsakt und eine selbständige Prüfungsanordnung, die nach den für die Prüfungsanordnung geltenden Regeln zu beurteilen ist.

BFH vom 18. 11. 2008 – VIII R 16/07 (BStBl 2009 II S. 507)   13

Bei Beauftragung mit einer Außenprüfung (§ 195 Satz 2 AO) hat das beauftragte Finanzamt über den gegen die Prüfungsanordnung gerichteten Einspruch zu entscheiden, wenn auch die Prüfungsanordnung von ihm – und nicht vom beauftragenden Finanzamt – erlassen wurde.

BFH vom 15. 5. 2009 – IV B 3/09 (BFH/NV 2009 S. 1401)   14

Gegen die Bestimmung des Betriebsprüfers ist grundsätzlich kein Rechtsbehelf gegeben.

---

§ 197 Bekanntgabe der Prüfungsanordnung

AO
S 0403

(1) [1]Die Prüfungsanordnung sowie der voraussichtliche Prüfungsbeginn und die Namen der Prüfer sind dem Steuerpflichtigen, bei dem die Außenprüfung durchgeführt werden soll, angemessene Zeit vor Beginn der Prüfung bekannt zu geben, wenn der Prüfungszweck dadurch nicht gefährdet wird. [2]Der Steuerpflichtige kann auf die Einhaltung der Frist verzichten. [3]Soll die Prüfung nach § 194 Abs. 2 auf die steuerlichen Verhältnisse von Gesellschaftern und Mitgliedern sowie von Mitgliedern der Überwachungsorgane erstreckt werden, so ist die Prüfungsanordnung insoweit auch diesen Personen bekannt zu geben.

(2) Auf Antrag der Steuerpflichtigen soll der Beginn der Außenprüfung auf einen anderen Zeitpunkt verlegt werden, wenn dafür wichtige Gründe glaubhaft gemacht werden.

Anwendungserlass zur Abgabenordnung

AEAO
1

Zu § 197 – Bekanntgabe der Prüfungsanordnung:

Inhaltsübersicht

1. Allgemeines
2. Bekanntgabe von Prüfungsanordnungen
3. Bekanntgabe von Prüfungsanordnungen an Ehegatten
4. Bekanntgabe an gesetzliche Vertreter natürlicher Personen
5. Personengesellschaften (Gemeinschaften)

6. Juristische Personen
7. Insolvenzfälle
8. Gesamtrechtsnachfolge in Erbfällen
9. Umwandlungen

1. **Allgemeines**
   Nach den Regelungen zu § 122, Nr. 1.2 gelten die Grundsätze über die Bekanntgabe von Steuerbescheiden für Prüfungsanordnungen entsprechend, soweit nicht nachfolgend abweichende Regelungen getroffen sind.

2. **Bekanntgabe von Prüfungsanordnungen**
   Beim Erlass einer Prüfungsanordnung sind festzulegen:
   – an wen sie sich richtet (Nr. 2.1 – Inhaltsadressat)
   – wem sie bekannt gegeben werden soll (Nr. 2.2 – Bekanntgabeadressat)
   – welcher Person sie zu übermitteln ist (Nr. 2.3 – Empfänger)

   2.1 Inhaltsadressat/Prüfungssubjekt
   Das ist derjenige, an den sich die Prüfungsanordnung richtet und dem aufgegeben wird, die Außenprüfung in dem in der Anordnung näher beschriebenen Umfang zu dulden und bei ihr mitzuwirken: „Prüfung bei ...".

   2.2 Bekanntgabeadressat
   Das ist die Person/Personengruppe, der die Prüfungsanordnung bekannt zu geben ist. Der Bekanntgabeadressat ist regelmäßig mit dem Prüfungssubjekt identisch; soweit die Bekanntgabe an das Prüfungssubjekt nicht möglich oder nicht zulässig ist, kommen Dritte als Bekanntgabeadressaten in Betracht (z.B. Eltern eines minderjährigen Kindes, Geschäftsführer einer nichtrechtsfähigen Personenvereinigung, Liquidator).

   In allen Fällen, in denen der Bekanntgabeadressat nicht personenidentisch ist mit dem Prüfungssubjekt, ist ein erläuternder Zusatz in die Prüfungsanordnung aufzunehmen, aus dem der Grund für die Anordnung beim Bekanntgabeadressaten erkennbar wird.

   Beispiel:
   Die Prüfungsordnung ergeht an Sie als
   „Alleinerbin und Gesamtrechtsnachfolgerin nach Ihrem verstorbenen Ehemann" (bei Erbfall; vgl. Nr. 8),
   „Nachfolgerin der Fritz KG" (bei gesellschaftsrechtlicher Umwandlung; vgl. Nr. 9).

   2.3 Empfänger
   Das ist derjenige, dem die Prüfungsanordnung tatsächlich zugehen soll, damit sie durch Bekanntgabe wirksam wird. I.d.R. ist dies der Bekanntgabeadressat. Es kann jedoch auch eine andere Person sein (vgl. zu § 122, Nrn. 1.5.2 und 1.7). Der Empfänger ist im Anschriftenfeld der Prüfungsanordnung mit seinem Namen und der postalischen Anschrift zu bezeichnen. Ist der Empfänger nicht identisch mit dem Prüfungssubjekt, muss in einem ergänzenden Zusatz im Text der Prüfungsanordnung darauf hingewiesen werden, „bei wem" die Prüfung stattfinden soll (d.h. namentliche Benennung des Prüfungssubjekts).

   2.4 Übermittlung an Bevollmächtigte (§§ 80 Abs. 1, 122 Abs. 1 Satz 3)
   Zur Bekanntgabe an einen Bevollmächtigten vgl. zu § 122, Nr. 1.7.
   Beispiel:
   Anschrift:
   Herr Steuerberater Klaus Schulz, ...
   Text:
   „... ordne ich an, dass bei Ihrem Mandanten Anton Huber, ... eine Prüfung durchgeführt wird."

3. **Bekanntgabe von Prüfungsanordnungen an Ehegatten**
   Prüfungsanordnungen gegen beide Ehegatten können ggf. in einer Verfügung zusammengefasst werden. Auf die Regelung zu § 122, Nr. 2.1 wird verwiesen. In einem Zusatz muss dann jedoch erläutert werden, für welche Steuerarten bei welchem Prüfungssubjekt die Außenprüfung vorgesehen ist.

   Aus Gründen der Klarheit und Übersichtlichkeit sollten getrennte Prüfungsanordnungen an Ehegatten bevorzugt werden. Generell müssen die Prüfungen getrennt angeordnet werden, wenn beide Ehegatten unternehmerisch (jedoch nicht gemeinschaftlich) tätig sind.

4. **Bekanntgabe an gesetzliche Vertreter natürlicher Personen**
   Vgl. zu § 122, Nr. 2.2.
   Beispiel:
   Anschrift:
   Herrn Steuerberater Klaus Schulz
   Text:
   „… ordne ich an, dass bei Ihrem Mandanten Benjamin Müller …"
   Zusatz:
   „… ergeht an Sie für Frau Felicitas Müller und Herrn Felix Müller, ggf. Anschrift, als gesetzliche Vertreter ihres minderjährigen Sohnes Benjamin Müller, ggf. Anschrift."
5. **Personengesellschaften (Gemeinschaften)**
   Bei Prüfungsanordnungen an Personengesellschaften und Gemeinschaften sind Unterscheidungen nach der Rechtsform, nach der zu prüfenden Steuerart und ggf. nach der Einkunftsart vorzunehmen. Wegen der Unterscheidung zwischen Personenhandelsgesellschaften und nichtrechtsfähigen Personenvereinigungen wird auf die Ausführungen zu § 122, Nr. 2.4 verwiesen.
   5.1 Personenhandelsgesellschaften
   Vgl. zu § 122, Nr. 2.4.1.1.
   5.2 Nichtrechtsfähige Personenvereinigungen
   Als Steuerpflichtige i.S.d. § 193 Abs. 1, bei der eine Außenprüfung zulässig ist, kommt auch eine nichtrechtsfähige Personenvereinigung in Betracht (BFH-Urteil vom 16. 11. 1989 – IV R 29/89 – BStBl 1990 II, S. 272).

   Die Personenvereinigung hat in der Regel formal keinen eigenen Namen und muss als Prüfungssubjekt durch die Angabe aller Gesellschafter charakterisiert werden. Ist die Bezeichnung der Gesellschafter durch die Aufzählung aller Namen im Vordrucktext der Anordnung aus technischen Gründen nicht möglich, können neben einer Kurzbezeichnung im Text der Prüfungsanordnung in einer Anlage die einzelnen Gesellschafter (ggf. mit Anschrift) aufgeführt werden.

   Die Prüfungsanordnung muss aber nicht nur für die nichtrechtsfähige Personenvereinigung bestimmt und an sie adressiert sein, sie muss ihr auch bekannt gegeben werden. Die Bekanntgabe hat an die vertretungsberechtigten Gesellschafter zu erfolgen. Grundsätzlich sind das alle Gesellschafter (z.B. bei einer GbR nach §§ 709, 714 BGB), es sei denn, es läge eine abweichende gesellschaftsvertragliche Regelung vor. Nach § 6 Abs. 3 VwZG ist es jedoch zulässig, die Prüfungsanordnung nur einem der Gesellschafter bekannt zu geben (BFH-Urteil am 18. 10. 1994 – IX R 128/92 – BStBl 1995 II, S. 291). Das gilt selbst in den Fällen, in denen auf Grund gesellschaftsvertraglicher Regelungen mehrere Personen zur Geschäftsführung bestellt sind.

   5.2.1 Nichtrechtsfähige Personenvereinigungen mit Gewinneinkünften
   Wird die Prüfung der Feststellung der Einkünfte (Gewinneinkünfte) angeordnet, ist die Prüfungsanordnung an die Personenvereinigung als Prüfungssubjekt zu richten und nicht gegen deren Gesellschafter (BFH-Urteil vom 16. 11. 1989 – IV R 29/89 – BStBl 1990 II, S. 272).

   Führt eine nichtrechtsfähige Personenvereinigung – ausnahmsweise – einen geschäftsüblichen Namen, unter dem sie am Rechtsverkehr teilnimmt, gelten die Ausführungen zu § 122 Nr. 2.4.1.2 auch hinsichtlich der Prüfungsanordnung zur gesonderten und einheitlichen Gewinnfeststellung entsprechend.

   Wurde ein gemeinsamer Empfangsbevollmächtigter bestellt, kann auch ihm die Anordnung zur Prüfung der Gewinneinkünfte bekannt gegeben werden. Bei Bekanntgabe der Prüfungsanordnung an nur einen zur Vertretung aller übrigen Beteiligten vertretungsberechtigten Gesellschafter oder an einen Empfangsbevollmächtigten ist auf dessen Funktion als Bekanntgabeempfänger mit Wirkung für alle Beteiligten hinzuweisen.

   5.2.2 Nichtrechtsfähige Personenvereinigungen mit Überschusseinkünften
   Wird die Prüfung der Feststellung der Einkünfte (z.B. aus Vermietung und Verpachtung), des Vermögens und der Schulden bei einer Gesellschaft bürgerlichen Rechts oder bei einer Gemeinschaft (z.B. Grundstücksgemeinschaft) angeordnet, ist die nichtrechtsfähige Personenvereinigung als Grundstücksgesellschaft oder Bauherrengemeinschaft insoweit nicht selbst Prüfungssubjekt (BFH-Urteile vom 25. 9. 1990 – IX R 84/88 – BStBl 1991 II, S. 120 und vom 18. 10. 1994 – IX R 128/92 – BStBl 1995 II, S. 291). Vielmehr ist der einzelne Gesellschafter als Träger der steuerlichen Rechte und Pflichten (§ 33 Abs. 2). Eine Prüfungsanordnung für die gesonderte und einheitliche Feststellung der Einkünfte aus Vermietung und Verpachtung bzw. die Feststellung des Vermögens und der Schulden, ist an jeden Gesellschaf-

ter zu richten und auch diesem bekannt zu geben (für Gemeinschaften: BFH-Urteil vom 10. 11. 1987 – VIII R 94/87 – BFH/NV 1988 S. 214).

Eine Personenvereinigung unterliegt der Außenprüfung und ist Prüfungssubjekt nur insoweit als sie – wie z.B. bei der Umsatzsteuer – selbst Steuerschuldnerin ist (BFH-Urteil vom 18. 10. 1994 – IX R 128/92 – BStBl 1995 II, S. 291). In den Fällen, in denen bei einer nichtrechtsfähigen Personenvereinigung mit Überschusseinkünften neben der Feststellung der Einkünfte und der Feststellung des Vermögens und der Schulden auch die Umsatzsteuer Prüfungsgegenstand ist, sind daher zwei Prüfungsanordnungen zu erlassen:

– an die Gemeinschaft/Gesellschaft hinsichtlich der Umsatzsteuer
– an die Gemeinschafter/Gesellschafter hinsichtlich der Feststellung der Einkünfte und der Feststellung des Vermögens und der Schulden.

5.3 Sonderfälle

Dient die Außenprüfung u.a. der Feststellung, welche Art von Einkünften die Gesellschafter einer nichtrechtsfähigen Personenvereinigung erzielen, kann die Prüfungsanordnung nach Maßgabe sämtlicher in Betracht kommenden Einkunftsarten ausgerichtet werden. Kommen danach Gewinneinkünfte ernsthaft in Betracht, ist die Personenvereinigung – gestützt auf die Rechtsgrundlage des § 193 Abs. 1 – Prüfungssubjekt.

Dies gilt aber nur für existierende Personenvereinigungen mit streitiger Qualifizierung der Einkünfte. Ist die Existenz der nichtrechtsfähigen Personenvereinigung selbst im Streit, muss sich die Prüfungsanordnung gegen die mutmaßlichen Gesellschafter richten (BFH-Urteil vom 8. 3. 1988 – VIII R 220/85 – BFH/NV S. 758). Sie ist jedem Beteiligten der mutmaßlichen Personenvereinigung gesondert bekannt zu geben.

Liegen konkrete Anhaltspunkte vor, dass die vermutete Gemeinschaft/Gesellschaft tatsächlich einen gewerblichen oder land- und forstwirtschaftlichen Betrieb unterhalten hat bzw. freiberuflich tätig geworden ist, genügt in der Prüfungsanordnung ein Hinweis auf § 193 Abs. 1 (BFH-Urteil vom 23. 10. 1990 – VIII R 45/88 – BStBl 1991 II, S. 278). Ansonsten ist die Prüfungsanordnung auf § 193 Abs. 2 Nr. 2 zu stützen und besonders zu begründen.

5.4 Arbeitsgemeinschaften

Ist eine Arbeitsgemeinschaft (ARGE) als Prüfungssubjekt zu prüfen, ist die Prüfungsanordnung an das in der ARGE geschäftsführende Unternehmen als Bevollmächtigtem postalisch bekannt zu geben (vgl. zu § 122, Nr. 2.4.1.2).

5.5 Atypisch stille Gesellschaften

Da die atypisch stille Gesellschaft nicht selbst Steuerschuldnerin ist, ist eine Außenprüfungsanordnung an den Inhaber des Handelsgeschäfts zu richten (vgl. zu § 122, Nr. 2.4.1). Hinsichtlich der gesonderten und einheitlichen Gewinnfeststellung und der Feststellung des Einheitswerts des Betriebsvermögens ist eine Prüfungsanordnung ihrem Inhalt nach im Regelfall ebenfalls nicht an die atypisch stille Gesellschaft, sondern regelmäßig an jeden Gesellschafter (Prüfungssubjekt) zu richten und diesem auch bekannt zu geben.

Beispiel:

Anschrift:
a) Bauunternehmung Müller GmbH   Geschäftsinhaber
b) Herrn Josef Meier   atyp. stiller Gesellschafter
(zwei getrennte Prüfungsanordnungen)
Text:
„... ordne ich an, dass bei Ihnen bezüglich der steuerlichen Verhältnisse der atypischen stillen Gesellschaft Bauunternehmung Müller GmbH und Josef Meier (ggf. Anschrift) eine Außenprüfung durchgeführt wird."

Abweichend davon reicht es in Fällen der atypisch stillen Beteiligung an einer Personenhandelsgesellschaft aus, die Prüfungsanordnung hinsichtlich der gesonderten und einheitlichen Gewinnfeststellung und Feststellung des Einheitswerts des Betriebsvermögens an die Personenhandelsgesellschaft (= Geschäftsinhaber) als Prüfungssubjekt zu richten und bekannt zu geben, da die Außenprüfung bei einer Personengesellschaft auch die steuerlichen Verhältnisse der Gesellschafter (auch der atypisch stille Beteiligte ist Mitunternehmer) insoweit umfasst, als diese für die zu überprüfende Feststellung von Bedeutung sind (§ 194 Abs. 1). Einer gesonderten – an den atypisch stillen Gesellschafter gerichteten – Prüfungsanordnung bedarf es in diesem Fall nicht.

5.6 Personengesellschaften und nichtrechtsfähige Personengemeinschaften in Liquidation

Wegen der Unterscheidung zwischen der gesellschaftsrechtlichen und der steuerrechtlichen Liquidation vgl. zu § 122, Nr. 2.7.1. Die Anweisungen zu § 122, Nr. 2.7.2 zur Bekanntgabe von Steuerbescheiden gelten für Prüfungsanordnungen sinngemäß.

Auch die Verpflichtung, nach §§ 193 ff. eine Außenprüfung zu dulden, führt dazu, eine Personengesellschaft bzw. nichtrechtsfähige Personenvereinigung noch nicht als vollbeendet anzusehen. Nach Beendigung der gesellschaftsrechtlichen Liquidation (z.B. Prüfung bei „dem gesellschaftsrechtlich beendeten Autohaus Heinrich Schmitz Nachf. GbR") bleibt die Personengesellschaft bzw. nichtrechtsfähige Personenvereinigung weiterhin Prüfungssubjekt; die Prüfungsanordnung ist deshalb an sie zu richten (vgl. BFH-Urteil vom 1. 3. 1994 – VIII R 35/92 – BStBl 1995 II, S. 241). Zu empfehlen ist die Bekanntgabe der Prüfungsanordnung an alle ehemaligen Gesellschafter als Liquidatoren (mit Hinweis auf die rechtliche Stellung als Liquidator).

5.7 Eintritt, Ausscheiden und Wechsel von Gesellschaftern einer Personengesellschaft oder einer nichtrechtsfähigen Personengemeinschaft

5.7.1 Wird das Handelsgeschäft eines Einzelunternehmers in eine Personen- oder Kapitalgesellschaft eingebracht, ist zu unterscheiden, ob der Zeitraum vor oder nach der Übertragung geprüft wird. Die Prüfungsanordnung muss an den jeweiligen Inhaltsadressaten für die Zeit seiner Inhaberschaft gerichtet und bekannt gegeben werden. Für den Prüfungszeitraum bis zur Einbringung ergeht die Prüfungsanordnung an den ehemaligen Einzelunternehmer als Inhaltsadressat (Prüfungssubjekt) („bei Ihnen"). In einem Zusatz ist zu erläutern, dass Prüfungsgegenstand bestimmte Besteuerungszeiträume vor der Einbringung in die namentlich benannte aufnehmende Gesellschaft sind.

5.7.2 Tritt in eine bestehende Personenhandelsgesellschaft oder nichtrechtsfähige Personenvereinigung mit geschäftsüblichem Namen ein Gesellschafter ein oder scheidet ein Gesellschafter aus unter Fortführung der Gesellschaft durch die verbliebenen Gesellschafter oder ergibt sich durch abgestimmten Ein- und Austritt ein Gesellschafterwechsel, ändert sich die Identität der Gesellschaft nicht. Daher ist die Prüfungsanordnung auch für Zeit vor dem Eintritt, Ausscheiden oder Wechsel an die Personengesellschaft als Inhaltsadressaten zu richten. An den ausgeschiedenen Gesellschafter ergeht keine gesonderte Prüfungsanordnung. Ihm ist jedoch zur Wahrung des rechtlichen Gehörs eine Kopie der an die Gesellschaft gerichteten Prüfungsanordnung zu übersenden. Dabei ist er auf den Sinn und Zweck dieser Benachrichtigung hinzuweisen.

5.7.3 Scheidet aus einer zweigliedrigen Personengesellschaft oder nichtrechtsfähigen Personengemeinschaft der vorletzte Gesellschafter aus und wird der Betrieb durch den verbliebenen Gesellschafter ohne Liquidation fortgeführt (= vollbeendete Gesellschaft; BFH-Urteil vom 18. 9. 1980 – V R 175/74 – BStBl 1981 II, S. 293), ist die Prüfungsanordnung hinsichtlich der Betriebssteuern auch für die Zeit des Bestehens der Gesellschaft/Gemeinschaft an den jetzigen Alleininhaber zu richten und diesem bekannt zu geben. Er ist auf seine Stellung als Gesamtrechtsnachfolger hinzuweisen. In einem Zusatz ist deutlich zu machen, dass die Prüfung die steuerlichen Verhältnisse der vollbeendeten Gesellschaft/Gemeinschaft betrifft.

Hinsichtlich der gesonderten und einheitlichen Feststellungen des Gewinns und des Einheitswerts des Betriebsvermögens tritt Gesamtrechtsnachfolge nicht ein. Da die Gesellschaft jedoch beendet ist, können Prüfungsanordnungen an sie insoweit nicht mehr ergehen. Die Prüfungsanordnungen bezüglich der gesonderten und einheitlichen Feststellungen für die Zeit des Bestehens der Gesellschaft sind daher an die ehemaligen Gesellschafter zu richten und diesen auch wie folgt bekannt zu geben:

Anschrift:
a) Herrn Gerd Müller Geschäftsinhaber
b) Herrn Josef Meier atyp. stiller Gesellschafter
(zwei Prüfungsanordnungen)
Text:
„… ordne ich an, dass bei Ihnen bezüglich der steuerlichen Verhältnisse der vollbeendeten Autohaus Anton Müller Nachf. GbR eine Betriebsprüfung durchgeführt wird."

6. **Juristische Personen**
   Vgl. zu § 122, Nr. 2.8.
7. **Insolvenzfälle**
   Vgl. zu § 122, Nrn. 2.9 und 2.10.
8. **Gesamtrechtsnachfolge in Erbfällen**

8.1 Geht ein Einzelunternehmen durch Erbfall im Wege der Gesamtrechtsnachfolge auf eine oder mehrere Person(en) über, ist die Prüfungsanordnung an den/die Erben als Prüfungssubjekt zu richten. Bei ihm/ihnen kann eine Außenprüfung nach § 193 Abs. 1 auch für Zeiträume stattfinden, in denen der Erblasser unternehmerisch tätig war (BFH-Urteil vom 24. 8. 1989 – IV R 65/88 – BStBl 1990 II, S. 2). Auf den/die Erben gehen als Gesamtrechtsnachfolger alle Verpflichtungen aus dem Steuerschuldverhältnis über (§ 45 Abs. 1); hierzu gehört auch die Duldung der Betriebsprüfung (BFH-Urteil vom 9. 5. 1978 – VII R 96/75 – BStBl II, S. 501).

Beispiel:
a) Anschrift:
Frau Antonia Huber
Text:
„... ordne ich an, dass bei Ihnen bezüglich der steuerlichen Verhältnisse Ihres verstorbenen Ehemannes Anton Huber eine Außenprüfung durchgeführt wird."
Zusatz:
„... ergeht an Sie als Alleinerbin und Gesamtrechtsnachfolgerin nach Ihrem Ehemann."

b) Anschrift:
Herrn Steuerberater Klaus Schulz
Text:
„... ordne ich an, dass bei Ihrer Mandantin Antonia Huber bezüglich der steuerlichen Verhältnisse ihres verstorbenen Ehemanns Anton Huber eine Außenprüfung durchgeführt wird."
Zusatz:
„... ergeht an Sie für Frau Antonia Huber als Alleinerbin und Gesamtrechtsnachfolgerin nach Anton Huber."

c) Anschrift:
Herrn Steuerberater Klaus Schulz
Text:
„... ordne ich an, dass bei Ihren Mandanten Emilia Müller, Fritz Müller (usw., alle Erben namentlich aufzuzählen) bezüglich der steuerlichen Verhältnisse des verstorbenen Emil Müller eine Außenprüfung durchgeführt wird."
Zusatz:
„... ergeht an Sie für Frau Emilia Müller, Herrn Fritz Müller usw. als Erben und Gesamtrechtsnachfolger des verstorbenen Emil Müller."

8.2 Hat die Erbengemeinschaft keinen gemeinsamen Empfangsbevollmächtigten, ist jedem Miterben eine Prüfungsanordnung bekannt zu geben. Im Anschriftenfeld ist sie jeweils an den einzelnen Miterben zu adressieren. Im inhaltsgleich allen Miterben bekannt zu geben. Die Prüfung ist „bei dem" jeweiligen Miterben vorzusehen. Außerdem ist in der Prüfungsanordnung in einem Zusatz darzustellen, welche weiteren Miterben zur Erbengemeinschaft gehören (Darstellung mit vollständigen Namen und ggf. Anschriften).

8.3 Ist ein Miterbe gemeinsamer Empfangsbevollmächtigter aller Miterben, so ist die Prüfungsanordnung nur diesem Miterben wie folgt bekannt zu geben:
Anschrift:
Anna Müller, Anschrift
Text:
„... ordne ich an, dass bei Ihnen bezüglich der steuerlichen Verhältnisse Ihres verstorbenen Ehemanns Herbert Müller eine Außenprüfung durchgeführt wird."
Zusatz:
„Die Prüfungsanordnung ergeht an Sie mit Wirkung für alle Miterben und Gesamtrechtsnachfolger nach Herbert Müller: Frau Anna Müller, Frau Eva Müller, ... (alle weiteren Miterben namentlich, ggf. mit Anschrift, nennen)."
Zweckmäßigerweise sollten getrennte Prüfungsanordnungen für folgende gleichzeitig vorliegende und zu prüfende Fallgestaltungen ergehen:
– Prüfungszeitraum des Erblassers als Einzelunternehmer (s.o.)
– Prüfungszeitraum der Fortführung des Unternehmens durch die Erbengemeinschaft (Prüfung „bei der Erbengemeinschaft Anna Müller, ggf. Anschrift sowie Eva Müller, ggf. Anschrift, und Thomas Müller, ggf. Anschrift etc. Alle Beteiligten sind Erben und Gesamtsrechtsnachfolger nach Herbert Müller.")
– Prüfung eines eigenen Betriebs eines Miterben (z.B. der Ehefrau des Erblassers).

9. Umwandlungen

9.1 In den übrigen Fällen einer Gesamtrechtsnachfolge i.S.d. § 45 Abs. 1 (vgl. zu § 45) gelten grundsätzlich die Anweisungen zu § 122, Nrn. 2.12.1 und 2.12.2.

9.2 Nach einer Verschmelzung (§ 1 Abs. 1 Nr. 1, §§ 2 ff. UmwG) ist sowohl hinsichtlich der Betriebssteuern als auch hinsichtlich der gesonderten und einheitlichen Feststellungen Nr. 5.7.3 sinngemäß anzuwenden.

9.3 In den Fällen einer Abspaltung oder Ausgliederung (§ 1 Abs. 1 Nr. 2, §§ 123 ff. UmwG) sowie einer Vermögensübertragung im Wege der Teilübertragung (§ 1 Abs. 1 Nr. 3, § 174 Abs. 2, §§ 175, 179, 184 ff., 189 UmwG) liegt keine Gesamtrechtsnachfolge i.S.d. § 45 Abs. 1 vor (vgl. zu § 45, Nr. 2). Eine Prüfungsanordnung, die sich auf Zeiträume bis zur Abspaltung,

Ausgliederung oder Vermögensübertragung bezieht, ist daher stets an den abspaltenden, ausgliedernden bzw. an den das Vermögen übertragenden Rechtsträger zu richten.

9.4 In den Fällen einer Aufspaltung (§ 1 Abs. 1 Nr. 2, § 123 Abs. 1 UmwG) ist jedoch § 45 Abs. 1 sinngemäß anzuwenden. Eine Prüfungsanordnung, die sich auf Zeiträume bis zur Aufspaltung bezieht, ist an alle spaltungsgeborenen Gesellschaften zu richten. Dies gilt nicht in Bezug auf die gesonderte und einheitliche Feststellung von Besteuerungsgrundlagen (vgl. zu § 45, Nr. 2).

9.5 Bei einer formwechselnden Umwandlung (§ 1 Abs. 1 Nr. 4, §§ 190 ff. UmwG) handelt es sich lediglich um den Wechsel der Rechtsform. Das Prüfungssubjekt bleibt identisch; es ändert sich lediglich dessen Bezeichnung. Die Prüfungsanordnung ist an die Gesellschaft unter ihrer neuen Bezeichnung zu richten. Dies gilt auch, wenn sich – wie z.B. in Fällen der Umwandlung einer Personengesellschaft in eine Kapitalgesellschaft oder der Umwandlung einer Kapitalgesellschaft in eine Personengesellschaft – das Steuersubjekt ändert und daher eine steuerliche Gesamtrechtsnachfolge vorliegt (vgl. zu § 45, Nr. 3). Wurde eine Personengesellschaft, die Gewinneinkünfte erzielt hat, in eine Kapitalgesellschaft umgewandelt, ist eine Prüfungsanordnung, die sich auf die gesonderte und einheitliche Feststellung von Besteuerungsgrundlagen der Personengesellschaft erstreckt, nach den Grundsätzen der Nr. 5.2.1 an die Kapitalgesellschaft zu richten. Hat die umgewandelte Personengesellschaft Überschusseinkünfte erzielt, ist die Prüfungsanordnung für die gesonderte und einheitliche Feststellung der Besteuerungsgrundlagen nach den Grundsätzen von Nr. 5.2.2 an die Gesellschafter der ehemaligen Personengesellschaft zu richten.

Rechtsprechung

BFH vom 18. 12. 1986 – I R 49/83 (BStBl 1987 II S. 408) 2

1. Die Festlegung des Prüfungsbeginns einer Außenprüfung ist ein Verwaltungsakt; die Prüfungsanordnung ist ein davon getrennter Vorgang.[1)]
2. Erreicht der Steuerpflichtige aufgrund einer Fortsetzungsfeststellungsklage (§ 100 Abs. 1 Satz 4 FGO), daß die Festlegung des Prüfungsbeginns als rechtswidrig festgestellt wird, weil der Zeitraum i.S. des § 197 Abs. 1 Satz 1 AO nicht angemessen war, kann sich die Finanzbehörde nicht darauf berufen, daß die Prüfung an dem Tag begonnen wurde, der in der Ankündigung vorgesehen war, selbst wenn sie tatsächlich an dem Tag begonnen wurde.
3. Der Steuerpflichtige ist nicht gezwungen, die Nichteinhaltung der angemessenen Frist i.S. des § 197 Abs. 1 Satz 1 AO in dem Verfahren nach § 197 Abs. 2 AO geltend zu machen.

BFH vom 4. 2. 1988 – V R 57/83 (BStBl 1988 II S. 413) 3

In besonderen Fällen kann die Bekanntgabe der Prüfungsanordnung mit dem Beginn der Prüfung zusammenfallen.

BFH vom 18. 10. 1988 – VII R 123/85 (BStBl 1989 II S. 76) 4

1. Die Hemmung der Festsetzungsfrist durch den Antrag des Steuerpflichtigen, den Beginn der Außenprüfung hinauszuschieben, wird nicht dadurch gehindert, daß der voraussichtliche Prüfungsbeginn nicht angemessene Zeit vor Beginn bekanntgegeben worden ist.
2. Der Verwaltungsakt mit der Festsetzung des Beginns der Außenprüfung kann auch fernmündlich ergehen.

BFH vom 20. 10. 1988 – IV R 104/86 (BStBl 1989 II S. 180) 5

Ist eine Prüfungsanordnung aus formellen Gründen aufgehoben oder für nichtig erklärt worden, kann die Finanzbehörde eine erneute Prüfungsanordnung unter Vermeidung des Verfahrensfehlers auch dann erlassen, wenn aufgrund der früheren Prüfungsanordnung bereits Prüfungshandlungen vorgenommen worden sind.

BFH vom 24. 8. 1989 – IV R 65/88 (BStBl 1990 II S. 2) 6

Wird eine Prüfungsanordnung von der Finanzbehörde wegen eines Bekanntgabemangels aufgehoben, hindert dies nicht den erneuten Erlaß der Anordnung.

[1)] Bestätigt durch BFH vom 13. 2. 2003 – IV R 31/01 (BStBl 2003 II S. 552).

7   **BFH vom 25. 9. 1990 – IX R 84/88 (BStBl 1991 II S. 120)**

1. Eine Prüfungsanordnung, die sich an die namentlich bezeichneten Beteiligten einer Bauherrengemeinschaft richtet und die gesonderte und einheitliche Feststellung von Einkünften aus Vermietung und Verpachtung und die Umsatzsteuer betrifft, ist nicht wegen ungenauer Bezeichnung des Inhaltsadressaten nichtig.

2. Tritt einer der Initiatoren gegenüber dem FA wie ein Bevollmächtigter auf, so kann er bei Vorliegen der übrigen Voraussetzungen nach Rechtsscheinsgrundsätzen als bevollmächtigt angesehen werden, auch die Prüfungsanordnung in Empfang zu nehmen.

8   **BFH vom 29. 4. 2002 – IV B 2/02 (BStBl 2002 II S. 507)**

Es ist ernstlich zweifelhaft, ob nicht dem Steuerpflichtigen ein Recht auf gerichtliche Überprüfung der Festlegung des Außenprüfers zusteht, wenn aufgrund des bisherigen Verhaltens des Prüfers – über die bloße Besorgnis der Befangenheit hinaus – zu befürchten ist, dass der Prüfer Rechte des Steuerpflichtigen verletzen wird, ohne dass diese Rechtsverletzung durch spätere Rechtsbehelfe rückgängig gemacht werden könnte.

9   **BFH vom 13. 2. 2003 – IV R 31/01 (BStBl 2003 II S. 552)**

Wird eine Außenprüfung nach einer Unterbrechung von mehr als sechs Monaten vor Ablauf der normalen Festsetzungsfrist fortgeführt, so ist die Verjährung auch dann gehemmt, wenn keine neue Prüfungsanordnung erlassen wurde.

10   **BFH vom 10. 4. 2003 – IV R 30/01 (BStBl 2003 II S. 827)**

– Ist der Verwaltungsakt, mit dem der Beginn einer Außenprüfung festgesetzt wurde, rechtswidrig und hat der Steuerpflichtige ihn oder die Prüfungsanordnung angefochten, so beinhaltet ein Antrag auf AdV der Prüfungsanordnung nicht auch einen Antrag auf Verschiebung des Beginns der Prüfung i.S. des § 197 Abs. 2 AO.

– Der Lauf der Festsetzungsfrist wird in einem solchen Fall nicht gemäß § 171 Abs. 4 Satz 1 AO gehemmt (Abgrenzung zu den BFH-Urteilen vom 18. 10. 1988, BStBl 1989 II S. 76, und vom 25. 1. 1989, BStBl 1989 II S. 483).

11   **BFH vom 15. 5. 2007 – I B 10/07 (BFH/NV 2007 S. 1624)**

– Eine Außenprüfung grundsätzlich kann auch für solche Steuern angeordnet werden, für die bereits Festsetzungsverjährung eingetreten ist.

– Ein Antrag auf Aussetzung der Vollziehung einer Prüfungsanordnung schließt das Begehren ein, den Beginn der Prüfung hinauszuschieben.

12   **BFH vom 19. 6. 2007 – VIII R 99/04 (BStBl 2008 II S. 7)**

1. – 2. ...

3. Die – auch formlos mögliche – Bestimmung des Prüfungsbeginns ist ein eigenständiger Verwaltungsakt; wird dieser nicht angefochten, kann die Sperrwirkung des § 7 StraBEG nicht wegen unangemessen kurzer Frist entfallen.

...

13   **BFH vom 3. 3. 2009 – IV S 12/08 (BFH/NV 2009 S. 958)**

– Die für die Anordnung einer Außenprüfung an sich angemessene Frist kann bei einer Anschlussprüfung grundsätzlich verkürzt werden, wenn die vorhergehende Prüfung noch andauert.

– Für jeden Besteuerungszeitraum enthält die Prüfungsanordnung jeweils einen eigenständigen Verwaltungsakt.

§ 198 Ausweispflicht, Beginn der Außenprüfung

¹Die Prüfer haben sich bei Erscheinen unverzüglich auszuweisen. ²Der Beginn der Außenprüfung ist unter Angabe von Datum und Uhrzeit aktenkundig zu machen.

Anwendungserlass zur Abgabenordnung

Zu § 198 – Ausweispflicht, Beginn der Außenprüfung:

1. Die Außenprüfung beginnt grundsätzlich in dem Zeitpunkt, in dem der Außenprüfer nach Bekanntgabe der Prüfungsanordnung konkrete Ermittlungshandlungen vornimmt. Bei einer Datenträgerüberlassung beginnt die Außenprüfung spätestens mit der Auswertung der Daten. Die Handlungen brauchen für den Betroffenen nicht erkennbar zu sein; es genügt vielmehr, dass der Außenprüfer nach Bekanntgabe der Prüfungsanordnung mit dem Studium der den Steuerfall betreffenden Akten beginnt (BFH-Urteile vom 7. 8. 1980 – II R 119/77 – BStBl 1981 II, S. 409, vom 11. 10. 1983 – VIII R 11/82 – BStBl 1984 II, S. 125 und vom 18. 12. 1986 – I R 49/83 – BStBl 1987 II, S. 408). Als Beginn der Außenprüfung ist auch ein Auskunfts- und Vorlageersuchen der Finanzbehörde anzusehen, mit dem unter Hinweis auf die Außenprüfung um Beantwortung verschiedener Fragen und Vorlage bestimmter Unterlagen gebeten wird (BFH-Urteil vom 2. 2. 1994 – I R 57/93 – BStBl II, S. 377). Ein Aktenstudium, das vor dem in der Betriebsprüfungsanordnung genannten Termin des Beginns der Prüfung durchgeführt wird, gehört hingegen noch zu den Prüfungsvorbereitungen (BFH-Urteil vom 8. 7. 2009 – XI R 64/07 – BStBl 2010 II, S. 4).

2. Bei der Außenprüfung von Konzernen und sonstigen zusammenhängenden Unternehmen im Sinne der §§ 13–19 BpO gelten keine Besonderheiten. Da es sich um rechtlich selbständige Unternehmen handelt, fällt der Beginn der Außenprüfung grundsätzlich auf den Tag, an dem mit der Prüfung des jeweiligen Unternehmens begonnen wird. Werden mehrere konzernzugehörige Unternehmen von einer Finanzbehörde geprüft und hat sie sich mit allen von ihr zu prüfenden Betrieben befasst, indem sie sich einen Überblick über die prüfungsrelevanten Sachverhalte zu verschaffen, sowie die wirtschaftlichen, bilanziellen und liquiditätsmäßigen Verflechtungen zwischen den Unternehmen aus den unterschiedlichen Perspektiven untersucht, ist damit bereits ein einheitlicher Prüfungsbeginn gegeben.

   Wenn dagegen ein konzernzugehöriges Unternehmen von einer anderen Finanzbehörde geprüft wird, beginnt die Außenprüfung erst dann, wenn konkrete Prüfungshandlungen in diesem Einzelfall vorgenommen worden sind. Der Zeitpunkt des Beginns der Außenprüfung ist in den Prüfungsbericht aufzunehmen.

3. Zur Ablaufhemmung vgl. zu § 171, Nr. 3.

§ 199 Prüfungsgrundsätze

(1) Der Außenprüfer hat die tatsächlichen und rechtlichen Verhältnisse, die für die Steuerpflicht und für die Bemessung der Steuer maßgeblich sind (Besteuerungsgrundlagen), zugunsten wie zuungunsten des Steuerpflichtigen zu prüfen.

(2) Der Steuerpflichtige ist während der Außenprüfung über die festgestellten Sachverhalte und die möglichen steuerlichen Auswirkungen zu unterrichten, wenn dadurch Zweck und Ablauf der Prüfung nicht beeinträchtigt werden.

Rechtsprechung

BFH vom 5. 4. 1984 – IV R 244/83 (BStBl 1984 II S. 790)

Der Prüfer kann im Zusammenhang mit der Außenprüfung vom Steuerpflichtigen auch Auskünfte hinsichtlich eines nicht von der Prüfung betroffenen Veranlagungsverfahrens einholen. Er muß jedoch deutlich machen, daß dies nicht im Rahmen der Außenprüfung geschieht.

BFH vom 10. 11. 1998 – VIII R 3/98 (BStBl 1999 II S. 199)

Die während einer Außenprüfung vom Prüfer gegenüber dem Steuerpflichtigen erlassene schriftliche Aufforderung, bestimmte Fragen zu beantworten sowie genau bezeichnete Belege, Verträge und Konten vorzulegen, ist in der Regel kein Verwaltungsakt, sondern eine nicht selbständig anfechtbare Vorbereitungshandlung, wenn sie ausschließlich der Ermittlung steuermindernder Umstände dient und deshalb nicht erzwingbar ist. Dies gilt nicht, wenn der Steuerpflichtige die Aufforderung nach ihrem objektiven Erklärungsinhalt als Maßnahme zur Schaffung einer Rechtsgrundlage für die Einleitung eines Erzwingungsverfahrens verstehen mußte.

3 BFH vom 4. 10. 2006 – VIII R 53/04 (BStBl 2007 II S. 227)

1. Der Senat hält an seiner Rechtsprechung (BFH-Urteil vom 25. 11. 1997 – VIII R 4/94, BStBl II 1998, 461) fest, dass im Rahmen einer Außenprüfung ermittelte Tatsachen bei der Änderung eines unter dem Vorbehalt der Nachprüfung ergangenen Steuerbescheides nur ausnahmsweise nicht verwertet werden dürfen, wenn ein sog. qualifiziertes materiell-rechtliches Verwertungsverbot zum Zuge kommt.
2. Auskunftsbegehren dürfen auch an Dritte gerichtet werden, wenn der Steuerpflichtige unbekannt ist und ein hinreichender Anlass aufgrund konkreter Umstände oder allgemeiner, auch branchenspezifischer, Erfahrungen besteht.
3. Liegen die Voraussetzungen für ein qualifiziertes Verwertungsverbot vor, weil ein weiteres Beweismittel nur unter Verletzung von Grundrechten oder in strafbarer Weise von der Finanzbehörde erlangt worden ist, so kann dieses Verwertungsverbot ausnahmsweise im Wege einer sog. Fernwirkung auch der Verwertung dieses nur mittelbaren – isoliert betrachtet rechtmäßig erhobenen – weiteren Beweismittels entgegenstehen.

4 BFH vom 8. 7. 2009 – XI R 64/07 (BStBl 2010 II S. 4)

1. Die Zusammenstellung des Prüfungsergebnisses einer Außenprüfung in einem Betriebsprüfungsbericht stellt keine – den Ablauf der Festsetzungsfrist hinausschiebende – letzte Ermittlungshandlung im Rahmen der Außenprüfung nach § 171 Abs. 4 Satz 3 AO dar.
2. Reicht der Steuerpflichtige nach Zusendung des Betriebsprüfungsberichts eine – ausdrücklich vorbehaltene – Stellungnahme und Unterlagen ein, die zu einem Wiedereintritt in Ermittlungshandlungen führen, erfolgen diese noch im Rahmen der Außenprüfung.

§ 200 Mitwirkungspflichten des Steuerpflichtigen

(1) ¹Der Steuerpflichtige hat bei der Feststellung der Sachverhalte, die für die Besteuerung erheblich sein können, mitzuwirken. ²Er hat insbesondere Auskünfte zu erteilen, Aufzeichnungen, Bücher, Geschäftspapiere und andere Urkunden zur Einsicht und Prüfung vorzulegen, die zum Verständnis der Aufzeichnungen erforderlichen Erläuterungen zu geben und die Finanzbehörde bei Ausübung ihrer Befugnisse nach § 147 Abs. 6 zu unterstützen. ³Sind der Steuerpflichtige oder die von ihm benannten Personen nicht in der Lage, Auskünfte zu erteilen, oder sind die Auskünfte zur Klärung des Sachverhalts unzureichend oder versprechen Auskünfte des Steuerpflichtigen keinen Erfolg, so kann der Außenprüfer auch andere Betriebsangehörige um Auskunft ersuchen. ⁴§ 93 Abs. 2 Satz 2 und § 97 Abs. 2 gelten nicht.

(2) ¹Die in Absatz 1 genannten Unterlagen hat der Steuerpflichtige in seinen Geschäftsräumen oder, soweit ein zur Durchführung der Außenprüfung geeigneter Geschäftsraum nicht vorhanden ist, in seinen Wohnräumen oder an Amtsstelle vorzulegen. ²Ein zur Durchführung der Außenprüfung geeigneter Raum oder Arbeitsplatz sowie die erforderlichen Hilfsmittel sind unentgeltlich zur Verfügung zu stellen.

(3) ¹Die Außenprüfung findet während der üblichen Geschäfts- oder Arbeitszeit statt. ²Die Prüfer sind berechtigt, Grundstücke und Betriebsräume zu betreten und zu besichtigen. ³Bei der Betriebsbesichtigung soll der Betriebsinhaber oder sein Beauftragter hinzugezogen werden.

Anwendungserlass zur Abgabenordnung

1 Zu § 200 – Mitwirkungspflichten des Steuerpflichtigen:

1. Die Bestimmung des Umfangs der Mitwirkung des Steuerpflichtigen liegt im pflichtgemäßen Ermessen der Finanzbehörde. Auf Anforderung hat der Steuerpflichtige vorhandene Aufzeichnungen und Unterlagen vorzulegen, die nach Einschätzung der Finanzbehörde für eine ordnungsgemäße und effiziente Abwicklung der Außenprüfung erforderlich sind, ohne dass es ihm gegenüber einer zusätzlichen Begründung hinsichtlich der steuerlichen Bedeutung bedarf. Konzernunternehmen haben auf Anforderung insbesondere vorzulegen:

- den Prüfungsbericht des Wirtschaftsprüfers über die Konzernabschlüsse der Konzernmuttergesellschaft,
- die Richtlinie der Konzernmuttergesellschaft zur Erstellung des Konzernabschlusses,
- die konsolidierungsfähigen Einzelabschlüsse (sog. Handelsbilanzen II) der Konzernmuttergesellschaft,
- Einzelabschlüsse und konsolidierungsfähige Einzelabschlüsse (sog. Handelsbilanzen II) von in- und ausländischen Konzernunternehmen.

Bei Auslandssachverhalten trägt der Steuerpflichtige eine erhöhte Mitwirkungspflicht (BFH-Urteil vom 9. 7. 1986 – I B 36/86 – BStBl 1987 II, S. 487). Im Falle von Verzögerungen durch den Steuerpflichtigen oder der von ihm benannten Auskunftspersonen soll nach den Umständen des Einzelfalls von der Möglichkeit der Androhung und Festsetzung von Zwangsmitteln (§ 328) oder der Schätzung (§ 162) Gebrauch gemacht werden. Im Rahmen von Geschäftsbeziehungen zwischen nahe stehenden Personen sind die Regelungen der Gewinnabgrenzungsaufzeichnungsverordnung und der Verwaltungsgrundsätze-Verfahren (BMF-Schreiben vom 12. 4. 2005, BStBl I, S. 570) zu beachten.

2. Eine Außenprüfung in den Geschäftsräumen des Steuerpflichtigen verstößt nicht gegen Art. 13 GG (BFH-Urteil vom 20. 10. 1988 – IV R 104/86 – BStBl 1989 II, S. 180). Ist ein geeigneter Geschäftsraum vorhanden, so muss die Außenprüfung dort stattfinden. Der Vorrang der Geschäftsräume vor allen anderen Orten ergibt sich aus dem Wortlaut des § 200 Abs. 2 und aus dem Sinn und Zweck der Außenprüfung. Sind keine geeigneten Geschäftsräume vorhanden, ist in den Wohnräumen oder an Amtsstelle zu prüfen. Nur im Ausnahmefall und nur auf Antrag kommen andere Prüfungsorte in Betracht, wenn schützenswerte Interessen des Steuerpflichtigen von besonders großem Gewicht die Interessen der Finanzbehörden an einem effizienten Prüfungsablauf in den Geschäftsräumen verdrängen.

Rechtsprechung

BFH vom 10. 2. 1987 – IV B 1/87 (BStBl 1987 II S. 360)

Über den Antrag des Steuerpflichtigen, eine Betriebsprüfung an einem anderen Ort als den in § 200 Abs. 2 Satz 1 AO genannten Örtlichkeiten durchzuführen, muß das FA in der Prüfungsanordnung oder in der Beschwerdeentscheidung nach pflichtgemäßem Ermessen befinden.

BFH vom 30. 11. 1988 – I B 73/88 (BStBl 1989 II S. 265)[1)]

Beantragt ein Steuerpflichtiger, die angeordnete Außenprüfung statt an Amtsstelle im Büro des Steuerberaters durchzuführen, so ist dem Antrag unter dem Gesichtspunkt der Verhältnismäßigkeit jedes Verwaltungshandelns zu entsprechen, wenn der Prüfung im Büro des Steuerberaters keine zumindest gleichwertigen Verwaltungsinteressen entgegenstehen.

BFH vom 15. 9. 1992 – VII R 66/91 (BFH/NV 1993 S. 76)

1. Ist eine Anordnung des FA (hier: wegen Vorlage von Kontoauszügen) fehlerhaft, so ist auch die nachfolgende Androhung und Festsetzung eines Zwangsgeldes rechtswidrig.
2. Ein freiberuflich tätiger Arzt ist im Rahmen seiner Mitwirkungspflichten aus Anlaß einer bei ihm angeordneten Außenprüfung zwar grundsätzlich verpflichtet, die für die Besteuerung erheblichen Urkunden (hier: Kontoauszüge) vorzulegen. Aber auch im Rahmen des § 200 AO hat die Finanzbehörde nach pflichtgemäßem Ermessen zu entscheiden, ob und in welcher Form unter Beachtung von Notwendigkeit, Verhältnismäßigkeit, Erfüllbarkeit und Zumutbarkeit sie die Mitwirkung des Steuerpflichtigen in Anspruch nimmt. Eine Anordnungsverfügung zur Vorlage von Kontoauszügen ist deshalb rechtswidrig, wenn die Finanzbehörde ihre Ermessensentscheidung unter Berücksichtigung der Besonderheiten des Einzelfalls nicht ausreichend begründet hat.

BFH vom 10. 5. 2001 – I S 3/01 (HFR 2001 S. 838)

Nach deutschem Steuerrecht bestehen für verdeckte Gewinnausschüttungen keine speziellen Aufzeichnungs- oder Dokumentationspflichten. Es bestehen allerdings die allgemeinen Auskunftspflichten (§§ 93, 200 AO), die Verpflichtung zur Vorlage von Urkunden (§§ 97, 200 AO) und ggf. auch die erhöhten Mitwirkungspflichten nach § 90 Abs. 2 AO.

[1)] Vgl. dazu aber § 6 BpO 2000 (Anhang 4).

6 BFH vom 26. 9. 2007 – I B 53, 54/07 (BStBl 2008 II S. 415)

1. Der Steuerpflichtige ist gehalten, der Außenprüfung im Original in Papierform erstellte und später durch Scannen digitalisierte Ein- und Ausgangsrechnungen über sein Computersystem per Bildschirm lesbar zu machen. Er kann diese Verpflichtung nicht durch das Angebot des Ausdruckens auf Papier abwenden.
2. Der Datenzugriff der Finanzverwaltung gemäß § 147 Abs. 6 AO erstreckt sich u.a. auf die Finanzbuchhaltung. Der Steuerpflichtige ist nicht berechtigt, gegenüber der Außenprüfung bestimmte Einzelkonten (hier: Drohverlustrückstellungen, nicht abziehbare Betriebsausgaben, organschaftliche Steuerumlagen) zu sperren, die aus seiner Sicht nur das handelsrechtliche Ergebnis, nicht aber die steuerliche Bemessungsgrundlage beeinflusst haben.

7 BFH vom 15. 5. 2009 – IV B 24/09 (BFH/NV 2009 S. 1402)

Kann der Steuerpflichtige seine Verpflichtung, die Prüfungsunterlagen vorzulegen, nicht erfüllen, weil er – z.B. aufgrund einer Beschlagnahme – nicht in deren Besitz ist, ist das FA bei der Bestimmung des Prüfungsortes nicht an die Reihenfolge des § 200 Abs. 2 Satz 1 AO gebunden, sondern entscheidet nach pflichtgemäßem Ermessen (§ 5 AO). Dabei hat das FA aber den in § 200 Abs. 2 Satz 1 AO ausgedrückten Vorrang der Prüfung in den Geschäftsräumen des Steuerpflichtigen zu berücksichtigen.

8 BFH vom 28. 10. 2009 – VIII R 78/05 (BStBl 2010 II S. 455)

1. Lässt sich der Regelungsgehalt eines Verlangens zur Vorlage von Unterlagen auch nicht durch Auslegung unter Berücksichtigung der dem Adressaten bekannten Umstände hinreichend klar ermitteln, ist das Verlangen rechtswidrig und nicht nach §§ 328 ff. AO vollstreckbar.
2. Ein Vorlageverlangen ist in der Regel übermäßig und damit rechtswidrig, wenn es sich auf Unterlagen richtet, deren Existenz beim Steuerpflichtigen ihrer Art nach nicht erwartet werden kann.
3. Vorlageverweigerungsrechte aus § 104 Abs. 1 AO bestehen auch in der beim Berufsgeheimnisträger (Rechtsanwalt, Steuerberater usw.) selbst stattfindenden Außenprüfung, jedoch kann das FA grundsätzlich die Vorlage der zur Prüfung erforderlich erscheinenden Unterlagen in neutralisierter Form verlangen.

9 BFH vom 16. 6. 2011 – IV B 120/10 (BStBl 2011 II S. 855)

– Es ist nicht ernstlich zweifelhaft, dass ein Verzögerungsgeld auch verhängt werden kann, wenn ein Steuerpflichtiger einer Aufforderung des Finanzamts zur Erteilung von Auskünften oder zur Vorlage von Unterlagen im Rahmen einer Außenprüfung nicht fristgerecht nachkommt.
– Es bestehen indes ernstliche Zweifel, ob eine mehrfache Festsetzung eines Verzögerungsgelds wegen fortdauernder Nichtvorlage derselben Unterlagen zulässig ist.

10 BFH vom 28. 6. 2011 – X B 37/11 (BFH/NV 2011 S. 1833)

Kommt ein Steuerpflichtiger einer Aufforderung des Finanzamts zur Erteilung von Auskünften oder zur Vorlage angeforderter Unterlagen i.S. von § 200 Abs. 1 AO im Rahmen einer Außenprüfung innerhalb einer angemessenen Frist nicht nach, kann ein Verzögerungsgeld gem. § 146 Abs. 2b AO verhängt werden (Anschluss an den BFH-Beschluss vom 16. 6. 2011 – IV B 120/10).

---

§ 201 Schlussbesprechung

(1) ¹Über das Ergebnis der Außenprüfung ist eine Besprechung abzuhalten (Schlussbesprechung), es sei denn, dass sich nach dem Ergebnis der Außenprüfung keine Änderung der Besteuerungsgrundlagen ergibt oder dass der Steuerpflichtige auf die Besprechung verzichtet. ²Bei der Schlussbesprechung sind insbesondere strittige Sachverhalte sowie die rechtliche Beurteilung der Prüfungsfeststellungen und ihre steuerlichen Auswirkungen zu erörtern.

(2) Besteht die Möglichkeit, dass auf Grund der Prüfungsfeststellungen ein Straf- oder Bußgeldverfahren durchgeführt werden muss, soll der Steuerpflichtige darauf hingewiesen werden, dass die straf- oder bußgeldrechtliche Würdigung einem besonderen Verfahren vorbehalten bleibt.

Anwendungserlass zur Abgabenordnung

Zu § 201 – Schlussbesprechung:

1. Rechtsirrtümer, die die Finanzbehörde nach der Schlussbesprechung erkennt, können bei der Auswertung der Prüfungsfeststellungen auch dann richtig gestellt werden, wenn an der Schlussbesprechung der für die Steuerfestsetzung zuständige Beamte teilgenommen hat (BFH-Urteile vom 6. 11. 1962 – I 298/61 U – BStBl 1963 III, S. 104 und vom 1. 3. 1963 – VI 119/61 U – BStBl III, S. 212). Zusagen im Rahmen einer Schlussbesprechung, die im Betriebsprüfungsbericht nicht aufrechterhalten werden, erzeugen schon aus diesem Grund keine Bindung der Finanzbehörde nach Treu und Glauben (BFH-Urteil vom 27. 4. 1977 – I R 211/74 – BStBl II, S. 623).
2. Die Außenprüfung ist abgeschlossen, wenn die prüfende Behörde den Abschluss ausdrücklich oder konkludent erklärt. I.d.R. kann die Außenprüfung mit der Zusendung des Prüfungsberichts (§ 202 Abs. 1) als abgeschlossen angesehen werden (BFH-Urteile vom 17. 7. 1985 – I R 214/82 – BStBl 1986 II, S. 21 und vom 4. 2. 1988 – V R 57/83 – BStBl II, S. 413).
3. Der Steuerpflichtige kann den Verzicht nach § 201 Abs. 1 Satz 1 auf die Abhaltung einer Schlussbesprechung formlos erklären. Die Finanzbehörde vereinbart mit dem Steuerpflichtigen einen Termin zur Abhaltung der Schlussbesprechung, der innerhalb eines Monats seit Beendigung der Ermittlungshandlungen liegt. Kommt eine Terminabsprache nicht zustande, lädt die Finanzbehörde den Steuerpflichtigen schriftlich zur Schlussbesprechung an Amtsstelle und weist gleichzeitig darauf hin, dass die Nichtwahrnehmung des Termins ohne Angabe von Gründen als Verzicht i.S.d. § 201 Abs. 1 Satz 1 zu werten ist.
4. Die Verwertung von Prüfungsfeststellungen hängt nicht davon ab, ob eine Schlussbesprechung abgehalten worden ist. Das Unterlassen einer Schlussbesprechung führt nicht „ohne weiteres" zu einer Fehlerhaftigkeit der aufgrund des Berichts über die Außenprüfung ergangenen Steuerbescheide (BFH-Beschluss vom 15. 12. 1997 – X B 182/96 – BFH/NV 1998 S. 811).
5. Zu der Zulässigkeit und den Rechtsfolgen einer tatsächlichen Verständigung siehe BMF-Schreiben vom 30. 7. 2008, BStBl I, S. 831.
6. Der Hinweis nach § 201 Abs. 2 ist zu erteilen, wenn es nach dem Erkenntnisstand zum Zeitpunkt der Schlussbesprechung möglich erscheint, dass ein Straf- oder Bußgeldverfahren durchgeführt werden muss. Wegen weiterer Einzelheiten vgl. Nr. 114 Abs. 2 der Anweisungen für das Straf- und Bußgeldverfahren – AStBV(St)[1] – . Durch den Hinweis nach § 201 Abs. 2 wird noch nicht das Straf- und Bußgeldverfahren i.S.d. §§ 397, 410 Abs. 1 Nr. 6 eröffnet, weil das Aussprechen eines strafrechtlichen Vorbehalts i.S.d. § 201 Abs. 2 noch im Rahmen der Außenprüfung bei Durchführung der Besteuerung geschieht. Der Hinweis nach § 201 Abs. 2 ist kein Verwaltungsakt.

§ 202 Inhalt und Bekanntgabe des Prüfungsberichts

(1) ¹Über das Ergebnis der Außenprüfung ergeht ein schriftlicher Bericht (Prüfungsbericht). ²Im Prüfungsbericht sind die für die Besteuerung erheblichen Prüfungsfeststellungen in tatsächlicher und rechtlicher Hinsicht sowie die Änderungen der Besteuerungsgrundlagen darzustellen. ³Führt die Außenprüfung zu keiner Änderung der Besteuerungsgrundlagen, so genügt es, wenn dies dem Steuerpflichtigen schriftlich mitgeteilt wird.

(2) Die Finanzbehörde hat dem Steuerpflichtigen auf Antrag den Prüfungsbericht vor seiner Auswertung zu übersenden und ihm Gelegenheit zu geben, in angemessener Zeit dazu Stellung zu nehmen.

Anwendungserlass zur Abgabenordnung

Zu § 202 – Inhalt und Bekanntgabe des Prüfungsberichts:

Der Prüfungsbericht und die Mitteilung über die ergebnislose Prüfung (§ 202 Abs. 1 Satz 3) sind keine Verwaltungsakte und können deshalb nicht mit dem Einspruch angefochten werden (BFH-Urteile vom 17. 7. 1985 – I R 214/82 – BStBl 1986 II, S. 21 und vom 29. 4. 1987 – I R 118/83 – BStBl 1988 II, S. 168). In der Übersendung des Prüfungsberichts, der keinen ausdrücklichen Hinweis darauf enthält, dass die Außenprüfung nicht zu einer Änderung der Besteuerungsgrundlagen

---

[1] Jetzt Nr. 131 Abs. 2 AStBV (Steuer) 2012.

geführt hat, kann keine konkludente Mitteilung i.S.d. § 202 Abs. 1 Satz 3 gesehen werden (BFH-Urteil vom 14. 12. 1989 – III R 158/85 – BStBl 1990 II, S. 283).

Für den Innendienst bestimmte oder spätere Besteuerungszeiträume betreffende Mitteilungen des Außenprüfers sind in den Prüfungsbericht nicht aufzunehmen (BFH-Urteil vom 27. 3. 1961 – I 276/60 U – BStBl III, S. 290).

Rsp **Rechtsprechung**

2 **BFH vom 29. 4. 1987 – I R 118/83 (BStBl 1988 II S. 168)**

1. Eine Mitteilung i.S. des § 202 Abs. 1 Satz 3 AO hindert unter den Voraussetzungen des § 173 Abs. 2 Satz 2 AO nur die Änderung eines Steuerbescheides gemäß § 173 Abs. 1 AO. Sie steht jedoch der Änderung des Bescheides aufgrund einer anderen Vorschrift (z.B. § 164 Abs. 2 AO) nicht entgegen.
2. Eine Mitteilung i.S. des § 202 Abs. 1 Satz 3 AO ist kein Verwaltungsakt, der eine allgemeine Änderungssperre für die in der vorangegangenen Außenprüfung festgestellten Sachverhalte auslöst.

3 **BFH vom 14. 12. 1989 – III R 158/85 (BStBl 1990 II S. 283)**

Die Änderungssperre des § 173 Abs. 2 Satz 2 AO greift nur ein, wenn aufgrund einer Außenprüfung entweder ein Bescheid oder eine förmliche Mitteilung nach § 202 Abs. 1 Satz 3 AO ergangen ist. In der Übersendung eines Prüfungsberichts, der keinen ausdrücklichen Hinweis darauf enthält, daß die Außenprüfung nicht zu einer Änderung der Besteuerungsgrundlagen geführt hat, kann eine konkludente Mitteilung i.S. des § 202 Abs. 1 Satz 3 AO nicht gesehen werden.

4 **BFH vom 31. 8. 1990 – VI R 78/86 (BStBl 1991 II S. 537)**

Hat das FA dem Arbeitgeber nach § 202 Abs. 1 Satz 3 AO mitgeteilt, daß die Lohnsteuer-Außenprüfung nicht zu einer Änderung der Besteuerungsgrundlagen geführt hat, so ist es nach § 173 Abs. 2 Satz 2 AO gehindert, beim nachträglichen Bekanntwerden neuer Tatsachen erstmals Lohnsteuer-Haftungs- oder Lohnsteuer-Nachforderungsbescheide bezüglich dieses Prüfungszeitraums zu erlassen.

5 **BFH vom 21. 6. 2001 – V R 33/99 (HFR 2001 S. 1182)**

Äußerungen, tatsächliche und rechtliche Feststellungen in einem Prüfungsbericht sind für die Veranlagungsstelle nicht verbindlich.

6 **BFH vom 8. 7. 2009 – XI R 64/07 (BStBl 2010 II S. 4)**

1. Die Zusammenstellung des Prüfungsergebnisses einer Außenprüfung in einem Betriebsprüfungsbericht stellt keine – den Ablauf der Festsetzungsfrist hinausschiebende – letzte Ermittlungshandlung im Rahmen der Außenprüfung nach § 171 Abs. 4 Satz 3 AO dar.
2. Reicht der Steuerpflichtige nach Zusendung des Betriebsprüfungsberichts eine – ausdrücklich vorbehaltene – Stellungnahme und Unterlagen ein, die zu einem Wiedereintritt in Ermittlungshandlungen führen, erfolgen diese noch im Rahmen der Außenprüfung.

---

§ 203 Abgekürzte Außenprüfung

(1) ¹Bei Steuerpflichtigen, bei denen die Finanzbehörde eine Außenprüfung in regelmäßigen Zeitabständen nach den Umständen des Falls nicht für erforderlich hält, kann sie eine abgekürzte Außenprüfung durchführen. ²Die Prüfung hat sich auf die wesentlichen Besteuerungsgrundlagen zu beschränken.

(2) ¹Der Steuerpflichtige ist vor Abschluss der Prüfung darauf hinzuweisen, inwieweit von den Steuererklärungen oder den Steuerfestsetzungen abgewichen werden soll. ²Die steuerlich erheblichen Prüfungsfeststellungen sind dem Steuerpflichtigen spätestens mit den Steuerbescheiden schriftlich mitzuteilen. ³§ 201 Abs. 1 und § 202 Abs. 2 gelten nicht.

Anwendungserlass zur Abgabenordnung

Zu § 203 – Abgekürzte Außenprüfung:

1. Die Vorschrift des § 203 soll auch eine im Interesse des Steuerpflichtigen liegende rasche Durchführung einer Außenprüfung ermöglichen (BFH-Urteil vom 25. 1. 1989 – X R 158/87 – BStBl II, S. 483).
2. Bei einer abgekürzten Außenprüfung finden die Vorschriften über die Außenprüfung (§§ 193 ff.) Anwendung, mit Ausnahme der §§ 201 Abs. 1 und 202 Abs. 2. Sie ist bei allen unter § 193 fallenden Steuerpflichtigen zulässig.
   Eine Beschränkung der in Frage kommenden Fälle nach der Einordnung der Betriebe in Größenklassen besteht nicht.
   Die abgekürzte Außenprüfung unterscheidet sich von einer im Prüfungsstoff schon eingeschränkten Außenprüfung, indem sie darüber hinaus auf die Prüfung einzelner Besteuerungsgrundlagen eines Besteuerungszeitraums oder mehrerer Besteuerungszeiträume beschränkt wird (§ 4 Abs. 5 Satz 2 BpO).
3. In der Prüfungsanordnung ist die Außenprüfung als abgekürzte Außenprüfung i.S.d. §§ 193, 203 ausdrücklich zu bezeichnen. Ein Wechsel von der abgekürzten zur nicht abgekürzten Außenprüfung und umgekehrt ist zulässig. Hierzu bedarf es einer ergänzenden Prüfungsanordnung.
4. Die Vorschrift des § 203 Abs. 2 entbindet nicht von der Verpflichtung zur Fertigung eines Prüfungsberichts.
5. Die abgekürzte Außenprüfung löst dieselben Rechtsfolgen wie eine nicht abgekürzte Außenprüfung aus.

---

2. Unterabschnitt
Verbindliche Zusagen auf Grund einer Außenprüfung (§§ 204–207)

§ 204 Voraussetzung der verbindlichen Zusage

Im Anschluss an eine Außenprüfung soll die Finanzbehörde dem Steuerpflichtigen auf Antrag verbindlich zusagen, wie ein für die Vergangenheit geprüfter und im Prüfungsbericht dargestellter Sachverhalt in Zukunft steuerrechtlich behandelt wird, wenn die Kenntnis der künftigen steuerrechtlichen Behandlung für die geschäftlichen Maßnahmen des Steuerpflichtigen von Bedeutung ist.

Anwendungserlass zur Abgabenordnung

Zu § 204 – Voraussetzung der verbindlichen Zusage:

1. Von der verbindlichen Zusage nach § 204 sind zu unterscheiden:
   - die tatsächliche Verständigung über den der Steuerfestsetzung zugrunde liegenden Sachverhalt (vgl. BMF-Schreiben vom 30. 7. 2008, BStBl I, S. 831),
   - die verbindliche Auskunft nach § 89 Abs. 2 und
   - die Lohnsteueranrufungsauskunft (§ 42e EStG).
2. Über den Antrag auf Erteilung einer verbindlichen Zusage entscheidet die für die Auswertung der Prüfungsfeststellungen zuständige Finanzbehörde. Im Fall einer Auftragsprüfung nach § 195 kann die beauftragte Finanzbehörde nur im Einvernehmen mit der für die Besteuerung zuständigen Finanzbehörde eine verbindliche Zusage erteilen.
3. Der Anwendungsbereich der Vorschrift erstreckt sich auch für die Vergangenheit geprüfte (verwirklichte) Sachverhalte mit Wirkung in die Zukunft (z.B. Gesellschaftsverträge, Erwerb von Grundstücken). Zwischen der Außenprüfung und dem Antrag auf Erteilung einer verbindlichen Zusage muss der zeitliche Zusammenhang gewahrt bleiben (BFH-Urteil vom 13. 12. 1995 – XI R 43-45/89 – BStBl 1996 II, S. 232). Bei einem nach der Schlussbesprechung gestellten Antrag ist in der Regel keine verbindliche Zusage mehr zu erteilen, wenn hierzu umfangreiche Prüfungshandlungen erforderlich sind. Der Antrag auf Erteilung einer verbindlichen Zusage soll schriftlich bzw. elektronisch gestellt werden (vgl. BFH-Urteil vom 4. 8. 1961 – VI 269/60 S – BStBl III, S. 562). Unklarheiten gehen zu Lasten des Steuerpflichtigen (BFH-Urteil vom 13. 12. 1989 – X R 208/87 – BStBl 1990 II, S. 274).

4. Die Beurteilung eines Sachverhalts im Prüfungsbericht oder in einem aufgrund einer Außenprüfung ergangenen Steuerbescheid steht einer verbindlichen Zusage nicht gleich (BFH-Urteil vom 23. 9. 1992 – X R 129/90 – BFH/NV 1993 S. 294). Auch die Tatsache, dass eine bestimmte Gestaltung von vorangegangenen Außenprüfungen nicht beanstandet wurde, schafft keine Bindungswirkung nach Treu und Glauben (BFH-Urteil vom 29. 1. 1997 – XI R 27/95 – BFH/NV 1997 S. 816).

5. Der Antrag auf Erteilung einer verbindlichen Zusage kann ausnahmsweise abgelehnt werden, insbesondere, wenn sich der Sachverhalt nicht für eine verbindliche Zusage eignet (z.B. zukünftige Angemessenheit von Verrechnungspreisen bei unübersichtlichen Marktverhältnissen) oder wenn zu dem betreffenden Sachverhalt die Herausgabe von allgemeinen Verwaltungsvorschriften oder eine Grundsatzentscheidung des BFH nahe bevorsteht.

Rechtsprechung[1]

Rsp

2 BFH vom 17. 9. 1992 – IV R 39/90 (BStBl 1993 II S. 218)

Aus einer finanzbehördlichen Auskunft können Rechtsfolgen nur abgeleitet werden, wenn der Steuerpflichtige eine verbindliche Zusage beantragt und das FA eine solche ohne Einschränkung oder Vorbehalte erteilt hat.

3 BFH vom 31. 3. 2004 – I R 71/03 (BStBl 2004 II S. 742)

– Eine „reine" Rechtsfrage kann nicht Gegenstand einer das FA bindenden „tatsächlichen Verständigung" sein.

– Ein von einem Sachbearbeiter unterzeichnetes Schreiben kann keine das FA bindende Zusage beinhalten, wenn der Sachbearbeiter im Zeitpunkt der Absendung des Schreibens nicht für die abschließende Beurteilung des betreffenden Sachverhalts zuständig ist.

§ 205 Form der verbindlichen Zusage

AO
S 0431

(1) Die verbindliche Zusage wird schriftlich erteilt und als verbindlich gekennzeichnet.

(2) Die verbindliche Zusage muss enthalten:

1. den ihr zugrunde gelegten Sachverhalt; dabei kann auf den im Prüfungsbericht dargestellten Sachverhalt Bezug genommen werden,
2. die Entscheidung über den Antrag und die dafür maßgebenden Gründe,
3. eine Angabe darüber, für welche Steuern und für welchen Zeitraum die verbindliche Zusage gilt.

Anwendungserlass zur Abgabenordnung

AEAO

1 Zu § 205 – Form der verbindlichen Zusage:

Vorbehalte in der erteilten verbindlichen Zusage (z.B. „vorbehaltlich des Ergebnisses einer Besprechung mit den obersten Finanzbehörden der Länder") schließen die Bindung aus (BFH-Urteil vom 4. 8. 1961 – VI 269/60 S – BStBl III, S. 562). Die verbindliche Zusage hat im Hinblick auf die Regelung in § 207 Abs. 1 die Rechtsvorschriften zu enthalten, auf die die Entscheidung gestützt wird (BFH-Urteil vom 3. 7. 1986 – IV R 66/84 – BFH/NV 1987 S. 89).

§ 206 Bindungswirkung

AO
S 0432

(1) Die verbindliche Zusage ist für die Besteuerung bindend, wenn sich der später verwirklichte Sachverhalt mit dem der verbindlichen Zusage zugrunde gelegten Sachverhalt deckt.

---

[1] Siehe auch Rsp. zu § 4 AO und zu § 89 AO.

(2) Absatz 1 gilt nicht, wenn die verbindliche Zusage zuungunsten des Antragstellers dem geltenden Recht widerspricht.

Anwendungserlass zur Abgabenordnung

Zu § 206 – Bindungswirkung:

Entspricht der nach Erteilung der verbindlichen Zusage festgestellte und steuerlich zu beurteilende Sachverhalt nicht dem der verbindlichen Zusage zugrunde gelegten Sachverhalt, so ist die Finanzbehörde an die erteilte Zusage auch ohne besonderen Widerruf nicht gebunden (§ 206 Abs. 1). Trifft die Finanzbehörde in einer Steuerfestsetzung eine andere Entscheidung als bei der Erteilung der verbindlichen Zusage, so kann der Steuerpflichtige im Rechtsbehelfsverfahren gegen den betreffenden Bescheid die Bindungswirkung geltend machen. Der Steuerpflichtige andererseits ist nicht gebunden, wenn die verbindliche Zusage zu seinen Ungunsten dem geltenden Recht widerspricht (§ 206 Abs. 2). Er kann also den Steuerbescheid, dem eine verbindliche Zusage zugrunde liegt, anfechten, um eine günstigere Regelung zu erreichen. Hierbei ist es unerheblich, ob die Fehlerhaftigkeit der Zusage bereits bei ihrer Erteilung erkennbar war oder erst später (z.B. durch eine Rechtsprechung zugunsten des Steuerpflichtigen) erkennbar geworden ist.

§ 207 Außerkrafttreten, Aufhebung und Änderung der verbindlichen Zusage

(1) Die verbindliche Zusage tritt außer Kraft, wenn die Rechtsvorschriften, auf denen die Entscheidung beruht, geändert werden.

(2) Die Finanzbehörde kann die verbindliche Zusage mit Wirkung für die Zukunft aufheben oder ändern.

(3) Eine rückwirkende Aufhebung oder Änderung der verbindlichen Zusage ist nur zulässig, falls der Steuerpflichtige zustimmt oder wenn die Voraussetzungen des § 130 Abs. 2 Nr. 1 oder 2 vorliegen.

Anwendungserlass zur Abgabenordnung

Zu § 207 – Außerkrafttreten, Aufhebung und Änderung der verbindlichen Zusage:

1. Unter Rechtsvorschriften i.S.d. § 207 Abs. 1 sind nur Rechtsnormen zu verstehen, nicht jedoch Verwaltungsanweisungen oder eine geänderte Rechtsprechung.
2. Die Finanzbehörde kann die verbindliche Zusage mit Wirkung für die Zukunft widerrufen oder ändern (§ 207 Abs. 2), z.B. wenn sich die steuerrechtliche Beurteilung des der verbindlichen Zusage zugrunde gelegten Sachverhalts durch die Rechtsprechung oder Verwaltung zum Nachteil des Steuerpflichtigen ändert. Im Einzelfall kann es aus Billigkeitsgründen gerechtfertigt sein, von einem Widerruf der verbindlichen Zusage abzusehen oder die Wirkung des Widerrufs zu einem späteren Zeitpunkt eintreten zu lassen. Eine solche Billigkeitsmaßnahme wird in der Regel jedoch nur dann geboten sein, wenn sich der Steuerpflichtige nicht mehr ohne erheblichen Aufwand bzw. unter beträchtlichen Schwierigkeiten von den im Vertrauen auf die Zusage getroffenen Dispositionen oder eingegangenen vertraglichen Verpflichtungen zu lösen vermag. Der Steuerpflichtige ist vor einer Aufhebung oder Änderung zu hören (§ 91 Abs. 1).

Rechtsprechung

BFH vom 21. 3. 1996 – XI R 82/94 (BStBl 1996 II S. 518)

Aus den Gründen:

Andere als die in den §§ 204 ff. AO geregelten Zusagen können im Regelungsbereich von Steuerbescheiden nach den Grundsätzen von Treu und Glauben im Einzelfall zu einer Bindung des FA führen (vgl. BFH-Urteil vom 13. 12. 1989, BStBl 1990 II S. 274). Derartige Zusagen stehen aber – ebenso wie die gesetzlich geregelte Zusage aufgrund einer Außenprüfung (§§ 204 ff. AO) – unter der Geltung der „clausula legibus sic stantibus". Das bedeutet, daß sie stillschweigend den Fortbestand der Rechtslage, unter deren Geltung sie erteilt worden sind, voraussetzen. Ändern sich die Rechtsvorschriften, auf denen die Zusage beruht, tritt die Zusage außer Kraft, ohne daß sie dem Begünstigten gegenüber ausdrücklich widerrufen werden muß. Für die verbindliche Zusage im Anschluß an eine Außenprüfung bestimmt dies § 207 Abs. 1 AO ausdrücklich.

3 **BFH vom 2. 9. 2009 – I R 20/09 (HFR 2010 S. 450)**

Der Widerruf einer verbindlichen Auskunft mit Wirkung für die Zukunft ist in der Regel ermessensgerecht, wenn sich der Inhalt der Auskunft als materiell-rechtlich unzutreffend und damit als rechtswidrig erweist.

4 **BFH vom 2. 9. 2010 – VI R 3/09 (BStBl 2011 I S. 233)**

1. Die Aufhebung (Rücknahme, Widerruf) einer dem Arbeitgeber erteilten Anrufungsauskunft (§ 42e EStG) ist ein Verwaltungsakt i.S. von § 118 Satz 1 AO (Anschluss an Senatsentscheidung vom 30. 4. 2009 – VI R 54/07, BStBl 2010 II S. 996).

2. Die Finanzbehörde kann eine Anrufungsauskunft mit Wirkung für die Zukunft aufheben oder ändern (§ 207 Abs. 2 AO analog).

FÜNFTER ABSCHNITT
Steuerfahndung (Zollfahndung) (§ 208)

§ 208 Steuerfahndung (Zollfahndung)

(1) ¹Aufgabe der Steuerfahndung (Zollfahndung) ist
1. die Erforschung von Steuerstraftaten und Steuerordnungswidrigkeiten,
2. die Ermittlung der Besteuerungsgrundlagen in den in Nummer 1 bezeichneten Fällen,
3. die Aufdeckung und Ermittlung unbekannter Steuerfälle.

²Die mit der Steuerfahndung betrauten Dienststellen der Landesfinanzbehörden und die Zollfahndungsämter haben außer den Befugnissen nach § 404 Satz 2 erster Halbsatz auch die Ermittlungsbefugnisse, die den Finanzämtern (Hauptzollämtern) zustehen. ³In den Fällen der Nummern 2 und 3 gelten die Einschränkungen des § 93 Abs. 1 Satz 3, Abs. 2 Satz 2 und des § 97 Abs. 2 und 3 nicht; § 200 Abs. 1 Satz 1 und 2, Abs. 2, Abs. 3 Satz 1 und 2 gilt sinngemäß, § 393 Abs. 1 bleibt unberührt.

(2) Unabhängig von Absatz 1 sind die mit der Steuerfahndung betrauten Dienststellen der Landesfinanzbehörden und die Zollfahndungsämter zuständig
1. für steuerliche Ermittlungen einschließlich der Außenprüfung auf Ersuchen der zuständigen Finanzbehörde,
2. für die ihnen sonst im Rahmen der Zuständigkeit der Finanzbehörden übertragenen Aufgaben.

(3) Die Aufgaben und Befugnisse der Finanzämter (Hauptzollämter) bleiben unberührt.

AEAO **Anwendungserlass zur Abgabenordnung**

1 Zu § 208 – Steuerfahndung, Zollfahndung:

1. Der Steuerfahndung weist das Gesetz folgende Aufgaben zu:
   a) Vorfeldermittlungen zur Verhinderung von Steuerverkürzungen (§ 85 Satz 2), die auf die Aufdeckung und Ermittlung unbekannter Steuerfälle gerichtet sind (§ 208 Abs. 1 Satz 1 Nr. 3);
   b) die Verfolgung bekannt gewordener Steuerstraftaten gem. § 386 Abs. 1 Satz 1 und Steuerordnungswidrigkeiten einschließlich der Ermittlung des steuerlich erheblichen Sachverhalts und dessen *rechtlicher Würdigung* (§ 208 Abs. 1 Satz 1 Nrn. 1 und 2). § 208 Abs. 1 Sätze 2 und 3 bestimmen, welche Vorschriften für das Verfahren zur Durchführung von Steuerfahndungsmaßnahmen maßgebend sind.

2. Die Steuerfahndung übt die Rechte und Pflichten aus,
   a) die den Finanzämtern im Besteuerungsverfahren zustehen (§§ 85 ff.);

b) die sich aus § 404 Satz 2 ergeben: erster Zugriff; Durchsuchung; Beschlagnahme; Durchsicht von Papieren sowie sonstigen Maßnahmen nach den für die Ermittlungspersonen der Staatsanwaltschaft geltenden Vorschriften.

3. Zu Maßnahmen im Besteuerungsverfahren ist die Steuerfahndung auch berechtigt, wenn bereits ein Steuerstrafverfahren eingeleitet worden ist (vgl. BFH-Beschluss vom 29. 10. 1986 – I B 28/86 – BStBl 1987 II, S. 440). Für Einwendungen gegen ihre Maßnahmen im Besteuerungsverfahren ist der Finanzrechtsweg, für Einwendungen gegen Maßnahmen im Strafverfahren wegen Steuerstraftaten der ordentliche Rechtsweg gegeben.

4. Für die Steuerfahndung gelten bei der Ermittlung der Besteuerungsgrundlagen und bei Vorfeldermittlungen folgende Einschränkungen aus Vorschriften über das Besteuerungsverfahren nicht (§ 208 Abs. 1 Satz 3):

a) Andere Personen als die Beteiligten können sofort um Auskunft angehalten werden (§ 93 Abs. 1 Satz 3).

b) Das Auskunftsersuchen bedarf entgegen § 93 Abs. 2 Satz 2 nicht der Schriftform.

c) Die Vorlage von Urkunden kann ohne vorherige Befragung des Vorlagepflichtigen verlangt und die Einsichtnahme in diese Urkunden unabhängig von dessen Einverständnis erwirkt werden (§ 97 Abs. 2 und 3).

In den Fällen der Buchstaben a) und c) ist § 30a Abs. 5 zu beachten.

5. Mitwirkungspflichten des Steuerpflichtigen, die sich aus den Vorschriften über die Außenprüfung ergeben, bleiben bestehen (§ 208 Abs. 1 Satz 3). Die Mitwirkungspflicht kann allerdings nicht erzwungen werden, wenn sich der Steuerpflichtige dadurch der Gefahr aussetzen würde, sich selbst wegen einer von ihm begangenen Steuerstraftat oder Steuerordnungswidrigkeit belasten zu müssen oder wenn gegen ihn bereits ein Steuerstraf- oder Bußgeldverfahren eingeleitet worden ist. Über diese Rechtslage muss der Steuerpflichtige belehrt werden.

6. Beamte der Steuerfahndung können mit sonstigen Aufgaben betraut werden (§ 208 Abs. 2).

Hinweise

Merkblatt über die Rechte und Pflichten des Steuerpflichtigen bei Prüfungen durch die Steuerfahndung nach § 208 Abs. 1 Nr. 3 AO

(BMF-Schreiben vom 14. 2. 1979 – IV A 8 – S 1635–2/78, BStBl 1979 I S. 115)

Unter Bezugnahme auf das Ergebnis der Erörterungen mit den obersten Finanzbehörden der Länder ist ab sofort bei Prüfungen der Steuerfahndung nach § 208 Abs. 1 Nr. 3 AO dem Steuerpflichtigen zu Beginn der Prüfung folgendes Merkblatt auszuhändigen, soweit dazu Anlaß besteht.

Merkblatt über die Rechte und Pflichten des Steuerpflichtigen bei Prüfungen durch die Steuerfahndung nach § 208 Abs. 1 Nr. 3 der Abgabenordnung (AO)

1. Nach den Bestimmungen der Abgabenordnung ist der Steuerpflichtige zur Mitwirkung bei der Ermittlung seiner steuerlichen Verhältnisse verpflichtet. Er hat die für die Besteuerung erheblichen Tatsachen vollständig und wahrheitsgemäß offenzulegen. Aufzeichnungen, Bücher, Geschäftspapiere und andere Urkunden sind zur Einsicht und Prüfung vorzulegen.

2. Die Mitwirkung nach Nummer 1 kann grundsätzlich erzwungen werden – z.B. durch Festsetzung eines Zwangsgeldes.

Zwangsmittel sind jedoch dann nicht zulässig, wenn der Steuerpflichtige dadurch gezwungen würde, sich selbst wegen einer von ihm begangenen Steuerstraftat oder Steuerordnungswidrigkeit zu belasten. Das gilt stets, soweit gegen ihn wegen einer solchen Tat bereits ein Straf- oder Bußgeldverfahren eingeleitet worden ist.

Wirkt der Steuerpflichtige nicht mit, können daraus allerdings im Besteuerungsverfahren für den Steuerpflichtigen nachteilige Folgerungen gezogen und die Besteuerungsgrundlagen geschätzt werden (§ 162, §§ 88, 90 AO).

3. Ergibt sich während der Ermittlung der Verdacht einer Steuerstraftat oder einer Steuerordnungswidrigkeit, wird dem Steuerpflichtigen unverzüglich die Einleitung des Straf- oder Bußgeldverfahrens mitgeteilt. In diesem Falle wird der Steuerpflichtige noch gesondert über seine strafprozessualen Rechte belehrt.

Im Strafverfahren haben die Steuerfahndung und ihre Beamten polizeiliche Befugnisse. Sie können Beschlagnahmen, Notveräußerungen, Durchsuchungen und sonstige Maßnahmen nach den für Hilfsbeamte der Staatsanwaltschaft geltenden Vorschriften der Strafprozeßordnung anordnen und sind berechtigt, die Papiere des von der Durchsuchung Betroffenen durchzusehen.

Rsp **Rechtsprechung**

4 **BFH vom 29. 10. 1986 – VII R 82/85 (BStBl 1988 II S. 359)**

1. Für die Klage gegen ein Auskunftsersuchen, das die Steuerfahndungsbehörde im Rahmen ihrer Befugnis nach § 208 Abs. 1 Nr. 3 AO, unbekannte Steuerfälle zu ermitteln, an einen Dritten richtet, ist der Finanzrechtsweg gegeben.
2. Die Steuerfahndungsbehörde darf nach § 208 Abs. 1 Nr. 3 AO nur bei hinreichendem Anlaß tätig werden. Dieser liegt vor, wenn aufgrund konkreter Momente oder aufgrund allgemeiner Erfahrung eine Anordnung bestimmter Art angezeigt ist.
3. Für die Einholung einer Auskunft nach § 93 Abs. 1 Satz 1 AO im Rahmen der Steuerfahndung bestehen keine höheren Anforderungen als für das Tätigwerden nach § 208 Abs. 1 Nr. 3 AO. Es genügt, daß die Möglichkeit einer objektiven Steuerverkürzung besteht. Die Steuerfahndungsbehörde darf daher eine Zeitung um Auskunft über Name und Adresse der Auftraggeber einzelner Chiffre-Anzeigen ersuchen, in denen ausländische Immobilien von beträchtlichem Wert zum Verkauf angeboten wurden.

5 **BFH vom 29. 10. 1986 – I B 28/86 (BStBl 1987 II S. 440)**

Die Steuerfahndung kann im Zusammenhang mit Steuerstraftaten und -ordnungswidrigkeiten sowohl im Steuerstrafverfahren als auch im Besteuerungsverfahren tätig werden. Maßgebend ist, in welcher Funktion und in welchem Verfahren die Finanzbehörden nach außen objektiv und eindeutig erkennbar tätig geworden sind oder tätig werden wollen.

6 **BFH vom 24. 3. 1987 – VII R 30/86 (BStBl 1987 II S. 484)**

Der Steuerfahndungsbehörde ist es nicht grundsätzlich verwehrt, an ein Kreditinstitut ein Sammelersuchen um Auskunft über seine Provisionszahlungen an alle in einer bestimmten Zeit für das Kreditinstitut tätig gewordenen Kreditvermittler zu richten.

7 **BFH vom 4. 11. 1987 – II R 102/85 (BStBl 1988 II S. 113)**

Die Anordnung einer Außenprüfung ist auch zulässig, soweit ausschließlich festgestellt werden soll, ob und inwieweit Steuerbeträge hinterzogen oder leichtfertig verkürzt worden sind. Eine sich insoweit gegenseitig ausschließende Zuständigkeit von Außenprüfung und Steuerfahndung besteht nicht.

8 **BFH vom 11. 12. 1997 – V R 56/94 (BStBl 1998 II S. 367)**

Eine Steuerfahndungsprüfung nach § 208 Abs. 1 AO ist keine Außenprüfung i.S. des § 173 Abs. 2 AO. Ein Steuerbescheid, der auf Grund einer Steuerfahndungsprüfung nach § 208 Abs. 1 AO ergangen ist, unterliegt deshalb nicht der Änderungssperre des § 173 Abs. 2 AO.

9 **BFH vom 16. 12. 1997 – VII R 45/97 (BStBl 1998 II S. 231)**

Zu den Aufgaben der Steuerfahndung gehört die Ermittlung der Besteuerungsgrundlagen im Zusammenhang mit der Erforschung von Steuerstraftaten und Steuerordnungswidrigkeiten auch dann, wenn hinsichtlich dieser Delikte bereits Strafverfolgungsverjährung eingetreten ist.

10 **BFH vom 19. 8. 1998 – XI R 37/97 (BStBl 1999 II S. 7)**

Die Einleitung eines Steuerstrafverfahrens hindert nicht weitere Ermittlungen durch die Außenprüfung unter Erweiterung des Prüfungszeitraumes. Dies gilt auch dann, wenn der Steuerpflichtige erklärt, von seinem Recht auf Verweigerung der Mitwirkung Gebrauch zu machen.

11 **BFH vom 4. 9. 2000 – I B 17/00 (BStBl 2000 II S. 648)**

Eine Steuerfahndungsprüfung nach § 208 Abs. 1 AO ist keine Außenprüfung i.S. des § 30a Abs. 3 AO. Für die Feststellungen der Steuerfahndungsbehörde über legitimationsgeprüfte Konten ergibt sich deshalb kein Verwertungsverbot gemäß § 30a Abs. 3 Satz 2 AO (Abgrenzung zu den BFH-Beschlüssen vom 28. Oktober 1997 VII B 40/97, BFH/NV 1998, 424, und vom 25. Juli 2000 VII B 28/

99, DStR 2000, 1511). Auch das Bundesamt für Finanzen ist nicht gehindert, über solche Informationen gemäß § 2 Abs. 2 Nr. 5 EGAHiG Auskunft zu erteilen.

BFH vom 6. 2. 2001 – VII B 277/00 (BStBl 2001 II S. 306) 12

1. Wendet sich eine Bank gegen die Weitergabe von Unterlagen und Belegen (Beweismaterial) durch die Steuerfahndung an die Wohnsitz-FÄ (Veranlagungsstellen) solcher Bankkunden, gegen die sich das steuerstrafrechtliche Ermittlungsverfahren, in dessen Rahmen dieses Beweismaterial anlässlich einer Durchsuchung der Bank gewonnen wurde, nicht richtete (nicht verfahrensbeteiligte Bankkunden), so handelt es sich um eine Abgabenangelegenheit, für die der Finanzrechtsweg eröffnet ist.
2. Geld- oder Kapitalanlagen im Ausland, die von den Anlegern über ein deutsches Kreditinstitut in banküblicher Weise abgewickelt werden, sind in Anbetracht der Gewährleistung der Freiheit des Kapital- und Zahlungsverkehrs zwischen den Mitgliedstaaten sowie zwischen den Mitgliedstaaten und dritten Ländern (Art. 56 ff. EG) nicht geeignet, einen steuerstrafrechtlichen Anfangsverdacht zu begründen.

BFH vom 15. 6. 2001 – VII B 11/00 (BStBl 2001 II S. 624) 13

1. Der so genannte Anfangsverdacht einer Steuerstraftat ist bei der Durchführung von Tafelgeschäften dann gerechtfertigt, wenn der Bankkunde solche Geschäfte bei dem Kreditinstitut, bei dem er seine Konten und/oder Depots führt, außerhalb dieser Konten und Depots durch Bareinzahlungen und Barabhebungen abwickelt.
2. Der hiernach (1.) einer Steuerstraftat verdächtige Bankkunde bzw. sein Erbe muss auch noch nach Eintritt eines Strafverfolgungshindernisses mit einem Vorgehen der Steuerfahndung auf der Grundlage von § 208 Abs. 1 Satz 1 Nr. 2 AO zwecks Ermittlung der Besteuerungsgrundlagen rechnen, solange jedenfalls hinsichtlich des in Frage stehenden Steuerentstehungstatbestands noch keine Festsetzungsverjährung eingetreten ist.
3. Besteht ein Anfangsverdacht, steht das so genannte Bankgeheimnis der Auswertung des im Rahmen einer richterlichen Beschlagnahmeanordnung gewonnenen Materials durch die Steuerfahndung, auch in Form der Weitergabe dieses Materials im Wege von Kontrollmitteilungen an die zuständigen Veranlagungsfinanzämter, nicht im Wege.

BFH vom 21. 3. 2002 – VII B 152/01 (BStBl 2002 II S. 495) 14

– Ist ein hinreichender Anlass für Ermittlungsmaßnahmen der Steuerfahndung gegeben, scheidet die Annahme einer Rasterfahndung oder einer Ermittlung ins Blaue selbst dann aus, wenn gegen eine große Zahl von Personen ermittelt wird. Aus Gründen der Steuergleichheit und Steuergerechtigkeit darf die Steuerfahndung ihre Ermittlungsmaßnahmen insoweit auch an dem vom Gesetz vorgegebenen „Erheblichkeitswert" orientieren.
– Der Schutz des Bankkunden vor unberechtigten (Sammel-)Auskunftsersuchen ist nur an der Regelung des § 30a Abs. 2 i.V.m. § 30a Abs. 5 AO zu messen. Liegen die Voraussetzungen der §§ 93, 208 Abs. 1 Satz 1 Nr. 3 AO vor, dürfen die Finanzbehörden Auskünfte – auch Sammelauskünfte – bei den Kreditinstituten einholen. Eine Erweiterung des Bankkundenschutzes durch eine entsprechende Anwendung des § 30a Abs. 3 AO ist nicht geboten.

BFH vom 5. 10. 2006 – VII R 63/05 (BStBl 2007 II S. 155) 15

1. Ein hinreichender Anlass für Ermittlungen der Steuerfahndung zur Aufdeckung unbekannter Steuerfälle nach § 93, § 208 Abs. 1 Satz 1 Nr. 3 AO kann auch dann vorliegen, wenn bei Betriebsprüfungen Steuerverkürzungen aufgedeckt worden sind, die durch bestimmte für die Berufsgruppe typische Geschäftsabläufe begünstigt worden sind. Eine nur geringe Anzahl bereits festgestellter Steuerverkürzungen allein steht dann der Aufnahme von Vorfeldermittlungen nicht entgegen.
2. Die Befragung Dritter, auch wenn sie mit dem möglichen Steuerverkürzern in keiner unmittelbaren Beziehung stehen, ist – ohne dass es eines Anlasses in ihrer Person oder Sphäre bedürfte – gerechtfertigt, wenn die Steuerfahndung aufgrund ihrer Vorerkenntnisse nach pflichtgemäßem Ermessen zu dem Ergebnis gelangt, dass die Auskunft zu steuererheblichen Tatsachen zu führen vermag.

16 **BFH vom 22. 12. 2006 – VII B 121/06 (BStBl 2009 II S. 839)**[1]

1. Kontrollbesuche der Steuerfahndung in Räumlichkeiten, die an Prostituierte zur Ausübung ihrer Erwerbstätigkeit vermietet worden sind, sind grundsätzlich – in angemessener und zumutbarer Häufigkeit – zur Aufdeckung und Ermittlung unbekannter Steuerfälle i.S. des § 208 Abs. 1 Satz 1 Nr. 3 AO hinreichend veranlasst. Der mögliche (Neben-)Effekt, die Prostituierten zu veranlassen, ihre steuerlichen Pflichten zu erfüllen bzw. am „Düsseldorfer Verfahren" teilzunehmen, ist mit dem Ermittlungsauftrag der Steuerfahndung nicht unvereinbar.

2. Der Vermieter kann sich gegenüber den Kontrollbesuchen nicht auf ein Abwehrrecht als Inhaber des Hausrechts an den vermieteten Räumen bzw. an den gemeinschaftlich zu nutzenden Bereichen berufen, da die Kontrollbesuche bei den Mieterinnen selbst nicht als „Eingriffe und Beschränkungen" i.S. des Art. 13 Abs. 7 GG zu qualifizieren sind.

17 **BFH vom 16. 1. 2009 – VII R 25/08 (BStBl 2009 II S. 582)**

1. Die allgemeine, nach der Lebenserfahrung gerechtfertigte Vermutung, dass Steuern nicht selten verkürzt und steuerpflichtige Einnahmen nicht erklärt werden, genügt nicht, um Sammelauskunftsersuchen der Steuerfahndung als „hinreichend veranlasst" und nicht als Ausforschung „ins Blaue hinein" erscheinen zu lassen. Hierfür bedarf es vielmehr der Darlegung einer über die bloße allgemeine Lebenserfahrung hinausgehenden, erhöhten Wahrscheinlichkeit, unbekannte Steuerfälle zu entdecken.

2. Sind die durch den Bezug von Bonusaktien der Deutschen Telekom AG erzielten Einkünfte in der von der Bank ihren Kunden übersandten Erträgnisaufstellung nicht erfasst worden, die Kunden aber durch ein Anschreiben klar und unmissverständlich dahin informiert worden, dass diese Einkünfte nach Auffassung der Finanzverwaltung einkommensteuerpflichtig sind, stellt dies keine für eine Steuerhinterziehung besonders anfällige Art der Geschäftsabwicklung dar, die etwa mehr als bei Kapitaleinkünften aus bei Banken gehaltenen Wertpapierdepots sonst dazu herausfordert, solche Einkünfte dem Finanzamt zu verschweigen.

18 **BFH vom 19. 2. 2009 – II R 61/07 (BFH/NV 2009 S. 1586)**

1. ...

2. Für Maßnahmen der Steuerfahndung nach § 208 Abs. 1 Satz 1 Nr. 3 AO muss auf der Ebene der Aufgabenzuweisung für Nachforschungen sowohl nach unbekannten Steuerpflichtigen als auch nach bisher unbekannten steuerlichen Sachverhalten ein hinreichender Anlass bestehen. Das Vorliegen eines hinreichenden Anlasses ist auf der Grundlage der dem Auskunftsersuchen gegebenen Begründung zu beurteilen.

3. Das Erfordernis eines hinreichenden Anlasses besteht auch für das an eine AG gerichtete Ersuchen um Vorlage ihrer Aktionärsverzeichnisse.

4. Ein gegen Art. 3 Abs. 1 GG verstoßenden strukturelles Vollzugsdefizit kann nicht aus solchen Begrenzungen der Ermittlungstätigkeit der Steuerfahndung nach § 208 Abs. 1 Satz 1 Nr. 3 AO abgeleitet werden, die ihrerseits von Verfassungs wegen geboten sind.

SECHSTER ABSCHNITT
Steueraufsicht in besonderen Fällen (§§ 209–217)

§ 209 Gegenstand der Steueraufsicht

(1) Der Warenverkehr über die Grenze und in den Freizonen und Freilagern sowie die Gewinnung und Herstellung, Lagerung, Beförderung und gewerbliche Verwendung verbrauchsteuerpflichtiger Waren und der Handel mit verbrauchsteuerpflichtigen Waren unterliegen der zollamtlichen Überwachung (Steueraufsicht).

(2) Der Steueraufsicht unterliegen ferner:

1. der Versand, die Ausfuhr, Lagerung, Verwendung, Vernichtung, Veredelung, Umwandlung und sonstige Bearbeitung oder Verarbeitung von Waren in einem Verbrauchsteuerverfahren,

2. die Herstellung und Ausfuhr von Waren, für die ein Erlass, eine Erstattung oder Vergütung von Verbrauchsteuer beansprucht wird.

(3) Andere Sachverhalte unterliegen der Steueraufsicht, wenn es gesetzlich bestimmt ist.

---

[1] Die Verfassungsbeschwerde wurde gem. §§ 93a, 93b BVerfGG nicht zur Entscheidung angenommen (BVerfG-Beschluss vom 2. 7. 2008 Az. 1 BvR 724/07).

§ 210 Befugnisse der Finanzbehörde

(1) Die von der Finanzbehörde mit der Steueraufsicht betrauten Amtsträger sind berechtigt, Grundstücke und Räume von Personen, die eine gewerbliche oder berufliche Tätigkeit selbständig ausüben und denen ein der Steueraufsicht unterliegender Sachverhalt zuzurechnen ist, während der Geschäfts- und Arbeitszeiten zu betreten, um Prüfungen vorzunehmen oder sonst Feststellungen zu treffen, die für die Besteuerung erheblich sein können (Nachschau).

(2) ¹Der Nachschau unterliegen ferner Grundstücke und Räume von Personen, denen ein der Steueraufsicht unterliegender Sachverhalt zuzurechnen ist, ohne zeitliche Einschränkung, wenn Tatsachen die Annahme rechtfertigen, dass sich dort Schmuggelwaren oder nicht ordnungsgemäß versteuerte verbrauchsteuerpflichtige Waren befinden oder dort sonst gegen Vorschriften oder Anordnungen verstoßen wird, deren Einhaltung durch die Steueraufsicht gesichert werden soll. ²Bei Gefahr im Verzug ist eine Durchsuchung von Wohn- und Geschäftsräumen auch ohne richterliche Anordnung zulässig.

(3) ¹Die von der Finanzbehörde mit der Steueraufsicht betrauten Amtsträger sind ferner berechtigt, im Rahmen von zeitlich und örtlich begrenzten Kontrollen, Schiffe und andere Fahrzeuge, die nach ihrer äußeren Erscheinung gewerblichen Zwecken dienen, anzuhalten. ²Die Betroffenen haben sich auszuweisen und Auskunft über die mitgeführten Waren zu geben; sie haben insbesondere Frachtbriefe und sonstige Beförderungspapiere, auch nicht steuerlicher Art, vorzulegen. ³Ergeben sich dadurch oder auf Grund sonstiger Tatsachen Anhaltspunkte, dass verbrauchsteuerpflichtige Waren mitgeführt werden, können die Amtsträger die mitgeführten Waren überprüfen und alle Feststellungen treffen, die für eine Besteuerung dieser Waren erheblich sein können. ⁴Die Betroffenen haben die Herkunft der verbrauchsteuerpflichtigen Waren anzugeben, die Entnahme von unentgeltlichen Proben zu dulden und die erforderliche Hilfe zu leisten.

(4) ¹Wenn Feststellungen bei Ausübung der Steueraufsicht hierzu Anlass geben, kann ohne vorherige Prüfungsanordnung (§ 196) zu einer Außenprüfung nach § 193 übergegangen werden. ²Auf den Übergang zur Außenprüfung wird schriftlich hingewiesen.

(5) ¹Wird eine Nachschau in einem Dienstgebäude oder einer nicht allgemein zugänglichen Einrichtung oder Anlage der Bundeswehr erforderlich, so wird die vorgesetzte Dienststelle der Bundeswehr um ihre Durchführung ersucht. ²Die Finanzbehörde ist zur Mitwirkung berechtigt. ³Ein Ersuchen ist nicht erforderlich, wenn die Nachschau in Räumen vorzunehmen ist, die ausschließlich von anderen Personen als Soldaten bewohnt werden.

Rechtsprechung

BFH vom 8. 11. 2005 – VII B 249/05 (HFR 2006 S. 119) 1

Die richterliche Anordnung der Wohnungsdurchsuchung im Rahmen einer verbrauchsteuerrechtlichen Verdachtsnachschau setzt voraus, dass konkrete, auf die zu durchsuchenden Räumlichkeiten bezogene Anhaltspunkte vorliegen, die auf einen Verstoß gegen Vorschriften oder Anordnungen hindeuten, deren Einhaltung durch die Steueraufsicht gesichert werden soll. Ein bloßer auf allgemeinen Erfahrungen der Behörde beruhender Verdacht reicht nicht aus.

§ 211 Pflichten des Betroffenen

(1) ¹Wer von einer Maßnahme der Steueraufsicht betroffen wird, hat den Amtsträgern auf Verlangen Aufzeichnungen, Bücher, Geschäftspapiere und andere Urkunden über die der Steueraufsicht unterliegenden Sachverhalte und über den Bezug und den Absatz verbrauchsteuerpflichtiger Waren vorzulegen, Auskünfte zu erteilen und die zur Durchführung der Steueraufsicht sonst erforderlichen Hilfsdienste zu leisten. ²§ 200 Abs. 2 Satz 2 gilt sinngemäß.

(2) Die Pflichten nach Absatz 1 gelten auch dann, wenn bei einer gesetzlich vorgeschriebenen Nachversteuerung verbrauchsteuerpflichtiger Waren in einem der Steueraufsicht unterliegenden Betrieb oder Unternehmen festgestellt werden soll, an welche Empfänger und in welcher Menge nachsteuerpflichtige Waren geliefert worden sind.

(3) Vorkehrungen, die die Ausübung der Steueraufsicht hindern oder erschweren, sind unzulässig.

§ 212 Durchführungsvorschriften

(1) Das Bundesministerium der Finanzen kann durch Rechtsverordnung zur näheren Bestimmung der im Rahmen der Steueraufsicht zu erfüllenden Pflichten anordnen, dass
1. bestimmte Handlungen nur in Räumen vorgenommen werden dürfen, die der Finanzbehörde angemeldet sind oder deren Benutzung für diesen Zweck von der Finanzbehörde besonders genehmigt ist,
2. Räume, Fahrzeuge, Geräte, Gefäße und Leitungen, die der Herstellung, Bearbeitung, Verarbeitung, Lagerung, Beförderung oder Messung steuerpflichtiger Waren dienen oder dienen können, auf Kosten des Betriebsinhabers in bestimmter Weise einzurichten, herzurichten, zu kennzeichnen oder amtlich zu verschließen sind,
3. der Überwachung unterliegende Waren in bestimmter Weise behandelt, bezeichnet, gelagert, verpackt, versandt oder verwendet werden müssen,
4. der Handel mit steuerpflichtigen Waren besonders überwacht wird, wenn der Händler zugleich Hersteller der Waren ist,
5. über die Betriebsvorgänge und über die steuerpflichtigen Waren sowie über die zu ihrer Herstellung verwendeten Einsatzstoffe, Fertigungsstoffe, Hilfsstoffe und Zwischenerzeugnisse in bestimmter Weise Anschreibungen zu führen und die Bestände festzustellen sind,
6. Bücher, Aufzeichnungen und sonstige Unterlagen in bestimmter Weise aufzubewahren sind,
7. Vorgänge und Maßnahmen in Betrieben oder Unternehmen, die für die Besteuerung von Bedeutung sind, der Finanzbehörde anzumelden sind,
8. von steuerpflichtigen Waren, von Waren, für die ein Erlass, eine Erstattung oder Vergütung von Verbrauchsteuern beansprucht wird, von Stoffen, die zur Herstellung dieser Waren bestimmt sind, sowie von Umschließungen dieser Waren unentgeltlich Proben entnommen werden dürfen oder unentgeltlich Muster zu hinterlegen sind.

(2) Die Rechtsverordnung bedarf, außer wenn sie die Biersteuer betrifft, nicht der Zustimmung des Bundesrates.

§ 213 Besondere Aufsichtsmaßnahmen

¹Betriebe oder Unternehmen, deren Inhaber oder deren leitende Angehörige wegen Steuerhinterziehung, versuchter Steuerhinterziehung oder wegen der Teilnahme an einer solchen Tat rechtskräftig bestraft worden sind, dürfen auf ihre Kosten besonderen Aufsichtsmaßnahmen unterworfen werden, wenn dies zur Gewährleistung einer wirksamen Steueraufsicht erforderlich ist. ²Insbesondere dürfen zusätzliche Anschreibungen und Meldepflichten, der sichere Verschluss von Räumen, Behältnissen und Geräten sowie ähnliche Maßnahmen vorgeschrieben werden.

§ 214 Beauftragte

¹Wer sich zur Erfüllung steuerlicher Pflichten, die ihm auf Grund eines der Steueraufsicht unterliegenden Sachverhalts obliegen, durch einen mit der Wahrnehmung dieser Pflichten beauftragten Angehörigen seines Betriebs oder Unternehmens vertreten lässt, bedarf der Zustimmung der Finanzbehörde. ²Dies gilt nicht für die Vertretung in Einfuhrabgabensachen im Sinne von Artikel 4 Nr. 10 des Zollkodexes und § 1 Abs. 1 Satz 3 des Zollverwaltungsgesetzes im Zusammenhang mit dem Erhalt einer zollrechtlichen Bestimmung im Sinne von Artikel 4 Nr. 15 des Zollkodexes.

§ 215 Sicherstellung im Aufsichtsweg

(1) ¹Die Finanzbehörde kann durch Wegnahme, Anbringen von Siegeln oder durch Verfügungsverbot sicherstellen:
1. verbrauchsteuerpflichtige Waren, die ein Amtsträger vorfindet
   a) in Herstellungsbetrieben oder anderen anmeldepflichtigen Räumen, die der Finanzbehörde nicht angemeldet sind,
   b) im Handel ohne eine den Steuergesetzen entsprechende Verpackung, Bezeichnung, Kennzeichnung oder ohne vorschriftsmäßige Steuerzeichen,

2. Waren, die im grenznahen Raum oder in Gebieten, die der Grenzaufsicht unterliegen, aufgefunden werden, wenn sie weder offenbar Gemeinschaftswaren noch den Umständen nach in den zollrechtlich freien Verkehr überführt worden sind,
3. die Umschließungen der in den Nummern 1 und 2 genannten Waren,
4. Geräte, die zur Herstellung von verbrauchsteuerpflichtigen Waren bestimmt sind und die sich in einem der Finanzbehörde nicht angemeldeten Herstellungsbetrieb befinden.

²Die Sicherstellung ist auch zulässig, wenn die Sachen zunächst in einem Strafverfahren beschlagnahmt und dann der Finanzbehörde zur Verfügung gestellt worden sind.

(2) ¹Über die Sicherstellung ist eine Niederschrift aufzunehmen. ²Die Sicherstellung ist dann betroffenen Personen (Eigentümer, Besitzer) mitzuteilen, soweit sie bekannt sind.

§ 216 Überführung in das Eigentum des Bundes

(1) ¹Nach § 215 sichergestellte Sachen sind in das Eigentum des Bundes überzuführen, sofern sie nicht nach § 375 Abs. 2 eingezogen werden. ²Für Fundgut gilt dies nur, wenn kein Eigentumsanspruch geltend gemacht wird.

(2) ¹Die Überführung sichergestellter Sachen in das Eigentum des Bundes ist den betroffenen Personen mitzuteilen. ²Ist eine betroffene Person nicht bekannt, so gilt § 10 Abs. 2 des Verwaltungszustellungsgesetzes sinngemäß.

(3) ¹Der Eigentumsübergang wird wirksam, sobald der von der Finanzbehörde erlassene Verwaltungsakt unanfechtbar ist. ²Bei Sachen, die mit dem Grund und Boden verbunden sind, geht das Eigentum unter der Voraussetzung des Satzes 1 mit der Trennung über. ³Rechte Dritter an einer sichergestellten Sache bleiben bestehen. ⁴Das Erlöschen dieser Rechte kann jedoch angeordnet werden, wenn der Dritte leichtfertig dazu beigetragen hat, dass die in das Eigentum des Bundes überführte Sache der Sicherstellung unterlag oder er sein Recht an der Sache in Kenntnis der Umstände erwarb, welche die Sicherstellung veranlasst haben.

(4) ¹Sichergestellte Sachen können schon vor der Überführung in das Eigentum des Bundes veräußert werden, wenn ihr Verderb oder eine wesentliche Minderung ihres Wertes droht oder ihre Aufbewahrung, Pflege oder Erhaltung mit unverhältnismäßig großen Kosten oder Schwierigkeiten verbunden ist; zu diesem Zweck dürfen auch Sachen, die mit dem Grund und Boden verbunden sind, von diesem getrennt werden. ²Der Erlös tritt an die Stelle der Sachen. ³Die Notveräußerung wird nach den Vorschriften dieses Gesetzes über die Verwertung gepfändeter Sachen durchgeführt. ⁴Die betroffenen Personen sollen vor der Anordnung der Veräußerung gehört werden. ⁵Die Anordnung sowie Zeit und Ort der Veräußerung sind ihnen, soweit tunlich, mitzuteilen.

(5) ¹Sichergestellte oder bereits in das Eigentum des Bundes überführte Sachen werden zurückgegeben, wenn die Umstände, die die Sicherstellung veranlasst haben, dem Eigentümer nicht zuzurechnen sind oder wenn die Überführung in das Eigentum des Bundes als eine unbillige Härte für die Betroffenen erscheint. ²Gutgläubige Dritte, deren Rechte durch die Überführung in das Eigentum des Bundes erloschen oder beeinträchtigt sind, werden aus dem Erlös der Sachen angemessen entschädigt. ³Im Übrigen kann eine Entschädigung gewährt werden, soweit es eine unbillige Härte wäre, sie zu versagen.

§ 217 Steuerhilfspersonen

Zur Feststellung von Tatsachen, die zoll- oder verbrauchsteuerrechtlich erheblich sind, kann die Finanzbehörde Personen, die vom Ergebnis der Feststellung nicht selbst betroffen werden, als Steuerhilfspersonen bestellen.

FÜNFTER TEIL
ERHEBUNGSVERFAHREN (§§ 218–248)

ERSTER ABSCHNITT
Verwirklichung, Fälligkeit und Erlöschen von Ansprüchen aus dem Steuerschuldverhältnis (§§ 218–232)

1. Unterabschnitt
Verwirklichung und Fälligkeit von Ansprüchen aus dem Steuerschuldverhältnis (§§ 218–223)

AO
S 0450

§ 218 Verwirklichung von Ansprüchen aus dem Steuerschuldverhältnis

(1) ¹Grundlage für die Verwirklichung von Ansprüchen aus dem Steuerschuldverhältnis (§ 37) sind die Steuerbescheide, die Steuervergütungsbescheide, die Haftungsbescheide und die Verwaltungsakte, durch die steuerliche Nebenleistungen festgesetzt werden; bei den Säumniszuschlägen genügt die Verwirklichung des gesetzlichen Tatbestandes (§ 240). ²Die Steueranmeldungen (§ 168) stehen den Steuerbescheiden gleich.

(2) ¹Über Streitigkeiten, die die Verwirklichung der Ansprüche im Sinne des Absatzes 1 betreffen, entscheidet die Finanzbehörde durch Verwaltungsakt. ²Dies gilt auch, wenn die Streitigkeit einen Erstattungsanspruch (§ 37 Abs. 2) betrifft.

AEAO

1

Anwendungserlass zur Abgabenordnung

Zu § 218 – Verwirklichung von Ansprüchen aus dem Steuerschuldverhältnis:

1. Ansprüche aus dem Steuerschuldverhältnis (§ 37) werden durch Verwaltungsakt konkretisiert. Der – ggf. materiell-rechtlich unrichtige – Verwaltungsakt beeinflusst zwar nicht die materielle Höhe des Anspruchs aus dem Steuerschuldverhältnis, solange er jedoch besteht, legt er fest, ob und in welcher Höhe ein Anspruch durchgesetzt werden kann. Maßgebend ist allein der letzte Verwaltungsakt (z.B. der letzte Änderungsbescheid oder der letzte Abrechnungsbescheid). Der einheitliche Anspruch aus dem Steuerschuldverhältnis kann deshalb bei – ggf. mehrfacher – Änderung einer Festsetzung nicht in unterschiedliche Zahlungs- und Erstattungsansprüche aufgespalten werden (BFH-Urteil vom 6. 2. 1996 – VII R 50/95 – BStBl 1997 II, S. 112).

   Der Verwaltungsakt wirkt konstitutiv, wenn es sich um steuerliche Nebenleistungen handelt, deren Festsetzung in das Ermessen der Finanzbehörde gestellt ist, z.B. beim Verspätungszuschlag (§ 152).

2. Bei Säumniszuschlägen bedarf es keines Leistungsgebots, wenn sie zusammen mit der Steuer beigetrieben werden (§ 254 Abs. 2).

3. Über Streitigkeiten, die die Verwirklichung von Ansprüchen aus dem Steuerschuldverhältnis betreffen, entscheiden die Finanzbehörden durch Abrechnungsbescheid. Als Rechtsbehelf ist der Einspruch gegeben. Die Korrekturmöglichkeiten richten sich nach den §§ 129 bis 131.

   Eine Verfügung über die Anrechnung von Steuerabzugsbeträgen, Steuervorauszahlungen und anrechenbarer Körperschaftsteuer (Anrechnungsverfügung) ist ein Verwaltungsakt mit Bindungswirkung. Diese Bindungswirkung muss auch beim Erlass eines Abrechnungsbescheids nach § 218 Abs. 2 beachtet werden. Deshalb kann im Rahmen eines Abrechnungsbescheides die Steueranrechnung zugunsten oder zuungunsten des Steuerpflichtigen nur dann korrigiert werden, wenn eine der Voraussetzungen der §§ 129–131 gegeben ist (vgl. BFH-Urteil vom 15. 4. 1997 – VII R 100/96 – BStBl II, S. 787).

H

2

Hinweise

Kleinbetragsregelung im Erhebungsverfahren

(BMF-Schreiben vom 22. 3. 2001 – IV A 4 – S 0512–2/01, BStBl 2001 I S. 242)

Unter Bezugnahme auf das Ergebnis der Erörterungen mit den obersten Finanzbehörden der Länder gilt bei der Erhebung von Ansprüchen aus dem Steuerschuldverhältnis Folgendes:

1. Entrichtung von Kleinbeträgen

Ergibt die Abrechnung eines Bescheides Forderungen von insgesamt weniger als 3,– Euro, so ist dem Steuerpflichtigen durch folgenden Hinweis zu gestatten, diese Kleinbeträge unabhängig von ihrer Fälligkeit erst dann zu entrichten, wenn unter derselben Steuernummer Ansprüche von insgesamt mindestens 3,– Euro fällig werden:

„Wenn dem Finanzamt unter dieser Steuernummer fällige Beträge von insgesamt weniger als 3,– Euro geschuldet werden, können diese Beträge zusammen mit der nächsten Zahlung an die Finanzkasse entrichtet werden. Geben Sie dann aber bitte auch die Steuernummer und den Verwendungszweck für diese Beträge an."

Im Einzugsermächtigungsverfahren (§ 224 Abs. 2 Nr. 3 AO) sind Beträge von insgesamt weniger als 3,– Euro nicht zum Fälligkeitstag, sondern mit dem nächsten fälligen Betrag abzubuchen.

2. Säumniszuschläge

Säumniszuschläge von insgesamt weniger als 5,– Euro, die unter einer Steuernummer nachgewiesen werden, sollen in der Regel nicht gesondert angefordert werden; sie können jedoch zusammen mit anderen Beträgen angefordert werden.

3. Mahnung   3

Bei Beträgen von weniger als 3,– Euro ist von der Mahnung abzusehen. Beträge von 3,– Euro bis 9,99 Euro werden in der Regel nach Ablauf eines Jahres gemahnt.

Werden mehrere Ansprüche unter einer Steuernummer nachgewiesen, gilt die Kleinbetragsgrenze für den jeweils zu mahnenden Gesamtbetrag, dabei sind steuerliche Nebenleistungen einschließlich noch nicht angeforderter Säumniszuschläge mit einzubeziehen.

4. Aufrechnung, Umbuchung

Durch die Kleinbetragsgrenzen der Nummern 1 bis 3 wird die Möglichkeit der Aufrechnung oder Umbuchung nicht ausgeschlossen.

5. Kleinstbeträge

Beträge von weniger als 1,– Euro werden weder erhoben noch erstattet. Werden mehrere Ansprüche in einem Bescheid abgerechnet oder in einer Anmeldung erklärt, gilt die Betragsgrenze für den Gesamtbetrag.

Von der Einhaltung der Kleinbetragsgrenzen kann abgesehen werden, wenn diese vom Steuerpflichtigen missbräuchlich ausgenutzt werden.

Rechtsprechung   Rsp

BFH vom 22. 7. 1986 – VII R 10/82 (BStBl 1986 II S. 776)   4

1. Einwendungen, die sich gegen einen bestandskräftigen Steuerbescheid richten, können nicht gegen einen Abrechnungsbescheid erhoben werden.

2. Auch ein auf null DM lautender Umsatzsteuerbescheid kann wegen des inneren Zusammenhangs mit einer einen Vorsteuerüberschuß ausweisenden Umsatzsteuervoranmeldung eine Leistungspflicht begründen.

BFH vom 25. 2. 1992 – VII R 8/91 (BStBl 1992 II S. 713)   5

Der Umstand, daß das FA seinen Erstattungsanspruch nach § 37 Abs. 2 AO nicht zuvor in einem besonderen Rückforderungsbescheid festgesetzt hat, steht seiner Aufnahme in einen Abrechnungsbescheid nach § 218 Abs. 2 AO nicht entgegen.

BFH vom 15. 6. 1999 – VII R 3/97 (BStBl 2000 II S. 46)   6

1. Im Abrechnungsverfahren ist von der formellen Bescheidlage, d.h. vom Regelungsinhalt der ergangenen Steuerbescheide ungeachtet ihrer Richtigkeit auszugehen. Jedoch ist bei einem Abrechnungsbescheid, der über Meinungsverschiedenheiten entscheidet, welche über die Wirksamkeit einer Aufrechnung des FA mit einer Umsatzsteuervorauszahlungsforderung bestehen, auch über den materiell-rechtlichen Bestand der Vorauszahlungsschuld ungeachtet ihrer wirksamen Festsetzung in einem Steuerbescheid zu entscheiden, sofern und soweit darüber nicht eine mit Bestandskraft wirkende Entscheidung in dem Jahressteuerbescheid ergangen ist. Der Grund-

satz, daß im Abrechnungsverfahren die Rechtmäßigkeit der Steuerbescheide nicht zu prüfen ist, wird insoweit durchbrochen.
2. Eine Steuerforderung kann von einem Hoheitsträger an einen anderen Hoheitsträger zwecks Einziehung abgetreten werden.

7 **BFH vom 12. 8. 1999 – VII R 92/98 (BStBl 1999 II S. 751)**

1. Besteht Streit über die Entstehung und die Verwirklichung von Säumniszuschlägen, hat die Finanzbehörde darüber durch Abrechnungsbescheid nach § 218 Abs. 2 Satz 1 AO zu entscheiden.
2. Die Erteilung eines Verwaltungsaktes i.S. des § 218 Abs. 2 Satz 1 AO über die Entstehung und den Fortbestand von Säumniszuschlägen setzt Angaben des Steuerpflichtigen über Art, Entstehungszeitpunkt, Betrag, Fälligkeit und Erlöschensgrund hinsichtlich jedes einzelnen Zahlungsanspruchs nicht voraus. Es genügt, wenn die Steuerarten und die Besteuerungszeiträume, für die die Säumniszuschläge im Abrechnungsbescheid festgestellt werden sollen, hinreichend konkret bezeichnet werden.
3. Der Anspruch auf Erteilung eines Abrechnungsbescheides über Säumniszuschläge entfällt bei missbräuchlicher Antragstellung des Steuerpflichtigen.

8 **BFH vom 18. 4. 2006 – VII R 77/04 (BStBl 2006 II S. 578)**

Im Abrechnungsverfahren kann nicht geprüft werden, ob das FA die Vollziehung eines angefochtenen Steuerbescheids bezüglich bereits verwirkter Säumniszuschläge hätte aufheben müssen.

9 **BFH vom 26. 6. 2007 – VII R 35/06 (BStBl 2007 II S. 742)**

§ 130 Abs. 2 Nr. 4 AO enthält ermessenslenkende Vorgaben (intendiertes Ermessen). Deshalb ist eine Anrechnungsverfügung im Allgemeinen im Interesse von Gesetzmäßigkeit und Gleichmäßigkeit der Besteuerung zurückzunehmen, wenn der Begünstigte deren Rechtswidrigkeit erkannt oder lediglich infolge grober Fahrlässigkeit nicht erkannt hat. Diese Regelfolge des § 130 Abs. 2 Nr. 4 AO ist grundsätzlich nicht begründungsbedürftig.

10 **BFH vom 12. 7. 2011 – VII R 69/10 (HFR 2011 S. 1181)**

Für den Erlass eines Abrechnungsbescheids ist die Finanzbehörde zuständig, die den Anspruch aus dem Steuerschuldverhältnis, um dessen Verwirklichung gestritten wird, festgesetzt hat. Nachträgliche Änderungen der die örtliche Zuständigkeit für die Besteuerung begründenden Umstände – wie z.B. ein Wohnsitzwechsel des Steuerpflichtigen – führen nicht zu einem Wechsel jener Zuständigkeit.

AO
S 0451

§ 219 Zahlungsaufforderung bei Haftungsbescheiden

¹Wenn nichts anderes bestimmt ist, darf ein Haftungsschuldner auf Zahlung nur in Anspruch genommen werden, soweit die Vollstreckung in das bewegliche Vermögen des Steuerschuldners ohne Erfolg geblieben oder anzunehmen ist, dass die Vollstreckung aussichtslos sein würde. ²Diese Einschränkung gilt nicht, wenn die Haftung darauf beruht, dass der Haftungsschuldner Steuerhinterziehung oder Steuerhehlerei begangen hat oder gesetzlich verpflichtet war, Steuern einzubehalten und abzuführen oder zu Lasten eines anderen zu entrichten.

AEAO **Anwendungserlass zur Abgabenordnung**

1 Zu § 219 – Zahlungsaufforderung bei Haftungsbescheiden:

1. Es ist zu unterscheiden zwischen der gesetzlichen Entstehung der Haftungsschuld, dem Erlass des Haftungsbescheides (§ 191) und der Inanspruchnahme des Haftungsschuldners durch Zahlungsaufforderung (Leistungs*gebot*). *§ 219* regelt nur die Zahlungsaufforderung. Der Erlass des *Haftungsbescheides* selbst wird durch die Einschränkung in der Vorschrift nicht gehindert. Die Zahlungsaufforderung darf jedoch mit dem Haftungsbescheid nur verbunden werden, wenn die Voraussetzungen des § 219 vorliegen. Ist ein Haftungsbescheid ohne Leistungsgebot ergangen, beginnt die Zahlungsverjährung mit Ablauf des Jahres, in dem dieser Bescheid wirksam geworden ist (§ 229 Abs. 2).

2. § 219 ist Ausdruck des Grundsatzes, dass der Haftungsschuldner nur nach dem Steuerschuldner (subsidiär) für die Steuerschuld einzustehen hat. Auch in den Fällen des § 219 Satz 2, in denen das Gesetz eine unmittelbare Inanspruchnahme des Haftungsschuldners erlaubt, kann es der Ausübung pflichtgemäßen Ermessens entsprechen, sich zunächst an den Steuerschuldner zu halten.

Rechtsprechung

BFH vom 8. 2. 2008 – VII B 156/07 (BFH/NV 2008 S. 967)

Die Aufforderung zur Zahlung (Leistungsgebot) einer Haftungsschuld, die mit dem ursprünglichen Haftungsbescheid verbunden werden kann, stellt einen selbständigen Verwaltungsakt dar, der gesondert angefochten werden kann.

BFH vom 24. 4. 2008 – VII B 262/07 (BFH/NV 2008 S. 1448)

Für die subsidiäre Inanspruchnahme eines Haftungsschuldners gemäß § 219 Satz 1 AO ist es ausreichend, dass die Finanzbehörde zu der Annahme gelangt, dass eine Vollstreckung ohne Erfolg sein wird. Nicht erforderlich sind die Gewissheit der Erfolglosigkeit der Vollstreckung, der Nachweis einer solchen durch erfolglose Vollstreckungsversuche oder ein besonderer Grund für die haftungsrechtliche Inanspruchnahme.

§ 220 Fälligkeit

(1) Die Fälligkeit von Ansprüchen aus dem Steuerschuldverhältnis richtet sich nach den Vorschriften der Steuergesetze.

(2) ¹Fehlt es an einer besonderen gesetzlichen Regelung über die Fälligkeit, so wird der Anspruch mit seiner Entstehung fällig, es sei denn, dass in einem nach § 254 erforderlichen Leistungsgebot eine Zahlungsfrist eingeräumt worden ist. ²Ergibt sich der Anspruch in den Fällen des Satzes 1 aus der Festsetzung von Ansprüchen aus dem Steuerschuldverhältnis, so tritt die Fälligkeit nicht vor Bekanntgabe der Festsetzung ein.

Anwendungserlass zur Abgabenordnung

Zu § 220 – Fälligkeit:

Die angemeldete Steuervergütung bzw. das angemeldete Mindersoll ist erst fällig, sobald dem Steuerpflichtigen die Zustimmung der Finanzbehörde bekannt wird (§ 220 Abs. 2 Satz 2). Wird der Steuerpflichtige schriftlich bzw. elektronisch über die Zustimmung unterrichtet (z.B. zusammen mit einer Abrechnungsmitteilung), ist grundsätzlich davon auszugehen, dass ihm die Zustimmung erst am dritten Tage nach Aufgabe zur Post bzw. nach der Absendung bekannt geworden ist. Ergeht keine Mitteilung, wird die Zustimmung dem Steuerpflichtigen grundsätzlich mit der Zahlung (§ 224 Abs. 3) der Steuervergütung bzw. des Mindersolls bekannt.

Rechtsprechung

BFH vom 14. 3. 1989 – VII R 152/85 (BStBl 1990 II S. 363)

Für die Bestimmung der Fälligkeit einer Haftungsforderung, die in einem Haftungsbescheid ohne Zahlungsgebot festgesetzt worden ist, gilt § 220 Abs. 2 Satz 2 AO, obwohl in dieser Vorschrift Haftungsansprüche nicht ausdrücklich genannt sind.

BFH vom 18. 7. 2000 – VII R 32, 33/99 (BStBl 2001 II S. 133)

Festgesetzte Einkommensteuer wird nur in dem Umfang fällig, in dem in der Anrechnungsverfügung eine Abschlusszahlung ausgewiesen wird.

AO
S 0452

§ 221 Abweichende Fälligkeitsbestimmung

¹Hat ein Steuerpflichtiger eine Verbrauchsteuer oder die Umsatzsteuer mehrfach nicht rechtzeitig entrichtet, so kann die Finanzbehörde verlangen, dass die Steuer jeweils zu einem von der Finanzbehörde zu bestimmenden, vor der gesetzlichen Fälligkeit, aber nach Entstehung der Steuer liegenden Zeitpunkt entrichtet wird. ²Das Gleiche gilt, wenn die Annahme begründet ist, dass der Eingang einer Verbrauchsteuer oder der Umsatzsteuer gefährdet ist; an Stelle der Vorverlegung der Fälligkeit kann auch Sicherheitsleistung verlangt werden. ³In den Fällen des Satzes 1 ist die Vorverlegung der Fälligkeit nur zulässig, wenn sie dem Steuerpflichtigen für den Fall erneuter nicht rechtzeitiger Entrichtung angekündigt worden ist.

AO
S 0453

§ 222 Stundung

¹Die Finanzbehörden können Ansprüche aus dem Steuerschuldverhältnis ganz oder teilweise stunden, wenn die Einziehung bei Fälligkeit eine erhebliche Härte für den Schuldner bedeuten würde und der Anspruch durch die Stundung nicht gefährdet erscheint. ²Die Stundung soll in der Regel nur auf Antrag und gegen Sicherheitsleistung gewährt werden. ³Steueransprüche gegen den Steuerschuldner können nicht gestundet werden, soweit ein Dritter (Entrichtungspflichtiger) die Steuer für Rechnung des Steuerschuldners zu entrichten, insbesondere einzubehalten und abzuführen hat. ⁴Die Stundung des Haftungsanspruchs gegen den Entrichtungspflichtigen ist ausgeschlossen, soweit er Steuerabzugsbeträge einbehalten oder Beträge, die eine Steuer enthalten, eingenommen hat.

Hinweise

1   Stundung von Ansprüchen aus dem Steuerschuldverhältnis

(OFD Freiburg, Vfg. vom 1. 4. 2002 – S 0453 –)

1. Allgemeines

1.1 Nach § 222 AO können Ansprüche aus dem Steuerschuldverhältnis (§ 37 AO) ganz oder teilweise gestundet werden, wenn die Einziehung bei Fälligkeit eine erhebliche Härte für den Schuldner bedeuten würde und der Anspruch durch die Stundung nicht gefährdet erscheint. Die Stundung soll i.d.R. nur auf Antrag und gegen Sicherheitsleistung gewährt werden. Eine Stundung kann aus persönlichen (wirtschaftlichen) oder sachlichen Gründen gewährt werden.

1.2 Durch die Stundung wird die Fälligkeit ganz oder teilweise hinausgeschoben. Die Stundung ist auch für zurückliegende Zeiträume zulässig (§ 109 Abs. 1 AO). Durch das Hinausschieben der Fälligkeit treten keine materiell-rechtlichen Verzugsfolgen ein, bei einer rückwirkenden Stundung werden diese aufgehoben (vgl. BFH-Urteil vom 22. 4. 1988, BFH/NV 1989, 428). Bereits durchgeführte Vollstreckungsmaßnahmen bleiben allerdings bestehen, soweit nicht ihre Aufhebung ausdrücklich angeordnet wird (§ 257 Abs. 2 AO).

1.3 Ein Stundungsverfahren erledigt sich nicht, wenn die Schuld durch Zahlung oder Aufrechnung erloschen ist (BFH-Urteile vom 13. 9. 1966, BStBl III 1966, 694, vom 21. 8. 1973, BStBl II 1974, 307, und vom 23. 6. 1993, BFH/NV 1994, 517).

2. Ausschluss der Stundung in den Fällen des § 222 Satz 3 und 4 AO

Nicht gestundet werden können Steueransprüche gegen den Steuerschuldner, soweit ein Dritter (Entrichtungspflichtiger) die Steuer für Rechnung des Steuerschuldners zu entrichten, insbesondere einzubehalten und abzuführen hat (§ 222 Satz 3 AO). Die Stundung des Haftungsanspruchs gegen den Entrichtungspflichtigen ist ausgeschlossen, soweit er Steuerabzugsbeträge einbehalten oder Beträge, die eine Steuer enthalten, eingenommen hat (§ 222 Satz 4 AO).

Steuerabzugsbeträge (z.B. einbehaltene Lohnsteuer, Kapitalertragsteuer) können hiernach weder zugunsten des Steuerschuldners noch zugunsten des Entrichtungspflichtigen gestundet werden. Dies gilt auch, wenn ansonsten die Voraussetzungen für eine Verrechnungsstundung (vgl. Tz. 3) vorliegen (vgl. zur Kapitalertragsteuer die BFH-Urteile vom 24. 3. 1998, BStBl II 1999, 3, vom 15. 12. 1999, BFH/NV 2000, 1066, und vom 23. 8. 2000, BStBl II 2001, 742).

Eine Stundung der Lohnsteuer zugunsten des Arbeitgebers ist nur zulässig, wenn der Arbeitgeber selbst Steuerschuldner ist, z.B. bei der Pauschalierung von Lohnsteuer oder wenn er im Haftungswege für nicht einbehaltene Lohnsteuer in Anspruch genommen worden ist und er somit die Steuerzahlung aus seinem eigenen Vermögen zu leisten hat.

Sind die Tatbestandsvoraussetzungen des § 222 Satz 3 oder 4 AO erfüllt, so ist ein dennoch gestellter Stundungsantrag abzulehnen. § 222 Satz 3 und 4 AO ermächtigen nicht zu einer Ermessensausübung.

3. Sachliche Stundungsgründe

3.1 Nach der Rechtsprechung des Bundesfinanzhofs liegt ein sachlicher Stundungsgrund vor, wenn ein Erstattungsanspruch (Gegenanspruch) mit an Sicherheit grenzender Wahrscheinlichkeit besteht und alsbald fällig wird und damit zur Tilgung der fälligen Steuerschuld verwendet werden kann (BFH-Beschluss vom 21. 1. 1982, BStBl II 1982, 307, BFH-Urteil vom 6. 10. 1982, BStBl 1983 II S. 397, BFH-Beschluss vom 29. 11. 1984, BStBl II 1985, 194, und BFH-Urteile vom 7. 3. 1985, BStBl II 1985, 449, und vom 11. 10. 1989, BFH/NV 1991, 14). Gleiches gilt dann, wenn der zu zahlende Steuerbetrag – ganz oder teilweise – mit an Sicherheit grenzender Wahrscheinlichkeit alsbald zurückzuzahlen sein wird (z.B. im Hinblick auf eine bevorstehende Änderung der Steuerfestsetzung wegen eines Verlustrücktrags).

In beiden Fällen handelt es sich um eine Anwendung des Grundsatzes von Treu und Glauben. Danach ist die Rechtsausübung unzulässig, wenn eine Leistung gefordert wird, die alsbald zurückzuerstatten wäre.

Eine schwierige und zeitraubende Überprüfung, ob die behauptete Gegenforderung (z.B. Steuererstattung) besteht, braucht das Finanzamt nicht vorzunehmen. Es kann eine beantragte Stundung ermessensfehlerfrei ablehnen, wenn die Gegenforderung nach summarischer Prüfung nicht mit Sicherheit oder wenigstens mit großer Wahrscheinlichkeit feststeht.

3.2 Wird die Stundung von Ansprüchen aus dem Steuerschuldverhältnis mit der Begründung beantragt, es werde sich eine Ermäßigung des geschuldeten Betrags oder eine Verrechnungsmöglichkeit mit noch nicht fälligen Steuererstattungsansprüchen bzw. Steuervergütungsansprüchen ergeben, so kann von einem mit an Sicherheit grenzender Wahrscheinlichkeit bestehenden Gegenanspruch grundsätzlich ausgegangen werden, wenn dieser durch Vorlage der vollständigen Steuererklärung oder des Antrags (z.B. auf Gewährung von Investitionszulage) nachgewiesen wird und nach summarischer Prüfung keine Bedenken gegen das Vorhandensein eines Gegenanspruchs bestehen. Bei einem Verlustrücktrag müssen die Steuererklärungen sowohl für das Verlustjahr als auch für das Jahr, in dem sich der Verlustrücktrag steuerlich auswirkt, eingegangen sein.

Einer Vorlage der Steuererklärung bedarf es nur dann nicht, wenn das Bestehen des Gegenanspruchs auf andere Weise, etwa durch Vorlage von Urkunden oder durch anderweitige Glaubhaftmachung mit der erforderlichen Sicherheit nachgewiesen wird. Dies gilt besonders für leicht überschaubare Sachverhaltsgestaltungen (vgl. BFH-Urteile vom 12. 6. 1996, BFH/NV 1996, 873, und vom 12. 11. 1997, BFH/NV 1998, 418). Weitere Voraussetzung für eine Stundung bleibt jedoch auch in diesem Fall, dass der Gegenanspruch alsbald fällig wird.

3.2.1 Ergibt sich der behauptete Erstattungsanspruch durch die steuerliche Erfassung von Einkünften aus einer Beteiligung, so müssen dem zuständigen Betriebsfinanzamt die entsprechenden vollständigen Steuererklärungen der Gesellschaft oder Gemeinschaft vorliegen. Das Betriebsfinanzamt muss die voraussichtliche Höhe der geltend gemachten Einkünfte aus der Beteiligung bestätigt haben (Urteil des FG Baden-Württemberg vom 9. 2. 1984, EFG 1984, 385).

Bei Geltendmachung von negativen Einkünften aus der Beteiligung an Verlustzuweisungsgesellschaften und vergleichbaren Modellen Hinweis auf Tzn. 4.1.5, 4.1.8 und 4. 1. 10 des BMF-Schreibens vom 13. 7. 1992, BStBl I 1992, 404.

3.2.2 Wird Stundung im Hinblick auf einen Anspruch auf Investitionszulage beantragt, ist zu beachten, dass ein solcher nicht vor Ablauf des Wirtschaftsjahres entsteht, in dem die begünstigten Maßnahmen durchgeführt worden sind. Für den Zeitraum bis zum Ablauf des betreffenden Wirtschaftsjahres ist eine Stundung daher selbst dann nicht möglich, wenn der Antrag auf Investitionszulage schon vor Ablauf des Wirtschaftsjahres gestellt worden ist.

3.3 Die Höhe der geltend gemachten Herabsetzungs-, Steuererstattungs- und Steuervergütungsansprüche ist grundsätzlich anhand der eingereichten Steuererklärungen und Anträge zu überprüfen.

3.3.1 Wird die Stundung fälliger Ansprüche aus dem Steuerschuldverhältnis in Höhe von bis zu 5.000 Euro beantragt, so ist regelmäßig nur die vollständige Steuererklärungen bzw. Anträge vorliegen, aus denen sich der Herabsetzungs-, Steuererstattungs- oder Steuervergütungsanspruch ergeben soll.

3.3.2 Wird die Stundung fälliger Ansprüche aus dem Steuerschuldverhältnis in Höhe von mehr als 5.000 Euro beantragt, so ist summarisch zu prüfen, ob aufgrund der noch durchzuführenden Veranlagung/Festsetzung mit dem behaupteten Herabsetzungs-, Steuererstattungs- oder Steuervergütungsanspruch zu rechnen ist.

3.4 Wird in den vorstehenden Fällen rechtsirrig Aufrechnung beantragt, so ist dieser Antrag in einen Stundungsantrag umzudeuten.

3.5 Eine Verrechnungsstundung setzt voraus, dass sich Steueranspruch und Erstattungsanspruch aufrechenbar gegenüberstehen werden. Ist der Erstattungsberechtigte nicht der Steuerschuldner, so muss der Erstattungsberechtigte dem Steuerschuldner den Erstattungsanspruch wirksam abgetreten, insbesondere die Abtretung dem Finanzamt mit Vordruck angezeigt haben.

Liegt keine oder keine wirksame Abtretung vor, so kann im Antrag des Erstattungsberechtigten auf Verrechnungsstundung ein Verrechnungsangebot zu sehen sein. Erklärt das Finanzamt, das Verrechnungsangebot anzunehmen, oder gibt es durch amtsinternen Vorgang zu erkennen, dass es das Verrechnungsangebot annimmt (vgl. BFH-Urteil vom 11. 12. 1984, BStBl II 1985, 278), so kommt zwischen dem Finanzamt und dem Erstattungsberechtigten ein Verrechnungsvertrag zustande (Hinweis auf AEAO zu § 226, Nr. 5).

3.6 Sofern die Voraussetzungen für die Verrechnungsstundung nach den vorgenannten Grundsätzen bereits am Fälligkeitstag vorgelegen haben, ist die Verrechnungsstundung mit Wirkung ab dem Fälligkeitstag zu gewähren. Ein späterer Zeitpunkt kommt in Betracht, wenn die Voraussetzungen für die Verrechnungsstundung erst nach dem Fälligkeitstag eingetreten sind, z.B. weil die den Gegenanspruch beweisende Steuererklärung dem Finanzamt erst nach dem Fälligkeitstag der zu stundenden Steuer eingereicht wurde.

Verrechnungsstundungen sind bis zur Durchführung der ausstehenden Veranlagung/Festsetzung, längstens jedoch bis zu einem besonders zu benennenden Zeitpunkt auszusprechen. Die Frist ist so zu bemessen, dass bei unverzüglicher Veranlagung/Festsetzung eine Verlängerung der Stundung nicht erforderlich wird.

Wegen der Festsetzung von Stundungszinsen Hinweis auf AEAO zu § 234 AO, Nr. 11.

4. Persönliche Stundungsgründe

4.1 Persönliche Stundungsgründe liegen vor, wenn der Steuerpflichtige aus von ihm nicht zu vertretenen Gründen zum Fälligkeitszeitpunkt über die erforderlichen Mittel nicht verfügt und auch nicht in der Lage ist, sich diese Mittel auf zumutbare Weise zu beschaffen.

Der Steuerpflichtige hat sich rechtzeitig auf die Erfüllung der Steuerschuld einzurichten und die erforderlichen Geldmittel bereitzuhalten. Er muss vorsehbare Steuerzahlungen bei seinen finanziellen Dispositionen berücksichtigen und ist gehalten, betriebliche und private Investitionen nur in dem Rahmen vorzunehmen, der unter Beachtung der steuerlichen Zahlungspflichten durch Eigenmittel und Kreditaufnahmemöglichkeiten gesetzt ist. Darüber hinaus ist dem Steuerpflichtigen grundsätzlich zuzumuten, zur Tilgung von Steuerschulden vorhandene Kreditmöglichkeiten auszuschöpfen und notfalls leicht verkäufliche Vermögensgegenstände (z.B. Wertpapiere) zu veräußern.

4.2 Abschlusszahlungen, mit denen der Steuerpflichtige aufgrund seiner Steuererklärung rechnen muss, können nur gestundet werden, wenn der Steuerpflichtige aus einem von ihm nicht zu vertretenden Grund zum Fälligkeitstag über die erforderlichen Mittel nicht verfügt und auch nicht in der Lage ist, sich diese Mittel auf zumutbare Weise zu verschaffen (BFH-Urteil vom 21. 8. 1973, BStBl II 1974, 307). Dagegen kann beim Vorliegen der übrigen Voraussetzungen Stundung gewährt werden, wenn sich der Steuerpflichtige auf Steuernachforderungen nicht einrichten konnte, z.B. bei Berichtigungsveranlagungen oder bei erheblicher Erhöhung der Vorauszahlungen durch einen kurz vor dem Vorauszahlungstermin erlassenen Steuerbescheid – ggf. im Zusammentreffen mit hohen Abschlusszahlungen (BFH-Urteile vom 22. 8. 1974, BStBl II 1975, 15, und vom 25. 6. 1981, BStBl II 1982, 205).

4.3 Periodisch eintretende saisonale Ertragsschwankungen reichen für eine Stundung regelmäßig nicht aus. Der Steuerpflichtige muss sich auf zu erwartende Liquiditätsverknappungen einrichten und Vorsorge treffen, dass die Steuern pünktlich entrichtet werden können (vgl. BFH-Urteil vom 13. 9. 1966, BStBl III 1966, 694).

4.4 Eine Stundung aus persönlichen Stundungsgründen setzt voraus, dass der Steuerpflichtige auch stundungswürdig ist. Stundungswürdigkeit ist nicht gegeben, wenn der Steuerpflichtige seine mangelnde Leistungsfähigkeit selbst herbeigeführt oder durch sein Verhalten in eindeutiger Weise gegen die Interessen der Allgemeinheit verstoßen hat (BFH-Urteile vom 2. 7. 1986, BFH/NV 1987, 696, vom 26. 1. 1988, BFH/NV 1988, 695, und vom 7. 5. 1993, BFH/NV 1994, 144; BFH-Beschluss vom 1. 7. 1998, BFH/NV 1999, 7).

4.5 Die Gewährung einer Stundung scheidet aus, wenn nach den Verhältnissen zum Zeitpunkt der Entscheidung über das Stundungsbegehren anzunehmen ist, dass die Einziehung des Anspruchs zu einem späteren Zeitpunkt nicht mehr oder nur erschwert möglich ist (vgl. BFH-Beschluss vom 27. 4. 2001, BFH/NV 2001, 1362).

4.6 Von der Anforderung einer Sicherheitsleistung kann im Allgemeinen abgesehen werden, es sei denn, dass größere Beträge langfristig gestundet werden sollen.

5. Bearbeitung von Stundungsanträgen

Für das Vorliegen der Tatbestandsvoraussetzungen nach § 222 AO trägt der Steuerpflichtige die Beweislast. Er hat darzulegen, dass die Voraussetzungen für eine Stundung erfüllt sind. Reichen die Angaben des Steuerpflichtigen im Antrag auf Stundung zur Entscheidung darüber, ob die Voraussetzungen für eine Stundung erfüllt sind, nicht aus, ist er regelmäßig aufzufordern, seine Angaben kurzfristig zu vervollständigen und die erforderlichen Beweismittel nachzureichen (BFH-Urteile vom 13. 4. 1961, BStBl III 1961, 292, und vom 22. 4. 1988, BFH/NV 1989, 428). Kommt der Steuerpflichtige der ihm obliegenden Darlegungspflicht nicht nach, gehen Unklarheiten hinsichtlich des entscheidungserheblichen Sachverhalts zu seinen Lasten. Es liegt kein Ermessensmissbrauch vor, wenn das Finanzamt eine Stundung ablehnt, weil der Steuerpflichtige die ihm mögliche und zumutbare Aufklärung der für die Entscheidung maßgebenden Umstände verweigert (BFH-Urteile vom 2. 8. 1962, HFR 1963, 86, und vom 29. 4. 1987, BFH/NV 1988, 22).

6. Stundungszinsen

Nach § 234 AO werden für die Dauer der gewährten Stundung grundsätzlich Stundungszinsen erhoben (Hinweis auf AEAO zu § 234). Liegen die Voraussetzungen für eine Stundung nach § 222 AO vor, so ist nach pflichtgemäßem Ermessen auch über deren Dauer zu entscheiden. Kann der Steuerpflichtige im Einzelfall nicht glaubhaft darlegen, dass er – z.B. aufgrund regelmäßiger oder besonderer Zahlungseingänge – bereits vor Ablauf eines vollen Zinsmonats über entsprechende Mittel verfügen wird, ist es im Hinblick auf die Fortdauer der Stundungsvoraussetzungen nicht ermessensfehlerhaft, den Stundungszeitraum über den vom Steuerpflichtigen beantragten Umfang hinaus auszudehnen, um im Interesse der Gleichbehandlung aller Steuerpflichtigen den mit einer Stundung verbundenen Zinsvorteil durch die gesetzliche Zinszahlungspflicht nach § 234 Abs. 1 AO auszugleichen.

7. Widerruf der Stundung

7.1 Stundungen sind stets mit dem Vorbehalt/ des Widerrufs (§ 120 Abs. 2 Nr. 3 AO) zu versehen.

Der einer Stundung beigefügte Widerrufsvorbehalt führt nicht dazu, dass das Finanzamt die Stundung nach Belieben widerrufen kann. Der Widerruf einer (rechtmäßigen oder rechtswidrigen) Stundung nach § 131 Abs. 2 Nr. 1 AO ist nur bei einem sachlich zu rechtfertigenden Grund zulässig, z.B. wenn sich herausstellt, dass die tatbestandlichen Voraussetzungen für die Stundung nicht mehr gegeben sind oder wenn sich neue Gesichtspunkte ergeben, die es ermöglicht hätten, die Stundung von Anfang an ermessensfehlerfrei abzulehnen (vgl. zur Aussetzung der Vollziehung BFH-Urteil vom 30. 11. 1982, BStBl II 1983, 187). Ändert dagegen das Finanzamt nur seine Ansicht über die Zweckmäßigkeit der Stundung oder würdigt es nachträglich den Sachverhalt anders, ohne dass der Steuerpflichtige unzutreffende Angaben gemacht hat, ist ein Widerruf nicht gerechtfertigt (BFH-Urteil vom 6. 4. 1960, BStBl III 1960, 259; Urteil des Niedersächsischen FG vom 10. 9. 1975, EFG 1976, 207).

Hat das Finanzamt den Widerruf der Stundung vorbehalten, so berechtigt eine Aufrechnungslage zum Widerruf. Die Aufrechnung mit einer gestundeten Steuerforderung setzt jedoch voraus, dass der Aufrechnungserklärung ein wirksamer Widerruf der Stundung vorangegangen ist (BFH-Urteil vom 6. 2. 1973, BStBl II 1973, 513).

7.2 Bei Stundungen durch Einräumung von Ratenzahlungen ist ein Vorbehalt aufzunehmen, wonach die Stundung mit sofortiger Wirkung widerrufen werden kann, wenn ein Zahlungstermin nicht eingehalten wird (vgl. BFH-Urteil vom 12. 10. 1965, BStBl III 1965, 721). Bei nur geringfügiger Überschreitung eines Zahlungstermins kann von einem Widerruf der Stundung (Vordruck S 1–41 a/b) abgesehen werden, sofern anzunehmen ist, dass der Steuerpflichtige die künftigen Zahlungstermine einhält.

Mitwirkung des Bundesministeriums der Finanzen bei Billigkeitsmaßnahmen bei der Festsetzung oder Erhebung von Steuern, die von den Landesfinanzbehörden im Auftrag des Bundes verwaltet werden 2

(BMF-Schreiben vom 28. 7. 2003 – IV D 2 – S 0457–17/03, BStBl 2003 I S. 401)

Unter Bezugnahme auf das Ergebnis der Erörterungen mit den obersten Finanzbehörden der Länder gilt für die Mitwirkung des Bundesministeriums der Finanzen bei Billigkeitsmaßnahmen bei der Festsetzung oder Erhebung von Steuern, die von den Landesfinanzbehörden im Auftrag des Bundes verwaltet werden, und von Zinsen auf solche Steuern Folgendes:

Die obersten Finanzbehörden der Länder werden auf dem Gebiet der Steuern, die von den Landesfinanzbehörden im Auftrag des Bundes verwaltet werden, in folgenden Fällen die vorherige Zustimmung des Bundesministeriums der Finanzen einholen:
1. Bei Stundungen nach § 222 AO, wenn der zu stundende Betrag höher ist als 500 000 Euro und für einen Zeitraum von mehr als 12 Monaten gestundet werden soll;
2. bei Erlassen nach § 227 AO, wenn der Betrag, der erlassen (erstattet, angerechnet) werden soll, 200 000 Euro übersteigt;
3. bei abweichender Festsetzung nach § 163 Abs. 1 Satz 1 AO, wenn der Betrag, um den abweichend festgesetzt werden soll, 200 000 Euro übersteigt;
4. bei Maßnahmen nach § 163 Abs. 1 Satz 2 AO, wenn die Höhe der Besteuerungsgrundlagen, die nicht in dem gesetzlich bestimmten Veranlagungszeitraum berücksichtigt werden sollen, 400 000 Euro übersteigt;
5. bei Billigkeitsrichtlinien der obersten Finanzbehörden der Länder, die die abweichende Festsetzung, die Stundung oder den Erlass betreffen und sich auf eine Mehrzahl von Fällen beziehen.

Die Zustimmung des Bundesministeriums der Finanzen ist nicht einzuholen bei Billigkeitsmaßnahmen über Insolvenzforderungen, im Verbraucherinsolvenzverfahren (einschließlich des außergerichtlichen Schuldenbereinigungsverfahrens) und im Regelinsolvenzverfahren.

Für die Feststellung der Zustimmungsgrenzen ist jede Steuerart und jeder Veranlagungszeitraum für sich zu rechnen; erstreckt sich die Maßnahme nach § 163 Abs. 1 Satz 2 AO auf mehrere Jahre, so sind die Beträge, die auf die einzelnen Jahre entfallen, zu einem Gesamtbetrag zusammenzurechnen. Bei Steuerarten ohne bestimmten Veranlagungszeitraum (z.B. Lohnsteuer, Kapitalertragsteuer) gilt das Kalenderjahr als Veranlagungszeitraum; bei den Einzelsteuern ist jeder Steuerfall für sich zu betrachten. Etwaige vorher ausgesprochene Bewilligungen sind zu berücksichtigen. Vorauszahlungen dürfen nicht in einen Jahresbetrag umgerechnet werden. Steuerliche Nebenleistungen (§ 3 Abs. 4 AO) sind dem Hauptbetrag nicht hinzuzurechnen. Zinsen gelten jedoch selbst als Hauptbetrag, soweit für sie eine Billigkeitsmaßnahme getroffen werden soll. Dabei sind für einen Verzicht auf Stundungszinsen nach § 234 Abs. 2 AO und auf Aussetzungszinsen nach § 237 Abs. 4 AO die in den Ziffern 2 und 3 bezeichneten Betragsgrenzen maßgebend.

3   Zuständigkeit für Stundungen nach § 222 AO, Erlasse nach § 227 AO, Billigkeitsmaßnahmen nach § 163, § 234 Abs. 2, § 237 Abs. 4 AO, Absehen von Festsetzungen nach § 156 Abs. 2 AO und Niederschlagungen nach § 261 AO von Landessteuern und der sonstigen durch Landesfinanzbehörden verwalteten Steuern und Abgaben

(Gleichlautende Erlasse der obersten Finanzbehörden der Länder
vom 15. 4. 2008, BStBl 2008 I S. 534)

Unter Aufhebung der bisherigen Anordnungen wird die Zuständigkeit für Stundungen nach § 222 AO, Erlasse nach § 227 AO, Billigkeitsmaßnahmen nach § 163 AO, Absehen von Festsetzungen nach § 156 Abs. 2 AO und Niederschlagungen nach § 261 AO von Landessteuern und sonstigen durch Landesfinanzbehörden verwalteten Steuern und Abgaben – jeweils einschließlich Nebenleistungen – sowie für den Verzicht auf Zinsen nach § 234 Abs. 2, § 237 Abs. 4 AO, soweit sie auf durch Landesfinanzbehörden verwaltete Steuern und Abgaben erhoben werden, wie folgt geregelt:

Hinweis:
Soweit nachfolgend von Oberfinanzdirektion die Rede ist, gelten die Bestimmungen auch für die Behörden im Sinne des § 6 Abs. 2 Nr. 4a AO.

A. Regelung der Zuständigkeit

I. Stundungen nach § 222 AO

Die Finanzämter sind befugt zu stunden:
1. in eigener Zuständigkeit
    a) Beträge bis 100 000 Euro einschließlich zeitlich unbegrenzt,
    b) höhere Beträge bis zu 6 Monaten;
2. mit Zustimmung der Oberfinanzdirektion
    a) Beträge bis 250 000 Euro einschließlich zeitlich unbegrenzt,
    b) höhere Beträge bis zu 12 Monaten;
3. mit Zustimmung der obersten Landesfinanzbehörde in allen übrigen Fällen.

Stundungen sind stets unter dem Vorbehalt des Widerrufs auszusprechen.

II. Billigkeitsmaßnahmen nach §§ 163, 227 AO, § 234 Abs. 2 und § 237 Abs. 4 AO

Die Finanzämter sind befugt zu Billigkeitsmaßnahmen:
1. nach § 163 Satz 1 AO, zum Erlass nach § 227 AO und zum Verzicht nach § 234 Abs. 2 und § 237 Abs. 4 AO
   a) für Beträge bis 20 000 Euro einschließlich und bei Säumniszuschlägen, deren Erhebung nicht mit dem Sinn und Zweck des § 240 AO zu vereinbaren und deshalb ein teilweiser oder vollständiger Erlass der kraft Gesetzes verwirkten Säumniszuschläge aus Gründen sachlicher Unbilligkeit geboten ist (AEAO zu § 240, Nr. 5), in unbegrenzter Höhe in eigener Zuständigkeit;
   b) für Beträge bis 100 000 Euro einschließlich mit Zustimmung der Oberfinanzdirektion;
   c) mit Zustimmung der obersten Landesfinanzbehörde in allen übrigen Fällen.
   Der Betrag, auf den nach § 234 Abs. 2 oder § 237 Abs. 4 AO verzichtet werden soll, kann geschätzt werden.
2. nach § 163 Satz 2 AO, wenn die Höhe der Besteuerungsgrundlagen, die nicht in dem gesetzlich bestimmten Veranlagungszeitraum berücksichtigt werden sollen,
   a) 40 000 Euro nicht übersteigt, in eigener Zuständigkeit,
   b) 200 000 Euro nicht übersteigt, mit Zustimmung der Oberfinanzdirektion,
   c) mit Zustimmung der obersten Landesfinanzbehörde in allen übrigen Fällen.

III. Absehen von Festsetzungen nach § 156 Abs. 2 AO und Niederschlagungen nach § 261 AO

Die Zustimmung der Oberfinanzdirektion ist einzuholen:
a) beim Absehen von der Festsetzung nach § 156 Abs. 2 AO, wenn der Betrag 25 000 Euro übersteigt; der Betrag kann in der Regel geschätzt werden;
b) bei Niederschlagungen nach § 261 AO von Beträgen, die 125 000 Euro übersteigen. Die Zustimmung ist nicht einzuholen bei der Niederschlagung von Insolvenzforderungen.

IV. Zuständigkeit beim Verzicht auf Mittelbehörden (§ 2a FVG)

Ist keine Oberfinanzdirektion eingerichtet, ist bei Überschreiten der für die Vorlage an die Oberfinanzdirektion maßgeblichen Grenzen die Zustimmung bzw. Genehmigung der obersten Landesfinanzbehörde einzuholen.

B. Gemeinsame Anordnungen

I. Zuständigkeitsgrenzen

1. Für die Feststellung der Zuständigkeitsgrenzen sind jede Steuerart und jeder Veranlagungszeitraum für sich zu rechnen; erstreckt sich die Maßnahme nach § 163 Satz 2 AO auf mehrere Jahre, so sind die Beträge, die auf die einzelnen Jahre entfallen, zu einem Gesamtbetrag zusammenzurechnen. Bei Steuerarten ohne bestimmten Veranlagungszeitraum (z.B. Lohnsteuer, Kapitalertragsteuer) gilt das Kalenderjahr als Veranlagungszeitraum; bei den Einzelsteuern ist jeder Steuerfall für sich zu betrachten. Etwaige vorher ausgesprochene Bewilligungen sind zu berücksichtigen. Vorauszahlungen für einen Veranlagungs- bzw. Besteuerungszeitraum sind zusammenzurechnen; sie sind jedoch nicht in einen Jahresbetrag hochzurechnen.
2. Steuerliche Nebenleistungen (§ 3 Abs. 4 AO) sind dem Hauptbetrag nicht hinzuzurechnen. Sie gelten jedoch selbst als Hauptbetrag, soweit für sie eine der in diesem Erlass genannten Maßnahmen getroffen werden soll.
3. Bei Steuerschulden verschiedener Art und Höhe oder aus mehreren Jahren richtet sich das Zustimmungserfordernis für alle Beträge nach dem höchsten Betrag.

II. Ablehnung von Anträgen

Die Finanzämter und die Oberfinanzdirektionen sind unabhängig von der Höhe des Betrages berechtigt, Anträge auf Stundung nach § 222 AO, auf abweichende Festsetzung nach § 163 AO, auf Erlass nach § 227 AO sowie auf Verzicht nach § 234 Abs. 2 und § 237 Abs. 4 AO abzulehnen, wenn diese Anträge für nicht begründet erachtet werden.

III. Vorlage von Anträgen

Die Finanzämter und die Oberfinanzdirektion haben Anträge auf eine der in Abschnitt B II bezeichneten Maßnahmen der zuständigen übergeordneten Behörde vorzulegen, wenn die Anträge ganz oder teilweise für begründet erachtet und die im Abschnitt A bezeichneten Grenzen überschritten werden oder wenn aus besonderen Gründen die Vorlage angezeigt ist.

Die Zustimmung der jeweils zuständigen Landesfinanzbehörde ist nicht einzuholen bei Billigkeitsmaßnahmen über Insolvenzforderungen im Verbraucherinsolvenzverfahren (einschließlich des außergerichtlichen Schuldenbereinigungsverfahrens) und im Regelinsolvenzverfahren.

C. Listenführung

Die Listen über Niederschlagung (§ 261 AO) und Billigkeitserlass (§ 227 AO) sind in der bisherigen Form weiterzuführen.

Diese Erlasse ergehen im Einvernehmen mit dem Bundesministerium der Finanzen. Sie treten an die Stelle der Erlasse vom 2. Januar 2004 (BStBl I S. 29).

4 Verrechnungsstundung (technische Stundung)

(OFD Hannover, Vfg. vom 18. 3. 2009 – S 0453–71 – StO 161 –)

1. Ansprüche aus dem Steuerschuldverhältnis können gem. § 222 AO – abgesehen von den in Sätzen 3 und 4 genannten Steuer- und Haftungsansprüchen – ganz oder teilweise gestundet werden, wenn deren Einziehung bei Fälligkeit eine erhebliche Härte für den Schuldner bedeuten würde und der Anspruch durch die Stundung nicht gefährdet erscheint. Die erhebliche Härte kann nicht nur wirtschaftlich, sondern auch sachlich begründet sein.

2. Nach der Rechtsprechung des Bundesfinanzhofs liegt ein sachlicher Stundungsgrund u. a. vor, wenn ein Erstattungsanspruch (Gegenanspruch) mit an Sicherheit grenzender Wahrscheinlichkeit besteht und alsbald fällig wird und damit zur Tilgung der fälligen Steuerschuld verwendet werden kann (BFH vom 21. 1. 1982, BStBl 1982 II S. 307; vom 6. 10. 1982, BStBl 1983 II S. 397; vom 10. 4. 1991, BFH/NV 1991, 757).

   Dies gilt auch dann, wenn der zu zahlende Steuerbetrag – ganz oder teilweise – mit an Sicherheit grenzender Wahrscheinlichkeit alsbald zurückzuzahlen sein wird (z.B. bei einem Verlustrücktrag).

   In beiden Fällen handelt es sich um eine Anwendung des Grundsatzes von Treu und Glauben. Danach ist die Rechtsausübung unzulässig, wenn eine Leistung gefordert wird, die alsbald zurückzuerstatten wäre (so Palandt, BGB, § 242 Rn. 52).

2.1 Das Finanzamt handelt ermessensfehlerfrei, wenn es eine Stundung fälliger Steuern mit der Begründung ablehnt, eine Gegenforderung (z.B. Steuererstattung) nicht mit Sicherheit oder wenigstens mit großer Wahrscheinlichkeit feststeht. Im Rahmen des Stundungsverfahrens braucht das Finanzamt eine schwierige und zeitraubende Überprüfung der angeblichen Gegenforderung nicht vorzunehmen (FG Bremen vom 17. 12. 1980, EFG 1981, 487).

2.2 Will der Steuerschuldner die bevorstehende Einziehung einer Steuerforderung unter Berufung auf Gegenansprüche gegen den Steuergläubiger bis zum Eintritt der Aufrechnungslage aufhalten und liegen die Voraussetzungen für eine Verrechnungsstundung nicht vor, so kann er das angestrebte Ziel nicht durch eine auf § 258 AO (Unbilligkeit der Vollstreckung) gestützte einstweilige Anordnung erreichen (BFH vom 29. 11. 1984, BStBl 1985 II S. 194).

3. Wird die Stundung von Ansprüchen aus dem Steuerschuldverhältnis mit der Begründung beantragt, es werde sich eine Ermäßigung des geschuldeten Betrags oder eine Verrechnungsmöglichkeit mit noch nicht fälligen Steuererstattungsansprüchen bzw. Steuervergütungsansprüchen ergeben, so kommt eine Stundung nur in Betracht, wenn die entsprechenden vollständigen Steuererklärungen oder Anträge (z.B. auf Gewährung von Investitionszulagen) vorliegen. Bei einem Verlustrücktrag müssen die Steuererklärungen sowohl für das Verlustjahr als auch für das Jahr, in dem sich der Verlustrücktrag steuerlich auswirkt, eingegangen sein.

   Einer Vorlage der Steuererklärung bedarf es nur dann nicht, wenn das Bestehen des Gegenanspruchs auf andere Weise, etwa durch Vorlage von Urkunden oder durch anderweitige Glaubhaftmachung mit der erforderlichen Sicherheit nachgewiesen wird. Dies gilt besonders für leicht überschaubare Sachverhaltsgestaltungen (vgl. BFH-Urteile vom 12. 6. 1996, BFH/NV 1996, 873, und vom 12. 11. 1997, BFH/NV 1998, 418). Weitere Voraussetzung für eine Stundung bleibt jedoch auch in diesem Fall, dass der Gegenanspruch alsbald fällig wird.

   Wegen der weiteren Voraussetzungen vgl. Tz. 4.

3.1 Ergibt sich der behauptete Erstattungsanspruch durch die steuerliche Erfassung von Einkünften aus einer Beteiligung, so müssen dem zuständigen Betriebsfinanzamt außerdem die entsprechenden vollständigen Steuererklärungen der Gesellschaft oder Gemeinschaft vorliegen. Das Betriebsfinanzamt muss die voraussichtliche Höhe der geltend gemachten Einkünfte aus *der Beteiligung* bestätigt haben (FG Baden-Württemberg vom 9. 2. 1984, EFG 1984, 385).

   Bei der Geltendmachung von negativen Einkünften aus der Beteiligung an Verlustzuweisungsgesellschaften und vergleichbaren Modellen ist das BMF-Schreiben vom 13. 7. 1992 – IV A 5 – S 0361–19/92 – (insbesondere Tzn. 4.1.5, 4.1.8 und 4. 1. 10) zu beachten.

3.2 Bei einem Anspruch auf Investitionszulage ist § 7 Abs. 2 InvZulG 1991 zu beachten. Vor Ablauf des Wirtschaftsjahres, in dem die begünstigten Wirtschaftsgüter angeschafft oder hergestellt wurden, die begünstigten Anzahlungen auf Anschaffungskosten geleistet wurden oder die begünstigten Teilherstellungskosten entstanden sind, ist eine Stundung nicht möglich, selbst wenn der Investitionszulagenantrag bereits vor Ablauf dieses Wirtschaftsjahres gestellt worden ist.

3.3 Die Eigenheimzulage ist nach § 13 EigZulG jeweils am 15. März der Folgejahre des Förderzeitraums und das Körperschaftsteuerguthaben nach § 37 Abs. 5 KStG i.d.F. v. 28. 12. 2007 jeweils am 30. September des entsprechenden Kalenderjahres auszuzahlen. In beiden Fällen handelt es sich um einen gesetzlich terminierten Auszahlungszeitpunkt, der – im Gegensatz zu den Fällen, in denen z.B. eine Steuererklärung mit einem Erstattungsanspruch vorliegt, die vom Finanzamt noch zu bearbeiten ist – nicht im Verantwortungsbereich des Finanzamts liegt.

Eine Verrechnungsstundung im Hinblick auf die zu erwartende Auszahlung der Eigenheimzulage bzw. des Körperschaftsteuerguthabens würde damit zu einem Hinausschieben der gesetzlichen Fälligkeit des Steueranspruchs führen, was jedoch dem Sinn und Zweck der Stundung ist. Daher sind Stundungen im Hinblick auf die Auszahlung der Eigenheimzulage bzw. des Körperschaftsteuerguthabens regelmäßig abzulehnen.

Ausnahmsweise kann in diesen Fällen jedoch eine Verrechnungsstundung in Betracht kommen, wenn der zu stundende Steueranspruch „kurz" vor dem 15. März bzw. dem 30. September fällig wird. Als „kurz" wird in diesem Zusammenhang ein Zeitraum von einem Monat angesehen.

4. Die Höhe der geltend gemachten Herabsetzungs-, Steuererstattungs- und Steuervergütungsansprüche ist grundsätzlich anhand der eingereichten Steuererklärungen und Anträge zu überprüfen.

4.1 Wird die Stundung fälliger Ansprüche aus dem Steuerschuldverhältnis in Höhe von bis zu 5.000,00 EUR beantragt, so ist nur zu prüfen, ob die vollständigen Steuererklärungen bzw. Anträge vorliegen, aus denen sich der Herabsetzungs-, Steuererstattungs- oder Steuervergütungsanspruch ergeben soll.

4.2 Wird die Stundung fälliger Ansprüche aus dem Steuerschuldverhältnis in Höhe von mehr als 5.000,00 EUR beantragt, so ist summarisch zu prüfen, ob aufgrund der noch durchzuführenden Veranlagung bzw. Festsetzung mit dem behaupteten Herabsetzungs-, Steuererstattungs- oder Steuervergütungsanspruch zu rechnen ist.

4.3 Abweichend von Tzn. 4.1 und 4.2 kommt eine Stundung von Ansprüchen aus dem Steuerschuldverhältnis wegen geltend gemachter Erstattungsansprüche aufgrund von Umsatzsteuervoranmeldungen nur dann in Betracht, wenn der Steueranmeldung zuvor gem. § 168 AO zugestimmt worden ist (BFH vom 7. 3. 1985, BStBl 1985 II S. 449).

5. Wird in den vorstehenden Fällen rechtsirrig Aufrechnung beantragt, so ist dieser Antrag in einen Stundungsantrag umzudeuten.

6. Bei der technischen Stundung ist darauf zu achten, dass sich Steueranspruch und Erstattungsanspruch aufrechenbar gegenüberstehen werden. Ist der Erstattungsberechtigte nicht Steuerschuldner, so muss er diesem den künftigen Erstattungsanspruch wirksam abgetreten, insbesondere die Abtretung dem FA mit Vordruck wirksam angezeigt haben (vgl. AEAO zu § 46).

6.1 Liegt keine oder keine wirksame Abtretung vor, so kann im Antrag des Erstattungsberechtigten auf Verrechnungsstundung ein Verrechnungsangebot zu sehen sein. Erklärt das FA, das Verrechnungsangebot anzunehmen, oder gibt es durch amtsinternen Vorgang zu erkennen, dass es das Verrechnungsangebot annimmt (§ 151 BGB; BFH vom 11. 12. 1984, BStBl 1985 II S. 278), so kommt zwischen dem FA und dem Erstattungsberechtigten ein Verrechnungsvertrag zustande (BFH vom 21. 3. 1978, BStBl II S. 606; vom 18. 2. 1986, BStBl II S. 506 – unter 2b).

7. Verrechnungsstundungen sind unter Zinsvorbehalt bis zu der im Stundungsantrag genannten Veranlagung/Festsetzung, längstens jedoch bis zu einem besonders zu benennenden Zeitpunkt auszusprechen. Die Frist ist so zu bemessen, dass bei unverzüglicher Veranlagung/Festsetzung eine Verlängerung der Stundung nicht erforderlich wird. Regelmäßig ist hier unter Beachtung einer bundeseinheitlichen Handhabung ein Zeitraum von längstens drei Monaten zu wählen, da dieser Zeitraum nach Auffassung des BMF in Abstimmung mit den Vertretern der obersten Finanzbehörden des Bundes und der Länder – unter Hinweis auf Nr. 11 des AEAO zu § 234 – den Begriffen „alsbald" bzw. „in absehbarer Zeit entspricht".

Bei Verrechnungsstundungen kommt zwar grundsätzlich ein Zinsverzicht nach § 234 Abs. 2 AO in Betracht (vgl. AEAO zu § 234, Nr. 11). Stundungszinsen sind nach Ablauf der Stundung jedoch – sofern die Voraussetzungen der §§ 238, 239 AO vorliegen – stets festzusetzen,

– soweit der Erstattungsanspruch nicht ausgereicht hat, um die gestundeten Steuern auszugleichen,

– soweit die Steuererstattung nach § 233a AO verzinst worden ist.

Rechtsprechung

5 BFH vom 24. 3. 1998 – I R 120/97 (BStBl 1999 II S. 3)

Die Verpflichtung der Schuldner der Kapitalerträge, die Steuer für Rechnung der Gläubiger der Kapitalerträge zu entrichten, einzubehalten und abzuführen, kann nicht mit der Begründung gestundet werden, der Abzugs- und Entrichtungsverpflichtete habe gegen das Finanzamt einen mit Sicherheit entstehenden Steuererstattungsanspruch.

6 BFH vom 23. 8. 2000 – I R 107/98 (BStBl 2001 II S. 742)

Die Entrichtung der aufgrund einer Gewinnausschüttung einbehaltenen Kapitalertragsteuer bedeutet regelmäßig keine „erhebliche Härte" i.S. des § 222 Satz 1 AO für den Dividendenschuldner.

7 BFH vom 8. 7. 2004 – VII R 55/03 (BStBl 2005 II S. 7)

Wird eine gegen das FA gerichtete Forderung abgetreten und besteht für das FA im Zeitpunkt der Kenntniserlangung von der Abtretung eine Aufrechnungslage gegenüber dem bisherigen Gläubiger, die das FA nach § 226 Abs. 1 AO 1977 i.V.m. § 406 BGB berechtigt, die Aufrechnung mit ihrer Gegenforderung auch gegenüber dem neuen Gläubiger der Hauptforderung zu erklären, so werden diese eingetretenen Rechtswirkungen des § 406 BGB durch eine nachträglich vom FA gewährte Stundung der Gegenforderung, die auf den Zeitpunkt der Kenntniserlangung von der Abtretung zurückwirkt, nicht beseitigt.

8 BFH vom 8. 6. 2010 – VII R 39/09 (BStBl 2010 II S. 839)

Ein Aufrechnungs- oder Verrechnungsvertrag kommt nicht schon dadurch zustande, dass das FA einem dem Investitionszulageantrag beigefügten Antrag auf Stundung fälliger Steuern zur Verrechnung mit der noch festzusetzenden Investitionszulage durch zinslose Stundung der Steuern entspricht.

§ 223 Zahlungsaufschub

Bei Einfuhr- und Ausfuhrabgaben und Verbrauchsteuern kann die Zahlung fälliger Beträge auf Antrag des Steuerschuldners gegen Sicherheitsleistung hinausgeschoben werden, soweit die Steuergesetze dies bestimmen.

2. Unterabschnitt
Zahlung, Aufrechnung, Erlass (§§ 224–227)

§ 224 Leistungsort, Tag der Zahlung

(1) [1]Zahlungen an Finanzbehörden sind an die zuständige Kasse zu entrichten. [2]Außerhalb des Kassenraumes können Zahlungsmittel nur einem Amtsträger übergeben werden, der zur Annahme von Zahlungsmitteln außerhalb des Kassenraumes besonders ermächtigt worden ist und sich hierüber ausweisen kann.

(2) Eine wirksam geleistete Zahlung gilt als entrichtet:
1. bei Übergabe oder Übersendung von Zahlungsmitteln am Tag des Eingangs, bei Hingabe oder Übersendung von Schecks jedoch drei Tage nach dem Tag des Eingangs,
2. bei Überweisung oder Einzahlung auf ein Konto der Finanzbehörde und bei Einzahlung mit Zahlschein oder Postanweisung an dem Tag, an dem der Betrag der Finanzbehörde gutgeschrieben wird,
3. bei Vorliegen einer Einzugsermächtigung am Fälligkeitstag.

(3) [1]Zahlungen der Finanzbehörden sind unbar zu leisten. [2]Das Bundesministerium der Finanzen und die für die Finanzverwaltung zuständigen obersten Landesbehörden können für ihre Geschäftsbereiche Ausnahmen zulassen. [3]Als Tag der Zahlung gilt bei Überweisung oder Zahlungsanweisung der dritte Tag nach der Hingabe oder Absendung des Auftrags an das Kreditinstitut oder, wenn der Betrag nicht sofort abgebucht werden soll, der dritte Tag nach der Abbuchung.

(4) ¹Die zuständige Kasse kann für die Übergabe von Zahlungsmitteln gegen Quittung geschlossen werden. ²Absatz 2 Nr. 1 gilt entsprechend, wenn bei der Schließung von Kassen nach Satz 1 am Ort der Kasse eine oder mehrere Zweiganstalten der Deutschen Bundesbank oder, falls solche am Ort der Kasse nicht bestehen, ein oder mehrere Kreditinstitute ermächtigt werden, für die Kasse Zahlungsmittel gegen Quittung anzunehmen.

Anwendungserlass zur Abgabenordnung

AEAO

Zu § 224 – Leistungsort, Tag der Zahlung:

1

1. § 224 Abs. 2 Nr. 3 stellt sicher, dass Verzögerungen bei der Einziehung aufgrund einer Einzugsermächtigung nicht zu Lasten des Steuerpflichtigen gehen.
2. Die Regelungen zum Tag der Zahlung (§ 224 Abs. 2 und 3) gelten nur bei wirksam geleisteten Zahlungen, d.h. wenn der geleistete Betrag den Empfänger erreicht hat.

Rechtsprechung

Rsp

BFH vom 10. 11. 1987 – VII R 171/84 (BStBl 1988 II S. 41)

2

Der Steuerpflichtige trägt die Verlustgefahr für einen Steuererstattungsbetrag, den das FA auf ein Konto überwiesen hat, das vom Steuerpflichtigen in der Steuererklärung als das seine bezeichnet, von ihm aber schon vorher aufgelöst und von der Bank sodann auf eine andere Person umgeschrieben worden ist.

BFH vom 8. 3. 1999 – VII B 208/98 (BFH/NV 1999 S. 1085)

3

1. Der Steuerschuldner hat nach § 270 Abs. 1 BGB grundsätzlich für Gefahren der Geldübermittlung einzustehen (ständige Rechtspr.).
2. Pflichtverletzungen des FA bei der Entgegennahme eines Schecks von dem Steuerpflichtigen können nicht die Rechtsfolge haben, daß die Steuerschuld trotz Nichteinlösung des Schecks getilgt wird. Die Rechtsprechung zum Anspruch auf Wiedereinsetzung in den vorigen Stand wegen der Versäumung einer Frist trotz rechtzeitiger Übergabe des Schriftstücks an die Post ist insofern nicht einschlägig.

BFH vom 19. 3. 1999 – VII B 158/98 (BFH/NV 1999 S. 1304)

4

Wer die steuerlichen Pflichten eines anderen zu erfüllen hat, hat dafür zu sorgen, dass ein hingegebener Scheck eingelöst bzw. die Steuerschuld aufgrund einer Einzugsermächtigung tatsächlich eingezogen werden kann und die Steuerschuld dadurch getilgt wird; denn die Hingabe von Scheck und Einzugsermächtigung bewirkt noch nicht die Tilgung der Steuerschuld.

FG Hamburg vom 30. 8. 2007 – 1 K 249/06 (EFG 2008 S. 90)

5

1. Für den durch § 224 Abs. 2 Nr. 2 AO gesetzlich fingierten Zeitpunkt, zu dem eine Zahlung bei Überweisung als entrichtet gilt, ist auf den Tag der Verbuchung der Gutschrift auf dem Konto der Finanzbehörde abzustellen. Dies gilt auch dann, wenn die Wertstellung gegebenenfalls zu einem früheren Tag erfolgt.
2. Die Finanzbehörden sind grundsätzlich frei in ihrer Entscheidung, bei welchen Kreditinstituten sie Konten zu Entgegennahme von Zahlungen im Sinne des § 224 Abs. 2 Nr. 2 AO unterhalten oder schließen. Insbesondere besteht keine Verpflichtung auch ein Konto bei Kreditinstituten mit hoher Kundenzahl zu unterhalten, um dadurch Steuerpflichtigen institutsintern gleichtägige Buchungen von Belastung und Gutschrift zu ermöglichen.
3. Bestreitet ein Steuerpflichtiger u.a. die Entstehung von Säumniszuschlägen dem Grunde nach, hat die Finanzbehörde hierüber einen Bescheid i.S.d. § 218 Abs. 2 AO zu erlassen. Erst gegen diesen sind Einspruch und Anfechtungsklage eröffnet.
4. Die Einziehung von Säumniszuschlägen ist bei regelmäßiger Ausschöpfung der Schonfrist nach § 240 Abs. 3 AO durch den Steuerpflichtigen und wiederholter Verwirkung von Säumniszuschlägen in der Vergangenheit nicht sachlich unbillig, wenn die Gutschrift des Steuerbetrags bei der Finanzbehörde erst am Tag nach Ablauf der Frist des § 240 Abs. 3 AO erfolgt und sich damit das mit der Ausnutzung der Schonfrist bewusst eingegangene Risiko verwirklicht.

§ 224a Hingabe von Kunstgegenständen an Zahlungs statt

(1) ¹Schuldet ein Steuerpflichtiger Erbschaft- oder Vermögensteuer, kann durch öffentlich-rechtlichen Vertrag zugelassen werden, dass an Zahlungs statt das Eigentum an Kunstgegenständen, Kunstsammlungen, wissenschaftlichen Sammlungen, Bibliotheken, Handschriften und Archiven dem Land, dem das Steueraufkommen zusteht, übertragen wird, wenn an deren Erwerb wegen ihrer Bedeutung für Kunst, Geschichte oder Wissenschaft ein öffentliches Interesse besteht. ²Die Übertragung des Eigentums nach Satz 1 gilt nicht als Veräußerung im Sinne des § 13 Abs. 1 Nr. 2 Satz 2 des Erbschaftsteuergesetzes.

(2) ¹Der Vertrag nach Absatz 1 bedarf der Schriftform; die elektronische Form ist ausgeschlossen. ²Der Steuerpflichtige hat das Vertragsangebot an die örtlich zuständige Finanzbehörde zu richten. ³Zuständig für den Vertragsabschluss ist die oberste Finanzbehörde des Landes, dem das Steueraufkommen zusteht. ⁴Der Vertrag wird erst mit der Zustimmung der für die kulturelle Angelegenheiten zuständigen obersten Landesbehörde wirksam; diese Zustimmung wird von der obersten Finanzbehörde eingeholt.

(3) Kommt ein Vertrag zustande, erlischt die Steuerschuld in der im Vertrag vereinbarten Höhe am Tag der Übertragung des Eigentums an das Land, dem das Steueraufkommen zusteht.

(4) ¹Solange nicht feststeht, ob ein Vertrag zustande kommt, kann der Steueranspruch nach § 222 gestundet werden. ²Kommt ein Vertrag zustande, ist für die Dauer der Stundung auf die Erhebung von Stundungszinsen zu verzichten.

§ 225 Reihenfolge der Tilgung

(1) Schuldet ein Steuerpflichtiger mehrere Beträge und reicht bei freiwilliger Zahlung der gezahlte Betrag nicht zur Tilgung sämtlicher Schulden aus, so wird die Schuld getilgt, die der Steuerpflichtige bei der Zahlung bestimmt.

(2) ¹Trifft der Steuerpflichtige keine Bestimmung, so werden mit einer freiwilligen Zahlung, die nicht sämtliche Schulden deckt, zunächst die Geldbußen, sodann nacheinander die Zwangsgelder, die Steuerabzugsbeträge, die übrigen Steuern, die Kosten, die Verspätungszuschläge, die Zinsen und die Säumniszuschläge getilgt. ²Innerhalb dieser Reihenfolge sind die einzelnen Schulden nach ihrer Fälligkeit zu ordnen; bei gleichzeitig fällig gewordenen Beträgen und bei Säumniszuschlägen bestimmt die Finanzbehörde die Reihenfolge der Tilgung.

(3) Wird die Zahlung im Verwaltungswege erzwungen (§ 249) und reicht der verfügbare Betrag nicht zur Tilgung aller Schulden aus, derentwegen die Vollstreckung oder die Verwertung der Sicherheiten erfolgt ist, so bestimmt die Finanzbehörde die Reihenfolge der Tilgung.

Rechtsprechung

1 BFH vom 17. 11. 1987 – VII R 90/84 (BStBl 1988 II S. 117)

Erklärt das FA die Aufrechnung mit Ansprüchen aus dem Steuerschuldverhältnis, so kann es, wenn ihm mehrere zur Aufrechnung geeignete Forderungen zustehen, die Forderungen bestimmen, die gegeneinander aufgerechnet werden sollen.

Das FA ist – ebenso wie der Steuerpflichtige – nicht gehalten, bei der Aufrechnung seine Ansprüche nach der Fälligkeit zu ordnen und zunächst die älteren Ansprüche zum Erlöschen zu bringen.

2 BFH vom 14. 10. 1999 – IV R 63/98 (BStBl 2001 II S. 329)

Zahlungen eines Duldungsverpflichteten (§ 191 Abs. 1 AO) sind nicht notwendigerweise im Verwaltungswege erzwungen. Zahlt er freiwillig, so kann das FA nicht die Reihenfolge der Tilgung bestimmen.

3 BFH vom 19. 12. 2007 – VII B 287/06 (BFH/NV 2008 S. 803)

Weisen beim FA eingereichte Schecks keinen Verwendungszweck auf, bestimmt das FA, auf welche von mehreren gleichzeitig fällig gewordenen Schulden er die Zahlung verrechnet. Eine Umdeutung der vom FA vorgenommenen Zuordnung durch das FG aus Billigkeitserwägungen kommt regelmäßig nicht in Betracht.

§ 226 Aufrechnung

(1) Für die Aufrechnung mit Ansprüchen aus dem Steuerschuldverhältnis sowie für die Aufrechnung gegen diese Ansprüche gelten sinngemäß die Vorschriften des bürgerlichen Rechts, soweit nichts anderes bestimmt ist.

(2) Mit Ansprüchen aus dem Steuerschuldverhältnis kann nicht aufgerechnet werden, wenn sie durch Verjährung oder Ablauf einer Ausschlussfrist erloschen sind.

(3) Die Steuerpflichtigen können gegen Ansprüche aus dem Steuerschuldverhältnis nur mit unbestrittenen oder rechtskräftig festgestellten Gegenansprüchen aufrechnen.

(4) Für die Aufrechnung gilt als Gläubiger oder Schuldner eines Anspruches aus dem Steuerschuldverhältnis auch die Körperschaft, die die Steuer verwaltet.

BGB-Vorschriften zu § 226 AO (§§ 387–396 BGB)

§ 387 Voraussetzungen

Schulden zwei Personen einander Leistungen, die ihrem Gegenstande nach gleichartig sind, so kann jeder Teil seine Forderung gegen die Forderung des anderen Teiles aufrechnen, sobald er die ihm gebührende Leistung fordern und die ihm obliegende Leistung bewirken kann.

§ 388 Erklärung der Aufrechnung

¹Die Aufrechnung erfolgt durch Erklärung gegenüber dem anderen Teil. ²Die Erklärung ist unwirksam, wenn sie unter einer Bedingung oder einer Zeitbestimmung abgegeben wird.

§ 389 Wirkung der Aufrechnung

Die Aufrechnung bewirkt, dass die Forderungen, soweit sie sich decken, als in dem Zeitpunkt erloschen gelten, in welchem sie zur Aufrechnung geeignet einander gegenübergetreten sind.

§ 390 Keine Aufrechnung mit einredebehafteter Forderung

Eine Forderung, der eine Einrede entgegensteht, kann nicht aufgerechnet werden.

§ 391 Aufrechnung bei Verschiedenheit der Leistungsorte

(1) ¹Die Aufrechnung wird nicht dadurch ausgeschlossen, dass für die Forderungen verschiedene Leistungs- oder Ablieferungsorte bestehen. ²Der aufrechnende Teil hat jedoch den Schaden zu ersetzen, den der andere Teil dadurch erleidet, dass er infolge der Aufrechnung die Leistung nicht an dem bestimmten Orte erhält oder bewirken kann.

(2) Ist vereinbart, dass die Leistung zu einer bestimmten Zeit an einem bestimmten Orte erfolgen soll, so ist im Zweifel anzunehmen, dass die Aufrechnung einer Forderung, für die ein anderer Leistungsort besteht, ausgeschlossen sein soll.

§ 392 Aufrechnung gegen beschlagnahmte Forderung

Durch die Beschlagnahme einer Forderung wird die Aufrechnung einer dem Schuldner gegen den Gläubiger zustehenden Forderung nur dann ausgeschlossen, wenn der Schuldner seine Forderung nach der Beschlagnahme erworben hat oder wenn seine Forderung erst nach der Beschlagnahme und später als die in Beschlag genommene Forderung fällig geworden ist.

§ 393 Keine Aufrechnung gegen Forderung aus unerlaubter Handlung

Gegen eine Forderung aus einer vorsätzlich begangenen unerlaubten Handlung ist die Aufrechnung nicht zulässig.

§ 394 Keine Aufrechnung gegen unpfändbare Forderung

¹Soweit eine Forderung der Pfändung nicht unterworfen ist, findet die Aufrechnung gegen die Forderung nicht statt. ²Gegen die aus Kranken-, Hilfs- oder Sterbekassen, insbesondere aus Knappschaftskassen und Kassen der Knappschaftsvereine, zu beziehenden Hebungen können jedoch geschuldete Beiträge aufgerechnet werden.

§ 395 Aufrechnung gegen Forderungen öffentlich-rechtlicher Körperschaften

Gegen eine Forderung des Bundes oder eines Landes sowie gegen eine Forderung einer Gemeinde oder eines anderen Kommunalverbandes ist die Aufrechnung nur zulässig, wenn die Leistung an dieselbe Kasse zu erfolgen hat, aus der die Forderung des Aufrechnenden zu berichtigen ist.

§ 396 Mehrheit von Forderungen

(1) ¹Hat der eine oder der andere Teil mehrere zur Aufrechnung geeignete Forderungen, so kann der aufrechnende Teil die Forderungen bestimmen, die gegeneinander aufgerechnet werden sollen. ²Wird die Aufrechnung ohne eine solche Bestimmung erklärt oder widerspricht der andere Teil unverzüglich, so findet die Vorschrift des § 366 Abs. 2 entsprechende Anwendung.

(2) Schuldet der aufrechnende Teil dem anderen Teil außer der Hauptleistung Zinsen und Kosten, so finden die Vorschriften des § 367 entsprechende Anwendung.

AEAO   **Anwendungserlass zur Abgabenordnung**

Zu § 226 – Aufrechnung:

1. Für die Aufrechnung gelten die Vorschriften des Bürgerlichen Gesetzbuches (§§ 387 bis 396 BGB) sinngemäß. Eine Aufrechnung kann danach erst erklärt werden, wenn die Aufrechnungslage gegeben ist; dies bedeutet Erfüllbarkeit (d.h. abstrakte Entstehung) der Verpflichtung des Aufrechnenden (Hauptforderung) und gleichzeitige Fälligkeit seiner Forderung (Gegenforderung). Das Finanzamt ist allerdings an der Aufrechnung gehindert, wenn die Durchsetzbarkeit der Gegenforderung durch Aussetzung der Vollziehung oder Stundung ausgeschlossen ist (vgl. BFH-Urteil vom 31. 8. 1995 – VII R 58/94 – BStBl 1996 II, S. 55). Die Aufrechnungslage wird durch eine nachträgliche rückwirkende Stundung nicht beseitigt (BFH-Urteil vom 8. 7. 2004 – VII R 55/03 – BStBl 2005 II, S. 7).

    § 215 erste Alternative BGB wird durch § 226 Abs. 2 AO ausgeschlossen. Die Gegenseitigkeit von Forderungen aus dem Steuerschuldverhältnis ist gewahrt, wenn die Abgabe derselben Körperschaft zusteht (§ 226 Abs. 1) oder von derselben Körperschaft verwaltet wird (§ 226 Abs. 4). Das Finanzamt kann daher von einem Steuerpflichtigen geforderte Kraftfahrzeugsteuer (dem Land allein zustehende Abgabe) gegen an diesen Steuerpflichtigen zu erstattenden Solidaritätszuschlag (dem Bund allein zustehende Abgabe) aufrechnen. Bei der Aufrechnung durch den Steuerpflichtigen findet § 395 BGB keine Anwendung (BFH-Urteil vom 25. 4. 1989 – VII R 105/87 – BStBl II, S. 949).

2. Eine Aufrechnung bewirkt nach § 226 Abs. 1 AO i.V.m. § 389 BGB, dass die Forderungen, soweit sie sich decken, als in dem Zeitpunkt erloschen gelten, in welchem sie zur Aufrechnung geeignet einander gegenüberstanden. Dabei ist nicht auf die Festsetzung oder die Fälligkeit eines Steueranspruchs bzw. eines Steuererstattungsanspruchs abzustellen, sondern auf dessen abstrakte materiellrechtliche Entstehung (vgl. BFH-Urteil vom 3. 5. 1991 – V R 105/86 – BFH/NV 1992 S. 77). Materiellrechtlich entstehen Ansprüche aus dem Steuerschuldverhältnis bereits mit Verwirklichung der gesetzlichen Tatbestände, d.h. z.B. die veranlagte Einkommensteuer bereits mit Ablauf des Veranlagungszeitraumes; auf die Kenntnis des Finanzamts oder des Steuerpflichtigen über Grund und Höhe der abstrakt entstandenen Ansprüche kommt es nicht an.

    Das Steuererhebungsverfahren knüpft aber – anders als das Zivilrecht – nicht an die abstrakte Entstehung, sondern an die Konkretisierung des Steueranspruchs bzw. Steuererstattungsanspruchs durch dessen Festsetzung im Steuerbescheid und seine hieran anschließende Fälligkeit an (vgl. § 218 Abs. 1). Deshalb geht die Rückwirkung einer Aufrechnung bei der Berechnung von Zinsen und Säumniszuschlägen nicht über den Zeitpunkt der Fälligkeit der Schuld des Aufrechnenden hinaus (vgl. § 238 Abs. 1 Satz 3 und § 240 Abs. 1 Satz 5). Rechnet das Finanzamt mit einer Steuerforderung gegen eine später als die Steuerforderung fällig gewordene Erstattungsforderung auf, bleiben deshalb Säumniszuschläge hinsichtlich der zur Aufrechnung gestellten Steuerforderung für die Zeit vor der Fälligkeit der Erstattungsforderung bestehen.

    Bei der Umbuchung von Steuererstattungs- oder Steuervergütungsansprüchen, die sich aus Steueranmeldungen ergeben, gilt die Erstattung/Vergütung aus Billigkeitsgründen als am Tag des Eingangs der Steueranmeldung, frühestens jedoch als am ersten Tag des auf den Anmeldungszeitraums folgenden Monats geleistet (Wertstellung). Dies gilt entsprechend, wenn die Steuererstattung oder Steuervergütung abweichend von der Steueranmeldung festgesetzt wird.

3. Soweit sich die Aufrechnungslage weder aus § 226 Abs. 1 aufgrund der Ertragsberechtigung noch aus § 226 Abs. 4 aufgrund der Verwaltungshoheit ergibt, kann in geeigneten Fällen die

erforderliche Gegenseitigkeit seitens der Finanzverwaltung dadurch hergestellt werden, dass zwecks Einziehung der zu erhebende (ggf. anteilige) Anspruch an die Körperschaft, die den anderen Anspruch zu erfüllen hat, abgetreten und damit die Gläubiger-/Schuldneridentität i.S.d. § 226 Abs. 1 herbeigeführt wird (BFH-Urteil vom 5. 9. 1989 – VII R 33/87 – BStBl II, S. 1004).

4. Für die Erklärung der Aufrechnung ist grundsätzlich die Behörde zuständig, die den Anspruch, gegen den aufgerechnet werden soll, zu erfüllen hat.

5. Liegen die Voraussetzungen für eine Aufrechnung nicht vor, bleibt die Möglichkeit einer vertraglichen Verrechnung der Forderungen. Ein solcher Verrechnungsvertrag kommt z.B. dadurch zustande, dass der Unternehmer (eine Personengesellschaft) gleichzeitig mit der Umsatzsteuer-Voranmeldung dem Finanzamt die Verrechnung seines Umsatzsteuer-Erstattungsanspruchs mit der Einkommensteuer-Forderung des Finanzamts an einen der Gesellschafter anbietet und das Finanzamt dieses Angebot ausdrücklich oder stillschweigend annimmt. Die Rechtswirksamkeit eines Verrechnungsvertrags ist nach den allgemeinen Rechtsgrundsätzen über den Abschluss von Verträgen zu beurteilen (BFH-Urteile vom 13. 10. 1972 – III R 11/72 – BStBl 1973 II, S. 66, vom 21. 3. 1978 – VIII R 60/73 – BStBl II, S. 606, und vom 30. 10. 1984 – VII R 70/81 – BStBl 1985 II, S. 114).

Rechtsprechung

BFH vom 4. 10. 1983 – VII R 143/82 (BStBl 1984 II S. 178)

1. Das FA kann gegen Steuererstattungsansprüche mit Forderungen aufrechnen, die nicht aus einem Steuerschuldverhältnis herrühren. Das gilt auch unter den in Stadtstaaten gegebenen besonderen Verhältnissen.
2. Rechnet das FA mit einem gemäß § 90 BSHG als übergeleitet erklärten Unterhaltsanspruch auf, so müssen die Tatsachen, aus denen sich der behauptete Unterhaltsanspruch ergibt und die seine Überleitung auf den Steuergläubiger rechtfertigen, festgestellt werden.

BFH vom 3. 11. 1983 – VII R 153/82 (BStBl 1984 II S. 184)

Beruft sich das FA im Verfahren über einen Abrechnungsbescheid (§ 218 Abs. 2 AO) darauf, daß es gegen einen Steuererstattungsanspruch mit einer oder mehreren nicht näher bezeichneten Forderungen aufgerechnet habe, so muß es spätestens bis zum Schluß der mündlichen Verhandlung vor dem FG diese Forderungen substantiieren.

BFH vom 11. 12. 1984 – VIII R 263/82 (BStBl 1985 II S. 278)

1. Der Abschluß eines obligatorischen Verrechnungsvertrages zwischen dem FA und einem Erstattungsberechtigten hat keine schuldtilgende Wirkung. Wird der Erstattungsanspruch nach Abschluß des Verrechnungsvertrages abgetreten, so kann das FA dem neuen Gläubiger die Einrede der Aufrechenbarkeit entgegensetzen.
2. Verjährt die Gegenforderung des FA, bevor es von seiner Aufrechnungsbefugnis Gebrauch gemacht hat, so kommt eine Aufrechnung aufgrund des obligatorischen Verrechnungsvertrages nicht mehr in Betracht.

BFH vom 5. 8. 1986 – VII R 167/82 (BStBl 1987 II S. 8)

Ein Verrechnungsvertrag zur Umbuchung von Vorsteuerüberschüssen aus Umsatzsteuervoranmeldungen auf Steuerrückstände steht kraft Gesetzes unter der auflösenden Bedingung, daß das verrechnete Guthaben aus der Umsatzsteuervoranmeldung durch die Festsetzung der Jahressteuerschuld bestätigt wird.

BFH vom 2. 4. 1987 – VII R 148/83 (BStBl 1987 II S. 536)

Die Aufrechnungserklärung des FA mit Ansprüchen aus dem Steuerschuldverhältnis ist die rechtsgeschäftliche Ausübung eines Gestaltungsrechts und für sich allein kein Verwaltungsakt. Hat das FA unzulässigerweise die Aufrechnungserklärung als Verwaltungsakt erlassen, so ist dieser auf Anfechtung hin aufzuheben. Die Frage der Wirksamkeit der rechtsgeschäftlichen Aufrechnungserklärung als solche wird hierdurch nicht berührt.

BFH vom 10. 11. 1987 – VII B 137/87 (BStBl 1988 II S. 43)

Ein Abrechnungsbescheid, der einen nach Aufrechnung durch das FA geminderten Erstattungsanspruch des Steuerpflichtigen feststellt, ist ein vollziehbarer Verwaltungsakt.

10 BFH vom 17. 11. 1987 – VII R 90/84 (BStBl 1988 II S. 117)

Erklärt das FA die Aufrechnung mit Ansprüchen aus dem Steuerschuldverhältnis, so kann es, wenn ihm mehrere zur Aufrechnung geeignete Forderungen zustehen, die Forderungen bestimmen, die gegeneinander aufgerechnet werden sollen.

Das FA ist – ebenso wie der Steuerpflichtige – nicht gehalten, bei der Aufrechnung seine Ansprüche nach der Fälligkeit zu ordnen und zunächst die älteren Ansprüche zum Erlöschen zu bringen.

11 BFH vom 25. 4. 1989 – VII R 105/87 (BStBl 1989 II S. 949)

Bei der Aufrechnung durch den Steuerpflichtigen gegen Ansprüche aus dem Steuerschuldverhältnis findet das Erfordernis der Kassenidentität gemäß § 395 BGB keine Anwendung.

12 BFH vom 25. 4. 1989 – VII R 36/87 (BStBl 1990 II S. 352)

Die Finanzbehörde kann mit einem Haftungsanspruch gegenüber dem Neugläubiger, dem der Haftungsschuldner seine Forderung gegen die Behörde abgetreten hat, dann nicht aufrechnen, wenn der Haftungsanspruch infolge Stundung durch die Behörde erst nach deren Kenntniserlangung von der Abtretung und später als die abgetretene Forderung fällig geworden ist.

13 BFH vom 6. 2. 1990 – VII R 86/88 (BStBl 1990 II S. 523)

Hat der Steuerpflichtige einen gegen das FA gerichteten Erstattungsanspruch abgetreten und besteht im Zeitpunkt der Abtretungsanzeige zugunsten des FA eine Aufrechnungslage, so kann das FA die Aufrechnung auch gegenüber dem Neugläubiger erklären.

Die Aufrechnung ist jedoch nur so lange möglich, wie im Zeitpunkt der Aufrechnungserklärung die Aufrechnungslage noch fortbesteht. Erklärt der Neugläubiger seinerseits früher als das FA mit der ihm abgetretenen Forderung gegen eigene Steuerschulden die Aufrechnung, geht die Aufrechnungserklärung des FA ins Leere. Für ein Widerspruchsrecht des FA gegen eine frühere Aufrechnungserklärung des Neugläubigers ist kein Raum (Bestätigung des Urteils des Senats vom 10. Februar 1976, BStBl II S. 549).

14 BFH vom 12. 6. 1990 – VII R 69/89 (BStBl 1991 II S. 493)

1. Die Befugnis zusammenveranlagter Ehegatten, die Aufteilung ihrer Gesamtschuld zu beantragen, begründet keine Einrede, die der Aufrechnung des FA mit der Gesamtschuld entgegensteht.
2. Nach vollständiger Tilgung der rückständigen Steuer ist ein Aufteilungsantrag nicht mehr zulässig. Dies gilt auch dann, wenn die Tilgung der Gesamtschuld im Wege der Aufrechnung durch das FA erfolgt ist.

15 BFH vom 31. 8. 1995 – VII R 58/94 (BStBl 1996 II S. 55)

Die Aufrechnung des FA mit einem Anspruch aus dem Steuerschuldverhältnis stellt eine Vollziehung des zugrundeliegenden Bescheids dar. Das FA ist deshalb während der Aussetzung der Vollziehung eines Steuerbescheids an der Aufrechnung mit dem durch ihn festgesetzten Steueranspruch gehindert (Abweichung vom Urteil des Senats vom 17. September 1987, BStBl 1988 II S. 366).

16 BFH vom 4. 2. 1997 – VII R 50/96 (BStBl 1997 II S. 479)

Der Senat hält an seiner Rechtsprechung fest, nach der die Nichtbezeichnung der Forderung, mit der aufgerechnet werden soll, der Wirksamkeit der Aufrechnungserklärung nicht entgegensteht. Auch ein Abrechnungsbescheid, mit dem das Erlöschen eines Steuererstattungsanspruchs durch Aufrechnung mit einer Steuerforderung festgestellt wird, ist nicht mangels hinreichender inhaltlicher Bestimmtheit unwirksam, wenn das FA die Gegenforderung nicht bezeichnet hat.

17 BFH vom 13. 1. 2000 – VII R 91/98 (BStBl 2000 II S. 246)

1. Rechnet das Finanzamt eine bei Fälligkeit nicht entrichtete Steuerforderung gegen eine damals bereits entstandene Erstattungsforderung des Steuerpflichtigen auf, bleiben in der Zeit bis zum Fälligwerden der Erstattungsforderung entstandene Säumniszuschläge bestehen (s. jetzt § 240 Abs. 1 Satz 5 AO i.d.F. des StBereinG 1999).
2. Der Steuerpflichtige hat keinen Anspruch auf ermessensfehlerfreie Entscheidung über den Abschluss eines Verrechnungsvertrages über noch nicht fällige Erstattungsansprüche.

BFH vom 8. 7. 2004 – VII R 55/03 (BStBl 2005 II S. 7) 18

Wird eine gegen das Finanzamt gerichtete Forderung abgetreten und besteht für das Finanzamt im Zeitpunkt der Kenntniserlangung von der Abtretung eine Aufrechnungslage gegenüber dem bisherigen Gläubiger, die das Finanzamt nach § 226 Abs. 1 AO i.V.m. § 406 BGB berechtigt, die Aufrechnung mit ihrer Gegenforderung auch gegenüber dem neuen Gläubiger der Hauptforderung zu erklären, so werden diese eingetretenen Rechtswirkungen des § 406 BGB durch eine nachträglich vom Finanzamt gewährte Stundung der Gegenforderung, die auf den Zeitpunkt der Kenntniserlangung von der Abtretung zurückwirkt, nicht beseitigt.

BFH vom 20. 7. 2004 – VII R 28/03 (BStBl 2005 II S. 10) 19

Im Gesamtvollstreckungsverfahren kann der Gläubiger auch dann aufrechnen, wenn im Zeitpunkt der Eröffnung des Verfahrens die Forderung des Gemeinschuldners, gegen die er aufrechnet (Hauptforderung), erst aufschiebend bedingt entstanden ist.

BFH vom 5. 10. 2004 – VII R 69/03 (BStBl 2005 II S. 195) 20

Will das FA nach der Eröffnung des Insolvenzverfahrens die Aufrechnung gegen einen sich für einen Besteuerungszeitraum ergebenden Vorsteuervergütungsanspruch des Schuldners erklären und setzt sich dieser Anspruch sowohl aus vor als auch aus nach der Eröffnung des Insolvenzverfahrens begründeten Vorsteuerbeträgen zusammen, hat das FA sicherzustellen, dass die Aufrechnung den Vorsteuervergütungsanspruch nur insoweit erfasst, als sich dieser aus Vorsteuerbeträgen zusammensetzt, die vor der Eröffnung des Insolvenzverfahrens begründet worden sind.

BFH vom 16. 11. 2004 – VII R 75/03 (BStBl 2006 II S. 193) 21

1. Auch unter der Geltung der InsO kommt es hinsichtlich der Frage, ob ein steuerrechtlicher Anspruch zur Insolvenzmasse gehört oder ob die Forderung des Gläubigers eine Insolvenzforderung ist, nicht darauf an, ob der Anspruch zum Zeitpunkt der Eröffnung des Insolvenzverfahrens im steuerrechtlichen Sinne entstanden war, sondern darauf, ob in diesem Zeitpunkt nach insolvenzrechtlichen Grundsätzen der Rechtsgrund für den Anspruch bereits gelegt war. Es besteht kein Anlass, von dieser unter der Geltung der KO entwickelten Rechtsprechung abzuweichen.
2. Will das FA nach der Eröffnung des Insolvenzverfahrens die Aufrechnung gegen einen Vorsteuervergütungsanspruch des Schuldners erklären und setzt sich dieser Anspruch sowohl aus vor als auch nach der Eröffnung des Insolvenzverfahrens begründeten Vorsteuerbeträgen zusammen, hat das FA nach § 96 Abs. 1 Nr. 1 InsO sicherzustellen, dass die Aufrechnung den Vorsteuervergütungsanspruch nur insoweit erfasst, als sich dieser aus Vorsteuerbeträgen zusammensetzt, die vor der Eröffnung des Insolvenzverfahrens begründet worden sind (Fortführung der Senatsrechtsprechung, Urteil vom 5. 10. 2004 VII R 69/03).
3. § 96 Abs. 1 Nr. 3 InsO hindert nicht die Aufrechnung des FA mit Steuerforderungen aus der Zeit vor Eröffnung des Insolvenzverfahrens gegen den aus dem Vergütungsanspruch des vorläufigen Insolvenzverwalters herrührenden Vorsteueranspruch des Insolvenzschuldners. Die für das FA durch den Vorsteueranspruch des Schuldners entstandene Aufrechnungslage beruht nicht auf einer nach der InsO anfechtbaren Rechtshandlung.

BFH vom 4. 2. 2005 – VII R 20/04 (BStBl 2010 II S. 55) 22

1. Wird nach dem Gesetz nicht geschuldete Umsatzsteuer in einer Rechnung ausgewiesen, entsteht im Zeitpunkt der Rechnungsausgabe eine Umsatzsteuerschuld, die auch dann erst in dem Besteuerungszeitraum, in dem die Rechnung berichtigt wird, durch Vergütung des entsprechenden Betrages zu berichtigen ist, wenn die Umsatzsteuer noch nicht festgesetzt oder angemeldet worden war.
2. Der Vergütungsanspruch entsteht insolvenzrechtlich im Zeitpunkt der Rechnungsausgabe; gegen ihn kann im Insolvenzverfahren mit der Umsatzsteuerforderung aufgerechnet werden.

BFH vom 26. 7. 2005 – VII R 72/04 (BStBl 2006 II S. 350) 23

Eine maschinelle Umbuchungsmitteilung kann eine Aufrechnungserklärung enthalten, auch wenn das FA darin seine Bereitschaft erklärt, unter Umständen gegenteilige Buchungswünsche zu berücksichtigen.

BFH vom 7. 6. 2006 – VII B 329/05 (BStBl 2006 II S. 641) 24

1. Soweit ein Anspruch auf Erstattung von ESt auf nach Eröffnung des Insolvenzverfahrens abgeführter LSt beruht, ist eine Aufrechnung des FA mit Steuerforderungen gemäß § 96 Abs. 1 Nr. 1 InsO unzulässig.

2. Das Aufrechnungshindernis entfällt erst mit der Aufhebung des Insolvenzverfahrens und nicht bereits mit dem Beschluss über die Ankündigung der Restschuldbefreiung.

25 **BFH vom 16. 1. 2007 – VII R 4/06 (BStBl 2007 II S. 747)**

Einzelne Vorsteuerbeträge begründen keinen Vergütungsanspruch, sondern sind unselbständige Besteuerungsgrundlagen, die bei der Berechnung der Umsatzsteuer mitberücksichtigt werden und in die Festsetzung der Umsatzsteuer eingehen. Aus einer Umsatzsteuer-Voranmeldung für einen Besteuerungszeitraum nach Eröffnung des Insolvenzverfahrens, die zu einer Steuerschuld führt, können daher einzelne Vorsteuerabzugsbeträge aus Leistungen, die vor Insolvenzeröffnung erbracht worden sind, nicht ausgeschieden und durch Aufrechnung zum Erlöschen gebracht werden.

26 **BFH vom 17. 4. 2007 – VII R 34/06 (BStBl 2008 II S. 215)**

Der Anspruch auf Eigenheimzulage für die dem Beginn der Eigennutzung folgenden Kalenderjahre wird insolvenzrechtlich mit dem Beginn des betreffenden Kalenderjahres begründet. Liegt dieser Zeitpunkt nach der Eröffnung des Insolvenzverfahrens, ist die Aufrechnung eines Insolvenzgläubigers gegen diesen Anspruch unzulässig.

27 **BFH vom 17. 4. 2007 – VII R 27/06 (BStBl 2009 II S. 589)**

Ist eine Steuer, die vor Eröffnung eines Insolvenzverfahrens entstanden ist, zu erstatten oder zu vergüten oder in anderer Weise dem Steuerpflichtigen wieder gutzubringen, so stellt der diesbezügliche Anspruch des Steuerpflichtigen eine vor Eröffnung des Verfahrens aufschiebend bedingt begründete Forderung dar, gegen welche die Finanzbehörde im Insolvenzverfahren aufrechnen kann, auch wenn das die Erstattung oder Vergütung auslösende Ereignis selbst erst nach Eröffnung des Verfahrens eintritt.

Dementsprechend kann das FA die Erstattung von Grunderwerbsteuer gegen Insolvenzforderungen verrechnen, wenn der Verkäufer nach Eröffnung des Insolvenzverfahrens das ihm vorbehaltene Recht zum Rücktritt von einem vor Verfahrenseröffnung geschlossenen Kaufvertrag ausübt.

28 **BFH vom 30. 4. 2007 – VII B 252/06 (BStBl 2009 II S. 624)**

Der Anspruch auf Erstattungszinsen, die auf Zeiträume nach Eröffnung eines Insolvenzverfahrens entfallen, kann vom FA nicht mit vorinsolvenzlichen Steuerforderungen verrechnet werden.

29 **BFH vom 10. 5. 2007 – VII R 18/05 (BStBl 2007 II S. 914)**

1. Besteht zwischen einer Haftungsforderung und einem Erstattungsanspruch (hier: hinsichtlich des Bundesanteils von einer Organgesellschaft gezahlter Umsatzsteuer) materiell-rechtlich Gegenseitigkeit, kann die Körperschaft, welche den Erstattungsanspruch verwaltet, die Aufrechnung erklären, selbst wenn sie nicht Gläubiger der Haftungsforderung ist und diese auch nicht verwaltet.

2. Das FA kann in einem Insolvenzverfahren mit Haftungsforderungen aufrechnen, die vor der Eröffnung des Verfahrens entstanden sind, ohne dass es des vorherigen Erlasses eines Haftungsbescheides, der Feststellung der Haftungsforderung oder ihrer Anmeldung zur Tabelle bedarf (Fortführung des Urteils vom 4. Mai 2004 VII R 45/03, BFHE 205, 409, BStBl II 2004, 815).

30 **BFH vom 17. 11. 2008 – VII S 21/08 (BFH/NV 2009 S. 605)[1]**

Ein Verrechnungsvertrag kommt durch Annahme des Verrechnungsantrags zustande, der sich auch auf künftige Erstattungsansprüche des Steuerpflichtigen beziehen kann.

31 **BFH vom 16. 12. 2008 – VII R 7/08 (BStBl 2009 II S. 514)**

1. Hat das für die Besteuerung der Organgesellschaft zuständige FA den Umsatzsteuererstattungsbetrag nicht an die Organgesellschaft, sondern an das für die Organträgerin zuständige FA – zugunsten des Steuerkontos der Organträgerin – überwiesen, und ist dieser Betrag dort mit Umsatzsteuerschulden der Organträgerin verrechnet worden, so stellt die Überweisung des Erstattungsbetrags keine Leistung des für die Organgesellschaft zuständigen FA an die Organträgerin dar und löst folglich auch keinen Rückforderungsanspruch dieses FA gegenüber der Organträgerin aus.

---

[1] Die Verfassungsbeschwerde wurde gem. §§ 93a, 93b BVerfGG nicht zur Entscheidung angenommen (BVerfG-Beschluss vom 31. 8. 2009, Az. 1 BvR 1620/09).

2. Die Überweisung eines Geldbetrags von einem FA an ein anderes FA – zugunsten des Steuerkontos eines dort veranlagten Steuerpflichtigen – kann nicht wie die Zahlung eines Dritten auf eine fremde Schuld behandelt werden, hat also keine unmittelbare Tilgungswirkung.

BFH vom 8. 6. 2010 – VII R 39/09 (BStBl 2010 II S. 839) 32

1. ...
2. Das FA kann gegen einen Anspruch auf Investitionszulage mit Ablauf des Wirtschaftsjahres, in dem die Investitionen vorgenommen worden sind, mit fälligen Steuerforderungen aufrechnen. Auf den Zeitpunkt der Festsetzung oder Fälligkeit der Investitionszulage kommt es nicht an.
3. Ein Aufrechnungs- oder Verrechnungsvertrag kommt nicht schon dadurch zustande, dass das FA einem dem Investitionszulageantrag beigefügten Antrag auf Stundung fälliger Steuern zur Verrechnung mit der noch festzusetzenden Investitionszulage durch zinslose Stundung der Steuern entspricht.

BFH vom 1. 9. 2010 – VII R 35/08 (BStBl 2011 II S. 336) 33

Hat der Insolvenzverwalter dem Insolvenzschuldner eine gewerbliche Tätigkeit durch Freigabe aus dem Insolvenzbeschlag ermöglicht, fällt ein durch diese Tätigkeit erworbener Umsatzsteuervergütungsanspruch nicht in die Insolvenzmasse und kann vom FA mit vorinsolvenzlichen Steuerschulden verrechnet werden.

BFH vom 2. 11. 2010 – VII R 62/10 (BStBl 2011 II S. 439) 34

Die Verrechnung von Insolvenzforderungen des FA mit einem Vorsteuervergütungsanspruch des Insolvenzschuldners ist, sofern bei Erbringung der diesem Anspruch zugrunde liegenden Leistungen die Voraussetzungen des § 130 InsO oder des § 131 InsO vorgelegen haben, unzulässig (Änderung der Rechtsprechung).

BFH vom 23. 2. 2011 – I R 20/10 (BStBl 2011 II S. 822) 35

Einer Aufrechnung des FA gegen den Anspruch auf Auszahlung des Körperschaftsteuerguthabens während eines vor dem 31. Dezember 2006 eröffneten Insolvenzverfahrens steht das Aufrechnungsverbot des § 96 Abs. 1 Nr. 1 InsO entgegen.

BFH vom 13. 7. 2011 – VII S 54/10 (PKH) (BFH/NV 2011 S. 2114) 36

Ein durch eine insolvenzfreie Tätigkeit erworbener Umsatzsteuervergütungsanspruch kann vom FA mit vorinsolvenzlichen Steuerschulden verrechnet werden, auch wenn dies dem vom Gesetzgeber der Insolvenzordnung an sich verfolgten Ziel nicht dienlich sein mag, dem Insolvenzschuldner nach Abschluss des Insolvenzverfahrens einen wirtschaftlichen Neuanfang zu ermöglichen. Es würde die Grenzen zulässiger Rechtsauslegung und richterlicher Rechtsfortbildung überschreiten, ein Aufrechnungsverbot allein aufgrund dieser allgemeinen Zielsetzung des Gesetzgebers anzunehmen.

BFH vom 23. 8. 2011 – VII B 8/11 (BFH/NV 2011 S. 2115) 37

Hat der Insolvenzverwalter dem Insolvenzschuldner eine gewerbliche Tätigkeit durch Freigabe aus dem Insolvenzbeschlag ermöglicht, fällt ein mit dieser Tätigkeit zusammenhängender Umsatzsteuervergütungsanspruch nicht in die Insolvenzmasse und kann vom FA mit vorinsolvenzlichen Steuerschulden verrechnet werden.

§ 227 Erlass

Die Finanzbehörden können Ansprüche aus dem Steuerschuldverhältnis ganz oder zum Teil erlassen, wenn deren Einziehung nach Lage des einzelnen Falls unbillig wäre; unter den gleichen Voraussetzungen können bereits entrichtete Beträge erstattet oder angerechnet werden.

Hinweise

Erlass (Erstattung) von Steuern aus Billigkeitsgründen

(OFD Karlsruhe vom 1. 4. 2002 – S 0457 –)

1. Allgemeine Voraussetzungen

Nach § 227 Abs. 1 AO können Ansprüche aus dem Steuerschuldverhältnis ganz oder teilweise aus Billigkeitsgründen erlassen werden, wenn ihre Einziehung nach Lage des einzelnen Falles unbillig wäre; unter den gleichen Voraussetzungen können bereits entrichtete Beträge erstattet werden. Die Unbilligkeit kann in der Sache (Tz. 2) oder in der Person des Steuerpflichtigen (Tz. 3) begründet sein.

2. Erlass (Erstattung) aus sachlichen Billigkeitsgründen

2.1 Aus sachlichen Billigkeitsgründen kann ein Steuererlass gewährt werden, wenn die Besteuerung eines Sachverhalts, der unter einen gesetzlichen Besteuerungstatbestand fällt, im Einzelfall mit dem Sinn und Zweck des Steuergesetzes nicht vereinbar ist, wenn also der Sachverhalt zwar den gesetzlichen Tatbestand erfüllt, die Besteuerung aber den Wertungen des Gesetzgebers zuwiderläuft (BFH-Urteile vom 26. 10. 1994, BStBl II 1995, 297, vom 25. 1. 1996, BStBl II 1996, 289, und vom 12. 4. 2000, BFH/NV 2000, 1178). Nachteile, welche schon im Besteuerungszweck enthalten sind und die der Gesetzgeber bei der Ausgestaltung des gesetzlichen Tatbestandes bewusst in Kauf genommen hat, können einen Erlass aus sachlichen Billigkeitsgründen nicht rechtfertigen (BFH-Urteile vom 20. 2. 1991, BStBl II 1991, 541, und vom 9. 9. 1994, BStBl II 1995, 8).

2.2 Ein Antrag auf Erlass (Erstattung) wegen sachlicher Unbilligkeit kann nicht darauf gestützt werden, dass die bestandskräftige Steuerfestsetzung unzutreffend sei. Es muss erwartet werden, dass sich ein Steuerpflichtiger gegen unrichtige Steuerfestsetzungen im Rahmen der hierfür gesetzlich vorgesehenen Rechtsbehelfsverfahren zur Wehr setzt. Der Billigkeitserlass (bzw. die Billigkeitserstattung) ist grundsätzlich nicht dazu bestimmt, die Folgen auszugleichen, die durch schuldhafte Versäumung der Rechtsbehelfsfrist eingetreten sind. Eine sachliche Überprüfung bestandskräftiger Steuerfestsetzungen im Billigkeitsverfahren ist lediglich dann zugelassen, wenn die Steuerfestsetzung offensichtlich und eindeutig falsch ist und es dem Steuerpflichtigen nicht möglich und nicht zumutbar war, sich gegen die Fehlerhaftigkeit rechtzeitig zu wehren (BFH-Urteile vom 30. 4. 1981, BStBl II 1981, 611, vom 26. 2. 1987, BStBl II 1987, 612, vom 29. 6. 1987, BFH/NV 1987, 693, vom 4. 5. 1995, BFH/NV 1996, 190, und vom 17. 12. 1997, BFH/NV 1998, 935, sowie BFH-Beschluss vom 26. 5. 2000, BFH/NV 2000, 1326). Mangelnde Zumutbarkeit in diesem Sinn liegt auch dann nicht vor, wenn die Einlegung von Rechtsbehelfen im Hinblick auf eine – später geänderte – höchstrichterliche Rechtsprechung oder wegen entschuldbarer Rechtsunkenntnis unterblieben ist (BFH-Urteil vom 11. 8. 1987, BStBl II 1988, 512). Abweichend von dem Grundsatz, dass im Billigkeitsverfahren in der Regel keine Einwendungen mehr erhoben werden können, die in einem Rechtsbehelfsverfahren gegen den Steuerbescheid hätten vorgebracht werden müssen, kann die Verletzung der Grundsätze von Treu und Glauben auch im Billigkeitsverfahren geltend gemacht werden (BFH-Urteil vom 10. 6. 1975, BStBl II 1975, 789).

2.3 Die Verfassungswidrigkeit eines Gesetzes kann einen Erlass aus sachlichen Billigkeitsgründen nicht rechtfertigen (BVerfG, Entscheidung vom 8. 7. 1987, HFR 1988, 177; BFH-Urteil vom 9. 9. 1994, BStBl II 1995, 8).

2.4 Zum Erlass von Säumniszuschlägen aus sachlichen Billigkeitsgründen Hinweis auf AEAO zu § 240, Nr. 5.

2.5 Die Ablehnung eines Antrags auf Erlass (Erstattung) wegen sachlicher Unbilligkeit kann ausnahmsweise schon deshalb in Betracht kommen, weil der Antrag unverhältnismäßig spät gestellt wurde (BFH-Urteile vom 8. 10. 1980, BStBl II 1981, 82, und vom 17. 3. 1987, BFH/NV 1987, 620).

3. Erlass (Erstattung) aus persönlichen (wirtschaftlichen) Billigkeitsgründen

3.1 Ein Erlass aus persönlichen Billigkeitsgründen setzt nach ständiger BFH-Rechtsprechung Erlassbedürftigkeit (Tz. 3.2) und Erlasswürdigkeit (Tz. 3.3) des Betroffenen voraus. Für den Fall, dass die geschuldeten Steuern bereits entrichtet sind, kommt es für die Billigkeitsprüfung auf die wirtschaftlichen und persönlichen Verhältnisse des Steuerpflichtigen im Zeitpunkt der Entrichtung der Steuern an. Für die Erstattung aus Billigkeitsgründen ist sonach erforderlich und ausreichend, dass die Einziehung im Zeitpunkt der Zahlung unbillig war (BFH-Urteile vom 24. 9. 1976, BStBl II 1977, 127, 130, und vom 26. 2. 1987, BStBl II 1987, 612, 615). Bei der Frage des Erlasses nicht entrichteter Steuern kommt es dagegen auf die wirtschaftlichen und persönlichen Verhältnisse des Steuerpflichtigen im Zeitpunkt der Verwaltungsentscheidung an. Zur Verwirkung des Anspruchs auf eine Sachprüfung bei unverhältnismäßig später Antragstellung Hinweis auf Tz. 2.5.

3.2 Erlassbedürftigkeit

3.2.1 Erlassbedürftigkeit liegt vor, wenn die Steuererhebung die wirtschaftliche oder persönliche Existenz des Steuerpflichtigen vernichten oder ernstlich gefährden würde. Die wirtschaftliche Existenz ist gefährdet, wenn ohne Billigkeitsmaßnahmen der notwendige Lebensunterhalt vorübergehend oder dauernd nicht mehr bestritten werden kann (BFH-Urteile vom 29. 4. 1981, BStBl II 1981, 726, vom 26. 2. 1987, BStBl II 1987, 612, und vom 25. 3. 1988, BFH/NV 1989, 426). Zum notwendigen Lebensunterhalt gehören die Mittel für Nahrung, Kleidung, Wohnung, ärztliche Behandlung, für den notwendigen Hausrat und die sonst erforderlichen Ausgaben des täglichen Lebens. Auch Unterhaltsleistungen für die mit dem Steuerpflichtigen in Hausgemeinschaft lebenden Angehörigen, soweit sie vom Steuerpflichtigen unterhalten werden müssen, gehören dazu; das gilt auch für den Unterhalt von erwachsenen Kindern, die wegen Krankheit nicht in der Lage sind, sich selbst zu unterhalten (BFH-Urteil vom 29. 4. 1981, BStBl II 1981, 726). Die Frage der Sicherung des notwendigen Lebensunterhalts kann nicht ohne Berücksichtigung der Grundsätze des Familienunterhaltsrechts beurteilt werden (BFH-Beschluss vom 3. 10. 1988, BFH/NV 1989, 411). Ein Erlass von Steuerschulden ist daher nicht zu gewähren, wenn die Bestreitung des notwendigen Lebensunterhalts des Antragstellers unter Berücksichtigung der Einkommens- und Vermögensverhältnisse des Ehegatten nicht gefährdet ist (BFH-Beschluss vom 31. 3. 1982, BStBl II 1982, 530).

3.2.2 Für die Frage, ob die Existenz des Steuerpflichtigen gefährdet ist, spielen die Einkommens- und Vermögensverhältnisse eine entscheidende Rolle. Grundsätzlich ist der Steuerpflichtige gehalten, zur Zahlung seiner Steuerschulden alle verfügbaren und (z.B. durch Aufnahme von Kredit) beschaffbaren Mittel einzusetzen und auch seine Vermögenssubstanz anzugreifen (BFH-Urteil vom 27. 2. 1991, BFH/NV 1991, 430). Davon ausgenommen ist nur Vermögen, dessen Verwertung den Ruin des Steuerpflichtigen bedeuten würde. Auch für sog. Schonvermögen im Sinne des § 88 Bundessozialhilfegesetz (BSHG), wozu ggf. auch ein angemessenes, vom Steuerpflichtigen allein oder zusammen mit Angehörigen bewohntes Hausgrundstück (§ 88 Abs. 2 Nr. 7 BSHG) rechnet, kann die Verwertung nicht zugemutet werden. Alten, nicht mehr erwerbsfähigen Steuerpflichtigen ist wenigstens so viel von ihrem Vermögen zu belassen, dass sie damit für den Rest ihres Lebens eine bescheidene Lebensführung bestreiten können. Ein Erlass ist in einem solchen Fall in dem Umfange zu gewähren, dass der Steuerpflichtige in der Lage bleibt, eine Versicherung über sofort fällige Leibrentenbezüge gegen eine Einmalprämie abzuschließen, und zwar in einer Höhe, die ihm eine bescheidene Lebensführung ermöglicht (BFH-Urteile vom 29. 4. 1981, BStBl II 1981, 726, und vom 26. 2. 1987, BStBl II 1987, 612). Der Begründung solcher Rentenansprüche bedarf es aber nicht, wenn bereits hinreichende Renteneinkünfte im Wohnrecht und ein Unterhaltsanspruch gegenüber Angehörigen vorhanden sind (BFH-Urteil vom 27. 2. 1991, BFH/NV 1991, 430).

3.2.3 Ein Billigkeitserlass aus persönlichen Billigkeitsgründen kommt grundsätzlich nur in Betracht, wenn die Einziehung der Steuer eine wesentliche Ursache für die Existenzgefährdung darstellen würde. Aus diesen Gründen kann ein Billigkeitserlass nicht gewährt werden, wenn der Steuergläubiger nur einer von mehreren Gläubigern des Steuerpflichtigen und nicht derjenige ist, dessen Forderungen für die wirtschaftliche Notlage des Steuerpflichtigen maßgeblich sind (BFH-Urteil vom 10. 5. 1972, BStBl II 1972, 649). Ausnahmsweise kann jedoch auch in solchen Fällen ein Erlass gewährt werden, wenn auch die anderen Gläubiger auf Forderungen verzichten und damit zur Rettung der wirtschaftlichen Existenz des Steuerpflichtigen beitragen.

3.2.4 Ein Erlass scheidet aus, wenn die Einziehung der in Frage stehenden Steueransprüche in Anbetracht der wirtschaftlichen Verhältnisse des Steuerpflichtigen ausgeschlossen ist, der Erlass sich infolgedessen auf die wirtschaftliche Situation des Steuerpflichtigen nicht konkret auswirken kann (BVerwG-Beschluss vom 19. 2. 1982, HFR 1984, 596; BFH-Beschlüsse vom 24. 10. 1988, BFH/NV 1989, 285, vom 2. 4. 1996, BFH/NV 1996, 728, vom 30. 9. 1996, BFH/NV 1997, 326, vom 19. 11. 1996, BFH/NV 1997, 323, und vom 28. 10. 1997, BFH/NV 1998, 683). Lebt der Steuerpflichtige unabhängig von Billigkeitsmaßnahmen in wirtschaftlichen Verhältnissen, die – weil Einkünfte und Vermögen gering sind und im Übrigen dem Pfändungsschutz unterliegen – eine Durchsetzung der Steueransprüche ausschließen, könnte ein Erlass hieran nichts ändern, und es wäre nicht mit einem wirtschaftlichen Vorteil für den Steuerpflichtigen verbunden. Bei Überschuldung und Zahlungsunfähigkeit kommt deshalb ein Erlass aus persönlichen Billigkeitsgründen grundsätzlich nicht in Betracht. Eine persönliche Unbilligkeit, die einen Erlass rechtfertigt, kann ausnahmsweise aber dann bejaht werden, wenn die (im Wege der Vollstreckung nicht durchsetzbaren) Steuerrückstände den Steuerpflichtigen hindern, eine neue Erwerbstätigkeit aufzunehmen und sich eine eigene, von Sozialhilfeleistungen unabhängige wirtschaftliche Existenz aufzubauen (BFH-Urteil vom 27. 9. 2001, BStBl II 2002, 176). Ein Erlass kommt des Weiteren nicht in Betracht, wenn er im wirtschaftlichen Ergebnis lediglich dritten Gläubigern des Steuerpflichtigen zugute kommen würde (BFH-Urteil vom 11. 5. 1965, HFR 1965, 483, und BFH-Beschlüsse vom 24. 10. 1988, BFH/NV 1989, 285, und vom 26. 10. 1999, BFH/NV 2000, 411). In den Fällen, in denen der Erlass der Steuerschulden keine geeignete Maßnahme darstellt, um die wirtschaftliche Lage des Steuerpflichtigen tatsächlich nachhaltig zu verbessern, verbleibt dem Steuerpflichtigen die Möglichkeit, sich mit Maßnahmen des Vollstreckungsschutzes gegen eine die persönliche finanzielle Leistungsfähigkeit überfordernde Inanspruchnahme zur Wehr zu setzen (BFH-Beschluss vom 28. 10. 1997, BFH/NV 1998, 683).

4   3.3   Erlasswürdigkeit

Würde durch die Einziehung von Steuerforderungen die Existenz des Steuerschuldners gefährdet und liegt damit eine Bedürftigkeit zum Erlass aus persönlichen Billigkeitsgründen vor, so folgt daraus nicht ohne weiteres, dass die Steuerforderungen aus Billigkeitsgründen erlassen werden müssten. Weitere Voraussetzung ist vielmehr, dass auch Erlasswürdigkeit besteht. Die als Voraussetzung für einen Billigkeitserlass geforderte Erlasswürdigkeit des Steuerpflichtigen ist nicht gegeben, wenn dieser die mangelnde Leistungsfähigkeit selbst herbeigeführt hat oder durch sein Verhalten in eindeutiger Weise gegen die Interessen der Allgemeinheit verstoßen hat (BFH-Urteile vom 14. 11. 1957, BStBl III 1958, 153, und vom 29. 4. 1981, BStBl II 1981, 726, 728). So kann eine grob fahrlässige Vernachlässigung der steuerlichen Verpflichtungen die Erlasswürdigkeit ausschließen. Dies ist z.B. der Fall, wenn der Steuerpflichtige sich überhaupt nicht um die steuerlichen Verpflichtungen, mit denen er nach seinen individuellen Kenntnissen und Fähigkeiten rechnen musste, gekümmert und vorhandene Mittel anderweitig verwendet hat (BFH-Urteil vom 27. 2. 1985, BFH/NV 1985, 6, 8; BFH-Beschlüsse vom 4. 7. 1986, BFH/NV 1987, 21, und vom 5. 3. 1987, BFH/NV 1987, 619). Bei der Beurteilung der Erlasswürdigkeit ist nicht kleinlich zu verfahren. Es kommt auf alle Umstände des Einzelfalles an. Die Erlasswürdigkeit kann im Einzelfall ausnahmsweise auch dann zu bejahen sein, wenn die mangelnde Leistungsfähigkeit des Steuerpflichtigen ihren Grund in einem Verhalten des Steuerpflichtigen hat, das nach dem Steuerstraf- und Steuerordnungswidrigkeitsrecht zu ahnden ist. Wenn ein wegen Steuerhinterziehung bestrafter Steuerpflichtiger unter Einsatz der ihm zur Verfügung stehenden Mittel alles getan hat, um die Folgen seines steuerunehrlichen Verhaltens zu beseitigen, kann ihm die Erlasswürdigkeit im Allgemeinen nicht abgesprochen werden, wenn sich seine wirtschaftlichen Verhältnisse nach der Bestrafung erheblich verschlechtert haben und der Erlass auch aus diesem Grunde beantragt wird (BFH-Urteil vom 2. 3. 1961, BStBl III 1961, 288).

5   4.   Bearbeitung von Erlassanträgen

4.1   Über eingegangene Erlassanträge ist die Vollstreckungsstelle unverzüglich – möglichst durch Übersendung einer Kopie – zu unterrichten. Die Vollstreckungsstelle entscheidet daraufhin in eigener Zuständigkeit, ob der Erlassantrag die Gewährung von Vollstreckungsaufschub rechtfertigt. Die Gewährung von Stundung bis zur Entscheidung über das Erlassbegehren kommt nicht in Betracht. Etwaige hierauf gerichtete Anträge sind abzulehnen.

4.2   Der Untersuchungsgrundsatz (§ 88 AO) gilt auch im Billigkeitsverfahren nach § 227 AO. Die Ermittlungspflicht der Finanzbehörde wird allerdings begrenzt durch die dem Steuerpflichtigen nach § 90 AO auferlegten Mitwirkungspflichten. Es obliegt dem Steuerpflichtigen, die Tatsachen, die den beantragten Erlass rechtfertigen sollen, offen zu legen. Dies gilt insbesondere hinsichtlich der Tatsachen, aus denen sich eine Erlassbedürftigkeit ergeben soll. Zur Entscheidung über einen Antrag auf Erlass aus persönlichen Billigkeitsgründen ist der Steuerpflichtige daher ggf. – unter Setzung einer angemessenen Frist – aufzufordern, seine aktuellen Einkommensverhältnisse darzulegen und eine zeitnahe Übersicht über Vermögen und Schulden (mit Bezeichnung der verschiedenen Gläubiger und der einzelnen Gläubigerforderungen) vorzulegen (Hinweis auf Vordruck S 1–40). Kommt der Steuerpflichtige seiner Mitwirkungspflicht bei der Aufklärung des entscheidungserheblichen Sachverhalts nicht nach, gehen Unklarheiten zu seinen Lasten. Dies kann zur Ablehnung des Erlassbegehrens führen (BFH-Urteil vom 29. 4. 1987, BFH/NV 1988, 22, und BFH-Beschlüsse vom 13. 3. 1990, BFH/NV 191, 171, und vom 31. 1. 1996, BFH/NV 1996, 565). Die Vorlage der Einkommensteuererklärung für das letzte abgelaufene Kalenderjahr ist für die Entscheidung über einen Antrag auf Erlass aus persönlichen Billigkeitsgründen nicht zwingend erforderlich. Es sollte daher vermieden werden, die Entscheidung über das Erlassbegehren bis zur Abgabe der entsprechenden Einkommensteuererklärung zurückzustellen. Unklarheiten, die sich daraus ergeben, dass trotz abgelaufener Frist Einkommensteuererklärungen noch nicht abgegeben sind, hat jedoch der Steuerpflichtige zu vertreten.

4.3   Im Rahmen der Billigkeitsprüfung ist auch der Frage nachzugehen, ob dritte Personen für die rückständigen Steuern als Haftungsschuldner in Anspruch genommen werden können. Ein Erlass gegenüber dem Steuerschuldner kann erst in Betracht gezogen werden, wenn feststeht, dass die Voraussetzungen für die Inanspruchnahme eines Haftungsschuldners nicht vorliegen (Hinweis auf § 191 Abs. 5 Nr. 2 AO).

4.4   Bei der Entscheidung über das Erlassbegehren sollen etwaige im Vollstreckungsverfahren erlangte Kenntnisse verwertet werden. Auch soll sich die für die Entscheidung zuständige

Stelle Klarheit darüber verschaffen, welche Folgen sich aus der beabsichtigten Entscheidung für das Vollstreckungsverfahren ergeben. Sie hat sich daher mit der Vollstreckungsstelle ins Benehmen zu setzen bzw. die Vollstreckungsakten beizuziehen.

4.5 Soll dem Antrag teilweise entsprochen werden, ist der Erlass des Teilbetrags zunächst unter der Voraussetzung der Tilgung des verbleibenden Betrags verbindlich zuzusagen und erst nach Tilgung des Restbetrags durch Verwaltungsakt zu bewilligen.

4.6 Auch bei Ablehnung des Erlassantrags sind die Beträge, auf die sich die ablehnende Entscheidung beziehen soll, im Hinblick auf das Bestimmtheitsgebot (§ 119 Abs. 1 AO) in der Verfügung des Finanzamts genau zu bezeichnen.

Rechtsprechung

BFH vom 6. 12. 1991 – III R 81/89 (BStBl 1992 II S. 303) 6

Die Zahlung von Steuern kann nicht aus Gewissensgründen abgelehnt werden.

BFH vom 26. 10. 1994 – X R 104/92 (BStBl 1995 II S. 297) 7

Die Erhebung (Einziehung) eines Einkommensteueranspruchs kann sachlich unbillig sein, wenn das Zusammenwirken verschiedener Regelungen zu einer hohen Steuerschuld führt, obgleich dem kein Zuwachs an Leistungsfähigkeit zugrunde liegt.

BFH vom 13. 1. 2005 – V R 35/03 (BStBl 2005 II S. 460) 8

1. Eine bestandskräftige Steuerfestsetzung kann im Billigkeitsverfahren nach § 227 AO nur dann sachlich überprüft werden, wenn die Steuerfestsetzung – beurteilt nach der Rechtslage bei der Festsetzung der Steuer – offensichtlich und eindeutig falsch ist und wenn dem Steuerpflichtigen nicht zuzumuten war, sich gegen die Fehlerhaftigkeit rechtzeitig zu wehren.
2. Der Umstand allein, dass eine bestandskräftig festgesetzte Steuer in Widerspruch zu einer später entwickelten Rechtsprechung steht, rechtfertigt noch nicht den Erlass der Steuer.
3. Das FG darf Verwaltungsanweisungen nicht selbst auslegen, sondern nur darauf überprüfen, ob die Auslegung durch die Behörde möglich ist.

BFH vom 29. 3. 2007 – IX R 17/06 (BStBl 2007 II S. 627) 9

Das Ermessen hinsichtlich des Erlasses von Säumniszuschlägen auf nicht geleistete Einkommensteuervorauszahlungen ist nicht wegen Verfassungswidrigkeit von § 37 Abs. 3 Satz 7 EStG auf Null reduziert.

BFH vom 20. 7. 2007 – XI B 95/06 (BFH/NV 2007 S. 1826) 10

1. ...
2. Ein Erlass von Steuerschulden setzt voraus, dass er dem Steuerpflichtigen und nicht einem Dritten (Gläubiger des Steuerpflichtigen) zugute kommt und dass der Steuerpflichtige erlassbedürftig und erlasswürdig ist.

BFH vom 29. 5. 2008 – V R 45/06 (HFR 2008 S. 1210) 11

1. Die Durchbrechung der Bestandskraft von Steuerbescheiden kommt auch im Hinblick auf die nachträglich ergangene Rechtsprechung des EuGH zur Steuerfreiheit von Leistungen der häuslichen Krankenpflege nicht in Betracht, wenn der Steuerpflichtige den Rechtsweg nicht ausgeschöpft hat und gegen eine abweisende Einspruchsentscheidung keine Klage vor dem FG erhoben hat.
2. Die Korrektur bestandskräftig festgesetzter Steuern im Wege des Erlasses kommt in Betracht, wenn die Steuerfestsetzung offensichtlich und eindeutig unrichtig ist und es dem Steuerpflichtigen nicht zuzumuten war, sich hiergegen rechtzeitig zu wehren. Dies ist nicht der Fall, wenn die Festsetzung im maßgeblichen Zeitpunkt der Einspruchsentscheidung („ex-ante-Sicht") der damaligen herrschenden Rechtsprechung entsprach.
3. Das Gemeinschaftsrecht erkennt einen Schadensersatzanspruch wegen eines qualifizierten Verstoßes gegen das Gemeinschaftsrecht an, sofern drei Voraussetzungen erfüllt sind: Die Rechtsnorm, gegen die verstoßen worden ist, bezweckt, dem Einzelnen Rechte zu verleihen, der Verstoß ist hinreichend qualifiziert und zwischen dem Verstoß gegen die dem Staat obliegende Verpflichtung und dem dem Geschädigten entstandenen Schaden besteht ein unmittelbarer Kausalzusammenhang.

12 BFH vom 19. 3. 2009 – V R 48/07 (BStBl 2010 II S. 92)

1. Eine aufgrund unzutreffenden Steuerausweises in einer Rechnung gemäß § 14 Abs. 2 UStG entstandene nicht entrichtete Steuer ist gemäß § 233a AO zu verzinsen. Die aufgrund des Steuerausweises entstandene Umsatzsteuerschuld besteht bis zur – ohne Rückwirkung eintretenden – Berichtigung des Steuerbetrags.

2. Eine rückwirkende Berichtigung unzutreffend ausgewiesener Steuer widerspricht dem Regelungszweck des § 14 Abs. 2 Satz 2 UStG i.V.m. § 17 Abs. 1 UStG. Für eine sachliche Unbilligkeit der Verzinsung von derartigen Umsatzsteuernachforderungen ist deshalb kein Anhaltspunkt ersichtlich.

3. Eine ermessenslenkende Billigkeitsregelung der Verwaltung, wonach Nachzahlungszinsen aus sachlichen Billigkeitsgründen zu erlassen sind, wenn ein Unternehmer eine unrichtige Endrechnung, die eine Steuerschuld nach § 14 Abs. 2 UStG auslöst, in einem auf das Kalenderjahr der ursprünglichen Rechnungserteilung folgenden Kalenderjahr nach Aufdeckung seines Fehlers sogleich berichtigt hat, bindet die Gerichte nicht.

4. Ein aus Art. 3 Abs. 1 GG herzuleitender Anspruch gegenüber einer Behörde auf Fortführung einer gesetzwidrigen Verwaltungspraxis besteht nicht.

13 BFH vom 30. 4. 2009 – V R 15/07 (BStBl 2009 II S. 744)

1. § 15 UStG 1993 schützt nicht den guten Glauben an die Erfüllung der Voraussetzungen für den Vorsteuerabzug.

2. Liegen die materiellen Voraussetzungen für den Vorsteuerabzug wegen unzutreffender Rechnungsangaben nicht vor, kommt unter Berücksichtigung des Grundsatzes des Vertrauensschutzes ein Vorsteuerabzug im Billigkeitsverfahren (§§ 163, 227 AO) in Betracht.

3. Macht der Steuerpflichtige im Festsetzungsverfahren geltend, ihm sei der Vorsteuerabzug trotz Nichtvorliegens der materiell-rechtlichen Voraussetzungen zu gewähren, ist die Entscheidung über die Billigkeitsmaßnahme nach § 163 Satz 3 AO regelmäßig mit der Steuerfestsetzung zu verbinden.

14 BFH vom 4. 8. 2009 – V B 26/08 (BFH/NV 2009 S. 174)

Ein Billigkeitserlass nach § 227 AO kommt auch bei bestandskräftig festgesetzten Steuern dann in Betracht, wenn eine überhöhte Steuerfestsetzung allein auf einem Fehlverhalten des FA beruht. Dies ist jedoch nicht der Fall, wenn maßgebliche Ursache eine fehlerhafte Antragstellung des Steuerpflichtigen war.

15 BVerfG vom 3. 9. 2009 – 1 BvR 2539/07 (HFR 2010 S. 171)

Aus den Gründen:

Ein Billigkeitserlass kann ... geboten sein, wenn ein Gesetz, das in seinen generalisierenden Wirkungen verfassungsgemäß ist, bei der Steuerfestsetzung im Einzelfall zu Grundrechtsverstößen führt. Allgemeine Folgen eines verfassungsgemäßen Gesetzes, die den gesetzgeberischen Planvorstellungen entsprechen und die der Gesetzgeber ersichtlich in Kauf genommen hat, vermögen einen Billigkeitserlass allerdings nicht zu rechtfertigen. Denn Billigkeitsmaßnahmen dürfen nicht die einem gesetzlichen Steuertatbestand innewohnende Wertung des Gesetzgebers generell durchbrechen oder korrigieren, sondern nur einem ungewollten Überhang des gesetzlichen Steuertatbestandes abhelfen (vgl. BVerfGE 48, 102, 116).

16 BFH vom 4. 2. 2010 – II R 25/08 (BStBl 2010 II S. 663)

Der Wegfall der Vergünstigungen nach § 13a Abs. 5 ErbStG a.F. infolge einer insolvenzbedingten Veräußerung des Betriebsvermögens ist kein sachlicher Grund für einen Erlass gemäß § 227 AO.

17 BFH vom 11. 2. 2011 – V B 83/09 (BFH/NV 2011 S. 963)

Die Rechtsfrage, ob ein FA bei der Entscheidung über einen Erlassantrag gemäß § 227 AO an die Zusage einer nicht zuständigen übergeordneten Behörde gebunden sein kann, ist nicht entscheidungserheblich, wenn die übergeordnete Behörde nach dem BMF-Schreiben vom 28. Juli 2003 (BStBl. I 2003, 401) selbst nicht befugt wäre, einem Erlass zuzustimmen.

18 BFH vom 6. 5. 2011 – III B 130/10 (BFH/NV 2011 S. 1353)

– Ein Billigkeitserlass nach § 227 AO kann gerechtfertigt sein, wenn im Hinblick auf die Gewährung von Kindergeld Sozialleistungen des Empfängers gekürzt wurden, die bei einer später erfolgenden Rückforderung des Kindergeldes nicht mehr nachgezahlt werden können.

– Ob hinsichtlich der Rückforderung des Kindergeldes ein Antrag auf Billigkeitserlass darauf gestützt werden kann, dass dieses bei der Ermittlung der entsprechenden Sozialleistung als Einkommen des Betroffenen berücksichtigt wurde, kann in einem die Rechtmäßigkeit der Rückforderung betreffenden Revisionsverfahren nicht geklärt werden.

3. Unterabschnitt
Zahlungsverjährung (§§ 228–232)

§ 228 Gegenstand der Verjährung, Verjährungsfrist

¹Ansprüche aus dem Steuerschuldverhältnis unterliegen einer besonderen Zahlungsverjährung. ²Die Verjährungsfrist beträgt fünf Jahre.

Anwendungserlass zur Abgabenordnung

Zu § 228 – Gegenstand der Verjährung, Verjährungsfrist:

1. Die Zahlungsverjährung erstreckt sich auch auf Ansprüche des Steuerpflichtigen. Der einheitliche Anspruch aus dem Steuerschuldverhältnis (z.B. für die Steuer eines Veranlagungszeitraums) kann bei – ggf. mehrfach – geänderter Festsetzung nicht in unterschiedliche Zahlungs- und Erstattungsansprüche aufgespalten werden, die bezogen auf die jeweils ergangenen Verwaltungsakte unterschiedlichen Verjährungsfristen unterliegen (BFH-Urteil vom 6. 2. 1996 – VII R 50/95 – BStBl 1997 II, S. 112).
2. Fällt das Ende der Verjährungsfrist auf einen Sonntag, einen gesetzlichen Feiertag oder einen Sonnabend, so endet die Verjährungsfrist erst mit dem Ablauf des nächstfolgenden Werktages (§ 108 Abs. 3).
3. Die Zahlungsverjährung führt zum Erlöschen des Anspruchs (§§ 47, 232).

§ 229 Beginn der Verjährung

(1) ¹Die Verjährung beginnt mit Ablauf des Kalenderjahres, in dem der Anspruch erstmals fällig geworden ist. ²Sie beginnt jedoch nicht vor Ablauf des Kalenderjahrs, in dem die Festsetzung eines Anspruchs aus dem Steuerschuldverhältnis, ihre Aufhebung, Änderung oder Berichtigung nach § 129 wirksam geworden ist, aus der sich der Anspruch ergibt; eine Steueranmeldung steht einer Steuerfestsetzung gleich.

(2) Ist ein Haftungsbescheid ohne Zahlungsaufforderung ergangen, so beginnt die Verjährung mit Ablauf des Kalenderjahres, in dem der Haftungsbescheid wirksam geworden ist.

Anwendungserlass zur Abgabenordnung

Zu § 229 – Beginn der Verjährung:

Die Zahlungsverjährung beginnt grundsätzlich mit Ablauf des Kalenderjahres, in dem der Anspruch erstmals fällig geworden ist. Wird durch eine Steueranmeldung oder Steuerfestsetzung erst die Voraussetzung für die Durchsetzung des Anspruchs geschaffen, so beginnt die Verjährung auch bei früherer Fälligkeit des Anspruchs (z.B. bei den sog. Fälligkeitssteuern) nicht vor Ablauf des Kalenderjahres, in dem die Steueranmeldung oder die Festsetzung, die Aufhebung oder Änderung der Festsetzung eines Anspruchs wirksam geworden ist. Dies gilt unabhängig davon, ob der Bescheid angefochten wird oder nicht.

Rechtsprechung

2 BFH vom 27. 10. 2009 – VII R 51/08 (BStBl 2010 II S. 383)

1. ...

2. Durch die Bekanntgabe der Steuerfestsetzung wird die Frist für die Zahlungsverjährung der festgesetzten Steuer in Lauf gesetzt. Eine Änderung der Anrechnungsverfügung nach Ablauf dieser Frist ist ungeachtet dessen, ob sie zu einer Erhöhung oder einer Verminderung der Abschlusszahlung oder einer Rückforderung erstatteter Steueranrechnungsbeträge führt, unzulässig.

---

§ 230 Hemmung der Verjährung

Die Verjährung ist gehemmt, solange der Anspruch wegen höherer Gewalt innerhalb der letzten sechs Monate der Verjährungsfrist nicht verfolgt werden kann.

---

§ 231 Unterbrechung der Verjährung

(1) ¹Die Verjährung wird unterbrochen durch schriftliche Geltendmachung des Anspruches, durch Zahlungsaufschub, durch Stundung, durch Aussetzung der Vollziehung, durch Aussetzung der Verpflichtung des Zollschuldners zur Abgabenentrichtung, durch Sicherheitsleistung, durch Vollstreckungsaufschub, durch eine Vollstreckungsmaßnahme, durch Anmeldung im Insolvenzverfahren, durch Aufnahme in einen Insolvenzplan oder einen gerichtlichen Schuldenbereinigungsplan, durch Einbeziehung in ein Verfahren, das die Restschuldbefreiung für den Schuldner zum Ziel hat, und durch Ermittlungen der Finanzbehörde nach dem Wohnsitz oder dem Aufenthaltsort des Zahlungspflichtigen. ²§ 169 Abs. 1 Satz 3 gilt sinngemäß.

(2) ¹Die Unterbrechung der Verjährung durch Zahlungsaufschub, durch Stundung, durch Aussetzung der Vollziehung, durch Aussetzung der Verpflichtung des Zollschuldners zur Abgabenentrichtung, durch Sicherheitsleistung, durch Vollstreckungsaufschub, durch eine Vollstreckungsmaßnahme, die zu einem Pfändungspfandrecht, einer Zwangshypothek oder einem sonstigen Vorzugsrecht auf Befriedigung führt, durch Anmeldung im Insolvenzverfahren, durch Aufnahme in einen Insolvenzplan oder einen gerichtlichen Schuldenbereinigungsplan oder durch Einbeziehung in ein Verfahren, das die Restschuldbefreiung für den Schuldner zum Ziel hat, dauert fort, bis der Zahlungsaufschub, die Stundung, die Aussetzung der Vollziehung, die Aussetzung der Verpflichtung des Zollschuldners zur Abgabenentrichtung oder der Vollstreckungsaufschub abgelaufen, die Sicherheit, das Pfändungspfandrecht, die Zwangshypothek oder ein sonstiges Vorzugsrecht auf Befriedigung erloschen, das Insolvenzverfahren beendet ist, der Insolvenzplan oder der gerichtliche Schuldenbereinigungsplan erfüllt oder hinfällig wird, die Restschuldbefreiung wirksam wird oder das Verfahren, das die Restschuldbefreiung zum Ziel hat, vorzeitig beendet wird. ²Wird gegen die Finanzbehörde ein Anspruch geltend gemacht, so endet die hierdurch eingetretene Unterbrechung der Verjährung nicht, bevor über den Anspruch rechtskräftig entschieden worden ist.

(3) Mit Ablauf des Kalenderjahres, in dem die Unterbrechung geendet hat, beginnt eine neue Verjährungsfrist.

(4) Die Verjährung wird nur in Höhe des Betrages unterbrochen, auf den sich die Unterbrechungshandlung bezieht.

Anwendungserlass zur Abgabenordnung

1 Zu § 231 – Unterbrechung der Verjährung:

1. Zu den Unterbrechungstatbeständen gehört auch die schriftliche bzw. elektronische Geltendmachung eines Zahlungsanspruchs durch den Steuerpflichtigen.

2. Eine dem Zahlungspflichtigen von der Finanzbehörde bekannt gegebene Maßnahme i. S. d. § 231 Abs. 1 unterbricht die Zahlungsverjährung auch dann, wenn es sich bei dieser Maßnahme um einen Verwaltungsakt handelt, der rechtswidrig oder nichtig oder rückwirkend aufgehoben worden ist (vgl. BFH-Beschluss vom 21. 6. 2010 – VII R 27/08 – BStBl 2011 II, S. 331).

Rechtsprechung

BFH vom 26. 4. 1990 – V R 90/87 (BStBl 1990 II S. 802) 2
1. Während eines Rechtsstreits über die Steuerfestsetzung können Zahlungsansprüche des FA gegen den Steuerschuldner verjähren. Stellungnahmen und Anträge des FA im Verfahren vor dem FG unterbrechen die Zahlungsverjährung in der Regel nicht.
2. Mit Eintritt der Zahlungsverjährung ist der Rechtsstreit über die Steuerfestsetzung in der Hauptsache erledigt.

BFH vom 23. 4. 1991 – VII R 37/90 (BStBl 1991 II S. 742) 3
Ein Vollstreckungsaufschub bewirkt nur dann eine Unterbrechung der Verjährung, wenn er dem Vollstreckungsschuldner mitgeteilt worden ist.

BFH vom 24. 11. 1992 – VII R 63/92 (BStBl 1993 II S. 220) 4
Eine Wohnsitzanfrage des FA beim Einwohnermeldeamt führt grundsätzlich nur dann zur Unterbrechung der Zahlungsverjährung, wenn das FA im Hinblick auf die Realisierung seines Anspruchs aus dem Steuerschuldverhältnis besonderen Anlaß zu der Anfrage hat, weil ihm der Wohnsitz des Schuldners nicht bekannt ist.

BFH vom 24. 9. 1996 – VII R 31/96 (BStBl 1997 II S. 8) 5
Die Anfrage des FA beim Amtsgericht, ob im Schuldnerverzeichnis eine Eintragung darüber bestehe, ob der Vollstreckungsschuldner innerhalb der letzten drei Jahre eine eidesstattliche Versicherung abgegeben habe, ist keine die Zahlungsverjährung unterbrechende Vollstreckungsmaßnahme i.S. von § 231 Abs. 1 AO.

BFH vom 22. 7. 1999 – V R 44/98 (BStBl 1999 II S. 749) 6
Die Unterbrechung der Zahlungsverjährung durch Aussetzung der Vollziehung setzt eine wirksame Aussetzung der Vollziehung voraus. Allein die Absendung des mit der Unterbrechungshandlung verbundenen Verwaltungsakts genügt nicht, um die Zahlungsverjährung zu unterbrechen.[1)]

BFH vom 28. 8. 2003 – VII R 22/01 (BStBl 2003 II S. 933) 7
Die Zahlungsverjährung wird nicht unterbrochen, wenn die vor Ablauf der Zahlungsverjährung abgesandte schriftliche Zahlungsaufforderung dem Zahlungsverpflichteten nicht zugeht (§ 231 i.V.m. § 169 Abs. 1 Satz 3 Nr. 1 AO; Anschluss an den Beschluss des Großen Senats des BFH vom 25. 11. 2002 GrS 2/01, BStBl 2003 II S. 548).

BFH vom 21. 11. 2006 – VII R 68/05 (BStBl 2007 II S. 291) 8
Eine Pfändungsverfügung des Finanzamts gegen einen Dritten unterbricht die Zahlungsverjährung auch dann, wenn der Vollstreckungsschuldner in dem betreffenden Zeitpunkt keine passive Handlungsfähigkeit besitzt.

BFH vom 28. 11. 2006 – VII R 3/06 (BStBl 2009 II S. 575) 9
1. Ist die Frist der Zahlungsverjährung durch eine Zahlungsaufforderung des FA unterbrochen worden, steht es nicht in der Macht des FA, die Unterbrechungswirkung durch einen actus contrarius (hier: Erklärung als „erledigt") zu beseitigen.
2. Zur Würdigung einer solchen Erklärung als öffentlich-rechtlicher Vertrag.

BFH vom 23. 2. 2010 – VII R 9/08 (BStBl 2011 II S. 667) 10
Teilt das HZA im AdV-Verfahren mit, von der Vollstreckung des „angefochtenen Verwaltungsakts" bis zum rechtskräftigen Abschluss des Hauptsacheverfahrens absehen zu wollen, unterbricht dies die Zahlungsverjährung im Allgemeinen auch insoweit, als ein Teilbetrag der festgesetzten Abgabe von vornherein außer Streit war.

[1)] Vgl. hierzu auch die Rechtsprechung zu § 169 Abs. 1 Satz 3 AO.

§ 232 Wirkung der Verjährung

Durch die Verjährung erlöschen der Anspruch aus dem Steuerschuldverhältnis und die von ihm abhängenden Zinsen.

Rechtsprechung

1 BFH vom 26. 4. 1990 – V R 90/87 (BStBl 1990 II S. 802)

Während eines Rechtsstreits über die Steuerfestsetzung können Zahlungsansprüche des FA gegen den Steuerschuldner verjähren. Stellungnahmen und Anträge des FA im Verfahren vor den FG unterbrechen die Zahlungsverjährung in der Regel nicht.

Mit Eintritt der Zahlungsverjährung ist der Rechtsstreit über die Steuerfestsetzung in der Hauptsache erledigt.

2 BFH vom 7. 7. 2004 – VII B 344/03 (BStBl 2004 II S. 896)

Aus den Gründen:
Ob der Zulassungsgrund der grundsätzlichen Bedeutung der Rechtssache ausreichend schlüssig dargelegt ist, kann offen bleiben, da die von der Beschwerde bezeichnete Rechtsfrage, ob der Ausübung eines Rechts der Grundsatz von Treu und Glauben entgegenstehen kann, bevor die steuerrechtliche Verjährung eingetreten ist, nicht klärungsbedürftig, sondern fraglos zu bejahen ist. Es handelt sich um voneinander zu unterscheidende Rechtsinstitute, die sich nicht gegenseitig ausschließen. Darüber hinaus wäre es auch sinnlos, sich gegenüber der Geltendmachung eines steuerrechtlichen Erstattungsanspruchs auf den Grundsatz von Treu und Glauben zu berufen, wenn bereits Verjährung eingetreten und der Erstattungsanspruch damit erloschen ist (§ 232 AO).

3 BFH vom 8. 11. 2004 – VII B 137/04 (BFH/NV 2005 S. 492)

1. Ein Abrechnungsbescheid, mit dem festgestellt wird, dass eine Steuerforderung nicht durch Zahlungsverjährung erloschen sei, ist insoweit nicht vollziehbar.
2. Der Eintritt der Zahlungsverjährung einer Steuerforderung erstreckt sich nicht auch auf die insoweit entstandenen Säumniszuschläge.
3. Allein der Umstand, dass das FA nicht zur Zahlung der Säumniszuschläge aufgefordert hat, führt nicht zu der Annahme, dass die Forderung verwirkt ist.

4 BFH vom 12. 2. 2008 – VII R 33/06 (BStBl 2008 II S. 504)

Ist abgeführte Kapitalertragsteuer in einer Anrechnungsverfügung nicht angerechnet worden, so kann diese Anrechnung nach Ablauf der durch die Anrechnungsverfügung in Lauf gesetzten Zahlungsverjährungsfrist nicht mehr nachgeholt werden.

ZWEITER ABSCHNITT
Verzinsung, Säumniszuschläge (§§ 233–240)

1. Unterabschnitt
Verzinsung (§§ 233–239)

§ 233 Grundsatz

¹Ansprüche aus dem Steuerschuldverhältnis (§ 37) werden nur verzinst, soweit dies gesetzlich vorgeschrieben ist. ²Ansprüche auf steuerliche Nebenleistungen (§ 3 Abs. 4) und die entsprechenden Erstattungsansprüche werden nicht verzinst.

Rechtsprechung

BFH vom 29. 4. 1997 – VII R 91/96 (BStBl 1997 II S. 476) 1

Aus den Gründen:
Von einem allgemeinen Rechtsgrundsatz auf (angemessene) Verzinsung rückständiger Staatsleistungen kann nicht ausgegangen werden; das geltende Recht kennt nur die Verzinsung nach Maßgabe genau umschriebener Tatbestände.

---

§ 233a Verzinsung von Steuernachforderungen und Steuererstattungen [1)]

(1) ¹Führt die Festsetzung der Einkommen-, Körperschaft-, Vermögen-, Umsatz- oder Gewerbesteuer zu einem Unterschiedsbetrag im Sinne des Absatzes 3, ist dieser zu verzinsen. ²Dies gilt nicht für die Festsetzung von Vorauszahlungen und Steuerabzugsbeträgen.

(2) ¹Der Zinslauf beginnt 15 Monate nach Ablauf des Kalenderjahrs, in dem die Steuer entstanden ist. ²Er beginnt für die Einkommen- und Körperschaftsteuer *23 Monate* nach diesem Zeitpunkt, wenn die Einkünfte aus Land- und Forstwirtschaft bei der erstmaligen Steuerfestsetzung die anderen Einkünfte überwiegen. ³Er endet mit Ablauf des Tages, an dem die Steuerfestsetzung wirksam wird.

(2a) Soweit die Steuerfestsetzung auf der Berücksichtigung eines rückwirkenden Ereignisses (§ 175 Abs. 1 Satz 1 Nr. 2 und Abs. 2) oder auf einem Verlustabzug nach § 10d Abs. 1 des Einkommensteuergesetzes beruht, beginnt der Zinslauf abweichend von Absatz 2 Satz 1 und 2 15 Monate nach Ablauf des Kalenderjahrs, in dem das rückwirkende Ereignis eingetreten oder der Verlust entstanden ist.

(3) ¹Maßgebend für die Zinsberechnung ist die festgesetzte Steuer, vermindert um die anzurechnenden Steuerabzugsbeträge, um die anzurechnende Körperschaftsteuer und um die bis zum Beginn des Zinslaufs festgesetzten Vorauszahlungen (Unterschiedsbetrag). ²Bei der Vermögensteuer ist als Unterschiedsbetrag für die Zinsberechnung die festgesetzte Steuer, vermindert um die festgesetzten Vorauszahlungen oder die bisher festgesetzte Jahressteuer, maßgebend. ³Ein Unterschiedsbetrag zugunsten des Steuerpflichtigen ist nur bis zur Höhe des zu erstattenden Betrags zu verzinsen; die Verzinsung beginnt frühestens mit dem Tag der Zahlung.

(4) Die Festsetzung der Zinsen soll mit der Steuerfestsetzung verbunden werden.

(5) ¹Wird die Steuerfestsetzung aufgehoben, geändert oder nach § 129 berichtigt, ist eine bisherige Zinsfestsetzung zu ändern; Gleiches gilt, wenn die Anrechnung von Steuerbeträgen zurückgenommen, widerrufen oder nach § 129 berichtigt wird. ²Maßgebend für die Zinsberechnung ist der Unterschiedsbetrag zwischen der festgesetzten Steuer und der vorher festgesetzten Steuer, jeweils vermindert um die anzurechnenden Steuerabzugsbeträge und um die anzurechnende Körperschaftsteuer. ³Dem sich hiernach ergebenden Zinsbetrag sind bisher festzusetzende Zinsen hinzuzurechnen; bei einem Unterschiedsbetrag zugunsten des Steuerpflichtigen entfallen darauf festgesetzte Zinsen. ⁴Im Übrigen gilt Absatz 3 Satz 3 entsprechend.

(6) Die Absätze 1 bis 5 gelten bei der Durchführung des Lohnsteuer-Jahresausgleichs entsprechend.

(7) ¹Bei Anwendung des Absatzes 2a gelten die Absätze 3 und 5 mit der Maßgabe, dass der Unterschiedsbetrag in Teil-Unterschiedsbeträge mit jeweils gleichem Zinslaufbeginn aufzuteilen ist; für jeden Teil-Unterschiedsbetrag sind Zinsen gesondert und in der zeitlichen Reihenfolge der Teil-Unterschiedsbeträge zu berechnen, beginnend mit dem Zinsen auf den Teil-Unterschiedsbetrag mit dem ältesten Zinslaufbeginn. ²Ergibt sich ein Teil-Unterschiedsbetrag zugunsten des Steuerpflichtigen, entfallen auf diesen Betrag festgesetzte Zinsen frühestens ab Beginn des für diesen Teil-Unterschiedsbetrag maßgebenden Zinslaufs; Zinsen für den Zeitraum bis zum Beginn des Zinslaufs dieses Teil-Unterschiedsbetrags bleiben endgültig bestehen. ³Dies gilt auch, wenn zuvor innerhalb derselben Zinsberechnung Zinsen auf einen Teil-Unterschiedsbetrag zuungunsten des Steuerpflichtigen berechnet worden sind.

[1)] § 233a Abs. 2 Satz 2 AO geändert durch Art. 3 Nr. 7 des Steuervereinfachungsgesetzes 2011 vom 1. 11. 2011 (BGBl. 2011 I S. 2131, BStBl 2011 I S. 986) mit Wirkung ab 5. 11. 2011. Die Änderung gilt für alle Steuern, die nach dem 31. 12. 2009 entstehen (Art. 97 § 15 Abs. 11 EGAO).

Anwendungserlass zur Abgabenordnung

1 Zu § 233a – Verzinsung von Steuernachforderungen und Steuererstattungen:

Inhaltsübersicht[1)]

1.	Allgemeines
2.	Sachlicher und zeitlicher Geltungsbereich
3.	Zinsschuldner/-gläubiger
4.–9.	Zinslauf
10.	Zinslaufbeginn bei rückwirkenden Ereignissen und Verlustrückträgen
11.–13.	Grundsätze der Zinsberechnung
14.–40.	Zinsberechnung bei der erstmaligen Steuerfestsetzung
41.–59.	Zinsberechnung bei einer Korrektur der Steuerfestsetzung oder der Anrechnung von Steuerbeträgen
60.	Zinsberechnung bei sog. NV-Fällen
61.1–61.2	Zinsberechnung bei der Vermögensteuer
62.	Zinsberechnung bei Vorsteuer-Vergütungsansprüchen
63.–68.	Verhältnis zu anderen steuerlichen Nebenleistungen
69.–70.	Billigkeitsmaßnahmen
71.–73.	Rechtsbehelfe
74.	Berücksichtigung rückwirkender Ereignisse in Grundlagenbescheiden

Allgemeines

1. Die Verzinsung nach § 233a (Vollverzinsung) soll im Interesse der Gleichmäßigkeit der Besteuerung und zur Vermeidung von Wettbewerbsverzerrungen einen Ausgleich dafür schaffen, dass die Steuern trotz gleichen gesetzlichen Entstehungszeitpunkts, aus welchen Gründen auch immer, zu unterschiedlichen Zeitpunkten festgesetzt und erhoben werden. Die Verzinsung ist gesetzlich vorgeschrieben; die Zinsfestsetzung steht nicht im Ermessen der Finanzbehörde. Die Zinsen werden grundsätzlich im automatisierten Verfahren berechnet, festgesetzt und zum Soll gestellt. Die Zinsfestsetzung wird regelmäßig mit dem Steuerbescheid oder der Abrechnungsmitteilung verbunden.

Sachlicher und zeitlicher Geltungsbereich

2. *Die Verzinsung nach § 233a ist beschränkt auf die Festsetzung der Einkommen-, Körperschaft-, Vermögen-, Umsatz- und Gewerbesteuer (§ 233a Abs. 1 Satz 1). Zu verzinsen ist auch der Steuervergütungsanspruch nach § 18 Abs. 9 UStG i.V.m. §§ 59 ff. UStDV (BFH-Urteil vom 17. 4. 2008 – V R 41/06 – BStBl 2009 II, S. 2); zur Zinsberechnung vgl. auch Nr. 62. Von der Verzinsung ausgenommen sind die übrigen Steuern und Abgaben sowie Steuervorauszahlungen und Steuerabzugsbeträge (§ 233a Abs. 1 Satz 2); vgl. auch BFH-Beschluss vom 18. 9. 2007 – I R 15/05 – BStBl 2008 II, S. 332, und BVerfG-Beschluss vom 3. 9. 2009 – 1 BvR 1098/08 – BFH/NV, S. 2115. Auch bei der Nachforderung von Abzugsteuern gegenüber dem Arbeitnehmer (vgl. BFH-Urteil vom 17. 11. 2010 – I R 68/10 – BFH/NV 2011, S. 737), der Festsetzung der vom Arbeitgeber übernommenen Lohnsteuer sowie der Festsetzung der Umsatzsteuer im Abzugsverfahren erfolgt keine Verzinsung nach § 233a. Kirchensteuern werden nur verzinst, soweit die Landeskirchensteuergesetze dies vorsehen. Als Einfuhrabgabe unterliegt die Einfuhrumsatzsteuer den sinngemäß geltenden Vorschriften für Zölle, weshalb ein sich bei der Festsetzung von Einfuhrumsatzsteuer ergebender Unterschiedsbetrag nicht nach § 233a zu verzinsen ist (BFH-Urteil vom 23. 9. 2009 – VII R 44/08 – BStBl 2010 II, S. 334). Der AO lässt sich im Übrigen kein allgemeiner Grundsatz des Inhalts entnehmen, dass Ansprüche des Steuerpflichtigen aus dem Steuerschuldverhältnis auch ohne einzelgesetzliche Grundlage stets zu verzinsen sind (vgl. BFH-Urteil vom 16. 12. 2009 – I R 48/09 – BFH/NV 2010, S. 827).*

2 Zinsschuldner/-gläubiger

3. Bei der Verzinsung von Steuernachzahlungen ist der Steuerschuldner auch Zinsschuldner. Schulden mehrere Personen die Steuer als Gesamtschuldner, sind sie auch Gesamtschuldner der Zinsen. Bei der Verzinsung von Erstattungsansprüchen ist grundsätzlich der Gläubiger des Erstattungsanspruchs Zinsgläubiger. Die Aufteilung der Zinsen nach §§ 268 ff.

[1)] Änderung der Inhaltsübersicht zu Nrn. 61 und 62 nicht amtlich.

hat für die Zinsberechnung keine Bedeutung. Zur Abtretung eines Anspruchs auf Erstattungszinsen vgl. zu § 46, Nr. 1.

Zinslauf 3

4. Der Zinslauf beginnt im Regelfall 15 Monate nach Ablauf des Kalenderjahres, in dem die Steuer entstanden ist (Karenzzeit nach § 233a Abs. 2 Satz 1). Er endet mit Ablauf des Tages, an dem die Steuerfestsetzung wirksam wird (§ 233a Abs. 2 Satz 3). Sind Steuern zu verzinsen, die vor dem 1. 1. 1994 entstanden sind, endet der Zinslauf spätestens vier Jahre nach seinem Beginn (Art. 97 § 15 Abs. 8 EGAO). Der Zeitpunkt der Zahlung oder der Fälligkeit der Steuernachforderung oder der Steuererstattung ist grundsätzlich unbeachtlich.

5. Bei Steuerfestsetzungen durch Steuerbescheid endet der Zinslauf am Tag der Bekanntgabe des Steuerbescheids (§ 124 Abs. 1 Satz 1 i.V.m. § 122). Bei Umsatzsteuererklärungen mit einem Unterschiedsbetrag zuungunsten des Steuerpflichtigen endet der Zinslauf grundsätzlich am Tag des Eingangs der Steueranmeldung (§ 168 Satz 1). Bei zustimmungsbedürftigen Umsatzsteuererklärungen mit einem Unterschiedsbetrag zugunsten des Steuerpflichtigen endet der Zinslauf grundsätzlich mit Ablauf des Tages, an dem dem Steuerpflichtigen die Zustimmung der Finanzbehörde bekannt wird (vgl. zu § 168, Nrn. 3 und 4). Dies gilt auch in den Fällen, in denen die Zustimmung allgemein erteilt wird (vgl. zu § 168, Nr. 9).

6. Ein voller Zinsmonat (§ 238 Abs. 1 Satz 2) ist erreicht, wenn der Tag, an dem der Zinslauf endet, hinsichtlich seiner Zahl dem Tag entspricht, der dem Tag vorhergeht, an dem die Frist begann (BFH-Urteil vom 24. 7. 1996 – X R 119/92 – BStBl 1997 II, S. 6). Beginn der Zinslauf z.B. am 1. 4. und wurde die Steuerfestsetzung am 30. 4. bekannt gegeben, ist bereits ein voller Zinsmonat gegeben.

7. Behauptet der Steuerpflichtige, ihm sei der Steuerbescheid bzw. die erweiterte Abrechnungsmitteilung später als nach der Zugangsvermutung des § 122 Abs. 2 zugegangen, bleibt der ursprüngliche Bekanntgabetag für die Zinsberechnung maßgebend, wenn das Guthaben bereits erstattet wurde. Gleiches gilt, wenn der Steuerbescheid bzw. die Abrechnungsmitteilung nach einem erfolglosen Bekanntgabeversuch erneut abgesandt wird und das Guthaben bereits erstattet wurde. Wurde bei einer Änderung/Berichtigung einer Steuerfestsetzung vor ihrer Bekanntgabe ein Guthaben bereits erstattet, ist allerdings die Zinsfestsetzung im bekannt gegebenen Bescheid so durchzuführen, als ob das Guthaben noch nicht erstattet worden wäre.

8. *Für die Einkommen- und Körperschaftsteuer beträgt die Karenzzeit 23 Monate (bei Steuern, die vor dem 1. 1. 2010 entstehen, 21 Monate; vgl. Art. 97 § 15 Abs. 11 EGAO), wenn die Einkünfte aus Land- und Forstwirtschaft bei der erstmaligen Steuerfestsetzung für das jeweilige Jahr überwiegen (§ 233a Abs. 2 Satz 2); vgl. dazu auch das BFH-Urteil vom 13. 7. 2006 – IV R 5/05 – BStBl II, S. 881. Unter dieser Voraussetzung beginnt der Zinslauf für die Einkommen- und Körperschaftsteuer 2010 daher nicht bereits am 1. 4. 2012, sondern am 1. 12. 2012. Eine über die Karenzzeit hinaus gewährte Frist zur Abgabe der Steuererklärung ist für die Verzinsung unbeachtlich.*

9. *Stellt sich später heraus, dass die Einkünfte aus Land- und Forstwirtschaft die anderen Einkünfte nicht überwiegen, bleibt es gleichwohl bei der Karenzzeit von 23 Monaten. Umgekehrt bleibt es bei der Karenzzeit von 15 Monaten, wenn sich später herausstellt, dass entgegen den Verhältnissen bei der erstmaligen Steuerfestsetzung die Einkünfte aus Land- und Forstwirtschaft die übrigen Einkünfte überwiegen. Sind die Einkünfte aus Land- und Forstwirtschaft negativ, überwiegen die anderen Einkünfte, wenn diese positiv oder in geringerem Maße negativ sind.*

10. Zinslaufbeginn bei rückwirkenden Ereignissen und Verlustrückträgen

10.1 Soweit die Steuerfestsetzung auf der erstmaligen Berücksichtigung eines rückwirkenden Ereignisses oder eines Verlustrücktrags beruht, beginnt der Zinslauf nach § 233a Abs. 2a erst 15 Monate nach Ablauf des Kalenderjahres, in dem das rückwirkende Ereignis eingetreten oder der Verlust entstanden ist. Die steuerlichen Auswirkungen eines Verlustrücktrags bzw. eines rückwirkenden Ereignisses werden daher bei der Berechnung von Zinsen nach § 233a erst ab einem vom Regelfall abweichenden späteren Zinslaufbeginn berücksichtigt. Soweit § 10d Abs. 1 EStG entsprechend gilt bzw. Verluste nach Maßgabe des § 10d Abs. 1 EStG rücktragsfähig sind, ist § 233a Abs. 2a entsprechend anzuwenden (vgl. z. B. § 10b Abs. 1 Sätze 4 und 5 und § 23 Abs. 3 Satz 9 EStG).

10.2 Ob ein Ereignis steuerliche Rückwirkung hat, beurteilt sich nach dem jeweils anzuwendenden Steuergesetz (BFH-Urteil vom 26. 7. 1984 – IV R 10/83 – BStBl II, S. 786). Beispiele siehe Nr. 2.4 zu § 175.

§ 233a Abs. 2a ist auch dann anzuwenden, wenn ein rückwirkendes Ereignis bereits bei der erstmaligen Steuerfestsetzung berücksichtigt wird.

10.2.1 Bei einem zulässigen Wechsel der Veranlagungsart (Zusammenveranlagung nach bereits erfolgter getrennter Veranlagung; getrennte Veranlagung nach bereits erfolgter Zusammenveranlagung) beruhen sowohl die Aufhebung des/der ursprünglichen Bescheide(s) als auch der Erlass der/des neuen Bescheide(s) auf einem rückwirkenden Ereignis. Dies gilt unabhängig davon, ob es sich um den antragstellenden Ehegatten oder den anderen Ehegatten handelt. Dass die verfahrensrechtliche Umsetzung des Wechsels der Veranlagungsart beim antragstellenden Ehegatten nicht nach § 175 Abs. 1 Satz 1 Nr. 2 erfolgt, steht dem nicht entgegen. § 233a Abs. 2a findet sowohl bei der Aufhebung der ursprünglichen Veranlagung(en) als auch beim Erlass der/des neuen Steuerbescheide(s) für beide Ehegatten Anwendung.

10.3 Ausnahmen:

10.3.1 Durch den erstmaligen Beschluss über eine offene Gewinnausschüttung für ein abgelaufenes Wirtschaftsjahr wurde – im Rahmen des Anrechnungsverfahrens (§ 34 Abs. 12 Nr. 1 KStG) – kein abweichender Zinslauf gemäß § 233a Abs. 2a ausgelöst. Dies gilt auch dann, wenn dieser Beschluss erst nach Ablauf des folgenden Wirtschaftsjahres gefasst wurde (BFH-Urteil vom 29. 11. 2000 – I R 45/00 – BStBl 2001 II, S. 326). Um einen erstmaligen Gewinnverteilungsbeschluss in diesem Sinne handelt es sich jedoch nicht, wenn der Beschluss einen vorangegangenen Beschluss der Gesellschaft ersetzte, durch den der Gewinn des betreffenden Wirtschaftsjahres thesauriert worden war (BFH-Urteil vom 22. 10. 2003 – I R 15/03 – BStBl 2004 II, S. 398).

10.3.2 Die Korrektur eines für das Betriebsvermögen am Schluss des Wirtschaftsjahres maßgebenden Wertansatzes, der sich auf die Höhe des Gewinns der Folgejahre auswirkt, löst keinen abweichenden Zinslauf gemäß § 233a Abs. 2a aus. Zur Anwendung des § 175 Abs. 1 Satz 1 Nr. 2 vgl. zu § 175, Nr. 2.4.

10.4 Bei verdeckten Gewinnausschüttungen unter Geltung des Anrechnungsverfahrens stellt die nachträgliche Vorlage einer Bescheinigung gemäß §§ 44 bis 46 KStG über anrechenbare Körperschaftsteuer, aufgrund derer Einnahmen im Sinne von § 20 Abs. 1 Nr. 3 EStG zu erfassen sind, ein rückwirkendes Ereignis dar (vgl. BFH-Urteil vom 18. 4. 2000 – VIII R 75/98 – BStBl II, S. 423; siehe auch Art. 97 § 9 Abs. 3 EGAO). Der besondere Zinslauf ist dabei sowohl auf die Steuerfestsetzung als auch auf die Anrechnung anzuwenden.

10.5 Der besondere Zinslauf nach § 233a Abs. 2a endet mit Ablauf des Tages, an dem die Steuerfestsetzung wirksam wird (§ 233a Abs. 2 Satz 3). Sind Steuern zu verzinsen, die vor dem 1. 1. 1994 entstanden sind, endet der besondere Zinslauf spätestens vier Jahre nach seinem Beginn (Art. 97 § 15 Abs. 8 EGAO). § 233a Abs. 2a ist erstmals anzuwenden, soweit die Verluste oder rückwirkenden Ereignisse nach dem 31. 12. 1995 entstanden bzw. eingetreten sind (Art. 97 § 15 Abs. 8 EGAO).

4 Grundsätze der Zinsberechnung

11. Die Zinsen betragen für jeden vollen Monat des Zinslaufs einhalb vom Hundert (§ 238 Abs. 1 Satz 1). Für ihre Berechnung wird der zu verzinsende Betrag jeder Steuerart auf den nächsten durch fünfzig Euro teilbaren Betrag abgerundet (§ 238 Abs. 2). Dabei sind die zu verzinsenden Ansprüche zu trennen, wenn Steuerart, Zeitraum oder der Tag des Beginns des Zinslaufs voneinander abweichen (vgl. zu § 238, Nr. 2). Zinsen sind auf volle Euro zum Vorteil des Steuerpflichtigen gerundet festzusetzen (§ 239 Abs. 2 Satz 1); sie werden nur dann festgesetzt, wenn sie mindestens zehn Euro betragen (§ 239 Abs. 2 Satz 2). Die durch das StEuglG geänderten Regelungen in §§ 238 Abs. 2 und 239 Abs. 2 gelten in allen Fällen, in denen Zinsen nach dem 31. Dezember 2001 festgesetzt werden (Art. 97 § 15 Abs. 10 EGAO); entscheidend ist damit, wann die Zinsfestsetzung bekannt gegeben wird, und nicht, wann der Zinslauf begonnen oder geendet hat.

12. Für die Zinsberechnung gelten die Grundsätze der sog. Sollverzinsung. Berechnungsgrundlage ist der Unterschied zwischen dem festgesetzten Soll und dem vorher festgesetzten Soll (Vorsoll). Bei der Berechnung von Erstattungszinsen gelten allerdings Besonderheiten, wenn Steuerbeträge nicht oder nicht fristgerecht gezahlt wurden (§ 233a Abs. 3 Satz 3).

13. Es ist grundsätzlich unerheblich, ob das Vorsoll bei Fälligkeit getilgt worden ist. Ggf. treten insoweit besondere Zins- und Säumnisfolgen (z.B. Stundungszinsen, Säumniszuschläge) ein. Nachzahlungszinsen nach § 233a sind andererseits auch dann festzusetzen, wenn das Finanzamt vor Festsetzung der Steuer freiwillige Leistungen auf die Steuerschuld angenommen hat und hierdurch die festgesetzte Steuerschuld insgesamt erfüllt wird. Voraussetzung für die Verzinsung ist lediglich, dass die Steuerfestsetzung zu einem Unterschiedsbetrag nach § 233a Abs. 3 führt (§ 233a Abs. 1 Satz 1). Wegen des zeitanteiligen Erlasses von Nachzahlungszinsen in diesen Fällen vgl. Nr. 70.

Zinsberechnung bei der erstmaligen Steuerfestsetzung

14. Bei der erstmaligen Steuerfestsetzung (endgültige Steuerfestsetzung, vorläufige Steuerfestsetzung, Steuerfestsetzung unter Vorbehalt der Nachprüfung) ist Berechnungsgrundlage der Unterschied zwischen dem dabei festgesetzten Soll (festgesetzte Steuer abzüglich anzurechnender Steuerabzugsbeträge und anzurechnender Körperschaftsteuer) und dem Vorauszahlungssoll. Maßgebend sind die bis zum Beginn des Zinslaufs festgesetzten Vorauszahlungen (§ 233a Abs. 3 Satz 1). Einbehaltene und anzurechnende Steuerabzugsbeträge sind unabhängig vom Zeitpunkt der Zahlung durch den Abzugsverpflichteten zu berücksichtigen.

15. Vorauszahlungen können innerhalb der gesetzlichen Fristen (z.B. § 37 Abs. 3 Satz 3 EStG) von Amts wegen oder auf Antrag des Steuerpflichtigen angepasst werden (BFH-Urteil vom 10. 7. 2002 – X R 65/96 – BFH/NV S. 1567). Leistet der Steuerpflichtige vor Ablauf der Karenzzeit eine freiwillige Zahlung, ist dies als Antrag auf Anpassung der bisher festgesetzten Vorauszahlungen anzusehen. Zahlungen des Steuerpflichtigen, die ohne wirksame Festsetzung der Vorauszahlungen erfolgen, sind als freiwillige Zahlungen i.S.d. Nr. 70.1 zu behandeln. Eine nachträgliche Erhöhung der Vorauszahlungen zur Einkommen- oder Körperschaftsteuer erfolgt nur dann, wenn der Erhöhungsbetrag mindestens 5000 € beträgt (§ 37 Abs. 5 Satz 2 EStG, § 31 Abs. 1 KStG; vgl. auch BFH-Urteil vom 5. 6. 1996 – X R 234/93 – BStBl II, S. 503).

16. Bei der Umsatzsteuer kann der Steuerpflichtige eine Anpassung der Vorauszahlungen durch die Abgabe einer berichtigten Voranmeldung (§ 153 Abs. 1) herbeiführen. Die berichtigte Voranmeldung steht einer geänderten Steuerfestsetzung unter Vorbehalt der Nachprüfung gleich und bedarf keiner Zustimmung der Finanzbehörde, wenn sie zu einer Erhöhung der bisher zu entrichtenden Steuer oder einem geringeren Erstattungsbetrag führt (vgl. zu § 168, Nr. 12). Eine nach Ablauf der Karenzzeit abgegebene (erstmalige oder berichtigte) Voranmeldung ist bei der Berechnung des Unterschiedsbetrages nach § 233a Abs. 3 Satz 1 nicht zu berücksichtigen. In diesem Fall soll aber unverzüglich eine Festsetzung der Jahressteuer unter Vorbehalt der Nachprüfung erfolgen.

17. Leistet der Steuerpflichtige nach Ablauf der Karenzzeit eine freiwillige Zahlung, soll bei Vorliegen der Steuererklärung unverzüglich eine Steuerfestsetzung erfolgen. Diese Steuerfestsetzung kann zur Beschleunigung auch durch eine personelle Festsetzung unter Vorbehalt der Nachprüfung erfolgen. In diesem Fall kann sich die Steuerfestsetzung auf die bisher festgesetzten Vorauszahlungen zuzüglich der freiwillig geleisteten Zahlung beschränken. Auf die Angabe der Besteuerungsgrundlagen kann dabei verzichtet werden.

18. Bei der freiwilligen Zahlung kann grundsätzlich unterstellt werden, dass die Zahlung ausschließlich auf die Hauptsteuer (Einkommen- bzw. Körperschaftsteuer) entfällt. Die Folgesteuern sind ggf. daneben festzusetzen und zu erheben.

19. Ergibt sich bei der ersten Steuerfestsetzung ein Unterschiedsbetrag zuungunsten des Steuerpflichtigen (Mehrsoll), werden Nachzahlungszinsen für die Zeit ab Beginn des Zinslaufs bis zur Wirksamkeit der Steuerfestsetzung berechnet (§ 233a Abs. 2 Satz 3).

20. **Beispiel 1:**
Einkommensteuer 2004
Steuerfestsetzung vom 8. 12. 2006, bekannt gegeben am 11. 12. 2006	21 000 €
abzüglich anzurechnende Steuerabzugsbeträge	./. 1 000 €
Soll:	20 000 €
abzüglich festgesetzte Vorauszahlungen:	./. 13 000 €
Unterschiedsbetrag (Mehrsoll):	7 000 €

Zu verzinsen sind 7000 € zuungunsten des Steuerpflichtigen
für die Zeit vom 1. 4. 2006 bis 11. 12. 2006
(8 volle Monate × 0,5 v.H. = 4 v.H.).
festzusetzende Zinsen (Nachzahlungszinsen): 280 €

21. Ergibt sich ein Unterschiedsbetrag zugunsten des Steuerpflichtigen (Mindersoll), ist dieser ebenfalls Grundlage der Zinsberechnung. Um Erstattungszinsen auf festgesetzte, aber nicht entrichtete Vorauszahlungen zu verhindern, ist nur der tatsächlich zu erstattende Betrag – und zwar für den Zeitraum zwischen der Zahlung der zu erstattenden Beträge und der Wirksamkeit der Steuerfestsetzung – zu verzinsen (§ 233a Abs. 3 Satz 3).

22. **Beispiel 2:**
Einkommensteuer 2004
Steuerfestsetzung vom 8. 12. 2006, bekannt gegeben am 11. 12. 2006	1 000 €
abzüglich anzurechnende Steuerabzugsbeträge	./. 1 000 €
Soll:	0 €
abzüglich festgesetzte Vorauszahlungen:	./. 13 000 €
Unterschiedsbetrag (Mindersoll)	./. 13 000 €

§ 233a AO
AEAO

Da der Steuerpflichtige am 8. 6. 2006 5000 € gezahlt hat
und darüber hinaus keine weiteren Zahlungen erfolgt sind,
sind lediglich 5 000 € zu erstatten.
Zu verzinsen sind 5 000 € zugunsten des Steuerpflichtigen für
die Zeit vom 8. 6. 2006 bis 11. 12. 2006
(6 volle Monate × 0,5 v.H. = 3 v.H.).
festzusetzende Zinsen (Erstattungszinsen): ./. 150 €

23. Besteht der zu erstattende Betrag aus mehreren Einzahlungen, richtet sich der Zinsberechnungszeitraum nach der Einzahlung des jeweiligen Teilbetrags, wobei unterstellt wird, dass die Erstattung zuerst aus dem zuletzt gezahlten Betrag erfolgt.

24. Der Erstattungsbetrag ist für die Zinsberechnung auf den nächsten durch fünfzig Euro teilbaren Betrag abzurunden (z.B. ist ein Erstattungsbetrag von 375 € auf 350 € abzurunden). Ist mehr als ein Betrag (mehrere Einzahlungen) zu verzinsen, so ist der durch die Rundung auf volle fünfzig Euro sich ergebende Spitzenbetrag vom Teilbetrag mit dem ältesten Wertstellungstag abzuziehen.

25. Die Verzinsung des zu erstattenden Betrages erfolgt nur bis zur Höhe des Mindersolls. Freiwillig geleistete Zahlungen sollen zum Anlass genommen werden, die bisher festgesetzten Vorauszahlungen anzupassen (vgl. Nrn. 15 und 16) oder die Jahressteuer unverzüglich festzusetzen (vgl. Nr. 17). Bis zur Festsetzung der Vorauszahlung oder der Jahressteuer sind sie aber zur Vermeidung von Missbräuchen von der Verzinsung ausgeschlossen.

26. **Beispiel 3:**
Einkommensteuer 2004
Steuerfestsetzung vom 19. 7. 2006, bekannt gegeben am 24. 7. 2006   14 000 €
abzüglich anzurechnende Steuerabzugsbeträge   ./. 2 000 €
Soll: 12 000 €
abzüglich festgesetzter Vorauszahlungen: ./. 13 000 €
Unterschiedsbetrag (Mindersoll)   ./. 1 000 €
Der Steuerpflichtige hat die Vorauszahlungen jeweils bei
Fälligkeit entrichtet; am 20. 6. 2006 zahlte er zusätzlich
freiwillig 7 000 €. Zu erstatten sind daher insgesamt 8000 €.
Zu verzinsen sind 1 000 € zugunsten des Steuerpflichtigen
für die Zeit vom 1. 4. 2006 bis 24. 7. 2006
(3 volle Monate × 0,5 v.H. = 1,5 v.H.).
festzusetzende Zinsen (Erstattungszinsen):   ./. 15 €

27. Bei der Ermittlung freiwilliger (Über-)Zahlungen des Steuerpflichtigen, die bei der Berechnung der Erstattungszinsen außer Ansatz bleiben, sind die zuletzt eingegangenen, das Vorauszahlungssoll übersteigenden Zahlungen als freiwillig anzusehen.

28. Wenn bei der erstmaligen Steuerfestsetzung ein rückwirkendes Ereignis oder ein Verlustrücktrag berücksichtigt wurde, beginnt der Zinslauf insoweit erst 15 Monate nach Ablauf des Kalenderjahres, in dem dieses rückwirkende Ereignis eingetreten oder der Verlust entstanden ist (§ 233a Abs. 2a). Der Unterschiedsbetrag nach § 233a Abs. 3 Satz 1 ist deshalb in Teil-Unterschiedsbeträge aufzuteilen, soweit diese einen unterschiedlichen Zinslaufbeginn nach § 233a Abs. 2 und Abs. 2a haben (§ 233a Abs. 7 Satz 1 1. Halbsatz). Innerhalb dieser Teil-Unterschiedsbeträge sind Sollminderungen und Sollerhöhungen mit gleichem Zinslaufbeginn zu saldieren.

29. Die Teil-Unterschiedsbeträge sind in ihrer zeitlichen Reihenfolge, beginnend mit dem ältesten Zinslaufbeginn, zu ermitteln (§ 233a Abs. 7 Satz 1 2. Halbsatz). Dabei ist unerheblich, ob sich der einzelne Teil-Unterschiedsbetrag zugunsten oder zuungunsten des Steuerpflichtigen auswirkt.

Zunächst ist die fiktive Steuer zu ermitteln, die sich ohne Berücksichtigung rückwirkender Ereignisse und Verlustrückträge ergeben würde. Die Differenz zwischen dieser fiktiven Steuer, vermindert um anzurechnende Steuerabzugsbeträge und anzurechnende Körperschaftsteuer, und den festgesetzten Vorauszahlungen ist der erste für die Zinsberechnung maßgebliche Teil-Unterschiedsbetrag.

Im nächsten Schritt ist auf der Grundlage dieser fiktiven Steuerermittlung die fiktive Steuer zu berechnen, die sich unter Berücksichtigung der rückwirkenden Ereignisse oder Verlustrückträge mit dem ältesten Zinslaufbeginn ergeben würde. Die Differenz zwischen dieser und der zuvor ermittelten fiktiven Steuer, jeweils vermindert um anzurechnende Steuerabzugsbeträge und anzurechnende Körperschaftsteuer, ist der für die Zinsberechnung maßgebliche zweite Teil-Unterschiedsbetrag. Dies gilt entsprechend für weitere Teil-Unterschiedsbeträge mit späterem Zinslaufbeginn.

30. **Beispiel 4:**
    Einkommensteuer 2004

	z.v.E.[1]	Steuer
erstmalige Steuerfestsetzung:	50000 €	14801 €
dabei wurden berücksichtigt:		
– Verlustrücktrag aus 2005	./. 7500 €	
– rückwirkendes Ereignis aus 2006	2500 €	
abzüglich anzurechnende Steuerabzugsbeträge		./. 0 €
Soll:		14801 €
abzüglich festgesetzte Vorauszahlungen		./. 10550 €
Unterschiedsbetrag (Mehrsoll):		+ 4251 €

Ermittlung der Teil-Unterschiedsbeträge:

	z.v.E.	Steuer	
• Vorsoll		10550 €	
(festgesetzte Vorauszahlungen)			
• 1. Schattenveranlagung	55000 €	17200 €	
(Steuerfestsetzung ohne Berücksichtigung			
des Verlustrücktrags und des rückwirkenden			
Ereignisses):			
abzüglich anzurechnende Steuerabzugsbeträge		./. 0 €	
fiktives Soll:		17200 €	
Erster Teil-Unterschiedsbetrag =			+ 6650 €
• 2. Schattenveranlagung	47500 €	13634 €	
(1. Schattenveranlagung + Verlustrücktrag			
aus 2005)			
abzüglich anzurechnende Steuerabzugsbeträge		./. 0 €	
fiktives Soll:		13634 €	
Zweiter Teil-Unterschiedsbetrag =			+ 3566 €
• 3. Schattenveranlagung	50000 €	14801 €	
(2. Schattenveranlagung + rückwirkendes			
Ereignis aus 2006):			
abzüglich anzurechnende Steuerabzugsbeträge		./. 0 €	
fiktives Soll:		14801 €	
Dritter Teil-Unterschiedsbetrag =			+ 1167 €
Summe der Teil-Unterschiedsbeträge:			+ 4251 €

31. Alle Teil-Unterschiedsbeträge sind jeweils gesondert auf den nächsten durch fünfzig Euro teilbaren Betrag abzurunden, da der Zinslauf für die zu verzinsenden Beträge zu jeweils abweichenden Zeitpunkten beginnt (§ 238 Abs. 2).

32. Die auf die einzelnen Teil-Unterschiedsbeträge entfallenden Zinsen sind eigenständig und in ihrer zeitlichen Reihenfolge zu berechnen, beginnend mit den Zinsen auf den Teil-Unterschiedsbetrag mit dem ältesten Zinslaufbeginn (§ 233a Abs. 7 Satz 1 2. Halbsatz). Dabei ist für jeden Zinslauf bzw. Zinsberechnungszeitraum eigenständig zu prüfen, inwieweit jeweils volle Zinsmonate vorliegen.

33. **Beispiel 5:**
    Einkommensteuer 2004

	z.v.E.	Steuer
Steuerfestsetzung vom 11. 12. 2006, bekannt gegeben am 14. 12. 2006	60723 €	19306 €
abzüglich anzurechnende Steuerabzugsbeträge		./. 1000 €
Soll:		18306 €
abzüglich festgesetzte Vorauszahlungen:		./. 12000 €
Unterschiedsbetrag (Mehrsoll):		+ 6306 €

Bei dieser Steuerfestsetzung wurde ein rückwirkendes Ereignis aus 2005 (Erhöhung des z.v.E. um 2492 €) berücksichtigt.

---
[1] z.v.E. = zu versteuerndes Einkommen.

§ 233a AO
AEAO

	z.v.E.	Steuer
Ermittlung der Teil-Unterschiedsbeträge:		

- Vorsoll
(festgesetzte Vorauszahlungen) ... 12000 €
- 1. Schattenveranlagung
(Steuerfestsetzung ohne Berücksichtigung
des rückwirkenden Ereignisses): ... 58231 € ... 18135 €
abzüglich anzurechnende Steuerabzugsbeträge ... ./. 1000 €
fiktives Soll: ... 17135 €
Erster Teil-Unterschiedsbetrag = ... + 5135 €
- 2. Schattenveranlagung ... 60723 € ... 19306 €
(1. Schattenveranlagung + rückwirkendes
Ereignis aus 2005)
abzüglich anzurechnende Steuerabzugsbeträge ... ./. 1000 €
fiktives Soll ... 18306 €
Zweiter Teil-Unterschiedsbetrag = ... + 1171 €
Summe der Teil-Unterschiedsbeträge: ... + 6306 €
Zinsberechnung:
Teil-Unterschiedsbetrag mit Zinslaufbeginn 1. 4. 2006: ... + 5135 €
Teil-Unterschiedsbetrag mit Zinslaufbeginn 1. 4. 2007: ... + 1171 €
Verzinsung des Teil-Unterschiedsbetrags mit Zinslaufbeginn 1. 4. 2006:
Zu verzinsen sind 5100 € zuungunsten des Steuerpflichtigen für die Zeit vom 1. 4. 2006 bis 14. 12. 2006
(8 volle Monate × 0,5 v.H. = 4 v.H.).
Nachzahlungszinsen = ... 204 €
Abrundung gem. § 238 Abs. 2: ... 35 €
Verzinsung des Teil-Unterschiedsbetrags mit Zinslaufbeginn 01. 04. 2007:
Hinsichtlich des Teil-Unterschiedsbetrags von 1171 €
sind keine Nachzahlungszinsen zu berechnen, da die
für ihn maßgebliche Karenzzeit im Zeitpunkt der Steuerfestsetzung noch nicht abgelaufen ist. ... 0 €
Insgesamt festzusetzende Zinsen (Nachzahlungszinsen): ... 204 €

34. **Beispiel 6:**

Einkommensteuer 2004

	z.v.E.	Steuer
Steuerfestsetzung vom 10. 12. 2007, bekannt gegeben am 13. 12. 2007	57781 €	17924 €
abzüglich anzurechnende Steuerbeträge		./. 1000 €
Soll:		16924 €
abzüglich festgesetzte Vorauszahlungen:		./. 12000 €
Unterschiedsbetrag (Mehrsoll):		+ 4924 €

Bei dieser Steuerfestsetzung wurde ein rückwirkendes Ereignis aus 2005 (Erhöhung des
z.v.E. um 2571 €) berücksichtigt.

Ermittlung der Teil-Unterschiedsbeträge:

	z.v.E.	Steuer
• Vorsoll (festgesetzte Vorauszahlungen)		12000 €
• 1. Schattenveranlagung (Steuerfestsetzung ohne Berücksichtigung des rückwirkenden Ereignisses)	55210 €	16715 €
abzüglich anzurechnende Steuerabzugsbeträge		./. 1000 €
fiktives Soll:		15715 €
Erster Teil-Unterschiedsbetrag =		+ 3715 €
• 2. Schattenveranlagung (1. Schattenveranlagung + rückwirkendes Ereignis aus 2005)	57781 €	17924 €
abzüglich anzurechnende Steuerabzugsbeträge		./. 1000 €
fiktives Soll:		16924 €
Zweiter Teil-Unterschiedsbetrag =		+ 1209 €
Summe der Teil-Unterschiedsbeträge:		+ 4924 €

666

Zinsberechnung:
Teil-Unterschiedsbetrag mit Zinslaufbeginn 1. 4. 2006: + 3715 €
Teil-Unterschiedsbetrag mit Zinslaufbeginn 1. 4. 2007: + 1209 €
Verzinsung des Teil-Unterschiedsbetrags mit Zinslaufbeginn 1. 4. 2006:
Zu verzinsen sind 3700 € zuungunsten des Steuerpflichtigen für die Zeit vom 1. 4. 2006 bis 13. 12. 2007
(20 volle Monate × 0,5 v.H. = 10 v.H.).
Nachzahlungszinsen: 370 €
Abrundung gem. § 238 Abs. 2: 15 €
Verzinsung des Teil-Unterschiedsbetrags mit Zinslaufbeginn 1. 4. 2007:
Zu verzinsen sind 1200 € zuungunsten des Steuerpflichtigen für die Zeit vom 1. 4. 2007 bis 13. 12. 2007
(8 volle Monate × 0,5 v.H. = 4 v.H.).
Nachzahlungszinsen: 48 €
Abrundung gem. § 238 Abs. 2: 9 €
Insgesamt festzusetzende Zinsen: 418 €

35. Bei Teil-Unterschiedsbeträgen zugunsten des Steuerpflichtigen ist die Berechnung von Erstattungszinsen auf den fiktiv zu erstattenden Betrag begrenzt. Dazu sind alle maßgeblichen Zahlungen und der jeweilige Tag der Zahlung zu ermitteln. Durch Gegenüberstellung dieser Zahlungen und der nach Nr. 29 ermittelten fiktiven Steuer, vermindert um anzurechnende Steuerabzugsbeträge und anzurechnende Körperschaftsteuer, ergibt sich der fiktive Erstattungsbetrag.

    Die Verzinsung der einzelnen Teil-Unterschiedsbeträge beginnt frühestens mit dem Tag der Zahlung. Besteht der zu erstattende Betrag aus mehreren Einzahlungen, richtet sich der Zinsberechnungszeitraum nach der Einzahlung des jeweiligen Teilbetrags, wobei unterstellt wird, dass die Erstattung zuerst aus dem zuletzt gezahlten Betrag erfolgt. Bei weiteren Teil-Unterschiedsbeträgen zugunsten des Steuerpflichtigen bleiben die bereits bei einer vorangegangenen Zinsberechnung berücksichtigten Zahlungen außer Betracht.

    Ist bei einem Teil-Unterschiedsbetrag zugunsten des Steuerpflichtigen mehr als ein Betrag (mehrere Einzahlungen) zu verzinsen, so ist der durch die Rundung auf den nächsten durch fünfzig Euro teilbaren sich ergebende Spitzenbetrag jeweils vom Teilbetrag mit dem ältesten Wertstellungstag abzuziehen.

36. **Beispiel 7:**
    Einkommensteuer 2004

	z.v.E.	Steuer
Steuerfestsetzung vom 11. 12. 2006, bekannt gegeben am 14. 12. 2006	10113 €	509 €
abzüglich anzurechnende Steuerabzugsbeträge		./. 250 €
Soll:		259 €
abzüglich festgesetzte Vorauszahlungen:		./.12750 €
Unterschiedsbetrag (Mindersoll):		./.12491 €

    Alle Vorauszahlungen wurden bereits in 2004 entrichtet, so dass 12491 € zu erstatten sind.
    Bei der Steuerfestsetzung wurde ein rückwirkendes Ereignis aus 2005 (Minderung des z.v.E. um 7587 €) berücksichtigt.

    Ermittlung der Teil-Unterschiedsbeträge:

	z.v.E.	Steuer
• Vorsoll (festgesetzte Vorauszahlungen)		12750 €
• 1. Schattenveranlagung (Steuerfestsetzung ohne Berücksichtigung des rückwirkenden Ereignisses)	17700 €	2419 €
abzüglich anzurechnende Steuerabzugsbeträge		./. 250 €
fiktives Soll:		2169 €
Erster Teil-Unterschiedsbetrag =		./. 10581 €
• 2. Schattenveranlagung (1. Schattenveranlagung + rückwirkendes Ereignis aus 2005)	10113 €	509 €
abzüglich anzurechnende Steuerabzugsbeträge		./. 250 €
fiktives Soll:		259 €

§ 233a AO
AEAO

Zweiter Teil-Unterschiedsbetrag = ./. 1910 €
Summe der Teil-Unterschiedsbeträge: ./. 12491 €
Zinsberechnung:
Teil-Unterschiedsbetrag mit Zinslaufbeginn 1. 4. 2006: ./. 10581 €
Teil-Unterschiedsbetrag mit Zinslaufbeginn 1. 4. 2007: ./. 1910 €
Verzinsung des Teil-Unterschiedsbetrags mit Zinslaufbeginn 1. 4. 2006:

Gegenüberstellung der maßgeblichen Zahlungen und des fiktiven Solls				
Zahlung	Tag der Zahlung	fiktives Soll	fiktive Erstattung	unverzinster Zahlungsrest
3250 €	10. 12. 2004	3250 €		0 €
3250 €	10. 09. 2004	3250 €		0 €
3250 €	10. 06. 2004	3250 €		0 €
3000 €	10. 03. 2004	831 €		2169 €
12750 €		2169 €	10581 €	2169 €

Zu verzinsen sind 10550 € zugunsten des Steuer-
pflichtigen für die Zeit vom 1. 4. 2006 bis 14. 12. 2006
(8 volle Monate × 0,5 v.H. = 4 v.H.).
Zinsen: ./. 422 €
Abrundung gem. § 238 Abs. 2: 31 €
Verzinsung des Teil-Unterschiedsbetrags mit Zinslaufbeginn 1. 4. 2007:

Hinsichtlich des Teil-Unterschiedsbetrags von 1910 € sind keine   0 €
Erstattungszinsen zu berechnen, da die für ihn maßgebliche
Karenzzeit im Zeitpunkt der Steuerfestsetzung noch nicht abgelau-
fen ist.
Insgesamt festzusetzende Zinsen (Erstattungszinsen): ./. 422 €

37. **Beispiel 8:**

Einkommensteuer 2004
                                                        z.v.E.   Steuer
Steuerfestsetzung vom 10. 12. 2007,   10660 €   626 €
bekannt gegeben am 13. 12. 2007
abzüglich anzurechnende Steuerabzugsbeträge   ./. 350 €
Soll: 276 €
abzüglich festgesetzte Vorauszahlungen: ./.12650 €
Unterschiedsbetrag (Mindersoll):   ./.12374 €
Der Steuerpflichtige hat bis zum 30. 3. 2006
insgesamt 7500 € sowie am 3. 9. 2007
zusätzlich 5000 € entrichtet. Zu erstatten sind
deshalb nur 12224 €.
Bei der Steuerfestsetzung wurde ein rückwirkendes Ereignis aus 2005 (Minderung
des z.v.E. um 8088 €) berücksichtigt.
Ermittlung der Teil-Unterschiedsbeträge:
                                                        z.v.E.   Steuer
- Vorsoll   12650 €
  (festgesetzte Vorauszahlungen)
- 1. Schattenveranlagung   18748 €   2713 €
  (Steuerfestsetzung ohne Berücksichtigung
  des rückwirkenden Ereignisses):
  abzüglich anzurechnende Steuerbeträge   ./. 350 €
  fiktives Soll: 2363 €
  Erster Teil-Unterschiedsbetrag =   ./. 10287 €
- 2. Schattenveranlagung   10660 €   626 €
  (1. Schattenveranlagung + rückwirkendes
  Ereignis aus 2005)
  abzüglich anzurechnende Steuerabzugsbeträge   ./. 350 €
  fiktives Soll: 276 €
  Zweiter Teil-Unterschiedsbetrag =   ./. 2087 €
  Summe der Teil-Unterschiedsbeträge: ./. 12374 €

Zinsberechnung:
Teil-Unterschiedsbetrag mit Zinslaufbeginn 1. 4. 2006: ./. 10287 €
Teil-Unterschiedsbetrag mit Zinslaufbeginn 1. 4. 2007: ./. 2087 €

Verzinsung des Teil-Unterschiedsbetrags mit Zinslaufbeginn 1. 4. 2006:

Gegenüberstellung der maßgeblichen Zahlungen und des fiktiven Solls				
Zahlung	Tag der Zahlung	fiktives Soll	fiktive Erstattung	unverzinster Zahlungsrest
5000 €	03. 09. 2007	5000 €		0 €
2500 €	10. 12. 2004	2500 €		0 €
2500 €	10. 09. 2004	2500 €		0 €
1250 €	10. 06. 2004		137 €	1113 €
1250 €	10. 03. 2004		0 €	1250 €
12500 €		2363 €	10137 €	2363 €

Zu verzinsen sind 5000 € zugunsten des Steuerpflichtigen für die Zeit vom 3. 9. 2007 bis 13. 12. 2007
(3 volle Monate × 0,5 v.H. = 1,5 v.H.).
Zinsen (Erstattungszinsen): ./. 75 €
Zu verzinsen sind 5100 € zugunsten des Steuerpflichtigen für die Zeit vom 1. 4. 2006 bis 13. 12. 2006
(20 volle Monate × 0,5 v.H. = 10 v.H.).
Zinsen (Erstattungszinsen): ./. 510 €
Abrundung nach § 238 Abs. 2: 37 €

Verzinsung des Teil-Unterschiedsbetrags mit Zinslaufbeginn 1. 4. 2007:

Gegenüberstellung der maßgeblichen Zahlungen und des fiktiven Solls				
Zahlung	Tag der Zahlung	fiktives Soll	fiktive Erstattung	unverzinster Zahlungsrest
0 €	03. 09. 2007	0 €		0 €
0 €	10. 12. 2004	0 €		0 €
0 €	10. 09. 2004	0 €		0 €
1113 €	10. 06. 2004		1113 €	0 €
1250 €	10. 03. 2004		974 €	276 €
2363 €		276 €	2087 €	276 €

Zu verzinsen sind 2050 € zugunsten des Steuerpflichtigen für die Zeit vom 1. 4. 2007 bis 13. 12. 2007
(8 volle Monate × 0,5 v.H. = 4 v.H.).
Zinsen (Erstattungszinsen): ./. 82 €
Abrundung nach § 238 Abs. 2: 37 €
Insgesamt festzusetzende Zinsen (Erstattungszinsen): ./. 667 €

38. Bei Teil-Unterschiedsbeträgen zugunsten des Steuerpflichtigen sind neben der Berechnung von Erstattungszinsen die zuvor auf den Herabsetzungsbetrag ggf. berechneten Nachzahlungszinsen zu mindern. Nachzahlungszinsen entfallen dabei allerdings frühestens ab dem Zeitpunkt, in dem der Zinslauf des Teil-Unterschiedsbetrags zugunsten des Steuerpflichtigen beginnt; Nachzahlungszinsen für den Zeitraum bis zum Beginn des Zinslaufs des Teil-Unterschiedsbetrags zugunsten des Steuerpflichtigen bleiben endgültig bestehen (§ 233a Abs. 7 Satz 2 AO). Nachzahlungszinsen mit unterschiedlichem Zinslaufbeginn sind in ihrer zeitlichen Reihenfolge, beginnend mit den Nachzahlungszinsen mit dem ältesten Zinslaufbeginn, zu mindern.

§ 233a AO
AEAO

39. **Beispiel 9:**

Einkommensteuer 2004

	z.v.E.	Steuer
Steuerfestsetzung vom 9. 12. 2008, bekannt gegeben am 12. 12. 2008	35867 €	8376 €
abzüglich anzurechnende Steuerabzugsbeträge		./. 1000 €
Soll		7376 €
abzüglich festgesetzte Vorauszahlungen:		./. 9550 €
Unterschiedsbetrag (Mindersoll):		./. 2174 €

Der Steuerpflichtige hat bis zum 31. 3. 2006 insgesamt 7000 € sowie am 2. 6. 2007 weitere 2550 € gezahlt.
Bei dieser Steuerfestsetzung wurden ein rückwirkendes Ereignis aus 2005 (Erhöhung des z.v.E. um 2500 €) sowie ein rückwirkendes Ereignis aus 2006 (Minderung des z.v.E. um 17500 €) berücksichtigt.

Ermittlung der Teil-Unterschiedsbeträge:

	z.v.E.	Steuer	
• Vorsoll (festgesetzte Vorauszahlungen)		9550 €	
1. Schattenveranlagung (Steuerfestsetzung ohne Berücksichtigung der rückwirkenden Ereignisse aus 2005 und 2006):	50867 €	14679 €	
abzüglich anzurechnende Steuerabzugsbeträge		./. 1000 €	
fiktives Soll:		13679 €	
Erster Teil-Unterschiedsbetrag =			+ 4129 €
• 2. Schattenveranlagung (1. Schattenveranlagung + rückwirkendes Ereignis aus 2005):	53367 €	15850 €	
abzüglich anzurechnende Steuerabzugsbeträge		./. 1000 €	
fiktives Soll:		14850 €	
Zweiter Teil-Unterschiedsbetrag =			+ 1171 €
• 3. Schattenveranlagung (2. Schattenveranlagung + rückwirkendes Ereignis aus 2006):	35867 €	8376 €	
abzüglich anzurechnende Steuerabzugsbeträge		./. 1000 €	
fiktives Soll:		7376 €	
Dritter Teil-Unterschiedsbetrag =			./. 7474 €
Summe der Teil-Unterschiedsbeträge:			./. 2174 €

Zinsberechnung:

Teil-Unterschiedsbetrag mit Zinslaufbeginn 1. 4. 2006:	+ 4129 €
Teil-Unterschiedsbetrag mit Zinslaufbeginn 1. 4. 2007:	+ 1171 €
Teil-Unterschiedsbetrag mit Zinslaufbeginn 1. 4. 2008:	./. 7474 €

Verzinsung des Teil-Unterschiedsbetrags mit Zinslaufbeginn 1. 4. 2006:
Zu verzinsen sind 4100 € zuungunsten des Steuerpflichtigen für die Zeit vom 1. 4. 2006 bis 12. 12. 2008
(32 volle Monate × 0,5 v.H. = 16 v.H.)

Zinsen (Nachzahlungszinsen):		656 €
Abrundung nach § 238 Abs. 2:	29 €	

Verzinsung des Teil-Unterschiedsbetrags mit Zinslaufbeginn 1. 4. 2007:
Zu verzinsen sind 1150 € zuungunsten des Steuerpflichtigen für die Zeit vom 1. 4. 2007 bis 12. 12. 2008
(20 volle Monate × 0,5 v.H. = 10 v.H.)

Zinsen (Nachzahlungszinsen):		115 €
Abrundung nach § 238 Abs. 2:	21 €	

§ 233a AO
AEAO

Verzinsung des Teil-Unterschiedsbetrags mit Zinslaufbeginn 1. 4. 2008:

Gegenüberstellung der maßgeblichen Zahlungen und des fiktiven Solls

Zahlung	Tag der Zahlung	fiktives Soll	fiktive Erstattung	unverzinster Zahlungsrest
2550 €	02. 06. 2007		2174 €	376 €
2000 €	10. 12. 2004		0 €	2000 €
2000 €	10. 09. 2004		0 €	2000 €
2000 €	10. 06. 2004		0 €	2000 €
1000 €	10. 03. 2004		0 €	1000 €
9550 €		7376 €	2174 €	7376 €

Zu verzinsen ist höchstens der fiktiv zu erstattende
Betrag von 2150 € für die Zeit vom 1. 4. 2008
bis zum 12. 12. 2008
(8 volle Monate × 0,5 v.H. = 4 v.H.).
Zinsen (Erstattungszinsen): ./. 86 €
Abrundung nach § 238 Abs. 2: 24 €
Minderung zuvor berechneter Nachzahlungszinsen:
  4129 €   abgerundet: 4100 €
./. 7474 €
./. 3345 €   maximal: ./. 0 €
                                4100 €
4100 € vom 1. 4. 2008 bis zum 12. 12. 2008   ./. 164 €
(8 volle Monate × 0,5 v.H. = 4 v.H.)
  1171 €   abgerundet: 1150 €
./. 3345 €
./. 2174 €   maximal: ./. 0 €
                                1150 €
1150 € vom 1. 4. 2008 bis zum 12. 12. 2008   ./. 46 €
(8 volle Monate × 0,5 v.H. = 4 v.H.)
                                  ./. 210 €   ./. 210 €
Insgesamt festzusetzende Zinsen: 475 €

Anmerkung:
Ergibt sich ein Teil-Unterschiedsbetrag zugunsten des Steuerpflichtigen, entfallen auf diesen Betrag zuvor berechnete Zinsen nach § 233a Abs. 7 Satz 2 1. Halbsatz frühestens ab Beginn des für diesen Teil-Unterschiedsbetrag maßgebenden Zinslaufs. Zinsen für den Zeitraum bis zum Beginn des Zinslaufs dieses Teil-Unterschiedsbetrags bleiben nach § 233a Abs. 7 Satz 2 2. Halbsatz endgültig bestehen. Deshalb können die für den Zeitraum bis zum 31. 3. 2008 verbliebenen Nachzahlungszinsen auch in späteren Zinsfestsetzungen nicht mehr gemindert werden.

40. Wenn bei der Zinsberechnung mehrere Teil-Unterschiedsbeträge zu berücksichtigen sind, sind Zinsen nur dann festzusetzen, wenn die Summe der auf die einzelnen Teil-Unterschiedsbeträge berechneten Zinsen mindestens zehn Euro beträgt (§ 239 Abs. 2 Satz 2). Nach § 239 Abs. 2 Satz 1 sind Zinsen auf volle Euro zum Vorteil des Steuerpflichtigen abzurunden. Maßgebend für die festzusetzenden Zinsen, d.h. die Summe der auf die einzelnen Teil-Unterschiedsbeträge berechneten Zinsen.

Sofern die Summe aller fiktiven Erstattungen größer ist als die tatsächliche Erstattung, ist der Differenzbetrag für spätere Zinsberechnungen als fiktive Zahlung zu berücksichtigen. Als Zahlungstag dieser fiktiven Zahlung ist der Tag zu berücksichtigen, an dem die Steuerfestsetzung bzw. die Steueranmeldung wirksam geworden ist.

Zinsberechnung bei einer Korrektur der Steuerfestsetzung oder der Anrechnung von Steuerbeträgen

41. Falls anlässlich einer Steuerfestsetzung Zinsen festgesetzt wurden, löst die Aufhebung, Änderung oder Berichtigung dieser Steuerfestsetzung eine Änderung der bisherigen Zinsfestsetzung aus (§ 233a Abs. 5 Satz 1 1. Halbsatz). Dabei ist es gleichgültig, worauf die Aufhebung, Änderung oder Berichtigung beruht (z.B. auch Änderung durch Einspruchsentscheidung oder durch oder aufgrund der Entscheidung eines Finanzgerichts).

42. Soweit die Korrektur der Steuerfestsetzung auf der erstmaligen Berücksichtigung eines rückwirkenden Ereignisses oder eines Verlustrücktrags beruht, beginnt der Zinslauf nach

§ 233a Abs. 2a erst 15 Monate nach Ablauf des Kalenderjahres, in dem das rückwirkende Ereignis eingetreten oder der Verlust entstanden ist. Gleiches gilt, wenn ein bereits bei der vorangegangenen Steuerfestsetzung berücksichtigter Verlustrücktrag bzw. ein bereits bei der vorangegangenen Steuerfestsetzung berücksichtigtes rückwirkendes Ereignis unmittelbar Änderungen erfährt und der Steuerbescheid deshalb geändert wird.

Aufgrund der Anknüpfung der Verzinsung an die Soll-Differenz (vgl. Nr. 46) ist keine besondere Zinsberechnung i.S.d. § 233a Abs. 2a i.V.m. Abs. 7 vorzunehmen, wenn ein Steuerbescheid, in dem erstmals ein Verlustrücktrag bzw. ein rückwirkendes Ereignis berücksichtigt worden ist, später aus anderen Gründen (z.B. zur Berücksichtigung neuer Tatsachen i.S.d. § 173) geändert wird. Dabei ist es für die Verzinsung auch unerheblich, wenn sich die steuerlichen Auswirkungen des bereits in der vorherigen Steuerfestsetzung berücksichtigten Verlustrücktrags bzw. rückwirkenden Ereignisses aufgrund der erstmaligen Berücksichtigung oder abweichenden Berücksichtigung regulär zu verzinsender Besteuerungsgrundlagen rechnerisch verändern sollte. Auch derartige materiell-rechtliche Folgeänderungen sind bei der Verzinsung dem maßgeblichen Änderungsgrund (z.B. den neuen Tatsachen i.S.d. § 173) zuzuordnen.

43. Materielle Fehler i.S.d. § 177 werden bei dem Änderungstatbestand berichtigt, dessen Anwendung die saldierende Berücksichtigung des materiellen Fehlers ermöglicht. Deshalb ist der Saldierungsbetrag bei der Ermittlung des Teil-Unterschiedsbetrags zu berücksichtigen, der diesem Änderungstatbestand zugrunde liegt. Beruht die Saldierung nach § 177 auf mehreren Änderungstatbeständen, die einen unterschiedlichen Zinslaufbeginn aufweisen, ist der Saldierungsbetrag den Änderungstatbeständen in chronologischer Reihenfolge zuzuordnen, beginnend mit dem Änderungstatbestand mit dem ältesten Zinslaufbeginn.

44. Ist bei der vorangegangenen Steuerfestsetzung eine Zinsfestsetzung unterblieben, weil z.B. bei Wirksamkeit der Steuerfestsetzung die Karenzzeit noch nicht abgelaufen war oder die Zinsen weniger als zehn Euro betragen haben, ist bei der erstmaligen Zinsfestsetzung aus Anlass der Aufhebung, Änderung oder Berichtigung der Steuerfestsetzung für die Berechnung der Zinsen ebenfalls der Unterschied zwischen dem neuen und dem früheren Soll maßgebend.

45. Den Fällen der Aufhebung, Änderung oder Berichtigung der Steuerfestsetzung sind die Fälle der Korrektur der Anrechnung von Steuerbeträgen (Steuerabzugsbeträge, anzurechnende Körperschaftsteuer) gleichgestellt (§ 233a Abs. 5 Satz 1 2. Halbsatz). Die Zinsfestsetzung ist auch dann anzupassen, wenn die Anrechnung von Steuerabzugsbeträgen oder von Körperschaftsteuer in einem Abrechnungsbescheid nach § 218 Abs. 2 Satz 1 von der vorangegangenen Anrechnung abweicht. Ist dem bisherigen Zinsbescheid ein unrichtiges Vorauszahlungssoll oder ein unrichtiger Wertstellungstag zugrunde gelegt worden, kann demgegenüber eine Korrektur des Zinsbescheides nicht nach § 233a Abs. 5, sondern nur nach den allgemeinen Vorschriften erfolgen (z.B. §§ 129, 172 ff.).

46. Grundlage für die Zinsberechnung ist der Unterschied zwischen dem neuen und dem früheren Soll (Unterschiedsbetrag nach § 233a Abs. 5 Satz 2). Dieser Unterschiedsbetrag ist in Teil-Unterschiedsbeträge aufzuteilen, soweit diese einen unterschiedlichen Zinslaufbeginn nach § 233a Abs. 2 und Abs. 2a haben (§ 233a Abs. 7 Satz 1 1. Halbsatz). Innerhalb dieser Teil-Unterschiedsbeträge sind Sollminderungen und Sollerhöhungen mit gleichem Zinslaufbeginn zu saldieren.

47. Die Teil-Unterschiedsbeträge sind in ihrer zeitlichen Reihenfolge, beginnend mit dem ältesten Zinslaufbeginn, zu ermitteln (§ 233a Abs. 7 Satz 1 2. Halbsatz). Dabei ist unerheblich, ob sich der einzelne Teil-Unterschiedsbetrag zugunsten oder zuungunsten des Steuerpflichtigen auswirkt.

Zunächst ist die fiktive Steuer zu ermitteln, die sich ohne Berücksichtigung rückwirkender Ereignisse und Verlustrückträge ergeben würde. Die Differenz zwischen dieser fiktiven Steuer und der bisher festgesetzten Steuer, jeweils vermindert um anzurechnende Steuerabzugsbeträge und anzurechnende Körperschaftsteuer, ist der erste für die Zinsberechnung maßgebliche Teil-Unterschiedsbetrag.

Im nächsten Schritt ist auf der Grundlage dieser fiktiven Steuerermittlung die fiktive Steuer zu berechnen, die sich unter Berücksichtigung der rückwirkenden Ereignisse oder Verlustrückträge mit dem ältesten Zinslaufbeginn ergeben würde. Die Differenz zwischen dieser und der zuvor ermittelten fiktiven Steuer, jeweils vermindert um anzurechnende Steuerabzugsbeträge und anzurechnende Körperschaftsteuer, ist der für die Zinsberechnung maßgebliche zweite Teil-Unterschiedsbetrag. Dies gilt entsprechend für weitere Teil-Unterschiedsbeträge mit späterem Zinslaufbeginn.

§ 233a AO
AEAO

48. **Beispiel 10:**
Einkommensteuer 2004

	z.v.E.	Steuer
bisherige Steuerfestsetzung	50000 €	14801 €
abzüglich anzurechnende Steuerabzugsbeträge		./. 500 €
Soll		14301 €
Änderung der Steuerfestsetzung:		
(1) neue Tatsache	./. 1500 €	
(2) Verlustrücktrag aus 2005	./. 10000 €	
(3) rückwirkendes Ereignis aus 2006	+ 2500 €	
Neue Steuerfestsetzung	41000 €	10771 €
abzüglich anzurechnende Steuerabzugsbeträge		./. 500 €
neues Soll		10271 €
Unterschiedsbetrag (Mindersoll):		./. 4030 €
Ermittlung der Teil-Unterschiedsbeträge:		
	z.v.E.	Steuer
• bisherige Festsetzung	50000 €	14801 €
abzüglich anzurechnende Steuerabzugsbeträge		./. 500 €
Soll:		14301 €
• 1. Schattenveranlagung	48500 €	14097 €
(bisherige Festsetzung + neue Tatsache):		
abzüglich anzurechnende Steuerabzugsbeträge		./. 500 €
Soll:		13597 €
Erster Teil-Unterschiedsbetrag =		./. 704 €
• 2. Schattenveranlagung	38500 €	9736 €
(1. Schattenveranlagung + Verlustrücktrag aus 2005)		
abzüglich anzurechnende Steuerabzugsbeträge		./. 500 €
Soll:		9236 €
Zweiter Teil-Unterschiedsbetrag =		./. 4361 €
• 3. Schattenveranlagung	41000 €	10771 €
(2. Schattenveranlagung + rückwirkendes Ereignis aus 2006)		
abzüglich anzurechnende Steuerbeträge		./. 500 €
Soll:		10271 €
Dritter Teil-Unterschiedsbetrag =		./. 1035 €
Summe der Teil-Unterschiedsbeträge:		./. 4030 €

49. Alle Teil-Unterschiedsbeträge sind jeweils gesondert auf den nächsten durch fünfzig Euro teilbaren Betrag abzurunden, da der Zinslauf für die zu verzinsenden Beträge zu jeweils abweichenden Zeitpunkten beginnt (§ 238 Abs. 2).

50. Die auf die einzelnen Teil-Unterschiedsbeträge entfallenden Zinsen sind eigenständig und in ihrer zeitlichen Reihenfolge zu berechnen, beginnend mit den Zinsen auf den Teil-Unterschiedsbetrag mit dem ältesten Zinslaufbeginn (§ 233a Abs. 7 Satz 1 2. Halbsatz). Dabei ist für jeden Zinslauf bzw. Zinsberechnungszeitraum eigenständig zu prüfen, inwieweit jeweils volle Zinsmonate vorliegen.

51. Ergibt sich bei der Aufhebung, Änderung oder Berichtigung der Steuerfestsetzung oder der Rücknahme, dem Widerruf oder Berichtigung der Anrechnung von Steuerbeträgen ein Mehrsoll, fallen hierauf Zinsen an, die zu den bisher berechneten Zinsen hinzutreten.

52. **Beispiel 11:**
Einkommensteuer 2004

a) Erstmalige Steuerfestsetzung vom 11. 12. 2006, bekannt gegeben am 14. 12. 2006	22500 €
abzüglich anzurechnende Steuerabzugsbeträge	./. 2500 €
Soll	20000 €
abzüglich festgesetzte Vorauszahlungen:	./. 13000 €
Unterschiedsbetrag (Mehrsoll):	7000 €
Zu verzinsen sind 7000 € zuungunsten des Steuerpflichtigen für die Zeit vom 1. 4. 2006 bis 14. 12. 2006 (8 volle Monate × 0,5 v.H. = 4 v.H.)	
festzusetzende Zinsen (Nachzahlungszinsen):	280 €

b) Änderung der Steuerfestsetzung nach § 173 (Bescheid vom 1. 10. 2007, bekannt gegeben am 4. 10. 2007)	23500 €	
abzüglich anzurechnende Steuerabzugsbeträge	./. 2500 €	
Soll	21000 €	
abzüglich bisher festgesetzte Steuer (Soll):	./. 20000 €	
Unterschiedsbetrag (Mehrsoll):	1000 €	
Zu verzinsen sind 1000 € zuungunsten des Steuerpflichtigen für die Zeit vom 1. 4. 2006 bis 4. 10. 2007 (18 volle Monate × 0,5 v.H. = 9 v.H.).		
Nachzahlungszinsen:		90 €
dazu bisher festgesetzte Zinsen:		280 €
Insgesamt festzusetzende Zinsen:		**370 €**

53. Ergibt sich zugunsten des Steuerpflichtigen ein Mindersoll, wird bis zur Höhe dieses Mindersolls nur der tatsächlich zu erstattende Betrag verzinst, und zwar ab dem Zeitpunkt der Zahlung bis zur Wirksamkeit der Steuerfestsetzung (§ 233a Abs. 2 Satz 3 und Abs. 3 Satz 3). Zur Berücksichtigung bei vorangegangenen Zinsfestsetzungen ermittelter fiktiver Zahlungen vgl. Nr. 40. Steht die Zahlung noch aus, werden keine Erstattungszinsen festgesetzt. Besteht der zu erstattende Betrag aus mehreren Einzahlungen, richtet sich der Zinsberechnungszeitraum nach der Einzahlung des jeweiligen Teilbetrags, wobei unterstellt wird, dass die Erstattung zuerst aus dem zuletzt gezahlten Betrag erfolgt.

54. Neben der Berechnung der Erstattungszinsen sind die bisher auf den Herabsetzungsbetrag ggf. berechneten Nachzahlungszinsen für die Zeit ab Beginn des Zinslaufs zu mindern. Dabei darf jedoch höchstens auf den Unterschiedsbetrag der bei Beginn des Zinslaufs festgesetzten Steuer zurückgegangen werden, um zu vermeiden, dass eine Korrektur für einen Zeitraum erfolgt, für den keine Nachzahlungszinsen berechnet worden sind.

55. **Beispiel 12:**

Einkommensteuer 2004			
a) Steuerfestsetzung vom 12. 12. 2006, bekannt gegeben am 15. 12. 2006	22500 €		
abzüglich anzurechnende Steuerabzugsbeträge	./. 2500 €		
Soll	20000 €		
abzüglich festgesetzte Vorauszahlungen	./. 13000 €		
Unterschiedsbetrag (Mehrsoll)	7000 €		
Der Steuerpflichtige hat innerhalb der Karenzzeit die Vorauszahlungen i.H.v. 13000 € sowie am 15. 6. 2007 die Abschlusszahlung i.H.v. 7000 € gezahlt.			
Zu verzinsen sind 7000 € zuungunsten des Steuerpflichtigen für die Zeit vom 01. 04. 2006 bis 15. 12. 2006 (8 volle Monate × 0,5 v.H. = 4 v.H.).			
festzusetzende Zinsen (Nachzahlungszinsen):			**280 €**
b) Änderung der Steuerfestsetzung nach § 173 (Bescheid vom 12. 10. 2007, bekannt gegeben am 15. 10. 2007)	17500 €		
abzüglich anzurechnende Steuerabzugsbeträge	./. 2500 €		
Soll	15000 €		
abzüglich bisher festgesetzte Steuer (Soll):	./. 20000 €		
Unterschiedsbetrag (Mindersoll):	./. 5000 €		
zu erstatten sind 5000 €.			
Zu verzinsen sind 5000 € zugunsten des Steuerpflichtigen für die Zeit vom 15. 6. 2007 bis 15. 10. 2007 (4 volle Monate × 0,5 v.H. = 2 v.H.).			
festzusetzende Zinsen (Erstattungszinsen):			./. 100 €
Bisher festgesetzte Zinsen:		+ 280 €	
Minderung zuvor berechneter Nachzahlungszinsen:			
7000 € abgerundet:	7000 €		
./. 5000 €			
2000 € maximal:	./. 2000 €		
	5000 €		
5000 € vom 1. 4. 2006 bis 15. 12. 2006 (8 volle Monate × 0,5 v.H. = 4 v.H.):		./. 200 €	
		+ 80 €	+ 80 €
Insgesamt festzusetzende Zinsen:			**./. 20 €**

56. Bei Teil-Unterschiedsbeträgen zugunsten des Steuerpflichtigen ist die Berechnung von Erstattungszinsen auf den fiktiv zu erstattenden Betrag begrenzt. Dazu sind alle maßgeblichen Zahlungen (einschließlich fiktiver Zahlungen i.S.d. Nr. 40) und der jeweilige Tag der Zahlung zu ermitteln. Durch Gegenüberstellung dieser Zahlungen und der nach Nr. 47 fiktiv ermittelten Steuer, vermindert um anzurechnende Steuerabzugsbeträge und anzurechnende Körperschaftsteuer, ergibt sich der fiktive Erstattungsbetrag.

Die Verzinsung der einzelnen Teil-Unterschiedsbeträge beginnt frühestens mit dem Tag der Zahlung. Besteht der zu erstattende Betrag aus mehreren Einzahlungen, richtet sich der Zinsberechnungszeitraum nach der Einzahlung des jeweiligen Teilbetrags, wobei unterstellt wird, dass die Erstattung zuerst aus dem zuletzt gezahlten Betrag erfolgt. Bei weiteren Teil-Unterschiedsbeträgen zugunsten des Steuerpflichtigen bleiben die bereits bei einer vorangegangenen Zinsberechnung berücksichtigten Zahlungen außer Betracht.

Ist bei einem Teil-Unterschiedsbetrag zugunsten des Steuerpflichtigen mehr als ein Betrag (mehrere Einzahlungen) zu verzinsen, so ist der durch die Rundung auf den nächsten durch fünfzig Euro teilbaren sich ergebende Spitzenbetrag jeweils vom Teilbetrag mit dem ältesten Wertstellungstag abzuziehen.

57. Bei Teil-Unterschiedsbeträgen zugunsten des Steuerpflichtigen sind neben der Berechnung von Erstattungszinsen die zuvor auf den Herabsetzungsbetrag ggf. berechneten Nachzahlungszinsen zu mindern. Nachzahlungszinsen entfallen dabei allerdings frühestens ab dem Zeitpunkt, in dem der Zinslauf des Teil-Unterschiedsbetrags zugunsten des Steuerpflichtigen beginnt; Nachzahlungszinsen für den Zeitraum bis zum Beginn des Zinslaufs des Teil-Unterschiedsbetrags zugunsten des Steuerpflichtigen bleiben endgültig bestehen (§ 233a Abs. 7 Satz 2). Nachzahlungszinsen mit unterschiedlichem Zinslaufbeginn sind in ihrer zeitlichen Reihenfolge, beginnend mit den Nachzahlungszinsen mit dem ältesten Zinslaufbeginn, innerhalb dieser Gruppen beginnend mit den Nachzahlungszinsen mit dem jüngsten Zinslaufende, zu mindern.

58. **Beispiel 13 (Fortsetzung von Beispiel 9):**
Einkommensteuer 2004

	z.v.E.	Steuer
nach § 175 Abs. 1 Satz 1 Nr. 2 geänderte Steuerfestsetzung vom 26. 3. 2010, bekannt gegeben am 29. 3. 2010	27175 €	5297 €
Abzüglich anzurechnende Steuerabzugsbeträge		./. 1000 €
Soll		4297 €
Abzüglich bisher festgesetzte Steuer (Soll)		./. 7376 €
Unterschiedsbetrag (Mindersoll):		./. 3079 €

Der Steuerpflichtige hat bis zum 31. 3. 2006 insgesamt 7000 € sowie am 2. 6. 2007 weitere 2250 € gezahlt. Aufgrund der Steuerfestsetzung vom 9. 12. 2008 sind ihm bereits 2174 € erstattet worden.

Bei der geänderten Steuerfestsetzung vom 26. 3. 2010 wurde ein rückwirkendes Ereignis aus 2005 (Minderung des z.v.E. um 8692 €) erstmals berücksichtigt.

Zinsberechnung:
Verzinsung des Unterschiedsbetrags mit Zinslaufbeginn 1. 4. 2007:

Gegenüberstellung der maßgeblichen Zahlungen und des Solls				
Zahlung	Tag der Zahlung	Soll	Erstattung	unverzinster Zahlungsrest
376 €	02. 06. 2007		376 €	0 €
2000 €	10. 12. 2004		2000 €	0 €
2000 €	10. 09. 2004		703 €	1297 €
2000 €	10. 06. 2004		0 €	2000 €
1000 €	10. 03. 2004		0 €	1000 €
7376 €		4297 €	3079 €	4297 €

Zu verzinsen ist höchstens der abgerundete zu
erstattende Betrag von 3050 €:
376 € für die Zeit vom 2. 6. 2007 bis zum 29. 3. 2010
(33 volle Monate × 0,5 v.H. = 16,5 v.H.):   62,04 €
2674 € für die Zeit vom 1. 4. 2007 bis zum 29. 3. 2010
(35 volle Monate × 0,5 v.H. = 17,5 v.H.):   467,95 €
                                                                     529,99 €

Zinsen (Erstattungszinsen):   ./. 529,99 €
Abrundung nach § 238 Abs. 2:   29 €
Bisher festgesetzte Zinsen   475,00 €
Minderung zuvor berechneter Nachzahlungszinsen[1]):   0,00 €
                                                                     475,00 €   475,00 €
                                                                                     ./. 54,99 €
Insgesamt festzusetzende Zinsen[2])   ./. 55,00 €

1) Anmerkung:
Die in der vorangegangenen Zinsfestsetzung (Beispiel 9) für den Zeitraum bis zum Beginn des Zinslaufs des 3. Teil-Unterschiedsbetrags (d.h. für den Zeitraum bis zum 31. 3. 2008) berechneten Nachzahlungszinsen bleiben nach § 233a Abs. 7 Satz 2 2. Halbsatz endgültig bestehen und können deshalb in dieser Zinsfestsetzung nicht mehr gemindert werden.

2) Anmerkung:
Die Zinsen wurden zugunsten des Steuerpflichtigen gerundet (§ 239 Abs. 2 Satz 1).

59.   Zinsen werden nur festgesetzt, wenn sie mindestens zehn Euro betragen (§ 239 Abs. 2 Satz 2). Dabei ist jeweils auf die sich insgesamt ergebenden Zinsen abzustellen, nicht nur auf den Zins, der sich durch die Verzinsung des letzten Unterschiedsbetrags bzw. Teil-Unterschiedsbetrags oder des letzten Erstattungsbetrags ergibt. Wären insgesamt weniger als zehn Euro festzusetzen, ist der bisherige Zinsbescheid zu ändern.

Nach § 239 Abs. 2 Satz 1 sind Zinsen auf volle Euro zum Vorteil des Steuerpflichtigen zu runden. Maßgebend sind die festzusetzenden Zinsen, d.h. die Summe der auf die einzelnen Teil-Unterschiedsbeträge berechneten Zinsen.

Sofern die Summe aller fiktiven Erstattungen größer ist als die tatsächliche Erstattung, ist der Differenzbetrag für spätere Zinsberechnungen als fiktive Zahlung zu berücksichtigen. Als Zahlungstag dieser fiktiven Zahlung ist der Tag zu berücksichtigen, an dem die Steuerfestsetzung bzw. die Steueranmeldung wirksam geworden ist.

7 Zinsberechnung bei sog. NV-Fällen

60.   Ist eine Veranlagung zur Einkommensteuer nicht durchzuführen, weil die Voraussetzungen des § 46 EStG nicht erfüllt sind, sind festgesetzte und geleistete Vorauszahlungen zu erstatten. Die Erstattungszinsen sind so zu berechnen, als sei eine Steuerfestsetzung über Null Euro erfolgt. Wird eine Einkommensteuerfestsetzung, die zu einer Erstattung geführt hat, aufgehoben und die Abrechnung geändert, so dass die bisher angerechneten Steuerabzugsbeträge zurückgefordert werden, ist diese Steuernachforderung zu verzinsen. Eine bisher durchgeführte Zinsfestsetzung (Erstattungszinsen) ist nach § 233a Abs. 5 Satz 1 zu ändern.

Zinsberechnung bei der Vermögensteuer

61.1   Bei der Verzinsung der Vermögensteuer ist die für jedes Jahr festgesetzte Steuer getrennt zu behandeln. Dies gilt auch für die Kleinbetragsgrenze des § 239 Abs. 2. Obwohl die Vermögensteuer mit Beginn des Kalenderjahres, für das sie festzusetzen ist, entsteht (§ 5 Abs. 2 VStG), beginnt die 15-monatige Karenzzeit erst mit Ablauf des jeweiligen Kalenderjahres.

61.2   Den Besonderheiten der Zinsberechnung bei der Haupt- und Nachveranlagung sowie bei der Neuveranlagung der Vermögensteuer und der Aufhebung einer Vermögensteuer-Veranlagung wird durch § 233a Abs. 3 Satz 2 Rechnung getragen. Danach ist bei der Zinsberechnung jeweils der Unterschied entweder zwischen der festgesetzten Jahressteuer und den festgesetzten Vorauszahlungen oder der festgesetzten Jahressteuer und der bisher festgesetzten Jahressteuer maßgebend. Werden mit Beginn des Zinslaufs gleichzeitig eine (befristete) Hauptveranlagung und eine Neuveranlagung durchgeführt, so ist bei der Ermittlung der Unterschiedsbeträge jeweils vom Vorauszahlungssoll auszugehen. Wird die Neuveranlagung dagegen in zeitlichem Abstand nach der Hauptveranlagung durchgeführt, so ist für die Zinsberechnung der Unterschiedsbetrag zum Hauptveranlagungssoll maßgebend. Anlässlich einer Neu- oder Nachveranlagung oder Aufhebung der Veranlagung zur Vermögensteuer ist eine bisherige Zinsfestsetzung entsprechend § 233a Abs. 5 zu ändern.

Zinsberechnung bei Vorsteuer-Vergütungsansprüchen

62. Beträgt der Vergütungszeitraum weniger als ein Kalenderjahr (§ 60 UStDV), sind zur Berechnung des Unterschiedsbetrags alle für ein Kalenderjahr festgesetzten Vergütungen zusammenzufassen. Der Zinslauf beginnt grundsätzlich 15 Monate nach Ablauf des Kalenderjahres, für das die Vergütung(en) festgesetzt worden sind (§ 233a Abs. 2 Satz 1). Er endet mit Ablauf des Tages, an dem die Festsetzung der Vergütung wirksam geworden ist (§ 233a Abs. 2 Satz 3). Zur Festsetzungsverjährung des Zinsanspruchs vgl. § 239 Abs. 1.

Verhältnis zu anderen steuerlichen Nebenleistungen 8

63. Zur Berücksichtigung der Verzinsung nach § 233a bei der Bemessung des Verspätungszuschlags vgl. zu § 152, Nr. 8.

64. Die Erhebung von Säumniszuschlägen (§ 240) bleibt durch § 233a unberührt, da die Vollverzinsung nur den Zeitraum bis zur Festsetzung der Steuer betrifft. Sollten sich in Fällen, in denen die Steuerfestsetzung zunächst zugunsten und sodann wieder zuungunsten des Steuerpflichtigen geändert wird, Überschneidungen ergeben, sind insoweit die Säumniszuschläge zur Hälfte zu erlassen.

65. Überschneidungen von Stundungszinsen und Nachzahlungszinsen nach § 233a können sich ergeben, wenn die Steuerfestsetzung nach Ablauf der Stundung zunächst zugunsten und später wieder zuungunsten des Steuerpflichtigen geändert wird (siehe § 234 Abs. 1 Satz 2). Zur Vermeidung einer Doppelverzinsung werden Nachzahlungszinsen, die für denselben Zeitraum festgesetzt wurden, im Rahmen der Zinsfestsetzung auf Stundungszinsen angerechnet (§ 234 Abs. 3). Erfolgt die Zinsfestsetzung nach § 233a aber erst nach Festsetzung der Stundungszinsen, sind Nachzahlungszinsen insoweit nach § 227 zu erlassen, als sie für denselben Zeitraum wie die bereits erhobenen Stundungszinsen festgesetzt wurden.

66. Überschneidungen mit Hinterziehungszinsen (§ 235) sind möglich, etwa weil der Zinslauf mit Eintritt der Verkürzung und damit vor Festsetzung der Steuer beginnt. Zinsen nach § 233a, die für denselben Zeitraum festgesetzt wurden, sind im Rahmen der Zinsfestsetzung auf die Hinterziehungszinsen anzurechnen (§ 235 Abs. 4). Dies gilt ungeachtet der unterschiedlichen ertragsteuerlichen Behandlung beider Zinsarten. Zur Berechnung vgl. zu § 235, Nr. 4.

67. Prozesszinsen auf Erstattungsbeträge (§ 236) werden ab Rechtshängigkeit bzw. ab dem Zahlungstag berechnet. Überschneidungen mit Erstattungszinsen nach § 233a sind daher möglich. Zur Vermeidung einer Doppelverzinsung werden Zinsen nach § 233a, die für denselben Zeitraum festgesetzt wurden, im Rahmen der Zinsfestsetzung auf die Prozesszinsen angerechnet (§ 236 Abs. 4).

68. Überschneidungen mit Aussetzungszinsen (§ 237) sind im Regelfall nicht möglich, da Zinsen nach § 233a Abs. 1 bis 3 nur für den Zeitraum bis zur Festsetzung der Steuer, Aussetzungszinsen jedoch frühestens ab der Fälligkeit der Steuernachforderung entstehen können (vgl. zu § 237, Nr. 6). Überschneidungen können sich aber ergeben, wenn Aussetzungszinsen erhoben wurden, weil die Anfechtung einer Steuerfestsetzung erfolglos blieb, und die Steuerfestsetzung nach Abschluss des Rechtsbehelfsverfahrens (siehe § 237 Abs. 5) zunächst zugunsten und sodann zuungunsten des Steuerpflichtigen geändert wird. Zur Vermeidung einer Doppelverzinsung werden Nachzahlungszinsen, die für denselben Zeitraum festgesetzt wurden, im Rahmen der Zinsfestsetzung auf Aussetzungszinsen angerechnet (§ 237 Abs. 4 i.V.m. § 234 Abs. 3). Erfolgt die Zinsfestsetzung nach § 233a aber erst nach Festsetzung der Aussetzungszinsen, sind Nachzahlungszinsen insoweit nach § 227 zu erlassen, als sie für denselben Zeitraum wie die bereits erhobenen Aussetzungszinsen festgesetzt wurden.

Billigkeitsmaßnahmen 9

69. **Allgemeines**

69.1 Billigkeitsmaßnahmen hinsichtlich der Zinsen kommen in Betracht, wenn solche auch hinsichtlich der zugrunde liegenden Steuer zu treffen sind.

69.2 Daneben sind auch zinsspezifische Billigkeitsmaßnahmen möglich (BFH-Urteil vom 24. 7. 1996 – X R 23/94 – BFH/NV 1997 S. 92). Beim Erlass von Zinsen nach § 233a aus sachlichen Billigkeitsgründen i.S.d. §§ 163, 227 ist zu berücksichtigen, dass die Entstehung des Zinsanspruchs dem Grunde und der Höhe nach gemäß Wortsinn, Zusammenhang und Zweck des Gesetzes, den Liquiditätsvorteil des Steuerschuldners und den Liquiditätsnachteil des Steuergläubigers auszugleichen, eindeutig unabhängig von der konkreten Einzelfallsituation geregelt ist und, rein objektiv, ergebnisbezogen allein vom Eintritt bestimmter Ereignisse (Fristablauf i.S.d. § 233a Abs. 2 oder 2a, Unterschiedsbetrag i.S.d. § 233a Abs. 1 Satz 1 i.V.m. § 233a Abs. 3 oder 5) abhängt.

Nach dem Willen des Gesetzgebers soll die Verzinsung nach § 233a einen Ausgleich dafür schaffen, dass die Steuern bei den einzelnen Steuerpflichtigen „aus welchen Gründen auch immer" zu unterschiedlichen Zeitpunkten festgesetzt und fällig werden (BFH-Urteile vom 20. 9. 1995 – X R 86/94 – BStBl 1996 II, S. 53, vom 5. 6. 1996 – X R 234/93 – BStBl II, S. 503, und vom 12. 4. 2000 – XI R 21/97 – BFH/NV S. 1178). Für die Anwendung der Vorschrift sind daher die Ursachen und Begleitumstände im Einzelfall unbeachtlich. Die reine Möglichkeit der Kapitalnutzung (vgl. BFH-Urteil vom 25. 11. 1997 – IX R 28/96 – BStBl 1998 II, S. 550) bzw. die bloße Verfügbarkeit eines bestimmten Kapitalbetrages (BFH-Urteil vom 12. 4. 2000 – XI R 21/97 – BFH/NV S. 1178) reicht aus. Rechtfertigung für die Entstehung der Zinsen nach § 233a ist nicht nur ein abstrakter Zinsvorteil des Steuerschuldners, sondern auch ein ebensolcher Nachteil des Steuergläubigers (BFH-Urteil vom 19. 3. 1997 – I R 7/96 – BStBl II, S. 446). Ein Verschulden ist prinzipiell irrelevant, und zwar auf beiden Seiten des Steuerschuldverhältnisses (vgl. BFH-Entscheidungen vom 4. 11. 1996 – I B 67/96 – BFH/NV 1997 S. 458, vom 15. 4. 1999 – V R 63/97 – BFH/NV S. 1392, vom 3. 5. 2000 – II B 124/99 – BFH/NV S. 1441, und vom 30. 11. 2000 – V B 169/00 – BFH/NV 2001 S. 656).

Zinsen nach § 233a sind weder Sanktions- noch Druckmittel oder Strafe, sondern laufzeitabhängige Gegenleistung für eine mögliche Kapitalnutzung. Vor diesem gesetzlichen Hintergrund ist es unerheblich, ob der – typisierend vom Gesetz unterstellte – Zinsvorteil des Steuerpflichtigen auf einer verzögerten Einreichung der Steuererklärung durch den Steuerpflichtigen oder einer verzögerten Bearbeitung durch das Finanzamt beruht (vgl. z.B. BFH-Beschlüsse vom 3. 5. 2000 – II B 124/99 – BFH/NV S. 1441 und vom 2. 2. 2001 – XI B 91/00 – BFH/NV S. 1003). Bei der Verzinsung nach § 233a kommt es auch nicht auf eine konkrete Berechnung der tatsächlich eingetretenen Zinsvor- und -nachteile an (BFH-Urteil vom 19. 3. 1997 – I R 7/96 – BStBl II, S. 446).

Die Erhebung von Zinsen auf einen Nachforderungsbetrag, der sich nach der Korrektur einer Steuerfestsetzung ergibt, entspricht (mit Ausnahme vom Anwendungsbereich des § 233a Abs. 2a und Abs. 7 abgesehen) den Wertungen des § 233a und ist nicht sachlich unbillig (siehe dazu § 233a Abs. 5; vgl. zu BFH-Entscheidungen vom 12. 4. 2000 – XI R 21/97 – BFH/NV S. 1178, und vom 30. 11. 2000 – V B 169/00 – BFH/NV 2001 S. 656).

Andererseits ist für einen Ausgleich in Form einer Verzinsung der Steuernachforderung dann kein Raum, wenn zweifelsfrei feststeht, dass der Steuerpflichtige durch die verspätete Steuerfestsetzung keinen Vorteil erlangt hatte (vgl. BFH-Urteile vom 11. 7. 1996 – V R 18/95 – BStBl 1997 II, S. 259, und vom 12. 4. 2000 – XI R 21/97 – BFH/NV S. 1178). Festgesetzte Nachzahlungszinsen sind in diesem Fall wegen sachlicher Unbilligkeit zu erlassen (vgl. Nr 70).

69.3 Eine gegenüber der Regelung in § 233a höhere Festsetzung von Erstattungszinsen aus Billigkeitsgründen ist nicht zulässig.

70. Einzelfragen

70.1 Leistungen vor Festsetzung der zu verzinsenden Steuer

70.1.1 Zinsen nach § 233a sind auch dann festzusetzen, wenn vor Festsetzung der Steuer freiwillige Leistungen erbracht werden. Nachzahlungszinsen sind aber aus sachlichen Billigkeitsgründen zu erlassen, soweit der Steuerpflichtige auf die sich aus der Steuerfestsetzung ergebende Steuerzahlungsforderung bereits vor Wirksamkeit der Steuerfestsetzung freiwillige Leistungen erbracht und das Finanzamt diese Leistungen angenommen und behalten hat.

70.1.2 Nachzahlungszinsen sind daher nur für den Zeitraum bis zum Eingang der freiwilligen Leistung zu erheben. Wurde die freiwillige Leistung erst nach Beginn des Zinslaufs erbracht oder war sie geringer als der zu verzinsende Unterschiedsbetrag, sind Nachzahlungszinsen aus Vereinfachungsgründen insoweit zu erlassen, wie die auf volle fünfzig Euro abgerundete freiwillige Leistung für jeweils volle Monate vor Wirksamkeit der Steuerfestsetzung erbracht worden ist (fiktive Erstattungszinsen). Ein Zinserlass scheidet dabei aus, wenn der zu erlassende Betrag weniger als zehn Euro beträgt (§ 239 Abs. 2 Satz 2).

Beispiel 14 (Fortsetzung von Beispiel 1):
Der Steuerpflichtige hat am 26. 4. 2006 eine freiwillige Leistung i.H.v. 4025 € erbracht. Die zu erlassenden Nachzahlungszinsen berechnen sich wie folgt:

abgerundete freiwillige Leistung:	4000 €
Beginn des fiktiven Zinslaufs:	***27. 4. 2006***
Ende des fiktiven Zinslaufs	11. 12. 2006
(= Wirksamkeit der Steuerfestsetzung):	
Zu erlassende Nachzahlungszinsen:	
4000 € × 7 volle Monate × 0,5 v.H. =	140 €

Sofern sich bei der Abrechnung der Steuerfestsetzung unter Berücksichtigung der freiwilligen Leistungen eine Rückzahlung ergibt, sind hierfür keine Erstattungszinsen festzusetzen. Leistungen, die den Unterschiedsbetrag übersteigen, sind bei dem Erlass von Nachzahlungszinsen nicht zu berücksichtigen.

Beispiel 15 (Fortsetzung von Beispiel 1):
Der zu verzinsende Unterschiedsbetrag beträgt 7000 €. Der Steuerpflichtige hat am 26. 4. 2006 eine Zahlung i.H.v. 8025 € geleistet. Die zu erlassenden Nachzahlungszinsen berechnen sich wie folgt:

– auf die sich aus der Steuerfestsetzung ergebende Steuerzahlungsforderung erbrachte – (abgerundete) freiwillige Leistung:	7000 €
Beginn des fiktiven Zinslaufs:	**27. 4. 2006**
Ende des fiktiven Zinslaufs (= Wirksamkeit der Steuerfestsetzung):	11. 12. 2006
Zu erlassende Nachzahlungszinsen:	
7000 € × 7 volle Monate × 0,5 v.H. =	245 €

70.1.3 Wenn das Finanzamt dem Steuerpflichtigen fälschlicherweise Vorauszahlungen zurückgezahlt hat, sind Nachzahlungszinsen nur zu erlassen, soweit der Steuerpflichtige nicht nur das Finanzamt auf diesen Fehler aufmerksam gemacht, sondern auch die materiell ungerechtfertigte Steuererstattung unverzüglich an das Finanzamt zurück überwiesen hat. Die Grundsätze des BFH-Urteils vom 25. 11. 1997 – IX R 28/96 – BStBl 1998 II, S. 550, sind nicht über den entschiedenen Einzelfall hinaus anzuwenden.

70.2 Billigkeitsmaßnahmen bei der Verzinsung von Umsatzsteuer

70.2.1 Die Verzinsung nachträglich festgesetzter Umsatzsteuer beim leistenden Unternehmer ist nicht sachlich unbillig, wenn sich per Saldo ein Ausgleich der Steuerforderung mit den vom Leistungsempfänger abgezogenen Vorsteuerbeträgen ergibt (vgl. BFH-Urteile vom 20. 1. 1997 – V R 28/95 – BStBl II, S. 716, und vom 15. 4. 1999 – V R 63/97 – BFH/NV S. 1392).

70.2.2 Eine Billigkeitsmaßnahme kommt daher auch dann nicht in Betracht, wenn Leistender und Leistungsempfänger einen umsatzsteuerlich relevanten Sachverhalt nicht bereits in den entsprechenden Voranmeldungen, sondern jeweils erst in den Jahresanmeldungen angeben, etwa wenn bei der steuerpflichtigen Übertragung von Gesellschaftsanteilen das Veräußerungsgeschäft sowohl vom Veräußerer als auch vom Erwerber erst in der Umsatzsteuer-Jahreserklärung und nicht bereits in der entsprechenden Umsatzsteuer-Voranmeldung erfasst wird. Der Erwerber tritt bei einer solchen Fallgestaltung oftmals seinen Vorsteuererstattungsanspruch in voller Höhe an den Veräußerer ab. Der Veräußerer hat seine Verpflichtung, den Umsatz aus der Teilbetriebsveräußerung im zutreffenden Voranmeldungszeitraum zu berücksichtigen, verletzt, weshalb die nachträgliche Erfassung in der Jahressteuerfestsetzung eine entsprechende Nachforderung und dementsprechend Nachforderungszinsen auslöst. Die Verzinsung nachträglich festgesetzter Umsatzsteuer beim Leistenden ist auch deshalb nicht unbillig, weil die zu verzinsende Umsatzsteuer für steuerbare und steuerpflichtige Leistungen unabhängig davon entsteht, ob der leistende Unternehmer sie in einer Rechnung gesondert ausweist oder beim Finanzamt voranmeldet (vgl. BFH-Urteil vom 20. 1. 1997 – V R 28/95 – BStBl II, S. 716). Unbeachtlich bleibt, dass auch der Erwerber bereits im Rahmen des Voranmeldungsverfahrens eine entsprechende Vorsteuervergütung hätte erlangen können. Unabhängig von der Abtretung des Erstattungsanspruchs an den Veräußerer kann der Erwerber gleichwohl in den Genuss von Erstattungszinsen nach § 233a gelangen.

70.2.3 Werden in einer Endrechnung oder der zugehörigen Zusammenstellung die vor der Leistung vereinnahmten Teilentgelte und die auf sie entfallenden Umsatzsteuerbeträge nicht abgesetzt oder angegeben, so hat der Unternehmer den gesamten in der Endrechnung ausgewiesenen Steuerbetrag an das Finanzamt abzuführen. Der Unternehmer schuldet die in der Endrechnung ausgewiesene Steuer, die auf die vor Ausführung der Leistung vereinnahmten Teilentgelte entfällt, nach § 14c Abs. 1 UStG. Erteilt der Unternehmer dem Leistungsempfänger nachträglich eine berichtigte Endrechnung, die den Anforderungen des § 14 Abs. 5 Satz 2 UStG genügt, so kann er die von ihm geschuldete Steuer in dem Besteuerungszeitraum berichtigen, in dem die berichtigte Endrechnung erteilt wird (vgl. Abschn. 187 Abs. 10 Satz 5 und 223 Abs. 9 UStR 2008). Hat der Unternehmer die aufgrund der fehlerhaften Endrechnung nach § 14c Abs. 1 UStG geschuldete Steuer nicht in seiner Umsatzsteuer-Voranmeldung berücksichtigt, kann die Nachforderung dieser Steuer im Rahmen der Steuerfestsetzung für das Kalenderjahr zur Festsetzung von Nachzahlungszinsen gemäß § 233a führen, wenn der Unternehmer die Endrechnung erst in einem auf das Kalenderjahr der ursprünglichen Rechnungserteilung folgenden Kalenderjahr berichtigt hat.

Die Erhebung von Nachzahlungszinsen ist in derartigen Fällen nicht sachlich unbillig (BFH-Urteil vom 19. 3. 2009 – V R 48/07 – BStBl 2010 II, S. 92). Aus Vertrauensschutzgründen können in derartigen Fällen die festgesetzten Nachzahlungszinsen aber erlassen werden, wenn fehlerhafte Endrechnungen bis zum 22. Dezember 2009 gestellt wurden und der Unternehmer nach Aufdeckung seines Fehlers sogleich eine berichtigte Endrechnung erteilt hat.

70.2.4 Bei einer von den ursprünglichen Steuerfestsetzungen abweichenden zeitlichen Zuordnung eines Umsatzes durch das Finanzamt, die gleichzeitig zu einer Steuernachforderung und zu einer Steuererstattung führt, kann es sachlich unbillig sein, (in Wirklichkeit nicht vorhandene) Zinsvorteile abzuschöpfen (BFH-Urteil vom 11. 7. 1996 – V R 18/95 – BStBl 1997 II, S. 259). Soweit zweifelsfrei feststeht, dass der Steuerpflichtige durch die verspätete Steuerfestsetzung keinen Vorteil oder Nachteil hatte, kann durch die Verzinsung nach § 233a der sich aus der verspäteten Steuerfestsetzung ergebenden Steuernachforderung oder Steuererstattung kein Vorteil oder Nachteil ausgeglichen werden.

70.2.5 Im Fall einer vom Steuerpflichtigen fälschlicherweise angenommenen umsatzsteuerlichen Organschaft, bei der er als vermeintlicher Organträger Voranmeldungen abgegeben hat und die gesamte Umsatzsteuer von „Organträger" und „Organgesellschaft" an das Finanzamt gezahlt hat, kommen Billigkeitsmaßnahmen nur in besonders gelagerten Ausnahmefällen in Betracht. Stellt das Finanzamt im Veranlagungsverfahren fest, dass keine umsatzsteuerliche Organschaft vorliegt und daher für die „Organgesellschaft" eine eigenständige Steuerfestsetzung durchzuführen ist, führt dies bei der „Organgesellschaft" – wegen unterbliebener Voranmeldungen und Vorauszahlungen – zur Nachzahlung der kompletten Umsatzsteuer für das entsprechende Jahr; bei dem „Organträger" i.d.R. aber zu einer Umsatzsteuererstattung. Die „Organgesellschaft" muss daher Nachzahlungszinsen entrichten, während der „Organträger" Erstattungszinsen erhält. Da die Verzinsung nach § 233a den Liquiditätsvorteil des Steuerschuldners und den Nachteil des Steuergläubigers der individuellen Steuerforderung ausgleichen soll, kann eine Billigkeitsmaßnahme in Betracht kommen, wenn und soweit dieser Schuldner keine Zinsvorteile hatte oder haben konnte.

70.2.6 Wird umgekehrt festgestellt, dass entgegen der ursprünglichen Annahme eine umsatzsteuerliche Organschaft vorliegt, so sind die zunächst bei der Organgesellschaft versteuerten Umsätze nunmehr im vollem Umfang dem Organträger zuzurechnen. Die USt-Festsetzung gegenüber der GmbH (Organgesellschaft) ist aufzuheben, so dass i.d.R. Erstattungszinsen festgesetzt werden. Sämtliche Umsätze sind dem Organträger zuzurechnen, so dass diesem gegenüber i.d.R. Nachzahlungszinsen festgesetzt werden. Entstehen auf Grund der Entscheidung, dass eine umsatzsteuerliche Organschaft vorliegt, insgesamt höhere Nachzahlungszinsen als Erstattungszinsen, können die übersteigenden Nachzahlungszinsen insoweit aus sachlichen Billigkeitsgründen erlassen werden, wenn und soweit der Schuldner keine Zinsvorteile hatte oder haben konnte.

70.3 Gewinnverlagerungen

Die allgemeinen Regelungen des § 233a sind auch bei der Verzinsung solcher Steuernachforderungen und Steuererstattungen zu beachten, die in engem sachlichen Zusammenhang zueinander stehen (z.B. bei Gewinnverlagerungen im Rahmen einer Außenprüfung). Führt eine Außenprüfung sowohl zu einer Steuernachforderung als auch zu einer Steuererstattung, so ist deshalb hinsichtlich der Verzinsung nach § 233a grundsätzlich auf die Steueransprüche der einzelnen Jahre abzustellen, ohne auf Wechselwirkungen mit den jeweiligen anderen Besteuerungszeiträumen einzugehen. Ein Erlass von Nachzahlungszinsen aus sachlichen Billigkeitsgründen kommt bei nachträglicher Zuordnung von Einkünften zu einem anderen Veranlagungszeitraum nicht in Betracht (BFH-Urteil vom 16. 11. 2005 – X R 3/04 – BStBl 2006 II, S. 155). Gewinnverlagerungen und Umsatzverlagerungen (vgl. Nr. 70.2.4) sind bei der Verzinsung nach § 233a nicht vergleichbar (vgl. BFH-Urteil vom 11. 7. 1996 – V R 18/95 – BStBl 1997 II, S. 259). Das BFH-Urteil vom 15. 10. 1998 – IV R 69/97 – HFR 1999 S. 81, betrifft nur den Sonderfall der Verschiebung von Besteuerungsgrundlagen von einem zu verzinsenden Besteuerungszeitraum in einen noch nicht der Verzinsung nach § 233a unterliegenden Besteuerungszeitraum.

Rechtsbehelfe

71. Gegen die Zinsfestsetzung ist der Einspruch gegeben. Einwendungen gegen die zugrunde liegende Steuerfestsetzung oder Anrechnung von Steuerabzugsbeträgen und Körperschaftsteuer können jedoch nicht mit dem Einspruch gegen den Zinsbescheid geltend gemacht werden. Wird die Steuerfestsetzung oder die Anrechnung von Steuerabzugs-

beträgen und Körperschaftsteuer geändert, sind etwaige Folgerungen für die Zinsfestsetzung nach 233a Abs. 5 zu ziehen.

72. Gegen die Entscheidung über eine Billigkeitsmaßnahme ist ein gesonderter Einspruch gegeben, und zwar auch dann, wenn die Finanzbehörde die Billigkeitsentscheidung im Rahmen der Zinsfestsetzung getroffen hat (vgl. zu § 347, Nr. 4).

73. Wird der Zinsbescheid als solcher angefochten, kommt unter den Voraussetzungen des § 361 bzw. des § 69 FGO die Aussetzung der Vollziehung in Betracht. Wird mit dem Rechtsbehelf eine erstmalige oder eine höhere Festsetzung von Erstattungszinsen begehrt, ist mangels eines vollziehbaren Verwaltungsaktes eine Aussetzung der Vollziehung nicht möglich. Soweit die Vollziehung des zugrunde liegenden Steuerbescheides ausgesetzt wird, ist auch die Vollziehung des Zinsbescheides auszusetzen.

Berücksichtigung rückwirkender Ereignisse in Grundlagenbescheiden 12

74. **§ 233a Abs. 2a ist auch dann anzuwenden, wenn das rückwirkende Ereignis in einem für den Steuerbescheid verbindlichen Grundlagenbescheid berücksichtigt wurde. Im Grundlagenbescheid sind deshalb auch entsprechende Feststellungen über die Auswirkungen eines erstmals berücksichtigten rückwirkenden Ereignisses auf die festgestellten Besteuerungsgrundlagen und den Zeitpunkt des Eintritts des rückwirkenden Ereignisses zu treffen (vgl. BFH-Urteil vom 19. 3. 2009 – IV R 20/08 – BStBl 2010 II, S. 528). Gleiches gilt, wenn ein bereits bei der vorangegangen Feststellung berücksichtigtes rückwirkendes Ereignis unmittelbar Änderungen erfährt und der Feststellungsbescheid deshalb geändert wird. Wird ein Feststellungsbescheid dagegen aus anderen Gründen (z.B. zur Berücksichtigung neuer Tatsachen i.S.d. § 173) geändert, sind auch dann keine Feststellungen zum früher bereits berücksichtigten rückwirkenden Ereignis zu treffen, wenn sich die steuerlichen Auswirkungen dieses rückwirkenden Ereignisses aufgrund der erstmaligen oder abweichenden Berücksichtigung normal zu verzinsender Besteuerungsgrundlagen rechnerisch verändert.**

Dies gilt im Verhältnis zwischen Gewerbesteuermessbescheid und Gewerbesteuerbescheid sowie in den Fällen des § 35b GewStG entsprechend.

Rechtsprechung Rsp

BFH vom 26. 9. 1996 – IV R 51/95 (BStBl 1997 II S. 263) 13

Waren aufgrund einer erstmaligen Steuerfestsetzung Erstattungszinsen für einen angefangenen Monat nicht zu zahlen, und wird die festgesetzte Steuer später erhöht, so sind auch für diesen Monat Nachzahlungszinsen zu entrichten.

BFH vom 13. 12. 2000 – X R 96/98 (BStBl 2001 II S. 274) 14

Der Lauf der Zinsen gemäß § 233a AO endet mit Ablauf des dritten Tages nach Aufgabe des Steuerbescheids zur Post (Bekanntgabe des Verwaltungsakts i.S. des § 122 Abs. 2 AO), auch wenn der Steuerbescheid dem Inhaltsadressaten tatsächlich früher zugeht.

BFH vom 6. 3. 2002 – XI R 50/00 (BStBl 2002 II S. 453) 15

Die Anwendung des durch das JStG 1997 vom 20. Dezember 1996 eingeführten § 233a Abs. 2a AO auf nach dem 31. Dezember 1995 entstandene Verluste führt im Falle des Verlustrücktrags auf Veranlagungszeiträume vor 1996 nicht zu einer verfassungsrechtlich unzulässigen Rückwirkung.

BFH vom 14. 5. 2002 – VII R 6/01 (BStBl 2002 II S. 677) 16

Der Anspruch auf Erstattungszinsen gemäß § 233a AO entsteht mit der Steuerfestsetzung, die zu dem eine Erstattung auslösenden Unterschiedsbetrag i.S. des § 233a Abs. 1 AO führt.

BFH vom 9. 10. 2002 – V R 81/01 (BStBl 2002 II S. 887) 17

Nachzahlungszinsen zur Umsatzsteuer haben nicht den Charakter von Umsatzsteuern. Ihre Festsetzung verstößt deshalb nicht gegen Art. 33 Abs. 1 der Richtlinie 77/388/EWG.

18 BFH vom 6. 11. 2002 – V R 75/01 (BStBl 2003 II S. 115)

1. Die Festsetzung von Nachzahlungszinsen gemäß § 233a AO in der ab 1997 geltenden Fassung setzt voraus, dass sich zwischen der festgesetzten Steuer und einer vorangegangenen Festsetzung ein Unterschiedsbetrag ergibt. Freiwillige Zahlungen des Steuerpflichtigen auf die Steuerschuld vor deren Festsetzung sind für die Zinsberechnung nach dem Soll-Prinzip grundsätzlich unbeachtlich.

2. Diese Grundsätze gelten auch dann, wenn der Steuerpflichtige einen Umsatz rechtsirrtümlich erst in dem auf die Entstehung der Steuerschuld folgenden Jahr – also vor Beginn des Zinslaufs nach § 233a Abs. 2 Satz 1 AO – erklärt und versteuert.

19 BFH vom 28. 11. 2002 – V R 54/00 (BStBl 2003 II S. 175)

1. Der nachträgliche Verzicht auf die Steuerfreiheit einer Grundstückslieferung ist kein rückwirkendes Ereignis i.S. von § 233a Abs. 2a AO.

2. Der Lauf der Zinsen für die Umsatzsteuer wegen der rückwirkend steuerpflichtigen Grundstückslieferung beginnt nach § 233a Abs. 2 Satz 1 AO.

20 BFH vom 23. 10. 2003 – V R 2/02 (BStBl 2004 II S. 39)

Ein Erlass von Nachzahlungszinsen aus sachlichen Gründen kommt nicht in Betracht, wenn die Zinsforderung darauf beruht, dass der Steuerpflichtige nachträglich – aber vor dem 31. Dezember 1995 – auf die Steuerfreiheit eines Umsatzes verzichtet hat.

21 BFH vom 15. 7. 2004 – V R 76/01 (BStBl 2005 II S. 236)

Im Falle der Änderung einer Steuerfestsetzung knüpft die Zinsberechnung gemäß § 233a Abs. 5 Sätze 1 und 2 AO an den Unterschiedsbetrag zwischen der nunmehr festgesetzten und der vorher festgesetzten Steuer an. Sie sieht keine hilfsweisen Nebenberechnungen zur Ermittlung einer von der festgesetzten Steuer abweichenden fiktiven Steuer und der danach zu berechnenden Zinsen vor.

22 BFH vom 19. 4. 2005 – VIII R 12/04 (BStBl 2005 II S. 683)

Das Tatbestandsmerkmal des „zu erstattenden Betrages" in § 233a Abs. 3 Satz 3 AO umfasst auch den Betrag, der im Wege der Aufhebung der Vollziehung vorab erstattet wird, wenn die Steuer in einem nachfolgenden Änderungsbescheid tatsächlich herabgesetzt wird.

23 BFH vom 18. 5. 2005 – VIII R 100/02 (BStBl 2005 II S. 735)

Wurden bei der erstmaligen Steuerfestsetzung keine Erstattungs- oder Nachzahlungszinsen festgesetzt, weil die Frist des § 233a Abs. 2 AO noch nicht abgelaufen war, so sind nach einer Änderung der Steuerfestsetzung Zinsen auf der Grundlage des Unterschieds zwischen dem neuen und dem früheren Soll gemäß § 233a Abs. 5 Satz 2 AO zu berechnen.

24 BFH vom 16. 11. 2005 – X R 3/04 (BStBl 2006 II S. 155)

Ein Erlass von Nachzahlungszinsen aus sachlichen Billigkeitsgründen kommt bei nachträglicher Zuordnung von Einkünften zu einem anderen Veranlagungszeitraum nicht in Betracht.

25 BFH vom 23. 2. 2006 – III R 66/03 (BStBl 2006 II S. 741)

Der Anspruch auf InvZul ist nicht zu verzinsen.

26 BFH vom 20. 4. 2006 – III R 64/04 (BStBl 2007 II S. 240)

Kindergeldnachzahlungen sind nicht zu verzinsen.

27 BFH vom 26. 4. 2006 – I R 122/04 (BStBl 2006 II S. 737)

Der Erstattungsbetrag gemäß § 11 Abs. 2 AStG a.F. ist nicht nach § 233a AO zu verzinsen.

28 BFH vom 13. 7. 2006 – IV R 5/05 (BStBl 2006 II S. 858)

1. Die Einkünfte aus Land- und Forstwirtschaft überwiegen die anderen Einkünfte, wenn sie höher sind als diese.

2. Sind die Einkünfte aus Land- und Forstwirtschaft negativ, überwiegen die anderen Einkünfte, wenn diese positiv oder in geringerem Umfang negativ sind.

3. Werden andere Einkünfte in zwei oder mehreren Einkunftsarten erzielt, kommt es für den Vergleich auf die Summe oder, wenn darunter nicht nur positive Einkünfte sind, den Saldo der anderen Einkünfte an.

BFH vom 9. 8. 2006 – I R 10/06 (BStBl 2007 II S. 82) 29

Ein Steueranspruch ist auch dann gemäß § 233a AO zu verzinsen, wenn sich infolge der Berücksichtigung eines Verlustrücktrags keine Abweichung zwischen der neu festgesetzten und der zuvor festgesetzten Steuer ergibt.

BFH vom 18. 9. 2007 – I R 15/05 (BStBl 2008 II S. 332) 30

Die vom Bundesamt für Finanzen (jetzt: Bundeszentralamt für Steuern) antragsgemäß nach § 50 Abs. 5 Satz 4 Nr. 3 EStG 1997 festgesetzte Erstattung von Abzugsteuern gemäß § 50a Abs. 4 Satz 1 Nr. 1 EStG 1997 ist nicht nach § 233a Abs. 1 Satz 2 AO zu verzinsen (Anschluss an EuGH-Urteil vom 3. 10. 2006 Rs. C-290/04 „FKP Scorpio Konzertproduktionen GmbH", EuGHE I 2006, 9461).

BFH vom 26. 11. 2008 – I R 50/07 (BFH/NV 2009 S. 883) 31

Hat das FA bei einer Steuerfestsetzung zunächst einen Verlustvortrag berücksichtigt und wird die Steuer später ohne Berücksichtigung des Verlustvortrags auf Null festgesetzt, so ist für Zwecke der Zinsberechnung der sich ergebende Unterschiedsbetrag nach Maßgabe des § 233a Abs. 2a AO in Teil-Unterschiedsbeträge aufzuteilen.

BFH vom 19. 3. 2009 – IV R 20/08 (BStBl 2010 II S. 528) 32

Die Entscheidung darüber, ob die Änderung eines Gewinnfeststellungsbescheids auf einem rückwirkenden Ereignis i.S. von § 175 Abs. 1 Satz 1 Nr. 2 AO und damit zugleich auch auf einem rückwirkenden Ereignis i.S. von § 233a Abs. 2a AO beruht, ist im Feststellungsverfahren zu treffen.

BVerfG vom 3. 9. 2009 – 1 BvR 2539/07 (BFH/NV 2009 S. 2115) 33

– Auch im Hinblick auf die Anforderungen des allgemeinen Gleichheitssatzes (Art 3 Abs 1 GG), wesentlich Gleiches gleich und wesentlich Ungleiches ungleich zu behandeln, bleibt dem Gesetzgeber im Bereich des Steuerrechts ein weiter Entscheidungsspielraum; dies betrifft sowohl die Auswahl des Steuergegenstands als auch die Bestimmung des Steuersatzes (vgl BVerfG, 04. 12. 2002, 2 BvR 1735/00, BVerfGE 107, 27 <47>).

– Die mit der Verzinsung gemäß § 233a AO verbundene Differenzierung zwischen zinszahlungspflichtigen und nicht zinszahlungspflichtigen Steuerschuldnern ist sachlich gerechtfertigt. Ihr liegt die zulässige typisierende Annahme zugrunde, dass derjenige, dessen Steuer ganz oder zum Teil zu einem späteren Zeitpunkt festgesetzt wird, gegenüber demjenigen, dessen Steuer bereits frühzeitig festgesetzt wird, einen Liquiditäts- und damit auch einen potentiellen Zinsvorteil hat. Zudem wirkt die Vollverzinsung nach § 233a AO gleichermaßen zugunsten wie zulasten des Steuerpflichtigen.

– Der gesetzgeberische Spielraum ist auch insofern nicht überschritten, als eine Verzinsung grundsätzlich unabhängig davon angeordnet ist, aus welchem Grund es zu einem Unterschiedsbetrag gekommen ist und ob tatsächlich die Liquiditätsvorteile tatsächlich genutzt wurden; denn auch ungewollte oder unwissentliche Zins- oder Liquiditätsvorteile sollen ausgeglichen werden.

– Der Gesetzgeber durfte die Höhe von Nachzahlungszinsen ohne Verstoß gegen das Übermaßverbot auf 0,5 % pro Monat festsetzen. Es handelt sich um eine zulässige Typisierung im Interesse der Praktikabilität und Verwaltungsvereinfachung. Neben den mit einer Ermittlung des konkreten Zinsvorteils bzw Zinsnachteils im Einzelfall verbundenen Problemen ist auch hier zu beachten, dass der Zinssatz gemäß § 233a AO i.V. m § 238 AO sowohl für als auch gegen den Steuerpflichtigen wirkt.

– Ein Billigkeitserlass gemäß § 227 AO kann von Verfassungs wegen geboten sein, wenn ein Gesetz, das in seinen generalisierenden Wirkungen verfassungsgemäß ist, bei der Steuerfestsetzung im Einzelfall zu Grundrechtsverstößen führt. Jedoch dürfen Billigkeitsmaßnahmen die einem Steuertatbestand innewohnende Wertung des Gesetzgebers nicht generell durchbrechen oder korrigieren, sondern nur einem ungewollten Überhang des gesetzlichen Steuertatbestandes abhelfen (vgl BVerfG aaO, BVerfGE 48, 102 <116>).

– Nach diesen Maßstäben ist es für die Nachverzinsung gemäß § 233a AO grundsätzlich unerheblich, dass der Beschwerdeführer aufgrund der Verwahrung des empfangenen Geldes auf dem Girokonto tatsächlich keinen Zinsvorteil erlangt hat. Die angegriffene Zinsbelastung kann auch keinen Billigkeitserlass rechtfertigen, da sie typische Folge der gesetzlichen Regelung ist und den gesetzgeberischen Vorstellungen entspricht. Der Beschwerdeführer wird auch nicht in unzulässiger Weise ungleich gegenüber anderen Steuerpflichtigen behandelt, denn der Liquiditätsvorteil des Beschwerdeführers wurde von anderen Steuerpflichtigen gerade nicht erzielt. Im Hinblick auf das verzögerte Handeln des Finanzamtes verpflichtet auch das Rechtsstaatsprinzip nicht zu einem Billigkeitserlass. Der Folgebescheid wurde noch innerhalb der gesetzlichen Zweijahresfrist des § 171 Abs. 10 AO geändert, so dass die Verzinsung keine ungewollte oder atypische Rechtsfolge darstellt.

34   BVerfG vom 3. 9. 2009 – 1 BvR 1098/08 (BFH/NV 2009 S. 2115)

1. Der Gesetzgeber bewegt sich mit der Herausnahme der Steuerabzugsbeträge aus der Vollverzinsung des § 233a AO im Rahmen des ihm im Steuerrecht eröffneten Gestaltungs- und Pauschalierungsspielraums (zu diesem Spielraum vgl. BVerfG, 15. 01. 2008, 1 BvL 2/04, BVerfGE 120, 1 <29 f.> mwN). Anders als bei Veranlagungssteuern erfolgt die Erstattung von Abzugssteuern regelmäßig so kurzfristig, dass sie in die Karenzfrist des § 233a Abs. 2 AO fiele und deshalb ohnehin zu keiner Verzinsung führte. Gerade das vereinfachte Steuererstattungsverfahren nach § 50 Abs. 5 EStG soll eine zeitnahe Steuererstattung ermöglichen.

2. Es liegt auch keine unzulässige Ungleichbehandlung der Beschwerdeführerin als beschränkt Steuerpflichtige gegenüber inländischen, der Veranlagung unterliegenden unbeschränkt Steuerpflichtigen vor. Aufgrund der bewusst unterschiedlich ausgestalteten Besteuerungsverfahren sind beide Gruppen nicht vergleichbar.

...

35   BFH vom 23. 9. 2009 – VII R 44/08 (BStBl 2010 II S. 334)

Als Einfuhrabgabe unterliegt die Einfuhrumsatzsteuer den sinngemäß geltenden Vorschriften für Zölle, weshalb ein sich bei der Festsetzung von Einfuhrumsatzsteuer ergebender Unterschiedsbetrag nicht nach § 233a AO zu verzinsen ist.

36   BFH vom 16. 12. 2009 – I R 48/09 (HFR 2010 S. 802)

§ 233a Abs. 3 Satz 3 AO lässt die Verzinsung des zu erstattenden Betrages frühestens mit dem Tag der Zahlung zu. Steuerstundungen beeinflussen die Höhe der Zinsen nicht.

37   BFH vom 17. 2. 2010 – I R 52/09 (BStBl 2011 II S. 340)

1. Eine Steuerfestsetzung kann nur dann auf einem rückwirkenden Ereignis beruhen, wenn das rückwirkende Ereignis tatsächlich zu einer abweichenden Steuerfestsetzung geführt hat.

2. Aktiviert ein Versicherungsverein auf Gegenseitigkeit in einer geänderten Bilanz nachträglich Forderungen und führt er die dadurch ausgelöste Gewinnerhöhung entsprechend seiner Satzung den Rückstellungen für Beitragsrückerstattung zu, löst dies keine unterschiedlichen Zinsläufe aus.

38   BFH vom 17. 11. 2010 – I R 68/10 (HFR 2011 S. 739)

1. Durch einen Lohnsteuer-Nachforderungsbescheid gegenüber dem Arbeitnehmer werden Steuerabzugsbeträge festgesetzt und bei einer späteren Aufhebung des Bescheids Steuerabzugsbeträge erstattet, sodass keine Verzinsung gemäß § 233a Abs. 1 Satz 2 AO ausgeschlossen ist.

2. Der ausnahmslose Ausschluss der Steuerabzugsbeträge aus der Vollverzinsung des § 233a AO verstößt nicht gegen Art. 3 Abs. 1 GG.

39   BFH vom 20. 4. 2011 – I R 80/10 (HFR 2011 S. 1182)

§ 233a AO ist verfassungsgemäß. Der Gesetzgeber ist nicht verpflichtet, den Zinssatz gemäß § 238 Abs. 1 Satz 1 AO an die Entwicklung der Zinsen am Kapitalmarkt anzupassen.

40   BFH vom 5. 5. 2011 – V R 39/10 (HFR 2011 S. 1032)

1. Ein Verstoß gegen § 233a Abs. 2a AO ist nicht im Erlassverfahren, sondern im Zinsfestsetzungsverfahren geltend zu machen.

2. Der nachträgliche Verzicht auf die Steuerfreiheit einer Grundstücksvermietung ist kein rückwirkendes Ereignis i. S. von § 175 Abs. 1 Satz 1 Nr. 2 AO und § 233a Abs. 2a AO.

§ 234 Stundungszinsen

(1) ¹Für die Dauer einer gewährten Stundung von Ansprüchen aus dem Steuerschuldverhältnis werden Zinsen erhoben. ²Wird der Steuerbescheid nach Ablauf der Stundung aufgehoben, geändert oder nach § 129 berichtigt, so bleiben die bis dahin entstandenen Zinsen unberührt.

(2) Auf die Zinsen kann ganz oder teilweise verzichtet werden, wenn ihre Erhebung nach Lage des einzelnen Falls unbillig wäre.

(3) Zinsen nach § 233a, die für denselben Zeitraum festgesetzt wurden, sind anzurechnen.

Anwendungserlass zur Abgabenordnung

Zu § 234 – Stundungszinsen:

1. Stundungszinsen werden für die Dauer der gewährten Stundung erhoben. Ihre Höhe ändert sich nicht, wenn der Steuerpflichtige vor oder nach dem Zahlungstermin zahlt, der in der Stundungsverfügung festgelegt ist (Sollverzinsung).
Eine vorzeitige Tilgung führt nicht automatisch zu einer Ermäßigung der Stundungszinsen. Soweit der gestundete Anspruch allerdings mehr als ein Monat vor Fälligkeit getilgt wird, kann auf bereits festgesetzte Stundungszinsen für den Zeitraum ab Eingang der Leistung auf Antrag verzichtet werden (§ 234 Abs. 2). Eine verspätete Zahlung löst zusätzlich Säumniszuschläge aus.

2. Wird die gestundete Steuerforderung vor Ablauf des Stundungszeitraums herabgesetzt, ist der Zinsbescheid nach § 175 Abs. 1 Satz 1 Nr. 2 entsprechend zu ändern. Eine Aufhebung, Änderung oder Berichtigung der Steuerfestsetzung nach Ablauf der Stundung hat keine Auswirkungen auf die Stundungszinsen (§ 234 Abs. 1 Satz 2). Werden Vorauszahlungen gestundet, sind Stundungszinsen nur im Hinblick auf eine Änderung der Vorauszahlungsfestsetzung, nicht aber im Hinblick auf die Festsetzung der Jahressteuer herabzusetzen.

3. Die Stundungszinsen werden regelmäßig zusammen mit der Stundungsverfügung durch Zinsbescheid festgesetzt. Die Formvorschriften für Steuerbescheide (§ 157 Abs. 1, ggf. § 87a Abs. 4) gelten entsprechend.
Sofern nicht besondere Umstände des Einzelfalls eine andere Regelung erfordern, sind die Stundungszinsen zusammen mit der letzten Rate zu erheben. Bei einer Aufhebung der Stundungsverfügung (Rücknahme oder Widerruf) sind auch die auf ihr beruhenden Zinsbescheide aufzuheben oder zu ändern; §§ 175 Abs. 1 Satz 1 Nr. 1, 171 Abs. 10 gelten gem. § 239 Abs. 1 Satz 1 entsprechend.

    Beispiel:
    Das Finanzamt hat am 10.3.2004 eine am 25.2.2004 fällige Einkommensteuerforderung von 3 600 € ab Fälligkeit gestundet. Der Betrag ist in 12 gleichen Monatsraten von 300 €, beginnend am 1.4.2004 zu zahlen. Die Zinsen von 117 € sind zusammen mit der letzten Rate am 1.3.2005 zu erheben.

    Das Finanzamt erfährt im August 2004, dass eine wesentliche Verbesserung der Vermögensverhältnisse der Schuldners eingetreten ist. Es widerruft deshalb die Stundung nach § 131 Abs. 2 Nr. 3 und stellt den gesamten Restbetrag von 2 100 € zum 1.9.2004 fällig.
    Der Zinsbescheid ist nach § 175 Abs. 1 Satz 1 Nr. 1 zu ändern. Die Zinsen i.H.v. insgesamt 85 € (gerundet nach § 239 Abs. 2 Satz 1) sind zum 1.9.2004 zu erheben.

4. Der Zinslauf beginnt bei den Stundungszinsen an dem ersten Tag, für den die Stundung wirksam wird (§ 238 Abs. 1 Satz 2 i.V. mit § 234 Abs. 1 Satz 1). Bei einer Stundung ab Fälligkeit beginnt der Zinslauf am Tag nach Ablauf der ggf. nach § 108 Abs. 3 verlängerten Zahlungsfrist.

    Beispiele:
    1. Fälligkeitstag ist der 12.3.2004 (Freitag). Der Zinslauf beginnt am 13.3.2004 (Sonnabend).
    2. Fälligkeitstag ist der 13.3.2004 (Sonnabend). Die Zahlungsfrist endet nach § 108 Abs. 3 erst am 15.3.2004 (Montag). Der Zinslauf beginnt am 16.3.2004 (Dienstag).

    Wegen der Fälligkeit der Anmeldungssteuern vgl. zu § 240, Nr. 1 Satz 2.

5. Der Zinslauf endet mit Ablauf des letzten Tages, für den die Stundung ausgesprochen worden ist. Ist dieser Tag ein Sonnabend, ein Sonntag oder ein gesetzlicher Feiertag, endet der Zinslauf erst am nächstfolgenden Werktag. Wegen der Berechnung vgl. zu § 238, Nr. 1.

Beispiele:
1. Die Steuer ist bis zum 26. 3. 2004 (Freitag) gestundet. Der Zinslauf endet am 26. 3. 2004.
2. Die Steuer ist bis zum 27. 3. 2004 (Sonnabend) gestundet. Der Zinslauf endet nach § 108 Abs. 3 am 29. 3. 2004 (Montag).

6. Stundungszinsen sind nur für volle Monate zu zahlen; angefangene Monate bleiben außer Ansatz (§ 238 Abs. 1 Satz 2); vgl. zu § 238, Nr. 1.

Beispiele:

Ende der ursprüng-lichen Zahlungsfrist	Beginn des Zins-laufs	Ablauf der Stun-dung nach Stun-dungsverfügung	Ende des Zinslaufs	Voller Monat
13. 05. 2004 (Do)	14. 05. 2004 (Fr)	13. 06. 2004 (So)	14. 06. 2004 (Mo)	ja
13. 05. 2004 (Do)	14. 05. 2004 (Fr)	11. 06. 2004 (Fr)	11. 06. 2004 (Fr)	nein
31. 01. 2005 (Mo)	01. 02. 2005 (Di)	28. 02. 2005 (Mo)	28. 02. 2005 (Mo)	ja

7. Zu verzinsen ist der jeweils gestundete Anspruch aus dem Steuerschuldverhältnis (§ 37) mit Ausnahme der Ansprüche auf steuerliche Nebenleistungen (§ 233 Satz 2). Die Zinsen sind für jeden Anspruch (Einzelforderung) besonders zu berechnen. Bei der Zinsberechnung sind die Ansprüche zu trennen, wenn Steuerart, Zeitraum (Teilzeitraum) oder der Tag des Beginns des Zinslaufs voneinander abweichen.

Beispiele für gesondert zu verzinsende Ansprüche:
1. Einkommensteuervorauszahlungen I/04 und II/04;
2. die erstmalige Festsetzung der Einkommensteuer 2004 durch Bescheid vom 3. 5. 2006 führt zu einer Abschlusszahlung i.H.v. 4 290 €; nach Berichtigung einer offenbaren Unrichtigkeit (§ 129) durch Steuerbescheid vom 1. 6. 2006 fordert das Finanzamt weitere 850 €.

8. Die Kleinbetragsregelung des § 239 Abs. 2 Satz 2 (Zinsen unter zehn Euro werden nicht fest-gesetzt) ist auf die für eine Einzelforderung berechneten Zinsen anzuwenden.

Beispiel:

Es werden ab Fälligkeit jeweils für einen Monat fol-gende Einzelforderungen gestundet:		Zinsen	abgerundet (§ 239 Abs. 2 Satz 1)
Einkommensteuervorauszahlung	1 950,00 €	9,75 €	9,00 €
Solidaritätszuschlag	200,00 €	1,00 €	1,00 €
Umsatzsteuerabschlusszahlung	600,00 €	3,00 €	3,00 €

Zinsen werden nicht festgesetzt, da sie für keine der Einzelforderungen 10 Euro erreichen.

9. Bei Gewährung von Ratenzahlungen sind Stundungszinsen nach § 238 Abs. 2 wie folgt zu berechnen:
Der zu verzinsende Betrag jeder Steuerart ist auf den nächsten durch fünfzig Euro zu teilen-den Betrag abzurunden. Ein sich durch die Abrundung ergebender Spitzenbetrag (Abrun-dungsrest) ist für Zwecke der Zinsberechnung bei der letzten Rate abzuziehen. Bei höheren Beträgen soll die Stundung i.d.R. so ausgesprochen werden, dass die Raten mit Ausnahme der letzten Rate auf durch fünfzig Euro ohne Rest teilbare Beträge festgesetzt werden.

Beispiel:
1. Variante:
Ein Anspruch i.H.v. 4 215 € wird in drei Monatsraten zu 1 400 €, 1 400 € und 1 415 € gestundet.

		Zinsen:
1. Rate	1 400 €	7,00 €
2. Rate	1 400 €	14,00 €
3. Rate	1 415 €[1]	21,00 €
festzusetzende Zinsen		42,00 €

---
[1] Die Zinsberechnung erfolgt von 1 415 € ./. 15 € = 1 400 €.

2. Variante:
Ein Anspruch i.H.v. 4 215 € wird in drei gleichen Monatsraten zu jeweils 1405 € gestundet.

		Zinsen:
1. Rate	1 405 €	7,02 €
2. Rate	1 405 €	14,05 €
3. Rate	1 405 €[1)]	20,85 €
Summe		41,92 €
festzusetzende Zinsen (abgerundet nach § 239 Abs. 2 S. 1)		41,00 €

10. Sollen mehrere Ansprüche in Raten gestundet werden, so ist bei der Festlegung der Raten möglichst zunächst die Tilgung der Ansprüche anzuordnen, für die keine Stundungszinsen erhoben werden. Sodann sind die Forderungen in der Reihenfolge ihrer Fälligkeit zu ordnen; bei gleichzeitig fällig gewordenen Forderungen soll die niedrigere Forderung zuerst getilgt werden. Dies gilt nicht, wenn die Sicherung der Ansprüche eine andere Tilgungsfolge erfordert.

Beispiel:
Das Finanzamt stundet die Einkommensteuervorauszahlung IV/04 i.H.v. 850 € (erstmals fällig am 10.12.2004), die Einkommensteuervorauszahlung I/05 i.H.v. 300 € (erstmals fällig am 10.3.2005), die Einkommensteuer-Abschlusszahlung für 2003 i.H.v. 11 150 € (erstmals fällig 18.5.2005), die Umsatzsteuer-Abschlusszahlung für 2003 i.H.v. 7 800 € (erstmals fällig am 18.5.2005) sowie Verspätungszuschläge i.H.v. 650 € (erstmals fällig am 10.6.2005) in insgesamt drei Raten.

gestundeter Anspruch	erstmals fällig am	Betrag in €	1. Rate in € (14.7.2005)	Rest in €	2. Rate in € (14.8.2005)	Rest in €	3. Rate in € (14.9.2005)	Rest in €
ESt IV/04	10.12.2004	850	850	0	–	–	–	–
ESt I/05	10.03.2005	300	300	0	–	–	–	–
ESt 2003	18.05.2005	11 150	0	11 150	0	11 150	11 150	0
USt 2003	18.05.2005	7 800	800	7 000	3 000	4 000	4 000	0
Verspätungszuschlag	10.06.2005	650	650	0	–	–	–	–
Summen		20 750	2 600	18 150	3 000	15 150	15 150	0

Zinsberechnung:

gestundeter Anspruch	Fällig am	Zahlungstermin	Betrag in €	Zinsmonate	v.H.	Zinsen in €	festzusetzende Zinsen in €
ESt IV/04	10.12.2004	14.07.2005	850	7	3,5	29,75	29,00[2)]
ESt I/05	10.03.2005	14.07.2005	300	4	2,0	6,00	0,00[3)]
ESt 2003	18.05.2005	14.09.2005	11 150	3	1,5	167,25	167,00[4)]

[1)] Die Zinsberechnung erfolgt von 1 405 € ./. 15 € = 1 390 €.
[2)] 29,75 € werden auf 29,00 € und 167,25 € werden auf 167 € zugunsten des Steuerpflichtigen gerundet (§ 239 Abs. 2 Satz 1).
[3)] Kleinbetrag unter 10 € (§ 239 Abs. 2 Satz 2).
[4)] 29,75 € werden auf 29,00 € und 167,25 € werden auf 167 € zugunsten des Steuerpflichtigen gerundet (§ 239 Abs. 2 Satz 1).

§ 234 AO
AEAO Rsp

gestundeter Anspruch	Fällig am	Zahlungs-termin	Betrag in €	Zins-mona-te	v.H.	Zinsen in €	festzuset-zende Zinsen in €
USt 2003	18. 05. 2005	14. 07. 2005	800	1	0,5	4,00	
USt 2003	18. 05. 2005	14. 08. 2005	3 000	2	1,0	30,00	} 94,00
USt 2003	18. 05. 2005	14. 09. 2005	4 000	3	1,5	60,00	
Verspä-tungs-zuschlag	10. 06. 2005	14. 07. 2005	650	0	–	–	–[1)]

6 11. Auf die Erhebung von Stundungszinsen kann gem. § 234 Abs. 2 im Einzelfall aus Billigkeitsgründen verzichtet werden. Ein solcher Verzicht kann z.B. in Betracht kommen bei Katastrophenfällen, bei länger dauernder Arbeitslosigkeit des Steuerschuldners, bei Liquiditätsschwierigkeiten allein infolge nachweislicher Forderungsausfälle im Konkurs-/Insolvenzverfahren und in ähnlichen Fällen, im Rahmen einer Sanierung, sofern allgemein ein Zinsmoratorium gewährt wird, sowie im Hinblick auf belegbare, demnächst fällig werdende Ansprüche des Steuerschuldners aus einem Steuerschuldverhältnis, soweit hierfür innerhalb des Stundungszeitraums keine Erstattungszinsen gem. § 233a anfallen. Auch wird eine Stundung i.d.R. dann zinslos bewilligt werden können, wenn sie einem Steuerpflichtigen gewährt wird, der bisher seinen steuerlichen Pflichten, insbesondere seinen Zahlungspflichten, pünktlich nachgekommen ist und der in der Vergangenheit nicht wiederholt Stundungen in Anspruch genommen hat; in diesen Fällen kommt ein Verzicht auf Stundungszinsen i.d.R. nur in Betracht, wenn für einen Zeitraum von nicht mehr als drei Monaten gestundet wird und der insgesamt zu stundende Betrag 5 000 € nicht übersteigt. Zum Rechtsbehelfsverfahren gegen die Entscheidung über eine Billigkeitsmaßnahme vgl. zu § 347, Nr. 4.

12. Wird ein Anspruch auf Rückforderung von Arbeitnehmer-Sparzulage, Eigenheimzulage, Investitionszulage, Wohnungsbau-Prämie oder Bergmanns-Prämie gestundet, so sind – da die Vorschriften über die Steuervergütung entsprechend gelten – Stundungszinsen zu erheben (§ 234 i.V.m. § 37 Abs. 1).

Rsp **Rechtsprechung**

7 **BFH vom 16. 10. 1991 – I R 145/90 (BStBl 1992 II S. 321)**

Aus § 234 Abs. 1 AO läßt sich nicht ableiten, daß die Erhebung von Zinsen nur bei solchen Stundungen gestattet ist, die – wie im Falle des § 222 AO – in das Ermessen des Finanzamtes gestellt sind.

8 **BFH vom 12. 6. 1997 – I R 70/96 (BStBl 1998 II S. 38)**

1. Die Entscheidung über die Festsetzung von Stundungszinsen und die Entscheidung über den Verzicht auf die Zinsen aus Gründen sachlicher Billigkeit stehen selbständig nebeneinander und sind voneinander unabhängig. Für die Aussetzung des Billigkeitsverfahrens gemäß § 74 FGO fehlt es deshalb an den tatbestandlichen Voraussetzungen.

2. Der auf den Zinsverzicht gerichtete Rechtsbehelf ist unzulässig, wenn von der Festsetzung von Zinsen bereits aus Sachgründen abzusehen ist.

3. Bei einer Stundung gemäß § 20 Abs. 5 Satz 3 UmwStG 1977 sind in analoger Anwendung von § 21 Abs. 2 Satz 4 UmwStG 1977 keine Zinsen zu erheben.

9 **BFH vom 9. 5. 2007 – XI R 2/06 (BFH/NV 2007 S. 1622)**

1. Ein Zinsverzicht kann in Betracht kommen, wenn zu Beginn der Stundung eine Aufrechnungslage i.S. des § 226 AO gegeben war.

2. Eine Aufrechnungslage setzt voraus, dass Gegenseitigkeit zwischen den Forderungen des Fiskus auf der einen Seite und den möglichen Gegenforderungen des Klägers besteht.

[1)] Ansprüche auf steuerliche Nebenleistungen werden nicht verzinst (§ 233 Satz 2).

§ 235 AO
AEAO

§ 235 Verzinsung von hinterzogenen Steuern

AO
S 0462

(1) ¹Hinterzogene Steuern sind zu verzinsen. ²Zinsschuldner ist derjenige, zu dessen Vorteil die Steuern hinterzogen worden sind. ³Wird die Steuerhinterziehung dadurch begangen, dass ein anderer als der Steuerschuldner seine Verpflichtung, einbehaltene Steuern an die Finanzbehörde abzuführen oder Steuern zu Lasten eines anderen zu entrichten, nicht erfüllt, so ist dieser Zinsschuldner.

(2) ¹Der Zinslauf beginnt mit dem Eintritt der Verkürzung oder der Erlangung des Steuervorteils, es sei denn, dass die hinterzogenen Beträge ohne die Steuerhinterziehung erst später fällig geworden wären. ²In diesem Fall ist der spätere Zeitpunkt maßgebend.

(3) ¹Der Zinslauf endet mit der Zahlung der hinterzogenen Steuern. ²Für eine Zeit, für die ein Säumniszuschlag verwirkt, die Zahlung gestundet oder die Vollziehung ausgesetzt ist, werden Zinsen nach dieser Vorschrift nicht erhoben. ³Wird der Steuerbescheid nach Ende des Zinslaufs aufgehoben, geändert oder nach § 129 berichtigt, so bleiben die bis dahin entstandenen Zinsen unberührt.

(4) Zinsen nach § 233a, die für denselben Zeitraum festgesetzt wurden, sind anzurechnen.

Anwendungserlass zur Abgabenordnung

AEAO

Zu § 235 – Verzinsung von hinterzogenen Steuern:

1

Inhaltsübersicht

1. Zweck und Voraussetzungen der Verzinsung
2. Gegenstand der Verzinsung
3. Zinsschuldner
4. Zinslauf
4.1 Beginn des Zinslaufs
4.2 Ende des Zinslaufs
5. Höhe der Hinterziehungszinsen
6. Verfahren
7. Verjährung

1. Zweck und Voraussetzungen der Verzinsung

1.1 Hinterzogene Steuern sind nach § 235 zu verzinsen, um dem Nutznießer einer Steuerhinterziehung den steuerlichen Vorteil der verspäteten Zahlung oder der Gewährung oder Belassung von Steuervorteilen zu nehmen (BFH-Urteile vom 19. 4. 1989 – X R 3/86 – BStBl II, S. 596, und vom 27. 9. 1991 – VI R 159/89 – BStBl 1992 II, S. 163).

1.2 Die Zinspflicht tritt nur ein, wenn der objektive und subjektive Tatbestand des § 370 Abs. 1 oder § 370a erfüllt und die Tat i.S.d. § 370 Abs. 4 vollendet ist. Entsprechendes gilt, wenn der Tatbestand der §§ 263, 264 StGB erfüllt ist, soweit sich die Tat auf Prämien und Zulagen bezieht, für die die für Steuervergütungen geltenden Vorschriften der AO entsprechend anzuwenden sind. Der Versuch einer Steuerhinterziehung (§ 370 Abs. 2, § 370a i.V.m. § 23 StGB) reicht zur Begründung einer Zinspflicht ebenso wenig aus wie die leichtfertige Steuerverkürzung (§ 378) oder die übrigen Steuerordnungswidrigkeiten (§§ 379 ff.).

Kommen Steuerpflichtige ihren Erklärungspflichten nicht oder nicht fristgerecht nach, kommt Steuerhinterziehung und damit die Festsetzung von Hinterziehungszinsen nur insoweit in Betracht, als nachgewiesen werden kann, dass durch das pflichtwidrige Verhalten die Steuern zu niedrig oder verspätet festgesetzt worden sind. Steuern, die aufgrund geschätzter Besteuerungsgrundlagen (§ 162) festgesetzt wurden, können nicht ohne weiteres als verkürzt angesehen werden (BFH-Urteil vom 14. 8. 1991 – X R 86/91 – BStBl 1992 II, S. 128).

1.3 Die Festsetzung von Hinterziehungszinsen setzt keine strafrechtliche Verurteilung wegen Steuerhinterziehung voraus (BFH-Urteil vom 27. 8. 1991 – VIII R 84/89 – BStBl 1992 II, S. 9). Die Zinspflicht ist unabhängig von einem Steuerstrafverfahren im Rahmen des Besteuerungsverfahrens zu prüfen.

Hinterziehungszinsen sind demnach auch festzusetzen, wenn

– wirksam Selbstanzeige nach § 371 erstattet worden ist (z.B. durch Nachmeldung hinterzogener Umsatzsteuer in der Umsatzsteuer-Jahreserklärung),

– der Strafverfolgung Verfahrenshindernisse entgegenstehen (z.B. Tod des Täters oder Strafverfolgungsverjährung),

– das Strafverfahren wegen Geringfügigkeit eingestellt worden ist (z.B. nach §§ 153, 153a StPO; § 398) oder
– in anderen Fällen die Strafverfolgung beschränkt oder von der Strafverfolgung abgesehen wird (z.B. nach §§ 154, 154a StPO).

An Entscheidungen im strafgerichtlichen Verfahren ist die Finanzbehörde nicht gebunden (BFH-Urteil vom 10. 10. 1972 – VII R 117/69 – BStBl 1973 II, S. 68). Im Allgemeinen kann sich das Finanzamt die tatsächlichen Feststellungen, Beweiswürdigungen und rechtlichen Beurteilungen des Strafverfahrens zu Eigen machen, wenn und soweit es zu der Überzeugung gelangt ist, dass diese zutreffend sind, und keine substantiierten Einwendungen gegen die Feststellungen im Strafurteil erhoben werden (vgl. BFH-Urteil vom 13. 7. 1994 – I R 112/93 – BStBl 1995 II, S. 198).

2. Gegenstand der Verzinsung

2.1 Hinterziehungszinsen sind festzusetzen für

– verkürzte Steuern; darunter fallen auch keine oder zu geringe Steuervorauszahlungen und der Solidaritätszuschlag. Landesgesetzlich geregelte Steuern sind nur zu verzinsen, wenn dies im Gesetz angeordnet ist.
– ungerechtfertigt erlangte Steuervorteile (z.B. zu Unrecht erlangte Steuervergütungen),
– zu Unrecht erlangte Steuervergünstigungen (z.B. Steuerbefreiungen und Steuerermäßigungen),
– ungerechtfertigt erlangte Prämien und Zulagen, auf die die Vorschriften der AO über Steuervergütungen entsprechend anzuwenden sind (z.B. Investitionszulagen, Eigenheimzulagen, Wohnungsbauprämien, Arbeitnehmersparzulagen und Zulagen nach § 83 EStG).

2.2 Bei Steuern mit progressivem Tarif oder Stufentarif ist zur Berechnung des zu verzinsenden Teilbetrages die Steuer lt. ursprünglicher Festsetzung mit der Steuer zu vergleichen, die sich bei Einbeziehung der vorsätzlich verschwiegenen Besteuerungsmerkmale ergeben würde. Sonstige Abweichungen von den Erklärungen des Steuerpflichtigen bleiben außer Ansatz.

2.3 Hinterziehungszinsen sind für jeden Besteuerungszeitraum (Veranlagungszeitraum, Voranmeldungszeitraum) oder Besteuerungszeitpunkt gesondert zu berechnen. Einzelne, aufeinander folgende Steuerhinterziehungen sind nicht als eine Tat zu würdigen, sondern als selbständige Taten zu behandeln. Das gilt auch, wenn das Finanzamt die Besteuerungsgrundlagen nach § 162 geschätzt hat.

2.4 Wenn die Steuerhinterziehung zu keiner Nachforderung führt, erfolgt keine Zinsfestsetzung. Soweit infolge Kompensation der mit der Steuerhinterziehung zusammenhängenden Besteuerungsgrundlagen mit anderen steuermindernden Besteuerungsgrundlagen (z.B. nach § 177) kein Zahlungsanspruch entstanden ist, unterbleibt daher eine Zinsfestsetzung. Das strafrechtliche Kompensationsverbot des § 370 Abs. 4 Satz 3 gilt nicht bei der Verzinsung nach § 235.

3. Zinsschuldner

3.1 Nach § 235 Abs. 1 Satz 2 ist derjenige Zinsschuldner, zu dessen Vorteil die Steuern hinterzogen worden sind. Durch die Vorschrift soll ausschließlich der steuerliche Vorteil des Steuerschuldners abgeschöpft werden. Der steuerliche Vorteil liegt darin, dass die geschuldete Steuer erst verspätet gezahlt wird. Allein der Steuerschuldner kann daher Zinsschuldner für hinterzogene Steuern i.S.d. § 235 Abs. 1 Sätze 1 und 2 sein, und zwar unabhängig davon, ob er an der Steuerhinterziehung beteiligt war (vgl. BFH-Urteile vom 27. 6. 1991 – V R 9/86 – BStBl II, S. 822, vom 18. 7. 1991 – V R 72/87 – BStBl II, S. 781 und vom 27. 9. 1991 – VI R 159/89 – BStBl 1992 II, S. 163).

Sind Steuerschuldner Gesamtschuldner (§ 44), ist jeder Gesamtschuldner auch Zinsschuldner. Dies gilt auch dann, wenn bei zusammenveranlagten Ehegatten der Tatbestand der Steuerhinterziehung nur in der Person eines der Ehegatten erfüllt ist. Da in diesem Fall beide Ehegatten Schuldner der Hinterziehungszinsen sind, kann nach § 239 Abs. 1 Satz 1 i.V.m. § 155 Abs. 3 ein zusammengefasster Zinsbescheid an die Ehegatten ergehen (vgl. BFH-Urteil vom 13. 10. 1994 – IV R 100/93 – BStBl 1995 II, S. 484).

3.2 § 235 Abs. 1 Satz 3 regelt in Ergänzung des § 235 Abs. 1 Satz 2 nur die Fälle, in denen der Steuerschuldner nicht Zinsschuldner ist, weil die Steuern nicht zu seinem Vorteil hinterzogen worden sind. In diesen Fällen ist der Entrichtungspflichtige Zinsschuldner. Hinsichtlich hinterzogener Steuerabzugsbeträge ist daher nicht der Steuerschuldner, sondern der Entrichtungspflichtige Zinsschuldner, wenn dieser die Steuer zwar einbehalten, aber nicht an das Finanzamt abgeführt hat. Dagegen ist der Steuerschuldner nach § 235 Abs. 1 Satz 2 Zinsschuldner, wenn der Entrichtungspflichtige die hinterzogene Abzugsteuer (zum Vorteil des Steuerschuldners) nicht einbehalten hat (BFH-Urteile vom 5. 11. 1993 – VI R 16/93 – BStBl 1994 II, S. 557 und vom 16. 2. 1996 – I R 73/95 – BStBl II, S. 592).

3.3 Die in §§ 34, 35 bezeichneten Vertreter, Vermögensverwalter und Verfügungsberechtigten sind nicht Entrichtungspflichtige und nicht Schuldner der Hinterziehungszinsen (vgl. BFH-Urteile vom 18. 7. 1991 und vom 27. 9. 1991, a.a.O.). Dieser Personenkreis kann aber sowohl für hinterzogene Steuern als auch für Hinterziehungszinsen haften.

4. Zinslauf

4.1 Beginn des Zinslaufs

4.1.1 Der Zinslauf beginnt mit dem Eintritt der Verkürzung oder der Erlangung des Steuervorteils (§ 235 Abs. 2 Satz 1), d.h. sobald die Tat im strafrechtlichen Sinn vollendet ist. Wären die hinterzogenen Beträge ohne die Steuerhinterziehung erst später fällig geworden, z.B. bei einer Abschlusszahlung, beginnt die Verzinsung erst mit Ablauf des Fälligkeitstages (§ 235 Abs. 2 Satz 2).

4.1.2 Bei Fälligkeitssteuern (z.B. Umsatzsteuer-Vorauszahlungen, Lohnsteuer) tritt die Verkürzung im Zeitpunkt der gesetzlichen Fälligkeit ein. Dies gilt auch dann, wenn keine (Vor-) Anmeldung abgegeben wurde. Bei Abgabe einer unrichtigen zustimmungsbedürftigen Steueranmeldung tritt die Verkürzung erst dann ein, wenn die Zustimmung nach § 168 Satz 2 dem Steuerpflichtigen bekannt geworden ist (z.B. Auszahlung oder Umbuchung des Guthabens oder Erklärung der Aufrechnung; vgl. zu § 168, Nr. 3).

Lässt sich nicht ohne weiteres feststellen, welchem Voranmeldungszeitraum hinterzogene Beträge zeitlich zuzuordnen sind, ist zugunsten des Zinsschuldners von einem Beginn des Zinslaufs mit dem letzten gesetzlichen Fälligkeitszeitpunkt für das betroffene Jahr auszugehen (bei Unternehmern ohne Dauerfristverlängerung ist dies der 10. 1. des jeweiligen Folgejahres).

4.1.3 Bei Veranlagungssteuern tritt die Verkürzung im Fall der Abgabe einer unrichtigen oder unvollständigen Steuererklärung mit dem Tag der Bekanntgabe des auf dieser Erklärung beruhenden Steuerbescheides (§§ 122, 124) ein; der Beginn des Zinslaufs verschiebt sich dabei i.d.R. auf den Ablauf des Fälligkeitstages (vgl. Nr. 4.1.1 Satz 2).

Hat der Steuerpflichtige keine Steuererklärung abgegeben und ist aus diesem Grunde die Steuerfestsetzung unterblieben, so ist die Steuer zu dem Zeitpunkt verkürzt, zu dem die Veranlagungsarbeiten für das betreffende Kalenderjahr im Wesentlichen abgeschlossen waren. Dieser Zeitpunkt ist zugleich Zinslaufbeginn. Hat das Finanzamt die Steuer aber wegen Nichtabgabe der Steuererklärung aufgrund geschätzter Besteuerungsgrundlagen (§ 162) festgesetzt, tritt die Verkürzung mit Bekanntgabe dieses Steuerbescheids bzw. der Fälligkeit der sich hieraus ergebenden Abschlusszahlung ein.

4.2 Ende des Zinslaufs

4.2.1 Der Zinslauf endet mit der Zahlung der hinterzogenen Steuer (§ 235 Abs. 3 Satz 1). Erlischt der zu verzinsende Anspruch durch Aufrechnung, gilt der Tag, an dem die Schuld des Aufrechnenden fällig wird, als Tag der Zahlung (§ 238 Abs. 1 Satz 3).

4.2.2 Hinterziehungszinsen werden nicht für Zeiten festgesetzt, für die ein Säumniszuschlag entsteht, die Zahlung gestundet oder die Vollziehung ausgesetzt ist (§ 235 Abs. 3 Satz 2), ohne dass es dabei auf die tatsächliche Erhebung von Säumniszuschlägen oder die Zahlung von Stundungs- und/oder Aussetzungszinsen ankommt. Der Zinslauf endet daher spätestens mit Ablauf des Fälligkeitstages.

4.2.3 Wird der Steuerbescheid nach Ende des Zinslaufs aufgehoben, geändert oder nach § 129 berichtigt, so bleiben die bis dahin entstandenen Zinsen unberührt (§ 235 Abs. 3 Satz 3).

5. Höhe der Hinterziehungszinsen

5.1 Die Hinterziehungszinsen betragen für jeden vollen Monat des Zinslaufs 0,5 v.H. (§ 238 Abs. 1 Satz 1 und 2). Für die Berechnung der Zinsen wird der zu verzinsende Betrag auf den nächsten durch 50 € teilbaren Betrag abgerundet (§ 238 Abs. 2). Abzurunden ist jeweils der Gesamtbetrag einer Steuerart, soweit der Besteuerungszeitraum und Beginn des Zinslaufs übereinstimmen (vgl. zu § 238, Nr. 2).

5.2 Zur Vermeidung einer Doppelverzinsung im Hinterziehungsfall sind Zinsen nach § 233a, die für denselben Zeitraum festgesetzt wurden, anzurechnen (§ 235 Abs. 4). Ein Investitionszulage-Rückforderungsanspruch ist zugleich nach § 12 InvZulG 2010 zu verzinsen; § 235 Abs. 4 gilt in diesem Fall aus sachlichen Billigkeitsgründen entsprechend.

6. Verfahren

6.1 Sind Steuern zum Vorteil der Gesellschafter einer Personengesellschaft hinterzogen worden, so hat das Betriebsfinanzamt in einem Verfahren der gesonderten und einheitlichen Feststellung darüber zu entscheiden, ob und in welchem Umfang der von den Gesellschaftern erlangte Vorteil i.S.d. § 235 Abs. 1 auf einer Hinterziehung beruht (BFH-Urteil vom 19. 4. 1989 – X R 3/86 – BStBl II, S. 596).

6.2 Die Zinsen für hinterzogene Realsteuern (insbes. Gewerbesteuer) sind von der hebeberechtigten Gemeinde zu berechnen, festzusetzen und zu erheben. Die Berechnungsgrundlagen wer-

§ 235 AO
AEAO Rsp

den vom Finanzamt in entsprechender Anwendung des § 184 Abs. 1 festgestellt. Dieser Messbescheid ist Grundlagenbescheid für den von der Gemeinde zu erlassenden Zinsbescheid.

Die Geltendmachung der Haftung für Hinterziehungszinsen zur Gewerbesteuer durch Haftungsbescheid setzt nicht voraus, dass zuvor gegenüber dem Zinsschuldner oder dem Haftungsschuldner Tatbestand und Umfang der Steuerhinterziehung gesondert festgestellt worden sind (Beschluss des BVerwG vom 16. 9. 1997, BStBl II, S. 782).

7 **7. Verjährung**

Die Festsetzungsfrist für Hinterziehungszinsen beträgt 1 Jahr (§ 239 Abs. 1 Satz 1). Sie beginnt mit Ablauf des Kalenderjahres, in dem die Festsetzung der hinterzogenen Steuern unanfechtbar geworden ist, jedoch nicht vor Ablauf des Kalenderjahres, in dem ein eingeleitetes Strafverfahren rechtskräftig abgeschlossen worden ist (§ 239 Abs. 1 Satz 2 Nr. 3).

Ein Strafverfahren hat nur dann Einfluss auf die für die Hinterziehungszinsen geltende Festsetzungsfrist, wenn es bis zum Ablauf des Jahres eingeleitet wird, in dem die hinterzogenen Steuern unanfechtbar festgesetzt wurden (BFH-Urteil vom 24. 8. 2001 – VI R 42/94 – BStBl II, S. 782).

Rsp   **Rechtsprechung**

8 **BFH vom 11. 5. 1982 – VII R 97/81 (BStBl 1982 II S. 689)**

Zinsschuldner für hinterzogene Steuern i.S. des § 235 Abs. 1 Sätze 1 und 2 AO ist der Steuerschuldner. Das gilt auch dann, wenn er an der Steuerhinterziehung nicht mitgewirkt hat.

9 **BFH vom 27. 6. 1991 – V R 9/86 (BStBl 1991 II S. 822)**

Ein Steuerpflichtiger schuldet Hinterziehungszinsen gemäß § 235 AO auch dann, wenn ein Dritter die Steuerhinterziehung begangen und die hinterzogenen Beträge auf betrügerische und treuwidrige Weise zu Lasten des Steuerpflichtigen für sich vereinnahmt hat. § 235 Abs. 1 Satz 2 AO meint nur den steuerlichen, nicht den wirtschaftlichen Vorteil.

10 **BFH vom 14. 8. 1991 – X R 86/88 (BStBl 1992 II S. 128)**

Sind die Steuern im Festsetzungsverfahren geschätzt worden, können sie bei der Anforderung von Hinterziehungszinsen nicht ohne weiteres als verkürzt angesehen werden. Das FA bzw. das FG muss vielmehr von der Steuerverkürzung überzeugt sein. Dabei ist der strafverfahrensrechtliche Grundsatz in dubio pro reo zu beachten.

11 **BFH vom 27. 8. 1991 – VIII R 84/89 (BStBl 1992 II S. 9)**

1. Die Erhebung von Hinterziehungszinsen setzt voraus, daß objektiv und subjektiv die Tatbestandsmerkmale einer Steuerhinterziehung vorliegen.

2. Bei der Erhebung von Hinterziehungszinsen handelt es sich nicht um eine Strafmaßnahme. Die Regelungen in § 235 AO bezwecken vielmehr, beim Nutznießer einer Steuerhinterziehung dessen Zinsvorteil abzuschöpfen.

3. Hinterziehungszinsen können auch noch nach dem Tod des Steuerpflichtigen, der den Tatbestand der Steuerhinterziehung verwirklicht hat, festgesetzt werden. Art. 6 Abs. 2 der Konvention zum Schutze der Menschenrechte und Grundfreiheiten steht dem nicht entgegen.

12 **BFH vom 31. 7. 1996 – XI R 82/95 (BStBl 1996 II S. 554)**

Gegen den gutgläubigen Tatmittler, der aufgrund fingierter Rechnungen unberechtigt Vorsteuer in Anspruch genommen hat, können Hinterziehungszinsen festgesetzt werden.

13 **BFH vom 19. 3. 1998 – V R 54/97 (BStBl 1998 II S. 466)**

1. Hängt die Rechtmäßigkeit eines Zinsbescheids davon ab, daß Steuern hinterzogen worden sind, so müssen zur Bejahung der Rechtmäßigkeit des Bescheids die objektiven und subjektiven Tatbestandsmerkmale einer Steuerhinterziehung vorliegen. Es ist nicht erforderlich, daß das FG den Straftäter ausfindig macht; unter Umständen reicht es aus, daß das FG aufgrund seiner freien, aus dem Gesamtergebnis des Verfahrens gewonnenen Überzeugung zu dem Ergebnis gelangt, daß von mehreren in Betracht kommenden Personen jedenfalls eine die Steuerhinterziehung zum Vorteil des Zinsschuldners begangen hat.

2. Der leistende Unternehmer, zu dessen Vorteil Umsatzsteuer hinterzogen wurde, schuldet auch dann die Hinterziehungszinsen, wenn der Leistungsempfänger eine sich aus § 51 UStDV 1980 ergebende Verpflichtung, die ihm in Rechnung gestellte Umsatzsteuer einzubehalten und an die Finanzverwaltung abzuführen, nicht erfüllt hat.

BFH vom 27. 4. 1999 – III R 21/96 (BStBl 1999 II S. 670) 14

Wer durch falsche Angaben im Antrag auf Bescheinigung der Förderungswürdigkeit nach § 2 InvZulG 1982 oder im Investitionszulagenantrag den Tatbestand des Subventionsbetruges vorsätzlich erfüllt, haftet im Rahmen des über § 5 Abs. 5 Satz 1 InvZulG 1982 entsprechend anzuwendenden § 71 AO für die zu Unrecht gewährte Investitionszulage. Darüber hinaus erstreckt sich die Haftung auch auf Zinsen gemäß § 235 AO.

BFH vom 24. 5. 2000 – II R 25/99 (BStBl 2000 II S. 378) 15

Die Festsetzung von Hinterziehungszinsen zur Vermögensteuer ist weiterhin zulässig. Die Anordnung im Beschluss des BVerfG vom 22. Juni 1995 2 BvL 37/91 (BVerfGE 93, 121, BStBl 1995 II, 655), wonach das bisherige Vermögensteuerrecht auf alle bis zum 31. Dezember 1996 verwirklichten Tatbestände weiter anwendbar ist, ist nicht auf das Steuerfestsetzungsverfahren beschränkt. Bezogen auf diese Tatbestände können Zuwiderhandlungen gegen das bisherige Recht nach wie vor strafrechtlich verfolgt werden. § 2 Abs. 3 StGB trifft nicht zu.

BFH vom 27. 10. 2000 – VIII B 77/00 (BStBl 2001 II S. 16) 16

Bei summarischer Prüfung ist die Festsetzung von Hinterziehungszinsen zur Einkommensteuer auf Einkünfte aus Kapitalvermögen auch für Veranlagungszeiträume vor 1993 weiterhin zulässig. Die Anordnung im Urteil des BVerfG vom 27. Juni 1991 – 2 BvR 1493/89 (BStBl 1991 II S. 654), wonach das bisherige Recht zur Besteuerung der Einkünfte aus Kapitalvermögen (Zinseinkünfte) auf alle bis zum 31. Dezember 1992 verwirklichten Besteuerungstatbestände weiter anwendbar ist, ist nicht auf das Steuerfestsetzungsverfahren beschränkt. So können Zuwiderhandlungen gegen das bis zum 31. Dezember 1992 geltende Recht zur Besteuerung der Kapitaleinkünfte nach wie vor strafrechtlich verfolgt und geahndet werden. Dem stehen weder verfassungsrechtliche Erwägungen noch § 2 Abs. 3 StGB entgegen.

BFH vom 1. 8. 2001 – II R 48/00 (HFR 2002 S. 278) 17

Zuwiderhandlungen gegen das Vermögensteuerrecht, die sich auf vor dem Jahre 1997 verwirklichte Steuertatbestände beziehen, können nach Ablauf des Jahres 1996 noch verfolgt werden; auf die dadurch hinterzogenen Vermögensteuern können Hinterziehungszinsen festgesetzt werden. Zu dem Zweck, Steuern oder steuerliche Nebenleistungen festzusetzen, kann auch noch nach dem Tode des Steuerpflichtigen festgestellt werden, dass dieser den Tatbestand der Steuerhinterziehung verwirklicht hat. Die Festsetzung der Hinterziehungszinsen hat keinen Strafcharakter; sie dient – ebenso wie die nachträgliche Erhebung der hinterzogenen Steuern – lediglich der Gleichmäßigkeit der Besteuerung und soll den Vorteil ausgleichen, der in der verspäteten Zahlung der hinterzogenen Steuern liegt.

BFH vom 29. 4. 2008 – VIII R 5/06 (BStBl 2008 II S. 844) 18

1. Nach dem das Strafverfahren beherrschenden Legalitätsprinzip sind die Strafverfolgungsbehörden grundsätzlich berechtigt und verpflichtet, nach Eingang einer Selbstanzeige ein Strafverfahren zum Zwecke der Prüfung der Straffreiheit gemäß § 371 Abs. 1 und 3 AO einzuleiten. Eine derartige Strafverfahrenseinleitung hemmt den Anlauf der Frist zur Festsetzung von Hinterziehungszinsen gemäß § 239 Abs. 1 Satz 2 Nr. 3 AO.

...

---

§ 236 Prozesszinsen auf Erstattungsbeträge

(1) ¹Wird durch eine rechtskräftige gerichtliche Entscheidung oder aufgrund einer solchen Entscheidung eine festgesetzte Steuer herabgesetzt oder eine Steuervergütung gewährt, so ist der zu erstattende oder zu vergütende Betrag vorbehaltlich des Absatzes 3 vom Tag der Rechtshängigkeit an bis zum Auszahlungstag zu verzinsen. ²Ist der zu erstattende Betrag erst nach Eintritt der Rechtshängigkeit entrichtet worden, so beginnt die Verzinsung mit dem Tag der Zahlung.

§ 236 AO
AEAO

(2) Absatz 1 ist entsprechend anzuwenden, wenn
1. sich der Rechtsstreit durch Aufhebung oder Änderung des angefochtenen Verwaltungsakts oder durch Erlass des beantragten Verwaltungsakts erledigt
oder
2. eine rechtskräftige gerichtliche Entscheidung oder ein unanfechtbarer Verwaltungsakt, durch den sich der Rechtsstreit erledigt hat,
   a) zur Herabsetzung der in einem Folgebescheid festgesetzten Steuer,
   b) zur Herabsetzung der Gewerbesteuer nach Änderung des Gewerbesteuermessbetrages
führt.

(3) Ein zu erstattender oder zu vergütender Betrag wird nicht verzinst, soweit dem Beteiligten die Kosten des Rechtsbehelfs nach § 137 Satz 1 der Finanzgerichtsordnung auferlegt worden sind.

(4) Zinsen nach § 233a, die für denselben Zeitraum festgesetzt wurden, sind anzurechnen.

(5) Ein Zinsbescheid ist nicht aufzuheben oder zu ändern, wenn der Steuerbescheid nach Abschluss des Rechtsbehelfsverfahrens aufgehoben, geändert oder nach § 129 berichtigt wird.

AEAO

Anwendungserlass zur Abgabenordnung

1 Zu § 236 – Prozesszinsen auf Erstattungsbeträge:

1. Voraussetzung für die Zahlung von Erstattungszinsen an den Steuerpflichtigen ist, dass eine festgesetzte Steuer herabgesetzt oder eine Steuervergütung gewährt – oder erhöht – wird. Die Steuerherabsetzung oder die Gewährung (Erhöhung) der Steuervergütung muss erfolgt sein:
   a) durch eine rechtskräftige gerichtliche Entscheidung;
   b) aufgrund einer rechtskräftigen gerichtlichen Entscheidung, z.B. in den Fällen, in denen das Gericht nach § 100 Abs. 1 Satz 1, Abs. 2 Sätze 2 und 3 oder Abs. 3 FGO den angefochtenen Verwaltungsakt aufhebt und das Finanzamt die Steuer niedriger festsetzt oder eine (höhere) Steuervergütung gewährt;
   c) durch Aufhebung oder Änderung des angefochtenen Verwaltungsaktes sowie durch Erlass des beantragten Verwaltungsaktes, wenn sich der Rechtsstreit bei Gericht dadurch rechtskräftig erledigt;
   d) durch einen sog. Folgebescheid nach § 175 Abs. 1 Satz 1 Nr. 1 AO oder § 35b GewStG in den Fällen, in denen sich der Rechtsstreit bei Gericht gegen den Grundlagenbescheid (z.B. Feststellungsbescheid, Steuermessbescheid) durch oder aufgrund einer gerichtlichen Entscheidung (Buchstaben a und b) bzw. durch einen Verwaltungsakt (Buchstabe c) rechtskräftig erledigt; der Steuerpflichtige, dem gegenüber der Folgebescheid ergangen ist, muss nicht Kläger im Verfahren gegen den Grundlagenbescheid gewesen sein (BFH-Urteil vom 17. 1. 2007 – X R 19/06 – BStBl II, S. 506).

   Ohne Bedeutung ist, aus welchen Gründen die Steuerherabsetzung oder die Gewährung (Erhöhung) der Steuervergütung erfolgt ist. Das abgeschlossene gerichtliche Verfahren muss aber hierfür ursächlich gewesen sein (BFH-Urteil vom 15. 10. 2003 – X R 48/01 – BStBl 2004 II, S. 169).

   Wird ein ändernder oder ersetzender Verwaltungsakt nach § 68 FGO Gegenstand des Klageverfahrens, ist für die Verzinsung das Ergebnis des gegen den neuen Verwaltungsakt fortgeführten Klageverfahrens maßgebend. Dies gilt auch, wenn ein angefochtener Vorauszahlungsbescheid durch die Jahressteuerfestsetzung ersetzt wird (vgl. zu § 365, Nr. 2). Durch die Überleitung auf den neuen Verfahrensgegenstand tritt noch keine Rechtsstreiterledigung i.S.d. § 236 Abs. 1 Satz 1 ein (BFH-Urteil vom 14. 7. 1993 – I R 33/93 – BFH/NV 1994 S. 438).

2. Zu verzinsen ist nur der zuviel entrichtete Steuerbetrag oder die zuwenig gewährte Steuervergütung. Sofern also der Rechtsbehelf zwar zu einer Herabsetzung der Steuer oder zu einer Gewährung (Erhöhung) der Steuervergütung führt, nicht aber oder nicht in gleichem Umfang zu einer Steuererstattung oder Auszahlung einer Steuervergütung, kommt insoweit eine Verzinsung nicht in Betracht.

2 3. Der zu verzinsende Betrag ist auf den nächsten durch fünfzig Euro teilbaren Betrag abzurunden. Hat der Steuerpflichtige die zu erstattende Steuerschuld in Raten entrichtet, wird die Abrundung nur einmal bei der Rate mit der kürzesten Laufzeit vorgenommen.

4. Der Anspruch auf Erstattungszinsen entsteht mit der Rechtskraft der gerichtlichen Entscheidung oder der Unanfechtbarkeit des geänderten Verwaltungsaktes. Ein Gerichtsbescheid (§ 90a FGO) wirkt als Urteil. Er gilt aber als nicht ergangen, wenn gegen ihn die Revision nicht zugelassen wurde und rechtzeitig mündliche Verhandlung beantragt worden ist.

5. Erstattungszinsen sind für die Zeit vom Tag der Rechtshängigkeit, frühestens jedoch vom Tag der Zahlung des Steuerbetrages an bis zum Tag der Auszahlung des zu verzinsenden Steuer- oder Steuervergütungsbetrages zu berechnen und zu zahlen. Rechtshängig ist die Streitsache erst mit dem Tag, an dem die Klage bei Gericht erhoben wird (§ 66 Abs. 1 i.V.m. mit § 64 Abs. 1 FGO). Wird die Klage zur Fristwahrung beim Finanzamt angebracht (§ 47 Abs. 2 FGO), ist die Streitsache mit dem Tag der Anbringung zwar anhängig, nicht aber rechtshängig. Auch in diesem Fall wird die Streitsache erst mit dem Eingang der Klage beim Gericht rechtshängig. Das Gleiche gilt bei einer Sprungklage (§ 45 FGO). Stimmt die Behörde der Sprungklage nicht zu oder gibt das Gericht die Klage an die Behörde ab, ist die Sprungklage als außergerichtlicher Rechtsbehelf zu behandeln; die Rechtshängigkeit entfällt somit rückwirkend. Wird ein ändernder oder ersetzender Verwaltungsakt nach § 68 FGO Gegenstand des Klageverfahrens, berührt dies nicht den Tag der Rechtshängigkeit der Streitsache.
6. Erstattungszinsen sind von Amts wegen zu zahlen. Es ist nicht erforderlich, dass der Steuerpflichtige einen Antrag stellt.
7. Die Zahlung von Erstattungszinsen entfällt, soweit durch Entscheidung des Gerichts einem Steuerpflichtigen die Kosten des Verfahrens nach § 137 Satz 1 FGO auferlegt worden sind, weil die Herabsetzung der Steuer oder die Gewährung (Erhöhung) der Steuervergütung auf Tatsachen beruhte, die dieser früher hätte geltend machen oder beweisen können und müssen (§ 236 Abs. 3).
8. Bei den Realsteuern obliegt die Festsetzung und Zahlung von Erstattungszinsen den Gemeinden. Diesen sind deshalb – soweit erforderlich – die zur Berechnung und Festsetzung der Zinsen notwendigen Daten mitzuteilen.

Rechtsprechung

BFH vom 12. 5. 1987 – VII R 203/83 (BStBl 1987 II S. 702)

Auf Überzahlung von Steuern beruhende Erstattungsansprüche, die ohne Änderung einer Steuerfestsetzung erst aufgrund eines Rechtsstreits über einen Abrechnungsbescheid entstehen, sind nicht nach § 236 AO zu verzinsen.

BFH vom 16. 12. 1987 – I R 350/83 (BStBl 1988 II S. 600)

1. Eine Verzinsung nach § 236 AO kommt nur für Erstattungsansprüche in Betracht, die als solche rechtshängig gewesen sind.
2. Eine entsprechende Anwendung des § 236 AO auf Erstattungsansprüche, die Gegenstand eines nach § 363 Abs. 1 AO ausgesetzten Rechtsbehelfsverfahrens waren, ist nicht möglich.

BFH vom 25. 7. 1989 – VII R 39/86 (BStBl 1989 II S. 821)

Hebt das FG einen Haftungsbescheid auf oder setzt es den Haftungsbetrag durch Urteil herab, so ist der zu erstattende Betrag nicht nach § 236 Abs. 1 AO zu verzinsen.

BFH vom 13. 7. 1994 – I R 38/93 (BStBl 1995 II S. 37)

Erledigt sich ein Rechtsstreit nach Aufhebung oder Änderung des angefochtenen Bescheids durch Klagerücknahme, so besteht ein Anspruch auf Prozeßzinsen gemäß § 236 Abs. 1 AO.

BFH vom 30. 11. 1995 – V R 39/94 (BStBl 1996 II S. 260)

Die für den Beginn des Zinslaufs maßgebliche Rechtshängigkeit tritt ein mit der Erhebung der Klage gegen den Umsatzsteuerjahresbescheid und nicht bereits mit der Klageerhebung in dem vorangegangenen, den Umsatzsteuervorauszahlungsbescheid betreffenden Klageverfahren, das wegen Ergehens des Umsatzsteuerjahresbescheides für erledigt erklärt worden ist.

BFH vom 15. 10. 2003 – X R 48/01 (BStBl 2004 II S. 169)

Der Anspruch auf Prozesszinsen nach § 236 Abs. 2 Nr. 1 AO setzt voraus, dass der erledigte Rechtsstreit ursächlich für die Herabsetzung der Steuer war.

BFH vom 17. 1. 2007 – X R 19/06 (BStBl 2007 II S. 506)

Prozesszinsen nach § 236 AO erhält der Feststellungsbeteiligte, dessen Einkommensteuerfestsetzung aufgrund der gerichtlichen Anfechtung eines Grundlagenbescheides durch einen früheren

Mitgesellschafter einer KG geändert wird, selbst dann, wenn er nicht Beteiligter im Verfahren gegen den Grundlagenbescheid war.

10 BFH vom 25. 1. 2007 – III R 85/06 (BStBl 2007 II S. 598)

Zahlt die Familienkasse während des Klageverfahrens das begehrte Kindergeld aufgrund eines außergerichtlichen Eilverfahrens vorläufig aus, beginnt die Frist für die Festsetzung von Prozesszinsen nicht mit Ablauf des Jahres der Auszahlung (§ 239 Abs. 1 Satz 2 Nr. 4 AO), sondern erst mit Ablauf des Jahres, in dem der Anspruch auf Prozesszinsen entsteht. Erlässt die Familienkasse im weiteren Verlauf des Verfahrens den beantragten Kindergeldbescheid, entsteht der Anspruch auf Prozesszinsen zu dem Zeitpunkt, zu dem sich der Rechtsstreit aufgrund der übereinstimmenden Erklärungen der Beteiligten erledigt (§ 236 Abs. 2 Nr. 1 AO).

AO
S 0464

§ 237 Zinsen bei Aussetzung der Vollziehung

(1) ¹Soweit ein Einspruch oder eine Anfechtungsklage gegen einen Steuerbescheid, eine Steueranmeldung oder einen Verwaltungsakt, der einen Steuervergütungsbescheid aufhebt oder ändert oder gegen eine Einspruchsentscheidung über einen dieser Verwaltungsakte endgültig keinen Erfolg gehabt hat, ist der geschuldete Betrag, hinsichtlich dessen die Vollziehung des angefochtenen Verwaltungsaktes ausgesetzt wurde, zu verzinsen. ²Satz 1 gilt entsprechend, wenn nach Einlegung eines Einspruchs oder eines gerichtlichen Rechtsbehelfs gegen einen Grundlagenbescheid (§ 171 Abs. 10) oder eine Einspruchsentscheidung über einen Grundlagenbescheid die Vollziehung eines Folgebescheids ausgesetzt wurde.

(2) ¹Zinsen werden erhoben vom Tag des Eingangs des Einspruchs bei der Behörde, deren Verwaltungsakt angefochten wird, oder vom Tag der Rechtshängigkeit beim Gericht an bis zum Tag, an dem die Aussetzung der Vollziehung endet. ²Ist die Vollziehung erst nach dem Eingang des Einspruchs oder erst nach der Rechtshängigkeit ausgesetzt worden, so beginnt die Verzinsung mit dem Tag, an dem die Wirkung der Aussetzung der Vollziehung beginnt.

(3) Absätze 1 und 2 sind entsprechend anzuwenden, wenn nach Aussetzung der Vollziehung des Einkommensteuerbescheides, des Körperschaftsteuerbescheides oder eines Feststellungsbescheides die Vollziehung eines Gewerbesteuermessbescheides oder Gewerbesteuerbescheides ausgesetzt wird.

(4) § 234 Abs. 2 und 3 gelten entsprechend.

(5) Ein Zinsbescheid ist nicht aufzuheben oder zu ändern, wenn der Steuerbescheid nach Abschluss des Rechtsbehelfsverfahrens aufgehoben, geändert oder nach § 129 berichtigt wird.

AEAO Anwendungserlass zur Abgabenordnung

1 Zu § 237 – Zinsen bei Aussetzung der Vollziehung:

1. Die Zinsregelung gilt sowohl für das außergerichtliche als auch für das gerichtliche Rechtsbehelfsverfahren.

2. Voraussetzung für die Erhebung von Aussetzungszinsen beim Steuerpflichtigen ist, dass die Vollziehung eines Steuerbescheides, eines Bescheides über die Rückforderung einer Steuervergütung oder – nach Aussetzung eines Einkommensteuer-, Körperschaftsteuer- oder Feststellungsbescheides – eines Gewerbesteuermessbescheides oder Gewerbesteuerbescheides ausgesetzt worden ist. Die Verzinsung tritt auch dann ein, wenn nach Anfechtung eines Grundlagenbescheides die Vollziehung eines Folgebescheides ausgesetzt wird. Auch wenn ein Grundlagenbescheid nicht auf den Vorschriften der §§ 179 ff. beruht oder wenn die Anfechtung des Grundlagenbescheides die Vollziehungsaussetzung eines anderen Grundlagenbescheides und der hierauf beruhenden Folgebescheide gem. § 361 Abs. 3 Satz 1 AO oder § 69 Abs. 2 Satz 4 FGO auslöst, tritt die Verzinsung ein.

3. Bei teilweiser Aussetzung der Vollziehung eines angefochtenen Verwaltungsaktes bezieht sich die Zinspflicht nur auf den ausgesetzten Steuerbetrag.

2 4. Aussetzungszinsen sind zu erheben, soweit ein Einspruch oder eine Anfechtungsklage endgültig *erfolglos geblieben ist*. Ohne Bedeutung ist, aus welchen Gründen der Rechtsbehelf im Ergebnis erfolglos war (BFH-Urteil vom 27. 11. 1991 – X R 103/89 – BStBl 1992 II, S. 319). Aussetzungszinsen sind demnach zu erheben,

    a) wenn der Steuerpflichtige aufgrund einer bestandskräftigen Einspruchsentscheidung oder aufgrund eines rechtskräftigen gerichtlichen Urteils ganz oder teilweise unterlegen ist,

b) wenn das Einspruchsverfahren oder gerichtliche Verfahren nach der Rücknahme des Einspruchs, der Klage oder der Revision rechtskräftig abgeschlossen wird,
c) wenn der angefochtene Verwaltungsakt – ohne dem Rechtsbehelfsantrag voll zu entsprechen – geändert wird und sich der Rechtsstreit endgültig erledigt,
d) soweit der Rechtsbehelf aufgrund einer unanfechtbar gewordenen Teil-Einspruchsentscheidung (§ 367 Abs. 2a) oder Allgemeinverfügung (§ 367 Abs. 2b) oder aufgrund eines unanfechtbar gewordenen Teilurteils (§ 98 FGO) endgültig keinen Erfolg hatte, unabhängig davon, inwieweit das Rechtsbehelfsverfahren im Übrigen wegen weiterer Streitpunkte anhängig bleibt.

Wird ein ändernder oder ersetzender Verwaltungsakt nach § 365 Abs. 3 AO oder nach § 68 FGO Gegenstand des Rechtsbehelfsverfahrens, ist für die Verzinsung das Ergebnis des gegen den neuen Verwaltungsakt fortgeführten Einspruchs- bzw. Klageverfahrens maßgebend. Dies gilt auch, wenn ein angefochtener Vorauszahlungsbescheid durch die Jahressteuerfestsetzung ersetzt wird (vgl. zu § 365, Nr. 2).

5. Aussetzungszinsen sind nicht zu erheben, wenn die Fälligkeit des streitigen Steueranspruchs, z.B. aufgrund einer Stundung (§ 222), hinausgeschoben war oder Vollstreckungsaufschub (§ 258) gewährt wurde.

6. Aussetzungszinsen sind vom Tag des Eingangs des außergerichtlichen Rechtsbehelfs, frühestens vom Tage der Fälligkeit an, oder von der Rechtshängigkeit an bis zu dem Tage zu erheben, an dem die nach § 361 AO oder nach § 69 FGO gewährte Aussetzung der Vollziehung endet. Wird die Aussetzung der Vollziehung erst später gewährt, werden Zinsen erst vom Tage des Beginns der Vollziehungsaussetzung erhoben.

7. Bei den Realsteuern obliegt die Festsetzung und Erhebung der Aussetzungszinsen den Gemeinden. Diesen sind deshalb – soweit erforderlich – die für die Berechnung und Festsetzung der Zinsen notwendigen Daten mitzuteilen.

8. Wegen der einjährigen Frist für die Festsetzung von Aussetzungszinsen wird auf § 239 Abs. 1 verwiesen. Soweit der Rechtsbehelf durch eine Teil-Einspruchsentscheidung (§ 367 Abs. 2a), eine Allgemeinverfügung (§ 367 Abs. 2b) oder ein Teilurteil (§ 98 FGO) zurückgewiesen wurde (vgl. Nr. 4 erster Absatz Buchstabe d), beginnt die Festsetzungsfrist bereits mit dem Eintritt der Unanfechtbarkeit dieser Entscheidung.

Rechtsprechung

BFH vom 11. 2. 1987 – II R 176/84 (BStBl 1987 II S. 320)

1. Der Zinsanspruch bei Aussetzung der Vollziehung (§ 237 Abs. 1 AO) entsteht bereits mit der endgültigen Erfolglosigkeit der abgabenrechtlichen bzw. finanzgerichtlichen Rechtsbehelfe und nicht mit der Erfolglosigkeit einer anschließend erhobenen Verfassungsbeschwerde.

2. Über das Institut der Aussetzung der Vollziehung (§ 361 Abs. 2 AO, § 69 Abs. 2, 3 FGO) kann vorläufiger Rechtsschutz für die Zeit von Erhebung einer Verfassungsbeschwerde bis zu deren Verbescheidung nicht gewährt werden.

3. Ist Aussetzung der Vollziehung mit Rücksicht auf eine Verfassungsbeschwerde trotzdem gewährt worden, bringt deren Erfolglosigkeit keinen Zinsanspruch zur Entstehung.

BFH vom 11. 12. 1996 – IX R 123/95 (HFR 1997 S. 291)

1. Wurde die Vollziehung des angefochtenen Steuerbescheids ausgesetzt, entsteht ein Anspruch auf Aussetzungszinsen, soweit die Anfechtungsklage endgültig keinen Erfolg gehabt hat. Dies ist der Zeitpunkt, in dem der Rechtsstreit durch übereinstimmende Erledigungserklärungen der Beteiligten beendet wird.

2. Da die Erledigungserklärungen konstitutiv sind, tritt die Erledigung des Rechtsstreits mit deren Eingang bei Gericht ohne Rücksicht auf die spätere gerichtliche Kostenentscheidung ein.

3. Verpflichtete sich das FA im Zeitpunkt der Erledigungserklärungen zum Erlass von steuerlichen Änderungsbescheiden, so ist ohne konkrete Anhaltspunkte nicht davon auszugehen, daß die Erledigungserklärungen der Beteiligten unter einer aufschiebenden Bedingung stehen sollen.

4. Für den Beginn der Frist zur Festsetzung von Aussetzungszinsen ist es unerheblich, dass bei Abgabe der Erklärungen das rechnerische Ergebnis der vom FA abgegebenen Änderungszusage in Form der Änderungsbescheide noch ausstand.

5 BFH vom 9. 12. 1998 – XI R 24/98 (BStBl 1999 II S. 201)

Hat das FA die Vollziehung des angefochtenen Bescheids in vollem Umfang ausgesetzt, obwohl nur ein Teil der sich aus dem Bescheid ergebenden Steuerforderung streitig war, so berechnen sich die Aussetzungszinsen nach dem geschuldeten und tatsächlich von der Vollziehung ausgesetzten Betrag, soweit nicht der Rechtsbehelf Erfolg hatte.

Bei Beendigung eines Rechtsstreits durch Hauptsacheerledigung beginnt die Frist für die Festsetzung der Aussetzungszinsen insgesamt erst mit Ablauf des Jahres, in dem die Beteiligten den Rechtsstreit übereinstimmend in der Hauptsache für erledigt erklärt haben.

6 BFH vom 22. 5. 2007 – X R 26/05 (HFR 2007 S. 1003)

– Die Wirksamkeit einer AdV-Verfügung wird aufgrund ihrer Tatbestandswirkung nur durch Rücknahme, Widerruf, Aufhebung, Zeitablauf oder anderweitige Erledigung eingeschränkt.

– Der Bekanntgabeadressat von Einkommensteuerbescheiden, deren Vollziehung aufgrund seines Einspruchs und Antrags ausgesetzt wurde, kann in Verfahren gegen die Festsetzung von Aussetzungszinsen jedenfalls dann als Vertreter der Stpfl. behandelt werden, wenn er sie in ihren Einkommensteuerangelegenheiten in einer Vielzahl weiterer Verfahren gerichtlich und außergerichtlich vertreten hat.

– Für die Dauer des Zinslaufes von Aussetzungszinsen kommt es allein auf den Zeitraum von der erstmals gewährten AdV bis zur Tilgung der Steuerschuld an, so dass zwischenzeitliche Änderungen der Steuerfestsetzung ohne Bedeutung sind.

7 BFH vom 14. 6. 2007 – VII B 185/06 (BFH/NV 2007 S. 2055)

Ein Zinsanspruch nach § 237 Abs. 1 AO entsteht bereits mit der Erfolglosigkeit einer Klage bzw. einer Nichtzulassungsbeschwerde oder Revision und nicht erst mit der Erfolglosigkeit einer anschließend erhobenen Verfassungsbeschwerde. Folglich kann ein Zinsbescheid bereits dann ergehen, wenn die finanzgerichtlichen Rechtsbehelfe erfolglos geblieben sind.

8 BFH vom 4. 6. 2008 – I R 72/07 (BFH/NV 2008 S. 1977)

Eine unwirksame Steuerfestsetzung ist nicht geeignet, die Entstehung von Aussetzungszinsen auszulösen.

9 BFH vom 5. 9. 2011 – X B 144/10 (BFH/NV 2012 S. 3)

1. Für die Festsetzung von Aussetzungszinsen ist es grundsätzlich ohne Bedeutung, aus welchem Grund ein Antrag auf Herabsetzung der festgesetzten Steuer endgültig erfolglos bleibt.
2. Der Steuerpflichtige hat – trotz gewährter Aussetzung der Vollziehung – die Möglichkeit, den Zinslauf für die Aussetzungszinsen jederzeit durch Zahlung zu beenden.

10 BFH vom 31. 8. 2011 – X R 49/09 (StEd 2012 S. 56)

Hatte ein Rechtsbehelf in vollem Umfang Erfolg, können auch dann keine Aussetzungszinsen gemäß § 237 AO festgesetzt werden, wenn das FA rechtsirrig einen zu hohen Betrag von der Vollziehung ausgesetzt hatte.

§ 238 Höhe und Berechnung der Zinsen

(1) ¹Die Zinsen betragen für jeden Monat einhalb Prozent. ²Sie sind von dem Tag an, an dem der Zinslauf beginnt, nur für volle Monate zu zahlen; angefangene Monate bleiben außer Ansatz. ³Erlischt der zu verzinsende Anspruch durch Aufrechnung, gilt der Tag, an dem die Schuld des Aufrechnenden fällig wird, als Tag der Zahlung.

(2) Für die Berechnung der Zinsen wird der zu verzinsende Betrag jeder Steuerart auf den nächsten durch 50 Euro teilbaren Betrag abgerundet.

Anwendungserlass zur Abgabenordnung

Zu § 238 – Höhe und Berechnung der Zinsen:

1. Ein voller Zinsmonat (§ 238 Abs. 1 Satz 2) ist erreicht, wenn der Tag, an dem der Zinslauf (ggf. unter Berücksichtigung des § 108 Abs. 3) endet, hinsichtlich seiner Zahl dem Tag entspricht, der dem Tag vorhergeht, an dem die Frist begann (BFH-Urteil vom 24. 7. 1996 – X R 119/92 – BStBl 1997 II, S. 6).
2. Abzurunden ist jeweils der einzelne zu verzinsende Anspruch. Bei der Zinsberechnung sind die Ansprüche zu trennen, wenn Steuerart, Zeitraum (Teilzeitraum) oder der Tag des Beginns des Zinslaufs voneinander abweichen. Die durch das StEuglG geänderte Regelung in § 238 Abs. 2 (Rundung auf den nächsten durch 50 Euro teilbaren Betrag) gilt in allen Fällen, in denen Zinsen nach dem 31. 12. 2001 festgesetzt werden (Art. 97 § 15 Abs. 10 EGAO); entscheidend ist, wann die Zinsfestsetzung bekannt gegeben wird, und nicht, wann der Zinslauf begonnen oder geendet hat.

Rechtsprechung

BFH vom 26. 9. 1996 – IV R 51/95 (BStBl 1997 II S. 263)

Waren aufgrund einer erstmaligen Steuerfestsetzung Erstattungszinsen für einen angefangenen Monat nicht zu zahlen, und wird die festgesetzte Steuer später erhöht, so sind auch für diesen Monat Nachzahlungszinsen zu entrichten.

BVerfG vom 3. 9. 2009 – 1 BvR 2539/07 (BFH/NV 2009 S. 2115)

Der Gesetzgeber durfte die Höhe von Nachzahlungszinsen ohne Verstoß gegen das Übermaßverbot auf 0,5 % pro Monat festsetzen. Es handelt sich um eine zulässige Typisierung im Interesse der Praktikabilität und Verwaltungsvereinfachung. Neben den mit einer Ermittlung des konkreten Zinsvorteils bzw. Zinsnachteils im Einzelfall verbundenen Problemen ist auch hier zu beachten, dass der Zinssatz gemäß § 233a AO i.V.m § 238 AO sowohl für als auch gegen den Steuerpflichtigen wirkt.

BFH vom 20. 4. 2011 – I R 80/10 (HFR 2011 S. 1182)

Die Vollverzinsung nach § 233a AO ist verfassungsgemäß. Der Gesetzgeber ist nicht von Verfassungs wegen verpflichtet, den in § 238 Abs. 1 Satz 1 AO enthaltenen Zinssatz an die Entwicklung der Zinsen am Kapitalmarkt anzupassen.

BFH vom 19. 5. 2011 – X B 184/10 (BFH/NV 2011 S. 1659)

Weder die Frage, ob der durch § 238 Abs. 1 AO festgelegte Zinssatz von 0,5% pro Monat sich noch im Rahmen der Typisierungsbefugnis des Gesetzgebers hält, noch die Frage, ob es verfassungsgemäß ist, dass einerseits gezahlte Nachforderungszinsen einkommensteuerrechtlich nicht abziehbar sind, andererseits aber die aus der zwischenzeitlichen Geldanlage erzielten Guthabenzinsen einkommensteuerpflichtig sind, kann im Billigkeitsverfahren geklärt werden.

§ 239 Festsetzung der Zinsen

(1) ¹Auf die Zinsen sind die für die Steuern geltenden Vorschriften entsprechend anzuwenden, *jedoch* beträgt die Festsetzungsfrist ein Jahr. ²Die Festsetzungsfrist beginnt:

1. in den Fällen des § 233a mit Ablauf des Kalenderjahrs, in dem die Steuer festgesetzt, aufgehoben, geändert oder nach § 129 berichtigt worden ist,
2. in den Fällen des § 234 mit Ablauf des Kalenderjahrs, in dem die Stundung geendet hat,
3. in den Fällen des § 235 mit Ablauf des Kalenderjahrs, in dem die Festsetzung der hinterzogenen Steuern unanfechtbar geworden ist, jedoch nicht vor Ablauf des Kalenderjahres, in dem ein eingeleitetes Strafverfahren rechtskräftig abgeschlossen worden ist,
4. in den Fällen des § 236 mit Ablauf des Kalenderjahrs, in dem die Steuer erstattet oder die Steuervergütung ausgezahlt worden ist,
5. in den Fällen des § 237 mit Ablauf des Kalenderjahrs, in dem ein Einspruch oder eine Anfechtungsklage endgültig erfolglos geblieben ist.

§ 239 AO
AEAO Rsp

³Die Festsetzungsfrist läuft in den Fällen des § 233a nicht ab, solange die Steuerfestsetzung sowie ihre Aufhebung, ihre Änderung oder ihre Berichtigung nach § 129 noch zulässig ist.

(2) ¹Zinsen sind auf volle Euro zum Vorteil des Steuerpflichtigen gerundet festzusetzen. ²Sie werden nur dann festgesetzt, wenn sie mindestens 10 Euro betragen.

AEAO

Anwendungserlass zur Abgabenordnung

1 Zu § 239 – Festsetzung der Zinsen:

1. Zinsen werden durch Zinsbescheid festgesetzt; die Formvorschriften für Steuerbescheide (§ 157 Abs. 1, ggf. § 87a Abs. 4) gelten entsprechend. Der Mindestinhalt des Zinsbescheids richtet sich nach § 157 Abs. 1 Sätze 2 und 3, § 119 Abs. 3 und 4. Der Bescheid kann nach § 129 berichtigt oder nach §§ 172 ff. aufgehoben oder geändert werden. Als Rechtsbehelf gegen den Zinsbescheid sowie gegen die Ablehnung, Erstattungszinsen nach §§ 233a, 236 zu zahlen, ist der Einspruch gegeben. Zum Rechtsbehelfsverfahren gegen die Entscheidung über eine Billigkeitsmaßnahme vgl. zu § 347, Nr. 5.

2. Nach Ablauf der Festsetzungsfrist von einem Jahr können Zinsen nicht mehr festgesetzt werden. Der Anspruch auf festgesetzte Zinsen erlischt durch Zahlungsverjährung (§§ 228 ff.), ggf. aber auch schon früher mit dem Erlöschen des Hauptanspruchs (§ 232).

3. Bei der Zinsfestsetzung ist die Rundung zugunsten des Steuerpflichtigen zu beachten (§ 239 Abs. 2 Satz 1). Die Kleinbetragsregelung des § 239 Abs. 2 Satz 2 (Zinsen unter zehn Euro werden nicht festgesetzt) ist auf die für eine Einzelforderung berechneten Zinsen anzuwenden (vgl. zu § 238, Nr. 2). Die durch das StEuglG geänderten Regelungen in § 239 Abs. 2 Satz 1 und 2 gelten in allen Fällen, in denen Zinsen nach dem 31. 12. 2001 festgesetzt werden (Art. 97 § 15 Abs. 10 EGAO); entscheidend ist, wann die Zinsfestsetzung bekannt gegeben wird, und nicht, wann der Zinslauf begonnen oder geendet hat.

4. Zur Anrechnung von Erstattungs- und Nachzahlungszinsen nach § 233a bei der Festsetzung von Stundungs-, Hinterziehungs-, Prozess- und Aussetzungszinsen vgl. zu § 233a, Nr. 65 ff. und zu § 235, Nr. 5.2.

Rsp

Rechtsprechung

2 BFH vom 18. 7. 1994 – X R 33/91 (BStBl 1995 II S. 4)

Sind sowohl ein Feststellungsbescheid (Grundlagenbescheid) als auch der Einkommensteuerbescheid (Folgebescheid) angefochten und hat das FA das Ende der Aussetzung der Vollziehung ungeachtet dessen, daß ernstliche Zweifel nur den Feststellungsbescheid betreffen, mit dem Ausgang des Verfahrens gegen den Einkommensteuerbescheid verknüpft, entsteht der Anspruch auf Aussetzungszinsen erst bei unanfechtbarer Erledigung dieses letztgenannten Verfahrens.

Die Entstehung des Zinsanspruchs setzt allein die endgültige Erfolglosigkeit eines förmlichen außergerichtlichen oder finanzgerichtlichen Rechtsbehelfs bei gewährter Aussetzung der Vollziehung voraus; die Fehlerhaftigkeit der bestandskräftigen Aussetzungsentscheidung berührt den Zinsanspruch grundsätzlich nicht (Abgrenzung zum BFH-Urteil vom 11. Februar 1987 II R 176/84, BFHE 148 S. 491, BStBl II S. 320).

3 BFH vom 9. 12. 1998 – XI R 24/98 (BStBl 1999 II S. 201)

Bei Beendigung eines Rechtsstreits durch Hauptsacheerledigung beginnt die Frist für die Festsetzung der Aussetzungszinsen insgesamt erst mit Ablauf des Jahres, in dem die Beteiligten den Rechtsstreit übereinstimmend in der Hauptsache für erledigt erklärt haben.

4 BFH vom 24. 8. 2001 – VI R 42/94 (BStBl 2001 II S. 782)

Ein Strafverfahren hat nur dann Einfluss auf die für die Hinterziehungszinsen geltende Festsetzungsfrist, wenn es bis zum Ablauf des Jahres eingeleitet wird, in dem die hinterzogenen Steuern unanfechtbar festgesetzt wurden.

BFH vom 12. 12. 2007 – XI R 25/07 (BFH/NV 2008 S. 339) 5

Die Festsetzungsverjährungsfrist beginnt bei Aussetzungszinsen mit Ablauf des Kalenderjahres, in dem ein Rechtsbehelf gegen den Steuerbescheid endgültig erfolglos geblieben ist, hinsichtlich dessen die Vollziehung tatsächlich ausgesetzt war.

BFH vom 29. 4. 2008 – VIII R 5/06 (BStBl 2008 II S. 844) 6

1. Nach dem das Strafverfahren beherrschenden Legalitätsprinzip sind die Strafverfolgungsbehörden grundsätzlich berechtigt und verpflichtet, nach Eingang einer Selbstanzeige ein Strafverfahren zum Zwecke der Prüfung der Straffreiheit gemäß § 371 Abs. 1 und 3 AO einzuleiten. Eine derartige Strafverfahrenseinleitung hemmt den Anlauf der Frist zur Festsetzung von Hinterziehungszinsen gemäß § 239 Abs. 1 Satz 2 Nr. 3 AO.

2. Ausnahmsweise hemmt aber eine Strafverfahrenseinleitung, die sich nach den für die Strafverfolgungsbehörden zum Zeitpunkt der Einleitung bekannten oder ohne Weiteres erkennbaren Umständen als greifbar rechtswidrig darstellt, den Anlauf der Festsetzungsfrist nicht.

BFH vom 14. 7. 2008 – VIII B 176/07 (BStBl 2009 II S. 117) 7

1. Es ist nicht ernstlich zweifelhaft, dass bei einer wiederholten Änderung der Steuerfestsetzung die Festsetzungsfrist für den gesamten Anspruch des Steuergläubigers auf Nachzahlungszinsen nicht abläuft, solange noch eine, wenn auch nur punktuell wirkende Änderung der Steuerfestsetzung zulässig ist. Teile des Zinsanspruchs unterliegen daher keiner gesonderten Teilverjährung.

...

BFH vom 19. 3. 2009 – IV R 20/08 (BStBl 2010 II S. 528) 8

Die Entscheidung darüber, ob die Änderung eines Gewinnfeststellungsbescheids auf einem rückwirkenden Ereignis i.S. von § 175 Abs. 1 Satz 1 Nr. 2 AO und damit zugleich auch auf einem rückwirkenden Ereignis i.S. von § 233a Abs. 2a AO beruht, ist im Feststellungsverfahren zu treffen.

2. Unterabschnitt
Säumniszuschläge (§ 240)

§ 240 Säumniszuschläge

AO
S 0480

(1) ¹Wird eine Steuer nicht bis zum Ablauf des Fälligkeitstages entrichtet, so ist für jeden angefangenen Monat der Säumnis ein Säumniszuschlag von 1 Prozent des abgerundeten rückständigen Steuerbetrags zu entrichten; abzurunden ist auf den nächsten durch 50 Euro teilbaren Betrag. ²Das Gleiche gilt für zurückzuzahlende Steuervergütungen und Haftungsschulden, soweit sich die Haftung auf Steuern und zurückzuzahlende Steuervergütungen erstreckt. ³Die Säumnis nach Satz 1 tritt nicht ein, bevor die Steuer festgesetzt oder angemeldet worden ist. ⁴Wird die Festsetzung einer Steuer oder Steuervergütung aufgehoben, geändert oder nach § 129 berichtigt, so bleiben die bis dahin verwirkten Säumniszuschläge unberührt; das Gleiche gilt, wenn ein Haftungsbescheid zurückgenommen, widerrufen oder nach § 129 berichtigt wird. ⁵Erlischt der Anspruch durch Aufrechnung, bleiben Säumniszuschläge unberührt, die bis zur Fälligkeit der Schuld des Aufrechnenden entstanden sind.

(2) Säumniszuschläge entstehen nicht bei steuerlichen Nebenleistungen.

(3) ¹Ein Säumniszuschlag wird bei einer Säumnis bis zu drei Tagen nicht erhoben. ²Dies gilt nicht bei Zahlung nach § 224 Abs. 2 Nr. 1.

(4) ¹In den Fällen der Gesamtschuld entstehen Säumniszuschläge gegenüber jedem säumigen *Gesamtschuldner*. ²Insgesamt ist jedoch kein höherer Säumniszuschlag zu entrichten, als verwirkt worden wäre, wenn die Säumnis nur bei einem Gesamtschuldner eingetreten wäre.

Anwendungserlass zur Abgabenordnung

AEAO

Zu § 240 – Säumniszuschläge: 1

1. Säumnis tritt ein, wenn die Steuer oder die zurückzuzahlende Steuervergütung nicht bis zum Ablauf des Fälligkeitstages entrichtet wird. Sofern – wie bei den Fälligkeitssteuern – die Steuer ohne Rücksicht auf die erforderliche Steuerfestsetzung oder Steueranmeldung fällig wird, tritt

§ 240 AO
AEAO

die Säumnis nicht ein, bevor die Steuer festgesetzt oder die Steueranmeldung abgegeben worden ist. Bei Fälligkeitssteuern ist daher wie folgt zu verfahren:

a) Gibt der Steuerpflichtige seine Voranmeldung oder Anmeldung erst nach Ablauf des Fälligkeitstages ab, so sind Säumniszuschläge bei verspätet geleisteter Zahlung nicht vom Ablauf des im Einzelsteuergesetz bestimmten Fälligkeitstages an, sondern erst von dem auf den Tag des Eingangs der Voranmeldung oder Anmeldung folgenden Tag an (ggf. unter Gewährung der Zahlungs-Schonfrist nach § 240 Abs. 3) zu berechnen. Entsprechendes gilt für den Mehrbetrag, der sich ergibt, wenn der Steuerpflichtige seine Voranmeldung oder Anmeldung nachträglich berichtigt und sich dadurch die Steuer erhöht.

b) Setzt das Finanzamt eine Steuer wegen Nichtabgabe der Voranmeldung oder Anmeldung fest, so sind Säumniszuschläge für verspätet geleistete Zahlung nicht vom Ablauf des im Einzelsteuergesetz bestimmten Fälligkeitstages an, sondern erst von dem Tag an (ggf. unter Gewährung der Zahlungs-Schonfrist nach § 240 Abs. 3) zu erheben, der auf den letzten Tag der vom Finanzamt gesetzten Zahlungsfrist folgt. Dieser Tag bleibt für die Berechnung der Säumniszuschläge auch dann maßgebend, wenn der Steuerpflichtige nach Ablauf der vom Finanzamt gesetzten Zahlungsfrist seine Voranmeldung oder Anmeldung abgibt. Entsprechendes gilt, wenn das Finanzamt eine auf einer Voranmeldung oder Anmeldung beruhende Steuerschuld höher festsetzt, als sie sich aus der Voranmeldung oder Anmeldung ergibt oder eine von ihm festgesetzte Steuer durch Korrektur höher festsetzt.

2. Im Falle der Aufhebung oder Änderung der Steuerfestsetzung oder ihrer Berichtigung nach § 129 bleiben die bis dahin verwirkten Säumniszuschläge bestehen (§ 240 Abs. 1 Satz 4). Das gilt auch, wenn die ursprüngliche, für die Bemessung der Säumniszuschläge maßgebende Steuer in einem Rechtsbehelfsverfahren herabgesetzt wird. Säumniszuschläge sind nicht zu entrichten, soweit sie sich auf Steuerbeträge beziehen, die durch (nachträgliche) Anrechnung von Lohn-, Kapitalertrag- oder Körperschaftsteuer entfallen sind, weil insoweit zu keiner Zeit eine rückständige Steuer i.S.d. § 240 Abs. 1 Satz 4 vorgelegen hat (BFH-Urteil vom 24. 3. 1992 – VII R 39/91 – BStBl II, S. 956).

3. Der Säumniszuschlag ist von den Gesamtschuldnern nur in der Höhe anzufordern, in der er entstanden wäre, wenn die Säumnis nur bei einem Gesamtschuldner eingetreten wäre; der Ausgleich findet zwischen den Gesamtschuldnern nach bürgerlichem Recht statt.

4. Säumniszuschläge sind nicht zu entrichten, wenn Verspätungszuschläge, Zinsen, Säumniszuschläge, Zwangsgelder und Kosten (steuerliche Nebenleistungen) nicht rechtzeitig gezahlt werden.

5. Säumniszuschläge entstehen kraft Gesetzes allein durch Zeitablauf ohne Rücksicht auf ein Verschulden des Steuerpflichtigen (BFH-Urteil vom 17. 7. 1985 – I R 172/79 – BStBl 1986 II, S. 122). Sie stellen in erster Linie ein Druckmittel zur Durchsetzung fälliger Steuerforderungen dar, sind aber auch eine Gegenleistung für das Hinausschieben der Zahlung und ein Ausgleich für den angefallenen Verwaltungsaufwand (BFH-Urteil vom 29. 8. 1991 – V R 78/86 – BStBl II, S. 906). Soweit diese Zielsetzung durch die verwirkten Säumniszuschläge nicht mehr erreicht werden kann, ist ihre Erhebung sachlich unbillig, so dass sie nach § 227 ganz oder teilweise erlassen werden können.

Im einzelnen kommt ein Erlass in Betracht

a) bei plötzlicher Erkrankung des Steuerpflichtigen, wenn er selbst dadurch an der pünktlichen Zahlung gehindert war und es dem Steuerpflichtigen seit seiner Erkrankung bis zum Ablauf der Zahlungsfrist nicht möglich war, einen Vertreter mit der Zahlung zu beauftragen;

b) bei einem bisher pünktlichen Steuerzahler, dem ein offenbares Versehen unterlaufen ist. Wer seine Steuern laufend unter Ausnutzung der Schonfrist des § 240 Abs. 3 zahlt, ist kein pünktlicher Steuerzahler (BFH-Urteil vom 15. 5. 1990 – VII R 7/88 – BStBl II, S. 1007);

c) wenn einem Steuerpflichtigen die rechtzeitige Zahlung der Steuern wegen Zahlungsunfähigkeit und Überschuldung nicht mehr möglich war (BFH-Urteil vom 8. 3. 1984 – I R 44/80 – BStBl II, S. 415). Zu erlassen ist regelmäßig die Hälfte der verwirkten Säumniszuschläge (BFH-Urteil vom 16. 7. 1997 – XI R 32/96 – BStBl 1998 II, S. 7);

d) bei einem Steuerpflichtigen, dessen wirtschaftliche Leistungsfähigkeit durch nach § 258 bewilligte oder sonst hingenommene Ratenzahlungen unstreitig bis an die äußerste Grenze ausgeschöpft worden ist. Zu erlassen ist regelmäßig die Hälfte der verwirkten Säumniszuschläge (BFH-Urteil vom 22. 6. 1990 – III R 150/85 – BStBl 1991 II, S. 864);

e) *wenn die Voraussetzungen für einen Erlass der Hauptschuld nach § 227* oder für eine zinslose Stundung der Steuerforderung nach § 222 im Säumniszeitraum vorliegen (BFH-Urteil vom 23. 5. 1985 – V R 124/79 – BStBl II, S. 489). Lagen nur die Voraussetzungen für eine verzinsliche Stundung der Hauptforderung vor, ist die Hälfte der verwirkten Säumniszuschläge zu erlassen;

f) in sonstigen Fällen sachlicher Unbilligkeit.

Die Möglichkeit eines weitergehenden Erlasses aus persönlichen Billigkeitsgründen bleibt unberührt. Zum Erlass von Säumniszuschlägen bei einer Überschneidung mit Nachzahlungszinsen vgl. zu § 233a, Nr. 64.

6. In Stundungs- und Aussetzungsfällen sowie bei der Herabsetzung von Vorauszahlungen gilt Folgendes:

   a) Stundung

   Wird eine Stundung vor Fälligkeit beantragt, aber erst nach Fälligkeit bewilligt, so ist die Stundung mit Wirkung vom Fälligkeitstag an auszusprechen. Die Schonfrist (§ 240 Abs. 3) ist vom neuen Fälligkeitstag an zu gewähren.

   Wird eine Stundung vor Fälligkeit beantragt, aber erst nach Fälligkeit abgelehnt, so kann im Allgemeinen eine Frist zur Zahlung der rückständigen Steuern bewilligt werden. Diese Zahlungsfrist soll eine Woche grundsätzlich nicht überschreiten. Die Schonfrist (§ 240 Abs. 3) ist vom Ende der Zahlungsfrist an zu gewähren. Bei Zahlung bis zum Ablauf der Schonfrist sind keine Säumniszuschläge zu erheben.

   Wird eine Stundung nach Fälligkeit beantragt und bewilligt, so ist die Stundung vom Eingangstag des Antrags an auszusprechen, sofern nicht besondere Gründe eine Stundung schon vom Fälligkeitstag an rechtfertigen. Bereits entstandene Säumniszuschläge sind in die Stundungsverfügung einzubeziehen. Die Schonfrist (§ 240 Abs. 3) ist zu gewähren.

   Wird eine Stundung nach Fälligkeit beantragt und abgelehnt, so verbleibt es bei dem ursprünglichen Fälligkeitstag, sofern nicht besondere Gründe eine Frist zur Zahlung der rückständigen Steuern rechtfertigen. Die Zahlungsfrist soll eine Woche grundsätzlich nicht überschreiten. Die Schonfrist (§ 240 Abs. 3) ist vom Ende der Zahlungsfrist an zu gewähren. Bei Zahlung bis zum Ablauf der Schonfrist sind keine Säumniszuschläge zu erheben.

   Wird bei Bewilligung einer Stundung erst nach Ablauf der Schonfrist (§ 240 Abs. 3) gezahlt, sind Säumniszuschläge vom Ablauf des neuen Fälligkeitstages an zu berechnen. Wird im Falle der Ablehnung einer Stundung die eingeräumte Zahlungsfrist (zuzüglich der Schonfrist nach § 240 Abs. 3) nicht eingehalten, sind Säumniszuschläge vom Ablauf des ursprünglichen Fälligkeitstages an zu berechnen.

   b) Aussetzung der Vollziehung

   Wird ein rechtzeitig gestellter Antrag auf Aussetzung der Vollziehung nach Fälligkeit abgelehnt, so kann im Allgemeinen eine Frist zur Zahlung der rückständigen Steuern bewilligt werden. Die Zahlungsfrist soll eine Woche grundsätzlich nicht überschreiten. Die Schonfrist (§ 240 Abs. 3) ist vom Ende der Zahlungsfrist an zu gewähren. Bei Zahlung bis zum Ablauf der Schonfrist sind keine Säumniszuschläge zu erheben.

   c) Herabsetzung von Vorauszahlungen

   Wird einem rechtzeitig gestellten Antrag auf Herabsetzung von Vorauszahlungen erst nach Fälligkeit entsprochen, sind Säumniszuschläge auf den Herabsetzungsbetrag nicht zu erheben.

   Wird ein rechtzeitig gestellter Antrag auf Herabsetzung von Vorauszahlungen nach Fälligkeit abgelehnt, so kann im Allgemeinen eine Frist zur Zahlung der rückständigen Steuern bewilligt werden. Die Zahlungsfrist soll eine Woche grundsätzlich nicht überschreiten. Die Schonfrist (§ 240 Abs. 3) ist vom Ende der Zahlungsfrist an zu gewähren. Bei Zahlung bis zum Ablauf der Schonfrist sind keine Säumniszuschläge zu erheben.

   Wird eine der vorbezeichneten Anträge mit dem Ziel gestellt, sich der rechtzeitigen Zahlung der Steuer zu entziehen (Missbrauchsfälle), ist keine Zahlungsfrist zu bewilligen.

7. Mit einem Verwaltungsakt nach § 258 verzichtet die Vollstreckungsbehörde auf Vollstreckungsmaßnahmen; an der Fälligkeit der Steuerschuld ändert sich dadurch jedoch nichts (s. auch BFH-Urteil vom 15. 3. 1979 – IV R 174/78 – BStBl II, S. 429). Für die Dauer eines bekannt gegebenen Vollstreckungsaufschubs sind daher grundsätzlich Säumniszuschläge zu erheben; auf diese Rechtslage ist der Steuerpflichtige bei Bekanntgabe des Vollstreckungsaufschubs hinzuweisen (siehe Abschn. 7 Abs. 3 VollStrA). Die Möglichkeit, von der Erhebung von Säumniszuschlägen aus Billigkeitsgründen nach § 227 ganz oder teilweise abzusehen, bleibt unberührt (vgl. Nr. 5 Abs. 2).

8. Macht der Steuerpflichtige geltend, die Säumniszuschläge seien nicht oder nicht in der angeforderten Höhe entstanden, so ist sein Vorbringen – auch wenn es bspw. als „Erlassantrag" bezeichnet ist – als Antrag auf Erteilung eines Bescheides nach § 218 Abs. 2 anzusehen, da nur in diesem Verfahren entschieden werden kann, ob und inwieweit Säumniszuschläge entstanden sind (ständige Rechtsprechung, vgl. z.B. BFH-Urteil vom 12. 8. 1999 – VII R 92/98 – BStBl II, S. 751). Bestreitet der Steuerpflichtige nicht die Entstehung der Säumniszuschläge dem Grunde und der Höhe nach, sondern wendet er sich gegen deren Anforderung im engeren Sinne (Leistungsgebot, § 254), ist sein Vorbringen als Einspruch (§ 347) anzusehen. Das Vorbringen des

Steuerpflichtigen ist als Erlassantrag zu werten, wenn sachliche oder persönliche Billigkeitsgründe geltend gemacht werden.

Rsp Rechtsprechung

5 **BFH vom 29. 8. 1991 – V R 78/86 (BStBl 1991 II S. 906)**

Hat der Steuerpflichtige gegenüber den Finanzbehörden alles getan, um die Aussetzung der Vollziehung eines Steuerbescheids zu erreichen, und wurde diese, obwohl an sich möglich und geboten, von der Finanzbehörde abgelehnt, so ist – wenn das Rechtsmittel des Steuerpflichtigen gegen die Steuerfestsetzung Erfolg hatte – die Erhebung der vollen Säumniszuschläge eine unbillige Härte.

6 **BFH vom 13. 1. 2000 – VII R 91/98 (BStBl 2000 II S. 246)**

1. Rechnet das Finanzamt eine bei Fälligkeit nicht entrichtete Steuerforderung gegen eine damals bereits entstandene Erstattungsforderung des Steuerpflichtigen auf, bleiben in der Zeit bis zum Fälligwerden der Erstattungsforderung entstandene Säumniszuschläge bestehen (s. jetzt § 240 Abs. 1 Satz 5 AO i.d.F. des StBereinG 1999).
2. Der Steuerpflichtige hat keinen Anspruch auf ermessensfehlerfreie Entscheidung über den Abschluss eines Verrechnungsvertrages über noch nicht fällige Erstattungsansprüche.

7 **BFH vom 10. 10. 2000 – VII S 28/01 (BFH/NV 2003 S. 12)**

Die Entstehung von Säumniszuschlägen kann für die Vergangenheit nur durch Aufhebung der Vollziehung des Steuerbescheids beseitigt werden.

8 **BFH vom 19. 12. 2000 – VII R 63/99 (BStBl 2001 II S. 217)**

Die Inanspruchnahme eines Haftungsschuldners für die Hälfte der vom Steuerschuldner verwirkten Säumniszuschläge ist nicht deshalb ermessenswidrig, weil der Steuerschuldner in dem betreffenden Zeitraum zahlungsunfähig gewesen ist.

9 **BFH vom 9. 7. 2003 – V R 57/02 (BStBl 2003 II S. 901)**

1. Die Erhebung von Säumniszuschlägen ist sachlich unbillig, wenn dem Steuerpflichtigen die rechtzeitige Zahlung der Steuer wegen Überschuldung und Zahlungsunfähigkeit unmöglich ist und deshalb die Ausübung von Druck zur Zahlung ihren Sinn verliert. Das FA ist regelmäßig nicht verpflichtet, bei Zahlungsunfähigkeit und Überschuldung des Steuerpflichtigen mehr als die Hälfte der verwirkten Säumniszuschläge zu erlassen.
2. Die Frage, ob seit Eröffnung des Konkursverfahrens laufende Säumniszuschläge gemäß § 63 Nr. 1 KO im Konkursverfahren nicht geltend gemacht werden dürfen, kann in einem vom Konkursverwalter angestrengten Verfahren wegen Erlasses aus Billigkeitsgründen nicht entschieden werden. Hierüber ist gemäß § 251 Abs. 3 AO a.F. durch Feststellungsbescheid zu entscheiden.
3. Für den Erlass der Säumniszuschläge zur Lohnsteuer gelten keine Besonderheiten.

10 **BFH vom 30. 3. 2006 – V R 2/04 (BStBl 2006 II S. 612)**

1. Säumniszuschläge sind in der Regel zur Hälfte zu erlassen, wenn ihre Funktion als Druckmittel ihren Sinn verliert (ständige Rechtsprechung).
2. Die gesetzgeberische Entscheidung in § 240 Abs. 1 Satz 4 AO, dass Säumniszuschläge nicht akzessorisch zur Hauptschuld sind, ist auch dann zu beachten, wenn die angefochtene Steuerfestsetzung nach Konkurseröffnung ersatzlos aufgehoben wird, ohne dass der Steuerpflichtige Aussetzung der Vollziehung beantragt hatte, obwohl ihm dies möglich gewesen wäre.
3. Ein Antrag auf Aussetzung der Vollziehung kann auch nach Anordnung der Sequestration zur Beseitigung von Wirkungen vollziehbarer Steuerfestsetzungen geboten sein, die – wie das Anfallen von Säumniszuschlägen – nicht in Vollstreckungsmaßnahmen liegen.

11 **BFH vom 29. 3. 2007 – IX R 17/06 (BStBl 2007 II S. 627)**

Das Ermessen hinsichtlich des Erlasses von Säumniszuschlägen auf nicht geleistete Einkommensteuervorauszahlungen ist nicht wegen Verfassungswidrigkeit von § 37 Abs. 3 Satz 7 EStG auf Null reduziert.

BFH vom 14. 5. 2008 – II B 49/07 (HFR 2008 S. 904)   12

Wird eine bestandskräftige Grunderwerbsteuerfestsetzung gemäß § 16 Abs. 1 GrEStG aufgehoben, ist die Erhebung zuvor verwirkter Säumniszuschläge nicht sachlich unbillig.

BFH vom 20. 5. 2010 – V R 42/08 (BStBl 2010 II S. 955)   13

Säumniszuschläge, die auf einer materiell rechtswidrigen und deswegen aufgrund eines Rechtsbehelfs des Steuerpflichtigen geänderten Jahressteuerfestsetzung beruhen, sind aus sachlichen Billigkeitsgründen zu erlassen, wenn der Steuerpflichtige insoweit die AdV der Vorauszahlungsbescheide erreicht hat und die – weitere – AdV dieser Beträge nach Ergehen des Jahressteuerbescheides allein an den Regelungen der §§ 361 Abs. 2 Satz 4 AO und 69 Abs. 2 Satz 8 FGO scheitert.

BFH vom 2. 2. 2011 – V B 141/09 (BFH/NV 2011 S. 961)   14

Der vollständige Erlass von Säumniszuschlägen setzt voraus, dass der Steuerpflichtige in der Hauptsache obsiegt und ein von ihm betriebenes Aussetzungsverfahren zu Unrecht erfolglos geblieben ist. Für die Prüfung, ob eine Aussetzung der Vollziehung wegen „unbilliger Härte" hätte erfolgen müssen, sind die Anforderungen zu beachten, die das BVerfG in den Beschlüssen vom 22. 9. 2009 – 1 BvR 1305/09, HFR 2010 S. 70, und vom 11. 10. 2010 – 2 BvR 1710/10, HFR 2011 S. 15, zur Auslegung des Merkmals aufgestellt hat.

BFH vom 17. 2. 2011 – V S 9/11 (BFH/NV 2011 S. 749)   15

Die Schonfrist nach § 240 Abs. 3 Satz 1 AO stellt eine Billigkeitsmaßnahme dar, sodass ein hierauf gerichteter Vortrag allein die Verwirkung von Säumniszuschlägen im Rahmen eines Abrechnungsbescheids betrifft und nicht einen – andere Billigkeitsgründe erfordernden – Erlass von Säumniszuschlägen nach § 227 AO.

DRITTER ABSCHNITT
Sicherheitsleistung (§§ 241–248)

§ 241 Art der Sicherheitsleistung

(1) Wer nach den Steuergesetzen Sicherheit zu leisten hat, kann diese erbringen

1. durch Hinterlegung von im Geltungsbereich dieses Gesetzes umlaufenden Zahlungsmitteln bei der zuständigen Finanzbehörde,
2. durch Verpfändung der in Absatz 2 genannten Wertpapiere, die von dem zur Sicherheitsleistung Verpflichteten der Deutschen Bundesbank oder einem Kreditinstitut zur Verwahrung anvertraut worden sind, das zum Depotgeschäft zugelassen ist, wenn dem Pfandrecht keine anderen Rechte vorgehen. ²Die Haftung der Wertpapiere für Forderungen des Verwahrers für ihre Verwahrung und Verwaltung bleibt unberührt. ³Der Verpfändung von Wertpapieren steht die Verpfändung von Anteilen an einem Sammelbestand nach § 6 des Depotgesetzes in der im Bundesgesetzblatt Teil III, Gliederungsnummer 4130-1, veröffentlichten bereinigten Fassung, zuletzt geändert durch Artikel 1 des Gesetzes vom 17. Juli 1985 (BGBl. I S. 1507), gleich,
3. durch eine mit der Übergabe des Sparbuchs verbundene Verpfändung von Spareinlagen bei einem Kreditinstitut, das im Geltungsbereich dieses Gesetzes zum Einlagengeschäft zugelassen ist, wenn dem Pfandrecht keine anderen Rechte vorgehen,
4. durch Verpfändung von Forderungen, die in einem Schuldbuch des Bundes, eines Sondervermögens des Bundes oder eines Landes eingetragen sind, wenn dem Pfandrecht keine anderen Rechte vorgehen,
5. durch Bestellung von
   a) erstrangigen Hypotheken, Grund- oder Rentenschulden an Grundstücken oder Erbbaurechten, die im Geltungsbereich dieses Gesetzes belegen sind,
   b) erstrangigen Schiffshypotheken an Schiffen, Schiffsbauwerken oder Schwimmdocks, die in einem im Geltungsbereich dieses Gesetzes geführten Schiffsregister oder Schiffsbauregister eingetragen sind,
6. durch Verpfändung von Forderungen, für die eine erstrangige Verkehrshypothek an einem im Geltungsbereich dieses Gesetzes belegenen Grundstück oder Erbbaurecht besteht, oder durch Verpfändung von erstrangigen Grundschulden oder Rentenschulden an im Geltungs-

bereich dieses Gesetzes belegenen Grundstücken oder Erbbaurechten, wenn an den Forderungen, Grundschulden oder Rentenschulden keine vorgehenden Rechte bestehen,

7. durch Schuldversprechen, Bürgschaft oder Wechselverpflichtungen eines tauglichen Steuerbürgen (§ 244).

(2) Wertpapiere im Sinne von Absatz 1 Nr. 2 sind

1. Schuldverschreibungen des Bundes, eines Sondervermögens des Bundes, eines Landes, einer Gemeinde oder eines Gemeindeverbandes,
2. Schuldverschreibungen zwischenstaatlicher Einrichtungen, denen der Bund Hoheitsrechte übertragen hat, wenn sie im Geltungsbereich dieses Gesetzes zum amtlichen Börsenhandel zugelassen sind,
3. Schuldverschreibungen der Deutschen Genossenschaftsbank, der Deutschen Siedlungs- und Landesrentenbank, der Deutschen Ausgleichsbank, der Kreditanstalt für Wiederaufbau und der Landwirtschaftlichen Rentenbank,
4. Pfandbriefe, Kommunalobligationen und verwandte Schuldverschreibungen,
5. Schuldverschreibungen, deren Verzinsung und Rückzahlung vom Bund oder von einem Land gewährleistet werden.

(3) Ein unter Steuerverschluss befindliches Lager steuerpflichtiger Waren gilt als ausreichende Sicherheit für die darauf lastende Steuer.

AEAO

Anwendungserlass zur Abgabenordnung

1 Zu §§ 241 bis 248 – Sicherheitsleistung:

1. Die Vorschriften regeln nur die Art und das Verfahren der Sicherheitsleistung. Wann und ggf. in welcher Höhe Sicherheiten zu leisten sind, ergibt sich aus anderen Vorschriften der Abgabenordnung (vgl. z.B. § 109 Abs. 2, § 165 Abs. 1, §§ 221, 222, 223, 361 Abs. 2) oder aus Einzelsteuergesetzen (§ 18f UStG). Die Erzwingung von Sicherheiten richtet sich nach § 336, ihre Verwertung nach § 327. Die Kosten der Sicherheitsleistung treffen den Steuerpflichtigen.
2. *Die für die Bundesfinanzverwaltung bekannt gegebenen Bestimmungen über Formen der Sicherheitsleistung im Bereich der von der Zollverwaltung verwalteten Steuern und Abgaben – SiLDV – (Vorschriftensammlung Bundesfinanzverwaltung E – VSF – Kennungen S 1450 und Z 0915) sind – soweit sie Formen der Sicherheitsleistung in Verbrauchsteuerverfahren betreffen – für den Bereich der Besitz- und Verkehrsteuern entsprechend anzuwenden.*

AO
S 0490

§ 242 Wirkung der Hinterlegung von Zahlungsmitteln

¹Zahlungsmittel, die nach § 241 Abs. 1 Nr. 1 hinterlegt werden, gehen in das Eigentum der Körperschaft über, der die Finanzbehörde angehört, bei der sie hinterlegt worden sind. ²Die Forderung auf Rückzahlung ist nicht zu verzinsen. ³Mit der Hinterlegung erwirbt die Körperschaft, deren Forderung durch die Hinterlegung gesichert werden soll, ein Pfandrecht an der Forderung auf Rückerstattung der hinterlegten Zahlungsmittel.

AO
S 0490

§ 243 Verpfändung von Wertpapieren

¹Die Sicherheitsleistung durch Verpfändung von Wertpapieren nach § 241 Abs. 1 Nr. 2 ist nur zulässig, wenn der Verwahrer die Gewähr für die Umlauffähigkeit übernimmt. ²Die Übernahme dieser Gewähr umfasst die Haftung dafür,

1. dass das Rückforderungsrecht des Hinterlegers durch gerichtliche Sperre und Beschlagnahme nicht beschränkt ist,
2. dass die anvertrauten Wertpapiere in den Sammellisten aufgerufener Wertpapiere nicht als *gestohlen* oder als *verloren* gemeldet und weder mit Zahlungssperre belegt noch zur Kraftloserklärung aufgeboten oder für kraftlos erklärt worden sind,
3. dass die Wertpapiere auf den Inhaber lauten, oder, falls sie auf den Namen ausgestellt sind, mit Blankoindossament versehen und auch sonst nicht gesperrt sind, und dass die Zinsscheine und die Erneuerungsscheine bei den Stücken sind.

§ 244 Taugliche Steuerbürgen

(1) ¹Schuldversprechen und Bürgschaften nach dem Bürgerlichen Gesetzbuch sowie Wechselverpflichtungen aus Artikel 28 oder 78 des Wechselgesetzes sind als Sicherheit nur geeignet, wenn sie von Personen abgegeben oder eingegangen worden sind, die
1. ein der Höhe der zu leistenden Sicherheit angemessenes Vermögen besitzen und
2. ihren allgemeinen oder einen vereinbarten Gerichtsstand im Geltungsbereich dieses Gesetzes haben.

²Bürgschaften müssen den Verzicht auf die Einrede der Vorausklage nach § 771 des Bürgerlichen Gesetzbuchs enthalten. ³Schuldversprechen und Bürgschaftserklärungen sind schriftlich zu erteilen; die elektronische Form ist ausgeschlossen. ⁴Sicherungsgeber und Sicherungsnehmer dürfen nicht wechselseitig füreinander Sicherheit leisten und auch nicht wirtschaftlich miteinander verflochten sein. ⁵Über die Annahme von Bürgschaftserklärungen in den Verfahren nach dem A.T.A.-Übereinkommen vom 6. Dezember 1961 (BGBl. 1965 II S. 948) und dem TIR-Übereinkommen vom 14. November 1975 (BGBl. 1979 II S. 445) in ihren jeweils gültigen Fassungen entscheidet das Bundesministerium der Finanzen. ⁶Über die Annahme von Bürgschaftserklärungen über Einzelsicherheiten in Form von Sicherheitstiteln nach der Verordnung (EWG) Nr. 2454/93 der Kommission vom 2. Juli 1993 mit Durchführungsvorschriften zu der Verordnung (EWG) 2913/92 des Rates zur Festlegung des Zollkodexes der Gemeinschaften (ABl.EG Nr. L 253 S. 1) und dem Übereinkommen vom 20. Mai 1987 über ein gemeinsames Versandverfahren (ABl.EG Nr. L 226 S. 2) in ihren jeweils gültigen Fassungen entscheidet die Bundesfinanzdirektion Nord.

(2) ¹Die Bundesfinanzdirektion kann Kreditinstitute und geschäftsmäßig für andere Sicherheit leistende Versicherungsunternehmen allgemein als Steuerbürge zulassen, wenn sie im Geltungsbereich dieses Gesetzes zum Geschäftsbetrieb befugt sind. ²Für die Zulassung ist die Bundesfinanzdirektion zuständig, in deren Bezirk sich der Sitz des Unternehmens befindet. ³Bei ausländischen Unternehmen, die eine Niederlassung im Geltungsbereich dieses Gesetzes haben, bestimmt sich die Zuständigkeit nach dem Ort der Niederlassung, bei mehreren Niederlassungen nach dem Ort der wirtschaftlich bedeutendsten; besteht keine Niederlassung, ist die Bundesfinanzdirektion zuständig, in deren Bezirk erstmalig eine Bürgschaft übernommen werden soll. ⁴Bei der Zulassung ist ein Höchstbetrag festzusetzen (Bürgschaftssumme). ⁵Die gesamten Verbindlichkeiten aus Schuldversprechen, Bürgschaften und Wechselverpflichtungen, die der Steuerbürge gegenüber der Finanzverwaltung übernommen hat, dürfen nicht über die Bürgschaftssumme hinausgehen.

§ 245 Sicherheitsleistung durch andere Werte

¹Andere als die in § 241 bezeichneten Sicherheiten kann die Finanzbehörde nach ihrem Ermessen annehmen. ²Vorzuziehen sind Vermögensgegenstände, die größere Sicherheiten bieten oder bei Eintritt auch außerordentlicher Verhältnisse ohne erhebliche Schwierigkeit und innerhalb angemessener Frist verwertet werden können.

§ 246 Annahmewerte

¹Die Finanzbehörde bestimmt nach ihrem Ermessen, zu welchen Werten Gegenstände als Sicherheit anzunehmen sind. ²Der Annahmewert darf jedoch den bei einer Verwertung zu erwartenden Erlös abzüglich der Kosten der Verwertung nicht übersteigen. ³Er darf bei den in § 241 Abs. 1 Nr. 2 und 4 aufgeführten Gegenständen und bei beweglichen Sachen, die nach § 245 als Sicherheit angenommen werden, nicht unter den in § 234 Abs. 3, § 236 und § 237 Satz 1 des Bürgerlichen Gesetzbuchs genannten Werten liegen.

§ 247 Austausch von Sicherheiten

Wer nach den §§ 241 bis 245 Sicherheit geleistet hat, ist berechtigt, die Sicherheit oder einen Teil davon durch eine andere nach den §§ 241 bis 244 geeignete Sicherheit zu ersetzen.

§ 248 Nachschusspflicht

Wird eine Sicherheit unzureichend, so ist sie zu ergänzen oder es ist anderweitige Sicherheit zu leisten.

SECHSTER TEIL
VOLLSTRECKUNG (§§ 249–346)

ERSTER ABSCHNITT
Allgemeine Vorschriften (§§ 249–258)

§ 249 Vollstreckungsbehörden

(1) ¹Die Finanzbehörden können Verwaltungsakte, mit denen eine Geldleistung, eine sonstige Handlung, eine Duldung oder Unterlassung gefordert wird, im Verwaltungsweg vollstrecken. ²Dies gilt auch für Steueranmeldungen (§ 168). ³Vollstreckungsbehörden sind die Finanzämter und die Hauptzollämter; § 328 Abs. 1 Satz 3 bleibt unberührt.

(2) ¹Zur Vorbereitung der Vollstreckung können die Finanzbehörden die Vermögens- und Einkommensverhältnisse des Vollstreckungsschuldners ermitteln. ²Die Finanzbehörde darf ihr bekannte, nach § 30 geschützte Daten, die sie bei der Vollstreckung wegen Steuern und steuerlicher Nebenleistungen verwenden darf, auch bei der Vollstreckung wegen anderer Geldleistungen als Steuern und steuerlicher Nebenleistungen verwenden.

Rechtsprechung

1 BFH vom 24. 9. 1991 – VII R 34/90 (BStBl 1992 II S. 57)

Eine auf § 284 AO gestützte Aufforderung zur Abgabe der eidesstattlichen Versicherung der Richtigkeit und Vollständigkeit des Vermögensverzeichnisses ist – bei Vorliegen der tatbestandlichen Voraussetzungen – unter Berücksichtigung des Grundsatzes der Verhältnismäßigkeit auch dann ermessensgerecht, wenn der Vollstreckungsschuldner die Abgabe einer eidesstattlichen Versicherung nach §§ 249 Abs. 2, 95 AO ohne die Folge der Eintragung in das Schuldnerverzeichnis (§ 915 ZPO) freiwillig anbietet. Eine pflichtgemäße Ermessensausübung nach § 284 Abs. 2 AO setzt deshalb auch nicht voraus, daß die Finanzbehörde zuvor vergeblich versucht hat, eine eidesstattliche Versicherung nach §§ 249 Abs. 2, 95 AO ohne die Folge der Eintragung in das Schuldnerverzeichnis zu erhalten.

2 BFH vom 22. 10. 2002 – VII R 56/00 (BStBl 2003 II S. 109)

Die in § 249 Abs. 1 und § 254 Abs. 1 AO genannten Vollstreckungsvoraussetzungen sind besondere, unabdingbare Statthaftigkeitsvoraussetzungen einer rechtmäßigen Vollstreckung, deren Fehlen bei Beginn der Vollstreckungshandlungen zu einem – auch durch Nachholung der Voraussetzungen während des Vollstreckungsverfahrens – nicht heilbaren Rechtsfehler und bei Anfechtung zur ersatzlosen Aufhebung der dennoch ausgebrachten Vollstreckungsmaßnahme führt.

§ 250 Vollstreckungsersuchen

(1) ¹Soweit eine Vollstreckungsbehörde auf Ersuchen einer anderen Vollstreckungsbehörde Vollstreckungsmaßnahmen ausführt, tritt sie an die Stelle der anderen Vollstreckungsbehörde. ²Für die Vollstreckbarkeit des Anspruchs bleibt die ersuchende Vollstreckungsbehörde verantwortlich.

(2) ¹Hält sich die ersuchte Vollstreckungsbehörde für unzuständig oder hält sie die Handlung, um die sie ersucht worden ist, für unzulässig, so teilt sie ihre Bedenken der ersuchenden Vollstreckungsbehörde mit. ²Besteht diese auf der Ausführung des Ersuchens und lehnt die ersuchte Vollstreckungsbehörde die Ausführung ab, so entscheidet die Aufsichtsbehörde der ersuchten Vollstreckungsbehörde.

Rechtsprechung

BFH vom 3. 11. 1983 – VII R 38/83 (BStBl 1984 II S. 185) 1

Das FA kann gegen einen Lohnsteuererstattungsanspruch auch dann nicht mit einer Forderung einer anderen Körperschaft des öffentlichen Rechts aufrechnen, wenn es von der zuständigen Behörde dieser Körperschaft (hier Landesarbeitsamt) um die Vollstreckung der Forderung ersucht worden ist.

BFH vom 4. 7. 1986 – VII B 151/85 (BStBl 1986 II S. 731) 2

Führt eine Finanzbehörde aufgrund eines Vollstreckungsersuchens die Vollstreckung nach den Bestimmungen des Verwaltungs-Vollstreckungsgesetzes durch, so kann sich der Vollstreckungsschuldner ihr gegenüber auf das Fehlen eines Leistungsbescheids berufen.

§ 251 Vollstreckbare Verwaltungsakte

AO
S 0500

(1) ¹Verwaltungsakte können vollstreckt werden, soweit nicht ihre Vollziehung ausgesetzt oder die Vollziehung durch Einlegung eines Rechtsbehelfs gehemmt ist (§ 361; § 69 der Finanzgerichtsordnung). ²Einfuhr- und Ausfuhrabgabenbescheide können außerdem nur vollstreckt werden, soweit die Verpflichtung des Zollschuldners zur Abgabenentrichtung nicht ausgesetzt ist (Artikel 222 Abs. 2 des Zollkodexes).

(2) ¹Unberührt bleiben die Vorschriften der Insolvenzordnung sowie § 79 Abs. 2 des Bundesverfassungsgerichtsgesetzes. ²Die Finanzbehörde ist berechtigt, in den Fällen des § 201 Abs. 2, §§ 257 und 308 Abs. 1 der Insolvenzordnung gegen den Schuldner im Verwaltungsweg zu vollstrecken.

(3) Macht die Finanzbehörde im Insolvenzverfahren einen Anspruch aus dem Steuerschuldverhältnis als Insolvenzforderung geltend, so stellt sie erforderlichenfalls die Insolvenzforderung durch schriftlichen Verwaltungsakt fest.

S 0550

Rechtsprechung

BFH vom 26. 11. 1987 – V R 133/81 (BStBl 1988 II S. 199) 1

Werden in einen Feststellungsbescheid nach § 251 Abs. 3 AO Steuerforderungen aufgenommen, die auf unterschiedlichen materiell-rechtlichen Entstehungsgründen beruhen, so handelt es sich – anders als bei der Steuerveranlagung – nicht um unselbständige Besteuerungsgrundlagen im Sinne von Teilen des Steuerbescheides, sondern um jeweils selbständig zu beurteilende Feststellungsakte. Sie unterliegen als selbständige Streitpunkte einer jeweils gesonderten revisionsrechtlichen Prüfung.

BFH vom 2. 7. 1997 – I R 11/97 (BStBl 1998 II S. 428) 2

1. Eine Finanzbehörde darf nach Eröffnung des Konkursverfahrens bis zum Prüfungstermin Steuern, die zur Konkurstabelle anzumelden sind, nicht mehr festsetzen.
2. Dies gilt auch für Steuerbescheide – wie z.B. Gewerbesteuermeßbescheide –, in denen ausschließlich Besteuerungsgrundlagen ermittelt und festgestellt werden, die ihrerseits die Höhe von Steuerforderungen beeinflussen, die zur Konkurstabelle anzumelden sind (Änderung der Rechtsprechung).
3. Wird eine angemeldete Steuerforderung im Prüfungstermin bestritten, so ist ein Grundlagenbzw. Meßbescheid unmittelbar gegenüber dem Konkursverwalter zu erlassen. Ein bereits bei Konkurseröffnung gegen einen Grundlagen- bzw. Meßbescheid anhängiges Einspruchsverfahren kann dann fortgeführt werden.
4. Hat der Gemeinschuldner vor Konkurseröffnung Einspruch gegen einen Gewerbesteuermeßbescheid eingelegt, wird das Einspruchsverfahren gemäß § 240 ZPO mit der Konkurseröffnung unterbrochen.

BFH vom 18. 11. 1999 – V B 73/99 (BFH/NV 2000 S. 548) 3

1. Es ist nicht klärungsbedürftig, dass ein Feststellungsbescheid gemäß § 251 Abs. 3 AO „erforderlich" ist, wenn der Konkursverwalter die vom Finanzamt zur Konkurstabelle angemeldete Steuer-

forderung bestreitet. Entsprechendes muss auch für das Gesamtvollstreckungsverfahren gelten, wenn in der Beschwerdeschrift nicht geltend gemacht wird, die Lage sei bei der Gesamtvollstreckung anders als im Konkurs.
2. Die „Unverhältnismäßigkeit" oder Rechtswidrigkeit von Steuerbescheiden folgt nicht aus Zweifeln an der Beitreibbarkeit der festgesetzten Steuern.

4 BFH vom 16. 8. 2001 – V R 59/99 (HFR 2002 S. 244)

Die Umsatzsteuer für die steuerpflichtige Lieferung eines mit Grundpfandrechten belasteten Grundstücks im Konkurs durch den Gemeinschuldner nach „Freigabe" durch den Konkursverwalter gehört zu den Massekosten und ist durch Steuerbescheid gegen den Konkursverwalter festzusetzen.

5 BFH vom 18. 12. 2002 – I R 33/01 (BStBl 2003 II S. 630)

Nach Eröffnung des Insolvenzverfahrens und vor Abschluss der Prüfungen gemäß §§ 176, 177 InsO dürfen grundsätzlich keine Bescheide mehr erlassen werden, in denen Besteuerungsgrundlagen festgestellt oder festgesetzt werden, die die Höhe der zur Insolvenztabelle anzumeldenden Steuerforderungen beeinflussen können.

6 BFH vom 4. 5. 2004 – VII R 45/03 (BStBl 2004 II S. 815)

Das FA kann im Insolvenzverfahren mit Forderungen aufrechnen, die vor Verfahrenseröffnung entstanden sind, ohne dass es deren vorheriger Festsetzung, Feststellung oder Anmeldung zur Insolvenztabelle bedarf.

7 BFH vom 24. 8. 2004 – VIII R 14/02 (BStBl 2005 II S. 246)

Nach Eröffnung des Konkurs- bzw. Insolvenzverfahrens darf das FA bis zum Prüfungstermin Steuern nicht mehr festsetzen, die zur Konkurs- bzw. Insolvenztabelle anzumelden sind, und Feststellungsbescheide nicht mehr erlassen, in denen Besteuerungsgrundlagen mit Auswirkung für das Vermögen des Gemeinschuldners festgestellt werden. Das gilt auch für Besteuerungsgrundlagen, die einheitlich und gesondert festzustellen sind (Änderung der Rechtsprechung).

8 BFH vom 16. 11. 2004 – VII R 62/03 (BStBl 2005 II S. 309)

1. Die Kraftfahrzeugsteuerschuld ist im Falle der Eröffnung eines Insolvenzverfahrens über das Vermögen des Kraftfahrzeughalters aufzuteilen auf die Tage vor und die Tage nach Eröffnung des Verfahrens.
2. Hinsichtlich für Tage nach Verfahrenseröffnung im Voraus entrichteter Kraftfahrzeugsteuer entsteht im Zeitpunkt der Verfahrenseröffnung ein Erstattungsanspruch, gegen den das FA mit Insolvenzforderungen aufrechnen kann.

9 BFH vom 23. 2. 2005 – VII R 63/03 (BStBl 2005 II S. 591)

1. Nach Eröffnung des Insolvenzverfahrens über das Vermögen des Steuerschuldners ist die Feststellung einer vor Insolvenzeröffnung mit einem Einspruch angefochtenen und im Prüfungstermin vom Insolvenzverwalter bestrittenen Steuerforderung durch Aufnahme des unterbrochenen Einspruchsverfahrens zu betreiben. Aufgrund der bereits festgesetzten Steuer kommt der Erlass eines Feststellungsbescheides nach § 251 Abs. 3 AO in einem solchen Fall nicht mehr in Betracht.
2. Ist eine Steuerforderung gegenüber dem Insolvenzverwalter durch eine Einspruchsentscheidung bestandskräftig festgestellt worden, fehlt einer Klage auf Feststellung, dass die Finanzbehörde ihren Anspruch aus dem Steuerschuldverhältnis wirksam und bestandskräftig als Insolvenzforderung gegenüber dem Insolvenzverwalter festgestellt hat, das Feststellungsinteresse.

10 BFH vom 7. 3. 2006 – VII R 11/05 (BStBl 2006 II S. 573)

1. Ein durch die Eröffnung des Insolvenzverfahrens über das Vermögen des Haftungsschuldners unterbrochener Rechtsstreit über die Rechtmäßigkeit eines Haftungsbescheides kann sowohl vom Insolvenzverwalter als auch vom FA aufgenommen werden.
2. Macht das FA den noch unerfüllten Haftungsanspruch als Insolvenzforderung geltend, handelt es sich um einen Passivprozess, dessen Aufnahme dem Schuldner verwehrt ist.
3. Wenn der nicht beteiligtenfähige Schuldner den durch die Insolvenzeröffnung unterbrochenen Rechtsstreit selbst aufnimmt, ist er aus dem Prozess zu weisen. Seine Prozesshandlungen sind unwirksam.

4. Der Erlass eines Feststellungsbescheids nach § 251 Abs. 3 AO kommt nicht mehr in Betracht, wenn das FA seine Forderung gegenüber dem Schuldner bereits mit einem Haftungsbescheid geltend gemacht hat.

5. Eine Beiladung des im erstinstanzlichen Verfahren nicht beteiligten Insolvenzverwalters kommt im Revisionsverfahren nicht in Betracht.

BFH vom 16. 1. 2007 – VII R 7/06 (BStBl 2007 II S. 745) 11

Will das FA nach der Eröffnung des Insolvenzverfahrens die Aufrechnung gegen einen Vorsteuervergütungsanspruch des Schuldners erklären und setzt sich dieser Anspruch sowohl aus vor als auch aus nach der Eröffnung des Insolvenzverfahrens begründeten Vorsteuerabzugsbeträgen zusammen, hat das FA sicherzustellen, dass die Aufrechnung den Vorsteuervergütungsanspruch nur insoweit erfasst, als sich dieser aus Vorsteuerbeträgen zusammensetzt, die vor der Eröffnung des Insolvenzverfahrens begründet worden sind. Dies geschieht, indem im Rahmen der Saldierung gemäß § 16 Abs. 2 Satz 1 UStG die für den Besteuerungszeitraum berechnete Umsatzsteuer vorrangig mit vor Insolvenzeröffnung begründeten Vorsteuerabzugsbeträgen verrechnet wird (Fortführung der Senatsrechtsprechung, Urteil vom 16. 11. 2004 VII R 75/03, BStBl II 2006, 193).

BFH vom 16. 1. 2007 – VII R 4/06 (BStBl 2007 II S. 747) 12

Einzelne Vorsteuerbeträge begründen keinen Vergütungsanspruch, sondern sind unselbständige Besteuerungsgrundlagen, die bei der Berechnung der Umsatzsteuer mitberücksichtigt werden und in die Festsetzung der Umsatzsteuer eingehen. Aus einer Umsatzsteuer-Voranmeldung für einen Besteuerungszeitraum nach Eröffnung des Insolvenzverfahrens, die zu einer Steuerschuld führt, können daher einzelne Vorsteuerabzugsbeträge aus Leistungen, die vor Insolvenzeröffnung erbracht worden sind, nicht ausgeschieden und durch Aufrechnung zum Erlöschen gebracht werden.

BFH vom 29. 8. 2007 – IX R 58/06 (BStBl 2008 II S. 322) 13

1. Die nach Insolvenzeröffnung entstandene Kraftfahrzeugsteuer ist auch dann Masseverbindlichkeit i.S. von § 55 Abs. 1 Nr. 1 InsO, wenn die Steuerpflicht noch andauert, obschon der Insolvenzverwalter keine Kenntnis von der Existenz des Fahrzeugs hat (Ergänzung zum BFH-Urteil vom 29. 8. 2007 – IX R 4/07 –).

2. Auch wenn der Insolvenzverwalter die Unzulänglichkeit der Masse nach § 210 InsO anzeigt, ist das FA nicht daran gehindert, ihm gegenüber nach Insolvenzeröffnung entstehende Kraftfahrzeugsteuer durch Steuerbescheid festzusetzen.

BFH vom 19. 8. 2008 – VII R 6/07 (BStBl 2008 II S. 947) 14

1. Eine Steuerhinterziehung (§ 370 AO) ist keine vorsätzlich begangene unerlaubte Handlung i.S. des § 302 Nr. 1 InsO.

2. § 370 AO ist kein Schutzgesetz i.S. des § 823 Abs. 2 BGB.

BFH vom 10. 12. 2008 – I R 41/07 (HFR 2009 S. 752) 15

1. § 251 Abs. 2 Satz 1 AO bzw. § 87 InsO hindern nicht das Ergehen eines auf 0 Euro lautenden Körperschaftsteuerbescheides für einen Besteuerungszeitraum vor Eröffnung des Insolvenzverfahrens im laufenden Insolvenzverfahren.

2. Eine Steuerfestsetzung auf 0 Euro ist nicht mit der Feststellung des Ausschlusses eines Erstattungsanspruchs verbunden.

BFH vom 29. 1. 2009 – V R 64/07 (BStBl 2009 II S. 682) 16

Vereinnahmt der Insolvenzverwalter nach Eröffnung des Insolvenzverfahrens im Rahmen der Istbesteuerung gemäß § 13 Abs. 1 Nr. 1 Buchst. b UStG Entgelte für Leistungen, die bereits vor Verfahrenseröffnung erbracht wurden, handelt es sich bei der für die Leistung entstehenden Umsatzsteuer um eine Masseverbindlichkeit nach § 55 Abs. 1 Nr. 1 InsO.

BFH vom 13. 5. 2009 – XI R 63/07 (BStBl 2010 II S. 11) 17

Das FA ist berechtigt, in einem laufenden Insolvenzverfahren einen Umsatzsteuerbescheid zu erlassen, in dem eine negative Umsatzsteuer für einen Besteuerungszeitraum vor der Eröffnung des Insolvenzverfahrens festgesetzt wird, wenn sich daraus keine Zahllast ergibt.

18 **BFH vom 23. 9. 2009 – VII R 43/08 (BStBl 2010 II S. 215)**

1. Bezahlt in einer umsatzsteuerlichen Organschaft die Organgesellschaft kurz vor Eröffnung des Insolvenzverfahrens über ihr Vermögen die Steuerschuld des Organträgers, so ist die Zahlung nach § 134 InsO anfechtbar, wenn die Steuerforderung gegenüber dem Organträger nicht werthaltig (uneinbringlich) war.
2. Hat die Organgesellschaft die Steuerschuld des Organträgers vor Fälligkeit bezahlt, obwohl der Organträger leistungsfähig war, ist diese Zahlung gegenüber dem FA nicht gemäß § 131 Abs. 1 Nr. 1 InsO anfechtbar, weil das FA nicht Insolvenzgläubiger ist.
...

19 **BFH vom 23. 2. 2010 – VII R 48/07 (BStBl 2010 II S. 562)**

Liegt bei Eröffnung des Insolvenzverfahrens eine bestandskräftige Steuerfestsetzung und damit ein Schuldtitel i.S. des § 179 Abs. 2 InsO vor, ist das FA im Falle des Bestreitens der Forderung durch den Insolvenzverwalter berechtigt, das Bestehen der angemeldeten Forderung durch Bescheid festzustellen, wenn der Insolvenzverwalter seinen Widerspruch auf die von ihm behauptete Unwirksamkeit der Forderungsanmeldung stützt (Abgrenzung zum Senatsurteil vom 23. Februar 2005 – VII R 63/03, BStBl II 2005, 591).

20 **BFH vom 18. 5. 2010 – X R 60/08 (BStBl 2011 II S. 429)**

1. Die sich aus der Verwertung der Insolvenzmasse ergebende Einkommensteuerschuld ist in einem auf den Zeitraum nach Insolvenzeröffnung beschränkten Einkommensteuerbescheid gegenüber dem Insolvenzverwalter festzusetzen.
2. Masseverbindlichkeiten sind die Einkommensteuerschulden, die sich aus „echten" Gewinnen einer Mitunternehmerschaft ergeben.
3. Zu den Masseverbindlichkeiten gehören auch die Einkommensteuerschulden, die sich daraus ergeben, dass bei Beteiligung an einer Mitunternehmerschaft durch Auflösung einer Rückstellung auf der Ebene der Gesellschaft (Mitunternehmerschaft) ein Gewinn entsteht.

21 **BFH vom 24. 8. 2011 – V R 53/09 (StEd 2011 S. 795)**

1. Insolvenzforderungen sind nach § 251 Abs. 3 AO während eines Insolvenzverfahrens nicht durch Steuerbescheid festzusetzen, sondern durch Verwaltungsakt festzustellen.
2. Masseforderungen können nicht zur Tabelle angemeldet und durch Feststellungsbescheid festgestellt werden, sondern sie müssen nach Eröffnung des Insolvenzverfahrens gegenüber dem Insolvenzverwalter durch Steuerbescheid festgesetzt werden.
3. Meldet das FA nicht titulierte Umsatzsteuerforderungen in einer Summe zur Insolvenztabelle an, so ist die Anmeldung wirksam erfolgt, wenn durch den Inhalt der Anmeldung sichergestellt ist, dass nur bestimmte Sachverhalte erfasst sind, die zur Verwirklichung der gesetzlichen Tatbestände des UStG geführt haben. Das ist bei einer durch Betrag und Zeitraum bezeichneten Umsatzsteuerforderung regelmäßig der Fall.
4. Die organisatorische Eingliederung einer Organgesellschaft endet, wenn die Verwaltungs- und Verfügungsbefugnis zwar nicht in vollem Umfang auf den vorläufigen Insolvenzverwalter übertragen wird (§ 22 Abs. 1 InsO), aber faktisch für den gesamten noch verbleibenden operativen Geschäftsbereich übergeht.

§ 252 Vollstreckungsgläubiger

Im Vollstreckungsverfahren gilt die Körperschaft als Gläubigerin der zu vollstreckenden Ansprüche, der die Vollstreckungsbehörde angehört.

§ 253 Vollstreckungsschuldner

Vollstreckungsschuldner ist derjenige, gegen den sich ein Vollstreckungsverfahren nach § 249 richtet.

§ 254 Voraussetzungen für den Beginn der Vollstreckung

(1) ¹Soweit nichts anderes bestimmt ist, darf die Vollstreckung erst beginnen, wenn die Leistung fällig ist und der Vollstreckungsschuldner zur Leistung oder Duldung oder Unterlassung aufgefordert worden ist (Leistungsgebot) und seit der Aufforderung mindestens eine Woche verstrichen ist. ²Das Leistungsgebot kann mit dem zu vollstreckenden Verwaltungsakt verbunden werden. ³Ein Leistungsgebot ist auch dann erforderlich, wenn der Verwaltungsakt gegen den Vollstreckungsschuldner wirkt, ohne ihm bekanntgegeben zu sein. ⁴Soweit der Vollstreckungsschuldner eine von ihm auf Grund einer Steueranmeldung geschuldete Leistung nicht erbracht hat, bedarf es eines Leistungsgebotes nicht.

(2) ¹Eines Leistungsgebotes wegen der Säumniszuschläge und Zinsen bedarf es nicht, wenn sie zusammen mit der Steuer beigetrieben werden. ²Dies gilt sinngemäß für die Vollstreckungskosten, wenn sie zusammen mit dem Hauptanspruch beigetrieben werden.

Rechtsprechung

BFH vom 16. 3. 1995 – VII S 39/92 (BFH/NV 1995 S. 950)

– Die Zahlungsaufforderung bei Haftungsbescheiden gemäß § 219 AO ist mit dem Leistungsgebot i. S. des § 254 Abs. 1 AO identisch.
– Im Verfahren über die Anfechtung des Leistungsgebots sind nach dem auch hier maßgeblichen Rechtsgedanken des § 256 AO nur Einwendungen zulässig, die sich gegen die Zulässigkeit des Leistungsgebots selbst, nicht aber gegen den zugrundeliegenden Verwaltungsakt richten.
– Ist das Leistungsgebot mit dem Haftungsbescheid in einer Urkunde verbunden, so ist die teilweise Aufhebung des Haftungsbescheids regelmäßig gleichzeitig als konkludente teilweise Aufhebung des Leistungsgebots zu werten; ein neues, ausdrücklich angepasstes Leistungsgebot braucht nicht zu ergehen.

BFH vom 30. 1. 2009 – VII B 235/08 (BFH/NV 2009 S. 1077)

1. Im Vollstreckungsverfahren nach der AO besteht keine § 757 ZPO vergleichbare Pflicht zur Vorlage eines Vollstreckungstitels.
2. Die Existenz von Steuerbescheiden als Voraussetzung für die Einleitung von Vollstreckungsmaßnahmen kann durch den Nachweis einer wirksamen Zustellung dieser Bescheide und durch den Inhalt von Vollstreckungsakten belegt werden, auch wenn die Steuerakten beim FA abhanden gekommen sein sollten.

BFH vom 30. 8. 2010 – VII B 48/10 (BFH/NV 2010 S. 2235)

– Eine Zahlungsaufforderung, die sich auf die Mitteilung der Zahlstelle beschränkt, an die der Antragsteller die ihm mit dem ihm bekanntgegebenen Haftungsbescheid der ausländischen Finanzbehörde aufgegebene Zahlung zu bewirken hat und in der Vollstreckungsmaßnahmen angekündigt werden, enthält keine eigenständige, den Empfänger belastende Regelung.
– War schon mit dem ausländischen Haftungsbescheid ein Leistungsgebot i. S. des § 254 Abs. 1 AO verbunden und zusätzlich dem Antragsteller eine Vollstreckungsanordnung zugestellt worden, so war die Vollstreckung in Deutschland unmittelbar möglich.
– Ein Fall des Art. 8 Abs. 2 BeitreibungsRL, wonach der Vollstreckungstitel gegebenenfalls nach den Rechtsvorschriften des Mitgliedstaats, in dem die ersuchte Behörde ihren Sitz hat, als solcher bestätigt und anerkannt oder durch einen Titel ergänzt oder ersetzt werden kann, der die Vollstreckung im Hoheitsgebiet dieses Mitgliedstaats ermöglicht, liegt selbst dann nicht vor, wenn in der Zahlungsaufforderung eine Wiederholung des Leistungsgebots mit neuer Zahlstelle und Zahlungsfrist gesehen werden könnte. Eine solche wiederholende Verfügung würde keine erneute Anfechtungsmöglichkeit eröffnen.

---

§ 255 Vollstreckung gegen juristische Personen des öffentlichen Rechts

(1) ¹Gegen den Bund oder ein Land ist die Vollstreckung nicht zulässig. ²Im Übrigen ist die Vollstreckung gegen juristische Personen des öffentlichen Rechts, die der Staatsaufsicht unterliegen, nur mit Zustimmung der betreffenden Aufsichtsbehörde zulässig. ³Die Aufsichtsbehörde

bestimmt den Zeitpunkt der Vollstreckung und die Vermögensgegenstände, in die vollstreckt werden kann.

(2) Gegenüber öffentlich-rechtlichen Kreditinstituten gelten die Beschränkungen des Absatzes 1 nicht.

§ 256 Einwendungen gegen die Vollstreckung

Einwendungen gegen den zu vollstreckenden Verwaltungsakt sind außerhalb des Vollstreckungsverfahrens mit den hierfür zugelassenen Rechtsbehelfen zu verfolgen.

§ 257 Einstellung und Beschränkung der Vollstreckung

(1) Die Vollstreckung ist einzustellen oder zu beschränken, sobald
1. die Vollstreckbarkeitsvoraussetzungen des § 251 Abs. 1 weggefallen sind,
2. der Verwaltungsakt, aus dem vollstreckt wird, aufgehoben wird,
3. der Anspruch auf die Leistung erloschen ist,
4. die Leistung gestundet worden ist.

(2) ¹In den Fällen des Absatzes 1 Nr. 2 und 3 sind bereits getroffene Vollstreckungsmaßnahmen aufzuheben. ²Ist der Verwaltungsakt durch eine gerichtliche Entscheidung aufgehoben worden, so gilt dies nur, soweit die Entscheidung unanfechtbar geworden ist und nicht auf Grund der Entscheidung ein neuer Verwaltungsakt zu erlassen ist. ³Im Übrigen bleiben die Vollstreckungsmaßnahmen bestehen, soweit nicht ihre Aufhebung ausdrücklich angeordnet worden ist.

§ 258 Einstweilige Einstellung oder Beschränkung der Vollstreckung

Soweit im Einzelfall die Vollstreckung unbillig ist, kann die Vollstreckungsbehörde sie einstweilen einstellen oder beschränken oder eine Vollstreckungsmaßnahme aufheben.

Rechtsprechung

1 BFH vom 29. 11. 1984 – V B 44/84 (BStBl 1985 II S. 194)

Will der Steuerschuldner die bevorstehende Einziehung einer Steuerforderung unter Berufung auf Gegenansprüche gegen den Steuergläubiger bis zum Eintritt der Aufrechnungslage aufhalten und liegen die Voraussetzungen für eine Verrechnungsstundung (d.h. an Sicherheit grenzende Wahrscheinlichkeit alsbaldiger Erstattung) nicht vor, kann er das angestrebte Ziel nicht durch eine auf § 258 AO (Unbilligkeit der Vollstreckung) gestützte einstweilige Anordnung erreichen.

2 BFH vom 24. 11. 1987 – VII B 134/87 (BFH/NV 1988 S. 422)

1. Eine einstweilige Anordnung kommt insoweit nicht in Frage, als die AdV ausreichenden vorläufigen Rechtsschutz bietet.
2. § 258 AO greift als Rechtsgrundlage für einen Anordnungsanspruch nur ein, wenn vorübergehend Umstände vorliegen, die eine Vollstreckung unbillig erscheinen lassen.

3 BFH vom 22. 6. 1990 – III R 150/85 (BStBl 1991 II S. 864)

Auch ohne das Vorliegen von Zahlungsunfähigkeit und Überschuldung kann die Anforderung von Säumniszuschlägen sachlich unbillig sein, wenn dem Steuerschuldner Ratenzahlung als Maßnahme i.S. des § 258 AO eingeräumt wurde (Anschluß an BFH vom 23. Mai 1985, BStBl II S. 489).

BFH vom 23. 4. 1991 – VII R 37/90 (BStBl 1991 II S. 742) 4

Ein Vollstreckungsaufschub bewirkt nur dann eine Unterbrechung der Verjährung, wenn er dem Vollstreckungsschuldner mitgeteilt worden ist.

BFH vom 15. 1. 2003 – V S 17/02 (BFH/NV 2003 S. 738) 5

1. Begehrt der Antragsteller, die Vollstreckung einstweilen einzustellen, zu beschränken oder eine bestimmte Vollstreckungsmaßnahme aufzuheben, so ist die einstweilige Anordnung der richtige Rechtsbehelf (Beschluss des BFH vom 26. 6. 1990 – VII B 161/89). Der Antragsteller hat einen Anordnungsanspruch und einen Anordnungsgrund glaubhaft zu machen. Ein Anordnungsanspruch in diesem Sinne kann der Anspruch nach § 258 AO auf Vollstreckungsaufschub wegen Unbilligkeit sein.
2. Eine Unbilligkeit i.S. des § 258 AO ist nur gegeben, wenn die Vollstreckung oder eine einzelne Vollstreckungsmaßnahme dem Vollstreckungsschuldner einen unangemessenen Nachteil bringen würde, der durch kurzfristiges Zuwarten oder durch eine andere Vollstreckungsmaßnahme vermieden werden könnte.
3. Ist ein Erlassantrag oder Stundungsantrag gestellt worden, so sind Vollstreckungsmaßnahmen nur dann unbillig, wenn mit einer gewissen Wahrscheinlichkeit mit der beantragten Stundung zu rechnen ist.

BFH vom 27. 10. 2004 – VII R 65/03 (BStBl 2005 II S. 198) 6

Nach Ablehnung des Antrages auf AdV ist die Finanzbehörde grundsätzlich nicht dazu verpflichtet, dem Vollstreckungsschuldner vor Einleitung von Vollstreckungsmaßnahmen eine bis zu sechs Wochen zu bemessende Frist einzuräumen, um ihm damit Gelegenheit zu geben, beim FG einen Antrag nach § 69 Abs. 3 FGO stellen zu können; denn die Rechtsprechung des BFH, nach der sich die Entscheidung über die AdV in den Fällen der Zurückverweisung der Hauptsache zur weiteren Sachaufklärung auf den Zeitraum bis zu sechs Wochen nach der Zustellung des Revisionsurteils erstrecken kann, ist auf den Fall der Ablehnung eines AdV-Antrages durch die Finanzbehörde nicht übertragbar.

BFH vom 31. 5. 2005 – VII R 62/04 (HFR 2005 S. 935) 7

1. Eine Unbilligkeit i.S. von § 258 AO, die zur einstweiligen Einstellung oder Beschränkung der Vollstreckung führen kann, liegt nur dann vor, wenn die Vollstreckung dem Vollstreckungsschuldner einen unangemessenen Nachteil bringen würde, der durch ein kurzfristiges Zuwarten vermieden werden könnte.
2. Bietet der Vollstreckungsschuldner Ratenzahlungen an, müssen konkrete Anhaltspunkte dafür vorliegen, dass die Steuerschulden in einem absehbaren Zeitraum zurückgeführt werden können. Davon kann nicht mehr ausgegangen werden, wenn die Tilgung einen Zeitraum von mehr als fünf Jahren in Anspruch nehmen würde.

BFH vom 11. 12. 2007 – VII R 52/06 (HFR 2008 S. 788) 8

1. Ein Feststellungsinteresse für eine Fortsetzungsfeststellungsklage wegen Versagung von Vollstreckungsaufschub kann gegeben sein, wenn die Folgen der Pfändung noch nicht beseitigt sind und die Feststellung geeignet ist, zur Beseitigung der Folgen beizutragen.
2. Eine Unbilligkeit i.S. von § 258 AO ist dann anzunehmen, wenn die Vollstreckung oder eine einzelne Vollstreckungsmaßnahme dem Vollstreckungsschuldner einen unangemessenen Nachteil brächte, der durch kurzfristiges Zuwarten oder durch eine andere Vollstreckungsmaßnahme vermieden werden könnte. Im Rahmen des § 258 AO können Besonderheiten des Einzelfalles wie ein im Zeitpunkt der Pfändung relativ geringer Steuerrückstand und bis dahin bereits freiwillig gezahlte Raten zu berücksichtigen sein.

BFH vom 28. 8. 2008 – VII B 233/07 (BFH/NV 2008 S. 1991) 9

Eine Unbilligkeit der Vollstreckung nach § 258 AO kann dann vorliegen, wenn den Steueransprüchen aufrechenbare Gegenansprüche gegenüberstehen, die mit an Sicherheit grenzender Wahrscheinlichkeit bestehen und in absehbarer Zeit fällig werden.

BFH vom 28. 2. 2011 – VII B 224/10 (BFH/NV 2011 S. 763) 10

Eine mit dem Schuldner getroffene Ratenzahlungsvereinbarung muss vor der Einleitung weiterer Vollstreckungsmaßnahmen nicht förmlich widerrufen werden, wenn der Schuldner mit den Zahlungen in Rückstand gerät, der Antrag auf Reduzierung der Ratenhöhe abgelehnt worden ist und Einstellung der Vollstreckung nach § 258 AO abgelehnt wird.

ZWEITER ABSCHNITT
Vollstreckung wegen Geldforderungen (§§ 259–327)

1. Unterabschnitt
Allgemeine Vorschriften (§§ 259–267)

§ 259 Mahnung

¹Der Vollstreckungsschuldner soll in der Regel vor Beginn der Vollstreckung mit einer Zahlungsfrist von einer Woche gemahnt werden. ²Als Mahnung gilt auch ein Postnachnahmeauftrag. ³Einer Mahnung bedarf es nicht, wenn der Vollstreckungsschuldner vor Eintritt der Fälligkeit an die Zahlung erinnert wird. ⁴An die Zahlung kann auch durch öffentliche Bekanntmachung allgemein erinnert werden.

Rechtsprechung

1 BFH vom 4. 10. 1983 – VII R 16/82 (BStBl 1984 II S. 167)

Die Mahnung ist keine Voraussetzung der Wirksamkeit einer Zwangsvollstreckungsmaßnahme.

§ 260 Angabe des Schuldgrundes

Im Vollstreckungsauftrag oder in der Pfändungsverfügung ist für die beizutreibenden Geldbeträge der Schuldgrund anzugeben.

Rechtsprechung

1 BFH vom 8. 2. 1983 – VII R 93/76 (BStBl 1983 II S. 435)

1. Zur Angabe des Schuldgrundes in einer Pfändungsverfügung sind in der Regel Abgabenart, Entstehung der Zahlungsverpflichtung sowie Höhe und Fälligkeit des beizutreibenden Betrages in der Pfändungsverfügung darzulegen.

2. Die Angabe des Schuldgrundes gehört zum notwendigen Inhalt der Pfändungsverfügung. Sie kann nicht nach den Grundsätzen für die Begründung eines Verwaltungsakts unterbleiben oder nachgeholt werden. Der Mangel der Angabe kann nur durch eine Verwaltungsmaßnahme geheilt werden, die alle gesetzlichen Voraussetzungen der Pfändungsverfügung erfüllt.

2 BFH vom 18. 7. 2000 – VII R 101/98 (BStBl 2001 II S. 5)

In der dem Drittschuldner zuzustellenden Pfändungsverfügung ist anstelle der Bezeichnung des Schuldgrundes zumindest die Summe des beizutreibenden Geldbetrages anzugeben. Das Steuergeheimnis steht dem nicht entgegen.

3 BFH vom 18. 7. 2000 – VII R 94/98 (BFH/NV 2001 S. 141)

1. Der Verhältnismäßigkeitsgrundsatz verbietet der Finanzbehörde, Forderungen zu pfänden, ohne dass ein gemessen an dem Interesse des Vollstreckungsschuldners, dass anderen seine Steuerschulden nicht bekannt werden, hinreichender Anhalt dafür besteht, dass die Pfändung zu ihrer Befriedigung führen kann.

2. In der dem *Drittschuldner* zuzustellenden Pfändungsverfügung ist anstelle der Bezeichnung des Schuldgrundes zumindest die Summe des beizutreibenden Geldbetrages anzugeben. Das Steuergeheimnis steht dem nicht entgegen.

3. Das Steuergeheimnis verlangt nicht, vor Erlass einer Pfändungsverfügung beim Drittschuldner wegen des Bestandes einer Forderung des Vollstreckungsschuldners anzufragen.

§ 261 Niederschlagung

AO
S 0512

Ansprüche aus dem Steuerschuldverhältnis dürfen niedergeschlagen werden, wenn feststeht, dass die Einziehung keinen Erfolg haben wird, oder wenn die Kosten der Einziehung außer Verhältnis zu dem Betrag stehen.

Rechtsprechung

Rsp

BFH vom 5. 8. 1998 – IV B 129/97 (BFH/NV 1999 S. 285)

1

– Eine Niederschlagung begründet im Gegensatz zur Gewährung von Vollstreckungsaufschub gemäß § 258 AO kein subjektives Recht des Vollstreckungsschuldners auf zeitweiliges oder dauerhaftes Absehen von Vollstreckungsmaßnahmen. Aus dem verwaltungsinternen Charakter der Niederschlagung folgt, dass die Vollstreckung bis zur Verjährung des Steueranspruchs wieder aufgenommen werden kann, sobald die für die Niederschlagung maßgebenden Voraussetzungen (erfolglose Vollstreckungsversuche, voraussichtliche Aussichtslosigkeit weiterer Vollstreckungsmaßnahmen) entfallen sind.

– Die einem Steuerpflichtigen mitgeteilte „Niederschlagung" kann, anders als eine intern gebliebene Verfügung gemäß § 261 AO, Rechtswirkungen entfalten, die über ein unverbindliches Verwaltungsinternum hinausgehen. Ob eine derartige Mitteilung im einen oder im anderen Sinne zu verstehen ist, ist eine Frage der Auslegung, die sich nur auf den Einzelfall beziehen kann.

§ 262 Rechte Dritter

AO
S 0500
1)

(1) ¹Behauptet ein Dritter, dass ihm am Gegenstand der Vollstreckung ein die Veräußerung hinderndes Recht zustehe, oder werden Einwendungen nach §§ 772 bis 774 der Zivilprozessordnung erhoben, so ist der Widerspruch gegen die Vollstreckung erforderlichenfalls durch Klage vor den ordentlichen Gerichten geltend zu machen. ²Als Dritter gilt auch, wer zur Duldung der Vollstreckung in ein Vermögen, das von ihm verwaltet wird, verpflichtet ist, wenn er geltend macht, dass ihm gehörende Gegenstände von der Vollstreckung betroffen seien. ³Welche Rechte die Veräußerung hindern, bestimmt sich nach bürgerlichem Recht.

(2) Für die Einstellung der Vollstreckung und die Aufhebung von Vollstreckungsmaßnahmen gelten die §§ 769 und 770 der Zivilprozessordnung.

(3) ¹Die Klage ist ausschließlich bei dem Gericht zu erheben, in dessen Bezirk die Vollstreckung erfolgt. ²Wird die Klage gegen die Körperschaft, der die Vollstreckungsbehörde angehört, und gegen den Vollstreckungsschuldner gerichtet, so sind sie Streitgenossen.

Rechtsprechung

Rsp

BFH vom 24. 2. 1981 – VII B 66/80 (BStBl 1981 II S. 348)

1

Ein die Veräußerung hinderndes Recht i.S. des § 262 Abs. 1 Satz 1 AO ist jedes materielle Recht, das ein Dritter der Vollstreckung entgegensetzen kann.

BGH vom 13. 5. 1981 – VIII ZR 117/80 (NJW 1981 S. 1835)

2

1. Einer Drittwiderspruchsklage kann der beklagte Pfändungsgläubiger den Einwand der Vermögensübernahme entgegenhalten. Eines Titels gegen den Kläger bedarf es hierzu nicht.
2. Zur Frage, ob in einer Übereignung zur Sicherung eine Vermögensübernahme liegen kann.

FG Baden-Württemberg vom 7. 10. 1993 – 9 K 8/93 (EFG 1994 S. 254)

3

Greift die Zwangsvollstreckung durch das FA wegen einer Steuerforderung in das Eigentum eines Dritten ein, dann kann der Dritte, wenn die Sache zwischenzeitlich verwertet wurde, vom FA Herausgabe des Erlöses nach Bereicherungsgrundsätzen verlangen. Für eine Klage des Dritten gegen das FA ist der ordentliche Rechtsweg gegeben.

---

¹) Hinweis auf Nr. 4.8 des AEAO zu § 30.

§ 263 Vollstreckung gegen Ehegatten

Für die Vollstreckung gegen Ehegatten sind die Vorschriften der §§ 739, 740, 741, 743, 744a und 745 der Zivilprozessordnung entsprechend anzuwenden.

§ 264 Vollstreckung gegen Nießbraucher

Für die Vollstreckung in Gegenstände, die dem Nießbrauch an einem Vermögen unterliegen, ist die Vorschrift des § 737 der Zivilprozessordnung entsprechend anzuwenden.

§ 265 Vollstreckung gegen Erben

Für die Vollstreckung gegen Erben sind die Vorschriften der §§ 1958, 1960 Abs. 3, § 1961 des Bürgerlichen Gesetzbuchs sowie der §§ 747, 748, 778, 779, 781 bis 784 der Zivilprozessordnung anzuwenden.

Rechtsprechung

1 BFH vom 24. 6. 1981 – I B 18/81 (BStBl 1981 II S. 729)

Eine Beschränkung der Erbenhaftung wegen übergegangener Steuerschulden des Erblassers durch die Einreden der Dürftigkeit oder der Unzulänglichkeit des Nachlasses ist weder im Steuerfestsetzungsverfahren noch gegen das Leistungsgebot geltend zu machen, sondern allein im Zwangsvollstreckungsverfahren.

2 BFH vom 12. 7. 1983 – VII R 31/82 (BStBl 1983 II S. 653)

Das Leistungsgebot in einem Steuerbescheid, mit dem der Erbe als Gesamtrechtsnachfolger für Steuerschulden des Erblassers in Anspruch genommen wird, ist keine geeignete Rechtsgrundlage dafür, nach Beschränkung der Haftung auf den Nachlaß (hier durch Eröffnung des Nachlaßkonkurses) unter Berufung auf § 1978 BGB (Haftung der Erben für bisherige Verwaltung) in das Eigenvermögen des Erben zu vollstrecken.

3 BFH vom 1. 7. 2003 – VIII R 45/01 (BStBl 2004 II S. 35)

Die Haftungsbeschränkung für Minderjährige nach § 1629a BGB ist wie die Beschränkung der Erbenhaftung im Wege der Einrede geltend zu machen; die Einrede kann weder im Steuerfestsetzungsverfahren noch gegen das Leistungsgebot im Einkommensteuerbescheid, sondern nur im Zwangsvollstreckungsverfahren erhoben werden. Ein Vorbehalt der Haftungsbeschränkung ist in das die Steuerfestsetzung betreffende Urteil nicht aufzunehmen.

4 BFH vom 17. 1. 2008 (BStBl 2008 II S. 418)

Aus den Gründen:

Bei Gesamtrechtsnachfolge gehen gemäß § 45 Abs. 1 Satz 1 AO die Forderungen und Schulden aus dem Steuerschuldverhältnis auf den Rechtsnachfolger über. Gemäß § 45 Abs. 2 Satz 1 AO haben Erben für die aus dem Nachlass zu entrichtenden Schulden nach den Vorschriften des bürgerlichen Rechts über die Haftung des Erben für Nachlassverbindlichkeiten einzustehen. Das Bürgerliche Gesetzbuch (BGB) geht von einer grundsätzlich unbeschränkten, aber auf den Nachlass beschränkbaren Erbenhaftung aus (vgl. BFH-Urteil vom 11. 8. 1998 – VII R 118/95, BStBl II 1998, 705, unter II. A. 3.): Gemäß § 1967 Abs. 1 BGB haftet der Erbe für die Nachlassverbindlichkeiten. Damit steht dem Gläubiger bis zur Beschränkung der Haftung der Zugriff auf das Gesamtvermögen des Erben offen, zu dem Nachlass und Eigenvermögen des Erben beim Erbschaftserwerb *verschmelzen*. Als Mittel der Beschränkung der Haftung sieht § 1975 BGB Nachlassverwaltung und Nachlassinsolvenz (§§ 315 ff. InsO) vor. Auch ohne diese Maßnahmen kann der Erbe allein durch Erhebung der Dürftigkeitseinrede nach § 1990 BGB die Haftungsbeschränkung herbeiführen. Nach § 1990 Abs. 1 Satz 1 BGB kann der Erbe die Befriedigung eines Nachlassgläubigers insoweit verweigern, als der Nachlass nicht ausreicht. Voraussetzung ist u. a., dass die Eröffnung des

Nachlassinsolvenzverfahrens wegen Mangels einer den Kosten entsprechenden Masse nicht tunlich ist (§ 26 Abs. 1 InsO). Die Erhebung der Dürftigkeitseinrede bewirkt keine Trennung der Vermögensmassen, sondern nur, dass eine Vollstreckung der Nachlassgläubiger in das Eigenvermögen des Erben unmöglich wird. Die Einrede der Dürftigkeit des Nachlasses darf auch gegenüber dem Finanzamt geltend gemacht werden, allerdings allein im Zwangsvollstreckungsverfahren (vgl. BFH-Beschlüsse vom 24. 6. 1981 – I B 18/81, BStBl II 1981, 729, und vom 30. 6. 1999 – II B 113/98, BFH/NV 2000, 56).

§ 266 Sonstige Fälle beschränkter Haftung

Die Vorschriften der §§ 781 bis 784 der Zivilprozessordnung sind auf die nach § 1489 des Bürgerlichen Gesetzbuchs eintretende beschränkte Haftung, die Vorschrift des § 781 der Zivilprozessordnung ist auf die nach den §§ 1480, 1504 und 2187 des Bürgerlichen Gesetzbuchs eintretende beschränkte Haftung entsprechend anzuwenden.

§ 267 Vollstreckungsverfahren gegen nicht rechtsfähige Personenvereinigungen

¹Bei nicht rechtsfähigen Personenvereinigungen, die als solche steuerpflichtig sind, genügt für die Vollstreckung in deren Vermögen ein vollstreckbarer Verwaltungsakt gegen die Personenvereinigung. ²Dies gilt entsprechend für Zweckvermögen und sonstige einer juristischen Person ähnliche steuerpflichtige Gebilde.

2. Unterabschnitt
Aufteilung einer Gesamtschuld (§§ 268–280)

§ 268 Grundsatz

Sind Personen Gesamtschuldner, weil sie zusammen zu einer Steuer vom Einkommen oder zur Vermögensteuer veranlagt worden sind, so kann jeder von ihnen beantragen, dass die Vollstreckung wegen dieser Steuern jeweils auf den Betrag beschränkt wird, der sich nach Maßgabe der §§ 269 bis 278 bei einer Aufteilung der Steuern ergibt.

Rechtsprechung

BFH vom 7. 11. 1986 – III B 50/85 (BStBl 1987 II S. 94) **1**

Ein mit seinem Ehegatten zur Einkommensteuer zusammenveranlagter Steuerpflichtiger kann im Hinblick auf die Folgen einer Aufteilung der Steuerschuld nach §§ 268 ff. AO auch dann beschwert sein, wenn das FA abweichend von der Steuererklärung seine Einkünfte zugunsten jener des Ehegatten erhöht hat, die Gesamtsteuerschuld aber gleichgeblieben ist. Die Beschwer entfällt jedoch, sobald ein Antrag auf Aufteilung wegen vollständiger Tilgung der rückständigen Steuer nicht mehr zulässig ist (Anschluß an BFH vom 16. August 1978, BStBl 1979 II S. 26).

BFH vom 12. 1. 1988 – VII R 66/87 (BStBl 1988 II S. 406) **2**

Nach Aufteilung einer Steuergesamtschuld von Ehegatten ist die Aufrechnung des FA gegenüber einem Ehegatten, soweit auf ihn kein Rückstand mehr entfällt, unzulässig.

BFH vom 12. 6. 1990 – VII R 69/89 (BStBl 1991 II S. 493) **3**

1. Die Befugnis zusammenveranlagter Ehegatten, die Aufteilung ihrer Gesamtschuld zu beantragen, begründet keine Einrede, die der Aufrechnung des FA mit der Gesamtschuld entgegensteht.
2. Nach vollständiger Tilgung der rückständigen Steuer ist ein Aufteilungsantrag nicht mehr zulässig. Dies gilt auch dann, wenn die Tilgung der Gesamtschuld im Wege der Aufrechnung durch das FA erfolgt ist.

4   BFH vom 27. 8. 1990 – VI B 216/89 (BFH/NV 1991 S. 214)

Die gemäß §§ 268 ff. AO mögliche Aufteilung der Einkommensteuer zusammenveranlagter Ehegatten erfolgt durch eine fiktive Veranlagung, bei der die Besteuerungsgrundlagen aus dem Zusammenveranlagungsbescheid unverändert zu übernehmen sind. Sie führt damit nicht zu einer Neuberechnung der Steuer. Die Summe der Teilschulden muß nach der Aufteilung vielmehr die Gesamtschuld der ursprünglichen Veranlagung ergeben.

5   BFH vom 30. 11. 1994 – XI R 19/94 (BStBl 1995 II S. 487)

Rückständige Säumniszuschläge sind auch dann nach Maßgabe der §§ 268 ff. AO aufzuteilen, wenn die ihnen zugrundeliegende Steuer nicht mehr rückständig ist.

6   BFH vom 18. 12. 2001 – VII R 56/99 (BStBl 2002 II S. 214)

1. Die sich aus der Zusammenveranlagung von Ehegatten ergebende Gesamtschuld wird durch die Aufteilung gemäß §§ 268 ff. AO für die Zwecke der Vollstreckung in Teilschulden aufgespalten.
2. Bei aufgeteilter Gesamtschuld begründet § 278 Abs. 2 Satz 1 AO im Falle unentgeltlicher Vermögensverschiebungen zwischen den Ehegatten eine dem Anfechtungsgrund des § 3 Abs. 1 Nr. 4 AnfG a.F. entsprechende gesetzliche Duldungspflicht des Zuwendungsempfängers für den auf den Zuwendenden entfallenden Anteil an der Steuerschuld. Der Bescheid nach § 278 Abs. 2 AO entspricht inhaltlich einem Duldungsbescheid i.S. des § 191 AO. Die Regelung dieses Bescheides liegt in der Anfechtung der Vermögensübertragung und in der Bestimmung des Betrages, bis zu dessen Höhe der Zuwendungsempfänger die Vollstreckung dulden muss.
3. Wechseln zusammenveranlagte Ehegatten nach Aufteilung der Gesamtschuld und Einleitung der Vollstreckung nach § 278 Abs. 2 AO zur getrennten Veranlagung, berührt dies den zu vollstreckenden (Steuer-)Anspruch grundsätzlich nicht. Deshalb sind weder der auf § 278 Abs. 2 AO gestützte Verwaltungsakt noch die darauf gegründeten Vollstreckungsmaßnahmen aufzuheben.
4. Nach Ergehen der Bescheide über die getrennte Veranlagung ist indes die Vollstreckung nach Maßgabe des § 3 Abs. 1 Nr. 4 AnfG a.F. i.V.m. § 7 AnfG a.F. fortzusetzen, ohne dass es darauf ankommt, ob der Bescheid nach § 278 Abs. 2 Satz 1 AO innerhalb der Anfechtungsfrist des § 3 Abs. 1 Nr. 4 AnfG a.F. ergangen ist.

7   BFH vom 11. 3. 2004 – VII R 15/03 (BStBl 2004 II S. 566)

Der nach § 268 AO gestellte Aufteilungsantrag ist identisch mit dem in § 277 AO genannten Antrag auf Beschränkung der Vollstreckung. § 277 AO entfaltet seine Schutzwirkung für jeden der Gesamtschuldner, solange über einen Aufteilungsantrag noch nicht unanfechtbar entschieden ist. Verwertungsmaßnahmen (wie z.B. die Einziehung einer Forderung) sind daher erst nach Bestandskraft des Aufteilungsbescheids zulässig, unabhängig davon, ob der betreffende Gesamtschuldner diesen Schutz auch verdient.

8   BFH vom 7. 3. 2006 – X R 8/05 (BStBl 2007 II S. 594)

Gegen den Mittäter oder Teilnehmer einer Steuerhinterziehung kann ein Haftungsbescheid nach § 71 AO ergehen, wenn wegen Aufteilung der Steuerschuld nach §§ 268, 278 AO gegen diesen nicht als Steuerschuldner vollstreckt werden kann.

9   BFH vom 17. 1. 2008 – VI R 45/04 (BStBl 2008 II S. 418)

Bei zusammen veranlagten Ehegatten, die Gesamtschuldner rückständiger Steuern sind, kann auch der Ehegatte, der Gesamtrechtsnachfolger seines verstorbenen Ehepartners ist, eine Aufteilung der Steuern nach den §§ 268 ff. AO beantragen.

10   BFH vom 6. 5. 2011 – VIII B 99/10 (BFH/NV 2011 S. 1537)

Mit der Aufteilung der Steuer gemäß §§ 268 ff. AO zu Gunsten von zur Einkommensteuer zusammen veranlagten Gesamtschuldnern bezweckt der Gesetzgeber lediglich eine Vollstreckungsbeschränkung im Sinne einer persönlichen Haftungsbeschränkung, nicht aber einen Ausschluss der Vollstreckung. Denn die Aufteilung der Steuerschuld nach den §§ 268 ff. AO berührt die Gesamtschuld gemäß § 44 Abs. 2 Satz 2 AO als solche nicht.

§ 269 Antrag

(1) Der Antrag ist bei dem im Zeitpunkt der Antragstellung für die Besteuerung nach dem Einkommen oder dem Vermögen zuständigen Finanzamt schriftlich zu stellen oder zur Niederschrift zu erklären.

(2) ¹Der Antrag kann frühestens nach Bekanntgabe des Leistungsgebots gestellt werden. ²Nach vollständiger Tilgung der rückständigen Steuer ist der Antrag nicht mehr zulässig. ³Der Antrag muss alle Angaben enthalten, die zur Aufteilung der Steuer erforderlich sind, soweit sich diese Angaben nicht aus der Steuererklärung ergeben.

§ 270 Allgemeiner Aufteilungsmaßstab

¹Die rückständige Steuer ist nach dem Verhältnis der Beträge aufzuteilen, die sich bei getrennter Veranlagung nach Maßgabe des § 26a des Einkommensteuergesetzes und der §§ 271 bis 276 ergeben würden. ²Dabei sind die tatsächlichen und rechtlichen Feststellungen maßgebend, die der Steuerfestsetzung bei der Zusammenveranlagung zugrunde gelegt worden sind, soweit nicht die Anwendung der Vorschriften über die getrennte Veranlagung zu Abweichungen führt.

Rechtsprechung

BFH vom 13. 12. 2007 – VI R 75/04 (BStBl 2009 II S. 577)
Lässt sich für Steuerrückstände, die aus einer geänderten Steuerfestsetzung herrühren, ein Aufteilungsmaßstab nach § 273 Abs. 1 AO nicht ermitteln, weil die fiktiven getrennten Veranlagungen bei keinem der Gesamtschuldner zu einem Mehrbetrag führen, so ist auf den allgemeinen Aufteilungsmaßstab nach § 270 Satz 1 AO zurückzugreifen.

§ 271 Aufteilungsmaßstab für Vermögensteuer

Die Vermögensteuer ist wie folgt aufzuteilen:
1. Für die Berechnung des Vermögens und der Vermögensteuer der einzelnen Gesamtschuldner ist vorbehaltlich der Abweichungen in den Nummern 2 und 3 von den Vorschriften des Bewertungsgesetzes und des Vermögensteuergesetzes in der Fassung auszugehen, die der Zusammenveranlagung zugrunde gelegt hat.
2. Wirtschaftsgüter eines Ehegatten, die bei der Zusammenveranlagung als land- und forstwirtschaftliches Vermögen oder als Betriebsvermögen dem anderen Ehegatten zugerechnet worden sind, werden als eigenes land- und forstwirtschaftliches Vermögen oder als eigenes Betriebsvermögen behandelt.
3. Schulden, die nicht mit bestimmten, einem Gesamtschuldner zugerechneten Wirtschaftsgütern in wirtschaftlichem Zusammenhang stehen, werden bei den einzelnen Gesamtschuldnern nach gleichen Teilen abgesetzt, soweit sich ein bestimmter Schuldner nicht feststellen lässt.

§ 272 Aufteilungsmaßstab für Vorauszahlungen

(1) ¹Die rückständigen Vorauszahlungen sind im Verhältnis der Beträge aufzuteilen, die sich bei einer getrennten Festsetzung der Vorauszahlungen ergeben würden. ²Ein Antrag auf Aufteilung von Vorauszahlungen gilt zugleich als Antrag auf Aufteilung der weiteren im gleichen Veranlagungszeitraum fällig werdenden Vorauszahlungen und einer etwaigen Abschlusszahlung. ³Nach Durchführung der Veranlagung ist eine abschließende Aufteilung vorzunehmen. ⁴Auf-

---

1) In § 270 Satz 1 und 2 AO wurden durch Art. 3 Nr. 8 des Steuervereinfachungsgesetzes 2011 vom 1. 11. 2011 (BGBl. 2011 I S. 2131, BStBl 2011 I S. 986) mit Wirkung ab 1. 1. 2012 die Wörter „getrennter Veranlagung" und „getrennte Veranlagung" jeweils durch das Wort „Einzelveranlagung" ersetzt. Die Neuregelung ist erstmals für den Veranlagungszeitraum 2013 anzuwenden (Art. 97 § 17e EGAO).

zuteilen ist die gesamte Steuer abzüglich der Beträge, die nicht in die Aufteilung der Vorauszahlungen einbezogen worden sind. ⁵Dabei sind jedem Gesamtschuldner die von ihm auf die aufgeteilten Vorauszahlungen entrichteten Beträge anzurechnen. ⁶Ergibt sich eine Überzahlung gegenüber dem Aufteilungsbetrag, so ist der überzahlte Betrag zu erstatten.

(2) Werden die Vorauszahlungen erst nach der Veranlagung aufgeteilt, so wird der für die veranlagte Steuer geltende Aufteilungsmaßstab angewendet.

§ 273 Aufteilungsmaßstab für Steuernachforderungen

AO S 0520 [1)]

(1) Führt die Änderung einer Steuerfestsetzung oder ihre Berichtigung nach § 129 zu einer Steuernachforderung, so ist die aus der Nachforderung herrührende rückständige Steuer im Verhältnis der Mehrbeträge aufzuteilen, die sich bei einem Vergleich der berichtigten getrennten Veranlagung mit den früheren getrennten Veranlagungen ergeben.

(2) Der in Absatz 1 genannte Aufteilungsmaßstab ist nicht anzuwenden, wenn die bisher festgesetzte Steuer noch nicht getilgt ist.

Rechtsprechung

1 BFH vom 13. 12. 2007 – VI R 75/04 (BStBl 2009 II S. 577)

Lässt sich für Steuerrückstände, die aus einer geänderten Steuerfestsetzung herrühren, ein Aufteilungsmaßstab nach § 273 Abs. 1 AO nicht ermitteln, weil die fiktiven getrennten Veranlagungen bei keinem der Gesamtschuldner zu einem Mehrbetrag führen, so ist auf den allgemeinen Aufteilungsmaßstab nach § 270 Satz 1 AO zurückzugreifen.

§ 274 Besonderer Aufteilungsmaßstab

AO S 0520

¹Abweichend von den §§ 270 bis 273 kann die rückständige Steuer nach einem von den Gesamtschuldnern gemeinschaftlich vorgeschlagenen Maßstab aufgeteilt werden, wenn die Tilgung sichergestellt ist. ²Der gemeinschaftliche Vorschlag ist schriftlich einzureichen oder zur Niederschrift zu erklären; er ist von allen Gesamtschuldnern zu unterschreiben.

§ 275 Abrundung

AO S 0520

¹Der aufzuteilende Betrag ist auf volle Euro abzurunden. ²Die errechneten aufgeteilten Beträge sind so auf den nächsten durch 10 Cent teilbaren Betrag auf- oder abzurunden, dass ihre Summe mit dem der Aufteilung zugrunde liegenden Betrag übereinstimmt.

§ 276 Rückständige Steuer, Einleitung der Vollstreckung

AO S 0520

(1) Wird der Antrag vor Einleitung der Vollstreckung bei der Finanzbehörde gestellt, so ist die im Zeitpunkt des Eingangs des Aufteilungsantrages geschuldete Steuer aufzuteilen.

(2) Wird der Antrag nach Einleitung der Vollstreckung gestellt, so ist die im Zeitpunkt der Einleitung der Vollstreckung geschuldete Steuer, derentwegen vollstreckt wird, aufzuteilen.

(3) Steuerabzugsbeträge und getrennt festgesetzte Vorauszahlungen sind in die Aufteilung auch dann einzubeziehen, wenn sie vor der Stellung des Antrages entrichtet worden sind.

[1)] In § 273 Abs. 1 AO wurden durch Art. 3 Nr. 9 des Steuervereinfachungsgesetzes 2011 vom 1. 11. 2011 (BGBl. 2011 I S. 2131, BStBl 2011 I S.986) mit Wirkung ab 1. 1. 2012 die Wörter „getrennten Veranlagungen" jeweils durch das Wort „Einzelveranlagung" ersetzt. Die Neuregelung ist erstmals für den Veranlagungszeitraum 2013 anzuwenden (Art. 97 § 17e EGAO).

(4) Zur rückständigen Steuer gehören auch Säumniszuschläge, Zinsen und Verspätungszuschläge.

(5) Die Vollstreckung gilt mit der Ausfertigung der Rückstandsanzeige als eingeleitet.

(6) ¹Zahlungen, die in den Fällen des Absatzes 1 nach Antragstellung, in den Fällen des Absatzes 2 nach Einleitung der Vollstreckung von einem Gesamtschuldner geleistet worden sind oder die nach Absatz 3 in die Aufteilung einzubeziehen sind, werden dem Schuldner angerechnet, der sie geleistet hat oder für den sie geleistet worden sind. ²Ergibt sich dabei eine Überzahlung gegenüber dem Aufteilungsbetrag, so ist der überzahlte Betrag zu erstatten.

Rechtsprechung

BFH vom 12. 1. 1988 – VII R 66/87 (BStBl 1988 II S. 406) 1

Nach Aufteilung einer Steuergesamtschuld von Ehegatten ist die Aufrechnung des FA gegenüber einem Ehegatten, soweit auf ihn kein Rückstand mehr entfällt, unzulässig.

BFH vom 12. 6. 1990 – VII R 69/89 (BStBl 1991 II S. 493) 2

1. Die Befugnis zusammenveranlagter Ehegatten, die Aufteilung ihrer Gesamtschuld zu beantragen, begründet keine Einrede, die der Aufrechnung des FA mit der Gesamtschuld entgegensteht.
2. Nach vollständiger Tilgung der rückständigen Steuer ist ein Aufteilungsantrag nicht mehr zulässig. Dies gilt auch dann, wenn die Tilgung der Gesamtschuld im Wege der Aufrechnung durch das FA erfolgt ist.

BFH vom 4. 4. 1995 – VII R 82/94 (BStBl 1995 II S. 492) 3

Zur Anrechnung von Zahlungen, die nach Einleitung der Vollstreckung von einem bzw. beiden Gesamtschuldnern (Ehegatten) auf die Einkommensteuerschuld geleistet worden sind, auf die sich nach Aufteilung der Gesamtschuld ergebenden Steuerbeträge.

FG Hessen vom 20. 5. 2008 – 8 K 166/07 (EFG 2008 S. 1850) 4

Über den Antrag auf Aufteilung einer Gesamtschuld darf die Finanzbehörde erst entscheiden, wenn mit der Ausfertigung der Rückstandsanzeige die Vollstreckung eingeleitet ist. Dies gilt auch dann, wenn der Antrag vor Einleitung der Vollstreckung, aber nach Bekanntgabe des Leistungsgebotes gestellt wird.

§ 277 Vollstreckung

Solange nicht über den Antrag auf Beschränkung der Vollstreckung unanfechtbar entschieden ist, dürfen Vollstreckungsmaßnahmen nur soweit durchgeführt werden, als dies zur Sicherung des Anspruchs erforderlich ist.

Rechtsprechung

BFH vom 11. 3. 2004 – VII R 15/03 (BStBl 2004 II S. 566) 1

Der nach § 268 AO gestellte Aufteilungsantrag ist identisch mit dem in § 277 AO genannten Antrag auf Beschränkung der Vollstreckung. § 277 AO entfaltet seine Schutzwirkung für jeden der Gesamtschuldner, solange über einen Aufteilungsantrag noch nicht unanfechtbar entschieden ist. Verwertungsmaßnahmen (wie z. B. die Einziehung einer Forderung) sind daher erst nach Bestandskraft des Aufteilungsbescheids zulässig, unabhängig davon, ob der betreffende Gesamtschuldner diesen Schutz auch verdient.

BFH vom 25. 10. 2007 – VII B 359/06 (BFH/NV 2008 S. 188) 2

§ 277 AO gebietet keine Vollstreckungsbeschränkung für den Zeitraum bis zu einer unanfechtbaren Entscheidung über die Minderung der Vollstreckungsbeschränkung nach § 278 Abs. 2 AO.

AO
S 0520

§ 278 Beschränkung der Vollstreckung

(1) Nach der Aufteilung darf die Vollstreckung nur nach Maßgabe der auf die einzelnen Schuldner entfallenden Beträge durchgeführt werden.

(2) ¹Werden einem Steuerschuldner von einer mit ihm zusammen veranlagten Person in oder nach dem Veranlagungszeitraum, für den noch Steuerrückstände bestehen, unentgeltlich Vermögensgegenstände zugewendet, so kann der Empfänger bis zum Ablauf des zehnten Kalenderjahres nach dem Zeitpunkt des Ergehens des Aufteilungsbescheids über den sich nach Absatz 1 ergebenden Betrag hinaus bis zur Höhe des gemeinen Werts dieser Zuwendung für die Steuer in Anspruch genommen werden. ²Dies gilt nicht für gebräuchliche Gelegenheitsgeschenke.

Rsp   Rechtsprechung

1   BFH vom 12. 6. 1990 – VII R 69/89 (BStBl 1991 II S. 493)

Die Befugnis zusammenveranlagter Ehegatten, die Aufteilung ihrer Gesamtschuld zu beantragen, begründet keine Einrede, die der Aufrechnung des FA mit der Gesamtschuld entgegensteht.

2   BFH vom 18. 12. 2001 – VII R 56/99 (BStBl 2002 II S. 214)

1. Die sich aus der Zusammenveranlagung von Ehegatten ergebende Gesamtschuld wird durch die Aufteilung gemäß §§ 268 ff. AO für die Zwecke der Vollstreckung in Teilschulden aufgespalten.
2. Bei aufgeteilter Gesamtschuld begründet § 278 Abs. 2 Satz 1 AO im Falle unentgeltlicher Vermögensverschiebungen zwischen den Ehegatten eine dem Anfechtungsgrund des § 3 Abs. 1 Nr. 4 AnfG a.F. entsprechende gesetzliche Duldungspflicht des Zuwendungsempfängers für den auf den Zuwendungen entfallenden Anteil an der Steuerschuld. Der Bescheid nach § 278 Abs. 2 AO entspricht inhaltlich einem Duldungsbescheid i.S. des § 191 AO. Die Regelung dieses Bescheides liegt in der Anfechtung der Vermögensübertragung und in der Bestimmung des Betrages, bis zu dessen Höhe der Zuwendungsempfänger die Vollstreckung dulden muss.
3. Wechseln zusammenveranlagte Ehegatten nach Aufteilung der Gesamtschuld und Einleitung der Vollstreckung nach § 278 Abs. 2 AO zur getrennten Veranlagung, berührt dies den zu vollstreckenden (Steuer-)Anspruch grundsätzlich nicht. Deshalb sind weder der auf § 278 Abs. 2 AO gestützte Verwaltungsakt noch die darauf gegründeten Vollstreckungsmaßnahmen aufzuheben.
4. Nach Ergehen der Bescheide über die getrennte Veranlagung ist indes die Vollstreckung nach Maßgabe des § 3 Abs. 1 Nr. 4 AnfG a.F. i.V.m. § 7 AnfG a.F. fortzusetzen, ohne dass es darauf ankommt, ob der Bescheid nach § 278 Abs. 2 Satz 1 AO innerhalb der Anfechtungsfrist des § 3 Abs. 1 Nr. 4 AnfG a.F. ergangen ist.

3   BFH vom 7. 3. 2006 – X R 12/05 (BStBl 2006 II S. 584)

1. Wird der Fiskus gesetzlicher Erbe, so erledigt sich ein noch offener Einkommensteueranspruch – auch aus einer Zusammenveranlagung – vollen Umfangs durch die Vereinigung von Forderung und Schuld (Konfusion). Es kommt nicht darauf an, ob die Erbschaft bei dem Bundesland des letzten Wohnsitzes oder beim Bund eingetreten ist (§ 1922 i.V.m. § 1936 BGB). Der Fiskalerbe muss sich hinsichtlich des gesamten aus der Einkommensteuerveranlagung herrührenden Anspruchs als Gläubiger behandeln lassen.
2. Die Konfusion steht der Inanspruchnahme des anderen zusammenveranlagten Ehegatten, der den Vollstreckungszugriff im Umfang des Wertes unentgeltlicher Zuwendungen des anderen Ehegatten nach § 278 Abs. 2 Satz 1 AO dulden muss, nicht entgegen. Soweit das Bestehen der Einkommensteuerschuld Voraussetzung für die Realisierung des gesetzlichen Zugriffsrechts nach § 278 Abs. 2 Satz 1 AO ist, geht die Regelung inzident von deren Fortbestehen aus.

4   BFH vom 7. 3. 2006 – X R 8/05 (BStBl 2007 II S. 594)

Gegen den Mittäter oder Teilnehmer einer Steuerhinterziehung kann ein Haftungsbescheid nach § 71 AO ergehen, wenn wegen Aufteilung der Steuerschuld nach §§ 268, 278 AO gegen diesen nicht als Steuerschuldner vollstreckt werden kann.

BFH vom 9. 5. 2006 – VII R 15/05 (BStBl 2006 II S. 738)[1] 5

1. Es ist kein hinreichender Grund ersichtlich, den zwischen zusammenveranlagten Ehegatten unentgeltlich zugewendeten Vermögenswert nach § 278 Abs. 2 AO einem zeitlich unbeschränkten Zugriff durch das FA auszusetzen, während die Anfechtung einer solchen Vermögensverschiebung nach dem AnfG bei nicht zusammenveranlagten Eheleuten nur zeitlich eingeschränkt möglich ist.
2. Soweit § 278 Abs. 2 AO eine zeitlich unbeschränkte Inanspruchnahme des Zuwendungsempfängers vorsieht, während das AnfG für vergleichbare Sachverhalte zeitlich begrenzte Anfechtungsmöglichkeiten eröffnet, liegt eine Regelungslücke vor, die durch eine analoge Anwendung von § 3 Abs. 1 AnfG zu schließen ist.

BFH vom 1. 7. 2009 – VII B 78/09 (BFH/NV 2009 S. 1781) 6

– Unter „bestehenden Steuerrückständen" im Sinne des § 278 Abs. 2 AO sind die in den Einkommensteuerbescheiden festgesetzten, den Aufteilungsbescheiden zugrunde liegenden Steuern unter Abzug der darauf geleisteten Zahlungen zu verstehen.
– Nach ständiger Rechtsprechung hängt die Zuwendung, wie sie § 278 Abs. 2 AO verlangt, weder von subjektiven Motiven noch von internen Vereinbarungen der Eheleute ab.

Niedersächsisches FG vom 10. 5. 2011 – 12 K 287/10 (StEd 2011 S. 588) 7

Die Vollstreckungsbeschränkung gemäß §§ 268 ff. AO wird nicht gemäß § 278 Abs. 2 Satz 1 AO zu Lasten eines haushaltsführenden Ehegatten durchbrochen, wenn die beiden Ehegatten ein selbstbewohntes Einfamilienhaus je zur Hälfte erwerben, nur einer der Ehegatten die Einkünfte für die Familie erzielt, während der andere Ehegatte den Haushalt führt, und aus den Einkünften des erwerbstätigen Ehegatten die Zinsen und Tilgung eines gemeinschaftlich aufgenommenen Darlehens zur Finanzierung des selbstgenutzten Familienheims gezahlt werden.

§ 279 Form und Inhalt des Aufteilungsbescheides

AO
S 0520

(1) ¹Über den Antrag auf Beschränkung der Vollstreckung ist nach Einleitung der Vollstreckung durch schriftlichen Bescheid (Aufteilungsbescheid) gegenüber den Beteiligten einheitlich zu entscheiden. ²Eine Entscheidung ist jedoch nicht erforderlich, wenn keine Vollstreckungsmaßnahmen ergriffen oder bereits ergriffene Vollstreckungsmaßnahmen wieder aufgehoben werden.

(2) ¹Der Aufteilungsbescheid hat die Höhe der auf jeden Gesamtschuldner entfallenden anteiligen Steuer zu enthalten; ihm ist eine Belehrung beizufügen, welcher Rechtsbehelf zulässig ist und binnen welcher Frist und bei welcher Behörde er einzulegen ist. ²Er soll ferner enthalten:
1. die Höhe der aufzuteilenden Steuer,
2. den für die Berechnung der rückständigen Steuer maßgebenden Zeitpunkt,
3. die Höhe der Besteuerungsgrundlagen, die den einzelnen Gesamtschuldnern zugerechnet worden sind, wenn von den Angaben der Gesamtschuldner abgewichen wird,
4. die Höhe der bei getrennter Veranlagung (§ 270) auf den einzelnen Gesamtschuldner entfallenden Steuer, [2]
5. die Beträge, die auf die aufgeteilte Steuer des Gesamtschuldners anzurechnen sind.

§ 280 Änderung des Aufteilungsbescheids

AO
S 0520

(1) Der Aufteilungsbescheid kann außer in den Fällen des § 129 nur geändert werden, wenn
1. nachträglich bekannt wird, dass die Aufteilung auf unrichtigen Angaben beruht und die rückständige Steuer infolge falscher Aufteilung ganz oder teilweise nicht beigetrieben werden konnte,

---

[1] Vgl. dazu jetzt § 278 Abs. 2 Satz 1 AO i.d.F. des JStG 2009.
[2] In § 279 Abs. 2 Nr. 4 AO wurden durch Art. 3 Nr. 10 des Steuervereinfachungsgesetzes 2011 vom 1. 11. 2011 (BGBl. 2011 I S. 2131, BStBl 2011 I S. 986) mit Wirkung ab 1. 1. 2012 die Wörter „getrennter Veranlagung" durch das Wort „Einzelveranlagung" ersetzt. Die Neuregelung ist erstmals für den Veranlagungszeitraum 2013 anzuwenden (Art. 97 § 17e EGAO).

2. sich die rückständige Steuer durch Aufhebung oder Änderung der Steuerfestsetzung oder ihre Berichtigung nach § 129 erhöht oder vermindert.

(2) Nach Beendigung der Vollstreckung ist eine Änderung des Aufteilungsbescheids oder seine Berichtigung nach § 129 nicht mehr zulässig.

3. Unterabschnitt
Vollstreckung in das bewegliche Vermögen (§§ 281–321)

I. Allgemeines (§§ 281–284)

§ 281 Pfändung

(1) Die Vollstreckung in das bewegliche Vermögen erfolgt durch Pfändung.

(2) Die Pfändung darf nicht weiter ausgedehnt werden, als es zur Deckung der beizutreibenden Geldbeträge und der Kosten der Vollstreckung erforderlich ist.

(3) Die Pfändung unterbleibt, wenn die Verwertung der pfändbaren Gegenstände einen Überschuss über die Kosten der Vollstreckung nicht erwarten lässt.

§ 282 Wirkung der Pfändung

(1) Durch die Pfändung erwirbt die Körperschaft, der die Vollstreckungsbehörde angehört, ein Pfandrecht an dem gepfändeten Gegenstand.

(2) Das Pfandrecht gewährt ihr im Verhältnis zu anderen Gläubigern dieselben Rechte wie ein Pfandrecht im Sinne des Bürgerlichen Gesetzbuchs; es geht Pfand- und Vorzugsrechten vor, die im Insolvenzverfahren diesem Pfandrecht nicht gleichgestellt sind.

(3) Das durch eine frühere Pfändung begründete Pfandrecht geht demjenigen vor, das durch eine spätere Pfändung begründet wird.

Rechtsprechung

1 BFH vom 18. 7. 2000 – VII R 101/98 (BStBl 2001 II S. 5)

Der Verhältnismäßigkeitsgrundsatz verbietet es der Finanzbehörde, Forderungen zu pfänden, ohne dass ein hinreichender Anhalt dafür besteht, dass die Pfändung zu ihrer Befriedigung führen kann; dabei ist das Interesse des Vollstreckungsschuldners zu berücksichtigen, dass anderen seine Steuerschulden nicht bekannt werden.

§ 283 Ausschluss von Gewährleistungsansprüchen

Wird ein Gegenstand auf Grund der Pfändung veräußert, so steht dem Erwerber wegen eines Mangels im Recht oder wegen eines Mangels der veräußerten Sache ein Anspruch auf Gewährleistung nicht zu.

§ 284 Eidesstattliche Versicherung

(1) Der Vollstreckungsschuldner hat der Vollstreckungsbehörde auf Verlangen ein Verzeichnis seines Vermögens vorzulegen und für seine Forderungen den Grund und die Beweismittel zu bezeichnen, wenn

1. die Vollstreckung in das bewegliche Vermögen nicht zu einer vollständigen Befriedigung geführt hat,
2. anzunehmen ist, dass durch die Vollstreckung in das bewegliche Vermögen eine vollständige Befriedigung nicht zu erlangen sein wird,
3. der Vollstreckungsschuldner die Durchsuchung (§ 287) verweigert hat oder
4. der Vollziehungsbeamte den Vollstreckungsschuldner wiederholt in seinen Wohn- und Geschäftsräumen nicht angetroffen hat, nachdem er einmal die Vollstreckung mindestens zwei Wochen vorher angekündigt hatte; dies gilt nicht, wenn der Vollstreckungsschuldner seine Abwesenheit genügend entschuldigt und den Grund glaubhaft macht.

(2) ¹Aus dem Vermögensverzeichnis müssen auch ersichtlich sein

1. die in den letzten zwei Jahren vor dem ersten zur Abgabe der eidesstattlichen Versicherung anberaumten Termin vorgenommenen entgeltlichen Veräußerungen des Schuldners an eine nahe stehende Person (§ 138 der Insolvenzordnung);
2. die in den letzten vier Jahren vor dem ersten zur Abgabe der eidesstattlichen Versicherung anberaumten Termin von dem Schuldner vorgenommenen unentgeltlichen Leistungen, sofern sie sich nicht auf gebräuchliche Gelegenheitsgeschenke geringen Werts richteten.

²Sachen, die nach § 811 Abs. 1 Nr. 1, 2 der Zivilprozessordnung der Pfändung offensichtlich nicht unterworfen sind, brauchen in dem Vermögensverzeichnis nicht angegeben zu werden, es sei denn, dass eine Austauschpfändung in Betracht kommt.

(3) ¹Der Vollstreckungsschuldner hat zu Protokoll an Eides statt zu versichern, dass er die von ihm verlangten Angaben nach bestem Wissen und Gewissen richtig und vollständig gemacht habe. ²Die Vollstreckungsbehörde kann von der Abnahme der eidesstattlichen Versicherung absehen.

(4) ¹Ein Vollstreckungsschuldner, der die in dieser Vorschrift oder die in § 807 der Zivilprozessordnung bezeichnete eidesstattliche Versicherung abgegeben hat, ist, wenn die Abgabe der eidesstattlichen Versicherung in dem Schuldnerverzeichnis (§ 915 der Zivilprozessordnung) noch nicht gelöscht ist, in den ersten drei Jahren nach ihrer Abgabe zur nochmaligen Abgabe der Versicherung nur verpflichtet, wenn anzunehmen ist, dass er später Vermögen erworben hat oder dass ein bisher bestehendes Arbeitsverhältnis mit ihm aufgelöst worden ist. ²Der in Absatz 1 genannten Voraussetzungen bedarf es nicht. ³Die Vollstreckungsbehörde hat von Amts wegen festzustellen, ob im Schuldnerverzeichnis eine Eintragung darüber besteht, dass der Vollstreckungsschuldner innerhalb der letzten drei Jahre eine eidesstattliche Versicherung abgegeben hat.

(5) ¹Für die Abnahme der eidesstattlichen Versicherung ist die Vollstreckungsbehörde zuständig, in deren Bezirk sich der Wohnsitz oder Aufenthaltsort des Vollstreckungsschuldners befindet. ²Liegen diese Voraussetzungen bei der Vollstreckungsbehörde, die die Vollstreckung betreibt, nicht vor, so kann sie die eidesstattliche Versicherung abnehmen, wenn der Vollstreckungsschuldner zu ihrer Abgabe bereit ist.

(6) ¹Die Ladung zu dem Termin zur Abgabe der eidesstattlichen Versicherung ist dem Vollstreckungsschuldner selbst zuzustellen. ²Wird gegen die Anordnung der Abgabe der eidesstattlichen Versicherung ein Rechtsbehelf eingelegt und begründet, ist der Vollstreckungsschuldner erst nach Unanfechtbarkeit der Entscheidung über den Rechtsbehelf zur Abgabe der eidesstattlichen Versicherung verpflichtet. ³Dies gilt nicht, wenn und soweit die Einwendungen bereits in einem früheren Verfahren unanfechtbar zurückgewiesen worden sind.

(7) ¹Nach der Abgabe der eidesstattlichen Versicherung hat die Vollstreckungsbehörde dem nach § 899 Abs. 1 der Zivilprozessordnung zuständigen Amtsgericht Namen, Vornamen, Geburtstag und Anschrift des Vollstreckungsschuldners sowie den Tag der Abgabe der eidesstattlichen Versicherung zur Aufnahme in das Schuldnerverzeichnis mitzuteilen und eine beglaubigte Abschrift des Vermögensverzeichnisses zu übersenden. ²Die §§ 915a bis 915h der Zivilprozessordnung sind anzuwenden.

(8) ¹Ist der Vollstreckungsschuldner ohne ausreichende Entschuldigung in dem zur Abgabe der eidesstattlichen Versicherung anberaumten Termin vor der in Absatz 5 Satz 1 bezeichneten Vollstreckungsbehörde nicht erschienen oder verweigert er ohne Grund die Vorlage des Vermögens-

---

¹) § 284 AO wurde durch das Gesetz zur Reform der Sachaufklärung in der Zwangsvollstreckung vom 29. 7. 2009 (BGBl. 2009 I S. 2258) mit Wirkung ab 1. 1. 2013 neu gefasst und durch Art. 5 des Gesetzes zur Änderung von Vorschriften über die Verkündung und Bekanntmachung sowie der Zivilprozessordnung, des Gesetzes betreffend die Einführung der Zivilprozessordnung und der Abgabenordnung vom 22. 12. 2011 (BGBl. 2011 I S. 3044) mit Wirkung ab 1. 1. 2013 geändert. Abgedruckt ist zunächst die bis 31. 12. 2012 geltende Fassung, danach die ab 1. 1. 2013 geltende Fassung.

verzeichnisses oder die Abgabe der eidesstattlichen Versicherung, so kann die Vollstreckungsbehörde, die die Vollstreckung betreibt, das nach § 899 Abs. 1 der Zivilprozessordnung zuständige Amtsgericht um Anordnung der Haft zur Erzwingung der eidesstattlichen Versicherung ersuchen. ²Die §§ 901, 902, 904 bis 906, 909 Abs. 1 Satz 2, Abs. 2, §§ 910 und 913 bis 915h der Zivilprozessordnung sind sinngemäß anzuwenden. ³Die Verhaftung des Vollstreckungsschuldners erfolgt durch einen Gerichtsvollzieher. ⁴§ 292 gilt sinngemäß. ⁵Nach der Verhaftung des Vollstreckungsschuldners kann die eidesstattliche Versicherung von dem nach § 902 der Zivilprozessordnung zuständigen Gerichtsvollzieher abgenommen werden, wenn sich der Sitz der in Absatz 5 bezeichneten Vollstreckungsbehörde nicht im Bezirk des für den Gerichtsvollzieher zuständigen Amtsgerichts befindet oder wenn die Abnahme der eidesstattlichen Versicherung durch die Vollstreckungsbehörde nicht möglich ist. ⁶Absatz 3 Satz 2 gilt entsprechend.

(9) Der Beschluss des Amtsgerichts, der das Ersuchen der Vollstreckungsbehörde um Anordnung der Haft ablehnt, unterliegt der Beschwerde nach den §§ 567 bis 577 der Zivilprozessordnung.

¹⁾ Ab 1. 1. 2013 geltende Fassung:
§ 284 Vermögensauskunft des Vollstreckungsschuldners

(1) ¹Der Vollstreckungsschuldner muss der Vollstreckungsbehörde auf deren Verlangen für die Vollstreckung einer Forderung Auskunft über sein Vermögen nach Maßgabe der folgenden Vorschriften erteilen, wenn er die Forderung nicht binnen zwei Wochen begleicht, nachdem ihn die Vollstreckungsbehörde unter Hinweis auf die Verpflichtung zur Abgabe der Vermögensauskunft zur Zahlung aufgefordert hat. ²Zusätzlich hat er seinen Geburtsnamen, sein Geburtsdatum und seinen Geburtsort anzugeben. ³Handelt es sich bei dem Vollstreckungsschuldner um eine juristische Person oder um eine Personenvereinigung, so hat er seine Firma, die Nummer des Registerblatts im Handelsregister und seinen Sitz anzugeben.

(2) ¹Zur Auskunftserteilung hat der Vollstreckungsschuldner alle ihm gehörenden Vermögensgegenstände anzugeben. ²Bei Forderungen sind Grund und Beweismittel zu bezeichnen. ³Ferner sind anzugeben:

1. die entgeltlichen Veräußerungen des Vollstreckungsschuldners an eine nahestehende Person (§ 138 der Insolvenzordnung), die dieser in den letzten zwei Jahren vor dem Termin nach Absatz 7 und bis zur Abgabe der Vermögensauskunft vorgenommen hat;

2. die unentgeltlichen Leistungen des Vollstreckungsschuldners, die dieser in den letzten vier Jahren vor dem Termin nach Absatz 7 und bis zur Abgabe der Vermögensauskunft vorgenommen hat, sofern sie sich nicht auf gebräuchliche Gelegenheitsgeschenke geringen Werts richteten.

⁴Sachen, die nach § 811 Abs. 1 Nr. 1 und 2 der Zivilprozessordnung der Pfändung offensichtlich nicht unterworfen sind, brauchen nicht angegeben zu werden, es sei denn, dass eine Austauschpfändung in Betracht kommt.

(3) ¹Der Vollstreckungsschuldner hat zu Protokoll an Eides statt zu versichern, dass er die Angaben nach *den Absätzen 1 und 2* nach bestem Wissen und Gewissen richtig und vollständig gemacht habe. ²Vor Abnahme der eidesstattlichen Versicherung ist der Vollstreckungsschuldner über die Bedeutung der eidesstattlichen Versicherung, insbesondere über die strafrechtlichen Folgen einer unrichtigen oder unvollständigen eidesstattlichen Versicherung, zu belehren.

(4) ¹Ein Vollstreckungsschuldner, der die in dieser Vorschrift oder die in § 802c der Zivilprozessordnung bezeichnete Vermögensauskunft innerhalb der letzten zwei Jahre abgegeben hat, ist zur erneuten Abgabe nur verpflichtet, wenn anzunehmen ist, dass sich seine Vermögensverhältnisse wesentlich geändert haben. ²Die Vollstreckungsbehörde hat von Amts wegen festzustellen, ob beim zentralen Vollstreckungsgericht nach § 802k Abs. 1 der Zivilprozessordnung in den letzten zwei Jahren ein auf Grund einer Vermögensauskunft des Schuldners erstelltes Vermögensverzeichnis hinterlegt wurde.

(5) ¹Für die Abnahme der Vermögensauskunft ist die Vollstreckungsbehörde zuständig, in deren Bezirk sich der Wohnsitz oder der Aufenthaltsort des Vollstreckungsschuldners befindet. ²Liegen diese Voraussetzungen bei der Vollstreckungsbehörde, die die Vollstreckung betreibt, nicht vor, so kann sie die Vermögensauskunft abnehmen, wenn der Vollstreckungsschuldner zu ihrer Abgabe bereit ist.

(6) ¹Die Ladung zu dem Termin zur Abgabe der Vermögensauskunft ist dem Vollstreckungsschuldner selbst zuzustellen; sie kann mit der Fristsetzung nach Absatz 1 Satz 1 verbunden werden. ²Der Termin zur Abgabe der Vermögensauskunft soll nicht vor Ablauf eines Monats nach

---

1) § 284 Abs. 3 Satz 1 und Abs. 7 Satz 1 AO geändert durch Art. 5 des Gesetzes zur Änderung von Vorschriften über die Verkündung und Bekanntmachung sowie der Zivilprozessordnung, des Gesetzes betreffend die Einführung der Zivilprozessordnung und der Abgabenordnung vom 22. 12. 2011 (BGBl. 2011 I S. 3044).

§ 284 AO

Zustellung der Ladung bestimmt werden. ³Ein Rechtsbehelf gegen die Anordnung der Abgabe der Vermögensauskunft hat keine aufschiebende Wirkung. ⁴Der Vollstreckungsschuldner hat die zur Vermögensauskunft erforderlichen Unterlagen im Termin vorzulegen. ⁵Hierüber und über seine Rechte und Pflichten nach den Absätzen 2 und 3, über die Folgen einer unentschuldigten Terminssäumnis oder einer Verletzung seiner Auskunftspflichten sowie über die Möglichkeit der Eintragung in das Schuldnerverzeichnis bei Abgabe der Vermögensauskunft ist der Vollstreckungsschuldner bei der Ladung zu belehren.

(7) ¹Im Termin zur Abgabe der Vermögensauskunft erstellt die Vollstreckungsbehörde ein elektronisches Dokument mit den nach *den Absätzen 1 und 2* erforderlichen Angaben (Vermögensverzeichnis). ²Diese Angaben sind dem Vollstreckungsschuldner vor Abgabe der Versicherung nach Absatz 3 vorzulesen oder zur Durchsicht auf einem Bildschirm wiederzugeben. ³Ihm ist auf Verlangen ein Ausdruck zu erteilen. ⁴Die Vollstreckungsbehörde hinterlegt das Vermögensverzeichnis bei dem zentralen Vollstreckungsgericht nach § 802k Abs. 1 der Zivilprozessordnung. ⁵Form, Aufnahme und Übermittlung des Vermögensverzeichnisses haben den Vorgaben der Verordnung nach § 802k Abs. 4 der Zivilprozessordnung zu entsprechen.

(8) ¹Ist der Vollstreckungsschuldner ohne ausreichende Entschuldigung in dem zur Abgabe der Vermögensauskunft anberaumten Termin vor der in Absatz 5 Satz 1 bezeichneten Vollstreckungsbehörde nicht erschienen oder verweigert er ohne Grund die Abgabe der Vermögensauskunft, so kann die Vollstreckungsbehörde, die die Vollstreckung betreibt, die Anordnung der Haft zur Erzwingung der Abgabe beantragen. ²Zuständig für die Anordnung der Haft ist das Amtsgericht, in dessen Bezirk der Vollstreckungsschuldner im Zeitpunkt der Fristsetzung nach Absatz 1 Satz 1 seinen Wohnsitz oder in Ermangelung eines solchen seinen Aufenthaltsort hat. ³Die §§ 802g bis 802j der Zivilprozessordnung sind entsprechend anzuwenden. ⁴Die Verhaftung des Vollstreckungsschuldners erfolgt durch einen Gerichtsvollzieher. ⁵§ 292 dieses Gesetzes gilt entsprechend. ⁶Nach der Verhaftung des Vollstreckungsschuldners kann die Vermögensauskunft von dem nach § 802i der Zivilprozessordnung zuständigen Gerichtsvollzieher abgenommen werden, wenn sich der Sitz der in Absatz 5 bezeichneten Vollstreckungsbehörde nicht im Bezirk des für den Gerichtsvollzieher zuständigen Amtsgerichts befindet oder wenn die Abnahme der Vermögensauskunft durch die Vollstreckungsbehörde nicht möglich ist. ⁷Der Beschluss des Amtsgerichts, mit dem der Antrag der Vollstreckungsbehörde auf Anordnung der Haft abgelehnt wird, unterliegt der Beschwerde nach den §§ 567 bis 577 der Zivilprozessordnung.

(9) ¹Die Vollstreckungsbehörde kann die Eintragung des Vollstreckungsschuldners in das Schuldnerverzeichnis nach § 882h Abs. 1 der Zivilprozessordnung anordnen, wenn

1. der Vollstreckungsschuldner seiner Pflicht zur Abgabe der Vermögensauskunft nicht nachgekommen ist,
2. eine Vollstreckung nach dem Inhalt des Vermögensverzeichnisses offensichtlich nicht geeignet wäre, zu einer vollständigen Befriedigung der Forderung zu führen, wegen der die Vermögensauskunft verlangt wurde oder wegen der die Vollstreckungsbehörde vorbehaltlich der Fristsetzung nach Absatz 1 Satz 1 und der Sperrwirkung nach Absatz 4 eine Vermögensauskunft verlangen könnte, oder
3. der Vollstreckungsschuldner nicht innerhalb eines Monats nach Abgabe der Vermögensauskunft die Forderung, wegen der die Vermögensauskunft verlangt wurde, vollständig befriedigt. ²Gleiches gilt, wenn die Vollstreckungsbehörde vorbehaltlich der Fristsetzung nach Absatz 1 Satz 1 und der Sperrwirkung nach Absatz 4 eine Vermögensauskunft verlangen kann, sofern der Vollstreckungsschuldner die Forderung nicht innerhalb eines Monats befriedigt, nachdem er auf die Möglichkeit der Eintragung in das Schuldnerverzeichnis hingewiesen wurde.

²Die Eintragungsanordnung soll kurz begründet werden. ³Sie ist dem Vollstreckungsschuldner zuzustellen. ⁴§ 882c Abs. 3 der Zivilprozessordnung gilt entsprechend.

(10) ¹Ein Rechtsbehelf gegen die Eintragungsanordnung nach Absatz 9 hat keine aufschiebende Wirkung. ²Nach Ablauf eines Monats seit der Zustellung hat die Vollstreckungsbehörde die Eintragungsanordnung dem zentralen Vollstreckungsgericht nach § 882h Abs. 1 der Zivilprozessordnung mit den in § 882b Abs. 2 und 3 der Zivilprozessordnung genannten Daten elektronisch zu übermitteln. ³Dies gilt nicht, wenn Anträge auf Gewährung einer Aussetzung der Vollziehung der Eintragungsanordnung nach § 361 dieses Gesetzes oder § 69 der Finanzgerichtsordnung anhängig sind, die Aussicht auf Erfolg haben.

(11) ¹Ist die Eintragung in das Schuldnerverzeichnis nach § 882h Abs. 1 der Zivilprozessordnung erfolgt, sind Entscheidungen über Rechtsbehelfe des Vollstreckungsschuldners gegen die Eintragungsanordnung durch die Vollstreckungsbehörde oder durch das Gericht dem zentralen Vollstreckungsgericht nach § 882h Abs. 1 der Zivilprozessordnung elektronisch zu übermitteln. ²Form und Übermittlung der Eintragungsanordnung nach Absatz 10 Satz 1 und 2 sowie der Entscheidung nach Satz 1 haben den Vorgaben der Verordnung nach § 882h Abs. 3 der Zivilprozessordnung zu entsprechen.

Hinweise

1 Zuständigkeit für die Anordnung und Abnahme der eidesstattlichen Versicherung nach § 284 AO

(BMF-Schreiben vom 20. 12. 1999 – IV D 6 – S 0531–10/99 –)

Unter Bezugnahme auf das Ergebnis der Erörterung mit den obersten Finanzbehörden der Länder wird die Zuständigkeit für die Anordnung und Abnahme der eidesstattlichen Versicherung nach § 284 AO wie folgt geregelt:

Nach § 284 Abs. 5 Satz 1 AO ist für die Abnahme der eidesstattlichen Versicherung die Vollstreckungsbehörde zuständig, in deren Bezirk sich der Wohnsitz oder Aufenthaltsort des Vollstreckungsschuldners (Wohnsitzfinanzamt) befindet. Liegen diese Voraussetzungen bei der Vollstreckungsbehörde, die die Vollstreckung betreibt (Anordnungsbehörde), nicht vor, so kann sie die eidesstattliche Versicherung abnehmen, wenn der Vollstreckungsschuldner zu ihrer Abgabe bereit ist (§ 284 Abs. 5 Satz 2 AO). Kommt der Vollstreckungsschuldner der Aufforderung zur Abgabe der eidesstattlichen Versicherung gegenüber der Anordnungsbehörde nach, erübrigt sich eine weitere Einschaltung des Wohnsitzfinanzamtes. Ob das Wohnsitzfinanzamt um Abnahme der eidesstattlichen Versicherung zu ersuchen ist, kann jedoch in der Regel erst nach Aufforderung/Ladung des Vollstreckungsschuldners durch die das Vollstreckungsverfahren betreibende Vollstreckungsbehörde beurteilt werden. Nur dann, wenn der Vollstreckungsschuldner nicht bereit ist, die eidesstattliche Versicherung vor einer anderen als der für seinen Wohnsitz zuständigen Vollstreckungsbehörde abzugeben, hat die Vollstreckungsbehörde die örtlich zuständige Vollstreckungsbehörde um Abnahme der eidesstattlichen Versicherung zu ersuchen.

Der Vollstreckungsschuldner ist daher zunächst grundsätzlich von der Vollstreckungsbehörde, die die Vollstreckung betreibt, zur Vorlage eines Vermögensverzeichnisses aufzufordern und zur Abgabe der eidesstattlichen Versicherung vorzuladen. Folgt er dieser Aufforderung/Ladung, findet das Verfahren damit seine Erledigung. Wendet der Vollstreckungsschuldner ein, dass die Vollstreckungsbehörde unzuständig ist, ist die in der Ladung enthaltene Terminbestimmung aufzuheben und die zuständige Vollstreckungsbehörde unter Bezugnahme auf die Aufforderung/Ladung der Anordnungsbehörde um Abnahme der eidesstattlichen Versicherung nach § 284 Abs. 5 Satz 1 AO zu ersuchen. Gleiches gilt, wenn der Vollstreckungsschuldner zu dem von der Anordnungsbehörde anberaumten Termin nicht erscheint. Die Aufforderung/Ladung der Anordnungsbehörde bleibt weiter bestehen. Die zuständige Vollstreckungsbehörde hat dem Vollstreckungsschuldner lediglich einen neuen Termin zu benennen und ihn zur Abgabe der eidesstattlichen Versicherung vorzuladen.

Wohnt der Vollstreckungsschuldner nicht in vertretbarer Nähe der die Vollstreckung betreibenden Behörde oder ist von vornherein anzunehmen, dass er nicht zur Abgabe der eidesstattlichen Versicherung vor dieser Vollstreckungsbehörde bereit ist, ist er von der die Vollstreckung betreibenden Vollstreckungsbehörde zur Vorlage eines Vermögensverzeichnisses und zur Abgabe der eidesstattlichen Versicherung im Wohnsitzfinanzamt aufzufordern. In die Aufforderung/Ladung ist ein Hinweis aufzunehmen, dass die Abnahme der eidesstattlichen Versicherung durch das Wohnsitzfinanzamt erfolgt und hierüber – soweit die Aufforderung/Ladung nicht bereits eine Terminbestimmung enthält – noch eine gesonderte Terminmitteilung durch das Wohnsitzfinanzamt erfolgt. Das Wohnsitzfinanzamt ist unter Bezugnahme auf die Aufforderung/Ladung der ersuchenden Vollstreckungsbehörde erforderlichenfalls um Anberaumung eines Termins und um Abnahme der eidesstattlichen Versicherung zu bitten. Im Regelfall sind die Steuer- und Vollstreckungsakten beizufügen.

Wird gegen die Aufforderung zur Vorlage eines Vermögensverzeichnisses und die Ladung zur Abgabe der eidesstattlichen Versicherung Einspruch eingelegt, so ist für die Entscheidung über den Einspruch die anordnende Vollstreckungsbehörde zuständig. Über Einwendungen gegen die Terminbestimmung entscheidet die ersuchte Vollstreckungsbehörde in eigener Zuständigkeit.

Rechtsprechung

2 BFH vom 10. 10. 1989 – VII R 44/89 (BStBl 1990 II S. 146)

Einwendungen gegen die Pflicht zur Abgabe der eidesstattlichen Versicherung nach § 284 AO, die der Vollstreckungsschuldner, nachdem er dem ersten Termin zur Abgabe ohne ausreichende Entschuldigung ferngeblieben ist, erstmals nach Anordnung der Haft vorgetragen hat, haben keine aufschiebende Wirkung.

BFH vom 24. 9. 1991 – VII R 34/90 (BStBl 1992 II S. 57)[1]   3

Eine auf § 284 AO gestützte Aufforderung zur Abgabe der eidesstattlichen Versicherung der Richtigkeit und Vollständigkeit des Vermögensverzeichnisses ist – bei Vorliegen der tatbestandlichen Voraussetzungen – unter Berücksichtigung des Grundsatzes der Verhältnismäßigkeit auch dann ermessensgerecht, wenn der Vollstreckungsschuldner die Abgabe einer eidesstattlichen Versicherung nach §§ 249 Abs. 2, 95 AO ohne die Folge der Eintragung in das Schuldnerverzeichnis (§ 915 ZPO) freiwillig anbietet. Eine pflichtgemäße Ermessensausübung nach § 284 Abs. 2 AO setzt deshalb auch nicht voraus, daß die Finanzbehörde zuvor vergeblich versucht hat, eine eidesstattliche Versicherung nach §§ 249 Abs. 2, 95 AO ohne die Folge der Eintragung in das Schuldnerverzeichnis zu erhalten.

BFH vom 25. 11. 1997 – VII B 188/97 (BStBl 1998 II S. 227)   4

1. Bestreitet die Finanzbehörde die aufschiebende Wirkung des Einspruchs des Vollstreckungsschuldners gegen die Anordnung der Abgabe der eidesstattlichen Versicherung, kommt für die Gewährung vorläufigen Rechtsschutzes nur das Verfahren der Aussetzung der Vollziehung in Betracht.
2. Nach der Neufassung des § 284 Abs. 5 AO durch das StMBG ist die aufschiebende Wirkung des fristgerecht eingelegten Einspruchs (1.) nur noch davon abhängig, daß der Einspruch begründet worden ist und die vorgebrachten Einwendungen nicht bereits in einem früheren Verfahren unanfechtbar zurückgewiesen worden sind.

BFH vom 7. 12. 2000 – VII B 206/00 (BFH/NV 2001 S. 577)   5

1. Die Verpflichtungen des Vollstreckungsschuldners, ein Vermögensverzeichnis vorzulegen und die Richtigkeit desselben zu Protokoll an Eides statt zu versichern, sind trotz der gesetzlichen Regelung in unterschiedlichen Absätzen des § 284 AO als Einheit anzusehen. Die Aufforderungen hierzu können daher grundsätzlich in einem einheitlichen Vorgang, in der Regel in der Ladung zu dem Termin zur Abgabe der eidesstattlichen Versicherung, erfolgen.
2. Wenn die Vollstreckungsbehörde es im Einzelfall für geboten hält, kann sie auch abgestuft vorgehen und die den Vollstreckungsschuldner treffenden Verpflichtungen Schritt für Schritt einfordern. Auf welche Weise die Vollstreckungsbehörde letztendlich vorgeht, steht in ihrem pflichtgemäßen Ermessen und bedarf in der Ladungsverfügung keiner besonderen Begründung.

BFH vom 5. 9. 2002 – VII B 71/02 (BFH/NV 2003 S. 139)   6

1. § 284 Abs. 3 Satz 1 AO sieht die Abnahme der eidesstattlichen Versicherung zur Bekräftigung eines vom Vollstreckungsschuldner vorgelegten Vermögensverzeichnisses als Regelfall vor, von dem abzuweichen der Behörde nur ausnahmsweise gestattet ist.
2. Der Behörde obliegt es jedoch in Ausübung pflichtgemäßen Ermessens nach Vorlage des Vermögensverzeichnisses im Einzelfall zu prüfen, ob unter Berücksichtigung des Grundsatzes der Verhältnismäßigkeit von der Abnahme der eidesstattlichen Versicherung abgesehen werden kann, weil z.B. die rückständigen Steuerschulden gering sind, der Schuldner bereits Tilgungsleistungen erbracht hat und zu erwarten ist, dass sich der Rückstand durch weitere regelmäßige Tilgungsleistungen auch weiterhin vermindern wird.

BFH vom 7. 3. 2003 – VII B 237/02 (BFH/NV 2003 S. 885)   7

Die Verwendung der amtlichen Vordrucke zur Aufstellung des Vermögensverzeichnisses ist keineswegs zwingend. Erforderliche Angaben können auch noch im Termin zur Abgabe der eidesstattlichen Versicherung in die Vordrucke eingetragen werden.

BFH vom 26. 7. 2005 – VII R 57/04 (BStBl 2005 II S. 814)   8

1. Ändert sich nach Vorlage eines Vermögensverzeichnisses die Vermögenslage des Vollstreckungsschuldners oder erkennt dieser die Unrichtigkeit der von ihm gemachten Angaben, ist er vor Abgabe der eidesstattlichen Versicherung zur Ergänzung bzw. Richtigstellung seiner Angaben verpflichtet.
2. Ergänzt oder berichtigt der Vollstreckungsschuldner vor Abgabe der eidesstattlichen Versicherung das der Finanzbehörde bereits vorgelegte Vermögensverzeichnis, wird allein dadurch kein neues Verfahren in Gang gesetzt. Die Finanzbehörde hat hinsichtlich der Aufforderung zur Abgabe der eidesstattlichen Versicherung eine erneute Ermessensentscheidung nur dann zu treffen, wenn der Vollstreckungsschuldner substantiiert besondere Gründe darlegt, die eine Abstandnahme von der Abnahme der eidesstattlichen Versicherung geboten erscheinen lassen.

---

[1] Vgl. dazu auch BFH vom 4. 3. 1999 (BFH/NV 1999 S. 1302).

9 **BFH vom 4. 3. 2008 – VII B 13/07 (BFH/NV 2008 S. 1104)**

Die Bestimmung des Termins zur Abgabe eines Vermögensverzeichnisses und der eidesstattlichen Versicherung ist ein unselbständiger Teil der Aufforderung zur Vorlage eines Vermögensverzeichnisses und zur Abgabe einer eidesstattlichen Versicherung. Eine neue Terminsbestimmung nach Bestandskraft der angefochtenen Anordnung verschafft der Ladung keinen über die bloße Wiederholung des bisherigen hinausgehenden Regelungsgehalt und damit keine neuerliche Anfechtbarkeit.

10 **BFH vom 22. 6. 2009 – VII B 204/08 (BFH/NV 2009 S. 1780)**

1. Allein aus dem Umstand, dass das FA kurz vor dem Verhandlungstermin einen weiteren Vollstreckungsversuch beim Kläger unternommen hat, kann sich in dem Rechtsstreit gegen die Anforderung eines Vermögensverzeichnisses und der eidesstattlichen Versicherung keine Notwendigkeit für weiteren Vortrag ergeben, die eine Vertagung rechtfertigen könnte. Denn wenn die Anordnung zur Abgabe der eidesstattlichen Versicherung im Zeitpunkt der gerichtlichen Entscheidung noch nicht vollzogen ist, sind für die gerichtliche Überprüfung dieser Ermessensentscheidung die tatsächlichen Verhältnisse im Zeitpunkt der Einspruchsentscheidung maßgebend.

2. Nach erfolglosen Vollstreckungsmaßnahmen darf das FA das Verfahren nach § 284 AO ermessensfehlerfrei betreiben, weil diese – anders als das unter dem psychologischen Druck des Verfahrens nach § 284 AO erwirkte Vermögensverzeichnis – regelmäßig keine zuverlässige Kenntnis über die Vermögensverhältnisse bringen.

11 **BFH vom 21. 6. 2010 – VII R 27/08 (BStBl 2011 II S. 331)**

1. Ein Verlangen des FA, ein Vermögensverzeichnis vorzulegen und dessen Richtigkeit an Eides statt zu versichern, ist nicht allein deshalb nichtig, weil die Schonfrist des § 284 Abs. 4 Satz 1 AO nicht gewährt worden ist, auch dafür ein rechtfertigender Grund vorliegt.

2. Wird das Verlangen vom FA aus diesem Grunde zurückgenommen, entfällt die verjährungsunterbrechende Wirkung des Verlangens dadurch grundsätzlich nicht.

3. Eine von der Behörde dem Zahlungspflichtigen bekannt gegebene Maßnahme, aus der sich der Wille der Behörde ergibt, an ihrer Steuerforderung festzuhalten und diese durchzusetzen, unterbricht die Zahlungsverjährung auch dann, wenn es sich bei dieser Maßnahme um einen Verwaltungsakt handelt, der rechtswidrig oder nichtig oder rückwirkend aufgehoben worden ist.

II. Vollstreckung in Sachen (§§ 285–308)

§ 285 Vollziehungsbeamte

(1) Die Vollstreckungsbehörde führt die Vollstreckung in bewegliche Sachen durch Vollziehungsbeamte aus.

(2) Dem Vollstreckungsschuldner und Dritten gegenüber wird der Vollziehungsbeamte zur Vollstreckung durch schriftlichen oder elektronischen Auftrag der Vollstreckungsbehörde ermächtigt; der Auftrag ist auf Verlangen vorzuzeigen.

§ 286 Vollstreckung in Sachen

(1) Sachen, die im Gewahrsam des Vollstreckungsschuldners sind, pfändet der Vollziehungsbeamte dadurch, dass er sie in Besitz nimmt.

(2) ¹Andere Sachen als Geld, Kostbarkeiten und Wertpapiere sind im Gewahrsam des Vollstreckungsschuldners zu lassen, wenn die Befriedigung hierdurch nicht gefährdet wird. ²Bleiben die Sachen im Gewahrsam des Vollstreckungsschuldners, so ist die Pfändung nur wirksam, wenn sie durch Anlegung von Siegeln oder in sonstiger Weise ersichtlich gemacht ist.

(3) Der Vollziehungsbeamte hat dem Vollstreckungsschuldner die Pfändung mitzuteilen.

(4) Diese Vorschriften gelten auch für die Pfändung von Sachen im Gewahrsam eines Dritten, der zu ihrer Herausgabe bereit ist.

§ 287 Befugnisse des Vollziehungsbeamten

(1) Der Vollziehungsbeamte ist befugt, die Wohn- und Geschäftsräume sowie die Behältnisse des Vollstreckungsschuldners zu durchsuchen, soweit dies der Zweck der Vollstreckung erfordert.

(2) Er ist befugt, verschlossene Türen und Behältnisse öffnen zu lassen.

(3) Wenn er Widerstand findet, kann er Gewalt anwenden und hierzu um Unterstützung durch Polizeibeamte nachsuchen.

(4) [1]Die Wohn- und Geschäftsräume des Vollstreckungsschuldners dürfen ohne dessen Einwilligung nur auf Grund einer richterlichen Anordnung durchsucht werden. [2]Dies gilt nicht, wenn die Einholung der Anordnung den Erfolg der Durchsuchung gefährden würde. [3]Für die richterliche Anordnung einer Durchsuchung ist das Amtsgericht zuständig, in dessen Bezirk die Durchsuchung vorgenommen werden soll.

(5) [1]Willigt der Vollstreckungsschuldner in die Durchsuchung ein oder ist eine Anordnung gegen ihn nach Absatz 4 Satz 1 ergangen oder nach Absatz 4 Satz 2 entbehrlich, so haben Personen, die Mitgewahrsam an den Wohn- oder Geschäftsräumen des Vollstreckungsschuldners haben, die Durchsuchung zu dulden. [2]Unbillige Härten gegenüber Mitgewahrsaminhabern sind zu vermeiden.

(6) Die Anordnung nach Absatz 4 ist bei der Vollstreckung vorzuzeigen.

Rechtsprechung

BFH vom 12. 5. 1980 – VII B 9/80 (BStBl 1980 II S. 399) 1

1. Vor Erlaß einer richterlichen Durchsuchungsermächtigung hat das Gericht zu prüfen, ob die formellen allgemeinen Vollstreckungsvoraussetzungen gegeben sind.
2. Im Regelfall ist die Durchsuchungsermächtigung zu befristen.
3. Die Durchsuchungsermächtigung ist dem Vollstreckungsschuldner nicht zuzustellen.

BVerfG vom 16. 6. 1981 – 1 BvR 1094/80 (HFR 1981 S. 484) 2

1. Der Richtervorbehalt des Art. 13 Abs. 2 GG erstreckt sich auch auf die Wohnungsdurchsuchung des Vollziehungsbeamten gemäß § 287 AO.
2. Zum Prüfungsumfang und zur Gewährung vorherigen rechtlichen Gehörs bei richterlicher Durchsuchungsanordnung gemäß Art. 13 Abs. 2 GG zum Zwecke der Zwangsvollstreckung.

BFH vom 4. 10. 1988 – VII R 59/86 (HFR 1989 S. 62) 3

1. Das bloße Betreten und Besichtigen von Geschäfts- oder Betriebsräumen des Steuerpflichtigen durch Vollziehungsbeamte des FA ist auch ohne richterlichen Durchsuchungsbeschluß zulässig. Das gilt auch für das Verweilen in diesen Räumen mit der Absicht, nach erfolgloser Zahlungsaufforderung zu einer Sachpfändung zu schreiten.
2. Die Pfändung von offen ausgelegten Waren oder Gegenständen, die für die Vollziehungsbeamten ohne weiteres Nachforschen zugänglich sind, stellt noch keine Durchsuchungshandlung i.S. von Art. 13 Abs. 2 GG dar. Durchsuchungshandlungen, für die es einer richterlichen Anordnung bedarf, liegen erst dann vor, wenn die zu pfändenden Gegenstände aus Schränken, Schubladen oder ähnlichen, den Vollziehungsbeamten nicht ohne weiteres zugänglichen Behältnissen oder Orten entnommen werden.

BFH vom 16. 1. 2007 – VII S 23/06 (BFH/NV 2007 S. 1463) 4

Für die Klage auf Feststellung der Rechtswidrigkeit des Durchsuchungsbeschlusses des Amtsgerichts ist der Rechtsweg zum FG nicht gegeben.

§ 288 Zuziehung von Zeugen

Wird bei einer Vollstreckungshandlung Widerstand geleistet oder ist bei einer Vollstreckungshandlung in den Wohn- oder Geschäftsräumen des Vollstreckungsschuldners weder der Vollstreckungsschuldner noch eine Person, die zu seiner Familie gehört oder bei ihm beschäftigt ist, gegenwärtig, so hat der Vollziehungsbeamte zwei Erwachsene oder einen Gemeinde- oder Polizeibeamten als Zeugen zuzuziehen.

§ 289 Zeit der Vollstreckung

(1) Zur Nachtzeit (§ 758a Absatz 4 Satz 2 der Zivilprozessordnung) sowie an Sonntagen und staatlich anerkannten allgemeinen Feiertagen darf eine Vollstreckungshandlung nur mit schriftlicher oder elektronischer Erlaubnis der Vollstreckungsbehörde vorgenommen werden.

(2) Die Erlaubnis ist auf Verlangen bei der Vollstreckungshandlung vorzuzeigen.

§ 290 Aufforderungen und Mitteilungen des Vollziehungsbeamten

Die Aufforderungen und die sonstigen Mitteilungen, die zu den Vollstreckungshandlungen gehören, sind vom Vollziehungsbeamten mündlich zu erlassen und vollständig in die Niederschrift aufzunehmen; können sie mündlich nicht erlassen werden, so hat die Vollstreckungsbehörde demjenigen, an den die Aufforderung oder Mitteilung zu richten ist, eine Abschrift der Niederschrift zu senden.

§ 291 Niederschrift

(1) Der Vollziehungsbeamte hat über jede Vollstreckungshandlung eine Niederschrift aufzunehmen.

(2) Die Niederschrift muss enthalten:
1. Ort und Zeit der Aufnahme,
2. den Gegenstand der Vollstreckungshandlung unter kurzer Erwähnung der Vorgänge,
3. die Namen der Personen, mit denen verhandelt worden ist,
4. die Unterschriften der Personen und die Bemerkung, dass nach Vorlesung oder Vorlegung zur Durchsicht und nach Genehmigung unterzeichnet sei,
5. die Unterschrift des Vollziehungsbeamten.

(3) Hat einem der Erfordernisse unter Absatz 2 Nr. 4 nicht genügt werden können, so ist der Grund anzugeben.

(4) ¹Die Niederschrift kann auch elektronisch erstellt werden. ²Absatz 2 Nr. 4 und 5 sowie § 87a Abs. 4 Satz 2 gelten nicht.

§ 292 Abwendung der Pfändung

(1) Der Vollstreckungsschuldner kann die Pfändung nur abwenden, wenn er den geschuldeten Betrag an den Vollziehungsbeamten zahlt oder nachweist, dass ihm eine Zahlungsfrist bewilligt worden ist oder dass die Schuld erloschen ist.

(2) Absatz 1 gilt entsprechend, wenn der Vollstreckungsschuldner eine Entscheidung vorlegt, aus der sich die Unzulässigkeit der vorzunehmenden Pfändung ergibt oder wenn er eine Post- oder Bankquittung vorlegt, aus der sich ergibt, dass er den geschuldeten Betrag eingezahlt hat.

§ 293 Pfand- und Vorzugsrechte Dritter

(1) ¹Der Pfändung einer Sache kann ein Dritter, der sich nicht im Besitz der Sache befindet, auf Grund eines Pfand- oder Vorzugsrechtes nicht widersprechen. ²Er kann jedoch vorzugsweise Befriedigung aus dem Erlös verlangen ohne Rücksicht darauf, ob seine Forderung fällig ist oder nicht.

(2) ¹Für eine Klage auf vorzugsweise Befriedigung ist ausschließlich zuständig das ordentliche Gericht, in dessen Bezirk gepfändet worden ist. ²Wird die Klage gegen die Körperschaft, der die Vollstreckungsbehörde angehört, und gegen den Vollstreckungsschuldner gerichtet, so sind sie Streitgenossen.

§ 294 Ungetrennte Früchte

(1) ¹Früchte, die vom Boden noch nicht getrennt sind, können gepfändet werden, solange sie nicht durch Vollstreckung in das unbewegliche Vermögen in Beschlag genommen worden sind. ²Sie dürfen nicht früher als einen Monat vor der gewöhnlichen Zeit der Reife gepfändet werden.

(2) Ein Gläubiger, der ein Recht auf Befriedigung aus dem Grundstück hat, kann der Pfändung nach § 262 widersprechen, wenn nicht für einen Anspruch gepfändet ist, der bei der Vollstreckung in das Grundstück vorgeht.

§ 295 Unpfändbarkeit von Sachen

¹Die §§ 811 bis 812 und 813 Abs. 1 bis 3 der Zivilprozessordnung sowie die Beschränkungen und Verbote, die nach anderen gesetzlichen Vorschriften für die Pfändung von Sachen bestehen, gelten entsprechend. ²An die Stelle des Vollstreckungsgerichts tritt die Vollstreckungsbehörde.

Rechtsprechung

BFH vom 30. 9. 1997 – VII B 67/97 (HFR 1998 S. 344)

1. Drittschuldner bei der Rechtspfändung nach § 321 AO 1977 ist jeder an dem Vermögensrecht außer dem Vollstreckungsschuldner irgendwie Beteiligte, bei Miteigentum also der oder die Miteigentümer.
2. Grundsätzlich muß die Pfändungsverfügung die zu pfändende Forderung des Schuldners an den Drittschuldner so bestimmt bezeichnen, daß auch für einen unbeteiligten Dritten feststeht, welche Forderung Gegenstand der Zwangsvollstreckung ist.
3. Es obliegt demjenigen, der die Unpfändbarkeit einwendet, Tatsachen bei Gericht vorzubringen, aufgrund derer es dem Gericht möglich ist, den Bedarf i. S. des § 811 Nr. 1 ZPO zu prüfen, um damit die Frage der Unpfändbarkeit beurteilen zu können.

BAG vom 17. 2. 2009 – 9 AZR 676/07 (BB 2009 S. 1303)

Der Pfändungsschutz für Arbeitseinkommen kann nicht durch eine Vereinbarung umgangen werden, in der dem Arbeitgeber die Befugnis eingeräumt wird, eine monatliche Beteiligung des Arbeitnehmers an der Reinigung und Pflege der Berufskleidung mit dem monatlichen Nettoentgelt ohne Rücksicht auf Pfändungsfreigrenzen zu „verrechnen".

§ 296 Verwertung

(1) ¹Die gepfändeten Sachen sind auf schriftliche Anordnung der Vollstreckungsbehörde öffentlich zu versteigern. ²Eine öffentliche Versteigerung ist
1. die Versteigerung vor Ort oder
2. die allgemein zugängliche Versteigerung im Internet über die Plattform www.zoll-auktion.de.

³Die Versteigerung erfolgt in der Regel durch den Vollziehungsbeamten. ⁴§ 292 gilt entsprechend.

(2) Bei Pfändung von Geld gilt die Wegnahme als Zahlung des Vollstreckungsschuldners.

§ 297 Aussetzung der Verwertung

Die Vollstreckungsbehörde kann die Verwertung gepfändeter Sachen unter Anordnung von Zahlungsfristen zeitweilig aussetzen, wenn die alsbaldige Verwertung unbillig wäre.

§ 298 Versteigerung

(1) Die gepfändeten Sachen dürfen nicht vor Ablauf einer Woche seit dem Tag der Pfändung versteigert werden, sofern sich nicht der Vollstreckungsschuldner mit einer früheren Versteigerung einverstanden erklärt oder diese erforderlich ist, um die Gefahr einer beträchtlichen Wertverringerung abzuwenden oder unverhältnismäßige Kosten längerer Aufbewahrung zu vermeiden.

(2) ^{1}Zeit und Ort der Versteigerung sind öffentlich bekannt zu machen; dabei sind die Sachen, die versteigert werden sollen, im Allgemeinen zu bezeichnen. ^{2}Auf Ersuchen der Vollstreckungsbehörde hat ein Gemeindebediensteter oder ein Polizeibeamter der Versteigerung beizuwohnen. ^{3}Die Sätze 1 und 2 gelten nicht für eine Versteigerung nach § 296 Absatz 1 Satz 2 Nummer 2.

(3) § 1239 Absatz 1 Satz 1 des Bürgerlichen Gesetzbuchs gilt entsprechend; bei der Versteigerung vor Ort (§ 296 Absatz 1 Satz 2 Nummer 1) ist auch § 1239 Absatz 2 des Bürgerlichen Gesetzbuchs entsprechend anzuwenden.

§ 299 Zuschlag

(1) ^{1}Bei der Versteigerung vor Ort (§ 296 Absatz 1 Satz 2 Nummer 1) soll dem Zuschlag an den Meistbietenden ein dreimaliger Aufruf vorausgehen. ^{2}Bei einer Versteigerung im Internet (§ 296 Absatz 1 Satz 2 Nummer 2) ist der Zuschlag der Person erteilt, die am Ende der Versteigerung das höchste Gebot abgegeben hat, es sei denn, die Versteigerung wird vorzeitig abgebrochen; sie ist von dem Zuschlag zu benachrichtigen. ^{3}§ 156 des Bürgerlichen Gesetzbuchs gilt entsprechend.

(2) ^{1}Die Aushändigung einer zugeschlagenen Sache darf nur gegen bare Zahlung geschehen. ^{2}Bei einer Versteigerung im Internet darf die zugeschlagene Sache auch ausgehändigt werden, wenn die Zahlung auf dem Konto der Finanzbehörde gutgeschrieben ist. ^{3}Wird die zugeschlagene Sache übersandt, so gilt die Aushändigung mit der Übergabe an die zur Ausführung der Versendung bestimmte Person als bewirkt.

(3) ^{1}Hat der Meistbietende nicht zu der in den Versteigerungsbedingungen bestimmten Zeit oder in Ermangelung einer solchen Bestimmung nicht vor dem Schluss des Versteigerungstermins die Aushändigung gegen Zahlung des Kaufgeldes verlangt, so wird die Sache anderweitig versteigert. ^{2}Der Meistbietende wird zu einem weiteren Gebot nicht zugelassen; er haftet für den Ausfall, auf den Mehrerlös hat er keinen Anspruch.

(4) ^{1}Wird der Zuschlag dem Gläubiger erteilt, so ist dieser von der Verpflichtung zur baren Zahlung so weit befreit, als der Erlös nach Abzug der Kosten der Vollstreckung zu seiner Befriedigung zu verwenden ist. ^{2}Soweit der Gläubiger von der Verpflichtung zur baren Zahlung befreit ist, gilt der Betrag als von dem Schuldner an den Gläubiger gezahlt.

§ 300 Mindestgebot

(1) ^{1}Der Zuschlag darf nur auf ein Gebot erteilt werden, das mindestens die Hälfte des gewöhnlichen Verkaufswertes der Sache erreicht (Mindestgebot). ^{2}Der gewöhnliche Verkaufswert und das Mindestgebot sollen bei dem Ausbieten bekannt gegeben werden.

(2) ^{1}Wird der Zuschlag nicht erteilt, weil ein das Mindestgebot erreichendes Gebot nicht abgegeben worden ist, so bleibt das Pfandrecht bestehen. ^{2}Die Vollstreckungsbehörde kann jederzeit einen neuen Versteigerungstermin bestimmen oder eine anderweitige Verwertung der gepfändeten Sachen nach § 305 anordnen. ^{3}Wird die anderweitige Verwertung angeordnet, so gilt Absatz 1 entsprechend.

(3) ^{1}Gold- und Silbersachen dürfen auch nicht unter ihrem Gold- oder Silberwert zugeschlagen werden. ^{2}Wird ein den Zuschlag gestattendes Gebot nicht abgegeben, so können die Sachen auf Anordnung der Vollstreckungsbehörde aus freier Hand verkauft werden. ^{3}Der Verkaufspreis darf den Gold- oder Silberwert und die Hälfte des gewöhnlichen Verkaufswertes nicht unterschreiten.

§ 301 Einstellung der Versteigerung

(1) Die Versteigerung wird eingestellt, sobald der Erlös zur Deckung der beizutreibenden Beträge einschließlich der Kosten der Vollstreckung ausreicht.

(2) ¹Die Empfangnahme des Erlöses durch den versteigernden Beamten gilt als Zahlung des Vollstreckungsschuldners, es sei denn, dass der Erlös hinterlegt wird (§ 308 Abs. 4). ²Als Zahlung im Sinne von Satz 1 gilt bei einer Versteigerung im Internet auch der Eingang des Erlöses auf dem Konto der Finanzbehörde.

§ 302 Wertpapiere

Gepfändete Wertpapiere, die einen Börsen- oder Marktpreis haben, sind aus freier Hand zum Tageskurs zu verkaufen; andere Wertpapiere sind nach den allgemeinen Vorschriften zu versteigern.

§ 303 Namenspapiere

Lautet ein gepfändetes Wertpapier auf einen Namen, so ist die Vollstreckungsbehörde berechtigt, die Umschreibung auf den Namen des Käufers oder, wenn es sich um ein auf einen Namen umgeschriebenes Inhaberpapier handelt, die Rückverwandlung in ein Inhaberpapier zu erwirken und die hierzu erforderlichen Erklärungen an Stelle des Vollstreckungsschuldners abzugeben.

§ 304 Versteigerung ungetrennter Früchte

¹Gepfändete Früchte, die vom Boden noch nicht getrennt sind, dürfen erst nach der Reife versteigert werden. ²Der Vollziehungsbeamte hat sie abernten zu lassen, wenn er sie nicht vor der Trennung versteigert.

§ 305 Besondere Verwertung

Auf Antrag des Vollstreckungsschuldners oder aus besonderen Zweckmäßigkeitsgründen kann die Vollstreckungsbehörde anordnen, dass eine gepfändete Sache in anderer Weise oder an einem anderen Ort, als in den vorstehenden Paragraphen bestimmt ist, zu verwerten oder durch eine andere Person als den Vollziehungsbeamten zu versteigern sei.

§ 306 Vollstreckung in Ersatzteile von Luftfahrzeugen

(1) Für die Vollstreckung in Ersatzteile, auf die sich ein Registerpfandrecht an einem Luftfahrzeug nach § 71 des Gesetzes über Rechte an Luftfahrzeugen erstreckt, gilt § 100 des Gesetzes über Rechte an Luftfahrzeugen; an die Stelle des Gerichtsvollziehers tritt der Vollziehungsbeamte.

(2) Absatz 1 gilt für die Vollstreckung in Ersatzteile, auf die sich das Recht an einem ausländischen Luftfahrzeug erstreckt, mit der Maßgabe, dass die Vorschriften des § 106 Abs. 1 Nr. 2 und Abs. 4 des Gesetzes über Rechte an Luftfahrzeugen zu berücksichtigen sind.

§ 307 Anschlusspfändung

(1) ¹Zur Pfändung bereits gepfändeter Sachen genügt die in die Niederschrift aufzunehmende Erklärung des Vollziehungsbeamten, dass er die Sache für die zu bezeichnende Forderung pfändet. ²Dem Vollstreckungsschuldner ist die weitere Pfändung mitzuteilen.

(2) ¹Ist die erste Pfändung für eine andere Vollstreckungsbehörde oder durch einen Gerichtsvollzieher erfolgt, so ist dieser Vollstreckungsbehörde oder dem Gerichtsvollzieher eine Abschrift der Niederschrift zu übersenden. ²Die gleiche Pflicht hat ein Gerichtsvollzieher, der eine Sache pfändet, die bereits im Auftrag einer Vollstreckungsbehörde gepfändet ist.

§ 308 Verwertung bei mehrfacher Pfändung

(1) Wird dieselbe Sache mehrfach durch Vollziehungsbeamte oder durch Vollziehungsbeamte und Gerichtsvollzieher gepfändet, so begründet ausschließlich die erste Pfändung die Zuständigkeit zur Versteigerung.

(2) Betreibt ein Gläubiger die Versteigerung, so wird für alle beteiligten Gläubiger versteigert.

(3) Der Erlös wird nach der Reihenfolge der Pfändungen oder nach abweichender Vereinbarung der beteiligten Gläubiger verteilt.

(4) ¹Reicht der Erlös zur Deckung der Forderungen nicht aus und verlangt ein Gläubiger, für den die zweite oder eine spätere Pfändung erfolgt ist, ohne Zustimmung der übrigen beteiligten Gläubiger eine andere Verteilung als nach der Reihenfolge der Pfändungen, so ist die Sachlage unter Hinterlegung des Erlöses dem Amtsgericht, in dessen Bezirk gepfändet ist, anzuzeigen. ²Der Anzeige sind die Schriftstücke, die sich auf das Verfahren beziehen, beizufügen. ³Für das Verteilungsverfahren gelten die §§ 873 bis 882 der Zivilprozessordnung.

(5) Wird für verschiedene Gläubiger gleichzeitig gepfändet, so finden die Vorschriften der Absätze 2 bis 4 mit der Maßgabe Anwendung, dass der Erlös nach dem Verhältnis der Forderungen verteilt wird.

III. Vollstreckung in Forderungen und andere Vermögensrechte (§§ 309–321)

§ 309 Pfändung einer Geldforderung

(1) ¹Soll eine Geldforderung gepfändet werden, so hat die Vollstreckungsbehörde dem Drittschuldner schriftlich zu verbieten, an den Vollstreckungsschuldner zu zahlen, und dem Vollstreckungsschuldner schriftlich zu gebieten, sich jeder Verfügung über die Forderung, insbesondere ihrer Einziehung, zu enthalten (Pfändungsverfügung). ²Die elektronische Form ist ausgeschlossen.

(2) ¹Die Pfändung ist bewirkt, wenn die Pfändungsverfügung dem Drittschuldner zugestellt ist. ²Die an den Drittschuldner zuzustellende Pfändungsverfügung soll den beizutreibenden Geldbetrag nur in einer Summe, ohne Angabe der Steuerarten und der Zeiträume, für die er geschuldet wird, bezeichnen. ³Die Zustellung ist dem Vollstreckungsschuldner mitzuteilen.

(3) *¹Bei Pfändung des Guthabens eines Kontos des Vollstreckungsschuldners bei einem Kreditinstitut gelten die §§ 833a und 850l der Zivilprozessordnung entsprechend. ²§ 850l der Zivilprozessordnung gilt mit der Maßgabe, dass Anträge bei dem nach § 828 Abs. 2 der Zivilprozessordnung zuständigen Vollstreckungsgericht zu stellen sind.*

Rechtsprechung

Siehe auch Rechtsprechung zu § 260 AO.

1 BFH vom 20. 12. 1983 – VII R 80/80 (BStBl 1984 II S. 419)

1. Der Anspruch des Bankkunden aus dem Girovertrag auf Auszahlung des sich zwischen den Rechnungsabschlüssen ergebenden Tagesguthabens unterliegt der Pfändung.
2. Kontokorrentgebundene Habenposten begründen keine pfändbaren Auszahlungsansprüche.

2 BFH vom 24. 7. 1984 – VII R 135/83 (BStBl 1984 II S. 740)

Die Rechtmäßigkeit einer Verwaltungsverfügung, durch die eine Forderung gepfändet und deren Einziehung angeordnet werden soll, ist grundsätzlich nicht von der Klärung der Frage abhängig, ob die Forderung besteht.

---

1) § 309 Abs. 3 AO neu gefasst durch Art. 7 Abs. 3 Nr. 1 des Gesetzes zur Reform des Kontopfändungsschutzes vom 7. 7. 2009 (BGBl. 2009 I S. 1707) mit Wirkung ab 1. 1. 2012.

BFH vom 24. 7. 1990 – VII R 62/89 (BStBl 1990 II S. 946)   3

Im Verwaltungszwangsverfahren kann die Pfändung eines Steuererstattungsanspruchs durch den zuständigen Beamten bereits vor der Entstehung des Anspruchs (Ablauf des Veranlagungszeitraums oder Ausgleichsjahres) – einschließlich der Schlußzeichnung der Pfändungs- und Einziehungsverfügung – vorbereitet werden.

Die Pfändungs- und Einziehungsverfügung wird erst zu dem Zeitpunkt erlassen (erwirkt), in dem die Verfügung den internen Bereich der Vollstreckungsbehörde verlassen hat, indem sie zum Zwecke der Zustellung an den Drittschuldner (FA) der Post oder dem Zustellungsdienst der Behörde übergeben worden ist.

BFH vom 12. 6. 1991 – VII R 54/90 (BStBl 1991 II S. 747)   4

Die Pfändung einer Kapitallebensversicherung wird auch dann nicht durch § 54 SGB I oder durch §§ 850 ff. ZPO ausgeschlossen oder beschränkt, wenn die Versicherung eine „befreiende" gemäß Art. 2 § 1 des Gesetzes zur Neuregelung des Angestelltenversicherungs-Neuregelungsgesetzes (AnVNG) vom 23. Februar 1957 (BGBl. I S. 88) ist und Voraussetzung für die Entlassung aus der gesetzlichen Rentenversicherung war.

BFH vom 20. 8. 1991 – VII R 86/90 (BStBl 1991 II S. 869)   5

1. Zukünftig entstehende oder fällig werdende Ansprüche können grundsätzlich abgetreten, verpfändet und gepfändet werden, sofern für die zukünftige Forderung eine ausreichend konkretisierte rechtliche Grundlage besteht.
2. Für die gemäß § 54 Abs. 3 Nr. 2 SGB I erforderliche Prüfung, daß durch die Pfändung der zukünftigen Forderung im Zeitpunkt der späteren Fälligkeit der Rente keine Hilfebedürftigkeit im Sinne der Vorschriften des BSHG über die Hilfe zum Lebensunterhalt eintreten wird, reicht es aus, wenn nach einer im Pfändungszeitpunkt durchzuführenden Prognose nach den zu diesem Zeitpunkt erkennbaren Umständen nichts für den Eintritt der Hilfebedürftigkeit spricht.

BFH vom 30. 9. 1997 – VII B 67/97 (HFR 1998 S. 344)[1]   6

Grundsätzlich muss die Pfändungsverfügung die zu pfändende Forderung des Schuldners an den Drittschuldner so bestimmt bezeichnen, dass auch für einen unbeteiligten Dritten feststeht, welche Forderung Gegenstand der Zwangsvollstreckung ist.

BFH vom 18. 7. 2000 – VII R 101/98 (BStBl 2001 II S. 5)   7

1. Der Verhältnismäßigkeitsgrundsatz verbietet es der Finanzbehörde, Forderungen zu pfänden, ohne dass ein hinreichender Anhalt dafür besteht, dass die Pfändung zu ihrer Befriedigung führen kann; dabei ist das Interesse des Vollstreckungsschuldners zu berücksichtigen, dass anderen seine Steuerschulden nicht bekannt werden.
2. In der dem Drittschuldner zuzustellenden Pfändungsverfügung ist anstelle der Bezeichnung des Schuldgrundes zumindest die Summe des beizutreibenden Geldbetrages anzugeben. Das Steuergeheimnis steht dem nicht entgegen.
3. Das Steuergeheimnis verlangt nicht, vor Erlass einer Pfändungsverfügung beim Drittschuldner wegen des Bestandes einer Forderung des Vollstreckungsschuldners anzufragen.

BFH vom 22. 10. 2002 – VII R 56/00 (BStBl 2003 II S. 109)   8

1. Eine Pfändungs- und Einziehungsverfügung, der ein mangels Bekanntgabe nicht wirksam gewordener Steuerbescheid und damit kein wirksamer Vollstreckungstitel und kein Leistungsgebot zugrunde liegt, ist (entgegen der früheren Rechtsprechung des Senats) nicht nichtig, sondern (anfechtbar) rechtswidrig.
2. Die in § 249 Abs. 1 und § 254 Abs. 1 AO genannten Vollstreckungsvoraussetzungen sind besondere, unabdingbare Statthaftigkeitsvoraussetzungen einer rechtmäßigen Vollstreckung, deren Fehlen bei Beginn der Vollstreckungshandlungen zu einem – auch durch Nachholung der Voraussetzungen während des Vollstreckungsverfahrens – nicht heilbaren Rechtsfehler und bei Anfechtung zur ersatzlosen Aufhebung der dennoch ausgebrachten Vollstreckungsmaßnahme führt.

BFH vom 12. 4. 2005 – VII R 7/03 (BStBl 2005 II S. 543)   9

Bei der Pfändung künftiger Forderungen entsteht das Pfändungspfandrecht nicht bereits mit der Zustellung der Pfändungsverfügung an den Drittschuldner, sondern erst mit der (späteren) Entste-

---

[1] Vgl. daneben die Leitsätze unter AO 295/1.

hung der Forderung. Das Pfändungspfandrecht als Sicherung i.S. des § 88 InsO ist daher erst dann erlangt, wenn die Forderung entsteht. Liegt dieser Zeitpunkt im letzten Monat vor dem Antrag auf Eröffnung des Insolvenzverfahrens, ist die Sicherung nicht insolvenzfest; sie wird mit der Eröffnung des Insolvenzverfahrens ipso iure unwirksam.

§ 310 Pfändung einer durch Hypothek gesicherten Forderung

(1) ¹Zur Pfändung einer Forderung, für die eine Hypothek besteht, ist außer der Pfändungsverfügung die Aushändigung des Hypothekenbriefes an die Vollstreckungsbehörde erforderlich. ²Die Übergabe gilt als erfolgt, wenn der Vollziehungsbeamte den Brief wegnimmt. ³Ist die Erteilung des Hypothekenbriefes ausgeschlossen, so muss die Pfändung in das Grundbuch eingetragen werden; die Eintragung erfolgt auf Grund der Pfändungsverfügung auf Ersuchen der Vollstreckungsbehörde.

(2) Wird die Pfändungsverfügung vor der Übergabe des Hypothekenbriefes oder der Eintragung der Pfändung dem Drittschuldner zugestellt, so gilt die Pfändung diesem gegenüber mit der Zustellung als bewirkt.

(3) ¹Diese Vorschriften gelten nicht, soweit Ansprüche auf die in § 1159 des Bürgerlichen Gesetzbuchs bezeichneten Leistungen gepfändet werden. ²Das Gleiche gilt bei einer Sicherungshypothek im Fall des § 1187 des Bürgerlichen Gesetzbuchs von der Pfändung der Hauptforderung.

§ 311 Pfändung einer durch Schiffshypothek oder Registerpfandrecht an einem Luftfahrzeug gesicherten Forderung

(1) Die Pfändung einer Forderung, für die eine Schiffshypothek besteht, bedarf der Eintragung in das Schiffsregister oder das Schiffsbauregister.

(2) Die Pfändung einer Forderung, für die ein Registerpfandrecht an einem Luftfahrzeug besteht, bedarf der Eintragung in das Register für Pfandrechte an Luftfahrzeugen.

(3) ¹Die Pfändung nach den Absätzen 1 und 2 wird auf Grund der Pfändungsverfügung auf Ersuchen der Vollstreckungsbehörde eingetragen. ²§ 310 Abs. 2 gilt entsprechend.

(4) ¹Die Absätze 1 bis 3 sind nicht anzuwenden, soweit es sich um die Pfändung der Ansprüche auf die in § 53 des Gesetzes über Rechte an eingetragenen Schiffen und Schiffsbauwerken und auf die in § 53 des Gesetzes über Rechte an Luftfahrzeugen bezeichneten Leistungen handelt. ²Das Gleiche gilt, wenn bei einer Schiffshypothek für eine Forderung aus einer Schuldverschreibung auf den Inhaber, aus einem Wechsel oder aus einem anderen durch Indossament übertragbaren Papier die Hauptforderung gepfändet ist.

(5) Für die Pfändung von Forderungen, für die ein Recht an einem ausländischen Luftfahrzeug besteht, gilt § 106 Abs. 1 Nr. 3 und Abs. 5 des Gesetzes über Rechte an Luftfahrzeugen.

§ 312 Pfändung einer Forderung aus indossablen Papieren

Forderungen aus Wechseln und anderen Papieren, die durch Indossament übertragen werden können, werden dadurch gepfändet, dass der Vollziehungsbeamte die Papiere in Besitz nimmt.

§ 313 Pfändung fortlaufender Bezüge

(1) Das Pfandrecht, das durch die Pfändung einer Gehaltsforderung oder einer ähnlichen in fortlaufenden Bezügen bestehenden Forderung erworben wird, erstreckt sich auch auf die Beträge, die später fällig werden.

(2) ¹Die Pfändung eines Diensteinkommens trifft auch das Einkommen, das der Vollstreckungsschuldner bei Versetzung in ein anderes Amt, Übertragung eines neuen Amts oder einer Gehaltserhöhung zu beziehen hat. ²Dies gilt nicht bei Wechsel des Dienstherrn.

(3) Endet das Arbeits- oder Dienstverhältnis und begründen Vollstreckungsschuldner und Drittschuldner innerhalb von neun Monaten ein solches neu, so erstreckt sich die Pfändung auf die Forderung aus dem neuen Arbeits- und Dienstverhältnis.

§ 314 Einziehungsverfügung

(1) ¹Die Vollstreckungsbehörde ordnet die Einziehung der gepfändeten Forderung an. ²§ 309 Abs. 2 gilt entsprechend.

(2) Die Einziehungsverfügung kann mit der Pfändungsverfügung verbunden werden.

(3) Wird die Einziehung eines bei einem Geldinstitut gepfändeten Guthabens eines Vollstreckungsschuldners, der eine natürliche Person ist, angeordnet, so gilt § 835 Absatz 3 Satz 2 und Absatz 4 der Zivilprozessordnung entsprechend.

(4) Wird die Einziehung einer gepfändeten nicht wiederkehrend zahlbaren Vergütung eines Vollstreckungsschuldners, der eine natürliche Person ist, für persönlich geleistete Arbeiten oder Dienste oder sonstige Einkünfte, die kein Arbeitslohn sind, angeordnet, so gilt § 835 Absatz 5 der Zivilprozessordnung entsprechend.

Rechtsprechung

BFH vom 24. 7. 1984 – VII R 135/83 (BStBl 1984 II S. 740) [1]

Die Rechtmäßigkeit einer Verwaltungsverfügung, durch die eine Forderung gepfändet und deren Einziehung angeordnet werden soll, ist grundsätzlich nicht von der Klärung der Frage abhängig, ob die Forderung besteht.

BFH vom 11. 4. 2001 – VII B 304/00 (BStBl 2001 II S. 525) [2]

1. Wird nach Einziehung der gepfändeten Forderung mit der Fortsetzungsfeststellungsklage geltend gemacht, die Vollstreckungsbehörde habe den Geldbetrag unter Verstoß gegen ein gesetzliches Vollstreckungsverbot erlangt, so reicht die substantiierte Darlegung der Tatsachen, aus sich dieser Verstoß ergibt, verbunden mit der berechtigten Erwartung, die Vollstreckungsbehörde werde nach entsprechender Feststellung der Rechtswidrigkeit die Folgen der durch die Vollstreckungsmaßnahme bewirkten Vermögensverschiebung rückgängig machen, für die Annahme des erforderlichen besonderen Feststellungsinteresses aus.

2. Die Erwartung der Folgenbeseitigung ist berechtigt, wenn die Finanzbehörde den Gegenstand oder Geldbetrag unter Verstoß gegen ein Vollstreckungsverbot erlangt hat, denn in diesem Fall stellt die der Vollstreckung zugrunde liegende Steuerfestsetzung oder Steueranmeldung keinen Behaltensgrund dar.

§ 315 Wirkung der Einziehungsverfügung

(1) ¹Die Einziehungsverfügung ersetzt die förmlichen Erklärungen des Vollstreckungsschuldners, von denen nach bürgerlichem Recht die Berechtigung zur Einziehung abhängt. ²Sie genügt auch bei einer Forderung, für die eine Hypothek, Schiffshypothek oder ein Registerpfandrecht an einem Luftfahrzeug besteht. ³Zugunsten des Drittschuldners gilt eine zu Unrecht ergangene Einziehungsverfügung dem Vollstreckungsschuldner gegenüber so lange als rechtmäßig, bis sie aufgehoben ist und der Drittschuldner hiervon erfährt.

(2) ¹Der Vollstreckungsschuldner ist verpflichtet, die zur Geltendmachung der Forderung nötige Auskunft zu erteilen und die über die Forderung vorhandenen Urkunden herauszugeben. ²Erteilt der Vollstreckungsschuldner die Auskunft nicht, ist er auf Verlangen der Vollstreckungsbehörde verpflichtet, sie zu Protokoll zu geben und seine Angaben an Eides statt zu versichern. ³Die Vollstreckungsbehörde kann die eidesstattliche Versicherung der Lage der Sache entsprechend ändern. ⁴§ 284 Abs. 5, 6, 8 und 9 gilt sinngemäß. ⁵Die Vollstreckungsbehörde kann die

---
[1] § 314 Abs. 3 und 4 AO geändert durch Art. 4 des Zweiten Gesetzes zur erbrechtlichen Gleichstellung nichtehelicher Kinder, zur Änderung der Zivilprozessordnung und der Abgabenordnung vom 12. 4. 2011, BGBl. 2011 I S. 615 mit Wirkung ab 16. 4. 2011.

Urkunden durch den Vollziehungsbeamten wegnehmen lassen oder ihre Herausgabe nach §§ 328 bis 335 erzwingen.

(3) ¹Werden die Urkunden nicht vorgefunden, so hat der Vollstreckungsschuldner auf Verlangen der Vollstreckungsbehörde zu Protokoll an Eides statt zu versichern, dass er die Urkunden nicht besitze, auch nicht wisse, wo sie sich befinden. ²Absatz 2 Satz 3 und 4 gilt entsprechend.

(4) Hat ein Dritter die Urkunde, so kann die Vollstreckungsbehörde auch den Anspruch des Vollstreckungsschuldners auf Herausgabe geltend machen.

§ 316 Erklärungspflicht des Drittschuldners

(1) ¹Auf Verlangen der Vollstreckungsbehörde hat ihr der Drittschuldner binnen zwei Wochen, von der Zustellung der Pfändungsverfügung an gerechnet, zu erklären:
1. ob und inwieweit er die Forderung als begründet anerkenne und bereit sei zu zahlen,
2. ob und welche Ansprüche andere Personen an die Forderung erheben,
3. ob und wegen welcher Ansprüche die Forderung bereits für andere Gläubiger gepfändet sei;
4. *ob innerhalb der letzten zwölf Monate im Hinblick auf das Konto, dessen Guthaben gepfändet worden ist, nach § 850l der Zivilprozessordnung die Unpfändbarkeit des Guthabens angeordnet worden ist, und*
5. ob es sich bei dem Konto, dessen Guthaben gepfändet worden ist, um ein Pfändungsschutzkonto im Sinne von § 850k Abs. 7 der Zivilprozessordnung handelt.

²Die Erklärung des Drittschuldners zu Nummer 1 gilt nicht als Schuldanerkenntnis.

(2) ¹Die Aufforderung zur Abgabe dieser Erklärung kann in die Pfändungsverfügung aufgenommen werden. ²Der Drittschuldner haftet der Vollstreckungsbehörde für den Schaden, der aus der Nichterfüllung seiner Verpflichtung entsteht. ³Er kann zur Abgabe der Erklärung durch ein Zwangsgeld angehalten werden; § 334 ist nicht anzuwenden.

(3) Die §§ 841 bis 843 der Zivilprozessordnung sind anzuwenden.

§ 317 Andere Art der Verwertung

¹Ist die gepfändete Forderung bedingt oder betagt oder ihre Einziehung schwierig, so kann die Vollstreckungsbehörde anordnen, dass sie in anderer Weise zu verwerten ist; § 315 Abs. 1 gilt entsprechend. ²Der Vollstreckungsschuldner ist vorher zu hören, sofern nicht eine Bekanntgabe außerhalb des Geltungsbereiches des Gesetzes oder eine öffentliche Bekanntmachung erforderlich ist.

§ 318 Ansprüche auf Herausgabe oder Leistung von Sachen

(1) Für die Vollstreckung in Ansprüche auf Herausgabe oder Leistung von Sachen gelten außer den §§ 309 bis 317 die nachstehenden Vorschriften.

(2) ¹Bei der Pfändung eines Anspruchs, der eine bewegliche Sache betrifft, ordnet die Vollstreckungsbehörde an, dass die Sache an den Vollziehungsbeamten herauszugeben sei. ²Die Sache wird wie eine gepfändete Sache verwertet.

(3) ¹Bei Pfändung eines Anspruchs, der eine unbewegliche Sache betrifft, ordnet die Vollstreckungsbehörde an, dass die Sache an einen Treuhänder herauszugeben sei, den das Amtsgericht der belegenen Sache auf Antrag der Vollstreckungsbehörde bestellt. ²Ist der Anspruch auf Übertragung des Eigentums gerichtet, so ist dem Treuhänder als Vertreter des Vollstreckungsschuldners aufzulassen. ³Mit dem Übergang des Eigentums auf den Vollstreckungsschuldner erlangt die Körperschaft, der die Vollstreckungsbehörde angehört, eine Sicherungshypothek für die Forderung. ⁴Der Treuhänder hat die Eintragung der Sicherungshypothek zu bewilligen. ⁵Die Vollstreckung in die herausgegebene Sache wird nach den Vorschriften über die Vollstreckung in unbewegliche Sachen bewirkt.

---

1) § 316 Abs. 1 Nr. 4 AO neu gefasst durch Art. 7 Abs. 3 Nr. 2 des Gesetzes zur Reform des Kontopfändungsschutzes vom 7. 7. 2009 (BGBl. 2009 I S. 1707) mit Wirkung ab 1. 1. 2012.

(4) Absatz 3 gilt entsprechend, wenn der Anspruch ein im Schiffsregister eingetragenes Schiff, ein Schiffsbauwerk oder Schwimmdock, das im Schiffsbauregister eingetragen ist oder in dieses Register eingetragen werden kann, oder ein Luftfahrzeug betrifft, das in der Luftfahrzeugrolle eingetragen ist oder nach Löschung in der Luftfahrzeugrolle noch in dem Register für Pfandrechte an Luftfahrzeugen eingetragen ist.

(5) ¹Dem Treuhänder ist auf Antrag eine Entschädigung zu gewähren. ²Die Entschädigung darf die nach der Zwangsverwalterordnung festzusetzende Vergütung nicht übersteigen.

§ 319 Unpfändbarkeit von Forderungen

Beschränkungen und Verbote, die nach §§ 850 bis 852 der Zivilprozessordnung und anderen gesetzlichen Bestimmungen für die Pfändung von Forderungen und Ansprüchen bestehen, gelten sinngemäß.

Rechtsprechung

BFH vom 24. 10. 1996 – VII R 113/94 (BStBl 1997 II S. 308)   1

1. In der Verwaltungsvollstreckung nach der AO 1977 gilt § 850f Abs. 2 ZPO aufgrund § 319 AO sinngemäß. Mithin hat die Vollstreckungsbehörde darüber zu befinden, ob die Voraussetzungen für die Festsetzung eines die Pfändungsschutzgrenzen übersteigenden zusätzlichen Pfändungsbetrags erfüllt sind, ob insbesondere die zu vollstreckende Forderung auch unter dem Gesichtspunkt einer vorsätzlich begangenen unerlaubten Handlung i. S. der §§ 823 ff. BGB begründet ist.
2. Der Straftatbestand der Steuerhinterziehung (§ 370 AO) ist kein Schutzgesetz i. S. des § 823 Abs. 2 BGB.

BFH vom 16. 12. 2003 – VII R 24/02 (BStBl 2004 II S. 389)   2

Der Anspruch auf Auszahlung des aus dem Arbeitsentgelt gebildeten Eigengeldguthabens eines Strafgefangenen ist nach Maßgabe der sich aus § 51 Abs. 4 und Abs. 5 StVollzG ergebenden Pfändungsbeschränkungen pfändbar. Die Pfändungsfreigrenzen des § 850c ZPO finden nach Sinn und Zweck dieser Pfändungsschutzvorschrift keine Anwendung.

BFH vom 31. 7. 2007 – VII R 60/06 (BStBl 2009 II S. 592)   3

1. Eine Kapitallebensversicherung ist nicht deshalb unpfändbar, weil dem Versicherungsnehmer nach den Versicherungsbedingungen das Recht eingeräumt ist, statt einer fälligen Kapitalleistung eine Versorgungsrente zu wählen.
2. Darf der Vollstreckungsschuldner wegen des durch die Pfändung bewirkten relativen Verfügungsverbots keine Verfügungen mehr vornehmen, die das Pfandrecht beeinträchtigen, so kann er nach Pfändung der Kapitallebensversicherung Pfändungsschutz nicht mehr durch Ausübung des Rentenwahlrechts herbeiführen. Die Pfändung erfasst auch dieses Wahlrecht.

§ 320 Mehrfache Pfändung einer Forderung

(1) Ist eine Forderung durch mehrere Vollstreckungsbehörden oder durch eine Vollstreckungsbehörde und ein Gericht gepfändet, so sind die §§ 853 bis 856 der Zivilprozessordnung und § 99 Abs. 1 Satz 1 des Gesetzes über Rechte an Luftfahrzeugen entsprechend anzuwenden.

(2) Fehlt es an einem Amtsgericht, das nach den §§ 853 und 854 der Zivilprozessordnung zuständig wäre, so ist bei dem Amtsgericht zu hinterlegen, in dessen Bezirk die Vollstreckungsbehörde ihren Sitz hat, deren Pfändungsverfügung dem Drittschuldner zuerst zugestellt worden ist.

§ 321 Vollstreckung in andere Vermögensrechte

(1) Für die Vollstreckung in andere Vermögensrechte, die nicht Gegenstand der Vollstreckung in das unbewegliche Vermögen sind, gelten die vorstehenden Vorschriften entsprechend.

(2) Ist kein Drittschuldner vorhanden, so ist die Pfändung bewirkt, wenn dem Vollstreckungsschuldner das Gebot, sich jeder Verfügung über das Recht zu enthalten, zugestellt ist.

(3) Ein unveräußerliches Recht ist, wenn nichts anderes bestimmt ist, insoweit pfändbar, als die Ausübung einem anderen überlassen werden kann.

(4) Die Vollstreckungsbehörde kann bei der Vollstreckung in unveräußerliche Rechte, deren Ausübung einem anderen überlassen werden kann, besondere Anordnungen erlassen, insbesondere bei der Vollstreckung in Nutzungsrechte eine Verwaltung anordnen; in diesem Fall wird die Pfändung durch Übergabe der zu benutzenden Sache an den Verwalter bewirkt, sofern sie nicht durch Zustellung der Pfändungsverfügung schon vorher bewirkt ist.

(5) Ist die Veräußerung des Rechts zulässig, so kann die Vollstreckungsbehörde die Veräußerung anordnen.

(6) Für die Vollstreckung in eine Reallast, eine Grundschuld oder eine Rentenschuld gelten die Vorschriften über die Vollstreckung in eine Forderung, für die eine Hypothek besteht.

(7) Die §§ 858 bis 863 der Zivilprozessordnung gelten sinngemäß.

Rechtsprechung

1 BFH vom 30. 9. 1997 – VII B 67/97 (HFR 1998 S. 344)

Drittschuldner bei der Rechtspfändung nach § 321 AO ist jeder an dem Vermögensrecht außer dem Vollstreckungsschuldner irgendwie Beteiligte, bei Miteigentum also der oder die Miteigentümer.

4. Unterabschnitt
Vollstreckung in das unbewegliche Vermögen (§§ 322–323)

§ 322 Verfahren

(1) ¹Der Vollstreckung in das unbewegliche Vermögen unterliegen außer den Grundstücken die Berechtigungen, für welche die sich auf Grundstücke beziehenden Vorschriften gelten, die im Schiffsregister eingetragenen Schiffe, die Schiffsbauwerke und Schwimmdocks, die im Schiffsbauregister eingetragen sind oder in dieses Register eingetragen werden können, sowie die Luftfahrzeuge, die in der Luftfahrzeugrolle eingetragen sind oder nach Löschung in der Luftfahrzeugrolle noch im dem Register für Pfandrechte an Luftfahrzeugen eingetragen sind. ²Auf die Vollstreckung sind die für die gerichtliche Zwangsvollstreckung geltenden Vorschriften, namentlich die §§ 864 bis 871 der Zivilprozessordnung und das Gesetz über die Zwangsversteigerung und die Zwangsverwaltung anzuwenden. ³Bei Stundung und Aussetzung der Vollziehung geht eine im Wege der Vollstreckung eingetragene Sicherungshypothek jedoch nur dann nach § 868 der Zivilprozessordnung auf den Eigentümer über und erlischt eine Schiffshypothek oder ein Registerpfandrecht an einem Luftfahrzeug jedoch nur dann nach § 870a Abs. 3 der Zivilprozessordnung sowie § 99 Abs. 1 des Gesetzes über Rechte an Luftfahrzeugen, wenn zugleich die Aufhebung der Vollstreckungsmaßnahme angeordnet wird.

(2) Für die Vollstreckung in ausländische Schiffe gilt § 171 des Gesetzes über die Zwangsversteigerung und die Zwangsverwaltung, für die Vollstreckung in ausländische Luftfahrzeuge § 106 Abs. 1, 2 des Gesetzes über Rechte an Luftfahrzeugen sowie die §§ 171h bis 171n des Gesetzes über Zwangsversteigerung und die Zwangsverwaltung.

(3) ¹Die für die Vollstreckung in das unbewegliche Vermögen erforderlichen Anträge des Gläubigers stellt die Vollstreckungsbehörde. ²Sie hat hierbei zu bestätigen, dass die gesetzlichen Voraussetzungen für die Vollstreckung vorliegen. ³Diese Fragen unterliegen nicht der Beurteilung des Vollstreckungsgerichts oder des Grundbuchamts. ⁴Anträge auf Eintragung einer Sicherungshypothek, einer Schiffshypothek oder eines Registerpfandrechts an einem Luftfahrzeug sind Ersuchen im Sinne des § 38 der Grundbuchordnung und des § 45 der Schiffsregisterordnung.

(4) Zwangsversteigerung und Zwangsverwaltung soll die Vollstreckungsbehörde nur beantragen, wenn festgestellt ist, dass der Geldbetrag durch Vollstreckung in das bewegliche Vermögen nicht beigetrieben werden kann.

(5) Soweit der zu vollstreckende Anspruch gemäß § 10 Abs. 1 Nr. 3 des Gesetzes über die Zwangsversteigerung und Zwangsverwaltung den Rechten am Grundstück im Rang vorgeht, kann eine Sicherungshypothek unter der aufschiebenden Bedingung in das Grundbuch eingetragen werden, dass das Vorrecht wegfällt.

Rechtsprechung

BFH vom 12. 7. 1983 – VII R 31/82 (BStBl 1983 II S. 653) 1

Das Leistungsgebot in einem Steuerbescheid, mit dem der Erbe als Gesamtrechtsnachfolger für Steuerschulden des Erblassers in Anspruch genommen wird, ist keine geeignete Rechtsgrundlage dafür, nach Beschränkung der Haftung auf den Nachlaß unter Berufung auf § 1978 BGB (Haftung der Erben für bisherige Verwaltung) eine Sicherungshypothek auf einem dem Erben gehörenden Grundstück einzutragen.

BFH vom 17. 10. 1989 – VII R 77/88 (BStBl 1990 II S. 44) 2

1. Wird auf Antrag des FA als Vollstreckungsbehörde eine Sicherungshypothek im Grundbuch eingetragen, so ist diese auch dann wirksam entstanden, wenn dem Vollstreckungsschuldner das Eintragungsersuchen nicht bekanntgegeben worden war.
2. Der Mangel der Bekanntgabe des Eintragungsersuchens, der lediglich zu Rechtswirkungen im Verhältnis zwischen dem FA und dem Vollstreckungsschuldner führt, kann noch während des Klageverfahrens gegen den Eintragungsantrag behoben werden (Fortführung der Rechtsprechung des Senats).

BFH vom 27. 6. 2006 – VII R 34/05 (BFH/NV 2006 S. 2024) 3

Die Entscheidung über die Verwertung eines Grundpfandrechts nach § 322 Abs. 4 AO steht im freien Ermessen der Finanzbehörde. Dessen Ausübung kann gemäß § 102 FGO nur eingeschränkt überprüft werden.

§ 323 Vollstreckung gegen den Rechtsnachfolger

¹Ist nach § 322 eine Sicherungshypothek, eine Schiffshypothek oder ein Registerpfandrecht an einem Luftfahrzeug eingetragen worden, so bedarf es zur Zwangsversteigerung aus diesem Recht nur dann eines Duldungsbescheides, wenn nach der Eintragung dieses Rechts ein Eigentumswechsel eingetreten ist. ²Satz 1 gilt sinngemäß für die Zwangsverwaltung aus einer nach § 322 eingetragenen Sicherungshypothek.

5. Unterabschnitt
Arrest (§§ 324–326)

§ 324 Dinglicher Arrest

(1) ¹Zur Sicherung der Vollstreckung von Geldforderungen nach den §§ 249 bis 323 kann die für die Steuerfestsetzung zuständige Finanzbehörde den Arrest in das bewegliche oder unbewegliche Vermögen anordnen, wenn zu befürchten ist, dass sonst die Beitreibung vereitelt oder wesentlich erschwert wird. ²Sie kann den Arrest auch dann anordnen, wenn die Forderung noch nicht zahlenmäßig feststeht oder wenn sie bedingt oder betagt ist. ³In der Arrestanordnung ist ein Geldbetrag zu bestimmen, bei dessen Hinterlegung die Vollziehung des Arrestes gehemmt und der vollzogene Arrest aufzuheben ist.

(2) ¹Die Arrestanordnung ist zuzustellen. ²Sie muss begründet und von dem anordnenden Bediensteten unterschrieben sein. ³Die elektronische Form ist ausgeschlossen.

(3) ¹Die Vollziehung der Arrestanordnung ist unzulässig, wenn seit dem Tag, an dem die Anordnung unterzeichnet worden ist, ein Monat verstrichen ist. ²Die Vollziehung ist auch schon vor der Zustellung an den Arrestschuldner zulässig, sie ist jedoch ohne Wirkung, wenn die Zustellung nicht innerhalb einer Woche nach der Vollziehung und innerhalb eines Monats seit der Unterzeichnung erfolgt. ³Bei Zustellung im Ausland und öffentlicher Zustellung gilt

§ 169 Abs. 1 Satz 3 entsprechend. ⁴Auf die Vollziehung des Arrestes finden die §§ 930 bis 932 der Zivilprozessordnung sowie § 99 Abs. 2 und § 106 Abs. 1, 3 und 5 des Gesetzes über Rechte an Luftfahrzeugen entsprechende Anwendung; an die Stelle des Arrestgerichts und des Vollstreckungsgerichts tritt die Vollstreckungsbehörde, an die Stelle des Gerichtsvollziehers der Vollziehungsbeamte. ⁵Soweit auf die Vorschriften über die Pfändung verwiesen wird, sind die entsprechenden Vorschriften dieses Gesetzes anzuwenden.

Rechtsprechung

1 **BFH vom 10. 3. 1983 – V R 143/76 (BStBl 1983 II S. 401)**

1. Der Arrest gewährt einen Vollstreckungstitel hinsichtlich einer bestimmten Steuerforderung; ein „Austausch" des Arrestanspruches durch das Finanzgericht ist nicht möglich.
2. Arrestgrund ist allein die Besorgnis der Erschwerung oder Vereitelung der Vollstreckung; die Tatsachen, die ihn auf den Zeitpunkt des Erlasses der Arrestanordnung belegen, können erweitert oder ersetzt werden.

2 **BFH vom 23. 3. 1983 – I R 49/82 (BStBl 1983 II S. 441)**

Erläßt das FA einen dinglichen Arrest, dem die Einkommensteueransprüche mehrerer Veranlagungszeiträume zugrunde liegen, so müssen die einzelnen – ggf. geschätzten – Einkommensteueransprüche angegeben werden.

3 **BFH vom 25. 4. 1995 – VII B 174/94 (BFH/NV 1995 S. 1037)**

§ 324 Abs. 1 Satz 1 AO soll nicht nur die Vollstreckungsmöglichkeiten als solche (den Vollstreckungserfolg), sondern gerade auch die Leichtigkeit der Vollstreckung, d.h. den schnellen und unmittelbaren Zugriff auf einzelne Vermögensgegenstände des Steuerpflichtigen, gewährleisten.

4 **OLG Oldenburg vom 26. 11. 2007 – 1 Ws 554/07 (wistra 2008 S. 119)**

Die Anordnung eines dinglichen Arrestes nach § 111b Abs. 2, 5 StPO setzt ausreichende konkrete Verdachtsumstände voraus sowie eine Abwägung des Eigentumsrechts des Beschuldigten mit dem Sicherungsbedürfnis des Geschädigten. Ist die Verdachtstat eine Steuerhinterziehung, so kann ein bei dieser Abwägung zu berücksichtigendes fehlendes oder stark eingeschränktes Sicherungsbedürfnis des geschädigten Steuerfiskus darin zum Ausdruck kommen, dass die Finanzbehörde trotz Kenntnis aller Verdachtsumstände ihrerseits keinen dinglichen Arrest nach § 324 AO angeordnet hat.

5 **OLG Celle vom 20. 5. 2008 – 2 Ws 155/08 (wistra 2008 S. 359)**

Aus den Gründen:

Aber auch wenn, wovon vorliegend auszugehen ist, Gründe für die Annahme vorhanden sind, dass die Voraussetzungen des Verfalls von Wertersatz vorliegen bzw. seine Anordnung nur an § 73 Abs. 1 Satz 2 StGB scheitert, ist gemäß § 111 Abs. 2 StPO nicht etwa zwingend der dingliche Arrest anzuordnen, vielmehr ist lediglich eine Ermessensentscheidung eröffnet (siehe nur den Gesetzeswortlaut „kann" und BVerfG, StraFo 2005, 338, 339). Im Rahmen dieser Ermessensentscheidung ist zu beachten, dass der staatliche Zugriff auf Vermögen und vermögenswerte Rechte am Maßstab des Grundrechts aus Art. 14 Abs. 2 Satz 1 GG zu messen ist. Auch wenn der dingliche Arrest nach §§ 111b, 111d StPO als vorbereitende und sichernde Maßnahme für den Verlust von Eigentum als Nebenfolge einer strafrechtlichen Verurteilung, die als gesetzliche Eigentumsschranke anerkannt ist, von Verfassungs wegen auch in Form vorbereitender Rückgewinnungshilfe nicht ausgeschlossen ist, verlangt doch im Hinblick auf das Eigentumsgrundrecht der Umstand besondere Bedeutung, dass im Zeitpunkt der Sicherung über die Frage der Strafbarkeit gerade noch nicht entschieden ist. Es ist deshalb eine Abwägung des Sicherstellungsinteresses des Staates mit dem Eigentumsschutzbedürfnis des Betroffenen vorzunehmen. Je intensiver der Staat schon allein mit den (vorläufigen) Sicherungsmaßnahmen in den vermögens- oder eigentumsrechtlichen Freiheitsbereich des Betroffenen eingreift, desto größer sind die Anforderungen an die Rechtfertigung des Eingriffs (BVerfG a.a.O. S. 338; OLG Oldenburg StV 2008, 241). Im Rahmen dieser Abwägung kommen dem Ausmaß des Eingriffs, also insbesondere der Höhe des angeordneten Arrestes und der Dauer des Eingriffs einerseits und – gerade im Rahmen der Vorbereitung der Rückgewährshilfe – dem Sicherungsbedürfnis des Geschädigten besondere Bedeutung zu (BVerfG a.a.O., S. 338–340; zum Ganzen auch Kunz, BB 2006, 1198, 1201).

Bei Zugrundelegung dieser Maßstäbe kam der Erlass der von der Staatsanwaltschaft mit der weiteren Beschwerde begehrten Arrestanordnung in Höhe von 587 849 € nicht in Betracht. Eine Arrestanordnung stellt auch vor dem Hintergrund der aus den Akten ersichtlichen nicht eben beengten Vermögensverhältnisse des Beschuldigten einen erheblichen Eingriff in dessen wirtschaftliche Bewegungsfreiheit dar. Andererseits soll die begehrte Sicherungsmaßnahme hier zugunsten des Steuerfiskus ergehen. Der für die Steuerfestsetzung zuständigen Finanzbehörde ist aber in § 324 AO die Möglichkeit eingeräumt, zur Sicherung von Geldforderungen selbst Arrest in das Vermögen des Steuerschuldners anzuordnen, wenn zu befürchten ist, dass sonst die Beitreibung vereitelt oder wesentlich erschwert würde. Es mag dahinstehen, ob angesichts dieser besonderen Sicherungsmöglichkeiten der Steuerfiskus nicht generell gehalten ist, vorrangig nach §§ 324 ff. AO vorzugehen (so LG Mannheim, StraFo 2007, 115 ff.). Jedenfalls aber ist von einem deutlich reduzierten Sicherungsbedürfnis des Steuerfiskus auszugehen, wenn die Steuerbehörden in Kenntnis aller wesentlicher Umstände wie in vorliegender Konstellation von den ihnen zur Verfügung stehenden besonderen Sicherungsmaßnahmen keinen Gebrauch machen (ebenso OLG Oldenburg a.a.O.; ähnlich auch Kunz a.a.O.). Eine solche Sichtweise erscheint gerade auch im Hinblick auf den Zweck der strafprozessualen Arrestanordnung zur Rückgewinnungshilfe geboten, dem Geschädigten die Durchsetzung seiner Ansprüche zu ermöglichen, wenn ihm das sonst nicht oder nur unter großen Schwierigkeiten möglich wäre. Es geht indes nicht darum, dem Tatverletzten eigene Arbeit und Mühe abzunehmen (OLG Düsseldorf NStZ-RR 2002, 173; OLG Oldenburg a.a.O.; BVerfG a.a.O.).

LG Halle (Saale) vom 20. 8. 2008 – 22 Qs 15/08 (wistra 2009 S. 39) 6

Wenn gegen einen Beschuldigten wegen des Tatverdachts der Steuerhinterziehung (hier: Lohn- und Umsatzsteuer) ermittelt wird, ist die Anordnung eines dinglichen Arrests gemäß den §§ 111b ff. StPO nicht durch die Regelungen der AO ausgeschlossen. Vielmehr bestehen die Möglichkeiten eines Vorgehens nach den §§ 111b ff. StPO und den §§ 324 ff. AO grundsätzlich nebeneinander (so auch LG Berlin, 26. Februar 1990, 505 Qs 27/89, NStZ 1991, 437 und LG Hamburg, 13. April 2004, 620 Qs 13/04, NStZ-RR 2004, 215).

§ 325 Aufhebung des dinglichen Arrestes

Die Arrestanordnung ist aufzuheben, wenn nach ihrem Erlass Umstände bekannt werden, die die Arrestanordnung nicht mehr gerechtfertigt erscheinen lassen.

Rechtsprechung

BFH vom 17. 12. 2003 – I R 1/02 (BStBl 2004 II S. 392) 1

Eine rechtmäßig erlassene Arrestanordnung ist nicht gemäß § 325 AO wegen der Eröffnung des Konkurs-/Insolvenzverfahrens über das Vermögen des Arrestschuldners aufzuheben, wenn das FA die Arrestanordnung bereits vollzogen und dadurch ein Absonderungsrecht erlangt hat.

§ 326 Persönlicher Sicherheitsarrest

(1) ¹Auf Antrag der für die Steuerfestsetzung zuständigen Finanzbehörde kann das Amtsgericht einen persönlichen Sicherheitsarrest anordnen, wenn er erforderlich ist, um die gefährdete Vollstreckung in das Vermögen des Pflichtigen zu sichern. ²Zuständig ist das Amtsgericht, in dessen Bezirk die Finanzbehörde ihren Sitz hat oder sich der Pflichtige befindet.

(2) In dem Antrag hat die für die Steuerfestsetzung zuständige Finanzbehörde den Anspruch nach Art und Höhe sowie die Tatsachen anzugeben, die den Arrestgrund ergeben.

(3) ¹Für die Anordnung, Vollziehung und Aufhebung des persönlichen Sicherheitsarrestes gelten § 128 Abs. 4 und die §§ 922 bis 925, 927, 929, 933, 934 Abs. 1, 3 und 4 der Zivilprozessordnung sinngemäß. ²§ 911 der Zivilprozessordnung ist nicht anzuwenden. [1)]

(4) Für Zustellungen gelten die Vorschriften der Zivilprozessordnung.

[1)] In § 326 Abs. 3 Satz 2 AO wird durch das Gesetz zur Reform der Sachaufklärung in der Zwangsvollstreckung vom 29. 7. 2009 (BGBl. 2009 I S. 2258) mit Wirkung **ab 1. 1. 2013** die Angabe „§ 911" durch die Angabe „§ 802j Abs. 2" ersetzt. Abgedruckt ist die bis 31. 12. 2012 geltende Fassung.

6. Unterabschnitt
Verwertung von Sicherheiten (§ 327)

§ 327 Verwertung von Sicherheiten

¹Werden Geldforderungen, die im Verwaltungsverfahren vollstreckbar sind (§ 251), bei Fälligkeit nicht erfüllt, kann sich die Vollstreckungsbehörde aus den Sicherheiten befriedigen, die sie zur Sicherung dieser Ansprüche erlangt hat. ²Die Sicherheiten werden nach den Vorschriften dieses Abschnitts verwertet. ³Die Verwertung darf erst erfolgen, wenn dem Vollstreckungsschuldner die Verwertungsabsicht bekannt gegeben worden und seit der Bekanntgabe mindestens eine Woche verstrichen ist.

Rechtsprechung

1 BGH vom 3. 3. 2005 – III ZR 273/03 (HFR 2005 S. 903)

1. Zum Adressaten der Bekanntgabepflicht nach § 327 Satz 3 AO.
2. Durch die Bekanntgabepflicht wird der Eigentümer von Waren, die der Sachhaftung nach § 76 AO unterliegen, auch dann geschützt, wenn er nicht selbst Vollstreckungsschuldner und damit Adressat ist.

DRITTER ABSCHNITT
Vollstreckung wegen anderer Leistungen als Geldforderungen (§§ 328–336)

1. Unterabschnitt
Vollstreckung wegen Handlungen, Duldungen oder Unterlassungen (§§ 328–335)

§ 328 Zwangsmittel

(1) ¹Ein Verwaltungsakt, der auf Vornahme einer Handlung oder auf Duldung oder Unterlassung gerichtet ist, kann mit Zwangsmitteln (Zwangsgeld, Ersatzvornahme, unmittelbarer Zwang) durchgesetzt werden. ²Für die Erzwingung von Sicherheiten gilt § 336. ³Vollstreckungsbehörde ist die Behörde, die den Verwaltungsakt erlassen hat.

(2) ¹Es ist dasjenige Zwangsmittel zu bestimmen, durch das der Pflichtige und die Allgemeinheit am wenigsten beeinträchtigt werden. ²Das Zwangsmittel muss in einem angemessenen Verhältnis zu seinem Zweck stehen.

Hinweise

1 Androhung und Festsetzung von Zwangsmitteln nach §§ 328 ff. AO

(Bayer. Landesamt für Steuern, Vfg. vom 21. 4. 2008 – S 0560–1 – St 41 N –)

Im Interesse einer gleichmäßigen Handhabung sind bei der Androhung und Festsetzung von Zwangsgeldern die nachstehenden Grundsätze zu beachten:

1. Allgemeines

Nach § 328 Abs. 1 AO kann ein Verwaltungsakt, der auf Vornahme einer Handlung oder auf Duldung oder Unterlassung gerichtet ist, mit Zwangsmitteln (Zwangsgeld, Ersatzvornahme, unmittelbarer Zwang) durchgesetzt werden. Das Zwangsgeld ist wegen des Grundsatzes der Verhältnismäßigkeit (§ 328 Abs. 2 AO) das wichtigste Zwangsmittel. Zwangsmaßnahmen nach § 328 AO sind keine Strafen, sondern in die Zukunft wirkende Beugemittel.

Das Zwangsverfahren soll nur durchgeführt werden, wenn auf die Erfüllung der steuerlichen Anordnung (z.B. Abgabe einer Steuererklärung) im Einzelfall wegen ihrer Bedeutung nicht verzichtet werden kann. Ist kein oder nur ein geringer steuerlicher Erfolg zu erwarten, so ist ein Zwangsverfahren auch wegen des hierfür notwendigen Verwaltungsaufwandes i.d.R. nicht zweckmäßig. Vielfach wird es ausreichen, wenn das Finanzamt nach vorheriger Ankündigung (vgl. § 91 AO) die Besteuerungsgrundlagen im Schätzungswege ermittelt (§ 162 AO). Zwangsmaßnahmen sollen auch nur dann ergriffen werden, wenn das Finanzamt entschlossen ist, die Befolgung seiner Anordnung mit Nachdruck zu betreiben. Es ist unzweckmäßig, zunächst ein Zwangsgeld anzudrohen und festzusetzen und bei Erfolglosigkeit dieser Maßnahme auf die Schätzung der Besteuerungsgrundlagen zurückzugreifen. Vielmehr ist in diesem Fall eine weitere Zwangsgeldandrohung und -festsetzung mit höheren Beträgen durchzuführen.

Es ist zulässig, Zwangsgeld auch dann noch anzudrohen und festzusetzen, wenn die Besteuerungsgrundlagen bereits geschätzt worden sind, da auch dann die Verpflichtung zur Abgabe einer Steuererklärung bestehen bleibt (§ 149 Abs. 1 Satz 4 AO).

Mit der Einleitung eines Zwangsgeldverfahrens wegen Nichtabgabe von Jahressteuererklärungen soll rechtzeitig begonnen werden, damit der Eingang der Erklärungen noch vor Abschluss der Veranlagung erreicht wird.

2. Personenkreis der Inhaltsadressaten

2.1 Allgemein

Die zu erzwingenden Anordnungen und Zwangsmittel können sich sowohl gegen den Steuerpflichtigen, als auch gegen andere Personen (z.B. auskunftspflichtige Dritte, Duldungspflichtige oder Drittschuldner, siehe § 316 Abs. 2 S. 3 AO, Abschn. 44 Abs. 2 VollstrA) richten, die zu einem bestimmten Verhalten – Tun, Dulden, Unterlassen – verpflichtet sind. Sie dürfen aber nur ergehen, wenn der Adressat tatsächlich in der Lage ist, die Anordnung zu erfüllen.

2.2 Zwangsmittel gegen den Steuerpflichtigen

Handelt es sich um Abgabe von Steuererklärungen (Wissenserklärungen), so sind Zwangsmaßnahmen gegen den Steuerpflichtigen zu richten. Auch gegen eine juristische Person kann Zwangsgeld angedroht und festgesetzt werden (BFH-Urteil vom 27. 10. 1981 VII R 2/80, BStBl II 1982 S. 141). Dasselbe gilt für nichtrechtsfähige Personenvereinigungen (z.B. Personengesellschaften, Gemeinschaften), soweit sie steuerlich rechtsfähig und Steuerschuldner sind, z.B. für die Umsatzsteuer (§ 13 Abs. 2 UStG) oder für die Gewerbesteuer (§ 5 Abs. 1 Satz 3 GewStG). Soll von einem Unternehmer die Abgabe von Betriebsteuererklärungen erzwungen werden, sind Zwangsmaßnahmen nur an ihn, nicht aber auch an seine Ehefrau zu richten.

Die Frage, ob der vom Finanzamt zur Abgabe einer Umsatzsteuererklärung aufgeforderte Steuerpflichtige tatsächlich umsatzsteuerpflichtig ist, ist im Zwangsverfahren nicht zu klären. Zur Erklärungsabgabe ist jeder verpflichtet, der hierzu vom Finanzamt aufgefordert wird (BFH-Beschluss vom 17. 01. 2003 VII B 228/02, BFH/NV S. 594).

2.3 Zwangsmittel gegen Personen im Sinne des § 34 AO

Die Androhung und Festsetzung können auch gegenüber dem gesetzlichen Vertreter einer juristischen Person oder gegenüber dem Geschäftsführer einer nichtrechtsfähigen Personenvereinigung erfolgen, weil diese Personen die steuerlichen Pflichten der juristischen Person oder der nichtrechtsfähigen Personenvereinigung zu erfüllen haben (§ 34 Abs. 1 AO). Gleiches gilt für die Gesellschafter einer Personengesellschaft, wenn kein Geschäftsführer vorhanden ist (§ 34 Abs. 2 AO).

Es ist im Einzelfall nach Zweckmäßigkeitsgesichtspunkten zu entscheiden, ob das Zwangsgeldverfahren gegen die juristische Person bzw. die nichtrechtsfähige Personenvereinigung oder gegen die in § 34 AO bezeichneten Personen durchzuführen ist. Bei Personengesellschaften ist es angezeigt, Zwangsgeldmaßnahmen wegen Nichtabgabe von Jahressteuererklärungen (USt, GewSt) nur gegen die in § 34 genannten Personen zu ergreifen. Dann können diese Zwangsmaßnahmen mit einem Zwangsgeld wegen Nichtabgabe der Gewinnfeststellungserklärung verbunden werden, weil Letzteres ausschließlich gegen die Personen nach § 34 AO zu richten ist (vgl. § 181 Abs. 2 Nr. 1 und Nr. 4 AO).

Zur Androhung und Festsetzung von Zwangsmittel gegenüber dem Insolvenzverwalter vgl. Tz 8.1, Teil B I des Leitfadens für die Bearbeitung von Insolvenzfällen.

2.4 Zwangsmittel, wenn mehrere Personen zur Vornahme einer Handlung verpflichtet sind

Ist eine Verpflichtung von mehreren Personen zu erfüllen (z.B. Abgabe einer Einkommensteuer durch Eheleute in Fällen der Zusammenveranlagung), ist grundsätzlich gegen jede Person ein gesondertes Verfahren durchzuführen. Es ist jedoch nicht zulässig, einen Verwaltungsakt nach § 332 oder § 333 AO an Eheleute unter der Anschrift „Herrn und Frau" zu richten. In der Regel wird es jedoch ausreichen, das Zwangsgeldverfahren nur gegen den Ehegatten zu betreiben, der die land- und forstwirtschaftlichen, gewerblichen oder freiberuflichen Einkünfte erzielt oder dem die Einkünfte bei der Veranlagung ausschließlich oder überwiegend zuzurechnen sind.

Soll ein Zwangsverfahren zur Abgabe einer Feststellungserklärung durchgeführt werden, kann es bei entsprechender Bedeutung des Falles ermessensgerecht sein, das Zwangsverfahren gegen mehrere oder alle Feststellungsbeteiligte durchzuführen. Dies ist zulässig, da gem. § 181 Abs. 2 Nr. 1 AO sämtliche Feststellungsbeteiligte zur Abgabe der Feststellungserklärung verpflichtet sind.

2.5 Kein Zwangsmittel an Angehörige der steuerberatenden Berufe als Vertreter ihrer Mandanten

Angehörige der steuerberatenden Berufe können nicht zur Erfüllung der steuerlichen Pflichten ihrer Mandanten angehalten werden. Ein Zwangsverfahren zur Durchsetzung der Abgabe einer Steuererklärung oder zur Auskunftserteilung ist daher nicht zulässig.

3. Erzwingbare Verpflichtungen

Der Anwendungsbereich der §§ 328 ff. AO ist sehr weit. Er umfasst alle Verwaltungsakte, die unter die AO fallen und die ein aktives Handeln, passives Dulden oder Unterlassen zum Gegenstand haben. Ergibt sich eine Rechtspflicht zum Handeln, Dulden oder Unterlassen unmittelbar aus dem Gesetz, kann ein Zwangsverfahren erst eingeleitet werden, wenn der Stpfl. – ggf. gleichzeitig – durch Verwaltungsakt zur Erfüllung der gesetzlichen Pflicht aufgefordert worden ist.

Mit Zwangsmitteln können insbesondere folgende Aufforderungen durchgesetzt werden:

Aufforderung	Rechtsgrundlage
zur Abgabe von Steuererklärungen	§ 149 Abs. 1 Satz 1 AO i.V.m.
– ESt-Erklärung	§ 25 Abs. 3 EStG
– KSt-Erklärung	§ 49 Abs. 1 KStG i.V.m. § 25 Abs. 3 EStG
– Erklärung zur gesonderten Feststellung nach § 47 KStG	§ 49 Abs. 2 Satz 2 KStG
– GewSt-Erklärung	§ 14a Satz 3 GewStG
– USt-Jahreserklärung	§ 18 Abs. 3 Sätze 1 und 3 UStG
– ErbSt-Erklärung	§ 31 ErbStG
zur Abgabe von Steueranmeldungen	
– LSt-Anmeldung	§ 41a Abs. 1 Satz 2 EStG
– USt-Voranmeldung	§ 18 Abs. 1 Satz 1 UStG
– KapESt-Anmeldung	§ 45a Abs. 1 Sätze 1 und 5 EStG
zur elektronischen Übermittlung der Lohnsteuerbescheinigung	§ 41b Abs. 1 Satz 2 EStG
zur Vorlage der Abschlussunterlagen zur Steuererklärung	§ 60 EStDV
zur Vorlage der Gewinnermittlung nach § 4 Abs. 3 EStG laut Anlage EÜR (ab VZ 2005)	§ 60 Abs. 4 EStDV
zur Auskunftserteilung	§ 93 AO
zur Vorlage von Urkunden	§ 97 AO
zur Abgabe einer Drittschuldnererklärung	§ 316 AO
zur Führung von Büchern	§§ 140, 141 AO

Im Besteuerungsverfahren sind jedoch Zwangsmittel gegen den Steuerpflichtigen unzulässig, wenn er dadurch gezwungen würde, sich selbst wegen einer von ihm begangenen Steuerstraftat oder Steuerordnungswidrigkeit zu belasten. Der Steuerpflichtige ist ggf. über sein Recht, sich nicht zur Sache äußern zu müssen, zu belehren (§ 393 Abs. 1 AO). Ist ein Steuerstraf- oder Bußgeldverfahren gegen den Steuerpflichtigen eingeleitet, dürfen gegen ihn, soweit der Verdacht reicht, keine Zwangsmittel angewendet werden. Das Gleiche gilt für Personen, denen nach der AO bzw. der StPO ein Auskunfts- bzw. Aussageverweigerungsrecht zusteht.

Nicht erzwingbar sind ferner Geldleistungen, die Einhaltung von Sollvorschriften (z.B. Begründung eines Rechtsbehelfs, Stellung eines Antrags auf eine Steuervergünstigung) und die Abgabe einer Versicherung an Eides Statt (§ 95 Abs. 6 AO). Die Erzwingbarkeit einer Eidesleistung (§ 94 AO) richtet sich nach § 82 FGO i.V.m. § 390 Abs. 2 ZPO.

4. Inhalt des Aufforderungsschreibens, Inhalt der Zwangsgeldandrohung und der Zwangsgeldfestsetzung

Der Verwaltungsakt, der auf die Vornahme einer Handlung durch den Steuerpflichtigen gerichtet ist, muss die verlangte Handlung sowie die Rechtsgrundlage, auf die sich das Verlangen des Finanzamts stützt, erkennen lassen. Fehlt einem solchen Verwaltungsakt eine ausreichende Begründung, ist sie spätestens bei der Androhung nachzuholen (§ 126 Abs. 1 Nr. 2 AO). Es empfiehlt sich daher, in den Verwaltungsakten über Androhung und Festsetzung von Zwangsmitteln stets auch die Rechtsgrundlage und den Inhalt der Verpflichtung anzugeben.

5. Form

– Sowohl die Androhung als auch die Festsetzung eines Zwangsmittels haben schriftlich zu erfolgen (für die Androhung vgl. § 332 Abs. 1 Satz 1 AO).
– Soll die Erfüllung mehrerer rechtlicher Verpflichtungen erzwungen werden (z.B. Abgabe verschiedener Steuererklärungen), so können die Zwangsgeldmaßnahmen, soweit sie denselben Adressaten betreffen, mit einem Schriftstück verfügt werden. Für jede durchzusetzende Verpflichtung ist jedoch ein Zwangsgeld getrennt zu bestimmen (§ 332 Abs. 2 Satz 2 AO).
– Die Androhung des Zwangsmittels kann mit dem Verwaltungsakt verbunden werden, durch den die zu erzwingende Anordnung auferlegt wird (§ 332 Abs. 2 Satz 1 AO).

6. Höhe der Zwangsgelder

Die Zwangsgelder sind so zu bemessen, dass der mit ihnen verfolgte Zweck erreicht werden kann. Dabei sind die persönlichen, wirtschaftlichen und finanziellen Verhältnisse sowie das bisherige Verhalten des Stpfl. zu berücksichtigen. Das Zwangsgeld muss seiner Höhe nach auch im angemessenen Verhältnis zu seinem Zweck (§ 328 Abs. 2 Satz 2 AO) und zu dem steuerlichen Ergebnis der zu erzwingenden Handlung stehen. Werden mehrere Zwangsgelder verhängt, ist auch die Gesamtsumme an der wirtschaftlichen und finanziellen Leistungsfähigkeit des Steuerpflichtigen zu orientieren. Der Höchstbetrag für jedes einzelne Zwangsgeld beträgt 25 000 € (§ 329 AO). Zwangsgelder von weniger als 25 € sind nur in Ausnahmefällen anzudrohen.

7. Verfahren

7.1 Zwangsgeldandrohung

Bevor ein Zwangsmittel festgesetzt wird, ist es dem Stpfl. anzudrohen und eine angemessene Frist zur Vornahme der von ihm geforderten Handlung zu setzen (§ 332 Abs. 1 Satz 3 AO). Hierbei ist stets von einer Mindestfrist von 2 Wochen zuzüglich 3 Tage für die Bekanntgabe auszugehen.

Wird nach Androhung eines Zwangsgeldes eine Fristverlängerung für die Vornahme der zu erzwingenden Handlung gewährt, so entfällt die Grundlage für die Androhung. Diese Folge kann vermieden werden, wenn die Fristverlängerung abgelehnt und stattdessen die Androhungsfrist verlängert wird.

Soll die Abgabe einer Drittschuldnererklärung erzwungen werden, ist das Zwangsgeldverfahren rechtzeitig einzuleiten (§ 316 Abs. 3 AO, Abschnitt 44 Abs. 3 VollstrA).

7.2 Zwangsgeldfestsetzung

Nach ergebnislosem Ablauf der Frist ist das Zwangsgeld unverzüglich (d.h. innerhalb von 2 Wochen) festzusetzen, denn das Zwangsverfahren ist ohne zeitliche Unterbrechung fortzuführen, bis die Anordnung des Finanzamts erfüllt ist. Die Unanfechtbarkeit des Verwaltungsakts über die Androhung braucht nicht abgewartet zu werden. Wird die Festsetzung ohne erkennbaren Grund hinausgezögert, so kann darin eine Abstandnahme von der Androhung erblickt werden, so dass das Zwangsverfahren mit einer Androhung neu einzuleiten ist. 6 Wochen nach Ablauf der Androhungsfrist ist das angedrohte Zwangsgeld in der Regel nicht mehr festzusetzen.

Die Festsetzung eines geringeren als des angedrohten Zwangsgeldbetrages ist zulässig. Dies ist besonders bei neueren Erkenntnissen über die wirtschaftlichen Verhältnisse des Betroffenen angezeigt.

8. Adressierung und Bekanntgabe

Androhungen und Festsetzungen können mit einfachem Brief bekannt gegeben werden (§ 122 Abs. 2 Nr. 1 AO). Sind Schwierigkeiten wegen des Nachweises des Zugangs zu erwarten, empfiehlt sich die förmliche Zustellung mit PZU (§ 122 Abs. 5 AO i.V.m. § 3 VwZG).

Die Zwangsgeldandrohung und Zwangsgeldfestsetzung sind grundsätzlich an den jeweils Verpflichteten zu adressieren (vgl. Tz 2) und diesem aus Zweckmäßigkeitsgründen auch unmittelbar bekannt zu geben. Soweit eine allgemeine schriftliche Empfangsvollmacht vorliegt, sind die Verwaltungsakte gemäß § 122 Abs. 1 Satz 3 AO an den Empfangsbevollmächtigten bekannt zu geben. Es gelten die gleichen Grundsätze wie bei der Bekanntgabe von Steuerbescheiden (vgl. auch BFH vom 23. 11. 1999, BFH/NV 2000 S. 549).

Im Falle der Bekanntgabe an den Empfangsbevollmächtigten bitte ich dem Verpflichteten einen Abdruck der Androhung und Festsetzung zuzuleiten.

9. Wiederholung

Befolgt der Stpfl. auch nach Festsetzung des Zwangsgeldes die Androhung nicht, können so lange weitere Zwangsgelder – in der Regel mit steigenden Beträgen – festgesetzt werden, bis der Anordnung nachgekommen wird (vgl. § 332 Abs. 3 Satz 1 AO). Ein weiteres Zwangsgeld ist stets anzudrohen.

Es ist jedoch zweckmäßig, ein weiteres Zwangsgeld jeweils erst dann anzudrohen und festzusetzen, wenn das bereits festgesetzte Zwangsgeld gezahlt oder beigetrieben ist.

10. Einspruch

Wird bereits gegen die Androhung eines Zwangsgeldes Einspruch eingelegt, sollte der Einspruch umgehend auf seine Begründetheit geprüft werden. Bestehen keine ernstlichen Zweifel an der Rechtmäßigkeit der Androhung, so ist das Zwangsgeldverfahren weiterzuführen (Festsetzung). Durch eine Verzögerung würde das Verfahren ansonsten seine Wirkung verlieren und ggf. eine Festsetzung nicht mehr möglich sein (vgl. Tz 7.2).

Bei einem evtl. Einspruch gegen die Festsetzung des Zwangsgeldes können die Einsprüche in einer Entscheidung verbunden werden.

Wird nur gegen die Festsetzung eines Zwangsgeldes Einspruch eingelegt, sollte ungeachtet des BFH-Urteils vom 20. 10. 1981, BStBl 1982 II S. 371, auch die Rechtmäßigkeit der durchzusetzenden Anordnung und der Androhung überprüft werden. Dem Einspruch ist abzuhelfen, wenn die vorangegangenen Verwaltungsakte rechtswidrig sind.

Ist eine Einspruchsentscheidung zu fertigen, sind spätestens in dieser Ausführungen zur Ermessensausübung zu machen, aus denen sich die Erwägungen des Finanzamts zur Höhe der einzelnen Zwangsgelder ergeben (vgl. Tz 6).

11. Beendigung des Zwangsverfahrens; Erhebung

11.1 Ausführung der Handlung nach Zwangsgeldandrohung bzw. -festsetzung

Führt der Betroffene die geforderte Handlung nach der Androhung, aber vor der Festsetzung des Zwangsgeldes aus, ist damit das Androhungsverfahren beendet. Ein gegen den Verwaltungsakt der Androhung erhobener Einspruch ist nach Vornahme der Handlung als erledigt anzusehen. Das gilt auch, wenn der Vollzug nach § 335 AO eingestellt wird.

Entsprechendes gilt, wenn gegen die Festsetzung des Zwangsgeldes Einspruch eingelegt, der Vollzug des Zwangsgeldes aber nach § 335 AO eingestellt wurde.

11.2 Ausführung der Handlung nach Zwangsgeldfestsetzung/Einstellung des Vollzugs

§ 335 AO sieht die Einstellung des Vollzugs eines Zwangsmittels vor, wenn die Verpflichtung nach Festsetzung des Zwangsmittels erfüllt wird. Ein festgesetztes Zwangsgeld darf daher nicht eingezogen werden, wenn der Verpflichtete die Anordnung befolgt, z.B. die ausstehende Steuererklärung eingereicht hat. Soweit das Zwangsgeld ganz oder teilweise entrichtet ist, wird es nicht zurückerstattet. Dies gilt nicht für **freiwillige** Zahlungen, die **nach** Befolgung der Anordnung bei der Finanzkasse eingehen (vgl. BFH-Beschlüsse vom 22.07. 1977 III B 34/74, BStBl II S. 838 und 29. 11. 1977 VII B 6/77, BStBl 1978 II S. 156). Zwangsgelder, die **nach** Befolgung der Anordnung (z.B. nach Abgabe der Steuererklärung) „freiwillig" gezahlt werden, sind deshalb von Amts wegen zurückzuzahlen. Bei der **Erhebung** von Zwangsgeldern ist Folgendes zu beachten:

– Ist der Steuerpflichtige der Anordnung nicht nachgekommen und wird das festgesetzte Zwangsgeld nicht fristgerecht gezahlt, so wird beim Mahnlauf i.d.R. anstelle einer Mahnung eine Sofort-Rückstandsanzeige erstellt. Die Vollstreckungsstelle treibt rückständige Zwangsgelder vor allen anderen rückständigen Geldforderungen – außer Geldbußen – bei. Versucht der Vollziehungsbeamte auch wegen anderer Rückstände (z.B. wegen Steuern, Säumniszuschlägen, Kosten der Vollstreckung) – ergebnislos – bewegliche Sachen des Schuldners zu pfänden, so hat er für das Zwangsgeld eine **gesonderte** Niederschrift über die fruchtlose Pfändung zu fertigen. Eine Abschrift davon ist der festsetzenden Stelle zur weiteren Veranlassung zuzuleiten (§ 334 AO).

– **Nach Befolgung** der Anordnung hat die Stelle, die das Zwangsgeld festgesetzt hat, unverzüglich die Einstellung des Zwangsverfahrens anzuordnen, sofern das Zwangsgeld nicht voll entrichtet ist. Da die nach Befolgung der Anordnung gezahlten Zwangsgelder zu erstatten sind, ist der Finanzkasse mitzuteilen, wann die Anordnung befolgt worden ist.

– Die Finanzkasse hat die Einstellung des Vollzugs gemäß § 335 AO mit Programm 710 und Buchungstext 31 im Speicherkonto aufzuzeichnen.

Rechtsprechung

BFH vom 10. 11. 1998 – VIII R 3/98 (BStBl 1999 II S. 199) 2

Die während einer Außenprüfung vom Prüfer gegenüber dem Steuerpflichtigen erlassene schriftliche Aufforderung, bestimmte Fragen zu beantworten sowie genau bezeichnete Belege, Verträge und Konten vorzulegen, ist in der Regel kein Verwaltungsakt, sondern eine nicht selbständig anfechtbare Vorbereitungshandlung, wenn sie ausschließlich der Ermittlung steuermindernder Umstände dient und deshalb nicht erzwingbar ist. Dies gilt nicht, wenn der Steuerpflichtige die Aufforderung nach ihrem objektiven Erklärungsinhalt als Maßnahme zur Schaffung einer Rechtsgrundlage für die Einleitung eines Erzwingungsverfahrens verstehen mußte.

BFH vom 22. 5. 2001 – VII R 79/00 (HFR 2001 S. 1041) 3

1. Zwangsgelder dürfen unabhängig von der Frage, ob der Pflichtige zur Zahlung des Zwangsgelds in der Lage ist, angedroht und festgesetzt werden.
2. Zwangsmittel müssen mit dem Ablauf der in der Androhungsverfügung bestimmten Frist zur Abgabe der Steuererklärungen festgesetzt werden. Geschieht dies nicht, so kann nach Treu und Glauben die Annahme gerechtfertigt sein, dass das FA auf die Durchsetzung der Zwangsmittel verzichtet.
3. Der Zeitablauf allein führt nicht zur Verwirkung eines geltend gemachten Anspruchs. Hinzukommen müssen vielmehr ein Vertrauenstatbestand und eine Vertrauensfolge. Im Fall festgesetzter Zwangsgelder müssen diese Voraussetzungen ebenfalls erfüllt sein.

BFH vom 28. 10. 2009 – VIII R 78/05 (BStBl 2010 II S. 455) 4

1. Lässt sich der Regelungsgehalt eines Verlangens zur Vorlage von Unterlagen auch nicht durch Auslegung unter Berücksichtigung der dem Adressaten bekannten Umstände hinreichend klar ermitteln, ist das Verlangen rechtswidrig und nicht nach §§ 328 ff. AO vollstreckbar.

...

§ 329 Zwangsgeld

Das einzelne Zwangsgeld darf 25 000 Euro nicht übersteigen.

§ 330 Ersatzvornahme

Wird die Verpflichtung, eine Handlung vorzunehmen, deren Vornahme durch einen anderen möglich ist (vertretbare Handlung), nicht erfüllt, so kann die Vollstreckungsbehörde einen anderen mit der Vornahme der Handlung auf Kosten des Pflichtigen beauftragen.

§ 331 Unmittelbarer Zwang

Führen das Zwangsgeld oder die Ersatzvornahme nicht zum Ziele oder sind sie untunlich, so kann die Finanzbehörde den Pflichtigen zur Handlung, Duldung oder Unterlassung zwingen oder die Handlung selbst vornehmen.

§ 332 Androhung der Zwangsmittel

(1) ¹Die Zwangsmittel müssen schriftlich angedroht werden. ²Wenn zu besorgen ist, dass dadurch der Vollzug des durchzusetzenden Verwaltungsakts vereitelt wird, genügt es, die Zwangsmittel mündlich oder auf andere nach der Lage gebotene Weise anzudrohen. ³Zur Erfüllung der Verpflichtung ist eine angemessene Frist zu bestimmen.

(2) ¹Die Androhung kann mit dem Verwaltungsakt verbunden werden, durch den die Handlung, Duldung oder Unterlassung aufgegeben wird. ²Sie muss sich auf ein bestimmtes Zwangs-

mittel beziehen und für jede einzelne Verpflichtung getrennt ergehen. ³Zwangsgeld ist in bestimmter Höhe anzudrohen.

(3) ¹Eine neue Androhung wegen derselben Verpflichtung ist erst dann zulässig, wenn das zunächst angedrohte Zwangsmittel erfolglos ist. ²Wird vom Pflichtigen ein Dulden oder Unterlassen gefordert, so kann das Zwangsmittel für jeden Fall der Zuwiderhandlung angedroht werden.

(4) Soll die Handlung durch Ersatzvornahme ausgeführt werden, so ist in der Androhung der Kostenbetrag vorläufig zu veranschlagen.

§ 333 Festsetzung der Zwangsmittel

Wird die Verpflichtung innerhalb der Frist, die in der Androhung bestimmt ist, nicht erfüllt oder handelt der Pflichtige der Verpflichtung zuwider, so setzt die Finanzbehörde das Zwangsmittel fest.

Rechtsprechung

1 BFH vom 20. 10. 1981 – VII R 13/80 (BStBl 1982 II S. 371)

Im Verfahren gegen die Festsetzung von Zwangsgeldern ist nicht zu prüfen, ob die dieser Festsetzung zugrundeliegende Anordnungsverfügung (der Verwaltungsakt, der auf Vornahme einer Handlung ... gerichtet ist) rechtmäßig war. Einwendungen gegen die Anordnungsverfügung sind außerhalb des Festsetzungsverfahrens (= Vollstreckungsverfahren) zu verfolgen. Das schließt nicht aus, daß die Beschwerde gegen die Festsetzungsverfügung als auch gegen die Anordnungsverfügung gerichtet angesehen und – falls die Anordnungsverfügung nicht bereits unanfechtbar geworden ist – auch über deren Rechtmäßigkeit entschieden wird.

§ 334 Ersatzzwangshaft

(1) ¹Ist ein gegen eine natürliche Person festgesetztes Zwangsgeld uneinbringlich, so kann das Amtsgericht auf Antrag der Finanzbehörde nach Anhörung des Pflichtigen Ersatzzwangshaft anordnen, wenn bei Androhung des Zwangsgeldes hierauf hingewiesen worden ist. ²Ordnet das Amtsgericht Ersatzzwangshaft an, so hat es einen Haftbefehl auszufertigen, in dem die antragstellende Behörde, der Pflichtige und der Grund der Verhaftung zu bezeichnen sind.

(2) ¹Das Amtsgericht entscheidet nach pflichtmäßem Ermessen durch Beschluss. ²Örtlich zuständig ist das Amtsgericht, in dessen Bezirk der Pflichtige seinen Wohnsitz oder in Ermangelung eines Wohnsitzes seinen gewöhnlichen Aufenthalt hat. ³Der Beschluss des Amtsgerichts unterliegt der Beschwerde nach den §§ 567 bis 577 der Zivilprozessordnung.

(3) ¹Die Ersatzzwangshaft beträgt mindestens einen Tag, höchstens zwei Wochen. ²Die Vollziehung der Ersatzzwangshaft richtet sich nach den §§ 904 bis 906, 909 und 910 der Zivilprozessordnung und den §§ 171 bis 175 des Strafvollzugsgesetzes.¹⁾

(4) Ist der Anspruch auf das Zwangsgeld verjährt, so darf die Haft nicht mehr vollstreckt werden.

§ 335 Beendigung des Zwangsverfahrens

Wird die Verpflichtung nach Festsetzung des Zwangsmittels erfüllt, so ist der Vollzug einzustellen.

---

¹⁾ In § 334 Abs. 3 Satz 2 AO wird durch das Gesetz zur Reform der Sachaufklärung in der Zwangsvollstreckung vom 29. 7. 2009 (BGBl. 2009 I S. 2258) mit Wirkung **ab 1. 1. 2013** die Angabe „§§ 904 bis 906, 909 und 910" durch die Angabe „§ 802g Abs. 2 und § 802h" ersetzt. Abgedruckt ist die bis 31. 12. 2012 geltende Fassung.

2. Unterabschnitt
Erzwingung von Sicherheiten (§ 336)

§ 336 Erzwingung von Sicherheiten

(1) Wird die Verpflichtung zur Leistung von Sicherheiten nicht erfüllt, so kann die Finanzbehörde geeignete Sicherheiten pfänden.

(2) [1]Der Erzwingung der Sicherheit muss eine schriftliche Androhung vorausgehen. [2]Die §§ 262 bis 323 sind entsprechend anzuwenden.

Rechtsprechung

BFH vom 3. 4. 1979 – VII B 104/78 (BStBl 1979 II S. 381)

Die Androhung der Erzwingung einer Sicherheitsleistung nach § 336 Abs. 2 AO ist kein unter die Vorschriften des § 69 FGO fallender vollziehbarer Verwaltungsakt. Vorläufiger Rechtsschutz gegen sie kann nur im Wege einer einstweiligen Anordnung nach § 114 Abs. 1 bis 4 FGO gewährt werden.

VIERTER ABSCHNITT
Kosten (§§ 337–346)

§ 337 Kosten der Vollstreckung

(1) [1]Im Vollstreckungsverfahren werden Kosten (Gebühren und Auslagen) erhoben. [2]Schuldner dieser Kosten ist der Vollstreckungsschuldner.

(2) [1]Für das Mahnverfahren werden keine Kosten erhoben. [2]Jedoch hat der Vollstreckungsschuldner die Kosten zu tragen, die durch einen Postnachnahmeauftrag (§ 259 Satz 2) entstehen.

§ 338 Gebührenarten

Im Vollstreckungsverfahren werden Pfändungsgebühren (§ 339), Wegnahmegebühren (§ 340) und Verwertungsgebühren (§ 341) erhoben.

§ 339 Pfändungsgebühr

(1) Die Pfändungsgebühr wird erhoben für die Pfändung von beweglichen Sachen, von Tieren, von Früchten, die vom Boden noch nicht getrennt sind, von Forderungen und von anderen Vermögensrechten.

(2) Die Gebühr entsteht:
1. sobald der Vollziehungsbeamte Schritte zur Ausführung des Vollstreckungsauftrags unternommen hat,
2. mit der Zustellung der Verfügung, durch die eine Forderung oder ein anderes Vermögensrecht gepfändet werden soll.

(3) Die Gebühr beträgt 20 Euro.

(4) [1]Die Gebühr wird auch erhoben, wenn
1. die Pfändung durch Zahlung an den Vollziehungsbeamten abgewendet wird,
2. auf andere Weise Zahlung geleistet wird, nachdem sich der Vollziehungsbeamte an Ort und Stelle begeben hat,
3. ein Pfändungsversuch erfolglos geblieben ist, weil pfändbare Gegenstände nicht vorgefunden wurden, oder

4. die Pfändung in den Fällen des § 281 Abs. 3 dieses Gesetzes sowie der §§ 812 und 851b Abs. 1 der Zivilprozessordnung unterbleibt.

²Wird die Pfändung auf andere Weise abgewendet, wird keine Gebühr erhoben.

§ 340 Wegnahmegebühr

(1) ¹Die Wegnahmegebühr wird für die Wegnahme beweglicher Sachen einschließlich Urkunden in den Fällen der §§ 310, 315 Abs. 2 Satz 5, §§ 318, 321, 331 und 336 erhoben. ²Dies gilt auch dann, wenn der Vollstreckungsschuldner an den zur Vollstreckung erschienenen Vollziehungsbeamten freiwillig leistet.

(2) § 339 Abs. 2 Nr. 1 ist entsprechend anzuwenden.

(3) ¹Die Höhe der Wegnahmegebühr beträgt 20 Euro. ²Die Gebühr wird auch erhoben, wenn die in Absatz 1 bezeichneten Sachen nicht aufzufinden sind.

§ 341 Verwertungsgebühr

(1) Die Verwertungsgebühr wird für die Versteigerung und andere Verwertung von Gegenständen erhoben.

(2) Die Gebühr entsteht, sobald der Vollziehungsbeamte oder ein anderer Beauftragter Schritte zur Ausführung des Verwertungsauftrages unternommen hat.

(3) Die Gebühr beträgt 40 Euro.

(4) Wird die Verwertung abgewendet (§ 296 Abs. 1 Satz 4), ist eine Gebühr von 20 Euro zu erheben.

§ 342 Mehrheit von Schuldnern

(1) Wird gegen mehrere Schuldner vollstreckt, so sind die Gebühren, auch wenn der Vollziehungsbeamte bei derselben Gelegenheit mehrere Vollstreckungshandlungen vornimmt, von jedem Vollstreckungsschuldner zu erheben.

(2) ¹Wird gegen Gesamtschuldner wegen der Gesamtschuld bei derselben Gelegenheit vollstreckt, so werden Pfändungs-, Wegnahme- und Verwertungsgebühren nur einmal erhoben. ²Die in Satz 1 bezeichneten Personen schulden die Gebühren als Gesamtschuldner.

§ 343 (weggefallen)

§ 344 Auslagen

(1) Als Auslagen werden erhoben:
1. Schreibauslagen für nicht von Amts wegen zu erteilende oder per Telefax übermittelte Abschriften; die Schreibauslagen betragen für jede Seite unabhängig von der Art der Herstellung 0,50 Euro. ²Werden anstelle von Abschriften elektronisch gespeicherte Dateien überlassen, betragen die Auslagen 2,50 Euro je Datei.
2. Entgelte für Post- und Telekommunikationsdienstleistungen, ausgenommen die Entgelte für Telefondienstleistungen im Orts- und Nahbereich,
3. Entgelte für Zustellungen durch die Post mit Zustellungsurkunde; wird durch die Behörde zugestellt (§ 5 des Verwaltungszustellungsgesetzes), so werden 7,50 Euro erhoben,
4. Kosten, die durch öffentliche Bekanntmachung entstehen,
5. an die zum Öffnen von Türen und Behältnissen sowie an die zur Durchsuchung von Vollstreckungsschuldnern zugezogenen Personen zu zahlende Beträge,

6. Kosten für die Beförderung, Verwahrung und Beaufsichtigung gepfändeter Sachen, Kosten für die Aberntung gepfändeter Früchte und Kosten für die Verwahrung, Fütterung, Pflege und Beförderung gepfändeter Tiere,
7. Beträge, die in entsprechender Anwendung des Justizvergütungs- und -entschädigungsgesetz an Auskunftspersonen und Sachverständige (§ 107) sowie Beträge, die an Treuhänder (§ 318 Abs. 5) zu zahlen sind,
7a. Kosten, die von einem Kreditinstitut erhoben werden, weil ein Scheck des Vollstreckungsschuldners nicht eingelöst wurde,
7b. Kosten für die Umschreibung eines auf einen Namen lautenden Wertpapiers oder für die Wiederinkurssetzung eines Inhaberpapiers,
8. andere Beträge, die auf Grund von Vollstreckungsmaßnahmen an Dritte zu zahlen sind, insbesondere Beträge, die bei der Ersatzvornahme oder beim unmittelbaren Zwang an Beauftragte und an Hilfspersonen gezahlt werden und sonstige durch Ausführung des unmittelbaren Zwanges oder Anwendung der Ersatzzwangshaft entstandene Kosten.

(2) Steuern, die die Finanzbehörde auf Grund von Vollstreckungsmaßnahmen schuldet, sind als Auslagen zu erheben.

(3) ¹Werden Sachen oder Tiere, die bei mehreren Vollstreckungsschuldnern gepfändet worden sind, in einem einheitlichen Verfahren abgeholt und verwertet, so werden die Auslagen, die in diesem Verfahren entstehen, auf die beteiligten Vollstreckungsschuldner verteilt. ²Dabei sind die besonderen Umstände des einzelnen Falls, vor allem Wert, Umfang und Gewicht der Gegenstände, zu berücksichtigen.

§ 345 Reisekosten und Aufwandsentschädigungen

AO
S 0570

Im Vollstreckungsverfahren sind die Reisekosten des Vollziehungsbeamten und Auslagen, die durch Aufwandsentschädigungen abgegolten werden, von dem Vollstreckungsschuldner nicht zu erstatten.

§ 346 Unrichtige Sachbehandlung, Festsetzungsfrist

AO
S 0570

(1) Kosten, die bei richtiger Behandlung der Sache nicht entstanden wären, sind nicht zu erheben.

(2) ¹Die Frist für den Ansatz der Kosten und für die Aufhebung und Änderung des Kostenansatzes beträgt ein Jahr. ²Sie beginnt mit Ablauf des Kalenderjahres, in dem die Kosten entstanden sind. ³Einem vor Ablauf der Frist gestellten Antrag auf Aufhebung oder Änderung kann auch nach Ablauf der Frist entsprochen werden.

Rechtsprechung

Rsp

BFH vom 27. 10. 2004 – VII R 65/03 (BStBl 2005 II S. 198) 1

Von einer unrichtigen Sachbehandlung nach § 346 Abs. 1 AO ist dann auszugehen, wenn sich die Vollstreckungsmaßnahme unter Berücksichtigung der besonderen Umstände des jeweiligen Einzelfalls im Zeitpunkt ihrer Vornahme durch die Finanzbehörde dadurch als offensichtlich fehlerhaft erweist, dass die rechtlichen Voraussetzungen für ihre Durchführung nicht vorliegen oder dass die Grenzen des der Finanzbehörde zustehenden Ermessens deutlich überschritten worden sind.

SIEBENTER TEIL
AUSSERGERICHTLICHES RECHTSBEHELFSVERFAHREN (§§ 347–368)

ERSTER ABSCHNITT
Zulässigkeit (§§ 347–354)

AEAO   **Anwendungserlass zur Abgabenordnung**

1   **Vor § 347 – Außergerichtliches Rechtsbehelfsverfahren:**

1. Das außergerichtliche Rechtsbehelfsverfahren nach der AO (Einspruchsverfahren) ist abzugrenzen
   - von den in der AO nicht geregelten, nicht förmlichen Rechtsbehelfen (Gegenvorstellung, Sachaufsichtsbeschwerde, Dienstaufsichtsbeschwerde),
   - von dem Antrag, einen Verwaltungsakt zu berichtigen, zurückzunehmen, zu widerrufen, aufzuheben oder zu ändern (Korrekturantrag; §§ 129 bis 132, 172 bis 177).

   Der förmliche Rechtsbehelf (Einspruch) unterscheidet sich von den Korrekturanträgen in folgenden Punkten:
   - Er hindert den Eintritt der formellen und materiellen Bestandskraft (zum Begriff der Bestandskraft vgl. vor §§ 172 bis 177, Nr. 1);
   - er kann zur Verböserung führen (§ 367 Abs. 2 Satz 2); der Verböserungsgefahr kann der Steuerpflichtige aber durch rechtzeitige Rücknahme des Einspruchs entgehen;
   - er ermöglicht die Aussetzung der Vollziehung.

   In Zweifelsfällen ist ein Einspruch anzunehmen, da er die Rechte des Steuerpflichtigen umfassender wahrt als ein Korrekturantrag.

2. Das Einspruchsverfahren ist nicht kostenpflichtig. Steuerpflichtige und Finanzbehörden haben jeweils ihre eigenen Aufwendungen zu tragen. Auf die Kostenerstattung nach § 139 FGO, auch für das außergerichtliche Vorverfahren, wird hingewiesen.

AO
S 0610

§ 347 Statthaftigkeit des Einspruchs

(1) ¹Gegen Verwaltungsakte
1. in Abgabenangelegenheiten, auf die dieses Gesetz Anwendung findet,
2. in Verfahren zur Vollstreckung von Verwaltungsakten in anderen als den in Nummer 1 bezeichneten Angelegenheiten, soweit die Verwaltungsakte durch Bundesfinanzbehörden oder Landesfinanzbehörden nach den Vorschriften dieses Gesetzes zu vollstrecken sind,
3. in öffentlich-rechtlichen und berufsrechtlichen Angelegenheiten, auf die dieses Gesetz nach § 164a des Steuerberatungsgesetzes Anwendung findet;
4. in anderen durch die Finanzbehörden verwalteten Angelegenheiten, soweit die Vorschriften über die außergerichtlichen Rechtsbehelfe durch Gesetz für anwendbar erklärt worden sind oder erklärt werden,

ist als Rechtsbehelf der Einspruch statthaft. ²Der Einspruch ist außerdem statthaft, wenn geltend gemacht wird, dass in den in Satz 1 bezeichneten Angelegenheiten über einen vom Einspruchsführer gestellten Antrag auf Erlass eines Verwaltungsakts ohne Mitteilung eines zureichenden Grundes binnen angemessener Frist sachlich nicht entschieden worden ist.

(2) Abgabenangelegenheiten sind alle mit der Verwaltung der Abgaben einschließlich der Abgabenvergütungen oder sonst mit der Anwendung der abgabenrechtlichen Vorschriften durch die Finanzbehörden zusammenhängenden Angelegenheiten einschließlich der Maßnahmen der Bundesfinanzbehörden zur Beachtung der Verbote und Beschränkungen für den Warenverkehr über die Grenze; den Abgabenangelegenheiten stehen die Angelegenheiten der Verwaltung der Finanzmonopole gleich.

(3) Die Vorschriften des Siebenten Teils finden auf das Straf- und Bußgeldverfahren keine Anwendung.

Anwendungserlass zur Abgabenordnung

Zu § 347 – Statthaftigkeit des Einspruchs:

1. Das Einspruchsverfahren ist nur eröffnet, wenn ein Verwaltungsakt (auch ein nichtiger Verwaltungsakt oder ein Scheinverwaltungsakt) angegriffen wird oder der Einspruchsführer sich gegen den Nichterlass eines Verwaltungsaktes wendet. Verwaltungsakt ist z.B. auch die Ablehnung eines Realaktes (vgl. zu § 364) oder die Ablehnung der Erteilung einer verbindlichen Auskunft.
2. Der Einspruch ist auch gegeben, wenn ein Verwaltungsakt aufgehoben, geändert, zurückgenommen oder widerrufen oder ein Antrag auf Erlass eines Verwaltungsaktes abgelehnt wird. Gleiches gilt, wenn die Finanzbehörde einen Verwaltungsakt wegen einer offenbaren Unrichtigkeit gem. § 129 berichtigt oder es ablehnt, die beantragte Berichtigung eines Verwaltungsaktes durchzuführen (BFH-Urteil vom 13. 12. 1983 – VIII R 67/81 – BStBl 1984 II, S. 511). Gegen Entscheidungen über die schlichte Änderung (§ 172 Abs. 1 Satz 1 Nr. 2 Buchstabe a) ist ebenfalls der Einspruch gegeben (BFH-Urteil vom 27. 10. 1993 – XI R 17/93 – BStBl 1994 II, S. 439); dies gilt nicht, soweit der Antrag auf schlichte Änderung durch eine Allgemeinverfügung nach § 172 Abs. 3 zurückgewiesen wurde (§ 348 Nr. 6).
3. Beantragt der Steuerpflichtige bei einer Steuerfestsetzung unter Vorbehalt der Nachprüfung (§ 164) oder bei einer vorläufigen Steuerfestsetzung (§ 165) die Aufhebung dieser Nebenbestimmungen, ist gegen den ablehnenden Bescheid der Einspruch gegeben. Wird der Vorbehalt nach § 164 aufgehoben, kann der Steuerpflichtige gegen die dann als Steuerfestsetzung ohne Vorbehalt der Nachprüfung wirkende Steuerfestsetzung uneingeschränkt Einspruch einlegen. Soweit eine vorläufige Steuerfestsetzung endgültig durchgeführt oder für endgültig erklärt wird, gilt dies nur, soweit die Vorläufigkeit reichte.
Gegen die Aufhebung des Nachprüfungsvorbehalts in der Einspruchsentscheidung ist die Klage, nicht ein erneuter Einspruch gegeben (BFH-Urteil vom 4. 8. 1983 – IV R 216/82 – BStBl 1984 II, S. 85). Das gilt entsprechend, wenn in einer Einspruchsentscheidung die bisher vorläufige Steuerfestsetzung für endgültig erklärt wird.
4. Ist eine Steuerfestsetzung mit einer Billigkeitsmaßnahme verbunden (§ 163 Satz 3), ist gegen die Ermessensentscheidung über die Billigkeitsmaßnahme ein gesonderter Einspruch gegeben. Entsprechendes gilt für die mit einer Zinsfestsetzung verbundene Billigkeitsentscheidung nach § 234 Abs. 2 oder § 237 Abs. 4.
5. § 347 Abs. 1 Satz 1 Nr. 3 beschränkt i.V.m. § 348 Nr. 3 und 4 in Steuerberatungsangelegenheiten das Einspruchsverfahren auf Streitigkeiten über
   - die Ausübung (insbesondere die Zulässigkeit) der Hilfe in Steuersachen einschließlich der Rechtsverhältnisse der Lohnsteuerhilfevereine,
   - die Voraussetzungen für die Berufsausübung der Steuerberater und Steuerbevollmächtigten (mit Ausnahme der Entscheidungen der Zulassungs- und der Prüfungsausschüsse),
   - die Vollstreckung wegen Handlungen und Unterlassungen.
6. In anderen Angelegenheiten (§ 347 Abs. 1 Satz 1 Nr. 4) sind die Vorschriften über das Einspruchsverfahren z.B. für anwendbar erklärt worden durch:
   - Landesgesetze, die Steuern betreffen, die der Landesgesetzgebung unterliegen und durch Landesfinanzbehörden verwaltet werden,
   - Gesetze zur Durchführung der Verordnungen des Rates der Europäischen Gemeinschaft,
   soweit diese Gesetze die Anwendbarkeit der AO-Vorschriften vorsehen.
Soweit Gesetze die für Steuervergütungen geltenden Vorschriften für entsprechend anwendbar erklären, ist das Einspruchsverfahren bereits nach § 347 Abs. 1 Satz 1 Nr. 1 eröffnet (z.B. EigZulG, InvZulG, WoPG und 5. VermBG).

Rechtsprechung

BFH vom 23. 7. 1996 – VII B 42/96 (BStBl 1996 II S. 501)

Es ist mit dem GG vereinbar, daß der im Einspruchsverfahren nach der AO obsiegende Steuerpflichtige keinen Ersatz der Kosten erhält, die ihm durch die (notwendige) Zuziehung eines Bevollmächtigten entstanden sind.

BFH vom 18. 4. 2007 – XI R 47/05 (BStBl 2007 II S. 736)

Gegen einen im Einspruchsverfahren erlassenen Änderungsbescheid, mit dem dem Antrag des Steuerpflichtigen voll entsprochen wird (Vollabhilfebescheid), ist der Einspruch statthaft.

§ 348 Ausschluss des Einspruchs

Der Einspruch ist nicht statthaft
1. gegen Einspruchsentscheidungen (§ 367),
2. bei Nichtentscheidung über einen Einspruch,
3. gegen Verwaltungsakte der obersten Finanzbehörden des Bundes und der Länder, außer wenn ein Gesetz das Einspruchsverfahren vorschreibt,
4. gegen Entscheidungen in Angelegenheiten des Zweiten und Sechsten Abschnitts des Zweiten Teils des Steuerberatungsgesetzes
5. – aufgehoben –
6. in den Fällen des § 172 Abs. 3.

§ 349 (weggefallen)

§ 350 Beschwer

Befugt, Einspruch einzulegen, ist nur, wer geltend macht, durch einen Verwaltungsakt oder dessen Unterlassung beschwert zu sein.

Anwendungserlass zur Abgabenordnung

1 Zu § 350 – Beschwer:

1. Eine Beschwer ist nicht nur dann schlüssig geltend gemacht, wenn eine Rechtsverletzung oder Ermessenswidrigkeit gerügt wird, sondern auch dann, wenn der Einspruchsführer eine günstigere Ermessensentscheidung begehrt. Aus nicht gesondert festgestellten Besteuerungsgrundlagen (§ 157 Abs. 2) ergibt sich keine Beschwer.
2. Bei einer zu niedrigen Festsetzung kann eine Beschwer dann bestehen, wenn eine höhere Festsetzung, z.B. aufgrund des Bilanzenzusammenhangs, sich in Folgejahren günstiger auswirkt (BFH-Urteil vom 27. 5. 1981 – I R 123/77 – BStBl 1982 II, S. 211) oder wenn durch die begehrte höhere Steuerfestsetzung die Anrechnung von Steuerabzugsbeträgen ermöglicht wird und aufgrund dessen ein geringerer Betrag als bisher entrichtet werden muss (BFH-Urteil vom 8. 11. 1985 – VI R 238/80 – BStBl 1986 II, S. 186 und BFH Beschluss vom 3. 2. 1993 – I B 90/92 – BStBl 1993 II, S. 426).
3. Bei einer Nullfestsetzung besteht grundsätzlich keine Beschwer (BFH-Urteil vom 24. 1. 1975 – VI R 148/72 – BStBl 1975 II, S. 382). Etwas anderes gilt, wenn eine Vergütung oder eine Steuerbefreiung wegen Gemeinnützigkeit (BFH-Urteil vom 13. 7. 1994 – I R 5/93 – BStBl 1995 II, S. 134) begehrt wird oder wenn die der Steuerfestsetzung zugrunde liegenden Besteuerungsgrundlagen außersteuerliche Bindungswirkung haben (BFH-Urteil vom 20. 12. 1994 – IX R 80/92 – BStBl 1995 II, S. 537).
4. Wird durch Einspruch die Änderung eines Grundlagenbescheids begehrt, kommt es für die schlüssige Geltendmachung der Beschwer nicht auf die Auswirkungen in den Folgebescheiden an.
5. Beschwert sein kann nicht nur derjenige, für den ein Verwaltungsakt bestimmt ist, sondern auch derjenige, der von ihm betroffen ist.
6. Eine weitere, in der AO nicht ausdrücklich genannte Zulässigkeitsvoraussetzung ist das Vorliegen eines Rechtsschutzbedürfnisses, d. h. eines schutzwürdigen, berücksichtigungswerten Interesses an der begehrten Entscheidung im Einspruchsverfahren.
   Die Möglichkeit, einen Antrag auf schlichte Änderung (§ 172 Abs. 1 Satz 1 Nr. 2 Buchstabe a) zu stellen, beseitigt nicht das Rechtsschutzbedürfnis für einen Einspruch, da dieser die Rechte des Steuerpflichtigen umfassender wahrt (vgl. vor § 347, Nr. 1). Wendet sich der Steuerpflichtige gegen denselben Verwaltungsakt sowohl mit einem Einspruch als auch mit einem Antrag auf schlichte Änderung, ist nur das Einspruchsverfahren durchzuführen (BFH-Urteil vom 27.9.1994 – VIII R 36/89 – BStBl 1995 II, S. 353).
   Wird mit dem Einspruch ausschließlich die angebliche Verfassungswidrigkeit einer Rechtsnorm gerügt, fehlt grundsätzlich das Rechtsschutzbedürfnis, wenn die Finanzbehörde den angefochtenen Verwaltungsakt spätestens im Einspruchsverfahren hinsichtlich des strittigen Punktes

§§ 350, 351 AO
Rsp AEAO

für vorläufig erklärt hat (BFH-Beschlüsse vom 10.11.1993 – X B 83/93 – BStBl 1994 II, S. 119, und vom 22.3.1996 – III B 173/95 – BStBl II, S. 506). Trotz vorläufiger Steuerfestsetzung kann aber ein Rechtsschutzbedürfnis anzunehmen sein, wenn der Einspruchsführer besondere Gründe materiell-rechtlicher oder verfahrensrechtlicher Art substantiiert geltend macht oder Aussetzung der Vollziehung begehrt (BFH-Urteil vom 30.9.2010 – III R 39/08 –, BStBl 2011 II, S. 11; zur Aussetzung der Vollziehung wegen verfassungsrechtlicher Zweifel vgl. zu § 361, Nr. 2.5.4).

Rechtsprechung Rsp

BFH vom 7. 11. 1986 – III B 50/85 (BStBl 1987 II S. 94) 2

Ein mit seinem Ehegatten zur Einkommensteuer zusammenveranlagter Steuerpflichtiger kann im Hinblick auf die Folgen einer Aufteilung der Steuerschuld nach §§ 268 ff. AO auch dann beschwert sein, wenn das FA abweichend von der Steuererklärung seine Einkünfte zugunsten jener des Ehegatten erhöht hat, die Gesamtsteuerschuld aber gleichgeblieben ist. Die Beschwer entfällt jedoch, sobald ein Antrag auf Aufteilung wegen vollständiger Tilgung der rückständigen Steuer nicht mehr zulässig ist (Anschluß an BFH vom 16. August 1978, BStBl 1979 II S. 26).

BFH vom 27. 7. 1988 – I R 28/87 (BStBl 1989 II S. 449) 3

Meldet der Schuldner einer Vergütung i.S. des § 50a Abs. 4 Satz 1 Nr. 2 EStG die von ihm einbehaltene Steuer beim FA an, so kann der Gläubiger der Vergütung die Anmeldung mit dem Einspruch anfechten.

BFH vom 20. 12. 1994 – IX R 124/92 (BStBl 1995 II S. 628) 4

Der Adressat eines Einkommensteuerbescheids ist trotz einer auf Null DM lautenden Steuerfestsetzung beschwert, wenn in dem Bescheid positive Einkünfte i.S. des § 2 Abs. 1 und 2 EStG angesetzt sind und deshalb der Antrag eines Angehörigen auf Gewährung von Leistungen nach dem Bundesausbildungsförderungsgesetz abgelehnt wird.

BFH vom 9. 8. 2007 – VI R 7/04 (BFH/NV 2008 S. 9) 5

1. Für das Vorliegen einer Beschwer ist die Schlüssigkeit des Vortrags des Rechtsbehelfs- bzw. Einspruchsführers oder – bei fehlender Begründung – die verständige Prüfung des angefochtenen Verwaltungsakts (Steuerbescheids) bestimmend.

2. Das Vorliegen einer Beschwer stellt eine Zulässigkeitsvoraussetzung für den Einspruch dar. Liegt keine Beschwer vor, ist der Einspruch als unzulässig zu verwerfen.

3. Ein mangels Beschwer unzulässiger Einspruch eröffnet dem FA nicht die Befugnis, die Einkommensteuer-Festsetzung in sachlicher Hinsicht nochmals zu überprüfen und sie nach § 367 Abs. 2 Satz 2 AO zum Nachteil des Einspruchsführers zu ändern.

BFH vom 8. 6. 2011 – I R 79/10 (StEd 2011 S. 743) 6

Im Falle der Einbringung eines (Teil-)Betriebs oder Mitunternehmeranteils i.S. des § 20 UmwStG 1995 kann das aufnehmende Unternehmen weder durch Anfechtungsklage noch durch Feststellungsklage geltend machen, die seiner Steuerfestsetzung zu Grunde gelegten Werte des eingebrachten Vermögens seien zu hoch. Ein solches Begehren kann nur der Einbringende im Wege der sog. Drittanfechtung durchsetzen.

BFH vom 6. 7. 2011 – II R 44/10 (HFR 2011 S. 1184) 7

Der Schenker, gegen den Schenkungsteuer festgesetzt wurde, kann den gegen den Bedachten ergangenen Bescheid über die gesonderte Feststellung des Werts des zugewendeten Grundstücks anfechten, obwohl der Bescheid dem Schenker gegenüber keine bindende Wirkung entfaltet.

§ 351 Bindungswirkung anderer Verwaltungsakte

AO
S 0619

(1) Verwaltungsakte, die unanfechtbare Verwaltungsakte ändern, können nur insoweit angegriffen werden, als die Änderung reicht, es sei denn, dass sich aus den Vorschriften über die Aufhebung und Änderung von Verwaltungsakten etwas anderes ergibt.

(2) Entscheidungen in einem Grundlagenbescheid (§ 171 Abs. 10) können nur durch Anfechtung dieses Bescheides, nicht auch durch Anfechtung des Folgebescheides, angegriffen werden.

§ 351 AO
AEAO   Rsp

AEAO   **Anwendungserlass zur Abgabenordnung**

1   **Zu § 351 – Bindungswirkung anderer Verwaltungsakte:**

1. Wird ein Bescheid angegriffen, der einen unanfechtbaren Bescheid geändert hat, ist die Sache nach § 367 Abs. 2 Satz 1 in vollem Umfang erneut zu prüfen. Geändert werden kann aber auf Grund der Anfechtung der Änderungsbescheid nur in dem Umfang, in dem er vom ursprünglichen Bescheid abweicht; diese Beschränkung bezieht sich z.B. beim Steuerbescheid auf den festgesetzten Steuerbetrag. Einwendungen, die bereits gegen die ursprüngliche Steuerfestsetzung vorgebracht werden konnten, können auch gegen den Änderungsbescheid vorgetragen werden. Ist z.B. im Änderungsbescheid eine höhere Steuer festgesetzt worden, kann die ursprünglich festgesetzte Steuer nicht unterschritten werden; ist dagegen im Änderungsbescheid eine niedrigere Steuer festgesetzt worden, kann der Steuerpflichtige nicht eine weitere Herabsetzung erreichen.

2   2. Etwas anderes gilt, soweit sich aus den Vorschriften über die Aufhebung oder die Änderung von Verwaltungsakten, z.B. wegen neuer Tatsachen, ein Rechtsanspruch auf Änderung des unanfechtbaren Bescheids ergibt.

Beispiele:
a) Ein Steuerbescheid wird nach § 173 Abs. 1 Nr. 1 zuungunsten des Steuerpflichtigen geändert. Der Steuerpflichtige kann mit dem Einspruch geltend machen, dass Tatsachen i.S.d. § 173 Abs. 1 Nr. 2 unberücksichtigt geblieben sind, die die Mehrsteuern im Ergebnis nicht nur ausgleichen, sondern sogar zu einer Erstattung führen.

b) Ein Steuerbescheid wird nach § 173 Abs. 1 Nr. 2 zugunsten des Steuerpflichtigen geändert. Der Steuerpflichtige kann mit dem Einspruch geltend machen, dass Tatsachen i.S.d. Vorschrift, die zu einer weiter gehenden Erstattung führen, unberücksichtigt geblieben sind.

3   3. § 351 Abs. 1 gilt nach seinem Wortlaut nur für änderbare Bescheide, nicht hingegen für die sonstigen Verwaltungsakte, die den Vorschriften über die Rücknahme (§ 130) und den Widerruf (§ 131) unterliegen (BFH-Urteil vom 24. 7. 1984 VII R 122/80 – BStBl II, S. 791). § 351 Abs. 1 bleibt aber zu beachten, wenn ein änderbarer Verwaltungsakt nach § 129 berichtigt worden ist (vgl. zu § 129, Nr. 2).

4. Ein Einspruch gegen einen Folgebescheid, mit welchem nur Einwendungen gegen den Grundlagenbescheid geltend gemacht werden, ist unbegründet, nicht unzulässig (BFH-Urteil vom 2. 9. 1987 – I R 162/84 – BStBl 1988 II, S. 142).

Rsp   **Rechtsprechung**

Zu § 351 Abs. 1:

4   **BFH vom 24. 7. 1984 – VII R 122/80 (BStBl 1984 II S. 791)**

Die Einschränkung der Anfechtbarkeit von Verwaltungsakten, die unanfechtbare Verwaltungsakte ändern, gilt nicht für die nach den §§ 130, 131 AO korrigierbaren Lohnsteuerhaftungsbescheide.

5   **BFH vom 25. 6. 1993 – III R 32/91 (BStBl 1993 II S. 824)[1]**

Die Anfechtungsbeschränkung des § 351 AO findet keine Anwendung auf die Ausübung des Wahlrechts nach § 26 Abs. 1 Satz 1 EStG.

6   **BFH vom 14. 5. 2003 – XI R 21/02 (BStBl 2003 II S. 888)**

Nach Erledigung des Rechtsstreits in der Hauptsache kann ein weiterer Vorläufigkeitsvermerk in den Bescheid, den das Finanzamt seiner vor dem Finanzgericht gegebenen Zusage entsprechend erlässt, nicht mehr aufgenommen werden.

7   **BFH vom 7. 10. 2003 – X B 53/03 (BFH/NV 2004 S. 156)**

Wird ein Steuerbescheid zugunsten des Steuerpflichtigen geändert, ist der Änderungsbescheid grundsätzlich nicht mehr anfechtbar. Ein entsprechender Rechtsbehelf ist unzulässig.

---

[1] Bestätigt durch BFH vom 6. 2. 1998 (BFH/NV 1999 S. 160).

Zu § 351 Abs. 2:

BFH vom 26. 7. 1984 – IV R 13/84 (BStBl 1985 II S. 3) 8

Setzt ein nachträglich ergangener Gewinnfeststellungsbescheid den Gewinn in derselben Höhe fest, die in vorausgegangenen Einkommensteuerbescheid berücksichtigt wurde, kann gegenüber dem Einkommensteuerbescheid nicht mehr geltend gemacht werden, das FA habe den Gewinn in unzulässiger Weise ermittelt; den Gewinn betreffende Einwendungen können nur gegenüber dem Feststellungsbescheid erhoben werden.

BFH vom 20. 12. 2000 – I R 50/00 (BStBl 2001 II S. 381) 9

Aus den Gründen:
Die Wirksamkeit der Feststellungsbescheide – als Grundlagenbescheide – ist im Einspruchs- und Klageverfahren gegen den angefochtenen Einkommensteuerbescheid – als Folgebescheid – selbständig zu prüfen. § 351 Abs. 2 AO und § 42 der FGO, wonach Entscheidungen in einem Grundlagenbescheid nur durch Anfechtung dieses Bescheides, nicht auch durch Anfechtung des Folgebescheides, angegriffen werden können, stehen dem nicht entgegen. Denn mit der Berufung auf die Unwirksamkeit des Grundlagenbescheides macht der Kläger zugleich geltend, dass eine Rechtsgrundlage für den Erlass oder die Änderung des Folgebescheides fehle (BFH-Urteile vom 15. 4. 1988, BStBl 1988 II S. 660, und vom 6. 12. 1995, BFH/NV 1996 S. 592).

§ 352 Einspruchsbefugnis bei der einheitlichen Feststellung

AO
S 0619

(1) Gegen Bescheide über die einheitliche und gesonderte Feststellung von Besteuerungsgrundlagen können Einspruch einlegen:
1. zur Vertretung berufene Geschäftsführer oder, wenn solche nicht vorhanden sind, der Einspruchsbevollmächtigte im Sinne des Absatzes 2;
2. wenn Personen nach Nummer 1 nicht vorhanden sind, jeder Gesellschafter, Gemeinschafter oder Mitberechtigte, gegen den der Feststellungsbescheid ergangen ist oder zu ergehen hätte;
3. auch wenn Personen nach Nummer 1 vorhanden sind, ausgeschiedene Gesellschafter, Gemeinschafter oder Mitberechtigte, gegen die der Feststellungsbescheid ergangen ist oder zu ergehen hätte;
4. soweit es sich darum handelt, wer an dem festgestellten Betrag beteiligt ist und wie dieser sich auf die einzelnen Beteiligten verteilt, jeder, der durch die Feststellungen hierzu berührt wird;
5. soweit es sich um eine Frage handelt, die einen Beteiligten persönlich angeht, jeder, der durch die Feststellungen über die Frage berührt wird.

(2) [1]Einspruchsbefugt im Sinne des Absatzes 1 Nr. 1 ist der gemeinsame Empfangsbevollmächtigte im Sinne des § 183 Abs. 1 Satz 1 oder des § 6 Abs. 1 Satz 1 der Verordnung über die gesonderte Feststellung von Besteuerungsgrundlagen nach § 180 Abs. 2 der Abgabenordnung vom 19. Dezember 1986 (BGBl. I S. 2663). [2]Haben die Feststellungsbeteiligten keinen gemeinsamen Empfangsbevollmächtigten bestellt, ist einspruchsbefugt im Sinne des Absatzes 1 Nr. 1 der nach § 183 Abs. 1 Satz 2 fingierte oder der nach § 183 Abs. 1 Satz 3 bis 5 oder nach § 6 Abs. 1 Satz 3 bis 5 der Verordnung über die gesonderte Feststellung von Besteuerungsgrundlagen nach § 180 Abs. 2 der Abgabenordnung von der Finanzbehörde bestimmte Empfangsbevollmächtigte; dies gilt nicht für Feststellungsbeteiligte, die gegenüber der Finanzbehörde der Einspruchsbefugnis des Empfangsbevollmächtigten widersprechen. [3]Die Sätze 1 und 2 sind nur anwendbar, wenn die Beteiligten in der Feststellungserklärung oder in der Aufforderung zur Benennung eines Empfangsbevollmächtigten über die Einspruchsbefugnis des Empfangsbevollmächtigten belehrt worden sind.

Anwendungserlass zur Abgabenordnung

AEAO

Zu § 352 – Einspruchsbefugnis bei der einheitlichen Feststellung: 1

1. Die Regelungen des § 352 zur Einspruchsbefugnis bei einheitlichen Feststellungsbescheiden gelten unabhängig von der Art der in die Feststellung einbezogenen Besteuerungsgrundlagen.
2. Nach Absatz 1 Nr. 1 erste Alternative können gegen einheitliche Feststellungsbescheide die zur Vertretung berufenen Geschäftsführer Einspruch einlegen.

3. Betrifft die einheitliche Feststellung eine Personengruppe, die keinen Geschäftsführer hat (z.B. eine Erbengemeinschaft), so gilt – soweit kein Fall i.S.d. Absatzes 1 Nr. 3 bis 5 vorliegt – nach Absatz 1 Nr. 1 zweite Alternative i.V.m. Absatz 2 folgendes:

   a) Haben die Feststellungsbeteiligten gem. § 183 Abs. 1 Satz 1 bzw. § 6 Abs. 1 Satz 1 der Verordnung zu § 180 Abs. 2 einen gemeinsamen Empfangsbevollmächtigten bestellt, so ist nach Absatz 2 Satz 1 ausschließlich dieser einspruchsbefugt, soweit das FA dem Belehrungsgebot nach Absatz 2 Satz 3 nachgekommen ist.

   b) Haben die Feststellungsbeteiligten keinen gemeinsamen Empfangsbevollmächtigten bestellt oder ist ein solcher (z.B. wegen Widerrufs der Vollmacht) nicht mehr vorhanden, steht die Einspruchsbefugnis dem nach § 183 Abs. 1 Satz 2 gesetzlich fingierten Empfangsbevollmächtigten (Vertretungs- bzw. Verwaltungsberechtigter) zu (Absatz 2 Satz 2 erster Halbsatz erste Alternative). Dies gilt nicht, wenn der gesetzlich fingierte Empfangsbevollmächtigte Geschäftsführer ist; in diesem Fall richtet sich die Einspruchsbefugnis nach Absatz 1 Nr. 1 erste Alternative.

   c) Ist auch ein gesetzlich fingierter Empfangsbevollmächtigter nicht vorhanden, steht die Einspruchsbefugnis dem nach § 183 Abs. 1 Satz 3 bis 5 bzw. § 6 Abs. 1 Satz 3 bis 5 der Verordnung zu § 180 Abs. 2 von der Finanzbehörde bestimmten Empfangsbevollmächtigten zu (Absatz 2 Satz 2 erster Halbsatz zweite Alternative). Benennen die Feststellungsbeteiligten nach einer Aufforderung i.S.d. § 183 Abs. 1 Satz 3 bis 5 bzw. des § 6 Abs. 1 Satz 3 bis 5 der Verordnung zu § 180 Abs. 2 eine andere als die von der Finanzbehörde vorgeschlagene Person als Empfangsbevollmächtigten, richtet sich die Einspruchsbefugnis nach Absatz 2 Satz 1.

   d) Ist weder ein von den Feststellungsbeteiligten bestellter noch ein gesetzlich fingierter oder ein von der Finanzbehörde bestimmter Empfangsbevollmächtigter vorhanden, ist jeder Feststellungsbeteiligte einspruchsbefugt (Absatz 1 Nr. 2).

   e) Die grundsätzliche Beschränkung der Einspruchsbefugnis auf den von den Feststellungsbeteiligten bestellten, den gesetzlich fingierten bzw. den von der Finanzbehörde bestimmten Empfangsbevollmächtigten greift nur ein, wenn die Beteiligten in der Feststellungserklärung des betreffenden Jahres oder in der Aufforderung zur Benennung eines Empfangsbevollmächtigten (§ 183 Abs. 1 Satz 3 und 4, § 6 Abs. 1 Satz 3 und 4 der Verordnung zu § 180 Abs. 2) über die Einspruchsbefugnis des Empfangsbevollmächtigten belehrt worden sind (Absatz 2 Satz 3).

   f) Ferner hat jeder Feststellungsbeteiligte das Recht, für seine Person der Einspruchsbefugnis des gesetzlich fingierten bzw. des von der Finanzbehörde bestimmten – nicht aber der Einspruchsbefugnis des von den Feststellungsbeteiligten bestellten – Empfangsbevollmächtigten zu widersprechen (Absatz 2 Satz 2 zweiter Halbsatz). Der widersprechende Feststellungsbeteiligte ist dann selbst einspruchsbefugt (Absatz 1 Nr. 2). Der Widerspruch ist gegenüber der das Feststellungsverfahren durchführenden Finanzbehörde spätestens bis zum Ablauf der Einspruchsfrist zu erheben. Ein nicht schriftlich bzw. elektronisch erklärter Widerspruch ist unter Datumsangabe aktenkundig zu machen.

Hinweise

H 2 Anfechtungsbeschränkung bei einheitlichen Feststellungsbescheiden

(OFD Hannover, Vfg. vom 3. 2. 2005 – S 0619–18 – StO 141 –)

1. Allgemeines

§ 352 Abs. 1 (n.F.) ist für alle Feststellungsbescheide anzuwenden, die nach dem 31. Dezember 1995 wirksam werden (Art. 97 § 18 Abs. 3 EGAO). Während nach § 352 Abs. 1 AO (a.F.) eine beschränkte Einspruchsbefugnis nur für Personenzusammenschlüsse mit gewerblichen Einkünften bestand, ist die Befugnis zur Anfechtung von einheitlichen Feststellungsbescheiden nunmehr unabhängig von der Art der Einkünfte oder des Vermögens geregelt. Sie gilt auch z.B. für Bauherrengemeinschaften und Immobilienfonds in der Rechtsform einer BGB-Gesellschaft.

2. Beschränkung der Einspruchsbefugnis auf vertretungsberechtigte Geschäftsführer

Nach § 352 Abs. 1 Nr. 1 erste Alternative AO können gegen einheitliche Feststellungsbescheide „zur Vertretung berufene Geschäftsführer" Einspruch einlegen. Die Frage, wer zur Geschäftsführung und Vertretung berufen ist, richtet sich nach den zivilrechtlichen Vorschriften (§§ 709 ff. BGB zur BGB-Gesellschaft, §§ 114 ff. HGB zur OHG sowie §§ 164, 161 Abs. 2 und 114 ff. HGB zur KG), ggf. i.V. mit den gesellschaftsvertraglichen Regelungen. Auch wenn Gesellschaftern die

Geschäftsführung nur gemeinschaftlich zusteht (so die gesetzliche Regel bei BGB-Gesellschaften; § 709 BGB), ist i.S. des Abs. 1 Nr. 1 ein Geschäftsführer vorhanden. Entsprechend dem Wortlaut der Vorschrift kommt es also nicht darauf an, ob die Gesellschafter einer GbR nur einzeln oder gemeinschaftlich vertretungsberechtigt sind (BFH-Urteil vom 29. Juni 2004, BFH/NV 2004, 1371).

Sind mehrere Geschäftsführer vorhanden und nur gemeinschaftlich vertretungsbefugt, müssen alle vertretungsberechtigten Geschäftsführer der Einspruchseinlegung zustimmen. Ein Vertretungsmangel (z.b. bei vereinbarter Gesamtvertretungsregelung hat nur ein vertretungsbefugter Gesellschafter-Geschäftsführer im Namen der GbR Einspruch eingelegt) kann auch noch nach Ablauf der Einspruchsfrist mit rückwirkender Kraft geheilt werden (BFH-Urteil vom 16. September 1992, BFH/NV 1993, 453).

Bei Einzelvertretungsmacht ist jeder vertretungsberechtigte Geschäftsführer zur Einspruchseinlegung befugt (BFH-Urteil vom 4. Mai 1972, BStBl II 1972, 672).

Der zur Vertretung berufene Geschäftsführer handelt nicht im eigenen Namen, sondern wie ein Prozessstandschafter der Gesellschaft und damit aller Gesellschafter (z.B. BFH-Urteile vom 22. November 1988, BStBl II 1989, 326, und vom 26. Oktober 1989, BStBl II 1990, 333; BFH-Beschluss vom 3. März 1998, BStBl II 1998, 401). Ein von diesem eingelegter Einspruch ist ein solcher der Gesellschaft (Beteiligtenfähigkeit der Gesellschaft; zur Beteiligtenfähigkeit von GbR und Bruchteilsgemeinschaften, die Einkünfte erzielen und nach außen auftreten, vgl. BFH-Urteile vom 18. Mai 2004, BStBl II 2004, 898 und 929, sowie vom 29. Juni 2004, BFH/NV 2004, 1371; Änderung der BFH-Rechtsprechung).

Besteht unter den nach bürgerlichem Recht zur Vertretung der GbR berufenen Gesellschaftern Streit über Fragen der Geschäftsführung, ist – von der Annahme einer sog. Publikumsgesellschaft (vgl. hierzu BFH-Beschluss vom 15. Januar 1998, BFH/NV 1998, 994) abgesehen – nur eine von allen Gesellschaftern einer GbR erhobene Klage wirksam (BFH-Urteil vom 29. Juni 2004, a.a.O.).

Die Anwendung des § 352 AO ist nicht auf Feststellungsbeteiligte beschränkt, sondern gilt auch, wenn eine nicht der Gesellschaft angehörige Person vertretungsberechtigter Geschäftsführer ist. Dies sind z.B. Prokuristen, Handlungsbevollmächtigte und Generalbevollmächtigte.

3. Beschränkung der Einspruchsbefugnis auf Empfangsbevollmächtigte i.S. von § 183 AO bzw. § 6 Abs. 1 der VO zu § 180 Abs. 2 AO

Betrifft die einheitliche Feststellung eine Personengruppe, die keinen zur Vertretung befugten Geschäftsführer hat (z.B. eine Erbengemeinschaft, Miteigentümer-Vermietungsgemeinschaft, atypisch stille Gesellschaft – BFH-Beschluss vom 3. März 1998, a.a.O. – u.ä.), so gilt nach § 352 Abs. 1 Nr. 1 zweite Alternative i.V. mit Abs. 2 AO in Anknüpfung an die Bekanntgabevereinfachungen nach § 183 AO und § 6 Abs. 1 der VO zu § 180 Abs. 2 AO Folgendes:

– Haben die Feststellungsbeteiligten gem. § 183 Abs. 1 Satz 1 AO bzw. § 6 Abs. 1 Satz 1 der Verordnung zu § 180 Abs. 2 AO (VO) einen gemeinsamen Empfangsbevollmächtigten bestellt, so ist nach § 352 Abs. 2 Satz 1 AO ausschließlich dieser einspruchsbefugt, soweit das Finanzamt dem Belehrungsgebot (vgl. Tz. 3.1) nachgekommen ist und kein Sonderfall i.S. des § 352 Abs. 1 Nr. 3 bis 5 AO vorliegt.

Der gemeinsame Empfangsbevollmächtigte muss nicht von sämtlichen Feststellungsbeteiligten bestellt worden sein (AEAO zu § 122, Tz. 2.5.2). Der Empfangsbevollmächtigte vertritt in diesem Fall nur die Beteiligten, die ihn bestellt haben. Seine Einspruchsbefugnis erstreckt sich demzufolge auch nur auf diese Feststellungsbeteiligten.

Die übrigen Feststellungsbeteiligten werden im weiteren Verfahren so behandelt, als sei ein Empfangsbevollmächtigter nicht bestellt worden. Ihnen ist der Feststellungsbescheid einzeln bekannt zu geben. Sie sind jeweils einzeln befugt, Einspruch einzulegen.

Das gilt entsprechend bei einem Widerruf der Empfangsvollmacht. Die Einspruchsbefugnis nach § 352 Abs. 1 Nr. 1 i.V. mit Abs. 2 Satz 1 AO besteht nur, wenn die Empfangsvollmacht auch bei Einspruchseinlegung noch fortgilt und nicht während des Verfahrens widerrufen wird (§ 183 Abs. 3 AO).

Die Empfangsvollmacht gilt fort auch bei Ausscheiden des Beteiligten aus der Gesellschaft oder bei ernstlichen Meinungsverschiedenheiten, bis sie widerrufen wird (AEAO zu § 122, Tz. 2.5.2). D.h., dem gemeinsamen Empfangsbevollmächtigten können trotz Vorliegens der Voraussetzungen des § 183 Abs. 2 AO weiterhin Verwaltungsakte und Mitteilungen mit Wirkung für die Feststellungsbeteiligten bekannt gegeben werden, es sei denn, die Empfangsvollmacht wird widerrufen. Solange der Finanzbehörde kein Widerruf zugeht, gilt die Einspruchsbefugnis gemäß § 352 Abs. 1 Nr. 1 zweite Alternative AO (Anwendungsfälle vgl. AEAO zu § 122, Tz. 2.5.5 Buchstabe a, c und e).

Ohne Widerruf ist der gemeinsame Empfangsbevollmächtigte auch dann nach § 352 Abs. 1 Nr. 1 AO einspruchsbefugt, wenn die Finanzbehörde sich für die Einzelbekanntgabe entschieden hat. Selbst wenn die Anwendung von § 183 Abs. 1 AO ermessensfehlerhaft wäre, entfiele der gemeinsame Empfangsbevollmächtigte nicht als Einspruchsbevollmächtigter.

Zu beachten ist jedoch die Einspruchsbefugnis des ausgeschiedenen Beteiligten nach § 352 Abs. 1 Nr. 3 AO.

– Haben die Feststellungsbeteiligten keinen gemeinsamen Empfangsbevollmächtigten bestellt oder ist ein solcher (z.b. wegen gemeinsamen Widerrufs der Empfangsvollmacht) nicht mehr vorhanden, steht die Einspruchsbefugnis dem nach § 183 Abs. 1 Satz 2 AO bzw. § 6 Abs. 1 Satz 2 der VO zu § 180 Abs. 2 AO fingierten Empfangsbevollmächtigten (Vertretungs- bzw. Verwaltungsberechtigter) zu (§ 352 Abs. 2 Satz 2 erster Halbsatz). Dies gilt nicht, wenn der gesetzlich fingierte Empfangsbevollmächtigte Geschäftsführer ist; in diesem Fall richtet sich die Einspruchsbefugnis nach § 352 Abs. 1 Nr. 1 erste Alternative AO.

– Ist auch ein fingierter Empfangsbevollmächtigter nicht vorhanden, kann die Finanzbehörde unter den Voraussetzungen des § 183 Abs. 1 Satz 3 bis 5 AO bzw. § 6 Abs. 1 Satz 3 bis 5 der VO zu § 180 Abs. 2 AO einen Empfangsbevollmächtigten bestimmen. Die Finanzbehörde darf nur einen „Beteiligten" vorschlagen. Diesem steht die Einspruchsbefugnis zu, wenn das Finanzamt das durch § 183 AO bzw. § 6 der VO zu § 180 Abs. 2 AO vorgegebene Verfahren eingehalten hat (Aufforderung zur Benennung eines Empfangsbevollmächtigten durch die Feststellungsbeteiligten – Vordruck AO (S) 56 – mit angemessener Fristsetzung und Mitteilung des Namens des vom Finanzamt vorgesehenen Empfangsbevollmächtigten, Hinweis im Feststellungsbescheid auf die Bekanntgabewirkung für und gegen alle Feststellungsbeteiligten).

3.1 Belehrungsgebot

Die grundsätzliche Beschränkung der Einspruchsbefugnis auf den von den Feststellungsbeteiligten bestellten, den fingierten bzw. den von der Finanzbehörde bestimmten Empfangsbevollmächtigten greift nur ein, wenn die Beteiligten in der Feststellungserklärung des betreffenden Jahres oder in der Aufforderung zur Benennung eines Empfangsbevollmächtigten (§ 183 Abs. 1 Satz 3 und 4 AO, § 6 Abs. 1 Satz 3 und 4 der VO zu § 180 Abs. 2 AO) über die Einspruchsbefugnis des Empfangsbevollmächtigten belehrt worden sind. Dieses Erfordernis ist bei der Vordruckgestaltung (ab dem Feststellungszeitraum 1995) berücksichtigt.

Parallel zu § 352 AO ist auch die in § 48 FGO geregelte Klagebefugnis gegen einheitliche Feststellungsbescheide geändert worden.

Gem. § 48 Abs. 1 Nr. 1 zweite Alternative FGO wird hinsichtlich der Beschränkung der Klagebefugnis auf den gemeinsam bestellten, fingierten bzw. den vom Finanzamt bestimmten Empfangsbevollmächtigten vorgeschrieben, dass die Beteiligten spätestens bei Erlass der Einspruchsentscheidung über die Klagebefugnis des Empfangsbevollmächtigten belehrt worden sein müssen (§ 48 Abs. 2 Satz 3 FGO).

Da insbesondere bei Altfällen weder in der Feststellungserklärung des betreffenden Jahres noch in der Aufforderung zur Benennung eines Empfangsbevollmächtigten über die Anfechtungsbeschränkung belehrt wurde, ist die Belehrung in der Einspruchsentscheidung nachzuholen.

3.2 Widerspruchsrecht

Jeder Feststellungsbeteiligte hat das Recht, für seine Person der Einspruchsbefugnis eines fingierten bzw. von der Finanzbehörde bestimmten Empfangsbevollmächtigten (nicht aber der Einspruchsbefugnis eines von allen Feststellungsbeteiligten bestellten Empfangsbevollmächtigten) zu widersprechen (§ 352 Abs. 2 Satz 2 zweiter Halbsatz). Der Widerspruch ist gegenüber der das Feststellungsverfahren durchführenden Finanzbehörde spätestens bis zum Ablauf der Einspruchsfrist zu erheben. Schriftform schreibt das Gesetz zwar nicht vor, wird sich jedoch zu Nachweiszwecken empfehlen. Ein mündlich oder fernmündlich erklärter Widerspruch ist unter Datumsangabe aktenkundig zu machen (AEAO zu § 352, Tz. 3f). Der widersprechende Beteiligte ist dann selbst einspruchsbefugt (§ 352 Abs. 1 Nr. 2 AO).

Auch ein bereits erklärter oder noch beabsichtigter Widerspruch gegen die Rechtsbehelfsbefugnis ändert nichts daran, dass der Feststellungsbescheid auch gegenüber dem widersprechenden Beteiligten durch Übermittlung an den Empfangsbevollmächtigten wirksam bekannt gegeben wird. Der Widerspruch gegen die Einspruchsbefugnis lässt die Empfangsvollmacht unberührt.

Daher wird mit wirksamer Bekanntgabe des Feststellungsbescheids an den Empfangsbevollmächtigten die Einspruchsfrist auch gegenüber solchen Feststellungsbeteiligten in Lauf gesetzt, die der Einspruchsbefugnis des Empfangsbevollmächtigten widersprochen haben oder widersprechen wollen.

Ein Widerspruch muss daher – um die Einlegung eines eigenen Einspruchs zu ermöglichen – vor Ablauf der Einspruchsfrist der Finanzbehörde zugehen.

Hinsichtlich der nicht widersprechenden Feststellungsbeteiligten verbleibt es bei der allgemeinen Einschränkung der Einspruchsbefugnis.

Eine fristgerechte Einspruchseinlegung durch einen Feststellungsbeteiligten, der nicht Empfangsbevollmächtigter ist, kann im Regelfall dahingehend ausgelegt werden, dass sie den Widerspruch gegen die Einspruchsbefugnis des Empfangsbevollmächtigten mitumfasst. Dagegen wird ein bloßer Widerspruch gegen die Einspruchsbefugnis des Empfangsbevollmächtigten nicht zugleich auch als Einspruchseinlegung gegen einen Feststellungsbescheid gewertet werden können, da hierdurch noch keine Beschwer geltend gemacht wird (Szymczak in Koch/Scholtz, AO, 5. Aufl., § 352 Rz. 25).

Der Widerspruch eines Feststellungsbeteiligten gegen die Klagebefugnis des Empfangsbevollmächtigten ist gegenüber dem Finanzamt und nicht gegenüber dem Finanzgericht zu erklären (§ 48 Abs. 2 Satz 2 zweiter Halbsatz FGO). Ein beim Gericht erklärter Widerspruch ist an das Finanzamt weiterzuleiten. Erst mit dortigem Eingang wird er wirksam (analog § 357 Abs. 2 Satz 4 AO).

4. Einspruchsbefugnis der einzelnen Feststellungsbeteiligten

Ist weder ein zur Vertretung berufener Geschäftsführer noch ein Einspruchsbevollmächtigter i.S. des § 352 Abs. 2 AO vorhanden, kann hilfsweise jeder Gesellschafter, Gemeinschafter oder Mitberechtigte, gegen den der Feststellungsbescheid ergangen ist oder zu ergehen hätte, Einspruch einlegen (§ 352 Abs. 1 Nr. 2 AO). Weitere Fälle der persönlichen Einspruchsbefugnis sind in § 352 Abs. 1 Nrn. 3 bis 5 AO genannt. In § 352 Abs. 1 Nr. 3 AO ist die Rechtsprechung des BFH (BStBl II 1988, 855) in das Gesetz aufgenommen worden, wonach ausgeschiedene Beteiligte Feststellungsbescheide anfechten können, die gegen sie ergangen sind. In § 352 Abs. 1 Nr. 4 und 5 AO sind die Regelungen des § 352 Abs. 1 Nr. 1 und Nr. 2 a.F. unverändert übernommen worden.

Die Regelung der Anfechtungsbeschränkung wirkt sich auch auf die Verpflichtung des Finanzamts zur notwendigen Hinzuziehung (§ 360 Abs. 3 AO) aus. So kommt z.B. grundsätzlich die Hinzuziehung weiterer Personen nicht in Betracht, wenn ein vertretungsberechtigter Geschäftsführer bzw. ein Einspruchsbevollmächtigter im Sinne des § 352 Abs. 2 den Einspruch eingelegt hat (Ausnahme: Fälle des § 352 Abs. 1 Nrn. 2 bis 5 AO).

Nach wirksamem Widerspruch gegen die Einspruchsbefugnis des fingierten bzw. von der Finanzbehörde bestimmten Empfangsbevollmächtigten ist aber der Einspruchsbevollmächtigte zum Einspruchsverfahren des Widersprechenden und der Widersprechende zu einem vom Einspruchsbevollmächtigten betriebenen Einspruchsverfahren notwendig hinzuzuziehen.

Ebenso ist jeder Feststellungsbeteiligte einspruchbefugt und damit notwendig hinzuzuziehen, wenn das Belehrungsgebot nicht beachtet wurde (vgl. Tz. 3.1).

5. Sonderregelungen in anderen Vorschriften

Sonderregelungen in anderen Rechtsnormen, die die Einspruchsbefugnis bei Feststellungsbescheiden abweichend von § 352 AO regeln, bleiben weiterhin unberührt. Dies trifft z.B. zu für § 7 der Anteilsbewertungsverordnung.

Fraglich ist, ob auch Personen i.S. des § 3 Abs. 1 Nr. 2 der VO zu § 180 Abs. 2 AO (Initiatoren, Treuhänder, Verwalter bei „Gesamtobjekten") weiterhin ein eigenes Anfechtungsrecht gegen nach der VO zu § 180 Abs. 2 AO ergehende Feststellungsbescheide haben. Unter Beachtung der Ausführungen im MF-Erlass vom 5. Dezember 1990 zur Rechtsbehelfsbefugnis ist zunächst weiterhin von einem eigenständigen Anfechtungsrecht auszugehen.

6. Einspruchsbefugnis bei Liquidation der Gesellschaft (vgl. AEAO zu § 122, Nr. 2.7)

Im Stadium der Liquidation einer Handelsgesellschaft erlöschen die bestehenden Geschäftsführungs- und Vertretungsverhältnisse. Die Geschäftsführungs- und Vertretungsbefugnis geht auf die Liquidatoren über; diese sind dann anfechtungsbefugt. Liquidatoren sind, sofern die Liquidation nicht durch Beschluss der Gesellschafter oder durch den Gesellschaftsvertrag einzelnen Gesellschaftern oder Dritten übertragen ist, grundsätzlich sämtliche Gesellschafter (in der KG auch die Kommanditisten). Die Liquidatoren handeln nicht im eigenen Namen, sondern wie Prozessstandschafter der sich in Liquidation befindenden Gesellschaft (§ 352 Abs. 1 Nr. 1 AO) (vgl. BFH-Urteil vom 21. Januar 1982, BStBl II 1982, 506).

Die Liquidatoren haben grundsätzlich gemeinschaftlich zu handeln, also auch gemeinschaftlich Einspruch einzulegen.

7. Einspruchsbefugnis nach Vollbeendigung der Gesellschaft

Mit der handelsrechtlichen Vollbeendigung (Abwicklung) der Gesellschaft entfällt deren Beteiligtenfähigkeit (vgl. Tz. 2 Abs. 4) und dadurch auch die Fähigkeit (durch die – ehemals – zur Vertretung berufenen Geschäftsführer; § 352 Abs. 1 Nr. 1 erster Halbsatz AO), die Gesellschafter im Wege der Prozessstandschaft zu vertreten (vgl. Tz. 6).

Anfechtungsbefugt sind nach Vollbeendigung (Abwicklung) vielmehr die ehemaligen Gesellschafter (Feststellungsbeteiligten). Der Grundsatz, dass die steuerrechtliche Liquidation erst nach Beseitigung aller Rechtsbeziehungen zwischen Personengesellschaft und Finanzamt abgewickelt ist

(BFH-Urteil vom 22. Oktober 1986, BStBl II 1987, 183), gilt nur für Verwaltungsakte, die die Gesellschaft selbst betreffen, z.b. Bescheide über Betriebssteuern.

Das gilt entsprechend bei einer vollbeendeten GbR (BFH-Urteil vom 26. Oktober 1989, BStBl II 1990, 333; BFH-Beschluss vom 8. Oktober 1998, BFH/NV 1999, 291). Bei einer GbR in Liquidation steht die Geschäftsführung grundsätzlich allen Gesellschaftern gemeinschaftlich zu (§ 730 Abs. 2 BGB) (vgl. AEAO zu § 122, Nr. 2.7.2 letzter Abs. ; vgl. aber auch BFH-Urteil vom 1. Juli 2004, a.a.O.).

Der Konkurs/Die Insolvenz der Gesellschaft hat keine Auswirkungen auf die Einspruchsbefugnis gegen einheitliche und gesonderte Feststellungsbescheide; diese geht nicht auf den Konkurs-/Insolvenzverwalter über (BFH-Urteil vom 21. Juni 1979, BStBl II 1979, 780). Der Konkurs-/Insolvenzverwalter ist nicht Adressat für die Feststellungsbescheide (AEAO zu § 122, Nr. 2.9.5).

Die Bekanntgabe von Feststellungsbescheiden bei Vollbeendigung einer Gesellschaft richtet sich nach § 183 Abs. 2 und 3 AO. Wird gegen einen solchen Bescheid noch im Namen der bereits (handelsrechtlich) vollbeendeten Gesellschaft ein Rechtsbehelf eingelegt oder ein Antrag (z.b. auf Aussetzung der Vollziehung) gestellt, können regelmäßig die ehemaligen Gesellschafter als Einspruchsführer bzw. Antragsteller angesehen werden (BFH-Urteil vom 15. Dezember 1981, BStBl II 1982, 385; BFH-Beschluss vom 25. September 1985, BFH/NV 1986, 171).

Bei den vom Finanzamt in diesen Rechtsbehelfsverfahren erlassenen Verwaltungsakten (z.b. Einspruchsentscheidung, Entscheidungen im Verfahren wegen Aussetzung der Vollziehung) ist eine solche Auslegung jedoch nicht möglich, wenn das Finanzamt die vollbeendete Gesellschaft als Betroffene des Verwaltungsakts bezeichnet. Weil die zutreffende Bezeichnung des Betroffenen eines Verwaltungsaktes Voraussetzung für seine Wirksamkeit ist, sind solche Verwaltungsakte unwirksam und müssen erneut mit der Bezeichnung der ehemaligen Gesellschafter als Betroffene erlassen werden (AEAO zu § 122 AO, Nr. 4.4.2).

Ist die (handelsrechtliche) Vollbeendigung erst im Laufe des Einspruchsverfahrens gegen einen Feststellungsbescheid eingetreten, wird es unterbrochen (§ 239 ZPO analog) und kann von den ehemaligen Gesellschaftern wieder fortgeführt werden, die dann alle notwendig hinzuzuziehen sind (§ 360 Abs. 3 AO).

Zur Frage, wann eine Gesellschaft handelsrechtlich als vollbeendet gilt, vgl. BFH-Urteile vom 7. Februar 1975 (BStBl II 1975, 495), vom 6. November 1980 (BStBl II 1981, 186), vom 26. Oktober 1989 (a.a.O.), vom 2. Oktober 1990 (BFH/NV 1991, 429) und vom 23. Oktober 1990 (BStBl II 1991, 401).

Rechtsprechung

3 BFH vom 19. 12. 1986 – IX B 61/86 (BStBl 1987 II S. 197)

1. Bei einer KG mit Einkünften aus Vermietung und Verpachtung sind in entsprechender Anwendung des § 48 Abs. 1 Nr. 3 FGO die nicht zur Geschäftsführung berufenen Gesellschafter nicht befugt, Klage zu erheben, es sei denn, die Beschränkung der Klagebefugnis nach § 48 Abs. 1 Nr. 3 FGO gilt für sie nach den in der Rechtsprechung des BFH entwickelten Grundsätzen nicht (Anschluß an Urteil vom 26. März 1985, BStBl II S. 519).

2. Für das außergerichtliche Rechtsbehelfsverfahren sind diese Rechtsgrundsätze mit der Folge anzuwenden, daß in den von § 352 Abs. 1 Nr. 3 AO erfaßten Fällen Gesellschafter, denen gegenüber die Beschränkung der Einspruchsbefugnis gilt, Einspruch nicht einlegen können und zum Einspruchsverfahren nicht hinzuzuziehen sind.

4 BFH vom 27. 5. 2004 – IV R 48/02 (BStBl 2004 II S. 964)

1. § 48 Abs. 1 Nr. 1 FGO, wonach zur Vertretung berufene Geschäftsführer Klage gegen einen Bescheid über die einheitliche und gesonderte Feststellung von Besteuerungsgrundlagen erheben können, ist dahin zu verstehen, dass die Personengesellschaft als Prozessstandschafterin für ihre Gesellschafter und ihrerseits vertreten durch ihre(n) Geschäftsführer Klage gegen den Feststellungsbescheid erheben kann.

2. Ein zum Einspruchsverfahren der Gesellschaft fehlerhaft nicht hinzugezogener Gesellschafter kann sich hinsichtlich des Vorverfahrens i.S. des § 44 Abs. 1 FGO auf das Einspruchsverfahren der Gesellschaft berufen. Die anders lautenden Entscheidungen des BFH vom 10. 6. 1997 (BFH/NV 1998 S. 14) und vom 30. 3. 1999 (BFH/NV 1999 S. 1469) sind überholt.

3. Umgekehrt kann sich die fehlerhaft zum Einspruchsverfahren des Gesellschafters nicht hinzugezogene Gesellschaft hinsichtlich des Vorverfahrens auf das Einspruchsverfahren des nach § 352 AO einspruchsbefugten Gesellschafters berufen.

4. Wird ein Feststellungsbescheid gemäß § 183 Abs. 2 AO allen Feststellungsbeteiligten bekannt gegeben, ist jeder Bekanntgabeempfänger einspruchsbefugt. Die Einspruchsbefugnis der Gesellschaft nach § 352 Abs. 1 AO bleibt davon unberührt.

BFH vom 12. 12. 2007 – XI R 11/07 (HFR 2008 S. 665)   **5**

Der bloße Empfangsbevollmächtigte i.S. von § 183 Abs. 1 AO hat als solcher keine Vollmacht, für die anderen Feststellungsbeteiligten Einspruch gegen den empfangenen Bescheid einzulegen. Er ist daher kein Vertreter i.S. des § 110 Abs. 1 Satz 2 AO.

§ 353 Einspruchsbefugnis des Rechtsnachfolgers

AO
S 0619

Wirkt ein Feststellungsbescheid, ein Grundsteuermessbescheid oder ein Zerlegungs- oder Zuteilungsbescheid über einen Grundsteuermessbetrag gegenüber dem Rechtsnachfolger, ohne dass er diesem bekannt gegeben worden ist (§ 182 Abs. 2, § 184 Abs. 1 Satz 4, §§ 185 und 190), so kann der Rechtsnachfolger nur innerhalb der für den Rechtsvorgänger maßgebenden Einspruchsfrist Einspruch einlegen.

Anwendungserlass zur Abgabenordnung

AEAO
1

Zu § 353 – Einspruchsbefugnis des Rechtsnachfolgers:

Die Rechtsnachfolge tritt ein,
1. bevor einer der in § 353 genannten Bescheide ergangen ist:
   Nach § 182 Abs. 2 Satz 2, § 184 Abs. 1 Satz 4, §§ 185 und 190 wirkt der Bescheid gegen den Rechtsnachfolger nur dann, wenn er ihm bekannt gegeben wird;
2. nach der Bekanntgabe eines in § 353 genannten Bescheides, aber noch innerhalb der Einspruchsfrist:
   Der Rechtsnachfolger kann innerhalb der – schon laufenden – Frist Einspruch einlegen (§ 353);
3. nach Ablauf der Einspruchsfrist für einen in § 353 genannten Bescheid:
   Der Bescheid wirkt gegenüber dem Rechtsnachfolger, ohne dass dieser die Möglichkeit des Einspruchs hat (§ 182 Abs. 2 Satz 1, § 184 Abs. 1 Satz 4, §§ 185 und 190);
4. während eines Einspruchsverfahrens gegen einen in § 353 genannten Bescheid:
   Der Gesamtrechtsnachfolger tritt in die Rechtsstellung des Rechtsvorgängers als Verfahrensbeteiligter ein; seiner Hinzuziehung bedarf es nicht. Beim Einzelrechtsnachfolger hat die Finanzbehörde seine Hinzuziehung zum Verfahren zu prüfen (§§ 359, 360);
5. während die Frist zur Erhebung der Klage läuft:
   Da auch in diesem Fall der Bescheid gegen den Rechtsnachfolger wirkt (§ 353), kann dieser nur innerhalb der für den Rechtsvorgänger maßgebenden Frist gem. § 40 Abs. 2 FGO Klage erheben;
6. während eines finanzgerichtlichen Verfahrens:
   Bei Gesamtrechtsnachfolge (z.B. bei Erbfolge oder bei Verschmelzung von Gesellschaften) wird das Verfahren bis zur Aufnahme durch den Rechtsnachfolger unterbrochen (§ 155 FGO, § 239 ZPO), es sei denn, der Rechtsvorgänger war durch einen Prozessbevollmächtigten vertreten (§ 155 FGO; §§ 239, 246 ZPO). Bei Einzelrechtsnachfolge (z.B. bei Kauf) hat das Finanzgericht zu prüfen, ob der Rechtsnachfolger beizuladen ist (§§ 57, 60 FGO).

§ 354 Einspruchsverzicht

AO
S 0619

(1) ¹Auf Einlegung eines Einspruchs kann nach Erlass des Verwaltungsakts verzichtet werden. ²Der Verzicht kann auch bei Abgabe einer Steueranmeldung für den Fall ausgesprochen werden, dass die Steuer nicht abweichend von der Steueranmeldung festgesetzt wird. ³Durch den Verzicht wird der Einspruch unzulässig.

(1a) ¹Soweit Besteuerungsgrundlagen für ein Verständigungs- oder ein Schiedsverfahren nach einem Vertrag im Sinne des § 2 von Bedeutung sein können, kann auf die Einlegung eines Einspruchs insoweit verzichtet werden. ²Die Besteuerungsgrundlage, auf die sich der Verzicht beziehen soll, ist genau zu bezeichnen.

(2) ¹Der Verzicht ist gegenüber der zuständigen Finanzbehörde schriftlich oder zur Niederschrift zu erklären; er darf keine weiteren Erklärungen enthalten. ²Wird nachträglich die Unwirksamkeit des Verzichts geltend gemacht, so gilt § 110 Abs. 3 sinngemäß.

Rechtsprechung

Rsp

1 BFH vom 3. 4. 1984 – VII R 18/80 (BStBl 1984 II S. 513)

Ein Rechtsbehelfsverzicht ist nur dann wirksam, wenn er in einer gesonderten Erklärung ausgesprochen und unterschrieben worden ist.

ZWEITER ABSCHNITT
Verfahrensvorschriften (§§ 355–368)

AO
S 0622

§ 355 Einspruchsfrist

(1) ¹Der Einspruch nach § 347 Abs. 1 Satz 1 ist innerhalb eines Monats nach Bekanntgabe des Verwaltungsakts einzulegen. ²Ein Einspruch gegen eine Steueranmeldung ist innerhalb eines Monats nach Eingang der Steueranmeldung bei der Finanzbehörde, in den Fällen des § 168 Satz 2 innerhalb eines Monats nach Bekanntwerden der Zustimmung, einzulegen.

(2) Der Einspruch nach § 347 Abs. 1 Satz 2 ist unbefristet.

Anwendungserlass zur Abgabenordnung

AEAO

1 Zu § 355 – Einspruchsfrist:

1. Die Einspruchsfrist beträgt einen Monat. Sie beginnt im Fall des § 355 Abs. 1 Satz 1 mit Bekanntgabe (§ 122), im Fall des § 355 Abs. 1 Satz 2 erster Halbsatz mit Eingang der Steueranmeldung bei der Finanzbehörde und im Fall des § 355 Abs. 1 Satz 2 zweiter Halbsatz mit Bekanntwerden der formfreien Zustimmung des Finanzamts zu laufen. Wurde der Steuerpflichtige schriftlich bzw. elektronisch über die Zustimmung unterrichtet (z.B. zusammen mit einer Abrechnungsmitteilung), ist grundsätzlich davon auszugehen, dass ihm die Zustimmung am dritten Tag nach Aufgabe zur Post bzw. nach der Absendung bekannt geworden ist; zu diesem Zeitpunkt beginnt demnach auch erst die Einspruchsfrist zu laufen. Ist keine Mitteilung ergangen, ist regelmäßig davon auszugehen, dass dem Steuerpflichtigen die Zustimmung frühestens mit der Zahlung (§ 224 Abs. 3) der Steuervergütung oder des Mindersolls bekannt geworden ist.

2. Zur Wiedereinsetzung in den vorigen Stand nach unterlassener Anhörung eines Beteiligten bzw. wegen fehlender Begründung des Verwaltungsaktes (§ 126 Abs. 3 i.V.m. § 110) vgl. zu § 91, Nr. 3 und zu § 121, Nr. 3.

Rechtsprechung

Rsp

2 BFH vom 17. 7. 1986 – V R 96/85 (BStBl 1986 II S. 834)

Ein Rechtsbehelf gegen einen nichtigen Verwaltungsakt braucht nicht innerhalb eines Monats nach Bekanntgabe des Verwaltungsakts eingelegt zu werden.

3 BFH vom 14. 11. 1990 – II R 58/86 (BStBl 1991 II S. 52)

Die Bekanntgabe des Erbschaftsteuerbescheids an den Testamentsvollstrecker setzt auch die Rechtsbehelfsfrist für die Anfechtung durch den Erben in Lauf. Dem Erben ist bei verspäteter Unterrichtung innerhalb der Jahresfrist des § 110 Abs. 3 AO Wiedereinsetzung in den vorigen Stand zu gewähren, wobei das Verhalten des Testamentsvollstreckers ihm nicht zuzurechnen ist.

§ 355 AO
Rsp

BFH vom 25. 6. 1998 – V B 104/97 (BStBl 1998 II S. 649) 4

Im Falle der ohne Zustimmung der Behörde als Steuerfestsetzung unter dem Vorbehalt der Nachprüfung wirkenden Steueranmeldung (§ 168 Satz 1 AO) bedarf es keiner Rechtsbehelfsbelehrung. Die Einspruchsfrist verlängert sich mangels Vorliegens eines schriftlichen Verwaltungsakts demnach nicht auf ein Jahr.

BFH vom 9. 7. 2003 – V R 29/02 (BStBl 2003 II S. 904) 5

Wird die nach § 168 AO i.V.m. § 18 Abs. 3 UStG erforderliche Zustimmung zu einer Umsatzsteueranmeldung schriftlich erteilt, beginnt die Rechtsbehelfsfrist nur, wenn eine Rechtsbehelfsbelehrung beigefügt worden ist.

BFH vom 30. 10. 2003 – III R 24/02 (BStBl 2004 II S. 394) 6

1. Hat der Steuerpflichtige im Formular für die Einkommensteuererklärung in der „Anlage Kinder" die Geburtsdaten, das erhaltene Kindergeld, die Zeiten der Berufsausbildung und die Bruttoarbeitslöhne der Kinder angegeben, hat er damit konkludent Ausbildungsfreibeträge für die Kinder beantragt, auch wenn er die Rubrik „Ausbildungsfreibetrag" nicht ausgefüllt hat. Übergeht das FA derartige Anträge, ohne darauf im Einkommensteuerbescheid hinzuweisen, kann wegen der versäumten Einspruchsfrist Wiedereinsetzung in den vorigen Stand in Betracht kommen.
...

BFH vom 9. 11. 2005 – I R 111/04 (BStBl 2006 II S. 219) 7

Wird ein Steuerbescheid mit der Post übermittelt und wird die betreffende Postsendung später als drei Tage nach Absendung in den Hausbriefkasten des Empfängers eingeworfen, so beginnt die Einspruchsfrist am Tag des Einwurfs. Das gilt auch dann, wenn der Empfänger des Steuerbescheids ein Unternehmen ist, der Einwurf an einem Sonnabend erfolgt und in dem betreffenden Unternehmen sonnabends nicht gearbeitet wird (Abgrenzung zum BFH-Urteil vom 14. 10. 2003, BStBl II 2003, 898).

BFH vom 23. 11. 2006 – V R 67/05 (BStBl 2007 II S. 436) 8

1. Ein Betreiber von Geldspielautomaten kann nicht im Hinblick auf das EuGH-Urteil vom 17. Februar 2005 Rs. C-453/02 und Rs. C-462/02 – Linneweber und Akritidis – (Slg. 2005, I-1131) die Änderung bestandskräftiger Steuerfestsetzungen verlangen.
2. Die Einspruchsfrist von einem Monat gemäß § 355 Abs. 1 AO 1977 ist gemeinschaftsrechtlich nicht zu beanstanden.
3. Zu den Voraussetzungen eines gemeinschaftsrechtlichen Vollzugsfolgenbeseitigungs- und Erstattungsanspruchs.

BFH vom 22. 7. 2007 – IX R 55/06 (BStBl 2007 II S. 857) 9

1. Ist eine Steueranmeldung entgegen der gesetzlichen Anordnung nicht eigenhändig unterschrieben, ist sie unwirksam, steht deshalb einer Steuerfestsetzung nicht gleich und führt mit ihrem Eingang bei der Finanzbehörde nicht zum Beginn der Einspruchsfrist.
2. Wenn die Finanzverwaltung eine strafbefreiende Erklärung trotz fehlender – aber innerhalb einer vom FA gesetzten Frist nachgeholter – Unterschrift allgemein als von Anfang an wirksam behandelt, so kann dies ohne Rechtsgrundlage jedenfalls nicht zu Lasten des Erklärenden die Einspruchsfrist auslösen.

BFH vom 21. 9. 2007 – IX B 79/07 (BFH/NV 2008 S. 22) 10

Die Einspruchsfrist des § 355 Abs. 1 Satz 1 AO ist gewahrt, wenn der Einspruch der Finanzbehörde (s. § 357 Abs. 2 AO) rechtzeitig innerhalb der Frist zugegangen ist. Dafür trägt der Einspruchsführer die Feststellungslast; dabei kommt dem Einspruchsführer weder ein Anscheinsbeweis noch eine Zugangsfiktion zugute.

BFH vom 20. 11. 2008 – III R 66/07 (BStBl 2009 II S. 185) 11

1. Ein Steuerbescheid, der vor dem Datum des Bescheids zugestellt wird, ist wirksam bekanntgegeben, so dass die Einspruchsfrist mit Bekanntgabe des Bescheids zu laufen beginnt.
2. Versäumt der Empfänger die Einspruchsfrist, weil er darauf vertraut hat, die Frist ende nicht vor Ablauf eines Monats nach dem Datum des Bescheids, ist regelmäßig Wiedereinsetzung in den vorigen Stand zu gewähren.

§ 356 Rechtsbehelfsbelehrung

(1) Ergeht ein Verwaltungsakt schriftlich oder elektronisch, so beginnt die Frist für die Einlegung des Einspruchs nur, wenn der Beteiligte über den Einspruch und die Finanzbehörde, bei der er einzulegen ist, deren Sitz und die einzuhaltende Frist in der für den Verwaltungsakt verwendeten Form belehrt worden ist.

(2) ¹Ist die Belehrung unterblieben oder unrichtig erteilt, so ist die Einlegung des Einspruchs nur binnen eines Jahres seit Bekanntgabe des Verwaltungsakts zulässig, es sei denn, dass die Einlegung vor Ablauf der Jahresfrist infolge höherer Gewalt unmöglich war oder schriftlich oder elektronisch darüber belehrt wurde, dass ein Einspruch nicht gegeben sei. ²§ 110 Abs. 2 gilt für den Fall höherer Gewalt sinngemäß.

Rechtsprechung

1 BFH vom 10. 5. 1989 – II R 196/85 (BStBl 1989 II S. 822)

Die einem Einheitswertbescheid (Wert- und Artfortschreibung) beigefügte Rechtsbehelfsbelehrung entspricht den Anforderungen des § 356 Abs. 1 AO auch dann, wenn sie keinen Hinweis darauf enthält, daß die Anfechtung nur einer der selbständigen Feststellungen (vgl. BStBl 1983 II S. 88 und BStBl 1987 II S. 292) nicht zugleich auch die Anfechtung der weiter getroffenen Entscheidungen beinhalte.

2 BFH vom 25. 6. 1998 – V B 104/97 (BStBl 1998 II S. 649)

Im Fall der ohne Zustimmung der Behörde als Steuerfestsetzung unter dem Vorbehalt der Nachprüfung wirkenden Steueranmeldung (§ 168 Satz 1 AO) bedarf es keiner Rechtsbehelfsbelehrung. Die Einspruchsfrist verlängert sich mangels Vorliegens eines schriftlichen Verwaltungsakts demnach nicht auf ein Jahr.

3 BFH vom 7. 3. 2006 – X R 18/05 (BStBl 2006 II S. 455)

Für die Richtigkeit und Vollständigkeit der in einer Einspruchsentscheidung erteilten Rechtsbehelfsbelehrung ist ein Hinweis auf die Bedeutung des § 108 Abs. 3 AO für die Ermittlung des Tages der Bekanntgabe (§ 122 Abs. 2 Nr. 1 AO) nicht erforderlich.

§ 357 Einlegung des Einspruchs

(1) ¹Der Einspruch ist schriftlich einzureichen oder zur Niederschrift zu erklären. ²Es genügt, wenn aus dem Schriftstück hervorgeht, wer den Einspruch eingelegt hat. ³Einlegung durch Telegramm ist zulässig. ⁴Unrichtige Bezeichnung des Einspruchs schadet nicht.

(2) ¹Der Einspruch ist bei der Behörde anzubringen, deren Verwaltungsakt angefochten wird oder bei der ein Antrag auf Erlass eines Verwaltungsakts gestellt worden ist. ²Ein Einspruch, der sich gegen die Feststellung von Besteuerungsgrundlagen oder gegen die Festsetzung eines Steuermessbetrages richtet, kann auch bei der zur Erteilung des Steuerbescheids zuständigen Behörde angebracht werden. ³Ein Einspruch, der sich gegen einen Verwaltungsakt richtet, den eine Behörde auf Grund gesetzlicher Vorschrift für die zuständige Finanzbehörde erlassen hat, kann auch bei der zuständigen Finanzbehörde angebracht werden. ⁴Die schriftliche Anbringung bei einer anderen Behörde ist unschädlich, wenn der Einspruch vor Ablauf der Einspruchsfrist einer der Behörden übermittelt wird, bei der er nach den Sätzen 1 bis 3 angebracht werden kann.

(3) ¹Bei der Einlegung soll der Verwaltungsakt bezeichnet werden, gegen den der Einspruch gerichtet ist. ²Es soll angegeben werden, inwieweit der Verwaltungsakt angefochten und seine Aufhebung beantragt wird. ³Ferner sollen die Tatsachen, die zur Begründung dienen, und die Beweismittel angeführt werden.

Anwendungserlass zur Abgabenordnung

Zu § 357 – Einlegung des Einspruchs:

1. Die Schriftform für einen Einspruch (Absatz 1 Satz 1) ist auch bei einer Einlegung durch Telefax gewahrt (vgl. BFH-Beschluss vom 26. 3. 1991 – VIII B 83/90 – BStBl II, S. 463 zur Klageerhebung). Der Einspruch kann unter der Voraussetzung der Zugangseröffnung (vgl. zu § 87a, Nr. 1) auch elektronisch eingelegt werden; eine qualifizierte elektronische Signatur nach dem Signaturgesetz ist nicht erforderlich.

2. Nach § 357 Abs. 2 Satz 4 genügt die Einlegung des Einspruchs bei einer unzuständigen Behörde, sofern der Einspruch innerhalb der Einspruchsfrist einer der Behörden übermittelt wird, bei der er nach § 357 Abs. 2 Satz 1 bis 3 angebracht werden kann; der Steuerpflichtige trägt jedoch das Risiko der rechtzeitigen Übermittlung. Kann eine Behörde leicht und einwandfrei erkennen, dass sie für einen bei ihr eingegangenen Einspruch nicht und welche Finanzbehörde zuständig ist, hat sie diesen Einspruch unverzüglich an die zuständige Finanzbehörde weiterzuleiten. Geschieht dies nicht und wird dadurch die Einspruchsfrist versäumt, kommt Wiedereinsetzung in den vorigen Stand (§ 110) in Betracht (BVerfG-Beschluss vom 2. 9. 2002 – 1 BvR 476/01 – BStBl II, S. 835).

3. Wird ein Einspruch bei einem Wechsel der örtlichen Zuständigkeit nach Erlass eines Verwaltungsaktes entgegen § 357 Abs. 2 Satz 1 bereits bei der nach § 367 Abs. 1 Satz 2 zur Entscheidung berufenen anderen Finanzbehörde eingelegt, gilt auch in diesem Fall § 357 Abs. 2 Satz 4. Der Einspruch muss der alten Behörde innerhalb der Einspruchsfrist übermittelt werden, damit diese die Anwendung des § 26 Satz 2 prüfen kann; wird der Einspruch nicht rechtzeitig übermittelt, können die Voraussetzungen des § 110 gegeben sein.

Rechtsprechung

BFH vom 27. 11. 1984 – VIII R 73/82 (BStBl 1985 II S. 296)[1])

Ein von einem mit seiner Ehefrau zur Einkommensteuer zusammenveranlagten Ehemann eingelegter Rechtsbehelf hat nicht ohne weiteres auch die Wirkung eines von der Ehefrau eingelegten Einspruchs.

BFH vom 11. 9. 1986 – IV R 11/83 (BStBl 1987 II S. 5)

Enthält die Rechtsbehelfsschrift keine eindeutige und zweifelsfreie Kennzeichnung des angefochtenen Verwaltungsakts i.S. des § 357 Abs. 3 AO, ist bei Ermittlung des wirklichen Willens davon auszugehen, daß der Steuerpflichtige denjenigen Verwaltungsakt anfechten will, der nach Lage der Sache angefochten werden muß, um zu dem erkennbar angestrebten Erfolg zu kommen.

BFH vom 28. 11. 2001 – I R 93/00 (BFH/NV 2002 S. 613)

1. Der angefochtene Verwaltungsakt als Objekt des Einspruchs muss sich aus der Einspruchsschrift in der Weise ergeben, dass er sich entweder durch deren Auslegung ermitteln lässt oder dass Zweifel oder Unklarheiten am Gewollten durch Rückfragen beseitigt werden können.
2. Bei der Auslegung eines Einspruchs in entsprechender Anwendung des § 133 BGB dürfen auch außerhalb der Erklärung liegende Umstände berücksichtigt werden. Die Auslegung darf jedoch nicht zur Annahme eines Erklärungsinhalts führen, für den sich in der Erklärung selbst keine Anhaltspunkte finden lassen. Ein Einspruch, der nach Wortlaut und Zweck einen eindeutigen Inhalt hat, ist nicht auslegungsbedürftig. Ob dies zutrifft, ist revisionsrechtlich nachprüfbar.
3. Eine von einem Steuerberater stammende Formulierung in einem Einspruchsschreiben, es werde „gegen den Körperschaftsteuerbescheid" Einspruch eingelegt, kann nicht als Einspruch auch gegen den Bescheid über die Festsetzung von Zinsen zur Körperschaftsteuer ausgelegt werden. Die Erklärung ist eindeutig und nicht auslegungsbedürftig.

BFH vom 27. 2. 2003 – V R 87/01 (BStBl 2003 II S. 505)

Geht in einem Schätzungsfall nach Erlass des Steuerbescheides beim FA innerhalb der Einspruchsfrist die Steuererklärung ohne weitere Erklärung ein, so ist dies im Zweifel als Einlegung eines Einspruchs gegen den Schätzungsbescheid – und nicht als (bloßer) Antrag auf schlichte Änderung des Schätzungsbescheides – zu werten.

---

[1]) Vgl. hierzu auch BFH vom 30. 10. 1997 (BFH/NV 1998 S. 942).

6 BFH vom 8. 5. 2008 – VI R 12/05 (BStBl 2009 II S. 116)

Fehlt es an einer eindeutigen und zweifelsfreien Erklärung des wirklich Gewollten in der Rechtsbehelfsschrift, hat das FG den wirklichen Willen des Steuerpflichtigen durch Auslegung seiner Erklärung zu ermitteln. Dabei ist grundsätzlich davon auszugehen, dass der Steuerpflichtige denjenigen Verwaltungsakt anfechten will, der angefochten werden muss, um zu dem erkennbar angestrebten Erfolg zu kommen.

§ 358 Prüfung der Zulässigkeitsvoraussetzungen

¹Die zur Entscheidung über den Einspruch berufene Finanzbehörde hat zu prüfen, ob der Einspruch zulässig, insbesondere in der vorgeschriebenen Form und Frist eingelegt ist. ²Mangelt es an einem dieser Erfordernisse, so ist der Einspruch als unzulässig zu verwerfen.

Rechtsprechung

1 BFH vom 9. 8. 2007 – VI R 7/04 (BFH/NV 2008 S. 9)

1. Für das Vorliegen einer Beschwer ist die Schlüssigkeit des Vortrags des Rechtsbehelfs- bzw. Einspruchsführers oder – bei fehlender Begründung – die verständige Prüfung des angefochtenen Verwaltungsakts (Steuerbescheids) bestimmend.
2. Das Vorliegen einer Beschwer stellt eine Zulässigkeitsvoraussetzung für den Einspruch dar. Liegt keine Beschwer vor, ist der Einspruch als unzulässig zu verwerfen.

...

§ 359 Beteiligte

Beteiligte am Verfahren sind:
1. wer den Einspruch eingelegt hat (Einspruchsführer),
2. wer zum Verfahren hinzugezogen worden ist.

§ 360 Hinzuziehung zum Verfahren[1)]

(1) ¹Die zur Entscheidung über den Einspruch berufene Finanzbehörde kann von Amts wegen oder auf Antrag andere hinzuziehen, deren rechtliche Interessen nach den Steuergesetzen durch die Entscheidung berührt werden, insbesondere solche, die nach den Steuergesetzen neben dem Steuerpflichtigen haften. ²Vor der Hinzuziehung ist derjenige zu hören, der den Einspruch eingelegt hat.

(2) Wird eine Abgabe für einen anderen Abgabenberechtigten verwaltet, so kann dieser nicht deshalb hinzugezogen werden, weil seine Interessen als Abgabenberechtigter durch die Entscheidung berührt werden.

(3) ¹Sind an dem streitigen Rechtsverhältnis Dritte derart beteiligt, dass die Entscheidung auch ihnen gegenüber nur einheitlich ergehen kann, so sind sie hinzuzuziehen. ²Dies gilt nicht für Mitberechtigte, die nach § 352 nicht befugt sind, Einspruch einzulegen.

(4) Wer zum Verfahren hinzugezogen worden ist, kann dieselben Rechte geltend machen wie derjenige, der den Einspruch eingelegt hat.

(5) ¹Kommt nach Absatz 3 die Hinzuziehung von mehr als 50 Personen in Betracht, kann die Finanzbehörde anordnen, dass nur solche Personen hinzugezogen werden, die dies innerhalb einer bestimmten Frist beantragen. ²Von einer Einzelbekanntgabe der Anordnung kann abgesehen werden, wenn die Anordnung im Bundesanzeiger bekannt gemacht und außerdem in

---

[1)] § 360 Abs. 5 Satz 2 und 3 AO geändert durch Art. 2 Abs. 54 des Gesetzes zur Änderung von Vorschriften über Verkündungen und Bekanntmachungen sowie der Zivilprozessordnung, des Gesetzes betreffend die Einführung der Zivilprozessordnung und der Abgabenordnung vom 22. 12. 2011 (BGBl. 2011 I S. 3044) mit Wirkung ab 1. 4. 2012. Die Angabe „elektronischer Bundesanzeiger" wurde durch den Begriff „Bundesanzeiger" ersetzt.

Tageszeitungen veröffentlicht wird, die in dem Bereich verbreitet sind, in dem sich die Entscheidung voraussichtlich auswirken wird. ³Die Frist muss mindestens drei Monate seit Veröffentlichung im Bundesanzeiger betragen. ⁴In der Veröffentlichung in der Tageszeitung ist mitzuteilen, an welchem Tage die Frist abläuft. ⁵Für die Wiedereinsetzung in den vorigen Stand wegen Versäumung der Frist gilt § 110 entsprechend. ⁶Die Finanzbehörde soll Personen, die von der Entscheidung erkennbar in besonderem Maße betroffen werden, auch ohne Antrag hinzuziehen.

Anwendungserlass zur Abgabenordnung

Zu § 360 – Hinzuziehung zum Verfahren:

1. Entsprechend der Regelung in § 60 FGO über die Beiladung wird zwischen notwendiger (§ 360 Abs. 3) und einfacher Hinzuziehung (§ 360 Abs. 1) unterschieden.
2. § 360 Abs. 1 Satz 2 ist entsprechend auf § 360 Abs. 3 anzuwenden; der Einspruchsführer erhält damit die Möglichkeit, durch Rücknahme seines Einspruchs die Hinzuziehung zu vermeiden.
3. Bei Zusammenveranlagung (z.B. von Ehegatten bei der Einkommensteuer) wird es sich regelmäßig empfehlen, von der Möglichkeit der einfachen Hinzuziehung (§ 360 Abs. 1) Gebrauch zu machen. Das gilt auch dann, wenn der hinzuzuziehende Ehegatte nicht über eigene Einkünfte verfügt.
4. Will das Finanzamt den angefochtenen Verwaltungsakt gem. § 172 Abs. 1 Satz 1 Nr. 2 Buchstabe a ändern, ohne dem Antrag des Einspruchsführers der Sache nach zu entsprechen, ist auch die Zustimmung des notwendig Hinzugezogenen einzuholen; Gleiches empfiehlt sich bei einfacher Hinzuziehung.

Hinweise

Notwendige Hinzuziehung nach § 360 Abs. 3 AO von Beteiligten in Sachen Einspruchsverfahren gesonderte und einheitliche Feststellung

(FM Nordrhein-Westfalen, Erlass vom 30. 1. 2007 – S 0622 –)

Übersicht

1. OHG, KG, GbR

Einspruchsführer (§ 352 AO)	Hinzuziehung (§ 360 Abs. 3 AO)
Personengesellschaft (in Prozessstandschaft für ihre Gesellschafter) vertreten durch ihre(n) Geschäftsführer § 352 Abs. 1 Nr. 1 AO	1. des/der ausgeschiedenen Gesellschafter(s) (§ 352 Abs. 1 Nr. 3 AO) 2. des/der Gesellschafter(s) für einen Rechtsstreit nach a) § 352 Abs. 1 Nr. 4 AO (z.B. Gewinnanteil, Beteiligung strittig) b) § 352 Abs. 1 Nr. 5 AO (z.B. Sonderbetriebsausgaben)
Ausgeschiedene(r) Gesellschafter § 352 Abs. 1 Nr. 3 AO	Personengesellschaft (in Prozessstandschaft für ihre Gesellschafter)
Gesellschafter für einen Rechtsstreit nach	
a) § 352 Abs. 1 Nr. 4 AO (z.B. Gewinnanteil, Beteiligung strittig)	Personengesellschaft (in Prozessstandschaft für ihre Gesellschafter)
b) § 352 Abs. 1 Nr. 5 AO (z.B. Sonderbetriebsausgaben)	Personengesellschaft (in Prozessstandschaft für ihre Gesellschafter)

2. Bruchteils- und Erbengemeinschaften

Einspruchsführer (§ 352 AO)	Hinzuziehung (§ 360 Abs. 3 AO)

Empfangsbevollmächtigter i.S.d. § 183 AO (in Prozessstandschaft für die Gesamtheit der Feststellungsbeteiligten)
 	
§ 352 Abs. 2 AO
	1. des/der ausgeschiedenen Gemeinschafter(s) (§ 352 Abs. 1 Nr. 3 AO)
	2. des/der Gemeinschafter(s) für einen Rechtsstreit nach
	   a) § 352 Abs. 1 Nr. 4 AO
	      (z.B. Anteil an den Einkünften, Beteiligung strittig)
	   b) § 352 Abs. 1 Nr. 5 AO
	      (z.B. Sonderwerbungskosten)

Ausgeschiedene(r) Gemeinschafter § 352 Abs. 1 Nr. 3 AO	Empfangsbevollmächtigter i.S.d. § 183 AO (in Prozessstandschaft für die Gesamtheit der Feststellungsbeteiligten)

Gemeinschafter für einen Rechtsstreit nach
a) § 352 Abs. 1 Nr. 4 AO
   (z.B. Anteil an den Einkünften, Beteiligung strittig)
b) § 352 Abs. 1 Nr. 5 AO
   (z.B. Sonderwerbungskosten)
	Empfangsbevollmächtigter i.S.d. § 183 AO (in Prozessstandschaft für die Gesamtheit der Feststellungsbeteiligten)

Rsp   **Rechtsprechung**

3   **BFH vom 23. 4. 1985 – VIII R 282/81 (BStBl 1985 II S. 711)**

Der VIII. Senat schließt sich der Rechtsauffassung des IV. Senats (Urteil vom 19. 8. 1982, BStBl 1983 II S. 21) an, daß auch in den Fällen, in denen im außergerichtlichen Rechtsbehelfsverfahren eine notwendige Hinzuziehung (§ 360 Abs. 3 AO) unterblieben ist, das FG sich nicht auf die Aufhebung der Einspruchsentscheidung beschränken darf, wenn der Kläger sich gegen den Verwaltungsakt wendet.

4   **BFH vom 19. 7. 1989 – II R 73/85 (BStBl 1989 II S. 851)**

Ist eine notwendige Hinzuziehung zum Einspruchsverfahren unterblieben und ist die Einspruchsentscheidung dem notwendigen Hinzuzuziehenden gegenüber nicht wirksam geworden, so darf das FG nach der notwendigen Beiladung gleichwohl eine Sachentscheidung erlassen, wenn die Einspruchsentscheidung zu keiner Änderung des Regelungsgehalts des angefochtenen Bescheids geführt hat und auch keine Fehler i.S. des § 126 AO vorgelegen haben.

5   **BFH vom 28. 2. 1990 – I R 156/86 (BStBl 1990 II S. 696)**

Ergeht ein Feststellungsbescheid gemäß § 18 AStG gegenüber mehreren unbeschränkt steuerpflichtigen Beteiligten und legt nur einer von ihnen Einspruch ein, so sind die übrigen Beteiligten notwendig hinzuzuziehen (§ 360 Abs. 3 AO).

6   **BFH vom 23. 7. 1996 – VII B 42/96 (HFR 1996 S. 719)**

Es ist mit dem GG vereinbar, daß der im Einspruchsverfahren nach der AO obsiegende Steuerpflichtige keinen Ersatz der Kosten erhält, die ihm durch die (notwendige) Zuziehung eines Bevollmächtigten entstanden sind.

7   **BFH vom 28. 10. 1999 – I R 8/98 (HFR 2000 S. 198)**

Auch eine bewusst unterlassene notwendige Hinzuziehung gemäß § 360 Abs. 3 Satz 1 AO kann im Klageverfahren durch eine Beiladung gemäß § 60 Abs. 3 Satz 1 FGO geheilt werden.

BFH vom 29. 5. 2001 – VIII R 10/00 (BStBl 2001 II S. 747) 8

Kann der Einspruchsführer – mangels Zulässigkeit seines Rechtsbehelfs – die Einspruchsentscheidung des FA materiell durch das FG nicht überprüfen lassen, so gilt Gleiches für den zum Einspruchsverfahren Hinzugezogenen (Grundsatz der Akzessorietät).

BFH vom 16. 4. 2002 – VIII B 171/01 (BStBl 2002 II S. 578) 9

Erhebt ein Elternteil Klage mit dem Ziel, ihm Kindergeld zu gewähren, ist der andere Elternteil selbst dann nicht notwendig zum Verfahren beizuladen, wenn er bei Stattgabe der Klage das bisher zu seinen Gunsten festgesetzte Kindergeld verliert.

BFH vom 14. 10. 2003 – VIII R 32/01 (BStBl 2004 II S. 359) 10

Die Klage eines Kommanditisten gegen einen Bescheid zur Feststellung des verrechenbaren Verlusts (§ 15a Abs. 4 EStG) ist auch dann zulässig, wenn die Einspruchsentscheidung an die Kommanditgesellschaft gerichtet und der Kommanditist nicht zum Einspruchsverfahren hinzugezogen worden ist.

BFH vom 7. 2. 2007 – IV B 210/04 (BFH/NV 2007 S. 869) 11

1. Der im Einspruchsverfahren Hinzugezogene kann – anders als der im Klageverfahren notwendig Beigeladene – Einwendungen gegen den angefochtenen Bescheid unabhängig von dem Vorbringen des Rechtsbehelfsführers geltend machen.
2. Ist der Einspruch zulässig, vermittelt die Einspruchsentscheidung dem Hinzugezogenen ein eigenständiges Klagerecht.
3. Erheben sowohl der Einspruchsführer als auch der Hinzugezogene Klage, sind sie notwendige Streitgenossen.
4. Erklärt im Fall der notwendigen Streitgenossenschaft ein Streitgenosse den Rechtsstreit für in der Hauptsache erledigt, ist nach Beiladung dieses Streitgenossen über die Klage der anderen Streitgenossen sachlich zu entscheiden.

BFH vom 29. 4. 2009 – X R 16/06 (BStBl 2009 II S. 732) 12

1. Die Rechte des zum Einspruchsverfahren Hinzugezogenen sind (i.S. des § 40 Abs. 2 FGO) verletzt, wenn die Einspruchsentscheidung den Hinzugezogenen formell und materiell beschwert.
2. Der Hinzugezogene ist klagebefugt, wenn das FA dem Einspruch des Einspruchsführers in der Einspruchsentscheidung abhilft, dem Hinzugezogenen die Einspruchsentscheidung bekanntgegeben worden ist und in der Einspruchsentscheidung (bindende) Feststellungen getroffen sind, die gemäß § 174 Abs. 5 i.V.m. Abs. 4 AO im Folgeänderungsverfahren für den Hinzugezogenen zu einer nachteiligen Korrektur führen können.
3. Das FA ist materiell beschwert (und damit zur Revision befugt), wenn durch ein klageabweisendes Prozessurteil gegen einen Hinzugezogenen der Einspruchsentscheidung die Bindungswirkung für das Folgeänderungsverfahren abgesprochen wird.

---

§ 361 Aussetzung der Vollziehung

(1) ¹Durch Einlegung des Einspruchs wird die Vollziehung des angefochtenen Verwaltungsakts vorbehaltlich des Absatzes 4 nicht gehemmt, insbesondere die Erhebung einer Abgabe nicht aufgehalten. ²Entsprechendes gilt bei Anfechtung von Grundlagenbescheiden für die darauf beruhenden Folgebescheide.

(2) ¹Die Finanzbehörde, die den angefochtenen Verwaltungsakt erlassen hat, kann die Vollziehung ganz oder teilweise aussetzen; § 367 Abs. 1 Satz 2 gilt sinngemäß. ²Auf Antrag soll die Aussetzung erfolgen, wenn ernstliche Zweifel an der Rechtmäßigkeit des angefochtenen Verwaltungsakts bestehen oder wenn die Vollziehung für den Betroffenen eine unbillige, nicht durch überwiegende öffentliche Interessen gebotene Härte zur Folge hätte. ³Ist der Verwaltungsakt schon vollzogen, tritt an die Stelle der Aussetzung der Vollziehung die Aufhebung der Vollziehung. ⁴Bei Steuerbescheiden sind die Aussetzung und die Aufhebung der Vollziehung auf die festgesetzte Steuer, vermindert um die anzurechnenden Steuerabzugsbeträge, um die anzurechnende Körperschaftsteuer und um die festgesetzten Vorauszahlungen, beschränkt; dies gilt nicht, wenn die Aussetzung oder Aufhebung der Vollziehung zur Abwendung wesentlicher Nachteile nötig erscheint. ⁵Die Aussetzung kann von einer Sicherheitsleistung abhängig gemacht werden.

(3) ¹Soweit die Vollziehung eines Grundlagenbescheides ausgesetzt wird, ist auch die Vollziehung eines Folgebescheides auszusetzen. ²Der Erlass eines Folgebescheides bleibt zulässig. ³Über eine Sicherheitsleistung ist bei der Aussetzung eines Folgebescheides zu entscheiden, es sei denn, dass bei der Aussetzung der Vollziehung des Grundlagenbescheides die Sicherheitsleistung ausdrücklich ausgeschlossen worden ist.

(4) ¹Durch Einlegung eines Einspruchs gegen die Untersagung des Gewerbebetriebes oder der Berufsausübung wird die Vollziehung des angefochtenen Verwaltungsakts gehemmt. ²Die Finanzbehörde, die den Verwaltungsakt erlassen hat, kann die hemmende Wirkung durch besondere Anordnung ganz oder zum Teil beseitigen, wenn sie es im öffentlichen Interesse für geboten hält; sie hat das öffentliche Interesse schriftlich zu begründen. ³§ 367 Abs. 1 Satz 2 gilt sinngemäß.

(5) Gegen die Ablehnung der Aussetzung der Vollziehung kann das Gericht nur nach § 69 Abs. 3 und 5 Satz 3 der Finanzgerichtsordnung angerufen werden.

AEAO — Anwendungserlass zur Abgabenordnung

1 Zu § 361 – Aussetzung der Vollziehung:

Inhaltsübersicht

1. Anwendungsbereich des § 361 und des § 69 Abs. 2 FGO/Abgrenzung zur gerichtlichen Vollziehungsaussetzung und zur Stundung
2. Voraussetzungen für eine Vollziehungsaussetzung
3. Summarisches Verfahren/Vollstreckung bei anhängigem Vollziehungsaussetzungsantrag/Zuständigkeit
4. Berechnung der auszusetzenden Steuer
   4.1 Die streitbefangene Steuer ist kleiner als die Abschlusszahlung
   4.2 Die streitbefangene Steuer ist kleiner als die Abschlusszahlung einschließlich nicht geleisteter Vorauszahlungen
   4.3 Die streitbefangene Steuer ist größer als die Abschlusszahlung
   4.4 Die streitbefangene Steuer ist größer als die Abschlusszahlung einschließlich nicht geleisteter Vorauszahlungen
   4.5 Die Steuerfestsetzung führt zu einer Erstattung
   4.6 Sonderfälle
   4.7 Außersteuerliche Verwaltungsakte
5. Aussetzung der Vollziehung von Grundlagenbescheiden
6. Aussetzung der Vollziehung von Folgebescheiden
7. Aufhebung der Vollziehung durch das Finanzamt
8. Dauer der Aussetzung/Aufhebung der Vollziehung
   8.1 Beginn der Aussetzung/Aufhebung der Vollziehung
   8.2 Ende der Aussetzung/Aufhebung der Vollziehung
9. Nebenbestimmungen zur Aussetzung/Aufhebung der Vollziehung
   9.1 Widerrufsvorbehalt
   9.2 Sicherheitsleistung
10. Ablehnung der Vollziehungsaussetzung
11. Rechtsbehelfe
12. Aussetzungszinsen

1. Anwendungsbereich des § 361 und des § 69 Abs. 2 FGO/Abgrenzung zur gerichtlichen Vollziehungsaussetzung und zur Stundung

1.1 § 361 regelt die Aussetzung der Vollziehung durch die Finanzbehörde während eines Einspruchsverfahrens. § 69 Abs. 2 FGO erlaubt es der Finanzbehörde, während eines Klageverfahrens die Vollziehung auszusetzen.

1.2 Die Rechtsgrundlagen für eine Vollziehungsaussetzung durch das Finanzgericht ergeben sich aus § 69 Abs. 3, 4, 6 und 7 FGO. Das Finanzgericht kann die Vollziehung – unter den einschränkenden Voraussetzungen des § 69 Abs. 4 FGO – auch schon vor Erhebung der Anfechtungsklage aussetzen (vgl. Nr. 11).

1.3 Demjenigen, der eine Verfassungsbeschwerde erhoben hat, kann für diesen Verfahrensabschnitt keine Aussetzung der Vollziehung gewährt werden (§ 32 BVerfGG; siehe BFH-Urteil vom 11. 2. 1987 – II R 176/84 – BStBl II, S. 320).

1.4 Liegen nebeneinander die gesetzlichen Voraussetzungen sowohl für eine Stundung als auch für eine Aussetzung der Vollziehung vor, wird im Regelfall auszusetzen sein.

2. Voraussetzungen für eine Vollziehungsaussetzung

2.1 Die zuständige Finanzbehörde (vgl. Nr. 3.3) soll auf Antrag die Vollziehung aussetzen, wenn ernstliche Zweifel an der Rechtmäßigkeit des angefochtenen Verwaltungsaktes bestehen oder wenn die Vollziehung für den Betroffenen eine unbillige, nicht durch überwiegende öffentliche Interessen gebotene Härte zur Folge hätte (§ 361 Abs. 2 Satz 2 FGO). Die Finanzbehörde kann auch ohne Antrag die Vollziehung aussetzen (§ 361 Abs. 2 Satz 1; § 69 Abs. 2 Satz 1 FGO). Von dieser Möglichkeit ist insbesondere dann Gebrauch zu machen, wenn der Rechtsbehelf offensichtlich begründet ist, der Abhilfebescheid aber voraussichtlich nicht mehr vor Fälligkeit der geforderten Steuer ergehen kann.

2.2 Eine Vollziehungsaussetzung ist nur möglich, wenn der Verwaltungsakt, dessen Vollziehung ausgesetzt werden soll, angefochten und das Rechtsbehelfsverfahren noch nicht abgeschlossen ist (Ausnahme: Folgebescheide i.S.d. § 361 Abs. 3 Satz 1 und des § 69 Abs. 2 Satz 4 FGO; vgl. Nr. 6). Eine Vollziehungsaussetzung kommt daher nicht in Betracht, wenn der Steuerpflichtige statt eines Rechtsbehelfs einen Änderungsantrag, z.B. nach § 164 Abs. 2 Satz 2 oder nach § 172 Abs. 1 Satz 1 Nr. 2 Buchst. a, bei der Finanzbehörde einreicht.

2.3 Die Aussetzung der Vollziehung setzt Vollziehbarkeit des Verwaltungsaktes voraus.

2.3.1. Vollziehbar sind insbesondere
- die eine (positive) Steuer festsetzenden Steuerbescheide (vgl. Nr. 4),
- Steuerbescheide über 0 €, die einen vorhergehenden Steuerbescheid über einen negativen Betrag ändern (BFH-Beschluss vom 28. 11. 1974 – V B 52/73 – BStBl 1975 II, S. 239),
- Vorauszahlungsbescheide bis zum Erlass des Jahressteuerbescheids (BFH-Beschluss vom 4. 6. 1981 – VIII B 31/80 – BStBl II, S. 767; vgl. Nr. 8.2.2),
- Bescheide, mit denen der Vorbehalt der Nachprüfung aufgehoben wird (BFH-Beschluss vom 1. 6. 1983 – III B 40/82 – BStBl II, S. 622),
- Verwaltungsakte nach § 218 Abs. 2, die eine Zahlungsschuld feststellen (BFH-Beschluss vom 10. 11. 1987 – VII B 137/87 – BStBl 1988 II, S. 43),
- Mitteilungen nach § 141 Abs. 2 über die Verpflichtung zur Buchführung (BFH-Beschluss vom 6. 12. 1979 – IV B 32/79 – BStBl 1980 II, S. 427),
- Leistungsgebote (BFH-Beschluss vom 31. 10. 1975 – VIII B 14/74 – BStBl 1976 II, S. 258),
- der Widerruf einer Stundung (BFH-Beschluss vom 8. 6. 1982 – VIII B 29/82 – BStBl II, S. 608),
- die völlige oder teilweise Ablehnung eines Antrags auf Eintragung eines Freibetrags auf der Lohnsteuerkarte (BFH-Beschlüsse vom 29. 4. 1992 – VI B 152/91 – BStBl II, S. 752, und vom 17. 3. 1994 – VI B 154/93 – BStBl II, S. 567),
- Außenprüfungsanordnungen (vgl. zu § 196, Nr. 1).

2.3.2 Nicht vollziehbar sind insbesondere
- erstmalige Steuerbescheide über 0 €, auch wenn der Steuerpflichtige die Festsetzung einer negativen Steuer begehrt (BFH-Urteil vom 17. 12. 1981 – V R 81/81 – BStBl 1982 II, S. 149, BVerfG-Beschluss vom 23. 6. 1982 – 1 BvR 254/82 – StRK FGO § 69 R 244),
- auf eine negative Steuerschuld lautende Steuerbescheide, wenn der Steuerpflichtige eine Erhöhung des negativen Betrags begehrt (BFH-Beschluss vom 28. 11. 1974 – V B 44/74 – BStBl 1975 II, S. 240),
- Verwaltungsakte, die den Erlass oder die Korrektur eines Verwaltungsaktes ablehnen, z.B. Ablehnung eines Änderungsbescheids (BFH-Beschlüsse vom 24. 11. 1970 – II B 42/70 – BStBl 1971 II, S. 110, und vom 25. 3. 1971 – II B 47/69 – BStBl II, S. 334), Ablehnung der Herabsetzung bestandskräftig festgesetzter Vorauszahlungen (BFH-Beschluss vom 27. 3. 1991 – I B 187/90 – BStBl II, S. 643), Ablehnung einer Stundung (BFH-Beschluss vom 8. 6. 1982 – VIII B 29/82 – BStBl II, S. 608) oder eines Erlasses (BFH-Beschluss vom 24. 9. 1970 – II B 28/70 – BStBl II, S. 813),
- die Ablehnung einer Billigkeitsmaßnahme i.S.d. § 163,
- die Ablehnung der Erteilung einer Freistellungsbescheinigung nach § 44a Abs. 5 EStG (BFH-Beschluss vom 27. 7. 1994 – I B 246/93 – BStBl II, S. 899) oder einer Freistellung vom Quellensteuerabzug nach § 50a Abs. 4 EStG (BFH-Beschluss vom 13. 4. 1994 – I B 212/93 – BStBl II, S. 835),

§ 361 AO
AEAO

- Verbindliche Auskünfte (§ 89 Abs. 2; § 2 StAuskV), verbindliche Zusagen (§§ 204 bis 207) und Lohnsteueranrufungsauskünfte (§ 42e EStG), unabhängig davon, ob sie der Rechtsauffassung des Steuerpflichtigen entsprechen oder nicht, sowie die Ablehnung, eine verbindliche Auskunft, eine verbindliche Zusage oder eine Lohnsteueranrufungsauskunft zu erteilen.

2.3.3 Zur Vollziehbarkeit von Feststellungsbescheiden vgl. Nr. 5.1.

2.3.4 Vorläufiger Rechtsschutz gegen einen nicht vollziehbaren Verwaltungsakt kann nur durch eine einstweilige Anordnung nach § 114 FGO gewährt werden.

2.4 Bei der Entscheidung über Anträge auf Aussetzung der Vollziehung ist der gesetzliche Ermessensspielraum im Interesse der Steuerpflichtigen stets voll auszuschöpfen.

2.5 Zur Aussetzung berechtigende ernstliche Zweifel an der Rechtmäßigkeit des angefochtenen Verwaltungsaktes bestehen, wenn eine summarische Prüfung (vgl. Nr. 3.4) ergibt, dass neben den für die Rechtmäßigkeit sprechenden Umständen gewichtige gegen die Rechtmäßigkeit sprechende Gründe zutage treten, die Unentschiedenheit oder Unsicherheit in der Beurteilung der Rechtsfragen oder Unklarheit in der Beurteilung der Tatfragen bewirken. Dabei brauchen die für die Unrechtmäßigkeit des Verwaltungsaktes sprechenden Bedenken nicht zu überwiegen, d.h. ein Erfolg des Steuerpflichtigen muss nicht wahrscheinlicher sein als ein Misserfolg (BFH-Beschlüsse vom 10. 2. 1967 – III B 9/66 – BStBl III, S. 182, und vom 28. 11. 1974 – V B 52/73 – BStBl 1975 II, S. 239).

2.5.1 Bei der Abschätzung der Erfolgsaussichten sind nicht nur die BFH-Rechtsprechung und die einschlägigen Verwaltungsanweisungen, sondern auch die Entscheidungen des zuständigen Finanzgerichts zu beachten.

2.5.2 Ernstliche Zweifel an der Rechtmäßigkeit des Verwaltungsaktes werden im Allgemeinen zu bejahen sein,
- wenn die Behörde bewusst oder unbewusst von einer für den Antragsteller günstigen Rechtsprechung des BFH abgewichen ist (BFH-Beschluss vom 15. 2. 1967 – VI S 2/66 – BStBl III, S. 256),
- wenn der BFH noch nicht zu der Rechtsfrage Stellung genommen hat und die Finanzgerichte unterschiedliche Rechtsauffassungen vertreten (BFH-Beschluss vom 10. 5. 1968 – III B 55/67 – BStBl II, S. 610),
- wenn die Gesetzeslage unklar ist, die streitige Rechtsfrage vom BFH noch nicht entschieden ist, im Schrifttum Bedenken gegen die Rechtsauslegung des Finanzamt erhoben werden und die Finanzverwaltung die Zweifelsfrage in der Vergangenheit nicht einheitlich beurteilt hat (BFH-Beschlüsse vom 22. 9. 1967 – VI B 59/67 – BStBl 1968 II, S. 37, und vom 19. 8. 1987 – V B 56/85 – BStBl II, S. 830),
- wenn eine Rechtsfrage von zwei obersten Bundesgerichten oder zwei Senaten des BFH unterschiedlich entschieden worden ist (BFH-Beschlüsse vom 22. 11. 1968 – VI B 87/68 – BStBl 1969 II, S. 145, und vom 21. 11. 1974 – IV B 39/74 – BStBl 1975 II, S. 175) oder widersprüchliche Urteile desselben BFH-Senats vorliegen (BFH-Beschluss vom 5. 2. 1986 – I B 39/85 – BStBl II, S. 490).

2.5.3 Dagegen werden ernstliche Zweifel im Allgemeinen zu verneinen sein,
- wenn der Verwaltungsakt der höchstrichterlichen Rechtsprechung entspricht (BFH-Beschlüsse vom 24. 2. 1967 – VI B 15/66 – BStBl III, S. 341, und vom 11. 3. 1970 – I B 50/68 – BStBl II, S. 569), und zwar auch dann, wenn einzelne Finanzgerichte eine von der höchstrichterlichen Rechtsprechung abweichende Auffassung vertreten,
- wenn der Rechtsbehelf unzulässig ist (BFH-Beschluss vom 24. 11. 1970 – II B 42/70 – BStBl 1971 II, S. 110, und vom 25. 3. 1971 – II B 47/69 – BStBl II, S. 334).

2.5.4 *An die Zweifel hinsichtlich der Rechtmäßigkeit des angefochtenen Verwaltungsaktes sind, wenn die Verfassungswidrigkeit einer angewandten Rechtsnorm geltend gemacht wird, keine strengeren Anforderungen zu stellen als im Falle der Geltendmachung fehlerhafter Rechtsanwendung. Die Begründetheit des Aussetzungsantrags ist nicht nach den Grundsätzen zu beurteilen, die für eine einstweilige Anordnung durch das BVerfG nach § 32 BVerfGG gelten (BFH-Beschluss vom 10. 2. 1984 – III B 40/83 – BStBl II, S. 454). Es muss jedoch ein berechtigtes Interesse des Antragstellers an der Gewährung vorläufigen Rechtsschutzes bestehen (BFH-Beschlüsse vom 6. 11. 1987 – III B 101/86 – BStBl 1988 II, S. 134, und vom 1. 4. 2010 – II B 168/09 – BStBl II, S. 558). In Ausnahmefällen kann trotz ernstlicher Zweifel an der Verfassungsmäßigkeit das öffentliche Interesse an einer geordneten Haushaltsführung höher zu bewerten sein als das Interesse des Antragstellers an der Gewährung vorläufigen Rechtsschutzes (BFH-Beschlüsse vom 20. 7. 1990 – III B 144/89 – BStBl 1991 II, S. 104, und vom 1. 4. 2010, a.a.O.).*

2.5.5 Die Gefährdung des Steueranspruchs ist – wenn ernstliche Zweifel an der Rechtmäßigkeit des Verwaltungsaktes bestehen – für sich allein kein Grund, die Aussetzung der Vollziehung abzulehnen. Steuerausfälle können dadurch vermieden werden, dass die Aussetzung von einer Sicherheitsleistung abhängig gemacht wird (vgl. Nr. 9.2).

2.6 Eine Aussetzung der Vollziehung wegen unbilliger Härte kommt in Betracht, wenn bei sofortiger Vollziehung dem Betroffenen Nachteile drohen würden, die über die eigentliche Realisierung des Verwaltungsaktes hinausgehen, indem sie vom Betroffenen ein Tun, Dulden oder Unterlassen fordern, dessen nachteilige Folgen nicht mehr oder nur schwer rückgängig gemacht werden können oder existenzbedrohend sind. Eine Vollziehungsaussetzung wegen unbilliger Härte ist zu versagen, wenn der Rechtsbehelf offensichtlich keine Aussicht auf Erfolg hat (BFH-Beschlüsse vom 21. 12. 1967 – V B 26/67 – BStBl 1968 II, S. 84, und vom 19. 4. 1968 – IV B 3/66 – BStBl II, S. 538).

2.7 Durch Aussetzung der Vollziehung darf die Entscheidung in der Hauptsache nicht vorweggenommen werden (BFH-Beschluss vom 22. 7. 1980 – VII B 3/80 – BStBl II, S. 592).

3. Summarisches Verfahren/Vollstreckung bei anhängigem Vollziehungsaussetzungsantrag/Zuständigkeit

3.1 Über Anträge auf Aussetzung der Vollziehung ist unverzüglich zu entscheiden. Solange über einen entsprechenden bei der Finanzbehörde gestellten Antrag noch nicht entschieden ist, sollen Vollstreckungsmaßnahmen unterbleiben, es sei denn, der Antrag ist aussichtslos, bezweckt offensichtlich nur ein Hinausschieben der Vollstreckung oder es besteht Gefahr im Verzug.

3.2 Stellt der Steuerpflichtige einen Antrag auf Aussetzung der Vollziehung nach § 69 Abs. 3 FGO beim Finanzgericht, ist die Vollstreckungsstelle darüber zu unterrichten. Die Vollstreckungsstelle entscheidet, ob im Einzelfall von Vollstreckungsmaßnahmen abzusehen ist. Vor Einleitung von Vollstreckungsmaßnahmen ist mit dem Finanzgericht Verbindung aufzunehmen (vgl. Abschn. 5 Abs. 4 Satz 3 VollstrA). Die Verpflichtung des Finanzamts, unverzüglich selbst zu prüfen, ob eine Aussetzung der Vollziehung in Betracht kommt, und ggf. die Aussetzung der Vollziehung selbst auszusprechen, bleibt unberührt.

3.3 Für die Entscheidung über die Aussetzung der Vollziehung ist ohne Rücksicht auf die Steuerart und die Höhe des Steuerbetrages das Finanzamt zuständig, das den angefochtenen Verwaltungsakt erlassen hat. Ein zwischenzeitlich eingetretener Zuständigkeitswechsel betrifft grundsätzlich auch das Aussetzungsverfahren (§ 367 Abs. 1 Satz 2 i.V. mit § 26 Satz 2).

3.4 Die Entscheidung über die Aussetzung der Vollziehung ergeht in einem summarischen Verfahren. Die Begründetheit des Rechtsbehelfs ist im Rahmen dieses Verfahrens nur in einem begrenzten Umfang zu prüfen. Bei der Prüfung sind nicht präsente Beweismittel ausgeschlossen (vgl. BFH-Beschlüsse vom 23. 7. 1968 – II B 17/68 – BStBl II, S. 589, und vom 19. 5. 1987 – VIII B 104/85 – BStBl 1988 II, S. 5). Die Sachentscheidungsvoraussetzungen für die Vollziehungsaussetzung (z.B. Anhängigkeit eines förmlichen Rechtsbehelfs, Zuständigkeit) sind eingehend und nicht nur summarisch zu prüfen (vgl. BFH-Beschluss vom 21. 4. 1971 – VII B 106/69 – BStBl II, S. 702).

4. Berechnung der auszusetzenden Steuer

Die Höhe der auszusetzenden Steuer ist in jedem Fall zu berechnen; eine pauschale Bestimmung (z.B. ausgesetzte Steuer = Abschlusszahlung) ist nicht vorzunehmen.

Bei Steuerbescheiden sind die Aussetzung und die Aufhebung der Vollziehung auf die festgesetzte Steuer, vermindert um die anzurechnenden Steuerabzugsbeträge, um die anzurechnende Körperschaftsteuer und um die festgesetzten Vorauszahlungen, beschränkt; dies gilt nicht, wenn die Aussetzung oder Aufhebung der Vollziehung zur Abwendung wesentlicher Nachteile nötig erscheint (§ 361 Abs. 2 Satz 4; § 69 Abs. 2 Satz 8 und Absatz 3 Satz 4 FGO). Diese Regelung ist verfassungsgemäß (BFH-Beschlüsse vom 2. 11. 1999 – I B 49/99 – BStBl 2000 II, S. 57, und vom 24. 1. 2000 – X B 99/99 – BStBl II, S. 559). Zum Begriff „wesentliche Nachteile" vgl. Nr. 4.6.1.

Vorauszahlungen sind auch dann „festgesetzt" i.S.d. § 361 Abs. 2 Satz 4, § 69 Abs. 2 Satz 8 FGO, wenn der Vorauszahlungsbescheid in der Vollziehung ausgesetzt war (BFH-Beschluss vom 24. 1. 2000 – X B 99/99 – BStBl II, S. 559; vgl. Nrn. 4.2, 4.4 und 8.2.2).

Steuerabzugsbeträge sind bei der Ermittlung der auszusetzenden Steuer auch dann zu berücksichtigen, wenn sie erst im Rechtsbehelfsverfahren geltend gemacht werden und die Abrechnung des angefochtenen Steuerbescheides zu korrigieren ist.

Wird ein Steuerbescheid zum Nachteil des Steuerpflichtigen geändert oder gemäß § 129 berichtigt, kann hinsichtlich des sich ergebenden Mehrbetrags die Aussetzung der Vollziehung unabhängig von den Beschränkungen des § 361 Abs. 2 Satz 4 bzw. des § 69 Abs. 2 Satz 8 FGO gewährt werden.

Es sind folgende Fälle zu unterscheiden (in den Beispielsfällen 4.1 bis 4.5 wird jeweils davon ausgegangen, dass ein Betrag von 5000 € streitbefangen ist und in dieser Höhe auch ernstliche Zweifel an der Rechtmäßigkeit der angefochtenen Steuerfestsetzung bestehen

§ 361 AO
AEAO

sowie kein Ausnahmefall des Vorliegens wesentlicher Nachteile – vgl. Nr. 4.6.1 – gegeben ist):

4.1 Die streitbefangene Steuer ist kleiner als die Abschlusszahlung

Beispiel 1:
festgesetzte Steuer	15 000 €
festgesetzte und entrichtete Vorauszahlungen	8 000 €
Abschlusszahlung	7 000 €
streitbefangene Steuer	5 000 €

Die Vollziehung ist i.H.v. 5 000 € auszusetzen. Der Restbetrag i.H.v. 2 000 € ist am Fälligkeitstag zu entrichten.

Beispiel 2:
festgesetzte Umsatzsteuer	0 €
Summe der festgesetzten Umsatzsteuer-Vorauszahlungen	./. 7 000 €
Abschlusszahlung	7 000 €
streitbefangene Steuer	5 000 €

Die Vollziehung ist i.H.v. 5 000 € auszusetzen. Der Restbetrag i.H.v. 2 000 € ist am Fälligkeitstag zu entrichten.

4.2 Die streitbefangene Steuer ist kleiner als die Abschlusszahlung einschließlich nicht geleisteter Vorauszahlungen

Beispiel 1:
festgesetzte Steuer	15 000 €
festgesetzte Vorauszahlungen	8 000 €
entrichtete Vorauszahlungen	5 000 €
rückständige Vorauszahlungen	3 000 €
anzurechnende Steuerabzugsbeträge	4 000 €
Abschlusszahlung (einschließlich der rückständigen Vorauszahlungsbeträge, da nach § 36 Abs. 2 Nr. 1 EStG nur die entrichteten Vorauszahlungen anzurechnen sind)	6 000 €
streitbefangene Steuer	5 000 €

Die Vollziehung ist nur i.H.v. 3 000 € auszusetzen (15 000 € – festgesetzte Steuer – ./. 8 000 € – festgesetzte Vorauszahlungen – ./. 4 000 € – anzurechnende Steuerabzugsbeträge –). Die rückständigen Vorauszahlungen i.H.v. 3 000 € sind sofort zu entrichten.

Beispiel 2:
festgesetzte Steuer	15 000 €
festgesetzte Vorauszahlungen	8 000 €
Vollziehungsaussetzung des Vorauszahlungsbescheids i.H.v.	3 000 €
entrichtete Vorauszahlungen	5 000 €
anzurechnende Steuerabzugsbeträge	4 000 €
Abschlusszahlung (einschließlich der in der Vollziehung ausgesetzten Vorauszahlungen)	6 000 €
streitbefangene Steuer	5 000 €

Die Vollziehung ist nur i.H.v. 3 000 € auszusetzen (15000 € – festgesetzte Steuer – ./. 8 000 € – festgesetzte Vorauszahlungen – ./. 4 000 € – anzurechnende Steuerabzugsbeträge –). Die in der Vollziehung ausgesetzten Vorauszahlungen i.H.v. 3 000 € sind innerhalb der von der Finanzbehörde zu setzenden Frist (vgl. Nr. 8.2.2) zu entrichten. Der Restbetrag der Abschlusszahlung (3 000 €) muss nicht geleistet werden, solange die Aussetzung der Vollziehung wirksam ist.

4.3 Die streitbefangene Steuer ist größer als die Abschlusszahlung

Beispiel:
festgesetzte Steuer	15 000 €
festgesetzte und entrichtete Vorauszahlungen	8 000 €
anzurechnende Steuerabzugsbeträge	4 000 €
Abschlusszahlung	3 000 €
streitbefangene Steuer	5 000 €

Die Vollziehung ist nur i.H.v. 3 000 € auszusetzen (15 000 € – festgesetzte Steuer – ./. 8 000 € – festgesetzte Vorauszahlungen – ./. 4 000 € – anzurechnende Steuerabzugsbeträge –). Die Abschlusszahlung muss nicht geleistet werden, solange die Aussetzung der Vollziehung wirksam ist.

4.4 Die streitbefangene Steuer ist größer als die Abschlusszahlung einschließlich nicht geleisteter Vorauszahlungen

Beispiel 1:
festgesetzte Steuer	15 000 €
festgesetzte Vorauszahlungen	8 000 €

	entrichtete Vorauszahlungen	5 000 €
	rückständige Vorauszahlungen	3 000 €
	anzurechnende Steuerabzugsbeträge	6 000 €
	Abschlusszahlung (einschließlich der rückständigen Vorauszahlungen)	4 000 €
	streitbefangene Steuer	5 000 €

Die Vollziehung ist nur i.H.v. 1 000 € auszusetzen (15 000 € – festgesetzte Steuer – ./. 8 000 € – festgesetzte Vorauszahlungen – ./. 6 000 € – anzurechnende Steuerabzugsbeträge –). Die rückständigen Vorauszahlungen i.H.v. 3 000 € sind sofort zu entrichten.

Beispiel 2:	festgesetzte Steuer	15 000 €
	festgesetzte Vorauszahlungen	8 000 €
	Vollziehungsaussetzung des Vorauszahlungsbescheids i.H.v.	3 000 €
	entrichtete Vorauszahlungen	5 000 €
	anzurechnende Steuerabzugsbeträge	6 000 €
	Abschlusszahlung (einschließlich der in der Vollziehung ausgesetzten Vorauszahlungen)	4 000 €
	streitbefangene Steuer	5 000 €

Die Vollziehung ist nur i.H.v. 1 000 € auszusetzen (15 000 € – festgesetzte Steuer – ./. 8 000 € – festgesetzte Vorauszahlungen – ./. 6 000 € – anzurechnende Steuerabzugsbeträge –). Die in der Vollziehung ausgesetzten Vorauszahlungen i.H.v. 3000 € sind innerhalb der von der Finanzbehörde zu setzenden Frist (vgl. Nr. 8.2.2) zu entrichten. Der Restbetrag der Abschlusszahlung (1 000 €) muss nicht geleistet werden, solange die Aussetzung der Vollziehung wirksam ist.

4.5 Die Steuerfestsetzung führt zu einer Erstattung

Beispiel 1:	festgesetzte Steuer	15 000 €
	festgesetzte und entrichtete Vorauszahlungen	12 000 €
	anzurechnende Steuerabzugsbeträge	5 000 €
	Erstattungsbetrag	2 000 €
	streitbefangene Steuer	5 000 €

Eine Aussetzung der Vollziehung ist nicht möglich (15 000 € – festgesetzte Steuer – ./. 12000 € – festgesetzte Vorauszahlungen – ./. 5 000 € – anzurechnende Steuerabzugsbeträge –).

Beispiel 2:	Nach einem Erstbescheid gemäß Beispiel 1 ergeht ein Änderungsbescheid:	
	festgesetzte Steuer nunmehr	16 000 €
	festgesetzte und entrichtete Vorauszahlungen	12 000 €
	anzurechnende Steuerabzugsbeträge	5 000 €
	neuer Erstattungsbetrag	1 000 €
	Rückforderung der nach dem Erstbescheid geleisteten Erstattung (Leistungsgebot) i.H.v.	1 000 €
	streitbefangene Steuer	5 000 €

Der Änderungsbescheid kann i.H.v. 1 000 € in der Vollziehung ausgesetzt werden.

Beispiel 3:	Nach einem Erstbescheid gemäß Beispiel 1 ergeht ein Änderungsbescheid:	
	festgesetzte Steuer nunmehr	18 000 €
	festgesetzte und entrichtete Vorauszahlungen	12 000 €
	anzurechnende Steuerabzugsbeträge	5 000 €
	Abschlusszahlung neu	1 000 €
	Leistungsgebot über (Abschlusszahlung – 1 000 € – zuzüglich der nach dem Erstbescheid geleisteten Erstattung – 2 000 € –)	3 000 €
	streitbefangene Steuer	5 000 €

Der Änderungsbescheid kann i.H.v. 3 000 € in der Vollziehung ausgesetzt werden.

4.6 Sonderfälle

4.6.1 Die Beschränkung der Aussetzung bzw. Aufhebung der Vollziehung von Steuerbescheiden auf den Unterschiedsbetrag zwischen festgesetzter Steuer und Vorleistungen (festgesetzte Vorauszahlungen, anzurechnende Steuerabzugsbeträge, anzurechnende Körperschaftsteuer) gilt nicht, wenn die Aussetzung oder Aufhebung der Vollziehung zur Abwendung wesentlicher Nachteile nötig erscheint (vgl. Nr. 4 zweiter Absatz).

Für die Beurteilung, wann „wesentliche Nachteile" vorliegen, sind die von der BFH-Rechtsprechung zur einstweiligen Anordnung nach § 114 FGO entwickelten Grundsätze heranzuziehen (BFH-Beschluss vom 22. 12. 2003 – IX B 177/02 – BStBl 2004 II, S. 367). „Wesentliche Nachteile" liegen demnach vor, wenn durch die Versagung der Vollziehungsaussetzung bzw. Vollziehungsaufhebung unmittelbar und ausschließlich die wirtschaftliche oder persönliche Existenz des Steuerpflichtigen bedroht sein würde (BFH-Beschluss vom 22. 12. 2003, a.a.O.).

Keine „wesentlichen Nachteile" sind – für sich allein gesehen – allgemeine Folgen, die mit der Steuerzahlung verbunden sind, beispielsweise
- ein Zinsverlust (BFH-Beschluss vom 27. 7. 1994 – I B 246/93 – BStBl II, S. 899),
- eine zur Bezahlung der Steuern notwendige Kreditaufnahme (BFH-Beschlüsse vom 12. 4. 1984 – VIII B 115/82 – BStBl II, S. 492, und vom 2. 11. 1999 – I B 49/99 – BStBl 2000 II, S. 57),
- ein Zurückstellen betrieblicher Investitionen oder eine Einschränkung des gewohnten Lebensstandards (BFH Beschluss vom 12. 4. 1984 – VIII B 115/82 – BStBl II, S. 492).

„Wesentliche Nachteile" liegen auch vor, wenn der BFH oder ein Finanzgericht von der Verfassungswidrigkeit einer streitentscheidenden Vorschrift überzeugt ist und deshalb diese Norm gem. Art. 100 Abs. 1 GG dem BVerfG zur Prüfung vorgelegt hat (BFH-Beschluss vom 22. 12. 2003 – IX B 177/02 – BStBl 2004 II, S. 367).

Wurde ein Grundlagenbescheid angefochten, sind erst bei der Vollziehungsaussetzung des Folgebescheides die Regelungen des § 361 Abs. 2 Satz 4 bzw. des § 69 Abs. 2 Satz 8 und Abs. 3 Satz 4 FGO zu beachten (vgl. Nr. 4 zweiter Absatz, Nr. 5.1 letzter Absatz und Nr. 6 letzter Absatz). Folglich ist auch erst in diesem Verfahren zu prüfen, ob „wesentliche Nachteile" vorliegen.

4.6.2 In Fällen, in denen die Vollziehung des angefochtenen Steuerbescheids auszusetzen ist, bei Erfolg des Rechtsbehelfs aber andere Steuerbescheide zuungunsten des Rechtsbehelfsführers zu ändern sind, kann die Aussetzung der Vollziehung des angefochtenen Steuerbescheids nicht auf den Unterschiedsbetrag der steuerlichen Auswirkungen begrenzt werden (BFH-Urteil vom 10. 11. 1994 – IV R 44/94 – BStBl 1995 II, S. 814).

4.7 Außersteuerliche Verwaltungsakte

Die vorstehenden Ausführungen gelten sinngemäß für außersteuerliche Verwaltungsakte, auf die die Vorschriften des § 361 und des § 69 FGO entsprechend anzuwenden sind (z.B. Bescheide für Investitionszulagen, Eigenheimzulagen, Wohnungsbauprämien, Bergmannsprämien, Arbeitnehmer-Sparzulagen). Die Vollziehung eines Bescheides, der beispielsweise eine Investitionszulage nach Auffassung des Antragstellers zu niedrig festsetzt, kann daher nicht ausgesetzt werden. Ein Bescheid, der eine gewährte Investitionszulage zurückfordert, ist dagegen ein vollziehbarer und aussetzungsfähiger Verwaltungsakt.

5. Aussetzung der Vollziehung von Grundlagenbescheiden

5.1 Auch die Vollziehung von Grundlagenbescheiden (insbesondere Feststellungs- und Steuermessbescheiden) kann unter den allgemeinen Voraussetzungen – Anhängigkeit eines Rechtsbehelfs (vgl. Nr. 2.2), vollziehbarer Verwaltungsakt (vgl. Nr. 2.3), ernstliche Zweifel (vgl. Nr. 2.5) oder unbillige Härte (vgl. Nr. 2.6) – ausgesetzt werden.

Eine Aussetzung der Vollziehung ist daher insbesondere möglich bei
- Bescheiden über die gesonderte Feststellung von Besteuerungsgrundlagen nach § 180 Abs. 1 Nr. 2,
- Feststellungsbescheiden nach der V zu § 180 Abs. 2,
- Bescheiden nach § 180 Abs. 1 Nr. 3,
- Feststellungsbescheiden nach §§ 27, 28 und 38 KStG,
- Gewerbesteuermessbescheiden,
- Grundsteuermessbescheiden,
- Einheitswertbescheiden (§ 180 Abs. 1 Nr. 1 AO i.V.m. § 19 BewG),
- Bescheide über die Feststellung von Grundbesitzwerten (§ 151 BewG)
- Feststellungsbescheiden nach § 17 Abs. 2 und 3 GrEStG.

Nach der Rechtsprechung des BFH kommt eine Vollziehungsaussetzung auch in Betracht bei
- Verlustfeststellungsbescheiden, soweit die Feststellung eines höheren Verlustes begehrt wird (BFH-Beschlüsse vom 10. 7. 1979 – VIII B 84/78 – BStBl II, S. 567, und vom 25. 10. 1979 – IV B 68/79 – BStBl 1980 II, S. 66),
- Feststellungsbescheide, die Anteile einzelner Gesellschafter auf 0 € feststellen und angefochten werden, weil diese Gesellschafter den Ansatz von Verlustanteilen begehren (BFH-Beschluss vom 22. 10. 1980 – I S 1/80 – BStBl 1981 II, S. 99),

- Feststellungsbescheiden, die eine Mitunternehmerschaft einzelner Beteiligter verneinen (BFH-Beschluss vom 10. 7. 1980 – IV B 77/79 – BStBl II, S. 697),
- negativen Gewinn-/Verlustfeststellungsbescheiden, d.h. Bescheiden, die den Erlass eines Gewinn-/Verlustfeststellungsbescheids ablehnen (Beschluss des Großen Senats des BFH vom 14. 4. 1987 – GrS 2/85 – BStBl II, S. 637),
- Bescheiden nach § 15a Abs. 4 EStG über die Feststellung eines verrechenbaren Verlustes (BFH-Beschluss vom 2. 3. 1988 – IV B 95/87 – BStBl II, S. 617).

Soweit in einem Grundlagenbescheid Feststellungen enthalten sind, die Gegenstand eines anderen Feststellungsverfahrens waren, ist die Vollziehung des Grundlagenbescheides nach § 361 Abs. 3 Satz 1 bzw. § 69 Abs. 2 Satz 4 FGO auszusetzen (s. Nr. 6).

Die Beschränkungen des § 361 Abs. 2 Satz 4 bzw. des § 69 Abs. 2 Satz 8 und Abs. 3 Satz 4 FGO (vgl. Nr. 4 zweiter Absatz) sind erst bei der Aussetzung der Vollziehung des Folgebescheides zu beachten (vgl. Nr. 6 letzter Absatz).

5.2 Die Aussetzung der Vollziehung eines Feststellungsbescheides kann auf Gewinnanteile einzelner Gesellschafter beschränkt werden, auch wenn der Rechtsstreit die Gewinnanteile aller Gesellschafter berührt (BFH-Beschluss vom 7. 11. 1968 – IV B 47/68 – BStBl 1969 II, S. 85). Wird vorläufiger Rechtsschutz nicht von der Gesellschaft, sondern nur von einzelnen Gesellschaftern beantragt, sind nur diese am Verfahren der Aussetzung der Vollziehung beteiligt; eine Hinzuziehung der übrigen Gesellschafter zum Verfahren ist nicht notwendig (BFH-Beschlüsse vom 22. 10. 1980 – I S 1/80 – BStBl 1981 II, S. 99, und vom 5. 5. 1981 – VIII B 26/80 – BStBl II, S. 574).

5.3 Im Verwaltungsakt über die Aussetzung der Vollziehung eines Feststellungsbescheides müssen im Falle der gesonderten und einheitlichen Feststellung die ausgesetzten Besteuerungsgrundlagen auf die einzelnen Beteiligten aufgeteilt werden. Außerdem sollte ggf. darauf hingewiesen werden, dass eine Erstattung von geleisteten Vorauszahlungen, Steuerabzugsbeträgen und anzurechnender Körperschaftsteuer im Rahmen der Aussetzung der Vollziehung des Folgebescheides grundsätzlich nicht erfolgt (vgl. Nr. 4 zweiter Absatz und Nr. 6 letzter Absatz). Die Vollziehung eines negativen Feststellungsbescheids (vgl. Nr. 5.1, vorletzter Beispielsfall) ist mit der Maßgabe auszusetzen, dass bis zur bestandskräftigen/ rechtskräftigen Entscheidung im Hauptverfahren von einem Verlust von x € auszugehen sei, der auf die Beteiligten wie folgt verteile: ... (Beschluss des Großen Senats des BFH vom 14. 4. 1987 – GrS 2/85 – BStBl II, S. 637).

5.4 Unterrichtungspflicht

5.4.1 Ist die Aussetzung der Vollziehung eines Grundlagenbescheids beantragt worden, kann über den Antrag aber nicht kurzfristig entschieden werden, sollen die für die Erteilung der Folgebescheide zuständigen Finanzämter, ggf. Gemeinden, unterrichtet werden.

Wegen der Unterrichtung der Gemeinden über anhängige Einspruchsverfahren gegen Realsteuermessbescheide vgl. zu § 184.

5.4.2 Die Wohnsitzfinanzämter der Beteiligten sind von der Aussetzung der Vollziehung eines Feststellungsbescheides zu unterrichten. In diese Mitteilungen ist ggf. der Hinweis über die Nichterstattung von Steuerbeträgen (vgl. Nr. 4 zweiter Absatz, Nr. 5.1 letzter Absatz und Nr. 6 letzter Absatz) aufzunehmen. Entsprechendes gilt für den Beginn und das Ende der Aussetzung der Vollziehung (vgl. Nr. 8.1.3 und 8.2).

5.4.3 Wird die Vollziehung eines Realsteuermessbescheides ausgesetzt, ist die Gemeinde hierüber zu unterrichten.

6. **Aussetzung der Vollziehung von Folgebescheiden**

Nach der Aussetzung der Vollziehung eines Grundlagenbescheids ist die Vollziehung der darauf beruhenden Folgebescheide von Amts wegen auszusetzen, und zwar auch dann, wenn die Folgebescheide nicht angefochten wurden (§ 361 Abs. 3 Satz 1; § 69 Abs. 2 Satz 4 FGO). Entsprechendes gilt, wenn bei Rechtsbehelfen gegen außersteuerliche Grundlagenbescheide die aufschiebende Wirkung eintritt, angeordnet oder wiederhergestellt oder die Vollziehung ausgesetzt wird.

Ist der Folgebescheid vor Erlass des Grundlagenbescheids ergangen und berücksichtigt er nach Auffassung des Steuerpflichtigen die noch gesondert festzustellenden Besteuerungsgrundlagen nicht oder – bei einer Schätzung nach § 162 Abs. 5 – in unzutreffender Höhe, kann unter den allgemeinen Voraussetzungen die Vollziehung ausgesetzt werden. Dies gilt entsprechend, wenn Einwendungen gegen die Wirksamkeit der Bekanntgabe eines ergangenen Grundlagenbescheides erhoben werden (BFH-Beschluss vom 25. 3. 1986 – III B 6/85 – BStBl II, S. 477, und BFH-Urteil vom 15. 4. 1988 – III R 53 – BStBl II, S. 660).

Ein Antrag auf Vollziehungsaussetzung eines Einkommensteuerbescheides, der mit Zweifeln an der Rechtmäßigkeit der Entscheidungen in einem wirksam ergangenen positiven oder negativen Gewinnfeststellungsbescheid begründet wird, ist mangels Rechtsschutzbedürfnisses unzulässig (BFH-Urteil vom 29. 10. 1987 – VIII R 413/83 – BStBl 1988 II, S. 240). Zulässig ist dagegen ein Antrag auf Vollziehungsaussetzung eines Folgebescheides, der mit ernstlichen Zweifeln an der wirksamen Bekanntgabe eines Grundlagenbescheides begründet wird (BFH-Beschluss vom 15. 4. 1988 – III R 26/85 – BStBl II, S. 660).

Bei der Aussetzung der Vollziehung des Folgebescheides sind ggf. die Beschränkungen des § 361 Abs. 2 Satz 4 bzw. des § 69 Abs. 2 Satz 8 und Abs. 3 Satz 4 FGO (vgl. Nr. 4 zweiter Absatz) zu beachten. Erst in diesem Verfahren ist ggf. auch zu prüfen, ob „wesentliche Nachteile" (vgl. Nr. 4.6.1) vorliegen.

7. Aufhebung der Vollziehung durch das Finanzamt

7.1 Die Finanzbehörden sind befugt, im Rahmen eines Verfahrens nach § 361 oder nach § 69 Abs. 2 FGO auch die Aufhebung der Vollziehung anzuordnen (§ 361 Abs. 2 Satz 3; § 69 Abs. 2 Satz 7 FGO). Die Ausführungen in den Nrn. 2.1 bis 4.6 gelten entsprechend.

7.2 Die Aufhebung der Vollziehung bewirkt die Rückgängigmachung bereits durchgeführter Vollziehungsmaßnahmen. Dies gilt auch, soweit eine Steuer „freiwillig", d.h. abgesehen vom Leistungsgebot ohne besondere Einwirkungen des Finanzamts (wie Mahnung, Postnachnahme, Beitreibungsmaßnahmen), entrichtet worden ist (BFH-Beschluss vom 22. 7. 1977 – III B 34/74 – BStBl II, S. 838). Durch die Aufhebung der Vollziehung erhält der Rechtsbehelfsführer einen Erstattungsanspruch (§ 37 Abs. 2) in Höhe des Aufhebungsbetrags, da der rechtliche Grund für die Zahlung nachträglich weggefallen ist. Durch Aufhebung der Vollziehung kann aber grundsätzlich nicht die Erstattung von geleisteten Vorauszahlungsbeträgen, Steuerabzugsbeträgen oder anrechenbarer Körperschaftsteuer erreicht werden (vgl. Nr. 4 zweiter Absatz).

Beispiel: festgesetzte Steuer 15000 €
festgesetzte und entrichtete Vorauszahlungen 5000 €
Steuerabzugsbeträge 7000 €
entrichtete Abschlusszahlung 3000 €

An der Rechtmäßigkeit der Steuerfestsetzung bestehen i.H.v. 5000 € ernstliche Zweifel; der Sonderfall des Vorliegens „wesentlicher Nachteile" ist nicht gegeben. Nach Aufhebung der Vollziehung ist ein Betrag i.H.v. 3000 € zu erstatten (15000 € – festgesetzte Steuer – ./. 5000 € – festgesetzte Vorauszahlungen – ./. 7000 € – anzurechnende Steuerabzugsbeträge –).

7.3 Wird die Vollziehung einer Steueranmeldung aufgehoben, dürfen die entrichteten Steuerbeträge nur an den Anmeldenden erstattet werden. Dies gilt auch, wenn – wie z.B. in den Fällen des Lohnsteuerabzugs nach § 38 EStG oder des Steuerabzugs nach § 50a Abs. 4 EStG – der Anmeldende lediglich Entrichtungspflichtiger, nicht aber Steuerschuldner ist (BFH-Beschluss vom 13. 8. 1997 – I B 30/97 – BStBl II, S. 700).

7.4 Bei der Aufhebung der Vollziehung ist zu bestimmen, ob die Aufhebung rückwirken soll oder nicht. Für die Beurteilung dieser Frage ist maßgeblich, ab welchem Zeitpunkt ernstliche Zweifel an der Rechtmäßigkeit des Verwaltungsaktes erkennbar vorlagen (BFH-Beschluss vom 10. 12. 1986 – I B 121/86 – BStBl 1987 II, S. 389; vgl. Nr. 8.1.1). Durch rückwirkende Aufhebung der Vollziehung entfallen bereits entstandene Säumniszuschläge (BFH-Beschluss vom 10. 12. 1986 a.a.O.). Vollstreckungsmaßnahmen bleiben bestehen, soweit nicht ihre Aufhebung ausdrücklich angeordnet wird (§ 257 Abs. 1 Nr. 1 i.V.m. Abs. 2 Satz 3) oder die Rückwirkung der Aufhebung der Vollziehung verfügt worden ist.

8. Dauer der Aussetzung/Aufhebung der Vollziehung

8.1 Beginn der Aussetzung/Aufhebung der Vollziehung

8.1.1 Wird der Antrag auf Aussetzung/Aufhebung der Vollziehung vor Fälligkeit der strittigen Steuerforderung bei der Finanzbehörde eingereicht und begründet, ist die Aussetzung/Aufhebung der Vollziehung im Regelfall ab Fälligkeitstag der strittigen Steuerbeträge auszusprechen; vgl. Nr. 7.3. Ein späterer Zeitpunkt kommt in Betracht, wenn der Steuerpflichtige – z.B. in Schätzungsfällen – die Begründung des Rechtsbehelfs oder des Aussetzungsantrags unangemessen hinausgezögert hat und die Finanzbehörde deshalb vorher keine ernstlichen Zweifel an der Rechtmäßigkeit des angefochtenen Verwaltungsaktes zu haben brauchte (vgl. BFH-Beschluss vom 10. 12. 1986 – I B 121/86 – BStBl 1987 II, S. 389).

8.1.2 Wird die Aussetzung/Aufhebung der Vollziehung nach Fälligkeit der strittigen Steuerforderung beantragt und begründet, gilt Nr. 8.1.1 Satz 2 entsprechend.

8.1.3 Bei der Aussetzung/Aufhebung der Vollziehung von Grundlagenbescheiden (vgl. Nr. 5) ist als Beginn der Aussetzung/Aufhebung der Vollziehung der Tag der Bekanntgabe des Grundlagenbescheids zu bestimmen, wenn der Rechtsbehelf oder der Antrag auf Aussetzung/Aufhebung der Vollziehung vor Ablauf der Einspruchsfrist gestellt wurde. Bei später eingehender Begründung gilt Nr. 8.1.1 Satz 2 entsprechend.

8.1.4 Trifft die Finanzbehörde keine Aussage über den Beginn der Aussetzung/Aufhebung der Vollziehung, wirkt die Aussetzung/Aufhebung der Vollziehung ab Bekanntgabe der Aussetzungsverfügung/Aufhebungsverfügung (§ 124 Abs. 1 Satz 1).

8.1.5 Der Beginn der Aussetzung/Aufhebung der Vollziehung eines Folgebescheids (vgl. Nr. 6 und 8.1.3) richtet sich nach dem Beginn der Aussetzung/Aufhebung der Vollziehung des Grundlagenbescheids (vgl. BFH-Beschluss vom 10. 12. 1986 – I B 121/86 – BStBl 1987 II, S. 389).

8.2 **Ende der Aussetzung/Aufhebung der Vollziehung**

8.2.1 Die Aussetzung/Aufhebung der Vollziehung ist grundsätzlich nur für eine Rechtsbehelfsstufe zu bewilligen (BFH-Beschluss vom 3. 1. 1978 – VII S 13/77 – BStBl II, S. 157). Das Ende der Aussetzung/Aufhebung der Vollziehung ist in der Verfügung zu bestimmen. Soweit nicht eine datumsmäßige Befristung angebracht ist, sollte das Ende bei Entscheidungen über die Aussetzung/Aufhebung der Vollziehung während des außergerichtlichen Rechtsbehelfsverfahrens auf einen Monat nach Bekanntgabe der Einspruchsentscheidung bzw. nach Verkündung oder Zustellung des Urteils oder einen Monat nach dem Eingang einer Erklärung über die Rücknahme des Rechtsbehelfs festgelegt werden. Einer Aufhebung der Aussetzungs-/Aufhebungsverfügung bedarf es in einem solchen Fall nicht. Die Aussetzung/Aufhebung der Vollziehung eines Folgebescheids ist bis zur Beendigung der Aussetzung/Aufhebung der Vollziehung des Grundlagenbescheids und für den Fall, dass der Rechtsbehelf gegen den Grundlagenbescheid zu einer Änderung des Folgebescheids führt, bis zum Ablauf eines Monats nach Bekanntgabe des geänderten Folgebescheids zu befristen.

8.2.2 Wird der in der Vollziehung ausgesetzte Verwaltungsakt geändert oder ersetzt, erledigt sich die bisher gewährte Aussetzung/Aufhebung der Vollziehung, ohne dass es einer Aufhebung der Vollziehungsaussetzungs-(-aufhebungs)verfügung bedarf. Für eine eventuelle Nachzahlung der bisher in der Vollziehung ausgesetzten Beträge kann dem Steuerpflichtigen i.d.R. eine einmonatige Zahlungsfrist eingeräumt werden.

In den Fällen des § 365 Abs. 3 AO bzw. des § 68 FGO ist auf der Grundlage des neuen Verwaltungsaktes erneut über die Aussetzung bzw. Aufhebung der Vollziehung zu entscheiden. Dies gilt auch, wenn ein in der Vollziehung ausgesetzter Vorauszahlungsbescheid durch die Jahressteuerfestsetzung ersetzt wird (vgl. zu § 365, Nr. 2).

9. **Nebenbestimmungen zur Aussetzung/Aufhebung der Vollziehung**

9.1 Widerrufsvorbehalt

Der Verwaltungsakt über die Aussetzung/Aufhebung der Vollziehung ist grundsätzlich mit dem Vorbehalt des Widerrufs zu versehen.

9.2 Sicherheitsleistung

9.2.1 Die Finanzbehörde kann die Aussetzung oder Aufhebung der Vollziehung von einer Sicherheitsleistung abhängig machen (§ 361 Abs. 2 Satz 5; § 69 Abs. 2 Satz 3 FGO). Die Entscheidung hierüber ist nach pflichtgemäßem Ermessen zu treffen.

9.2.2 Die Anordnung der Sicherheitsleistung muss vom Grundsatz der Verhältnismäßigkeit bestimmt sein (BVerfG-Beschluss vom 24. 10. 1975 – 1 BvR 266/75 – StRK FGO § 69 R 171). Sie ist geboten, wenn die wirtschaftliche Lage des Steuerpflichtigen die Steuerforderung als gefährdet erscheinen lässt (BFH-Beschlüsse vom 8. 3. 1967 – VI B 50/66 – BStBl III, S. 294, und vom 22. 6. 1967 – I B 7/67 – BStBl III, S. 512). Die Anordnung einer Sicherheitsleistung ist z.B. gerechtfertigt, wenn der Steuerbescheid nach erfolglosem Rechtsbehelf im Ausland vollstreckt werden müsste (BFH-Urteil vom 27. 8. 1970 – V R 102/67 – BStBl 1971 II, S. 1). Dies gilt auch, wenn in einem Mitgliedstaat der EG zu vollstrecken wäre, es sei denn, mit diesem Staat besteht ein Abkommen, welches eine Vollstreckung unter gleichen Bedingungen wie im Inland gewährleistet (BFH-Beschluss vom 3. 2. 1977 – V B 6/76 – BStBl II, S. 351; zur zwischenstaatlichen Vollstreckungshilfe s. BMF-Merkblatt vom 19. 1. 2004, BStBl I, S. 66). Eine Sicherheitsleistung ist unzumutbar, wenn die Zweifel an der Rechtmäßigkeit des Verwaltungsaktes so bedeutsam sind, dass mit großer Wahrscheinlichkeit seine Aufhebung zu erwarten ist (BFH-Beschluss vom 22. 12. 1969 – V B 115/69 – BStBl 1970 II, S. 127).

9.2.3 Kann ein Steuerpflichtiger trotz zumutbarer Anstrengung eine Sicherheit nicht leisten, darf eine Sicherheitsleistung bei Aussetzung/Aufhebung der Vollziehung wegen ernstlicher Zweifel an der Rechtmäßigkeit des angefochtenen Verwaltungsaktes nicht verlangt werden; Aussetzung/Aufhebung der Vollziehung wegen unbilliger Härte darf jedoch bei Gefährdung des Steueranspruchs nur gegen Sicherheitsleistung bewilligt werden (BFH-Beschluss vom 9. 4. 1968 – I B 73/67 – BStBl II, S. 456).

9.2.4 Zur Sicherheitsleistung bei der Aussetzung der Vollziehung von Grundlagenbescheiden s. § 361 Abs. 3 Satz 3 und § 69 Abs. 2 Satz 6 FGO. Hiernach entscheiden über die Sicherheitsleistung die für den Erlass der Folgebescheide zuständigen Finanzämter bzw. Gemeinden. Das für den Erlass des Grundlagenbescheids zuständige Finanzamt darf jedoch anordnen, dass die Aussetzung der Vollziehung von keiner Sicherheitsleistung abhängig zu machen ist. Das kann z.B. der Fall sein, wenn der Rechtsbehelf wahrscheinlich erfolgreich sein wird.

9.2.5 Zu den möglichen Arten der Sicherheitsleistung s. § 241.

9.2.6 Die Anordnung einer Sicherheitsleistung ist eine unselbständige Nebenbestimmung in Form einer aufschiebenden Bedingung; sie kann daher nicht selbständig, sondern nur zusammen mit der Entscheidung über die Aussetzung/Aufhebung der Vollziehung angefochten werden (BFH-Urteil vom 31. 10. 1973 – I R 249/72 – BStBl 1974 II, S. 118, und BFH-Beschluss vom 20. 6. 1979 – IV B 20/79 – BStBl II, S. 666). Eine Aussetzung/Aufhebung der Vollziehung gegen Sicherheitsleistung wird erst wirksam, wenn sie geleistet worden ist. In dem Verwaltungsakt über die Aussetzung/Aufhebung der Vollziehung ist deshalb eine Frist für die Sicherheitsleistung zu setzen. Wird die Sicherheit innerhalb der Frist nicht erbracht, ist der Steuerpflichtige auf die Rechtsfolgen hinzuweisen und zur Zahlung aufzufordern.

10. Ablehnung der Vollziehungsaussetzung

Zur Erhebung von Säumniszuschlägen nach Ablehnung eines Antrags auf Vollziehungsaussetzung vgl. zu § 240, Nr. 6 Buchstabe b.

Hat das Finanzamt einen Aussetzungsantrag abgelehnt, ist i.d.R. unter Beachtung der Grundsätze des § 258 (siehe Abschn. 7 VollstrA) zu vollstrecken, auch wenn die Entscheidung des Finanzamts vom Steuerpflichtigen angefochten worden ist. Über die Ablehnung des Aussetzungsbegehrens ist die Vollstreckungsstelle zu unterrichten.

11. Rechtsbehelfe

Gegen die Entscheidung der Finanzbehörde über die Aussetzung/Aufhebung der Vollziehung ist der Einspruch gegeben. Das Gericht kann nur nach § 69 Abs. 3 FGO angerufen werden; eine Klagemöglichkeit ist insoweit nicht gegeben (§ 361 Abs. 5; § 69 Abs. 7 FGO).

Der Antrag auf Aussetzung/Aufhebung der Vollziehung durch das Gericht ist nur zulässig, wenn die Finanzbehörde einen Antrag auf Aussetzung/Aufhebung der Vollziehung ganz oder zum Teil abgelehnt hat. Dies gilt nicht, wenn die Finanzbehörde über den Antrag ohne Mitteilung eines zureichenden Grundes in angemessener Frist sachlich nicht entschieden hat oder eine Vollstreckung droht (§ 69 Abs. 4 FGO). Eine teilweise Antragsablehnung i.S.d. § 69 Abs. 4 Satz 1 FGO liegt auch vor, wenn die Finanzbehörde die Aussetzung/Aufhebung der Vollziehung von einer Sicherheitsleistung abhängig gemacht hat (vgl. Nr. 9.2), nicht aber, wenn eine im Übrigen antragsgemäße Aussetzung/Aufhebung der Vollziehung unter Widerrufsvorbehalt (vgl. Nr. 9.1) gewährt wurde (BFH-Beschluss vom 12. 5. 2000 – VI B 266/98 – BStBl II, S. 536).

12. Aussetzungszinsen

Wegen der Festsetzung von Aussetzungszinsen siehe § 237, wegen der nur einjährigen Festsetzungsfrist vgl. zu § 237, Nrn. 4 und 8.

Rsp   **Rechtsprechung**[1]

11 BFH vom 2. 11. 1999 – I B 49/99 (BStBl 2000 II S. 57)

Die in § 361 Abs. 2 Satz 4 AO und in § 69 Abs. 2 Satz 8 FGO i.d.F. des JStG 1997 enthaltenen Beschränkungen der Möglichkeit, die Vollziehung eines Steuerbescheids auszusetzen oder aufzuheben, sind mit dem Grundgesetz vereinbar.

12 BFH vom 24. 1. 2000 – X B 99/99 (BStBl 2000 II S. 559)

Die Beschränkung der Aussetzung der Vollziehung „auf die festgesetzte Steuer, vermindert ... um die festgesetzten Vorauszahlungen" gilt auch dann, wenn das FA die Vollziehung der Vorauszahlungen ausgesetzt hatte.

13 BFH vom 27. 10. 2004 – VII R 65/03 (BStBl 2005 II S. 198)

Nach Ablehnung des Antrages auf AdV ist die Finanzbehörde grundsätzlich nicht dazu verpflichtet, dem Vollstreckungsschuldner vor Einleitung von Vollstreckungsmaßnahmen eine bis zu sechs Wochen zu bemessende Frist einzuräumen, um ihm damit Gelegenheit zu geben, beim FG einen Antrag nach § 69 Abs. 3 FGO stellen zu können; denn die Rechtsprechung des BFH, nach der sich die Entscheidung über die AdV in den Fällen der Zurückverweisung der Hauptsache zur weiteren Sachaufklärung auf den Zeitraum bis zu sechs Wochen nach der Zustellung des Revisionsurteils

---

[1] Siehe auch die Rechtsprechung zu § 69 FGO.

erstrecken kann, ist auf den Fall der Ablehnung eines AdV-Antrages durch die Finanzbehörde nicht übertragbar.

BFH vom 19. 3. 2009 – V R 17/06 (HFR 2009 S. 960) 14

Ein Antrag auf AdV kann dafür sprechen, dass der Steuerpflichtige die Bestandskraft eines Steuerbescheides hindern will.

BFH vom 30. 3. 2011 – I B 136/10 (HFR 2011 S. 630) 15

1. AdV ist nicht schon allein deshalb zu gewähren, weil im Fachschrifttum Zweifel an der Verfassungsmäßigkeit der Rechtsgrundlage des angefochtenen Verwaltungsakts geäußert worden sind. Die zur Entscheidung berufene Stelle hat vielmehr zu prüfen, ob die im Schrifttum geltend gemachten Gründe nach eigener Beurteilung nennenswert und beachtlich sind.
...

BFH vom 5. 4. 2011 – II B 153/10 (BStBl 2011 II S. 942) 16

1. Die AdV eines Grunderwerbsteuerbescheids, dessen Bemessungsgrundlage sich aus einem Grundbesitzwert ergibt, kommt nicht wegen ernstlicher Zweifel an der Verfassungsmäßigkeit des § 11 i. V. m. § 8 Abs. 2 GrEStG und §§ 138 ff. BewG in Betracht.
2. Im Verfahren über die Gewährung vorläufigen Rechtsschutzes ist zu beachten, dass regelmäßig keine weitergehende Entscheidung getroffen werden kann, als vom BVerfG zu erwarten ist.

§ 362 Rücknahme des Einspruchs

AO
S 0622

(1) ¹Der Einspruch kann bis zur Bekanntgabe der Entscheidung über den Einspruch zurückgenommen werden. ²§ 357 Abs. 1 und 2 gilt sinngemäß.

(1a) ¹Soweit Besteuerungsgrundlagen für ein Verständigungs- oder ein Schiedsverfahren nach einem Vertrag im Sinne des § 2 von Bedeutung sein können, kann der Einspruch hierauf begrenzt zurückgenommen werden. ²§ 354 Abs. 1a Satz 2 gilt entsprechend.

(2) ¹Die Rücknahme hat den Verlust des eingelegten Einspruchs zur Folge. ²Wird nachträglich die Unwirksamkeit der Rücknahme geltend gemacht, so gilt § 110 Abs. 3 sinngemäß.

Anwendungserlass zur Abgabenordnung

AEAO

Zu § 362 – Rücknahme des Einspruchs: 1

1. Für die Rücknahme ist zum Schutze des Steuerpflichtigen die Schriftform vorgeschrieben. Die Rücknahme führt nur zum Verlust des eingelegten Einspruchs, nicht der Einspruchsmöglichkeit schlechthin. Der Einspruch kann innerhalb der Einspruchsfrist erneut erhoben werden.
2. Wird die Unwirksamkeit der Rücknahme innerhalb eines Jahres bei der für die Einlegung des Einspruchs zuständigen Finanzbehörde (§ 362 Abs. 1 Satz 2, § 357 Abs. 2) geltend gemacht (§ 362 Abs. 2 Satz 2, § 110 Abs. 3), wird das ursprüngliche Einspruchsverfahren wieder aufgenommen. Es ist in der Sache zu entscheiden. Erachtet die Behörde die vorgetragenen Gründe für die Unwirksamkeit der Einspruchsrücknahme nicht für stichhaltig, wird der Einspruch als unzulässig verworfen.

Rechtsprechung

Rsp

BFH vom 8. 6. 2000 – IV R 37/99 (BStBl 2001 II S. 162) 2

Bei der Auslegung des Schreibens, mit dem der Steuerpflichtige einen Einspruch zurücknimmt, sind auch Umstände in Betracht zu ziehen, die sich nicht aus dem Rücknahmeschreiben selbst ergeben, die jedoch dem FA bekannt sind.

3 **BFH vom 7. 11. 2001 – XI R 14/00 (HFR 2002 S. 676)**

1. Nimmt der Kl. in einem Schriftsatz zu Rechtsfragen durch Mitteilung von Tatsachen und Rechtsansichten Stellung, so handelt es sich nicht um eine Willenserklärung. Hierin kann daher kein Antrag auf Änderung eines Steuerbescheids nach § 172 Abs. 1 Satz 1 Nr. 2 Buchst. a AO gesehen werden.

2. Einen solchen Antrag neben dem Einspruchsverfahren zu stellen, ist ungewöhnlich; in diesem Fall müssen besondere und eindeutige Umstände gegeben sein, um von der Existenz eines solchen Antrags ausgehen zu können.

3. Der Umstand, dass der Kl. mit seinem Begehren auf Anerkennung der Organschaft mit einem entsprechend höheren GewSt-Messbetrag zwingend rechnen musste, rechtfertigt es nicht, daraus einen Antrag des Kl. nach § 172 Abs. 1 Satz 1 Nr. 2 Buchst. a AO abzuleiten.

4. Die Rücknahme eines Einspruchs verstößt nicht gegen den Grundsatz von Treu und Glauben und kann nicht als eine illoyale Rechtsausübung angesehen werden.

4 **BFH vom 20. 12. 2006 – X R 38/05 (BStBl 2007 II S. 823)**

1. ...

2. Der Einspruchsführer kann eine bereits abgegebene, der Finanzbehörde aber noch nicht zugegangene Erklärung über die Rücknahme des Einspruchs durch Abgabe einer gegenläufigen Erklärung widerrufen, wenn der Widerruf der Behörde spätestens zeitgleich mit der Rücknahmeerklärung zugeht.

3. Der Finanzbehörde gehen die an ihre Postfachanschrift übersandten Schriftstücke zu, sobald sie von dem abholenden Bediensteten aus dem Postfach entnommen werden.

5 **BFH vom 5. 11. 2009 – IV R 40/07 (BStBl 2010 II S. 720)**

1. Die Rücknahme eines Einspruchs verstößt nicht gegen den Grundsatz von Treu und Glauben und kann nicht als eine illoyale Rechtsausübung angegriffen werden.

...

§ 363 Aussetzung und Ruhen des Verfahrens

(1) Hängt die Entscheidung ganz oder zum Teil von dem Bestehen oder Nichtbestehen eines Rechtsverhältnisses ab, das den Gegenstand eines anhängigen Rechtsstreits bildet oder von einem Gericht oder einer Verwaltungsbehörde festzustellen ist, kann die Finanzbehörde die Entscheidung bis zur Erledigung des anderen Rechtsstreits oder bis zur Entscheidung des Gerichts oder der Verwaltungsbehörde aussetzen.

(2) ¹Die Finanzbehörde kann das Verfahren mit Zustimmung des Einspruchsführers ruhen lassen, wenn das aus wichtigen Gründen zweckmäßig erscheint. ²Ist wegen der Verfassungsmäßigkeit einer Rechtsnorm oder wegen einer Rechtsfrage ein Verfahren bei dem Europäischen Gerichtshof, dem Bundesverfassungsgericht oder einem obersten Bundesgericht anhängig und wird der Einspruch hierauf gestützt, ruht das Einspruchsverfahren insoweit; dies gilt nicht, soweit nach § 165 Abs. 1 Satz 2 Nr. 3 oder Nr. 4 die Steuer vorläufig festgesetzt wurde. ³Mit Zustimmung der obersten Finanzbehörde kann durch öffentlich bekannt zu gebende Allgemeinverfügung für bestimmte Gruppen gleichgelagerter Fälle angeordnet werden, dass Einspruchsverfahren insoweit auch in anderen als den in den Sätzen 1 und 2 genannten Fällen ruhen. ⁴Das Einspruchsverfahren ist fortzusetzen, wenn der Einspruchsführer dies beantragt oder die Finanzbehörde dies dem Einspruchsführer mitteilt.

(3) Wird ein Antrag auf Aussetzung oder Ruhen des Verfahrens abgelehnt oder die Aussetzung oder das Ruhen des Verfahrens widerrufen, kann die Rechtswidrigkeit der Ablehnung oder des Widerrufs nur durch Klage gegen die Einspruchsentscheidung geltend gemacht werden.

Anwendungserlass zur Abgabenordnung

1 Zu § 363 – Aussetzung und Ruhen des Verfahrens:

1. Die nach § 363 Abs. 2 Satz 1 erforderliche Zustimmung des Einspruchsführers zur Verfahrensruhe aus Zweckmäßigkeitsgründen sollte aus Gründen der Klarheit immer schriftlich oder elektronisch erteilt werden.

2. Voraussetzung für eine Verfahrensruhe nach § 363 Abs. 2 Satz 2 ist, dass der Einspruchsführer in der Begründung seines Einspruchs die strittige, auch für seinen Steuerfall entscheidungserhebliche Rechtsfrage darlegt und sich hierzu konkret auf ein beim EuGH, beim BVerfG oder bei einem obersten Bundesgericht anhängiges Verfahren beruft (BFH-Urteile vom 26. 9. 2006 – X R 39/05 – BStBl 2007 II, S. 222, und vom 30. 9. 2010 – III R 39/08 – BStBl 2011 II, S. 11). Eine nach § 363 Abs. 2 Satz 2 eingetretene Verfahrensruhe endet, wenn das Gerichtsverfahren, auf das sich der Einspruchsführer berufen hat, abgeschlossen ist. Dies gilt auch, wenn gegen diese Gerichtsentscheidung Verfassungsbeschwerde erhoben wird und der Einspruchsführer sich nicht auf dieses neue Verfahren beruft (BFH-Urteil vom 30. 9. 2010, a.a.O.). Endet demnach die Verfahrensruhe, bedarf es insoweit keiner Fortsetzungsmitteilung nach § 363 Abs. 2 Satz 4 und somit grundsätzlich auch keiner Ermessensentscheidung (BFH-Urteil vom 26. 9. 2006, a.a.O.), soweit nicht im Einzelfall eine Verfahrensruhe aus Zweckmäßigkeitsgründen nach § 363 Abs. 2 Satz 1 angemessen erscheint.

3. Sind die Voraussetzungen für eine Verfahrensaussetzung oder Verfahrensruhe erfüllt, kann über den Einspruch insoweit nicht entschieden werden, und zwar weder durch eine Einspruchsentscheidung noch durch den Erlass eines Änderungsbescheids. Über Fragen, die nicht Anlass der Verfahrensaussetzung oder Verfahrensruhe sind, kann dagegen durch Erlass einer Teil-Einspruchsentscheidung (§ 367 Abs. 2a) oder eines Teilabhilfebescheids entschieden werden. Dabei wird in der Regel zur Herbeiführung der Bestandskraft eine Teil-Einspruchsentscheidung zweckmäßig sein (vgl. zu § 367, Nr. 6). Auch der Erlass von Änderungsbescheiden aus außerhalb des Einspruchsverfahrens liegenden Gründen (z.B. Folgeänderung gem. § 175 Abs. 1 Satz 1 Nr. 1) bleibt zulässig. Änderungsbescheide werden gem. § 365 Abs. 3 Gegenstand des anhängigen Verfahrens.

4. Eine Fortsetzungsmitteilung gem. § 363 Abs. 2 Satz 4 kann in sämtlichen Fällen des § 363 Abs. 2 ergehen. Über ihren Erlass ist nach pflichtgemäßem Ermessen zu entscheiden; die Ermessenserwägungen sind dem Einspruchsführer mitzuteilen (BFH-Urteil vom 26. 9. 2006 – X R 39/05 – BStBl 2007 II, S. 222). Ein zureichender Grund für den Erlass einer Fortsetzungsmitteilung liegt insbesondere dann vor, wenn ein weiteres gerichtliches Musterverfahren herbeigeführt werden soll, wenn bereits eine Entscheidung des EuGH, des BVerfG oder des obersten Bundesgerichts in einem Parallelverfahren ergangen ist oder wenn das Begehren des Einspruchsführers letztlich darauf abzielt, seinen Steuerfall „offen zu halten", um von künftigen Änderungen der höchstrichterlichen Rechtsprechung zu derzeit nicht strittigen Fragen zu „profitieren" (BFH-Urteil vom 26. 9. 2006, a.a.O.).

Teilt die Finanzbehörde nach § 363 Abs. 2 Satz 4 die Fortsetzung des bisher ruhenden Einspruchsverfahrens mit, soll sie vor Erlass einer Einspruchsentscheidung den Beteiligten Gelegenheit geben, sich erneut zu äußern.

Rechtsprechung

BFH vom 8. 6. 1990 – III R 41/90 (BStBl 1990 II S. 944)

Über einen Antrag, das Verfahren wegen eines bereits anhängigen Musterprozesses ruhen zu lassen, entscheidet vorrangig die Finanzbehörde gemäß § 363 Abs. 2 AO durch Verwaltungsakt. Gegen die Ablehnung eines solchen Antrags ist ebenso wie gegen die Anordnung selbst die Beschwerde gegeben.

BFH vom 14. 7. 2004 – IX R 13/01 (BStBl 2005 II S. 125)

Hat das FA trotz der nach § 363 Abs. 2 Satz 2 AO eingetretenen Verfahrensruhe eine Einspruchsentscheidung erlassen, so kommt eine isolierte Aufhebung der Einspruchsentscheidung durch das FG dann nicht in Betracht, wenn der Kläger vor dem FG über die Aufhebung der Einspruchsentscheidung hinaus eine materiell-rechtliche Entscheidung in der Sache beantragt.

§ 364 Mitteilung der Besteuerungsunterlagen

Den Beteiligten sind, soweit es noch nicht geschehen ist, die Unterlagen der Besteuerung auf Antrag oder, wenn die Begründung des Einspruchs dazu Anlass gibt, von Amts wegen mitzuteilen.

§§ 364–364b AO
AEAO

AEAO   **Anwendungserlass zur Abgabenordnung**

1   **Zu § 364 – Mitteilung der Besteuerungsunterlagen:**

AO 91/2

Den Beteiligten sind die Besteuerungsunterlagen mitzuteilen, wenn sie dies beantragt haben oder wenn die Einspruchsbegründung dazu Anlass gibt. Darüber hinaus kann ein Anspruch auf Auskunft und insbesondere auf Akteneinsicht bestehen; vgl. dazu im Einzelnen das BMF-Schreiben vom 17. 12. 2008 – IV A 3 – S 0030/08/10001 – BStBl 2009 I S. 6. Hierbei ist sicherzustellen, dass Verhältnisse eines anderen nicht unbefugt offenbart werden. Die Ablehnung eines Antrags auf Akteneinsicht ist mit dem Einspruch anfechtbar. Für das finanzgerichtliche Verfahren gilt § 78 FGO.

AO
S 0624

§ 364a   Erörterung des Sach- und Rechtsstands

(1) ¹Auf Antrag eines Einspruchsführers soll die Finanzbehörde vor Erlass einer Einspruchsentscheidung den Sach- und Rechtsstand erörtern. ²Weitere Beteiligte können hierzu geladen werden, wenn die Finanzbehörde dies für sachdienlich hält. ³Die Finanzbehörde kann auch ohne Antrag eines Einspruchsführers diesen und weitere Beteiligte zu einer Erörterung laden.

(2) ¹Von einer Erörterung mit mehr als zehn Beteiligten kann die Finanzbehörde absehen. ²Bestellen die Beteiligten innerhalb einer von der Finanzbehörde bestimmten angemessenen Frist einen gemeinsamen Vertreter, soll der Sach- und Rechtsstand mit diesem erörtert werden.

(3) ¹Die Beteiligten können sich durch einen Bevollmächtigten vertreten lassen. ²Sie können auch persönlich zur Erörterung geladen werden, wenn die Finanzbehörde dies für sachdienlich hält.

(4) Das Erscheinen kann nicht nach § 328 erzwungen werden.

AEAO   **Anwendungserlass zur Abgabenordnung**

1   **Zu § 364a – Erörterung des Sach- und Rechtsstands:**

AO 88/2

1. § 364a soll eine einvernehmliche Erledigung der Einspruchsverfahren fördern und Streitfälle von den Finanzgerichten fernhalten. Ziel einer mündlichen Erörterung kann auch eine „tatsächliche Verständigung" (vgl. BMF-Schreiben vom 30. 7. 2008, BStBl I, S. 831) sein.
2. Einem Antrag auf mündliche Erörterung soll grundsätzlich entsprochen werden. Dies gilt nicht, wenn bei mehr als 10 Beteiligten kein gemeinsamer Vertreter nach Absatz 2 bestellt wird oder wenn die beantragte Erörterung offensichtlich nur der Verfahrensverschleppung dient.
3. Antragsbefugt sind nur Einspruchsführer, nicht aber hinzugezogene Personen. Hinzugezogene können aber von Amts wegen zu einer mündlichen Erörterung geladen werden (s. § 364a Abs. 1 Satz 2 und 3).
4. Keine Verpflichtung zur mündlichen Erörterung besteht, wenn das Finanzamt dem Einspruch abhelfen will oder solange das Einspruchsverfahren nach § 363 ausgesetzt ist oder ruht.
5. Die mündliche Erörterung kann in geeigneten Fällen auch telefonisch durchgeführt werden. Im Hinblick auf die Pflicht zur Wahrung des Steuergeheimnisses (§ 30) muss sich das Finanzamt dann aber über die Identität des Gesprächspartners vergewissern.

AO
S 0624
[1]

§ 364b   Fristsetzung

(1) Die Finanzbehörde kann dem Einspruchsführer eine Frist setzen

1. zur Angabe der Tatsachen, durch deren Berücksichtigung oder Nichtberücksichtigung er sich beschwert fühlt,
2. zur Erklärung über *bestimmte klärungsbedürftige Punkte*,
3. zur Bezeichnung von Beweismitteln oder zur Vorlage von Urkunden, soweit er dazu verpflichtet ist.

---

[1] Hinweis auf § 137 Satz 2 FGO.

(2) ¹Erklärungen und Beweismittel, die erst nach Ablauf der nach Absatz 1 gesetzten Frist vorgebracht werden, sind nicht zu berücksichtigen. ²§ 367 Abs. 2 Satz 2 bleibt unberührt. ³Bei Überschreitung der Frist gilt § 110 entsprechend.

(3) Der Einspruchsführer ist mit der Fristsetzung über die Rechtsfolgen nach Absatz 2 zu belehren.

Anwendungserlass zur Abgabenordnung

Zu § 364b – Fristsetzung:

AEAO
1

1. § 364b soll dem Missbrauch des Einspruchsverfahrens zu rechtsbehelfsfremden Zwecken entgegenwirken. Von der Möglichkeit der Fristsetzung nach § 364b sollte daher insbesondere in Einspruchsverfahren, die einen Schätzungsbescheid nach Nichtabgabe der Steuererklärung betreffen, Gebrauch gemacht werden.

2. Eine Fristsetzung nach § 364b kann nur gegenüber einem Einspruchsführer, nicht gegenüber einem Hinzugezogenen (§ 360) ergehen. Die Frist soll mindestens einen Monat betragen. Ein eventueller Nachprüfungsvorbehalt (§ 164) ist spätestens mit der Fristsetzung aufzuheben.

3. Erklärungen und Beweismittel, die erst nach Ablauf der vom Finanzamt – insbesondere unter Beachtung des Belehrungsgebots (§ 364b Abs. 3) – wirksam gesetzten Frist vorgebracht werden, können im Einspruchsverfahren allenfalls im Rahmen einer Verböserung nach § 367 Abs. 2 Satz 2 berücksichtigt werden. Außerhalb des Einspruchsverfahrens bestehende Korrekturvorschriften (z.B. § 173) bleiben zwar unberührt, werden aber i.d.R. nicht einschlägig sein.

4. Geht ein Antrag auf Fristverlängerung vor Fristablauf beim Finanzamt ein, kann die Frist gemäß § 109 verlängert werden. Geht der Antrag nach Ablauf der Frist beim Finanzamt ein, kann nur nach § 110 Wiedereinsetzung in den vorigen Stand gewährt werden. Über Einwendungen gegen die Fristsetzung ist – soweit nicht abgeholfen wird – im Rahmen der Entscheidung über den Einspruch gegen den Steuerbescheid zu entscheiden.

5. Zu den Wirkungen einer nach § 364b gesetzten Ausschlussfrist für ein nachfolgendes Klageverfahren s. § 76 Abs. 3 FGO. Die Finanzbehörde kann trotz einer rechtmäßigen Fristsetzung in einem nachfolgenden Klageverfahren einen Abhilfebescheid gemäß § 172 Abs. 1 Satz 1 Nr. 2 Buchstabe a erlassen.

Hinweise

Fristsetzung nach § 364b AO

H
2

(OFD München vom 3. 12. 2004 – S 0624–1 – St 312 –)

1. Allgemeines

§ 364b AO sieht vor, dass das Finanzamt im Einspruchsverfahren dem Einspruchsführer in bestimmten Fällen eine Frist mit ausschließender Wirkung setzen kann. Die Fristsetzung kann nur gegenüber einem Einspruchsführer, nicht jedoch gegenüber einem Hinzugezogenen (§ 360 AO) ergehen.

§ 364b AO soll dem Missbrauch des Rechtsbehelfsverfahrens zu rechtsbehelfsfremden Zwecken entgegenwirken. Von der Möglichkeit des § 364b AO ist deshalb insbesondere in Einspruchsverfahren, die einen Schätzungsbescheid wegen Nichtabgabe der Steuererklärung betreffen, Gebrauch zu machen (vgl. AEAO Tz. 1 zu § 364b). Dies schließt jedoch nicht aus, dass die Finanzämter auch in anderen als geeignet erscheinenden Fällen eine Ausschlussfrist setzen.

2. Zuständigkeit im Finanzamt

Wegen des engen zeitlichen und sachlichen Zusammenhangs zwischen der Fristsetzung nach § 364b AO und der Entscheidung über den Einspruch sollte die Fristsetzung nach § 364b AO grundsätzlich von der zur Fertigung der Einspruchsentscheidung befugten Stelle (in der Regel der Rechtsbehelfsstelle) durchgeführt werden.

In Fällen wiederholter Vollschätzung kann bereits die Arbeitseinheit nach Rücksprache mit der Rechtsbehelfsstelle die Frist nach § 364b AO setzen. Wird die Fristsetzung von der Arbeitseinheit durchgeführt, ist stets mit der Abgabe des Einspruchs an die Rechtsbehelfsstelle bis zum Ablauf der Präklusionsfrist zu warten, da der Einspruch gegen den Schätzungsbescheid nach Eingang der Steuererklärung ggf. durch Abhilfebescheid der Arbeitseinheit erledigt werden kann.

3. Zeichnungsrecht

Fristsetzungen nach § 364b AO sind als Vorgänge von rechtlicher oder tatsächlicher Schwierigkeit vom Sachgebietsleiter zu unterzeichnen (ZeiReFÄ Anlage 2 Nr. 1.4).

4. Bestimmtheit der Fristsetzung

Nach § 364b Abs. 1 AO kann das Finanzamt dem Einspruchführer eine Frist setzen
- zur Angabe der Tatsachen, durch deren Berücksichtigung oder Nichtberücksichtigung er sich beschwert fühlt (§ 364b Abs. 1 Nr. 1 AO)
- zur Erklärung über bestimmte klärungsbedürftige Punkte (§ 364b Abs. 1 Nr. 2 AO)
- zur Bezeichnung von Beweismitteln oder zur Vorlage von Urkunden, soweit er dazu verpflichtet ist (§ 364b Abs. 1 Nr. 3 AO).

Bei Fristsetzungen in Einspruchverfahren zu Schätzungsbescheiden (§ 364b Abs. 1 Nr. 1 AO) steht die UNIFA-Vorlage „Fristsetzung § 364b AO" (im Ordner Allgemein, Unterordner Rechtsbehelfe und im Ordner Rechtsbehelfsstelle) zur Verfügung.

Soweit eine Fristsetzung in anderen als geeignet erscheinenden Fällen vorgenommen wird, ist diese nur wirksam, wenn die vom Finanzamt für klärungsbedürftig angesehenen Punkte bzw. die vorzulegenden Beweismittel oder Urkunden so genau bezeichnet werden, dass es dem Einspruchführer ohne weiteres möglich ist, der Aufforderung nachzukommen. Der Einspruchführer muss aus der Formulierung erkennen können, mit welchen Beweismitteln etc. er nach Ablauf der Frist nicht mehr gehört werden kann. Es muss also konkret angegeben sein, welches Verhalten binnen welcher Frist der Einspruchführer zu erbringen hat. Diesem Erfordernis wird z.B. nicht genügt, wenn der Einspruchführer allgemein zu einer Stellungnahme oder pauschal zur Vorlage von Unterlagen aufgefordert wird. Ist die Aufforderung inhaltlich unbestimmt, ist sie unwirksam (vgl. BFH-Urteil vom 25. 4. 1995 BStBl II S. 545). Die Fristsetzung nach § 364b ist außerdem unwirksam, wenn der Einspruchführer über die Rechtsfolgen der Fristversäumnis nicht belehrt wurde.

Die Entscheidung, ob dem Steuerpflichtigen eine Frist zur Vorlage von Erklärungen und Beweismitteln gesetzt werden soll, liegt im Ermessen des FA. Es wird bei seiner Ermessensentscheidung zu berücksichtigen haben, ob der Einspruchführer das Einspruchverfahren erkennbar verzögern will. Bei Einspruchverfahren zu Schätzungsbescheiden ist die Fristsetzung daher regelmäßig ermessensgerecht. Werden Einwendungen gegen die Fristsetzung erhoben, ist – soweit nicht abgeholfen wird – die Ermessensausübung im Rahmen der Entscheidung über den Einspruch gegen den Steuerbescheid darzustellen (vgl. auch Tz. 8).

5. Dauer der Frist

Der Gesetzgeber hat in § 364b AO bewusst davon abgesehen, eine Mindestfrist zu benennen. Dadurch soll es den Finanzämtern ermöglicht werden, eine auf den Einzelfall bezogene angemessene Frist zu setzen. Für die Abgabe von Steuererklärungen sollten zwischen 6 und 8 Wochen vorgesehen werden, für Erklärungen über einzelne Punkte mindestens 4 Wochen.

Im Übrigen wird es i.d.R. zweckmäßig sein, vor einer Fristsetzung nach § 364b AO den Einspruchführer mit „einfacher" Fristsetzung zur Abgabe von Tatsachen und Beweismitteln aufzufordern.

Beantragt der Einspruchführer vor Ablauf der nach § 364b AO gesetzten Frist deren Verlängerung, kann die Frist nach § 109 AO verlängert werden. Geht der Fristverlängerungsantrag allerdings erst nach Ablauf der Ausschlussfrist beim Finanzamt ein, kann nur nach § 110 AO Wiedereinsetzung in den vorigen Stand gewährt werden (vgl. AEAO, Tz. 4 zu § 364b).

Wegen der Behandlung eines Einspruchs gegen eine abgelehnte Fristverlängerung siehe Tz. 8.

6. Wirkungen der Fristsetzung

Erklärungen und Beweismittel, die der Einspruchführer erst nach Ablauf der Ausschlussfrist vorbringt, sind nicht zugunsten des Einspruchführers im Rahmen des Einspruchsverfahrens (§ 364b Abs. 2 Satz 1 AO) zu berücksichtigen. Solche verspätet vorgebrachten Erklärungen und Beweismittel können lediglich zuungunsten des Einspruchführers verwendet werden. Dies ergibt sich aus dem Hinweis auf die Verböserung nach § 367 Abs. 2 Satz 2 AO in § 364b Abs. 2 Satz 2 AO.

Hat der Einspruchführer nach § 364b AO Frist ergebnislos verstreichen lassen, kommt eine erneute Fristsetzung nach § 364b AO wegen desselben Punktes nicht in Betracht. Eine wiederholte Fristsetzung wäre mit dem Ausschlusscharakter des § 364b AO nicht vereinbar.

Vielmehr sollte nach dem ergebnislosen Ablauf der Ausschlussfrist unverzüglich über den Einspruch entschieden werden. Nur so kann die durch § 364b AO beabsichtigte Straffung und Verkürzung des Einspruchsverfahrens erreicht werden. Von der Fristsetzung ist deshalb nur Gebrauch zu machen, wenn sichergestellt ist, dass das Finanzamt alsbald über den Einspruch entscheiden kann (vgl. hierzu auch Tz. 2).

Lässt der Einspruchsführer die Ausschlussfrist ergebnislos verstreichen, ist der Einspruch – soweit nicht Wiedereinsetzung in den vorigen Stand (§ 110 AO) gewährt werden kann – als unbegründet zurückzuweisen.

7. Auswirkungen auf Änderungsvorschriften

Unberührt von der Präklusion bleiben die Berichtigungs- und Änderungsvorschriften nach der AO.

7.1 Vorbehalt der Nachprüfung (§ 164 AO)

Steht der angefochtene Verwaltungsakt unter dem Vorbehalt der Nachprüfung (§ 164 AO) und hat der Einspruchsführer die Ausschlussfrist nach § 364b AO verstreichen lassen, müssen ungeachtet des Fristablaufs nachträglich vorgelegte Tatsachen und Beweismittel nach § 164 Abs. 2 AO berücksichtigt werden. Um dies zu vermeiden, ist spätestens mit der Fristsetzung nach § 364b AO der Vorbehalt der Nachprüfung durch Änderungsbescheid nach § 164 Abs. 2 AO und § 164 Abs. 3 AO aufzuheben (vgl. UNIFA-Wordvorlage „Fristsetzung § 364b AO").

7.2 Änderung wegen neuer Tatsachen (§ 173 AO)

Grundsätzlich anwendbar ist auch § 173 AO. Allerdings werden die Voraussetzungen für eine Änderung nach dieser Vorschrift in der Regel nicht vorliegen. Zum einen wird regelmäßig ein grobes Verschulden des Einspruchsführers zu bejahen sein, wenn er Tatsachen und Beweismittel erst nach Ablauf der Fristsetzung vorbringt. Zum anderen ist maßgebend für die Anwendung des § 173 AO der Zeitpunkt, an dem die Einspruchsentscheidung abschließend gezeichnet wurde; vorher bekannt gewordene Tatsachen und Beweismittel sind nicht „nachträglich" bekannt geworden. Tatsachen und Beweismittel, die der Einspruchsführer nach Ablauf der Ausschlussfrist und vor Abzeichnung der Einspruchsentscheidung geltend macht, können deshalb schon aus diesem Grund nicht nach § 173 AO berücksichtigt werden.

7.3 Antrag auf schlichte Änderung während der Klagefrist (§ 172 AO)

In § 172 Abs. 1 Satz 3 AO ist festgelegt, dass durch einen Antrag auf schlichte Änderung innerhalb der Klagefrist eine wirksame Präklusion nicht umgangen werden kann.

7.4 Abhilfebescheid gem. § 172 Abs. 1 Nr. 2a AO während des finanzgerichtlichen Verfahrens

Lässt das Finanzgericht die im Einspruchsverfahren präkludierten Tatsachen und Beweismittel gem. § 76 Abs. 3 FGO i.V.m. § 79b Abs. 3 FGO für das finanzgerichtliche Verfahren zu, kann das FA trotz einer rechtmäßigen Fristsetzung nach entsprechendem Hinweis des Finanzgerichts einen Abhilfebescheid gem. § 172 Abs. 1 Nr. 2a AO erteilen (vgl. hierzu AEAO, Nr. 5 zu § 364b und BFH-Beschluss vom 13. 05. 2004, BStBl II S. 834).

7.5 Anwendung des § 177 AO

Die Präklusion nach § 364b AO kann zu einer materiell-rechtlichen Unrichtigkeit im Sinn des § 177 Abs. 3 AO führen. Wird der Verwaltungsakt später korrigiert, sind deshalb ggf. auch die präkludierten Tatsachen im Rahmen des § 177 AO (Saldierung innerhalb des Änderungsrahmens) zu berücksichtigen.

8. Anfechtbarkeit der Fristsetzung

Gem. Tz. 4 des AEAO zu § 364b ist über Einwendungen gegen die Fristsetzung – soweit nicht abgeholfen wird – im Rahmen der Entscheidung über den Einspruch gegen den Steuerbescheid zu entscheiden.

Legt der Einspruchsführer gegen die Fristsetzung gesondert Einspruch ein und hält er den Einspruch trotz Hinweis auf die Verwaltungsauffassung aufrecht, ist dieser Einspruch als unzulässig mit der Begründung zu verwerfen, dass kein selbständig anfechtbarer Verwaltungsakt vorliegt (vgl. auch das rechtskräftige Urteil des FG München vom 04. 12. 1997, EFG 1998 S. 436). Die Entscheidung über den Einspruch ist mit der Entscheidung über den angefochtenen Verwaltungsakt (Hauptsacheverfahren) zu verbinden. Dabei ist jedoch zu beachten, dass über zwei selbständige Einsprüche entschieden wird.

Lehnt das FA einen Antrag auf Fristverlängerung ab, ist der Einspruchsführer vor Ergehen der Einspruchsentscheidung darüber zu informieren, da er anderenfalls zu der Annahme gelangen könnte, seinem Antrag sei stillschweigend entsprochen worden. Die Ablehnung der Fristverlängerung stellt im Gegensatz zur Fristsetzung einen Verwaltungsakt dar. Es ist allgemeine Auffassung in der Rechtsprechung und in der Literatur, dass ein Verwaltungsakt immer dann vorliegt, wenn eine Maßnahme abgelehnt wird. Diese selbst braucht kein Verwaltungsakt zu sein (vgl. BFH vom 16. 12. 1987, BFH/NV 1988 S. 319). Wird die Ablehnung des Fristverlängerungsantrags angefochten und kann dem Einspruch nicht abgeholfen werden, ist die Entscheidung mit der Entscheidung über den angefochtenen Verwaltungsakt zu gemeinsamer Entscheidung zu verbinden.

Wurde die Präklusionsfrist versäumt, ist bei Ablehnung eines Antrags auf Wiedereinsetzung in den vorigen Stand nicht isoliert zu entscheiden. Es gilt der allgemeine Grundsatz, dass es sich bei der Entscheidung über den Wiedereinsetzungsantrag um einen unselbständigen Teil der Hauptsacheentscheidung handelt.

9. Überprüfung im finanzgerichtlichen Verfahren

Die Vorschrift des § 364b AO steht in Zusammenhang mit § 76 Abs. 3 FGO. Danach ist die Pflicht des Finanzgerichts zur Sachaufklärung begrenzt, wenn das Finanzamt eine Frist nach § 364b AO gesetzt hatte und der Steuerpflichtige diese Frist verstreichen ließ.

Das Finanzgericht hat in einem ersten Schritt zu prüfen, ob
- das FA eine ausreichende Frist gesetzt hatte,
- die Belehrung nach § 364b Abs. 3 AO erfolgt ist,
- Gründe für eine Wiedereinsetzung in den vorigen Stand vorliegen.

Hält das Finanzgericht die Fristsetzung für rechtmäßig und verneint es gleichzeitig Gründe für eine Wiedereinsetzung in den vorigen Stand, kann es aber die verspätet vorgebrachten Erklärungen und Beweismittel nur dann zurückweisen und ohne Ermittlungen entscheiden, wenn
- die Zulassung des nachträglichen Vorbringens nach der freien Überzeugung des Finanzgerichts die Erledigung des Rechtsstreits verzögern würde und
- die Verspätung nicht genügend entschuldigt wird (§ 76 Abs. 3 i.V.m. § 79b Abs. 3 Satz 1 FGO).

Eine Verzögerung tritt nach dem BFH-Urteil vom 10. 06. 1999, BStBl II 1999 S. 665 dann ein, wenn der Rechtsstreit bei Zulassung der verspäteten Erklärungen oder Beweismittel länger als bei deren Zurückweisung dauern würde. Danach kann es nach Auffassung des BFH zu keiner Verzögerung des Rechtsstreits kommen, wenn eine Erledigung in der ersten vom Finanzgericht nach pflichtgemäßem Ermessen – unter Berücksichtigung seiner Geschäftslage, nicht aber unter Berücksichtigung des Aufklärungsbedarfs im Streitfall – terminierten mündlichen Verhandlung möglich ist.

Ferner kann das Finanzgericht nachträgliches Vorbringen dann zulassen, wenn es dem Gericht mit geringem Aufwand möglich ist, den Sachverhalt auch ohne Mitwirkung der Beteiligten zu ermitteln (§ 79b Abs. 3 S. 3 FGO).

Zur Möglichkeit der Erteilung eines Abhilfebescheids während des finanzgerichtlichen Verfahrens vgl. Tz 7.2.

10. Kosten des finanzgerichtlichen Verfahrens

In Fällen, in denen das Gericht nach § 76 Abs. 3 FGO Erklärungen und Beweismittel berücksichtigt, die im Einspruchsverfahren rechtmäßig zurückgewiesen wurden, sind dem Kläger insoweit die Kosten aufzuerlegen (§ 137 Satz 3 FGO).

Rechtsprechung

3 BFH vom 19. 3. 1998 – V R 7/97 (BStBl 1998 II S. 399)

Hat das FA im Einspruchsverfahren gegen einen Schätzungsbescheid dem Einspruchsführer (Kläger) vergeblich eine Frist zur Angabe der Tatsachen gesetzt, durch deren Berücksichtigung oder Nichtberücksichtigung er sich beschwert fühlt (§ 364b Abs. 1 Nr. 1 AO), darf das FG eine erst im Klageverfahren eingereichte Steuererklärung nach § 76 Abs. 3 FGO zurückweisen und insoweit ohne weitere Ermittlungen entscheiden, wenn die Fristsetzung durch das FA rechtmäßig ist, die Voraussetzungen des § 79b Abs. 3 FGO erfüllt sind und die Schätzung der Besteuerungsgrundlagen nach Aktenlage nicht zu beanstanden ist.

4 BFH vom 9. 9. 1998 – I R 31/98 (BStBl 1999 II S. 26)

Unterläßt das FG es, schon vor der mündlichen Verhandlung geeignete vorbereitende Maßnahmen gemäß § 79 Abs. 1 FGO zu ergreifen, obwohl ihm dies möglich gewesen wäre und obwohl hierzu Anlaß bestand, ist es regelmäßig ermessensfehlerhaft, vom Kläger erst im Klageverfahren, aber angemessene Zeit vor der mündlichen Verhandlung, nachgereichte Steuererklärungen gemäß §§ 76 Abs. 3, 79b Abs. 3 FGO wegen Verzögerung des Rechtsstreits in der mündlichen Verhandlung zurückzuweisen.

5 BFH vom 10. 6. 1999 – IV R 23/98 (BStBl 1999 II S. 664)

Auch bei einer nach Versäumung der Ausschlußfrist gem. § 364b AO erhobenen Klage ist das FG verpflichtet, die mündliche Verhandlung nach Maßgabe des § 79 Abs. 1 FGO vorzubereiten und alle prozeßleitenden Maßnahmen zu ergreifen, um den Rechtsstreit nach Möglichkeit bis zur mündlichen Verhandlung zur Entscheidungsreife zu bringen. Auf welchen Tag die mündliche Verhandlung angesetzt wird, ist in einem solchen Fall vom FG unter Berücksichtigung seiner Geschäftslage nach pflichtgemäßem Ermessen zu bestimmen.

BFH vom 13. 5. 2004 – IV B 230/02 (BStBl 2004 II S. 833)   6

1. ...
2. Legt der Steuerpflichtige die Steuererklärung erst im Klageverfahren vor und konnte das FA das Vorbringen des Klägers zu der betreffenden Steuerfestsetzung nach § 364b AO in der Einspruchsentscheidung zu Recht zurückweisen, ist das FA an dem Erlass eines Abhilfebescheids nicht wegen der früheren Zurückweisung des Vorbringens gehindert.
3. Erlässt das FA in einem solchen Fall einen Abhilfebescheid, kann der Kläger die Klage anschließend nicht mehr kostenfrei zurücknehmen.

§ 365 Anwendung von Verfahrensvorschriften

AO
S 0622

(1) Für das Verfahren über den Einspruch gelten im Übrigen die Vorschriften sinngemäß, die für den Erlass des angefochtenen oder des begehrten Verwaltungsakts gelten.

(2) In den Fällen des § 93 Abs. 5, des § 96 Abs. 7 Satz 2 und der §§ 98 bis 100 ist den Beteiligten und ihren Bevollmächtigten und Beiständen (§ 80) Gelegenheit zu geben, an der Beweisaufnahme teilzunehmen.

(3) ¹Wird der angefochtene Verwaltungsakt geändert oder ersetzt, so wird der neue Verwaltungsakt Gegenstand des Einspruchsverfahrens. ²Satz 1 gilt entsprechend, wenn
1. ein Verwaltungsakt nach § 129 berichtigt wird oder
2. ein Verwaltungsakt an die Stelle eines angefochtenen unwirksamen Verwaltungsakts tritt.

Anwendungserlass zur Abgabenordnung

AEAO
1

Zu § 365 – Anwendung von Verfahrensvorschriften:

1. Die Aufklärungspflicht der Einspruchsbehörde wird von der Zumutbarkeit begrenzt (vgl. zu § 88, Nr. 1).
Nach dem BFH-Urteil vom 11. 12. 1984 – VIII R 131/76 – BStBl 1985 II, S. 354 können im Hinblick auf die Gesetzmäßigkeit und Gleichmäßigkeit der Besteuerung keine Vergleiche über Steueransprüche abgeschlossen werden. Eine „tatsächliche Verständigung" über schwierig zu ermittelnde tatsächliche Umstände ist aber zulässig und bindend (vgl. BMF-Schreiben vom 30. 7. 2008, BStBl I, S. 831).

AO 88/2

2. Wird während des Einspruchsverfahrens der angefochtene Verwaltungsakt geändert oder ersetzt, wird der neue Verwaltungsakt Gegenstand des Einspruchsverfahrens (§ 365 Abs. 3 Satz 1); der Einspruch muss aber zulässig sein (BFH-Urteil vom 13. 4. 2000 – V R 56/99 – BStBl II, S. 490). Dies gilt entsprechend, wenn ein Verwaltungsakt wegen einer offenbaren Unrichtigkeit gem. § 129 berichtigt wird oder wenn ein Verwaltungsakt an die Stelle eines angefochtenen – z.B. wegen eines Bekanntgabemangels – unwirksamen Verwaltungsaktes tritt (§ 365 Abs. 3 Satz 2).

Bei einem Teilwiderruf oder einer Teilrücknahme bleibt der Verwaltungsakt – wenn auch eingeschränkt – bestehen und der Einspruch damit ebenfalls anhängig (BFH-Urteil vom 28. 1. 1982 – V R 100/80 – BStBl II, S. 292).

Eine Ersetzung i.S.d. § 365 Abs. 3 liegt auch vor, wenn sich ein mit dem Einspruch angefochtener Vorauszahlungsbescheid mit Wirksamwerden des Jahressteuerfestsetzung erledigt (BFH-Urteil vom 4. 11. 1999 – V R 35/98 – BStBl 2000 II, S. 454).

Die Regelungen des § 365 Abs. 3 gelten nur für das Einspruchsverfahren; insbesondere bleiben Beitreibungsmaßnahmen nur auf der Grundlage eines wirksamen Verwaltungsaktes zulässig.

Wegen des Erlasses eines Änderungsbescheids vor oder nach Ergehen einer Teil-Einspruchsentscheidung vgl. zu § 367, Nr. 6.4.

Rechtsprechung

Rsp

BFH vom 20. 9. 1990 – V R 85/85 (BStBl 1991 II S. 2)   2

Die Entscheidung des FA in einem Umsatzsteueränderungsbescheid, daß „der bisher festgesetzte Verspätungszuschlag unverändert erhalten" bleibe, erfolgt durch Verwaltungsakt. Gegen diesen

§§ 365, 366 AO
AEAO   Rsp

Bescheid braucht der Steuerpflichtige nicht erneut Beschwerde einzulegen, wenn er gegen die vorangegangene Festsetzung des Verspätungszuschlags rechtzeitig Beschwerde erhoben hatte, die noch nicht beschieden worden war.

3 **BFH vom 13. 4. 2000 – V R 56/99 (BStBl 2000 II S. 490)**

Die Unzulässigkeit eines verspätet eingelegten Einspruchs wird nicht dadurch beseitigt, dass das FA während des Einspruchsverfahrens einen Steueränderungsbescheid bekannt gibt.

4 **BFH vom 26. 6. 2002 – IV R 3/01 (BStBl 2003 II S. 112)**

Wird ein unter dem Vorbehalt der Nachprüfung ergangener Steuerbescheid mit dem Einspruch angefochten und hebt das FA den Vorbehalt der Nachprüfung während des Einspruchsverfahrens auf, so wird der Bescheid, mit dem der Vorbehalt der Nachprüfung aufgehoben wird, Gegenstand des Einspruchsverfahrens.

5 **BFH vom 7. 11. 2006 – VI R 14/05 (BStBl 2007 II S. 236)**

1. ...
2. Die Ersetzungsregelung des § 365 Abs. 3 AO findet keine analoge Anwendung auf Änderungen nach §§ 172 ff. AO außerhalb eines Einspruchsverfahrens.

6 **BFH vom 18. 4. 2007 – XI R 47/05 (BStBl 2007 II S. 736)**

Gegen einen im Einspruchsverfahren erlassenen Änderungsbescheid, mit dem dem Antrag des Steuerpflichtigen voll entsprochen wird (Vollabhilfebescheid), ist der Einspruch statthaft.

AO
S 0622

§ 366   Form, Inhalt und Bekanntgabe der Einspruchsentscheidung

Die Einspruchsentscheidung ist schriftlich zu erteilen, zu begründen, mit einer Rechtsbehelfsbelehrung zu versehen und den Beteiligten bekannt zu geben.

AEAO

Anwendungserlass zur Abgabenordnung

1 Zu § 366 – Form, Inhalt und Bekanntgabe der Einspruchsentscheidung:

1. Für die Bekanntgabe der Einspruchsentscheidung gilt § 122. Hinsichtlich der Bekanntgabe an Bevollmächtigte vgl. zu § 122, Nr. 1.7.
2. Eine förmliche Zustellung der Einspruchsentscheidung ist nur erforderlich, wenn sie ausdrücklich angeordnet wird (§ 122 Abs. 5 Satz 1). Sie sollte insbesondere dann angeordnet werden, wenn ein eindeutiger Nachweis des Zugangs für erforderlich gehalten wird. Zum Zustellungsverfahren vgl. zu § 122, Nrn. 3 und 4.5.
3. In den Gründen der Einspruchsentscheidung sollen Wiedergabe des Tatbestandes und Darlegung der rechtlichen Erwägungen der entscheidenden Behörde getrennt sein. Auf Zulässigkeitsfragen ist nur einzugehen, wenn hierzu begründeter Anlass besteht, etwa in den Fällen der § 354 Abs. 2, § 362 Abs. 2 oder bei ernsthaften Zweifeln am Vorliegen einzelner Zulässigkeitsvoraussetzungen. Hinweis auf § 358.

Enthält die Einspruchsentscheidung entgegen § 366 Satz 1 keine oder eine unrichtige Rechtsbehelfsbelehrung, beträgt die Klagefrist nach § 55 Abs. 2 FGO ein Jahr statt eines Monats.

Rsp   Rechtsprechung

2 **BFH vom 8. 7. 1998 – I R 17/96 (BStBl 1999 II S. 48)**

Einspruchsentscheidungen können auch durch Telefax übermittelt und in Form von Telefaxausdrucken wirksam bekanntgegeben werden.

BFH vom 28. 3. 2000 – VIII R 6/99 (HFR 2000 S. 727)

1. Die Klage einer KG gegen den Gewinnfeststellungsbescheid ist unzulässig, wenn die Vollbeendigung der KG im Einspruchsverfahren eingetreten ist und mit der Klage materiell-rechtliche Mängel geltend gemacht werden.

2. Die vorangegangene Einspruchsentscheidung konnte dem Steuerberater, der den Einspruch für die KG eingelegt hatte, wegen Weiterbestehens seiner Empfangsvollmacht wirksam bekannt gegeben werden.

§ 367 Entscheidung über den Einspruch

(1) ¹Über den Einspruch entscheidet die Finanzbehörde, die den Verwaltungsakt erlassen hat, durch Einspruchsentscheidung. ²Ist für den Steuerfall nachträglich eine andere Finanzbehörde zuständig geworden, so entscheidet diese Finanzbehörde; § 26 Satz 2 bleibt unberührt.

(2) ¹Die Finanzbehörde, die über den Einspruch entscheidet, hat die Sache in vollem Umfang erneut zu prüfen. ²Der Verwaltungsakt kann auch zum Nachteil des Einspruchsführers geändert werden, wenn dieser auf die Möglichkeit einer verbösernden Entscheidung unter Angabe von Gründen hingewiesen und ihm Gelegenheit gegeben worden ist, sich hierzu zu äußern. ³Einer Einspruchsentscheidung bedarf es nur insoweit, als die Finanzbehörde dem Einspruch nicht abhilft.

(2a) ¹Die Finanzbehörde kann vorab über Teile des Einspruchs entscheiden, wenn dies sachdienlich ist. ²Sie hat in dieser Entscheidung zu bestimmen, hinsichtlich welcher Teile Bestandskraft nicht eintreten soll.

(2b) ¹Anhängige Einsprüche, die eine vom Gerichtshof der Europäischen Gemeinschaften, vom Bundesverfassungsgericht oder vom Bundesfinanzhof entschiedene Rechtsfrage betreffen und denen nach dem Ausgang des Verfahrens vor diesen Gerichten nicht abgeholfen werden kann, können durch Allgemeinverfügung insoweit zurückgewiesen werden. ²Sachlich zuständig für den Erlass der Allgemeinverfügung ist die oberste Finanzbehörde. ³Die Allgemeinverfügung ist im Bundessteuerblatt und auf den Internetseiten des Bundesministeriums der Finanzen zu veröffentlichen. ⁴Sie gilt am Tag nach der Herausgabe des Bundessteuerblattes, in dem sie veröffentlicht wird, als bekannt gegeben. ⁵Abweichend von § 47 Abs. 1 der Finanzgerichtsordnung endet die Klagefrist mit Ablauf eines Jahres nach dem Tag der Bekanntgabe. ⁶§ 63 Abs. 1 Nr. 1 der Finanzgerichtsordnung gilt auch, soweit ein Einspruch durch eine Allgemeinverfügung nach Satz 1 zurückgewiesen wurde.

(3) ¹Richtet sich der Einspruch gegen einen Verwaltungsakt, den eine Behörde auf Grund gesetzlicher Vorschrift für die zuständige Finanzbehörde erlassen hat, so entscheidet die zuständige Finanzbehörde über den Einspruch. ²Auch die für die zuständige Finanzbehörde handelnde Behörde ist berechtigt, dem Einspruch abzuhelfen.

Anwendungserlass zur Abgabenordnung

Zu § 367 – Entscheidung über den Einspruch:

1. Jeder nach Erlass eines Verwaltungsaktes eintretende Zuständigkeitswechsel bewirkt auch eine Zuständigkeitsänderung im Einspruchsverfahren. Die Einspruchsvorgänge sind daher mit den übrigen Akten abzugeben. Die zunächst zuständige Behörde kann jedoch unter Wahrung der Interessen der Beteiligten aus Zweckmäßigkeitsgründen das Einspruchsverfahren fortführen, wenn das neu zuständige Finanzamt zustimmt. Zu den Auswirkungen eines Zuständigkeitswechsels auf das Einspruchsverfahren siehe auch BMF-Schreiben vom 10. 10. 1995 (BStBl I, S. 664).

2. Gem. § 132 gelten die Vorschriften über Rücknahme, Widerruf, Aufhebung und Änderung von Verwaltungsakten auch während des Einspruchsverfahrens. Das Finanzamt kann daher einen angefochtenen Verwaltungsakt auch während des Einspruchsverfahrens nach den Korrekturvorschriften zurücknehmen, widerrufen, aufheben, ändern oder ersetzen, und zwar auch zum Nachteil des Einspruchsführers. Unabhängig davon, ob die Voraussetzungen der Korrekturvorschriften gegeben sind, darf eine Verböserung nur erfolgen, wenn dem Steuerpflichtigen zuvor Gelegenheit zur Äußerung gegeben worden ist.

---

¹) Hinweis auf Art. 97 § 18a Abs. 11 und 12 EGAO.

Nimmt der Steuerpflichtige seinen Einspruch zurück, ist eine Änderung zum Nachteil des Steuerpflichtigen nur noch möglich, wenn dies nach den Vorschriften über Aufhebung, Änderung, Rücknahme oder Widerruf von Verwaltungsakten zulässig ist.

3. Zu den Auswirkungen einer Teilabhilfe auf das Einspruchsverfahren vgl. zu § 365, Nr. 2.

Stellt ein Steuerpflichtiger nach Einspruchseinlegung einen Antrag bezüglich eines bisher nicht geltend gemachten Streitpunkts, ist dieser Antrag als Erweiterung des Einspruchsantrags, verbunden mit der Anregung, dem Einspruch insoweit durch Erlass eines Teilabhilfebescheids stattzugeben, auszulegen. Ist der Antrag begründet, kann während des Einspruchsverfahrens ein geänderter Verwaltungsakt erlassen werden. Dieser wird dann gemäß § 365 Abs. 3 Gegenstand des Einspruchsverfahrens. Ist der Antrag unbegründet, ist über ihn in der Einspruchsentscheidung zu befinden; die Ablehnung durch gesonderten Verwaltungsakt ist während eines anhängigen Einspruchsverfahrens nicht zulässig.

4. Zur Möglichkeit der Änderung eines im Einspruchsverfahren bestätigten oder geänderten Verwaltungsaktes vgl. zu § 172, Nr. 3 und 4.

5. Es ist zulässig, den Vorbehalt der Nachprüfung (§ 164) auch in der Entscheidung über den Einspruch aufrechtzuerhalten (BFH-Urteil vom 12. 6. 1980 – IV R 23/79 – BStBl II, S. 527). In diesen Fällen braucht die Angelegenheit nicht umfassender geprüft zu werden als in dem Verfahren, das dem Erlass der angefochtenen Vorbehaltsfestsetzung vorangegangen ist.

Der Vorbehalt der Nachprüfung ist jedoch aufzuheben, wenn im Einspruchsverfahren eine abschließende Prüfung i.S.d. § 164 Abs. 1 durchgeführt wird. Die Aufhebung des Vorbehalts bedarf regelmäßig keiner besonderen Begründung. Insbesondere kann insoweit auch ein Hinweis nach § 367 Abs. 2 Satz 2 unterbleiben (BFH-Urteil vom 10. 7. 1996 – I R 5/96 – BStBl 1997 II, S. 5).

Es ist auch statthaft, nach Hinweis auf die Verböserungsmöglichkeit einen Verwaltungsakt erstmalig in der Einspruchsentscheidung mit einer Nebenbestimmung zu versehen (BFH-Urteil vom 12. 6. 1980, a.a.O.). Ist ein Bescheid, der auf einer Schätzung beruht, ohne Nachprüfungsvorbehalt ergangen und wird nach Klageerhebung die Steuererklärung eingereicht, kann der daraufhin ergehende Änderungsbescheid nur mit Zustimmung des Steuerpflichtigen unter Nachprüfungsvorbehalt gestellt werden (BFH-Urteil vom 30. 10. 1980 – IV R 168-170/79 – BStBl 1981 II, S. 150).

6. Teil-Einspruchsentscheidung

6.1 Der Erlass einer Teil-Einspruchsentscheidung (§ 367 Abs. 2a) steht im Ermessen der Finanzbehörde, muss aber sachdienlich sein. Dies ist insbesondere dann der Fall, wenn ein Teil des Einspruchs entscheidungsreif ist, während über einen anderen Teil des Einspruchs zunächst nicht entschieden werden kann, weil insoweit die Voraussetzungen für eine Verfahrensruhe nach § 363 Abs. 2 Satz 2 vorliegen oder weil hinsichtlich des nicht entscheidungsreifen Teils des Einspruchs noch Ermittlungen zur Sach- oder Rechtslage erforderlich sind. Eine Teil-Einspruchsentscheidung wird insbesondere i.d.R. sachdienlich sein, wenn der Einspruchsführer strittige Rechtsfragen aufwirft, die Gegenstand eines beim EuGH, beim BVerfG oder bei einem obersten Bundesgericht anhängigen Verfahrens sind, sich der Einspruchsführer auf dieses Verfahren beruft und der Erlass einer Fortsetzungsmitteilung gem. § 363 Abs. 2 Satz 4 (vgl. zu § 363, Nr. 4) nicht in Betracht kommt, der Einspruch im Übrigen aber entscheidungsreif ist.

6.2 *Eine Teil-Einspruchsentscheidung ist auch dann sachdienlich, wenn sie dem Interesse der Finanzverwaltung an einer zeitnahen Entscheidung über den entscheidungsreifen Teil eines Einspruchs dient, der ersichtlich nur zu dem Zweck eingelegt wurde, die Steuerfestsetzung nicht bestandskräftig werden zu lassen (BFH-Urteil vom 30. 9. 2010 – III R 39/08 – BStBl 2011 II, S. 11). Um neuen Masseneinsprüchen entgegenzuwirken, soll in Fällen, in denen mit dem Einspruch ausschließlich das Ziel verfolgt wird, im Hinblick auf anhängige Gerichtsverfahren mit Breitenwirkung den angefochtenen Verwaltungsakt nicht bestandskräftig werden zu lassen, möglichst zeitnah von der Möglichkeit der Teil-Einspruchsentscheidung Gebrauch gemacht werden, soweit nicht durch die Beifügung eines Vorläufigkeitsvermerks gemäß § 165 Abs. 1 Satz 2 Nr. 3 oder 4 der Einspruch erledigt werden kann.*

6.3 *In der Teil-Einspruchsentscheidung ist genau zu bestimmen, hinsichtlich welcher Teile des Verwaltungsakts Bestandskraft nicht eintreten soll, um die Reichweite der Teil-Einspruchsentscheidung zu definieren. Durch Angabe der betreffenden Besteuerungsgrundlage(n) wird hinreichend bestimmt, hinsichtlich welcher Teile Bestandskraft nicht eintreten soll; es ist nicht erforderlich und i. d. R. auch nicht möglich, den Teil der Steuer zu beziffern, dessen Festsetzung nicht bestandskräftig werden soll (BFH-Urteil vom 30. 9. 2010 – III R 39/08 –, BStBl 2011 II, S. 11). Die Bestimmung, hinsichtlich welcher Teile des Verwaltungsakts Bestandskraft nicht eintreten soll, ist Teil des Tenors der Teil-Einspruchsentscheidung und weder Nebenbestimmung noch Grundlagenbescheid. Sie kann daher nur durch Klage gegen die Teil-Einspruchsentscheidung angegriffen werden. Soweit anhängige Verfahren vor dem BFH, BVerfG oder EuGH Anlass für eine Teil-Einspruchsentscheidung/Verfahrensruhe sind,*

sind diese nicht im Tenor, sondern in der Begründung der Teil-Einspruchsentscheidung zu benennen.

Ist der Erlass einer Teil-Einspruchsentscheidung sachdienlich (vgl. Nrn. 6.1 und 6.2), ist das der Finanzbehörde eingeräumte Entschließungsermessen in einer Weise vorgeprägt, dass es keiner über die Darlegung der Sachdienlichkeit hinausgehenden Begründung bedarf, warum eine Teil-Einspruchsentscheidung erlassen wird (BFH-Urteil vom 30. 9. 2010, a.a.O.).

6.4 Ergeht vor Erlass der Teil-Einspruchsentscheidung ein Änderungsbescheid, wird dieser neue Bescheid Gegenstand des Einspruchsverfahrens (§ 365 Abs. 3) und somit auch Gegenstand der Teil-Einspruchsentscheidung. Bei der Bestimmung, inwieweit Bestandskraft nicht eintreten soll, ist vom Inhalt des neuen Bescheids auszugehen. Soll nach Ergehen der Teil-Einspruchsentscheidung ein Änderungsbescheid erlassen werden, ist zuvor zu prüfen, inwieweit dem Änderungsbescheid die Bindungswirkung der Teil-Einspruchsentscheidung entgegensteht.

6.5 Die Teil-Einspruchsentscheidung hat nicht zur Folge, dass stets noch eine förmliche „End-Einspruchsentscheidung" ergehen muss. Das Einspruchsverfahren kann beispielsweise auch dadurch abgeschlossen werden, dass die Finanzbehörde dem Einspruch hinsichtlich der zunächst „offen" gebliebenen Frage abhilft, der Steuerpflichtige seinen Einspruch zurücknimmt oder eine Allgemeinverfügung nach § 367 Abs. 2b ergeht. Wird die wirksam ergangene Teil-Einspruchsentscheidung bestandskräftig, kann im weiteren Verfahren über den „noch offenen" Teil der angefochtenen Steuerfestsetzung nicht mit Erfolg geltend gemacht werden, die in der Teil-Einspruchsentscheidung vertretene Rechtsauffassung entspreche nicht dem Gesetz. Dies ist auch in einem eventuellen Klageverfahren gegen eine „End-Einspruchsentscheidung" zu beachten.

7. Allgemeinverfügung

7.1 Wegen der Erledigung von Masseneinsprüchen und Massenanträgen durch eine Allgemeinverfügung vgl. § 367 Abs. 2b sowie § 172 Abs. 3.

7.2 Ergeht eine Allgemeinverfügung nach § 367 Abs. 2b, bleibt das Einspruchsverfahren im Übrigen anhängig. Gegenstand des Einspruchsverfahrens ist der angefochtene Verwaltungsakt und nicht ein Teil der Besteuerungsgrundlagen oder ein einzelner Streitpunkt. Auch wenn sich die Allgemeinverfügung auf sämtliche vom Einspruchsführer vorgebrachte Einwendungen erstreckt, ist deshalb das Einspruchsverfahren im Übrigen fortzuführen. Dies gilt nicht, soweit bereits eine Teil-Einspruchsentscheidung (§ 367 Abs. 2a) ergangen ist, die den „noch offen bleibenden" Teil des Einspruchs auf den Umfang beschränkt hat, der Gegenstand der Allgemeinverfügung ist. Über die Rechtsfrage, die Gegenstand der Allgemeinverfügung war, kann in einer eventuell notwendig werdenden Einspruchsentscheidung (§ 366, § 367 Abs. 1) nicht erneut entschieden werden. Zu berücksichtigen ist dann, dass für eine Klage nach einer Zurückweisung des Einspruchs durch Allgemeinverfügung und für eine Klage nach Erlass einer Einspruchsentscheidung durch die örtlich zuständige Finanzbehörde unterschiedliche Fristen gelten.

7.3 Unzulässige Einsprüche werden von einer nach § 367 Abs. 2b ergehenden Allgemeinverfügung nicht erfasst. Sie sind daher möglichst zeitnah durch Einspruchsentscheidung zu verwerfen, falls sie vom Einspruchsführer nicht zurückgenommen werden.

Rechtsprechung

BFH vom 21. 9. 1983 – II R 153/82 (BStBl 1984 II S. 177) 2

Eine Verböserung der Steuerfestsetzung im Einspruchsverfahren ist nur zulässig, wenn aus den mitgeteilten Gründen in Verbindung mit der Steuerfestsetzung objektiv und nachprüfbar erkennbar ist, in welcher Beziehung und in welchem Umfang das FA seine der Steuerfestsetzung zugrunde liegende Auffassung geändert hat.

BFH vom 11. 3. 1987 – II R 206/83 (BStBl 1987 II S. 417) 3

Werden dem FA im Einspruchsverfahren Tatsachen erstmals bekannt, die eine höhere Wertfeststellung rechtfertigen, steht der Änderung des Verwaltungsakts nach § 173 Abs. 1 Nr. 1 AO nicht entgegen, daß der Einspruch nach entsprechendem Hinweis auf die Verböserungsmöglichkeit zurückgenommen wurde.

4 BFH vom 4. 11. 1987 – II R 167/81 (BStBl 1988 II S. 377)

Das FA darf über den Einspruch einzelner Gesellschafter einer GbR nicht durch eine gegen die GbR als solche gerichtete Einspruchsentscheidung befinden, weil die GbR grunderwerbsteuerrechtlich ein anderes Rechtssubjekt ist als ihre Gesellschafter (Anschluß an BFH vom 11. Februar 1987, BStBl II S. 325 und vom 22. Oktober 1986, BStBl 1987 II S. 183).

5 BFH vom 10. 11. 1989 – VI R 124/88 (BStBl 1990 II S. 414)

Der unterbliebene Hinweis auf die Möglichkeit einer verbösernden Entscheidung (§ 367 Abs. 2 Satz 2 AO) ist unschädlich, wenn der angegriffene Steuerbescheid auch nach Rücknahme des Einspruchs zum Nachteil des Einspruchsführers geändert werden kann, weil er unter dem Vorbehalt der Nachprüfung (§ 164 Abs. 1 AO) ergangen ist.

6 BFH vom 10. 7. 1996 – I R 5/96 (BStBl 1997 II S. 5)

1. Die Aufhebung des Vorbehalts der Nachprüfung bedarf regelmäßig keiner besonderen Begründung.
2. Erfolgt die Aufhebung des Vorbehalts durch die Einspruchsentscheidung, kann der Hinweis auf die Möglichkeit einer verbösernden Entscheidung (§ 367 Abs. 2 Satz 2 AO) unterbleiben.

7 BFH vom 24. 10. 2000 – IX R 62/97 (BStBl 2001 II S. 124)

Die Finanzbehörde kann im Einspruchsverfahren gegen einen auf § 173 Abs. 1 Nr. 1 AO gestützten Änderungsbescheid, der nach Unanfechtbarkeit des Erstbescheides erlassen wurde, gemäß § 367 Abs. 2 AO die Steuer auch über die im Änderungsbescheid festgesetzte Steuer hinaus erhöhen, wenn die Verböserung ihre Grundlage in dem Änderungsbescheid hat.

8 BFH vom 5. 6. 2003 – IV R 38/02 (BStBl 2004 II S. 2)

1. Ein Abhilfebescheid i.S. des § 367 Abs. 2 AO liegt auch vor, soweit sich der Bescheid teilweise als dem Einspruchsführer nachteilig erweist, er dieser Änderung aber nach § 172 Abs. 1 Satz 1 Nr. 2 Buchst. a Halbsatz 1 AO zugestimmt hat.
2. Erklärt sich der steuerliche Berater mit der vom Außenprüfer in der Schlussbesprechung vorgeschlagenen Behandlung bestimmter Einkünfte einverstanden, kann darin nach den Umständen des Einzelfalls eine Zustimmung im o.g. Sinn zu einer Änderung zu Ungunsten des Steuerpflichtigen liegen, auch wenn die Erklärung lediglich in Anwesenheit von Angehörigen der Betriebsprüfungsstelle abgegeben wird.

9 BFH vom 22. 3. 2006 – XI R 24/05 (BStBl 2006 II S. 576)

Der Hinweis auf eine Änderung zum Nachteil des Einspruchsführers ist nur dann – ausnahmsweise – entbehrlich, wenn eine erhöhte Steuerfestsetzung (Feststellung) auch nach Rücknahme des Einspruchs möglich gewesen wäre, wenn sich also die Verböserung durch Einspruchsrücknahme nicht hätte vermeiden lassen. Ist zweifelhaft, ob eine Änderung noch möglich ist, darf auf den Hinweis nicht verzichtet werden.

10 BFH vom 6. 9. 2006 – XI R 51/05 (BStBl 2007 II S. 83)

Das FA ist auch dann noch zum Erlass einer verbösernden Einspruchsentscheidung gemäß § 367 Abs. 2 Satz 2 AO berechtigt, wenn es zuvor einen Änderungsbescheid erlassen hat, in dem es dem Einspruchsbegehren teilweise entsprochen, jedoch nicht in voller Höhe abgeholfen hat (sog. Teilabhilfebescheid).

11 BFH vom 18. 4. 2007 – XI R 47/05 (BStBl 2007 II S. 736)

Gegen einen im Einspruchsverfahren erlassenen Änderungsbescheid, mit dem dem Antrag des Steuerpflichtigen voll entsprochen wird (Vollabhilfebescheid), ist der Einspruch statthaft.

12 BFH vom 9. 8. 2007 – VI R 7/04 (HFR 2008 S. 323)

1. Für das Vorliegen einer Beschwer ist die Schlüssigkeit des Vortrags des Rechtsbehelfs- bzw. Einspruchsführers oder – bei fehlender Begründung – die verständige Prüfung des angefochtenen Verwaltungsakts (Steuerbescheids) bestimmend.
2. Das Vorliegen einer Beschwer stellt eine Zulässigkeitsvoraussetzung für den Einspruch dar. Liegt keine Beschwer vor, ist der Einspruch als unzulässig zu verwerfen.

3. Ein mangels Beschwer unzulässiger Einspruch eröffnet dem FA nicht die Befugnis, die Einkommensteuer-Festsetzung in sachlicher Hinsicht nochmals zu überprüfen und sie nach § 367 Abs. 2 Satz 2 AO zum Nachteil des Einspruchsführers zu ändern.

BFH vom 25. 9. 2007 – IX R 16/06 (HFR 2008 S. 785) 13

Der Pflicht des FA, vor Änderung des angefochtenen Verwaltungsakts zum Nachteil des Einspruchsführers auf die Möglichkeit der Verböserung hinzuweisen, wird genügt, wenn das FA das Ausmaß der beabsichtigten Änderungen offenlegt.

BFH vom 25. 2. 2009 – IX R 24/08 (BStBl 2009 II S. 587) 14

§ 367 Abs. 2 Satz 2 AO ist auf Änderungen des angefochtenen Steuerbescheids während des Einspruchsverfahrens nach § 132 AO i.V.m. § 164 Abs. 2 AO entsprechend anzuwenden, wenn die Änderungsmöglichkeit nur deshalb besteht, weil die Festsetzungsfrist durch den Einspruch gemäß § 171 Abs. 3a AO in ihrem Ablauf gehemmt ist.

§ 368 (weggefallen)

ACHTER TEIL
STRAF- UND BUßGELDVORSCHRIFTEN, STRAF- UND BUßGELDVERFAHREN
(§§ 369–412)

ERSTER ABSCHNITT
Strafvorschriften (§§ 369–376)

§ 369 Steuerstraftaten

(1) Steuerstraftaten (Zollstraftaten) sind:
1. Taten, die nach den Steuergesetzen strafbar sind,
2. der Bannbruch,
3. die Wertzeichenfälschung und deren Vorbereitung, soweit die Tat Steuerzeichen betrifft,
4. die Begünstigung einer Person, die eine Tat nach den Nummern 1 bis 3 begangen hat.

(2) Für Steuerstraftaten gelten die allgemeinen Gesetze über das Strafrecht, soweit die Strafvorschriften der Steuergesetze nichts anderes bestimmen.

Rechtsprechung

Siehe auch Rechtsprechung zu §§ 370, 372, 373, 374 AO.

BGH vom 19. 3. 1991 – 5 StR 516/90 (wistra 1991 S. 223) 1

Die in § 369 Abs. 2 AO vorgesehene Einschränkung der Geltung der allgemeinen Gesetze über das Strafrecht – „soweit die Strafvorschriften der Steuergesetze nichts anderes bestimmen" – führt nicht dazu, daß § 371 AO die Vorschriften über die Möglichkeit des Rücktritts vom noch nicht vollendeten Delikt verdrängt.

BGH vom 26. 10. 1998 – 5 StR 746/97 (wistra 1999 S. 103) 2

1. Vortat einer Begünstigung kann auch eine Steuerhinterziehung sein. Dann liegen die Vorteile der Vortat (von Erstattungsfällen abgesehen) regelmäßig in einer niedrigeren Steuerfestsetzung, als sie bei wahrheitsgemäßen Angaben erfolgt wäre, d.h. in einer tatsächlichen „Ersparnis" von Abgaben. Hinsichtlich der so erlangten Beträge ist eine Begünstigungshandlung möglich.

---
[1]) Anweisungen für das Straf- und Bußgeldverfahren siehe Anhang 12. Auszug aus dem StGB siehe Anhang 13.

2. Einnahmen aus „steuerunehrlichen Geschäften" sind zwar für sich betrachtet keine Vorteile aus einer Steuerhinterziehung. Einnahmen, die buchmäßig nicht erfaßt werden in der Absicht, sie auch zu einem späteren Zeitpunkt gegenüber den Finanzbehörden nicht zu erklären, sind nicht aus der Steuerhinterziehung erlangt, sondern aus dem jeweils zugrundeliegenden geschäftlichen Vorgang. Werden diese Einnahmen indes in der Folgezeit gegenüber dem Finanzamt verheimlicht und erfolgen deswegen zu niedrige Steuerfestsetzungen, so sind in dem verschwiegenen Gesamtbetrag auch die „ersparten" Steuern enthalten, somit ein aus der Steuerhinterziehung erlangter Vorteil. Wird in solchen Fällen einem anderen dabei geholfen, die Herkunft und den Verbleib des Gesamtbetrages zu verschleiern (hier: durch Umbuchung auf Rechtsanwaltsanderkonten und Transaktionen über Domizilgesellschaften), so kann darin eine Begünstigung im Sinne von AO § 369 Abs 1 Nr 4, StGB § 257 liegen, und zwar in Höhe der darin enthaltenen ersparten Steuern.

3 BFH vom 24. 5. 2000 – II R 25/99 (BStBl 2000 II S. 378)

Die Festsetzung von Hinterziehungszinsen zur Vermögensteuer ist weiterhin zulässig. Die Anordnung im Beschluss des BVerfG vom 22. 6. 1995 2 BvL 37/91 (BStBl 1995 II, 655), wonach das bisherige Vermögensteuerrecht auf alle bis zum 31. 12. 1996 verwirklichten Tatbestände weiter anwendbar ist, ist nicht auf das Steuerfestsetzungsverfahren beschränkt. Bezogen auf diese Tatbestände können Zuwiderhandlungen gegen das bisherige Recht nach wie vor strafrechtlich verfolgt werden. § 2 Abs. 3 StGB trifft nicht zu.

4 BGH vom 9. 10. 2007 – 5 StR 162/07 (wistra 2008 S. 21)

1. Die Vorschrift des § 23 Abs. 1 Satz 1 Nr. 4 EStG (Termingeschäfte) in der für den Veranlagungszeitraum 2002 geltenden Fassung ist nicht verfassungswidrig.
2. § 23 Abs. 1 Satz 1 Nr. 4 EStG hat Geltung, weil sie nicht vom BVerfG für nichtig erklärt worden ist. Daher steht der Bestrafung des Angeklagten auch das strafrechtliche Rückwirkungsverbot (Art. 103 Abs. 2 GG, § 2 Abs. 1 StGB) nicht entgegen. Dies gilt selbst dann, wenn eine temporäre Unvereinbarkeit der Steuernorm des § 23 Abs. 1 Satz 1 Nr. 4 EStG mit dem Grundgesetz bestanden haben sollte.

§ 370 Steuerhinterziehung

(1) Mit Freiheitsstrafen bis zu 5 Jahren oder mit Geldstrafe wird bestraft, wer
1. den Finanzbehörden oder anderen Behörden über steuerlich erhebliche Tatsachen unrichtige oder unvollständige Angaben macht,
2. die Finanzbehörde pflichtwidrig über steuerlich erhebliche Tatsachen in Unkenntnis lässt oder
3. pflichtwidrig die Verwendung von Steuerzeichen oder Steuerstempeln unterlässt

und dadurch Steuern verkürzt oder für sich oder einen anderen nicht gerechtfertigte Steuervorteile erlangt.

(2) Der Versuch ist strafbar.

(3) [1]In besonders schweren Fällen ist die Strafe Freiheitsstrafe von sechs Monaten bis zu zehn Jahren. [2]Ein besonders schwerer Fall liegt in der Regel vor, wenn der Täter
1. in großem Ausmaß Steuern verkürzt oder nicht gerechtfertigte Steuervorteile erlangt,
2. seine Befugnisse oder seine Stellung als Amtsträger missbraucht,
3. die Mithilfe eines Amtsträgers ausnutzt, der seine Befugnisse oder seine Stellung missbraucht,
4. unter Verwendung nachgemachter oder verfälschter Belege fortgesetzt Steuern verkürzt oder nicht gerechtfertigte Steuervorteile erlangt, oder
5. als Mitglied einer Bande, die sich zur fortgesetzten Begehung von Taten nach Absatz 1 verbunden hat, Umsatz- oder Verbrauchssteuern verkürzt oder nicht gerechtfertigte Umsatz- oder Verbrauchssteuervorteile erlangt.

(4) [1]Steuern sind namentlich dann verkürzt, wenn sie nicht, nicht in voller Höhe oder nicht rechtzeitig festgesetzt werden; dies gilt auch dann, wenn die Steuer vorläufig oder unter Vorbehalt der Nachprüfung festgesetzt wird oder eine Steueranmeldung einer Steuerfestsetzung unter Vorbehalt der Nachprüfung gleichsteht. [2]Steuervorteile sind auch Steuervergütungen; nicht gerechtfertigte Steuervorteile sind erlangt, soweit sie zu Unrecht gewährt oder belassen werden. [3]Die Voraussetzungen der Sätze 1 und 2 sind auch dann erfüllt, wenn die Steuer, auf die sich die Tat bezieht, aus anderen Gründen hätte ermäßigt oder der Steuervorteil aus anderen Gründen hätte beansprucht werden können.

(5) Die Tat kann auch hinsichtlich solcher Waren begangen werden, deren Einfuhr, Ausfuhr oder Durchfuhr verboten ist.

(6) ¹Die Absätze 1 bis 5 gelten auch dann, wenn sich die Tat auf Einfuhr- oder Ausfuhrabgaben bezieht, die von einem anderen Mitgliedstaat der Europäischen Union verwaltet werden oder die einem Mitgliedstaat der Europäischen Freihandelsassoziation oder einem mit dieser assoziierten Staat zustehen. ²Das Gleiche gilt, wenn sich die Tat auf Umsatzsteuern oder auf die in Artikel 1 Absatz 1 der Richtlinie 2008/118/EG des Rates vom 16. Dezember 2008 über das allgemeine Verbrauchsteuersystem und zur Aufhebung der Richtlinie 92/12/EWG (ABl. L 9 vom 14.1.2009, S. 12) genannten harmonisierten Verbrauchsteuern bezieht, die von einem anderen Mitgliedstaat der Europäischen Union verwaltet werden. [1]

(7) Die Absätze 1 bis 6 gelten unabhängig von dem Recht des Tatortes auch für Taten, die außerhalb des Geltungsbereiches dieses Gesetzes begangen werden.

StPO
– Auszug –

§ 100a [2]

(1) Auch ohne Wissen der Betroffenen darf die Telekommunikation überwacht und aufgezeichnet werden, wenn

1. bestimmte Tatsachen den Verdacht begründen, dass jemand als Täter oder Teilnehmer eine in Absatz 2 bezeichnete schwere Straftat begangen, in Fällen, in denen der Versuch strafbar ist, zu begehen versucht, oder durch eine Straftat vorbereitet hat,
2. die Tat auch im Einzelfall schwer wiegt und
3. die Erforschung des Sachverhalts oder die Ermittlung des Aufenthaltsortes des Beschuldigten auf andere Weise wesentlich erschwert oder aussichtslos wäre.

(2) Schwere Straftaten im Sinne des Absatzes 1 Nr. 1 sind:

...

2. aus der Abgabenordnung:
    a) Steuerhinterziehung unter den in § 370 Abs. 3 Satz 2 Nr. 5 genannten Voraussetzungen,
    b) gewerbsmäßiger, gewaltsamer und bandenmäßiger Schmuggel nach § 373,
    c) Steuerhehlerei im Falle des § 374 Abs. 2,

...

Rechtsprechung

Zu § 370 Abs. 1 und 4:

BGH vom 22. 12. 1982 – 1 StR 560/82 (HFR 1983 S. 342)

Bei der Hinterziehung verschiedenartiger Steuern liegen im allgemeinen mehrere selbständige Taten vor. Jedoch ist Tateinheit im Einzelfall u.a. dann anzunehmen, wenn die verkürzten mehreren Steuern durch übereinstimmende unrichtige Angaben in mehreren gleichzeitig abgegebenen Erklärungen bewirkt worden sind. [3]

BFH vom 1. 2. 1983 – VIII R 30/80 (BStBl 1983 II S. 534)

Ein Mißbrauch von Gestaltungsmöglichkeiten ist als solcher nicht strafbar, sondern nur dann, wenn der Steuerpflichtige pflichtwidrig unrichtige oder unvollständige Angaben macht, um das Vorliegen einer Steuerumgehung zu verschleiern.

---

[1] § 370 Abs. 6 AO neu gefasst durch Art. 12 des BeitrRLUmsG (BGBl. 2011 I S. 2592, BStBl 2011 I S. 1171) mit Wirkung ab 14. 12. 2011.
[2] § 100a StPO i.d.F. des Gesetzes vom 31. 10. 2008 (BGBl. 2008 I S. 2149), zuletzt geändert durch Art. 5 des Gesetzes vom 30. 7. 2009 (BGBl. 2009 I S. 2437).
[3] Vgl. auch BGH vom 1. 9. 1982 (HFR 1983 S. 341) und vom 21. 3. 1985 (HFR 1985 S. 428).

4 BGH vom 31. 1. 1984 – 5 StR 706/83 (HFR 1984 S. 392)

Die auf einer falschen Steuererklärung beruhende Steuerhinterziehung ist erst mit der Bekanntgabe des falschen Steuerbescheides an den Steuerpflichtigen vollendet.

5 BGH vom 10. 8. 1988 – 3 StR 246/88 (HFR 1989 S. 685)

Soll die unrichtige Umsatzsteuervoranmeldung zu einer Herabsetzung der bisher zu entrichtenden Steuer oder zu einer Steuervergütung führen, ist die Steuerhinterziehung erst vollendet, wenn die Finanzbehörde i.S.d. § 168 Satz 2 AO zustimmt.

6 BGH vom 3. 11. 1989 – 3 StR 245/89 (HFR 1990 S. 704)

Täuschungshandlungen gegenüber dem Finanzamt über steuerlich erhebliche Tatsachen, die zu einer Steuererstattung an einen tatsächlich existierenden Steuerpflichtigen führen, werden von der Vorschrift des § 370 AO erfasst. Das gilt auch für den Bereich der Ertragsteuern.

7 BGH vom 15. 11. 1989 – 3 StR 211/89 (HFR 1990 S. 704)

Hat der Steuerpflichtige Körperschaftsteuer hinterzogen, indem er fingierte Belege mit offenem Umsatzsteuerausweis in die Buchführung einbrachte, sind im Rahmen der Berechnung der Steuerverkürzung sowohl die zusätzlich geschuldete Gewerbesteuer als auch die verkürzte Umsatzsteuer gewinnmindernd zu berücksichtigen. Das Vorteilsausgleichsverbot steht dem nicht entgegen.

8 BGH vom 4. 5. 1990 – 3 StR 72/90 (wistra 1991 S. 27)

Hat der Täter einen Teil seiner „schwarzen Einnahmen" zur Zahlung zusätzlicher Löhne verwendet, steht das Kompensationsverbot gem. § 370 Abs. 4 Satz 3 AO einer Berücksichtigung bei der Bemessung des Schuldumfanges jedenfalls dann nicht entgegen, wenn die Steuerminderung sich wegen des engen wirtschaftlichen Zusammenhangs bei wahrheitsgemäßer Erklärung dieser Einkünfte ohne weiteres von Rechts wegen ergeben hätte.

9 BVerfG vom 15. 10. 1990 – 2 BvR 385/87 (HFR 1991 S. 45)

§ 370 Abs. 1 Nr. 1 AO wird dem verfassungsrechtlichen Bestimmtheitsgebot des Art. 103 Abs. 2 GG und des Art. 104 Abs. 1 Satz 1 GG gerecht.

10 BGH vom 1. 11. 1995 – 5 StR 535/95 (BStBl 1996 II S. 33)

Der Abgabe einer falschen Umsatzsteuerjahreserklärung kommt im Verhältnis zu den vorangegangenen unzutreffenden monatlichen Umsatzsteuervoranmeldungen in demselben Kalenderjahr in steuerstrafrechtlicher Hinsicht ein selbständiger Unrechtsgehalt zu (ständige Rechtsprechung).

11 BGH vom 25. 4. 1996 – 5 StR 122/96 (HFR 1997 S. 106)

Die durch mehrere unzutreffende Umsatzsteuervoranmeldungen bewirkten Steuerverkürzungen werden durch die unterlassene Umsatzsteuerjahreserklärung zu einer endgültigen Steuerverkürzung.

12 BFH vom 15. 4. 1997 – VII R 74/96 (BStBl 1997 II S. 600)

Der objektive Tatbestand einer Hinterziehung von Einkommensteuer-Vorauszahlungen kann bereits dann erfüllt sein, wenn der Steuerpflichtige durch unrichtige Angaben in der Jahressteuererklärung bewirkt, daß neben der Jahreseinkommensteuer für den vergangenen Veranlagungszeitraum auch die Einkommensteuer-Vorauszahlungen für einen nachfolgenden Veranlagungszeitraum (§ 37 Abs. 3 Satz 2 EStG) von der Finanzbehörde nicht in voller Höhe oder nicht rechtzeitig festgesetzt werden.

13 BGH vom 19. 12. 1997 – 5 StR 569/96 (HFR 1998 S. 855)

Eine Abwendung der Betreibung von Säumnis- und Verspätungszuschlägen sowie Zwangsgeldern als steuerlichen Nebenleistungen durch Täuschung ist weder nach § 370 AO noch nach § 263 StGB strafbar.

BFH vom 16. 4. 2002 – IX R 40/00 (BStBl 2002 II S. 501) 14

Mittäter oder Teilnehmer einer Steuerhinterziehung ist nicht, wer sich als Ehegatte darauf beschränkt, die gemeinsame Einkommensteuererklärung zu unterschreiben, in der der andere Ehegatte unrichtige oder unvollständige Angaben über eigene Einkünfte macht.

BGH vom 24. 10. 2002 – 5 StR 600/01 (HFR 2003 S. 100) 15

1. Für ein Entziehen von verbrauchsteuerpflichtigen Waren aus einem Steueraussetzungsverfahren reicht ein Verhalten aus, mit dem eine bestehende Kontrolle oder Kontrollmöglichkeit über Waren beseitigt wird, sodass für die Zollbehörden die Eigenschaft der Waren als verbraucherpflichtig, aber unversteuert nicht mehr erkennbar ist.
2. Jedes in den Gesamtablauf eingebundene Mitglied einer Schmuggelorganisation ist zur Anwendung der durch die Entziehung entstandenen Verbrauchsteuern verpflichtet und damit tauglicher Täter einer Steuerhinterziehung im Sinne von § 370 Abs. 1 Nr. 2 AO, wenn es nach allgemeinen strafrechtlichen Grundsätzen als Mittäter der Entziehung anzusehen ist.
3. Zur Berücksichtigung der gesamtschuldnerischen Haftung der Mitglieder einer Schmuggelorganisation für entstandene Verbrauchsteuern im Rahmen der Strafzumessung.

BGH vom 22. 5. 2003 – 5 StR 520/02 (HFR 2003 S. 1213) 16

Eine Steuerhinterziehung nach § 370 Abs. 1 Nr. 1 AO begeht, wer in Steuerverkürzungsabsicht Vorsteuer aus Rechnungen geltend macht, die von Personen gestellt werden, die nicht Unternehmer im Sinne des § 2 Abs. 1 UStG sind.

Keine Unternehmer im umsatzsteuerlichen Sinne sind Personen, die von ihnen ausgewiesene Umsatzsteuer nicht gegenüber dem Finanzamt anmelden sollen und die lediglich zu diesem Zweck in der Lieferkette vorgeschaltet wurden.

BFH vom 21. 1. 2004 – XI R 3/03 (BStBl 2004 II S. 919) 17

Der Tatbestand der Beihilfe zur Steuerhinterziehung ist erfüllt, wenn der Gehilfe dem Haupttäter, der sog. Schwarzgeschäfte tätigt, die Tat dadurch erleichtert, dass dieser annehmen kann, auch in der Buchführung des Gehilfen nicht in Erscheinung zu treten.

BGH vom 28. 10. 2004 – 5 StR 276/04 (HFR 2005 S. 266) 18

1. Das in dem Straftatbestand der gewerbsmäßigen und bandenmäßigen Steuerhinterziehung gemäß § 370a StGB entscheidende Verbrechensmerkmal der Steuerverkürzung „in großem Ausmaß" erscheint unter Bedacht auf Art. 103 Abs. 2 GG nicht ausreichend bestimmt.
2. Diese verfassungsrechtlichen Bedenken gegen die Verbrechensnorm des § 370a AO können nicht dadurch ausgeräumt werden, dass ein unbestimmtes Gesetz durch die Rspr. in geeignet erscheinenden Einzelfällen allmählich nachgebessert und ausgefüllt wird.
3. „Serviceunternehmen" entsprechen in ihrem Gesamterscheinungsbild dem Begriff der „Steuerhinterziehung als Gewerbe"; sie stellen eine besonders steuerschädliche Art der Wirtschaftskriminalität dar.

BGH vom 24. 11. 2004 – 5 StR 206/04 (HFR 2005 S. 361) 19

Bei der Umsatzsteuerhinterziehung bilden die Umsatzsteuervoranmeldungen eines Jahres und die anschließende Umsatzsteuerjahreserklärung des nämlichen Jahres eine einheitliche Tat im Sinne des § 264 StPO.

BGH vom 24. 11. 2004 – 5 StR 220/04 (HFR 2005 S. 362) 20

Werden aufgrund eines Gesamtplans 456 Umsatzsteuervoranmeldungen vorgetäuschter Unternehmen (Scheinunternehmen) gleichzeitig an verschiedene Finanzämter abgesandt, liegt nicht eine (einzige) Tat vor, sondern (versuchte) Steuerhinterziehung in 456 Fällen jeweils in Tateinheit mit Urkundenfälschung.

BGH vom 30. 6. 2005 – 5 StR 12/05 (HFR 2006 S. 617) 21

1. Mittäter ist, wer nicht nur fremdes Tun fördert, sondern einen eigenen Tatbeitrag derart in die gemeinschaftliche Tat einfügt, dass sein Beitrag als Teil der Tätigkeit des anderen und umgekehrt dessen Tun als Ergänzung des eigenen Tatanteils erscheint. Ob ein Beteiligter ein so enges Verhältnis zur Tat hat, ist in wertender Betrachtung zu beurteilen. Wesentliche Anhaltspunkte können der Grad des eigenen Interesses am Taterfolg, der Umfang der Tatbeteiligung und die Tatherrschaft oder wenigstens der Wille zur Tatherrschaft sein.

2. Mittäterschaft kommt nicht nur aufgrund eines gemeinsamen Tatplans oder Tatentschlusses in Betracht. Täterschaftliches Handeln des Angeklagten ist daher nicht schon deshalb abzulehnen, weil der Angeklagte nicht von Anfang an, sondern erst zu einem späteren Zeitpunkt, allerdings schon weit vor den eigentlichen Tathandlungen, in den Tatplan einbezogen wurde (hier: Beteiligung eines Steuerberaters an einem Steuerhinterziehungssystem, dem überwiegend erfundene Umsätze und verschleierte Zahlungswege zur Erschleichung von Vorsteuern zugrunde lagen).

3. In Grenzfällen ist dem Tatrichter für die ihm obliegende Bewertung ein Beurteilungsspielraum eröffnet. Lässt das angefochtene Urteil erkennen, dass der Tatrichter die genannten Maßstäbe erkannt und den Sachverhalt vollständig gewürdigt hat, so kann das gefundene Ergebnis vom Revisionsgericht auch dann nicht als rechtsfehlerhaft beanstandet werden, wenn eine andere tatrichterliche Beurteilung möglich gewesen wäre.

22 **BFH vom 25. 10. 2005 – VII R 10/04 (BStBl 2006 II S. 356)**

Ein Sachbearbeiter des Finanzamts, der durch EDV-Eingaben über Umsätze eines fiktiven Unternehmers die Erstattung von Vorsteuern bewirkt, begeht Steuerhinterziehung auch dann, wenn mangels Kenntnisnahme anderer Bediensteter des Finanzamts von den betreffenden Arbeitsvorgängen weder ein Irrtum erregt noch (außer von dem Täter) eine Willensentscheidung über die Erstattung getroffen wird.

23 **BGH vom 7. 11. 2006 – 5 StR 435/06 (HFR 2007 S. 1242)**

Im Rahmen der Steuerhinterziehung durch verdeckte Gewinnausschüttungen einer GmbH muss das Tatgericht eine Berechnung nach dem Anrechnungsverfahren nur dann (fiktiv) durchführen, wenn es den angeklagten Anteilseigner neben der Einkommensteuerhinterziehung auch wegen der Verkürzung der Körperschaftssteuer verurteilt.

24 **BFH vom 7. 11. 2006 – VIII R 81/04 (BStBl 2007 II S. 364)**

Die subjektiven und objektiven Voraussetzungen einer Steuerhinterziehung gemäß §§ 169 Abs. 2 Satz 2, 370 AO sind dem Grunde nach auch bei der Verletzung von Mitwirkungspflichten immer mit an Sicherheit grenzender Wahrscheinlichkeit festzustellen. Dies gilt auch für die Verletzung sog. erweiterter Mitwirkungspflichten bei internationalen Steuerpflichten nach § 90 Abs. 2 AO.

25 **BGH vom 1. 2. 2007 – 5 StR 372/06 (HFR 2007 S. 793)**

1. Wird einfuhrabgabenpflichtige Ware („Schmuggelware") mit einem Fahrzeug unter Umgehung der Grenzzollstellen und ohne Gestellung gemäß Art. 40 Zollkodex in das Zollgebiet der Europäischen Gemeinschaft eingeführt, ist Verbringer im Sinne der Art. 38, 40 Zollkodex und damit Täter einer Steuerhinterziehung durch Unterlassen (§ 370 Abs. 1 Nr. 2 AO) auch derjenige, der als Organisator des Transports kraft seiner Weisungsbefugnis die Herrschaft über das Fahrzeug hat.

2. Werden aus einem Drittland stammende unverzollte und unversteuerte Zigaretten aus dem freien Verkehr eines anderen Mitgliedstaats der Europäischen Gemeinschaften in das Steuergebiet der Bundesrepublik Deutschland verbracht, ist der Verbringer gemäß § 19 Satz 3 TabStG verpflichtet, über die Zigaretten unverzüglich eine Steuererklärung abzugeben. Der Verstoß gegen diese Pflicht ist als Steuerhinterziehung durch Unterlassen strafbar. Die für Zölle geltenden Vorschriften (vgl. § 21 TabStG) sind auch dann nicht anzuwenden, wenn sich die Zigaretten zu keinem Zeitpunkt legal in dem anderen Mitgliedstaat befunden haben.

26 **BFH vom 16. 3. 2007 – VII B 21/06 (HFR 2007 S. 693)**

Ein Reisender, der aus einem Drittland nach Deutschland mit Waren einreist, von denen er weiß oder bei denen er zumindest für möglich halten muss, dass sie anzumelden und dass für sie Einfuhrabgaben zu entrichten sind, muss sich über die Bedeutung des roten und des grünen Ausgangs an den Flughäfen Kenntnis verschaffen, wenn er diese Kenntnis nicht bereits besitzt. Tut er dies nicht und benutzt den grünen Ausgang in der Annahme, die von ihm erwarteten zollrechtlichen Erklärungen bei oder sogar noch nach Durchschreiten dieses Ausgangs abgeben zu können, begeht er im Allgemeinen eine zumindest leichtfertige Steuerverkürzung, so dass ein Zollzuschlag erhoben werden kann.

27 **BGH vom 28. 3. 2007 – 5 StR 558/06 (HFR 2008 S. 394)**

Mittäter einer Steuerhinterziehung in der Begehensvariante des § 370 Abs. 1 Nr. 1 AO kann auch derjenige sein, den selbst keine steuerlichen Pflichten treffen, der aber auf die Festsetzung der Steuer tatsächlich Einfluss nehmen kann.

BGH vom 6. 6. 2007 – 5 StR 127/07 (HFR 2007 S. 1157) 28

1. Bewirkt ein Sachbearbeiter des Finanzamtes durch die eigenhändig vorgenommene Eingabe erfundener Daten in die EDV-Anlage des Finanzamtes für fingierte Steuerpflichtige die Erstattung in Wirklichkeit nicht vorhandener Steueranrechnungsbeträge (§ 36 Abs. 2 EStG), macht er sich wegen Untreue (§ 266 StGB) in Tateinheit mit Steuerhinterziehung (§ 370 AO), nicht aber wegen Computerbetruges (§ 263a StGB) strafbar.
2. Zinsen auf Steuererstattungsbeträge gemäß § 233a AO sind Steuervorteile im Sinne von § 370 Abs. 1 AO (Abgrenzung zu BGH, 19. 12. 1997, 5 StR 569/96, BGHSt 43, 381).
3. Bei einer aufgrund unrichtiger Angaben gegenüber den Finanzbehörden erlangten Eigenheimzulage im Sinne des Eigenheimzulagengesetzes vom 26. März 1997 (BGBl. I S. 734) handelt es sich nicht um einen Steuervorteil im Sinne von § 370 Abs. 1 AO, sondern um einen Vermögensvorteil im Sinne von § 263 StGB.

BGH vom 11. 9. 2007 – 5 StR 213/07 (wistra 2008 S. 22) 29

Auch wenn der Steuerpflichtige lediglich der Steuerhinterziehung durch aktives Tun angeklagt ist, muss das Gericht prüfen, ob er sich nicht auch dadurch strafbar gemacht hat, dass er seiner Pflicht zur Berichtigung aus § 153 Abs. 1 S. 1 Nr. 1 AO nicht nach gekommen ist. Der Umstand, dass die Steuererklärung und die Nichtberichtigung der nachträglich als unrichtig erkannten Steuererklärung zeitlich weit auseinanderliegen können, steht der Annahme einer einheitlichen Tat im prozessualen Sinn nicht entgegen.

BGH vom 8. 1. 2008 – 5 StR 582/07 (wistra 2008 S. 153) 30

Es hat wegen des Kompensationsverbots des § 370 Abs. 4 Satz 3 AO zwar keine tatbestandlichen Auswirkungen, wenn der Täter einer (Umsatz-)Steuerhinterziehung tatsächlich entstandene Vorsteuern nicht geltend gemacht hat. Ein nicht geltend gemachter Vorsteuerabzug kann aber zu einer Minderung der nach § 46 Abs. 2 Satz 2 StGB im Rahmen der Strafzumessung zu beachtenden verschuldeten Auswirkungen der Tat führen.

BFH vom 26. 2. 2008 – VIII R 1/07 (BStBl 2008 II S. 659) 31

1. Mit der gemäß § 169 Abs. 2 Satz 2 AO auf zehn Jahre verlängerten Festsetzungsfrist soll es dem durch eine Steuerstraftat geschädigten Steuergläubiger ermöglicht werden, ihm vorenthaltenen Steuerbeträge auch noch nach Ablauf von vier Jahren zurückzufordern. Sinn und Zweck des § 169 Abs. 2 Satz 2 AO bestehen jedoch nicht darin, den Steuerhinterzieher in die Lage zu versetzen, Erstattungsansprüche über die reguläre Verjährungsfrist hinaus zu realisieren.
2. § 169 Abs. 2 Satz 2 AO setzt einen hinterzogenen Betrag im Sinne eines Anspruchs des Fiskus auf eine Abschlusszahlung voraus, der wegen einer vollendeten Steuerhinterziehung bislang nicht geltend gemacht werden konnte.

BGH vom 2. 4. 2008 – 5 StR 62/08 (HFR 2009 S. 191) 32

Die Abgabe jeder einzelnen unrichtigen Steuererklärung ist grundsätzlich als selbständige Tat im Sinne von § 53 StGB zu werten. Fällt die Abgabe mehrerer Steuererklärungen im äußeren Vorgang zusammen, kann ausnahmsweise dann Tateinheit vorliegen, wenn in den Erklärungen übereinstimmende unrichtige Angaben über die Besteuerungsgrundlagen enthalten sind.

BFH vom 19. 8. 2008 – VII R 6/07 (BStBl 2008 II S. 947) 33

1. Eine Steuerhinterziehung (§ 370 AO) ist keine vorsätzlich begangene unerlaubte Handlung i.S. des § 302 Nr. 1 InsO.
2. § 370 AO ist kein Schutzgesetz i.S. des § 823 Abs. 2 BGB.

BGH vom 20. 11. 2008 – 1 StR 354/08 (HFR 2009 S. 616) 34

1. Die Lieferung von Gegenständen an einen Abnehmer im übrigen Gemeinschaftsgebiet stellt keine steuerfreie innergemeinschaftliche Lieferung im Sinne des § 6a UStG dar, wenn der inländische Unternehmer in kollusivem Zusammenwirken mit dem tatsächlichen Abnehmer die Lieferung an einen Zwischenhändler vortäuscht, um dem Abnehmer die Hinterziehung von Steuern zu ermöglichen.
2. Wird eine solche Lieferung durch den inländischen Unternehmer gleichwohl als steuerfreie innergemeinschaftliche Lieferung erklärt, macht der Unternehmer gegenüber den Finanzbehörden unrichtige Angaben i.S.v. § 370 Abs. 1 Nr. 1 AO und verkürzt dadurch die auf die Umsätze nach § 1

Abs. 1 Nr. 1, § 13 Abs. 1 Nr. 1, § 13a Abs. 1 Nr. 1 UStG anfallende und von ihm geschuldete Umsatzsteuer.

35 BGH vom 2. 12. 2008 – 1 StR 344/08 (HFR 2009 S. 832)

1. Unterlässt es ein Unternehmer für die getätigten Umsätze bis zum 31. Mai des Folgejahres eine Umsatzsteuerjahreserklärung abzugeben, so lässt er die Finanzbehörden pflichtwidrig über steuerlich erhebliche Tatsachen in Unkenntnis. Mit Ablauf der Abgabefrist ist die entsprechende Umsatzsteuer verkürzt und der Tatbestand der Steuerhinterziehung durch Unterlassen vollendet.
...

36 BGH vom 10. 12. 2008 – 1 StR 322/08 (HFR 2009 S. 615)

Die gesonderte Feststellung von Besteuerungsgrundlagen nach § 180 Abs. 1 Nr. 2 Buchst. a AO kann einen nicht gerechtfertigten Steuervorteil im Sinne von § 370 Abs. 1 AO darstellen.

37 BGH vom 17. 3. 2009 – 1 StR 479/08 (NJW 2009 S. 1984)

1. Eine steuerrechtliche Anzeige- und Berichtigungspflicht nach § 153 Abs. 1 Satz 1 Nr. 1 AO besteht auch dann, wenn der Steuerpflichtige die Unrichtigkeit seiner Angaben bei Abgabe der Steuererklärung nicht gekannt, aber billigend in Kauf genommen hat und er später zu der sicheren Erkenntnis gelangt ist, dass die Angaben unrichtig sind.

2. Die sich aus § 153 AO ergebende steuerrechtliche Pflicht zur Berichtigung von mit bedingtem Hinterziehungsvorsatz abgegebenen Erklärungen wird strafrechtlich erst mit der Bekanntgabe der Einleitung eines Steuerstrafverfahrens suspendiert, das die unrichtigen Angaben erfasst (im Anschluss an BGH, 26. April 2001, 5 StR 587/00, BGHSt 47, 8, 14).

38 BGH vom 30. 4. 2009 – 1 StR 342/08 (BStBl 2010 II S. 323)

1. In Fällen fingierter Ketten- oder Karussellgeschäfte, die auf Hinterziehung von Steuern angelegt sind, ist bei der Strafzumessung der aus dem Gesamtsystem erwachsene deliktische Schaden als verschuldete Auswirkung der Tat zu Grunde zu legen, soweit den einzelnen Beteiligten die Struktur und die Funktionsweise des Gesamtsystems bekannt sind (im Anschluss an BGHSt 47, 343).

2. Werden durch ein komplexes und aufwendiges Täuschungssystem, das die systematische Verschleierung von Sachverhalten über einen längeren Zeitraum bezweckt, in beträchtlichem Umfang Steuern verkürzt, kann sich die Vollstreckung einer Freiheitsstrafe zur Verteidigung der Rechtsordnung als notwendig erweisen.

39 BGH vom 8. 7. 2009 – 1 StR 214/09 (wistra 2009 S. 398)

Hatte ein Steueroberinspektor binnen dreier Jahre unter 17 Fantasienamen 53 fingierte Einkommensteuererklärungen mit entsprechenden Veranlagungen (ohne Anlegen von Akten) in das Datenverarbeitungssystem seines Finanzamtes eingegeben, aus denen sich jeweils Einkommensteuererstattungen (zwischen 2.421,48 Euro und 4.610,00 Euro) ergaben, die jeweils auf das in den Erklärungen benannte Konto einer Tatbeteiligten überwiesen wurden und lagen die Zeitpunkte der „letzten Bearbeitung" bei Erklärungen unter identischen Namen teilweise nur wenige Minuten auseinander, bilden die Untreuehandlungen gleichwohl keine einheitliche Handlung, die dann auch die entsprechenden Steuerhinterziehungen zu einer Tat verbinden. Tathandlung war sowohl hinsichtlich der Untreue wie auch hinsichtlich der Steuerhinterziehung jeweils die „Freigabe zur Datenverarbeitung". Hierzu bedurfte es, auch wenn dies alles gedanklich oder tatsächlich vorbereitet war, auch bei rascher Folge jeweils eines neuen Tatentschlusses. Die benannten Steuerpflichtigen existierten nicht. Die identischen Fantasienamen führten deshalb auch zu keiner personellen Verknüpfung. Vor diesem Hintergrund liegt die Annahme von Tatmehrheit hinsichtlich der Einzelfälle näher (Aufgabe BGH, 6. Juni 2007, 5 StR 127/07, BGHSt 51, 356).

40 BGH vom 24. 6. 2009 – 1 StR 229/09 (HFR 2010 S. 183)

1. Im Falle der Verurteilung wegen Beihilfe zur Steuerhinterziehung muss sich aus dem Urteil auch ergeben, in welcher Höhe die eingetretene Steuerverkürzung vom Gehilfen gefördert wurde, wenn der Haupttäter vom Gehilfenbeitrag unabhängig weitere Steuern verkürzt hat, das Ausmaß der vom Haupttäter verkürzten Steuern aber beim Gehilfen strafschärfend gewertet werden soll.

2. Hat ein Angeklagter durch Übergabe von Scheinrechnungen nicht nur zur Hinterziehung von Umsatzsteuer, sondern auch zur Verkürzung von Ertragssteuern (Körperschaft-, Gewerbe- und Einkommensteuer) Hilfe geleistet, sind in den Urteilsgründen sämtliche steuerlich erheblichen Tatsachen anzugeben, die erforderlich sind, damit das Revisionsgericht die Berechnung der Höhe der vom Haupttäter verkürzten Steuern nachvollziehen kann. Bestehen Anhaltspunkte, dass der

Haupttäter Steuern auch unabhängig von Unterstützungsbeiträgen des Gehilfen hinterzogen hat, muss zudem erkennbar sein, ob sich die Hilfeleistung des Gehilfen auf die gesamte Steuerverkürzung des Haupttäters oder nur auf einen näher zu bestimmenden Teil bezogen hat. Als Hilfeleistung in diesem Sinne ist grundsätzlich jede Handlung anzusehen, die die Herbeiführung des Taterfolges durch den Haupttäter objektiv fördert oder erleichtert: dass sie für den Eintritt dieses Erfolges in seinem konkreten Gepräge in irgendeiner Weise kausal wird, ist nicht erforderlich.

BGH vom 16. 12. 2009 – 1 StR 491/09 (HFR 2010 S. 866) 41

Für eine Strafbarkeit wegen Steuerhinterziehung gemäß § 370 AO bedarf es keiner Absicht oder eines direkten Hinterziehungsvorsatzes; es genügt, dass der Täter die Verwirklichung der Merkmale des gesetzlichen Tatbestandes für möglich hält und billigend in Kauf nimmt. Es ist für einen Tatvorsatz nicht erforderlich, dass der Angeklagte seine Einbindung in ein objektiv vorliegendes Umsatzsteuer-Karussell sicher erkannt hatte. Bedingter Tatvorsatz kommt vielmehr auch dann in Betracht, wenn der Angeklagte angesichts der ihm bekannten Umstände die Einbindung in ein Umsatzsteuer-Karussell für möglich hielt und dies auch billigte.

BFH vom 5. 8. 2010 – V R 13/09 (HFR 2011 S. 197) 42

1. Soweit der EuGH in seiner Rechtsprechung davon ausgeht, dass die objektiven Kriterien einer Lieferung im Fall einer Steuerhinterziehung nicht vorliegen, handelt es sich um einen eigenständigen Vorsteuerversagungsgrund. Für die Besteuerung der Ausgangsumsätze ist dies ohne Bedeutung.

2. – 3. ....

4. Im Bereich des Sonderdelikts aus § 370 Abs. 1 Nr. 2 AO kann in Bezug auf die Hinterziehung von Umsatzsteuer Täter nur sein, wer die rechtliche Erklärungspflicht für die Voranmeldungen und die Jahreserklärungen zu erfüllen hat. Zu den Erklärungsverpflichteten gehört unter anderem auch der Verfügungsberechtigte i. S. des § 35 AO.

5. Verfügungsberechtigter i. S. des § 35 AO ist jeder, der nach dem Gesamtbild der Verhältnisse rechtlich und wirtschaftlich über Mittel, die einem anderen zuzurechnen sind, verfügen kann und als solcher nach außen auftritt. Eine rechtliche Verfügungsmacht besteht danach, wenn der Verfügungsberechtigte die Pflichten des gesetzlichen Vertreters – mittelbar – durch die Bestellung der entsprechenden Organe erfüllen lassen kann. Der „Auftritt nach außen" liegt vor, wenn der faktische Geschäftsführer sich gegenüber einer begrenzten Öffentlichkeit als solcher geriert, das Auftreten gegenüber der allgemeinen Öffentlichkeit aber weisungsabhängigen Personen überlässt.

6. Eine Steuerhinterziehung gemäß § 370 Abs. 1 Nr. 2 AO wegen nicht abgegebener Umsatzsteuer-Voranmeldungen ist vollendet, wenn eine Steueranmeldung zum gesetzlich vorgegebenen Termin ausbleibt. Die nicht angemeldeten nominalen Steuerbeträge sind „auf Dauer" verkürzt, wenn der Täter von vornherein weder Voranmeldungen noch die Jahreserklärung abgeben will. Hinterziehungstaten wegen der Verletzung der Pflicht zur rechtzeitigen Abgabe von Umsatzsteuer-Voranmeldungen und von Umsatzsteuer-Jahreserklärungen stehen ferner auch dann im Verhältnis der Tatmehrheit zueinander, wenn sie dasselbe Kalenderjahr betreffen.

BGH vom 18. 1. 2011 – 1 StR 561/10 (wistra 2011 S. 309) 43

1. Wer gewerbsmäßig Röstkaffee bei einer Firma in den Niederlanden bestellt, von einer Spedition nach Deutschland transportieren und unmittelbar an Endkunden, die den Kaffee bestellt haben, ausliefern lässt, ohne eine Steueranmeldung für den in das Steuergebiet der Bundesrepublik Deutschland verbrachten Kaffee abzugeben, macht sich wegen einer Steuerhinterziehung durch Unterlassen nach § 370 Abs. 1 Nr. 2 AO strafbar.

2. Dagegen ist der Qualifikationstatbestand des gewerbsmäßigen Schmuggels nach § 373 Abs. 1 AO nicht erfüllt, weil es sich bei den verkürzten Steuern nicht um Einfuhrabgaben i.S. dieser Vorschrift handelt. Denn Verbrauchsteuern auf Erzeugnisse, die aus einem anderen Mitgliedstaat der EU nach Deutschland verbracht werden, und auf die zollrechtliche Vorschriften keine Anwendung finden, stellen keine Einfuhrabgaben i.S.d. § 373 AO dar.

BGH vom 19. 1. 2011 – 1 StR 640/10 (AO-StB 2011 S. 99) 44

1. Eine Steuerhinterziehung durch Unterlassen (§ 370 Abs. 1 Nr. 2 AO) ist bei Fälligkeitssteuern, die wie die Umsatzsteuer als Anmeldungssteuern ausgestaltet sind, mit Ablauf des Fälligkeitszeitpunkts vollendet. Liegt die als Steuerfestsetzung geltende Steueranmeldung zum Fälligkeitszeitpunkt nicht vor, ist zu diesem Zeitpunkt die Steuer i.S.d. § 370 Abs. 4 Satz 1 AO verkürzt.

2. Bei der Hinterziehung von Veranlagungssteuern durch Unterlassen tritt (sofern nicht vorher ein Schätzungsbescheid erlassen ist) der Taterfolg der Steuerverkürzung zu dem Zeitpunkt ein, zu dem die Veranlagung stattgefunden hätte, wenn die Steuererklärung pflichtgemäß eingereicht

worden wäre. Dies ist spätestens dann der Fall, wenn das zuständige Finanzamt die Veranlagungsarbeiten für die betreffende Steuerart und den betreffenden Zeitraum im Wesentlichen abgeschlossen hätte. Dabei ist zu erwägen, ob zumindest bei einfach gelagerten Sachverhalten von einer Zeitspanne der Bearbeitung fristgerecht eingereichter Steuererklärungen von längstens einem Jahr auszugehen ist (hier offen gelassen).

45 **BGH vom 8. 2. 2011 – 1 StR 24/10 (HFR 2011 S. 818)**

Jedenfalls dann, wenn derjenige, für den eine Lieferung ausgeführt wird, weiß, dass diese Teil eines auf Hinterziehung von Umsatzsteuer angelegten Systems ist, so ist er hinsichtlich dieser Lieferung nicht als Unternehmer i. S. des § 15 UStG tätig. Macht er dennoch die in einer Rechnung für diese Lieferung ausgewiesene Umsatzsteuer nach § 15 UStG als Vorsteuer geltend, begeht er eine Steuerhinterziehung.

46 **BGH vom 18. 5. 2011 – 1 StR 209/11 (wistra 2011 S. 346)**

Der hypothetische Zeitpunkt, zu dem das Finanzamt einen Steuerbescheid erlassen hätte, wenn der Täter fristgemäß eine Steuererklärung abgegeben hätte, ist für die Frage der für den Verjährungsbeginn maßgeblichen Tatbeendigung ohne Bedeutung. Auch der – ohnehin für Rechtsfragen nicht anzuwendende – Zweifelssatz gebietet nicht die Annahme, der Angeklagte wäre als erster veranlagt worden.

47 **BGH vom 31. 5. 2011 – 1 StR 189/11 (wistra 2011 S. 346)[1]**

Die für den Beginn der Verjährungsfrist maßgebliche Tatbeendigung der durch Nichteinreichung einer Umsatzsteuerjahreserklärung begangenen Steuerhinterziehung tritt erst mit Ablauf, d.h. dem vollständigen Verstreichen der Einreichungsfrist für die Umsatzsteuerjahreserklärung ein, und nicht schon im Laufe des letzten Tages der Erklärungsfrist.

48 **BGH vom 13. 7. 2011 – 1 StR 154/11 (BFH/NV 2011 S. 1823)**

- Bei der Steuerhinterziehung müssen die jeweiligen Umstände festgestellt werden, aus denen sich ergibt, welches steuerlich erhebliche Verhalten im Rahmen der jeweiligen Abgabenart zu einer Steuerverkürzung geführt hat. Dazu gehören insbesondere auch diejenigen Umstände, die maßgebliche Grundlage für die Steuerberechnung sind.
- Das Urteil muss dem Revisionsgericht ermöglichen, die Berechnung der vom Angeklagten hinterzogenen Steuern nachzuvollziehen (Fortführung BGH, 12. 5. 2009, 1 StR 718/08, NJW 2009, 2546). Eine Berechnungsdarstellung kann aber entbehrlich sein, wenn ein sachkundiger Angeklagter, der zur Berechnung der hinterzogenen Steuern in der Lage ist, ein Geständnis ablegt.
- Allein durch die Bezugnahme auf das Ergebnis rechtskräftig gewordener Steuerbescheide kann das Tatgericht den der Berechnungsgrundlage zukommenden Aufgaben nicht entsprechen. Dies hindert das Tatgericht nicht, sich Steuerberechnungen von Beamten der Finanzverwaltung anzuschließen. Allerdings muss im Urteil zweifelsfrei erkennbar sein, dass das Tatgericht eine eigenständige Steuerberechnung durchgeführt und dabei gegebenenfalls erforderliche Schätzungen selbst vorgenommen hat (Fortführung BGH, 25. 3. 2010, 1 StR 52/10, wistra 2010, 228).

Zu § 370 Abs. 2:

49 **BGH vom 9. 8. 1989 – 3 StR 536/88 (wistra 1990 S. 23)**

Nur eine Tat im natürlichen Sinne ist anzunehmen, wenn der Täter einen noch nicht fehlgeschlagenen Steuerhinterziehungsversuch durch falsche Angaben gegenüber der Finanzbehörde mit dem Ziel fortsetzt, eine und dieselbe Steuer zu verkürzen. Das gilt auch dann, wenn die der ersten Versuchshandlung nachfolgenden Täuschungshandlungen auf einem neuen Entschluss beruhen.

50 **BayOLG vom 9. 11. 2000 – 4 St RR 126/00 (DStRE 2001 S. 547)**

1. Ergeht nach Ablauf der Abgabefrist und vor Veranlagungsschluss ein Schätzbescheid, in welchem die Steuer richtig oder zu hoch veranlagt wird, tritt der Erfolg der Steuerhinterziehung nicht ein, so dass nur versuchte Steuerhinterziehung in Betracht kommt.
2. Die Steuerhinterziehung ist vollendet, wenn das Finanzamt die Veranlagungsarbeiten für den betreffenden Zeitraum im Wesentlichen abgeschlossen hat.
3. Die Schätzungsmethode richtet sich nach der Gewinnermittlungsart. Das Strafgericht hat hierzu Feststellungen zu treffen.

---

[1] Vgl. auch BGH vom 2. 12. 2008 – 1 StR 344/08, AO 370/35.

OLG Düsseldorf vom 4. 4. 2005 – 2 Ss 139/04–6/05 III (wistra 2005 S. 353) 51

1. ....
2. Zur Abgrenzung von Versuch und Vollendung der Einkommensteuerhinterziehung im Fall der pflichtwidrigen Nichtabgabe der Steuererklärung bei steuerlicher Veranlagung auf Grund von Schätzungen.

Zu § 370 Abs. 3:

BGH vom 25. 1. 1983 – 5 StR 814/82 (HFR 1984 S. 20) 52

Das Regelbeispiel des § 370 Abs. 3 Nr. 4 AO ist erst erfüllt, wenn der Täter die unechten Belege fortgesetzt zur Tatbegehung verwendet, sie also dazu benutzt, der Behörde über steuerlich erhebliche Tatsachen falsche Angaben zu machen.

BGH vom 12. 10. 1988 – 3 StR 194/88 (DStZ/E 1989 S. 85) 53

Das Merkmal „fortgesetzt" in § 370 Abs. 3 Nr. 4 AO bedeutet mehrfach wiederholte Begehungsweise. Es setzt nicht mehrere selbständige Taten voraus; vielmehr genügt es, dass der Täter bei mehreren zeitlich auseinanderfallenden Einzelakten einer fortgesetzten Tat unter Verwendung nachgemachter oder verfälschter Belege mehrfach wiederholt Steuern verkürzt oder nicht gerechtfertigte Steuervorteile erlangt.

BGH vom 16. 8. 1989 – 3 StR 91/89 (wistra 1990 S. 26) 54

Die Begriffe „Nachmachen" und „Verfälschen" in § 370 Abs. 3 Nr. 4 AO setzen eine Täuschung über den erkennbaren Aussteller der Belege voraus. Der Gebrauch inhaltlich falscher Belege, die lediglich eine schriftliche Lüge enthalten und vom Aussteller selbst stammen oder mit dessen Kenntnis und Einverständnis hergestellt worden sind, reicht dafür nicht aus (vgl. auch BGHSt 33 S. 159, 161 zu § 267 StGB).

BGH vom 28. 10. 2004 – 5 StR 276/04 (HFR 2005 S. 266) 55

1. Auch bei der Steuerhinterziehung durch Unterlassen (§ 370 Abs. 1 Nr. 2 AO) ist grundsätzlich im Hinblick auf jede Steuerart, jeden Besteuerungszeitraum und jeden Steuerpflichtigen von selbständigen Taten im Sinne des § 53 StGB auszugehen. Allein ein einheitlicher Tatentschluss, seinen steuerlichen Pflichten für mehrere Steuerarten und mehrere Besteuerungszeiträume künftig nicht nachzukommen, begründet noch keine Tateinheit zwischen den einzelnen Steuerhinterziehungen durch Unterlassen. Tateinheit ist nur dann ausnahmsweise anzunehmen, wenn die erforderlichen Angaben, die der Täter pflichtwidrig unterlassen hat, durch ein und dieselbe Handlung zu erbringen gewesen wären.
2. Trotz der im Wortlaut ähnlichen Voraussetzungen des besonders schweren Falles nach § 370 Abs. 3 Nr. 1 AO (Steuerverkürzung „aus grobem Eigennutz in großem Ausmaß") und des § 370a AO bestehen bei der Strafzumessungsregel nicht dieselben verfassungsrechtlichen Bedenken gegenüber der weiten Fassung der Regelmerkmale wie bei der Abgrenzung zwischen Vergehens- und Verbrechenstatbestand. Es handelt sich insoweit ausschließlich um Merkmale der jeweiligen Strafzumessungstatbestände.
...

BGH vom 29. 11. 2006 – 5 StR 324/06 (HFR 2007 S. 901) 56

1. Zur Frage, inwieweit sich überlange Verfahrensdauer im Strafverfahren wegen Umsatzsteuerhinterziehung strafmildernd auswirken kann.
2. Wie bei den sogenannten Umsatzsteuerkarussellgeschäften sind Kettengeschäfte unter Einschaltung von Serviceunternehmen im Bereich der illegalen Arbeitnehmerüberlassungen dadurch geprägt, dass zumindest die Betreiber der Firmen allein von dem Handel mit Scheinrechnungen leben und damit die „Steuerhinterziehung als Gewerbe" betreiben. Damit unterscheiden sich solche Erscheinungsformen der Steuerhinterziehung gravierend von den Fällen, in denen ein Stpfl. dem Fiskus rechtmäßig erzielte Einkünfte verschweigt, um sie ungeschmälert für sich verwenden zu können.
3. Es ist äußerst fraglich, ob eine zur Bewährung aussetzungsfähige Freiheitsstrafe noch dem Unrechtsgehalt einer Steuerhinterziehung gerecht werden kann, wenn der Hinterziehungsschaden deutlich im Millionenbereich liegt und nicht erhebliche Strafmilderungsgründe vorhanden sind, wie etwa eine weitgehende Schadenswiedergutmachung. Einen gerechten Schuldausgleich stellen Freiheitsstrafen bis zu zwei Jahren jedenfalls dann grundsätzlich nicht mehr dar, wenn die Täter über den Umweg des Vorsteuerabzugs der Auftraggeber mit einem auf Dauer angelegten,

gut organisierten und an veränderte Umstände anpassungsfähigen kriminellen Hinterziehungssystem jahrelang die Auszahlung hoher Geldbeträge bewirken und damit dem Fiskus Schäden in Millionenhöhe zufügen.

57 BGH vom 2. 4. 2008 – 5 StR 29/08 (wistra 2008 S. 265)

Im Rahmen der Strafzumessung für eine Steuerhinterziehung in zahlreichen Fällen in Form des Zigarettenschmuggels kann neben der Höhe der Hinterziehungsbeträge strafschärfend berücksichtigt werden, dass der Angeklagte mit einer professionell agierenden Bande, die sich zur fortgesetzten Begehung von Steuerstraftaten zusammengeschlossen hatte, zusammengearbeitet hat. Dass die vom Angeklagten letztlich erzielten Einnahmen mit 1600 Euro im Verhältnis zum Steuerschaden sehr gering waren, ist ebenso strafmildernd zu berücksichtigen wie die Tatsache, dass ein Teil der Zigaretten sichergestellt wurde. Dass die Steuerfahndung nicht bereits auf den allgemeinen Hinweis ausländischer Behörden auf mögliche Schmuggelfahrten das Fahrzeug des Angeklagten einer Kontrolle unterzogen, sondern zunächst Observierungsmaßnahmen ergriffen haben, bedarf keiner ausdrücklichen Erörterung im Rahmen der Strafzumessung.

58 BGH vom 2. 12. 2008 – 1 StR 416/08 (HFR 2009 S. 412)

Eine Steuerhinterziehung „von großem Ausmaß" liegt vor, wenn der Steuerschaden über 50000 Euro liegt. Dann kann eine Geldstrafe nur bei gewichtigen Milderungsgründen noch angemessen sein; regelmäßig ist aber eine Freiheitsstrafe zu verhängen, die allerdings noch zur Bewährung ausgesetzt werden kann. Das ist nicht mehr der Fall, wenn der Steuerschaden über 1 Mio. Euro beträgt. In diesem Fall ist eine Erledigung im Strafbefehlsverfahren ebenfalls regelmäßig nicht mehr möglich.

59 BGH vom 30. 4. 2009 – 1 StR 342/08 (wistra 2009 S. 359)

1. In Fällen fingierter Ketten- oder Karussellgeschäfte, die auf Hinterziehung von Steuern angelegt sind, ist bei der Strafzumessung der aus dem Gesamtsystem erwachsene deliktische Schaden als verschuldete Auswirkung der Tat zu Grunde zu legen, soweit den einzelnen Beteiligten die Struktur und die Funktionsweise des Gesamtsystems bekannt sind (im Anschluss an BGH, 11. Juli 2002, 5 StR 516/01, BGHSt 47, 343).

2. Werden durch ein komplexes und aufwändiges Täuschungssystem, das die systematische Verschleierung von Sachverhalten über einen längeren Zeitraum bezweckt, in beträchtlichem Umfang Steuern verkürzt, kann sich die Vollstreckung einer Freiheitsstrafe zur Verteidigung der Rechtsordnung als notwendig erweisen.

60 BGH vom 5. 5. 2011 – 1 StR 116/11 (wistra 2011 S. 347)

Soweit dazu Anlass besteht, müssen die Urteilsgründe ergeben, ob Steuern in großem Ausmaß i.S.d. § 370 Abs. 3 Satz 2 Nr. 1 AO nach dem BGH-Urteil vom 2. 12. 2008 – 1 StR 416/08 – (Betragsgrenzen 50.000 Euro bzw. 100.000 Euro) verkürzt sind. Sie müssen auch ergeben, weshalb trotz des Vorliegens dieses Regelbeispiels ein besonders schwerer Fall des § 370 Abs. 3 AO nicht angenommen wird (Fortführung von BGH, Urteil vom 2. 12. 2008, 1 StR 416/08, HFR 2009 S. 412).

61 BGH vom 12. 7. 2011 – 1 StR 81/11 (wistra 2011 S. 396)

Ab einem Hinterziehungsbetrag von 50.000 € sind Steuern in großem Maße verkürzt bzw. im großen Ausmaß nicht gerechtfertigte Steuervorteile erlangt (§ 370 Abs. 3 Satz 2 Nr. 1 AO, wenn der Täter ungerechtfertigte Zahlungen vom Finanzamt erlangt hat. Beschränkt sich das Verhalten des Täters dagegen darauf, die Finanzbehörden pflichtwidrig über steuerlich erhebliche Tatsachen in Unkenntnis zu lassen, liegt die Wertgrenze zum großen Ausmaß bei 100.000 € (Fortführung BGH vom 2. 12. 2008 – 1 StR 416/08, HFR 2009 S. 412).

§ 370a (weggefallen)

§ 371 Selbstanzeige bei Steuerhinterziehung

(1) Wer gegenüber der Finanzbehörde zu allen unverjährten Steuerstraftaten einer Steuerart in vollem Umfang die unrichtigen Angaben berichtigt, die unvollständigen Angaben ergänzt oder die unterlassenen Angaben nachholt, wird wegen dieser Steuerstraftaten nicht nach § 370 bestraft.

(2) Straffreiheit tritt nicht ein, wenn
1. bei einer der zur Selbstanzeige gebrachten unverjährten Steuerstraftaten vor der Berichtigung, Ergänzung oder Nachholung
   a) dem Täter oder seinem Vertreter eine Prüfungsanordnung nach § 196 bekannt gegeben worden ist oder
   b) dem Täter oder seinem Vertreter die Einleitung des Straf- oder Bußgeldverfahrens bekannt gegeben worden ist oder
   c) ein Amtsträger der Finanzbehörde zur steuerlichen Prüfung, zur Ermittlung einer Steuerstraftat oder einer Steuerordnungswidrigkeit erschienen ist oder
2. eine der Steuerstraftaten im Zeitpunkt der Berichtigung, Ergänzung oder Nachholung ganz oder zum Teil bereits entdeckt war und der Täter dies wusste oder bei verständiger Würdigung der Sachlage damit rechnen musste oder
3. die nach § 370 Absatz 1 verkürzte Steuer oder der für sich oder einen anderen erlangte nicht gerechtfertigte Steuervorteil einen Betrag von 50 000 Euro je Tat übersteigt.

(3) Sind Steuerverkürzungen bereits eingetreten oder Steuervorteile erlangt, so tritt für den an der Tat Beteiligten Straffreiheit nur ein, wenn er die aus der Tat zu seinen Gunsten hinterzogenen Steuern innerhalb der ihm bestimmten angemessenen Frist entrichtet.

(4) ¹Wird die in § 153 vorgesehene Anzeige rechtzeitig und ordnungsmäßig erstattet, so wird ein Dritter, der die in § 153 bezeichneten Erklärungen abzugeben unterlassen oder unrichtig oder unvollständig abgegeben hat, strafrechtlich nicht verfolgt, es sei denn, dass ihm oder seinem Vertreter vorher die Einleitung eines Straf- oder Bußgeldverfahrens wegen der Tat bekannt gegeben worden ist. ²Hat der Dritte zum eigenen Vorteil gehandelt, so gilt Absatz 3 entsprechend.

Rechtsprechung[2]

BGH vom 13. 5. 1983 – 3 StR 82/83 (HFR 1983 S. 533)

Die Tat ist im Sinne des § 371 Abs. 2 Nr. 2 AO noch nicht bei bloßem Verdacht, sondern erst dann „entdeckt", wenn bei ihrer vorläufigen Bewertung die Wahrscheinlichkeit eines verurteilenden Erkenntnisses gegeben ist.

BGH vom 24. 10. 1984 – 3 StR 315/84 (HFR 1985 S. 338)

1. Entdeckt ist eine Steuerstraftat nicht schon beim Bekanntwerden von Tatsachen, die zur Einleitung von Ermittlungen Anlass geben können, sondern erst dann, wenn Anhaltspunkte ermittelt sind, die eine vorläufige Tatbewertung im Sinne der Wahrscheinlichkeit eines verurteilenden Erkenntnisses ermöglichen.
2. Die Selbstanzeige kann auch für den Mittäter wirken, wenn der Gesellschafter einer Personengesellschaft diese für die Gesellschaft und für die beiden Gesellschafter abgeben wollte.

BGH vom 15. 1. 1988 – 3 StR 465/87 (HFR 1989 S. 398)

Erscheint ein Amtsträger der Finanzbehörde im Rahmen einer Außenprüfung zur steuerlichen Prüfung, so richtet sich der Umfang der Sperre für eine strafbefreiende Selbstanzeige nach dem Inhalt der Prüfungsanordnung.

BGH vom 27. 4. 1988 – 3 StR 55/88 (HFR 1989 S. 319)

Ein Steuerdelikt ist i.S.v. § 371 Abs. 2 Nr. 1 AO entdeckt, wenn durch die Kenntnis von der Tat eine solche Lage geschaffen wird, die bei vorläufiger Tatbewertung eine Verurteilung des Betroffenen wahrscheinlich macht.

---

[1] § 371 AO geändert durch Art. 2 des Schwarzgeldbekämpfungsgesetzes vom 28. 4. 2011 (BGBl. 2011 I S. 676, BStBl 2011 I S. 495) mit Wirkung ab 3. 5. 2011. Beachte aber die Übergangsregelung in Art. 97 § 24 EGAO.
[2] Rechtsprechung ist noch zu § 371 AO a.F. ergangen.

5 **BGH vom 6. 6. 1990 – 3 StR 183/90 (HFR 1991 S. 367)**

Die Einleitung eines Steuerstrafverfahrens wegen Vermögensteuerhinterziehung hindert in der Regel nicht die strafbefreiende Selbstanzeige im Hinblick auf den Vorwurf der Hinterziehung von Einkommen-, Umsatz- und Gewerbesteuern.

6 **BGH vom 19. 3. 1991 – 5 StR 516/90 (HFR 1992 S. 311)**

§ 371 AO schließt die Anwendung der Vorschriften des Allgemeinen Teils des Strafgesetzbuches über den Rücktritt vom Versuch nicht aus.

7 **BGH vom 30. 3. 1993 – 5 StR 77/93 (HFR 1994 S. 165)**

1. Ist die Steuerhinterziehung zum Zeitpunkt der Berichtigung bereits entdeckt und wusste dies der Angeklagte, ist eine strafbefreiende Selbstanzeige nicht mehr möglich.
2. Die Entdeckung erfordert nicht die zur Verurteilung erforderliche Überzeugung, es reicht vielmehr die Wahrscheinlichkeit einer Verurteilung aufgrund einer vorläufigen Tatbewertung.

8 **BVerfG vom 11. 7. 1997 – 2 BvR 997/92 (HFR 1998 S. 126)**

Der Gleichheitssatz ist verletzt, wenn die unterschiedliche Ausgestaltung der Folgen einer Selbstanzeige von Steuerstraftaten dazu führt, dass ein Täter, der eine Steuerhinterziehung bereits vollendet hat, nach der Selbstanzeige völlig sanktionsfrei bleibt, während derjenige, der bei ansonsten völlig gleichgelagertem Sachverhalt das Vorbereitungsstadium zur Zeit der Selbstanzeige nicht überschritten hat, ein Bußgeld zu gewärtigen hat.

9 **BGH vom 13. 10. 1998 – 5 StR 392/98 (HFR 1999 S. 579)**

Eine unvollständige Umsatzsteuerjahreserklärung, die nicht nur geringfügige Differenzen zu den wahrheitsgemäßen Angaben enthält, kann als Selbstanzeige nur in dem Umfang strafbefreiend wirken, in dem zutreffende Angaben nachgeholt werden.

10 **BGH vom 5. 4. 2000 – 5 StR 226/99 (HFR 2001 S. 289)**

Obwohl der Wortlaut des § 371 Abs. 2 Nr. 1 lit. a AO, der lediglich von der Ermittlung „einer Steuerstraftat" spricht, weder eine zeitliche noch eine sachliche Begrenzung der Sperrwirkung vorsieht, ist diese Norm einschränkend auszulegen und die von ihr ausgehende Sperrwirkung formal zu begrenzen.

11 **BFH vom 19. 6. 2007 – VIII R 99/04 (BStBl 2008 II S. 7)**

1. Die strafbefreiende Erklärung nach dem StraBEG und die Selbstanzeige nach § 371 AO konnten wahlweise erfolgen; bei Rechtserheblichkeit der Wahl muss im Einzelfall geprüft werden, ob die Voraussetzungen der strafbefreienden Erklärung nach Form und Inhalt vollständig erfüllt sind.
2. Strafbefreiung nach dem StraBEG tritt nicht ein, wenn vor Eingang der strafbefreienden Erklärung ein Amtsträger der Finanzbehörde in erkennbarer, ernsthafter Absicht der angeordneten steuerlichen Prüfung erschienen ist; diese Sperrwirkung des § 7 StraBEG erfordert nicht auch den tatsächlichen Beginn von Ermittlungsmaßnahmen.
3. Die – auch formlos mögliche – Bestimmung des Prüfungsbeginns ist ein eigenständiger Verwaltungsakt; wird dieser nicht angefochten, kann die Sperrwirkung des § 7 StraBEG nicht wegen unangemessen kurzer Frist entfallen.
4. Die Rechtsfolgen einer Strafbefreiungsvorschrift treten nur ein, wenn deren Tatbestandsvoraussetzungen erfüllt sind; ein diesbezüglicher Tatbestandsirrtum ist unbeachtlich.

12 **BFH vom 15. 1. 2008 – VII B 149/07 (BStBl 2008 II S. 337)**

1. Die Strafverfolgungsbehörde darf zur Sicherstellung dienstrechtlicher Maßnahmen gegen einen Beamten dem Steuergeheimnis unterliegende, in einem Strafverfahren gegen diesen gewonnene Erkenntnisse dem Dienstvorgesetzten des Beamten im Rahmen des § 125c BRRG offenbaren, ohne eine vorweggenommene Prüfung der disziplinarrechtlichen Behandlung des Falles vornehmen zu müssen; erforderlich ist lediglich, dass die übermittelten Daten für eine solche disziplinarrechtliche Prüfung des Dienstherrn des Beamten von Belang sein können.
2. Eine Information des Dienstvorgesetzten über das Verfahren ist ungeachtet dessen zulässig, ob das Ermittlungsverfahren gegen den Beamten wegen Verfolgungsverjährung oder einer strafbefreienden Selbstanzeige eingestellt worden ist.

BFH vom 29. 4. 2008 – VIII R 5/06 (BStBl 2008 II S. 844) 13

1. Nach dem das Strafverfahren beherrschenden Legalitätsprinzip sind die Strafverfolgungsbehörden grundsätzlich berechtigt und verpflichtet, nach Eingang einer Selbstanzeige ein Strafverfahren zum Zwecke der Prüfung der Straffreiheit gemäß § 371 Abs. 1 und 3 AO einzuleiten. Eine derartige Strafverfahrenseinleitung hemmt den Anlauf der Frist zur Festsetzung von Hinterziehungszinsen gemäß § 239 Abs. 1 Satz 2 Nr. 3 AO.
2. Ausnahmsweise hemmt aber eine Strafverfahrenseinleitung, die sich nach den für die Strafverfolgungsbehörden zum Zeitpunkt der Einleitung bekannten oder ohne Weiteres erkennbaren Umständen als greifbar rechtswidrig darstellt, den Anlauf der Festsetzungsfrist nicht.

BGH vom 2. 12. 2008 – 1 StR 344/08 (HFR 2009 S. 832) 14

1. Unterlässt es ein Unternehmer, der keine Umsatzsteuer-Voranmeldung abgegeben hat, bis zum 31. Mai des Folgejahres eine Umsatzsteuer-Jahreserklärung abzugeben, lässt er pflichtwidrig die Finanzbehörden über steuerlich erhebliche Tatsachen in Unkenntnis. Mit Ablauf der Abgabefrist ist die entsprechende Umsatzsteuer verkürzt und der Tatbestand der Steuerhinterziehung durch Unterlassen vollendet.
2. Für die Selbstanzeige ist keine bestimmte Form vorgeschrieben; daher kann auch in der Abgabe einer Steuererklärung eine Selbstanzeige liegen. Bei der strafbefreienden Selbstanzeige handelt es sich aber um einen persönlichen Strafaufhebungsgrund, der grundsätzlich nur dem Täter oder Teilnehmer zugute kommt, der die Selbstanzeige abgibt. Dabei setzt eine wirksame Selbstanzeige die Nachholung unterlassener oder die Berichtigung unrichtiger Angaben voraus.
3. Die Abgabe einer inhaltlich falschen Steuererklärung durch Dritte ist keine strafbefreiende Selbstanzeige für den zur Steuerhinterziehung Beihilfe Leistenden.

BGH vom 20. 5. 2010 – 1 StR 577/09 (HFR 2010 S. 988) 15

1. Eine Teilselbstanzeige ist nicht ausreichend, um die Strafbefreiung (§ 371 Abs. 1 AO) zu erlangen. Denn hier fehlt gerade die Rückkehr zur vollständigen Steuerehrlichkeit. Soweit in der Rechtsprechung des BGH bislang eine solche Teilselbstanzeige als wirksam angesehen worden ist, weil das Wort „insoweit" in § 371 Abs. 1 AO eine nur teilweise Nachholung fehlender zutreffender Angaben erlaube hält der Senat daran nicht fest.
2. Eine danach nicht ausreichende Teilselbstanzeige ist beispielsweise gegeben, wenn ein Steuerpflichtiger seine unvollständige Einkommensteuererklärung dahin „berichtigt", dass er von bislang gänzlich verschwiegenen Zinseinkünften nunmehr nur diejenigen eines Kontos angibt, aber immer noch weitere Konten verschweigt, weil er insoweit keine Entdeckung durch die Finanzbehörden befürchtet (dolose Selbstanzeige).

BGH vom 25. 7. 2011 – 1 StR 631/10 (wistra 2011 S. 428) 16

– Welche Anforderungen an die Vollständigkeit einer Selbstanzeige zu stellen sind, hängt im Hinblick auf die Änderung des § 371 AO durch das „Gesetz zur Verbesserung der Bekämpfung der Geldwäsche und Steuerhinterziehung" (Schwarzgeldbekämpfungsgesetz) vom 28. 4. 2011 (BGBl. I S. 676) sowohl vom Tatzeitpunkt als auch vom Zeitpunkt der Abgabe der Selbstanzeige ab.
– Zwar sind nach der Rechtsprechung des BGH Teilselbstanzeigen – auch wenn sie als solche zunächst nicht erkennbar sind – schon bisher keine wirksamen Selbstanzeigen i.S.d. § 371 AO, weil es bei solchen Selbstanzeigen an der erforderlichen (vollständigen) Rückkehr zur Steuerehrlichkeit fehlt (BGH, Beschluss vom 20. 5. 2010 – 1 StR 577/09, BGHSt 55, 180). Allerdings hat der Gesetzgeber mit dem durch das Schwarzgeldbekämpfungsgesetz neu geschaffenen Art. 97 § 24 EGAO (BGBl. I 2011, S. 676, 677) bestimmt, dass bei Selbstanzeigen nach § 371 AO, die bis zum 28. 4. 2011 bei der zuständigen Finanzbehörde eingegangen sind, § 371 AO in der bis zu diesem Zeitpunkt geltenden Fassung mit der Maßgabe anzuwenden ist, dass im Umfang der gegenüber der zuständigen Finanzbehörde berichtigten, ergänzten oder nachgeholten Angaben Straffreiheit eintritt.
– Auch nach der Vorschrift des Art. 97 § 24 EGAO bleibt allerdings der Täter einer Steuerhinterziehung in dem Umfang strafbar, in dem die Berichtigung oder Nacherklärung nicht erfolgt ist. Denn die – in solchen Fällen wirksame – Teilselbstanzeige vermindert lediglich den Schuldumfang der Tat. Demgegenüber führt nach der Rechtsprechung des BGH eine Selbstanzeige auch dann zur vollständigen Strafaufhebung, wenn die Abweichungen in der Berichtigung oder Nacherklärung vom geforderten Inhalt der Selbstanzeige nur geringfügig sind (BGH, Beschluss vom 13. 10. 1998 – 5 StR 392/98, wistra 1999 S. 27). Enthält die Selbstanzeige neue, erhebliche Unrichtigkeiten, ist sie keine Berichtigung und kann daher nicht zur Straffreiheit führen (BGH, Urteil vom 14. 12. 1976 – 1 StR 196/76, BB 1978, 698).

§ 372 Bannbruch

(1) Bannbruch begeht, wer Gegenstände entgegen einem Verbot einführt, ausführt oder durchführt.

(2) Der Täter wird nach § 370 Absatz 1, 2 bestraft, wenn die Tat nicht in anderen Vorschriften als Zuwiderhandlung gegen ein Einfuhr-, Ausfuhr- oder Durchfuhrverbot mit Strafe oder mit Geldbuße bedroht ist.

§ 373 Gewerbsmäßiger, gewaltsamer und bandenmäßiger Schmuggel

(1) ¹Wer gewerbsmäßig Einfuhr- oder Ausfuhrabgaben hinterzieht oder gewerbsmäßig durch Zuwiderhandlungen gegen Monopolvorschriften Bannbruch begeht, wird mit Freiheitsstrafe von sechs Monaten bis zu zehn Jahren bestraft. ²In minder schweren Fällen ist die Strafe Freiheitsstrafe bis zu fünf Jahren oder Geldstrafe.

(2) Ebenso wird bestraft, wer

1. eine Hinterziehung von Einfuhr- oder Ausfuhrabgaben oder einen Bannbruch begeht, bei denen er oder ein anderer Beteiligter eine Schusswaffe bei sich führt,
2. eine Hinterziehung von Einfuhr- oder Ausfuhrabgaben oder einen Bannbruch begeht, bei denen er oder ein anderer Beteiligter eine Waffe oder sonst ein Werkzeug oder Mittel bei sich führt, um den Widerstand eines anderen durch Gewalt oder Drohung mit Gewalt zu verhindern oder zu überwinden, oder
3. als Mitglied einer Bande, die sich zur fortgesetzten Begehung der Hinterziehung von Einfuhr- oder Ausfuhrabgaben oder des Bannbruchs verbunden hat, eine solche Tat begeht.

(3) Der Versuch ist strafbar.

(4) § 370 Abs. 6 Satz 1 und Abs. 7 gilt entsprechend.

Rechtsprechung

1 BGH vom 15. 3. 2005 – 5 StR 592/04 (wistra 2005 S. 227)

Bei § 373 AO handelt es sich um eine unselbständige tatbestandliche Abwandlung des § 370 AO. Die strafschärfenden Merkmale der Gewerbsmäßigkeit und Bandenzugehörigkeit in § 373 AO stellen besondere persönliche Merkmale i.S.d. § 28 Abs. 2 StGB dar (Fortführung BGH, 10. 9. 1986, 3 StR 292/86, wistra 1987, 30).

2 BGH vom 14. 3. 2007 – 5 StR 461/06 (wistra 2007 S. 262)

1. Die Hinterziehung deutscher Tabaksteuer stellt keinen Schmuggel (§ 373 AO) dar. § 373 AO erfasst diese Verbrauchsteuer als Einfuhrabgabe nur dann, wenn die Zigaretten unmittelbar aus einem Nicht-Mitgliedsstaat der Europäischen Gemeinschaften in die Bundesrepublik Deutschland verbracht werden. Dies ist bei Transporten aus der Türkei über den Landweg nach Deutschland nicht der Fall.

2. Das Überführen von vorschriftswidrig in einen anderen Mitgliedsstaat eingeführten Zigaretten nach Deutschland (zum Zwecke der Veräußerung auf dem Schwarzmarkt) ohne Inanspruchnahme des innergemeinschaftlichen Steuerversandverfahrens ist ein gewerbliches Verbringen. Mit der Missachtung der Pflicht zur unverzüglichen Abgabe einer Steuererklärung nach dem Verbringen in das Steuergebiet der Bundesrepublik Deutschland wird die deutsche Tabaksteuer nach § 370 Abs. 1 Nr. 2, Abs. 4 Satz 1 AO verkürzt.

3. ...

4. Werden aus Asien stammende Zigaretten per Schiff versteckt unter zu verzollender Ware nach Deutschland transportiert und über die Freihäfen Hamburg und Bremerhafen eingeführt, so stellt dies einen *gewerbs- und bandenmäßigen Schmuggel* i.S.v. § 373 Abs. 1, Abs. 2 Nr. 3 i.V.m. § 370 Abs. 1 Nr. 1 AO dar. Darüber hinaus liegt wegen der unvollständigen Gestellung und Zollanmeldung eine Verkürzung der Einfuhrabgaben auf die Zigaretten nach § 370 Abs. 4 Satz 1 AO vor. Der Täter, der mit der Erledigung der Zollformalitäten gutgläubige Spediteure beauftragt hat, die unvollständige Zollanmeldungen abgegeben haben, so dass infolgedessen für die eingeführten Zigaretten keine Einfuhrabgaben festgesetzt wurden, ist als mittelbarer Täter zu bestrafen.

5. Zwar liegt Tatmehrheit vor, wenn durch mehrere selbstständige Hilfeleistungen mehrere selbstständige Haupttaten gefördert werden. Die fortlaufende Förderung von Schmuggeltaten kann sich jedoch in einer Gesamtschau auch nur als eine – dauerhafte – Beihilfehandlung zu den Taten darstellen.

BGH vom 18. 1. 2011 – 1 StR 561/10 (wistra 2011 S. 309) 3

1. Wer gewerbsmäßig Röstkaffee bei einer Firma in den Niederlanden bestellt, von einer Spedition nach Deutschland transportieren und unmittelbar an Endkunden, die den Kaffee bestellt haben, ausliefern lässt, ohne eine Steueranmeldung für den in das Steuergebiet der Bundesrepublik Deutschland verbrachten Kaffee abzugeben, macht sich wegen einer Steuerhinterziehung durch Unterlassen nach § 370 Abs. 1 Nr. 2 AO strafbar.
2. Dagegen ist der Qualifikationstatbestand des gewerbsmäßigen Schmuggels nach § 373 Abs. 1 AO nicht erfüllt, weil es sich bei den verkürzten Steuern nicht um Einfuhrabgaben i.S. dieser Vorschrift handelt. Denn Verbrauchssteuern auf Erzeugnisse, die aus einem anderen Mitgliedsstaat der EU nach Deutschland verbracht werden, und auf die zollrechtliche Vorschriften keine Anwendung finden, stellen keine Einfuhrabgaben i.S.d. § 373 AO dar.

§ 374 Steuerhehlerei

(1) Wer Erzeugnisse oder Waren, hinsichtlich deren Verbrauchsteuern oder Einfuhr- und Ausfuhrabgaben im Sinne des Artikels 4 Nr. 10 und 11 des Zollkodexes hinterzogen oder Bannbruch nach § 372 Abs. 2, § 373 begangen worden ist, ankauft oder sonst sich oder einem Dritten verschafft, sie absetzt oder abzusetzen hilft, um sich oder einen Dritten zu bereichern, wird mit Freiheitsstrafe bis zu fünf Jahren oder mit Geldstrafe bestraft.

(2) [1]Handelt der Täter gewerbsmäßig oder als Mitglied einer Bande, die sich zur fortgesetzten Begehung von Straftaten nach Absatz 1 verbunden hat, so ist die Strafe Freiheitsstrafe von sechs Monaten bis zu zehn Jahren. [2]In minder schweren Fällen ist die Strafe Freiheitsstrafe bis zu fünf Jahren oder Geldstrafe.

(3) Der Versuch ist strafbar.

(4) § 370 Abs. 6 Satz 1 und Abs. 7 gilt entsprechend.

Rechtsprechung

BGH vom 15. 4. 1980 – 5 StR 135/80 (HFR 1980 S. 482) 1

Absatzhilfe ist auch bei Steuerhehlerei jede vom Absatzwillen getragene, vorbereitende und die Absatzmöglichkeiten fördernde Tätigkeit.

BGH vom 28. 4. 1981 – 5 StR 125/81 (HFR 1983 S. 31) 2

Wer Heizöl, hinsichtlich dessen bereits von einem Vortäter die Verbrauchsteuer hinterzogen worden ist, in Bereicherungsabsicht ankauft, macht sich nicht der Steuerhinterziehung, sondern der Steuerhehlerei schuldig.

BGH vom 21. 2. 1996 – 5 StR 725/95 (HFR 1996 S. 829) 3

Bei der durch Verkauf unverzollter und unversteuerter Zigaretten begangenen Steuerhehlerei ist zur Bestimmung des Schuldumfangs für jede Abgabeart (Euro-Zoll, Tabaksteuer, Einfuhrumsatzsteuer) eine Darstellung der zugrundeliegenden steuerrechtlichen Grundlagen und die Berechnung der verkürzten Steuern erforderlich.

BGH vom 7. 11. 2007 – 5 StR 371/07 (HFR 2008 S. 1180) 4

Für das Delikt der Steuerhehlerei gilt, dass auch der Eintritt in Kaufverhandlungen ein unmittelbares Ansetzen zur Verwirklichung des Tatbestandsmerkmals des Ankaufens darstellen kann. Dies ist aber nur dann der Fall, wenn sich die Übergabe der Waren oder Erzeugnisse an den Käufer sofort anschließen kann und soll, sobald eine Einigung über den Kaufpreis zustande gekommen ist, und die Verhandlung so der Verschaffung der Verfügungsgewalt unmittelbar vorgelagert ist. Wenn aber – wie hier – bei telefonischen Vertragsverhandlungen die Ware nicht unmittelbar an den Käufer übergeben werden kann, scheidet eine unmittelbare Einleitung des Übertragungsaktes jedenfalls solange aus, wie noch keine Einigung über Zeit und Ort der Lieferung erfolgt ist. Im vorliegenden Fall waren die Verhandlungen bereits gescheitert, bevor ein Empfänger und ein Lieferort bestimmt werden konnten.

5 BGH vom 9. 6. 2011 – 1 StR 21/11 (wistra 2011 S. 348)

– Die gewerbsmäßige Einfuhr unverzollt und unversteuert über Polen nach Deutschland eingeführter Zigaretten ist wegen tateinheitlichen Verstoßes gegen § 374 Abs. 1, Abs. 2 AO zu bestrafen.
– Zu Faktoren der Strafzumessung.

AO
S 0703

§ 375 Nebenfolgen

(1) Neben einer Freiheitsstrafe von mindestens einem Jahr wegen
1. Steuerhinterziehung,
2. Bannbruchs nach § 372 Abs. 2, § 373,
3. Steuerhehlerei oder
4. Begünstigung einer Person, die eine Tat nach den Nummern 1 bis 3 begangen hat,

kann das Gericht die Fähigkeit, öffentliche Ämter zu bekleiden, und die Fähigkeit, Rechte aus öffentlichen Wahlen zu erlangen, aberkennen (§ 45 Abs. 2 des Strafgesetzbuchs).

(2) ¹Ist eine Steuerhinterziehung, ein Bannbruch nach § 372 Abs. 2, § 373 oder eine Steuerhehlerei begangen worden, so können
1. die Erzeugnisse, Waren und anderen Sachen, auf die sich die Hinterziehung von Verbrauchsteuer oder Einfuhr- und Ausfuhrabgaben im Sinne des Artikels 4 Nr. 10 und 11 des Zollkodexes, der Bannbruch oder die Steuerhehlerei bezieht, und
2. die Beförderungsmittel, die zur Tat benutzt worden sind,

eingezogen werden. ²§ 74a des Strafgesetzbuchs ist anzuwenden.

AO
S 0704
1)

§ 376 Verfolgungsverjährung

(1) In den in § 370 Abs. 3 Satz 2 Nr. 1 bis 5 genannten Fällen besonders schwerer Steuerhinterziehung beträgt die Verjährungsfrist zehn Jahre.

(2) Die Verjährung der Verfolgung einer Steuerstraftat wird auch dadurch unterbrochen, dass dem Beschuldigten die Einleitung des Bußgeldverfahrens bekannt gegeben oder diese Bekanntgabe angeordnet wird.

Rsp

Rechtsprechung

1 BGH vom 27. 5. 2009 – 1 StR 665/08 (wistra 2009 S. 465)

1. ...
2. Verjährungsunterbrechende Maßnahmen erfassen jeweils die Taten der Steuerhinterziehung insgesamt. Da der Schuldgehalt einer Tat nicht teilweise verjähren kann, kann eine Einkommensteuerhinterziehung auch nicht hinsichtlich der verkürzten Steuern einer bestimmten Einkunftsart verjähren.

...

---

1) § 376 AO i.d.F. von Art. 10 Nr. 13 des JStG 2009 vom 19. 12. 2008 (BGBl. 2008 I S. 2794, BStBl 2009 I S. 74) gilt für alle bei Inkrafttreten des JStG 2009 noch nicht abgelaufenen Verjährungsfristen (Art. 97 § 23 EGAO).

ZWEITER ABSCHNITT
Bußgeldvorschriften (§§ 377–384)

§ 377 Steuerordnungswidrigkeiten

(1) Steuerordnungswidrigkeiten (Zollordnungswidrigkeiten) sind Zuwiderhandlungen, die nach den Steuergesetzen mit Geldbuße geahndet werden können.

(2) Für Steuerordnungswidrigkeiten gelten die Vorschriften des Ersten Teils des Gesetzes über Ordnungswidrigkeiten, soweit die Bußgeldvorschriften der Steuergesetze nichts anderes bestimmen.

§ 378 Leichtfertige Steuerverkürzung

(1) ¹Ordnungswidrig handelt, wer als Steuerpflichtiger oder bei Wahrnehmung der Angelegenheiten eines Steuerpflichtigen eine der in § 370 Abs. 1 bezeichneten Taten leichtfertig begeht. ²§ 370 Abs. 4 bis 7 gilt entsprechend.

(2) Die Ordnungswidrigkeit kann mit einer Geldbuße bis zu fünfzigtausend Euro geahndet werden.

(3) ¹Eine Geldbuße wird nicht festgesetzt, soweit der Täter gegenüber der Finanzbehörde die unrichtigen Angaben berichtigt, die unvollständigen Angaben ergänzt oder die unterlassenen Angaben nachholt, bevor ihm oder seinem Vertreter die Einleitung eines Straf- oder Bußgeldverfahrens wegen der Tat bekannt gegeben worden ist. ²§ 371 Absatz 3 und 4 gilt entsprechend.

Rechtsprechung

BFH vom 17. 3. 2000 – VII B 39/99 (ZfZ 2000 S. 312)   1

Eine Steuerverkürzung wird leichtfertig begangen, wenn ein Steuerpflichtiger nach den Gegebenheiten des Einzelfalles und seinen individuellen Fähigkeiten in der Lage gewesen wäre, den aus den einschlägigen gesetzlichen Regelungen sich im konkreten Fall ergebenden Sorgfaltspflichten zu genügen. Dazu ist eine Gesamtwertung seines Verhaltens erforderlich.

BFH vom 19. 12. 2002 – IV R 37/01 (BStBl 2003 II S. 385)   2

1. Täter einer leichtfertigen Steuerverkürzung i.S. des § 378 AO kann auch derjenige sein, der die Angelegenheiten eines Steuerpflichtigen wahrnimmt.
2. Die fünfjährige Festsetzungsfrist des § 169 Abs. 2 Satz 2 AO greift daher auch dann ein, wenn eine Steuerfachangestellte der vom beauftragten Steuerberatungsgesellschaft den Gewinn des Steuerpflichtigen grob fahrlässig unzutreffend ermittelt und das FA diesen Gewinn der Steuerveranlagung zugrunde legt.

BFH vom 16. 3. 2007 – VII B 21/06 (HFR 2007 S. 693)   3

Ein Reisender, der aus einem Drittland nach Deutschland mit Waren einreist, von denen er weiß oder bei denen er zumindest für möglich halten muss, dass sie anzumelden und dass für sie Einfuhrabgaben zu entrichten sind, muss sich über die Bedeutung des roten und des grünen Ausgangs an den Flughäfen Kenntnis verschaffen, wenn er diese Kenntnis nicht bereits besitzt. Tut er dies nicht und benutzt den grünen Ausgang in der Annahme, die von ihm erwarteten zollrechtlichen Erklärungen bei oder sogar noch nach Durchschreiten dieses Ausgangs abgeben zu können, begeht er im Allgemeinen eine zumindest leichtfertige Steuerverkürzung, so dass ein Zollzuschlag erhoben werden kann.

---

¹) § 378 Abs. 3 AO geändert durch Art. 2 des Schwarzgeldbekämpfungsgesetzes vom 28. 4. 2011 (BGBl. 2011 I S. 676, BStBl 2011 I S. 495) mit Wirkung ab 3. 5. 2011. Beachte aber die Übergangsregelung in Art. 97 § 24 EGAO.

4 **BFH vom 19. 2. 2009 – II R 49/07 (BStBl 2009 II S. 932)**

1. ...
2. Der subjektive Tatbestand einer leichtfertigen Steuerverkürzung (§ 378 AO) kann nicht mit dem bloßen Unterlassen einer Anzeige nach § 19 GrEStG verneint werden. Den Steuerpflichtigen treffen vielmehr Informationspflichten und Erkundigungspflichten auch über seine Erklärungspflichten und Anzeigepflichten, die aus der Steuerpflicht folgen.

5 **BFH vom 16. 2. 2011 – X R 10/10 (BFH/NV 2011 S. 977)**

Aus den Gründen:
Gemäß § 150 Abs. 2 AO sind die Angaben in den Steuererklärungen nach bestem Wissen und Gewissen zu machen. Maßstab ist das individuelle subjektive Können und Wissen des einzelnen Steuerpflichtigen. Damit soll die Möglichkeit respektiert werden, die Steuererklärung selbständig, also ohne steuerlichen Berater, zu fertigen. Dementsprechend verlangt das Gesetz für das Vorliegen einer Steuerverkürzung i.S. des § 378 AO, dass der Erklärungspflichtige leichtfertig gehandelt hat; leichtfertig i.S. des § 378 AO bedeutet einen erhöhten Grad von Fahrlässigkeit, der etwa der groben Fahrlässigkeit des bürgerlichen Rechts entspricht, aber auf die persönlichen Fähigkeiten des Täters abstellt (BFH-Urteil vom 31. 10. 1989 VIII R 60/88, BStBl 1990 II S. 518, m.w.N.).

§ 379 Steuergefährdung

(1) ¹Ordnungswidrig handelt, wer vorsätzlich oder leichtfertig
1. Belege ausstellt, die in tatsächlicher Hinsicht unrichtig sind,
2. Belege gegen Entgelt in den Verkehr bringt oder
3. nach Gesetz buchungs- oder aufzeichnungspflichtige Geschäftsvorfälle oder Betriebsvorgänge nicht oder in tatsächlicher Hinsicht unrichtig verbucht oder verbuchen lässt
und dadurch ermöglicht, Steuern zu verkürzen oder nicht gerechtfertigte Steuervorteile zu erlangen. ²Satz 1 Nr. 1 gilt auch dann, wenn Einfuhr- und Ausfuhrabgaben verkürzt werden können, die von einem anderen Mitgliedstaat der Europäischen Gemeinschaften verwaltet werden oder die einem Staat zustehen, der für Waren aus den Europäischen Gemeinschaften auf Grund eines Assoziations- oder Präferenzabkommens eine Vorzugsbehandlung gewährt; § 370 Abs. 7 gilt entsprechend. ³Das Gleiche gilt, wenn sich die Tat auf Umsatzsteuern bezieht, die von einem anderen Mitgliedstaat der Europäischen Gemeinschaften verwaltet werden.

(2) Ordnungswidrig handelt, wer vorsätzlich oder leichtfertig
1. der Mitteilungspflicht nach § 138 Abs. 2 nicht, nicht vollständig oder nicht rechtzeitig nachkommt,
1a. entgegen § 144 Absatz 1 oder Absatz 2 Satz 1, jeweils auch in Verbindung mit Absatz 5, eine Aufzeichnung nicht, nicht richtig oder nicht vollständig erstellt.
2. die Pflicht zur Kontenwahrheit nach § 154 Abs. 1 verletzt.

(3) Ordnungswidrig handelt, wer vorsätzlich oder fahrlässig einer Auflage nach § 120 Abs. 2 Nr. 4 zuwiderhandelt, die einem Verwaltungsakt für Zwecke der besonderen Steueraufsicht (§§ 209 bis 217) beigefügt worden ist.

(4) Die Ordnungswidrigkeit kann mit einer Geldbuße bis zu fünftausend Euro geahndet werden, wenn die Handlung nicht nach § 378 geahndet werden kann.

§ 380 Gefährdung der Abzugsteuern

(1) Ordnungswidrig handelt, wer vorsätzlich oder leichtfertig seiner Verpflichtung, Steuerabzugsbeträge einzubehalten und abzuführen, nicht, nicht vollständig oder nicht rechtzeitig nachkommt.

(2) Die Ordnungswidrigkeit kann mit einer Geldbuße bis zu fünfundzwanzigtausend Euro geahndet werden, wenn die Handlung nicht nach § 378 geahndet werden kann.

§ 381 Verbrauchsteuergefährdung

(1) Ordnungswidrig handelt, wer vorsätzlich oder leichtfertig Vorschriften der Verbrauchsteuergesetze oder der dazu erlassenen Rechtsverordnungen
1. über die zur Vorbereitung, Sicherung oder Nachprüfung der Besteuerung auferlegten Pflichten,
2. über Verpackung und Kennzeichnung verbrauchsteuerpflichtiger Erzeugnisse oder Waren, die solche Erzeugnisse enthalten, oder über Verkehrs- oder Verwendungsbeschränkungen für solche Erzeugnisse oder Waren oder
3. über den Verbrauch unversteuerter Waren in den Freihäfen

zuwiderhandelt, soweit die Verbrauchsteuergesetze oder die dazu erlassenen Rechtsverordnungen für einen bestimmten Tatbestand auf diese Bußgeldvorschrift verweisen.

(2) Die Ordnungswidrigkeit kann mit einer Geldbuße bis zu fünftausend Euro geahndet werden, wenn die Handlung nicht nach § 378 geahndet werden kann.

§ 382 Gefährdung der Einfuhr- und Ausfuhrabgaben

(1) Ordnungswidrig handelt, wer als Pflichtiger oder bei der Wahrnehmung der Angelegenheiten eines Pflichtigen vorsätzlich oder fahrlässig Zollvorschriften, den dazu erlassenen Rechtsverordnungen oder den Verordnungen des Rates oder der Kommission der Europäischen Gemeinschaften zuwiderhandelt, die
1. für die zollamtliche Erfassung des Warenverkehrs über die Grenze des Zollgebiets der Europäischen Gemeinschaft sowie über die Freizonengrenzen,
2. für die Überführung von Waren in ein Zollverfahren und dessen Durchführung oder für die Erlangung einer sonstigen zollrechtlichen Bestimmung von Waren,
3. für die Freizonen, den grenznahen Raum sowie die darüber hinaus der Grenzaufsicht unterworfenen Gebiete

gelten, soweit die Zollvorschriften, die dazu oder die auf Grund von Absatz 4 erlassenen Rechtsverordnungen für einen bestimmten Tatbestand auf diese Bußgeldvorschrift verweisen.

(2) Absatz 1 ist auch anzuwenden, soweit die Zollvorschriften und die dazu erlassenen Rechtsverordnungen für Verbrauchsteuern sinngemäß gelten.

(3) Die Ordnungswidrigkeit kann mit einer Geldbuße bis zu fünftausend Euro geahndet werden, wenn die Handlung nicht nach § 378 geahndet werden kann.

(4) Das Bundesministerium der Finanzen kann durch Rechtsverordnungen die Tatbestände der Verordnungen des Rates der Europäischen Union oder der Kommission der Europäischen Gemeinschaften, die nach den Absätzen 1 bis 3 als Ordnungswidrigkeiten mit Geldbuße geahndet werden können, bezeichnen, soweit dies zur Durchführung dieser Rechtsvorschriften erforderlich ist und die Tatbestände Pflichten zur Gestellung, Vorführung, Lagerung oder Behandlung von Waren, zur Abgabe von Erklärungen oder Anzeigen, zur Aufnahme von Niederschriften sowie zur Ausfüllung oder Vorlage von Zolldokumenten oder zur Aufnahme von Vermerken in solchen Dokumenten betreffen.

§ 383 Unzulässiger Erwerb von Steuererstattungs- und Vergütungsansprüchen

(1) Ordnungswidrig handelt, wer entgegen § 46 Abs. 4 Satz 1 Erstattungs- oder Vergütungsansprüche erwirbt.

(2) Die Ordnungswidrigkeit kann mit einer Geldbuße bis zu fünfzigtausend Euro geahndet werden.

§ 383a Zweckwidrige Verwendung des Identifikationsmerkmals nach § 139a

(1) Ordnungswidrig handelt, wer als nicht öffentliche Stelle vorsätzlich oder leichtfertig entgegen § 139b Abs. 2 Satz 2 Nr. 1 und § 139c Abs. 2 Satz 2 die Identifikationsnummer nach § 139b oder die Wirtschaftsidentifikationsnummer nach § 139c Abs. 3 für andere als die zugelassenen Zwecke erhebt oder verwendet, oder entgegen § 139b Abs. 2 Satz 2 Nr. 2 seine Dateien nach der

Identifikationsnummer für andere als die zugelassenen Zwecke ordnet oder für den Zugriff erschließt.

(2) Die Ordnungswidrigkeit kann mit einer Geldbuße bis zu zehntausend Euro geahndet werden.

§ 384 Verfolgungsverjährung

Die Verfolgung von Steuerordnungswidrigkeiten nach den §§ 378 bis 380 verjährt in fünf Jahren.

DRITTER ABSCHNITT
Strafverfahren (§§ 385–408)

1. Unterabschnitt
Allgemeine Vorschriften (§§ 385–396)

§ 385 Geltung von Verfahrensvorschriften

(1) Für das Strafverfahren wegen Steuerstraftaten gelten, soweit die folgenden Vorschriften nichts anderes bestimmen, die allgemeinen Gesetze über das Strafverfahren, namentlich die Strafprozessordnung, das Gerichtsverfassungsgesetz und das Jugendgerichtsgesetz.

(2) Die für Steuerstraftaten geltenden Vorschriften dieses Abschnitts, mit Ausnahme des § 386 Abs. 2 sowie der §§ 399 bis 401, sind bei dem Verdacht einer Straftat, die unter Vorspiegelung eines steuerlich erheblichen Sachverhaltes gegenüber der Finanzbehörde oder einer anderen Behörde auf die Erlangung von Vermögensvorteilen gerichtet ist und kein Steuerstrafgesetz verletzt, entsprechend anzuwenden.

Rechtsprechung

1 BFH vom 29. 4. 2008 – VIII R 5/06 (BStBl 2008 II S. 844)

1. Nach dem das Strafverfahren beherrschenden Legalitätsprinzip sind die Strafverfolgungsbehörden grundsätzlich berechtigt und verpflichtet, nach Eingang einer Selbstanzeige ein Strafverfahren zum Zwecke der Prüfung der Straffreiheit gemäß § 371 Abs. 1 und 3 AO einzuleiten. Eine derartige Strafverfahrenseinleitung hemmt den Anlauf der Frist zur Festsetzung von Hinterziehungszinsen gemäß § 239 Abs. 1 Satz 2 Nr. 3 AO.

...

Aus den Gründen:

Nach dem in § 385 Abs. 1 AO i.V.m. § 152 Abs. 2, § 160 Abs. 1 StPO niedergelegten Legalitätsprinzip sind die Strafverfolgungsbehörden verpflichtet, wegen aller verfolgbaren Straftaten einzuschreiten, sofern zureichende tatsächliche Anhaltspunkte vorliegen (sog. Anfangsverdacht). Erhält das Strafverfolgungsorgan Kenntnis von dem Anfangsverdacht einer Straftat, dann hat es den Sachverhalt zu erforschen, also zu ermitteln. Es besteht – abgesehen von den in §§ 153 ff. StPO geregelten Fällen des Opportunitätsprinzips – kein Ermessen, ob eingeschritten werden soll oder nicht.

Es steht auch nicht im Belieben des Strafverfolgungsorgans, bloße Vor-Ermittlungen anzustellen. Denn diese im Gesetz nicht ausdrücklich geregelten, aber zulässigen Maßnahmen dienen in der Strafverfolgungspraxis der Klärung der Frage, ob ein Anfangsverdacht vorliegt oder nicht (vgl. Wache in Karlsruher Kommentar, Strafprozessordnung, 5. Aufl., § 158 Rz 1 und § 160 Rz 11; Schoreit in Karlsruher Kommentar, a.a.O., § 152 Rz 3; Meyer-Goßner, Strafprozessordnung, 50. Aufl., § 152 Rz 4a). Ist ein solcher aber unzweifelhaft gegeben, so ist kein Raum für Vor-Ermittlungen. Vielmehr sind die Ermittlungen i.S. des § 160 StPO aufzunehmen und es ist ein „reguläres" Ermittlungsverfahren einzuleiten.

Mit dem Merkmal der verfolgbaren Straftat zeigt das Gesetz allerdings auf, dass die Strafverfolgungsbehörden nur dann zum Einschreiten aufgerufen sind, wenn zwingende Verfahrenshindernisse nicht gegeben sind. Mit anderen Worten: Die Einleitung des Strafverfahrens darf nicht erfolgen, wenn von vornherein feststellbar ist, dass ein nicht ausräumbares Verfahrenshindernis, z.B. bereits eingetretene Strafverfolgungsverjährung, besteht (Wache in Karlsruher Kommentar, a.a.O.,

§ 160 Rz 16; Jäger in Franzen/Gast/Joecks, Steuerstrafrecht, 6. Aufl., § 397 Rz 55; Dumke in Schwarz, AO, § 371 Rz 15).

§ 386 Zuständigkeit der Finanzbehörde bei Steuerstraftaten

(1) ¹Bei dem Verdacht einer Steuerstraftat ermittelt die Finanzbehörde den Sachverhalt. ²Finanzbehörde im Sinne dieses Abschnitts ist das Hauptzollamt, das Finanzamt, das Bundeszentralamt für Steuern und die Familienkasse.

(2) Die Finanzbehörde führt das Ermittlungsverfahren in den Grenzen des § 399 Abs. 1 und der §§ 400, 401 selbständig durch, wenn die Tat
1. ausschließlich eine Steuerstraftat darstellt oder
2. zugleich andere Strafgesetze verletzt und deren Verletzung Kirchensteuern oder andere öffentlich-rechtliche Abgaben betrifft, die an Besteuerungsgrundlagen, Steuermessbeträge oder Steuerbeträge anknüpfen.

(3) Absatz 2 gilt nicht, sobald gegen einen Beschuldigten wegen der Tat ein Haftbefehl oder ein Unterbringungsbefehl erlassen ist.

(4) ¹Die Finanzbehörde kann die Strafsache jederzeit an die Staatsanwaltschaft abgeben. ²Die Staatsanwaltschaft kann die Strafsache jederzeit an sich ziehen. ³In beiden Fällen kann die Staatsanwaltschaft im Einvernehmen mit der Finanzbehörde die Strafsache wieder an die Finanzbehörde abgeben.

§ 387 Sachlich zuständige Finanzbehörde

(1) Sachlich zuständig ist die Finanzbehörde, welche die betroffene Steuer verwaltet.

(2) ¹Die Zuständigkeit nach Absatz 1 kann durch Rechtsverordnung einer Finanzbehörde für den Bereich mehrerer Finanzbehörden übertragen werden, soweit dies mit Rücksicht auf die Wirtschafts- oder Verkehrsverhältnisse, den Aufbau der Verwaltungsbehörden oder andere örtliche Bedürfnisse zweckmäßig erscheint. ²Die Rechtsverordnung erlässt, soweit die Finanzbehörde eine Landesbehörde ist, die Landesregierung, im Übrigen das Bundesministerium der Finanzen. ³Die Rechtsverordnung des Bundesministeriums der Finanzen bedarf nicht der Zustimmung des Bundesrates. ⁴Die Landesregierung kann die Ermächtigung auf die für die Finanzverwaltung zuständige oberste Landesbehörde übertragen.

§ 388 Örtlich zuständige Finanzbehörde

(1) Örtlich zuständig ist die Finanzbehörde,
1. in deren Bezirk die Steuerstraftat begangen oder entdeckt worden ist,
2. die zur Zeit der Einleitung des Strafverfahrens für die Abgabenangelegenheiten zuständig ist oder
3. in deren Bezirk der Beschuldigte zur Zeit der Einleitung des Strafverfahrens seinen Wohnsitz hat.

(2) ¹Ändert sich der Wohnsitz des Beschuldigten nach Einleitung des Strafverfahrens, so ist auch die Finanzbehörde örtlich zuständig, in deren Bezirk der neue Wohnsitz liegt. ²Entsprechendes gilt, wenn sich die Zuständigkeit der Finanzbehörde für die Abgabenangelegenheit ändert.

(3) Hat der Beschuldigte im räumlichen Geltungsbereich dieses Gesetzes keinen Wohnsitz, so wird die Zuständigkeit auch durch den gewöhnlichen Aufenthaltsort bestimmt.

§ 389 Zusammenhängende Strafsachen

¹Für zusammenhängende Strafsachen, die einzeln nach § 388 zur Zuständigkeit verschiedener Finanzbehörden gehören würden, ist jede dieser Finanzbehörden zuständig. ²§ 3 der Strafprozessordnung gilt entsprechend.

§ 390 Mehrfache Zuständigkeit

(1) Sind nach den §§ 387 bis 389 mehrere Finanzbehörden zuständig, so gebührt der Vorzug der Finanzbehörde, die wegen der Tat zuerst ein Strafverfahren eingeleitet hat.

(2) ¹Auf Ersuchen dieser Finanzbehörde hat eine andere zuständige Finanzbehörde die Strafsache zu übernehmen, wenn dies für die Ermittlungen sachdienlich erscheint. ²In Zweifelsfällen entscheidet die Behörde, der die ersuchte Finanzbehörde untersteht.

§ 391 Zuständiges Gericht

(1) ¹Ist das Amtsgericht sachlich zuständig, so ist örtlich zuständig das Amtsgericht, in dessen Bezirk das Landgericht seinen Sitz hat. ²Im vorbereitenden Verfahren gilt dies, unbeschadet einer weiter gehenden Regelung nach § 58 Abs. 1 des Gerichtsverfassungsgesetzes, nur für die Zustimmung des Gerichts nach § 153 Abs. 1 und § 153a Abs. 1 der Strafprozessordnung.

(2) ¹Die Landesregierung kann durch Rechtsverordnung die Zuständigkeit abweichend von Absatz 1 Satz 1 regeln, soweit dies mit Rücksicht auf die Wirtschafts- oder Verkehrsverhältnisse, den Aufbau der Verwaltungsbehörden oder andere örtliche Bedürfnisse zweckmäßig erscheint. ²Die Landesregierung kann diese Ermächtigung auf die Landesjustizverwaltung übertragen.

(3) Strafsachen wegen Steuerstraftaten sollen beim Amtsgericht einer bestimmten Abteilung zugewiesen werden.

(4) Die Absätze 1 bis 3 gelten auch, wenn das Verfahren nicht nur Steuerstraftaten zum Gegenstand hat; sie gelten jedoch nicht, wenn dieselbe Handlung eine Straftat nach dem Betäubungsmittelgesetz darstellt, und nicht für Steuerstraftaten, welche die Kraftfahrzeugsteuer betreffen.

§ 392 Verteidigung

(1) Abweichend von § 138 Abs. 1 der Strafprozessordnung können auch Steuerberater, Steuerbevollmächtigte, Wirtschaftsprüfer und vereidigte Buchprüfer zu Verteidigern gewählt werden, soweit die Finanzbehörde das Strafverfahren selbständig durchführt; im Übrigen können sie die Verteidigung nur in Gemeinschaft mit einem Rechtsanwalt oder einem Rechtslehrer an einer deutschen Hochschule im Sinne des Hochschulrahmengesetzes mit Befähigung zum Richteramt führen.

(2) § 138 Abs. 2 der Strafprozessordnung bleibt unberührt.

§ 393 Verhältnis des Strafverfahrens zum Besteuerungsverfahren

(1) ¹Die Rechte und Pflichten der Steuerpflichtigen und der Finanzbehörde im Besteuerungsverfahren und im Strafverfahren richten sich nach den für das jeweilige Verfahren geltenden Vorschriften. ²Im Besteuerungsverfahren sind jedoch Zwangsmittel (§ 328) gegen den Steuerpflichtigen unzulässig, wenn er dadurch gezwungen würde, sich selbst wegen einer von ihm begangenen Steuerstraftat oder Steuerordnungswidrigkeit zu belasten. ³Dies gilt stets, soweit gegen ihn wegen einer solchen Tat das Strafverfahren eingeleitet worden ist. ⁴Der Steuerpflichtige ist hierüber zu belehren, soweit dazu Anlass besteht.

(2) ¹Soweit der Staatsanwaltschaft oder dem Gericht in einem Strafverfahren aus den Steuerakten Tatsachen oder Beweismittel bekannt werden, die der Steuerpflichtige der Finanzbehörde vor Einleitung des Strafverfahrens oder in Unkenntnis der Einleitung des Strafverfahrens in Erfüllung steuerrechtlicher Pflichten offenbart hat, dürfen diese Kenntnisse gegen ihn nicht für die Verfolgung einer Tat verwendet werden, die keine Steuerstraftat ist. ²Dies gilt nicht für Straftaten, an deren Verfolgung ein zwingendes öffentliches Interesse (§ 30 Abs. 4 Nr. 5) besteht.

(3) ¹Erkenntnisse, die die Finanzbehörde oder die Staatsanwaltschaft rechtmäßig im Rahmen strafrechtlicher Ermittlungen gewonnen hat, dürfen im Besteuerungsverfahren verwendet werden. ²Dies gilt auch für Erkenntnisse, die dem Brief-, Post- und Fernmeldegeheimnis unterliegen, soweit die Finanzbehörde diese rechtmäßig im Rahmen eigener strafrechtlicher Ermittlungen gewonnen hat oder soweit nach den Vorschriften der Strafprozessordnung Auskunft an die Finanzbehörden erteilt werden darf.

Rechtsprechung

BFH vom 19. 8. 1998 – XI R 37/97 (BStBl 1999 II S. 7)

Die Einleitung eines Steuerstrafverfahrens hindert nicht weitere Ermittlungen durch die Außenprüfung unter Erweiterung des Prüfungszeitraumes. Dies gilt auch dann, wenn der Steuerpflichtige erklärt, von seinem Recht auf Verweigerung der Mitwirkung Gebrauch zu machen.

BFH vom 19. 9. 2001 – XI B 6/01 (BStBl 2002 II S. 4)

Besteuerungsgrundlagen sind auch dann gemäß § 162 AO zu schätzen, wenn gegen den Steuerpflichtigen ein Strafverfahren wegen einer Steuerstraftat eingeleitet worden ist.

BFH vom 23. 1. 2002 – XI R 10, 11/01 (BStBl 2002 II S. 328)

Eine Verletzung der Belehrungspflicht gemäß § 393 Abs. 1 Satz 4 AO führt im Besteuerungsverfahren zu keinem Verwertungsverbot.

BGH vom 11. 9. 2003 – 5 StR 253/03 (wistra 2003 S. 429)

Wenn der Täter zum Nachweis seiner falschen Angaben dem Finanzamt unechte Urkunden im Sinne des § 267 StGB vorlegt, steht § 393 Abs. 2 AO einer Verurteilung auch wegen Urkundenfälschung nicht entgegen. Ein Steuerpflichtiger, der vorsätzlich falsche Angaben gegenüber den Finanzbehörden macht, erfüllt seine Erklärungs- und Mitwirkungspflichten nicht; die Vorlage von unechten Urkunden erfolgt damit gerade nicht in Erfüllung steuerrechtlicher Pflichten.[1]

BGH vom 5. 5. 2004 – 5 StR 548/03 (wistra 2004 S. 309)

Offenbart der Steuerpflichtige im Rahmen einer Selbstanzeige eine allgemeine Straftat, die er zugleich mit der Steuerhinterziehung begangen hat – wie hier eine tateinheitlich begangene Urkundenfälschung –, besteht kein Verwendungsverbot gemäß § 393 Abs. 2 AO hinsichtlich eines solchen Allgemeindelikts, mithin eines Delikts, das keine Steuerstraftat im Sinne des § 369 Abs. 1 AO darstellt.

Diese einschränkende Auslegung des § 393 Abs. 2 AO folgt aus der ratio legis der gesetzlichen Vorschrift, die es dem Steuerpflichtigen ermöglichen soll, auch bemakelte Einkünfte anzugeben, ohne deswegen eine Strafverfolgung befürchten zu müssen. Denn der Staat will Kenntnis von allen – legalen wie illegalen – Einkünften erlangen, um sie einer Besteuerung unterwerfen zu können. Der Steuerstraftäter, der im Rahmen einer Selbstanzeige ein mit der Steuerhinterziehung gleichzeitig begangenes Allgemeindelikt aufdeckt, offenbart jedoch keine weitere Steuerquelle für den Staat. Dies gilt insbesondere dann, wenn der Täter – wie hier der Angeklagte – einen angeblichen Steuererstattungsanspruch geltend macht, der auf einen völlig frei erfundenen Sachverhalt gestützt wird, und dazu gefälschte Urkunden vorlegt.

BFH vom 9. 12. 2004 – III B 83/04 (BFH/NV 2005 S. 503)[2]

1. Es bestehen keine verfassungsrechtlichen Bedenken dagegen, dass der Steuerpflichtige im Besteuerungsverfahren zur Mitwirkung verpflichtet bleibt, wenn gegen ihn ein Strafverfahren läuft. Der Steuerpflichtige wird dadurch nicht gezwungen, sich selbst zu belasten. Er muss nur als Folge seiner mangelnden Mitwirkung hinnehmen, dass die Besteuerungsgrundlagen geschätzt werden.

2. Das FG ist grundsätzlich nicht verpflichtet, das Besteuerungsverfahren bis zum Abschluss des Strafverfahrens auszusetzen. Eine Aussetzung des Verfahrens kann aber dann geboten sein, wenn das Strafverfahren kurz vor dem Abschluss steht und der Steuerpflichtige vorträgt, nach dessen Ende seinen Mitwirkungspflichten voll genügen zu wollen.

BGH vom 12. 1. 2005 – 5 StR 191/04 (HFR 2005 S. 595)

Bei Anhängigkeit eines Steuerstrafverfahrens rechtfertigt das Zwangsmittelverbot (nemo tenetur se ipsum accusare) nicht, die Abgabe von Steuererklärungen für nachfolgende Besteuerungszeiträume zu unterlassen. Allerdings besteht für die zutreffenden Angaben des Steuerpflichtigen, soweit sie zu einer mittelbaren Selbstbelastung für die zurückliegenden strafbefangenen Besteuerungszeiträume führen, ein strafrechtliches Verwendungsverbot.

---
[1] Vgl. auch BVerfG vom 15. 10. 2004, HFR 2005 S. 460.
[2] Die Verfassungsbeschwerde wurde gem. §§ 93a, 93b BVerfGG nicht zur Entscheidung angenommen (BVerfG vom 29. 9. 2005, Az. 1 BvR 490/05).

8 BGH vom 2. 12. 2005 – 5 StR 119/05 (HFR 2006 S. 516)

Wer Bestechungsgelder erhält, muss diese versteuern. Dem steht der Grundsatz der Selbstbelastungsfreiheit auch in Fällen des § 393 Abs. 2 Satz 2 AO nicht entgegen, soweit sich die Erklärungspflicht auf die betragsmäßige Angabe der Einnahmen beschränkt und nicht deren deliktische Herkunft umfasst.

9 BFH vom 4. 10. 2006 – VIII R 53/04 (BStBl 2007 II S. 227)

Aus den Gründen:
Art. 3 Abs. 1 GG verlangt für das Steuerrecht, dass die Steuerpflichtigen durch ein Steuergesetz rechtlich und tatsächlich gleich belastet werden. Zu diesem Zweck werden von Verfassungs wegen erhebliche Anforderungen an die Steuerehrlichkeit der Steuerpflichtigen gestellt. Diesen Grundsätzen würde es aber eklatant widersprechen, Auskünfte von Steuerehrlichen uneingeschränkt der Besteuerung zugrunde zu legen, Auskünfte hingegen z.B. eines einer Straftat Verdächtigen, der nach § 393 Abs. 1 Satz 4 AO lediglich nicht ordnungsgemäß belehrt worden ist, unberücksichtigt zu lassen.

10 BFH vom 15. 11. 2006 – XI B 19/06 (BFH/NV 2007 S. 400)

Der Steuerpflichtige bleibt im Besteuerungsverfahren zur Mitwirkung verpflichtet, auch wenn gegen ihn ein Strafverfahren läuft.[1]

11 BFH vom 30. 5. 2008 – V B 76/07 (BFH/NV 2008 S. 1441)

1. Im Besteuerungsverfahren besteht kein allgemeines gesetzliches Verwertungsverbot für Tatsachen, die unter Verletzung von Verfahrensvorschriften ermittelt worden sind.
2. Das Unterlassen der Belehrung nach § 393 Abs. 1 Satz 4 AO führt nicht zu einem Verwertungsverbot.
...

12 BVerfG vom 13. 5. 2009 – 2 BvL 19/08 (HFR 2009 S. 1128)

1. Wegen fehlender Entscheidungserheblichkeit der Gültigkeit von § 19 TabStG im Rahmen eines Steuerstrafverfahrens und unzureichender Begründung der Überzeugung von der Verfassungswidrigkeit der vorgelegten Norm ist die Richtervorlage unzulässig.
2. Der Stpfl. ist grundsätzlich gehalten, seine steuerlichen Erklärungspflichten zu erfüllen, ohne Rücksicht darauf, ob er hierdurch eigene Straftaten oder Ordnungswidrigkeiten aufdeckt.
3. Dem in Art. 2 Abs. 1 GG verfassungsrechtlich verankerten Nemo-tenetur-Grundsatz wird in der AO dadurch Rechnung getragen, dass § 393 Abs. 1 AO Zwangsmittel untersagt, soweit der Stpfl. Steuerstraftaten offenbaren müsste. Ergänzt wird der Schutz in § 393 Abs. 2 AO hinsichtlich anderer Straftaten durch ein begrenztes strafrechtliches Verwertungsverbot.
4. § 19 Abs. 5 TabStG i.V. mit § 215 AO zielt mit der Sicherstellung der Tabakwaren und der hieran anknüpfenden Einziehung auf die Unterbindung des innergemeinschaftlichen – gewerblichen – Handels mit nicht in Deutschland versteuerten Waren.

13 BVerfG vom 27. 4. 2010 – 2 BvL 13/07 (HFR 2010 S. 1222)

Die Richtervorlage an das BVerfG[2] zur Frage, ob die Ausnahme vom steuerverfahrensrechtlichen Verwendungsverbot in Fällen einer Straftat, an deren Verfolgung ein zwingendes öffentliches Interesse besteht, verfassungswidrig ist (Verstoß gegen den Grundsatz „nemo tenetur se ipsum accusare"), ist unzulässig, wenn es an der Darlegung der Entscheidungserheblichkeit des § 393 Abs. 2 Satz 2 AO, an der Auseinandersetzung mit dem Begriff „in einem Strafverfahren" (Steuerstrafverfahren oder allgemeines Strafverfahren) und mit dem Verhältnis zum Steuergeheimnis und dem Schwarzarbeitsbekämpfungsgesetz mangelt.

14 BFH vom 9. 3. 2011 – X B 153/10 (BFH/NV 2011 S. 965)

1. Die subjektiven und objektiven Voraussetzungen einer Steuerhinterziehung sind dem Grunde nach auch bei der Verletzung von Mitwirkungspflichten immer mit an Sicherheit grenzender Wahrscheinlichkeit festzustellen (Anschluss an das BFH-Urteil vom 7. 11. 2006 – VIII R 81/04, BStBl 2007 II S. 364).
2. Hinsichtlich der Höhe der hinterzogenen Einkünfte hat das FG jedoch bei einer Verletzung der Mitwirkungspflicht eine eigene Schätzungsbefugnis.

---

[1] Die Verfassungsbeschwerde wurde gem. §§ 93a, 93b BVerfGG nicht zur Entscheidung angenommen (BVerfG vom 22. 5. 2007, Az. 2 BvR 2580/05).
[2] LG Göttingen vom 11. 12. 2007 – 8 KLs 1/07 (wistra 2008 S. 231).

§ 394   Übergang des Eigentums

¹Hat ein Unbekannter, der bei einer Steuerstraftat auf frischer Tat betroffen wurde, aber entkommen ist, Sachen zurückgelassen und sind diese Sachen beschlagnahmt oder sonst sichergestellt worden, weil sie eingezogen werden können, so gehen sie nach Ablauf eines Jahres in das Eigentum des Staates über, wenn der Eigentümer der Sachen unbekannt ist und die Finanzbehörde durch eine öffentliche Bekanntmachung auf den drohenden Verlust des Eigentums hingewiesen hat. ²§ 10 Abs. 2 Satz 1 des Verwaltungszustellungsgesetzes ist mit der Maßgabe anzuwenden, dass anstelle einer Benachrichtigung der Hinweis nach Satz 1 bekannt gemacht oder veröffentlicht wird. ³Die Frist beginnt mit dem Aushang der Bekanntmachung.

§ 395   Akteneinsicht der Finanzbehörde

¹Die Finanzbehörde ist befugt, die Akten, die dem Gericht vorliegen oder im Fall der Erhebung der Anklage vorzulegen wären, einzusehen sowie beschlagnahmte oder sonst sichergestellte Gegenstände zu besichtigen. ²Die Akten werden der Finanzbehörde auf Antrag zur Einsichtnahme übersandt.

§ 396   Aussetzung des Verfahrens

(1) Hängt die Beurteilung der Tat als Steuerhinterziehung davon ab, ob ein Steueranspruch besteht, ob Steuern verkürzt oder ob nicht gerechtfertigte Steuervorteile erlangt sind, so kann das Strafverfahren ausgesetzt werden, bis das Besteuerungsverfahren rechtskräftig abgeschlossen ist.

(2) Über die Aussetzung entscheidet im Ermittlungsverfahren die Staatsanwaltschaft, im Verfahren nach Erhebung der öffentlichen Klage das Gericht, das mit der Sache befasst ist.

(3) Während der Aussetzung des Verfahrens ruht die Verjährung.

2. Unterabschnitt
Ermittlungsverfahren (§§ 397–405)

I. Allgemeines (§§ 397–398a)

§ 397   Einleitung des Strafverfahrens

(1) Das Strafverfahren ist eingeleitet, sobald die Finanzbehörde, die Polizei, die Staatsanwaltschaft, eine ihrer Ermittlungspersonen oder der Strafrichter eine Maßnahme trifft, die erkennbar darauf abzielt, gegen jemanden wegen einer Steuerstraftat strafrechtlich vorzugehen.

(2) Die Maßnahme ist unter Angabe des Zeitpunktes unverzüglich in den Akten zu vermerken.

(3) Die Einleitung des Strafverfahrens ist dem Beschuldigten spätestens mitzuteilen, wenn er dazu aufgefordert wird, Tatsachen darzulegen oder Unterlagen vorzulegen, die im Zusammenhang mit der Straftat stehen, derer er verdächtig ist.

Rechtsprechung

BFH vom 29. 4. 2008 – VIII R 5/06 (BStBl 2008 II S. 844)

1. Nach dem das Strafverfahren beherrschenden Legalitätsprinzip sind die Strafverfolgungsbehörden grundsätzlich berechtigt und verpflichtet, nach Eingang einer Selbstanzeige ein Strafverfahren zum Zwecke der Prüfung der Straffreiheit gemäß § 371 Abs. 1 und 3 AO einzuleiten. Eine derartige Strafverfahrenseinleitung hemmt den Anlauf der Frist zur Festsetzung von Hinterziehungszinsen gemäß § 239 Abs. 1 Satz 2 Nr. 3 AO.

2. Ausnahmsweise hemmt aber eine Strafverfahrenseinleitung, die sich nach den für die Strafverfolgungsbehörden zum Zeitpunkt der Einleitung bekannten oder ohne Weiteres erkennbaren Umständen als greifbar rechtswidrig darstellt, den Anlauf der Festsetzungsfrist nicht.

Aus den Gründen:

Ein Strafverfahren ist dann eingeleitet, sobald die Finanzbehörde, die Polizei, die Staatsanwaltschaft, eine ihrer Ermittlungspersonen oder der Strafrichter eine Maßnahme trifft, die erkennbar darauf abzielt, gegen jemanden wegen einer Steuerstraftat strafrechtlich vorzugehen (§ 397 Abs. 1 AO). Die förmliche Einleitung des Strafverfahrens ist der Regelfall einer einleitenden Maßnahme. Für das Steuerstrafrecht gelten diesbezüglich keine anderen Grundsätze als im allgemeinen Strafverfahren. Somit ist auch die förmliche Einleitungsverfügung der Staatsanwaltschaft – als solche – eine einleitende erkennbare Maßnahme i.S. des § 397 Abs. 1 AO (BFH-Beschluss vom 13. 12. 1995, BFH/NV 1996 S. 451, m.w.N.; a.A. Wannemacher/Seipl in Beermann/Gosch, AO, § 397 Rz 35).

Für die förmliche Einleitungsverfügung der Finanzbehörde gilt nichts anderes (vgl. Scheurmann-Kettner in Koch/Scholtz, AO, 5. Aufl., § 397 Rz 6; Rolletschke, wistra 2007, 89). Denn führt die Finanzbehörde das Ermittlungsverfahren aufgrund des § 386 Abs. 2 AO selbstständig durch, so nimmt sie die Rechte und Pflichten wahr, die der Staatsanwaltschaft im Ermittlungsverfahren zustehen (§ 399 Abs. 1 AO). Von den gesetzlich bestimmten Ausnahmen (vgl. § 386 Abs. 2 AO i.V.m. §§ 400, 401 AO) abgesehen, hat die Finanzbehörde im Ermittlungsverfahren eine Stellung inne, die sich von der der Staatsanwaltschaft nicht unterscheidet. Sie ist, solange das Verfahren nicht an die Staatsanwaltschaft abgegeben oder von dieser an sich gezogen wurde (§ 386 Abs. 4 AO), das allein zuständige Strafverfolgungsorgan und als solches Herrin des Ermittlungsverfahrens (vgl. Klein/Gast-de Haan, AO, 9. Aufl., § 386 Rz 2). Maßnahmen der zur selbstständigen Erforschung des Sachverhalts berufenen Finanzbehörde haben damit kein minderes rechtliches Gewicht als strafprozessuale Maßnahmen der Staatsanwaltschaft.

...

Ergänzend ist darauf hinzuweisen, dass die in § 397 Abs. 1 AO enthaltene Formulierung, es müsse gegen jemanden wegen einer Steuerstraftat vorgegangen werden, nicht in dem Sinne interpretiert werden darf, dass stets ein aktives auf die Bestrafung des Beschuldigten ausgerichtetes Verhalten der Strafverfolgungsbehörden zu fordern sei, woran es bei der bloßen Überprüfung der Wirksamkeit einer Selbstanzeige fehlte. Wird ein Anfangsverdacht geschöpft, dann besteht das Ziel der daraufhin eingeleiteten strafrechtlichen Ermittlungen darin, den Sachverhalt umfassend zugunsten wie zuungunsten des Beschuldigten zu erforschen, um den Strafverfolgungsorganen die Entschließung darüber zu ermöglichen, ob die Erhebung der öffentlichen Klage geboten erscheint oder das Verfahren einzustellen ist (vgl. § 160 Abs. 1 und 2 StPO; Meyer-Goßner, a.a.O., § 160 Rz 11). Maßnahme i.S. des § 397 Abs. 1 AO ist damit jede Handlung, die geeignet ist, dem Ziel der Bestrafung des Verdächtigen oder der Beseitigung des Verdachts näherzukommen (Jäger in Franzen/Gast/Joecks, Steuerstrafrecht, 6. Aufl., § 397 Rz 67). Dementsprechend sind Ermittlungen zur Prüfung der Frage, ob der Verdächtige durch eine Selbstanzeige Straffreiheit erlangen kann oder nicht, erkennbar strafrechtliche Maßnahmen.

§ 398 Einstellung wegen Geringfügigkeit

¹Die Staatsanwaltschaft kann von der Verfolgung einer Steuerhinterziehung, bei der nur eine geringwertige Steuerverkürzung eingetreten ist oder nur geringwertige Steuervorteile erlangt sind, auch ohne Zustimmung des für die Eröffnung des Hauptverfahrens zuständigen Gerichts absehen, wenn die Schuld des Täters als gering anzusehen wäre und kein öffentliches Interesse an der Verfolgung besteht. ²Dies gilt für das Verfahren wegen einer Steuerhehlerei nach § 374 und einer Begünstigung einer Person, die eine der in § 375 Abs. 1 Nr. 1 bis 3 genannten Taten begangen hat, entsprechend.

§ 398a Absehen von Verfolgung in besonderen Fällen

In Fällen, in denen Straffreiheit nur deswegen nicht eintritt, weil der Hinterziehungsbetrag 50 000 Euro übersteigt (§ 371 Absatz 2 Nummer 3), wird von der Verfolgung einer Steuerstraftat abgesehen, wenn der Täter innerhalb einer ihm bestimmten angemessenen Frist

1. die aus der Tat zu seinen Gunsten hinterzogenen Steuern entrichtet und
2. einen Geldbetrag in Höhe von 5 Prozent der hinterzogenen Steuer zugunsten der Staatskasse zahlt.

---

[1] § 398a AO eingefügt durch Art. 2 des Schwarzgeldbekämpfungsgesetzes vom 28. 4. 2011 (BGBl. 2011 I S. 676 = BStBl 2011 I S. 495) mit Wirkung ab 3. 5. 2011. Beachte aber die Übergangsregelung in Art. 97 § 24 EGAO.

II. Verfahren der Finanzbehörde bei Steuerstraftaten (§§ 399–401)

§ 399 Rechte und Pflichten der Finanzbehörde

(1) Führt die Finanzbehörde das Ermittlungsverfahren auf Grund des § 386 Abs. 2 selbständig durch, so nimmt sie die Rechte und Pflichten wahr, die der Staatsanwaltschaft im Ermittlungsverfahren zustehen.

(2) ¹Ist einer Finanzbehörde nach § 387 Abs. 2 die Zuständigkeit für den Bereich mehrerer Finanzbehörden übertragen, so bleiben das Recht und die Pflicht dieser Finanzbehörden unberührt, bei dem Verdacht einer Steuerstraftat den Sachverhalt zu erforschen und alle unaufschiebbaren Anordnungen zu treffen, um die Verdunkelung der Sache zu verhüten. ²Sie können Beschlagnahmen, Notveräußerungen, Durchsuchungen, Untersuchungen und sonstige Maßnahmen nach den für Ermittlungspersonen der Staatsanwaltschaft geltenden Vorschriften der Strafprozessordnung anordnen.

Rechtsprechung

FG Baden-Württemberg vom 20. 2. 2008 – 6 V 382/07 (EFG 2008 S. 1092)

1. Wird die Steuerfahndung zum Zeitpunkt der Mitnahme von Unterlagen nach außen objektiv und eindeutig erkennbar als Strafverfolgungsbehörde tätig, richtet sich die Beurteilung der Maßnahme nach der StPO.

2. Werden Gegenstände nach § 108 Abs. 1 Satz 1 StPO einstweilig in Beschlag genommen, die bei Gelegenheit einer Durchsuchung gefunden werden und zwar in keiner Beziehung zu der Untersuchung stehen, aber auf die Verübung einer anderen Straftat hindeuten, ist die Bußgeld- und Strafsachenstelle hiervon in Kenntnis zu setzen und von dieser die Beschlagnahme herbeizuführen oder die Sachen freizugeben. Da Gefahr in Verzug in derartigen Fällen nicht mehr besteht, ordnet die Beschlagnahme der nunmehr zuständige Ermittlungsrichter der neuen Sache an. Die einstweilige Beschlagnahme ist aufzuheben, wenn die Bußgeld- und Strafsachenstelle es unterlässt, in angemessener Frist ein neues Verfahren einzuleiten und die endgültige Beschlagnahme zu beantragen.

3. Zwar besteht im Besteuerungsverfahren ein allgemeines gesetzliches Verwertungsverbot für Tatsachen, die unter Verletzung von Verfahrensvorschriften ermittelt wurden; jedoch kann ein Verwertungsverbot bestehen, wenn das Ermittlungsergebnis auf einem Verstoß gegen das Beweisverbot beruht; es besteht nicht, wenn das gleiche Ermittlungsergebnis auch bei legaler Ermittlung erzielt worden wäre. Dass die Mitnahme von Unterlagen nicht vom zuständigen Ermittlungsrichter für rechtswidrig erklärt worden ist, steht einem Verwertungsverbot nicht entgegen.

§ 400 Antrag auf Erlass eines Strafbefehls

Bieten die Ermittlungen genügenden Anlass zur Erhebung der öffentlichen Klage, so beantragt die Finanzbehörde beim Richter den Erlass eines Strafbefehls, wenn die Strafsache zur Behandlung im Strafbefehlsverfahren geeignet erscheint; ist dies nicht der Fall, so legt die Finanzbehörde die Akten der Staatsanwaltschaft vor.

§ 401 Antrag auf Anordnung von Nebenfolgen im selbständigen Verfahren

Die Finanzbehörde kann den Antrag stellen, die Einziehung oder den Verfall selbständig anzuordnen oder eine Geldbuße gegen eine juristische Person oder eine Personenvereinigung selbständig festzusetzen (§§ 440, 442 Abs. 1, § 444 Abs. 3 der Strafprozessordnung).

III. Stellung der Finanzbehörde im Verfahren der Staatsanwaltschaft (§§ 402–403)

§ 402 Allgemeine Rechte und Pflichten der Finanzbehörde

(1) Führt die Staatsanwaltschaft das Ermittlungsverfahren durch, so hat die sonst zuständige Finanzbehörde dieselben Rechte und Pflichten wie die Behörden des Polizeidienstes nach der Strafprozessordnung sowie die Befugnisse nach § 399 Abs. 2 Satz 2.

(2) Ist einer Finanzbehörde nach § 387 Abs. 2 die Zuständigkeit für den Bereich mehrerer Finanzbehörden übertragen, so gilt Absatz 1 für jede dieser Finanzbehörden.

§ 403 Beteiligung der Finanzbehörde

(1) ¹Führt die Staatsanwaltschaft oder die Polizei Ermittlungen durch, die Steuerstraftaten betreffen, so ist die sonst zuständige Finanzbehörde befugt, daran teilzunehmen. ²Ort und Zeit der Ermittlungshandlungen sollen ihr rechtzeitig mitgeteilt werden. ³Dem Vertreter der Finanzbehörde ist zu gestatten, Fragen an Beschuldigte, Zeugen und Sachverständige zu stellen.

(2) Absatz 1 gilt sinngemäß für solche richterlichen Verhandlungen, bei denen auch der Staatsanwaltschaft die Anwesenheit gestattet ist.

(3) Der sonst zuständigen Finanzbehörde sind die Anklageschrift und der Antrag auf Erlass eines Strafbefehls mitzuteilen.

(4) Erwägt die Staatsanwaltschaft, das Verfahren einzustellen, so hat sie die sonst zuständige Finanzbehörde zu hören.

IV. Steuer- und Zollfahndung (§ 404)

§ 404 Steuer- und Zollfahndung

¹Die Zollfahndungsämter und die mit der Steuerfahndung betrauten Dienststellen der Landesfinanzbehörden sowie ihre Beamten haben im Strafverfahren wegen Steuerstraftaten dieselben Rechte und Pflichten wie die Behörden und Beamten des Polizeidienstes nach den Vorschriften der Strafprozessordnung. ²Die in Satz 1 bezeichneten Stellen haben die Befugnisse nach § 399 Abs. 2 Satz 2 sowie die Befugnis zur Durchsicht der Papiere des von der Durchsuchung Betroffenen (§ 110 Abs. 1 der Strafprozessordnung); ihre Beamten sind Ermittlungspersonen der Staatsanwaltschaft.

Rechtsprechung

1 BFH vom 8. 7. 2009 – VIII R 5/07 (BStBl 2010 II S. 583)

1. Ermittlungen der Strafsachen- und Bußgeldstelle des Finanzamts stellen keine Ermittlungen der mit „der Steuerfahndung betrauten Dienststellen der Landesfinanzbehörden" i.S. des § 171 Abs. 5 Satz 1 AO dar und führen daher nicht zur Ablaufhemmung nach dieser Vorschrift.

...

V. Entschädigung der Zeugen und der Sachverständigen (§ 405)

§ 405 Entschädigung der Zeugen und der Sachverständigen

¹Werden Zeugen und Sachverständige von der Finanzbehörde zu Beweiszwecken herangezogen, so erhalten sie eine Entschädigung oder Vergütung nach dem Justizvergütungs- und -entschädigungsgesetz. ²Dies gilt auch in den Fällen des § 404.

3. Unterabschnitt
Gerichtliches Verfahren (§§ 406–407)

§ 406 Mitwirkung der Finanzbehörde im Strafbefehlsverfahren und im selbständigen Verfahren

(1) Hat die Finanzbehörde den Erlass eines Strafbefehls beantragt, so nimmt sie die Rechte und Pflichten der Staatsanwaltschaft wahr, solange nicht nach § 408 Abs. 3 Satz 2 der Strafprozessordnung Hauptverhandlung anberaumt oder Einspruch gegen den Strafbefehl erhoben wird.

(2) Hat die Finanzbehörde den Antrag gestellt, die Einziehung oder den Verfall selbständig anzuordnen oder eine Geldbuße gegen eine juristische Person oder eine Personenvereinigung selbständig festzusetzen (§ 401), so nimmt sie die Rechte und Pflichten der Staatsanwaltschaft wahr, solange nicht mündliche Verhandlung beantragt oder vom Gericht angeordnet wird.

§ 407 Beteiligung der Finanzbehörde in sonstigen Fällen

(1) ¹Das Gericht gibt der Finanzbehörde Gelegenheit, die Gesichtspunkte vorzubringen, die von ihrem Standpunkt für die Entscheidung von Bedeutung sind. ²Dies gilt auch, wenn das Gericht erwägt, das Verfahren einzustellen. ³Der Termin zur Hauptverhandlung und der Termin zur Vernehmung durch einen beauftragten oder ersuchten Richter (§§ 223, 233 der Strafprozessordnung) werden der Finanzbehörde mitgeteilt. ⁴Ihr Vertreter erhält in der Hauptverhandlung auf Verlangen das Wort. ⁵Ihm ist zu gestatten, Fragen an Angeklagte, Zeugen und Sachverständige zu richten.

(2) Das Urteil und andere das Verfahren abschließende Entscheidungen sind der Finanzbehörde mitzuteilen.

4. Unterabschnitt
Kosten des Verfahrens (§ 408)

§ 408 Kosten des Verfahrens

¹Notwendige Auslagen eines Beteiligten im Sinne des § 464a Abs. 2 Nr. 2 der Strafprozessordnung sind im Strafverfahren wegen einer Steuerstraftat auch die gesetzlichen Gebühren und Auslagen eines Steuerberaters, Steuerbevollmächtigten, Wirtschaftsprüfers oder vereidigten Buchprüfers. ²Sind Gebühren und Auslagen gesetzlich nicht geregelt, so können sie bis zur Höhe der gesetzlichen Gebühren und Auslagen eines Rechtsanwalts erstattet werden.

VIERTER ABSCHNITT
Bußgeldverfahren (§§ 409–412)

§ 409 Zuständige Verwaltungsbehörde

¹Bei Steuerordnungswidrigkeiten ist zuständige Verwaltungsbehörde im Sinne des § 36 Abs. 1 Nr. 1 des Gesetzes über Ordnungswidrigkeiten die nach § 387 Abs. 1 sachlich zuständige Finanzbehörde. ²§ 387 Abs. 2 gilt entsprechend.

§ 410 Ergänzende Vorschriften für das Bußgeldverfahren

(1) Für das Bußgeldverfahren gelten außer den verfahrensrechtlichen Vorschriften des Gesetzes über Ordnungswidrigkeiten entsprechend:
1. §§ 388 bis 390 über die Zuständigkeit der Finanzbehörde,
2. § 391 über die Zuständigkeit des Gerichts,
3. § 392 über die Verteidigung,

4. § 393 über das Verhältnis des Strafverfahrens zum Besteuerungsverfahren,
5. § 396 über die Aussetzung des Verfahrens,
6. § 397 über die Einleitung des Strafverfahrens,
7. § 399 Abs. 2 über die Rechte und Pflichten der Finanzbehörde,
8. §§ 402, 403 Abs. 1, 3 und 4 über die Stellung der Finanzbehörde im Verfahren der Staatsanwaltschaft,
9. § 404 Satz 1 und Satz 2 erster Halbsatz über die Steuer- und Zollfahndung,
10. § 405 über die Entschädigung der Zeugen und der Sachverständigen,
11. § 407 über die Beteiligung der Finanzbehörde und
12. § 408 über die Kosten des Verfahrens.

(2) Verfolgt die Finanzbehörde eine Steuerstraftat, die mit einer Steuerordnungswidrigkeit zusammenhängt (§ 42 Abs. 1 Satz 2 des Gesetzes über Ordnungswidrigkeiten), so kann sie in den Fällen des § 400 beantragen, den Strafbefehl auf die Steuerordnungswidrigkeit zu erstrecken.

§ 411 Bußgeldverfahren gegen Rechtsanwälte, Steuerberater, Steuerbevollmächtigte, Wirtschaftsprüfer oder vereidigte Buchprüfer

Bevor gegen einen Rechtsanwalt, Steuerberater, Steuerbevollmächtigten, Wirtschaftsprüfer oder vereidigten Buchprüfer wegen einer Steuerordnungswidrigkeit, die er in Ausübung seines Berufs bei der Beratung in Steuersachen begangen hat, ein Bußgeldbescheid erlassen wird, gibt die Finanzbehörde der zuständigen Berufskammer Gelegenheit, die Gesichtspunkte vorzubringen, die von ihrem Standpunkt für die Entscheidung von Bedeutung sind.

§ 412 Zustellung, Vollstreckung, Kosten

(1) ¹Für das Zustellungsverfahren gelten abweichend von § 51 Abs. 1 Satz 1 des Gesetzes über Ordnungswidrigkeiten die Vorschriften des Verwaltungszustellungsgesetzes auch dann, wenn eine Landesfinanzbehörde den Bescheid erlassen hat. § 51 Abs. 1 Satz 2 und Abs. 2 bis 5 des Gesetzes über Ordnungswidrigkeiten bleibt unberührt.

(2) ¹Für die Vollstreckung von Bescheiden der Finanzbehörden in Bußgeldverfahren gelten abweichend von § 90 Abs. 1 und 4, § 108 Abs. 2 des Gesetzes über Ordnungswidrigkeiten die Vorschriften des Sechsten Teils dieses Gesetzes. ²Die übrigen Vorschriften des Neunten Abschnitts des Zweiten Teils des Gesetzes über Ordnungswidrigkeiten bleiben unberührt.

(3) Für die Kosten des Bußgeldverfahrens gilt § 107 Abs. 4 des Gesetzes über Ordnungswidrigkeiten auch dann, wenn eine Landesfinanzbehörde den Bußgeldbescheid erlassen hat; an Stelle des § 19 des Verwaltungskostengesetzes gelten § 227 und § 261 dieses Gesetzes.

NEUNTER TEIL
SCHLUSSVORSCHRIFTEN (§§ 413–415)

§ 413 Einschränkung von Grundrechten

Die Grundrechte auf körperliche Unversehrtheit und Freiheit der Person (Artikel 2 Abs. 2 des Grundgesetzes), des Briefgeheimnisses sowie des Post- und Fernmeldegeheimnisses (Artikel 10 des Grundgesetzes) und der Unverletzlichkeit der Wohnung (Artikel 13 des Grundgesetzes) werden nach Maßgabe dieses Gesetzes eingeschränkt.

Rechtsprechung

FG Hamburg vom 19. 4. 2011 – 3 K 6/11 (StEd 2011 S. 519) 1
1. Neben dem einen deutschen Staatsvolk und dem einen deutschen Staat gibt es hier kein Staatsvolk „Germaniten" und keinen Staat „Germanitien"; aus einigen Unterschriften folgt kein Staatsvolk und erst recht mangels Staatsgebiet und Staatsgewalt kein Staat.
2. Gegen das Zitiergebot des Art. 19 Abs. 1 Satz 2 GG verstößt die Abgabenordnung nicht im Hinblick auf den Regelungsvorbehalt in Art. 14 GG.

§ 414 (gegenstandslos)

§ 415 (Inkrafttreten)

...

Finanzgerichtsordnung

Finanzgerichtsordnung (FGO)

in der Fassung der Neubekanntmachung vom 28. 3. 2001 (BGBl. 2001 I S. 442, 2262), zuletzt geändert durch Art. 2 Abs. 35 des Gesetzes zur Änderung von Vorschriften über Verkündung und Bekanntmachungen sowie der Zivilprozessordnung, des Gesetzes betreffend die Einführung der Zivilprozessordnung und der Abgabenordnung
vom 22. 12. 2011 (BGBl. 2011 I S. 3044)

> **Redaktioneller Hinweis:**
> Paragraphenüberschriften sind nichtamtlich.

Änderungen der FGO seit ihrer Neubekanntmachung vom 28. 3. 2001

lfd. Nr.	Änderndes Gesetz	Datum	Fundstelle	§§	Inkrafttreten
1	Zustellungsreformgesetz	25. 6. 2001	BGBl. I S. 1206	53 Abs. 2	1. 7. 2002
2	Gesetz zur Anpassung der Formvorschriften des Privatrechts und anderer Vorschriften an den modernen Rechtsgeschäftsverkehr	13. 7. 2001	BGBl. I S. 1542	77a, 78 Abs. 1	1. 8. 2001
3	Gesetz zur Änderung des Finanzverwaltungsgesetzes und anderer Gesetze	14. 12. 2001	BGBl. I S. 3714	23 Abs. 2	21. 12. 2001
4	Steueränderungsgesetz 2001	20. 12. 2001	BGBl. I S. 3794	102	23. 12. 2001
5	Steuerverkürzungsbekämpfungsgesetz	19. 12. 2001	BGBl. I S. 3922	137	28. 12. 2001
6	Kostenrechtsmodernisierungsgesetz	5. 5. 2004	BGBl. I S. 718	29	1. 7. 2004
7	1. Justizmodernisierungsgesetz	24. 8. 2004	BGBl. I S. 2198	56, 72, 79a, 138	1. 9. 2004
8	Gesetz über die Rechtsbehelfe bei Verletzung des Anspruchs auf rechtliches Gehör (Anhörungsrügengesetz)	9. 12. 2004	BGBl. I S. 3220	133a	1. 1. 2005
9	Gesetz zur Vereinfachung und Vereinheitlichung der Verfahrensvorschriften zur Wahl und Berufung ehrenamtlicher Richter	21. 12. 2004	BGBl. I S. 3599	17, 20, 22, 23, 25, 156	1. 1. 2005
10	Justizkommunikationsgesetz	22. 3. 2005	BGBl. I S. 837, 2022	47, 52a, 52b, 55, 60a, 62, 65, 68, 71, 77, 77a, 78, 79, 79b, 82, 85, 86, 89, 104, 105, 107, 108, 120, 150	1. 4. 2005
11	Föderalismusreform-Begleitgesetz	5. 9. 2006	BGBl. I S. 2098	76	12. 9. 2006
12	Gesetz zur Neuregelung des Rechtsberatungsrechts	12. 12. 2007	BGBl. I S. 2840	62, 62a, 133a	1. 7. 2008

lfd. Nr.	Änderndes Gesetz	Datum	Fundstelle	§§	Inkrafttreten
13	Gesetz zur Modernisierung von Verfahren im anwaltlichen und notariellen Berufsrecht, zur Errichtung einer Schlichtungsstelle der Rechtsanwaltschaft sowie zur Änderung sonstiger Vorschriften (RA/NotModG)	30. 7. 2009	BGBl. I S. 2449	20, 62	5. 8. 2009
14	Gesetz über den Rechtsschutz bei überlangen Gerichtsverfahren und strafrechtlichen Ermittlungsverfahren	24. 11. 2011	BGBl. I S. 2302 BStBl I S. 51	155	3. 12. 2011
15	Gesetz zur Änderung von Vorschriften über Verkündung und Bekanntmachungen sowie der Zivilprozessordnung, des Gesetzes betreffend die Einführung der Zivilprozessordnung und der Abgabenordnung	22. 12. 2011	BGBl. I S. 3044	60a	1. 4. 2012

Hinweis:
Der Bundestag hat am 15. 12. 2011 den **Entwurf eines Gesetzes zur Förderung der Mediation und anderer Verfahren der außergerichtlichen Konfliktbeilegung** beschlossen (vgl. BT-Drs. 17/8058). Dieser Gesetzentwurf, der noch der Zustimmung des Bundesrates bedarf, sieht u.a. eine **Änderung von § 155 FGO** vor. Das Gesetz soll am Tag nach der Verkündung in Kraft treten.

ERSTER TEIL
GERICHTSVERFASSUNG (§§ 1–39)

ABSCHNITT I
Gerichte (§§ 1–13)

§ 1 Unabhängigkeit der Gerichte

Die Finanzgerichtsbarkeit wird durch unabhängige, von den Verwaltungsbehörden getrennte, besondere Verwaltungsgerichte ausgeübt.

§ 2 Gerichte der Finanzgerichtsbarkeit

Gerichte der Finanzgerichtsbarkeit sind
in den Ländern die Finanzgerichte als obere Landesgerichte,
im Bund der Bundesfinanzhof mit dem Sitz in München.

§ 3 Errichtung und Aufhebung von Finanzgerichten

(1) Durch Gesetz werden angeordnet
1. die Errichtung und Aufhebung eines Finanzgerichts,
2. die Verlegung eines Gerichtssitzes,
3. Änderungen in der Abgrenzung der Gerichtsbezirke,
4. die Zuweisung einzelner Sachgebiete an ein Finanzgericht für die Bezirke mehrerer Finanzgerichte,
5. die Errichtung einzelner Senate des Finanzgerichts an anderen Orten,
6. der Übergang anhängiger Verfahren auf ein anderes Gericht bei Maßnahmen nach den Nummern 1, 3 und 4, wenn sich die Zuständigkeit nicht nach den bisher geltenden Vorschriften richten soll.

(2) Mehrere Länder können die Errichtung eines gemeinsamen Finanzgerichts oder gemeinsamer Senate eines Finanzgerichts oder die Ausdehnung von Gerichtsbezirken über die Landesgrenzen hinaus, auch für einzelne Sachgebiete, vereinbaren.

§ 4 Anwendung des Gerichtsverfassungsgesetzes

Für die Gerichte der Finanzgerichtsbarkeit gelten die Vorschriften des Zweiten Titels des Gerichtsverfassungsgesetzes entsprechend.

§ 5 Verfassung der Finanzgerichte

(1) [1]Das Finanzgericht besteht aus dem Präsidenten, den Vorsitzenden Richtern und weiteren Richtern in erforderlicher Anzahl. [2]Von der Ernennung eines Vorsitzenden Richters kann abgesehen werden, wenn bei einem Gericht nur ein Senat besteht.

(2) [1]Bei den Finanzgerichten werden Senate gebildet. [2]Zoll-, Verbrauchsteuer- und Finanzmonopolsachen sind in besonderen Senaten zusammenzufassen.

(3) [1]Die Senate entscheiden in der Besetzung mit drei Richtern und zwei ehrenamtlichen Richtern, soweit nicht ein Einzelrichter entscheidet. [2]Bei Beschlüssen außerhalb der mündlichen Verhandlung und bei Gerichtsbescheiden (§ 90a) wirken die ehrenamtlichen Richter nicht mit.

(4) [1]Die Länder können durch Gesetz die Mitwirkung von zwei ehrenamtlichen Richtern an den Entscheidungen des Einzelrichters vorsehen. [2]Absatz 3 Satz 2 bleibt unberührt.

Rechtsprechung

1 **BFH vom 21. 5. 1992 – V B 232/91 (BStBl 1992 II S. 845)**

Das FG kann aufgrund pflichtgemäßen Ermessens entscheiden, ob es über einen Antrag auf Ablehnung eines Richters aufgrund mündlicher Verhandlung entscheidet. Die ehrenamtlichen Richter müssen an dem Beschluß über die Richterablehnung mitwirken, wenn das FG aufgrund mündlicher Verhandlung entscheidet.

2 **BFH vom 28. 2. 1996 – II R 61/95 (BStBl 1996 II S. 318)**

1. Ergibt sich für das FG erst nach Abschluß der Urteilsberatungen die Notwendigkeit, über eine Wiederaufnahme der mündlichen Verhandlung zu entscheiden, wirken an dieser Entscheidung nur die drei Berufsrichter, nicht jedoch die ehrenamtlichen Richter mit.
2. In formeller Hinsicht reicht es aus, wenn das FG seine Entscheidung, die mündliche Verhandlung nicht wiederzueröffnen, im Urteil selbst begründet.

3 **BFH vom 19. 12. 2000 – IX R 29/00 (BFH/NV 2001 S. 638)**

1. Für die ordnungsgemäße Rüge eines Verfahrensfehlers ist Voraussetzung, dass aufgrund konkreter Anhaltspunkte (Tatsachen) die Fehlerhaftigkeit der Besetzung des Gerichts schlüssig dargelegt wird.
2. Der Berichtigungs-Beschluss, mit dem das FG das Rubrum seines Urteils dahin korrigiert, dass es nunmehr eine dem § 5 Abs. 3 FGO gemäße Besetzung der Richterbank ausweist, wirkt auf die Zeit des Wirksamwerdens des berichtigten Urteils (Verkündung, Zustellung) zurück.
3. Dem Sitzungsprotokoll kommt hinsichtlich der für die mündliche Verhandlung vorgeschriebenen Förmlichkeiten – worunter auch die Namen der an der Sitzung teilnehmenden Richter fallen (§ 160 Abs. 1 Nr. 2 ZPO) – als öffentliche Urkunde erhöhte Beweiskraft zu (§ 94 FGO i.V.m. § 165 ZPO). Damit kann die vorschriftsmäßige Besetzung des FG-Senats i.S.d. § 5 Abs. 3 FGO mit drei (Berufs-)Richtern und zwei ehrenamtlichen Richtern bewiesen werden.

4 **BFH vom 16. 6. 2009 – X B 202/08 (BFH/NV 2009 S. 1659)**

1. Schläft ein Richter während der mündlichen Verhandlung und folgt er den wesentlichen Vorgängen nicht, so ist das Gericht nicht vorschriftsmäßig besetzt.
2. Dass ein Richter schläft oder in anderer Weise „abwesend" ist, kann im Allgemeinen erst dann angenommen werden, wenn sichere Anzeichen für das Schlafen wie beispielsweise tiefes, hörbares und gleichmäßiges Atmen oder gar Schnarchen oder Anzeichen von fehlender Orientierung gerügt werden.

...

§ 6 Einzelrichter

(1) Der Senat kann den Rechtsstreit einem seiner Mitglieder als Einzelrichter zur Entscheidung übertragen, wenn
1. die Sache keine besonderen Schwierigkeiten tatsächlicher oder rechtlicher Art aufweist und
2. die Rechtssache keine grundsätzliche Bedeutung hat.

(2) Der Rechtsstreit darf dem Einzelrichter nicht übertragen werden, wenn bereits vor dem Senat mündlich verhandelt worden ist, es sei denn, dass inzwischen ein Vorbehalts-, Teil- oder Zwischenurteil ergangen ist.

(3) [1]Der Einzelrichter kann nach Anhörung der Beteiligten den Rechtsstreit auf den Senat zurückübertragen, wenn sich aus einer wesentlichen Änderung der Prozesslage ergibt, dass die Rechtssache grundsätzliche Bedeutung hat oder die Sache besondere Schwierigkeiten tatsächlicher oder rechtlicher Art aufweist. [2]Eine erneute Übertragung auf den Einzelrichter ist ausgeschlossen.

(4) [1]Beschlüsse nach den Absätzen 1 und 3 sind unanfechtbar. [2]Auf eine unterlassene Übertragung kann die Revision nicht gestützt werden.

Rechtsprechung

BFH vom 9. 8. 1996 – VI R 37/96 (BStBl 1997 II S. 77) 1

Hat ein Beteiligter im finanzgerichtlichen Verfahren vor der Übertragung des Rechtsstreits auf den Einzelrichter sein Einverständnis mit einer Entscheidung ohne mündliche Verhandlung erklärt, so bezieht sich das Einverständnis nur auf die Entscheidung durch den Senat, es sei denn, es ist ausdrücklich auch für den Fall einer Entscheidung durch den Einzelrichter erklärt worden.

BFH vom 26. 10. 1998 – I R 22/98 (BStBl 1999 II S. 60) 2

1. Hat der BFH einen vom Einzelrichter entschiedenen Rechtsstreit an das FG zurückverwiesen, ohne ausdrücklich eine Zurückverweisung an den Vollsenat auszusprechen, so ist im zweiten Rechtsgang ohne weiteres erneut der Einzelrichter zuständig.
2. Wird der Einzelrichter erfolgreich wegen der Besorgnis der Befangenheit abgelehnt, so wird sein geschäftsplanmäßiger Vertreter als Einzelrichter für das Verfahren zuständig. Das gilt auch dann, wenn in dem ursprünglichen Übertragungsbeschluß der Einzelrichter namentlich benannt war.

BFH vom 21. 10. 1999 – VII R 15/99 (BStBl 2000 II S. 88) 3

§ 6 Abs. 4 Satz 1 FGO schließt einen Revisionskläger nicht mit der Rüge aus, der Beschluß des FG über die Übertragung des Rechtsstreits auf den Einzelrichter sei verfahrensfehlerhaft getroffen worden, insbesondere sei das FG nicht nach Vorschrift des Gesetzes besetzt gewesen.

BFH vom 11. 6. 2007 – VII B 348/06 (BFH/NV 2007 S. 1825) 4

1. ...
2. Das FG ist nicht verpflichtet, den Rechtsstreit dem Einzelrichter zu übertragen.

BFH vom 30. 11. 2010 – VIII R 19/07 (HFR 2011 S. 550) 5

1. – 2. ....
3. Verneint der BFH die Voraussetzungen für eine Übertragung der Rechtssache auf den Einzelrichter, kann er diese an den Vollsenat des FG zurückverweisen.

BFH vom 3. 3. 2011 – II B 110/10 (BFH/NV 2011 S. 833) 6

Aus den Gründen:
– Das Recht auf eine Entscheidung durch den gesetzlichen Richter wird verletzt, wenn ein Einzelrichter entscheidet, obwohl ihm der Rechtsstreit nicht wirksam nach § 6 Abs. 1 FGO übertragen wurde (vgl. BFH-Beschluss vom 16. 12. 1997 – IX R 22/95, BFH/NV 1998 S. 720).
– Der Übertragungsbeschluss braucht den Beteiligten nicht zugestellt zu werden, da er unanfechtbar ist; erforderlich ist aber zumindest eine formlose Bekanntgabe (vgl. BFH-Beschluss vom 10. 8. 1994 – II R 29/94, BStBl 1994 II S. 862).

§§ 7–9 (weggefallen)

§ 10 Verfassung des Bundesfinanzhofs

(1) Der Bundesfinanzhof besteht aus dem Präsidenten und aus den Vorsitzenden Richtern und weiteren Richtern in erforderlicher Anzahl.
(2) [1]Beim Bundesfinanzhof werden Senate gebildet. [2]§ 5 Abs. 2 Satz 2 gilt sinngemäß.
(3) Die Senate des Bundesfinanzhofs entscheiden in der Besetzung von fünf Richtern, bei Beschlüssen außerhalb der mündlichen Verhandlung in der Besetzung von drei Richtern.

Rechtsprechung

1 **BFH vom 26. 11. 1979 – GrS 2/79 (BStBl 1980 II S. 156)**

Der Große Senat hält daran fest, daß ein Senat auch in einer Beschlußsache, in welcher über eine Beschwerde zu entscheiden ist, den Großen Senat nur in der Besetzung mit fünf Richtern anrufen kann (vgl. BFH vom 10. 3. 1969 GrS 4/68, BStBl II S. 435; vom 28. 11. 1977 GrS 4/77, BStBl 1978 II S. 229).

2 **BFH vom 28. 6. 2005 – X E 1/05 (BStBl 2005 II S. 646)**

Über Erinnerungen gegen den Kostenansatz nach § 66 Abs. 1 GKG n.F. entscheidet der zuständige Senat des BFH in der bei Beschlüssen außerhalb der mündlichen Verhandlung gemäß § 10 Abs. 3 FGO maßgebenden Besetzung von drei Richtern. § 66 Abs. 6 Satz 1 Halbsatz 1 GKG n.F. steht dem nicht entgegen, weil beim BFH eine Entscheidung durch den Einzelrichter gerichtsverfassungs- und prozessrechtlich weder vorgesehen noch vorbehalten ist.

3 **BFH vom 12. 4. 2011 – III S 49/10 (BFH/NV 2011 S. 1177)**

Über die unzulässige oder unbegründete Anhörungsrüge entscheidet der Bundesfinanzhof auch dann in der Besetzung von drei Richtern durch Beschluss, wenn sie sich gegen ein Urteil richtet.

§ 11 Zuständigkeit des Großen Senats

(1) Bei dem Bundesfinanzhof wird ein Großer Senat gebildet.

(2) ¹Der Große Senat entscheidet, wenn ein Senat in einer Rechtsfrage von der Entscheidung eines anderen Senats oder des Großen Senats abweichen will.

(3) ¹Eine Vorlage an den Großen Senat ist nur zulässig, wenn der Senat, von dessen Entscheidung abgewichen werden soll, auf Anfrage des erkennenden Senats erklärt hat, dass er an seiner Rechtsauffassung festhält. ²Kann der Senat, von dessen Entscheidung abgewichen werden soll, wegen einer Änderung des Geschäftsverteilungsplanes mit der Rechtsfrage nicht mehr befasst werden, tritt der Senat an seine Stelle, der nach dem Geschäftsverteilungsplan für den Fall, in dem abweichend entschieden wurde, nunmehr zuständig wäre. ³Über die Anfrage und die Antwort entscheidet der jeweilige Senat durch Beschluss in der für Urteile erforderlichen Besetzung.

(4) Der erkennende Senat kann eine Frage von grundsätzlicher Bedeutung dem Großen Senat zur Entscheidung vorlegen, wenn das nach seiner Auffassung zur Fortbildung des Rechts oder zur Sicherung einer einheitlichen Rechtsprechung erforderlich ist.

(5) ¹Der Große Senat besteht aus dem Präsidenten und je einem Richter der Senate, in denen der Präsident nicht den Vorsitz führt. ²Bei einer Verhinderung des Präsidenten tritt ein Richter aus dem Senat, dem er angehört, an seine Stelle.

(6) ¹Die Mitglieder und die Vertreter werden durch das Präsidium für ein Geschäftsjahr bestellt. ²Den Vorsitz im Großen Senat führt der Präsident, bei Verhinderung das dienstälteste Mitglied. ³Bei Stimmengleichheit gibt die Stimme des Vorsitzenden den Ausschlag.

(7) ¹Der Große Senat entscheidet nur über die Rechtsfrage. ²Er kann ohne mündliche Verhandlung entscheiden. ³Seine Entscheidung ist in der vorliegenden Sache für den erkennenden Senat bindend.

Rechtsprechung

1 **BFH vom 27. 5. 1968 – GrS 1/68 (BStBl 1968 II S. 473)**

1. Der Große Senat entscheidet in der Besetzung des § 11 Abs. 2 Satz 1 FGO, ob bei Anrufung durch einen Senat auf Grund des § 11 Abs. 4 FGO ein anderer Senat wegen einer von ihm behaupteten Divergenz (§ 11 Absatz 3 FGO) einen weiteren Richter nach § 11 Abs. 2 Satz 2 FGO entsenden kann.

2. Bei der Entscheidung, ob ein weiterer Richter in den Großen Senat entsendet werden kann, kann der Große Senat von dem Anrufungsgrund des vorlegenden Senats nur dann abweichen, wenn der gewählte Anrufungsgrund auf sachfremden Erwägungen beruht, nicht mehr verständlich und willkürlich ist.

BFH vom 18. 1. 1971 – GrS 4/70 (BStBl 1971 II S. 207)

Will ein Senat von einer Entscheidung des Großen Senats abweichen, so ist die Vorlage an den Großen Senat nur zulässig, wenn in der Zwischenzeit neue rechtliche Gesichtspunkte aufgetreten sind, die bei der ursprünglichen Entscheidung des Großen Senats nicht berücksichtigt werden konnten, und (oder) neue Rechtserkenntnisse eine andere Beurteilung der entschiedenen Rechtsfrage rechtfertigen könnten.

BFH vom 18. 1. 1971 – GrS 5/70 (BStBl 1971 II S. 244)

1. Will der vorlegende Senat in der Frage, in welcher Besetzung er den Großen Senat anzurufen hat, von einer Entscheidung des Großen Senats abweichen, so ist die Vorlage der Besetzungsfrage ohne gleichzeitige Vorlage der eigentlichen Rechtsfrage unzulässig.
2. Über eine unzulässige Anrufung entscheidet der Große Senat ohne mündliche Verhandlung durch Beschluß.

BFH vom 25. 1. 1971 – GrS 6/70 (BStBl 1971 II S. 274)

Eine Abweichung von der Entscheidung eines Senats im Sinn des § 11 Abs. 3 FGO liegt auch dann vor, wenn ein in verschiedenen Gesetzen verwendeter gleicher Rechtsbegriff unterschiedlich ausgelegt wird.

BFH vom 29. 11. 1972 – I R 207/67 (BStBl 1973 II S. 213)

Wird infolge einer Änderung des Geschäftsverteilungsplanes anstelle des Senats, der dem Großen Senat des BFH eine Rechtsfrage vorgelegt hat, ein anderer Senat zur Entscheidung über die Revision zuständig, so wird die Anhängigkeit des Vorlageverfahrens beim Großen Senat dadurch nicht berührt. Die Entscheidung des Großen Senats ist für den anderen Senat bindend im Sinne des § 11 Abs. 5 Satz 2 FGO.

BFH vom 26. 11. 1979 – GrS 2/79 (BStBl 1980 II S. 156)

Der Große Senat hält daran fest, daß ein Senat auch in einer Beschlußsache, in welcher über eine Beschwerde zu entscheiden ist, den Großen Senat nur in der Besetzung mit fünf Richtern anrufen kann (vgl. BFH vom 10. 3. 1969 GrS 4/68, BStBl II S. 435; vom 28. 11. 1977 GrS 4/77, BStBl 1978 II S. 229).

BFH vom 4. 7. 1990 – GrS 2-3/88 (BStBl 1990 II S. 817)

Über die Verbindung mehrerer beim Großen Senat anhängiger Verfahren entscheidet der Große Senat in seiner Stammbesetzung.

BFH vom 7. 8. 2000 – GrS 2/99 (BStBl 2000 II S. 632)

Aus den Gründen:
Der Große Senat kann nicht darüber entscheiden, ob im Streitfall § 176 Abs. 1 Nr. 3 oder Abs. 2 AO zu Gunsten der Klägerin eingreift. Diese Entscheidung zu treffen, ist ausschließlich Sache des vorlegenden Senats. Dieser hat die Rechtsfrage bei der Beschlussfassung über die Vorlage verneint. Daran ist der Große Senat gebunden. Nach § 11 Abs. 7 Satz 1 FGO entscheidet er nur über die ihm vorgelegte Rechtsfrage. Der Senat hat aber dem Großen Senat keine Frage zur Auslegung von § 176 Abs. 1 Nr. 3 oder Abs. 2 AO vorgelegt. Zwar hat der Große Senat die Entscheidungserheblichkeit der Vorlagefragen zu prüfen. Dies kann aber nicht in der Weise geschehen, dass er über eine materiell-rechtliche Vorfrage anders als der vorlegende Senat entscheidet. Eine solche Entscheidung würde zwar das Vorabentscheidungsverfahren beenden, jedoch im Übrigen den Senat bei seiner Entscheidung über die Auslegung des § 176 Abs. 1 Nr. 3 oder Abs. 2 AO in der Revisionssache nicht binden. *Der* Große Senat muss deshalb die Zulässigkeit der Vorlagefrage auf der *Grund*lage der Rechtsauffassung des vorlegenden Senats zu den materiell-rechtlichen Vorfragen prüfen.

BFH vom 22. 4. 2008 – VII R 21/07 (BStBl 2008 II S. 735)

Aus den Gründen:
Der Senat weicht mit seiner vorliegenden Entscheidung nicht i.S. des § 11 Abs. 2 FGO vom Beschluss des V. Senats des BFH in BFH/NV 2002, 755 ab. Zwar hat der V. Senat dort den rechtzeitgen Erlass eines auf §§ 69, 34 AO gestützten Haftungsbescheids gegen den Geschäftsführer einer GmbH bejaht, weil die von der GmbH geschuldete Umsatzsteuer leichtfertig verkürzt (§ 378 AO) worden sei und die Festsetzungsfrist deshalb fünf Jahre (§ 191 Abs. 3 Satz 2 AO) betrage.

Einer Anfrage gemäß § 11 Abs. 3 FGO beim V. Senat, ob er an dieser Rechtsauffassung festhält, bedarf es aber nicht, denn der Beschluss betrifft nur ein Verfahren wegen AdV, in dem naturgemäß Rechtsfragen nicht abschließend beurteilt werden (BFH-Urteil vom 2. 7. 1997, BStBl II 1997, 714, m.w.N.).

10 **BFH vom 2. 9. 2008 – VIII R 2/07 (BStBl 2010 II S. 25)**

Aus den Gründen:
Mit der Entscheidung weicht der Senat nicht i.S. des § 11 FGO von Entscheidungen anderer Senate ab. ... Soweit der – eine Zulassung der Revision wegen dieser Frage ablehnende – Beschluss in BFH/NV 2003, 1326 die Frage als geklärt angesehen ... hat, handelt es sich mithin allenfalls um ein obiter dictum, das regelmäßig die Annahme einer Abweichung i.S. des § 11 FGO nicht indiziert (vgl. dazu BFH-Urteil vom 23. 1. 2001, BFH/NV 2001, 894; BFH-Beschluss vom 22. 7. 1977, BStBl II 1977, 838).

11 **BFH vom 12. 1. 2011 – 1 K 1/10 (BFH/NV 2011 S. 1159)**

Wird mit der Nichtigkeitsklage gegen ein BFH-Urteil der Entzug des gesetzlichen Richters gerügt, weil ein Senat entschieden habe, ohne zuvor den Großen Senat des BFH angerufen zu haben, muss ein willkürliches Verhalten des Gerichts substantiiert dargelegt werden.

FGO

§ 12 Geschäftsstelle

¹Bei jedem Gericht wird eine Geschäftsstelle eingerichtet. ²Sie wird mit der erforderlichen Anzahl von Urkundsbeamten besetzt.

FGO

§ 13 Rechts- und Amtshilfe

Alle Gerichte und Verwaltungsbehörden leisten den Gerichten der Finanzgerichtsbarkeit Rechts- und Amtshilfe.

ABSCHNITT II
Richter (§§ 14–15)

FGO

§ 14 Richter auf Lebenszeit

(1) Die Richter werden auf Lebenszeit ernannt, soweit nicht in § 15 Abweichendes bestimmt ist.
(2) Die Richter des Bundesfinanzhofs müssen das 35. Lebensjahr vollendet haben.

FGO

§ 15 Richter auf Probe

Bei den Finanzgerichten können Richter auf Probe oder Richter kraft Auftrags verwendet werden.

ABSCHNITT III
Ehrenamtliche Richter (§§ 16–30)

FGO

§ 16 Stellung

Der ehrenamtliche Richter wirkt bei der mündlichen Verhandlung und der Urteilsfindung mit gleichen Rechten wie der Richter mit.

§ 17 Voraussetzungen für die Berufung

¹Der ehrenamtliche Richter muss Deutscher sein. ²Er soll das 25. Lebensjahr vollendet und seinen Wohnsitz oder seine gewerbliche oder berufliche Niederlassung innerhalb des Gerichtsbezirks haben.

§ 18 Ausschlussgründe

(1) Vom Amt des ehrenamtlichen Richters sind ausgeschlossen
1. Personen, die infolge Richterspruchs die Fähigkeit zur Bekleidung öffentlicher Ämter nicht besitzen oder wegen einer vorsätzlichen Tat zu einer Freiheitsstrafe von mehr als sechs Monaten oder innerhalb der letzten zehn Jahre wegen einer Steuer- oder Monopolstraftat verurteilt worden sind, soweit es sich nicht um eine Tat handelt, für die das nach der Verurteilung geltende Gesetz nur noch Geldbuße androht,
2. Personen, gegen die Anklage wegen einer Tat erhoben ist, die den Verlust der Fähigkeit zur Bekleidung öffentlicher Ämter zur Folge haben kann,
3. Personen, die nicht das Wahlrecht zu den gesetzgebenden Körperschaften des Landes besitzen.

(2) Personen, die in Vermögensverfall geraten sind, sollen nicht zu ehrenamtlichen Richtern berufen werden.

Rechtsprechung

FG Düsseldorf vom 4. 11. 1992 – 4 S 33/92 (EFG 1993 S. 89)

Die Erhebung der Anklage wegen einer Steuerstraftat kann die Entbindung vom Amt eines ehrenamtlichen Richters in der Finanzgerichtsbarkeit rechtfertigen.

§ 19 Unvereinbarkeit

Zum ehrenamtlichen Richter können nicht berufen werden
1. Mitglieder des Bundestages, des Europäischen Parlaments, der gesetzgebenden Körperschaften eines Landes, der Bundesregierung oder einer Landesregierung,
2. Richter,
3. Beamte und Angestellte der Steuerverwaltungen des Bundes und der Länder,
4. Berufssoldaten und Soldaten auf Zeit,
5. Rechtsanwälte, Notare, Patentanwälte, Steuerberater, Vorstandsmitglieder von Steuerberatungsgesellschaften, die nicht Steuerberater sind, ferner Steuerbevollmächtigte, Wirtschaftsprüfer, vereidigte Buchprüfer und Personen, die fremde Rechtsangelegenheiten geschäftsmäßig besorgen.

§ 20 Recht zur Ablehnung der Berufung

(1) Die Berufung zum Amt des ehrenamtlichen Richters dürfen ablehnen
1. Geistliche und Religionsdiener,
2. Schöffen und andere ehrenamtliche Richter,
3. Personen, die zwei Amtsperioden als ehrenamtliche Richter beim Finanzgericht tätig gewesen sind,
4. Ärzte, Krankenpfleger, Hebammen,
5. Apothekenleiter, die kein pharmazeutisches Personal beschäftigen,
6. Personen, die die Regelaltersgrenze nach dem Sechsten Buch Sozialgesetzbuch erreicht haben.

(2) In besonderen Härtefällen kann außerdem auf Antrag von der Übernahme des Amtes befreit werden.

FGO § 21 Gründe für Amtsentbindung

(1) Ein ehrenamtlicher Richter ist von seinem Amt zu entbinden, wenn er
1. nach den §§ 17 bis 19 nicht berufen werden konnte oder nicht mehr berufen werden kann oder
2. einen Ablehnungsgrund nach § 20 Abs. 1 geltend macht oder
3. seine Amtspflichten gröblich verletzt hat oder
4. die zur Ausübung seines Amtes erforderlichen geistigen oder körperlichen Fähigkeiten nicht mehr besitzt oder
5. seinen Wohnsitz oder seine gewerbliche oder berufliche Niederlassung im Gerichtsbezirk aufgibt.

(2) In besonderen Härtefällen kann außerdem auf Antrag von der weiteren Ausübung des Amtes entbunden werden.

(3) ¹Die Entscheidung trifft der vom Präsidium für jedes Geschäftsjahr im voraus bestimmte Senat in den Fällen des Absatzes 1 Nr. 1, 3 und 4 auf Antrag des Präsidenten des Finanzgerichts, in den Fällen des Absatzes 1 Nr. 2 und 5 und des Absatzes 2 auf Antrag des ehrenamtlichen Richters. ²Die Entscheidung ergeht durch Beschluss nach Anhörung des ehrenamtlichen Richters.

(4) Absatz 3 gilt sinngemäß in den Fällen des § 20 Abs. 2.

(5) Auf Antrag des ehrenamtlichen Richters ist die Entscheidung nach Absatz 3 aufzuheben, wenn Anklage nach § 18 Nr. 2 erhoben war und der Angeschuldigte rechtskräftig außer Verfolgung gesetzt oder freigesprochen worden ist.

FGO § 22 Wahl

Die ehrenamtlichen Richter werden für jedes Finanzgericht auf fünf Jahre durch einen Wahlausschuss nach Vorschlagslisten (§ 25) gewählt.

FGO § 23 Wahlausschuss

(1) Bei jedem Finanzgericht wird ein Ausschuss zur Wahl der ehrenamtlichen Richter bestellt.

(2) ¹Der Ausschuss besteht aus dem Präsidenten des Finanzgerichts als Vorsitzendem, einem durch die Oberfinanzdirektion zu bestimmenden Beamten der Landesfinanzverwaltung und sieben Vertrauensleuten, die die Voraussetzungen zur Berufung als ehrenamtlicher Richter erfüllen. ²Die Vertrauensleute, ferner sieben Vertreter werden auf fünf Jahre vom Landtag oder von einem durch ihn bestimmten Landtagsausschuss oder nach Maßgabe der Landesgesetzgebung gewählt. ³In den Fällen des § 3 Abs. 2 und bei Bestehen eines Finanzgerichts für die Bezirke mehrerer Oberfinanzdirektionen innerhalb eines Landes richtet sich die Zuständigkeit der Oberfinanzdirektion für die Bestellung des Beamten der Landesfinanzverwaltung sowie des Landes für die Wahl der Vertrauensleute nach dem Sitz des Finanzgerichts. ⁴Die Landesgesetzgebung kann in diesen Fällen vorsehen, dass jede beteiligte Oberfinanzdirektion einen Beamten der Finanzverwaltung in den Ausschuss entsendet und dass jedes beteiligte Land mindestens zwei Vertrauensleute bestellt. ⁵In Fällen, in denen ein Land nach § 2a Abs. 1 des Finanzverwaltungsgesetzes auf Mittelbehörden verzichtet hat, ist für die Bestellung des Beamten der Landesfinanzverwaltung die oberste Landesbehörde im Sinne des § 2 Abs. 1 Nr. 1 des Finanzverwaltungsgesetzes zuständig.

(3) Der Ausschuss ist beschlussfähig, wenn wenigstens der Vorsitzende, ein Vertreter der Finanzverwaltung und drei Vertrauensleute anwesend sind.

FGO § 24 Bestimmung der Anzahl

Die für jedes Finanzgericht erforderliche Anzahl von ehrenamtlichen Richtern wird durch den Präsidenten so bestimmt, dass voraussichtlich jeder zu höchstens zwölf ordentlichen Sitzungstagen im Jahre herangezogen wird.

§ 25 Vorschlagsliste

¹Die Vorschlagsliste der ehrenamtlichen Richter wird in jedem fünften Jahr durch den Präsidenten des Finanzgerichts aufgestellt. ²Er soll zuvor die Berufsvertretungen hören. ³In die Vorschlagsliste soll die doppelte Anzahl der nach § 24 zu wählenden ehrenamtlichen Richter aufgenommen werden.

§ 26 Wahlverfahren

(1) Der Ausschuss wählt aus den Vorschlagslisten mit einer Mehrheit von mindestens zwei Dritteln der Stimmen die erforderliche Anzahl von ehrenamtlichen Richtern.

(2) Bis zur Neuwahl bleiben die bisherigen ehrenamtlichen Richter im Amt.

§ 27 Liste und Hilfsliste

(1) ¹Das Präsidium des Finanzgerichts bestimmt vor Beginn des Geschäftsjahres durch Aufstellung einer Liste die Reihenfolge, in der die ehrenamtlichen Richter heranzuziehen sind. ²Für jeden Senat ist eine Liste aufzustellen, die mindestens zwölf Namen enthalten muss.

(2) Für die Heranziehung von Vertretern bei unvorhergesehener Verhinderung kann eine Hilfsliste ehrenamtlicher Richter aufgestellt werden, die am Gerichtssitz oder in seiner Nähe wohnen.

Rechtsprechung

BFH vom 11. 12. 1968 – I R 138/67 (BStBl 1969 II S. 297)   1

Liegen zwischen dem Tag der mündlichen Verhandlung und einem späteren Termin zur Fortsetzung der mündlichen Verhandlung mehr als neun Wochen, so liegt keine Unterbrechung der mündlichen Verhandlung, sondern die Bestimmung eines neuen Termins vor. In diesem Falle ist die vom Präsidium des FG gemäß § 27 FGO aufgestellte Liste über die Reihenfolge in der Heranziehung der ehrenamtlichen Finanzrichter zu beachten. Eine dieser Liste nicht entsprechende neue Verhandlung in der Besetzung eines früheren Termins ist ein absoluter Revisionsgrund im Sinne des § 119 FGO, wenn nicht für die Besetzung ein gesetzlich zugelassener Grund besteht.

BFH vom 20. 4. 2001 – IV R 32/00 (BStBl 2001 II S. 651)   2

1. Zur Prüfung der ordnungsgemäßen Besetzung des Gerichts haben Verfahrensbeteiligte Anspruch auf Einsicht in die Unterlagen über die Wahl und Heranziehung der ehrenamtlichen Richter. Dieser Anspruch ist gegenüber dem Präsidenten des FG geltend zu machen.
2. Bei der Verteilung der ehrenamtlichen Richter auf die Senate des FG kann auf deren bisherige Erfahrung zurückgegriffen werden mit der Folge, dass sie bei Wiederwahl auch ihren bisherigen Senaten zugewiesen werden können.
3. Erklärt sich ein ehrenamtlicher Richter unter Angabe eines Grundes für verhindert, so braucht das FG den Hinderungsgrund grundsätzlich nicht nachzuprüfen. Die Vorschriften über den gesetzlichen Richter sind dagegen nicht gewahrt, wenn ein geschäftsplanmäßig berufener ehrenamtlicher Richter ohne Angabe eines konkreten Hinderungsgrundes nicht an einer Sitzung teilnimmt und sich die *Vermutung* aufdrängt, dass er den mit dem Richteramt verbundenen Pflichten im Vergleich zu anderen Verpflichtungen nicht die erforderliche Bedeutung beimisst.
4. Nimmt ein ehrenamtlicher Richter ohne hinreichenden Hinderungsgrund einen Sitzungstermin nicht wahr, so führt die hieraus folgende „Verschiebung" der an den nachfolgenden Sitzungen teilnehmenden ehrenamtlichen Richter nicht zu einer fehlerhaften Besetzung der Richterbank in diesen Verfahren.

3 BFH vom 4. 7. 2001 – VI R 78/94, 60/95 (HFR 2001 S. 1168)

Bei einer einen Tag vor einer Sitzung bekannt gewordenen, für das FG unvorhergesehenen Verhinderung eines ehrenamtlichen Richters kann in der Reihenfolge der Hilfsliste derjenige ehrenamtliche Richter als Vertreter herangezogen werden, dem eine Teilnahme an der Sitzung möglich ist und der als erster telefonisch erreichbar ist.

4 BFH vom 19. 5. 2008 – V B 29/07 (BFH/NV 2008 S. 1501)

– Ein Verstoß gegen den gerichtlichen Geschäftsverteilungsplan führt nur dann zu einem Verfahrensfehler i. S. von § 115 Abs. 2 Nr. 3 und § 119 Nr. 1 FGO, wenn er sich zugleich als Verletzung des verfassungsrechtlichen Anspruchs auf den gesetzlichen Richter (Art. 101 Abs. 1 Satz 2 GG) darstellt. Dies ist nur bei willkürlichen Verstößen der Fall.

– Will ein Beschwerdeführer einen willkürlichen Gesetzesverstoß bei der Heranziehung ehrenamtlicher Richter rügen, muss er entsprechende konkrete Tatsachen vortragen. Kennt er die tatsächlichen Grundlagen der Heranziehung nicht, vermutet er aber einen Verfahrensfehler, muss er sich Aufklärung zu schaffen suchen und gegebenenfalls eigene Ermittlungen anstellen.

FGO § 28 (weggefallen)

FGO § 29 Entschädigung

Der ehrenamtliche Richter und der Vertrauensmann (§ 23) erhalten eine Entschädigung nach dem Justizvergütungs- und -entschädigungsgesetz.

FGO § 30 Ordnungsstrafen

(1) ¹Gegen einen ehrenamtlichen Richter, der sich ohne genügende Entschuldigung zu einer Sitzung nicht rechtzeitig einfindet oder der sich seinen Pflichten auf andere Weise entzieht, kann ein Ordnungsgeld festgesetzt werden. ²Zugleich können ihm die durch sein Verhalten verursachten Kosten auferlegt werden.

(2) ¹Die Entscheidung trifft der Vorsitzende. ²Er kann sie bei nachträglicher Entschuldigung ganz oder zum Teil aufheben.

ABSCHNITT IV
Gerichtsverwaltung (§§ 31–32)

FGO § 31 Dienstaufsicht

Der Präsident des Gerichts übt die Dienstaufsicht über die Richter, Beamten, Angestellten und Arbeiter aus.

FGO § 32 Verbot der Übertragung von Verwaltungsgeschäften

Dem Gericht dürfen keine Verwaltungsgeschäfte außerhalb der Gerichtsverwaltung übertragen werden.

ABSCHNITT V
Finanzrechtsweg und Zuständigkeit (§§ 33–39)

Unterabschnitt 1
Finanzrechtsweg (§§ 33–34)

§ 33 Zulässigkeit des Rechtsweges

(1) Der Finanzrechtsweg ist gegeben
1. in öffentlich-rechtlichen Streitigkeiten über Abgabenangelegenheiten, soweit die Abgaben der Gesetzgebung des Bundes unterliegen und durch Bundesfinanzbehörden oder Landesfinanzbehörden verwaltet werden,
2. in öffentlich-rechtlichen Streitigkeiten über die Vollziehung von Verwaltungsakten in anderen als den in Nummer 1 bezeichneten Angelegenheiten, soweit die Verwaltungsakte durch Bundesfinanzbehörden oder Landesfinanzbehörden nach den Vorschriften der Abgabenordnung zu vollziehen sind,
3. in öffentlich-rechtlichen und berufsrechtlichen Streitigkeiten über Angelegenheiten, die durch den Ersten Teil, den Zweiten und den Sechsten Abschnitt des Zweiten Teils und den Ersten Abschnitt des Dritten Teils des Steuerberatungsgesetzes geregelt werden,
4. in anderen als den in den Nummern 1 bis 3 bezeichneten öffentlich-rechtlichen Streitigkeiten, soweit für diese durch Bundesgesetz oder Landesgesetz der Finanzrechtsweg eröffnet ist.

(2) Abgabenangelegenheiten im Sinne dieses Gesetzes sind alle mit der Verwaltung der Abgaben einschließlich der Abgabenvergütungen oder sonst mit der Anwendung der abgabenrechtlichen Vorschriften durch die Finanzbehörden zusammenhängenden Angelegenheiten einschließlich der Maßnahmen der Bundesfinanzbehörden zur Beachtung der Verbote und Beschränkungen für den Warenverkehr über die Grenze; den Abgabenangelegenheiten stehen die Angelegenheiten der Verwaltung der Finanzmonopole gleich.

(3) Die Vorschriften dieses Gesetzes finden auf das Straf- und Bußgeldverfahren keine Anwendung.

Rechtsprechung

BFH vom 20. 2. 1968 – VII 327/64 (BStBl 1968 II S. 384)

Rechnet das FA gemäß § 406 BGB mit einer Steuerforderung gegen eine vom Steuerschuldner abgetretene Forderung gegenüber dem neuen Gläubiger auf, so ist für Streitigkeiten hierüber der Finanzrechtsweg nur dann gegeben, wenn das FA unzulässigerweise die Aufrechnungserklärung als Verwaltungsakt erlassen hat.

BFH vom 7. 3. 1968 – IV R 278/66 (BStBl 1968 II S. 496)

Verlangt der Gemeinschuldner, daß das Finanzamt zuviel gezahlte Steuern ihm und nicht dem Konkursverwalter erstattet, so ist für einen Streit hierüber der Finanzrechtsweg gegeben.

BFH vom 24. 11. 1971 – VII R 110/68 (BStBl 1972 II S. 284)

Lehnen FA und OFD die Einsichtnahme in einen gelegentlich einer Betriebsprüfung erstellten Ermittlungsbericht über nichtsteuerliche Straftaten ab, so ist für die hiergegen gerichtete Klage der Finanzrechtsweg gegeben.

BFH vom 25. 1. 1972 – VII R 109/68 (BStBl 1972 II S. 286)

1. Für eine Klage auf Aufhebung der Abgabe einer Steuerstrafsache an die Staatsanwaltschaft ist der Finanzrechtsweg ausgeschlossen.
2. Eine Streitigkeit über Abgabenangelegenheiten im Sinne von § 33 Abs. 1 FGO liegt nicht schon dann vor, wenn der Kläger die Rechtswidrigkeit der von ihm angegriffenen Maßnahme mit der Verletzung des Steuergeheimnisses begründet.

5   BFH vom 13. 9. 1972 – I R 189/70 (BStBl 1973 II S. 119)

Der Finanzrechtsweg ist für eine Leistungsklage gegeben, mit der begehrt wird, dem FA zu untersagen, auf den Namen des Klägers angelegte Steuerakten (oder Teile davon) demjenigen zugänglich zu machen, der als Haftender für Steuerschulden des Klägers in Anspruch genommen ist.

6   BFH vom 23. 10. 1974 – VII R 54/70 (BStBl 1975 II S. 298)

Für eine Klage, durch die einer Finanzbehörde untersagt werden soll, die von einem Gericht der Verwaltungsgerichtsbarkeit geforderten Auskünfte über die steuerlichen Verhältnisse des Klägers zu erteilen, ist der Finanzrechtsweg nicht gegeben.

7   BFH vom 3. 2. 1976 – VII B 7/74 (BStBl 1976 II S. 296)

Hat der Vollstreckungsschuldner auf Grund eines Vollstreckungsersuchens den geschuldeten Betrag an den Vollziehungsbeamten gezahlt und führt dieser ihn nicht an die Vollstreckungsbehörde ab, so ist für die Klage, mit der sich der Vollstreckungsschuldner gegen weitere Vollstreckungsmaßnahmen schützen will, der Finanzrechtsweg gegeben.

8   BFH vom 2. 12. 1976 – IV R 2/76 (BStBl 1977 II S. 318)

Lehnen FA und OFD nach Einstellung eines Steuerstrafverfahrens die Einsichtnahme in eine vom FA geführte Akte ab, in der im wesentlichen die Ermittlungsergebnisse einer Steuerfahndungsprüfung enthalten sind, so ist für die hiergegen gerichtete Klage der Finanzrechtsweg gegeben (Anschluß an BFH vom 24. 11. 1971, BStBl 1972 II S. 284).

9   BFH vom 27. 3. 1979 – VII R 106/75 (BStBl 1979 II S. 442)

Der Finanzrechtsweg ist nicht zulässig bei Streitigkeiten darüber, ob eine zur Abwendung der Beitreibung vorgenommene Abtretung einer Hypothekenforderung an das FA nach § 123 BGB anfechtbar oder nach § 138 BGB nichtig ist.

10   BFH vom 11. 12. 1980 – IV R 127/78 (BStBl 1981 II S. 457)

Für die Klage auf Übersendung eines Betriebsprüfungsberichts ist der Finanzrechtsweg gegeben.

11   BFH vom 17. 12. 1981 – IV R 94/77 (BStBl 1982 II S. 352)

Für Streitigkeiten um die Festsetzung einer Frist zur Entrichtung verkürzter Steuern nach § 371 Abs. 3 AO ist der Finanzrechtsweg nicht gegeben.

12   BFH vom 20. 4. 1983 – VII R 2/82 (BStBl 1983 II S. 482)

Für eine Klage gegen ein Auskunftsersuchen, das die Steuerfahndung nach Einleitung eines Steuerstrafverfahrens und unter Hinweis darauf an einen Dritten richtet, ist der ordentliche Rechtsweg gegeben.

13   BFH vom 7. 5. 1985 – VII R 25/82 (BStBl 1985 II S. 571)[1]

Aus den Gründen:

Der vom Denunzierten verfolgte Anspruch auf Akteneinsicht bzw. Auskunftserteilung ist eine Abgabenangelegenheit, denn die Klägerin begehrt Einsicht in Akten bzw. Auskunft aus Akten, die auch Grundlage der Besteuerung sein können. Das gegen die Klägerin eingeleitete Strafverfahren wurde eingestellt und das gegen sie durchgeführte Bußgeldverfahren war abgeschlossen, als sie ihr Rechtsschutzbegehren geltend machte. Deshalb liegen die Voraussetzungen des § 33 Abs. 2 Satz 2 FGO nicht vor, wonach die Vorschriften des § 33 Abs. 1 FGO auf das Straf- und Bußgeldverfahren keine Anwendung finden. Es verbleibt somit bei dem Grundsatz, daß das Begehren der Klägerin auf Akteneinsicht bzw. die hilfsweise geltend gemachten Anträge auf Auskunftserteilung, die den Zuständigkeitsbereich der Finanzverwaltung betreffen, eine Abgabenangelegenheit i.S. des § 33 Abs. 2 Satz 1 FGO darstellen (vgl. BFH vom 2. 12. 1976, BStBl 1977 II S. 318).

14   BFH vom 29. 10. 1986 – VII R 82/85 (BStBl 1988 II S. 359)

Für die Klage gegen ein Auskunftsersuchen, das die Steuerfahndungsbehörde im Rahmen ihrer Befugnis nach § 208 Abs. 1 Nr. 3 AO, unbekannte Steuerfälle zu ermitteln, an einen Dritten richtet, ist der Finanzrechtsweg gegeben.

---

[1] Bestätigt durch BFH vom 6. 5. 1997 (BStBl 1997 II S. 543).

BFH vom 29. 10. 1986 – I B 28/86 (BStBl 1987 II S. 440) 15

Für Angriffe gegen ein Auskunftsersuchen, das der BMF im Besteuerungsverfahren ins europäische Ausland weiterleiten will, ist der Finanzrechtsweg gegeben.

BFH vom 14. 7. 1987 – VII R 116/86 (BStBl 1987 II S. 834) 16

Für die Klage des Vollstreckungsschuldners gegen das FA als Drittschuldner auf Auszahlung eines durch Beschluß des Amtsgerichts gepfändeten und zur Einziehung überwiesenen Umsatzsteuererstattungsanspruchs ist der Finanzrechtsweg gegeben.

BFH vom 13. 2. 1990 – VIII R 188/85 (BStBl 1990 II S. 582) 17

Für Streitigkeiten betreffend einen Verwaltungsakt einer Gemeinde, mit dem diese die Teilnahme eines Gemeindebediensteten an einer Außenprüfung anordnet, ist der Finanzrechtsweg nicht gegeben.

BFH vom 6. 2. 2001 – VII R 277/00 (BStBl 2001 II S. 306) 18

Wendet sich eine Bank gegen die Weitergabe von Unterlagen und Belegen (Beweismaterial) durch die Steuerfahndung an die Wohnsitz-FÄ (Veranlagungsstellen) solcher Bankkunden, gegen die sich das steuerstrafrechtliche Ermittlungsverfahren, in dessen Rahmen dieses Beweismaterial anlässlich einer Durchsuchung der Bank gewonnen wurde, nicht richtete (nicht verfahrensbeteiligte Bankkunden), so handelt es sich um eine Abgabenangelegenheit, für die der Finanzrechtsweg eröffnet ist.

BFH vom 13. 12. 2007 – VI R 57/04 (BStBl 2008 II S. 434) 19

1. Ist nach einer Nettolohnvereinbarung streitig, in welcher Höhe Bruttoarbeitslohn in der Lohnsteuerbescheinigung hätte berücksichtigt werden müssen, ist der Finanzrechtsweg nicht gegeben.
...

BFH vom 10. 2. 2011 – VII B 183/10 (BFH/NV 2011 S. 992) 20

1. Zumindest in den Fällen, in denen der Insolvenzverwalter allgemeine Einsicht in die beim FA über den Schuldner geführten Vollstreckungsakten begehrt, handelt es sich um eine Streitigkeit nach § 33 Abs. 1 FGO, so dass der Finanzrechtsweg eröffnet ist.
2. Von einer unspezifischen Einsichtnahme in Vollstreckungsakten ist nicht nur die Vollstreckung, sondern auch die Steuererhebung betroffen.
3. Dagegen ist der Rechtsweg zu den Zivilgerichten eröffnet, wenn der Insolvenzverwalter zur Prüfung der Voraussetzungen eines dem Grunde nach bestehenden Anfechtungsrechts nach der InsO Einsicht in die Vollstreckungsakten nehmen will.

BFH vom 30. 3. 2011 – XI R 12/08 (BStBl 2011 II S. 819) 21

Eine Klage, mit der eine Kfz-Werkstatt gegenüber dem für sie nicht zuständigen Finanzamt des TÜV die Feststellung begehrt, dass sie und nicht der Halter die jeweiligen Kfz Leistungsempfängerin i.S. des § 15 Abs. 1 Satz 1 Nr. 1 UStG von im Einzelnen aufgezählten und vom TÜV durchgeführten gesetzlichen Hauptuntersuchungen i.S. des § 29 StVZO ist, ist unzulässig, wenn weder über die Steuerbarkeit und Steuerpflicht der Leistung noch über die Höhe des Steuersatzes Streit besteht.

---

§ 34 (weggefallen) FGO

Unterabschnitt 2
Sachliche Zuständigkeit (§§ 35–37)

§ 35 Zuständigkeit der Finanzgerichte FGO

Das Finanzgericht entscheidet im ersten Rechtszug über alle Streitigkeiten, für die der Finanzrechtsweg gegeben ist.

§ 36 Zuständigkeit des Bundesfinanzhofs

Der Bundesfinanzhof entscheidet über das Rechtsmittel
1. der Revision gegen Urteile des Finanzgerichts und gegen Entscheidungen, die Urteilen des Finanzgerichts gleichstehen,
2. der Beschwerde gegen andere Entscheidungen des Finanzgerichts, des Vorsitzenden oder des Berichterstatters.

Rechtsprechung

1 BFH vom 26. 3. 1980 – I B 11/80 (BStBl 1980 II S. 334)

1. Das FG, das einen auf Beschwerde vom BFH aufgehobenen Beschluß des Instanzgerichts „wiederherstellt", überschreitet seine Kompetenz.
2. An die Entscheidungsformel des Beschlusses des BFH, durch die der angefochtene Beschluß aufgehoben und die Sache an das FG zurückverwiesen wird, ist dieses Gericht gebunden.

2 BFH vom 9. 2. 2007 – XI B 180/06 (BFH/NV 2007 S. 1151)

Eine (außerordentliche) Beschwerde gegen einen Beschluss des BFH über die Beschwerde wegen Nichtzulassung der Revision ist nicht statthaft.

Aus den Gründen:

Die Eingabe ... ist als Beschwerde gegen den Senatsbeschluss ... wegen Nichtzulassung der Revision nicht statthaft. Denn gegen Entscheidungen des BFH ist weder eine Beschwerde (vgl. § 128 Abs. 1 FGO) noch eine außerordentliche Beschwerde (vgl. dazu BFH-Beschlüsse vom 30. 11. 2005, BStBl II 2006, 188, und vom 20. 12. 2005, BFH/NV 2006, 777) eröffnet. Der BFH ist nur zur Entscheidung über Rechtsmittel gegen Entscheidungen der Finanzgerichte berufen (vgl. § 36 FGO).

§ 37 (weggefallen)

Unterabschnitt 3
Örtliche Zuständigkeit (§§ 38–39)

§ 38 Örtliche Zuständigkeit des Finanzgerichts

(1) Örtlich zuständig ist das Finanzgericht, in dessen Bezirk die Behörde, gegen welche die Klage gerichtet ist, ihren Sitz hat.

(2) ¹Ist die in Absatz 1 bezeichnete Behörde eine oberste Finanzbehörde, so ist das Finanzgericht zuständig, in dessen Bezirk der Kläger seinen Wohnsitz, seine Geschäftsleitung oder seinen gewöhnlichen Aufenthalt hat; bei Zöllen, Verbrauchsteuern und Monopolabgaben ist das Finanzgericht zuständig, in dessen Bezirk ein Tatbestand verwirklicht wird, an den das Gesetz die Abgabe knüpft. ²Hat der Kläger im Bezirk der obersten Finanzbehörde keinen Wohnsitz, keine Geschäftsleitung und keinen gewöhnlichen Aufenthalt, so findet Absatz 1 Anwendung.

(3) Befindet sich der Sitz einer Finanzbehörde außerhalb ihres Bezirks, so richtet sich die örtliche Zuständigkeit abweichend von Absatz 1 nach der Lage des Bezirks.

Rechtsprechung

1 BFH vom 13. 2. 1973 – VII R 76/70 (BStBl 1973 II S. 502)

Ein FG braucht seine örtliche Zuständigkeit nicht vor der Entscheidung über die Zulässigkeit des Finanzrechtsweges zu prüfen.

BFH vom 9. 11. 2004 – V S 21/04 (BStBl 2005 II S. 101)　　2

Wird ein Änderungsbescheid von einem anderen FA erlassen als der ursprüngliche Bescheid und wird der Änderungsbescheid gemäß § 68 FGO Gegenstand des Klageverfahrens, so richtet sich die Klage nunmehr gegen das FA, das den Änderungsbescheid erlassen hat. Es tritt ein Beteiligtenwechsel ein. Haben das FA, gegen das sich die Klage ursprünglich richtete, und das FA, gegen das sich die Klage nach Änderung des angefochtenen Bescheids richtet, in verschiedenen FG-Bezirken ihren Sitz, hat der Wechsel des beklagten FA gleichzeitig den Wechsel des zuständigen FG zur Folge.

§ 39　Bestimmung des Gerichts durch den Bundesfinanzhof

(1) Das zuständige Finanzgericht wird durch den Bundesfinanzhof bestimmt,
1. wenn das an sich zuständige Finanzgericht in einem einzelnen Fall an der Ausübung der Gerichtsbarkeit rechtlich oder tatsächlich verhindert ist,
2. wenn es wegen der Grenzen verschiedener Gerichtsbezirke ungewiss ist, welches Finanzgericht für den Rechtsstreit zuständig ist,
3. wenn verschiedene Finanzgerichte sich rechtskräftig für zuständig erklärt haben,
4. wenn verschiedene Finanzgerichte, von denen eines für den Rechtsstreit zuständig ist, sich rechtskräftig für unzuständig erklärt haben,
5. wenn eine örtliche Zuständigkeit nach § 38 nicht gegeben ist.

(2) ¹Jeder am Rechtsstreit Beteiligte und jedes mit dem Rechtsstreit befasste Finanzgericht kann den Bundesfinanzhof anrufen. ²Dieser kann ohne mündliche Verhandlung entscheiden.

Rechtsprechung

BFH vom 18. 2. 1986 – VII S 39/85 (BStBl 1986 II S. 357)　　1

1. Einen gerichtsinternen Streit darüber, welcher Senat des FG nach dem Geschäftsverteilungsplan zuständig ist (negativer Kompetenzkonflikt), entscheidet das Präsidium des FG.
2. Der BFH ist nicht befugt, auf Antrag eines der beteiligten Senate des FG, der die Entscheidung des Präsidiums (1.) nicht als bindend ansieht, den zuständigen Spruchkörper zu bestimmen.

BFH vom 26. 2. 2004 – VII B 341/03 (BStBl 2004 II S. 458)　　2

1. Bei einem negativen Kompetenzkonflikt zwischen Gerichten verschiedener Gerichtszweige, die jeweils rechtskräftig entschieden haben, dass der zu ihnen beschrittene Rechtsweg unzulässig ist, kann § 39 Abs. 1 Nr. 4 FGO entsprechend angewendet werden, wenn ein FG beteiligt ist und der BFH als oberstes Bundesgericht zuerst angerufen wird. Der BFH bestimmt hiernach das zuständige Gericht des zulässigen Rechtswegs, sofern dies zur Wahrung einer funktionierenden Rechtspflege und der Rechtssicherheit notwendig ist.
2. Ein Verweisungsbeschluss nach § 17a Abs. 2 Satz 3 GVG entfaltet Bindungswirkung hinsichtlich des Rechtswegs, wenn er nicht offensichtlich unhaltbar ist. Dies ist z.B. der Fall, wenn sich die Verweisung bei Auslegung und Anwendung der maßgeblichen Normen in einer nicht mehr hinnehmbaren, willkürlichen Weise von dem verfassungsrechtlichen Grundsatz des gesetzlichen Richters entfernt und damit unter Berücksichtigung rechtsstaatlicher Grundsätze nicht mehr verständlich erscheint. In einem solchen Fall muss die Bindungswirkung des Verweisungsbeschlusses hinter dem Rechtsgedanken des Art. 101 Abs. 1 Satz 2 GG zurücktreten.
3. Betrifft die Streitigkeit ausschließlich Fragen, die sich gerade im Zusammenhang oder anlässlich der *Einstellung eines* Steuerstrafverfahrens stellen, handelt es sich um eine Angelegenheit des Steuerstrafverfahrens, für die die Zuständigkeit der FG nach § 33 Abs. 3 FGO ausgeschlossen ist.

ZWEITER TEIL
VERFAHREN (§§ 40–134)

ABSCHNITT I
Klagearten, Klagebefugnis, Klagevoraussetzungen, Klageverzicht (§§ 40–50)

FGO

§ 40 Anfechtungs- und Verpflichtungsklage

(1) Durch Klage kann die Aufhebung, in den Fällen des § 100 Abs. 2 auch die Änderung eines Verwaltungsakts (Anfechtungsklage) sowie die Verurteilung zum Erlass eines abgelehnten oder unterlassenen Verwaltungsakts (Verpflichtungsklage) oder zu einer anderen Leistung begehrt werden.

(2) Soweit gesetzlich nichts anderes bestimmt ist, ist die Klage nur zulässig, wenn der Kläger geltend macht, durch den Verwaltungsakt oder durch die Ablehnung oder Unterlassung eines Verwaltungsakts oder einer anderen Leistung in seinen Rechten verletzt zu sein.[1)]

(3) Verwaltet eine Finanzbehörde des Bundes oder eines Landes eine Abgabe ganz oder teilweise für andere Abgabenberechtigte, so können diese in den Fällen Klage erheben, in denen der Bund oder das Land die Abgabe oder einen Teil der Abgabe unmittelbar oder mittelbar schulden würde.

Rsp   **Rechtsprechung**

1 BFH vom 31. 7. 1980 – IV R 18/77 (BStBl 1981 II S. 33)

Die Zulässigkeit der Klage eines ausgeschiedenen Gesellschafters oder Gemeinschafters gegen einen die Zeit vor seinem Ausscheiden betreffenden einheitlichen Gewinnfeststellungsbescheid, durch dessen Inhalt er unmittelbar betroffen ist, setzt nicht voraus, daß ihm der Bescheid bekanntgegeben wurde. Das gilt selbst dann, wenn der ausgeschiedene Gesellschafter oder Gemeinschafter am Einspruchsverfahren nicht beteiligt war.

2 BFH vom 1. 2. 1983 – VIII R 30/80 (BStBl 1983 II S. 534)

Hat das FG die Steuer dem Klagebegehren entsprechend herabgesetzt (im Streitfall auf null DM), so ist eine Revision des Klägers mangels Beschwer auch dann unzulässig, wenn das FG zu der Steuerfestsetzung nur deshalb gekommen ist, weil es einen Mißbrauch von Gestaltungsmöglichkeiten angenommen hat. Eine derartige nur in den Urteilsgründen enthaltene rechtliche Würdigung hat keine Bindungswirkung für andere Steuerfestsetzungen oder für ein eventuelles Steuerstrafverfahren.

3 BFH vom 24. 1. 1985 – IV R 249/82 (BStBl 1985 II S. 676)

Die gesonderte Feststellung einer unzutreffenden Einkunftsart stellt eine Rechtsverletzung i.S. von § 40 Abs. 2 FGO dar.

4 BFH vom 9. 10. 1985 – II R 204/83 (BStBl 1986 II S. 148)

Beschreitet der von einem Steuerverwaltungsakt betroffene Fiskus den Finanzrechtsweg, so handelt es sich nicht um einen unzulässigen Insichprozeß.

5 BFH vom 23. 10. 1985 – VII B 28/84 (BStBl 1986 II S. 26)

Der Grundsatz, daß der Finanzrechtsweg nur für jemanden geöffnet ist, der eigene Rechte gegenüber der Verwaltung verfolgt, gilt auch für den Antrag auf einstweilige Anordnung.

6 BFH vom 7. 11. 1986 – III B 50/85 (BStBl 1987 II S. 94)

Ein mit seinem Ehegatten zur Einkommensteuer zusammenveranlagter Steuerpflichtiger kann im Hinblick auf die Folgen einer Aufteilung der Steuerschuld nach §§ 268 ff. AO auch dann beschwert sein, wenn das FA abweichend von der Steuererklärung seine Einkünfte zugunsten jener des Ehegatten erhöht hat, die Gesamtsteuerschuld aber gleichgeblieben ist. Die Beschwer entfällt jedoch,

---
1) Vgl. auch § 350 AO.

sobald ein Antrag auf Aufteilung wegen vollständiger Tilgung der rückständigen Steuer nicht mehr zulässig ist (Anschluß an BFH vom 16. 8. 1978, BStBl 1979 II S. 26).

BFH vom 23. 10. 1989 – GrS 2/87 (BStBl 1990 II S. 327) 7

1. Die Anfechtungsklage gegen einen Einkommensteuerbescheid ist regelmäßig auch insoweit zulässig, als sie nach Ablauf der Klagefrist betragsmäßig erweitert wurde.
2. Hat der Kläger jedoch eindeutig zu erkennen gegeben, daß er von einem weiter gehenden Klagebegehren absieht, ist die Klage insoweit unzulässig, als sie nach Ablauf der Klagefrist erweitert wird.

BFH vom 25. 10. 1989 – X R 109/87 (BStBl 1990 II S. 278) 8

Eine gegen einen vorläufigen Steuerbescheid i.S. des § 165 AO gerichtete Klage darf nicht allein auf Beseitigung des Vorläufigkeitsvermerks abzielen.

BFH vom 18. 12. 1990 – VIII R 138/85 (BStBl 1991 II S. 581) 9

Eine KG ist auch für Streitjahre klagebefugt, in denen die Gesellschaft die Rechtsform einer OHG hatte.

BFH vom 25. 11. 1992 – II B 86/91 (BStBl 1993 II S. 122) 10

Für eine Anfechtungsklage gegen den die Aussetzung der Vollziehung ablehnenden Verwaltungsakt des FA besteht dann kein Rechtsschutzbedürfnis, wenn das FG bereits über einen Antrag auf Aussetzung der Vollziehung nach § 69 Abs. 3 FGO entschieden hat. Diese Rechtsfrage ist durch die Rechtsprechung geklärt (BFH vom 27. 1. 1982, BStBl II S. 326).

BFH vom 4. 10. 1996 – I B 54/96 (BStBl 1997 II S. 136) 11

Der hebeberechtigten Gemeinde fehlt das allgemeine Rechtsschutzinteresse für den Antrag auf Aussetzung der Vollziehung eines von ihr angefochtenen Gewerbesteuer-Meßbescheides, den das Finanzamt zugunsten des Steuerpflichtigen geändert hat. Dies gilt auch dann, wenn das Finanzamt den sich hieraus ergebenden Gewerbesteuer-Erstattungsanspruch gepfändet hat.

BFH vom 15. 5. 1997 – XI R 53/88 (BStBl 1997 II S. 514) 12

1. Die Überleitung eines zweiten Änderungsbescheides in ein laufendes Verfahren gemäß § 68 FGO setzt voraus, daß ein vorausgegangener erster Änderungsbescheid ebenfalls Verfahrensgegenstand geworden ist.
2. Mehrere denselben Veranlagungszeitraum betreffende Änderungsbescheide können gleichzeitig zum Gegenstand des Verfahrens erklärt werden, nachträglich also auch ein durch den zweiten suspendierter erster Änderungsbescheid (Anschluß an das BFH-Urteil vom 5. 5. 1992, BStBl II S. 1040).

BFH vom 15. 10. 1997 – I R 10/92 (BStBl 1998 II S. 63) 13

Wird ein Steuerpflichtiger rechtswidrig nicht oder zu niedrig besteuert, werden dadurch in der Regel nur Rechte der Steuergläubiger verletzt, die von den Behörden der Finanzverwaltung im Interesse der Allgemeinheit wahrzunehmen sind. Eine Verletzung der Rechte eines an dem betreffenden Steuerschuldverhältnis nicht beteiligten Dritten kommt nur in Betracht, wenn die Nichtbesteuerung oder zu niedrige Besteuerung gegen eine Norm verstößt, die nicht ausschließlich im Interesse der Allgemeinheit, insbesondere im öffentlichen Interesse an der gesetzmäßigen Steuererhebung und Sicherung des Steueraufkommens erlassen wurde, sondern – zumindest auch – dem Schutz der Interessen einzelner an dem betreffenden Steuerschuldverhältnis nicht beteiligter Dritter dient – sog. „drittschützende" Norm.
Voraussetzung der Zulässigkeit einer auf einen Verstoß gegen § 5 Abs. 1 Nr. 9 Satz 2 KStG, § 3 Nr. 6 Satz 2 GewStG, § 3 Abs. 1 Nr. 12 Satz 2 VStG jeweils i.V.m. §§ 64 bis 68 AO gestützten Klage eines Dritten ist, daß der Kläger substantiiert geltend macht, die rechtswidrige Nichtbesteuerung oder zu geringe Besteuerung des mit ihm in Wettbewerb stehenden Steuerpflichtigen beeinträchtige das Recht des Klägers auf Teilnahme an einem steuerrechtlich nicht zu seinem Nachteil verfälschten Wettbewerb.

BFH vom 10. 11. 1998 – VIII R 3/98 (BStBl 1999 II S. 199) 14

Die während einer Außenprüfung vom Prüfer gegenüber dem Steuerpflichtigen erlassene schriftliche Aufforderung, bestimmte Fragen zu beantworten sowie genau bezeichnete Belege, Verträge und Konten vorzulegen, ist in der Regel kein Verwaltungsakt, sondern eine nicht selbständig anfechtbare Vorbereitungshandlung, wenn sie ausschließlich der Ermittlung steuermindernder Umstände dient und deshalb nicht erzwingbar ist. Dies gilt nicht, wenn der Steuerpflichtige die Aufforderung nach ihrem objektiven Erklärungsinhalt als Maßnahme zur Schaffung einer Rechtsgrundlage für die Einleitung eines Erzwingungsverfahrens verstehen mußte.

15 BFH vom 13. 4. 2000 – XI R 3, 4/99 (HFR 2001 S. 31)

1. Das Rechtsschutzinteresse als Sachurteilsvoraussetzung ist nicht entfallen, wenn der wegen eines verfassungsrechtlichen Streitpunkts angefochtene Steuerbescheid im Zeitpunkt der Urteilsfällung nicht für vorläufig erklärt worden war.

2. Widersprechen die Kl. im Klageverfahren der vom FA beabsichtigten Beifügung dieses Vermerks, ist ihr Verhalten nicht rechtsmissbräuchlich, gleichgültig, ob Rechtsfragen wegen des verfassungsrechtlichen Streitpunkts dem BVerfG zur Entscheidung vorliegen oder nicht. Im ersteren Fall wird der Rechtsmissbrauch dadurch ausgeschlossen, dass der Widerspruch der Kl. sich prozessual nicht auswirkt; denn das FG ist in einem solchen Fall von Amts wegen zur Aussetzung des Verfahrens nach § 74 FGO verpflichtet.

16 BFH vom 14. 11. 2000 – VII R 85/99 (BStBl 2001 II S. 247)

Das Rechtsschutzbedürfnis für eine Revision gegen ein Leistungsurteil ist auch dann noch gegeben, wenn die klageweise geltend gemachte Leistung zum Zwecke der Abwendung der Zwangsvollstreckung unter Vorbehalt des Rechtsstandpunktes des Schuldners erbracht worden ist.

17 BFH vom 12. 1. 2001 – VI R 181/97 (BStBl 2001 II S. 443)

Hebt die Familienkasse festgesetztes Kindergeld auf, das an einen Sozialleistungsträger ausbezahlt wurde, so ist Letzterer klagebefugt.

18 BFH vom 7. 8. 2001 – I B 16/01 (BStBl 2002 II S. 13)

Über eine Klage darf regelmäßig erst dann in der Sache entschieden werden, wenn geklärt ist, dass alle Sachurteilsvoraussetzungen vorliegen. Anderenfalls hat ein Prozessurteil zu ergehen.

19 BFH vom 17. 10. 2001 – I B 6/01 (BStBl 2002 II S. 91)

1. Ein Land schuldet eine Abgabe unmittelbar i.S. des § 40 Abs. 3 FGO, wenn es selbst den Besteuerungstatbestand erfüllt oder wenn ihm die Verwirklichung des Besteuerungstatbestandes durch einen Dritten steuerlich zuzurechnen ist.

2. Mittelbar i.S. des § 40 Abs. 3 FGO schuldet ein Land eine Abgabe, wenn es öffentlich-rechtlich verpflichtet ist, die Abgabenschuld eines Dritten – und sei es auch nur neben ihm oder im Fall der Zahlungsunfähigkeit des Dritten – zu erfüllen.

3. Die Beteiligung eines Landes an einer Kapitalgesellschaft als Aktionär oder Gesellschafter führt nicht dazu, dass das Land mittelbarer Schuldner der von der Kapitalgesellschaft zu entrichtenden Gewerbesteuer ist (Abweichung vom BFH-Urteil vom 2. 10. 1962, BStBl 1963 III, 216).

20 BFH vom 21. 3. 2002 – III R 30/99 (BStBl 2002 II S. 547)

Setzt das FA die Investitionszulage lediglich abweichend vom Antrag des Anspruchsberechtigten in geringerer Höhe fest, so ist statthafte Klageart für ein auf die antragsgemäße Festsetzung gerichtetes Klagebegehren die Anfechtungsklage in der Form der Abänderungsklage (ständige Rechtsprechung, zuletzt Urteil vom 20. 12. 2000, BFH/NV 2001 S. 914, m.w.N.).

21 BFH vom 10. 11. 2004 – XI R 32/01 (BStBl 2005 II S. 431)

Aus den Gründen:

Zu Recht hat das FG angenommen, dass die Kläger durch den angegriffenen Bescheid beschwert sind (§ 40 Abs. 2 FGO).

Im Streitfall verfolgen die Kläger zwar die Feststellung eines höheren Gewinns; die angegriffene Gewinnfeststellung beruht auf der Annahme, die erzielten negativen Einkünfte seien dem Architekturbetrieb zuzurechnen. Die Rechtsprechung hat aber bereits allein darin eine Beschwer erblickt, dass in dem Feststellungsbescheid die Höhe des Gewinns abweichend festgestellt ist (vgl. BFH-Urteil vom 26. 7. 1984, BStBl II 1985, 3) oder Einkünfte nicht einbezogen worden sind (BFH-Urteil vom 23. 10. 1991, BStBl II 1992, 185, 186). Die Beschwer liegt darin, dass eine vom Steuerpflichtigen behauptete Rechtsposition – im Streitfall, dass die Wohnung kein notwendiges Betriebsvermögen sei – allgemein mit steuerrechtlich verbindlicher Wirkung festgestellt oder geleugnet wird. Ob und in welchem Umfang die Feststellungen sich bei den Steuerveranlagungen der einzelnen beteiligten Gesellschafter jeweils auswirken und anfechtbar sind, ist insoweit unerheblich (BFH-Urteil vom 14. 6. 1994, BFH/NV 1995, 318, m.w.N.).

BFH vom 24. 5. 2006 – I R 93/05 (BStBl 2007 II S. 76) 22

1. Ein Anspruch auf Korrektur eines Folgebescheids nach Maßgabe des § 175 Abs. 1 Satz 1 Nr. 1 AO muss im gerichtlichen Verfahren im Wege der Verpflichtungsklage geltend gemacht werden.
...

BFH vom 8. 12. 2006 – VII B 243/05 (BStBl 2008 II S. 436) 23

1. Der Leiter der Beratungsstelle eines Lohnsteuerhilfevereins ist wegen der Schließung der Beratungsstelle nicht klagebefugt.
2. Eine Anfechtungsklage ist, wenn dem Kläger die Klagebefugnis fehlt, auch dann als unzulässig abzuweisen, wenn dessen Einspruch mangels Beschwer verworfen worden ist.
3. Ist eine Klage offensichtlich unzulässig, bedarf es keiner notwendigen Beiladung Dritter, die von dem angefochtenen Verwaltungsakt betroffen sind.

BFH vom 10. 1. 2007 – I R 75/05 (HFR 2007 S. 1002) 24

Eine Klage, mit der die Festsetzung einer höheren Steuer als im angefochtenen Bescheid begehrt wird, ist regelmäßig unzulässig. Sie kann zwar zulässig sein, wenn die Erhöhung der festgesetzten Steuer Voraussetzung dafür ist, dass der Kläger eine höhere als die bisher gewährte Anrechnung von Steuern auf die eigene Steuerschuld erhält. Dafür kommt es aber nur auf die objektive Rechtslage und nicht darauf an, ob der Kläger selbst die Klageerhebung für zu diesem Zweck erforderlich hielt.

BFH vom 19. 4. 2007 – V R 48/04 (BStBl 2009 II S. 315) 25

1. Wird nach erfolglosem Untätigkeitseinspruch eine Untätigkeitsklage erhoben und ergeht daraufhin ein Steuerbescheid, der dem Antrag des Steuerpflichtigen ganz oder teilweise nicht entspricht, kann die Untätigkeitsklage als Anfechtungsklage fortgeführt werden.
...

BFH vom 23. 4. 2008 – X R 32/06 (BStBl 2009 II S. 7) 26

Aus den Gründen:

Die Klägerin ist gemäß § 40 Abs. 2 FGO beschwert. Zwar fehlt für die Anfechtung eines auf Null lautenden Einkommensteuerbescheids regelmäßig nach der ständigen Rechtsprechung des BFH die Beschwer. Von diesem Grundsatz sind jedoch Ausnahmen zu machen, wenn sich die Steuerfestsetzung in der Konkretisierung des Steuerschuldverhältnisses erschöpft. So liegt es im Streitfall. Die Klägerin ist i.S. des § 40 Abs. 2 FGO beschwert, da sie statt einer Einkommensteuerfestsetzung von „Null" die Festsetzung einer negativen Einkommensteuer mit dem Ziel der Erstattung begehrt. Mit der Steuerfestsetzung von Null im angefochtenen Bescheid ist die beschwerende Feststellung verbunden, dass die gesetzlich nicht vorgesehene und aus Verfassungsgründen begehrte negative Steuerfestsetzung verwehrt wird.

BFH vom 19. 3. 2009 – IV R 45/06 (BStBl 2009 II S. 902) 27

Aus den Gründen:

Wird in einem Steuer- oder Feststellungsbescheid eine Rechtsauffassung geäußert, die sich nicht auf die Veranlagung des laufenden Jahres auswirkt und auch nicht in sonstiger Weise bindend ist, wird der Steuerpflichtige dadurch nicht beschwert. Eine solche Äußerung kann daher weder durch Anfechtungs- noch durch Feststellungsklage angegriffen werden (BFH-Urteil vom 27. 1. 1972 IV R 157/71, BStBl II 1972, 465). Ob eine bindende Regelung getroffen wurde, richtet sich nach dem Regelungsinhalt eines Bescheides. Dieser ergibt sich für die gesonderte und einheitliche Feststellung von Einkünften aus § 180 Abs. 1 Nr. 2 Buchst. a AO. Das Feststellungsfinanzamt hat danach Feststellungen über alle Umstände zu treffen, die die Besteuerung der gemeinschaftlichen Einkünfte beeinflussen und die nach dem Sinn und Zweck des Gewinnfeststellungsverfahrens vorab mit Bindungswirkung für die Veranlagung der Beteiligten festgestellt werden sollen (BFH-Urteil in BFHE 216, 412, unter II.1.a der Gründe; Söhn in Hübschmann/Hepp/Spitaler, § 180 AO Rz. 227).

28 **BFH vom 29. 4. 2009 – X R 16/06 (BStBl 2009 II S. 732)**

1. Die Rechte des zum Einspruchsverfahren Hinzugezogenen sind (i.S. des § 40 Abs. 2 FGO) verletzt, wenn die Einspruchsentscheidung den Hinzugezogenen formell und materiell beschwert.

2. Der Hinzugezogene ist klagebefugt, wenn das FA dem Einspruch des Einspruchsführers in der Einspruchsentscheidung abhilft, dem Hinzugezogenen die Einspruchsentscheidung bekanntgegeben worden ist und in der Einspruchsentscheidung (bindende) Feststellungen getroffen sind, die gemäß § 174 Abs. 5 i.V.m. Abs. 4 AO im Folgeänderungsverfahren für den Hinzugezogenen zu einer nachteiligen Korrektur führen können.

...

29 **BFH vom 17. 6. 2009 – I R 46/07 (BStBl 2010 II S. 72)**

1. § 36 Abs. 2 Satz 2 Nr. 2 EStG verknüpft inhaltlich Steuerfestsetzungs- und Steuererhebungsverfahren. Daher kann auch die Anfechtung eines Einkommensteuerbescheids mit dem Ziel der Anrechnung höherer Lohnsteuerabzugsbeträge zulässig sein.

2. Die vom Arbeitgeber zu Unrecht angemeldeten und an das FA abgeführten Lohnsteuerbeträge sind als Arbeitslohn beim Arbeitnehmer jedenfalls dann steuerlich zu erfassen, wenn der Lohnsteuerabzug nach § 41c Abs. 3 EStG nicht mehr geändert werden kann (Abgrenzung zum BFH-Urteil vom 24. 11. 1961 VI 88/61 U, BStBl III 1962, 93).

30 **BFH vom 8. 6. 2011 – I R 79/10 (DStR 2011 S. 2248)**

Im Falle der Einbringung eines (Teil-)Betriebs oder Mitunternehmeranteils i.S. des § 20 UmwStG 1995 kann das aufnehmende Unternehmen weder durch Anfechtungsklage noch durch Feststellungsklage geltend machen, die seiner Steuerfestsetzung zu Grunde gelegten Werte des eingebrachten Vermögens seien zu hoch. Ein solches Begehren kann nur der Einbringende im Wege der sog. Drittanfechtung durchsetzen.

Aus den Gründen:

Zwar kann nach der Rechtsprechung des BFH eine Rechtsverletzung i.S. des § 40 Abs. 2 FGO ausnahmsweise auch dann vorliegen, wenn in dem angefochtenen Steuerbescheid eine Steuer nicht oder zu niedrig festgesetzt worden ist. So können die Dinge z.B. liegen, wenn ein auf einen Betrag von null lautender Bescheid sich für den Kläger deshalb nachteilig auswirkt, weil in ihm angesetzte Besteuerungsgrundlagen im Rahmen anderer Verfahren verbindliche Entscheidungsvorgaben liefern (BFH-Urteile vom 20. 12. 1994 – IX R 80/92, BStBl 1995 II S. 537; vom 20. 12. 1994 – IX R 124/92, BStBl 1995 II S. 628). Ebenso kann eine Klage gegen die Festsetzung einer zu niedrigen Steuer zulässig sein, wenn jene Festsetzung dazu führen kann, dass der Kläger bei späteren Steuerfestsetzungen Nachteile erleidet (BFH-Beschluss vom 17. 12. 1987 – V B 152/87, BStBl 1988 II S. 286, m.w.N.). Im Streitfall liegt aber kein mit diesen Situationen vergleichbarer Sachverhalt vor. Denn der Klägerin, um deren Besteuerung es hier ausschließlich geht, kann durch den Ansatz überhöhter Einbringungswerte weder in späteren Steuerfestsetzungen noch in anderen Verfahren einen Nachteil erleiden. Sie ist daher auch unter diesem Gesichtspunkt durch den angefochtenen Bescheid nicht beschwert.

FGO **§ 41 Feststellungsklage**

(1) Durch Klage kann die Feststellung des Bestehens oder Nichtbestehens eines Rechtsverhältnisses oder die Nichtigkeit eines Verwaltungsakts begehrt werden, wenn der Kläger ein berechtigtes Interesse an der baldigen Feststellung hat (Feststellungsklage).

(2) ¹Die Feststellung kann nicht begehrt werden, soweit der Kläger seine Rechte durch Gestaltungs- oder Leistungsklage verfolgen kann oder hätte verfolgen können. ²Dies gilt nicht, wenn die Feststellung der Nichtigkeit eines Verwaltungsakts begehrt wird.

Rechtsprechung

1 **BFH vom 27. 1. 1972 – IV R 157/71 (BStBl 1972 II S. 465)**

1. Hat das FA in einem Steuerbescheid eine Rechtsauffassung geäußert, die sich nicht auf die Veranlagung des laufenden Jahres auswirkt und auch nicht in sonstiger Weise bindend ist, so kann

diese Meinungsäußerung weder durch Anfechtungs- noch durch Feststellungsklage angegriffen werden.
2. Hat das FG dennoch über eine solche Klage sachlich zuungunsten des FA entschieden, so ist das FA durch diese Entscheidung beschwert.

BFH vom 27. 2. 1973 – VII R 100/70 (BStBl 1973 II S. 536) 2

1. Das berechtigte Interesse an der baldigen Feststellung im Sinne des § 41 Abs. 1 FGO besteht bei einer Feststellungsklage, mit der künftigen nachteiligen Verwaltungsakten vorgebeugt werden soll, nur, wenn der Kläger besondere Gründe hat, die es rechtfertigen, die Verwaltungsakte nicht abzuwarten.
2. Ist zwischen einer Vereinigung der Lohnsteuerzahler und der für ihre Angelegenheiten federführenden Finanzbehörde eine rechtliche Auseinandersetzung über die Art und Weise der den Mitgliedern zu erbringenden Hilfe in Lohnsteuersachen entbrannt, können Gründe gegeben sein, die die Vereinigung berechtigen, künftige Untersagungsverfügungen der Finanzbehörden nicht abzuwarten, sondern schon vorher im Wege der Feststellungsklage das streitige Rechtsverhältnis klären zu lassen.

BFH vom 8. 4. 1981 – II R 47/79 (BStBl 1981 II S. 581) 3

Eine vorbeugende Feststellungsklage ist in einem Verwaltungsverfahren, in dem der Rechtsunterworfene seine Rechte gegen einen staatlichen Eingriff mit der Anfechtungsklage verfolgen kann, nicht zulässig.

BFH vom 1. 10. 1981 – IV B 13/81 (BStBl 1982 II S. 133) 4

1. Wird im Hauptsacheverfahren Klage auf Feststellung der Nichtigkeit eines Verwaltungsaktes erhoben, so kann unter den Voraussetzungen des § 114 FGO vorläufiger Rechtsschutz durch Erlaß einer einstweiligen Anordnung gewährt werden.
2. Zu den Voraussetzungen für die Annahme der Nichtigkeit eines Verwaltungsakts.

Aus den Gründen:
Der vorläufige Rechtsschutz nach der Finanzgerichtsordnung hängt eng mit der Klageart in dem Verfahren zur Hauptsache zusammen (BFH-Beschlüsse vom 10. 11. 1977, IV B 33–34/76, BFHE 123 S. 412, BStBl 1978 II S. 15; vom 10. 8. 1978 IV B 41/77, BFHE 125 S. 356, BStBl II S. 584, und vom 10. 7. 1979 VIII B 84/78, BFHE 128 S. 164, BStBl II S. 567). Die Aussetzung der Vollziehung ist eine Maßnahme, die einen mit der Anfechtungsklage (§ 40 Abs. 1 FGO) anfechtbaren Verwaltungsakt zur Voraussetzung hat. Wird im Hauptsacheverfahren dagegen eine Klage auf Feststellung (§ 41 FGO) erhoben, so ist eine Aussetzung der Vollziehung im Hinblick auf dieses Klageziel schon begrifflich nicht denkbar, denn es ist nichts vorhanden, was im Rahmen der erstrebten Feststellung hinsichtlich seiner Vollziehung ausgesetzt werden könnte. Dennoch kann auch in diesen Fällen ein Rechtsschutzbedürfnis des Klägers nach Gewährung vorläufigen Rechtsschutzes bestehen. Das gilt insbesondere bei einer Klage auf Feststellung der Nichtigkeit eines auf eine Geldleistung gerichteten Steuerbescheids (oder eines zur Feststellung von Besteuerungsgrundlagen erlassenen Bescheids). In derartigen Fällen kann dem FA unter den Voraussetzungen des § 114 FGO durch Erlaß einer einstweiligen Anordnung vorläufig untersagt werden, Folgerungen aus dem vom Kläger für nichtig angesehenen Bescheid zu ziehen.

BFH vom 9. 5. 1985 – IV R 172/83 (BStBl 1985 II S. 579) 5

1. Auch ein nichtiger Steuerverwaltungsakt kann seitens der Finanzbehörde als rechtswidrig gemäß § 130 Abs. 1 AO zurückgenommen werden.
2. Im Falle der Zurücknahme einer Prüfungsanordnung gemäß § 130 Abs. 1 AO besteht in der Regel kein berechtigtes Interesse für eine Fortsetzungsfeststellungsklage gemäß § 100 Abs. 1 Satz 4 FGO.

BFH vom 20. 2. 1990 – IX R 83/88 (BStBl 1990 II S. 789) 6

Wird ausschließlich die Nichtigkeit oder Unwirksamkeit einer Prüfungsanordnung geltend gemacht und sind die Prüfungsfeststellungen bereits im Steuerbescheid ausgewertet, so sind die Einwendungen gegen die Wirksamkeit der Prüfungsanordnung im Rechtsbehelfsverfahren gegen den Steuerbescheid zu prüfen. Für eine Klage auf Feststellung der Nichtigkeit oder Unwirksamkeit fehlt das berechtigte Interesse an der baldigen Feststellung.

7   BFH vom 11. 4. 1991 – V R 86/85 (BStBl 1991 II S. 729)

Die (Nichtigkeits-)Feststellungsklage gemäß § 41 Abs. 1 FGO ist nur dann zulässig, wenn der Kläger schlüssig behauptet, durch den angeblich nichtigen Verwaltungsakt in seinen Rechten gefährdet zu sein; das Feststellungsinteresse muß daher ein eigenes abgabenrechtliches – nicht lediglich privatrechtliches – Interesse sein.

8   BFH vom 10. 7. 1997 – V R 94/96 (BStBl 1997 II S. 707)

1. Vereinbart der Grundstückseigentümer mit einem Kaufinteressenten die Zahlung einer „Entschädigung bzw. Optionsgebühr" für den Fall der Ablehnung des Verkaufsangebots durch den Interessenten, kann es sich – unabhängig von der Bezeichnung – um (Bindungs-)Entgelt für die steuerbare und steuerpflichtige Bindungsleistung handeln.

2. Behandelt der Grundstückseigentümer bei seiner Umsatzsteuererklärung einen Vorgang – abweichend von der Beurteilung durch den Optionsberechtigten – nicht als steuerpflichtigen Umsatz, kann der Optionsberechtigte die Frage der Umsatzsteuerpflicht dieses Vorgangs im Weg der Feststellungsklage gemäß § 41 FGO klären lassen. Sein Rechtsschutzinteresse an der Feststellung ergibt sich mit Rücksicht auf die Rechtsprechung des BGH (BGHZ 103, 284, und NJW 1989, 302), nach der bei zweifelhafter Rechtslage über das Vorliegen eines steuerbaren und steuerpflichtigen Umsatzes der Leistungsempfänger die Erteilung einer Rechnung mit gesondert ausgewiesener Umsatzsteuer nur verlangen kann, wenn die zuständige Finanzbehörde den Vorgang bestandskräftig der Umsatzsteuer unterworfen hat.

3. Die mit der Feststellungsentscheidung gefundene materiell-rechtliche Beurteilung ist für die Steuerschuldverhältnisse des Grundstückseigentümers und des Optionsberechtigten bindend.

4. Hat das für die Besteuerung des Grundstückseigentümers zuständige FA diesem die Nichtsteuerbarkeit des Vorgangs verbindlich zugesichert, kann der Optionsberechtigte gleichwohl zur Geltendmachung des Vorsteuerabzugs gegenüber dem für ihn zuständigen FA vom Grundstückseigentümer die Ausstellung einer Rechnung verlangen, in der die Steuer gesondert ausgewiesen ist.

9   BFH vom 7. 8. 2001 – I B 16/01 (BStBl 2002 II S. 13)

Der selbständigen Klage auf Feststellung der Nichtigkeit des Steuerbescheides steht die Rechtskraft des Sachurteils über eine Anfechtungsklage gegen diesen Bescheid entgegen.

10   BFH vom 29. 7. 2003 – VII R 39, 43/02 (BStBl 2003 II S. 828)

Eine Klage auf Feststellung eines Bruchs des Steuergeheimnisses gegenüber der Gewerbebehörde ist aufgrund des Genugtuungsinteresses des Steuerpflichtigen zulässig; das Feststellungsinteresse hängt nicht davon ab, dass die Feststellung, das Steuergeheimnis sei verletzt worden, die rechtliche und tatsächliche Position des Klägers gegenüber der Gewerbebehörde verbessern könnte.

11   BFH vom 24. 1. 2008 – V R 36/06 (BStBl 2008 II S. 686)

Die Zulässigkeit einer Nichtigkeits-Feststellungsklage (§ 41 FGO) ist nicht davon abhängig, dass der Kläger vor der Klageerhebung ein entsprechendes Antragsverfahren nach § 125 Abs. 5 AO beim FA durchgeführt hat. Nichts anderes gilt regelmäßig auch dann, wenn der Steuerpflichtige zunächst (freiwillig) einen derartigen Antrag beim FA gestellt hat, jedoch das Ergebnis der Bescheidung vor Klageerhebung nicht abwartet.

12   BFH vom 19. 3. 2009 – IV R 45/06 (BStBl 2009 II S. 902)

Aus den Gründen:

Wird in einem Steuer- oder Feststellungsbescheid eine Rechtsauffassung geäußert, die sich nicht auf die Veranlagung des laufenden Jahres auswirkt und auch nicht in sonstiger Weise bindend ist, wird der Steuerpflichtige dadurch nicht beschwert. Eine solche Äußerung kann daher weder durch Anfechtungs- noch durch Feststellungsklage angegriffen werden (BFH-Urteil vom 27. 1. 1972 IV R 157/71, BStBl II 1972, 465). Ob eine bindende Regelung getroffen wurde, richtet sich nach dem *Regelungsinhalt* eines Bescheides. Dieser ergibt sich für die gesonderte und einheitliche Feststellung von Einkünften aus § 180 Abs. 1 Nr. 2 Buchst. a AO. Das Feststellungsfinanzamt hat danach Feststellungen über alle Umstände zu treffen, die die Besteuerung der gemeinschaftlichen Einkünfte beeinflussen und die nach Sinn und Zweck des Gewinnfeststellungsverfahrens vorab mit Bindungswirkung für die Veranlagung der Beteiligten festgestellt werden sollen (BFH-Urteil in BFHE 216, 412, unter II.1.a der Gründe; Söhn in Hübschmann/Hepp/Spitaler, § 180 AO Rz. 227).

BFH vom 30. 3. 2011 – XI R 12/08 (BStBl 2011 II S. 819) 13

Eine Klage, mit der eine Kfz-Werkstatt gegenüber dem für sie nicht zuständigen Finanzamt des TÜV die Feststellung begehrt, dass sie und nicht der Halter des jeweiligen Kfz Leistungsempfängerin i. S. des § 15 Abs. 1 Satz 1 Nr. 1 UStG von im Einzelnen aufgezählten und vom TÜV durchgeführten gesetzlichen Hauptuntersuchungen i. S. des § 29 StVZO ist, ist unzulässig, wenn weder über die Steuerbarkeit und Steuerpflicht der Leistung noch über die Höhe des Steuersatzes Streit besteht.

BFH vom 30. 3. 2011 – XI R 5/09 (HFR 2011 S. 1217) 14

1. Eine Klage, mit der eine Käuferin gegenüber dem für sie nicht zuständigen Finanzamt der inzwischen insolventen Verkäuferin die Feststellung begehrt, dass ihre zur Abgeltung des Anfechtungsrechts geleistete Zahlung Entgelt für eine umsatzsteuerpflichtige Leistung ist, ist unzulässig, wenn weder über die Steuerbarkeit und Steuerpflicht der Leistung noch über die Höhe des Steuersatzes Streit besteht.

2. Ohne Schwierigkeit zu klärende steuerrechtliche Vorfragen sind von den Zivilgerichten selbständig zu beantworten.

BFH vom 12. 8. 2011 – VII B 159/10 (BFH/NV 2011 S. 2104) 15

Eine Klage auf Feststellung der Rechtswidrigkeit eines vom FA gestellten Antrags auf Insolvenzeröffnung ist unzulässig, da der Schuldner sein Ziel über eine vorgreifliche Leistungsklage auf Rücknahme des Antrags erreichen kann. Insoweit besteht keine Ausnahme vom Subsidiaritätsprinzip.

§ 42   Unanfechtbare Verwaltungsakte   FGO

Auf Grund der Abgabenordnung erlassene Änderungs- und Folgebescheide können nicht in weiterem Umfang angegriffen werden, als sie in dem außergerichtlichen Vorverfahren angefochten werden können.

Rechtsprechung   Rsp

BFH vom 24. 7. 1984 – VII R 122/80 (BStBl 1984 II S. 791) 1

Die Einschränkung der Anfechtbarkeit von Verwaltungsakten, die unanfechtbare Verwaltungsakte ändern (§ 42 FGO i. V. m. § 351 Abs. 1 AO), gilt nicht für die nach den §§ 130, 131 AO korrigierbaren Lohnsteuerhaftungsbescheide.

BFH vom 11. 3. 1999 – V B 24/99 (BStBl 1999 II S. 335) 2

Die Vollziehung eines Steuerbescheids kann grundsätzlich in demselben Umfang ausgesetzt werden, in dem er angefochten werden kann. Dementsprechend kann auch die Vollziehung eines auf § 164 Abs. 2 AO gestützten Umsatzsteuer-Änderungsbescheids in vollem Umfang ausgesetzt oder aufgehoben werden, wenn in den Vorauszahlungsbescheiden keine positive Umsatzsteuer festgesetzt worden ist.

§ 43   Verbindung von Klagen   FGO

Mehrere Klagebegehren können vom Kläger in einer Klage zusammen verfolgt werden, wenn sie sich gegen denselben Beklagten richten, im Zusammenhang stehen und dasselbe Gericht zuständig ist.

Rechtsprechung

1 BFH vom 29. 6. 1971 – VII K 31/67 (BStBl 1971 II S. 740)

Die Klage auf Zahlung von Prozeßzinsen kann sowohl mit der Anfechtungsklage gegen einen Steuerbescheid als auch mit der Verpflichtungsklage wegen eines Erstattungs- oder Vergütungsanspruchs verbunden werden.

2 BFH vom 24. 10. 1973 – VII B 47/72 (BStBl 1974 II S. 137)

1. Die Erhebung der Klage nach § 43 FGO hat dieselbe Wirkung wie die Verbindung mehrerer bereits schwebender Verfahren durch Gerichtsbeschluß nach § 73 Abs. 1 FGO.

2. Verbundene Verfahren können nicht stillschweigend durch konkludente Entscheidung getrennt werden.

3 BFH vom 30. 7. 1997 – II R 33/95 (BStBl 1997 II S. 626)

Die Verbindung mehrerer selbständiger Klageverfahren unterschiedlicher Kläger kommt wegen der auch das Gericht bindenden Verpflichtung, das Steuergeheimnis zu wahren (§ 30 AO), regelmäßig nur dann und insoweit in Betracht, wie die Voraussetzungen einer Streitgenossenschaft (vgl. § 59 FGO i. V. m. §§ 59 ff. ZPO) gegeben sind. Für den Steuerprozeß bedeutet dies, daß eine Verbindung von Klageverfahren unterschiedlicher Kläger grundsätzlich nur dann in Betracht kommt, wenn diese Kläger sämtlich jeweils an dem oder den streitigen Steuerrechtsverhältnis(sen) oder dem Rechtsvorgang beteiligt sind, durch den der Steuertatbestand verwirklicht wurde.

---

§ 44 Außergerichtlicher Rechtsbehelf, Vorverfahren

(1) In den Fällen, in denen ein außergerichtlicher Rechtsbehelf gegeben ist, ist die Klage vorbehaltlich der §§ 45 und 46 nur zulässig, wenn das Vorverfahren über den außergerichtlichen Rechtsbehelf ganz oder zum Teil erfolglos geblieben ist.

(2) Gegenstand der Anfechtungsklage nach einem Vorverfahren ist der ursprüngliche Verwaltungsakt in der Gestalt, die er durch die Entscheidung über den außergerichtlichen Rechtsbehelf gefunden hat.

Rechtsprechung

1 BFH vom 4. 11. 1987 – II R 167/81 (BStBl 1988 II S. 377)

Die Zulässigkeit einer Anfechtungsklage hängt dann nicht von der erfolglosen Durchführung eines Vorverfahrens ab, wenn die Klägerin durch die Einspruchsentscheidung erstmals beschwert ist.

2 BFH vom 14. 11. 1990 – II R 255/85 (BStBl 1991 II S. 49)

Der in der fehlerhaften Bekanntgabe eines Steuerbescheids liegende Mangel, der die Unwirksamkeit des Bescheids bewirkt, kann durch fehlerfreie Zustellung der Einspruchsentscheidung geheilt werden mit der Folge, daß der ursprüngliche – unwirksame – Verwaltungsakt nur in der Gestalt der – wirksamen – Entscheidung über den außergerichtlichen Rechtsbehelf vom Gericht auf seine Rechtmäßigkeit zu überprüfen ist.

3 BFH vom 29. 3. 2001 – III R 1/99 (BStBl 2001 II S. 432)

Aus den Gründen:

Der ganz oder zumindest teilweise erfolglose Abschluss des Vorverfahrens stellt eine Sachentscheidungsvoraussetzung dar, ohne deren Vorliegen – abgesehen von den Sonderregelungen in den §§ 45, 46 FGO – kein Sachurteil ergehen kann. Allerdings genügt es, wenn diese Sachentscheidungsvoraussetzungen im Zeitpunkt der letzten mündlichen Verhandlung vor dem FG vorliegen (BFH-Urteil vom 14. 7. 1992, BFH/NV 1993 S. 38). Die Klage wächst dann in die Zulässigkeit hinein (grundlegend BFH-Urteil vom 17. 5. 1985, BStBl II S. 521, ständige Rechtsprechung).

BFH vom 14. 10. 2003 – VIII R 32/01 (BStBl 2004 II S. 359)   4

Die Klage eines Kommanditisten gegen einen Bescheid zur Feststellung des verrechenbaren Verlusts (§ 15a Abs. 4 EStG) ist auch dann zulässig, wenn die Einspruchsentscheidung an die Kommanditgesellschaft gerichtet und der Kommanditist nicht zum Einspruchsverfahren hinzugezogen worden ist.

BFH vom 27. 5. 2004 – IV R 48/02 (BStBl 2004 II S. 964)   5

1. ...
2. Ein zum Einspruchsverfahren der Gesellschaft fehlerhaft nicht hinzugezogener Gesellschafter kann sich hinsichtlich des Vorverfahrens i.S. des § 44 Abs. 1 FGO auf das Einspruchsverfahren der Gesellschaft berufen. Die anders lautenden Entscheidungen des BFH vom 10. Juni 1997 IV B 124/96 (BFH/NV 1998, 14) und vom 30. März 1999 VIII R 16/99 (BFH/NV 1999, 1469) sind überholt.
3. Umgekehrt kann sich die fehlerhaft zum Einspruchsverfahren des Gesellschafters nicht hinzugezogene Gesellschaft hinsichtlich des Vorverfahrens auf das Einspruchsverfahren des nach § 352 AO 1977 einspruchsbefugten Gesellschafters berufen.
...

BFH vom 18. 4. 2007 – XI R 47/05 (BStBl 2007 II S. 736)   6

Gegen einen im Einspruchsverfahren erlassenen Änderungsbescheid, mit dem dem Antrag des Steuerpflichtigen voll entsprochen wird (Vollabhilfebescheid), ist der Einspruch statthaft.

BFH vom 19. 4. 2007 – V R 48/04 (BStBl 2009 II S. 315)   7

Wird nach erfolglosem Untätigkeitseinspruch eine Untätigkeitsklage erhoben und ergeht daraufhin ein Steuerbescheid, der dem Antrag des Steuerpflichtigen ganz oder teilweise nicht entspricht, kann die Untätigkeitsklage als Anfechtungsklage fortgeführt werden.

BFH vom 17. 12. 2008 – IV R 77/06 (BStBl 2009 II S. 791)   8

Aus den Gründen:
Zwar hat das FA zu Unrecht angenommen, dass sich mit dem Erlass des Teilabhilfebescheids vom 3. 5. 2004 der zunächst eingelegte Einspruch (vom 22. 12. 1997) erledigt habe; es hat deshalb ausweislich der Begründung der Einspruchsentscheidung vom 17. Juni 2004 (dort S. 3) über den von der Klägerin eingelegten „zweiten Einspruch" (vom 4. 6. 2004) entschieden. Die Auffassung ist rechtsirrig, da der Änderungsbescheid vom 3. 5. 2004 (Teilabhilfebescheid) nach § 365 Abs. 3 Satz 1 AO – d.h. kraft Gesetzes – zum Gegenstand des Einspruchsverfahrens geworden und demnach der „zweite Einspruch" unzulässig war (Birkenfeld/Steinhauff in Hübschmann/Hepp/Spitaler – HHSp –, § 365 AO Rz. 104, § 44 FGO Rz. 202; zum Vollabhilfebescheid vgl. § 367 Abs. 2 Satz 3 AO; BFH-Urteil vom 18. 4. 2007 XI R 47/05, BStBl II 2007, 736). Hiervon unberührt bleibt indes, dass das FA – ungeachtet seines Irrtums über die Fortdauer des ursprünglichen Einspruchsverfahrens – den Steuerverwaltungsakt (hier: Teilabhilfebescheid), der später – durch die Klageerhebung – zum Gegenstand des finanzgerichtlichen Verfahrens geworden ist, einer erneuten außergerichtlichen Überprüfung unterzogen hat (vgl. Gräber/von Groll, Finanzgerichtsordnung, 6. Aufl., § 44 Rz. 10). Demgemäß genügt auch die Einspruchsentscheidung vom 17. 6. 2004 dem Regelungszweck des § 44 FGO, der in Verbindung mit den Bestimmungen zum außergerichtlichen Rechtsbehelfsverfahren (vgl. §§ 347, 367 AO) nicht nur aus Sicht des Rechtsschutzsuchenden in der Eröffnung eines weiteren außergerichtlichen Rechtsschutzverfahrens, sondern vor allem auch darin besteht, der Verwaltung die Möglichkeit zur Selbstkontrolle zu geben und das Gericht vor nicht hinreichend vorbereiteten und damit vermeidbaren Klagen zu schützen (sog. Filterfunktion; vgl. Beschluss des Großen Senats des BFH vom 21. 1. 1985 GrS 1/83, BFHE 143, 112, BStBl II 1985, 303; Gräber/von Groll, a.a.O., § 44 Rz. 7; Steinhauff in HHSp, § 44 FGO Rz. 43, m.w.N.).

BFH vom 11. 5. 2011 – V B 113/10 (HFR 2011 S. 995)   9

1. Eine Klage ist unzulässig, wenn sie vor Einlegung des Einspruchs oder vor Einlegung des in § 347 Abs. 1 Satz 2 AO vorgesehenen Rechtsbehelfs erhoben wird. Eine derartige Klage wird auch nicht dadurch zulässig, dass nach Klageerhebung der Antrag abgelehnt wird oder die angefochtene Verwaltungsentscheidung nachträglich ergeht.
...

§ 45 Sprungklage

(1) ¹Die Klage ist ohne Vorverfahren zulässig, wenn die Behörde, die über den außergerichtlichen Rechtsbehelf zu entscheiden hat, innerhalb eines Monats nach Zustellung der Klageschrift dem Gericht gegenüber zustimmt. ²Hat von mehreren Berechtigten einer einen außergerichtlichen Rechtsbehelf eingelegt, ein anderer unmittelbar Klage erhoben, ist zunächst über den außergerichtlichen Rechtsbehelf zu entscheiden.

(2) ¹Das Gericht kann eine Klage, die nach Absatz 1 ohne Vorverfahren erhoben worden ist, innerhalb von drei Monaten nach Eingang der Akten bei der Behörde bei Gericht, spätestens innerhalb von sechs Monaten nach Klagezustellung, durch Beschluss an die zuständige Behörde zur Durchführung des Vorverfahrens abgeben, wenn eine weitere Sachaufklärung notwendig ist, die nach Art oder Umfang erhebliche Ermittlungen erfordert, und die Abgabe auch unter Berücksichtigung der Belange der Beteiligten sachdienlich ist. ²Der Beschluss ist unanfechtbar.

(3) Stimmt die Behörde im Falle des Absatzes 1 nicht zu oder gibt das Gericht die Klage nach Absatz 2 ab, ist die Klage als außergerichtlicher Rechtsbehelf zu behandeln.

(4) Die Klage ist außerdem ohne Vorverfahren zulässig, wenn die Rechtswidrigkeit der Anordnung eines dinglichen Arrests geltend gemacht wird.

Rechtsprechung

1 BFH vom 19. 5. 2004 – III R 18/02 (BStBl 2004 II S. 980)

Aus den Gründen:

Eine Sprungklage setzt voraus, dass das FA zuvor einen Antrag auf Erlass des begehrten Verwaltungsakts mindestens durch einen Verwaltungsakt abgelehnt hat. Eine ablehnende Stellungnahme des FA im finanzgerichtlichen Verfahren reicht nicht aus.

Eine Untätigkeitssprungklage wird durch die Sonderregelung in § 46 FGO ausgeschlossen. Eine vor Erlass eines ablehnenden Verwaltungsaktes erhobene Sprungklage in der Form der sog. Vornahmeklage ist vielmehr unheilbar unzulässig. Auch der nachträgliche Erlass des Verwaltungsaktes oder der Ablehnung des Antrages heilt die Unzulässigkeit der Klage nicht.

§ 46 Untätigkeitsklage

(1) ¹Ist über einen außergerichtlichen Rechtsbehelf ohne Mitteilung eines zureichenden Grundes in angemessener Frist sachlich nicht entschieden worden, so ist die Klage abweichend von § 44 ohne vorherigen Abschluss des Vorverfahrens zulässig. ²Die Klage kann nicht vor Ablauf von sechs Monaten seit Einlegung des außergerichtlichen Rechtsbehelfs erhoben werden, es sei denn, dass wegen besonderer Umstände des Falles eine kürzere Frist geboten ist. ³Das Gericht kann das Verfahren bis zum Ablauf einer von ihm bestimmten Frist, die verlängert werden kann, aussetzen; wird dem außergerichtlichen Rechtsbehelf innerhalb dieser Frist stattgegeben oder der beantragte Verwaltungsakt innerhalb dieser Frist erlassen, so ist der Rechtsstreit in der Hauptsache als erledigt anzusehen.

(2) Absatz 1 Satz 2 und 3 gilt für die Fälle sinngemäß, in denen geltend gemacht wird, dass eine der in § 348 Nr. 3 und 4 der Abgabenordnung genannten Stellen über einen Antrag auf Vornahme eines Verwaltungsakts ohne Mitteilung eines zureichenden Grundes in angemessener Frist sachlich nicht entschieden hat.

Rechtsprechung

1 BFH vom 28. 10. 1975 – VII R 116/73 (BStBl 1976 II S. 116)

Über einen Einspruch ist auch dann zu entscheiden, wenn keine Klage nach § 46 Abs. 1 FGO erhoben und die Jahresfrist nach § 46 Abs. 2 FGO abgelaufen ist. Hierzu kann die Einspruchsbehörde aufgrund einer Verpflichtungsklage verpflichtet werden.

BFH vom 13. 10. 1977 – V R 57/74 (BStBl 1978 II S. 154)

Wird die Untätigkeitsklage (§ 46 FGO) vor Ablauf der Sechsmonatsfrist seit der Einlegung des außergerichtlichen Rechtsbehelfs erhoben, ohne daß wegen Vorliegens besonderer Umstände des Falles eine kürzere Frist geboten ist, so kann über die Klage vor Ablauf der Sechsmonatsfrist sachlich nicht entschieden werden.

BFH vom 28. 10. 1988 – III B 184/86 (BStBl 1989 II S. 107)

1. Wird bei einer Klage nach § 46 Abs. 1 FGO während des Klageverfahrens der Einspruch zurückgewiesen, so wird das Klageverfahren fortgesetzt, ohne daß eine erneute Klage erforderlich oder zulässig wäre (Anschluß an BFH vom 5. 5. 1970, BStBl II S. 551; vom 21. 8. 1974, BStBl 1975 II S. 38).
2. Erklären die Kläger in Verkennung der Rechtslage die Hauptsache für erledigt und erheben sie nunmehr eine (neue) Anfechtungsklage, so kann diese Klage so lange in einen Widerruf der Erledigungserklärung umgedeutet werden, als das FA nicht seinerseits ebenfalls eine Erledigungserklärung abgegeben hat.

BFH vom 8. 5. 1992 – III B 138/92 (BStBl 1992 II S. 673)

1. Eine Untätigkeitsklage gemäß § 46 Abs. 1 FGO (Anfechtungsklage ohne abgeschlossenes Vorverfahren) ist rechtsmißbräuchlich und daher unzulässig, wenn sie zu einem Zeitpunkt erhoben wird, zu dem wegen eines vor dem Bundesverfassungsgericht anhängigen Musterverfahrens (hier Verfassungsmäßigkeit des Grundfreibetrages) weder die Rechtsbehelfsbehörde noch das FG eine Entscheidung in der Sache treffen können.
2. Eine rechtsmißbräuchlich erhobene Untätigkeitsklage kann nicht in die Zulässigkeit hineinwachsen.

BFH vom 19. 5. 2004 – III R 18/02 (BStBl 2004 II S. 980)

Aus den Gründen:

Nach § 46 Abs. 1 Satz 1 FGO ist eine Verpflichtungsklage abweichend von § 44 FGO ohne vorherigen Abschluss des Vorverfahrens zulässig, wenn über einen außergerichtlichen Rechtsbehelf ohne Mitteilung eines zureichenden Grundes in angemessener Frist sachlich nicht entschieden worden ist. Ist kein Einspruch möglich, weil das FA über den Antrag auf Erlass eines Verwaltungsakts nicht entscheidet, muss vor Erhebung der Klage ein sog. Untätigkeitseinspruch gemäß § 347 Abs. 1 Satz 2 AO eingelegt werden. Ist der Einspruch als Rechtsbehelf nicht nach § 348 AO ausgeschlossen, so ist eine Verpflichtungsklage wegen Unterlassens eines beantragten Verwaltungsaktes grundsätzlich erst nach erfolglosem Untätigkeitseinspruch zulässig (vgl. BFH-Urteil vom 29. 10. 1981, BStBl 1982 II S. 150).

BFH vom 3. 8. 2005 – I R 74/02 (HFR 2006 S. 346)

1. Eine sog. Untätigkeitsklage gemäß § 46 FGO zielt lediglich auf die Herbeiführung einer alsbaldigen behördlichen Entscheidung über einen Einspruch. Sie zielt nicht zusätzlich darauf, eine Entscheidung der Behörde über einen Antrag eines Verwaltungsakts zu erzwingen. Dazu bedarf es eines sog. Untätigkeitseinspruchs gemäß § 347 Abs. Satz 2 AO.
2. Wird im Falle einer sog. doppelten Untätigkeit zeitgleich mit einem Untätigkeitseinspruch beim FA eine Untätigkeitsklage beim FG erhoben, führt die nachfolgende Ablehnung des Antrags auf Erlass eines Verwaltungsakts durch das FA zur Erledigung sowohl des Untätigkeitseinspruchs als auch der Untätigkeitsklage. Bei beiden Rechtsbehelfen handelt es sich unter diesen Umständen um „echte" Untätigkeitsrechtsbehelfe. Dem Steuerpflichtigen steht deswegen keine „Wahlmöglichkeit" zu, entweder das Klageverfahren gegen den zwischenzeitlich erlassenen Steuerbescheid fortzusetzen oder gegen den Bescheid Einspruch einzulegen und das Klageverfahren in der Hauptsache für erledigt zu erklären.

BFH vom 7. 3. 2006 – VI B 78/04 (BStBl 2006 II S. 430)

1. Auch eine nach Ablauf der Regel-Sperrfrist von sechs Monaten erhobene Untätigkeitsklage ist nicht ohne weiteres zulässig; sie kann jedoch in die Zulässigkeit hineinwachsen.
2. Bei einer verfrüht erhobenen Untätigkeitsklage hat das Finanzgericht eine befristete Aussetzung des Klageverfahrens nach pflichtgemäßem Ermessen zu prüfen. Angesichts der in § 46 Abs. 1 Sätze 1 und 2 FGO aufgeführten unbestimmten Rechtsbegriffe wird eine Aussetzung regelmäßig geboten sein.
3. Weist das Finanzgericht die Untätigkeitsklage gleichwohl als unzulässig ab, so hat es in der Urteilsbegründung seine leitenden Ermessenserwägungen hinsichtlich der versagten Aussetzung

8 **BFH vom 7. 10. 2010 – V R 43/08 (HFR 2011 S. 657)**

1. Das Abwarten auf die Entscheidung in einem „Musterverfahren" ist ein zureichender Grund i. S. des § 46 Abs. 1 FGO dafür, dass in angemessener Frist noch nicht über den außergerichtlichen Rechtsbehelf entschieden worden ist.

2. Die Mitteilung dieses Grundes erfordert nicht die Verwendung des Begriffes „Musterverfahren". Es reicht aus, wenn deutlich zum Ausdruck kommt, dass die gerichtliche Entscheidung in einem Verfahren abgewartet werden muss.

9 **BFH vom 24. 8. 2011 – V S 16/11 (BFH/NV 2011 S. 2087)**

Die Nichtbescheidung eines nach Klageerhebung eingelegten Untätigkeitseinspruchs ist für die Zulässigkeit der Klage unerheblich. Das FG ist dann aufgrund der unheilbaren Unzulässigkeit nicht gehalten, über eine Verfahrensaussetzung nach § 46 Abs. 1 Satz 3 FGO zu entscheiden.

FGO § 47 Klagefrist

(1) ¹Die Frist für die Erhebung der Anfechtungsklage beträgt einen Monat; sie beginnt mit der Bekanntgabe der Entscheidung über den außergerichtlichen Rechtsbehelf, in den Fällen des § 45 und in den Fällen, in denen ein außergerichtlicher Rechtsbehelf nicht gegeben ist, mit der Bekanntgabe des Verwaltungsakts. ²Dies gilt für die Verpflichtungsklage sinngemäß, wenn der Antrag auf Vornahme des Verwaltungsakts abgelehnt worden ist.

(2) ¹Die Frist für die Erhebung der Klage gilt als gewahrt, wenn die Klage bei der Behörde, die den angefochtenen Verwaltungsakt oder die angefochtene Entscheidung erlassen oder den Beteiligten bekanntgegeben hat oder die nachträglich für den Steuerfall zuständig geworden ist, innerhalb der Frist angebracht oder zur Niederschrift gegeben wird. ²Die Behörde hat die Klageschrift in diesem Fall unverzüglich dem Gericht zu übermitteln.

(3) Absatz 2 gilt sinngemäß bei einer Klage, die sich gegen die Feststellung von Besteuerungsgrundlagen oder gegen die Festsetzung eines Steuermessbetrages richtet, wenn sie bei der Stelle angebracht wird, die zur Erteilung des Steuerbescheides zuständig ist.

Rsp **Rechtsprechung**

1 **BFH vom 24. 9. 1985 – IX R 47/83 (BStBl 1986 II S. 268)**

1. Die Einhaltung der Klagefrist ist als Sachurteilsvoraussetzung vom BFH auch ohne entsprechende Verfahrensrüge zu überprüfen.

2. Ist die Klage innerhalb der Klagefrist beim FA angebracht worden, so gilt die Frist auch dann als gewahrt, wenn die Klageschrift abhanden gekommen ist. Rechtshängig wird die Streitsache erst mit Eingang der Klage beim FG.

2 **BFH vom 29. 10. 1986 – I R 2/83 (BStBl 1987 II S. 223)**

Weicht der nach § 195 Abs. 2 Satz 2 ZPO vorgeschriebene Vermerk des Tages der Zustellung auf der Sendung von dem Datumsvermerk auf der Zustellungsurkunde ab, so wird die in § 47 Abs. 1 Satz 1 FGO bezeichnete Klagefrist nicht wirksam in Lauf gesetzt (Anschluß an BVerwG vom 7. 11. 1979 6 C 47.78, Buchholz S. 340, § 9 VwZG Nr. 6).

3 **BFH vom 8. 4. 1987 – X R 67/81 (BStBl 1987 II S. 575)**

Eine allein an das FG adressierte, an das FA gelangte Klage ist auch dann nicht bei dieser Behörde i.S. des § 47 Abs. 2 Satz 1 FGO angebracht, wenn das FA den (Fenster-)Umschlag, in dem sich die Klageschrift befindet, zwar mit einem Datumsstempel versieht, aber ungeöffnet an das FG weiterleitet.

BFH vom 23. 10. 1989 – GrS 2/87 (BStBl 1990 II S. 327)   4

1. Die Anfechtungsklage gegen einen Einkommensteuerbescheid ist regelmäßig auch insoweit zulässig, als sie nach Ablauf der Klagefrist betragsmäßig erweitert wurde.
2. Hat der Kläger jedoch eindeutig zu erkennen gegeben, daß er von einem weiter gehenden Klagebegehren absieht, ist die Klage insoweit unzulässig, als sie nach Ablauf der Klagefrist erweitert wird.

BFH vom 5. 2. 1992 – I R 67/91 (BStBl 1992 II S. 561)   5

Eine an das FG adressierte Klageschrift ist beim FA „angebracht" i.S. des § 47 Abs. 2 Satz 1 FGO, wenn sie zusammen mit anderen Schriftstücken in einem an das FA adressierten Sammelumschlag in den Hausbriefkasten des FA eingeworfen wird.

BFH vom 26. 4. 1995 – I R 22/94 (BStBl 1995 II S. 601)   6

1. Für das Anbringen einer Klage beim FA gemäß § 47 Abs. 2 FGO genügt es, wenn dieselbe in einem verschlossenen und postalisch an das FG adressierten Briefumschlag in den Briefkasten des FA eingeworfen oder beim FA abgegeben wird. Die Klageschrift muß nicht derart in den Verfügungsbereich des FA gelangen, daß es von ihrem Inhalt Kenntnis nehmen kann (Änderung der Rechtsprechung).
2. Aus der durch § 47 Abs. 2 FGO den FÄ zugewiesenen Aufgabe folgt deren Verpflichtung, den Eingangstag z.B. dadurch zu dokumentieren, daß sie auf dem an das FG gerichteten Briefumschlag einen Eingangsstempel anbringen.

BFH vom 5. 7. 2007 – III R 15/07 (BStBl 2008 II S. 94)   7

Fehlt eine Seite der Einspruchsentscheidung und wird dies vor Ablauf der regulären Klagefrist gerügt, so endet die Klagefrist erst einen Monat nach Bekanntgabe der fehlenden Seite.

BFH vom 26. 11. 2008 – IX B 122/08 (BFH/NV 2009 S. 600)   8

Für das Anbringen einer Klage beim Finanzamt gemäß § 47 Abs. 2 FGO genügt es, wenn diese in einem verschlossenen und postalisch an das Finanzgericht adressierten Briefumschlag in den Briefkasten des Finanzamts eingeworfen oder beim Finanzamt abgegeben wird. Die Klageschrift muss nicht derart in den Verfügungsbereich des Finanzamts gelangen, dass es von ihrem Inhalt Kenntnis nehmen kann.

BFH vom 25. 3. 2011 – II B 141/10 (BFH/NV 2011 S. 1006)   9

Wird ein Verwaltungsakt durch Empfangsbekenntnis zugestellt, beginnt eine Rechtsbehelfsfrist mit Ablauf des Tages, an dem der Zustellungsadressat das Empfangsbekenntnis unterzeichnet. § 122 Abs. 2 Halbsatz 1 Nr. 1 AO ist als Regelung über die Bekanntgabe von Verwaltungsakten durch einfachen Brief nicht anwendbar.

BFH vom 19. 5. 2011 – III R 74/10 (BFH/NV 2011 S. 1705)   10

Wird der Beklagte erst nach Ablauf der Klagefrist benannt, so ist dies unschädlich, da die Klage auch bei der Behörde eingereicht werden kann und daher bei ihrer Auslegung die der Behörde bekannten oder vernünftigerweise erkennbaren Umstände auch dann zu berücksichtigen sind, wenn die Klage beim FG angebracht wurde.

BFH vom 1. 6. 2011 – IV B 33/10 (BFH/NV 2011 S. 1888)   11

Der Kläger wird über die Klagefrist nicht zutreffend belehrt, wenn eine mit der Einspruchsentscheidung verbundene formularmäßige Rechtsbehelfsbelehrung zwar die erforderlichen Hinweise enthält, jedoch in dem gleichzeitig übersandten Anschreiben davon abweichend ausgeführt wird, die Einspruchsentscheidung werde zum Gegenstand eines bereits laufenden Klageverfahrens. In einem solchen Fall ist die Einlegung der Klage grundsätzlich innerhalb eines Jahres seit Bekanntgabe der Einspruchsentscheidung zulässig.

FGO § 48 Klagebefugnis

(1) Gegen Bescheide über die einheitliche und gesonderte Feststellung von Besteuerungsgrundlagen können Klage erheben:
1. zur Vertretung berufene Geschäftsführer oder, wenn solche nicht vorhanden sind, der Klagebevollmächtigte im Sinne des Absatzes 2;
2. wenn Personen nach Nummer 1 nicht vorhanden sind, jeder Gesellschafter, Gemeinschafter oder Mitberechtigte, gegen den der Feststellungsbescheid ergangen ist oder zu ergehen hätte;
3. auch wenn Personen nach Nummer 1 vorhanden sind, ausgeschiedene Gesellschafter, Gemeinschafter oder Mitberechtigte, gegen die der Feststellungsbescheid ergangen ist oder zu ergehen hätte;
4. soweit es sich darum handelt, wer an dem festgestellten Betrag beteiligt ist und wie dieser sich auf die einzelnen Beteiligten verteilt, jeder, der durch die Feststellungen hierzu berührt wird;
5. soweit es sich um eine Frage handelt, die einen Beteiligten persönlich angeht, jeder, der durch die Feststellungen über die Frage berührt wird.

(2) ¹Klagebefugt im Sinne des Absatzes 1 Nr. 1 ist der gemeinsame Empfangsbevollmächtigte im Sinne des § 183 Abs. 1 Satz 1 der Abgabenordnung oder des § 6 Abs. 1 Satz 1 der Verordnung über die gesonderte Feststellung von Besteuerungsgrundlagen nach § 180 Abs. 2 der Abgabenordnung vom 19. Dezember 1986 (BGBl. I S. 2663). ²Haben die Feststellungsbeteiligten keinen gemeinsamen Empfangsbevollmächtigten bestellt, ist klagebefugt im Sinne des Absatzes 1 Nr. 1 der nach § 183 Abs. 1 Satz 2 der Abgabenordnung fingierte oder der nach § 183 Abs. 1 Satz 3 bis 5 der Abgabenordnung oder nach § 6 Abs. 1 Satz 3 bis 5 der Verordnung über die gesonderte Feststellung von Besteuerungsgrundlagen nach § 180 Abs. 2 der Abgabenordnung von der Finanzbehörde bestimmte Empfangsbevollmächtigte; dies gilt nicht für Feststellungsbeteiligte, die gegenüber der Finanzbehörde der Klagebefugnis des Empfangsbevollmächtigten widersprechen. ³Die Sätze 1 und 2 sind nur anwendbar, wenn die Beteiligten spätestens bei Erlass der Einspruchsentscheidung über die Klagebefugnis des Empfangsbevollmächtigten belehrt worden sind.

Rechtsprechung

1 BFH vom 31. 7. 1980 – IV R 18/77 (BStBl 1981 II S. 33)

Die Zulässigkeit der Klage eines ausgeschiedenen Gesellschafters oder Gemeinschafters gegen einen der Zeit vor seinem Ausscheiden betreffenden einheitlichen Gewinnfeststellungsbescheid, durch dessen Inhalt er unmittelbar betroffen ist, setzt nicht voraus, daß ihm der Bescheid bekanntgegeben wurde. Das gilt selbst dann, wenn der ausgeschiedene Gesellschafter oder Gemeinschafter am Einspruchsverfahren nicht beteiligt war.

2 BFH vom 10. 2. 1988 – VIII R 352/82 (BStBl 1988 II S. 544)

Die Höhe des Gewinns oder Verlusts im Bereich des Sonderbetriebsvermögens eines Gesellschafters kann für sich genommen Streitgegenstand im Klageverfahren gegen einen Gewinnfeststellungsbescheid sein. Das gilt jedenfalls dann, wenn der Rechtsstreit keine Auswirkungen auf den Gewinn oder Verlust der Gesellschaft oder auf den Sonderbetriebsgewinn oder -verlust eines anderen Gesellschafters hat.

3 BFH vom 26. 3. 1996 – IX R 12/91 (BStBl 1996 II S. 606)

Hat das FA im Feststellungsbescheid über die Einkünfte aus Vermietung und Verpachtung einer im Ausland tätigen Bauherrengemeinschaft festgestellt, die Einkünfte stammten aus ausländischem Grundbesitz (§ 2a Abs. 1 EStG), und wendet sich ein Bauherr gegen diese Feststellung, ist im finanzgerichtlichen Verfahren notwendig beizuladen, wer nach § 48 FGO i.d.F. des Grenzpendlergesetzes (BGBl. 1994 I S. 1395, BStBl 1994 I S. 440) klagebefugt ist.

4 BFH vom 3. 3. 1998 – VIII B 62/97 (BStBl 1998 II S. 401)

Ein nach dem 31. Dezember 1995 bekanntgegebener Gewinnfeststellungsbescheid, der gegen die Gesellschafter einer atypisch stillen Gesellschaft gerichtet ist, kann vom Inhaber des Handelsgeschäfts nicht nach § 352 Abs. 1 Nr. 1, erste Alternative AO i.d.F. des Grenzpendlergesetzes vom 24. 6. 1994 (BGBl. I S. 1395) mit dem Einspruch angefochten werden.

BFH vom 19. 8. 1999 – IV R 13/99 (BStBl 2000 II S. 85) 5

Klagen alle Gesellschafter einer GbR, die ohne Ausnahme persönlich klagebefugt sind, gegen einen Gewinnfeststellungsbescheid, ist i.d.R. davon auszugehen, daß sie sowohl im Namen der Gesellschaft als auch im eigenen Namen klagen.

BFH vom 7. 12. 1999 – VIII R 26/94 (BStBl 2000 II S. 300) 6

Ergeht während des finanzgerichtlichen Verfahrens gegen einen Bescheid über die einheitliche und gesonderte Feststellung des Gewinns ein geänderter Feststellungsbescheid und wird dieser auf Antrag des Klägers zum Gegenstand des Verfahrens (§ 68 FGO), so ist das FG grundsätzlich verpflichtet, das Klageverfahren gemäß § 74 FGO auszusetzen, wenn ein Beigeladener gegen den geänderten Feststellungsbescheid Einspruch einlegt. Eine Aussetzung des Klageverfahrens bis zur Rechtskraft der Entscheidung über den Einspruch des Beigeladenen ist in einem solchen Fall nur dann nicht geboten, wenn der (zulässige) Einspruch einen anderen Streitgegenstand betrifft und der Ausgang des Einspruchsverfahrens keine Auswirkungen auf den Streitgegenstand des anhängigen Klageverfahrens haben kann.

BFH vom 28. 3. 2000 – VIII R 6/99 (HFR 2000 S. 727) 7

1. Die Klage einer KG gegen den Gewinnfeststellungsbescheid ist unzulässig, wenn die Vollbeendigung der KG im Einspruchsverfahren eingetreten ist und mit der Klage materiell-rechtliche Mängel geltend gemacht werden.
2. Die vorangegangene Einspruchsentscheidung konnte dem Steuerberater, der den Einspruch für die KG eingelegt hatte, wegen Weiterbestehens seiner Empfangsvollmacht wirksam bekannt gegeben werden.

BFH vom 30. 12. 2003 – IV B 21/01 (BStBl 2004 II S. 239) 8

In dem Rechtsstreit darüber, ob Aufwendungen der Gesellschaft als Betriebsausgaben anzuerkennen sind, ist, solange das Gesellschaftsverhältnis besteht, der einzelne Gesellschafter auch dann nicht klagebefugt, wenn die Aufwendungen nach Auffassung des FA allein diesem Gesellschafter zugute gekommen sind. Die Klagebefugnis steht vielmehr ausschließlich den zur Vertretung befugten Geschäftsführern in Prozessstandschaft für die Gesellschaft zu.

BFH vom 18. 5. 2004 – IX R 49/02 (BStBl 2004 II S. 929) 9

Eine als Vermieterin auftretende Bruchteilsgemeinschaft ist im Verfahren der einheitlichen und gesonderten Feststellung von Einkünften aus Vermietung und Verpachtung grundsätzlich beteiligtenfähig und klagebefugt (Änderung der Rechtsprechung).

BFH vom 27. 5. 2004 – IV R 48/02 (BStBl 2004 II S. 964) 10

1. § 48 Abs. 1 Nr. 1 FGO, wonach zur Vertretung berufene Geschäftsführer Klage gegen einen Bescheid über die einheitliche und gesonderte Feststellung von Besteuerungsgrundlagen erheben können, ist dahin zu verstehen, dass die Personengesellschaft als Prozessstandschafterin für ihre Gesellschafter und ihrerseits vertreten durch ihre(n) Geschäftsführer Klage gegen den Feststellungsbescheid erheben kann.
2. Ein zum Einspruchsverfahren der Gesellschaft fehlerhaft nicht hinzugezogener Gesellschafter kann sich hinsichtlich des Vorverfahrens i.S. des § 44 Abs. 1 FGO auf das Einspruchsverfahren der Gesellschaft berufen. Die anders lautenden Entscheidungen des BFH vom 10. 6. 1997 (BFH/NV 1998, 14) und vom 30. 3. 1999 (BFH/NV 1999, 1469) sind überholt.
3. Umgekehrt kann sich die fehlerhaft zum Einspruchsverfahren des Gesellschafters nicht hinzugezogene Gesellschaft hinsichtlich des Vorverfahrens auf das Einspruchsverfahren des nach § 352 AO einspruchsbefugten Gesellschafters berufen.
4. Wird ein Feststellungsbescheid gemäß § 183 Abs. 2 AO allen Feststellungsbeteiligten bekannt gegeben, ist jeder Bekanntgabeempfänger einspruchsbefugt. Die Einspruchsbefugnis der Gesellschaft nach § 352 Abs. 1 AO bleibt davon unberührt.

BFH vom 22. 6. 2006 – IV R 48/02 (BStBl 2007 II S. 687)[1] 11

Aus den Gründen:
Auch eine Personengesellschaft ist gemäß § 48 Abs. 1 Nr. 1 FGO klagebefugt, soweit die gesonderte und einheitliche Feststellung der Einkünfte i.S. des § 180 Abs. 1 Nr. 2 Buchst. a AO mit der

---
[1] Vgl. auch BFH vom 13. 7. 2006, BStBl 2006 II S. 878.

Feststellung des nicht ausgleichsfähigen bzw. verrechenbaren Verlustes des Gesellschafters i.S. des § 15a Abs. 4 Satz 1 und 5 EStG verbunden wurde. Gleiches gilt, wenn der Bescheid eine Feststellung des nach Anwendung des § 15a EStG ausgleichsfähigen Verlustes des Gesellschafters enthält. Der Kommanditist, um dessen nach Anwendung des § 15a Abs. 1 bis 3 EStG anzusetzenden ausgleichsfähigen Verlust es geht, ist gemäß § 60 Abs. 3 Satz 1 FGO i.V.m. § 48 Abs. 1 Nr. 5 FGO notwendig zum Verfahren beizuladen.

12   **BFH vom 20. 11. 2006 – VIII R 33/05 (BStBl 2007 II S. 261)**

Aus den Gründen:
Hat das FA mit der gesonderten und einheitlichen Feststellung des Tonnagegewinns nach § 5a Abs. 1, Abs. 4a EStG die gesonderte und einheitliche Feststellung des verrechenbaren Verlustes nach § 15a Abs. 4 Sätze 5 und 6 EStG verbunden, und ist alleiniger Streitgegenstand ist die gesonderte und einheitliche Feststellung des verrechenbaren Verlustes nach § 15a Abs. 4 Sätze 5 und 6 EStG, ist sowohl die Schiffahrts-KG gemäß § 48 Abs. 1 Nr. 1 1. Alternative FGO als auch der materiell betroffene Kommanditist, um dessen verrechenbare Verluste es geht, gemäß § 48 Abs. 1 Nr. 5 FGO klagebefugt.

13   **BFH vom 29. 4. 2008 – VIII R 75/05 (BStBl 2008 II S. 817)**

Aus den Gründen:
Nach § 48 Abs. 1 Nr. 1 1. Alternative FGO ist eine Außen-GbR im finanzgerichtlichen Verfahren wegen gesonderter und einheitlicher Gewinnfeststellungsbescheide sowohl beteiligtenfähig als auch subjektiv klagebefugt, unbeschadet der Art der von ihr erzielten Einkünfte.
Unerheblich ist insoweit, ob die Gesellschafter nur einzeln oder gemeinschaftlich vertretungsbefugt sind, wie es dem Regelstatut nach § 709 Abs. 1, § 714 BGB entspricht (vgl. Urteile des BFH vom 19. 4. 2007, BStBl II 2007, 704; vom 6. 10. 2004, BStBl II 2005, 324; BFH-Beschluss vom 11. 12. 2006, BFH/NV 2007, 453, m.w.N.; ferner zur Berichtigung noch im Revisionsverfahren BFH-Urteil vom 31. 5. 2007, BFH/NV 2007, 2086, m.w.N.).
Nach dem Grundsatz der rechtsschutzgewährenden Auslegung ist im Zweifel anzunehmen, dass dasjenige Rechtsmittel eingelegt werden sollte, das zulässig ist. Im Streitfall waren die Gesellschafter nicht persönlich klagebefugt, sondern nur als vertretungsberechtigte Geschäftsführer der Klägerin konnten sie Klage erheben. ... Bei der Ansparabschreibung und der Existenzgründerabschreibung handelt es sich um eine betriebsbezogene und nicht um eine personenbezogene Steuervergünstigung (vgl. BTDrucks 12/4158, S. 33; FG München, Urteil vom 30. 8. 2007, EFG 2007, 1865, m.w.N.). ... Eine – zusätzliche – subjektive Klagebefugnis der Gesellschafter nach § 48 FGO scheidet mithin aus.

14   **BFH vom 17. 12. 2008 – IV R 65/07 (BStBl 2009 II S. 371)**

Aus den Gründen:
Die Klägerin [KG] ist klagebefugt i.S. des § 48 Abs. 1 Nr. 1 FGO. Infolge ihrer rechtsformwechselnden Umwandlung besteht die GbR unter Wahrung ihrer Identität als Rechtssubjekt fort (Urteil des BFH vom 21. 6. 1994 VIII R 5/92, BStBl II 1994, 856, unter I.a der Gründe, m.w.N.).

15   **BFH vom 25. 6. 2009 – IX R 56/08 (BStBl 2010 II S. 202)**

1. Eine Wohnungseigentümergemeinschaft ist im Verfahren über die einheitliche und gesonderte Feststellung der Bemessungsgrundlagen für Sonderabschreibungen nach dem Fördergebietsgesetz und für Absetzungen für Abnutzung nicht klagebefugt.
2. Das FG kann die Zulassung der Revision wirksam auf die Zulässigkeit der Klage beschränken.

16   **BFH vom 15. 4. 2010 – IV R 9/08 (BStBl 2010 II S. 929)**

1. Wird innerhalb der Klagefrist ein Gewinnfeststellungsbescheid lediglich bezüglich der Höhe des Gewinns aus der Veräußerung eines Mitunternehmeranteils angefochten und erwächst deshalb die Feststellung zum Vorliegen eines Veräußerungsgewinns „dem Grunde nach" in Bestandskraft, so ist ohne weitere materielle Prüfung davon auszugehen, dass der Veräußerer (hier: Kläger) einen Gewinn aus der entgeltlichen Übertragung seines Mitunternehmeranteils erzielt hat.
2. Anderes gilt jedoch dann, wenn über das Vorliegen eines Veräußerungstatbestands mit Wirkung gegenüber mehreren (früheren) Gesellschaftern einheitlich zu entscheiden ist (hier: Annahme eines Abfindungsangebots der KG) und zumindest einer der früheren Mitgesellschafter innerhalb der Klagefrist den Ansatz des Veräußerungsgewinns „dem Grunde nach" angefochten hat. In einem solchen Fall ist der Kläger zu dem Klageverfahren des Mitgesellschafters beizuladen und sein eigenes Klageverfahren auszusetzen.

BFH vom 24. 3. 2011 – IV B 115/09 (BFH/NV 2011 S. 1167) 17

– Befindet sich eine Personengesellschaft im Stadium der Liquidation, bleibt sie nach § 48 Abs. 1 Nr. 1 FGO klagebefugt, wird aber durch ihre Liquidatoren vertreten. Nach § 730 Abs. 2 Satz 2 2. Halbsatz BGB sind dies alle Gesellschafter gemeinschaftlich, soweit nicht durch Gesellschaftsvertrag oder Gesellschafterbeschluss etwas anderes bestimmt ist.
– Der Beschluss einer Gesellschafterversammlung, mit dem ein Gesellschafter zum alleinigen und alleinvertretungsberechtigten Geschäftsführer einer GbR bestellt wird, beinhaltet nicht auch die Bestellung zum alleinigen Liquidator. Die Auseinandersetzung einer GbR ist Aufgabe aller Gesellschafter als Geschäftsführer, auch wenn die Geschäftsführung vorher anders geregelt war.
– Eine Klagebefugnis der Gesellschafter nach § 48 Abs. 1 Nr. 2 FGO kommt nur bei Publikumsgesellschaften in Betracht. Im Übrigen ist die Klage im Falle einer Personengesellschaft in Liquidation durch die Gesellschafter als gemeinschaftliche Liquidatoren zu erheben, wobei die Erben eines Gesellschafters ggf. durch einen Nachlasspfleger zu vertreten sind.

§ 49 (weggefallen)

§ 50 Klageverzicht

(1) ¹Auf die Erhebung der Klage kann nach Erlass des Verwaltungsakts verzichtet werden. ²Der Verzicht kann auch bei Abgabe einer Steueranmeldung ausgesprochen werden, wenn er auf den Fall beschränkt wird, dass die Steuer nicht abweichend von der Steueranmeldung festgesetzt wird. ³Eine trotz des Verzichts erhobene Klage ist unzulässig.

(1a) ¹Soweit Besteuerungsgrundlagen für ein Verständigungs- oder Schiedsverfahren nach einem Vertrag im Sinne des § 2 der Abgabenordnung von Bedeutung sein können, kann auf die Erhebung der Klage insoweit verzichtet werden. ²Die Besteuerungsgrundlage, auf die sich der Verzicht beziehen soll, ist genau zu bezeichnen.

(2) ¹Der Verzicht ist gegenüber der zuständigen Behörde schriftlich oder zur Niederschrift zu erklären; er darf keine weiteren Erklärungen enthalten. ²Wird nachträglich die Unwirksamkeit des Verzichts geltend gemacht, so gilt § 56 Abs. 3 sinngemäß.

Rechtsprechung

BFH vom 10. 7. 1980 – IV R 11/78 (BStBl 1981 II S. 5) 1

Ein Rechtsbehelfsverzicht muß eindeutig erklärt werden. Erklärt ein Steuerpflichtiger den Rechtsstreit eines laufenden Verfahrens im Hinblick auf den Erlaß eines nach Klageerhebung ergangenen Änderungsbescheides für erledigt, so betrifft diese Erklärung nur das laufende gerichtliche Verfahren. Zur etwaigen Beendigung eines weiteren, noch beim FA anhängigen Verfahrens über einen zweiten Änderungsbescheid sagt eine solche Erklärung regelmäßig nichts aus.

BFH vom 15. 6. 1983 – II R 30/81 (BStBl 1983 II S. 680) 2

Ein Verzicht auf die Einlegung der Revision kann nur dann angenommen werden, wenn in der Erklärung des Beteiligten der klare, eindeutige Wille zum Ausdruck kommt, er wolle sich ernsthaft und endgültig mit dem Urteil zufriedengeben und es nicht anfechten. Offen bleibt, ob der Verzicht auf die Revision auch gegenüber dem Prozeßgegner wirksam erklärt werden kann.

BFH vom 3. 4. 1984 – VII R 18/80 (BStBl 1984 II S. 513) 3

Ein Rechtsbehelfsverzicht ist nur dann wirksam, wenn er in einer gesonderten Erklärung ausgesprochen und unterschrieben worden ist.

ABSCHNITT II
Allgemeine Verfahrensvorschriften (§§ 51–62a)

FGO

§ 51 Ausschließung und Ablehnung der Gerichtspersonen

(1) ¹Für die Ausschließung und Ablehnung der Gerichtspersonen gelten §§ 41 bis 49 der Zivilprozeßordnung sinngemäß. ²Gerichtspersonen können auch abgelehnt werden, wenn von ihrer Mitwirkung die Verletzung eines Geschäfts- oder Betriebsgeheimnisses oder Schaden für die geschäftliche Tätigkeit eines Beteiligten zu besorgen ist.

(2) Von der Ausübung des Amtes als Richter, als ehrenamtlicher Richter oder als Urkundsbeamter ist auch ausgeschlossen, wer bei dem vorausgegangenen Verwaltungsverfahren mitgewirkt hat.

(3) Besorgnis der Befangenheit nach § 42 der Zivilprozessordnung ist stets dann begründet, wenn der Richter oder ehrenamtliche Richter der Vertretung einer Körperschaft angehört oder angehört hat, deren Interessen durch das Verfahren berührt werden.

Rsp

Rechtsprechung

1 **BFH vom 17. 10. 1979 – I R 247/78 (BStBl 1980 II S. 299)**

Ein unsachliches Verhalten des die mündliche Verhandlung leitenden Richters des FG kann unter Umständen dazu führen, daß einer Prozeßpartei im Revisionsverfahren nicht entgegengehalten werden kann, sie hätte das Verhalten des Richters schon im Verfahren vor dem FG beanstanden müssen und könne deshalb die Verletzung des Anspruchs auf rechtliches Gehör nicht mehr mit Erfolg geltend machen.

2 **BFH vom 22. 1. 1980 – VII R 97/76 (BStBl 1980 II S. 158)**

Ein Richter des BFH ist im Verfahren über die Revision gegen das Urteil eines FG von der Ausübung seines Richteramts auch dann nicht nach § 51 Abs. 1 Satz 1 FGO i.V.m. § 41 Nr. 6 ZPO ausgeschlossen, wenn er als früherer Richter des FG bei der auf Art. 177 Abs. 2 EWGV beruhenden Einholung einer Vorabentscheidung des EuGH beteiligt war, auf die das FG dann ohne seine weitere Mitwirkung das Urteil gestützt hat. Ein Grund, ihn im Revisionsverfahren nach § 51 Abs. 1 Satz 1 FGO i.V.m. § 42 Abs. 1 und 2 ZPO wegen Besorgnis der Befangenheit abzulehnen, besteht auch dann nicht, wenn er als Berichterstatter des FG einen bestimmenden Einfluß auf die Auffassung eines Beteiligten widersprechende Formulierung der im Vorlagebeschluß dem EuGH gestellten Fragen hatte.

3 **BFH vom 26. 3. 1980 – I B 23/80 (BStBl 1980 II S. 335)**

Ein Richterablehnungsgesuch kommt nicht mehr in Betracht, wenn die Entscheidung von dem Gericht, dem der abgelehnte Richter angehört, nicht mehr abgeändert werden kann.

4 **BFH vom 30. 11. 1981 – GrS 1/80 (BStBl 1982 II S. 217)**

1. Gegen den Beschluß, durch den das FG das Gesuch auf Ablehnung eines Richters wegen Besorgnis der Befangenheit abweist, ist die Beschwerde nach § 128 FGO, nicht die sofortige Beschwerde i.S. der §§ 46, 577 Abs. 3 ZPO gegeben.
2. Der erfolglos abgelehnte Richter des FG ist schon vor Rechtskraft der Entscheidung über die Beschwerde (1.) berechtigt und daher verpflichtet, an der Entscheidung zur Hauptsache mitzuwirken.
3. Erläßt das FG die Entscheidung zur Hauptsache unter Mitwirkung des erfolglos abgelehnten Richters (2.), so bleibt die Beschwerde (1.) zulässig.
4. Hat die Beschwerde (3.) Erfolg, so kann die Richterablehnung nachträglich mit der Revision auch dann geltend gemacht werden, wenn die Frist zur Einlegung oder zur Begründung der Revision inzwischen abgelaufen war. Gegen die Versäumung der Revisionseinlegungsfrist ist die Wiedereinsetzung in den vorigen Stand zu gewähren.

5 **BFH vom 4. 7. 1985 – V B 3/85 (BStBl 1985 II S. 555)**

Besorgnis der Befangenheit eines Richters kann gerechtfertigt sein, wenn der Richter in einem frühen Abschnitt des Klageverfahrens seine Meinung des Inhalts, die Klage werde keinen Erfolg haben, in einer Weise äußert, die dem Kläger Grund für die Befürchtung gibt, der Richter werde Gegengründen nicht mehr aufgeschlossen gegenüberstehen.

BFH vom 15. 4. 1987 – IX B 99/85 (BStBl 1987 II S. 577) 6

Unterläßt es ein Beteiligter, einen Richter wegen Besorgnis der Befangenheit abzulehnen, so verliert er sein Ablehnungsrecht auch für ein nachfolgendes Verfahren, wenn beide Verfahren tatsächlich und rechtlich zusammenhängen.

BFH vom 4. 7. 1990 – II R 65/89 (BStBl 1990 II S. 787) 7

Ein Richter des FG ist kraft Gesetzes von der Entscheidung über die Rechtmäßigkeit eines Steuerbescheides in Gestalt der Einspruchsentscheidung ausgeschlossen, wenn er zur Zeit des Erlasses der Einspruchsentscheidung Vorsteher des beklagten FA war.

BFH vom 21. 11. 1991 – VII B 53, 54/91 (BFH/NV 1992 S. 526) 8

Auch wenn einzelne Verhaltensweisen eines Richters jeweils für sich genommen nicht geeignet sind, die Besorgnis der Befangenheit zu begründen, kann sich bei der erforderlichen Gesamtschau mehrerer zu beanstandender Vorgänge (hier: fehlerhafte Verweigerung der Aktenübersendung, kurzfristige Terminierung trotz zuvor mitgeteilter Verhinderung, nachhaltige Verweigerung der Terminverlegung trotz triftiger Gründe, herabsetzende Äußerungen) ergeben, daß ein Beteiligter von seinem Standpunkt aus zu Recht befürchten kann, ein Richter werde ihm gegenüber nicht oder nicht mehr unparteilich entscheiden.

BFH vom 8. 5. 1992 – III B 163/92 (BStBl 1992 II S. 675) 9

Eine Beschwerde gegen die Zurückweisung eines Gesuchs auf Ablehnung von Richtern, die gemäß § 130 Abs. 1 FGO an einem Nichtabhilfebeschluß über eine Nichtzulassungsbeschwerde mitgewirkt haben, ist mangels Rechtsschutzinteresses unzulässig, weil es gegen den Nichtabhilfebeschluß kein selbständiges Rechtsmittel- oder Wiederaufnahmeverfahren gibt.

BFH vom 17. 5. 1995 – X R 55/94 (BStBl 1995 II S. 604) 10

1. Eine erst nach Erlaß des angefochtenen Urteils geltend gemachte Richterablehnung kommt als Revisionsgrund i.S. des § 116 Abs. 1 Nr. 2 FGO grundsätzlich selbst dann nicht in Betracht, wenn dem Betroffenen der Ablehnungsgrund erst nachträglich bekanntgeworden ist.
2. Der Umstand, daß der Überzeugungsbildung nach § 96 Abs. 1 Satz 1 FGO ein in Form eines Urteilsentwurfs abgefaßter Bericht zugrunde lag, ist für sich allein kein Ablehnungsgrund i.S. des § 51 Abs. 1 FGO i.V.m. § 42 Abs. 2 ZPO.

BFH vom 26. 10. 1998 – I R 22/98 (BStBl 1999 II S. 60) 11

1. Hat der BFH einen vom Einzelrichter entschiedenen Rechtsstreit an das FG zurückverwiesen, ohne ausdrücklich eine Zurückverweisung an den Vollsenat auszusprechen, so ist im zweiten Rechtsgang ohne weiteres erneut der Einzelrichter zuständig.
2. Wird der Einzelrichter erfolgreich wegen der Besorgnis der Befangenheit abgelehnt, so wird sein geschäftsplanmäßiger Vertreter als Einzelrichter für das Verfahren zuständig. Das gilt auch dann, wenn in dem ursprünglichen Übertragungsbeschluß der Einzelrichter namentlich benannt war.

BFH vom 3. 5. 2000 – IV B 46/99 (BStBl 2000 II S. 376) 12

Entscheidet das FG im Urteil über einen Richterablehnungsantrag, obwohl über ihn richtigerweise in anderer Besetzung durch gesonderten Beschluss zu befinden wäre, so beruht das Urteil gleichwohl nicht auf einem Verfahrensmangel, wenn der Befangenheitsantrag unbegründet ist.

BFH vom 11. 2. 2003 – VII B 330/02, VII S 41/02 (BStBl 2003 II S. 422) 13

Über ein rechtsmissbräuchliches und damit offensichtlich unzulässiges Gesuch auf Ablehnung der Richter eines Senats kann, ohne dass es einer dienstlichen Äußerung der betroffenen Richter bedarf, zusammen mit der Sachentscheidung entschieden werden.

BFH vom 25. 8. 2009 – V S 10/07 (BStBl 2009 II S. 1019) 14

Lehnt ein Antragsteller pauschal alle Richter des Senats, die an einer Entscheidung mitgewirkt haben, allein wegen der Mitwirkung an diesem Beschluss ab, ohne konkrete Anhaltspunkte vorzubringen, die bei vernünftiger objektiver Betrachtung auf eine Befangenheit der Mitglieder des Spruchkörpers deuten, darf das Gericht ausnahmsweise in seiner nach dem Geschäftsverteilungsplan vorgesehenen Besetzung unter Mitwirkung der abgelehnten Richter entscheiden.

15 **BFH vom 21. 12. 2009 – V R 10/09 (HFR 2010 S. 959)**

1. Die wissenschaftliche Äußerung einer Rechtsansicht außerhalb eines anhängigen Verfahrens rechtfertigt die Ablehnung eines Richters im Allgemeinen nicht. Nimmt ein Richter zu einer für einen Rechtsstreit bedeutsamen Frage (z.B. in einem Kommentar, Aufsatz oder Vortrag) Stellung, ist das allein kein Grund, seiner Unparteilichkeit zu misstrauen.

2. Ausnahmsweise kann die Äußerung einer Rechtsauffassung außerhalb des Verfahrens aber ein Ablehnungsgrund sein, wenn ihre Diktion oder das Umfeld, in dem sie gemacht wurde, bei objektiver Betrachtungsweise Misstrauen gegen die Unparteilichkeit eines Richters rechtfertigen.

§ 52 Sitzungspolizei usw.

(1) §§ 169, 172 bis 197 des Gerichtsverfassungsgesetzes über die Öffentlichkeit, Sitzungspolizei, Gerichtssprache, Beratung und Abstimmung gelten sinngemäß.

(2) Die Öffentlichkeit ist auch auszuschließen, wenn ein Beteiligter, der nicht Finanzbehörde ist, es beantragt.

(3) Bei der Abstimmung und Beratung dürfen auch die zu ihrer steuerrechtlichen Ausbildung beschäftigten Personen zugegen sein, soweit sie die Befähigung zum Richteramt besitzen und soweit der Vorsitzende ihre Anwesenheit gestattet.

Rechtsprechung

1 **BFH vom 24. 8. 1990 – X R 45-46/90 (BStBl 1990 II S. 1032)**

Auf die Befolgung der Vorschriften über die Öffentlichkeit des finanzgerichtlichen Verfahrens kann ein Beteiligter wirksam verzichten (Anschluß an BVerwG vom 4. 11. 1977, HFR 1978 S. 174).

2 **BFH vom 27. 11. 1991 – X R 98-100/90 (BStBl 1992 II S. 411)**

Wenn es darum geht, ob eine Beeinträchtigung der Öffentlichkeit auf den Willen des Gerichts zurückzuführen ist (BFH vom 21. 3. 1985, BStBl II S. 551), muß sich ein Spruchkörper jedenfalls das Verhalten der ihm angehörenden Berufsrichter zurechnen lassen.

3 **BFH vom 29. 2. 2000 – V B 18/99 (BFH/NV 2000 S. 983)**

Der Mitwirkung eines Dolmetschers in der mündlichen Verhandlung bedarf es nicht, wenn ein Beteiligter zwar die deutsche Sprache nicht beherrscht, sie aber in einer die Verständigung mit ihm ermöglichenden Weise spricht und versteht.

4 **BFH vom 3. 4. 2008 – I B 77/07 (BFH/NV 2008 S. 1445)**

1. Hat das Finanzamt in einem Klageverfahren einen Betriebsprüfer als Beistand hinzugezogen, so darf dieser bis zum Beginn der Beweisaufnahme auch dann an der mündlichen Verhandlung teilnehmen, wenn er selbst als Zeuge benannt worden ist.

2. ...

3. Durch die Trennung eines Klageverfahrens werden die Beteiligten regelmäßig nicht in ihren Rechten beeinträchtigt. Fehlt es an einer solchen Beeinträchtigung, so muss das FG nicht vorab auf die Möglichkeit der Verfahrenstrennung hinweisen.

4. Das FG ist nicht verpflichtet, unsubstantiierten Beweisanträgen nachzugehen.

Aus den Gründen:

Die Klägerin wirft auch nicht dadurch eine klärungsbedürftige Rechtsfrage auf, dass sie geltend macht, den in BFH/NV 2005, 1321 aufgestellten Vorgaben könne dann nicht nachgekommen werden, wenn wie im Streitfall ein Antrag auf Ausschluss der Öffentlichkeit gemäß § 52 Abs. 2 FGO gestellt wurde. Inwieweit ein Ausschluss der Öffentlichkeit einen vom FA als Beistand hinzugezogenen Betriebsprüfer erfasst, den dieses zugleich als Zeugen benannt hat, war zwar noch nicht Gegenstand der Rechtsprechung des BFH. Die Frage ist jedoch eindeutig zu beantworten und damit nicht klärungsbedürftig. § 52 Abs. 2 FGO betrifft nach allgemeiner Ansicht weder die Beteiligten i. S. des § 57 FGO noch ihre Bevollmächtigten i. S. des § 62 Abs. 1 FGO (vgl. Spindler in Hübschmann/Hepp/Spitaler, a. a. O., § 52 FGO Rz. 33; Stöcker in Beermann/Gosch, AO/FGO, § 52 FGO Rz. 14; Schwarz in Schwarz, FGO, § 52 Rz. 12). Diese gehören aufgrund ihrer prozessualen Stellung nicht zur Öffentlichkeit im Sinne der Vorschrift. Ebenso wenig betrifft § 52 Abs. 2 FGO Beistände i. S. des § 62 Abs. 1 FGO, derer sich ein Beteiligter in der mündlichen Verhandlung bedient. Daran ändert sich auch dann nichts, wenn diese außerdem als Zeuge in Betracht kommen. Die Möglichkeit, nach § 52 Abs. 2 FGO den Ausschluss der Öffentlichkeit zu beantragen, dient nämlich nicht dazu, die Unbefangenheit der Zeugen zu gewährleisten, sondern der Wahrung des Steuergeheimnisses (vgl. Stöcker in Beermann/Gosch, a. a. O., § 52 FGO Rz. 14).

§ 52a   Elektronische Kommunikation

(1) ¹Die Beteiligten können dem Gericht elektronische Dokumente übermitteln, soweit dies für den jeweiligen Zuständigkeitsbereich durch Rechtsverordnung der Bundesregierung oder der Landesregierungen zugelassen worden ist. ²Die Rechtsverordnung bestimmt den Zeitpunkt, von dem an Dokumente an ein Gericht elektronisch übermittelt werden können, sowie die Art und Weise, in der elektronische Dokumente einzureichen sind. ³Für Dokumente, die einem schriftlich zu unterzeichnenden Schriftstück gleichstehen, ist eine qualifizierte elektronische Signatur nach § 2 Nr. 3 des Signaturgesetzes vorzuschreiben. ⁴Neben der qualifizierten elektronischen Signatur kann auch ein anderes sicheres Verfahren zugelassen werden, das die Authentizität und die Integrität des übermittelten elektronischen Dokuments sicherstellt. ⁵Die Landesregierungen können die Ermächtigung auf die für die Finanzgerichtsbarkeit zuständigen obersten Landesbehörden übertragen. ⁶Die Zulassung der elektronischen Übermittlung kann auf einzelne Gerichte oder Verfahren beschränkt werden. ⁷Die Rechtsverordnung der Bundesregierung bedarf nicht der Zustimmung des Bundesrates.

(2) ¹Ein elektronisches Dokument ist dem Gericht zugegangen, wenn es in der nach Absatz 1 Satz 1 bestimmten Art und Weise übermittelt worden ist und wenn die für den Empfang bestimmte Einrichtung es aufgezeichnet hat. ²Die Vorschriften dieses Gesetzes über die Beifügung von Abschriften für die übrigen Beteiligten finden keine Anwendung. ³Genügt das Dokument nicht den Anforderungen, ist dies dem Absender unter Angabe der für das Gericht geltenden technischen Rahmenbedingungen unverzüglich mitzuteilen.

(3) Soweit eine handschriftliche Unterzeichnung durch den Richter oder den Urkundsbeamten der Geschäftsstelle vorgeschrieben ist, genügt dieser Form die Aufzeichnung als elektronisches Dokument, wenn die verantwortenden Personen am Ende des Dokuments ihren Namen hinzufügen und das Dokument mit einer qualifizierten elektronischen Signatur nach § 2 Nr. 3 des Signaturgesetzes versehen.

Rechtsprechung

BFH vom 18. 10. 2006 – XI R 22/06 (BStBl 2007 II S. 276)   1

Die monetäre Beschränkung einer qualifizierten elektronischen Signatur steht der Wirksamkeit eines elektronisch übermittelten bestimmenden Schriftsatzes (Klageschrift) nicht entgegen.

BFH vom 19. 2. 2009 – IV R 97/06 (BStBl 2009 II S. 542)   2

Die monetäre Beschränkung einer qualifizierten elektronischen Signatur steht der Wirksamkeit einer nach § 52a Abs. 1 FGO elektronisch übermittelten Revisionseinlegung und Erledigungserklärung nicht entgegen.

BFH vom 30. 3. 2009 – II B 168/08 (BStBl 2009 II S. 670)   3

1. Rechtsmittel und andere bestimmende Schriftsätze können derzeit an den BFH elektronisch übermittelt werden, ohne dass die Verwendung einer qualifizierten elektronischen Signatur erforderlich ist.

...

4 BFH vom 26. 7. 2011 – II R 30/10 (BStBl 2011 II S. 925)

1. Eine Regelung des hamburgischen Rechts, dass elektronische Dokumente mit einer qualifizierten elektronischen Signatur nach § 2 Nr. 3 SigG zu versehen sind, „sofern für Einreichungen die elektronische Form vorgeschrieben ist", dahin auszulegen, dass eine formwirksame Klageerhebung per E-Mail die qualifizierte elektronische Signatur erfordert, verletzt Bundesrecht nicht.

2. Ist für den Rechtsverkehr per E-Mail die die Schriftform ersetzende qualifizierte elektronische Signatur vorgeschrieben, so reicht es bei deren Fehlen nicht aus, dass sich aus der E-Mail oder begleitenden Umständen die Urheberschaft und der Wille, das Schreiben in den Verkehr zu bringen, hinreichend sicher ergibt. Die Rechtsprechung des Gemeinsamen Senats der obersten Gerichtshöfe des Bundes zum Computerfax ist auf solche Fälle nicht entsprechend anzuwenden.

§ 52b Elektronische Prozessakten

(1) ¹Die Prozessakten können elektronisch geführt werden. ²Die Bundesregierung und die Landesregierungen bestimmen jeweils für ihren Bereich durch Rechtsverordnung den Zeitpunkt, von dem an die Prozessakten elektronisch geführt werden. ³In der Rechtsverordnung sind die organisatorisch-technischen Rahmenbedingungen für die Bildung, Führung und Verwahrung der elektronischen Akten festzulegen. ⁴Die Landesregierungen können die Ermächtigung auf die für die Finanzgerichtsbarkeit zuständigen obersten Landesbehörden übertragen. ⁵Die Zulassung der elektronischen Akte kann auf einzelne Gerichte oder Verfahren beschränkt werden. ⁶Die Rechtsverordnung der Bundesregierung bedarf nicht der Zustimmung des Bundesrates.

(2) Dokumente, die nicht der Form entsprechen, in der die Akte geführt wird, sind in die entsprechende Form zu übertragen und in dieser Form zur Akte zu nehmen, soweit die Rechtsverordnung nach Absatz 1 nichts anderes bestimmt.

(3) Die Originaldokumente sind mindestens bis zum rechtskräftigen Abschluss des Verfahrens aufzubewahren.

(4) ¹Ist ein in Papierform eingereichtes Dokument in ein elektronisches Dokument übertragen worden, muss dieses den Vermerk enthalten, wann und durch wen die Übertragung vorgenommen worden ist. ²Ist ein elektronisches Dokument in die Papierform überführt worden, muss der Ausdruck den Vermerk enthalten, welches Ergebnis die Integritätsprüfung des Dokuments ausweist, wen die Signaturprüfung als Inhaber der Signatur ausweist und welchen Zeitpunkt die Signaturprüfung für die Anbringung der Signatur ausweist.

(5) Dokumente, die nach Absatz 2 hergestellt sind, sind für das Verfahren zugrunde zu legen, soweit kein Anlass besteht, an der Übereinstimmung mit dem eingereichten Dokument zu zweifeln.

§ 53 Zustellung

(1) Anordnungen und Entscheidungen, durch die eine Frist in Lauf gesetzt wird, sowie Terminbestimmungen und Ladungen sind den Beteiligten zuzustellen, bei Verkündung jedoch nur, wenn es ausdrücklich vorgeschrieben ist.

(2) Zugestellt wird von Amts wegen nach den Vorschriften der Zivilprozessordnung.

(3) ¹Wer seinen Wohnsitz oder seinen Sitz nicht im Geltungsbereich dieses Gesetzes hat, hat auf Verlangen einen Zustellungsbevollmächtigten zu bestellen. ²Geschieht dies nicht, so gilt eine Sendung mit der Aufgabe zur Post als zugestellt, selbst wenn sie als unbestellbar zurückkommt.

Rechtsprechung

1 BFH vom 8. 2. 1972 – VIII R 14/68 (BStBl 1972 II S. 506)

1. Ist bei einer Zustellung nach § 3 VwZG als Geschäftsnummer auf dem Briefumschlag nur die Steuernummer des Empfängers angegeben, so ist die Zustellung wegen mangelnder Gewähr für die Nämlichkeit und den unveränderten Inhalt der Sendung fehlerhaft (wie BFH vom 10. 11. 1971, BStBl 1972 II S. 127).

2. Dieser Zustellungsmangel wird geheilt, wenn der Empfangsberechtigte das zuzustellende Schriftstück nachweislich erhalten hat und mit der Zustellung nur eine außergerichtliche Rechts-

behelfsfrist in Lauf gesetzt wird (Abweichung von BFH vom 11. 2. 1959, BStBl III S. 181; vom 22. 4. 1965, BStBl III S. 468, und vom 24. 7. 1958 bzw. 4. 12. 1958, BStBl 1959 III S. 203).

BFH vom 30. 10. 1974 – VIII R 203/73 (BStBl 1975 II S. 213) 2

Ein finanzgerichtliches Urteil wird einem Beteiligten bei Urlaubsabwesenheit auch dann durch Niederlegung bei der Postanstalt wirksam zugestellt, wenn der Beteiligte zuvor das FG unter Hinweis auf den Reiseantritt um Zustellung an die Büroanschrift gebeten hatte.

BFH vom 17. 5. 1977 – VII R 75/73 (BStBl 1977 II S. 665) 3

Auch wenn bei unbekanntem Aufenthalt des Prozeßbevollmächtigten in entsprechender Anwendung des § 177 ZPO (§ 155 FGO) die Zustellung an den Beteiligten selbst zulässig sein sollte, dürfte sie nur erfolgen, wenn die zustellende Behörde alle Möglichkeiten der Ermittlung des Aufenthalts des Prozeßbevollmächtigten ausgeschöpft hat.

BFH vom 10. 10. 1978 – VIII R 197/74 (BStBl 1979 II S. 209) 4

Die Grundsätze des Urteils des Bundesfinanzhofs vom 25. 5. 1976 VIII R 74/75 (BStBl II S. 573) hinsichtlich der Unwirksamkeit einer als solcher nicht beurkundeten Ersatzzustellung nach § 183 ZPO gelten auch für den Fall der unrichtigen Beurkundung einer Ersatzzustellung nach § 181 Abs. 1 oder nach § 183 Abs. 1 ZPO.

BFH vom 22. 7. 1980 – VIII R 160/78 (BStBl 1981 II S. 115) 5

Soll bei der Ersatzzustellung nach § 182 ZPO die Mitteilung über die Niederlegung an der Wohnungstür befestigt werden, dann genügt dafür nicht das Einschieben des Schriftstücks in einen seitlichen Türspalt.

BFH vom 20. 8. 1982 – VIII R 58/82 (BStBl 1983 II S. 63) 6

Das Fehlen des Datums auf dem vom Empfänger unterschriebenen Empfangsbekenntnis ist für die Rechtswirksamkeit der Zustellung unschädlich. Maßgebend für den durch die Zustellung ausgelösten Beginn einer Frist ist der Zeitpunkt, in dem der Aussteller das Schriftstück als zugestellt entgegengenommen hat.

BFH vom 29. 10. 1986 – I R 2/83 (BStBl 1987 II S. 223) 7

Weicht der nach § 195 Abs. 2 Satz 2 ZPO vorgeschriebene Vermerk des Tages der Zustellung auf der Sendung von dem Datumsvermerk auf der Zustellungsurkunde ab, so wird die in § 47 Abs. 1 Satz 1 FGO bezeichnete Klagefrist nicht wirksam in Lauf gesetzt (Anschluß an BVerwG vom 7. 11. 1969 6 C 47.78, Buchholz S. 340, § 9 VwZG Nr. 8).

BFH vom 10. 8. 1988 – III R 220/84 (BStBl 1988 II S. 948) 8

Wird die Ladung zur mündlichen Verhandlung durch Niederlegung bei der Postanstalt zugestellt, so besteht für das Gericht grundsätzlich keine Veranlassung zu besonderen Nachforschungen darüber, ob der Kläger die Ladung rechtzeitig zur Kenntnis genommen hat.

BFH vom 17. 12. 1996 – IX R 5/96 (BStBl 1997 II S. 638) 9

Auch nach der Privatisierung der Deutschen Bundespost sind die von den Postzustellern unter Beachtung der Vorschriften des VwZG bewirkten Zustellungen wirksam (§ 16 Abs. 1 PostG).

BFH vom 13. 3. 2003 – VII B 196/02 (BStBl 2003 II S. 609) 10

– Eine öffentliche Zustellung ist auch dann wirksam, wenn die Zustellungsbehörde durch unrichtige Auskünfte Dritter zu der unrichtigen Annahme verleitet wird, der Adressat der Zustellung sei unbekannten Aufenthaltsortes, sofern sie auf die Richtigkeit der ihr erteilten Auskunft vertrauen durfte.
– Ein einmaliger Fehlschlag der Zustellung an eine Adresse, die der Adressat angegeben hat und unter der er gemeldet ist, berechtigt im Allgemeinen nicht zur öffentlichen Zustellung.

BFH vom 30. 9. 2004 – IV S 9/03 (BStBl 2005 II S. 142) 11

Richtet sich eine Gegenvorstellung analog § 321a ZPO gegen eine durch einfachen Brief bekannt gegebene Entscheidung des Gerichts, gilt für den Beginn der Frist zur Erhebung der Gegenvorstellung die Bekanntgabefiktion analog § 122 Abs. 2 Nr. 1 AO, § 4 Abs. 1 VwZG (Drei-Tages-Frist).

12 BFH vom 21. 2. 2007 – VII B 84/06 (BStBl 2007 II S. 583)

1. Die Zustellung eines Urteils gegen Empfangsbekenntnis nach § 174 ZPO ist nicht bereits mit der Einlegung in ein Postfach des Anwalts oder mit dem Eingang in der Kanzlei des Bevollmächtigten bewirkt, sondern erst dann, wenn der Anwalt es entgegengenommen und seinen Willen dahin gebildet hat, die Übersendung des Urteils mit der Post als Zustellung gelten zu lassen.
2. Erklärt der Rechtsanwalt, dass ihm ein Urteil nicht oder erst zu einem bestimmten Tag zugegangen sei, so besteht in der Regel kein Grund, dem zu misstrauen.
3. Die Verletzung einer allenfalls standesrechtlich bestehenden Pflicht, ein für den Rechtsanwalt eingerichtetes Postfach werktäglich zu leeren und an diesen Tagen dort eingelegte Post ggf. mit dem Ergebnis, dass eine Rechtsmittelfrist zu laufen beginnt, entgegenzunehmen, wirkt sich nicht dahin aus, dass die Zustellung als an dem Tag bewirkt anzusehen ist, an dem das Urteil in das Postfach eingelegt worden ist.

13 BFH vom 4. 7. 2008 – IV R 78/05 (BFH/NV 2008 S. 1860)

1. Bei einer Zustellung mit Postzustellungsurkunde nach § 53 Abs. 2 FGO i.V.m. §§ 176 und 180 ZPO i.d.F. des Gesetzes zur Reform des Verfahrens bei Zustellungen im gerichtlichen Verfahren (Zustellungsreformgesetz) ist eine über das Aktenzeichen hinausgehende Bezeichnung des zuzustellenden Schriftstücks auf der Sendung nicht mehr erforderlich.
2. Eine Ersatzzustellung nach § 180 Satz 3 ZPO ist auch ohne die Unterschrift des Zustellers auf dem Umschlag, auf dem das Datum der Zustellung zu vermerken ist, wirksam.
3. Bei Zustellung gegen Postzustellungsurkunde ist der Umschlag mit dem Zustellungsvermerk aufzubewahren und dem Prozessbevollmächtigten rechtzeitig zum Vorfristtermin zur Prüfung der Frist mit vorzulegen. Der Prozessbevollmächtigte muss sich für die Fristberechnung, die ihm zur Vorbereitung einer fristgebundenen Prozesshandlung obliegt, an dem vom Postbediensteten vermerkten Tag der Zustellung orientieren.

14 BFH vom 17. 11. 2008 – VII B 148/08 (BFH/NV 2009 S. 777)[1]

Werden bei der Zustellung eines Urteils zwingende Zustellungsvorschriften nicht beachtet, gilt es in dem Zeitpunkt als zugestellt, in dem es der Empfänger tatsächlich zugeht. Mit der fingierten Zustellung beginnen die prozessualen Fristen zu laufen. Durch die ordnungsgemäße Wiederholung der Zustellung des Urteils werden die Fristen nicht erneut in Lauf gesetzt.

15 BFH vom 9. 3. 2009 – IX B 120/08 (BFH/NV 2009 S. 964)

1. Enthält die PZU über das zuzustellende Urteil des FG statt der erforderlichen Unterschrift nur ein Handzeichen (Paraphe) der Zustellerin, ist die Zustellung nicht unwirksam, sondern das FG-Urteil gilt in dem Zeitpunkt als zugestellt, in dem es der betreffenden Person tatsächlich zugegangen ist.
...

16 BFH vom 13. 5. 2009 – V B 37/08 (BFH/NV 2009 S. 1656)

1. Die Zustellung einer Ladung durch Einlegen in eine für Dritte frei zugängliche sog. Mailbox erfüllt nicht die Anforderungen an eine Ersatzzustellung gemäß § 180 ZPO.
2. Die Postzustellungsurkunde begründet zwar gemäß § 182 Abs. 2, § 418 ZPO den vollen Beweis der darin bezeugten Tatsachen. Der Gegenbeweis für die Unrichtigkeit dieser Angaben kann aber mit Beweismitteln jeder Art ausgeführt werden.

17 BFH vom 15. 7. 2009 – II R 9/08 (BFH/NV 2009 S. 1817)

1. Bei Zustellung gegen Postzustellungsurkunde ist der Umschlag mit dem Zustellungsvermerk aufzubewahren und dem Prozessbevollmächtigten im Zusammenhang mit der rechtzeitigen Wiedervorlage der Sache zur Prüfung der Frist vorzulegen. Die Berechnung einer Rechtsbehelfsfrist anhand des Eingangsstempels der Kanzlei genügt nicht.
...

---

[1] Die Verfassungsbeschwerde wurde vom BVerfG gem. §§ 93a, 93b BVerfGG nicht zur Entscheidung angenommen (BVerfG vom 23. 11. 2009 Az. 1 BvR 2619/09).

BFH vom 18. 1. 2011 – IV B 53/09 (BFH/NV 2011 S. 812) 18

Von einer ordnungsgemäßen Ladung zur mündlichen Verhandlung ist auch dann auszugehen, wenn der Kläger geltend macht, die Ladung nicht erhalten zu haben, diese jedoch laut Postzustellungsurkunde in einen zur Wohnung gehörenden Briefkasten oder in eine ähnliche Vorrichtung eingelegt wurde, weil der Postbedienstete die Empfänger in der Wohnung nicht angetroffen hat. Eine andere Beurteilung kommt nur dann in Betracht, wenn Anhaltspunkte für einen Gegenbeweis bestehen.

§ 54 Beginn des Laufs von Fristen, Fristberechnung — FGO

(1) Der Lauf einer Frist beginnt, soweit nicht anderes bestimmt ist, mit der Bekanntgabe des Verwaltungsakts oder der Entscheidung oder mit dem Zeitpunkt, an dem die Bekanntgabe als bewirkt gilt.

(2) Für die Fristen gelten die Vorschriften der §§ 222, 224 Abs. 2 und 3, §§ 225 und 226 der Zivilprozeßordnung.

Rechtsprechung — Rsp

BFH vom 21. 2. 1980 – V R 71-73/79 (BStBl 1980 II S. 457) 1

1. Die Anordnung einer Ausschlußfrist für das Einreichen der Prozeßvollmacht (Art. 3 § 1 VGFG-EntlG), deren Dauer im Hinblick auf glaubwürdig geltend gemachte vorübergehende Hinderungsgründe für die Beibringung der Vollmacht zu kurz bemessen ist, verletzt den Anspruch des prozeßbeteiligten Vollmachtgebers auf rechtliches Gehör.

2. Die Ausschlußfrist gemäß Art. 3 § 1 VGFG-EntlG kann auf Antrag verlängert werden (§ 54 Abs. 2 FGO; § 224 Abs. 2 ZPO).

BFH vom 28. 9. 2000 – VI B 5/00 (BStBl 2001 II S. 33) 2

Wer einen fristgebundenen Schriftsatz mittels Telefax einlegt, muss mit der Übermittlung so rechtzeitig beginnen, dass diese unter gewöhnlichen Umständen vor Fristablauf abgeschlossen ist (vgl. bereits BFH vom 2. 12. 1991, BFH/NV 1992 S. 532).

BFH vom 24. 4. 2008 – IX B 164/07 (BFH/NV 2008 S. 1349) 3

1. Eine nach Ablauf der (verlängerten) Begründungsfrist beim BFH eingegangene Nichtzulassungsbeschwerde ist unzulässig. Der Eingangszeitpunkt bestimmt sich nach dem Uhrzeitaufdruck des Telefaxgerätes des Gerichts.

2. Dabei entspricht die Handhabung im BFH hinsichtlich der Rechtzeitigkeit des Eingangs des per Telefax übersandten Begründungs-Schriftsatzes den vor der Rechtsprechung des BGH aufgestellten Grundsätzen, wonach es entscheidend nicht erst auf den Ausdruck des per Telefax übermittelten Schriftsatzes, sondern bereits auf den vollständigen Empfang der gesendeten Signale vom Telefaxgerät des Gerichts noch vor Ablauf des letzten Tages der Frist ankommt.

§ 55 Rechtsbehelfsbelehrung — FGO

(1) Die Frist für einen Rechtsbehelf beginnt nur zu laufen, wenn der Beteiligte über den Rechtsbehelf, die Behörde oder das Gericht, bei denen der Rechtsbehelf anzubringen ist, den Sitz und die einzuhaltende Frist schriftlich oder elektronisch belehrt worden ist.

(2) [1]Ist die Belehrung unterblieben oder unrichtig erteilt, so ist die Einlegung des Rechtsbehelfs nur innerhalb eines Jahres seit Bekanntgabe im Sinne des § 54 Abs. 1 zulässig, es sei denn, dass die Einlegung vor Ablauf der Jahresfrist infolge höherer Gewalt unmöglich war oder eine schriftliche oder elektronische Belehrung dahin erfolgt ist, dass ein Rechtsbehelf nicht gegeben sei. [2]§ 56 Abs. 2 gilt für den Fall höherer Gewalt sinngemäß.

Rsp	**Rechtsprechung**

1 **BFH vom 29. 7. 1998 – X R 3/96 (BStBl 1998 II S. 742)**

1. Auch Rechtsbehelfsbelehrungen in Einspruchsentscheidungen sind nach dem Gesamtinhalt solcher Verwaltungsakte auszulegen.
2. Unrichtig i.S. des § 55 Abs. 2 Satz 1 FGO ist eine Rechtsbehelfsbelehrung, wenn sie in einer der gemäß § 55 Abs. 1 Satz 1 FGO wesentlichen Aussagen unzutreffend bzw. derart unvollständig oder mißverständlich gefaßt ist, daß hierdurch – bei objektiver Betrachtung – die Möglichkeit zur Fristwahrung gefährdet erscheint.

2 **BFH vom 17. 5. 2000 – I R 4/00 (BStBl 2000 II S. 539)**

Die Rechtsbehelfsbelehrung in einer Einspruchsentscheidung ist nicht „unrichtig" i.S. des § 55 Abs. 2 FGO, wenn dort zwar das anzurufende FG nicht konkret angegeben, jedoch auf die Möglichkeit des Anbringens der Klage beim FA hingewiesen und das hierfür zuständige FA zutreffend bezeichnet worden ist.

3 **BFH vom 26. 6. 2001 – IX R 85/97 (HFR 2002 S. 34)**

Die Monatsfrist des § 68 Satz 2 FGO a.F. wird entsprechend § 55 Abs. 2 Satz 1 FGO durch die Jahresfrist ersetzt, wenn in einem Änderungsbescheid der nach § 68 Satz 3 FGO a.F. erforderliche Hinweis fehlt oder nicht „in" der Rechtsbehelfsbelehrung, sondern an anderer Stelle des Änderungsbescheides erfolgt (Bestätigung der Rechtsprechung).

4 **BFH vom 7. 3. 2006 – X R 18/05 (BStBl 2006 II S. 455)**

Für die Richtigkeit und Vollständigkeit der in einer Einspruchsentscheidung erteilten Rechtsbehelfsbelehrung ist ein Hinweis auf die Bedeutung des § 108 Abs. 3 AO für die Ermittlung des Tages der Bekanntgabe (§ 122 Abs. 2 Nr. 1 AO) nicht erforderlich.

5 **BFH vom 1. 6. 2011 – IV B 33/10 (BFH/NV 2011 S. 1888)**

Der Kläger wird über die Klagefrist nicht zutreffend belehrt, wenn eine mit der Einspruchsentscheidung verbundene formularmäßige Rechtsbehelfsbelehrung zwar die erforderlichen Hinweise enthält, jedoch in dem gleichzeitig übersandten Anschreiben davon abweichend ausgeführt wird, die Einspruchsentscheidung werde zum Gegenstand eines bereits laufenden Klageverfahrens. In einem solchen Fall ist die Einlegung der Klage grundsätzlich innerhalb eines Jahres seit Bekanntgabe der Einspruchsentscheidung zulässig.

FGO	**§ 56 Wiedereinsetzung in den vorigen Stand**

(1) Wenn jemand ohne Verschulden verhindert war, eine gesetzliche Frist einzuhalten, so ist ihm auf Antrag Wiedereinsetzung in den vorigen Stand zu gewähren.

(2) ¹Der Antrag ist binnen zwei Wochen nach Wegfall des Hindernisses zu stellen; bei Versäumung der Frist zur Begründung der Revision oder der Nichtzulassungsbeschwerde beträgt die Frist einen Monat. ²Die Tatsachen zur Begründung des Antrags sind bei der Antragstellung oder im Verfahren über den Antrag glaubhaft zu machen. ³Innerhalb der Antragsfrist ist die versäumte Rechtshandlung nachzuholen. ⁴Ist dies geschehen, so kann Wiedereinsetzung auch ohne Antrag gewährt werden.

(3) Nach einem Jahr seit dem Ende der versäumten Frist kann Wiedereinsetzung nicht mehr beantragt oder ohne Antrag bewilligt werden, außer wenn der Antrag vor Ablauf der Jahresfrist infolge höherer Gewalt unmöglich war.

(4) Über den Antrag auf Wiedereinsetzung entscheidet das Gericht, das über die versäumte Rechtshandlung zu befinden hat.

(5) Die Wiedereinsetzung ist unanfechtbar.

Rechtsprechung[1]

BFH vom 22. 2. 1968 – V R 130/67 (BStBl 1968 II S. 312)   1

Eine Mandatsniederlegung des Prozeßbevollmächtigten schließt ein Verschulden des Steuerpflichtigen für eine Fristversäumnis jedenfalls dann nicht aus, wenn dieser rechtzeitig von der Mandatsniederlegung unterrichtet wird. Arbeitsüberlastung ist grundsätzlich kein Grund für eine Wiedereinsetzung in den vorigen Stand.

BFH vom 30. 10. 1974 – VIII R 203/73 (BStBl 1975 II S. 213)   2

1. Ein finanzgerichtliches Urteil wird einem Beteiligten bei Urlaubsabwesenheit auch dann durch Niederlegung bei der Postanstalt wirksam zugestellt, wenn der Beteiligte zuvor das FG unter Hinweis auf den Reiseantritt um Zustellung an die Büroanschrift gebeten hatte.
2. Hat der Beteiligte in solchem Falle die Revisionsfrist versäumt, so kann ihm Wiedereinsetzung in den vorigen Stand nicht gewährt werden, falls er nach Erhalt des Urteils genügend Zeit zur rechtzeitigen Einlegung der Revision gehabt hätte.

BFH vom 16. 8. 1979 – IV R 41/79 (BStBl 1980 II S. 154)   3

Ist die Einspruchsentscheidung einem Steuerberater als Prozeßbevollmächtigtem nach § 5 Abs. 2 VwZG durch die Behörde gegen Empfangsbekenntnis zugestellt worden und hat es dieser versäumt, bei Unterzeichnung des Empfangsbekenntnisses den Zustellungstag auf dem Schriftstück oder sonst in den Handakten zu vermerken, so war auch dann nicht ohne Verschulden verhindert, die Klagefrist einzuhalten, wenn aus den Anlagen der Einspruchsentscheidung (vordatierte Abrechnungsbescheide) auf einen nach dem Zustellungstag liegenden Tag der Einspruchsentscheidung und der Aufgabe zur Post geschlossen werden konnte.

BFH vom 12. 3. 1980 – I R 148/76 (BStBl 1980 II S. 514)   4

Tatsachen, die der Kläger erst im Verfahren über die Verfassungsbeschwerde gegen einen die Wiedereinsetzung in den vorigen Stand ablehnenden Gerichtsbeschluß glaubhaft gemacht hat, die aber zur Aufhebung dieses Beschlusses durch das BVerfG geführt haben, sind der erneuten Entscheidung über den Wiedereinsetzungsantrag zugrunde zu legen.

BFH vom 8. 10. 1981 – IV R 108/81 (BStBl 1982 II S. 165)   5

Wer häufig längere Geschäfts- oder Dienstreisen unternimmt, so daß bei ihm die Abwesenheit von der Wohnung zur Regel wird, muß es sich als Verschulden i.S. des § 56 FGO anrechnen lassen, wenn er keine Vorkehrungen dafür trifft, daß er von fristauslösenden Zustellungen rechtzeitig Kenntnis erhält; die erforderliche Kenntnis von solchen Zustellungen kann er sich dadurch verschaffen, daß er beim Postamt beantragt, ihm die während seiner Abwesenheit durch Niederlegung zugestellten Schriftstücke als gewöhnliche Sendungen zuzusenden (Ausführungsbestimmungen zu § 39 der Postordnung).

BFH vom 7. 12. 1982 – VIII R 77/79 (BStBl 1983 II S. 229)   6

Versäumt das FA die Frist für die Begründung der Revision, dann kann ihm Wiedereinsetzung in den vorigen Stand nicht gewährt werden, wenn durch organisatorische Maßnahmen nicht eindeutig sichergestellt wurde, wer für die Kontrolle über die Einhaltung der Frist verantwortlich ist (Organisationsmangel).

BFH vom 11. 1. 1983 – VII R 92/80 (BStBl 1983 II S. 334)   7

1. Hat das FG bei Versäumung der Klagefrist zu Unrecht die Wiedereinsetzung in den vorigen Stand nicht gewährt, so ist der BFH befugt, die Wiedereinsetzung selbst zu gewähren.
2. Zieht ein Beteiligter zur Unterstützung bei der Fristwahrung Hilfspersonen zu, so ist ihm deren Verschulden nicht zuzurechnen. Die Hinzuziehung muß aber sachgerecht sein, und der Beteiligte muß die Hilfspersonen in zumutbarer Weise unterweisen und beaufsichtigen.

BFH vom 20. 7. 1983 – II R 211/81 (BStBl 1983 II S. 681)   8

Ist ungeklärt, weswegen ein fristwahrender Schriftsatz nicht bei Gericht eingegangen ist, müssen der Tatsachenvortrag und die entsprechende Glaubhaftmachung eine Grundlage dafür bieten, daß

---

[1] Vgl. auch Rechtsprechung zu § 110 AO.

nicht nur die fristgerechte Bearbeitung, sondern auch die rechtzeitige Versendung des Schriftsatzes als überwiegend wahrscheinlich anzusehen ist.

9 BFH vom 18. 1. 1984 – I R 196/83 (BStBl 1984 II S. 441)

Ein Prozeßbevollmächtigter hat seinen Bürobetrieb durch Führung eines Fristenkontrollbuches oder durch vergleichbare Einrichtungen sowie durch entsprechende Anweisungen an sein Büropersonal so zu organisieren, daß eine notierte Frist frühestens gelöscht werden darf, wenn das fristwahrende Schriftstück unterzeichnet und postfertig gemacht worden ist.

10 BFH vom 15. 2. 1984 – II R 57/83 (BStBl 1984 II S. 320)

Wird eine gesetzliche Frist versäumt, so steht das Verschulden eines von mehreren Prozeßbevollmächtigten dem Verschulden eines Beteiligten auch dann gleich, wenn dieser Prozeßbevollmächtigte die Sache nicht bearbeitet, sondern lediglich die Übermittlung eines Schriftsatzes übernimmt.

11 BFH vom 27. 3. 1985 – II R 118/83 (BStBl 1985 II S. 586)

Wenngleich die Tatsachen zur Begründung eines Antrags auf Gewährung von Wiedereinsetzung in den vorigen Stand grundsätzlich innerhalb der Antragsfrist darzulegen sind und ein Nachschieben von Wiedereinsetzungsgründen nach Ablauf der Antragsfrist unzulässig ist, ist es gleichwohl zulässig, unvollständige Angaben auch noch nach Ablauf dieser Frist zu erläutern und zu ergänzen.

12 BFH vom 1. 12. 1986 – GrS 1/85 (BStBl 1987 II S. 264)

Ist die Revisionsbegründungsfrist versäumt, kann Wiedereinsetzung in den vorigen Stand nur gewährt werden, wenn innerhalb der Wiedereinsetzungsfrist die Revisionsbegründung eingereicht wird. Die Anbringung eines Antrags auf Verlängerung der Revisionsbegründungsfrist genügt nicht; für einen derartigen Antrag kann Wiedereinsetzung nicht erlangt werden.

13 BFH vom 11. 3. 1988 – V R 49/86 (BStBl 1988 II S. 546)

1. Beauftragt der allgemein mit der Wahrnehmung der steuerrechtlichen Interessen des Steuerpflichtigen betraute Steuerberater einen anderen (Steuerberater, Wirtschaftsprüfer, Rechtsanwalt) mit der Einlegung eines Rechtsmittels, so muß er innerhalb der Rechtsmittelfrist überwachen, ob das Auftragsschreiben bei dem Beauftragten eingegangen ist und dieser die Prozeßvertretung übernimmt.

2. Eine derartige Kontrollpflicht besteht grundsätzlich nicht hinsichtlich solcher Schreiben, die dem Prozeßbevollmächtigten übersandt werden, nachdem er das Mandat bereits übernommen hat.

14 BFH vom 19. 7. 1994 – II R 74/90 (BStBl 1994 II S. 946)

Geht die Revisionsbegründung erst nach Ablauf der Revisionsbegründungsfrist beim BFH ein, weil die Schreibkanzlei des FA eigenmächtig nicht für den BFH bestimmte Anlagen (Akten) beigefügt hat und deshalb die Übersendung nicht durch einfachen Brief mit der Post, sondern durch Postaustausch über die OFD erfolgte, ist dem FA Wiedereinsetzung in den vorigen Stand zu gewähren.

15 BFH vom 16. 3. 1999 – X R 41/96 (BStBl 1999 II S. 565)

Wurde ein bestimmter Schriftsatz (z.B. eine Klageschrift) mit einer „Paraphe" unterzeichnet, so erfordert es der Anspruch auf ein faires Verfahren, dem Rechtsuchenden die Möglichkeit der Wiedereinsetzung in den vorigen Stand zu eröffnen, wenn glaubhaft und unwidersprochen vorgetragen wird, diese Art der Unterzeichnung sei im Geschäftsverkehr, bei Behörden und in Gerichtsverfahren jahrelang unbeanstandet verwendet worden.

16 BFH vom 9. 6. 1999 – I R 6/99 (BStBl 1999 II S. 666)

Wird die Prozeßhandlung innerhalb der Frist des § 56 Abs. 2 FGO durch einen vertretungsberechtigten Prozeßbevollmächtigten nachgeholt, ist jedoch Wiedereinsetzung in den vorigen Stand zu gewähren, wenn dem Prozeßbevollmächtigten die Unwirksamkeit der zunächst vorgenommenen Revisionseinlegung unbekannt war und unbekannt sein konnte. Der Irrtum eines Rechtsanwalts über die Verfahrensrechtslage kann insoweit ausnahmsweise unverschuldet sein, wenn dieser Rechtslage eine Auffassung zugrunde liegt, die bei Vornahme der Prozeßhandlung in Rechtsprechung und Schrifttum nicht vertreten wurde und nicht der bisherigen Gerichtspraxis entsprach.

BFH vom 10. 6. 1999 – V R 33/97 (BStBl 2000 II S. 235) 17

Beruht die Versäumung der Frist auf einer Postlaufzeitverzögerung wegen falscher Postleitzahl auf dem Briefumschlag der Rechtsmittelschrift, kann Wiedereinsetzung in den vorigen Stand gewährt werden, wenn der Fehler dem ansonsten zuverlässig arbeitenden Büropersonal unterlaufen ist und für den Prozessbevollmächtigten nicht leicht erkennbar war.

BFH vom 9. 8. 2001 – III R 14/01 (HFR 2002 S. 33) 18

1. Insbesondere Prozessvertreter müssen die einer geänderten Gesetzeslage entsprechende, dem angefochtenen Urteil beigefügte, ordnungsgemäße Rechtsmittelbelehrung beachten, nach welcher eindeutig die vom Finanzgericht zugelassene Revision beim Bundesfinanzhof und nicht mehr entsprechend der nur noch bis zum 31. 12. 2000 geltenden Rechtslage beim Finanzgericht einzulegen ist.
2. Von Angehörigen der steuerberatenden Berufe muss zudem erwartet werden, dass sie die Voraussetzungen für das einzulegende Rechtsmittel kennen oder sich zumindest die dafür erforderlichen Kenntnisse verschaffen.
3. Eine Mitverantwortung des FG für eine verspätete Einlegung des Rechtsmittels im Sinne des Beschlusses des BVerfG vom 20. 6. 1995 1 BvR 166/93 (BVerfGE 93, 99) scheidet von vornherein aus, wenn das FG die noch bei ihm eingelegte Revision bereits am folgenden Tag per Telefax an den BFH weiterleitet.

BFH vom 27. 9. 2001 – X R 66/99 (HFR 2002 S. 428) 19

1. Unzureichende Sicherheitsgewähr verschiedener in der Kanzlei der Prozessbevollmächtigten praktizierter Organisationsmaßnahmen kann dazu führen, dass die Klägerin nicht in hinreichender Weise die unverschuldete Versäumung der Klagefrist glaubhaft gemacht hat.
2. Einem „Freistempler"-Aufdruck kann ein geringerer Beweiswert beigemessen werden als dem Poststempel.

BFH vom 21. 3. 2002 – VII R 7/01 (BStBl 2002 II S. 426) 20

Ist eine Prozessvollmacht im Innenverhältnis zwischen der Klägerin und ihrem Prozessbevollmächtigten gekündigt worden, so kann der Klägerin ein etwaiges nachfolgendes Verschulden ihres Prozessbevollmächtigten nicht zugerechnet werden, auch wenn das Erlöschen der Prozessvollmacht dem Gericht noch nicht mitgeteilt worden ist.

BFH vom 16. 12. 2002 – VII B 99/02 (BStBl 2003 II S. 316) 21

1. Ist die Frist zur Begründung einer Beschwerde wegen Nichtzulassung der Revision abgelaufen, weil die Beschwerdebegründung nicht fristgerecht abgegeben worden ist und ein Antrag auf Verlängerung der Frist innerhalb der Beschwerdebegründungsfrist nicht gestellt oder ihm nicht entsprochen worden ist, so kann die Fristversäumnis nur geheilt werden, wenn innerhalb der Wiedereinsetzungsfrist die Beschwerdebegründung nachgeholt wird.
2. Wird Wiedereinsetzung begehrt, weil ein zur Post gegebenes Schriftstück den Adressaten nicht erreicht habe, so ist eine lückenlose und schlüssige Darstellung des Absendevorgangs dahin erforderlich, welche Person zu welcher Zeit in welcher Weise den Brief, in dem sich das betreffende Schriftstück befunden haben soll, aufgegeben hat. Die bloße Vorlage des Postausgangsbuches genügt nicht.

BFH vom 24. 4. 2003 – VII R 47/02 (BStBl 2003 II S. 665) 22

Die Faxnummer des Gerichts gehört weder zur Adressierung der „vorab per Telefax" zu übermittelnden Rechtsmittelschrift noch sonst zu den notwendigen Angaben, die ein Rechtsanwalt oder ein sonstiger kundiger Prozessbevollmächtigter persönlich aus dem Faxverzeichnis oder anderen Unterlagen herauszusuchen oder zu überprüfen hätte, ehe er den Schriftsatz unterschreibt. Beim Heraussuchen und Eingeben der Faxnummer in das Faxgerät handelt es sich vielmehr um Hilfstätigkeiten, die in jedem Fall dem geschulten Kanzleipersonal eigenverantwortlich überlassen werden können.

BFH vom 26. 2. 2004 – XI R 62/03 (BStBl 2004 II S. 564) 23

Wiedereinsetzung in den vorigen Stand (§ 56 FGO) ist jedenfalls dann zu gewähren, wenn ein Angehöriger der rechtsberatenden Berufe, in dessen Kanzlei durch organisatorische Maßnahmen im Grundsatz eine ordnungsgemäße Ausgangskontrolle gewährleistet war, einer Kanzleiangestellten, die sich als zuverlässig erwiesen hat, eine konkrete Einzelanweisung erteilt hat, die bei Befolgung die Fristwahrung sichergestellt hätte.

24 **BFH vom 12. 9. 2005 – VII R 10/05 (BStBl 2005 II S. 880)**

Ein Sachgebietsleiter ist im Hinblick auf Vorgänge, die der Sache nach in sein Sachgebiet fallen, ungeachtet der Anordnungen über die Bearbeitung des Vorgangs und das Zeichnungsrecht stets Bevollmächtigter des Finanzamts. Das Finanzamt kann sich für etwaige schuldhafte Bearbeitungsfehler des Sachgebietsleiters nicht durch den Nachweis sorgfältiger Auswahl, Einweisung und Überwachung gemäß § 56 FGO entschuldigen.

25 **BFH vom 24. 3. 2006 – V R 59/05 (HFR 2006 S. 789)**

1. Nach erfolgreicher Nichtzulassungsbeschwerde beträgt die Frist zur Begründung der Revision einen Monat (§ 120 Abs. 2 Satz 1 Halbsatz 2 FGO).

2. Ein Irrtum über diese Frist – auf die in der Rechtsmittelbelehrung ausdrücklich hingewiesen ist – ist bei einem Angehörigen der steuerberatenden Berufe nicht entschuldbar. Eine Wiedereinsetzung in den vorigen Stand kommt daher nicht in Betracht.

26 **BFH vom 15. 3. 2007 – VI R 31/05 (BStBl 2007 II S. 533)**

Aus den Gründen:

a) Die Grundsätze der FGO über Fristversäumnis und Wiedereinsetzung in den vorigen Stand gelten für die Finanzbehörden in gleicher Weise wie für Steuerpflichtige (BFH-Beschluss vom 12. 9. 2005, BStBl II 2005, 880). Danach ist eine Behörde – ebenso wie ein als Prozessbevollmächtigter bestellter Angehöriger der rechts- oder steuerberatenden Berufe – u.a. verpflichtet, ein Fristenkontrollbuch zu führen, in welches neben der Revisionsfrist die Erledigung des fristwahrenden Schriftsatzes bis zu seiner Absendung eingetragen wird und durch welches somit die Wahrung der Frist, insbesondere mit Hilfe einer Ausgangskontrolle, überwacht wird. Dabei muss die Kontrolle der Erledigung und tatsächlichen Absendung des jeweiligen Schriftstückes durch jemanden erfolgen, der den gesamten Bearbeitungsvorgang überwachen kann; dieser hat die tatsächliche Übergabe fristwahrender Sendungen an die Post oder einen mit dem Transport zum Empfänger beauftragten Boten zu überwachen und in dem Fristenkontrollbuch zu vermerken. Ist eine solche Ausgangskontrolle nicht eingerichtet, muss zumindest derjenige, der den Vorgang zuletzt bearbeitet hat oder an der Bearbeitung beteiligt war, die mit der Absendung beauftragte Poststelle auf die Frist und die Wichtigkeit des Schriftstückes hinweisen; eines besonderen Hinweises bedarf es insbesondere deshalb, weil bei einer Behörde die Versendung fristwahrender Schriftsätze nicht die Regel, sondern die Ausnahme ist. Unterbleibt ein solcher Hinweis und findet nur eine Kontrolle der Übergabe des Poststücks an eine zur Weiterleitung zuständige Stelle wie die Registratur oder die Postausgangsstelle statt, wird die Erledigung also lediglich durch Abgangsvermerk der Stelle, die das Schriftstück an diese Postausgangsstelle weiterleitet, festgehalten, genügt dies nicht, um bei Fristversäumnis mangels Organisationsverschuldens Nachsicht gewähren zu können (BFH-Beschluss vom 8. 9. 1998, BFH/NV 1999, 73, m.w.N.).

27 **BFH vom 27. 5. 2008 – I R 11/08 (BStBl 2008 II S. 766)**

1. …

2. Der Hinweis auf ein nicht näher erläutertes „Büroversehen" rechtfertigt keine Wiedereinsetzung in den vorigen Stand.

28 **BFH vom 28. 10. 2008 – VIII R 36/04 (BStBl 2009 II S. 190)**

Aus den Gründen:

Der Bürger wie auch die Behörde, denen Wiedereinsetzung in den vorigen Stand nach den gleichen Grundsätzen zu gewähren ist, dürfen darauf vertrauen, dass die von der Post nach ihren organisatorischen und betrieblichen Vorkehrungen für den Normalfall festgelegten Postlaufzeiten auch eingehalten werden. Versagen sie, so darf ihnen das, da sie darauf keinen Einfluss haben, im Rahmen der Wiedereinsetzung nicht als Verschulden zur Last gelegt werden (vgl. BFH-Urteile vom 24. 6. 1988 III R 177/85, BFH/NV 1989, 351; vom 24. 1. 2002 III R 5/01, BFH/NV 2002, 778; Senatsurteil vom 11. 7. 2006 VIII R 10/05, BStBl II 2007, 96, jeweils m.w.N.). Das gilt gleichermaßen für private lizenzierte Postdienstleistungsunternehmen wie hier z.B. die R Post Deutschland. Auch nach Erlass der Post-Universaldienstleistungsverordnung (PUDLV) vom 15. 12. 1999 (BGBl I 1999, 2418) dürfen die Beteiligten darauf vertrauen, dass werktags im Bundesgebiet aufgegebene Postsendungen unabhängig davon, ob sie bei der Deutschen Post AG oder bei privaten lizenzierten Postdienstleistungsunternehmen aufgegeben werden (vgl. dazu Tipke in Tipke/Kruse, Abgabenordnung, Finanzgerichtsordnung, § 122 AO Rz 48; AEAO zu § 122, Nr. 1. 8.2), am folgenden Werktag im Bundesgebiet ausgeliefert werden. Denn nach müssen die Briefbeförderungsunternehmen sicherstellen, dass sie an Werktagen aufgegebene Inlandssendungen im gesamten Bundesgebiet im Jahresdurchschnitt mindestens zu 80 % am ersten und zu 95 % am zweiten Tag nach der Einlieferung ausliefern. Diese Quoten lassen die Einhaltung der Postlaufzeiten erwarten (vgl. Beschluss des BGH vom 13. 5. 2004, HFR 2005, 67; ähnlich auch BGH-Beschluss vom 23. 1. 2008 XII ZB 155/07, MDR 2008, 583). Konkrete Anhaltspunkte, welche im Streitfall gleichwohl bei einer am 29. oder 30. 7. 2004 aufgegebenen Briefsendung die ernsthafte Gefahr der Fristversäumung für das FA begründeten, sind nicht ersichtlich.

BVerfG vom 19. 5. 2010 – 1 BvR 1070/10 (HFR 2010 S. 1235) 29

1. Wird mit der Telefaxübermittlung einer Verfassungsbeschwerde von 168 Seiten am ersten Werktag nach Ostern erst weniger als 90 Minuten vor Fristablauf begonnen, kann nicht von einer ordnungsgemäßen, fristgerechten Übermittlung ausgegangen werden; bei einem Scheitern kann keine Wiedereinsetzung in den vorigen Stand gewährt werden, zumal mit der verstärkten Belegung des Empfangsgeräts gerechnet werden musste.

2. Die noch innerhalb der Frist erfolgte Übermittlung der Verfassungsbeschwerde per E-Mail genügt nicht den Anforderungen.

Beschluss vom 10. 12. 2010 – V R 60/09 (HFR 2011 S. 555) 30

1. Beruft sich ein Rechtsmittelführer auf die fristgerechte Absendung des beim Empfänger nicht eingegangenen Schriftstückes durch seinen Prozessbevollmächtigten, sind innerhalb der Frist des § 56 Abs. 2 Satz 2 FGO alle Tatsachen vorzutragen, aus denen sich die rechtzeitige Absendung oder Aufgabe des fristwahrenden Schriftsatzes zur Post ergibt.

2. Die den Antrag auf Wiedereinsetzung begründenden Tatsachen müssen innerhalb der Antragsfrist vorgetragen werden. Nur die Glaubhaftmachung kann noch während des Verfahrens erfolgen.

BFH vom 15. 2. 2011 – VI R 69/10 (BFH/NV 2011 S. 830) 31

– Versäumt das FA die Revisionsbegründungsfrist wegen des Verschuldens eines Beamten der OFD beim Weiterleiten des Schriftsatzes an den BFH, so handelt es sich grundsätzlich um eigenes Organisationsverschulden des Finanzamtes.

– Wird ein Revisionsschriftsatz des Finanzamtes durch einen dafür zuständigen und zum Richteramt befähigten Beamten der OFD geprüft, so ist dessen Verschulden an der Fristversäumung, wozu auch ein Organisationsverschulden gehört, dem Finanzamt zuzurechnen.

BFH vom 14. 3. 2011 – VI R 81/10 (BFH/NV 2011 S. 1002) 32

1. Der Eingangsstempel eines Gerichts erbringt grundsätzlich Beweis für Zeit und Ort des Eingangs eines Schreibens.

2. Allein die kaum jemals völlig auszuschließende Möglichkeit, dass ein Nachtbriefkasten aus technischen Gründen nicht funktioniert oder bei der Abstempelung Fehler unterlaufen, reicht zur Führung des Gegenbeweises nicht aus.

3. Die eidesstattliche Versicherung ist ein Mittel der Glaubhaftmachung, aber nicht des Beweises.

BFH vom 12. 4. 2011 – III R 54/10 (BFH/NV 2011 S. 1374) 33

Zwar kann Wiedereinsetzung auch ohne Antrag gewährt werden, wenn der Betroffene die versäumte Rechtshandlung innerhalb der Antragsfrist nachholt (§ 56 Abs. 2 Satz 4 FGO). Die Verpflichtung, einen Wiedereinsetzungsgrund vorzubringen und glaubhaft zu machen, bleibt jedoch auch in diesen Fällen unberührt.

BFH vom 20. 5. 2011 – V S 10/11 (BFH/NV 2011 S. 1526) 34

Nach Ablauf der Frist des § 56 Abs. 2 FGO können Wiedereinsetzungsanträge nicht mehr nachgeschoben, sondern nur noch unklare und unvollständige Angaben erläutert oder ergänzt werden.

BFH vom 27. 7. 2011 – IV B 131/10 (BFH/NV 2011 S. 1909) 35

Angehörige der rechts- und steuerberatenden Berufe müssen für eine zuverlässige Fristenkontrolle sorgen und die Organisation des Bürobetriebs so gestalten, dass Fristversäumnisse vermieden werden. Wird eine elektronische Fristenkontrolle – z.B. im Zuge einer Neuinstallation des Rechners – außer Funktion gesetzt, müssen sie sich entweder selbst rechtzeitig vergewissern, dass die Fristenkontrolle wieder funktioniert, oder die Einhaltung der laufenden Fristen in anderer Form sicherstellen. Es genügt nicht, die erforderliche erneute Aktivierung der elektronischen Fristenüberwachung einem vertrauenswürdigen und ansonsten zuverlässigen Mitarbeiter zu übertragen.

FGO

§ 57 Beteiligte

Beteiligte am Verfahren sind
1. der Kläger,
2. der Beklagte,
3. der Beigeladene,
4. die Behörde, die dem Verfahren beigetreten ist (§ 122 Abs. 2).

Rsp

Rechtsprechung

1 BFH vom 27. 4. 2000 – I R 65/98 (BStBl 2000 II S. 500)

Ist eine wegen Vermögenslosigkeit gelöschte GmbH im Klageverfahren durch einen vor der Löschung bevollmächtigten Prozessbevollmächtigten vertreten, kann das FG in der Sache entscheiden.

2 BFH vom 12. 1. 2001 – VI R 102/98 (BStBl 2003 II S. 151)

Aus den Gründen:
Der während des Revisionsverfahrens eingetretene Zuständigkeitswechsel führt zu einem gesetzlichen Beteiligtenwechsel (BFH-Urteil vom 1. 8. 1979, BStBl II S. 714).

3 BFH vom 18. 5. 2004 – IX R 83/00 (BStBl 2004 II S. 929)

Eine als Vermieterin auftretende Bruchteilsgemeinschaft ist im Verfahren der einheitlichen und gesonderten Feststellung von Einkünften aus Vermietung und Verpachtung grundsätzlich beteiligtenfähig und klagebefugt (Änderung der Rechtsprechung).

4 BFH vom 7. 3. 2006 – VII R 11/05 (BStBl 2006 II S. 573)

1. Ein durch die Eröffnung des Insolvenzverfahrens über das Vermögen des Haftungsschuldners unterbrochener Rechtsstreit über die Rechtmäßigkeit eines Haftungsbescheides kann sowohl vom Insolvenzverwalter als auch vom FA aufgenommen werden.
2. Macht das FA den noch unerfüllten Haftungsanspruch als Insolvenzforderung geltend, handelt es sich um einen Passivprozess, dessen Aufnahme dem Schuldner verwehrt ist.
3. Wenn der nicht beteiligtenfähige Schuldner den durch die Insolvenzeröffnung unterbrochenen Rechtsstreit selbst aufnimmt, ist er aus dem Prozess zu weisen. Seine Prozesshandlungen sind unwirksam.
4. ...
5. Eine Beiladung des im erstinstanzlichen Verfahren nicht beteiligten Insolvenzverwalters kommt im Revisionsverfahren nicht in Betracht.

5 BFH vom 29. 5. 2008 – IV B 143/08 (BFH/NV 2009 S. 1452)

Nimmt ein Beigeladener die ihm im Verfahren über die Nichtzulassungsbeschwerde des Klägers oder Beklagten zukommende eingeschränkte Stellung als Beteiligter wahr, ist er in allen an die Beteiligtenstellung anknüpfenden Fragen wie ein Beteiligter zu behandeln. Das betrifft auch die Kostenerstattung im Sinne von § 139 Abs. 4 FGO.

FGO

§ 58 Verfahrenshandlungsfähigkeit

(1) Fähig zur Vornahme von Verfahrenshandlungen sind
1. die nach dem bürgerlichen Recht Geschäftsfähigen,
2. die nach dem bürgerlichen Recht in der Geschäftsfähigkeit Beschränkten, soweit sie durch Vorschriften des bürgerlichen oder öffentlichen Rechts für den Gegenstand des Verfahrens als geschäftsfähig anerkannt sind.

(2) ¹Für rechtsfähige und nichtrechtsfähige Personenvereinigungen, für Personen, die geschäftsunfähig oder in der Geschäftsfähigkeit beschränkt sind, für alle Fälle der Vermögensverwaltung

und für andere einer juristischen Person ähnliche Gebilde, die als solche der Besteuerung unterliegen, sowie bei Wegfall eines Steuerpflichtigen handeln die nach dem bürgerlichen Recht dazu befugten Personen. ²§§ 53 bis 58 der Zivilprozessordnung gelten sinngemäß.

(3) Betrifft ein Einwilligungsvorbehalt nach § 1903 des Bürgerlichen Gesetzbuchs den Gegenstand des Verfahrens, so ist ein geschäftsfähiger Betreuter nur insoweit zur Vornahme von Verfahrenshandlungen fähig, als er nach den Vorschriften des bürgerlichen Rechts ohne Einwilligung des Betreuers handeln kann oder durch Vorschriften des öffentlichen Rechts als handlungsfähig anerkannt ist.

Rechtsprechung

BFH vom 3. 12. 1971 – III R 44/68 (BStBl 1972 II S. 541) 1

1. Für den Streit über die Prozeßfähigkeit einer Partei ist diese als prozeßfähig zu behandeln.
2. Wird die Prozeßunfähigkeit einer Partei, die bereits im finanzgerichtlichen Verfahren vorlag, erst im Revisionsverfahren festgestellt, darf die Revision nicht als unzulässig verworfen werden. Die Sache ist vielmehr durch Prozeßurteil zur erneuten Verhandlung und Entscheidung an das FG zurückzuverweisen.

BFH vom 26. 3. 1980 – I R 111/79 (BStBl 1980 II S. 587) 2

Eine gemäß § 60 Abs. 3 FGO erforderliche Beiladung einer GmbH darf nicht deshalb unterbleiben, weil die GmbH aufgelöst und im Handelsregister gelöscht worden ist.

BFH vom 21. 10. 1982 – IV R 113/82 (BStBl 1983 II S. 239) 3

Tritt ein Gebrechlichkeitspfleger in einen vom Pflegebefohlenen erhobenen Prozeß ein, so sind Zustellungen ab Vorlage der Bestallungsurkunde an den Pfleger zu richten.

BFH vom 8. 6. 1988 – II R 14/85 (BStBl 1988 II S. 946) 4

Ergeht (bei bestehender Testamentsvollstreckung) ein Steuerbescheid an die Erben des ursprünglichen Steuerschuldners und fechten diese den Bescheid an, so sind sie jedenfalls dann berechtigt, einen zur teilweisen Steuererstattung führenden Klageantrag zu stellen, wenn der Testamentsvollstrecker der Prozeßführung durch die Erben zugestimmt hat. Eine derartige Zustimmung ist dann anzunehmen, wenn die Erben in dem Prozeß durch den Testamentsvollstrecker als ihrem Bevollmächtigten vertreten werden.

BFH vom 23. 8. 1988 – VII R 40/88 (BStBl 1989 II S. 43) 5

Die Verhängung eines strafgerichtlichen Berufsverbots gegen den Vorsitzenden eines Lohnsteuerhilfevereins hat nicht zur Folge, daß der Verein eines vertretungsberechtigten Organs ermangelt und deshalb prozeßunfähig wird.

BFH vom 27. 4. 2000 – I R 65/98 (BStBl 2000 II S. 500) 6

Ist eine wegen Vermögenslosigkeit gelöschte GmbH im Klageverfahren durch einen vor der Löschung bevollmächtigten Prozessbevollmächtigten vertreten, kann das FG in der Sache entscheiden.

BFH vom 14. 12. 2004 – III B 115/03 (HFR 2005 S. 391) 7

1. Eine Genossenschaft wird durch ihren Vorstand außergerichtlich und gerichtlich vertreten. Der nach Art. 233 § 2 Abs. 3 EGBGB von einer Gemeinde zum gesetzlichen Vertreter für einen unbekannten Grundstückseigentümer Bestellte handelt weder als Vorstand noch als Abwickler für eine als Eigentümerin im Grundbuch eingetragene Genossenschaft.
2. Die Prozessfähigkeit ist sowohl Sachentscheidungs- als auch Prozesshandlungsvoraussetzung. Liegt sie nicht vor, so ist die Einlegung eines Rechtsmittels unwirksam und dieses als unzulässig zu verwerfen.

§ 59 Streitgenossenschaft

Die Vorschriften der §§ 59 bis 63 der Zivilprozessordnung über die Streitgenossenschaft sind sinngemäß anzuwenden.

Rechtsprechung

1 BFH vom 6. 7. 1977 – I R 182/76 (BStBl 1977 II S. 696)

1. Die Grundsätze der notwendigen Streitgenossenschaft – hier der Fall der Notwendigkeit der einheitlichen Feststellung des streitigen Rechtsverhältnisses gegenüber allen Streitgenossen (§ 62 Abs. 1 ZPO erste Alternative) – hindern den einen von zwei Streitgenossen (Klägern) nicht, seine Klage noch während des von ihm allein in Gang gesetzten Revisionsverfahrens zurückzunehmen.

2. Die Rücknahme der Klage durch den einen Streitgenossen bewirkt in diesem Fall, daß das auch gegen den anderen Streitgenossen ergangene Urteil des FG rechtskräftig wird. Die Rechtskraftwirkung dieses Urteils erstreckt sich auf den seine Klage zurücknehmenden Streitgenossen, weil er in dem finanzgerichtlichen Verfahren des anderen Streitgenossen zugleich die Stellung eines notwendig Beigeladenen hatte.

2 BFH vom 7. 8. 1986 – IV R 137/83 (BStBl 1986 II S. 910)

Die Anwendung des § 62 ZPO, nach dem bei notwendiger Streitgenossenschaft die „säumigen Streitgenossen als durch die nicht säumigen vertreten angesehen" werden, „wenn ein Termin oder eine Frist nur von einzelnen Streitgenossen versäumt wird", kann im Bereich des finanzgerichtlichen Verfahrens nur in den Fällen in Betracht kommen, in denen eine gemeinsame Klageerhebung erforderlich ist. In Fällen dagegen, in denen mehrere Personen einzeln klagen können, das streitige Rechtsverhältnis aber gegenüber allen hieran beteiligten Personen nur einheitlich festgestellt werden kann, wird die gebotene Einheitlichkeit der Entscheidung nicht durch die Vertretungsfiktion des § 62 ZPO, sondern durch Anwendung der Vorschriften über die notwendige Beiladung (§ 60 Abs. 3 FGO) gesichert.

3 BFH vom 19. 1. 1989 – V R 98/83 (BStBl 1990 II S. 360)

Ein Miterbe, der im Beschwerdeverfahren wegen der Ablehnung des Erlaßantrags aus sachlichen in der Person des Erblassers liegenden Billigkeitsgründen nicht beteiligt ist, wird durch die daran beteiligten Miterben nicht vertreten. Da die Vertretungsfiktion des § 62 ZPO i. V. m. § 59 FGO nicht eingreift, ist seine Klage mangels Durchführung eines Vorverfahrens unzulässig.

4 BFH vom 30. 7. 1997 – II R 33/95 (BStBl 1997 II S. 626)

Die Verbindung mehrerer selbständiger Klageverfahren unterschiedlicher Kläger kommt wegen der auch das Gericht bindenden Verpflichtung, das Steuergeheimnis zu wahren (§ 30 AO), regelmäßig nur dann und insoweit in Betracht, wie die Voraussetzungen einer Streitgenossenschaft (vgl. § 59 FGO i. V. m. §§ 59 ff. ZPO) gegeben sind. Für den Steuerprozeß bedeutet dies, daß eine Verbindung von Klageverfahren unterschiedlicher Kläger grundsätzlich nur dann in Betracht kommt, wenn diese Kläger sämtlich jeweils an dem oder den streitigen Steuerrechtsverhältnis(sen) oder dem Rechtsvorgang beteiligt sind, durch den der Steuertatbestand verwirklicht wurde.

§ 60 Beiladungen

(1) [1]Das Finanzgericht kann von Amts wegen oder auf Antrag andere beiladen, deren rechtliche Interessen nach den Steuergesetzen durch die Entscheidung berührt werden, insbesondere solche, die nach den Steuergesetzen neben dem Steuerpflichtigen haften. [2]Vor der Beiladung ist der Steuerpflichtige zu hören, wenn er am Verfahren beteiligt ist.

(2) Wird eine Abgabe für einen anderen Abgabenberechtigten verwaltet, so kann dieser nicht deshalb beigeladen werden, weil seine Interessen als Abgabenberechtigter durch die Entscheidung berührt werden.

(3) [1]Sind an dem streitigen Rechtsverhältnis Dritte derart beteiligt, dass die Entscheidung auch ihnen gegenüber nur einheitlich ergehen kann, so sind sie beizuladen (notwendige Beiladung). [2]Dies gilt nicht für Mitberechtigte, die nach § 48 nicht klagebefugt sind.

(4) ¹Der Beiladungsbeschluss ist allen Beteiligten zuzustellen. ²Dabei sollen der Stand der Sache und der Grund der Beiladung angegeben werden.

(5) Die als Mitberechtigte Beigeladenen können aufgefordert werden, einen gemeinsamen Zustellungsbevollmächtigten zu benennen.

(6) ¹Der Beigeladene kann innerhalb der Anträge eines als Kläger oder Beklagter Beteiligten selbständig Angriffs- und Verteidigungsmittel geltend machen und alle Verfahrenshandlungen wirksam vornehmen. ²Abweichende Sachanträge kann er nur stellen, wenn eine notwendige Beiladung vorliegt.

Rechtsprechung

BFH vom 8. 6. 1966 – III B 5/66 (BStBl 1966 III S. 466) 1

Das FG hat die beantragte Beiladung vorzunehmen, wenn auch nur die Möglichkeit besteht, daß die rechtlichen Interessen des anderen nach den Steuergesetzen durch die Entscheidung berührt werden.

BFH vom 23. 11. 1972 – VIII R 42/67 (BStBl 1973 II S. 198) 2

Im finanzgerichtlichen Verfahren können Finanzbehörden nur Beklagter sein oder dem Verfahren beitreten. Die Beiladung eines FA kommt nicht in Betracht.

BFH vom 7. 2. 1980 – VI B 97/79 (BStBl 1980 II S. 210) 3

1. Nach Unanfechtbarkeit eines Urteils des FG ist eine Beiladung zu dem finanzgerichtlichen Verfahren nicht mehr möglich.
2. Ficht ein Arbeitgeber einen gegen ihn ergangenen Lohnsteuerhaftungsbescheid an, so ist der Arbeitnehmer, auf den sich die Inspruchnahme aus dem Haftungsbescheid bezieht, zu dem finanzgerichtlichen Verfahren nicht notwendig beizuladen.

BFH vom 22. 7. 1980 – VIII R 114/78 (BStBl 1981 II S. 101) 4

Der einfach Beigeladene (§ 60 Abs. 1 FGO) ist zur Einlegung der Revision auch dann befugt, wenn keiner der Hauptbeteiligten Revision eingelegt hat.

BFH vom 22. 10. 1980 – I S 1/80 (BStBl 1981 II S. 99) 5

Wird der vorläufige Rechtsschutz nicht von der Gesellschaft, sondern nur von einzelnen Gesellschaftern begehrt, so darf ggf. nur diesen gegenüber ein vorläufiger Verlustanteil angesetzt werden. Der den übrigen Gesellschaftern zugerechnete Anteil am Verlust (Gewinn) darf nicht verändert werden. Ihre Beiladung zum Verfahren des vorläufigen Rechtsschutzes ist nicht notwendig (Weiterentwicklung BFH vom 10. 8. 1978, BStBl II S. 584).

BFH vom 27. 5. 1981 – I R 112/79 (BStBl 1982 II S. 192) 6

Eine vom FG zu Unrecht beschlossene notwendige Beiladung kann im Revisionsverfahren – anders als im sozialgerichtlichen und verwaltungsgerichtlichen Verfahren – nicht aufgehoben werden.

BFH vom 29. 9. 1981 – VIII R 90/79 (BStBl 1982 II S. 216) 7

Macht ein Kläger gegenüber der einheitlichen und gesonderten Feststellung von Einkünften aus Vermietung und Verpachtung einer GbR geltend, der ihm zugerechnete Anteil an den Einkünften stehe Dritten zu, sind die Dritten und alle anderen Gesellschafter der GbR notwendig beizuladen.

BFH vom 27. 1. 1982 – VII B 141/81 (BStBl 1982 II S. 239) 8

1. Die Beiladung eines Dritten gemäß § 60 Abs. 1 FGO i.V.m. § 174 Abs. 4 und 5 AO ist nicht zulässig, wenn das FA sie nicht beantragt oder veranlaßt hat.
2. Eine Beiladung nach § 60 Abs. 1 FGO ist nicht zulässig, wenn eindeutig Interessen des Dritten nicht berührt sein können.

9 **BFH vom 4. 8. 1983 – IV R 222/80 (BStBl 1983 II S. 763)**

Eine notwendige Beiladung kann vom FG auch noch nach Ergehen des erstinstanzlichen Urteils vorgenommen werden. Trotzdem muß der BFH das Urteil des FG aufheben und die Sache zurückverweisen, wenn die Beiladung erst nach Durchführung einer mündlichen Verhandlung ausgesprochen wird und das FG die mündliche Verhandlung nicht wiedereröffnet hat.

10 **BFH vom 12. 11. 1985 – VIII R 91/84 (BStBl 1986 II S. 525)**

Ist in einem einheitlichen Gewinnfeststellungsverfahren streitig, ob der Geschäftsführer einer GmbH & Co. KG Mitunternehmer der KG ist, sind neben der KG alle ihre Gesellschafter auch dann klagebefugt, wenn die Entscheidung keinen Einfluß auf die Höhe ihres Gewinns hat. Die Gesellschafter sind deshalb bei Klageführung durch die KG notwendig zum Verfahren beizuladen.

11 **BFH vom 28. 2. 1990 – I R 156/86 (BStBl 1990 II S. 696)**

1. Ergeht ein Feststellungsbescheid gemäß § 18 AStG gegenüber mehreren unbeschränkt steuerpflichtigen Beteiligten und legt nur einer von ihnen Einspruch ein, so sind die übrigen Beteiligten notwendig hinzuzuziehen (§ 360 Abs. 3 AO).
2. Erhebt ein Beteiligter eine zulässige und ein anderer Beteiligter eine unzulässige Klage, so ist der Beteiligte, der die unzulässige Klage erhoben hat, im Klageverfahren des Beteiligten, der die zulässige Klage erhoben hat, notwendig beizuladen (§ 60 Abs. 3 FGO).

12 **BFH vom 19. 6. 1990 – VIII B 3/89 (BStBl 1990 II S. 1068)**

Zu dem Klageverfahren einer Personenhandelsgesellschaft in einer Gewinnfeststellungssache ist ein nach Klageerhebung ausgeschiedener Gesellschafter notwendig beizuladen, wenn seine steuerrechtlichen Interessen durch die Entscheidung berührt werden.

13 **BFH vom 28. 8. 1990 – VIII B 25/90 (BStBl 1990 II S. 1072)**

Ist ein Mitberechtigter nicht notwendig beizuladen, weil er nach § 48 Abs. 1 Nr. 3 FGO nicht klagebefugt ist (§ 60 Abs. 3 Satz 2 FGO), so ist er auch nicht nach § 60 Abs. 1 FGO am Verfahren zu beteiligen.

14 **BFH vom 18. 12. 1990 – VIII R 134/86 (BStBl 1991 II S. 882)**

1. In einem Klageverfahren, das einen gesonderten Gewinnfeststellungsbescheid über Einkünfte aus Gewerbebetrieb zum Gegenstand hat, haben Ausscheiden und Eintreten von Gesellschaftern auf die Fortbestand der Personengesellschaft als Verfahrensbeteiligte keinen Einfluß. Das gilt auch bei Übernahme der unbeschränkten Haftung durch eine Kapitalgesellschaft an Stelle einer natürlichen Person.
2. Eine Beiladung ist im Revisionsverfahren auch dann nicht geboten, wenn die Voraussetzungen für die Beiladung erst während des Revisionsverfahrens eintreten.

15 **BFH vom 9. 4. 1991 – IX R 78/88 (BStBl 1991 II S. 809)**

Ist lediglich umstritten, ob der Anteil eines Gesellschafters einer GbR an den Einkünften aus Vermietung und Verpachtung ihm oder einem Dritten zuzurechnen ist, so sind die übrigen Gesellschafter regelmäßig nicht notwendig beizuladen.

16 **BFH vom 31. 1. 1992 – VIII B 33/90 (BStBl 1992 II S. 559)**

In dem gegen einen einheitlichen Feststellungsbescheid gerichteten Verfahren ist eine Personenhandelsgesellschaft auch dann gemäß § 60 Abs. 3 FGO beizuladen, wenn sie vom Ausgang des Verfahrens unter keinem denkbaren Gesichtspunkt betroffen sein kann.

17 **BFH vom 20. 5. 1992 – III B 110/91 (BStBl 1992 II S. 916)**

Möchte ein Steuerpflichtiger nach einer bereits erfolgten Einkommensteuer-Zusammenveranlagung mit seinem Ehegatten durch Änderung seiner Wahl eine getrennte Veranlagung erreichen und besteht zwischen den Ehegatten Streit über die Zulässigkeit eines solchen Begehrens, so ist der andere Ehegatte zum finanzgerichtlichen Verfahren notwendig beizuladen.

18 **BFH vom 25. 2. 1999 – IV R 48/98 (BStBl 1999 II S. 531)**

1. Ein Beigeladener hat nach dem Grundsatz des rechtlichen Gehörs Anspruch darauf, sich nach erfolgter Beiladung zu dem Verfahren in rechtlicher und tatsächlicher Hinsicht zu äußern.

2. Das Gericht darf durch Gerichtsbescheid erst entscheiden, wenn allen Beteiligten im vorangegangenen schriftlichen Verfahren rechtliches Gehör gewährt worden ist.

BFH vom 24. 3. 1999 – I R 114/97 (BStBl 2000 II S. 399) 19

1. Bei einheitlicher und gesonderter Gewinnfeststellung sind die Erben eines verstorbenen Mitunternehmers notwendig beizuladen. Sind diese unbekannt, ist für den Prozess ein Pfleger zu bestellen.
2. Hat der Kläger seine Klagebefugnis nicht dargetan (§ 40 Abs. 2 FGO), so kann eine notwendige Beiladung wegen offensichtlicher Unzulässigkeit der Klage unterbleiben.

BFH vom 12. 1. 2001 – VI R 49/98 (BStBl 2001 II S. 246) 20

1. Klagt der Sozialleistungsträger gegen einen die Kindergeldfestsetzung aufhebenden Bescheid, so ist derjenige notwendig beizuladen, zu dessen Gunsten das Kindergeld bisher festgesetzt war.
2. Eine notwendige Beiladung ist ab 1. 1. 2001 auch in der Revisionsinstanz statthaft.

BFH vom 1. 2. 2001 – V B 199/00 (BStBl 2001 II S. 418) 21

Eine Entscheidung im Rechtsstreit des leistenden Unternehmers über die Steuerpflicht seiner Umsätze berührt die rechtlichen Interessen des den Vorsteuerabzug begehrenden Leistungsempfängers, der den Vorsteuerabzug aus diesen Leistungen begehrt. Der Leistungsempfänger kann deshalb zum Rechtsstreit des leistenden Unternehmens, in dem es um die Steuerbarkeit und Steuerpflicht dieser Leistungen geht, beigeladen werden (Änderung der Rechtsprechung).

BFH vom 4. 7. 2001 – VI B 301/98 (BStBl 2001 II S. 729) 22

Ist im finanzgerichtlichen Verfahren streitig, ob der Kinderfreibetrag von einem auf den anderen Elternteil nach § 32 Abs. 6 Satz 4 EStG in der für das Streitjahr 1990 geltenden Fassung zu übertragen oder ob die Übertragung des Kinderfreibetrags zu Recht erfolgt ist, liegt kein Fall der notwendigen Beiladung (§ 60 Abs. 3 Satz 1 FGO) vor (Änderung der Rechtsprechung).

BFH vom 23. 7. 2001 – VI B 52/01 (BFH/NV 2001 S. 1597) 23

1. Im finanzgerichtlichen Verfahren erlassene Beiladungsbeschlüsse sind zu begründen.
2. Ein Beschluß, der nur den gesetzlichen Wortlaut der Beiladungsvorschrift wiedergibt, erfüllt nicht die Mindestanforderungen, die an eine Begründung zu stellen sind.

BFH vom 19. 10. 2001 – V B 54/01 (HFR 2002 S. 122) 24

Zu einer offensichtlich unzulässigen Klage eines Gesellschafters einer GbR gegen einen an die GbR als Steuerschuldnerin gerichteten Umsatzsteuerbescheid ist der andere Gesellschafter nicht notwendig beizuladen.

BFH vom 16. 4. 2002 – VIII B 171/01 (BStBl 2002 II S. 578) 25

Erhebt ein Elternteil Klage mit dem Ziel, ihm Kindergeld zu gewähren, ist der andere Elternteil selbst dann nicht notwendig zum Verfahren beizuladen, wenn er bei Stattgabe der Klage das bisher zu seinen Gunsten festgesetzte Kindergeld verliert.

BFH vom 27. 2. 2003 – V B 131/01 (BStBl 2003 II S. 667) 26

Zu einem Klageverfahren, in dem geltend gemacht wird, der Rechnungsaussteller sei auch Lieferer gewesen, ist ein alternativ in Betracht kommender Lieferer nicht notwendig beizuladen.

BFH vom 28. 7. 2004 – IX B 27/04 (BStBl 2004 II S. 895) 27

Wer im Klageverfahren beigeladen war, ist Beteiligter des nachfolgenden Verfahrens wegen Nichtzulassung der Revision, auch wenn er selbst keine Nichtzulassungsbeschwerde eingelegt hat (Fortentwicklung des BFH-Beschlusses vom 24. 4. 1992 IV B 115/91, BFH/NV 1993, 369).

BFH vom 22. 12. 2005 – VII B 115/05 (BStBl 2006 II S. 331) 28

Streiten Beteiligte im finanzgerichtlichen Verfahren um die Erteilung einer verbindlichen Zolltarifauskunft (vZTA) über die Einreihung bestimmter Waren in den Gemeinsamen Zolltarif (GZT), sind Dritte, die die gleichen Waren herstellen oder importieren, zu diesem Rechtsstreit regelmäßig nicht beizuladen; das gilt auch dann, wenn das FG erwägt, zu der streitigen Tarifierungsfrage eine Vorabentscheidung des EuGH einzuholen.

29 BFH vom 8. 12. 2006 – VII B 243/05 (BStBl 2008 II S. 436)

Ist eine Klage offensichtlich unzulässig, bedarf es keiner notwendigen Beiladung Dritter, die von dem angefochtenen Verwaltungsakt betroffen sind.

30 BFH vom 24. 4. 2007 – I R 39/04 (BStBl 2008 II S. 95)

Ficht ein Vergütungsschuldner einen gegen ihn gemäß § 50a Abs. 5 EStG 1990 ergangenen Haftungsbescheid an, so ist der Vergütungsgläubiger, auf den sich die Inanspruchnahme aus dem Haftungsbescheid bezieht, zu dem finanzgerichtlichen Verfahren nicht notwendig beizuladen (Bestätigung der ständigen Rechtsprechung).

31 BFH vom 20. 9. 2007 – IV R 68/05 (BStBl 2008 II S. 483)

Aus den Gründen:

Dem Beschluss nach § 74 FGO muss keine notwendige Beiladung der Gesellschafter der Klägerin (§ 60 Abs. 3 FGO) vorausgehen, da es sich dabei nicht um eine Entscheidung handelt, die die Instanz beendet (vgl. zu Beschlüssen im vorläufigen Rechtsschutz BFH-Beschlüsse vom 3. 12. 1985, BFH/NV 1986, 419, und vom 18. 5. 1994 I B 169/93, juris). Auch aus dem Gesichtspunkt, dass eine notwendige Beiladung in einem möglichst frühen Prozessstadium erfolgen soll, folgt nichts anderes, da es im Zeitpunkt der Aussetzung nach § 74 FGO nicht wahrscheinlich ist, dass es im Verfahren vor dem FG zu einer abschließenden Sachentscheidung kommen wird.

32 BFH vom 19. 12. 2007 – I R 111/05 (BStBl 2008 II S. 536)

Aus den Gründen:

Nach § 60 Abs. 3 Satz 1 FGO hat eine Beiladung dann zu erfolgen, wenn an dem streitigen Rechtsverhältnis Dritte derart beteiligt sind, dass die gerichtliche Entscheidung auch ihnen gegenüber nur einheitlich ergehen kann. Das ist der Fall, wenn die Entscheidung nach Maßgabe des materiellen Steuerrechts notwendigerweise und unmittelbar Rechte oder Rechtsbeziehungen des Dritten gestaltet, bestätigt, verändert oder zum Erlöschen bringt (z.B. BFH-Urteil vom 19. 4. 1988, BStBl II 1988, 789). Die notwendige Beiladung soll sicherstellen, dass eine Sachentscheidung, die die Rechte eines Dritten in der vorbezeichneten Weise betrifft und aus diesem Grunde auch ihm gegenüber nur einheitlich ergehen kann, nicht ohne Beteiligung dieses Dritten erlassen wird (z.B. BFH-Urteil vom 12. 1. 2001, BStBl II 2001, 246).

33 BFH vom 7. 2. 2008 – VI R 41/05 (HFR 2008 S. 805)

Zum Verfahren eines zusammen veranlagten Ehegatten ist der andere Ehegatte regelmäßig nicht beizuladen.

34 BFH vom 5. 6. 2008 – IV R 79/05 (BStBl 2009 II S. 15)

Bei Unsicherheit darüber, ob die Voraussetzungen einer notwendigen Beiladung erfüllt sind (hier: Fortbestand einer GbR), kann der BFH den Sachverhalt selbst aufklären, um die erforderliche Überzeugung zum Vorliegen der in § 48 FGO i.V.m. § 60 Abs. 3 FGO geregelten Tatbestände zu erlangen. Misslingt dies jedoch in dem Sinne, dass der BFH auch aufgrund der von den Beteiligten abgegebenen Erklärungen und der von ihnen vorgelegten Unterlagen das Erfordernis einer notwendigen Beiladung weder zu bejahen noch mit hinreichender Gewissheit auszuschließen vermag, so kann es im Interesse der Verfahrensbeschleunigung sowie zur Vermeidung von Verfahrenskosten geboten sein, dem FG die weitere Aufklärung des Sachverhalts zu übertragen, um die im Revisionsverfahren verbliebenen Zweifel insbesondere durch Anhörung der Beteiligten auszuräumen.

35 BFH vom 25. 6. 2009 – IV R 3/07 (BStBl 2010 II S. 182)

Aus den Gründen:

Gemäß § 60 Abs. 3 Satz 1 FGO sind Dritte zum Verfahren beizuladen, wenn sie an dem streitigen *Rechtsverhältnis* derart beteiligt sind, dass die Entscheidung auch ihnen gegenüber nur einheitlich ergehen kann. Dies gilt nicht für Mitberechtigte, die nach § 48 FGO nicht klagebefugt sind (§ 60 Abs. 3 Satz 2 FGO). Gegenstand des Klageverfahrens ist allein die Höhe des Veräußerungsgewinns des Klägers und von S; die Feststellung eines Gewinns aus der Veräußerung eines Mitunternehmeranteils ist selbständig anfechtbar (vgl. Urteil des BFH vom 31. 7. 1974 I R 226/70, BStBl II 1975, 236, sowie BFH-Beschluss vom 6. 12. 1979 IV B 56/79, BStBl II 1980, 314, jeweils m.w.N.). Diese Feststellungen berühren die GmbH als Erwerberin der Anteile nicht und können sie damit nicht in ihren eigenen Rechten verletzen (vgl. § 40 Abs. 2 FGO). Eine Klagebefugnis der GmbH ist deshalb insbesondere weder aus § 48 Abs. 1 Nr. 2 FGO noch aus § 48 Abs. 1 Nr. 5 FGO abzuleiten; auch § 48 Abs. 1 Nr. 2 FGO vermittelt nur ein beschränktes Klagerecht (BFH-Beschluss vom 3. 3. 1998 VIII B 62/97, BStBl II 1998, 401). Soweit der Senat mit Urteil vom 10. 11. 1988 IV R 70/86 (BFH/NV 1990, 31) entschieden hat, der Erwerber eines Mitunternehmeranteils sei nach § 48 Abs. 1 Nr. 5 FGO klagebefugt, wenn Streit über die Höhe des Veräußerungspreises bestehe, hält er daran nicht fest.

BFH vom 3. 9. 2009 – IV R 17/07 (BStBl 2010 II S. 631) 36

Eine Personengesellschaft, über deren Vermögen das Konkursverfahren (Insolvenzverfahren) eröffnet worden ist, muss mangels rechtlicher oder faktischer Vollbeendigung zum Klageverfahren des Mitunternehmers (hier: Kommanditisten) betreffend die Höhe seines Aufgabegewinnanteils beigeladen werden, wenn das Konkursverfahren (Insolvenzverfahren) deshalb noch nicht abgeschlossen ist, weil der Konkursverwalter (Insolvenzverwalter) noch ausstehende Einlagen der Gesellschafter oder für die Gläubigerbefriedigung nach § 171 Abs. 1 i.V.m. Abs. 2 HGB (a.F./n.F.) benötigte Beträge einfordert.

BFH vom 15. 4. 2010 – IV R 9/08 (BStBl 2010 II S. 929) 37

1. Wird innerhalb der Klagefrist ein Gewinnfeststellungsbescheid lediglich bezüglich der Höhe des Gewinns aus der Veräußerung eines Mitunternehmeranteils angefochten und erwächst deshalb die Feststellung zum Vorliegen eines Veräußerungsgewinns „dem Grunde nach" in Bestandskraft, so ist ohne weitere materielle Prüfung davon auszugehen, dass der Veräußerer (hier: Kläger) einen Gewinn aus der entgeltlichen Übertragung seines Mitunternehmeranteils erzielt hat.
2. Anderes gilt jedoch dann, wenn über das Vorliegen eines Veräußerungstatbestands mit Wirkung gegenüber mehreren (früheren) Gesellschaftern einheitlich zu entscheiden ist (hier: Annahme eines Abfindungsangebots der KG) und zumindest einer der früheren Mitgesellschafter innerhalb der Klagefrist den Ansatz des Veräußerungsgewinns „dem Grunde nach" angefochten hat. In einem solchen Fall ist der Kläger zu dem Klageverfahren des Mitgesellschafters beizuladen und sein eigenes Klageverfahren auszusetzen.

§ 60a Beiladungen von mehr als fünfzig Personen   FGO[1]

¹Kommt nach § 60 Abs. 3 die Beiladung von mehr als 50 Personen in Betracht, kann das Gericht durch Beschluss anordnen, dass nur solche Personen beigeladen werden, die dies innerhalb einer bestimmten Frist beantragen. ²Der Beschluss ist unanfechtbar. ³Er ist im Bundesanzeiger bekanntzumachen. ⁴Er muss außerdem in Tageszeitungen veröffentlicht werden, die in dem Bereich verbreitet sind, in dem sich die Entscheidung voraussichtlich auswirken wird. ⁵Die Bekanntmachung kann zusätzlich in einem von dem Gericht für Bekanntmachungen bestimmten Informations- und Kommunikationssystem erfolgen. ⁶Die Frist muss mindestens drei Monate seit Veröffentlichung im Bundesanzeiger betragen. ⁷In der Veröffentlichung in Tageszeitungen ist mitzuteilen, an welchem Tage die Frist abläuft. ⁸Für die Wiedereinsetzung in den vorigen Stand wegen Versäumung der Frist gilt § 56 entsprechend. ⁹Das Gericht soll Personen, die von der Entscheidung erkennbar in besonderem Maße betroffen werden, auch ohne Antrag beiladen.

§ 61 (weggefallen)   FGO

§ 62 Bevollmächtigte und Beistände   FGO

(1) Die Beteiligten können vor dem Finanzgericht den Rechtsstreit selbst führen.

(2) ¹Die Beteiligten können sich durch einen Rechtsanwalt, Steuerberater, Steuerbevollmächtigten, Wirtschaftsprüfer oder vereidigten Buchprüfer als Bevollmächtigten vertreten lassen; zur

---

[1] § 60a FGO geändert durch Art. 2 Abs. 35 des Gesetzes zur Änderung von Vorschriften über Verkündung und Bekanntmachungen sowie der Zivilprozessordnung, des Gesetzes betreffend die Einführung der Zivilprozessordnung und der Abgabenordnung vom 22. 12. 2011 (BGBl. 2011 I S. 3044) mit Wirkung ab 1. 4. 2012. Die Angabe „elektronischer Bundesanzeiger" wurde durch den Begriff „Bundesanzeiger" ersetzt.

§ 62 FGO

Vertretung berechtigt sind auch Gesellschaften im Sinne des § 3 Nr. 2 und 3 des Steuerberatungsgesetzes, die durch solche Personen handeln. ²Darüber hinaus sind als Bevollmächtigte vor dem Finanzgericht vertretungsbefugt nur

1. Beschäftigte des Beteiligten oder eines mit ihm verbundenen Unternehmens (§ 15 des Aktiengesetzes); Behörden und juristische Personen des öffentlichen Rechts einschließlich der von ihnen zur Erfüllung ihrer öffentlichen Aufgaben gebildeten Zusammenschlüsse können sich auch durch Beschäftigte anderer Behörden oder juristischer Personen des öffentlichen Rechts einschließlich der von ihnen zur Erfüllung ihrer öffentlichen Aufgaben gebildeten Zusammenschlüsse vertreten lassen,
2. volljährige Familienangehörige (§ 15 der Abgabenordnung, § 11 des Lebenspartnerschaftsgesetzes), Personen mit Befähigung zum Richteramt und Streitgenossen, wenn die Vertretung nicht im Zusammenhang mit einer entgeltlichen Tätigkeit steht,
3. Personen und Vereinigungen im Sinne des § 3a des Steuerberatungsgesetzes im Rahmen ihrer Befugnisse nach § 3 Nr. 4 des Steuerberatungsgesetzes,
4. landwirtschaftliche Buchstellen im Rahmen ihrer Befugnisse nach § 4 Nr. 8 des Steuerberatungsgesetzes,
5. Lohnsteuerhilfevereine im Rahmen ihrer Befugnisse nach § 4 Nr. 11 des Steuerberatungsgesetzes,
6. Gewerkschaften und Vereinigungen von Arbeitgebern sowie Zusammenschlüsse solcher Verbände für ihre Mitglieder oder für andere Verbände oder Zusammenschlüsse mit vergleichbarer Ausrichtung und deren Mitglieder,
7. juristische Personen, deren Anteile sämtlich im wirtschaftlichen Eigentum einer der in Nummer 6 bezeichneten Organisationen stehen, wenn die juristische Person ausschließlich die Rechtsberatung und Prozessvertretung dieser Organisation und ihrer Mitglieder oder anderer Verbände oder Zusammenschlüsse mit vergleichbarer Ausrichtung und deren Mitglieder entsprechend deren Satzung durchführt, und wenn die Organisation für die Tätigkeit der Bevollmächtigten haftet.

³Bevollmächtigte, die keine natürlichen Personen sind, handeln durch ihre Organe und mit der Prozessvertretung beauftragten Vertreter.

(3) ¹Das Gericht weist Bevollmächtigte, die nicht nach Maßgabe des Absatzes 2 vertretungsbefugt sind, durch unanfechtbaren Beschluss zurück. ²Prozesshandlungen eines nicht vertretungsbefugten Bevollmächtigten und Zustellungen oder Mitteilungen an diesen Bevollmächtigten sind bis zu seiner Zurückweisung wirksam. ³Das Gericht kann den in Absatz 2 Satz 2 bezeichneten Bevollmächtigten durch unanfechtbaren Beschluss die weitere Vertretung untersagen, wenn sie nicht in der Lage sind, das Sach- und Streitverhältnis sachgerecht darzustellen.

(4) ¹Vor dem Bundesfinanzhof müssen sich die Beteiligten durch Prozessbevollmächtigte vertreten lassen. ²Dies gilt auch für Prozesshandlungen, durch die ein Verfahren vor dem Bundesfinanzhof eingeleitet wird. ³Als Bevollmächtigte sind nur die in Absatz 2 Satz 1 bezeichneten Personen und Gesellschaften zugelassen. ⁴Behörden und juristische Personen des öffentlichen Rechts einschließlich der von ihnen zur Erfüllung ihrer öffentlichen Aufgaben gebildeten Zusammenschlüsse können sich durch eigene Beschäftigte mit Befähigung zum Richteramt oder durch Beschäftigte mit Befähigung zum Richteramt anderer Behörden oder juristischer Personen des öffentlichen Rechts einschließlich der von ihnen zur Erfüllung ihrer öffentlichen Aufgaben gebildeten Zusammenschlüsse vertreten lassen. ⁵Ein Beteiligter, der nach Maßgabe des Satzes 3 zur Vertretung berechtigt ist, kann sich selbst vertreten.

(5) ¹Richter dürfen nicht als Bevollmächtigte vor dem Gericht auftreten, dem sie angehören. ²Ehrenamtliche Richter dürfen, außer in den Fällen des Absatzes 2 Satz 2 Nr. 1, nicht vor einem Spruchkörper auftreten, dem sie angehören. ³Absatz 3 Satz 1 und 2 gilt entsprechend.

(6) ¹Die Vollmacht ist schriftlich zu den Gerichtsakten einzureichen. ²Sie kann nachgereicht werden; hierfür kann das Gericht eine Frist bestimmen. ³Der Mangel der Vollmacht kann in jeder Lage des Verfahrens geltend gemacht werden. ⁴Das Gericht hat den Mangel der Vollmacht von Amts wegen zu berücksichtigen, wenn nicht als Bevollmächtigter eine in Absatz 2 Satz 1 bezeichnete Person oder Gesellschaft auftritt. ⁵Ist ein Bevollmächtigter bestellt, sind die Zustellungen oder Mitteilungen des Gerichts an ihn zu richten.

(7) ¹In der Verhandlung können die Beteiligten mit Beiständen erscheinen. ²Beistand kann sein, wer in Verfahren, in denen die Beteiligten den Rechtsstreit selbst führen können, als Bevollmächtigter zur Vertretung in der Verhandlung befugt ist. ³Das Gericht kann andere Personen als Beistand zulassen, wenn dies sachdienlich ist und hierfür nach den Umständen des Einzelfalls ein Bedürfnis besteht. ⁴Absatz 3 Satz 1 und 3 und Absatz 5 gelten entsprechend. ⁵Das von dem Beistand Vorgetragene gilt als von dem Beteiligten vorgebracht, soweit es nicht von diesem sofort widerrufen oder berichtigt wird.

Hinweise

**Nachweis der dem Prozessbevollmächtigten erteilten
Vollmacht im finanzgerichtlichen Verfahren**

(FM Nordrhein-Westfalen, Erlass vom 2. 10. 2008 – FG 2014 –)

Nach § 62 Abs. 6 Satz 1 FGO ist die Bevollmächtigung durch eine schriftliche Vollmacht nachzuweisen.

1. Nachweispflicht

Eine Pflicht zum Nachweis ihrer Vollmacht besteht nur für diejenigen Personen, die rechtsgeschäftlich zur Prozessvertretung bevollmächtigt wurden. Gesetzliche Vertreter, geschäftsführende Gesellschafter und solche Personen, die kraft Gesetzes, behördlicher oder gerichtlicher Anordnung fremdes Vermögen verwalten, bedürfen keiner Prozessvollmacht (BFH-Urteil vom 9. 11. 1994, BStBl 1995 II 267).

2. Bevollmächtigung und deren Nachweis

Die Vollmacht wird durch einseitige empfangsbedürftige Erklärung gegenüber dem zu Bevollmächtigenden, dem Prozessgegner oder gegenüber dem zuständigen Spruchkörper des Gerichts (BFH-Urteil vom 23. 6. 1987, BStBl 1987 II 717) begründet (vgl. § 167 Abs. 1 BGB). Sie kann formlos erteilt, muss aber schriftlich nachgewiesen werden. Die Erteilung kann deshalb auch durch ein an den Prozessbevollmächtigten gerichtetes Telefax des Klägers geschehen (BFH-Urteil vom 28. 11. 1995, BStBl 1996 II 105). Das Schriftformerfordernis ist ebenfalls gewahrt, wenn die Vollmacht durch ein an das Gericht gerichtetes Telegramm des Klägers erteilt wird (BFH-Urteil vom 25. 1. 1996, BStBl 1996 II 299 m.w.N.). Der Nachweis der dem Prozessbevollmächtigten gegenüber erteilten Vollmacht kann jedoch nur durch Vorlage der Vollmachtsurkunde im unterschriebenen Original geführt werden. Schriftstücke, die lediglich einen durch technische Übertragungsverfahren hergestellten Abdruck der Originalurkunde darstellen (z.B. Telefaxe, Fotokopien), sind danach nicht geeignet, die Erteilung der Vollmacht formgerecht nachzuweisen.

3. Frist zum Nachweis der Bevollmächtigung

Nach § 62 Abs. 6 Satz 2 FGO kann die Vollmacht nachgereicht werden; hierfür kann der Vorsitzende oder der von ihm nach § 79 FGO bestellte Berichterstatter dem Bevollmächtigten – bei behaupteter Untervollmacht auch dem Unterbevollmächtigten – eine Frist setzen. Wird die Vollmacht innerhalb dieser Frist nicht bei Gericht eingereicht, so kann die Klage nicht allein deswegen als unzulässig verworfen werden, weil es sich nicht (mehr) um eine Ausschlussfrist handelt. Die Vollmacht kann noch bis zum Schluss der mündlichen Verhandlung nachgereicht werden.

Tritt als Bevollmächtigter eine Person i.S.d. § 62 Abs. 2 S. 1 FGO auf, braucht das Finanzgericht den Mangel der Vollmacht nicht von Amts wegen zu berücksichtigen (§ 62 Abs. 6 S. 4 FGO). Die Aufforderung des Gerichts, die Vollmacht nachzuweisen, ist in diesen Fällen nur dann geboten, wenn konkrete Zweifel an der Vollmachterteilung bestehen (vgl. BFH-Urteil vom 11. 2. 2003, BStBl 2003 II 606.

4. Bekanntgabe von Änderungsbescheiden

Für die Finanzämter ist die Prozessvollmacht u.a. zum Zwecke der korrekten Bekanntgabe von Änderungsbescheiden während des Klageverfahrens von Bedeutung.

Rechtsprechung

BFH vom 24. 11. 2008 – VII B 149/08 (BStBl 2009 II S. 155)

Sowohl nach der bisherigen als auch nach der ab dem 1. Juli 2008 geltenden Rechtslage sind pensionierte Richter, die keine Steuerberater, Steuerbevollmächtigte, Rechtsanwälte, Wirtschaftsprüfer oder vereidigte Buchprüfer sind, vor dem BFH nicht vertretungsberechtigt.

BFH vom 10. 2. 2009 – X B 211/08 (BFH/NV 2009 S. 782)

Tritt im finanzgerichtlichen Verfahren als Bevollmächtigter eine Person i.S. des § 3 Nr. 1 bis 3 StBerG auf, kann auch nach § 62 Abs. 6 Satz 2 Halbsatz 2 FGO in der seit 1. Juli 2008 geltenden Fassung eine Vollmacht unter Setzen einer Frist nur noch bei begründeten Zweifeln an der Bevollmächtigung angefordert werden. Hierfür müssen konkrete Anhaltspunkte vorliegen. Bloße abstrakte Mutmaßungen reichen insoweit nicht aus.

4   BFH vom 25. 5. 2009 – V B 135/08 (BFH/NV 2009 S. 1450)

Der Vertretungszwang des § 62 Abs. 4 FGO gilt auch für die Beschwerde, die Anhörungsrüge und die Gegenvorstellung.

5   BFH vom 12. 1. 2011 – IV B 73/10 (BFH/NV 2011 S. 811)

– Auch die nach § 128 Abs. 1 FGO statthafte Beschwerde gegen die Festsetzung eines Ordnungsgelds gegen einen nicht erschienenen Zeugen gem. § 82 FGO i.V.m. § 380 Abs. 3 ZPO unterliegt dem Vertretungszwang vor dem BFH (§ 62 Abs. 4 Satz 1 FGO).

– Wird die Beschwerde auch nach wiederholter Belehrung des Beschwerdeführers (Zeugen) nicht von einer der in § 62 Abs. 2 Satz 1 FGO bezeichneten Personen oder Gesellschaften eingelegt, ist die Beschwerde als unzulässig zu verwerfen.

6   BFH vom 26. 1. 2011 – X S 37/10 (PKH) (BFH/NV 2011 S. 633)

Für einen PKH-Antrag besteht vor dem BFH kein Vertretungszwang nach § 62 Abs. 4 FGO.

7   BFH vom 6. 4. 2011 – IX S 15/10 (BFH/NV 2011 S. 1177)

Der Vertretungszwang gilt auch für einen Antrag gemäß § 86 Abs. 3 FGO.

8   BFH vom 6. 4. 2011 – IX B 54/11 (BFH/NV 2011 S. 1373)

Für die Anforderung einer Prozessvollmacht sind bei Personen i.S.d. § 62 Abs. 2 Satz 1 FGO konkrete Anhaltspunkte erforderlich.

§ 62a (weggefallen)

ABSCHNITT III
Verfahren im ersten Rechtszug (§§ 63–94a)

§ 63 Passivlegitimation

(1) Die Klage ist gegen die Behörde zu richten,
1. die den ursprünglichen Verwaltungsakt erlassen oder
2. die den beantragten Verwaltungsakt oder die andere Leistung unterlassen oder abgelehnt hat oder
3. der gegenüber die Feststellung des Bestehens oder Nichtbestehens eines Rechtsverhältnisses oder der Nichtigkeit eines Verwaltungsakts begehrt wird.

(2) Ist vor Erlass der Entscheidung über den Einspruch eine andere als die ursprünglich zuständige Behörde für den Steuerfall örtlich zuständig geworden, so ist die Klage zu richten
1. gegen die Behörde, welche die Einspruchsentscheidung erlassen hat,
2. wenn über einen Einspruch ohne Mitteilung eines zureichenden Grundes in angemessener Frist sachlich nicht entschieden worden ist (§ 46), gegen die Behörde, die im Zeitpunkt der Klageerhebung für den Steuerfall örtlich zuständig ist.

(3) Hat eine Behörde, die auf Grund gesetzlicher Vorschriften berechtigt ist, für die zuständige Behörde zu handeln, den ursprünglichen Verwaltungsakt erlassen oder den beantragten Verwaltungsakt oder die andere Leistung unterlassen oder abgelehnt, so ist die Klage gegen die zuständige Behörde zu richten.

Rechtsprechung

BFH vom 1. 8. 1979 – VII R 115/76 (BStBl 1979 II S. 714)

Tritt aufgrund eines Organisationsaktes während des Revisionsverfahrens eine Änderung in der Zuständigkeit des beklagten FA ein, so wird das nunmehr zuständige FA Beteiligter am Verfahren.

BFH vom 10. 3. 2000 – II B 103/99 (BFH/NV 2000 S. 1116)

1. Bei der nach § 63 Abs. 1 Nr. 3 FGO zu beurteilenden Prozessführungsbefugnis der beklagten Behörde handelt es sich um eine Sachurteilsvoraussetzung, deren fehlerhafte Beurteilung ungeachtet der Tatsache, dass sie den Inhalt der angefochtenen Entscheidung bildet, einen Verfahrensmangel darstellt.
2. Nach § 63 Abs. 1 Nr. 3 FGO kann die Feststellung der Nichtigkeit eines Verwaltungsaktes nur gegenüber der Steuerbehörde begehrt werden, die den angeblich nichtigen Verwaltungsakt erlassen hat.

BFH vom 20. 12. 2000 – III R 17/97 (HFR 2001 S. 886)

Erlässt nach Klageerhebung ein anderes FA als dasjenige, das die ursprüngliche Einspruchsentscheidung erlassen hat, eine geänderte Einspruchsentscheidung, die zum Gegenstand des Verfahrens erklärt wird, so wird dasjenige FA, das die geänderte Einspruchsentscheidung erlassen hat, aufgrund gesetzlichen Parteiwechsels passiv legitimiert.

BFH vom 28. 1. 2002 – VII B 83/01 (BFH/NV 2002 S. 934)

1. Liegen die Tatbestandsvoraussetzungen des § 63 Abs. 2 Nr. 1 FGO vor, ist die gegen die Ausgangsbehörde gerichtete Klage unzulässig, da es dieser an der erforderlichen Passivlegitimation fehlt.
2. Ist der Bescheid von einem örtlich unzuständigen FA erlassen worden, ist die Klage in analoger Anwendung des § 63 Abs. 2 Nr. 1 FGO gleichwohl gegen das FA zu richten, das die Einspruchsentscheidung erlassen hat.

BFH vom 16. 10. 2002 – I R 17/01 (BStBl 2003 II S. 631)

Wird während eines finanzgerichtlichen Verfahrens statt des beklagten Finanzamts ein anderes Finanzamt für den Steuerfall zuständig, weil die Zuständigkeit an das Erreichen einer bestimmten Umsatzgrenze anknüpft und der Kläger diese Grenze über eine gewisse Zeit hin nicht mehr erreicht hat, so führt dies nicht zu einem gesetzlichen Beteiligtenwechsel. Das ursprünglich beklagte Finanzamt bleibt vielmehr Verfahrensbeteiligter.

BFH vom 9. 11. 2004 – V S 21/04 (BStBl 2005 II S. 101)

Wird ein Änderungsbescheid von einem anderen FA erlassen als der ursprüngliche Bescheid und wird der Änderungsbescheid gemäß § 68 FGO Gegenstand des Klageverfahrens, so richtet sich die Klage nunmehr gegen das FA, das den Änderungsbescheid erlassen hat. Es tritt ein Beteiligtenwechsel ein. Haben das FA, gegen das sich die Klage ursprünglich richtete, und das FA, gegen das sich die Klage nach Änderung des angefochtenen Bescheids richtet, in verschiedenen FG-Bezirken ihren Sitz, hat der Wechsel des beklagten FA gleichzeitig den Wechsel des zuständigen FG zur Folge.

BFH vom 24. 1. 2006 – VI B 98/05 (BFH/NV 2006 S. 805)

1. Führt bei einem Zuständigkeitswechsel das bisher zuständig gewesene Finanzamt das Besteuerungsverfahren gemäß § 26 Satz 2 der Abgabenordnung fort, so bleibt dieses Finanzamt im anschließenden Steuerprozess der richtige Beklagte.
2. Ändern sich während des finanzgerichtlichen Verfahrens die Voraussetzungen für die örtliche Zuständigkeit des Finanzamts, wird dadurch die Passivlegitimation der beklagenden Behörde nicht berührt.

BFH vom 3. 4. 2008 – IV R 54/04 (BStBl 2008 II S. 742)

Aus den Gründen:
Die Prozessführungsbefugnis der beklagten Behörde ist eine Sachurteilsvoraussetzung des finanzgerichtlichen Verfahrens, deren fehlerhafte Beurteilung durch das FG einen Verfahrensmangel darstellt (Beschluss des BFH vom 10. 3. 2000, BFH/NV 2000, 1116, m.w.N.). Das Vorliegen der Sachurteilsvoraussetzungen hat der BFH als Revisionsgericht von Amts wegen in jeder Lage des Verfahrens zu prüfen.

§ 63 FGO bestimmt, welche Behörde am finanzgerichtlichen Verfahren als Beklagter (§ 57 Nr. 2 FGO) zu beteiligen ist. Nach § 63 Abs. 1 Nr. 1 FGO ist bei der Anfechtung eines Steuerbescheids die Klage gegen diejenige Behörde zu richten, die den ursprünglichen Verwaltungsakt erlassen hat. Das gilt nur dann nicht, wenn vor dem Ergehen der Einspruchsentscheidung eine andere Behörde örtlich zuständig geworden ist (§ 63 Abs. 2 Nr. 1 FGO) oder an Stelle der zuständigen Behörde berechtigterweise eine andere Behörde den angefochtenen Verwaltungsakt erlassen hat (§ 63 Abs. 3 FGO); solche Gestaltungen liegen hier indessen nicht vor.

....

Wird nach Erhebung der Klage statt der beklagten eine andere Finanzbehörde für den Steuerfall zuständig, so bleibt die prozessuale Stellung der beklagten Behörde hiervon zwar grundsätzlich unberührt (vgl. BFH-Urteil vom 16. 10. 2002, BStBl II 2003, 631, m.w.N.). Ausnahmen von diesem Grundsatz gelten aber dann, wenn entweder der Zuständigkeitswechsel auf einem Organisationsakt der Verwaltung beruht (BFH-Urteile vom 15. 12. 1971, BStBl II 1972, 438; vom 10. 11. 1977, BStBl II 1978, 310, und vom 7. 11. 1978, BStBl II 1979, 169) oder ein anderes FA einen Änderungsbescheid erlässt und dieser gemäß § 68 FGO zum Gegenstand des anhängigen Verfahrens wird (BFH-Urteil vom 17. 4. 1969, BStBl II 1969, 593; BFH-Beschluss vom 9. 11. 2004, BStBl II 2005, 101). In diesen Fällen kommt es zu einem gesetzlichen Beteiligtenwechsel. In der zuerst genannten Fallgestaltung tritt das neu zuständig gewordene FA, im letztgenannten Fall das FA, das den Änderungsbescheid erlassen hat, ohne Verfahrensunterbrechung auf der Beklagtenseite in den anhängigen Rechtsstreit ein (vgl. BFH-Urteil in BStBl II 2003, 631; BFH-Beschluss in BStBl II 2005, 101; FG Hamburg, Urteil vom 30. 9. 2004, EFG 2005, 923).

....

Die mangelnde (passive) Prozessführungsbefugnis kann durch die ausdrückliche oder stillschweigende Zustimmung des richtigen Beklagten zur Prozessführung jederzeit – also auch noch während des Revisionsverfahrens – geheilt werden (vgl. Urteil des BGH vom 21. 7. 1999 II ZR 27/98, NJW 1999, 3263; Baumbach/Lauterbach/Albers/Hartmann, Zivilprozessordnung, 66. Aufl., § 547 Rz. 11).

9 BFH vom 21. 7. 2009 – VII R 52/08 (BStBl 2010 II S. 51)

1. § 63 Abs. 1 FGO bestimmt ohne Ansehen des rechtlichen Inhalts des streitigen Rechtsverhältnisses, wer zu verklagen ist, d.h. die Prozessführungsbefugnis. Davon zu unterscheiden ist die Sachlegitimation oder Passivlegitimation, die die Frage beantwortet, ob der Beklagte nach dem materiellen Recht auch der Anspruchsverpflichtete ist.

...

§ 64 Form der Klageerhebung

(1) Die Klage ist bei dem Gericht schriftlich oder zur Niederschrift des Urkundsbeamten der Geschäftsstelle zu erheben.

(2) Der Klage sollen Abschriften für die übrigen Beteiligten beigefügt werden; § 77 Abs. 2 gilt sinngemäß.

Rechtsprechung

1 BFH vom 23. 5. 1975 – VI R 54/73 (BStBl 1975 II S. 715)

Eine Klage, die von der zur Erhebung befugten Person als Vertreter einer Behörde nicht eigenhändig unterschrieben wurde, erfüllt die Voraussetzung der Schriftlichkeit, wenn der in Maschinenschrift wiedergegebene Name des Verfassers mit einem amtlich gesiegelten Beglaubigungsvermerk versehen ist, der von einem siegelführenden Beamten unterschrieben wurde.

2 BFH vom 3. 10. 1986 – III R 207/81 (BStBl 1987 II S. 131)

Das Erfordernis der schriftlichen Klageerhebung gemäß § 64 Abs. 1 Satz 1 FGO kann ausnahmsweise auch ohne eigenhändiger Unterzeichnung der Klageschrift erfüllt sein. Eine solche Ausnahme liegt vor, wenn aus dem betreffenden Schriftsatz und ggf. beigefügten weiteren Unterlagen hinreichend sicher auf die Urheberschaft geschlossen werden kann und außerdem der Briefumschlag, der die maßgebenden Schriftstücke enthält, vom Verfasser handschriftlich mit dessen Absenderangabe versehen ist.

BFH vom 26. 3. 1991 – VIII B 83/90 (BStBl 1991 II S. 463) 3

Es ist nicht ernsthaft zweifelhaft, daß eine durch Telefax (Telekopie) dem FG übermittelte Klageschrift auch dann dem Formerfordernis des § 64 Abs. 1 Satz 1 FGO genügt, wenn die Telekopie nicht von einem Fernkopieranschluß der Deutschen Bundespost oder des Prozeßbevollmächtigten des Klägers, sondern von dem privaten Fernkopieranschluß eines Dritten abgesandt wird.

BFH vom 16. 3. 1999 – X R 41/96 (BStBl 1999 II S. 565) 4

Wurde ein bestimmender Schriftsatz (z.B. eine Klageschrift) mit einer „Paraphe" unterzeichnet, so erfordert es der Anspruch auf ein faires Verfahren, dem Rechtsuchenden die Möglichkeit der Wiedereinsetzung in den vorigen Stand zu eröffnen, wenn glaubhaft und unwidersprochen vorgetragen wird, diese Art der Unterzeichnung sei im Geschäftsverkehr, bei Behörden und in Gerichtsverfahren jahrelang unbeanstandet verwendet worden.

BFH vom 23. 6. 1999 – X R 113/96 (BStBl 1999 II S. 668) 5

Dem Erfordernis eigenhändiger Unterschrift unter bestimmende Schriftsätze (hier: die Klageschrift sowie die Revision) ist genügt, wenn der Schriftzug gewährleistet, daß das Schriftstück vom Unterzeichner stammt, und ein dessen Identität kennzeichnender, individuell gestalteter Namenszug vorliegt, der zumindest die Absicht einer vollen Unterschrift erkennen läßt.

Gemeinsamer Senat der obersten Bundesgerichte vom 5. 4. 2000 – GmS-OGB 1/98 (DStR 2000 S. 1362) 6

In Prozessen mit Vertretungszwang können bestimmende Schriftsätze formwirksam durch elektronische Übertragung einer Textdatei mit eingescannter Unterschrift auf ein Faxgerät des Gerichts übermittelt werden.

BFH vom 17. 8. 2009 – VI B 40/09 (BFH/NV 2009 S. 2000) 7

Ist eine Klageschrift nicht unterschrieben, so wird der Mangel der Unterschrift dadurch geheilt, dass der Klage eine vom Kläger zeitnah unterschriebene und mit seiner Steuernummer versehene Vollmacht beigefügt ist.

BFH vom 22. 6. 2010 – VIII R 38/08 (BStBl 2010 II S. 1017) 8

Eine mit eingescannter Unterschrift des Prozessbevollmächtigten durch Telefax eingelegte Klage entspricht jedenfalls dann den Schriftformanforderungen des § 64 Abs. 1 FGO, wenn sie von dem Bevollmächtigten an einen Dritten mit der tatsächlich ausgeführten Weisung gemailt wird, sie auszudrucken und per Telefax an das Gericht zu senden.

BFH vom 26. 7. 2011 – II R 30/10 (BStBl 2011 II S. 925) 9

1. Eine Regelung des hamburgischen Rechts, dass elektronische Dokumente mit einer qualifizierten elektronischen Signatur nach § 2 Nr. 3 SigG zu versehen sind, „sofern für Einreichungen die elektronische Form vorgeschrieben ist", dahin auszulegen, dass eine formwirksame Klageerhebung per E-Mail die qualifizierte elektronische Signatur erfordert, verletzt Bundesrecht nicht.
2. Ist für den Rechtsverkehr per E-Mail die die Schriftform ersetzende qualifizierte elektronische Signatur vorgeschrieben, so reicht es bei deren Fehlen nicht aus, dass sich aus der E-Mail oder begleitenden Umständen die Urheberschaft und der Wille, das Schreiben in den Verkehr zu bringen, hinreichend sicher ergibt. Die Rechtsprechung des Gemeinsamen Senats der obersten Gerichtshöfe des Bundes zum Computerfax ist auf solche Fälle nicht entsprechend anzuwenden.

§ 65 Notwendiger Inhalt der Klage FGO

(1) ¹Die Klage muss den Kläger, den Beklagten, den Gegenstand des Klagebegehrens, bei Anfechtungsklagen auch den Verwaltungsakt und die Entscheidung über den außergerichtlichen Rechtsbehelf bezeichnen. ²Sie soll einen bestimmten Antrag enthalten. ³Die zur Begründung dienenden Tatsachen und Beweismittel sollen angegeben werden. ⁴Der Klage soll die Urschrift oder eine Abschrift des angefochtenen Verwaltungsakts und der Einspruchsentscheidung beigefügt werden.

(2) ¹Entspricht die Klage diesen Anforderungen nicht, hat der Vorsitzende oder der nach § 21g des Gerichtsverfassungsgesetzes zuständige Berufsrichter (Berichterstatter) den Kläger zu der erforderlichen Ergänzung innerhalb einer bestimmten Frist aufzufordern. ²Er kann dem Kläger

für die Ergänzung eine Frist mit ausschließender Wirkung setzen, wenn es an einem der in Absatz 1 Satz 1 genannten Erfordernisse fehlt. ³Für die Wiedereinsetzung in den vorigen Stand wegen Versäumung der Frist gilt § 56 entsprechend.

Rechtsprechung

1 **BFH vom 1. 4. 1981 – II R 38/79 (BStBl 1981 II S. 532)**

1. Die Bezeichnung des angefochtenen Verwaltungsaktes kann grundsätzlich noch nach Ablauf der Klagefrist nachgeholt werden.
2. Ist die Klagefrist abgelaufen, so kann nur noch ein solcher Verwaltungsakt als angefochten bezeichnet werden, der sich auf Grund des klägerischen Vorbringens am Ende der Klagefrist hat annehmen lassen, daß er den Gegenstand der Anfechtung darstellen kann, und für den diese Möglichkeit nicht durch zwischenzeitliches Vorbringen des Klägers ausgeschlossen worden ist.
3. Die nachträgliche Bezeichnung eines weiteren Verwaltungsaktes als Gegenstand der Anfechtung ist nicht durch § 65 FGO gedeckt, wenn am Ende der Klagefrist bereits ein Verwaltungsakt als angefochten bezeichnet war, ohne daß seinerzeit das Vorbringen des Klägers Anhaltspunkte dafür enthalten hätte, dass noch ein weiterer Verwaltungsakt angefochten sein soll.

2 **BFH vom 16. 3. 1988 – I R 93/84 (BStBl 1988 II S. 895)**

1. Es ist grundsätzlich zulässig, den Streitgegenstand einer Klage gegen einen Schätzungsbescheid durch Bezugnahme auf eine nachträglich eingereichte Steuererklärung ausreichend zu bezeichnen (§ 65 Abs. 1 Satz 1 FGO).
2. Fehlt die zur Bezeichnung des Streitgegenstandes erforderliche Steuererklärung jedoch in den Steuerakten, so ist es Aufgabe des Klägers, dem FG die fehlenden Unterlagen vorzulegen.

3 **BFH vom 12. 5. 1989 – III R 132/85 (BStBl 1989 II S. 846)**

1. Bei der Auslegung einer beim FG angebrachten Klage sind auch die dem FA bekannten oder vernünftigerweise erkennbaren Umstände tatsächlicher und rechtlicher Art zu berücksichtigen.
2. Der Kreis der in Betracht kommenden Kläger muß innerhalb der Klagefrist klar eingegrenzt werden. Die weitere Konkretisierung, wer aus diesem Kreis im einzelnen Kläger sein soll, kann jedenfalls dann, wenn die Zahl der in Betracht kommenden Kläger klein und leicht überschaubar ist, auch noch nach Ablauf der Klagefrist erfolgen.
3. Die nach § 65 Abs. 2 FGO vom Vorsitzenden des FG-Senats zu setzende Frist ist keine Ausschlußfrist (Bestätigung der Rechtsprechung).

4 **BFH vom 23. 10. 1989 – GrS 2/87 (BStBl 1990 II S. 327)**

1. Die Anfechtungsklage gegen einen Einkommensteuerbescheid ist regelmäßig auch insoweit zulässig, als sie nach Ablauf der Klagefrist betragsmäßig erweitert wurde.
2. Hat der Kläger jedoch eindeutig zu erkennen gegeben, daß er von einem weiter gehenden Klagebegehren absieht, ist die Klage insoweit unzulässig, als sie nach Ablauf der Klagefrist erweitert wird.

5 **BFH vom 17. 10. 1990 – I R 118/88 (BStBl 1991 II S. 242)**

Erhebt ein Kläger eine Anfechtungsklage, so reicht es für die Bestimmung des Klageantrages aus, wenn die anderweitig anzusetzende Besteuerungsgrundlage dem Betrag nach bezeichnet wird.

6 **BFH vom 4. 6. 1992 – IV R 139-140/91 (BStBl 1993 II S. 119)**

Eine Klage ist nicht deshalb unzulässig, weil der Schriftsatz neben dem sachlichen Begehren auch ungehörige, unsachliche und beleidigende Äußerungen enthält.

7 **BFH vom 11. 12. 1992 – VI R 162/88 (BStBl 1993 II S. 306)**

Eine Klageschrift kann den Mindestanforderungen des § 65 Abs. 1 FGO auch dann entsprechen, wenn in ihr zwar die Person des Beklagten nicht ausdrücklich bezeichnet ist, diese sich jedoch aufgrund anderer Angaben in der Klageschrift (hier: Bezeichnung des angefochtenen Verwaltungsaktes und der Einspruchsentscheidung) alsbald leicht und eindeutig bestimmen läßt.

BFH vom 12. 9. 1995 – IX R 78/94 (BStBl 1996 II S. 16) 8

Eine (zulässige) Anfechtungsklage gegen einen Einkommensteuerbescheid kann regelmäßig auch nach Ablauf einer gemäß § 65 Abs. 2 Satz 2 FGO gesetzten Ausschlußfrist betragsmäßig erweitert werden (Anschluß an BFH-Beschluß vom 23. 10. 1989 GrS 2/87, BStBl 1990 II, 327).

BFH vom 13. 6. 1996 – III R 93/95 (BStBl 1996 II S. 483) 9

Die Bezeichnung des Gegenstandes des Klagebegehrens kann durch eine Bezugnahme auf genau bezeichnete Unterlagen in den Steuerakten gegenüber dem Gericht auch dann vorgenommen werden, wenn dem Kläger die Bezeichnung nach § 65 Abs. 2 FGO aufgegeben worden ist.

BFH vom 8. 7. 1998 – I R 23/97 (BStBl 1998 II S. 628) 10

Durch den Antrag auf „Aufhebung" eines Schätzungsbescheids wird der Gegenstand des Klagebegehrens jedenfalls dann nicht hinreichend bezeichnet, wenn Anhaltspunkte dafür vorliegen, dass der Kläger tatsächlich nur eine Herabsetzung der festgesetzten Steuer begehrt.

BFH vom 19. 10. 2000 – IV R 25/00 (BStBl 2001 II S. 112) 11

Die Angabe einer ladungsfähigen Anschrift ist nicht Voraussetzung für die Zulässigkeit einer Anfechtungsklage, wenn der Kläger sich bei Nennung der Anschrift der konkreten Gefahr einer Verhaftung aussetzen würde. Das gilt jedenfalls dann, wenn die Identität des Klägers feststeht und die Möglichkeit der Zustellung durch einen Zustellungs- oder Prozessbevollmächtigten sichergestellt ist (Abgrenzung zum BFH-Urteil vom 28. 1. 1997, BFH/NV 1997 S. 585).

BFH vom 5. 4. 2001 – XI B 42-44/00 (BFH/NV 2001 S. 1282)[1] 12

1. Benennt ein Kläger gegenüber dem FG eine Anschrift, unter der er tatsächlich nicht zu erreichen ist, so ist die Klage im Allgemeinen unzulässig (BFH-Urteil vom 28. 1. 1997 – VII R 33/96, BFH/NV 1997 S. 585).

2. Fordert das FG den Kläger unter Setzen einer Ausschlussfrist nach § 65 Abs. 2 FGO auf, eine Meldebestätigung vorzulegen, und kommt dem der Kläger innerhalb der gesetzten Frist nicht nach und benennt er auch in der mündlichen Verhandlung nicht seinen tatsächlichen Wohnsitz, ist es nicht verfahrensfehlerhaft, wenn das FG die Klage als unzulässig abweist. Das gilt auch dann, wenn die Aufforderung nach § 65 FGO mit Mängeln behaftet gewesen sein sollte.

BFH vom 16. 8. 2001 – V B 51/01 (BStBl 2001 II S. 767) 13

Eine Änderung des Rubrums einer Klageschrift ist auch dann möglich, wenn eine Klage gegen einen an den Ehemann gerichteten Steuerbescheid nach dem Wortlaut der Klageschrift im Namen der Eheleute erhoben wurde, es aber von Anfang an klar erkennbar war, dass die Ehefrau nur versehentlich im Rubrum der Klageschrift mitaufgeführt war.

BFH vom 17. 1. 2002 – VI B 114/01 (BStBl 2002 II S. 306) 14

Durch einen Antrag auf Aufhebung eines Bescheids, mit dem das FA die Änderung eines Steuerbescheids abgelehnt hat, wird der Gegenstand des Klagebegehrens hinreichend bezeichnet. Aus dem Antrag wird eindeutig erkennbar, dass der Kläger den Ablehnungsbescheid dem Grunde nach angreift.

BFH vom 11. 2. 2003 – VII R 18/02 (BStBl 2003 II S. 606) 15

Zur Bezeichnung des Gegenstands des Klagebegehrens kann ein bestimmter Klageantrag ausreichen, wenn der Sachverhalt, um den gestritten wird, in groben Zügen aus der Einspruchsentscheidung oder einer Einspruchsbegründung, auf die Bezug genommen wird, erkennbar ist.

BFH vom 23. 4. 2009 – X B 43/08 (BFH/NV 2009 S. 1443) 16

1. Stellt das FG bei der Bestimmung des Klagebegehrens auf einen vorläufigen (falschen) wörtlichen Antrag der Kläger ab, der nach der konkreten verfahrensrechtlichen Prozesslage objektiv sinnlos ist, und hält es trotz späterer Berichtigung des Antrags an diesem fest, kommt es seiner Verpflichtung zur Ermittlung des wirklich Gewollten nicht nach und verletzt die Vorgaben für die rechtsschutzgewährende Auslegung von Prozesserklärungen.

---

[1] Die Verfassungsbeschwerde wurde vom BVerfG gem. §§ 93a, 93b BVerfGG nicht zur Entscheidung angenommen (BVerfG vom 2. 7. 2003 – 2 BvR 1416/01, StEd 2003 S. 531).

2. Dies gilt auch, wenn der angefochtene Einkommensteuerbescheid im Einspruchsverfahren durch einen Änderungsbescheid ersetzt wird und die Kläger im FG-Verfahren zunächst beantragen, den aufgehobenen Einkommensteuerbescheid in Gestalt der Einspruchsentscheidung zu ändern

17 BVerfG vom 6. 11. 2009 – 2 BvL 4/07 (HFR 2010 S. 174)

1. ...
2. Aus § 65 Abs. 1 FGO folgt die Obliegenheit des Klägers sowohl in der Klageschrift als auch im Verlauf des Klageverfahrens eine ladungsfähige Anschrift anzugeben. Im Vorlageverfahren wäre deshalb vom FG darzulegen gewesen, weshalb die Klage zulässig ist, obwohl nach den Bekundungen des Prozessbevollmächtigten, der keinen Kontakt zur Klägerin mehr hat, über deren Aufenthalt lediglich bekannt ist, dass sie verzogen sei, aber immer noch in der Bundesrepublik Deutschland lebe.

18 BFH vom 4. 4. 2011 – VIII B 96/10 (BFH/NV 2011 S. 1172)

1. Enthält die Klageschrift nur die Anträge, das Vorverfahren für notwendig zu erklären und im Fall der Klageabweisung die Revision zuzulassen und teilt der Kläger bis zum Schluss der mündlichen Verhandlung ergänzend lediglich mit, der Gewinn sei zu hoch geschätzt, so ist das Klagebegehren jedenfalls dann nicht ausreichend bezeichnet, wenn der Kläger den Einspruch ebenfalls nicht begründet hatte.
2. Das gilt auch dann, wenn der Kläger nach der Beschlagnahme von Unterlagen durch die Staatsanwaltschaft vorübergehend nur unter erschwerten Bedingungen in der Lage ist, die ausstehenden Steuererklärungen zu fertigen.

19 BFH vom 19. 5. 2011 – III R 74/10 (BFH/NV 2011 S. 1705)

Wird der Beklagte erst nach Ablauf der Klagefrist benannt, so ist dies unschädlich, da die Klage auch bei der Behörde eingereicht werden kann und daher bei ihrer Auslegung die der Behörde bekannten oder vernünftigerweise erkennbaren Umstände auch dann zu berücksichtigen sind, wenn die Klage beim FG angebracht wurde.

20 BFH vom 18. 8. 2011 – V B 44/10 (BFH/NV 2011 S. 2084)

1. Eine ordnungsgemäße Klageerhebung erfordert regelmäßig die Bezeichnung des Klägers unter Angabe seiner ladungsfähigen Anschrift. Bei einer juristischen Person des Privatrechts (GmbH) ist dies die Angabe ihres tatsächliches Firmensitzes oder Geschäftssitzes.
2. Der Angabe einer ladungsfähigen Anschrift bedarf es ausnahmsweise dann nicht, wenn eine GmbH ihre Geschäftstätigkeit eingestellt hat und infolgedessen über keinen tatsächlichen Firmensitz oder Geschäftssitz mehr verfügt. Das gilt jedenfalls dann, wenn der Identität der Klägerin feststeht und die Möglichkeit der Zustellung durch einen Prozessbevollmächtigten sichergestellt ist (Anschluss an die BFH-Urteile vom 19. 10. 2000 – IV R 25/00, BStBl 2001 II S. 112, und 11. 12. 2001 – VI R 19/01, BFH/NV 2002 S. 651).

---

§ 66 Rechtshängigkeit

Durch Erhebung der Klage wird die Streitsache rechtshängig.

Rechtsprechung

1 BFH vom 12. 11. 1980 – VII B 8/80 (BStBl 1981 II S. 136)

1. Der in § 66 Abs. 3 FGO für das Klageverfahren zum Ausdruck gekommene Grundsatz der perpetuatio fori gilt auch dann, wenn nach Eintritt der Rechtshängigkeit ein anderer Rechtsweg als bisher von der höchstrichterlichen Rechtsprechung angenommen begründet wird.
2. § 66 Abs. 3 FGO ist im Antragsverfahren gemäß § 287 Abs. 4 AO und dem sich anschließenden Beschwerdeverfahren analog anwendbar.

§ 67 Klageänderung

(1) Eine Änderung der Klage ist zulässig, wenn die übrigen Beteiligten einwilligen oder das Gericht die Änderung für sachdienlich hält; § 68 bleibt unberührt.

(2) Die Einwilligung des Beklagten in die Änderung der Klage ist anzunehmen, wenn er sich, ohne ihr zu widersprechen, in einem Schriftsatz oder in einer mündlichen Verhandlung auf die geänderte Klage eingelassen hat.

(3) Die Entscheidung, dass eine Änderung der Klage nicht vorliegt oder zuzulassen ist, ist nicht selbständig anfechtbar.

Rechtsprechung

BFH vom 22. 1. 1997 – I R 101/95 (BStBl 1997 II S. 464)

– Ergeht gegenüber dem Gemeinschuldner eine Einspruchsentscheidung und erhebt dieser Klage, obwohl nach Bekanntgabe der Einspruchsentscheidung, jedoch vor Klageerhebung, das Konkursverfahren eröffnet wurde, kann der Konkursverwalter die Klageerhebung durch den Gemeinschuldner genehmigen und im Wege der subjektiven Klageänderung in den Rechtsstreit eintreten.

– Nach dem Eintritt des Konkursverwalters in den Rechtsstreit ist der Gemeinschuldner kein Beteiligter mehr; er kann als Zeuge vernommen werden.

BFH vom 10. 9. 1997 – VIII B 55/96 (BFH/NV 1998 S. 282)

Eine Klageänderung i.S. von § 67 FGO liegt vor, wenn während der Rechtshängigkeit der Streitgegenstand geändert wird. Im Verfahren der Anfechtungsklage gegen einen Gewinnfeststellungsbescheid können die einzelnen Besteuerungsgrundlagen, deren Änderung der Kläger begehrt, Streitgegenstand sein.

BFH vom 19. 5. 1999 – IV B 71/98 (BFH/NV 1999 S. 1449)

– Ein Gewinnfeststellungsbescheid kann mehrere selbständige Feststellungen über Besteuerungsgrundlagen enthalten, die eines rechtlich selbständigen Schicksals fähig sind. Eine solche Eigenständigkeit kommt auch der Feststellung zu, daß dem Grunde nach ein Veräußerungsgewinn im Rahmen der einheitlichen und gesonderten Feststellung der Einkünfte zu erfassen ist.

– Bei einer Anfechtungsklage oder Verpflichtungsklage ist die Klageänderung nur innerhalb der Klagefrist zulässig.

BFH vom 7. 8. 2002 – I R 99/00 (BStBl 2003 II S. 835)

1. Bei einer Ausgliederung durch Neugründung gemäß § 123 Abs. 3 Nr. 2 UmwG 1995 ist der übernehmende Rechtsträger nicht Gesamtrechtsnachfolger des übertragenden Rechtsträgers. Dieser bleibt deshalb Steuerschuldner. Er bleibt auch Beteiligter eines anhängigen Aktivprozesses (Anschluss an BGH-Urteil vom 6. 12. 2000, XII ZR 219/98, NJW 2001, 1217).

2. Im Verfahren über eine Anfechtungsklage ist eine subjektive Klageänderung nicht sachdienlich, wenn die angefochtene Verwaltungsentscheidung weder gegen den in den Prozess eintretenden Beteiligten ergangen ist noch gegen diesen wirkt (Bestätigung des Senatsurteils vom 28. 10. 1970, BStBl 1971 II S. 26).

BFH vom 19. 5. 2004 – III R 18/02 (BStBl 2004 II S. 980)

1. Das Veranlagungswahlrecht darf zwar bis zur Unanfechtbarkeit der Einkommensteuerfestsetzung auch während eines Einspruchs- und Klageverfahrens abweichend ausgeübt werden. Wegen der Verschiedenartigkeit der Veranlagungsarten hat das FA jedoch stets ein eigenständiges Veranlagungsverfahren durchzuführen.

2. Wird eine Klage auf Anfechtung eines Zusammenveranlagungsbescheids geändert in eine Klage auf Verpflichtung des FA zur Durchführung einer getrennten Veranlagung, ist die Klageänderung nur zulässig, wenn neben den Voraussetzungen des § 67 FGO die Sachentscheidungsvoraussetzungen für das Verpflichtungsbegehren erfüllt sind. Dazu gehört insbesondere, dass die Verwaltung zuvor die beantragte Veranlagung durch Bescheid abgelehnt hat oder der Kläger bei Untätigkeit der Behörde einen sog. Untätigkeitseinspruch eingelegt hat.

6 BFH vom 11. 2. 2009 – X R 51/06 (BStBl 2009 II S. 892)

Beantragt der Kläger im Klageverfahren, einen Vorläufigkeitsvermerk zu erweitern, und beantragt er im Revisionsverfahren, die Einkommensteuer herabzusetzen, liegt eine unzulässige Klageänderung i.S. der §§ 67, 123 FGO vor.

7 BFH vom 9. 2. 2011 – IV R 15/08 (BStBl 2011 II S. 764)

1. Bei einer Klage gegen einen Gewinnfeststellungsbescheid führt jedes nachträglich gestellte Rechtsschutzbegehren, das nicht mit der Klage angegriffene Feststellungen betrifft, zu einer Klageänderung i. S. des § 67 FGO, die nur innerhalb der Klagefrist zulässig ist. Die nicht innerhalb der Klagefrist angegriffenen Feststellungen werden insoweit auch dann – formell – bestandskräftig, wenn der Gewinnfeststellungsbescheid unter dem Vorbehalt der Nachprüfung steht.

2. Ein während des finanzgerichtlichen Verfahrens geänderter Gewinnfeststellungsbescheid wird nach § 68 FGO nur hinsichtlich der bereits zulässig mit der Klage angefochtenen Besteuerungsgrundlagen (partiell) Gegenstand des anhängigen Verfahrens. Gegen die übrigen im Änderungsbescheid korrigierten Besteuerungsgrundlagen kann der Steuerpflichtige Einspruch einlegen.

3. Bei Gewinnfeststellungsbescheiden unter dem Vorbehalt der Nachprüfung kann der Steuerpflichtige nach § 164 Abs. 2 AO bis zum Ablauf der Festsetzungsfrist die Abänderung nicht bei Gericht anhängiger Feststellungen bei der Finanzbehörde beantragen.

FGO

§ 68 Änderung des angefochtenen Verwaltungsakts

¹Wird der angefochtene Verwaltungsakt nach Bekanntgabe der Einspruchsentscheidung geändert oder ersetzt, so wird der neue Verwaltungsakt Gegenstand des Verfahrens. ²Ein Einspruch gegen den neuen Verwaltungsakt ist insoweit ausgeschlossen. ³Die Finanzbehörde hat dem Gericht, bei dem das Verfahren anhängig ist, eine Abschrift des neuen Verwaltungsakts zu übermitteln. ⁴Satz 1 gilt entsprechend, wenn

1. ein Verwaltungsakt nach § 129 der Abgabenordnung berichtigt wird oder
2. ein Verwaltungsakt an die Stelle eines angefochtenen unwirksamen Verwaltungsakts tritt.

H

Hinweise

1 Änderung des angefochtenen Verwaltungsaktes, § 68 FGO

(FM Nordrhein-Westfalen, Erlass vom 24. 10. 2011 – FG 2026 –)

1. Bekanntgabe von Änderungsbescheiden während eines gerichtlichen Rechtsbehelfsverfahrens

Nach Nummer 1.7.2 des Anwendungserlasses zu § 122 AO ist ein während eines Klageverfahrens ergehender Änderungsbescheid i.d.R. dem Prozessbevollmächtigten bekannt zu geben (BFH-Urteils vom 5. 5. 1994, BStBl 1994 II S. 806, und vom 29. 10. 1997, BStBl 1998 II S. 266). Dies gilt auch, wenn der Änderungsbescheid ab dem 1. 1. 2001 (= Inkrafttreten des Zweiten Gesetzes zur Änderung der Finanzgerichtsordnung und anderer Gesetze vom 19.12.2000, BGBl 2000 I 1757) erlassen wird.

Zwar wird nach der Neufassung des § 68 FGO ein Änderungsbescheid „automatisch" Gegenstand des Klage-, Revisions- oder Nichtzulassungsbeschwerdeverfahrens mit der Folge, dass ein fristgebundenes Tätigwerden des Klägers nicht mehr erforderlich ist, um den Änderungsbescheid in das anhängige Gerichtsverfahren zu überführen (so ein maßgebliches Argument des BFH zur bisherigen Rechtslage; BFH-Urteil vom 5. 5. 1994, a.a.O.); die Änderung des Verfahrensgegenstandes wird es aber i.d.R. erfordern den Klageantrag anzupassen. Ferner kann auch künftig davon ausgegangen werden, dass eine Prozessvollmacht auch die Bekanntgabe von Bescheiden, die den Klagegegenstand betreffen, umfasst und dass der Änderungsbescheid den Klagegegenstand in seinem Kern betrifft, weil nunmehr der neue Bescheid die alleinige Grundlage für die Erhebung der Steuer bildet (BFH-Urteil vom 5. 5. 1994, a.a.O.).

Nach § 68 Satz 3 FGO n.F. hat die Finanzbehörde dem Gericht, bei dem das Verfahren anhängig ist, eine Abschrift des neuen Verwaltungsaktes zu übersenden.

Soweit der Prozessbevollmächtigte auch im Übrigen Besteuerungsverfahren Empfangsvollmacht besitzt, ergeben sich bei der Bekanntgabe keine Besonderheiten. Lässt sich der Kläger jedoch von einem weiteren Bevollmächtigten bzw. ausschließlich für das Klageverfahren vertreten, sind Änderungsbescheide diesem Bevollmächtigten bekannt zu geben.

Das Finanzamt erfährt in der Regel durch die Klageschrift, dass ein Dritter als Prozessbevollmächtigter bestellt wurde. Bei Angehörigen der rechts- und steuerberatenden Berufe kann hier auch ohne den Nachweis nach § 62 Abs. 3 Satz 1 FGO regelmäßig eine ordnungsgemäße Bevollmächtigung vermutet werden (AEAO zu § 80 Tz. 1). Dem Vertreter im übrigen Besteuerungsverfahren gegenüber ist nichts zu veranlassen.

Da es nicht möglich ist, für einen oder mehrere Veranlagungszeiträume einen abweichenden Empfangsbevollmächtigten zu speichern, sind die geänderten Bescheide aus dem Zentralversand herauszunehmen. Name und Adresse des Prozessbevollmächtigten sind handschriftlich auf dem geänderten Bescheid anzubringen.

Die Zuständigkeit anderer Stellen für Steuerfestsetzungs- und veranlagungsbegleitende Aufgaben bleibt von der Übernahme durch die Rechtsbehelfsstelle unberührt. Bei Steuerfestsetzungen für streitbefangene Zeiträume haben andere Stellen die Rechtsbehelfsstelle zu beteiligen (Tz. 2.1.2.7.2 EB FAGO zu Abschnitt 2). Im Klageverfahren hat die Rechtsbehelfsstelle insbesondere zu prüfen, ob der Änderungsbescheid den verfahrensrechtlichen Anforderungen genügt (Kennzeichnung, Erläuterungstext, Bekanntgabe an den Prozessbevollmächtigten).

2. Erläuterungstexte

In dem geänderten Bescheid ist mit Erläuterungstext 710 auf den nunmehr erledigten Bescheid hinzuweisen.

Rechtsprechung

BFH vom 25. 1. 2007 – III R 7/06 (HFR 2007 S. 761)

Das angefochtene Urteil ist schon aus verfahrensrechtlichen Gründen aufzuheben, wenn das FG über einen nicht mehr existierenden Bescheid entschieden hat, weil nach Ergehen des FG-Urteils ein förmlicher Änderungsbescheid ergangen ist, der Gegenstand des Revisionsverfahrens geworden ist.

BFH vom 16. 12. 2008 – I R 29/08 (BStBl 2009 II S. 539)

Ersetzt das Finanzamt während eines Klageverfahrens den mit der Klage angefochtenen Haftungsbescheid durch einen anderen Haftungsbescheid, in dem es erstmals seine Ermessenserwägungen erläutert, so wird dieser Bescheid zum Gegenstand des gerichtlichen Verfahrens. Im weiteren Verlauf jenes Verfahrens sind die nunmehr angestellten Ermessenserwägungen in vollem Umfang zu berücksichtigen.

BFH vom 23. 2. 2010 – VII R 1/09 (HFR 2010 S. 956)

Die Verlängerung einer in einem angefochtenen Verwaltungsakt getroffenen Maßnahme nach Art. 3 Abs. 1 Buchst. b VO Nr. 1469/95, mit der sämtliche Zahlungen von Ausfuhrerstattungen ausgesetzt werden, stellt sich als Änderung i.S. des § 68 FGO dar mit der Folge, dass der Verlängerungsbescheid Gegenstand des Verfahrens wird.

BFH vom 9. 2. 2011 – IV R 15/08 (BStBl 2011 II S. 764)

1. ...

2. Ein während des finanzgerichtlichen Verfahrens geänderter Gewinnfeststellungsbescheid wird nach § 68 FGO nur hinsichtlich der bereits zulässig mit der Klage angefochtenen Besteuerungsgrundlagen (partiell) Gegenstand des anhängigen Verfahrens. Gegen die übrigen im Änderungsbescheid korrigierten Besteuerungsgrundlagen kann der Steuerpflichtige Einspruch einlegen.

3. Bei Gewinnfeststellungsbescheiden unter dem Vorbehalt der Nachprüfung kann der Steuerpflichtige nach § 164 Abs. 2 AO bis zum Ablauf der Festsetzungsfrist die Abänderung nicht bei Gericht anhängiger Feststellungen bei der Finanzbehörde beantragen.

BFH vom 22. 9. 2011 – IV R 8/09 (DB 2011 S. 2635)

Aus den Gründen:

Der Zweck des § 68 FGO, dem Kläger nach Möglichkeit ein weiteres Rechtsbehelfsverfahren zu ersparen und zu verhindern, dass das FA den Steuerpflichtigen gegen seinen Willen aus einem Klageverfahren drängt (vgl. BFH-Urteil vom 15. 4. 2010 – IV R 5/08, BStBl 2010 II S. 912), gebietet es, § 68 FGO n.F. gleichermaßen auf Verpflichtungsklagen anzuwenden.

FGO   § 69   Aussetzung der Vollziehung

(1) ¹Durch Erhebung der Klage wird die Vollziehung des angefochtenen Verwaltungsakts vorbehaltlich des Absatzes 5 nicht gehemmt, insbesondere die Erhebung einer Abgabe nicht aufgehalten. ²Entsprechendes gilt bei Anfechtung von Grundlagenbescheiden für die darauf beruhenden Folgebescheide.

(2) ¹Die zuständige Finanzbehörde kann die Vollziehung ganz oder teilweise aussetzen. ²Auf Antrag soll die Aussetzung erfolgen, wenn ernstliche Zweifel an der Rechtmäßigkeit des angefochtenen Verwaltungsakts bestehen oder wenn die Vollziehung für den Betroffenen eine unbillige, nicht durch überwiegende öffentliche Interessen gebotene Härte zur Folge hätte. ³Die Aussetzung kann von einer Sicherheitsleistung abhängig gemacht werden. ⁴Soweit die Vollziehung eines Grundlagenbescheides ausgesetzt wird, ist auch die Vollziehung eines Folgebescheides auszusetzen. ⁵Der Erlass eines Folgebescheides bleibt zulässig. ⁶Über eine Sicherheitsleistung ist bei der Aussetzung eines Folgebescheides zu entscheiden, es sei denn, dass bei der Aussetzung der Vollziehung des Grundlagenbescheides die Sicherheitsleistung ausdrücklich ausgeschlossen worden ist. ⁷Ist der Verwaltungsakt schon vollzogen, tritt an die Stelle der Aussetzung der Vollziehung die Aufhebung der Vollziehung. ⁸Bei Steuerbescheiden sind die Aussetzung und die Aufhebung der Vollziehung auf die festgesetzte Steuer, vermindert um die anzurechnenden Steuerabzugsbeträge, um die anzurechnende Körperschaftsteuer und um die festgesetzten Vorauszahlungen, beschränkt; dies gilt nicht, wenn die Aussetzung oder Aufhebung der Vollziehung zur Abwendung wesentlicher Nachteile nötig erscheint.

(3) ¹Auf Antrag kann auch das Gericht der Hauptsache die Vollziehung ganz oder teilweise aussetzen; Absatz 2 Satz 2 bis 6 und § 100 Abs. 2 Satz 2 gelten sinngemäß. ²Der Antrag kann schon vor Erhebung der Klage gestellt werden. ³Ist der Verwaltungsakt im Zeitpunkt der Entscheidung schon vollzogen, kann das Gericht ganz oder teilweise die Aufhebung der Vollziehung, auch gegen Sicherheit, anordnen. ⁴Absatz 2 Satz 8 gilt entsprechend. ⁵In dringenden Fällen kann der Vorsitzende entscheiden.

(4) ¹Der Antrag nach Absatz 3 ist nur zulässig, wenn die Behörde einen Antrag auf Aussetzung der Vollziehung ganz oder zum Teil abgelehnt hat. ²Das gilt nicht, wenn
1. die Finanzbehörde über den Antrag ohne Mitteilung eines zureichenden Grundes in angemessener Frist sachlich nicht entschieden hat oder
2. eine Vollstreckung droht.

(5) ¹Durch Erhebung der Klage gegen die Untersagung des Gewerbebetriebes oder der Berufsausübung wird die Vollziehung des angefochtenen Verwaltungsaktes gehemmt. ²Die Behörde, die den Verwaltungsakt erlassen hat, kann die hemmende Wirkung durch besondere Anordnung ganz oder zum Teil beseitigen, wenn sie es im öffentlichen Interesse für geboten hält; sie hat das öffentliche Interesse schriftlich zu begründen. ³Auf Antrag kann das Gericht der Hauptsache die hemmende Wirkung wiederherstellen, wenn ernstliche Zweifel an der Rechtmäßigkeit des Verwaltungsakts bestehen. ⁴In dringenden Fällen kann der Vorsitzende entscheiden.

(6) ¹Das Gericht der Hauptsache kann Beschlüsse über Anträge nach den Absätzen 3 und 5 Satz 3 jederzeit ändern oder aufheben. ²Jeder Beteiligte kann die Änderung oder Aufhebung wegen veränderter oder im ursprünglichen Verfahren ohne Verschulden nicht geltend gemachter Umstände beantragen.

(7) Lehnt die Behörde die Aussetzung der Vollziehung ab, kann das Gericht nur nach den Absätzen 3 und 5 Satz 3 angerufen werden.

Rechtsprechung[1]

1 BFH vom 22. 7. 1980 – VII B 3/80 (BStBl 1980 II S. 592)

§ 69 FGO läßt grundsätzlich nur vorläufige Maßnahmen zu, nicht solche, die vollendete Tatsachen schaffen und damit das Ergebnis des in der Hauptsache schwebenden Rechtsstreits vorwegnehmen.

2 BFH vom 22. 10. 1980 – I S 1/80 (BStBl 1981 II S. 99)

Sind bei der einheitlichen (gesonderten) Feststellung der Einkünfte einer Kommanditgesellschaft die Anteile einzelner als Mitunternehmer anerkannter Gesellschafter mit null DM festgestellt worden und begehren diese Gesellschafter im Wege des vorläufigen Rechtsschutzes den Ansatz von Verlustanteilen, so kann diesem Begehren nur unter den gesetzlichen Voraussetzungen des § 69

---

[1] Vgl. hierzu auch den AEAO zu § 361 AO und die dort nachgewiesene Rechtsprechung.

Abs. 2 FGO (nicht des § 114 FGO) entsprochen werden (Anschluß an BFH vom 10. 7. 1979, BStBl II S. 567, und vom 25. 10. 1979, BStBl 1980 II S. 66).

BFH vom 17. 12. 1981 – V R 81/81 (BStBl 1982 II S. 149) 3

Hat das Finanzamt abweichend von der Steuererklärung keine negative Steuerschuld, sondern die Umsatzsteuer auf Null festgesetzt, kann der Steuerpflichtige nicht mit dem Antrag auf Aussetzung der Vollziehung die einstweilige Festsetzung einer negativen Steuerschuld begehren, um die entsprechende Auszahlung von Steuerbeträgen zu erreichen.

BFH vom 14. 2. 1984 – VIII B 112/83 (BStBl 1984 II S. 443) 4

Eine Aussetzung der Vollziehung wegen ernstlicher Zweifel an der Rechtmäßigkeit eines Steuerbescheids ist gerechtfertigt, wenn das FA den Besteuerungssachverhalt nicht geschlossen darstellt und den Steueranspruch in rechtlich schwierig liegenden Fällen nicht schlüssig begründet. Ist die Sachverhaltsdarstellung überdies unvollständig, widersprüchlich und so ungeordnet, daß die rechtliche Subsumtion Schwierigkeiten bereitet, kommt auch keine Sicherheitsleistung in Betracht.

BFH vom 24. 6. 1985 – GrS 1/84 (BStBl 1985 II S. 587) 5

1. Im Verfahren über die Aussetzung der Vollziehung verdrängt § 69 Abs. 3 FGO die allgemeinen Vorschriften über die Klagearten nicht.
2. Für ein Klageverfahren über die Aussetzung der Vollziehung fehlt nicht deshalb das Rechtsschutzbedürfnis, weil dem Steuerpflichtigen die Antragsmöglichkeit nach § 69 Abs. 3 FGO eröffnet ist.

BFH vom 10. 12. 1986 – I B 121/86 (BStBl 1987 II S. 389) 6

§ 69 Abs. 3 i.V.m. Abs. 2 FGO gestattet es den FG, die Vollziehung eines Steuerbescheides mit der Maßgabe aufzuheben, daß in der Vergangenheit entstandene Säumniszuschläge entfallen.

BFH vom 14. 4. 1987 – GrS 2/85 (BStBl 1987 II S. 637) 7

Vorläufiger Rechtsschutz gegenüber einem negativen Gewinnfeststellungsbescheid wird im Wege der Aussetzung der Vollziehung gewährt.

BFH vom 29. 10. 1987 – VIII R 413/83 (BStBl 1988 II S. 240) 8

Nach Ergehen eines positiven oder negativen Gewinnfeststellungsbescheids kann vorläufiger Rechtsschutz gegen die Folgen der im Grundlagenbescheid getroffenen Feststellungen nur durch Aussetzung der Vollziehung dieses Bescheids gewährt werden.
Ein Antrag auf Aussetzung der Vollziehung des Einkommensteuerbescheids, der mit Zweifeln an der Rechtmäßigkeit der Entscheidungen im Gewinnfeststellungsbescheid begründet wird, ist unzulässig (Anschluß an BFH vom 21. 3. 1985, BFH/NV 1986 S. 709).

BFH vom 10. 11. 1987 – VII B 137/87 (BStBl 1988 II S. 43) 9

Ein Abrechnungsbescheid, der einen nach Aufrechnung durch das FA geminderten Erstattungsanspruch des Steuerpflichtigen feststellt, ist ein vollziehbarer Verwaltungsakt.

BFH vom 25. 1. 1988 – VII B 85/87 (BStBl 1988 II S. 566) 10

Die Verfügung der Vollstreckungsbehörde (Finanzamt), mit der die Zwangsversteigerung eines Grundstücks beantragt wird, ist zumindest dann ein aussetzungsfähiger Verwaltungsakt, wenn sie die Feststellung enthält, daß die gesetzlichen Voraussetzungen für die Vollstreckung vorliegen (Bestätigung des Beschlusses vom 29. 10. 1985, BStBl 1986 II S. 236).

BFH vom 27. 3. 1991 – I B 187/90 (BStBl 1991 II S. 643) 11

Vorläufiger Rechtsschutz gegen einen Bescheid, mit dem das FA die Herabsetzung von (bestandskräftig festgesetzten) Körperschaftsteuer-Vorauszahlungen ablehnte, kann nicht in der Form der Aussetzung der Vollziehung, sondern allenfalls durch Erlaß einer einstweiligen Anordnung gewährt werden.

12 BFH vom 29. 4. 1992 – VI B 152/91 (BStBl 1992 II S. 752)

Vorläufiger Rechtsschutz im Lohnsteuer-Ermäßigungsverfahren wird auch dann im Wege der Aussetzung der Vollziehung gewährt, wenn die Eintragung eines Freibetrages auf der Lohnsteuerkarte in vollem Umfang abgelehnt worden ist.

13 BFH vom 25. 11. 1992 – II B 86/91 (BStBl 1993 II S. 122)

Für eine Anfechtungsklage gegen den die Aussetzung der Vollziehung ablehnenden Verwaltungsakt des FA besteht dann kein Rechtsschutzbedürfnis, wenn das FG bereits über einen Antrag auf Aussetzung der Vollziehung nach § 69 Abs. 3 FGO entschieden hat. Diese Rechtsfrage ist durch die Rechtsprechung geklärt (BFH vom 27. 1. 1982, BStBl II S. 326).

14 BFH vom 25. 10. 1994 – VII B 155/94 (BStBl 1995 II S. 131)

Der Antrag auf Aussetzung der Vollziehung an das FG ist auch dann zulässig, wenn die Behörde für einen vorangegangenen Verfahrensabschnitt einen Antrag auf Aussetzung der Vollziehung abgelehnt hat.

15 BFH vom 4. 10. 1996 – I B 54/96 (BStBl 1997 II S. 136)

Der hebeberechtigten Gemeinde fehlt das allgemeine Rechtsschutzinteresse für den Antrag auf Aussetzung der Vollziehung eines von ihr angefochtenen Gewerbesteuer-Meßbescheides, den das Finanzamt zugunsten des Steuerpflichtigen geändert hat. Dies gilt auch dann, wenn das Finanzamt den sich hieraus ergebenden Gewerbesteuer-Erstattungsanspruch gepfändet hat.

16 BFH vom 13. 8. 1997 – I B 30/97 (BStBl 1997 II S. 700)

1. Eine Steueranmeldung gemäß § 73e EStDV enthält keine Festsetzung einer Steuerschuld gegenüber dem Vergütungsgläubiger.
2. Eine Steueranmeldung kann nur gegenüber dem anmeldenden Vergütungsschuldner vollzogen werden. Wird die Vollziehung einer Steueranmeldung ausgesetzt, so ist die bereits abgeführte Steuer an den Vergütungsschuldner zu erstatten. Läuft die Aussetzung der Vollziehung der Steueranmeldung aus, so kann die Anmeldung (erneut) nur gegenüber dem Vergütungsschuldner vollzogen werden.
3. Die Vollziehung einer Steueranmeldung kann nicht mit der Maßgabe ausgesetzt werden, daß die ausgesetzten Steuerbeträge an den Vergütungsgläubiger zu erstatten sind.
4. Auf Antrag des Vergütungsgläubigers kann die Vollziehung einer Steueranmeldung nicht mit der Maßgabe ausgesetzt werden, daß die Steuer gegen den Willen des Vergütungsschuldners an diesen zu erstatten ist. Der Vergütungsgläubiger ist für einen solchen Fall gehalten, einstweiligen Rechtsschutz im Freistellungsverfahren bzw. Erstattungsverfahren zu beantragen.

17 BFH vom 17. 12. 1997 – I B 108/97 (BStBl 1998 II S. 558)

Im Verfahren gemäß § 69 FGO besteht keine Vorlagepflicht an den EuGH.

18 BFH vom 20. 8. 1998 – VI B 157/97 (BStBl 1998 II S. 744)

Die Zugangsvoraussetzung für einen Antrag auf Aussetzung der Vollziehung beim FG (§ 69 Abs. 4 Satz 1 FGO) ist auch dann erfüllt, wenn das FA den bei ihm gestellten Antrag mangels Begründung durch den Antragsteller ohne weitere Sachprüfung abgelehnt hat.

19 BFH vom 11. 3. 1999 – V B 24/99 (BStBl 1999 II S. 335)

Die Vollziehung eines Steuerbescheids kann grundsätzlich in demselben Umfang ausgesetzt werden, in dem er angefochten werden kann. Dementsprechend kann auch die Vollziehung eines auf § 164 Abs. 2 AO gestützten Umsatzsteuer-Änderungsbescheids in vollem Umfang ausgesetzt oder aufgehoben werden, wenn in den Vorauszahlungsbescheiden keine positive Umsatzsteuer festgesetzt worden ist.

20 BFH vom 24. 3. 1999 – I B 113/98 (HFR 1999 S. 804)

Eine die Entscheidung in der Hauptsache vorwegnehmende Aussetzung der Vollziehung ist allenfalls möglich, wenn dem Steuerschuldner durch die Versagung der Aussetzung unerträgliche, nicht anders abwendbare und nicht wiedergutzumachende Nachteile entstünden oder wenn der angefochtene Verwaltungsakt unter keinem denkbaren Gesichtspunkt rechtmäßig sein kann.

BFH vom 13. 10. 1999 – I S 4/99 (BStBl 2000 II S. 86) 21

Hat das FG über einen Antrag auf Aussetzung der Vollziehung entschieden, so ist ein erneuter Antrag auf Aussetzung der Vollziehung in derselben Angelegenheit nur unter den Voraussetzungen des § 69 Abs. 6 Satz 2 FGO statthaft. Das gilt auch dann, wenn in der Hauptsache inzwischen ein Verfahren beim BFH anhängig und der erneute Antrag deshalb beim BFH zu stellen ist.

BFH vom 2. 11. 1999 – I B 49/99 (BStBl 2000 II S. 57) 22

Die in § 361 Abs. 2 Satz 4 AO und in § 69 Abs. 2 Satz 8 FGO i.d.F. des JStG 1997 enthaltenen Beschränkungen der Möglichkeit, die Vollziehung eines Steuerbescheids auszusetzen oder aufzuheben, sind mit dem GG vereinbar.

BFH vom 12. 5. 2000 – VI B 266/98 (BStBl 2000 II S. 536) 23

Darin, dass das FA die Aussetzung der Vollziehung nur unter dem Vorbehalt des Widerrufs gewährt hat, liegt keine teilweise Ablehnung des AdV-Antrags i.S. des § 69 Abs. 4 Satz 1 FGO.

BFH vom 14. 11. 2000 – VII R 85/99 (BStBl 2001 II S. 247) 24

1. ...
2. Gegenforderungen darf das Hauptzollamt jedenfalls dann nicht gegen festgesetzte Ausfuhrerstattung aufrechnen, wenn sie konstitutiv durch Bescheid festgesetzt werden und die Vollziehung dieses Bescheides ausgesetzt worden ist.

BFH vom 25. 11. 2003 – IV S 15/03 (BStBl 2004 II S. 84) 25

1. Der BFH wird nicht deshalb zum Gericht der Hauptsache i.S. des § 69 Abs. 3 Satz 1 FGO, weil bei ihm eine Nichtzulassungsbeschwerde in einem Parallelverfahren desselben Steuerpflichtigen anhängig ist, in dem die gleichen materiell-rechtlichen Fragen umstritten sind, die sich auch hinsichtlich der Bescheide stellen, deren AdV im Einspruchsverfahren begehrt wird.
2. Eine Verweisung des Rechtsstreits an das FG kommt jedenfalls dann in Betracht, wenn für den zu Unrecht beim BFH angebrachten Antrag auf AdV die besonderen Zugangsvoraussetzungen des § 69 Abs. 4 FGO (hier: vorangegangene Ablehnung der AdV durch die Behörde) im Zeitpunkt der Antragstellung erfüllt sind.
3. Den Beteiligten kann das nach § 17a Abs. 2 Satz 1 GVG erforderliche rechtliche Gehör im Eilverfahren auch telefonisch gewährt werden.

BFH vom 22. 12. 2003 – IX B 177/02 (BStBl 2004 II S. 367) 26

Die Aufhebung der Vollziehung eines Steuerbescheides erscheint dann zur Abwendung wesentlicher Nachteile i.S. des § 69 Abs. 2 Satz 8 Halbsatz 2, Abs. 3 Satz 4 FGO nötig, wenn das zuständige Gericht von der Verfassungswidrigkeit einer streitentscheidenden Vorschrift überzeugt ist und diese deshalb gemäß Art. 100 Abs. 1 GG dem BVerfG zur Prüfung vorgelegt hat.

BFH vom 27. 10. 2004 – VII R 65/03 (BStBl 2005 II S. 198) 27

1. ...
2. Nach Ablehnung des Antrages auf AdV ist die Finanzbehörde grundsätzlich nicht dazu verpflichtet, dem Vollstreckungsschuldner vor Einleitung von Vollstreckungsmaßnahmen eine bis zu sechs Wochen zu bemessende Frist einzuräumen, um ihm damit Gelegenheit zu geben, beim FG einen Antrag nach § 69 Abs. 3 FGO stellen zu können; denn die Rechtsprechung des BFH, nach der sich die Entscheidung über die AdV in den Fällen der Zurückverweisung der Hauptsache zur weiteren Sachaufklärung auf den Zeitraum bis zu sechs Wochen nach der Zustellung des Revisionsurteils erstrecken kann, ist auf den Fall der Ablehnung eines AdV-Antrages durch die Finanzbehörde nicht übertragbar.

BFH vom 23. 11. 2004 – IX B 88/04 (BStBl 2005 II S. 297) 28

Die Entscheidung des FG über einen Antrag auf Änderung oder Aufhebung nach § 69 Abs. 6 Satz 2 FGO wirkt grundsätzlich ab ihrer Bekanntgabe, d.h. nur für die Zukunft; für die Vergangenheit bleiben die Wirkungen des veränderten oder aufgehobenen Beschlusses erhalten.

29 BFH vom 15. 12. 2004 – I B 115/04 (BStBl 2005 II S. 528)

1. ...
2. Einstweiliger Rechtsschutz mit dem Ziel der vorläufigen Berücksichtigung eines höheren Verlustvortrags kann nur durch Anfechtung und Aussetzung der Vollziehung des vorangehenden Verlustfeststellungsbescheides, nicht aber des Folgebescheides erreicht werden.

30 BFH vom 20. 6. 2007 – VIII B 50/07 (BStBl 2007 II S. 789)

Hat die Finanzbehörde einen bei ihr gestellten, jedoch nicht näher begründeten Antrag auf AdV ohne weitere Sachprüfung abgelehnt, so ist für einen anschließenden, nunmehr aber mit Begründung versehenen Antrag auf AdV an das FG die Zugangsvoraussetzung nach § 69 Abs. 4 Satz 1 FGO gleichwohl erfüllt (Anschluss an BFH-Beschluss vom 20. 8. 1998, BStBl 1998 II S. 744).

31 BFH vom 23. 8. 2007 – VI B 42/07 (BStBl 2007 II S. 799)

1. ...
2. Ein Beitritt des Bundesministeriums der Finanzen zu einem vor dem Bundesfinanzhof anhängigen Beschwerdeverfahren ist jedenfalls dann unzulässig, wenn es sich um eine Sache wegen Aussetzung der Vollziehung handelt.

32 BFH vom 7. 11. 2007 – X B 103/05 (BStBl 2008 II S. 279)

1. ...
2. Die Vorschrift des § 10 Abs. 4 StraBEG, wonach u.a. die Gewährung von AdV ausgeschlossen ist, erfasst auch Aufhebungsbescheide i.S. des § 10 Abs. 3 Satz 1 StraBEG.

33 BFH vom 14. 12. 2007 – IX E 17/07 (BStBl 2008 II S. 199)

Der Streitwert im Verfahren der AdV nach § 69 Abs. 3, 5 FGO ist mit 10 v.H. des Betrages anzusetzen, dessen Aussetzung begehrt wird (ständige BFH-Rechtsprechung). Der durch das Kostenrechtsmodernisierungsgesetz eingeführte Mindeststreitwert (§ 52 Abs. 4 GKG) findet in Verfahren des vorläufigen Rechtsschutzes vor den Gerichten der Finanzgerichtsbarkeit keine Anwendung.

34 BFH vom 6. 11. 2008 – IV B 126/07 (BStBl 2009 II S. 156)

1. Im Beschwerdeverfahren über die Ablehnung eines Antrags auf AdV durch das FG hat der BFH als Tatsachengericht grundsätzlich selbst die Befugnis und Pflicht zur Tatsachenfeststellung.
2. Dies steht jedoch einer Zurückverweisung des Verfahrens zur ergänzenden Tatsachenfeststellung durch das FG nicht entgegen, wenn nach den Umständen des Einzelfalls die Feststellungen besser durch das FG getroffen werden können und die besondere Eilbedürftigkeit des Verfahrens auf AdV der Zurückverweisung nicht entgegensteht.

35 BFH vom 15. 7. 2009 – VIII S 14/09 (BFH/NV 2009 S. 1822)

Nach Erhebung der Verfassungsbeschwerde kann vorläufiger Rechtsschutz nur noch durch das BVerfG gewährt werden, wenn beim BFH kein Verfahren mehr anhängig ist, in dem zur Sache entschieden werden könnte; ein AdV ablehnender Beschluss des BFH kann deshalb auch nicht mehr vom BFH mit der Maßgabe geändert werden, das AdV bewilligt wird.

36 BVerfG vom 22. 9. 2009 – 1 BvR 1305/09 (HFR 2010 S. 70)

Bei fortlaufend veranlagten und festgesetzten Steuern wie Lohnsteuer und Umsatzsteuer darf nicht grundsätzlich ohne Prüfung der wirtschaftlichen Verhältnisse davon ausgegangen werden, dass das steuerpflichtige Unternehmen laufende Erlöse zurückhalten und diese für eine Aussetzung der Vollziehung als Sicherheitsleistung zur Verfügung stellen kann.

37 BFH vom 1. 4. 2010 – II B 168/09 (BStBl 2010 II S. 558)

Ein mit ernstlichen Zweifeln an der Verfassungsmäßigkeit einer dem angefochtenen Steuerbescheid zugrunde liegenden Gesetzesvorschrift begründeter Antrag auf AdV ist abzulehnen, wenn nach den Umständen des Einzelfalles dem Interesse des Antragstellers an der Gewährung vorläufigen Rechtsschutzes nicht der Vorrang vor dem öffentlichen Interesse am Vollzug des Gesetzes zukommt, ohne dass es einer Prüfung der Verfassungsmäßigkeit bedarf.

BFH vom 15. 9. 2010 – I B 27/10 (BStBl 2010 II S. 935) 38

1. ...

2. Der BFH kann als Beschwerdegericht zuständiges Gericht der Hauptsache für die amtswegige Änderung oder Aufhebung eines AdV-Beschlusses nach Maßgabe von § 69 Abs. 6 Satz 1 FGO sein (Abgrenzung vom Senatsbeschluss vom 25. 3. 1993 I S 5/93, BStBl II 1993, 515).

BFH vom 10. 2. 2011 – X S 1/11 (PKH) (BFH/NV 2011 S. 827) 39

Der BFH wird nicht dadurch zum Gericht der Hauptsache i.S. des § 69 Abs. 3 Satz 1 FGO, dass gegen einen ablehnenden AdV-Beschluss des FG, welches keine Beschwerde zugelassen hatte, gleichwohl Beschwerde eingelegt wird.

BFH vom 30. 3. 2011 – I B 136/10 (HFR 2011 S. 630) 40

1. AdV ist nicht schon allein deshalb zu gewähren, weil im Fachschrifttum Zweifel an der Verfassungsmäßigkeit der Rechtsgrundlage des angefochtenen Verwaltungsakts geäußert worden sind. Die zur Entscheidung berufene Stelle hat vielmehr zu prüfen, ob die im Schrifttum geltend gemachten Gründe nach eigener Beurteilung nennenswert und beachtlich sind.
...

BFH vom 5. 4. 2011 – II B 153/10 (BStBl 2011 II S. 942) 41

1. Die AdV eines Grunderwerbsteuerbescheids, dessen Bemessungsgrundlage sich aus einem Grundbesitzwert ergibt, kommt nicht wegen ernstlicher Zweifel an der Verfassungsmäßigkeit des § 11 i. V. m. § 8 Abs. 2 GrEStG und §§ 138 ff. BewG in Betracht.

2. Im Verfahren über die Gewährung vorläufigen Rechtsschutzes ist zu beachten, dass regelmäßig keine weitergehende Entscheidung getroffen werden kann, als vom BVerfG zu erwarten ist.

BFH vom 8. 6. 2011 – III B 210/10 (BFH/NV 2011 S. 1692)[1)] 42

Es spricht viel dafür, dass vorläufiger Rechtsschutz bei Ablehnung der Änderung der auf der Lohnsteuerkarte eingetragenen Steuerklasse durch Aussetzung der Vollziehung nach § 69 Abs. 3 FGO und nicht nach § 114 FGO im Wege der einstweiligen Anordnung zu gewähren ist.

BFH vom 8. 8. 2011 – XI B 39/11 (BFH/NV 2011 S. 2106) 43

Eine Beschwerde gegen die Ablehnung einer AdV durch das FG hat Erfolg, wenn das FG in einer Parallelsache zwischen den Beteiligten am selben Tag die Revision gegen sein klageabweisendes Urteil mit der – nicht von der Hand zu weisenden – Begründung zulässt, die Rechtslage sei noch nicht geklärt.

---

§ 70 Sachliche und örtliche Zuständigkeit des Gerichts FGO

¹Für die sachliche und örtliche Zuständigkeit gelten die §§ 17 bis 17b des Gerichtsverfassungsgesetzes entsprechend. ²Beschlüsse entsprechend § 17a Abs. 2 und 3 des Gerichtsverfassungsgesetzes sind unanfechtbar.

---

§ 71 Zustellung der Klageschrift, Übermittlung der Akten FGO

(1) ¹Die Klageschrift ist dem Beklagten von Amts wegen zuzustellen. ²Zugleich mit der Zustellung der Klage ist der Beklagte aufzufordern, sich schriftlich oder zur Niederschrift des Urkundsbeamten der Geschäftsstelle zu äußern. ³Hierfür kann eine Frist gesetzt werden.

(2) Die beteiligte Finanzbehörde hat die den Streitfall betreffenden Akten nach Empfang der Klageschrift an das Gericht zu übermitteln.

[1)] Vgl. auch BFH vom 16. 6.2011 – IX B 72/11, BFH/NV 2011 S. 1880, zum Lohnsteuer-Ermäßigungsverfahren.

Rechtsprechung

1 BFH vom 18. 3. 2008 – V B 243/07 (BFH/NV 2008 S. 1334)

1. Die Beteiligten haben Anspruch auf Einsicht in die den Streitfall betreffenden, dem FG gemäß § 71 Abs. 2 FGO vorgelegten Akten der beteiligten Behörde.
2. Ein Anspruch auf Einsicht in Akten, die dem Gericht nicht vorliegen, besteht nicht.
3. Wurden die vorgelegten Akten der Behörde dem äußeren Anschein nach ordnungsgemäß geführt, ist grundsätzlich davon auszugehen, dass sie vollständig sind.

2 BFH vom 19. 1. 2011 – X B 204/10 (BFH/NV 2011 S. 819)

1. Wenn das FG dem Antrag eines Beteiligten auf Beiziehung bestimmter Akten nicht vollständig nachkommt, liegt darin jedenfalls keine Verletzung des Anspruchs auf rechtliches Gehör.
2. Weil die beklagten Finanzbehörden gesetzlich verpflichtet sind, die Steuerakten nach Empfang der Klageschrift von Amts wegen an das FG zu übermitteln (§ 71 Abs. 2 FGO), wird der Anspruch des Klägers auf rechtliches Gehör nicht verletzt, wenn das FG nicht ausdrücklich mitteilt, dass die Finanzbehörde ihrer gesetzlichen Verpflichtung nachgekommen ist und die Steuerakten übersandt hat.

§ 72   Zurücknahme der Klage

(1) ¹Der Kläger kann seine Klage bis zur Rechtskraft des Urteils zurücknehmen. ²Nach Schluss der mündlichen Verhandlung, bei Verzicht auf die mündliche Verhandlung und nach Ergehen eines Gerichtsbescheides ist die Rücknahme nur mit Einwilligung des Beklagten möglich. ³Die Einwilligung gilt als erteilt, wenn der Klagerücknahme nicht innerhalb von zwei Wochen seit Zustellung des die Rücknahme enthaltenden Schriftsatzes widersprochen wird; das Gericht hat auf diese Folge hinzuweisen.

(1a) ¹Soweit Besteuerungsgrundlagen für ein Verständigungs- oder ein Schiedsverfahren nach einem Vertrag im Sinne des § 2 der Abgabenordnung von Bedeutung sein können, kann die Klage hierauf begrenzt zurückgenommen werden. ²§ 50 Abs. 1a Satz 2 gilt entsprechend.

(2) ¹Die Rücknahme hat bei Klagen, deren Erhebung an eine Frist gebunden ist, den Verlust der Klage zur Folge. ²Wird die Klage zurückgenommen, so stellt das Gericht das Verfahren durch Beschluss ein. ³Wird nachträglich die Unwirksamkeit der Klagerücknahme geltend gemacht, so gilt § 56 Abs. 3 sinngemäß.

Rechtsprechung

1 BFH vom 1. 10. 1999 – VII R 32/98 (BStBl 2000 II S. 33)

Eine (teilweise) Klagerücknahme liegt auch dann vor, wenn sie nicht ausdrücklich erfolgt ist, sondern sich der auf die Rücknahme der Klage gerichtete Wille den betreffenden Schriftsätzen durch Auslegung entnehmen lässt.

2 BFH vom 6. 7. 2005 – XI R 15/04 (BStBl 2005 II S. 644)

1. Die Zurücknahme einer Klage ist unwirksam, wenn sie durch den nicht zutreffenden Hinweis des Vorsitzenden Richters am FG veranlasst worden ist, dass die Klage unzulässig sei. Dies gilt auch, wenn die Klagerücknahme von einem rechtskundigen Prozessbevollmächtigten erklärt worden ist.
2. Macht der Kläger mit der Beschwerde gegen den zwischenzeitlich ergangenen Einstellungsbeschluss des FG die Unwirksamkeit der Klagerücknahme geltend, ist darin ein Antrag auf Fortsetzung des Klageverfahrens zu sehen.

3 BFH vom 26. 10. 2006 – V R 40/05 (BStBl 2007 II S. 271)

1. ...
2. Eine Klagerücknahme ist grundsätzlich unwiderruflich. Das gilt auch dann, wenn die Klagerücknahme gemäß § 72 Abs. 1 Satz 2 FGO nur mit Einwilligung des Beklagten möglich ist und der Beklagte diese Einwilligung noch nicht erteilt hat.

BFH vom 11. 7. 2007 – XI R 1/07 (BStBl 2007 II S. 833) 4

1. Die Jahresfrist für die Geltendmachung der Unwirksamkeit einer Klagerücknahme (§ 72 Abs. 2 Satz 3 i.V.m. § 56 Abs. 3 FGO) beginnt mit der Bekanntgabe des Einstellungsbeschlusses zu laufen.
2. War für das Klageverfahren ein Prozessbevollmächtigter bestellt, beginnt die Frist ab dem Zeitpunkt der Bekanntgabe des Einstellungsbeschlusses an den Bevollmächtigten zu laufen.

BFH vom 12. 8. 2009 – X S 47/08 (BFH/NV 2009 S. 1997) 5

1. Eine Klagerücknahme ist als Prozesshandlung grundsätzlich unwiderruflich und kann auch nicht in entsprechender Anwendung der bürgerlich-rechtlichen Vorschriften über die Anfechtung von Willenserklärungen angefochten werden.
2. Nach § 72 Abs. 2 Satz 3 FGO kann nachträglich die Unwirksamkeit einer Klagerücknahme geltend gemacht werden, wenn der Prozessbevollmächtigte weisungswidrig handelte oder die Rücknahme auf einem erkennbaren Versehen beruhte.
3. Die Klagerücknahme kann insbesondere dann widerrufen werden, wenn ein rechtsunkundiger Steuerpflichtiger in unzulässiger Weise – etwa durch Drohung, Druck, Täuschung oder auch unbewusste Irreführung – zur Abgabe einer solchen Erklärung veranlasst wurde.

§ 73 Verbindung mehrerer Verfahren FGO

(1) ¹Das Gericht kann durch Beschluss mehrere bei ihm anhängige Verfahren zu gemeinsamer Verhandlung und Entscheidung verbinden und wieder trennen. ²Es kann anordnen, dass mehrere in einem Verfahren zusammengefasste Klagegegenstände in getrennten Verfahren verhandelt und entschieden werden.

(2) Ist die Klage von jemandem erhoben, der wegen dieses Klagegegenstandes nach § 60 Abs. 3 zu einem anderen Verfahren beizuladen wäre, so wird die notwendige Beiladung des Klägers dadurch ersetzt, dass die beiden Verfahren zu gemeinsamer Verhandlung und einheitlicher Entscheidung verbunden werden.

Rechtsprechung Rsp

BFH vom 22. 3. 1993 – XI R 23, 24/92 (BStBl 1993 II S. 514) 1

Die Trennung eines Klageverfahrens ist in jedem Verfahrensstadium zulässig. Nach der Trennung ist grundsätzlich in getrennten Verfahren zu verhandeln und zu entscheiden. Die bis zur Trennung vorgenommenen Prozeßhandlungen bleiben aber wirksam und bedürfen nicht der Wiederholung.

BFH vom 30. 9. 1999 – VII S 5/99 (BFH/NV 2000 S. 454) 2

Beschlüsse über die Verbindung von Verfahren bedürfen keiner Begründung und sind nicht anfechtbar. Deshalb kann auch die Unterlassung der Verbindung von Verfahren durch das FG regelmäßig auch keine Nichtzulassungsbeschwerde gestützt werden.

BFH vom 22. 6. 2007 – III E 1-5/07 (BFH/NV 2007 S. 2120) 3

1. Nach Zurückweisung mehrerer selbständiger Beschwerden sind die Kosten für jedes Beschwerdeverfahren festzusetzen. Das gilt auch, wenn die Verfahren vom BFH verbunden worden sind.
2. Die Entscheidung über die Verbindung mehrerer von demselben Beteiligten erhobener Verfahren steht im Ermessen des Gerichts. Das Absehen von einer Verfahrensverbindung ist nicht ermessensfehlerhaft, wenn ein unterschiedlicher Verfahrensausgang möglich ist oder eine unterschiedliche Verfahrensfortsetzung nicht ausgeschlossen werden kann.

§ 74 Aussetzung der Verhandlung FGO

Das Gericht kann, wenn die Entscheidung des Rechtsstreits ganz oder zum Teil von dem Bestehen oder Nichtbestehen eines Rechtsverhältnisses abhängt, das den Gegenstand eines anderen anhängigen Rechtsstreits bildet oder von einer Verwaltungsbehörde festzustellen ist, anordnen, dass die Verhandlung bis zur Erledigung des anderen Rechtsstreits oder bis zur Entscheidung der Verwaltungsbehörde auszusetzen sei.

Rechtsprechung

1 **BFH vom 20. 9. 1989 – X R 8/86 (BStBl 1990 II S. 177)**

Ein Verfahren darf nur dann i.S. des § 74 FGO ausgesetzt werden, wenn es zu einer Sachprüfung führen kann. Die Entscheidung, daß ein Einspruch zu Recht als unzulässig verworfen wurde, kann unabhängig vom Ausgang eines anderen, für die Rechtmäßigkeit des zugrunde liegenden Verwaltungsakts möglicherweise vorgreiflichen Verfahrens ergehen.

2 **BFH vom 16. 5. 1990 – X R 72/87 (BStBl 1990 II S. 1044)**

Ein finanzgerichtliches Verfahren, in dem sich die Frage nach der ersten Korrekturmöglichkeit auf Veranlagungszeiträume erstreckt, die nicht zum Streitgegenstand gehören, muß bis zur abschließenden Klärung dieser Frage nach § 74 FGO ausgesetzt werden.

3 **BFH vom 8. 6. 1990 – III R 41/90 (BStBl 1990 II S. 944)**

1. Eine Aussetzung des Verfahrens gemäß § 74 FGO durch das FG kommt nicht schon deshalb in Betracht, weil in derselben Rechtsfrage beim BFH ein Musterprozeß anhängig ist.
2. Die Frage, ob das FG die fehlende Zustimmung eines Beteiligten ersetzen muß, weil dessen Weigerung, einem Ruhen des Verfahrens zuzustimmen, rechtsmißbräuchlich ist, bedarf nur dann einer Entscheidung des Gerichts, wenn die Gründe für die Anordnung einer Verfahrensruhe erstmals im finanzgerichtlichen Verfahren aufgetreten sind.

4 **BFH vom 18. 7. 1990 – I R 12/90 (BStBl 1990 II S. 986)**

1. Beantragt der Kläger, das Klageverfahren gemäß § 74 FGO wegen einer beim BVerfG anhängigen Verfassungsbeschwerde (Parallelverfahren) auszusetzen, und kündigt er an, die Klage zurückzunehmen, falls das BVerfG zu seinem Nachteil entscheide, so kann das Ermessen des FG in dem Sinne auf Null reduziert sein, daß das Klageverfahren auszusetzen ist.
2. Die nach § 74 FGO vorgreifliche Entscheidung bzw. Feststellung muß für das auszusetzende Verfahren nicht bindend sein.
3. Durch die Aussetzung des Verfahrens gemäß § 74 FGO soll u.a. verhindert werden, daß der BFH bzw. das BVerfG mit einer Vielzahl gleichgelagerter Fälle „überschwemmt" werden, ohne daß dies der Klärung des vorgreiflichen Rechtsproblems dient.

5 **BFH vom 20. 2. 1991 – II B 160/89 (BStBl 1991 II S. 368)**

Es ist regelmäßig geboten und zweckmäßig, daß das FG den Streit um die Rechtmäßigkeit eines Folgebescheids nach § 74 FGO aussetzt, solange noch unklar ist, ob und wie ein angefochtener Grundlagenbescheid geändert wird (vgl. BFH vom 24. 4. 1979, BStBl II S. 678). Dieser Grundsatz gilt jedoch nicht ausnahmslos. Im Einzelfall können besondere Umstände vorliegen, die eine Aussetzung des Verfahrens als ermessenswidrig erscheinen lassen.

6 **BFH vom 8. 5. 1991 – I B 132, 134/90 (BStBl 1991 II S. 641)**

1. Es ist ein Verstoß gegen die Grundordnung des Verfahrens, wenn ein FG eine Sachentscheidung trifft, obwohl es das Klageverfahren gemäß § 74 FGO hätte aussetzen müssen.
2. Eine Aussetzung des Verfahrens gemäß § 74 FGO durch das FG kommt jedenfalls dann in Betracht, wenn wegen der gleichen Rechtsfrage beim BVerfG eine Verfassungsbeschwerde anhängig ist.

7 **BFH vom 9. 10. 1991 – II B 56/91 (BStBl 1991 II S. 930)**

Entscheidet das FG trotz eines unter Hinweis auf anhängige Verfassungsbeschwerden gestellten Antrags auf Aussetzung des Verfahrens zur Sache, beruht das finanzgerichtliche Urteil dann nicht auf einem Verfahrensfehler, wenn mit den Verfassungsbeschwerden Grundrechtsverletzungen in bezug auf die Auslegung eines Gesetzes durch die Gerichte der Finanzgerichtsbarkeit gerügt werden. Dies gilt jedenfalls dann, wenn es sich um in tatsächlicher Hinsicht jeweils unterschiedliche komplexe Sachverhalte handelt.

BFH vom 18. 9. 1992 – III B 43/92 (BStBl 1993 II S. 123) 8

1. Lehnt das FG einen Antrag auf Aussetzung des Klageverfahrens durch Beschluß ab, so ist die hiergegen eingelegte Beschwerde unabhängig davon zulässig, ob das FG bereits in der Hauptsache entschieden hat.

2. Hat die Beschwerde Erfolg, kann der in der Nichtaussetzung liegende Verstoß gegen die Grundordnung des Verfahrens nachträglich mit der Beschwerde gegen die Nichtzulassung der Revision geltend gemacht werden. Wegen der Versäumung der Beschwerdefrist ist dem Kläger Wiedereinsetzung in den vorigen Stand zu gewähren.

BFH vom 27. 11. 1992 – III B 133/91 (BStBl 1993 II S. 240) 9

Die Aussetzung eines Klageverfahrens wegen vor dem BVerfG anhängiger Musterverfahren ist nur dann gerechtfertigt, wenn die Musterverfahren und das Klageverfahren hinsichtlich der verfassungsrechtlichen Streitfrage im wesentlichen gleichgelagert sind. Die in dem Senatsbeschluß vom 7. 2. 1992 (BStBl II S. 408) aufgestellten Grundsätze bieten nicht nur Maßstäbe, wann eine Verfahrensaussetzung geboten ist, sondern zeigen zugleich auch die Grenze für die Zulässigkeit einer solchen Verfahrensaussetzung auf.

BFH vom 10. 11. 1993 – X B 83/93 (BStBl 1994 II S. 119) 10

Einer Klage, mit der der Steuerpflichtige erstmals die Verfassungswidrigkeit des Sonderausgabenhöchstbetrags (§ 10 Abs. 3 EStG) rügt, fehlt das Rechtsschutzinteresse, wenn das FA bereits im Einspruchsverfahren den angefochtenen Einkommensteuerbescheid hinsichtlich der Vorsorgeaufwendungen für vorläufig erklärt hat. Eine Aussetzung des finanzgerichtlichen Verfahrens (§ 74 FGO) kommt nicht in Betracht (Abgrenzung zum BFH-Beschluß vom 18. 9. 1992, BStBl II S. 123).

BFH vom 12. 6. 1997 – I R 70/96 (BStBl 1998 II S. 38) 11

Die Entscheidung über die Festsetzung von Stundungszinsen und die Entscheidung über den Verzicht auf die Zinsen aus Gründen sachlicher Billigkeit stehen selbständig nebeneinander und sind voneinander unabhängig. Für die Aussetzung des Billigkeitsverfahrens gemäß § 74 FGO fehlt es deshalb an den tatbestandlichen Voraussetzungen.

BFH vom 7. 12. 1999 – VIII R 26/94 (BStBl 2000 II S. 300) 12

Ergeht während des finanzgerichtlichen Verfahrens gegen einen Bescheid über die einheitliche und gesonderte Feststellung des Gewinns ein geänderter Feststellungsbescheid und wird dieser auf Antrag des Klägers zum Gegenstand des Verfahrens (§ 68 FGO), so ist das FG grundsätzlich verpflichtet, das Klageverfahren gemäß § 74 FGO auszusetzen, wenn ein Beigeladener gegen den geänderten Feststellungsbescheid Einspruch einlegt. Eine Aussetzung des Klageverfahrens bis zur Rechtskraft der Entscheidung über den Einspruch des Beigeladenen ist in einem solchen Fall nur dann nicht geboten, wenn der (zulässige) Einspruch einen anderen Streitgegenstand betrifft und der Ausgang des Einspruchsverfahrens keine Auswirkungen auf den Streitgegenstand des anhängigen Klageverfahrens haben kann.

BFH vom 3. 8. 2000 – III B 179/96 (BStBl 2001 II S. 33) 13

1. Bei Streit über die Rechtmäßigkeit eines Steuerbescheides, der von einem noch ausstehenden oder noch nicht bestandskräftigen Grundlagenbescheid abhängig ist, kann aus prozeßökonomischen Gründen ausnahmsweise eine Aussetzung des Klageverfahrens nicht geboten sein oder ein ausgesetztes Verfahren wieder aufgenommen werden.

2. Bestreitet der Kläger allerdings substantiiert, dass von der Feststellung in dem Grundlagenbescheid abhängige Besteuerungsgrundlagen in dem Steuerbescheid (Folgebescheid) in der richtigen Höhe angesetzt worden sind, muss der Kläger entweder in Höhe des substantiierten Bestreitens vom FA klaglos gestellt werden oder das Verfahren muss (ggf. erneut) ausgesetzt werden.

BFH vom 11. 10. 2000 – I R 99/96 (BStBl 2001 II S. 22) 14

Ob die Beteiligung an einem ausländischen Investmentfonds zu einer Hinzurechnungsbesteuerung gemäß §§ 7 ff. AStG führt, kann nur im Feststellungsverfahren nach § 18 AStG entschieden werden. Solange ein solches Feststellungsverfahren weder durchgeführt noch eingeleitet worden ist, muss ein die Einkommensteuer des Anlegers betreffendes Verfahren nicht nach § 74 FGO ausgesetzt werden.

15 BFH vom 28. 2. 2001 – I R 41/99 (BStBl 2001 II S. 416)

Die Aussetzung des Verfahrens steht im Ermessen des FG. Dies gilt auch im Verfahren zur Entscheidung über einen Folgebescheid, wenn das Vorbringen eines Beteiligten in diesem Verfahren entscheidungserheblich ist.

16 BFH vom 7. 11. 2002 – VII R 37/01 (BStBl 2003 II S. 146)

1. – 5. ...
6. Bei der Entscheidung über die Aussetzung des Verfahrens sind insbesondere prozessökonomische Gesichtspunkte und die Interessen der Beteiligten gegeneinander abzuwägen.

17 BFH vom 29. 11. 2006 – VI R 14/06 (BStBl 2007 II S. 129)

Eine künftige mit Rückwirkung versehene Gesetzesänderung ist kein Rechtsverhältnis, dessen Bestehen oder Nichtbestehen für die Entscheidung des Rechtsstreits vorgreiflich ist.

18 BFH vom 18. 9. 2007 – IX R 42/05 (BStBl 2008 II S. 26)

1. – 2. ...
3. Der BFH muss den Rechtsstreit nicht nach § 74 FGO wegen eines beim BVerfG anhängigen Verfahrens aussetzen, das die Verfassungsmäßigkeit einer auch für den Rechtsstreit einschlägigen Norm betrifft, wenn das FA die Steuer deshalb im Einvernehmen mit dem Kläger gemäß § 165 AO vorläufig festsetzt.

19 BFH vom 15. 4. 2010 – IV R 9/08 (BStBl 2010 II S. 929)

1. Wird innerhalb der Klagefrist ein Gewinnfeststellungsbescheid lediglich bezüglich der Höhe des Gewinns aus der Veräußerung eines Mitunternehmeranteils angefochten und erwächst deshalb die Feststellung zum Vorliegen eines Veräußerungsgewinns „dem Grunde nach" in Bestandskraft, so ist ohne weitere materielle Prüfung davon auszugehen, dass der Veräußerer (hier: Kläger) einen Gewinn aus der entgeltlichen Übertragung seines Mitunternehmeranteils erzielt hat.
2. Anderes gilt jedoch dann, wenn über das Vorliegen eines Veräußerungstatbestands mit Wirkung gegenüber mehreren (früheren) Gesellschaftern einheitlich zu entscheiden ist (hier: Annahme eines Abfindungsangebots der KG) und zumindest einer der früheren Mitgesellschafter innerhalb der Klagefrist den Ansatz des Veräußerungsgewinns „dem Grunde nach" angefochten hat. In einem solchen Fall ist der Kläger zu dem Klageverfahren des Mitgesellschafters beizuladen und sein eigenes Klageverfahren auszusetzen.

20 BFH vom 20. 5. 2010 – IV R 74/07 (BStBl 2010 II S. 1104)

1. Das Klageverfahren ist analog § 74 FGO auszusetzen, wenn während der Anhängigkeit des finanzgerichtlichen Rechtsstreits über die gesonderte und einheitliche Gewinnfeststellung ein geänderter Feststellungsbescheid ergeht und der Adressat dieses Bescheides Einspruch einlegt; dies gilt selbst dann, wenn der Änderungsbescheid (hier: Ergänzungsbescheid) zwar einen anderen Regelungsgegenstand (Streitgegenstand) betrifft, dessen außergerichtliche oder gerichtliche Überprüfung jedoch Auswirkungen auf das anhängige Klageverfahren haben kann.
...

21 BFH vom 9. 9. 2010 – IV R 31/08 (HFR 2011 S. 951)

1. Sind an den Einkünften mehrere Personen beteiligt, muss das FG das Klageverfahren wegen Einkommensteuer aussetzen, bis über die Feststellung der Einkünfte im Feststellungsverfahren entschieden ist. Dies gilt auch, wenn das für die gesonderte Feststellung zuständige FA auch für die Einkommensteuerfestsetzung der an den Einkünften beteiligten Steuerpflichtigen zuständig ist.
...

22 BFH vom 10. 5. 2011 – V B 80/10 (HFR 2011 S. 997)

1. Ebenso wie die Aussetzung des Verfahrens ist auch die Aufhebung des Aussetzungsbeschlusses eine Ermessensentscheidung, bei der insbesondere prozessökonomische Gesichtspunkte und die Interessen der Beteiligten abzuwägen sind.
2. Hat das FG das Verfahren ausdrücklich wegen einer in einem anderen Revisionsverfahren streitigen Frage der Vereinbarkeit einer deutschen Regelung mit dem EU-Recht ausgesetzt und hat der

BFH diese Frage dem EuGH zur Vorabentscheidung vorgelegt, entfällt mit der Entscheidung des EuGH der Aussetzungsgrund.
3. Unter Berücksichtigung des Justizgewährleistungsanspruches entspricht es in diesem Fall den Interessen der Beteiligten, das Verfahren fortzuführen.
4. Im Beschwerdeverfahren hat der BFH eigenes Ermessen auszuüben.

§ 75 Mitteilung der Besteuerungsunterlagen

Den Beteiligten sind, soweit es noch nicht geschehen ist, die Unterlagen der Besteuerung auf Antrag oder, wenn der Inhalt der Klageschrift dazu Anlass gibt, von Amts wegen mitzuteilen.

Rechtsprechung

BFH vom 22. 5. 2007 – X R 26/05 (HFR 2007 S. 1003) 1
1. § 75 FGO hat als spezielle Ausprägung des Anspruchs auf rechtliches Gehör lediglich klarstellende Bedeutung.
2. Der Anspruch auf rechtliches Gehör ist nicht verletzt, wenn vor dem FA und dem FG Gelegenheit zur Äußerung bestand.

§ 76 Erforschung des Sachverhalts durch das Gericht

(1) ¹Das Gericht erforscht den Sachverhalt von Amts wegen. ²Die Beteiligten sind dabei heranzuziehen. ³Sie haben ihre Erklärungen über tatsächliche Umstände vollständig und der Wahrheit gemäß abzugeben und sich auf Anforderung des Gerichts zu den von den anderen Beteiligten vorgebrachten Tatsachen zu erklären. ⁴§ 90 Abs. 2, § 93 Abs. 3 Satz 2, § 97 Abs. 1 und 3, §§ 99, 100 der Abgabenordnung gelten sinngemäß. ⁵Das Gericht ist an das Vorbringen und an die Beweisanträge der Beteiligten nicht gebunden.

(2) Der Vorsitzende hat darauf hinzuwirken, dass Formfehler beseitigt, sachdienliche Anträge gestellt, unklare Anträge erläutert, ungenügende tatsächliche Angaben ergänzt, ferner alle für die Feststellung und Beurteilung des Sachverhalts wesentlichen Erklärungen abgegeben werden.

(3) ¹Erklärungen und Beweismittel, die erst nach Ablauf der von der Finanzbehörde nach § 364b Abs. 1 der Abgabenordnung gesetzten Frist im Einspruchsverfahren oder im finanzgerichtlichen Verfahren vorgebracht werden, kann das Gericht zurückweisen und ohne weitere Ermittlungen entscheiden. ²§ 79b Abs. 3 gilt entsprechend.

(4) Die Verpflichtung der Finanzbehörde zur Ermittlung des Sachverhalts (§§ 88, 89 Abs. 1 der Abgabenordnung) wird durch das finanzgerichtliche Verfahren nicht berührt.

Rechtsprechung

BFH vom 13. 3. 1985 – I R 7/81 (BStBl 1986 II S. 318) 1
1. Lehnt der Steuerpflichtige es ab, dem FG nähere Einzelheiten über den Geschäftsverkehr mit seinen angeblich ausländischen Lieferanten mitzuteilen, und wird es dem FG deshalb unmöglich, den Sachverhalt auf einfache Weise zu erforschen, so enthebt das Verhalten des Steuerpflichtigen das FG der Verpflichtung, weiter entfernt liegende Beweise zu erheben, wenn von vornherein Zweifel bestehen, ob der Sachverhalt auf diese Weise aufgeklärt werden kann.
2. Nach § 76 Abs. 1 Satz 2 FGO sind Auskünfte jeweils von dem Beteiligten zu verlangen, der über die erforderlichen Kenntnisse verfügt bzw. in dessen Sphäre die Informationsbeschaffung liegt.

BFH vom 11. 5. 1988 – I R 216/85 (BStBl 1988 II S. 715) 2
Ist streitig, ob ein Steuerbescheid gemäß § 173 Abs. 1 Nr. 2 AO zu ändern ist, muß das FG im Rahmen seiner tatsächlichen Feststellungen (§§ 76, 118 Abs. 2 FGO) ermitteln, welche das FA binden-

den Verwaltungsanweisungen im Zeitpunkt des ursprünglichen Bescheiderlasses durch das FA zu der materiellen Streitfrage bestanden (Anschluß an: Beschluß des Großen Senats des BFH vom 23. 11. 1987, BStBl 1988 II S. 180).

3   BFH vom 21. 6. 1988 – VII R 135/85 (BStBl 1988 II S. 841)

Einwendungen der am finanzgerichtlichen Verfahren Beteiligten gegen die Verwendung strafgerichtlicher Feststellungen und entsprechende Beweisanträge müssen substantiiert werden. Dazu genügt summarisches Bestreiten nicht. Beruhen die strafgerichtlichen Feststellungen auf Geständnissen eines Mitangeklagten, so bedarf es zur Substantiierung einer annehmbaren Erklärung, warum zu erwarten sei, daß dieser seine Aussagen ändern werde (Anschluß an BFHE 124 S. 305, BStBl 1978 II S. 311).

4   BFH vom 17. 12. 1997 – I R 47/97 (BStBl 1998 II S. 269)

Hat das FG im Rahmen des ihm gemäß § 76 Abs. 3 Satz 1 FGO eingeräumten Ermessens aus vertretbaren Gründen entschieden, daß es Erklärungen und Beweismittel, die erst nach Ablauf der von der Finanzbehörde nach § 364b AO gesetzten Frist im Einspruchsverfahren oder im finanzgerichtlichen Verfahren vorgebracht werden, nicht zurückweisen will, so ist dies vom BFH in der Revisionsinstanz grundsätzlich als verbindlich hinzunehmen.

5   BFH vom 19. 3. 1998 – V R 7/97 (BStBl 1998 II S. 399)

Hat das FA im Einspruchsverfahren gegen einen Schätzungsbescheid dem Einspruchsführer (Kläger) vergeblich eine Frist zur Angabe der Tatsachen gesetzt, durch deren Berücksichtigung oder Nichtberücksichtigung er sich beschwert fühlt (§ 364b Abs. 1 Nr. 1 AO), darf das FG eine erst im Klageverfahren eingereichte Steuererklärung nach § 76 Abs. 3 FGO zurückweisen und insoweit ohne weitere Ermittlungen entscheiden, wenn die Fristsetzung durch das FA rechtmäßig ist, die Voraussetzungen des § 79b Abs. 3 FGO erfüllt sind und die Schätzung der Besteuerungsgrundlagen nach Aktenlage nicht zu beanstanden ist.

6   BFH vom 9. 9. 1998 – I R 31/98 (BStBl 1999 II S. 26)

Unterläßt das FG es, schon vor der mündlichen Verhandlung geeignete vorbereitende Maßnahmen gemäß § 79 Abs. 1 FGO zu ergreifen, obwohl ihm dies möglich gewesen wäre und obwohl hierzu Anlaß bestand, ist es regelmäßig ermessensfehlerhaft, vom Kläger erst im Klageverfahren, aber angemessene Zeit vor der mündlichen Verhandlung, nachgereichte Steuererklärungen gemäß §§ 76 Abs. 3, 79b Abs. 3 FGO wegen Verzögerung des Rechtsstreits in der mündlichen Verhandlung zurückzuweisen.

7   BFH vom 23. 2. 1999 – IX R 19/98 (BStBl 1999 II S. 408)

Ist aufgrund von Versäumnissen des Gerichts die Sachaufklärung erschwert, darf dies im Rahmen der Beweiswürdigung nicht dem Steuerpflichtigen angelastet werden.

8   BFH vom 10. 6. 1999 – IV R 23/98 (BStBl 1999 II S. 664)

Auch bei einer nach Versäumung der Ausschlußfrist gemäß § 364b AO erhobenen Klage ist das FG verpflichtet, die mündliche Verhandlung nach Maßgabe des § 79 Abs. 1 FGO vorzubereiten und alle prozeßleitenden Maßnahmen zu ergreifen, um den Rechtsstreit nach Möglichkeit bis zur mündlichen Verhandlung zur Entscheidungsreife zu bringen. Auf welchen Tag die mündliche Verhandlung angesetzt wird, ist in einem solchen Fall vom FG unter Berücksichtigung seiner Geschäftslage nach pflichtgemäßem Ermessen zu bestimmen.

9   BFH vom 27. 7. 2000 – V R 38/99 (HFR 2001 S. 252)

Das FG darf die von einem Beteiligten beantragte Beweiserhebung im Regelfall nur unterlassen, wenn das Beweismittel für die zu treffende Entscheidung unerheblich ist, wenn die in Frage stehende Tatsache zugunsten des Beweisführenden als wahr unterstellt werden kann, wenn das Beweismittel unerreichbar ist oder wenn das Beweismittel unzulässig oder absolut untauglich ist.

10   BFH vom 2. 11. 2000 – X R 17/00 (HFR 2001 S. 469)

1. FG-Akten sind Urkunden und damit Beweismittel i.S. des § 81 Abs. 1 Satz 2 FGO. Sie sind auf Antrag des Beklagten als Beweismittel für Hilfstatsachen heranzuziehen, wenn sie Rückschlüsse auf die Qualität von Aussagen der vom Kläger benannten Zeugen ermöglichen, denen das FG entscheidende Bedeutung beigemessen hat.

2. Der Hinzuziehung von FG-Akten eines anderen Steuerpflichtigen steht das Steuergeheimnis nicht entgegen, wenn deren Offenbarung der Durchführung des gerichtlichen Verfahrens des Klägers in Steuersachen dient.

BFH vom 1. 2. 2007 – VI B 118/04 (BStBl 2007 II S. 538) 11

1. Eine Beweisaufnahme zu einem streitigen Vorbringen darf nicht abgelehnt werden, wenn der dem Beweisantrag zugrundeliegende Tatsachenvortrag konkret genug ist, um die Erheblichkeit des Vorbringens beurteilen zu können.
2. Ein Beweisantrag des Inhalts, ein Arbeitnehmer habe den „Mittelpunkt seiner Lebensinteressen" i.S. des § 9 Abs. 1 Satz 3 Nr. 4 EStG an einem bestimmten Ort innegehabt, ist hinreichend substantiiert und bestimmt. Eine Pflicht, die den Begriff des Lebensmittelpunkts prägenden Einzeltatsachen zusätzlich zu benennen und unter Beweis zu stellen, besteht regelmäßig nicht.
3. Begründet ein FG im angefochtenen Urteil, weshalb es von der Erhebung eines beantragten Beweises abgesehen hat, so genügt für eine ordnungsgemäße Rüge der Verletzung der Sachaufklärungspflicht regelmäßig der Vortrag, das FG sei dem Beweisantritt nicht gefolgt.

BFH vom 11. 12. 2007 – VII R 1/07 (BStBl 2007 II S. 543) 12

Aus den Gründen:
Soweit dem Vorbringen der Klägerin die Rüge mangelnder Sachverhaltsaufklärung durch das FG entnommen werden kann, ist der behauptete Verstoß gegen § 76 FGO nicht schlüssig dargelegt. Wird geltend gemacht, das FG habe einen angebotenen Beweis nicht erhoben, gehört zur ordnungsgemäßen Darlegung des Verfahrensfehlers mangelhafter Sachaufklärung auch der Vortrag, dass die Nichterhebung angebotener Beweise in der mündlichen Verhandlung gerügt wurde oder weshalb diese Rüge nicht möglich war (Gräber/Ruban, FGO, 6. Aufl., § 120 Rz. 69, m.w.N.). Da der im finanzgerichtlichen Verfahren geltende Untersuchungsgrundsatz eine Verfahrensvorschrift ist, auf deren Einhaltung ein Beteiligter ausdrücklich oder durch Unterlassen einer Rüge verzichten kann (§ 155 FGO i.V.m. § 295 ZPO), hat die Unterlassung der rechtzeitigen Rüge den endgültigen Rügeverzicht zur Folge.

BFH vom 5. 6. 2008 – IV R 79/0 (BStBl 2009 II S. 15) 13

Bei Unsicherheit darüber, ob die Voraussetzungen einer notwendigen Beiladung erfüllt sind (hier: Fortbestand einer GbR), kann der BFH den Sachverhalt selbst aufklären, um die erforderliche Überzeugung zum Vorliegen der in § 48 FGO i.V.m. § 60 Abs. 3 FGO geregelten Tatbestände zu erlangen. Misslingt dies jedoch in dem Sinne, dass der BFH auch aufgrund der von den Beteiligten abgegebenen Erklärungen und der von ihnen vorgelegten Unterlagen das Erfordernis einer notwendigen Beiladung weder zu bejahen noch mit hinreichender Gewissheit auszuschließen vermag, so kann es im Interesse der Verfahrensbeschleunigung sowie zur Vermeidung von Verfahrenskosten geboten sein, dem FG die weitere Aufklärung des Sachverhalts zu übertragen, um die im Revisionsverfahren verbliebenen Zweifel insbesondere durch Anhörung der Beteiligten auszuräumen.

BFH vom 6. 11. 2008 – IV B 126/07 (BStBl 2009 II S. 156) 14

1. Im Beschwerdeverfahren über die Ablehnung eines Antrags auf AdV durch das FG hat der BFH als Tatsachengericht grundsätzlich selbst die Befugnis und Pflicht zur Tatsachenfeststellung.
2. Dies steht jedoch einer Zurückverweisung des Verfahrens zur ergänzenden Tatsachenfeststellung durch das FG nicht entgegen, wenn nach den Umständen des Einzelfalls die Feststellungen besser durch das FG getroffen werden können und die besondere Eilbedürftigkeit des Verfahrens auf AdV der Zurückverweisung nicht entgegensteht.

BFH vom 12. 5. 2009 – IX R 46/08 (BStBl 2011 II S. 24) 15

1. Halten nahe Angehörige zivilrechtliche Formerfordernisse nicht ein, spricht dies im Rahmen der steuerrechtlichen Beurteilung des Vertrages indiziell gegen den vertraglichen Bindungswillen (Bestätigung der BFH-Urteile vom 7. 6. 2006 IX R 4/04, BStBl II 2007, 294, und vom 22. 2. 2007 IX R 45/06, BFHE 217, 409).
2. Die Gesamtwürdigung mehrerer Beweisanzeichen ist insgesamt fehlerhaft, wenn das FG aus einem Indiz, das es in seine Gesamtbetrachtung einbezieht, den falschen Schluss zieht.

BFH vom 23. 3. 2011 – X R 44/09 (BStBl 2011 II S. 884) 16

1. Vor einer Entscheidung nach den Regeln der Feststellungslast ist vorrangig regelmäßig der entscheidungserhebliche Sachverhalt aufzuklären oder, soweit dies nicht gelingt, eine Reduzierung des Beweismaßes unter Berücksichtigung von Mitwirkungspflichtverletzungen vorzunehmen.

2. Die Grundsätze über eine Reduzierung des Beweismaßes gelten auch für die Feststellung, ob die tatsächlichen Voraussetzungen für die Anwendung der Korrekturvorschrift des § 173 Abs. 1 Nr. 1 AO erfüllt sind.

17 BFH vom 20. 6. 2011 – X B 152/09 (BFH/NV 2011 S. 1890)

Das FG hat seine Verpflichtung zur Sachverhaltsaufklärung nicht verletzt, wenn es die entscheidungserheblichen Beweise gewürdigt, daraus jedoch nicht die durch den Kläger gewünschten Schlüsse gezogen hat.

18 BFH vom 29. 6. 2011 – X B 242/10 (BFH/NV 2011 S. 1715)

– Ein ordnungsgemäß gestellter Beweisantrag darf nur unberücksichtigt bleiben, wenn das Beweismittel unerreichbar, unzulässig, absolut untauglich oder für die zu treffende Entscheidung unerheblich ist oder wenn die in Frage stehende Tatsache zugunsten des Beweisführers als wahr unterstellt werden kann.

– Das FG verstößt gegen das Verbot der vorweggenommenen Beweiswürdigung, wenn es einen Antrag auf Zeugenbeweis mit der Begründung übergeht, es habe sich nicht davon überzeugen können, dass vorliegende schriftliche Erklärungen der als Zeugen benannten Personen zutreffend seien.

19 BFH vom 20. 7. 2011 – X B 36/11 (BFH/NV 2011 S. 2079)

§ 76 Abs. 2 FGO begründet jedoch auch bei Rechtsunkundigen weder eine umfassende Hinweispflicht noch eine Pflicht zur Rechtsberatung bzw. Rechtsauskunft.

20 BFH vom 5. 8. 2011 – III B 144/10 (BFH/NV 2011 S. 1915)

– Da die Sachaufklärungspflicht dazu dient, die Spruchreife der Klage herbeizuführen, hat das FG nur das aufzuklären, was aus seiner materiell-rechtlichen Sicht entscheidungserheblich ist.

– Weist die zu beweisende Tatsache einen Auslandsbezug auf, muss ein im Ausland ansässiger Zeuge ohne Ladung in der mündlichen Verhandlung gestellt werden.

– Liegen die rechtliche Bedeutung bestimmter Tatsachen und die sich daraus ergebende Notwendigkeit, diese Tatsachen bei Gericht vorzubringen und zu substantiieren, auf der Hand, so stellt ein unterlassener Hinweis des Gerichts jedenfalls dann keine Pflichtverletzung dar, wenn der Kläger steuerlich beraten und im Prozess entsprechend vertreten wird.

21 BFH vom 29. 8. 2011 – VIII B 24/11 (BFH/NV 2011 S. 2101)

Eine Klage darf nicht wegen Unklarheiten des Sachverhalts abgewiesen werden, solange das FG keinen hinreichenden Versuch der Sachaufklärung unternommen hat.

FGO § 77 Schriftsätze

(1) ¹Die Beteiligten sollen zur Vorbereitung der mündlichen Verhandlung Schriftsätze einreichen. ²Hierzu kann der Vorsitzende sie unter Fristsetzung auffordern. ³Den Schriftsätzen sollen Abschriften für die übrigen Beteiligten beigefügt werden. ⁴Die Schriftsätze sind den Beteiligten von Amts wegen zu übermitteln.

(2) ¹Den Schriftsätzen sind die Urkunden, auf die Bezug genommen wird, in Urschrift oder in Abschrift ganz oder im Auszug beizufügen. ²Sind die Urkunden dem Gegner bereits bekannt oder sehr umfangreich, so genügt die genaue Bezeichnung mit dem Anerbieten, Einsicht bei Gericht zu gewähren.

FGO § 77a (weggefallen)

§ 78 Akteneinsicht

(1) Die Beteiligten können die Gerichtsakte und die dem Gericht vorgelegten Akten einsehen.
(2) ¹Beteiligte können sich auf ihre Kosten durch die Geschäftsstelle Ausfertigungen, Auszüge, Ausdrucke und Abschriften erteilen lassen. ²Nach dem Ermessen des Vorsitzenden kann Bevollmächtigten, die zu den in § 3 Nr. 1 und § 4 Nr. 1 und 2 des Steuerberatungsgesetzes bezeichneten natürlichen Personen gehören, der elektronische Zugriff auf den Inhalt der Akten gestattet oder der Inhalt der Akten elektronisch übermittelt werden. § 79a Abs. 4 gilt entsprechend. ³Bei einem elektronischen Zugriff auf den Inhalt der Akten ist sicherzustellen, dass der Zugriff nur durch den Bevollmächtigten erfolgt. ⁴Für die Übermittlung von elektronischen Dokumenten ist die Gesamtheit der Dokumente mit einer qualifizierten elektronischen Signatur nach § 2 Nr. 3 des Signaturgesetzes zu versehen und gegen unbefugte Kenntnisnahme zu schützen.
(3) Die Entwürfe zu Urteilen, Beschlüssen und Verfügungen, die Arbeiten zu ihrer Vorbereitung, ferner die Dokumente, die Abstimmungen oder Ordnungsstrafen des Gerichts betreffen, werden weder vorgelegt noch abschriftlich mitgeteilt.

Rechtsprechung

BFH vom 25. 7. 1994 – X B 333/93 (BStBl 1994 II S. 802)

1. Zu den Steuerakten, die auf Verlangen dem FG vorzulegen sind, gehören auch die Arbeitsakten des Betriebsprüfers.
2. Befinden sich in den Steuerakten vertrauliche Mitteilungen von Hinweisgebern (Anzeigenerstattern usw.), so ist das FA grundsätzlich befugt, diese Aktenteile auszuheften und nicht vorzulegen.
3. Hat der Berichterstatter des FG versehentlich von einer solchen vertraulichen Mitteilung Kenntnis erhalten, darf er seine Kenntnis nicht verwerten und nicht in die Urteilsbildung einfließen lassen.

BFH vom 15. 6. 2000 – IX B 13/00 (BStBl 2000 II S. 431)

Haben zur Einkommensteuer zusammen veranlagte Eheleute Klage erhoben und ist das einen Ehegatten betreffende Verfahren wegen Konkurseröffnung unterbrochen, ist der Konkursverwalter bereits vor Aufnahme des unterbrochenen Verfahrens gemäß § 78 FGO berechtigt, Akteneinsicht in den gesamten Prozessstoff zu nehmen, der i.S. von § 96 i.V.m. § 78 FGO die Grundlage für die Entscheidung des FG bildet. Die Verpflichtung zur Wahrung des Steuergeheimnisses (§ 30 AO) steht nicht entgegen.

BFH vom 17. 10. 2001 – I R 103/00 (BStBl 2004 II S. 171)

Das Akteneinsichtsrecht der Beteiligten erstreckt sich auch auf vom FG beigezogene „fremde" Steuerakten (Abweichung vom BFH-Urteil vom 18. 12. 1984, BStBl 1986 II S. 226). Ein FG kann jedoch von der Beiziehung solcher Akten absehen, wenn die Gefahr einer Verletzung von § 30 AO im Falle der Akteneinsichtnahme durch die Beteiligten besteht.

BFH vom 20. 10. 2005 – VII B 207/05 (BStBl 2006 II S. 41)

1. Die Aufbewahrung und Verwaltung von Gerichtsakten nach Abschluss eines Verfahrens ist grundsätzlich nicht Aufgabe des Spruchkörpers, der mit ihm befasst war, sondern der Gerichtsverwaltung. Dementsprechend muss ggf. die Gerichtsverwaltung eine Entscheidung darüber treffen, ob einem Beteiligten nach rechtskräftigem Abschluss eines Verfahrens Akteneinsicht gewährt werden soll.
2. Das Akteneinsichtsrecht nach § 78 FGO dient allein der Prozessführung und erlischt, sobald das betreffende Verfahren endgültig abgeschlossen ist.
3. Eine Beschwerde gegen die Entscheidung des Vorsitzenden, Einsicht in die Akte eines abgeschlossenen Verfahrens zu verweigern, ist jedenfalls dann nicht unzulässig, sondern unbegründet, wenn einziger Streitpunkt ist, ob wegen des rechtskräftigen Abschlusses des Verfahrens das Recht auf Akteneinsicht nach § 78 Abs. 1 FGO erloschen ist.

5 **BFH vom 7. 12. 2006 – V B 163/05 (BStBl 2007 II S. 275)**

1. Seit dem 1. 4. 2005 ist ausschließlich der BFH für eine gerichtliche Entscheidung darüber zuständig, ob die Weigerung des FA, einem Beteiligten Akteneinsicht im finanzgerichtlichen Verfahren zu gewähren, rechtmäßig ist.
2. Hat das FG nach dem 31. 3. 2005 über einen Antrag eines Beteiligten auf Akteneinsicht entschieden, ist diese Entscheidung auf Beschwerde hin aufzuheben; der BFH trifft über die Frage der Akteneinsicht eine eigene Entscheidung.
...

6 **BFH vom 17. 10. 2008 – VI B 138/06 (HFR 2008 S. 360)**

1. Das Recht auf Akteneinsicht (einschließlich des Rechts auf Überlassung von Unterlagen) als Ausfluss des Rechts auf rechtliches Gehör dient nicht nur der Informationsgewinnung als Voraussetzung für eine sachangemessene Äußerung. Das Akteneinsichtsrecht sichert auch die Ausgewogenheit des Zugangs zum Gericht und in diesem Sinne prozessuale Waffengleichheit.
2. Ein Beteiligter hat grundsätzlich keinen Anspruch auf Ablichtung der gesamten Gerichts- und Verwaltungsakten.
3. Zur missbräuchlichen Ausübung des Rechts auf Überlassung von Unterlagen.
4. Die Zurückverweisung einer Sache ist auch im Beschwerdeverfahren zulässig.

7 **BVerfG vom 13. 4. 2010 – 1 BvR 3515/08 (HFR 2010 S. 862)**

1. ...
2. Das Akteneinsichtsrecht ist im finanzgerichtlichen Verfahren als Ausfluss des Anspruchs der Prozessbeteiligten auf Gewährung rechtlichen Gehörs von besonderer Bedeutung, weil mangels entsprechender Regelung in der AO regelmäßig erst im Prozess Gelegenheit besteht, unabhängig von einer Ermessensentscheidung des FA die (Steuer-)Akten einzusehen.
3. Zum Verzicht auf die Rüge einer Verletzung des Anspruchs auf rechtliches Gehör, wenn der Stpfl. fachkundig vertreten wird.
4. Dem im finanzgerichtlichen Verfahren nicht anwaltlich vertretenen Kl. das Versäumen eines Protokollberichtigungsantrags mit der Folge eines konkludenten Rügeverzichts entgegenzuhalten, überspannt die Anforderungen an dessen prozessuale Sorgfaltspflichten, wenn er bereits wiederholt schriftsätzlich Antrag auf Akteneinsicht begehrte. Hat das FG sich in Tatbestand und Entscheidungsgründen des angegriffenen Urteils mit dem Antrag auf Akteneinsicht befasst, zeigt dies, dass es selbst nicht von einem Antragsverzicht ausgegangen ist.

8 **BFH vom 14. 1. 2011 – VIII B 56/10 (BFH/NV 2011 S. 630)**

Der Kläger hat im laufenden Finanzgerichtsverfahren keinen Anspruch auf Einsicht in Gerichts- oder Verwaltungsakten, die dem FG nicht vorliegen, und auch keinen Anspruch auf Beziehung von Gerichts- oder Verwaltungsakten, die das FG für seine Entscheidung nicht benötigt.

9 **BFH vom 19. 1. 2011 – X B 127/10 (BFH/NV 2011 S. 632)**

Das FG ist nicht verpflichtet, in der mündlichen Verhandlung auf alle in der Gerichtsakte enthaltenen Schriftsätze einzugehen. Kenntnis vom Inhalt dieser Schriftsätze kann sich ein Beteiligter durch Wahrnehmung seines Akteneinsichtsrechts verschaffen.

10 **BFH vom 28. 4. 2011 – VIII B 185/10 (BFH/NV 2011 S. 433)**

Die ständige Praxis der Finanzgerichte, in Ausübung ihres Ermessens Akteneinsicht durch Übersendung in die Kanzlei eines Verfahrensbevollmächtigten oder eines sich selbst vertretenden Rechtsanwalts – als Abweichung vom gesetzlich vorgesehenen Regelfall der Einsicht an Gerichtsstelle nur ausnahmsweise zu gewähren, verletzt keine Grundrechte oder grundrechtsgleichen Rechte (Anschluss an BFH-Beschluss vom 9. 6. 2010 – II B 47/10, BFH/NV 2010 S. 1653 m.w.N. unter Bezugnahme auf Beschluss des BVerfG vom 8. 10. 2002 – 1 BvR 1503/02, DStZ 2003 S. 46).

11 **BFH vom 5. 5. 2011 – V B 11/11 (HFR 2011 S. 1216)**

1. Eine Aktenübersendung in die Kanzlei des Prozessbevollmächtigten kommt im Regelfall nicht in Betracht.
2. Unbequemlichkeiten, die regelmäßig mit der Akteneinsicht außerhalb der Kanzleiräume verbunden sind, rechtfertigen keine Ausnahme von der Regel, Akteneinsicht grundsätzlich bei dem FG, bei einem anderen Gericht oder einer anderen Behörde zu gewähren.

BFH vom 5. 7. 2011 – II B 24/11 (BFH/NV 2011 S. 1716) 12

1. Bereits aus dem Begriff „einsehen" in § 78 Abs. 1 FGO und der Regelung über die Erteilung von Abschriften usw. durch die Geschäftsstelle in § 78 Abs. 2 Satz 1 FGO ergibt sich, dass die Einsichtnahme der Akten bei Gericht die Regel sein soll und eine vorübergehende Überlassung von Akten an den Prozessbevollmächtigten nur ausnahmsweise in Betracht kommt.
2. Dem steht die technische Fortentwicklung der Kopiertechnik nicht entgegen, weil sich der Vorrang der Akteneinsichtnahme bei Gericht unmittelbar aus dem Wortlaut des § 78 Abs. 1 und Abs. 2 Satz 1 FGO ergibt.

§ 79 Vorbereitung der mündlichen Verhandlung

(1) ¹Der Vorsitzende oder der Berichterstatter hat schon vor der mündlichen Verhandlung alle Anordnungen zu treffen, die notwendig sind, um den Rechtsstreit möglichst in einer mündlichen Verhandlung zu erledigen. ²Er kann insbesondere
1. die Beteiligten zur Erörterung des Sach- und Streitstandes und zur gütlichen Beilegung des Rechtsstreits laden;
2. den Beteiligten die Ergänzung oder Erläuterung ihrer vorbereitenden Schriftsätze, die Vorlegung von Urkunden, die Übermittlung von elektronischen Dokumenten und die Vorlegung von anderen zur Niederlegung bei Gericht geeigneten Gegenständen aufgeben, insbesondere eine Frist zur Erklärung über bestimmte klärungsbedürftige Punkte setzen;
3. Auskünfte einholen;
4. die Vorlage von Urkunden oder die Übermittlung von Dokumenten anordnen;
5. das persönliche Erscheinen der Beteiligten anordnen; § 80 gilt entsprechend;
6. Zeugen und Sachverständige zur mündlichen Verhandlung laden.

(2) Die Beteiligten sind von jeder Anordnung zu benachrichtigen.

(3) ¹Der Vorsitzende oder der Berichterstatter kann einzelne Beweise erheben. ²Dies darf nur insoweit geschehen, als es zur Vereinfachung der Verhandlung vor dem Gericht sachdienlich und von vornherein anzunehmen ist, dass das Gericht das Beweisergebnis auch ohne unmittelbaren Eindruck von dem Verlauf der Beweisaufnahme sachgemäß zu würdigen vermag.

§ 79a Entscheidungen des Vorsitzenden

(1) Der Vorsitzende entscheidet, wenn die Entscheidung im vorbereitenden Verfahren ergeht,
1. über die Aussetzung und das Ruhen des Verfahrens;
2. bei Zurücknahme der Klage, auch über einen Antrag auf Prozesskostenhilfe;
3. bei Erledigung des Rechtsstreits in der Hauptsache, auch über einen Antrag auf Prozesskostenhilfe;
4. über den Streitwert;
5. über Kosten;
6. über die Beiladung.

(2) ¹Der Vorsitzende kann ohne mündliche Verhandlung durch Gerichtsbescheid (§ 90a) entscheiden. ²Dagegen ist nur der Antrag auf mündliche Verhandlung innerhalb eines Monats nach Zustellung des Gerichtsbescheides gegeben.

(3) Im Einverständnis der Beteiligten kann der Vorsitzende auch sonst anstelle des Senats entscheiden.

(4) Ist ein Berichterstatter bestellt, so entscheidet dieser anstelle des Vorsitzenden.

§ 79a FGO
H

H Hinweise

1 Entscheidungen durch den sog. konsentierten Einzelrichter (§ 79a Abs. 3 und 4 FGO)

(OFD Niedersachsen, Vfg. vom 12. 8. 2011 – FG 2026 – 31 – St 143 –)

1. Allgemeines

Entsprechend der Geschäftsverteilung des Senats (§ 21g GVG) wird der Rechtsstreit durch den Vorsitzenden einem Senatsmitglied oder ihm selbst als Berichterstatter zugeschrieben. Der Berichterstatter ist für die weitere Vorbereitung der Sache zuständig (vgl. §§ 79 ff. FGO).
Die Entscheidung des Rechtsstreits erfolgt entweder durch den Senat (gem. § 5 Abs. 3 FGO in der Besetzung mit drei Berufsrichtern und zwei ehrenamtlichen Richtern (Ausnahme: bei Gerichtsbescheiden gem. § 90a FGO)) oder in bestimmten Fällen, nach Übertragungsbeschluss, durch den (originären) Einzelrichter (§ 6 FGO). Anstelle des Senats kann mit Einverständnis der Beteiligten und ohne dass die Voraussetzungen des § 6 FGO vorzuliegen brauchen, der Vorsitzende bzw. nach Zuschreibung der Berichterstatter (als konsentierter Einzelrichter) alleine entscheiden (§ 79a Abs. 3, 4 FGO).

Die Einverständniserklärung zu einer Entscheidung nach § 79a Abs. 3, 4 FGO muss von allen am Prozess Beteiligten (Hinweis auf § 57 FGO) abgegeben werden, wobei die Möglichkeit hierzu während des gesamten gerichtlichen Verfahrens besteht. Eine ggf. zuvor geäußerte gegenteilige Erklärung steht dem nicht entgegen; eine solche kann jederzeit – auch konkludent – widerrufen werden.

Die Einverständniserklärung ist eine einseitig gestaltende Prozesshandlung, die bereits mit Zugang beim Finanzgericht wirksam wird und als solche grundsätzlich nicht anfechtbar, bedingungsfeindlich und unwiderruflich ist. Ob ein Widerruf ausnahmsweise – entsprechend § 128 Abs. 2 ZPO – zulässig ist, wenn sich die Prozesslage maßgeblich verändert hat, hat der BFH bislang ausdrücklich offen gelassen.

Das Einverständnis der Beteiligten bedeutet nicht gleichzeitig, dass auch eine Verpflichtung zu einer Einzelrichterentscheidung besteht. Vielmehr besteht insoweit ein Ermessen (kann); die Entscheidungsbefugnis des Senats bleibt (konkurrierend) fortbestehen. Im Zuge dieser Ermessensentscheidung hat der Einzelrichter neben dem Beschleunigungs- und Entlastungszweck der Norm das Rechtsschutzinteresse der Beteiligten und das Allgemeininteresse an der Einheitlichkeit der Rechtsprechung abzuwägen. Denn anders als bei § 6 FGO kann eine Einzelrichterentscheidung auch zu schwierigen Rechtsfragen oder solcher von grundsätzlicher Bedeutung ergehen. Dies ist dadurch gerechtfertigt, dass es die Beteiligten selbst in der Hand haben, ob sie ihre Zustimmung zu einer Abweichung vom gesetzlichen Grundgedanken des Kollegialgerichts erteilen.

Eine Vorprägung der Ermessensentscheidung wird von der Literatur hingegen dann gesehen bzw. mehrfach bejaht, wenn eine Vorlage an das BVerfG beabsichtigt ist oder ein „positiver Kompetenzkonflikt" gegeben ist; in diesen Fällen soll (wieder) eine Entscheidung durch den Senat getroffen werden.

2. Umgang mit Anfragen des Finanzgerichts

Bei den Anfragen des Finanzgerichts, ob einer Entscheidung durch den Vorsitzenden oder Berichterstatter anstelle des Senats (§ 79a Abs. 3, 4 FGO; sog. konsentierter Einzelrichter) zugestimmt werden kann, ist künftig wie folgt zu verfahren:

Die Finanzämter haben generell als Beklagte sorgfältig das Für und Wider einer derartigen Erklärung unter Berücksichtigung der Bedeutung des Falles bzw. der streitigen Rechtsfrage(n) abzuwägen und ggf. zunächst den weiteren Fortgang des Verfahrens abzuwarten, bevor sie ihre Zustimmung zu einer – häufig bereits mit Übersendung der Klageschrift durch das Finanzgericht formularmäßig gestellten – entsprechenden Frage erteilen.

In diesem Zusammenhang ist auch – wie durch den Einzelrichter im Rahmen seiner Ermessensentscheidung – zu beachten, dass die Finanzgerichte grundsätzlich als Kollegialgerichte ausgestaltet sind (und Einzelrichterentscheidungen die Ausnahme bilden). Dem liegt die Annahme des Gesetzgebers zugrunde, dass Entscheidungen eines Kollegiums/des Senats eine höhere Richtigkeitsgewähr beizumessen ist, als denen eines Einzelnen. Dies beruht zunächst darauf, dass das Finanzgericht – wie bspw. auch das Oberverwaltungsgericht oder Oberlandesgericht – als letzte Tatsacheninstanz mit letztentscheidungswirkung hinsichtlich des Sachverhalts trifft. Dadurch werden besondere Sorgfaltspflichten begründet, die insbesondere durch das Kollegialprinzip gewährleistet werden. Damit geht ein nicht zu vernachlässigender Mehrwert an Rechtsschutz und Entscheidungsqualität einher.

Im Rahmen dieser Überlegungen sollten die Finanzämter in der ersten Stellungnahme darauf hinweisen, dass einer Übertragung auf den Einzelrichter gem. § 79a Abs. 3, 4 FGO (zunächst) nicht zugestimmt wird bzw. das Einverständnis ggfs. zu einem späteren Zeitpunkt erfolgt. Eine Zustim-

924

mung ist Prozesshandlung und muss unmissverständlich sein, eine Auslegung (§ 133 BGB) kommt nur ausnahmsweise in Betracht. Eine Zustimmung kann daher auch nicht konkludent unterstellt werden.

In Fällen von grundsätzlicher oder übergeordneter Bedeutung oder bei beabsichtigter bzw. absehbarer Vorlage an das BVerfG oder den EuGH durch das Niedersächsische Finanzgericht bitte ich, grundsätzlich keine Zustimmung zu einer Einzelrichterentscheidung gem. § 79a Abs. 3, 4 FGO zu erteilen, sondern auf einer Kollegial-/Senatsentscheidung zu bestehen.

Das Einverständnis kann weder erzwungen werden (Verbot der „aufgedrängten" Zustimmung), noch im Falle einer Verweigerung zu atmosphärischen Störungen führen und damit u.U. Einfluss auf die Prozessführung haben.

Rechtsprechung

BFH vom 2. 12. 1998 – X R 15, 16/97 (BStBl 1999 II S. 412)

In finanzgerichtlichen Wiederaufnahmeverfahren entscheidet der Vollsenat auch dann, wenn die Entscheidung, um deren Korrektur es geht, gemäß § 79a Abs. 3, 4 FGO vom Einzelrichter erlassen wurde.

BFH vom 15. 12. 1998 – VIII R 74/97 (BStBl 1999 II S. 300)

Das für die Entscheidung durch den sog. konsentierten Richter (§ 79a Abs. 3 und 4 FGO) erforderliche Einverständnis der Beteiligten muß unmißverständlich erklärt werden. Hieran fehlt es jedenfalls dann, wenn der Richter die verfahrensrechtlichen Grundlagen seiner Stellung mit den Beteiligten nicht erörtert und die Kläger in der mündlichen Verhandlung nicht durch einen Angehörigen der rechts- und steuerberatenden Berufe (§ 62 Abs. 2 Satz 1, 2. Halbsatz FGO) vertreten sind.

BFH vom 29. 1. 1999 – VI R 85/98 (BStBl 1999 II S. 302)

Hat der Einzelrichter, dem gemäß § 6 Abs. 1 FGO der Rechtsstreit zur Entscheidung übertragen worden ist, einen Gerichtsbescheid ausdrücklich als Einzelrichter „gemäß § 79a Abs. 2 und 4 FGO" erlassen, ist dagegen ausschließlich der Antrag auf mündliche Verhandlung gegeben. Die Revision wird auch dann nicht statthaft, wenn sie der Einzelrichter zugelassen hat.

BFH vom 9. 7. 2003 – IX B 34/03 (BStBl 2003 II S. 858)

Der Vorsitzende (Berichterstatter), der gemäß § 79a Abs. 3, 4 FGO im Einverständnis der Beteiligten anstelle des Senats entscheiden kann, hat sich durch sein Tätigwerden im Verfahren vor einer erstmaligen mündlichen Verhandlung auch dann noch nicht zum sog. konsentierten Einzelrichter hinsichtlich der abschließenden Entscheidung des Rechtsstreits bestellt, wenn er bei einzelnen Verfahrenshandlungen bereits als solcher aufgetreten ist.

BFH vom 10. 2. 2011 – II S 39/10 (PKH) (BStBl 2011 II S. 657)

Ein Widerruf einer Einverständniserklärung mit einer Entscheidung durch den Berichterstatter nach § 79a Abs. 3 und 4 FGO ist ausgeschlossen, soweit sich die Prozesslage bei objektiver Betrachtung nachträglich nicht wesentlich geändert hat.

§ 79b Fristsetzung zur Angabe von Tatsachen

(1) ¹Der Vorsitzende oder der Berichterstatter kann dem Kläger eine Frist setzen zur Angabe der Tatsachen, durch deren Berücksichtigung oder Nichtberücksichtigung im Verwaltungsverfahren er sich beschwert fühlt. ²Die Fristsetzung nach Satz 1 kann mit der Fristsetzung nach § 65 Abs. 2 Satz 2 verbunden werden.

(2) Der Vorsitzende oder der Berichterstatter kann einem Beteiligten unter Fristsetzung aufgeben, zu bestimmten Vorgängen
1. Tatsachen anzugeben oder Beweismittel zu bezeichnen,
2. Urkunden oder andere bewegliche Sachen vorzulegen oder elektronische Dokumente zu übermitteln, soweit der Beteiligte dazu verpflichtet ist.

(3) ¹Das Gericht kann Erklärungen und Beweismittel, die erst nach Ablauf einer nach den Absätzen 1 und 2 gesetzten Frist vorgebracht werden, zurückweisen und ohne weitere Ermittlungen entscheiden, wenn
1. ihre Zulassung nach der freien Überzeugung des Gerichts die Erledigung des Rechtsstreits verzögern würde und
2. der Beteiligte die Verspätung nicht genügend entschuldigt und
3. der Beteiligte über die Folgen einer Fristversäumung belehrt worden ist.

²Der Entschuldigungsgrund ist auf Verlangen des Gerichts glaubhaft zu machen. ³Satz 1 gilt nicht, wenn es mit geringem Aufwand möglich ist, den Sachverhalt auch ohne Mitwirkung des Beteiligten zu ermitteln.

Rechtsprechung

1 **BFH vom 17. 12. 1997 – I R 47/97 (BStBl 1998 II S. 760)**

Hat das FG im Rahmen des ihm gemäß § 76 Abs. 3 Satz 1 FGO eingeräumten Ermessens aus vertretbaren Gründen entschieden, daß es Erklärungen und Beweismittel, die erst nach Ablauf der von der Finanzbehörde nach § 364b AO gesetzten Frist im Einspruchsverfahren oder im finanzgerichtlichen Verfahren vorgebracht werden, nicht zurückweisen will, so ist dies vom BFH in der Revisionsinstanz grundsätzlich als verbindlich hinzunehmen.

2 **BFH vom 19. 3. 1998 – V R 7/97 (BStBl 1998 II S. 399)**

Hat das FA im Einspruchsverfahren gegen einen Schätzungsbescheid dem Einspruchsführer (Kläger) vergeblich eine Frist zur Angabe der Tatsachen gesetzt, durch deren Berücksichtigung oder Nichtberücksichtigung er sich beschwert fühlt (§ 364b Abs. 1 Nr. 1 AO), darf das FG eine erst im Klageverfahren eingereichte Steuererklärung nach § 76 Abs. 3 FGO zurückweisen und insoweit ohne weitere Ermittlungen entscheiden, wenn die Fristsetzung durch das FA rechtmäßig ist, die Voraussetzungen des § 79b Abs. 3 FGO erfüllt sind und die Schätzung der Besteuerungsgrundlagen nach Aktenlage nicht zu beanstanden ist.

3 **BFH vom 9. 9. 1998 – I R 31/98 (BStBl 1999 II S. 26)**

Unterläßt das FG es, schon vor der mündlichen Verhandlung geeignete vorbereitende Maßnahmen gemäß § 79 Abs. 1 FGO zu ergreifen, obwohl ihm dies möglich gewesen wäre und obwohl hierzu Anlaß bestand, ist es regelmäßig ermessensfehlerhaft, vom Kläger erst im Klageverfahren, aber angemessene Zeit vor der mündlichen Verhandlung, nachgereichte Steuererklärungen gemäß §§ 76 Abs. 3, 79b Abs. 3 FGO wegen Verzögerung des Rechtsstreits in der mündlichen Verhandlung zurückzuweisen.

4 **BFH vom 17. 2. 2000 – I R 52-55/99 (BStBl 2000 II S. 354)**

Eine Zurückweisung verspäteten Vorbringens ist ermessensfehlerhaft, wenn das FG bei rechtzeitiger und sachgerechter Vorbereitung der mündlichen Verhandlung in der Lage gewesen wäre, die verspätet geltend gemachten Tatsachen und Beweismittel in der Verhandlung zu berücksichtigen.

5 **BFH vom 24. 5. 2000 – VI R 182/99 (HFR 2001 S. 45)**

§ 79b Abs. 2 FGO deckt nicht die Aufforderung zur Abgabe von Steuererklärungen durch das FG.

§ 80 Persönliches Erscheinen

(1) ¹Das Gericht kann das persönliche Erscheinen eines Beteiligten anordnen. ²Für den Fall des Ausbleibens kann es Ordnungsgeld wie gegen einen im Vernehmungstermin nicht erschienenen Zeugen androhen. ³Bei schuldhaftem Ausbleiben setzt das Gericht durch Beschluss das angedrohte Ordnungsgeld fest. ⁴Androhung und Festsetzung des Ordnungsgeldes können wiederholt werden.

(2) Ist Beteiligter eine juristische Person oder eine Vereinigung, so ist das Ordnungsgeld dem nach Gesetz oder Satzung Vertretungsberechtigten anzudrohen und gegen ihn festzusetzen.

(3) Das Gericht kann einer beteiligten öffentlich-rechtlichen Körperschaft oder Behörde aufgeben, zur mündlichen Verhandlung einen Beamten oder Angestellten zu entsenden, der mit einem schriftlichen Nachweis über die Vertretungsbefugnis versehen und über die Sach- und Rechtslage ausreichend unterrichtet ist.

Rechtsprechung

BFH vom 29. 6. 1972 – V R 9/71 (BStBl 1972 II S. 952) 1

Das Ausbleiben des ordnungsmäßig geladenen Klägers in der mündlichen Verhandlung vor dem FG ist keine Verletzung der Mitwirkungspflicht zur Sachaufklärung, es sei denn, daß das persönliche Erscheinen angeordnet war.

BFH vom 26. 3. 1997 – II B 2/97 (BStBl 1997 II S. 411) 2

Bei der finanzgerichtlichen Anordnung des persönlichen Erscheinens eines Beteiligten handelt es sich um eine prozeßleitende Verfügung, die nach § 128 Abs. 2 FGO nicht mit der Beschwerde angefochten werden kann.

BFH vom 14. 12. 2010 – X B 103/10 (BFH/NV 2011 S. 618) 3

Im Falle notwendiger Sachaufklärung ist die Anordnung persönlichen Erscheinens regelmäßig sachdienlich. Das gilt auch, wenn der Steuerpflichtige im Vorfeld erklärt, er werde keine Angaben machen.

§ 81 Beweiserhebung

(1) ¹Das Gericht erhebt Beweis in der mündlichen Verhandlung. ²Es kann insbesondere Augenschein einnehmen, Zeugen, Sachverständige und Beteiligte vernehmen und Urkunden heranziehen.

(2) Das Gericht kann in geeigneten Fällen schon vor der mündlichen Verhandlung durch eines seiner Mitglieder als beauftragten Richter Beweis erheben lassen oder durch Bezeichnung der einzelnen Beweisfragen ein anderes Gericht um die Beweisaufnahme ersuchen.

Rechtsprechung

BFH vom 26. 3. 1980 – II R 67/79 (BStBl 1980 II S. 515) 1

1. Die Rüge, der vom FG bestellte Sachverständige sei befangen, kann im Revisionsverfahren nicht mit Erfolg geltend gemacht werden; über die Frage der Befangenheit ist dadurch endgültig entschieden, daß das FG die Ablehnung für nicht begründet erklärt hat und die gegen den Beschluß eingelegte Beschwerde vom BFH als unbegründet zurückgewiesen worden ist.
2. Ein Verstoß gegen den Grundsatz der (formellen) Unmittelbarkeit der Beweisaufnahme liegt nicht vor, wenn der vom FG bestellte Sachverständige zur Materialbeschaffung für sein Gutachten eine Ortsbesichtigung vorgenommen, dritte Personen befragt und mündlich behördliche Auskünfte eingeholt hat. Will ein Beteiligter die Ermittlungen des Sachverständigen nicht gelten lassen, kann er gerichtliche Beweiserhebung beantragen. Unterläßt er dies, so kann er in der Revisionsinstanz die Materialbeschaffung durch den Sachverständigen nicht mehr mit Erfolg rügen.

BFH vom 23. 1. 1985 – I R 30/81 (BStBl 1985 II S. 305) 2

Hat der Kläger in der Klageschrift und in der abschließenden mündlichen Verhandlung der Verwertung eines in einem vorangegangenen Prozeß erstatteten Sachverständigengutachtens widersprochen und seine Bedenken gegen die Verwertung näher substantiiert, verstößt das FG gegen den Grundsatz der Unmittelbarkeit der Beweisaufnahme, wenn es dennoch das Gutachten seiner Entscheidung zugrunde legt.

3 **BFH vom 14. 9. 1988 – II R 76/86 (BStBl 1989 II S. 150)**

Das Tatsachengericht darf Hilfstatsachen ohne Beweiserhebung als wahr unterstellen, wenn es durch rechtlich nicht zu beanstandende Überlegungen zu der Auffassung gelangt, daß die behaupteten Hilfstatsachen den Schluß auf das Vorliegen der zu beweisenden Haupttatsache nicht zulassen.

4 **BFH vom 12. 6. 1991 – III R 106/87 (BStBl 1991 II S. 806)**

1. Hat der Kläger im Klageverfahren der Beiziehung der familiengerichtlichen Scheidungsakten widersprochen, verstößt das FG gegen den Grundsatz der Unmittelbarkeit der Beweisaufnahme, wenn es die Akten dennoch beizieht und ihren Inhalt seiner Entscheidung zugrunde legt, obwohl die Erhebung unmittelbarer Beweise möglich ist.
2. Ist die Erhebung des unmittelbaren Beweises nicht möglich, zulässig oder zumutbar, so sind die familiengerichtlichen Akten ohne das Einverständnis der Ehegatten nur beizuziehen, wenn dies im überwiegenden Interesse der Allgemeinheit unter strikter Wahrung des Verhältnismäßigkeitsgebotes erforderlich ist (BVerfG vom 15. 1. 1970, BVerfGE 27 S. 344).

5 **BFH vom 22. 1. 1997 – I R 101/95 (BStBl 1997 II S. 464)**

1. Geht das FG in den Urteilsgründen von einem vom Kläger gestellten Antrag auf Beweiserhebung aus und lehnt es diesen Antrag ab, so bedarf es zwecks Begründung eines Verfahrensfehlers nicht der Darlegung des Klägers in der Revisionsbegründung, daß ein entsprechender Antrag in der letzten mündlichen Verhandlung noch einmal gestellt wurde.
2. Zeuge ist jede natürliche Person, die nicht selbst Beteiligter des Verfahrens oder gesetzlicher Vertreter eines am Verfahren Beteiligten ist und die Beweise durch Aussage über Tatsachen oder tatsächliches Vorbringen erbringen soll.
3. Ergeht gegenüber dem Gemeinschuldner eine Einspruchsentscheidung und erhebt dieser Klage, obwohl nach Bekanntgabe der Einspruchsentscheidung, jedoch vor Klageerhebung, das Konkursverfahren eröffnet wurde, kann der Konkursverwalter die Klageerhebung durch den Gemeinschuldner genehmigen und im Wege der subjektiven Klageänderung in den Rechtsstreit eintreten.
4. Nach dem Eintritt des Konkursverwalters in den Rechtsstreit ist der Gemeinschuldner kein Beteiligter mehr; er kann als Zeuge vernommen werden.

6 **BFH vom 2. 11. 2000 – X R 17/00 (HFR 2001 S. 469)**

1. FG-Akten sind Urkunden und damit Beweismittel i.S. des § 81 Abs. 1 Satz 2 FGO. Sie sind auf Antrag des Beklagten als Beweismittel für Hilfstatsachen heranzuziehen, wenn sie Rückschlüsse auf die Qualität von Aussagen der vom Kläger benannten Zeugen ermöglichen, denen das FG entscheidende Bedeutung beigemessen hat.
2. Der Hinzuziehung von FG-Akten eines anderen Steuerpflichtigen steht das Steuergeheimnis nicht entgegen, wenn deren Offenbarung der Durchführung des gerichtlichen Verfahrens des Klägers in Steuersachen dient.

7 **BFH vom 16. 5. 2001 – X R 16/98 (HFR 2001 S. 993)**

1. Keine Aufhebung des Verhandlungstermins wegen Verhinderung der nicht geladenen, aber durch einen Prozessbevollmächtigten vertretenen Klägerin ohne Vorbringen besonderer Gründe.
2. Zurückweisung der Beteiligtenvernehmung der Klägerin, wenn die Klägerin es unterlassen haben, sich andere Beweismittel zu beschaffen.

8 **BFH vom 17. 10. 2001 – I R 103/00 (BStBl 2004 II S. 171)**

– Das Akteneinsichtsrecht der Beteiligten erstreckt sich auch auf vom FG beigezogene „fremde" Steuerakten (Abweichung vom BFH-Urteil vom 18. 12. 1984, BStBl 1986 II S. 226). Ein FG kann jedoch von der Beiziehung solcher Akten absehen, wenn die Gefahr einer Verletzung von § 30 AO im Falle der Akteneinsichtnahme durch die Beteiligten besteht.
– Ein FG darf die Verwertung der vom FA eingebrachten anonymisierten Daten über Vergleichsbetriebe nicht schon im Grundsatz ablehnen.

9 **BFH vom 1. 2. 2007 – VI B 118/04 (BStBl 2007 II S. 538)**

1. Eine Beweisaufnahme zu einem streitigen Vorbringen darf nicht abgelehnt werden, wenn der dem Beweisantrag zugrundeliegende Tatsachenvortrag konkret genug ist, um die Erheblichkeit des Vorbringens beurteilen zu können.
2. ...

3. Begründet ein FG im angefochtenen Urteil, weshalb es von der Erhebung eines beantragten Beweises abgesehen hat, so genügt für eine ordnungsgemäße Rüge der Verletzung der Sachaufklärungspflicht regelmäßig der Vortrag, das FG sei dem Beweisantritt nicht gefolgt.

BFH vom 20. 2. 2008 – VI B 111/06 (BFH/NV 2008 S. 949)   10

1. ...
2. Wird ein beantragter Beweis nicht erhoben, so begründet dies nur dann einen erheblichen Verfahrensmangel, wenn die erstrebten Beweisergebnisse für die Entscheidung des FG nach dessen maßgeblicher materiell-rechtlicher Rechtsauffassung entscheidungserhebliche Bedeutung haben können (ständige Rechtsprechung; z.B. BFH-Urteile vom 16. 11. 2005 VI R 71/99, BFH/NV 2006, 753; vom 27. 7. 2000 V R 38/99, BFH/NV 2001, 181).
3. Beweisanträge, die so unbestimmt sind, dass im Grunde erst die Beweiserhebung selbst die entscheidungserheblichen Tatsachen und Behauptungen aufdecken soll, brauchen regelmäßig dem Gericht eine Beweisaufnahme nicht nahe zu legen (im Anschluss an BFH-Beschluss vom 2. 8. 2006 IX B 58/06, BFH/NV 2006, 2117).
4. Die tatrichterliche Überzeugungsbildung, die Tatsachenwürdigung bzw. Sachverhaltswürdigung sowie diesbezügliche Schlussfolgerungen sind einer Überprüfung durch den BFH weitgehend entzogen.

BFH vom 30. 4. 2008 – VI B 131/07 (BFH/NV 2008 S. 1475)   11

Ein ordnungsgemäß gestellter Beweisantrag darf nur unberücksichtigt bleiben, wenn das angebotene Beweismittel für die zu treffende Entscheidung untauglich ist, wenn es auf die Beweistatsache unter Berücksichtigung der Rechtsauffassung des FG nicht ankommt oder wenn die Beweistatsache als wahr unterstellt wird.

BFH vom 19. 5. 2009 – VI B 8/08 (BFH/NV 2009 S. 1454)   12

Stützt das Finanzgericht seine Entscheidung auf von den Beteiligten als Beweismittel vorgelegte Protokolle eines Amtsgerichts über die Vernehmung von Zeugen in einem gegen den Steuerpflichtigen geführten Strafverfahren und hat der Steuerpflichtige in der mündlichen Verhandlung vor dem Finanzgericht ein Unterlassen der Zeugenvernehmung nicht gerügt, obwohl im dies möglich gewesen wäre, liegt kein Verfahrensfehler einer unterlassenen Sachaufklärung oder eines Verstoßes gegen den Grundsatz der Unmittelbarkeit der Beweisaufnahme vor.

BFH vom 19. 7. 2010 – I B 174/09 (BFH/NV 2011 S. 47)   13

Das FG muss einen Zeugen grundsätzlich selbst vernehmen. Es darf jedenfalls nicht dann davon absehen und stattdessen eine Einlassung des Zeugen in einem Strafverfahren verwerten, wenn gegen die Richtigkeit dieser Einlassung substantiierte Einwendungen erhoben werden.

BFH vom 4. 11. 2010 – X S 23/10 (PKH) (BFH/NV 2011 S. 286)   14

Wegen des Grundsatzes der Unmittelbarkeit der Beweiserhebung muss sich das FG die Kenntnis der relevanten Tatsachen grundsätzlich selbst verschaffen. Es kann sich aber die Feststellungen aus einem in das Verfahren eingeführte Strafurteil zu Eigen machen, falls die Verfahrensbeteiligten weder subtantiierte Einwendungen vortragen noch entsprechende Beweisanträge stellen.

BFH vom 4. 4. 2011 – V B 87/10 (BFH/NV 2011 S. 1745)   15

Nach § 81 Abs. 2 FGO kann eine Inaugenscheinnahme auch nur durch ein Mitglied des FG-Senats erfolgen.

§ 82 Verfahren bei der Beweisaufnahme

Soweit §§ 83 bis 89 nicht abweichende Vorschriften enthalten, sind auf die Beweisaufnahme §§ 358 bis 371, 372 bis 377, 380 bis 382, 386 bis 414 und 450 bis 494 der Zivilprozessordnung sinngemäß anzuwenden.

Rechtsprechung

1 BFH vom 14. 7. 1971 – I R 9/71 (BStBl 1971 II S. 808)

1. Gegen ein Zwischenurteil des Finanzgerichts über die Rechtmäßigkeit der Weigerung eines Zeugen, Zeugnis abzulegen, ist nicht Revision, sondern in sinngemäßer Anwendung des § 387 Abs. 3 ZPO die Beschwerde gegeben.

2. Das Finanzgericht ist nicht befugt, der gegen das Zwischenurteil gerichteten Beschwerde abzuhelfen.

2 BFH vom 14. 12. 1976 – VIII R 76/75 (BStBl 1977 II S. 474)

Holt das FG ein Sachverständigengutachten ein, so sind dabei die Vorschriften der Zivilprozeßordnung über den Beweis durch Sachverständige zu beachten. Dies gilt auch, soweit auf die bei einzelnen OFD gebildeten Gutachterkommissionen zurückgegriffen wird.

3 BFH vom 3. 8. 1977 – I B 41/77 (BStBl 1977 II S. 842)

Die Versäumung eines Beweistermins durch einen ordnungsmäßig geladenen Zeugen ist nur bei Vorliegen schwerwiegender Gründe genügend entschuldigt. Das Vorbringen des Zeugen, er habe den Terminstag mit einem anderen Tag verwechselt, ein guter Bekannter sei gestorben, es sei offenbar geworden, daß sein Vater an einer ernsthaften Krankheit leide, der Sohn habe das Abitur gemacht, reicht zur Entschuldigung nicht aus.

4 BFH vom 26. 3. 1980 – II R 67/79 (BStBl 1980 II S. 515)

Die Rüge, der vom FG bestellte Sachverständige sei befangen, kann im Revisionsverfahren nicht mit Erfolg geltend gemacht werden; über die Frage der Befangenheit ist dadurch endgültig entschieden, daß das FG die Ablehnung für nicht begründet erklärt hat und die gegen den Beschluß eingelegte Beschwerde vom BFH als unbegründet zurückgewiesen worden ist.

5 BFH vom 9. 7. 1981 – IV B 44/80 (BStBl 1981 II S. 720)

Fordert das Gericht ein Gutachten des zuständigen Gutachterausschusses nach §§ 136 ff. BBauG über den Teilwert eines Grundstücks an, so können die Parteien einzelne Mitglieder des Ausschusses nicht mit Erfolg entsprechend § 82 FGO, § 406 ZPO wegen Besorgnis der Befangenheit ablehnen (Anschluß an BFH vom 23. 1. 1974 IV ZR 92/72, BFHE 62 S. 93).

6 BFH vom 17. 3. 1982 – II B 57/81 (BStBl 1982 II S. 406)

Verweigert ein – nicht am Prozeß beteiligter – Notar im Verfahren vor dem FG die Vorlage seiner Handakten und erklärt das FG durch Zwischenurteil gemäß § 82 FGO und § 387 ZPO diese Weigerung für nicht rechtmäßig, so ist der Kläger durch diese Entscheidung nicht beschwert. Das gilt auch dann, wenn die Weigerung des Notars ihren Grund darin hat, daß der Kläger der Vorlage der Handakten nicht zustimmt und der Auffassung ist, diese Vorlage könne das Verfahren vor dem FG nicht fördern.

7 BFH vom 1. 6. 1988 – X B 41/88 (BStBl 1988 II S. 838)

1. Ein Ordnungsgeld gegen einen nicht erschienenen Zeugen (§ 82 FGO i.V.m. § 380 Abs. 1 ZPO) kann auch noch nach Abschluß des Verfahrens festgesetzt werden.

2. Das Ordnungsgeld ist – vorbehaltlich einer genügenden Entschuldigung (§ 381 ZPO) – jedenfalls dann festzusetzen, wenn das Gericht die Sache wegen des Ausbleibens des Zeugen vertagen mußte.

8 BFH vom 19. 7. 1995 – I R 87, 169/94 (BStBl 1996 II S. 19)

1. Der Eingangsstempel einer Behörde oder eines Gerichts erbringt grundsätzlich Beweis für Zeit und Ort des Eingangs eines Schreibens.

2. Dieser Beweis kann nicht durch eine eidesstattliche Versicherung widerlegt werden.

9 BFH vom 2. 7. 1998 – IV R 39/97 (BStBl 1999 II S. 28)

Hat das FG einen Zwischengerichtsbescheid erlassen, so darf es nach einem Antrag auf mündliche Verhandlung gleichwohl abschließend durch Endgerichtsbescheid entscheiden.

BFH vom 7. 3. 2007 – X B 76/06 (BStBl 2007 II S. 463) 10

Verstirbt der im Beweistermin unentschuldigt nicht erschienene Zeuge, bevor über seine Beschwerde gegen die Festsetzung von Ordnungsmitteln abschließend entschieden ist, so ist die angefochtene Festsetzung gegenstandslos und das Ordnungsmittelverfahren durch Beschluss einzustellen.

BFH vom 9. 7. 2007 – I B 55/07 (BStBl 2009 II S. 605) 11

Erscheint ein ordnungsgemäß geladener Zeuge ohne ausreichende Entschuldigung nicht zu einem vom FG anberaumten Verhandlungstermin und erlegt ihm das FG daraufhin ein Ordnungsgeld auf, so können nachträglich vorgebrachte Entschuldigungsgründe nur dann zur Aufhebung dieser Maßnahme führen, wenn sie nicht schon im Vorfeld des Termins geltend gemacht werden konnten.

BFH vom 6. 5. 2011 – V B 8/11 (HFR 2011 S. 997) 12

1. Der aufgrund eines förmlichen Beweisbeschlusses beim FG eingesetzte Prüfungsbeamte ist Sachverständiger.
2. Allein daraus, dass der vom FG als Sachverständiger beauftragte Gutachter nicht „öffentlich bestellt" worden ist, kann kein Verfahrensfehler abgeleitet werden.
3. Das Tatsachengericht ist nicht allein schon deshalb verpflichtet, ein weiteres Gutachten oder zusätzliche gutachtliche Äußerungen einzuholen, weil ein Beteiligter meint, das bereits vorliegende Gutachten sei keine ausreichende Erkenntnisquelle.
4. Ein weiteres Gutachten ist aber dann einzuholen, wenn die Einschätzung des Erstgutachters nicht dem Stand der Wissenschaft entspricht, widersprüchlich oder von unsachlichen Erwägungen getragen ist.

§ 83 Benachrichtigung der Parteien FGO

¹Die Beteiligten werden von allen Beweisterminen benachrichtigt und können der Beweisaufnahme beiwohnen. ²Sie können an Zeugen und Sachverständige sachdienliche Fragen richten. ³Wird eine Frage beanstandet, so entscheidet das Gericht.

Rechtsprechung Rsp

BFH vom 26. 1. 1979 – III R 99/76 (BStBl 1979 II S. 254) 1

Ordnet das FG an, daß der Sachverständige ein schriftlich erstattetes Gutachten in der mündlichen Verhandlung erläutere, so müssen die Beteiligten hiervon benachrichtigt werden.

BFH vom 26. 3. 1980 – II R 67/79 (BStBl 1980 II S. 515) 2

Die Beteiligten haben in Beziehung auf außergerichtliche Informationsmaßnahmen des Sachverständigen grundsätzlich ein Recht auf ausreichend frühzeitige Benachrichtigung und auf Anwesenheit; die Verletzung dieses Rechts kann als fehlerhafte Erhebung des Sachverständigenbeweises anzusehen sein.

§ 84 Zeugnisverweigerungsrecht FGO

(1) Für das Recht zur Verweigerung des Zeugnisses und die Pflicht zur Belehrung über das Zeugnisverweigerungsrecht gelten die §§ 101 bis 103 der Abgabenordnung sinngemäß.

(2) Wer als Angehöriger zur Verweigerung des Zeugnisses berechtigt ist, kann die Ableistung des Eides verweigern.

§ 85 Pflichten der Zeugen

¹Zeugen, die nicht aus dem Gedächtnis aussagen können, haben Dokumente und Geschäftsbücher, die ihnen zur Verfügung stehen, einzusehen und, soweit nötig, Aufzeichnungen daraus zu entnehmen. ²Die Vorschriften des § 97 Abs. 1 und 3, der §§ 99, 100, 104 der Abgabenordnung gelten sinngemäß.

§ 86 Aktenvorlage und Auskunftserteilung

(1) Behörden sind zur Vorlage von Urkunden und Akten, zur Übermittlung elektronischer Dokumente und zu Auskünften verpflichtet, soweit nicht durch das Steuergeheimnis (§ 30 der Abgabenordnung) geschützte Verhältnisse Dritter unbefugt offenbart werden.

(2) Wenn das Bekanntwerden von Urkunden, elektronischer Dokumente oder Akten oder von Auskünften dem Wohle des Bundes oder eines deutschen Landes Nachteile bereiten würde oder wenn die Vorgänge aus anderen Gründen als nach Absatz 1 nach einem Gesetz oder ihrem Wesen nach geheimgehalten werden müssen, kann die zuständige oberste Aufsichtsbehörde die Vorlage von Urkunden oder Akten, die Übermittlung elektronischer Dokumente und die Erteilung der Auskünfte verweigern.

(3) ¹Auf Antrag eines Beteiligten stellt der Bundesfinanzhof in den Fällen der Absätze 1 und 2 ohne mündliche Verhandlung durch Beschluss fest, ob die Verweigerung der Vorlage der Urkunden oder Akten, der Übermittlung elektronischer Dokumente oder die Verweigerung der Erteilung von Auskünften rechtmäßig ist. ²Der Antrag ist bei dem für die Hauptsache zuständigen Gericht zu stellen. ³Auf Aufforderung des Bundesfinanzhofs hat die oberste Aufsichtsbehörde die verweigerten Dokumente oder Akten vorzulegen oder zu übermitteln oder ihm die verweigerten Auskünfte zu erteilen. ⁴Sie ist zu diesem Verfahren beizuladen. ⁵Das Verfahren unterliegt den Vorschriften des materiellen Geheimschutzes. ⁶Können diese nicht eingehalten werden oder macht die zuständige oberste Aufsichtsbehörde geltend, dass besondere Gründe der Geheimhaltung oder des Geheimschutzes einer Übergabe oder Übermittlung der Dokumente oder der Akten an den Bundesfinanzhof entgegenstehen, wird die Vorlage nach Satz 3 dadurch bewirkt, dass die Dokumente oder Akten dem Bundesfinanzhof in von der obersten Aufsichtsbehörde bestimmten Räumlichkeiten zur Verfügung gestellt werden. ⁷Für die nach Satz 3 vorgelegten oder übermittelten Dokumente oder Akten und für die gemäß Satz 6 geltend gemachten besonderen Gründe gilt § 78 nicht. ⁸Die Mitglieder des Bundesfinanzhofs sind zur Geheimhaltung verpflichtet; die Entscheidungsgründe dürfen Art und Inhalt der geheim gehaltenen Dokumente oder Akten und Auskünfte nicht erkennen lassen. ⁹Für das nichtrichterliche Personal gelten die Regelungen des personellen Geheimschutzes.

Rechtsprechung

1 BFH vom 25. 7. 1994 – X B 333/93 (BStBl 1994 II S. 802)

1. Zu den Steuerakten, die auf Verlangen dem FG vorzulegen sind, gehören auch die Arbeitsakten des Betriebsprüfers.

2. Befinden sich in den Steuerakten vertrauliche Mitteilungen von Hinweisgebern (Anzeigenerstattern usw.), so ist das FA grundsätzlich befugt, diese Aktenteile auszuheften und nicht vorzulegen.

3. Hat der Berichterstatter des FG versehentlich von einer solchen vertraulichen Mitteilung Kenntnis erhalten, darf er seine Kenntnis nicht verwerten und nicht in die Urteilsbildung einfließen lassen.

2 BFH vom 16. 5. 2000 – VII B 200/98 (BStBl 2000 II S. 541)

1. Ein finanzgerichtliches Urteil, in welchem die Finanzbehörde dazu verurteilt worden ist, Einsicht in eine bestimmte Akte zu gewähren, unterliegt grundsätzlich der Vollstreckung nach § 888 ZPO über die Zwangsvollstreckung zur Erwirkung nicht vertretbarer Handlungen.

2. Beruft sich die Behörde auf das Nichtvorhandensein der Akte oder weiterer Aktenteile und will der Vollstreckungsgläubiger sicher sein, dass die ihm vorgelegte oder vorzulegende Akte vollständig ist, ist die Verpflichtung der öffentlichen Hand zur Einsichtgewährung jedoch in entsprechender Anwendung des § 883 Abs. 2 und 3 ZPO wie ein Herausgabeanspruch zu vollstrecken.

BFH vom 2. 11. 2000 – X R 17/00 (HFR 2001 S. 469) 3

1. FG-Akten sind Urkunden und damit Beweismittel i.S. des § 81 Abs. 1 Satz 2 FGO. Sie sind auf Antrag des Beklagten als Beweismittel für Hilfstatsachen heranzuziehen, wenn sie Rückschlüsse auf die Qualität von Aussagen der vom Kläger benannten Zeugen ermöglichen, denen das FG entscheidende Bedeutung beigemessen hat.

2. Der Hinzuziehung von FG-Akten eines anderen Steuerpflichtigen steht das Steuergeheimnis nicht entgegen, wenn deren Offenbarung der Durchführung des gerichtlichen Verfahrens des Klägers in Steuersachen dient.

BFH vom 7. 5. 2001 – VII B 199/00 (HFR 2001 S. 1045) 4

1. Auch Handakten eines Fahndungsprüfers gehören zu den dem FG vorzulegenden Akten. Allerdings dürfen durch die Vorlage durch das Steuergeheimnis geschützte Verhältnisse Dritter nicht unbefugt offenbart werden. Unbefugt ist die Offenbarung des Namens eines Anzeigeerstatters nicht, wenn diese vom Gesetz für zulässig erklärt wird.

2. Will die Behörde der Aufforderung zur Vorlage der Akten nicht Folge leisten, hat sie glaubhaft zu machen, dass die gesetzlichen Voraussetzungen für die Weigerung vorliegen.

3. Zur Effektivität des durch Art. 19 Abs. 4 GG gewährleisteten Rechtsschutzes gehört, dass das Gericht die tatsächlichen Grundlagen der Verweigerung der Aktenvorlage durch die Behörde selbst ermitteln und seine rechtliche Auffassung unabhängig von der Verwaltung gewinnen und begründen muss.

BFH vom 7. 12. 2006 – V B 163/05 (BStBl 2007 II S. 275) 5

1. Seit dem 1. April 2005 ist ausschließlich der BFH für eine gerichtliche Entscheidung darüber zuständig, ob die Weigerung des FA, einem Beteiligten Akteneinsicht im finanzgerichtlichen Verfahren zu gewähren, rechtmäßig ist.

2. Hat das FG nach dem 31. März 2005 über einen Antrag eines Beteiligten auf Akteneinsicht entschieden, ist diese Entscheidung auf Beschwerde hin aufzuheben; der BFH trifft über die Frage der Akteneinsicht eine eigene Entscheidung.

...

BFH vom 6. 4. 2011 – IX S 15/10 (BFH/NV 2011 S. 1177) 6

Der Vertretungszwang gilt auch für einen Antrag gemäß § 86 Abs. 3 FGO.

§ 87   Zeugnis von Behörden   FGO

Wenn von Behörden, von Verbänden und Vertretungen von Betriebs- oder Berufszweigen, von geschäftlichen oder gewerblichen Unternehmungen, Gesellschaften oder Anstalten Zeugnis begehrt wird, ist das Ersuchen, falls nicht bestimmte Personen als Zeugen in Betracht kommen, an den Vorstand oder an die Geschäfts- oder Betriebsleitung zu richten.

§ 88   Weiterer Grund für Ablehnung von Sachverständigen   FGO

Die Beteiligten können Sachverständige auch ablehnen, wenn von deren Heranziehung eine Verletzung eines Geschäfts- oder Betriebsgeheimnisses oder Schaden für ihre geschäftliche Tätigkeit zu befürchten ist.

§ 89   Erzwingung der Vorlage von Urkunden und elektronischen Dokumenten   FGO

Für die Erzwingung einer gesetzlich vorgeschriebenen Vorlage von Urkunden und elektronischen Dokumenten gelten § 380 der Zivilprozessordnung und § 255 der Abgabenordnung sinngemäß.

§ 90 Entscheidung grundsätzlich auf Grund mündlicher Verhandlung

(1) ¹Das Gericht entscheidet, soweit nichts anderes bestimmt ist, aufgrund mündlicher Verhandlung. ²Entscheidungen des Gerichts, die nicht Urteile sind, können ohne mündliche Verhandlung ergehen.

(2) Mit Einverständnis der Beteiligten kann das Gericht ohne mündliche Verhandlung entscheiden.

Rechtsprechung

1 BFH vom 17. 12. 1980 – II R 38/77 (BStBl 1981 II S. 322)

Wird nach Ergehen eines Vorbescheides ein Antrag auf mündliche Verhandlung gestellt, so ist der Antrag auch dann wirksam, wenn gleichzeitig das Einverständnis mit einer Entscheidung ohne mündliche Verhandlung erklärt wird. Dies gilt jedenfalls dann, wenn der Antragsteller dem Antrag eine Begründung beifügt, die sich mit der Begründung (ggf. mit Teilen der Begründung) des Vorbescheides auseinandersetzt.

2 BFH vom 28. 2. 1991 – V R 117/85 (BStBl 1991 II S. 466)

Stirbt im Revisionsverfahren der Prozeßbevollmächtigte nach dem Verzicht auf mündliche Verhandlung, so kann das Urteil trotz der Unterbrechung des Verfahrens erlassen und bekanntgemacht werden.

3 BFH vom 5. 11. 1991 – VII R 64/90 (BStBl 1992 II S. 425)

Ein unter dem Vorbehalt des Widerrufs erklärter Verzicht auf die mündliche Verhandlung ist wirkungslos.

4 BFH vom 2. 12. 1992 – II R 112/91 (BStBl 1993 II S. 194)

Erläßt das FG ein Urteil im schriftlichen Verfahren, obwohl das FA einen Verzicht auf mündliche Verhandlung nicht erklärt hatte, so beinhaltet der darin liegende Verstoß gegen § 90 Abs. 2 FGO einen wesentlichen Verfahrensmangel i.S. der §§ 116 Abs. 1 Nr. 3, 119 Nr. 4 FGO, den auch der Kläger mit Erfolg rügen kann.

5 BFH vom 2. 7. 1998 – IV R 39/97 (BStBl 1999 II S. 28)

Hat das FG einen Zwischengerichtsbescheid erlassen, so darf es nach einem Antrag auf mündliche Verhandlung gleichwohl abschließend durch Endgerichtsbescheid entscheiden.

6 BFH vom 28. 6. 2000 – V R 55/98 (BStBl 2001 II S. 31)

Wenn ersichtlich ist, dass der Kläger auf eine mündliche Verhandlung nicht verzichten will, darf das FG zwar einen Gerichtsbescheid erlassen. Es darf dem Kläger aber nicht durch die Zulassung der Revision in dem Gerichtsbescheid die Möglichkeit nehmen, sein Klagebegehren in einer mündlichen Verhandlung weiter zu erläutern.

7 BFH vom 9. 1. 2006 – XI B 176/04 (HFR 2006 S. 588)

1. Die Erklärung, auf die Durchführung einer mündlichen Verhandlung zu verzichten, muss klar, eindeutig und vorbehaltlos abgegeben werden.

2. Die Erklärung, auf die Durchführung einer mündlichen Verhandlung unter der Bedingung zu verzichten, dass im Falle der Klageabweisung die Revision zugelassen werde, ist nicht eindeutig und bedarf der Auslegung. Sie kann auch dahingehend ausgelegt werden, es werde eine mündliche Verhandlung *angestrebt*, es sei denn, das FG sei bereit, die Revision im Falle einer Klageabweisung zuzulassen und damit die Möglichkeit einer Überprüfung durch den BFH zu eröffnen.

3. Ein Verfahrensmangel i.S. des § 119 Nr. 3 und 4 FGO ist auch dann anzunehmen, wenn das FG ohne Durchführung einer mündlichen Verhandlung durch Urteil entschieden hat, weil es irrtümlich von einem Verzicht auf mündliche Verhandlung ausgegangen ist.

BFH vom 16. 6. 2009 – X B 202/08 (BFH/NV 2009 S. 1659)   8

1. Schläft ein Richter während der mündlichen Verhandlung und folgt er den wesentlichen Vorgängen nicht, so ist das Gericht nicht vorschriftsmäßig besetzt.
2. Dass ein Richter schläft oder in anderer Weise „abwesend" ist, kann im Allgemeinen erst dann angenommen werden, wenn sichere Anzeichen für das Schlafen wie beispielsweise tiefes, hörbares und gleichmäßiges Atmen oder gar Schnarchen oder Anzeichen von fehlender Orientierung gerügt werden.
3. Hat der Beschwerdeführer ein solches Verhalten nicht beschrieben und offenkundig auch keinen Anlass gesehen, den Vorsitzenden auf die eingeschränkte Beteiligung des nach seiner Behauptung von Beginn der Verhandlung an schlafenden Richters aufmerksam zu machen, ist der geltend gemachte Verfahrensmangel nicht schlüssig gerügt.

BFH vom 31. 8. 2010 – VIII R 36/08 (BStBl 2011 II S. 126)   9

1. Die Erklärung, auf die Durchführung einer mündlichen Verhandlung zu verzichten, muss klar, eindeutig und vorbehaltlos abgegeben werden.
2. Die Erklärung, auf die Durchführung einer mündlichen Verhandlung unter der Bedingung zu verzichten, dass im Falle der Klageabweisung die Revision zugelassen werde, ist nicht eindeutig und bedarf der Auslegung. Sie kann auch dahingehend ausgelegt werden, es werde eine mündliche Verhandlung angestrebt, es sei denn, das FG sei bereit, die Revision im Falle einer Klageabweisung zuzulassen und damit die Möglichkeit einer Überprüfung durch den BFH zu eröffnen.
3. Ein Verfahrensmangel i.S. des § 119 Nr. 3 und 4 FGO ist auch dann anzunehmen, wenn das FG ohne Durchführung einer mündlichen Verhandlung durch Urteil entschieden hat, weil es irrtümlich von einem Verzicht auf mündliche Verhandlung ausgegangen ist.

BFH vom 11. 11. 2010 – VI R 17/09 (HFR 2011 S. 288)   10

1. Der BFH kann mit Einverständnis der originär Beteiligten auch dann ohne mündliche Verhandlung entscheiden, wenn das dem Verfahren beigetretene BMF auf eine solche nicht verzichtet hat.
...

BFH vom 10. 3. 2011 – VI B 147/10 (BStBl 2011 II S. 556)   11

Ein vom Kläger erklärter Verzicht auf mündliche Verhandlung wird wirkungslos, wenn das FG gleichwohl eine mündliche Verhandlung anberaumt. Das FG darf danach nur dann ohne mündliche Verhandlung entscheiden, wenn die Beteiligten erneut darauf verzichten.

BFH vom 5. 8. 2011 – III B 82/11 (BFH/NV 2011 S. 1911)   12

Wenn nur Kläger und Beklagter, nicht aber auch der Beigeladene auf die Durchführung einer mündlichen Verhandlung verzichtet haben, verletzt das FG dessen Anspruch auf rechtliches Gehör, wenn es durch Urteil ohne mündliche Verhandlung entscheidet.

---

§ 90a   Entscheidungen durch Gerichtsbescheid   FGO

(1) Das Gericht kann in geeigneten Fällen ohne mündliche Verhandlung durch Gerichtsbescheid entscheiden.

(2) ¹Die Beteiligten können innerhalb eines Monats nach Zustellung des Gerichtsbescheides mündliche Verhandlung beantragen. ²Hat das Finanzgericht in dem Gerichtsbescheid die Revision zugelassen, können sie auch Revision einlegen. ³Wird von beiden Rechtsbehelfen Gebrauch gemacht, findet mündliche Verhandlung statt.

(3) Der Gerichtsbescheid wirkt als Urteil; wird rechtzeitig mündliche Verhandlung beantragt, gilt er als nicht ergangen.

(4) Wird mündliche Verhandlung beantragt, kann das Gericht in dem Urteil von einer weiteren Darstellung des Tatbestands und der Entscheidungsgründe absehen, soweit es der Begründung des Gerichtsbescheides folgt und dies in seiner Entscheidung feststellt.

Rechtsprechung

1 BFH vom 2. 7. 1998 – IV R 39/97 (BStBl 1999 II S. 28)

Hat das FG einen Zwischengerichtsbescheid erlassen, so darf es nach einem Antrag auf mündliche Verhandlung gleichwohl abschließend durch Endgerichtsbescheid entscheiden.

2 BFH vom 25. 2. 1999 – IV R 48/98 (BStBl 1999 II S. 531)

Das Gericht darf durch Gerichtsbescheid erst entscheiden, wenn allen Beteiligten im vorangegangenen schriftlichen Verfahren rechtliches Gehör gewährt worden ist.

3 BFH vom 28. 6. 2000 – V R 55/98 (BStBl 2001 II S. 31)

Wenn ersichtlich ist, dass der Kläger auf eine mündliche Verhandlung nicht verzichten will, darf das FG zwar einen Gerichtsbescheid erlassen. Es darf dem Kläger aber nicht durch die Zulassung der Revision in dem Gerichtsbescheid die Möglichkeit nehmen, sein Klagebegehren in einer mündlichen Verhandlung weiter zu erläutern.

4 BFH vom 30. 3. 2006 – V R 12/04 (BStBl 2006 II S. 542)

Es ist nicht rechtsmissbräuchlich, wenn ein FA nach Ergehen eines Gerichtsbescheids mündliche Verhandlung beantragt und gleichzeitig den Rechtsstreit in der Hauptsache für erledigt erklärt, nachdem es einen Abhilfebescheid entsprechend dem Gerichtsbescheid erlassen hat.

5 BFH vom 7. 11. 2007 – III R 7/07 (BFH/NV 2008 S. 403)

Erledigungserklärungen können auch dann abgegeben werden, wenn das FA gegen einen der Klage stattgebenden Gerichtsbescheid zunächst mündliche Verhandlung beantragt, dann aber den Kläger klaglos gestellt hatte.

§ 91 Ladung der Beteiligten

(1) ¹Sobald der Termin zur mündlichen Verhandlung bestimmt ist, sind die Beteiligten mit einer Ladungsfrist von mindestens zwei Wochen, beim Bundesfinanzhof von mindestens vier Wochen, zu laden. ²In dringenden Fällen kann der Vorsitzende die Frist abkürzen.

(2) Bei der Ladung ist darauf hinzuweisen, dass beim Ausbleiben eines Beteiligten auch ohne ihn verhandelt und entschieden werden kann.

(3) Das Gericht kann Sitzungen auch außerhalb des Gerichtssitzes abhalten, wenn dies zur sachdienlichen Erledigung notwendig ist.

(4) § 227 Abs. 3 Satz 1 der Zivilprozessordnung ist nicht anzuwenden.

Rechtsprechung

1 BFH vom 21. 1. 1981 – II R 91/79 (BStBl 1981 II S. 401)

Die Nichteinhaltung der Ladungsfrist nach § 91 Abs. 1 Satz 1 FGO kann eine Versagung rechtlichen Gehörs darstellen.

2 BFH vom 10. 8. 1988 – III R 220/84 (BStBl 1988 II S. 948)

1. Wird die Ladung zur mündlichen Verhandlung durch Niederlegung bei der Postanstalt zugestellt, so besteht für das Gericht grundsätzlich keine Veranlassung zu besonderen Nachforschungen darüber, ob der Kläger die Ladung rechtzeitig zur Kenntnis genommen hat.
2. Die Durchführung der mündlichen Verhandlung trotz unverschuldeter Versäumung des Verhandlungstermins durch den Kläger hat nicht zwangsläufig eine Verletzung seines Anspruchs auf rechtliches Gehör zur Folge.
3. Eine Wiedereinsetzung in den vorigen Stand wegen unverschuldeter Versäumung des Termins zur mündlichen Verhandlung kommt im finanzgerichtlichen Verfahren nicht in Betracht.

BFH vom 30. 7. 2001 – VII B 78/01 (BStBl 2001 II S. 681) 3

Die Abkürzung der Ladungsfrist als solche stellt keinen Verfahrensmangel dar, auf den eine Nichtzulassungsbeschwerde mit Aussicht auf Erfolg gestützt werden könnte. Führt die Abkürzung der Ladungsfrist jedoch dazu, dass der Beteiligte an dem festgesetzten Termin zur mündlichen Verhandlung nicht teilnehmen kann, weil er erst nach Durchführung der mündlichen Verhandlung davon Kenntnis erhält, kann er mit der auf die Rüge der Verletzung seines Rechts auf Gehör gestützten Nichtzulassungsbeschwerde die Aufhebung des ergangenen Urteils und die Anberaumung einer neuen mündlichen Verhandlung erreichen.

BFH vom 25. 9. 2008 – VII B 49/08 (BFH/NV 2009 S. 212) 4

1. Die Zustellung eines Schriftstücks an eine sich im Insolvenzverfahren befindende Person wird nicht dadurch bewirkt, dass das Schriftstück wegen einer angeordneten Postsperre dem Insolvenzverwalter ausgehändigt wird.
2. Ist ein Beteiligter nicht ordnungsgemäß zur mündlichen Verhandlung geladen und wird der Termin gleichwohl in seiner Abwesenheit durchgeführt, wird der Anspruch des Beteiligten auf rechtliches Gehör verletzt.

BFH vom 21. 7. 2011 – IV B 99/10 (BFH/NV 2011 S. 1904) 5

1. Eine zu Recht an den bestellten Prozessbevollmächtigten ergangene Ladung verliert ihre Wirkung nicht dadurch, dass die Bevollmächtigung später erloschen ist. Der Widerruf einer Prozessbevollmächtigung steht der Wirksamkeit einer Ladung nicht entgegen, weil ein nach Absendung der Ladung mitgeteilter Wegfall der Vertretungsbefugnis die Ladung nicht gegenstandslos macht.
2. Im Falle einer kurzfristigen Mandatsniederlegung vor der mündlichen Verhandlung ist das Gericht dann nicht gehalten den Termin zu verlegen, wenn den Kläger ein Verschulden an der Niederlegung des Mandats durch den Prozessbevollmächtigten trifft.

§ 91a Verfahrenshandlungen außerhalb des Sitzungszimmers FGO

(1) ¹Den am Verfahren Beteiligten sowie ihren Bevollmächtigten und Beiständen kann auf Antrag gestattet werden, sich während einer mündlichen Verhandlung an einem anderen Ort aufzuhalten und dort Verfahrenshandlungen vorzunehmen. ²Die mündliche Verhandlung wird zeitgleich in Bild und Ton an den Ort, an dem sich die Beteiligten, Bevollmächtigten und Beistände aufhalten und in das Sitzungszimmer übertragen. ³Eine Aufzeichnung findet nicht statt.

(2) Absatz 1 gilt entsprechend für Erörterungstermine (§ 79 Abs. 1 Satz 2 Nr. 1).

§ 92 Gang der Verhandlung FGO

(1) Der Vorsitzende eröffnet und leitet die mündliche Verhandlung.

(2) Nach Aufruf der Sache trägt der Vorsitzende oder der Berichterstatter den wesentlichen Inhalt der Akten vor.

(3) Hierauf erhalten die Beteiligten das Wort, um ihre Anträge zu stellen und zu begründen.

§ 93 Erörterung der Streitsache FGO

(1) Der Vorsitzende hat die Streitsache mit den Beteiligten tatsächlich und rechtlich zu erörtern.

(2) ¹Der Vorsitzende hat jedem Mitglied des Gerichts auf Verlangen zu gestatten, Fragen zu stellen. ²Wird eine Frage beanstandet, so entscheidet das Gericht.

(3) ¹Nach Erörterung der Streitsache erklärt der Vorsitzende die mündliche Verhandlung für geschlossen. ²Das Gericht kann die Wiedereröffnung beschließen.

§ 93 FGO
Rsp

Rsp | **Rechtsprechung**

1 **BFH vom 15. 12. 1982 – I B 41/82 (BStBl 1983 II S. 230)**

Die Entscheidung über die Wiedereröffnung der mündlichen Verhandlung ist als prozeßleitende Maßnahme i.S. des § 128 Abs. 2 FGO nicht mit der Beschwerde anfechtbar.

2 **BFH vom 29. 11. 1985 – VI R 13/82 (BStBl 1986 II S. 187)**

Das FG verletzt den Anspruch auf rechtliches Gehör, wenn es einen noch nach der mündlichen Verhandlung, aber vor Erlaß des Urteils eingegangenen Schriftsatz des Klägers nicht beachtet, der eine Erweiterung des Klageantrags enthält, die auf einem Hinweis des Vorsitzenden Richters in der mündlichen Verhandlung beruht.

3 **BFH vom 28. 2. 1996 – II R 61/95 (BStBl 1996 II S. 318)**

1. Ergibt sich für das FG erst nach Abschluß der Urteilsberatungen die Notwendigkeit, über eine Wiederaufnahme der mündlichen Verhandlung zu entscheiden, wirken an dieser Entscheidung nur die drei Berufsrichter, nicht jedoch die ehrenamtlichen Richter mit.
2. In formeller Hinsicht reicht es aus, wenn das FG seine Entscheidung, die mündliche Verhandlung nicht wiederzueröffnen, im Urteil selbst begründet.

4 **BFH vom 12. 6. 2008 – V R 32/06 (BStBl 2008 II S. 777)**

Aus den Gründen:
Nach §§ 93 Abs. 3 Satz 2, 121 FGO kann das Gericht die Wiedereröffnung der mündlichen Verhandlung beschließen. Die Wiedereröffnung liegt grundsätzlich im Ermessen des Gerichts („kann"), das sich auf Null reduziert, wenn durch die Ablehnung einer Wiedereröffnung wesentliche Prozessgrundsätze wie z.B. der Anspruch eines Beteiligten auf rechtliches Gehör verletzt würde (BFH-Urteil vom 4. 4. 2001 XI R 60/00, BStBl II 2001, 726; BFH-Beschluss vom 7. 7. 2006 IV B 94/05, BFH/NV 2006, 2266). Wenn sich ein Beteiligter in der mündlichen Verhandlung auf überraschende Fragen oder Ausführungen nicht sofort erklären kann, kann er die Einräumung einer Frist beantragen, um die Erklärung durch Schriftsatz nachzuholen (§ 155 ZPO i.V.m. § 283 ZPO). Eine Wiedereröffnung kann deshalb geboten sein, wenn ein Beteiligter in der mündlichen Verhandlung mit Hinweisen oder Fragen des Gerichts überrascht wurde, zu denen er nicht sofort Stellung nehmen konnte, und ihm das Gericht keine Möglichkeit mehr zur Stellungnahme gegeben hat (BFH-Urteil in BStBl II 2001, 726).
Nach diesen Grundsätzen war im Streitfall eine Wiedereröffnung der mündlichen Verhandlung nicht geboten. Die Klägerin hat vor Schluss der mündlichen Verhandlung am 12. 6. 2008 keine weitere Schriftsatzfrist beantragt. Der Antrag vom 16. 6. 2008 gebot keine Wiedereröffnung der mündlichen Verhandlung. Der in der mündlichen Verhandlung erfolgte Hinweis zum Grundsatz einfacher, richtiger und rechtssicherer Anwendung der Steuerbefreiungen nach dem EuGH-Urteil MKG in Slg. 2003, I-6729 war nicht überraschend, da sich dieser Grundsatz zum einen bereits aus dem Einleitungssatz von Art. 13 Teil B Buchst. d Nr. 3 der Richtlinie 77/388/EWG und damit aus der Bestimmung, auf die sich die Klägerin seit Beginn des finanzgerichtlichen Verfahrens zur Geltendmachung ihres Klageanspruchs berufen hat, ergibt und zum anderen das EuGH-Urteil MKG in Slg. 2003, I-6729 zu ebendieser Steuerbefreiung ergangen ist. Ebenso bedarf es im Hinblick auf den in der mündlichen Verhandlung erfolgten Hinweis zu den Bezeichnungen einzelner Positionen des Leistungsverzeichnisses, auf das die Klägerin ihren Anspruch auf Steuerfreiheit während des gesamten Verfahrens gestützt hat, keiner Wiedereröffnung der mündlichen Verhandlung.
Über den Antrag nach §§ 93 Abs. 3 Satz 2, 121 FGO konnte der Senat mit der Entscheidung zur Hauptsache als Teil des Urteils entscheiden (vgl. BFH-Beschluss vom 28. 2. 1996 II R 61/95, BStBl II 1996, 318).

5 **BFH vom 8. 3. 2011 – IV S 14/10 (BFH/NV 2011 S. 1161)**

Das Gericht ist schon vor der Zustellung an seine aufgrund der mündlichen Verhandlung getroffenen Entscheidung gebunden, wenn die unterschriebene Urteilsformel binnen zwei Wochen nach der mündlichen Verhandlung der Geschäftsstelle übergeben und anschließend einem Beteiligten formlos bekannt gegeben worden ist. Eine Wiedereröffnung der mündlichen Verhandlung mit dem Ziel, erst nach der Verkündung veröffentlichte Beschlüsse des Bundesverfassungsgerichts bei der Entscheidung zu berücksichtigen, ist dann nicht mehr möglich.

BFH vom 10. 3. 2011 – VIII S 234/10 (PKH) (BFH/NV 2011 S. 1368)   6

Die Wiedereröffnung des Verfahrens nach Schluss der mündlichen Verhandlung steht grundsätzlich im Ermessen des Gerichts. Die mündliche Verhandlung muss nicht wiedereröffnet werden, wenn ein Beteiligter nachträglich Tatsachen vorträgt, die er bereits in der mündlichen Verhandlung hätte vorbringen können, oder die bereits Gegenstand der mündlichen Verhandlung waren.

BFH vom 8. 8. 2011 – XI B 53/11 (BFH/NV 2011 S. 2081)   7

1. Ein Protokollergänzungsantrag, der sich auf „Vorgänge" während der Verhandlung oder Beweisaufnahme oder bestimmte Äußerungen eines Beteiligten bezieht, ist bis zum Schluss der mündlichen Verhandlung zu stellen.
2. Der Inhalt und Umfang der tatsächlichen Erörterung des Sach- und Streitstandes mit den Beteiligten gehört nicht zu den in die Niederschrift aufzunehmenden Vorgängen der Verhandlung.

§ 93a Zeugenvernehmung außerhalb des Sitzungszimmers   FGO

(1) ¹Im Einverständnis mit den am Verfahren Beteiligten kann das Gericht anordnen, dass sich ein Zeuge oder ein Sachverständiger während der Vernehmung an einem anderen Ort aufhält. ²Die Aussage wird zeitgleich in Bild und Ton in das Sitzungszimmer übertragen. ³Ist Beteiligten, Bevollmächtigten und Beiständen nach § 91a gestattet worden, sich an einem anderen Ort aufzuhalten, so wird die Aussage zeitgleich in Bild und Ton auch an diesen Ort übertragen. ⁴Die Aussage soll aufgezeichnet werden, wenn zu besorgen ist, dass der Zeuge oder Sachverständige in einer weiteren mündlichen Verhandlung nicht vernommen werden kann und die Aufzeichnung zur Erforschung des Sachverhalts erforderlich ist.

(2) ¹Die Aufzeichnung darf nur innerhalb des Verfahrens verwendet werden, für das sie gefertigt worden ist. ²Das Recht zur Verweigerung des Zeugnisses nach § 84 ist hierbei zu wahren. ³§ 78 Abs. 1 findet mit der Maßgabe entsprechende Anwendung, dass die Einsicht ausschließlich bei der Geschäftsstelle erfolgt; Kopien werden nicht erteilt. ⁴Sobald die Aufzeichnung nicht mehr benötigt wird, spätestens nach rechtskräftigem Abschluss des Verfahrens, ist sie zu löschen.

§ 94 Niederschrift   FGO

Für die Niederschrift gelten die §§ 159 bis 165 der Zivilprozessordnung entsprechend.

Rechtsprechung   Rsp

BFH vom 4. 3. 1992 – II B 201/91 (BStBl 1992 II S. 562)   1

Die bloße Behauptung, in der mündlichen Verhandlung oder im Erörterungstermin vor dem FG Beweisanträge gestellt zu haben, die aber im Protokoll keinen Niederschlag gefunden haben, genügt nicht den Anforderungen des § 115 Abs. 3 Satz 3 FGO. Ist die Protokollierung des Beweisantrages unterblieben oder das Begehren, den Beweisantrag in das Protokoll aufzunehmen, abgelehnt und der diesbezügliche Beschluß nicht in das Protokoll aufgenommen worden, ist weiter erforderlich, vorzutragen, daß von der Möglichkeit, die Berichtigung des Terminprotokolls nach § 94 FGO i.V.m. § 164 ZPO zu beantragen, Gebrauch gemacht wurde.

BFH vom 18. 6. 1993 – VI R 67/90 (BStBl 1994 II S. 182)   2

Widerspricht der im Tatbestand eines Urteils wiedergegebene Sachantrag der Formulierung im Sitzungsprotokoll, geht die Fassung des Antrags im Sitzungsprotokoll vor.

BFH vom 5. 6. 2008 – IX B 249/07 (BFH/NV 2008 S. 1512)   3

Eine etwaige falsche Darstellung sowie Unrichtigkeiten im Tatbestand des FG-Urteils muss der Kläger nicht im Rechtsmittelverfahren beim BFH, sondern mit einem Antrag auf Tatbestandsberichtigung nach § 108 FGO binnen zwei Wochen nach Zustellung des Urteils beim FG geltend machen.

§§ 94, 94a FGO
Rsp

4 **BFH vom 18. 3. 2010 – V R 12/09 (HFR 2010 S. 963)**

Der Inhalt des Sitzungsprotokolls gehört zu den der revisionsrechtlichen Überprüfung unterliegenden tatsächlichen Feststellungen des FG.

5 **BFH vom 22. 3. 2011 – X B 198/10 (BFH/NV 2011 S. 1166)**

– Eine Berichtigung des Protokolls nach § 94 FGO i.V. mit § 164 Abs. 1 ZPO kann nur durch den Instanzrichter, der das Protokoll unterschrieben hat, und gegebenenfalls den hinzugezogenen Protokollführer vorgenommen werden.
– Eine Beschwerde gegen die Ablehnung der Protokollberichtigung ist grundsätzlich nicht statthaft. Ein Rechtsbehelf kommt nur in besonderen Ausnahmefällen in Betracht.

6 **BFH vom 8. 7. 2011 – III B 7/10 (BFH/NV 2011 S. 1895)**

Mit der Beschwerde wegen Nichtzulassung der Revision kann eine Protokollberichtigung oder Protokollergänzung nicht erreicht werden.

7 **BFH vom 8. 8. 2011 – XI B 53/11 (BFH/NV 2011 S. 2081)**

– Ein Protokollergänzungsantrag, der sich auf „Vorgänge" während der Verhandlung oder Beweisaufnahme oder bestimmte Äußerungen eines Beteiligten bezieht, ist bis zum Schluss der mündlichen Verhandlung zu stellen.
– Der Inhalt und Umfang der tatsächlichen Erörterung des Sach- und Streitstandes mit den Beteiligten gehört nicht zu den in die Niederschrift aufzunehmenden Vorgängen der Verhandlung.

FGO
§ 94a Bestimmung des Verfahrens nach billigem Ermessen

¹Das Gericht kann sein Verfahren nach billigem Ermessen bestimmen, wenn der Streitwert bei einer Klage, die eine Geldleistung oder einen hierauf gerichteten Verwaltungsakt betrifft, fünfhundert Euro nicht übersteigt. ²Auf Antrag eines Beteiligten muss mündlich verhandelt werden. ³Das Gericht entscheidet über die Klage durch Urteil; § 76 über den Untersuchungsgrundsatz und § 79a Abs. 2, § 90a über den Gerichtsbescheid bleiben unberührt.

Rsp
Rechtsprechung

1 **BFH vom 17. 12. 1998 – III R 30/96 (HFR 1999 S. 812)**

1. Auch nach bereits erfolgter mündlicher Verhandlung in noch verbundenen Sachen liegt eine Verletzung von Verfahrensrecht noch nicht darin, daß das FG die Verfahren trennt, um dadurch die Voraussetzungen des § 94a FGO für eine Entscheidung ohne mündliche Verhandlung zu schaffen.
2. Das FG verletzt seine Prozeßfürsorgepflicht, wenn es, ohne auf die Möglichkeit der Entscheidung nach § 94a FGO hingewiesen zu haben, Verfahren trennt und noch am gleichen Tag ohne mündliche Verhandlung entscheidet.

2 **BFH vom 22. 9. 1999 – XI R 24/99 (BStBl 2000 II S. 32)**

Der Antrag auf Erhebung eines nicht erheblichen Zeugenbeweises enthält den Antrag auf Durchführung einer mündlichen Verhandlung.

3 **BFH vom 26. 9. 2000 – VI R 16/98 (HFR 2001 S. 345)**

1. Ein Beteiligter ist im Verfahren nicht nach Vorschrift des Gesetzes vertreten (§ 116 Abs. 1 Nr. 3, § 119 Nr. 4 FGO), falls das FG sein Verfahren gemäß § 94a FGO nach billigem Ermessen bestimmt und ohne mündliche Verhandlung entscheidet, obgleich der Beteiligte einen Antrag auf mündliche Verhandlung (§ 94a Satz 2 FGO) gestellt hat.
2. Ein Antrag auf mündliche Verhandlung kann auch konkludent gestellt werden. Ein solcher Antrag kann auch in der Bitte eines Beteiligten gesehen werden, zwei Streitsachen – wegen des damit verbundenen Terminaufwands – in nur einer Verhandlung durchzuführen.

BFH vom 18. 1. 2011 – VI B 136/10 (BFH/NV 2011 S. 813)   4

1. Auf Antrag eines Beteiligten muss auch bei einer Klage mit geringem Streitwert mündlich verhandelt werden (§ 94a Satz 2 FGO).
2. Wird in einem Schriftsatz eine Verlegung des anberaumten Termins zur mündlichen Verhandlung beantragt, kommt damit hinreichend deutlich zum Ausdruck, dass eine mündliche Verhandlung stattfinden soll.

BFH vom 23. 8. 2011 – II B 145/10 (BFH/NV 2011 S. 2109)   5

Ist eine Rechtssache mit einem Streitwert von bis zu 500 € nicht von grundsätzlicher Bedeutung, führt allein eine „gewisse Breitenwirkung" des Streifalls nicht dazu, dass das FG nach § 94a FGO trotz des geringen Streitwerts eine mündliche Verhandlung durchführen muss.

ABSCHNITT IV
Urteile und andere Entscheidungen (§§ 95–114)

§ 95   Urteil   FGO

Über die Klage wird, soweit nichts anderes bestimmt ist, durch Urteil entschieden.

§ 96   Freie Beweiswürdigung, notwendiger Inhalt des Urteils   FGO

(1) ¹Das Gericht entscheidet nach seiner freien, aus dem Gesamtergebnis des Verfahrens gewonnenen Überzeugung; §§ 158, 160, 162 der Abgabenordnung gelten sinngemäß. ²Das Gericht darf über das Klagebegehren nicht hinausgehen, ist aber an die Fassung der Anträge nicht gebunden. ³In dem Urteil sind die Gründe anzugeben, die für die richterliche Überzeugung leitend gewesen sind.

(2) Das Urteil darf nur auf Tatsachen und Beweisergebnisse gestützt werden, zu denen die Beteiligten sich äußern konnten.

Rechtsprechung   Rsp

BFH vom 6. 10. 1971 – I R 46/69 (BStBl 1972 II S. 20)   1

Das FG versagt das rechtliche Gehör, wenn es vor der vollständigen Ausführung eines Beweisbeschlusses ein Urteil verkündet, ohne die Beteiligten darauf hingewiesen zu haben, daß es die angeordnete Beweisaufnahme (ganz oder teilweise) nicht mehr durchführen werde.

BFH vom 12. 7. 1972 – I R 205/70 (BStBl 1973 II S. 59)   2

Das Gericht hat die Pflicht, rechtliches Gehör zu gewähren, verletzt, wenn es seine Entscheidung auf einen rechtlichen Gesichtspunkt stützt, der im bisherigen Verfahren nicht erörtert worden ist und nach dem bisherigen Verlauf des Verfahrens von dem Prozeßbeteiligten, zu dessen Nachteil sich die Unterlassung des Hinweises auswirkt, auch nicht erörtert zu werden brauchte.

BFH vom 5. 3. 1980 – II R 148/76 (BStBl 1980 II S. 402)   3

1. Das FG kann seine Entscheidung nur dann darauf abstellen, daß ein Beteiligter der ihm obliegenden objektiven Beweislast (Feststellungslast) nicht genügt habe, wenn es sich auf Grund der aus dem Gesamtergebnis des Verfahrens gewonnenen Erkenntnisse keine Überzeugung über den Geschehensablauf bilden kann.
2. Das FG genügt dem Gebot der Nachvollziehbarkeit der Beweiswürdigung nicht, wenn es nicht die Gründe darstellt, die für seine Überzeugung über die Glaubhaftigkeit einer Zeugenaussage leitend gewesen sind. Das gilt zumindest dann, wenn der Zeuge als naher Angehöriger und Zweitschuldner möglicherweise befangen sein konnte.

§ 96 FGO
Rsp

4 BFH vom 11. 2. 1981 – I R 13/77 (BStBl 1981 II S. 475)

Der Bundesfinanzhof prüft die Auslegung von Verträgen auch unter dem Gesichtspunkt, ob das Finanzgericht die für die Auslegung bedeutsamen, außerhalb des Vertragstextes liegenden Umstände erforscht und berücksichtigt hat.

5 BFH vom 5. 11. 1981 – IV R 103/79 (BStBl 1982 II S. 258)

Die Verpflichtung des FG, selbständig und eigenverantwortlich zu prüfen, ob es einem Sachverständigengutachten folgen darf, erstreckt sich insbesondere auf die Frage, ob der Sachverständige seinem Gutachten zutreffende Tatsachen zugrunde gelegt hat. Die Ausgangstatsachen zu ermitteln ist regelmäßig die Aufgabe des Gerichts und nur dann die Aufgabe des Sachverständigen, wenn es zu ihrer Feststellung gerade auf die Sachkunde des Gutachters ankommt.

6 BFH vom 22. 12. 1981 – VII R 104/80 (BStBl 1982 II S. 356)

Entscheidet das FG unter Berücksichtigung und Würdigung einer vom Kläger im Aussetzungsverfahren nach Schluß der mündlichen Verhandlung vorgelegten eidesstattlichen Versicherung, in der der Hauptbelastungszeuge von seinen den Kläger belastenden Aussagen im Ermittlungsverfahren abrückt, ohne die Wiedereröffnung der mündlichen Verhandlung zu beschließen, so ist das Urteil wegen Versagung des rechtlichen Gehörs aufzuheben.

7 BFH vom 2. 2. 1982 – VIII R 65/80 (BStBl 1982 II S. 409)

Das FG ist unter dem Gesichtspunkt der Gewährung rechtlichen Gehörs nur dann verpflichtet, den Beteiligten eine von ihm in Betracht gezogene, bisher nicht erörterte Schätzungsmethode vorweg mitzuteilen, wenn diese den bereits erörterten Schätzungsmethoden nicht mehr ähnlich ist oder die Einführung neuen Tatsachenstoffs erforderlich wird.

8 BFH vom 30. 5. 1984 – I R 218/80 (BStBl 1984 II S. 668)

Geht einen Tag vor der mündlichen Verhandlung und der Verkündung eines Urteils ein Schriftsatz eines Beteiligten bei der Geschäftsstelle des FG ein, der versehentlich als neue Klage angesehen und deshalb den entscheidenden Richtern nicht bekannt wird, verstößt das Urteil gegen § 96 FGO und gegen die Pflicht, rechtliches Gehör zu gewähren.

9 BFH vom 27. 6. 1985 – I B 28/85 (BStBl 1985 II S. 626)

Dem Anspruch auf rechtliches Gehör entspricht ein gewisses Maß an Prozeßverantwortung. Deshalb wird das rechtliche Gehör nicht verweigert, wenn ein Schriftsatz so kurz vor der mündlichen Verhandlung und Urteilsverkündung beim FG eingereicht wird, daß er vom Spruchkörper nicht mehr berücksichtigt werden kann (Ergänzung zu BFH vom 30. 5. 1984, BStBl II S. 668).

10 BFH vom 25. 5. 1988 – I R 225/82 (BStBl 1988 II S. 944)

Der Grundsatz der Entscheidung des Tatrichters nach seiner freien, aus dem Gesamtergebnis des Verfahrens gewonnenen Überzeugung entbindet nicht von der Notwendigkeit, die für diese Überzeugung maßgeblichen Tatsachen und Umstände festzustellen und in der Entscheidung die wesentlichen daraus abgeleiteten Folgerungen nachvollziehbar darzustellen. Die nachvollziehbare Ableitung der tatrichterlichen Überzeugung aus den festgestellten Tatsachen ist Rechtsanwendung, die vom Revisionsgericht auch ohne Rüge zu überprüfen ist.

11 BFH vom 14. 9. 1988 – II R 76/86 (BStBl 1989 II S. 150)

Das Tatsachengericht darf Hilfstatsachen ohne Beweiserhebung als wahr unterstellen, wenn es durch rechtlich nicht zu beanstandende Überlegungen zu der Auffassung gelangt, daß die behaupteten Hilfstatsachen den Schluß auf das Vorliegen der zu beweisenden Haupttatsache nicht zulassen.

12 BFH vom 19. 9. 1990 – X R 79/88 (BStBl 1991 II S. 100)

Eine Entscheidung, die maßgeblich auf einen bis zuletzt nicht angesprochenen rechtlichen Gesichtspunkt gestützt wird, verletzt das Recht auf Gehör.

13 BFH vom 27. 8. 1991 – VIII R 84/89 (BStBl 1992 II S. 9)

Der Anspruch auf rechtliches Gehör ist nicht deshalb verletzt, weil der Steuerpflichtige wegen seines Todes vor Gericht nicht mehr gehört werden kann. Anspruch auf rechtliches Gehör haben die am Verfahren jeweils Beteiligten.

BFH vom 29. 10. 1997 – I R 35/96 (BStBl 1998 II S. 235) 14

Das FG verletzt im Regelfall seine Sachaufklärungspflicht, wenn es bei der Prüfung der Frage, ob eine im Ausland ansässige Kapitalgesellschaft im Inland eine – die Anwendung des § 42 AO ausschließende – wirtschaftliche Tätigkeit entfaltet hat, ausschließlich den Angaben der ausländischen Kapitalgesellschaft folgt, obgleich inländische Vertragspartner als Zeugen zur Verfügung stünden.

BFH vom 19. 3. 1998 – V R 54/97 (BStBl 1998 II S. 466) 15

Hängt die Rechtmäßigkeit eines Zinsbescheids davon ab, daß Steuern hinterzogen worden sind, so müssen zur Bejahung der Rechtmäßigkeit des Bescheids die objektiven und subjektiven Tatbestandsmerkmale einer Steuerhinterziehung vorliegen. Es ist nicht erforderlich, daß das FG den Straftäter ausfindig macht; unter Umständen reicht es aus, daß das FG aufgrund seiner freien, aus dem Gesamtergebnis des Verfahrens gewonnenen Überzeugung zu dem Ergebnis gelangt, daß von mehreren in Betracht kommenden Personen jedenfalls eine die Steuerhinterziehung zum Vorteil des Zinsschuldners begangen hat.

BFH vom 25. 2. 1999 – IV R 48/98 (BStBl 1999 II S. 531) 16

1. Ein Beigeladener hat nach dem Grundsatz des rechtlichen Gehörs Anspruch darauf, sich nach erfolgter Beiladung zu dem Verfahren in rechtlicher und tatsächlicher Hinsicht zu äußern.
2. Das Gericht darf durch Gerichtsbescheid erst entscheiden, wenn allen Beteiligten im vorangegangenen schriftlichen Verfahren rechtliches Gehör gewährt worden ist.

BFH vom 25. 7. 2000 – IX R 93/97 (BStBl 2001 II S. 9) 17

Beruft sich der Steuerpflichtige auf die Existenz eines Feststellungsbescheides und sind die Feststellungsakten wegen Aussonderung nach Ablauf der Aufbewahrungszeit nicht mehr vorhanden, trägt er insoweit jedenfalls dann die objektive Beweislast (Feststellungslast), wenn er sich zu Beginn des Rechtsbehelfsverfahrens nicht von der Existenz des Feststellungsbescheides überzeugt und insoweit keine Beweisvorsorge getroffen hat.

BFH vom 29. 11. 2000 – X R 10/00 (HFR 2001 S. 591) 18

1. Das FG verletzt den Grundsatz des rechtlichen Gehörs, wenn es die Klage durch Prozessurteil wegen nicht ausreichender Bestimmung des Klagebegehrens abweist, ohne die Kläger zuvor auf diesen Verfahrensmangel hinzuweisen.
2. Das gilt auch dann, wenn der Prozessbevollmächtigte der Kläger trotz ordnungsgemäßer Ladung der mündlichen Verhandlung ohne hinreichende Entschuldigung ferngeblieben ist.

BFH vom 12. 9. 2001 – VI R 72/97 (BStBl 2001 II S. 775) 19

Aus den Gründen:

Welche Schätzungsmethode am besten dem Ziel gerecht wird, die Besteuerungsgrundlagen durch Wahrscheinlichkeitsüberlegungen so zu bestimmen, dass sie der Wirklichkeit möglichst nahe kommen, ist grundsätzlich eine Frage der Tatsachenfeststellung durch das FG, das eine eigene Schätzungsbefugnis hat (§ 96 Abs. 1 Satz 1 FGO i.V.m. § 162 AO). Das Revisionsgericht ist daran gebunden, sofern diese Feststellungen nicht auf einem Rechtsirrtum oder Verfahrensmangel beruhen (§ 118 Abs. 2 FGO). Der BFH kann die Schätzung eines FG nur darauf überprüfen, ob sie überhaupt zulässig war und ob das FG anerkannte Schätzungsgrundsätze, Denkgesetze und allgemeine Erfahrungssätze beachtet hat, d.h. ob das Ergebnis der Schätzung schlüssig und plausibel ist. Es ist nicht die Aufgabe des BFH, eine eigene „richtigere" Schätzung an die Stelle der Schätzung des FG zu setzen (ständige Rechtsprechung, vgl. etwa BFH-Urteil vom 18. 12. 1984, BStBl 1986 II S. 226, m.w.N., und BFH-Beschluss vom 10. 5. 2001, BFH/NV 2001 S. 957).

BFH vom 2. 12. 2004 – III R 49/03 (BStBl 2005 II S. 483) 20

1. ...
2. Auch wenn das FG nach seiner freien, aus dem Gesamtergebnis des Verfahrens gewonnenen Überzeugung entscheidet und ihm als Tatsacheninstanz die Auswahl und Gewichtung der erforderlichen Beweismittel obliegt, hat es die erhöhte Mitwirkungspflicht des Steuerpflichtigen nach § 90 Abs. 2 AO zu berücksichtigen. Die Entscheidung, welche Anforderungen an den Nachweis von Unterhaltszahlungen an im Ausland lebende, unterstützungsbedürftige Angehörige zu stellen sind und welche Beweismittel der Steuerpflichtige zu beschaffen hat, gehört zur Rechtsanwendung und kann daher vom BFH überprüft werden.

3. Die tatrichterliche Überzeugungsbildung ist revisionsrechtlich nur eingeschränkt überprüfbar. Sind die Tatsachen, aufgrund derer das FG seine Überzeugung gebildet hat, widersprüchlich oder ist die Folgerung aus den festgestellten Tatsachen nicht nachvollziehbar, liegt ein Verstoß gegen die Denkgesetze vor, den das Revisionsgericht von Amts wegen als Fehler der Rechtsanwendung zu beachten hat.

21 **BFH vom 18. 4. 2006 – VII R 77/04 (BStBl 2006 II S. 578)**

1. ...

2. Hält das FG die Schätzung der Besteuerungsgrundlagen durch das FA für rechtswidrig, hat es eine eigene Schätzung vorzunehmen.

22 **BFH vom 22. 5. 2007 – X R 26/05 (HFR 2007 S. 1003)**

Der Anspruch auf rechtliches Gehör ist nicht verletzt, wenn vor dem FA und dem FG Gelegenheit zur Äußerung bestand.

23 **BFH vom 21. 8. 2007 – VII R 37/04 (HFR 2008 S. 254)**

Nach § 96 Abs. 2 FGO, der im finanzgerichtlichen Verfahren der Verwirklichung des verfassungsrechtlich garantierten Anspruchs auf rechtliches Gehör dient, darf das Urteil nur auf Tatsachen und Beweisergebnisse gestützt werden, zu denen sich die Beteiligten äußern konnten. Hieraus folgt das Verbot von Überraschungsentscheidungen; ein bisher nicht erörterter Gesichtspunkt, mit der der Rechtsstreit eine Wendung gibt, mit der ein kundiger Beteiligter nach dem bisherigen Verlauf des Verfahrens nicht zu rechnen brauchte, darf nicht zur Grundlage der Entscheidung gemacht werden.

24 **BFH vom 17. 7. 2008 – I R 12/08 (BStBl 2009 II S. 160)**

Aus den Gründen:

Nach § 96 Abs. 1 Satz 2 FGO, der gemäß § 121 Satz 1 FGO auch im Revisionsverfahren gilt, darf das Gericht zwar nicht über das Klagebegehren hinausgehen. Es ist in diesem Sinne aber nur an den Antrag des Klägers, nicht an denjenigen des Beklagten gebunden. Der Antrag des Beklagten ist in verfahrensrechtlicher Hinsicht nur eine Anregung an das Gericht, bei der Beurteilung der Rechtslage auf bestimmte Punkte besonders Wert zu legen (Beschluss des Großen Senats des BFH vom 15. 11. 1971 GrS 7/70, BStBl II 1972, 120, 123). Das gilt im Revisionsverfahren gleichermaßen. Deshalb darf der BFH eine vom FA eingelegte Revision auch dann zurückweisen, wenn der Revisionsbeklagte dies nicht beantragt hat. Dieser Grundsatz greift im Streitfall durch.

25 **BFH vom 4. 9. 2008 – IV R 1/07 (BStBl 2009 II S. 335)**

Aus den Gründen:

Nach § 96 Abs. 1 Satz 2 FGO darf das Gericht über das Klagebegehren nicht hinausgehen, ist aber an die Fassung der Anträge nicht gebunden. Beachtet das FG diese Vorschrift nicht, verstößt es gegen die Grundordnung des Verfahrens. Dabei ist – wie sich der Vorschrift entnehmen lässt – zwischen Klagebegehren und Klageantrag zu unterscheiden. Das Gericht hat das wirkliche Klagebegehren an Hand des gesamten Parteivorbringens einschließlich des Klageantrags zu ermitteln. Es verstößt deshalb gegen § 96 Abs. 1 FGO, wenn es die wörtliche Fassung des Klageantrags als maßgeblich ansieht, obwohl diese dem erkennbaren Klageziel nicht entspricht (BFH-Beschluss vom 8. 6. 2006 – IX B 30/06, BFH/NV 2006, 1689). Im Übrigen kommt es auf den in der mündlichen Verhandlung gestellten Klageantrag an, und zwar auch dann, wenn er von einem zuvor schriftsätzlich formulierten Klageantrag abweicht.

26 **BFH vom 11. 11. 2008 – IX R 14/07 (BStBl 2009 II S. 309)**

Erklärt der Berichterstatter ausdrücklich auch im Namen seiner Senatskollegen im Rahmen mehrerer eingehend begründeter Berichterstatterschreiben, die Klage werde Erfolg haben, so stellt es eine Verletzung des rechtlichen Gehörs wie auch der Anforderungen an ein faires Gerichtsverfahren dar, wenn das FG die Klage nach einem Wechsel des Berichterstatters ohne einen entsprechenden Hinweis an den Kläger abweist.

27 **BFH vom 19. 2. 2009 – II R 49/07 (HFR 2009 S. 897)**

1. Entscheidet das FG über einen anderen als im Steuerbescheid erfassten Sachverhalt, verstößt es gegen den Grundsatz der Bindung an das Klagebegehren (§ 96 Abs. 1 Satz 2 FGO), was auch ohne Rüge zur Aufhebung des angefochtenen Urteils führt.

...

BFH vom 8. 2. 2011 – IX R 44/10 (BStBl 2011 II S. 718) 28

Der Nachweis der Einzahlung einer Stammeinlage im Hinblick auf daraus resultierende Anschaffungskosten i. S. von § 17 Abs. 2 EStG muss nach 20 Jahren seit Eintragung der GmbH nicht zwingend allein durch den entsprechenden Zahlungsbeleg geführt werden. Vielmehr hat das FG alle Indizien im Rahmen einer Gesamtwürdigung zu prüfen.

BFH vom 23. 3. 2011 – X R 44/09 (BStBl 2011 II S. 884) 29

1. Vor einer Entscheidung nach den Regeln der Feststellungslast ist vorrangig regelmäßig der entscheidungserhebliche Sachverhalt aufzuklären oder, soweit dies nicht gelingt, eine Reduzierung des Beweismaßes unter Berücksichtigung von Mitwirkungspflichtverletzungen vorzunehmen.
2. Die Grundsätze über eine Reduzierung des Beweismaßes gelten auch für die Feststellung, ob die tatsächlichen Voraussetzungen für die Anwendung der Korrekturvorschrift des § 173 Abs. 1 Nr. 1 AO erfüllt sind.

BFH vom 11. 5. 2011 – V B 113/10 (HFR 2011 S. 995) 30

1. ...
2. Das Gebot, rechtliches Gehör zu gewähren, verpflichtet das Gericht nicht, die für die Entscheidung maßgeblichen Gesichtspunkte mit den Beteiligten umfassend zu erörtern und ihnen die einzelnen für die Entscheidung maßgebenden Gesichtspunkte im Voraus anzudeuten oder das Ergebnis einer Gesamtwürdigung einzelner Umstände offenzulegen.

BFH vom 12. 5. 2011 – VI R 37/10 (HFR 2011 S. 985) 31

1. Aufwendungen für den Besuch einer Schule für Hochbegabte können als außergewöhnliche Belastungen abziehbar sein, wenn der Schulbesuch medizinisch angezeigt war.
2. Die erforderlichen Feststellungen hat das FG nach dem Grundsatz der freien Beweiswürdigung zu treffen. An dem Erfordernis einer vorherigen amts- oder vertrauensärztlichen Begutachtung zum Nachweis der medizinischen Notwendigkeit einer Maßnahme, die auch zu den nicht abziehbaren Kosten der Lebensführung (§ 12 Nr. 1 EStG) gehören könnte, hält der erkennende Senat nicht länger fest.

§ 97 Zwischenurteil über Zulässigkeit der Klage — FGO

Über die Zulässigkeit der Klage kann durch Zwischenurteil vorab entschieden werden.

§ 98 Teilurteil — FGO

Ist nur ein Teil des Streitgegenstandes zur Entscheidung reif, so kann das Gericht ein Teilurteil erlassen.

§ 99 Vorabentscheidung über den Grund — FGO

(1) Ist bei einer Leistungsklage oder einer Anfechtungsklage gegen einen Verwaltungsakt ein Anspruch nach Grund und Betrag strittig, so kann das Gericht durch Zwischenurteil über den Grund vorab entscheiden.

(2) Das Gericht kann durch Zwischenurteil über eine entscheidungserhebliche Sach- oder Rechtsfrage vorab entscheiden, wenn dies sachdienlich ist und nicht der Kläger oder der Beklagte widerspricht.

Rechtsprechung

1 **BFH vom 4. 2. 1999 – IV R 54/97 (BStBl 2000 II S. 139)**

Durch Zwischenurteil i. S. des § 99 Abs. 2 FGO darf nur über solche Vorfragen entschieden werden, über die mit Sicherheit auch in einem Endurteil zu entscheiden wäre.

2 **BFH vom 30. 8. 2001 – IV R 30/99 (BStBl 2002 II S. 49)**

Aus den Gründen:
Zwischenurteile nach § 99 Abs. 2 FGO sind selbständig mit der Revision anfechtbar (§ 115 Abs. 1 FGO), da diese Entscheidungen keiner Rechtsmittelbeschränkung unterliegen, wie sie etwa in § 67 Abs. 3 FGO für ein Zwischenurteil nach § 97 FGO über die Zulässigkeit einer Klageänderung, vorgesehen ist.

3 **BFH vom 29. 5. 2008 – V R 7/06 (BStBl 2009 II S. 64)**

Aus den Gründen:
Zwischenurteile i. S. des § 99 Abs. 2 FGO sind selbständig mit der Revision anfechtbar (§§ 115 Abs. 1, 36 Nr. 1 FGO), da diese Entscheidungen keiner Rechtsmittelbeschränkung unterliegen, wie sie etwa in § 67 Abs. 3 FGO für ein Zwischenurteil nach § 97 FGO über die Zulässigkeit der Klageänderung vorgesehen ist (vgl. Urteil des BFH vom 25. 11. 2004 IV R 51/03, BFH/NV 2005, 547).

4 **BFH vom 19. 3. 2009 – V R 50/07 (BStBl 2010 II S. 78)**

Aus den Gründen:
Entscheidungserheblich [i. S. d. § 99 FGO] sind solche Vorfragen, ohne deren Beantwortung ein Urteil über die geltend gemachte Rechtsverletzung nicht möglich ist (BFH-Urteil vom 4. 2. 1999 IV R 54/97, BStBl II 2000, 139). Nach dem Zweck der Vorschrift, das gerichtliche Verfahren zu beschleunigen, setzt die Entscheidungserheblichkeit nicht voraus, dass es sich hierbei um die einzige entscheidungserhebliche Rechtsfrage handelt; denn ist nur eine einzige Frage entscheidungserheblich, muss das FG gleich durch Endurteil entscheiden (BFH-Urteil vom 10. 12. 2003 IX R 41/01, BFH/NV 2004, 1267).

§ 100 Aufhebung angefochtener Verwaltungsakte

(1) ¹Soweit ein angefochtener Verwaltungsakt rechtswidrig und der Kläger dadurch in seinen Rechten verletzt ist, hebt das Gericht den Verwaltungsakt und die etwaige Entscheidung über den außergerichtlichen Rechtsbehelf auf; die Finanzbehörde ist an die rechtliche Beurteilung gebunden, die der Aufhebung zugrunde liegt, an die tatsächliche soweit nicht neu bekannt werdende Tatsachen und Beweismittel eine andere Beurteilung rechtfertigen. ²Ist der Verwaltungsakt schon vollzogen, so kann das Gericht auf Antrag auch aussprechen, dass und wie die Finanzbehörde die Vollziehung rückgängig zu machen hat. ³Dieser Ausspruch ist nur zulässig, wenn die Behörde dazu in der Lage und diese Frage spruchreif ist. ⁴Hat sich der Verwaltungsakt vorher durch Zurücknahme oder anders erledigt, so spricht das Gericht auf Antrag durch Urteil aus, dass der Verwaltungsakt rechtswidrig gewesen ist, wenn der Kläger ein berechtigtes Interesse an dieser Feststellung hat.

(2) ¹Begehrt der Kläger die Änderung eines Verwaltungsakts, der einen Geldbetrag festsetzt oder eine darauf bezogene Feststellung trifft, kann das Gericht den Betrag in anderer Höhe festsetzen oder die Feststellung durch eine andere ersetzen. ²Erfordert die Ermittlung des festzusetzenden oder festzustellenden Betrags einen nicht unerheblichen Aufwand, kann das Gericht die Änderung des Verwaltungsakts durch Angabe der zu Unrecht berücksichtigten oder nicht berücksichtigten tatsächlichen oder rechtlichen Verhältnisse so bestimmen, dass die Behörde den Betrag auf Grund der Entscheidung errechnen kann. ³Die Behörde teilt den Beteiligten das Ergebnis der Neuberechnung unverzüglich formlos mit; nach Rechtskraft der Entscheidung ist der Verwaltungsakt mit dem geänderten Inhalt neu bekannt zu geben.

(3) ¹Hält das Gericht eine weitere Sachaufklärung für erforderlich, kann es, ohne in der Sache selbst zu entscheiden, den Verwaltungsakt und die Entscheidung über den außergerichtlichen Rechtsbehelf aufheben, soweit nach Art oder Umfang die noch erforderlichen Ermittlungen erheblich sind und die Aufhebung auch unter Berücksichtigung der Belange der Beteiligten sachdienlich ist. ²Satz 1 gilt nicht, soweit der Steuerpflichtige seiner Erklärungspflicht nicht nachgekommen ist und deshalb die Besteuerungsgrundlagen geschätzt worden sind. ³Auf Antrag kann das Gericht bis zum Erlass des neuen Verwaltungsakts eine einstweilige Regelung treffen,

insbesondere bestimmen, dass Sicherheiten geleistet werden oder ganz oder zum Teil bestehen bleiben und Leistungen zunächst nicht zurückgewährt werden müssen. ⁴Der Beschluss kann jederzeit geändert oder aufgehoben werden. ⁵Eine Entscheidung nach Satz 1 kann nur binnen sechs Monaten seit Eingang der Akten der Behörde bei Gericht ergehen.

(4) Kann neben der Aufhebung eines Verwaltungsakts eine Leistung verlangt werden, so ist im gleichen Verfahren auch die Verurteilung zur Leistung zulässig.

Rechtsprechung

BFH vom 18. 12. 1979 – VIII R 27/77 (BStBl 1980 II S. 330)   1

Hat das FA Im Rahmen seiner Sachaufklärung eine erforderliche Vernehmung von Zeugen unterlassen, so kann das am gleichen Ort befindliche FG den Steuerbescheid und die Einspruchsentscheidung nicht gemäß § 100 Abs. 2 Satz 2 FGO aufheben, wenn die Zeugenvernehmung im finanzgerichtlichen Verfahren keinen erheblichen Aufwand an Kosten und Zeit erfordert.

BFH vom 30. 10. 1980 – IV R 168-170/79 (BStBl 1981 II S. 150)   2

Eine Anfechtungsklage, mit der allein die Aufhebung des Nachprüfungsvorbehalts erstrebt wird, ist unzulässig.

BFH vom 21. 7. 1983 – IV R 194/81 (BStBl 1983 II S. 776)   3

Entscheidet das FG über eine Anfechtungsklage gegen einen Gewinnfeststellungsbescheid gemäß Art. 3 § 4 VGFGEntlG, so hat das FA die Betragsberechnung regelmäßig unverzüglich nach Bekanntgabe der Entscheidung des FG und nicht erst nach Rechtskraft dieser Entscheidung vorzunehmen und mitzuteilen.

BFH vom 23. 4. 1985 – VIII R 282/81 (BStBl 1985 II S. 711)   4

Der VIII. Senat schließt sich der Rechtsauffassung des IV. Senats (Urteil vom 19. 8. 1982, BStBl 1983 II S. 21) an, daß auch in den Fällen, in denen im außergerichtlichen Rechtsbehelfsverfahren eine notwendige Hinzuziehung (§ 360 Abs. 3 AO) unterblieben ist, das FG sich nicht auf die Aufhebung der Einspruchsentscheidung beschränken darf, wenn der Kläger sich gegen den Verwaltungsakt wendet.

BFH vom 9. 5. 1985 – IV R 172/83 (BStBl 1985 II S. 573)   5

Im Falle der Zurücknahme einer Prüfungsanordnung gemäß § 130 Abs. 1 AO besteht in der Regel kein berechtigtes Interesse für eine Fortsetzungsfeststellungsklage gemäß § 100 Abs. 1 Satz 4 FGO.

BFH vom 17. 7. 1985 – I R 214/82 (BStBl 1986 II S. 21)   6

1. Eine Anfechtungsklage gegen den eine Außenprüfung anordnenden Verwaltungsakt ist unzulässig, wenn sich der angefochtene Verwaltungsakt vor der Entscheidung durch das FG in der Hauptsache erledigt hat. In diesem Falle muß der Kläger eine Fortsetzungsfeststellungsklage i.S. des § 100 Abs. 1 Satz 4 FGO mit dem Ziel erheben, festzustellen, daß die Prüfungsanordnung rechtswidrig war.
2. Eine Fortsetzungsfeststellungsklage i.S. des § 100 Abs. 1 Satz 4 FGO ist nur dann zulässig, wenn bis zum Eintritt des die Hauptsache erledigenden Ereignisses alle im Gesetz für die Anfechtungsklage vorgeschriebenen Prozeß-(Sachurteils-)voraussetzungen erfüllt sind.

BFH vom 14. 8. 1985 – I R 188/82 (BStBl 1986 II S. 2)   7

1. Dehnt das FA eine Außenprüfung über den ursprünglich festgelegten Prüfungszeitraum aus, ohne eine entsprechende Prüfungsanordnung zu erlassen, so kann der Steuerpflichtige die Rechtswidrigkeit der Prüfungserweiterung in der Regel nur mit einer Anfechtungsklage geltend machen, die sich gegen die aufgrund der Außenprüfung zu erlassenden Änderungsbescheide richtet.
2. Erhebt der Steuerpflichtige statt der Anfechtungsklage eine Fortsetzungsfeststellungsklage i.S. des § 100 Abs. 1 Satz 4 FGO bzw. eine Feststellungsklage i.S. des § 41 Abs. 1 FGO, so ist diese unzulässig.

8 BFH vom 27. 2. 1986 – IV B 6/85 (BStBl 1986 II S. 492)

Hebt das FG einen Steuerbescheid wegen mangelnder Sachaufklärung des FA gemäß § 100 Abs. 2 Satz 2 FGO auf, kann eine Revisionszulassung nicht mit der Verfahrensrüge mangelnder Sachaufklärung seitens des FG (§ 115 Abs. 2 Nr. 3 FGO) erreicht werden.

9 BFH vom 16. 4. 1986 – I R 32/84 (BStBl 1986 II S. 736)

Der Fortsetzungsfeststellungsantrag nach § 100 Abs. 1 Satz 4 FGO kann auch hilfsweise gestellt werden (entgegen BFH-Urteil vom 25. 6. 1975, BStBl 1976 II S. 42).

10 BFH vom 4. 2. 1988 – V R 57/83 (BStBl 1988 II S. 413)

Die Revision ist unzulässig, wenn der Kläger nach Durchführung einer Außenprüfung die Aufhebung der Prüfungsanordnung begehrt und es mit der Revision versäumt, seinen Antrag auf die Feststellung der Rechtswidrigkeit der Prüfungsanordnung umzustellen.

11 BFH vom 25. 10. 1989 – X R 109/87 (BStBl 1990 II S. 278)

Eine gegen einen vorläufigen Steuerbescheid i.S. des § 165 AO gerichtete Klage darf nicht allein auf Beseitigung des Vorläufigkeitsvermerkes abzielen.

12 BFH vom 10. 4. 1990 – VIII R 415/83 (BStBl 1990 II S. 721)

Der Übergang von der Anfechtungs- zur Fortsetzungsfeststellungsklage ist im Revisionsverfahren auch dann zulässig, wenn sich der angefochtene Verwaltungsakt bereits vor Erhebung der Anfechtungsklage erledigt hat.

13 BFH vom 21. 6. 1990 – V R 97/84 (BStBl 1990 II S. 804)

Die Rechtsprechung, wonach die Fortsetzungsfeststellungsklage gemäß § 100 Abs. 1 Satz 4 FGO selbst dann statthaft ist, wenn sich der angegriffene Verwaltungsakt schon vor Klageerhebung erledigt hat, gilt auch für die Klage auf Feststellung der Rechtswidrigkeit eines erledigten Umsatzsteuervorauszahlungsbescheides.

14 BFH vom 8. 8. 1991 – V R 19/88 (BStBl 1991 II S. 939)

Von eigenen Ermittlungen kann das FG nach seinem Ermessen nur unter den Voraussetzungen des § 100 Abs. 2 Satz 2 FGO absehen. Hat das FA bereits Ermittlungen zu einer strittigen Sachverhaltsfrage angestellt, so entspricht es in der Regel einer sachgerechten Ermessensausübung, daß das FG die noch für erforderlich gehaltenen Ermittlungen selbst anstellt.

15 BFH vom 1. 10. 1992 – V R 81/89 (BStBl 1993 II S. 120)

Nach Ergehen eines Umsatzsteuerjahresbescheides kann das berechtigte Interesse an der Feststellung der Rechtswidrigkeit eines Umsatzsteuervorauszahlungsbescheides mit Rücksicht auf die Zulässigkeit eines Antrags gemäß § 68 FGO nicht mit der Erwägung begründet werden, das FA werde bei der Entscheidung über den Einspruch gegen den Jahresbescheid die Auffassung des Gerichts in einem rechtskräftigen Urteil über die Rechtmäßigkeit des Vorauszahlungsbescheides berücksichtigen.

16 BFH vom 18. 2. 1997 – IX R 63/95 (BStBl 1997 II S. 409)

§ 100 Abs. 3 FGO i.d.F. des FGOÄndG vom 21. 12. 1992 ist im zweiten Rechtsgang nicht anwendbar.

17 BFH vom 22. 4. 1997 – IX R 74/95 (BStBl 1997 II S. 541)

Die Einholung eines Sachverständigengutachtens zur Aufteilung des Kaufpreises einer Eigentumswohnung in Anteile für Grund und Boden sowie Gebäude ist für das FG im Regelfall keine nach Art oder Umfang erhebliche Ermittlung i.S. des § 100 Abs. 3 FGO.

18 BFH vom 23. 7. 1998 – VII R 36/97 (BStBl 1998 II S. 739)

Der Übergang vom Verpflichtungsfeststellungsantrag zum Fortsetzungsfeststellungsantrag ist auch noch im Revisionsverfahren zulässig. Dies gilt auch dann, wenn der Kläger Revisionskläger ist und sich der angefochtene Verwaltungsakt bereits während des außergerichtlichen Rechtsbehelfsverfahrens erledigt hat.

BFH vom 2. 11. 2000 – X R 156/97 (HFR 2001 S. 454)   19

1. Bei einem abgelehnten Antrag auf Eintragung eines weiteren Freibetrags auf der Lohnsteuer-Karte für einen Abzugsbetrag nach § 10e Abs. 1 EStG fehlt es an einem berechtigten Interesse an einer Fortsetzungsfeststellungsklage, wenn der Kläger während des Streitjahres den Sachverhalt so verändert, dass es auf den Streit über die Anwendbarkeit dieser Vorschrift im Streitjahr und den folgenden Jahren nicht mehr ankommt.
2. Ein Rechtsschutzinteresse ist auch für noch offene Veranlagungen früherer Jahre zu verneinen, wenn es zweifelhaft ist, ob das FA zu Recht einen höheren Freibetrag für einen Verlust aus Vermietung und Verpachtung bereits auf der Lohnsteuer-Karte eingetragen hatte, das FG hierzu aber keine tatsächlichen Feststellungen getroffen hatte.
3. Der Senat lässt die Frage offen, ob ein berechtigtes Interesse an einer Entscheidung im Feststellungsverfahren bestehen kann, wenn die Sache wegen unzureichender Sachaufklärung an das FG zurückverwiesen werden müsste.
4. Es besteht im Revisionsverfahren auch kein Rechtsschutzinteresse des Klägers wegen der für ihn nachteiligen Kostenentscheidung des FG, wenn er die Hauptsache hätte für erledigt erklären können.

BFH vom 11. 4. 2001 – VII B 304/00 (BStBl 2001 II S. 525)   20

1. Wird nach Einziehung der gepfändeten Forderung mit der Fortsetzungsfeststellungsklage geltend gemacht, die Vollstreckungsbehörde habe den Geldbetrag unter Verstoß gegen ein gesetzliches Vollstreckungsverbot erlangt, so reicht die substantiierte Darlegung der Tatsachen, aus denen sich dieser Verstoß ergibt, verbunden mit der berechtigten Erwartung, die Vollstreckungsbehörde werde nach entsprechender Feststellung der Rechtswidrigkeit die Folgen der durch die Vollstreckungsmaßnahme bewirkten Vermögensverschiebung rückgängig machen, für die Annahme des erforderlichen besonderen Feststellungsinteresses aus.
2. Die Erwartung der Folgenbeseitigung ist berechtigt, wenn die Finanzbehörde den Gegenstand oder Geldbetrag unter Verstoß gegen ein Vollstreckungsverbot erlangt hat, denn in diesem Fall stellt die der Vollstreckung zugrunde liegende Steuerfestsetzung oder Steueranmeldung keinen Behaltensgrund dar.

BFH vom 18. 11. 2004 – V R 37/03 (BStBl 2005 II S. 217)   21

Die formlose Mitteilung des Ergebnisses der Neuberechnung der Steuer gemäß § 100 Abs. 2 Satz 3, 1. Halbsatz FGO ist kein Verwaltungsakt.

BFH vom 26. 9. 2007 – I R 43/06 (BStBl 2008 II S. 134)   22

Eine Fortsetzungsfeststellungsklage ist nicht zulässig, wenn der mit ihr angegriffene Verwaltungsakt sich schon vor der Klageerhebung erledigt hatte und die Feststellung der Rechtswidrigkeit des Verwaltungsakts nicht Voraussetzung dafür ist, dass der Kläger einen effektiven Rechtsschutz erhält.

BFH vom 22. 7. 2008 – VIII R 8/07 (BStBl 2008 II S. 941)   23

1. Ein berechtigtes Interesse für eine Fortsetzungsfeststellungsklage gemäß § 100 Abs. 1 Satz 4 FGO besteht nicht, wenn der Kläger die Erhebung einer Schadensersatzklage gegen die Behörde allein wegen der durch den Finanzrechtsstreit und das außergerichtliche Rechtsbehelfsverfahren verursachten Kosten beabsichtigt.
2. Die kostenrechtlichen Bestimmungen der FGO dürfen durch eine nachfolgende Schadensersatzklage vor den Zivilgerichten nicht unterlaufen werden.

BFH vom 10. 2. 2010 – XI R 3/09 (HFR 2010 S. 957)   24

1. Das für eine Fortsetzungsfeststellungsklage erforderliche berechtigte Interesse an der Feststellung der Rechtswidrigkeit eines erledigten Verwaltungsakts muss – sofern es nicht offensichtlich ist – vom Kläger substantiiert dargelegt werden.
2. Ob ein Feststellungsinteresse vorliegt, ist vom BFH ohne Bindung an die Auffassung des FG zu prüfen; insbesondere kann der BFH hierzu eigene Feststellungen anhand der im Revisionsverfahren vorgelegten Akten treffen.
3. Das für eine Fortsetzungsfeststellungsklage erforderliche berechtigte Interesse ist nicht gegeben, wenn nur ein allgemeines Bedürfnis nach Klärung einer Rechtsfrage besteht, da das finanzgerichtliche Verfahren nicht dazu bestimmt ist, Rechtsgutachten zu allgemein interessierenden Fragen zu erstatten.

25 BFH vom 5. 4. 2011 – VIII B 107/10 (BFH/NV 2011 S. 1175)

– Tritt bei einer Klage gegen die Aufforderung zur Abgabe der Steuererklärung die Hauptsachenerledigung ein infolge der Abgabe der Steuererklärung, wird die aufrechterhaltene Anfechtungsklage unzulässig, sofern kein Fortsetzungsfeststellungsantrag gestellt und auch kein Fortsetzungsfeststellungsinteresse dargetan wird.

– Ein Übergang zur Fortsetzungsfeststellungsklage ist im Verfahren der Nichtzulassungsbeschwerde nicht mehr möglich, wenn das die Anfechtungsklage erledigende Ereignis schon während des Klageverfahrens eingetreten ist.

§ 101 Urteil auf Erlass eines Verwaltungsakts

¹Soweit die Ablehnung oder Unterlassung eines Verwaltungsakts rechtswidrig und der Kläger dadurch in seinen Rechten verletzt ist, spricht das Gericht die Verpflichtung der Finanzbehörde aus, den begehrten Verwaltungsakt zu erlassen, wenn die Sache spruchreif ist. ²Andernfalls spricht es die Verpflichtung aus, den Kläger unter Beachtung der Rechtsauffassung des Gerichtes zu bescheiden.

Rechtsprechung

1 BFH vom 26. 10. 1994 – X R 104/92 (BStBl 1995 II S. 297)

Der Urteilsspruch über ein Erlassbegehren richtet sich auch dann nach § 101 FGO (und nicht etwa nach § 100 Abs. 2 FGO), wenn es um einen Billigkeitserlaß nach § 163 AO geht.

2 BFH vom 26. 8. 2010 – III R 80/07 (BFH/NV 2011 S. 401)

Die Entscheidung über den Erlass ist eine Ermessensentscheidung der Behörde, die gemäß § 102 FGO gerichtlich nur eingeschränkt überprüft werden kann. Im Einzelfall kann der Ermessensspielraum aber so eingeengt sein, dass nur eine Entscheidung ermessensgerecht ist (sog. Ermessensreduzierung auf Null). Ist nur der Erlass eines Anspruchs aus dem Steuerschuldverhältnis ermessensgerecht, kann das Gericht gemäß § 101 Satz 1 FGO die Verpflichtung zum Erlass aussprechen (ständige Rechtsprechung, vgl. z.B. Urteile des BFH vom 16. 11. 2005 – X R 28/04, BFH/NV 2006, 697; vom 11. 7. 1996 – V R 18/95, BStBl 1997 II S. 259, m.w.N.).

§ 102 Nachprüfung des Ermessensgebrauchs

¹Soweit die Finanzbehörde ermächtigt ist, nach ihrem Ermessen zu handeln oder zu entscheiden, prüft das Gericht auch, ob der Verwaltungsakt oder die Ablehnung oder Unterlassung des Verwaltungsakts rechtswidrig ist, weil die gesetzlichen Grenzen des Ermessens überschritten sind oder von dem Ermessen in einer dem Zweck der Ermächtigung nicht entsprechenden Weise Gebrauch gemacht ist. ²Die Finanzbehörde kann ihre Ermessenserwägungen hinsichtlich des Verwaltungsaktes bis zum Abschluss der Tatsacheninstanz eines finanzgerichtlichen Verfahrens ergänzen.

Hinweise

1 Ergänzung von Ermessenserwägungen im finanzgerichtlichen Verfahren

(OFD Frankfurt/Main vom 28. 3. 2007 – FG 2029 A – 4 – St 21 –)

1. Allgemeines

Nach § 102 Satz 2 FGO kann die Finanzbehörde ihre Ermessenserwägungen hinsichtlich des Erlasses eines Verwaltungsaktes bis zum Abschluss der Tatsacheninstanz eines finanzgerichtlichen Verfahrens ergänzen. Demnach kann die Finanzbehörde lediglich bereits an- oder dargestellte

Ermessenserwägungen vertiefen, verbreitern oder verdeutlichen. Materiell-rechtlich ist die nachträgliche Ergänzung der Ermessenserwägungen in der Regel zulässig, wenn
- die nachträglich vom Finanzamt angegebenen Gründe schon bei Erlass des Verwaltungsakts vorlagen,
- der Verwaltungsakt dadurch nicht in seinem Wesen geändert wird und
- der Steuerpflichtige nicht in seiner Rechtsverteidigung beeinträchtigt wird, d.h. der Steuerpflichtige muss auf eine Ermessensergänzung angemessen reagieren können (Erledigungserklärung oder Klagerücknahme)

(vgl. BFH-Urteil vom 24. 11. 1987, BStBl 1988 II S. 364).

Eine zulässige Ermessensergänzung i.S.d. § 102 Satz 2 FGO ist auch gegeben, wenn ausschließlich aus dem Akteninhalt die rechtmäßige Ermessensausübung durch die Finanzbehörde hervorgeht, diese aber in der Begründung der Ermessensentscheidung keinen Niederschlag gefunden hat (BFH-Beschluss vom 27. 12. 2005, BFH/NV 2006 S. 708).

Die Finanzbehörde ist dagegen nicht befugt, Ermessenserwägungen im finanzgerichtlichen Verfahren erstmals anzustellen, Ermessensgründe auszuwechseln oder vollständig nachzuholen. Eine fehlende Ermessensausübung stellt nicht lediglich einen Begründungsmangel dar und kann daher auch nicht nach § 126 Abs. 1 Nr. 2 i.V.m. Abs. 2 AO im finanzgerichtlichen Verfahren nachgeholt werden (BFH-Urteil vom 11. 3. 2004, BStBl 2004 II S. 579).

2. Einzelfälle

2.1 Haftungsbescheide

Bei Haftungsbescheiden i.S.d. § 191 Abs. 1 Satz 1 AO ist zu beachten, dass sowohl das Entschließungs- als auch das Auswahlermessen bereits im Haftungsbescheid bzw. in der Einspruchsentscheidung dargelegt und ausgeführt werden. Sind die Überlegungen der Finanzbehörde zum Auswahlermessen nicht erkennbar, kann dieses Defizit nicht mit Hinweis auf § 102 Satz 2 FGO geheilt werden, da insoweit eine nicht zulässige Nachholung vorliegt (vgl. BFH-Urteil vom 11. 3. 2004, BStBl 2004 II S. 579, und Urteil des FG Hamburg vom 7. 8. 2003, EFG 2004 S. 74).

2.2 Prüfungsanordnungen

Der Erlass einer Prüfungsanordnung, die Erweiterung des Prüfungszeitraums und die Übertragung einer Außenprüfung auf ein anderes Finanzamt stellen Ermessensentscheidungen dar, die spätestens in der Einspruchsentscheidung ausgeführt werden müssen, um im finanzgerichtlichen Verfahren nach § 102 Satz 2 FGO ergänzt werden zu können (vgl. BFH-Beschluss vom 2. 6. 2004, BFH/NV 2004 S. 1536; Beschluss des FG München vom 15. 7. 2004 – 6 V 4809/03 – und Urteil des FG Baden-Württemberg vom 17. 9. 2002, EFG 2003 S. 64).

3. Anwendung

Das Finanzamt muss klar und unmissverständlich zum Ausdruck bringen, dass hinsichtlich des streitbefangenen Verwaltungsakts Ermessensergänzungen vorgenommen werden sollen. Es muss eindeutig sein, welchen Regelungsinhalt und welche Begründung der angefochtene Verwaltungsakt nunmehr hat. Insbesondere muss klar ersichtlich sein, ob mit den nachträglich vorgebrachten Ermessenserwägungen lediglich der ursprüngliche Verwaltungsakt ergänzt wird, oder ob damit ein Änderungsbescheid i.S. des § 68 FGO ergehen soll. Unklarheiten gehen zu Lasten des Finanzamts.

Die Ergänzung der Ermessenserwägungen hat grundsätzlich schriftlich zu erfolgen; die Aufnahme in das Protokoll über einen Erörterungstermin oder über die mündliche Verhandlung ist ebenfalls ausreichend. Das Finanzamt kann die Ergänzung durch Schriftsatz im Prozess erklären oder sich direkt an den Steuerpflichtigen wenden und diesen Vorgang damit in das finanzgerichtliche Verfahren einbringen.

Nach der Ergänzung der Ermessenserwägungen muss dem Steuerpflichtigen rechtliches Gehör gewährt werden, so dass dieser die Gelegenheit erhält, den Rechtsstreit in der Hauptsache für erledigt zu erklären.

4. Korrekturmöglichkeit nach § 130 AO bei nicht möglicher Anwendung des § 102 Satz 2 FGO

Liegen die Voraussetzungen des § 102 Satz 2 FGO für eine Ermessensergänzung nicht vor (bei bisheriger Nichtausübung des Ermessens oder bei fehlerhafter Ermessensausübung), kann die Finanzbehörde dem angefochtenen Verwaltungsakt durch Teilrücknahme einen rechtmäßigen Inhalt geben bzw. diesen insgesamt aufheben und mit rechtmäßigem Inhalt neu erlassen.

Bei Aufhebung des (rechtswidrigen) Verwaltungsakts nach § 130 Abs. 1 AO und gleichzeitigem Erlass eines neuen Verwaltungsakts ist darauf zu achten, dass die Festsetzungsfrist – sofern diese Anwendung findet, vgl. z.B. bei Verspätungszuschlägen AEAO zu § 169, Nr. 3 (AO-Kartei, § 169 AO, Allgemeines, Karte 1) – noch nicht abgelaufen ist. Zu beachten ist die Regelung des § 171

Abs. 3a Satz 1 AO, die den Ablauf der Festsetzungsfrist bis zur unanfechtbaren Entscheidung über den Rechtsbehelf hemmt. Hat die Finanzbehörde während des Rechtsbehelfsverfahrens den angefochtenen Verwaltungsakt unter gleichzeitigem Erlass eines neuen Verwaltungsakts aufgehoben, so ist der neue Verwaltungsakt noch innerhalb der nach § 171 Abs. 3a Satz 1 AO gehemmten Festsetzungsfrist ergangen (BFH-Urteil vom 5. 10. 2004, BStBl 2005 II S. 729).

Bei Haftungsbescheiden i.S.d. § 191 Abs. 1 Satz 1 AO ist zudem insbesondere auf die Norm des § 191 Abs. 5 AO, wonach unter bestimmten Voraussetzungen ein Haftungsbescheid nicht mehr ergehen darf, zu achten. Sind die Tatbestandsmerkmale des § 191 Abs. 5 AO erfüllt, kann ein neuer (rechtmäßiger) Haftungsbescheid nach gleichzeitiger Rücknahme des rechtswidrigen Haftungsbescheids nicht mehr erlassen werden.

Wird das Rechtsbehelfsverfahren durch Rücknahme oder übereinstimmende Erledigungserklärung der Beteiligten beendet, so endet in diesem Zeitpunkt die Ablaufhemmung des § 171 Abs. 3a Satz 1 AO. Eine sinngemäße Anwendung des § 171 Abs. 3a Satz 3 AO auf den Fall der Aufhebung des Bescheids durch die Finanzbehörde kommt (auch wenn die Aufhebung und der gleichzeitige Erlass eines neuen Verwaltungsakts auf einer Anregung des Finanzgerichts beruhte) nicht in Betracht, da diese Norm ausschließlich bei der gerichtlichen Kassation eines angefochtenen Verwaltungsakts Anwendung findet (BFH-Urteil vom 5. 10. 2004, BStBl 2005 II S. 122).

Im vorgenannten Urteil hat der BFH offen gelassen, ob die Ablaufhemmung bereits durch die Erklärung der Finanzbehörde über die beabsichtigte Aufhebung des Verwaltungsakts „zur erneuten Ermessensausübung" oder erst durch die Erledigungserklärungen der Beteiligten endete. In § 171 Abs. 3a Satz 1 AO wird auf die Beendigung des Rechtsbehelfsverfahrens abgestellt, die erst im Zeitpunkt der Klagerücknahme nach § 72 FGO bzw. der übereinstimmenden Erklärung der Erledigung der Hauptsache erfolgt. Gleichwohl ist darauf zu achten, dass die Aufhebung und der gleichzeitige Erlass eines neuen Verwaltungsakts vor etwaigen Aussagen über eine geplante Erklärung der Erledigung der Hauptsache vorgenommen werden.

Rechtsprechung

2 BFH vom 1. 7. 1981 – VII R 84/80 (BStBl 1981 II S. 740)

Ermessensentscheidungen der Verwaltung sind grundsätzlich an Hand der Sach- und Rechtslage im Zeitpunkt der letzten Verwaltungsentscheidung gerichtlich zu überprüfen.

3 BFH vom 26. 3. 1991 – VII R 66/90 (BStBl 1991 II S. 545)

Für die gerichtliche Überprüfung einer behördlichen Ermessensentscheidung sind die tatsächlichen Verhältnisse im Zeitpunkt der letztinstanzlichen Verwaltungsentscheidung auch dann maßgebend, wenn der angefochtene Verwaltungsakt im Zeitpunkt der gerichtlichen Entscheidung noch nicht vollzogen ist.[1)]

4 BFH vom 28. 6. 2000 – X R 24/95 (BStBl 2000 II S. 514)

Entscheidungen, mit denen die Finanzbehörden Anträge auf Fristverlängerung für die Abgabe von Steuererklärungen ablehnen, sind Ermessensentscheidungen, die vom Gericht regelmäßig – in den durch § 5 AO, § 102 FGO gezogenen Grenzen – daraufhin zu überprüfen sind, ob einerseits die hierzu ergangenen Richtlinien der Verwaltung und andererseits die darauf gestützte Ablehnung im Einzelfall sachgerechter Ermessensausübung entsprechen.

5 BFH vom 21. 1. 2004 – XI R 3/03 (BStBl 2004 II S. 919)

Bei einer vorsätzlichen Beihilfe zur Steuerhinterziehung ist die Inanspruchnahme des Gehilfen als Haftungsschuldner auch ohne nähere Darlegung der Ermessenserwägungen als ermessensgerecht nach § 102 FGO anzusehen; die Vorprägung der Ermessensentscheidung durch die Teilnahme an der Steuerhinterziehung ist nicht nur für die Inanspruchnahme dem Grunde nach, sondern auch für die Inanspruchnahme der Höhe nach gegeben.

6 BFH vom 11. 3. 2004 – VII R 52/02 (BStBl 2004 II S. 579)

Die Vorschrift des § 102 Satz 2 FGO i.d.F. des StÄndG 2001 gestattet es der Finanzbehörde nur, bereits an- oder dargestellte Ermessenserwägungen zu vertiefen, zu verbreitern oder zu verdeutlichen. Nicht dagegen ist sie befugt, Ermessenserwägungen im finanzgerichtlichen Verfahren erstmals anzustellen, die Ermessensgründe auszuwechseln oder vollständig nachzuholen.

[1)] Vgl. jetzt § 102 Satz 2 FGO.

BFH vom 24. 11. 2005 – V R 37/04 (BStBl 2006 II S. 466)

1. Hat die Verwaltung in Ausfüllung des ihr zustehenden Ermessensspielraums Richtlinien erlassen, so haben die Gerichte grundsätzlich nur zu prüfen, ob sich die Behörden an die Richtlinien gehalten haben und ob die Richtlinien selbst einer sachgerechten Ermessensausübung entsprechen.
2. Dabei ist für die Auslegung einer Verwaltungsvorschrift nicht maßgeblich, wie das FG eine solche Verwaltungsanweisung versteht, sondern wie die Verwaltung sie verstanden hat und verstanden wissen wollte. Das FG darf daher Verwaltungsanweisungen nicht selbst auslegen, sondern nur darauf prüfen, ob die Auslegung durch die Behörde möglich ist.

BFH vom 16. 12. 2008 – I R 29/08 (BStBl 2009 II S. 539)

Ersetzt das Finanzamt während eines Klageverfahrens den mit der Klage angefochtenen Haftungsbescheid durch einen anderen Haftungsbescheid, in dem es erstmals seine Ermessenserwägungen erläutert, so wird dieser Bescheid zum Gegenstand des gerichtlichen Verfahrens. Im weiteren Verlauf jenes Verfahrens sind die nunmehr angestellten Ermessenserwägungen in vollem Umfang zu berücksichtigen.

BFH vom 9. 2. 2009 – III R 37/07 (BStBl 2009 II S. 928)

Aus den Gründen:

Ebenfalls zutreffend hat das FG angenommen, dass von der Aufhebung eines mangels Ermessensausübung rechtswidrigen Ablehnungsbescheids abgesehen werden kann, wenn allein die Ablehnung ermessensgerecht ist (sog. Ermessensreduzierung auf Null). Denn dann ist das FG befugt, – abweichend von § 102 FGO – seine Entscheidung an die Stelle der Ermessensentscheidung der Verwaltungsbehörde zu setzen (Urteil des BFH vom 10. 10. 2001 XI R 52/00, BStBl II 2002, 201). Zu Unrecht hat das FG aber im Streitfall eine Ermessensreduzierung auf Null angenommen.

BFH vom 12. 2. 2009 – VI R 40/07 (BStBl 2009 II S. 478)

Aus den Gründen:

Nach ständiger Rechtsprechung des BFH steht im Abgabenrecht als Teil des öffentlichen Rechts die Entscheidung, welcher von mehreren grundsätzlich gleichrangigen Schuldnern in Anspruch genommen werden soll, nicht im freien Belieben, sondern im pflichtgemäßen Auswahlermessen der Behörde, für das die allgemeinen Grundsätze des § 5 AO gelten. Der einzelne Abgabenschuldner kann deshalb nur aufgrund einer Ermessensentscheidung unter Beachtung des Grundsatzes der Verhältnismäßigkeit und der wirtschaftlichen Bedeutung der jeweiligen Tatbestandsverwirklichung in Anspruch genommen werden. Die Ermessensentscheidung ist nach § 102 FGO vom Gericht daraufhin zu überprüfen, ob der Verwaltungsakt deshalb rechtswidrig ist, weil die gesetzlichen Grenzen des Ermessens überschritten sind oder von dem Ermessen in einer dem Zweck der Ermächtigung nicht entsprechenden Weise Gebrauch gemacht worden ist. Wegen der Befugnis und Verpflichtung des Gerichts zur Überprüfung behördlicher Ermessensentscheidungen, die dem Gericht keinen Raum für eigene Ermessenserwägungen lässt, muss die Ermessensentscheidung spätestens in der Einspruchsentscheidung begründet werden. Anderenfalls ist sie im Regelfall fehlerhaft (BFH-Beschluss vom 8. 6. 2007 VII B 280/06, BFH/NV 2007, 1822; BFH-Urteil vom 2. 12. 2003 VII R 17/03, BFHE 204, 380, jeweils m.w.N.).

BFH vom 19. 3. 2009 – V R 48/07 (BStBl 2010 II S. 92)

1. – 2. ....
3. Eine ermessenslenkende Billigkeitsregelung der Verwaltung, wonach Nachzahlungszinsen aus sachlichen Billigkeitsgründen zu erlassen sind, wenn ein Unternehmer eine unrichtige Endrechnung, die eine Steuerschuld nach § 14 Abs. 2 UStG auslöst, in einem auf das Kalenderjahr der ursprünglichen Rechnungserteilung folgenden Kalenderjahr nach Aufdeckung seines Fehlers sogleich berichtigt hat, bindet die Gerichte nicht.
4. Ein aus Art. 3 Abs. 1 GG herzuleitender Anspruch gegenüber einer Behörde auf Fortführung einer gesetzwidrigen Verwaltungspraxis besteht nicht.

BFH vom 14. 5. 2009 – IV R 27/06 (BStBl 2009 II S. 881)

Der Steuerpflichtige hat einen Anspruch auf die im pflichtgemäßen Ermessen der Finanzbehörde stehende Gewährung einer Steuervergünstigung nach § 3 Abs. 1 ZRFG, wenn die Finanzverwaltung in einschlägigen Verwaltungsanweisungen eine dahingehende Selbstbindung eingegangen ist.

13 **BFH vom 26. 8. 2010 – III R 16/08 (HFR 2011 S. 419)**

1. – 2. ...
3. Die Behörde hat eine Ermessensentscheidung im Einspruchsverfahren nicht nur auf Ermessensfehler hin zu überprüfen, sondern bei Änderung der Sach- und Rechtslage im Einspruchsverfahren ggf. eine neue Ermessensentscheidung zu treffen.

14 **BFH vom 13. 1. 2011 – V R 43/09 (BStBl 2011 II S. 610)**

1. Das FG darf Verwaltungsanweisungen nicht selbst auslegen, sondern nur darauf überprüfen, ob die Auslegung durch die Behörde möglich ist.
...

15 **BFH vom 26. 7. 2011 – VII B 3/11 (BFH/NV 2011 S. 2079)**

Die Finanzbehörde kann nach § 102 Satz 2 FGO Ermessenserwägungen bis zum Abschluss der Tatsacheninstanz eines finanzgerichtlichen Verfahrens nachschieben. Maßgeblicher Zeitpunkt ist der Schluss der mündlichen Verhandlung bzw. bei Verfahren ohne mündliche Verhandlung das Urteil des FG, bis zu dem Ermessenserwägungen ergänzt werden können.

16 **BFH vom 27. 7. 2011 – I R 44/10 (HFR 2011 S. 1284)**

Eine richterliche Überprüfung von Billigkeitsmaßnahmen der Verwaltung ist nur eingeschränkt möglich. Wenn zu Art. 4 Abs. 4 DBA-Schweiz (sog. überdachende Besteuerung) im BMF-Schreiben vom 19. 9. 1994 (BStBl 1994 I S. 683) der Erlass einer Einkommensteuerschuld bei einem Umzug in die Schweiz „wegen Heirat mit einer Person schweizerischer Staatsangehörigkeit" nur dann vorgesehen ist, wenn die Heirat in einem Zeitraum von sechs Monaten vor und sechs Monaten nach dem Wegzug erfolgt, ist dies als willkürfreie Indizienregel für den sachlichen Zusammenhang zwischen Wegzug und Heirat anzusehen.

FGO

§ 103 Am Urteil beteiligte Richter

Das Urteil kann nur von den Richtern oder ehrenamtlichen Richtern gefällt werden, die an der dem Urteil zugrunde liegenden Verhandlung teilgenommen haben.

Rechtsprechung

1 **BFH vom 23. 10. 2003 – V R 24/00 (BStBl 2004 II S. 89)**

Aus den Gründen:
Nach § 103 FGO kann das Urteil nur von den Richtern und ehrenamtlichen Richtern „gefällt" werden, die an der dem Urteil zugrunde liegenden mündlichen Verhandlung teilgenommen haben. „Fällung" des Urteils ist die Beschlussfassung über die Urteilsformel nach einer Kollegialberatung (vgl. z.B. Urteil des BVerwG vom 3. 12. 1992 5 C 9/89, BVerwGE 91, 242, 244). Wirksam erlassen ist ein Urteil erst mit seiner Verkündung gemäß § 104 Abs. 1 FGO bzw. mit Zustellung des Urteils wie im Streitfall – mit der formlosen Bekanntgabe der Urteilsformel an einen Beteiligten (z.B. BFH-Beschluss vom 6. 6. 2001, BFH/NV 2001, 1143, m.w.N.). ... Solange eine – in diesem Sinn – nicht verkündete Entscheidung noch nicht zugestellt ist, stellt sie ein grundsätzlich noch abänderbares „Internum" des Gerichts dar (BFH-Urteil vom 28. 11. 1995, BStBl II 1996, 142, m.w.N.).

2 **BFH vom 3. 12. 2010 – V B 57/10 (BFH/NV 2011 S. 615)**

Liegen zwischen dem Tag der mündlichen Verhandlung und einem späteren Termin zur Fortsetzung der mündlichen Verhandlung mehr vier Monate, liegt keine Unterbrechung der mündlichen Verhandlung, sondern die Bestimmung eines neuen Termins vor.

3 **BFH vom 12. 5.2011 – IX B 121/10 (BFH/NV 2011 S. 1391)**

Zwar kann nach § 103 FGO das Urteil nur von den Richtern und ehrenamtlichen Richtern gefällt werden, die an der dem Urteil zugrunde liegenden Verhandlung teilgenommen haben. Ein unzulässiger Wechsel in der Besetzung des Gerichts liegt indes nicht vor, wenn die Beteiligten auf eine erneute mündliche Verhandlung verzichtet haben (BFH-Urteil vom 20. 6. 1967 – II 73/63, BStBl 1967 III S. 794).

§ 104   Verkündung und Zustellung des Urteils

(1) ¹Das Urteil wird, wenn eine mündliche Verhandlung stattgefunden hat, in der Regel in dem Termin, in dem die mündliche Verhandlung geschlossen wird, verkündet, in besonderen Fällen in einem sofort anzuberaumenden Termin, der nicht über zwei Wochen hinaus angesetzt werden soll. ²Das Urteil wird durch Verlesung der Formel verkündet; es ist den Beteiligten zuzustellen.

(2) Statt der Verkündung ist die Zustellung des Urteils zulässig; dann ist das Urteil binnen zwei Wochen nach der mündlichen Verhandlung der Geschäftsstelle zu übermitteln.

(3) Entscheidet das Gericht ohne mündliche Verhandlung, so wird die Verkündung durch Zustellung an die Beteiligten ersetzt.

Rechtsprechung

BFH vom 22. 2. 1980 – VI R 132/79 (BStBl 1980 II S. 398)   1

Wird ein Urteil nicht verkündet, so entspricht das FG auch dann der Vorschrift des § 104 Abs. 2 FGO, wenn es das von den Berufsrichtern unterschriebene Urteil ohne Tatbestand, Entscheidungsgründe und Rechtsmittelbelehrung binnen zwei Wochen nach der mündlichen Verhandlung der Geschäftsstelle übergibt. Die Überschreitung dieser Frist für sich allein ist jedoch kein in der Revision beachtlicher Verfahrensmangel.

BFH vom 10. 11. 1987 – VII R 47/87 (BStBl 1988 II S. 283)   2

Ein Urteil, das erst ein Jahr nach seiner Verkündung zugestellt wird – bei beschlossener Zustellung an Verkündungs Statt ein Jahr nach dem Zeitpunkt, bis zu dem es der Geschäftsstelle zu übergeben war –, ist als „nicht mit Gründen versehen" zu werten (absoluter Revisionsgrund).

BFH vom 1. 8. 1990 – II B 36/90 (BStBl 1990 II S. 987)   3

Versäumt es das Gericht, die Beteiligten über die beabsichtigte Bekanntgabe des Urteils zu unterrichten (durch am Schluß der mündlichen Verhandlung oder im schriftlichen Verfahren ergehenden Beschluß), so beruht das Urteil nicht auf dem darin möglicherweise zu sehenden Verfahrensverstoß.

BFH vom 22. 3. 1993 – XI R 23, 24/92 (BStBl 1993 II S. 514)   4

Mängel der Verkündung eines Urteils werden durch dessen nachfolgende fehlerfreie Zustellung geheilt.

BFH vom 8. 3. 2011 – IV S 14/10 (BFH/NV 2011 S. 1161)   5

Das Gericht ist schon vor der Zustellung an seine aufgrund der mündlichen Verhandlung getroffenen Entscheidung gebunden, wenn die unterschriebene Urteilsformel binnen zwei Wochen nach der mündlichen Verhandlung der Geschäftsstelle übergeben und anschließend einem Beteiligten *formlos* bekannt gegeben worden ist. Eine Wiedereröffnung der mündlichen Verhandlung mit dem Ziel, erst nach der Verkündung veröffentlichte Beschlüsse des Bundesverfassungsgerichts bei der Entscheidung zu berücksichtigen, ist dann nicht mehr möglich.

BFH vom 17. 8. 2011 – X B 122/10 (BFH/NV 2011 S. 1912)   6

– Eine mündliche Verhandlung muss nicht vertagt werden, um einem Beteiligten Gelegenheit zu weiteren Ermittlungen zu geben, wenn der Beteiligte sich trotz hinreichender Frist und ohne persönliche Entschuldigungsgründe nicht genügend auf die mündliche Verhandlung vorbereitet hat.

– Im Anschluss an die mündliche Verhandlung kann eine Entscheidung verkündet werden, so dass jeder Beteiligte sich darauf einzustellen hat, sämtliche Angriffs- und Verteidigungsmittel in diesem Termin geltend zu machen.

FGO

§ 105 Urteilsform

(1) ¹Das Urteil ergeht im Namen des Volkes. ²Es ist schriftlich abzufassen und von den Richtern, die bei der Entscheidung mitgewirkt haben, zu unterzeichnen. ³Ist ein Richter verhindert, seine Unterschrift beizufügen, so wird dies mit dem Hinderungsgrund vom Vorsitzenden oder, wenn er verhindert ist, vom dienstältesten beisitzenden Richter unter dem Urteil vermerkt. ⁴Der Unterschrift des ehrenamtlichen Richters bedarf es nicht.

(2) Das Urteil enthält
1. die Bezeichnung der Beteiligten, ihrer gesetzlichen Vertreter und der Bevollmächtigten nach Namen, Beruf, Wohnort und ihrer Stellung im Verfahren,
2. die Bezeichnung des Gerichts und die Namen der Mitglieder, die bei der Entscheidung mitgewirkt haben,
3. die Urteilsformel,
4. den Tatbestand,
5. die Entscheidungsgründe,
6. die Rechtsmittelbelehrung.

(3) ¹Im Tatbestand ist der Sach- und Streitstand unter Hervorhebung der gestellten Anträge seinem wesentlichen Inhalt nach gedrängt darzustellen. ²Wegen der Einzelheiten soll auf Schriftsätze, Protokolle und andere Unterlagen verwiesen werden, soweit sich aus ihnen der Sach- und Streitstand ausreichend ergibt.

(4) ¹Ein Urteil, das bei der Verkündung noch nicht vollständig abgefasst war, ist vor Ablauf von zwei Wochen, vom Tage der Verkündung an gerechnet, vollständig abgefasst der Geschäftsstelle zu übermitteln. ²Kann dies ausnahmsweise nicht geschehen, so ist innerhalb dieser zwei Wochen das von den Richtern unterschriebene Urteil ohne Tatbestand, Entscheidungsgründe und Rechtsmittelbelehrung der Geschäftsstelle zu übermitteln. ³Tatbestand, Entscheidungsgründe und Rechtsmittelbelehrung sind alsbald nachträglich niederzulegen, von den Richtern besonders zu unterschreiben und der Geschäftsstelle zu übermitteln.

(5) Das Gericht kann von einer weiteren Darstellung der Entscheidungsgründe absehen, soweit es der Begründung des Verwaltungsakts oder der Entscheidung über den außergerichtlichen Rechtsbehelf folgt und dies in seiner Entscheidung feststellt.

(6) ¹Der Urkundsbeamte der Geschäftsstelle hat auf dem Urteil den Tag der Zustellung und im Fall des § 104 Abs. 1 Satz 1 den Tag der Verkündung zu vermerken und diesen Vermerk zu unterschreiben. ²Werden die Akten elektronisch geführt, hat der Urkundsbeamte der Geschäftsstelle den Vermerk in einem gesonderten Dokument festzuhalten. ³Das Dokument ist mit dem Urteil untrennbar zu verbinden.

Rechtsprechung

1 BFH vom 7. 7. 1976 – I R 242/75 (BStBl 1976 II S. 787)

Die Rechtsmittelbelehrung muß als Teil des finanzgerichtlichen Urteils durch die Unterschrift der Richter gedeckt sein, die an der Entscheidung mitgewirkt haben.

2 BFH vom 22. 2. 1980 – VI R 132/79 (BStBl 1980 II S. 398)

Wird ein Urteil nicht verkündet, so entspricht das FG auch dann der Vorschrift des § 104 Abs. 2 FGO, wenn es das von den Berufsrichtern unterschriebene Urteil ohne Tatbestand, Entscheidungsgründe und Rechtsmittelbelehrung binnen zwei Wochen nach der mündlichen Verhandlung der Geschäftsstelle übergibt. Die Überschreitung dieser Frist für sich allein ist jedoch kein in der Revision beachtlicher Verfahrensmangel.

3 BFH vom 1. 12. 1982 – I R 75/82 (BStBl 1983 II S. 227)

Der Tatbestand eines im schriftlichen Verfahren ergangenen finanzgerichtlichen Urteils liefert keinen Beweis für das schriftsätzliche Vorbringen einschließlich der in den Schriftsätzen gestellten Anträge sowie des sonstigen Akteninhalts.

4 BFH vom 10. 4. 1984 – VIII R 229/83 (BStBl 1984 II S. 591)

Das Urteil eines FG in einer Einkommensteuersache von Eheleuten ist selbst dann nicht mit Gründen versehen, wenn es auf ein Urteil des FG vom gleichen Tage in der Körperschaftsteuersache einer GmbH, bei der die Ehefrau alleiniger Gesellschafter-Geschäftsführer ist, Bezug nimmt.

BFH vom 14. 5. 1992 – V R 96/90 (BStBl 1992 II S. 1040)   5

Ein Urteil eines FG ist nicht mit Gründen versehen, wenn es an Stelle von Entscheidungsgründen auf eine nicht zwischen den Beteiligten ergangene andere Entscheidung des FG verweist und hierfür nur die Fundstelle in einer Fachzeitschrift angibt, ohne diese Entscheidung als Anlage dem Urteil beizufügen.

BFH vom 29. 7. 1992 – II R 14/92 (BStBl 1992 II S. 1043)   6

1. Gegen die dem FG durch § 105 Abs. 5 Satz 1 FGO eröffnete Möglichkeit, von einer Darstellung der Entscheidungsgründe abzusehen, soweit das Gericht der Begründung der Entscheidung über den außergerichtlichen Rechtsbehelf folgt, bestehen grundsätzlich keine verfassungsrechtlichen Bedenken.
2. Die Anwendung der genannten Vorschrift setzt voraus, daß die Entscheidung über den außergerichtlichen Rechtsbehelf selbst eine ausreichende Begründung enthält; bloß formelhafte Wendungen genügen hierfür nicht. Verweist das FG gleichwohl auf die Entscheidung über den außergerichtlichen Rechtsbehelf, so ist seine Entscheidung als nicht mit Gründen versehen aufzuheben.

BFH vom 10. 11. 1993 – II R 39/91 (BStBl 1994 II S. 187)   7

Ein bei seiner Verkündung noch nicht vollständig abgefaßtes Urteil i.S. von § 105 Abs. 4 Satz 3 FGO ist als nicht mit Gründen versehen anzusehen, wenn Tatbestand und Entscheidungsgründe nicht binnen fünf Monaten nach seiner Verkündung niedergelegt, von den Richtern besonders unterschrieben und der Geschäftsstelle übergeben werden (Beschluß des Gemeinsamen Senats der obersten Gerichtshöfe des Bundes vom 27. 4. 1993 GmS-OGB 1/92, HFR 1993 S. 674; NJW 1993 S. 2603). Dies gilt entsprechend auch für den Fall der Zustellung des Urteils an Verkündungs Statt i.S. von § 104 Abs. 2 FGO. Die Frist von fünf Monaten beginnt in diesem Fall jedoch mit dem Ablauf des Tages, an dem das von den Richtern unterschriebene Urteil ohne Tatbestand, Entscheidungsgründe und Rechtsmittelbelehrung (§ 105 Abs. 4 Satz 2 FGO) tatsächlich der Geschäftsstelle übergeben wurde, spätestens mit dem Ablauf desjenigen Tages, an dem das Urteil der Geschäftsstelle nach § 104 Abs. 2 FGO zu übergeben gewesen wäre.

BFH vom 18. 4. 1996 – V R 25/95 (BStBl 1996 II S. 578)   8

1. Ein Urteil ist i.S. des § 116 Abs. 1 Nr. 5 und des § 119 Nr. 6 FGO nicht mit Gründen versehen, wenn es nach Verkündung im Falle des § 105 Abs. 4 FGO nicht alsbald der Geschäftsstelle übergeben worden ist. Ein nach Ablauf von fünf Monaten der Geschäftsstelle übergebenes (vollständig abgefaßtes) Urteil ist nicht alsbald nachträglich niedergelegt, unterschrieben sowie übergeben worden und demnach nicht mit Gründen versehen (Anschluß an Beschluß des GmS-OGB vom 27. 4. 1993 GmS-OGB 1/92).
2. Bei der Frist von fünf Monaten für die nachträgliche Übergabe des vollständig abgefaßten Urteils an die Geschäftsstelle handelt es sich nicht um eine ungefähre, sondern um eine genau bestimmte Frist. Auch eine geringfügige Versäumung zieht die Rechtsfolge nach sich.
3. Dienstfreiheit beim FG (Rosenmontag) am letzten Tage der Frist hindert nicht deren Ablauf.

BFH vom 23. 4. 1998 – IV R 30/97 (BStBl 1998 II S. 626)   9

Wird im Urteil von der Begründungserleichterung nach § 105 Abs. 5 FGO Gebrauch gemacht, so ist die Verweisung auf die Entscheidung über den außergerichtlichen Rechtsbehelf oder auf die Begründung des Verwaltungsakts nur dann ausreichend, wenn die in Bezug genommene Verwaltungsentscheidung Ausführungen zu allen entscheidungserheblichen selbständigen Angriffs- und Verteidigungsmitteln enthält.

BFH vom 26. 3. 2009 – V B 111/08 (BFH/NV 2009 S. 1269)   10

Eine unrichtige Rechtsmittelbelehrung führt nicht dazu, dass nach dem Gesetz unzulässige Rechtsmittel als zulässige Rechtsmittel zu behandeln sind.

BFH vom 14. 10. 2010 – VII R 34/10 (BFH/NV 2011 S. 278)   11

Durch die Belehrung, gegen ein Urteil sei die Revision gegeben, wird die Revision ausnahmsweise allenfalls dann zugelassen, wenn sich aus dem übrigen Inhalt des Urteils ergibt, dass das FG eine entsprechende Zulassungsentscheidung getroffen hat.

§ 106 Gerichtsbescheide

§§ 104 und 105 gelten für Gerichtsbescheide sinngemäß.

§ 107 Berichtigung des Urteils

(1) Schreibfehler, Rechenfehler und ähnliche offenbare Unrichtigkeiten im Urteil sind jederzeit vom Gericht zu berichtigen.

(2) ¹Über die Berichtigung kann ohne mündliche Verhandlung entschieden werden. ²Der Berichtigungsbeschluss wird auf dem Urteil und den Ausfertigungen vermerkt. ³Ist das Urteil elektronisch abgefasst, ist auch der Beschluss elektronisch abzufassen und mit dem Urteil untrennbar zu verbinden.

Rechtsprechung

1 BFH vom 4. 9. 1984 – VIII B 157/83 (BStBl 1984 II S. 834)

1. Schreibfehler, Rechenfehler und ähnliche offenbare Unrichtigkeiten im Urteil sind jederzeit vom Gericht zu berichtigen. Offenbar ist eine Unrichtigkeit, wenn sie auf der Hand liegt. Als offenbar ist anzusehen, was durchschaubar, eindeutig oder augenfällig ist.

2. Eine offenbare Unrichtigkeit kann auch dann berichtigt werden, wenn sie aus dem Urteil unmittelbar nicht erkennbar ist.

2 BFH vom 29. 3. 2007 – IV R 55/05 (BStBl 2007 II S. 655)

Aus den Gründen:

Die falsche Bezeichnung der Klägerin durch das FG beruht auf einer offenbaren Unrichtigkeit. Eine offenbare Unrichtigkeit kann alle Bestandteile des Urteils, also insbesondere auch das Rubrum betreffen. Der erkennende Senat ist für die Berichtigung der Vorentscheidung im Rahmen des Revisionsverfahrens zuständig (vgl. Urteile des BFH vom 23. 1. 1969, BStBl II 1969, 340; vom 21. 7. 1981, BStBl II 1982, 36; vom 2. 5. 1984, BStBl II 1984, 820, und vom 10. 12. 2003, BFH/NV 2004, 1265). Die berichtigte Fassung tritt an die Stelle der ursprünglichen Fassung und ist allein maßgeblich für die Zulässigkeit des Rechtsmittels (BFH-Urteil in BFH/NV 2004, 1265).

3 BFH vom 20. 9. 2010 – V R 2/09 (BFH/NV 2011 S. 302)

1. Ähnliche offenbare Unrichtigkeiten im Sinne des § 107 FGO sind Erklärungsmängel, die zu dem Erklärungswillen des Gerichts erkennbar im Widerspruch stehen; sie sind offenbar, wenn sie augenfällig auf der Hand liegen, durchschaubar und eindeutig sind.

2. Die „Berichtigung" der Bemessungsgrundlage nach § 17 UStG richtet sich offenkundig nach dem materiellen Umsatzsteuerrecht des Zeitpunkts, in dem der Umsatz getätigt wurde.

3. Gibt das Gericht einer Klage auf „Berichtigung" der Bemessungsgrundlage in der unzutreffenden Annahme statt, der Klageantrag berücksichtige den zum Zeitpunkt der Erbringung des Umsatzes geltenden Steuersatz, liegt eine ähnliche offenbare Unrichtigkeit vor.

4 BFH vom 14. 3. 2011 – I B 65/10 (BFH/NV 2011 S. 1000)

1. Ein objektiv mehrdeutiges Urteil eines FG darf nicht nach § 107 FGO berichtigt werden.

2. Die Berichtigung eines FG-Urteils scheidet auch dann aus, wenn die vom FG tatsächlich angestrebte Rechtsfolge nur aufgrund weiterer, vom FG bislang nicht getroffener Feststellung angeordnet werden kann.

§ 108 Antrag auf Berichtigung des Tatbestandes

(1) Enthält der Tatbestand des Urteils andere Unrichtigkeiten oder Unklarheiten, so kann die Berichtigung binnen zwei Wochen nach Zustellung des Urteils beantragt werden.

(2) ¹Das Gericht entscheidet ohne Beweisaufnahme durch Beschluss. ²Der Beschluss ist unanfechtbar. ³Bei der Entscheidung wirken nur die Richter mit, die beim Urteil mitgewirkt haben. ⁴Ist ein Richter verhindert, so gibt bei Stimmengleichheit die Stimme des Vorsitzenden den Ausschlag. ⁵Der Berichtigungsbeschluss wird auf dem Urteil und den Ausfertigungen vermerkt. ⁶Ist das Urteil elektronisch abgefasst, ist auch der Beschluss elektronisch abzufassen und mit dem Urteil untrennbar zu verbinden.

Rechtsprechung

BFH vom 8. 5. 2003 – IV R 63/99 (BStBl 2003 II S. 809) 1

1. Der Antrag auf Berichtigung des Tatbestands eines BFH-Urteils ist mangels Rechtsschutzbedürfnisses unzulässig und der Antrag, die Urteilsbegründung entsprechend zu ändern bzw. zu ergänzen, unstatthaft.
2. Gemäß § 108 Abs. 2 FGO wirken bei der Entscheidung über einen Berichtigungsantrag (§ 108 Abs. 1 FGO) nur diejenigen Richter mit, die bei der zugrunde liegenden Entscheidung mitgewirkt haben. Nach Ausscheiden eines Richters aus dem Senat sind nur noch die verbliebenen (hier: vier) Bundesrichter zur Mitwirkung berufen.

BFH vom 15. 12. 2010 – V B 149/09 (BFH/NV 2011 S. 621) 2

Eine Beschwer durch einen ablehnenden Beschluss über eine Urteils- oder Tatbestandsergänzung ist geltend gemacht, wenn der Beschwerdeführer schlüssig darlegt, dass die Voraussetzungen für eine Ergänzung i. S. des § 109 FGO dem Grunde nach vorgelegen haben und dass die Ablehnung der Ergänzung rechtsfehlerhaft war.

BFH vom 30. 6. 2011 – VII B 124/10 (BFH/NV 2011 S. 2112) 3

Einwendungen gegen die Richtigkeit des Tatbestandes sind nicht als Verfahrensmangel im Nichtzulassungsbeschwerdeverfahren zu rügen, sondern müssen gegebenenfalls zum Gegenstand eines Antrags auf Tatbestandsberichtigung gemacht werden.

§ 109 Nachträgliche Ergänzung eines Urteils

(1) Wenn ein nach dem Tatbestand von einem Beteiligten gestellter Antrag oder die Kostenfolge bei der Entscheidung ganz oder zum Teil übergangen ist, so ist auf Antrag das Urteil durch nachträgliche Entscheidung zu ergänzen.

(2) ¹Die Entscheidung muss binnen zwei Wochen nach Zustellung des Urteils beantragt werden. ²Die mündliche Verhandlung hat nur den nicht erledigten Teil des Rechtsstreits zum Gegenstand.

Rechtsprechung

BFH vom 15. 12. 2010 – V B 149/09 (BFH/NV 2011 S. 621) 1

Eine Beschwer durch einen ablehnenden Beschluss über eine Urteils- oder Tatbestandsergänzung ist geltend gemacht, wenn der Beschwerdeführer schlüssig darlegt, dass die Voraussetzungen für eine Ergänzung i. S. des § 109 FGO dem Grunde nach vorgelegen haben und dass die Ablehnung der Ergänzung rechtsfehlerhaft war.

BFH vom 12. 1. 2011 – II R 37/09 (BFH/NV 2011 S. 629) 2

Hat der BFH beim Erlass eines Revisionsurteils einen während des Revisionsverfahrens ergangenen Änderungsbescheid übersehen, ist dies auf einen rechtzeitig gestellten Antrag in entsprechender Anwendung des § 109 FGO durch Ergänzungsurteil zu berichtigen.

3 BFH vom 7. 6. 2011 – IX R 51/10 u.a. (BFH/NV 2011 S. 1530)

Wird gegen das ergänzte Urteil wie auch gegen das Ergänzungsurteil nach § 109 FGO vom selben Prozessbeteiligten Revision eingelegt, so sind beide Revisionen miteinander zu verbinden.

FGO § 110 Rechtskraftwirkung der Urteile

(1) ¹Rechtskräftige Urteile binden, soweit über den Streitgegenstand entschieden worden ist,
1. die Beteiligten und ihre Rechtsnachfolger,
2. in den Fällen des § 48 Abs. 1 Nr. 1 die nicht klageberechtigten Gesellschafter oder Gemeinschafter und
3. im Falle des § 60a die Personen, die einen Antrag auf Beiladung nicht oder nicht fristgemäß gestellt haben.

²Die gegen eine Finanzbehörde ergangenen Urteile wirken auch gegenüber der öffentlich-rechtlichen Körperschaft, der die beteiligte Finanzbehörde angehört.

(2) Die Vorschriften der Abgabenordnung und anderer Steuergesetze über die Rücknahme, Widerruf, Aufhebung und Änderung von Verwaltungsakten sowie über die Nachforderung von Steuern bleiben unberührt, soweit sich aus Absatz 1 Satz 1 nichts anderes ergibt.

Rsp Rechtsprechung

1 BFH vom 7. 2. 1990 – I R 145/87 (BStBl 1990 II S. 1032)

Das FA ist an die gerichtliche Entscheidung gebunden, daß die Steuer in dem angefochtenen Bescheid wegen des Abzugs von Betriebsausgaben herabzusetzen ist. Einer Änderung dieses Bescheids – auch wenn er unter dem Vorbehalt der Nachprüfung ergangen ist – steht deshalb die Rechtskraft der gerichtlichen Entscheidung entgegen, solange dazu kein neuer Sachverhalt festgestellt wird.

2 BFH vom 18. 3. 2004 – V R 23/02 (BStBl 2004 II S. 763)

Stehen sich zwei Urteile in unvereinbarer Weise gegenüber, so ist die Wirkung der Rechtskraft, in Bezug auf einen bestimmten, unveränderten Sachverhalt Rechtsfrieden zu schaffen, aufgehoben. § 174 AO ist anwendbar.

3 BFH vom 19. 12. 2006 – VI R 63/02 (HFR 2007 S. 434)

1. Rechtskräftige Urteile binden die Beteiligten, soweit über den Streitgegenstand (Entscheidungsgegenstand) entschieden worden ist.
2. Der sachliche Umfang der materiellen Rechtskraft ergibt sich in erster Linie aus der Urteilsformel. Zum Verständnis der Urteilsformel sind erforderlichenfalls Tatbestand und Entscheidungsgründe heranzuziehen.

FGO §§ 111, 112 (weggefallen)

FGO § 113 Beschlüsse

(1) Für Beschlüsse gelten § 96 Abs. 1 Satz 1 und 2, § 105 Abs. 2 Nr. 6, §§ 107 bis 109 sinngemäß.

(2) ¹Beschlüsse sind zu begründen, wenn sie durch Rechtsmittel angefochten werden können oder über einen Rechtsbehelf entscheiden. ²Beschlüsse über die Aussetzung der Vollziehung (§ 69 Abs. 3 und 5) und über einstweilige Anordnungen (§ 114 Abs. 1), Beschlüsse nach Erledigung des Rechtsstreits in der Hauptsache (§ 138) sowie Beschlüsse, in denen ein Antrag auf Bewilligung von Prozesskostenhilfe zurückgewiesen wird (§ 142), sind stets zu begründen. ³Be-

schlüsse, die über ein Rechtsmittel entscheiden, bedürfen keiner weiteren Begründung, soweit das Gericht das Rechtsmittel aus den Gründen der angefochtenen Entscheidung als unbegründet zurückweist.

Rechtsprechung

BFH vom 20. 2. 2001 – IX R 94/97 (BStBl 2001 II S. 415)

Für den nach § 6 Abs. 4 Satz 1 FGO unanfechtbaren Beschluss des FG zur Übertragung des Rechtsstreits auf den Einzelrichter ist eine Begründung nicht erforderlich (§ 113 Abs. 2 Satz 1 FGO); dies gilt auch dann, wenn einer der Beteiligten sich zuvor gegen eine Übertragung des Rechtsstreits auf den Einzelrichter ausgesprochen hat.

BFH vom 10. 11. 2010 – III B 191/09 (BFH/NV 2011 S. 440)

1. Wird dem Antragsteller statt des von den Richtern unterzeichneten Beschlusses über die Aussetzung der Vollziehung, der ausführlich begründet, warum diese versagt wird, von der Geschäftsstelle irrtümlich ein sechs Monate alter Entwurf zugestellt, dessen Begründung sich in einem Satz erschöpft, so handelt es sich bei diesem Schriftstück nicht um einen Beschluss i.S.v. § 113 FGO.
2. Damit der unzutreffende Schein einer wirksamen gerichtlichen Entscheidung beseitigt werden kann, ist gegen einen „Schein-Beschluss" die Beschwerde als das im Falle einer wirksamen Entscheidung statthafte Rechtsmittel zulässig.
3. Wurde der mögliche Rechtsschein eines wirksamen Beschlusses bereits beseitigt, kann eine Beschwerde nicht mehr zulässig eingelegt werden.

§ 114 Einstweilige Anordnungen

(1) ¹Auf Antrag kann das Gericht, auch schon vor Klageerhebung, eine einstweilige Anordnung in bezug auf den Streitgegenstand treffen, wenn die Gefahr besteht, dass durch eine Veränderung des bestehenden Zustandes die Verwirklichung eines Rechts des Antragstellers vereitelt oder wesentlich erschwert werden könnte. ²Einstweilige Anordnungen sind auch zur Regelung eines vorläufigen Zustandes in bezug auf ein streitiges Rechtsverhältnis zulässig, wenn diese Regelung, vor allem bei dauernden Rechtsverhältnissen, um wesentliche Nachteile abzuwenden oder drohende Gewalt zu verhindern oder aus anderen Gründen nötig erscheint.

(2) ¹Für den Erlass einstweiliger Anordnungen ist das Gericht der Hauptsache zuständig. ²Dies ist das Gericht des ersten Rechtszuges. ³In dringenden Fällen kann der Vorsitzende entscheiden.

(3) Für den Erlass einstweiliger Anordnungen gelten §§ 920, 921, 923, 926, 928 bis 932, 938, 939, 941 und 945 der Zivilprozessordnung sinngemäß.

(4) Das Gericht entscheidet durch Beschluss.

(5) Die Vorschriften der Absätze 1 bis 3 gelten nicht für die Fälle des § 69.

Rechtsprechung[1]

BFH vom 13. 5. 1977 – VII B 9/77 (BStBl 1977 II S. 587)

Betrifft der Anordnungsanspruch i.S. des § 114 Abs. 1 FGO eine Ermessensentscheidung der Verwaltung, so genügt zu seiner Glaubhaftmachung nicht der Hinweis allein, daß die begehrte Ermessensentscheidung rechtlich möglich ist.

BFH vom 3. 4. 1979 – VII B 104/78 (BStBl 1979 II S. 381)

Die Androhung der Erzwingung einer Sicherheitsleistung nach § 336 Abs. 2 AO ist kein unter die Vorschriften des § 69 FGO fallender vollziehbarer Verwaltungsakt. Vorläufiger Rechtsschutz gegen sie kann nur im Wege einer einstweiligen Anordnung nach § 114 Abs. 1 bis 4 FGO gewährt werden.

---
[1] Vgl. auch die Hinweise im AEAO zu § 361 sowie die Rechtsprechung zu § 361 AO und § 69 FGO.

3 BFH vom 7. 5. 1981 – IV B 60/80 (BStBl 1981 II S. 634)

Dem Leiter der Finanzbehörde kann nicht durch einstweilige Anordnung aufgegeben werden, einen Amtsträger von der Mitwirkung in einem Steuerverfahren wegen Besorgnis der Befangenheit auszuschließen.

4 BFH vom 27. 5. 1981 – I B 19/81 (BStBl 1981 II S. 719)

Eine einstweilige Anordnung darf das Finanzgericht nicht aufgrund eines hiergegen gerichteten Antrages auf mündliche Verhandlung durch Beschluß aufheben und gleichzeitig unter Umdeutung des zu der aufgehobenen Anordnung führenden Begehrens in ein solches auf Aussetzung der Vollziehung über den umgedeuteten Antrag entscheiden.

5 BFH vom 1. 10. 1981 – IV B 13/81 (BStBl 1982 II S. 133)

Wird im Hauptsacheverfahren Klage auf Feststellung der Nichtigkeit eines Verwaltungsaktes erhoben, so kann unter den Voraussetzungen des § 114 FGO vorläufiger Rechtsschutz durch Erlaß einer einstweiligen Anordnung gewährt werden.

6 BFH vom 21. 1. 1982 – VIII B 94/79 (BStBl 1982 II S. 307)

In Stundungssachen kann vorläufiger Rechtsschutz im Wege der einstweiligen Anordnung gewährt werden.

7 BFH vom 24. 6. 1982 – IV B 3/82 (BStBl 1982 II S. 659)

Hat das FA eine Außenprüfung durchgeführt, so kann die Verwertung der dadurch erlangten Erkenntnisse nur verhindert werden, wenn die Rechtswidrigkeit der Prüfungsanordnung festgestellt wird. Ob im Falle einer nichtigen Anordnung etwas anderes gilt, bleibt offen. Vorläufiger Rechtsschutz kann in diesem Stadium nur durch Aussetzung der Vollziehung der aufgrund der Prüfung ergehenden Steuerbescheide, nicht aber durch eine einstweilige Anordnung erlangt werden, die dem FA die Auswertung der Prüfungsfeststellungen untersagt.

8 BFH vom 21. 12. 1982 – VIII B 36/82 (BStBl 1983 II S. 232)

Der im Urteil vom 29. Mai 1979 (BStBl II S. 650) aufgestellte Rechtsgrundsatz, daß ein berechtigtes Interesse i.S. des § 100 Abs. 1 Satz 4 FGO an der Feststellung der Rechtswidrigkeit des ursprünglich vom FA erlassenen Verwaltungsakts bestehen kann, wenn der Antrag auf Erhöhung eines im Lohnsteuerermäßigungsverfahren eingetretenen Freibetrags deshalb keinen Erfolg mehr haben kann, weil sich die begehrte Eintragung wegen Zeitablaufs im Lohnsteuerabzugsverfahren nicht mehr auswirken kann, gilt nicht für das Verfahren der einstweiligen Anordnung.

9 BFH vom 12. 4. 1984 – VIII B 115/82 (BStBl 1984 II S. 492)

1. Ein Anordnungsgrund zum Erlaß einer einstweiligen Anordnung gegen die Ablehnung der Herabsetzung von Einkommensteuervorauszahlungen ist nur gegeben, wenn durch die Ablehnung der Herabsetzung die wirtschaftliche oder persönliche Existenz des Betroffenen unmittelbar und ausschließlich bedroht ist.

2. Keine Anordnungsgründe sind, für sich allein gesehen, die Bezahlung von Steuern, eine zur Bezahlung von Steuern notwendige Kreditaufnahme oder Veräußerung von Vermögenswerten, ein Zurückstellen betrieblicher Investitionen oder eine Einschränkung des gewohnten Lebensstandards.

10 BFH vom 29. 11. 1984 – V B 44/84 (BStBl 1985 II S. 194)

Will der Steuerschuldner die bevorstehende Einziehung einer Steuerforderung unter Berufung auf Gegenansprüche gegen den Steuergläubiger bis zum Eintritt der Aufrechnungslage aufhalten und liegen die Voraussetzungen für eine Verrechnungsstundung (d.h. an Sicherheit grenzende Wahrscheinlichkeit alsbaldiger Erstattung) nicht vor, kann er das angestrebte Ziel nicht durch eine auf § 258 AO (Unbilligkeit der Vollstreckung) gestützte einstweilige Anordnung erreichen.

11 BFH vom 17. 1. 1985 – VII B 46/84 (BStBl 1985 II S. 302)

In den Verfahren wegen Aussetzung der Vollziehung nach § 69 Abs. 3 FGO und wegen einstweiliger Anordnung nach § 114 FGO ist der Übergang zu einem Antrag auf Feststellung der Rechtswidrigkeit eines Verwaltungsaktes entsprechend der Regelung in § 100 Abs. 1 Satz 4 FGO nicht statthaft.

BFH vom 23. 10. 1985 – VII B 28/84 (BStBl 1986 II S. 26) 12

Der Grundsatz, daß der Finanzrechtsweg nur für jemanden geöffnet ist, der eigene Rechte gegenüber der Verwaltung verfolgt, gilt auch für den Antrag auf einstweilige Anordnung.

BFH vom 7. 5. 1986 – I B 58/85 (BStBl 1986 II S. 677) 13

Die vorläufige Anerkennung der Gemeinnützigkeit kann durch eine Regelungsanordnung gemäß § 114 Abs. 1 Satz 2 FGO nicht erreicht werden.

BFH vom 28. 1. 1988 – IV R 68/86 (BStBl 1988 II S. 449) 14

Eine vom FG erlassene einstweilige Anordnung kann auf Antrag eines Beteiligten wegen veränderter Umstände aufgehoben werden.

BFH vom 15. 4. 1988 – I B 21/88 (BStBl 1988 II S. 585) 15

Für den Erlaß einer einstweiligen Anordnung zur Regelung eines Anspruchs auf Erteilung einer verbindlichen Zusage fehlt es regelmäßig an einem Anordnungsgrund.

BFH vom 27. 3. 1991 – I B 187/90 (BStBl 1991 II S. 643) 16

Vorläufiger Rechtsschutz gegen einen Bescheid, mit dem das FA die Herabsetzung von (bestandskräftig festgesetzten) Körperschaftsteuer-Vorauszahlungen ablehnte, kann nicht in der Form der Aussetzung der Vollziehung, sondern allenfalls durch Erlaß einer einstweiligen Anordnung gewährt werden.

BFH vom 18. 12. 1991 – II B 112/91 (BStBl 1992 II S. 250) 17

1. Beschlüsse des Gerichts im Verfahren der einstweiligen Anordnung (§ 114 FGO) entfalten materielle Rechtskraft.
2. Ist ein Antrag auf Erlaß einer einstweiligen Anordnung (formell) rechtskräftig als unbegründet abgelehnt worden, so steht der Zulässigkeit eines erneuten Antrages gleichen Inhalts die (materielle) Rechtskraft des Ablehnungsbeschlusses entgegen, sofern sich die entscheidungserheblichen tatsächlichen und/oder rechtlichen Verhältnisse nicht verändert haben.

BFH vom 13. 11. 2002 – I B 147/02 (BStBl 2003 II S. 716) 18

Eine Regelungsanordnung i.S. des § 114 Abs. 1 Satz 2 FGO kann erlassen werden, wenn zwar nicht die Existenz des Antragstellers von der Gewährung einstweiligen Rechtsschutzes abhängt, aber die Rechtslage klar und eindeutig für die begehrte Regelung spricht und eine abweichende Beurteilung in einem etwa durchzuführenden Hauptverfahren zweifelsfrei auszuschließen ist. In diesem Fall steht auch der Gesichtspunkt einer Vorwegnahme der Entscheidung in der Hauptsache dem Erlass einer einstweiligen Anordnung nicht entgegen.[1]

BFH vom 14. 4. 2008 – VII B 226/07 (BFH/NV 2008 S. 1295) 19

1. Eine Anordnung zur vorläufigen Regelung eines Zustandes in Bezug auf ein streitiges Rechtsverhältnis kann nicht mit dem Ziel ergehen, eine Pressemitteilung von der Homepage der Finanzverwaltung zu entfernen, wenn die dort offenbarten Tatsachen bereits in das Gedächtnis der Öffentlichkeit eingegangen sind und außer auf der Homepage der Finanzverwaltung in anderen elektronischen Quellen, in Archiven und dergleichen nachgelesen werden können.
2. Ist eine dem Steuergeheimnis unterliegende Tatsache einem unbeschränkten größeren Kreis Dritter tatsächlich bekannt geworden, so sind Amtsträger nicht zu einer weiteren „Geheimhaltung" in dem Sinne verpflichtet, dass sie nicht zu einer weiteren Verbreitung der Kenntnis von diesen Tatsachen beitragen dürften, sofern sich Dritte, denen die Tatsachen trotz ihrer Offenbarung noch nicht bekannt sind, jederzeit und ohne erhebliche Schwierigkeiten von ihnen aus anderen Quellen Kenntnis verschaffen können.

BFH vom 28. 2. 2011 – VII B 224/10 (BFH/NV 2011 S. 763) 20

Der vom Finanzamt gegen den säumigen Steuerschuldner gestellte Antrag auf Eröffnung eines Insolvenzverfahrens stellt keinen Verwaltungsakt dar, so dass vorläufiger Rechtsschutz nach § 114 FGO erlangt werden kann.

---
[1] Hinweis auf BMF-Schreiben vom 4. 9. 2003 – IV A 5 – S 2272b – 20/03, BStBl 2003 I S. 431.

21 BFH vom 8. 6. 2011 – III B 210/10 (BFH/NV 2011 S. 1692)[1]

Es spricht viel dafür, dass vorläufiger Rechtsschutz bei Ablehnung der Änderung der auf der Lohnsteuerkarte eingetragenen Steuerklasse durch Aussetzung der Vollziehung nach § 69 Abs. 3 FGO und nicht nach § 114 FGO im Wege der einstweiligen Anordnung zu gewähren ist.

ABSCHNITT V
Rechtsmittel und Wiederaufnahme des Verfahrens (§§ 115–134)

Unterabschnitt 1
Revision (§§ 115–127)

FGO § 115 Zulassung der Revision

(1) Gegen das Urteil des Finanzgerichts (§ 36 Nr. 1) steht den Beteiligten die Revision an den Bundesfinanzhof zu, wenn das Finanzgericht oder auf Beschwerde gegen die Nichtzulassung der Revision der Bundesfinanzhof sie zugelassen hat.

(2) Die Revision ist nur zuzulassen, wenn
1. die Rechtssache grundsätzliche Bedeutung hat,
2. die Fortbildung des Rechts oder die Sicherung einer einheitlichen Rechtsprechung eine Entscheidung des Bundesfinanzhofs erfordert oder
3. ein Verfahrensmangel geltend gemacht wird und vorliegt, auf dem die Entscheidung beruhen kann.

(3) Der Bundesfinanzhof ist an die Zulassung gebunden.

Rechtsprechung

1 BFH vom 27. 1. 1982 – II B 38/81 (BStBl 1982 II S. 326)

Eine Rechtsfrage hat dann keine grundsätzliche Bedeutung, wenn sie mangels Zulässigkeit der Klage im Revisionsverfahren nicht geklärt werden kann.

2 BFH vom 13. 9. 1991 – IV B 105/90 (BStBl 1992 II S. 148)

1. Die Revision ist nicht schon deshalb wegen Verfahrensfehlers zuzulassen, weil das Verfahren vor dem FG übermäßig lange gedauert hat.
2. Eine überlange Verfahrensdauer führt grundsätzlich nicht zur Verfassungs- und Rechtswidrigkeit des angefochtenen Steuerbescheids. Diese Rechtsfrage hat keine grundsätzliche Bedeutung.

3 BFH vom 9. 10. 1991 – II B 56/91 (BStBl 1991 II S. 930)

Entscheidet das FG trotz eines unter Hinweis auf anhängige Verfassungsbeschwerden gestellten Antrags auf Aussetzung des Verfahrens zur Sache, beruht das finanzgerichtliche Urteil dann nicht auf einem Verfahrensfehler, wenn mit den Verfassungsbeschwerden Grundrechtsverletzungen in bezug auf die Auslegung eines Gesetzes durch die Gerichte der Finanzgerichtsbarkeit gerügt werden. Dies gilt jedenfalls dann, wenn es sich um in tatsächlicher Hinsicht jeweils unterschiedliche komplexe Sachverhalte handelt.

4 BFH vom 29. 1. 1999 – VI R 85/98 (BStBl 1999 II S. 302)

Hat der Einzelrichter, dem gemäß § 6 Abs. 1 FGO der Rechtsstreit zur Entscheidung übertragen worden ist, einen Gerichtsbescheid ausdrücklich als Einzelrichter „gemäß § 79a Abs. 2 und 4 FGO" erlassen, ist dagegen ausschließlich der Antrag auf mündliche Verhandlung gegeben. Die Revision wird auch dann nicht statthaft, wenn sie der Einzelrichter zugelassen hat.

---
[1] Vgl. auch BFH vom 16. 6. 2011 – IX B 72/11, BFH/NV 2011 S. 1880, zum Lohnsteuer-Ermäßigungsverfahren.

BFH vom 3. 5. 2000 – IV B 46/99 (BStBl 2000 II S. 376) 5

Entscheidet das FG im Urteil über einen Richterablehnungsantrag, obwohl über ihn richtiger Weise in anderer Besetzung durch gesonderten Beschluss zu befinden wäre, so beruht das Urteil gleichwohl nicht auf einem Verfahrensmangel, wenn der Befangenheitsantrag unbegründet ist.

BFH vom 30. 7. 2001 – VII B 78/01 (BStBl 2001 II S. 681) 6

Die Abkürzung der Ladungsfrist als solche stellt keinen Verfahrensmangel dar, auf den eine Nichtzulassungsbeschwerde mit Aussicht auf Erfolg gestützt werden könnte. Führt die Abkürzung der Ladungsfrist jedoch dazu, dass der Beteiligte an dem festgesetzten Termin zur mündlichen Verhandlung nicht teilnehmen kann, weil er erst nach Durchführung der mündlichen Verhandlung davon Kenntnis erhält, kann er mit der auf die Rüge der Verletzung seines Rechts auf Gehör gestützten Nichtzulassungsbeschwerde die Aufhebung des ergangenen Urteils und die Anberaumung einer neuen mündlichen Verhandlung erreichen.

BFH vom 19. 2. 2002 – IX B 130/01 (BFH/NV 2002 S. 802) 7

1. Wird mit der Nichtzulassungsbeschwerde ein Widerspruch im Urteil der Vorinstanz als Verstoß gegen die Denkgesetze gerügt, so wird damit ein materieller Fehler geltend gemacht, der keine Zulassung der Revision wegen grundsätzlicher Bedeutung rechtfertigt, wenn nicht zugleich ein klärbarer Rechtssatz dargelegt wird.

2. Von der Divergenz abgesehen erweitert die Neufassung des § 115 Abs. 2 Nr. 2 FGO die Möglichkeit der Revisionszulassung im Fall einer rechtswidrigen Entscheidung nur in den Fällen, in denen über den Einzelfall hinaus ein allgemeines Interesse an einer korrigierenden Entscheidung des Revisionsgerichts besteht, weil z.B. die Auslegung revisiblen Rechts durch die Vorinstanz fehlerhaft ist und der unterlaufene Fehler von erheblichem Gewicht und geeignet ist, das Vertrauen in die Rechtsprechung zu schädigen.

BFH vom 13. 10. 2003 – IV B 85/02 (BStBl 2004 II S. 25) 8

1. Schwerwiegende Fehler des FG bei der Anwendung und Auslegung revisiblen Rechts ermöglichen die Zulassung der Revision. Ein solcher Fehler liegt jedenfalls dann vor, wenn die Entscheidung des FG als objektiv willkürlich oder unter keinem denkbaren Gesichtspunkt vertretbar erscheint.

2. Liegt ein derartiger Fehler vor und wird er mit einer Nichtzulassungsbeschwerde ordnungsgemäß gerügt, ist die Revision zuzulassen. Eine Aufhebung der angefochtenen Entscheidung im Beschwerdeverfahren kommt anders als bei Vorliegen der Voraussetzungen des § 115 Abs. 2 Nr. 3 FGO (Verfahrensmangel) nicht in Betracht.

BFH vom 6. 5. 2004 – V B 101/03 (BStBl 2004 II S. 748) 9

Eine Rechtsfrage ist nicht klärungsbedürftig und hat deshalb keine grundsätzliche Bedeutung, wenn sie eindeutig so zu beantworten ist, wie es das FG in dem angefochtenen Urteil getan hat.

BFH vom 13. 5. 2004 – IV B 230/02 (BStBl 2004 II S. 833) 10

Beruht eine mit förmlichen Rechtsbehelfen nicht anfechtbare Entscheidung des FG darauf, dass das Gericht eine Vorschrift des Prozessrechts bewusst in einer greifbar gesetzwidrigen Weise anwendet, steht den Betroffenen die außerordentliche Beschwerde zum BFH zu (Abgrenzung zum BFH-Beschluss vom 5. 12. 2002, BStBl 2003 II S. 269).

BFH vom 7. 7. 2004 – VII B 344/03 (BStBl 2004 II S. 896) 11

1. Der durch das Zweite Gesetz zur Änderung der FGO neu gefasste Zulassungsgrund der Sicherung einer einheitlichen Rechtsprechung gemäß § 115 Abs. 2 Nr. 2 2. Alternative FGO ermöglicht neben den Fällen der Divergenz auch dann eine Entscheidung des BFH, wenn die einheitliche Beantwortung einer Rechtsfrage nur durch eine Entscheidung des BFH gesichert werden kann, weil dem FG bei der Auslegung und Anwendung des Rechts Fehler von so erheblichem Gewicht unterlaufen sind, dass sie, würden sie nicht vom Rechtsmittelgericht korrigiert, geeignet wären, das Vertrauen in die Rechtsprechung zu beschädigen.

2. Hat das FG eine für den Streitfall zweifellos einschlägige Rechtsvorschrift übersehen, ist bei der Frage, ob deshalb ein Fehler von erheblichem Gewicht vorliegt, der zur Zulassung der Revision nach § 115 Abs. 2 Nr. 2 2. Alternative FGO führt, auch zu berücksichtigen, in welchem Umfang sich der Fehler des FG im Ergebnis nachteilig für den unterlegenen Beteiligten ausgewirkt hat und in welchem Umfang die Beteiligten durch ihr eigenes Verhalten diesen Irrtum hätten mit helfen und damit ein anderes Verfahrensergebnis hätten herbeiführen können.

12 BFH vom 13. 1. 2005 – VII B 147/04 (BStBl 2005 II S. 457)

1. Die Revision ist zuzulassen, wenn die Entscheidung des FG willkürlich ist. Das ist der Fall, wenn diese unter keinem rechtlichen Gesichtspunkt vertretbar erscheint, weil bei der vom FG vorgenommenen Änderung des angefochtenen Abrechnungsbescheides die Steuerbescheide und die in ihnen ausgewiesenen anrechenbaren Steuern nicht vollständig und sachlogisch richtig berücksichtigt worden sind.

2. ...

3. Wird die Revision bei teilbarem Streitgegenstand nur teilweise zugelassen, hat der Beschwerdeführer die Gerichtskosten für das Beschwerdeverfahren nach dem Wert des erfolglosen Teilgegenstandes zu tragen; die außergerichtlichen Kosten für dieses Verfahren sind ihm in der Beschwerdeentscheidung in Höhe der nach dem Wert des gesamten Streitgegenstandes errechneten Quote aufzuerlegen (Anschluss an BGH-Beschluss vom 17. 12. 2003, NJW 2004, 1048).

13 BFH vom 12. 5. 2005 – V B 146/03 (BStBl 2005 II S. 714)

1. Eine Rechtsfrage ist nicht klärungsbedürftig und hat deshalb keine grundsätzliche Bedeutung, wenn sie nach den gesetzlichen Grundlagen und der dazu ergangenen Rechtsprechung eindeutig so zu beantworten ist, wie es das FG in dem angefochtenen Urteil getan hat.

...

14 BFH vom 7. 3. 2006 – VI B 78/04 (BStBl 2006 II S. 430)

1. Auch eine nach Ablauf der Regel-Sperrfrist von sechs Monaten erhobene Untätigkeitsklage ist nicht ohne weiteres zulässig; sie kann jedoch in die Zulässigkeit hineinwachsen.

2. Bei einer verfrüht erhobenen Untätigkeitsklage hat das Finanzgericht eine befristete Aussetzung des Klageverfahrens nach pflichtgemäßem Ermessen zu prüfen. Angesichts der in § 46 Abs. 1 Sätze 1 und 2 FGO aufgeführten unbestimmten Rechtsbegriffe wird eine Aussetzung regelmäßig geboten sein.

3. Weist das Finanzgericht die Untätigkeitsklage gleichwohl als unzulässig ab, so hat es in der Urteilsbegründung seine leitenden Ermessenserwägungen hinsichtlich der versagten Aussetzung des Klageverfahrens offen zu legen. Geschieht dies nicht, kann ein Verfahrensmangel i.S. des § 115 Abs. 2 Nr. 3 FGO vorliegen.

15 BFH vom 8. 11. 2007 – IV B 171/06 (BStBl 2008 II S. 380)

Zur Darlegung der grundsätzlichen Bedeutung einer Rechtssache bedarf es jedenfalls dann, wenn der BFH seine Auffassung zu einer Rechtsfrage (hier: betreffend Wegfall des Fehlbetrags nach § 10a GewStG) nach Ergehen eines sog. Nichtanwendungserlasses der Finanzverwaltung (noch einmal) bekräftigt hat, konkreter Ausführungen dazu, aufgrund welcher bisher nicht berücksichtigter Gesichtspunkte eine erneute Befassung des Revisionsgerichts mit der Rechtsfrage für erforderlich gehalten wird.

16 BFH vom 5. 5. 2011 – X B 74/10 (BFH/NV 2011 S. 1519)

Wenn das FG in einem Billigkeitsverfahren eine einschlägige Verwaltungsanweisung übersieht, liegt darin zwar möglicherweise ein materiell-rechtlicher Fehler, der aber nicht zur Zulassung der Revision führen kann. Mit dem Übersehen einer einschlägigen Rechtsnorm, das als schwerwiegender materiell-rechtlicher Fehler die Zulassung der Revision zur Sicherung einer einheitlichen Rechtsprechung (§ 115 Abs. 2 Nr. 2 Alt. 2 FGO) rechtfertigen kann, ist dies nicht vergleichbar.

17 BFH vom 10. 6. 2011 – V B 74/09 (HFR 2011 S. 1028)

Aus den Gründen:

Eine die Rechtseinheit gefährdende Abweichung (§ 115 Abs. 2 Nr. 2 2. Alternative FGO) liegt nur vor, wenn das FG bei gleichem oder vergleichbarem festgestellten Sachverhalt in einer entscheidungserheblichen Rechtsfrage eine andere Auffassung vertritt als u.a. der BFH oder der EuGH (BFH-Beschlüsse vom 12. 10. 2006 – VI 154/05, BFH/NV 2007 S. 51; vom 19. 4. 2010 – IV B 38/09, BFH/NV 2010 S. 1489). In der Beschwerdebegründung müssen deshalb rechtserhebliche abstrakte Rechtssätze in den jeweiligen Entscheidungen so genau bezeichnet werden, dass die Abweichung erkennbar ist (vgl. BFH-Beschluss vom 5. 9. 2006 – IV B 128/05, BFH/NV 2007 S. 243, m.w.N.).

§ 116 Nichtzulassungsbeschwerde

(1) Die Nichtzulassung der Revision kann durch Beschwerde angefochten werden.

(2) ¹Die Beschwerde ist innerhalb eines Monats nach Zustellung des vollständigen Urteils bei dem Bundesfinanzhof einzulegen. ²Sie muss das angefochtene Urteil bezeichnen. ³Der Beschwerdeschrift soll eine Ausfertigung oder Abschrift des Urteils, gegen das Revision eingelegt werden soll, beigefügt werden.

(3) ¹Die Beschwerde ist innerhalb von zwei Monaten nach der Zustellung des vollständigen Urteils zu begründen. ²Die Begründung ist bei dem Bundesfinanzhof einzureichen. ³In der Begründung müssen die Voraussetzungen des § 115 Abs. 2 dargelegt werden. ⁴Die Begründungsfrist kann von dem Vorsitzenden auf einen vor ihrem Ablauf gestellten Antrag um einen weiteren Monat verlängert werden.

(4) Die Einlegung der Beschwerde hemmt die Rechtskraft des Urteils.

(5) ¹Der Bundesfinanzhof entscheidet über die Beschwerde durch Beschluss. ²Der Beschluss soll kurz begründet werden; von einer Begründung kann abgesehen werden, wenn sie nicht geeignet ist, zur Klärung der Voraussetzungen beizutragen, unter denen eine Revision zuzulassen ist, oder wenn der Beschwerde stattgegeben wird. ³Mit der Ablehnung der Beschwerde durch den Bundesfinanzhof wird das Urteil rechtskräftig.

(6) Liegen die Voraussetzungen des § 115 Abs. 2 Nr. 3 vor, kann der Bundesfinanzhof in dem Beschluss das angefochtene Urteil aufheben und den Rechtsstreit zur anderweitigen Verhandlung und Entscheidung zurückverweisen.

(7) ¹Wird der Beschwerde gegen die Nichtzulassung der Revision stattgegeben, so wird das Beschwerdeverfahren als Revisionsverfahren fortgesetzt, wenn nicht der Bundesfinanzhof das angefochtene Urteil nach Absatz 6 aufhebt; der Einlegung einer Revision durch den Beschwerdeführer bedarf es nicht. ²Mit der Zustellung der Entscheidung beginnt für den Beschwerdeführer die Revisionsbegründungsfrist, für die übrigen Beteiligten die Revisions- und die Revisionsbegründungsfrist. ³Auf Sätze 1 und 2 ist in dem Beschluss hinzuweisen.

Rechtsprechung

BFH vom 13. 10. 2003 – IV B 85/02 (BStBl 2004 I S. 25)

1. Schwerwiegende Fehler des FG bei der Anwendung und Auslegung revisiblen Rechts ermöglichen die Zulassung der Revision. Ein solcher Fehler liegt jedenfalls dann vor, wenn die Entscheidung des FG als objektiv willkürlich oder unter keinem denkbaren Gesichtspunkt vertretbar erscheint.

2. Liegt ein derartiger Fehler vor und wird er mit einer Nichtzulassungsbeschwerde ordnungsgemäß gerügt, ist die Revision zuzulassen. Eine Aufhebung der angefochtenen Entscheidung im Beschwerdeverfahren kommt anders als bei Vorliegen der Voraussetzungen des § 115 Abs. 2 Nr. 3 FGO (Verfahrensmangel) nicht in Betracht.

BFH vom 16. 10. 2003 – XI B 95/02 (BStBl 2004 II S. 26)

Die Frist zur Begründung der Nichtzulassungsbeschwerde gemäß § 116 Abs. 3 Satz 1 FGO ist eine selbständige Zweimonatsfrist, die mit der Zustellung des angefochtenen Urteils beginnt. Innerhalb dieser Frist ist die Beschwerde auch dann zu begründen, wenn die Einlegungsfrist versäumt worden und deshalb Wiedereinsetzung in den vorigen Stand beantragt worden ist (vgl. BVerwG-Beschluss vom 2. 3. 1992 9 B 256/91, NJW 1992, 2780, zu § 133 Abs. 3 Satz 1 VwGO).

BFH vom 27. 10. 2004 – VII S 11/04 (BStBl 2005 II S. 139)

Die nach der Rechtsprechung des BFH erforderliche laienhafte Darlegung von Revisionszulassungsgründen in einem Antrag auf Gewährung von PKH für das Verfahren der Beschwerde wegen Nichtzulassung der Revision kann von dem Antragsteller innerhalb der in § 116 Abs. 3 Satz 1 FGO bezeichneten Zwei-Monats-Frist nachgereicht werden.

BFH vom 14. 3. 2007 – IV B 76/05 (BStBl 2007 II S. 466)

Der Beigeladene ist am Verfahren über die Nichtzulassungsbeschwerde eines anderen Verfahrensbeteiligten grundsätzlich in der Weise zu beteiligen, dass er über Beginn und Stand des Verfahrens durch Übersendung der Schriftsätze des Beschwerdeführers und des Beschwerdegegners laufend informiert wird. Erkennt der Senat des BFH im Lauf der Bearbeitung des Verfahrens, dass eine Entscheidung nach § 116 Abs. 6 FGO in Betracht kommt, muss er dem vom FG Beigeladenen ausdrücklich Gelegenheit zur Stellungnahme geben.

5 BFH vom 23. 7. 2008 – VI B 78/07 (BStBl 2008 II S. 878)

1. § 116 Abs. 3 Satz 3 FGO stellt Anforderungen an die Klarheit, Verständlichkeit und Überschaubarkeit des Beschwerdevorbringens.
2. Eine mehrere hundert Seiten umfassende Beschwerdebegründung, die zugleich weitere Nichtzulassungsbeschwerden gegen andere Urteile des gleichen FG betrifft und die in großem Umfang Kopien von Schriftstücken enthält, entspricht den Anforderungen nicht, wenn die Ausführungen die das konkret zu entscheidende Verfahren betreffenden Verfahrensrügen nicht hinreichend klar, geordnet und verständlich abgrenzen. Es ist nicht Aufgabe des Beschwerdegerichts, sich aus einer derartigen Beschwerdebegründung das herauszusuchen, was möglicherweise zur Darlegung eines Zulassungsgrundes i.S. des § 116 Abs. 3 Satz 3 FGO geeignet sein könnte.

6 BFH vom 27. 3. 2009 – VIII B 184/08 (BStBl 2009 II S. 850)

Aus den Gründen:
Betrifft die Rechtsfrage ausgelaufenes Recht, müssen besondere Gründe geltend gemacht werden und vorliegen, die ausnahmsweise eine Abweichung von der Regel rechtfertigen, wonach Rechtsfragen, die solches Recht betreffen, regelmäßig keine grundsätzliche Bedeutung mehr zukommt (BFH-Beschluss vom 24. 11. 2005 II B 46/05, BFH/NV 2006, 587; Lange in Hübschmann/Hepp/Spitaler, § 115 FGO Rz 98 ff. und § 116 FGO Rz 178, jeweils m.w.N.). Entsprechende Gründe (vgl. etwa BFH-Beschluss vom 14. 2. 2007 IX B 177/06, BFH/NV 2007, 1099) haben die Kläger nicht dargelegt; sie sind für den beschließenden Senat auch nicht ersichtlich.

7 BFH vom 7. 5. 2009 – V B 130/08 (BFH/NV 2009 S. 1470)

Wird eine Nichtzulassungsbeschwerde auf die grundsätzliche Bedeutung einer Rechtsfrage gestützt, die der BFH bereits entschieden hat (hier: zur Einheitlichkeit der Leistung oder zum Aufteilungsgebot bei Betriebsvorrichtungen), so muss die Beschwerdeschrift Ausführungen dazu enthalten, aus welchen neuen, in der vormaligen Entscheidung noch nicht berücksichtigten Gründen eine nochmalige Überprüfung durch den BFH angezeigt ist.

8 BFH vom 16. 6. 2009 – X B 202/08 (BFH/NV 2009 S. 1659)

1. Schläft ein Richter während der mündlichen Verhandlung und folgt er den wesentlichen Vorgängen nicht, so ist das Gericht nicht vorschriftsmäßig besetzt.
2. Dass ein Richter schläft oder in anderer Weise „abwesend" ist, kann im Allgemeinen erst dann angenommen werden, wenn sichere Anzeichen für das Schlafen wie beispielsweise tiefes, hörbares und gleichmäßiges Atmen oder gar Schnarchen oder Anzeichen von fehlender Orientierung gerügt werden.
3. Hat der Beschwerdeführer ein solches Verhalten nicht beschrieben und offenkundig auch keinen Anlass gesehen, den Vorsitzenden auf die eingeschränkte Beteiligung des nach seiner Behauptung von Beginn der Verhandlung an schlafenden Richters aufmerksam zu machen, ist der geltend gemachte Verfahrensmangel nicht schlüssig gerügt.
...

9 BVerfG vom 10. 5. 2010 – 1 BvR 1360/09 (HFR 2010 S. 1224)

1. Die telefonische Mitteilung des BFH, dass die Nichtzulassungsbeschwerde des Verfahrensbeteiligten durch Beschluss erledigt wurde, ist keine beschwerdefähige Gerichtsentscheidung, die mit der Verfassungsbeschwerde angefochten werden kann.
2. Soweit mit der Verfassungsbeschwerde die Verletzung des Anspruchs auf Gewährung rechtlichen Gehörs gerügt wird, obwohl die Auslegung einer Nichtzulassungsbeschwerde durch den BFH mit dessen Beschluss eindeutig erkennbar, hätte zunächst insoweit eine Anhörungsrüge beim BFH erhoben werden müssen und erst nach deren Erfolglosigkeit Verfassungsbeschwerde eingelegt werden können.

10 BFH vom 10. 6. 2011 – IX B 13/11 (BFH/NV 2011 S. 2074)

Die Zulassung der Revision wegen der Erforderlichkeit einer Entscheidung des BFH zur Fortbildung des Rechts (§ 115 Abs. 2 Nr. 2 1. Alternative FGO) erfordert substantiierte und konkrete Angaben dazu, weshalb eine Entscheidung des BFH zu einer bestimmten, abstrakt formulierten Rechtsfrage aus Gründen der Rechtsklarheit oder Rechtsfortbildung im allgemeinen Interesse liegt, weshalb die aufgeworfene Rechtsfrage klärungsbedürftig und im angestrebten Revisionsverfahren klärungsfähig ist.

BFH vom 14. 6. 2011 – V B 19/11 (BFH/NV 2011 S. 1534) 11

Die Zulässigkeit einer Nichtzulassungsbeschwerde ist hinsichtlich der Anforderungen an ihre Begründung nur nach den innerhalb der gesetzlichen Begründungsfrist (§ 116 Abs. 3 Sätze 1 und 4 FGO) vorgebrachten Ausführungen zu beurteilen.

BFH vom 20. 7. 2011 – IV B 19/10 (BFH/NV 2011 S. 2077) 12

– Wird die Zulassung der Revision begehrt, weil das angefochtene Urteil von einer Entscheidung des BFH abgewichen sein soll, so muss die behauptete Divergenz in einer den Anforderungen des § 116 Abs. 3 Satz 3 FGO entsprechenden Art und Weise dargelegt werden.

– Zur Darlegung einer Divergenz sind aus der Vorentscheidung einerseits und dem Urteil, von dem das FG abgewichen sein soll, andererseits, abstrakte Rechtssätze herauszuarbeiten und einander in der Weise gegenüberzustellen, dass die Abweichung erkennbar wird.

– Diese Anforderungen sind nicht erfüllt, wenn der Beschwerdeführer lediglich mit dem Inhalt der vorgeblichen Divergenzentscheidung argumentiert und damit seine Auffassung begründet, dass das FG die Grundsätze der höchstrichterlichen Rechtsprechung unzutreffend auf den Streitfall angewandt habe.

BFH vom 30. 8. 2011 – IV B 77/10 (BFH/NV 2011 S. 2089) 13

Ist das angefochtene Urteil kumulativ auf mehrere Begründungen gestützt, die jede für sich nach Auffassung des FG das Entscheidungsergebnis tragen, so muss hinsichtlich jeder Begründung ein Zulassungsgrund geltend gemacht werden.

§ 117 (weggefallen) FGO

§ 118 Revisionsgründe FGO

(1) ¹Die Revision kann nur darauf gestützt werden, dass das angefochtene Urteil auf der Verletzung von Bundesrecht beruhe. ²Soweit im Falle des § 33 Abs. 1 Nr. 4 die Vorschriften dieses Unterabschnitts durch Landesgesetz für anwendbar erklärt werden, kann die Revision auch darauf gestützt werden, dass das angefochtene Urteil auf der Verletzung von Landesrecht beruhe.

(2) Der Bundesfinanzhof ist an die in dem angefochtenen Urteil getroffenen tatsächlichen Feststellungen gebunden, es sei denn, dass in bezug auf diese Feststellungen zulässige und begründete Revisionsgründe vorgebracht sind.

(3) ¹Wird die Revision auf Verfahrensmängel gestützt und liegt nicht zugleich eine der Voraussetzungen des § 115 Abs. 2 Nr. 1 und 2 vor, so ist nur über die geltend gemachten Verfahrensmängel zu entscheiden. ²Im Übrigen ist der Bundesfinanzhof an die geltend gemachten Revisionsgründe nicht gebunden.

Rechtsprechung

BFH vom 3. 6. 1987 – III R 209/83 (BStBl 1988 II S. 277) 1

Weitere Grundstücksverkäufe nach der dem Urteil des FG zugrunde liegenden mündlichen Verhandlung stellen nachträglich eingetretene neue Tatsachen dar, die im Revisionsverfahren bei der Beurteilung gewerblichen Grundstückshandels in aller Regel nicht zu berücksichtigen sind.

BFH vom 24. 5. 1989 – I R 90/85 (BStBl 1989 II S. 800) 2

Die fehlerhafte Besetzung eines FG kann nicht „hilfsweise" gerügt werden.

3 **BFH vom 21. 1. 1999 – IV R 40/98 (BStBl 1999 II S. 563)**

Entscheidet das FG über die Höhe der Gewinne und die Gewinnverteilung, obwohl der Gewinnfeststellungsbescheid nur hinsichtlich des Bestehens einer Mitunternehmerschaft rechtzeitig mit der Klage angefochten ist, so liegt ein Verfahrensmangel vor. Ist nur über diesen Verfahrensmangel zu entscheiden, so bedarf es keiner Zurückverweisung der Sache an das FG, weil der BFH das Vorliegen der Sachentscheidungsvoraussetzungen selbst zu prüfen und deshalb die Klage als unzulässig abzuweisen hat.

4 **BFH vom 3. 8. 2000 – III R 76/97 (HFR 2001 S. 359)**

Widersprüchliche Feststellungen des FG tragen seine Entscheidung nicht.

5 **BFH vom 19. 6. 2001 – X R 48/96 (HFR 2002 S. 211)**

Hat das FG einen Teil des Verfahrensablaufs nicht im Tatbestand, sondern in den Entscheidungsgründen angesprochen, so kann es sich gleichwohl um eine Tatsachenfeststellung handeln, da es entscheidend nicht auf ihre Stellung in der Urteilsfassung, sondern auf ihre inhaltliche Bedeutung ankommt.

6 **BFH vom 3. 8. 2005 – I R 94/03 (BStBl 2006 II S. 20)**

1. …
2. Die Auslegung von Verträgen obliegt dem FG als Tatsacheninstanz und ist daher für das Revisionsgericht bindend, wenn sie den Grundsätzen der §§ 133, 157 BGB entspricht und nicht gegen Denkgesetze und Erfahrungssätze verstößt.

7 **BFH vom 19. 12. 2007 – VIII R 13/05 (BStBl 2008 II S. 568)**

Aus den Gründen:

Die tatrichterliche Überzeugungsbildung und Beweiswürdigung (§ 96 Abs. 1 Satz 1 FGO) ist nur insoweit revisibel, als Verstöße gegen die Verfahrensordnung, gegen Denkgesetze oder allgemeine Erfahrungssätze vorliegen. Im Übrigen – sofern keine zulässigen und begründeten Verfahrensrügen erhoben worden sind – binden die vorinstanzlichen Schlussfolgerungen den BFH als Revisionsgericht gemäß § 118 Abs. 2 FGO schon dann, wenn sie nur möglich, d.h. vertretbar, sind; sie müssen hingegen nicht zwingend sein (BFH-Urteil vom 27. 3. 2007 VIII R 62/05, DStR 2007, 1027, m.w.N. zur ständigen Rechtsprechung).

8 **BFH vom 28. 2. 2008 – V R 44/06 (BStBl 2008 II S. 586)**

Aus den Gründen:

Nach § 118 Abs. 2 FGO ist der BFH an die im angefochtenen Urteil getroffenen tatsächlichen Feststellungen gebunden, es sei denn, dass in Bezug auf diese Feststellungen zulässige und begründete Revisionsgründe vorgebracht sind. Zu den der Bindung unterliegenden Feststellungen gehören auch die Schlussfolgerungen tatsächlicher Art auf das Vorliegen bestimmter subjektiver Tatbestandsmerkmale – wie hier gemäß § 25d Abs. 1 Satz 1 UStG: Absicht und Vorsatz (vgl. z.B. BFH-Urteil vom 27. 8. 1991 VIII R 84/89, BStBl II 1992, 9, unter 3. b).

Die Bindung des BFH entfällt nur dann, wenn die Folgerungen mit den Denkgesetzen oder Erfahrungssätzen unvereinbar sind. Die Gesamtwürdigung durch das FG bindet das Revisionsgericht auch dann, wenn sie zwar nicht zwingend, aber möglich ist (ständige Rechtsprechung, vgl. z.B. BFH-Urteil in BFHE 165, 330, BStBl II 1992, 9, unter 3. b).

9 **BFH vom 26. 5. 2009 – VII R 28/08 (HFR 2009 S. 1223)**

Aus den Gründen:

Die Würdigung des Tatsachengerichts muss, um für das Revisionsgericht bindend zu sein, zwar nicht zwingend, sie muss aber auf der Grundlage der festgestellten Tatsachen vertretbar und nachvollziehbar begründet sein.

10 **BFH vom 19. 5. 2010 – XI R 78/07 (HFR 2010 S. 1199)**

1. Der Vorsteuerabzug ist zu versagen, wenn aufgrund objektiver Umstände feststeht, dass der Steuerpflichtige wusste oder hätte wissen müssen, dass er sich mit seinem Erwerb an einem Umsatz beteiligte, der in eine Mehrwertsteuerhinterziehung einbezogen war.

2. Handelt es sich bei dem Unternehmer um eine GmbH, ist dieser nicht nur das etwaige Wissen ihres Geschäftsführers als ihres gesetzlichen Vertreters nach § 35 GmbHG, sondern auch das ihrer sonstigen Angestellten in analoger Anwendung von § 166 BGB zuzurechnen.
3. Die entsprechende Beweiswürdigung des FG kann im Revisionsverfahren nur darauf überprüft werden, ob Verstöße gegen die Verfahrensordnung, gegen Denkgesetze oder allgemeine Erfahrungssätze vorgekommen sind; die Würdigung des FG muss denkgesetzlich möglich, jedoch nicht die einzig in Betracht kommende sein.
4. Eine Ausnahme von dem Rechtsgrundsatz, dass neues tatsächliches Vorbringen im Revisionsverfahren grundsätzlich nicht zu berücksichtigen ist, gilt im Hinblick auf Tatsachen, deren Beachtung sonst im Wege der Restitutionsklage gegen das Urteil des FG durchgesetzt werden könnte.

BFH vom 20. 5. 2010 – VI R 41/09 (BStBl 2010 II S. 1022)   11

1. ...
2. Gelangt das FG aufgrund einer verfahrensfehlerfreien Gesamtwürdigung zu dem Ergebnis, dass Zweifel bestehen, ob Arbeitnehmern im Zusammenhang mit einem geldwerten Vorteil Arbeitslohn zugeflossen ist, ist der BFH nach § 118 Abs. 2 FGO an diese Tatsachenfeststellung gebunden.

BFH vom 11. 2. 2011 – XI S 1/11 (BFH/NV 2011 S. 829)   12

Zu den Tatsachen, auf die das Urteil gemäß § 96 Abs. 2 FGO gestützt wird bzw. zu den tatsächlichen Feststellungen, die den BFH gemäß § 118 Abs. 2 FGO grundsätzlich binden, gehören lediglich die für die Entscheidung des FG maßgeblichen Tatsachen, d.h. das, was das FG als unstreitig oder bewiesen angesehen hat, sowie Schlussfolgerungen tatsächlicher Art, nicht aber das Vorbringen eines Beteiligten.

BFH vom 5. 4. 2011 – XI S 28/10 (BFH/NV 2011 S. 1746)   13

Neuer Tatsachenvortrag ist in einem Revisionsverfahren grundsätzlich nicht zu berücksichtigen. Wurden keine Sachverhaltsrügen erhoben, die den Voraussetzungen des § 118 Abs. 2 FGO entsprechen, ist es dem BFH auch im Verfahren über die AdV versagt, einen anderen als den vom FG festgestellten Sachverhalt der Entscheidung zugrunde zu legen.

BFH vom 12. 5. 2011 – IV R 36/09 (BFH/NV 2011 S. 2092)   14

Ausnahmsweise kann die Bezugnahme auf die Begründung einer Nichtzulassungsbeschwerde, die auf eine Divergenzrüge gestützt war, eine ausreichende Revisionsbegründung darstellen, wenn sich daraus eine ausreichende kritische Würdigung des angefochtenen Urteils ergibt.

BFH vom 22. 6. 2011 – VII S 1/11 (BFH/NV 2011 S. 2014)   15

Der BFH ist an Feststellungen des FG in den Entscheidungsgründen in einem Revisionsverfahren nicht gebunden, wenn diese zu den vom FG selbst im Tatbestand seines Urteils getroffenen Feststellungen in Widerspruch stehen.

BFH vom 22. 7. 2011 – V B 88/10 (BFH/NV 2011 S. 1919)   16

Geht das FG bei seinem Urteil nach den für den BFH bindenden Feststellungen (§ 118 Abs. 2 FGO) davon aus, dass eine einheitliche Leistung vorliegt, sind Rechtsfragen, die sich nur dann stellen, wenn eine Mehrheit von Leistungen anzunehmen ist, nicht klärungsfähig.

---

§ 119 Verletzung von Bundesrecht

Ein Urteil ist stets als auf der Verletzung von Bundesrecht beruhend anzusehen, wenn
1. das erkennende Gericht nicht vorschriftsmäßig besetzt war,
2. bei der Entscheidung ein Richter mitgewirkt hat, der von der Ausübung des Richteramtes kraft Gesetzes ausgeschlossen oder wegen Besorgnis der Befangenheit mit Erfolg abgelehnt war,
3. einem Beteiligten das rechtliche Gehör versagt war,
4. ein Beteiligter im Verfahren nicht nach Vorschrift des Gesetzes vertreten war, außer wenn er der Prozessführung nachdrücklich oder stillschweigend zugestimmt hat,

5. das Urteil auf eine mündliche Verhandlung ergangen ist, bei der die Vorschriften über die Öffentlichkeit des Verfahrens verletzt worden sind, oder
6. die Entscheidung nicht mit Gründen versehen ist.

Rechtsprechung

1 **BFH vom 10. 8. 1988 – III R 220/84 (BStBl 1988 II S. 948)**

Die Durchführung der mündlichen Verhandlung trotz unverschuldeter Versäumung des Verhandlungstermins durch den Kläger hat nicht zwangsläufig eine Verletzung seines Anspruchs auf rechtliches Gehör zur Folge.

2 **BFH vom 8. 11. 1989 – I R 14/88 (BStBl 1990 II S. 386)**

Das FG verletzt den Anspruch eines Klägers auf Gewährung rechtlichen Gehörs, wenn es sein ohne mündliche Verhandlung ergehendes Urteil auf eine geänderte BFH-Rechtsprechung stützt, die soeben erst bekannt wurde und zu der sich zu äußern der Kläger nach dem bisherigen Prozeßverlauf keinen Anlaß hatte.

3 **BFH vom 31. 7. 1990 – VII R 60/89 (BStBl 1990 II S. 1071)**

Es ist ein absoluter Revisionsgrund, wenn das FG die Gründe seines Urteils hinsichtlich eines wesentlichen Streitpunkts durch die Bezugnahme auf eine von ihm erlassene Entscheidung ersetzt, die den Beteiligten bei Beginn der Revisionsfrist weder bekannt noch zugänglich war (Bestätigung der Rechtsprechung).

4 **BFH vom 5. 11. 1991 – VII R 64/90 (BStBl 1992 II S. 425)**

Ein Urteil, das ohne mündliche Verhandlung ergeht, obgleich das erforderliche Einverständnis der Beteiligten hierfür nicht vorliegt, verletzt das Recht auf Gehör und ist auf entsprechende Rüge aufzuheben, selbst wenn nicht im einzelnen dargelegt wird, was in der mündlichen Verhandlung vorgetragen worden wäre und inwieweit der Vortrag zur Klärung der Sache beigetragen hätte.

5 **BFH vom 27. 11. 1991 – X R 98-100/90 (BStBl 1992 II S. 411)**

Wenn es darum geht, ob eine Beeinträchtigung der Öffentlichkeit auf den Willen des Gerichts zurückzuführen ist (BFH vom 21. 3. 1985, BStBl II S. 551), muß sich ein Spruchkörper jedenfalls das Verhalten der ihm angehörenden Berufsrichter zurechnen lassen.

6 **BFH vom 27. 2. 1992 – IV R 129/90 (BStBl 1992 II S. 841)**

Stützt das FG seine Feststellungen auf den Inhalt der Betriebsprüfer-Handakte, deren Vorliegen dem Kläger nicht mitgeteilt worden ist und in der er auch keine Ermittlungen des Betriebsprüfers zu der den Rechtsstreit betreffenden Frage vermuten muß, so liegt hierin eine Verletzung des rechtlichen Gehörs.

7 **BFH vom 14. 5. 1992 – V R 96/90 (BStBl 1992 II S. 1040)**

Ein Urteil eines FG ist nicht mit Gründen versehen, wenn es an Stelle von Entscheidungsgründen auf eine nicht zwischen den Beteiligten ergangene andere Entscheidung des FG verweist und hierfür nur die Fundstelle in einer Fachzeitschrift angibt, ohne diese Entscheidung als Anlage dem Urteil beizufügen.

8 **BFH vom 29. 7. 1992 – II R 14/92 (BStBl 1992 II S. 1043)**

Die Anwendung des § 105 Abs. 5 Satz 1 FGO setzt voraus, daß die Entscheidung über den außergerichtlichen Rechtsbehelf selbst eine ausreichende Begründung enthält; bloß formelhafte Wendungen genügen hierfür nicht. Verweist das FG gleichwohl auf die Entscheidung über den außergerichtlichen Rechtsbehelf, so ist seine Entscheidung als nicht mit Gründen versehen aufzuheben.

9 **BFH vom 2. 12. 1992 – II R 112/91 (BStBl 1993 II S. 194)**

Erläßt das FG ein Urteil im schriftlichen Verfahren, obwohl das FA einen Verzicht auf mündliche Verhandlung nicht erklärt hatte, so beinhaltet der darin liegende Verstoß gegen § 90 Abs. 2 FGO einen wesentlichen Verfahrensmangel i.S. der §§ 116 Abs. 1 Nr. 3, 119 Nr. 4 FGO, den auch der Kläger mit Erfolg rügen kann.

BFH vom 15. 12. 1998 – VIII R 74/97 (BStBl 1999 II S. 300) 10

Das für die Entscheidung durch den sog. konsentierten Richter (§ 79a Abs. 3 und 4 FGO) erforderliche Einverständnis der Beteiligten muß unmißverständlich erklärt werden. Hieran fehlt es jedenfalls dann, wenn der Richter die verfahrensrechtlichen Grundlagen seiner Stellung mit den Beteiligten nicht erörtert und die Kläger in der mündlichen Verhandlung nicht durch einen Angehörigen der rechtsberatenden und steuerberatenden Berufe (§ 62 Abs. 2 Satz 1, 2. Halbsatz FGO) vertreten sind.

BFH vom 22. 9. 1999 – XI R 24/99 (BStBl 2000 II S. 32) 11

Der Antrag auf Erhebung eines nicht erheblichen Zeugenbeweises enthält den Antrag auf Durchführung einer mündlichen Verhandlung.

BFH vom 21. 10. 1999 – VII R 15/99 (BStBl 2000 II S. 88) 12

– § 6 Abs. 4 Satz 1 FGO schließt einen Revisionskläger nicht mit der Rüge aus, der Beschluß des FG über die Übertragung des Rechtsstreits auf den Einzelrichter sei verfahrensfehlerhaft getroffen worden, insbesondere sei das FG nicht nach Vorschrift des Gesetzes besetzt gewesen.

– Der Senat eines FG, dem vom Geschäftsverteilungsplan kein Vorsitzender Richter zugewiesen ist oder dessen Vorsitzender endgültig aus dem Gericht ausgeschieden ist, ist nicht entsprechend § 21f Abs. 1 GVG besetzt; für die Anwendung der Vertretungsregel des § 21f Abs. 2 Satz 1 GVG fehlt es in diesem Fall an einer wesentlichen Voraussetzung.

– Eine unterlassende Anhörung über die Übertragung eines Rechtsstreits auf den Einzelrichter führt selbst dann nicht zu einem Verstoß gegen das Gebot des gesetzlichen Richters, wenn eine Anhörung geboten sein sollte.

BFH vom 20. 4. 2001 – IV R 32/00 (BStBl 2001 II S. 651) 13

1. Zur Prüfung der ordnungsgemäßen Besetzung des Gerichts haben Verfahrensbeteiligte Anspruch auf Einsicht in die Unterlagen über die Wahl und Heranziehung der ehrenamtlichen Richter. Dieser Anspruch ist gegenüber dem Präsidenten des FG geltend zu machen.

2. Bei der Verteilung der ehrenamtlichen Richter auf die Senate des FG kann auf deren bisherige Erfahrung zurückgegriffen werden mit der Folge, dass sie bei Wiederwahl auch ihren bisherigen Senaten zugewiesen werden können.

3. Erklärt sich ein ehrenamtlicher Richter unter Angabe eines Grundes für verhindert, so braucht das FG den Hinderungsgrund grundsätzlich nicht nachzuprüfen. Die Vorschriften über den gesetzlichen Richter sind dagegen nicht gewahrt, wenn ein geschäftsplanmäßig berufener ehrenamtlicher Richter ohne Angabe eines konkreten Hinderungsgrundes nicht an einer Sitzung teilnimmt und sich die Vermutung aufdrängt, dass er den mit dem Richteramt verbundenen Pflichten im Vergleich zu anderen Verpflichtungen nicht die erforderliche Bedeutung beimisst.

4. Nimmt ein ehrenamtlicher Richter ohne hinreichenden Hinderungsgrund einen Sitzungstermin nicht wahr, so führt die hieraus folgende „Verschiebung" der an den nachfolgenden Sitzungen teilnehmenden ehrenamtlichen Richter nicht zu einer fehlerhaften Besetzung der Richterbank in diesen Verfahren.

BFH vom 3. 9. 2001 – GrS 3/98 (BStBl 2001 II S. 802) 14

Die schlüssige Rüge der Verletzung des Rechts auf Gehör erfordert keine Ausführungen darüber, was bei ausreichender Gewährung des rechtlichen Gehörs noch vorgetragen worden wäre und dass dieser Vortrag die Entscheidung des Gerichts hätte beeinflussen können, wenn das Gericht verfahrensfehlerhaft in Abwesenheit des Rechtsmittelführers aufgrund mündlicher Verhandlung entschieden hat.

BFH vom 29. 4. 2008 – VIII R 28/07 (BStBl 2009 II S. 842) 15

1. – 2. ...

3. Erfasst die gerügte Gehörsverletzung nicht das Gesamtergebnis des Verfahrens, sondern bezieht sich lediglich auf einzelne Feststellungen, so liegt kein Fall des § 119 Nr. 3 FGO vor, so dass die Entscheidung über diese Verfahrensrüge gemäß § 126 Abs. 6 FGO keiner Begründung bedarf.

16 BFH vom 11. 11. 2008 – IX R 14/07 (BStBl 2009 II S. 309)

Erklärt der Berichterstatter ausdrücklich auch im Namen seiner Senatskollegen im Rahmen mehrerer eingehend begründeter Berichterstatterschreiben, die Klage werde Erfolg haben, so stellt es eine Verletzung des rechtlichen Gehörs wie auch der Anforderungen an ein faires Gerichtsverfahren dar, wenn das FG die Klage nach einem Wechsel des Berichterstatters ohne einen entsprechenden Hinweis an den Kläger abweist.

17 BFH vom 31. 8. 2010 – VIII R 36/08 (BStBl 2011 II S. 126)

1. – 2. ...
3. Ein Verfahrensmangel i.S. des § 119 Nr. 3 und 4 FGO ist auch dann anzunehmen, wenn das FG ohne Durchführung einer mündlichen Verhandlung durch Urteil entschieden hat, weil es irrtümlich von einem Verzicht auf mündliche Verhandlung ausgegangen ist.

18 BFH vom 30. 11. 2010 – VIII R 19/07 (HFR 2011 S. 550)

1. ....
2. Geht das FG ohne hinreichende tatsächliche Feststellungen von offensichtlich falschen Beteiligungsverhältnissen an einer Gesellschaft aus, ist sein Urteil wegen eines Verfahrensfehlers aufzuheben.
3. Verneint der BFH die Voraussetzungen für eine Übertragung der Rechtssache auf den Einzelrichter, kann er diese an den Vollsenat des FG zurückverweisen.

FGO § 120 Einlegung der Revision

(1) ¹Die Revision ist bei dem Bundesfinanzhof innerhalb eines Monats nach Zustellung des vollständigen Urteils schriftlich einzulegen. ²Die Revision muss das angefochtene Urteil bezeichnen. ³Eine Ausfertigung oder Abschrift des Urteils soll beigefügt werden, sofern dies nicht schon nach § 116 Abs. 2 Satz 3 geschehen ist. ⁴Satz 3 gilt nicht im Falle der elektronischen Revisionseinlegung.

(2) ¹Die Revision ist innerhalb von zwei Monaten nach Zustellung des vollständigen Urteils zu begründen; im Falle des § 116 Abs. 7 beträgt die Begründungsfrist für den Beschwerdeführer einen Monat nach Zustellung des Beschlusses über die Zulassung der Revision. ²Die Begründung ist bei dem Bundesfinanzhof einzureichen. ³Die Frist kann auf einen vor ihrem Ablauf gestellten Antrag von dem Vorsitzenden verlängert werden.

(3) Die Begründung muss enthalten:
1. die Erklärung, inwieweit das Urteil angefochten und dessen Aufhebung beantragt wird (Revisionsanträge);
2. die Angabe der Revisionsgründe, und zwar:
   a) die bestimmte Bezeichnung der Umstände, aus denen sich die Rechtsverletzung ergibt;
   b) soweit die Revision darauf gestützt wird, dass das Gesetz in Bezug auf das Verfahren verletzt sei, die Bezeichnung der Tatsachen, die den Mangel ergeben.

Rsp Rechtsprechung

1 BFH vom 6. 10. 1982 – I R 71/82 (BStBl 1983 II S. 48)

Eine Revision ist dann nicht ordnungsgemäß begründet, wenn sich der zur Begründung der Revision eingereichte Schriftsatz nicht mit den Gründen auseinandersetzt, auf denen die angefochtene Entscheidung beruht, sondern lediglich frühere schriftliche Ausführungen zur Klagebegründung wörtlich wiedergibt.

2 BFH vom 16. 10. 1984 – IX R 177/83 (BStBl 1985 II S. 470)

Die Bezugnahme eines Prozeßbevollmächtigten auf ein von einer nicht vor dem BFH postulationsbefugten Person gefertigtes Rechtsgutachten entspricht nicht den gesetzlichen Anforderungen einer Revisionsbegründung, und zwar selbst dann nicht, wenn der postulationsbefugte Prozeßbevollmächtigte sie sich ausdrücklich zu eigen macht.

BFH vom 14. 6. 1985 – III R 265/84 (BStBl 1985 II S. 522)   3

Aus dem Telegramm, mit dem Revision eingelegt wird, muß sich ergeben, wer die Revision eingelegt hat.

BFH vom 16. 3. 1988 – I R 46/84 (BStBl 1988 II S. 585)   4

Legt ein Prozeßbevollmächtigter, der im Klageverfahren zwei Kläger vertreten hat, gegen das FG-Urteil Revision ein, ohne den oder die Revisionskläger innerhalb der Revisionsfrist genau zu bezeichnen, so ist die Revision unzulässig, wenn aufgrund anderer Umstände beim BFH Unsicherheit darüber besteht, ob die Revision für beide Kläger oder nur für einen von ihnen und ggf. für welchen eingelegt wurde.

BFH vom 25. 10. 1988 – VIII R 262/80 (BStBl 1989 II S. 291)   5

Allgemein gehaltene Ausführungen, das FG habe gegen die Pflicht zur Aufklärung des Sachverhalts verstoßen, reichen nicht aus, um einen Verfahrensmangel ordnungsgemäß zu rügen.

BFH vom 8. 2. 1989 – II R 85/86 (BStBl 1990 II S. 587)   6

Soweit der Revisionsantrag durch die Revisionsbegründung nicht gedeckt ist, ist bei teilbaren Streitgegenständen die Revision (teil)unzulässig.

BFH vom 12. 4. 1991 – III R 203/90 (BStBl 1991 II S. 640)   7

Eine Verfügung des Senatsvorsitzenden, die einem Antrag auf Verlängerung der Revisionsbegründungsfrist nur für einen kürzeren als den beantragten Zeitraum stattgibt, wird auch dann wirksam, wenn die Mitteilung darüber dem Prozeßbevollmächtigten erst nach dem neuen Fristende zugeht. Es ist Sache des Prozeßbevollmächtigten, sich rechtzeitig nach der Entscheidung über den Fristverlängerungsantrag zu erkundigen.

BFH vom 16. 3. 1999 – X R 41/96 (BStBl 1999 II S. 565)   8

Wurde ein bestimmender Schriftsatz (z.B. eine Klageschrift) mit einer „Paraphe" unterzeichnet, so erfordert es der Anspruch auf ein faires Verfahren, dem Rechtsuchenden die Möglichkeit der Wiedereinsetzung in den vorigen Stand zu eröffnen, wenn glaubhaft und unwidersprochen vorgetragen wird, diese Art der Unterzeichnung sei im Geschäftsverkehr, bei Behörden und in Gerichtsverfahren jahrelang unbeanstandet verwendet worden.

BFH vom 23. 6. 1999 – X R 113/96 (BStBl 1999 II S. 668)   9

Dem Erfordernis eigenhändiger Unterschrift unter bestimmende Schriftsätze (hier: die Klageschrift sowie die Revision) ist genügt, wenn der Schriftzug gewährleistet, daß das Schriftstück vom Unterzeichner stammt, und ein dessen Identität kennzeichnender, individuell gestalteter Namenszug vorliegt, der zumindest die Absicht einer vollen Unterschrift erkennen läßt.

Gemeinsamer Senat der obersten Bundesgerichte vom 5. 4. 2000 – GmS-OGB 1/98 (DStR 2000 S. 1362)   10

In Prozessen mit Vertretungszwang können bestimmende Schriftsätze formwirksam durch elektronische Übertragung einer Textdatei mit eingescanter Unterschrift auf ein Faxgerät des Gerichts übermittelt werden.

BFH vom 5. 2. 2004 – V R 64/03 (BStBl 2004 II S. 366)   11

Die Revisionsbegründungsfrist gemäß § 120 Abs. 2 FGO in der seit 1. 1. 2001 geltenden Fassung ist eine selbständige Frist. Sie schließt nicht mehr an den Ablauf der Frist zur Einlegung der Revision an.

BFH vom 11. 3. 2004 – VII R 15/03 (BStBl 2004 II S. 566)   12

Für die ordnungsgemäße Begründung der Revision reicht es jedenfalls aus, wenn die Revisionsbegründung auf die in Kopie beigefügte Begründung der Nichtzulassungsbeschwerde und auf die mit Gründen versehenen, die Revision wegen Divergenz zulassenden Beschluss des BFH Bezug nimmt, die Begründung der Nichtzulassungsbeschwerde ihrerseits ihrem Inhalt nach zur Begründung der Revision genügt und der BFH in seinem Zulassungsbeschluss das Vorliegen der gerügten Divergenz bejaht hat.

13 **BFH vom 24. 3. 2006 – V R 59/05 (HFR 2006 S. 789)**

1. Nach erfolgreicher Nichtzulassungsbeschwerde beträgt die Frist zur Begründung der Revision einen Monat (§ 120 Abs. 2 Satz 1 Halbsatz 2 FGO).

2. Ein Irrtum über diese Frist – auf die in der Rechtsmittelbelehrung ausdrücklich hingewiesen ist – ist bei einem Angehörigen der steuerberatenden Berufe nicht entschuldbar. Eine Wiedereinsetzung in den vorigen Stand kommt daher nicht in Betracht.

14 **BFH vom 6. 6. 2006 – V R 8/06 (HFR 2006 S. 1121)**

1. Bei Auslegung einer Prozesserklärung (hier: Antrag auf Ruhen des Verfahrens) ist auch zu berücksichtigen, in welchem Umfang und mit welcher Intensität der verfassungsrechtlich garantierte Anspruch auf effektiven Rechtsschutz durch die in Frage stehende Prozesserklärung berührt wird. Ist die Prozesserklärung klar und eindeutig und entspricht sie offensichtlich dem Willen des Beteiligten, besteht kein Raum für eine gegenteilige Auslegung.

2. Der Antrag auf Ruhen des Verfahrens hält die Revisionsbegründungsfrist nicht auf. Ein Irrtum darüber ist nicht entschuldbar.

15 **BFH vom 27. 5. 2008 – I R 11/08 (BStBl 2008 II S. 766)**

1. Die Frist zur Begründung der Revision wird, wenn das FG in einem Gerichtsbescheid die Revision zugelassen hat, durch die Zustellung des Gerichtsbescheids ausgelöst.

...

16 **BFH vom 29. 5. 2008 – VI R 11/07 (BStBl 2008 II S. 933)**

Aus den Gründen:

Die von der Klägerin erhobene Verfahrensrüge greift nicht durch. Nicht von Amts wegen zu beachtende Verfahrensfehler sind nur zu berücksichtigen, wenn sie innerhalb der Revisionsbegründungsfrist in einer den Anforderungen des § 120 Abs. 3 Nr. 2 Buchst. b FGO entsprechenden Weise begründet worden sind. Diese Voraussetzungen liegen nicht vor.

Die Klägerin hat innerhalb der Revisionsbegründungsfrist (§ 120 Abs. 2 FGO) keine Verfahrensmängel geltend gemacht. Sie kann deshalb mit ihrer (erstmals) mit Schriftsatz vom ... unmittelbar vor der mündlichen Verhandlung vorgebrachten Rüge mangelnder Sachaufklärung (§ 76 FGO), die nicht zu den von Amts wegen zu beachtenden Mängeln zählt, nicht mehr gehört werden (vgl. z.B. Urteil des BFH vom 24. 4. 1997, BStBl II 1997, 567, m.w.N.).

Dessen ungeachtet genügt die Verfahrensrüge nicht den Begründungsanforderungen. Wird der Verstoß gegen Vorschriften des Prozessrechts gerügt, auf deren Beachtung die Beteiligten verzichten können, muss vorgetragen werden, dass der Verstoß in der Vorinstanz gerügt worden ist oder weshalb dem Beteiligten eine derartige Rüge nicht möglich war. Die Verletzung der Sachaufklärungspflicht nach § 76 FGO zählt zu den verzichtbaren Mängeln. Wird ein Verstoß gegen die Sachaufklärungspflicht mit der Begründung gerügt, das FG habe auch ohne entsprechenden Beweisantritt von Amts wegen den Sachverhalt weiter aufklären müssen, so ist demnach auch vorzutragen, dass dieser Mangel in der mündlichen Verhandlung vor dem FG gerügt worden ist.

17 **BFH vom 21. 10. 2008 – V R 19/08 (HFR 2009 S. 373)**

1. Hat ein Revisionskläger die Revisionsbegründungsfrist versäumt und wird er darauf vom BFH hingewiesen, beginnt die Frist für die Beantragung einer Wiedereinsetzung in den vorigen Stand und für die Nachholung der versäumten Rechtshandlung mit dem Zugang des Hinweises des BFH beim Revisionskläger.

2. Bei Versäumung der Revisionsbegründungsfrist kann keine Wiedereinsetzung in den vorigen Stand gewährt werden, wenn der Revisionskläger nicht binnen der Wiedereinsetzungsfrist von einem Monat nach Zugang des Hinweises die versäumte Rechtshandlung nachgeholt, also die Revisionsbegründung eingereicht hat.

18 **BFH vom 17. 12. 2008 – XI R 64/06 (HFR 2009 S. 598)**

Verfahrensmängel können nur innerhalb der Revisionsbegründungsfrist gerügt wurden.

19 **BFH vom 18. 12. 2008 – V R 38/06 (BStBl 2009 II S. 749)**

Aus den Gründen:

Für die Zulässigkeit der Revision des FA kommt es auf dessen materielle Beschwer an (Beschluss des BFH vom 23. 12. 2003 IV R 7/99, BFH/NV 2004, 789). Diese liegt vor, wenn der rechtskraftfähige Inhalt der angefochtenen Entscheidung ohne Rücksicht auf die in der Vorinstanz gestellten

Anträge für den Rechtsmittelführer nachteilig ist (BFH-Beschluss vom 11. 12. 1990 IX R 158/86, BFH/NV 1991, 391). Das ist für die Streitjahre ... nicht der Fall. Das FG hat die Klage in vollem Umfang abgewiesen.

Dass das FG zu diesem Ergebnis nur über die Saldierung mit noch nicht berücksichtigten Steuerforderungen des FA aus ... kam, ändert an dieser Beurteilung nichts. Die Saldierung ist für das FA nicht nachteilig, weil das FA diese Umsätze nach den Feststellungen des FG aufgrund der Änderungssperre des § 173 Abs. 2 AO gegenüber dem Kläger nicht mehr durch Erlass eines Änderungsbescheides, sondern nur im Rahmen einer Saldierung nach § 177 Abs. 1 AO – wie im FG Urteil geschehen – berücksichtigen durfte.

BFH vom 10. 6. 2009 – I R 10/09 (BStBl 2009 II S. 974)   20

Aus den Gründen:
Der Revisionskläger hat gemäß § 120 Abs. 2 und Abs. 3 Nr. 2 FGO die Revisionsgründe anzugeben. Dazu bedarf es zwar keiner eingehenden und umfassenden Erörterung der streitigen Rechtsfrage; jedoch muss die Begründungsschrift eindeutig erkennen lassen, dass der Revisionskläger sein bisheriges Vorbringen anhand der Gründe des FG überprüft hat (Gräber/Ruban, Finanzgerichtsordnung, 6. Aufl., § 120 Rz 59). Dies wiederum erfordert, dass er sich mit den tragenden Gründen des FG-Urteils auseinandersetzt und darlegt, weshalb er diese für unrichtig hält (BFH-Beschlüsse vom 31. 10. 2002 VII R 4/02, BFH/NV 2003, 328; vom 15. 6. 2004 VIII R 91/03, juris).

BFH vom 20. 4. 2010 – VI R 44/09 (BStBl 2010 II S. 691)   21

In der Revisionsbegründung müssen die Gründe tatsächlicher und rechtlicher Art angegeben werden, die das erstinstanzliche Urteil als unrichtig erscheinen lassen sollen. Der Revisionskläger hat sich mit den tragenden Gründen des finanzgerichtlichen Urteils auseinanderzusetzen und darzulegen, weshalb er diese für unrichtig hält. Hierzu reicht der bloße Hinweis, das angefochtene Urteil stehe zu einer (genau bezeichneten) Entscheidung des BFH in Widerspruch, nicht aus.

§ 121   Verfahrensvorschriften

¹Für das Revisionsverfahren gelten die Vorschriften über das Verfahren im ersten Rechtszug und die Vorschriften über Urteile und andere Entscheidungen entsprechend, soweit sich aus den Vorschriften über die Revision nichts anderes ergibt. ²§ 79a über die Entscheidung durch den vorbereitenden Richter und § 94a über das Verfahren nach billigem Ermessen sind nicht anzuwenden. ³Erklärungen und Beweismittel, die das Finanzgericht nach § 79b zu Recht zurückgewiesen hat, bleiben auch im Revisionsverfahren ausgeschlossen.

§ 122   Beteiligte am Revisionsverfahren

(1) Beteiligter am Verfahren über die Revision ist, wer am Verfahren über die Klage beteiligt war.

(2) ¹Betrifft das Verfahren eine auf Bundesrecht beruhende Abgabe oder eine Rechtsstreitigkeit über Bundesrecht, so kann das Bundesministerium der Finanzen dem Verfahren beitreten. ²Betrifft das Verfahren eine von den Landesfinanzbehörden verwaltete Abgabe oder eine Rechtsstreitigkeit über Landesrecht, so steht dieses Recht auch der zuständigen obersten Landesbehörde zu. ³Der Senat kann die zuständigen Stellen zum Beitritt auffordern. ⁴Mit ihrem Beitritt erlangt die Behörde die Rechtsstellung eines Beteiligten.

Rechtsprechung

BFH vom 1. 8. 1979 – VII R 115/76 (BStBl 1979 II S. 714)   1

Tritt aufgrund eines Organisationsaktes während des Revisionsverfahrens eine Änderung in der Zuständigkeit des beklagten FA ein, so wird das nunmehr zuständige FA Beteiligter am Verfahren.

2 BFH vom 25. 6. 1984 – GrS 4/82 (BStBl 1984 II S. 751)

Beteiligter am Verfahren über die Revision nach § 122 Abs. 2 FGO und damit am Vorlageverfahren vor dem Großen Senat des BFH ist der BMF auch dann, wenn er seinen Beitritt erklärt, nachdem er in einem früheren Verfahrensstadium geäußert hatte, von einem Beitritt abzusehen.

3 BFH vom 28. 11. 1991 – XI R 40/88 (BStBl 1992 II S. 741)

Die Richtigstellung der Beteiligtenbezeichnung ist auch noch in der Revisionsinstanz möglich.

4 BFH vom 28. 7. 2004 – IX B 27/04 (BStBl 2004 S. 895)

Wer im Klageverfahren beigeladen war, ist Beteiligter des nachfolgenden Verfahrens wegen Nichtzulassung der Revision, auch wenn er selbst keine Nichtzulassungsbeschwerde eingelegt hat (Fortentwicklung des BFH-Beschl. v. 24. 4. 1992, BFH/NV 1993, 369).

5 BFH vom 23. 8. 2007 – VI B 42/07 (BStBl 2007 II S. 799)

1. ...
2. Ein Beitritt des BMF zu einem vor dem BFH anhängigen Beschwerdeverfahren ist jedenfalls dann unzulässig, wenn es sich um eine Sache wegen Aussetzung der Vollziehung handelt.

6 BFH vom 11. 9. 2008 – VI R 13/06 (BStBl 2008 II S. 928)

Aus den Gründen:

Im Streitfall steht dem Beitritt des BMF nicht entgegen, dass die durch den Beitritt erlangte Beteiligtenstellung des BMF im Revisionsverfahren allein dazu dienen soll, dem Deutschen Bundestag Gelegenheit zu geben, zu den im Beschluss vom 21. 9. 2006 gestellten Fragen des Senats Stellung zu nehmen. Entgegen der Auffassung der Kläger kann das BMF formal einem Revisionsverfahren beitreten, um auf diese Weise die Rechtsauffassungen und die Ansichten anderer Behörden und Organisationen in tatsächlichen Bereich vorzubringen (Seer in Tipke/Kruse, Abgabenordnung, Finanzgerichtsordnung, § 122 FGO Rz 27). Denn ein solches Vorgehen des BMF dient auch dem mit der Regelung des § 122 Abs. 2 FGO verfolgten Zweck, zur sachgerechten Entscheidung in ein Verfahren Material einzuführen, das für den BFH sonst nicht oder nur schwer zugänglich wäre (vgl. hierzu BFH-Urteil vom 14. 12. 1983 I R 301/81, BStBl II 1984, 409, und BFH-Beschluss vom 23. 8. 2007 VI B 42/07, BStBl II 2007, 799; Gräber/Ruban, Finanzgerichtsordnung, 6. Aufl., § 122 Rz 4; Seer in Tipke/Kruse, a. a. O., § 122 FGO Rz 21, m. w. N.). Der Beitritt des BMF ist deshalb nicht rechtsmissbräuchlich, zumal das Rechtsschutzinteresse der Kläger hierdurch nicht beeinträchtigt wird. Der Deutsche Bundestag erlangt schließlich durch den Beitritt des BMF nicht selbst die Stellung eines Beteiligten. Sein Vorbringen kann nur berücksichtigt werden, soweit es vom BMF als Beteiligtem übernommen wird.

§ 123 Klageänderung und Beiladung im Revisionsverfahren, Rüge von Verfahrensmängeln durch einen Beigeladenen

(1) ¹Klageänderungen und Beiladungen sind im Revisionsverfahren unzulässig. ²Das gilt nicht für Beiladungen nach § 60 Abs. 3 Satz 1.

(2) ¹Ein im Revisionsverfahren nach § 60 Abs. 3 Satz 1 Beigeladener kann Verfahrensmängel nur innerhalb von zwei Monaten nach Zustellung des Beiladungsbeschlusses rügen. ²Die Frist kann auf einen vor ihrem Ablauf gestellten Antrag von dem Vorsitzenden verlängert werden.

Rechtsprechung

1 BFH vom 12. 1. 2001 – VI R 49/98 (BStBl 2001 II S. 246)

1. Klagt der Sozialleistungsträger gegen einen die Kindergeldfestsetzung aufhebenden Bescheid, so ist derjenige notwendig beizuladen, zu dessen Gunsten das Kindergeld bisher festgesetzt war.
2. Eine notwendige Beiladung ist ab 1. 1. 2001 auch in der Revisionsinstanz statthaft.

BFH vom 23. 4. 2008 – X R 32/06 (BStBl 2009 II S. 7) 2

Aus den Gründen:
Die Klägerin ist gemäß § 40 Abs. 2 FGO beschwert. Zwar fehlt für die Anfechtung eines auf Null lautenden Einkommensteuerbescheids regelmäßig nach der ständigen Rechtsprechung des BFH die Beschwer. Von diesem Grundsatz sind jedoch Ausnahmen zu machen, wenn sich die Steuerfestsetzung nicht in der Konkretisierung des Steuerschuldverhältnisses erschöpft. So liegt es im Streitfall. Die Klägerin ist i.S. des § 40 Abs. 2 FGO beschwert, da sie statt einer Einkommensteuerfestsetzung von „Null" die Festsetzung einer negativen Einkommensteuer mit dem Ziel der Erstattung begehrt. Mit der Steuerfestsetzung von Null im angefochtenen Bescheid ist die beschwerende Feststellung verbunden, dass die gesetzlich nicht vorgesehene und aus Verfassungsgründen begehrte negative Steuerfestsetzung verwehrt wird.

Es liegt auch keine unzulässige Klageänderung oder -erweiterung im Revisionsverfahren vor. Nach § 123 Abs. 1 Satz 1 FGO sind Klageänderungen und betragsmäßige Klageerweiterungen im Revisionsverfahren unzulässig, da das FG wegen des hinzugekommen Teils noch keine Entscheidung treffen konnte und es somit für die Revision an der erforderlichen formellen Beschwer fehlt. Entgegen dieses Grundsatzes ist eine Anpassung des Revisionsantrags wegen eines Änderungsbescheids aber zulässig, der auch über das ursprüngliche Klagebegehren hinausgehen darf. Die Klägerin kann nach den vorgenannten Grundsätzen demnach auch eine höhere negative Einkommensteuerfestsetzung als im Klageverfahren beantragen.

BFH vom 11. 2. 2009 – X R 51/06 (BStBl 2009 II S. 892) 3

Beantragt der Kläger im Klageverfahren, einen Vorläufigkeitsvermerk zu erweitern, und beantragt er im Revisionsverfahren, die Einkommensteuer herabzusetzen, liegt eine unzulässige Klageänderung i.S. der §§ 67, 123 FGO vor.

BFH vom 29. 4. 2009 – X R 16/06 (BStBl 2009 II S. 732) 4

Aus den Gründen:
§ 123 Abs. 1 Satz 2 FGO eröffnet dem BFH die Möglichkeit, eine notwendige Beiladung im Revisionsverfahren nachzuholen. Der Senat übt das ihm in dieser Vorschrift eingeräumte Ermessen dahingehend aus, die unterbliebene Beiladung nicht nachzuholen und die Sache zur erneuten Verhandlung und Entscheidung an das FG zurückzuverweisen. Dies ist im Streitfall zweckmäßig und ermessensgerecht, weil das FG die Klage des R zu Unrecht als unzulässig abgewiesen und keine Feststellungen in der Sache getroffen hat. Damit könnte der Senat auch im Fall einer nachgeholten Beiladung des F im Revisionsverfahren nicht zu einer Sachentscheidung kommen.

§ 124 Prüfung der Zulässigkeit der Revision FGO

(1) ¹Der Bundesfinanzhof prüft, ob die Revision statthaft und ob sie in der gesetzlichen Form und Frist eingelegt und begründet worden ist. ²Mangelt es an einem dieser Erfordernisse, so ist die Revision unzulässig.

(2) Der Beurteilung der Revision unterliegen auch diejenigen Entscheidungen, die dem Endurteil vorausgegangen sind, sofern sie nicht nach den Vorschriften dieses Gesetzes unanfechtbar sind.

§ 125 Rücknahme der Revision FGO

(1) ¹Die Revision kann bis zur Rechtskraft des Urteils zurückgenommen werden. ²Nach Schluss der mündlichen Verhandlung, bei Verzicht auf die mündliche Verhandlung und nach Ergehen eines Gerichtsbescheides ist die Rücknahme nur mit Einwilligung des Revisionsbeklagten möglich.

(2) Die Zurücknahme bewirkt den Verlust des eingelegten Rechtsmittels.

Rechtsprechung

1 BFH vom 11. 1. 1972 – VII R 26/69 (BStBl 1972 II S. 351)

1. Erklärt ein Beteiligter, der fristgemäß Revision eingelegt hat, daß er diese nur als unselbständige Anschließung an die Revision seines Gegners aufrechterhalte, so liegt darin die Rücknahme seiner Hauptrevision und die gleichzeitige Einlegung einer Anschlußrevision.
2. Nimmt danach auch der andere Beteiligte seine Revision zurück, so fallen die Kosten des Revisionsverfahrens den Beteiligten nach dem Verhältnis der Gegenstandswerte ihrer Rechtsmittel zur Last.

2 BFH vom 17. 2. 1981 – VII R 14/80 (BStBl 1981 II S. 395)

Der im Revisionsverfahren gemäß Art. 1 Nr. 1 BFHEntlG durch einen Rechtsanwalt vertretene Revisionskläger kann die Revision ohne Mitwirkung des Bevollmächtigten und sogar gegen dessen Willen selbst zurücknehmen.

3 BFH vom 19. 7. 1984 – IX R 16/81 (BStBl 1984 II S. 833)

Es ist statthaft, daß ein Beteiligter gegen dasselbe Urteil des FG das ihm zustehende Rechtsmittel der Revision mehrfach einlegt. Über das Rechtsmittel der Revision ist einheitlich zu entscheiden, auch wenn eine Revisionseinlegung zurückgenommen ist.

4 BFH vom 8. 5. 1990 – VII R 116, 117/87 (BStBl 1990 II S. 655)

Die Zurücknahme der Revision nach Ergehen eines Vorbescheids bedarf auch dann der Einwilligung des Revisionsbeklagten, wenn der Vorbescheid nach Antrag auf mündliche Verhandlung als nicht ergangen gilt (Änderung der Rechtsprechung).

5 BFH vom 29. 4. 1992 – XI R 5/90 (BStBl 1992 II S. 969)

Versagt der Revisionsbeklagte seine Zustimmung zur Rücknahme der Revision, ist über sie auch dann sachlich zu entscheiden, wenn der Revisionskläger seinen Revisionsantrag nicht aufrechterhält.

§ 126 Entscheidung über die Revision

(1) Ist die Revision unzulässig, so verwirft der Bundesfinanzhof sie durch Beschluss.

(2) Ist die Revision unbegründet, so weist der Bundesfinanzhof sie zurück.

(3) ¹Ist die Revision begründet, so kann der Bundesfinanzhof
1. in der Sache selbst entscheiden oder
2. das angefochtene Urteil aufheben und die Sache zur anderweitigen Verhandlung und Entscheidung zurückverweisen.

²Der Bundesfinanzhof verweist den Rechtsstreit zurück, wenn der in dem Revisionsverfahren nach § 123 Abs. 1 Satz 2 Beigeladene ein berechtigtes Interesse daran hat.

(4) Ergeben die Entscheidungsgründe zwar eine Verletzung des bestehenden Rechts, stellt sich die Entscheidung selbst aber aus anderen Gründen als richtig dar, so ist die Revision zurückzuweisen.

(5) Das Gericht, an das die Sache zur anderweitigen Verhandlung und Entscheidung zurückverwiesen ist, hat seiner Entscheidung die rechtliche Beurteilung des Bundesfinanzhofs zugrunde zu legen.

(6) ¹Die Entscheidung über die Revision bedarf keiner Begründung, soweit der Bundesfinanzhof Rügen von Verfahrensmängeln nicht für durchgreifend erachtet. ²Das gilt nicht für Rügen nach § 119 und, wenn mit der Revision ausschließlich Verfahrensmängel geltend gemacht werden, für Rügen, auf denen die Zulassung der Revision beruht.

Rechtsprechung

BFH vom 27. 4. 1982 – VIII R 36/70 (BStBl 1982 II S. 407) 1

Der BFH hat, wenn im Revisionsverfahren der Rechtsstreit in der Hauptsache erledigt ist, das FA als Revisionsbeklagter die Erledigung erklärt und der Kläger seinen Sachantrag aufrechterhält, die Revision gegen ein klageabweisendes Urteil des FG als unbegründet zurückzuweisen und in den Gründen des Revisionsurteils klarzustellen, daß die Klage unzulässig geworden ist.

BFH vom 8. 11. 1983 – VII R 141/82 (BStBl 1984 II S. 317) 2

FG und BFH sind an die dem Urteil des BFH im ersten Rechtsgang zugrunde liegende rechtliche Beurteilung auch dann gebunden, wenn die Auslegung von Gemeinschaftsrecht in Frage steht. Die Bindung entfällt, wenn sich inzwischen die Rechtsprechung des BFH geändert hat.

BFH vom 26. 10. 1998 – I R 22/98 (BStBl 1999 II S. 60) 3

Hat der BFH einen vom Einzelrichter entschiedenen Rechtsstreit an das FG zurückverwiesen, ohne ausdrücklich eine Zurückverweisung an den Vollsenat auszusprechen, so ist im zweiten Rechtsgang ohne weiteres erneut der Einzelrichter zuständig.

BFH vom 21. 1. 1999 – IV R 40/98 (BStBl 1999 II S. 563) 4

Entscheidet das FG über die Höhe der Gewinne und die Gewinnverteilung, obwohl der Gewinnfeststellungsbescheid nur hinsichtlich des Bestehens einer Mitunternehmerschaft rechtzeitig mit der Klage angefochten ist, so liegt ein Verfahrensmangel vor. Ist nur über diesen Verfahrensmangel zu entscheiden, so bedarf es keiner Zurückverweisung der Sache an das FG, weil der BFH das Vorliegen der Sachentscheidungsvoraussetzungen selbst zu prüfen und deshalb die Klage als unzulässig abzuweisen hat.

BFH vom 29. 4. 2008 – VIII R 28/07 (BStBl 2009 II S. 842) 5

1. – 2. ...
3. Erfasst die gerügte Gehörsverletzung nicht das Gesamtergebnis des Verfahrens, sondern bezieht sich lediglich auf einzelne Feststellungen, so liegt kein Fall des § 119 Nr. 3 FGO vor, so dass die Entscheidung über diese Verfahrensrüge gemäß § 126 Abs. 6 FGO keiner Begründung bedarf.

BFH vom 19. 2. 2009 – IV R 18/06 (BStBl 2009 II S. 654) 6

Aus den Gründen:
Zwar ist eine unzulässige Revision nach § 126 Abs. 1 FGO grundsätzlich durch Beschluss zu verwerfen. Haben aber beide Beteiligte Revision eingelegt, und ist davon die eine unbegründet, die andere unzulässig, kann der Senat insgesamt über beide Revisionen durch Urteil entscheiden (BFH-Urteil in BFH/NV 2007, 1813). Dies gilt gleichermaßen für die Entscheidung über eine unzulässige Anschlussrevision, die neben einer zulässigen Revision eingelegt worden ist (Gräber/Ruban, Finanzgerichtsordnung, 6. Aufl., § 126 Rz 4).

BFH vom 22. 4. 2009 – X R 60/06 (HFR 2009 S. 899) 7

Aus den Gründen:
Da die angefochtene Entscheidung bereits aus materiell-rechtlichen Gründen aufzuheben war, musste der Senat über die Verfahrensrügen nicht mehr entscheiden (vgl. Urteile des BFH vom 12. 3. 1992 V R 55/88, BStBl II 1992, 982, unter II.1.c, und vom 15. 10. 1997 I R 42/97, BStBl II 1999, 316, unter II.1.).

BFH vom 11. 2. 2011 – V B 64/09 (BFH/NV 2011 S. 868) 8

Eine Nichtzulassungsbeschwerde kann nach vorherigem Hinweis auf diese Möglichkeit in entsprechender Anwendung des § 126 Abs. 4 FGO als unbegründet zurückgewiesen werden, wenn sich die klageabweisende Entscheidung des FG aus anderen als den vom FG angeführten Gründen als zutreffend erweist.

BFH vom 3. 3. 2011 – II B 110/10 (BFH/NV 2011 S. 833) 9

§ 126 Abs. 4 FGO ist zwar im Verfahren der Nichtzulassungsbeschwerde entsprechend anzuwenden; dies gilt aber grundsätzlich nicht, wenn ein Verfahrensfehler i.S. des § 119 FGO vorliegt.

§ 126a Entscheidung über die Revision durch Beschluss

¹Der Bundesfinanzhof kann über die Revision in der Besetzung von fünf Richtern durch Beschluss entscheiden, wenn er einstimmig die Revision für unbegründet und eine mündliche Verhandlung nicht für erforderlich hält. ²Die Beteiligten sind vorher zu hören. ³Der Beschluss soll eine kurze Begründung enthalten; dabei sind die Voraussetzungen dieses Verfahrens festzustellen. ⁴§ 126 Abs. 6 gilt entsprechend.

Rechtsprechung

1 BFH vom 14. 12. 2004 – VIII R 106/03 (BStBl 2008 II S. 762)

Aus den Gründen:
Der Senat entscheidet gemäß § 126a FGO durch Beschluss. Die Voraussetzungen dieser Vorschrift sind erfüllt. Die Beteiligten sind unterrichtet worden und hatten Gelegenheit zur Stellungnahme. Der Senat hält einstimmig die Revision für unbegründet und eine mündliche Verhandlung schon deshalb nicht für erforderlich, weil die endgültige Entscheidung über die vom Kläger aufgeworfenen verfassungsrechtlichen Fragen dem BVerfG vorbehalten ist (Art. 93 des Grundgesetzes – GG –) und dem Kläger die Möglichkeit, Verfassungsbeschwerde einzulegen (§§ 90, 93 des Bundesverfassungsgerichtsgesetzes – BVerfGG –), auch dann nicht abgeschnitten ist, wenn der Senat im Verfahren nach § 126a FGO entscheidet (vgl. Beschluss des BFH vom 11. 3. 1992, BStBl II 1992, 707).

§ 127 Zurückverweisung

Ist während des Revisionsverfahrens ein neuer oder geänderter Verwaltungsakt Gegenstand des Verfahrens geworden (§§ 68, 123 Satz 2), so kann der Bundesfinanzhof das angefochtene Urteil aufheben und die Sache zur anderweitigen Verhandlung und Entscheidung an das Finanzgericht zurückverweisen.

Rechtsprechung

1 BFH vom 26. 1. 2011 – IX R 7/09 (BStBl 2011 II S. 540)

Aus den Gründen:
Die Revision ist bereits aus verfahrensrechtlichen Gründen begründet; die Vorentscheidung ist daher aufzuheben. Sie hat über den Einkommensteuerbescheid vom ... entschieden. Während des Revisionsverfahrens ist am ... ein (weiterer) geänderter Einkommensteuerbescheid für das Streitjahr ergangen. Damit liegt dem FG-Urteil ein nicht mehr wirksamer Bescheid zugrunde mit der Folge, dass auch das FG-Urteil keinen Bestand haben kann (BFH-Urteile vom 28. 8. 2003 – IV R 20/02, BStBl 2004 II S. 10; vom 14. 1. 2004 – IX R 55/03, BFH/NV 2004 S. 656; vom 27. 7. 2004 – IX R 44/01, BFH/NV 2005 S. 188, unter II.2.).
Der Senat entscheidet nach §§ 100, 121 FGO auf der Grundlage der bestehen bleibenden tatsächlichen Feststellungen des FG gleichwohl in der Sache (vgl. BFH-Urteile vom 14. 11. 1990 – II R 126/87, BStBl 1991 II S. 556; vom 23. 1. 2003 – IV R 71/00, BStBl 2004 II S. 43). Der Änderungsbescheid enthält hinsichtlich der streitigen Punkte keine Änderungen; der Senat sieht daher wegen Spruchreife der Sache ... von einer Zurückverweisung nach § 127 FGO ab (vgl. BFH-Urteile in BStBl 2004 II S. 43; in BFH/NV 2005 S. 188, unter II.3; vom 16. 12. 2009 – I R 56/08, BStBl 2010 II S. 492, unter B.II.).

Unterabschnitt 2
Beschwerde, Erinnerung, Anhörungsrüge (§§ 128–133a)

§ 128 Zulässigkeit der Beschwerde

(1) Gegen die Entscheidungen des Finanzgerichts, des Vorsitzenden oder des Berichterstatters, die nicht Urteile oder Gerichtsbescheide sind, steht den Beteiligten und den sonst von der Ent-

scheidung Betroffenen die Beschwerde an den Bundesfinanzhof zu, soweit nicht in diesem Gesetz etwas anderes bestimmt ist.

(2) Prozessleitende Verfügungen, Aufklärungsanordnungen, Beschlüsse über die Vertagung oder die Bestimmung einer Frist, Beweisbeschlüsse, Beschlüsse nach §§ 91a und 93a, Beschlüsse über die Ablehnung von Beweisanträgen, über Verbindung und Trennung von Verfahren und Ansprüchen und über die Ablehnung von Gerichtspersonen, Sachverständigen und Dolmetschern, Einstellungsbeschlüsse nach Klagerücknahme sowie Beschlüsse im Verfahren der Prozesskostenhilfe können nicht mit der Beschwerde angefochten werden.

(3) ¹Gegen die Entscheidung über die Aussetzung der Vollziehung nach § 69 Abs. 3 und 5 und über einstweilige Anordnungen nach § 114 Abs. 1 steht den Beteiligten die Beschwerde nur zu, wenn sie in der Entscheidung zugelassen worden ist. ²Für die Zulassung gilt § 115 Abs. 2 entsprechend.

(4) ¹In Streitigkeiten über Kosten ist die Beschwerde nicht gegeben. ²Das gilt nicht für die Beschwerde gegen die Nichtzulassung der Revision.

Rechtsprechung

BFH vom 21. 2. 1979 – VII B 28/78 (BStBl 1979 II S. 392)   1

Auch im Beschwerdeverfahren kann eine mündliche Verhandlung stattfinden.

BFH vom 15. 12. 1982 – I B 41/82 (BStBl 1983 II S. 230)   2

Die Entscheidung über die Wiedereröffnung der mündlichen Verhandlung ist als prozeßleitende Maßnahme i.S. des § 128 Abs. 2 FGO nicht mit der Beschwerde anfechtbar.

BFH vom 18. 9. 1992 – III B 43/92 (BStBl 1993 II S. 123)   3

Lehnt das FG einen Antrag auf Aussetzung des Klageverfahrens durch Beschluß ab, so ist die hiergegen eingelegte Beschwerde unabhängig davon zulässig, ob das FG bereits in der Hauptsache entschieden hat.

BFH vom 26. 3. 1997 – II B 2/97 (BStBl 1997 II S. 411)   4

Bei der finanzgerichtlichen Anordnung des persönlichen Erscheinens eines Beteiligten handelt es sich um eine prozeßleitende Verfügung, die nach § 128 Abs. 2 FGO nicht mit der Beschwerde angefochten werden kann.

BFH vom 6. 5. 1997 – VII B 4/97 (BStBl 1997 II S. 543)   5

Die Statthaftigkeit einer Beschwerde gegen einen Beschluß des FG, mit dem dieses den Rechtsstreit an das ordentliche Gericht verwiesen hat, richtet sich nach § 155 FGO i.V.m. § 17a Abs. 4 Satz 4 GVG.

BFH vom 15. 6. 2000 – IX B 13/00 (BStBl 2000 II S. 431)   6

Aus den Gründen:
Gegen die Entscheidung des FG über die Gewährung von Akteneinsicht ist das Rechtsmittel der Beschwerde gegeben (§ 128 Abs. 1 FGO); sie gehört nicht zu den prozessleitenden Verfügungen i.S. von § 128 Abs. 2 FGO (z.B. BFH-Beschluss vom 29. 4. 1988, BFH/NV 1989 S. 173, m.w.N.).

BFH vom 30. 11. 2005 – VIII B 181/05 (BStBl 2006 II S. 188)   7

Eine außerordentliche Beschwerde wegen sog. greifbarer Gesetzwidrigkeit ist im Finanzgerichtsprozess seit In-Kraft-Treten des § 133a FGO zum 1. Januar 2005 generell nicht mehr statthaft.

BFH vom 14. 3. 2007 – IV S 13/06 (BStBl 2007 II S. 468)   8

Eine außerordentliche Beschwerde ist im Finanzprozess nicht mehr statthaft (Aufgabe der im Senatsbeschluss vom 8. 9. 2005, BStBl II 2005, 838 vertretenen Rechtsansicht und Anschluss an BFH-Beschluss vom 30. 11. 2005, BStBl II 2006, 188).

Rsp

9 BFH vom 12. 1. 2011 – IV B 73/10 (BFH/NV 2011 S. 811)

1. Auch die nach § 128 Abs. 1 FGO statthafte Beschwerde gegen die Festsetzung eines Ordnungsgelds gegen einen nicht erschienenen Zeugen gem. § 82 FGO i.V.m. § 380 Abs. 3 ZPO unterliegt dem Vertretungszwang vor dem BFH (§ 62 Abs. 4 Satz 1 FGO).
2. Wird die Beschwerde auch nach wiederholter Belehrung des Beschwerdeführers (Zeugen) nicht von einer der in § 62 Abs. 2 Satz 1 FGO bezeichneten Personen oder Gesellschaften eingelegt, ist die Beschwerde als unzulässig zu verwerfen.

10 BFH vom 22. 3. 2011 – X B 198/10 (BFH/NV 2011 S. 1166)

Ein von einem Prozessbevollmächtigten ausdrücklich als „sofortige Beschwerde" bezeichneter Rechtsbehelf kann nicht in eine Anhörungsrüge nach § 133a FGO umgedeutet werden; es ist ein Gebot der Rechtssicherheit, Rechtskundige mit ihren Prozesserklärungen beim Wort zu nehmen.

11 BFH vom 6. 4. 2011 – VIII B 89/10 (BFH/NV 2011 S. 1176)

Gegen die Zurückweisung eines Bevollmächtigten durch Beschluss nach § 62 Abs. 2 Satz 2 FGO ist eine Beschwerde nicht statthaft.

12 BFH vom 6. 4. 2011 – IX B 54/11 (BFH/NV 2011 S. 1373)

Prozessleitende Verfügungen – wie im Streitfall die Anforderung einer Prozessvollmacht mit einfacher Frist durch den Berichterstatter des FG – können nicht mit der Beschwerde angefochten werden.

FGO

§ 129 Einlegung der Beschwerde

(1) Die Beschwerde ist beim Finanzgericht schriftlich oder zur Niederschrift des Urkundsbeamten der Geschäftsstelle innerhalb von zwei Wochen nach Bekanntgabe der Entscheidung einzulegen.

(2) Die Beschwerdefrist ist auch gewahrt, wenn die Beschwerde innerhalb der Frist beim Bundesfinanzhof eingeht.

Rsp

Rechtsprechung

1 BFH vom 12. 1. 2011 – IV B 73/10 (BFH/NV 2011 S. 811)

1. Auch die nach § 128 Abs. 1 FGO statthafte Beschwerde gegen die Festsetzung eines Ordnungsgelds gegen einen nicht erschienenen Zeugen gem. § 82 FGO i.V.m. § 380 Abs. 3 ZPO unterliegt dem Vertretungszwang vor dem BFH (§ 62 Abs. 4 Satz 1 FGO).
2. Wird die Beschwerde auch nach wiederholter Belehrung des Beschwerdeführers (Zeugen) nicht von einer der in § 62 Abs. 2 Satz 1 FGO bezeichneten Personen oder Gesellschaften eingelegt, ist die Beschwerde als unzulässig zu verwerfen.

FGO

§ 130 Abhilfe oder Vorlage beim BFH

(1) Hält das Finanzgericht, der Vorsitzende oder der Berichterstatter, dessen Entscheidung angefochten wird, die Beschwerde für begründet, so ist ihr abzuhelfen; sonst ist sie unverzüglich dem Bundesfinanzhof vorzulegen.

(2) Das Finanzgericht soll die Beteiligten von der Vorlage der Beschwerde in Kenntnis setzen.

Rechtsprechung

BFH vom 18. 2. 1986 – VII B 113/85 (BStBl 1986 II S. 413)

Einer Beschwerde darf das FG durch Aufhebung des angefochtenen und Erlaß eines neuen Beschlusses mit dem gleichen Tenor nur abhelfen, wenn die Beschwerde „begründet", d.h. der angefochtene Beschluß mit solchen Mängeln behaftet ist, daß er nicht aufrechterhalten werden kann. Eine solche Abhilfe ist dagegen nicht zulässig, wenn die Begründung des angefochtenen Beschlusses nur verbessert oder ergänzt werden soll.

BFH vom 8. 5. 1992 – III B 163/92 (BStBl 1992 II S. 675)

Eine Beschwerde gegen die Zurückweisung eines Gesuchs auf Ablehnung von Richtern, die gemäß § 130 Abs. 1 FGO an einem Nichtabhilfebeschluß über eine Nichtzulassungsbeschwerde mitgewirkt haben, ist mangels Rechtsschutzinteresses unzulässig, weil es gegen den Nichtabhilfebeschluß kein selbständiges Rechtsmittel- oder Wiederaufnahmeverfahren gibt.

BFH vom 5. 6. 2003 – I B 35/03 (BFH/NV 2003 S. 1431)

Aus den Gründen:
Bei einem Nichtabhilfebeschluss i.S. des § 130 Abs. 1 FGO handelt es sich lediglich um eine Entschließung der Vorinstanz, keine andere Entscheidung zu treffen, nicht hingegen um eine selbständige „Entscheidung" i.S. des § 128 Abs. 1 FGO. Zudem braucht der Nichtabhilfebeschluss regelmäßig weder begründet zu werden noch ist er den Beteiligten bekannt zu geben (vgl. dazu BFH-Beschluss vom 26. 4. 1972 – II B 31/72, BStBl 1972 II S. 575).

§ 131 Aufschiebende Wirkung der Beschwerde

(1) ¹Die Beschwerde hat nur dann aufschiebende Wirkung, wenn sie die Festsetzung eines Ordnungs- oder Zwangsmittels zum Gegenstand hat. ²Das Finanzgericht, der Vorsitzende oder der Berichterstatter, dessen Entscheidung angefochten wird, kann auch sonst bestimmen, dass die Vollziehung der angefochtenen Entscheidung einstweilen auszusetzen ist.

(2) §§ 178 und 181 Abs. 2 des Gerichtsverfassungsgesetzes bleiben unberührt.

Rechtsprechung

BFH vom 18. 12. 1984 – VII S 25/84 (BStBl 1985 II S. 221)

1. Ist die Beschwerde gegen eine Entscheidung i.S. des § 131 Abs. 1 Satz 2 FGO beim BFH anhängig, kann auch dieser die Vollziehung der angefochtenen Entscheidung aussetzen.
2. Die Entscheidung über einen Antrag auf Aussetzung der Vollziehung einer Entscheidung i.S. des § 131 Abs. 1 Satz 2 FGO ist aufgrund summarischer Beurteilung der Erfolgsaussichten sowie der Interessen der Beteiligten zu treffen.

BFH vom 12. 6. 1995 – II S 9/95 (BStBl 1995 II S. 605)

Ob ein an den BFH gerichteter Antrag, die Vollziehung eines angefochtenen finanzgerichtlichen Beschlusses in sinngemäßer Anwendung von § 572 Abs. 3 ZPO auszusetzen, zulässig ist, kann bei dessen Unbegründetheit offenbleiben.

BFH vom 17. 6. 2010 – VII B 99/10 (BFH/NV 2010 S. 1845)

Das Verfahren der Aussetzung und Aufhebung der Vollziehung ist in § 69 FGO abschließend geregelt. Deshalb kommt eine Aussetzung der Vollziehung der angefochtenen Entscheidung nach § 131 Abs. 1 Satz 2 FGO nicht mehr in Betracht, wenn das Gericht die Vollziehung bereits nach § 69 Abs. 3 FGO ausgesetzt hat.

§ 132 Entscheidung über die Beschwerde

Über die Beschwerde entscheidet der Bundesfinanzhof durch Beschluss.

Rechtsprechung

1 BFH vom 23. 8. 1988 – VII B 76/88 (BStBl 1988 II S. 952)

Im Beschwerdeverfahren sind Änderungen der erstinstanzlichen Anträge unzulässig, die den Streitgegenstand wesentlich verändern.

2 BFH vom 14. 7. 2008 – VIII B 176/07 (BStBl 2009 II S. 117)

1. ...
2. Eine Zurückverweisung an das FG ist auch im Beschwerdeverfahren betreffend die Aussetzung der Vollziehung zulässig.

3 BFH vom 6. 11. 2008 – IV B 126/07 (BStBl 2009 II S. 156)

1. Im Beschwerdeverfahren über die Ablehnung eines Antrags auf AdV durch das FG hat der BFH als Tatsachengericht grundsätzlich selbst die Befugnis und Pflicht zur Tatsachenfeststellung.
2. Dies steht jedoch einer Zurückverweisung des Verfahrens zur ergänzenden Tatsachenfeststellung durch das FG nicht entgegen, wenn nach den Umständen des Einzelfalls die Feststellungen besser durch das FG getroffen werden können und die besondere Eilbedürftigkeit des Verfahrens auf AdV der Zurückverweisung nicht entgegensteht.

§ 133 Antrag auf Entscheidung des Gerichts

(1) ¹Gegen die Entscheidung des beauftragten oder ersuchten Richters oder des Urkundsbeamten kann innerhalb von zwei Wochen nach Bekanntgabe die Entscheidung des Finanzgerichts beantragt werden. ²Der Antrag ist schriftlich oder zur Niederschrift des Urkundsbeamten der Geschäftsstelle des Gerichts zu stellen. ³§§ 129 bis 131 gelten sinngemäß.

(2) Im Verfahren vor dem Bundesfinanzhof gilt Absatz 1 für Entscheidungen des beauftragten oder ersuchten Richters oder des Urkundsbeamten der Geschäftsstelle sinngemäß.

§ 133a Anhörungsrüge

(1) ¹Auf die Rüge eines durch eine gerichtliche Entscheidung beschwerten Beteiligten ist das Verfahren fortzuführen, wenn
1. ein Rechtsmittel oder ein anderer Rechtsbehelf gegen die Entscheidung nicht gegeben ist und
2. das Gericht den Anspruch dieses Beteiligten auf rechtliches Gehör in entscheidungserheblicher Weise verletzt hat.

²Gegen eine der Endentscheidung vorausgehende Entscheidung findet die Rüge auch dann nicht statt, wenn die Entscheidung unanfechtbar ist.

(2) ¹Die Rüge ist innerhalb von zwei Wochen nach Kenntnis von der Verletzung des rechtlichen Gehörs zu erheben; der Zeitpunkt der Kenntniserlangung ist glaubhaft zu machen. ²Nach Ablauf eines Jahres seit Bekanntgabe der angegriffenen Entscheidung kann die Rüge nicht mehr erhoben werden. ³Formlos mitgeteilte Entscheidungen gelten mit dem dritten Tage nach Aufgabe zur Post als bekannt gegeben. ⁴Die Rüge ist schriftlich oder zur Niederschrift des Urkundsbeamten der Geschäftsstelle bei dem Gericht zu erheben, dessen Entscheidung angegriffen wird. ⁵Die Rüge muss die angegriffene Entscheidung bezeichnen und das Vorliegen der in Absatz 1 Nr. 2 genannten Voraussetzungen darlegen.

(3) Den übrigen Beteiligten ist, soweit erforderlich, Gelegenheit zur Stellungnahme zu geben.

(4) ¹Ist die Rüge nicht statthaft oder nicht in der gesetzlichen Form oder Frist erhoben, so ist sie als unzulässig zu verwerfen. ²Ist die Rüge unbegründet, weist das Gericht sie zurück. ³Die Entscheidung ergeht durch unanfechtbaren Beschluss. ⁴Der Beschluss soll kurz begründet werden.

(5) ¹Ist die Rüge begründet, so hilft ihr das Gericht ab, indem es das Verfahren fortführt, soweit dies auf Grund der Rüge geboten ist. ²Das Verfahren wird in die Lage zurückversetzt, in der es sich vor dem Schluss der mündlichen Verhandlung befand. ³In schriftlichen Verfahren tritt an die Stelle des Schlusses der mündlichen Verhandlung der Zeitpunkt, bis zu dem Schriftsätze eingereicht werden können. ⁴Für den Ausspruch des Gerichts ist § 343 der Zivilprozessordnung entsprechend anzuwenden.

(6) § 131 Abs. 1 Satz 2 ist entsprechend anzuwenden.

Rechtsprechung

BFH vom 17. 6. 2005 – VI S 3/05 (BStBl 2005 II S. 614) 1

1. Die Anhörungsrüge nach § 133a FGO ist gegen Urteile und Beschlüsse des BFH als (End-)Entscheidungen statthaft; hierzu gehört auch ein Beschluss des BFH, in dem ein bei ihm eingelegter Antrag auf Bewilligung von PKH für eine beabsichtigte Nichtzulassungsbeschwerde abgelehnt wurde.
2. Der Anwendungsbereich der Anhörungsrüge beschränkt sich auf eine Verletzung des rechtlichen Gehörs durch die gerichtliche (End-)Entscheidung.
3. Mit der Anhörungsrüge kann nicht erreicht werden, dass das Gericht seine Entscheidung in der Sache in vollem Umfang überprüft.

BFH vom 8. 9. 2005 – IV B 42/05 (BStBl 2005 II S. 838) 2

Jedenfalls nach der Einführung der Anhörungsrüge gemäß § 133a FGO kann die bewusste und objektiv greifbar gesetzwidrige Anwendung von Prozessrecht durch das FG mit einer außerordentlichen Beschwerde gerügt werden.

BFH vom 30. 9. 2005 – V S 12, 13/05 (BStBl 2006 II S. 75) 3

1. Die Voraussetzungen einer Anhörungsrüge nach § 133a FGO sind nur dargelegt, wenn der Antragsteller die (entscheidungserhebliche) Verletzung seines Anspruchs auf rechtliches Gehör rügt.
2. Das Vorbringen, die angefochtene Entscheidung sei materiell fehlerhaft, erfüllt diese Voraussetzung nicht.
3. Die Beteiligten müssen vor einer Verbindung zweier Nichtzulassungsbeschwerden zu gemeinsamer Entscheidung nicht gehört werden.

BFH vom 13. 10. 2005 – IV S 10/05 (BStBl 2006 II S. 76) 4

1. Durch die Schaffung und Reglementierung der Anhörungsrüge in allen Verfahrensordnungen zum 1. Januar 2005 sollte das Institut der Gegenvorstellung nicht ausgeschlossen werden. Wird also mit einer entsprechenden Eingabe nicht die Verletzung des Anspruchs auf rechtliches Gehör geltend gemacht, ist diese Eingabe weiterhin als Gegenvorstellung im herkömmlichen Sinne zu werten (Beseitigung der im BFH-Beschluss vom 8. 9. 2005, BFH/NV 2005, 2130, geäußerten Zweifel).
2. Mangels einer besonderen Rechtsgrundlage ist die Gegenvorstellung ab 1. Januar 2005 unmittelbar auf Art. 19 Abs. 4 GG zu stützen. Sie ist damit weder fristgebunden noch kostenpflichtig.

BFH vom 30. 11. 2005 – VIII B 181/05 (BStBl 2006 II S. 188) 5

Eine außerordentliche Beschwerde wegen sog. greifbarer Gesetzwidrigkeit ist im Finanzgerichtsprozess seit In-Kraft-Treten des § 133a FGO zum 1. Januar 2005 generell nicht mehr statthaft.

BFH vom 14. 3. 2007 – IV S 13/06 (BStBl 2007 II S. 468) 6

Eine außerordentliche Beschwerde ist im Finanzprozess nicht mehr statthaft (Aufgabe der im Senatsbeschluss vom 8. 9. 2005, BStBl II 2005, 838 vertretenen Rechtsansicht und Anschluss an BFH-Beschluss vom 30. 11. 2005, BStBl II 2006, 188).

BFH vom 11. 5. 2007 – V S 6/07 (BStBl 2007 II S. 653) 7

1. Die Rüge der Verletzung des Art. 101 Abs. 1 Satz 2 GG (Entzug des gesetzlichen Richters) durch Nichteinholung einer Vorabentscheidung des EuGH ist im Rahmen einer Anhörungsrüge nach § 133a FGO nicht statthaft.

2. Eine Gerichtsentscheidung, in der ein letztinstanzliches Gericht eine mögliche Vorlage an den EuGH abgelehnt hat, verstößt nur dann gegen Art. 101 Abs. 1 Satz 2 GG, wenn das Gericht den ihm in solchen Fällen notwendig zukommenden Beurteilungsrahmen in unvertretbarer Weise überschritten hat.

8 BVerfG vom 10. 5. 2010 – 1 BvR 1360/09 (HFR 2010 S. 1224)

1. ...
2. Soweit mit der Verfassungsbeschwerde die Verletzung des Anspruchs auf Gewährung rechtlichen Gehörs gerügt wird, obwohl die Auslegung einer Nichtzulassungsbeschwerde durch den BFH mit dessen Beschluss eindeutig erkennbar, hätte zunächst insoweit eine Anhörungsrüge beim BFH erhoben werden müssen und erst nach deren Erfolglosigkeit Verfassungsbeschwerde eingelegt werden können.

9 BFH vom 27. 1. 2011 – V S 31/10 (BFH/NV 2011 S. 838)

Der Vertretungszwang für Verfahren vor dem Bundesfinanzhof gilt auch für die Erhebung einer Anhörungsrüge, wenn für die beanstandete Entscheidung ihrerseits Vertretungszwang galt.

10 BFH vom 7. 2. 2011 – XI S 29/10 (BFH/NV 2011 S. 824)

Bei einer Anhörungsrüge gegen die Zurückweisung einer Nichtzulassungsbeschwerde kann der Anspruch auf rechtliches Gehör nur dann i.S. von § 133a Abs. 1 Satz 1 Nr. 2 FGO in entscheidungserheblicher Weise verletzt sein, wenn der BFH bei seiner Entscheidung ein Vorbringen im Zusammenhang mit der Darlegung der Gründe für die Zulassung der Revision i.S. von § 115 Abs. 2 Nr. 1 bis 3 FGO nicht zur Kenntnis genommen und in Erwägung gezogen hat und die Revision bei Berücksichtigung dieses Vorbringens hätte zugelassen werden müssen.

11 BFH vom 22. 3. 2011 – X B 198/10 (BFH/NV 2011 S. 1166)

Ein von einem Prozessbevollmächtigten ausdrücklich als „sofortige Beschwerde" bezeichneter Rechtsbehelf kann nicht in eine Anhörungsrüge nach § 133a FGO umgedeutet werden; es ist ein Gebot der Rechtssicherheit, Rechtskundige mit ihren Prozesserklärungen beim Wort zu nehmen.

12 BFH vom 12. 4. 2011 – II S 49/10 (BFH/NV 2011 S. 1177)

1. Über die unzulässige oder unbegründete Anhörungsrüge entscheidet der Bundesfinanzhof auch dann in der Besetzung von drei Richtern durch Beschluss, wenn sie sich gegen ein Urteil richtet.
2. Das Gericht hat das Vorbringen der Beteiligten zur Kenntnis zu nehmen und in Erwägung zu ziehen. Mit dem Einwand, das Gericht habe in der Sache fehlerhaft entschieden, kann der Rügeführer nicht mit Erfolg die Verletzung des rechtlichen Gehörs geltend machen.

13 BFH vom 20. 4. 2011 – I S 2/11 (BFH/NV 2011 S. 1882)

1. Die Frist für die Erhebung der Anhörungsrüge beginnt nach § 133a Abs. 2 Satz 1 FGO mit Kenntnis von der Verletzung des rechtlichen Gehörs. Von einer solchen Kenntnis ist bereits dann auszugehen, wenn der Betroffene und/oder sein Prozessbevollmächtigter die zur Begründung der Gehörsverletzung angeführten Tatsachen kennen, und nicht erst dann, wenn sie darüber hinaus zu der Rechtsauffassung gelangt sind, dass diese Tatsachen die Erhebung einer Anhörungsrüge rechtfertigen (Bestätigung des BSG-Beschlusses vom 9. 9. 2010 – B 11 AL 4/10 C).
2. Beruft sich der beschwerte Beteiligte darauf, Kenntnis von der Gehörsverletzung erst nach Bekanntgabe der angegriffenen Entscheidung erlangt zu haben, ist der Zeitpunkt der Kenntniserlangung glaubhaft zu machen (Bestätigung des BSG-Beschlusses vom 9. 9. 2010 – B 11 AL 4/10 C).

14 BFH vom 4. 5. 2011 – X S 8/11 (BFH/NV 2011 S. 1383)

Der Zeitpunkt, an dem der Prozessbevollmächtigte von dem Umstand einer Gehörsverletzung Kenntnis erlangt hat, ist maßgeblich für die Berechnung der Zweiwochenfrist des § 133a Abs. 2 Satz 1 FGO. Die erst später erlangte Kenntnis der Prozesspartei ist demgegenüber irrelevant.

15 BFH vom 20. 7. 2011 – X S 20/11 (BFH/NV 2011 S. 1903)

Eine Verletzung des Anspruchs auf Gewährung rechtlichen Gehörs i.S.d. § 133a FGO liegt nicht vor, wenn der BFH die Anforderungen an die Darlegung der grundsätzlichen Bedeutung der Rechtssache bei einer Beschwerdebegründung, die im Stile einer Revisionsbegründung gehalten ist, aber keine Subsumtion unter die gesetzlichen Zulassungsgründe enthält, nicht als erfüllt ansieht.

Unterabschnitt 3
Wiederaufnahme des Verfahrens (§§ 134)

§ 134 Wiederaufnahme des Verfahrens

Ein rechtskräftig beendetes Verfahren kann nach den Vorschriften des Vierten Buchs der Zivilprozessordnung wiederaufgenommen werden.

Rechtsprechung

BFH vom 14. 8. 1979 – VII K 11/74 (BStBl 1979 II S. 777) 1
1. Für die Entscheidung über die Nichtigkeitsklage gegen ein im Wiederaufnahmeverfahren ergangenes Urteil des BFH ist der BFH zuständig.
2. Die Nichtigkeitsklage ist auch gegen ein im Wiederaufnahmeverfahren ergangenes Endurteil gegeben.

BFH vom 16. 8. 1979 – I K 2/79 (BStBl 1979 II S. 710) 2
Richtet sich der Antrag auf Wiederaufnahme des Verfahrens gegen einen Beschluß des BFH, durch den die Revision als unzulässig verworfen worden ist, und ist dieser Antrag unzulässig, so ergeht die Entscheidung durch Beschluß ohne mündliche Verhandlung.

BFH vom 18. 3. 1988 – V K 1/88 (BStBl 1988 II S. 586) 3
1. Ein durch Beschluß des BFH rechtskräftig abgeschlossenes Verfahren kann nach § 134 FGO i.V.m. §§ 578 ff. ZPO wiederaufgenommen werden.
2. Für den notwendigen Inhalt des Wiederaufnahmebegehrens ist es nicht erforderlich, daß die Bezeichnungen „Nichtigkeitsklage" oder „Restitutionsklage" verwendet werden; es genügt, wenn sich schlüssig ergibt, welche dieser Klagearten gemeint ist.

BFH vom 4. 7. 1991 – IV K 1/90 (BStBl 1991 II S. 813) 4
Eine Restitutionsklage gegen ein Urteil des Bundesfinanzhofs, mit der geltend gemacht wird, das Urteil weiche von anderen Entscheidungen des Bundesfinanzhofs ab, ist als unzulässig zu verwerfen. Zuständig für diese Entscheidung ist der Bundesfinanzhof.

BFH vom 29. 1. 1992 – VIII K 4/91 (BStBl 1992 II S. 252) 5
Wird die Wiederaufnahme eines rechtskräftig abgeschlossenen Beschwerdeverfahrens mit der Begründung beantragt, das Beschwerdegericht sei bei der Beschlußfassung nicht vorschriftsmäßig besetzt gewesen (§ 579 Abs. 1 Nr. 1 ZPO), so ist der Wiederaufnahmeantrag nur zulässig, wenn die zur Begründung des Mangels vorgetragenen Tatsachen eine Verletzung des Art. 101 Abs. 1 Satz 2 GG ergeben.

BFH vom 25. 2. 1992 – IV K 1/91 (BStBl 1992 II S. 625) 6
Ein Restitutionsantrag gegen einen Beschluß des BFH, mit dem geltend gemacht wird, der Beschluß verstoße gegen einen in einer anderen Sache ergangenen Beschluß des Großen Senats des BFH, ist als unzulässig zu verwerfen. Zuständig für diese Entscheidung ist der BFH.

BFH vom 2. 12. 1998 – X R 15, 16/97 (BStBl 1999 II S. 412) 7
In finanzgerichtlichen Wiederaufnahmeverfahren entscheidet der Vollsenat auch dann, wenn die Entscheidung, um deren Korrektur es geht, gemäß § 79a Abs. 3, 4 FGO vom Einzelrichter erlassen wurde.

BFH vom 11. 2. 2011 – V K 2/09 (BFH/NV 2011 S. 828) 8
Die Zulässigkeit eines Wiederaufnahmeantrags setzt die schlüssige Darlegung von Tatsachen voraus, aus denen sich der behauptete Wiederaufnahmegrund ergibt.

DRITTER TEIL
KOSTEN UND VOLLSTRECKUNG (§§ 135–154)

ABSCHNITT I
Kosten (§§ 135–149)

H Hinweise

1 Kosten des finanzgerichtlichen Verfahrens nach Inkrafttreten des Kostenrechtsmodernisierungsgesetzes (KostRMoG) vom 5. 5. 2004 (BGBl. I S. 718)

(FM Nordrhein-Westfalen, Erlass vom 10. 11. 2006 – FG 2018 –)

Inhaltsverzeichnis

1. Anwendung
2. Kostenentscheidung
3. Kosten im Sinne des § 139 FGO
4. Gerichtskosten
5. Kosten der Beteiligten
6. Gebühren und Auslagen (der RA/StB) im Klageverfahren
6.1 Gebühren
6.2 Verfahrensgebühr
6.3 Terminsgebühr
6.4 Erledigungsgebühr
6.5 Gebühren im Revisionsverfahren
6.6 Gebühren im Beschwerdeverfahren
6.7 Auslagen
6.8 Entgelte für Post- und Telekommunikationsdienstleistungen
6.9 Dokumentenpauschale
6.10 Geschäftsreisen
6.10.1 Fahrtkosten
6.10.2 Tage- und Abwesenheitsgeld
6.10.3 Sonstige Auslagen
6.10.4 Reisekosten zur Ausführung mehrerer Geschäfte
6.11 Umsatzsteuer
7. vorläufiger Rechtsschutz
8. Gebühren und Auslagen des Vorverfahrens
8.1 Gebühren und Auslagen eines StB (im Vorverfahren)
8.1.1 Geschäftsgebühr (§ 41 StBGebV)
8.1.2 Besprechungsgebühr (§ 42 StBGebV)
8.1.3 Beweisaufnahmegebühr (§ 43 StBGebV)
8.1.4 Auslagen
8.2 Gebühren und Auslagen eines RA (im Vorverfahren)
8.2.1 Geschäftsgebühr
8.2.2 Auslagen
9. Verzinsung des Erstattungsanspruchs
10. Beispiel zu den erstattungsfähigen Kosten
11. Kostenfestsetzungsverfahren
11.1 Zuständig für die Festsetzung
11.2 Auszahlung und Aufrechnung
11.3 Erinnerung
11.4 Einwendungen gegen die Höhe des Streitwerts
11.5 Antrag auf einstweilige Aussetzung der Vollstreckung

11.6 Entscheidung über die Erinnerung
11.7 Kosten des Erinnerungsverfahrens

1. Anwendung

Zur Abgrenzung des Anwendungsbereichs der Bundesgebührenordnung für Rechtsanwälte (BRAGO) und des am 1. 7. 2004 in Kraft getretenen Rechtsanwaltsvergütungsgesetzes (RVG) wird auf § 61 RVG verwiesen. Die Vorschrift regelt ausschließlich den Übergang von der BRAGO zum RVG.

Die Abgrenzung richtet sich nach der Auftragserteilung, Bestellung, Beiordnung, etc. in der konkreten gebührenrechtlichen Angelegenheit. Für die Zeit vor dem 01. 07. 2004 ist weiterhin die BRAGO, für die Zeit nach dem 30. 06. 2004 ist das RVG anzuwenden.

In § 60 RVG wird die Dauerübergangsregelung des § 134 BRAGO übernommen. Diese Vorschrift regelt künftige Änderungen des RVG.

2. Kostenentscheidung

Über die Frage, wer die Kosten eines finanzgerichtlichen Verfahrens zu tragen hat (§ 135 – § 138 FGO), entscheidet das Gericht im Urteil oder, wenn das Verfahren in anderer Weise beendet worden ist, durch Beschluss (§ 143 FGO).

Die Anfechtung dieser Kostenentscheidung ist nach § 145 FGO unzulässig, wenn nicht gegen die Entscheidung in der Hauptsache ein Rechtsmittel eingelegt wird.

3. Kosten i.S. des § 139 FGO

Kosten sind
– die Gerichtskosten und
– die zur zweckentsprechenden Rechtsverfolgung oder Rechtsverteidigung notwendigen Aufwendungen der Beteiligten einschließlich der Kosten des Vorverfahrens.

4. Gerichtskosten

Die Gerichtskosten setzen sich zusammen aus den Gebühren und Auslagen. Sie werden auf der Grundlage der Kostenentscheidung (vgl. Tz. 2) nach den Bestimmungen des Gerichtskostengesetzes (GKG) erhoben. Die Gebühren sind im Kostenverzeichnis unter den Nrn. 6110–6600 (Anlage 1, Teil 6 zum GKG) aufgeführt und richten sich nach dem Streitwert (§§ 3, 34 GKG). Die Erhebung der Auslagen erfolgt nach den Nrn. 9000 ff. der Anlage 1 zum GKG (Teil 9 des Kostenverzeichnisses).

Festgesetzt (angesetzt) werden die Gerichtskosten nach § 19 Abs. 1 GKG durch den Kostenbeamten des FG (I. Instanz) oder des BFH (II. Instanz).

Da die Finanzbehörden für den Fall des Unterliegens vor dem FG oder vor dem BFH von den Gerichtskosten befreit sind (§ 2 GKG), wird hier auf die (weiteren) Einzelheiten des Kostenansatzverfahrens nicht eingegangen.

5. Kosten der Beteiligten

Den Beteiligten des finanzgerichtlichen Verfahrens (§ 57 FGO) sind nach § 139 Abs. 1 FGO die Aufwendungen zu ersetzen, die zur zweckentsprechenden Rechtsverfolgung (notwendig) erwachsen sind. Die Aufwendungen der Finanzbehörden sind allerdings nicht zu erstatten (§ 139 Abs. 2 FGO).

Zu den Aufwendungen i.S. des § 139 Abs. 1 FGO zählen auch die Gebühren und Auslagen eines Bevollmächtigten. Diese Aufwendungen sind nach § 139 Abs. 3 FGO stets erstattungsfähig, sofern sie gesetzlich vorgesehen sind.

Wird der Kläger im finanzgerichtlichen Verfahren von einem Rechtsanwalt (RA) vertreten, richtet sich seine Vergütung nach dem Rechtsanwaltsvergütungsgesetz (RVG) vom 05. 05. 2004 (BGBl. I, 788). Die Regelungen des RVG sind auch anzuwenden, wenn sich der Kläger im finanzgerichtlichen Verfahren von einem Steuerberater (StB), Steuerbevollmächtigten oder einer Steuerberatungsgesellschaft vertreten lässt (§ 45 der Steuerberatergebührenverordnung – StBGebV).

Danach können im Wesentlichen folgende Gebühren und Auslagen laut Vergütungsverzeichnis (VV) zu § 2 Abs. 2 RVG (BGBl 2004 I S. 803) in Betracht kommen:

Wertgebühren (§ 13 RVG)	
1. Verfahrensgebühr	Vorbemerkung 3 Abs. 2 VV, Nrn. 3200, 3201 VV
2. Terminsgebühr	Vorbemerkung 3 Abs. 3 VV, Nrn. 3202, 3203 VV
3. Erledigungsgebühr	Nr. 1002 VV

Auslagen (Vorbemerkung 7 VV)	
1. Dokumentenpauschale	Nr. 7000 VV
2. Entgelte für Post- und Telekommunikationsdienstleistungen	Nrn. 7001, 7002 VV
3. Geschäftsreisen	Vorbemerkung 7 Abs. 2 VV, Nr. 7003–7005 VV
4. Umsatzsteuer	Nr. 7008 VV

Die Gebühren der StB/RA bemessen sich nach der Höhe des Gegenstandswerts (§ 2 Abs. 1 und § 13 RVG), und dieser wiederum bestimmt sich im gerichtlichen Verfahren nach den für die Gerichtsgebühren geltenden Wertvorschriften (§ 23 Abs. 1 Satz 1, 3 und 4 GKG). Grundlage für die Berechnung der infrage kommenden Gebühren im gerichtlichen Verfahren ist also stets der Streitwert i.S. des § 3 GKG (siehe auch Tz. 10.4). Dasselbe gilt für die erstattungsfähigen Gebühren im außergerichtlichen Vorverfahren (vgl. Tz. 7).

4 **6. Gebühren und Auslagen (der RA/StB) im Klageverfahren**

6.1 Gebühren

Form und Aufbau der Kostenrechnung richtet sich nach § 10 RVG, die Höhe der Gebühren nach § 13 RVG (s. auch Gebührentabelle, Anlage 2 zum RVG; BGBl 2004 I S. 832).

6.2 Verfahrensgebühr (Vorbemerkung 3 Abs. 2 VV)

Die Verfahrensgebühr ist die Grundgebühr für das gerichtliche Verfahren. Mit ihr wird das ganze „Betreiben des Geschäfts" (z.B. Aufwendungen für Schriftsätze, Urkunden und Ablichtungen, die der Klagebegründung hinzuzufügen sind) einschließlich der Information für einen Rechtszug (§ 15 RVG) durch den Prozessbevollmächtigten abgegolten.

Die Höhe des Gebührensatzes beträgt grundsätzlich 1,6 (Nr. 3200 VV). Bei einer Tätigkeit in derselben Angelegenheit, bei der der Auftraggeber aus mehreren Personen besteht, erhöht sich die Gebühr für jede weitere Person um 0,3 (sog. Mehrvertretungszuschlag nach § 7 Abs. 1 RVG, Nr. 1008 VV). Mehrere Erhöhungen dürfen den Betrag von zwei Gebühren nicht übersteigen (Nr. 1008 Abs. 3 VV).

Bei vorzeitiger Beendigung des Verfahrens ermäßigt sich die Verfahrensgebühr auf den Satz von 1,1 (Nr. 3201 VV).

Wird vom BFH das angefochtene Urteil aufgehoben und die Sache zur anderweitigen Verhandlung und Entscheidung zurückverwiesen (§ 126 Abs. 3 Nr. 2 FGO), ist das weitere Verfahren ein neuer Rechtszug (§ 21 Abs. 1 RVG). Wird die Sache an ein Gericht zurückverwiesen, das mit der Sache bereits befasst war, ist die vor diesem Gericht bereits entstandene Verfahrensgebühr auf die neu entstehende anzurechnen (Vorbemerkung 3 Abs. 6 VV). Diese Voraussetzung ist im Finanzgerichtsprozess stets erfüllt, weil die Zurückverweisung an einen anderen Senat des FG oder an den Senat nach einer Einzelrichterentscheidung keine Zurückverweisung an ein Gericht, das mit der Sache noch nicht befasst war, ist.

6.3 Terminsgebühr (Vorbemerkung 3 Abs. 3 VV)

Die Terminsgebühr entsteht für die Tätigkeit (Stellung von Anträgen, Erörterung der Streitsache, Stellungnahme zu den Ausführungen des FA) des Bevollmächtigten in einem Termin. Bleibt der Bevollmächtigte dem Termin fern, entfällt die Terminsgebühr. Das gleiche gilt, wenn im Verfahren eine mündliche Verhandlung nicht vorgesehen ist (z.B. bei einem Antrag auf Aussetzung der Vollziehung nach § 69 Abs. 3 FGO). Eine Terminsgebühr entsteht nicht für Besprechungen mit dem Auftraggeber.

Die Terminsgebühr nach Nr. 3202 VV entsteht für die Vertretung in einem

- Verhandlungstermin,
- Erörterungstermin,
- Beweisaufnahmetermin,
- von einem gerichtlich bestellten Sachverständigen anberaumten Termin.

Die Terminsgebühr entfällt aber nicht, wenn

- eine mündliche Verhandlung im Einverständnis der Parteien unterbleibt (Nr. 3202 Abs. 1 VV),
- durch Urteil ohne mündliche Verhandlung (Verfahren nach billigem Ermessen gem. § 94a FGO) oder durch Gerichtsbescheid (§§ 90a und 79a FGO) entschieden wird (Nr. 3202 Abs. 2 VV).

Die Höhe des Gebührensatzes beträgt grundsätzlich 1,2.

6.4 Erledigungsgebühr (Nr. 1002 VV)

Die Erledigungsgebühr entsteht, wenn sich der Rechtsstreit ganz oder teilweise nach Zurücknahme oder Änderung des angefochtenen Verwaltungsakts erledigt und der Bevollmächtigte bei der Erledigung mitgewirkt hat. Die auf die Erledigung der Sache ohne Urteil gerichtete Tätigkeit des Prozessbevollmächtigten muss also über seine durch die Verfahrens- und Terminsgebühr erfassten Tätigkeiten hinausgehen. Dies bedeutet, dass die Tätigkeit des StB/RA nur dann mit der Erledigungsgebühr (gesondert) honoriert wird, wenn es sich um eine gesonderte, qualifizierte Mitwirkung handelt. Eine solche Mitwirkung liegt nicht schon dann vor, wenn die Klagebegründung so gut gelungen ist, dass das FA von sich aus abhilft oder wenn nur auf die Rechtsprechung in einem Parallelverfahren hingewiesen wird. Ist für die Erledigung ein richterlicher Hinweis ursächlich, sind die Tatbestandsmerkmale der Nr. 1002 VV jedenfalls nicht erfüllt.

Die Höhe des Gebührensatzes beträgt im erstinstanzlichen Verfahren vor dem Finanzgericht 1,5 (Nr. 1002 VV).

6.5 Gebühren im Revisionsverfahren

Im Revisionsverfahren betragen die folgenden Gebühren:

– Verfahrensgebühr (s. Tz. 6.2)	1,6	(Nrn. 3206 VV)
– Terminsgebühr (s. Tz. 6.3)	1,5	(Nrn. 3210 VV)
– Erledigungsgebühr (Nr. 1002 VV)	1,3	(Nr. 1004 VV)

Bei vorzeitiger Beendigung des Verfahrens ermäßigt sich die Verfahrensgebühr auf den Satz von 1,1 (Nr. 3207 VV).

6.6 Gebühren im Beschwerdeverfahren

Im Beschwerdeverfahren betragen die folgenden Gebühren:

– Verfahrensgebühr (s. Tz. 6.2)	1,6	(Nrn. 3200, 3506 VV)
– Terminsgebühr (s. Tz. 6.3)	1,2	(Nrn. 3202, 3516 VV)
– Erledigungsgebühr	1,3	(Nr. 1004 VV)

Bei vorzeitiger Beendigung des Verfahrens ermäßigt sich die Verfahrensgebühr auf den Satz von 1,1 (Nrn. 3201, 3507 VV).

Wird Beschwerde gegen die Nichtzulassung der Revision (NZB) erhoben, erhält der Prozessbevollmächtigte 1,6 der Verfahrensgebühr, die in einem nachfolgenden Revisionsverfahren angerechnet wird (Nr. 3506 VV).

6.7 Auslagen (Vorbemerkung 7)

Nach der Vorbemerkung 7 Abs. 1 Satz 1 VV werden mit den Gebühren auch die allgemeinen Geschäftsunkosten (Miete für die Büroräume, Gehälter usw.) abgegolten. Für bestimmte Auslagen (Entgelte für Post- und Telekommunikationsdienstleistungen, Dokumentenüberlassung und Geschäftsreisen) sieht jedoch die Vorbemerkung 7 Abs. 1 Satz 2 VV eine Erstattung der entstandenen Kosten vor. Voraussetzung für die Erstattungsfähigkeit von Auslagen ist aber stets, dass sie zur zweckentsprechenden Rechtsverfolgung notwendig waren (vgl. BFH-Urteil vom 19. 3. 1969, BStBl 1969 II S. 398 – zur Erstattung von Reisekosten).

6.8 Entgelte für Post- und Telekommunikationsdienstleistungen

Nach Nr. 7001 VV hat der Prozessbevollmächtigte Anspruch auf Ersatz der bei der Ausführung des Auftrags für Post- und Telekommunikationsdienstleistungen zu zahlenden Entgelte. An Stelle der tatsächlich entstandenen Kosten kann er einen Pauschsatz fordern, der zwanzig vom Hundert der gesetzlichen Gebühren beträgt, in derselben Angelegenheit und im gerichtlichen Verfahren in demselben Rechtszug jedoch höchsten 20 € (Postgebührenpauschale, Nr. 7002 VV).

6.9 Dokumentenpauschale

Nach Nr. 7000 VV hat der Prozessbevollmächtigte Anspruch auf Ersatz der Auslagen für die im Einverständnis mit dem Auftraggeber zusätzlich hergestellten Ablichtungen. Unter Ablichtung ist jede technisch mögliche Vervielfältigung – z.B. durch Fotokopierer, Scanner – zu verstehen. Eine Erstattung (durch das FA) kommt aber nur in Betracht, wenn sie notwendig i.S. des § 139 Abs. 1 FGO sind. Für Ablichtungen aus Behörden- und Gerichtsakten können Auslagen nur geltend gemacht werden, soweit deren Herstellung zur sachgemäßen Bearbeitung der Rechtssache geboten war. Dies ist regelmäßig nicht der Fall bei Ablichtungen von Steuerbescheiden und von Schriftwechsel mit dem FA, die sich in den Steuerakten befinden und die nach § 71 Abs. 2 FGO dem FG vorgelegt werden. Soweit den Schriftsätzen an das FG Ablichtungen für die übrigen Beteiligten beigefügt sind (§ 77 Abs. 1 Satz 3 FGO), sind die Kosten hierfür mit der Verfahrensgebühr abgegolten (Vorbemerkung 7 Abs. 1 Satz 1 VV), es sei denn, es sind mehr als 100 Seiten zu fertigen (Nr. 7000 Nr. 1b VV).

Die Dokumentenpauschale beträgt für Fotokopien DIN-A-4-Format (Nr. 7000 VV), die zur sachgemäßen Bearbeitung der Rechtssache geboten waren (Nr. 7000 Nr. 1a VV), sowie in anderen Fällen nach Überschreitung von 100 Kopien (Nr. 7000 Nr. 1b, c VV):

a) für die ersten 50 Seiten   0,50 €
b) für jede weitere Seite   0,15 €

Für DIN-A-3-Format kann der in Nr. 7000 VV genannte Betrag doppelt berechnet werden.

Die Höhe der Dokumentenpauschale ist in derselben Angelegenheit und im gerichtlichen Verfahren in demselben Rechtszug einheitlich zu berechnen (Anm. zu Nr. 7000 VV). D. h., dass, wenn z. B. Nr. 1a und b nebeneinander gegeben sind, nicht zweimal die ersten 50 Kopien mit 0,50 € berechnet werden können.

Gemäß Nr. 7000 Nr. 2 VV kommt die Dokumentenpauschale auch für die Überlassung von elektronisch gespeicherten Daten in den Fällen der Nr. 7000 Nr. 1b bis d VV in Betracht. Die Höhe der Dokumentenpauschale beträgt 2,50 € je Datei unabhängig von ihrer Größe.

6.10 Geschäftsreisen

Für Geschäftsreisen sind dem Prozessbevollmächtigten als Reisekosten die Fahrtkosten und die Übernachtungskosten zu erstatten; ferner erhält er ein Tage- und Abwesenheitsgeld. Eine Geschäftsreise liegt vor, wenn das Reiseziel außerhalb der Gemeinde liegt, in der sich die Kanzlei oder die Wohnung des Bevollmächtigten befindet (Vorbemerkung 7 Abs. 2 VV).

6.10.1 Fahrtkosten

Als Fahrtkosten sind zu erstatten
– bei Benutzung eines eigenen Kfz 0,30 € für jeden gefahrenen Kilometer (Nr. 7003 VV);
– bei Benutzung anderer Verkehrsmittel die tatsächlichen Aufwendungen, soweit sie angemessen sind (Nr. 7004 VV).

Angemessen ist für Rechtsanwälte bei Bahnfahrten stets die 1. Klasse.

Durch die Benutzung des Kfz aus Anlass der Geschäftsreise regelmäßig anfallende Barauslagen, wie z. B. Parkgebühren, Autobahngebühren etc. sind nach Nr. 7006 VV erstattungsfähig.

6.10.2 Tage- und Abwesenheitsgeld (Nr. 7005 VV)

Das Tage- und Abwesenheitsgeld beträgt bei einer Geschäftsreise
– von nicht mehr als 4 Stunden 20,00 €,
– von mehr als 4 bis 8 Stunden 35,00 €,
– von mehr als 8 Stunden 60,00 €.

Bei Auslandsreisen können diese Beträge um 50 % erhöht werden.

6.10.3 Sonstige Auslagen (Nr. 7006 VV)

Der Rechtsanwalt erhält die anlässlich einer Geschäftsreise entstandenen Auslagen – soweit sie angemessen sind – in voller Höhe. Zu den sonstigen Auslagen gehören zum Beispiel Übernachtungskosten.

6.10.4 Reisekosten zur Ausführung mehrerer Geschäfte (Vorbemerkung 7 Abs. 3 Satz 1 VV)

Dient eine Reise mehreren Geschäften, so sind die entstandenen Auslagen nach den Nrn. 7003 bis 7006 VV nach dem Verhältnis der Kosten zu verteilen, die bei gesonderter Ausführung der einzelnen Geschäfte entstanden wären. Die Gesamtreisekosten sind im Verhältnis der fiktiven Kosten aufzuteilen.

Beispiel 1

Der Prozessbevollmächtigte nimmt an einem Tag an vier mündlichen Verhandlungen an identischem Ort teil. Die Gesamtsumme der Reisekosten beträgt 100,00 €.

Der Bevollmächtigte kann jeweils 25,00 € an Reisekostenersatz gegenüber den Mandanten geltend machen (100,00 € geteilt durch 4, die Anzahl der wahrgenommenen Geschäfte). Ob die Kosten allerdings vom FA zu ersetzen sind, hängt von dem Ausgang der jeweiligen Verfahren ab.

Beispiel 2

Der Prozessbevollmächtigte hat Reisekosten i. H. v. 100,00 € die in Zusammenhang mit seinen Mandanten A und B angefallen sind. Die fiktiven Kosten, also die Kosten, die bei Einzelerledigung angefallen wären, betrügen für A 90,00 € und für B 60,00 €.

Der Bevollmächtigte kann
- für A
  90/150 × 100, also 60,00 €,
- für B
  60/150 × 100, also 40,00 €

an Reisekostenersatz gegenüber den Mandanten geltend machen. Ob die Kosten allerdings vom FA zu ersetzen sind, hängt von dem Ausgang der jeweiligen Verfahren ab.

6.11 Umsatzsteuer (Nr. 7008 VV)

Für die Berücksichtigung der an den Bevollmächtigten gezahlten Umsatzsteuer im Kostenfestsetzungsverfahren (vgl. Tz. 10) ist eine Erklärung des Klägers (Antragstellers) ausreichend, nach der er die Beträge nicht als Vorsteuer abziehen darf (§ 104 Abs. 2 ZPO).

7. Vorläufiger Rechtsschutz (§§ 69 Abs. 3, 114 FGO)

In Verfahren auf vorläufigen Rechtsschutz beträgt – wie bisher – der Streitwert in der Regel 10 % des Streitwertes der Hauptsache. An Gebühren kommen in Betracht:

– Verfahrensgebühr (s. Tz. 6.2)	1,3	(Nr. 3100 VV)
– Terminsgebühr (s. Tz. 6.3)	1,2	(Nr. 3104 VV)
– Erledigungsgebühr	1,0	(Nr. 1003 VV)

8. Gebühren und Auslagen des Vorverfahrens

Sind Gebühren und Auslagen für die Zuziehung eines Bevollmächtigten für das Vorverfahren zu erstatten (§ 139 Abs. 3 Satz 3 FGO), ist zu beachten, dass die StB und RA für diese Verfahren nach unterschiedlichen Gebührenordnungen (StB nach der StBGebV und RA nach dem RVG) abrechnen.

Für die Vertretung im außergerichtlichen Rechtsbehelfsverfahren sind die Gebühren und Auslagen nach folgenden Vorschriften anzusetzen:

Gebühren

	Steuerberater StBGebV	Rechtsanwalt VV des RVG
Geschäftsgebühr	§ 41	Nrn. 2400, 2401, 2402
Besprechungsgebühr	§ 42	von Geschäftsgebühr umfasst
Beweisaufnahmegebühr	§ 43	von Geschäftsgebühr umfasst
Entgelte für Post- und Telekommunikationsdienstleistungen	§ 16	Nrn. 7001, 7002
Schreibauslagen/Dokumentenpauschale	§ 17	Nr. 7000
Geschäftsreisen	§ 18	Vorbemerkung 7 Abs. 2; Nrn. 7003 bis 7006
Umsatzsteuer	§ 15	Nr. 7008

Die Gebühren bemessen sich (auch) im außergerichtlichen Rechtsbehelfsverfahren nach dem Streitwert (vgl. Tz. 5).

Soweit ein StB oder RA in eigener Sache im außergerichtlichen Vorverfahren tätig geworden ist, erhält er hierfür im Gegensatz zu gerichtlichen Verfahren (mangels Notwendigkeit) keine Kostenerstattung. Dies gilt auch, wenn der Bevollmächtigte in einem Angestelltenverhältnis zu den Beteiligten steht (§ 139 Abs. 3 Satz 4 FGO).

8.1 Gebühren und Auslagen eines StB (im Vorverfahren)

Die Höhe der Gebühren richtet sich nach der Tabelle E (Rechtsbehelfstabelle) zur StBGebV (vgl. § 10 Abs. 1 StBGebV).

8.1.1 Geschäftsgebühr (§ 41 StBGebV)

Die Geschäftsgebühr ist die Grundgebühr für das außergerichtliche Rechtsbehelfsverfahren. Mit ihr wird das Betreiben des Geschäfts einschließlich der Information, der Einreichung und Begründung des Rechtsbehelfs durch den StB abgegolten.

Die Höhe der Geschäftsgebühr beträgt 5/10 bis 10/10 einer vollen Gebühr (Rahmengebühr). Der Gebührenrahmen ermäßigt sich auf 3/10 bis 8/10 einer vollen Gebühr, wenn der StB in dem Verwaltungsverfahren, das dem Rechtsbehelfsverfahren vorausgeht, Gebühren nach § 28 StBGebV für die Prüfung des Steuerbescheids erhält (§ 41 Abs. 3 StBGebV). Da einer Rechtsbehelfseinlegung üblicherweise eine Überprüfung des Verwaltungsakts vorausgeht, hat grundsätzlich keine Reduzierung des Gebührenrahmens zu erfolgen. Dies gilt selbst dann, wenn dem Berater keine Gebühr nach § 28 zugeflossen ist, weil es lediglich auf das Entstehen des Anspruchs ankommt.

Sofern nichts besonderes vorgetragen wird (vgl. § 11 StBGebV), ist von einer Mittelgebühr (3/10 + 8/10 : 2 = 5,5/10 einer vollen Gebühr) auszugehen.

Höhere Rahmensätze (als die Mittelgebühr) können z.B. in Betracht kommen,
- wenn besondere Kenntnisse in Randgebieten des Steuerrechts erforderlich sind,
- bei schwierigen Rechtsfragen und
- bei erheblichem Arbeitsaufwand.

Der unterste Rahmensatz kann hingegen angemessen sein, wenn sich bspw. die Einspruchsbegründung auf einen oder wenige Sätze beschränkt.

Legt der Steuerberater gegen einen Schätzungsbescheid Einspruch ein und erstellt er während des Einspruchsverfahrens (zur Begründung des Rechtsbehelfs) die Steuererklärung, wofür er nach § 24 StBGebV honoriert wird, reduziert sich die Geschäftsgebühr auf 1/10 bis 3/10 einer vollen Gebühr (§ 41 Abs. 4 StBGebV).

§ 41 Abs. 5 StBGebV enthält eine weitere Ermäßigung, wenn dem Rechtsbehelfsverfahren ein gesondert berechenbarer Antrag i.S. des § 23 StBGebV vorausgeht (wenn z.B. zuvor ein Stundungsantrag oder ein Antrag auf AdV gestellt wurde). Die Summe dieser Gebühren und der Gebühr nach § 41 Abs. 1 StBGebV darf 10/10 einer vollen Gebühr nicht übersteigen.

Bei einer Tätigkeit in derselben Angelegenheit für mehrere Auftraggeber erhöht sich hingegen die Geschäftsgebühr durch jeden weiteren Auftraggeber um 3/10 (höchstens 20/10), in Fällen des § 41 Abs. 3 StBGebV um 2/10 (höchstens 16/10) und in Fällen des § 41 Abs. 4 StBGebV um 1/10 (höchstens 6/10) einer vollen Gebühr (§ 41 Abs. 6 StBGebV).

8.1.2 Besprechungsgebühr (§ 42 StBGebV)

Die Besprechungsgebühr entsteht, wenn der Steuerberater an einer Besprechung über tatsächliche oder rechtliche Fragen (nach Einlegung des Rechtsbehelfs und vor Ergehen des Rechtsbehelfsentscheidung) mitwirkt, die von der Behörde angeordnet ist oder im Einverständnis mit dem Auftraggeber mit der Behörde oder einem Dritten geführt wird. Der StB erhält die Gebühr nicht für eine mündliche oder fernmündliche Nachfrage. Auch wenn mehrere Besprechungen im außergerichtlichen Rechtsbehelfsverfahren stattfinden, kann die Gebühr nur einmal angesetzt werden.

Die Höhe der Gebühr beträgt 5/10 bis 10/10 einer vollen Gebühr (Rahmengebühr). Hat der StB bereits in dem außergerichtlichen Rechtsbehelfsverfahren vorangegangenen Verwaltungsverfahren Verhandlungen mit der Behörde geführt und hierfür (eine nicht vom FA zu erstattende) Gebühr nach § 31 StBGebV erhalten, so darf die Summe dieser Gebühr und der (Besprechungs-) Gebühr nach § 42 Abs. 1 StBGebV 10/10 einer vollen Gebühr nicht übersteigen (Anrechnung auf die Gebühr nach § 42 StBGebV).

8.1.3 Beweisaufnahmegebühr (§ 43 StBGebV)

Die Höhe der Beweisaufnahmegebühr beträgt 5/10 bis 10/10 einer vollen Gebühr.

Da es im außergerichtlichen Rechtsbehelfsverfahren selten zu einer Beweisaufnahme kommt, fällt eine Beweisaufnahmegebühr regelmäßig nicht an. Die Voraussetzungen für das Entstehen dieser Gebühr ergeben sich weitgehend aus § 43 StBGebV.

8.1.4 Auslagen

Die Erstattung der Auslagen des StB für das Vorverfahren richtet sich nach dem 3. Abschnitt der StBGebV (§ 15 bis 19 StBGebV).

Da die Regelungen im Wesentlichen den für das gerichtliche Verfahren maßgebenden Bestimmungen des RVG entsprechen, wird auf die Tzn. 6.7 bis 6.11 verwiesen.

8.2 Gebühren und Auslagen eines RA (im Vorverfahren)

Die Höhe der Gebühren richtet sich nach § 13 RVG (s. auch Gebührentabelle, Anlage 2 zum RVG; BGBl 2004 I S. 832).

Für die Hilfeleistung eines Rechtsanwalts bei der Erfüllung allgemeiner Steuerpflichten und steuerlicher Buchführungs- und Aufzeichnungspflichten – Befugnis siehe § 3 Nr. 1 StBerG – gilt gemäß § 35 RVG die StBGebV hinsichtlich der §§ 23 bis 39 i.V.m. den §§ 10 bis 13 entsprechend.

Für die Vertretung im außergerichtlichen Rechtsbehelfsverfahren gilt folgendes:

8.2.1 Geschäftsgebühr (Nr. 2400 VV)

Für alle in einer Angelegenheit – § 16 RVG – anfallenden Tätigkeiten fällt eine Geschäftsgebühr nach Nr. 2400 VV an. Sie umfasst das Betreiben des Geschäfts einschließlich der Information, des Einreichens, Fertigens oder Unterzeichnens von Schriftsätzen oder Schreiben und des Entwerfens von Urkunden. Bei der Geschäftsgebühr handelt es sich um eine Rahmengebühr i.S.d. § 14 RVG zwischen 0,5 bis 2,5, die nach den Umständen des Einzelfalles unter Berücksichtigung des Umfangs und der Schwierigkeit zu bestimmen ist. Der RA kann jedoch eine Gebühr von mehr als 1,3 nur fordern, wenn die Tätigkeit umfangreich oder schwierig war.

Die Geschäftsgebühr ist bei einer Tätigkeit für mehrere Auftraggeber grundsätzlich nach Nr. 1008 VV zu erhöhen. Allerdings regelt die Vorschrift nicht die Erhöhung bei Satzrahmengebühren wie z. B. der Geschäftsgebühr. Die Tätigkeit für mehrere Auftraggeber ist daher wohl bei der Bemessung der angemessenen Gebühr innerhalb des Satzrahmens zu berücksichtigen.

Das Steuerfestsetzungsverfahren und das außergerichtliche Rechtsbehelfsverfahren sind gem. § 17 RVG als verschiedene Angelegenheiten zu behandeln. Nr. 2401 mindert die Geschäftsgebühr auf 0,5 bis 1,3 für das weitere Verwaltungsverfahren, da durch die vorangegangene Tätigkeit Aufwand erspart wurde. Wenn die Tätigkeit nicht umfangreich oder schwierig war, kann max. eine Gebühr i. H. v. 0,7 gefordert werden.

Nach der Vorbemerkung 3 Abs. 4 VV wird die Geschäftsgebühr nach der Nr. 2400 bis 2402 auf eine nachfolgende Verfahrensgebühr zur Hälfte, maximal mit 0,75 angerechnet, soweit der Wert des Gegenstandes in das gerichtliche Verfahren übergegangen ist.

Die Beratungsgebühr nach Nr. 2100 VV – 0,1 bis 1,0 – erhält der RA nicht für einen Rat oder eine Auskunft, die mit einer anderen gebührenpflichtigen Tätigkeit in Zusammenhang steht (Nr. 2100 Abs. 1 VV).

8.2.2 Auslagen

Es gelten die gleichen Regelungen wie für Auslagen im gerichtlichen Verfahren (vgl. die Tzn. 6.7 bis 6.11).

9. Verzinsung des Erstattungsanspruchs 6

Die festgesetzten Kosten (siehe Tz. 10) sind auf Antrag mit 5 vom Hundert über dem Basiszinssatz nach § 247 des Bürgerlichen Gesetzbuchs zu verzinsen (§ 155 FGO i.V. mit § 104 Abs. 1 Satz 2 ZPO).

Der Basiszinssatz verändert sich jeweils mit Beginn des 1. Januar und 1. Juli eines Jahres entsprechend seiner Bezugsgröße (= Zinssatz für längerfristige Refinanzierungsgeschäfte der Europäischen Zentralbank, § 1 Basiszinssatz-Bezugsgrößen-VO). Er wird von der Deutschen Bundesbank im Bundesanzeiger bekannt gegeben oder kann im Internet unter: http://www.bundesbank.de abgerufen werden.

Der Zinslauf beginnt mit dem Eingang des Antrags auf Festsetzung der Kosten beim FG. Wurde der Antrag bereits vor dem Zeitpunkt der Kostenentscheidung (siehe Tz. 2) gestellt, beginnt der Zinslauf in dem Zeitpunkt, in dem die Kostenentscheidung bestandskräftig wird, oder wenn im Urteil die Kosten für vorläufig vollstreckbar erklärt werden, ab dem Zeitpunkt der Urteilsverkündung.

10. Beispiel zu den erstattungsfähigen Kosten

Nachdem der StB X die Steuerfestsetzung überprüft hatte, legte er im Auftrag der Eheleute AB gegen den Einkommensteuerbescheid 2003 am 01. 07. 2004 (erfolglos) Einspruch ein. Mit der im Namen der Eheleute am 10. 09. 2004 erhobenen Klage beantragte er, die Einkommensteuer um 5100,00 € herabzusetzen. Nach mündlicher Verhandlung erging am 15. 12. 2004 das Urteil. Die Kosten des Verfahrens haben nach der Kostenentscheidung die Eheleute (Kläger) zu 30 vom Hundert und das FA (Beklagter) zu 70 vom Hundert zu tragen. Die Hinzuziehung der Bevollmächtigten der Kläger zum Vorverfahren wurde für notwendig erklärt. Bei einem Streitwert von 5100,00 € kann von den Klägern eine Erstattung der folgenden Aufwendungen beantragt werden:

Kosten des Klageverfahrens
Maßgebend ist die Gebührentabelle des RVG. Danach ergibt sich bei einem Gegenstandswert von 5100,00 € eine Gebühr von 338 €.
Verfahrensgebühr (Nr. 3200 VV)
1,6 + 0,3 (Nr. 1008/Mehrvertretungszuschlag) = 1,9	642,20 €
Terminsgebühr (Nr. 3202 VV) = 1,2	405,60 €
Postgebührenpauschale (Nr. 7002 VV)	20,00 €
Fahrtkosten zum Gericht (Nr. 7003 VV) (120 km × 0,30 €)	36,00 €
Tage- und Abwesenheitsgeld (Nr. 7005 VV) (mehr als 4 bis 8 Stunden)	35,00 €
Umsatzsteuer (Nr. 7008) (16 v.H. von 1138,80)	182,20 €
Summe:	1321,00 €

Kosten des Vorverfahrens
Maßgebend ist die Gebührentabelle (Tabelle E) der StBGebV. Danach ergibt sich bei einem Gegenstandswert von 5100,00 € eine Gebühr (10/10) von 338 €.

Geschäftsgebühr	223,08 €

Da der StB eine Gebühr für die Prüfung des Bescheids erhält, ermäßigt sich der Gebührenrahmen auf 3/10 bis 8/10. Im Hinblick darauf, dass es sich um einen sogenannten Normalfall handelt, ist eine Mittelgebühr von 5,5/10 (185,90 €) zu gewähren, die um 2/10 (185,90 € × 2/10 = 37,18 €) zu erhöhen ist (Mehrvertretungszuschlag, da Eheleute)

Postgebührenpauschale	20,00 €
Umsatzsteuer (16 vom Hundert von 243,08 €)	38,89 €
Summe	281,97 €
Kosten insgesamt 1321,00 € + 281,97 € =	1602,97 €
Zu erstattende Kosten (70 v.H. von 1602,97 €)	**1122,08 €**

Der zu erstattende Betrag ist auf Antrag mit 5 vom Hundert über dem Basiszins nach § 247 BGB zu verzinsen.

7 **11. Kostenfestsetzungsverfahren**

10.1 Zuständig für die Festsetzung

Für die Festsetzung der den Beteiligten (obsiegende Kläger) auf Antrag zu erstattenden Kosten ist der Urkundsbeamte des Gerichts des ersten Rechtszugs, in der Regel das FG, zuständig (§ 149 Abs. 1 FGO, § 155 FGO i.V. mit §§ 103–105 ZPO).

Wird ein Antrag auf Kostenfestsetzung gestellt, leitet ihn das FG dem FA zur Stellungnahme zu. Das FA hat daraufhin zu überprüfen, ob die geltend gemachten Kosten nach § 139 FGO zu berücksichtigen sind und ob die Höhe des Streitwerts (siehe Tz. 10.4) zutreffend ist.

Nach der Stellungnahme des FA setzt der Urkundsbeamte des FG auf der Grundlage der Kostenentscheidung (Tz. 2) die zu erstattenden Kosten mit (Kostenfestsetzungs-)Beschluss fest.

11.2 Auszahlung und Aufrechnung

Je eine Ausfertigung dieses Beschlusses wird dem Kostenschuldner (beklagtes FA) und dem Kostengläubiger (obsiegender Kläger) zugestellt. Wird dem Antrag des Kostengläubigers in vollem Umfang entsprochen, ergeht an ihn lediglich eine formlose Mitteilung (§ 104 Abs. 1 S. 4 ZPO).

In diesem Zusammenhang bitte ich, insbesondere Folgendes zu beachten:

Nach § 155 FGO i.V.m. § 81 ZPO ermächtigt die Prozessvollmacht den Prozessbevollmächtigten auch zur Entgegennahme der vom Gegner zu erstattenden Kosten für den Kostengläubiger (Kläger). Eine Abtretung des Kostenerstattungsanspruchs ist insoweit nicht erforderlich.

Ansonsten kann eine Erstattung an Dritte mit schuldbefreiender Wirkung nur erfolgen, wenn dem FA eine Abtretung angezeigt wird. Da es sich bei dem Kostenerstattungsanspruch nicht um einen Anspruch i.S.v. § 46 Abs. 1 AO handelt, sind nicht die strengen Formvorschriften des § 46 AO, sondern die §§ 398 ff. BGB zu beachten – die Abtretung kann danach formlos erfolgen.

Bestehen Steuerrückstände, so ist von Seiten des FA stets zu prüfen, ob der Kläger seinen Erstattungsanspruch z.B. an seinen Prozessbevollmächtigten (Neugläubiger) abgetreten hat (nach § 398 BGB können auch künftige Ansprüche abgetreten werden, sofern sie bestimmbar sind, so dass der Zeitpunkt der Abtretung vor dem Entstehen des Kostenerstattungsanspruchs liegen kann). Nach § 406 BGB hindert diese Abtretung eine Aufrechnung dann nicht, wenn die Aufrechnungslage (§ 389 BGB) bereits bestand, als das Finanzamt (Kostenschuldner) von der Abtretung Kenntnis erlangte. War die Forderung des Finanzamts bei Kenntniserlangung von der Abtretung noch nicht fällig, besteht die Aufrechnungsbefugnis nur, wenn diese Forderung spätestens mit dem Kostenerstattungsanspruch fällig wird. Das FA hat ggf. die Aufrechnung gegenüber dem Neugläubiger zu erklären.

In allen anderen Fällen wird das FA bei bestehenden Steuerrückständen die Aufrechnung gegenüber dem obsiegenden Kläger erklären.

11.3 Erinnerung

Gegen die Festsetzung der Kosten kann (auch) das FA den Rechtsbehelf der Erinnerung einlegen. Abweichend von den übrigen Rechtsbehelfsfristen beträgt die Frist für die Erhebung der Erinnerung lediglich zwei Wochen (§ 149 Abs. 2 FGO).

Mit der Erinnerung können nur Einwendungen gegen die Berechnung der Kosten, nicht aber gegen die dem Kostenfestsetzungsbeschluss zugrundeliegende Kostenentscheidung (Tz. 2) erhoben werden.

11.4 Einwendungen gegen die Höhe des Streitwerts

Wurde der bei der Kostenfestsetzung angesetzte Streitwert unzutreffend ermittelt und sind demzufolge die zu erstattenden Kosten zu hoch festgesetzt worden, ist dies ebenfalls mit der Erinnerung zu rügen (zur Höhe des Streitwerts vgl. Tipke/Kruse, Vor § 135 FGO, Tz. 145 ff., ABC der Streitwerte).

Lediglich in den Fällen, in denen das Gericht den Streitwert (gesondert) durch Beschluss festgesetzt hat, sind Einwendungen zu dessen Ermittlung mit der Erinnerung gegen den Kostenfestsetzungsbeschluss unzulässig. Ein Rechtsbehelf gegen einen solchen (Streitwert-) Beschluss ist nicht gegeben, da es keine Beschwerde an ein oberstes Bundesgericht gibt (§ 68 Abs. 1 GKG i.V. mit § 66 Abs. 3 GKG). Zur Möglichkeit der Änderung der Beschlüsse über die Festsetzung des Streitwerts siehe § 63 Abs. 2 und 3 GKG.

Gem. § 63 Abs. 2 Satz 3 GKG setzt das Gericht den Streitwert außerhalb des Kostenfestsetzungsbeschlusses allerdings nur dann gesondert fest, wenn dies ein Beteiligter beantragt und das Gericht es für angemessen erachtet. Da im Steuerprozess Streitwertfestsetzungen nach § 62 GKG (Wertfestsetzung für die Zuständigkeit des Prozessgerichts oder die Zulässigkeit des Rechtsmittels) und § 63 Abs. 1 GKG (Wertfestsetzung für die Gerichtsgebühren – diese werden nach dem Mindestwert gem. § 52 Abs. 4 GKG bemessen) nicht durchgeführt werden, ist die (gesonderte) Festsetzung des Streitwerts die Ausnahme.

11.5 Antrag auf einstweilige Aussetzung der Vollstreckung

Nach § 149 Abs. 3 FGO können der Vorsitzende des Gerichts oder das Gericht anordnen, dass die Vollstreckung einstweilen auszusetzen ist.

11.6 Entscheidung über die Erinnerung

Hilft der Urkundsbeamte der Erinnerung nicht ab, entscheidet das Gericht durch (unanfechtbaren) Beschluss (§ 149 Abs. 4 und § 128 Abs. 4 FGO).

11.7 Kosten des Erinnerungsverfahrens

Über die Frage, wer die Kosten des Erinnerungsverfahrens zu tragen hat, ergeht (wiederum) eine Kostenentscheidung (Tz. 2), die die Grundlage für ein anschließendes Kostenfestsetzungsverfahren ist.

Im Erinnerungsverfahren betragen die folgenden Gebühren:

– Verfahrensgebühr	(s. Tz. 6.2)	0,5	(Nr. 3500 VV)
– Terminsgebühr	(s. Tz. 6.3)	0,5	(Nr. 3513 VV)

§ 135 Kostenpflichtige FGO

(1) Der unterliegende Beteiligte trägt die Kosten des Verfahrens.

(2) Die Kosten eines ohne Erfolg eingelegten Rechtsmittels fallen demjenigen zur Last, der das Rechtsmittel eingelegt hat.

(3) Dem Beigeladenen können Kosten nur auferlegt werden, soweit er Anträge gestellt oder Rechtsmittel eingelegt hat.

(4) Die Kosten des erfolgreichen Wiederaufnahmeverfahrens können der Staatskasse auferlegt werden, soweit sie nicht durch das Verschulden eines Beteiligten entstanden sind.

(5) [1]Besteht der kostenpflichtige Teil aus mehreren Personen, so haften diese nach Kopfteilen. [2]Bei erheblicher Verschiedenheit ihrer Beteiligung kann nach Ermessen des Gerichts die Beteiligung zum Maßstab genommen werden.

FGO

§ 136 Kompensation der Kosten

(1) ¹Wenn ein Beteiligter teils obsiegt, teils unterliegt, so sind die Kosten gegeneinander aufzuheben oder verhältnismäßig zu teilen. ²Sind die Kosten gegeneinander aufgehoben, so fallen die Gerichtskosten jedem Teil zur Hälfte zur Last. ³Einem Beteiligten können die Kosten ganz auferlegt werden, wenn der andere nur zu einem geringen Teil unterlegen ist.

(2) Wer einen Antrag, eine Klage, ein Rechtsmittel oder einen anderen Rechtsbehelf zurücknimmt, hat die Kosten zu tragen.

(3) Kosten, die durch einen Antrag auf Wiedereinsetzung in den vorigen Stand entstehen, fallen dem Antragsteller zur Last.

Rechtsprechung

1 BFH vom 6. 8. 1971 – III B 7/71 (BStBl 1972 II S. 17)

Im Falle nicht notwendiger Streitgenossenschaft sind die Kosten dem unterlegenen Streitgenossen und seinem Gegner in sinngemäßer Anwendung des § 136 FGO aufzuerlegen.

2 BFH vom 6. 8. 1974 – VII B 49/73 (BStBl 1974 II S. 748)

Wird der Rechtsstreit teilweise dadurch erledigt, daß die Behörde nach Klageerhebung dem Klagebegehren durch Berichtigungsbescheid teilweise entspricht, so hat die Behörde auch dann die Kosten des erledigten Teils zu tragen, wenn der Berichtigungsbescheid nach § 68 FGO zum Gegenstand des Verfahrens geworden und anschließend die Klage zurückgenommen worden ist.

3 BFH vom 29. 9. 1977 – V R 46/75 (BStBl 1978 II S. 13)

Nimmt der Kläger im Verfahren über die Revision des Beklagten die Klage zurück, so ist die Kostenfolge nach § 136 Abs. 2 FGO durch Beschluß auszusprechen.

4 BFH vom 22. 7. 1980 – VII B 43/79 (BStBl 1980 II S. 658)

Bei der Frage, ob die Vollziehung ohne oder nur gegen Sicherheitsleistung auszusetzen ist, handelt es sich lediglich um eine Modalität der Aussetzung, so daß bei der Aussetzung gegen Sicherheitsleistung der Antragsteller nicht zum Teil unterliegt.

5 BFH vom 13. 3. 1981 – III R 83/80 (BStBl 1981 II S. 441)

Wird die Revision zurückgenommen, so trägt der Revisionskläger auch die Kosten der unselbständigen Anschlußrevision.

6 BFH vom 2. 3. 1983 – II R 29/82 (BStBl 1983 II S. 420)

Nimmt der Kläger seine Klage zurück, nachdem der Beklagte Revision eingelegt hat, so ergeht eine Kostenentscheidung, wonach der Kläger die Kosten des Verfahrens zu tragen hat (§ 136 Abs. 2 FGO), entgegen § 144 FGO von Amts wegen (Anschluß an den Beschluß vom 29. 9. 1977 V R 46/75, BStBl II 1978, 13, entgegen dem Beschluß vom 5. 3. 1971 VI R 184/68, BStBl II 1971, 461).

7 BFH vom 18. 8. 2005 – VI R 123/94 (BStBl 2006 II S. 39)

Hat ein Steuerpflichtiger nach einer Entscheidung des BVerfG für die Vergangenheit einen verfassungswidrigen Rechtszustand hinzunehmen und wird deshalb ein Rechtsstreit in der Hauptsache für erledigt erklärt, so entspricht es regelmäßig billigem Ermessen, dem FA die Verfahrenskosten auch insoweit aufzuerlegen, als der Steuerpflichtige bezüglich des verfassungswidrigen Sonderopfers nicht hat obsiegen können.

FGO

§ 137 Anderweitige Auferlegung der Kosten

¹Einem Beteiligten können die Kosten ganz oder teilweise auch dann auferlegt werden, wenn er obsiegt hat, die Entscheidung aber auf Tatsachen beruht, die er früher hätte geltend machen oder beweisen können und sollen. ²Kosten, die durch Verschulden eines Beteiligten entstanden sind,

können diesem auferlegt werden. ³Berücksichtigt das Gericht nach § 76 Abs. 3 Erläuterungen und Beweismittel, die im Einspruchsverfahren nach § 364b der Abgabenordnung rechtmäßig zurückgewiesen wurden, sind dem Kläger insoweit die Kosten aufzuerlegen.

§ 138 Kostenentscheidung durch Beschluss

(1) Ist der Rechtsstreit in der Hauptsache erledigt, so entscheidet das Gericht nach billigem Ermessen über die Kosten des Verfahrens durch Beschluss; der bisherige Sach- und Streitstand ist zu berücksichtigen.

(2) ¹Soweit ein Rechtsstreit dadurch erledigt wird, dass dem Antrag des Steuerpflichtigen durch Rücknahme oder Änderung des angefochtenen Verwaltungsakts stattgegeben oder dass im Falle der Untätigkeitsklage gemäß § 46 Abs. 1 Satz 3 Halbsatz 2 innerhalb der gesetzten Frist dem außergerichtlichen Rechtsbehelf stattgegeben oder der beantragte Verwaltungsakt erlassen wird, sind die Kosten der Behörde aufzuerlegen. ²§ 137 gilt sinngemäß.

(3) Der Rechtsstreit ist auch in der Hauptsache erledigt, wenn der Beklagte der Erledigungserklärung des Klägers nicht innerhalb von zwei Wochen seit Zustellung des die Erledigungserklärung enthaltenden Schriftsatzes widerspricht und er vom Gericht auf diese Folge hingewiesen worden ist.

Rechtsprechung

BFH vom 2. 12. 1982 – IV B 35/82 (BStBl 1983 II S. 332) 1

Entsteht nach Ergehen einer isolierten Kostenentscheidung des FG Streit darüber, ob übereinstimmende Erledigungserklärungen vorgelegen haben, muß das Verfahren fortgesetzt werden. Gegen die den Verfahrensfortgang ablehnende Entscheidung des FG ist die Beschwerde gegeben.

BFH vom 11. 5. 1983 – II B 25/79 (BStBl 1983 II S. 481) 2

Geben beide Beteiligte im Beschwerdeverfahren wegen Nichtzulassung der Revision Erledigungserklärungen ab und ist eine der beiden Erklärungen allein auf das Beschwerdeverfahren zu beziehen, dagegen nicht auf den gesamten Rechtsstreit, so kann eine Erledigung nur für das Beschwerdeverfahren eintreten.

BFH vom 12. 12. 1984 – I R 78/83 (BStBl 1985 II S. 258) 3

Beiderseitige Erledigungserklärungen der Beteiligten sind auch in der Revisionsinstanz möglich und zulässig. Die verfahrensrechtlichen Wirkungen der Erledigung des Rechtsstreits in der Hauptsache können jedoch nur eintreten, wenn die Revision statthaft und zulässig ist (vgl. auch BGH vom 27. 5. 1968, BGHZ 50 S. 197, und Zöller/Vollkommer, Zivilprozeßordnung, 14. Aufl., § 91a Anm. 20).

BFH vom 4. 7. 1986 – VII B 134/85 (BStBl 1986 II S. 752) 4

Wendet sich der Steuerpflichtige in einem finanzgerichtlichen Verfahren gegen die Vollstreckung aus der Festsetzung von Einkommensteuervorauszahlungen, so kann eine Erledigung des Rechtsstreits in der Hauptsache auch dadurch eintreten, daß für den betreffenden Veranlagungszeitraum ein Steuerbescheid ergeht, in dem die Einkommensteuer entsprechend dem Begehren des Steuerpflichtigen auf Herabsetzung der Vorauszahlungen niedriger festgesetzt wird.

BFH vom 4. 8. 1988 – VIII B 83/87 (BStBl 1988 II S. 947) 5

Erklären die Beteiligten den Streit über die Aussetzung des Verfahrens in der Beschwerdeinstanz übereinstimmend für in der Hauptsache erledigt, so ist für die Kosten des Beschwerdeverfahrens der Kostenausspruch in der Entscheidung zur Hauptsache maßgebend.

BFH vom 5. 3. 1991 – VIII R 6/88 (BStBl 1991 II S. 744) 6

Gibt das FG der Klage statt und errechnet die Steuer selbst, dann ist der Rechtsstreit in der Hauptsache erledigt, wenn das FA, nachdem es Revision eingelegt hat, unter Hinweis auf § 172 Abs. 1

7 **BFH vom 25. 7. 1991 – III B 10/91 (BStBl 1991 II S. 846)**

1. Auch das Verfahren über eine unzulässige Nichtzulassungsbeschwerde kann durch übereinstimmende beiderseitige Erledigungserklärungen wirksam für erledigt erklärt werden, wenn es nur um die Erledigung des Beschwerdeverfahrens geht.
2. Die Kosten des erledigten Beschwerdeverfahrens sind dann in entsprechender Anwendung des § 138 Abs. 1 FGO dem Beschwerdeführer aufzuerlegen, da das unzulässige Rechtsmittel keinen Erfolg hätte haben können.

8 **BFH vom 12. 8. 1999 – VII R 112/98 (BStBl 1999 II S. 799)**

Hat sich ein Rechtsstreit im Verfahren vor dem FG teilweise erledigt, so ist vom Revisionsgericht über die Kosten des erstinstanzlichen Verfahrens bei erfolgreicher Revision und einheitlicher Kostenentscheidung des FG ungeachtet der vom FG getroffenen Kostenverteilung hinsichtlich des auf den erledigten Teil eines einheitlichen Streitgegenstandes entfallenden Kostenanteils nach Maßgabe des § 138 FGO einheitlich mitzuentscheiden.

9 **BFH vom 29. 4. 2003 – VI R 140/90 (BStBl 2003 II S. 719)**

Bei einer Erledigung des Rechtsstreits in der Hauptsache aufgrund übereinstimmender Erklärungen der Beteiligten können dem FA die Kosten des Verfahrens auferlegt werden, wenn es einen wegen Vorliegens von Musterverfahren sachgemäßen Antrag des Klägers auf Ruhen des Verfahrens ablehnt. Die volle Kostenlast kann in einem solchen Fall auch dann billigem Ermessen entsprechen, wenn das BVerfG eine verfassungswidrige Norm weiterhin für anwendbar erklärt hat und der Kläger deshalb nicht obsiegen kann.

10 **BFH vom 18. 8. 2005 – VI R 123/94 (BStBl 2006 II S. 39)**

Hat ein Steuerpflichtiger nach einer Entscheidung des BVerfG für die Vergangenheit einen verfassungswidrigen Rechtszustand hinzunehmen, und wird deshalb ein Rechtsstreit in der Hauptsache für erledigt erklärt, so entspricht es regelmäßig billigem Ermessen, dem FA die Verfahrenskosten auch insoweit aufzuerlegen, als der Steuerpflichtige bezüglich des verfassungswidrigen Sonderopfers nicht hat obsiegen können.

11 **BFH vom 22. 5. 2008 – VIII R 8/07 (BStBl 2008 II S. 941)**

1. ...
2. Die kostenrechtlichen Bestimmungen der FGO dürfen durch eine nachfolgende Schadensersatzklage vor den Zivilgerichten nicht unterlaufen werden.

12 **BFH vom 19. 11. 2008 – VI R 80/06 (BStBl 2009 II S. 547)**

Aus den Gründen:

Da die Erklärungen der Beteiligten erst im Revisionsverfahren abgegeben wurden, ist das angefochtene Urteil gegenstandslos geworden, so dass der Senat nur noch über die Kosten des gesamten Verfahrens gemäß §§ 143 Abs. 1 i.V.m. 138 FGO zu entscheiden hat (vgl. nur BFH-Beschluss vom 25. 1. 2006, BStBl II 2006, 418, m.w.N. unter 1.b). Dabei kann dahinstehen, ob § 138 Abs. 2 Satz 1, 2. Fall FGO vor § 138 Abs. 1 FGO anzuwenden ist (vgl. BFH-Beschlüsse vom 12. 5. 1992, BFH/NV 1992, 854, und vom 22. 2. 2001, BFH/NV 2001, 936, unter II. 2. der Gründe, m.w.N.). Denn selbst bei Annahme eines Vorranges des § 138 Abs. 1 FGO sind unter Berücksichtigung des bisherigen Sach- und Streitstandes nach billigem Ermessen gemäß dieser Vorschrift die Kosten des gesamten Verfahrens dem FA aufzuerlegen. Dabei ist im Rahmen des § 138 Abs. 1 FGO zu prüfen, wie der Rechtsstreit mutmaßlich ausgegangen wäre (vgl. BFH-Beschluss vom 15. 12. 1986, BFH/NV 1988, 182; Gräber/Ruban, FGO, 6. Aufl., § 138 Rz 27).

13 **BFH vom 19. 2. 2009 – IV R 97/06 (BStBl 2009 II S. 542)**

Aus den Gründen:

Durch die übereinstimmende Erledigungserklärung der Beteiligten wurde der Rechtsstreit beendet (BFH-Urteil vom 16. 11. 2000 XI R 28/99, BStBl II 2001, 303, unter II.1. der Gründe, m.w.N.). Das FG hätte demnach lediglich nach § 138 FGO eine Kostenentscheidung treffen dürfen. Das FG hat jedoch verfahrensfehlerhaft die Erledigungserklärung als unwirksam erachtet und die Klage durch Urteil als unzulässig abgewiesen (vgl. BFH-Beschluss vom 30. 5. 2007 III B 12/06, BFH/NV 2007, 1905).

BFH vom 26. 2. 2009 – VI R 17/07 (BStBl 2009 II S. 421) 14

Die Kosten eines Verfahrens, das ursprünglich die Eintragung eines höheren Freibetrags auf der Lohnsteuerkarte zum Gegenstand hatte und das die Beteiligten nach der Entscheidung des BVerfG vom 9. 12. 2008 zur Verfassungswidrigkeit von § 9 Abs. 2 Satz 1 und Satz 2 EStG i.d.F. des StÄndG 2007 vom 19. 7. 2006 (BGBl I 2006, 1652, BStBl I 2006, 432) in der Hauptsache für erledigt erklärt haben, sind dem FA aufzuerlegen. Dies gilt ungeachtet der Tatsache, dass § 9 Abs. 2 Satz 2 EStG zunächst nur im Wege vorläufiger Steuerfestsetzung ohne die Beschränkung auf „erhöhte" Aufwendungen „ab dem 21. Entfernungskilometer" gilt.

BFH vom 23. 2. 2011 – V B 61/10 (BFH/NV 2011 S. 832) 15

Für die Entscheidung, ob die Hinzuziehung eines Bevollmächtigten für das außergerichtliche Vorverfahren notwendig war, ist das FG auch dann zuständig, wenn die übereinstimmenden Erledigungserklärungen erst im Nichtzulassungsbeschwerdeverfahren vor dem BFH abgegeben werden.

§ 139 Erstattungsfähige Kosten

(1) Kosten sind die Gerichtskosten (Gebühren und Auslagen) und die zur zweckentsprechenden Rechtsverfolgung oder Rechtsverteidigung notwendigen Aufwendungen der Beteiligten einschließlich der Kosten des Vorverfahrens.

(2) Die Aufwendungen der Finanzbehörden sind nicht zu erstatten.

(3) [1]Gesetzlich vorgesehene Gebühren und Auslagen eines Bevollmächtigten oder Beistandes, der nach den Vorschriften des Steuerberatungsgesetzes zur geschäftsmäßigen Hilfeleistung in Steuersachen befugt ist, sind stets erstattungsfähig. [2]Aufwendungen für einen Bevollmächtigten oder Beistand, für den Gebühren und Auslagen gesetzlich nicht vorgesehen sind, können bis zur Höhe der gesetzlichen Gebühren und Auslagen der Rechtsanwälte erstattet werden. [3]Soweit ein Vorverfahren geschwebt hat, sind die Gebühren und Auslagen erstattungsfähig, wenn das Gericht die Zuziehung eines Bevollmächtigten oder Beistandes für das Vorverfahren für notwendig erklärt. [4]Steht der Bevollmächtigte oder Beistand in einem Angestelltenverhältnis zu einem Beteiligten, so werden die durch seine Zuziehung entstandenen Gebühren nicht erstattet.

(4) Die außergerichtlichen Kosten des Beigeladenen sind nur erstattungsfähig, wenn das Gericht sie aus Billigkeit der unterliegenden Partei oder der Staatskasse auferlegt.

Rechtsprechung

BFH vom 26. 4. 1977 – VII B 102/75 (BStBl 1977 II S. 615) 1

Beteiligte, die sich im finanzgerichtlichen Verfahren nicht durch einen Bevollmächtigten i.S. des § 139 Abs. 3 FGO vertreten lassen, haben, sofern sie selbst nicht zu diesem Personenkreis gehören, keinen Anspruch darauf, daß ihnen in entsprechender Anwendung des § 91 Abs. 2 Satz 4 ZPO Gebühren nach der Bundesgebührenordnung für Rechtsanwälte als notwendige Aufwendungen erstattet werden.[1]

BFH vom 8. 6. 1982 – VIII R 68/79 (BStBl 1982 II S. 602) 2

Die Kosten einer Bürgschaft, die als Sicherheit zur Erlangung eines Vollstreckungsaufschubs im Hinblick auf ein schwebendes Vollziehungsaussetzungsverfahren dient, sind Aufwendungen des Vollziehungsaussetzungsverfahrens.

BFH vom 10. 8. 1988 – II B 138/87 (BStBl 1988 II S. 842) 3

Hat ein Beigeladener kein eigenes Kostenrisiko i.S. des § 135 Abs. 3 FGO getragen und das Verfahren durch eigene Ausführungen auch nicht gefördert, so entspricht es nicht der Billigkeit, daß die unterliegende Partei oder die Staatskasse seine außergerichtlichen Kosten trägt.

---

[1]) Beachte auch Urteile vom 2. 11. 1971 (BStBl 1972 II S. 94), vom 10. 2. 1972 (BStBl 1972 II S. 355), vom 29. 3. 1973 (BStBl 1973 II S. 535), vom 24. 10. 1973 (BStBl 1974 II S. 222) und vom 9. 11. 1976 (BStBl 1977 II S. 82).

4 BFH vom 22. 10. 1991 – VIII R 81/87 (BStBl 1992 II S. 147)

Die außergerichtlichen Kosten eines Beigeladenen sind nach § 139 Abs. 4 FGO aus Billigkeitsgründen der unterliegenden Partei oder der Staatskasse aufzuerlegen, wenn der Beigeladene durch seinen Prozeßbevollmächtigten nicht nur die Zurückweisung der Revision beantragt, sondern auch erklärt, daß er auf mündliche Verhandlung verzichte.

5 BFH vom 25. 1. 2006 – IV R 14/04 (BStBl 2006 II S. 418)

Aus den Gründen:
Die außergerichtlichen Kosten eines Beigeladenen sind nicht gemäß § 143 Abs. 1 S. 1 i.V.m. § 139 Abs. 4 FGO erstattungsfähig, wenn kein eigener Sachantrag gestellt worden ist.

6 BFH vom 19. 11. 2008 – III R 105/07 (HFR 2009 S. 477)

Aus den Gründen:
Für eine Entscheidung über die außergerichtlichen Kosten der Beigeladenen i.S. von § 139 Abs. 4 FGO besteht kein Anlass. Die Beigeladene ist im Revisionsverfahren nicht vertreten und es ist auch nicht erkennbar, dass ihr besondere außergerichtliche Kosten entstanden sind (vgl. BFH-Urteil vom 1. 8. 2001 II R 47/00, BFH/NV 2002, 788, m.w.N.).

7 BFH vom 14. 5. 2009 – IV R 47/07 (BStBl 2009 II S. 900)

Aus den Gründen:
Der Antrag, die Zuziehung des Bevollmächtigten für das Vorverfahren für notwendig zu erklären, ist im Revisionsverfahren unzulässig. Die Entscheidung nach § 139 Abs. 3 Satz 3 FGO gehört sachlich zum Kostenfestsetzungsverfahren. Zuständig ist daher das FG als Gericht des ersten Rechtszuges (vgl. u.a. BFH-Urteil vom 28. 3. 2000 VIII R 68/96, BFHE 191, 505, unter 4. der Gründe m.w. N.).

8 BFH vom 1. 7. 2009 – I R 76/08 (BStBl 2010 II S. 1061)

Aus den Gründen:
Die Kostenentscheidung beruht auf § 135 Abs. 2 FGO. Den Klägern waren gemäß § 139 Abs. 4 FGO auch die außergerichtlichen Kosten der Beigeladenen aufzuerlegen, weil diese das Verfahren durch Erklärung des Einverständnisses mit einer Entscheidung ohne mündliche Verhandlung gefördert hat (vgl. BFH-Urteile vom 19. 5. 1993 I R 124/91, BStBl II 1993, 889; vom 20. 6. 2001 VI R 169/97, BFH/NV 2001, 1443; vom 9. 2. 2009 III R 39/07, juris, jeweils m.w.N.).

9 BFH vom 27. 1. 2011 – V R 7/09 (BFH/NV 2011 S. 1030)

Aus den Gründen:
Hat der Beigeladene das Verfahren durch seine Schriftsätze und den Verzicht auf mündliche Verhandlung im Revisionsverfahren gefördert, so entspricht es der Billigkeit, seine außergerichtlichen Kosten dem Kläger aufzuerlegen, soweit dieser unterlegen ist und daher die Kosten des Verfahrens zu tragen hat (vgl. z.B. BFH-Urteile vom 9. 2. 2009 III R 36/07, juris; vom 20. 6. 2001 – VI R 169/97, BFH/NV 2001, 1443).

FGO §§ 140, 141 (weggefallen)

FGO § 142 Prozesskostenhilfe

(1) Die Vorschriften der Zivilprozessordnung über die Prozesskostenhilfe gelten sinngemäß.

(2) Einem Beteiligten, dem Prozesskostenhilfe bewilligt worden ist, kann auch ein Steuerberater beigeordnet werden.

Rechtsprechung

BFH vom 3. 4. 1987 – VI B 150/85 (BStBl 1987 II S. 573)

Der Antrag auf Bewilligung von Prozeßkostenhilfe kann schon vor Klageerhebung gestellt werden.

BFH vom 23. 1. 1991 – II S 15/90 (BStBl 1991 II S. 366)

Wird der Antrag auf PKH innerhalb der Rechtsmittelfrist wirksam gestellt, so hat das Prozeßgericht bei der Prüfung der Erfolgsaussichten in der Rechtsmittelinstanz von dem Rechtsmittel auszugehen, das zu dem vom Antragsteller erstrebten Erfolg führen kann. Es ist nicht erforderlich, daß der Antragsteller eines von ihm in der Revisionsinstanz selbst gestellten Antrags auf PKH das zulässige Rechtsmittel bezeichnet und ein Mindestmaß an Begründung dieses Rechtsmittels vorträgt.

BFH vom 19. 6. 2000 – VI S 2/00 (BStBl 2001 II S. 439)

Prozesskostenhilfe für eine ohne Prozessbevollmächtigten erhobene Nichtzulassungsbeschwerde kann nur gewährt werden, wenn der Antrag auf Prozesskostenhilfe und die erforderliche Begründung einschließlich Vordruck innerhalb der Beschwerdefrist eingehen.

BFH vom 13. 9. 2000 – VI B 134/00 (BStBl 2001 II S. 108)

Die Klage eines Ausländers, der nur eine Aufenthaltsbefugnis besitzt, auf Zahlung von Kindergeld hat bei summarischer Beurteilung hinreichende Aussicht auf Erfolg. Bei Vorliegen der übrigen Voraussetzungen kann deshalb Prozesskostenhilfe gewährt werden (Abweichung von der bisherigen Rechtsprechung).

BFH vom 11. 4. 2001 – VII B 304/00 (BStBl 2001 II S. 525)

Aus den Gründen:

Nach § 142 Abs. 1 FGO i.V.m. § 116 Satz 1 Nr. 1 ZPO ist einem Konkursverwalter als Partei kraft Amtes auf Antrag Prozesskostenhilfe zu bewilligen, wenn die Kosten aus der verwalteten Vermögensmasse nicht aufgebracht werden können und den am Gegenstand des Rechtsstreits wirtschaftlich Beteiligten nicht zuzumuten ist, die Kosten aufzubringen. Ferner wird vorausgesetzt, dass die beabsichtigte Rechtsverfolgung oder Rechtsverteidigung hinreichende Aussicht auf Erfolg bietet und nicht mutwillig erscheint (§ 116 Satz 2 i.V.m. § 114 letzter Halbsatz ZPO). Eine beabsichtigte Rechtsverfolgung bietet hinreichende Aussicht auf Erfolg, wenn das Gericht den Rechtsstandpunkt des Antragstellers aufgrund dessen Sachdarstellung und der vorhandenen Unterlagen für zutreffend oder zumindest für vertretbar hält, in tatsächlicher Hinsicht von der Möglichkeit der Beweisführung überzeugt ist und deshalb bei summarischer Prüfung für einen Eintritt des angestrebten Erfolges eine gewisse Wahrscheinlichkeit besteht. Er darf nicht von vornherein aussichtslos erscheinen (ständige Rechtsprechung des BFH).

BFH vom 27. 10. 2004 – VII S 11/04 (BStBl 2005 II S. 139)

Die nach der Rechtsprechung des BFH erforderliche laienhafte Darlegung von Revisionszulassungsgründen in einem Antrag auf Gewährung von PKH für das Verfahren der Beschwerde wegen Nichtzulassung der Revision kann von dem Antragsteller innerhalb der in § 116 Abs. 3 Satz 1 FGO bezeichneten Zwei-Monats-Frist nachgereicht werden.

BFH vom 7. 12. 2007 – VIII S 13/07 (BFH/NV 2008 S. 591)

1. Die Prüfung der Erfolgsaussichten eines PKH-Antrages soll nicht dazu dienen, wie Rechtsverfolgung selbst in das Nebenverfahren der PKH vorzuverlagern und dies an die Stelle des Hauptsacheverfahrens treten zu lassen.

2. Bei der im PKV-Verfahren gebotenen summarischen Prüfung des Eintritts des angestrebten Erfolges muss berücksichtigt werden, dass der Zweck der PKH darin besteht, eine möglichst weit gehende Angleichung der Situation von Bemittelten und Unbemittelten bei der Verwirklichung des Rechtsschutzes zu gewährleisten und damit den Gleichheitsgrundsatz und dem Rechtsstaatsprinzip Rechnung zu tragen.

3. Deshalb dürfen bei der Prüfung der Erfolgsaussichten eines Rechtsmittels keine zu großen Anforderungen gestellt werden. Insbesondere dürfen keine schwierigen, bislang noch nicht hinreichend geklärten Rechtsfragen oder Tatsachenfragen entschieden werden, deren Entscheidung grundsätzlich dem Hauptsacheverfahren vorbehalten ist.

4. Wenn auch die Bewilligung von PKH regelmäßig auf den Zeitpunkt der Antragstellung zurückwirkt, so sind gleichwohl für die Beurteilung der Erfolgsaussichten die Verhältnisse und der Kenntnisstand im Zeitpunkt der Entscheidung über den PKH-Antrag maßgebend.

5. Ist das Ziel der Rechtsverfolgung die Durchführung des Nichtzulassungsbeschwerdeverfahrens und ist dieses Rechtsmittel bereits durch einen beim BFH vertretungsberechtigten Bevollmächtigten fristgerecht eingelegt und begründet worden, so erstreckt sich die gebotene summarische Prüfung der Erfolgsaussichten auch auf die Beschwerdebegründung.

8 BFH vom 17. 3. 2009 – X S 4/09 (BFH/NV 2009 S. 1132)

Prozesskostenhilfe kann nur dann gewährt werden, wenn der Antragsteller innerhalb der Rechtsmittelfrist u.a. eine Erklärung über seine persönlichen und wirtschaftlichen Verhältnisse nach § 117 Abs. 2 ZPO auf dem vorgeschriebenen Vordruck (§ 117 Abs. 4 ZPO) vorlegt. Auf Unkenntnis kann sich der Antragsteller nicht berufen, da er sich über die Voraussetzungen einer Bewilligung von Prozesskostenhilfe grundsätzlich selbst kundig machen muss; die Gerichte treffen insoweit keine besonderen Hinweispflichten.

9 BFH vom 1. 7. 2009 – V S 10/07 (BStBl 2009 II S. 824)

Der Senat nimmt seine Vorlage an den Gemeinsamen Senat der obersten Gerichtshöfe des Bundes zur Frage der Statthaftigkeit einer Gegenvorstellung gegen einen Beschluss über einen Antrag auf Prozesskostenhilfe (Beschluss vom 26. 9. 2007 – V S 10/07, BStBl II 2008, 60) zurück.

10 BFH vom 25. 8. 2009 – V S 10/07 (BStBl 2009 II S. 1019)

1. ...

2. Wird Prozesskostenhilfe (PKH) für eine bereits eingelegte, offensichtlich unzulässige Nichtzulassungsbeschwerde begehrt, können – abweichend von dem Grundsatz, dass über einen PKH-Antrag grundsätzlich vor der Hauptsache zu entscheiden ist – beide Entscheidungen aus Praktikabilitätserwägungen zeitgleich getroffen werden, ggf. nach Verbindung beider Verfahren in einem Beschluss.

3. Ein – im Wege einer Gegenvorstellung – wiederholter Antrag auf Gewährung von PKH ist nur zulässig, wenn neue Tatsachen, Beweismittel oder rechtliche Gesichtspunkte vorgetragen werden, die Veranlassung zu einer für den Antragsteller günstigeren Beurteilung der Erfolgsaussichten geben könnten.

11 BFH vom 16. 2. 2011 – X S 29/10 (BFH/NV 2011 S. 1169)

Wird PKH für eine bereits eingelegte und durch einen Prozessbevollmächtigten begründete Nichtzulassungsbeschwerde begehrt und genügt die Begründung der Nichtzulassungsbeschwerde nicht den gesetzlichen Darlegungsanforderungen, steht weder das verfassungsrechtliche Gebot der weitgehenden Angleichung der Situation von Bemittelten und Unbemittelten noch der Anspruch auf Gewährung effektiven Rechtsschutzes einer zeitgleichen Entscheidung über den PKH-Antrag und die Nichtzulassungsbeschwerde entgegen.

12 BFH vom 11. 5. 2011 – V S 12/11 (BFH/NV 2011 S. 1524)

Beantragt der Antragsteller, ihm für ein fristgebundenes Rechtsmittel PKH zu gewähren, muss er innerhalb der Rechtsmittelfrist eine Erklärung über seine persönlichen und wirtschaftlichen Verhältnisse auf dem dafür vorgeschriebenen Formblatt vorlegen. Lediglich bei einer unvollständigen Darstellung der wirtschaftlichen Verhältnisse kann ausnahmsweise berücksichtigt werden, dass der Antragsteller durch einen entsprechenden Bewilligungsbescheid des laufenden Bezug von Sozialhilfeleistungen zur Sicherung des Lebensunterhalts belegt.

§ 143 Kostenentscheidung

(1) Das Gericht hat im Urteil oder, wenn das Verfahren in anderer Weise beendet worden ist, durch Beschluss über die Kosten zu entscheiden.

(2) Wird eine Sache vom Bundesfinanzhof an das Finanzgericht zurückverwiesen, so kann diesem die Entscheidung über die Kosten des Verfahrens übertragen werden.

Rechtsprechung

BFH vom 19. 11. 2008 – VI R 80/06 (BStBl 2009 II S. 547) 1

Aus den Gründen:
Der Rechtsstreit ist infolge der übereinstimmenden Erklärungen der Beteiligten in der Hauptsache erledigt. Die Erledigung der Hauptsache kann auch dann erklärt werden, wenn nach Ergehen eines Gerichtsbescheids Antrag auf mündliche Verhandlung gestellt worden ist (Beschluss des BFH vom 7. 11. 2007, BFH/NV 2008, 403, m.w.N.).

Da die Erklärungen der Beteiligten erst im Revisionsverfahren abgegeben wurden, ist das angefochtene Urteil gegenstandslos geworden, so dass der Senat nur noch über die Kosten des gesamten Verfahrens gemäß §§ 143 Abs. 1 i.V.m. 138 FGO zu entscheiden hat (vgl. nur BFH-Beschluss vom 25. 1. 2006, BStBl II 2006, 418, m.w.N. unter 1.b). Dabei kann dahinstehen, ob § 138 Abs. 2 Satz 1, 2. Fall FGO vor § 138 Abs. 1 FGO anzuwenden ist (vgl. BFH-Beschlüsse vom 12. 5. 1992, BFH/NV 1992, 854, und vom 22. 2. 2001, BFH/NV 2001, 936, unter II. 2. der Gründe, m.w.N.). Denn selbst bei Annahme eines Vorrangs des § 138 Abs. 1 FGO sind unter Berücksichtigung des bisherigen Sach- und Streitstandes nach billigem Ermessen gemäß dieser Vorschrift die Kosten des gesamten Verfahrens dem FA aufzuerlegen. Dabei ist im Rahmen des § 138 Abs. 1 FGO zu prüfen, wie der Rechtsstreit mutmaßlich ausgegangen wäre (vgl. BFH-Beschluss vom 15. 12. 1986, BFH/NV 1988, 182; Gräber/Ruban, FGO, 6. Aufl., § 138 Rz 27).

BFH vom 26. 2. 2009 – VI R 17/07 (BStBl 2009 II S. 421) 2

Aus den Gründen:
Der Rechtsstreit ist infolge der übereinstimmenden Erklärungen der Beteiligten in der Hauptsache erledigt. Einer Erledigungserklärung des Beigetretenen als sonstigem Beteiligten bedarf es nicht (vgl. Beschluss des BFH vom 25. 1. 2006 IV R 14/04, BStBl II 2006, 418, m.w.N. unter 1. a).

BFH vom 23. 2. 2011 – V B 61/10 (BFH/NV 2011 S. 832) 3

Für die Entscheidung, ob die Hinzuziehung eines Bevollmächtigten für das außergerichtliche Vorverfahren notwendig war, ist das FG auch dann zuständig, wenn die übereinstimmenden Erledigungserklärungen erst im Nichtzulassungsbeschwerdeverfahren vor dem BFH abgegeben werden.

§ 144 Kostenentscheidung bei Rücknahme eines Rechtsbehelfs FGO

Ist ein Rechtsbehelf seinem vollen Umfange nach zurückgenommen worden, so wird über die Kosten des Verfahrens nur entschieden, wenn ein Beteiligter Kostenerstattung beantragt.

Rechtsprechung

BFH vom 18. 3. 2010 – VII B 265/09 u.a. (BFH/NV 2010 S. 1112) 1

Die Absicht, i.S.v. § 144 FGO Kostenerstattung zu beantragen, kann unterstellt werden, wenn bei Rücknahme einer vom FA eingelegen Nichtzulassungsbeschwerde anzunehmen ist, dass dem anwaltlich vertretenen Kläger, der ausdrücklich beantragt, dem FA die Kosten des Beschwerdeverfahrens aufzuerlegen, erstattungsfähige Aufwendungen entstanden sind.

§ 145 Anfechtung der Kostenentscheidung FGO

Die Anfechtung der Entscheidung über die Kosten ist unzulässig, wenn nicht gegen die Entscheidung in der Hauptsache ein Rechtsmittel eingelegt wird.

Rechtsprechung

1 BFH vom 19. 12. 2007 – X B 89/07 (BFH/NV 2008 S. 599)

Die Rüge einer fehlerhaften Kostenentscheidung kann nicht zur Zulassung der Revision führen, wenn die Nichtzulassungsbeschwerde in der Hauptsache keinen Erfolg hat.

2 BFH vom 22. 7. 2008 – VIII R 8/07 (BStBl 2008 II S. 941)

1. Ein berechtigtes Interesse für eine Fortsetzungsfeststellungsklage gemäß § 100 Abs. 1 Satz 4 FGO besteht nicht, wenn der Kläger die Erhebung einer Schadensersatzklage gegen die Behörde allein wegen der durch den Finanzrechtsstreit und das außergerichtliche Rechtsbehelfsverfahren verursachten Kosten beabsichtigt.
2. Die kostenrechtlichen Bestimmungen der FGO dürfen durch eine nachfolgende Schadensersatzklage vor den Zivilgerichten nicht unterlaufen werden.

§§ 146 – 148 (weggefallen)

§ 149 Festsetzung der zu erstattenden Aufwendungen

(1) Die den Beteiligten zu erstattenden Aufwendungen werden auf Antrag von dem Urkundsbeamten des Gerichts des ersten Rechtszuges festgesetzt.

(2) ¹Gegen die Festsetzung ist die Erinnerung an das Gericht gegeben. ²Die Frist für die Einlegung der Erinnerung beträgt zwei Wochen. ³Über die Zulässigkeit der Erinnerung sind die Beteiligten zu belehren.

(3) Der Vorsitzende des Gerichts oder das Gericht können anordnen, dass die Vollstreckung einstweilen auszusetzen ist.

(4) Über die Erinnerung entscheidet das Gericht durch Beschluss.

Rechtsprechung

1 BFH vom 3. 12. 2007 – VI S 22/05 (BStBl 2008 II S. 306)

Der Urkundsbeamte des FG ist auch dann für die Kostenfestsetzung nach § 149 Abs. 1 FGO zuständig, wenn der BFH als Gericht der Hauptsache in einem Verfahren der Aussetzung der Vollziehung entschieden hat, das nicht zuvor beim FG anhängig war.

ABSCHNITT II
Vollstreckung (§§ 150 – 154)

§ 150 Anwendung der Bestimmungen der AO

¹Soll zugunsten des Bundes, eines Landes, eines Gemeindeverbands, einer Gemeinde oder einer Körperschaft, Anstalt oder Stiftung des öffentlichen Rechts als Abgabenberechtigte vollstreckt werden, so richtet sich die Vollstreckung nach den Bestimmungen der Abgabenordnung, soweit nicht durch Gesetz etwas anderes bestimmt ist. ²Vollstreckungsbehörden sind die Finanzämter und Hauptzollämter. ³Für die Vollstreckung gilt § 69 sinngemäß.

§ 151   Anwendung der Bestimmungen der ZPO

(1) ¹Soll gegen den Bund, ein Land, einen Gemeindeverband, eine Gemeinde, eine Körperschaft, eine Anstalt oder Stiftung des öffentlichen Rechts vollstreckt werden, so gilt für die Zwangsvollstreckung das Achte Buch der Zivilprozessordnung sinngemäß; § 150 bleibt unberührt. ²Vollstreckungsgericht ist das Finanzgericht.

(2) Vollstreckt wird
1. aus rechtskräftigen und aus vorläufig vollstreckbaren gerichtlichen Entscheidungen,
2. aus einstweiligen Anordnungen,
3. aus Kostenfestsetzungsbeschlüssen.

(3) Urteile auf Anfechtungs- und Verpflichtungsklagen können nur wegen der Kosten für vorläufig vollstreckbar erklärt werden.

(4) Für die Vollstreckung können den Beteiligten auf ihren Antrag Ausfertigungen des Urteils ohne Tatbestand und ohne Entscheidungsgründe erteilt werden, deren Zustellung in den Wirkungen der Zustellung eines vollständigen Urteils gleichsteht.

Hinweise

Kostenfestsetzung im finanzgerichtlichen Verfahren, vorläufige Vollstreckbarkeit von Kostenentscheidungen des Finanzgerichts

(FM Nordrhein-Westfalen, Erlass vom 1. 8. 2003[1]) – FG 2041 –)

Nach § 143 FGO hat das Finanzgericht im Urteil oder, wenn das Verfahren in anderer Weise beendet worden ist, durch Beschluss darüber zu entscheiden, wer die Kosten des Verfahrens trägt. Hatte der Kläger mit seiner Klage vor dem Finanzgericht Erfolg, so hat ihm das Finanzamt die zu seiner Rechtsverfolgung notwendigen Aufwendungen zu erstatten (§§ 135, 139 FGO). Die Kostenentscheidung des Finanzgerichts ist Grundlage für das Kostenfestsetzungsverfahren gem. §§ 149, 155 FGO i.V.m. §§ 103–107 ZPO, in dem über die Höhe der dem Kläger zu erstattenden Kosten entschieden wird. Voraussetzung für einen Antrag nach § 149 Abs. 1 FGO ist, dass die Entscheidung des Finanzgerichts rechtskräftig ist oder vom Finanzgericht für vorläufig vollstreckbar erklärt worden ist (§ 151 Abs. 2 Nr. 1 FGO). Urteile auf Anfechtungs- und Verpflichtungsklagen können nach § 151 Abs. 3 FGO nur wegen der Kosten für vorläufig vollstreckbar erklärt werden.

Das Finanzgericht hat seine Entscheidungen gem. §§ 151 Abs. 1 FGO, 708 Nr. 6 (= Urteile, die Arreste und einstweilige Anordnungen aufheben) und Nr. 10 ZPO (= Urteile in vermögensrechtlichen Streitigkeiten) zumindest hinsichtlich der Kosten stets für vorläufig vollstreckbar zu erklären. Des Weiteren hat es von Amts wegen auszusprechen, dass der Kostenschuldner (das Finanzamt) die Vollstreckung durch Sicherheitsleistung abwenden kann, wenn nicht der Gläubiger Sicherheit leistet (§ 711 ZPO). Andernfalls ist binnen zwei Wochen nach Zustellung Ergänzung des Urteils gem. § 109 FGO zu beantragen (vgl. BFH-Urteil vom 15. 4. 1981, BStBl 1981 II S. 402). Hat das Finanzgericht abgelehnt das Urteil insoweit zu ergänzen, kommt vorläufiger Rechtsschutz gem. § 719 Abs. 2 ZPO i.V.m. § 151 Abs. 1 Satz 1 FGO in Betracht (vgl. BFH-Urteil vom 20. 12. 1993, BFH/NV 1994 S. 335).

Beabsichtigt das Finanzamt gegen das Urteil des Finanzgerichts Rechtsmittel einzulegen, so sollte stets von der Möglichkeit der Sicherheitsleistung oder Hinterlegung Gebrauch gemacht werden. Andernfalls müssten nach erfolgreichem Revisionsverfahren die zu Unrecht erstatteten Kosten auf zivilrechtlichem Wege zurückgefordert werden, soweit der Kläger und Revisionsbeklagte die Kosten nicht freiwillig erstattet (§ 717 Abs. 2 bzw. Abs. 3 ZPO, vgl. BFH-Urteil vom 13. 2. 1973, BStBl 1973 II S. 502).

Die Hinterlegung erfolgt zur Sicherung (nicht zur Erfüllung) gem. §§ 108 f. ZPO i.V.m. der Hinterlegungsordnung. Das Muster eines Hinterlegungsantrages ist als Anlage beigefügt[2]). Entsprechende Vordrucke können beim Amtsgericht angefordert werden.

---
[1]) Stand: 12/03
[2]) Anlage hier nicht wiedergegeben.

Rsp **Rechtsprechung**

2 BFH vom 16. 5. 2000 – VII B 200/98 (BStBl 2000 II S. 541)

1. Ein finanzgerichtliches Urteil, in welchem die Finanzbehörde dazu verurteilt worden ist, Einsicht in eine bestimmte Akte zu gewähren, unterliegt grundsätzlich der Vollstreckung nach § 888 ZPO über die Zwangsvollstreckung zur Erwirkung nicht vertretbarer Handlungen.

2. Beruft sich die Behörde auf das Nichtvorhandensein der Akte oder weiterer Aktenteile und will der Vollstreckungsgläubiger sicher sein, dass die ihm vorgelegte oder vorzulegende Akte vollständig ist, ist die Verpflichtung der öffentlichen Hand zur Einsichtgewährung jedoch in entsprechender Anwendung des § 883 Abs. 2 und 3 ZPO wie ein Herausgabeanspruch zu vollstrecken.

3 BFH vom 19. 1. 2007 – VII B 318/06 (BFH/NV 2007 S. 1144)

1. Die im eigenen Namen erhobene Beschwerde des Prozessbevollmächtigten gegen den den Antrag auf Vollstreckung aus dem Kostenfestsetzungsbeschluss ablehnenden Beschluss des FG ist unzulässig.

2. Nur der im bestandskräftigen Kostenfestsetzungsbeschluss als Gläubiger des Kostenerstattungsanspruchs Bezeichnete kann das Verfahren auf Durchführung der Vollstreckung gemäß § 151 Abs. 2 Nr. 3, § 152 FGO betreiben. Dem Prozessbevollmächtigten bleibt unbenommen, die Umschreibung des Titels zu betreiben.

3. Hat das FG auf Antrag des FA die Vollstreckung aus dem Kostenbeschluss einstweilen eingestellt, kann der Vollstreckungsantrag nach § 152 FGO erst gestellt werden, wenn von diesem Beschluss – unbeschadet seiner materiellen Richtigkeit – keine Rechtswirkung mehr ausgeht.

4. Die Aufrechnung des FA mit einer Steuerforderung gegen den Kostenerstattungsanspruch des Klägers ist – anders als gegen den eigenständigen Kostenerstattungsanspruch des dem bedürftigen Steuerpflichtigen im Wege der Prozesskostenhilfe beigeordneten Rechtsanwalts – zulässig, auch wenn ein Honoraranspruch des vom Kläger selbst gewählten Anwalts besteht.

4 BFH vom 1. 7. 2009 – VII B 115/09 (BFH/NV 2009 S. 1821)

1. Hat das FA an den im Kostenfestsetzungsbeschluss bezeichneten Gläubiger gezahlt, besteht für einen Vollstreckungsantrag dieses Gläubigers mit dem Ziel, eine Zahlung an den prozessbevollmächtigten Zessionar zu erreichen, kein Rechtsschutzinteresse.

2. Die Vollstreckung aus dem Kostenfestsetzungsbeschluss kann allein der darin bezeichnete Gläubiger betreiben.

3. Auch im Kostenfestsetzungsverfahren könnte der Prozessbevollmächtigte die Gläubigerstellung als Zessionar nicht für sich erreichen. Jedoch kann die Abtretung – vor Erfüllung der Kostenschuld – ggf. durch Umschreibung des Kostenfestsetzungsbeschlusses entsprechend § 727 ZPO berücksichtigt werden.

FGO   **§ 152 Vollstreckung wegen Geldforderungen**

(1) ¹Soll im Falle des § 151 wegen einer Geldforderung vollstreckt werden, so verfügt das Vollstreckungsgericht auf Antrag des Gläubigers die Vollstreckung. ²Es bestimmt die vorzunehmenden Vollstreckungsmaßnahmen und ersucht die zuständigen Stellen um deren Vornahme. ³Die ersuchte Stelle ist verpflichtet, dem Ersuchen nach den für sie geltenden Vollstreckungsvorschriften nachzukommen.

(2) ¹Das Gericht hat vor Erlass der Vollstreckungsverfügung die Behörde oder bei Körperschaften, Anstalten und Stiftungen des öffentlichen Rechts, gegen die vollstreckt werden soll, die gesetzlichen Vertreter von der beabsichtigten Vollstreckung zu benachrichtigen mit der Aufforderung, die Vollstreckung innerhalb einer vom Gericht zu bemessenden Frist abzuwenden. ²Die Frist darf einen Monat nicht übersteigen.

(3) ¹Die Vollstreckung ist unzulässig in Sachen, die für die Erfüllung öffentlicher Aufgaben unentbehrlich sind oder deren Veräußerung ein öffentliches Interesse entgegensteht. ²Über Einwendungen entscheidet das Gericht nach Anhörung der zuständigen Aufsichtsbehörde oder bei obersten Bundes- oder Landesbehörden des zuständigen Ministers.

(4) Für öffentlich-rechtliche Kreditinstitute gelten die Absätze 1 bis 3 nicht.

(5) Der Ankündigung der Vollstreckung und der Einhaltung einer Wartefrist bedarf es nicht, wenn es sich um den Vollzug einer einstweiligen Anordnung handelt.

Rechtsprechung

BFH vom 15. 4. 1981 – IV S 3/81 (BStBl 1981 II S. 402)

Urteile des FG auf Anfechtungs- und Verpflichtungsklagen sind wegen der Kostenentscheidung von Amts wegen ohne Sicherheitsleistung für vorläufig vollstreckbar zu erklären; dabei ist gleichzeitig gemäß § 711 ZPO i.V.m. § 151 FGO auszusprechen, daß der Kostenschuldner die Vollstreckung durch Sicherheitsleistung oder Hinterlegung abwenden darf, wenn nicht der Gläubiger vor der Vollstreckung Sicherheit leistet.

BFH vom 2. 11. 1994 – VII B 109/94 (BFH/NV 1995 S. 616)

Die Verfügung der Vollstreckung gegen die öffentliche Hand gemäß den §§ 152 Abs. 1 Satz 1, 151 Abs. 2 Nr. 1 FGO setzt deren Verurteilung zu einer Geldleistung voraus. Hat das FG aufgrund einer Anfechtungsklage einen Abrechnungsbescheid des FA geändert und darin ein Erstattungsguthaben zugunsten des Klägers ausgewiesen, so liegt darin nicht die Verurteilung zu einer Geldleistung. Es handelt sich vielmehr um ein Gestaltungsurteil, das bezüglich des Hauptausspruches einer Vollstreckung nicht fähig ist.

BFH vom 1. 7. 2009 – VII B 115/09 (BFH/NV 2009 S. 1821)

1. NV: Hat das FA an den im Kostenfestsetzungsbeschluss bezeichneten Gläubiger gezahlt, besteht für einen Vollstreckungsantrag dieses Gläubigers mit dem Ziel, eine Zahlung an den prozessbevollmächtigten Zessionar zu erreichen, kein Rechtsschutzinteresse.
2. Die Vollstreckung aus dem Kostenfestsetzungsbeschluss kann allein der darin bezeichnete Gläubiger betreiben.
3. Auch im Kostenfestsetzungsverfahren könnte der Prozessbevollmächtigte die Gläubigerstellung als Zessionar nicht für sich erreichen. Jedoch kann die Abtretung – vor Erfüllung der Kostenschuld – ggf. durch Umschreibung des Kostenfestsetzungsbeschlusses entsprechend § 727 ZPO berücksichtigt werden.

§ 153 Ohne Vollstreckungsklausel

In den Fällen der §§ 150, 152 Abs. 1 bis 3 bedarf es einer Vollstreckungsklausel nicht.

§ 154 Androhung eines Zwangsgeldes

¹Kommt die Finanzbehörde in den Fällen des § 100 Abs. 1 Satz 2 und der §§ 101 und 114 der ihr im Urteil oder in der einstweiligen Anordnung auferlegten Verpflichtung nicht nach, so kann das Gericht des ersten Rechtszuges auf Antrag unter Fristsetzung gegen sie ein Zwangsgeld bis eintausend Euro durch Beschluss androhen, nach fruchtlosem Fristablauf festsetzen und von Amts wegen vollstrecken. ²Das Zwangsgeld kann wiederholt angedroht, festgesetzt und vollstreckt werden.

Rechtsprechung

BFH vom 16. 5. 2000 – VII B 200/98 (BStBl 2000 II S. 541)

Aus den Gründen:
Eine Ausdehnung des § 154 FGO auf alle Fälle einer Verurteilung zu einer anderen als einer Geldleistung hält der Senat, obschon dies an und für sich sinnvoll wäre, angesichts des klaren Wortlauts der Vorschrift für ausgeschlossen (vgl. für § 172 der Verwaltungsgerichtsordnung – VwGO –, der dem § 154 FGO entsprechenden Vorschrift im Verwaltungsprozessrecht, etwa Eyermann, Verwaltungsgerichtsordnung, 10. Aufl. 1998, § 172 Rz. 9 und 10).

VIERTER TEIL
ÜBERGANGS- UND SCHLUSSBESTIMMUNGEN (§§ 155–184)

§ 155 Anwendung von GVG und von ZPO

FGO
[1)]

[2)]

¹Soweit dieses Gesetz keine Bestimmungen über das Verfahren enthält, sind das Gerichtsverfassungsgesetz und, soweit die grundsätzlichen Unterschiede der beiden Verfahrensarten es nicht ausschließen, die Zivilprozessordnung sinngemäß anzuwenden. ²*Die Vorschriften des Siebzehnten Titels des Gerichtsverfassungsgesetzes sind mit der Maßgabe entsprechend anzuwenden, dass an die Stelle des Oberlandesgerichts und des Bundesgerichtshofs der Bundesfinanzhof und an die Stelle der Zivilprozessordnung die Finanzgerichtsordnung tritt; die Vorschriften über das Verfahren im ersten Rechtszug sind entsprechend anzuwenden.*

Rsp   **Rechtsprechung**

1   **BFH vom 7. 12. 1990 – III B 102/90 (BStBl 1991 II S. 240)**

Das FG muß im Falle der Vertretung des Klägers durch einen Prozeßbevollmächtigten den Termin zur mündlichen Verhandlung wegen Verhinderung des Klägers in der Regel nur dann aufheben oder vertagen, wenn in dem Aufhebungs- oder Vertagungsantrag substantiiert Gründe vorgetragen werden, die eine persönliche Anwesenheit des Klägers neben dem Prozeßbevollmächtigten in der mündlichen Verhandlung erfordern. Das gilt jedenfalls dann, wenn die mündliche Verhandlung durch einen oder mehrere Erörterungstermine vorbereitet worden ist und der Kläger Gelegenheit hatte, an diesen Terminen teilzunehmen.

2   **BFH vom 28. 2. 1991 – V R 117/85 (BStBl 1991 II S. 466)**

Stirbt im Revisionsverfahren der Prozeßbevollmächtigte nach dem Verzicht auf mündliche Verhandlung, so kann das Urteil trotz der Unterbrechung des Verfahrens erlassen und bekanntgemacht werden.

3   **BFH vom 6. 5. 1997 – VII B 4/97 (BStBl 1997 II S. 543)**

Die Statthaftigkeit einer Beschwerde gegen einen Beschluß des FG, mit dem dieses den Rechtsstreit an das ordentliche Gericht verwiesen hat, richtet sich nach § 155 FGO i.V.m. § 17a Abs. 4 Satz 4 GVG.

4   **BFH vom 27. 4. 2000 – I R 65/98 (BStBl 2000 II S. 500)**

Ist eine wegen Vermögenslosigkeit gelöschte GmbH im Klageverfahren durch einen vor der Löschung bevollmächtigten Prozessbevollmächtigten vertreten, kann das FG in der Sache entscheiden (§ 155 FGO i.V.m. § 246 Abs. 1 ZPO).

5   **BFH vom 27. 7. 2000 – V R 38/99 (HFR 2001 S. 252)**

Aus den Gründen:

Gemäß § 155 FGO i.V.m. § 565 Abs. 1 Satz 2 ZPO kann der BFH die Rechtssache an einen anderen Senat des FG zurückverweisen (vgl. BFH-Urteil vom 10. 11. 1993, BFH/NV 1994 S. 798, m.w.N.). Da die Zurückverweisung an einen anderen Senat das Recht des Betroffenen auf seinen gesetzlichen Richter (Art. 101 Abs. 1 Satz 2 des Grundgesetzes) berührt, setzt sie besondere sachliche Gründe voraus, um eine willkürfreie Ermessensausübung zu gewährleisten. So kommt die Zurückverweisung an einen anderen Senat in Betracht, wenn ernstliche Zweifel an der Unvoreingenommenheit des erkennenden Senats des FG bestehen. Da sich die Frage einer Zurückverweisung nur bei rechtsfehlerhafter Vorentscheidung stellt, kann die Zurückverweisung an einen anderen Senat des FG nicht mit der Unrichtigkeit des Urteils begründet werden (BFH-Urteil vom 24. 9. 1998, BFH/NV 1999 S. 487, m.w.N.).

[1)] § 155 Satz 2 FGO angefügt durch das Gesetz über den Rechtsschutz bei überlangen Gerichtsverfahren und strafrechtlichen Ermittlungsverfahren vom 24. 11. 2011 (BGBl I S. 2302 = BStBl 2012 I S. 51) mit Wirkung ab 3. 12. 2011.

[2)] Der Bundestag hat am 15. 12. 2011 den Entwurf eines Gesetzes zur Förderung der Mediation und anderer Verfahren der außergerichtlichen Konfliktbeilegung (BT-Drs. 17/8058) beschlossen. In § 155 Satz 1 FGO sollen nach dem Wort „Zivilprozessordnung" die Wörter „einschließlich § 278 Absatz 5 und § 278a" eingefügt werden. Der Bundesrat muss dem Gesetzentwurf noch zustimmen.

BFH vom 19. 10. 2000 – III R 100/96 (HFR 2001 S. 358)   6
Aus den Gründen:
Die Einverständniserklärung zur Entscheidung ohne mündliche Verhandlung ist eine einseitige, gestaltende Prozesshandlung, die grundsätzlich im Interesse einer eindeutigen und klaren prozessrechtlichen Lage nicht frei widerrufen werden kann. Der Senat kann offen lassen, ob die Erklärung ausnahmsweise analog § 128 Abs. 2 Satz 1 ZPO i.V.m. § 155 FGO bei einer wesentlichen Änderung der Prozesslage widerrufen werden könnte (vgl. dazu BFH-Urteil vom 5. 11. 1991, BStBl 1992 II S. 425, unter Ziff. II. 2. der Gründe, m. umf. N.).

BFH vom 12. 6. 2001 – II R 14/00 (HFR 2001 S. 1165)   7
Aus den Gründen:
Nach § 155 FGO i.V.m. § 165 ZPO kann zwar die Beachtung der für die mündliche Verhandlung vorgeschriebenen Förmlichkeiten, wozu auch die Aufnahme der wesentlichen Vorgänge der Verhandlung gehört (§ 160 Abs. 2 ZPO), nur durch das Protokoll bewiesen werden; gegen seinen diese Förmlichkeiten betreffenden Inhalt ist nur der Nachweis der Fälschung zulässig. Die Anordnung einer kurzfristigen Sitzungspause ist jedoch kein wesentlicher Vorgang der Verhandlung. Bei einem lückenhaften Protokoll ist der Ablauf der mündlichen Verhandlung durch freie Beweiswürdigung zu ermitteln (vgl. Urteil des BGH vom 12. 2. 1958 V ZR 12/57, BGHZ 26, 340, NJW 1958, 711).

BFH vom 27. 9. 2006 – IV S 11/05 (BStBl 2007 II S. 130)   8
Im Steuerprozess wird das Verfahren auf Bewilligung von Prozesskostenhilfe unterbrochen, wenn über das Vermögen des Antragstellers nach Eintritt der Rechtshängigkeit das Insolvenzverfahren eröffnet wird.

BFH vom 7. 8. 2007 – VII R 12/06 (BStBl 2008 II S. 307)   9
Eine Prozessvollmacht ermächtigt dazu, mit einem Kostenerstattungsanspruch des Vollmachtgebers gegen die Forderung aufzurechnen, zu deren Abwehr die Vollmacht erteilt worden ist; Entsprechendes gilt für die Entgegennahme einer Aufrechnungserklärung des Kostenschuldners.

BFH vom 14. 7. 2008 – VIII B 176/07 (BStBl 2009 II S. 117)   10
1. ...
2. Eine Zurückverweisung an das FG ist auch im Beschwerdeverfahren betreffend die AdV zulässig.

BFH vom 11. 2. 2009 – I R 67/07 (BStBl 2010 II S. 57)   11
Aus den Gründen:
Nach § 155 FGO i.V.m. § 251 Satz 1 ZPO kann das Gericht das Ruhen des Verfahrens anordnen, wenn die Beteiligten dies beantragen und die Anordnung aus wichtigen Gründen zweckmäßig ist. Die Anordnung des Ruhens kann zweckmäßig sein, wenn eine Billigkeitsmaßnahme der vorgesetzten Behörde zu erwarten ist (Gräber/Koch, Finanzgerichtsordnung, 6. Aufl., § 74 Rz 23). Dies gilt jedoch nicht, wenn die Billigkeitsmaßnahme erst während oder nach Schluss der mündlichen Verhandlung beantragt worden ist (vgl. Beschluss des BFH vom 21. 9. 1994 IV B 95/93, BFH/NV 1995, 325).

BFH vom 16. 6. 2009 – V B 154/08 (BFH/NV 2009 S. 1597)   12
Das Ruhen des Verfahrens nach § 155 FGO i.V.m. § 251 ZPO setzt übereinstimmende Anträge der Beteiligten voraus.

BFH vom 23. 2. 2011 – V B 85/10 (HFR 2011 S. 996)   13
1. Ein erheblicher Grund für eine Terminsänderung wird nur dann ausreichend dargelegt, wenn nicht nur vorgetragen wird, dass es sich um einen Urlaub handelt, der im Zeitpunkt der Zustellung der Ladung bereits verbindlich geplant war, sondern auch das Urlaubsziel so präzise genannt wird, dass das Gericht beurteilen kann, ob eine Wahrnehmung des Termins wegen des Urlaubs unzumutbar ist.
2. Der Kläger, der der mündlichen Verhandlung unentschuldigt fernbleibt, kann nicht geltend machen, dass das FG seine Hinweispflicht oder seine Amtsermittlungspflicht verletzt hat. Der Umstand, dass der Termin zur mündlichen Verhandlung seitens des Klägers willentlich nicht wahrgenommen wurde, begründet insoweit einen Rügeverzicht.

BFH vom 15. 6. 2011 – XI R 10/11 (HFR 2011 S. 1216)   14
1. Verstirbt der Kläger während des Klageverfahrens, kann nur dessen Gesamtrechtsnachfolger, nicht aber ein Vermächtnisnehmer das Klageverfahren wirksam aufnehmen.

2. Der Mangel der Prozessführungsbefugnis ist von Amts wegen und in jeder Lage des Rechtsstreits, also auch in der Revisionsinstanz, zu beachten.

3. Bei einem Vermächtnis (§ 1939 BGB) liegt keine Gesamtrechtsnachfolge i.S. von § 45 AO und § 239 ZPO vor.

FGO § 156 Anwendbarkeit von § 6 EGGVG

§ 6 des Einführungsgesetzes zum Gerichtsverfassungsgesetz gilt entsprechend.

FGO § 157 Folgen der Nichtigkeitserklärung von landesrechtlichen Vorschriften

¹Hat das Verfassungsgericht eines Landes die Nichtigkeit von Landesrecht festgestellt oder Vorschriften des Landesrechts für nichtig erklärt, so bleiben vorbehaltlich einer besonderen gesetzlichen Regelung durch das Land die nicht mehr anfechtbaren Entscheidungen der Gerichte der Finanzgerichtsbarkeit, die auf der für nichtig erklärten Norm beruhen, unberührt. ²Die Vollstreckung aus einer solchen Entscheidung ist unzulässig. ³§ 767 der Zivilprozessordnung gilt sinngemäß.

FGO § 158 Vernehmung eines Auskunftspflichtigen, Beeidigung eines Sachverständigen

¹Die eidliche Vernehmung eines Auskunftspflichtigen nach § 94 der Abgabenordnung oder die Beeidigung eines Sachverständigen nach § 96 Abs. 7 Satz 5 der Abgabenordnung durch das Finanzgericht findet vor dem dafür im Geschäftsverteilungsplan bestimmten Richter statt. ²Über die Rechtmäßigkeit einer Verweigerung des Zeugnisses, des Gutachtens oder der Eidesleistung entscheidet das Finanzgericht durch Beschluss.

FGO § 159 (weggefallen)

FGO § 160 Abweichende Regelungen

Soweit der Finanzrechtsweg aufgrund des § 33 Abs. 1 Nr. 4 eröffnet wird, können die Beteiligten am Verfahren und die Beiladung durch Gesetz abweichend von den Vorschriften dieses Gesetzes geregelt werden.

FGO § 161 Aufhebung von Vorschriften

(...)

FGO §§ 162–183 (weggefallen)

FGO § 184 (Inkrafttreten, Überleitungsbestimmungen)

(...)

Anhänge

Anhänge

Übersicht

Anhang 1:	Einführungsgesetz zur Abgabenordnung (EGAO)
Anhang 2:	Zustellungsverfahren – Verwaltungszustellungsgesetz (VwZG) – Zivilprozessordnung (ZPO) – Auszug –
Anhang 3:	Finanzverwaltungsgesetz (FVG)
Anhang 4:	Allgemeine Verwaltungsvorschrift für die Betriebsprüfung – Betriebsprüfungsordnung (BpO 2000)
Anhang 5:	Anwendungsfragen zu § 10 Abs. 1 BpO
Anhang 6:	Einordnung in Größenklassen gem. § 3 BpO 2000; Merkmale zum 1. 1. 2010
Anhang 7:	Zusammenstellung der in der steuerlichen Betriebsprüfung zu verwendenden Begriffe
Anhang 8:	Allgemeine Verwaltungsvorschrift über die Durchführung der Vollstreckung nach der Abgabenordnung – Vollstreckungsanweisung (VollstrA) –
Anhang 9:	Behandlung von Ansprüchen aus dem Steuerschuldverhältnis im Insolvenzverfahren
Anhang 10:	Insolvenzordnung; Anwendungsfragen zu § 55 Abs. 4 InsO
Anhang 11:	Kriterien für die Entscheidung über einen Antrag auf außergerichtliche Schuldenbereinigung (§ 305 Abs. 1 Nr. 1 InsO)
Anhang 12:	Anweisungen für das Straf- und Bußgeldverfahren (Steuer) – AStBV (St) 2012 –
Anhang 13:	Auszug aus dem Strafgesetzbuch (StGB)
Anhang 14:	Justizvergütungs- und -entschädigungsgesetz (JVEG)
Anhang 15:	Geldwäschegesetz (GwG)
Anhang 16:	Zollverwaltungsgesetz (ZollVG) – Auszug –
Anhang 17:	Anwendung von Entscheidungen des Bundesfinanzhofs
Anhang 18:	Unterrichtung der obersten Finanzbehörden des Bundes und der Länder über Gerichtsverfahren von grundsätzlicher Bedeutung
Anhang 19:	Verfahren vor dem Finanzgericht
Anhang 20:	Mitteilungen der Finanzbehörden über Pflichtverletzungen und andere Informationen gemäß § 10 Abs. 1 StBerG
Anhang 21:	Aufteilung einer Gesamtschuld
Anhang 22:	Formular für Abtretungs- und Verpfändungsanzeigen

Anhang 1
Einführungsgesetz zur Abgabenordnung (EGAO)

EGAO

Einführungsgesetz zur Abgabenordnung (EGAO)

vom 14. 12. 1976 (BGBl. 1976 I S. 3341 und 1977 I S. 667, BStBl 1976 I S. 694),
zuletzt geändert durch Artikel 3 des Gesetzes vom 28. 4. 2011 (BGBl. 2011 I S. 676,
BStBl 2011 I S. 495)
und Artikel 4 des Gesetzes vom 1. 11. 2011 (BGBl. 2011 I S. 2131,
BStBl 2011 I S. 986)

– Auszug –

Artikel 97
Übergangsvorschriften

§ 1 Begonnene Verfahren

(1) Verfahren, die am 1. Januar 1977 anhängig sind, werden nach den Vorschriften der Abgabenordnung zu Ende geführt, soweit in den nachfolgenden Vorschriften nichts anderes bestimmt ist.

(2) Durch das Steuerbereinigungsgesetz 1986 vom 19. Dezember 1985 (BGBl. I S. 2436) geänderte oder eingefügte Vorschriften sowie die auf diesen Vorschriften beruhenden Rechtsverordnungen sind auf alle bei Inkrafttreten dieser Vorschriften anhängigen Verfahren anzuwenden, soweit nichts anderes bestimmt ist. Soweit die Vorschriften die Bekanntgabe von schriftlichen Verwaltungsakten regeln, gelten sie für alle nach dem Inkrafttreten der Vorschriften zur Post gegebenen Verwaltungsakte.

(3) Die durch Artikel 15 des Steuerreformgesetzes 1990 vom 25. Juli 1988 (BGBl. I S. 1093) geänderten Vorschriften sind auf alle bei Inkrafttreten dieser Vorschriften anhängigen Verfahren anzuwenden, soweit nichts anderes bestimmt ist.

(4) Die durch Artikel 26 des Gesetzes vom 21. Dezember 1993 (BGBl. I S. 2310) geänderten Vorschriften sind auf alle bei Inkrafttreten dieser Vorschriften anhängigen Verfahren anzuwenden, soweit nichts anderes bestimmt ist.

(5) Die durch Artikel 26 des Gesetzes vom 11. Oktober 1995 (BGBl. I S. 1250) geänderten Vorschriften sind auf alle bei Inkrafttreten dieser Vorschriften anhängigen Verfahren anzuwenden, soweit nichts anderes bestimmt ist.

(6) Die durch Artikel 18 des Gesetzes vom 20. Dezember 1996 (BGBl. I S. 2049) geänderten Vorschriften sind auf alle bei Inkrafttreten dieser Vorschriften anhängigen Verfahren anzuwenden, soweit nichts anderes bestimmt ist.

(7) Die durch Artikel 17 des Gesetzes vom 22. Dezember 1999 (BGBl. I S. 2601) geänderten Vorschriften sind auf alle bei Inkrafttreten des Gesetzes anhängigen Verfahren anzuwenden, soweit nichts anderes bestimmt ist.

(8) Die durch Artikel 23 des Gesetzes vom 19. Dezember 2000 (BGBl. I S. 1790) geänderten Vorschriften sind auf alle bei Inkrafttreten des Gesetzes anhängigen Verfahren anzuwenden, soweit nichts anderes bestimmt ist.

(9) Rechtsverordnungen auf Grund des § 2 Absatz 2 der Abgabenordnung in der Fassung des Artikels 9 des Gesetzes vom 8. Dezember 2010 (BGBl. I S. 1768) können mit Wirkung für den Veranlagungszeitraum 2010 erlassen werden, sofern die dem Bundesrat zugeleitete Rechtsverordnung vor dem 1. Januar 2011 als Bundesratsdrucksache veröffentlicht worden ist. Rechtsverordnungen, die dem Bundesrat nach diesem Zeitpunkt zugeleitet werden, können bestimmen, dass sie ab dem Zeitpunkt der Bekanntgabe der in § 2 Absatz 2 der Abgabenordnung genannten und nach dem 31. Dezember 2010 geschlossenen Konsultationsvereinbarung im Bundessteuerblatt gelten.

§ 1a Steuerlich unschädliche Betätigungen

(1) § 58 Nr. 1 der Abgabenordnung in der Fassung des Artikels 1 des Gesetzes vom 21. Juli 2004 (BGBl. I S. 1753) ist ab dem 1. Januar 2001 anzuwenden.

(2) Die Vorschrift des § 58 Nr. 10 der Abgabenordnung über steuerlich unschädliche Betätigungen in der Fassung des Artikels 26 des Gesetzes vom 21. Dezember 1993 (BGBl. I S. 2310) ist erstmals ab dem 1. Januar 1993 anzuwenden.

(3) § 55 Abs. 1 Nr. 5, § 58 Nr. 7 Buchstabe a, Nr. 11 und 12 der Abgabenordnung in der Fassung des Gesetzes vom 14. Juli 2000 (BGBl. I S. 1034) sind ab dem 1. Januar 2000 anzuwenden.

§ 1b Steuerpflichtige wirtschaftliche Geschäftsbetriebe

§ 64 Abs. 6 der Abgabenordnung in der Fassung des Artikels 5 des Gesetzes vom 20. Dezember 2000 (BGBl. I S. 1850) ist ab dem 1. Januar 2000 anzuwenden.

Anhang 1
Einführungsgesetz zur Abgabenordnung (EGAO)

§ 1c Krankenhäuser

(1) § 67 Abs. 1 der Abgabenordnung in der Fassung des Steuerbereinigungsgesetzes 1986 ist ab dem 1. Januar 1986 anzuwenden.

(2) § 67 Abs. 1 der Abgabenordnung in der Fassung des Gesetzes vom 20. Dezember 1996 (BGBl. I S. 2049) ist ab dem 1. Januar 1996 anzuwenden. Für Krankenhäuser, die mit Wirkung zum 1. Januar 1995 Fallpauschalen und Sonderentgelte nach § 11 Abs. 1 und 2 der Bundespflegesatzverordnung vom 26. September 1994 (BGBl. I S. 2750) angewandt haben, ist § 67 Abs. 1 der Abgabenordnung in der Fassung des in Satz 1 bezeichneten Gesetzes ab dem 1. Januar 1995 anzuwenden.

(3) § 67 der Abgabenordnung in der Fassung des Artikels 10 des Gesetzes vom 13. Dezember 2006 (BGBl. I S. 2878) ist ab dem 1. Januar 2003 anzuwenden.

§ 1d Steuerbegünstigte Zwecke

(1) Die §§ 52, 58, 61, 64 und 67a der Abgabenordnung in der Fassung des Artikels 5 des Gesetzes vom 10. Oktober 2007 (BGBl. I S. 2332) sind ab 1. Januar 2007 anzuwenden.

(2) § 51 der Abgabenordnung in der Fassung des Artikels 10 des Gesetzes vom 19. Dezember 2008 (BGBl. I S. 2794) ist ab dem 1. Januar 2009 anzuwenden.

(3) § 55 Absatz 3 der Abgabenordnung in der Fassung des Artikels 9 des Gesetzes vom 8. Dezember 2010 (BGBl. I S. 1768) ist ab dem 1. Januar 2011 anzuwenden. § 55 Absatz 1 Nummer 4 Satz 2 und § 58 Nummer 1 bis 4 der Abgabenordnung in der Fassung des Artikels 9 des Gesetzes vom 8. Dezember 2010 (BGBl. I S. 1768) sind auch für vor diesem Zeitraum beginnende Veranlagungszeiträume anzuwenden, soweit Steuerfestsetzungen noch nicht bestandskräftig sind oder unter dem Vorbehalt der Nachprüfung stehen.

§ 1e Zweckbetriebe

(1) § 68 Abs. 6 der Abgabenordnung in der Fassung des Artikels 5 des Gesetzes vom 20. Dezember 2000 (BGBl. I S. 1850) ist mit Wirkung vom 1. Januar 2000 anzuwenden. Die Vorschrift ist auch für vor diesem Zeitraum beginnende Veranlagungszeiträume anzuwenden, soweit Steuerfestsetzungen noch nicht bestandskräftig sind oder unter dem Vorbehalt der Nachprüfung stehen.

(2) Die Vorschrift des § 68 Nr. 9 der Abgabenordnung über die Zweckbetriebseigenschaft von Forschungseinrichtungen ist ab dem 1. Januar 1997 anzuwenden. Sie ist auch für vor diesem Zeitpunkt beginnende Kalenderjahre anzuwenden, soweit Steuerfestsetzungen noch nicht bestandskräftig sind oder unter dem Vorbehalt der Nachprüfung stehen.

(3) § 68 Nr. 3 der Abgabenordnung in der Fassung des Artikels 1a des Gesetzes vom 23. April 2004 (BGBl. I S. 606) ist ab dem 1. Januar 2003 anzuwenden. § 68 Nr. 3 Buchstabe c der Abgabenordnung ist auch für vor diesem Zeitraum beginnende Veranlagungszeiträume anzuwenden, soweit Steuerfestsetzungen noch nicht bestandskräftig sind oder unter dem Vorbehalt der Nachprüfung stehen.

§ 1f Satzung

(1) § 62 der Abgabenordnung in der Fassung des Artikels 10 des Gesetzes vom 13. Dezember 2006 (BGBl. I S. 2878) gilt für alle staatlich beaufsichtigten Stiftungen, die nach dem Inkrafttreten dieses Gesetzes errichtet werden. § 62 der Abgabenordnung in der am 31. Dezember 2008 geltenden Fassung ist letztmals anzuwenden auf Betriebe gewerblicher Art von Körperschaften des öffentlichen Rechts, bei den von einer Körperschaft des öffentlichen Rechts verwalteten unselbständigen Stiftungen und bei geistlichen Genossenschaften (Orden, Kongregationen), die vor dem 1. Januar 2009 errichtet wurden.

(2) § 60 Abs. 1 Satz 2 der Abgabenordnung in der Fassung des Artikels 10 des Gesetzes vom 19. Dezember 2008 (BGBl. I S. 2794) ist auf Körperschaften, die nach dem 31. Dezember 2008 gegründet werden, sowie auf Satzungsänderungen bestehender Körperschaften, die nach dem 31. Dezember 2008 wirksam werden, anzuwenden.

§ 2 Fristen

Fristen, deren Lauf vor dem 1. Januar 1977 begonnen hat, werden nach den bisherigen Vorschriften berechnet, soweit in den nachfolgenden Vorschriften nichts anderes bestimmt ist. Dies gilt auch in den Fällen, in denen der Lauf einer Frist nur deshalb nicht vor dem 1. Januar 1977 begonnen hat, weil der Beginn der Frist nach § 84 der Reichsabgabenordnung hinausgeschoben worden ist.

Anhang 1
Einführungsgesetz zur Abgabenordnung (EGAO)

§ 3 Grunderwerbsteuer, Feuerschutzsteuer

(1) Die Abgabenordnung und die Übergangsvorschriften dieses Artikels gelten auch für die Grunderwerbsteuer und die Feuerschutzsteuer; abweichende landesrechtliche Vorschriften bleiben unberührt. Soweit die Grunderwerbsteuer nicht von Landesfinanzbehörden verwaltet wird, gilt § 1 Abs. 2 der Abgabenordnung sinngemäß.

(2) (aufgehoben)

§ 4 Mitteilungsverordnung

§ 7 Abs. 2 Satz 1 der Mitteilungsverordnung vom 7. September 1993 (BGBl. I S. 1554) in der Fassung des Artikels 25 des Gesetzes vom 19. Dezember 2000 (BGBl. I S. 1790) ist erstmals auf im Kalenderjahr 2002 geleistete Zahlungen anzuwenden.

§ 5 Zeitpunkt der Einführung des steuerlichen Identifikationsmerkmals

Das Bundesministerium der Finanzen bestimmt durch Rechtsverordnung mit Zustimmung des Bundesrates den Zeitpunkt der Einführung des Identifikationsmerkmals nach § 139a Abs. 1 der Abgabenordnung. Die Festlegung der Zeitpunkte für die ausschließliche Verwendung des Identifikationsmerkmals im Bereich der Einfuhr- und Ausfuhrabgaben sowie der Verbrauchsteuern bedarf nicht der Zustimmung des Bundesrates.

§ 6 Zahlungszeitpunkt bei Scheckzahlung

§ 224 Abs. 2 Nr. 1 der Abgabenordnung in der Fassung des Artikels 10 des Gesetzes vom 13. Dezember 2006 (BGBl. I S. 2878) gilt erstmals, wenn ein Scheck nach dem 31. Dezember 2006 bei der Finanzbehörde eingegangen ist.

§ 7 Missbrauch von rechtlichen Gestaltungsmöglichkeiten

§ 42 der Abgabenordnung in der Fassung des Artikels 14 des Gesetzes vom 20. Dezember 2007 (BGBl. I S. 3150) ist ab dem 1. Januar 2008 für Kalenderjahre, die nach dem 31. Dezember 2007 beginnen, anzuwenden. Für Kalenderjahre, die vor dem 1. Januar 2008 liegen, ist § 42 der Abgabenordnung in der am 28. Dezember 2007 geltenden Fassung weiterhin anzuwenden.

§ 8 Verspätungszuschlag

(1) Die Vorschriften des § 152 der Abgabenordnung über Verspätungszuschläge sind erstmals auf Steuererklärungen anzuwenden, die nach dem 31. Dezember 1976 einzureichen sind; eine Verlängerung der Steuererklärungsfrist ist hierbei nicht zu berücksichtigen. Im übrigen gilt § 168 Abs. 2 der Reichsabgabenordnung mit der Maßgabe, daß ein nach dem 31. Dezember 1976 festgesetzter Verspätungszuschlag höchstens zehntausend Deutsche Mark betragen darf.

(2) § 152 Abs. 2 Satz 1 der Abgabenordnung in der Fassung des Artikels 17 des Gesetzes vom 22. Dezember 1999 (BGBl. I S. 2601) ist erstmals auf Steuererklärungen anzuwenden, die nach dem 31. Dezember 1999 einzureichen sind; eine Verlängerung der Steuererklärungsfrist ist hierbei nicht zu berücksichtigen.

(3) § 152 Abs. 2 Satz 1 der Abgabenordnung in der Fassung des Artikels 23 des Gesetzes vom 19. Dezember 2000 (BGBl. I S. 1790) ist erstmals auf Steuererklärungen anzuwenden, die Steuern betreffen, die nach dem 31. Dezember 2001 entstehen.

§ 9 Aufhebung und Änderung von Verwaltungsakten

(1) Die Vorschriften der Abgabenordnung über die Aufhebung und Änderung von Verwaltungsakten sind erstmals anzuwenden, wenn nach dem 31. Dezember 1976 ein Verwaltungsakt aufgehoben oder geändert wird. Dies gilt auch dann, wenn der aufzuhebende oder zu ändernde Verwaltungsakt vor dem 1. Januar 1977 erlassen worden ist. Auf vorläufige Steuerbescheide nach § 100 Abs. 1 der Reichsabgabenordnung ist § 165 Abs. 2 der Abgabenordnung, auf Steuerbescheide nach § 100 Abs. 2 der Reichsabgabenordnung und § 28 des Erbschaftsteuergesetzes in der vor dem 1. Januar 1974 geltenden Fassung ist § 164 Abs. 2 und 3 der Abgabenordnung anzuwenden.

(2) § 173 Abs. 1 der Abgabenordnung in der Fassung des Steuerbereinigungsgesetzes 1986 vom 19. Dezember 1985 (BGBl. I S. 2436) gilt weiter, soweit Tatsachen oder Beweismittel vor dem 1. Januar 1994 nachträglich bekanntgeworden sind.

(3) § 175 Abs. 2 Satz 2 der Abgabenordnung in der Fassung des Artikels 8 des Gesetzes vom 9. Dezember 2004 (BGBl. I S. 3310) ist erstmals anzuwenden, wenn die Bescheinigung oder Bestätigung nach dem 28. Oktober 2004 vorgelegt oder erteilt wird. § 175 Abs. 2 Satz 2 der Abgabenord-

nung in der in Satz 1 genannten Fassung ist nicht für die Bescheinigung der anrechenbaren Körperschaftsteuer bei verdeckten Gewinnausschüttungen anzuwenden.

§ 9a Absehen von Steuerfestsetzung, Abrundung

(1) Die Vorschriften der Kleinbetragsverordnung vom 10. Dezember 1980 (BGBl. I S. 2255) in der Fassung des Artikels 26 des Gesetzes vom 19. Dezember 2000 (BGBl. I S. 1790) sind auf Steuern anzuwenden, die nach dem 31. Dezember 2001 entstehen. Im Übrigen bleiben die Vorschriften der Kleinbetragsverordnung in der bis zum 31. Dezember 2001 geltenden Fassung vorbehaltlich des Absatzes 2 weiter anwendbar.

(2) § 8 Abs. 1 Satz 1 der Kleinbetragsverordnung vom 10. Dezember 1980 (BGBl. I S. 2255) in der bis zum 31. Dezember 2001 geltenden Fassung ist auf Zinsen letztmals anzuwenden, wenn die Zinsen vor dem 1. Januar 2002 festgesetzt werden.

§ 10 Festsetzungsverjährung

(1) Die Vorschriften der Abgabenordnung über die Festsetzungsverjährung gelten erstmals für die Festsetzung sowie für die Aufhebung und Änderung der Festsetzung von Steuern, Steuervergütungen und – soweit für steuerliche Nebenleistungen eine Festsetzungsverjährung vorgesehen ist – von steuerlichen Nebenleistungen, die nach dem 31. Dezember 1976 entstehen. Für vorher entstandene Ansprüche gelten die Vorschriften der Reichsabgabenordnung über die Verjährung und über die Ausschlußfristen weiter, soweit sie für die Festsetzung einer Steuer, Steuervergütung oder steuerlichen Nebenleistung, für die Aufhebung oder Änderung einer solchen Festsetzung oder für die Geltendmachung von Erstattungsansprüchen von Bedeutung sind; § 14 Abs. 2 dieses Artikels bleibt unberührt.

(2) Absatz 1 gilt sinngemäß für die gesonderte Feststellung von Besteuerungsgrundlagen sowie für die Festsetzung, Zerlegung und Zuteilung von Steuermeßbeträgen. Bei der Einheitsbewertung tritt an die Stelle des Zeitpunkts der Entscheidung des Steueranspruchs der Zeitpunkt, auf den die Hauptfeststellung, die Fortschreibung, die Nachfeststellung oder die Aufhebung eines Einheitswertes vorzunehmen ist.

(3) Wenn die Schlußbesprechung oder die letzten Ermittlungen vor dem 1. Januar 1987 stattgefunden haben, beginnt der nach § 171 Abs. 4 Satz 3 der Abgabenordnung zu berechnende Zeitraum am 1. Januar 1987.

(4) Die Vorschrift des § 171 Abs. 14 der Abgabenordnung gilt für alle bei Inkrafttreten des Steuerbereinigungsgesetzes 1986 noch nicht abgelaufenen Festsetzungsfristen.

(5) § 170 Abs. 2 Satz 1 Nr. 1, Abs. 3 und 4, § 171 Abs. 3 Satz 1 und Abs. 8 Satz 2, § 175a Satz 2, § 181 Abs. 1 Satz 3 und Abs. 3 sowie § 239 Abs. 1 der Abgabenordnung in der Fassung des Artikels 26 des Gesetzes vom 21. Dezember 1993 (BGBl. I S. 2310) gelten für alle bei Inkrafttreten dieses Gesetzes noch nicht abgelaufenen Festsetzungsfristen.

(6) (aufgehoben)

(7) § 171 Abs. 10 der Abgabenordnung in der Fassung des Gesetzes vom 20. Dezember 1996 (BGBl. I S. 2049) gilt für alle bei Inkrafttreten dieses Gesetzes noch nicht abgelaufenen Festsetzungsfristen.

(8) § 171 Abs. 10 Satz 2 der Abgabenordnung in der Fassung des Artikels 5 des Gesetzes vom 23. Juni 1998 (BGBl. I S. 1496) gilt für alle bei Inkrafttreten dieses Gesetzes noch nicht abgelaufenen Festsetzungsfristen.

(9) § 170 Abs. 2 Satz 2 und § 171 Abs. 3 und 3a der Abgabenordnung in der Fassung des Artikels 17 des Gesetzes vom 22. Dezember 1999 (BGBl. I S. 2601) gelten für alle bei Inkrafttreten dieses Gesetzes noch nicht abgelaufenen Festsetzungsfristen.

(10) § 170 Absatz 2 Satz 2 der Abgabenordnung in der Fassung des Artikels 9 des Gesetzes vom 8. Dezember 2010 (BGBl. I S. 1768) gilt für die Energiesteuer auf Erdgas für alle am 14. Dezember 2010 noch nicht abgelaufenen Festsetzungsfristen.

§ 10a Erklärungspflicht[1]

(1) § 150 Abs. 7 der Abgabenordnung in der Fassung des Artikels 3 des Gesetzes vom 1. November 2011 (BGBl. I S. 2131) ist erstmals für Besteuerungszeiträume anzuwenden, die nach dem 31. Dezember 2010 beginnen.

(2) § 181 Abs. 2a der Abgabenordnung in der Fassung des Artikels 10 des Gesetzes vom 20. Dezember 2008 (BGBl. I S. 2850) ist erstmals für Feststellungszeiträume anzuwenden, die nach dem 31. Dezember 2010 beginnen.

---
[1] § 10a Abs. 1 EGAO geändert und Abs. 3 EGAO angefügt durch Art. 4 des Steuervereinfachungsgesetzes 2011 vom 1. 11. 2011 (BGBl. 2011 I S. 2131, BStBl 2011 I S. 986) mit Wirkung ab 5. 11. 2011.

(3) § 149 Absatz 2 Satz 2 der Abgabenordnung in der Fassung des Artikels 3 des Gesetzes vom 1. November 2011 (BGBl. I S. 2131) ist erstmals für Besteuerungszeiträume anzuwenden, die nach dem 31. Dezember 2009 beginnen.

§ 10b Gesonderte Feststellungen

§ 180 Abs. 1 Nr. 2 Buchstabe a, Abs. 4 und Abs. 5 der Abgabenordnung in der Fassung des Artikels 26 des Gesetzes vom 21. Dezember 1993 (BGBl. I S. 2310) ist erstmals auf Feststellungszeiträume anzuwenden, die nach dem 31. Dezember 1994 beginnen.

§ 11 Haftung

(1) Die Vorschriften der §§ 69 bis 76 und 191 Abs. 3 bis 5 der Abgabenordnung sind anzuwenden, wenn der haftungsbegründende Tatbestand nach dem 31. Dezember 1976 verwirklicht worden ist.

(2) Die Vorschriften der Abgabenordnung über die Haftung sind in der Fassung des Steuerbereinigungsgesetzes 1986 anzuwenden, wenn der haftungsbegründende Tatbestand nach dem 31. Dezember 1986 verwirklicht worden ist.

§ 11a Insolvenzverfahren

In einem Insolvenzverfahren, das nach dem 31. Dezember 1998 beantragt wird, gelten § 75 Abs. 2, § 171 Abs. 12 und 13, § 231 Abs. 1 Satz 1 und Abs. 2 Satz 1, § 251 Abs. 2 Satz 1 und Abs. 3, §§ 266, 282 Abs. 2 und 284 Abs. 2 Satz 1 der Abgabenordnung in der Fassung des Artikels 9 des Gesetzes vom 19. Dezember 1998 (BGBl. I S. 3836) sowie § 251 Abs. 2 Satz 2 der Abgabenordnung in der Fassung des Artikels 17 des Gesetzes vom 22. Dezember 1999 (BGBl. I S. 2601) auch für Rechtsverhältnisse und Rechte, die vor dem 1. Januar 1999 begründet worden sind. Auf Konkurs-, Vergleichs- und Gesamtvollstreckungsverfahren, die vor dem 1. Januar 1999 beantragt worden sind, und deren Wirkungen sind weiter die bisherigen gesetzlichen Vorschriften anzuwenden; gleiches gilt für Anschlußkonkursverfahren, bei denen der dem Verfahren vorausgehende Vergleichsantrag vor dem 1. Januar 1999 gestellt worden ist.

§ 11b Anfechtung außerhalb des Insolvenzverfahrens

§ 191 Abs. 1 Satz 2 der Abgabenordnung in der Fassung des Artikels 17 des Gesetzes vom 22. Dezember 1999 (BGBl. I S. 2601) ist mit Wirkung vom 1. Januar 1999 anzuwenden. § 20 Abs. 1 Satz 2 des Anfechtungsgesetzes vom 5. Oktober 1994 (BGBl. I S. 2911) ist mit der Maßgabe anzuwenden, daß der Erlaß eines Duldungsbescheides vor dem 1. Januar 1999 der gerichtlichen Geltendmachung vor dem 1. Januar 1999 gleichsteht.

§ 12 Verbindliche Zusagen aufgrund einer Außenprüfung

Die Vorschriften der Abgabenordnung über verbindliche Zusagen aufgrund einer Außenprüfung (§§ 204 bis 207) sind anzuwenden, wenn die Schlußbesprechung nach dem 31. Dezember 1976 stattfindet oder, falls eine solche nicht erforderlich ist, wenn dem Steuerpflichtigen der Prüfungsbericht nach dem 31. Dezember 1976 zugegangen ist.

§ 13 Sicherungsgeld

Die Vorschriften des § 203 der Reichsabgabenordnung sind auch nach dem 31. Dezember 1976 anzuwenden, soweit die dort genannten besonderen Bedingungen vor dem 1. Januar 1977 nicht eingehalten wurden. Auf die Verwaltungsakte, die ein Sicherungsgeld festsetzen, ist § 100 Abs. 2 der Finanzgerichtsordnung nicht anzuwenden.

§ 14 Zahlungsverjährung

(1) Die Vorschriften der Abgabenordnung über die Zahlungsverjährung gelten für alle Ansprüche im Sinne des § 228 Satz 1 der Abgabenordnung, deren Verjährung nach § 229 der Abgabenordnung nach dem 31. Dezember 1976 beginnt.

(2) Liegen die Voraussetzungen des Absatzes 1 nicht vor, so gelten für die Ansprüche weiterhin die bisherigen Vorschriften über Verjährung und Ausschlußfristen. Die Verjährung wird jedoch ab 1. Januar 1977 nur noch nach den §§ 230 und 231 der Abgabenordnung gehemmt und unterbrochen. Auf die nach § 231 Abs. 3 der Abgabenordnung beginnende neue Verjährungsfrist sind die §§ 228 bis 232 der Abgabenordnung anzuwenden.

(3) § 229 Abs. 1 Satz 2 der Abgabenordnung in der Fassung des Artikels 26 des Gesetzes vom 21. Dezember 1993 (BGBl. I S. 2310) gilt für alle bei Inkrafttreten dieses Gesetzes noch nicht abgelaufenen Verjährungsfristen.

(4) § 231 Abs. 1 Satz 1 und Abs. 2 Satz 1 der Abgabenordnung in der Fassung des Artikels 17 des Gesetzes vom 22. Dezember 1999 (BGBl. I S. 2601) gilt für alle bei Inkrafttreten dieses Gesetzes noch nicht abgelaufenen Verjährungsfristen.

§ 15 Zinsen[1]

(1) Zinsen entstehen für die Zeit nach dem 31. Dezember 1976 nach den Vorschriften der Abgabenordnung. Aussetzungszinsen entstehen nach § 237 der Abgabenordnung in der Fassung des Steuerbereinigungsgesetzes 1986 auch, soweit der Zinslauf vor dem 1. Januar 1987 begonnen hat.

(2) Ist eine Steuer über den 31. Dezember 1976 hinaus zinslos gestundet worden, so gilt dies als Verzicht auf Zinsen im Sinne des § 234 Abs. 2 der Abgabenordnung.

(3) Die Vorschriften des § 239 Abs. 1 der Abgabenordnung über die Festsetzungsfrist gelten in allen Fällen, in denen die Festsetzungsfrist aufgrund dieser Vorschrift nach dem 31. Dezember 1977 beginnt.

(4) Die Vorschriften der §§ 233a, 235, 236 und 239 der Abgabenordnung in der Fassung von Artikel 15 Nr. 3 bis 5 und 7 des Steuerreformgesetzes 1990 vom 25. Juli 1988 (BGBl. I S. 1093) und Artikel 9 des Wohnungsbauförderungsgesetzes vom 22. Dezember 1989 (BGBl. I S. 2408) gelten für alle Ansprüche aus dem Steuerschuldverhältnis, die nach dem 31. Dezember 1988 entstehen.

(5) § 233a Abs. 2 Satz 3 der Abgabenordnung in der Fassung des Artikels 4 Nr. 1 des Gesetzes vom 24. Juni 1994 (BGBl. I S. 1395) gilt in allen Fällen, in denen Zinsen nach dem 31. Dezember 1993 festgesetzt werden.

(6) § 233a Abs. 5 und §§ 234 bis 237 der Abgabenordnung in der Fassung des Artikels 26 des Gesetzes vom 21. Dezember 1993 (BGBl. I S. 2310) gelten in allen Fällen, in denen die Steuerfestsetzung nach Inkrafttreten dieses Gesetzes aufgehoben, geändert oder nach § 129 der Abgabenordnung berichtigt wird.

(7) (aufgehoben)

(8) § 233a Abs. 2a der Abgabenordnung in der Fassung des Gesetzes vom 20. Dezember 1996 (BGBl. I S. 2049) gilt in allen Fällen, in denen der Verlust nach dem 31. Dezember 1995 entstanden oder das rückwirkende Ereignis nach dem 31. Dezember 1995 eingetreten ist.

(9) § 233a Abs. 2 Satz 3 der Abgabenordnung in der Fassung des Artikels 17 des Gesetzes vom 22. Dezember 1999 (BGBl. I S. 2601) gilt für alle Steuern, die nach dem 31. Dezember 1993 entstehen.

(10) § 238 Abs. 2 und § 239 Abs. 2 der Abgabenordnung in der Fassung des Artikels 23 Nr. 7 und 8 des Gesetzes vom 19. Dezember 2000 (BGBl. I S. 1790) gilt in allen Fällen, in denen Zinsen nach dem 31. Dezember 2001 festgesetzt werden.

(11) § 233a Absatz 2 Satz 2 der Abgabenordnung in der Fassung des Artikels 3 des Gesetzes vom 1. November 2011 (BGBl. I S. 2131) gilt für alle Steuern, die nach dem 31. Dezember 2009 entstehen.

§ 16 Säumniszuschläge

(1) Die Vorschriften des § 240 der Abgabenordnung über Säumniszuschläge sind erstmals auf Säumniszuschläge anzuwenden, die nach dem 31. Dezember 1976 verwirkt werden.

(2) Bis zum 31. Dezember 1980 gilt für die Anwendung des § 240 der Abgabenordnung bei den Finanzämtern, die von den obersten Finanzbehörden der Länder dazu bestimmt sind, Rationalisierungsversuche im Erhebungsverfahren durchzuführen, folgendes:

1. Abweichend von § 240 Abs. 1 der Abgabenordnung tritt bei der Einkommensteuer, der Körperschaftsteuer, der Gewerbesteuer, der Vermögensteuer, der Grundsteuer, der Vermögensabgabe, der Kreditgewinnabgabe und der Umsatzsteuer für die Verwirkung des Säumniszuschlages an die Stelle des Fälligkeitstages jeweils der auf diesen folgende 20. eines Monats. § 240 Abs. 3 der Abgabenordnung gilt nicht.
2. Werden bei derselben Steuerart innerhalb eines Jahres Zahlungen wiederholt nach Ablauf des Fälligkeitstages entrichtet, so kann der Säumniszuschlag vom Ablauf des Fälligkeitstages an erhoben werden; dabei bleibt § 240 Abs. 3 der Abgabenordnung unberührt.
3. Für die Berechnung des Säumniszuschlages wird der rückständige Betrag jeder Steuerart zusammengerechnet und auf volle hundert Deutsche Mark nach unten abgerundet.

(3) Die Vorschrift des § 240 Abs. 3 der Abgabenordnung in der Fassung des Artikels 17 des Gesetzes vom 23. Juni 1993 (BGBl. I S. 944) ist erstmals auf Säumniszuschläge anzuwenden, die nach dem 31. Dezember 1993 verwirkt werden.

---

[1] § 15 Abs. 11 EGAO angefügt durch Art. 4 des Steuervereinfachungsgesetzes 2011 vom 1. 11. 2011 (BGBl. 2011 I S. 2131, BStBl 2011 I S. 986) mit Wirkung ab 5. 11. 2011.

Anhang 1
Einführungsgesetz zur Abgabenordnung (EGAO)

(4) § 240 Abs. 1 der Abgabenordnung in der Fassung des Artikels 5 des Gesetzes vom 23. Juni 1998 (BGBl. I S. 1496) ist erstmals auf Säumniszuschläge anzuwenden, die nach dem 31. Juli 1998 entstehen.

(5) § 240 Abs. 1 Satz 1 der Abgabenordnung in der Fassung von Artikel 23 Nr. 9 des Gesetzes vom 19. Dezember 2000 (BGBl. I S. 1790) gilt erstmals für Säumniszuschläge, die nach dem 31. Dezember 2001 entstehen.

(6) § 240 Abs. 3 Satz 1 der Abgabenordnung in der Fassung des Artikels 8 des Gesetzes vom 15. Dezember 2003 (BGBl. I S. 2645) gilt erstmals, wenn die Steuer, die zurückzuzahlende Steuervergütung oder die Haftungsschuld nach dem 31. Dezember 2003 fällig geworden ist.

§ 17 Angabe des Schuldgrundes

Für die Anwendung des § 260 der Abgabenordnung auf Ansprüche, die bis zum 31. Dezember 1980 entstanden sind, gilt folgendes:

Hat die Vollstreckungsbehörde den Vollstreckungsschuldner durch Kontoauszüge über Entstehung, Fälligkeit und Tilgung seiner Schulden fortlaufend unterrichtet, so genügt es, wenn die Vollstreckungsbehörde die Art der Abgabe und die Höhe des beizutreibenden Betrages angibt und auf den Kontoauszug Bezug nimmt, der den Rückstand ausweist.

§ 17a Pfändungsgebühren

Die Höhe der Pfändungsgebühren richtet sich

1. in den Fällen des § 339 Abs. 1 Nr. 1 der Abgabenordnung nach dem Gebührenrecht, das in dem Zeitpunkt gilt, in dem der für die Erhebung der Gebühr maßgebende Tatbestand erfüllt wird,
2. in den Fällen des § 339 Abs. 1 Nr. 2 der Abgabenordnung nach dem Gebührenrecht, das in dem Zeitpunkt gilt, in dem die Pfändungsverfügung den Bereich der Vollstreckungsbehörde verlassen hat.

§ 17b Eidesstattliche Versicherung

§ 284 Abs. 1 Nr. 3 und 4 der Abgabenordnung in der Fassung des Artikels 2 Abs. 11 Nr. 1 Buchstabe a des Zweiten Gesetzes zur Änderung zwangsvollstreckungsrechtlicher Vorschriften vom 17. Dezember 1997 (BGBl. I S. 3039) gelten nicht für Verfahren, in denen der Vollziehungsbeamte die Vollstreckung vor dem Inkrafttreten dieses Gesetzes versucht hat.

§ 17c Pfändung fortlaufender Bezüge

§ 313 Abs. 3 der Abgabenordnung in der Fassung des Artikels 2 Abs. 11 Nr. 3 des Zweiten Gesetzes zur Änderung zwangsvollstreckungsrechtlicher Vorschriften vom 17. Dezember 1997 (BGBl. I S. 3039) gilt nicht für Arbeits- und Dienstverhältnisse, die vor Inkrafttreten dieses Gesetzes beendet waren.

§ 17d Zwangsgeld

§ 329 der Abgabenordnung in der Fassung des Artikels 17 des Gesetzes vom 22. Dezember 1999 (BGBl. I S. 2601) gilt in allen Fällen, in denen ein Zwangsgeld nach dem 31. Dezember 1999 angedroht wird.

§ 17e Aufteilung einer Gesamtschuld bei Ehegatten[1]

Die §§ 270, 273 Absatz 1 und § 279 Absatz 2 Nummer 4 der Abgabenordnung in der Fassung des Artikels 3 des Gesetzes vom 1. November 2011 (BGBl. I S. 2131) sind erstmals für den Veranlagungszeitraum 2013 anzuwenden.

§ 18 Außergerichtliche Rechtsbehelfe

(1) Wird ein Verwaltungsakt angefochten, der vor dem 1. Januar 1977 wirksam geworden ist, bestimmt sich die Zulässigkeit des außergerichtlichen Rechtsbehelfs nach den bisherigen Vorschriften; ist über den Rechtsbehelf nach dem 31. Dezember 1976 zu entscheiden, richten sich die Art des außergerichtlichen Rechtsbehelfs sowie das weitere Verfahren nach den neuen Vorschriften.

---

[1] § 17e EGAO eingefügt durch Art. 4 des Steuervereinfachungsgesetzes 2011 vom 1. 11. 2011 (BGBl. 2011 I S. 2131, BStBl 2011 I S. 986) mit Wirkung ab 1. 1. 2012.

(2) Nach dem 31. Dezember 1976 ist eine Gebühr für einen außergerichtlichen Rechtsbehelf nur noch dann festzusetzen, wenn die Voraussetzungen für die Festsetzung einer Gebühr nach § 256 der Reichsabgabenordnung bereits vor dem 1. Januar 1977 eingetreten waren.

(3) Wird ein Verwaltungsakt angefochten, der vor dem 1. Januar 1996 wirksam geworden ist, bestimmt sich die Zulässigkeit des Rechtsbehelfs nach den bis zum 31. Dezember 1995 geltenden Vorschriften der Abgabenordnung. Ist über den Rechtsbehelf nach dem 31. Dezember 1995 zu entscheiden, richten sich die Art des außergerichtlichen Rechtsbehelfs sowie das weitere Verfahren nach den ab 1. Januar 1996 geltenden Vorschriften der Abgabenordnung.

(4) § 365 Abs. 3 Satz 2 Nr. 1 der Abgabenordnung in der Fassung des Artikels 4 Nr. 11 Buchstabe b des Gesetzes vom 24. Juni 1994 (BGBl. I S. 1395) ist auf berichtigende Verwaltungsakte anzuwenden, die nach dem 31. Dezember 1995 bekanntgegeben werden.

§ 18a Erledigung von Massenrechtsbehelfen und Massenanträgen

(1) Wurde mit einem vor dem 1. Januar 1995 eingelegten Einspruch die Verfassungswidrigkeit von Normen des Steuerrechts gerügt, derentwegen eine Entscheidung des Bundesverfassungsgerichts aussteht, gilt der Einspruch im Zeitpunkt der Veröffentlichung der Entscheidungsformel im Bundesgesetzblatt (§ 31 Abs. 2 des Gesetzes über das Bundesverfassungsgericht) ohne Einspruchsentscheidung als zurückgewiesen, soweit er nach dem Ausgang des Verfahrens vor dem Bundesverfassungsgericht als unbegründet abzuweisen wäre. Abweichend von § 47 Abs. 1 und § 55 der Finanzgerichtsordnung endet die Klagefrist mit Ablauf eines Jahres nach dem Zeitpunkt der Veröffentlichung gemäß Satz 1. Die Sätze 1 und 2 sind auch anzuwenden, wenn der Einspruch unzulässig ist.

(2) Absatz 1 gilt für Anträge auf Aufhebung oder Änderung einer Steuerfestsetzung außerhalb des außergerichtlichen Rechtsbehelfsverfahrens sinngemäß.

(3) Die Absätze 1 und 2 sind auch anzuwenden, wenn eine Entscheidung des Bundesverfassungsgerichts vor Inkrafttreten dieses Gesetzes ergangen ist. In diesen Fällen endet die Klagefrist mit Ablauf des 31. Dezember 1994.

(4) Wurde mit einem am 31. Dezember 2003 anhängigen Einspruch die Verfassungswidrigkeit der für Veranlagungszeiträume vor 2000 geltenden Regelungen des Einkommensteuergesetzes über die Abziehbarkeit von Kinderbetreuungskosten gerügt, gilt der Einspruch mit Wirkung vom 1. Januar 2004 ohne Einspruchsentscheidung insoweit als zurückgewiesen; dies gilt auch, wenn der Einspruch unzulässig ist. Abweichend von § 47 Abs. 1 und § 55 der Finanzgerichtsordnung endet die Klagefrist mit Ablauf des 31. Dezember 2004. Die Sätze 1 und 2 gelten nicht, soweit in der angefochtenen Steuerfestsetzung die Kinderbetreuungskosten um die zumutbare Belastung nach § 33 Abs. 3 des Einkommensteuergesetzes gekürzt worden sind.

(5) Wurde mit einem am 31. Dezember 2003 anhängigen und außerhalb eines Einspruchs- oder Klageverfahrens gestellten Antrag auf Aufhebung oder Änderung einer Steuerfestsetzung die Verfassungswidrigkeit der für Veranlagungszeiträume vor 2000 geltenden Regelungen des Einkommensteuergesetzes über die Abziehbarkeit von Kinderbetreuungskosten gerügt, gilt der Antrag mit Wirkung vom 1. Januar 2004 insoweit als zurückgewiesen; dies gilt auch, wenn der Antrag unzulässig ist. Abweichend von § 355 Abs. 1 Satz 1 der Abgabenordnung endet die Frist für einen Einspruch gegen die Zurückweisung des Antrags mit Ablauf des 31. Dezember 2004. Die Sätze 1 und 2 gelten nicht, soweit in der Steuerfestsetzung, deren Aufhebung oder Änderung beantragt wurde, die Kinderbetreuungskosten um die zumutbare Belastung nach § 33 Abs. 3 des Einkommensteuergesetzes gekürzt worden sind.

(6) Wurde mit einem am 31. Dezember 2003 anhängigen Einspruch die Verfassungswidrigkeit der für Veranlagungszeiträume vor 2002 geltenden Regelungen des Einkommensteuergesetzes über die Abziehbarkeit eines Haushaltsfreibetrages gerügt, gilt der Einspruch mit Wirkung vom 1. Januar 2004 ohne Einspruchsentscheidung insoweit als zurückgewiesen; dies gilt auch, wenn der Einspruch unzulässig ist. Abweichend von § 47 Abs. 1 und § 55 der Finanzgerichtsordnung endet die Klagefrist mit Ablauf des 31. Dezember 2004.

(7) Wurde mit einem am 31. Dezember 2003 anhängigen und außerhalb eines Einspruchs- oder Klageverfahrens gestellten Antrag auf Aufhebung oder Änderung einer Steuerfestsetzung die Verfassungswidrigkeit der für Veranlagungszeiträume vor 2002 geltenden Regelungen des Einkommensteuergesetzes über die Abziehbarkeit eines Haushaltsfreibetrages gerügt, gilt der Antrag mit Wirkung vom 1. Januar 2004 insoweit als zurückgewiesen; dies gilt auch, wenn der Antrag unzulässig ist. Abweichend von § 355 Abs. 1 Satz 1 der Abgabenordnung endet die Frist für einen Einspruch gegen die Zurückweisung des Antrags mit Ablauf des 31. Dezember 2004.

(8) Wurde mit einem am 31. Dezember 2003 anhängigen Einspruch die Verfassungswidrigkeit der für Veranlagungszeiträume 1983 bis 1995 geltenden Regelungen des Einkommensteuergesetzes über die Abziehbarkeit eines Kinderfreibetrages gerügt, gilt der Einspruch mit Wirkung vom 1. Januar 2005 ohne Einspruchsentscheidung insoweit als zurückgewiesen, soweit nicht der Einspruchsführer nach dem 31. Dezember 2003 und vor dem 1. Januar 2005 ausdrücklich eine Ent-

Anhang 1
Einführungsgesetz zur Abgabenordnung (EGAO)

scheidung beantragt. Der Antrag auf Entscheidung ist schriftlich bei dem für die Besteuerung nach dem Einkommen zuständigen Finanzamt zu stellen. Ist nach Einspruchseinlegung ein anderes Finanzamt zuständig geworden, kann der Antrag auf Entscheidung fristwahrend auch bei dem Finanzamt gestellt werden, das den angefochtenen Steuerbescheid erlassen hat; Artikel 97a § 1 Abs. 1 bleibt unberührt. Die Sätze 1 bis 3 gelten auch, wenn der Einspruch unzulässig ist. Gilt nach Satz 1 der Einspruch als zurückgewiesen, endet abweichend von § 47 Abs. 1 und § 55 der Finanzgerichtsordnung die Klagefrist mit Ablauf des 31. Dezember 2005. Satz 1 gilt nicht, soweit eine Neufestsetzung nach § 53 des Einkommensteuergesetzes von der Frage abhängig ist, ob bei der nach dieser Regelung gebotenen Steuerfreistellung auf den Jahressockelbetrag des Kindergeldes oder auf das dem Steuerpflichtigen tatsächlich zustehende Kindergeld abzustellen ist.

(9) Wurde mit einem am 31. Dezember 2003 anhängigen und außerhalb eines Einspruchs- oder Klageverfahrens gestellten Antrag auf Aufhebung oder Änderung einer Steuerfestsetzung die Verfassungswidrigkeit der für die Veranlagungszeiträume 1983 bis 1995 geltenden Regelungen des Einkommensteuergesetzes über die Abziehbarkeit eines Kinderfreibetrages gerügt, gilt der Antrag mit Wirkung vom 1. Januar 2005 insoweit als zurückgewiesen, soweit nicht der Steuerpflichtige nach dem 31. Dezember 2003 und vor dem 1. Januar 2005 ausdrücklich eine Entscheidung beantragt. Der Antrag auf Entscheidung ist schriftlich bei dem für die Besteuerung nach dem Einkommen zuständigen Finanzamt zu stellen. Ist nach Erlass des Steuerbescheides ein anderes Finanzamt zuständig geworden, kann der Antrag auf Entscheidung fristwahrend auch bei dem Finanzamt gestellt werden, das den Steuerbescheid erlassen hat, dessen Aufhebung oder Änderung begehrt wird; Artikel 97a § 1 Abs. 1 bleibt unberührt. Die Sätze 1 bis 3 gelten auch, wenn der Antrag auf Aufhebung oder Änderung der Steuerfestsetzung unzulässig ist. Gilt nach Satz 1 der Antrag auf Aufhebung oder Änderung einer Steuerfestsetzung als zurückgewiesen, endet abweichend von § 355 Abs. 1 der Abgabenordnung die Frist für einen Einspruch gegen die Zurückweisung des Antrags mit Ablauf des 31. Dezember 2005. Satz 1 gilt nicht, soweit eine Neufestsetzung nach § 53 des Einkommensteuergesetzes von der Frage abhängig ist, ob bei der nach dieser Regelung gebotenen Steuerfreistellung auf den Jahressockelbetrag des Kindergeldes oder auf das dem Steuerpflichtigen tatsächlich zustehende Kindergeld abzustellen ist.

(10) Die Absätze 5, 7 und 9 gelten sinngemäß für Anträge auf abweichende Festsetzung von Steuern aus Billigkeitsgründen (§ 163 der Abgabenordnung) und für Erlassanträge (§ 227 der Abgabenordnung).

(11) Wurde mit einem am 31. Dezember 2006 anhängigen Einspruch gegen die Entscheidung über die Festsetzung von Kindergeld nach Abschnitt X des Einkommensteuergesetzes die Verfassungswidrigkeit der für die Jahre 1996 bis 2000 geltenden Regelungen zur Höhe des Kindergeldes gerügt, gilt der Einspruch mit Wirkung vom 1. Januar 2007 ohne Einspruchsentscheidung insoweit als zurückgewiesen; dies gilt auch, wenn der Einspruch unzulässig ist. Abweichend von § 47 Abs. 1 und § 55 der Finanzgerichtsordnung endet die Klagefrist mit Ablauf des 31. Dezember 2007.

(12) § 172 Abs. 3 und § 367 Abs. 2b der Abgabenordnung in der Fassung des Artikels 10 Nr. 12 und 16 des Gesetzes vom 13. Dezember 2006 (BGBl. I S. 2878) gelten auch, soweit Aufhebungs- oder Änderungsanträge oder Einsprüche vor dem 19. Dezember 2006 gestellt oder eingelegt wurden und die Allgemeinverfügung nach dem 19. Dezember 2006 im Bundessteuerblatt veröffentlicht wird.

8 § 19 Buchführungspflicht bestimmter Steuerpflichtiger

(1) § 141 Abs. 1 Satz 1 Nr. 1 der Abgabenordnung in der Fassung des Artikels 6 des Gesetzes vom 31. Juli 2003 (BGBl. I S. 1550) ist auf Umsätze der Kalenderjahre anzuwenden, die nach dem 31. Dezember 2003 beginnen.

(2) § 141 Abs. 1 Satz 1 Nr. 3 der Abgabenordnung in der Fassung des Artikels 6 des Gesetzes vom 31. Juli 2003 (BGBl. I S. 1550) ist für Feststellungen anzuwenden, die nach dem 31. Dezember 2003 getroffen werden.

(3) § 141 Abs. 1 Satz 1 Nr. 4 der Abgabenordnung in der Fassung des Artikels 6 des Gesetzes vom 31. Juli 2003 (BGBl. I S. 1550) ist auf Gewinne der Wirtschaftsjahre anzuwenden, die nach dem 31. Dezember 2003 beginnen. § 141 Abs. 1 Satz 1 Nr. 4 der Abgabenordnung in der Fassung des Artikels 5 des Gesetzes vom 7. September 2007 (BGBl. I S. 2246) ist auf Gewinne der Wirtschaftsjahre anzuwenden, die nach dem 31. Dezember 2007 beginnen.

(4) § 141 Abs. 1 Satz 1 Nr. 5 der Abgabenordnung in der Fassung des Artikels 6 des Gesetzes vom 31. Juli 2003 (BGBl. I S. 1550) ist auf Gewinne der Kalenderjahre anzuwenden, die nach dem 31. Dezember 2003 beginnen. § 141 Abs. 1 Satz 1 Nr. 5 der Abgabenordnung in der Fassung des Artikels 5 des Gesetzes vom 7. September 2007 (BGBl. I S. 2246) ist auf Gewinne der Kalenderjahre anzuwenden, die nach dem 31. Dezember 2007 beginnen.

(5) Eine Mitteilung über den Beginn der Buchführungspflicht ergeht nicht, wenn die Voraussetzungen des § 141 Abs. 1 der Abgabenordnung für Kalenderjahre, die vor dem 1. Januar 2004 liegen, erfüllt sind, jedoch nicht die Voraussetzungen des § 141 Abs. 1 der Abgabenordnung in der

Anhang 1
Einführungsgesetz zur Abgabenordnung (EGAO)

Fassung des Gesetzes vom 31. Juli 2003 (BGBl. I S. 1550) im Kalenderjahr 2004. Entsprechendes gilt für Feststellungen, die vor dem 1. Januar 2004 getroffen werden, oder für Wirtschaftsjahre, die vor dem 1. Januar 2004 enden.

(6) § 141 Abs. 1 Satz 1 Nr. 1 der Abgabenordnung in der am 26. August 2006 geltenden Fassung ist auf Umsätze der Kalenderjahre anzuwenden, die nach dem 31. Dezember 2006 beginnen. Eine Mitteilung über den Beginn der Buchführungspflicht ergeht nicht, wenn die Voraussetzungen des § 141 Abs. 1 Satz 1 Nr. 1 der Abgabenordnung in der am 25. August 2006 geltenden Fassung für Kalenderjahre, die vor dem 1. Januar 2007 liegen, erfüllt sind, jedoch im Kalenderjahr 2006 nicht die des § 141 Abs. 1 Satz 1 Nr. 1 der Abgabenordnung in der am 26. August 2006 geltenden Fassung.

(7) Eine Mitteilung über den Beginn der Buchführungspflicht ergeht nicht, wenn die Voraussetzungen des § 141 Abs. 1 Satz 1 Nr. 4 und Nr. 5 der Abgabenordnung in der am 13. September 2007 geltenden Fassung für Kalenderjahre, die vor dem 1. Januar 2008 liegen, erfüllt sind, jedoch im Kalenderjahr 2007 nicht die Voraussetzungen des § 141 Abs. 1 Satz 1 Nr. 4 und Nr. 5 der Abgabenordnung in der Fassung des Artikels 5 des Gesetzes vom 7. September 2007 (BGBl. I S. 2246).

§ 19a Aufbewahrungsfristen

§ 147 Abs. 3 der Abgabenordnung in der Fassung des Artikels 2 des Gesetzes vom 19. Dezember 1998 (BGBl. I S. 3816) gilt erstmals für Unterlagen, deren Aufbewahrungsfrist nach § 147 Abs. 3 der Abgabenordnung in der bis zum 23. Dezember 1998 geltenden Fassung noch nicht abgelaufen ist.

§ 19b Zugriff auf datenverarbeitungsgestützte Buchführungssysteme

§ 146 Abs. 5, § 147 Abs. 2, 5 und 6 sowie § 200 Abs. 1 der Abgabenordnung in der Fassung des Artikels 7 des Gesetzes vom 23. Oktober 2000 (BGBl. I S. 1433) sind ab dem 1. Januar 2002 anzuwenden.

§ 20 Verweisungserfordernis bei Blankettvorschriften

Die in § 381 Abs. 1, § 382 Abs. 1 der Abgabenordnung vorgeschriebene Verweisung ist nicht erforderlich, soweit die Vorschriften der dort genannten Gesetze und Rechtsverordnungen vor dem 1. Oktober 1968 erlassen sind.

§ 21 Steueranmeldungen in Euro

Für Besteuerungszeiträume nach dem 31. Dezember 1998 und vor dem 1. Januar 2002 ist § 168 der Abgabenordnung mit folgender Maßgabe anzuwenden:

Wird eine Steueranmeldung nach einem vom Bundesministerium der Finanzen im Einvernehmen mit den obersten Finanzbehörden der Länder bestimmten Vordruck in Euro abgegeben, gilt die Steuer als zu dem vom Rat der Europäischen Union gemäß Artikel 1091 Abs. 4 Satz 1 des EG-Vertrages unwiderruflich festgelegten Umrechnungskurs in Deutscher Mark berechnet. Betrifft die Anmeldung eine von Bundesfinanzbehörden verwaltete Steuer, ist bei der Bestimmung des Vordrucks das Einvernehmen mit den obersten Finanzbehörden der Länder nicht erforderlich.

§ 22 Mitwirkungspflichten der Beteiligten; Schätzung von Besteuerungsgrundlagen

(1) § 90 Abs. 3 der Abgabenordnung in der Fassung des Artikels 9 des Gesetzes vom 16. Mai 2003 (BGBl. I S. 660) ist erstmals für Wirtschaftsjahre anzuwenden, die nach dem 31. Dezember 2002 beginnen. § 162 Abs. 3 und 4 der Abgabenordnung in der Fassung des Artikels 9 des Gesetzes vom 16. Mai 2003 (BGBl. I S. 660) ist erstmals für Wirtschaftsjahre anzuwenden, die nach dem 31. Dezember 2003 beginnen, frühestens sechs Monate nach Inkrafttreten der Rechtsverordnung im Sinne des § 90 Abs. 3 der Abgabenordnung in der Fassung des Artikels 9 des Gesetzes vom 16. Mai 2003 (BGBl. I S. 660). Gehören zu den Geschäftsbeziehungen im Sinne des § 90 Abs. 3 der Abgabenordnung in der Fassung des Artikels 9 des Gesetzes vom 16. Mai 2003 (BGBl. I S. 660) Dauerschuldverhältnisse, die als außergewöhnliche Geschäftsvorfälle im Sinne des § 90 Abs. 3 Satz 3 der Abgabenordnung in der Fassung des Artikels 9 des Gesetzes vom 16. Mai 2003 (BGBl. I S. 660) anzusehen sind und die vor Beginn der in Satz 1 bezeichneten Wirtschaftsjahre begründet wurden und bei Beginn dieser Wirtschaftsjahre noch bestehen, sind die Aufzeichnungen der sie betreffenden wirtschaftlichen und rechtlichen Grundlagen spätestens sechs Monate nach Inkrafttreten der Rechtsverordnung im Sinne des § 90 Abs. 3 der Abgabenordnung in der Fassung des Artikels 9 des Gesetzes vom 16. Mai 2003 (BGBl. I S. 660) zu erstellen.

(2) Die Bundesregierung bestimmt durch Rechtsverordnung mit Zustimmung des Bundesrates den Zeitpunkt der erstmaligen Anwendung von § 90 Absatz 2 Satz 3, § 147a, § 162 Absatz 2 Satz 3 und

Anhang 1
Einführungsgesetz zur Abgabenordnung (EGAO)

§ 193 Absatz 1 und Absatz 2 Nummer 3 in der Fassung des Artikels 3 des Gesetzes vom 29. Juli 2009 (BGBl. I S. 2302).[1)]

§ 23 Verfolgungsverjährung

§ 376 der Abgabenordnung in der Fassung des Artikels 10 des Gesetzes vom 19. Dezember 2008 (BGBl. I S. 2794) gilt für alle bei Inkrafttreten dieses Gesetzes noch nicht abgelaufenen Verjährungsfristen.

§ 24 Selbstanzeige bei Steuerhinterziehung und leichtfertiger Steuerverkürzung[2)]

Bei Selbstanzeigen nach § 371 der Abgabenordnung, die bis zum 28. April 2011 bei der zuständigen Finanzbehörde eingegangen sind, ist § 371 der Abgabenordnung in der bis zu diesem Zeitpunkt geltenden Fassung mit der Maßgabe anzuwenden, dass im Umfang der gegenüber der zuständigen Finanzbehörde berichtigten, ergänzten oder nachgeholten Angaben Straffreiheit eintritt. Das Gleiche gilt im Fall der leichtfertigen Steuerverkürzung für die Anwendung des § 378 Absatz 3 der Abgabenordnung.

§ 25 Gebühren für die Bearbeitung von Anträgen auf Erteilung einer verbindlichen Auskunft[3)]

§ 89 Absatz 3 bis 7 der Abgabenordnung in der Fassung des Artikels 3 des Gesetzes vom 1. November 2011 (BGBl. I S. 2131) ist erstmals auf Anträge anzuwenden, die nach dem 4. November 2011 bei der zuständigen Finanzbehörde eingegangen sind.

§ 26 Kontenabrufmöglichkeit[4)]

§ 93 Absatz 7 Satz 1 Nummer 2 der Abgabenordnung in der am 31. Dezember 2011 geltenden Fassung ist für Veranlagungszeiträume vor 2012 weiterhin anzuwenden.

Art. 97a
Überleitungsregelungen aus Anlaß der Herstellung der Einheit Deutschlands
§ 1 Zuständigkeit

(1) Für vor dem 1. Januar 1994 nach dem Recht der Bundesrepublik Deutschland oder der Deutschen Demokratischen Republik entstandene Besitz- und Verkehrsteuern, Zulagen und Prämien, auf die Abgabenrecht Anwendung findet, und dazugehörige steuerliche Nebenleistungen bleiben die nach den bisher geltenden Vorschriften einschließlich der Vorschriften der Einzelsteuergesetze örtlich zuständigen Finanzbehörden weiterhin zuständig. Dies gilt auch für das Rechtsbehelfsverfahren.

(2) Würde durch einen Wechsel der örtlichen Zuständigkeit eine Finanzbehörde in dem in Artikel 3 des Einigungsvertrages genannten Gebiet für die gesonderte Feststellung nach § 180 Abs. 1 Nr. 1 der Abgabenordnung, für die gesonderte und einheitliche Feststellung nach der Anteilsbewertungsverordnung vom 19. Januar 1977 (BGBl. I S. 171) oder für die Besteuerung nach dem Vermögen zuständig, bleibt abweichend von § 26 Satz 1 der Abgabenordnung letztmals für Feststellungen zum 1. Januar 1998 oder für die Vermögensteuer des Kalenderjahrs 1998 die nach den bisherigen Verhältnissen zuständige Finanzbehörde insoweit zuständig. Dies gilt auch für das Rechtsbehelfsverfahren.

[1)] § 5 der Steuerhinterziehungsbekämpfungsverordnung vom 18. 9. 2009 (BGBl. 2009 I S. 3046, BStBl 2009 I S. 1146) lautet wie folgt:
„§ 5 Erstmalige Anwendung des § 90 Absatz 2 Satz 3, des § 147a, des § 162 Absatz 2 Satz 3 und des § 193 Absatz 1 und 2 Nummer 3 der Abgabenordnung
§ 90 Absatz 2 Satz 3, § 147a, § 162 Absatz 2 Satz 3 und § 193 Absatz 1 und 2 Nummer 3 der Abgabenordnung in der Fassung des Gesetzes vom 29. Juli 2009 (BGBl. I S. 2302) sind erstmals für Besteuerungszeiträume anzuwenden, die nach dem 31. Dezember 2009 beginnen. Bei Anwendung des § 147a Satz 3 der Abgabenordnung in der Fassung des Gesetzes vom 29. Juli 2009 (BGBl. I S. 2302) im Besteuerungszeitraum 2010 sind die Einkünfte des Besteuerungszeitraums 2009 maßgebend."
[2)] § 24 angefügt durch Art. 3 des Schwarzgeldbekämpfungsgesetzes vom 28. 4. 2011 (BGBl. I 2011 S. 676) mit Wirkung ab 3. 5. 2011.
[3)] § 25 EGAO angefügt durch Art. 4 des Steuervereinfachungsgesetzes 2011 vom 1. 11. 2011 (BGBl. 2011 I S. 2131, BStBl 2011 I S. 986) mit Wirkung ab 5. 11. 2011.
[4)] § 26 EGAO angefügt durch Art. 4 des Steuervereinfachungsgesetzes 2011 vom 1. 11. 2011 (BGBl. 2011 I S. 2131, BStBl 2011 I S. 986) mit Wirkung ab 1. 1. 2012.

Anhang 1
Einführungsgesetz zur Abgabenordnung (EGAO)

§ 2 Überleitungsbestimmungen für die Anwendung der Abgabenordnung in dem in Artikel 3 des Einigungsvertrages genannten Gebiet

Für die Anwendung der Abgabenordnung in dem in Artikel 3 des Einigungsvertrages genannten Gebiet gilt folgendes:

1. Verfahren, die beim Wirksamwerden des Beitritts anhängig sind, werden nach den Vorschriften der Abgabenordnung zu Ende geführt, soweit in den nachfolgenden Vorschriften nichts anderes bestimmt ist.

2. Fristen, deren Lauf vor dem Wirksamwerden des Beitritts begonnen hat, werden nach den Vorschriften der Abgabenordnung der Deutschen Demokratischen Republik (AO 1990) vom 22. Juni 1990 (Sonderdruck Nr. 1428 des Gesetzblattes)[1] sowie des Einführungsgesetzes zur Abgabenordnung der Deutschen Demokratischen Republik vom 22. Juni 1990 (Sonderdruck Nr. 1428 des Gesetzblattes)[2] berechnet, soweit in den nachfolgenden Vorschriften nichts anderes bestimmt ist.

3. § 152 ist erstmals auf Steuererklärungen anzuwenden, die nach dem Wirksamwerden des Beitritts einzureichen sind; eine Verlängerung der Steuererklärungsfrist ist hierbei nicht zu berücksichtigen.

4. Die Vorschriften über die Aufhebung und Änderung von Verwaltungsakten sind erstmals anzuwenden, wenn nach dem Wirksamwerden des Beitritts ein Verwaltungsakt aufgehoben oder geändert wird. Dies gilt auch dann, wenn der aufzuhebende oder zu ändernde Verwaltungsakt vor dem Wirksamwerden des Beitritts erlassen worden ist. Auf vorläufige Steuerbescheide nach § 100 Abs. 1 der Abgabenordnung (AO) der Deutschen Demokratischen Republik in der Fassung vom 18. September 1970 (Sonderdruck Nr. 681 des Gesetzblattes)[3] ist § 165 Abs. 2, auf Steuerbescheide nach § 100 Abs. 2 der Abgabenordnung (AO) der Deutschen Demokratischen Republik in der Fassung vom 18. September 1970 (Sonderdruck Nr. 681 des Gesetzblattes)[4] ist § 164 Abs. 2 und 3 anzuwenden.

5. Die Vorschriften über die Festsetzungsverjährung gelten für die Festsetzung sowie für die Aufhebung und Änderung der Festsetzung von Steuern, Steuervergütungen und, soweit für steuerliche Nebenleistungen eine Festsetzungsverjährung vorgesehen ist, von steuerlichen Nebenleistungen, die nach dem Wirksamwerden des Beitritts entstehen. ²Für vorher entstandene Ansprüche sind die Vorschriften der Abgabenordnung der Deutschen Demokratischen Republik (AO 1990) vom 22. Juni 1990 (Sonderdruck Nr. 1428 des Gesetzblattes)[5] sowie des Einführungsgesetzes zur Abgabenordnung der Deutschen Demokratischen Republik vom 22. Juni 1990 (Sonderdruck Nr. 1428 des Gesetzblattes)[6] über die Verjährung und über die Ausschlußfristen weiter anzuwenden, soweit sie für die Festsetzung einer Steuer, Steuervergütung oder steuerlichen Nebenleistung, für die Aufhebung oder Änderung einer solchen Festsetzung oder für die Geltendmachung von Erstattungsansprüchen von Bedeutung sind; Nummer 9 Satz 2 bis 4 bleibt unberührt. Sätze 1 und 2 gelten sinngemäß für die gesonderte Feststellung von Besteuerungsgrundlagen sowie für die Festsetzung, Zerlegung und Zuteilung von Steuermeßbeträgen. Bei der Einheitsbewertung tritt an die Stelle des Zeitpunkts der Entstehung des Steueranspruchs der Zeitpunkt, auf den die Hauptfeststellung, die Fortschreibung, die Nachfeststellung oder die Aufhebung eines Einheitswertes vorzunehmen ist.

6. §§ 69 bis 76 und 191 Abs. 3 bis 5 sind anzuwenden, wenn der haftungsbegründende Tatbestand nach dem Wirksamwerden des Beitritts verwirklicht worden ist.

7. Bei der Anwendung des § 141 Abs. 1 Nr. 3 tritt an die Stelle des Wirtschaftswerts der Ersatzwirtschaftswert (§ 125 des Bewertungsgesetzes).

8. Die Vorschriften über verbindliche Zusagen auf Grund einer Außenprüfung (§§ 204 bis 207) sind anzuwenden, wenn die Schlußbesprechung nach dem Wirksamwerden des Beitritts stattfindet oder, falls eine solche nicht erforderlich ist, wenn dem Steuerpflichtigen der Prüfungsbericht nach dem Wirksamwerden des Beitritts zugegangen ist. Hat die Schlußbesprechung nach dem 30. Juni 1990 und vor dem Wirksamwerden des Beitritts stattgefunden oder war eine solche nicht erforderlich und ist der Prüfungsbericht dem Steuerpflichtigen nach dem 30. Juni 1990 und vor dem Wirksamwerden des Beitritts zugegangen, sind die bisherigen Vorschriften der Abgabenordnung der Deutschen Demokratischen Republik (AO 1990) vom 22. Juni 1990 (Sonderdruck Nr. 1428 des Gesetzblattes)[7] sowie des Einführungsgesetzes zur Abgabenordnung der Deutschen Demokratischen Republik vom 22. Juni 1990 (Sonderdruck

---
[1] Gesetzblatt der DDR.
[2] Gesetzblatt der DDR.
[3] Gesetzblatt der DDR.
[4] Gesetzblatt der DDR.
[5] Gesetzblatt der DDR.
[6] Gesetzblatt der DDR.
[7] Gesetzblatt der DDR.

Anhang 1
Einführungsgesetz zur Abgabenordnung (EGAO)

Nr. 1428 des Gesetzblattes)[1] über verbindliche Zusagen auf Grund einer Außenprüfung weiter anzuwenden.

9. Die Vorschriften über die Zahlungsverjährung gelten für alle Ansprüche im Sinne des § 228 Satz 1, deren Verjährung gemäß § 229 nach dem Wirksamwerden des Beitritts beginnt. Liegen die Voraussetzungen des Satzes 1 nicht vor, so sind für die Ansprüche weiterhin die Vorschriften der Abgabenordnung der Deutschen Demokratischen Republik (AO 1990) vom 22. Juni 1990 (Sonderdruck Nr. 1428 des Gesetzblattes)[2] sowie des Einführungsgesetzes zur Abgabenordnung der Deutschen Demokratischen Republik vom 22. Juni 1990 (Sonderdruck Nr. 1428 des Gesetzblattes)[3] über die Verjährung und Ausschlußfristen anzuwenden. Die Verjährung wird jedoch ab Wirksamwerden des Beitritts nur noch nach den §§ 230 und 231 gehemmt und unterbrochen. Auf die nach § 231 Abs. 3 beginnende neue Verjährungsfrist sind die §§ 228 bis 232 anzuwenden.

10. Zinsen entstehen für die Zeit nach dem Wirksamwerden des Beitritts nach den Vorschriften der Abgabenordnung. Die Vorschriften des § 233a über die Verzinsung von Steuernachforderungen und Steuererstattungen sind erstmals für Steuern anzuwenden, die nach dem 31. Dezember 1990 entstehen. Ist eine Steuer über den Tag des Wirksamwerdens des Beitritts hinaus zinslos gestundet worden, so gilt dies als Verzicht auf Zinsen im Sinne des § 234 Abs. 2. Die Vorschriften des § 239 Abs. 1 über die Festsetzungsfrist gelten in allen Fällen, in denen die Festsetzungsfrist auf Grund dieser Vorschrift nach dem Wirksamwerden des Beitritts beginnt.

11. § 240 ist erstmals auf Säumniszuschläge anzuwenden, die nach dem Wirksamwerden des Beitritts verwirkt werden.

12. Wird ein Verwaltungsakt angefochten, der vor dem Wirksamwerden des Beitritts wirksam geworden ist, bestimmt sich die Zulässigkeit des außergerichtlichen Rechtsbehelfs nach den bisherigen Vorschriften; ist über den Rechtsbehelf nach dem Wirksamwerden des Beitritts zu entscheiden, richten sich die Art des außergerichtlichen Rechtsbehelfs sowie das weitere Verfahren nach den neuen Vorschriften.

13. Eine vor dem Wirksamwerden des Beitritts begonnene Maßnahme der Zwangsvollstreckung ist nach dem bisherigen Recht zu erledigen. Werden weitere selbständige Maßnahmen zur Fortsetzung der bereits begonnenen Zwangsvollstreckung nach dem Wirksamwerden des Beitritts eingeleitet, gelten die Vorschriften der Abgabenordnung. Als selbständige Maßnahme gilt auch die Verwertung eines gepfändeten Gegenstandes.

§ 3 Festsetzungsverjährung und D-Markbilanzgesetz

(1) Bei Steuerpflichtigen, die nach dem D-Markbilanzgesetz vom 31. August 1990 in der Fassung vom 28. Juli 1994 (BGBl. I S. 1842) eine Eröffnungsbilanz für den 1. Juli 1990 aufzustellen haben, beträgt die Festsetzungsfrist insoweit abweichend von § 169 Abs. 2 Satz 1 Nr. 2 der Abgabenordnung für Steuern vom Einkommen, die nach dem 30. Juni 1990 und vor dem 1. Januar 1993 entstehen, sechs Jahre. Soweit diese Steuern leichtfertig verkürzt worden sind, beträgt die Festsetzungsfrist abweichend von § 169 Abs. 2 Satz 2 der Abgabenordnung sieben Jahre.

(2) Für Gesellschaften und Gemeinschaften, für die Einkünfte nach § 180 Abs. 1 Nr. 2 Buchstabe a der Abgabenordnung einheitlich und gesondert festzustellen sind, gilt Absatz 1 für die Feststellungsfrist sinngemäß.

(3) Die Festsetzungsfrist für Haftungsbescheide, denen die in den Absätzen 1 und 2 genannten Steueransprüche zugrunde liegen, beträgt abweichend von § 191 Abs. 3 Satz 2 der Abgabenordnung sechs Jahre, in den Fällen des § 70 der Abgabenordnung bei Steuerhinterziehung zehn Jahre, bei leichtfertiger Steuerverkürzung sieben Jahre, in den Fällen des § 71 der Abgabenordnung zehn Jahre.

§ 4 Verrechnung der für das zweite Halbjahr 1990 gezahlten Vermögensteuer

Die nach der Verordnung vom 27. Juni 1990 (GBl. I Nr. 41 S. 618)[4] in der zusammengefaßten Steuerrate für das zweite Halbjahr 1990 gezahlte Vermögensteuer ist in der Jahreserklärung 1990 innerhalb der Steuerrate mit der Körperschaftsteuer und Gewerbesteuer der in Kapitalgesellschaften umgewandelten ehemaligen volkseigenen Kombinate, Betriebe und Einrichtungen zu verrechnen.

§ 5

(aufgehoben)

---

[1] Gesetzblatt der DDR.
[2] Gesetzblatt der DDR.
[3] Gesetzblatt der DDR.
[4] Gesetzblatt der DDR.

Zustellungsverfahren

– Verwaltungszustellungsgesetz (VwZG) –

vom 12. 8. 2005 (BGBl. 2005 I S. 2354, BStBl 2005 I S. 855)

zuletzt geändert durch Art. 3 des Gesetzes vom 28. 4. 2011 (BGBl. 2011 I S. 666)
und Art. 2 Abs. 2 des Gesetzes vom 22. 12. 2011 (BGBl. 2011 I S. 3044)

§ 1 Anwendungsbereich

(1) Die Vorschriften dieses Gesetzes gelten für das Zustellungsverfahren der Bundesbehörden, der bundesunmittelbaren Körperschaften, Anstalten und Stiftungen des öffentlichen Rechts und der Landesfinanzbehörden.

(2) Zugestellt wird, soweit dies durch Rechtsvorschrift oder behördliche Anordnung bestimmt ist.

§ 2 Allgemeines

(1) Zustellung ist die Bekanntgabe eines schriftlichen oder elektronischen Dokuments in der in diesem Gesetz bestimmten Form.

(2) Die Zustellung wird durch einen Erbringer von Postdienstleistungen (Post), **einen nach § 17 des De-Mail-Gesetzes akkreditierten Diensteanbieter** oder durch die Behörde ausgeführt. Daneben gelten die in den §§ 9 und 10 geregelten Sonderarten der Zustellung.

(3) Die Behörde hat die Wahl zwischen den einzelnen Zustellungsarten. **§ 5 Abs. 5 Satz 2 bleibt unberührt.**

§ 3 Zustellung durch die Post mit Zustellungsurkunde

(1) Soll durch die Post mit Zustellungsurkunde zugestellt werden, übergibt die Behörde der Post den Zustellungsauftrag, das zuzustellende Dokument in einem verschlossenen Umschlag und einen vorbereiteten Vordruck einer Zustellungsurkunde.

(2) Für die Ausführung der Zustellung gelten die §§ 177 bis 182 der Zivilprozessordnung entsprechend. Im Fall des § 181 Abs. 1 der Zivilprozessordnung kann das zuzustellende Dokument bei einer von der Post dafür bestimmten Stelle am Ort der Zustellung oder am Ort des Amtsgerichts, in dessen Bezirk der Ort der Zustellung liegt, niedergelegt werden oder bei der Behörde, die den Zustellungsauftrag erteilt hat, wenn sie ihren Sitz an einem der vorbezeichneten Orte hat. Für die Zustellungsurkunde, den Zustellungsauftrag, den verschlossenen Umschlag nach Absatz 1 und die schriftliche Mitteilung nach § 181 Abs. 1 Satz 3 der Zivilprozessordnung sind die Vordrucke nach der Zustellungsvordruckverordnung zu verwenden.

§ 4 Zustellung durch die Post mittels Einschreiben

(1) Ein Dokument kann durch die Post mittels Einschreiben durch Übergabe oder mittels Einschreiben mit Rückschein zugestellt werden.

(2) Zum Nachweis der Zustellung genügt der Rückschein. Im Übrigen gilt das Dokument am dritten Tag nach der Aufgabe zur Post als zugestellt, es sei denn, dass es nicht oder zu einem späteren Zeitpunkt zugegangen ist. Im Zweifel hat die Behörde den Zugang und dessen Zeitpunkt nachzuweisen. Der Tag der Aufgabe zur Post ist in den Akten zu vermerken.

§ 5 *Zustellung durch die Behörde gegen Empfangsbekenntnis; elektronische Zustellung*

(1) Bei der Zustellung durch die Behörde händigt der zustellende Bedienstete das Dokument dem Empfänger in einem verschlossenen Umschlag aus. Das Dokument kann auch offen ausgehändigt werden, wenn keine schutzwürdigen Interessen des Empfängers entgegenstehen. Der Empfänger hat ein mit dem Datum der Aushändigung versehenes Empfangsbekenntnis zu unterschreiben. Der Bedienstete vermerkt das Datum der Zustellung auf dem Umschlag des auszuhändigenden Dokuments oder bei offener Aushändigung auf dem Dokument selbst.

(2) Die §§ 177 bis 181 der Zivilprozessordnung sind anzuwenden. Zum Nachweis der Zustellung ist in den Akten zu vermerken:

1. im Fall der Ersatzzustellung in der Wohnung, in Geschäftsräumen und Einrichtungen nach § 178 der Zivilprozessordnung der Grund, der diese Art der Zustellung rechtfertigt,
2. im Fall der Zustellung bei verweigerter Annahme nach § 179 der Zivilprozessordnung, wer die Annahme verweigert hat und dass das Dokument am Ort der Zustellung zurückgelassen oder an den Absender zurückgesandt wurde sowie der Zeitpunkt und der Ort der verweigerten Annahme.

Anhang 2
Zustellungsverfahren (VwZG)

3. in den Fällen der Ersatzzustellung nach den §§ 180 und 181 der Zivilprozessordnung der Grund der Ersatzzustellung sowie wann und wo das Dokument in einen Briefkasten eingelegt oder sonst niedergelegt und in welcher Weise die Niederlegung schriftlich mitgeteilt wurde.

Im Fall des § 181 Abs. 1 der Zivilprozessordnung kann das zuzustellende Dokument bei der Behörde, die den Zustellungsauftrag erteilt hat, niedergelegt werden, wenn diese Behörde ihren Sitz am Ort der Zustellung oder am Ort des Amtsgerichts hat, in dessen Bezirk der Ort der Zustellung liegt.

(3) Zur Nachtzeit, an Sonntagen und allgemeinen Feiertagen darf nach den Absätzen 1 und 2 im Inland nur mit schriftlicher oder elektronischer Erlaubnis des Behördenleiters zugestellt werden. Die Nachtzeit umfasst die Stunden von 21 bis 6 Uhr. Die Erlaubnis ist bei der Zustellung abschriftlich mitzuteilen. Eine Zustellung, bei der diese Vorschriften nicht beachtet sind, ist wirksam, wenn die Annahme nicht verweigert wird.

(4) Das Dokument kann an Behörden, Körperschaften, Anstalten und Stiftungen des öffentlichen Rechts, an Rechtsanwälte, Patentanwälte, Notare, Steuerberater, Steuerbevollmächtigte, Wirtschaftsprüfer, vereidigte Buchprüfer, Steuerberatungsgesellschaften, Wirtschaftsprüfungsgesellschaften und Buchprüfungsgesellschaften auch auf andere Weise, auch elektronisch, gegen Empfangsbekenntnis zugestellt werden.

(5) Ein elektronisches Dokument kann im Übrigen unbeschadet des Absatzes 4 elektronisch zugestellt werden, soweit der Empfänger hierfür einen Zugang eröffnet. Es ist elektronisch zuzustellen, wenn auf Grund einer Rechtsvorschrift ein Verfahren auf Verlangen des Empfängers in elektronischer Form abgewickelt wird. Für die Übermittlung ist das Dokument mit einer qualifizierten elektronischen Signatur nach dem Signaturgesetz zu versehen und gegen unbefugte Kenntnisnahme Dritter zu schützen.

(6) Bei der elektronischen Zustellung ist die Übermittlung mit dem Hinweis „Zustellung gegen Empfangsbekenntnis" einzuleiten. Die Übermittlung muss die absendende Behörde, den Namen und die Anschrift des Zustellungsadressaten sowie den Namen des Bediensteten erkennen lassen, der das Dokument zur Übermittlung aufgegeben hat.

(7) Zum Nachweis der Zustellung nach den Absätzen 4 und 5 genügt das mit Datum und Unterschrift versehene Empfangsbekenntnis, das an die Behörde durch die Post oder elektronisch zurückzusenden ist. *Ein elektronisches Dokument gilt in den Fällen des Absatzes 5 Satz 2 am dritten Tag nach der Absendung an den vom Empfänger hierfür eröffneten Zugang als zugestellt, wenn der Behörde nicht spätestens an diesem Tag ein Empfangsbekenntnis nach Satz 1 zugeht.* Satz 2 gilt nicht, wenn der Empfänger **nachweist**, dass das Dokument nicht oder zu einem späteren Zeitpunkt zugegangen ist. *Der Empfänger ist in den Fällen des Absatzes 5 Satz 2 vor der Übermittlung über die Rechtsfolgen nach den Sätzen 2 und 3 zu belehren.* Zum Nachweis der Zustellung ist von der absendenden Behörde in den Akten zu vermerken, zu welchem Zeitpunkt und an welchen Zugang das Dokument gesendet wurde. Der Empfänger ist über den Eintritt der Zustellungsfiktion nach Satz 2 zu benachrichtigen.

§ 5a Elektronische Zustellung gegen Abholbestätigung über De-Mail-Dienste

(1) Die elektronische Zustellung kann unbeschadet des § 5 Absatz 4 und 5 Satz 1 und 2 durch Übermittlung der nach § 17 des De-Mail-Gesetzes akkreditierten Diensteanbieter gegen Abholbestätigung nach § 5 Absatz 9 des De-Mail-Gesetzes an das De-Mail-Postfach des Empfängers erfolgen. Für die Zustellung nach Satz 1 ist § 5 Absatz 4 und 6 mit der Maßgabe anzuwenden, dass an die Stelle des Empfangsbekenntnisses die Abholbestätigung tritt.

(2) Der nach § 17 des De-Mail-Gesetzes akkreditierte Diensteanbieter hat eine Versandbestätigung nach § 5 Absatz 7 des De-Mail-Gesetzes und eine Abholbestätigung nach § 5 Absatz 9 des De-Mail-Gesetzes zu erzeugen. Er hat diese Bestätigungen unverzüglich der absendenden Behörde zu übermitteln.

(3) Zum Nachweis der elektronischen Zustellung genügt die Abholbestätigung nach § 5 Absatz 9 des De-Mail-Gesetzes. Für diese gelten § 371 Absatz 1 Satz 2 und § 371a Absatz 2 der Zivilprozessordnung.

(4) Ein elektronisches Dokument gilt in den Fällen des § 5 Absatz 5 Satz 2 am dritten Tag nach der Absendung an das De-Mail-Postfach des Empfängers als zugestellt, wenn er dieses Postfach als Zugang eröffnet hat und der Behörde nicht spätestens an diesem Tag eine elektronische Abholbestätigung nach § 5 Absatz 9 des De-Mail-Gesetzes zugeht. Satz 1 gilt nicht, wenn der Empfänger nachweist, dass das Dokument nicht oder zu einem späteren Zeitpunkt zugegangen ist. Der Empfänger ist in den Fällen des § 5 Absatz 5 Satz 2 vor der Übermittlung über die Rechtsfolgen nach den Sätzen 1 und 2 zu belehren. Als Nachweis der Zustellung nach Satz 1 dient die Versandbestätigung nach § 5 Absatz 7 des De-Mail-Gesetzes oder ein Vermerk der absendenden Behörde in den Akten, zu welchem Zeitpunkt und an welches De-Mail-Postfach das Dokument gesendet wurde. Der Empfänger ist über den Eintritt der Zustellungsfiktion nach Satz 1 elektronisch zu benachrichtigen.

§ 6 Zustellung an gesetzliche Vertreter

(1) Bei Geschäftsunfähigen oder beschränkt Geschäftsfähigen ist an ihre gesetzlichen Vertreter zuzustellen. Gleiches gilt bei Personen, für die ein Betreuer bestellt ist, soweit der Aufgabenkreis des Betreuers reicht.

(2) Bei Behörden wird an den Behördenleiter, bei juristischen Personen, nicht rechtsfähigen Personenvereinigungen und Zweckvermögen an ihre gesetzlichen Vertreter zugestellt. § 34 Abs. 2 der Abgabenordnung bleibt unberührt.

(3) Bei mehreren gesetzlichen Vertretern oder Behördenleitern genügt die Zustellung an einen von ihnen.

(4) Der zustellende Bedienstete braucht nicht zu prüfen, ob die Anschrift den Vorschriften der Absätze 1 bis 3 entspricht.

§ 7 Zustellung an Bevollmächtigte

(1) Zustellungen können an den allgemeinen oder für bestimmte Angelegenheiten bestellten Bevollmächtigten gerichtet werden. Sie sind an ihn zu richten, wenn er schriftliche Vollmacht vorgelegt hat. Ist ein Bevollmächtigter für mehrere Beteiligte bestellt, so genügt die Zustellung eines Dokuments an ihn für alle Beteiligten.

(2) Einem Zustellungsbevollmächtigten mehrerer Beteiligter sind so viele Ausfertigungen oder Abschriften zuzustellen, als Beteiligte vorhanden sind.

(3) Auf § 180 Abs. 2 der Abgabenordnung beruhende Regelungen und § 183 der Abgabenordnung bleiben unberührt.

§ 8 Heilung von Zustellungsmängeln

Lässt sich die formgerechte Zustellung eines Dokuments nicht nachweisen oder ist es unter Verletzung zwingender Zustellungsvorschriften zugegangen, gilt es als in dem Zeitpunkt zugestellt, in dem es dem Empfangsberechtigten tatsächlich zugegangen ist, im Fall des § 5 Abs. 5 in dem Zeitpunkt, in dem der Empfänger das Empfangsbekenntnis zurückgesendet hat.

§ 9 Zustellung im Ausland

(1) Eine Zustellung im Ausland erfolgt
1. durch Einschreiben mit Rückschein, soweit die Zustellung von Dokumenten unmittelbar durch die Post völkerrechtlich zulässig ist,
2. auf Ersuchen der Behörde durch die Behörden des fremden Staates oder durch die zuständige diplomatische oder konsularische Vertretung der Bundesrepublik Deutschland,
3. auf Ersuchen der Behörde durch das Auswärtige Amt an eine Person, die das Recht der Immunität genießt und zu einer Vertretung der Bundesrepublik Deutschland im Ausland gehört, sowie an Familienangehörige einer solchen Person, wenn diese das Recht der Immunität genießen, oder
4. durch Übermittlung elektronischer Dokumente, soweit dies völkerrechtlich zulässig ist.

(2) Zum Nachweis der Zustellung nach Absatz 1 Nr. 1 genügt der Rückschein. Die Zustellung nach Absatz 1 Nr. 2 und 3 wird durch das Zeugnis der ersuchten Behörde nachgewiesen. Der Nachweis der Zustellung gemäß Absatz 1 Nr. 4 richtet sich nach § 5 Abs. 7 Satz 1 bis 3 und 5 *sowie nach § 5a Absatz 3 und 4 Satz 1, 2 und 3.*

(3) Die Behörde kann bei der Zustellung nach Absatz 1 Nr. 2 und 3 anordnen, dass die Person, an die zugestellt werden soll, innerhalb einer angemessenen Frist einen Zustellungsbevollmächtigten benennt, der im Inland wohnt oder dort einen Geschäftsraum hat. Wird kein Zustellungsbevollmächtigter benannt, können spätere Zustellungen bis zur nachträglichen Benennung dadurch bewirkt werden, dass das Dokument unter der Anschrift der Person, an die zugestellt werden soll, zur Post gegeben wird. Das Dokument gilt am siebenten Tag nach Aufgabe zur Post als zugestellt, wenn nicht feststeht, dass es den Empfänger nicht oder zu einem späteren Zeitpunkt erreicht hat. Die Behörde kann eine längere Frist bestimmen. In der Anordnung nach Satz 1 ist auf diese Rechtsfolgen hinzuweisen. Zum Nachweis der Zustellung ist in den Akten zu vermerken, zu welcher Zeit und unter welcher Anschrift das Dokument zur Post gegeben wurde. *Ist durch Rechtsvorschrift angeordnet, dass ein Verwaltungsverfahren über eine einheitliche Stelle nach den Vorschriften des Verwaltungsverfahrensgesetzes abgewickelt werden kann, finden die Sätze 1 bis 6 keine Anwendung.*

§ 10 Öffentliche Zustellung

(1) Die Zustellung kann durch öffentliche Bekanntmachung erfolgen, wenn

Anhang 2
Zustellungsverfahren (VwZG)

1. der Aufenthaltsort des Empfängers unbekannt ist und eine Zustellung an einen Vertreter oder Zustellungsbevollmächtigten nicht möglich ist,
2. bei juristischen Personen, die zur Anmeldung einer inländischen Geschäftsanschrift zum Handelsregister verpflichtet sind, eine Zustellung weder unter der eingetragenen Anschrift noch unter einer im Handelsregister eingetragenen Anschrift einer für Zustellungen empfangsberechtigten Person oder einer ohne Ermittlungen bekannten anderen inländischen Anschrift möglich ist oder
3. sie im Fall des § 9 nicht möglich ist oder keinen Erfolg verspricht.

Die Anordnung über die öffentliche Zustellung trifft ein zeichnungsberechtigter Bediensteter.

(2) Die öffentliche Zustellung erfolgt durch Bekanntmachung einer Benachrichtigung an der Stelle, die von der Behörde hierfür allgemein bestimmt ist, oder durch Veröffentlichung einer Benachrichtigung im Bundesanzeiger. Die Benachrichtigung muss

1. die Behörde, für die zugestellt wird,
2. den Namen und die letzte bekannte Anschrift des Zustellungsadressaten,
3. das Datum und das Aktenzeichen des Dokuments sowie
4. die Stelle, wo das Dokument eingesehen werden kann,

erkennen lassen. Die Benachrichtigung muss den Hinweis enthalten, dass das Dokument öffentlich zugestellt wird und Fristen in Gang gesetzt werden können, nach deren Ablauf Rechtsverluste drohen können. Bei der Zustellung einer Ladung muss die Benachrichtigung den Hinweis enthalten, dass das Dokument eine Ladung zu einem Termin enthält, dessen Versäumung Rechtsnachteile zur Folge haben kann. In den Akten ist zu vermerken, wann und wie die Benachrichtigung bekannt gemacht wurde. Das Dokument gilt als zugestellt, wenn seit dem Tag der Bekanntmachung der Benachrichtigung zwei Wochen vergangen sind.

Zivilprozessordnung (ZPO)

– Auszug –
in der Fassung der Bekanntmachung vom 5. 12. 2005
(BGBl. 2005 I S. 3202, 2006 I S. 431, 2007 I S. 1781)

zuletzt geändert durch Artikel 3 des Gesetzes vom 22. 12. 2011 (BGBl. 2011 I S. 3044)

...

Untertitel 1 Zustellungen von Amts wegen

§ 166 Zustellung

(1) Zustellung ist die Bekanntgabe eines Dokuments an eine Person in der in diesem Titel bestimmten Form.

(2) Dokumente, deren Zustellung vorgeschrieben oder vom Gericht angeordnet ist, sind von Amts wegen zuzustellen, soweit nicht anderes bestimmt ist.

§ 167 Rückwirkung der Zustellung

Soll durch die Zustellung eine Frist gewahrt werden oder die Verjährung neu beginnen oder nach § 204 des Bürgerlichen Gesetzbuchs gehemmt werden, tritt diese Wirkung bereits mit Eingang des Antrags oder der Erklärung ein, wenn die Zustellung demnächst erfolgt.

§ 168 Aufgaben der Geschäftsstelle

(1) Die Geschäftsstelle führt die Zustellung nach §§ 173 bis 175 aus. Sie kann einen nach § 33 Abs. 1 des Postgesetzes beliehenen Unternehmer (Post) oder einen Justizbediensteten mit der Ausführung der Zustellung beauftragen. Den Auftrag an die Post erteilt die Geschäftsstelle auf dem dafür vorgesehenen Vordruck.

(2) Der Vorsitzende des Prozessgerichts oder ein von ihm bestimmtes Mitglied können einen Gerichtsvollzieher oder eine andere Behörde mit der Ausführung der Zustellung beauftragen, wenn eine Zustellung nach Absatz 1 keinen Erfolg verspricht.

§ 169 Bescheinigung des Zeitpunktes der Zustellung; Beglaubigung

(1) Die Geschäftsstelle bescheinigt auf Antrag den Zeitpunkt der Zustellung.

(2) Die Beglaubigung der zuzustellenden Schriftstücke wird von der Geschäftsstelle vorgenommen. Dies gilt auch, soweit von einem Anwalt eingereichte Schriftstücke nicht bereits von diesem beglaubigt wurden.

§ 170 Zustellung an Vertreter

(1) Bei nicht prozessfähigen Personen ist an ihren gesetzlichen Vertreter zuzustellen. Die Zustellung an die nicht prozessfähige Person ist unwirksam.

(2) Ist der Zustellungsadressat keine natürliche Person, genügt die Zustellung an den Leiter.

(3) Bei mehreren gesetzlichen Vertretern oder Leitern genügt die Zustellung an einen von ihnen.

§ 171 Zustellung an Bevollmächtigte

An den rechtsgeschäftlich bestellten Vertreter kann mit gleicher Wirkung wie an den Vertretenen zugestellt werden. Der Vertreter hat eine schriftliche Vollmacht vorzulegen.

§ 172 Zustellung an Prozessbevollmächtigte

(1) In einem anhängigen Verfahren hat die Zustellung an den für den Rechtszug bestellten Prozessbevollmächtigten zu erfolgen. Das gilt auch für die Prozesshandlungen, die das Verfahren vor diesem Gericht infolge eines Einspruchs, einer Aufhebung des Urteils dieses Gerichts, einer Wiederaufnahme des Verfahrens, einer Rüge nach § 321a oder eines neuen Vorbringens in dem Verfahren der Zwangsvollstreckung betreffen. Das Verfahren vor dem Vollstreckungsgericht gehört zum ersten Rechtszug.

(2) Ein Schriftsatz, durch den ein Rechtsmittel eingelegt wird, ist dem Prozessbevollmächtigten des Rechtszuges zuzustellen, dessen Entscheidung angefochten wird. Wenn bereits ein Prozessbevollmächtigter für den höheren Rechtszug bestellt ist, ist der Schriftsatz diesem zuzustellen. Der Partei ist selbst zuzustellen, wenn sie einen Prozessbevollmächtigten nicht bestellt hat.

Anhang 2
Zivilprozessordnung (ZPO)

§ 173 Zustellung durch Aushändigung an der Amtsstelle

Ein Schriftstück kann dem Adressaten oder seinem rechtsgeschäftlich bestellten Vertreter durch Aushändigung an der Amtsstelle zugestellt werden. Zum Nachweis der Zustellung ist auf dem Schriftstück und in den Akten zu vermerken, dass es zum Zwecke der Zustellung ausgehändigt wurde und wann das geschehen ist; bei Aushändigung an den Vertreter ist dies mit dem Zusatz zu vermerken, an wen das Schriftstück ausgehändigt wurde und dass die Vollmacht nach § 171 Satz 2 vorgelegt wurde. Der Vermerk ist von dem Bediensteten zu unterschreiben, der die Aushändigung vorgenommen hat.

§ 174 Zustellung gegen Empfangsbekenntnis

(1) Ein Schriftstück kann an einen Anwalt, einen Notar, einen Gerichtsvollzieher, einen Steuerberater oder an eine sonstige Person, bei der aufgrund ihres Berufes von einer erhöhten Zuverlässigkeit ausgegangen werden kann, eine Behörde, eine Körperschaft oder eine Anstalt des öffentlichen Rechts gegen Empfangsbekenntnis zugestellt werden.

(2) An die in Absatz 1 Genannten kann das Schriftstück auch durch Telekopie zugestellt werden. Die Übermittlung soll mit dem Hinweis „Zustellung gegen Empfangsbekenntnis" eingeleitet werden und die absendende Stelle, den Namen und die Anschrift des Zustellungsadressaten sowie den Namen des Justizbediensteten erkennen lassen, der das Dokument zur Übermittlung aufgegeben hat.

(3) An die in Absatz 1 Genannten kann auch ein elektronisches Dokument zugestellt werden. Gleiches gilt für andere Verfahrensbeteiligte, wenn sie der Übermittlung elektronischer Dokumente ausdrücklich zugestimmt haben. Für die Übermittlung ist das Dokument mit einer elektronischen Signatur zu versehen und gegen unbefugte Kenntnisnahme Dritter zu schützen. **Die Übermittlung kann auch über De-Mail-Dienste im Sinne von § 1 des De-Mail-Gesetzes erfolgen.**

(4) Zum Nachweis der Zustellung genügt das mit Datum und Unterschrift des Adressaten versehene Empfangsbekenntnis, das an das Gericht zurückzusenden ist. Das Empfangsbekenntnis kann schriftlich, durch Telekopie oder als elektronisches Dokument (§ 130a) zurückgesandt werden. Wird es als elektronisches Dokument erteilt, soll es mit einer qualifizierten elektronischen Signatur nach dem Signaturgesetz versehen werden.

§ 175 Zustellung durch Einschreiben mit Rückschein

Ein Schriftstück kann durch Einschreiben mit Rückschein zugestellt werden. Zum Nachweis der Zustellung genügt der Rückschein.

§ 176 Zustellungsauftrag

(1) Wird der Post, einem Justizbediensteten oder einem Gerichtsvollzieher ein Zustellungsauftrag erteilt oder wird eine andere Behörde um die Ausführung der Zustellung ersucht, übergibt die Geschäftsstelle das zuzustellende Schriftstück in einem verschlossenen Umschlag und ein vorbereitetes Formular einer Zustellungsurkunde.

(2) Die Ausführung der Zustellung erfolgt nach den §§ 177 bis 181.

§ 177 Ort der Zustellung

Das Schriftstück kann der Person, der zugestellt werden soll, an jedem Ort übergeben werden, an dem sie angetroffen wird.

§ 178 Ersatzzustellung in der Wohnung, in Geschäftsräumen und Einrichtungen

(1) Wird die Person, der zugestellt werden soll, in ihrer Wohnung, in dem Geschäftsraum oder in einer Gemeinschaftseinrichtung, in der sie wohnt, nicht angetroffen, kann das Schriftstück zugestellt werden

1. in der Wohnung einem erwachsenen Familienangehörigen, einer in der Familie beschäftigten Person oder einem erwachsenen ständigen Mitbewohner,
2. in Geschäftsräumen einer dort beschäftigten Person,
3. in Gemeinschaftseinrichtungen dem Leiter der Einrichtung oder einem dazu ermächtigten Vertreter.

(2) Die Zustellung an eine der in Absatz 1 bezeichneten Personen ist unwirksam, wenn diese an dem Rechtsstreit als Gegner der Person, der zugestellt werden soll, beteiligt ist.

Anhang 2
Zivilprozessordnung (ZPO)

§ 179 Zustellung bei verweigerter Annahme

Wird die Annahme des zuzustellenden Schriftstücks unberechtigt verweigert, so ist das Schriftstück in der Wohnung oder in dem Geschäftsraum zurückzulassen. Hat der Zustellungsadressat keine Wohnung oder ist kein Geschäftsraum vorhanden, ist das zuzustellende Schriftstück zurückzusenden. Mit der Annahmeverweigerung gilt das Schriftstück als zugestellt.

§ 180 Ersatzzustellung durch Einlegen in den Briefkasten

Ist die Zustellung nach § 178 Abs. 1 Nr. 1 oder 2 nicht ausführbar, kann das Schriftstück in einen zu der Wohnung oder dem Geschäftsraum gehörenden Briefkasten oder in eine ähnliche Vorrichtung eingelegt werden, die der Adressat für den Postempfang eingerichtet hat und die in der allgemein üblichen Art für eine sichere Aufbewahrung geeignet ist. Mit der Einlegung gilt das Schriftstück als zugestellt. Der Zusteller vermerkt auf dem Umschlag des zuzustellenden Schriftstücks das Datum der Zustellung.

§ 181 Ersatzzustellung durch Niederlegung

(1) Ist die Zustellung nach § 178 Abs. 1 Nr. 3 oder § 180 nicht ausführbar, kann das zuzustellende Schriftstück auf der Geschäftsstelle des Amtsgerichts, in dessen Bezirk der Ort der Zustellung liegt, niedergelegt werden. Wird die Post mit der Ausführung der Zustellung beauftragt, ist das zuzustellende Schriftstück am Ort der Zustellung oder am Ort des Amtsgerichts bei einer von der Post dafür bestimmten Stelle niederzulegen. Über die Niederlegung ist eine schriftliche Mitteilung auf dem vorgesehenen Formular unter der Anschrift der Person, der zugestellt werden soll, in der bei gewöhnlichen Briefen üblichen Weise abzugeben oder, wenn das nicht möglich ist, an der Tür der Wohnung, des Geschäftsraums oder der Gemeinschaftseinrichtung anzuheften. Das Schriftstück gilt mit der Abgabe der schriftlichen Mitteilung als zugestellt. Der Zusteller vermerkt auf dem Umschlag des zuzustellenden Schriftstücks das Datum der Zustellung.

(2) Das niedergelegte Schriftstück ist drei Monate zur Abholung bereitzuhalten. Nicht abgeholte Schriftstücke sind danach an den Absender zurückzusenden.

§ 182 Zustellungsurkunde

(1) Zum Nachweis der Zustellung nach den §§ 171, 177 bis 181 ist eine Urkunde auf dem hierfür vorgesehenen Formular anzufertigen. Für diese Zustellungsurkunde gilt § 418.

(2) Die Zustellungsurkunde muss enthalten:

1. die Bezeichnung der Person, der zugestellt werden soll,
2. die Bezeichnung der Person, an die der Brief oder das Schriftstück übergeben wurde,
3. im Falle des § 171 die Angabe, dass die Vollmachtsurkunde vorgelegen hat,
4. im Falle der §§ 178, 180 die Angabe des Grundes, der diese Zustellung rechtfertigt und wenn nach § 181 verfahren wurde, die Bemerkung, wie die schriftliche Mitteilung abgegeben wurde,
5. im Falle des § 179 die Erwähnung, wer die Annahme verweigert hat und dass der Brief am Ort der Zustellung zurückgelassen oder an den Absender zurückgesandt wurde,
6. die Bemerkung, dass der Tag der Zustellung auf dem Umschlag, der das zuzustellende Schriftstück enthält, vermerkt ist,
7. den Ort, das Datum und auf Anordnung der Geschäftsstelle auch die Uhrzeit der Zustellung,
8. Name, Vorname und Unterschrift des Zustellers sowie die Angabe des beauftragten Unternehmens oder der ersuchten Behörde.

(3) Die Zustellungsurkunde ist der Geschäftsstelle unverzüglich zurückzuleiten.

§ 183 Zustellung im Ausland

(1) Eine Zustellung im Ausland ist nach den bestehenden völkerrechtlichen Vereinbarungen vorzunehmen. Wenn Schriftstücke auf Grund völkerrechtlicher Vereinbarungen unmittelbar durch die Post übersandt werden dürfen, so soll durch Einschreiben mit Rückschein zugestellt werden, anderenfalls die Zustellung auf Ersuchen des Vorsitzenden des Prozessgerichts unmittelbar durch die Behörden des fremden Staates erfolgen.

(2) Ist eine Zustellung nach Absatz 1 nicht möglich, ist durch die zuständige diplomatische oder konsularische Vertretung des Bundes oder die sonstige zuständige Behörde zuzustellen. Nach Satz 1 ist insbesondere zu verfahren, wenn völkerrechtliche Vereinbarungen nicht bestehen, die zuständigen Stellen des betreffenden Staates zur Rechtshilfe nicht bereit sind oder besondere Gründe eine solche Zustellung rechtfertigen.

Anhang 2
Zivilprozessordnung (ZPO)

(3) An einen Deutschen, der das Recht der Immunität genießt und zu einer Vertretung der Bundesrepublik Deutschland im Ausland gehört, erfolgt die Zustellung auf Ersuchen des Vorsitzenden des Prozessgerichts durch die zuständige Auslandsvertretung.

(4) Zum Nachweis der Zustellung nach Absatz 1 Satz 2 Halbsatz 1 genügt der Rückschein. Die Zustellung nach Absatz 1 Satz 2 Halbsatz 2 und den Absätzen 2 und 3 wird durch das Zeugnis der ersuchten Behörde nachgewiesen.

(5) Die Vorschriften der Verordnung (EG) Nr. 1393/2007 des Europäischen Parlaments und des Rates vom 13. November 2007 über die Zustellung gerichtlicher und außergerichtlicher Schriftstücke in Zivil- oder Handelssachen in den Mitgliedstaaten und zur Aufhebung der Verordnung (EG) Nr. 1348/2000 (ABl. EU Nr. L 324 S. 79) bleiben unberührt. Für die Durchführung gelten § 1068 Abs. 1 und § 1069 Abs. 1.

§ 184 Zustellungsbevollmächtigter; Zustellung durch Aufgabe zur Post

(1) Das Gericht kann bei der Zustellung nach § 183 anordnen, dass die Partei innerhalb einer angemessenen Frist einen Zustellungsbevollmächtigten benennt, der im Inland wohnt oder dort einen Geschäftsraum hat, falls sie nicht einen Prozessbevollmächtigten bestellt hat. Wird kein Zustellungsbevollmächtigter benannt, so können spätere Zustellungen bis zur nachträglichen Benennung dadurch bewirkt werden, dass das Schriftstück unter der Anschrift der Partei zur Post gegeben wird.

(2) Das Schriftstück gilt zwei Wochen nach Aufgabe zur Post als zugestellt. Das Gericht kann eine längere Frist bestimmen. In der Anordnung nach Absatz 1 ist auf diese Rechtsfolgen hinzuweisen. Zum Nachweis der Zustellung ist in den Akten zu vermerken, zu welcher Zeit und unter welcher Anschrift das Schriftstück zur Post gegeben wurde.

§ 185 Öffentliche Zustellung

Die Zustellung kann durch öffentliche Bekanntmachung (öffentliche Zustellung) erfolgen, wenn

1. der Aufenthaltsort einer Person unbekannt und eine Zustellung an einen Vertreter oder Zustellungsbevollmächtigten nicht möglich ist,
2. bei juristischen Personen, die zur Anmeldung einer inländischen Geschäftsanschrift zum Handelsregister verpflichtet sind, eine Zustellung weder unter der eingetragenen Anschrift noch unter einer im Handelsregister eingetragenen Anschrift einer für Zustellungen empfangsberechtigten Person oder einer ohne Ermittlungen bekannten anderen inländischen Anschrift möglich ist,
3. eine Zustellung im Ausland nicht möglich ist oder keinen Erfolg verspricht oder
4. die Zustellung nicht erfolgen kann, weil der Ort der Zustellung die Wohnung einer Person ist, die nach den §§ 18 bis 20 des Gerichtsverfassungsgesetzes der Gerichtsbarkeit nicht unterliegt.

§ 186 Bewilligung und Ausführung der öffentlichen Zustellung

(1) Über die Bewilligung der öffentlichen Zustellung entscheidet das Prozessgericht. Die Entscheidung kann ohne mündliche Verhandlung ergehen.

(2) Die öffentliche Zustellung erfolgt durch Aushang einer Benachrichtigung an der Gerichtstafel oder durch Einstellung in ein elektronisches Informationssystem, das im Gericht öffentlich zugänglich ist. Die Benachrichtigung kann zusätzlich in einem von dem Gericht für Bekanntmachungen bestimmten elektronischen Informations- und Kommunikationssystem veröffentlicht werden. Die Benachrichtigung muss erkennen lassen

1. die Person, für die zugestellt wird,
2. den Namen und die letzte bekannte Anschrift des Zustellungsadressaten,
3. das Datum, das Aktenzeichen des Schriftstücks und die Bezeichnung des Prozessgegenstands sowie
4. die Stelle, wo das Schriftstück eingesehen werden kann.

Die Benachrichtigung muss den Hinweis enthalten, dass ein Schriftstück öffentlich zugestellt wird und Fristen in Gang gesetzt werden können, nach deren Ablauf Rechtsverluste drohen können. Bei einer öffentlichen Ladung muss die Benachrichtigung den Hinweis enthalten, dass das Schriftstück eine Ladung zu einem Termin enthält, dessen Versäumung Rechtsnachteile zur Folge haben kann.

(3) In den Akten ist zu vermerken, wann die Benachrichtigung ausgehängt und wann sie abgenommen wurde.

Anhang 2
Zivilprozessordnung (ZPO)

§ 187 Veröffentlichung der Benachrichtigung[1)]

Das Prozessgericht kann zusätzlich anordnen, dass die Benachrichtigung einmal oder mehrfach im Bundesanzeiger oder in anderen Blättern zu veröffentlichen ist.

§ 188 Zeitpunkt der öffentlichen Zustellung

Das Schriftstück gilt als zugestellt, wenn seit dem Aushang der Benachrichtigung ein Monat vergangen ist. Das Prozessgericht kann eine längere Frist bestimmen.

§ 189 Heilung von Zustellungsmängeln

Lässt sich die formgerechte Zustellung eines Dokuments nicht nachweisen oder ist das Dokument unter Verletzung zwingender Zustellungsvorschriften zugegangen, so gilt es in dem Zeitpunkt als zugestellt, in dem das Dokument der Person, an die die Zustellung dem Gesetz gemäß gerichtet war oder gerichtet werden konnte, tatsächlich zugegangen ist.

§ 190 Einheitliche Zustellungsformulare

Das Bundesministerium der Justiz wird ermächtigt, durch Rechtsverordnung mit Zustimmung des Bundesrates zur Vereinfachung und Vereinheitlichung der Zustellung Formulare einzuführen.

Untertitel 2 Zustellungen auf Betreiben der Parteien

§ 191 Zustellung

Ist eine Zustellung auf Betreiben der Parteien zugelassen oder vorgeschrieben, finden die Vorschriften über die Zustellung von Amts wegen entsprechende Anwendung, soweit sich nicht aus den nachfolgenden Vorschriften Abweichungen ergeben.

§ 192 Zustellung durch Gerichtsvollzieher

(1) Die von den Parteien zu betreibenden Zustellungen erfolgen durch den Gerichtsvollzieher nach Maßgabe der §§ 193 und 194.

(2) Die Partei übergibt dem Gerichtsvollzieher das zuzustellende Schriftstück mit den erforderlichen Abschriften. Der Gerichtsvollzieher beglaubigt die Abschriften; er kann fehlende Abschriften selbst herstellen.

(3) Im Verfahren vor dem Amtsgericht kann die Partei den Gerichtsvollzieher unter Vermittlung der Geschäftsstelle des Prozessgerichts mit der Zustellung beauftragen. Insoweit hat diese den Gerichtsvollzieher mit der Zustellung zu beauftragen.

§ 193 Ausführung der Zustellung

(1) Der Gerichtsvollzieher beurkundet auf der Urschrift des zuzustellenden Schriftstücks oder auf dem mit der Urschrift zu verbindenden hierfür vorgesehenen Formular die Ausführung der Zustellung nach § 182 Abs. 2 und vermerkt die Person, in deren Auftrag er zugestellt hat. Bei Zustellung durch Aufgabe zur Post ist das Datum und die Anschrift, unter der die Aufgabe erfolgte, zu vermerken.

(2) Der Gerichtsvollzieher vermerkt auf dem zu übergebenden Schriftstück den Tag der Zustellung, sofern er nicht eine beglaubigte Abschrift der Zustellungsurkunde übergibt.

(3) Die Zustellungsurkunde ist der Partei zu übermitteln, für die zugestellt wurde.

§ 194 Zustellungsauftrag

(1) Beauftragt der Gerichtsvollzieher die Post mit der Ausführung der Zustellung, vermerkt er auf dem zuzustellenden Schriftstück, im Auftrag welcher Person er es der Post übergibt. Auf der Urschrift des zuzustellenden Schriftstücks oder auf einem mit ihr zu verbindenden Übergabebogen bezeugt er, dass die mit der Anschrift des Zustellungsadressaten, der Bezeichnung des absendenden Gerichtsvollziehers und einem Aktenzeichen versehene Sendung der Post übergeben wurde.

(2) Die Post leitet die Zustellungsurkunde unverzüglich an den Gerichtsvollzieher zurück.

[1)] § 187 ZPO geändert durch Art. 2 Abs. 27 des Gesetzes vom 22. 12. 2011 (BGBl. 2011 I S. 3044) mit Wirkung vom 1.4.2012. Die Angabe „elektronischer Bundesanzeger" wurde durch den Begriff „Bundesanzeiger ersetzt."

Anhang 2
Zivilprozessordnung (ZPO)

§ 195 Zustellung von Anwalt zu Anwalt

(1) Sind die Parteien durch Anwälte vertreten, so kann ein Dokument auch dadurch zugestellt werden, dass der zustellende Anwalt das Dokument dem anderen Anwalt übermittelt (Zustellung von Anwalt zu Anwalt). Auch Schriftsätze, die nach den Vorschriften dieses Gesetzes vom Amts wegen zugestellt werden, können stattdessen von Anwalt zu Anwalt zugestellt werden, wenn nicht gleichzeitig dem Gegner eine gerichtliche Anordnung mitzuteilen ist. In dem Schriftsatz soll die Erklärung enthalten sein, dass von Anwalt zu Anwalt zugestellt werde. Die Zustellung ist dem Gericht, sofern dies für die zu treffende Entscheidung erforderlich ist, nachzuweisen. Für die Zustellung an einen Anwalt gilt § 174 Abs. 2 Satz 1 und Abs. 3 entsprechend.

(2) Zum Nachweis der Zustellung genügt das mit Datum und Unterschrift versehene schriftliche Empfangsbekenntnis des Anwalts, dem zugestellt worden ist. § 174 Abs. 4 Satz 2, 3 gilt entsprechend. Der Anwalt, der zustellt, hat dem anderen Anwalt auf Verlangen eine Bescheinigung über die Zustellung zu erteilen.

...

Finanzverwaltungsgesetz (FVG)

in der Fassung der Bekanntmachung vom 4. April 2006 (BGBl. I S. 846, 1202),
zuletzt geändert durch
Artikel 17 des Gesetzes vom 8. 12. 2010 (BGBl. 2010 I S. 1768, BStBl 2010 I S. 1394)

Abschnitt I
Allgemeine Vorschriften

§ 1 Bundesfinanzbehörden

Bundesfinanzbehörden sind
1. als oberste Behörde:
   das Bundesministerium der Finanzen;
2. als Oberbehörden:
   die Bundesmonopolverwaltung für Branntwein, das Bundesausgleichsamt, das Bundeszentralamt für Steuern und das Bundesamt für zentrale Dienste und offene Vermögensfragen;
3. als Mittelbehörden, soweit eingerichtet:
   die Bundesfinanzdirektionen und das Zollkriminalamt;
4. als örtliche Behörden:
   die Hauptzollämter einschließlich ihrer Dienststellen (Zollämter) und die Zollfahndungsämter.

§ 2 Landesfinanzbehörden

(1) Landesfinanzbehörden sind
1. als oberste Behörde:
   die für die Finanzverwaltung zuständige oberste Landesbehörde;
2. Oberbehörden, soweit nach diesem Gesetz oder nach Landesrecht als Landesfinanzbehörden eingerichtet;
3. als Mittelbehörden, soweit eingerichtet:
   die Oberfinanzdirektionen; anstelle der Oberfinanzdirektionen können Oberbehörden nach Nummer 2 treten;
4. als örtliche Behörden:
   die Finanzämter.

(2) Durch Rechtsverordnung der zuständigen Landesregierung kann ein Rechenzentrum der Landesfinanzverwaltung als Teil der für die Finanzverwaltung zuständigen obersten Landesbehörde, als Oberbehörde oder als Teil einer Oberbehörde, die nach Landesrecht als Landesfinanzbehörde nach Absatz 1 Nr. 2 oder 3 eingerichtet ist, als Teil einer Oberfinanzdirektion, als Finanzamt oder als Teil eines Finanzamtes eingerichtet werden. Die Landesregierung kann die Ermächtigung durch Rechtsverordnung auf die für die Finanzverwaltung zuständige oberste Landesbehörde übertragen. Soweit ein Rechenzentrum der Finanzverwaltung eingerichtet ist, können ihm weitere Aufgaben, auch aus dem Geschäftsbereich einer anderen obersten Landesbehörde, übertragen werden.

(3) Durch Rechtsverordnung der zuständigen Landesregierung können für Kassengeschäfte andere örtliche Landesfinanzbehörden zu Landesfinanzbehörden bestimmt werden (besondere Landesfinanzbehörden). Absatz 2 Satz 2 ist anzuwenden.

§ 2a Verzicht auf Mittelbehörden, Aufgabenwahrnehmung durch andere Finanzbehörden

(1) Durch Rechtsverordnung kann auf Mittelbehörden verzichtet werden. Die Rechtsverordnung erlässt für den Bereich von Bundesaufgaben das Bundesministerium der Finanzen und für den Bereich von Aufgaben des Landes die zuständige Landesregierung. Die Landesregierung kann die Ermächtigung durch Rechtsverordnung auf die für die Finanzverwaltung zuständige oberste Landesbehörde übertragen. Die Rechtsverordnung des Bundesministeriums der Finanzen bedarf nicht der Zustimmung des Bundesrates.

(2) Wird auf Mittelbehörden verzichtet, gehen die den Bundesfinanzdirektionen und die den Präsidenten und Präsidentinnen der Bundesfinanzdirektionen zugewiesenen Aufgaben der Bundesfinanzverwaltung auf die oberste Behörde nach § 1 Nr. 1 und die den Oberfinanzdirektionen zugewiesenen Aufgaben der Landesfinanzverwaltung auf die oberste Behörde nach § 2 Abs. 1 Nr. 1 über. Durch Rechtsverordnung des Bundesministeriums der Finanzen, die nicht der Zustimmung des Bundesrates bedarf, können Bundesaufgaben nach Satz 1 einer anderen Bundesfinanzbehörde übertragen werden. Durch Rechtsverordnung der zuständigen Landesregierung können Landesaufgaben nach Satz 1 einer anderen Landesfinanzbehörde übertragen werden. Die Landesregie-

rung kann die Ermächtigung durch Rechtsverordnung auf die für die Finanzverwaltung zuständige oberste Landesbehörde übertragen.

§ 2b (weggefallen)
§ 3 Leitung der Finanzverwaltung

(1) Das Bundesministerium der Finanzen leitet die Bundesfinanzverwaltung. Das Bundesausgleichsamt unterliegt der Dienstaufsicht des Bundesministeriums der Finanzen. Soweit die Bundesfinanzbehörden Aufgaben aus dem Geschäftsbereich eines anderen Bundesministeriums zu erledigen haben, erteilt dieses die fachlichen Weisungen. Fachliche Weisungen, die wesentliche organisatorische Auswirkungen haben, ergehen im Benehmen mit dem Bundesministerium der Finanzen.

(2) Die für die Finanzverwaltung zuständige oberste Landesbehörde leitet die Landesfinanzverwaltung. Soweit Landesfinanzbehörden Aufgaben aus dem Geschäftsbereich einer anderen obersten Landesbehörde zu erledigen haben, erteilt diese die fachlichen Weisungen. Fachliche Weisungen, die wesentliche organisatorische Auswirkungen haben, ergehen im Benehmen mit der für die Finanzverwaltung zuständigen obersten Landesbehörde.

Abschnitt II
Oberbehörden
§ 4 Sitz und Aufgaben der Bundesoberbehörden

(1) Das Bundesministerium der Finanzen bestimmt den Sitz der Bundesoberbehörden, soweit durch Gesetz nichts anderes bestimmt ist.

(2) Die Bundesoberbehörden erledigen in eigener Zuständigkeit Aufgaben, die ihnen durch dieses Gesetz oder durch andere Bundesgesetze zugewiesen werden.

(3) Die Bundesoberbehörden erledigen als beauftragte Behörden Aufgaben des Bundes, mit deren Durchführung sie vom Bundesministerium der Finanzen oder mit dessen Zustimmung von dem fachlich zuständigen Bundesministerium beauftragt werden.

§ 5 Aufgaben des Bundeszentralamtes für Steuern

(1) Das Bundeszentralamt für Steuern hat unbeschadet des § 4 Abs. 2 und 3 folgende Aufgaben:
1. die Mitwirkung an Außenprüfungen (§ 19);
2. die Entlastung von deutschen Abzugsteuern (Erstattungen und Freistellungen) in den Fällen der §§ 43b und 50g des Einkommensteuergesetzes sowie auf Grund von Abkommen zur Vermeidung der Doppelbesteuerung;
3. die Entlastung bei deutschen Besitz- oder Verkehrsteuern gegenüber internationalen Organisationen, amtlichen zwischenstaatlichen Einrichtungen, ausländischen Missionen, berufskonsularischen Vertretungen und deren Mitgliedern auf Grund völkerrechtlicher Vereinbarung oder besonderer gesetzlicher Regelung nach näherer Weisung des Bundesministeriums der Finanzen;
4. die Mitwirkung an der Überprüfung der Besteuerungsgrundlagen für ausländische Investmentanteile nach dem Investmentsteuergesetz; die Überprüfung erfolgt auf Antrag einer Landesfinanzbehörde oder im Wege von Stichproben.
5. die Ausübung der Funktion der zuständigen Behörde auf dem Gebiet der steuerlichen Rechts- und Amtshilfe und bei der Durchführung von Verständigungs- und Schiedsverfahren nach den Doppelbesteuerungsabkommen und dem Übereinkommen Nr. 90/436/EWG über die Beseitigung der Doppelbesteuerung im Falle von Gewinnberichtigungen zwischen verbundenen Unternehmen vom 23. Juli 1990 (ABl.EG Nr. L 225 S. 10) in der jeweils geltenden Fassung, soweit das zuständige Bundesministerium seine Befugnisse in diesem Bereich delegiert
6. die zentrale Sammlung und Auswertung von Unterlagen über steuerliche Auslandsbeziehungen nach näherer Weisung des Bundesministeriums der Finanzen;
7. bei Personen, die nicht im Geltungsbereich dieses Gesetzes ansässig sind, die Bestimmung des für die Besteuerung örtlich zuständigen Finanzamts, wenn sich mehrere Finanzämter für örtlich zuständig oder für örtlich unzuständig halten oder wenn sonst Zweifel über die örtliche Zuständigkeit bestehen;
8. die Vergütung der Vorsteuerbeträge in dem besonderen Verfahren nach § 18 Abs. 9 des Umsatzsteuergesetzes;
9. auf Grund der Verordnung (EG) Nr. 1798/2003 des Rates vom 7. Oktober 2003 über die Zusammenarbeit der Verwaltungsbehörden auf dem Gebiet der Mehrwertsteuer und zur Aufhebung der Verordnung (EWG) Nr. 218/92 (ABl. EU Nr. L 264 S. 1)

Anhang 3
Finanzverwaltungsgesetz (FVG)

    a) die Vergabe der Umsatzsteuer-Identifikationsnummer (§ 27a des Umsatzsteuergesetzes),
    b) die Entgegennahme der Zusammenfassenden Meldungen (§ 18a des Umsatzsteuergesetzes) und Speicherung der Daten,
    c) den Austausch von gespeicherten Informationen mit anderen Mitgliedstaaten;

10. die Erteilung von Bescheinigungen in Anwendung des Artikels 15 Nr. 10 der Sechsten Richtlinie 77/388/EWG des Rates vom 17. Mai 1977 (ABl.EG Nr. L 145 S. 1) in der ab 1. Januar 1993 geltenden Fassung zum Nachweis der Umsatzsteuerbefreiung der Umsätze, die in anderen Mitgliedstaaten der Europäischen Gemeinschaft an im Geltungsbereich dieses Gesetzes ansässige zwischenstaatliche Einrichtungen, ständige diplomatische Missionen und berufskonsularische Vertretungen sowie deren Mitglieder ausgeführt werden;

11. die Durchführung des Familienleistungsausgleichs nach Maßgabe der §§ 31, 62 bis 78 des Einkommensteuergesetzes. Die Bundesagentur für Arbeit stellt dem Bundeszentralamt für Steuern zur Durchführung dieser Aufgaben ihre Dienststellen als Familienkassen zur Verfügung. Das Nähere, insbesondere die Höhe der Verwaltungskostenerstattung, wird durch Verwaltungsvereinbarung geregelt. Der Vorstand der Bundesagentur für Arbeit kann innerhalb seines Zuständigkeitsbereichs abweichend von den Vorschriften der Abgabenordnung über die örtliche Zuständigkeit von Finanzbehörden die Entscheidung über den Anspruch auf Kindergeld für bestimmte Bezirke oder Gruppen von Berechtigten einer anderen Familienkasse übertragen. Das Bundesministerium der Finanzen wird ermächtigt, durch Rechtsverordnung, die nicht der Zustimmung des Bundesrates bedarf, Bundesfamilienkassen zur Wahrnehmung der Aufgaben der Familienkassen nach § 72 Abs. 1 des Einkommensteuergesetzes einzurichten. Diese können auch Aufgaben im Auftrag der mittelbaren Verwaltung wahrnehmen. Die Landesregierungen werden ermächtigt, durch Rechtsverordnung Landesfamilienkassen zur Wahrnehmung der Aufgaben nach § 72 Abs. 1 des Einkommensteuergesetzes einzurichten. Diese können auch Aufgaben der mittelbaren Verwaltung wahrnehmen. Die Ermächtigung kann durch Rechtsverordnung auf die für die Finanzverwaltung zuständigen obersten Landesbehörden übertragen werden. Die Familienkassen gelten als Bundesfinanzbehörden, soweit sie den Familienleistungsausgleich durchführen, und unterliegen insoweit der Fachaufsicht des Bundeszentralamtes für Steuern;

12. die Durchführung der Veranlagung nach § 50 Absatz 2 Satz 2 Nummer 5 des Einkommensteuergesetzes und § 32 Absatz 2 des Körperschaftsteuergesetzes sowie die Durchführung des Steuerabzugsverfahrens nach § 50a Absatz 1 des Einkommensteuergesetzes, einschließlich des Erlasses von Haftungs- und Nachforderungsbescheiden und deren Vollstreckung ab dem durch eine Rechtsverordnung der Bundesregierung mit Zustimmung des Bundesrates zu bestimmenden Zeitpunkt, der nicht vor dem 31. Dezember 2011 liegt;

13. die zentrale Sammlung und Auswertung der von den Finanzbehörden der Länder übermittelten Informationen über Betrugsfälle im Bereich der Umsatzsteuer;

14. die Sammlung, Auswertung und Weitergabe der Daten, die nach § 45d des Einkommensteuergesetzes in den dort genannten Fällen zu übermitteln sind sowie die Übermittlung der Identifikationsnummer (§ 139b der Abgabenordnung) in dem Anfrageverfahren nach § 44a Absatz 2a Satz 3 bis 7 des Einkommensteuergesetzes;

15. die Koordinierung von Umsatzsteuerprüfungen der Landesfinanzbehörden in grenz- und länderübergreifenden Fällen;

16. das Zusammenführen und Auswerten von umsatzsteuerlich erheblichen Informationen zur Identifizierung prüfungswürdiger Sachverhalte;

17. die Beobachtung von elektronisch angebotenen Dienstleistungen zur Unterstützung der Landesfinanzverwaltungen bei der Umsatzbesteuerung des elektronischen Handels;

18.
    a) die Weiterleitung der Daten, die nach § 10 Absatz 2a des Einkommensteuergesetzes in den dort genannten Fällen zu übermitteln sind,
    b) die Sammlung, Auswertung und Weitergabe der Daten, die nach § 10a Absatz 5 des Einkommensteuergesetzes in den dort genannten Fällen zu übermitteln sind,
    c) die Sammlung, Auswertung und Weitergabe der Daten, die nach § 22a des Einkommensteuergesetzes in den dort genannten Fällen zu übermitteln sind,
    d) die Erhebung des Verspätungsgeldes nach § 22a Absatz 5 des Einkommensteuergesetzes sowie die Prüfung, ob die Mitteilungspflichtigen ihre Pflichten nach § 22a Absatz 1 des Einkommensteuergesetzes erfüllt haben,
    e) die Übermittlung der Identifikationsnummer (§ 139b der Abgabenordnung) im Anfrageverfahren nach § 22a Absatz 2 in Verbindung mit § 10 Absatz 2a, § 10a Absatz 5, § 32b Absatz 3 Satz 1, § 41b Absatz 2 und § 52 Absatz 24, 24d Satz 3, Absatz 38a und 43a des Einkommensteuergesetzes,
    f) die Gewährung der Altersvorsorgezulage nach Abschnitt XI des Einkommensteuergesetzes sowie

Anhang 3
Finanzverwaltungsgesetz (FVG)

    g) die Durchführung von Bußgeldverfahren nach § 50f des Einkommensteuergesetzes.

    Das Bundeszentralamt für Steuern bedient sich zur Durchführung dieser Aufgaben der Deutschen Rentenversicherung Bund, soweit diese zentrale Stelle im Sinne des § 81 des Einkommensteuergesetzes ist, im Wege der Organleihe. Die Deutsche Rentenversicherung Bund unterliegt insoweit der Fachaufsicht des Bundeszentralamtes für Steuern. Das Nähere, insbesondere die Höhe der Verwaltungskostenerstattung, wird durch Verwaltungsvereinbarung geregelt;

19. die zentrale Sammlung der von den Finanzbehörden übermittelten Angaben über erteilte Freistellungsbescheinigungen nach § 48b des Einkommensteuergesetzes und die Erteilung von Auskünften im Wege einer elektronischen Abfrage an den Leistungsempfänger im Sinne des § 48 Abs. 1 Satz 1 des Einkommensteuergesetzes über die übermittelten Freistellungsbescheinigungen;

20. den Einzug der einheitlichen Pauschsteuer nach § 40a Abs. 2 des Einkommensteuergesetzes. Das Bundeszentralamt für Steuern bedient sich zur Durchführung dieser Aufgabe der Deutschen Rentenversicherung Knappschaft-Bahn-See als Träger der knappschaftlichen Rentenversicherung/Verwaltungsstelle Cottbus im Wege der Organleihe. Das Nähere, insbesondere die Höhe der Verwaltungskostenerstattung, wird durch Verwaltungsvereinbarung geregelt. Die Deutsche Rentenversicherung Knappschaft-Bahn-See als Träger der knappschaftlichen Rentenversicherung/Verwaltungsstelle Cottbus gilt für die Durchführung dieser Aufgabe als Bundesfinanzbehörde und unterliegt insoweit der Fachaufsicht des Bundeszentralamtes für Steuern.

21. die Durchführung des Besteuerungsverfahrens nach § 18 Abs. 4c des Umsatzsteuergesetzes einschließlich der damit im Zusammenhang stehenden Tätigkeiten auf Grund Kapitel VI der Verordnung (EG) Nr. 1798/2003 des Rates vom 7. Oktober 2003 über die Zusammenarbeit der Verwaltungsbehörden auf dem Gebiet der Mehrwertsteuer und zur Aufhebung der Verordnung (EWG) Nr. 218/92 (ABl. EU Nr. L 264 S. 1);

22. die Vergabe und die Verwaltung des Identifikationsmerkmals nach den §§ 139a bis 139d der Abgabenordnung;

23. die Bestätigungen nach § 18e des Umsatzsteuergesetzes 1999;

24. den Abruf von Daten aus den nach § 93b der Abgabenordnung in Verbindung mit § 24c Abs. 1 Satz 1 des Kreditwesengesetzes von den Kreditinstituten geführten Dateien und die Weiterleitung der abgerufenen Daten an die zuständigen Finanzbehörden;

25. die Verwaltung der Versicherung- und Feuerschutzsteuer und die zentrale Sammlung und Auswertung der Informationen für die Verwaltung der Versicherung- und Feuerschutzsteuer;

26. Entgegennahme von Meldungen und Zahlungen von Zinsabschlag nach der Zinsinformationsverordnung und deren Weiterleitung;

27. die Erteilung von verbindlichen Auskünften nach § 89 Abs. 2 Satz 3 der Abgabenordnung;

28. die Unterstützung der Finanzbehörden der Länder bei der Verhütung und Verfolgung von Steuerstraftaten mit länderübergreifender, internationaler oder erheblicher Bedeutung sowie bei Anzeigen nach § 116 Abs. 1 der Abgabenordnung. Das Bundeszentralamt für Steuern hat zur Wahrnehmung dieser Aufgabe alle hierfür erforderlichen Informationen zu sammeln und auszuwerten und die Behörden der Länder über die sie betreffenden Informationen und die in Erfahrung gebrachten Zusammenhänge von Straftaten zu unterrichten;

28a. die Weiterleitung von Mitteilungen nach § 116 Abs. 1 der Abgabenordnung an die zuständigen Finanzbehörden der Zollverwaltung;

29. die Durchführung der gesonderten Feststellung und Erteilung der Bescheinigung nach § 27 Abs. 8 des Körperschaftsteuergesetzes;

30. die Bildung, Speicherung und Bereitstellung elektronischer Lohnsteuerabzugsmerkmale;

31. die zentrale Sammlung der von den Finanzbehörden der Länder übermittelten Daten zu Konzernübersichten (Konzernverzeichnis) sowie die Erteilung von Auskünften daraus im Wege einer elektronischen Abfrage durch die Finanzbehörden der Länder;

32. die zentrale Sammlung der von den Finanzbehörden der Länder übermittelten branchenbezogenen Kennzahlen sowie die Erteilung von Auskünften daraus im Wege einer elektronischen Abfrage durch die Finanzbehörden der Länder;

33. die Registrierung eines Vor-REIT nach § 2 des REIT-Gesetzes;

34. ab 1. Juli 2010 die Zertifizierung von Altersvorsorge- und Basisrentenverträgen nach dem Altersvorsorgeverträge-Zertifizierungsgesetz;

35. die Prüfung der Vollständigkeit und Zulässigkeit von Anträgen auf Vorsteuer-Vergütung für im Inland ansässige Unternehmer in Anwendung von Artikel 18 der Richtlinie 2008/9/EG des Rates vom 12. Februar 2008 zur Regelung der Erstattung der Mehrwertsteuer gemäß der

Anhang 3
Finanzverwaltungsgesetz (FVG)

Richtlinie 2006/112/EG an nicht im Mitgliedstaat der Erstattung, sondern in einem anderen Mitgliedstaat ansässige Steuerpflichtige (ABl. EU Nr. L 44 S. 23);

36. die Prüfung der bei Vorliegen der Einwilligung nach § 10 Absatz 2 Satz 3 des Einkommensteuergesetzes zu übermittelnden Daten;
37. Ausstellung der Bescheinigung an Unternehmer über die Erfüllung der Voraussetzungen des § 4 Nummer 11b des Umsatzsteuergesetzes;
38. ab 14. Dezember 2010 die Weiterleitung von Anzeigen nach § 9 der Erbschaftsteuer-Durchführungsverordnung an die zuständigen Finanzbehörden der Länder.

(2) Die vom Bundeszentralamt für Steuern auf Grund gesetzlicher Vorschriften gewährten Steuererstattungen und Steuervergütungen sowie die nach § 44b Absatz 6 Satz 1 bis 3 des Einkommensteuergesetzes erstattete Kapitalertragsteuer werden von den Ländern in dem Verhältnis getragen, in dem sie an dem Aufkommen der betreffenden Steuern beteiligt sind. Kapitalertragsteuer, die das Bundeszentralamt für Steuern anlässlich der Vergütung von Körperschaftsteuer vereinnahmt hat, steht den Ländern in demselben Verhältnis zu. Für die Aufteilung ist das Aufkommen an den betreffenden Steuern in den einzelnen Ländern maßgebend, das sich ohne Berücksichtigung der in den Sätzen 1 und 2 bezeichneten Steuerbeträge für das Vorjahr ergibt. Das Nähere bestimmt das Bundesministerium der Finanzen durch Rechtsverordnung, die der Zustimmung des Bundesrates bedarf.

(3) Die von den Familienkassen bei der Durchführung des Familienleistungsausgleichs nach Absatz 1 Nr. 11 ausgezahlten Steuervergütungen im Sinne des § 31 des Einkommensteuergesetzes werden jeweils von den Ländern und Gemeinden, in denen der Gläubiger der Steuervergütung seinen Wohnsitz hat, nach den für die Verteilung des Aufkommens der Einkommensteuer maßgebenden Vorschriften mitgetragen. Das Bundeszentralamt für Steuern stellt nach Ablauf eines jeden Monats die Anteile der einzelnen Länder einschließlich ihrer Gemeinden an den gewährten Leistungen fest. Die nach Satz 2 festgestellten Anteile sind dem Bund von den Ländern bis zum 15. des dem Zahlungsmonat folgenden Monats zu erstatten. Für den Monat Dezember ist dem Bund von den Ländern ein Abschlag auf der Basis der Abrechnung des Vormonats zu leisten. Die Abrechnung für den Monat Dezember hat bis zum 15. Januar des Folgejahres zu erfolgen. Das Bundesministerium der Finanzen wird ermächtigt, durch Rechtsverordnung mit Zustimmung des Bundesrates das Nähere zu bestimmen.

(4) Die von der zentralen Stelle (§ 81 des Einkommensteuergesetzes) veranlassten Auszahlungen von Altersvorsorgezulagen (§ 83 des Einkommensteuergesetzes) werden jeweils von den Ländern und Gemeinden, in denen der Gläubiger der Steuervergütung seinen Wohnsitz hat, nach den für die Verteilung des Aufkommens der Einkommensteuer maßgebenden Vorschriften mit getragen. Die zentrale Stelle stellt nach Ablauf des dem Kalendervierteljahr folgenden Monats die Anteile der einzelnen Länder einschließlich ihrer Gemeinden an den zu gewährenden Leistungen fest. Die nach Satz 2 festgestellten Anteile sind dem Bund von den Ländern bis zum 15. des zweiten, dem Kalendervierteljahr folgenden Monats zu erstatten. Das Bundesministerium der Finanzen wird ermächtigt, durch Rechtsverordnung mit Zustimmung des Bundesrates das Nähere zu bestimmen.

(5) An dem Aufkommen der von der vereinnahmten pauschalen Lohnsteuer (§ 40a Abs. 6 des Einkommensteuergesetzes) sind die Länder und Gemeinden, in denen die Steuerpflichtigen ihren Wohnsitz haben, nach den für die Verteilung des Aufkommens der Einkommensteuer maßgebenden Vorschriften zu beteiligen. Nach Ablauf eines jeden Monats werden die Anteile der einzelnen Länder einschließlich ihrer Gemeinden an der vereinnahmten pauschalen Lohnsteuer festgestellt. Die nach Satz 2 festgestellten Anteile sind an die Länder bis zum 15. des darauf folgenden Monats auszuzahlen. Das Bundesministerium der Finanzen wird ermächtigt, durch Rechtsverordnung mit Zustimmung des Bundesrates das Nähere zur Verwaltung und Auszahlung der einheitlichen Pauschsteuer zu bestimmen.

(6) An dem Aufkommen der nach der Richtlinie 2003/48/EG des Rates vom 3. Juni 2003 im Bereich der Besteuerung von Zinserträgen (ABl. EU Nr. L 157 S. 38, 2005 Nr. L 103 S. 41), zuletzt geändert durch die Richtlinie 2006/98/EG des Rates vom 20. November 2006 (ABl. EU Nr. L 363 S. 129), in der jeweils geltenden Fassung von den berechtigten Mitgliedstaaten sowie von den in Artikel 17 dieser Richtlinie genannten Staaten und abhängigen Gebieten erhobenen Quellensteuer sind die Länder und Gemeinden entsprechend ihrem Anteil an der Kapitalertragsteuer nach § 43 Abs. 1 Satz 1 Nr. 6, 7 und 8 bis 12 sowie Satz 2 des Einkommensteuergesetzes zu beteiligen. Die Verteilung des Länder- und Gemeindeanteils auf die einzelnen Länder erfolgt nach den Anteilen an der Kapitalertragsteuer nach § 43 Abs. 1 Satz 1 Nr. 6, 7 und 8 bis 12 sowie Satz 2 des Einkommensteuergesetzes vom Vorjahr, die den Ländern und Gemeinden nach Zerlegung (§ 8 des Zerlegungsgesetzes) zustehen; für 2009 sind die Anteile der Länder und Gemeinden am Zinsabschlagsaufkommen des Jahres 2008 nach Zerlegung maßgeblich. Das Bundeszentralamt für Steuern stellt jeweils nach Ablauf eines Monats die Anteile der Länder einschließlich ihrer Gemeinden fest und zahlt sie an die Länder bis zum 15. des Abrechnungsmonat folgenden Monats aus. Das Bundesministerium der Finanzen wird ermächtigt, durch Rechtsverordnung mit Zustimmung des Bundesrates das Nähere zur Verwaltung und Auszahlung dieser Quellensteuer zu bestimmen.

Anhang 3
Finanzverwaltungsgesetz (FVG)

(7) Das Aufkommen der in Ausübung der Aufgaben nach Absatz 1 Nummer 12 zugeflossenen Einkommen- und Körperschaftsteuer steht den Ländern und Gemeinden nach den für die Verteilung des Aufkommens der Einkommen- und Körperschaftsteuer maßgebenden Vorschriften zu. Nach Ablauf eines jeden Monats werden die Anteile der einzelnen Länder einschließlich ihrer Gemeinden an den Einnahmen durch das Bundeszentralamt für Steuern festgestellt. Die nach Satz 2 festgestellten Anteile sind an die Länder bis zum 15. des darauf folgenden Monats auszuzahlen. Das Bundesministerium der Finanzen wird ermächtigt, durch Rechtsverordnung mit Zustimmung des Bundesrates das Nähere zur Verwaltung und Auszahlung der Einnahmen in Ausübung der Aufgaben nach Absatz 1 Nummer 12 zu bestimmen.

§ 5a (weggefallen)
§ 6 Sitz und Aufgaben der Landesoberbehörde

(1) Die für die Finanzverwaltung zuständige oberste Landesbehörde bestimmt den Sitz der Landesoberbehörde, soweit durch Gesetz nichts anderes bestimmt ist.

(2) Die Landesoberbehörde erledigt Aufgaben, die ihr nach Maßgabe des § 17 Abs. 3 Satz 1 zugewiesen werden und die ihr sonst übertragenen Aufgaben.

(3) Für die Ernennung und Entlassung des Leiters einer Oberbehörde, die nach § 2 Abs. 1 Nr. 3 anstelle einer Oberfinanzdirektion tritt, gilt § 9a Satz 3 entsprechend.

Abschnitt III
Mittelbehörden
§ 7 Bezirk und Sitz

(1) Das Bundesministerium der Finanzen bestimmt den Bezirk (Bundesfinanzbezirk) und Sitz der Bundesfinanzdirektionen sowie den Sitz des Zollkriminalamtes.

(2) Die obersten Landesbehörden bestimmen den Bezirk (Oberfinanzbezirk) und Sitz der Oberfinanzdirektion, die ihnen jeweils untersteht.

§ 8 Aufgaben und Gliederung der Bundesfinanzdirektionen

(1) Die Bundesfinanzdirektionen leiten jeweils in ihrem Bezirk die Finanzverwaltung des Bundes mit Ausnahme des Zollfahndungsdienstes. Einer Bundesfinanzdirektion kann auch die Leitung für mehrere Bundesfinanzbezirke übertragen werden. Die Bundesfinanzdirektionen können weitere Aufgaben erledigen. § 1 Abs. 2 des Zollfahndungsdienstgesetzes bleibt unberührt.

(2) Die Bundesfinanzdirektionen gliedern sich in eine Abteilung Zentrale Facheinheit und eine Abteilung Rechts- und Fachaufsicht. Andere Abteilungen und Organisationseinheiten können eingerichtet werden.

(3) Die Bundesfinanzdirektionen leiten die Durchführung der Aufgaben, für deren Erledigung die Hauptzollämter zuständig sind. Das Bundesministerium der Finanzen kann den Bundesfinanzdirektionen Aufgaben zur bundesweiten Bearbeitung zuweisen. Insoweit sind die Bundesfinanzdirektionen befugt, den anderen Mittelbehörden der Bundesfinanzverwaltung fachliche Weisungen zu erteilen. Außerdem erledigt die Bundesfinanzdirektion die ihr sonst übertragenen Aufgaben.

(4) Durch Rechtsverordnung können Aufgaben einer Bundesfinanzdirektion für den ganzen Bezirk oder einen Teil davon auf andere Bundesfinanzdirektionen übertragen werden, wenn dadurch der Vollzug der Aufgaben verbessert oder erleichtert wird. Die Rechtsverordnung erlässt das Bundesministerium der Finanzen. Sie bedarf nicht der Zustimmung des Bundesrates.

(5) Durch Verwaltungsvereinbarung mit dem jeweiligen Land kann der Bund die Leitung und Erledigung seiner Bauaufgaben im Wege der Organleihe auf Landesbehörden sowie Landesbetrieben, Sondervermögen des Landes und landesunmittelbaren juristischen Personen des öffentlichen Rechts übertragen. Die Verwaltungsvereinbarung muss vorsehen, dass die Landesbehörden die Anordnungen des fachlich zuständigen Bundesministeriums zu befolgen haben.

§ 8a Aufgaben und Gliederung der Oberfinanzdirektionen

(1) Die Oberfinanzdirektionen leiten die Finanzverwaltung des jeweiligen Landes in ihrem Bezirk. Einer Oberfinanzdirektion kann auch die Leitung der Finanzverwaltung eines Landes für mehrere Oberfinanzbezirke übertragen werden. Die Oberfinanzdirektionen können weitere Aufgaben erledigen.

(2) Die Oberfinanzdirektionen können sich in eine Besitz- und Verkehrsteuerabteilung und eine Landesvermögens- und Bauabteilung gliedern. Außerdem können weitere Landesabteilungen oder andere Organisationseinheiten des Landes eingerichtet werden.

(3) Durch Rechtsverordnung können Aufgaben einer Oberfinanzdirektion für den ganzen Bezirk oder einen Teil davon auf andere Oberfinanzdirektionen übertragen werden, wenn dadurch der

Anhang 3
Finanzverwaltungsgesetz (FVG)

Vollzug der Aufgaben verbessert oder erleichtert wird. Die Rechtsverordnung erlässt die zuständige Landesregierung. Die Landesregierung kann die Ermächtigung auf die für die Finanzverwaltung zuständige oberste Landesbehörde übertragen.

(4) Die Besitz- und Verkehrsteuerabteilung leitet die Durchführung der Aufgaben, für deren Erledigung die Finanzämter zuständig sind. Außerdem erledigt sie die ihr sonst übertragenen Aufgaben.

§ 9 Leitung der Bundesfinanzdirektionen

Der Präsident oder die Präsidentin der jeweiligen Bundesfinanzdirektion leitet die Bundesfinanzdirektion. Ihm oder ihr kann auch die Leitung einer Abteilung übertragen werden. Er oder sie wird auf Vorschlag des Bundesministeriums der Finanzen im Benehmen mit der zuständigen Landesregierung ernannt und entlassen.

§ 9a Leitung der Oberfinanzdirektionen

Der Oberfinanzpräsident oder die Oberfinanzpräsidentin leitet die jeweilige Oberfinanzdirektion. Ihm oder ihr kann auch die Leitung einer Abteilung übertragen werden. Er oder sie wird auf Vorschlag der für die Finanzverwaltung zuständigen obersten Landesbehörde im Einvernehmen mit der Bundesregierung durch die zuständige Stelle des Landes ernannt und entlassen.

§ 10 Bundeskassen

Werden oder sind bei einer Bundesfinanzdirektion eine oder mehrere Bundeskassen errichtet, so kann eine Bundeskasse Kassengeschäfte für mehrere Bundesfinanzbezirke oder für Teile davon wahrnehmen. Die Bundeskassen unterstehen unmittelbar dem Präsidenten oder der Präsidentin der zuständigen Bundesfinanzdirektion.

§ 10a Landeskassen

Werden oder sind bei einer Oberfinanzdirektion eine oder mehrere Landeskassen errichtet, so kann eine Landeskasse Kassengeschäfte für mehrere Oberfinanzbezirke oder für Teile davon wahrnehmen. Die Landeskassen können unmittelbar dem zuständigen Oberfinanzpräsidenten oder der zuständigen Oberfinanzpräsidentin unterstellt werden.

§ 11 (weggefallen)

Abschnitt IV
Örtliche Behörden

§ 12 Bezirk und Sitz der Hauptzollämter und Zollfahndungsämter sowie Aufgaben der Hauptzollämter

(1) Das Bundesministerium der Finanzen bestimmt den Bezirk und den Sitz der Hauptzollämter und der Zollfahndungsämter.

(2) Die Hauptzollämter sind als örtliche Bundesbehörden für die Verwaltung der Zölle, der bundesgesetzlich geregelten Verbrauchsteuern einschließlich der Einfuhrumsatzsteuer und der Biersteuer, der Abgaben im Rahmen der Europäischen Gemeinschaften, für die zollamtliche Überwachung des Warenverkehrs über die Grenze, für die Grenzaufsicht, für die Bekämpfung der Schwarzarbeit und der illegalen Beschäftigung und für die ihnen sonst übertragenen Aufgaben zuständig.

(3) Das Bundesministerium der Finanzen kann durch Rechtsverordnung ohne Zustimmung des Bundesrates die Zuständigkeit eines Hauptzollamts nach Absatz 2 auf einzelne Aufgaben beschränken oder Zuständigkeiten nach Absatz 2 einem Hauptzollamt für den Bereich mehrerer Hauptzollämter übertragen, wenn dadurch der Vollzug der Aufgaben verbessert oder erleichtert wird.

§§ 12a–d (weggefallen)

§ 13 Beistandspflicht der Ortsbehörden

(1) Die Gemeindebehörden, die Ortspolizeibehörden und die sonstigen Ortsbehörden haben den Hauptzollämtern auch neben der in § 111 der Abgabenordnung vorgesehenen Beistandspflicht Hilfe zu leisten, soweit dies wegen ihrer Kenntnis der örtlichen Verhältnisse oder zur Ersparung von Kosten oder Zeit zweckmäßig ist.

(2) Für Hilfeleistungen nach Absatz 1 werden Entschädigungen nicht gewährt.

Anhang 3
Finanzverwaltungsgesetz (FVG)

§§ 14–16 (weggefallen)
§ 17 Bezirk, Sitz und Aufgaben der Finanzämter

(1) Die für die Finanzverwaltung zuständige oberste Landesbehörde bestimmt den Bezirk und den Sitz der Finanzämter.

(2) Die Finanzämter sind als örtliche Landesbehörden für die Verwaltung der Steuern mit Ausnahme der Kraftfahrzeugsteuer, der sonstigen auf motorisierte Verkehrsmittel bezogenen Verkehrsteuern, der Zölle und der bundesgesetzlich geregelten Verbrauchsteuern (§ 12) zuständig, soweit die Verwaltung nicht auf Grund des Artikels 108 Absatz 4 Satz 1 des Grundgesetzes den Bundesfinanzbehörden oder auf Grund des Artikels 108 Absatz 4 Satz 2 des Grundgesetzes den Gemeinden (Gemeindeverbänden) übertragen worden ist. Sie sind ferner für die ihnen sonst übertragenen Aufgaben zuständig. Soweit es sich um Aufgaben der Finanzverwaltung handelt und der Vollzug der Aufgaben verbessert oder erleichtert wird, kann die zuständige Landesregierung durch Rechtsverordnung die Zuständigkeit eines Finanzamts oder einer besonderen Landesfinanzbehörde auf einzelne Aufgaben beschränken sowie einem Finanzamt oder einer besonderen Landesfinanzbehörde Zuständigkeiten für die Bezirke mehrerer Finanzämter übertragen. Die Landesregierung kann die Ermächtigung durch Rechtsverordnung auf die für die Finanzverwaltung zuständige oberste Landesbehörde übertragen.

(3) Wenn im Besteuerungsverfahren automatische Einrichtungen eingesetzt werden, können durch Rechtsverordnung der zuständigen Landesregierung damit zusammenhängende Steuerverwaltungstätigkeiten auf ein nach § 2 Abs. 2 eingerichtetes Rechenzentrum übertragen werden. Dieses handelt insoweit für das jeweils örtlich zuständige Finanzamt. Absatz 2 Satz 4 gilt entsprechend.

(4) Auf Grund eines Staatsvertrages zwischen mehreren Ländern können Zuständigkeiten nach Absatz 2 Satz 1 und 2 auf ein Finanzamt, ein nach § 2 Abs. 2 eingerichtetes Rechenzentrum der Landesfinanzverwaltung oder eine Landesfinanzbehörde (§ 2 Abs. 3) außerhalb des Landes übertragen werden.

Abschnitt V
Zusammenwirken von Bundes- und Landesfinanzbehörden
§ 18 Verwaltung der Umsatzsteuer und der Kraftfahrzeugsteuer

Die Hauptzollämter und ihre Dienststellen wirken bei der Verwaltung der Umsatzsteuer und der Kraftfahrzeugsteuer nach Maßgabe der für diese Steuern geltenden Vorschriften mit. Sie handeln hierbei für die Finanzbehörde, die für die Besteuerung jeweils örtlich zuständig ist.

§ 18a Sonderregelung zur Verwaltung der Kraftfahrzeugsteuer durch Organleihe

(1) Im Zeitraum vom 1. Juli 2009 bis zum 30. Juni 2014 bedient sich das für die Verwaltung der Kraftfahrzeugsteuer zuständige Bundesministerium der Finanzen bei der Verwaltung der Kraftfahrzeugsteuer der Landesfinanzbehörden einschließlich der Zulassungsbehörden, soweit diese gemäß § 12 Absatz 5 Satz 2, § 13 Absatz 1a Satz 5 und Absatz 2 Satz 2 des Kraftfahrzeugsteuergesetzes als Landesfinanzbehörden tätig werden, im Wege der Organleihe. Diese gelten als Bundesfinanzbehörden, soweit sie die Kraftfahrzeugsteuer verwalten, und unterliegen insoweit der Fachaufsicht des Bundesministeriums der Finanzen. Die obersten Finanzbehörden der Länder haben den Vollzug der Anordnungen des Bundesministeriums der Finanzen zu gewährleisten.

(2) Die Länder erhalten im Zeitraum der Organleihe zur pauschalen Erstattung der Verwaltungskosten vom Bund in den Jahren 2010 bis 2013 einen Betrag von jeweils jährlich 170 Millionen Euro; für die Jahre 2009 und 2014 ist die Hälfte dieses Betrages zu Grunde zu legen. Die Aufteilung auf die einzelnen Länder erfolgt entsprechend den Prozentsätzen nach § 2 des Gesetzes zur Regelung der finanziellen Kompensation zugunsten der Länder infolge der Übertragung der Ertragshoheit der Kraftfahrzeugsteuer auf den Bund vom 29. Mai 2009 (BGBl. I S. 1170). Die sich danach ergebenden jeweiligen Jahresbeträge werden den Ländern zu jeweils einem Viertel am 15. Februar, 15. Mai, 15. August und 15. November überwiesen; für das Jahr 2009 werden jeweils die Hälfte der jeweiligen Jahresbeträge am 15. August und 15. November, für das Jahr 2014 am 15. Februar und 15. Mai überwiesen.

(3) Die Bundesregierung wird ermächtigt, durch Rechtsverordnung mit Zustimmung des Bundesrates einen früheren Zeitpunkt für die Beendigung der Organleihe zu bestimmen.

§ 19 Mitwirkung des Bundeszentralamtes für Steuern an Außenprüfungen

(1) Das Bundeszentralamt für Steuern ist zur Mitwirkung an Außenprüfungen berechtigt, die durch Landesfinanzbehörden durchgeführt werden. Es kann verlangen, dass bestimmte von ihm namhaft gemachte Betriebe zu einem bestimmten Zeitpunkt geprüft werden.

(2) Das Bundeszentralamt für Steuern bestimmt Art und Umfang seiner Mitwirkung. Die Landesfinanzbehörden machen dem Bundeszentralamt für Steuern auf Anforderung alle den Prüfungsfall betreffenden Unterlagen zugänglich und erteilen die erforderlichen Auskünfte.

(3) Im Einvernehmen mit den zuständigen Landesfinanzbehörden kann das Bundeszentralamt für Steuern im Auftrag des zuständigen Finanzamtes Außenprüfungen durchführen. Das gilt insbesondere bei Prüfungen von Auslandsbeziehungen und bei Prüfungen, die sich über das Gebiet eines Landes hinaus erstrecken.

(4) Ist bei der Auswertung des Prüfungsberichts oder im Rechtsbehelfsverfahren beabsichtigt, von den Feststellungen des Bundeszentralamts für Steuern abzuweichen, so ist hierüber Einvernehmen mit dem Bundeszentralamt für Steuern zu erzielen. Dies gilt auch für die in diesen Fällen zu erteilenden verbindlichen Zusagen nach § 204 der Abgabenordnung. Wird kein Einvernehmen erzielt, kann die Frage dem Bundesministerium der Finanzen zur Entscheidung vorgelegt werden.

(5) Das Bundeszentralamt für Steuern kann verlangen, dass bestimmte von ihm namhaft gemachte Steuerpflichtige, die nach § 193 der Abgabenordnung der Außenprüfung unterliegen, geprüft werden und Regelungen zur Durchführung und zu Inhalten der Außenprüfung dieser Steuerpflichtigen festlegen. Es wirkt in diesen Fällen an der jeweiligen Außenprüfung mit. Dies gilt insbesondere in Fällen, in denen die Gleichmäßigkeit der Rechtsanwendung in mehreren Betrieben sicherzustellen ist, sowie in den Fällen des Absatzes 3 Satz 2.

§ 20 Einsatz von automatischen Einrichtungen

(1) Die für die Finanzverwaltung zuständigen obersten Landesbehörden bestimmen Art, Umfang und Organisation des Einsatzes der automatischen Einrichtungen für die Festsetzung und Erhebung von Steuern, die von den Landesfinanzbehörden verwaltet werden; zur Gewährleistung gleicher Programmergebnisse und eines ausgewogenen Leistungsstandes ist Einvernehmen mit dem Bundesministerium der Finanzen herbeizuführen. Das Bundesministerium der Finanzen kann zur Verbesserung oder Erleichterung des gleichmäßigen Vollzugs der Steuergesetze den bundeseinheitlichen Einsatz eines bestimmten Programms für die automatisierte Datenverarbeitung anweisen, wenn nicht die Mehrzahl der Länder dagegen Einwendungen erhebt. Im Falle einer Anweisung sind die Länder verpflichtet, die technischen und organisatorischen Einsatzvoraussetzungen dafür zu schaffen.

(2) Die für die Finanzverwaltung zuständigen obersten Landesbehörden können technische Hilfstätigkeiten durch automatische Einrichtungen der Finanzbehörden des Bundes, eines anderen Landes oder anderer Verwaltungsträger verrichten lassen. Das Bundesministerium der Finanzen kann technische Hilfstätigkeiten durch automatische Einrichtungen der Finanzbehörden eines Landes oder anderer Verwaltungsträger verrichten lassen. In diesen Fällen ist sicherzustellen, dass die technischen Hilfstätigkeiten entsprechend den fachlichen Weisungen der für die Finanzverwaltung zuständigen obersten Behörde oder der von ihr bestimmten Finanzbehörde der Gebietskörperschaft verrichtet werden, die die Aufgabenwahrnehmung übertragen hat.

§ 21 Auskunfts- und Teilnahmerechte

(1) Soweit die den Ländern zustehenden Steuern von Bundesfinanzbehörden verwaltet werden, haben die für die Finanzverwaltung zuständigen obersten Landesbehörden das Recht, sich über die für diese Steuern erheblichen Vorgänge bei den zuständigen Bundesfinanzbehörden zu unterrichten. Zu diesem Zweck steht ihnen das Recht auf Akteneinsicht und auf mündliche und schriftliche Auskunft zu.

(2) Die für die Finanzverwaltung zuständigen obersten Landesbehörden sind berechtigt, durch Landesbedienstete an Außenprüfungen teilzunehmen, die durch Bundesfinanzbehörden durchgeführt werden und die in Absatz 1 genannten Steuern betreffen.

(3) Die in den Absätzen 1 und 2 genannten Rechte stehen den Gemeinden hinsichtlich der Realsteuern insoweit zu, als diese von den Landesfinanzbehörden verwaltet werden. Die Gemeinden sind jedoch abweichend von Absatz 2 nur dann berechtigt, durch Gemeindebedienstete an Außenprüfungen bei Steuerpflichtigen teilzunehmen, wenn diese in der Gemeinde eine Betriebsstätte unterhalten oder Grundbesitz haben und die Außenprüfungen im Gemeindebezirk erfolgen.

(4) Das Bundeszentralamt für Steuern, die Familienkassen, soweit sie den Familienleistungsausgleich nach Maßgabe der §§ 31 und 62 bis 78 des Einkommensteuergesetzes durchführen, und die Landesfinanzbehörden stellen sich gegenseitig die für die Durchführung des § 31 des Einkommensteuergesetzes erforderlichen Daten und Auskünfte zur Verfügung.

(5) Das Bundeszentralamt für Steuern, die Deutsche Rentenversicherung Knappschaft-Bahn-See als Träger der knappschaftlichen Rentenversicherung/Verwaltungsstelle Cottbus, soweit sie den Einzug der einheitlichen Pauschalsteuer nach § 40a Abs. 2 des Einkommensteuergesetzes durchführt, und die Landesfinanzbehörden stellen sich gegenseitig die für die Durchführung des § 40a Abs. 6 des Einkommensteuergesetzes erforderlichen Daten und Auskünfte zur Verfügung.

Anhang 3
Finanzverwaltungsgesetz (FVG)

(6) Soweit die dem Bund ganz oder zum Teil zufließenden Steuern von Landesfinanzbehörden verwaltet werden, stellen die Länder den Bundesfinanzbehörden anonymisierte Daten des Steuervollzugs zur eigenständigen Auswertung insbesondere für Zwecke der Gesetzesfolgenabschätzung zur Verfügung.

§ 21a Allgemeine Verfahrensgrundsätze

(1) Zur Verbesserung und Erleichterung des Vollzugs von Steuergesetzen und im Interesse des Zieles der Gleichmäßigkeit der Besteuerung bestimmt das Bundesministerium der Finanzen mit Zustimmung der obersten Finanzbehörden der Länder einheitliche Verwaltungsgrundsätze, Regelungen zur Zusammenarbeit des Bundes mit den Ländern und erteilt allgemeine fachliche Weisungen. Die Zustimmung gilt als erteilt, wenn eine Mehrheit der Länder nicht widerspricht. Initiativen zur Festlegung der Angelegenheiten des Satzes 1 kann das Bundesministerium der Finanzen allein oder auf gemeinsame Veranlassung von mindestens vier Ländern ergreifen.

(2) Die oberste Finanzbehörde jedes Landes vereinbart mit dem Bundesministerium der Finanzen bilaterale Vollzugsziele für die Steuerverwaltung des Landes auf der Grundlage eines vom Bundesministerium der Finanzen mit Zustimmung der obersten Finanzbehörden der Länder bestimmten Rahmenkatalogs maßgebender Leistungskennzahlen. Die Zustimmung gilt als erteilt, wenn eine Mehrheit der Länder nicht widerspricht.

(3) Die obersten Finanzbehörden des Bundes und der Länder überprüfen regelmäßig die Erfüllung der vereinbarten Vollzugsziele. Hierzu übermitteln die obersten Finanzbehörden der Länder dem Bundesministerium der Finanzen die erforderlichen Daten.

(4) Vereinbarungen nach Absatz 2 sind für die obersten Finanzbehörden des Bundes und der Länder verbindlich.

Abschnitt VI
Übergangsregelungen aus Anlass des Zweiten Gesetzes zur Änderung des Finanzverwaltungsgesetzes und anderer Gesetze vom 13. Dezember 2007

Unterabschnitt I
Dienstrechtliche Regelungen

§ 22 Dienstrechtliche Folgen und Regelung der Versorgungslasten

(1) Für die am 31. Dezember 2007 vorhandenen Oberfinanzpräsidenten und Oberfinanzpräsidentinnen der Oberfinanzdirektionen Chemnitz, Hannover, Karlsruhe und Koblenz endet das Beamtenverhältnis zur Bundesrepublik Deutschland mit Ablauf dieses Tages. § 107b des Beamtenversorgungsgesetzes in der Fassung der Bekanntmachung vom 24. Februar 2010 (BGBl. I S. 150) gilt entsprechend mit der Maßgabe, dass der in § 107b Absatz 1 Satz 1 des Beamtenversorgungsgesetzes genannte Dienstherrenwechsel sowie der dort genannte Zeitraum von mindestens fünf Jahren unberücksichtigt bleiben und dass abgeleistete ruhegehaltfähige Dienstzeiten, in denen die Oberfinanzpräsidenten oder Oberfinanzpräsidentinnen sowohl beim Bund als auch beim Land beamtet waren, vom Bund und vom Land je zur Hälfte getragen werden. Für die Zeit ab 1. Januar 2008 trägt das jeweilige Bundesland, dem die genannte Oberfinanzdirektion untersteht, die vollen Versorgungslasten.

(2) Für die übrigen Personen, die

1. das Amt des Oberfinanzpräsidenten oder der Oberfinanzpräsidentin am oder vor dem 31. Dezember 2007 innehatten und
2. an diesem Tag noch nicht im Ruhestand waren,

gilt Absatz 1 Satz 2 entsprechend.

Unterabschnitt II
Überleitung von Beschäftigten und Übergangsregelungen

§ 23 Überleitung von Verwaltungsangehörigen des Bundes bei den Oberfinanzdirektionen

(1) Aufgrund der mit Inkrafttreten des Zweiten Gesetzes zur Änderung des Finanzverwaltungsgesetzes und anderer Gesetze vom 13. Dezember 2007 vollzogenen Auflösung der Bundesabteilungen bei den Oberfinanzdirektionen Chemnitz, Cottbus, Hannover, Hamburg, Karlsruhe, Koblenz, Köln und Nürnberg sind die Beamtinnen und Beamten sowie die Arbeitnehmerinnen und Arbeitnehmer bei diesen Oberfinanzdirektionen, die zum 31. Dezember 2007 mit der Wahrnehmung von Bundesaufgaben nach § 8 Abs. 1 betraut sind, mit Wirkung vom 1. Januar 2008 unmittelbare Beschäftigte des Bundes bei den Bundesfinanzdirektionen, und zwar

1. die Beschäftigten des Bundes bei der Oberfinanzdirektion Hamburg bei der Bundesfinanzdirektion Nord,

2. die Beschäftigten des Bundes bei den Oberfinanzdirektionen Chemnitz, Cottbus und Hannover bei der Bundesfinanzdirektion Mitte,
3. die Beschäftigten des Bundes bei der Oberfinanzdirektion Köln bei der Bundesfinanzdirektion West,
4. die Beschäftigten des Bundes bei den Oberfinanzdirektionen Karlsruhe und Koblenz bei der Bundesfinanzdirektion Südwest und
5. die Beschäftigten des Bundes bei der Oberfinanzdirektion Nürnberg bei der Bundesfinanzdirektion Südost.

Satz 1 gilt für die Auszubildenden des Bundes bei den Oberfinanzdirektionen entsprechend. § 22 Abs. 1 Satz 1 bleibt unberührt.

(2) Die ersten Amtsinhaber oder Amtsinhaberinnen im Sinne des Artikels 2 Nr. 2 Buchstabe e Doppelbuchstabe dd des Gesetzes vom 13. Dezember 2007 (BGBl. I S. 2897) erhalten nach einer Überleitung nach Absatz 1 Satz 1 ihre Bezüge weiterhin aus der Besoldungsgruppe B 7, sofern sie am 31. Dezember 2007 ein entsprechendes Amt innehatten.

§ 24 Übergangsregelung Personalvertretung

(1) Spätestens bis zum 31. Mai 2008 finden bei den neu eingerichteten Bundesfinanzdirektionen die Wahlen zu den Personalvertretungen statt. Bis zur Neuwahl werden die Personalratsaufgaben durch Übergangspersonalräte bei den Bundesfinanzdirektionen wahrgenommen. Die bisherigen Vorsitzenden der Personalräte oder der Stufenvertretungen bei den Oberfinanzdirektionen Chemnitz, Cottbus, Hannover, Hamburg, Karlsruhe, Koblenz, Köln und Nürnberg berufen die Mitglieder unter Übersendung der Tagesordnung zur ersten Sitzung ein und leiten diese. Die Übergangspersonalräte bestellen aus ihrer Mitte unverzüglich eine Wahlleiterin oder einen Wahlleiter für die Wahl des Vorstands sowie einen Wahlvorstand für die erstmaligen Wahlen nach Satz 1.

(2) Die Übergangspersonalräte für den Aufgabenbereich der örtlichen Personalräte der Bundesfinanzdirektionen setzen sich wie folgt zusammen:
1. für die Bundesfinanzdirektion Nord aus den bisherigen Mitgliedern des örtlichen Personalrats der Oberfinanzdirektion Hamburg,
2. für die Bundesfinanzdirektion Mitte aus den bisherigen Mitgliedern der örtlichen Personalräte der Oberfinanzdirektion Cottbus sowie der Zoll- und Verbrauchsteuerabteilungen der Oberfinanzdirektionen Hannover und Chemnitz,
3. für die Bundesfinanzdirektion West aus den bisherigen Mitgliedern des örtlichen Personalrats der Oberfinanzdirektion Köln,
4. für die Bundesfinanzdirektion Südwest aus den bisherigen Mitgliedern der örtlichen Personalräte der Zoll- und Verbrauchsteuerabteilungen der Oberfinanzdirektionen Karlsruhe und Koblenz,
5. für die Bundesfinanzdirektion Südost aus den bisherigen Mitgliedern des örtlichen Personalrats der Oberfinanzdirektion Nürnberg.

(3) Die Übergangspersonalräte für den Aufgabenbereich der Bezirkspersonalräte (Bund) setzen sich wie folgt zusammen:
1. für die Bundesfinanzdirektion Nord aus den bisherigen Mitgliedern des Bezirkspersonalrats der Oberfinanzdirektion Hamburg,
2. für die Bundesfinanzdirektion Mitte aus den bisherigen Mitgliedern der Bezirkspersonalräte der Oberfinanzdirektion Cottbus sowie der Zoll- und Verbrauchsteuerabteilungen der Oberfinanzdirektionen Hannover und Chemnitz,
3. für die Bundesfinanzdirektion West aus den bisherigen Mitgliedern des Bezirkspersonalrats der Oberfinanzdirektion Köln,
4. für die Bundesfinanzdirektion Südwest aus den bisherigen Mitgliedern der Bezirkspersonalräte der Zoll- und Verbrauchsteuerabteilungen der Oberfinanzdirektionen Karlsruhe und Koblenz,
5. für die Bundesfinanzdirektion Südost aus den bisherigen Mitgliedern des Bezirkspersonalrats der Oberfinanzdirektion Nürnberg.

Soweit Belange von Hauptzollämtern berührt sind, deren örtliche Personalräte nach Satz 1 dem Übergangspersonalrat einer anderen Bundesfinanzdirektion zugeordnet sind als derjenigen, der sie nach Neuzuschnitt der Bezirke der Bundesfinanzdirektionen an sich angehören würden, ist ein Vertreter oder eine Vertreterin der betroffenen örtlichen Personalräte Mitglied der in ihrem Bezirk zuständigen Übergangspersonalräte.

(4) Die am 31. Dezember 2007 bestehenden Dienstvereinbarungen gelten bis zu einer Neuregelung fort, längstens aber für die Dauer von 18 Monaten.

Anhang 3
Finanzverwaltungsgesetz (FVG)

§ 25 Übergangsregelung Schwerbehindertenvertretung

(1) Die erstmaligen Wahlen zur Schwerbehindertenvertretung nach dem Neunten Buch Sozialgesetzbuch finden in den neu errichteten Bundesfinanzdirektionen spätestens bis zum 30. Juni 2008 statt. Bis die Schwerbehindertenvertretungen ihre Tätigkeit aufnehmen, werden ihre Aufgaben von Übergangsschwerbehindertenvertretungen wahrgenommen. Die Vertrauenspersonen der jeweiligen Übergangsschwerbehindertenvertretung bestellen unverzüglich den Wahlvorstand für die erstmaligen Wahlen nach Satz 1.

(2) Die Übergangsschwerbehindertenvertretungen für den Aufgabenbereich der Schwerbehindertenvertretungen der Bundesfinanzdirektionen setzen sich wie folgt zusammen:

1. für die Bundesfinanzdirektion Nord aus der bisherigen Vertrauensperson und deren stellvertretenden Mitgliedern der Oberfinanzdirektion Hamburg,
2. für die Bundesfinanzdirektion Mitte aus den bisherigen Vertrauenspersonen und deren stellvertretenden Mitgliedern der Oberfinanzdirektion Cottbus sowie der Zoll- und Verbrauchsteuerabteilungen der Oberfinanzdirektionen Hannover und Chemnitz,
3. für die Bundesfinanzdirektion West aus der bisherigen Vertrauensperson und deren stellvertretenden Mitgliedern der Oberfinanzdirektion Köln,
4. für die Bundesfinanzdirektion Südwest aus den bisherigen Vertrauenspersonen und deren stellvertretenden Mitgliedern der Zoll- und Verbrauchsteuerabteilungen der Oberfinanzdirektionen Karlsruhe und Koblenz,
5. für die Bundesfinanzdirektion Südost aus der bisherigen Vertrauensperson und deren stellvertretenden Mitgliedern der Oberfinanzdirektion Nürnberg.

(3) Die Übergangsschwerbehindertenvertretungen für den Aufgabenbereich der Bezirksschwerbehindertenvertretung setzen sich wie folgt zusammen:

1. für die Bundesfinanzdirektion Nord aus den bisherigen Mitgliedern der Bezirksschwerbehindertenvertretung der Oberfinanzdirektion Hamburg,
2. für die Bundesfinanzdirektion Mitte aus den bisherigen Mitgliedern der Bezirksschwerbehindertenvertretungen der Oberfinanzdirektion Cottbus sowie der Zoll- und Verbrauchsteuerabteilungen der Oberfinanzdirektionen Hannover und Chemnitz,
3. für die Bundesfinanzdirektion West aus den bisherigen Mitgliedern der Bezirksschwerbehindertenvertretung der Oberfinanzdirektion Köln,
4. für die Bundesfinanzdirektion Südwest aus den bisherigen Mitgliedern der Bezirksschwerbehindertenvertretungen der Zoll- und Verbrauchsteuerabteilungen der Oberfinanzdirektionen Karlsruhe und Koblenz,
5. für die Bundesfinanzdirektion Südost aus den bisherigen Mitgliedern der Bezirksschwerbehindertenvertretung der Oberfinanzdirektion Nürnberg.

Soweit Belange von Hauptzollämtern berührt sind, deren örtliche Schwerbehindertenvertretung nach Satz 1 der Übergangsschwerbehindertenvertretung einer anderen Bundesfinanzdirektion zugeordnet ist als derjenigen, die nach Neuzuschnitt der Bezirke der Bundesfinanzdirektionen an sich angehören würden, ist ein Vertreter oder eine Vertreterin der betroffenen örtlichen Schwerbehindertenvertretung Mitglied der in ihrem Bezirk zuständigen Übergangsschwerbehindertenvertretung.

(4) Die Aufgaben der Vertrauensperson der Übergangsschwerbehindertenvertretungen werden von den Vertrauenspersonen der bisherigen Schwerbehindertenvertretungen wahrgenommen. Kommen mehrere Vertrauenspersonen in Betracht, so nehmen sie diese Funktion gemeinsam wahr.

§ 26 Übergangsregelung Gleichstellungsbeauftragte

(1) Die Wahl der Gleichstellungsbeauftragten erfolgt spätestens bis zum 31. Mai 2008.

(2) Die bisherigen Gleichstellungsbeauftragten der Zoll- und Verbrauchsteuerabteilungen der Oberfinanzdirektionen nehmen bis zur Neuwahl das Übergangsmandat bei den Bundesfinanzdirektionen wahr, zu denen sie nach § 23 Abs. 1 übergeleitet wurden. Kommen danach mehrere Gleichstellungsbeauftragte für eine Bundesfinanzdirektion in Betracht, so nehmen diese das Übergangsmandat gemeinsam wahr.

§ 27 Übergangsregelung Kosten der Oberfinanzdirektion

Die Kosten der Oberfinanzdirektion werden vom Bund getragen, soweit sie auf den Bund entfallen.

Allgemeine Verwaltungsvorschrift für die Betriebsprüfung – Betriebsprüfungsordnung – (BpO 2000)

BpO 2000

vom 15. 3. 2000 (BStBl 2000 I S. 368)
zuletzt geändert durch Allgemeine Verwaltungsvorschrift vom 20. 7. 2011 (BStBl 2011 I S. 710)

Inhaltsübersicht

I. Allgemeine Vorschriften
§ 1 Anwendungsbereich der Betriebsprüfungsordnung
§ 2 Aufgaben der Betriebsprüfungsstellen
§ 3 Größenklassen

II. Durchführung der Außenprüfung
§ 4 Umfang der Außenprüfung
§ 4a Zeitnahe Betriebsprüfung
§ 5 Anordnung der Außenprüfung
§ 6 Ort der Außenprüfung
§ 7 Prüfungsgrundsätze
§ 8 Mitwirkungspflichten
§ 9 Kontrollmitteilungen
§ 10 Verdacht einer Steuerstraftat oder -ordnungswidrigkeit
§ 11 Schlussbesprechung
§ 12 Prüfungsbericht und Auswertung der Prüfungsfeststellungen

III. Außenprüfung von Konzernen und sonstigen zusammenhängenden Unternehmen
§ 13 Konzernprüfung
§ 14 Leitung der Konzernprüfung
§ 15 Einleitung der Konzernprüfung
§ 16 Richtlinien zur Durchführung der Konzernprüfung
§ 17 Abstimmung und Freigabe der Konzernprüfungsberichte
§ 18 Außenprüfung bei sonstigen zusammenhängenden Unternehmen
§ 19 Außenprüfung bei international verbundenen Unternehmen

IV. Mitwirkung des Bundes an Außenprüfungen der Landesfinanzbehörden
§ 20 Art der Mitwirkung
§ 21 Auswahl der Betriebe und Unterrichtung über die vorgesehene Mitwirkung
§ 22 Mitwirkung durch Prüfungstätigkeit
§ 23 – aufgehoben –
§ 24 Verfahren bei Meinungsverschiedenheiten zwischen dem Bundesamt für Finanzen und der Landesfinanzbehörde

V. Betriebsprüfer, Sachgebietsleiter für Betriebsprüfung, Prüferbesprechungen
§ 25 Verwendung von Beamten als Betriebsprüfer
§ 26 Verwendung von Verwaltungsangestellten als Betriebsprüfer
§ 27 Einsatz als Betriebsprüfer und Sachgebietsleiter für Betriebsprüfung
§ 28 Betriebsprüfungshelfer
§ 29 Prüferausweis
§ 30 Prüferbesprechungen
§ 31 Fach-(Branchen-)Prüferbesprechungen

VI. Karteien, Konzernverzeichnisse
§ 32 Betriebskartei
§ 33 Konzernverzeichnis

VII. Prüfungsgeschäftsplan, Jahresstatistik
§ 34 Aufstellung von Prüfungsgeschäftsplänen
§ 35 Jahresstatistik

VIII. Betriebsprüfungsarchiv, Kennzahlen, Hauptorte
§ 36 Betriebsprüfungsarchiv
§ 37 Kennzahlen
§ 38 Hauptorte

IX. Inkrafttreten
§ 39 Inkrafttreten

I. Allgemeine Vorschriften

§ 1 Anwendungsbereich der Betriebsprüfungsordnung

(1) Diese Verwaltungsvorschrift gilt für Außenprüfungen der Landesfinanzbehörden und des Bundeszentralamtes für Steuern.

Anhang 4
Betriebsprüfungsordnung (BpO 2000)

(2) Für besondere Außenprüfungen der Landesfinanzbehörden und des Bundeszentralamtes für Steuern (z.B. Lohnsteueraußenprüfung und Umsatzsteuersonderprüfung) sind die §§ 5 bis 12, 20 bis 24, 29 und 30 mit Ausnahme des § 5 Abs. 4 Satz 2 sinngemäß anzuwenden.

§ 2 Aufgaben der Betriebsprüfungsstellen

(1) Zweck der Außenprüfung ist die Ermittlung und Beurteilung der steuerlich bedeutsamen Sachverhalte, um die Gleichmäßigkeit der Besteuerung sicherzustellen (§§ 85, 199 Abs. 1 AO). Bei der Anordnung und Durchführung von Prüfungsmaßnahmen sind im Rahmen der Ermessensausübung die Grundsätze der Verhältnismäßigkeit der Mittel und des geringstmöglichen Eingriffs zu beachten.

(2) Den Betriebsprüfungsstellen können auch Außenprüfungen im Sinne des § 193 Abs. 2 AO, Sonderprüfungen sowie andere Tätigkeiten mit Prüfungscharakter, z.B. Liquiditätsprüfungen, übertragen werden; dies gilt nicht für Steuerfahndungsprüfungen.

(3) Die Finanzbehörde entscheidet nach pflichtgemäßem Ermessen, ob und wann eine Außenprüfung durchgeführt wird. Dies gilt auch, wenn der Steuerpflichtige eine baldige Außenprüfung begehrt.

§ 3 Größenklassen

Steuerpflichtige, die der Außenprüfung unterliegen, werden in die Größenklassen
Großbetriebe (G)
Mittelbetriebe (M)
Kleinbetriebe (K) und
Kleinstbetriebe (Kst)
eingeordnet. Der Stichtag, der maßgebende Besteuerungszeitraum und die Merkmale für diese Einordnung werden jeweils von den obersten Finanzbehörden der Länder im Benehmen mit dem Bundesministerium der Finanzen festgelegt.

II. Durchführung der Außenprüfung

§ 4 Umfang der Außenprüfung

(1) Die Finanzbehörde bestimmt den Umfang der Außenprüfung nach pflichtgemäßem Ermessen.

(2) Bei Großbetrieben und Unternehmen i.S.d. §§ 13 und 19 soll der Prüfungszeitraum an den vorhergehenden Prüfungszeitraum anschließen. Eine Anschlußprüfung ist auch in den Fällen des § 18 möglich.

(3) Bei anderen Betrieben soll der Prüfungszeitraum in der Regel nicht mehr als drei zusammenhängende Besteuerungszeiträume umfassen. Der Prüfungszeitraum kann insbesondere dann drei Besteuerungszeiträume übersteigen, wenn mit nicht unerheblichen Änderungen der Besteuerungsgrundlagen zu rechnen ist oder wenn der Verdacht einer Steuerstraftat oder einer Steuerordnungswidrigkeit besteht. Anschlussprüfungen sind zulässig.

(4) Für die Entscheidung, ob ein Betrieb nach Absatz 2 oder Absatz 3 geprüft wird, ist grundsätzlich die Größenklasse maßgebend, in die der Betrieb im Zeitpunkt der Bekanntgabe der Prüfungsanordnung eingeordnet ist.

(5) Hält die Finanzbehörde eine umfassende Ermittlung der steuerlichen Verhältnisse im Einzelfall nicht für erforderlich, kann sie eine abgekürzte Außenprüfung (§ 203 AO) durchführen. Diese beschränkt sich auf die Prüfung einzelner Besteuerungsgrundlagen eines Besteuerungszeitraums oder mehrerer Besteuerungszeiträume.

§ 4a Zeitnahe Betriebsprüfung[1)]

(1) Die Finanzbehörde kann Steuerpflichtige unter den Voraussetzungen des Absatzes 2 für eine zeitnahe Betriebsprüfung auswählen. Eine Betriebsprüfung ist zeitnah, wenn der Prüfungszeitraum einen oder mehrere gegenwartsnahe Besteuerungszeiträume umfasst.

(2) Grundlage zeitnaher Betriebsprüfungen sind die Steuererklärungen im Sinne des § 150 der Abgabenordnung der zu prüfenden Besteuerungszeiträume (Absatz 1 Satz 2). Zur Sicherstellung der Mitwirkungsrechte des Bundeszentralamtes für Steuern ist der von der Finanzbehörde ausgewählte Steuerpflichtige dem Bundeszentralamt für Steuern abweichend von der Frist des § 21 Absatz 1 Satz 1 unverzüglich zu benennen.

(3) Über das Ergebnis der zeitnahen Betriebsprüfung ist ein Prüfungsbericht oder eine Mitteilung über die ergebnislose Prüfung anzufertigen (§ 202 der Abgabenordnung).

[1)] § 4a BpO 2000 ist erstmals für Außenprüfungen anzuwenden, die nach dem 1. 1. 2012 angeordnet werden.

§ 5 Anordnung der Außenprüfung

(1) Die für die Besteuerung zuständige Finanzbehörde ordnet die Außenprüfung an. Die Befugnis zur Anordnung kann auch der beauftragten Finanzbehörde übertragen werden.

(2) Die Prüfungsanordnung hat die Rechtsgrundlagen der Außenprüfung, die zu prüfenden Steuerarten, Steuervergütungen, Prämien, Zulagen, ggf. zu prüfende bestimmte Sachverhalte sowie den Prüfungszeitraum zu enthalten. Ihr sind Hinweise auf die wesentlichen Rechte und Pflichten des Steuerpflichtigen bei der Außenprüfung beizufügen. Die Mitteilung über den voraussichtlichen Beginn und die Festlegung des Ortes der Außenprüfung kann mit der Prüfungsanordnung verbunden werden. Handelt es sich um eine abgekürzte Außenprüfung nach § 203 AO, ist die Prüfungsanordnung um diese Rechtsgrundlage zu ergänzen. Soll der Umfang einer Außenprüfung nachträglich erweitert werden, ist eine ergänzende Prüfungsanordnung zu erlassen.

(3) Der Name des Betriebsprüfers, eines Betriebsprüfungshelfers und andere prüfungsleitende Bestimmungen können in die Prüfungsanordnung aufgenommen werden.

(4) Die Prüfungsanordnung und die Mitteilungen nach den Absätzen 2 und 3 sind dem Steuerpflichtigen angemessene Zeit vor Beginn der Prüfung bekanntzugeben, wenn der Prüfungszweck dadurch nicht gefährdet wird. In der Regel sind bei Großbetrieben 4 Wochen und in anderen Fällen 2 Wochen angemessen.

(5) Wird beantragt, den Prüfungsbeginn zu verlegen, können als wichtige Gründe z.B. Erkrankung des Steuerpflichtigen, seines steuerlichen Beraters oder eines für Auskünfte maßgeblichen Betriebsangehörigen, beträchtliche Betriebsstörungen durch Umbau oder höhere Gewalt anerkannt werden. Dem Antrag des Steuerpflichtigen kann auch unter Auflage, z.B. Erledigung von Vorbereitungsarbeiten für die Prüfung, stattgegeben werden.

(6) Werden die steuerlichen Verhältnisse von Gesellschaftern und Mitgliedern sowie von Mitgliedern der Überwachungsorgane in die Außenprüfung einbezogen, so ist für jeden Beteiligten eine Prüfungsanordnung unter Beachtung der Voraussetzungen des § 193 AO zu erteilen.

§ 6 Ort der Außenprüfung

Die Außenprüfung ist in den Geschäftsräumen des Steuerpflichtigen durchzuführen. Ist ein geeigneter Geschäftsraum nachweislich nicht vorhanden und kann die Außenprüfung nicht in den Wohnräumen des Steuerpflichtigen stattfinden, ist an Amtsstelle zu prüfen (§ 200 Abs. 2 AO). Ein anderer Prüfungsort kommt nur ausnahmsweise in Betracht.

§ 7 Prüfungsgrundsätze

Die Außenprüfung ist auf das Wesentliche abzustellen. Ihre Dauer ist auf das notwendige Maß zu beschränken. Sie hat sich in erster Linie auf solche Sachverhalte zu erstrecken, die zu endgültigen Steuerausfällen oder Steuererstattungen oder -vergütungen oder zu nicht unbedeutenden Gewinnverlagerungen führen können.

§ 8 Mitwirkungspflichten

(1) Der Steuerpflichtige ist zu Beginn der Prüfung darauf hinzuweisen, daß er Auskunftspersonen benennen kann. Ihre Namen sind aktenkundig zu machen. Die Auskunfts- und sonstigen Mitwirkungspflichten des Steuerpflichtigen erlöschen nicht mit der Benennung von Auskunftspersonen.

(2) Der Betriebsprüfer darf im Rahmen seiner Ermittlungsbefugnisse unter den Voraussetzungen des § 200 Abs. 1 Sätze 3 und 4 AO auch Betriebsangehörige um Auskunft ersuchen, die nicht als Auskunftspersonen benannt worden sind.

(3) Die Vorlage von Büchern, Aufzeichnungen, Geschäftspapieren und anderen Unterlagen, die nicht unmittelbar den Prüfungszeitraum betreffen, kann ohne Erweiterung des Prüfungszeitraums verlangt werden, wenn dies zur Feststellung von Sachverhalten des Prüfungszeitraums für erforderlich gehalten wird.

§ 9 Kontrollmitteilungen

Feststellungen, die nach § 194 Abs. 3 AO für die Besteuerung anderer Steuerpflichtiger ausgewertet werden können, sollen der zuständigen Finanzbehörde mitgeteilt werden. Kontrollmaterial über Auslandsbeziehungen ist auch dem Bundeszentralamt für Steuern zur Auswertung zu übersenden.

§ 10 Verdacht einer Steuerstraftat oder -ordnungswidrigkeit[1]

(1) Ergeben sich während einer Außenprüfung zureichende tatsächliche Anhaltspunkte für eine Straftat (§ 152 Abs. 2 StPO), deren Ermittlung der Finanzbehörde obliegt, so ist die für die Bearbei-

---

[1] Hinweis auf gleichlautenden Ländererlass vom 31. 8. 2009 (BStBl 2009 I S. 829) = Anhang 5.

Anhang 4
Betriebsprüfungsordnung (BpO 2000)

tung dieser Straftat zuständige Stelle unverzüglich zu unterrichten. Dies gilt auch, wenn lediglich die Möglichkeit besteht, dass ein Strafverfahren durchgeführt werden muss. Richtet sich der Verdacht gegen den Steuerpflichtigen, dürfen hinsichtlich des Sachverhalts, auf den sich der Verdacht bezieht, die Ermittlungen (§ 194 AO) bei ihm erst fortgesetzt werden, wenn ihm die Einleitung des Strafverfahrens mitgeteilt worden ist. Der Steuerpflichtige ist dabei, soweit die Feststellungen auch für Zwecke des Strafverfahrens verwendet werden können, darüber zu belehren, daß seine Mitwirkung im Besteuerungsverfahren nicht mehr erzwungen werden kann (§ 393 Abs. 1 AO). Die Belehrung ist unter Angabe von Datum und Uhrzeit aktenkundig zu machen und auf Verlangen schriftlich zu bestätigen (§ 397 Abs. 2 AO).

(2) Absatz 1 gilt beim Verdacht einer Ordnungswidrigkeit sinngemäß.

§ 11 Schlussbesprechung

(1) Findet eine Schlussbesprechung statt, so sind die Besprechungspunkte und der Termin der Schlussbesprechung dem Steuerpflichtigen angemessene Zeit vor der Besprechung bekanntzugeben. Diese Bekanntgabe bedarf nicht der Schriftform.

(2) Hinweise nach § 201 Abs. 2 AO sind aktenkundig zu machen.

§ 12 Prüfungsbericht und Auswertung der Prüfungsfeststellungen

(1) Wenn zu einem Sachverhalt mit einem Rechtsbehelf oder mit einem Antrag auf verbindliche Zusage zu rechnen ist, soll der Sachverhalt umfassend im Prüfungsbericht dargestellt werden.

(2) Ist bei der Auswertung des Prüfungsberichts oder im Rechtsbehelfsverfahren beabsichtigt, von den Feststellungen der Außenprüfung abzuweichen, so ist der Betriebsprüfungsstelle Gelegenheit zur Stellungnahme zu geben. Dies gilt auch für die Erörterung des Sach- und Rechtsstandes gem. § 364a AO. Bei wesentlichen Abweichungen zuungunsten des Steuerpflichtigen soll auch diesem Gelegenheit gegeben werden, sich hierzu zu äußern.

(3) In dem durch die Prüfungsanordnung vorgegebenen Rahmen muß die Außenprüfung entweder durch Steuerfestsetzung oder durch Mitteilung über eine ergebnislose Prüfung abgeschlossen werden.

III. Außenprüfung von Konzernen und sonstigen zusammenhängenden Unternehmen

§ 13 Konzernprüfung

(1) Unternehmen, die zu einem Konzern im Sinne des § 18 AktG gehören, sind im Zusammenhang, unter einheitlicher Leitung und nach einheitlichen Gesichtspunkten zu prüfen, wenn die Außenumsätze der Konzernunternehmen insgesamt mindestens 25 Millionen Euro im Jahr betragen.

(2) Ein Unternehmen, das zu mehreren Konzernen gehört, ist mit dem Konzern zu prüfen, der die größte Beteiligung an dem Unternehmen besitzt. Bei gleichen Beteiligungsverhältnissen ist das Unternehmen für die Prüfung dem Konzern zuzuordnen, der in der Geschäftsführung des Unternehmens federführend ist.

§ 14 Leitung der Konzernprüfung

(1) Bei Konzernprüfungen soll die Finanzbehörde, die für die Außenprüfung des herrschenden oder einheitlich leitenden Unternehmens zuständig ist, die Leitung der einheitlichen Prüfung übernehmen.

(2) Wird ein Konzern durch eine natürliche oder juristische Person, die selbst nicht der Außenprüfung unterliegt, beherrscht, soll die Finanzbehörde, die für die Außenprüfung des wirtschaftlich bedeutendsten abhängigen Unternehmens zuständig ist, die Leitung der einheitlichen Prüfung übernehmen. Im Einvernehmen der beteiligten Finanzbehörden kann hiervon abgewichen werden.

§ 15 Einleitung der Konzernprüfung

(1) Die für die Leitung der Konzernprüfung zuständige Finanzbehörde regt die Konzernprüfung an und stimmt sich mit den beteiligten Finanzbehörden ab.

(2) Konzernunternehmen sollen erst nach Abstimmung mit der für die Leitung der Konzernprüfung zuständigen Finanzbehörde geprüft werden.

§ 16 Richtlinien zur Durchführung der Konzernprüfung

(1) Die für die Leitung einer Konzernprüfung zuständige Finanzbehörde kann Richtlinien für die Prüfung aufstellen. Die Richtlinien können neben prüfungstechnischen Einzelheiten auch Vorschläge zur einheitlichen Beurteilung von Sachverhalten enthalten.

(2) Soweit Meinungsverschiedenheiten, die sich bei der Mitwirkung mehrerer Finanzbehörden im Rahmen der einheitlichen Prüfung ergeben, von den Beteiligten nicht ausgeräumt werden können, ist den zuständigen vorgesetzten Finanzbehörden zu berichten und die Entscheidung abzuwarten.

§ 17 Abstimmung und Freigabe der Konzernprüfungsberichte

Die Berichte über die Außenprüfungen bei Konzernunternehmen sind aufeinander abzustimmen und den Steuerpflichtigen erst nach Freigabe durch die für die Leitung der Konzernprüfung zuständige Finanzbehörde zu übersenden.

§ 18 Außenprüfung bei sonstigen zusammenhängenden Unternehmen

Eine einheitliche Prüfung kann auch durchgeführt werden
1. bei Konzernen, die die Umsatzgrenze des § 13 Abs. 1 nicht erreichen,
2. bei Unternehmen, die nicht zu einem Konzern gehören, aber eng miteinander verbunden sind, z.B. durch wirtschaftliche oder verwandtschaftliche Beziehungen der Beteiligten, gemeinschaftliche betriebliche Tätigkeit.

Die §§ 13 bis 17 gelten entsprechend.

§ 19 Außenprüfung bei international verbundenen Unternehmen

(1) Die §§ 13 bis 18 gelten auch für die Prüfung mehrerer inländischer Unternehmen, die von einer ausländischen natürlichen oder juristischen Person, einer Mehrheit von Personen, einer Stiftung oder einem anderen Zweckvermögen beherrscht oder einheitlich geleitet werden oder die mit einem ausländischen Unternehmen wirtschaftlich verbunden sind.

(2) Die Leitung der einheitlichen Prüfung soll die Finanzbehörde übernehmen, die für die Außenprüfung des wirtschaftlich bedeutendsten inländischen Unternehmens zuständig ist. Im Einvernehmen der beteiligten Finanzbehörden kann hiervon abgewichen werden.

IV. Mitwirkung des Bundes an Außenprüfungen der Landesfinanzbehörden

§ 20 Art der Mitwirkung

(1) Das Bundeszentralamt für Steuern wirkt an Außenprüfungen der Landesfinanzbehörden durch Prüfungstätigkeit und Beteiligung an Besprechungen mit.

(2) Art und Umfang der Mitwirkung werden jeweils von den beteiligten Behörden im gegenseitigen Einvernehmen festgelegt.

(3) Die Landesfinanzbehörde bestimmt den für den Ablauf der Außenprüfung verantwortlichen Prüfer.

§ 21 Auswahl der Betriebe und Unterrichtung über die vorgesehene Mitwirkung

(1) Die Landesfinanzbehörden stellen dem Bundeszentralamt für Steuern die Prüfungsgeschäftspläne für Großbetriebe spätestens 10 Tage vor dem Beginn des Zeitraums, für den sie aufgestellt worden sind, zur Verfügung. Betriebe, bei deren Prüfung eine Mitwirkung des Bundeszentralamtes für Steuern von den Landesfinanzbehörden für zweckmäßig gehalten wird, sollen kenntlich gemacht werden. Das Bundeszentralamt für Steuern teilt den Landesfinanzbehörden unverzüglich die Betriebe mit, an deren Prüfung es mitwirken will.

(2) Sobald die Landesfinanzbehörde den Prüfungsbeginn mitgeteilt hat, wird sie vom Bundeszentralamt für Steuern über die vorgesehene Mitwirkung unterrichtet.

§ 22 Mitwirkung durch Prüfungstätigkeit

(1) Wirkt das Bundeszentralamt für Steuern durch Prüfungstätigkeit mit, so hat der Bundesbetriebsprüfer regelmäßig in sich geschlossene Prüfungsfelder zu übernehmen und diesen Teil des Prüfungsberichts zu entwerfen. Der Prüfungsstoff wird im gegenseitigen Einvernehmen auf die beteiligten Betriebsprüfer aufgeteilt.

(2) Hat das Bundeszentralamt für Steuern an einer Außenprüfung mitgewirkt, so erhält es eine Ausfertigung des Prüfungsberichts.

§ 23
– aufgehoben –

Anhang 4
Betriebsprüfungsordnung (BpO 2000)

§ 24 Verfahren bei Meinungsverschiedenheiten zwischen dem Bundeszentralamt für Steuern und der Landesfinanzbehörde

Soweit Meinungsverschiedenheiten, die sich bei der Mitwirkung an Außenprüfungen zwischen dem Bundeszentralamt für Steuern und der Landesfinanzbehörde ergeben, von den Beteiligten nicht ausgeräumt werden können, ist den obersten Finanzbehörden des Bundes und des Landes zu berichten und die Entscheidung abzuwarten.

12

V. Betriebsprüfer, Sachgebietsleiter für Betriebsprüfung, Prüferbesprechungen

§ 25 Verwendung von Beamten als Betriebsprüfer

Die Verwendung eines Beamten als Betriebsprüfer, der grundsätzlich dem gehobenen Dienst angehören soll, ist nach einer mindestens sechsmonatigen Einarbeitung in der Außenprüfung nur mit Einwilligung der zuständigen vorgesetzten Finanzbehörde oder der von ihr benannten Stelle zulässig.

§ 26 Verwendung von Verwaltungsangestellten als Betriebsprüfer

(1) Verwaltungsangestellte, die bereits in der Steuerverwaltung tätig sind, können als Betriebsprüfer verwendet werden, wenn folgende Voraussetzungen erfüllt sind:
1. eine mindestens dreijährige zeitnahe Tätigkeit in der Veranlagung, davon eine mindestens neunmonatige qualifizierte Tätigkeit,
2. die Ablegung einer Prüfung nach Erfüllung der Voraussetzung zu Nummer 1 und
3. eine mindestens sechsmonatige Einarbeitung in der Außenprüfung.

(2) Andere Bewerber können als Verwaltungsangestellte in der Außenprüfung verwendet werden, wenn folgende Voraussetzungen erfüllt werden:
1. a) ein abgeschlossenes einschlägiges Hochschulstudium (Rechtswissenschaft, Wirtschaftswissenschaft, Versicherungsmathematik, Land- und Forstwirtschaft) oder
   b) eine kaufmännische oder sonstige einschlägige Grundausbildung mit vorgeschriebener Abschlußprüfung und der Nachweis mehrjähriger kaufmännischer, betriebswirtschaftlicher oder revisionstechnischer Tätigkeit,
2. die Ablegung einer Prüfung nach Erfüllung der Voraussetzung zu Nummer 1 Buchstaben a oder b,
3. eine mindestens zwölfmonatige zeitnahe Tätigkeit außerhalb der Außenprüfung, davon eine mindestens neunmonatige qualifizierte Tätigkeit in der Veranlagung sowie
4. eine mindestens sechsmonatige Einarbeitung in der Außenprüfung.

(3) Die zuständige vorgesetzte Finanzbehörde kann zu Absatz 1 und zu Absatz 2 Nr. 2 bis 4 im Einzelfall Ausnahmen zulassen.

(4) Ein Rechtsanspruch auf Zulassung zur Prüfung besteht nicht.

(5) Die schriftliche Prüfung besteht mindestens aus zwei unter Aufsicht anzufertigenden Arbeiten aus dem Buchführungs- und Bilanzwesen.

(6) Die mündliche Prüfung erstreckt sich auf die Grundzüge des Abgabenrechts, des bürgerlichen Rechts und des Handelsrechts, insbesondere des Buchführungs- und Bilanzwesens sowie des kaufmännischen Rechnungswesens.

§ 27 Einsatz als Betriebsprüfer und Sachgebietsleiter für Betriebsprüfung

(1) Beamte und Verwaltungsangestellte sollen nicht erstmals nach Vollendung des fünfundvierzigsten Lebensjahres als Betriebsprüfer eingesetzt werden.

(2) Sachgebietsleiter für Betriebsprüfung dürfen nur mit Einwilligung der zuständigen vorgesetzten Finanzbehörde eingesetzt werden.

(3) Sachgebietsleiter für Betriebsprüfung und Betriebsprüfer dürfen nur mit Einwilligung der zuständigen vorgesetzten Finanzbehörde für prüfungsfremde Aufgaben verwendet werden.

§ 28 Betriebsprüfungshelfer

Zur Unterstützung der Betriebsprüfer können Betriebsprüfungshelfer eingesetzt werden. Diese haben nach den Weisungen des Betriebsprüfers zu verfahren.

§ 29 Prüferausweis

Für Sachgebietsleiter für Betriebsprüfung und Betriebsprüfer ist jeweils ein Ausweis auszustellen. Der Ausweis hat zu enthalten:
1. die Bezeichnung der ausstellenden Landesfinanzverwaltung oder der ausstellenden Finanzbehörde
2. das Lichtbild des Inhabers
3. den Vor- und Familiennamen
4. die laufende Nummer
5. die Gültigkeitsdauer und
6. die Befugnisse des Inhabers.

§ 30 Prüferbesprechungen

Die Sachgebietsleiter für Betriebsprüfung sollen mit den Prüfern ihrer Sachgebiete, die zuständigen vorgesetzten Finanzbehörden mit den Sachgebietsleitern für Betriebsprüfung oder mit den Betriebsprüfern ihrer Oberfinanzbezirke regelmäßig Zweifelsfragen aus der Prüfungstätigkeit erörtern, sie über neuere Rechtsprechung und neueres Schrifttum unterrichten sowie Richtlinien und Anregungen für ihre Arbeit geben.

§ 31 Fach-(Branchen-)Prüferbesprechungen

(1) Für die Fach-(Branchen-)Prüfer sind nach Bedarf Besprechungen durchzuführen. Hierbei sollen die Branchenerfahrungen ausgetauscht und verglichen, zweckmäßige Prüfungsmethoden, Kennzahlen und Formblätter für das prüfungstechnische Vorgehen entwickelt und gemeinsame Richtlinien erarbeitet werden.

(2) Dem Bundeszentralamt für Steuern ist Gelegenheit zu geben, an Fachprüferbesprechungen, die von den zuständigen vorgesetzten Finanzbehörden (§ 38) durchgeführt werden, teilzunehmen.

VI. Karteien, Konzernverzeichnisse

§ 32 Betriebskartei

(1) Die Betriebsprüfungsstellen haben über die Groß-, Mittel- und Kleinbetriebe eine Kartei (Betriebskartei) zu führen.

(2) Die Betriebskartei besteht aus der Namenskartei und der Branchenkartei. Die Namenskartei soll als alphabetische Suchkartei, die Branchenkartei nach der Klassifikation der Wirtschaftszweige (Tiefengliederung für Steuerstatistiken) geführt werden.

(3) Nebenbetriebe der Land- und Forstwirtschaft sind nur beim Hauptbetrieb zu vermerken.

(4) Für die Erfassung in der Betriebskartei ist jeweils die auf einen bestimmten Stichtag festgestellte Größenklasse der Betriebe – in der Regel für die Dauer von drei Jahren – maßgebend. Die Betriebe werden nach den Ergebnissen der Veranlagung, hilfsweise nach den Angaben in den Steuererklärungen, in die Größenklassen eingeordnet. Fehler, die bei der Einordnung der Betriebe unterlaufen, können jederzeit berichtigt werden.

(5) Änderungen der die Größenklasse bestimmenden Betriebsmerkmale bleiben bis zur nächsten Einordnung in Größenklassen unberücksichtigt. Bei sonstigen Änderungen ist die Kartei fortzuschreiben. Bei Abgängen aufgrund von Sitzverlegung (Wohnsitz oder Sitz der Geschäftsleitung) sind die Daten der Betriebskartei an die neu zuständige Finanzbehörde zu übermitteln; Zugänge von einer anderen Finanzbehörde und Neugründungen sind in der Betriebskartei zu erfassen.

§ 33 Konzernverzeichnis

Jede zuständige Finanzbehörde hat die für ein Verzeichnis der Konzerne im Sinne der §§ 13, 18 und 19 erforderlichen Daten zu ermitteln und der zuständigen vorgesetzten Finanzbehörde zur Weiterleitung an das Bundeszentralamt für Steuern zur Aufnahme in eine zentrale Datenbank zu übermitteln. Gleiches gilt für spätere Änderungen oder Ergänzungen dieser Daten. Das zentrale Konzernverzeichnis enthält die einzelnen Konzernübersichten. Das Verfahren zur Übermittlung der Daten nach den Sätzen 1 und 2 sowie die Nutzung der Daten durch die Finanzbehörden der Länder wird vom Bundesministerium der Finanzen im Einvernehmen mit den obersten Finanzbehörden der Länder geregelt.

VII. Prüfungsgeschäftsplan, Jahresstatistik

§ 34 Aufstellung von Prüfungsgeschäftsplänen

(1) Die zur Prüfung vorgesehenen Fälle werden in regelmäßigen Abständen in Prüfungsgeschäftsplänen zusammengestellt. Der Abstand darf bei Großbetrieben nicht kürzer als 6 Monate und nicht länger als 12 Monate sein. Änderungen der Prüfungsgeschäftspläne sind jederzeit möglich. In den Prüfungsgeschäftsplänen ist auf Konzernzugehörigkeit hinzuweisen.

(2) – aufgehoben –

§ 35 Jahresstatistik

(1) Die Betriebsprüfungsstellen haben eine Jahresstatistik aufzustellen und der vorgesetzten Finanzbehörde vorzulegen.

(2) Die obersten Finanzbehörden der Länder teilen dem Bundesministerium der Finanzen die Arbeitsergebnisse der Außenprüfung nach einem abgestimmten Muster bis zum 31. März eines jeden Jahres mit. Das Bundesministerium der Finanzen gibt das Gesamtergebnis in einer zusammengefaßten Veröffentlichung jährlich bekannt.

(3) – aufgehoben –

VIII. Betriebsprüfungsarchiv, Kennzahlen, Hauptorte

§ 36 Betriebsprüfungsarchiv

(1) Steuerliche, prüfungstechnische, branchentypische und allgemeine wirtschaftliche Erfahrungen sind den zuständigen vorgesetzten Finanzbehörden mitzuteilen. Diese sammeln die Erfahrungen und werten sie in einem Betriebsprüfungsarchiv aus.

(2) Das Bundeszentralamt für Steuern teilt den zuständigen vorgesetzten Finanzbehörden Prüfungserfahrungen von allgemeiner Bedeutung mit.

§ 37 Kennzahlen

Die zuständigen Finanzbehörden haben die nach den Ergebnissen von Außenprüfungen ermittelten branchenbezogenen Kennzahlen der jeweils zuständigen vorgesetzten Finanzbehörde zur Weiterleitung an das Bundeszentralamt für Steuern zur Aufnahme in eine zentrale Datenbank zu übermitteln. Gleiches gilt für Änderungen dieser Daten. Das Verfahren zur Übermittlung der Daten nach den Sätzen 1 und 2 sowie die Nutzung der Daten durch die Finanzbehörden der Länder wird vom Bundesministerium der Finanzen im Einvernehmen mit den obersten Finanzbehörden der Länder geregelt.

§ 38 Hauptorte

(1) Die zuständigen vorgesetzten Finanzbehörden haben als Hauptorte die Aufgabe, für einzelne Berufs- oder Wirtschaftszweige Unterlagen zu sammeln und auszuwerten, die für die Besteuerung von Bedeutung sind. Zu den Aufgaben gehört auch die Mitwirkung bei der Aufstellung von AfA-Tabellen. Die Hauptorte werden durch Vereinbarung der obersten Finanzbehörden des Bundes und der Länder bestimmt.

(2) Das Ergebnis der Auswertung wird den anderen zuständigen vorgesetzten Finanzbehörden und dem Bundeszentralamt für Steuern regelmäßig mitgeteilt.

IX. Inkrafttreten

§ 39 Inkrafttreten

Diese allgemeine Verwaltungsvorschrift tritt am Tage nach der Veröffentlichung im Bundesanzeiger in Kraft. Gleichzeitig tritt die allgemeine Verwaltungsvorschrift für die Betriebsprüfung – Betriebsprüfungsordnung – vom 17. Dezember 1987 (BAnz. Nr. 241a vom 24. Dezember 1987) außer Kraft.

Anwendungsfragen zu § 10 Abs. 1 BpO

Gleich lautende Erlasse der obersten Finanzbehörden der Länder vom 31. 8. 2009 (BStBl 2009 I S. 829)

Die Problematik, ab welchem Zeitpunkt nach § 10 Abs. 1 BpO eine Unterrichtungsverpflichtung des Prüfers/der Prüferin gegenüber der Bußgeld- und Strafsachenstelle (BuStra) besteht, ist folgendermaßen handzuhaben:

§ 10 Abs. 1 Satz 1 BpO konkretisiert den in den §§ 386 AO, 152 Abs. 2, 160, 163 StPO verankerten allgemeinen strafrechtlichen Grundsatz des Legalitätsprinzips. Danach kann der die Ermittlungspflicht der Strafverfolgungsbehörde begründende Verdacht grundsätzlich nur dann angenommen werden, wenn sich dieser auf zureichende tatsächliche Anhaltspunkte stützen lässt (Anfangsverdacht nach § 152 Abs. 2 StPO).

Vor diesem Hintergrund ist auch die Regelung des § 10 Abs. 1 Satz 2 BpO zu sehen, die eine Unterrichtungspflicht dann begründet, wenn lediglich die Möglichkeit der Durchführung eines Strafverfahrens besteht. Die im Rang den einfachen Gesetzen untergeordnete Verwaltungsvorschrift kann damit dem Prüfer/der Prüferin letztlich aus strafrechtlicher Sicht nicht mehr Pflichten auferlegen, als die Normen der Abgabenordnung bzw. der Strafprozessordnung vorgeben. Aus diesem Grund steht korrespondierend zum Verstoß gegen das Legalitätsprinzip eine Strafvereitelung im Amt nach § 258a StGB nach wie vor nur dann im Raum, wenn trotz konkreter tatsächlicher Anhaltspunkte für eine Steuerstraftat (d. h. trotz Bestehen eines Anfangsverdachts i. S. des § 152 Abs. 2 StPO) kein Kontakt mit der BuStra aufgenommen wird. § 10 Abs. 1 Satz 2 BpO soll demnach klarstellen, dass es für die Bejahung der Unterrichtungspflicht nicht auf die subjektive Einschätzung des Prüfers/der Prüferin hinsichtlich der Durchführung eines Strafverfahrens ankommt. Es soll ähnlich wie bei § 201 Abs. 2 AO sichergestellt werden, dass in allen Fällen, in denen eine Untersuchung durch die BuStra geboten erscheint, diese auch wirklich frühzeitig einbezogen wird. Das Vorhandensein tatsächlicher Anhaltspunkte für das Vorliegen einer Straftat wird aber durch § 10 Abs. 1 Satz 2 BpO nicht entbehrlich, d. h., bloße Vermutungen lösen eine Unterrichtungspflicht auch nach dieser Norm nicht aus. Dies zeigt sich auch in der für die Finanzbehörden allgemein geltenden Unterrichtungspflicht nach Nr. 113 Abs. 3 Satz 2 AStBV (St) 2008. Danach wird die „Möglichkeit" der Durchführung eines Strafverfahrens auch erst dann angenommen, wenn „Anhaltspunkte" für eine Straf- oder Ordnungswidrigkeit sprechen, die eine Untersuchung des Falles durch die BuStra geboten erscheinen lassen.

Somit ist § 10 Abs. 1 Satz 2 BpO im Lichte des vorhergehenden Satzes 1 und der allgemeinen strafprozessualen Grundsätze dahingehend auszulegen, dass immer nur dann eine Unterrichtungspflicht an die BuStra begründet wird, wenn Anhaltspunkte für die auch nur mögliche Durchführung eines Strafverfahrens vorliegen. Die Schwelle des Anfangsverdachts nach § 152 Abs. 2 StPO muss dabei noch nicht überschritten sein.

In diesem Zusammenhang sind auch die seit 1995 bundesweit geltenden Rationalisierungsgrundsätze bei der Durchführung von Betriebsprüfungen (BMF-Schreiben vom 6. Januar 1995 – IV A 8 – S 1502 – 17/94 –) zu berücksichtigen. Danach hat der Prüfer/die Prüferin eine schwerpunktmäßige Prüfung der jeweiligen Betriebe vorzunehmen. Diese Schwerpunkte hat er/sie grundsätzlich nach sachgerechten Erwägungen zu bestimmen. Soweit das Nichtaufgreifen eines Sachverhalts auf sachgerechten Erwägungen beruht (im Zweifelsfall zu dokumentieren), kann dem Prüfer/der Prüferin daraus kein Nachteil erwachsen. Eine Unterrichtungspflicht gegenüber der BuStra kann nur entstehen, wenn sich ansonsten im Rahmen der Prüfungsvorbereitung oder auch im Laufe der Prüfung tatsächliche Anhaltspunkte für das Vorliegen einer Straftat ergeben.

Grundsätzlich keine tatsächlichen Anhaltspunkte im Sinne der vorgenannten Ausführungen mit der Folge, dass eine Unterrichtungspflicht gegenüber der BuStra ausscheidet, liegen insbesondere für folgende beispielhaft aufgezählte Fälle vor:

– Das Vorliegen und das Auswerten von Kontrollmitteilungen. Die Grenze ist erst überschritten, wenn sich herausstellt, dass die mitgeteilten Zahlungen keinen Niederschlag in der Buchführung gefunden haben und deshalb die Steuer zu niedrig festgesetzt wurde.

– Das bloße Durchführen von Kalkulationen und Verprobungen, wie Geldverkehrsrechnungen, Richtsatzverprobungen, Chi2-Test, Zeit-Reihen-Vergleich usw., auch wenn diese aufgrund vorhandener Differenzen erfolgen. Dies gilt jedoch nur, wenn nicht bereits anderweitige konkrete tatsächliche Anhaltspunkte für das Vorliegen einer Straftat gegeben sind, z. B. wegen Vorliegens von Kontrollmitteilungen steht schon fest, dass Einnahmen nicht vollständig erklärt worden sind.

– Abweichung der Betriebsergebnisse von den amtl. Richtsatzsammlungen.

– Bloße Rückfragen an den Steuerpflichtigen zum objektiv vorliegenden Sachverhalt, um vorhandene Differenzen aufzuklären, die sich z. B. aus Verprobungen, Vorlage von Kontrollmitteilungen usw. ergeben. Erst wenn die Differenzen nicht mit sachgerechten Erwägungen aufgeklärt

Anhang 5
Anwendungsfragen zu § 10 Abs. 1 BpO

werden können (auch bei offensichtlicher Verzögerungstaktik durch den Steuerpflichtigen) oder von vornherein unaufklärbar sind, besteht eine Unterrichtungspflicht an die BuStra.
- Bei Aufdecken bloß formeller oder auch kleinerer materieller Buchführungsmängel; die Grenze ist auch hier erst überschritten, wenn weitere tatsächliche Anhaltspunkte für die Verkürzung von Einnahmen vorliegen.
- Wenn offensichtlich kein schuldhaftes und vorwerfbares Verhalten vorliegt oder offensichtlich ist, dass objektive oder subjektive Tatbestandsmerkmale mit der im Straf- und Bußgeldverfahren erforderlichen Gewissheit nicht nachzuweisen sind.

Tatsächliche Anhaltspunkte, welche eine umgehende Unterrichtungspflicht gegenüber der BuStra begründen, werden insbesondere in folgenden beispielhaft aufgezählten Fällen gegeben sein:
- Nach durchgeführter Kalkulation oder Verprobung verbleiben ungeklärte Differenzen von einigem Gewicht, z. B. der Steuerpflichtige erklärt Vermögenszuwachs mit unplausiblen Geldzuflüssen, wie Verwandtendarlehen, Auslandsdarlehen oder Spielbankgewinnen.
- Bei ungebundenen Privatentnahmen, die zur Bestreitung des Lebensunterhalts offensichtlich nicht ausreichen.
- Bei Feststellung schwerwiegender Buchführungsmängel, insbesondere auffälliges Fehlen von sonst allgemein üblichen Belegen.
- Bei Hinweisen auf verschwiegene oder irreführend bezeichnete Bankkonten (Konten auf fingiertem oder fremden Namen).
- Bei in der Bilanz wesentlich zu niedrig bewerteten Aktiv-Beständen sowie bei erheblich zu hoch bewerteten passiven Beständen des Betriebsvermögens.
- Die sich aus Kontrollmitteilungen ergebenden Einnahmen sind in der Buchführung nicht erfasst (s. o.).
- Bei Vorlage einer Selbstanzeige durch den Steuerpflichtigen, egal in welchem Verfahrensstadium.
- Bei konkreten Verdachtsmomenten, dass Belege manipuliert/gefälscht wurden (Achtung: ggf. muss hier bereits wegen Gefahr im Verzug das Strafverfahren unverzüglich eingeleitet werden, damit Originalbelege beschlagnahmt werden können). Hier ist aber, soweit möglich, noch vor Ort (z. B. per Telefon) Kontakt mit der BuStra aufzunehmen.

Grundsätzlich ist festzuhalten, dass in Zweifelsfällen immer eine frühzeitige – auch formlose – Kontaktaufnahme mit der BuStra geboten ist. Dies gilt insbesondere dann, wenn aufgrund der bisher getroffenen Prüfungsfeststellungen erhebliche Nachzahlungen zu erwarten sind und der Verdacht einer Steuerstraftat nicht offensichtlich ausgeschlossen (vgl. Nr. 113 Abs. 4 AStBV [St]) ist.

Soweit bei offensichtlich leichtfertiger Begehensweise nur der Verdacht einer Ordnungswidrigkeit im Raume steht, kann eine Unterrichtung der BuStra unterbleiben, wenn das aufgrund der Tathandlung zu erwartende steuerliche Mehrergebnis insgesamt unter 5 000 € liegt und nicht besondere Umstände hinsichtlich des vorwerfbaren Verhaltens für die Durchführung eines Bußgeldverfahrens sprechen (analoge Anwendung der Nr. 97 Abs. 3 AStBV [St]).

Diese Erlasse ergehen im Einvernehmen mit dem Bundesministerium der Finanzen.

Anhang 6
Einordnung in Größenklassen gem. § 3 BpO 2000; Merkmale zum 1. 1. 2010

Einordnung in Größenklassen gem. § 3 BpO 2000;
Merkmale zum 1. 1. 2010

(BMF-Schreiben vom 20. 8. 2009 – IV A 4 – S 1450/08/10001, BStBl 2009 I S. 886)

Unter Bezugnahme auf das Ergebnis der Erörterungen mit den obersten Finanzbehörden der Länder gelten für die Einordnung in Größenklassen gem. § 3 BO – 2000 – ab 1. Januar 2010 die in der Anlage aufgeführten neuen Abgrenzungsmerkmale sowie die meinem Schreiben vom 5. 8. 2008 – IV A 4 – S 1451/07/10011 – (BStBl I S. 749) angefügte Zuordnungstabelle.
Die Merkmale sind erst nach Aufstellung der Betriebskartei anzuwenden.

Einheitliche Abgrenzungsmerkmale für den 20. Prüfungsturnus
(1. Januar 2010)

Betriebsart	Betriebsmerkmale in €	Großbetriebe (G)	Mittelbetriebe (M)	Kleinbetriebe (K)
		über		
Handelsbetriebe (H)	Umsatzerlöse oder steuerlicher Gewinn über	6 900 000 265 000	840 000 53 000	160 000 34 000
Fertigungsbetriebe (F)	Umsatzerlöse oder steuerlicher Gewinn über	4 000 000 235 000	480 000 53 000	160 000 34 000
Freie Berufe (FB)	Umsatzerlöse oder steuerlicher Gewinn über	4 300 000 540 000	790 000 123 000	160 000 34 000
Andere Leistungsbetriebe (AL)	Umsatzerlöse oder steuerlicher Gewinn über	5 300 000 305 000	710 000 59 000	160 000 34 000
Kreditinstitute (K)	Aktivvermögen oder steuerlicher Gewinn über	128 000 000 530 000	33 000 000 180 000	10 000 000 43 000
Versicherungsunternehmen, Pensionskassen (V)	Jahresprämieneinnahmen über	28 000 000	4 600 000	1 700 000
Unterstützungskassen				alle
Land- und forstwirtschaftliche Betriebe (LuF)	Wirtschaftswert der selbstbewirtschafteten Fläche oder steuerlicher Gewinn über	210 000 116 000	100 000 60 000	44 000 34 000
sonstige Fallart[1)] (soweit nicht unter den Betriebsarten erfasst)	Erfassungsmerkmale	Erfassung in der Betriebskartei als Großbetrieb		
Verlustzuweisungsgesellschaften (VZG) und Bauherrengemeinschaften (BHG)	Personenzusammenschlüsse und Gesamtobjekte i.S. der Nr. 1.2 und 1.3 des BMF-Schreibens vom 13. 7. 1992 – IV A 5 – S 0361 – 19/92 (BStBl I 1992 S. 404)	alle		
bedeutende steuerbegünstigte Körperschaften und Berufsverbände (BKÖ)	Summe der Einnahmen	über 6 000 000		
Fälle mit bedeutenden Einkünften (bE)	Summe der positiven Einkünfte gem. § 2 Abs. 1 Nrn. 4–7 EStG (keine Saldierung mit negativen Einkünften)	über 500 000		

[1)] Mittel-, Klein- und Kleinstbetriebe, die zugleich die Voraussetzungen für die Behandlung als sonstige Fallart erfüllen, sind nur dort zu erfassen.

Anhang 7
Steuerlichen Betriebsprüfung (zu § 199 AO)

Zusammenstellung der in der steuerlichen Betriebsprüfung zu verwendenden Begriffe

(BMF-Schreiben vom 11. 11. 1974 – IV B 7 – S 1401–25/74, BStBl 1974 I S. 994)

1 Aufgabe dieser Zusammenstellung ist, die in der steuerlichen Betriebsprüfung zu verwendenden Begriffe darzustellen und zu erläutern.
Die Zusammenfassung umfaßt:
I. Begriffe der steuerlichen Prüfungstechnik.
II. Allgemeine betriebswirtschaftliche Begriffe unter Berücksichtigung der Grundsätze für das Rechnungswesen vom 12. Dezember 1952, herausgegeben vom Bundesverband der Deutschen Industrie, sowie der Leitsätze für die Preisermittlung aufgrund von Selbstkosten (LSP) nach der Anlage zur Verordnung PR. Nr. 30/53 vom 21. November 1953 (Bundesanzeiger Nr. 244 vom 18. Dezember 1953).

Da die Begriffe der steuerlichen Prüfungstechnik die durch das Steuerrecht gezogenen Grenzen (§§ 4 bis 7 EStG, § 1 UStG, § 1 Abs. 3 WEV) beachten müssen, stimmen sie mit den allgemeinen betriebswirtschaftlichen Begriffen nicht in allen Fällen überein. Ferner weichen die Begriffe der steuerlichen Prüfungstechnik aus praktischen Gründen zum Teil von den Begriffen der Richtsatzermittlung und Richtsatzanwendung ab. Auf die Vorbemerkungen in den Richtsatzsammlungen wird hingewiesen.

2 **I. Begriffe der steuerlichen Prüfungstechnik**

1. Steuerliche Kennzahlen

Unter steuerlichen Kennzahlen versteht man Verhältniszahlen steuerlich erheblicher Größen (wie: wirtschaftlicher Umsatz, wirtschaftlicher Wareneinsatz, wirtschaftlicher Einsatz an Fertigungslöhnen, wirtschaftlicher Aufwand und und andere Betriebsergebnisse) zueinander.
Hauptanwendungsgebiet dieser Kennzahlen ist die Verprobung und Schätzung der Besteuerungsgrundlagen aufgrund des äußeren oder inneren Betriebsvergleichs (Hinweis auf Abschnitt II Ziff. 2 zu c).

2. Istumsatz

Der Istumsatz umfaßt den Gesamtbetrag der vereinnahmten Entgelte für die Umsätze im Sinne des § 1 Ziff. 1 UStG (einschließlich Tausch, tauschähnliche Umsätze und Umsätze aus Hingabe an Erfüllungs Statt) und den Wert des Eigenverbrauchs gemäß § 1 Ziff. 2 UStG.

3. Sollumsatz

Der Sollumsatz umfaßt den Gesamtbetrag der vereinbarten Entgelte für die bewirkten Umsätze im Sinne des § 1 Ziff. 1 UStG ohne Rücksicht auf die Vereinnahmung der Entgelte (einschließlich Tausch, tauschähnliche Umsätze und Umsätze aus Hingabe an Erfüllungs Statt) und den Wert des Eigenverbrauchs gemäß § 1 Ziff. 2 UStG.

4. Wirtschaftlicher Umsatz

Der wirtschaftliche Umsatz umfaßt die wirtschaftliche Leistung des Betriebs zu Verkaufspreisen; das sind
a) in *Handelsbetrieben* die erzielbaren Erlöse für den wirtschaftlichen Wareneinsatz,
b) in *Fertigungsbetrieben* die erzielbaren Erlöse für den wirtschaftlichen Materialeinsatz, den wirtschaftlichen Einsatz an Fertigungslöhnen und den Einsatz an Fremdleistungen unter Verrechnung der Bestände an halbfertigen und fertigen Erzeugnissen zu Verkaufspreisen.

Zur Ermittlung des wirtschaftlichen Umsatzes aus dem Ist- oder Sollumsatz im Sinne des Umsatzsteuergesetzes ist daher erforderlich:
a) alle Faktoren aus dem Ist- oder Sollumsatz auszuscheiden, die nicht Bestandteil des wirtschaftlichen Umsatzes sind,
b) alle Faktoren zum Ist- oder Sollumsatz hinzuzurechnen, die zum wirtschaftlichen Umsatz gehören und im Ist- oder Sollumsatz nicht enthalten sind.

3 Formel zur Ermittlung des wirtschaftlichen Umsatzes:
Istumsatz
+ Forderungen an Warenkunden sowie Bestand an Forderungswechseln und Schecks für Warenlieferungen und sonstige Leistungen am Ende des Jahres
+ Anzahlungen der Warenkunden am Anfang des Jahres

Anhang 7
(zu § 199 AO)
Steuerlichen Betriebsprüfung

- Forderungen an Warenkunden sowie Bestand an Forderungswechseln und Schecks für Warenlieferungen und sonstige Leistungen am Anfang des Jahres
- Anzahlungen der Warenkunden am Ende des Jahres

= Sollumsatz (im Sinne der umsatzsteuerlichen Vorschriften in den §§ 14 und 12 UStG und § 64 UStDB)
+ Bestände an halbfertigen und fertigen Erzeugnissen (in Fertigungsbetrieben) zu Verkaufspreisen am Ende des Jahres
− Bestände an halbfertigen und fertigen Erzeugnissen (in Fertigungsbetrieben) zu Verkaufspreisen am Anfang des Jahres
+ Kundenrabatte und sonstige Zahlungsabzüge der Kunden
+ im laufenden Jahr ausgebuchte Forderungen aus Warenlieferungen und sonstigen Leistungen
− Einnahmen aus in Vorjahren ausgebuchten Forderungen aus Warenlieferungen und sonstigen Leistungen
− Einnahmen aus Hilfsgeschäften
− Wert der Umsätze im Sinne des § 4 Ziff. 12 UStG (soweit im Ist- oder Sollumsatz enthalten)
− Eigenverbrauch
− Einnahmen aus Vermietung und Verpachtung (soweit im Ist- oder Sollumsatz enthalten)
− Einnahmen aus sonstigen Leistungen, die nicht zum wirtschaftlichen Umsatz gehören (z.B. Vermittlertätigkeit, Unterlassen und Dulden einer Handlung oder eines Zustandes)

= wirtschaftlicher Umsatz

Werden nicht steuerbare Lieferungen und Leistungen (z.B. in Zollfreigebieten) ausgeführt, so sind die entsprechenden Vorgänge bei der Ermittlung des wirtschaftlichen Umsatzes zu berücksichtigen.

5. Waren-(Material-)Eingang 4

Der Waren-(Material-)Eingang umfaßt die in das Unternehmen gelangten Güter sowie die damit im Zusammenhang stehenden Nebenkosten. Die Güter müssen zur Bearbeitung, Verarbeitung oder zur Weiterveräußerung bestimmt sein.

Formel zur Ermittlung des Waren-(Material-)Eingangs:

  Zahlungen für Waren (Material)
+ Tausch- und Gegenlieferungen
+ Einkaufsskonti, Umsatzprämien, Treuerabatte usw., soweit diese die Ausgabe für Waren (Material) gemindert haben
+ Waren-(Material-)Schulden am Ende des Jahres
+ Schuldwechsel aus Waren-(Material-)Eingang am Ende des Jahres
+ Anzahlungen an Waren-(Material-)Lieferer am Anfang des Jahres
− Waren-(Material-)Schulden am Anfang des Jahres
− Schuldwechsel aus Waren-(Material-)Eingang am Anfang des Jahres
− Anzahlungen an Waren-(Material-)Lieferer am Ende des Jahres
+ Nebenkosten der Waren-(Material-)Beschaffung, soweit nicht in den Zahlungen für Waren (Material) erfaßt

= Waren-(Material-)Eingang

6. Nebenkosten der Waren-(Material-)Beschaffung 5

Nebenkosten der Waren-(Material-)Beschaffung sind Kosten, die neben dem reinen Waren-(Material-)Preis bis zur Einlagerung anfallen, wie z.B. Frachten, Zölle, Versicherungen, Verbrauchsteuern.

7. Fremdleistungen

Fremdleistungen sind die vom Unternehmen in Anspruch genommenen Dienste anderer Unternehmen einschließlich etwaiger Zulieferungen, soweit diese zur Weiterveräußerung (ggf. nach Be- oder Verarbeitung) bestimmt sind.

8. Wirtschaftlicher Waren-(Material-)Einsatz

Unter wirtschaftlichem Wareneinsatz versteht man den veräußerten Teil des Wareneingangs. Unter wirtschaftlichem Materialeinsatz versteht man den zum Zweck der Veräußerung bearbeiteten oder verarbeiteten Teil des Materialeingangs (einschließlich Fremdleistungen).

Formel zur Ermittlung des wirtschaftlichen Waren-(Material-)Einsatzes (einschließlich Fremdleistungen):

Anhang 7
Steuerlichen Betriebsprüfung (zu § 199 AO)

      Waren-(Material-)Bestand am Anfang des Jahres
+ Waren-(Material-)Eingang
+ Fremdleistungen
− Waren-(Material-)Schulden am Ende des Jahres
− unentgeltliche Waren-(Material-)Abgaben an das Personal
− Eigenverbrauch
− Waren-(Material-)Verbrauch für sonstige betriebliche Zwecke
− Waren-(Material-)Verluste durch Verderb, Bruch u.ä.

= wirtschaftlicher Waren-(Material-)Einsatz (einschließlich Fremdleistungen)

Zu den Materialbeständen am Anfang und am Ende des Jahres gehören nicht die halbfertigen und fertigen Erzeugnisse.

6   **9. Wirtschaftlicher Einsatz an Fertigungslöhnen**

Der wirtschaftliche Einsatz an Fertigungslöhnen ist der Wert der Dienstleistungen für die in der Fertigung eingesetzten Arbeitskräfte.

Formel zur Ermittlung des wirtschaftlichen Einsatzes an Fertigungslöhnen für ein Wirtschaftsjahr:

      Jahresbruttolohn
− Löhne für nicht in der Fertigung tätige Arbeitskräfte
− Erziehungsbeihilfen der Lehrlinge
+ Lohnwert für die Arbeit des Unternehmers in der Fertigung
+ Lohnwerte für die nichtentlohnten oder nicht voll entlohnten Arbeitskräfte in der Fertigung
+ Lohnwerte für die Arbeit der Lehrlinge in der Fertigung

= wirtschaftlicher Einsatz an Fertigungslöhnen

10. Lohn

Lohn ist das Entgelt für die Arbeitsleistung eines Arbeitnehmers.

11. Jahres-Bruttolohn

Der Jahres-Bruttolohn ist die Summe der für das Wirtschaftsjahr in bar und in Sachwerten geleisteten Löhne vor Abzug der Lohnsteuer, der einzuhaltenden Sozialversicherungsbeiträge und der sonstigen Abzüge.

12. Fertigungslohn

Der Fertigungslohn ist die Summe der Werte aller Dienstleistungen, die von betriebseigenen (entlohnten und nichtentlohnten) Arbeitskräften für die Fertigung geleistet worden sind zuzüglich des Lohnwerts für die Arbeitsleistung des Unternehmers in der Fertigung. (Wegen des abweichenden Begriffs der Fertigungslöhne als Teil der Herstellungskosten wird auf Ziff. 21 Buchstabe c hingewiesen.)

13. Lohnwerte

Die Lohnwerte stellen den kalkulatorischen Wert der Arbeitsleistung des Unternehmers, der nichtentlohnten Arbeitskräfte und der Lehrlinge dar.

Bei nicht voll entlohnten Arbeitskräften ist der Lohnwert der über die Entlohnung hinausgehende kalkulatorische Wert der Arbeitsleistung.

7   **14. Wirtschaftlicher Rohgewinn**

Der wirtschaftliche Rohgewinn ist der Unterschiedsbetrag, um den der wirtschaftliche Umsatz
  a) bei Handelsbetrieben den wirtschaftlichen Wareneinsatz übersteigt,
  b) bei Fertigungsbetrieben den wirtschaftlichen Materialeinsatz und den wirtschaftlichen Einsatz an Fertigungslöhnen übersteigt.

8   Formel zur Ermittlung des wirtschaftlichen Rohgewinns:
  a) *in Handelsbetrieben*
      wirtschaftlicher Umsatz
  − wirtschaftlicher Wareneinsatz

= wirtschaftlicher Rohgewinn bei Handelsbetrieben

Anhang 7
(zu § 199 AO) Steuerlichen Betriebsprüfung

b) *in Fertigungsbetrieben*
    wirtschaftlicher Umsatz
− wirtschaftlicher Materialeinsatz
− wirtschaftlicher Einsatz an Fertigungslöhnen

= wirtschaftlicher Rohgewinn bei Fertigungsbetrieben

15. Rohgewinnsatz

Rohgewinnsatz ist die Verhältniszahl des wirtschaftlichen Rohgewinns zum wirtschaftlichen Umsatz.
Formel:

$$\frac{\text{Wirtschaftlicher Rohgewinn} \times 100}{\text{Wirtschaftlicher Umsatz}} = \text{Rohgewinnsatz in v.H.}$$

16. Rohgewinnaufschlagsatz

Der Rohgewinnaufschlagsatz ist die Verhältniszahl des wirtschaftlichen Rohgewinns
a) bei Handelsbetrieben zum wirtschaftlichen Wareneinsatz,
b) bei Fertigungsbetrieben zum wirtschaftlichen Materialeinsatz und wirtschaftlichen Einsatz an Fertigungslöhnen.

Formeln:

a) $\dfrac{\text{Wirtschaftlicher Rohgewinn} \times 100}{\text{Wirtschaftlicher Wareneinsatz}} = $ Rohgewinnaufschlagsatz bei Handelsbetrieben in v.H.

b) $\dfrac{\text{Wirtschaftlicher Rohgewinn} \times 100}{\substack{\text{Wirtschaftlicher Materialeinsatz} \\ \text{und wirtschaftlicher Einsatz an} \\ \text{Fertigungslöhnen}}} = $ Rohgewinnaufschlagsatz bei Fertigungsbetrieben in v.H.

17. Wirtschaftlicher Halbreingewinn

Der wirtschaftliche Halbreingewinn ist
a) *bei Handelsbetrieben*
    der wirtschaftliche Rohgewinn abzüglich der in ihm noch nicht berücksichtigten Betriebsausgaben mit Ausnahme der Gehälter, Löhne, Mieten und der Gewerbesteuer,
b) *bei Fertigungsbetrieben*
    der wirtschaftliche Rohgewinn abzüglich der in ihm noch nicht berücksichtigten Betriebsausgaben mit Ausnahme der Gehälter und Löhne, die nicht in der Fertigung anfallen, der Mieten und der Gewerbesteuer.

18. Halbreingewinnsatz

Der Halbreingewinnsatz ist die Verhältniszahl des wirtschaftlichen Halbreingewinns zum wirtschaftlichen Umsatz.
Formel:

$$\frac{\text{Wirtschaftlicher Halbreingewinn} \times 100}{\text{Wirtschaftlicher Umsatz}} = \text{Halbreingewinnsatz in v.H.}$$

19. Wirtschaftlicher Reingewinn

Der wirtschaftliche Reingewinn ist der wirtschaftliche Halbreingewinn abzüglich der in ihm noch nicht berücksichtigten Betriebsausgaben (s. Ziff. 17).

20. Reingewinnsatz

Der Reingewinnsatz ist die Verhältniszahl des wirtschaftlichen Reingewinns zum wirtschaftlichen Umsatz.
Formel:

$$\frac{\text{Wirtschaftlicher Rohgewinn} \times 100}{\text{Wirtschaftlicher Umsatz}} = \text{Rohgewinnsatz in v.H.}$$

Anhang 7
Steuerlichen Betriebsprüfung (zu § 199 AO)

11   **21. Herstellungskosten im Sinne des § 6 EStG**

Herstellungskosten im Sinne des § 6 EStG sind die Aufwendungen, die durch den Verbrauch von Gütern und die Inanspruchnahme von Diensten für die Herstellung eines Erzeugnisses entstehen.

Sie setzen sich zusammen aus

den Materialkosten,
den Materialgemeinkosten,
den Fertigungskosten (insbesondere den Fertigungslöhnen)
und den notwendigen Fertigungsgemeinkosten.

a) *Materialkosten*

Materialkosten umfassen die Einzelkosten für das Material zuzüglich Bezugskosten (z.B. Eingangsfracht, Rollgeld) abzüglich Skonti, Rabatte, Preisnachlässe und anderer Zahlungsabzüge.

b) *Materialgemeinkosten*

Materialgemeinkosten sind die Kosten, die mit der Lagerung und Wartung des Materials in Zusammenhang stehen.

c) *Fertigungslöhne*

Fertigungslöhne sind alle Brutto-Löhne und -Gehälter der für die Fertigung eingesetzten Arbeitskräfte einschließlich Sonderzulagen, Leistungs- und Abschlußprämien.

(Die in den Ziff. 12 und 13 bezeichneten Lohnwerte bleiben dabei außer Ansatz.)

d) *Fertigungsgemeinkosten*

Fertigungsgemeinkosten sind die im Fertigungsbereich anfallenden Gemeinkosten (Hinweis auf EStR).

12   **II. Allgemeine betriebswirtschaftliche Begriffe unter Berücksichtigung der Grundsätze für das Rechnungswesen und der LSP**

1. Aufgaben eines geordneten Rechnungswesens

Die Aufgaben eines geordneten Rechnungswesens sind bei gleichzeitiger Erfüllung der gesetzlichen Anforderungen insbesondere

a) die zahlenmäßige Festhaltung aller wirtschaftlichen und rechtlichen Vorgänge, soweit sie Veränderungen des Vermögens und des Kapitals herbeiführen,

b) die Feststellung der Aufwendungen, Erträge und Ergebnisse am Ende und während der Wirtschaftsperiode (Jahresabschluß, Zwischenbilanzen, Ergebnisrechnungen),

c) die Ermittlung von Kosten und Leistungen,

d) die Schaffung von Unterlagen, deren Auswertung eine Überwachung der Kosten und Leistungen sowie der Wirtschaftlichkeit ermöglicht und die unternehmerische Disposition erleichtert,

e) die Schaffung von Unterlagen für zwischenbetriebliche Vergleiche,

f) die Schaffung von Unterlagen, die dem Betrieb die Beurteilung seiner Kostenlage im Verhältnis zum Marktpreis ermöglicht,

g) die Schaffung von Unterlagen, die für die Ermittlung von Angebotspreisen dienen können.

2. Zweige des Rechnungswesens

Der Erfüllung vorstehender Aufgaben dienen

a) Buchführung (Zeitabschnittsrechnung),

b) Kosten- und Leistungsrechnung (Betriebsbuchführung, Betriebsabrechnung und Kalkulation),

c) Statistik (Vergleichsrechnung) und

d) Planung (betriebliche Vorschaurechnung).

Diese Zweige des betrieblichen Rechnungswesens haben ihre besonderen Verfahren, ihre eigenen Anwendungsgebiete und ihre besondere Erkenntniskraft. Sie hängen eng zusammen und ergänzen sich. Dies erfordert, daß sie laufend miteinander abgestimmt werden.

13   zu a) *Buchführung (Zeitabschnittsrechnung):*

Die Buchführung hat als Zeitabschnittsrechnung die Aufgabe, Stand und Veränderung des Anlage- und Umlaufvermögens, des Eigen- und Fremdkapitals fortlaufend und systematisch zu verzeichnen und Aufwendungen, Erträge und Ergebnisse zu ermitteln. Sie muß am Jahresende die Aufstellung einer Bilanz und einer Verlust- und Gewinnrechnung ermöglichen.

Die in der Buchführung eingesetzten Werte haben den Charakter von

Einnahmen oder Ausgaben,
von Aufwand oder Ertrag.

Anhang 7
(zu § 199 AO) Steuerlichen Betriebsprüfung

Einnahmen

Die Einnahmen bezeichnen den Gegenwert in Zahlungsmitteln oder Sachen für empfangene Güter oder von Dritten geleistete Dienste, bezogen auf den Zeitpunkt, in dem der Gegenwert vereinnahmt wird.

Ausgaben

Die Ausgaben bezeichnen den Gegenwert in Zahlungsmitteln oder Sachen für empfangene Güter oder von Dritten geleistete Dienste, bezogen auf den Zeitpunkt, in dem der Gegenwert verausgabt wird.

Aufwand

Aufwand sind die dem Rechnungszeitabschnitt zugerechneten Ausgaben. Die Ausgaben eines Zeitabschnitts brauchen mit den Aufwendungen des gleichen Zeitabschnitts zeitlich nicht übereinzustimmen. Bei fehlender zeitlicher Übereinstimmung ist eine Abgrenzung erforderlich.

Die Ausgaben brauchen sich auch sachlich nicht mit dem Aufwand zu decken. Es gibt Aufwendungen, die nicht auf Ausgaben beruhen (z.B. Verzehr unentgeltlich erworbener Kapitalgüter); umgekehrt sind Ausgaben denkbar, die nicht Aufwandscharakter haben (z.B. durchlaufende Posten, Abführung der Lohnsteuer usw.). Die Aufwendungen werden nach Aufwandsarten gegliedert.

Ertrag

Ertrag sind die dem Rechnungszeitabschnitt zugerechneten Einnahmen. Die Einnahmen eines Zeitabschnitts brauchen mit den Erträgen des gleichen Zeitabschnitts zeitlich nicht übereinzustimmen. Bei fehlender zeitlicher Übereinstimmung ist eine Abgrenzung erforderlich. Die Einnahmen brauchen sich auch sachlich nicht mit dem Ertrag zu decken. Es gibt Einnahmen, die niemals Ertrag werden, weil sie nicht durch eine erfolgswirksame Tätigkeit des Betriebs hervorgerufen werden (z.B. zurückerhaltene Pfand- und Hinterlegungsgelder); umgekehrt gibt es Erträge, die nicht zu Einnahmen führen (z.B. Auflösung stiller Reserven). Die Erträge werden nach Ertragsarten gegliedert.

zu b) *Kosten- und Leistungsrechnung (Betriebsbuchführung, Betriebsabrechnung und Kalkulation)* 14

Aufgabe einer geordneten Kosten- und Leistungsrechnung ist die richtige Erfassung und Verrechnung aller Kosten und Leistungen und ihre Zusammenstellung zum Zweck ihrer Auswertung. Dieser Aufgabe dienen die Kostenarten-, Kostenstellen-, Kostenträger-, Leistungs- und Ergebnisrechnung, einschließlich der damit in Zusammenhang stehenden Statistik und Planungsrechnung.

Die Kosten- und Leistungsrechnung kann statistisch in Abstimmung mit der Buchführung, in der Buchführung selbst oder in einer Mischform durchgeführt werden.

Die *Kostenartenrechnung* dient der gegliederten Zusammenstellung der verbrauchten Güter und der in Anspruch genommenen Dienste zur Erfassung und erleichterten Überwachung der für Kostenträger oder Kostenstellen anfallenden und auf sie verrechneten Kosten.

Die *Kostenstellenrechnung* dient vorzugsweise der Kosten- und Leistungsüberwachung der Verantwortungsbereiche (Stoffbereich, Fertigungsbereich, Entwicklungs- und Konstruktionsbereich, Verwaltungsbereich, Vertriebsbereich, allgemeiner Bereich, neutraler Bereich). Darüber hinaus werden mit ihrer Hilfe die nicht unmittelbar je Kostenträger feststellbaren Kosten gesammelt, um sie möglichst entsprechend der Kostenverursachung auf diese weiterzuverrechnen.

Die *Kostenträgerrechnung* dient der Ermittlung der Kosten von noch zu erstellenden oder bereits erstellten Gütern und Diensten.

Die *Leistungsrechnung* stellt die Leistungsmengen und -werte des Zeitabschnitts fest. Sie dient damit

der Leistungsüberwachung,
der Ermittlung der Kosten je Leistungseinheit und der Aufstellung der Betriebsergebnisrechnung.

Die *Betriebsergebnisrechnung* dient der Ermittlung des Betriebsergebnisses durch Gegenüberstellung von Betriebsaufwendungen (Kosten des Zeitabschnitts) und Betriebserträgen (Leistungen des Zeitabschnitts). Neutrale Aufwendungen und Erträge werden gesondert zur Feststellung des neutralen Ergebnisses ausgewiesen.

Kosten 15

Kosten sind Mengen und Werte der für die Leistungserstellung verbrauchten Güter und in Anspruch genommenen Dienste. Keine Kosten sind demnach neutrale Aufwendungen (betriebsfremde Aufwendungen), das Gesamtergebnis betreffende Aufwendungen (z.B. Körperschaftsteuer) und Erlösschmälerungen, die den Charakter von Preisnachlässen haben.

Zum Zweck einer richtigen Kostenermittlung ist eine Abgrenzung der Aufwendungen nach Art und Zeit erforderlich.

Anhang 7
Steuerlichen Betriebsprüfung

(zu § 199 AO)

Selbstkosten

Die Selbstkosten sind diejenigen Kosten, die nach Art und Höhe zur Erstellung von Leistungen entstehen.

Nach den LSP sind bei der Selbstkostenpreisermittlung nur diejenigen Kosten nach Art und Höhe zu berücksichtigen, die bei wirtschaftlicher Betriebsführung zur Erstellung von Leistungen entstehen (LSP Nr. 4 Abs. 2).

Hiernach ist die Leistung mit einem möglichst niedrigen Mengenverbrauch an Stoffen und Gütern sowie mit einer möglichst geringen Inanspruchnahme von Dienstleistungen zu erstellen, d.h. es ist das Prinzip der sparsamen Betriebsführung zu beachten. Nur diejenigen Kosten sind daher als angemessen anzusehen, die nach Art, Menge und Wert unter Berücksichtigung der anwendbaren technischen und wirtschaftlichen Arbeitsverfahren, der Standortbedingungen und des Beschäftigungsgrades für die Leistungserstellung notwendig sind.

Selbstkostenpreis

Der Selbstkostenpreis ist die Summe der ermittelten, der Leistung zuzurechnenden Kosten zuzüglich des kalkulatorischen Gewinns (LSP Nr. 4 Abs. 3).

Die Preise aufgrund von Selbstkosten können ermittelt werden

durch Vorkalkulation als Selbstkostenfestpreise oder Selbstkostenrichtpreise,

durch Nachkalkulation als Selbstkostenerstattungspreise,

durch Vorkalkulation der Kosten einzelner und durch Nachkalkulation der Kosten der übrigen Kalkulationsbereiche (LSP Nr. 6).

16 Bestandteile des Selbstkostenpreises

Fertigungsstoffe

Einsatzstoffe (Grundstoffe und Halbzeuge), Zwischenerzeugnisse und auswärts bezogene Fertigerzeugnisse.

Auswärtige Bearbeitung

Bezug von Zwischenerzeugnissen aus kostenlos beigestellten Stoffen oder Übernahme einzelner Fertigungsvorgänge durch Fremdbetriebe (Lohnarbeiten).

Hilfsstoffe

Hilfsstoffe, die der Fertigung dienen, sind wie Fertigungsstoffe zu behandeln. Aus verrechnungstechnischen Gründen werden sie im allgemeinen innerhalb der Gemeinkosten verrechnet.

Betriebsstoffe

Betriebsstoffe (z.B. Schmier- und Reinigungsmittel, Säuren, Dichtungs- und Isoliermaterial) zählen nicht zu den Fertigungsstoffen. Sie stehen nur in mittelbarem Zusammenhang mit der Unternehmensfunktion und sind deshalb Gemeinkosten.

17 Sonderbetriebsmittel

Alle Arbeitsgeräte, die ausschließlich für die Fertigung des jeweiligen Liefergegenstandes verwendet werden (z.B. Modelle, Gesenke, Schablonen, Schnitte, Sonderwerkzeuge).

Brennstoffe und Energie

Zu Brennstoffen und Energie zählen feste, flüssige und gasförmige Brenn- und Treibstoffe, Dampf, Strom, Preßluft und Preßwasser. Sie werden wie Betriebsstoffe behandelt.

Mengenermittlung

Die verbrauchte Menge ergibt sich aus dem Einsatz je Stoffart einschließlich des normalerweise entfallenden Verarbeitungsabfalls (Verschnitt, Abfall, Schwund). Verwertungsfähige Reststoffe sind durch Reststoffgutschriften zu erfassen.

Einstandspreise

    Bruttoeinkaufspreis
- Rabatte und Preisnachlässe
- Skonti

= Nettoeinkaufspreis
+ Bezugs- und Lieferkosten (Fracht, Porto, Rollgeld, Verpackung usw.)
= Einstandspreis

Anhang 7
(zu § 199 AO) — Steuerlichen Betriebsprüfung

Eigener Vorbetrieb

Ein von dem Hauptbetrieb der Fertigung organisatorisch getrennt und selbständig arbeitender Betrieb, der sich im Gegensatz zur Betriebsabteilung mit selbständigen betrieblichen Fertigungsprogrammen befaßt.

Beistellung von Stoffen

Vom Auftraggeber dem Auftragnehmer zur Herstellung der bestellten Güter oder Leistungen kostenlos zur Verfügung gestellte Stoffe.

Reststoffe

Die bei der Fertigung anfallenden Abfallstoffe, soweit sie verwertbar sind.

Sozialkosten

Sozialkosten werden gegliedert in

gesetzliche Sozialaufwendungen,
tarifliche Sozialaufwendungen,
zusätzliche Sozialaufwendungen zugunsten der Belegschaft.

Nach den LSP dürfen die gesetzlichen und tariflichen Sozialaufwendungen in tatsächlicher Höhe angesetzt werden, die zusätzlichen Sozialaufwendungen dagegen nur, soweit sie nach Art und Höhe betriebs- oder branchenüblich sind und dem Grundsatz wirtschaftlicher Betriebsprüfung entsprechen.

Kalkulierbare Steuern

Kalkulierbare Steuern im Sinne der LSP sind solche Steuern, die als Gemeinkosten verrechenbar sind (z.B. Gewerbesteuer, Vermögensteuer, Grundsteuer, Kraftfahrzeugsteuer, Beförderungsteuer). Die Umsatzsteuer und die auf den Erzeugnissen lastenden Verbrauchsteuern sind als Sonderkosten auszuweisen.

Nicht kalkulierbare Steuern

Nicht kalkulierbare Steuern sind alle Steuern, die nicht Kosten im Sinne der LSP sind (z.B. Einkommensteuer, Körperschaftsteuer, Kirchensteuer, Schenkungsteuer). Ebenso sind die Lastenausgleichsabgaben keine Kosten im Sinne der LSP.

Kalkulatorische Kosten

Die kalkulatorischen Kosten sind die Teile der Gesamtkosten des Betriebs, die aus den Aufwendungen in der Buchführung (Zeitabschnittsrechnung) nicht ohne weiteres abgeleitet werden können. Kalkulatorische Kosten sind insbesondere

die Anlageabschreibungen für die Wertminderung betriebsnotwendiger Anlagegüter,

die Zinsen für die Bereitstellung des betriebsnotwendigen Kapitals und die Einzelwagnisse. Letztere sind die mit der Leistungserstellung in den einzelnen Tätigkeitsgebieten des Betriebes verbundenen Verlustgefahren, die sich aus der Natur des Unternehmens und seiner betrieblichen Tätigkeit ergeben.

Kalkulatorischer Unternehmerlohn

Der kalkulatorische Unternehmerlohn ist für mitarbeitende Inhaber von Personengesellschaften oder Einzelunternehmen oder für die ohne Entgelt mitarbeitenden Familienangehörigen vorgesehen.
Die Verrechnung kann entweder unter den Fertigungslöhnen, unter den Gemeinkosten oder unter den kalkulatorischen Kosten erfolgen (Nummer 22 LSP).

Kalkulatorischer Gewinn

Im kalkulatorischen Gewinn sollen das allgemeine Unternehmerwagnis und die besondere unternehmerische Leistung in wirtschaftlicher, technischer und organisatorischer Hinsicht abgegolten werden.

Einzelkosten

Einzelkosten sind Kosten, die einem bestimmten Kostenträger (Leistungseinheit) unmittelbar zuzurechnen sind.

Gemeinkosten

Gemeinkosten sind Kosten, die für eine Mehrzahl von Kostenträgern entstehen, aber den einzelnen Kostenträgern nicht unmittelbar belastet werden. Sie werden den Kostenträgern als Stellengemeinkosten oder Gruppengemeinkosten belastet.

Anhang 7
Steuerlichen Betriebsprüfung (zu § 199 AO)

Stellengemeinkosten
Stellengemeinkosten sind alle über die Kostenstellen verrechneten Gemeinkosten. Sie werden unmittelbar verrechnet, wenn der Verbrauch abgrenzbar ist, andernfalls werden die Gemeinkosten nach einem Verteilungsschlüssel entsprechend der Kostenverursachung aufgeteilt.

Gruppengemeinkosten (Sondergemeinkosten)
Gruppengemeinkosten sind die für die einzelnen Kostenträgergruppen ermittelten Gemeinkosten. Kostenträgergruppen werden durch Zusammenfassen verschiedener Erzeugnisse mit gleichem Kostenaufbau gebildet.

Herstellkosten im Sinne der Nummer 10 Abs. 5 LSP
Die LSP haben auf eine Festlegung des Begriffsinhalts „Herstellkosten" verzichtet, weil Betriebe mitunter Verrechnungswerte oder Verrechnungspreise zwecks Abrechnung zwischen verschiedenen Zweigwerken, Betriebsteilen oder Kostenstellen bilden, die auch die Verwaltungskosten ganz oder teilweise einschließen. Die Zwischensumme „Herstellkosten" kann deshalb von den Betrieben an der Stelle des nachstehenden Kalkulationsschemas eingeordnet werden, an der sie branchen- oder betriebsüblich gezogen wird.

```
   Fertigungsstoffkosten
 + Fertigungskosten
 + Entwicklungs- und Entwurfskosten
 + Verwaltungskosten
 + Vertriebskosten
 ─────────────────────────────────────
 = Selbstkosten
 + kalk. Gewinn
 ─────────────────────────────────────
 = Selbstkostenpreis
```

21 Leistungen

Leistungen sind Mengen und Werte der in Erfüllung des Betriebszwecks erstellten Güter und Dienste. Keine Leistungen sind demnach neutrale Erträge (betriebsfremde Erträge) und das Gesamtergebnis betreffende Erträge (Erstattungen für gleichartige Aufwendungen früherer Zeitabschnitte).

Innerbetriebliche Leistungen
Hierunter versteht man die Betriebsleistungen, die nicht absatzbestimmt sind, die jedoch dem Betriebszweck und damit der Leistungserstellung dienen.

Arten der Kalkulation zur Preisermittlung aufgrund von Selbstkosten (LSP Nr. 5)
Es sind die folgenden Kalkulationen zu unterscheiden:

nach dem Zeitpunkt der Aufstellung
die Vorkalkulation und
die Nachkalkulation,

nach dem Verfahren
das Divisionsverfahren,
das Zuschlagsverfahren und
Mischformen von Divisions- und Zuschlagsverfahren.

Vorkalkulation
Vorkalkulation ist eine vor der Leistungserstellung liegende Ermittlung der auf die Leistungseinheit bezogenen Kosten, vor allem in Betrieben mit Einzelfertigung als Grundlage für die Preisstellung (Angebotskalkulation).

Nachkalkulation
Nachkalkulation ist eine auf die Leistungseinheit bezogene, aus der Kosten- und Leistungsrechnung abgeleitete Kalkulation, der die für die Leistungserstellung tatsächlich verbrauchten Kosten zugrunde liegen. Sie dient der Überprüfung der Vorkalkulation.

22 Divisionsverfahren

Das Divisionsverfahren wird nach folgenden Formen durchgeführt:
Einfache Divisionskalkulation,
Divisionskalkulation mit Äquivalenzziffern,
Stufendivisionskalkulation.

(zu § 199 AO)

Anhang 7
Steuerlichen Betriebsprüfung

Einfache Divisionskalkulation
Die einfache Divisionskalkulation setzt voraus, daß die Kosten entweder nur einen Kostenträger oder gleichartige Kostenträger in der Massenfabrikation betreffen. Die Summe der Kosten wird durch die Zahl der Kostenträger dividiert.

Divisionskalkulation mit Äquivalenzziffern
Durch Verwendung von Äquivalenzziffern kann die Divisionsrechnung auch für Leistungen mit verwandter Kostengestaltung anwendbar gemacht werden. Die Leistungen werden mit Äquivalenzziffern in einheitliche (addierbare) Leistungen umgerechnet.

Stufendivisionskalkulation
Bei der Stufendivisionskalkulation wird jedes Erzeugnis in den einzelnen Fertigungsstufen abgerechnet. Es werden entweder die Kosten der vorgelagerten Stufen entsprechend dem Verbrauch eingesetzt (Durchwälzmethode), oder es werden auf jeder Stufe die Kosten je Stufenerzeugnis ermittelt (Veredlungsmethode).

Zuschlagsverfahren (Verrechnungssatzverfahren)
Bei diesem Verfahren werden bestimmte Kostenarten unmittelbar je Erzeugnis (Auftrag) oder Erzeugnisgruppe (Sorte) erfaßt (Einzelkosten). Die übrigen nicht unmittelbar je Kostenträger feststellbaren Kostenarten (Gemeinkosten) werden den Kostenträgern als Leistungen der an der Leistungserstellung beteiligten Bereiche oder Stellen mit Hilfe von individuellen *Verrechnungssätzen* zugerechnet. Sind an der Leistungserstellung mehrere Bereiche oder Stellen beteiligt, so werden im allgemeinen mehrere Verrechnungssätze angewendet.

Das Zuschlagsverfahren kennt folgende Formen:
Einfache Zuschlagskalkulation,
Sorten (Serien-)rechnung,
Auftragsrechnung.

Einfache Zuschlagskalkulation
Die einfache Zuschlagskalkulation wird insbesondere dann angewendet, wenn die Herstellung nicht gleichartiger Erzeugnisse in unterschiedlichen Fertigungsmethoden eine Divisionskalkulation nicht ermöglicht.
Die einfache Zuschlagskalkulation erfordert lediglich eine einheitliche und genaue Trennung der als Einzelkosten und Gemeinkosten angesetzten Kostenarten.
Formel für die einfache Zuschlagskalkulation:
Fertigungsstoffe

+ Fertigungslöhne
+ Fertigungsgemeinkosten
+ Sonderkosten

= Herstellkosten
  Herstellkosten
+ Verwaltungs- und Vertriebsgemeinkosten
+ Sonderkosten des Vertriebs (z.B. Umsatzsteuer, Provisionen u.ä.)

= Selbstkosten
+ kalk. Gewinn
= Selbstkostenpreis

Sortenrechnung
Bei der Sortenrechnung sind Kostenträger die in dem Zeitabschnitt von jeder Sorte hergestellten Mengen. Sie wird dann angewendet, wenn die Anzahl der hergestellten Sorten nicht groß ist, die Herstellung in verhältnismäßig kurzer Zeit erfolgt und die im Abrechnungszeitraum hergestellte Leistungsmenge leicht feststellbar ist. Eine Sortenrechnung setzt genaue Aufzeichnungen über Werte und Mengen der Kosten und Leistungen voraus.

Auftragsrechnung
Die Auftragsrechnung kennt keine zeitliche Abgrenzung der Kostenerfassung für die zu kalkulierende Leistung. Kostenträger ist der einzelne, mengenmäßig abgegrenzte Auftrag.

zu c) *Statistik (Vergleichsrechnung)*
Die betriebswirtschaftliche Statistik hat die Betriebskontrolle und die Marktüberwachung zur Aufgabe und erfaßt betriebswirtschaftliche Sachverhalte gleicher Art zahlenmäßig (Kennzahlen), um sie im jeweiligen Einzelinteresse eines Betriebs auszuwerten. Zu ihrer Methode gehören auch der sogenannte äußere und innere Betriebsvergleich.

Anhang 7
Steuerlichen Betriebsprüfung

(zu § 199 AO)

Äußerer Betriebsvergleich
Beim äußeren Betriebsvergleich werden die Verhältniszahlen von Betrieben gleicher Art und gleichen Umfangs miteinander verglichen. Der Vergleich setzt voraus, daß die Verhältniszahlen in den einzelnen Betrieben nach gleichen Gesichtspunkten ermittelt worden sind. Es können nur die Verhältniszahlen eines einheitlichen Vergleichszeitraums gegenübergestellt werden.

Innerer Betriebsvergleich
Der innere Betriebsvergleich ist ein Vergleich von Verhältniszahlen vergleichbarer Positionen verschiedener Zeiträume eines Betriebs.

zu d) *Planung (Betriebliche Vorschaurechnung)*
Die Planung besteht in der Vorrechnung künftiger Kosten und Leistungen. Diese Vorrechnung geht von den bisherigen Kosten und Leistungen je Leistungseinheit aus. Ihre Auswertbarkeit erfordert den möglichst weitgehenden Aufbau auf Mengenvorgaben.

Anhang 8
Vollstreckungsanweisung (VollstrA)

Allgemeine Verwaltungsvorschrift über die Durchführung der Vollstreckung nach der Abgabenordnung
– Vollstreckungsanweisung (VollstrA) –

VollstrA

vom 13. 3. 1980 (BStBl I S. 112),
zuletzt geändert durch die Allgemeine Verwaltungsvorschrift
vom 10. 3. 2011 (BStBl 2011 I S. 238)

Inhaltsübersicht

Erster Teil – Allgemeine Vorschriften
Allgemeines
1 Anwendungsbereich
2 Vollstreckungsbehörden
3 Vollstreckungsschuldner
Vollstreckbarkeit von Verwaltungsakten
4 Vollstreckbarkeit von Verwaltungsakten
Einstellung, Beschränkung, Aufhebung und Unbilligkeit der Vollstreckung
5 Einstellung und Beschränkung der Vollstreckung
6 Aufhebung von Vollstreckungsmaßnahmen
7 Unbilligkeit der Vollstreckung
Vollstreckungsersuchen
8 Amtshilfe
9 Ausführung von Vollstreckungsersuchen
10 Zwischenstaatliche Vollstreckungshilfe
Einwendungen gegen die Vollstreckung, Rechtsbehelfe
11 Einwendungen gegen die Vollstreckung
12 Rechtsbehelfsverfahren
13 Rechte Dritter
Niederschlagung
14 Niederschlagung
15 Entscheidung über die Niederschlagung
16 Anzeige der Niederschlagung
17 Überwachung der Niederschlagung
Vollstreckung gegen juristische Personen des öffentlichen Rechts
18 Vollstreckung gegen juristische Personen des öffentlichen Rechts
Zweiter Teil – Anordnung und Durchführung der Vollstreckung
Allgemeines
19 Voraussetzungen für den Beginn der Vollstreckung
20 Vorbereitung der Vollstreckung
21 Anfechtung außerhalb des Insolvenzverfahrens
22 Anordnung der Vollstreckung
23 Einleitung der Vollstreckung
24 Ausführung der Vollstreckung durch Vollziehungsbeamte
25 Ausführung der Vollstreckung durch die Vollstreckungsstelle
26 Vollstreckungs- und Insolvenzantrag
Vollstreckung gegen Ehegatten, Nießbraucher, Erben, nichtrechtsfähige Personenvereinigungen
27 Vollstreckung gegen Ehegatten
28 Vollstreckung in Nießbrauch an einem Vermögen
29 Vollstreckung in einen Nachlass und gegen Erben; Grundsatz
30 Vollstreckung in den Nachlass vor und nach Annahme der Erbschaft
31 Beschränkung der Haftung des Erben und des Vermächtnisnehmers
32 aufgehoben
33 Vollstreckung gegen eine nichtrechtsfähige Personenvereinigung

Anhang 8
Vollstreckungsanweisung (VollstrA)

Dritter Teil – Vollstreckung in das bewegliche und unbewegliche Vermögen
Vollstreckung in Sachen
34 Vollstreckungsauftrag
35 Vollstreckung in bewegliche Sachen
36 Verwertung gepfändeter Sachen
37 Verwertung gepfändeter Wertpapiere
38 Verwertung von Kostbarkeiten
39 Besondere Verwertung
40 Aussetzung der Verwertung gepfändeter Sachen
Vollstreckung in Forderungen und andere Vermögensrechte
41 Pfändung und Einziehung einer Geldforderung
42 Pfändung und Einziehung eines Herausgabeanspruchs und anderer Vermögensrechte
43 Pfändung einer durch Hypothek gesicherten Forderung
44 Weiteres Verfahren bei der Pfändung von Forderungen
Vollstreckung in das unbewegliche Vermögen
45 Gegenstand und Voraussetzung der Vollstreckung in das unbewegliche Vermögen
46 Verfahren
47 Verfahren in Erbfällen
48 Verfahren bei nachfolgendem Eigentumswechsel
49 Rechtsmittel gegen Entscheidungen des Grundbuchamts und des Vollstreckungsgerichts
50 Behandlung öffentlicher Lasten bei der Zwangsversteigerung oder Zwangsverwaltung
51 Versteigerungstermin
Eidesstattliche Versicherung
52 Eidesstattliche Versicherung
53 Eidesstattliche Versicherung in anderen Fällen
Vierter Teil – Arrest
54 Dinglicher Arrest
55 Vollziehung des Arrestes
56 Persönlicher Sicherheitsarrest
Fünfter Teil – Insolvenzverfahren
57 Verfahrensarten
58 Eröffnungsantrag der Vollstreckungsstelle
59 Kostenvorschuss
60 Steuerforderungen im Insolvenzverfahren
61 Insolvenzplan
62 Gläubigerausschuss
63 Verbraucherinsolvenzverfahren
64 Restschuldbefreiung
Sechster Teil – Löschung, gewerbe- und berufsrechtliche Verfahren, Maßnahmen nach dem Pass- sowie Aufenthaltsgesetz, Abmeldung von Fahrzeugen von Amts wegen
65 Löschung im Handelsregister oder im Genossenschaftsregister
66 Gewerbe- und berufsrechtliche, pass- und ausländerrechtliche Maßnahmen
67 Abmeldung von Fahrzeugen von Amts wegen
Siebenter Teil – Schlussvorschriften
68 Inkrafttreten

Anhang 8
Vollstreckungsanweisung (VollstrA)

Erster Teil – Allgemeine Vorschriften

Allgemeines

1. – Anwendungsbereich

(1) Die Vollstreckungsanweisung gilt für das Vollstreckungsverfahren der Bundes- und Landesfinanzbehörden. In gerichtlichen Vollstreckungsverfahren ist die Vollstreckungsanweisung nicht anzuwenden.

(2) Die Vollstreckungsanweisung gilt namentlich für die Vollstreckung von
1. Steuern einschließlich Zöllen und Abschöpfungen (§ 3 Abs. 1 AO) sowie Steuervergütungen,
2. steuerlichen Nebenleistungen (§ 3 Abs. 4 AO),
3. vom Vollstreckungsschuldner zurückzuzahlenden Beträgen, die ihm ohne rechtlichen Grund erstattet oder vergütet worden sind (§ 37 Abs. 2 AO),
4. Geldbußen (§§ 377 bis 383, § 412 Abs. 2 AO),
5. Ordnungsgeldern und
6. Kosten des Bußgeldverfahrens (§ 412 Abs. 2 AO).

Für die Vollstreckung der in Satz 1 Nr. 4 bis 6 bezeichneten Geldleistungen gelten die Vorschriften der Vollstreckungsanweisung nur, soweit sich aus dem Gesetz nichts anderes ergibt (vgl. §§ 89 bis 104 OWiG i.V.m. § 412 Abs. 2 AO; Artikel 7, 8 und 9 Abs. 2 EGStGB).

(3) Über die Ausführung der Vollstreckung durch Vollziehungsbeamte enthält die allgemeine Verwaltungsvorschrift für Vollziehungsbeamte der Finanzverwaltung (Vollziehungsanweisung) nähere Bestimmungen.

2. – Vollstreckungsbehörden

Vollstreckungsbehörden sind die Finanzämter und die Hauptzollämter (§ 249 Abs. 1 Satz 3 AO).

3. – Vollstreckungsschuldner

(1) Als Vollstreckungsschuldner im Sinne dieser Bestimmungen gilt derjenige, gegen den sich ein Vollstreckungsverfahren tatsächlich richtet, unabhängig davon, ob seine Inanspruchnahme zu Recht erfolgt (§ 253 AO).

(2) Das Vollstreckungsverfahren kann sich auch gegen denjenigen richten, der kraft Gesetzes, zum Beispiel nach den §§ 69 bis 75 der Abgabenordnung, dem § 2382 des Bürgerlichen Gesetzbuches, den §§ 25, 128 des Handelsgesetzbuches oder nach den Einzelsteuergesetzen, für eine Steuer haftet und durch Haftungsbescheid in Anspruch genommen worden ist (§ 191 Abs. 1 AO). Wer sich auf Grund eines Vertrages verpflichtet hat, für die Steuer eines anderen einzustehen, kann nur nach den Vorschriften des bürgerlichen Rechts in Anspruch genommen werden (§ 192 AO).

(3) Vollstreckungsschuldner ist auch derjenige, der kraft Gesetzes verpflichtet ist, die Vollstreckung zu dulden und durch Duldungsbescheid in Anspruch genommen worden ist (§§ 77, 191 Abs. 1 AO); zum Beispiel Ehegatten (Abschnitt 27), Nießbraucher (Abschnitt 28), Erben (Abschnitte 29 bis 31) und Rechtsnachfolger im Sinne des § 323 der Abgabenordnung.

Vollstreckbarkeit von Verwaltungsakten

4. – Vollstreckbarkeit von Verwaltungsakten

Verwaltungsakte können vollstreckt werden, soweit nicht ihre Vollziehung ausgesetzt ist (§ 251 Abs. 1 AO). In Insolvenzverfahren (Abschnitt 57 bis 64) ist § 251 Abs. 2, 3 der Abgabenordnung zu beachten.

Einstellung, Beschränkung, Aufhebung und Unbilligkeit der Vollstreckung

5. – Einstellung und Beschränkung der Vollstreckung

(1) Die Vollstreckung ist nach § 257 der Abgabenordnung einzustellen oder zu beschränken, sobald
1. die Vollstreckbarkeitsvoraussetzung des § 251 Abs. 1 der Abgabenordnung weggefallen ist,
2. der Verwaltungsakt, aus dem vollstreckt wird, aufgehoben wird,
3. der Anspruch auf die Leistung erloschen ist, zum Beispiel durch Zahlung, Aufrechnung, Erlass, Verjährung (§ 47 AO),
4. die Leistung gestundet worden ist (§ 222 AO).

Anhang 8
Vollstreckungsanweisung (VollstrA)

(2) In den Fällen des Absatzes 1 Nr. 2 und 3 sind bereits getroffene Vollstreckungsmaßnahmen aufzuheben. Ist der Verwaltungsakt durch eine gerichtliche Entscheidung aufgehoben worden, so gilt dies nur, soweit die Entscheidung unanfechtbar geworden ist und nicht auf Grund der Entscheidung ein neuer Verwaltungsakt zu erlassen ist. Ist die Leistung gestundet oder die Vollziehung eines angefochtenen Verwaltungsaktes ausgesetzt worden, bleiben die Vollstreckungsmaßnahmen bestehen, soweit nicht ihre Aufhebung ausdrücklich angeordnet oder die Rückwirkung der Aufhebung der Vollziehung verfügt worden ist. Bleiben Vollstreckungsmaßnahmen bestehen, unterbleiben für die Dauer einer Stundung oder Aussetzung der Vollziehung weitere Maßnahmen zur Durchführung der Vollstreckung, wie zum Beispiel die Verwertung gepfändeter Sachen.

(3) Ist die Aufteilung einer Gesamtschuld nach den §§ 268 bis 280 der Abgabenordnung beantragt worden, dürfen Vollstreckungsmaßnahmen, solange über den Antrag durch die für die Steuerfestsetzung zuständige Stelle nicht unanfechtbar entschieden worden ist, nur insoweit durchgeführt werden, als dies zur Sicherung des Anspruchs erforderlich ist. Sicherungsmaßnahmen können gegen jeden der Schuldner wegen des Gesamtanspruchs ergriffen werden. Nach der Aufteilung darf die Vollstreckung nur nach Maßgabe der auf die einzelnen Schuldner entfallenden Beträge durchgeführt werden (§ 278 Abs. 1 AO), soweit nicht nach § 278 Abs. 2 der Abgabenordnung eine weitergehende Inanspruchnahme möglich ist.

(4) Hat der Vollstreckungsschuldner wegen Rückständen, die der Vollstreckungsstelle bereits mitgeteilt worden sind, Stundung (§ 222 AO), Erlass (§ 227 AO) oder Aussetzung der Vollziehung (§ 361 AO, § 69 Abs. 2 FGO) beantragt, soll über die Anträge unverzüglich entschieden werden. Die für die Entscheidung über den Antrag zuständige Stelle soll die Vollstreckungsstelle über das Vorliegen des Antrags unterrichten – soweit der Antrag der Vollstreckungsstelle nicht bereits bekannt ist – und sich zu den Erfolgsaussichten des Antrags äußern. Hat der Vollstreckungsschuldner bei Gericht Antrag auf vorläufigen Rechtsschutz gestellt (§ 69 Abs. 3, § 114 FGO), hat die Vollstreckungsstelle mit dem Gericht wegen des weiteren Vorgehens Verbindung aufzunehmen. Die Vollstreckungsstelle hat sodann zu entscheiden, ob Vollstreckungsmaßnahmen eingeleitet oder bereits begonnene Vollstreckungsverfahren eingestellt, beschränkt oder fortgeführt werden sollen. Das Vollstreckungsverfahren ist einzuleiten oder fortzuführen, wenn die Anträge aussichtslos erscheinen, wenn sie offensichtlich nur den Zweck verfolgen, das Vollstreckungsverfahren hinauszuschieben oder wenn Gefahr im Verzug besteht; Entsprechendes gilt, wenn bei Gericht Antrag auf vorläufigen Rechtsschutz gestellt worden ist (§§ 69, 114 FGO).

6. – Aufhebung von Vollstreckungsmaßnahmen

(1) Soweit nach Abschnitt 5 Abs. 2 bereits getroffene Vollstreckungsmaßnahmen aufzuheben sind, ist im Einzelnen wie folgt zu verfahren:

1. Pfändungen (Sachpfändungen, Pfändungen von Forderungen und anderen Vermögensrechten) sind aufzuheben.
2. Ist dem Vollziehungsbeamten Vollstreckungsauftrag erteilt worden (vgl. Abschnitt 34), ist er anzuweisen, keine weiteren Vollstreckungsmaßnahmen mehr zu ergreifen.
3. Der Antrag auf Eintragung einer Sicherungshypothek (Abschnitte 45 bis 47) ist durch schriftliche Erklärung gegenüber dem Grundbuchamt zurückzunehmen, wenn die Sicherungshypothek noch nicht eingetragen ist (§§ 29, 31 GBO). Ist die Sicherungshypothek bereits eingetragen, bleibt es dem Grundstückseigentümer überlassen, das Grundbuch berichtigen zu lassen. Dem Vollstreckungsschuldner oder einem anderen Berechtigten, zum Beispiel einem Dritten, auf den durch Entrichtung des beizutreibenden Betrages der Anspruch des Gläubigers gemäß §§ 268, 1150 des Bürgerlichen Gesetzbuches übergegangen ist, ist eine Zahlungsbestätigung und löschungsfähige Quittung oder Löschungsbewilligung zu erteilen.
4. Der Antrag auf Zwangsversteigerung oder Zwangsverwaltung (Abschnitte 45 bis 48) ist durch schriftliche Erklärung gegenüber dem Vollstreckungsgericht, durch mündliche Erklärung im Versteigerungstermin (zur Aufnahme in die Sitzungsniederschrift) oder zu Protokoll des Urkundsbeamten des Vollstreckungsgerichts zurückzunehmen. Der Antrag auf Zwangsversteigerung kann bis zur Erteilung des Zuschlags, der Antrag auf Zwangsverwaltung kann jederzeit zurückgenommen werden. Der Insolvenzantrag (Abschnitt 58) ist – im Hinblick auf die Kostenfolge (§ 91a ZPO) – schriftlich gegenüber dem Insolvenzgericht für erledigt zu erklären. Der Insolvenzantrag kann nicht mehr für erledigt erklärt werden, wenn das Gericht den Beschluss über die Eröffnung verkündet, einem Beteiligten zugestellt oder öffentlich bekannt gemacht hat.

(2) Sind die Voraussetzungen für eine Aufhebung oder Beschränkung der Vollstreckung nur zum Teil gegeben, so sind die Vollstreckungsmaßnahmen entsprechend zu beschränken. In den Fällen des Absatzes 1 Nr. 3 ist ein Eintragungsantrag immer zurückzunehmen, wenn der verbleibende Betrag siebenhundertfünfzig Euro nicht übersteigt (vgl. § 866 Abs. 3 ZPO).

Anhang 8
Vollstreckungsanweisung (VollstrA)

7. – Unbilligkeit der Vollstreckung

(1) Soweit im Einzelfall die Vollstreckung unbillig ist, kann die Vollstreckungsbehörde die Vollstreckung über die in den Abschnitten 5, 6 gezogenen Grenzen hinaus einstweilen einstellen, beschränken oder eine Vollstreckungsmaßnahme aufheben (§ 258 AO). Die Entscheidung hierüber ist von der Vollstreckungsbehörde nach pflichtgemäßem Ermessen (§ 5 AO) zu treffen. Die Einstellung oder Beschränkung ist nicht von einem Antrag des Vollstreckungsschuldners abhängig.

(2) Unbilligkeit im Sinne des Absatzes 1 ist anzunehmen, wenn die Vollstreckung oder eine einzelne Vollstreckungsmaßnahme dem Vollstreckungsschuldner einen unangemessenen Nachteil bringen würde, der durch kurzfristiges Zuwarten oder durch eine andere Vollstreckungsmaßnahme vermieden werden könnte. Nachteile, die üblicherweise mit der Vollstreckung oder der einzelnen Vollstreckungsmaßnahme verbunden sind, begründen keine Unbilligkeit.

(3) Bei Maßnahmen nach Absatz 1 Satz 1 sind grundsätzlich Säumniszuschläge weiter zu erheben. Wird die Maßnahme dem Vollstreckungsschuldner mitgeteilt, so ist er hierauf hinzuweisen.

Vollstreckungsersuchen

8. – Amtshilfe

(1) Wird die Ausführung von Vollstreckungsmaßnahmen außerhalb der örtlichen Zuständigkeit der Vollstreckungsbehörde erforderlich, so ist die örtlich zuständige Vollstreckungsbehörde um die Durchführung zu ersuchen. Das Gleiche gilt für Maßnahmen, die nicht Vollstreckungshandlungen sind, aber mit der Vollstreckung im Zusammenhang stehen, zum Beispiel die Vernehmung von Auskunftspersonen. Unberührt bleiben die Vorschriften der §§ 111 bis 115 der Abgabenordnung über die Rechts- und Amtshilfe sowie entsprechende bundes- und landesrechtliche Regelungen, soweit Geldleistungen, die nicht auf Grund von Steuergesetzen gefordert werden, von den Finanzämtern oder Hauptzollämtern als Vollstreckungsbehörden zu vollstrecken sind.

(2) Amtshilfe kommt regelmäßig in Betracht, wenn in bewegliche Sachen außerhalb der örtlichen Zuständigkeit der Vollstreckungsbehörde vollstreckt werden soll. Bei der Vollstreckung in Forderungen, andere Vermögensrechte und in das unbewegliche Vermögen soll um Amtshilfe nur ersucht werden, wenn dies nach Sachlage geboten erscheint.

(3) Bei Gefahr im Verzug kann die Vollstreckungsbehörde auch ohne Ersuchen tätig werden. Die örtlich zuständige Vollstreckungsbehörde ist hiervon unverzüglich zu unterrichten (§ 29 AO).

(4) Das Ersuchen um Amtshilfe soll von der Vollstreckungsbehörde schriftlich gestellt werden. Bei Gefahr im Verzug kann das Ersuchen auch mündlich erfolgen. In diesem Fall ist das Ersuchen jedoch unverzüglich schriftlich zu bestätigen. Das Ersuchen kann auf eine bestimmte genau zu bezeichnende Maßnahme beschränkt werden. Wird das Ersuchen lediglich aus Zweckmäßigkeitsgründen gestellt, ist dies besonders zu begründen. Im Übrigen soll das Ersuchen in Abschnitt 34 Abs. 2 Nr. 1 bis 8 und 11 genannten Angaben enthalten. Die Vollstreckbarkeit des Anspruchs ist zu bestätigen.

(5) Vollstreckungsersuchen der Vollstreckungsbehörden sollen nicht gestellt werden, wenn die Summe der rückständigen Beträge weniger als fünfundzwanzig Euro beträgt.

9. – Ausführung von Vollstreckungsersuchen

(1) Soweit eine Vollstreckungsbehörde auf Ersuchen einer anderen Vollstreckungsbehörde Vollstreckungsmaßnahmen ausführt, tritt sie an die Stelle der anderen Vollstreckungsbehörde. Die ersuchte Vollstreckungsbehörde hat die Vollstreckung im eigenen Namen zu betreiben. Pfändungspfandrechte werden von der Körperschaft erworben, der die ersuchte Vollstreckungsbehörde angehört. Für die Vollstreckbarkeit des Anspruchs bleibt die ersuchende Vollstreckungsbehörde verantwortlich (§ 250 Abs. 1 AO). Sind die Voraussetzungen für eine Einstellung oder Beschränkung der Vollstreckung nach Abschnitt 5 gegeben, ist dies der ersuchten Vollstreckungsbehörde unverzüglich mitzuteilen.

(2) Hält sich die ersuchte Vollstreckungsbehörde für unzuständig oder hält sie die Handlung, um die sie ersucht worden ist, für unzulässig oder unzweckmäßig, teilt sie ihre Bedenken der ersuchenden Vollstreckungsbehörde mit. Kommt zwischen den Vollstreckungsbehörden eine Einigung nicht zustande, entscheidet die Aufsichtsbehörde der ersuchten Vollstreckungsbehörde (§ 250 Abs. 2 AO). Steht zweifelsfrei fest, dass für die Durchführung des Vollstreckungsersuchens eine andere als die ersuchte Vollstreckungsbehörde zuständig ist, ist das Vollstreckungsersuchen an die zuständige Vollstreckungsbehörde weiterzuleiten. Die ersuchende Vollstreckungsbehörde ist über die Abgabe zu unterrichten.

Anhang 8
Vollstreckungsanweisung (VollstrA)

10. – Zwischenstaatliche Vollstreckungshilfe

Die Erledigung zwischenstaatlicher Rechts- und Amtshilfeersuchen ist in § 117 der Abgabenordnung geregelt. Vollstreckungsersuchen anderer Staaten sind nach den Vorschriften der Abgabenordnung zu erledigen, soweit die Voraussetzungen für die Gewährung von Amtshilfe gegeben sind.

Einwendungen gegen die Vollstreckung, Rechtsbehelfe

11. – Einwendungen gegen die Vollstreckung

(1) Die Durchführung der Vollstreckung wird nicht dadurch gehindert, dass der Vollstreckungsschuldner Einwendungen gegen den zu vollstreckenden Verwaltungsakt, zum Beispiel gegen die Steuerfestsetzung erhebt. Einwendungen dieser Art sind außerhalb des Vollstreckungsverfahrens mit den hierfür zugelassenen Rechtsbehelfen zu verfolgen (§ 256 AO).

(2) Bei Einwendungen gegen die Zulässigkeit der Vollstreckung selbst ist die Vollstreckung gegebenenfalls nach Maßgabe des Abschnitts 5 einzustellen oder zu beschränken, wenn die Voraussetzungen hierfür nachgewiesen werden. Kann der Nachweis nicht geführt werden, ist die Vollstreckung in der Regel fortzusetzen. Der Vollstreckungsschuldner kann gegebenenfalls außerhalb des Vollstreckungsverfahrens den Erlass eines Verwaltungsaktes nach § 218 Abs. 2 der Abgabenordnung beantragen.

(3) Absatz 2 gilt entsprechend, wenn der Steuerpflichtige gegen den zu vollstreckenden Anspruch die Aufrechnung erklärt. Die Aufrechnung ist nur zulässig mit unbestrittenen oder rechtskräftig festgestellten fälligen Gegenansprüchen (§ 226 Abs. 3 AO). Das Erfordernis der Kassengleichheit (§ 395 BGB) findet keine Anwendung. Besteht keine Kassengleichheit, ist die Behörde, die den geschuldeten Betrag auszuzahlen hat, um Auskunft zu ersuchen, ob der Anspruch des Steuerpflichtigen unbestritten oder rechtskräftig festgestellt und fällig ist. Will der Steuerpflichtige mit einer noch nicht fälligen, aber in Kürze fällig werdenden Gegenforderung aufrechnen, ist in der Regel zu prüfen, ob die Vollstreckung einstweilen einzustellen oder zu beschränken ist (vgl. Abschnitt 7). Wegen der Aufrechnung gegenüber dem Steuerpflichtigen wird auf Abschnitt 22 Abs. 4 hingewiesen.

(4) Ist die Vollziehung des Verwaltungsaktes gegen Sicherheitsleistung ausgesetzt, ist die Vollstreckung in der Regel erst einzustellen oder zu beschränken, wenn die Leistung der Sicherheit nachgewiesen ist.

12. – Rechtsbehelfsverfahren

(1) Bei Streitigkeiten wegen Vollstreckungsmaßnahmen sind die Rechtsbehelfe der Abgabenordnung und der Finanzgerichtsordnung gegeben, soweit nichts anderes bestimmt ist.

(2) Rechtsbehelf gegen Maßnahmen der Vollstreckung ist vorbehaltlich des Abschnitts 13 der Einspruch (§ 347 AO). Er ist unzulässig vor Beginn und nach Beendigung der Vollstreckungsmaßnahme, gegen die er sich richtet. Auf die Bestimmungen der Abschnitte 22 Abs. 5 und 34 Abs. 5 Satz 2 wird hingewiesen.

(3) Zur Einlegung des Einspruchs ist nur befugt, wer geltend macht, durch eine Vollstreckungsmaßnahme beschwert zu sein. Durch Einlegung des Einspruchs wird die Vollstreckung vorbehaltlich des Abschnitts 52 Abs. 3 Satz 1 Nr. 2 nicht gehemmt.

13. – Rechte Dritter

(1) Über Einwendungen Dritter nach §§ 262, 293 der Abgabenordnung hat die Vollstreckungsstelle unverzüglich zu entscheiden. Gibt die Vollstreckung den Einwendungen nicht statt, soll sie auf die Möglichkeit der Klage vor den ordentlichen Gerichten hinweisen.

(2) Für die Klage ist ausschließlich das ordentliche Gericht zuständig, in dessen Bezirk die Vollstreckung erfolgt (§ 262 Abs. 3 AO). Bei der Pfändung einer Forderung oder eines sonstigen Vermögensrechts richtet sich die Zuständigkeit nach dem Sitz der pfändenden Vollstreckungsbehörde. Bei der Vollstreckung in das unbewegliche Vermögen ist das Gericht der belegenen Sache zuständig.

(3) Die Vollstreckung wird durch Einwendungen und durch Klage nach Absatz 1 und 2 nicht gehemmt. Das Prozessgericht kann die Einstellung der Vollstreckung und die Aufhebung von Vollstreckungsmaßnahmen nach §§ 769, 770 der Zivilprozessordnung einstweilig anordnen (§ 262 Abs. 2 AO).

(4) Besteht das Recht des Dritten in einem Pfand- oder Vorzugsrecht an einer Sache, die nicht in seinem Besitz ist, kann er der Pfändung nicht widersprechen, sondern er lediglich vorzugsweise Befriedigung verlangen (§ 293 AO). Macht der Pfandberechtigte sein Recht gegenüber der Vollstreckungsstelle geltend, ist entsprechend Absatz 1 zu verfahren. Die Vollstreckung ist auch dann fortzusetzen, wenn der Dritte seinen Anspruch auf vorzugsweise Befriedigung im Wege der Klage

geltend macht. Für die Klage auf vorzugsweise Befriedigung ist das ordentliche Gericht zuständig, in dessen Bezirk gepfändet worden ist (§ 293 Abs. 2 AO).

Niederschlagung

14. – Niederschlagung

(1) Ansprüche aus dem Steuerschuldverhältnis (§ 37 AO) sollen niedergeschlagen werden, wenn feststeht, dass die Einziehung keinen Erfolg haben wird, oder wenn die Kosten der Einziehung außer Verhältnis zu dem Betrag stehen (§ 261 AO). Dies gilt auch für Ordnungsgelder sowie für Kosten auf Grund von Bescheiden der Finanzbehörden im Bußgeldverfahren (§ 412 Abs. 2, 3 AO).

(2) Die Niederschlagung ist eine verwaltungsinterne Maßnahme der Vollstreckungsbehörde; sie führt nicht zum Erlöschen der Ansprüche. Bis zum Erlöschen des Anspruchs (§ 47 AO) ist seine jederzeitige Geltendmachung möglich.

(3) Die Niederschlagung soll dem Vollstreckungsschuldner nicht mitgeteilt werden. Wird sie dennoch mitgeteilt, soll zum Ausdruck gebracht werden, dass die Niederschlagung nicht die Wirkung einer Stundung oder eines Erlasses hat.

15. – Entscheidung über die Niederschlagung

(1) Ob die Kosten der Einziehung außer Verhältnis zum niederzuschlagenden Betrag stehen, ist nach den Verhältnissen des Einzelfalles zu entscheiden. Im Regelfall kann davon ausgegangen werden, dass die Kosten der Einziehung außer Verhältnis zu dem geschuldeten Betrag stehen, wenn

1. die Summe der rückständigen Beträge weniger als fünfundzwanzig Euro beträgt, es sei denn, der Vollstreckungsauftrag kann zusammen mit Vollstreckungsaufträgen gegen andere Vollstreckungsschuldner ohne übermäßigen Zeitaufwand ausgeführt werden,
2. die Summe der rückständigen Beträge weniger als zweihundertfünfzig Euro beträgt, die Vollstreckung in das bewegliche Vermögen durch den Vollziehungsbeamten erfolglos verlaufen ist und andere Vollstreckungsmöglichkeiten, zum Beispiel Lohn- oder Kontenpfändungen, auch nach Auswertung der Steuerakten, nicht ersichtlich sind,
3. die Summe der rückständigen Beträge weniger als zweihundertfünfzig Euro beträgt, der Vollstreckungsschuldner aber unbekannt verzogen ist, Aufenthaltsermittlungen bei den zuständigen Behörden erfolglos verlaufen sind und im Übrigen auch keine Vollstreckungsmöglichkeiten nach Nummer 2 bestehen.

(2) Erkennt die Vollstreckungsbehörde, dass die Einziehung keinen Erfolg haben wird, zum Beispiel wegen Zahlungsunfähigkeit des Vollstreckungsschuldners oder weil der Vollstreckungsschuldner unbekannt verzogen ist und Aufenthaltsermittlungen erfolglos geblieben sind, soll die Prüfung, ob andere Personen den rückständigen Betrag schulden oder dafür haften, möglichst frühzeitig veranlasst werden. Die Niederschlagung ist erst zu verfügen, wenn feststeht, dass die rückständigen Beträge weder vom Vollstreckungsschuldner noch von einem Dritten eingezogen werden können. Nach der Eröffnung eines Verfahrens nach der Insolvenzordnung sind Abgabenforderungen, soweit es sich um Insolvenzforderungen handelt, mit Überwachung niederzuschlagen; die Prüfung der Inanspruchnahme Dritter bleibt unberührt.

(3) Die Niederschlagung bedarf der Genehmigung der vorgesetzten Finanzbehörde, wenn der niedergeschlagene Betrag die von den obersten Finanzbehörden festgesetzte Grenze überschreitet oder die Genehmigung aus sonstigen Gründen der vorgesetzten Finanzbehörde vorbehalten ist. Der Genehmigungsvorbehalt gilt nicht für Niederschlagungen im Sinne des Absatzes 2 Satz 3.

(4) Der Grund für die Niederschlagung ist festzuhalten.

16. – Anzeige der Niederschlagung

Die Vollstreckungsstelle hat die Kasse, bei der die niedergeschlagenen Beträge zum Soll stehen, von der Niederschlagung zu unterrichten. Im automatisierten Verfahren ist die Niederschlagung der Datenerfassungsstelle zur Datenerfassung mitzuteilen; diese Mitteilung entfällt, wenn der Rückstand in einem vereinfachten maschinellen Verfahren niedergeschlagen worden ist. Die Veranlagungs- oder Festsetzungsstelle ist mit Ausnahme der Fälle des Abschnitts 15 Abs. 1 Satz 2 ebenfalls über die Niederschlagung in Kenntnis zu setzen. Im Bereich der Zollverwaltung gilt die in Satz 3 enthaltene Ausnahmeregelung grundsätzlich nicht.

17. – Überwachung der Niederschlagung

(1) In Fällen der Niederschlagung wegen mangelnder Erfolgsaussicht der Vollstreckung hat die Vollstreckungsstelle – insbesondere bei größeren Rückständen – stichprobenweise vor dem Eintritt der Verjährung die Vermögens- und Einkommensverhältnisse des Vollstreckungsschuldners zu

prüfen (Abschnitt 20 Abs. 2), gegebenenfalls die Verjährung durch Maßnahmen nach § 231 der Abgabenordnung zu unterbrechen und die Vollstreckung fortzusetzen. Das Ergebnis der Prüfung ist in geeigneter Form festzuhalten. Auf eine Überwachung kann verzichtet werden, sobald feststeht, dass mit einer künftigen Realisierung der Ansprüche mit Sicherheit nicht mehr zu rechnen ist, z.b. im Falle des Nachlassinsolvenzverfahrens oder der aufgelösten Gesellschaft ohne Haftungsschuldner.

(2) Zahlungen auf niedergeschlagene Rückstände sollen auf der Rückstandsanzeige oder auf der Niederschlagungsverfügung vermerkt werden, sofern ihre Berücksichtigung nicht in anderer Form sichergestellt ist.

18. – Vollstreckung gegen juristische Personen des öffentlichen Rechts

(1) Gegen den Bund oder ein Land ist die Vollstreckung nicht zulässig (§ 255 Abs. 1 Satz 1 AO).

(2) Gegen juristische Personen des öffentlichen Rechts, die der Staatsaufsicht unterliegen, zum Beispiel Gemeinden, Gemeindeverbände, Handels- und Handwerkskammern und Sozialversicherungsträger, ist die Vollstreckung nur mit Zustimmung der Aufsichtsbehörde des Vollstreckungsschuldners zulässig. Die Aufsichtsbehörde bestimmt den Zeitpunkt der Vollstreckung und die Vermögensgegenstände, in die vollstreckt werden kann (§ 255 Abs. 1 Satz 2 und 3 AO).

(3) Ist der Vollstreckungsstelle ein Rückstand angezeigt worden, der von einem der in Absatz 1 und Absatz 2 Satz 1 genannten Schuldner zu entrichten ist, wendet sich die Vollstreckungsstelle zunächst an die Stelle, der es obliegt, zur Zahlung des Rückstands Anweisung zu erteilen. Wird dabei kein Einvernehmen erreicht, berichtet die Vollstreckungsstelle hierüber der vorgesetzten Finanzbehörde. Diese versucht sodann, gegebenenfalls durch Einschaltung der obersten Finanzbehörde, zu einer Regelung der Angelegenheit zu gelangen.

(4) Gegenüber öffentlich-rechtlichen Kreditinstituten gelten die Beschränkungen der Absätze 2 und 3 nicht (§ 255 Abs. 2 AO).

Zweiter Teil – Anordnung und Durchführung der Vollstreckung

Allgemeines

19. – Voraussetzungen für den Beginn der Vollstreckung

(1) Soweit nichts anderes bestimmt ist, darf die Vollstreckung nach § 254 Abs. 1 der Abgabenordnung erst beginnen, wenn die Leistung fällig ist, der Vollstreckungsschuldner zur Leistung aufgefordert worden (Leistungsangebot) und seit der Aufforderung mindestens eine Woche verstrichen ist. Der Erlass des Leistungsgebotes ist keine Maßnahme der Vollstreckung; es wird regelmäßig mit dem zu vollstreckenden Verwaltungsakt verbunden. Ein besonderes Leistungsgebot ist jedoch dann erforderlich, wenn der Verwaltungsakt gegen den Rechtsnachfolger wirkt, ohne ihm bekannt gegeben zu sein (§ 254 i.V.m. § 45 AO); dies gilt nicht im Fall der Vollstreckung nach Abschnitt 30 Abs. 2. Hat der Vollstreckungsschuldner eine von ihm auf Grund einer Steueranmeldung geschuldete Leistung nicht erbracht, ist weder ein Leistungsgebot noch die Einhaltung der Wochenfrist erforderlich.

(2) Ein Leistungsgebot wegen der Säumniszuschläge, Zinsen und Vollstreckungskosten ist nicht erforderlich, wenn sie zusammen mit dem Hauptanspruch beigetrieben werden (§ 254 Abs. 2 AO).

(3) Vollstreckungsmaßnahmen sind nicht deshalb unzulässig, weil eine nach § 259 der Abgabenordnung gebotene Mahnung unterblieben oder vor Ablauf der Mahnfrist mit der Vollstreckung begonnen worden ist.

20. – Vorbereitung der Vollstreckung

(1) Nach Eingang der Rückstandsanzeige prüft die Vollstreckungsstelle, ob und welche Vollstreckungsmaßnahmen ergriffen werden sollen.

(2) Zur Vorbereitung der Vollstreckung können die Finanzbehörden die Vermögens- und Einkommensverhältnisse des Vollstreckungsschuldners ermitteln (§ 249 Abs. 2 Satz 1 AO); §§ 85 bis 107 und §§ 111 bis 117 der Abgabenordnung sind insoweit anwendbar. Unter den Voraussetzungen des § 93 der Abgabenordnung können auch Dritte und Vorlagepflichtige zur Auskunft herangezogen werden. Zur Ermittlung der Vermögens- und Einkommensverhältnisse kann die Vollstreckungsstelle auch die Durchführung einer Außenprüfung anregen (§§ 193 bis 203 AO) oder gegebenenfalls die Steuerfahndung oder Zollfahndung um Mitwirkung ersuchen (§ 208 Abs. 2 Nr. 1 AO).

(3) Werden nichtsteuerliche Geldleistungen vollstreckt, darf die Finanzbehörde alle ihr bekannt gewordenen und nach § 30 der Abgabenordnung geschützten Daten verwenden (§ 249 Abs. 2 Satz 2 AO). Soweit die Finanzbehörde zur Vorbereitung der Vollstreckung Ermittlungen auf Grund außersteuerlicher Rechtsvorschriften durchführt, stehen ihr die Ermittlungsbefugnisse nach Absatz 2 nicht zur Verfügung.

(4) Die Vollstreckung soll nicht versucht werden, wenn sie nach den Vermögens- und Einkommensverhältnissen des Vollstreckungsschuldners aussichtslos erscheint. Die Vollstreckungsstelle kann in geeigneten Fällen vom Vollstreckungsschuldner die Vorlage eines Vermögensverzeichnisses verlangen.

21. – Anfechtung außerhalb des Insolvenzverfahrens

(1) Erlangt die Finanzbehörde Kenntnis von Vermögensübertragungen durch den Steuerpflichtigen auf Dritte, so ist die Anfechtung der zugrunde liegenden Rechtshandlungen nach dem Gesetz über die Anfechtung von Rechtshandlungen eines Schuldners außerhalb des Insolvenzverfahrens (AnfG) zu prüfen. Bestehen keine fälligen Ansprüche, ist zu prüfen, ob Leistungsgebote als Voraussetzung für das Anfechtungsverfahren zu erlassen sind.

(2) Die Anfechtung wegen Ansprüchen aus dem Steuerschuldverhältnis erfolgt durch Duldungsbescheid (§ 191 AO in Verbindung mit den Vorschriften des Anfechtungsgesetzes), soweit sie nicht einredeweise (§ 9 AnfG) geltend zu machen ist. Durch Duldungsbescheid kann auch Wertersatz gefordert werden (Hinweise auf §§ 812 ff. BGB), wenn der Dritte nicht in der Lage ist, der Vollstreckungsbehörde den erhaltenen Gegenstand zur Verfügung zu stellen.

22. – Anordnung der Vollstreckung

(1) Vor Anordnung der Vollstreckung hat die Vollstreckungsstelle, soweit dies nach dem Inhalt der Rückstandsanzeige oder des der Vollstreckungsstelle zugeleiteten Leistungsgebotes möglich ist, zu prüfen,
1. ob dem Vollstreckungsschuldner das Leistungsgebot bekannt gegeben und seit der Bekanntgabe mindestens eine Woche verstrichen ist,
2. ob die Leistung fällig und
3. ob der Vollstreckungsschuldner gemahnt oder vor Eintritt der Fälligkeit an die Zahlung erinnert worden ist.

Bei der Vollstreckung von Geldbußen und Kosten des Bußgeldverfahrens (Abschnitt 1 Abs. 2 Nr. 4 und 6) ist außerdem zu prüfen, ob die Rechtskraft eingetreten ist. Führt die Prüfung zu Beanstandungen, hat sich die Vollstreckungsstelle mit der Kasse oder der für den Erlass des Leistungsgebotes zuständigen Stelle (Veranlagungsstelle, Festsetzungsstelle) in Verbindung zu setzen.

(2) Stellt die Vollstreckungsstelle fest, dass ein nach Abschnitt 19 erforderliches Leistungsgebot dem Vollstreckungsschuldner nicht bekannt gegeben worden ist, holt sie die Bekanntgabe nach oder ersucht die Veranlagungs- oder Festsetzungsstelle um Bekanntgabe des Leistungsgebots. Ist die Mahnung unterblieben, soll die Vollstreckungsstelle sie nachholen, wenn zu erwarten ist, dass sich dadurch Vollstreckungsmaßnahmen erübrigen.

(3) Ergibt die Prüfung nach Absatz 1, dass die Voraussetzungen für den Beginn der Vollstreckung gegeben sind, ordnet die Vollstreckungsstelle die Vollstreckung durch Erlass der Pfändungsverfügung, Erteilung des Vollstreckungsauftrages oder Einleitung sonstiger Vollstreckungsmaßnahmen an. Eine besondere Anordnungsverfügung wird in der Regel nicht erlassen.

(4) Die Vollstreckung soll nicht angeordnet werden, wenn mit der zu vollstreckenden Forderung gegen Ansprüche des Vollstreckungsschuldners aufgerechnet werden kann; der Grundsatz der Kassengleichheit (§ 395 BGB) und das Erfordernis des Unbestrittenseins oder der rechtskräftigen Feststellung der Forderung des Vollstreckungsschuldners gilt insoweit nicht. Gegen Ansprüche des Vollstreckungsschuldners, die von der Kasse einer anderen Finanzbehörde oder von einer anderen öffentlichen Kasse zu begleichen sind, soll eine Aufrechnung nur erklärt werden, wenn die Kasse, den geschuldeten Betrag auszuzahlen hat, nicht mit eigenen Gegenforderungen aufrechnen kann. Die Aufrechnung ist schriftlich zu erklären. In der Aufrechnungserklärung sind die Ansprüche, die gegeneinander aufgerechnet werden, nach Grund und Betrag genau zu bezeichnen. Je eine Ausfertigung der Aufrechnungserklärung ist dem Vollstreckungsschuldner und den beteiligten Kassen zu übersenden.

(5) Die Anordnung der Vollstreckung ist eine verwaltungsinterne – nicht anfechtbare – Maßnahme, die dem Vollstreckungsschuldner nicht bekannt gegeben wird. Die Vollstreckungsstelle kann jedoch aus Gründen der Zweckmäßigkeit dem Vollstreckungsschuldner ankündigen, dass demnächst Vollstreckungsmaßnahmen ergriffen werden, wenn damit zu rechnen ist, dass er daraufhin leisten wird; auch gegen diese Ankündigung ist kein förmlicher Rechtsbehelf gegeben.

23. – Einleitung der Vollstreckung

(1) Mit Einleitung der Vollstreckung hat die Vollstreckungsstelle zu entscheiden, welche Maßnahmen ergriffen werden sollen. In Betracht kommen folgende Möglichkeiten:
1. Die Vollstreckungsstelle führt die Vollstreckung selbst aus (Abschnitt 25; zum Beispiel Vollstreckung in Forderungen und andere Vermögensrechte).

Anhang 8
Vollstreckungsanweisung (VollstrA)

    2. Die Vollstreckungsstelle beauftragt den Vollziehungsbeamten, die Vollstreckung auszuführen (Abschnitte 24, 34; zum Beispiel Vollstreckung in bewegliche Sachen).

    3. Die Vollstreckungsstelle stellt beim Amtsgericht als Vollstreckungs- oder Insolvenzgericht oder beim Grundbuchamt den Antrag, Vollstreckungsmaßnahmen zu ergreifen (Abschnitte 26, 45 bis 51, 58; zum Beispiel Antrag auf Zwangsversteigerung, Zwangsverwaltung oder Eintragung einer Sicherungshypothek).

    4. Die Vollstreckungsstelle macht den Anspruch des Vollstreckungsgläubigers in einem Insolvenzverfahren geltend (Abschnitte 57 ff.; zum Beispiel durch Anmeldung beim Insolvenzverwalter).

    5. Die Vollstreckungsstelle ersucht eine andere Behörde, die Vollstreckung auszuführen (Abschnitte 8 bis 10; zum Beispiel Vollstreckung im Bezirk einer anderen Vollstreckungsbehörde).

    6. Die Vollstreckungsstelle nimmt einen Dritten nach dem Anfechtungsgesetz in Anspruch (Abschnitt 21; zum Beispiel auf Grund eines Duldungsbescheides, § 191 AO i.V.m. den Vorschriften des Anfechtungsgesetzes).

(2) Soweit die Zulässigkeit einzelner Vollstreckungsmaßnahmen nicht durch besondere Bestimmungen (Abschnitt 45 Abs. 3 Satz 1 und Abs. 4, Abschnitt 60 Abs. 1) eingeschränkt ist, entscheidet die Vollstreckungsstelle nach pflichtgemäßem Ermessen über die zu treffenden Vollstreckungsmaßnahmen. In erster Linie sollen solche Vollstreckungsmaßnahmen ergriffen werden, von denen nach den besonderen Umständen des Falles bei angemessener Berücksichtigung der Belange des Vollstreckungsschuldners am schnellsten und sichersten ein Erfolg zu erwarten ist. Die beabsichtigte Vollstreckungsmaßnahme muss in angemessenem Verhältnis zu dem erstrebten Erfolg stehen; die Höhe der Forderung den mit ihr verbundenen Verwaltungsaufwand rechtfertigen.

(3) Mehrere Vollstreckungsmaßnahmen können gleichzeitig ergriffen werden, wenn es zur Deckung der Rückstände einschließlich der Kosten der Vollstreckung erforderlich ist. Besteht für den Anspruch des Vollstreckungsgläubigers ein Pfandrecht an einer beweglichen Sache des Vollstreckungsschuldners und hat der Vollstreckungsgläubiger das Pfand im Besitz (im unmittelbaren oder mittelbaren Besitz, im Alleinbesitz oder Mitbesitz), soll in das übrige Vermögen des Vollstreckungsschuldners oder in das Vermögen eines anderen Gesamtschuldners insoweit nicht vollstreckt werden, als der Anspruch des Vollstreckungsgläubigers durch den Wert des Pfandes gedeckt ist. Haftet das Pfand noch für andere Ansprüche des Vollstreckungsgläubigers, gilt Satz 2 insoweit, als die anderen Ansprüche durch den Wert des Pfandes gedeckt sind. Außer einer derartigen Überpfändung ist auch jede andere Übersicherung, zum Beispiel durch Sicherungsübereignung, zu vermeiden. Sätze 2 und 3 gelten nicht im Rahmen der Sachhaftung nach § 76 der Abgabenordnung. Inhaberpapiere und Orderpapiere gelten als bewegliche Sachen im Sinne der Sätze 2 und 3.

(4) Führen Vollstreckungsmaßnahmen nicht zum Erfolg oder erscheinen sie aussichtslos, ist zu prüfen, ob die Löschung im Handels- oder Genossenschaftsregister (Abschnitt 65), ein gewerbe- und berufsrechtliches Untersagungsverfahren, eine Maßnahme nach dem Pass- oder Aufenthaltsgesetz (Abschnitt 66) oder eine Abmeldung von Fahrzeugen von Amts wegen (Abschnitt 67) in Betracht kommt.

24. – Ausführung der Vollstreckung durch Vollziehungsbeamte

(1) Mit der Ausführung der Vollstreckung kann die Vollstreckungsstelle einen Vollziehungsbeamten insbesondere in folgenden Fällen beauftragen:

    1. Vollstreckung in bewegliche Sachen einschließlich der auf den Inhaber oder auf Namen lautenden Wertpapiere sowie der vom Boden noch nicht getrennten Früchte (§§ 285 bis 308 AO),

    2. Pfändung von Forderungen aus Wechseln und anderen Papieren, die durch Indossament übertragen werden können, zum Beispiel Wechsel, kaufmännische Orderpapiere (§ 312 AO),

    3. Vollstreckung zur Herausgabe von Sachen (§ 310 Abs. 1 Satz 2, § 315 Abs. 2 Satz 2, § 321 Abs. 4 zweiter Halbsatz AO),

    4. Entgegennahme und Verwertung von Sachen in den Fällen des § 318 Abs. 2 der Abgabenordnung,

    5. Verwertung von Forderungen und anderen Vermögensrechten in den Fällen des § 317 der Abgabenordnung.

(2) Ein Vollziehungsbeamter kann auch beauftragt werden, zur Feststellung von Forderungen und anderen Vermögensrechten in die Geschäftsbücher Einsicht zu nehmen.

(3) Vollziehungsbeamte im Sinne des Absatzes 1 sind Amtsträger, die zur Ausführung von Vollstreckungsmaßnahmen ständig eingesetzt oder mit der Ausführung solcher Vollstreckungsmaßnahmen in Einzelfällen beauftragt worden sind.

25. – Ausführung der Vollstreckung durch die Vollstreckungsstelle

Der Vollstreckungsstelle obliegen namentlich folgende Maßnahmen:
1. Pfändung und Einziehung von Forderungen und anderen Vermögensrechten (Abschnitte 41 bis 44); dies gilt nicht, soweit die Vollstreckung in Forderungen, die in Wertpapieren verbrieft sind, durch den Vollziehungsbeamten auszuführen ist (Abschnitt 24 Abs. 1 Nr. 1, 2),
2. Antrag auf Eintragung einer Sicherungshypothek, auf Zwangsverwaltung oder Zwangsversteigerung (Abschnitte 45 bis 51),
3. Abnahme der eidesstattlichen Versicherung (Abschnitte 52, 53),
4. Anmeldung von Steuerforderungen im Insolvenzverfahren (Abschnitt 60, 63),
5. Antrag auf Eröffnung des Insolvenzverfahrens (Abschnitt 58).

26. – Vollstreckungs- und Insolvenzantrag

(1) Die Vollstreckungsstelle stellt bei der zuständigen Stelle die erforderlichen Anträge, wenn
1. in das unbewegliche Vermögen vollstreckt (§ 322 AO) oder
2. über das Vermögen des Vollstreckungsschuldners das Insolvenzverfahren eröffnet

werden soll. Zuständig für die Entgegennahme von Anträgen auf Zwangsversteigerung, Zwangsverwaltung oder die Eröffnung des Insolvenzverfahrens ist das zuständige Amtsgericht als Vollstreckungs- oder Insolvenzgericht, für die Entgegennahme von Anträgen auf Eintragung einer Sicherungshypothek das zuständige Grundbuchamt.

(2) Der Antrag ist schriftlich zu stellen. Er soll die in Abschnitt 34 Abs. 2 Nr. 1 bis 7 und 11 erster Halbsatz bezeichneten Angaben enthalten. Bei der Vollstreckung in das unbewegliche Vermögen ist zu bestätigen, dass die gesetzlichen Voraussetzungen für die Vollstreckung vorliegen (§ 322 Abs. 3 Satz 2 AO).

(3) Die Frage, ob der zu vollstreckende Anspruch besteht und vollstreckbar ist, unterliegt nicht der Beurteilung der in Absatz 1 Satz 2 genannten Stellen (vgl. § 322 Abs. 3 Satz 3 AO).

(4) Ein Antrag im vorstehenden Sinne liegt nicht vor, wenn die in Absatz 1 Satz 2 genannten Stellen um Mitwirkung bei Vollstreckungsmaßnahmen ersucht werden. Dies gilt namentlich für Ersuchen um
1. Eintragung in das Grundbuch, wenn die Vollstreckungsstelle eine Forderung, für die eine Hypothek besteht, oder eine Grundschuld, eine Rentenschuld oder eine Reallast pfändet (§ 310 Abs. 1 Satz 3, § 321 Abs. 6 AO, §§ 29, 30 GBO),
2. Bestellung eines Treuhänders in den Fällen des § 318 Abs. 3 der Abgabenordnung,
3. Einleitung des gerichtlichen Verteilungsverfahrens (§ 308 Abs. 4, § 320 AO),
4. Berichtigung des Grundbuchs (vgl. Abschnitt 46 Abs. 2 Satz 2 und Abs. 3 Satz 1).

Ersuchen der in Nummern 1 und 4 bezeichneten Art sind an das Grundbuchamt und Ersuchen der in Nummern 2 und 3 genannten Art sind an das Amtsgericht als Vollstreckungsgericht zu richten.

Vollstreckung gegen Ehegatten, Nießbraucher, Erben, nichtrechtsfähige Personenvereinigungen

27. – Vollstreckung gegen Ehegatten

(1) Für die Vollstreckung gegen Ehegatten sind die Vorschriften der §§ 739, 740, 741, 743, 744a und 745 der Zivilprozessordnung entsprechend anzuwenden (§ 263 AO).

(2) Zugunsten der Gläubiger eines Ehegatten wird vermutet, dass die im Besitz eines oder beider Ehegatten befindlichen beweglichen Sachen dem Schuldner gehören (§ 1362 BGB). Soweit die Eigentumsvermutung nach § 1362 des Bürgerlichen Gesetzbuches reicht, gilt, unbeschadet der Rechte Dritter, für die Durchführung der Vollstreckung nur der Schuldner als Gewahrsamsinhaber und Besitzer (§ 739 ZPO). Bei ausschließlich zum persönlichen Gebrauch eines Ehegatten bestimmten Sachen wird im Verhältnis der Ehegatten zueinander und zu den Gläubigern vermutet, dass sie dem Ehegatten gehören, für dessen Gebrauch sie bestimmt sind. Leben die Ehegatten getrennt, so gilt die Eigentumsvermutung nicht hinsichtlich der Sachen, die sich im Besitz des Ehegatten befinden, der nicht Schuldner ist. In diesem Fall ist davon auszugehen, dass der Schuldner nur an den Sachen Gewahrsam hat, die sich in seiner tatsächlichen Gewalt befinden.

(3) Die Vollstreckung gegen Ehegatten, die im Güterstand der Zugewinngemeinschaft (gesetzlicher Güterstand) oder in Gütertrennung leben, findet nur in das Vermögen des zur Leistung verpflichteten Ehegatten statt.

(4) Leben die Ehegatten in Gütergemeinschaft (§§ 1415 bis 1518 BGB) und verwaltet einer von ihnen das Gesamtgut allein, ist zur Vollstreckung in das Gesamtgut ein Leistungsgebot (Haftungsbescheid/Duldungsbescheid) gegen diesen Ehegatten erforderlich und genügend. Verwalten die Ehegatten das Gesamtgut gemeinschaftlich, ist die Vollstreckung in das Gesamtgut nur zulässig, wenn gegen beide Ehegatten ein Leistungsgebot vorliegt (§ 740 ZPO). Betreibt ein Ehegatte, der

das Gesamtgut nicht oder nicht allein verwaltet, selbstständig ein Erwerbsgeschäft, so genügt zur Vollstreckung in das Gesamtgut ein Leistungsgebot gegen diesen Ehegatten, es sei denn, dass bei Bekanntgabe des Leistungsgebots ein Einspruch gegen den Betrieb des Erwerbsgeschäfts oder ein Widerruf der Einwilligung des anderen Ehegatten zu dessen Betrieb im Güterrechtsregister eingetragen war (§ 741 ZPO).

(5) Nach Beendigung der Gütergemeinschaft ist vor der Auseinandersetzung die Vollstreckung in das Gesamtgut nur zulässig, wenn sich das Leistungsgebot gegen beide Ehegatten richtet oder der eine Ehegatte zur Leistung und der andere zur Duldung der Vollstreckung verpflichtet ist (§ 743 ZPO). Eine Duldungspflicht des anderen Ehegatten besteht in Ansehung des Gesamtgutes nur hinsichtlich einer Gesamtgutsverbindlichkeit (§ 1437 BGB). Wird eine Gesamtgutsverbindlichkeit in diesem Fall nicht vor der Auseinandersetzung berichtigt (§ 1475 BGB), so haftet der zuvor duldungspflichtige Ehegatte auch persönlich als Gesamtschuldner mit den zugeteilten Gegenständen (§ 1480 BGB).

(6) Für Ehegatten, die bis zum Ablauf des 2. Oktober 1990 im gesetzlichen Güterstand der Eigentums- und Vermögensgemeinschaft des Familiengesetzbuches der Deutschen Demokratischen Republik gelebt haben, gelten mit Wirkung vom 3. Oktober 1990 die Bestimmungen des Bürgerlichen Gesetzbuches über den gesetzlichen Güterstand der Zugewinngemeinschaft. Dies gilt nicht, wenn die Ehegatten vor der zuständigen Stelle in der vorgeschriebenen Form bis zum 2. Oktober 1992 erklärt haben, dass der bisherige gesetzliche Güterstand weitergelten soll. Ist eine Erklärung nach Satz 2 nicht abgegeben worden, gilt die widerlegbare Vermutung, dass das gemeinschaftliche Eigentum der Ehegatten Bruchteilseigentum zu gleichen Bruchteilen geworden ist, sofern sich nicht aus dem Grundbuch andere Bruchteile ergeben oder im Güterrechtsregister des Amtsgerichts keine Eintragung über die Beibehaltung des alten Güterstands erfolgt ist (Artikel 234 §§ 4, 4a EGBGB). Leben die Ehegatten im Güterstand der Eigentums- und Vermögensgemeinschaft, sind für die Vollstreckung in das Gesamtgut die Vorschriften der §§ 740 bis 744, 774 und 860 der Zivilprozessordnung entsprechend anzuwenden (§ 744a ZPO).

(7) Im Falle der fortgesetzten Gütergemeinschaft ist zur Vollstreckung in das Gesamtgut ein gegen den überlebenden Ehegatten ergangenes Leistungsgebot erforderlich und genügend (§ 745 Abs. 1 ZPO). Ein vor Eintritt der fortgesetzten Gütergemeinschaft ergangenes Leistungsgebot ist zur Vollstreckung in das Gesamtgut nur dann hinreichend, wenn es gegen den überlebenden Ehegatten gerichtet war oder die Vollstreckung in das Gesamtgut bereits begonnen hatte. Andernfalls ist das Leistungsgebot dem überlebenden Ehegatten nochmals bekannt zu geben.

(8) Nach Beendigung der fortgesetzten Gütergemeinschaft gelten die Vorschriften des Absatzes 5 mit der Maßgabe, dass an die Stelle des Ehegatten, der das Gesamtgut allein verwaltet, der überlebende Ehegatte und an die Stelle des anderen Ehegatten die anteilsberechtigten Abkömmlinge treten (§ 745 Abs. 2 ZPO).

28. – Vollstreckung in Nießbrauch an einem Vermögen

(1) Für die Vollstreckung in Gegenstände, die dem Nießbrauch an einem Vermögen unterliegen, ist § 737 der Zivilprozessordnung entsprechend anzuwenden (§ 264 AO).

(2) Aus Leistungsgeboten wegen Forderungen, die vor der Bestellung eines Nießbrauchs an einem Vermögen (§ 1085 BGB) gegen den Besteller entstanden sind, kann in Gegenstände des dem Nießbrauch unterliegenden Vermögens vollstreckt werden, wenn gegen den Nießbraucher ein vollstreckbares Leistungsgebot auf Duldung der Vollstreckung ergangen ist (§ 737 Abs. 1 ZPO; § 1086 BGB). Für die Dauer des Nießbrauchs haftet der Nießbraucher persönlich neben dem Besteller gesamtschuldnerisch für Zinsen solcher Forderungen gegen den Besteller, die vor Bestellung des Nießbrauchs an dem Vermögen entstanden und verzinslich waren, sowie unter den gleichen Voraussetzungen für diejenigen wiederkehrenden Leistungen, die bei ordnungsgemäßer Verwaltung aus den Einkünften des Vermögens bestritten werden (§ 1088 BGB). Die Haftung nach Satz 2 ist durch Haftungsbescheid geltend zu machen (§§ 191, 219 AO).

(3) Absatz 2 gilt bei dem Nießbrauch an einer Erbschaft für die Nachlassverbindlichkeiten entsprechend (§ 737 Abs. 2 ZPO).

29. – Vollstreckung in einen Nachlass und gegen Erben; Grundsatz

Für die Vollstreckung gegen Erben sind die Vorschriften der §§ 1958, 1960 Abs. 3, § 1961 des Bürgerlichen Gesetzbuches sowie der §§ 747, 748, 778, 779, 781 bis 784 der Zivilprozessordnung entsprechend anzuwenden (§ 265 AO). Für die Vollstreckung gegen einen Vermächtnisnehmer sind § 781 der Zivilprozessordnung und § 2187 des Bürgerlichen Gesetzbuches entsprechend anzuwenden (§ 266 AO).

Anhang 8
Vollstreckungsanweisung (VollstrA)

30. – Vollstreckung in den Nachlass vor und nach Annahme der Erbschaft

(1) Solange der Erbe die Erbschaft nicht angenommen hat, ist eine Vollstreckung wegen eines Anspruchs, der sich gegen den Nachlass richtet, nur in den Nachlass zulässig (§ 778 Abs. 1 ZPO).

(2) Eine Vollstreckung, die vor dem Tode des Schuldners bereits begonnen hatte, wird in seinen Nachlass fortgesetzt, ohne dass es eines weiteren Leistungsgebots oder dessen erneuter Bekanntgabe gegen den Erben, Nachlasspfleger oder ähnliche Personen bedarf. Die Vollstreckung kann auf alle Gegenstände ausgedehnt werden, die zum Nachlass gehören. Ist bei einer Vollstreckungshandlung die Zuziehung des Schuldners nötig, so hat, wenn die Erbschaft noch nicht angenommen oder der Erbe unbekannt oder es ungewiss ist, ob er die Erbschaft angenommen hat, die Vollstreckungsstelle bei dem Amtsgericht, in dessen Bezirk die Vollstreckung ausgeführt werden soll, die Bestellung eines einstweiligen besonderen Vertreters zu beantragen. Die Bestellung hat zu unterbleiben, wenn ein Nachlasspfleger bestellt ist oder wenn die Verwaltung des Nachlasses einem Testamentsvollstrecker zusteht (§ 779 ZPO).

(3) Hat die Vollstreckung zu Lebzeiten des Schuldners noch nicht begonnen, ist sie in den Nachlass vor Annahme der Erbschaft nur zulässig, wenn auf Antrag der Vollstreckungsbehörde ein Nachlasspfleger bestellt (§ 1961 BGB) und diesem das Leistungsgebot, aus dem vollstreckt werden soll, bekannt gegeben worden ist. Die Bestellung eines Nachlasspflegers ist nicht erforderlich, wenn ein verwaltungsbefugter Testamentsvollstrecker vorhanden ist (§ 2213 BGB). Der Testamentsvollstrecker tritt insoweit an die Stelle eines Nachlasspflegers. Steht dem Testamentsvollstrecker keine Verwaltungsbefugnis oder eine solche nur hinsichtlich einzelner Nachlassgegenstände zu, so bedarf es vor Annahme der Erbschaft durch den Erben der Bestellung eines Nachlasspflegers, dem das Leistungsgebot bekannt zu geben ist; zur Vollstreckung in die der Verwaltung des Testamentsvollstreckers unterliegenden Nachlassgegenstände ist das Leistungsgebot auch ihm bekannt zu geben.

(4) Zur Vollstreckung in einen Nachlass wegen einer Forderung, die vor dem Tode des Erblassers begründet, jedoch diesem gegenüber noch nicht geltend gemacht worden ist, bedarf es eines Leistungsgebots gegen den Nachlasspfleger oder den verwaltungsbefugten Testamentsvollstrecker, solange der Erbe die Erbschaft noch nicht angenommen hat. Die Bestellung eines Nachlasspflegers ist gegebenenfalls zu beantragen. Absatz 2 Satz 4 gilt entsprechend.

(5) Ist der Schuldner von mehreren Personen beerbt worden, ist zur Vollstreckung in den Nachlass ein gegen alle Erben ergangenes Leistungsgebot erforderlich (§ 747 ZPO). Im Übrigen sind die Absätze 1 bis 4, 6 entsprechend anzuwenden.

(6) Unterliegt nach Inkrafttreten der Verwaltung eines Testamentsvollstreckers, so ist zur Vollstreckung in den Nachlass ein Leistungsgebot gegen den Testamentsvollstrecker auch dann erforderlich und genügend, wenn der Erbe die Erbschaft angenommen hat. Nach Annahme der Erbschaft durch den Erben ist zur Vollstreckung in den der Verwaltung eines Testamentsvollstreckers unterliegenden Nachlass ein auf Duldung gerichtetes Leistungsgebot gegen diesen genügend, wenn dem Erben das auf Zahlung gerichtete Leistungsgebot bekannt gegeben worden ist (§ 748 ZPO).

(7) Wegen eigener Verbindlichkeiten des Erben ist eine Vollstreckung in den Nachlass vor Annahme der Erbschaft nicht zulässig (§ 778 Abs. 2 ZPO).

(8) Ein Leistungsgebot gegen den Erben wegen Steuerschulden des Erblassers ist vor Annahme der Erbschaft nicht zulässig (§ 1958 BGB). In diesen Fällen ist nach Absatz 3 zu verfahren (§§ 1960, 1961 BGB). Der Annahme der Erbschaft steht der Ablauf der Ausschlagungsfrist des § 1944 des Bürgerlichen Gesetzbuches gleich.

31. – Beschränkung der Haftung des Erben und des Vermächtnisnehmers

(1) Der Erbe kann auch nach Annahme der Erbschaft oder Ablauf der Ausschlagungsfrist die Haftung auf den Nachlass beschränken. Die Beschränkung der Erbenhaftung bleibt unberücksichtigt, bis auf Grund derselben von dem Erben Einwendungen gegen die Vollstreckung erhoben werden (§ 781 ZPO). Einwendungen dieser Art sind als Einspruch nach § 347 der Abgabenordnung zu behandeln und können sein:

1. die Dreimonatseinrede nach § 2014 des Bürgerlichen Gesetzbuches; danach ist der Erbe berechtigt, die Berichtigung einer Steuerschuld des Erblassers bis zum Ablauf der ersten drei Monate nach der Annahme der Erbschaft, jedoch nicht über die Errichtung des Inventars hinaus (Absatz 3 Nr. 1), zu verweigern,

2. die Aufgebotseinrede nach § 2015 des Bürgerlichen Gesetzbuches; danach ist der Erbe berechtigt, die Berichtigung einer Steuerschuld des Erblassers bis zur Beendigung des Aufgebotsverfahrens zu verweigern, wenn er innerhalb eines Jahres nach Annahme der Erbschaft Antrag auf Erlass des Aufgebots der Nachlassgläubiger gestellt hat und der Antrag zugelassen ist,

3. die Beschränkung der Haftung für Steuerschulden des Erblassers, wenn Nachlassverwaltung angeordnet oder Nachlassinsolvenzverfahren eröffnet ist (§ 1975 BGB),

4. die Ausschließungseinrede nach § 1973 des Bürgerlichen Gesetzbuches; danach kann der Erbe die Befriedigung eines im Aufgebotsverfahren ausgeschlossenen Steuergläubigers verweigern, soweit der Nachlass durch die Befriedigung der nicht ausgeschlossenen Gläubiger erschöpft wird,
5. die Verschweigungseinrede nach § 1974 des Bürgerlichen Gesetzbuches; danach kann der Erbe die Berichtigung einer Steuerschuld des Erblassers verweigern, wenn der Steuergläubiger seine Forderung später als fünf Jahre nach dem Erbfall dem Erben gegenüber geltend macht, soweit der Nachlass durch die Befriedigung der übrigen Nachlassgläubiger erschöpft wird, es sei denn, dass dem Erben die Forderung vor Ablauf der fünf Jahre bekannt geworden oder diese im Aufgebotsverfahren angemeldet worden ist,
6. die Erschöpfungseinrede nach § 1990 des Bürgerlichen Gesetzbuches; danach kann der Erbe die Berichtigung einer Steuerschuld des Erblassers insoweit verweigern, als der Nachlass hierzu nicht ausreicht,
7. die Auseinandersetzungseinrede nach § 2059 des Bürgerlichen Gesetzbuches; danach kann bei mehreren Miterben jeder Erbe bis zur Teilung des Nachlasses die Berichtigung von Steuerschulden des Erblassers aus seinem persönlichen Vermögen verweigern.

Die Einreden des Erben nach Nummern 1 und 2 führen dazu, dass die Vollstreckung innerhalb der genannten Fristen auf solche Maßnahmen beschränkt wird, die zur Vollziehung eines Arrests zulässig sind (§ 782 ZPO). Die Einreden des Erben nach Nummer 3 schließen auch nach Beendigung der Nachlassverwaltung oder des Nachlassinsolvenzverfahrens die Vollstreckung in das persönliche Vermögen des Erben aus. Im Falle der Nummern 4 und 5 ist der Erbe weiterhin verpflichtet, einen Überschuss aus der Verwertung des Nachlasses nach den Vorschriften über die ungerechtfertigte Bereicherung herauszugeben. Pfandgläubiger und Gläubiger, die im Insolvenzverfahren Pfandgläubigern gleichstehen, sowie Gläubiger, für die dingliche Rechte an unbeweglichen Nachlassgegenständen bestehen, werden hinsichtlich dieser Gegenstände in ihrem Befriedigungsrecht nicht berührt. Unabhängig von der rechtlichen Wirkung der Einreden des Erben bleibt die Vollstreckung in den Nachlass nach Abschnitt 30 zulässig.

(2) Hinsichtlich der Nachlassgegenstände kann der Erbe die Beschränkung der Vollstreckung nach Absatz 1 auch wegen seiner persönlichen Steuerschulden verlangen, es sei denn, er haftet für die Nachlassverbindlichkeiten unbeschränkt (§ 783 ZPO). Soweit Nachlassverwaltung angeordnet oder ein Nachlassinsolvenzverfahren eröffnet ist, kann der Erbe verlangen, dass Vollstreckungsmaßnahmen wegen Steuerschulden des Erblassers in sein nicht zum Nachlass gehörendes Vermögen aufgehoben werden, es sei denn, dass er für die Nachlassverbindlichkeiten unbeschränkt haftet (§ 784 ZPO). Die Rechte aus den Sätzen 1 und 2 kann der Erbe mit dem Einspruch nach § 347 der Abgabenordnung geltend machen.

(3) Der Erbe haftet unbeschränkt mit dem Nachlass und seinem eigenen Vermögen für Steuerschulden des Erblassers, wenn er

1. die nach § 1994 des Bürgerlichen Gesetzbuches auf Antrag des Gläubigers gesetzte Frist zur Inventarerrichtung versäumt hat,
2. Inventaruntreue im Sinne des § 2005 des Bürgerlichen Gesetzbuches begangen hat,
3. auf die Beschränkung der Erbenhaftung gegenüber den Nachlassgläubigern oder dem Verfahren betreibenden Gläubiger verzichtet hat.

Die Vollstreckungsstelle hat gegebenenfalls auf die Errichtung eines Inventars hinzuwirken (§ 1994 BGB).

(4) Der Vermächtnisnehmer haftet bei geltend gemachter Erschöpfungseinrede (§ 2187 Abs. 3, § 1992 BGB) nur mit dem Wert des vermachten Gegenstandes. Im Übrigen gilt Absatz 1 Nr. 6 entsprechend.

32. – aufgehoben –

33. – Vollstreckung gegen eine nichtrechtsfähige Personenvereinigung

(1) Zur Vollstreckung in das Vermögen einer nichtrechtsfähigen Personenvereinigung, die als solche steuerpflichtig ist, ist ein Leistungsgebot gegen diese Personenvereinigung erforderlich. Das gleiche gilt für Zweckvermögen und sonstige einer juristischen Person ähnliche steuerpflichtige Gebilde (§ 267 AO).

(2) Die Vollstreckung in das Vermögen eines Gesellschafters oder eines Mitglieds einer Vereinigung im Sinne des Absatzes 1 ist nur auf Grund eines gegen den einzelnen Gesellschafter oder das einzelne Mitglied gerichteten Haftungsbescheides und Leistungsgebots möglich (§ 191 Abs. 1 und 4, § 249 Abs. 1 und § 254 Abs. 1 AO).

Anhang 8
Vollstreckungsanweisung (VollstrA)

Dritter Teil – Vollstreckung in das bewegliche und unbewegliche Vermögen
Vollstreckung in Sachen

34. – Vollstreckungsauftrag

(1) Der Vollstreckungsauftrag ist schriftlich zu erteilen und dem Vollziehungsbeamten auszuhändigen.

(2) Der Vollstreckungsauftrag soll enthalten:
1. die Steuernummer oder Sollbuchnummer, unter der der Rückstand zum Soll steht. Steht der Rückstand bei einer anderen Kasse als der für die Vollstreckungsstelle zuständigen Kasse zum Soll, soll die andere Kasse in dem Vollstreckungsauftrag angegeben werden,
2. Familienname, Vornamen und Anschrift, gegebenenfalls auch Betriebsanschrift, des Vollstreckungsschuldners,
3. die Bezeichnung des beizutreibenden Geldbetrages und des Schuldgrundes, zum Beispiel Steuerart, Entrichtungszeitraum (§ 260 AO),
4. die Angabe des Tages, bis zu dem die aufgeführten Säumniszuschläge berechnet worden sind,
5. den Betrag der Kosten für einen Postnachnahmeauftrag (§ 337 Abs. 2 Satz 2 AO),
6. den Betrag der Kosten der Vollstreckung, die vor Erteilung des Vollstreckungsauftrages entstanden sind,
7. die Feststellung, dass der Vollstreckungsschuldner die Leistung (Nummer 3) sowie die Kosten (Nummern 5, 6) schuldet,
8. die Bezeichnung der Vollstreckungsmaßnahmen, die getroffen werden sollen, zum Beispiel die Pfändung beweglicher Sachen; richtet sich die Vollstreckung gegen die in Abschnitt 3 Abs. 3 bezeichneten Personen oder ist die Vollstreckung gegenständlich zu beschränken, zum Beispiel nach §§ 74, 75 der Abgabenordnung, ist auch das Vermögen, in das vollstreckt werden soll, aufzuführen,
9. die Anweisung an den Vollziehungsbeamten, den Auftrag innerhalb einer bestimmten Frist auszuführen,
10. den Hinweis, dass der Vollziehungsbeamte befugt ist, die geschuldete Leistung anzunehmen und über den Empfang Quittung zu erteilen,
11. die Unterschrift eine zuständigen Bediensteten der Vollstreckungsstelle der Vollstreckungsbehörde; bei mit Hilfe automatischer Einrichtungen erstellten Vollstreckungsaufträgen kann die Unterschrift fehlen.

(3) Soweit die in Absatz 2 geforderten Angaben bereits in der Rückstandsanzeige oder dem Vollstreckungsersuchen enthalten sind, kann in dem Vollstreckungsauftrag, wenn er damit fest verbunden ist, darauf Bezug genommen werden.

(4) Für die in einer Rückstandsanzeige zusammengefassten Rückstände wird nur ein Vollstreckungsauftrag erteilt. Liegen für einen Vollstreckungsschuldner mehrere Rückstandsanzeigen vor, kann für sämtliche Rückstände ein gemeinsamer Vollstreckungsauftrag erteilt werden.

(5) Der Vollstreckungsauftrag soll dem Vollziehungsbeamten nicht vor Ablauf der in Abschnitt 22 Abs. 1 Nr. 1 genannten Frist ausgehändigt werden. Der Vollstreckungsauftrag ist nicht anfechtbar (vgl. Abschnitt 22 Abs. 5 Satz 1).

35. – Vollstreckung in bewegliche Sachen

Die Vollstreckung in bewegliche Sachen obliegt den Vollziehungsbeamten (§ 285 Abs. 1 AO). Das Verfahren regelt die allgemeine Verwaltungsvorschrift für Vollziehungsbeamte der Finanzverwaltung. Die Vollstreckungsstelle bestimmt den Einsatz und überwacht die Tätigkeit der Vollziehungsbeamten. Die Überprüfung hat sich auch darauf zu erstrecken, dass von den Vollziehungsbeamten die Vorschriften über Kosten, Pfändungsverbote und -beschränkungen, Vorwegpfändungen, Austauschpfändungen, vorläufige Austauschpfändungen und Schätzung der Sachen (§ 295 AO, §§ 811 bis 812 und 813 Abs. 1 bis 3 ZPO) eingehalten werden und Niederschriften und andere öffentliche Urkunden (§§ 415 bis 418 ZPO) in ihrer Beweiskraft nicht durch Mängel (vgl. § 419 ZPO) beeinträchtigt sind.

36. – Verwertung gepfändeter Sachen

(1) Gepfändete Sachen und Sicherheiten (§ 327 AO) sind auf schriftliche Anordnung der Vollstreckungsstelle zu versteigern (§ 296 Abs. 1 AO). In der Versteigerungsanordnung ist eine Frist zu bestimmen, innerhalb welcher die Versteigerung auszuführen ist. Die gepfändeten Sachen dürfen nicht vor Ablauf einer Woche seit dem Tag der Pfändung versteigert werden, sofern sich nicht der Vollstreckungsschuldner mit einer früheren Versteigerung einverstanden erklärt oder diese erfor-

derlich ist, um die Gefahr einer beträchtlichen Wertverringerung abzuwenden oder unverhältnismäßige Kosten längerer Aufbewahrung zu vermeiden (§ 298 Abs. 1 AO).

(2) Die Versteigerung wird durch den Vollziehungsbeamten oder eine andere Person ausgeführt. Ist die andere Person Angehöriger der Vollstreckungsbehörde, sind die Vorschriften der Abschnitte 51 bis 55 der Vollziehungsanweisung zu beachten. Wird nach Maßgabe des § 305 der Abgabenordnung eine andere Person mit der Versteigerung beauftragt, ist in der Versteigerungsanordnung zu bestimmen, dass der Versteigerungserlös an die Kasse der Vollstreckungsbehörde abzuliefern ist.

37. – Verwertung gepfändeter Wertpapiere

(1) Gepfändete Wertpapiere, die einen Börsen- oder Marktpreis haben, sind von der Vollstreckungsstelle unverzüglich durch ein Kreditinstitut zum Tageskurs zu verkaufen. Wertpapiere ohne Börsen- oder Marktpreis sind nach Abschnitt 36 nach den allgemeinen Vorschriften zu versteigern, sofern keine besondere Verwertung (Abschnitt 39, § 305 AO) zweckmäßig ist.

(2) Lautet ein gepfändetes Wertpapier auf einen Namen, so ist die Vollstreckungsstelle berechtigt, die Umschreibung auf den Namen des Käufers oder, wenn es sich um ein auf einen Namen umgeschriebenes Inhaberpapier handelt, die Rückverwandlung in ein Inhaberpapier zu erwirken und die hierzu erforderlichen Erklärungen an Stelle des Vollstreckungsschuldners abzugeben (§ 303 AO).

(3) Sind Forderungen aus Wechseln und anderen Papieren, die durch Indossament übertragen werden können, gepfändet worden (§ 312 AO), ordnet die Vollstreckungsstelle die Einziehung der Forderung durch besondere Verfügung an (§ 314 AO). Die Bestimmungen der Abschnitte 41 bis 44 gelten entsprechend.

38. – Verwertung von Kostbarkeiten

Hat der Vollziehungsbeamte Kostbarkeiten gepfändet, lässt die Vollstreckungsstelle die Pfandsachen nach ihrem Verkaufswert, Gold- und Silbersachen auch nach ihrem Metallwert, durch einen Sachverständigen schätzen (§ 295 Satz 1 AO i.V.m. § 813 Abs. 1 Satz 2 ZPO). In der Versteigerungsanordnung ist anzugeben, wie hoch der Sachverständige den Verkaufswert, bei Gold- und Silbersachen auch den Metallwert, der Pfandsachen geschätzt hat. Der mit der Versteigerung Beauftragte darf Gold- oder Silbersachen nicht unter ihrem Metallwert zuschlagen (§ 300 Abs. 3 Satz 1 AO). Wird ein Gebot, das den Metallwert erreicht, nicht abgegeben, so lässt die Vollstreckungsstelle die Gold- oder Silbersachen aus freier Hand verkaufen. Der Verkaufspreis darf den Gold- oder Silberwert und die Hälfte des gewöhnlichen Verkaufswerts nicht unterschreiten.

39. – Besondere Verwertung

Auf Antrag des Vollstreckungsschuldners oder aus besonderen Zweckmäßigkeitsgründen kann die Vollstreckungsstelle anordnen, dass eine gepfändete Sache in anderer Weise, als in den vorstehenden Abschnitten bestimmt ist, zu verwerten ist (§ 305 AO). Als weitere Art der Verwertung kommt zum Beispiel der freihändige Verkauf einer Pfandsache in Betracht. Besondere Zweckmäßigkeitsgründe für eine abweichende Verwertung liegen in der Regel vor, wenn durch sie der Zweck der Verwertung, die Erzielung eines möglichst hohen Erlöses – unter Vermeidung ungebührlicher Nachteile für den Vollstreckungsschuldner –, besser erreicht wird. Über einen Antrag des Vollstreckungsschuldners hat die Vollstreckungsstelle nach pflichtgemäßem Ermessen zu entscheiden. Liegt kein Antrag des Vollstreckungsschuldners vor, soll der Vollstreckungsschuldner vor Anordnung der besonderen Verwertung angehört werden.

40. – Aussetzung der Verwertung gepfändeter Sachen

Die Vollstreckungsstelle kann die Verwertung gepfändeter Sachen unter Anordnung von Zahlungsfristen zeitweilig aussetzen, wenn die alsbaldige Verwertung unbillig wäre (§ 297 AO). Neben dem Vorliegen von Billigkeitsgründen ist weitere Voraussetzung für eine Aussetzung der Verwertung, dass hinreichende Anhaltspunkte dafür vorliegen, dass der Vollstreckungsschuldner die in Aussicht genommenen Zahlungsfristen einhalten kann und will. Keine Billigkeitsgründe liegen vor, wenn der Vollstreckungsschuldner nur die Verwertung hinauszögern will.

Vollstreckung in Forderungen und andere Vermögensrechte

41. – Pfändung und Einziehung einer Geldforderung

(1) Soll eine Geldforderung, die dem Vollstreckungsschuldner gegen einen Dritten (Drittschuldner) zusteht, gepfändet und eingezogen werden, hat die Vollstreckungsstelle die Pfändung schriftlich zu verfügen und die Einziehung der gepfändeten Forderung anzuordnen (§ 309 Abs. 1, § 314 Abs. 1 AO). Hierbei sind Beschränkungen und Verbote, die nach §§ 850 bis 852 der Zivilprozess-

ordnung und anderen gesetzlichen Bestimmungen für die Pfändung von Forderungen und Ansprüchen bestehen, zu beachten (§ 319 AO).
(2) Die Pfändungsverfügung muss enthalten:
1. Familienname, Vornamen, Anschrift des Vollstreckungsschuldners,
2. den beizutreibenden Geldbetrag und den Schuldgrund, zum Beispiel Steuerart, Entrichtungszeitraum (§ 260 AO), wobei es genügt, wenn diese Angaben aus einer der Pfändungsverfügung beigefügten Anlage hervorgehen; in der an den Drittschuldner zuzustellenden Pfändungsverfügung ist der beizutreibende Geldbetrag nur in einer Summe, ohne Angabe der Steuerarten und der Zeiträume, für die er geschuldet wird, anzugeben (§ 309 Abs. 2 Satz 2 AO),
3. die Kosten für einen Postnachnahmeauftrag (§ 259 Satz 2, § 337 Abs. 2 Satz 2 AO), die Kosten für bisher ergriffene Vollstreckungsmaßnahmen und die Kosten für den Erlass der Pfändungsverfügung,
4. die Feststellung, dass der Vollstreckungsschuldner die in Nummern 2, 3 bezeichneten Beträge schuldet,
5. die Bezeichnung der Forderung, die dem Vollstreckungsschuldner gegen den Drittschuldner zusteht (Absatz 4), sowie den Ausspruch, dass wegen der in Nummern 2, 3 bezeichneten Beträge die Forderung gepfändet wird,
6. das an den Drittschuldner zu richtende Verbot, an den Vollstreckungsschuldner zu zahlen, sowie das an den Vollstreckungsschuldner zu richtende Gebot, sich jeder Verfügung über die Forderung, insbesondere ihrer Einziehung, zu enthalten,
7. die Unterschrift eines zuständigen Bediensteten der Vollstreckungsstelle.
(3) Die Pfändungsverfügung soll ferner die Aufforderung an den Drittschuldner enthalten, binnen zwei Wochen, von der Zustellung der Pfändungsverfügung an gerechnet, zu erklären:
1. ob und inwieweit er die Forderung als begründet anerkenne und bereit sei zu zahlen,
2. ob und welche Ansprüche andere Personen an die Forderung erheben,
3. ob und wegen welcher Ansprüche die Forderung bereits für andere Gläubiger gepfändet sei.
(4) In der Pfändungsverfügung ist die Forderung, die gepfändet wird (Absatz 2 Nr. 5), so eindeutig zu bezeichnen, dass kein Zweifel am Gegenstand der Pfändung möglich ist. Dazu gehört die Angabe des Drittschuldners und des Schuldgrundes, zum Beispiel Lohn, Darlehen, Mietzins, Pachtzins, Kaufpreis, Sparkasseneinlage. Bei Pfändung einer Forderung, für die eine Hypothek besteht, sind, soweit nicht nach § 310 Abs. 3 der Abgabenordnung zu verfahren ist, außer den Angaben, die zur Bezeichnung der Forderung dienen, eine Angabe über die Art der Hypothek, zum Beispiel Briefhypothek oder Buchhypothek, und die Bezeichnung des belasteten Grundstücks in die Pfändungsverfügung aufzunehmen.
(5) Die Anordnung der Einziehung (Einziehungsverfügung) soll regelmäßig mit der Pfändungsverfügung verbunden werden. Sie soll die Aufforderung an den Drittschuldner enthalten, in Höhe der Pfändung den von ihm geschuldeten Betrag bei Eintritt der Fälligkeit an die zuständige Kasse zu zahlen.
(6) Eine Zahlungsaufforderung an den Drittschuldner (Absatz 5 Satz 2) ist in die Einziehungsverfügung nicht aufzunehmen, wenn der Drittschuldner nur gegen Aushändigung oder Vorlegung einer über die Forderung ausgestellten Urkunde, zum Beispiel eines Sparkassenbuchs, zur Zahlung verpflichtet ist und die Urkunde dem Drittschuldner nicht zusammen mit der Einziehungsverfügung ausgehändigt werden kann. In diesem Fall muss die Vollstreckungsstelle zunächst die Einziehungsverfügung dem Drittschuldner zustellen und dies dem Vollstreckungsschuldner mitteilen, sich die Urkunde verschaffen (§ 315 Abs. 2 AO) und nach Eintritt der Fälligkeit gegen Aushändigung oder unter Vorlage der Urkunde die gepfändete Forderung bei dem Drittschuldner einziehen.
(7) Die Pfändungsverfügung und die Einziehungsverfügung sind dem Drittschuldner in der Regel durch die Post mit Zustellungsurkunde zuzustellen. Richtet sich die gepfändete Forderung gegen mehrere Drittschuldner, zum Beispiel gegen Miterben, ist die Zustellung an jeden erforderlich.
(8) Nach Zustellung der Pfändungsverfügung und Einziehungsverfügung an den Drittschuldner hat die Vollstreckungsstelle dem Vollstreckungsschuldner eine Abschrift der Pfändungsverfügung und Einziehungsverfügung zu übersenden und mitzuteilen, an welchem Tag die Zustellung an den Drittschuldner erfolgt ist.

42. – Pfändung und Einziehung eines Herausgabeanspruchs und anderer Vermögensrechte

(1) Für die Pfändung von Ansprüchen auf Herausgabe oder Leistung von Sachen, zum Beispiel beweglichen Sachen, Liegenschaften, Schiffen, Luftfahrzeugen, die dem Vollstreckungsschuldner gegen einen Dritten – Drittschuldner – zustehen, gelten die Bestimmungen des Abschnitts 41 entsprechend. In der Einziehungsverfügung ordnet die Vollstreckungsstelle an, dass der Drittschuldner nach Eintritt der Fälligkeit

Anhang 8
Vollstreckungsanweisung (VollstrA)

1. bewegliche Sachen an einen in der Einziehungsverfügung zu bezeichnenden Vollziehungsbeamten,
2. unbewegliche Sachen an einen vom Amtsgericht als Vollstreckungsgericht zu bestellenden Treuhänder herauszugeben hat (§ 318 Abs. 2 bis 4 AO).

(2) Die Vollstreckungsstelle hat
1. in den Fällen des Absatzes 1 Nr. 1 den Vollziehungsbeamten mit der Entgegennahme der Sache zu beauftragen (Abschnitt 24 Nr. 4),
2. in den Fällen des Absatzes 1 Nr. 2 bei dem zuständigen Amtsgericht als Vollstreckungsgericht die Bestellung eines Treuhänders zu beantragen. Dem Antrag ist eine Ausfertigung der Pfändungsverfügung und Einziehungsverfügung beizufügen. Den Beschluss, durch den das Amtsgericht als Vollstreckungsgericht den Treuhänder bestellt, lässt die Vollstreckungsstelle dem Drittschuldner und dem Vollstreckungsschuldner zustellen; dies kann zusammen mit der Zustellung der Pfändungsverfügung und Einziehungsverfügung geschehen.

(3) Die Pfändung in andere Vermögensrechte, die nicht Gegenstand der Vollstreckung in das unbewegliche Vermögen sind, zum Beispiel Anteilsrechte an einer OHG, KG, GmbH, Urheberrechte, Patentrechte, richtet sich nach § 321 der Abgabenordnung.

43. – Pfändung einer durch Hypothek gesicherten Forderung

(1) Wird eine Forderung gepfändet, für die eine Buchhypothek (§ 1116 Abs. 2, § 1185 Abs. 1 BGB) besteht, ersucht die Vollstreckungsbehörde, soweit nicht § 1159 oder § 1187 des Bürgerlichen Gesetzbuches anzuwenden ist (vgl. § 310 Abs. 3 AO), das Grundbuchamt, die Pfändung in das Grundbuch einzutragen. Dem Ersuchen ist eine Ausfertigung der Pfändungsverfügung beizufügen (§§ 29, 30 GBO).

(2) Wird eine Forderung gepfändet, für die eine Briefhypothek (§ 1116 Abs. 1 BGB) besteht, stellt die Vollstreckungsbehörde, soweit nicht § 1159 des Bürgerlichen Gesetzbuches anzuwenden ist (vgl. § 310 Abs. 3 AO), dem Vollstreckungsschuldner die Pfändungsverfügung mit der Aufforderung zu, den Hypothekenbrief unverzüglich an die Vollstreckungsbehörde herauszugeben. Wird mit der Zustellung ein Vollziehungsbeamter beauftragt, kann ihm gleichzeitig der Auftrag auf Wegnahme des Hypothekenbriefes erteilt werden (§ 310 Abs. 1 Satz 2, § 315 Abs. 2 Satz 2 AO).

(3) Wird die Pfändungsverfügung und Einziehungsverfügung vor der Übergabe des Hypothekenbriefes oder der Eintragung der Pfändung in das Grundbuch dem Drittschuldner zugestellt, so gilt die Pfändung diesem gegenüber mit der Zustellung als bewirkt (§ 310 Abs. 2 AO). In einer mit der Pfändungsverfügung verbundenen Einziehungsverfügung ist darauf hinzuweisen, dass die Einziehungsverfügung erst mit der Eintragung der Pfändung im Grundbuch oder der Übergabe des Hypothekenbriefes an die Vollstreckungsbehörde wirksam wird. Der Hinweis nach Satz 2 ist nicht erforderlich, wenn der Hypothekenbrief bereits vom Vollziehungsbeamten im Wege der Hilfspfändung in Besitz genommen worden ist. Sobald die Einziehungsverfügung wirksam geworden ist, hat die Vollstreckungsstelle den Drittschuldner hierüber unverzüglich zu unterrichten.

44. – Weiteres Verfahren bei der Pfändung von Forderungen

(1) Hängt die Fälligkeit der vom Drittschuldner geschuldeten Leistung von einer Kündigung ab, ist die Vollstreckungsbehörde auf Grund der Einziehungsverfügung (§ 315 Abs. 1 AO) berechtigt, das dem Vollstreckungsschuldner zustehende Kündigungsrecht auszuüben.

(2) Die Vollstreckungsstelle hat den Eingang der Drittschuldnererklärung zu überwachen. Sie kann ein Zwangsgeld festsetzen, wenn die Erklärung nicht abgegeben wird (§ 316 Abs. 2 Satz 3 AO).

(3) Leistet der Drittschuldner nicht oder erhebt er unbegründete Einwendungen, soll die Vollstreckungsbehörde unverzüglich gegen ihn vorgehen (§ 316 Abs. 3 AO, § 842 ZPO). Klagt die Vollstreckungsbehörde gegen den Drittschuldner, ist dem Vollstreckungsschuldner der Streit zu verkünden (§ 316 Abs. 3 AO, § 841 ZPO). Erscheint es nicht angebracht, gegen den Drittschuldner vorzugehen, ist die Pfändung insoweit aufzuheben. Die Aufhebung ist dem Drittschuldner und dem Vollstreckungsschuldner mitzuteilen.

(4) Die Vollstreckungsstelle soll dem Vollstreckungsschuldner eine Bescheinigung erteilen, dass seine Rückstände in Höhe der vom Drittschuldner geleisteten Zahlungen getilgt worden sind. Urkunden über die gepfändete Forderung sind, soweit sie nicht dem Drittschuldner auszuhändigen sind, dem Vollstreckungsschuldner zurückzugeben, sobald die Pfändung erledigt oder aufgehoben ist. Dies gilt auch für Gegenstände, die zur Sicherung der vom Vollstreckungsschuldner gegen den Drittschuldner zustehenden Forderung dienen. Ist die Pfändung einer Forderung, für die eine Hypothek besteht, in das Grundbuch eingetragen worden, bleibt nach Erledigung oder Aufhebung der Pfändung die Berichtigung des Grundbuchs dem Vollstreckungsschuldner überlassen. Dem Vollstreckungsschuldner ist eine Bescheinigung in grundbuchmäßiger Form (§ 29 GBO) zu erteilen.

Anhang 8
Vollstreckungsanweisung (VollstrA)

Vollstreckung in das unbewegliche Vermögen

45. – Gegenstand und Voraussetzung der Vollstreckung in das unbewegliche Vermögen

(1) Der Vollstreckung in das unbewegliche Vermögen unterliegen außer den Grundstücken die Berechtigungen, für welche die sich auf Grundstücke beziehenden Vorschriften gelten (sog. grundstücksgleiche Rechte, wie zum Beispiel Erbbaurechte, Kohlenabbaugerechtigkeiten), die im Schiffsregister eingetragenen Schiffe, die Schiffsbauwerke und Schwimmdocks, die im Schiffsbauregister eingetragen sind oder in dieses Register eingetragen werden können, sowie die Luftfahrzeuge, die in der Luftfahrzeugrolle eingetragen sind oder nach Löschung in der Luftfahrzeugrolle noch in dem Register für Pfandrechte an Luftfahrzeugen eingetragen sind (§ 322 Abs. 1 AO). Wegen der anzuwendenden Vorschriften wird auf § 322 Abs. 1 Satz 2, Abs. 2 der Abgabenordnung verwiesen.

(2) Soll in das unbewegliche Vermögen vollstreckt werden, hat die Vollstreckungsstelle zu entscheiden, ob die Eintragung einer Sicherungshypothek, Zwangsversteigerung, Zwangsverwaltung oder mehrere dieser Vollstreckungsmaßnahmen nebeneinander beantragt werden sollen.

(3) Die Eintragung einer Sicherungshypothek darf nur beantragt werden, wenn der rückständige Betrag siebenhundertfünfzig Euro übersteigt; Zinsen (Abschnitt 1 Abs. 2 Nr. 2) bleiben dabei unberücksichtigt, soweit sie als Nebenforderungen geltend gemacht sind. Verschiedene Forderungen der Vollstreckungsbehörde werden bei der Berechnung der Wertgrenze zusammengerechnet (§ 866 Abs. 3 ZPO).

(4) Zwangsversteigerung oder Zwangsverwaltung soll nur beantragt werden, wenn festgestellt ist, dass der Geldbetrag durch Vollstreckung in das bewegliche Vermögen nicht beigetrieben werden kann (§ 322 Abs. 4 AO), oder wenn die Vollstreckung in das bewegliche Vermögen die Belange des Vollstreckungsschuldners in nicht vertretbarer Weise beeinträchtigen würde.

46. – Verfahren

(1) Die Eintragung einer Sicherungshypothek, die Zwangsversteigerung oder die Zwangsverwaltung eines Grundstücks kann beantragt werden, wenn der Vollstreckungsschuldner im Grundbuch als Eigentümer eingetragen ist (§ 39 Abs. 1 GBO; § 17 Abs. 1, § 146 Abs. 1 ZVG). Wegen eines Anspruchs aus einem im Grundbuch eingetragenen Rechts kann die Zwangsverwaltung eines dem Vollstreckungsschuldner gehörigen Grundstücks auch dann beantragt werden, wenn der Vollstreckungsschuldner zwar nicht als Eigentümer im Grundbuch eingetragen ist, aber das Grundstück im Eigenbesitz hat (§ 147 Abs. 1 ZVG).

(2) Ist ein Grundstück, dessen Eigentümer der Vollstreckungsschuldner ist, im Grundbuch nicht auf seinen Namen eingetragen, kann die Eintragung einer Sicherungshypothek, die Zwangsversteigerung oder die Zwangsverwaltung unbeschadet Abschnitt 48 erst beantragt werden, nachdem seine Eintragung als Eigentümer des Grundstücks erfolgt ist. Die Vollstreckungsstelle kann die Berichtigung des Grundbuchs beantragen, wenn sie seine Unrichtigkeit durch öffentliche Urkunden (§ 415 ZPO) nachweisen kann (§§ 14, 22 Abs. 1, § 29 Abs. 1 Satz 2 GBO; vgl. § 792 ZPO). Kann die Vollstreckungsstelle diesen Nachweis nicht führen, kann sie den Anspruch auf Zustimmung zur Berichtigung des Grundbuchs, der dem Vollstreckungsschuldner gegen den im Grundbuch Eingetragenen zusteht, pfänden (§ 894 BGB; § 321 Abs. 1, 3 AO).

(3) Bei gemeinschaftlichem Eigentum von Ehegatten ist die Berichtigung des Grundbuchs zu beantragen, wenn die Ehegatten keine Erklärung nach Artikel 234 § 4 Abs. 2 Satz 1 des Einführungsgesetzes zum Bürgerlichen Gesetzbuch abgegeben haben und gemeinschaftliches Eigentum zu Eigentum zu gleichen Bruchteilen geworden ist (§ 14 GBBerG, § 14 GBO). Der für die Berichtigung des Grundbuchs erforderliche Nachweis, dass eine Erklärung nach Artikel 234 § 4 Abs. 2 und 3 des Einführungsgesetzes zum Bürgerlichen Gesetzbuch nicht abgegeben worden ist, kann durch Berufung auf die Vermutung nach Artikel 234 § 4a Abs. 3 des Einführungsgesetzes zum Bürgerlichen Gesetzbuch, durch übereinstimmende Erklärung beider Ehegatten oder bei dem Ableben eines von ihnen durch Versicherung des überlebenden Ehegatten erbracht werden. Beim Ableben beider Ehegatten genügt eine entsprechende Versicherung der Erben. Die Erklärung, die Versicherung und der Antrag bedürfen nicht der in § 29 Grundbuchordnung vorgesehenen Form.

(4) Der Antrag, der auf Eintragung einer Sicherungshypothek gerichtet ist, muss das zu belastende Grundstück übereinstimmend mit dem Grundbuch oder durch Hinweis auf das Grundbuchblatt bezeichnen (§ 28 Satz 1 GBO). Sollen mehrere Grundstücke des Vollstreckungsschuldners mit der Sicherungshypothek belastet werden, hat die Vollstreckungsstelle in dem Antrag zu bestimmen, wie der Geldbetrag auf die einzelnen Grundstücke verteilt werden soll (§ 867 Abs. 2 Satz 1 ZPO); die Mindestsumme von siebenhundertfünfzig Euro (§ 866 Abs. 3 Satz 1 ZPO) muss auch für die entsprechenden Teile jeweils eingehalten werden.

(5) In dem Antrag auf Zwangsversteigerung oder auf Zwangsverwaltung eines Grundstücks ist das Grundstück, in das vollstreckt werden soll, zu bezeichnen (§ 16 Abs. 1, § 146 Abs. 1 ZVG). Dem Antrag ist eine Bescheinigung des Grundbuchamts darüber beizufügen, wer als Eigentümer des Grundstücks im Grundbuch eingetragen ist. Gehören Vollstreckungsgericht und Grundbuchamt

demselben Amtsgericht an, kann die Beibringung durch Bezugnahme auf das Grundbuch ersetzt werden (§ 17 Abs. 2 Satz 2, § 146 Abs. 1 ZVG).

(6) In dem Antrag auf Eintragung einer Sicherungshypothek, auf Zwangsversteigerung oder Zwangsverwaltung ist zu bestätigen, dass die gesetzlichen Voraussetzungen für die Vollstreckung vorliegen (§ 322 Abs. 3 Satz 2 AO). Der Antrag ist dem Vollstreckungsgericht oder Grundbuchamt[1]) in der Regel gegen Empfangsbekenntnis – zuzustellen. Nach der Zustellung hat die Vollstreckungsstelle dem Vollstreckungsschuldner eine Durchschrift des Antrags zu übersenden.

47. – Verfahren in Erbfällen

(1) Wird bei Vollstreckung gegen einen Erben die Eintragung einer Sicherungshypothek auf ein Grundstück beantragt, das im Grundbuch noch auf den Namen des Erblassers eingetragen ist, ist zum Zwecke der vorherigen Umschreibung die Erbfolge durch öffentliche Urkunden nachzuweisen (§ 29 Abs. 1, § 35 GBO). Soweit die nach Satz 1 erforderlichen Urkunden bei den Akten des Grundbuchamts sind, soll die Vollstreckungsstelle in dem Antrag auf die Urkunden Bezug nehmen. Befinden sich die Urkunden bei den Akten eines anderen Grundbuchamts, hat die Vollstreckungsstelle die Urkunden zu beschaffen (vgl. § 792 ZPO) und sie mit dem Antrag dem Grundbuchamt vorzulegen. Abweichend von Satz 1 kann die Eintragung einer Sicherungshypothek für Rückstände des Erblassers, für die der Vollstreckungsschuldner als Gesamtrechtsnachfolger in Anspruch genommen wird, auch ohne vorherige Umschreibung beantragt werden, wenn dem Erblasser bereits das Leistungsgebot bekannt gegeben worden war (vgl. § 40 Abs. 1 GBO).

(2) Die Zwangsversteigerung oder Zwangsverwaltung eines ererbten Grundstücks kann auch dann beantragt werden, wenn anstelle des Vollstreckungsschuldners noch der Erblasser als Eigentümer eingetragen ist (§ 17 Abs. 1, § 146 Abs. 1 ZVG). Es genügt, wenn die Erbfolge durch Urkunden glaubhaft gemacht wird, sofern sie nicht bei dem Amtsgericht als Vollstreckungsgericht offenkundig ist (§ 17 Abs. 3 ZVG).

(3) Richtet sich die Vollstreckung gegen einen Nachlasspfleger oder Nachlassverwalter, kann die Eintragung einer Sicherungshypothek, die Zwangsversteigerung oder die Zwangsverwaltung auch in ein zum Nachlass gehöriges Grundstück beantragt werden, das im Grundbuch noch auf den Namen des Erblassers eingetragen ist, selbst wenn gegen den Erblasser kein Leistungsgebot ergangen war. Entsprechendes gilt, wenn gegen einen Testamentsvollstrecker in ein Grundstück vollstreckt werden soll, das seiner Verwaltung unterliegt (§ 40 GBO; § 17 Abs. 1, § 146 Abs. 1 ZVG). Die Erbfolge und die Bestellung zum Nachlasspfleger oder Nachlassverwalter bzw. die Befugnis des Testamentsvollstreckers, über das Grundstück zu verfügen, sind bei Eintragung einer Sicherungshypothek entsprechend Absatz 1 Sätze 1 bis 3 und bei Zwangsversteigerung oder Zwangsverwaltung entsprechend Absatz 2 Satz 2 darzulegen.

48. – Verfahren bei nachfolgendem Eigentumswechsel

Ist nach Eintragung einer Sicherungshypothek, einer Schiffshypothek oder eines Registerpfandrechts an einem Luftfahrzeug ein Eigentumswechsel eingetreten, hat die Vollstreckungsstelle gegen den Rechtsnachfolger einen Duldungsbescheid zu erlassen (Abschnitte 3 Abs. 3, 19 Abs. 1), bevor sie die Zwangsversteigerung oder die Zwangsverwaltung aus diesem Recht beantragt (§ 323 AO). Ein Duldungsbescheid ist in den Fällen des Abschnitts 30 Abs. 2 Satz 1 nicht erforderlich.

49. – Rechtsmittel gegen Entscheidungen des Grundbuchamts und des Vollstreckungsgerichts

(1) Lehnt das Grundbuchamt einen Antrag auf Eintragung einer Sicherungshypothek ab, so steht der Vollstreckungsbehörde gegen die Entscheidung die Beschwerde zu (§§ 71 bis 81 GBO). Die Beschwerde kann durch Beschwerdeschrift beim Grundbuchamt oder beim Beschwerdegericht (Landgericht) eingelegt werden (§ 73 GBO). Gegen die Entscheidung des Beschwerdegerichts ist die weitere Beschwerde gegeben, wenn die Entscheidung auf einer Verletzung des Rechts beruht (§ 78 GBO). Die weitere Beschwerde kann beim Grundbuchamt, Landgericht oder Oberlandesgericht eingelegt werden (§ 80 GBO). Beschwerde und weitere Beschwerde sind unbefristet.

(2) Gegen Entscheidungen des Amtsgerichts als Vollstreckungsgericht über einen Antrag auf Anordnung der Zwangsversteigerung oder der Zwangsverwaltung oder auf Zulassung des Beitritts zu einem Zwangsversteigerungs- oder Zwangsverwaltungsverfahren steht der Vollstreckungsbehörde der Rechtsbehelf der sofortigen Beschwerde zu. Die sofortige Beschwerde ist binnen einer Notfrist von zwei Wochen bei dem Gericht, dessen Entscheidung angefochten wird, oder bei dem Beschwerdegericht einzulegen; die Frist beginnt mit der Zustellung der Entscheidung, spätestens mit Ablauf von fünf Monaten nach der Verkündung des Beschlusses (§ 96 ZVG, § 569 ZPO). Gegen die Entscheidung des Beschwerdegerichts über die sofortige Beschwerde ist die Rechtsbeschwerde gegeben, wenn sie im Beschluss zugelassen ist (§ 574 Abs. 1 Nr. 2 ZPO). Die Rechtsbeschwerde ist

---

[1]) Anmerkung: Durch redaktionellen Fehler in VollstrA fehlt an dieser Stelle ein Gedankenstrich.

binnen einer Notfrist von einem Monat nach Zustellung des Beschlusses über die sofortige Beschwerde bei dem Rechtsbeschwerdegericht einzulegen (§ 575 ZPO).

50. – Behandlung öffentlicher Lasten bei der Zwangsversteigerung oder Zwangsverwaltung

(1) Ansprüche auf Entrichtung öffentlicher Lasten eines Grundstücks gewähren im Zwangsversteigerungsverfahren ein Recht auf Befriedigung aus dem Grundstück (§ 10 Abs. 1 Nr. 3, 7 ZVG). Im Zwangsverwaltungsverfahren werden laufende Beträge öffentlicher Lasten ohne ein weiteres Verfahren aus den Überschüssen gezahlt (§ 155 Abs. 2, § 156 Abs. 1 ZVG). Zu den öffentlichen Lasten des Grundstücks gehört eine Steuer dann, wenn das Bestehen und der Umfang der Steuerpflicht von dem Vorhandensein und von den Eigenschaften des Grundstücks abhängt, zum Beispiel Grundsteuer und Hypothekengewinnabgabe. Steuern, die an die persönlichen Verhältnisse des Steuerpflichtigen anknüpfen, sind auch insoweit keine öffentlichen Lasten des Grundstücks, als sie den Wert des Grundstücks oder das Einkommen aus dem Grundstück erfassen, zum Beispiel Einkommensteuer, Körperschaftsteuer, Vermögensteuer.

(2) Die in Absatz 1 Satz 1 bezeichneten Ansprüche werden – soweit sie nicht aus dem Grundbuch ersichtlich sind – bei der Verteilung des Versteigerungserlöses nur dann berücksichtigt, wenn sie spätestens in dem Termin, den das Amtsgericht als Vollstreckungsgericht zur Verteilung des Versteigerungserlöses anberaumt hat, bei diesem angemeldet worden sind (§ 114 ZVG). Zwecks Rangwahrung sind die Ansprüche spätestens bis zum Versteigerungstermin anzumelden (§ 37 Nr. 4, § 110 ZVG).

(3) Verwaltet die Finanzbehörde Abgaben, die unter die Bestimmung des Absatzes 1 Satz 1 fallen, hat die Vollstreckungsstelle sobald sie von der Anordnung der Zwangsversteigerung oder Zwangsverwaltung Kenntnis erlangt, bei der Kasse und der Veranlagungs- oder Festsetzungsstelle festzustellen, inwieweit rückständige oder laufende Ansprüche beim Amtsgericht als Vollstreckungsgericht anzumelden sind. Die Anmeldung hat schriftlich zu erfolgen. Sie soll die in Abschnitt 34 Abs. 2 Nr. 1 bis 7 und 11 erster Halbsatz genannten Angaben sowie die Bezeichnung des Grundstücks enthalten. Soweit nicht nur laufende, sondern auch rückständige Beträge angemeldet werden, sollen die Zeitpunkte, an denen die Beträge fällig geworden sind, in der Anmeldung angegeben werden.

51. – Versteigerungstermin

(1) Die Vollstreckungsbehörde soll in dem Versteigerungstermin vertreten sein. Wird das Mindestgebot nicht erreicht, so soll sie unter den Voraussetzungen des § 74a des Gesetzes über die Zwangsversteigerung und die Zwangsverwaltung die Versagung des Zuschlags beantragen, soweit der Zuschlag nicht bereits nach § 85a dieses Gesetzes zu versagen ist.

(2) In geeigneten Fällen kann die Vollstreckungsbehörde mit vorheriger Zustimmung der vorgesetzten Finanzbehörde im Versteigerungstermin auch als Mitbietender auftreten. Die obersten Finanzbehörden des Bundes und der Länder können das Verfahren im Einzelnen in eigener Zuständigkeit und auch abweichend von Satz 1 regeln.

Eidesstattliche Versicherung

52. – Eidesstattliche Versicherung

(1) Die Vollstreckungsbehörde kann vom Vollstreckungsschuldner die Vorlage eines Vermögensverzeichnisses verlangen und ihn zur Abgabe der eidesstattlichen Versicherung (§ 284 AO) vorladen, wenn
1. die Vollstreckung in das bewegliche Vermögen nicht zur vollständigen Befriedigung geführt hat,
2. anzunehmen ist, dass durch die Vollstreckung in das bewegliche Vermögen eine vollständige Befriedigung nicht zu erlangen sein wird,
3. der Vollstreckungsschuldner die Durchsuchung (§ 287 AO) verweigert hat oder
4. der Vollziehungsbeamte den Vollstreckungsschuldner wiederholt in seinen Wohn- und Geschäftsräumen nicht angetroffen hat, nachdem er einmal die Vollstreckung mindestens zwei Wochen vorher angekündigt hatte; dies gilt nicht, wenn der Vollstreckungsschuldner seine Abwesenheit genügend entschuldigt und den Grund glaubhaft macht.

Die Ladung zu dem Termin zur Abgabe der eidesstattlichen Versicherung ist dem Vollstreckungsschuldner selbst zuzustellen. Der Termin für die Ladung zur Abgabe der eidesstattlichen Versicherung ist auf einen Zeitpunkt nach Bestandskraft der Ladungsverfügung festzusetzen.

(2) Von der Abnahme der eidesstattlichen Versicherung soll Abstand genommen werden, wenn nach Überzeugung der Vollstreckungsstelle feststeht, dass das vom Vollstreckungsschuldner vorgelegte Vermögensverzeichnis vollständig und wahrheitsgemäß ist.

(3) Die Abnahme der eidesstattlichen Versicherung ist unzulässig,

Anhang 8
Vollstreckungsanweisung (VollstrA)

1. wenn die letzte Abgabe einer eidesstattlichen Versicherung durch den Vollstreckungsschuldner im Schuldnerverzeichnis noch nicht gelöscht ist und weniger als drei Jahre zurückliegt, es sei denn, es ist anzunehmen, dass er später Vermögen erworben hat oder dass ein bisher mit ihm bestehendes Arbeitsverhältnis aufgelöst worden ist (§ 284 Abs. 4 AO),

2. solange über einen gegen die Ladung zur Abgabe der eidesstattlichen Versicherung eingelegten Rechtsbehelf nicht unanfechtbar entschieden ist, es sei denn, dass in gleicher Sache frühere Einwendungen derselben Art bereits unanfechtbar zurückgewiesen worden sind; der Rechtsbehelf entfaltet nur dann aufschiebende Wirkung, wenn er begründet worden ist (§ 284 Abs. 6 Sätze 2 und 3 AO).

Die Vollstreckungsstelle hat von Amts wegen festzustellen, ob im Schuldnerverzeichnis (Absatz 7) eine Eintragung darüber besteht, dass der Vollstreckungsschuldner innerhalb der letzten drei Jahre eine eidesstattliche Versicherung abgegeben hat.

(4) Die Abnahme der eidesstattlichen Versicherung darf nicht erzwungen werden, wenn der Vollstreckungsschuldner nicht bereit ist, die eidesstattliche Versicherung vor einer anderen als der für seinen Wohnsitz örtlich zuständigen Vollstreckungsbehörde abzugeben. In diesem Falle hat die Vollstreckungsbehörde die örtlich zuständige Vollstreckungsbehörde um Abnahme der eidesstattlichen Versicherung zu ersuchen.

(5) Verweigert der Vollstreckungsschuldner ohne Grund die Vorlage des Vermögensverzeichnisses oder die Abgabe der eidesstattlichen Versicherung oder erscheint er ohne ausreichende Entschuldigung nicht zu dem anberaumten Termin vor der zuständigen Vollstreckungsbehörde (§ 284 Abs. 5 Satz 1 AO), kann die Vollstreckungsbehörde, die die Vollstreckung betreibt, das Amtsgericht, in dessen Bezirk der Vollstreckungsschuldner seinen Wohnsitz oder in Ermangelung eines solchen seinen Aufenthaltsort hat (§ 899 Abs. 1 ZPO), um Anordnung der Erzwingungshaft ersuchen (§ 284 Abs. 8 AO). Im Übrigen ist das Ersuchen unter den gleichen Voraussetzungen zulässig wie die Anordnung zur Abgabe der eidesstattlichen Versicherung. In dem Ersuchen ist zu bestätigen, dass der Vollstreckungsschuldner zur Abgabe der eidesstattlichen Versicherung verpflichtet ist und die Voraussetzungen zur Anordnung der Haft vorliegen. Dem Ersuchen sind beizufügen:

1. eine beglaubigte Abschrift der Anordnung über die Abgabe der eidesstattlichen Versicherung,

2. eine Zweitschrift des Ersuchens.

Das Ersuchen ist dem Amtsgericht zuzustellen, in der Regel gegen Empfangsbekenntnis. Gleichzeitig ist dem Vollstreckungsschuldner eine Durchschrift des Ersuchens zu übersenden. Lehnt das Amtsgericht das Ersuchen der Vollstreckungsbehörde um Anordnung der Haft ab, ist gegen die Entscheidung die sofortige Beschwerde nach §§ 567 bis 573 ZPO gegeben (§ 284 Abs. 9 AO); gegen die Entscheidung des Beschwerdegerichts über die sofortige Beschwerde ist die Rechtsbeschwerde gegeben, wenn sie im Beschluss zugelassen ist (§ 574 Abs. 1 Nr. 2 ZPO). Die Vorschriften der §§ 901, 902, 904 bis 906, 909 Abs. 1 Satz 2, Abs. 2, §§ 910 und 913 bis 915h der Zivilprozessordnung sind sinngemäß anzuwenden. Für die Verhaftung des Vollstreckungsschuldners auf Grund der Haftanordnung des Amtsgerichts ist der Gerichtsvollzieher zuständig. Die Vollstreckungsbehörde hat dem Gerichtsvollzieher den geschuldeten Betrag sowie den Schuldgrund mitzuteilen und ihn zu ermächtigen, den geschuldeten Betrag anzunehmen und über den Empfang Quittung zu erteilen. Der Vollstreckungsschuldner kann die Verhaftung dadurch abwenden, dass er den geschuldeten Betrag in voller Höhe an den Gerichtsvollzieher zahlt oder nachweist, dass ihm eine Zahlungsfrist bewilligt worden oder die Schuld erloschen ist. Die Verhaftung kann auch dadurch abgewendet werden, dass der Vollstreckungsschuldner dem Gerichtsvollzieher eine Entscheidung vorlegt, aus der sich die Unzulässigkeit der Maßnahme ergibt, oder eine Bankquittung vorlegt, aus der sich ergibt, dass er den geschuldeten Betrag eingezahlt hat. Ist der verhaftete Vollstreckungsschuldner zur Abgabe der eidesstattlichen Versicherung bereit (§ 902 ZPO), hat ihn der Gerichtsvollzieher grundsätzlich der Vollstreckungsbehörde zur Abnahme der eidesstattlichen Versicherung vorzuführen. Abweichend hiervon kann die eidesstattliche Versicherung von dem Gerichtsvollzieher abgenommen werden, wenn sich der Sitz der Vollstreckungsbehörde nicht im Bezirk des für den Gerichtsvollzieher zuständigen Amtsgerichts befindet oder die Abnahme der eidesstattlichen Versicherung durch die Vollstreckungsbehörde nicht möglich ist. Der Gerichtsvollzieher kann unter den gleichen Voraussetzungen wie die Vollstreckungsbehörde von der Abnahme der eidesstattlichen Versicherung absehen.

(6) Ist der Vollstreckungsschuldner nicht selbst handlungsfähig (§ 79 AO), ist die eidesstattliche Versicherung vom Vertreter des Vollstreckungsschuldners abzugeben.

(7) Nach Abgabe der eidesstattlichen Versicherung hat die Vollstreckungsbehörde dem Amtsgericht, in dessen Bezirk der Vollstreckungsschuldner seinen Wohnsitz oder in Ermangelung eines solchen seinen Aufenthaltsort hat (§ 899 Abs. 1 ZPO), Namen, Vornamen, Geburtstag und Anschrift des Vollstreckungsschuldners sowie den Tag der Abgabe der eidesstattlichen Versicherung zur Aufnahme in das Schuldnerverzeichnis mitzuteilen und eine beglaubigte Abschrift des Vermögensverzeichnisses zu übersenden.

(8) Hat ein Vollstreckungsschuldner in einer auf Betreiben der Vollstreckungsbehörde abgelegten eidesstattlichen Versicherung vorsätzlich unvollständige oder falsche Angaben gemacht (§ 156 StGB), darf nach § 30 Abs. 5 AO bei der Strafverfolgungsbehörde Strafanzeige erstattet werden.

53. – Eidesstattliche Versicherung in anderen Fällen

Die Abgabe einer eidesstattlichen Versicherung kann verlangt werden, wenn der Vollstreckungsschuldner die zur Geltendmachung einer von der Vollstreckungsbehörde gepfändeten Forderung nötige Auskunft verweigert. Sie kann auch verlangt werden, wenn wegen Herausgabe einer Urkunde, die über eine gepfändete Forderung des Vollstreckungsschuldners besteht, die Vollstreckung gegen den Vollstreckungsschuldner versucht, die Urkunde aber nicht vorgefunden worden ist (§ 315 Abs. 2, 3 AO). Die Vorschriften des Abschnitts 52 Abs. 1 bis 6 und 8 sind sinngemäß anzuwenden.

Vierter Teil – Arrest

54. – Dinglicher Arrest

(1) Gegen den Steuerschuldner und den Haftungsschuldner sowie gegen den Duldungspflichtigen kann die für die Steuerfestsetzung zuständige Finanzbehörde den dinglichen Arrest (§ 324 AO) anordnen, wenn folgende Voraussetzungen vorliegen:
1. Ein Arrestanspruch: Es muss glaubhaft sein, dass der Finanzbehörde ein Anspruch auf eine Geldleistung gegen den Schuldner oder Duldungspflichtigen zusteht. Es ist nicht erforderlich, dass der Anspruch zahlenmäßig feststeht; es genügt, dass er begründet ist, auch wenn er bedingt oder betagt ist.
2. Ein Arrestgrund: Es muss zu besorgen sein, dass ohne die Anordnung des Arrestes die Vollstreckung des Anspruchs vereitelt oder wesentlich erschwert würde. Liegt ein Leistungsgebot oder eine Steueranmeldung vor (Abschnitt 19), auf Grund deren vollstreckt werden kann, besteht kein Arrestgrund.

(2) Der dingliche Arrest wird schriftlich angeordnet. Die Arrestanordnung muss enthalten:
1. Familienname, Vornamen, Wohnort und Wohnung des Arrestschuldners,
2. die Tatsachen, aus denen sich Bestehen und Höhe des Arrestanspruchs (Absatz 1 Nr. 1) ergeben. Umfasst eine Arrestanordnung mehrere Ansprüche, sind die Beträge einzeln anzugeben,
3. die Tatsachen, aus denen sich der Arrestgrund (Absatz 1 Nr. 2) ergibt,
4. den Ausspruch, dass zur Sicherung des Arrestanspruchs der dingliche Arrest in das Vermögen des Arrestschuldners angeordnet wird. Die Arrestanordnung muss einen bestimmten Geldbetrag (Arrestsumme) bezeichnen, bis zu dessen Höhe der Arrest vollzogen werden kann. Ein Leistungsgebot (Abschnitt 19) darf in die Arrestanordnung nicht aufgenommen werden,
5. die Angabe des Geldbetrages, bei dessen Hinterlegung die Vollziehung des Arrestes gehemmt und der vollzogene Arrest aufzuheben ist (Hinterlegungssumme). Die Hinterlegungssumme ist so zu bemessen, dass Hauptanspruch und Nebenleistungen gedeckt sind,
6. die Unterschrift eines zuständigen Bediensteten und den Abdruck des Dienststempels der Finanzbehörde.

(3) Die Arrestanordnung hat eine Rechtsbehelfsbelehrung zu enthalten. Als Rechtsbehelf ist sowohl der Einspruch nach § 347 Abs. 1 der Abgabenordnung als auch die Anfechtungsklage nach § 45 Abs. 4 der Finanzgerichtsordnung gegeben.

(4) Die Arrestanordnung ist dem Arrestschuldner zuzustellen. Eine Ausfertigung der Arrestanordnung ist zum Zwecke der Vollziehung (Abschnitt 55) unverzüglich der Vollstreckungsstelle zuzuleiten.

(5) Die Arrestanordnung ist aufzuheben, wenn nach ihrem Erlass Umstände bekannt werden, die die Arrestanordnung nicht mehr gerechtfertigt erscheinen lassen (§ 325 AO). Absatz 2 Satz 1 und Absatz 4 Satz 2 finden entsprechende Anwendung. Die Aufhebung der Arrestanordnung ist dem Arrestschuldner mitzuteilen.

55. – Vollziehung des Arrestes

(1) Die Vollziehung einer Arrestanordnung obliegt der Vollstreckungsstelle. Die Vollziehung wird nicht dadurch gehemmt, dass der Arrestschuldner gegen die Arrestanordnung Einspruch einlegt oder Anfechtungsklage erhebt (§ 361 Abs. 1 AO, § 69 Abs. 1 FGO). Auf die Vollziehung des Arrestes sind die §§ 930 bis 932 der Zivilprozessordnung sowie § 99 Abs. 2 und § 106 Abs. 1, 3 und 5 des Gesetzes über Rechte an Luftfahrzeugen entsprechend anzuwenden, an die Stelle des Arrestgerichts und des Vollstreckungsgerichts tritt die Vollstreckungsbehörde, an die Stelle des Gerichtsvollziehers der Vollziehungsbeamte. Soweit auf die Vorschriften über die Pfändung verwiesen wird, sind die entsprechenden Vorschriften der Abgabenordnung anzuwenden. Gepfändete bewegliche Sachen dür-

Anhang 8
Vollstreckungsanweisung (VollstrA)

fen grundsätzlich nicht verwertet werden. Bei der Pfändung von Forderungen und anderen Vermögensrechten darf grundsätzlich die Einziehung nicht angeordnet werden. Es kann jedoch verlangt werden, dass die geschuldete Leistung bei Fälligkeit der Schuld hinterlegt wird. Soll der Arrest in ein Grundstück vollzogen werden, kann nur die Eintragung einer Sicherungshypothek (Arresthypothek) beantragt werden; Zwangsverwaltung oder Zwangsversteigerung sind nicht statthaft (§ 932 ZPO).

(2) Die Vorschriften der §§ 254, 259 der Abgabenordnung gelten für die Arrestvollziehung nicht. Die Vollziehung der Arrestanordnung ist unzulässig, wenn seit dem Tag, an dem die Anordnung unterzeichnet worden ist, ein Monat verstrichen ist (§ 324 Abs. 3 AO). Die Vollziehung ist auch schon vor der Zustellung an den Arrestschuldner zulässig; sie ist jedoch ohne Wirkung, wenn die Zustellung nicht innerhalb einer Woche nach der Vollziehung und innerhalb eines Monats seit der Unterzeichnung erfolgt. Bei Zustellung im Ausland und öffentlicher Zustellung gilt § 169 Abs. 1 Satz 3 der Abgabenordnung entsprechend.

(3) Auf Grund der Arrestanordnung kann der Arrestschuldner zur Leistung der eidesstattlichen Versicherung herangezogen werden, wenn ein Versuch, den Arrest in das bewegliche Vermögen des Arrestschuldners zu vollziehen oder nach Maßgabe des § 315 Abs. 2 Satz 2 der Abgabenordnung eine Urkunde, zum Beispiel einen Hypotheken- oder Grundschuldbrief, zu erlangen, erfolglos geblieben ist. Die Vorschriften der §§ 284, 315 Abs. 3, 4 der Abgabenordnung und der Abschnitt 52, 53 sind entsprechend anzuwenden.

(4) Hat der Arrestschuldner oder ein Dritter den Betrag der Hinterlegungssumme (Abschnitt 54 Abs. 2 Nr. 5 Satz 1) in Geld hinterlegt, hat die Vollstreckungsstelle von Maßnahmen der Arrestvollziehung Abstand zu nehmen. Das gleiche gilt, wenn mit Genehmigung der Vollstreckungsstelle in anderer Weise als durch Hinterlegung von Geld Sicherheit für den Betrag der Hinterlegungssumme geleistet wird (§§ 241, 246, 247 AO).

(5) Wird der Anspruch, zu dessen Sicherung der dingliche Arrest angeordnet worden ist, nicht erfüllt, hat die Vollstreckungsbehörde, sobald für den Anspruch ein vollstreckbares Leistungsgebot vorliegt (§ 254 AO), Sicherheiten, die der Arrestschuldner zur Abwendung der Arrestvollziehung (Absatz 4) bestellt oder die Vollstreckungsbehörde durch Vollziehung des Arrestes erlangt hat, zu verwerten (vgl. § 327 AO). Die Verwertung der Sicherheiten obliegt der Vollstreckungsstelle. Mit der Verwertung darf erst begonnen werden, wenn dem Vollstreckungsschuldner die Verwertungsabsicht schriftlich bekannt gegeben und seit der Bekanntgabe mindestens eine Woche verstrichen ist. Ein Pfandrecht, das an einem Vermögensgegenstand des Vollstreckungsschuldners besteht, wird in gleicher Weise verwertet wie ein durch Vollstreckung erlangtes Pfandrecht. Bei der Pfändung von Forderungen und anderen Vermögensrechten ist die Einziehung anzuordnen, sofern nicht auf andere Art zu verwerten ist.

56. – Persönlicher Sicherheitsarrest

(1) Die für die Steuerfestsetzung zuständige Finanzbehörde kann bei dem Amtsgericht, in dessen Bezirk die Finanzbehörde ihren Sitz hat oder sich der Pflichtige befindet, einen Antrag auf Anordnung eines persönlichen Sicherheitsarrestes (§ 326 AO) stellen, wenn ein Arrestanspruch und ein Arrestgrund (vgl. Abschnitt 54 Abs. 1 Nr. 1 und 2) vorliegen. Der Antrag ist nur zulässig, wenn andere Mittel zur Sicherung der Vollstreckung, namentlich der dingliche Arrest, ohne Erfolg waren oder voraussichtlich keinen Erfolg haben werden.

(2) In dem Antrag hat die Finanzbehörde den Anspruch nach Art und Höhe sowie die Tatsachen anzugeben, die den besonderen Arrestgrund für den persönlichen Sicherheitsarrest ergeben.

(3) Die Finanzbehörde bedarf für den Antrag auf Anordnung des persönlichen Sicherheitsarrestes der Zustimmung der vorgesetzten Finanzbehörde. Die Zustimmung soll vor Absendung des Antrages eingeholt werden. Ist Gefahr im Verzug, darf der Antrag auch ohne vorherige Zustimmung gestellt werden. In diesem Falle ist die Genehmigung der vorgesetzten Finanzbehörde unverzüglich einzuholen. Wird diese versagt, ist der Antrag umgehend zurückzunehmen.

(4) Die Anordnung und Aufhebung des persönlichen Sicherheitsarrestes erfolgen durch das Amtsgericht, in dessen Bezirk die Finanzbehörde ihren Sitz hat oder sich der Pflichtige befindet.

Fünfter Teil – Insolvenzverfahren

57. – Verfahrensarten

(1) Das Insolvenzrecht unterscheidet zwischen dem Regelinsolvenzverfahren (§§ 1 bis 285 InsO), dem Verbraucherinsolvenzverfahren (§§ 304 bis 314 InsO) und besonderen Arten des Insolvenzverfahrens (§§ 315 bis 334 InsO; zum Beispiel Nachlassinsolvenz).

(2) *Das Regelinsolvenzverfahren* wird durchgeführt, soweit nicht ein Verbraucherinsolvenzverfahren (Absatz 3) oder ein Verfahren nach §§ 315 bis 334 der Insolvenzordnung in Betracht kommt. Im Regelinsolvenzverfahren wird die gemeinschaftliche Befriedigung der Gläubiger dadurch erreicht, dass entweder das Vermögen des Schuldners verwertet und der Erlös verteilt oder in einem Insolvenzplan eine abweichende Regelung getroffen wird (Abschnitte 60, 61).

Anhang 8
Vollstreckungsanweisung (VollstrA)

(3) Bei natürlichen Personen, die keine selbstständige wirtschaftliche Tätigkeit ausüben oder ausgeübt haben (§ 304 Abs. 1 Satz 1 InsO), wird das Verbraucherinsolvenzverfahren durchgeführt (Abschnitt 63). Bei natürlichen Personen, die eine selbstständige wirtschaftliche Tätigkeit ausgeübt haben, wird das Verbraucherinsolvenzverfahren durchgeführt, wenn ihre Vermögensverhältnisse überschaubar sind und gegen sie keine Forderungen aus Arbeitsverhältnissen bestehen (§ 304 Abs. 1 Satz 2 InsO).

(4) An das Regel- oder das Verbraucherinsolvenzverfahren schließt sich auf Antrag des Schuldners, wenn dieser eine natürliche Person ist, das Restschuldbefreiungsverfahren an (Abschnitt 64).

58. – Eröffnungsantrag der Vollstreckungsbehörde

(1) Der Antrag, über das Vermögen des Vollstreckungsschuldners das Insolvenzverfahren zu eröffnen, kann gestellt werden, wenn dem Vollstreckungsgläubiger eine Geldforderung zusteht, bei der die Voraussetzungen für die Einzelvollstreckung vorliegen (Abschnitt 4, § 254 AO) und ein Insolvenzgrund (Absatz 2) glaubhaft gemacht werden kann (§ 14 InsO).

(2) Die Eröffnung des Insolvenzverfahrens setzt die Zahlungsunfähigkeit des Vollstreckungsschuldners voraus, soweit nicht auch Überschuldung als Insolvenzgrund bestimmt ist. Zahlungsunfähigkeit liegt vor, wenn der Schuldner nicht in der Lage ist, seine fälligen Zahlungspflichten zu erfüllen. In der Regel ist Zahlungsunfähigkeit anzunehmen, wenn Zahlungseinstellung erfolgt ist (§ 17 Abs. 2 InsO). Für die Eröffnung des Insolvenzverfahrens über das Vermögen von juristischen Personen des Privatrechts, von Personengesellschaften (§ 11 Abs. 2 Nr. 1 InsO), wenn kein persönlich haftender Gesellschafter eine natürliche Person ist, oder eines nicht rechtsfähigen Vereins, der als Verein verklagt werden kann (§ 11 Abs. 1 Satz 2 InsO, § 54 BGB, § 50 Abs. 2 ZPO), oder einen Nachlass (§ 320 InsO) bildet sowohl die Zahlungsunfähigkeit als auch die Überschuldung einen Insolvenzgrund. Überschuldung liegt vor, wenn das Vermögen die bestehenden Verbindlichkeiten nicht mehr deckt (§ 19 Abs. 2 InsO). Für eingetragene Genossenschaften enthält § 98 Abs. 1 des Genossenschaftsgesetzes Sondervorschriften.

(3) Ein Antrag auf Eröffnung des Insolvenzverfahrens obliegt grundsätzlich der Vollstreckungsbehörde, die die Vollstreckung betreibt. Er muss Angaben zu den geschuldeten Beträgen und zum Insolvenzgrund enthalten.

(4) Lehnt das Insolvenzgericht (§ 3 InsO) einen Antrag auf Eröffnung des Insolvenzverfahrens ab, steht der Vollstreckungsbehörde gegen die Entscheidung das Rechtsmittel der sofortigen Beschwerde zu (§ 34 Abs. 1 InsO). Die Beschwerde ist binnen einer Notfrist von zwei Wochen bei dem Gericht, dessen Entscheidung angefochten wird (§ 3 InsO), oder bei dem Beschwerdegericht durch Beschwerdeschrift einzureichen (§§ 4 InsO, 569 ZPO). Die Frist beginnt mit der Verkündung des Entscheidung (§ 6 Abs. 2 InsO). Gegen die Entscheidung des Beschwerdegerichtes ist die Rechtsbeschwerde gegeben (§§ 7 InsO, 574 ZPO). Die Rechtsbeschwerde ist binnen einer Notfrist von einem Monat nach Zustellung des Beschlusses über die sofortige Beschwerde bei dem Rechtsbeschwerdegericht durch Beschwerdeschrift einzulegen (§ 575 ZPO).

59. – Kostenvorschuss

(1) Macht das Insolvenzgericht die Eröffnung des Insolvenzverfahrens von der Leistung eines Kostenvorschusses abhängig, so ist dieser in der Regel erst dann einzuzahlen, wenn sich aus den Ermittlungen des Insolvenzgerichts oder nach Aktenlage ergibt, dass voraussichtlich mit einer Insolvenzmasse zu rechnen ist, die eine nennenswerte Befriedigung erwarten lässt (zum Beispiel durch Insolvenzanfechtung). Das kann der Fall sein, wenn durch weitere Sachverhaltsaufklärung, zum Beispiel durch eidliche Vernehmung des Schuldners oder auf Grund der Auskunfts- und Mitwirkungspflichten des Schuldners oder Dritter gemäß §§ 5, 97 ff. InsO, mit Hinweisen auf verwertbares Vermögen gerechnet werden kann, oder Auslandsvermögen zu vermuten ist.

(2) Hat die Vollstreckungsbehörde einen Vorschuss geleistet, so kann dieser im Fall der nicht vollständigen Rückerstattung aus der Masse von Personen zurückverlangt werden, die eine rechtzeitige Antragstellung pflichtwidrig und schuldhaft unterlassen haben (§ 26 Abs. 3 InsO).

60. – Steuerforderungen im Insolvenzverfahren

(1) Die persönlichen Ansprüche des Vollstreckungsgläubigers gegen den Vollstreckungsschuldner (Abschnitt 3 Abs. 1, 2) sind, soweit sie zur Zeit der Eröffnung des Insolvenzverfahrens begründet sind, in der Regel Insolvenzforderungen (§ 38 InsO). Dies gilt auch, wenn dem Vollstreckungsgläubiger neben dem persönlichen Anspruch ein Recht auf abgesonderte Befriedigung zusteht (§§ 49 bis 51, 165 bis 173 InsO). Geldbußen, Ordnungsgelder, Zwangsgelder sowie ab Verfahrenseröffnung anfallende Zinsen und Säumniszuschläge sind nachrangige Insolvenzforderungen im Sinne von § 39 der Insolvenzordnung.

(2) Ist über das Vermögen eines Vollstreckungsschuldners das Insolvenzverfahren eröffnet worden, können die Insolvenzgläubiger ihre Ansprüche während der Dauer des Verfahrens weder in

1097

das zum Zeitpunkt der Eröffnung vorhandene noch in das danach vom Schuldner erworbene Vermögen (sog. Neuerwerb) im Wege der Einzelzwangsvollstreckung verfolgen (§ 89 InsO). Für die Geltendmachung der Abgabenforderungen sind grundsätzlich die Vorschriften der Insolvenzordnung maßgeblich (§ 251 Abs. 2 Satz 1 AO). Während des Insolvenzverfahrens dürfen hinsichtlich der Insolvenzforderungen Verwaltungsakte über die Festsetzung und Anforderung von Ansprüchen aus dem Steuerschuldverhältnis nicht mehr ergehen. Bescheide, die einen Erstattungsanspruch zugunsten der Insolvenzmasse festsetzen, können bekannt gegeben werden. Durch die Eröffnung des Insolvenzverfahrens wird der Erlass von Steuermess- und Feststellungsbescheiden gehindert, soweit diese ausschließlich Besteuerungsgrundlagen feststellen, auf deren Grundlage Insolvenzforderungen anzumelden sind. In Gewerbesteuerfällen teilt die Festsetzungsstelle der steuerberechtigten Körperschaft den berechneten Messbetrag formlos für Zwecke der Anmeldung im Insolvenzverfahren mit.

(3) Sobald die Vollstreckungsstelle von der Eröffnung des Insolvenzverfahrens (§ 30 InsO) Kenntnis erlangt, sind alle in Betracht kommenden Festsetzungsstellen, evtl. auch Stellen anderer Finanzbehörden (zum Beispiel der für die Festsetzung der Erbschaft- und Schenkungsteuer zuständigen Finanzbehörde), zu informieren. Diese haben zu ermitteln, ob außer den bereits angezeigten Ansprüchen noch weitere Abgabenforderungen gegen den Schuldner bestehen. Dazu gehören auch Forderungen, die noch nicht festgesetzt, aber im Zeitpunkt der Eröffnung bereits begründet sind.

(4) Hat das Insolvenzgericht im Antragsverfahren zur Sicherung der Masse einen vorläufigen Insolvenzverwalter bestellt und dem Schuldner ein allgemeines Verfügungsverbot auferlegt (§ 21 Abs. 2 Nrn. 1, 2 1. Alt. InsO), ist Absatz 2 Sätze 2 bis 5 entsprechend anzuwenden. Ab diesem Zeitpunkt begründete Abgabenansprüche gelten nach der Eröffnung des Verfahrens als sonstige Masseverbindlichkeiten (§ 55 Abs. 2 InsO). Nur die bis zum Zeitpunkt der Bestellung des vorläufigen Verwalters begründeten Abgabenforderungen sind Insolvenzforderungen. Wird das Verfahren nicht eröffnet, hat der vorläufige Insolvenzverwalter die von ihm begründeten Abgabenforderungen aus dem von ihm verwalteten Vermögen zu erfüllen (§ 25 Abs. 2 InsO).

(5) Hat das Insolvenzgericht im Eröffnungsbeschluss angeordnet, dass dem Verwalter vorab mitzuteilen ist, ob Sicherungsrechte an Sachen und Rechten des Schuldners in Anspruch genommen werden, sind die erforderlichen Angaben zu Pfändungspfand- und sonstigen Sicherungsrechten unverzüglich dem Insolvenzverwalter bekannt zu geben (§ 28 Abs. 2 InsO).

(6) Die Abgabenforderungen sind innerhalb der gesetzten Frist schriftlich beim Insolvenzverwalter – im Fall der Eigenverwaltung beim Sachwalter – anzumelden (§§ 87, 27, 28 Abs. 1, § 174 Abs. 1, § 270 Abs. 3 InsO), soweit nicht die Möglichkeit einer Aufrechnung (§§ 94 bis 96 InsO) besteht. Dies gilt auch, soweit außer dem Schuldner noch ein anderer die Leistung schuldet oder dafür haftet. Die Anmeldung soll die in Abschnitt 34 Abs. 2 Nrn. 1 bis 7 und 11 erster Halbsatz bezeichneten Angaben sowie eine Erklärung darüber enthalten, ob für die Abgabenforderung abgesonderte Befriedigung begehrt wird (§§ 49 bis 52, 174 InsO). Die Anmeldung muss ferner einen Hinweis darauf enthalten, welche Forderungen vor der Eröffnung festgesetzt oder vorangemeldet und welche unanfechtbar sind. Nachrangige Abgabenforderungen im Sinne von § 39 der Insolvenzordnung sind nur anzumelden, soweit das Insolvenzgericht hierzu ausdrücklich auffordert (§ 174 Abs. 3 InsO); das Vollstreckungsverbot (§ 89 InsO) bleibt unberührt. Abgabenansprüche können auch nach Ablauf der Frist jederzeit nachgemeldet werden (§ 177 InsO).

(7) Ist eine zur Tabelle angemeldete Abgabenforderung vom Verwalter oder einem Insolvenzgläubiger im Prüfungstermin bestritten worden, erteilt das Insolvenzgericht einen beglaubigten Auszug aus der Tabelle. Die Vollstreckungsbehörde hat den Anspruch zeitnah durch Erlass eines Feststellungsbescheides gemäß § 251 Abs. 3 der Abgabenordnung selbst zu verfolgen, soweit die Eigenschaft als Insolvenzforderung bestritten wird oder der Schuldner vor Eröffnung des Insolvenzverfahrens weder einen Festsetzungsbescheid noch ein Leistungsgebot erhalten hat oder – wenn die Vollstreckbarkeit von einer Steueranmeldung (§§ 167, 168 AO) abhängt – keine Steueranmeldung abgegeben hat (nicht titulierte Forderungen, § 179 Abs. 1 InsO). Es bleibt jedoch der Vollstreckungsbehörde – insbesondere zur Erlangung des Stimmrechts (§ 77 InsO) – unbenommen, den Widerspruch auch dann zu verfolgen, wenn der Schuldner bereits vor der Eröffnung des Insolvenzverfahrens einen Festsetzungsbescheid bzw. ein Leistungsgebot erhalten oder eine Steueranmeldung abgegeben hat (titulierte Forderungen, § 179 Abs. 2 InsO). Die Verfolgung der bestrittenen und im Zeitpunkt der Verfahrenseröffnung bereits bestandskräftigen titulierten Forderungen kann durch Feststellungsbescheid gemäß § 251 Abs. 3 der Abgabenordnung geschehen; festzustellen ist lediglich, dass die angemeldete Forderung bestandskräftig festgesetzt ist und die Voraussetzungen für eine Wiedereinsetzung (§ 110 AO) oder eine Korrektur (§§ 129 ff., 164, 165, 172 ff. AO) nicht vorliegen. Eine durch die Verfahrenseröffnung oder die Bestellung eines vorläufigen Insolvenzverwalters mit Verwaltungs- und Verfügungsbefugnis (§ 22 Abs. 1 InsO) unterbrochene Rechtsbehelfsfrist wird durch schriftliche Erklärung gegenüber dem Bestreitenden in Lauf gesetzt. § 240 Satz 1 und § 249 Abs. 1 ZPO sind entsprechend anzuwenden. War zu diesem Zeitpunkt bereits ein Einspruch anhängig, ist das Steuerstreitverfahren aufzunehmen (§ 180 Abs. 2 InsO). Die für eine Feststellung der bestrittenen Forderungen erforderlichen Maßnahmen werden auf Veranlassung

der Vollstreckungsstelle von den Festsetzungsstellen oder den Rechtsbehelfsstellen betrieben. Das Bestreiten der Abgabenforderungen durch den Schuldner hindert deren Feststellung nicht (§ 178 Abs. 1 InsO). Verfolgt die Vollstreckungsbehörde den Anspruch gegenüber dem Schuldner, um nach Beendigung oder Aufhebung des Insolvenzverfahrens über einen vollstreckbaren Titel zu verfügen, sind während der Verfahrensdauer lediglich feststellende Verwaltungsakte zulässig.

61. – Insolvenzplan

(1) In einem Insolvenzplan, der nur vom Verwalter oder vom Schuldner eingebracht werden kann, können die Beteiligten – insbesondere mit dem Ziel der (Teil-)Sanierung – von den Regelungen der Insolvenzordnung abweichende Vereinbarungen treffen. Die Regelungen des Insolvenzplans beinhalten ausschließlich Insolvenzforderungen im Sinne der §§ 38, 39 der Insolvenzordnung. Masseforderungen werden durch die Wirkungen eines Insolvenzplans nicht berührt (§ 254 InsO). Die Vollstreckungsbehörde kann im Rahmen der Gläubigerversammlung auf die Erstellung und den Inhalt eines Insolvenzplans einwirken (§§ 74 ff., 157 InsO).

(2) Weist das Insolvenzgericht den Plan nicht gemäß § 231 der Insolvenzordnung zurück, hat es diesen mit den Stellungnahmen der Beteiligten (§ 232 InsO) in der Geschäftsstelle zur Einsichtnahme niederzulegen (§ 234 InsO), einen Erörterungs- und Abstimmungstermin zu bestimmen (§ 235 Abs. 1 InsO) und die Insolvenzgläubiger unter Beifügung des Plans beziehungsweise einer Zusammenfassung des wesentlichen Inhalts zu laden (§ 235 Abs. 3 InsO). Nach Eingang des Plans hat die Vollstreckungsstelle unter Einbindung der weiterhin beteiligten Dienststellen zu prüfen, ob sämtliche angemeldeten Ansprüche enthalten sind, der Planvorschlag nach den im Plan beziehungsweise in den Anlagen hierzu dargestellten wirtschaftlichen Verhältnissen und der voraussichtlichen Entwicklung der wirtschaftlichen Lage realisierbar ist und die Regelungen im gestaltenden Teil des Plans (Zahlungen, Verzichte) im Verhältnis zu den anderen Gläubigern angemessen sind. Es ist insbesondere darauf zu achten, dass die Vollstreckungsbehörde durch den Plan nicht schlechter gestellt wird, als sie ohne den Plan stünde. Soweit absehbar ist, dass zum Beispiel infolge erheblicher Steuerforderungen oder der Beteiligung mehrerer Vollstreckungsbehörden eine zeitaufwendige Prüfung notwendig ist, sollte die Vollstreckungsstelle den Insolvenzplan und die von den Beteiligten eingegangenen Stellungnahmen auch vorab bei der Geschäftsstelle des Gerichts einsehen (§ 235 Abs. 2 InsO).

(3) Hat der Insolvenzverwalter oder ein stimmberechtigter Gläubiger angemeldete Forderungen oder Absonderungsrechte bestritten, ist das Feststellungsverfahren zeitnah zu betreiben (Abschnitt 60 Abs. 7), weil zunächst nur die bereits festgestellten Forderungen und Absonderungsrechte ein Stimmrecht gewähren (§§ 237, 238 in Verbindung mit § 77 Abs. 1 Satz 1, Abs. 2 und Abs. 3 Nr. 1 InsO).

(4) Für die Zustimmung zum Insolvenzplan sind weitgehend wirtschaftliche Gesichtspunkte maßgeblich. Eine Zustimmung kommt regelmäßig dann nicht in Betracht, wenn

– auf Grund des bisherigen Verhaltens nicht mit der ordnungsgemäßen Erfüllung steuerlicher Pflichten zu rechnen ist,

– die Planvereinbarungen voraussichtlich nicht eingehalten werden oder

– die Vollstreckungsbehörde durch den Insolvenzplan schlechter gestellt wäre, als sie bei Fortführung des Insolvenzverfahrens stünde.

Neben der ausdrücklichen Ablehnung bei der Abstimmung hat die Vollstreckungsbehörde dem Insolvenzplan spätestens im Abstimmungstermin schriftlich oder zu Protokoll der Geschäftsstelle zu widersprechen (§ 251 InsO). Bei der Zustimmung zu einem Insolvenzplan hat die Vollstreckungsbehörde darauf zu achten, dass die Wiederauflebensklausel des § 255 der Insolvenzordnung nicht ausgeschlossen ist (Absatz 7).

(5) Die Annahme des Insolvenzplans setzt voraus, dass die Gläubiger beziehungsweise – im Regelfall der Einteilung der Gläubiger in mehrere Gruppen (§ 222 InsO) – die einzelnen Gruppen mehrheitlich (Kopf- und Summenmehrheit) zugestimmt haben (§ 243 InsO) oder die fehlende Zustimmung einer Abstimmungsgruppe ersetzt worden ist (§ 245 InsO). Der Plan bedarf außerdem der Bestätigung durch das Insolvenzgericht (§ 248 InsO). Die gerichtliche Prüfung umfasst auf Antrag auch die Rechte der Vollstreckungsbehörde, die dem Plan auf Grund ihrer wirtschaftlichen Schlechterstellung nicht zugestimmt und spätestens im Abstimmungstermin widersprochen hat (Minderheitenschutz, § 251 InsO). Die Vollstreckungsbehörde hat die Voraussetzungen des Minderheitenschutzes im Antrag glaubhaft zu machen. Gegen die Entscheidung des Gerichts ist die sofortige Beschwerde zulässig (§ 253 InsO; vgl. Abschnitt 58 Abs. 4).

(6) Die im bestätigten Insolvenzplan festgelegten Rechtswirkungen treten kraft Gesetzes ein (§ 254 Abs. 1 InsO). Soweit auf Abgabenforderungen verzichtet wurde, werden diese zu so genannten unvollkommenen Forderungen, die gegenüber dem Schuldner nicht mehr geltend gemacht werden können (Vollstreckungs- und Aufrechnungsverbot). Etwaige Haftungsschuldner können aber weiterhin in Anspruch genommen werden, soweit nicht ein Haftungsausschluss nach § 227 Abs. 2

der Insolvenzordnung in Betracht kommt. § 191 Abs. 5 Nr. 2 der Abgabenordnung ist insoweit nicht anwendbar.

(7) Die Vollstreckungsstelle hat die Erfüllung des Plans zu überwachen. Hält der Schuldner die Zahlungsverpflichtungen gegenüber der Vollstreckungsbehörde nicht ein, ist er schriftlich zu mahnen und ihm eine Frist von mindestens zwei Wochen zur Nachentrichtung des Betrags zu setzen (§ 255 Abs. 1 Satz 2 InsO). Wird der Rückstand nicht beglichen, ist die Insolvenzplanstundung oder der Insolvenzplanerlass – vorbehaltlich anders lautender Regelungen im Insolvenzplan – gegenüber der Vollstreckungsbehörde hinfällig. In diesem Fall ist der Schuldner zur Zahlung des gesamten Rückstandes einschließlich der nach dem Plan als erlassen geltenden Beträge aufzufordern. Erforderlichenfalls ist die Vollstreckung wegen der Gesamtrückstände zu veranlassen. Auf Grund der Erkenntnisse aus dem bisherigen Verfahren kommt auch ein erneuter Insolvenzantrag in Betracht.

(8) Die Vollstreckungsstelle hat darauf zu achten, dass der Insolvenzverwalter die steuerlichen Masseansprüche pflichtgemäß erfüllt beziehungsweise Sicherheit leistet (§ 258 Abs. 2 InsO).

62. – Gläubigerausschuss

(1) Wird im Insolvenzverfahren ein Gläubigerausschuss bestellt (§§ 67 bis 73 InsO) und ist das Insolvenzverfahren für den Insolvenzgläubiger von besonderer Bedeutung, kann die Vollstreckungsbehörde darauf hinwirken, dass die erhebungsberechtigte Körperschaft – vertreten durch die Vollstreckungsbehörde – in den Gläubigerausschuss gewählt wird. Eine besondere Bedeutung kann sich namentlich daraus ergeben, dass erhebliche Abgabenforderungen bestehen und ein Insolvenzplan eingereicht wurde oder aufgestellt werden soll.

(2) Ist ein Gläubigerausschuss nicht bestellt und liegen Umstände nach Absatz 1 vor, die eine Bestellung als zweckmäßig erscheinen lassen, soll die Vollstreckungsbehörde gegebenenfalls die Bestellung eines Gläubigerausschusses anregen.

63. – Verbraucherinsolvenzverfahren

(1) Bevor der Schuldner einen Antrag auf Eröffnung des vereinfachten Insolvenzverfahrens stellen kann, muss er versuchen eine außergerichtliche Einigung mit den Gläubigern über die Schuldenbereinigung herbeizuführen (§ 305 Abs. 1 Nr. 1 InsO). Der Versuch gilt als gescheitert, wenn ein Gläubiger die Zwangsvollstreckung betreibt, nachdem Verhandlungen über die außergerichtliche Schuldenbereinigung aufgenommen wurden (§ 305a InsO). Hat der Schuldner nach dem Scheitern eines außergerichtlichen Einigungsversuches einen Antrag auf Eröffnung des vereinfachten Insolvenzverfahrens unter Beifügung eines Schuldenbereinigungsplans gestellt (§ 305 InsO), ruht die Entscheidung über den Insolvenzantrag (§ 306 Abs. 1 InsO). Das Insolvenzgericht stellt den vom Schuldner eingereichten Schuldenbereinigungsplan sowie die Vermögensübersicht an die Gläubiger zu, sofern es nicht nach Anhörung des Schuldners zu der Überzeugung gelangt ist, dass dem Schuldenbereinigungsplan voraussichtlich nicht angenommen wird (Absatz 4). Die übrigen in § 305 Abs. 1 Nr. 3 InsO genannten Verzeichnisse werden beim Insolvenzgericht zur Einsicht niedergelegt (§ 307 Abs. 1 InsO).

Die Vollstreckungsstelle hat die vom Gericht zugestellte Vermögensübersicht und den Schuldenbereinigungsplan unter Beteiligung aller in Betracht kommenden Dienststellen unverzüglich daraufhin zu überprüfen, ob alle bis zum Ablauf der vom Gericht genannten Frist entstandenen Abgabenansprüche (zum Beispiel entstandene, aber noch nicht festgesetzte Abgabenforderungen) aufgenommen worden sind. Gegebenenfalls hat die Vollstreckungsstelle die beim Gericht niedergelegten Verzeichnisse einzusehen. Insbesondere ist das Forderungsverzeichnis einzusehen, wenn sich dem Schuldenbereinigungsplan nicht zweifelsfrei entnehmen lässt, ob alle Abgabenansprüche berücksichtigt sind. Um Rechtsnachteile zu vermeiden (§ 308 InsO), sind Ergänzungen und die Stellungnahme zum Plan dem Gericht fristgerecht zuzuleiten. Will die Vollstreckungsbehörde dem Plan zustimmen, ist darauf hinzuwirken, dass in dem Plan das Wiederaufleben der gesamten Forderungen festgelegt ist, falls der Plan nicht erfüllt wird (Wiederauflebensklausel, § 304 Abs. 1, § 255 InsO). Während des gerichtlichen Schuldenbereinigungsverfahrens können weitere Verwaltungsakte über die Festsetzung von Abgabenansprüchen ergehen und Einzelvollstreckungsmaßnahmen durchgeführt werden, solange das Gericht keine entsprechenden Sicherungsmaßnahmen angeordnet hat (§ 306 Abs. 2, § 21 InsO).

(2) Der angenommene Schuldenbereinigungsplan hat die Wirkung eines (Prozess-)Vergleichs im Sinne des § 794 Abs. 1 Nr. 1 der Zivilprozessordnung (§ 308 Abs. 1 Satz 2 InsO). Diese Rechtswirkung tritt kraft Gesetzes auch für Abgabenforderungen ein. Stehen der Vollstreckungsbehörde aus dem Schuldenbereinigungsplan Zahlungsansprüche oder sonstige Rechte zu, hat sie die im Plan festgelegte Befriedigung zu überwachen. Abgabenansprüche, die nach Ablauf der Notfrist entstanden sind (Absatz 1), werden vom Schuldenbereinigungsplan nicht berührt und können uneingeschränkt geltend gemacht werden. Gleiches gilt, wenn der Vollstreckungsbehörde ein

Anhang 8
Vollstreckungsanweisung (VollstrA)

Schuldenbereinigungsplan nicht zugestellt wurde und daher keine Möglichkeit zur Mitwirkung bestand (§ 308 Abs. 3 InsO).

(3) Hat die Vollstreckungsbehörde dem Schuldenbereinigungsplan widersprochen und teilt das Insolvenzgericht mit, dass es beabsichtigt, die Zustimmung der Vollstreckungsbehörde zum Schuldenbereinigungsplan zu ersetzen, hat diese die Gründe, die einer Zustimmungsersetzung entgegenstehen (§ 309 Abs. 1 Satz 2 und Abs. 3 InsO), dem Gericht vorzutragen und glaubhaft zu machen; gegen den Beschluss des Gerichts ist die sofortige Beschwerde zulässig (§ 309 Abs. 2 InsO; vgl. Abschnitt 58 Abs. 4).

(4) Das Verfahren über den Eröffnungsantrag wird wieder aufgenommen, wenn das Insolvenzgericht nach Anhörung des Schuldners zu der Überzeugung gelangt, dass der Schuldenbereinigungsplan voraussichtlich nicht angenommen wird (§ 306 Abs. 1 Satz 3 InsO) oder Einwendungen gegen den Schuldenbereinigungsplan erhoben werden, die vom Gericht nicht gemäß § 309 InsO durch gerichtliche Zustimmung ersetzt werden (§ 311 InsO). Für das vereinfachte Insolvenzverfahren finden grundsätzlich die allgemeinen Vorschriften Anwendung, soweit nicht die Vereinfachungsregelungen der §§ 312 bis 314 der Insolvenzordnung etwas anderes bestimmen. Abweichend von den Ausführungen in Abschnitt 60 Abs. 6 sind die Abgabenforderungen beim Treuhänder anzumelden (§ 313 InsO). Zur Verwertung von Gegenständen, an denen Absonderungsrechte bestehen, ist der Treuhänder nicht befugt (§ 313 Abs. 3 InsO); Anfechtungen von Rechtshandlungen (§§ 129 bis 147 InsO) kann er nur vornehmen, wenn er von der Gläubigerversammlung damit beauftragt wurde (§ 313 Abs. 2 InsO). Ein etwaiger Anfechtungsanspruch, der im Zivilrechtsweg zu verfolgen ist, kann daher gegebenenfalls auch durch die vertretungsberechtigte Behörde geltend gemacht werden. Die Vollstreckungsbehörde hat ferner die Verwertung von Sachen, an denen ihr Pfandrechte zustehen, selbst durchzuführen.

64. – Restschuldbefreiung

(1) Hat der Schuldner rechtzeitig einen Antrag auf Restschuldbefreiung gestellt (§ 287 InsO) und sind der Vollstreckungsbehörde Versagungsgründe nach § 290 der Insolvenzordnung bekannt, hat die Vollstreckungsbehörde im Schlusstermin die Versagung der Restschuldbefreiung zu beantragen (§ 289 Abs. 1 InsO). Wird dieser Antrag vom Insolvenzgericht abgewiesen, kann sofortige Beschwerde erhoben werden (§ 289 Abs. 2 InsO; vgl. Abschnitt 58 Abs. 4).

(2) Hat das Insolvenzgericht die Restschuldbefreiung angekündigt (§ 291 InsO), beginnt die so genannte Wohlverhaltensphase mit Eröffnung des Insolvenzverfahrens (§ 287 Abs. 2 Satz 1 InsO). Während dieses Zeitraums sind Vollstreckungsmaßnahmen wegen der Insolvenzforderungen in das Vermögen des Schuldners unzulässig (§ 294 Abs. 1 InsO). Wird der Vollstreckungsstelle oder einer anderen beteiligten Dienststelle bekannt, dass der Schuldner Obliegenheiten verletzt und dadurch die Befriedigung der Insolvenzgläubiger beeinträchtigt, hat die Vollstreckungsbehörde beim Insolvenzgericht Antrag auf Versagung der Restschuldbefreiung zu stellen und ihre Angaben durch entsprechende Unterlagen glaubhaft zu machen (§ 296 InsO). Gegen die Entscheidung des Gerichts ist die sofortige Beschwerde gegeben.

(3) Ist die Wohlverhaltensperiode abgelaufen, entscheidet das Gericht nach Anhörung der Gläubiger, des Treuhänders und des Schuldners über die Erteilung der Restschuldbefreiung (§ 300 InsO). Die Vollstreckungsbehörde hat erneut die Möglichkeit, etwaige Versagungsgründe vorzutragen. Wird die Restschuldbefreiung erteilt, wirkt sie gegen alle Insolvenzgläubiger, auch wenn diese ihre Forderungen nicht angemeldet haben (§ 301 InsO). Die Vollstreckungsbehörde kann deshalb die vom Verfahren betroffenen Abgabenforderungen nicht mehr gegen den Schuldner geltend machen. Haftungs- oder andere Gesamtschuldner können jedoch weiterhin in Anspruch genommen werden (§ 301 Abs. 2 InsO).

(4) Von der Restschuldbefreiung werden unter anderem Geldstrafen, Geldbußen, Zwangsgelder usw. nicht berührt (§ 302 InsO). Unter den Voraussetzungen des § 303 der Insolvenzordnung kann die Restschuldbefreiung widerrufen werden.

Sechster Teil – Löschung, gewerbe- und berufsrechtliche Verfahren, Maßnahmen nach dem Pass- sowie Aufenthaltsgesetz, Abmeldung von Fahrzeugen von Amts wegen

65. – Löschung im Handelsregister oder im Genossenschaftsregister

Während des Vollstreckungsverfahrens ist bei gegebenem Anlass zu prüfen, ob Tatbestände vorliegen, die zur Einleitung eines Verfahrens nach

1. §§ 141a bis 144a des Gesetzes über die Angelegenheiten der freiwilligen Gerichtsbarkeit führen können, soweit es sich um juristische Personen oder Personengesellschaften ohne natürliche Person als persönlich haftenden Gesellschafter handelt,
2. §§ 141 bis 144a des Gesetzes über die Angelegenheiten der freiwilligen Gerichtsbarkeit in Verbindung mit §§ 143, 131, 161 des Handelsgesetzbuches führen können, soweit es sich um eine offene Handelsgesellschaft oder eine Kommanditgesellschaft handelt, oder

3. §§ 141 bis 143 in Verbindung mit § 147 des Gesetzes über die Angelegenheiten der freiwilligen Gerichtsbarkeit führen können, soweit es sich um eine Genossenschaft handelt.

Gegebenenfalls ist beim zuständigen Handelsregister die Löschung zu beantragen. Das Registergericht ist darauf hinzuweisen, dass die im Rahmen der Auskunftserteilung übersandten Unterlagen nicht der Akteneinsicht unterliegen (§ 125a Abs. 2 Satz 2 FGG).

66. – Gewerbe- und berufsrechtliche, pass- und ausländerrechtliche Maßnahmen

(1) Ergibt sich aus der Art der zu vollstreckenden Rückstände, den Umständen ihres Entstehens, ihrer Höhe oder aus Eigenschaften der zur Vertretung berechtigten Person (vgl. § 45 GewO), dass Unzuverlässigkeit in gewerbe- oder berufsrechtlichem Sinne vorliegt, sind bei der zuständigen Behörde

1. die Untersagung der Ausübung eines Gewerbes oder
2. die Rücknahme oder der Widerruf einer gewerberechtlichen Erlaubnis oder ähnliche gewerberechtliche Maßnahmen oder
3. ein berufsrechtliches Verfahren

anzuregen.

(2) Ist der Vollstreckungsschuldner eine ausländische natürliche Person, so ist, gegebenenfalls neben den Maßnahmen nach Absatz 1, die zuständige Ausländerbehörde nach § 87 Abs. 2 Nr. 3 des Aufenthaltsgesetzes über den Ausweisungsgrund (§ 55 Abs. 1 in Verbindung mit § 55 Abs. 2 Nr. 2 des Aufenthaltsgesetzes) zu unterrichten und zu bitten, die Möglichkeit einer Ausweisung zu prüfen. Die für eine Ausweisung nach dem Aufenthaltsgesetz erforderlichen Daten sind nach Maßgabe des § 88 Abs. 3 des Aufenthaltsgesetzes mitzuteilen.

(3) Rechtfertigen Tatsachen die Annahme, dass eine natürliche Person versucht, sich durch Verlassen des Geltungsbereichs der Abgabenordnung Vollstreckungsmaßnahmen zu entziehen, oder ist dies bereits eingetreten, so ist die jeweils zuständige Behörde um Entziehung des Passes nach § 7 Abs. 1 Nr. 4 und § 8 des Passgesetzes, um die Anordnung nach § 2 Abs. 2 des Gesetzes über Personalausweise oder zum Erlass eines Ausreiseverbots nach § 46 Abs. 2 in Verbindung mit § 88 Abs. 3 des Aufenthaltsgesetzes zu ersuchen. Hält sich der Vollstreckungsschuldner im Ausland auf, so kann die zuständige deutsche diplomatische Vertretung als Passbehörde ersucht werden, die Gültigkeit des Reisepasses des Vollstreckungsschuldners dahin zu beschränken, dass er nur für die Rückreise in die Bundesrepublik Deutschland gültig ist.

67. – Abmeldung von Fahrzeugen von Amts wegen

Bei der Vollstreckung wegen Kraftfahrzeugsteuer kann die Abmeldung des Fahrzeuges nach § 14 des Kraftfahrzeugsteuergesetzes betrieben werden. Die Abmeldung soll in der Regel erst nach einem erfolglosen Vollstreckungsversuch erfolgen; abweichend hiervon kann das Abmeldungsverfahren bereits nach der ersten erfolglosen Mahnung eingeleitet werden, wenn der Vollstreckungsschuldner die Kraftfahrzeugsteuer wiederholt erst nach Beginn der Vollstreckung entrichtet hat oder feststeht, dass die Vollstreckung keinen Erfolg verspricht. Wird die Abmeldung durch das Finanzamt selbst vorgenommen (§ 14 Abs. 2 KraftStG) und vom Vollstreckungsschuldner nicht befolgt, kann der Vollziehungsbeamte mit der Durchsetzung der Abmeldung, insbesondere mit der Entstempelung des Kennzeichens, der Einziehung des Fahrzeugscheins und der Berichtigung etwa ausgestellter Anhängerverzeichnisse, beauftragt werden.

Siebenter Teil – Schlussvorschriften

68. – Inkrafttreten

Diese allgemeine Verwaltungsvorschrift tritt am 1. März 1980 in Kraft.

Anhang 9
(zu § 251 AO) Ansprüche aus dem Steuerschuldverhältnis/Insolvenzverfahren

Behandlung von Ansprüchen aus dem Steuerschuldverhältnis im Insolvenzverfahren

(BMF-Schreiben vom 17. 12. 1998 – IV A 4 – S 0550–28/98, BStBl 1998 I S. 1500)

Inhaltsübersicht

1	**Allgemeines**
2	**Eröffnung des Insolvenzverfahrens**
2.1	Eröffnungsgründe
2.2	Antrag
2.3	Rechtsmittel
3	**Wirkung der Eröffnung des Insolvenzverfahrens**
4	**Abgabenforderungen als Insolvenzforderungen**
4.1	Allgemeine
4.2	Begründetheit der Forderungen im Eröffnungszeitpunkt
4.3	Wirkung der Verfahrenseröffnung auf die Besteuerungszeiträume
4.4	Nachrang der Abgabenansprüche gem. § 39 InsO
5	**Geltendmachung der Abgabenansprüche durch Anmeldung**
6	**Bestreiten der Abgabenansprüche**
6.1	Nicht titulierte Forderungen
6.2	Titulierte Forderungen
6.3	Auswirkung des Bestreitens auf das Stimmrecht
7	**Aufrechnung im Insolvenzverfahren**
8	**Masseverbindlichkeiten**
9	**Befriedigung der Insolvenzgläubiger**
9.1	Insolvenzplan
9.2	Zustimmung des Finanzamts zu einem Insolvenzplan
9.3	Wirkung des bestätigten Insolvenzplans
10	**Verbraucherinsolvenz/vereinfachtes Insolvenzverfahren**
10.1	Außergerichtlicher Einigungsversuch
10.2	Schuldenbereinigungsverfahren
10.2.1	Entscheidung über den Schuldenbereinigungsplan
10.2.2	Durchführung des vereinfachten Verfahrens
11	**Restschuldbefreiung**
12	**Eigenverwaltung**

Unter Bezugnahme auf das Ergebnis der Erörterung mit den obersten Finanzbehörden der Länder gilt für die Behandlung von Ansprüchen aus dem Steuerschuldverhältnis im Insolvenzverfahren folgendes:

1. Allgemeines

Nach Artikel 110 des Einführungsgesetzes zur Insolvenzordnung vom 5. Oktober 1994 (BGBl. Teil I S. 2911) – EGInsO – treten die Vorschriften der Insolvenzordnung (InsO) zum 01. 01. 1999 in Kraft. Das neue Insolvenzrecht ist auf alle Fälle anwendbar, in denen die Eröffnung des Verfahrens nach dem 31. 12. 1998 beantragt wird. Für Verfahren, deren Eröffnung vor dem 01. 01. 1999 beantragt wurde, verbleibt es bei der Anwendung der bisher geltenden Konkurs-, Vergleichs- und Gesamtvollstreckungsordnung.

Die Vorschriften der Abschnitte 58 bis 62 der Vollstreckungsanweisung (VollstrA) sind bis zur Anpassung an die InsO sinngemäß anzuwenden, soweit nicht Regelungen der InsO ausdrücklich entgegenstehen (z.B. zur Geltendmachung von Nebenansprüchen gegen den Insolvenzschuldner persönlich oder zu den Vorrechten des § 61 der Konkursordnung (KO) bzw. des § 17 der Gesamtvollstreckungsordnung – GesO –). *Anh. 8*

2. Eröffnung des Insolvenzverfahrens

2.1 Eröffnungsgründe

Allgemeiner Eröffnungsgrund ist die Zahlungsunfähigkeit des Schuldners. Sie ist in der Regel anzunehmen, wenn der Schuldner seine Zahlungen eingestellt hat (§ 17 InsO).

Anhang 9
Ansprüche aus dem Steuerschuldverhältnis/Insolvenzverfahren (zu § 251 AO)

Auch die drohende Zahlungsunfähigkeit ist Eröffnungsgrund. Der Schuldner droht zahlungsunfähig zu werden, wenn er voraussichtlich nicht in der Lage sein wird, die bestehenden Zahlungspflichten im Zeitpunkt der Fälligkeit zu erfüllen (§ 18 InsO).

Bei juristischen Personen, Personengesellschaften ohne haftende natürliche Person und in Nachlaßfällen ist daneben die Überschuldung als eigenständiger Eröffnungsgrund bestimmt (§§ 19, 320 InsO). Bei der zur Feststellung der Überschuldung vorzunehmenden Bewertung des Schuldnervermögens sind die Fortführungswerte zugrunde zu legen, wenn die Unternehmensfortführung nach den Umständen überwiegend wahrscheinlich ist. Andernfalls sind die Werte zugrunde zu legen, die bei der Liquidation des Unternehmens zu erzielen wären.

2.2 Antrag

Den Antrag auf Eröffnung des Insolvenzverfahrens kann – außer bei drohender Zahlungsunfähigkeit – jeder Gläubiger stellen, der ein rechtliches Interesse an der Eröffnung hat und seinen Anspruch sowie den Eröffnungsgrund glaubhaft macht (vgl. § 14 Abs. 1 InsO). Das rechtliche Interesse eines Gläubigers wird beispielsweise dann fehlen, wenn er aufgrund eines Aussonderungsrechts innerhalb wie außerhalb des Verfahrens in gleicher Weise Befriedigung erlangen kann. Beantragt der Schuldner die Eröffnung des Insolvenzverfahrens, so ist auch die drohende Zahlungsunfähigkeit Eröffnungsgrund (§ 18 Abs. 1 InsO).

Bei vollstreckbaren Rückständen kann auch die Finanzbehörde den Antrag stellen. Auf die Regelungen in der Vollstreckungsanweisung, insbesondere zum Erfordernis der Zustimmung der Oberfinanzdirektion, wird verwiesen.

Das Finanzamt ist nach § 2 Abs. 1 des Gerichtskostengesetzes (GKG) von der Zahlung der Gerichtskosten für den Antrag auf Eröffnung des Insolvenzverfahrens befreit.

2.3 Rechtsmittel

Gegen eine ablehnende Entscheidung des Insolvenzgerichts steht dem antragstellenden Gläubiger gemäß §§ 6, 34 InsO das Rechtsmittel der sofortigen Beschwerde zu (§§ 567 ff., 793 der Zivilprozeßordnung – ZPO –). Die Beschwerde ist innerhalb der Notfrist von zwei Wochen ab dem in § 6 Abs. 2 InsO genannten Zeitpunkt (Verkündung oder Zustellung der Entscheidung) beim Insolvenzgericht oder dem zur Entscheidung berufenen Landgericht einzulegen (vgl. § 569 ZPO).

3. Wirkung der Eröffnung des Insolvenzverfahrens

Mit dem Zeitpunkt, der im Eröffnungsbeschluß genannt ist, wird die Beschlagnahme des gegenwärtigen und – abweichend vom bisherigen Recht – auch des während des Verfahrens erworbenen Schuldnervermögens wirksam. Das damit ausgesprochene Verfügungsverbot erstreckt sich auf das gesamte, der Zwangsvollstreckung unterliegende Vermögen einschließlich der Geschäftsbücher des Schuldners, alle im Besitz des Schuldners befindlichen Sachen und alle von ihm genutzten Grundstücke und Gebäude (§§ 35, 36 InsO).

Der Eröffnungsbeschluß hat weiter die Wirkung, daß alle im letzten Monat vor dem Eröffnungsantrag oder nach diesem Antrag durch Zwangsvollstreckung erlangten Sicherungen ihre Wirksamkeit verlieren (§ 88 InsO). Abweichend von der Konkursordnung verlieren Pfändungen vor Verfahrenseröffnung nicht erst über das Anfechtungsrecht ihre Wirkung. Die Regelung schränkt jedoch die im Gesamtvollstreckungsrecht geltende unbegrenzte Rückschlagswirkung (vgl. § 7 Abs. 2 GesO) auf den genannten Zeitraum ein.

Mit der Eröffnung des Verfahrens können zu diesem Zeitpunkt begründete Ansprüche aus dem Steuerschuldverhältnis nur noch nach Maßgabe der InsO geltend gemacht werden. Dies gilt auch für Ansprüche, auf die steuerliche Verfahrensvorschriften entsprechend anzuwenden sind (z.B. Rückforderung von Investitionszulage). Das Steuerfestsetzungsverfahren, die Rechtsbehelfsverfahren und der Lauf der Rechtsbehelfsfristen werden analog § 240 ZPO unterbrochen. Unberührt bleibt der Erlaß von Steuerbescheiden, die zu einem Erstattungsanspruch führen, sowie von Feststellungsbescheiden, auf deren Grundlage nicht unmittelbar Steueransprüche gegen die Insolvenzmasse festzusetzen sind (z.B. Bescheide zur einheitlichen und gesonderten Feststellung des Gewinns von Personengesellschaften). Vertreter des Schuldners und damit Bekanntgabeadressat ist der Insolvenzverwalter sowie auch der vorläufige Insolvenzverwalter, wenn das Insolvenzgericht dem Schuldner ein allgemeines Verfügungsverbot auferlegt hat (bis zum Erlaß gegenteiliger Weisungen ist bei der Adressierung von Steuerverwaltungsakten in Insolvenzfällen entsprechend der Tz. 2.10 des Bekanntgabeerlasses vom 8. April 1991, BStBl I S. 398, AO-Kartei, § 122 Karte 2 zu verfahren). Die Ermittlungsrechte und -pflichten der Finanzbehörde (§ 88 AO) und die Mitwirkungspflichten des Schuldners, des vorläufigen Insolvenzverwalters und des Insolvenzverwalters (vgl. § 34 Abs. 3 AO) bleiben unberührt.

(zu § 251 AO) Ansprüche aus dem Steuerschuldverhältnis/Insolvenzverfahren

4. Abgabenforderungen als Insolvenzforderungen

4.1 Allgemeines

Die zur Zeit der Eröffnung des Verfahrens begründeten Abgabenforderungen sind innerhalb der im Eröffnungsbeschluß genannten Frist schriftlich beim Verwalter (nicht – wie nach der Konkursordnung – beim Gericht) anzumelden, soweit nicht die Möglichkeit einer Aufrechnung (siehe Tz. 7) besteht. Die Insolvenzordnung unterscheidet dabei nur Insolvenzforderungen (vgl. § 38 InsO) und nachrangige Insolvenzforderungen (vgl. § 39 InsO). Die bisherigen Vorrechte – u.a. zugunsten der Abgabengläubiger – wurden abgeschafft. Die Anmeldung soll die Forderungen nach Grund und Betrag bezeichnen. Diese soll ferner einen Hinweis darauf enthalten, welche Forderungen bereits vor Eröffnung des Verfahrens festgesetzt worden waren und bei welchen Bestandskraft eingetreten ist (siehe auch Tz. 6).

4.2 Begründetheit der Forderung im Eröffnungszeitpunkt

Im Unterschied zur Konkurs- bzw. Gesamtvollstreckungsordnung stellt die Insolvenzordnung für die Einordnung der zum Verfahren anzumeldenden Ansprüche nunmehr nur noch auf den Zeitpunkt der Begründetheit ab (vgl. § 38 InsO). Auf die steuerrechtliche Entstehung der Forderung kommt es im Insolvenzverfahren demzufolge nicht mehr an. Daraus folgt, daß eine Abgabenforderung – unabhängig von der steuerrechtlichen Entstehung – immer dann als Insolvenzforderung im Sinne von § 38 InsO anzusehen ist, wenn ihr Rechtsgrund zum Zeitpunkt der Verfahrenseröffnung bereits gelegt war.

Davon zu unterscheiden sind Forderungen an die Masse, die durch Maßnahmen des Verwalters bzw. des vorläufigen Verwalters (§ 55 InsO) begründet worden sind (vgl. Tz. 8).

Ist die Steuerforderung im Zeitpunkt der Eröffnung des Insolvenzverfahrens noch nicht gem. § 38 AO entstanden (z.B. Eröffnung im Laufe des Umsatzsteuer-Voranmeldungszeitraums), ist nur die zum Eröffnungszeitpunkt bereits begründete Teilsteuerforderung anzumelden. Der nach Eröffnung begründete Teil ist Masseanspruch.

Abgabenansprüche, die lediglich begründet sind, gelten im Zeitpunkt der Verfahrenseröffnung als fällig (vgl. § 41 InsO).

Beispiel 1

Die Umsatzsteuerforderung entsteht erst mit Ablauf des Voranmeldungszeitraums, in dem die Leistungen ausgeführt worden sind (§ 13 Abs. 1 Nr. 1a UStG). Dagegen ist sie bereits begründet, soweit die Leistung erbracht ist.

Beispiel 2

Der Vorsteuerrückforderungsanspruch (§ 17 Abs. 1 Nr. 2 in Verbindung mit § 17 Abs. 2 Nr. 1 UStG) entsteht ebenfalls erst mit Ablauf des Voranmeldungszeitraums, ist aber zur Zeit der Eröffnung des Insolvenzverfahrens bereits begründet, weil die Uneinbringlichkeit spätestens zu diesem Zeitpunkt bereits vorlag (vgl. BFH, BStBl II 1987, S. 226 und BMF-Schreiben vom 17. März 1988, BStBl I 1988, S. 165).

Beispiel 3

Die Lohnsteuer entsteht in dem Zeitpunkt, in dem der Arbeitslohn dem Arbeitnehmer zufließt (§§ 38 Abs. 2, 41a Abs. 1 EStG). Sie ist regelmäßig auch in diesem Zeitpunkt begründet im Sinne von § 38 InsO, unabhängig davon, für welchen Zeitraum die Lohnzahlungen erfolgen.

Beispiel 4

Der Anspruch auf Rückforderung einer gewährten Investitionszulage ist vor Eröffnung des Insolvenzverfahrens begründet, wenn das zulagenbegünstigte Wirtschaftsgut vor Eröffnung des Insolvenzverfahrens bereits zulageschädlich verwendet wurde (z.B. veräußert oder vom Anlagevermögen in Umlaufvermögen umqualifiziert).

Die nach Eröffnung des Insolvenzverfahrens durch den Insolvenzverwalter erfolgte zulagenschädliche Verwendung des Wirtschaftsgutes führt ebenfalls zu einer Insolvenzforderung. Der Rückforderungsanspruch war schon vor der Eröffnung begründet, weil das schuldrechtliche Verhältnis, aus dem später der Rückforderungsanspruch entstanden ist, zum Zeitpunkt der Verfahrenseröffnung bereits bestand.

Anhang 9
Ansprüche aus dem Steuerschuldverhältnis/Insolvenzverfahren (zu § 251 AO)

Beispiel 5

Für die Kraftfahrzeugsteuer hat der BFH entschieden (BFH, VII B 89/97, BFH-NV 1998 S. 86), daß die auf Zeiträume nach der Verfahrenseröffnung (bzw. nach Wirksamwerden des allgemeinen Veräußerungsverbots bei Bestellung eines vorläufigen Insolvenzverwalters) entfallende Steuer zu den Masseverbindlichkeiten gehört (Aufteilung des Besteuerungszeitraums und Berechnung der Kraftfahrzeugsteuer nach Tagen).

Beispiel 6

Bei der Einkommensteuer und Körperschaftsteuer ist eine Zuordnung des steuerpflichtigen Gewinns auf einzelne Geschäftsvorfälle grundsätzlich nicht möglich. Die Abgabenschuld ist deshalb für die Zeiträume vor und nach der Eröffnung des Insolvenzverfahrens nach Maßgabe der in den einzelnen Abschnitten zu berücksichtigenden Besteuerungsmerkmale prozentual aufzuteilen (vgl. BFH, BStBl II 1984, S. 602). Entsprechendes gilt für die Gewerbesteuer.

4.3 Wirkung der Verfahrenseröffnung auf die Besteuerungszeiträume

Es ist – unbeschadet der Vorschriften über den Gewinnermittlungszeitraum gem. § 155 Abs. 2 InsO in Verbindung mit § 4a EStG – weiterhin von den in den Steuergesetzen bestimmten Besteuerungszeiträumen auszugehen (vgl. z.B. § 25 EStG, § 49 KStG), die durch die Eröffnung des Insolvenzverfahrens nicht unterbrochen werden.

4.4 Nachrang der Abgabenansprüche nach § 39 InsO

Gegenüber den Insolvenzforderungen im Sinne des § 38 InsO nachrangig sind bestimmte Ansprüche, die in § 39 InsO im einzelnen benannt sind. Dazu gehören u.a. die bisher gem. § 63 KO ausgeschlossenen Forderungen, z.B. die ab dem Zeitpunkt der Verfahrenseröffnung anfallenden Zinsen, soweit sie die Insolvenzforderungen betreffen, die Verfahrenskosten der Insolvenzgläubiger sowie die rückständigen Bußgelder und Zwangsgeldansprüche.

Säumniszuschläge auf Insolvenzforderungen sind nachrangige Forderungen im Sinne des § 39 InsO, wenn sie auf den Zeitraum nach der Eröffnung des Verfahrens entfallen.

5. Geltendmachung der Abgabenansprüche durch Anmeldung

Vor der Insolvenzeröffnung begründete Abgabenansprüche können nicht mehr durch Festsetzung oder (Vor-)Anmeldung rechtswirksam werden (vgl. § 87 InsO). Ihre Geltendmachung erfolgt durch schriftliche Anmeldung zur Forderungstabelle, die schon im Gesamtvollstreckungsverfahren – nicht jedoch im Konkursverfahren – vom Verwalter zu führen ist. Nachrangige Insolvenzforderungen sind nur dann anzumelden, wenn das Insolvenzgericht hierzu besonders auffordert (vgl. § 174 Abs. 3 InsO). Die Tabelle wird im ersten Drittel des Zeitraums zwischen Anmeldungs- und Prüfungstermin (vgl. §§ 29 Abs. 1 Nr. 2, 175 S. 2 InsO) bei der Geschäftsstelle des Insolvenzgerichts zur Einsichtnahme ausgelegt.

6. Bestreiten der angemeldeten Abgabenansprüche

Die Rechtslage unterscheidet sich im Ergebnis nicht von der KO und der GesO (vgl. §§ 146 KO, 11 GesO). Ist eine angemeldete Abgabenforderung nach Grund und Höhe im Prüfungstermin bestritten worden, so hat das Finanzamt

– einen Feststellungsbescheid nach § 251 Abs. 3 AO zu erlassen oder

– einen bereits anhängigen Rechtsstreit (Einspruchs- oder Klageverfahren) aufzunehmen bzw. die Rechtsbehelfsfrist in Lauf zu setzen.

Die Bearbeitung hängt wesentlich davon ab, ob der Anspruch tituliert oder nicht tituliert ist (vgl. § 179 Abs. 2 InsO). Von einer „Titulierung" im insolvenzrechtlichen Sinne ist auszugehen, wenn vor Insolvenzeröffnung ein Bescheid bekanntgegeben oder eine Steueranmeldung abgegeben worden ist. Arrestanordnungen sind keine Titel im Sinne des § 179 InsO.

6.1 Nicht titulierte Forderungen

Wird eine nicht titulierte Forderung bestritten, stellt das Finanzamt das Bestehen der Abgabenforderung durch Feststellungsbescheid nach § 251 Abs. 3 AO fest. Adressat ist der Bestreitende (Insolvenzverwalter oder -gläubiger). Gegen den Feststellungsbescheid ist der Einspruch gegeben (§ 347 Abs. 1 Satz 1 Nr. 1 AO). Das gerichtliche Rechtsbehelfsverfahren richtet sich nach der Finanzgerichtsordnung.

(zu § 251 AO)
Anhang 9
Ansprüche aus dem Steuerschuldverhältnis/Insolvenzverfahren

6.2 Titulierte Forderungen

Wird eine titulierte Abgabenforderung vom Insolvenzverwalter oder einem Insolvenzgläubiger bestritten, obliegt es dem Bestreitenden, den Widerspruch zu verfolgen (vgl. § 179 Abs. 2 InsO). Es bleibt dem Finanzamt unbenommen, die Feststellung der Forderung im Wege des § 251 Abs. 3 AO selbst zu betreiben (vgl. BVerwG, NJW 1989, S. 314).

War der Steuerbescheid vor Eröffnung des Verfahrens noch nicht bestandskräftig und noch kein Rechtsbehelf eingelegt, ist der Lauf der Rechtsbehelfsfrist durch Eröffnung des Verfahrens unterbrochen. Das Finanzamt hat dem Bestreitenden die Aufnahme des Rechtsstreits zu erklären (vgl. analog § 240 ZPO). Mit der Bekanntgabe beginnt die durch die Verfahrenseröffnung unterbrochene Einspruchsfrist neu zu laufen. Legt der Bestreitende Einspruch gegen den Steuerbescheid ein, ist das Einspruchsverfahren nach den Vorschriften der Abgabenordnung durchzuführen. Liegt nach Ablauf der Frist kein Einspruch vor, gilt die angemeldete Forderung mit Ablauf der Rechtsbehelfsfrist als festgestellt. Die Berichtigung der Tabelle ist beim Insolvenzgericht zu beantragen.

War der Steuerbescheid vor Eröffnung des Insolvenzverfahrens noch nicht bestandskräftig, aber vom Schuldner angefochten, ist das Rechtsbehelfsverfahren durch die Verfahrenseröffnung unterbrochen. Das Finanzamt fordert den Bestreitenden innerhalb einer angemessenen Frist auf, entweder den Widerspruch gegen die Forderungsanmeldung zurückzunehmen oder den Rechtsstreit (in welchem er die gleichen Rechte wie der Schuldner hat) aufzunehmen. Nimmt der Bestreitende seinen Widerspruch nicht zurück und nimmt er auch den Rechtsstreit nicht auf, hat das Finanzamt das Einspruchsverfahren durchzuführen oder beim Finanzgericht die Fortführung des Klageverfahrens zu veranlassen. Dem Gericht ist dabei auch mitzuteilen, wer die Abgabenforderung im Prüfungstermin bestritten hat.

War die Abgabenforderung vor der Eröffnung des Insolvenzverfahrens bereits bestandskräftig festgesetzt, wirkt die Bestandskraft auch gegen den Widersprechenden. Diesem obliegt die Verfolgung seines Widerspruchs. Dabei muß er das Verfahren in der Lage übernehmen, in der es sich bei Eröffnung des Verfahrens befand. Erläßt das Finanzamt in diesen Fällen einen Feststellungsbescheid, ist lediglich festzustellen, daß die angemeldete Forderung bestandskräftig festgesetzt ist und Wiedereinsetzungsgründe und Korrekturvoraussetzungen (§§ 129 ff., 164, 165, 172 ff. AO) nicht vorliegen.

6.3 Auswirkung des Bestreitens auf das Stimmrecht

Zu beachten ist, daß bestrittene Ansprüche nicht ohne weiteres zur Abstimmung berechtigen (vgl. § 77 Abs. 2 InsO), so daß ggf. eine Entscheidung des Insolvenzgerichts herbeizuführen ist.

7. Aufrechnung im Insolvenzverfahren

War ein Gläubiger zum Zeitpunkt der Eröffnung des Insolvenzverfahrens zur Aufrechnung berechtigt, so kann die Aufrechnung auch noch im Verfahren erklärt werden (vgl. § 94 InsO). Auch im Eröffnungszeitpunkt bedingte und betagte (nicht fällige) Abgabenforderungen berechtigen noch im Verfahren zur Aufrechnung. Die Aufrechnung ist ausgeschlossen, wenn die Forderung, gegen die aufgerechnet werden soll, unbedingt und fällig wird, bevor die Aufrechnung erfolgen kann (§ 95 Abs. 1 Satz 3 InsO). Bei der Prüfung ist die Fälligkeitsfiktion des § 41 InsO nicht anzuwenden.

Beispiel 1

Mit nicht festgesetzten Ansprüchen auf Rückforderung der Vorsteuer gem. § 17 Abs. 1 Nr. 1 UStG, die das Finanzamt für den Voranmeldungszeitraum der Verfahrenseröffnung oder einen früheren Voranmeldungszeitraum zum Insolvenzverfahren angemeldet hat, kann mangels Festsetzung nicht gegen vor der Eröffnung entstandene Erstattungsansprüche aufgerechnet werden. Das Aufrechnungserfordernis der Fälligkeit lag vor der Vorsteuerrückforderungsanspruch zum Zeitpunkt der Verfahrenseröffnung nicht vor (vgl. § 94 InsO).

Die Aufrechnungsmöglichkeiten sind negativ abgegrenzt. Nach § 96 InsO ist die Aufrechnung u.a. dann ausgeschlossen, wenn ein Steuererstattungsanspruch erst nach der Verfahrenseröffnung begründet wird (Masseforderung).

Beispiel 2

Eine vor der Verfahrenseröffnung fällige Umsatzsteuerforderung kann nicht gegen einen Lohnsteuererstattungsanspruch des Schuldners aufgerechnet werden, den dieser aufgrund seiner neuen Erwerbstätigkeit als Arbeitnehmer erlangt hat. Der Erstattungsanspruch, den der Schuldner während des Insolvenzverfahrens erlangt, gehört zur Insolvenzmasse (§ 35 InsO).

Anhang 9
Ansprüche aus dem Steuerschuldverhältnis/Insolvenzverfahren (zu § 251 AO)

5 **8. Masseverbindlichkeiten**

Die durch die Handlungen des Verwalters begründeten Abgabenforderungen (sonstige Masseverbindlichkeiten) sind vorweg zu begleichen (§ 53 InsO). Abgabenansprüche können nur dann zu Masseverbindlichkeiten führen, soweit sie nach Eröffnung des Insolvenzverfahrens begründet werden (siehe Tz. 4.2). Dazu gehören insbesondere

- Umsatzsteuer auf Umsätze nach Eröffnung des Insolvenzverfahrens,
- Einkommensteuer/Körperschaftsteuer, die sich auf Einkünfte aus der Verwaltung oder der Verwertung der Masse gründet,
- Gewerbesteuer bei Weiterführung des Gewerbebetriebs durch den Verwalter,
- Lohnsteuer auf nach Eröffnung des Insolvenzverfahrens ausgezahlte Arbeitslöhne,
- Kraftfahrzeugsteuer für den laufenden Entrichtungszeitraum ab der Verfahrenseröffnung und für alle danach beginnenden Entrichtungszeiträume,
- Verbindlichkeiten, die von einem vorläufigen Insolvenzverwalter begründet worden sind, auf den die Verfügungsbefugnis über das Vermögen des Schuldners übergegangen ist (§ 55 Abs. 2 Satz 1 InsO) sowie
- Verbindlichkeiten aus einem Dauerschuldverhältnis, soweit der vorläufige Insolvenzverwalter für das von ihm verwaltete Vermögen die Gegenleistung in Anspruch genommen hat (§ 55 Abs. 2 Satz 2 InsO).

Die als Masseverbindlichkeiten entstehenden Abgabenansprüche sind durch Steuerbescheid geltend zu machen. Die Masse betreffende Verwaltungsakte können nicht durch die Bekanntgabe an den Schuldner wirksam werden. Bekanntgabeadressat ist in diesen Fällen vielmehr der Verwalter (vgl. Tz. 3). Der Verwalter ist verpflichtet, die entsprechenden Steuererklärungen oder Steueranmeldungen abzugeben (§ 34 Abs. 3 AO). Er ist dem Massegläubiger zum Schadensersatz verpflichtet, wenn er durch eine Rechtshandlung eine Masseverbindlichkeit begründet, die aus der Masse nicht voll erfüllt werden kann, und er bei der Begründung der Verbindlichkeit erkennen konnte, daß die Masse voraussichtlich zur Erfüllung nicht ausreichen würde (§ 61 InsO).

Sind die Kosten des Insolvenzverfahrens gedeckt, reicht die Insolvenzmasse jedoch nicht aus, um die fälligen sonstigen Masseverbindlichkeiten zu erfüllen, hat der Insolvenzverwalter dem Insolvenzgericht die Masseunzulänglichkeit anzuzeigen (§ 208 Abs. 1 Satz 1 InsO).

Die Rangfolge der Vorwegbefriedigung von Masseverbindlichkeiten weicht von den bisherigen Regelungen der §§ 13 Abs. 1 GesO und 57 ff. KO ab. Die InsO unterscheidet nicht mehr nach Masseschulden und Massekosten, sondern stellt die Kosten des Insolvenzverfahrens, das sind die Gerichtskosten und die Vergütung des Insolvenzverwalters sowie ggf. des Gläubigerausschusses, vor die sonstigen Masseverbindlichkeiten (§ 209 in Verbindung mit § 54 InsO).

Für die sogenannten Altmassegläubiger, deren Forderungen vor der Anzeige der Massenunzulänglichkeit entstanden sind, gilt ein gesetzliches Vollstreckungsverbot (§ 210 InsO).

9. Befriedigung der Insolvenzgläubiger

Die Insolvenzordnung sieht zur Befriedigung der Insolvenzgläubiger grundsätzlich die Verwertung der Insolvenzmasse und die Verteilung des Erlöses nach den Vorschriften der Insolvenzordnung vor (§§ 159 ff., 187 ff. InsO). Abweichend dazu kann die Befriedigung der Gläubiger und die Verwertung der Insolvenzmasse und deren Verteilung an die Beteiligten durch einen Insolvenzplan (§§ 217 ff. InsO) geregelt werden.

Die Entscheidung über den Fortgang des Verfahrens (Stillegung oder Fortführung, Verfahren nach den Vorschriften der InsO oder nach den Regelungen eines Insolvenzplanes) trifft die Gläubigerversammlung. Der Insolvenzverwalter hat die Gläubigerversammlung zuvor im Berichtstermin über die wirtschaftliche Lage des Schuldners und ihre Ursachen zu unterrichten. Er hat darzulegen, ob Aussichten bestehen, das Unternehmen des Schuldners im ganzen oder in Teilen zu erhalten, welche Möglichkeiten für einen Insolvenzplan bestehen und welche Auswirkungen jeweils für die Befriedigung der Gläubiger eintreten würden (§§ 156, 157 InsO).

6 **9.1 Insolvenzplan**

In einem Insolvenzplan, der vom Verwalter – ggf. im Auftrag der Gläubigerversammlung (§ 157 InsO) – oder vom Schuldner selbst eingebracht werden kann, können abweichend von den gesetzlichen Regelungen des Insolvenzverfahrens z.B. geregelt werden:

- die Befriedigung der Gläubiger (einschließlich der Absonderungsgläubiger),
- die Verwertung der Insolvenzmasse,
- die Verteilung der Masse an die Beteiligten und
- die Inanspruchnahme des Schuldners nach Verfahrensbeendigung.

Der Insolvenzplan kann in der Zielsetzung auf die Liquidation ebenso wie auf den Erhalt (Sanierung) oder eine Veräußerung des gesamten Unternehmens oder eines Teils davon ausgerichtet sein. Der Plan gliedert sich in einen darstellenden Teil, der die beabsichtigten und erforderlichen Maßnahmen beschreibt, und in einen gestaltenden Teil, in dem die Rechtsstellung der Beteiligten festgelegt wird. Über die Wirksamkeit eines Insolvenzplans stimmen die Gläubiger in Gruppen ab, soweit ihnen gem. § 77 InsO ein Stimmrecht im Verfahren eingeräumt ist (vgl. §§ 222, 235 ff. InsO).

Hat das Insolvenzgericht den Insolvenzplan nicht von Amts wegen zurückgewiesen (§ 231 InsO), leitet es diesen zur Stellungnahme an die Beteiligten weiter (Gläubigerausschuß, Schuldner, Verwalter). Das Finanzamt kann im Gläubigerausschuß Einfluß auf die Stellungnahme ausüben. Das Gericht bestimmt anschließend einen Erörterungs- und Abstimmungstermin, in dem der Insolvenzplan und das Stimmrecht der Gläubiger erörtert werden. Zu diesem Termin wird das Finanzamt schriftlich geladen (§ 235 InsO). Um Kenntnis von einem eingebrachten Insolvenzplan zu erhalten und bei dessen Beratung und Annahme mitwirken zu können, ist die Einsichtnahme in den bei der Geschäftsstelle des Insolvenzgerichts ausgelegten Plan sowie die Teilnahme des Finanzamts an den anberaumten Terminen, ggf. auch die Mitwirkung in einem eingesetzten Gläubigerausschuß, notwendig.

9.2 Zustimmung des Finanzamts zu einem Insolvenzplan

Die Frage, ob das Finanzamt einem Insolvenzplan zustimmen soll oder nicht, ist grundsätzlich nach wirtschaftlichen Gesichtspunkten zu entscheiden. Das Finanzamt hat darauf hinzuwirken, daß Steuerabzugsbeträge sowie Haftungsansprüche nicht beeinträchtigt werden. Im übrigen ist die Überlegung maßgeblich, daß der Gesetzgeber mit der Vorschrift des § 245 InsO (Obstruktionsverbot) entsprechende Verfahrensregelungen vorgegeben hat. Somit sind Ermessensentscheidungen nach den §§ 163, 222, 227 AO unter Berücksichtigung der Zielsetzung der Insolvenzordnung zu treffen.

Es ist zu beachten, daß die Bestätigung eines Insolvenzplanes häufig nicht nur im Interesse des Schuldners liegt. Auch die Gläubiger – und damit auch das Finanzamt – können unter Umständen an einem Insolvenzplan interessiert sein. Das wird z.B. dann der Fall sein, wenn bei Fortführung des Insolvenzverfahrens mit einer geringeren Quote als bei Durchführung eines Insolvenzplanes zu rechnen ist. Vor der Entscheidung der Frage, ob die Finanzamt einem Insolvenzplan zustimmen soll, ist also stets zu prüfen, ob die Bestätigung des Plans für den Steuergläubiger vorteilhaft erscheint.

Wird das Finanzamt durch den Insolvenzplan schlechter gestellt, als es bei Fortführung des Insolvenzverfahrens gestellt wäre, hat es beim Insolvenzgericht spätestens im Abstimmungstermin die Versagung der Bestätigung des Insolvenzplans zu beantragen. Gegen die ablehnende Entscheidung des Gerichts ist die sofortige Beschwerde zulässig (§ 253 InsO).

9.3 Wirkung des bestätigten Insolvenzplans

Auf die Abgabenforderungen, auf die sich der bestätigte Insolvenzplan bezieht, finden die Vorschriften der §§ 163, 222, 227 AO keine Anwendung mehr. Die im Insolvenzplan festgelegten Rechtswirkungen treten kraft Gesetzes (§ 254 Abs. 1 InsO) ein. Die Tatbestandsmerkmale „Erlaß" und „Stundung" i.S.v. § 255 InsO bezeichnen Verfahrensregelungen eigener Art. Soweit nach dem Insolvenzplan auf Abgabenforderungen zu verzichten ist, werden diese zu sogenannten „unvollkommenen" Forderungen. Sie sind zwar erfüllbar, dürfen aber gegenüber dem Schuldner nicht mehr geltend gemacht werden (Vollstreckungsverbot, Aufrechnungsverbot).

Da ein solcher Insolvenzerlaß nur gegenüber dem Schuldner wirkt, können die aufgrund des Insolvenzplans nicht bedienten Abgabenforderungen etwaigen Haftungsschuldnern gegenüber geltend gemacht werden, soweit nicht ein Haftungsausschluß nach § 227 Abs. 2 InsO zur Anwendung kommt. § 191 Abs. 5 Nr. 2 AO ist nicht anwendbar.

Gerät der Schuldner mit der Erfüllung des Plans erheblich in Rückstand, wird die in dem gestaltenden Teil des Plans geregelte Insolvenzstundung bzw. der Insolvenzerlaß – vorbehaltlich anders lautender Regelungen in dem Insolvenzplan – hinfällig (§ 255 InsO). Es ist daher grundsätzlich darauf zu drängen, daß der Plan die Wiederauflebensklausel nicht ausschließt.

Nach rechtskräftiger Bestätigung des Insolvenzplans hebt das Insolvenzgericht das Insolvenzverfahren auf (§ 258 InsO).

10. Verbraucherinsolvenz/vereinfachtes Insolvenzverfahren

Mit dem – im bisherigen Recht unbekannten – Verbraucherinsolvenzverfahren soll für natürliche Personen, die keine oder nur eine geringfügige selbständige, gewerbliche oder freiberufliche Tätigkeit ausüben, eine Schuldenbereinigung in einem einfachen, flexiblen und die Gerichte wenig belastenden Verfahren erreicht werden. Das Verfahren gliedert sich in drei Abschnitte. Zunächst hat der Schuldner eine außergerichtliche Einigung mit seinen Gläubigern ernsthaft anzu-

Anhang 9
Ansprüche aus dem Steuerschuldverhältnis/Insolvenzverfahren (zu § 251 AO)

streben. Gelingt ihm dies nicht, wird auf seinen Antrag ein gerichtliches Schuldenbereinigungsverfahren durchgeführt. Scheitert auch dies, schließt sich ein vereinfachtes Insolvenzverfahren an.

10.1 Außergerichtlicher Einigungsversuch

Der Schuldner hat den Gläubigern und damit ggf. auch dem Finanzamt zum Zweck der außergerichtlichen Einigung z.B. ein Vermögensverzeichnis, eine Aufstellung seiner Verbindlichkeiten und Gläubiger und einen Plan zur Schuldenregulierung vorzulegen.

Der außergerichtliche Einigungsversuch unterliegt der vollständigen Gestaltungsfreiheit der Gläubiger und des Schuldners. Das Finanzamt kann jedoch nur im Rahmen einer persönlichen Billigkeitsmaßnahme Ansprüche aus dem Steuerschuldverhältnis abweichend festsetzen, stunden oder erlassen.

Ein aufgestellter und verhandelter Plan einer außergerichtlichen Regelung kann beinhalten:
- Stundungen,
- Ratenzahlungen,
- (Teil-)Erlasse,
- Folgen für die Nichterfüllung der im Plan festgelegten Bedingungen,
- Vereinbarung für den Fall der Änderung der wirtschaftlichen Verhältnisse,
- Auflagen zur Offenbarung vorhandenen Vermögens und aller Schulden oder
- Angaben zur rechtsgeschäftlichen Übertragung von Vermögen innerhalb der Anfechtungsfristen; ggf. Auflage der Einbeziehung dieses Vermögens.

Zu den vom Finanzamt zu beachtenden Grundsätzen bei der Bearbeitung von Anträgen auf außergerichtliche Schuldenbereinigung i.S.v. § 305 Abs. 1 Nr. 1 InsO wird auf das BMF-Schreiben vom 10. Dezember 1998 (BStBl Teil I Seite 1497) hingewiesen.

10.2 Schuldenbereinigungsverfahren

Scheitert der ernsthafte Versuch des Schuldners, eine außergerichtliche Einigung herbeizuführen, so kann er die Eröffnung des vereinfachten Insolvenzverfahrens nach den §§ 311 ff. InsO beantragen. Zum Nachweis des Scheiterns eines außergerichtlichen Einigungsversuchs ist eine Bescheinigung einer nach Landesrecht für die Schuldnerberatung vorgesehenen Person oder Stelle beim Insolvenzgericht vorzulegen.

Der Schuldner hat das Vorliegen eines Insolvenzgrundes darzutun. Da das Verfahren über das Vermögen einer natürlichen Person eröffnet werden soll, kommen als Insolvenzgründe die Zahlungsunfähigkeit und die drohende Zahlungsunfähigkeit in Betracht.

10.2.1 Entscheidung über den Schuldenbereinigungsplan

Mit einem Antrag auf Eröffnung des vereinfachten Insolvenzverfahrens nach §§ 311 ff. InsO hat der Schuldner die in § 305 Abs. 1 InsO genannten Unterlagen und Erklärungen vorzulegen. Bei einem inhaltlich ordnungsgemäßen Antrag erklärt das Insolvenzgericht das Insolvenzverfahren bis zur Entscheidung über den Schuldenbereinigungsplan für ruhend (§ 306 Abs. 1 Satz 1 InsO). Das Insolvenzgericht stellt den vom Schuldner genannten Gläubigern gem. § 307 Abs. 1 InsO die vorgelegten Verzeichnisse und den Schuldenbereinigungsplan zur Stellungnahme binnen einer Notfrist von einem Monat zu.

Das Finanzamt hat die Verzeichnisse hinsichtlich der Abgabenrückstände und des aufgeführten Vermögens unter Beteiligung der Festsetzungsstelle zu überprüfen und bei Unvollständigkeit fristgerecht zu ergänzen. Noch nicht festgesetzte oder angemeldete Steueransprüche, die bis zum Ablauf der Notfrist entstehen, sind erforderlichenfalls im Schätzungswege zu ermitteln. Gibt das Finanzamt innerhalb der Frist von einem Monat keine Stellungnahme ab, gilt dies nach § 307 Abs. 2 Satz 1 InsO als Einverständnis.

Die unterlassene Ergänzung der Abgabenforderungen hat – falls keine Wiedereinsetzungsgründe vorliegen – die Folge, daß nicht oder nicht in der richtigen Höhe geltend gemachte Forderungen nach § 308 Abs. 3 Satz 2 InsO erlöschen, wenn der Schuldenbereinigungsplan angenommen wird.

Der Schuldenbereinigungsplan gilt als angenommen, wenn
- alle Gläubiger zugestimmt haben,
- kein Gläubiger Einwendungen erhoben hat oder
- die Zustimmung eines oder mehrerer Gläubiger nach § 309 InsO ersetzt wird.

Die Zustimmung des Finanzamts orientiert sich an den im BMF-Schreiben vom 10. Dezember 1998 (BStBl Teil I Seite 1497) dargestellten Grundsätzen zur außergerichtlichen Einigung. Dabei ist zu beachten, daß akzessorische Sicherheiten (z.B. Zwangshypothek) erlöschen, wenn der Plan keine abweichende Regelung vorsieht. Erforderlichenfalls sind daher entsprechende Einwendungen gegen den Plan zu erheben.

Da bei Nichterfüllung des Plans eine Wiederauflebensklausel gesetzlich nicht vorgesehen ist, soll das Finanzamt in seiner Stellungnahme auf eine solche hinwirken.

Das Insolvenzgericht ersetzt die Zustimmung eines Gläubigers unter den Voraussetzungen des § 309 Abs. 1 InsO und hat dazu den Betroffenen zu hören. Eine gerichtliche Ersetzung der Zustimmung ist jedoch nach § 309 Abs. 3 InsO ausgeschlossen, wenn das Finanzamt glaubhaft macht, daß die Angaben des Schuldners im Schuldenbereinigungsplan dem Grunde oder der Höhe nach unrichtig sind und es deshalb nicht angemessen beteiligt wird.

Das Insolvenzgericht entscheidet über die Ersetzung durch Beschluß. Dagegen stehen dem Antragsteller und dem Gläubiger, dessen Zustimmung ersetzt wird, die sofortige Beschwerde zu (§ 309 Abs. 2 Satz 3 InsO).

Der angenommene Schuldenbereinigungsplan hat nach § 308 Abs. 1 Satz 2 InsO die Wirkung eines (Prozeß-)Vergleichs i.S.d. § 794 Abs. 1 Nr. 1 ZPO. Hinsichtlich der Wirkung des Plans auf die Abgabenansprüche vgl. Tz. 9.3.

§ 308 Abs. 3 InsO stellt im Interesse des Gläubigerschutzes klar, daß Gläubiger, die keine Möglichkeit der Mitwirkung an dem Schuldenbereinigungsplan hatten, keinen Rechtsverlust erleiden. Dies ist allerdings nur denkbar, wenn dem Finanzamt kein Schuldenbereinigungsplan zur Stellungnahme zugestellt wurde. Allerdings kann sich der Gläubiger nicht der Wirkung des Schuldenbereinigungsplans durch eine unvollständige Forderungsaufstellung, unterlassene oder unzureichende Nachbesserung des Schuldenbereinigungsplans entziehen.

Scheitert der Schuldenbereinigungsplan aufgrund von Einwendungen der Gläubiger, die nicht nach § 309 InsO ersetzt werden können (z.B. bei nicht angemessener Beteiligung des Finanzamts im Rahmen der Schuldenbereinigung oder wirtschaftlicher Benachteiligung), wird das bisher ruhende Verfahren über den Antrag auf Eröffnung des Insolvenzverfahrens gem. § 311 InsO wieder aufgenommen. Ein erneuter Antrag des Schuldners ist nicht erforderlich.

Soweit ein Gläubiger einen Antrag auf Eröffnung des Insolvenzverfahrens stellt und der Schuldner keinen Eigenantrag nachreicht (§ 306 Abs. 3 InsO), findet ein Schuldenbereinigungsverfahren nicht statt. In diesem Fall ist – wie im Fall des Scheiterns des Schuldenbereinigungsverfahrens – ein vereinfachtes Insolvenzverfahren durchzuführen.

10.2.2 Durchführung des vereinfachten Verfahrens

Grundsätzlich finden die Bestimmungen der Insolvenzordnung auch im vereinfachten Verfahren Anwendung. Das Insolvenzgericht bestellt einen Treuhänder, der die Aufgaben des Insolvenzverwalters wahrnimmt (§ 313 Abs. 1 Satz 1 InsO) und bei dem auch die Abgabenansprüche anzumelden sind (vgl. Tz. 4). Der Treuhänder hat zwar nur eingeschränkte Befugnisse, ist jedoch für die Dauer des Insolvenzverfahrens als Vertreter des Schuldners i.S.v. §§ 34, 35 AO anzusehen (vgl. § 313 Abs. 1 InsO). Das Finanzamt hat daher Verwaltungsakte nur dem Treuhänder bekanntzugeben.

Anders als der Insolvenzverwalter ist der Treuhänder zur Anfechtung von Rechtshandlungen (§§ 129 bis 147 InsO) nicht berechtigt. Dies steht im vereinfachten Verfahren jedem Insolvenzgläubiger zu (§ 313 Abs. 2 Satz 1 InsO). Das im Rahmen der Anfechtung Erlangte fällt in die Insolvenzmasse. Da der Anfechtungsanspruch mit Wirkung für alle Gläubiger geltend zu machen ist, ist ein Duldungsbescheid nicht zulässig. Der Anspruch ist auf dem Zivilrechtsweg zu verfolgen.

Im vereinfachten Verfahren ausdrücklich ausgeschlossen sind die Regelungen über den Insolvenzplan und die Eigenverwaltung (§ 312 Abs. 3 InsO). Auf Antrag des Treuhänders kann das Insolvenzgericht anordnen, daß von einer Verwertung der Insolvenzmasse ganz oder teilweise abgesehen wird (§ 314 Abs. 1 Satz 1 InsO). In diesem Fall gibt das Insolvenzgericht dem Schuldner auf, binnen einer festgesetzten Frist einen dem Wert der Teilungsmasse entsprechenden Betrag an den Treuhänder zu zahlen.

Nach § 313 Abs. 3 Satz 1 InsO ist der Treuhänder nicht zur Verwertung von Gegenständen berechtigt, an denen Pfandrechte oder andere Absonderungsrechte bestehen. Das Finanzamt hat somit das Recht, die Verwertung dieser Gegenstände selbst durchzuführen (§ 313 Abs. 3 Satz 2 InsO).

Wie im Anschluß an das reguläre Insolvenzverfahren besteht auch im vereinfachten Verfahren – auf Antrag des Schuldners – die Möglichkeit der Restschuldbefreiung nach Maßgabe der §§ 286 ff. InsO.

11. Restschuldbefreiung

An das Insolvenzverfahren (Unternehmens- und Verbraucherinsolvenz) schließt sich das Verfahren der Restschuldbefreiung an, wenn der Schuldner eine natürliche Person ist und er die Restschuldbefreiung spätestens im Berichtstermin beantragt (vgl. § 156 InsO). Dieses dem bisherigen Konkursrecht unbekannte Verfahren beinhaltet, daß der redliche Schuldner für einen Zeitraum von

Anhang 9
Ansprüche aus dem Steuerschuldverhältnis/Insolvenzverfahren (zu § 251 AO)

sieben Jahren (Übergangsregelung in Artikel 107 EG InsO für bereits am 01. 01. 1997 zahlungsunfähige Schuldner: fünf Jahre) den pfändbaren Teil seiner Bezüge sowie die Hälfte des durch Erbfall erlangten Vermögens an einen Treuhänder abtreten bzw. herausgeben muß (vgl. §§ 287 Abs. 2, 295 Abs. 1 Nr. 2 InsO). Darüber hinaus hat der Schuldner sich um eine angemessene Erwerbstätigkeit zu bemühen, jeden Wechsel des Wohnsitzes oder der Beschäftigungsstelle anzuzeigen und Zahlungen ausschließlich an den Treuhänder zu leisten (vgl. § 295 Abs. 1 Nrn. 1, 3 und 4 InsO). Der Treuhänder kehrt das Erlangte jährlich nach der im Schlußverzeichnis festgelegten Quote an die Gläubiger aus (vgl. § 292 Abs. 1 Satz 2 InsO).

Das Finanzamt hat zu prüfen, ob nach § 290 Abs. 1 InsO ein Grund vorliegt, die Restschuldbefreiung zu versagen und dies ggf. beim Insolvenzgericht zu beantragen. Es hat insbesondere festzustellen, ob der Schuldner zur Vermeidung von Steuerzahlungen in den letzten drei Jahren vor dem Antrag auf Eröffnung des Insolvenzverfahrens oder nach dem Antrag schuldhaft unrichtige oder unvollständige Angaben über seine wirtschaftlichen Verhältnisse im Rahmen von Anträgen auf Vollstreckungsaufschub, in Vermögensverzeichnissen, Erlaß- und Stundungsanträgen oder Steuererklärungen gemacht hat (vgl. § 290 Abs. 1 Nr. 2 InsO).

Nach Ablauf der siebenjährigen Laufzeit der Abtretungserklärung hat das Finanzamt in geeigneten Fällen die Rechnungslegung des Treuhänders auf Schlüssigkeit zu prüfen. Eine solche Prüfung ist insbesondere in den Fällen erforderlich, in denen der Schuldner während des Restschuldbefreiungsverfahrens kein Beschäftigungsverhältnis eingegangen ist, sondern eine selbständige Tätigkeit ausgeübt hat (vgl. § 295 Abs. 2 InsO). Das Finanzamt wird die Versagung der Restschuldbefreiung beantragen, wenn eine der Fallgestaltungen der §§ 290, 297 InsO vorliegt oder eine Obliegenheitsverletzung gem. § 295 InsO aufgrund der Rechnungslegung feststellbar ist.

Erteilt das Insolvenzgericht die Restschuldbefreiung, wirkt sie gegen alle Insolvenzgläubiger. Das Finanzamt kann die dem Verfahren zugrundeliegenden Abgabenforderungen nicht mehr gegen den Schuldner geltend machen. Es besteht jedoch weiterhin die Möglichkeit, Haftungs- oder sonstige Gesamtschuldner in Anspruch zu nehmen (vgl. § 301 Abs. 2 InsO).

12. Eigenverwaltung

Auf Antrag des Schuldners oder eines berechtigten Gläubigers kann das Insolvenzgericht die Eigenverwaltung der Insolvenzmasse unter der Aufsicht eines Sachwalters anordnen, wenn dadurch nicht Gläubigerinteressen beeinträchtigt werden (z.B. durch Verfahrensverzögerung). Die Eigenverwaltung soll dem Schuldner einen Anreiz zur rechtzeitigen Antragstellung bieten. Darüber hinaus kann es sinnvoll sein, interne Unternehmenskenntnisse für die Zwecke der Insolvenz zu erhalten und zu nutzen.

Die insolvenzrechtlichen Vorschriften bleiben durch die Eigenverwaltung – von wenigen Ausnahmen abgesehen – unberührt. Im Grunde sind nur Befugnisse des Insolvenzverwalters auf den Schuldner selbst zu übertragen. Die Eigenverwaltung kann auf Antrag der Gläubigerversammlung oder eines Gläubigers, der entsprechende Gründe glaubhaft zu machen hat, aufgehoben werden (vgl. § 272 InsO).

Auswirkungen auf das Besteuerungsverfahren (z.B. die Veranlagungszeiträume) ergeben sich durch die Anordnung der Eigenverwaltung nicht. Da der Schuldner im Fall der Eigenverwaltung jedoch selbst rechtsgeschäftlich mit Verfügungsbefugnis handeln kann, der Sachwalter demgegenüber nur Kontroll- und Aufsichtspflichten ausübt, ist der Schuldner selbst steuerlich als Vertreter der Insolvenzmasse i.S.v. §§ 34, 35 AO anzusehen. Informatorische Mitteilungen und gegen die Masse wirksame Steuerbescheide sind daher ihm als Bekanntgabeadressat zuzusenden.

Anhang 10
Anwendungsfragen zu § 55 Abs. 4 InsO

Insolvenzordnung; Anwendungsfragen zu § 55 Abs. 4 InsO

(BMF-Schreiben vom 17. 1. 2012 – IV A 3 – S 0550/10/10020-05, BStBl 2012 I S. 120)

Unter Bezugnahme auf das Ergebnis der Erörterungen mit den obersten Finanzbehörden der Länder gilt Folgendes:

I. Allgemeines

Durch das Haushaltsbegleitgesetz 2011 wurde § 55 InsO um folgenden Absatz 4 erweitert: **1**

„(4) Verbindlichkeiten des Insolvenzschuldners aus dem Steuerschuldverhältnis, die von einem vorläufigen Insolvenzverwalter oder vom Schuldner mit Zustimmung eines vorläufigen Insolvenzverwalters begründet worden sind, gelten nach Eröffnung des Insolvenzverfahrens als Masseverbindlichkeit."

Die neue Regelung ist auf alle Insolvenzverfahren anzuwenden, deren Eröffnung ab dem 1. Januar 2011 beantragt wird.

II. Anwendung

II.1 Betroffene Personen

§ 55 Abs. 4 InsO findet Anwendung auf den vorläufigen Insolvenzverwalter, auf den die Verwaltungs- und Verfügungsbefugnis nicht nach § 22 Abs. 1 InsO übergegangen ist (so genannter „schwacher" vorläufiger Insolvenzverwalter). Hierbei ist es unbeachtlich, ob der schwache vorläufige Insolvenzverwalter vom Gericht mit einem Zustimmungsvorbehalt ausgestattet wurde oder nicht. Auch ohne einen Zustimmungsvorbehalt im Sinne des § 21 Abs. 2 Nr. 2 InsO können entsprechende Steuerverbindlichkeiten durch den schwachen vorläufigen Insolvenzverwalter begründet werden, insbesondere wenn ihm zahlreiche Rechte durch das Insolvenzgericht eingeräumt oder Sicherungsmaßnahmen angeordnet werden. **2**

Masseverbindlichkeiten nach § 55 Abs. 4 InsO werden begründet **3**

- durch Handlungen des schwachen vorläufigen Insolvenzverwalters (z. B. Verwertung von Anlagevermögen durch den vorläufigen Insolvenzverwalter im Rahmen einer Einzelermächtigung, Einziehung von Forderungen).
- durch Handlungen des Insolvenzschuldners, die mit Zustimmung des schwachen vorläufigen Insolvenzverwalters (z. B. Zustimmung zu Umsatzgeschäften) erfolgen. Die Zustimmung kann aktiv oder durch konkludentes Handeln erfolgen (z. B. Tun, Dulden, Unterlassen).

Soweit der schwache vorläufige Insolvenzverwalter ausdrücklich der Handlung des Insolvenzschuldners widersprochen hat, entstehen keine Masseverbindlichkeiten nach § 55 Abs. 4 InsO. **4**

Für den vorläufigen Insolvenzverwalter, auf den die Verwaltungs- und Verfügungsbefugnis nach § 22 Abs. 1 InsO übergegangen ist (so genannter „starker" vorläufiger Insolvenzverwalter), ist § 55 Abs. 4 InsO nicht anwendbar, da insoweit sonstige Masseverbindlichkeiten bereits nach § 55 Abs. 2 InsO begründet werden. **5**

II.2 Steuerrechtliche Stellung des vorläufigen Insolvenzverwalters

Die steuerrechtliche Stellung des schwachen vorläufigen Insolvenzverwalters wird durch die Regelung des § 55 Abs. 4 InsO nicht berührt. Der schwache vorläufige Insolvenzverwalter ist kein Vermögensverwalter im Sinne des § 34 Abs. 3 AO, so dass er während des Insolvenzeröffnungsverfahrens weder die steuerlichen Pflichten des Insolvenzschuldners zu erfüllen hat noch diese erfüllen darf. **6**

II.3 Verbindlichkeiten/Forderungen

Die Vorschrift ist lediglich auf Verbindlichkeiten des Insolvenzschuldners aus dem Steuerschuldverhältnis anwendbar. Steuererstattungsansprüche und Steuervergütungsansprüche werden von der Vorschrift nicht erfasst. **7**

II.4 Betroffene Steuerarten und steuerliche Nebenleistungen

Der Anwendungsbereich des § 55 Abs. 4 InsO erstreckt sich auf alle Steuerarten. **8**

Steuerliche Nebenleistungen zu den von § 55 Abs. 4 InsO erfassten Steuerarten teilen das Schicksal der Hauptforderung (z. B. Säumniszuschläge auf als Masseverbindlichkeiten zu qualifizierende Umsatzsteuerverbindlichkeiten aus dem Eröffnungsverfahren). **9**

Verspätungszuschläge, die gegen den Insolvenzschuldner wegen Fristversäumnissen im Insolvenzeröffnungsverfahren festgesetzt worden sind, fallen nicht unter den Anwendungsbereich des § 55 **10**

Anhang 10
Anwendungsfragen zu § 55 Abs. 4 InsO

Abs. 4 InsO, da diese nicht vom schwachen vorläufigen Insolvenzverwalter bzw. durch seine Zustimmung begründet worden sind.

II.4.1 Umsatzsteuer

II.4.1.1 Umsatzsteuerverbindlichkeiten aufgrund ausgeführter Lieferungen und sonstiger Leistungen

11 Grundsätzlich fallen sämtliche Umsatzsteuerverbindlichkeiten aus Lieferungen und sonstigen Leistungen sowie der Verlagerung der Steuerschuldnerschaft auf den Insolvenzschuldner nach § 13b UStG, die nach der Bestellung eines schwachen vorläufigen Insolvenzverwalters begründet werden, in den Anwendungsbereich des § 55 Abs. 4 InsO. Die Umsatzsteuerverbindlichkeit kann sowohl auf Umsätzen aus Lieferungen (z. B. Warenverkäufe) als auch auf sonstigen Leistungen des Unternehmers (z. B. aktives Tun, aber auch Duldung oder Unterlassung) beruhen. Ausgenommen sind Umsatzsteuerverbindlichkeiten, die auf Umsätzen beruhen, denen der schwache vorläufige Insolvenzverwalter ausdrücklich widersprochen hat (vgl. Rz. 4).

II.4.1.2 Vorsteuerrückforderungsansprüche nach § 17 UStG

12 Vorsteuerrückforderungsansprüche nach § 17 Abs. 1 Satz 2 i. V. m. Abs. 2 Nr. 1 Satz 1 UStG wegen Uneinbringlichkeit der Forderungen gegen den Insolvenzschuldner erfüllen regelmäßig nicht den Tatbestand des § 55 Abs. 4 InsO, weil sie unabhängig von der Tätigkeit (der Zustimmung) des schwachen vorläufigen Insolvenzverwalters entstehen. Entsprechende Vorsteuerrückforderungsansprüche stellen damit Insolvenzforderungen dar.

II.4.1.3 Umsatzkorrektur wegen Uneinbringlichkeit aus Rechtsgründen (BFH-Urteil vom 9. Dezember 2010 – V R 22/10 –)

13 Mit Urteil vom 9. Dezember 2010 (V R 22/10, BStBl 2011 II S. 996) hat der BFH entschieden, dass das Entgelt für eine vor Eröffnung des Verfahrens ausgeführte Leistung, dass durch den Insolvenzverwalter nach Verfahrenseröffnung vereinnahmt wird, nicht nur bei der Besteuerung nach vereinnahmten Entgelten (so genannte Istversteuerung nach § 20 UStG), sondern auch bei der Besteuerung nach vereinbarten Entgelten (so genannte Sollversteuerung nach § 16 Abs. 1 Satz 1 UStG) nach Eröffnung des Insolvenzverfahrens eine Masseverbindlichkeit im Sinne von § 55 Abs. 1 Nr. 1 InsO begründet. Denn mit der Insolvenzeröffnung entstehen die selbständigen umsatzsteuerrechtlichen Unternehmensteile „Insolvenzmasse" und „vorinsolvenzrechtlicher Unternehmensteil". Die Forderungen aus Lieferungen und sonstigen Leistungen des Insolvenzschuldners, bei denen das Entgelt zum Zeitpunkt der Insolvenzeröffnung noch nicht vereinnahmt wurde, werden mit der Eröffnung des Insolvenzverfahrens im vorinsolvenzrechtlichen Unternehmensteil aus Rechtsgründen uneinbringlich, so dass in den Fällen der Sollversteuerung eine Umsatzkorrektur im vorinsolvenzrechtlichen Unternehmensteil nach § 17 Abs. 2 Nr. 1 i. V. m. Absatz 1 Satz 1 UStG zu erfolgen hat (vgl. BFH-Urteil vom 9. Dezember 2010 – V R 22/10 – a. a. O. und BMF-Schreiben zur Änderung des Abschnitts 17.1 UStAE vom 9. Dezember 2011, BStBl I S. 1273).

14 Umsatzsteuerverbindlichkeiten nach § 55 Abs. 4 InsO, bei denen das Entgelt im Falle der Sollversteuerung zum Zeitpunkt der Insolvenzeröffnung noch nicht vereinnahmt wurde, sind hingegen nicht nach § 17 Abs. 2 Nr. 1 Satz 1 i. V. m. Absatz 1 Satz 1 UStG zu berichtigen. Diese Umsatzsteuerbeträge sind durch den Unternehmensteil „Insolvenzmasse" begründet und sind daher auch aus der Insolvenzmasse zu entrichten. Da kein Wechsel des leistenden Unternehmensteils („Insolvenzmasse") vorliegt, ist auch keine Berichtigung durchzuführen (vgl. BMF-Schreiben zur Änderung des Abschnitts 17.1 UStAE vom 9. Dezember 2011 a. a. O.).

II.4.1.4 Berichtigung des Vorsteuerabzugs nach § 15a UStG

15 Ist während der vorläufigen Insolvenzverwaltung eine Vorsteuerberichtigung nach § 15a UStG durchzuführen, fällt diese in den Anwendungsbereich des § 55 Abs. 4 InsO (vgl. BFH-Urteil vom 9. Februar 2011 – XI R 35/09 – BStBl II S. 1000).

II.4.1.5 Verwertung von Sicherungsgut

16 Die Verwertung von Sicherungsgut begründet keine Umsatzsteuerverbindlichkeiten nach § 55 Abs. 4 InsO. Derartige Umsätze unterliegen weiterhin der Steuerschuldnerschaft des Leistungsempfängers nach § 13b Abs. 2 Nr. 2 UStG. Durch die Fiktion in § 55 Abs. 4 InsO werden diese Umsätze nicht zu Umsätzen „innerhalb" des Insolvenzverfahrens.

Anhang 10
Anwendungsfragen zu § 55 Abs. 4 InsO

II.4.1.6 Forderungseinzug bei der Besteuerung nach vereinnahmten und nach vereinbarten Entgelten im vorläufigen Insolvenzverfahren

Im Fall der Istversteuerung führt die Vereinnahmung der Entgelte durch den schwachen vorläufigen Insolvenzverwalter im vorläufigen Insolvenzverfahren mit der Eröffnung des Insolvenzverfahrens zur Entstehung von Masseverbindlichkeiten im Sinne des § 55 Abs. 4 InsO (vgl. BFH-Urteil vom 29. Januar 2009 – V R 64/07 – BStBl II, S. 682).   17

Bei der Sollversteuerung führt die bloße Vereinnahmung der Entgelte aus Umsätzen, die vor dem Insolvenzeröffnungsverfahren getätigt wurden, durch den schwachen vorläufigen Insolvenzverwalter im vorläufigen Insolvenzverfahren nicht zu Masseverbindlichkeiten im Sinne des § 55 Abs.4 InsO.   18

II.4.1.7 Nach § 55 Abs. 4 InsO begründete abziehbare Vorsteuerbeträge

Vorsteuerbeträge für nach Bestellung des schwachen vorläufigen Insolvenzverwalters bezogene Lieferungen und sonstige Leistungen fallen in den Anwendungsbereich des § 55 Abs. 4 InsO, sofern der schwache vorläufige Insolvenzverwalter dem zu Grunde liegenden Umsatzgeschäft zugestimmt hat.   19

II.4.2 Einkommen-, Körperschaft- und Gewerbesteuer

Werden durch den schwachen vorläufigen Insolvenzverwalter oder durch den Insolvenzschuldner mit Zustimmung des schwachen vorläufigen Insolvenzverwalters Ertragsteuern begründet, stellen diese nach Eröffnung des Insolvenzverfahrens Masseverbindlichkeiten im Sinne des § 55 Abs. 4 InsO dar (z. B. Veräußerung von Anlagevermögen mit Aufdeckung stiller Reserven).   20

Insoweit erfolgt die Zuordnung in Insolvenzforderungen und Masseverbindlichkeiten durch eine zeitliche Vorverlagerung der Wirkung des eröffneten Insolvenzverfahrens auf den Zeitpunkt der Bestellung des schwachen vorläufigen Insolvenzverwalters. In der Folge kann aber nur eine Aufteilung des einheitlichen Jahresergebnisses erfolgen.   21

II.4.3 Lohnsteuer

Werden Löhne während des vorläufigen Insolvenzverfahrens an die Arbeitnehmer ausgezahlt, stellt die hierbei entstandene Lohnsteuer mit Verfahrenseröffnung eine Masseverbindlichkeit dar. Dies gilt nicht für Insolvenzgeldzahlungen, diese unterliegen als steuerfreie Einnahmen nach § 3 Nr. 2 EStG nicht dem Lohnsteuerabzug.   22

II.4.4 Kraftfahrzeugsteuer

Das bloße (Weiter-)Halten eines bereits vor Bestellung des schwachen vorläufigen Insolvenzverwalters auf den Insolvenzschuldner zugelassenen Fahrzeuges fällt nicht in den Anwendungsbereich des § 55 Abs. 4 InsO.   23

Lässt der Insolvenzschuldner mit Zustimmung des schwachen vorläufigen Insolvenzverwalters ein Fahrzeug neu zu, fällt die entstehende Kraftfahrzeugsteuer in den Anwendungsbereich des § 55 Abs. 4 InsO und stellt eine Masseverbindlichkeit dar, wenn das Fahrzeug zur späteren Insolvenzmasse gehört.   24

III. Verfahrensrechtliche Fragen

III.1 Steuererklärungspflichten

§ 55 Abs. 4 InsO ändert nicht den rechtlichen Status des schwachen vorläufigen Insolvenzverwalters und lässt das Steuerrechtsverhältnis unberührt.   25

Da der schwache vorläufige Insolvenzverwalter nicht Vermögensverwalter nach § 34 Abs. 3 AO ist, hat er keine Steuererklärungspflichten für den Insolvenzschuldner zu erfüllen.   26

§ 55 Abs. 4 InsO verlagert lediglich den Zeitpunkt der Zuordnung von Steuerverbindlichkeiten in Masseverbindlichkeiten und Insolvenzforderungen von der Eröffnung des Insolvenzverfahrens auf den Zeitpunkt der Bestellung des schwachen vorläufigen Insolvenzverwalters vor.   27

III.2 Entstehung der Masseverbindlichkeiten

Erst mit der Eröffnung des Insolvenzverfahrens gelten die nach Maßgabe des § 55 Abs. 4 InsO in der vorläufigen Insolvenzverwaltung begründeten und noch bestehenden Verbindlichkeiten als Masseverbindlichkeiten.   28

Anhang 10
Anwendungsfragen zu § 55 Abs. 4 InsO

III.3 Aufrechnung gegen Steuererstattungsansprüche

29 Vor Eröffnung des Insolvenzverfahrens sind Steuerforderungen und Steuererstattungen ohne Einschränkungen aufrechenbar, soweit die Aufrechnungsvoraussetzungen vorliegen. Der Umstand, dass bestimmte Steuerforderungen später (nach Insolvenzeröffnung) gem. § 55 Abs. 4 InsO zu Masseverbindlichkeiten werden, hindert die Aufrechnung nicht.

III.4 Zuordnung und Geltendmachung von Masseverbindlichkeiten nach § 55 Abs. 4 InsO bei der Umsatzsteuer

30 Nach Eröffnung des Insolvenzverfahrens sind die im vorläufigen Insolvenzverfahren abgegebenen Umsatzsteuervoranmeldungen, bei denen die Umsatzsteuer noch nicht bzw. nicht vollständig beglichen wurde, in Masseverbindlichkeiten nach § 55 Abs. 4 InsO und Insolvenzforderungen aufzuteilen. Für Zwecke der Zuordnung gilt Folgendes:

31 Die in den betreffenden Voranmeldungszeiträumen mit Zustimmung des schwachen vorläufigen Insolvenzverwalters begründeten Steuern aus Lieferungen und sonstigen Leistungen im Sinne des § 55 Abs. 4 InsO (vgl. Rz. 11, 15, und 17) sind um die mit Zustimmung des schwachen vorläufigen Insolvenzverwalters begründeten Vorsteuerbeträge (vgl. Rz. 19) zu mindern. Nur soweit sich hiernach eine Zahllast ergibt, liegt eine Masseverbindlichkeit im Sinne des § 55 Abs. 4 InsO vor (vgl. Rz.7).

32 Die als Masseverbindlichkeiten im Sinne des § 55 Abs. 4 InsO geltenden Umsatzsteuerverbindlichkeiten (vgl. Rz. 31) sind nach Eröffnung des Insolvenzverfahrens für die Besteuerungszeiträume des Insolvenzeröffnungsverfahrens gegenüber dem Insolvenzverwalter durchzusetzen (vgl. Rz. 34 ff.). Einwendungen hiergegen können nach den allgemeinen Grundsätzen, insbesondere im Wege des Einspruchs nach § 347 AO, geltend gemacht werden.

33 Nicht als Masseverbindlichkeit im Sinne des § 55 Abs. 4 InsO geltend zu machende Umsatzsteuerverbindlichkeiten sind als Insolvenzforderung zur Insolvenztabelle anzumelden.

III.5 Geltendmachung von Masseverbindlichkeiten nach § 55 Abs. 4 InsO

III.5.1 Bekanntgabe

34 Es gelten die allgemeinen Grundsätze zu § 122 AO und Nr. 2.9 des AEAO zu § 122. Der vorläufige Insolvenzverwalter ohne Verwaltungs- und Verfügungsbefugnis ist nicht Bekanntgabeadressat für Verwaltungsakte.

35 Soweit bereits vor der Eröffnung des Insolvenzverfahrens eine Steuerfestsetzung (Steueranmeldung) der nach Verfahrenseröffnung nach § 55 Abs. 4 InsO als Masseverbindlichkeiten geltenden Steuerverbindlichkeiten gegenüber dem Insolvenzschuldner erfolgt ist, wirkt diese gegenüber der Insolvenzmasse fort. Es ist keine erneute Bekanntgabe gegenüber dem Insolvenzverwalter vorzunehmen (zum Leistungsgebot vgl. Rz. 38 ff.).

36 Soweit noch keine Steuerfestsetzung der nach Eröffnung des Insolvenzverfahrens nach § 55 Abs. 4 InsO als Masseverbindlichkeit geltenden Steuerverbindlichkeit vor der Eröffnung des Insolvenzverfahrens gegenüber dem Insolvenzschuldner erfolgt ist, ist gegenüber dem Insolvenzverwalter die Steuer erstmalig festzusetzen.

III.5.2 Leistungsgebot

37 Die Geltendmachung der noch nicht beglichenen Masseverbindlichkeiten erfolgt mittels Leistungsgebot.

38 Da § 55 Abs. 4 InsO für die tatbestandlichen Steuerverbindlichkeiten die Insolvenzmasse als „haftenden" insolvenzrechtlichen Vermögensbereich bestimmt und gegenüber diesem Vermögensbereich noch kein Leistungsgebot erfolgt ist, ist insoweit an den Insolvenzverwalter ein Leistungsgebot mit der ursprünglichen Fälligkeit und unter Aufführung der bereits entstandenen Nebenleistungen zu erlassen.

III.5.3 Einwendungen gegen die Zuordnung als Masseverbindlichkeit nach § 55 Abs. 4 InsO

39 Bei Streit über die Zuordnung anteiliger Beträge zur Insolvenzmasse kann der Insolvenzverwalter mit Verfahrenseröffnung die Rechte wahrnehmen, die dem Insolvenzschuldner zu diesem Zeitpunkt auch zugestanden hätten. Einwendungen gegen die Zuordnung können nach den allgemeinen Grundsätzen, insbesondere im Wege des Einspruchs gegen das Leistungsgebot geltend gemacht werden.

IV. Anfechtung

40 Tatbestandlich ist § 55 Abs. 4 InsO im Zeitpunkt der Insolvenzeröffnung im Falle einer anfechtbar geleisteten Zahlung mangels bestehender Steuerverbindlichkeiten nicht erfüllt. Würde der Insol-

Anhang 10
Anwendungsfragen zu § 55 Abs. 4 InsO

venzverwalter nach der Insolvenzeröffnung die Anfechtung der Steuerzahlung erklären und das Finanzamt auf die Anfechtung hin zahlen, würde die ursprüngliche Steuerforderung nach § 144 Abs. 1 InsO unmittelbar, aber nunmehr als Masseforderung wieder aufleben. Das Finanzamt würde eine Zahlung leisten, die es sofort wieder zurückfordern könnte. Eine Zahlung auf den Anfechtungsanspruch kann daher wegen Rechtsmissbräuchlichkeit verweigert werden.

1117

Anhang 11
Außergerichtliche Schuldenbereinigung

Kriterien für die Entscheidung über einen Antrag auf außergerichtliche Schuldenbereinigung (§ 305 Abs. 1 Nr. 1 InsO)

(BMF-Schreiben vom 11. 1. 2002 – IV A 4 – S 0550–1/02, BStBl 2002 I S. 132)

Unter Bezugnahme auf das Ergebnis der Erörterung mit den obersten Finanzbehörden der Länder gilt für die Entscheidung über einen Antrag auf außergerichtliche Schuldenbereinigung (§ 305 Abs. 1 Nr. 1 InsO) folgendes:

1. Anwendungsbereich

Natürliche Personen, die keine selbständige gewerbliche oder freiberufliche Tätigkeit ausüben oder ausgeübt haben, können das Verbraucherinsolvenzverfahren nach §§ 304 ff. InsO beantragen. Personen, die eine selbständige Tätigkeit ausgeübt haben, gehören dazu, wenn ihre Vermögensverhältnisse überschaubar sind und gegen sie keine Forderungen aus Arbeitsverhältnissen bestehen. Überschaubar sind Vermögensverhältnisse, wenn der Schuldner zu dem Zeitpunkt, zu dem der Antrag auf Eröffnung des Insolvenzverfahrens gestellt wird, weniger als 20 Gläubiger hat. Forderungen aus Arbeitsverhältnissen sind nicht nur die Ansprüche der ehemaligen Arbeitnehmer selbst, sondern auch die Forderungen von Sozialversicherungsträgern und Finanzämtern (z.B. Lohnsteuerforderungen). Zu den Verbindlichkeiten, die einer Schuldenbereinigung nach den Regelungen des Verbraucherinsolvenzverfahrens zugänglich sind, gehören auch Haftungsschulden des Schuldners. Der Schuldner ist jedoch verpflichtet, zuvor in Verhandlungen mit seinen Gläubigern eine außergerichtliche Schuldenbereinigung zu versuchen. Der Versuch gilt als gescheitert, wenn ein Gläubiger die Zwangsvollstreckung betreibt, nachdem die Verhandlungen über eine außergerichtliche Schuldenbereinigung aufgenommen wurden.

2. Berücksichtigung von Ansprüchen gegen Dritte bzw. von Pfandrechten

Durch einen Antrag auf das außergerichtliche Schuldenbereinigungsverfahren werden Ansprüche von Dritten noch nicht berührt. Erst durch die Zustimmung aller Gläubiger zu einem außergerichtlichen Schuldenbereinigungsplan werden Ansprüche gegen Dritte berührt, deren Schuld von der des Schuldners abhängt (z.B. Bürgen, Haftungsschuldner). Sonstige Ansprüche gegen Dritte werden dem nicht berührt. Unberührt bleiben Pfandrechte und Sicherheiten, die zugunsten eines Gläubigers bestehen (vgl. § 313 Abs. 3 InsO). Falls Pfandrechte bzw. Sicherheiten zugunsten des Finanzamts bestehen bzw. in Anspruch genommen werden können, ist das Finanzamt berechtigt, die entsprechenden Rechte geltend zu machen (vgl. auch § 191 Abs. 5 Nr. 2 AO). Auch die Anfechtung von Rechtshandlungen nach dem Anfechtungsgesetz in der Fassung des Artikels 1 des Einführungsgesetzes zur Insolvenzordnung vom 5. Oktober 1994, BGBl. I S. 2911 ff. ist weiterhin zulässig. Es ist aber auch zulässig, Regelungen über die vorstehenden Rechte in das Schuldenbereinigungsverfahren aufzunehmen.

3. Rechtsgrundlagen für einen Verzicht

Die außergerichtliche Schuldenbereinigung erfolgt im Wege von freigestalteten Verhandlungen zwischen dem Schuldner und den Gläubigern auf der Grundlage eines vom Schuldner vorzulegenden Planes. Als Rechtsgrundlage für einen Verzicht auf Abgabenforderungen kann jedoch nur das Abgabenrecht unter Einbeziehung der Zielsetzung der Insolvenzordnung herangezogen werden. Die Frage, ob das Finanzamt einem außergerichtlichen Schuldenbereinigungsplan zustimmen kann, ist deshalb nach den gesetzlichen Bestimmungen über die abweichende Festsetzung (§ 163 AO) und den Erlass (§ 227 AO) zu beurteilen. Zu den Gesichtspunkten, die in die Ermessenserwägungen einzubeziehen sind, gehört im außergerichtlichen Schuldenbereinigungsverfahren zusätzlich die Zielsetzung der Insolvenzordnung, redlichen Schuldnern nach einer gewissen Wohlverhaltensphase und unter Einbeziehung sämtlicher Gläubiger eine Schuldenbereinigung als Voraussetzung für einen wirtschaftlichen Neuanfang zu ermöglichen.

Sachliche Billigkeitsgründe werden vom außergerichtlichen Schuldenbereinigungsverfahren nicht berührt und sind daher vorab zu berücksichtigen.

Da nach den Intentionen des Gesetzgebers für einen Verzicht nur persönliche Billigkeitsgründe in Betracht kommen, setzt eine Maßnahme nach §§ 163, 227 AO voraus, dass der Schuldner erlassbedürftig und -würdig ist. Die Auslegung des Begriffs „persönliche Unbilligkeit" hat sich hierbei an der Zielsetzung der Insolvenzordnung zu orientieren. Wegen der angestrebten Schuldenbereinigung unter Beteiligung sämtlicher Gläubiger ist bei der Anwendung der §§ 163, 227 AO im außergerichtlichen Schuldenbereinigungsverfahren zu beachten, dass der Begriff „persönliche Unbilligkeit" in diesem Verfahren anders als in anderen Billigkeitsverfahren zu definieren ist, in denen ausschließlich das Finanzamt und der Schuldner beteiligt sind. Das bedeutet, dass die Rechtsprechung zu §§ 163, 227 AO insoweit nicht mehr uneingeschränkt angewendet werden kann.

Anhang 11
Außergerichtliche Schuldenbereinigung

Bei der Entscheidung über einen außergerichtlichen Schuldenbereinigungsplan ist insbesondere zu beachten, dass im gerichtlichen Schuldenbereinigungsverfahren die Zustimmung eines Gläubigers durch Beschluss des Insolvenzgerichts ersetzt werden kann, wenn dieser im Verhältnis zu den übrigen Gläubigern angemessen berücksichtigt wird und durch den Schuldenbereinigungsplan wirtschaftlich nicht schlechter gestellt wird, als er bei Durchführung des Verfahrens über die Anträge auf Eröffnung des Insolvenzverfahrens und Erteilung von Restschuldbefreiung stünde (vgl. § 309 InsO). Andererseits soll der Schuldner im außergerichtlichen Verfahren auch nicht besser gestellt werden als bei Durchführung eines Insolvenzverfahrens mit Restschuldbefreiung. Falls das Arbeitseinkommen abgetreten oder gepfändet ist, hat daher der Schuldner bei diesem Gläubiger auf eine dem § 114 InsO entsprechende Beschränkung hinzuwirken. Dies kann auch das Finanzamt sein, wenn es Dienstbezüge gepfändet oder im Wege der Abtretung erworben hat.

Eine angemessene Schuldenbereinigung ist nicht allein deshalb auszuschließen, weil der Plan nur eine einmalige Zahlung oder überhaupt keine Zahlungen des Schuldners (Null-Plan) vorsieht.

4. Sachverhaltsermittlung

Zur Prüfung der Billigkeitsvoraussetzungen hat der Schuldner grundsätzlich die Unterlagen einzureichen, die auch im gerichtlichen Schuldenbereinigungsverfahren (§ 305 Abs. 1 Nr. 3 und 4 InsO) erforderlich sind. Der Schuldner hat danach insbesondere einzureichen

– einen Nachweis über seine Beteiligung am Erwerbsleben (z.B. Arbeitnehmer, Rentner),
– ein Verzeichnis des vorhandenen Vermögens und des Einkommens (Vermögensverzeichnis),
– eine Zusammenfassung des wesentlichen Inhalts des Vermögensverzeichnisses (Vermögensübersicht),
– ein Verzeichnis der Gläubiger und der gegen ihn gerichteten Forderungen,
– einen Schuldenbereinigungsplan, aus dem sich ergibt, welche Zahlungen in welcher Zeit geleistet werden, zudem sind Angaben zur Herkunft der Mittel erforderlich,
– einen Nachweis,
    – ob und inwieweit Bürgschaften, Pfandrechte und andere Sicherheiten zugunsten von Gläubigern bestehen und welche Zahlungen darauf geleistet werden bzw. noch zu erbringen sind,
    – ob und ggf. welche Schenkungen und Veräußerungen in den letzten zehn Jahren an nahe Angehörige bzw. sonstige Personen erfolgt sind, die gemäß §§ 132 ff. InsO anfechtbar wären,
    – ob Rechte und Ansprüche aus Erbfällen bestehen bzw. zu erwarten sind (z.B. Pflichtteilsansprüche),
– eine Erklärung,
– dass Vermögen aus Erbschaften bzw. Erbrechten zur Hälfte zur Befriedigung der Gläubiger eingesetzt wird (vgl. § 295 Abs. 1 Nr. 2 InsO),
– dass außer den im Schuldenbereinigungsplan aufgeführten Gläubigern keine weiteren vorhanden sind, kein Gläubiger Sonderrechte (außer bei Pfandrechten und Sicherheiten) erhalten hat und keinem Gläubiger solche versprochen wurden,
– dass sämtliche Angaben richtig und vollständig sind.

5. Entscheidung über den Antrag

5.1 Erlassbedürftigkeit

Die Erlassbedürftigkeit ist nach den wirtschaftlichen Verhältnissen des Schuldners zu beurteilen. Die wirtschaftliche Lage des Ehegatten kann insoweit berücksichtigt werden, als dem Schuldner wegen des bestehenden Unterhaltsanspruchs über den pfändbaren Teil hinaus Zahlungen zuzumuten sind.

Im Hinblick auf die Zielsetzung der Insolvenzordnung ist eine Billigkeitsmaßnahme nicht deshalb ausgeschlossen, weil z.B. wegen Pfändungsschutzes eine Einziehung der Steuer ohnehin nicht möglich bzw. die Notlage nicht durch die Steuerfestsetzung selbst verursacht worden ist. Vielmehr ist zu würdigen, ob ein gerichtliches Schuldenbereinigungsverfahren bzw. ein Verbraucherinsolvenzverfahren mit Restschuldbefreiung erfolgversprechend wäre. In diesem Falle kann angenommen werden, dass der Erlass entsprechend der BFH-Rechtsprechung dem Schuldner und nicht anderen Gläubigern zugute kommt. Dies gilt insbesondere dann, wenn durch Dritte (z.B. Angehörige) zusätzliche Mittel für die teilweise Schuldenbereinigung von bisher und voraussichtlich auch künftig uneinbringlichen Rückständen eingesetzt werden. Entsprechend den Grundsätzen beim Erlass von Steuern im außergerichtlichen Vergleich ist daher für die Entscheidung des Finanzamts vor allem maßgebend, dass die Zahlungen in Anbetracht der wirtschaftlichen Verhältnisse angemessen sind, alle Gläubiger – nach Berücksichtigung u.a. von Pfandrechten, Sicherheiten – gleich-

Anhang 11
Außergerichtliche Schuldenbereinigung

mäßig befriedigt werden und insbesondere dem Schuldner ein wirtschaftlicher Neuanfang ermöglicht wird. Wurden einzelne Gläubiger in der Vergangenheit ungerechtfertigt bevorzugt, kann es angemessen sein, auf einer höheren Quote zu bestehen.

Dem Schuldner ist in Anlehnung an die Regelung bei der Restschuldbefreiung zuzumuten, die pfändbaren Beträge über einen angemessenen Zeitraum an den Gläubiger abzuführen. In Ratenzahlungsfällen sollte das Finanzamt darauf hinwirken, dass künftiger Vermögenserwerb und Aufrechnungsmöglichkeiten bis zum Ablauf des Ratenzahlungszeitraums zusätzlich zu berücksichtigen sind.

Unter dem Gesichtspunkt der Erlassbedürftigkeit kann dem Schuldenbereinigungsplan zugestimmt werden, wenn

- der Schuldner sein gesamtes Vermögen (alle verfügbaren und beschaffbaren Mittel) und ggf. für eine gewisse Zeit das künftig pfändbare Einkommen zur Schuldentilgung einsetzt,
- die angebotenen Zahlungen unter Berücksichtigung des vorhandenen Vermögens und Einkommens sowie des Alters des Schuldners angemessen sind,
- bei Pfändung oder Abtretung von Bezügen aus einem Dienstverhältnis die begünstigten Gläubiger auf die pfändbaren Teile entsprechend der Regelung in § 114 InsO, Art. 107 EGInsO verzichten,
- alle Gläubiger mit der gleichen Quote befriedigt werden, es sei denn, es bestehen zugunsten einzelner Gläubiger Pfandrechte oder Sicherheiten, die in Höhe des tatsächlichen Werts vorweg befriedigt werden können,
- nach den vorliegenden Umständen damit zu rechnen ist, dass der Schuldner den vorgelegten Schuldenbereinigungsplan vollständig und fristgemäß erfüllen wird.

5.2 Erlasswürdigkeit

Im außergerichtlichen Schuldenbereinigungsverfahren richtet sich die Entscheidung über die Erlasswürdigkeit eines Schuldners danach, ob ein Antrag des Finanzamts, dem Schuldner in einem späteren Verfahrensstadium gemäß § 290 InsO die Restschuldbefreiung zu versagen, voraussichtlich Aussicht auf Erfolg haben würde. Würde dieser Antrag voraussichtlich keine Aussicht auf Erfolg haben, gilt der Schuldner im Rahmen des außergerichtlichen Schuldenbereinigungsverfahrens als erlasswürdig. Nach § 290 InsO ist die Restschuldbefreiung u.a. zu versagen, wenn der Schuldner

- wegen einer Insolvenzstraftat (§ 297 InsO) rechtskräftig verurteilt wurde;
- in den letzten drei Jahren vor dem Antrag auf Eröffnung des Insolvenzverfahrens oder nach diesem Antrag vorsätzlich oder grob fahrlässig schriftlich unrichtige oder unvollständige Angaben über seine wirtschaftlichen Verhältnisse gemacht hat, um Steuerzahlungen zu vermeiden oder unberechtigte Steuererstattungen zu erlangen (z.B. in Stundungsanträgen und Steuererklärungen); die Nichtabgabe schriftlicher Erklärungen (z.B. Steuererklärungen) steht der Abgabe unrichtiger oder unvollständiger schriftlicher Erklärungen nicht gleich;
- im letzten Jahr vor dem Antrag vorsätzlich oder grob fahrlässig die Befriedigung des Finanzamts dadurch beeinträchtigt hat, dass er unangemessene Verbindlichkeiten begründet, Vermögen verschwendet oder ohne Aussicht auf eine Besserung seiner wirtschaftlichen Lage die Eröffnung des Insolvenzverfahrens verzögert hat;
- Auskunfts- und Mitwirkungspflichten in diesem Verfahren (z.B. über Vermögen) verletzt oder unrichtige bzw. unvollständige Angaben im Erlassantrag gemacht hat.

6. Verfahren

6.1 Hat die Prüfung des Antrags ergeben, dass der Schuldner dem Grunde nach erlassbedürftig ist und im außergerichtlichen Schuldenbereinigungsverfahren als erlasswürdig gilt, kann der Erlass im Hinblick auf § 291 InsO zunächst nur verbindlich in Aussicht gestellt werden, wenn noch nicht alle Bedingungen erfüllt sind.

Dies ist z.B. der Fall, wenn

- die übrigen Gläubiger noch nicht zugestimmt haben,
- der Schuldner noch eine Teilzahlung oder Ratenzahlungen aus dem künftigen pfändbaren Einkommen zu leisten hat,
- Zahlungseingänge durch Verwertung u.a. von Pfandrechten, Sicherheiten oder Inanspruchnahme Dritter zu erwarten sind oder
- etwaige Aufrechnungsmöglichkeiten wahrgenommen werden sollen.

Anhang 11
Außergerichtliche Schuldenbereinigung

Während der Laufzeit der Ratenzahlungsvereinbarung ist weitere Voraussetzung für die Erlassbewilligung die Erfüllung der laufenden steuerlichen Verpflichtungen (z.B. bei selbständiger Tätigkeit). Die voraussichtlich zu erlassenden Beträge können zunächst bis zum Ablauf des Zahlungsplans und die künftig zu leistenden Beträge entsprechend der getroffenen Regelungen gestundet werden.

In Fällen, in denen eine Ratenzahlung über einen längeren Zeitraum vereinbart wurde, hat der Schuldner gegenüber dem Finanzamt jährlich über die geleisteten Zahlungen und deren Verteilung an die einzelnen Gläubiger Rechnung zu legen.

6.2 Einer Zustimmung des BMF bedarf es nicht (vgl. BMF-Schreiben vom 2. Januar 2002 – IV D 2 – S 0457–1/02 –).

Anhang 12
Anweisungen für das Straf- und Bußgeldverfahren (Steuer) (zu Vor §§ 369 bis 412 AO)

AStBV (St) 2012

Anweisungen für das Straf- und Bußgeldverfahren (Steuer) – AStBV (St) 2012 –

Gleichlautender Erlass der obersten Finanzbehörden der Länder
vom 31. 10. 2011 (BStBl 2011 I S. 1000)

Inhaltsübersicht

Einführung

Teil 1
Anwendungsbereich, gemeinsame Verfahrensgrundsätze

Abschnitt 1:	
Nummer 1	Anwendungsbereich und anzuwendendes Recht
Abschnitt 2:	**Gemeinsame Verfahrensgrundsätze**
Nummer 2	Rechtliches Gehör
Nummer 3	Verhältnismäßigkeit
Nummer 4	Faires Verfahren
Nummer 5	Wahrheitsfindung
Nummer 6	Beschleunigung des Verfahrens
Nummer 7	Geltung für das Bußgeldverfahren

Teil 2
Behandlung der Eingänge

Nummer 8	Beschleunigte Bearbeitung
Nummer 9	Anzeigen
Nummer 10	Behandlung der Eingänge
Nummer 11	Behandlung der Selbstanzeigen
Nummer 12	Vorfeldermittlungen
Nummer 13	Vorermittlungen

Teil 3
Strafverfahren

Abschnitt 1:	**Allgemeine Grundsätze**
Nummer 14	Legalitätsprinzip
Nummer 15	Ausnahmen vom Verfolgungszwang
Nummer 16	Verhältnis des Strafverfahrens zum Besteuerungsverfahren
Abschnitt 2:	**Abgrenzung der Zuständigkeit zwischen Staatsanwaltschaft und Finanzamt**
Nummer 17	Selbständiges Ermittlungsverfahren
Nummer 18	Steuerstraftaten
Nummer 19	Gleichgestellte Straftaten
Nummer 20	Zuständigkeit nach Erlass eines Haft- oder Unterbringungsbefehls
Nummer 21	Andere Straftaten
Nummer 22	Abgabe der Strafsache an die Staatsanwaltschaft
Abschnitt 3:	**Zuständiges Finanzamt**
Nummer 23	Sachliche Zuständigkeit
Nummer 24	Örtliche Zuständigkeit
Nummer 25	Mehrfache Zuständigkeit
Abschnitt 4:	**Einleitung des Strafverfahrens**
Nummer 26	Verdacht; Legalitätsprinzip
Nummer 27	Einleitungsmaßnahmen
Nummer 28	Mitteilung der Einleitung an Beschuldigte
Nummer 29	Belehrung
Nummer 30	Vermerk
Nummer 31	Mitteilung der Einleitung an Stellen innerhalb der Finanzämter
Abschnitt 5:	**Verteidigung**
Nummer 32	Wahl und Bestellung eines Verteidigers
Nummer 33	Nachweis und Dauer der Bevollmächtigung des Verteidigers
Nummer 34	Stellung des Verteidigers in Ermittlungsverfahren der BuStra und der Steufa
Nummer 35	Akteneinsicht
Nummer 36	Ausschluss eines Verteidigers
Abschnitt 6:	**Allgemeine Ermittlungsgrundsätze**
Nummer 37	Ziel und Umfang der Ermittlungen
Nummer 38	Verbinden und Abtrennen von Verfahren
Nummer 39	Absehen von der Verfolgung und Beschränkung der Strafverfolgung

Anhang 12
(zu Vor §§ 369 bis 412 AO) — Anweisungen für das Straf- und Bußgeldverfahren (Steuer)

Nummer 40	Beweissicherung
Nummer 41	Ermittlung von Umständen, die für die Bemessung der Strafe und für die Nebenfolgen von Bedeutung sind
Nummer 42	Unterstützung durch andere Behörden und Stellen
Nummer 43	Antrag auf Vornahme gerichtlicher Untersuchungshandlungen
Nummer 44	Ausweispflicht
Abschnitt 7:	**Vernehmung**
Nummer 45	Ladung
Nummer 46	Rechtsstellung des Beschuldigten
Nummer 47	Rechtsstellung des Zeugen
Nummer 48	Besonderheiten für Angehörige des öffentlichen Dienstes
Nummer 49	Durchführung der Vernehmung
Nummer 50	Anfertigung von Notizen
Nummer 51	Vernehmungsniederschrift
Nummer 52	Schriftliche Aussagen
Nummer 53	Nichterscheinen des Beschuldigten
Nummer 54	Nichterscheinen des Zeugen
Nummer 55	Entschädigung
Abschnitt 8:	**Durchsuchung und Beschlagnahme**
Nummer 56	Zulässigkeit der Durchsuchung
Nummer 57	Zulässigkeit der Beschlagnahme
Nummer 58	Beschlagnahme bei Angehörigen der rechts- und steuerberatenden Berufe
Nummer 59	Beschlagnahme der Patientenkartei eines Arztes
Nummer 60	Anordnung der Durchsuchung/Beschlagnahme
Nummer 61	Postbeschlagnahme
Nummer 62	Zeit der Durchsuchung
Nummer 63	Ablauf der Durchsuchung
Nummer 64	Körperliche Durchsuchung
Nummer 65	Einsichtnahme in Räume und Behältnisse mit Einverständnis des Betroffenen
Nummer 66	Durchsuchung von Geschäftsräumen im Verfahren gegen geschäftsführende Gesellschafter
Nummer 67	Durchsuchung der Wohnung in besonderen Fällen
Nummer 68	Von Dritten genutzte Behältnisse
Nummer 69	Durchsicht, Nachweis und Rückgabe der Beweismittel
Abschnitt 9:	**Sicherung des Steueranspruchs**
Nummer 70	Maßnahmen zur Sicherung des Steueranspruchs
Nummer 71	Besonderheiten beim dinglichen Arrest nach der AO
Nummer 72	Besonderheiten beim dinglichen Arrest nach der StPO
Abschnitt 10:	**Weitere strafprozessuale Maßnahmen**
Nummer 73	Zulässigkeit und Durchführung der vorläufigen Festnahme
Nummer 74	Zulässigkeit und Durchführung der Telekommunikationsüberwachung
Abschnitt 11:	**Strafzumessungskriterien**
Nummer 75	Allgemeines zur Strafzumessung
Nummer 76	Bedeutung des verkürzten Steuerbetrages für die strafrechtliche Ahndung und für die Strafzumessung
Nummer 77	Besondere Strafzumessungsgründe
Nummer 78	Kompensation rechtsstaatswidriger Verzögerung eines Strafverfahrens (Vollstreckungsmodell)
Abschnitt 12:	**Abschließende Entscheidung im Verfahren der Finanzbehörde**
Nummer 79	Überblick
Nummer 80	Allgemeines zur Einstellung des Verfahrens
Nummer 81	Einstellung nach § 170 Abs. 2 StPO
Nummer 82	Einstellung und Absehen von der Strafverfolgung nach § 153 Abs. 1 StPO, § 398 AO und § 398a AO
Nummer 83	Einstellung nach § 153a StPO
Nummer 84	Voraussetzungen für den Antrag auf Erlass eines Strafbefehls
Nummer 85	Bemessung der Strafen
Nummer 86	Höhe des Tagessatzes, Ermittlung des Nettoeinkommens
Nummer 87	Antragstellung
Nummer 88	Rechtsmittel
Nummer 89	Vorlage an die Staatsanwaltschaft
Nummer 90	Antrag auf Anordnung von Nebenfolgen im selbständigen Verfahren

Anhang 12
Anweisungen für das Straf- und Bußgeldverfahren (Steuer) (zu Vor §§ 369 bis 412 AO)

Abschnitt 13:	**Stellung der Finanzbehörde im Verfahren der Staatsanwaltschaft**
Nummer 91	Rechte und Pflichten im Ermittlungsverfahren
Nummer 92	Anwesenheitsrecht
Nummer 93	Unterstützung der Staatsanwaltschaft bei der Überwachung von Auflagen
Abschnitt 14:	**Stellung der Finanzbehörde im gerichtlichen Verfahren**
Nummer 94	Teilnahme an der Hauptverhandlung
Nummer 95	Rechtsmittel
Nummer 96	Unterstützung des Gerichts bei der Überwachung von Auflagen
Abschnitt 15:	**Behandlung von Einwendungen**
Nummer 97	Gegenvorstellungen, Dienst- und Sachaufsichtsbeschwerden
Nummer 98	Rechtsbehelfe
Nummer 99	Wirkung von Einwendungen
Teil 4	
Bußgeldverfahren	
Abschnitt 1:	**Anzuwendende Vorschriften**
Nummer 100	Gesetzliche Bestimmungen
Nummer 101	Anwendung der Regelungen des Dritten Teils
Nummer 102	Abweichungen vom Strafverfahren
Nummer 103	Ermittlungsbefugnisse
Nummer 104	Opportunitätsprinzip
Abschnitt 2:	**Ordnungswidrigkeiten**
Nummer 105	Steuerordnungswidrigkeiten
Nummer 106	Gleichgestellte Ordnungswidrigkeiten
Nummer 107	Ordnungswidrigkeiten nach anderen Gesetzen
Nummer 108	Als Ordnungswidrigkeit zu ahndende Steuerstraftaten
Abschnitt 3:	**Zuständigkeit**
Nummer 109	Zuständigkeit bei Ordnungswidrigkeiten
Nummer 110	Zuständigkeit bei Zusammentreffen oder Zusammenhang der Ordnungswidrigkeit mit einer Straftat
Nummer 111	Zuständigkeit bei Zusammentreffen oder Zusammenhang mit einer anderen Ordnungswidrigkeit
Nummer 112	Zuständigkeit für die als Ordnungswidrigkeiten zu verfolgenden und zu ahndenden Steuerstraftaten
Abschnitt 4:	**Abschließende Entscheidung der Finanzbehörde**
Nummer 113	Abschließende Entscheidung
Nummer 114	Bemessung der Geldbuße
Nummer 115	Besonderheiten bei Verfahren gegen Angehörige der rechts- und steuerberatenden Berufe
Nummer 116	Bekanntgabe des Bußgeldbescheids
Abschnitt 5:	**Rechtsbehelfe**
Nummer 117	Behandlung eines Antrages auf gerichtliche Entscheidung
Nummer 118	Einspruch gegen Bußgeldbescheid
Abschnitt 6:	**Kosten, Erhebung und Vollstreckung**
Nummer 119	Kosten des Verfahrens
Nummer 120	Zuständigkeit für die Erhebung
Nummer 121	Vollstreckung
Teil 5:	
Steuerfahndung	
Nummer 122	Aufgaben
Nummer 123	Rechte und Pflichten
Nummer 124	Zuständigkeit
Nummer 125	Zusammenarbeit mit der Außenprüfung
Nummer 126	Haftungsinanspruchnahme durch die Finanzämter
Nummer 127	Schlussbericht der Steufa
Teil 6:	
Ergänzende Regelungen	
Abschnitt 1:	**Steuergeheimnis**
Nummer 128	Schutz des Anzeigenerstatters
Nummer 129	Offenbarung gegenüber Dritten

Anhang 12
(zu Vor §§ 369 bis 412 AO) Anweisungen für das Straf- und Bußgeldverfahren (Steuer)

Abschnitt 2:	**Unterrichtungspflicht gegenüber BuStra oder Steufa**
Nummer 130	Allgemeines
Nummer 131	Außenprüfung
Nummer 132	Selbstanzeigen
Nummer 133	Unaufschiebbare Anordnungen
Abschnitt 3:	**Mitteilungen im Straf- und Bußgeldverfahren**
Nummer 134	Mitteilungen an Behörden und Stellen der Finanzverwaltung
Nummer 135	Unterrichtung der vorgesetzten Behörde
Nummer 136	Mitteilungen an andere Behörden und Stellen
Nummer 137	Mitteilung in sonstigen Fällen
Abschnitt 4:	**Zusammenarbeit mit anderen Behörden**
Nummer 138	Bundeszentralamt für Steuern
Nummer 139	Zollverwaltung
Nummer 140	Staatsanwaltschaft
Nummer 141	Landeskriminalamt
Nummer 142	Polizei und andere Behörden
Nummer 143	Gewerbezentralregister
Abschnitt 5:	**Auskunfts- und Vorlageersuchen**
Nummer 144	Allgemeines
Nummer 145	Auskunfts- und Vorlageersuchen an Kreditinstitute im Besteuerungsverfahren
Nummer 146	Auskunfts- und Vorlageersuchen an Kreditinstitute im Straf- und Bußgeldverfahren
Nummer 147	Erstattung von Kosten
Nummer 148	Auskunftsersuchen wegen Chiffreanzeigen
Abschnitt 6:	**Verwertungsverbote**
Nummer 149	Fälle, die zu einem Verwertungsverbot führen
Nummer 150	Fälle, die nicht zu einem Verwertungsverbot führen
Abschnitt 7:	**Besonderheiten im Hinblick auf die Person des Beschuldigten/Betroffenen**
Nummer 151	Mitglieder des Europäischen Parlaments, des Deutschen Bundestages und der gesetzgebenden Körperschaften und der Länder
Nummer 152	Diplomaten und andere bevorrechtigte Personen
Nummer 153	Streitkräfte anderer Staaten
Nummer 154	Jugendliche, Heranwachsende, vermindert Schuldfähige

Anweisungen für das Straf- und Bußgeldverfahren (Steuer)
– AStBV (St) 2012 –
Einführung

(1) Die nachfolgenden Anweisungen sollen der einheitlichen Handhabung des Gesetzes dienen und die reibungslose Zusammenarbeit der zur Verfolgung von Steuerstraftaten und Steuerordnungswidrigkeiten berufenen Stellen der Finanzbehörden untereinander, mit anderen Stellen der Finanzbehörden sowie mit den Gerichten und Staatsanwaltschaften gewährleisten.

(2) Die Anweisungen enthalten zur Erleichterung der Amtsgeschäfte eine Zusammenfassung von hierfür maßgeblichen Grundsätzen sowie Hinweise für deren praktische Anwendung. Aus Gründen der Übersichtlichkeit wird zum Teil der Gesetzeswortlaut wiederholt, im Übrigen wird nur auf die einschlägigen Gesetze verwiesen. Bei streitigen Rechtsfragen ist im Interesse einer einheitlichen Verfahrensweise die Auffassung der Verwaltung wiedergegeben.

(3) Die Anweisungen können wegen der Vielfalt der Lebensvorgänge, auf die sie sich beziehen, nur Anleitungen für den Regelfall geben. Es ist daher im Einzelfall zu prüfen, welche Maßnahmen im Rahmen der anzuwendenden Gesetze und der Rechtsprechung der Gerichte geboten sind.

Teil 1
Anwendungsbereich, gemeinsame Verfahrensgrundsätze

Abschnitt 1
Anwendungsbereich und anzuwendendes Recht

1. 1

(1) Die Anweisungen sind in allen Straf- und Bußgeldverfahren anzuwenden, in denen die Finanzbehörde ermittelt oder zur Mitwirkung berufen ist. Sie sind von allen Bediensteten der Steuerfahndung (Steufa) und der Bußgeld- und Strafsachenstellen (BuStra) zu beachten, ferner von Bediens-

Anhang 12
Anweisungen für das Straf- und Bußgeldverfahren (Steuer) (zu Vor §§ 369 bis 412 AO)

teten anderer Stellen der Finanzbehörden, soweit es sich um die Zusammenarbeit mit jenen Stellen handelt oder wenn sie Maßnahmen im Straf- oder Bußgeldverfahren treffen.[1)]

(2) Für Steuerstraftaten gelten die allgemeinen Gesetze über das Strafrecht, soweit die Strafvorschriften der Steuergesetze nichts anderes bestimmen. Für Steuerordnungswidrigkeiten gelten die Vorschriften des Ersten Teils des Gesetzes über Ordnungswidrigkeiten, soweit die Bußgeldvorschriften der Steuergesetze nichts anderes bestimmen. Für das Strafverfahren wegen Steuerstraftaten gelten, soweit die §§ 386 ff. AO nichts anderes bestimmen, die allgemeinen Gesetze über das Strafverfahren, namentlich die Strafprozessordnung, das Gerichtsverfassungsgesetz, das Gerichtskostengesetz und das Jugendgerichtsgesetz (§ 385 AO). Die Menschenrechtskonvention und die Charta der Grundrechte der Europäischen Union sind zu beachten. Die Rechtsgrundlagen der zwischenstaatlichen Rechtshilfe in Steuerstrafsachen ergeben sich aus multi- und bilateralen Verträgen sowie – ergänzend, für die dort nicht geregelten Fragen – aus dem IRG und den RiVASt. Rechtshilfeverkehr ist auch bei vertragslosem Zustand möglich; in diesem Fall richtet er sich ausschließlich nach nationalem Recht, insbesondere dem IRG. Die Befugnisse der Steuerfahndung ergeben sich aus den §§ 208 und 404 AO (vgl. Nr. 123).

Abschnitt 2
Gemeinsame Verfahrensgrundsätze

2. Rechtliches Gehör

Anspruch auf rechtliches Gehör hat jeder an einem Ermittlungsverfahren Beteiligte. Insbesondere muss dem Beschuldigten Gelegenheit gegeben werden, tatsächliche und rechtliche Ausführungen zu machen und Beweisanträge zu stellen. Bei Maßnahmen, die nur den Gang des Verfahrens betreffen, bedarf es keiner Anhörung, z.B. bei der Bestimmung eines Termins. Bei anderen Maßnahmen kann die vorherige Anhörung unterbleiben, wenn andernfalls der Zweck der Anordnung gefährdet würde, so namentlich bei Beschlagnahmen und Durchsuchungen (§ 33 Abs. 4 StPO); dem von der Maßnahme Betroffenen muss jedoch dann nachträglich Gelegenheit zur Äußerung gegeben werden, wenn und soweit nach der Vollziehung der Anordnung noch ein Nachteil für ihn fortbesteht (BVerfG-Beschluss vom 9. März 1965 – 2 BvR 176/63, BVerfGE 18, 399 (404), NJW 1965, 1171).

3. Verhältnismäßigkeit

Der Grundsatz der Verhältnismäßigkeit verlangt, dass die jeweilige Maßnahme unter Würdigung aller persönlichen und sachlichen Umstände des Einzelfalles zur Erreichung des angestrebten Zwecks geeignet und erforderlich ist und dass der mit ihr verbundene Eingriff nicht außer Verhältnis zur Bedeutung der Sache und zur Stärke des Tatverdachts steht (Verbot des Übermaßes). Dies gilt vor allem bei Maßnahmen, von denen Unverdächtige betroffen werden (z.B. Durchsuchung von Gebäuden).

4. Faires Verfahren

(1) Das Recht auf faires Verfahren gehört zu den wesentlichen Grundsätzen des rechtsstaatlichen Strafverfahrens. Es wird verwirklicht u.a. durch die Gewährung des rechtlichen Gehörs (Nummer 2), das Recht auf Verteidigung (vgl. Nummern 32 ff.), das Recht des Beschuldigten, zur Sache zu schweigen (§ 136 Abs. 1 Satz 2; § 243 Abs. 4 Satz 1 StPO), die Einräumung von Rechtsbehelfen und die Rechtsbehelfsbelehrung. Der Anspruch auf faires Verfahren verbietet es, Druck oder sonstige unerlaubte Mittel in Richtung eines Geständnisses oder sonstiger Einlassung auszuüben (vgl. Nummer 49 Abs. 3); vgl. Nummer 16 Abs. 2 bis 4. Verweigert der Beschuldigte jede Aussage zur Sache, so dürfen hieraus für ihn bei der Beweiswürdigung keine nachteiligen Folgerungen gezogen werden. Dies gilt auch, wenn ihm mehrere Taten (§ 264 StPO) vorgeworfen werden und er nur zu einer oder mehreren dieser Taten die Aussage verweigert. Anders kann es sein, wenn er nur zu einzelnen Punkten einer Tat (§ 264 StPO) schweigt.

(2) Bis zur rechtskräftigen Verurteilung wird die Unschuld vermutet (Artikel 6 Abs. 2 der Menschenrechtskonvention). Die Unschuldsvermutung verbietet voreingenommene Behandlung des Beschuldigten im Verfahren. Es ist daher alles zu vermeiden, was zu einer nicht durch den Zweck des Ermittlungsverfahrens bedingten Bloßstellung des Beschuldigten führen könnte. Dies gilt insbesondere im Schriftverkehr mit anderen Behörden und Personen. Sollte es nicht entbehrlich sein, den Beschuldigten anzugeben oder die ihm zur Last gelegte Tat zu bezeichnen, ist deutlich zu machen, dass gegen den Beschuldigten lediglich der Verdacht einer Straftat besteht.

[1)] Je nach Bundesland sind andere Organisationsformen denkbar.

5. Wahrheitsfindung

Die Finanzbehörde hat auch Umstände, die sich zugunsten des Beschuldigten auswirken können, von Amts wegen zu ermitteln und zu berücksichtigen (§ 160 Abs. 2 StPO). Bei tatsächlichen Zweifeln über die Schuld- und Straffrage gilt für die abschließenden Entscheidungen der Finanzbehörden (vgl. Nummern 79 ff.) der Grundsatz „im Zweifel für den Angeklagten". Werden strafbegründende oder straferhöhende Umstände nicht zur Überzeugung der Finanzbehörde festgestellt, muss dies bei der Prüfung, ob ein Verfahren einzustellen ist und auch beim Antrag auf Erlass eines Strafbefehls sowie beim Antrag auf Anordnung von Nebenfolgen berücksichtigt werden.

6. Beschleunigung des Verfahrens

(1) Im Interesse sowohl des Beschuldigten als auch der Strafverfolgung haben alle Amtsträger dafür zu sorgen, dass über die erforderlichen Maßnahmen bei Verdacht von Steuerstraftaten sobald wie möglich entschieden wird. Es sind insbesondere die für die Verfolgung zuständigen Stellen unverzüglich zu unterrichten, wenn hierzu Anlass besteht (vgl. Art. 6 MRK, Nummern 8, 38 Abs. 1 und 130 bis 133).

(2) Führt die Staatsanwaltschaft die Ermittlungen oder ist ein Verfahren bei Gericht anhängig, ist Gericht und Staatsanwaltschaft die gebotene Unterstützung so schnell wie möglich zu gewähren.

7. Geltung für das Bußgeldverfahren

Die Nummern 2 bis 6 gelten für das Bußgeldverfahren entsprechend.

Teil 2
Behandlung der Eingänge

8. Beschleunigte Bearbeitung

(1) Über die Einleitung oder Nichteinleitung von Verfahren soll, sofern keine besonderen Umstände vorliegen, innerhalb von sechs Monaten nach Eingang des Vorgangs entschieden werden (vgl. auch Nummer 6). Dies gilt insbesondere dann, wenn eine Außenprüfung vorausgegangen und in der Schlussbesprechung gemäß § 201 Abs. 2 AO ein Hinweis auf die straf- oder bußgeldrechtliche Prüfung gegeben worden war.

(2) Wird in den Fällen des § 201 Abs. 2 AO von der Einleitung eines Straf- oder Bußgeldverfahrens abgesehen, so ist dies dem Steuerpflichtigen mitzuteilen.

9. Anzeigen

Besteht kein Anlass einer Anzeige nachzugehen, so sind die Gründe dafür aktenkundig zu machen. Bei Sachverhalten, für deren Ermittlung die Finanzbehörde nicht zuständig ist, soll der Anzeigeerstatter an die zuständige Strafverfolgungsbehörde oder Verwaltungsbehörde in Bußgeldsachen verwiesen werden, sofern nicht deren Unterrichtung durch die Finanzbehörde angezeigt erscheint. Wegen des Schutzes des Anzeigenerstatters vgl. Nummern 128 und 129.

10. Behandlung der Eingänge

(1) Die Eingänge sind darauf zu prüfen, ob

1. die Finanzbehörde das Verfahren selbständig durchzuführen befugt (vgl. Nummer 17) und sachlich und örtlich zuständig ist (vgl. Nummern 23 bis 25),
2. Vorfeldermittlungen (vgl. Nummer 12) oder Vorermittlungen (vgl. Nummer 13) anzustellen sind,
3. die Voraussetzungen für die Einleitung eines Verfahrens zu verneinen sind oder von der Einleitung abzusehen oder diese zurückzustellen ist,
4. das Strafverfahren oder das Bußgeldverfahren einzuleiten ist (vgl. Nummern 26, 104),
5. die Staatsanwaltschaft zu unterrichten ist (vgl. Nummer 140) oder
6. die Sache sogleich an die Staatsanwaltschaft abzugeben (vgl. Nummer 22) oder dieser vorzulegen ist (vgl. Nummer 110 Abs. 1).

(2) Ist die Finanzbehörde nicht zuständig, gibt sie die Vorgänge unter Beachtung der Nummern 128 und 129 an die zuständige Stelle ab. Fehlt ihr als Finanzbehörde die Befugnis zur selbständigen Sachverhaltsermittlung, sind die Vorgänge unter Beachtung der Nummern 128 und 129 der zuständigen Staatsanwaltschaft zuzuleiten.

Anhang 12
Anweisungen für das Straf- und Bußgeldverfahren (Steuer) (zu Vor §§ 369 bis 412 AO)

(3) Ergibt sich sogleich, dass kein Tatverdacht (vgl. Nummer 26) besteht oder dass ein Verfahrenshindernis vorliegt (vgl. Nummer 81 Abs. 1 Satz 2), unterbleibt die Einleitung eines Verfahrens; dies ist aktenkundig zu machen.

11. Behandlung der Selbstanzeigen

(1) Nach dem Legalitätsprinzip (vgl. Nummer 14) ist die BuStra grundsätzlich berechtigt und verpflichtet, nach Eingang einer Selbstanzeige ein Strafverfahren zur Prüfung der Straffreiheit gemäß § 371 Abs. 1 und 3 AO einzuleiten (BFH-Urteil vom 29. April 2008, BStBl II 2008, 844). Von der Einleitung eines Strafverfahrens ist nur dann abzusehen, wenn in der Selbstanzeige die Angaben erkennbar richtig und vollständig gemacht wurden, die nachzuzahlenden Steuern in voller Höhe entrichtet wurden und die nach § 370 Abs. 1 AO verkürzte Steuer oder der für sich oder einen anderen erlangte nicht gerechtfertigte Steuervorteil einen Betrag von 50 000 Euro je Tat nicht übersteigt (§ 371 Abs. 2 Nummer 3 AO).

(2) Im Bereich einer vorsätzlichen Steuerhinterziehung ist eine Selbstanzeige vollständig, wenn alle strafrechtlich unverjährten Steuerstraftaten (§ 369 Abs. 1 Nummer 1 AO) einer Steuerart offenbart werden (§ 371 Abs. 1 AO). Anknüpfungspunkt für den strafrechtlich noch nicht verjährten Zeitraum ist die materielle Tat, die durch Steuerart und Besteuerungszeitraum bestimmt wird.

(3) Die BuStra prüft, ob die Angaben für eine wirksame Selbstanzeige ausreichen. Ist der Sachverhalt weiter aufklärungsbedürftig, hat die BuStra die Ermittlungen selbst durchzuführen oder zu veranlassen.

(4) Hängt die Straf- oder Bußgeldfreiheit von der Nachentrichtung der Steuer ab, veranlasst die BuStra, dass dafür eine angemessene Frist gesetzt und dabei auf die Bedeutung der Einhaltung der Frist hingewiesen wird. Fristverlängerung, Stundung, Vollstreckungsaufschub sowie Erlass dürfen nur im Benehmen mit der BuStra gewährt werden.

12. Vorfeldermittlungen

(1) Vorfeldermittlungen (§ 208 Abs. 1 Satz 1 Nummer 3 AO) sind geboten, wenn noch keine konkreten Anhaltspunkte für eine Straftat oder Ordnungswidrigkeit gegeben sind, jedoch die Möglichkeit einer Steuerverkürzung in Betracht kommt. Die Ermittlungen können sich sowohl auf unbekannte Steuerpflichtige als auch auf unbekannte Sachverhalte beziehen. Es handelt sich um Ermittlungen im Besteuerungsverfahren im Unterschied zu den Vorermittlungen (vgl. Nummer 13).

(2) Ergibt sich aufgrund der Ermittlungen der Verdacht einer Straftat oder Ordnungswidrigkeit im Sinne der Nummern 18, 19 und 105 bis 107, führt die Steufa weitere Ermittlungen im Rahmen ihrer Aufgaben nach § 208 Abs. 1 Satz 1 Nummern 1 und 2 AO durch.

(3) Ergeben die Ermittlungen, dass ein Verdacht nicht besteht, sind aber weitere Ermittlungen bezüglich der Besteuerungsgrundlagen angezeigt, so führt die Steufa die Ermittlungen selbst durch oder regt deren Durchführung durch andere Stellen an.

13. Vorermittlungen

(1) Liegen Anhaltspunkte für eine Straftat oder Ordnungswidrigkeit im Sinne der Nummern 18, 19 und 105 bis 108 vor, reichen die Erkenntnisse jedoch nicht aus, um den erforderlichen Verdacht (vgl. Nummer 26) zu begründen, sind ggf. Vorermittlungen durchzuführen. Vorermittlungen sind allgemeine und informatorische Maßnahmen zur Gewinnung von Erkenntnissen, ob ein Verdacht gegeben und ein Ermittlungsverfahren durchzuführen ist.

(2) Mit den Vorermittlungen darf nicht bis zur Festsetzung der verkürzten Steuer oder der Festsetzung des Rückforderungsanspruchs oder bis zum Eintritt der Bestandskraft der Festsetzung gewartet werden, es sei denn, die Verkürzung scheint abweichend von der im Besteuerungsverfahren vom Finanzamt vertretenen Auffassung dem Grunde nach zweifelhaft.

**Teil 3
Strafverfahren**

**Abschnitt 1
Allgemeine Grundsätze**

4   **14. Legalitätsprinzip**

Die Finanzbehörde ist gemäß § 152 Abs. 2 StPO verpflichtet, im Rahmen ihrer Zuständigkeit (vgl. Nummern 23 und 24) wegen aller verfolgbaren Straftaten (vgl. Nummern 18 und 19) ohne Ansehen der Person einzuschreiten, sofern zureichende tatsächliche Anhaltspunkte vorliegen. Das Legalitätsprinzip ist Ausprägung des Rechtsstaatsgedankens und gewährleistet den auch im Strafverfahren geltenden Grundsatz der Gleichheit aller vor dem Gesetz (Artikel 3 GG). Die Finanzbehörde hat auf die Rechtmäßigkeit und Ordnungsmäßigkeit, die Beschleunigung des Verfahrens sowie auf die Zweckmäßigkeit und die Zuverlässigkeit der Ermittlungen zu achten (vgl. auch Nummer 6).

15. Ausnahmen vom Verfolgungszwang

Von der Verfolgung einer Straftat kann, wenn die Verfolgungsvoraussetzungen an sich gegeben sind, nur in den gesetzlich bestimmten Fällen (vgl. Nummer 39; Nummern 82 und 83) abgesehen werden.

16. Verhältnis des Strafverfahrens zum Besteuerungsverfahren

(1) Die Rechte und Pflichten der Steuerpflichtigen und der Finanzbehörden im Besteuerungsverfahren und im Strafverfahren richten sich nach den für das jeweilige Verfahren geltenden Vorschriften (§ 393 Abs. 1 Satz 1 AO). Werden die Besteuerungsgrundlagen im Rahmen des Strafverfahrens ermittelt, so richten sich die Rechte und Pflichten grundsätzlich nach den strafprozessualen Vorschriften.

(2) Nach Einleitung des Strafverfahrens bleibt der Steuerpflichtige zwar zur Mitwirkung verpflichtet, soweit für Zwecke der Besteuerung ermittelt wird; seine Mitwirkung darf aber nicht mehr mit Hilfe von Zwangsmitteln (§ 328 AO) durchgesetzt werden (§ 393 Abs. 1 Satz 3 i.V.m. Satz 2 AO). Auch schon vor Einleitung eines Strafverfahrens sind im Besteuerungsverfahren Zwangsmittel unzulässig, sofern der Steuerpflichtige dadurch gezwungen würde, sich wegen einer von ihm begangenen Steuerstraftat oder Steuerordnungswidrigkeit zu belasten (§ 393 Abs. 1 Satz 2 AO). Ist gegen einen Steuerpflichtigen wegen der Abgabe unrichtiger Steuererklärungen ein Steuerstrafverfahren anhängig, rechtfertigt das Zwangsmittelverbot für nachfolgende Besteuerungszeiträume weder die Nichtabgabe zutreffender noch die Abgabe unrichtiger Steuererklärungen (vgl. BGH-Beschluss vom 10. Januar 2002 – 5 StR 452/01 – wistra 2002, 149). Das Recht zur Schätzung der Besteuerungsgrundlagen (§ 162 AO) bleibt unberührt (vgl. BFH-Beschluss vom 19. September 2001 – XI B 6/01 –, BStBl 2002 II, 4).

(3) Ergeben sich Anhaltspunkte dafür, dass nach Abs. 2 Sätze 1, 2 die Anwendung von Zwangsmitteln unzulässig sein könnte, ist der Steuerpflichtige über die Rechtslage zu belehren (§ 393 Abs. 1 Satz 4 AO). Die Belehrung hat spätestens zu erfolgen, wenn der Steuerpflichtige zur Mitwirkung aufgefordert wird oder, wenn er schon zur Mitwirkung aufgefordert worden war, seine Mitwirkung fortsetzt. Eine Verletzung der Belehrungspflicht gemäß § 393 Abs. 1 Satz 4 AO führt im Besteuerungsverfahren zu keinem Verwertungsverbot (vgl. BFH-Urteil vom 23. Januar 2002 – XI R 10, 11/01 – BStBl II 2002, 328). Im Übrigen wird auf Nummer 29 verwiesen.

(4) Im Strafverfahren kann der Steuerpflichtige (Beschuldigte) seine Mitwirkung verweigern, ohne dass daraus für ihn nachteilige strafrechtliche Folgen entstehen (§ 136 Abs. 1 Satz 2 i.V.m. § 163a Abs. 3, 4 StPO. Im Übrigen wird auf Nummer 4 verwiesen.

Abschnitt 2
Abgrenzung der Zuständigkeit zwischen Staatsanwaltschaft und Finanzamt

17. Selbständiges Ermittlungsverfahren

(1) Das Finanzamt führt das Ermittlungsverfahren unbeschadet des Rechts der Staatsanwaltschaft gemäß § 386 Abs. 4 Satz 2 AO selbständig durch, wenn die Tat

1. ausschließlich eine Steuerstraftat (§ 386 Abs. 2 Nummer 1 AO; Nummer 18) oder eine dieser gleichgestellte Tat (vgl. Nummer 19) darstellt,

2. zugleich andere Strafgesetze verletzt und deren Verletzung Kirchensteuern oder andere öffentlich-rechtliche Abgaben betrifft, die an Besteuerungsgrundlagen, Steuermessbeträge oder Steuerbeträge anknüpfen (§ 386 Abs. 2 Nummer 2 AO), z.B. Beiträge an Industrie- und Handelskammern, deren Höhe sich nach dem Gewerbesteuermessbetrag richtet.

(2) Der Begriff der Tat ist nicht im Sinne der Tateinheit nach § 52 StGB, sondern im prozessualen Sinne des § 264 Abs. 1 StPO zu verstehen (BGH-Urteil vom 4. Juni 1970 – 4 StR 80/70 –, BGHSt 23, 270, NJW 1970, 1427). Für die Annahme einer Tat in diesem Sinne kann es z.B. ausreichen, wenn die einzelnen Tathandlungen so miteinander verknüpft sind, dass ihre getrennte Aburteilung in verschiedenen erstinstanzlichen Verfahren einen einheitlichen Lebensvorgang unnatürlich aufspalten würde.

(3) Soweit die Finanzbehörde das Strafverfahren selbständig durchführt, nimmt sie die Rechte und Pflichten wahr, die der Staatsanwaltschaft im Ermittlungsverfahren zustehen (§ 399 Abs. 1 AO), z.B. Befugnis für Anträge auf gerichtliche Untersuchungshandlungen (§ 162 StPO), Anordnung von Beschlagnahmen und Durchsuchungen bei Gefahr im Verzuge (§ 98 Abs. 1, § 105 Abs. 1 StPO), Überwachung der Telekommunikation (§ 100a Abs. 1 i.V.m. Abs. 2 Nummer 2a StPO), Durchsicht von Papieren (§ 110 Abs. 1 StPO), Durchsetzung der Pflicht zum Erscheinen von Beschuldigten (§ 163a Abs. 3 StPO) sowie von Zeugen und Sachverständigen (§ 161a Abs. 1 und 2

Anhang 12
Anweisungen für das Straf- und Bußgeldverfahren (Steuer) (zu Vor §§ 369 bis 412 AO)

StPO), Verlangen auf Vorlage und Auslieferung von Beweisgegenständen (§ 95 StPO), abschließende Entscheidung (vgl. Nummern 79 ff.).

(4) Aufgaben, welche sich aus der Ausübung staatsanwaltschaftlicher Rechte und Pflichten ergeben, (Abs. 3), werden von der BuStra wahrgenommen; Nummer 123 Abs. 3 Nummer 3 bleibt unberührt. Ihr obliegt stets die abschließende Entscheidung, insbesondere die Entscheidung über die Einstellung von Verfahren. Auch wenn die BuStra den Sachverhalt nicht selbst aufklärt, sondern die Steufa oder andere Stellen damit beauftragt, hat sie die Ermittlungen zu leiten, mindestens ihre Richtung und ihren Umfang zu bestimmen. Sie kann dabei auch konkrete Einzelweisungen zur Art und Weise der Durchführung einzelner Ermittlungshandlungen erteilen.

(5) Zur Stellung der Finanzbehörde im Verfahren der Staatsanwaltschaft vgl. Nummern 91 bis 93 und im gerichtlichen Verfahren vgl. Nummern 94 bis 96.

6   **18. Steuerstraftaten**

Steuerstraftaten (§ 369 AO) sind

1. Taten, die nach den Steuergesetzen (AO und Einzelsteuergesetze, z.B. § 26c UStG, § 23 Rennwett- und Lotteriegesetz) strafbar sind, also insbesondere Steuerhinterziehung nach § 370 AO und versuchte Steuerhinterziehung. Auch soweit der gesamte steuerliche Sachverhalt erfunden wurde, d.h. indem das Vorhandensein eines Steuerschuldverhältnisses lediglich vorgetäuscht worden war, ist die Tat als Steuerhinterziehung zu beurteilen (vgl. BGH-Beschluss vom 23. März 1994 – 5 StR 91/94 –, wistra 1994, 194);

2. die Begünstigung (§ 257 StGB) einer Person, die eine der vorstehend genannten Taten begangen hat. Unter den Begriff der Begünstigung fällt nur die sachliche Begünstigung, die darin besteht, dem Täter die Vorteile aus der Tat sichern zu helfen, nicht dagegen die persönliche Begünstigung, die den Zweck hat, den Täter der Strafverfolgung zu entziehen (Strafvereitelung nach § 258 StGB);

3. die Anstiftung (§ 26 StGB) und die Beihilfe (§ 27 StGB) zu einer Tat im Sinne der Ziffern 1 bis 2.

7   **19. Gleichgestellte Straftaten**

Den Steuerstraftaten gleichgestellte Straftaten sind

1. die ungerechtfertigte Erlangung von Altersvorsorgezulagen, von Wohnungsbau-, Bergmannsprämien und von Arbeitnehmersparzulagen durch Taten im Sinne des § 370 AO (§ 96 Abs. 7 EStG, § 8 Abs. 2 WoPG, § 5a Abs. 2 BergPG, § 29a BerlinFG, § 14 Abs. 3 VermBG) sowie der Versuch dazu;

2. der Betrug (§ 263 StGB) in Bezug auf Eigenheimzulage nach dem Eigenheimzulagengesetz (§ 15 Abs. 2 EigZulG) und auf Investitionszulage nach dem Investitionszulagengesetz (§ 15 InvZulG 2010);

3. der Subventionsbetrug (§ 264 StGB) in Bezug auf Investitionszulagen nach dem Investitionszulagengesetz (§ 15 InvZulG 2010);

4. die Begünstigung einer Person, die eine der vorstehend genannten Taten begangen hat (§ 257 StGB);

5. die Anstiftung (§ 26 StGB) und die Beihilfe (§ 27 StGB) zu einer der vorstehend genannten Taten.

8   **20. Zuständigkeit nach Erlass eines Haft- oder Unterbringungsbefehls**

Die selbständige Ermittlungsbefugnis der Finanzbehörde entfällt, sobald gegen einen Beschuldigten wegen der Tat ein Haftbefehl oder ein Unterbringungsbefehl erlassen ist (§ 386 Abs. 3 AO). Die Finanzbehörde hat in diesen Fällen nur die Rechte und die Pflichten der Behörden des Polizeidienstes sowie die Befugnis zu Maßnahmen nach § 399 Abs. 2 Satz 2 AO (vgl. Nummer 91).

21. Andere Straftaten

(1) Ergibt sich in einem Steuerstrafverfahren der Verdacht, dass innerhalb des einheitlichen Lebensvorgangs, der den Gegenstand der Untersuchung bildet (§ 264 StPO), Straftaten begangen wurden, auf die sich die selbständige Ermittlungsbefugnis der Finanzbehörden nicht erstreckt, so sind die Vorgänge der Staatsanwaltschaft vorzulegen.

(2) Stellt die Finanzbehörde fest, dass ein Steuerstrafverfahren nicht einzuleiten ist, ergeben sich jedoch Tatsachen, die auf eine andere Straftat schließen lassen, ist der Vorgang unter Wahrung des Steuergeheimnisses und unter Beachtung des Legalitätsprinzips an die Staatsanwaltschaft abzugeben; Nummer 128 Abs. 1 letzter Satz gilt entsprechend. Nummer 140 Abs. 2 ist zu beachten.

Anhang 12
(zu Vor §§ 369 bis 412 AO) Anweisungen für das Straf- und Bußgeldverfahren (Steuer)

22. Abgabe der Strafsache an die Staatsanwaltschaft

(1) Die Entscheidung über die Abgabe (§ 386 Abs. 4 Satz 1 AO) ist nach pflichtgemäßem Ermessen zu treffen. Die unverzügliche Abgabe kommt in Betracht, wenn besondere Umstände es angezeigt erscheinen lassen, dass das Ermittlungsverfahren unter der Verantwortung der Staatsanwaltschaft fortgeführt wird. Dies wird insbesondere der Fall sein, wenn

1. eine Maßnahme der Telekommunikationsüberwachung beantragt werden soll (vgl. auch Nummer 74);
2. die Anordnung der Untersuchungshaft (§§ 112, 113 StPO) geboten erscheint;
3. die Strafsache besondere verfahrensrechtliche Schwierigkeiten aufweist;
4. der Beschuldigte außer einer Tat im Sinne der Nummern 18 und 19 noch eine andere – prozessual selbständige – Straftat begangen hat und die Taten in einem einheitlichen Ermittlungsverfahren verfolgt werden sollen (vgl. auch Nummer 140 Abs. 3);
5. Freiheitsstrafe zu erwarten ist, die nicht im Strafbefehlsverfahren geahndet werden kann;
6. gegen die in Nummern 151 bis 154 genannten Personen ermittelt wird;
7. ein Amtsträger der Finanzverwaltung der Beteiligung verdächtig ist.

In den Fällen der Nummern 6 und 7 hat eine sofortige Abgabe zu erfolgen.

(2) In den Fällen, die wegen der Größenordnung oder aus anderen Gründen, namentlich wegen der Persönlichkeit oder der Stellung des Beschuldigten oder wegen des Sachzusammenhangs mit anderen strafrechtlichen Ermittlungsverfahren, von besonderer Bedeutung sind, hat die Finanzbehörde, sofern sie nicht die Vorgänge gemäß Abs. 1 abgegeben hat, die Staatsanwaltschaft unverzüglich zu verständigen (vgl. auch BGH-Beschluss vom 30. April 2009 – 1 StR 90/09 – und Nummer 140). Dies gilt auch, wenn zu entscheiden ist, ob eine wirksame Selbstanzeige i. S. v. § 371 AO gegeben ist (vgl. BGH-Beschluss vom 20. Mai 2010 – 1 StR 577/09).

Abschnitt 3
Zuständiges Finanzamt

23. Sachliche Zuständigkeit

Das Ermittlungsverfahren führt die Finanzbehörde durch, der die Zuständigkeit nach § 387 Abs. 2 AO übertragen wurde. Daneben kann auch die Finanzbehörde, die die betroffene Steuer verwaltet (§ 387 Abs. 1 AO), im ersten Zugriff den Sachverhalt erforschen und Anordnungen und Maßnahmen nach § 399 Abs. 2 AO treffen.

24. Örtliche Zuständigkeit

(1) Die örtliche Zuständigkeit ergibt sich aus § 388 AO; wegen des Begriffes des Tatortes wird auf § 9 StGB verwiesen.

(2) Die örtliche Zuständigkeit bleibt bestehen, wenn die Verwaltungszuständigkeit auf eine andere Finanzbehörde übergeht. Bei Wohnsitzwechsel wird auch die für die Besteuerung neu zuständig werdende Finanzbehörde örtlich zuständig (§ 388 Abs. 2 AO).

(3) Bei zusammenhängenden Strafsachen (§ 3 StPO) im Sinne der Nummer 17, für die einzeln verschiedene Finanzbehörden örtlich zuständig wären, ist jede dieser Finanzbehörden für jede der zusammenhängenden Strafsachen zuständig (§ 389 AO). Dies gilt nicht, wenn eine der Straftaten zur Zuständigkeit des Hauptzollamtes und eine andere zur Zuständigkeit des Finanzamtes gehört.

25. Mehrfache Zuständigkeit

(1) Die Regelung über die mehrfache Zuständigkeit (§ 390 AO) gilt sowohl für die örtliche als auch für die sachliche Zuständigkeit. Zu einer mehrfachen sachlichen Zuständigkeit kann es namentlich kommen, wenn sich die Steuerstraftat auf mehrere Steuerarten, die von verschiedenen Finanzbehörden verwaltet werden, bezieht und es sich um eine Tat im Sinne des § 264 StPO handelt. Eine mehrfache örtliche Zuständigkeit kann sich insbesondere aus der Regelung des § 388 AO ergeben.

(2) Vorrangig zuständig ist die Finanzbehörde, die wegen der Tat zuerst ein Strafverfahren eingeleitet hat (§ 390 Abs. 1 AO).

(3) Die andere Finanzbehörde ist zur Übernahme verpflichtet, sofern dies für die Ermittlung sachdienlich erscheint (§ 390 Abs. 2 AO). Es entscheidet zunächst die Behörde, die abgeben will, z.B. weil das Schwergewicht der Tat nicht in ihrem Bezirk liegt oder weil dadurch die Ermittlungen erleichtert werden. In Zweifelsfällen sollte vor der Abgabe eine Verständigung zwischen den beteiligten Finanzbehörden angestrebt werden. Kommt eine Einigung nicht zustande, entscheidet die Aufsichtsbehörde der ersuchten Finanzbehörde (§ 390 Abs. 2 Satz 2 AO).

Anhang 12
Anweisungen für das Straf- und Bußgeldverfahren (Steuer) (zu Vor §§ 369 bis 412 AO)

Abschnitt 4
Einleitung des Strafverfahrens

10 **26. Verdacht; Legalitätsprinzip**

(1) Ergibt sich der Verdacht einer verfolgbaren Steuerstraftat, so ist ein Strafverfahren einzuleiten (§ 152 Abs. 2 StPO; sog. Legalitätsprinzip, vgl. auch Nummer 14).

(2) Ein Verdacht besteht, wenn zureichende tatsächliche Anhaltspunkte für eine Steuerstraftat vorliegen. Die bloße Möglichkeit einer schuldhaften Steuerverkürzung (vgl. Nummern 131 Abs. 2, 12, 13), begründet noch keinen Verdacht.

27. Einleitungsmaßnahmen

(1) Ein Strafverfahren wird mit jeder Maßnahme eingeleitet, die erkennbar darauf abzielt, gegen jemanden wegen einer Straftat im Sinne der Nummern 18 und 19 vorzugehen (§ 397 AO). Dient eine Maßnahme nur der Prüfung, ob ein Verdacht vorliegt (vgl. Nummern 12, 13), so stellt sie noch keine Einleitung dar.

(2) Spätestens wird ein Strafverfahren eingeleitet durch die Vernehmung eines Beschuldigten oder Zeugen, durch eine Durchsuchung oder Beschlagnahme. Werden diese Maßnahmen auf Grund gerichtlicher Anordnung durchgeführt, so liegt die Einleitung bereits in der Antragstellung.

28. Mitteilung der Einleitung an Beschuldigte

(1) Die Einleitung des Strafverfahrens ist dem Beschuldigten spätestens mitzuteilen, wenn er aufgefordert wird, Auskünfte zu geben oder Unterlagen vorzulegen, die mit der Straftat zusammenhängen, auf die sich der Verdacht erstreckt (§ 397 Abs. 3 AO). Erfordert es der Untersuchungszweck, vor der Vernehmung des Beschuldigten zunächst andere Ermittlungen vorzunehmen, z.B. Vernehmungen von Zeugen, so braucht ihm die Einleitung erst bekannt gegeben zu werden, wenn er um Mitwirkung gebeten wird.

(2) Bei der Bekanntgabe der Einleitung ist der Beschuldigte nach § 136 Abs. 1 StPO zu belehren (vgl. auch Nummer 49 Abs. 1). Es sind ihm nach Möglichkeit Steuerart und Steuerjahr, auf die sich die Tat bezieht, sowie die Handlung, durch welche sie, und der Zeitpunkt, zu dem sie begangen wurde, unter Angabe der gesetzlichen Bestimmungen mitzuteilen.

(3) Abs. 1 und Abs. 2 gelten entsprechend bei Erweiterung des Tatverdachts.

(4) Wegen der Rechtsstellung des Steuerpflichtigen wird auf Nummer 16 verwiesen.

11 **29. Belehrung**

Sofern nicht schon vorher ein Anlass besteht, den Steuerpflichtigen gemäß § 393 Abs. 1 Satz 4 AO zu belehren, hat diese Belehrung (vgl. Nummer 16) spätestens mit der Bekanntgabe der Einleitung des Strafverfahrens zu erfolgen. Bei vorläufiger Festnahme des Beschuldigten ist die Pflicht zur unverzüglichen Belehrung nach § 127 Abs. 4 i.V.m. § 114b StPO zu beachten (vgl. Nummer 73 Abs. 8). Weigert sich der Steuerpflichtige, bei der Durchführung der Besteuerung mitzuwirken, ist er darauf hinzuweisen, dass dies im Besteuerungsverfahren berücksichtigt werden kann und die Besteuerungsgrundlagen ggf. geschätzt werden können. Der Eindruck, dass dadurch ein Druck zur Mitwirkung auf ihn ausgeübt werden soll, ist zu vermeiden. Wegen der Belehrung zu Beginn der ersten Vernehmung vgl. Nummer 49 Abs. 1.

30. Vermerk

Die Maßnahme, durch die ein Strafverfahren eingeleitet wird, ist unverzüglich unter Angabe des Zeitpunkts in den Akten zu vermerken (§ 397 Abs. 2 AO), die Bekanntgabe der Einleitung unter Angabe von Datum und – wenn möglich – Uhrzeit. Außerdem sind Beschuldigter, Steuerart und Steuerjahr, auf die sich die Tat bezieht, sowie die Handlung, durch welche sie, und der Zeitpunkt, zu dem sie begangen wurde, so vollständig und genau wie möglich anzugeben.

31. Mitteilung der Einleitung an Stellen innerhalb der Finanzämter

(1) Die Einleitung des Verfahrens durch andere Stellen ist der BuStra unter Übersendung einer Zweitschrift des Aktenvermerks nach Nummer 30 unverzüglich mitzuteilen.

(2) Die BuStra teilt die Einleitung des Verfahrens der für die Steuerfestsetzung zuständigen Stelle mit.

(zu Vor §§ 369 bis 412 AO)

Anhang 12
Anweisungen für das Straf- und Bußgeldverfahren (Steuer)

Abschnitt 5
Verteidigung

32. Wahl und Bestellung eines Verteidigers 12

(1) Der Beschuldigte kann sich des Beistandes eines Verteidigers bedienen (§ 137 Abs. 1 StPO); wegen der Belehrung des Beschuldigten vgl. Nummern 49 Abs. 1 und 29. Solange die Finanzbehörde auf Grund des § 386 Abs. 2 AO das Ermittlungsverfahren selbständig durchführt (vgl. Nummer 17), kommen als Verteidiger außer Rechtsanwälten und Rechtslehrern (§ 138 Abs. 1 StPO) auch Steuerberater, Steuerbevollmächtigte, Wirtschaftsprüfer und vereidigte Buchprüfer in Betracht (§ 392 Abs. 1 AO). Andere Personen bedürfen als Verteidiger der Genehmigung durch das Gericht (§ 138 Abs. 2 StPO).

(2) Wird die Finanzbehörde nach einem geeigneten Verteidiger befragt, hat sie die gesetzlich vorgesehenen Möglichkeiten aufzuzeigen. Der Beschuldigte kann auch auf die beim zuständigen Amtsgericht und Landgericht geführten Listen der zugelassenen Rechtsanwälte hingewiesen sowie an die Steuerberaterkammer und an die Wirtschaftsprüferkammer verwiesen werden. Die Empfehlung eines bestimmten Verteidigers hat jedoch zu unterbleiben. Nicht zulässig ist die Verteidigung mehrerer Beschuldigter durch einen gemeinschaftlichen Verteidiger (§ 146 StPO).

(3) Liegt ein Fall der notwendigen Verteidigung vor (§ 140 Abs. 1 und 2 StPO), so soll die Finanzbehörde den Beschuldigten befragen, ob er selbst einen Verteidiger beauftragen wird. Beauftragt der Beschuldigte keinen Verteidiger, so beantragt die BuStra, sofern sie die Ermittlungen selbständig durchführt (Nummer 17), selbst die Bestellung eines Verteidigers, wenn erkennbar ist, dass im gerichtlichen Verfahren die Mitwirkung eines Verteidigers notwendig sein wird (§ 141 Abs. 3 Satz 2 StPO).

33. Nachweis und Dauer der Bevollmächtigung des Verteidigers 13

Der gewählte Verteidiger hat sich auf Verlangen durch schriftliche Vollmacht auszuweisen, sofern der Beschuldigte die Bevollmächtigung nicht angezeigt hat oder er nicht zusammen mit dem Verteidiger erscheint. Die Bevollmächtigung endet vor Abschluss des Verfahrens der Finanzbehörde nur mit der Anzeige des Beschuldigten über die Beendigung oder mit der Niederlegung des Mandats durch den Verteidiger.

34. Stellung des Verteidigers in Ermittlungsverfahren der BuStra und der Steufa

(1) Bei der Vernehmung des Beschuldigten durch die BuStra hat der Verteidiger ein Recht auf Anwesenheit; er ist rechtzeitig von dem Vernehmungstermin zu benachrichtigen (§ 163a Abs. 3 Satz 2, § 168c Abs. 1 und 5 StPO).

(2) Bei der Vernehmung des Beschuldigten durch die Steufa hat der Verteidiger kein Anwesenheitsrecht (Umkehrschluss aus § 163a Abs. 3 Satz 2, 168c Abs. 1 StPO). Ihm kann jedoch die Anwesenheit gestattet werden.

(3) Für sonstige Ermittlungshandlungen von BuStra und Steufa (z.B. Zeugenvernehmung) gilt Abs. 2 entsprechend.

(4) Der anwesende Verteidiger hat ein Hinweis- und Fragerecht. Ungeeignete oder nicht zur Sache gehörende Fragen können jedoch zurückgewiesen werden.

(5) Wegen der Teilnahme des Beistandes eines Zeugen bei dessen Vernehmung vgl. Nummer 49 Abs. 5.

35. Akteneinsicht 14

(1) Vor Abschluss der Ermittlungen (§ 169a StPO) ist dem Verteidiger auf Antrag Einsicht in die Niederschriften über Vernehmungen des Beschuldigten, über gerichtliche Untersuchungshandlungen, bei denen der Verteidiger anwesend sein darf, sowie in Sachverständigengutachten zu gewähren (§ 147 Abs. 3 StPO). Die Einsichtnahme in die übrigen Vorgänge sowie die Besichtigung von Beweisstücken kann verwehrt werden, soweit dies den Untersuchungszweck gefährden kann (§ 147 Abs. 2 Satz 1 StPO). Dies ist z.B. anzunehmen, wenn Untersuchungshandlungen vorbereitet sind, deren vorzeitiges Bekanntwerden verhindert werden soll. Befindet sich der Beschuldigte allerdings in Untersuchungshaft, sind dem Verteidiger diejenigen Informationen zugänglich zu machen, die für die Beurteilung der Rechtmäßigkeit der Inhaftierung wesentlich sind; in der Regel ist insoweit Akteneinsicht zu gewähren (§ 147 Abs. 2 Satz 2 StPO).

(2) Mit Abschluss der Ermittlungen ist dem Verteidiger uneingeschränkt Akteneinsicht zu gewähren und die Besichtigung von Beweisstücken zu gestatten (§ 147 Abs. 1, 2 StPO). Dies gilt auch für Steuerakten, die die zum Zwecke der Beweisführung für das Strafverfahren herangezogen werden.

(3) Handakten sowie andere innerdienstliche Vorgänge (z.B. verwaltungsinterne Vermerke), die dem Gericht nicht vorgelegt werden, sind von der Akteneinsicht auszuschließen (vgl. Nummer 186 Abs. 3 RiStBV).

(4) Vor der Einsichtnahme oder der Besichtigung von Beweisstücken ist zu prüfen, ob sich aus ihnen Verhältnisse Dritter ergeben, die dem Steuergeheimnis unterliegen (vgl. Nummern 128, 129). Hat der Dritte die Finanzbehörde nicht von der Wahrung des Steuergeheimnisses entbunden, ist eine Offenbarung und somit eine Einsichtnahme nur zulässig, soweit die Beweisstücke der Staatsanwaltschaft oder dem Gericht vorgelegt werden (§ 30 Abs. 4 Nummer 1 AO); auf Nummer 128 Abs. 2 Satz 2 wird hingewiesen.

(5) Auf Antrag sollen dem Verteidiger, soweit nicht wichtige Gründe entgegenstehen, die Akten mit Ausnahme der Beweisstücke zur Einsichtnahme in seine Geschäftsräume oder in seine Wohnung mitgegeben werden. Die Entscheidung ist nicht anfechtbar (§ 147 Abs. 4 Satz 2 StPO). Werden die Akten dem Verteidiger auf seinen Antrag hin übersandt, so kann hierfür gem. § 385 Abs. 1 AO i.V.m. § 1 Satz 1 Nr. 6, § 3 Abs. 2 GKG i.V.m. Nummer 9003 KVGKG eine Aktenversendungspauschale erhoben werden.

(6) Das Recht zur Akteneinsicht umfasst auch das Recht, Abschriften oder Ablichtungen zu fertigen.

(7) Dem Beschuldigten, der keinen Verteidiger hat, sind auf seinen Antrag Auskünfte und Abschriften aus den Akten zu erteilen, soweit dies zu einer angemessenen Verteidigung erforderlich ist, der Untersuchungszweck, auch in anderen Strafverfahren, nicht gefährdet werden kann und nicht überwiegende schutzwürdige Interessen Dritter entgegenstehen. § 477 Abs. 5 StPO gilt entsprechend. Befindet sich der Beschuldigte in Untersuchungshaft, gilt § 147 Abs. 2 Satz 2 StPO entsprechend (s.o. Absatz 1 Satz 4). Den Sachverständigen kann die Finanzbehörde Akteneinsicht und Besichtigung der Beweismittel nach pflichtgemäßem Ermessen gewähren (§ 80 Abs. 2 StPO). Zeugen und deren Beistände, der Anzeigeerstatter und sein Bevollmächtigter haben nach § 147 StPO kein Recht auf Akteneinsicht. Diese Personen können jedoch nach § 475 StPO unter bestimmten Voraussetzungen Auskünfte aus Akten erhalten bzw. es kann ihnen Akteneinsicht gewährt werden.

(8) Über die Gewährung der Akteneinsicht entscheidet im vorbereitenden Verfahren und nach rechtskräftigem Abschluss des Verfahrens die BuStra, soweit die Finanzbehörde das Strafverfahren selbständig durchführt (vgl. Nummer 17), in anderen Fällen die Staatsanwaltschaft (§ 147 Abs. 5 StPO).

15 **36. Ausschluss eines Verteidigers**

(1) Besteht der begründete Verdacht, dass der Verteidiger an der Tat beteiligt war, und soll das Verfahren nicht an die Staatsanwaltschaft abgegeben werden, prüft die Finanzbehörde die Frage der Ausschließung (§§ 138a, 138c StPO); die Unterrichtung der Staatsanwaltschaft (vgl. Nummer 140) wird in der Regel angebracht sein. Ergibt die Prüfung, dass der Verdacht dringend ist oder die Eröffnung des Hauptverfahrens rechtfertigen würde, ist ein Antrag auf Ausschluss mit Begründung über die vorgesetzte Behörde an das Oberlandesgericht zu stellen.

(2) Bis zur Entscheidung des Oberlandesgerichts können die Vernehmung des Beschuldigten sowie die Gewährung von Akteneinsicht zurückgestellt werden. Ob gegen den Verteidiger wegen der Teilnahme an der Tat das Verfahren einzuleiten ist, hat die Finanzbehörde nach Nummer 26 zu entscheiden.

Abschnitt 6
Allgemeine Ermittlungsgrundsätze

16 **37. Ziel und Umfang der Ermittlungen**

(1) Ziel der Ermittlungen ist es, eine Entscheidung darüber zu treffen, ob und in Bezug auf welchen Sachverhalt sowie nach welcher Strafbestimmung die öffentliche Klage, ggf. durch Stellung eines Antrages auf Erlass eines Strafbefehls, oder ein Antrag nach § 406 AO geboten erscheint (§ 160 StPO) oder ob das Verfahren einzustellen ist. Hierbei ist darauf zu achten, dass die Ermittlungen auf das Wesentliche gerichtet werden.

(2) Art und Umfang der Ermittlungen richten sich nach den Umständen des einzelnen Falles. Es gilt der Grundsatz der freien Gestaltung des Ermittlungsverfahrens, wobei das Übermaßverbot (vgl. Nummer 3) besonders zu beachten ist.

38. Verbinden und Abtrennen von Verfahren

(1) Sind mehrere prozessual selbständige Straftaten im Sinne der Nummern 18 und 19 zu verfolgen, und hängen diese Straftaten persönlich oder sachlich zusammen (§ 3 StPO), hat die Finanzbehörde in der Regel die Verfahren zu verbinden. Die Verbindung unterbleibt, wenn dies im Interesse der

Beschleunigung der Strafverfolgung liegt. Unter diesem Gesichtspunkt ist auch zu prüfen, ob und inwieweit nach erfolgter Verbindung wieder Teile abzutrennen und als Verfahren gesondert zu führen sind.

(2) Hängen Straftaten im Sinne der Nummern 18 und 19 mit einer anderen Straftat zusammen, ist nach Nummer 22 Abs. 1 Nummer 4 und Nummer 140 Abs. 3 zu verfahren.

39. Absehen von der Verfolgung und Beschränkung der Strafverfolgung 17

(1) Wird gegen denselben Beschuldigten wegen mehrerer Taten im Sinne der Nummern 18 und 19 ermittelt, kann die BuStra unter den Voraussetzungen des § 154 Abs. 1 Nummer 1 StPO von der Verfolgung einer oder mehrerer der Taten absehen. Der Zustimmung des Gerichts bedarf es dazu nicht. Auf die Wiederaufnahmemöglichkeit nach § 154 Abs. 4 StPO wird hingewiesen.

(2) Abs. 1 gilt auch, wenn wegen der anderen Taten von einer anderen Finanzbehörde ermittelt wird sowie dann, wenn die Staatsanwaltschaft wegen anderer Straftaten ermittelt, andere Straftaten bei einem Gericht anhängig sind oder bereits auf Grund solcher Verfahren eine Strafe oder Maßregel der Besserung und Sicherung rechtskräftig verhängt worden ist. Sofern das Bezugsverfahren noch nicht rechtskräftig abgeschlossen ist, ist die Entscheidung im Benehmen mit der anderen Finanzbehörde oder der Staatsanwaltschaft zu treffen.

(3) Besteht Anlass zu der Annahme, dass die Sache nicht im Strafbefehlsverfahren erledigt werden kann (vgl. Nummer 84), ist aber ein Urteil in angemessener Zeit nicht zu erwarten, soll die BuStra im Benehmen mit der Staatsanwaltschaft frühzeitig klären, ob von der Verfolgung abzusehen ist (§ 154 Abs. 1 Nummer 2 StPO).

(4) Erstreckt sich das Verfahren auf eine Tat mit mehreren abtrennbaren Teilen oder sind durch dieselbe Tat mehrere Gesetzesverletzungen begangen worden, kann die BuStra die Strafverfolgung nach Maßgabe des § 154a StPO beschränken. Abs. 1 Satz 2 sowie Abs. 2 gelten entsprechend.

(5) Die §§ 154 und 154a StPO sind namentlich in Verfahren mit einer für das Steuerstrafverfahren ungewöhnlich großen Anzahl von Einzeltaten oder von aufklärungsbedürftigen Vorgängen anzuwenden. Falls die Bildung einer Gesamtstrafe in Betracht kommt, ist auf die Auswirkung der auszuscheidenden Tat auf die zu erwartende Gesamtstrafe abzustellen. Bei der Prüfung, ob bei Verkürzungsdelikten die zu erwartende Strafe usw. neben einer anderen Strafe „nicht beträchtlich" ins Gewicht fällt, kann im Regelfall auf das Verhältnis der verkürzten Beträge abgestellt werden. Nach § 154 StPO soll hier nicht von der Verfolgung einer Tat abgesehen werden, auf die von den insgesamt verkürzten Steuern mehr als ein Drittel entfällt. Entsprechendes gilt für § 154a StPO.

(6) Solange die Besteuerungsgrundlagen noch nicht ermittelt sind, ist von §§ 154, 154a StPO nur in Ausnahmefällen Gebrauch zu machen, z.B. wenn die Steuerfestsetzung nach § 156 Abs. 2 AO nach Auffassung der zuständigen Stelle unterbleiben kann.

40. Beweissicherung 18

(1) Die Finanzbehörde hat, auch zugunsten des Beschuldigten, für die Erhebung und Sicherung der Beweise Sorge zu tragen, deren Verlust zu befürchten ist (§§ 399, 402 AO, § 160 Abs. 2, § 163 Abs. 1 StPO). Hierzu gehört z.B. ferner die Sicherstellung von Gegenständen, die als Beweismittel für die Untersuchung von Bedeutung sein können sowie ggf. die Veranlassung einer gerichtlichen Vernehmung. Auf die rechtzeitige Erhebung und Sicherung der Beweise ist auch in den Fällen zu achten, in denen das Strafverfahren nach § 396 AO ausgesetzt worden ist oder seine alsbaldige Durchführung nicht zweckmäßig erscheint.

(2) Wegen der Verwahrung beschlagnahmter Gegenstände vgl. Nummer 74 RiStBV.

41. Ermittlung von Umständen, die für die Bemessung der Strafe und für die Nebenfolgen von Bedeutung sind

Zu den Rechtsfolgeumständen, auf die sich die Ermittlungen erstrecken sollen (vgl. § 160 Abs. 3 Satz 1 StPO), gehören insbesondere Umstände, die für die Bemessung der Strafe von Bedeutung sind (vgl. §§ 46 ff. StGB). Grenzen für die Ermittlung der Rechtsfolgeumstände können sich aus dem Verwertungsverbot nach § 51 BZRG und ggf. aus dem Verhältnismäßigkeitsgrundsatz ergeben, insbesondere soweit die Ermittlungen nicht ohne Eindringen in die Privatsphäre des Beschuldigten durchgeführt werden können. Auf die Nummern 13, 14 und 15 Abs. 1 bis 3 RiStBV wird hingewiesen.

42. Unterstützung durch andere Behörden und Stellen 19

(1) Die BuStra kann zur Durchführung ihrer Ermittlungen von allen öffentlichen Behörden Auskunft verlangen und Ermittlungen jeder Art, z.B. Einsichtnahme in Akten, entweder selbst vornehmen oder durch die Steufa, ggf. auch durch die Behörden und Beamten des Polizeidienstes vorneh-

men lassen (§ 161 StPO). Die Ermittlungsbefugnisse der Steufa nach §§ 208 und 404 AO bleiben unberührt.

(2) Bei Auskunftsersuchen an Behörden sind einschlägige Geheimhaltungsbestimmungen zu beachten (vgl. z.B. § 35 SGB Erstes Buch, § 39 PostG).

43. Antrag auf Vornahme gerichtlicher Untersuchungshandlungen

(1) Die BuStra kann die Vornahme gerichtlicher Untersuchungshandlungen, z.B. die eidliche Vernehmung von Zeugen, beim Amtsgericht beantragen (§ 162 StPO).

(2) Der Antrag auf Vornahme einer gerichtlichen Untersuchungshandlung soll regelmäßig nur dann gestellt werden, wenn diese aus besonderen Gründen für erforderlich erachtet wird, z.B. weil der Verlust eines Beweismittels droht oder ein Geständnis festzuhalten ist (§ 254 StPO) oder, wenn eine Straftat nur durch Personen bewiesen werden kann, die zur Verweigerung des Zeugnisses berechtigt sind (vgl. Nummer 10 RiStBV). Im Hinblick auf die Regelung des § 161a Abs. 1 Satz 1 StPO, § 399 Abs. 1 AO, wonach ein Zeuge verpflichtet ist, vor der BuStra zu erscheinen und auszusagen, ist ein Antrag auf gerichtliche Vernehmung regelmäßig nur zu stellen, wenn der Zeuge vereidigt (§ 62 StPO) oder eine verlesbare Vernehmungsniederschrift beschafft werden soll (§ 251 StPO). Nummer 47 ist zu beachten.

(3) Die einzelnen Untersuchungshandlungen müssen im Antrag angegeben werden, ggf. unter Beschränkung auf einzelne Beweisthemen.

(4) Zum Antrag auf Anordnung der Durchsuchung oder Beschlagnahme vgl. Nummer 60.

44. Ausweispflicht

Vor der Vornahme von Amtshandlungen außerhalb der Diensträume haben sich die für die jeweiligen Einsatzorte verantwortlichen Amtsträger auszuweisen. Die weiteren an den Maßnahmen beteiligten Amtsträger haben sich auf Verlangen auszuweisen.

Abschnitt 7
Vernehmung

45. Ladung

Wegen der Ladung des Beschuldigten durch BuStra oder Steufa vgl. Nummer 44 RiStBV, wegen der Ladung des Zeugen vgl. Nummer 64 RiStBV, Nummer 54 Abs. 2 Satz 1.

46. Rechtsstellung des Beschuldigten

(1) Auf Ladung der BuStra ist der Beschuldigte verpflichtet, vor dieser zu erscheinen (§ 163a Abs. 3 Satz 1 StPO), wenn sie das Ermittlungsverfahren selbständig durchführt (vgl. Nummer 17). Der Beschuldigte ist nicht verpflichtet, vor der Steufa zur Vernehmung zu erscheinen.

(2) Der Beschuldigte ist nicht verpflichtet, zur Sache auszusagen (vgl. Nummer 16). Dieses Aussageverweigerungsrecht bezieht sich nicht auf die Angaben zur Person.

47. Rechtsstellung des Zeugen

(1) Zeugen sind verpflichtet, auf Ladung der BuStra vor dieser zu erscheinen und zur Sache auszusagen (§ 161a Abs. 1 Satz 1 StPO), wenn sie das Ermittlungsverfahren selbständig durchführt. Zeugen sind nicht verpflichtet, vor der Steufa zur Vernehmung zu erscheinen.

(2) Zur Verweigerung des Zeugnisses sind insbesondere nahe Angehörige und Angehörige bestimmter Berufsgruppen einschließlich ihrer Berufshelfer berechtigt (§§ 52 bis 53a, 56 StPO). Nahe Angehörige sind Verlobte, Ehegatten und die in § 52 Abs. 1 Nummer 3 StPO bezeichneten Verwandten und Verschwägerten sowie die in § 52 Abs. 1 Nummer 2a StPO bezeichneten Lebenspartner. Wegen der Verwandtschaft und Schwägerschaft wird auf die §§ 1589, 1590 BGB verwiesen.

(3) Ein Zeuge braucht Fragen, deren Beantwortung ihn oder nahe Angehörige der Gefahr der Verfolgung wegen einer Straftat oder Ordnungswidrigkeit aussetzen würden, nicht zu beantworten (§§ 55, 56 StPO). In bestimmten Fällen braucht der Zeuge keine Angaben zu seinem Wohnsitz zu machen (§ 68 Abs. 2 bis 4 StPO). Zur Belehrung des Zeugen vgl. Nummer 49 Abs. 4.

48. Besonderheiten für Angehörige des öffentlichen Dienstes

Angehörige des öffentlichen Dienstes bedürfen für ihre Aussagen in dienstlicher Angelegenheit einer Genehmigung ihres Dienstvorgesetzten (§ 54 StPO). Auf die Nummern 66, 44 Abs. 3 RiStBV und Nummer 128 Abs. 2 letzter Satz wird hingewiesen.

49. Durchführung der Vernehmung

(1) Zu Beginn der ersten Vernehmung ist dem Beschuldigten zu eröffnen, welche Tat ihm zur Last gelegt wird, bei Vernehmung durch die BuStra auch, welche Strafvorschriften in Betracht kommen. Weiterhin ist der Beschuldigte darüber zu belehren, dass es ihm freistehe, sich zu der Beschuldigung zu äußern oder nicht zur Sache auszusagen und jederzeit auch schon vor der Vernehmung, einen von ihm zu wählenden Verteidiger zu befragen und dass er zu seiner Entlastung einzelne Beweiserhebungen beantragen kann (§ 163a Abs. 4 i.V.m. § 136 Abs. 1 StPO). Nummer 29 bleibt unberührt.

(2) Die Vernehmung zur Sache soll dem Beschuldigten Gelegenheit geben, sich gegen den strafrechtlichen Vorwurf zu verteidigen (§ 136 Abs. 2 StPO). Hierzu sind ihm die Verdachtsgründe mitzuteilen, soweit es für seine Verteidigung angezeigt erscheint.

(3) Den Willen beeinträchtigende Vernehmungsmethoden und -mittel, wie z.B. Ermüdung und Täuschung, sind unzulässig (§ 136a StPO) und haben ein Verwertungsverbot zur Folge (vgl. Nummer 149).

(4) Wurde ein Tatverdächtiger zunächst zu Unrecht als Zeuge vernommen, so ist er wegen des Belehrungsverstoßes (§ 136 Abs. 1 Satz 2 StPO) bei Beginn der nachfolgenden Vernehmung als Beschuldigter auf die Nichtverwertbarkeit der früheren Angaben hinzuweisen („qualifizierte" Belehrung); BGH-Urteil vom 18. Dezember 2008 – 4 StR 455/08 – wistra 5/2009, S. 198 ff.

(5) Der Zeuge ist über sein Zeugnisverweigerungsrecht zu belehren, wenn Anhaltspunkte für ein solches Recht erkennbar sind (§ 52 Abs. 3 StPO). Obwohl davon ausgegangen werden kann, dass jeder die mit seinem Beruf zusammenhängenden Rechte und Pflichten kennt, soll auch auf das Zeugnisverweigerungsrecht nach §§ 53, 53a StPO hingewiesen werden. Eine Belehrung nach § 55 Abs. 2 StPO muss spätestens erfolgen, sobald Anhaltspunkte dafür erkennbar werden, dass der Zeuge durch seine Aussage sich selbst oder einen nahen Angehörigen in die Gefahr der Verfolgung wegen einer Straftat oder Ordnungswidrigkeit bringen würde. Vor der Vernehmung ist der Zeuge zur Wahrheit zu ermahnen und über die strafrechtlichen Folgen einer unrichtigen oder unvollständigen Aussage zu belehren (§ 57 Satz 1 StPO). Ferner sind die §§ 58, 58a und 68 bis 69 StPO entsprechend anzuwenden (§ 163 Abs. 3 Satz 1 StPO).

(6) Der Zeuge kann sich bei seiner Vernehmung eines anwaltlichen Beistandes bedienen (§ 68b Abs. 1 Satz 1 StPO) oder mit einem Angehörigen der steuerberatenden Berufe (vgl. Nummer 32 Abs. 1) als Beistand erscheinen. Unter den Voraussetzungen des § 68b Abs. 2 StPO ist einem besonders schutzwürdigen Zeugen ein Rechtsanwalt als Zeugenbeistand beizuordnen. Der Beistand hat nicht mehr Befugnisse als der Zeuge selbst. Rechtfertigen bestimmte Tatsachen die Annahme, dass die Anwesenheit des anwaltlichen Beistandes die geordnete Beweiserhebung nicht nur unwesentlich beeinträchtigen würde, kann er von der Vernehmung ausgeschlossen werden (§ 68b Abs. 1 Satz 3, 4 StPO).

50. Anfertigung von Notizen

Die Anfertigung von Notizen durch Beschuldigte, Zeugen, Verteidiger und Beistände ist zulässig.

51. Vernehmungsniederschrift

(1) Über die Vernehmung soll eine Niederschrift nach Maßgabe der Abs. 2 bis 5 aufgenommen werden, soweit dies ohne erhebliche Verzögerung der Ermittlungen geschehen kann. Andernfalls ist das Ergebnis der Vernehmung auf andere Weise aktenkundig zu machen (§ 168b StPO).

(2) Beginn und Ende der Vernehmung sowie die Belehrung des Vernommenen sind in der Niederschrift festzuhalten. Auf Nummer 45 Abs. 2 RiStBV wird hingewiesen.

(3) Die Niederschrift ist dem Vernommenen zur Genehmigung vorzulesen oder zur Durchsicht vorzulegen. Berichtigungen, die den Sinn der Vernehmung berühren, soll der Vernommene mit seinem Handzeichen versehen.

(4) Der Vernommene unterschreibt die Niederschrift mit seinem Vor- und Zunamen unter der Genehmigungsformel „Vorgelesen, genehmigt und unterschrieben" oder „Selbst gelesen, genehmigt und unterschrieben" oder „nach Diktat genehmigt". Verzichtet der Vernommene auf das Vorlesen oder die Vorlage zur Durchsicht, so ist dies in der Niederschrift zu vermerken. Der Vernehmende und ein etwaiger Protokollführer unterzeichnen sodann mit Namen und Dienstbezeichnung.

(5) Verweigert der Vernommene seine Aussage oder seine Unterschrift, so ist dies unter Angabe der Gründe in der Niederschrift zu vermerken.

(6) Beschuldigter und Zeuge haben keinen Anspruch auf Aushändigung von Vernehmungsniederschriften. Dem Beschuldigten soll jedoch eine Durchschrift der Vernehmungsniederschrift ausgehändigt werden, wenn eine Gefährdung des Untersuchungszweckes nicht zu befürchten ist. Wegen des Rechts des Verteidigers, die Vernehmungsniederschriften einzusehen und Abschriften zu fertigen vgl. Nummer 35.

(7) Die Aushändigung von Abschriften der Vernehmungsniederschrift ist in den Akten zu vermerken.

52. Schriftliche Aussagen

In geeigneten Fällen kann es ausreichen, dass sich Beschuldigte und Zeugen schriftlich äußern. Dies kommt insbesondere in Betracht, wenn der Beschuldigte oder Zeuge für seine Aussage Akten, Geschäftsbücher oder andere umfangreiche Schriftstücke braucht (vgl. Nummer 67 RiStBV).

53. Nichterscheinen des Beschuldigten

(1) Erscheint der Beschuldigte auf Ladung der BuStra nicht (vgl. Nummer 46 Abs. 1), ist darüber zu entscheiden, ob

1. die Ladung zu wiederholen ist;
2. er darauf hingewiesen werden soll, die BuStra gehe davon aus, dass er keinen Wert darauf lege, sich zu der erhobenen Beschuldigung zu äußern, und dass das Verfahren nunmehr zur Erhebung der öffentlichen Klage an die Staatsanwaltschaft abgegeben (vgl. Nummer 89) oder Strafbefehl beantragt werde (vgl. Nummern 84 ff.);
3. ihm nochmals Gelegenheit zu geben ist, sich schriftlich zu äußern (§ 163a Abs. 1 Satz 2 StPO);
4. gerichtliche Vernehmung beantragt (§ 162 Abs. 1 Satz 1 StPO);
5. nach ihm gefahndet (vgl. Nummern 39 ff. RiStBV) oder
6. Vorführung angeordnet werden soll (vgl. Abs. 2).

(2) Eine Vorführung (§ 163a Abs. 3 Satz 2; §§ 134, 135 StPO) wird nur in Ausnahmefällen in Betracht kommen. Leistet der Beschuldigte Widerstand oder ist mit Widerstand zu rechnen, ist Amtshilfe der polizeilichen Vollzugsorgane in Anspruch zu nehmen.

(3) Erscheint der Beschuldigte auf Ladung der Steufa nicht (vgl. Nummer 46 Abs. 1 Satz 2), soll eine Ladung durch die BuStra zum Erscheinen vor der BuStra herbeigeführt werden, wenn diese das Verfahren selbständig durchführt (vgl. Nummer 17), sofern nicht die Ladung zu wiederholen, ihm Gelegenheit zur schriftlichen Äußerung zu geben oder durch die BuStra gerichtliche Vernehmung (vgl. Nummer 43) zu beantragen ist. Führt die Staatsanwaltschaft das Verfahren durch, ist sie zu unterrichten.

54. Nichterscheinen des Zeugen

(1) Erscheint der Zeuge auf Ladung der BuStra nicht, ist darüber zu entscheiden, ob bei ungenügend entschuldigtem Ausbleiben

1. ihm die durch sein Ausbleiben verursachten Kosten auferlegt und gegen ihn ein Ordnungsgeld festgesetzt werden sollen (§ 161a Abs. 2 Satz 1, § 51 Abs. 1 Sätze 1 und 2 StPO),
2. seine Vorführung angeordnet (§ 161a Abs. 2 Satz 1, § 51 Abs. 1 Satz 3 StPO) oder
3. gemäß § 162 Abs. 1 Satz 1 StPO gerichtliche Vernehmung beantragt werden soll.

(2) Festsetzung eines Ordnungsgeldes, Auferlegung der Kosten und zwangsweise Vorführung dürfen nur angeordnet werden, wenn in der Ladung auf sie hingewiesen wurde (§ 48 Abs. 2 StPO). Wird der Zeuge nachträglich genügend entschuldigt, werden die Anordnungen wieder aufgehoben (§ 161a Abs. 2 Satz 1, § 51 Abs. 2 Satz 3 StPO). Bei wiederholtem Ausbleiben kann Ordnungsgeld noch einmal festgesetzt werden. Für die Anordnung und Ausführung der zwangsweisen Vorführung gilt Nummer 53 Abs. 2 sinngemäß.

(3) Bei unberechtigter Zeugnisverweigerung ist der Zeuge darauf hinzuweisen, dass ihm die durch seine Weigerung verursachten Kosten auferlegt und zugleich gegen ihn ein Ordnungsgeld festgesetzt werden können (§ 161a Abs. 2 Satz 1, § 70 StPO); ggf. ist darüber zu befinden, ob gemäß § 162 Abs. 1 Satz 1 StPO gerichtliche Vernehmung beantragt werden soll. Ordnungsgeld darf in demselben Verfahren oder in einem gegen einen anderen Beschuldigten gerichteten Verfahren, das dieselbe Tat zum Gegenstand hat, gegen den Zeugen nur einmal festgesetzt werden (§ 161a Abs. 2 Satz 1, § 70 Abs. 4 StPO). Zur Erhebung des Ordnungsgeldes vgl. Nummer 120.

(4) Erscheint ein Zeuge auf Ladung vor der Steufa nicht, gilt Nummer 53 Abs. 3 sinngemäß.

55. Entschädigung

Zeugen, Sachverständige, Dolmetscher und Dritte werden nach dem Justizvergütungs- und -entschädigungsgesetz (JVEG) entschädigt (§ 405 AO; § 1 JVEG).

Abschnitt 8
Durchsuchung und Beschlagnahme

56. Zulässigkeit der Durchsuchung

(1) Die Durchsuchung der Wohnung und anderer Räume, der Person und der ihr gehörenden Sachen ist zulässig

Anhang 12
(zu Vor §§ 369 bis 412 AO) Anweisungen für das Straf- und Bußgeldverfahren (Steuer)

1. bei dem, welcher als Täter oder Teilnehmer einer Straftat oder der Begünstigung, Strafvereitelung oder Hehlerei verdächtig ist, zum Zwecke der Ergreifung des Verdächtigen oder der Auffindung von Beweismitteln, wenn zu vermuten ist, dass die Durchsuchung zur Auffindung von Beweismitteln führen werde (§ 102 StPO); die erwarteten Beweismittel brauchen dabei noch nicht genau bestimmbar zu sein (vgl. Nummer 60 Abs. 3 Satz 4);
2. bei anderen Personen, die nicht Verdächtige sind, nur zum Zwecke der Ergreifung des Beschuldigten oder zur Verfolgung von Spuren einer Straftat oder zur Beschlagnahme bestimmter Gegenstände, falls Tatsachen den Schluss rechtfertigen, dass die gesuchte Person, Spur oder Sache sich in den zu durchsuchenden Räumen befindet; diese Beschränkung gilt nicht für Räume, die der Beschuldigte während der Verfolgung betreten hat oder in denen er ergriffen worden ist (§ 103 StPO). Ein Zeugnisverweigerungsrecht dieser Personen steht der Durchsuchung nicht entgegen, es sei denn, die Durchsuchung hätte nur den Zweck, einen Gegenstand zu finden, der einem Beschlagnahmeverbot unterliegt (vgl. Nummern 58, 59).

(2) Zu den anderen Räumen im Sinne des Abs. 1 gehören die Geschäftsräume, nur vorübergehend benutzte oder mitbenutzte Räumlichkeiten, z.B. Hotelzimmer, Schließfachräume, sowie die sonstigen Räumlichkeiten des befriedeten Besitztums, z.B. umzäunte Gärten.

(3) Zu den Sachen, auf die sich die Durchsuchung erstrecken kann, gehören Schränke, Koffer und Fahrzeuge sowie Bankbehältnisse, z.B. Schließfächer (vgl. im Einzelnen Nummer 68).

57. Zulässigkeit der Beschlagnahme 26

(1) Beschlagnahmt werden können
1. Gegenstände, die als Beweismittel für die Untersuchung von Bedeutung sein können (vgl. § 94 StPO),
2. Briefe, Sendungen und Telegramme, die an den Beschuldigten gerichtet sind oder bei denen aus bestimmten Tatsachen zu schließen ist, dass sie für ihn bestimmt sind oder von ihm herrühren und beweiserheblich sein können (§ 99 StPO).

Zu den Gegenständen, die nach Nummer 1 beschlagnahmt werden können, gehören auch E-Mails auf dem Mailserver des Providers (BVerfG – 2 BvR 902/06 – vom 16. Juni 2009).

(2) Werden bei Gelegenheit einer Durchsuchung Gegenstände gefunden, die zwar in keiner Beziehung zu der Straftat stehen, wegen der die Durchsuchung stattfindet, die aber auf eine andere – auch nichtsteuerliche – Straftat hindeuten (sog. Zufallsfunde), sind sie einstweilen in Beschlag zu nehmen (§ 108 StPO). Eine planmäßige Suche nach solchen Gegenständen ist nicht erlaubt.

(3) Der Beschlagnahme bedarf es nicht, soweit die Gegenstände freiwillig herausgegeben werden (§ 94 Abs. 2 StPO).

(4) Bei Beweisgegenständen, die sich im Gewahrsam von Angehörigen (§ 52 StPO), Berufsgeheimnisträgern (§ 53 StPO) und deren Berufshelfern (§ 53a StPO) befinden, ist das Beschlagnahmeverbot nach § 97 StPO zu beachten (vgl. Nummer 58); wegen der Postbeschlagnahme vgl. Nummer 61.

58. Beschlagnahme bei Angehörigen der rechts- und steuerberatenden Berufe 27

(1) Die Zulässigkeit der Beschlagnahme von Gegenständen, die sich im Gewahrsam von Rechtsanwälten, Steuerberatern, Steuerbevollmächtigten, Wirtschaftsprüfern und vereidigten Buchprüfern sowie deren Berufshelfern befinden, wird durch § 97 Abs. 1 und 4 StPO im Hinblick auf das diesen Personen zustehende Zeugnisverweigerungsrecht eingeschränkt (vgl. Nummer 57 Abs. 4). Nicht beschlagnahmefähig sind die Akten des Berufsgeheimnisträgers mit dem zwischen ihm und dem Beschuldigten geführten Schriftwechsel, seine Aufzeichnungen über Mitteilungen des Beschuldigten und andere Umstände, auf die sich das Zeugnisverweigerungsrecht erstreckt, sowie sonstige Gegenstände, auf die sich das Zeugnisverweigerungsrecht des Berufsgeheimnisträgers erstreckt (sog. beschlagnahmefreie Gegenstände); zur Zulässigkeit der Durchsuchung der Kanzlei eines Strafverteidigers im Steuerstrafverfahren vgl. LG Fulda, Beschluss vom 12. Oktober 1999 – 2 Qs 51/99, wistra 2000, S. 155; zu den Anforderungen an die Beschlagnahme von Datenträgern und hierauf gespeicherten Daten vgl. BVerfG vom 12. April 2005 – 2 BvR 1027/02, wistra 2005, S. 295 ff. Sind Gegenstände lediglich zum Zwecke der Aufbewahrung übergeben worden, sind sie stets beschlagnahmefähig. Buchführungsunterlagen, Belege und Aufzeichnungen des Beschuldigten sind beschlagnahmefähig (keine einheitliche Rechtsprechung).

(2) Soweit die Gegenstände nicht beschlagnahmefähig sind, ist auch die Anordnung oder Durchführung einer Durchsuchung unzulässig (vgl. auch Nummer 149 Abs. 3 und 4).

(3) Das Beschlagnahmeverbot entfällt, wenn der Gewahrsamsinhaber nicht mehr zur Verweigerung des Zeugnisses berechtigt ist, weil er von der Verpflichtung zur Verschwiegenheit entbunden wurde (vgl. §§ 53 Abs. 2, 53a Abs. 2 StPO).

(4) Das Beschlagnahmeverbot gilt nicht (§ 97 Abs. 2 Satz 3 StPO), wenn

Anhang 12
Anweisungen für das Straf- und Bußgeldverfahren (Steuer) (zu Vor §§ 369 bis 412 AO)

1. bestimmte Tatsachen den Verdacht begründen, dass die zeugnisverweigerungsberechtigte Person an der Tat oder einer Begünstigung (§ 257 StGB), Strafvereitelung (§§ 258, 258a StGB) oder Hehlerei (§§ 259, 260, 260a StGB) beteiligt ist oder
2. es sich um Gegenstände handelt, die durch eine Straftat hervorgebracht oder zur Begehung einer Straftat gebraucht oder bestimmt sind oder die aus einer Straftat herrühren.

(5) Soweit Gegenstände zum Zwecke der Besteuerung vorzulegen sind, können die in Abs. 1 genannten Personen auch bei einem gleichzeitig durchgeführten Strafverfahren die Vorlage von Urkunden, Wertsachen, Geschäftsbüchern und sonstigen Aufzeichnungen, die sie für den Beteiligten aufbewahren, nicht verweigern (§ 104 Abs. 2 Satz 1 AO; § 97 StPO gilt für das Besteuerungsverfahren nicht). Dabei steht die Führung von Geschäftsbüchern und sonstigen Aufzeichnungen der Aufbewahrung gleich (§ 104 Abs. 2 Satz 2 AO). Die Vorlage kann nach § 328 AO erzwungen werden. Für Zwecke des Strafverfahrens darf eine Vorlage aufgrund der für das Besteuerungsverfahren geltenden Vorschriften nicht verlangt werden.

28 **59. Beschlagnahme der Patientenkartei eines Arztes**

Im Strafverfahren gegen Patienten eines Arztes unterliegt die Patientenkartei des Arztes dem Beschlagnahmeverbot nach § 97 Abs. 1 StPO. Wird der Arzt selbst einer Straftat beschuldigt oder ist er der Teilnahme an einer Straftat des beschuldigten Patienten verdächtig, so gilt das Beschlagnahmeverbot nicht, wenn es zur Aufklärung der Straftat des Einblicks in die Patientenkartei bedarf und die Abwägung zwischen den Interessen der Allgemeinheit an der Aufklärung von Straftaten und dem grundrechtlich geschützten Anspruch des Bürgers auf Schutz seiner Privatsphäre diesen Eingriff als nicht unverhältnismäßig erscheinen lässt (BGH-Urteil vom 3. Dezember 1991 – 1 StR 120/90 –, NJW 1992, 763; BVerfG-Beschluss vom 14. September 1989 – 2 BvR 1062/87 – BVerfGE 80, 367).

29 **60. Anordnung der Durchsuchung/Beschlagnahme**

(1) Durchsuchungen und Beschlagnahmen dürfen grundsätzlich nur durch das Gericht angeordnet werden (§§ 98 Abs. 1, 105 Abs. 1 StPO).

(2) Der Antrag auf Erlass eines Durchsuchungsbeschlusses bzw. auf Anordnung der Beschlagnahme ist vor Erhebung der öffentlichen Anklage bei dem Amtsgericht zu stellen, in dessen Bezirk die beantragende Stelle ihren Sitz hat (§ 162 Abs. 1 Satz 1 StPO).

(3) Der Antrag ist zu begründen. Die Begründung muss tatsächliche Angaben über den Inhalt des Tatvorwurfs enthalten. Dazu muss der Beschluss den Tatvorwurf so beschreiben, dass der äußere Rahmen abgesteckt wird, innerhalb dessen die Zwangsmaßnahme durchzuführen ist. Die aufzuklärende Straftat ist so genau zu umschreiben, wie es nach den Umständen des Einzelfalls und dem jeweiligen Ergebnis der Ermittlungen möglich und den Zwecken der Strafverfolgung nicht abträglich ist (z. B. BVerfG-Beschluss vom 6. März 2002, NStZ 2002, 372-373). Eine Durchsuchung ist nach dem Verhältnismäßigkeitsgrundsatz erst dann zulässig, wenn weniger einschneidende Mittel, wie z. B. Auskunftsersuchen, nicht zur Verfügung stehen oder Angaben des Tatverdächtigen sich als falsch oder nicht nachprüfbar erweisen (BVerfG-Beschluss vom 3. Juli 2006, wistra 2006, S. 377). Die Art oder der denkbare Inhalt der Beweismittel, denen die Durchsuchung gilt, sind anzugeben. Soweit eine genaue Bezeichnung des gesuchten Beweismaterials nicht möglich ist, sind die erwarteten Beweismittel annäherungsweise – ggf. in Form beispielhafter Angaben – zu beschreiben (BGH-Urteil vom 3. Dezember 1991 – 1 StR 120/90 –, NJW 1992, 763). In dem Antrag ist außerdem die Stelle anzugeben, deren Beamte mit der Durchsuchung beauftragt werden sollen. Dies ist in der Regel die Steuerfahndungsstelle.

(4) In dem Antrag auf Beschlagnahmeanordnung sind die Gegenstände, die beschlagnahmt werden sollen, so konkret anzugeben, dass Zweifel nicht entstehen. Lässt sich erst aufgrund der Durchsuchung bestimmen, welche Gegenstände zu beschlagnahmen sind und ist aus diesem Grunde eine Beschlagnahme nicht angeordnet worden, kann ggf. eine Beschlagnahme wegen Gefahr im Verzug in Betracht kommen. Daneben ist es möglich, die Gegenstände zur zeitnahen Durchsicht mit an Amtsstelle zu nehmen. Nach Beendigung der Durchsuchung sind die beweiserheblichen Gegenstände zu beschlagnahmen, sofern sie nicht freiwillig herausgegeben wurden (vgl. BGH-Beschluss vom 5. August 2003, wistra 2003, S. 432-433).

(5) Nur bei Gefahr im Verzug können auch das Finanzamt – BuStra – (§ 399 AO) oder die Steuerfahndungsbeamte (§ 404 AO; § 152 GVG) eine Durchsuchung beim Verdächtigen (§ 102 StPO), bei Dritten (§ 103 StPO) und die Beschlagnahme anordnen (§§ 98 Abs. 1, 105 Abs. 1 StPO). § 399 Abs. 2 AO (Nummer 21 Satz 2) bleibt unberührt. Keiner Durchsuchungsanordnung bedarf es, wenn die Einsicht gestattet wird (vgl. Nummer 65).

(6) „Gefahr im Verzug" besteht, wenn eine gerichtliche Anordnung nicht eingeholt werden kann, ohne dass der Zweck der Maßnahme gefährdet würde. Ob dies der Fall ist, entscheidet der zuständige Amtsträger nach seiner Überzeugung. Die Frage, ob eine Durchsuchung wegen Gefahr im Verzug angeordnet werden darf, ist besonders sorgfältig zu prüfen. Eine Durchsuchung stellt einen

schwerwiegenden Eingriff dar. Von der Einholung einer gerichtlichen Anordnung darf deshalb nur ausnahmsweise abgesehen werden. Nach dem Beschluss des BVerfG vom 20. Februar 2001 – 2 BvR 1444/00 – (wistra 2001, 137) ist der Begriff Gefahr im Verzug eng auszulegen. Die gerichtliche Anordnung einer Durchsuchung ist die Regel, die nichtgerichtliche die Ausnahme.

(7) Gefahr im Verzug muss mit Tatsachen begründet werden, die auf den Einzelfall bezogen sind. Reine Spekulationen, hypothetische Erwägungen oder lediglich auf kriminalistische Alltagserfahrungen gestützte, fallunabhängige Vermutungen reichen nicht aus. Eine wirksame gerichtliche Nachprüfung der Annahme von Gefahr in Verzug setzt voraus, dass sowohl das Ergebnis als auch die Grundlage der Entscheidung in unmittelbarem zeitlichen Zusammenhang mit der Durchführungsmaßnahme in den Ermittlungsakten dargelegt werden (vgl. BVerfG-Beschluss vom 11. Juni 2010 – 2 BvR 1046/08). Insbesondere muss erkennbar sein, ob der Beamte den Versuch unternommen hat, den Ermittlungsrichter zu erreichen. Die vorgenannten Maßnahmen sind in der Niederschrift über die Durchsuchung oder Beschlagnahme festzuhalten.

(8) Ist ein Gegenstand ohne gerichtliche Anordnung beschlagnahmt worden, soll innerhalb von drei Tagen die gerichtliche Bestätigung beantragt werden, wenn bei der Beschlagnahme weder der davon Betroffene noch ein erwachsener Angehöriger anwesend waren oder wenn der Betroffene und im Falle seiner Abwesenheit ein erwachsener Angehöriger des Betroffenen gegen die Beschlagnahme ausdrücklichen Widerspruch erhoben haben (§ 98 Abs. 2 Satz 1 StPO). Die Frist beginnt mit dem Ablauf des Tages der Beschlagnahme (§ 42 StPO). Solange die öffentliche Klage noch nicht erhoben ist, entscheidet das nach § 162 Abs. 1 StPO zuständige Gericht. Ist die öffentliche Klage erhoben, entscheidet das damit befasste Gericht (§ 98 Abs. 2 Sätze 3 und 4 StPO). Dem Vorgang ist ein Verzeichnis der beschlagnahmten Gegenstände, die als Beweismittel für die Untersuchung von Bedeutung sind, und erforderlichenfalls auch eine Stellungnahme beizufügen. Wird die Bestätigung nicht erteilt, sind die beschlagnahmten Gegenstände sofort gegen Quittung freizugeben.

(9) Der Betroffene ist darüber zu belehren, dass er jederzeit gerichtliche Entscheidung beantragen kann (§ 98 Abs. 2 Satz 6 StPO) und den Antrag im Falle des Abs. 8 Sätze 3 und 4 auch bei dem Amtsgericht einreichen kann, in dessen Bezirk die Beschlagnahme stattgefunden hat. Beantragt der Betroffene gerichtliche Entscheidung, kann von dem Antrag auf Bestätigung einer Beschlagnahme abgesehen werden.

(10) Die gerichtliche Anordnung berechtigt nur zu einer einmaligen, einheitlichen Durchsuchung. Der Durchsuchungsbeschluss verbraucht sich mit der Änderung der tatsächlichen Verhältnisse oder durch Zeitablauf. Nach dem Beschluss des BVerfG vom 27. Mai 1997 – 2 BvR 1992/92 – BVerfGE 96, 44, 52 ff. (wistra 1997, 223) hat ein Durchsuchungsbeschluss nach § 105 StPO seine rechtfertigende Kraft spätestens nach Ablauf eines halben Jahres verloren.

(11) Die BuStra ist berechtigt, die Herausgabe von Beweismitteln nach § 95 StPO unter Androhung von Ordnungs- und Zwangsmitteln zu verlangen (LG Gera Beschluss vom 30. September 1999 – 2 Qs 412/99 –, NStZ 2001, 276; LG Lübeck vom 3. Februar 2000 – 6 Qs 3/00 –, NJW 2000, 3148; LG Koblenz vom 31. Oktober 2001 – 4 Qs 167/01 – wistra 2002, 359). Die Anwendung von Ordnungs- und Zwangsmitteln (§ 95 Abs. 2 StPO) bleibt dem Richter vorbehalten.

61. Postbeschlagnahme

(1) Zur Anordnung der Postbeschlagnahme (§ 99 StPO) ist nur das Gericht, bei Gefahr im Verzug (vgl. Nummer 60 Abs. 6) auch die BuStra (§ 399 Abs. 1 AO i.V.m. § 100 StPO) befugt.

(2) Ist die Beschlagnahme von der BuStra angeordnet worden, so ist binnen dreier Tage die Bestätigung des Gerichts einzuholen (§ 100 Abs. 2 StPO).

(3) Die Öffnung der ausgelieferten Postsendungen steht dem Gericht zu, solange die Öffnungsbefugnis nicht auf die BuStra übertragen worden ist (§ 100 Abs. 3 StPO).

(4) Zur Postbeschlagnahme vgl. auch Nummern 77 ff. RiStBV.

(5) Die Beschlagnahme von E-Mails auf dem Mailserver des Providers richtet sich dagegen nach § 94 StPO (vgl. BVerfG – 2 BvR 902/06 – vom 16. Juni 2009).

62. Zeit der Durchsuchung

(1) Hausdurchsuchungen haben grundsätzlich bei Tage zu beginnen.

(2) Eine Hausdurchsuchung liegt vor, wenn eine Wohnung, Geschäftsräume oder ein befriedetes Besitztum, z.B. ein umzäunter Garten, durchsucht werden.

(3) Ein Beginn der Hausdurchsuchung zur Nachtzeit ist nur unter den in § 104 Abs. 1 StPO genannten Voraussetzungen, z.B. bei Gefahr im Verzug, zulässig. Dies gilt nicht, wenn der Inhaber mit dem Beginn der Durchsuchung zur Nachtzeit einverstanden ist. Die Nachtzeit beginnt um 21.00 Uhr. Sie endet in der Zeit vom 1. April bis 30. September um 4.00 Uhr und vom 1. Oktober bis 31. März um 6.00 Uhr. Eine vor 21.00 Uhr begonnene, jedoch bis zu diesem Zeitpunkt noch nicht beendete Durchsuchung darf fortgesetzt werden.

Anhang 12
Anweisungen für das Straf- und Bußgeldverfahren (Steuer) (zu Vor §§ 369 bis 412 AO)

(4) Die Beschränkung des § 104 Abs. 1 StPO gilt nicht für die in § 104 Abs. 2 StPO genannten Räumlichkeiten, z.B. Barbetriebe.

(5) Personen und die ihnen gehörenden Sachen können auch bei Nacht durchsucht werden, wenn damit keine Hausdurchsuchung verbunden ist.

31 **63. Ablauf der Durchsuchung**

(1) Liegt ein gerichtlicher Beschluss vor, so ist dieser dem anwesenden, von der Durchsuchung Betroffenen vor Beginn der Durchsuchung vorzuzeigen und grundsätzlich auszuhändigen. Ist er nicht anwesend, so ist einem anwesenden Angehörigen, Angestellten, Nachbarn oder sonstigen Dritten regelmäßig nur die Anordnung, nicht aber die Begründung bekannt zu geben.

(2) Wenn eine Hausdurchsuchung ohne Beisein des Richters oder der Staatsanwaltschaft stattfindet, so sind, wenn möglich, ein Gemeindebeamter oder zwei Mitglieder der Gemeinde, in deren Bezirk die Durchsuchung erfolgt, zuzuziehen. Gemeindebeamter ist jeder Amtsträger einer Gemeinde. Die als Gemeindemitglieder zugezogenen Personen dürfen nicht Polizeibeamte oder Ermittlungspersonen der Staatsanwaltschaft sein.

(3) Wünscht der Inhaber der zu durchsuchenden Räumlichkeiten ausdrücklich nicht die Zuziehung von Zeugen, so kann dem entsprochen werden; dies ist zu protokollieren.

(4) Der Inhaber der zu durchsuchenden Räume oder Gegenstände darf bei der Durchsuchung zugegen sein. Ist er abwesend, so ist, wenn möglich, sein Vertreter oder ein erwachsener Angehöriger, Hausgenosse oder Nachbar zuzuziehen (§ 106 Abs. 1 StPO). Auf den Inhaber und auf seinen Verteidiger (vgl. Nummer 34) braucht nicht gewartet zu werden. Inhaber ist derjenige, in dessen Gewahrsam sich die Räume oder Gegenstände befinden.

(5) Leistet der Betroffene Widerstand oder ist solcher zu befürchten, so ist die örtliche Polizeidienststelle um Amts- bzw. Vollzugshilfe zu ersuchen.

(6) Stört jemand die Durchsuchung vorsätzlich oder widersetzt er sich den getroffenen Anordnungen, so kann der Beamte, der die Durchsuchung leitet, den Störer festnehmen (§ 164 StPO), wenn die Störung oder Widersetzlichkeit nicht auf weniger einschneidende Weise beseitigt werden kann (vgl. Nummer 3).

(7) Personen, die sich zur Zeit des Beginns der Durchsuchung in den betreffenden Räumen befinden, können am Verlassen der Räume gehindert werden, wenn anzunehmen ist, dass sonst der Durchsuchungszweck gefährdet wird, wie z.B. dadurch, dass Beweismittel beiseite geschafft oder, z.B. bei mehreren gleichzeitig oder hintereinander vorzunehmenden Durchsuchungen, die Beteiligten vorzeitig benachrichtigt werden könnten. Anderen Personen als dem Inhaber und zugezogenen Zeugen ist während der Amtshandlung der Zutritt zu den von der Durchsuchung betroffenen Räumen möglichst zu untersagen.

(8) Fernsprecher, insbesondere Fernsprechzentralen, sind zu beaufsichtigen. Dem Betroffenen und in den durchsuchten Räumen anwesenden Dritten können Telefongespräche während der Durchsuchungshandlung untersagt werden, wenn durch sie der Zweck der Durchsuchung gefährdet würde. Gespräche mit dem Verteidiger oder Steuerberater sind stets zulässig. Bei Zuwiderhandlungen gilt Abs. 6.

(9) Auf Verlangen des Betroffenen, seines gesetzlichen Vertreters oder Verteidigers ist nach Beendigung der Durchsuchung dem Betroffenen eine schriftliche Mitteilung zu machen, die den Grund der Durchsuchung sowie im Falle des § 102 StPO (Durchsuchung beim Verdächtigen, s. Nummer 56 Abs. 1 Nummer 1.) die strafbare Handlung bezeichnen muss (§ 107 StPO).

(10) Der Ablauf der Durchsuchung ist unter Angabe der Zeitpunkte des Beginns und des Endes schriftlich festzuhalten.

32 **64. Körperliche Durchsuchung**

Die körperliche Durchsuchung dient insbesondere dem Auffinden von Beweismitteln, die sich in Kleidungsstücken (auch Brieftaschen) befinden oder in die Kleidung eingenäht sind (z.B. Schriftstücke und Schlüssel zu Schließfächern). Bei der körperlichen Durchsuchung einer Frau sind die Grundsätze des § 81d StPO zu beachten.

65. Einsichtnahme in Räume und Behältnisse mit Einverständnis des Betroffenen

Ohne eine gerichtliche Durchsuchungsanordnung darf Einsicht in Räume und Behältnisse genommen werden, wenn sich der Betroffene ausdrücklich damit einverstanden erklärt hat. Das Einverständnis muss vor der Einsichtnahme aus freiem Willen und in Kenntnis der Freiwilligkeit erklärt worden sein. Sind unbeteiligte Dritte als Zeugen für die Erklärung des Einverständnisses nicht anwesend, ist es zweckmäßig, die Einverständniserklärung vom Betroffenen schriftlich bestätigen zu lassen.

66. Durchsuchung von Geschäftsräumen im Verfahren gegen geschäftsführende Gesellschafter

In einem Verfahren gegen einen geschäftsführenden Gesellschafter einer Kapital- oder Personengesellschaft ist zur Durchsuchung der Geschäftsräume ein Beschluss nach § 102 StPO (Durchsuchung beim Verdächtigen) zu erwirken. Ist damit zu rechnen, dass einzelne Geschäftsräume von unverdächtigen Personen allein genutzt werden, kann es sich empfehlen, zusätzlich einen Beschluss nach § 103 StPO zu erwirken. Es ist jedoch darauf zu achten, dass die Durchsuchung der Geschäftsräume der Gesellschaft ausdrücklich beantragt und angeordnet wird.

67. Durchsuchung der Wohnung in besonderen Fällen

(1) Lebt ein Verdächtiger in einem eheähnlichen Verhältnis und gehört die von ihm und seinem Partner benutzte Wohnung dem Partner, so ist die ganze Wohnung auch eine Wohnung des Verdächtigen. Entsprechendes gilt, wenn der Verdächtige in einer Wohngemeinschaft lebt.

(2) Ein Untermietvertrag ist bei einer Hausdurchsuchung ohne Bedeutung, wenn der Untermieter tatsächlich im Haushalt des Wohnungsinhabers lebt.

68. Von Dritten genutzte Behältnisse

Werden in einem Safe, Schließfach, einem Schreibtisch oder einem Schrank Beweismittel vermutet, behauptet der Betroffene aber, das Behältnis werde von einem Dritten genutzt, der auch den Schlüssel besitze, so kann zunächst eine Sicherstellung durch Anbringung eines Siegels vorgenommen werden (§ 94 StPO). Zur Durchsuchung und Beschlagnahme ist ein Beschluss nach § 103 StPO erforderlich, wenn nicht Gefahr im Verzug vorliegt.

69. Durchsicht, Nachweis und Rückgabe der Beweismittel

(1) Eine Durchsicht der Papiere des von der Durchsuchung Betroffenen stehen der BuStra (§ 399 Abs. 1 AO, § 110 Abs. 1 StPO) und der Steufa (§ 404 Satz 2 erster Halbsatz AO) sowie auf Anordnung der Staatsanwaltschaft ihren Ermittlungspersonen (§ 110 StPO i.V.m. § 152 GVG) zu. Zu den Papieren gehört das gesamte private und geschäftliche Schriftgut, z.B. Briefe, Aufzeichnungen, Werkzeichnungen, Bilanzen, Geschäftsbücher, Belege; auf Grund Analogie sind auch Tonträger, Filme und Datenträger, z.B. Magnetbänder, Disketten und Festplatten, hierzu zu rechnen. Die Durchsicht eines elektronischen Speichermediums bei dem von der Durchsuchung Betroffenen darf auch auf hiervon räumlich getrennte Speichermedien, soweit auf sie von dem Speichermedium aus zurückgegriffen werden kann, erstreckt werden, wenn andernfalls der Verlust der gesuchten Daten zu besorgen ist. Daten, die für die Untersuchung von Bedeutung sein können, dürfen gesichert werden (§ 110 Abs. 3 StPO). Verschlossene Briefe dürfen geöffnet und gelesen werden, soweit dies für den Untersuchungszweck erforderlich erscheint.

(2) Dem von der Durchsuchung Betroffenen ist nach deren Beendigung auf Verlangen ein Verzeichnis der in Verwahrung oder in Beschlag genommenen Gegenstände, falls ohne Verdacht nichts Verdächtiges gefunden wird, eine Bescheinigung hierüber zu geben (§ 107 StPO). Insbesondere dann, wenn eine Vielzahl von Einzelbelegen im Verzeichnis aufzuführen wäre, können Sammelbezeichnungen verwandt werden, wie z.B. „ein Karton Schriftverkehr mit den Lieferanten Januar bis Juni 2006" oder „Ordner mit Ausgangsrechnungen vom 1. Januar 2006 bis 30. September 2006".

(3) Die Beschlagnahme ist aufzuheben, wenn ihr Grund weggefallen ist. Die Gegenstände sind dem Empfangsberechtigten gegen Empfangsbestätigung an dem Ort zurückzugeben an dem sie aufzubewahren waren, vgl. BGH-Urteil vom 3. Februar 2005 – III ZR 271/04 (Hinweis auf Nummer 75 RiStBV). Wurden Daten auf Datenträgern der Finanzbehörde sichergestellt, ist über die Löschung dieser Daten ein Vermerk zur Strafakte zu nehmen.

Abschnitt 9
Sicherung des Steueranspruchs

70. Maßnahmen zur Sicherung des Steueranspruchs

(1) Im Steuerstrafverfahren stehen den Finanzbehörden zur Sicherung des Steueranspruchs zwei Wege offen. Die Abgabenordnung eröffnet den Weg über den dinglichen Arrest gem. § 324 AO und die Strafprozessordnung sieht im Rahmen der so genannten Rückgewinnungshilfe die Anordnung des dinglichen Arrestes zugunsten des durch die Steuerstraftat verletzten Steuerfiskus – vertreten durch das jeweilige Festsetzungsfinanzamt – nach § 73 Abs. 1 Satz 2 StGB i.V.m. §§ 111b Abs. 2 und 5, 111d, 111e StPO (BGH-Beschluss vom 28. November 2000 – 5 StR 371/00 –) vor. Mit beiden Verfahren wird eine zeitnahe und eine dem jeweiligen Stand des Verfahrens angepasste Sicherung der Ansprüche des Steuerfiskus aus der Steuerhinterziehung ermöglicht.

(2) Voraussetzung für die Maßnahmen nach Absatz 1 ist das Vorliegen eines Arrestanspruchs. Die Steueransprüche sind nach Steuerart und Besteuerungszeitraum zu bezeichnen. Angaben zur Höhe sind möglichst genau zu machen und zu begründen. Zusätzlich bedarf es eines Arrestgrun-

Anhang 12
Anweisungen für das Straf- und Bußgeldverfahren (Steuer) (zu Vor §§ 369 bis 412 AO)

des. Dieser besteht, wenn zu besorgen ist, dass ohne sofortige Sicherung die Vollstreckung des Anspruchs vereitelt oder wesentlich erschwert wird.

71. Besonderheiten beim dinglichen Arrest nach der AO

(1) Der Erlass eines abgabenrechtlichen dinglichen Arrestes (§ 324 AO) ist beim Festsetzungsfinanzamt zu erwirken. Zuständig für den Erlass der Arrestanordnung ist der Vorsteher.

(2) Zur Ermittlung der Höhe des Arrestanspruchs können die Besteuerungsgrundlagen geschätzt werden (§ 162 AO).

(3) Die Vollziehung der Arrestanordnung obliegt den mit der Vollstreckung nach §§ 249 bis 323 AO betrauten Stellen. Sie ist unzulässig, wenn seit dem Tag, an dem die Anordnung unterzeichnet worden ist, ein Monat verstrichen ist.

72. Besonderheiten beim dinglichen Arrest nach der StPO

(1) Der dingliche Arrest nach den §§ 111b Abs. 2 und 5, 111d Abs. 1 Satz 1 StPO wird gem. § 111e Abs. 1 StPO durch das Gericht und bei Gefahr im Verzuge durch die Staatsanwaltschaft bzw. die BuStra angeordnet. Die Umstände, die die Annahme von Gefahr im Verzuge begründen, sind aktenkundig zu machen. Im Falle einer Arrestanordnung der Staatsanwaltschaft oder BuStra ist innerhalb einer Woche die gerichtliche Bestätigung zu beantragen (§ 111e Abs. 2 Satz 1 StPO).

(2) Die Arrestanordnung wird spätestens nach sechs Monaten durch das Gericht aufgehoben, wenn keine dringenden Gründe für die Annahme vorhanden sind, dass die Voraussetzungen der Vermögensabschöpfung vorliegen. Unterhalb der Schwelle der dringenden Gründe kann in den in § 111b Abs. 3 Satz 2 StPO benannten Fällen auf Antrag die Frist durch das Gericht um bis zu sechs Monate auf längstens insgesamt zwölf Monate verlängert werden.

(3) Zur Ermittlung der Höhe des Arrestanspruchs können die hinterzogenen Steuern geschätzt werden (§ 73b StGB).

(4) Der dingliche Arrest wird insbesondere durch die nachstehend aufgeführten Maßnahmen vollzogen:
1. Pfändungen in Forderungen können durch die Staatsanwaltschaft bzw. BuStra angeordnet werden oder auf deren Antrag durch das Gericht, das den Arrest angeordnet hat (§ 111f Abs. 3 Satz 3 StPO). Mit der Zustellung der Pfändung kann die Steufa beauftragt werden (vgl. § 111f Abs. 4 StPO).
2. Bei beweglichen Sachen kann die Vollziehung ohne förmliche Beauftragung durch die Steufa im Wege der Pfändung vorgenommen werden (vgl. § 111f Abs. 3 Satz 1 StPO).
3. Die Eintragung einer Arresthypothek in das Grundbuch erfolgt auf Ersuchen der Staatsanwaltschaft bzw. BuStra nach § 111f Abs. 2 Satz 1 StPO i.V.m. § 29 Abs. 3 Grundbuchordnung (GBO).

Wegen der Verwahrung beweglicher Gegenstände vgl. Nummer 74 RiStBV.

(5) Gem. § 111d Abs. 2 StPO i.V.m. § 923 ZPO kann die Vollziehung des dinglichen Arrestes gehemmt und die Aufhebung eines vollzogenen Arrestes beantragt werden, wenn der im Arrestanordnungsbeschluss festgesetzte Geldbetrag (Lösungssumme) hinterlegt wird.

(6) Die nach Anordnung des Arrestes ausgebrachten Sicherungsmaßnahmen sind dem Festsetzungsfinanzamt als Verletzten durch die BuStra mitzuteilen (vgl. § 111e Abs. 3 StPO).

(7) Für den Zugriff auf das arrestierte Vermögen beantragt das Festsetzungsfinanzamt nach Vorliegen der Vollstreckbarkeitsvoraussetzungen der Steueransprüche (§§ 251, 254 AO) die Zulassung der Zwangsvollstreckung beim zuständigen Amtsgericht (§§ 111g, 111h StPO). Nach Zulassung der Zwangsvollstreckung durch das Gericht führt das Festsetzungsfinanzamt das Vollstreckungsverfahren (§§ 249 ff. AO) fort. Durch dieses Zulassungsverfahren wird sichergestellt, dass das Festsetzungsfinanzamt in den durch die jeweilige Arrestvollzugsmaßnahme begründeten Rang der sicherden Staatsanwaltschaft bzw. BuStra eintritt. Die sichergestellten Vermögenswerte stehen nur zur Erfüllung der sich aus der Steuerstraftat ergebenden Steueransprüche zur Verfügung.

(8) Gegen Maßnahmen, die im Rahmen des Arrestes durchgeführt werden, kann der Betroffene jederzeit die Entscheidung des Gerichts beantragen (§ 111f Abs. 5 StPO). Eine Drittwiderspruchsklage gem. § 771 ZPO ist unzulässig. Beschlüsse, die auf eine Beschwerde hin erlassen worden sind und eine Anordnung des dinglichen Arrestes über einen Betrag von mehr als 20000 € betreffen, können gem. § 310 Abs. 1 Nummer 3 StPO durch weitere Beschwerde angefochten werden.

Abschnitt 10
Weitere strafprozessuale Maßnahmen

35 **73. Zulässigkeit und Durchführung der vorläufigen Festnahme**

(1) Ist ein einer Straftat im Sinne der Nummern 13 und 14 dringend verdächtiger Beschuldigter flüchtig (§ 112 Abs. 2 Nummer 1 StPO) oder besteht Flucht- oder Verdunklungsgefahr (§ 112 Abs. 2

(zu Vor §§ 369 bis 412 AO) **Anhang 12**
Anweisungen für das Straf- und Bußgeldverfahren (Steuer)

Nummern 2 und 3 StPO) und steht die Anordnung der Haft zur Bedeutung der Sache in einem angemessenen Verhältnis, wird das Verfahren an die Staatsanwaltschaft abzugeben sein (vgl. Nummer 22). Unverhältnismäßigkeit ist auch gegeben, wenn die vollständige Aufklärung der Tat und die rasche Durchführung des Verfahrens auf weniger einschneidende Weise gesichert werden können.

(2) Besteht Gefahr im Verzug, können Steuerfahndungsbeamte und Beamte der BuStra unter den Voraussetzungen des Abs. 1 die vorläufige Festnahme anordnen und durchführen (§ 127 Abs. 2 StPO).

(3) Gefahr im Verzug besteht, wenn die gerichtliche Anordnung nicht rechtzeitig eingeholt werden kann und dadurch die Ergreifung des Beschuldigten gefährdet würde oder die Gefahr fortbesteht, dass der Beschuldigte bis zum Vollzug der gerichtlichen Anordnung noch fliehen oder die Ermittlung der Wahrheit erschweren wird (vgl. Nummer 60 Abs. 6 Sätze 2 und 3 gilt entsprechend). Hatte der Richter den Erlass eines Haftbefehls vorher abgelehnt, müssen neue erhebliche Verdachtsmomente oder Haftgründe bekannt geworden sein.

(4) Verdunklungsabsicht ist kein Haftgrund, wenn die Beweise so gesichert sind, dass der Beschuldigte die Ermittlung der Wahrheit nicht mehr erschweren kann.

(5) Dringender Tatverdacht liegt vor, wenn nach dem Stand der Ermittlungen die Wahrscheinlichkeit groß ist, dass der Verfolgte Täter oder Teilnehmer ist.

(6) Der für vorläufig festgenommen erklärte Beschuldigte kann, soweit erforderlich und angemessen, auch unter Anwendung physischer Gewalt auf der Dienststelle festgehalten oder dorthin verbracht werden.

(7) Besteht noch die Möglichkeit, die Polizei hinzuzuziehen, sollte dies geschehen.

(8) Der Festgenommene ist unverzüglich gemäß § 114b i.V.m. § 127 Abs. 4 StPO über seine Rechte zu belehren. Die Belehrung hat grundsätzlich schriftlich zu erfolgen. Entsprechende Belehrungsformulare einschließlich Übersetzungen in zahlreiche Sprachen finden sich auf der Homepage des Bundesministeriums der Justiz (www.bmj.de) unter Service/Fachinformationen/Belehrungsformulare. Ist eine schriftliche Belehrung nicht möglich oder erkennbar nicht ausreichend, ist (ergänzend) mündlich mit dem Inhalt des § 114b Abs. 2 StPO zu belehren. Der Festgenommene soll den Erhalt der Belehrung schriftlich bestätigen; weigert er sich, ist dies zu dokumentieren. Dem Festgenommenen ist unverzüglich Gelegenheit zu geben, einen Angehörigen oder eine Person seines Vertrauens zu benachrichtigen, sofern der Zweck der Untersuchung dadurch nicht gefährdet wird (§§ 127 Abs. 4 i.V.m § 114c Abs. 1 StPO). Der Festgenommene soll alsbald vernommen werden. Er ist unverzüglich, spätestens am Tag nach der Festnahme, dem Richter vorzuführen (§ 128 Abs. 1 StPO). Zuständig ist der Richter bei dem Amtsgericht, in dessen Bezirk die Festnahme erfolgt ist. Das kann auch ein Amtsgericht sein, dessen örtlicher Zuständigkeitsbereich in Haftsachen gemäß § 58 GVG erweitert worden ist. Die den Fall betreffenden Vorgänge sind bei der Vorführung dem Richter vorzulegen. Kann die Vorführung nicht sofort erfolgen, ist der Festgenommene in die Gewahrsam des zuständigen Amtsgerichts oder in Polizeigewahrsam zu übergeben; auch in diesem Fall muss sichergestellt sein, dass die Vorführung vor den Richter spätestens am Tag nach der Festnahme erfolgt. Stellt sich vor der Vorführung heraus, dass die Voraussetzungen für den Erlass eines Haftbefehls nicht oder nicht mehr gegeben sind, ist der Festgenommene unverzüglich freizulassen.

(9) Über die vorläufige Festnahme ist ein Vermerk zu fertigen und zu den Akten zu nehmen. Der Vermerk muss die Voraussetzungen für die vorläufige Festnahme, den genauen Zeitpunkt der Festnahme im Einzelnen sowie die Durchführung der Belehrung einschließlich einer etwaigen Verweigerung der Bestätigung der Erteilung der Belehrung ausweisen.

74. Zulässigkeit und Durchführung der Telekommunikationsüberwachung 36

(1) Die Überwachung und Aufzeichnung der Telekommunikation auch ohne Wissen der Betroffenen ist zulässig, wenn

1. bestimmte Tatsachen den Verdacht begründen, dass jemand als Täter oder Teilnehmer eine Steuerhinterziehung unter den in § 370 Abs. 3 Satz 2 Nummer 5 AO genannten Voraussetzungen begangen, versucht oder durch eine Straftat vorbereitet hat und
2. die Tat auch im Einzelfall schwer wiegt und
3. die Erforschung des Sachverhalts oder die Ermittlung des Aufenthaltsortes des Beschuldigten auf andere Weise wesentlich erschwert oder aussichtslos wäre (§ 100a Abs. 1 i.V.m. Abs. 2 Nummer 2 Buchstabe a StPO).

Dies gilt sinngemäß auch in besonderen Fällen des Betruges und des Subventionsbetruges (§ 100a Abs. 2 Nummer 1 Buchstaben n und o StPO).

(2) Telekommunikationsüberwachungen dürfen nur auf Antrag der Staatsanwaltschaft durch das Gericht angeordnet werden. Bei Gefahr im Verzug kann die Anordnung auch durch die Staatsanwaltschaft getroffen werden (§ 100b Abs. 1 StPO).

(3) Die Entschädigung der Telekommunikationsunternehmen erfolgt ausschließlich nach Anlage 3 zu § 23 JVEG.

1145

Abschnitt 11
Strafzumessungskriterien

75. Allgemeines zur Strafzumessung

(1) Grundlage für die Strafzumessung ist die Schuld des Täters. Die Wirkungen der Strafe für das künftige Leben des Täters in der Gesellschaft sind zu berücksichtigen (§ 46 Abs. 1 StGB). Die für und gegen den Täter sprechenden Umstände sind gegeneinander abzuwägen (§ 46 Abs. 2 StGB). Die Strafe muss dem Unrechtsgehalt der Tat entsprechen und den Täter wegen des begangenen Unrechts fühlbar treffen.

(2) Bei Taten mit geringem Unrechtsgehalt geben § 398 AO und § 153 StPO die Möglichkeit, ganz von Verfolgung abzusehen (vgl. auch Nummer 82 und § 153 StPO).

(3) Das Finanzamt soll in solchen Strafsachen, die zur Behandlung im Strafbefehlsverfahren nicht geeignet sind (§ 400 zweiter Halbsatz AO), bei Abgabe der Sache an die Staatsanwaltschaft (§ 386 Abs. 4 AO) und bei der Anhörung durch das Gericht (§ 407 AO) zur Strafzumessung Stellung nehmen.

76. Bedeutung des verkürzten Steuerbetrages für die strafrechtliche Ahndung und für die Strafzumessung

(1) Nach § 46 Abs. 1 StGB ist die Schuld des Täters die Grundlage für die Bemessung der Strafe. Das Maß der Schuld ergibt sich bei der Steuerhinterziehung insbesondere auch aus der Höhe der schuldhaft verkürzten Steuern. Der Verstoß gegen die dem Täter im Interesse der Besteuerung auferlegten besonderen Rechtspflichten wiegen in der Regel um so schwerer, je höher die hinterzogenen Steuern sind. Für die zutreffende Strafzumessung bei der Steuerhinterziehung ist deshalb zu berechnen, in welcher Höhe Steuern verkürzt sind und festzustellen, inwieweit die Verkürzung vom Vorsatz des Täters umfasst ist. Das Ergebnis dieser Prüfung ist im Abschlussvermerk (§ 169a StPO) festzuhalten.

(2) Nach dem BGH-Urteil vom 2. Dezember 2008 – 1 StR 416/08 – hat die Höhe der schuldhaft verkürzten Steuern Bedeutung für die Annahme einer Steuerverkürzung oder einer nicht gerechtfertigten Steuervorteilserlangung in großem Ausmaß i.S.d. § 370 Abs. 3 Satz 2 Nummer 1 AO. Der Senat ist der Ansicht, dass das Merkmal „in großem Ausmaß" wie beim Betrug nach objektiven Maßstäben zu bestimmen ist. Das Merkmal „in großem Ausmaß" liegt danach nur dann vor, wenn der Hinterziehungsbetrag 50 000 € übersteigt. Die Betragsgrenze von 50 000 € kommt namentlich dann zur Anwendung, wenn der Täter ungerechtfertigte Zahlungen vom Finanzamt erlangt hat, etwa bei Steuererstattungen durch Umsatzsteuerkarusselle, Kettengeschäfte oder durch Einschaltung von sog. Serviceunternehmen. Beschränkt sich das Verhalten des Täters dagegen darauf, die Finanzbehörden pflichtwidrig über steuerlich erhebliche Tatsachen in Unkenntnis zu lassen und führt das lediglich zu einer Gefährdung des Steueranspruchs, dann kann das „große Ausmaß" höher angesetzt werden. Der Senat hält hierbei eine Wertgrenze von 100 000 € für angemessen. Liegt nach diesen Maßstäben eine Hinterziehung von „großem Ausmaß" vor, so hat dies „Indizwirkung", freilich auch nicht mehr, für die zu findende Strafhöhe. Jedenfalls bei einem sechsstelligen Hinterziehungsbetrag wird die Verhängung einer Geldstrafe nur bei Vorliegen von gewichtigen Milderungsgründen noch schuldangemessen sein. Bei Hinterziehungsbeträgen in Millionenhöhe kommt eine aussetzungsfähige Freiheitsstrafe nur bei Vorliegen besonders gewichtiger Milderungsgründe noch in Betracht.

(3) Bei Verkürzung auf Zeit, die sich im Ergebnis als Hinausschieben der Fälligkeit ausgewirkt hat (wie etwa bei verspäteter, unrichtiger oder unterlassener Abgabe von Umsatzsteuer-Voranmeldungen, bei der vorsätzlichen Herbeiführung zu niedriger Einkommensteuer- oder Körperschaftsteuer-Vorauszahlungen und bei nicht oder zu niedrig geführter Kapitalertragsteuer), ist der Unrechtsgehalt wesentlich geringer. Obwohl auch in diesen Fällen der gesamte Betrag verkürzt ist, ist im Rahmen der Strafzumessung zugunsten des Täters zu berücksichtigen, dass sein Vorsatz nur auf eine Verkürzung „auf Zeit" gerichtet war und er den Steueranschlag wieder gut gemacht oder dies zumindest ernsthaft und nachvollziehbar beabsichtigt hat (vgl. BGH-Urteil vom 17. März 2009 – 1 StR 627/08 –). Der Einwand, dass bei einer auf Dauer gewollten Verkürzung die Steuern nachgezahlt worden seien und daher kein Dauerschaden eingetreten sei, rechtfertigt nicht die Annahme einer Steuerverkürzung auf Zeit.

77. Besondere Strafzumessungsgründe

Strafschärfend oder strafmildernd sind insbesondere zu berücksichtigen (vgl. § 46 Abs. 2 Satz 2 StGB):
1. Beweggründe, Ziele und Tatausführung
   a) Strafmildernd
      Handeln aus nicht selbst verschuldeter Zwangs- oder Notlage heraus oder zum fremden Vorteil.

b) **Strafschärfend**

Handeln aus Gewinnsucht, grobem Eigennutz oder Habgier; gewissenloses und rücksichtsloses Vorgehen; Hartnäckigkeit, mit der das Ziel verfolgt wird; Steuerverkürzung über einen längeren Zeitraum; vorausgegangene Einstellungen unter Auflagen und einschlägige Vorstrafen (vgl. aber § 51 BZRG); besonders verwerfliche Ausführung (z. B. Urkundenfälschung, falsche eidesstattliche Versicherung nach § 95 AO, Verleitung Dritter – insbesondere abhängiger Personen – zur Teilnahme, Buch- und Belegmanipulationen, Verletzung von Buchführungs- und Aufbewahrungspflichten hinsichtlich geschäftlicher Unterlagen – vgl. BGH-Urteil vom 28. Juli 2010 – 1 StR 643/09 –, Konten auf falschem oder erdichtetem Namen).

2. Maß der Pflichtwidrigkeit
   a) **Strafmildernd**

   Verletzung von Pflichten, die vornehmlich andere wahrzunehmen hatten.

   b) **Strafschärfend**

   Verletzung von besonderen Erklärungs- und Zahlungspflichten, wie z.B. bei Lohn- und Umsatzsteuer.

3. Verhalten nach der Tat
   a) **Strafmildernd**

   Aktive Mithilfe bei der Tataufklärung; „verunglückte" Selbstanzeige; geständige Einlassung; Wiedergutmachung (Zahlung der verkürzten Steuern).

   b) **Strafschärfend**

   Behinderung der Tataufklärung, z.B. Vernichten oder Beiseiteschaffen von Beweismitteln, Beeinflussung von Zeugen, bewusste Irreführung der Ermittlungsbehörden (dagegen nicht: Schweigen oder bloßes Leugnen); aktives Verhalten um den Steueranspruch zu vereiteln, z.B. Verbringen des Vermögens in das Ausland.

4. Persönliche Verhältnisse
   a) **Strafmildernd**

   Krankheit, Alter, steuerliche Unerfahrenheit, geringer Bildungsgrad, soweit diese Umstände die Tat beeinflusst haben. Besondere wirtschaftliche oder sonstige (nichtsteuerliche) Nachteile, z.B. berufs- oder ehrengerichtliche Strafen.

   b) **Strafschärfend**

   Berufliche und soziale Stellung des Täters, die besondere steuerliche Pflichten begründet.

5. Sonstige Strafzumessungsgesichtspunkte

   Strafmildernd

   Überlange nicht rechtsstaatswidrige Verfahrensdauer, die nicht vom Beschuldigten zu vertreten ist (BGH-Beschluss vom 22. Januar 1992 – 3 StR 440/91 – wistra 1992, 180). Zu den Auswirkungen einer rechtsstaatswidrigen überlangen Verfahrensdauer vgl. Nummer 78.

78. Kompensation rechtsstaatswidriger Verzögerung eines Strafverfahrens (Vollstreckungsmodell)

Ist der Abschluss eines Strafverfahrens rechtsstaatswidrig derart verzögert worden, dass dies bei der Durchsetzung des staatlichen Strafanspruchs unter näherer Bestimmung des Ausmaßes berücksichtigt werden muss, so ist anstelle der bisher gewährten Strafminderung (durch eine bezifferte Herabsetzung der ohne diese Verzögerung angemessenen Strafe – Strafabschlagsmodell) im Tenor die tat- und schuldangemessene Strafe nunmehr ohne Abzug für die dem Staat zuzurechnende Verfahrensverzögerung festzusetzen und gleichzeitig auszusprechen, dass ein bezifferter Teil hiervon zum Ausgleich für die Verfahrensverzögerung als bereits vollstreckt gilt (Vollstreckungsmodell). In Fällen, in denen eine Kompensation nur durch eine Unterschreitung der gesetzlichen Mindeststrafe möglich wäre, bietet das Vollstreckungsmodell eine Möglichkeit, in dem es die Kompensation von staatlichen Stellen verursachten Verfahrensverzögerungen in einem gesonderten Schritt nach der eigentlichen Strafzumessung vornimmt (BGH-Beschluss vom 17. Januar 2008 – GSSt 1/07, BGHSt 52, 124). Unabhängig davon ist das Vollstreckungsmodell auch in den Fällen anzuwenden, in denen kein gesetzliches Strafmindestmaß vorgesehen ist.

Abschnitt 12
Abschließende Entscheidung im Verfahren der Finanzbehörde

79. Überblick

(1) Die BuStra kann das selbständig durchgeführte Ermittlungsverfahren durch folgende Maßnahmen abschließen:

Anhang 12
Anweisungen für das Straf- und Bußgeldverfahren (Steuer) (zu Vor §§ 369 bis 412 AO)

1. Einstellung und Absehen von der Strafverfolgung, vgl. Nummern 81-83;
2. Antrag auf Erlass eines Strafbefehls, vgl. Nummern 84 ff.;
3. Vorlage an die Staatsanwaltschaft, vgl. Nummer 89;
4. Antrag auf Anordnung von Nebenfolgen im selbständigen Verfahren, vgl. Nummer 90.

(2) Soll das Verfahren nicht eingestellt werden, ist der Beschuldigte spätestens vor dem Abschluss der Ermittlungen zu vernehmen. In einfachen Sachen genügt es, dass ihm Gelegenheit zur schriftlichen Äußerung gegeben wird (§ 163a Abs. 1 StPO). Der Abschluss der Ermittlungen ist in den Akten zu vermerken, sofern das Verfahren nicht eingestellt wird (§ 169a StPO); vgl. im Übrigen Nummer 90 letzter Satz, Nummer 87 Abs. 1 und Nummer 89 Abs. 2.

(3) Wegen des Absehens von der Strafverfolgung bei unwesentlichen Nebenstraftaten vgl. Nummer 39 Abs. 1. Wegen des Ausscheidens von Unwesentlichem vgl. Nummer 39 Abs. 4.

80. Allgemeines zur Einstellung des Verfahrens

(1) Eine Einstellungsverfügung ist ausreichend zu begründen.

(2) Der Beschuldigte ist von der Einstellung des steuerstrafrechtlichen Ermittlungsverfahrens zu unterrichten, wenn ihm zuvor die Einleitung eines solchen Verfahrens eröffnet worden war; siehe auch § 170 Abs. 2 StPO. Hat sich herausgestellt, dass der Beschuldigte unschuldig ist oder dass gegen ihn kein begründeter Verdacht mehr besteht, so ist dies in der Mitteilung auszusprechen. Im Übrigen sind die Gründe für die Einstellung nur auf Antrag und dann auch nur insoweit bekannt zu geben, als kein schutzwürdiges Interesse entgegensteht.

(3) Dem Anzeigeerstatter darf über die Einstellung keine Mitteilung gemacht werden, weil § 171 StPO eine Offenbarung nicht zulässt (vgl. § 30 Abs. 4 Nummern 1 u. 2 AO).

(4) Ist im Ermittlungsverfahren eine nach § 2 StrEG entschädigungsfähige Strafverfolgungsmaßnahme vorausgegangen, so hat die Finanzbehörde in die Mitteilung von der Einstellung des Verfahrens die Belehrung aufzunehmen, dass der Beschuldigte innerhalb eines Monats seit der Zustellung der Einstellungsnachricht bei dem zuständigen Gericht den Antrag stellen kann, die Entschädigungspflicht der Staatskasse auszusprechen. Das zuständige Gericht ist anzugeben. Die Einstellungsmitteilung mit dieser Belehrung ist zuzustellen. Auf § 9 StrEG wird hingewiesen.

81. Einstellung nach § 170 Abs. 2 StPO

(1) Geben die Ermittlungen keinen genügenden Anlass zur Erhebung der öffentlichen Klage, weil z.B. eine Verurteilung des Beschuldigten nicht mit Wahrscheinlichkeit zu erwarten ist oder sich der Verdacht als unbegründet erweist, so stellt die BuStra das Verfahren ein. Das gleiche gilt, wenn der Verurteilung ein Verfahrenshindernis entgegensteht, z.B. weil die Tat verjährt ist (§§ 78–78c StGB), der Täter vom Versuch zurückgetreten ist (§ 24 StGB) oder wenn dem Täter ein Rechtfertigungs- oder Schuldausschließungsgrund zur Seite steht.

(2) Das Steuerstrafverfahren ist auch einzustellen, wenn dem Beschuldigten nach dem Ermittlungsergebnis nur eine Steuerordnungswidrigkeit anzulasten ist. In diesen Fällen ist regelmäßig zu prüfen, ob ein Bußgeldverfahren in Betracht kommt, sofern die Grenzen der Nummer 104 Abs. 3 überschritten werden.

(3) Das Steuerstrafverfahren kann wieder aufgenommen werden, wenn hierzu Anlass besteht.

82. Einstellung und Absehen von der Strafverfolgung nach § 153 Abs. 1 StPO, § 398 AO und § 398a AO

(1) Die BuStra kann mit Zustimmung des für die Eröffnung des Hauptverfahrens zuständigen Gerichts von der Verfolgung einer Straftat absehen, wenn die Schuld des Täters als gering anzusehen wäre und kein öffentliches Interesse an der Verfolgung besteht (§ 153 Abs. 1 Satz 1 StPO).

(2) Nach § 398 AO und § 153 Abs. 1 Satz 2 StPO kann die BuStra das Verfahren unter den Voraussetzungen des Abs. 1 ohne Zustimmung des Gerichts einstellen, wenn im Übrigen bei einer Steuerhinterziehung nur eine geringwertige Steuerverkürzung eingetreten ist oder nur geringwertige Steuervorteile erlangt wurden. Zur Bestimmung des Tatbestandsmerkmals der geringen Tatfolge (§ 153 Abs. 1 Satz 2 StPO) ist bei dem Delikt der Steuerhinterziehung insbesondere von der Summe der verkürzten Steuern auszugehen. Entsprechendes gilt in einem Verfahren wegen Begünstigung einer Person, die eine der in § 375 Abs. 1 Nummern 1 bis 3 AO genannten Taten begangen hat (§ 398 Satz 2 AO).

(3) Die Schuld ist als gering anzusehen, wenn sie bei einem Vergleich mit Steuerstraftaten gleicher Art nicht unerheblich unter dem Durchschnitt liegt. Im Rahmen der Berücksichtigung des öffentlichen Interesses sind jedoch Gründe der Spezial- oder Generalprävention mit zu erwägen. Die Gesamtwürdigung muss, auch unter Berücksichtigung der im Falle einer Bestrafung für die Strafzumessung maßgebenden Umstände nach § 46 Abs. 2 StGB ergeben, dass eine Bestrafung unter Abwägung aller Strafzwecke nicht notwendig erscheint. Eine Feststellung der Schuld ist nicht

erforderlich; es genügt, dass für sie eine gewisse Wahrscheinlichkeit besteht. Die Strafsache braucht nicht weiter als bis zu der Feststellung aufgeklärt zu werden, dass die Schuld des Täters voraussichtlich als gering anzusehen wäre.

(4) Nach § 398a AO wird in den Fällen des § 371 Abs. 2 Nummer 3 AO von der Verfolgung einer Steuerstraftat abgesehen, wenn der Täter innerhalb einer ihm bestimmten angemessenen Frist die aus der Tat zu seinen Gunsten hinterzogenen Steuern entrichtet und zusätzlich einen Geldbetrag in Höhe von fünf Prozent der hinterzogenen Steuern zugunsten der Staatskasse zahlt. Berechnung und Abwicklung dieser Geldzahlung fallen in den Zuständigkeitsbereich der Bußgeld- und Strafsachenstellen, soweit diese nach §§ 386 Abs. 2, 399 AO zuständig sind. Die Abwicklung erfolgt im jeweiligen landeseigenen Haushalts- und Kassenverfahren. Zur Fristsetzung vgl. Nummer 11 Abs. 4.

(5) Das Verfahren kann wieder aufgenommen werden, wenn hierzu Anlass besteht.

83. Einstellung nach § 153a StPO

(1) Nach § 153a StPO kann die BuStra im Bereich der kleineren und mittleren Kriminalität die Einstellung des Verfahrens von der Erfüllung bestimmter Auflagen und Weisungen durch den Beschuldigten abhängig machen. Dies gilt jedoch nur dann, wenn die Auflagen und Weisungen geeignet sind, das öffentliche Interesse an der Strafverfolgung zu beseitigen (vgl. Nummer 82) und die Schwere der Schuld dem nicht entgegensteht. Für die Beurteilung der Schwere der Schuld sind die für die Strafzumessung geltenden Grundsätze, insbesondere § 46 StGB, heranzuziehen. Die Verfahrenseinstellung nach § 153a StPO ist nur mit Zustimmung des Beschuldigten zulässig und bedarf vorbehaltlich des Satzes 5 auch der Zustimmung des Gerichts. Nach § 153a Abs. 1 Satz 7 i.V.m. § 153 Abs. 1 Satz 2 StPO ist eine Verfahrenseinstellung auch ohne Zustimmung des Gerichts zulässig, wenn die Auflagen und Weisungen geeignet sind, das öffentliche Interesse an der Strafverfolgung zu beseitigen und die durch die Tat verursachten Folgen gering sind (vgl. Nummer 82).

(2) Im Steuerstrafverfahren kommen namentlich folgende Auflagen und Weisungen – ggf. nebeneinander – in Betracht:

1. Entrichtung der verkürzten Beträge einschließlich der Nebenleistungen innerhalb einer zu bestimmenden Frist;

2. Zahlung eines Geldbetrages an die Staatskasse oder an eine gemeinnützige Einrichtung. Da sich die Steuerstraftat gegen die Allgemeinheit richtet, soll die Zahlung regelmäßig zugunsten der Staatskasse erfolgen. Die Auflage muss nach Art und Umfang geeignet sein, das öffentliche Interesse an der Strafverfolgung zu beseitigen. Soweit für eine Verfahrenseinstellung die Zustimmung des Gerichts erforderlich ist, empfiehlt es sich, vor der Befragung des Beschuldigten die Zustimmung des Gerichts einzuholen. Anderenfalls ist der Beschuldigte darauf hinzuweisen, dass eine Einstellung nur mit gerichtlicher Zustimmung möglich ist.

3. Erbringung von gemeinnützigen Leistungen. Diese sind dem Beschuldigten grundsätzlich nur dann aufzuerlegen, wenn Auflagen nach § 153a Abs. 1 Satz 2 Nummern 1 und 2 StPO nicht in Betracht kommen. Bei der Bemessung der gemeinnützigen Leistungen sind der Inhalt und die Umstände der zu erbringenden Tätigkeit und die persönlichen Verhältnisse des Beschuldigten zu berücksichtigen.

(3) In der Verfügung über die vorläufige Einstellung sind die Auflagen/Weisungen genau zu bezeichnen und eine Frist von höchstens sechs Monaten (§ 153a Abs. 1 Satz 3 StPO) zu deren Erfüllung festzusetzen. Ferner ist anzuordnen, dass die vorläufige Einstellung entfällt, wenn eine Auflage/Weisung nicht oder nicht fristgerecht erfüllt wird. Dem Beschuldigten soll auch anheim gegeben werden, Umstände, welche die Verlängerung der Frist oder die nachträgliche Änderung der Auflagen/Weisungen rechtfertigen könnten (§ 153a Abs. 1 Satz 4 StPO), rechtzeitig mitzuteilen. Besteht die Auflage in der Zahlung eines Geldbetrages, hat der Beschuldigte der BuStra die Zahlung nachzuweisen; die für die Steuerfestsetzung zuständige Stelle des Finanzamts erhält eine Kontrollmitteilung. Die Stelle, der gegenüber die Weisungen zu erfüllen oder an die Zahlungen zu leisten sind, wird unterrichtet und um Mitteilung über die Erfüllung oder nicht rechtzeitige Erfüllung gebeten.

(4) Erfüllt der Beschuldigte die Auflagen/Weisungen, wird das Verfahren endgültig eingestellt (§ 153a Abs. 1 Satz 5 StPO). Erfüllt der Beschuldigte sie nicht, hat die BuStra in eigener Zuständigkeit zu entscheiden, ob eine Fristverlängerung oder Änderung der Auflage in Betracht kommt (§ 153a Abs. 1 Satz 4 StPO). Ist das nicht der Fall und bleibt auch eine Erinnerung durch die BuStra ohne Erfolg oder erklärt der Beschuldigte, dass er den Auflagen/Weisungen nicht nachkommen will, ist dem Beschuldigten mitzuteilen, dass die vorläufige Einstellung entfallen ist. Das Verfahren wird dann, in der Regel durch Antrag auf Erlass eines Strafbefehls, fortgeführt. Auf Zahlungen, welche zur Erfüllung einer Auflage geleistet worden waren, ist das Gericht bzw. die Staatsanwaltschaft hinzuweisen. Auch wenn die Zahlungen vom Gericht bei der Strafzumessung berücksichtigt werden, verbleibt der gezahlte Betrag der Stelle, welche ihn vereinnahmt hatte.

84. Voraussetzungen für den Antrag auf Erlass eines Strafbefehls

39

(1) Die BuStra stellt Antrag auf Erlass eines Strafbefehls (§ 400 AO), wenn
1. die Ermittlungen genügenden Anlass zur Erhebung der öffentlichen Klage bieten und
2. die Strafsache zur Behandlung im Strafbefehlsverfahren geeignet erscheint.

(2) Die Ermittlungen bieten genügenden Anlass zur Erhebung der öffentlichen Klage, wenn kein Verfahrenshindernis besteht und der Beschuldigte der Straftat so verdächtig erscheint, dass im Falle der Durchführung einer Hauptverhandlung eine Verurteilung mit Wahrscheinlichkeit zu erwarten wäre (hinreichender Tatverdacht im Sinne des § 203 StPO).

(3) Eine Erledigung im Strafbefehlsverfahren ist nach § 407 Abs. 2 Satz 2 StPO auch zulässig, wenn die Verhängung einer Freiheitsstrafe bis zu einem Jahr erforderlich erscheint, deren Vollstreckung zur Bewährung ausgesetzt werden kann und der Angeschuldigte einen Verteidiger hat oder ein Pflichtverteidiger bestellt wird (§ 408b StPO). Eine Erledigung im Strafbefehlsverfahren ist dagegen nicht geboten sein, wenn ein besonders schwerer Fall der Steuerhinterziehung (§ 370 Abs. 3 AO) vorliegt. Im Übrigen soll von dem Antrag auf Erlass eines Strafbefehls nur abgesehen werden, wenn die vollständige Aufklärung aller für die Rechtsfolgenbestimmung wesentlichen Umstände oder Gründe der Spezial- oder Generalprävention die Durchführung einer Hauptverhandlung geboten erscheinen lassen. Auf einen Strafbefehlsantrag ist nicht schon deswegen zu verzichten, weil ein Einspruch des Angeschuldigten zu erwarten ist.

(4) Der Antrag auf Erlass eines Strafbefehls darf erst gestellt werden, wenn dem Beschuldigten rechtliches Gehör gewährt worden ist und er Gelegenheit hatte, sich zu dem Ermittlungsergebnis zu äußern (s. auch Nummer 79 Abs. 2).

(5) Einem Begehren des Beschuldigten, das Verfahren nicht an die Staatsanwaltschaft abzugeben, sondern Antrag auf Erlass eines Strafbefehls zu stellen, braucht die BuStra nicht zu entsprechen.

85. Bemessung der Strafen

40

(1) Die Geldstrafe ist in Tagessätzen zu verhängen, und zwar mit mindestens 5 und höchstens 360 vollen Tagessätzen (§ 40 Abs. 1 StGB). Bei der Bestimmung der Zahl der Tagessätze ist davon auszugehen, dass eine nach Unrecht und Schuld gleich schwere Straftat bei Tätern mit unterschiedlichen Einkommensverhältnissen gleich schwer, d.h. mit der gleichen Anzahl von Tagessätzen, bestraft werden muss.

(2) Die Gesamtstrafe wird durch Erhöhung der verwirkten höchsten Strafe, bei Strafen verschiedener Art durch Erhöhung der ihrer Art nach schwersten Strafe gebildet (§ 54 Abs. 1 Satz 2 StGB). Die Gesamtstrafe darf die Summe der Einzelstrafen nicht erreichen und bei Geldstrafe 720 Tagessätze nicht übersteigen (§ 54 Abs. 2 StGB). Die Erhöhung der Einsatzstrafe hat in der Regel niedriger auszufallen, wenn zwischen gleichartigen Taten ein enger zeitlicher, sachlicher und situativer Zusammenhang besteht (BGH-Beschluss vom 13. April 2010 – 3 StR 71/10 –). Die Bildung der Gesamtstrafe erfordert grundsätzlich einen gesonderten Strafzumessungsvorgang unter zusammenfassender Würdigung der einbezogenen Straftaten und der Person des Täters. Eine Bezugnahme auf die Zumessungsgründe, die für die Einzelstrafen bestimmend waren, genügt insbesondere dann nicht, wenn die Höhe der Einsatzstrafe und der Gesamtstrafe erheblich differieren (BGH-Beschluss vom 4. Juni 2004 – 2 StR 163/04 –).

(3) Die persönlichen und wirtschaftlichen Verhältnisse des Täters zur Zeit der Bestrafung werden bei der Geldstrafenbemessung durch die Höhe des Tagessatzes berücksichtigt, der mindestens auf 1 € und höchstens 30 000 € festzusetzen ist. In der Regel ist ein Tagessatz nach dem Nettoeinkommen (vgl. Nummer 86) zu bemessen, das der Täter durchschnittlich an einem Tag hat oder haben könnte (§ 40 Abs. 2 StGB). Dieses kann – insbesondere bei Gewerbetreibenden und Angehörigen der freien Berufe – erforderlichenfalls geschätzt werden (§ 40 Abs. 3 StGB).

86. Höhe des Tagessatzes, Ermittlung des Nettoeinkommens

(1) Die Höhe des Tagessatzes richtet sich gem. § 40 Abs. 2 Satz 2 StGB nach dem „Nettoeinkommen", das der Täter täglich hat bzw. haben könnte. Einkommen im Sinne des § 40 Abs. 2 Satz 2 StGB sind nicht nur die Einkünfte aus den Einkunftsarten des Steuerrechts, sondern jegliche Vermögenszuflüsse, die der Täter als regelmäßige geldwerte Zuwendungen (z.B. Unterhaltszahlungen) einschließlich der Sachbezüge, die der Täter von dritter Seite erhält, gleich welcher Art sie sind oder auf welchem Rechtsgrund sie beruhen.

(2) Nettoeinkommen ist der dem Täter nach Abzug der gesetzlich vorgeschriebenen Leistungen (Steuer und Sozialversicherungsbeiträge), der außergewöhnlichen Belastungen und bei nicht sozialversicherungspflichtigen Tätern der Aufwendungen für eine Lebens- und Krankenversicherung verbleibende Betrag. Weitere Abzüge kommen nicht in Betracht, z.B. Zins- und Tilgungsleistungen für ein Eigenheim. Wenn der Täter vorhandene Erwerbsmöglichkeiten nicht oder nicht ausreichend nutzt, oder ein geringeres als das übliche Arbeitsentgelt für seine Arbeit vereinbart, darf er

dadurch bei der Bemessung der Geldstrafe nicht besser gestellt werden. Unterhaltsleistungen des Täters sind angemessen zu berücksichtigen, auch wenn sie nicht nachgewiesen werden.

(3) Kann das Einkommen nicht zeitnah ermittelt werden, ist unter Berücksichtigung aller ins Gewicht fallender Umstände, die die wirtschaftliche Leistungsfähigkeit des Täters beeinflussen, zu schätzen.

(4) Verfügt der Täter über ein erhebliches Vermögen, so ist der Tagessatz dann angemessen zu erhöhen, wenn sich sonst keine fühlbare Strafe erreichen ließe.

87. Antragstellung

(1) Die getroffenen steuerlichen und strafrechtlichen Ermittlungsergebnisse sowie deren Würdigung hat die BuStra in einem Abschlussvermerk (§ 169a StPO) aktenkundig zu machen. Der Antrag muss die für den Erlass des Strafbefehls erforderlichen Angaben (§ 409 Abs. 1 StPO) enthalten. Er ist als Strafbefehlsentwurf zu fassen (vgl. Nummern 176 und 177 Abs. 1 RiStBV). Zur Kennzeichnung einer zu ahndenden Steuerhinterziehung im Strafbefehl gehört die kurze Darstellung der tatsächlichen Grundlagen des materiellen Steueranspruchs über dessen Verkürzung entschieden werden soll, die Angabe, durch welches Täterverhalten und für welchen in Betracht kommenden Steuerabschnitt die Erklärungs- und/oder Anmeldepflichten verletzt wurden, sowie ein Vergleich der gesetzlich geschuldeten Steuer mit der, die aufgrund der unrichtigen oder unvollständigen Angaben des Täters gegenüber der Steuerbehörde nicht, nicht in voller Höhe oder nicht rechtzeitig angemeldet oder festgesetzt wurde. Mängel in der Umgrenzungsfunktion des Strafbefehls führen zu dessen Unwirksamkeit (vgl. OLG Düsseldorf, Beschluss vom 26. Mai 1988 – 3 Ws 85/87 –, wistra 1988, 365, DB 1991, 2163).

(2) Bei einem Antrag auf Erlass eines Strafbefehls (§ 400 erster Halbsatz AO) hat das Finanzamt (BuStra) Art und Höhe der gegen den Beschuldigten zu verhängenden Strafe anzugeben. Im Hinblick auf § 267 Abs. 3 StPO ist im Abschlussvermerk darzulegen, welche Gesichtspunkte die Strafzumessung beeinflussen. Hierbei genügen nicht allgemeine Bemerkungen; vielmehr sind alle wesentlichen Tatsachen und Erwägungen anzugeben, aus denen die Strafzumessung gefunden wird. (3) Dem Antrag sind vorbehaltlich Nummer 35 Abs. 4 alle Vorgänge beizufügen, die für die Schuld und die Strafzumessung von Bedeutung sind. Dazu gehören verwaltungsinterne Vermerke nicht. In den Fällen des § 407 Abs. 2 Satz 2 StPO ist dem Strafbefehlsantrag ein Beschlussvorschlag hinsichtlich der Bewährungsauflagen beizufügen. Der Bewährungsbeschluss muss zumindest einen Vorschlag bezüglich der Dauer der Bewährungszeit sowie die Aufforderung zur Anzeige eines Wohnsitzwechsels enthalten. Weitere Bewährungsauflagen sind im Einzelfall vorzuschlagen.

(4) Der Antrag ist an das zuständige Amtsgericht zu übersenden. Dabei ist je nach Bedeutung des Falles die Entscheidung durch den Strafrichter oder den Vorsitzenden des Schöffengerichts zu beantragen.

88. Rechtsmittel

(1) Teilt das Gericht der BuStra mit, dass es eine andere als die beantragte Rechtsfolge für angemessen oder eine weitere Aufklärung für notwendig hält, ist nach dem Abs. 2 der Nummer 178 RiStBV zu verfahren. Gegen die Anberaumung der Hauptverhandlung (§ 408 Abs. 3 Satz 2 StPO) ist kein Rechtsmittel gegeben.

(2) Gibt der Vorsitzende des Schöffengerichts die Sache an den Strafrichter ab (§ 408 Abs. 1 Satz 1 erster Halbsatz StPO) oder weist der Richter den Antrag auf Erlass eines Strafbefehls zurück, kann die BuStra dagegen sofortige Beschwerde (§ 311 StPO) einlegen (§ 408 Abs. 1 Satz 1 letzter Halbsatz; § 210 Abs. 2 StPO).

89. Vorlage an die Staatsanwaltschaft

(1) Bieten die durchgeführten Ermittlungen genügenden Anlass zur Erhebung der öffentlichen Klage (vgl. Nummer 84 Abs. 2), ist aber die Strafsache für das Strafbefehlsverfahren nicht geeignet, so legt die BuStra die Akten der Staatsanwaltschaft vor (§ 400 zweiter Halbsatz AO).

(2) Bei der Vorlage hat die BuStra das wesentliche Ermittlungsergebnis übersichtlich zusammenfassend darzustellen und in der Regel auch rechtlich zu würdigen. Die Darstellung soll der Gewichtigkeit des Falles entsprechen. Die Abgabeschrift ist vom Sachgebietsleiter zu unterzeichnen.

90. Antrag auf Anordnung von Nebenfolgen im selbständigen Verfahren

Die BuStra kann nach pflichtgemäßem Ermessen beantragen, den Verfall oder die Einziehung (§§ 73 bis 76a StGB, § 29a OWiG) selbstständig anzuordnen oder eine Geldbuße gegen eine juristische Person oder eine Personenvereinigung (§ 30 OWiG) selbständig festzusetzen (§ 401 AO). Das Verfahren richtet sich nach den §§ 440, 442 Abs. 1, 444 Abs. 3 StPO. Wer von der Einziehung bzw. dem Verfall betroffen würde, ist zuvor zu hören, wenn dies ausführbar erscheint (§ 440 Abs. 3,

Anhang 12
Anweisungen für das Straf- und Bußgeldverfahren (Steuer) (zu Vor §§ 369 bis 412 AO)

§ 442 Abs. 1, § 432 Abs. 1 Satz 1 StPO). Im Falle des § 30 OWiG gilt gleiches hinsichtlich der juristischen Person oder der Personenvereinigung (§ 444 Abs. 3, § 440 Abs. 3, § 432 Abs. 1 Satz 1 StPO). Wegen des abschließenden Vermerks vgl. Nummer 87 Abs. 1 Satz 1.

Abschnitt 13
Stellung der Finanzbehörde im Verfahren der Staatsanwaltschaft

42 91. Rechte und Pflichten im Ermittlungsverfahren

(1) Führt die Staatsanwaltschaft das Ermittlungsverfahren in Strafsachen durch, so hat die BuStra nach § 402 Abs. 1 AO nur dieselben Rechte und Pflichten wie die Behörden des Polizeidienstes nach der Strafprozessordnung, insbesondere nach § 161 und § 163 StPO sowie die Befugnisse nach § 399 Abs. 2 Satz 2 AO. Beschuldigte, Zeugen und Sachverständige sind nicht verpflichtet, auf Ladung vor ihr zu erscheinen. Die Vorgänge sind ohne Verzug der Staatsanwaltschaft zu übersenden (§ 163 Abs. 2 StPO).

(2) Wegen der Rechte und Pflichten der Steuerfahndungsstellen und ihrer Beamten wird auf Nummer 123 verwiesen.

(3) Beschlagnahmen, Durchsuchungen und körperliche Untersuchungen dürfen von BuStra und Steufa nur bei Gefahr im Verzug angeordnet werden (§ 399 Abs. 2 Satz 2 AO, §§ 81a Abs. 2, 98 Abs. 1, § 105 Abs. 1 StPO). Die Überwachung und Aufzeichnung der Telekommunikation darf auch bei Gefahr in Verzug nur durch die Staatsanwaltschaft und nicht durch die BuStra bzw. Steufa angeordnet werden (§ 402 Abs. 1 AO, § 100b Abs. 1 Satz 2 StPO). Die Befugnis zur Durchsicht der Papiere hat im Verfahren der Staatsanwaltschaft neben dieser nur die Steufa (vgl. Nummer 123 Abs. 3 Nummer 3) und darüber hinaus die BuStra, soweit die Staatsanwaltschaft dies anordnet.

(4) Finanzämter, auf die keine Zuständigkeit nach § 387 Abs. 2 AO übertragen worden sind, haben im Verfahren der Staatsanwaltschaft dieselben Rechte und Pflichten wie die BuStra nach den Abs. 1 und 3 (§ 402 Abs. 2 AO).

(5) Die vorgenannten Stellen und Ämter sind verpflichtet, einem Ersuchen der Staatsanwaltschaft um Durchführung von Ermittlungen im Rahmen ihrer Aufgaben (§ 17 Abs. 2 FVG; Nummer 122 Abs. 1), und ihrer Zuständigkeit (vgl. Nummern 23 bis 25, 123 Abs. 3) nachzukommen.

92. Anwesenheitsrecht

(1) Führt die Staatsanwaltschaft oder die Polizei Ermittlungen in Strafsachen der Nummern 18 und 19 durch, so ist die BuStra befugt, daran teilzunehmen (§ 403 Abs. 1 Satz 1 AO). Zu diesem Zweck sollen ihr Ort und Zeit der Ermittlungshandlungen rechtzeitig mitgeteilt werden (§ 403 Abs. 1 Satz 2 AO). Von dieser Teilnahmebefugnis soll in Fällen von Gewicht oder auf Antrag des Beschuldigten in der Regel Gebrauch gemacht werden. Der Vertreter der BuStra ist berechtigt, Fragen an Beschuldigte, Zeugen und Sachverständige zu stellen (§ 403 Abs. 1 Satz 3 AO).

(2) Das Anwesenheitsrecht gilt auch für solche gerichtlichen Verhandlungen während des staatsanwaltschaftlichen Ermittlungsverfahrens in Strafsachen der Nummern 18 und 19, bei denen auch der Staatsanwaltschaft die Anwesenheit gestattet ist (§ 403 Abs. 2 AO). Das ist insbesondere bei der gerichtlichen Vernehmung des Beschuldigten sowie eines Zeugen oder Sachverständigen der Fall (§ 168c StPO).

(3) Das Recht zur Akteneinsicht und zur Besichtigung sichergestellter Gegenstände nach § 395 AO hat die BuStra auch im steuerlichen Interesse.

(4) Teilt die Staatsanwaltschaft der BuStra mit, dass sie beabsichtige, das Verfahren einzustellen, von der Erhebung einer Klage abzusehen oder die Strafverfolgung zu beschränken (§§ 153 ff. StPO, § 398 AO), hat die BuStra in ihrer Stellungnahme (§ 403 Abs. 4 AO) die Belange der Finanzverwaltung gegebenenfalls auch aus steuerlicher Sicht darzutun.

93. Unterstützung der Staatsanwaltschaft bei der Überwachung von Auflagen

Werden Auflagen angeordnet, deren Erfüllung die Staatsanwaltschaft zu überwachen hat, z.B. § 153a Abs. 1 StPO, soll die BuStra, soweit es sich bei den Auflagen um Steuerzahlungen handelt, die Staatsanwaltschaft bei der Überwachung unterstützen und gegebenenfalls den Zahlungseingang durch die Finanzkasse überwachen lassen.

Abschnitt 14
Stellung der Finanzbehörde im gerichtlichen Verfahren

43 94. *Teilnahme an der Hauptverhandlung*

(1) Die BuStra hat grundsätzlich den Termin der Hauptverhandlung wahrzunehmen. Sie kann nur in einfach gelagerten Fällen und nur im Einvernehmen mit der Staatsanwaltschaft von einer Teilnahme absehen.

Anhang 12
(zu Vor §§ 369 bis 412 AO) Anweisungen für das Straf- und Bußgeldverfahren (Steuer)

(2) Vor dem Termin zur Hauptverhandlung soll der Vertreter der BuStra sich mit dem Sitzungsvertreter der Staatsanwaltschaft absprechen und gegebenenfalls Einblick in die Gerichtsakten nehmen, um auch von Verfahrensumständen Kenntnis zu bekommen, die der BuStra bisher nicht bekannt sind (z.B. Begründung des Einspruchs). Während der Hauptverhandlung soll der Vertreter der BuStra nach Möglichkeit sich sofort mit dem Sitzungsvertreter der Staatsanwaltschaft zu Äußerungen, Vorfällen, Anträgen des Angeklagten oder dessen Verteidigers oder Fragen des Gerichts beraten. Ist er mit Anträgen der Staatsanwaltschaft nicht einverstanden, soll er eine Sitzungspause anregen, um mit dem Staatsanwalt in der Pause das Für und Wider abzuwägen.

(3) Der Vertreter der BuStra hat sein Mitwirkungsrecht auch als Mitwirkungspflicht aufzufassen (§ 407 Abs. 1 Sätze 4 und 5 AO, Nummer 127 RiStBV). Insbesondere durch sachdienliche Fragen an den Angeklagten und die Zeugen kann er die Aufklärung des Sachverhalts unterstützen. Er kann zu dem Schlussvortrag des Staatsanwalts (vgl. Nummer 138 RiStBV) noch ergänzende Ausführungen machen, nicht aber selbst Anträge stellen.

(4) Zu den Beteiligungsrechten der BuStra bei der Verständigung im Strafverfahren vgl. §§ 160b, 202a, 212 und 257c StPO.

95. Rechtsmittel

Hat die BuStra gegen einen Beschluss oder ein Urteil Bedenken, so regt sie unter Beachtung der Nummer 147 RiStBV bei der Staatsanwaltschaft an, dass diese Rechtsmittel einlegt.

96. Unterstützung des Gerichts bei der Überwachung von Auflagen

Werden vom Gericht Auflagen angeordnet, deren Erfüllung das Gericht zu überwachen hat (z.B. § 153a Abs. 2 StPO), gilt Nummer 93 entsprechend.

Abschnitt 15
Behandlung von Einwendungen

97. Gegenvorstellungen, Dienst- und Sachaufsichtsbeschwerden

(1) Einwendungen gegen Anordnungen, Maßnahmen, Unterlassungen sowie gegen das Verhalten von Amtsträgern sind vorbehaltlich der Nummer 98 als Gegenvorstellung oder, falls dies ausdrücklich begehrt wird oder aus den Umständen des Falles ersichtlich ist, dass die Entscheidung eines Vorgesetzten herbeigeführt werden soll, als Dienstaufsichts- oder als Sachaufsichtsbeschwerde zu behandeln.

(2) Über Gegenvorstellungen ist alsbald zu entscheiden. Aufsichtsbeschwerden sind unverzüglich der vorgesetzten Behörde vorzulegen, wenn ihnen nicht abgeholfen wird. Sachaufsichtsbeschwerden bei Maßnahmen, die Beamte der Steuerfahndungsstellen in ihrer Eigenschaft als Ermittlungspersonen der Staatsanwaltschaft (§ 404 AO) und Beamte der BuStra (§ 402 AO) auf Anordnung der Staatsanwaltschaft treffen, sind, wenn ihnen nicht abgeholfen wird, der Staatsanwaltschaft vorzulegen.

(3) Soweit mit Einwendungen ein Verwertungsverbot (vgl. Nummer 149) geltend gemacht wird, ist über dieses bei der abschließenden Entscheidung im Strafverfahren zu befinden.

(4) Wird ein Schadensersatzanspruch geltend gemacht, ist die für die Vertretung des Landes in solchen Prozessen zuständige Behörde zu unterrichten.

98. Rechtsbehelfe

(1) Einwendungen gegen eine gerichtliche Durchsuchungs- oder Beschlagnahmeanordnung sind dem Gericht zuzuleiten (§ 306 StPO). Dies gilt auch dann, wenn die Durchsuchung bereits abgeschlossen ist.

(2) Einwendungen gegen eine durch die Steuerfahndungsbeamten, die BuStra oder nach § 399 Abs. 2 Satz 2 AO angeordnete Durchsuchung oder Beschlagnahme sind als Antrag auf gerichtliche Entscheidung (vgl. § 98 Abs. 2 Satz 2 StPO) dem Gericht vorzulegen. Dies gilt auch dann, wenn die Durchsuchungsanordnung bereits vollzogen ist. Zuständig ist das Amtsgericht, in dessen Bezirk die Durchsuchung oder Beschlagnahme stattgefunden hat. Wurde eine solche Maßnahme bereits in einem anderen Bezirk durchgeführt, so entscheidet das Amtsgericht, in dessen Bezirk die Finanzbehörde, die das Ermittlungsverfahren führt, ihren Sitz hat.

(3) Einwendungen gegen die Anordnung der Vorführung nach § 161a Abs. 2 Satz 1 in Verbindung mit § 51 Abs. 1 Satz 3, § 163a Abs. 3 Satz 2, § 134 Abs. 1 StPO sind als Antrag auf gerichtliche Entscheidung (§ 163a Abs. 3 Satz 3, § 161a Abs. 3 Satz 1 StPO) dem Gericht vorzulegen. Über den Antrag entscheidet das nach § 162 StPO zuständige Gericht (§ 161a Abs. 3 Satz 1 StPO).

(4) Wird ein Antrag auf gerichtliche Entscheidung nach den §§ 23 ff. EGGVG gestellt, ist der Vorgang mit einer Stellungnahme dem zuständigen Oberlandesgericht (§ 25 Abs. 1 EGGVG) unmittelbar vorzulegen. Die Staatsanwaltschaft beim Landgericht ist zu unterrichten.

99. Wirkung von Einwendungen

Aufschiebende Wirkung kommt den in Nummern 97 und 98 genannten Einwendungen nicht zu, auch nicht in Bezug auf die Auswertung von Unterlagen. Unbeschadet der Aussetzungsbefugnis des Richters nach § 307 Abs. 2 StPO ist jedoch zu prüfen, ob und ggf. wie weit im Einzelfall von der Durchführung von Maßnahmen usw. abgesehen werden soll; Voraussetzung ist stets, dass weder Verdunklungs- noch Fluchtgefahr besteht und dass auch die Ermittlungen sonst nicht wesentlich erschwert werden.

Teil 4
Bußgeldverfahren

Abschnitt 1
Anzuwendende Vorschriften

46 **100. Gesetzliche Bestimmungen**

(1) Im Bußgeldverfahren wegen Ordnungswidrigkeiten im Sinne der Nummern 105 und 106 gelten, soweit die §§ 409 bis 412 AO und die in § 410 Abs. 1 Nummern 1 bis 12 AO aufgeführten und entsprechend anwendbaren Vorschriften der AO über das Strafverfahren keine speziellere Regelung treffen, die verfahrensrechtlichen Vorschriften des OWiG (§ 410 Abs. 1 AO) und nach Maßgabe des § 46 Abs. 1 OWiG sinngemäß die allgemeinen Gesetze über das Strafverfahren.

(2) Bei Ordnungswidrigkeiten nach dem Steuerberatungsgesetz (vgl. Nummer 107) ist § 164 StBerG zu beachten.

101. Anwendung der Regelungen des Zweiten Teils

Im Bußgeldverfahren wegen Ordnungswidrigkeiten im Sinne der Nummern 105 und 106 sind folgende Regelungen des Dritten Teils sinngemäß anzuwenden:

1. Nummer 16 (Verhältnis des Strafverfahrens zum Besteuerungsverfahren);
2. Abschnitt 4 (Einleitung des Strafverfahrens) mit Ausnahme der Nummer 26 Abs. 1 (sog. Legalitätsprinzip);
3. Abschnitt 5 (Verteidigung) mit Ausnahme der Nummer 35 Abs. 7 Satz 1, da insoweit § 49 OWiG gilt;
4. Abschnitt 6 (allgemeine Ermittlungsgrundsätze) mit Ausnahme der Nummer 39;
5. Abschnitt 7 (Vernehmung) mit Ausnahme der Nummer 53 Abs. 1 und Nummer 54 Abs. 1, soweit es um die Anordnung der Vorführung geht (vgl. Nummer 102 Abs. 2);
6. Abschnitt 8 (Durchsuchung und Beschlagnahme) mit Ausnahme der Nummer 57 Abs. 1 Nummer 2, der Nummer 61 sowie der Nummer 56 insoweit, als im Hinblick auf § 46 Abs. 3 OWiG eine Durchsuchung zum Zwecke der Ergreifung des Verdächtigen nicht zulässig ist (vgl. auch Nummer 102 Abs. 1);
7. Abschnitt 13 (Stellung der Finanzbehörde im Verfahren der Staatsanwaltschaft) mit Ausnahme der Nummer 92 Abs. 3, da insoweit § 49 OWiG gilt, sowie der Nummer 93;
8. Abschnitt 14 (Stellung der Finanzbehörde im gerichtlichen Verfahren) mit Ausnahme der Nummer 96;
9. Abschnitt 15 (Behandlung von Einwendungen) mit Ausnahme der Nummer 98 Abs. 3, 4 (vgl. Nummer 102 Abs. 2, Nummer 117).

47 **102. Abweichungen vom Strafverfahren**

(1) Verhaftung, vorläufige Festnahme (vgl. Nummer 73), Postbeschlagnahme (vgl. Nummer 61) sowie Auskunftsersuchen (vgl. Nummern 144 ff.) über Umstände, die dem Post- und Fernmeldegeheimnis unterliegen, sind nicht zulässig (§ 46 Abs. 3 Satz 1 OWiG). Dies gilt auch für die Überwachung der Telekommunikation.

(2) Kommen der Betroffene oder Zeugen einer Ladung der BuStra nicht nach, kann deren Vorführung nur vom Richter angeordnet werden (§ 46 Abs. 5 OWiG).

(3) Anders als im Strafverfahren (vgl. Nummer 79 Abs. 2 Satz 1, Nummer 84 Abs. 4) braucht der Betroffene vor Abschluss der Ermittlungen nicht vernommen zu werden, sondern es genügt, wenn ihm Gelegenheit gegeben wird, sich zu der Beschuldigung zu äußern (§ 55 Abs. 1 OWiG).

(4) Der Betroffene braucht auf sein Recht, auch schon vor seiner Vernehmung einen Verteidiger zu befragen oder einzelne Beweiserhebungen zu beantragen (vgl. Nummer 49 Abs. 1 Satz 2), nicht

Anhang 12
(zu Vor §§ 369 bis 412 AO) Anweisungen für das Straf- und Bußgeldverfahren (Steuer)

hingewiesen zu werden (§ 55 Abs. 2 OWiG), doch soll bei schwieriger Sach- und/oder Rechtslage ein entsprechender Hinweis gegeben werden.

103. Ermittlungsbefugnisse

(1) Die BuStra hat im Bußgeldverfahren dieselben Rechte und Pflichten wie die Staatsanwaltschaft bei der Verfolgung von Straftaten, soweit das OWiG nichts anderes bestimmt (§ 46 Abs. 2 OWiG), und somit grundsätzlich die gleichen Ermittlungsbefugnisse wie bei der Verfolgung von Steuerstraftaten im selbständigen Verfahren. Zu den Einschränkungen vgl. Nummer 102.

(2) Verfolgt die Staatsanwaltschaft die Ordnungswidrigkeiten (vgl. Nummer 110), bleiben das Recht des ersten Zugriffs und die Pflicht zur unverzüglichen Aktenübersendung (vgl. Nummer 91 Abs. 1 Satz 3) bestehen (§ 53 Abs. 1 Satz 1 und 3 OWiG).

104. Opportunitätsprinzip

(1) Die Finanzbehörde hat im Rahmen ihrer Zuständigkeit nach § 47 Abs. 1 OWiG Ordnungswidrigkeiten nach pflichtgemäßem Ermessen zu verfolgen (Opportunitätsprinzip). Das Opportunitätsprinzip ermöglicht es der Finanzbehörde, von der Verfolgung einer Ordnungswidrigkeit auch dann abzusehen, wenn die Verfolgungsvoraussetzungen an sich vorliegen. Auch bei Verdacht einer Ordnungswidrigkeit im Sinne der Nummern 105 bis 107 braucht sie daher ein Bußgeldverfahren nicht einzuleiten oder kann die Verfolgung, ggf. auch erst im späteren Verlauf des Verfahrens, in tatsächlicher und/oder rechtlicher Hinsicht begrenzen oder ganz von ihr absehen; die Verfolgungsbegrenzung soll in den Akten vermerkt werden.

(2) Die Ermessensentscheidung hat sie unter Berücksichtigung aller Umstände des Einzelfalles nach sachlichen Gesichtspunkten zu treffen und dabei vor allem den Gleichheitsgrundsatz, den Grundsatz der Verhältnismäßigkeit und das Übermaßverbot (vgl. Nummer 3), die Bedeutung der Tat, den Grad der Vorwerfbarkeit und das öffentliche Interesse an der Verfolgung, das z.B. von der Häufigkeit derartiger Verstöße und der Wiederholungsgefahr abhängen kann, zu beachten (vgl. Nummer 82 Abs. 3).

(3) Trotz Verdachts kann von der Verfolgung einer Ordnungswidrigkeit nach den vorstehenden Absätzen in der Regel abgesehen werden, wenn der verkürzte Betrag oder der gefährdete Betrag insgesamt weniger als 5 000 € beträgt, sofern nicht ein besonders vorwerfbares Verhalten für die Durchführung eines Bußgeldverfahrens spricht. Das gleiche gilt, wenn in diesen Fällen der insgesamt gefährdete Betrag unter 10 000 € liegt und der gefährdete Zeitraum 3 Monate nicht übersteigt.

Abschnitt 2
Ordnungswidrigkeiten

105. Steuerordnungswidrigkeiten

Steuerordnungswidrigkeiten sind insbesondere:
1. die leichtfertige Steuerverkürzung (§ 378 AO),
2. die Steuergefährdung (§ 379 AO),
3. die Gefährdung der Abzugsteuern (§ 380 AO),
4. der unzulässige Erwerb von Steuererstattungs- und Vergütungsansprüchen (§ 383 AO),
5. die zweckwidrige Verwendung des Identifikationsmerkmals nach § 139a AO (§ 383a AO),
6. Ordnungswidrigkeiten nach §§ 26a und 26b Umsatzsteuergesetz und
7. Ordnungswidrigkeiten nach §§ 50e Abs. 1, 50f und 96 Abs. 7 Einkommensteuergesetz.

106. Gleichgestellte Ordnungswidrigkeiten

Den Steuerordnungswidrigkeiten stehen Handlungen im Sinne der Nummer 105, die sich auf Prämien und Zulagen beziehen, gleich, soweit in den entsprechenden Gesetzen auf die in Nummer 105 genannten Vorschriften verwiesen wird (§ 8 Abs. 2 WoPG; § 5a Abs. 2 BergPG; § 29a BerlinFG; § 14 Abs. 3 VermBG).

107. Ordnungswidrigkeiten nach anderen Gesetzen

(1) Nach dem Steuerberatungsgesetz werden als Ordnungswidrigkeiten geahndet
1. die unbefugte Hilfeleistung in Steuersachen (§ 160 Abs. 1 StBerG),
2. die unbefugte Benutzung der Bezeichnung Steuerberatungsgesellschaft usw. (§ 161 StBerG),
3. die Verletzung der den Lohnsteuerhilfevereinen obliegenden Pflichten (§ 162 StBerG) nach § 15 Abs. 3 StBerG (Mitteilung von Satzungsänderungen), § 22 Abs. 1 StBerG (Jahresprüfung

Anhang 12
Anweisungen für das Straf- und Bußgeldverfahren (Steuer) (zu Vor §§ 369 bis 412 AO)

der Aufzeichnung usw.), § 22 Abs. 7 Nummern 1 und 2 StBerG (Vorlage des Prüfungsberichts und Unterrichtung der Mitglieder über den Inhalt der Prüfungsfeststellungen), § 23 Abs. 3 Satz 1 und Abs. 4 StBerG (Bestellung der Leiter von Beratungsstellen und Mitteilungen über Veränderungen bei Beratungsstellen), § 25 Abs. 2 Satz 1 StBerG (nicht angemessene Versicherung) und § 29 Abs. 1 StBerG (unterbliebene oder nicht rechtzeitige Unterrichtung der Aufsichtsbehörde von Mitgliederversammlungen oder Vertreterversammlungen) und

4. die Ausübung einer wirtschaftlichen Tätigkeit in Verbindung mit einer Hilfeleistung in Lohnsteuersachen (§ 163 StBerG).

(2) Nach dem Ordnungswidrigkeitengesetz (§ 130 OWiG) kann die Verletzung der Aufsichtspflicht in Betrieben und Unternehmen geahndet werden, sofern die nicht verhinderte oder erschwerte Zuwiderhandlung eine Steuerstraftat oder Steuerordnungswidrigkeit ist (§ 131 Abs. 3, § 36 Abs. 1 OWiG, § 409 i.V.m. § 387 AO). Eine Geldbuße gegen juristische Personen oder Personenvereinigungen kann unter den Voraussetzungen des § 30 OWiG verhängt werden.

(3) Nach dem Geldwäschegesetz (§ 17 GwG) kann die Verletzung der Identifizierungs-, Aufzeichnungs- und Aufbewahrungspflichten als Ordnungswidrigkeit geahndet werden.

108. Als Ordnungswidrigkeit zu ahndende Steuerstraftaten

Unter den Voraussetzungen des § 50e Abs. 2 EStG werden Steuerstraftaten bei geringfügiger Beschäftigung in Privathaushalten nicht verfolgt. Gleichwohl bleiben die Bußgeldvorschriften der Abgabenordnung mit der Maßgabe anwendbar, dass eine Ahndung nach § 378 AO auch bei vorsätzlichem Handeln möglich ist.

Abschnitt 3
Zuständigkeit

109. Zuständigkeit bei Ordnungswidrigkeiten

(1) Die Finanzbehörde ist zuständig für die Verfolgung und Ahndung von

1. Steuerordnungswidrigkeiten (vgl. Nummer 105),
2. Ordnungswidrigkeiten, welche einer Steuerordnungswidrigkeit gleichgestellt sind (vgl. Nummer 106)

und

3. Ordnungswidrigkeiten nach dem Steuerberatungsgesetz (vgl. Nummer 107 Abs. 1) und §§ 30 und 130 des Gesetzes über Ordnungswidrigkeiten, soweit die Zuwiderhandlung oder Bezugstat einer Steuerstraftat oder -ordnungswidrigkeit ist (vgl. Nummer 107 Abs. 2).

(2) Die Finanzbehörde ist weiterhin sachlich zuständige Verwaltungsbehörde im Sinne des § 36 Abs. 1 Nummer 1 OWiG für Ordnungswidrigkeiten der Steuerberater und Steuerbevollmächtigten nach dem Geldwäschegesetz (§ 17 Abs. 4 Satz 2 und Abs. 5 GwG).

(3) Die Finanzbehörde ist auch zuständig für die selbständige Anordnung des Verfalls gemäß § 29a Abs. 4 OWiG, sofern sie für die Verfolgung der Ordnungswidrigkeit des Betroffenen zuständig wäre (Absatz 1 Satz 1 Nr. 1 bis 3).

110. Zuständigkeit bei Zusammentreffen oder Zusammenhang der Ordnungswidrigkeit mit einer Straftat

(1) Die Finanzbehörde hat die Vorgänge unter Beachtung der Nummern 128 und 129 der Staatsanwaltschaft vorzulegen, sobald sie davon erfährt, dass die Staatsanwaltschaft wegen derselben Tat (vgl. Nummer 17 Abs. 2) bereits im Strafverfahren ermittelt (vgl. § 40 OWiG). (2) Besteht ein Zusammenhang zwischen einer Ordnungswidrigkeit und einer Straftat, ohne dass eine Tat im Sinne der Nummer 17 Abs. 2 vorliegt (§ 42 Abs. 1 Satz 2 OWiG), so kann die Staatsanwaltschaft die Verfolgung der Ordnungswidrigkeit übernehmen, solange nicht in ein Bußgeldbescheid vom Zeichnungsberechtigten unterschrieben und in den Geschäftsgang gegeben wurde (§ 42 Abs. 1 Satz 1 OWiG). Bei der Vorlage der Vorgänge an die Staatsanwaltschaft sind die Nummern 128 und 129 zu beachten.

(3) Ermittelt die Finanzbehörde wegen einer Tat (vgl. Nummer 17 Abs. 2) im Strafverfahren, so ist sie in diesem Verfahren auch für die Verfolgung der Tat unter dem rechtlichen Gesichtspunkt einer Ordnungswidrigkeit im Sinne der Nummern 105 bis 107 zuständig (entsprechend § 40 OWiG); auf § 21 OWiG wird hingewiesen. Bei einer Abgabe nach Nummer 22 oder Vorlage nach Nummer 89 geht die Verfolgungskompetenz der Finanzbehörde auch hinsichtlich der Tat als Ordnungswidrigkeit auf die Staatsanwaltschaft über.

(4) Ergibt sich bei der Verfolgung einer Ordnungswidrigkeit der Verdacht (vgl. Nummer 26), dass dieselbe Tat (Nummer 17 Abs. 2) gleichzeitig eine Straftat ist, so ermittelt die Finanzbehörde im

Strafverfahren weiter, wenn ihr auch für die Straftat die Ermittlungsbefugnis zusteht; anderenfalls legt sie die Vorgänge unter Beachtung der Nummern 128 und 129 der Staatsanwaltschaft vor.

111. Zuständigkeit bei Zusammentreffen oder Zusammenhang mit einer anderen Ordnungswidrigkeit

(1) Sind für die Verfolgung einer Tat (vgl. Nummer 17 Abs. 2) oder bei Zusammenhang (§ 38 OWiG) zwischen mehreren Ordnungswidrigkeiten nach Nummern 105 bis 107 verschiedene Finanzbehörden zuständig, ist nach § 39 OWiG zu verfahren. Kommt eine Vereinbarung nach § 39 Abs. 2 OWiG nicht zustande, ist vor der Stellung eines Antrags auf gerichtliche Entscheidung (§ 39 Abs. 3 Nummern 2 und 3 OWiG) den vorgesetzten Behörden zu berichten.

(2) Besteht Tateinheit zwischen einer Ordnungswidrigkeit nach Nummern 105 bis 107 und einer anderen Ordnungswidrigkeit oder hängen solche Ordnungswidrigkeiten zusammen, hat sich die Finanzbehörde mit der anderen Behörde alsbald ins Benehmen zu setzen. Wird eine Vereinbarung nach § 39 Abs. 2 OWiG in Erwägung gezogen, ist zu berücksichtigen, dass in der Regel auch steuerliche Ermittlungen geführt werden müssen.

112. Zuständigkeit für die als Ordnungswidrigkeiten zu verfolgenden und zu ahndenden Steuerstraftaten

Die Finanzbehörde ist zuständig für die Verfolgung und Ahndung von Ordnungswidrigkeiten nach Nummer 108.

Abschnitt 4
Abschließende Entscheidung der Finanzbehörde

113. Abschließende Entscheidung

(1) Hält die BuStra aufgrund der Ermittlungen eine Ordnungswidrigkeit nicht für erwiesen oder besteht ein endgültiges Verfahrenshindernis, stellt sie das Verfahren nach § 46 Abs. 1 OWiG i.V.m. § 170 Abs. 2 StPO ein; erscheint die Verfolgung nicht geboten, stellt sie das Verfahren nach § 47 Abs. 1 OWiG ein. Nummer 80 Abs. 1 bis 3 gilt entsprechend. In den Fällen des Satzes 1 entscheidet die BuStra auch über eine evtl. Entschädigungspflicht nach dem StrEG (vgl. im einzelnen zu den Besonderheiten § 110 OWiG).

(2) Hält die BuStra nach Abschluss der Ermittlungen die Ordnungswidrigkeit für erwiesen und die Ahndung mit einer Geldbuße für geboten, vermerkt sie den Abschluss der Ermittlungen in den Akten (§ 61 OWiG) und erlässt einen Bußgeldbescheid (§§ 65, 66 OWiG).

114. Bemessung der Geldbuße

Grundlage für die Zumessung der Geldbuße gem. § 17 Abs. 3 OWiG sind die Bedeutung der Ordnungswidrigkeit und der Vorwurf, der den Täter trifft. Auch die wirtschaftlichen Verhältnisse des Täters kommen in Betracht. Die Geldbuße soll ferner gem. § 17 Abs. 4 OWiG den wirtschaftlichen Vorteil des Täters aus der Ordnungswidrigkeit übersteigen. Wirtschaftlicher Vorteil ist nicht der verkürzte Steuerbetrag, sondern der Zinsvorteil im Verkürzungszeitraum. Als Zinssatz soll mindestens von 0,5 v.H. pro vollen Monat ausgegangen werden. Auf den Beschluss des BVerfG vom 23. Januar 1990, BStBl 1990 II, 483 wird hingewiesen.

115. Besonderheiten bei Verfahren gegen Angehörige der rechts- und steuerberatenden Berufe

(1) Soll gegen einen Angehörigen der rechts- und steuerberatenden Berufe wegen einer Steuerordnungswidrigkeit, die er nicht in eigenen Steuerangelegenheiten, sondern in Ausübung seines Berufes bei der Steuerberatung begangen hat, ein Bußgeldbescheid erlassen werden und ist deshalb zuvor der zuständigen Berufskammer Gelegenheit zur Stellungnahme zu geben (§ 411 AO), so sind dieser die Bußgeldakten (Hauptakten) zur Einsicht vorzulegen. Dies gilt auch für die Teile der Akten, die den Steuerpflichtigen oder einen sonst Beteiligten betreffen, wenn sie für die Beurteilung des Falles von Bedeutung sind. Nummer 89 Abs. 2 gilt entsprechend.

(2) Der Kammer ist von der BuStra eine angemessene Frist für die Abgabe der Stellungnahme einzuräumen. Die BuStra hat die Stellungnahme bei ihrer Entscheidung zu berücksichtigen; sie ist jedoch an sie nicht gebunden. Gibt die Kammer keine Stellungnahme ab, so hindert dies den Erlass des Bußgeldbescheids nicht.

(3) Auf die Anhörung der zuständigen Kammer kann auch dann nicht verzichtet werden, wenn der Betroffene dies beantragt.

116. Bekanntgabe des Bußgeldbescheids

Dem Betroffenen ist eine unterzeichnete und mit Dienstsiegel versehene Ausfertigung des Bußgeldbescheids zuzustellen (§ 412 Abs. 1 AO, § 51 Abs. 2 OWiG). Die Zustellung erfolgt durch die Post mit Zustellungsurkunde (§ 3 VwZG), sofern nicht im Einzelfall eine andere Zustellungsart (z.B. die Zustellung durch die Behörde gegen Empfangsbekenntnis, § 5 VwZG), zweckmäßig erscheint.

Abschnitt 5
Rechtsbehelfe

117. Behandlung eines Antrages auf gerichtliche Entscheidung

Hilft die BuStra einem Antrag auf gerichtliche Entscheidung gegen Anordnungen, Verfügungen und sonstige Maßnahmen, die nicht nur der Vorbereitung der Entscheidung, ob ein Bußgeldbescheid erlassen wird, dienen (z.B. die Beschlagnahme, nicht dagegen die Einleitung des Bußgeldverfahrens), nicht ab, hat sie den Antrag spätestens innerhalb von 3 Tagen unmittelbar dem nach § 68 OWiG zuständigen Gericht (Amtsgericht, in dessen Bezirk die BuStra ihren Sitz hat) vorzulegen (§ 62 Abs. 2 Satz 2 OWiG; § 306 Abs. 2 StPO).

118. Einspruch gegen Bußgeldbescheid

(1) Wird gegen den Bußgeldbescheid Einspruch eingelegt und hält ihn die BuStra für zulässig, so hat sie den Bescheid zu überprüfen. Sie kann den Bußgeldbescheid zurücknehmen (§ 69 Abs. 2 Satz 1 OWiG); eine teilweise Rücknahme ist nicht zulässig. Es kann aber nach Rücknahme des Bußgeldbescheids ein neuer, auch verbösernder Bescheid erlassen werden. Die BuStra übersendet die Akten über die Staatsanwaltschaft an das Amtsgericht (§ 69 Abs. 3 Satz 1 OWiG), wenn sie den Bußgeldbescheid nicht zurücknimmt und nicht nach § 69 Abs. 1 Satz 1 OWiG verfährt.

(2) Wird bei einem verspäteten Einspruch wegen der Fristversäumnis Wiedereinsetzung beantragt, so entscheidet die BuStra auch über diesen Antrag (§ 52 Abs. 2 Satz 1 OWiG). Wird der Wiedereinsetzungsantrag erst mit dem Antrag auf gerichtliche Entscheidung nach § 62 OWiG gestellt, ist zunächst über den Wiedereinsetzungsantrag zu entscheiden und bei Stattgabe weiter nach § 69 Abs. 2 und Abs. 3 OWiG zu verfahren.

Abschnitt 6
Kosten, Erhebung und Vollstreckung

119. Kosten des Verfahrens

(1) Der Bußgeldbescheid ist mit einer Kostenentscheidung zu versehen (§ 105 Abs. 1 OWiG i.V.m. § 464 Abs. 1 StPO). Hierbei ist ggf. auch eine Entscheidung darüber zu treffen, wer die notwendigen Auslagen zu tragen hat. Dies gilt auch für den selbständigen Bußgeldbescheid gegen eine juristische Person oder Personenvereinigung (§ 88 Abs. 2 Satz 1 OWiG).

(2) Stellt die BuStra das Verfahren ein, hat sie eine Kostenentscheidung nur dann zu treffen, wenn sie zuvor den Bußgeldbescheid nach Einlegung eines Einspruchs zurückgenommen hat. In diesem Fall ist ein selbständiger Kostenbescheid zu erlassen, in dem auch darüber zu entscheiden ist, wem die dem Betroffenen oder einem Nebenbeteiligten erwachsenen notwendigen Auslagen aufzuerlegen sind. Dies gilt auch für die Auferlegung von Kosten bei Kostenpflicht des Anzeigenden nach § 469 StPO i.V.m. § 105 Abs. 1 OWiG.

(3) War dem Bußgeldverfahren wegen derselben Tat ein Strafverfahren vorausgegangen, so sind Auslagen insoweit nicht zu erheben, als sie in dem eingestellten Strafverfahren entstanden und nicht zugleich durch die Verfolgung der Tat als Ordnungswidrigkeit erwachsen sind.

(4) Das Verfahren nicht abschließende Bescheide enthalten keine Entscheidung darüber, wer die Kosten trägt (§ 105 Abs. 1 OWiG, § 464 Abs. 2 StPO).

(5) Die von dem Betroffenen oder einem anderen Beteiligten an die Staatskasse zu zahlenden Kosten sind, sofern die Kostenrechnung nicht auf dem Bußgeldbescheid vorgenommen worden ist, in einer besonderen Kostenrechnung anzusetzen.

(6) Hat nach der Kostenentscheidung ein Beteiligter Kosten oder Auslagen zu erstatten, so hat die BuStra auf Antrag des Erstattungsberechtigten nach Rechtskraft der Kostenentscheidung die Höhe der Kosten und Auslagen festzusetzen (§ 106 OWiG).

(7) Wegen der Rechtsbehelfe gegen einen selbständigen Kostenbescheid, gegen einen Kostenfestsetzungsbescheid oder gegen den Ansatz der Gebühren und Auslagen vgl. § 108 Abs. 1 OWiG.

120. Zuständigkeit für die Erhebung

Die Erhebung von Geldbußen, Ordnungsgeldern und Kosten obliegt der Finanzkasse oder der sonst zuständigen Stelle; sie teilt der BuStra Zahlungen, nachträgliche Zahlungen und Nichtzahlungen bei Fälligkeit mit. Wegen der Verbuchung von Teilbeträgen vgl. § 94 OWiG.

121. Vollstreckung

(1) Vollstreckbar sind
1. Entscheidungen über die Festsetzung einer Geldbuße oder die Anordnung einer Nebenfolge sowie über die Kosten des Bußgeldverfahrens, soweit diese Entscheidungen rechtskräftig sind;
2. sonstige Bescheide, z.B. über die Verhängung von Ordnungsgeld gegen Zeugen und Sachverständige, nach Bekanntgabe (§ 50 Abs. 1 Satz 1 OWiG) des Bescheids, sofern nicht die BuStra oder das Amtsgericht nach Antrag auf gerichtliche Entscheidung die Vollziehung ausgesetzt hat (§ 62 Abs. 2 Satz 2 OWiG; § 307 Abs. 2 StPO).

(2) Entscheidungen im Vollstreckungsverfahren obliegen der BuStra (Vollstreckungsbehörde im Sinne des § 92 OWiG). Für die Ausführung der Vollstreckung ist die Vollstreckungsstelle zuständig (Vollstreckungsbehörde im Sinne der §§ 249 ff. AO). Erkennt die Vollstreckungsstelle, dass eine Entscheidung nach § 95 Abs. 2 OWiG zu treffen ist, weil dem Betroffenen nach seinen wirtschaftlichen Verhältnissen die Zahlung in absehbarer Zeit nicht möglich ist, so hat sie eine Entscheidung der BuStra herbeizuführen, ob die Vollstreckung fortgesetzt wird oder unterbleibt.

(3) Wird der BuStra von der Finanzkasse oder der sonst zuständigen Stelle die Nichteinhaltung von Raten (§ 93 Abs. 4 Satz 1 OWiG) mitgeteilt, vermerkt sie in den Akten, wenn nach § 18 Satz 2 OWiG die Vergünstigung der Ratenzahlung entfällt. Entscheidungen, mit denen Zahlungserleichterungen (§ 18 Satz 1 OWiG) bewilligt oder abgelehnt wurden, können nachträglich geändert oder aufgehoben werden, zum Nachteil des Betroffenen jedoch nur auf Grund neuer Tatsachen oder Beweismittel (§ 93 Abs. 2 OWiG).

(4) Zahlt der Betroffene nicht, so soll die BuStra nach Ablauf der in § 95 Abs. 1 OWiG bestimmten Frist bei Gericht die Anordnung der Erzwingungshaft beantragen (§ 96 Abs. 1 OWiG), sofern nicht anzunehmen ist, dass die Geldbuße in angemessener Zeit beigetrieben werden kann. Der Antrag ist nicht zu stellen, wenn die Zahlungsunfähigkeit vom Betroffenen dargelegt oder sonst bekannt wurde (§ 96 Abs. 1 Nummern 2 und 4 OWiG). Soll die angeordnete Erzwingungshaft vollzogen werden, hat die BuStra die Staatsanwaltschaft darum zu ersuchen.

(5) Wird nach Rechtskraft eines Bußgeldbescheides wegen derselben Handlung die öffentliche Klage erhoben, so hat die BuStra die Vollstreckung insoweit auszusetzen (§ 102 Abs. 1 OWiG).

Teil 5
Steuerfahndung

122. Aufgaben

(1) Die Steufa hat Straftaten im Sinne der Nummern 18 und 19 und Ordnungswidrigkeiten im Sinne der Nummern 105 bis 108 zu erforschen (§ 208 Abs. 1 Satz 1 Nummer 1 AO) und insoweit auch die Besteuerungsgrundlagen zu ermitteln (§ 208 Abs. 1 Satz 1 Nummer 2 AO). Die Steufa kann im Rahmen des § 208 Abs. 1 Satz 1 Nummer 2 AO auch dann noch die Besteuerungsgrundlagen ermitteln, wenn steuerstraf- und bußgeldrechtliche Ermittlungen, z.B. wegen Strafverfolgungsverjährung, unzulässig sind. Zu den Aufgaben der Steufa gehören ferner die Aufdeckung und Ermittlung unbekannter Steuerfälle (§ 208 Abs. 1 Satz 1 Nummer 3 AO – sog. Vorfeldermittlungen im Sinne der Nummer 12).

(2) In Ausnahmefällen hat die Steufa auf Ersuchen der zuständigen Finanzbehörde Außenprüfungen vorzunehmen sowie Ermittlungen im Besteuerungs- und Vollstreckungsverfahren durchzuführen, auch wenn keine Anhaltspunkte für eine Steuerstraftat oder -ordnungswidrigkeit vorliegen (§ 208 Abs. 2 Nummer 1 AO; z.B. bei überörtlichen oder schwierigen Ermittlungen und Auskunftsersuchen in besonderen Fällen); auf Nummer 123 Abs. 5 wird hingewiesen. Entsprechende Ersuchen können bei Vorliegen gewichtiger Gründe zurückgewiesen werden (vgl. § 112 Abs. 3 bis 5 AO).

123. Rechte und Pflichten

(1) Soweit ein Sachverhalt zu ermitteln ist, der sowohl für die Besteuerung, als auch für die strafrechtliche/bußgeldrechtliche Würdigung Bedeutung besitzt, hat die Steufa die Rechte und Pflichten auf Grund der für die Durchführung der Besteuerung und der für das Straf- und Bußgeldverfahren maßgebenden Vorschriften.

(2) Die für das Besteuerungsverfahren maßgebenden Vorschriften ergeben sich aus den Teilen 1 bis 4 der Abgabenordnung (§ 208 Abs. 1 Satz 2 AO). Die Steufa ist jedoch nach § 208 Abs. 1 Satz 3 AO berechtigt

Anhang 12
Anweisungen für das Straf- und Bußgeldverfahren (Steuer) (zu Vor §§ 369 bis 412 AO)

1. andere Personen als die Beteiligten sofort um Auskunft anzuhalten,
2. Auskunftsersuchen ohne Einschränkung mündlich zu stellen,
3. die Vorlage von Urkunden ohne vorherige Befragung des Vorlagepflichtigen zu verlangen,
4. die Einsicht dieser Urkunden beim Vorlagepflichtigen unabhängig von dessen Einverständnis zu erwirken. Wegen der Bereitstellung eines Arbeitsplatzes usw. vgl. § 200 AO.

(3) Zur Erforschung von Straftaten hat die Steufa
1. dieselben Rechte und Pflichten wie die Behörden und Beamten des Polizeidienstes nach den Vorschriften der Strafprozessordnung (§ 404 Satz 1 AO), insbesondere das Recht des ersten Zugriffs (§ 163 Abs. 1 StPO), der vorläufigen Festnahme (§ 127 Abs. 2 StPO), der Vernehmung des Beschuldigten (§ 163a Abs. 4 StPO), der Anhörung von Zeugen (§ 163 Abs. 3 StPO), sowie der Durchführung von Durchsuchungen, Beschlagnahmen und Telekommunikationsüberwachungen,
2. die Befugnisse nach § 399 Abs. 2 Satz 2 AO (§ 404 Satz 2 AO), vor allem zur Anordnung einer Durchsuchung oder Beschlagnahme bei Gefahr im Verzug (§ 105 Abs. 1, § 98 Abs. 1 StPO),
3. die Befugnis zur Durchsicht der Papiere des von der Durchsuchung Betroffenen (§ 404 Satz 2 AO, § 110 Abs. 1 StPO). Bei der Erforschung von Ordnungswidrigkeiten gilt Satz 1 nach Maßgabe der Nummern 100 bis 104.

(4) Zielen die Ermittlungen allein auf die Durchführung der Besteuerung ab, gilt Abs. 2, besitzen sie ausschließlich strafrechtlichen Charakter, gilt Abs. 3 (§ 393 Abs. 1 Satz 1 AO).

(5) Führt die Steufa Ermittlungen im Sinne der Nummer 122 Abs. 2 durch, so gelten ausschließlich die für das betreffende Verfahren maßgebenden Vorschriften des 1. bis 5. Teils der AO; § 208 Abs. 1 Sätze 2 und 3 gelten nicht. Wird eine Außenprüfung durchgeführt, gelten insbesondere die Vorschriften der §§ 193 bis 207 AO sowie die BpO 2000; namentlich bedarf es vor Beginn der Prüfung einer Prüfungsanordnung (§ 196 AO) und ihrer Bekanntgabe (§ 197 AO).

(6) Ersuchen, Aufträgen und Anordnungen der Staatsanwaltschaft haben die Dienststellen der Steufa und ihre Beamten im Rahmen ihrer Aufgaben nach Nummer 122 Abs. 1 und ihrer Zuständigkeit Folge zu leisten (§ 404 AO; § 161 Abs. 1 Satz 2 StPO; § 152 GVG).

124. Zuständigkeit

Die Beamten der Steufa sind bei der Vornahme von Amtshandlungen im Rahmen ihrer Zuständigkeit nicht an den Bezirk ihrer Dienststelle gebunden. Bei Amtshandlungen in einem anderen Bezirk ist jedoch die für den Bezirk zuständige Steuerfahndungsstelle oder die sonst zuständige Stelle um Amtshilfe zu ersuchen oder vorher zu unterrichten; Anträge auf gerichtliche Untersuchungshandlungen, insbesondere Anträge auf Durchsuchung und Beschlagnahme, hat die ersuchende Stelle zu veranlassen; auf Nummer 43 Abs. 1 und Nummer 60 Abs. 2 Satz 1 wird hingewiesen. Durchsuchungen, Beschlagnahmen und Vernehmungen in einem anderen Bundesland dürfen, außer bei Gefahr im Verzuge, nur im Benehmen mit der örtlich zuständigen Steuerfahndungsstelle vorgenommen werden. Werden die Steuerfahndungsbeamten im staatsanwaltschaftlichen Ermittlungsverfahren tätig, gelten die Sätze 2 und 3 nicht; jedoch soll die zuständige Steuerfahndungsstelle unterrichtet werden.

125. Zusammenarbeit mit der Außenprüfung

(1) Soll im Rahmen einer Außenprüfung die Steufa zugezogen werden, so hat dies zu einem möglichst frühen Zeitpunkt zu geschehen. Hierbei ist zu berücksichtigen, dass strafprozessuale Maßnahmen möglichst von der Steufa durchzuführen sind. Dies gilt insbesondere für Vernehmungen, Durchsuchungen und Beschlagnahmen.

(2) Wird die Steufa mit einem Fall befasst, der neben den straf- oder bußgeldrechtlichen Ermittlungen umfangreiche Feststellungen in steuerlicher Hinsicht erfordert, so ist ggf. eine Teilnahme der Betriebsprüfung zu veranlassen. Nehmen Angehörige der Betriebsprüfung an steuerstraf- oder bußgeldrechtlichen Ermittlungen der Steufa teil, ist insoweit keine Prüfungsanordnung nach § 196 AO zu erlassen.

(3) Bei gemeinsamen Prüfungen mit der Betriebsprüfung fertigt die Steufa den gesonderten Bericht (vgl. Nummer 127 Abs. 2) über die straf- oder bußgeldrechtlichen Feststellungen; über die steuerlichen Feststellungen in der Regel die Stelle, bei der das Schwergewicht der Prüfung liegt.

(4) Für die Zusammenarbeit mit anderen Prüfungsdiensten gelten die Absätze 1 bis 3 entsprechend.

126. Haftungsinanspruchnahme durch die Finanzämter

Ergeben sich im Rahmen von Ermittlungen der Steufa Hinweise auf Tatsachen, die eine Inanspruchnahme eines Dritten als Haftungsschuldner möglich erscheinen lassen (vgl. AEAO zu § 191), ist zur Sicherung des Steueraufkommens bei der für den Erlass des Haftungsbescheids zuständigen Stelle eine Haftungsinanspruchnahme anzuregen. Die Mitteilung sollte Angaben zu Möglichkeiten der Haftbarmachung (Hinweis auf einschlägige Haftungstatbestände), zur Person des Haftungsschuldners (z.B. gesetzlicher Vertreter nach § 69 AO; Steuerhinterzieher nach § 71 AO) sowie Angaben zu Steuern und Nebenleistungen enthalten, für die eine Haftung in Betracht kommt.

127. Schlussbericht der Steufa

(1) Hat die Steufa die Ermittlungen durchgeführt, so hat sie die für die Besteuerung erheblichen Prüfungsfeststellungen sowie die Änderungen der Besteuerungsgrundlagen in einem Prüfungsbericht entsprechend § 202 Abs. 1 AO darzustellen. Dieser ist der für die steuerliche Auswertung zuständigen Stelle zu übersenden; § 202 Abs. 2 AO gilt entsprechend. Haben die Feststellungen keine steuerlichen Auswirkungen, so genügt ggf. die Übersendung eines Vermerks; eine Übersendung an die zuständige Stelle kann unterbleiben, wenn diese die Prüfung nicht angeregt hatte.

(2) Der strafrechtlich bedeutsame Sachverhalt ist in einem gesonderten Bericht festzuhalten. Die für den objektiven und subjektiven Tatbestand bedeutsamen Ermittlungsergebnisse sind aufzuführen. Es kann auf den Prüfungsbericht Bezug genommen werden. Hierbei ist zu beachten, dass der Strafrichter die Höhe der Steuerverkürzung nach dem Grundsatz „im Zweifel für den Angeklagten" prüfen muss und Ergebnisse einer Schätzung wegen Verletzung der steuerlichen Mitwirkungspflichten (§ 162 AO) aber nicht ohne weiteres vom Besteuerungsverfahren in das Strafverfahren übernommen werden können. Der gesonderte Bericht ist der BuStra unter Beifügung des Prüfungsberichts zu übersenden. War bereits ein Strafverfahren eingeleitet worden, hat sich der Verdacht jedoch nicht bestätigt, so ist dies der BuStra bei der Übersendung des Prüfungsberichts oder Vermerks mitzuteilen.

Teil 6
Ergänzende Regelungen

Abschnitt 1
Steuergeheimnis

128. Schutz des Anzeigenerstatters

(1) Das Steuergeheimnis erstreckt sich nicht nur auf die Verhältnisse des Steuerpflichtigen, sondern auch auf die Verhältnisse von Auskunftspflichtigen und anderen Personen. Auch Name und Inhalt der Angaben von Gewährspersonen (z.B. Anzeigenerstatter) fallen unter das Steuergeheimnis (vgl. BFH-Urteil vom 8. Februar 1994, BStBl II 1994, 552, bestätigt durch BFH-Beschluss vom 7. Mai 2001, BFH-NV 2001, 1366). Unbefugt ist die Offenbarung fremder Verhältnisse dann nicht, wenn die Offenbarung vom Gesetz für zulässig erklärt wird, wie in den Fällen des § 30 Abs. 4 und 5 AO (vergleiche hierzu die ausführlichen Erläuterungen des AEAO zu § 30). Entsprechendes gilt in den Fällen der Nummer 150 Abs. 5. Die Finanzbehörde ist, sofern eine der in § 30 Abs. 4 und 5 AO genannten Voraussetzungen vorliegt, zur Offenbarung befugt, jedoch nicht verpflichtet. Es gelten die Grundsätze des § 5 AO. Ist die Befugnis zur Offenbarung gegeben und besteht gleichzeitig ein Auskunftsanspruch, der für sich allein das Steuergeheimnis nicht durchbricht (z.B. § 161 StPO), so ist die Finanzbehörde zur Auskunftserteilung verpflichtet.

(2) Wurde die Namensnennung einer Informationsperson beantragt, hat die Finanzbehörde im Rahmen ihrer Ermessensentscheidung abzuwägen, ob dem Steuergeheimnis, das zugunsten der Informationsperson besteht, der Vorzug gegenüber dem grundrechtlich verbürgten, allgemeinen Persönlichkeitsrecht des an der Offenbarung des Namens interessierten Beteiligten zu geben ist. Eine Offenbarung der Identität des Anzeigenerstatters ist zulässig, wenn der Schutz des allgemeinen Persönlichkeitsrechts des von der Anzeige Betroffenen dies gebietet (so auch BFH vom 8. Februar 1994, a.a.O). Dies gilt auch, wenn sich der von der Anzeige Betroffene ohne Kenntnis des Anzeigenerstatters nicht wirksam verteidigen kann (z.B. weil die Aussage des Anzeigenerstatters das einzige Beweismittel darstellt). Wegen der grundrechtlichen Gewährleistung eines effektiven Rechtsschutzes nach Artikel 19 Abs. 4 Grundgesetz hat der an der Offenbarung des Namens interessierte Beteiligte Anspruch darauf, dass die Ermessenserwägung der Finanzbehörde nachvollziehbar dargelegt und mit Tatsachen belegt sind. Eine Offenbarung ist nicht zulässig, wenn sich die mitgeteilten Informationen im Wesentlichen als zutreffend erweisen, BFH vom 7. Dezember 2006, BFH/NV 2007, S. 538 ff.

129. Offenbarung gegenüber Dritten

(1) Wegen der Mitteilungspflichten zur Bekämpfung der illegalen Beschäftigung und des Leistungsmissbrauchs sowie zur Bekämpfung der Geldwäsche und der Terrorismusfinanzierung wird auf die §§ 31a und 31b AO sowie die entsprechenden Regelungen in dem AEAO verwiesen.

(2) Wegen der Mitteilungspflicht bei Vorteilszuwendungen im Sinne des § 4 Abs. 5 Satz 1 Nummer 10 EStG wird auf das BMF-Schreiben vom 10. Oktober 2002 – BStBl I 2002, 1031, das

Anhang 12
Anweisungen für das Straf- und Bußgeldverfahren (Steuer) (zu Vor §§ 369 bis 412 AO)

Handbuch für Betriebsprüfer „Bestechung" BMF-Schreiben vom 11. August 2006 – IV A 7 – S 1541 – 44/06 und das BFH-Urteil vom 14. Juli 2008; BStBl II 2008, 850 verwiesen.

Abschnitt 2
Unterrichtungspflicht gegenüber BuStra oder Steufa

55 130. Allgemeines

(1) Ergibt sich der Verdacht (vgl. Nummer 26) einer Straftat im Sinne der Nummern 18 und 19, ist die BuStra und – sofern noch weitere Ermittlungen erforderlich sind – die Steufa unverzüglich zu unterrichten. Bei einer nur vagen Vermutung schuldhaften Verhaltens ist nur in Ausnahmefällen eine Unterrichtung geboten.

(2) Abs. 1 gilt bei Verdacht einer Ordnungswidrigkeit im Sinne der Nummern 105 und 106 entsprechend, sofern nicht von der Durchführung eines Bußgeldverfahrens nach § 47 Abs. 1 OWiG abgesehen werden kann (Nummer 104). Danach kann trotz Verdachts einer Ordnungswidrigkeit bei einem steuerlichen Mehrergebnis von insgesamt unter 5000 € in der Regel eine Unterrichtung unterbleiben, wenn nicht besondere Umstände hinsichtlich des vorwerfbaren Verhaltens für die Durchführung eines Bußgeldverfahrens sprechen.

(3) Eine Unterrichtung der BuStra ist regelmäßig auch dann angezeigt, wenn sich die Möglichkeit ergibt, dass ein Straf- oder Bußgeldverfahren im Sinne der Absätze 1 und 2 durchgeführt werden muss. Diese Möglichkeit besteht dann, wenn für eine Straftat oder Ordnungswidrigkeit Anhaltspunkte sprechen, die zwar noch nicht zureichend sind, um einen Verdacht zu begründen, die jedoch eine Untersuchung des Falles durch die BuStra geboten erscheinen lassen.

(4) In Zweifelsfällen empfiehlt sich eine ggf. formlose Kontaktaufnahme zur BuStra oder Steufa.

131. Außenprüfung

(1) Nummer 130 gilt auch für die Außenprüfung (vgl. § 10 Abs. 1 BpO 2000 sowie gleich lautende Ländererlasse zu Anwendungsfragen vom 31. August 2009, BStBl I 2009, 829).

(2) Erscheint es erstmals aufgrund von Erkenntnissen aus der Schlussbesprechung möglich, dass ein Strafverfahren wegen einer Straftat im Sinne der Nummern 18 und 19 oder ein Bußgeldverfahren wegen einer Ordnungswidrigkeit im Sinne der Nummern 105 und 106 durchgeführt werden muss (vgl. Nummer 130 Abs. 3), ist gemäß § 201 Abs. 2 AO ein entsprechender Hinweis zu erteilen. Ein Hinweis ist nicht zu erteilen, wenn eine Straftat oder Ordnungswidrigkeit deshalb nicht in Betracht kommt, weil kein schuldhaftes oder vorwerfbares Verhalten vorliegt oder offensichtlich ist, dass objektive oder subjektive Tatbestandsmerkmale nicht mit der im Straf- oder Bußgeldverfahren erforderlichen Gewissheit nicht nachzuweisen sind. Falls sich im Rahmen der Schlussbesprechung ein Anfangsverdacht ergibt, ist das Strafverfahren einzuleiten und der Steuerpflichtige zu belehren.

(3) Der Prüfungsbericht ist der BuStra zuzuleiten,

1. wenn im Zusammenhang mit der Außenprüfung ein Straf- oder Bußgeldverfahren eingeleitet worden ist,

2. wenn der Steuerpflichtige in der Schlussbesprechung gemäß § 201 Abs. 2 AO darauf hingewiesen worden ist, dass die straf- oder bußgeldrechtliche Würdigung einem besonderen Verfahren vorbehalten bleibt,

3. ausnahmsweise in sonstigen Fällen, in denen sich aus den Prüfungsfeststellungen die Möglichkeit ergibt, dass ein Straf- oder Bußgeldverfahren durchgeführt werden muss, insbesondere wenn sich erst nach der Schlussbesprechung entsprechende Anhaltspunkte ergeben.

132. Selbstanzeigen

(1) Selbstanzeigen (§ 371, § 378 Abs. 3 AO), die als solche bezeichnet oder erkennbar sind, sind der BuStra zuzuleiten. Das gleiche gilt für andere Erklärungen, wenn Anhaltspunkte vorliegen, dass zuvor durch unrichtige, unvollständige oder unterlassene Angaben gegenüber der Finanzbehörde vorsätzlich oder leichtfertig Steuern verkürzt wurden. Keine Vorlagepflicht besteht für Erklärungen, die zweifelsfrei auf nachträglichen Erkenntnissen des Steuerpflichtigen beruhen (vgl. § 153 AO).

(2) Umstände, welche der Straf- oder Bußgeldfreiheit entgegenstehen könnten (§ 371 Abs. 2, § 378 Abs. 3 Satz 1 AO), und in Fällen des § 371 Abs. 3 und des § 378 Abs. 3 Satz 2 AO nachzuentrichtende oder zurückzuzahlende Beträge sind jeweils mitzuteilen.

(3) Zur Behandlung der Selbstanzeige vgl. Nummer 11.

133. Unaufschiebbare Anordnungen

In den Fällen der Nummern 130 bis 132 bleiben die Rechte und Pflichten der beteiligten Amtsträger unberührt, alle unaufschiebbaren Anordnungen zu treffen und Maßnahmen zu ergreifen, um die Verdunklung der Sache zu verhindern (§§ 385, 399 Abs. 2 AO, § 163 Abs. 1 StPO, § 410 Abs. 1 Nummer 7 AO, § 46 Abs. 1, 2 OWiG), insbesondere Beschlagnahmen und Durchsuchungen bei Gefahr im Verzug anzuordnen und durchzuführen.

Abschnitt 3
Mitteilungen im Straf- und Bußgeldverfahren

134. Mitteilungen an Behörden und Stellen der Finanzverwaltung

(1) Die Einleitung eines Straf- oder Bußgeldverfahrens sowie der Abschluss des Verfahrens und das Ergebnis sind der für die Durchführung der Besteuerung zuständigen Finanzbehörde oder Stelle von der BuStra mitzuteilen.

(2) Soweit sonstige Behörden oder Stellen der Finanzverwaltung ein Straf- oder Bußgeldverfahren eingeleitet oder die Einleitung durch die BuStra oder Steufa veranlasst haben, gilt für die Unterrichtung dieser Behörden und Stellen durch die BuStra Abs. 1 sinngemäß.

(3) Auskünfte aus dem Bundeszentralregister (§ 41 Abs. 1 Nummer 4 BZRG) dürfen nur für die Zwecke verwendet werden, für die sie erteilt worden sind (§ 41 Abs. 4 Satz 2 BZRG); es ist daher darauf zu achten, dass diese Mitteilungen bei den Strafakten verbleiben.

135. Unterrichtung der vorgesetzten Behörde

Über Angelegenheiten von allgemeiner oder grundsätzlicher Bedeutung sowie dann, wenn Ermittlungen in Fällen von besonderer Bedeutung (vgl. z.B. die Nummern 151, 152) durchgeführt werden sollen oder durchgeführt wurden, ist zu berichten. Dies gilt auch, wenn die Finanzbehörde das Verfahren nicht selbständig durchführt.

136. Mitteilungen an andere Behörden und Stellen

(1) Mitzuteilen sind
1. der Gewerbebehörde im Benehmen mit der für die Besteuerung zuständigen Finanzbehörde rechtskräftige Verurteilungen wegen einer Straftat im Sinne der Nummern 18 und 19 und rechtskräftige Bußgeldentscheidungen wegen einer Ordnungswidrigkeit im Sinne der Nummern 105 bis 107, wenn sie so schwerwiegend sind, dass sich aus ihnen allein eine gewerberechtliche Unzuverlässigkeit ergibt (vgl. § 35 GewO);
2. dem Gewerbezentralregister (vgl. Nummer 143) gemäß § 153a Abs. 1 GewO rechtskräftige Bußgeldentscheidungen, insbesondere auch solche wegen einer Steuerordnungswidrigkeit, die bei oder in Zusammenhang mit der Ausübung eines Gewerbes oder dem Betrieb eines sonstigen wirtschaftlichen Unternehmens oder bei der Tätigkeit in einem Gewerbe oder einer sonstigen wirtschaftlichen Unternehmung von einem Vertreter oder Beauftragten im Sinne des § 9 des OWiG oder von einer Person, die in einer Rechtsvorschrift ausdrücklich als Verantwortlicher bezeichnet ist, begangen worden ist, wenn die Geldbuße mehr als 200 € beträgt (vgl. § 149 Abs. 2 Nummer 3 GewO);
3. der Bundesanstalt für Finanzdienstleistungsaufsicht die Einleitung eines Steuerstrafverfahrens gegen Inhaber oder Geschäftsleiter von Instituten sowie gegen Inhaber bedeutender Beteiligungen von Instituten sowie deren gesetzliche oder satzungsmäßige Vertreter oder persönlich haftende Gesellschafter (§ 8 Abs. 2 KredWG). Das Gleiche gilt, wenn die Einleitung aufgrund einer wirksamen Selbstanzeige nach § 371 AO unterbleibt. Sätze 1 und 2 gelten auch, wenn sich das Verfahren gegen Personen richtet, die das Vergehen als Bedienstete eines Instituts oder als Inhaber einer bedeutenden Beteiligung an einem Institut begangen haben. Die Mitteilung soll erfolgen, sobald die Einleitung des Verfahrens dem Beschuldigten eröffnet worden ist (§ 397 Abs. 3 AO). Der Ausgang des Steuerstrafverfahrens braucht nicht mitgeteilt zu werden, wenn eine Mitteilung hierüber von den Justizbehörden vorgenommen wird (bei Inhabern und Geschäftsstellenleitern von Kreditinstituten vgl. Nummer 25 Abs. 1 MiStra);
4. der Ausländerbehörde, wenn ein Ausländer gegen eine Vorschrift des Steuerrechts verstoßen hat und wegen dieses Verstoßes ein strafrechtliches Ermittlungsverfahren eingeleitet oder eine Geldbuße von mindestens 500 € verhängt worden ist (§ 88 Abs. 3 AufenthG). Der Verstoß gegen eine Vorschrift des Steuerrechts muss aus Sicht des zuständigen Finanzbeamten feststehen und deswegen ein strafrechtliches Ermittlungsverfahren eingeleitet oder eine Geldbuße von mindestens 500 € rechtskräftig verhängt worden sein. Nicht erforderlich ist, dass der Verstoß durch ein Gericht festgestellt worden ist.

(2) Die Mitteilungen nach Abs. 1 hat die BuStra bzw. eine nach landesrechtlichen Regelungen hierzu bestimmte andere Stelle vorzunehmen.

137. Mitteilung in sonstigen Fällen

(1) Bei Vorliegen eines zwingenden öffentlichen Interesses kann eine Mitteilung auch dann in Betracht kommen, wenn sie nicht ausdrücklich vorgeschrieben ist. Bezüglich Mitteilungen bei dienstlichen und außerdienstlichen Verfehlungen eines Beamten oder Richters wird auf das BMF-Schreiben vom 12. März 2010, BStBl I 2010, 222 verwiesen.

(2) Die auf Grund besonderer Vorschriften und Weisungen bestehenden sonstigen Unterrichtungspflichten (vgl. z.B. §§ 5 Abs. 3, 10, 27 Abs. 3 StBerG; Nummer 135) bleiben unberührt (vgl. gleich lautende Ländererlasse vom 10. Oktober 2008; BStBl I 2008, 944).

(3) Für Mitteilungen im Strafverfahren gilt die Anordnung über Mitteilungen in Strafsachen (MiStra) entsprechend.

(4) Für Mitteilungen im Ordnungswidrigkeitenverfahren gelten die §§ 49a bis 49c OWiG.

Abschnitt 4
Zusammenarbeit mit anderen Behörden

138. Bundeszentralamt für Steuern

Wegen der zentralen Sammlung und Auswertung von Unterlagen über steuerliche Auslandsbeziehungen beim Bundeszentralamt für Steuern (BZSt) – Informationszentrale Ausland (IZA) – wird auf das BMF-Schreiben vom 7. September 2007 – IV B 1 – S 1509/07/0001 – (BStBl. I 2007, 754) hingewiesen. Das Bundeszentralamt für Steuern nimmt Mitteilungen gem. § 116 Abs. 1 AO von Gerichten und Behörden von Bund, Ländern und kommunalen Trägern der öffentlichen Verwaltung entgegen und leitet sie an die für das Steuerstrafverfahren zuständigen Finanzbehörden weiter. Eine Mitteilung an die für das Steuerstrafverfahren zuständigen Finanzbehörden ist ebenfalls zulässig. Diese übersenden die Mitteilung an das BZSt, soweit dieses nicht bereits erkennbar unmittelbar in Kenntnis gesetzt worden ist.

139. Zollverwaltung

(1) Auf das Merkblatt über die Zusammenarbeit zwischen Steuer und Zoll (Anlage zum BMF-Schreiben vom 24. Juni 2011 – IV A 4 – S 1515/07/10001/IV D 3 – S 7420/08/10038 –), auf die Regelung über die Grundsätze der Zusammenarbeit zwischen der Finanzkontrolle Schwarzarbeit der Zollverwaltung (FKS) und den Landesfinanzbehörden gemäß § 2 Abs. 1 Satz 5 SchwarzArbG und auf das Typologiepapier (Anlagen zum BMF-Schreiben vom 4. Oktober 2010 – III A 6 – SV 3040/10/10007) wird hingewiesen. Zu den Aufgaben der Hauptzollämter vgl. § 12 Abs. 2 FVG.

(2) Die Finanzbehörde kann das Zollkriminalamt Köln (ZKA) zur Sicherung und Auswertung von Beweismitteln für kriminaltechnische Untersuchungen in Anspruch nehmen (vgl. § 3 Abs. 11 ZFdG). Dies gilt z.B., wenn die Echtheit von Urkunden oder Stempelabdrucken geprüft, das Alter von Schriftstücken bestimmt, übermalte, radierte oder Reliefschriften lesbar gemacht oder ein Handschriften- oder Maschinenvergleich angestellt werden soll. Wird das ZKA gebeten, einen Schriftvergleich vorzunehmen, ist dem Ersuchen möglichst umfangreiches Vergleichsmaterial beizufügen. Es sollen dabei nur im Original vorhandene Schriftstücke vorgelegt werden, weil Durchschriften oder Reproduktionen jeder Art für eindeutige Untersuchungsergebnisse nicht geeignet sind. In Einzelfällen kann es zweckmäßig sein, dass sich die Finanzbehörde möglichst frühzeitig mit dem jeweils zuständigen Sachverständigen des ZKA in Verbindung setzt, damit dieser Hinweise für die Beschaffung von Schriftproben für die Untersuchung geben kann. Auf die Richtlinien für die Beschaffung von Handschriftenproben, die Richtlinien für die Beschaffung von Beweismaterial zur kriminaltechnischen Untersuchung von Schreibmaschinenschriften und die Prüfliste zur Erkennung von Fälschungsmerkmalen auf Urkunden im grenzüberschreitenden Verkehr wird hingewiesen.

140. Staatsanwaltschaft

(1) Zur Förderung der Zusammenarbeit mit den Staatsanwaltschaften empfehlen sich regelmäßige Kontaktgespräche. Diese Kontaktgespräche sollen auch der Unterrichtung der Staatsanwaltschaft über an sie abzugebende oder von ihr zu übernehmende Strafsachen dienen (vgl. Nummer 22), außerdem der Erörterung allgemeiner Fragen der Strafzumessung bei Strafbefehlsanträgen (vgl. Nummer 267 Abs. 2 RiStBV).

(2) Soweit Kenntnisse über nichtsteuerliche Straftaten der Staatsanwaltschaft mitgeteilt werden dürfen (z.B. Nr. 21 Abs. 2), veranlasst die BuStra die Mitteilung. Die Steufa kann ihre Kenntnisse selbst mitteilen. In Fällen des § 194 Abs. 3 StGB (z.B. Beamtenbeleidigung) stellt der Dienstvorgesetzte direkt bei der Staatsanwaltschaft den Strafantrag.

(3) Wenn in den Fällen der Nummer 22 Abs. 1 Nummer 4 die Steuerstrafsache nicht an die Staatsanwaltschaft abgegeben wird, ist diese im Benehmen mit der Staatsanwaltschaft zu bearbeiten.

Anhang 12
(zu Vor §§ 369 bis 412 AO)   Anweisungen für das Straf- und Bußgeldverfahren (Steuer)

(4) Im Rahmen ihrer Befugnisse und Möglichkeiten sollen die Finanzbehörden auf Grund ihrer besonderen fachlichen Kenntnisse die Staatsanwaltschaft auch in anderen Fällen der Verfolgung nichtsteuerlicher Strafsachen unterstützen, z.B. durch allgemeine Auskünfte.

141. Landeskriminalamt

Für kriminaltechnische Begutachtungen (vgl. Nummer 139 Abs. 2) können auch die Landeskriminalämter um Hilfe ersucht werden.

142. Polizei und andere Behörden

(1) Bei Zusammentreffen einer Steuerstraftat mit anderen Delikten, z.B. Untreue, Betrug oder Urkundenfälschung, kann ein gemeinsames Vorgehen der Steufa mit der Kriminalpolizei angebracht sein. Dies gilt namentlich für Durchsuchungen, Vernehmungen und Telekommunikationsüberwachungen. Kommt es bei Ermittlungsmaßnahmen auf die Kenntnis der örtlichen Verhältnisse an, so kann sich die Steufa im Wege der Amtshilfe an die zuständigen Polizeidienststellen wenden. Wegen der Heranziehung der Polizei zur Hilfeleistung bei Widerstand im Rahmen einer Durchsuchung wird auf Nummer 63 Abs. 5 verwiesen.

(2) Führt die Kriminalpolizei im Verfahren der Staatsanwaltschaften Ermittlungen durch, für die auch die Finanzbehörden zuständig sind, so kann die Steufa an den Ermittlungen teilnehmen (§ 403 Abs. 1 Satz 1 AO).

(3) Bei der Bekämpfung der illegalen Beschäftigung und Schwarzarbeit sowie der Geldwäsche und der Terrorismusfinanzierung haben die BuStra und die Steufa mit den für die Verfolgung und Ahndung zuständigen Behörden zusammenzuarbeiten.

143. Gewerbezentralregister

Anfragen über gewerbebezogene Verurteilungen sollen an das Gewerbezentralregister (53094 Bonn) gerichtet werden.

Abschnitt 5
Auskunfts- und Vorlageersuchen

144. Allgemeines

(1) Die Auskunfts- und Vorlagepflicht Dritter nach den §§ 93, 97, 100 AO und nach § 208 Abs. 1 Sätze 2 und 3 AO sowie die Möglichkeit der Durchsetzung dieser Pflicht mit Zwangsmitteln nach § 328 AO bestehen unabhängig von der Befugnis zur Einholung von Auskünften aufgrund von Vorschriften des Strafverfahrensrechts (vgl. z.B. Nummer 16).

(2) Im Besteuerungsverfahren sind zur Durchsetzung der Auskunfts- und Vorlagepflicht Zwangsmittel gegenüber Behörden des Bundes oder eines Landes nicht zulässig (§ 255 Abs. 1 S. 1 AO).

(3) Werden im Besteuerungsverfahren Auskünfte bei Angehörigen eines Beteiligten eingeholt, sind diese über ihr Auskunftsverweigerungsrecht zu belehren (§ 101 AO). Das gleiche gilt für Personen, die nicht Beteiligte und nicht für einen Beteiligten auskunftspflichtig sind, hinsichtlich solcher Fragen, deren Beantwortung sie selbst oder einen ihrer Angehörigen der Gefahr der Verfolgung wegen einer Straftat oder Ordnungswidrigkeit aussetzen würde (§ 103 AO).

(4) Im Straf- oder Bußgeldverfahren kann an Stelle eines Auskunftsersuchens eine Zeugenvernehmung (vgl. Nummer 47), die Forderung auf Vorlage und Auslieferung von Beweisgegenständen oder eine Durchsuchung und Beschlagnahme (vgl. Nummern 56 ff.) geboten sein.

145. Auskunfts- und Vorlageersuchen an Kreditinstitute im Besteuerungsverfahren

(1) Kreditinstitute sind verpflichtet, im Besteuerungsverfahren gestellte Auskunftsersuchen zu beantworten (§ 93 AO). Bei der Einholung von Auskünften ist § 30a AO zu berücksichtigen.

(2) Die Verpflichtung zur Auskunft gilt auch für Behörden und sonstige öffentliche Stellen, die Bankgeschäfte betreiben, einschließlich der Deutschen Bundesbank, der Landeszentralbanken, sowie der Organe und Bediensteten dieser Stellen (§§ 93, 105 Abs. 1 AO). Ihre Verpflichtung zur Verschwiegenheit besteht nicht gegenüber Finanzbehörden. Nummer 144 Abs. 2 ist zu beachten.

(3) Die vorstehende Regelung gilt entsprechend für Ersuchen auf Vorlage von Urkunden und Wertsachen (§§ 97, 100 AO).

146. Auskunfts- und Vorlageersuchen an Kreditinstitute im Straf- und Bußgeldverfahren

(1) Wegen der Befugnis zur Einholung von Auskünften im Strafverfahren wird auf die Nummern 17 und 123, wegen dieser Befugnis im Bußgeldverfahren wird auf die Nummern 103 und 144 verwiesen.

Anhang 12
Anweisungen für das Straf- und Bußgeldverfahren (Steuer) (zu Vor §§ 369 bis 412 AO)

(2) Vor Stellung eines Antrags auf gerichtliche Anordnung einer Durchsuchung oder Beschlagnahme (vgl. Nummer 60) ist zu prüfen, ob sich mit weniger einschneidenden Maßnahmen derselbe Erfolg erreichen lässt (vgl. Nummer 3). In geeigneten Fällen ist ein Durchsuchungs- oder Beschlagnahmebeschluss mit der Maßgabe zu beantragen, dass dem Kreditinstitut nachgelassen wird, die Durchsuchung oder Beschlagnahme durch eine Auskunft, durch Gewährung von Einsicht in Belege oder durch Anfertigung und Herausgabe von Fotokopien abzuwenden. Zur Aufklärung des Sachverhalts kann auch eine Vernehmung von Inhabern, Geschäftsleitern oder Bediensteten der Kreditinstitute als Zeugen in Betracht kommen.

147. Erstattung von Kosten

(1) Eine Entschädigung der Kreditinstitute im Straf- oder Bußgeldverfahren richtet sich nach dem Justizvergütungs- und -entschädigungsgesetz (JVEG).

(2) Für das Besteuerungsverfahren gilt § 107 AO (vgl. AEAO zu § 107).

148. Auskunftsersuchen wegen Chiffreanzeigen

Zur Feststellung der Auftraggeber von Chiffreanzeigen sind Auskunftsersuchen an die Presse in Besteuerungsverfahren sowie in Straf- und Bußgeldverfahren zulässig. Das Auskunfts- und Zeugnisverweigerungsrecht der Mitarbeiter der Presse nach § 102 Abs. 1 Nummer 4 AO und § 53 Abs. 1 Nummer 5 StPO erstreckt sich nur auf den redaktionellen Teil von Druckwerken, nicht auf Anzeigen.

Abschnitt 6
Verwertungsverbote

60 ### 149. Fälle, die zu einem Verwertungsverbot führen

(1) Aussagen, die mittels verbotener Vernehmungsmethoden (§ 136a Abs. 1 und 2 StPO, z.B. Täuschung) zustande gekommen sind, dürfen nicht verwertet werden (§ 136a Abs. 3, § 69 Abs. 3, § 72 StPO). Liegt ein Verstoß gegen § 136a StPO vor, so ist die Vernehmung – soweit erforderlich – neu durchzuführen. Vor der erneuten Vernehmung ist darüber zu belehren, dass die erste Vernehmung unverwertbar ist (sog. qualifizierte Belehrung, vgl. BGH NJW 2007, 2706).

(2) Sind Angehörige des Beschuldigten vor ihrer Vernehmung als Zeugen (§ 52 Abs. 3 StPO) oder Sachverständige (§ 72 StPO) nicht über ihr Zeugnisverweigerungsrecht belehrt worden, so kann die Aussage nicht verwertet werden. Das gleiche gilt, wenn der Angehörige nach der Belehrung von seinem Aussageverweigerungsrecht zunächst keinen Gebrauch macht, diesen Verzicht aber noch im Laufe der Vernehmung widerruft.

(3) Im Falle von Ermittlungsmaßnahmen gegen einen zeugnisverweigerungsberechtigten Berufsgeheimnisträger im Sinne von § 53 StPO, der nicht selbst Beschuldigter ist, sind die Beweisverwertungsverbote gemäß § 160a StPO zu beachten. Eine entsprechende Ermittlungsmaßnahme, die voraussichtlich Erkenntnisse erbringen würde, über die diese Person das Zeugnis verweigern dürfte, ist unzulässig. Gleiches gilt für Ermittlungsmaßnahmen gegen seine Hilfspersonen im Sinne von § 53a StPO.

(4) Die Verwertung von Beweismitteln, die entgegen § 97 StPO beschlagnahmt wurden, ist unzulässig (vgl. Nummer 58).

(5) Ist die Belehrung des Beschuldigten über sein Recht, nicht zur Sache auszusagen, unterblieben (§ 136 Abs. 1 Satz 2 i.V.m. § 163a Abs. 3 und 4 Satz 2 StPO), darf die Aussage nicht verwertet werden (vgl. BGH-Urteil vom 27. Februar 1992 – 5 StR 190/91 –, NJW 1992, 1463, wistra 1992, 187); das Gleiche gilt, wenn der Beschuldigte infolge seines geistig-seelischen Zustandes die Belehrung nicht verstanden hat (vgl. BGH-Urteil vom 12. Oktober 1993 – 1 StR 475/93 –, NJW 1994, 333).

150. Fälle, die nicht zu einem Verwertungsverbot führen

(1) Verstöße gegen Ordnungs- und Formvorschriften bei der Anordnung und Ausführung einer strafprozessualen Maßnahme machen die Beweismittel, die sich auf Grund der Maßnahme ergeben, nicht unverwertbar (vgl. z.B. BGH-Beschluss vom 18. November 2003 – 1 StR 455/03 – NStZ 2004 S. 449). Darüber hinaus gilt dies auch bei irrtümlicher Annahme von Gefahr im Verzug in den Fällen des § 98 Abs. 1 und des § 105 Abs. 1 StPO, solange keine bewusste Missachtung des Richtervorbehaltes anzunehmen ist.

(2) Ein Verwertungsverbot besteht auch dann nicht, wenn Vorschriften verletzt werden, die nicht im Interesse und zum Schutz des Beschuldigten erlassen worden sind. So kann die ohne Aussagegenehmigung gemachte Aussage eines Angehörigen des öffentlichen Dienstes (vgl. § 54 StPO) verwertet werden. Das gleiche gilt für die Aussage eines Zeugen, der auf sein Auskunftsverweigerungsrecht nach § 55 Abs. 1 StPO nicht hingewiesen worden ist.

(3) Erkenntnisse, die die Finanzbehörde oder die Staatsanwaltschaft rechtmäßig im Rahmen strafrechtlicher Ermittlungen gewonnen hat, dürfen im Besteuerungsverfahren verwendet werden. Dies gilt auch für Erkenntnisse, die dem Brief-, Post- und Fernmeldegeheimnis unterliegen, soweit die Finanzbehörde diese rechtmäßig im Rahmen eigener strafrechtlicher Ermittlungen gewonnen hat oder soweit nach den Vorschriften der Strafprozessordnung Auskunft an die Finanzbehörden erteilt werden darf.

(4) Zur steuerlichen Verwertung bei Verletzung der Belehrungspflicht gemäß § 393 Abs. 1 Satz 4 AO vgl. Nummer 16 Abs. 3.

(5) Offenbart der Steuerpflichtige im Rahmen einer Selbstanzeige eine allgemeine Straftat, die er zugleich mit der Steuerhinterziehung begangen hat – wie z.B. bei einer tateinheitlich begangenen Urkundenfälschung –, besteht kein Verwendungsverbot gemäß § 393 Abs. 2 AO hinsichtlich eines solchen Allgemeindelikts (vgl. BGH-Beschluss vom 5. Mai 2004 – 5 StR 548/03 – wistra 8/2004 S 309).

(6) Verweigert ein zeugnisverweigerungsberechtigter Berufsgeheimnisträger (§ 53 StPO) oder seine Hilfsperson (§ 53a StPO) erst im Verlaufe der Zeugenvernehmung die weitere Aussage, so sind die bis dahin getätigten Angaben verwertbar.

(7) Beweismittel, die von Dritten erlangt wurden, sind – selbst wenn dies in strafbewehrter Weise erfolgte – grundsätzlich verwertbar. Bei der Beurteilung eines möglichen Verwertungsverbotes müssen allein von einem Informanten begangene Straftaten nicht berücksichtigt werden (vgl. Beschluss des BVerfG vom 9. November 2010 – 2 BvR 2101/09 –).

Abschnitt 7
Besonderheiten im Hinblick auf die Person des Beschuldigten/Betroffenen

151. Mitglieder des Europäischen Parlaments, des Deutschen Bundestages und der gesetzgebenden Körperschaften der Länder

(1) Entsteht der Verdacht (vgl. Nummer 26), dass ein Mitglied des Europäischen Parlaments, des Deutschen Bundestages oder einer gesetzgebenden Körperschaft eines Landes eine Straftat im Sinne der Nummern 18 oder 19 begangen hat, gibt die BuStra die Sache ohne weitere Ermittlungen sogleich an die Staatsanwaltschaft ab (vgl. Nummer 22 Abs. 1 Satz 3, Nummer 6, Satz 2).

(2) Die Immunität hindert nicht, ein Bußgeldverfahren durchzuführen (vgl. Nummer 298 RiStBV).

(3) In einem Verfahren gegen Dritte kann auch bei einem Abgeordneten ermittelt, insbesondere von ihm die Herausgabe von Gegenständen oder deren Vorlage verlangt (§ 95 StPO) oder bei ihm durchsucht werden (§ 103 StPO). Hierbei sind das Zeugnisverweigerungsrecht des Abgeordneten sowie das Beschlagnahmeverbot zu beachten (§ 53 Abs. 1 Nummer 4, § 97 Abs. 3 StPO; § 6 Europaabgeordnetengesetz).

(4) In den Fällen der Absätze 1 bis 3 ist unverzüglich, ggf. vorab fernmündlich, der vorgesetzten Behörde zu berichten. Verfahren zur Durchführung der Besteuerung können ungeachtet der Immunität eingeleitet und fortgeführt werden.

152. Diplomaten und andere bevorrechtigte Personen

(1) Gegen Mitglieder diplomatischer Vertretungen und andere von der inländischen Gerichtsbarkeit befreite Personen (§§ 18, 20 GVG) dürfen keine Strafverfahren eingeleitet und ohne deren ausdrückliche Zustimmung keine sonstigen Maßnahmen im Strafverfahren ergriffen werden (vgl. Nummern 193 ff. RiStBV). Wegen des Personenkreises, der Vorrechte und Befreiungen genießt, vgl. Abschnitt II der Bestimmungen über Diplomaten und andere bevorrechtigte Personen.[1] In Besteuerungsverfahren sind nur solche Ermittlungen unzulässig, die auch nach Abs. 2 Satz 1 als Maßnahmen im Strafverfahren nicht statthaft wären.

(2) Maßnahmen, welche in die Rechtssphäre eines Diplomaten oder einer gleichbehandelten Person einschließlich deren Diensträume und Wohnungen eingreifen, sind auch in einem Verfahren gegen eine andere Person unzulässig, wenn der Betroffene nicht ausdrücklich zustimmt. Für die nach Satz 1 zulässigen Feststellungen sind Nummern 193 ff. RiStBV entsprechend sowie Abschnitt III der Bestimmungen über Diplomaten und andere bevorrechtigte Personen anzuwenden.

(3) Die Mitglieder konsularischer Vertretungen unterliegen der Strafverfolgung, soweit sie nicht nach Maßgabe des Völkerrechts, insbesondere des Wiener Übereinkommens über konsularische Beziehungen vom 24. April 1963 (BGBl. 1969 II, 1585 ff.) von der deutschen Gerichtsbarkeit befreit sind (§ 19 GVG; Abschnitt IV der Bestimmungen über Diplomaten und andere bevorrechtigte Personen).

(4) Honorarkonsule genießen lediglich Amtshandlungsimmunität, die sie vor Strafverfolgung nur in unmittelbarer Wahrnehmung ihrer konsularischen Aufgaben schützt.

---

[1]) Veröffentlicht durch Rundschreiben des Bundesministers des Innern vom 17. 8. 1993, GMBl. des Bundes 1993, 591 ff.

Anhang 12
Anweisungen für das Straf- und Bußgeldverfahren (Steuer) (zu Vor §§ 369 bis 412 AO)

(5) Der vorgesetzten Behörde ist unverzüglich zu berichten. Die Sache ist sogleich an die Staatsanwaltschaft abzugeben (vgl. Nummer 22 Abs. 1 Satz 3 Nummern 6 und Satz 4).

(6) Für den Verkehr mit ausländischen diplomatischen und konsularischen Vertretungen gelten die Nummern 133–137 der Richtlinien für den Verkehr mit dem Ausland in strafrechtlichen Angelegenheiten vom 1. Januar 2009 (RiVASt). Soll ein Diplomat oder eine andere von der inländischen Gerichtsbarkeit befreite Person als Zeuge vernommen werden, sind die Nummern 196–198 RiStBV entsprechend anzuwenden.

(7) Die Absätze 1 bis 4 gelten für das Bußgeldverfahren entsprechend (vgl. Nummer 299 RiStBV).

153. Streitkräfte anderer Staaten

Gegen Mitglieder einer Truppe oder eines zivilen Gefolges eines NATO-Staates oder deren Angehörige können Strafverfahren und Bußgeldverfahren durchgeführt werden. Es müssen aber das NATO-Truppenstatut vom 19. Juni 1951 sowie das Zusatzabkommen zum NATO-Truppenstatut mit dem Unterzeichnungsprotokoll zum Zusatzabkommen vom 3. August 1959 (BGBl. II 1961, 1183 ff.) sowie die Verordnung zu dem Notenwechsel vom 25. September 1990 (BGBl. II, 250) beachtet werden. Ein Strafverfahren ist sogleich an die Staatsanwaltschaft abzugeben (vgl. Nummer 22 Abs. 1 Satz 3 Nummer 6 und Satz 4).

154. Jugendliche, Heranwachsende, vermindert Schuldfähige

Strafverfahren gegen Jugendliche und Heranwachsende (§ 1 Abs. 2 JGG) sind sogleich an die Staatsanwaltschaft abzugeben (vgl. Nummer 22 Abs. 1 Satz 3 Nummer 6 und Satz 4). Dies gilt auch, sobald sich Anhaltspunkte dafür ergeben, dass der Beschuldigte vermindert schuldfähig (§ 21 StGB) oder aus psychischen Gründen in seiner Verteidigung behindert ist.

Strafgesetzbuch (StGB)
– Auszug –

zuletzt geändert durch Artikel 1 des Gesetzes vom 6. 12. 2011 (BGBl. 2011 I S. 2557)

...

§ 25 Täterschaft

(1) Als Täter wird bestraft, wer die Straftat selbst oder durch einen anderen begeht.
(2) Begehen mehrere die Straftat gemeinschaftlich, so wird jeder als Täter bestraft (Mittäter).

§ 26 Anstiftung

Als Anstifter wird gleich einem Täter bestraft, wer vorsätzlich einen anderen zu dessen vorsätzlich begangener rechtswidriger Tat bestimmt hat.

§ 27 Beihilfe

(1) Als Gehilfe wird bestraft, wer vorsätzlich einem anderen zu dessen vorsätzlich begangener rechtswidriger Tat Hilfe geleistet hat.
(2) Die Strafe für den Gehilfen richtet sich nach der Strafdrohung für den Täter. Sie ist nach § 49 Abs. 1 zu mildern.

§ 28 Besondere persönliche Merkmale

(1) Fehlen besondere persönliche Merkmale (§ 14 Abs. 1), welche die Strafbarkeit des Täters begründen, beim Teilnehmer (Anstifter oder Gehilfe), so ist dessen Strafe nach § 49 Abs. 1 zu mildern.
(2) Bestimmt das Gesetz, daß besondere persönliche Merkmale die Strafe schärfen, mildern oder ausschließen, so gilt das nur für den Beteiligten (Täter oder Teilnehmer), bei dem sie vorliegen.

§ 29 Selbständige Strafbarkeit des Beteiligten

Jeder Beteiligte wird ohne Rücksicht auf die Schuld des anderen nach seiner Schuld bestraft.

§ 30 Versuch der Beteiligung

(1) Wer einen anderen zu bestimmen versucht, ein Verbrechen zu begehen oder zu ihm anzustiften, wird nach den Vorschriften über den Versuch des Verbrechens bestraft. Jedoch ist die Strafe nach § 49 Abs. 1 zu mildern. § 23 Abs. 3 gilt entsprechend.
(2) Ebenso wird bestraft, wer sich bereit erklärt, wer das Erbieten eines anderen annimmt oder wer mit einem anderen verabredet, ein Verbrechen zu begehen oder zu ihm anzustiften.

§ 31 Rücktritt vom Versuch der Beteiligung

(1) Nach § 30 wird nicht bestraft, wer freiwillig
1. den Versuch aufgibt, einen anderen zu einem Verbrechen zu bestimmen, und eine etwa bestehende Gefahr, daß der andere die Tat begeht, abwendet,
2. nachdem er sich zu einem Verbrechen bereit erklärt hatte, sein Vorhaben aufgibt oder,
3. nachdem er ein Verbrechen verabredet oder das Erbieten eines anderen zu einem Verbrechen angenommen hatte, die Tat verhindert.

(2) Unterbleibt die Tat ohne Zutun des Zurücktretenden oder wird sie unabhängig von seinem früheren Verhalten begangen, so genügt zu seiner Straflosigkeit sein freiwilliges und ernsthaftes Bemühen, die Tat zu verhindern.

...

§ 52 Tateinheit

(1) Verletzt dieselbe Handlung mehrere Strafgesetze oder dasselbe Strafgesetz mehrmals, so wird nur auf eine Strafe erkannt.
(2) Sind mehrere Strafgesetze verletzt, so wird die Strafe nach dem Gesetz bestimmt, das die schwerste Strafe androht. Sie darf nicht milder sein, als die anderen anwendbaren Gesetze es zulassen.
(3) Geldstrafe kann das Gericht unter den Voraussetzungen des § 41 neben Freiheitsstrafe gesondert verhängen.

Anhang 13
Strafgesetzbuch

(4) Läßt eines der anwendbaren Gesetze die Vermögensstrafe zu, so kann das Gericht auf sie neben einer lebenslangen oder einer zeitigen Freiheitsstrafe von mehr als zwei Jahren gesondert erkennen. Im übrigen muß oder kann auf Nebenstrafen, Nebenfolgen und Maßnahmen (§ 11 Abs. 1 Nr. 8) erkannt werden, wenn eines der anwendbaren Gesetze sie vorschreibt oder zuläßt.

9 § 53 Tatmehrheit

(1) Hat jemand mehrere Straftaten begangen, die gleichzeitig abgeurteilt werden, und dadurch mehrere Freiheitsstrafen oder mehrere Geldstrafen verwirkt, so wird auf eine Gesamtstrafe erkannt.

(2) Trifft Freiheitsstrafe mit Geldstrafe zusammen, so wird auf eine Gesamtstrafe erkannt. Jedoch kann das Gericht auf Geldstrafe auch gesondert erkennen; soll in diesen Fällen wegen mehrerer Straftaten Geldstrafe verhängt werden, so wird insoweit auf eine Gesamtgeldstrafe erkannt.

(3) Hat der Täter nach dem Gesetz, nach welchem § 43a Anwendung findet, oder im Fall des § 52 Abs. 4 als Einzelstrafe eine lebenslange oder eine zeitige Freiheitsstrafe von mehr als zwei Jahren verwirkt, so kann das Gericht neben der nach Absatz 1 oder 2 zu bildenden Gesamtstrafe gesondert eine Vermögensstrafe verhängen; soll in diesen Fällen wegen mehrerer Straftaten Vermögensstrafe verhängt werden, so wird insoweit auf eine Gesamtvermögensstrafe erkannt. § 43a Abs. 3 gilt entsprechend.

(4) § 52 Abs. 3 und 4 Satz 2 gilt sinngemäß.

10 § 54 Bildung der Gesamtstrafe

(1) Ist eine der Einzelstrafen eine lebenslange Freiheitsstrafe, so wird als Gesamtstrafe auf lebenslange Freiheitsstrafe erkannt. In allen übrigen Fällen wird die Gesamtstrafe durch Erhöhung der verwirkten höchsten Strafe, bei Strafen verschiedener Art durch Erhöhung der ihrer Art nach schwersten Strafe gebildet. Dabei werden die Person des Täters und die einzelnen Straftaten zusammenfassend gewürdigt.

(2) Die Gesamtstrafe darf die Summe der Einzelstrafen nicht erreichen. Sie darf bei zeitigen Freiheitsstrafen fünfzehn Jahre, bei Vermögensstrafen den Wert des Vermögens des Täters und bei Geldstrafe siebenhundertzwanzig Tagessätze nicht übersteigen; § 43a Abs. 1 Satz 3 gilt entsprechend.

(3) Ist eine Gesamtstrafe aus Freiheits- und Geldstrafe zu bilden, so entspricht bei der Bestimmung der Summe der Einzelstrafen ein Tagessatz einem Tag Freiheitsstrafe.

...

11 § 73 Voraussetzungen des Verfalls

(1) Ist eine rechtswidrige Tat begangen worden und hat der Täter oder Teilnehmer für die Tat oder aus ihr etwas erlangt, so ordnet das Gericht dessen Verfall an. Dies gilt nicht, soweit dem Verletzten aus der Tat ein Anspruch erwachsen ist, dessen Erfüllung dem Täter oder Teilnehmer den Wert des aus der Tat Erlangten entziehen würde.

(2) Die Anordnung des Verfalls erstreckt sich auf die gezogenen Nutzungen. Sie kann sich auch auf die Gegenstände erstrecken, die der Täter oder Teilnehmer durch die Veräußerung eines erlangten Gegenstands oder als Ersatz für dessen Zerstörung, Beschädigung oder Entziehung oder auf Grund eines erlangten Rechts erworben hat.

(3) Hat der Täter oder Teilnehmer für einen anderen gehandelt und hat dadurch dieser etwas erlangt, so richtet sich die Anordnung des Verfalls nach den Absätzen 1 und 2 gegen ihn.

(4) Der Verfall eines Gegenstandes wird auch angeordnet, wenn er einem Dritten gehört oder zusteht, der ihn für die Tat oder sonst in Kenntnis der Tatumstände gewährt hat.

12 § 73a Verfall des Wertersatzes

Soweit der Verfall eines bestimmten Gegenstandes wegen der Beschaffenheit des Erlangten oder aus einem anderen Grunde nicht möglich ist oder von dem Verfall eines Ersatzgegenstandes nach § 73 Abs. 2 Satz 2 abgesehen wird, ordnet das Gericht den Verfall eines Geldbetrags an, der dem Wert des Erlangten entspricht. Eine solche Anordnung trifft das Gericht auch neben dem Verfall eines Gegenstandes, soweit dessen Wert hinter dem Wert des zunächst Erlangten zurückbleibt.

13 § 73b Schätzung

Der Umfang des Erlangten und dessen Wert sowie die Höhe des Anspruchs, dessen Erfüllung dem Täter oder Teilnehmer das aus der Tat Erlangte entziehen würde, können geschätzt werden.

§ 73c Härtevorschrift

(1) Der Verfall wird nicht angeordnet, soweit er für den Betroffenen eine unbillige Härte wäre. Die Anordnung kann unterbleiben, soweit der Wert des Erlangten zur Zeit der Anordnung in dem Vermögen des Betroffenen nicht mehr vorhanden ist oder wenn das Erlangte nur einen geringen Wert hat.
(2) Für die Bewilligung von Zahlungserleichterungen gilt § 42 entsprechend.

§ 73d Erweiterter Verfall

(1) Ist eine rechtswidrige Tat nach einem Gesetz begangen worden, das auf diese Vorschrift verweist, so ordnet das Gericht den Verfall von Gegenständen des Täters oder Teilnehmers auch dann an, wenn die Umstände die Annahme rechtfertigen, daß diese Gegenstände für rechtswidrige Taten oder aus ihnen erlangt worden sind. Satz 1 ist auch anzuwenden, wenn ein Gegenstand dem Täter oder Teilnehmer nur deshalb nicht gehört oder zusteht, weil er den Gegenstand für eine rechtswidrige Tat oder aus ihr erlangt hat. § 73 Abs. 1 Satz 2, auch in Verbindung mit § 73b, und § 73 Abs. 2 gelten entsprechend.
(2) Ist der Verfall eines bestimmten Gegenstandes nach der Tat ganz oder teilweise unmöglich geworden, so finden insoweit die §§ 73a und 73b sinngemäß Anwendung.
(3) Ist nach Anordnung des Verfalls nach Absatz 1 wegen einer anderen rechtswidrigen Tat, die der Täter oder Teilnehmer vor der Anordnung begangen hat, erneut über den Verfall von Gegenständen des Täters oder Teilnehmers zu entscheiden, so berücksichtigt das Gericht hierbei die bereits ergangene Anordnung.
(4) § 73c gilt entsprechend.

§ 73e Wirkung des Verfalls

(1) Wird der Verfall eines Gegenstandes angeordnet, so geht das Eigentum an der Sache oder das verfallene Recht mit der Rechtskraft der Entscheidung auf den Staat über, wenn es dem von der Anordnung Betroffenen zu dieser Zeit zusteht. Rechte Dritter an dem Gegenstand bleiben bestehen.
(2) Vor der Rechtskraft wirkt die Anordnung als Veräußerungsverbot im Sinne des § 136 des Bürgerlichen Gesetzbuches; das Verbot umfaßt auch andere Verfügungen als Veräußerungen.

§ 74 Voraussetzungen der Einziehung

(1) Ist eine vorsätzliche Straftat begangen worden, so können Gegenstände, die durch sie hervorgebracht oder zu ihrer Begehung oder Vorbereitung gebraucht worden oder bestimmt gewesen sind, eingezogen werden.
(2) Die Einziehung ist nur zulässig, wenn
1. die Gegenstände zur Zeit der Entscheidung dem Täter oder Teilnehmer gehören oder zustehen oder
2. die Gegenstände nach ihrer Art und den Umständen die Allgemeinheit gefährden oder die Gefahr besteht, daß sie der Begehung rechtswidriger Taten dienen werden.
(3) Unter den Voraussetzungen des Absatzes 2 Nr. 2 ist die Einziehung der Gegenstände auch zulässig, wenn der Täter ohne Schuld gehandelt hat.
(4) Wird die Einziehung durch eine besondere Vorschrift über Absatz 1 hinaus vorgeschrieben oder zugelassen, so gelten die Absätze 2 und 3 entsprechend.

§ 74a Erweiterte Voraussetzungen der Einziehung

Verweist das Gesetz auf diese Vorschrift, so dürfen die Gegenstände abweichend von § 74 Abs. 2 Nr. 1 auch dann eingezogen werden, wenn derjenige, dem sie zur Zeit der Entscheidung gehören oder zustehen,
1. wenigstens leichtfertig dazu beigetragen hat, daß die Sache oder das Recht Mittel oder Gegenstand der Tat oder ihrer Vorbereitung gewesen ist, oder
2. die Gegenstände in Kenntnis der Umstände, welche die Einziehung zugelassen hätten, in verwerflicher Weise erworben hat.

...

§ 78 Verjährungsfrist

(1) Die Verjährung schließt die Ahndung der Tat und die Anordnung von Maßnahmen (§ 11 Abs. 1 Nr. 8) aus. § 76a Abs. 2 Satz 1 Nr. 1 bleibt unberührt.

(2) Verbrechen nach § 211 (Mord) verjähren nicht.
(3) Soweit die Verfolgung verjährt, beträgt die Verjährungsfrist
1. dreißig Jahre bei Taten, die mit lebenslanger Freiheitsstrafe bedroht sind,
2. zwanzig Jahre bei Taten, die im Höchstmaß mit Freiheitsstrafen von mehr als zehn Jahren bedroht sind,
3. zehn Jahre bei Taten, die im Höchstmaß mit Freiheitsstrafen von mehr als fünf Jahren bis zu zehn Jahren bedroht sind,
4. fünf Jahre bei Taten, die im Höchstmaß mit Freiheitsstrafen von mehr als einem Jahr bis zu fünf Jahren bedroht sind,
5. drei Jahre bei den übrigen Taten.
(4) Die Frist richtet sich nach der Strafdrohung des Gesetzes, dessen Tatbestand die Tat verwirklicht, ohne Rücksicht auf Schärfungen oder Milderungen, die nach den Vorschriften des Allgemeinen Teils oder für besonders schwere oder minder schwere Fälle vorgesehen sind.

20 § 78a Beginn

Die Verjährung beginnt, sobald die Tat beendet ist. Tritt ein zum Tatbestand gehörender Erfolg erst später ein, so beginnt die Verjährung mit diesem Zeitpunkt.

21 § 78b Ruhen

(1) Die Verjährung ruht
1. bis zur Vollendung des achtzehnten Lebensjahres des Opfers bei Straftaten nach den §§ 174 bis 174c, 176 bis 179 und 225 sowie nach den §§ 224 und 226, wenn mindestens ein Beteiligter durch dieselbe Tat § 225 verletzt,
2. solange nach dem Gesetz die Verfolgung nicht begonnen oder nicht fortgesetzt werden kann; dies gilt nicht, wenn die Tat nur deshalb nicht verfolgt werden kann, weil Antrag, Ermächtigung oder Strafverlangen fehlen.

(2) Steht der Verfolgung entgegen, daß der Täter Mitglied des Bundestages oder eines Gesetzgebungsorgans eines Landes ist, so beginnt die Verjährung erst mit Ablauf des Tages zu ruhen, an dem
1. die Staatsanwaltschaft oder eine Behörde oder ein Beamter des Polizeidienstes von der Tat und der Person des Täters Kenntnis erlangt oder
2. eine Strafanzeige oder ein Strafantrag gegen den Täter angebracht wird (§ 158 der Strafprozeßordnung).

(3) Ist vor Ablauf der Verjährungsfrist ein Urteil des ersten Rechtszuges ergangen, so läuft die Verjährungsfrist nicht vor dem Zeitpunkt ab, in dem das Verfahren rechtskräftig abgeschlossen ist.

(4) Droht das Gesetz strafschärfend für besonders schwere Fälle Freiheitsstrafe von mehr als fünf Jahren an und ist das Hauptverfahren vor dem Landgericht eröffnet worden, so ruht die Verjährung in den Fällen des § 78 Abs. 3 Nr. 4 ab Eröffnung des Hauptverfahrens, höchstens jedoch für einen Zeitraum von fünf Jahren; Absatz 3 bleibt unberührt.

(5) Hält sich der Täter in einem ausländischen Staat auf und stellt die zuständige Behörde ein förmliches Auslieferungsersuchen an diesen Staat, ruht die Verjährung ab dem Zeitpunkt des Zugangs des Ersuchens beim ausländischen Staat
1. bis zur Übergabe des Täters an die deutschen Behörden,
2. bis der Täter das Hoheitsgebiet des ersuchten Staates auf andere Weise verlassen hat,
3. bis zum Eingang der Ablehnung dieses Ersuchens durch den ausländischen Staat bei den deutschen Behörden oder
4. bis zur Rücknahme dieses Ersuchens.

Lässt sich das Datum des Zugangs des Ersuchens beim ausländischen Staat nicht ermitteln, gilt das Ersuchen nach Ablauf von einem Monat seit der Absendung oder Übergabe an den ausländischen Staat als zugegangen, sofern nicht die ersuchende Behörde Kenntnis davon erlangt, dass das Ersuchen dem ausländischen Staat tatsächlich nicht oder erst zu einem späteren Zeitpunkt zugegangen ist. Satz 1 gilt nicht für ein Auslieferungsersuchen, für das im ersuchten Staat auf Grund des Rahmenbeschlusses des Rates vom 13. Juni 2002 über den Europäischen Haftbefehl und die Übergabeverfahren zwischen den Mitgliedstaaten (ABl.EG Nr. L 190 S. 1) oder auf Grund völkerrechtlicher Vereinbarung eine § 83c des Gesetzes über die internationale Rechtshilfe in Strafsachen vergleichbare Fristenregelung besteht.

§ 78c Unterbrechung

(1) Die Verjährung wird unterbrochen durch
1. die erste Vernehmung des Beschuldigten, die Bekanntgabe, daß gegen ihn das Ermittlungsverfahren eingeleitet ist, oder die Anordnung dieser Vernehmung oder Bekanntgabe,
2. jede richterliche Vernehmung des Beschuldigten oder deren Anordnung,
3. jede Beauftragung eines Sachverständigen durch den Richter oder Staatsanwalt, wenn vorher der Beschuldigte vernommen oder ihm die Einleitung des Ermittlungsverfahrens bekanntgegeben worden ist,
4. jede richterliche Beschlagnahme- oder Durchsuchungsanordnung und richterliche Entscheidungen, welche diese aufrechterhalten,
5. den Haftbefehl, den Unterbringungsbefehl, den Vorführungsbefehl und richterliche Entscheidungen, welche diese aufrechterhalten,
6. die Erhebung der öffentlichen Klage,
7. die Eröffnung des Hauptverfahrens,
8. jede Anberaumung einer Hauptverhandlung,
9. den Strafbefehl oder eine andere dem Urteil entsprechende Entscheidung,
10. die vorläufige gerichtliche Einstellung des Verfahrens wegen Abwesenheit des Angeschuldigten sowie jede Anordnung des Richters oder Staatsanwalts, die nach einer solchen Einstellung des Verfahrens oder im Verfahren gegen Abwesende zur Ermittlung des Aufenthalts des Angeschuldigten oder zur Sicherung von Beweisen ergeht,
11. die vorläufige gerichtliche Einstellung des Verfahrens wegen Verhandlungsunfähigkeit des Angeschuldigten sowie jede Anordnung des Richters oder Staatsanwalts, die nach einer solchen Einstellung des Verfahrens zur Überprüfung der Verhandlungsfähigkeit des Angeschuldigten ergeht, oder
12. jedes richterliche Ersuchen, eine Untersuchungshandlung im Ausland vorzunehmen.

Im Sicherungsverfahren und im selbständigen Verfahren wird die Verjährung durch die dem Satz 1 entsprechenden Handlungen zur Durchführung des Sicherungsverfahrens oder des selbständigen Verfahrens unterbrochen.

(2) Die Verjährung ist bei einer schriftlichen Anordnung oder Entscheidung in dem Zeitpunkt unterbrochen, in dem die Anordnung oder Entscheidung unterzeichnet wird. Ist das Schriftstück nicht alsbald nach der Unterzeichnung in den Geschäftsgang gelangt, so ist der Zeitpunkt maßgebend, in dem es tatsächlich in den Geschäftsgang gegeben worden ist.

(3) Nach jeder Unterbrechung beginnt die Verjährung von neuem. Die Verfolgung ist jedoch spätestens verjährt, wenn seit dem in § 78a bezeichneten Zeitpunkt das Doppelte der gesetzlichen Verjährungsfrist und, wenn die Verjährungsfrist nach besonderen Gesetzen kürzer ist als drei Jahre, mindestens drei Jahre verstrichen sind. § 78b bleibt unberührt.

(4) Die Unterbrechung wirkt nur gegenüber demjenigen, auf den sich die Handlung bezieht.

(5) Wird ein Gesetz, das bei der Beendigung der Tat gilt, vor der Entscheidung geändert und verkürzt sich hierdurch die Frist der Verjährung, so bleiben Unterbrechungshandlungen, die vor dem Inkrafttreten des neuen Rechts vorgenommen worden sind, wirksam, auch wenn im Zeitpunkt der Unterbrechung die Verfolgung nach dem neuen Recht bereits verjährt gewesen wäre.

§ 79 Verjährungsfrist

(1) Eine rechtskräftig verhängte Strafe oder Maßnahme (§ 11 Abs. 1 Nr. 8) darf nach Ablauf der Verjährungsfrist nicht mehr vollstreckt werden.

(2) Die Vollstreckung von lebenslangen Freiheitsstrafen verjährt nicht.

(3) Die Verjährungsfrist beträgt
1. fünfundzwanzig Jahre bei Freiheitsstrafe von mehr als zehn Jahren,
2. zwanzig Jahre bei Freiheitsstrafe von mehr als fünf Jahren bis zu zehn Jahren,
3. zehn Jahre bei Freiheitsstrafe von mehr als einem Jahr bis zu fünf Jahren,
4. fünf Jahre bei Freiheitsstrafe bis zu einem Jahr und bei Geldstrafe von mehr als dreißig Tagessätzen,
5. drei Jahre bei Geldstrafe bis zu dreißig Tagessätzen.

(4) Die Vollstreckung der Sicherungsverwahrung und der unbefristeten Führungsaufsicht (§ 68c Abs. 2 Satz 1 oder Abs. 3) verjähren nicht. Die Verjährungsfrist beträgt
1. fünf Jahre in den sonstigen Fällen der Führungsaufsicht sowie bei der ersten Unterbringung in einer Entziehungsanstalt,
2. zehn Jahre bei den übrigen Maßnahmen.

(5) Ist auf Freiheitsstrafe und Geldstrafe zugleich oder ist neben einer Strafe auf eine freiheitsentziehende Maßregel, auf Verfall, Einziehung oder Unbrauchbarmachung erkannt, so verjährt die Vollstreckung der einen Strafe oder Maßnahme nicht früher als die der anderen. Jedoch hindert eine zugleich angeordnete Sicherungsverwahrung die Verjährung der Vollstreckung von Strafen oder anderen Maßnahmen nicht.

(6) Die Verjährung beginnt mit der Rechtskraft der Entscheidung.

...

24 § 148 Wertzeichenfälschung

(1) Mit Freiheitsstrafe bis zu fünf Jahren oder mit Geldstrafe wird bestraft, wer
1. amtliche Wertzeichen in der Absicht nachmacht, daß sie als echt verwendet oder in Verkehr gebracht werden oder daß ein solches Verwenden oder Inverkehrbringen ermöglicht werde, oder amtliche Wertzeichen in dieser Absicht so verfälscht, daß der Anschein eines höheren Wertes hervorgerufen wird,
2. falsche amtliche Wertzeichen in dieser Absicht sich verschafft oder
3. falsche amtliche Wertzeichen als echt verwendet, feilhält oder in Verkehr bringt.

(2) Wer bereits verwendete amtliche Wertzeichen, an denen das Entwertungszeichen beseitigt worden ist, als gültig verwendet oder in Verkehr bringt, wird mit Freiheitsstrafe bis zu einem Jahr oder mit Geldstrafe bestraft.

(3) Der Versuch ist strafbar.

25 § 149 Vorbereitung der Fälschung von Geld und Wertzeichen

(1) Wer eine Fälschung von Geld oder Wertzeichen vorbereitet, indem er
1. Platten, Formen, Drucksätze, Druckstöcke, Negative, Matrizen, Computerprogramme oder ähnliche Vorrichtungen, die ihrer Art nach zur Begehung der Tat geeignet sind,
2. Papier, das einer solchen Papierart gleicht oder zum Verwechseln ähnlich ist, die zur Herstellung von Geld oder amtlichen Wertzeichen bestimmt und gegen Nachahmung besonders gesichert ist, oder
3. Hologramme oder andere Bestandteile, die der Sicherung gegen Fälschung dienen,

herstellt, sich oder einem anderen verschafft, feilhält, verwahrt oder einem anderen überläßt, wird, wenn er eine Geldfälschung vorbereitet, mit Freiheitsstrafe bis zu fünf Jahren oder mit Geldstrafe, sonst mit Freiheitsstrafe bis zu zwei Jahren oder mit Geldstrafe bestraft.

(2) Nach Absatz 1 wird nicht bestraft, wer freiwillig
1. die Ausführung der vorbereiteten Tat aufgibt und eine von ihm verursachte Gefahr, daß andere die Tat weiter vorbereiten oder sie ausführen, abwendet oder die Vollendung der Tat verhindert und
2. die Fälschungsmittel, soweit sie noch vorhanden und zur Fälschung brauchbar sind, vernichtet, unbrauchbar macht, ihr Vorhandensein einer Behörde anzeigt oder sie dort abliefert.

(3) Wird ohne Zutun des Täters die Gefahr, daß andere die Tat weiter vorbereiten oder sie ausführen, abgewendet oder die Vollendung der Tat verhindert, so genügt an Stelle der Voraussetzungen des Absatzes 2 Nr. 1 das freiwillige und ernsthafte Bemühen des Täters, dieses Ziel zu erreichen.

...

26 § 150 Erweiterter Verfall und Einziehung

(1) In den Fällen der §§ 146, 148 Abs. 1, der Vorbereitung einer Geldfälschung nach § 149 Abs. 1, der §§ 152a und 152b ist § 73d anzuwenden, wenn der Täter gewerbsmäßig oder als Mitglied einer Bande handelt, die sich zur fortgesetzten Begehung solcher Taten verbunden hat.

(2) Ist eine Straftat nach diesem Abschnitt begangen worden, so werden das falsche Geld, die falschen oder entwerteten Wertzeichen und die in § 149 bezeichneten Fälschungsmittel eingezogen.

...

27 § 156 Falsche Versicherung an Eides Statt

Wer vor einer zur Abnahme einer Versicherung an Eides Statt zuständigen Behörde eine solche Versicherung falsch abgibt oder unter Berufung auf eine solche Versicherung falsch aussagt, wird mit Freiheitsstrafe bis zu drei Jahren oder mit Geldstrafe bestraft.

...

§ 202a Ausspähen von Daten

(1) Wer unbefugt sich oder einem anderen Zugang zu Daten, die nicht für ihn bestimmt und die gegen unberechtigten Zugang besonders gesichert sind, unter Überwindung der Zugangssicherung verschafft, wird mit Freiheitsstrafe bis zu drei Jahren oder mit Geldstrafe bestraft.
(2) Daten im Sinne des Absatzes 1 sind nur solche, die elektronisch, magnetisch oder sonst nicht unmittelbar wahrnehmbar gespeichert sind oder übermittelt werden.

§ 202b Abfangen von Daten

Wer unbefugt sich oder einem anderen unter Anwendung von technischen Mitteln nicht für ihn bestimmte Daten (§ 202a Abs. 2) aus einer nichtöffentlichen Datenübermittlung oder aus der elektromagnetischen Abstrahlung einer Datenverarbeitungsanlage verschafft, wird mit Freiheitsstrafe bis zu zwei Jahren oder mit Geldstrafe bestraft, wenn die Tat nicht in anderen Vorschriften mit schwererer Strafe bedroht ist.

§ 202c Vorbereiten des Ausspähens und Abfangens von Daten

(1) Wer eine Straftat nach § 202a oder § 202b vorbereitet, indem er
1. Passwörter oder sonstige Sicherungscodes, die den Zugang zu Daten (§ 202a Abs. 2) ermöglichen, oder
2. Computerprogramme, deren Zweck die Begehung einer solchen Tat ist,

herstellt, sich oder einem anderen verschafft, verkauft, einem anderen überlässt, verbreitet oder sonst zugänglich macht, wird mit Freiheitsstrafe bis zu einem Jahr oder mit Geldstrafe bestraft.
(2) § 149 Abs. 2 und 3 gilt entsprechend.

§ 203 Verletzung von Privatgeheimnissen

(1) Wer unbefugt ein fremdes Geheimnis, namentlich ein zum persönlichen Lebensbereich gehörendes Geheimnis oder ein Betriebs- oder Geschäftsgeheimnis, offenbart, das ihm als
1. Arzt, Zahnarzt, Tierarzt, Apotheker oder Angehörigen eines anderen Heilberufs, der für die Berufsausübung oder die Führung der Berufsbezeichnung eine staatlich geregelte Ausbildung erfordert,
2. Berufspsychologen mit staatlich anerkannter wissenschaftlicher Abschlußprüfung,
3. Rechtsanwalt, Patentanwalt, Notar, Verteidiger in einem gesetzlich geordneten Verfahren, Wirtschaftsprüfer, vereidigtem Buchprüfer, Steuerberater, Steuerbevollmächtigten oder Organ oder Mitglied eines Organs einer Rechtsanwalts-, Patentanwalts-, Wirtschaftsprüfungs-, Buchprüfungs- oder Steuerberatungsgesellschaft,
4. Ehe-, Familien-, Erziehungs- oder Jugendberater sowie Berater für Suchtfragen in einer Beratungsstelle, die von einer Behörde oder Körperschaft, Anstalt oder Stiftung des öffentlichen Rechts anerkannt ist,
4a. Mitglied oder Beauftragten einer anerkannten Beratungsstelle nach den §§ 3 und 8 des Schwangerschaftskonfliktgesetzes,
5. staatlich anerkanntem Sozialarbeiter oder staatlich anerkanntem Sozialpädagogen oder
6. Angehörigen eines Unternehmens der privaten Kranken-, Unfall- oder Lebensversicherung oder einer privatärztlichen, steuerberaterlichen oder anwaltlichen Verrechnungsstelle

anvertraut worden oder sonst bekanntgeworden ist, wird mit Freiheitsstrafe bis zu einem Jahr oder mit Geldstrafe bestraft.
(2) Ebenso wird bestraft, wer unbefugt ein fremdes Geheimnis, namentlich ein zum persönlichen Lebensbereich gehörendes Geheimnis oder ein Betriebs- oder Geschäftsgeheimnis, offenbart, das ihm als
1. Amtsträger,
2. für den öffentlichen Dienst besonders Verpflichteten,
3. Person, die Aufgaben oder Befugnisse nach dem Personalvertretungsrecht wahrnimmt,
4. Mitglied eines für ein Gesetzgebungsorgan des Bundes oder eines Landes tätigen Untersuchungsausschusses, sonstigen Ausschusses oder Rates, das nicht selbst Mitglied des Gesetzgebungsorgans ist, oder als Hilfskraft eines solchen Ausschusses oder Rates,
5. öffentlich bestelltem Sachverständigen, der auf die gewissenhafte Erfüllung seiner Obliegenheiten auf Grund eines Gesetzes förmlich verpflichtet worden ist, oder
6. Person, die auf die gewissenhafte Erfüllung ihrer Geheimhaltungspflicht bei der Durchführung wissenschaftlicher Forschungsvorhaben auf Grund eines Gesetzes förmlich verpflichtet worden ist,

anvertraut worden oder sonst bekanntgeworden ist. Einem Geheimnis im Sinne des Satzes 1 stehen Einzelangaben über persönliche oder sachliche Verhältnisse eines anderen gleich, die für Aufgaben der öffentlichen Verwaltung erfaßt worden sind; Satz 1 ist jedoch nicht anzuwenden, soweit solche Einzelangaben anderen Behörden oder sonstigen Stellen für Aufgaben der öffentlichen Verwaltung bekanntgegeben werden und das Gesetz dies nicht untersagt.

(2a) Die Absätze 1 und 2 gelten entsprechend, wenn ein Beauftragter für den Datenschutz unbefugt ein fremdes Geheimnis im Sinne dieser Vorschriften offenbart, das einem in den Absätzen 1 und 2 Genannten in dessen beruflicher Eigenschaft anvertraut worden oder sonst bekannt geworden ist und von dem er bei der Erfüllung seiner Aufgaben als Beauftragter für den Datenschutz Kenntnis erlangt hat.

(3) Einem in Absatz 1 Nr. 3 genannten Rechtsanwalt stehen andere Mitglieder einer Rechtsanwaltskammer gleich. Den in Absatz 1 und Satz 1 Genannten stehen ihre berufsmäßig tätigen Gehilfen und die Personen gleich, die bei ihnen zur Vorbereitung auf den Beruf tätig sind. Den in Absatz 1 und den in Satz 1 und 2 Genannten steht nach dem Tod des zur Wahrung des Geheimnisses Verpflichteten ferner gleich, wer das Geheimnis von dem Verstorbenen oder aus dessen Nachlaß erlangt hat.

(4) Die Absätze 1 bis 3 sind auch anzuwenden, wenn der Täter das fremde Geheimnis nach dem Tod des Betroffenen unbefugt offenbart.

(5) Handelt der Täter gegen Entgelt oder in der Absicht, sich oder einen anderen zu bereichern oder einen anderen zu schädigen, so ist die Strafe Freiheitsstrafe bis zu zwei Jahren oder Geldstrafe.

32 § 204 Verwertung fremder Geheimnisse

(1) Wer unbefugt ein fremdes Geheimnis, namentlich ein Betriebs- oder Geschäftsgeheimnis, zu dessen Geheimhaltung er nach § 203 verpflichtet ist, verwertet, wird mit Freiheitsstrafe bis zu zwei Jahren oder mit Geldstrafe bestraft.

(2) § 203 Abs. 4 gilt entsprechend.

33 § 205 Strafantrag

(1) In den Fällen des § 201 Abs. 1 und 2 und der §§ 201a, 202, 203 und 204 wird die Tat nur auf Antrag verfolgt. Dies gilt auch in den Fällen der §§ 202a und 202b, es sei denn, dass die Strafverfolgungsbehörde wegen des besonderen öffentlichen Interesses an der Strafverfolgung ein Einschreiten von Amts wegen für geboten hält.

(2) Stirbt der Verletzte, so geht das Antragsrecht nach § 77 Abs. 2 auf die Angehörigen über; dies gilt nicht in den Fällen der §§ 202a und 202b. Gehört das Geheimnis nicht zum persönlichen Lebensbereich des Verletzten, so geht das Antragsrecht bei Straftaten nach den §§ 203 und 204 auf die Erben über. Offenbart oder verwertet der Täter in den Fällen der §§ 203 und 204 das Geheimnis nach dem Tod des Betroffenen, so gelten die Sätze 1 und 2 sinngemäß.

...

34 § 257 Begünstigung

(1) Wer einem anderen, der eine rechtswidrige Tat begangen hat, in der Absicht Hilfe leistet, ihm die Vorteile der Tat zu sichern, wird mit Freiheitsstrafe bis zu fünf Jahren oder mit Geldstrafe bestraft.

(2) Die Strafe darf nicht schwerer sein als die für die Vortat angedrohte Strafe.

(3) Wegen Begünstigung wird nicht bestraft, wer wegen Beteiligung an der Vortat strafbar ist. Dies gilt nicht für denjenigen, der einen an der Vortat Unbeteiligten zur Begünstigung anstiftet.

(4) Die Begünstigung wird nur auf Antrag, mit Ermächtigung oder auf Strafverlangen verfolgt, wenn der Begünstiger als Täter oder Teilnehmer der Vortat nur auf Antrag, mit Ermächtigung oder auf Strafverlangen verfolgt werden könnte. § 248a gilt sinngemäß.

35 § 258 Strafvereitelung

(1) Wer absichtlich oder wissentlich ganz oder zum Teil vereitelt, daß ein anderer dem Strafgesetz gemäß wegen einer rechtswidrigen Tat bestraft oder einer Maßnahme (§ 11 Abs. 1 Nr. 8) unterworfen wird, wird mit Freiheitsstrafe bis zu fünf Jahren oder mit Geldstrafe bestraft.

(2) Ebenso wird bestraft, wer absichtlich oder wissentlich die Vollstreckung einer gegen einen anderen verhängten Strafe oder Maßnahme ganz oder zum Teil vereitelt.

(3) Die Strafe darf nicht schwerer sein als die für die Vortat angedrohte Strafe.

(4) Der Versuch ist strafbar.

(5) Wegen Strafvereitelung wird nicht bestraft, wer durch die Tat zugleich ganz oder zum Teil vereiteln will, daß er selbst bestraft oder einer Maßnahme unterworfen wird oder daß eine gegen ihn verhängte Strafe oder Maßnahme vollstreckt wird.

(6) Wer die Tat zugunsten eines Angehörigen begeht, ist straffrei.

§ 258a Strafvereitelung im Amt

(1) Ist in den Fällen des § 258 Abs. 1 der Täter als Amtsträger zur Mitwirkung bei dem Strafverfahren oder dem Verfahren zur Anordnung der Maßnahme (§ 11 Abs. 1 Nr. 8) oder ist er in den Fällen des § 258 Abs. 2 als Amtsträger zur Mitwirkung bei der Vollstreckung der Strafe oder Maßnahme berufen, so ist die Strafe Freiheitsstrafe von sechs Monaten bis zu fünf Jahren, in minder schweren Fällen Freiheitsstrafe bis zu drei Jahren oder Geldstrafe.

(2) Der Versuch ist strafbar.

(3) § 258 Abs. 3 und 6 ist nicht anzuwenden.

§ 259 Hehlerei

(1) Wer eine Sache, die ein anderer gestohlen oder sonst durch eine gegen fremdes Vermögen gerichtete rechtswidrige Tat erlangt hat, ankauft oder sonst sich oder einem Dritten verschafft, sie absetzt oder absetzen hilft, um sich oder einen Dritten zu bereichern, wird mit Freiheitsstrafe bis zu fünf Jahren oder mit Geldstrafe bestraft.

(2) Die §§ 247 und 248a gelten sinngemäß.

(3) Der Versuch ist strafbar.

...

§ 261 Geldwäsche, Verschleierung unrechtmäßig erlangter Vermögenswerte

(1) Wer einen Gegenstand, der aus einer in Satz 2 genannten rechtswidrigen Tat herrührt, verbirgt, dessen Herkunft verschleiert oder die Ermittlung der Herkunft, das Auffinden, den Verfall, die Einziehung oder die Sicherstellung eines solchen Gegenstandes vereitelt oder gefährdet, wird mit Freiheitsstrafe von drei Monaten bis zu fünf Jahren bestraft. Rechtswidrige Taten im Sinne des Satzes 1 sind

1. Verbrechen,
2. Vergehen nach
    a) § 332 Abs. 1, auch in Verbindung mit Abs. 3, und § 334,
    b) § 29 Abs. 1 Satz 1 Nr. 1 des Betäubungsmittelgesetzes und § 19 Abs. 1 Nr. 1 des Grundstoffüberwachungsgesetzes,
3. Vergehen nach § 373 und nach § 374 Abs. 2 der Abgabenordnung, jeweils auch in Verbindung mit § 12 Abs. 1 des Gesetzes zur Durchführung der Gemeinsamen Marktorganisationen und der Direktzahlungen,
4. Vergehen
    a) nach den §§ 152a, 181a, 232 Abs. 1 und 2, § 233 Abs. 1 und 2, §§ 233a, 242, 246, 253, 259, 263 bis 264, 266, 267, 269, 271, 284, 326 Abs. 1, 2 und 4, § 328 Abs. 1, 2 und 4 sowie § 348,
    b) nach § 96 des Aufenthaltsgesetzes, § 84 des Asylverfahrensgesetzes, *nach § 370 der Abgabenordnung, nach § 38 Absatz 1 bis 3 und 5 des Wertpapierhandelsgesetzes sowie nach den §§ 143, 143a und 144 des Markengesetzes, den §§ 106 bis 108b des Urheberrechtsgesetzes, § 25 des Gebrauchsmustergesetzes, den §§ 51 und 65 des Geschmacksmustergesetzes, § 142 des Patentgesetzes, § 10 des Halbleiterschutzgesetzes und § 39 des Sortenschutzgesetzes,*
    die gewerbsmäßig oder von einem Mitglied einer Bande, die sich zur fortgesetzten Begehung solcher Taten verbunden hat, begangen worden sind,
    und
5. Vergehen nach § 89a und nach den §§ 129 und 129a Abs. 3 und 5, jeweils auch in Verbindung mit § 129b Abs. 1, sowie von einem Mitglied einer kriminellen oder terroristischen Vereinigung (§§ 129, 129a, jeweils auch in Verbindung mit § 129b Abs. 1) begangene Vergehen.

Satz 1 gilt in den Fällen der gewerbsmäßigen oder bandenmäßigen Steuerhinterziehung nach § 370 der Abgabenordnung für die durch die Steuerhinterziehung ersparten Aufwendungen und unrechtmäßig erlangten Steuererstattungen und -vergütungen sowie in den Fällen des Satzes 2 Nr. 3 auch für einen Gegenstand, hinsichtlich dessen Abgaben hinterzogen worden sind.

(2) Ebenso wird bestraft, wer einen in Absatz 1 bezeichneten Gegenstand

1. sich oder einem Dritten verschafft oder

2. verwahrt oder für sich oder einen Dritten verwendet, wenn er die Herkunft des Gegenstandes zu dem Zeitpunkt gekannt hat, zu dem er ihn erlangt hat.

(3) Der Versuch ist strafbar.

(4) In besonders schweren Fällen ist die Strafe Freiheitsstrafe von sechs Monaten bis zu zehn Jahren. Ein besonders schwerer Fall liegt in der Regel vor, wenn der Täter gewerbsmäßig oder als Mitglied einer Bande handelt, die sich zur fortgesetzten Begehung einer Geldwäsche verbunden hat.

(5) Wer in den Fällen des Absatzes 1 oder 2 leichtfertig nicht erkennt, dass der Gegenstand aus einer in Absatz 1 genannten rechtswidrigen Tat herrührt, wird mit Freiheitsstrafe bis zu zwei Jahren oder mit Geldstrafe bestraft.

(6) Die Tat ist nicht nach Absatz 2 strafbar, wenn zuvor ein Dritter den Gegenstand erlangt hat, ohne hierdurch eine Straftat zu begehen.

(7) Gegenstände, auf die sich die Straftat bezieht, können eingezogen werden. § 74a ist anzuwenden. § 73d ist anzuwenden, wenn der Täter gewerbsmäßig oder als Mitglied einer Bande handelt, die sich zur fortgesetzten Begehung einer Geldwäsche verbunden hat.

(8) Den in den Absätzen 1, 2 und 5 bezeichneten Gegenständen stehen solche gleich, die aus einer im Ausland begangenen Tat der in Absatz 1 bezeichneten Art herrühren, wenn die Tat auch am Tatort mit Strafe bedroht ist.

(9) Nach den Absätzen 1 bis 5 wird nicht bestraft, wer

1. die Tat freiwillig bei der zuständigen Behörde anzeigt oder freiwillig eine solche Anzeige veranlasst, wenn nicht die Tat in diesem Zeitpunkt ganz oder zum Teil bereits entdeckt war und der Täter dies wusste oder bei verständiger Würdigung der Sachlage damit rechnen musste, und

2. in den Fällen des Absatzes 1 oder 2 unter den in Nummer 1 genannten Voraussetzungen die Sicherstellung des Gegenstandes bewirkt, auf den sich die Straftat bezieht.

Nach den Absätzen 1 bis 5 wird außerdem nicht bestraft, wer wegen Beteiligung an der Vortat strafbar ist.

(10) (weggefallen)

...

§ 263a Computerbetrug

(1) Wer in der Absicht, sich oder einem Dritten einen rechtswidrigen Vermögensvorteil zu verschaffen, das Vermögen eines anderen dadurch beschädigt, daß er das Ergebnis eines Datenverarbeitungsvorgangs durch unrichtige Gestaltung des Programms, durch Verwendung unrichtiger oder unvollständiger Daten, durch unbefugte Verwendung von Daten oder sonst durch unbefugte Einwirkung auf den Ablauf beeinflußt, wird mit Freiheitsstrafe bis zu fünf Jahren oder mit Geldstrafe bestraft.

(2) § 263 Abs. 2 bis 7 gilt entsprechend.

(3) Wer eine Straftat nach Absatz 1 vorbereitet, indem er Computerprogramme, deren Zweck die Begehung einer solchen Tat ist, herstellt, sich oder einem anderen verschafft, feilhält, verwahrt oder einem anderen überlässt, wird mit Freiheitsstrafe bis zu drei Jahren oder mit Geldstrafe bestraft.

(4) In den Fällen des Absatzes 3 gilt § 149 Abs. 2 und 3 entsprechend.

§ 264 Subventionsbetrug

(1) Mit Freiheitsstrafe bis zu fünf Jahren oder mit Geldstrafe wird bestraft, wer

1. einer für die Bewilligung einer Subvention zuständigen Behörde oder einer anderen in das Subventionsverfahren eingeschalteten Stelle oder Person (Subventionsgeber) über subventionserhebliche Tatsachen für sich oder einen anderen unrichtige oder unvollständige Angaben macht, die für ihn oder den anderen vorteilhaft sind,

2. einen Gegenstand oder eine Geldleistung, deren Verwendung durch Rechtsvorschriften oder durch den Subventionsgeber im Hinblick auf eine Subvention beschränkt ist, entgegen der Verwendungsbeschränkung verwendet,

3. den Subventionsgeber entgegen den Rechtsvorschriften über die Subventionsvergabe über subventionserhebliche Tatsachen in Unkenntnis läßt oder

4. in einem Subventionsverfahren eine durch unrichtige oder unvollständige Angaben erlangte Bescheinigung über eine Subventionsberechtigung oder über subventionserhebliche Tatsachen gebraucht.

(2) In besonders schweren Fällen ist die Strafe Freiheitsstrafe von sechs Monaten bis zu zehn Jahren. Ein besonders schwerer Fall liegt in der Regel vor, wenn der Täter

1. aus grobem Eigennutz oder unter Verwendung nachgemachter oder verfälschter Belege für sich oder einen anderen eine nicht gerechtfertigte Subvention großen Ausmaßes erlangt,
2. seine Befugnisse oder seine Stellung als Amtsträger mißbraucht oder
3. die Mithilfe eines Amtsträgers ausnutzt, der seine Befugnisse oder seine Stellung mißbraucht.

(3) § 263 Abs. 5 gilt entsprechend.

(4) Wer in den Fällen des Absatzes 1 Nr. 1 bis 3 leichtfertig handelt, wird mit Freiheitsstrafe bis zu drei Jahren oder mit Geldstrafe bestraft.

(5) Nach den Absätzen 1 und 4 wird nicht bestraft, wer freiwillig verhindert, daß auf Grund der Tat die Subvention gewährt wird. Wird die Subvention ohne Zutun des Täters nicht gewährt, so wird er straflos, wenn er sich freiwillig und ernsthaft bemüht, das Gewähren der Subvention zu verhindern.

(6) Neben einer Freiheitsstrafe von mindestens einem Jahr wegen einer Straftat nach den Absätzen 1 bis 3 kann das Gericht die Fähigkeit, öffentliche Ämter zu bekleiden, und die Fähigkeit, Rechte aus öffentlichen Wahlen zu erlangen, aberkennen (§ 45 Abs. 2). Gegenstände, auf die sich die Tat bezieht, können eingezogen werden; § 74a ist anzuwenden.

(7) Subvention im Sinne dieser Vorschrift ist
1. eine Leistung aus öffentlichen Mitteln nach Bundes- oder Landesrecht an Betriebe oder Unternehmen, die wenigstens zum Teil
    a) ohne marktmäßige Gegenleistung gewährt wird und
    b) der Förderung der Wirtschaft dienen soll;
2. eine Leistung aus öffentlichen Mitteln nach dem Recht der Europäischen Gemeinschaften, die wenigstens zum Teil ohne marktmäßige Gegenleistung gewährt wird.

Betrieb oder Unternehmen im Sinne des Satzes 1 Nr. 1 ist auch das öffentliche Unternehmen.

(8) Subventionserheblich im Sinne des Absatzes 1 sind Tatsachen,
1. die durch Gesetz oder auf Grund eines Gesetzes von dem Subventionsgeber als subventionserheblich bezeichnet sind oder
2. von denen die Bewilligung, Gewährung, Rückforderung, Weitergewährung oder das Belassen einer Subvention oder eines Subventionsvorteils gesetzlich abhängig ist.

...

§ 355 Verletzung des Steuergeheimnisses

(1) Wer unbefugt
1. Verhältnisse eines anderen, die ihm als Amtsträger
    a) in einem Verwaltungsverfahren oder einem gerichtlichen Verfahren in Steuersachen,
    b) in einem Strafverfahren wegen einer Steuerstraftat oder in einem Bußgeldverfahren wegen einer Steuerordnungswidrigkeit,
    c) aus anderem Anlaß durch Mitteilung einer Finanzbehörde oder durch die gesetzlich vorgeschriebene Vorlage eines Steuerbescheids oder einer Bescheinigung über die bei der Besteuerung getroffenen Feststellungen

    bekanntgeworden sind, oder
2. ein fremdes Betriebs- oder Geschäftsgeheimnis, das ihm als Amtsträger in einem der in Nummer 1 genannten Verfahren bekanntgeworden ist,

offenbart oder verwertet, wird mit Freiheitsstrafe bis zu zwei Jahren oder mit Geldstrafe bestraft.

(2) Den Amtsträgern im Sinne des Absatzes 1 stehen gleich
1. die für den öffentlichen Dienst besonders Verpflichteten,
2. amtlich zugezogene Sachverständige und
3. die Träger von Ämtern der Kirchen und anderen Religionsgesellschaften des öffentlichen Rechts.

(3) Die Tat wird nur auf Antrag des Dienstvorgesetzten oder des Verletzten verfolgt. Bei Taten amtlich zugezogener Sachverständiger ist der Leiter der Behörde, deren Verfahren betroffen ist, neben dem Verletzten antragsberechtigt.

...

Anhang 14
Justizvergütungs- und -entschädigungsgesetz (zu §§ 385 ff. AO)

JVEG — Justizvergütungs- und -entschädigungsgesetz (JVEG)

vom 5. 5. 2004 (BGBl. 2004 I S. 718, 776),
zuletzt geändert durch Artikel 7 Abs. 3 des Gesetzes vom 30. 7. 2009
(BGBl. 2009 I S. 2449)

Abschnitt 1
Allgemeine Vorschriften

§ 1 Geltungsbereich und Anspruchsberechtigte

(1) Dieses Gesetz regelt
1. die Vergütung der Sachverständigen, Dolmetscherinnen, Dolmetscher, Übersetzerinnen und Übersetzer, die von dem Gericht, der Staatsanwaltschaft, der Finanzbehörde in den Fällen, in denen diese das Ermittlungsverfahren selbstständig durchführt, der Verwaltungsbehörde im Verfahren nach dem Gesetz über Ordnungswidrigkeiten oder dem Gerichtsvollzieher herangezogen werden;
2. die Entschädigung der ehrenamtlichen Richterinnen und Richter bei den ordentlichen Gerichten und den Gerichten für Arbeitssachen sowie bei den Gerichten der Verwaltungs-, der Finanz- und der Sozialgerichtsbarkeit mit Ausnahme der ehrenamtlichen Richterinnen und Richter in Handelssachen, in berufsgerichtlichen Verfahren oder bei Dienstgerichten sowie
3. die Entschädigung der Zeuginnen, Zeugen und Dritten (§ 23), die von den in Nummer 1 genannten Stellen herangezogen werden.

Eine Vergütung oder Entschädigung wird nur nach diesem Gesetz gewährt. Der Anspruch auf Vergütung nach Satz 1 Nr. 1 steht demjenigen zu, der beauftragt worden ist; dies gilt auch, wenn der Mitarbeiter einer Unternehmung die Leistung erbringt, der Auftrag jedoch der Unternehmung erteilt worden ist.

(2) Dieses Gesetz gilt auch, wenn Behörden oder sonstige öffentliche Stellen von den in Absatz 1 Satz 1 Nr. 1 genannten Stellen zu Sachverständigenleistungen herangezogen werden. Für Angehörige einer Behörde oder einer sonstigen öffentlichen Stelle, die weder Ehrenbeamte noch ehrenamtlich tätig sind, gilt dieses Gesetz nicht, wenn sie ein Gutachten in Erfüllung ihrer Dienstaufgaben erstatten, vertreten oder erläutern.

(3) Einer Heranziehung durch die Staatsanwaltschaft oder durch die Finanzbehörde in den Fällen des Absatzes 1 Satz 1 Nr. 1 steht eine Heranziehung durch die Polizei oder eine andere Strafverfolgungsbehörde im Auftrag oder mit vorheriger Billigung der Staatsanwaltschaft oder der Finanzbehörde gleich. Satz 1 gilt im Verfahren der Verwaltungsbehörde nach dem Gesetz über Ordnungswidrigkeiten entsprechend.

(4) Die Vertrauenspersonen in den Ausschüssen zur Wahl der Schöffen und die Vertrauensleute in den Ausschüssen zur Wahl der ehrenamtlichen Richter bei den Gerichten der Verwaltungs- und der Finanzgerichtsbarkeit werden wie ehrenamtliche Richter entschädigt.

§ 2 Geltendmachung und Erlöschen des Anspruchs, Verjährung

(1) Der Anspruch auf Vergütung oder Entschädigung erlischt, wenn er nicht binnen drei Monaten bei der Stelle, die den Berechtigten herangezogen oder beauftragt hat, geltend gemacht wird. Die Frist beginnt
1. im Fall der schriftlichen Begutachtung oder der Anfertigung einer Übersetzung mit Eingang des Gutachtens oder der Übersetzung bei der Stelle, die den Berechtigten beauftragt hat,
2. im Fall der Vernehmung als Sachverständiger oder Zeuge oder der Zuziehung als Dolmetscher mit Beendigung der Vernehmung oder Zuziehung,
3. in den Fällen des § 23 mit Beendigung der Maßnahme und
4. im Fall der Dienstleistung als ehrenamtlicher Richter oder Mitglied eines Ausschusses im Sinne des § 1 Abs. 4 mit Beendigung der Amtsperiode.

Die Frist kann auf begründeten Antrag von der in Satz 1 genannten Stelle verlängert werden; lehnt sie eine Verlängerung ab, hat sie den Antrag unverzüglich dem nach § 4 Abs. 1 für die Festsetzung der Vergütung oder Entschädigung zuständigen Gericht vorzulegen, das durch unanfechtbaren Beschluss entscheidet. Weist das Gericht den Antrag zurück, erlischt der Anspruch, wenn die Frist nach Satz 1 abgelaufen und der Anspruch nicht binnen zwei Wochen ab Bekanntgabe der Entscheidung bei der in Satz 1 genannten Stelle geltend gemacht worden ist.

(2) War der Berechtigte ohne sein Verschulden an der Einhaltung einer Frist nach Absatz 1 gehindert, gewährt ihm das Gericht auf Antrag Wiedereinsetzung in den vorigen Stand, wenn er innerhalb von zwei Wochen nach Beseitigung des Hindernisses den Anspruch beziffert und die Tatsachen glaubhaft macht, welche die Wiedereinsetzung begründen. Nach Ablauf eines Jahres, von dem Ende der versäumten Frist an gerechnet, kann die Wiedereinsetzung nicht mehr beantragt

(zu §§ 385 ff. AO)

Anhang 14
Justizvergütungs- und -entschädigungsgesetz

werden. Gegen die Ablehnung der Wiedereinsetzung findet die Beschwerde statt. Sie ist nur zulässig, wenn sie innerhalb von zwei Wochen eingelegt wird. Die Frist beginnt mit der Zustellung der Entscheidung. § 4 Abs. 4 Satz 1 bis 3 und Abs. 6 bis 8 ist entsprechend anzuwenden.

(3) Der Anspruch auf Vergütung oder Entschädigung verjährt in drei Jahren nach Ablauf des Kalenderjahrs, in dem der nach Absatz 1 Satz 2 Nr. 1 bis 4 maßgebliche Zeitpunkt eingetreten ist. Auf die Verjährung sind die Vorschriften des Bürgerlichen Gesetzbuchs anzuwenden. Durch den Antrag auf gerichtliche Festsetzung (§ 4) wird die Verjährung wie durch Klageerhebung gehemmt. Die Verjährung wird nicht von Amts wegen berücksichtigt.

(4) Der Anspruch auf Erstattung zu viel gezahlter Vergütung oder Entschädigung verjährt in drei Jahren nach Ablauf des Kalenderjahrs, in dem die Zahlung erfolgt ist. § 5 Abs. 3 des Gerichtskostengesetzes gilt entsprechend.

§ 3 Vorschuss 3

Auf Antrag ist ein angemessener Vorschuss zu bewilligen, wenn dem Berechtigten erhebliche Fahrtkosten oder sonstige Aufwendungen entstanden sind oder voraussichtlich entstehen werden oder wenn die zu erwartende Vergütung für bereits erbrachte Teilleistungen einen Betrag von 2000 Euro übersteigt.

§ 4 Gerichtliche Festsetzung und Beschwerde 4

(1) Die Festsetzung der Vergütung, der Entschädigung oder des Vorschusses erfolgt durch gerichtlichen Beschluss, wenn der Berechtigte oder die Staatskasse die gerichtliche Festsetzung beantragt oder das Gericht sie für angemessen hält. Zuständig ist
1. das Gericht, von dem der Berechtigte herangezogen worden ist, bei dem er als ehrenamtlicher Richter mitgewirkt hat oder bei dem der Ausschuss im Sinne des § 1 Abs. 4 gebildet ist;
2. das Gericht, bei dem die Staatsanwaltschaft besteht, wenn die Heranziehung durch die Staatsanwaltschaft oder in deren Auftrag oder mit deren vorheriger Billigung durch die Polizei oder eine andere Strafverfolgungsbehörde erfolgt ist, nach Erhebung der öffentlichen Klage jedoch das für die Durchführung des Verfahrens zuständige Gericht;
3. das Landgericht, bei dem die Staatsanwaltschaft besteht, die für das Ermittlungsverfahren zuständig wäre, wenn die Heranziehung in den Fällen des § 1 Abs. 1 Satz 1 Nr. 1 durch die Finanzbehörde oder in deren Auftrag oder mit deren vorheriger Billigung durch die Polizei oder eine andere Strafverfolgungsbehörde erfolgt ist, nach Erhebung der öffentlichen Klage jedoch das für die Durchführung des Verfahrens zuständige Gericht;
4. das Amtsgericht, in dessen Bezirk der Gerichtsvollzieher seinen Amtssitz hat, wenn die Heranziehung durch den Gerichtsvollzieher erfolgt ist, abweichend davon im Verfahren der Zwangsvollstreckung das Vollstreckungsgericht.

(2) Ist die Heranziehung durch die Verwaltungsbehörde im Bußgeldverfahren erfolgt, werden die zu gewährende Vergütung oder Entschädigung und der Vorschuss durch gerichtlichen Beschluss festgesetzt, wenn der Berechtigte gerichtliche Entscheidung gegen die Festsetzung durch die Verwaltungsbehörde beantragt. Für das Verfahren gilt § 62 des Gesetzes über Ordnungswidrigkeiten.

(3) Gegen den Beschluss nach Absatz 1 können der Berechtigte und die Staatskasse Beschwerde einlegen, wenn der Wert des Beschwerdegegenstands 200 Euro übersteigt oder wenn sie das Gericht, das die angefochtene Entscheidung erlassen hat, wegen der grundsätzlichen Bedeutung der zur Entscheidung stehenden Frage in dem Beschluss zulässt.

(4) Soweit das Gericht die Beschwerde für zulässig und begründet hält, hat es ihr abzuhelfen; im Übrigen ist die Beschwerde unverzüglich dem Beschwerdegericht vorzulegen. Beschwerdegericht ist das nächsthöhere Gericht. Eine Beschwerde an einen obersten Gerichtshof des Bundes findet nicht statt. Das Beschwerdegericht ist an die Zulassung der Beschwerde gebunden; die Nichtzulassung ist unanfechtbar.

(5) Die weitere Beschwerde ist nur zulässig, wenn das Landgericht als Beschwerdegericht entschieden und sie wegen der grundsätzlichen Bedeutung der zur Entscheidung stehenden Frage in dem Beschluss zugelassen hat. Sie kann nur darauf gestützt werden, dass die Entscheidung auf einer Verletzung des Rechts beruht; die §§ 546 und 547 der Zivilprozessordnung gelten entsprechend. Über die weitere Beschwerde entscheidet das Oberlandesgericht. Absatz 4 Satz 1 und 4 gilt entsprechend.

(6) Anträge und Erklärungen können ohne Mitwirkung eines Bevollmächtigten schriftlich eingereicht oder zu Protokoll der Geschäftsstelle abgegeben werden; § 129a der Zivilprozessordnung gilt entsprechend. Für die Bevollmächtigten gelten die Regelungen der für das zugrunde liegende Verfahren geltenden Verfahrensordnung entsprechend. Die Beschwerde ist bei dem Gericht einzulegen, dessen Entscheidung angefochten wird.

(7) Das Gericht entscheidet über den Antrag durch eines seiner Mitglieder als Einzelrichter; dies gilt auch für die Beschwerde, wenn die angefochtene Entscheidung von einem Einzelrichter oder

Anhang 14
Justizvergütungs- und -entschädigungsgesetz (zu §§ 385 ff. AO)

einem Rechtspfleger erlassen wurde. Der Einzelrichter überträgt das Verfahren der Kammer oder dem Senat, wenn die Sache besondere Schwierigkeiten tatsächlicher oder rechtlicher Art aufweist oder die Rechtssache grundsätzliche Bedeutung hat. Das Gericht entscheidet jedoch immer ohne Mitwirkung ehrenamtlicher Richter. Auf eine erfolgte oder unterlassene Übertragung kann ein Rechtsmittel nicht gestützt werden.

(8) Die Verfahren sind gebührenfrei. Kosten werden nicht erstattet.

(9) Die Beschlüsse nach den Absätzen 1, 2, 4 und 5 wirken nicht zu Lasten des Kostenschuldners.

5

§ 4a Abhilfe bei Verletzung des Anspruchs auf rechtliches Gehör

(1) Auf die Rüge eines durch die Entscheidung nach diesem Gesetz beschwerten Beteiligten ist das Verfahren fortzuführen, wenn

1. ein Rechtsmittel oder ein anderer Rechtsbehelf gegen die Entscheidung nicht gegeben ist und
2. das Gericht den Anspruch dieses Beteiligten auf rechtliches Gehör in entscheidungserheblicher Weise verletzt hat.

(2) Die Rüge ist innerhalb von zwei Wochen nach Kenntnis von der Verletzung des rechtlichen Gehörs zu erheben; der Zeitpunkt der Kenntniserlangung ist glaubhaft zu machen. Nach Ablauf eines Jahres seit Bekanntmachung der angegriffenen Entscheidung kann die Rüge nicht mehr erhoben werden. Formlos mitgeteilte Entscheidungen gelten mit dem dritten Tage nach Aufgabe zur Post als bekannt gemacht. Die Rüge ist bei dem Gericht zu erheben, dessen Entscheidung angegriffen wird; § 4 Abs. 6 Satz 1 und 2 gilt entsprechend. Die Rüge muss die angegriffene Entscheidung bezeichnen und das Vorliegen der in Absatz 1 Nr. 2 genannten Voraussetzungen darlegen.

(3) Den übrigen Beteiligten ist, soweit erforderlich, Gelegenheit zur Stellungnahme zu geben.

(4) Das Gericht hat von Amts wegen zu prüfen, ob die Rüge an sich statthaft und ob sie in der gesetzlichen Form und Frist erhoben ist. Mangelt es an einem dieser Erfordernisse, so ist die Rüge als unzulässig zu verwerfen. Ist die Rüge unbegründet, weist das Gericht sie zurück. Die Entscheidung ergeht durch unanfechtbaren Beschluss. Der Beschluss soll kurz begründet werden.

(5) Ist die Rüge begründet, so hilft ihr das Gericht ab, indem es das Verfahren fortführt, soweit dies aufgrund der Rüge geboten ist.

(6) Kosten werden nicht erstattet.

§ 4b Elektronische Akte, elektronisches Dokument

(1) Die Vorschriften über die elektronische Akte und das gerichtliche elektronische Dokument für das Verfahren, in dem der Anspruchsberechtigte herangezogen worden ist, sind anzuwenden.

(2) Soweit für Anträge und Erklärungen in dem Verfahren, in dem der Anspruchsberechtigte herangezogen worden ist, die Aufzeichnung als elektronisches Dokument genügt, genügt diese Form auch für Anträge und Erklärungen nach diesem Gesetz. Die verantwortende Person soll das Dokument mit einer qualifizierten elektronischen Signatur nach dem Signaturgesetz versehen. Ist ein übermitteltes elektronisches Dokument für das Gericht zur Bearbeitung nicht geeignet, ist dies dem Absender unter Angabe der geltenden technischen Rahmenbedingungen unverzüglich mitzuteilen.

(3) Ein elektronisches Dokument ist eingereicht, sobald die für den Empfang bestimmte Einrichtung des Gerichts es aufgezeichnet hat.

Abschnitt 2
Gemeinsame Vorschriften

6

§ 5 Fahrtkostenersatz

(1) Bei Benutzung von öffentlichen, regelmäßig verkehrenden Beförderungsmitteln werden die tatsächlich entstandenen Auslagen bis zur Höhe der entsprechenden Kosten für die Benutzung der ersten Wagenklasse der Bahn einschließlich der Auslagen für Platzreservierung und Beförderung des notwendigen Gepäcks ersetzt.

(2) Bei Benutzung eines eigenen oder unentgeltlich zur Nutzung überlassenen Kraftfahrzeugs werden

1. dem Zeugen oder dem Dritten (§ 23) zur Abgeltung der Betriebskosten sowie zur Abgeltung der Abnutzung des Kraftfahrzeugs 0,25 Euro,
2. den in § 1 Abs. 1 Satz 1 Nr. 1 und 2 genannten Anspruchsberechtigten zur Abgeltung der Anschaffungs-, Unterhaltungs- und Betriebskosten sowie zur Abgeltung der Abnutzung des Kraftfahrzeugs 0,30 Euro

für jeden gefahrenen Kilometer ersetzt zuzüglich der durch die Benutzung des Kraftfahrzeugs aus Anlass der Reise regelmäßig anfallenden baren Auslagen, insbesondere der Parkentgelte. Bei der Benutzung durch mehrere Personen kann die Pauschale nur einmal geltend gemacht werden. Bei der Benutzung eines Kraftfahrzeugs, das nicht zu den Fahrzeugen nach Absatz 1 oder Satz 1 zählt, werden die tatsächlich entstandenen Auslagen bis zur Höhe der in Satz 1 genannten Fahrtkosten ersetzt; zusätzlich werden die durch die Benutzung des Kraftfahrzeugs aus Anlass der Reise angefallenen regelmäßigen baren Auslagen, insbesondere die Parkentgelte, ersetzt, soweit sie der Berechtigte zu tragen hat.

(3) Höhere als die in Absatz 1 oder Absatz 2 bezeichneten Fahrtkosten werden ersetzt, soweit dadurch Mehrbeträge an Vergütung oder Entschädigung erspart werden oder höhere Fahrtkosten wegen besonderer Umstände notwendig sind.

(4) Für Reisen während der Terminsdauer werden die Fahrtkosten nur insoweit ersetzt, als dadurch Mehrbeträge an Vergütung oder Entschädigung erspart werden, die beim Verbleiben an der Terminsstelle gewährt werden müssten.

(5) Wird die Reise zum Ort des Termins von einem anderen als dem in der Ladung oder Terminsmitteilung bezeichneten oder der zuständigen Stelle unverzüglich angezeigten Ort angetreten oder wird zu einem anderen als zu diesem Ort zurückgefahren, werden Mehrkosten nach billigem Ermessen nur dann ersetzt, wenn der Berechtigte zu diesen Fahrten durch besondere Umstände genötigt war.

§ 6 Entschädigung für Aufwand

(1) Wer innerhalb der Gemeinde, in der der Termin stattfindet, weder wohnt noch berufstätig ist, erhält für die Zeit, während der er aus Anlass der Wahrnehmung des Termins von seiner Wohnung und seinem Tätigkeitsmittelpunkt abwesend sein muss, ein Tagegeld, dessen Höhe sich nach § 4 Abs. 5 Satz 1 Nr. 5 Satz 2 des Einkommensteuergesetzes bestimmt.

(2) Ist eine auswärtige Übernachtung notwendig, wird ein Übernachtungsgeld nach den Bestimmungen des Bundesreisekostengesetzes gewährt.

§ 7 Ersatz für sonstige Aufwendungen

(1) Auch die in den §§ 5, 6 und 12 nicht besonders genannten baren Auslagen werden ersetzt, soweit sie notwendig sind. Dies gilt insbesondere für die Kosten notwendiger Vertretungen und notwendiger Begleitpersonen.

(2) Für die Anfertigung von Ablichtungen und Ausdrucken werden 0,50 Euro je Seite für die ersten 50 Seiten und 0,15 Euro für jede weitere Seite, für die Anfertigung von Farbkopien oder Farbausdrucken 2 Euro je Seite ersetzt. Die Höhe der Pauschale ist in derselben Angelegenheit einheitlich zu berechnen. Die Pauschale wird nur für Ablichtungen und Ausdrucke aus Behörden- und Gerichtsakten gewährt, soweit deren Herstellung zur sachgemäßen Vorbereitung oder Bearbeitung der Angelegenheit geboten war, sowie für Ablichtungen und zusätzliche Ausdrucke, die nach Aufforderung durch die heranziehende Stelle angefertigt worden sind.

(3) Für die Überlassung von elektronisch gespeicherten Dateien anstelle der in Absatz 2 genannten Ablichtungen und Ausdrucke werden 2,50 Euro je Datei ersetzt.

Abschnitt 3
Vergütung von Sachverständigen, Dolmetschern und Übersetzern

§ 8 Grundsatz der Vergütung

(1) Sachverständige, Dolmetscher und Übersetzer erhalten als Vergütung
1. ein Honorar für ihre Leistungen (§§ 9 bis 11),
2. Fahrtkostenersatz (§ 5),
3. Entschädigung für Aufwand (§ 6) sowie
4. Ersatz für sonstige und für besondere Aufwendungen (§§ 7 und 12).

(2) Soweit das Honorar nach Stundensätzen zu bemessen ist, wird es für jede Stunde der erforderlichen Zeit einschließlich notwendiger Reise- und Wartezeiten gewährt. Die letzte bereits begonnene Stunde wird voll gerechnet, wenn sie zu mehr als 30 Minuten für die Erbringung der Leistung erforderlich war; anderenfalls beträgt das Honorar die Hälfte des sich für eine volle Stunde ergebenden Betrags.

(3) Soweit vergütungspflichtige Leistungen oder Aufwendungen auf die gleichzeitige Erledigung mehrerer Angelegenheiten entfallen, ist die Vergütung nach der Anzahl der Angelegenheiten aufzuteilen.

(4) Den Sachverständigen, Dolmetschern und Übersetzern, die ihren gewöhnlichen Aufenthalt im Ausland haben, kann unter Berücksichtigung ihrer persönlichen Verhältnisse, insbesondere ihres

Anhang 14
Justizvergütungs- und -entschädigungsgesetz (zu §§ 385 ff. AO)

regelmäßigen Erwerbseinkommens, nach billigem Ermessen eine höhere als die in Absatz 1 bestimmte Vergütung gewährt werden.

10 **§ 9 Honorar für die Leistung der Sachverständigen und Dolmetscher**

(1) Der Sachverständige erhält für jede Stunde ein Honorar

in der Honorargruppe ...	in Höhe von ... Euro
1	50
2	55
3	60
4	65
5	70
6	75
7	80
8	85
9	90
10	95
M 1	50
M 2	60
M 3	85

Die Zuordnung der Leistungen zu einer Honorargruppe bestimmt sich nach der Anlage 1.[1)] Wird die Leistung auf einem Sachgebiet erbracht, das in keiner Honorargruppe genannt wird, ist sie unter Berücksichtigung der allgemein für Leistungen dieser Art außergerichtlich und außerbehördlich vereinbarten Stundensätze einer Honorargruppe nach billigem Ermessen zuzuordnen; dies gilt entsprechend, wenn ein medizinisches oder psychologisches Gutachten einen Gegenstand betrifft, der in keiner Honorargruppe genannt wird. Erfolgt die Leistung auf mehreren Sachgebieten oder betrifft das medizinische oder psychologische Gutachten mehrere Gegenstände und sind die Sachgebiete oder Gegenstände verschiedenen Honorargruppen zugeordnet, bemisst sich das Honorar einheitlich für die gesamte erforderliche Zeit nach der höchsten dieser Honorargruppen; jedoch gilt Satz 3 entsprechend, wenn die mit Rücksicht auf den Schwerpunkt der Leistung zu einem unbilligen Ergebnis führen würde. § 4 gilt entsprechend mit der Maßgabe, dass die Beschwerde auch zulässig ist, wenn der Wert des Beschwerdegegenstands 200 Euro nicht übersteigt. Die Beschwerde ist nur zulässig, solange der Anspruch auf Vergütung noch nicht geltend gemacht worden ist.

(2) Im Fall des § 22 Abs. 1 Satz 2 Nr. 3 der Insolvenzordnung beträgt das Honorar des Sachverständigen abweichend von Absatz 1 für jede Stunde 65 Euro.

(3) Das Honorar des Dolmetschers beträgt für jede Stunde 55 Euro. Ein ausschließlich als Dolmetscher Tätiger erhält eine Ausfallentschädigung in Höhe von höchstens 55 Euro, soweit er durch die Aufhebung eines Termins, zu dem er geladen war und dessen Aufhebung nicht durch einen in seiner Person liegenden Grund veranlasst war, einen Einkommensverlust erlitten hat und ihm die Aufhebung erst am Terminstag oder an einem der beiden vorhergehenden Tage mitgeteilt worden ist.

11 **§ 10 Honorar für besondere Leistungen**

(1) Soweit ein Sachverständiger oder ein sachverständiger Zeuge Leistungen erbringt, die in der Anlage 2[2)] bezeichnet sind, bemisst sich das Honorar oder die Entschädigung nach dieser Anlage.

(2) Für Leistungen der in Abschnitt O des Gebührenverzeichnisses für ärztliche Leistungen (Anlage zur Gebührenordnung für Ärzte) bezeichneten Art bemisst sich das Honorar in entsprechender Anwendung dieses Gebührenverzeichnisses nach dem 1,3fachen Gebührensatz. § 4 Abs. 2 bis 4 Satz 1 und § 10 der Gebührenordnung für Ärzte gelten entsprechend; im Übrigen bleiben die §§ 7 und 12 unberührt.

(3) Soweit für die Erbringung einer Leistung nach Absatz 1 oder Absatz 2 zusätzliche Zeit erforderlich ist, erhält der Berechtigte ein Honorar nach der Honorargruppe 1.

12 **§ 11 Honorar für Übersetzungen**

(1) Das Honorar für eine Übersetzung beträgt 1,25 Euro für jeweils angefangene 55 Anschläge des schriftlichen Textes. Ist die Übersetzung, insbesondere wegen der Verwendung von Fachausdrücken oder wegen schwerer Lesbarkeit des Textes, erheblich erschwert, erhöht sich das Honorar

---
[1)] Anlage hier nicht wiedergegeben.
[2)] Anlage hier nicht wiedergegeben.

auf 1,85 Euro, bei außergewöhnlich schwierigen Texten auf 4 Euro. Maßgebend für die Anzahl der Anschläge ist der Text in der Zielsprache; werden jedoch nur in der Ausgangssprache lateinische Schriftzeichen verwendet, ist die Anzahl der Anschläge des Textes in der Ausgangssprache maßgebend. Wäre eine Zählung der Anschläge mit unverhältnismäßigem Aufwand verbunden, wird deren Anzahl unter Berücksichtigung der durchschnittlichen Anzahl der Anschläge je Zeile nach der Anzahl der Zeilen bestimmt.

(2) Für eine oder für mehrere Übersetzungen aufgrund desselben Auftrags beträgt das Honorar mindestens 15 Euro.

(3) Soweit die Leistung des Übersetzers in der Überprüfung von Schriftstücken oder Aufzeichnungen der Telekommunikation auf bestimmte Inhalte besteht, ohne dass er insoweit eine schriftliche Übersetzung anfertigen muss, erhält er ein Honorar wie ein Dolmetscher.

§ 12 Ersatz für besondere Aufwendungen

(1) Soweit in diesem Gesetz nichts anderes bestimmt ist, sind mit der Vergütung nach den §§ 9 bis 11 auch die üblichen Gemeinkosten sowie der mit der Erstattung des Gutachtens oder der Übersetzung üblicherweise verbundene Aufwand abgegolten. Es werden jedoch gesondert ersetzt
1. die für die Vorbereitung und Erstattung des Gutachtens oder der Übersetzung aufgewendeten notwendigen besonderen Kosten, einschließlich der insoweit notwendigen Aufwendungen für Hilfskräfte, sowie die für eine Untersuchung verbrauchten Stoffe und Werkzeuge;
2. für die zur Vorbereitung und Erstattung des Gutachtens erforderlichen Lichtbilder oder an deren Stelle tretenden Ausdrucke 2 Euro für den ersten Abzug oder Ausdruck und 0,50 Euro für jeden weiteren Abzug oder Ausdruck;
3. für die Erstellung des schriftlichen Gutachtens 0,75 Euro je angefangene 1 000 Anschläge; ist die Zahl der Anschläge nicht bekannt, ist diese zu schätzen;
4. die auf die Vergütung entfallende Umsatzsteuer, sofern diese nicht nach § 19 Abs. 1 des Umsatzsteuergesetzes unerhoben bleibt.

(2) Ein auf die Hilfskräfte (Absatz 1 Satz 2 Nr. 1) entfallender Teil der Gemeinkosten wird durch einen Zuschlag von 15 Prozent auf den Betrag abgegolten, der als notwendige Aufwendung für die Hilfskräfte zu ersetzen ist, es sei denn, die Hinzuziehung der Hilfskräfte hat keine oder nur unwesentlich erhöhte Gemeinkosten veranlasst.

§ 13 Besondere Vergütung

(1) Sind die Gerichtskosten nach der jeweiligen Verfahrensordnung in jedem Fall den Parteien oder den Beteiligten aufzuerlegen und haben sich diese dem Gericht gegenüber mit einer bestimmten oder abweichend von der gesetzlichen Regelung zu bemessenden Vergütung einverstanden erklärt, wird der Sachverständige, Dolmetscher oder Übersetzer unter Gewährung dieser Vergütung erst herangezogen, wenn ein ausreichender Betrag für die gesamte Vergütung an die Staatskasse gezahlt ist.

(2) Die Erklärung nur einer Partei oder eines Beteiligten genügt, soweit sie sich auf den Stundensatz nach § 9 oder bei schriftlichen Übersetzungen auf ein Honorar für jeweils angefangene 55 Anschläge nach § 11 bezieht und das Gericht zustimmt. Die Zustimmung soll nur erteilt werden, wenn das Eineinhalbfache des nach § 9 oder § 11 zulässigen Honorars nicht überschritten wird. Vor der Zustimmung hat das Gericht die andere Partei oder die anderen Beteiligten zu hören. Die Zustimmung und die Ablehnung der Zustimmung sind unanfechtbar.

(3) Derjenige, dem Prozess- oder Verfahrenskostenhilfe bewilligt worden ist, kann eine Erklärung nach Absatz 1 nur abgeben, die sich auf den Stundensatz nach § 9 oder bei schriftlichen Übersetzungen auf ein Honorar für jeweils angefangene 55 Anschläge nach § 11 bezieht. Wäre er ohne Rücksicht auf die Prozess- oder Verfahrenskostenhilfe zur vorschussweisen Zahlung der Vergütung verpflichtet, so hat er einen ausreichenden Betrag für das gegenüber der gesetzlichen Regelung oder der vereinbarten Vergütung (§ 14) zu erwartende zusätzliche Honorar an die Staatskasse zu zahlen; § 122 Abs. 1 Nr. 1 Buchstabe a der Zivilprozessordnung ist insoweit nicht anzuwenden. Der Betrag wird durch unanfechtbaren Beschluss festgesetzt.

(4) Ist eine Vereinbarung nach den Absätzen 1 und 3 zur zweckentsprechenden Rechtsverfolgung notwendig und ist derjenige, dem Prozess- oder Verfahrenskostenhilfe bewilligt worden ist, zur Zahlung des nach Absatz 3 Satz 2 erforderlichen Betrags außerstande, bedarf es der Zahlung nicht, wenn das Gericht seiner Erklärung zustimmt. Die Zustimmung soll nur erteilt werden, wenn das Eineinhalbfache des nach § 9 oder § 11 zulässigen Honorars nicht überschritten wird. Die Zustimmung und die Ablehnung der Zustimmung sind unanfechtbar.

(5) Im Musterverfahren nach dem Kapitalanleger-Musterverfahrensgesetz ist die Vergütung unabhängig davon zu gewähren, ob ein ausreichender Betrag an die Staatskasse gezahlt ist. Im Fall des Absatzes 2 genügt die Erklärung eines Beteiligten (§ 8 des Kapitalanleger-Musterverfahrensgesetzes). Die Absätze 3 und 4 sind nicht anzuwenden. Die Anhörung der übrigen Beteiligten kann

Anhang 14
Justizvergütungs- und -entschädigungsgesetz (zu §§ 385 ff. AO)

dadurch ersetzt werden, dass die Vergütungshöhe, für die die Zustimmung des Gerichts erteilt werden soll, öffentlich bekannt gemacht wird. Die öffentliche Bekanntmachung wird durch Eintragung in das Klageregister nach § 2 des Kapitalanleger-Musterverfahrensgesetzes bewirkt. Zwischen der öffentlichen Bekanntmachung und der Entscheidung über die Zustimmung müssen mindestens vier Wochen liegen.

(6) Hat sich eine Partei oder ein Beteiligter dem Gericht gegenüber mit einem bestimmten Stundensatz nach § 9 oder bei schriftlichen Übersetzungen mit einem bestimmten Honorar für jeweils angefangene 55 Anschläge nach § 11 einverstanden erklärt, ist dieses Honorar zu gewähren, wenn die Partei oder der Beteiligte zugleich erklärt, die entstehenden Mehrkosten zu übernehmen und wenn ein ausreichender Betrag für das gegenüber der gesetzlichen Regelung oder der vereinbarten Vergütung (§ 14) zu erwartende zusätzliche Honorar an die Staatskasse gezahlt ist; eine nach anderen Vorschriften bestehende Vorschusspflicht wegen der gesetzlichen oder vereinbarten Vergütung bleibt hiervon unberührt. Gegenüber der Staatskasse haften mehrere Personen, die eine Erklärung nach Satz 1 abgegeben haben, als Gesamtschuldner, im Innenverhältnis nach Kopfteilen. Die Mehrkosten gehören nicht zu den Kosten des Verfahrens.

(7) In den Fällen der Absätze 3 und 6 bestimmt das Gericht zugleich mit der Festsetzung des vorab an die Staatskasse zu zahlenden Betrags, welcher Honorargruppe die Leistung des Sachverständigen ohne Berücksichtigung der Erklärungen der Parteien oder Beteiligten zuzuordnen oder mit welchem Betrag für 55 Anschläge in diesem Fall eine Übersetzung zu honorieren wäre.

15 § 14 Vereinbarung der Vergütung

Mit Sachverständigen, Dolmetschern und Übersetzern, die häufiger herangezogen werden, kann die oberste Landesbehörde, für die Gerichte und Behörden des Bundes die oberste Bundesbehörde, oder eine von diesen bestimmte Stelle eine Vereinbarung über die zu gewährende Vergütung treffen, deren Höhe die nach diesem Gesetz vorgesehene Vergütung nicht überschreiten darf.

Abschnitt 4
Entschädigung von ehrenamtlichen Richtern

16 § 15 Grundsatz der Entschädigung

(1) Ehrenamtliche Richter erhalten als Entschädigung
1. Fahrtkostenersatz (§ 5),
2. Entschädigung für Aufwand (§ 6),
3. Ersatz für sonstige Aufwendungen (§ 7),
4. Entschädigung für Zeitversäumnis (§ 16),
5. Entschädigung für Nachteile bei der Haushaltsführung (§ 17) sowie
6. Entschädigung für Verdienstausfall (§ 18).

(2) Soweit die Entschädigung nach Stunden bemessen ist, wird sie für die gesamte Dauer der Heranziehung einschließlich notwendiger Reise- und Wartezeiten, jedoch für nicht mehr als zehn Stunden je Tag, gewährt. Die letzte bereits begonnene Stunde wird voll gerechnet.

(3) Die Entschädigung wird auch gewährt,
1. wenn ehrenamtliche Richter von der zuständigen staatlichen Stelle zu Einführungs- und Fortbildungstagungen herangezogen werden,
2. wenn ehrenamtliche Richter bei den Gerichten der Arbeits- und der Sozialgerichtsbarkeit in dieser Eigenschaft an der Wahl von gesetzlich für sie vorgesehenen Ausschüssen oder an den Sitzungen solcher Ausschüsse teilnehmen (§§ 29, 38 des Arbeitsgerichtsgesetzes, §§ 23, 35 Abs. 1, § 47 des Sozialgerichtsgesetzes).

17 § 16 Entschädigung für Zeitversäumnis

Die Entschädigung für Zeitversäumnis beträgt 5 Euro je Stunde.

18 § 17 Entschädigung für Nachteile bei der Haushaltsführung

Ehrenamtliche Richter, die einen eigenen Haushalt für mehrere Personen führen, erhalten neben der Entschädigung nach § 16 eine zusätzliche Entschädigung für Nachteile bei der Haushaltsführung von 12 Euro je Stunde, wenn sie nicht erwerbstätig sind oder wenn sie teilzeitbeschäftigt sind und außerhalb ihrer vereinbarten regelmäßigen täglichen Arbeitszeit herangezogen werden. Die Entschädigung von Teilzeitbeschäftigten wird für höchstens zehn Stunden je Tag gewährt abzüglich der Zahl an Stunden, die der vereinbarten regelmäßigen täglichen Arbeitszeit entspricht. Die Entschädigung wird nicht gewährt, soweit Kosten einer notwendigen Vertretung erstattet werden.

§ 18 Entschädigung für Verdienstausfall

Für den Verdienstausfall wird neben der Entschädigung nach § 16 eine zusätzliche Entschädigung gewährt, die sich nach dem regelmäßigen Bruttoverdienst einschließlich der vom Arbeitgeber zu tragenden Sozialversicherungsbeiträge richtet, jedoch höchstens 20 Euro je Stunde beträgt. Die Entschädigung beträgt bis zu 39 Euro je Stunde für ehrenamtliche Richter, die in demselben Verfahren an mehr als 20 Tagen herangezogen oder innerhalb eines Zeitraums von 30 Tagen an mindestens sechs Tagen ihrer regelmäßigen Erwerbstätigkeit entzogen werden. Sie beträgt bis zu 51 Euro je Stunde für ehrenamtliche Richter, die in demselben Verfahren an mehr als 50 Tagen herangezogen werden.

Abschnitt 5
Entschädigung von Zeugen und Dritten

§ 19 Grundsatz der Entschädigung

(1) Zeugen erhalten als Entschädigung
1. Fahrtkostenersatz (§ 5),
2. Entschädigung für Aufwand (§ 6),
3. Ersatz für sonstige Aufwendungen (§ 7),
4. Entschädigung für Zeitversäumnis (§ 20),
5. Entschädigung für Nachteile bei der Haushaltsführung (§ 21) sowie
6. Entschädigung für Verdienstausfall (§ 22). Dies gilt auch bei schriftlicher Beantwortung der Beweisfrage.

(2) Soweit die Entschädigung nach Stunden bemessen ist, wird sie für die gesamte Dauer der Heranziehung einschließlich notwendiger Reise- und Wartezeiten, jedoch für nicht mehr als zehn Stunden je Tag, gewährt. Die letzte bereits begonnene Stunde wird voll gerechnet.

(3) Soweit die Entschädigung durch die gleichzeitige Heranziehung in verschiedenen Angelegenheiten veranlasst ist, ist sie auf diese Angelegenheiten nach dem Verhältnis der Entschädigungen zu verteilen, die bei gesonderter Heranziehung begründet wären.

(4) Den Zeugen, die ihren gewöhnlichen Aufenthalt im Ausland haben, kann unter Berücksichtigung ihrer persönlichen Verhältnisse, insbesondere ihres regelmäßigen Erwerbseinkommens, nach billigem Ermessen eine höhere als die in den §§ 20 bis 22 bestimmte Entschädigung gewährt werden.

§ 20 Entschädigung für Zeitversäumnis

Die Entschädigung für Zeitversäumnis beträgt 3 Euro je Stunde, soweit weder für einen Verdienstausfall noch für Nachteile bei der Haushaltsführung eine Entschädigung zu gewähren ist, es sei denn, dem Zeugen ist durch seine Heranziehung ersichtlich kein Nachteil entstanden.

§ 21 Entschädigung für Nachteile bei der Haushaltsführung

Zeugen, die einen eigenen Haushalt für mehrere Personen führen, erhalten eine Entschädigung für Nachteile bei der Haushaltsführung von 12 Euro je Stunde, wenn sie nicht erwerbstätig sind oder wenn sie teilzeitbeschäftigt sind und außerhalb ihrer vereinbarten regelmäßigen täglichen Arbeitszeit herangezogen werden. Die Entschädigung von Teilzeitbeschäftigten wird für höchstens zehn Stunden je Tag gewährt abzüglich der Zahl an Stunden, die der vereinbarten regelmäßigen täglichen Arbeitszeit entspricht. Die Entschädigung wird nicht gewährt, soweit Kosten einer notwendigen Vertretung erstattet werden.

§ 22 Entschädigung für Verdienstausfall

Zeugen, denen ein Verdienstausfall entsteht, erhalten eine Entschädigung, die sich nach dem regelmäßigen Bruttoverdienst einschließlich der vom Arbeitgeber zu tragenden Sozialversicherungsbeiträge richtet und für jede Stunde höchstens 17 Euro beträgt. Gefangene, die keinen Verdienstausfall aus einem privatrechtlichen Arbeitsverhältnis haben, erhalten Ersatz in Höhe der entgangenen Zuwendung der Vollzugsbehörde.

§ 23 Entschädigung Dritter

(1) Soweit von denjenigen, die Telekommunikationsdienste erbringen oder daran mitwirken (Telekommunikationsunternehmen), Anordnungen zur Überwachung der Telekommunikation umge-

Anhang 14
Justizvergütungs- und -entschädigungsgesetz (zu §§ 385 ff. AO)

setzt oder Auskünfte erteilt werden, für die in der Anlage 3 zu diesem Gesetz[1]) besondere Entschädigungen bestimmt sind, bemisst sich die Entschädigung ausschließlich nach dieser Anlage.

(2) Dritte, die aufgrund einer gerichtlichen Anordnung nach § 142 Abs. 1 Satz 1 oder § 144 Abs. 1 der Zivilprozessordnung Urkunden, sonstige Unterlagen oder andere Gegenstände vorlegen oder deren Inaugenscheinnahme dulden, sowie Dritte, die aufgrund eines Beweiszwecken dienenden Ersuchens der Strafverfolgungsbehörde

1. Gegenstände herausgeben (§ 95 Abs. 1, § 98a der Strafprozessordnung) oder die Pflicht zur Herausgabe entsprechend einer Anheimgabe der Strafverfolgungsbehörde abwenden oder
2. in anderen als den in Absatz 1 genannten Fällen Auskunft erteilen,

werden wie Zeugen entschädigt. Bedient sich der Dritte eines Arbeitnehmers oder einer anderen Person, werden ihm die Aufwendungen dafür (§ 7) im Rahmen des § 22 ersetzt; § 19 Abs. 2 und 3 gilt entsprechend.

(3) Die notwendige Benutzung einer eigenen Datenverarbeitungsanlage für Zwecke der Rasterfahndung wird entschädigt, wenn die Investitionssumme für die im Einzelfall benutzte Hard- und Software zusammen mehr als 10 000 Euro beträgt. Die Entschädigung beträgt

1. bei einer Investitionssumme von mehr als 10 000 bis 25 000 Euro für jede Stunde der Benutzung 5 Euro; die gesamte Benutzungsdauer ist auf volle Stunden aufzurunden;
2. bei sonstigen Datenverarbeitungsanlagen
   a) neben der Entschädigung nach Absatz 2 für jede Stunde der Benutzung der Anlage bei der Entwicklung eines für den Einzelfall erforderlichen, besonderen Anwendungsprogramms 10 Euro und
   b) für die übrige Dauer der Benutzung einschließlich des hierbei erforderlichen Personalaufwands ein Zehnmillionstel der Investitionssumme je Sekunde für die Zeit, in der die Zentraleinheit belegt ist (CPU-Sekunde), höchstens 0,30 Euro je CPU-Sekunde.

Die Investitionssumme und die verbrauchte CPU-Zeit sind glaubhaft zu machen.

(4) Der eigenen elektronischen Datenverarbeitungsanlage steht eine fremde gleich, wenn die durch die Auskunftserteilung entstandenen direkt zurechenbaren Kosten (§ 7) nicht sicher feststellbar sind.

Abschnitt 6
Schlussvorschriften

25

§ 24 Übergangsvorschrift

...

§ 25 Übergangsvorschrift aus Anlass des Inkrafttretens dieses Gesetzes

...

---

[1]) Anlage hier nicht wiedergegeben (siehe BGBl. 2009 I S. 994).

Geldwäschegesetz (GwG)

vom 13. 8. 2008 (BGBl. 2008 I S. 1690, BStBl 2008 I S. 922)
zuletzt geändert durch
Artikel 7 des Gesetzes vom 1. 3. 2011 (BGBl. 2011 I S. 288),
Artikel 5 des Gesetzes vom 22. 6. 2011 (BGBl. 2011 I S. 1126),
Artikel 9 des Gesetzes vom 4. 12. 2011 (BGBl. 2011 I S. 2427) und
Artikel 1 des Gesetzes vom 22. 12. 2011 (BGBl. 2011 I S. 2959, BStBl 2012 I S. 3)

Inhaltsübersicht

Abschnitt 1
Begriffsbestimmungen und Verpflichtete

§ 1 Begriffsbestimmungen
§ 2 Verpflichtete

Abschnitt 2
Sorgfaltspflichten und interne Sicherungsmaßnahmen

§ 3 Allgemeine Sorgfaltspflichten
§ 4 Durchführung der Identifizierung
§ 5 Vereinfachte Sorgfaltspflichten
§ 6 Verstärkte Sorgfaltspflichten
§ 7 Ausführung durch Dritte
§ 8 Aufzeichnungs- und Aufbewahrungspflicht
§ 9 Interne Sicherungsmaßnahmen

Abschnitt 3
Zentralstelle für Verdachtsmeldungen, Meldepflichten und Datenverwendung

§ 10 *Zentralstelle für Verdachtsmeldungen*
§ 11 *Meldung von Verdachtsfällen*
§ 12 Verbot der Informationsweitergabe
§ 13 Freistellung von der Verantwortlichkeit
§ 14 *Meldepflicht von Behörden*
§ 15 Heranziehung und Verwendung von Aufzeichnungen

Abschnitt 4
Aufsicht, Zusammenarbeit und Bußgeldvorschriften

§ 16 Aufsicht
§ 16a *Zusammenarbeit mit der Europäischen Bankenaufsichtsbehörde, der Europäischen Aufsichtsbehörde für das Versicherungswesen und die betriebliche Altersversorgung sowie mit der Europäischen Wertpapier- und Marktaufsichtsbehörde*
§ 17 Bußgeldvorschriften

Abschnitt 1
Begriffsbestimmungen und Verpflichtete

§ 1 Begriffsbestimmungen

(1) Identifizieren im Sinne dieses Gesetzes besteht aus
1. der Feststellung der Identität durch Erheben von Angaben und
2. der Überprüfung der Identität.

(2) Terrorismusfinanzierung im Sinne dieses Gesetzes ist
1. die Bereitstellung oder Sammlung finanzieller Mittel in Kenntnis dessen, dass sie ganz oder teilweise dazu verwendet werden oder verwendet werden sollen,
   a) eine Tat nach § 129a, auch in Verbindung mit § 129b des Strafgesetzbuchs, oder
   b) eine andere der in Artikel 1 bis 3 des Rahmenbeschlusses 2002/475/JI des Rates vom 13. Juni 2002 zur Terrorismusbekämpfung (ABl.EG Nr. L 164 S. 3) umschriebenen Straftaten

Anhang 15
Geldwäschegesetz

zu begehen oder zu einer solchen Tat anzustiften oder Beihilfe zu leisten sowie

2. die Begehung einer Tat nach § 89a Abs. 1 in den Fällen des Abs. 2 Nr. 4 des Strafgesetzbuchs oder die Teilnahme an einer solchen Tat.

(3) Geschäftsbeziehung im Sinne dieses Gesetzes ist jede geschäftliche oder berufliche Beziehung, die unmittelbar in Verbindung mit den geschäftlichen oder beruflichen Aktivitäten der Verpflichteten unterhalten wird, und bei der beim Zustandekommen des Kontakts davon ausgegangen wird, dass sie von gewisser Dauer sein wird.

(4) Transaktion im Sinne dieses Gesetzes ist jede Handlung, die eine Geldbewegung oder eine sonstige Vermögensverschiebung bezweckt oder bewirkt.

(5) Dem Bargeld im Sinne dieses Gesetzes gleichgestellt ist elektronisches *im Sinne von § 1a Absatz 3 des Zahlungsdiensteaufsichtsgesetzes*.

(6) Wirtschaftlich Berechtigter im Sinne dieses Gesetzes ist die natürliche Person, in deren Eigentum oder unter deren Kontrolle der Vertragspartner letztlich steht, oder die natürliche Person, auf deren Veranlassung eine Transaktion letztlich durchgeführt oder eine Geschäftsbeziehung letztlich begründet wird. Hierzu zählen insbesondere:

1. bei Gesellschaften, die nicht an einem organisierten Markt im Sinne des § 2 Abs. 5 des Wertpapierhandelsgesetzes notiert sind und keinen dem Gemeinschaftsrecht entsprechenden Transparenzanforderungen im Hinblick auf Stimmrechtsanteile oder gleichwertigen internationalen Standards unterliegen, jede natürliche Person, welche unmittelbar oder mittelbar mehr als 25 Prozent der Kapitalanteile hält oder mehr als 25 Prozent der Stimmrechte kontrolliert,

2. *bei rechtsfähigen Stiftungen und Rechtsgestaltungen, mit denen treuhänderisch Vermögen verwaltet oder verteilt oder die Verwaltung oder Verteilung durch Dritte beauftragt wird, oder diesen vergleichbaren Rechtsformen,*

   a) *jede natürliche Person, die als Treugeber handelt oder auf sonstige Weise 25 Prozent oder mehr des Vermögens kontrolliert,*

   b) *jede natürliche Person, die als Begünstigte von 25 Prozent oder mehr des verwalteten Vermögens bestimmt worden ist,*

   c) *die Gruppe von natürlichen Personen, zu deren Gunsten das Vermögen hauptsächlich verwaltet oder verteilt werden soll, sofern die natürliche Person, die Begünstigte des verwalteten Vermögens werden soll, noch nicht bestimmt ist,*

   d) *jede natürliche Person, die auf sonstige Weise unmittelbar oder mittelbar beherrschenden Einfluss auf die Vermögensverwaltung oder Ertragsverteilung ausübt,*

3. bei Handeln auf Veranlassung derjenige, auf dessen Veranlassung gehandelt wird. Soweit der Vertragspartner als Treuhänder handelt, handelt er ebenfalls auf Veranlassung.

(6a) Gleichwertiger Drittstaat im Sinne dieses Gesetzes ist jeder Staat, in dem mit den Anforderungen dieses Gesetzes gleichwertige Anforderungen gelten und in dem die Verpflichteten einer gleichwertigen Aufsicht in Bezug auf deren Einhaltung unterliegen und in dem für diese gleichwertige Marktzulassungsvoraussetzungen bestehen.

(7) Das **Bundesministerium der Finanzen** kann im Einvernehmen mit dem **Bundesministerium des Innern**, dem **Bundesministerium der Justiz** und dem Bundesministerium für Wirtschaft und Technologie durch Rechtsverordnung ohne Zustimmung des Bundesrates unter Beachtung der von der **Europäische Kommission** auf Grundlage des Artikels 40 Abs. 1 Buchstabe a der Richtlinie 2005/60/EG des Europäischen Parlaments und des Rates vom 26. Oktober 2005 zur Verhinderung der Nutzung des Finanzsystems zum Zwecke der Geldwäsche und der Terrorismusfinanzierung (ABl. EU Nr. L 309 S. 15) getroffenen **Maßnahmen** Konkretisierungen zu den vorstehenden Begriffsbestimmungen festlegen.

§ 2 Verpflichtete

(1) Verpflichtete im Sinne dieses Gesetzes sind, soweit sie in Ausübung ihres Geschäfts oder Berufs handeln,

1. Kreditinstitute im Sinne des § 1 Abs. 1 des Kreditwesengesetzes, mit Ausnahme der in § 2 Abs. 1 Nr. 3 bis 8 des Kreditwesengesetzes genannten Unternehmen, und im Inland gelegene Zweigstellen und Zweigniederlassungen von Kreditinstituten mit Sitz im Ausland,

2. Finanzdienstleistungsinstitute im Sinne des § 1 Abs. 1a des Kreditwesengesetzes, mit Ausnahme der in *§ 2 Absatz 6 Satz 1 Nummer 3 bis 10 und 12* und Abs. 10 des Kreditwesengesetzes genannten Unternehmen, und im Inland gelegene Zweigstellen und Zweigniederlassungen von Finanzdienstleistungsinstituten mit Sitz im Ausland,

2a. *Institute im Sinne des § 1 Absatz 2a des Zahlungsdiensteaufsichtsgesetzes und im Inland gelegene Zweigstellen und Zweigniederlassungen von Instituten im Sinne des § 1 Absatz 2a des Zahlungsdiensteaufsichtsgesetzes mit Sitz im Ausland,*

Anhang 15
Geldwäschegesetz

2b. *Agenten im Sinne des § 1 Absatz 7 des Zahlungsdiensteaufsichtsgesetzes und E-Geld-Agenten im Sinne des § 1a Absatz 6 des Zahlungsdiensteaufsichtsgesetzes,*

2c. *Unternehmen und Personen, die E-Geld im Sinne des § 1a Absatz 3 des Zahlungsdiensteaufsichtsgesetzes eines Kreditinstituts im Sinne des § 1a Absatz 1 Nummer 1 des Zahlungsdiensteaufsichtsgesetzes vertreiben oder rücktauschen,*

3. Finanzunternehmen im Sinne des § 1 Abs. 3 des Kreditwesengesetzes, die nicht unter Nummer 1 oder Nummer 4 fallen und deren Haupttätigkeit einer der in § 1 Abs. 3 Satz 1 des Kreditwesengesetzes genannten Haupttätigkeiten oder einer Haupttätigkeit eines durch Rechtsverordnung nach § 1 Abs. 3 Satz 2 des Kreditwesengesetzes bezeichneten Unternehmens entspricht, und im Inland gelegene Zweigstellen und Zweigniederlassungen solcher Unternehmen mit Sitz im Ausland,

4. Versicherungsunternehmen, soweit sie Geschäfte betreiben, die unter die Richtlinie 2002/83/EG des Europäischen Parlaments und des Rates vom 5. November 2002 über Lebensversicherungen (ABl.EG Nr. L 345 S. 1) fallen, oder soweit sie Unfallversicherungsverträge mit Prämienrückgewähr anbieten, und im Inland gelegene Niederlassungen solcher Unternehmen mit Sitz im Ausland,

4a. *die Bundesrepublik Deutschland – Finanzagentur GmbH,*

5. Versicherungsvermittler im Sinne des § 59 des Versicherungsvertragsgesetzes, soweit sie Lebensversicherungen oder Dienstleistungen mit Anlagezweck vermitteln, mit Ausnahme der gemäß § 34d Abs. 3 oder Abs. 4 der Gewerbeordnung tätigen Versicherungsvermittler, und im Inland gelegene Niederlassungen entsprechender Versicherungsvermittler mit Sitz im Ausland,

6. *Kapitalanlagegesellschaften im Sinne des § 2 Absatz 6 des Investmentgesetzes und im Inland gelegene Zweigniederlassungen vergleichbarer Unternehmen mit Sitz im Ausland sowie selbstverwaltende Investmentaktiengesellschaften nach § 97 Absatz 1a des Investmentgesetzes,*

7. Rechtsanwälte, Kammerrechtsbeistände und Patentanwälte sowie Notare, wenn sie für ihren Mandanten an der Planung oder Durchführung von folgenden Geschäften mitwirken:
   a) Kauf und Verkauf von Immobilien oder Gewerbebetrieben,
   b) Verwaltung von Geld, Wertpapieren oder sonstigen Vermögenswerten,
   c) Eröffnung oder Verwaltung von Bank-, Spar- oder Wertpapierkonten,
   d) Beschaffung der zur Gründung, zum Betrieb oder zur Verwaltung von Gesellschaften erforderlichen Mittel,
   e) Gründung, Betrieb oder Verwaltung von Treuhandgesellschaften, Gesellschaften oder ähnlichen Strukturen,
   oder wenn sie im Namen und auf Rechnung des Mandanten Finanz- oder Immobilientransaktionen durchführen,

7a. *nicht verkammerte Rechtsbeistände und registrierte Personen im Sinne des § 10 des Rechtsdienstleistungsgesetzes, wenn sie für ihren Mandanten an der Planung oder Durchführung von folgenden Geschäften mitwirken:*
   a) *Kauf und Verkauf von Immobilien oder Gewerbebetrieben,*
   b) *Verwaltung von Geld, Wertpapieren oder sonstigen Vermögenswerten,*
   c) *Eröffnung oder Verwaltung von Bank-, Spar- oder Wertpapierkonten,*
   d) *Beschaffung der zur Gründung, zum Betrieb oder zur Verwaltung von Gesellschaften erforderlichen Mittel,*
   e) *Gründung, Betrieb oder Verwaltung von Treuhandgesellschaften, Gesellschaften oder ähnlichen Strukturen,*
   oder wenn sie im Namen und auf Rechnung des Mandanten Finanz- oder Immobilientransaktionen durchführen,

8. Wirtschaftsprüfer, vereidigte Buchprüfer, Steuerberater und Steuerbevollmächtigten,

9. Dienstleister für Gesellschaften und Treuhandvermögen oder Treuhänder, die nicht den unter Nummer 7 oder Nummer 8 genannten Berufen angehören, wenn sie für Dritte eine der folgenden Dienstleistungen erbringen:
   a) Gründung einer juristischen Person oder Personengesellschaft,
   b) Ausübung der Leitungs- oder Geschäftsführungsfunktion einer juristischen Person oder einer Personengesellschaft, der Funktion eines Gesellschafters einer Personengesellschaft oder einer vergleichbaren Funktion,
   c) Bereitstellung eines Sitzes, einer Geschäfts-, Verwaltungs- oder Postadresse und anderer damit zusammenhängender Dienstleistungen für eine juristische Person, eine Personengesellschaft oder eine Rechtsgestaltung im Sinne von § 1 Abs. 6 Satz 2 Nr. 2,

Anhang 15
Geldwäschegesetz

    d) Ausübung der Funktion eines Treuhänders für eine Rechtsgestaltung im Sinne von § 1 Abs. 6 Satz 2 Nr. 2,

    e) Ausübung der Funktion eines nominellen Anteilseigners für eine andere Person, bei der es sich nicht um eine auf einem organisierten Markt notierte Gesellschaft im Sinne des § 2 Abs. 5 des Wertpapierhandelsgesetzes handelt, die dem Gemeinschaftsrecht entsprechenden Transparenzanforderungen im Hinblick auf Stimmrechtsanteile oder gleichwertigen internationalen Standards unterliegt,

    f) Schaffung der Möglichkeit für eine andere Person, die in den Buchstaben b, d und e genannten Funktionen auszuüben,

10. Immobilienmakler,
11. Spielbanken,
12. Personen, die gewerblich mit Gütern handeln.

(2) **Das Bundesministerium der Finanzen kann** unter Beachtung der von der **Europäischen Kommission** gemäß Artikel 40 Abs. 1 Buchstabe d der Richtlinie 2005/60/EG getroffenen **Maßnahmen für Verpflichtete im Sinne des Absatzes 1 Nummer 1 bis 12** durch Rechtsverordnung ohne Zustimmung des Bundesrates im Rahmen *seiner Zuständigkeit* für Verpflichtete im Sinne von Absatz 1 Nr. 1 bis 6, die eine Finanztätigkeit nur gelegentlich oder in sehr begrenztem Umfang ausüben und bei denen ein geringes Risiko der Geldwäsche oder der Terrorismusfinanzierung besteht, Ausnahmen von gesetzlichen Pflichten zur Verhinderung der Geldwäsche oder der Terrorismusfinanzierung vorsehen. Das Bundesministerium der Finanzen kann die ihm erteilte Ermächtigung durch Rechtsverordnung ohne Zustimmung des Bundesrates auf die Bundesanstalt für Finanzdienstleistungsaufsicht übertragen.

Abschnitt 2
Sorgfaltspflichten und interne Sicherungsmaßnahmen

§ 3 Allgemeine Sorgfaltspflichten

(1) Verpflichtete im Sinne von § 2 Abs. 1 haben in den in Absatz 2 genannten Fällen die nachfolgenden allgemeinen Sorgfaltspflichten zu erfüllen:

1. die Identifizierung des Vertragspartners nach Maßgabe des § 4 Abs. 3 und 4,
2. die Einholung von Informationen über den Zweck und die angestrebte Art der Geschäftsbeziehung, soweit sich diese im Einzelfall nicht bereits zweifelsfrei aus der Geschäftsbeziehung ergeben,
3. die Abklärung, ob der Vertragspartner für einen wirtschaftlich Berechtigten handelt, und, soweit dies der Fall ist, dessen Identifizierung nach Maßgabe des § 4 Abs. 5; dies schließt in Fällen, in denen der Vertragspartner keine natürliche Person ist, die Pflicht mit ein, die Eigentums- und Kontrollstruktur des Vertragspartners mit angemessenen Mitteln in Erfahrung zu bringen,
4. die kontinuierliche Überwachung der Geschäftsbeziehung, einschließlich der in ihrem Verlauf durchgeführten Transaktionen, um sicherzustellen, dass diese mit den beim Verpflichteten vorhandenen Informationen über den Vertragspartner und gegebenenfalls über den wirtschaftlich Berechtigten, deren Geschäftstätigkeit und Kundenprofil und soweit erforderlich mit den vorhandenen Informationen über die Herkunft ihrer Vermögenswerte übereinstimmen; die Verpflichteten haben im Rahmen der kontinuierlichen Überwachung sicherzustellen, dass die jeweiligen Dokumente, Daten oder Informationen in angemessenem zeitlichen Abstand aktualisiert werden.

(2) Die Sorgfaltspflichten nach Absatz 1 sind zu erfüllen:

1. im Falle der Begründung einer Geschäftsbeziehung,
2. im Falle der Durchführung einer außerhalb einer bestehenden Geschäftsbeziehung anfallenden Transaktion im Wert von 15000 Euro oder mehr; dies gilt auch, wenn mehrere Transaktionen durchgeführt werden, die zusammen einen Betrag im Wert von 15000 Euro oder mehr ausmachen, sofern Anhaltspunkte dafür vorliegen, dass zwischen ihnen eine Verbindung besteht. *Die Sorgfaltspflichten nach Absatz 1 gelten auch für einen Geldtransfer im Sinne des Artikels 2 Nummer 7 der Verordnung (EG) Nr. 1781/2006 des Europäischen Parlaments und des Rates vom 15. November 2006 über die Übermittlung von Angaben zum Auftraggeber bei Geldtransfers (ABl. L 345 vom 8. 12. 2006, S. 1), soweit dieser außerhalb einer bestehenden Geschäftsbeziehung einen Betrag im Wert von 1 000 Euro oder mehr ausmacht,*
3. *im Falle des Vorliegens von Tatsachen, die darauf hindeuten, dass es sich bei Vermögenswerten, die mit einer Transaktion oder Geschäftsbeziehung im Zusammenhang stehen, um den Gegenstand einer Straftat nach § 261 des Strafgesetzbuchs handelt oder die Vermögenswerte im Zusammenhang mit Terrorismusfinanzierung stehen, ungeachtet etwaiger in diesem Gesetz genannter Ausnahmeregelungen, Befreiungen und Schwellenbeträge,*

4. im Falle von Zweifeln, ob die auf Grund von Bestimmungen dieses Gesetzes erhobenen Angaben zu der Identität des Vertragspartners oder des wirtschaftlich Berechtigten zutreffend sind.

Satz 1 Nr. 1 und 2 gilt nicht für Verpflichtete nach § 2 Abs. 1 Nr. 12. **Für Verpflichtete im Sinne des § 2 Absatz 1 Nummer 2b und 2c gelten die Pflichten nach Absatz 1 Nummer 1 und 4, § 7 Absatz 1 und 2 und § 8 bei der Ausgabe von E-Geld im Sinne des Zahlungsdiensteaufsichtsgesetzes ungeachtet der Schwellenwerte des Satzes 1 Nummer 2. § 25i Absatz 2, 4 und 5 des Kreditwesengesetzes gilt entsprechend.** Unbeschadet des Satzes 1 Nr. 3 und 4 haben Verpflichtete nach § 2 Abs. 1 Nr. 12 bei der Annahme von Bargeld im Wert von 15000 Euro oder mehr die Sorgfaltspflichten nach Absatz 1 zu erfüllen; Satz 1 Nummer 2 zweiter Halbsatz gilt entsprechend.

(3) Unbeschadet des Absatzes 2 besteht für Verpflichtete im Sinne von § 2 Abs. 1 Nr. 11 die Pflicht zur Identifizierung von Kunden, die Spielmarken im Wert von 2000 Euro oder mehr kaufen oder verkaufen. Der Identifizierungspflicht kann auch dadurch nachgekommen werden, dass die Kunden bereits beim Betreten der Spielbank identifiziert werden, *sofern vom Verpflichteten zusätzlich sichergestellt wird, dass jede Transaktion im Wert von 2 000 Euro oder mehr im Zusammenhang mit dem Kauf, Verkauf oder Tausch von Spielmarken dem jeweiligen Kunden zugeordnet werden kann.*

(4) Bei Erfüllung der Sorgfaltspflichten nach Absatz 1 haben die Verpflichteten den konkreten Umfang ihrer Maßnahmen entsprechend dem Risiko des jeweiligen Vertragspartners, der jeweiligen Geschäftsbeziehung oder der jeweiligen Transaktion zu bestimmen. Verpflichtete müssen gegenüber den nach § 16 Abs. 2 zuständigen Behörden auf Verlangen darlegen können, dass der Umfang der von ihnen getroffenen Maßnahmen im Hinblick auf die Risiken der Geldwäsche und der Terrorismusfinanzierung als angemessen anzusehen ist.

(5) Versicherungsvermittler im Sinne von § 2 Abs. 1 Nr. 5, die für ein Versicherungsunternehmen im Sinne von § 2 Abs. 1 Nr. 4 Prämien einziehen, haben diesem Versicherungsunternehmen mitzuteilen, wenn Prämienzahlungen in bar erfolgen und den Betrag von 15000 Euro innerhalb eines Kalenderjahres übersteigen.

(6) Kann der Verpflichtete die Sorgfaltspflichten nach Absatz 1 Nr. 1 bis 3 nicht erfüllen, darf die Geschäftsbeziehung nicht begründet oder fortgesetzt und keine Transaktion durchgeführt werden. Soweit eine Geschäftsbeziehung bereits besteht, ist diese vom Verpflichteten ungeachtet anderer gesetzlicher oder vertraglicher Bestimmungen durch Kündigung oder auf andere Weise zu beenden. Die Sätze 1 und 2 gelten nicht für Verpflichtete im Sinne **des § 2 Absatz 1 Nummer 7 und 8**, wenn der Vertragspartner eine Rechtsberatung oder Prozessvertretung erstrebt, es sei denn, der Verpflichtete weiß, dass der Vertragspartner die Rechtsberatung bewusst für den Zweck der Geldwäsche oder der Terrorismusfinanzierung in Anspruch nimmt.

§ 4 Durchführung der Identifizierung

(1) Verpflichtete haben Vertragspartner und soweit vorhanden wirtschaftlich Berechtigte bereits vor Begründung der Geschäftsbeziehung oder Durchführung der Transaktion zu identifizieren. Die Identifizierung kann noch während der Begründung der Geschäftsbeziehung abgeschlossen werden, wenn dies erforderlich ist, um den normalen Geschäftsablauf nicht zu unterbrechen, und ein geringes Risiko der Geldwäsche oder der Terrorismusfinanzierung besteht.

(2) Von einer Identifizierung kann abgesehen werden, wenn der Verpflichtete den zu Identifizierenden bereits bei früherer Gelegenheit identifiziert und die dabei erhobenen Angaben aufgezeichnet hat, es sei denn, der Verpflichtete muss auf Grund der äußeren Umstände Zweifel hegen, dass die bei der früheren Identifizierung erhobenen Angaben weiterhin zutreffend sind.

(3) Zur Feststellung der Identität des Vertragspartners hat der Verpflichtete folgende Angaben zu erheben:
1. bei einer natürlichen Person: Name, Geburtsort, Geburtsdatum, Staatsangehörigkeit und Anschrift,
2. bei einer juristischen Person oder einer Personengesellschaft: Firma, Name oder Bezeichnung, Rechtsform, Registernummer soweit vorhanden, Anschrift des Sitzes oder der Hauptniederlassung und Namen der Mitglieder des Vertretungsorgans oder der gesetzlichen Vertreter; ist ein Mitglied des Vertretungsorgans oder der gesetzliche Vertreter eine juristische Person, so sind deren Firma, Name oder Bezeichnung, Rechtsform, Registernummer soweit vorhanden und Anschrift des Sitzes oder der Hauptniederlassung zu erheben.

(4) Zur Überprüfung der Identität des Vertragspartners hat sich der Verpflichtete anhand der nachfolgenden Dokumente zu vergewissern, dass die nach Absatz 3 erhobenen Angaben zutreffend sind, soweit sie in den Dokumenten enthalten sind:
1. bei natürlichen Personen vorbehaltlich der Regelung in § 6 Abs. 2 Nr. 2 anhand eines gültigen amtlichen Ausweises, der ein Lichtbild des Inhabers enthält und mit dem die Pass- und Ausweispflicht im Inland erfüllt wird, insbesondere anhand eines inländischen oder nach ausländerrechtlichen Bestimmungen anerkannten oder zugelassenen Passes, Personalausweises oder Pass- oder Ausweissatzes,

Anhang 15
Geldwäschegesetz

2. bei juristischen Personen oder Personengesellschaften anhand eines Auszugs aus dem Handels- oder Genossenschaftsregister oder einem vergleichbaren amtlichen Register oder Verzeichnis, der Gründungsdokumente oder gleichwertiger beweiskräftiger Dokumente oder durch Einsichtnahme in die Register- oder Verzeichnisdaten.

Das Bundesministerium des Innern kann im Einvernehmen mit dem Bundesministerium der Finanzen durch Rechtsverordnung ohne Zustimmung des Bundesrates weitere Dokumente bestimmen, die zur Überprüfung der Identität geeignet sind.

(5) Bei einem wirtschaftlich Berechtigten hat der Verpflichtete zur Feststellung der Identität zumindest dessen Name und, soweit dies in Ansehung des im Einzelfall bestehenden Risikos der Geldwäsche oder der Terrorismusfinanzierung angemessen ist, weitere Identifizierungsmerkmale zu erheben. Zur Überprüfung der Identität des wirtschaftlich Berechtigten hat sich der Verpflichtete **stets** durch risikoangemessene Maßnahmen zu vergewissern, dass die nach Satz 1 erhobenen Angaben zutreffend sind.

(6) Der Vertragspartner hat dem Verpflichteten die zur Erfüllung der Pflichten gemäß den vorstehenden Absätzen notwendigen Informationen und Unterlagen zur Verfügung zu stellen und im Laufe der Geschäftsbeziehung ergebende Änderungen unverzüglich anzuzeigen. *Der Vertragspartner hat gegenüber dem Verpflichteten offenzulegen, ob er die Geschäftsbeziehung oder die Transaktion für einen wirtschaftlich Berechtigten begründen, fortsetzen oder durchführen will. Mit der Offenlegung hat er dem Verpflichteten auch die Identität des wirtschaftlich Berechtigten nachzuweisen.*

§ 5 Vereinfachte Sorgfaltspflichten

(1) Soweit die Voraussetzungen des § 6 nicht vorliegen, können Verpflichtete in den Fällen des Absatzes 2 Nummer 1 bis 4 vorbehaltlich einer Risikobewertung des Verpflichteten auf Grund besonderer Umstände des Einzelfalls vereinfachte Sorgfaltspflichten anwenden. Diese umfassen die Identifizierungspflicht im Sinne des § 3 Absatz 1 Nummer 1 und im Falle einer Geschäftsbeziehung eine kontinuierliche Überwachungspflicht im Sinne des § 3 Absatz 1 Nummer 4; der Umfang der Überprüfung der Identität im Sinne des § 4 Absatz 4 und der Überwachung kann angemessen reduziert werden. § 3 Absatz 4 Satz 2 gilt entsprechend.

(2) Ein geringes Risiko **kann** vorbehaltlich von § 25d des Kreditwesengesetzes, auch in Verbindung mit § 6 Abs. 5 des Investmentgesetzes, und § 80e des Versicherungsaufsichtsgesetzes ausschließlich in folgenden Fällen **vorliegen**:

1. bei Transaktionen von oder zugunsten von und bei Begründung von Geschäftsbeziehungen mit Verpflichteten im Sinne von § 2 Abs. 1 Nr. 1 bis 6; dies gilt auch, soweit es sich um ein Kredit- oder Finanzinstitut im Sinne der Richtlinie 2005/60/EG mit Sitz in einem Mitgliedstaat der Europäischen Union oder mit Sitz in einem **gleichwertigen** Drittstaat handelt;

2. bei Transaktionen von oder zugunsten von und bei Begründung von Geschäftsbeziehungen mit börsennotierten Gesellschaften, deren Wertpapiere zum Handel auf einem organisierten Markt im Sinne des § 2 Abs. 5 des Wertpapierhandelsgesetzes in einem oder mehreren Mitgliedstaaten der Europäischen Union zugelassen sind, und mit börsennotierten Gesellschaften aus Drittstaaten, die Transparenzanforderungen im Hinblick auf Stimmrechtsanteile unterliegen, die denjenigen des Gemeinschaftsrechts gleichwertig sind;

3. bei der Feststellung der Identität des wirtschaftlich Berechtigten bei Anderkonten von Verpflichteten im Sinne von § 2 Abs. 1 Nr. 7, sofern das kontoführende Institut vom Inhaber des Anderkontos die Angaben über die Identität des wirtschaftlich Berechtigten auf Anfrage erhalten kann; dies gilt auch für Anderkonten von Notaren oder anderen selbständigen Angehörigen von Rechtsberufen, die in Mitgliedstaaten der Europäischen Union ansässig sind, und für Anderkonten von Notaren oder anderen selbständigen Angehörigen von Rechtsberufen mit Sitz in **gleichwertigen** Drittstaaten.

4. bei Transaktionen von oder zugunsten von inländischen Behörden im Sinne des § 1 Abs. 4 des Verwaltungsverfahrensgesetzes und der entsprechenden Regelungen der Verwaltungsverfahrensgesetze der Länder und bei Begründung von Geschäftsbeziehungen mit diesen; Entsprechendes gilt in Bezug auf ausländische Behörden oder ausländische öffentliche Einrichtungen, die auf der Grundlage des Vertrags über die Europäische Union, der Verträge zur Gründung der Europäischen Gemeinschaften oder des Sekundärrechts der Gemeinschaften mit öffentlichen Aufgaben betraut sind, sofern deren Identität öffentlich nachprüfbar und transparent ist und zweifelsfrei feststeht, ihre Tätigkeiten und Rechnungslegung transparent sind und eine Rechenschaftspflicht gegenüber einem Organ der Gemeinschaft oder gegenüber den Behörden eines Mitgliedstaats der Europäischen Union oder anderweitige Kontroll- und Überwachungsmaßnahmen zur Überprüfung der Tätigkeit bestehen.

Für Verpflichtete im Sinne des § 2 Abs. 1 Nr. 3 gilt § 25d des Kreditwesengesetzes entsprechend.

Anhang 15
Geldwäschegesetz

(3) Die Absätze 1 und 2 finden keine Anwendung, wenn dem Verpflichteten im Hinblick auf eine konkrete Transaktion oder Geschäftsbeziehung Informationen vorliegen, die darauf schließen lassen, dass das Risiko der Geldwäsche oder der Terrorismusfinanzierung nicht gering ist.

(4) *Das Bundesministerium der Finanzen* kann im Einvernehmen mit dem *Bundesministerium des Innern, dem Bundesministerium der Justiz* und dem Bundesministerium für Wirtschaft und Technologie durch Rechtsverordnung ohne Zustimmung des Bundesrates

1. zur Umsetzung der von der *Europäischen Kommission* gemäß Artikel 40 Abs. 1 Buchstabe b der Richtlinie 2005/60/EG getroffenen *Maßnahmen* weitere Kriterien bestimmen, bei denen ein geringes Risiko der Geldwäsche oder der Terrorismusfinanzierung besteht,
2. eine Entscheidung der *Europäischen Kommission* gemäß Artikel 40 Abs. 4 der Richtlinie 2005/60/EG in Bezug auf die in Artikel 12 dieser Richtlinie genannten Fälle umsetzen.

§ 6 Verstärkte Sorgfaltspflichten

(1) Soweit erhöhte Risiken bezüglich der Geldwäsche oder der Terrorismusfinanzierung bestehen können, haben Verpflichtete zusätzliche, dem erhöhten Risiko angemessene verstärkte Sorgfaltspflichten zu erfüllen. § 3 Abs. 4 Satz 2 und Abs. 6 findet entsprechende Anwendung.

(2) Insbesondere in folgenden Fällen ist von einem erhöhten Risiko auszugehen und sind die nachstehend jeweils aufgeführten verstärkten Sorgfaltspflichten zu erfüllen:

1. *Ein Verpflichteter hat angemessene, risikoorientierte Verfahren anzuwenden, mit denen bestimmt werden kann, ob es sich bei dem Vertragspartner und, soweit vorhanden, dem wirtschaftlich Berechtigten um eine natürliche Person handelt, die ein wichtiges öffentliches Amt ausübt oder ausgeübt hat, oder um ein unmittelbares Familienmitglied dieser Person oder eine ihr bekanntermaßen nahestehende Person im Sinne des Artikels 2 der Richtlinie 2006/70/EG der Kommission vom 1. August 2006 mit Durchführungsbestimmungen für die Richtlinie 2005/60/EG des Europäischen Parlaments und des Rates hinsichtlich der Begriffsbestimmung von ‚politisch exponierten Personen' und der Festlegung der technischen Kriterien für vereinfachte Sorgfaltspflichten sowie für die Befreiung in Fällen, in denen nur gelegentlich oder in sehr eingeschränktem Umfang Finanzgeschäfte getätigt werden (ABl. L 214 vom 4. 8. 2006, S. 29). Hierbei gelten öffentliche Ämter unterhalb der nationalen Ebene in der Regel nur dann als wichtig, wenn deren politische Bedeutung mit der ähnlicher Positionen auf nationaler Ebene vergleichbar ist. Soweit ein Verpflichteter abklären muss, ob der Vertragspartner oder der wirtschaftlich Berechtigte einer Person, die wichtige öffentliche Ämter ausübt, nahesteht, ist er hierzu nur insoweit verpflichtet, als diese Beziehung öffentlich bekannt ist oder der Verpflichtete Grund zu der Annahme hat, dass eine derartige Beziehung besteht; er ist jedoch nicht verpflichtet, hierzu Nachforschungen anzustellen. Handelt es sich bei dem Vertragspartner oder dem wirtschaftlich Berechtigten um eine politisch exponierte Person in diesem Sinne, so gilt Folgendes:*

    a) *Die Begründung einer Geschäftsbeziehung durch einen für den Verpflichteten Handelnden ist von der Zustimmung eines diesem vorgesetzten Mitarbeiters abhängig zu machen,*

    b) *es sind angemessene Maßnahmen zu ergreifen, mit denen die Herkunft der Vermögenswerte bestimmt werden kann, die im Rahmen der Geschäftsbeziehung oder der Transaktion eingesetzt werden, und*

    c) *die Geschäftsbeziehung ist einer verstärkten kontinuierlichen Überwachung zu unterziehen.*

    Für den Fall, dass der Vertragspartner oder der wirtschaftlich Berechtigte erst im Laufe der Geschäftsbeziehung ein wichtiges öffentliches Amt ausübt oder der Verpflichtete erst nach Begründung der Geschäftsbeziehung von der Ausübung eines wichtigen öffentlichen Amts durch den Vertragspartner oder dem wirtschaftlich Berechtigten Kenntnis erlangt, tritt an die Stelle der Zustimmung die für den Verpflichteten vorgesetzten Mitarbeiters dessen Genehmigung zur Fortführung der Geschäftsbeziehung. Der Vertragspartner hat dem Verpflichteten die für die Abklärung notwendigen Informationen zur Verfügung zu stellen und die sich im Laufe der Geschäftsbeziehung ergebenden Änderungen unverzüglich anzuzeigen. Soweit es sich bei dem Vertragspartner oder dem wirtschaftlich Berechtigten um eine politisch exponierte Person handelt, die ihr wichtiges öffentliches Amt im Inland oder als im Inland gewählte Abgeordnete des Europäischen Parlaments ausübt, oder soweit der Vertragspartner oder der wirtschaftlich Berechtigte seit mindestens einem Jahr kein wichtiges öffentliches Amt mehr ausgeübt hat, gelten vorbehaltlich einer Risikobewertung im Einzelfall die allgemeinen Sorgfaltspflichten nach § 3.

2. *Ist der Vertragspartner eine natürliche Person und zur Feststellung der Identität nicht persönlich anwesend, hat der Verpflichtete die Identität des Vertragspartners zu überprüfen anhand*

    a) *eines Dokuments im Sinne des § 4 Absatz 4 Satz 1 Nummer 1,*

Anhang 15
Geldwäschegesetz

    b) einer beglaubigten Kopie eines Dokuments im Sinne des § 4 Absatz 4 Satz 1 Nummer 1,
    c) des elektronischen Identitätsnachweises nach § 18 des Personalausweisgesetzes oder
    d) einer qualifizierten elektronischen Signatur im Sinne des § 2 Nummer 3 des Signaturgesetzes.

In den Fällen des Satzes 1 Buchstabe a, b und d hat der Verpflichtete sicherzustellen, dass die erste Transaktion unmittelbar von einem Konto erfolgt, das auf den Namen des Vertragspartners bei einem unter die Richtlinie 2005/60/EG fallenden Kreditinstitut oder bei einem in einem gleichwertigen Drittstaat ansässigen Kreditinstitut eröffnet worden ist. Im Falle der Überprüfung der Identität des Vertragspartners anhand einer qualifizierten elektronischen Signatur hat der Verpflichtete die Gültigkeit des Zertifikats, die Anzeige des Zertifizierungsdiensteanbieters gemäß § 4 Absatz 3 des Signaturgesetzes, die Unversehrtheit des Zertifikats und den Bezug des Zertifikats zu den signierten Daten zu prüfen.

3. Jeder Sachverhalt, der als zweifelhaft oder ungewöhnlich anzusehen ist, ist von den Verpflichteten zu untersuchen, um das Risiko der jeweiligen Geschäftsbeziehung oder Transaktionen überwachen, einschätzen und gegebenenfalls das Vorliegen einer Pflicht zur Meldung nach § 11 Absatz 1 prüfen zu können. Die Ergebnisse dieser Untersuchung sind nach Maßgabe des § 8 Absatz 1 bis 5 aufzuzeichnen und aufzubewahren.

4. Liegen Tatsachen oder Bewertungen nationaler oder internationaler Stellen zur Bekämpfung der Geldwäsche und der Terrorismusfinanzierung vor, die der Annahme rechtfertigen, dass in weiteren Fällen, insbesondere im Zusammenhang mit der Einhaltung von Sorgfaltspflichten in einem Staat, ein erhöhtes Risiko besteht, kann die jeweils zuständige Behörde nach § 16 Absatz 2 Nummer 2 Buchstabe h bis Nummer 9 anordnen, dass die Verpflichteten eine Transaktion oder eine Geschäftsbeziehung, insbesondere die Herkunft der eingebrachten Vermögenswerte eines Kunden mit Sitz in einem solchen Staat, die im Rahmen der Geschäftsbeziehung oder der Transaktion eingesetzt werden, einer verstärkten Überwachung zu unterziehen sind und zusätzliche, dem Risiko angemessene Sorgfaltspflichten und Organisationspflichten zu erfüllen haben. Abweichend von Satz 1 treffen diese Anordnungen für die Bundesrechtsanwaltskammer für Rechtsanwälte und Kammerrechtsbeistände, die Bundessteuerberaterkammer für Steuerberater und Steuerbevollmächtigte, die Bundesnotarkammer für Notare, die Mitglied einer Notarkammer sind, und die zuständige oberste Landesbehörde in den Fällen des § 11 Absatz 4 Satz 4.

(3) Das **Bundesministerium der Finanzen** kann im Einvernehmen mit dem **Bundesministerium des Innern, dem Bundesministerium der Justiz** und dem Bundesministerium für Wirtschaft und Technologie ohne Zustimmung des Bundesrates durch Rechtsverordnung

1. in den in Absatz 2 genannten Fällen zusätzliche Maßnahmen bestimmen, die die Verpflichteten zu ergreifen haben, um dem erhöhten Risiko zu begegnen,
2. unter Beachtung der von der **Europäischen Kommission** gemäß Artikel 40 Abs. 1 Buchstabe c der Richtlinie 2005/60/EG getroffenen **Maßnahmen** und des Artikels 13 Abs. 6 dieser Richtlinie weitere Fälle benennen, in denen ein erhöhtes Risiko der Geldwäsche oder der Terrorismusfinanzierung besteht, und Maßnahmen festlegen, die die Verpflichteten zu ergreifen haben, um dem erhöhten Risiko zu begegnen.

§ 7 Ausführung durch Dritte

(1) Ein Verpflichteter kann zur Erfüllung der Sorgfaltspflichten nach § 3 Abs. 1 Nr. 1 bis 3 auf Dritte zurückgreifen. Die Verantwortung für die Erfüllung der Sorgfaltspflichten verbleibt bei dem Verpflichteten. *Als Dritte im Sinne dieser Vorschrift gelten in den Mitgliedstaaten der Europäischen Union ansässige Verpflichtete im Sinne des § 2 Absatz 1 Nummer 1, 2a, 4, 5, 6, 7 und 8 sowie des § 2 Absatz 1 Nummer 2, soweit es sich um Finanzdienstleistungsinstitute im Sinne des § 1 Absatz 1a Satz 2 Nummer 1, 2 bis 5 und 8 des Kreditwesengesetzes handelt.* Soweit sie einer gesetzlichen Registrierungs- oder Zulassungspflicht hinsichtlich ihrer Geschäfts- oder Berufstätigkeit unterliegen, , gelten als Dritte auch in einem **gleichwertigen** Drittstaat ansässige Kreditinstitute, Rechtsanwälte, Notare, Wirtschaftsprüfer und Steuerberater sowie Versicherungsunternehmen, soweit sie Geschäfte betreiben, die unter die Richtlinie 2002/83/EG fallen, oder soweit sie Unfallversicherungsverträge mit Prämienrückgewähr anbieten. Wenn Sorgfaltspflichten, die denen des § 3 Abs. 1 Nr. 1 bis 3 entsprechen, von einem Dritten in einem anderen Mitgliedstaat der Europäischen Union erfüllt werden, genügt es, die Vorschriften dieses Staates zu den Anforderungen an die erhobenen Angaben und Informationen und überprüften Dokumente zu erfüllen. Dritte übermitteln dem Verpflichteten in den Fällen dieses Absatzes unverzüglich und unmittelbar die bei Durchführung von Maßnahmen, die denen nach § 3 Abs. 1 Nr. 1 bis 3 entsprechen, erlangten Angaben und Informationen sowie auf Anfrage von ihnen aufbewahrte Kopien und Unterlagen zur Identifizierung eines Vertragspartners und eines etwaigen wirtschaftlich Berechtigten.

(2) Ein Verpflichteter kann die Durchführung der zur Erfüllung der Sorgfaltspflichten nach § 3 Abs. 1 Nr. 1 bis 3 erforderlichen Maßnahmen auf Grundlage einer vertraglichen Vereinbarung auf

eine andere Person übertragen. Dies darf weder die ordnungsgemäße Erfüllung der dem Verpflichteten nach diesem Gesetz auferlegten Pflichten noch die Steuerungs- oder Kontrollmöglichkeiten seiner Geschäftsleitung oder die Prüfungsrechte und Kontrollmöglichkeiten der nach § 16 Abs. 2 zuständigen Behörde gegenüber dem Verpflichteten beeinträchtigen. Der Verpflichtete hat sich vor Beginn der Zusammenarbeit von der Zuverlässigkeit der anderen Person und während der Zusammenarbeit durch Stichproben über die Angemessenheit und Ordnungsmäßigkeit der von der anderen Person getroffenen Maßnahmen zu überzeugen. Die Maßnahmen der anderen Person werden dem Verpflichteten als eigene zugerechnet. § 25a Abs. 2 des Kreditwesengesetzes bleibt unberührt. **Soweit eine vertragliche Vereinbarung nach Satz 1 mit deutschen Botschaften, Außenhandelskammern oder Konsulaten geschlossen wird, gelten diese kraft Vereinbarung als geeignete Personen. Satz 3 findet insoweit keine Anwendung.**

(3) Das **Bundesministerium der Finanzen** kann im Einvernehmen mit dem **Bundesministerium des Innern, dem Bundesministerium der Justiz** und dem Bundesministerium für Wirtschaft und Technologie durch Rechtsverordnung ohne Zustimmung des Bundesrates zur Umsetzung einer Entscheidung der **Europäischen Kommission** gemäß Artikel 40 Abs. 4 der Richtlinie 2005/60/EG Ausnahmen von den Fällen, in denen Verpflichtete gemäß Absatz 1 zur Erfüllung ihrer Sorgfaltspflichten auf außerhalb der Europäischen Union ansässige Dritte zurückgreifen dürfen, bestimmen.

§ 8 Aufzeichnungs- und Aufbewahrungspflicht

(1) Soweit nach diesem Gesetz Sorgfaltspflichten bestehen, sind die erhobenen Angaben und eingeholten Informationen über Vertragspartner, wirtschaftlich Berechtigte, Geschäftsbeziehungen und Transaktionen aufzuzeichnen. In den Fällen des § 4 Abs. 4 Satz 1 Nr. 1 sind auch die Art, die Nummer und die ausstellende Behörde des zur Überprüfung der Identität vorgelegten Dokuments aufzuzeichnen. Die Anfertigung einer Kopie des zur Überprüfung der Identität vorgelegten Dokuments nach § 4 Abs. 4 Satz 1 Nr. 1 und die Anfertigung einer Kopie des zur Überprüfung der Identität vorgelegten oder herangezogenen Unterlagen nach § 4 Abs. 4 Satz 1 Nr. 2 gelten als Aufzeichnung der darin enthaltenen Angaben; im Falle einer Einsichtnahme auf elektronisch geführte Register- oder Verzeichnisdaten gilt die Anfertigung eines Ausdrucks als Aufzeichnung der darin enthaltenen Angaben. Wird nach § 4 Abs. 2 von einer erneuten Identifizierung abgesehen, so sind der Name des zu Identifizierenden und der Umstand, dass er bei früherer Gelegenheit identifiziert worden ist, aufzuzeichnen. Sofern im Falle des § 6 Abs. 2 Nr. 2 die Identifizierung einer natürlichen Person anhand einer qualifizierten elektronischen Signatur und die entsprechende Prüfung der Signatur durchgeführt wurden, ist auch der Umstand dieser Prüfung aufzuzeichnen. Sofern im Falle des § 6 Abs. 2 Nr. 2 die Identifizierung einer natürlichen Person anhand eines elektronischen Identitätsnachweises nach § 18 des Personalausweisgesetzes erfolgt, ist anstelle der Art, der Nummer und der ausstellenden Behörde des zur Überprüfung der Identität vorgelegten Dokuments das dienste- und kartenspezifische Kennzeichen und die Tatsache, dass die Prüfung anhand eines elektronischen Identitätsnachweises erfolgt ist, aufzuzeichnen.[1]

(2) Die Aufzeichnungen können auch als Wiedergaben auf einem Bildträger oder auf anderen Datenträgern gespeichert werden. Es muss sichergestellt sein, dass die gespeicherten Daten mit den festgestellten Angaben übereinstimmen, während der Dauer der Aufbewahrungsfrist verfügbar sind und jederzeit innerhalb angemessener Frist lesbar gemacht werden können.

(3) Die Aufzeichnungen nach Absatz 1 und sonstige Belege über Geschäftsbeziehungen und Transaktionen sind unbeschadet anderer gesetzlicher Bestimmungen mindestens fünf Jahre aufzubewahren. Die Aufbewahrungsfrist im Falle des § 3 Abs. 2 Satz 1 Nr. 1 beginnt mit dem Schluss des Kalenderjahres, in dem die Geschäftsbeziehung endet. In den übrigen Fällen beginnt sie mit dem Schluss des Kalenderjahres, in dem die jeweilige Angabe festgestellt worden ist.

(4) Soweit aufzubewahrende Unterlagen einer öffentlichen Stelle vorzulegen sind, gilt § 147 Abs. 5 der Abgabenordnung entsprechend.

§ 9 Interne Sicherungsmaßnahmen

(1) Verpflichtete im Sinne von § 2 Abs. 1 müssen angemessene interne Sicherungsmaßnahmen dagegen treffen, dass sie zur Geldwäsche und zur Terrorismusfinanzierung missbraucht werden können. Für Verpflichtete im Sinne von § 2 Abs. 1 Nr. 7 **und 7a** gilt dies nur, soweit sie die dort genannten Geschäfte regelmäßig ausführen.

(2) Interne Sicherungsmaßnahmen im Sinne des Absatzes 1 sind

1. für Verpflichtete im Sinne des *§ 2 Absatz 1 Nummer 3 und 11* die Bestellung eines der Geschäftsleitung unmittelbar nachgeordneten Geldwäschebeauftragten, der Ansprechpartner für die Strafverfolgungsbehörden, das Bundeskriminalamt – Zentralstelle für Verdachtsmeldungen – und die nach § 16 Absatz 2 zuständige Behörde ist. Für den Fall seiner Verhin-

---
[1] Anzuwenden ab 1.11.2010.

derung ist dem Geldwäschebeauftragten ein Stellvertreter zuzuordnen. Seine Bestellung und Entpflichtung sind der nach § 16 Absatz 2 zuständigen Behörde mitzuteilen. Dem Geldwäschebeauftragten ist ungehinderter Zugang zu sämtlichen Informationen, Daten, Aufzeichnungen und Systemen zu verschaffen, die im Rahmen der Erfüllung seiner Aufgaben von Bedeutung sein können. Die Verwendung der Daten und Informationen ist dem Geldwäschebeauftragten ausschließlich zur Erfüllung seiner Aufgaben gestattet. Ihm sind ausreichende Befugnisse zur Erfüllung seiner Funktion einzuräumen;

2. für Verpflichtete im Sinne des § 2 Absatz 1 Nummer 2b bis 3, 5, 7 bis 12 die Entwicklung und Aktualisierung angemessener geschäfts- und kundenbezogener Sicherungssysteme und Kontrollen, die der Verhinderung der Geldwäsche und der Terrorismusfinanzierung dienen. Hierzu gehört auch die Verhinderung des Missbrauchs von neuen Technologien für Zwecke der Geldwäsche und der Terrorismusfinanzierung oder für die Begünstigung der Anonymität von Geschäftsbeziehungen oder Transaktionen;

3. Verfahren und Informationen zur Unterrichtung der Beschäftigten über Typologien und aktuelle Methoden der Geldwäsche und der Terrorismusfinanzierung und die zur Verhinderung von Geldwäsche und Terrorismusfinanzierung bestehenden Pflichten durch geeignete Maßnahmen;

4. geeignete risikoorientierte Maßnahmen zur Prüfung der Zuverlässigkeit der Beschäftigten. Zuverlässig ist, wer die Gewähr dafür bietet, dass die Pflichten nach diesem Gesetz, sonstige geldwäscherechtliche Pflichten und die beim Verpflichteten eingeführten Grundsätze, Verfahren, Kontrollen und Verhaltensrichtlinien zur Verhinderung der Geldwäsche und Terrorismusfinanzierung sorgfältig beachtet, Tatsachen im Sinne des § 11 Absatz 1 dem Vorgesetzten oder Geldwäschebeauftragten, soweit ein solcher bestellt ist, meldet und sich nicht selbst an zweifelhaften Transaktionen oder Geschäften aktiv oder passiv beteiligt. Die Personalkontroll- und Beurteilungssysteme des Verpflichteten sollen grundsätzlich eine regelmäßige, die Zuverlässigkeit betreffende Überprüfung der Beschäftigten gewährleisten.

(3) Falls ein Verpflichteter im Sinne von § 2 Abs. 1 Nr. 7 bis 10 oder Nr. 12 seine berufliche Tätigkeit als Angestellter eines Unternehmens ausübt, obliegt die Verpflichtung nach Absatz 1 diesem Unternehmen. Die nach Absatz 1 Verpflichteten dürfen interne Sicherungsmaßnahmen nach Absatz 2, Aufzeichnungen und Aufbewahrungen nach § 8 mit vorheriger Zustimmung der nach § 16 Abs. 2 zuständigen Behörde im Rahmen von vertraglichen Vereinbarungen durch einen Dritten durchführen lassen. Die Zustimmung darf nur erteilt werden, wenn der Dritte die Gewähr dafür bietet, dass die Maßnahmen ordnungsgemäß durchgeführt und die Steuerungsmöglichkeiten der Verpflichteten und die Kontrollmöglichkeiten der nach § 16 Abs. 2 zuständigen Behörde nicht beeinträchtigt werden.

(4) Die nach § 16 Absatz 2 zuständige Behörde kann anordnen, dass Verpflichtete gemäß § 2 Absatz 1 Nummer 2b, 2c, 5, 7 bis 10 und 12 einen Geldwäschebeauftragten zu bestellen haben, wenn sie dies für angemessen erachtet. Abweichend von Satz 1 treffen diese Anordnung die Bundesrechtsanwaltskammer für Rechtsanwälte und Kammerrechtsbeistände, die Bundessteuerberaterkammer für Steuerberater und Steuerbevollmächtigte, die Bundesnotarkammer für Notare, die Mitglied einer Notarkammer sind, und die zuständige oberste Landesbehörde nach § 11 Absatz 4 Satz 4 für Notare, die nicht Mitglied einer Notarkammer sind. Die in Satz 1 genannte Behörde soll für Verpflichtete gemäß § 2 Absatz 1 Nummer 12 die Bestellung eines Geldwäschebeauftragten anordnen, wenn deren Haupttätigkeit im Handel mit hochwertigen Gütern besteht. Hochwertige Güter im Sinne von Satz 3 sind Gegenstände, die sich auf Grund ihrer Beschaffenheit, ihres Verkehrswertes oder ihres bestimmungsgemäßen Gebrauchs von Gebrauchsgegenständen des Alltags abheben oder auf Grund ihres Preises keine Alltagsanschaffung darstellen. Hierzu zählen in der Regel Edelmetalle wie Gold, Silber und Platin, Edelsteine, Schmuck und Uhren, Kunstgegenstände und Antiquitäten, Kraftfahrzeuge, Schiffe und Motorboote sowie Luftfahrzeuge.

(5) Die nach § 16 Absatz 2 zuständige Behörde kann im Einzelfall Anordnungen treffen, die geeignet und erforderlich sind, um interne Sicherungsmaßnahmen im Sinne des Absatzes 2 Nummer 2 zu schaffen. Sie kann bestimmen, dass auf einzelne oder auf Gruppen der Verpflichteten im Sinne von § 2 Absatz 1 wegen der Art der von diesen betriebenen Geschäfte und der Größe des Geschäftsbetriebs unter Berücksichtigung der Anfälligkeit der Geschäfte oder des Geschäftsbetriebs für einen Missbrauch zur Geldwäsche oder Terrorismusfinanzierung die Vorschriften der Absätze 1 und 2 risikoangemessen anzuwenden sind. Die zuständige Behörde nach § 16 Absatz 2 Nummer 9 kann bestimmen, dass Verpflichtete von der Bestellung eines Geldwäschebeauftragten nach Absatz 2 Nummer 1 Satz 1 bis 6 absehen können, wenn sichergestellt ist, dass die Gefahr von Informationsverlusten und -defiziten auf Grund arbeitsteiliger Unternehmensstruktur nicht besteht und nach risikobasierter Bewertung anderweitige Vorkehrungen getroffen werden, um Geschäftsbeziehungen und Transaktionen, die mit Geldwäsche oder Terrorismusfinanzierung zusammenhängen, zu verhindern.

Anhang 15
Geldwäschegesetz

Abschnitt 3
Zentralstelle für Verdachtsmeldungen, Meldepflichten und Datenverwendung

§ 10 Zentralstelle für Verdachtsmeldungen

(1) Das Bundeskriminalamt – Zentralstelle für **Verdachtsmeldungen** – unterstützt als Zentralstelle im Sinne des § 2 Abs. 1 des Bundeskriminalamtgesetzes die Polizeien des Bundes und der Länder bei der Verhütung und Verfolgung der Geldwäsche und der Terrorismusfinanzierung. Das Bundeskriminalamt – Zentralstelle für **Verdachtsmeldungen** – hat

1. die nach den §§ 11 und 14 übermittelten **Meldungen** zu sammeln und auszuwerten, insbesondere Abgleiche mit bei anderen Stellen gespeicherten Daten zu veranlassen,
2. die Strafverfolgungsbehörden des Bundes und der Länder unverzüglich über die sie betreffenden Informationen und die in Erfahrung gebrachten Zusammenhänge von Straftaten zu unterrichten,
3. Statistiken zu den in Artikel 33 Abs. 2 der Richtlinie 2005/60/EG genannten Zahlen und Angaben zu führen,
4. *einen Jahresbericht zu veröffentlichen, der die Meldungen nach Nummer 1 analysiert und*
5. die nach diesem Gesetz Meldepflichtigen regelmäßig über Typologien und Methoden der Geldwäsche und der Terrorismusfinanzierung zu informieren.

(2) Das Bundeskriminalamt – Zentralstelle für **Verdachtsmeldungen** – arbeitet mit den für die Verhütung und Verfolgung der Geldwäsche und der Terrorismusfinanzierung zuständigen Zentralstellen anderer Staaten zusammen. Es ist zentrale Meldestelle im Sinne des Artikels 2 Abs. 3 des Beschlusses des Rates der Europäischen Union (2000/642/JI) über Vereinbarungen für eine Zusammenarbeit zwischen den zentralen Meldestellen der Mitgliedstaaten beim Austausch von Informationen vom 17. Oktober 2000 (ABl.EG Nr. L 271 S. 4).

(3) Soweit es zur Erfüllung seiner Aufgaben nach den Absätzen 1 und 2 erforderlich ist, kann das Bundeskriminalamt – Zentralstelle für **Verdachtsmeldungen** – personenbezogene Daten nach Maßgabe der §§ 7 bis 14 und 27 bis 37 des Bundeskriminalamtgesetzes erheben, verarbeiten und nutzen. In § 7 Abs. 2 des Bundeskriminalamtgesetzes treten an die Stelle der Aufgabe als Zentralstelle nach § 2 Abs. 2 Nr. 1 des Bundeskriminalamtgesetzes die Aufgaben nach den Absätzen 1 und 2. § 2 Abs. 1 des Bundeskriminalamtgesetzes findet mit der Maßgabe Anwendung, dass auch eine Übermittlung an Zentralstellen anderer Staaten zulässig ist. Das Bundeskriminalamt – Zentralstelle für **Verdachtsmeldungen** – kann die Bundesanstalt für Finanzdienstleistungsaufsicht um Auskünfte nach § 24c Abs. 3 Satz 1 Nr. 2 des Kreditwesengesetzes ersuchen, soweit dies zur Erfüllung seiner Aufgaben nach den Absätzen 1 und 2 erforderlich ist.

(4) Das Bundeskriminalamt – Zentralstelle für **Verdachtsmeldungen** – darf die von einer Zentralstelle eines anderen Staates übermittelten Daten nur zu den durch die übermittelnde Zentralstelle vorgegebenen Bedingungen verwenden. Es kann seinerseits bei der Übermittlung von Daten an eine Zentralstelle eines anderen Staates Einschränkungen und Auflagen für die Verwendung der übermittelten Daten festlegen.

§ 11 Meldung von Verdachtsfällen

(1) Liegen Tatsachen vor, die darauf hindeuten, dass es sich bei Vermögenswerten, die mit einer Transaktion oder Geschäftsbeziehung im Zusammenhang stehen, um den Gegenstand einer Straftat nach § 261 des Strafgesetzbuchs handelt oder die Vermögenswerte im Zusammenhang mit Terrorismusfinanzierung stehen, hat der Verpflichtete diese Transaktion unabhängig von ihrer Höhe oder diese Geschäftsbeziehung unverzüglich mündlich, telefonisch, fernschriftlich oder durch elektronische Datenübermittlung dem Bundeskriminalamt – Zentralstelle für Verdachtsmeldungen – und der zuständigen Strafverfolgungsbehörde zu melden. Die Pflicht zur Meldung nach Satz 1 besteht auch, wenn Tatsachen darauf schließen lassen, dass der Vertragspartner seiner Offenlegungspflicht gemäß § 4 Absatz 6 Satz 2 zuwidergehandelt hat.

(1a) Eine angetragene Transaktion darf frühestens durchgeführt werden, wenn dem Verpflichteten die Zustimmung der Staatsanwaltschaft übermittelt wurde oder wenn der zweite Werktag nach dem Abgangstag der Meldung verstrichen ist, ohne dass die Durchführung der Transaktion durch die Staatsanwaltschaft untersagt worden ist; hierbei gilt der Sonnabend nicht als Werktag. Ist ein Aufschub der Transaktion nicht möglich oder könnte dadurch die Verfolgung des Nutznießer einer mutmaßlichen strafbaren Handlung behindert werden, so darf die Transaktion durchgeführt werden; die Meldung ist unverzüglich nachzuholen.

(2) Eine mündlich oder telefonisch gestellte Meldung nach Absatz 1 ist schriftlich, fernschriftlich oder durch elektronische Datenübermittlung zu wiederholen. Das Bundesministerium des Innern kann im Einvernehmen mit dem Bundesministerium der Finanzen und dem Bundesministerium für Wirtschaft und Technologie durch Rechtsverordnung ohne Zustimmung des Bundesrates nähere Bestimmungen über die Form der Meldung nach Absatz 1 oder § 14 Absatz 1 und über die

zulässigen Datenträger, Übertragungswege und Datenformate erlassen, soweit dies zur Erfüllung der Aufgaben des Bundeskriminalamtes – Zentralstelle für Verdachtsmeldungen – erforderlich ist.

(3) Abweichend von Absatz 1 sind Verpflichtete im Sinne des § 2 Absatz 1 Nummer 7 und 8 nicht zur Meldung verpflichtet, wenn sich der meldepflichtige Sachverhalt auf Informationen bezieht, die sie im Rahmen der Rechtsberatung oder der Prozessvertretung des Vertragspartners erhalten haben. Die Meldepflicht bleibt bestehen, wenn der Verpflichtete weiß, dass der Vertragspartner die Rechtsberatung für den Zweck der Geldwäsche oder der Terrorismusfinanzierung in Anspruch genommen hat oder nimmt.

(4) Abweichend von Absatz 1 Satz 1 haben Verpflichtete im Sinne des § 2 Abs. 1 Nr. 7 und 8, die Mitglied einer Berufskammer sind, die *Meldung nach Absatz 1* an die für sie zuständige Bundesberufskammer zu übermitteln. Die Kammer kann zur *Meldung nach Absatz 1* Stellung nehmen. Sie hat die *Meldung nach Absatz 1* mit ihrer Stellungnahme entsprechend Absatz 1 Satz 1 unverzüglich *an das Bundeskriminalamt – Zentralstelle für Verdachtsmeldungen –* weiterzuleiten. Dies gilt entsprechend für Notare, die nicht Mitglied einer Notarkammer sind, mit der Maßgabe, dass an die Stelle der Berufskammer die für die Berufsaufsicht zuständige oberste Landesbehörde tritt.

(5) Die Pflicht zur *Meldung* nach den Absätzen 1 und 2 schließt die Freiwilligkeit *einer* Anzeige im Sinne des § 261 Abs. 9 des Strafgesetzbuches nicht aus.

(6) Der Inhalt einer *Meldung* nach Absatz 1 darf nur für die in § 15 Abs. 1 und 2 Satz 3 bezeichneten Strafverfahren, für Strafverfahren wegen einer Straftat, die im Höchstmaß mit einer Freiheitsstrafe von mehr als drei Jahren bedroht ist, für Besteuerungsverfahren und für die Aufsichtsaufgaben der zuständigen Behörden nach § 16 Abs. 2 sowie zum Zweck der Gefahrenabwehr verwendet werden.

(7) Das Bundesministerium des Innern und das Bundesministerium der Finanzen können zur Bekämpfung der Geldwäsche oder der Terrorismusfinanzierung durch Rechtsverordnung mit Zustimmung des Bundesrates einzelne typisierte Transaktionen bestimmen, die stets nach Absatz 1 Satz 1 von den Verpflichteten zu melden sind.

(8) In Strafverfahren, zu denen eine *Meldung nach Absatz 1* oder § 14 erstattet wurde, und in sonstigen Strafverfahren wegen einer Tat nach § 261 des Strafgesetzbuches oder in denen wegen des Verdachts von Handlungen im Sinne des § 1 Abs. 2 ermittelt wurde, teilt die zuständige Staatsanwaltschaft dem Bundeskriminalamt – Zentralstelle für *Verdachtsmeldungen* – die Erhebung der öffentlichen Klage und den Ausgang des Verfahrens mit. Die Mitteilung erfolgt durch Übersendung einer Abschrift der Anklageschrift, der begründeten Einstellungsentscheidung oder des Urteils. Einem Verpflichteten, der eine *Meldung* nach Absatz 1 erstattet hat, können auf Antrag nach § 475 der Strafprozessordnung Auskünfte aus den Akten erteilt werden, soweit dies zur Überprüfung seines *Meldeverhaltens* erforderlich ist; § 477 Abs. 3 der Strafprozessordnung findet insoweit keine Anwendung. Der Verpflichtete darf durch Auskünfte nach Satz 3 erlangte personenbezogene Daten nur zur Überprüfung seines *Meldeverhaltens* nutzen und hat diese zu löschen, wenn sie für diesen Zweck nicht mehr erforderlich sind.

§ 12   Verbot der Informationsweitergabe

(1) Ein Verpflichteter darf den Auftraggeber der Transaktion und sonstige Dritte nicht von einer *beabsichtigten oder erstatteten Meldung* nach § 11 Abs. 1 oder von einem daraufhin eingeleiteten Ermittlungsverfahren in Kenntnis setzen. Dies gilt nicht für eine Informationsweitergabe

1. an staatliche Stellen und an die nach § 16 Abs. 2 zuständigen Behörden,
2. zwischen den derselben Institutsgruppe im Sinne des § 10a Abs. 1 oder Abs. 2 des Kreditwesengesetzes, derselben Finanzholding-Gruppe im Sinne des § 10a Abs. 3 des Kreditwesengesetzes, demselben Finanzkonglomerat im Sinne des § 1 Abs. 20 des Kreditwesengesetzes oder zwischen den derselben Versicherungs-Holdinggesellschaft im Sinne des § 104a Abs. 2 Nr. 4 des Versicherungsaufsichtsgesetzes, derselben gemischten Versicherungs-Holdinggesellschaft im Sinne des § 104a Abs. 2 Nr. 5 des Versicherungsaufsichtsgesetzes oder derselben gemischten Finanzholding-Gesellschaft im Sinne des § 104k Nr. 3 des Versicherungsaufsichtsgesetzes oder demselben Finanzkonglomerat im Sinne des § 104k Nr. 4 des Versicherungsaufsichtsgesetzes angehörenden Instituten und Unternehmen aus Mitgliedstaaten der Europäischen Union oder aus *gleichwertigen Drittstaaten*,
3. zwischen Verpflichteten im Sinne von *§ 2 Absatz 1 Nummer 7 bis 8* aus Mitgliedstaaten der Europäischen Union oder aus *gleichwertigen Drittstaaten*, sofern die betreffenden Personen ihre berufliche Tätigkeit selbständig oder angestellt in derselben juristischen Person oder in einer Struktur, die einen gemeinsamen Eigentümer oder eine gemeinsame Leitung hat oder über eine gemeinsame Kontrolle in Bezug auf die Einhaltung der Vorschriften zur Verhinderung der Geldwäsche oder der Terrorismusfinanzierung verfügt, ausüben,
4. zwischen den in *§ 2 Absatz 1 Nummer 1 bis 2a, 3, 4 und 6* genannten Verpflichteten in Fällen, die sich auf denselben Vertragspartner und dieselbe Transaktion beziehen und an der zwei oder mehr Verpflichtete beteiligt sind, sofern sie ihren Sitz in einem Mitgliedstaat der Europä-

ischen Union oder in einem **gleichwertigen Drittstaat** haben, sie derselben Berufskategorie angehören und für sie gleichwertige Verpflichtungen in Bezug auf das Berufsgeheimnis und den Schutz personenbezogener Daten gelten.
Nach Satz 2 weitergegebene Informationen dürfen ausschließlich zum Zweck der Verhinderung der Geldwäsche oder der Terrorismusfinanzierung verwendet werden.

(2) Wenn sich Verpflichtete im Sinne von **§ 2 Absatz 1 Nummer 7 bis 8** bemühen, einen Mandanten davon abzuhalten, eine rechtswidrige Handlung zu begehen, so gilt dies nicht als Informationsweitergabe.

(3) Verpflichtete im Sinne von **§ 2 Absatz 1 Nummer 1 bis 6** dürfen im Einzelfall einander andere als die in Absatz 1 Satz 1 genannten Informationen im Rahmen der Erfüllung ihrer Sorgfaltspflichten nach den §§ 3, 5 und 6, den **§§ 25c, 25d und 25f** des Kreditwesengesetzes und **§§ 80d bis 80f** des Versicherungsaufsichtsgesetzes übermitteln, wenn es sich um einen in Bezug auf Geldwäsche oder Terrorismusfinanzierung auffälligen oder ungewöhnlichen Sachverhalt handelt und tatsächliche Anhaltspunkte dafür vorliegen, dass der Empfänger die Informationen für die Beurteilung der Frage benötigt, ob der Sachverhalt **nach § 11 Absatz 1 zu melden** oder eine Strafanzeige gemäß § 158 der Strafprozessordnung zu erstatten ist. Der Empfänger darf die Informationen ausschließlich zum Zweck der Verhinderung der Geldwäsche oder der Terrorismusfinanzierung und nur unter den durch den übermittelnden Verpflichteten vorgegebenen Bedingungen verwenden.

(4) Das **Bundesministerium der Finanzen** kann im Einvernehmen mit dem **Bundesministerium des Innern, dem Bundesministerium der Justiz** und dem Bundesministerium für Wirtschaft und Technologie durch Rechtsverordnung mit Zustimmung des Bundesrates zur Umsetzung einer Entscheidung der **Europäischen Kommission** gemäß Artikel 40 Abs. 4 der Richtlinie 2005/60/EG weitere Regelungen treffen, nach denen eine Informationsweitergabe untersagt ist, und bestimmen, in Bezug auf welche Verpflichteten aus Drittstaaten keine Informationen weitergegeben werden dürfen.

§ 13 Freistellung von der Verantwortlichkeit

(1) Wer Sachverhalte im Sinne des § 11 Absatz 1 Satz 1 meldet oder eine Strafanzeige gemäß § 158 der Strafprozessordnung erstattet, kann wegen dieser Meldung oder Strafanzeige nicht verantwortlich gemacht werden, es sei denn, die Meldung oder Strafanzeige ist vorsätzlich oder grob fahrlässig unwahr erstattet worden.

(2) Gleiches gilt, wenn ein Beschäftigter einen Sachverhalt seinem Vorgesetzten oder einer unternehmensintern für die **Entgegennahme einer solchen Meldung** zuständigen Stelle mitteilt.

§ 14 Meldpflicht von Behörden

(1) Liegen Tatsachen vor, die darauf hindeuten, dass es sich bei Vermögenswerten, die mit einer Transaktion oder Geschäftsbeziehung im Zusammenhang stehen, um den Gegenstand einer Straftat nach § 261 des Strafgesetzbuchs handelt oder die Vermögenswerte im Zusammenhang mit Terrorismusfinanzierung stehen, hat die nach § 16 Absatz 2 zuständige Behörde diese Tatsachen unverzüglich dem Bundeskriminalamt – Zentralstelle für Verdachtsmeldungen – und der zuständigen Strafverfolgungsbehörde zu melden. Für die Behörden gemäß § 16 Absatz 2 Nummer 4 bis 8 findet § 11 Absatz 3 entsprechende Anwendung.

(2) Absatz 1 gilt für die mit der Kontrolle des grenzüberschreitenden Verkehrs betrauten Behörden und die für die Überwachung der Aktien-, Devisen- und Finanzderivatemärkte zuständigen Behörden entsprechend.

§ 15 Heranziehung und Verwendung von Aufzeichnungen

(1) Die nach § 8 Abs. 1 gefertigten Aufzeichnungen dürfen nur zur Verfolgung von Straftaten nach § 261 des Strafgesetzbuches oder der in § 129a Abs. 2 oder § 261 Abs. 1 des Strafgesetzbuches genannten Straftaten herangezogen oder verwendet werden.

(2) Soweit ein Strafverfahren wegen einer in Absatz 1 bezeichneten Straftat eingeleitet wird, ist dieser Umstand zusammen mit den zugrunde liegenden Tatsachen der Finanzbehörde mitzuteilen, sobald eine Transaktion festgestellt wird, die für die Finanzverwaltung für die Einleitung oder Durchführung von Besteuerungsoder Steuerstrafverfahren Bedeutung haben könnte. Zieht die Strafverfolgungsbehörde im Strafverfahren Aufzeichnungen nach § 8 Abs. 1 heran, dürfen auch diese der Finanzbehörde übermittelt werden. Die Mitteilungen und Aufzeichnungen dürfen für Besteuerungsverfahren und für Strafverfahren wegen Steuerstraftaten verwendet werden.

Abschnitt 4
Aufsicht, Zusammenarbeit und Bußgeldvorschriften

§ 16 Aufsicht

(1) Die nach Absatz 2 zuständigen Behörden üben die Aufsicht über die Verpflichteten nach § 2 Abs. 1 aus. Die zuständigen Behörden können im Rahmen der ihnen gesetzlich zugewiesenen Aufgaben die geeigneten und erforderlichen Maßnahmen und Anordnungen treffen, um die Einhaltung der in diesem Gesetz *und in Artikel 55 Absatz 1 der Verordnung (EU) Nr. 1031/2010 der Kommission vom 12. November 2010 über den zeitlichen und administrativen Ablauf sowie sonstige Aspekte der Versteigerung von Treibhausgasemissionszertifikaten gemäß der Richtlinie 2003/87/EG des Europäischen Parlaments und des Rates über ein System für den Handel mit Treibhausgasemissionszertifikaten in der Gemeinschaft (ABl. L 302 vom 18. 11. 2010, S. 1)* festgelegten Anforderungen sicherzustellen. Sie können hierzu auch die ihnen für sonstige Aufsichtsaufgaben eingeräumten Befugnisse ausüben. *Für Maßnahmen und Anordnungen nach dieser Vorschrift kann die zuständige Behörde nach Absatz 2 Nummer 9 zur Deckung des Verwaltungsaufwands Kosten (Gebühren und Auslagen) erheben. Die zuständige Behörde nach Absatz 2 Nummer 2 Buchstabe g und h und Nummer 9 kann die Ausübung des Geschäfts oder Berufs untersagen, wenn der Verpflichtete im Sinne des § 2 Absatz 1 Nummer 2b bis 3, 5 und 9 bis 12 oder die mit der Leitung des Geschäfts oder Berufs beauftragte Person vorsätzlich oder leichtfertig gegen die Bestimmungen dieses Gesetzes, gegen die zur Durchführung dieser Gesetze erlassenen Verordnungen oder gegen Anordnungen der zuständigen Behörde verstoßen hat, trotz Verwarnung durch die zuständige Behörde dieses Verhalten fortsetzt und der Verstoß nachhaltig ist.*

(2) Zuständige Behörde für die Durchführung dieses Gesetzes ist

1. für die Kreditanstalt für Wiederaufbau und die Bundesrepublik Deutschland – Finanzagentur GmbH das Bundesministerium der Finanzen,
2. die Bundesanstalt für Finanzdienstleistungsaufsicht für
   a) die übrigen Kreditinstitute mit Ausnahme der Deutschen Bundesbank,
   b) Finanzdienstleistungsinstitute und Institute im Sinne des § 1 Absatz 2a des Zahlungsdiensteaufsichtsgesetzes,
   c) im Inland gelegene Zweigstellen und Zweigniederlassungen von Kreditinstituten, Finanzdienstleistungsinstituten und Zahlungsinstituten mit Sitz im Ausland,
   d) Investmentaktiengesellschaften im Sinne des § 2 Absatz 5 des Investmentgesetzes,
   e) Kapitalanlagegesellschaften im Sinne des § 2 Absatz 6 des Investmentgesetzes,
   f) im Inland gelegene Zweigniederlassungen von EU-Verwaltungsgesellschaften im Sinne des § 2 Absatz 6a des Investmentgesetzes,
   g) die Agenten und E-Geld-Agenten im Sinne des § 2 Absatz 1 Nummer 2b und
   h) die Unternehmen und Personen im Sinne des § 2 Absatz 1 Nummer 2c,
3. für Versicherungsunternehmen und die im Inland gelegenen Niederlassungen solcher Unternehmen die jeweils zuständige Aufsichtsbehörde für das Versicherungswesen,
4. für Rechtsanwälte und Kammerrechtsbeistände die jeweils örtlich zuständige Rechtsanwaltskammer (§§ 60, 61 der Bundesrechtsanwaltsordnung),
5. für Patentanwälte die Patentanwaltskammer (§ 53 der Patentanwaltsordnung),
6. für Notare der jeweilige Präsident des Landgerichts, in dessen Bezirk der Notar seinen Sitz hat (§ 92 Nr. 1 der Bundesnotarordnung),
7. für Wirtschaftsprüfer und vereidigte Buchprüfer die Wirtschaftsprüferkammer (§ 57 Abs. 2 Nr. 17 der Wirtschaftsprüferordnung),
8. für Steuerberater und Steuerbevollmächtigte die jeweils örtlich zuständige Steuerberaterkammer (§ 76 des Steuerberatungsgesetzes),
9. im Übrigen die jeweils nach Bundes- oder Landesrecht zuständige Stelle.

(3) Ein Verpflichteter, die Mitglieder seiner Organe und dessen Beschäftigte haben der zuständigen Behörde im Sinne des Absatzes 2 Nummer 2, soweit sich die Aufsichtstätigkeit auf die in dortigen Buchstaben g und h genannten Verpflichteten bezieht, und Nummer 9 sowie den Personen und Einrichtungen, derer sich die zuständige Behörde zur Durchführung ihrer Aufgaben bedient, auf Verlangen unentgeltlich Auskünfte über alle Geschäftsangelegenheiten zu erteilen und Unterlagen vorzulegen, die für die Einhaltung der in diesem Gesetz festgelegten Anforderungen von Bedeutung sind. Die zuständige Behörde kann, auch ohne besonderen Anlass, bei den Verpflichteten Prüfungen zur Einhaltung der in diesem Gesetz festgelegten Anforderungen vornehmen und die Durchführung der Prüfungen auf Dritte übertragen. Die Bediensteten der zuständigen Behörde sowie die sonstigen Personen, derer sich die zuständige Behörde bei der Durchführung der Prüfungen bedient, können hierzu die Geschäftsräume des Verpflichteten innerhalb der übli-

chen Betriebs- und Geschäftszeiten betreten und besichtigen. Die Betroffenen haben Maßnahmen nach den Sätzen 2 und 3 zu dulden.

(4) Der zur Erteilung einer Auskunft Verpflichtete kann die Auskunft auf solche Fragen verweigern, deren Beantwortung ihn selbst oder einen der in § 383 Absatz 1 Nummer 1 bis 3 der Zivilprozessordnung bezeichneten Angehörigen der Gefahr strafrechtlicher Verfolgung oder eines Verfahrens nach dem Gesetz über Ordnungswidrigkeiten aussetzen würde. Verpflichtete im Sinne des § 2 Absatz 1 Nummer 7 und 8 können die Auskunft auch auf solche Fragen verweigern, wenn sich diese auf Informationen beziehen, die sie im Rahmen der Rechtsberatung oder der Prozessvertretung des Vertragspartners erhalten haben. Die Pflicht zur Auskunft bleibt bestehen, wenn der Verpflichtete weiß, dass der Vertragspartner seine Rechtsberatung für den Zweck der Geldwäsche oder der Terrorismusfinanzierung in Anspruch genommen hat oder nimmt.

(5) Die zuständige Behörde nach Absatz 2 stellt den Verpflichteten regelmäßig aktualisierte Auslegungs- und Anwendungshinweise für die Umsetzung der Sorgfaltspflichten und internen Sicherungsmaßnahmen dieses Gesetzes zur Verfügung.

(6) Die zuständige Behörde nach Absatz 2 informiert die Verpflichteten nach Information des Bundesministeriums der Finanzen über diejenigen Staaten, die von ihr als gleichwertige Drittstaaten im Sinne dieses Gesetzes anerkannt werden. Abweichend von Satz 1 erfolgt diese Information durch die Bundesrechtsanwaltskammer für Rechtsanwälte und Kammerrechtsbeistände, die Bundessteuerberaterkammer für Steuerberater und Steuerbevollmächtigte, die Bundesnotarkammer für Notare, die Mitglied einer Notarkammer sind, und die zuständige oberste Landesbehörde nach § 11 Absatz 4 Satz 4 für Notare, die nicht Mitglied einer Notarkammer sind. Die Information über die Gleichwertigkeit eines Drittstaates entbindet die Verpflichteten nicht von einer eigenen Risikobewertung im Einzelfall.

§ 16a   Zusammenarbeit mit der Europäischen Bankenaufsichtsbehörde, der Europäischen Aufsichtsbehörde für das Versicherungswesen und die betriebliche Altersversorgung sowie mit der Europäischen Wertpapier- und Marktaufsichtsbehörde

(1) Die nach § 16 Absatz 2 zuständigen Behörden, soweit sie die Aufsicht über die Verpflichteten nach § 2 Absatz 1 Nummer 1 bis 6 ausüben, arbeiten für die Zwecke der Richtlinie 2005/60/EG nach Maßgabe

1. der Verordnung (EU) Nr. 1093/2010 des Europäischen Parlaments und des Rates vom 24. November 2010 zur Errichtung einer Europäischen Aufsichtsbehörde (Europäische Bankenaufsichtsbehörde), zur Änderung des Beschlusses Nr. 716/2009/EG und zur Aufhebung des Beschlusses 2009/78/EG der Kommission (ABl. L 331 vom 15. 12. 2010, S. 12),

2. der Verordnung (EU) Nr. 1094/2010 des Europäischen Parlaments und des Rates vom 24. November 2010 zur Errichtung einer Europäischen Aufsichtsbehörde (Europäische Aufsichtsbehörde für das Versicherungswesen und die betriebliche Altersversorgung), zur Änderung des Beschlusses Nr. 716/2009/EG und zur Aufhebung des Beschlusses 2009/79/EG der Kommission (ABl. L 331 vom 15. 12. 2010, S. 48) und

3. der Verordnung (EU) Nr. 1095/2010 des Europäischen Parlaments und des Rates vom 24. November 2010 zur Errichtung einer Europäischen Aufsichtsbehörde (Europäische Wertpapier- und Marktaufsichtsbehörde), zur Änderung des Beschlusses Nr. 716/2009/EG und zur Aufhebung des Beschlusses 2009/77/EG der Kommission (ABl. L 331 vom 15. 12. 2010, S. 84)

mit der Europäischen Bankenaufsichtsbehörde, der Europäischen Aufsichtsbehörde für das Versicherungswesen und die betriebliche Altersversorgung sowie mit der Europäischen Wertpapier- und Marktaufsichtsbehörde zusammen.

(2) Die nach § 16 Absatz 2 zuständigen Behörden, soweit sie die Aufsicht über die Verpflichteten nach § 2 Absatz 1 Nummer 1 bis 6 ausüben, stellen der Europäischen Bankenaufsichtsbehörde, der Europäischen Aufsichtsbehörde für das Versicherungswesen und die betriebliche Altersversorgung sowie der Europäischen Wertpapier- und Marktaufsichtsbehörde nach Maßgabe des Artikels 35 der Verordnungen (EU) Nr. 1093/2010, 1094/2010 und 1095/2010 auf Verlangen alle Informationen zur Verfügung, die zur Durchführung von deren Aufgaben auf Grund der Richtlinie 2005/60/EG sowie der Verordnungen (EU) Nr. 1093/2010, 1094/2010 und 1095/2010 erforderlich sind.

§ 17   Bußgeldvorschriften

(1) Ordnungswidrig handelt, wer vorsätzlich oder leichtfertig

1. entgegen § 3 Absatz 1 Nummer 1 eine Identifizierung des Vertragspartners oder entgegen § 3 Absatz 2 Satz 3 und 4 eine Identifizierung des Kunden bei der Annahme und Abgabe von Bargeld nicht, nicht richtig, nicht vollständig, nicht in der vorgeschriebenen Weise oder nicht rechtzeitig vornimmt,

Anhang 15
Geldwäschegesetz

2. entgegen § 3 Absatz 1 Nummer 3 das Vorhandensein eines wirtschaftlich Berechtigten nicht, nicht richtig, nicht vollständig oder nicht rechtzeitig abklärt,
3. entgegen § 4 Absatz 5 Satz 1 den Namen des wirtschaftlich Berechtigten nicht erhebt,
4. entgegen § 6 Absatz 2 Nummer 2 Satz 1 die Identität des Vertragspartners nicht, nicht richtig oder nicht vollständig überprüft oder nicht sicherstellt, dass die erste Transaktion von einem auf den Namen des Vertragspartners eröffneten Konto erfolgt,
5. entgegen § 8 Absatz 1 Satz 1, 2, 4 oder Satz 5 eine Angabe oder eine Information nicht, nicht richtig oder nicht vollständig aufzeichnet,
6. entgegen § 8 Absatz 3 eine Aufzeichnung oder einen sonstigen Beleg nicht oder nicht mindestens fünf Jahre aufbewahrt,
7. entgegen § 11 Absatz 1 Satz 1 eine Meldung nicht, nicht richtig, nicht vollständig oder nicht rechtzeitig macht,
8. entgegen § 12 Absatz 1 Satz 1 den Auftraggeber oder einen Dritten in Kenntnis setzt,
9. entgegen § 16 Absatz 3 Satz 1 eine Auskunft nicht, nicht richtig oder nicht vollständig erteilt oder eine Unterlage nicht, nicht richtig, nicht vollständig oder nicht rechtzeitig vorlegt oder
10. entgegen § 16 Absatz 3 Satz 4 eine dort genannte Maßnahme nicht duldet.

(2) Die Ordnungswidrigkeit kann mit einer Geldbuße bis zu einhunderttausend Euro geahndet werden.

(3) Die jeweils in § 16 Abs. 2 Nr. 2 und 3 bezeichnete Behörde ist auch Verwaltungsbehörde im Sinne des § 36 Abs. 1 Nr. 1 des Gesetzes über Ordnungswidrigkeiten. Für Steuerberater und Steuerbevollmächtigte ist Verwaltungsbehörde im Sinne des § 36 Abs. 1 Nr. 1 des Gesetzes über Ordnungswidrigkeiten das Finanzamt. Soweit nach § 16 Abs. 2 Nr. 9 die jeweils nach Bundes- oder Landesrecht zuständige Stelle zuständig ist, ist sie auch Verwaltungsbehörde im Sinne des § 36 Abs. 1 Nr. 1 des Gesetzes über Ordnungswidrigkeiten.

(*4*) Soweit nach Absatz *3* Satz 2 das Finanzamt Verwaltungsbehörde ist, gelten § 387 Abs. 2, § 410 Abs. 1 Nr. 1, 2, 6 bis 11, Abs. 2 und § 412 der Abgabenordnung sinngemäß.

Zollverwaltungsgesetz (ZollVG)

– Auszug –
vom 21. 12. 1992 (BGBl. 1992 I S. 2125; 1993 I S. 2493),
zuletzt geändert durch Artikel 4 Abs. 7 des Gesetzes vom 30. 7. 2009 (BGBl. 2009 I S. 2437)

...

Teil I
Erfassung des Warenverkehrs

§ 1 Aufgaben der Zollverwaltung

(1) Der Verkehr mit Waren über die Grenze des Zollgebiets der Europäischen Gemeinschaften (Zollgebiet der Gemeinschaft) sowie über die Grenzen von Freizonen im Sinne des Artikels 167 Abs. 3 des Zollkodex in Verbindung mit Artikel 799 Buchstabe a der Zollkodex-Durchführungsverordnung (Freizonen des Kontrolltyps I) wird im Geltungsbereich dieses Gesetzes zollamtlich überwacht. Die zollamtliche Überwachung sichert insbesondere die Erhebung der Einfuhr- und Ausfuhrabgaben sowie die Einhaltung des Zollrechts. Einfuhr- und Ausfuhrabgaben im Sinne dieses Gesetzes sind die im Zollkodex geregelten Abgaben sowie die Einfuhrumsatzsteuer und die anderen für eingeführte Waren zu erhebenden Verbrauchsteuern. Zollkodex im Sinne dieses Gesetzes ist die Verordnung (EWG) Nr. 2913/92 des Rates vom 12. Oktober 1992 zur Festlegung des Zollkodex der Gemeinschaften (ABl.EG Nr. L 302 S. 1, 1993 Nr. L 79 S. 84, 1996 Nr. L 97 S. 38), zuletzt geändert durch die Verordnung (EG) Nr. 2700/2000 des Europäischen Parlaments und des Rates vom 16. November 2000 (ABl.EG Nr. L 311 S. 17), in der jeweils geltenden Fassung. Zollkodex-Durchführungsverordnung im Sinne dieses Gesetzes ist die Verordnung (EWG) Nr. 2454/93 der Kommission vom 2. Juli 1993 mit Durchführungsvorschriften zu der Verordnung (EWG) Nr. 2913/92 des Rates vom 12. Oktober 1992 zur Festlegung des Zollkodex der Gemeinschaften (ABl.EG Nr. L 253 S. 1, 1994 Nr. L 268 S. 32, 1996 Nr. L 180 S. 34, 1997 Nr. L 156 S. 59, 1999 Nr. L 111 S. 88), zuletzt geändert durch die Verordnung (EG) Nr. 881/2003 der Kommission vom 21. Mai 2003 (ABl. EU Nr. L 134 S. 1), in der jeweils geltenden Fassung.

(2) Der Verkehr mit verbrauchsteuerpflichtigen Waren über die Grenze des deutschen Verbrauchsteuererhebungsgebietes wird zollamtlich überwacht.

(3) Die zollamtliche Überwachung sichert darüber hinaus die Einhaltung der gemeinschaftlichen oder nationalen Vorschriften, die das Verbringen von Waren in den, durch den und aus dem Geltungsbereich dieses Gesetzes verbieten oder beschränken (Verbote und Beschränkungen).

(3a) Der Verkehr mit Barmitteln, die in die oder aus der Gemeinschaft verbracht werden, wird gemäß der Verordnung (EG) Nr. 1889/2005 des Europäischen Parlaments und des Rates vom 26. Oktober 2005 über die Überwachung von Barmitteln, die in die oder aus der Gemeinschaft verbracht werden (ABl. EU Nr. L 309 S. 9), im Geltungsbereich dieses Gesetzes zollamtlich überwacht. Soweit die Verordnung (EG) Nr. 1889/2005 auf nationales Recht verweist, gelten die Bestimmungen zur Überwachung des innergemeinschaftlichen Bargeldverkehrs entsprechend, soweit in diesem Gesetz keine abweichende Regelung getroffen wird. Zur Verhinderung und Verfolgung der Geldwäsche nach § 261 des Strafgesetzbuches, der Vorbereitung einer schweren staatsgefährdenden Gewalttat nach § 89a Abs. 1, 2 Nr. 4 des Strafgesetzbuchs oder der Finanzierung einer terroristischen Vereinigung nach § 129a, auch in Verbindung mit § 129b des Strafgesetzbuchs, der Steuerhinterziehung nach § 370 der Abgabenordnung und Steuerordnungsordnungswidrigkeiten nach den §§ 377 bis 380 der Abgabenordnung sowie des Betruges zu Lasten der Sozialleistungsträger nach § 263 des Strafgesetzbuches beziehungsweise der missbräuchlichen Inanspruchnahme von Sozialleistungen nach § 404 Absatz 2 Nummer 26 des Dritten Buches Sozialgesetzbuch oder § 63 Abs. 1 Nummer 6 des Zweiten Buches Sozialgesetzbuch wird unbeschadet der Absätze 1 bis 3 und 4, der §§ 10 bis 12 und der §§ 209 bis 211 der Abgabenordnung das Verbringen von Bargeld oder gleichgestellten Zahlungsmitteln in den, aus dem und durch den Geltungsbereich dieses Gesetzes zollamtlich überwacht. Dem Bargeld gleichgestellte Zahlungsmittel im Sinne des Satzes 3 sind Wertpapiere im Sinne des § 1 Abs. 1 des Depotgesetzes und § 808 des Bürgerlichen Gesetzbuchs, Schecks, Wechsel, Edelmetalle und Edelsteine sowie elektronisches Geld im Sinne des § 1 Abs. 14 des Kreditwesengesetzes.

(3b) Das Bundesministerium der Finanzen kann im Einvernehmen mit dem Bundesministerium des Innern Beamte der Bundespolizei damit betrauen, Aufgaben der Zollverwaltung nach Absatz 3a Satz 3 bei Erfüllung von Aufgaben der Bundespolizei wahrzunehmen. Das Bundesministerium der Finanzen kann im Einvernehmen mit der zuständigen obersten Landesbehörde Beamte der Polizeien der Länder Bayern, Bremen und Hamburg damit betrauen, Aufgaben der Zollverwaltung nach Absatz 3a Satz 3 wahrzunehmen, soweit das Land im Einvernehmen mit dem Bund Aufgaben des grenzpolizeilichen Einzeldienstes im Sinne von § 2 Abs. 1 des Bundespolizeigesetzes mit eigenen Kräften wahrnimmt.

Anhang 16
Zollverwaltungsgesetz

(3c) Die Zollfahndungsämter haben unabhängig von ihrer Zuständigkeit nach § 208 Abs. 1 der Abgabenordnung die Aufgaben, die international organisierte Geldwäsche sowie damit in Zusammenhang stehende Straftaten, soweit diese in Verbindung mit dem Wirtschaftsverkehr mit Wirtschaftsgebieten außerhalb des Geltungsbereichs dieses Gesetzes stehen, zu erforschen und zu verfolgen.

(4) Die Zollverwaltung erfüllt im übrigen die Aufgaben, die ihr durch andere Rechtsvorschriften zugewiesen sind.

...

Teil III
Befugnisse der Zollverwaltung

3

§ 10 Zollamtliche Überwachung

(1) Unbeschadet der §§ 209 bis 211 der Abgabenordnung können die Bediensteten der Zollverwaltung zur Durchführung der in § 1 genannten Aufgaben im grenznahen Raum (§ 14 Abs. 1) Personen und Beförderungsmittel anhalten. Die zum Anhalten aufgeforderte Person hat auf Verlangen der Zollbediensteten stehenzubleiben und sich auszuweisen. Führer von Beförderungsmitteln haben auf Verlangen zu halten und die Beförderungspapiere vorzulegen. Sie haben den Zollbediensteten auf Verlangen auch zu ermöglichen, an Bord und von Bord zu gelangen. Gepäck, Beförderungsmittel und ihre Ladung können zur Feststellung der Einhaltung der Zollvorschriften an Ort und Stelle oder einem anderen geeigneten Ort geprüft werden. Die von der Prüfung Betroffenen haben auf Verlangen die Herkunft der Waren anzugeben, die Entnahme von unentgeltlichen Proben zu dulden und die nach den Umständen erforderliche Hilfe zu leisten.

(2) Für örtlich und zeitlich begrenzte Kontrollen außerhalb des grenznahen Raums gilt Absatz 1, wenn Grund zu der Annahme besteht, daß Waren, die der zollamtlichen Überwachung nach dem gemeinschaftlichen Zollrecht oder diesem Gesetz unterliegen, von Personen oder in Beförderungsmitteln mitgeführt werden.

(3) Personen können bei Vorliegen zureichender tatsächlicher Anhaltspunkte dafür, daß sie vorschriftswidrig Waren mitführen, die der zollamtlichen Überwachung nach dem gemeinschaftlichen Zollrecht oder diesem Gesetz unterliegen, angehalten und an einem hierfür geeigneten Ort körperlich durchsucht werden. Kann die körperliche Durchsuchung das Schamgefühl verletzen, so wird sie einer oder einem Zollbediensteten gleichen Geschlechts übertragen. Bestehen zureichende tatsächliche Anhaltspunkte dafür, daß die angehaltenen Personen Waffen in oder unter ihrer Kleidung verborgen haben, können sie an Ort und Stelle durchsucht werden.

(3a) Im Rahmen der Erfassung des Warenverkehrs kann durch Überholung am Ort der Gestellung geprüft werden, ob Nichtgemeinschaftswaren eingeführt worden sind oder ob der Gestellungspflicht vollständig genügt worden ist. Stehen dafür erforderliche Einrichtungen am Amtsplatz oder einem anderen für die Gestellung zugelassenen Ort nicht zur Verfügung, so kann für die Überholung der nächste geeignete Ort bestimmt werden. Der Gestellungspflichtige hat die Überholung zu ermöglichen. Er hat dabei selbst oder durch andere auf seine Kosten und Gefahr die erforderliche Hilfe nach zollamtlicher Anweisung zu leisten. Er hat auf Verlangen schwer feststellbare, zur Aufnahme von Waren geeignete Stellen anzugeben sowie Beschreibungen des Beförderungsmittels, Verzeichnisse der Ausrüstungsstücke und Ersatzteile und andere Unterlagen über das Beförderungsmittel vorzulegen. Diese Pflichten treffen für das Beförderungsmittel den Fahrzeugführer.

(4) Die Zollbediensteten dürfen nach § 5 Abs. 1 vorgelegte Sendungen öffnen und prüfen.

(5) Das Grundrecht auf Freiheit der Person, das Brief- und Postgeheimnis sowie das Grundrecht auf Unverletzlichkeit der Wohnung (Artikel 2 Abs. 2, Artikel 10 und Artikel 13 Abs. 1 des Grundgesetzes) werden nach Maßgabe der Absätze 1 bis 4 eingeschränkt.

...

4

§ 12a Überwachung des grenzüberschreitenden Bargeldverkehrs

(1) Die nach Artikel 3 der Verordnung (EG) Nr. 1889/2005 des Europäischen Parlaments und des Rates vom 26. Oktober 2005 über die Überwachung von Barmitteln, die in die oder aus der Gemeinschaft verbracht werden (ABl. EU Nr. L 309 S. 9), erforderliche Anmeldung muss schriftlich im Zeitpunkt der Ein- oder Ausreise erfolgen. Die §§ 2 und 4 gelten entsprechend.

(2) Auf Verlangen der Zollbediensteten haben Personen Bargeld oder gleichgestellte Zahlungsmittel im Wert von 10 000 Euro oder mehr, die sie in den, aus dem oder durch den Geltungsbereich dieses Gesetzes verbringen oder befördern, nach Art, Zahl und Wert anzuzeigen sowie die Herkunft, den wirtschaftlich Berechtigten und den Verwendungszweck darzulegen. Institute im Sinne des § 2 Abs. 1 Nr. 1 bis 6 des Geldwäschegesetzes vom 13. August 2008 (BGBl. I S. 1690) in der jeweils geltenden Fassung und ihre Beauftragten sind von den Verpflichtungen nach Satz 1 ausgenommen.

(3) Zur Ermittlung des Sachverhaltes nach den Absätzen 1 und 2 haben die Zollbediensteten die Befugnisse nach § 10. Im Bereich der Grenzen zu anderen Mitgliedstaaten der Europäischen Union findet § 10 Abs. 1 entsprechende Anwendung. Ist es zur Ermittlung des Sachverhalts erforderlich, dürfen die Zollbehörden personenbezogene Daten bei nicht öffentlichen Stellen erheben, soweit die Sachverhaltsaufklärung durch den Betroffenen nicht zum Ziel führt oder aussichtslos wäre.

(4) Die Zollbediensteten können, wenn Grund zu der Annahme besteht, dass Bargeld oder gleichgestellte Zahlungsmittel zum Zwecke der Geldwäsche verbracht werden, das Bargeld oder die gleichgestellten Zahlungsmittel bis zum Ablauf des dritten Werktages nach dem Auffinden sicherstellen und in zollamtliche Verwahrung nehmen, um die Herkunft oder den Verwendungszweck aufzudecken. Fällt der dritte Werktag auf einen Samstag, so endet die Frist mit Ablauf des nächsten Werktages. Diese Frist kann durch Entscheidung eines Richters einmalig bis zu einem Monat verlängert werden. Zur Bekanntmachung der Entscheidung genügt eine formlose Mitteilung. Zuständig ist der Richter bei dem Amtsgericht, in dessen Bezirk die Sicherstellung erfolgt ist. Die zuständigen Strafverfolgungsbehörden sind von der Sicherstellung unverzüglich zu unterrichten.

(4a) Absatz 4 gilt entsprechend, wenn Grund zu der Annahme besteht, dass Bargeld oder gleichgestellte Zahlungsmittel zum Zwecke der Vorbereitung einer schweren staatsgefährdenden Gewalttat nach § 89a Abs. 1, 2 Nr. 4 des Strafgesetzbuchs oder der Finanzierung einer terroristischen Vereinigung nach § 129a, auch in Verbindung mit § 129b des Strafgesetzbuchs, verbracht werden. Dies ist in der Regel insbesondere dann der Fall, wenn sich Bargeld oder gleichgestellte Zahlungsmittel im Besitz oder Eigentum von natürlichen oder juristischen Personen oder nicht rechtsfähigen Personenvereinigungen befinden, deren Name auf einer Liste nach

a) Artikel 1 Abs. 4 des Gemeinsamen Standpunktes des Rates 2001/931/GASP vom 27. Dezember 2001 über die Anwendung besonderer Maßnahmen zur Bekämpfung des Terrorismus (ABl.EG Nr. L 344 S. 93) oder

b) Artikel 2 Abs. 1 der Verordnung (EG) Nr. 881/2002 des Rates vom 27. Mai 2002 über die Anwendung bestimmter spezifischer restriktiver Maßnahmen gegen bestimmte Personen und Organisationen, die mit Osama bin Laden, dem Al-Qaida-Netzwerk und den Taliban in Verbindung stehen, und zur Aufhebung der Verordnung (EG) Nr. 467/2001 des Rates über das Verbot der Ausfuhr bestimmter Waren und Dienstleistungen nach Afghanistan, über die Ausweitung des Flugverbots und des Einfrierens von Geldern und anderen Finanzmitteln betreffend die Taliban von Afghanistan (ABl.EG Nr. L 139 S. 9)

in der jeweils geltenden Fassung aufgenommen wurde, es sei denn, von den zuständigen nationalen Behörden wurde eine Ausnahmegenehmigung nach Artikel 5 Abs. 2 Nr. 1 der Verordnung (EG) Nr. 2580/2001 des Rates vom 27. Dezember 2001 über spezifische, gegen bestimmte Personen und Organisationen gerichtete restriktive Maßnahmen zur Bekämpfung des Terrorismus (ABl.EG Nr. L 344 S. 70) in der jeweils geltenden Fassung oder nach Artikel 2a der Verordnung (EG) Nr. 881/2002 erteilt.

(5) Die zuständigen Zollbehörden dürfen, soweit dies zur Erfüllung ihrer Aufgaben nach § 1 Abs. 3a und nach den Absätzen 1 bis 4a erforderlich ist, personenbezogene Daten erheben, verarbeiten und nutzen. Die Erhebung, Verarbeitung und Nutzung weiterer Daten, die nicht unmittelbar im Zusammenhang mit dem grenzüberschreitenden Verkehr von Bargeld oder gleichgestellten Zahlungsmitteln stehen, ist nur zulässig, soweit Tatsachen auf einen in § 1 Absatz 3a Satz 3 oder Absatz 4a bezeichneten Verstoß schließen lassen. Die Zollbehörden können diese Daten an die zuständigen Strafverfolgungsbehörden und die Verwaltungsbehörde nach § 31a Abs. 4 und § 31b Abs. 3, die nach § 31a Absatz 1 Nummer 1 Buchstabe b Doppelbuchstabe bb der Abgabenordnung zuständigen Sozialleistungsträger sowie die Bundesanstalt für Finanzdienstleistungsaufsicht übermitteln, soweit dies zur Erfüllung ihrer Aufgaben oder der des Empfängers erforderlich ist. Die Übermittlung personenbezogener Daten an andere Finanzbehörden ist zulässig, soweit ihre Kenntnis von Bedeutung sein kann zur Durchführung

1. eines Verwaltungsverfahrens in Steuersachen,
2. eines Strafverfahrens wegen einer Steuerstraftat,
3. eines Bußgeldverfahrens wegen einer Steuerordnungswidrigkeit oder
4. eines Verwaltungsverfahrens wegen unerlaubter Finanztransferdienstleistungen.

(6) Für Streitigkeiten wegen Maßnahmen nach Absätze 2, 3, 4 Satz 1, Absatz 4a Satz 1 und Absatz 5 ist der Finanzrechtsweg gegeben.

§ 12b Befugnisse der Zollfahndungsämter bei der Verfolgung der internationalen organisierten Geldwäsche

Die Zollfahndungsämter und ihre Beamten haben bei der Erfüllung ihrer Aufgaben nach § 1 Abs. 3c dieselben Rechte und Pflichten wie die Behörden und Beamten des Polizeidienstes nach den Vorschriften der Strafprozessordnung; ihre Beamten sind Ermittlungspersonen der Staatsanwaltschaft.

Anhang 16
Zollverwaltungsgesetz

6   **§ 12c Amtshandlungen von Beamten der Bundespolizei im Zuständigkeitsbereich der Zollverwaltung**

Nehmen Beamte der Bundespolizei und der Polizeien der Länder Aufgaben nach § 1 Abs. 3b wahr, so haben sie dieselben Befugnisse wie die Beamten der Zollverwaltung. Ihre Maßnahmen gelten als Maßnahme der Zollverwaltung. Das Bundesministerium der Finanzen und die nachgeordneten Zolldienststellen üben ihnen gegenüber insoweit Fachaufsicht aus.

...

§ 17a   Zentralstelle für Risikoanalyse

Die Dienststellen der Zollverwaltung, insbesondere der Zollabfertigungs- und Prüfungsdienst, werden bei ihrer Aufgabenwahrnehmung von einer Zentralstelle durch ein automationsgestütztes System der Risikoanalyse unterstützt. Die konkreten Aufgaben der Zentralstelle im Rahmen des § 1, ihren Sitz sowie ihre Organisation und Ausstattung bestimmt das Bundesministerium der Finanzen.

...

7   **§ 31a   Bußgeldvorschriften**

(1) Ordnungswidrig handelt, wer vorsätzlich oder fahrlässig entgegen § 12a Abs. 2 Satz 1 das mitgeführte Bargeld oder die gleichgestellten Zahlungsmittel nicht oder nicht vollständig anzeigt.

(2) Die Ordnungswidrigkeit kann mit einer Geldbuße bis zu einer Million Euro geahndet werden.

(3) – aufgehoben –

(4) Verwaltungsbehörde im Sinne des § 36 Abs. 1 Nr. 1 des Gesetzes über Ordnungswidrigkeiten ist das örtlich zuständige Hauptzollamt.

(5) Die Hauptzollämter und ihre Beamten haben bei Ordnungswidrigkeiten nach Absatz 1 dieselben Rechte und Pflichten wie die Behörden und Beamten des Polizeidienstes nach der Strafprozessordnung; die Beamten sind insoweit Ermittlungspersonen der Staatsanwaltschaft.

§ 31b   Bußgeldvorschriften

(1) Ordnungswidrig handelt, wer vorsätzlich oder fahrlässig entgegen Artikel 3 Abs. 1 Satz 1 oder Abs. 2 der Verordnung (EG) Nr. 1889/2005 in Verbindung mit § 12a Abs. 1 Satz 1 einen dort genannten Betrag an Barmitteln nicht, nicht richtig, nicht vollständig oder nicht rechtzeitig anmeldet.

(2) Die Ordnungswidrigkeit kann mit einer Geldbuße bis zu einer Million Euro geahndet werden.

(3) Verwaltungsbehörde im Sinne des § 36 Abs. 1 Nr. 1 des Gesetzes über Ordnungswidrigkeiten ist das örtlich zuständige Hauptzollamt.

(4) Die Hauptzollämter und ihre Beamten haben bei Ordnungswidrigkeiten nach Absatz 1 dieselben Rechte und Pflichten wie Behörden und Beamte des Polizeidienstes nach dem Gesetz über Ordnungswidrigkeiten; die Beamten sind insoweit Ermittlungspersonen der Staatsanwaltschaft.

Anwendung von Entscheidungen des Bundesfinanzhofs

(Bayer. Landesamt für Steuern, Erlass vom 11. 11. 2011 – S 0220.1.1-1/1 St42 –)

Wichtige Entscheidungen veröffentlicht der BFH zeitnah nach ihrer Verkündung auf seinen Internetseiten (www.bundesfinanzhof.de). Diese Veröffentlichung hat aber nicht zur Folge, dass die Entscheidung sofort über den konkret entschiedenen Einzelfall hinaus (§ 110 FGO) von den Finanzämtern angewendet werden könnte.

Eine allgemeine Anwendung auf gleich gelagerte Fälle kann erst nach einer entsprechenden Entscheidung der obersten Finanzbehörden des Bundes und der Länder erfolgen. Um den Zeitraum zwischen der Veröffentlichung des Urteils durch den BFH und der Freigabe zur allgemeinen Anwendung kurz zu halten, werden die freigegebenen Entscheidungen des BFH möglichst zeitnah in einer auf der Internetseite des BMF (www.bundesfinanzminsterium.de) veröffentlichten Liste angezeigt (Startseite/Das BMF/Aktuelles/BFH-Entscheidungen). Die aktuelle Liste des BMF steht auch im AIS zur Verfügung (AO/BFH-Entscheidungen).

Die zur allgemeinen Anwendung freigegebenen Entscheidungen werden weiterhin im BStBl II veröffentlicht. Sie sind auch dann für die Finanzämter maßgeblich, wenn die Rechtsprechung im Widerspruch zu einer Verwaltungsanweisung steht, die zu der einschlägigen Frage ergangen ist (z.B. im BMF-Schreiben oder Verfügungen des Bayer. Landesamts für Steuern). Einer formellen Aufhebung der hierdurch überholten Verwaltungsanweisung bedarf es nicht.

Soll die höchstrichterliche Entscheidung nicht oder vorübergehend nicht angewendet werden, wird regelmäßig zeitgleich mit der Veröffentlichung der BFH-Entscheidung im BStBl II ein erläuterndes BMF-Schreiben im BStBl I veröffentlicht.

Soweit Steuerbürger im Einzelfall auf eine Anwendung einer Entscheidung des BFH vor deren Freigabe auf den Internetseiten des BMF drängen, kann diesem Begehren nicht entsprochen werden. Im Regelfall sollte dem Steuerbürger vorgeschlagen werden, die Bearbeitung der Steuererklärung bzw. des Einspruchs bis zur Frage der Entscheidung zurückzustellen.

BFH-Urteile, die nicht vom BFH veröffentlicht und nicht in das BStBl II aufgenommen werden (z.B. lediglich Abdruck in der Zeitschrift BFH/NV) haben – wie die Entscheidungen der Finanzgerichte – keine über den Einzelfall hinausgehende Bedeutung. Soweit sie nicht mit im BStBl II veröffentlichten Entscheidungen des BFH oder Verwaltungsanweisungen des BMF oder der vorgesetzten Behörden in Widerspruch stehen, können sie für die Entscheidung über vergleichbare Sachverhalte verwertet werden.

Anhang 18
Unterrichtung der obersten Finanzbehörden des Bundes und der Länder über Gerichtsverfahren

Unterrichtung der obersten Finanzbehörden des Bundes und der Länder über Gerichtsverfahren von grundsätzlicher Bedeutung

BMF-Schreiben vom 12. 3. 2010 – IV A 3 – FG 2032/09/10005 (BStBl 2010 I S. 244)

Unter Bezugnahme auf das Ergebnis der Erörterung mit den obersten Finanzbehörden der Länder gilt Folgendes:

1. Das BMF und die zuständige oberste Landesfinanzbehörde sind über anhängige Gerichtsverfahren insbesondere dann zu unterrichten, wenn
   a) ein Finanzgericht eine von Richtlinien, BMF-Schreiben oder gleich lautenden Erlassen der obersten Finanzbehörden der Länder abweichende Rechtsauffassung vertritt,
   b) der Entscheidung eine größere finanzielle oder eine grundsätzliche Bedeutung zukommt,
   c) der BFH einen Gerichtsbescheid (§ 90a FGO) erlassen hat, in dem eine von Richtlinien, BMF-Schreiben oder gleich lautenden Erlassen der obersten Finanzbehörden der Länder abweichende Rechtsauffassung vertreten wird oder dessen Begründung auf eine Änderung der Rechtsprechung schließen lässt, oder
   d) nach einer Vorabentscheidung des Gerichtshofes der Europäischen Gemeinschaften das Verfahren vor dem Finanzgericht oder dem BFH fortgesetzt wird.
2. In den Fällen gemäß Nummer 1 Buchstabe a hat das beklagte Finanzamt Revision bzw. Nichtzulassungsbeschwerde einzulegen, wenn dies verfahrensrechtlich möglich ist. Bei Gerichtsbescheiden im Sinne von Nummer 1 Buchstabe c ist Antrag auf mündliche Verhandlung zu stellen. Die zuständige oberste Landesfinanzbehörde kann mit Zustimmung des BMF Abweichungen von Satz 1 und 2 zulassen.
3. In den Fällen gemäß Nummer 1 Buchstabe d darf das Finanzamt eine mit dem Ziel einer Hauptsacheerledigung beabsichtigte Aufhebung oder Änderung des angefochtenen Verwaltungsakts nur nach vorheriger Zustimmung des BMF und der obersten Landesfinanzbehörde vornehmen.
4. Hat das Finanzamt die Entscheidung des Finanzgerichts mit der Revision angefochten, soll es grundsätzlich nicht gemäß § 90 Abs. 2 FGO auf die mündliche Verhandlung verzichten.
5. Die Pflicht zur umfassenden Information des BMF und der obersten Landesfinanzbehörde über ein Verfahren im Sinne der Nummer 1 besteht nach deren anfänglicher Unterrichtung bis zu deren Beitritt (§ 122 Abs. 2 FGO), andernfalls bis zum endgültigen Abschluss des Verfahrens, fort.

Dieses Schreiben tritt an die Stelle des BMF-Schreibens vom 19. März 2004 (BStBl I S. 409).

Verfahren vor dem Finanzgericht

(Bayerisches Landesamt für Steuern, Vfg. vom 22. 11. 2010 – FG 2026.2.1–7/1 St42 –)

– Auszug –

Inhaltsübersicht

1. Allgemeines
1.1. Durchführung ordnungsgemäßer Einspruchsverfahren
1.2. Fortbestehende Amtsermittlungspflicht der Finanzämter
1.3. Umfang der Entscheidungsbefugnis des Finanzgerichts
1.4. Örtliche Zuständigkeit der Finanzgerichte München und Nürnberg
1.5. Wechsel des zuständigen Finanzgerichts
2. Anbringen der Klage
3. Zustellung von Klageschriften, Urteilen und Beschlüssen durch das Finanzgericht
4. Stellungnahme des Finanzamts
4.1. Zeitpunkt
4.2. Beweisanträge
4.3. Vorsorglicher Antrag auf Zulassung der Revision
4.4. Förderung der Prozessökonomie
4.5. Stellungnahme zum Sachverhalt und zur Rechtslage
4.6. Anhängiger Musterprozess
4.7. Anregung zur bevorzugten Erledigung
4.8. Anträge
4.9. Zeichnung durch Sachgebietsleiter
4.10. Abschriften
5. Aktenvorlage
5.1. Zum Zeitpunkt der Aktenvorlage vgl. Tz. 4.1.
5.2. Vorzulegende Unterlagen
5.3. Akteneinsichtsrecht des Klägers
5.4. Aufbereitung der Unterlagen
6. Rückbehalts/Ersatzakte
7. Unterrichtung der Veranlagungsstelle
8. Änderungen während des Verfahrens
9. Hauptsacheerledigung
10. Mündliche Verhandlung (§ 90 FGO)
10.1. Stellung von Anträgen
10.2. Niederschrift
11. Vertretung vor dem Finanzgericht
11.1. Vertretungsberechtigte Personen
11.2. Nachweis der Vertretungsbefugnis
11.3. Entscheidungsfreiheit in der mündlichen Verhandlung
12. Entscheidung ohne mündliche Verhandlung
13. Entscheidung durch Gerichtsbescheid (§ 90a FGO)
14. Steuerberechnung durch die Finanzämter nach § 100 Abs. 2 Sätze 2 und 3 FGO nach Teilaufhebung durch das Finanzgericht
14.1. Betragsberechnung vor Rechtskraft der Entscheidung (§ 100 Abs. 2 Satz 3 Halbsatz 1 FGO)
14.2. Steuerberechnung nach Rechtskraft der Entscheidung des Finanzgerichts (§ 100 Abs. 2 Satz 3 Halbsatz 2 FGO)
15. Mitteilung über laufende und abgeschlossene FG-Verfahren

Anhang 19
Verfahren vor dem Finanzgericht

1. Allgemeines

1.1. Durchführung ordnungsgemäßer Einspruchsverfahren

Da Klageverfahren Steuerpflichtige, Finanzamt und Finanzgericht belasten, sollten die Einspruchsverfahren sehr sorgfältig durchgeführt werden, um bereits dadurch Klagen zu vermeiden. Insbesondere sollte der Sachverhalt ausreichend ermittelt sein, so dass deswegen nicht das Finanzgericht angerufen und/oder diese Aufgabe auf das Finanzgericht verlagert wird.

1.2. Fortbestehende Amtsermittlungspflicht der Finanzämter

Mit der Rechtshängigkeit (§ 66 FGO) einer Klage verliert das Finanzamt nicht die Herrschaft über das Besteuerungsverfahren. Es ist weiterhin verpflichtet, den maßgeblichen Sachverhalt zu ermitteln, falls hierfür ein Anlass besteht (§ 76 Abs. 4 FGO), und ggf. den streitbefangenen Verwaltungsakt zu ändern, soweit dies aufgrund einer entsprechenden Vorschrift zulässig ist (§ 132 AO i.V.m. einer Korrekturvorschrift).

1.3. Umfang der Entscheidungsbefugnis des Finanzgerichts

Das Finanzgericht prüft, ob der Kläger durch den angefochtenen Verwaltungsakt in seinen Rechten verletzt ist. Richtet sich das Klagebegehren bei einem Steuerbescheid auf eine Steuerminderung, so sind etwaige steuererhöhende Umstände vom Finanzgericht saldierend zu berücksichtigen, jedoch nur bis zur Höhe der Steuerfestsetzung des streitbefangenen Bescheids (Verböserungsverbot). Zwar darf eine Entscheidung zugunsten des Klägers nicht über dessen Klagebegehren hinausgehen (§ 96 Abs. 1 Satz 2 FGO). Die Erweiterung eines Klageantrags nach Ablauf der Klagefrist ist aber nur in Ausnahmefällen nicht mehr möglich (vgl. Beschluss des Großen Senats des BFH vom 23. 10. 1989, BStBl II 1990 S. 327, und BFH-Urteil vom 14. 3. 1990, BFH/NV 1991 S. 162).

1.4. Örtliche Zuständigkeit der Finanzgerichte München und Nürnberg[1]

1.5. Wechsel des zuständigen Finanzgerichts

Nach § 70 Satz 1 FGO i.V.m. § 17 Satz 1 GVG wird zwar die sachliche und örtliche Zuständigkeit durch eine Veränderung der sie begründenden Umstände nach Eintritt der Rechtshängigkeit nicht berührt. Dies gilt aber nur, wenn der mit der Klage rechtshängig gewordene Streitgegenstand hiervon unbeeinflusst bleibt.

Eine Änderung des Streitgegenstands tritt jedoch ein, wenn im Falle eines Zuständigkeitswechsels des Klägers in den Bezirk eines anderen Finanzgerichts (§ 26 AO) das neu zuständig gewordene Finanzamt einen Änderungsbescheid erlässt und dieser nach § 68 FGO zum Gegenstand des Verfahrens wird. Der Austausch des Beklagten führt in einem solche Falle als Änderung des Streitgegenstands auch zu einem Wechsel des zuständigen Finanzgerichts (vgl. BFH-Beschluss vom 09. 11. 2004 – V S 21/04, BStBl 2005 II S. 101).

§ 26 Satz 2 AO, der eine Fortführung von Verwaltungsverfahren durch das bisherige Finanzamt ermöglicht, ist für finanzgerichtliche Verfahren nicht anwendbar. Das beklagte Finanzamt kann jedoch einen Wechsel der finanzgerichtlichen Zuständigkeit vermeiden, wenn es noch anstehende Verwaltungsverfahren, welche die beim Gericht anhängigen Verfahren betreffen (z.B. Erlass von Änderungsbescheiden), im Benehmen mit dem nunmehr zuständigen Finanzamt nach § 26 Satz 2 AO durchführt.

Sollte eine Regelung nach § 26 Satz 2 AO nicht getroffen worden sein, ist das bisher zuständige Finanzgericht auf den – im Falle des § 68 FGO – eintretenden Beklagtenwechsel (z.B. im Zusammenhang mit der Übersendung des Änderungsbescheids) gezielt hinzuweisen. Auch ist das bisher beklagte Finanzamt umgehend über den Wechsel der Beklagtenstellung zu unterrichten. Eine Abgabe der Klagevorgänge an das neu zuständige Finanzamt ist in der Regel jedoch erst dann veranlasst, wenn das Verfahren von dem neu zuständig gewordenen Finanzgericht übernommen worden ist.

2. Anbringen der Klage

Nach § 64 Abs. 1 FGO ist die Klage beim Finanzgericht zu erheben. Die Klagefrist (§ 47 Abs. 1 FGO) gilt aber auch als gewahrt, wenn die Klage bei der Behörde, die den angefochtenen Verwaltungsakt oder die angefochtene Entscheidung

– erlassen oder
– den Beteiligten bekannt gegeben hat oder
– die nachträglich für den Steuerfall zuständig geworden ist,

---
[1] Hier nicht wiedergegeben.

innerhalb der Frist angebracht oder zur Niederschrift gegeben wird (§ 47 Abs. 2 Satz 1 FGO). Bei einer Außenstelle, die unselbstständiger Teil der beklagten Behörde ist, kann eine Klage ebenfalls angebracht oder zur Niederschrift gegeben werden.

Für das Anbringen einer Klage genügt es, wenn diese in einem verschlossenen und postalisch an das Finanzgericht adressierten Briefumschlag in den Briefkasten des Finanzamts eingeworfen oder beim Finanzamt abgegeben wird (BFH vom 26. 4. 1995 – I R 22/94, BStBl II 1995 S. 601). Der Eingangstag ist durch Eingangsstempel auf dem Briefumschlag zu dokumentieren. Im Falle der Anbringung bei der Behörde wird die Klage jedoch nicht rechtshängig (§ 66 FGO). Die mit dem Eingangsstempel versehene Klage ist deshalb einschließlich Briefumschlag und mit eventuellen Abschriften und Anlagen, aber ohne Stellungnahme dem Finanzgericht unverzüglich zu übersenden (§ 47 Abs. 2 Satz 2 FGO). Dies gilt auch dann, wenn das Finanzamt beabsichtigt, den angefochtenen Verwaltungsakt in Gestalt der Einspruchsentscheidung nach § 172 Abs. 1 Nr. 2a AO i.V.m. § 132 AO zu ändern. Dem Kläger ist eine Abgabenachricht zu erteilen mit dem Hinweis, weitere Schriftsätze unmittelbar beim Finanzgericht einzureichen. Auch wenn es zweifelhaft erscheint, ob ein beim Finanzamt eingegangenes Schreiben eine Klage beinhaltet, muss es umgehend dem Finanzgericht vorgelegt werden, das allein zu entscheiden hat, ob eine Klage vorliegt.

3. Zustellung von Klageschriften, Urteilen und Beschlüssen durch das Finanzgericht

Das Finanzgericht stellt die Klageschrift dem Finanzamt von Amts wegen zu (§ 71 Abs. 1 FGO). Zustellungen erfolgen grundsätzlich gegen Empfangsbekenntnis (§ 5 Abs. 2 VwZG) an den Leiter des Finanzamts bzw. den Außenstellenleiter (§ 7 Abs. 2 VwZG). Die Eingangsstelle hat daher eine Klageschrift umgehend dem Amtsleiter oder Außenstellenleiter, im Falle seiner Verhinderung dem jeweiligen Vertreter, vorzulegen, weil erst der Zugang bei dem betreffenden Amtsträger die Zustellung bewirkt.

Der betreffende Tag, der nicht dem Datum des Eingangsstempels entsprechen muss, ist auf dem Empfangsbekenntnis zu vermerken. Das Empfangsbekenntnis muss nicht vom Amtsleiter selbst geleistet werden, es genügt die Unterschrift jeder anderen hierzu befugten Person.

4. Stellungnahme des Finanzamts

4.1. Zeitpunkt

Zu dem Vorbringen eines Beteiligten (§ 57 FGO: Kläger, Beigeladener) hat sich das Finanzamt erst nach Aufforderung durch das Finanzgericht schriftlich zu äußern (§ 71 Abs. 1 Satz 2, § 77 Abs. 1 FGO). Die Stellungnahme soll regelmäßig mit der Aktenvorlage verbunden werden.

4.2. Beweisanträge

Das Finanzamt ist auch während eines laufenden finanzgerichtlichen Verfahrens gehalten, für die Ermittlung des streitbefangenen Sachverhalts zu sorgen.

Hält das Finanzamt weitere Ermittlungen des Finanzgerichts für erforderlich, sind entsprechende Beweisanträge unter Angabe der Beweismittel zu stellen. Dies gilt vor allem dann, wenn das Finanzamt die objektive Beweislast trägt. Obliegt dem Steuerpflichtigen die Beweislast (z.B. für steuermindernde Sachverhalte), ist es vorrangig Aufgabe des Steuerpflichtigen, ausreichende Beweismittel in das Verfahren einzubringen. Bei Zweifeln an der Beweiskraft solcher Anträge ist jedoch zu prüfen, ob zusätzliche Beweisanträge zu stellen sind.

Als Beweismittel kommen in Betracht:
– Augenschein
– Zeugen
– Sachverständige
– Urkunden
– amtliche Behördenauskunft
– Beteiligtenvernehmung
– Anscheinsbeweis
– Erfahrungssätze aufgrund der allgemeinen Lebenserfahrung oder bei typischen Geschehensabläufen
– Indizienbeweis (mittelbarer Beweis durch Hilfstatsachen, die der Feststellung und Würdigung der Beweistatsachen dienen).

4.3. Vorsorglicher Antrag auf Zulassung der Revision

Falls der Streitsache grundsätzliche Bedeutung zukommt, ist vorsorglich die Zulassung der Revision nach § 115 Abs. 2 Nr. 1 FGO zu beantragen. Entsprechend kann verfahren werden, wenn zu erwarten ist, dass das Finanzgericht von der BFH-Rechtsprechung abweicht (§ 115 Abs. 2 Nr. 2 FGO).

4.4. Förderung der Prozessökonomie

4.4.1 Bei einem Streitwert bis einschließlich 500 € kann das Gericht das Verfahren nach billigem Ermessen bestimmen (§ 94a FGO). Eine solche Sachbehandlung liegt vielfach auch im Interesse der Finanzverwaltung. In diesen Fällen sollte daher dem Finanzgericht mitgeteilt werden, dass ein Verfahren nach § 94a FGO befürwortet wird.

4.4.2 Liegen die Voraussetzungen für eine Einzelrichterentscheidung (s. Tz. 4.4.3) oder eine Entscheidung ohne mündliche Verhandlung (s. Tz. 4.4.4) im Sinne der Prozessökonomie (Vereinfachung und Beschleunigung) vor, sollte eine solche Verfahrensweise gegenüber dem Gericht angeregt werden.

4.4.3 Einzelrichterentscheidungen kommen in Betracht

– nach § 6 FGO, wenn keine besonderen tatsächlichen und rechtlichen Schwierigkeiten bestehen und keine grundsätzliche Bedeutung vorhanden ist,
– in Form eines Gerichtsbescheids (§ 90a FGO) durch den Berichterstatter (§ 79a Abs. 2 und Abs. 4 FGO),
– nach § 79a Abs. 3 FGO bei Einverständnis der Beteiligten.

4.4.4 Entscheidungen ohne mündliche Verhandlung sind möglich

– nach § 90 Abs. 2 FGO bei Einverständnis der Beteiligten (Tz. 12),
– nach § 90a FGO durch Gerichtsbescheid (s. Tz. 13),
– nach § 94a FGO durch Bestimmung des Verfahrensgangs nach billigem Ermessen, wenn der Streitwert nicht mehr als 500 € beträgt.

4.5. Stellungnahme zum Sachverhalt und zur Rechtslage

In dem Schriftsatz ist, soweit erforderlich, auf das Vorbringen des Klägers in tatsächlicher und rechtlicher Hinsicht einzugehen. Der Beweiswürdigung, ob der Sachverhalt unter Berücksichtigung von Feststellungslast und Beweismaßstab mit der erforderlichen Gewissheit feststeht, kommt besondere Bedeutung zu. Hiervon hängt regelmäßig die Entscheidung in der Hauptsache ab. Die vom Finanzgericht getroffenen Feststellungen zum Sachverhalt können überdies nur in sehr eingeschränktem Umfange angefochten werden (§ 118 Abs. 2 FGO).

Werden Sachverhalts- und Rechtsfehler, die mit dem Klagebegehren nicht in einem Zusammenhang stehen, festgestellt und ist insoweit ein Änderungstatbestand nach der AO nicht erfüllt, ist das Finanzgericht darauf hinzuweisen. Damit kann im Falle einer vollständigen oder teilweisen Stattgabe ein Fehler im Wege einer Gegenrechnung ausgeglichen werden.

Es erübrigt sich, in der Stellungnahme den in der Einspruchsentscheidung bereits umfassend dargestellten Sachverhalt zu wiederholen. Nur wenn der Kläger im Zusammenhang mit der Begründung der Klage abweichende oder neue entscheidungserhebliche Ausführungen zum Sachverhalt gemacht hat, ist auf dieses Vorbringen ggf. unter Stellung von Beweisanträgen einzugehen. Äußert sich das Finanzamt in diesem Fall nicht, könnte das neuerliche Vorbringen zum Sachverhalt vom Finanzgericht als gegeben hingenommen werden („Wie der Kläger unwidersprochen vorgetragen hat, …").

Ebenso kann eine ausdrückliche Erwiderung unterbleiben, wenn der Kläger zur rechtlichen Würdigung seine bereits im außergerichtlichen Vorverfahren geäußerte gegenteilige Rechtsmeinung lediglich wiederholt. Zu einem neuen rechtlichen Vorbringen ist jedoch Stellung zu nehmen. Dabei sind je nach Erfordernis Gesetz, Rechtsprechung, Verwaltungsanweisungen und Literatur heranzuziehen. Die rechtliche Würdigung im Rahmen der Klageerwiderung hat sich konkret mit der rechtlichen Argumentation des Klägers auseinander zu setzen.

Besteht die Klagebegründung nur aus einer Wiederholung des Sachverhalts und/oder der Rechtsmeinung aus dem Einspruchsverfahren, reicht es aus, wegen der Sachverhaltsdarstellung und/oder der rechtlichen Wertung auf die Ausführungen in der Einspruchsentscheidung zu verweisen, es sei denn, das Finanzamt erkennt bei der Überprüfung der Äußerungen des Klägers in der Klagebegründung, dass es einzelne Bestandteile des Sachverhalts nicht oder nicht ausreichend dargelegt oder die rechtliche Würdigung einzelner Teilaspekte in der Einspruchsentscheidung versehentlich versäumt oder nicht schlüssig bzw. nicht ausreichend genug wiedergegeben hat. Ansonsten ist auf neues Vorbringen des Klägers gezielt einzugehen.

Die Äußerung des Finanzamts darf sich nicht auf solche Unterlagen beziehen, die nicht zur Kenntnis des Klägers gelangen dürfen (z.B. „grüner Bogen"). Auf Seitenzahlen der Steuerakten soll nicht hingewiesen werden, weil dem Kläger die Steuerakten nicht zur Verfügung stehen.

Anhang 19
Verfahren vor dem Finanzgericht

4.6. Anhängiger Musterprozess

Ist wegen der gleichen Rechtsfrage ein Musterprozess beim BFH oder sind mehrere gleichgelagerte Fälle beim Finanzgericht anhängig, kann das Ruhen des Verfahrens nach § 155 FGO i.V.m. § 251 Abs. 1 ZPO beantragt werden. Dies dürfte nicht zuletzt aus Gründen der Prozessökonomie zweckmäßig sein. Die Fälle, in denen das Ruhen des Verfahrens angeordnet worden ist, sind zu überwachen, um nach Wegfall des wichtigen Grundes rechtzeitig die entsprechenden Folgerungen ziehen zu können (z.B. Erlass eines hauptsacheerledigenden Änderungsbescheids, AO-Kartei § 363 Karte 1).

4.7. Anregung zur bevorzugten Erledigung

Ist aus sachgerechten Gründen eine bevorzugte Erledigung vorteilhaft (z.B. wegen der Bedeutung für ein Straf- oder Bußgeldverfahren), bitte ich, dies beim Gericht anzuregen.

4.8. Anträge

Die Stellungnahme soll mit einem Antrag zur Hauptsache, zu den Kosten (insbes. in den Fällen der §§ 137, 138 FGO) und zum Streitwert (§ 25 GKG) schließen.
Zeichnet sich zu Beginn oder im Laufe des Verfahrens ab, dass das Finanzamt unterliegen könnte, ist zu prüfen, ob ein Kostenantrag zu Lasten des Klägers (z.B. nach § 137 FGO) zu stellen ist.

4.9. Zeichnung durch Sachgebietsleiter

Die Stellungnahme des Finanzamts ist vom Sachgebietsleiter auch in den Fällen, für die die Bearbeiter zuständig sind (keine sachlich oder rechtlich besonders schwierige Vorgänge, s. Tz. 2.3 Abs. 2 Nr. 1, Tz. 2.5 Abs. 1 der FAGO und Anlage 2 der ErgBest zu Abschnitt 4 der FAGO Tz. 1.4.7, AIS<Organisation<Amtsorganisation<FAGO/AGO), zu unterzeichnen. Ausgenommen hiervon sind reine Aktenvorlagen.

4.10. Abschriften

Nach § 77 Abs. 1 Satz 3 FGO soll das beteiligte Finanzamt bei einem Schriftsatz für jeden der Beteiligten (Kläger, Beigeladenen) sowie für den Prozessbevollmächtigten eine Abschrift (Abdruck) beifügen. Die Zahl der erforderlichen Abschriften ergibt sich im Übrigen aus der Aufforderung des Gerichts

Für die Akten des Finanzgerichts ist außerdem eine Ablichtung der – außergerichtlichen – Einspruchsentscheidung beizufügen

5. Aktenvorlage

5.1. Zum Zeitpunkt der Aktenvorlage vgl. Tz. 4.1.

5.2. Vorzulegende Unterlagen

Die einschlägigen Akten für die Streitjahre sind stets vollständig zu übersenden. In Ertragsteuersachen kann es sachgerecht sein, die gesamten Steuerakten, insbesondere der unmittelbar vorangegangenen Veranlagungszeiträume, vorzulegen, vor allem dann, wenn es für die Entscheidung auf die steuerliche Behandlung in den Vorjahren, den Bilanzenzusammenhang oder die wirtschaftliche Entwicklung des Unternehmens ankommen kann.

5.3. Akteneinsichtsrecht des Klägers

Der Steuerpflichtige und sein Bevollmächtigter können die Akten beim Finanzgericht einsehen und Auszüge fertigen lassen (§ 78 Abs. 1 FGO).
Das Akteneinsichtsrecht nach § 78 FGO dient der Prozessführung und erlischt sobald das betreffende Verfahren endgültig abgeschlossen ist (BFH vom 20. 10. 2005 VII B 207/05, BStBl II 2006 S. 41).
Feststellungen, Vermerke, Hinweise und sonstige Vorgänge, die dem Steuerpflichtigen wegen der Pflicht zur Wahrung des Steuergeheimnisses nicht bekannt gegeben werden dürfen (§ 30 AO), sind nicht verwertbar und dürfen auch nicht mittelbar in die Urteilsbildung einfließen. Dies ergibt sich aus dem Grundsatz, dass das Gericht seine Entscheidung nur auf Tatsachen und Beweisergebnisse stützen darf, zu denen die Beteiligten sich äußern konnten (§ 96 Abs. 2 FGO; BFH-Beschluss vom 25. 07. 1994 – X B 333/93, BStBl II 1994 S. 802). Das Finanzamt ist nach der vorgenannten Entscheidung befugt und verpflichtet, diese Aktenteile auszuheften und dem Finanzgericht nicht vorzulegen (§ 86 Abs. 1 FGO). Sie sind aus denselben Gründen nicht in der Stellungnahme zu verwerten. Das Finanzamt hat sich vor Absendung der Akten an das Finanzgericht zu vergewissern, dass die Akten keine Verhältnisse Dritter beinhalten, die durch das Steuergeheimnis geschützt sind.

Anhang 19
Verfahren vor dem Finanzgericht

Vorgänge, die dem Steuerpflichtigen nicht bekannt gegeben werden sollen (z.B. Kontrollmitteilungen, grüner Bogen zum BP-Bericht, nur für den Dienstgebrauch bestimmte Verfügungen) oder Vorgänge, die beim Kläger den Verdacht der Voreingenommenheit und Unsachlichkeit aufkommen lassen könnten, sind ebenfalls auszusondern. Entnommene Vorgänge können vom Finanzamt nicht in das Verfahren eingebracht werden.

5.4. Aufbereitung der Unterlagen

Der Inhalt der vorzulegenden Akten muss zeitlich getrennt und vollständig abgeheftet sowie mit Blattzahlen versehen sein. Die Rechtsbehelfsvorgänge sind im Anschluss an den angefochtenen Verwaltungsakt oder in einer eigenen Rechtsbehelfsakte abzulegen. Es ist darauf zu achten, dass über mündliche und fernmündliche Besprechungen Niederschriften oder Gedächtnisprotokolle vorliegen.

Erforderlichenfalls sind sie noch nachzuholen und zu den Akten zu nehmen. Die Ermittlung von Wertansätzen und Besteuerungsgrundlagen, die für die Entscheidung maßgeblich sind, muss sich aus den Akten ergeben.

6. Rückbehalts/Ersatzakte

Das Finanzamt hat von den wichtigsten Vorgängen Ablichtungen (Abdrucke) zu fertigen und mit einem Abdruck der Einspruchsentscheidung zur Rückbehaltsakte zu nehmen. Diese soll so angelegt sein, dass der Streitfall auch bei einem Wechsel des Bearbeiters ausreichend beurteilt werden kann. Nicht mit der Streitsache in Zusammenhang stehende Vorgänge sind in Ersatzakten aufzunehmen.

7. Unterrichtung der Veranlagungsstelle

Die Rechtsbehelfsstelle unterrichtet die Veranlagungsstelle über ein anhängiges Klageverfahren und die Besonderheiten beim Erlass von Änderungsbescheiden.

8. Änderungen während des Verfahrens

Der angefochtene Verwaltungsakt kann auch während des finanzgerichtlichen Verfahrens nach den Vorschriften der AO geändert werden (§ 132 AO). Hiervon sollte nach Möglichkeit Gebrauch gemacht werden. Der geänderte Bescheid wird kraft Gesetzes zum Gegenstand des finanzgerichtlichen Verfahrens; ein Einspruch ist insoweit ausgeschlossen (§ 68 FGO und zu AO-Kartei zu § 68 FGO Karte 1).

Ein Abhilfebescheid kann auch dadurch wirksam ergehen, dass er in der mündlichen Verhandlung zu Protokoll des Gerichts erklärt wird (BFH-Urteil vom 25. 11. 1997 – VIII R 4/94, BStBl II 1998 S. 461, 466).

Nimmt das Finanzamt eine an sich mögliche Änderung zuungunsten des Stpfl. nicht vor und wird der betreffende Sachverhalt auch nicht zur Verrechnung mit der vom Kläger begehrten Steuerminderung in das Verfahren eingeführt, so steht einer späteren Änderung u.U. die Rechtskraft des Urteils entgegen (§ 110 Abs. 1 FGO). Eine spätere Änderung kann auch durch den Ablauf der – insoweit nicht mehr nach § 171 Abs. 3a AO gehemmten – Festsetzungsfrist unmöglich werden (z.B. im Falle neuer Tatsachen nach § 173 Abs. 1 Satz Nr. 1 AO; bei Änderungen nach § 175 Abs. 1 Satz 1 Nr. 1 AO siehe AO-Kartei § 175 Karte 1).

Ein Änderungsbescheid ist dem Prozessbevollmächtigten bekannt zu geben.

Ergeht ein Änderungs- oder Aufhebungsbescheid, sind dem FG eine Abschrift dieses Bescheids sowie die Vorgänge, aus denen der zur Korrektur führende Sachverhalt hervorgeht, zu übersenden (§ 68 Satz 3 FGO).

Zur Heilung von Verfahrens- und Formfehlern bzw. zur Ergänzung von Ermessenserwägungen bis zum Abschluss des Verfahrens vor dem Finanzgericht wird auf § 126 Abs. 2 AO bzw. § 102 Satz 2 FGO hingewiesen.

9. Hauptsacheerledigung

Auch wenn die Klage bereits anhängig ist, sollte jede sich bietende Möglichkeit genutzt werden, die Streitsache außergerichtlich – ggf. durch Verhandlungen mit dem Kläger – zu erledigen. Kann einem Klageantrag teilweise entsprochen werden, sollte stets ein Teilabhilfebescheid erlassen werden. Damit können die dem Stpfl. zu erstattenden Aufwendungen (§ 139 FGO) verringert werden.

Wird durch die Änderung des Verwaltungsakts dem Antrag in der Hauptsache entsprochen, hat das Finanzamt dem Gericht gegenüber die Hauptsache für erledigt zu erklären und erforderlichenfalls einen Kostenantrag nach § 138 Abs. 2 Satz 2 i.V.m. § 137 FGO zu stellen.

Hat der Kläger einseitig die Hauptsache für erledigt erklärt und widerspricht das Finanzamt nicht innerhalb von zwei Wochen seit Zustellung des die Erledigungserklärung enthaltenen Schriftsatzes, erledigt sich der Rechtsstreit in der Hauptsache. Voraussetzung ist jedoch, dass das Gericht auf diese Rechtsfolge hingewiesen hat (§ 138 Abs. 3 FGO).

Ein Einspruch gegen den Abhilfebescheid, der zur Hauptsacheerledigung geführt hat, ist unzulässig.

10. Mündliche Verhandlung (§ 90 FGO)

10.1. Stellung von Anträgen

Da der Gegenstand der mündlichen Verhandlung wesentliche Grundlage für die Entscheidung des Gerichts ist, ist darauf zu achten, dass der Kenntnisstand der mündlichen Verhandlung genutzt wird. Es sind daher in angemessener Frist vor Beginn der mündlichen Verhandlung die erforderlichen Beweisanträge und Anträge auf Beteiligung (Beiladung) nach § 174 Abs. 4 und 5 AO und sowie ggf. ein ergänzter Kostenantrag (z.B. für verspätetes Vorbringen nach § 137 FGO, Verzögerungsgebühr nach § 34 GKG) zu stellen. Dies ist u.a. auch deswegen von Bedeutung, weil der BFH bei einem späteren Revisionsverfahren an die tatsächlichen Feststellungen des Finanzgerichts gebunden ist (§ 118 Abs. 2 FGO). Auch kann der Einwand, das Finanzgericht habe den Sachverhalt nicht ausreichend aufgeklärt, nicht erfolgreich im Wege einer Nichtzulassungsbeschwerde geltend gemacht werden. Übergeht das Gericht in der mündlichen Verhandlung einen bereits früher gestellten Beweisantrag, muss der Verstoß gegen die Sachaufklärungspflicht noch in der mündlichen Verhandlung gerügt werden; der Verstoß kann beim BFH nicht mehr geltend gemacht werden. Die Rüge ist zu Protokoll zu erklären, um später den hohen Anforderungen der Rechtsprechung an eine Nichtzulassungsbeschwerde wegen Verfahrensfehlern (§ 116 Abs. 3 FGO i.V.m. § 115 Abs. 2 Nr. 3 FGO) zu genügen.

Gegebenenfalls kann die Einvernahme des Klägers beantragt werden (§ 81 Abs. 1 Satz 2, § 82 FGO). Eine solche Maßnahme ist dann angezeigt, wenn sich bei der Erörterung der Streitsache (§ 93 Abs. 1 FGO) noch offene Fragen zum Sachverhalt ergeben bzw. der Sachverhalt vom Kläger im Rahmen der Erörterung der Streitsache anders dargestellt wird.

10.2. Niederschrift

Es ist darauf zu achten, dass in der Niederschrift (Protokoll) über die mündliche Verhandlung alle bedeutsamen Vorgänge und Äußerungen (eigene Beweisanträge, Ausführungen, die nicht oder nicht so in einem Schriftsatz enthalten sind) aufgenommen werden. Die Ablehnung eines Protokollierungsantrags erfordert einen Beschluss des Gerichtes.

Die Niederschrift wird vorgelesen oder zur Einsicht vorgelegt (§ 94 FGO i.V.m. § 162 ZPO).

Ein Antrag auf Protokollierung, der erst nach Schluss der mündlichen Verhandlung gestellt wird, ist unzulässig (BFH-Beschluss vom 30. 09. 1986, BFH/NV 1989 S. 24). Von der Möglichkeit, eine Protokollabschrift anzufordern, sollte insbesondere Gebrauch gemacht werden, wenn die Einlegung einer Nichtzulassungsbeschwerde zu prüfen ist.

11. Vertretung vor dem Finanzgericht

Vor dem Finanzgericht besteht kein Vertretungszwang; jeder prozessfähige Steuerpflichtige kann seine Rechte selbst wahren.

Das Finanzamt kann sich gemäß § 62 Abs. 2 Satz 2 Nr. 1 FGO durch eigene Beschäftigte vertreten lassen. Diese müssen nicht die Befähigung zum Richteramt aufweisen.

Vor dem BFH besteht hingegen Vertretungszwang (§ 62 Abs. 4 Satz 1 FGO). Das FA kann sich demnach nur durch Beamte oder Angestellte mit Befähigung zum Richteramt vertreten lassen (§ 62 Abs. 4 Satz 4 FGO, Tz. 2.2.2 DA-RbSt).

11.1. Vertretungsberechtigte Personen

– Der Sachgebietsleiter der Rechtsbehelfsstelle – im Falle der Verhinderung sein Vertreter – vertritt in der Regel das Finanzamt aufgrund der sich aus dem Geschäftsverteilungsplan ergebenden Dienststellung in der mündlichen Verhandlung

– Hat die Einspruchsentscheidung nicht die Rechtsbehelfsstelle, sondern ein anderes Arbeitsgebiet erlassen, hat der hierfür zuständige Sachgebietsleiter die Vertretung vor dem Gericht aufgrund seiner Zuständigkeit nach dem Geschäftsverteilungsplan (s. BFH-Urteil vom 08. 02. 1991 – III R 190/86, BFH/NV 1992 S. 41) wahrzunehmen.

– Der Amtsleiter kann im Einzelfall oder für einen Teilbereich von Verfahren allgemein auch einen anderen Bediensteten mit der Vertretung beauftragen.

Anhang 19
Verfahren vor dem Finanzgericht

- Die Bearbeiter der Rechtsbehelfsstellen sollen insbesondere dann an mündlichen Verhandlungen teilnehmen, wenn ihre Anwesenheit zur Unterstützung des Prozessvertreters geboten erscheint. Eine besondere Vertretungsanzeige ist ggf. dann zweckmäßig, wenn die Bearbeiter bei der Erörterung der Sach- und Rechtslage durch eigene Beiträge mitwirken sollen.

11.2. Nachweis der Vertretungsbefugnis[1]

...

11.3. Entscheidungsfreiheit in der mündlichen Verhandlung

Der Vertreter des Finanzamts soll durch Weisungen nicht gebunden werden. Damit besteht die Gewähr, dass bei neuen tatsächlichen oder rechtlichen Gesichtspunkten eine Entscheidung nicht verzögert wird.

12. Entscheidung ohne mündliche Verhandlung

Nach § 90 Abs. 2 FGO kann das Gericht mit Einverständnis der Beteiligten ohne mündliche Verhandlung entscheiden. Ein Verzicht auf die mündliche Verhandlung ist vor allem dann angebracht, wenn der Sachverhalt unstreitig und nur noch über Rechtsfragen zu entscheiden ist oder wenn durch eine mündliche Verhandlung eine weitere Klärung der Sach- und Rechtslage oder eine Verdeutlichung der Auffassung des Finanzamts nicht zu erwarten ist. Ich bitte daher, in allen geeigneten Fällen von der Möglichkeit des § 90 Abs. 2 FGO Gebrauch zu machen (s.a. Tz. 4.4.).

Eine Entscheidung ohne mündliche Verhandlung kann auch in den Fällen der Einzelrichterentscheidung nach § 6 FGO und § 79a Abs. 3 FGO ergehen.

Das FG ist an einen Verzicht der Beteiligten nicht gebunden. Auch nach erklärtem Verzicht können die Beteiligten in der Streitsache noch um mündliche Verhandlung nachsuchen.

13. Entscheidung durch Gerichtsbescheid (§ 90a FGO)

Das Gericht kann in geeigneten Fällen durch Gerichtsbescheid entscheiden (§ 90a Abs. 1 FGO). Eine mündliche Verhandlung findet hierbei nicht statt. Im Gegensatz zu § 90 Abs. 2 FGO (Tz. 12) ist auch eine Zustimmung der Beteiligten nicht erforderlich.

Der Gerichtsbescheid unterscheidet sich vom Urteil dadurch, dass den Beteiligten weiterer Rechtsschutz zusteht (entweder die zugelassene Revision oder mündliche Verhandlung).

Gerichtsbescheide können auch in den Fällen der §§ 6 und 79a Abs. 2 und Abs. 3 FGO ergehen.

Ist über eine Streitsache eine für die beklagte Behörde nachteilige Entscheidung in Form eines Gerichtsbescheids (§ 90a FGO) ergangen und erscheint eine Überprüfung der Rechtsauffassung des Finanzgerichts für angebracht, ist die weitere Beurteilung davon abhängig, ob die Revision zugelassen worden ist.

Trifft dies zu, kann entweder Revision eingelegt oder mündliche Verhandlung beantragt werden (§ 90a Abs. 2 Satz 2 FGO).

Ist dagegen die Revision nicht zugelassen worden, kann nur mündliche Verhandlung beantragt werden.

Bei einem rechtzeitig gestellten Antrag auf mündliche Verhandlung gilt der Gerichtsbescheid als nicht ergangen (§ 90 Abs. 3 Halbsatz 2 FGO). Wird – ausnahmsweise – von beiden Rechtsbehelfen Gebrauch gemacht, findet nur mündliche Verhandlung statt (§ 90a Abs. 2 Satz 3 FGO).

Ein Antrag auf mündliche Verhandlung wird angezeigt sein, wenn

a) die begründete Aussicht besteht, dass das Finanzgericht bei einer mündlichen Verhandlung im Hinblick auf eine dort ggf. vorzunehmende Beweisaufnahme und eine stattfindende Erörterung seine Tatsachenfeststellung und/oder rechtliche Beurteilung ändern könnte oder

b) die Rechtsfrage zwischenzeitlich durch ein BFH-Urteil i.S.d. Finanzverwaltung entschieden worden ist oder

c) das Finanzgericht Rechtsprechung oder bedeutsame Literaturauffassungen nicht oder nicht zutreffend berücksichtigt hat.

Ein Antrag auf mündliche Verhandlung ist stets zu stellen, wenn das Finanzgericht eine von den *Richtlinien*, *BMF-Schreiben* oder gleichlautenden Erlassen der obersten Finanzbehörden der Länder abweichende Rechtsauffassung vertritt oder dessen Begründung auf eine Änderung der Rechtsprechung schließen lässt (s. BMF-Schreiben vom 12. 03. 2010, BStBl 2010 I S. 244).

---

[1] Hier nicht wiedergegeben.

Bei Gerichtsbescheiden nach § 79a Abs. 2 Satz 1 und Abs. 4 FGO (Einzelrichterentscheidung) ist nur der Antrag auf mündliche Verhandlung innerhalb eines Monats nach Zustellung des Gerichtsbescheids gegeben (§ 79a Abs. 2 Satz 2 FGO).

14. Steuerberechnung durch die Finanzämter nach § 100 Abs. 2 Sätze 2 und 3 FGO nach Teilaufhebung durch das Finanzgericht

14.1. Betragsberechnung vor Rechtskraft der Entscheidung (§ 100 Abs. 2 Satz 3 Halbsatz 1 FGO)

Entscheidet das Finanzgericht nach § 100 Abs. 2 Satz 2 FGO, so hat das Finanzamt dem Kläger das Ergebnis der Steuerberechnung unverzüglich formlos mitzuteilen (§ 100 Abs. 2 Satz 3 Halbsatz 1 FGO); das Finanzgericht ist hiervon nachrichtlich in Kenntnis zu setzen. Damit wird dem Interesse der Beteiligten Rechnung getragen, das Ergebnis der Neuberechnung zeitnah zu erfahren. Diese Mitteilung — die ggf. unter Verwendung einer maschinellen Probeberechnung erstellt werden kann — beinhaltet als eine die Steuerberechnung vorbereitende Maßnahme keinen Verwaltungsakt (BFH-Urteil vom 18. 11. 2004, BFH/NV 2005 S. 407). Die Mitteilung ist auch formlos so zu gestalten, dass jeglicher Anschein eines Verwaltungsaktes vermieden wird BFH-Urteil vom 09. 07. 1986 – I R 218/82, BStBl 1987 II S. 14).

Inhaltlich ist diese daher wie folgt abzufassen:

„Diese Mitteilung ergeht nach § 100 Abs. 2 Satz 3 Halbsatz 1 FGO zur Vorabinformation. Die Berechnung erfolgt aufgrund der Vorgaben im Urteil des Finanzgerichts vom ...., Az: .... Es handelt sich hierbei lediglich um eine Maßnahme zum Vollzug des Urteils und nicht um eine Entscheidung nach § 132 AO über die Rücknahme, Änderung oder Aufhebung des angefochtenen Bescheids. Ein förmlicher Steuerberechnungsbescheid wird nach Rechtskraft der Entscheidung des Finanzgerichts ergehen."

Dient eine maschinelle Probeberechnung zur Darstellung der Steuerermittlung, sind eine etwaig vorhandene Bescheidkennzeichnung und Rechtsbehelfsbelehrung zu streichen.

14.2. Steuerberechnung nach Rechtskraft der Entscheidung des Finanzgerichts (§ 100 Abs. 2 Satz 3 Halbsatz 2 FGO)

Nach Rechtskraft der gerichtlichen Entscheidung ist ein Steuerberechnungsbescheid mit dem Inhalt einer Steuerfestsetzung zu erlassen (§ 100 Abs. 2 Satz 3 Halbsatz 2 FGO).

In den Bescheid ist folgende Erläuterung aufzunehmen:

„Die Berechnung erfolgt aufgrund des Urteils des Finanzgerichts vom ... Az: .... (§ 100 FGO). Auf die formlose Mitteilung vom ... wird Bezug genommen werden." Die Rechtsbehelfsbelehrung ist wie folgt zu ergänzen:

„Mit dem Einspruch kann nur eingewandt werden, dass die Berechnung nicht den Vorgaben des Urteils entspricht."

15. Mitteilung über laufende und abgeschlossene FG-Verfahren

Zur Mitteilung über laufende und abgeschlossene Verfahren an das BayLfSt, vgl. Karte 1 zu §§ 115–127 FGO.

Anhang 20
Mitteilungen der Finanzbehörden über Pflichtverletzungen und andere Informationen

1 Mitteilungen der Finanzbehörden über Pflichtverletzungen und andere Informationen gemäß § 10 StBerG

(Gleich lautender Erlass der obersten Finanzbehörden der Länder vom 10. 10. 2008, BStBl 2008 I S. 944)

1. Mitteilungen über Berufspflichtverletzungen gemäß § 10 Abs. 1 StBerG

1.1 Allgemeines

Nach § 10 Abs. 1 StBerG haben die Finanzbehörden Tatsachen, die den Verdacht begründen, dass eine der in § 3 oder § 4 Nr. 1 und 2 StBerG genannten Personen eine Berufspflicht verletzt hat, der zuständigen Stelle mitzuteilen, soweit deren Kenntnis aus Sicht der übermittelnden Behörde für die Verwirklichung der Rechtsfolgen erforderlich ist. Hierdurch soll den Berufskammern und den sonst zuständigen Stellen ermöglicht werden, die Berufsaufsicht wirksam auszuüben.

Die Finanzbehörden sind zur Mitteilung verpflichtet. Ein Ermessensspielraum steht ihnen nicht zu. Durch die Formulierung „soweit ihre Kenntnis aus Sicht der übermittelnden Stelle für die Verwirklichung der Rechtsfolgen erforderlich ist" wird dem Verhältnismäßigkeitsgrundsatz Rechnung getragen.

Das Steuergeheimnis steht der Mitteilungspflicht gemäß § 10 Abs. 1 StBerG nicht entgegen (§ 30 Abs. 4 Nr. 2 AO). Bei Akteneinsicht ist zu beachten, dass nur die die Berufspflichtverletzung betreffenden Vorgänge eingesehen werden dürfen.

1.2 Berufspflichtverletzung

Nicht jede berufliche Fehlleistung stellt bereits eine Berufspflichtverletzung dar. Vielmehr muss der konkrete Verdacht bestehen, dass der Berufsangehörige seine Pflichten nicht nur objektiv, sondern auch subjektiv verletzt hat. Es muss ein dem Berufsangehörigen zuzurechnendes Verschulden hinzukommen. In der Regel ist das der Fall, wenn der Betreffende fahrlässig oder bei der gebotenen Sorgfaltspflicht in nicht mehr zu vertretender Weise leichtfertig oder gar vorsätzlich gehandelt hat. Bei offenkundig versehentlicher oder unverschuldeter Pflichtverletzung darf eine Mitteilung deshalb nicht erfolgen. Für die Mitteilung reichen weder Vermutungen noch Schlussfolgerungen aus. Vielmehr muss ein Verdacht gegeben sein, der bei vorläufiger Bewertung der Pflichtverletzung und der Schuld des Berufsangehörigen eine spätere Ahndung oder Verurteilung wahrscheinlich macht (vgl. § 203 StPO).

Zu den Berufspflichtverletzungen gehören nicht nur Pflichtverletzungen bei Ausübung des Berufs, sondern auch solche, die nicht unmittelbar bei der Berufsausübung begangen wurden. Die Pflicht zur Unabhängigkeit kann z.B. durch wiederkehrende oder nicht beitreibbare Steuerrückstände, häufige Zwangsvollstreckungen, Vermögensverfall, Abgabe einer eidesstattlichen Versicherung oder Haftbefehl zur Erzwingung einer solchen Maßnahme verletzt werden. Ein Verstoß gegen die Pflicht zur Gewissenhaftigkeit liegt vor, wenn eine Fehlleistung auf Vorsatz, grobem Verschulden oder auf einem allgemein gleichgültigen Verhalten beruht. Die Nichtanmeldung und Nichtabführung der Lohnsteuer für die Angestellten stellt eine berufliche Verfehlung dar, die dem Ansehen des Berufsstandes schadet. Entsprechendes gilt für Verfehlungen in eigenen Steuerangelegenheiten (z.B. Steuerrückstände, Steuerhinterziehung oder Nichtabgabe von Steuererklärungen). Die den Verdacht begründenden Tatsachen oder Umstände müssen sich aus Feststellungen der Finanzbehörden im Besteuerungsverfahren oder sonstigen in ihre Zuständigkeit fallenden Angelegenheiten ergeben. Es ist nicht ihre Aufgabe, aufgrund von Anzeigen und Beschwerden von Steuerpflichtigen und anderen Berufsangehörigen tätig zu werden. Vielmehr sind diese an die zuständige Berufskammer zu verweisen.

Die Berufspflichten sind in den jeweiligen Berufsgesetzen und den ggf. hierzu ergangenen Berufsordnungen geregelt. Eine unmittelbare Anwendung auf die in § 3 und § 4 Nr. 2 StBerG genannten Gesellschaften kommt nicht in Betracht. Vielmehr ist bei Gesellschaften der handelnde gesetzliche Vertreter verantwortlich.

Zu den wesentlichen Berufspflichten gehören:

– **Steuerberater, Steuerbevollmächtigte (§ 3 Nr. 1 StBerG):**
  (§§ 57–71 Steuerberatungsgesetz – StBerG –; Berufsordnung der Bundessteuerberaterkammer – BOStB – gemäß § 86 Abs. 2 Nr. 2 StBerG)

  – Pflicht zur Unabhängigkeit (§ 57 Abs. 1 StBerG, § 2 BOStB)

  – Pflicht zur Eigenverantwortlichkeit (§ 57 Abs. 1, § 60 StBerG, § 3 BOStB)

  – Pflicht zur Gewissenhaftigkeit (§ 57 Abs. 1 StBerG, § 4 BOStB)

  – Pflicht zur Sachlichkeit (§ 5 BOStB)

  – Pflicht zur Verschwiegenheit (§ 57 Abs. 1 StBerG, § 9 BOStB)

Anhang 20
Mitteilungen der Finanzbehörden über Pflichtverletzungen und andere Informationen

- Verzicht auf berufswidrige Werbung (§ 57 Abs. 1, § 57a StBerG, §§ 10–21 BOStB)
- Pflicht zur Wahrung des Ansehens des Berufs (§ 57 Abs. 2 StBerG)
- Verbot einer gewerblichen Tätigkeit (außer bei Ausnahmegenehmigung der zuständigen Steuerberaterkammer) oder einer Tätigkeit als Arbeitnehmer mit Ausnahme der Fälle des § 57 Abs. 3 Nr. 4 sowie der §§ 58 und 59 StBerG (§ 57 Abs. 4 StBerG, §§ 39–41 BOStB)
- Pflicht zur unverzüglichen Mitteilung der Ablehnung eines Auftrags (§ 63 StBerG, § 25 Abs. 2 BOStB)
- Pflicht zur Aufbewahrung der Handakten bzw. zur Herausgabe bei Beendigung des Auftrags (§ 66 StBerG, § 30 BOStB)
- Pflicht zum Abschluss einer Berufshaftpflichtversicherung (§ 67 StBerG, § 42 BOStB)
- Pflicht zur Bestellung eines allgemeinen Vertreters bei Verhinderung der Berufsausübung (§ 69 StBerG, § 28 BOStB)
- Pflicht zur Begründung und Unterhaltung einer beruflichen Niederlassung (§ 34 StBerG, § 48 BOStB)

Die Berufspflichten gelten sinngemäß für Vorstandsmitglieder, Geschäftsführer und persönlich haftende Gesellschafter von Steuerberatungsgesellschaften, die nicht Steuerberater oder Steuerbevollmächtigte sind (§ 72 Abs. 1, § 74 Abs. 2 und § 94 Abs. 1 StBerG).

- **Rechtsanwälte, niedergelassene europäische Rechtsanwälte (§ 3 Nr. 1 StBerG):**
  (§§ 43–59 der Bundesrechtsanwaltsordnung – BRAO –; Berufsordnung für Rechtsanwälte – BORA – gemäß § 59b BRAO)
  - Pflicht zur gewissenhaften Berufsausübung und zum würdigen Auftreten innerhalb und außerhalb des Berufes (§ 43 BRAO)
  - Pflicht zur Unabhängigkeit (§ 43a Abs. 1 BRAO)
  - Pflicht zur Verschwiegenheit (§ 43a Abs. 2 BRAO, § 2 BORA)
  - Verbot der Vertretung widerstreitender Interessen (§ 43a Abs. 4 BRAO, § 3 BORA)
  - Pflicht zur unverzüglichen Zurückweisung eines Mandats, welches der Rechtsanwalt nicht übernehmen möchte (§ 44 BRAO)
  - Pflicht zur Führung von Handakten (§ 50 Abs. 1 BRAO)
  - Pflicht, eine Berufshaftpflichtversicherung abzuschließen und während der Dauer seiner Zulassung aufrechtzuerhalten (§ 51 Abs. 1, 4 BRAO)
  - Pflicht, für einen Vertreter zu sorgen, wenn der Rechtsanwalt länger als eine Woche daran gehindert ist, seinen Beruf auszuüben oder sich länger als eine Woche von seiner Kanzlei entfernen will (§ 53 Abs. 1 BRAO)
  - Pflicht, den Mandanten über alle für den Fortgang der Sache wesentlichen Vorgänge und Maßnahmen – insbesondere von allen wesentlichen erhaltenen oder versandten Schriftstücken – unverzüglich zu unterrichten (§ 11 BORA)

  Bei den Rechtsanwaltsgesellschaften unterliegen auch die nichtanwaltlichen Vertreter der Berufsaufsicht durch die Rechtsanwaltskammer (§ 60 Abs. 1 BRAO). Die anwaltsgerichtlichen Vorschriften sind auf diesen Personenkreis entsprechend anzuwenden (§ 115c BRAO).

- **Wirtschaftsprüfer und vereidigte Buchprüfer (§ 3 Nr. 1 StBerG):**
  (§§ 43–55a, 130 Wirtschaftsprüfungsordnung – WPO –; Berufssatzung der Wirtschaftsprüferkammer über die Rechte und Pflichten bei der Ausübung der Berufe des Wirtschaftsprüfers und des vereidigten Buchprüfers gemäß § 57 Abs. 3 und 4 WPO)
  - Pflicht zur Wahrung des Ansehens des Berufs (§ 43 WPO, § 1 der Satzung)
  - Pflicht zur Unabhängigkeit (§ 43 WPO, § 2 der Satzung)
  - Verbot der Vertretung widerstreitender Tatsachen (§ 3 der Satzung)
  - Pflicht zur Gewissenhaftigkeit (§ 43 WPO, § 4 der Satzung)
  - Pflicht zur Verschwiegenheit (§ 43 WPO, § 9 der Satzung)
  - Pflicht zur Eigenverantwortlichkeit (§ 43 WPO, § 11 der Satzung)
  - Pflicht zum Abschluss und zur Erhaltung einer Berufshaftpflichtversicherung (§ 54 WPO, § 17 der Satzung)
  - Pflicht zur Unparteilichkeit und Unbefangenheit (§§ 20, 21 der Satzung)

  Die Berufspflichten gelten sinngemäß für Vorstandsmitglieder, Geschäftsführer und persönlich haftende Gesellschafter von Wirtschaftsprüfungs- und Buchprüfungsgesellschaften, die nicht Wirtschaftsprüfer oder vereidigte Buchprüfer sind (§ 56 Abs. 1, §§ 71, 130 WPO).

- **Notare (§ 4 Nr. 1 StBerG):**
  (§§ 14–19, 25–32 der Bundesnotarordnung – BNotO –)
  - Neutralitätspflicht bzw. Pflicht zur Unparteilichkeit (§ 14 Abs. 1 BNotO)

Anhang 20
Mitteilungen der Finanzbehörden über Pflichtverletzungen und andere Informationen

- Pflicht, sich durch sein Verhalten innerhalb und außerhalb seines Amts der Achtung und des Vertrauens, die dem Notaramt entgegengebracht werden, würdig zu zeigen (§ 14 Abs. 3 BNotO)
- Verschwiegenheitspflicht (§ 18 Abs. 1 BNotO)
- Pflicht zum Abschluss einer Berufshaftpflichtversicherung (§ 19a Abs. 1 BNotO)
- Pflicht zur Prüfung und Belehrung (§ 17 Abs. 1, § 18 BeurkG)
- Anzeigepflicht gegenüber dem Finanzamt (§ 18 Abs. 1, 2 GrEStG, § 34 Abs. 1, Abs. 2 Nr. 2, 3 ErbStG)
- **Patentanwälte (§ 4 Nr. 2 StBerG):**
  (§§ 39–52 der Patentanwaltsordnung – PAO –; Berufsordnung der Patentanwälte gemäß § 52b PAO)
- Pflicht zur gewissenhaften Berufsausübung und zum würdigen Auftreten innerhalb und außerhalb des Berufs (§ 39 PAO)
- Pflicht zur Unabhängigkeit (§ 39a Abs. 1 PAO, § 1 der Berufsordnung)
- Pflicht zur Verschwiegenheit (§ 39a Abs. 2 PAO, § 2 der Berufsordnung)
- Pflicht zur Sachlichkeit (§ 39a Abs. 3 PAO, § 3 der Berufsordnung)
- Verbot der Vertretung widerstreitender Tatsachen (§ 39a Abs. 4 PAO, § 4 der Berufsordnung)
- Pflicht zur unverzüglichen Mitteilung bei Ablehnung eines Auftrags (§ 40 PAO)
- Pflicht zur Anlegung von Handakten (§ 44 PAO, § 11 der Berufsordnung)
- Pflicht zum Abschluss und zur Aufrechterhaltung einer Berufshaftpflichtversicherung (§ 45 PAO)
- Pflicht zur Bestellung eines allgemeinen Vertreters bei Verhinderung der Berufsausübung (§ 46 PAO)

1.3 Zuständige Stelle

Die den Verdacht einer Berufspflichtverletzung begründenden Tatsachen sind der zuständigen Stelle mitzuteilen. Das sind zum einen die Berufskammern, zum anderen die für das ehrengerichtliche oder berufsgerichtliche Verfahren oder das Disziplinarverfahren zuständigen Stellen. Grundsätzlich ist die Mitteilung an die zuständige **Berufskammer** zu richten, damit diese prüfen kann, ob zunächst eine außergerichtliche Maßnahme ausreichend ist oder ob die Einleitung eines berufsgerichtlichen Verfahrens wegen schwerwiegender oder weiterer ihr bekannt gewordener Pflichtverletzungen durch die Staatsanwaltschaft beim Oberlandesgericht angezeigt ist.

Vor Erlass eines Bußgeldbescheides wegen einer von einem Rechtsanwalt, Steuerberater, Steuerbevollmächtigten, Wirtschaftsprüfer oder vereidigten Buchprüfer in Ausübung des Berufs bei der Beratung in Steuersachen begangenen Steuerordnungswidrigkeit und vor Erlass eines Haftungsbescheids gemäß § 69 AO gegen eine der in § 3 und § 4 Nr. 1 und 2 StBerG genannten Personen ist die zuständige Berufskammer gemäß § 411 bzw. § 191 Abs. 2 AO zu hören, auch wenn ihr die zugrunde liegende Pflichtverletzung bereits nach § 10 Abs. 1 StBerG von der Finanzbehörde mitgeteilt wurde.

Zuständige **Berufskammern** sind

- für Steuerberater und Steuerbevollmächtigte sowie Vorstandsmitglieder, Geschäftsführer und persönlich haftende Gesellschafter von Steuerberatungsgesellschaften, die nicht Steuerberater oder Steuerbevollmächtigte sind, die Steuerberaterkammer, in deren Bezirk der Berufsangehörige seine berufliche Niederlassung bzw. die Steuerberatungsgesellschaft ihren Sitz hat (§ 74 StBerG),
- für Rechtsanwälte und niedergelassene europäische Rechtsanwälte sowie nichtanwaltliche Vertreter von Rechtsanwaltsgesellschaften die Rechtsanwaltskammer, in deren Bezirk der Rechtsanwalt zugelassen ist bzw. die Rechtsanwaltsgesellschaft ihren Sitz hat (§ 60 BRAO),
- für Wirtschaftsprüfer und vereidigte Buchprüfer sowie Vorstandsmitglieder, Geschäftsführer und persönlich haftende Gesellschafter von Wirtschaftsprüfungs- und Buchprüfungsgesellschaften, die nicht Wirtschaftsprüfer oder vereidigte Buchprüfer sind, die Wirtschaftsprüferkammer (§ 58 WPO), Rauchstraße 26, 10787 Berlin, Tel.: 030726161-0,
- für Notare die Notarkammer, in deren Bezirk der Notar bestellt ist (§ 65 BNotO),
- für Patentanwälte die Patentanwaltskammer (§ 53 PAO), Tal 29, 80331 München, Tel.: 089242278-0.

2. Andere Informationen gemäß § 10 Abs. 2 und 3 StBerG

Nach § 10 Abs. 2 Nr. 1 und 2 StBerG sind die Finanzbehörden zur Übermittlung anderer Informationen als Berufspflichtverletzungen in den dort abschließend aufgeführten Fällen verpflichtet. Die Vorschrift des § 10 Abs. 2 Nr. 3 StBerG ist für die Finanzbehörden ohne Bedeutung, da bei Berufspflichtverletzungen eine Mitteilungspflicht nach § 10 Abs. 1 StBerG besteht.

Abweichend von dem von § 10 Abs. 1 StBerG betroffenen Personenkreis gilt § 10 Abs. 2 Nr. 1 und 2 StBerG nur für Steuerberater, Steuerbevollmächtigte, Steuerberatungsgesellschaften, Lohnsteuerhilfevereine und Personen, die die Zulassung zur oder die Befreiung von der Steuerberaterprüfung oder die Bestellung/Wiederbestellung als Steuerberater oder Steuerbevollmächtigter beantragt haben oder beantragen wollen.

Als **Informationen** im Sinne des § 10 Abs. 2 Nr. 1 und 2 StBerG können beispielsweise in Betracht kommen

- bei der Bestellung und Wiederbestellung als Steuerberater oder Steuerbevollmächtigter (§§ 40, 42 und 48 StBerG):
  Vermögensverfall (hohe Steuerrückstände, ständige Vollstreckung), Steuerhinterziehung,
- bei der Rücknahme oder dem Widerruf der Bestellung als Steuerberater oder Steuerbevollmächtigter (§ 46 StBerG):
  Sucht oder lang andauernde Erkrankung eines Berufsangehörigen,
- bei der Anerkennung als Steuerberatungsgesellschaft sowie deren Rücknahme oder Widerruf (§ 32 Abs. 3, §§ 50, 50a und 55 StBerG):
  fehlende verantwortliche Führung der Gesellschaft durch einen Steuerberater durch sog. Strohmannverhältnisse,
- bei der Anerkennung, der Rücknahme oder dem Widerruf der Anerkennung als Lohnsteuerhilfeverein (§§ 14 und 20 StBerG):
  wiederholter Verstoß gegen § 4 Nr. 11 StBerG, Ausübung einer anderen wirtschaftlichen Tätigkeit in Verbindung mit der Hilfeleistung in Steuersachen (z.B. Mitwirkung bei der Vorfinanzierung von Steuererstattungsansprüchen), steuerliche Pflichtverletzungen des Vereins.

Mitteilungsempfänger ist

- bei der Zulassung zur und Befreiung von der Steuerberaterprüfung, bei der Bestellung und Wiederbestellung als Steuerberater oder Steuerbevollmächtigter, der Rücknahme oder dem Widerruf der Bestellung als Steuerberater oder Steuerbevollmächtigter, der Anerkennung als Steuerberatungsgesellschaft sowie deren Rücknahme oder Widerruf die zuständige Steuerberaterkammer (§ 37b Abs. 1, § 40 Abs. 1, § 46 Abs. 4, § 48 Abs. 2, § 49 Abs. 3 und § 55 Abs. 1 und 2 StBerG),
- bei der Anerkennung, der Rücknahme oder dem Widerruf der Anerkennung als Lohnsteuerhilfeverein die zuständige Oberfinanzdirektion oder die Landesfinanzbehörde, der diese Aufgaben übertragen worden sind (§ 15 Abs. 1, § 20 Abs. 2 und 3, § 31 Abs. 2 StBerG).

Soweit ein Steuerberater und Steuerbevollmächtigter gleichzeitig Rechtsanwalt, Wirtschaftsprüfer und/oder vereidigter Buchprüfer oder eine Steuerberatungsgesellschaft gleichzeitig Rechtsanwalts-, Wirtschaftsprüfungs- und/oder Buchprüfungsgesellschaft ist, dürfen die Informationen im Sinne des § 10 Abs. 2 StBerG auch an die Rechtsanwalts- bzw. Wirtschaftsprüferkammer oder sonst zuständige Stelle übermittelt werden (§ 10 Abs. 3 StBerG).

Im Gegensatz zu Mitteilungen nach § 10 Abs. 1 StBerG darf die Übermittlung nach § 10 Abs. 2 und 3 StBerG nur erfolgen, soweit hierdurch schutzwürdige Interessen des Betroffenen nicht beeinträchtigt werden oder das öffentliche Interesse das Geheimhaltungsinteresse der Beteiligten überwiegt. Sie muss unterbleiben, wenn besondere gesetzliche Verwendungsregelungen entgegenstehen. Das Steuergeheimnis steht der Übermittlung nicht entgegen (§ 30 Abs. 4 Nr. 2 AO).

Die Informationsübermittlung kann ohne Einzelauskunftsersuchen der für die Durchführung eines Verfahrens gemäß § 10 Abs. 2 und 3 StBerG zuständigen Stelle erfolgen. Häufig wird jedoch die zuständige Stelle um entsprechende Auskunft bitten.

3. Informationen aufgrund anderer Rechtsvorschriften

§ 36a Abs. 3, § 130 WPO, § 36a Abs. 3, § 59m Abs. 2 BRAO, § 64a Abs. 3 BNotO und § 32a Abs. 3, § 52m Abs. 2 PAO regeln die Weitergabe von Informationen über Wirtschaftsprüfer, vereidigte Buchprüfer, Wirtschaftsprüfungs- und Buchprüfungsgesellschaften, Rechtsanwälte und Rechtsanwaltsgesellschaften, Notare sowie Patentanwälte und Patentanwaltsgesellschaften in den dort aufgeführten Fällen (z.B. Rücknahme der Zulassung als Rechtsanwalt, Widerruf der Bestellung als Wirtschaftsprüfer, Amtsenthebung eines Notars). Während nach § 36a Abs. 3 WPO das Steuergeheimnis der Übermittlung von Informationen generell nicht entgegensteht, ist bei Mitteilungen gemäß § 36a Abs. 3 BRAO, § 64a Abs. 3 BNotO und § 32a Abs. 3 PatAnwO grundsätzlich das Steuergeheimnis zu beachten, sofern nicht gleichzeitig die Voraussetzungen einer Mitteilung nach § 10 Abs. 1 oder Abs. 3 StBerG und damit für eine Offenbarungsbefugnis im Sinne des § 30 Abs. 4 Nr. 2 AO vorliegen. Nach § 36a Abs. 3 Satz 3 BRAO, § 64a Abs. 3 Satz 3 BNotO bzw. § 32a Abs. 3

Anhang 20
Mitteilungen der Finanzbehörden über Pflichtverletzungen und andere Informationen

Satz 3 PAO können Informationen über die Höhe rückständiger Steuerschulden entgegen § 30 AO zum Zweck der Vorbereitung des Widerrufs der Zulassung als Rechtsanwalt, der Amtsenthebung als Notar bzw. des Widerrufs der Zulassung als Patentanwalt wegen Vermögensverfalls übermittelt werden. Ansonsten sind Mitteilungen gemäß § 36a Abs. 3 BRAO, § 64a Abs. 3 BNotO und § 32a Abs. 3 PatAnwO nur zulässig, soweit der Betroffene zustimmt (§ 30 Abs. 4 Nr. 3 AO) oder ein zwingendes öffentliches Interesse vorliegt (§ 30 Abs. 4 Nr. 5 AO).

4. Zuständige Finanzbehörde

Im Interesse einer einheitlichen Handhabung erfolgen die Mitteilungen nach § 10 StBerG durch die Oberfinanzdirektionen oder – bei deren Auflösung – durch die für die Finanzverwaltung zuständige oberste Landesbehörde. Diesen bleibt es überlassen zu regeln, in welcher Weise die nachgeordneten Dienststellen über bekannt gewordene Tatsachen im Sinne des § 10 StBerG zu berichten haben.

Diese Erlasse treten an die Stelle der gleich lautenden Erlasse der obersten Finanzbehörden der Länder vom 13. August 2002 (BStBl I S. 796).

Anhang 21
Aufteilung einer Gesamtschuld nach § 268 ff. AO

Aufteilung einer Gesamtschuld nach § 268 ff. AO; Gesamtdarstellung für den Veranlagungsbereich

(Bayerisches Landesamt für Steuern, Vfg. vom 27. 4. 2011 – S 0520.1.1-1/1 St42 –)

– Auszug –

Inhaltsübersicht

1. Zweck der Aufteilung
2. Voraussetzungen für die Erteilung eines Aufteilungsbescheides
3. Anträge auf Aufteilung
3.1. Form
3.2. Antragsberechtigung
3.3. Zeitpunkt und Zulässigkeit des Antrags
3.4. Inhalt des Antrags
3.5. Zusammenwirken von Veranlagungsstelle und Vollstreckungsstelle
4. Zeitpunkt der Durchführung der Aufteilung
4.1 Wirkungen des Antrags
5. Aufzuteilender Betrag
5.1. Ermittlung der rückständigen Steuer
5.2. Weitere in die Aufteilung einzubeziehende Beträge
5.3. Rundung (§ 275 AO)
6. Aufteilungsmaßstab, Aufteilung und Anrechnung von Beträgen
6.1. Besonderer, von den Gesamtschuldnern vorgeschlagener Aufteilungsmaßstab
6.2. Gesetzlicher Aufteilungsmaßstab
6.2.1. Einkommensteuer (§ 270 AO)
6.2.2. Vorauszahlungen zur Einkommensteuer (§ 272 Abs. 1 Satz 1 AO)
6.2.3. Abschließende Aufteilung nach vorangegangener Aufteilung der Vorauszahlungen (§ 272 Abs. 1 Sätze 2 bis 6 AO)
6.2.4. Steuernachforderungen aufgrund eines Änderungsbescheides (§ 273 AO)
6.2.5. Säumniszuschläge, Zinsen und Verspätungszuschläge bei nicht mehr rückständiger Hauptforderung
6.3. Aufteilung
6.4. Anrechnung von Beträgen
7. Form und Inhalt des Aufteilungsbescheids
8. Bekanntgabe des Aufteilungsbescheids
9. Eintritt der Bestandskraft
10. Absehen von der Erteilung eines Aufteilungsbescheids
11. Änderung des Aufteilungsbescheids
12. Einspruch

Anlagen[1]

1. Zweck der Aufteilung

Ehegatten sind Gesamtschuldner der aufgrund der Zusammenveranlagung nach § 26b EStG sich ergebenden Steuerschuld (§ 44 Abs. 1 Satz 1 AO). Die Gesamtschuldnerschaft hat zur Folge, dass jeder Ehegatte bis zur vollständigen Tilgung die gesamte Steuerschuld schuldet (§ 44 Abs. 1 Satz 2 AO). Erst durch die Aufteilung nach den §§ 268 ff. AO wird die Gesamtschuld für Zwecke der Vollstreckung in Teilschulden aufgeteilt und dadurch die Vollstreckung gegen die Gesamtschuldner auf ihren jeweiligen Anteil an der Gesamtschuld beschränkt.

2. Voraussetzungen für die Erteilung eines Aufteilungsbescheides

2.1 Die Aufteilung ist nur statthaft bei Personen, die Gesamtschuldner sind, weil sie zusammen zur Einkommensteuer (§§ 26, 26b EStG) veranlagt wurden. Die Zusammenveranlagung zur

---
[1]) Anlagen nicht abgedruckt.

Anhang 21
Aufteilung einer Gesamtschuld nach § 268 ff. AO

Einkommensteuer erfasst auch den Solidaritätszuschlag, so dass auch dieser in die Aufteilung einzubeziehen ist.

In anderen Fällen der Gesamtschuldnerschaft ist eine Aufteilung nach den §§ 268 ff. AO unzulässig, insbesondere zwischen Steuerschuldner und Haftungsschuldner.

2.2 Weitere Voraussetzung für die Aufteilung einer Gesamtschuld ist, dass Steuerbeträge (Vorauszahlungen oder Abschlusszahlungen) rückständig (s. hierzu Tz. 4) sind und ein ordnungsgemäßer Antrag auf Aufteilung gestellt wird (s. hierzu Tz. 3).

3. Anträge auf Aufteilung

3.1. Form

Für den Aufteilungsantrag ist Schriftform vorgeschrieben (§ 269 Abs. 1 AO). Der Antrag ist nur wirksam, wenn er bei dem für die Besteuerung nach dem Einkommen zuständigen FA schriftlich gestellt oder zur Niederschrift erklärt wird. Eine Aufteilung von Amts wegen erfolgt nicht. § 89 AO bleibt jedoch unberührt.

3.2. Antragsberechtigung

Antragsberechtigt ist jeder Gesamtschuldner. Ist über das Vermögen eines oder beider Gesamtschuldner das Insolvenzverfahren eröffnet worden, ist der Insolvenzverwalter zur Antragstellung befugt.

Wenn der Antrag nicht von allen Gesamtschuldnern gestellt wurde, ist den übrigen Gesamtschuldnern vor Erteilung eines Bescheides unter den Voraussetzungen des § 91 AO rechtliches Gehör zu gewähren. Der Inhalt des Antrags ist ihnen dabei zur Kenntnis zu geben.

3.3. Zeitpunkt und Zulässigkeit des Antrags

Der Antrag kann bereits vor Fälligkeit der Steuerbeträge, jedoch frühestens nach Bekanntgabe des Leistungsgebots gestellt werden (§ 269 Abs. 2 Satz 1 AO). Wird der Antrag vor Bekanntgabe des Leistungsgebots gestellt, ist er unzulässig. Die Unzulässigkeit wird auch nicht durch die spätere Bekanntgabe eines Leistungsgebots geheilt. Nach vollständiger Tilgung der rückständigen Steuer ist der Antrag nicht mehr zulässig (§ 269 Abs. 2 Satz 2 AO). Dies gilt auch dann, wenn die Tilgung der Gesamtschuld im Wege der Aufrechnung (§ 226 AO) durch das FA erfolgt (BFH-Urteil vom 12.06.1990 VII R 69/89, BStBl II 1991 S. 493).

Kann ein Aufteilungsbescheid wegen Unzulässigkeit nicht erteilt werden, ist dessen Erteilung abzulehnen und der Antragsteller darüber zu belehren, dass nur ein zulässiger Aufteilungsantrag die Rechtsfolgen des Aufteilungsantrags (vgl. Tz. 3.4) auslösen kann.

War die rückständige Steuer, zu der auch Säumniszuschläge, Zinsen und Verspätungszuschläge gehören (vgl. § 276 Abs. 4 AO) nur teilweise getilgt, ist der Aufteilungsantrag zulässig. Die Aufteilung erfolgt in diesem Fall aber nur noch bezüglich der rückständigen Steuer (vgl. § 270 Satz 1 AO).

3.4. Inhalt des Antrags

Sofern sich die für die Aufteilung erforderlichen Angaben nicht aus der Steuererklärung ergeben, sind sie im Antrag aufzuführen (§ 269 Abs. 2 Satz 3 AO). Ein unvollständiger Antrag ist jedoch nicht unwirksam, eine Ablehnung unter Hinweis auf den Wegfall der Vollstreckungsbeschränkung nach § 277 AO kommt nur dann in Betracht, wenn die Angaben nicht nachgeholt werden und auch nicht anderweitig ermittelt oder geschätzt werden können.

3.5. Zusammenwirken von Veranlagungsstelle und Vollstreckungsstelle

Zuständig für die Bearbeitung von Aufteilungsanträgen ist die Veranlagungsstelle des für die Besteuerung des Antragstellers im Zeitpunkt der Antragstellung örtlich zuständigen FA. Sie prüft die Zulässigkeit des Antrags, ermittelt ggf. den Sachverhalt und erteilt die erforderlichen Bescheide. Wird eine Vollstreckungsmaßnahme im Wege der Amtshilfe (§ 250 AO) für ein anderes FA durchgeführt, ist der Antrag bei dem um Amtshilfe ersuchenden FA zu stellen (vgl. § 250 Abs. 1 Satz 2 AO).

Eine mehrfache örtliche Zuständigkeit (§ 25 AO) kann sich ergeben, wenn im Zeitpunkt der Antragstellung zwei verschiedene FÄ für die Besteuerung des Einkommens (§ 19 AO) zuständig sind, weil jeder Ehegatte zur Antragstellung berechtigt ist und die Entscheidung über den Antrag gegenüber den Beteiligten einheitlich zu erfolgen hat (§ 279 Abs. 1 Satz 1 AO). Die Erteilung des *Aufteilungsbescheids* ist von dem FA durchzuführen, das nach den Regelungen in Karte 1 zu § 25 AO auch für die Steuerfestsetzung, die zur Gesamtschuld geführt hat, zuständig ist.

Unverzüglich nach Eingang des Antrags ist wegen der Vollstreckungsbeschränkung nach § 277 AO die Vollstreckungsstelle zu informieren und diese zu veranlassen, mitzuteilen, ob die Vollstre-

Anhang 21
Aufteilung einer Gesamtschuld nach § 268 ff. AO

ckung bereits eingeleitet ist. Hierzu steht die Vorlage „Eingang Aufteilungsantrag" (Ordner Veranlagung/Aufteilung) zur Verfügung. Des weiteren sollte mit der Erstellung des verfahrensrechtlichen Vermerks zum Aufteilungsverfahren begonnen (Vorlage „Vermerk Aufteilung", Ordner Veranlagung/Aufteilung) und die sich anschließenden Arbeitsschritte fortlaufend dokumentiert werden.

Die Veranlagungsstelle veranlasst mit Vordruck KR 650, dass auf dem Speicherkonto VE-, VU- und VI-Sperrvermerke gesetzt werden. Zur Ermittlung der aufzuteilenden Steuer sind von ihr Z-, Y- bzw. O-Abfragen durchzuführen (vgl. Tz. 5).

Bis zur unanfechtbaren Entscheidung über den Antrag dürfen Vollstreckungsmaßnahmen nur insoweit durchgeführt werden, als dies zur Sicherung des Anspruchs erforderlich ist (§ 277 AO). Die Vollstreckungsstelle ist aus diesem Grunde auch fortlaufend über den weiteren Verfahrensverlauf zu unterrichten.

4. Zeitpunkt der Durchführung der Aufteilung 4

Über den Antrag auf Erteilung eines Aufteilungsbescheids ist nach Einleitung der Vollstreckung unverzüglich zu entscheiden (§ 279 Abs. 1 Satz 1 AO) Die Vollstreckung gilt gem. § 276 Abs. 5 AO mit dem erstmaligen Ausweis in der Liste der unerledigten Vollstreckungsfälle bzw. nach Aufnahme des Rückstands in die Liste der unerledigten Neuzugänge als eingeleitet. Ist die Steuernachforderung vollständig von der Vollziehung ausgesetzt oder gestundet, kommt eine Aufteilung erst in Betracht, wenn bezüglich der (vorher) ausgesetzten oder gestundeten Beträge die Vollstreckung eingeleitet wird.

Soweit allerdings die Aufteilung der Vorauszahlungsschuld erfolgt ist (§ 272 AO vgl. Tz. 6.2.2), ist nach Durchführung der Veranlagung eine abschließende Aufteilung vorzunehmen, auch wenn sich aufgrund der Veranlagung kein aufzuteilender Rückstand ergeben sollte (vgl. Tz. 6.2.3).

Ist die Vollstreckung noch nicht eingeleitet und die aufzuteilende Steuer noch nicht getilgt, ist die Bearbeitung des Antrags zunächst zurückzustellen (§ 279 Abs. 1 Satz 1 AO). Sobald die Vollstreckung eingeleitet ist, ist über den Aufteilungsantrag unverzüglich zu entscheiden. Dabei ist vorab festzustellen, ob die Steuerschuld zwischenzeitlich (teilweise) beglichen wurde.

4.1. Wirkungen des Antrags

Der Eingang eines Antrages auf Aufteilung entfaltet folgende Wirkungen:
- Der Antrag wirkt konstitutiv, es muss aufgeteilt werden.
- Die Vollstreckung ist nur noch eingeschränkt möglich. Die Verpflichtung zur Zahlung wird nicht hinausgeschoben, es entstehen weiterhin Säumniszuschläge und ggf. Vollstreckungskosten.
- Nach Antragstellung geleistete Zahlungen kommen dem Gesamtschuldner zugute, der sie geleistet hat bzw. für den sie geleistet worden sind (§ 276 Abs. 6 AO).
- Der Zeitpunkt der Antragstellung bestimmt ggf. den Aufteilungsstichtag und damit letztendlich die Höhe des aufzuteilenden Betrages (Tz. 5.1.1).
- Betrifft der Antrag rückständige Vorauszahlungen, erstreckt er sich kraft Gesetzes auch auf die weiteren im gleichen Veranlagungszeitraum fällig werdenden Vorauszahlungen und auf die Abschlusszahlung (§ 272 Abs. 1 AO). Einer Aufteilung späterer Vorauszahlungen bedarf es nicht, wenn diese freiwillig entrichtet werden (§ 279 Abs. 1 Satz 2 AO).

5. Aufzuteilender Betrag 5
5.1. Ermittlung der rückständigen Steuer

Nach Eingang eines wirksamen Aufteilungsantrags ist zunächst der aufzuteilende rückständige Betrag durch die Amtsprüfstelle festzustellen. Die Entscheidung richtet sich danach, ob der Antrag auf Aufteilung vor oder nach der Einleitung der Vollstreckung beim FA eingegangen ist.

5.1.1 Wird der Antrag vor Einleitung der Vollstreckung gestellt, ist die zum Zeitpunkt des Eingangs des Antrags geschuldete Steuer (vgl. Tz. 3.3) aufzuteilen (§ 276 Abs. 1 AO). Die Beträge müssen nicht fällig sein. Über den Antrag auf Aufteilung kann aber erst nach Einleitung der Vollstreckung entschieden werden, bis dahin ist die Bearbeitung des Antrags zurückzustellen.

5.1.2 Wird der Antrag nach Einleitung der Vollstreckung gestellt, ist die zum Zeitpunkt der Einleitung der Vollstreckung geschuldete Steuer (vgl. Tz. 4.1), derentwegen vollstreckt wird, aufzuteilen (§ 276 Abs. 2 AO). Nach dem Wortlaut des Gesetzes gehören zwar hierzu nicht die gestundeten und von der Vollziehung ausgesetzten Beträge. Aus Zweckmäßigkeitsgründen sollten sie jedoch stets in die Aufteilung einbezogen werden.

Anhang 21
Aufteilung einer Gesamtschuld nach § 268 ff. AO

5.2. Weitere in die Aufteilung einzubeziehende Beträge

Nach Ermittlung der rückständigen Steuer sind folgende weitere Beträge in die Aufteilung einzubeziehen:

- Steuerabzugsbeträge (z.b. einbehaltene Lohnsteuer, Kapitalertragsteuer),
- für die Ehegatten getrennt festgesetzte Vorauszahlungen und zwar auch dann, wenn sie vor Antragstellung entrichtet worden sind (§ 276 Abs. 3 AO). Bei Nichtzahlung gelten bereits die allgemeinen Aufteilungsregeln. Diese Beträge werden gem. § 276 Abs. 6 AO dem Gesamtschuldner wieder angerechnet, der sie geleistet hat bzw. für den sie geleistet worden sind.

  Vorauszahlungen werden in den Fällen getrennt festgesetzt, in denen die letzte Veranlagung der Ehegatten nach § 26a EStG getrennt durchgeführt worden ist oder in denen die Ehegatten bei ihren letzten Veranlagungen noch nicht verheiratet waren und daher die Voraussetzungen des § 26 EStG für die Wahl der Veranlagung noch nicht erfüllt waren. Eine getrennte Festsetzung liegt nicht vor, wenn die Vorauszahlungen nur auf der Grundlage der Einkünfte lediglich eines Gesamtschuldners oder nur durch Bekanntgabe des Bescheides gegenüber einem der Gesamtschuldner auf der Grundlage einer Zusammenermittlung festgesetzt werden.

- Säumniszuschläge, Zinsen und Verspätungszuschläge (§ 276 Abs. 4 AO), die den Veranlagungszeitraum betreffen, für den die Aufteilung beantragt wird. ihnen zugrunde liegende Verspätungszuschläge sind auch dann nach Maßgabe der §§ 268 ff. AO aufzuteilen, wenn die Steuer nicht mehr rückständig ist (BFH-Urteil vom 30.11.1994 XI R 19/94, BStBl II 1995 S. 487). Eine Abhängigkeit (der Aufteilbarkeit) dieser Nebenleistungen vom Fortbestand der zugrunde liegenden Steuer nach deren Tilgung besteht nicht.

5.3. Rundung (§ 275 AO)

Die zum Aufteilungsstichtag rückständige Steuer und die in die Aufteilung einzubeziehenden Beträge ergeben den aufzuteilenden Betrag, der nach § 275 Satz 1 AO auf volle Euro nach unten abzurunden ist.

6. Aufteilungsmaßstab, Aufteilung und Anrechnung von Beträgen

6.1. Besonderer, von den Gesamtschuldnern vorgeschlagener Aufteilungsmaßstab

Gem. § 274 AO können die Gesamtschuldner gemeinschaftlich einen besonderen Aufteilungsmaßstab vorschlagen. Der Vorschlag ist schriftlich einzureichen oder zur Niederschrift zu erklären und von allen Gesamtschuldnern zu unterschreiben. Voraussetzung hierfür ist aber, dass die Tilgung der rückständigen Steuer sichergestellt ist. Die Anwendung des vorgeschlagenen Aufteilungsmaßstabs steht im Ermessen des FA; es wird dem Vorschlag folgen müssen, wenn der Anspruch dadurch nicht gefährdet wird.

6.2. Gesetzlicher Aufteilungsmaßstab

Wird ein besonderer Aufteilungsmaßstab nach § 274 AO nicht vorgeschlagen oder kann dem Vorschlag nicht gefolgt werden, ist der Aufteilungsmaßstab nach den §§ 270 bis 273 AO zu ermitteln. Dabei ist grundsätzlich von den Daten des Zusammenveranlagungsbescheids auszugehen.

6.2.1. Einkommensteuer (§ 270 AO)

Die Aufteilung rückständiger Einkommensteuer richtet sich nach § 270 AO. Danach sind zur Festlegung des Aufteilungsmaßstabes auf der Grundlage des Zusammenveranlagungsbescheides fiktive getrennte Veranlagungen (§§ 26, 26a EStG) durchzuführen. Aufteilungsmaßstab ist das Verhältnis der sich hiernach insgesamt ergebenden Steuer zu der auf den betreffenden Gesamtschuldner entfallenden Steuer. Im Rahmen dieser getrennten Veranlagung sind jedem Ehegatten die Besteuerungsgrundlagen zuzurechnen, die er in seiner Person verwirklicht hat. Für den Ansatz sind die tatsächlichen und rechtlichen Feststellungen maßgebend, die der Steuerfestsetzung bei der Zusammenveranlagung zugrunde gelegt worden sind, soweit nicht die Anwendung der Vorschriften über die getrennte Veranlagung zu Abweichungen führt (§ 270 Satz 2 AO). Wurden im Steuerbescheid einem Gesamtschuldner Einkünfte unrichtig zugerechnet, so kann dies im Aufteilungsverfahren nur dann korrigiert werden, wenn sich die Ehegatten auf einen abweichenden Aufteilungsmaßstab gem. § 274 AO einigen (vgl. hierzu Tz. 6.1).

Wird eine im Wege der Schätzung (§ 162 AO) festgesetzte Steuer aufgeteilt, sind in die fiktiven getrennten Veranlagungen die zur Durchführung der Zusammenveranlagung geschätzten Besteuerungsgrundlagen einzubeziehen. Das gilt auch dann, wenn sich diese Besteuerungsgrundlagen zwischenzeitlich – z.B. durch Abgabe der Steuererklärung – als falsch herausgestellt haben. Sofern die Gesamtschuldner nach § 26a EStG zugelassene Wahlrechte ausüben, sind die Grundsätze des § 274 AO zu beachten (vgl. Tz. 5.1).

Anhang 21
Aufteilung einer Gesamtschuld nach § 268 ff. AO

Die Anlage 1[1]) enthält ein Berechnungsschema und ein Beispiel für eine derartige Aufteilung.

6.2.2. Vorauszahlungen zur Einkommensteuer (§ 272 Abs. 1 Satz 1 AO)

Die Aufteilung der Vorauszahlungen vor der Veranlagung richtet sich nach § 272 Abs. 1 Satz 1 AO. Die rückständigen Vorauszahlungen werden nach dem Verhältnis der Beträge aufgeteilt, die sich bei einer getrennten Festsetzung der Vorauszahlungen ergeben hätten. Dies gilt sowohl bei Festsetzungen aufgrund eines Veranlagungsergebnisses als auch für neue oder geänderte Festsetzungen. Zu berücksichtigen sind in der Regel die Verhältnisse der letzten durchgeführten Veranlagung; ggf. sind die Berechnungsgrundlagen zu schätzen.

Werden die Vorauszahlungen nach der Veranlagung aufgeteilt, so ist auf die rückständigen Vorauszahlungen der für die veranlagte Steuer geltende Aufteilungsmaßstab anzuwenden (§ 272 Abs. 2 AO). Es bestehen keine Bedenken, in diesem Fall die Aufteilung rückständiger Steuern und rückständiger Vorauszahlungen in einem Bescheid zu verbinden.

Der Antrag auf Aufteilung von Vorauszahlungen gilt zugleich als Antrag auf Aufteilung der weiteren für den gleichen Veranlagungszeitraum fällig werdenden Vorauszahlungen (§ 272 Abs. 1 Satz 2 AO), die somit (obwohl noch nicht fällig) in die Aufteilung mit einzubeziehen sind.

6.2.3. Abschließende Aufteilung nach vorangegangener Aufteilung der Vorauszahlungen (§ 272 Abs. 1 Sätze 2 bis 6 AO)

Da die Aufteilung der Vorauszahlungen nur vorläufigen Charakter hat, ist nach der Veranlagung stets eine Aufteilung der gesamten Steuerschuld abzüglich der Beträge vorzunehmen, die nicht in die Aufteilung der Vorauszahlungen mit einbezogen worden sind (§ 272 Abs. 1 Sätze 3 und 4).

Auch für diese abschließende Aufteilung gelten grundsätzlich die §§ 270, 271 AO, § 272 Abs. 1 Satz 4 und 5 AO enthält jedoch ergänzende Spezialregelungen, die vorrangig zu beachten sind.

Aufteilungsstichtag ist der Tag der Durchführung der Veranlagung. Aufzuteilen ist die gesamte Steuer abzüglich der Beträge, die nicht in die Aufteilung der Vorauszahlungen einbezogen worden sind (§ 272 Abs. 1 Sätze 3 und 4 AO), weil sie nicht rückständig waren (§ 276 Abs. 1 und Abs. 2 AO). Bei der abschließenden Aufteilung werden jedem Gesamtschuldner die von ihm auf die aufgeteilten Vorauszahlungen entrichteten Beträge angerechnet (§ 272 Abs. 1 Satz 5 AO). Ergibt sich dabei eine Überzahlung für einen Gesamtschuldner, so ist ihm der überzahlte Betrag zu erstatten (§ 272 Abs. 1 Satz 6 AO).

Die Anlage 2[2]) enthält ein Berechnungsschema und ein Beispiel für eine derartige Aufteilung.

6.2.4. Steuernachforderungen aufgrund eines Änderungsbescheides (§ 273 AO)

Wird nach restloser Tilgung der Steuer aus der ursprünglichen Festsetzung die Steuerfestsetzung geändert und führt dies zu einer Nachforderung, so ist im Fall der Aufteilung (erneuter oder erstmaliger Antrag!) gem. § 273 Abs. 1 AO die Nachforderung im Verhältnis der Mehrbeträge aufzuteilen, die sich bei einem Vergleich der berichtigten getrennten Veranlagungen mit den früheren getrennten Veranlagungen ergeben. Dies gilt unabhängig davon, ob bereits ein Aufteilungsbescheid ergangen ist oder nicht.

Ist die bisher festgesetzte Steuer noch nicht getilgt, so ist § 273 AO nicht anwendbar (§ 273 Abs. 2 AO). In diesen Fällen ist entweder die gesamte rückständige Steuer nach den allgemeinen Vorschriften erstmalig aufzuteilen oder, falls bereits ein Aufteilungsbescheid ergangen ist, dieser gem. § 280 AO zu ändern (Tz. 11).

Die Anlage 3[3]) enthält ein Beispiel für eine Aufteilung nach § 273 AO.

War im Zeitpunkt der Änderung der Steuerfestsetzung die Aufteilung der rückständigen Steuer aus der bisherigen Steuerfestsetzung bereits beantragt, aber noch nicht durchgeführt, so gilt Folgendes:

Liegen die Voraussetzungen für eine Aufteilung der rückständigen Steuer aus der bisherigen Steuerfestsetzung auch im Zeitpunkt des Ergehens des Änderungsbescheids noch vor, so kann die an sich erforderliche Nachholung der beantragten Aufteilung und die nachfolgende Berichtigung in einem Bescheid wie folgt zusammengefasst werden:

Die Aufteilung ist gem. § 270 AO nach den Besteuerungsgrundlagen des Änderungsbescheids durchzuführen. Dabei ist für die aufzuteilende rückständige Steuer und die Anrechnung von Zahlungen (§ 276 Abs. 6 AO) der Zeitpunkt maßgebend (§ 276 Abs. 1 bzw. 2 AO), der für die beantragte Aufteilung der bisherigen Steuerfestsetzung gilt. Die aufzuteilende rückständige Steuer ist jedoch um den Betrag zu erhöhen oder zu ermäßigen, um den sich die bisher festgesetzte Steuer geändert hat. Ist für die bisher festgesetzte Steuer bereits ein Aufteilungsbescheid ergangen, kann

---
[1]) Nicht wiedergegeben.
[2]) Nicht wiedergegeben.
[3]) Nicht wiedergegeben.

für Nachforderungen, die sich aufgrund der geänderten Steuerfestsetzung ergeben, der Aufteilungsmaßstab gem. § 273 Abs. 1 AO nur angewandt werden, wenn die bisher festgesetzte Steuer bereits getilgt ist. Ist jedoch die (aufgeteilte) Steuer aus der bisherigen Festsetzung noch (ganz oder teilweise) rückständig, ist der bisherige Aufteilungsbescheid gem. § 280 Abs. 1 Nr. 2 AO zu ändern, wenn sich die rückständige Steuer durch Änderung der Steuerfestsetzung erhöht oder vermindert.

Für die Aufteilung nach § 273 AO steht die Vorlage „Aufteilung § 273 AO" (Veranlagung/Aufteilung) zur Verfügung, vgl. hierzu auch Tz. 7.

Ergibt sich beim Vergleich der fiktiven getrennten Veranlagungen für einen der Gesamtschuldner kein Mehrbetrag oder gar ein negativer Betrag, hat der andere Gesamtschuldner den vollen Nachforderungsbetrag zu zahlen, weil es nach § 273 Abs. 1 AO auf das Verhältnis der Mehrbeträge ankommt.

Ergibt sich beim Vergleich der fiktiven getrennten Veranlagungen für keinen der Ehegatten ein Mehrbetrag, z.B. weil bei einem Ehegatten die sich aus der fiktiven getrennten Veranlagung ergebende Steuer trotz Erhöhung einer Besteuerungsgrundlage weiterhin 0 Euro beträgt, während sich die Besteuerungsgrundlagen des anderen Ehegatten nicht ändern, so ist auf den allgemeinen Aufteilungsmaßstab nach § 270 Satz 1 AO zurückzugreifen (BFH-Urteil vom 13.12.2007 VI R 75/04, BStBl. 2009 II S. 577).

6.2.5. Säumniszuschläge, Zinsen und Verspätungszuschläge bei nicht mehr rückständiger Hauptforderung

Für die Aufteilung der in § 276 Abs. 4 AO genannten steuerlichen Nebenleistungen gelten die Ausführungen zu Tz. 6.2.1 und 6.2.4 sinngemäß. Sind nur noch Säumniszuschläge, Zinsen oder Verspätungszuschläge rückständig, kommt es für den anzuwendenden Aufteilungsmaßstab darauf an, ob und in welchem Umfang diese für die ursprünglich festgesetzte Steuer oder aber für die sich aufgrund des Änderungsbescheids ergebende Steuernachforderung zu entrichten sind. Lediglich im letzteren Fall verändert sich der Aufteilungsmaßstab gegenüber demjenigen, der sich bei der Aufteilung der ursprünglichen Steuer ergeben hatte (BFH-Urteil vom 30.11.1994, XI R 19/94 BStBl II 1995 S. 487).

6.3. Aufteilung

Nach Festlegung des Aufteilungsmaßstabes ist der auf jeden Gesamtschuldner entfallende Teilbetrag nach folgender Verhältnisrechnung zu ermitteln (Anteil z.B. für den Ehemann bei Anwendung des allgemeinen Aufteilungsmaßstabs):

$$\text{Aufteilungsanteil Ehemann} = \frac{\text{ESt des Ehemanns aus der fiktiven getrennten Veranlagung} \times \text{Aufzuteilender Betrag}}{\text{Summe der ESt aus der fiktiven getrennten Veranlagung}}$$

Die sich hiernach ergebenden Aufteilungsanteile sind gem. § 275 Satz 2 AO so auf den nächsten durch 10 Cent teilbaren Betrag auf- oder abzurunden, dass ihre Summe mit dem aufzuteilenden Betrag übereinstimmt. Ist Solidaritätszuschlag rückständig, ist für diesen eine eigene Aufteilung anhand der bei den fiktiven getrennten Veranlagungen sich ergebenden Festsetzungen zum Solidaritätszuschlag durchzuführen.

6.4. Anrechnung von Beträgen

Auf die ermittelten Teilbeträge sind bei dem jeweiligen Gesamtschuldner gem. § 276 Abs. 6 AO anzurechnen:

- in die Aufteilung einbezogene Steuerabzugsbeträge und getrennt festgesetzte und entrichtete Vorauszahlungen
- nach Antragstellung, aber nach Einleitung der Vollstreckung geleistete Zahlungen
- vor Antragstellung, aber nach Einleitung der Vollstreckung geleistete Zahlungen

Ergeben sich bei der Anrechnung der vorgenannten Beträge Überzahlungen, so ist der überzahlte Betrag dem jeweiligen Gesamtschuldner zu erstatten (§ 276 Abs. 6 Satz 2 AO). Die Anrechnungsvorschrift des § 276 Abs. 6 AO entspricht der Regelung über die Person des Erstattungsberechtigten in § 37 AO, wonach Erstattungsberechtigter derjenige ist, auf dessen Rechnung die Zahlung (ohne rechtlichen Grund) bewirkt worden ist. Das ist nicht derjenige, auf dessen Kosten die Zahlung erfolgt ist. Es kommt nicht darauf an, von wem und mit welchen Mitteln gezahlt worden ist, sondern nur darauf, wessen Steuerschuld nach dem Willen des Zahlenden, wie er im Zeitpunkt der

Anhang 21
Aufteilung einer Gesamtschuld nach § 268 ff. AO

Zahlung dem FA gegenüber hervorgetreten ist, getilgt werden sollte (BFH-Urteil vom 04.04.1995 VII R 82/94, BStBl II S. 492).

7. Form und Inhalt des Aufteilungsbescheids

Über den Aufteilungsantrag muss nach Einleitung der Vollstreckung ein schriftlicher Bescheid (Aufteilungs- oder Ablehnungsbescheid) ergehen. Sind auf besonderen Antrag bereits früher Vorauszahlungen aufgeteilt worden, erfolgt die abschließende Aufteilung ohne besonderen Antrag bereits nach Durchführung der Veranlagung (§ 272 Abs. 1 AO). Eines Aufteilungsbescheids bedarf es nicht, wenn keine Vollstreckungsmaßnahmen ergriffen oder ergriffene Vollstreckungsmaßnahmen wieder aufgehoben werden (§ 279 Abs. 1 Satz 2 AO).

Für die Erteilung eines Aufteilungsbescheids steht die Vorlage „Aufteilungsbescheid" zur Verfügung (Ordner Veranlagung/Aufteilung). Der Aufteilungsbescheid ist von der für die Steuerfestsetzung zuständigen Arbeitseinheit zu erstellen. Die Abrechnung zum Aufteilungsbescheid ist von der Finanzkasse mittels der Vorlage „Abrechnung Aufteilungsbescheid" (Ordner 4) für FK Buchhaltung 1 und 2, Unterordner 4d) sonstige) zu erstellen und jeder Ausfertigung des Aufteilungsbescheids beizufügen.

8. Bekanntgabe des Aufteilungsbescheids

Der Aufteilungsbescheid ergeht einheitlich mit Wirkung für und gegen alle Gesamtschuldner. Es ist somit gemäß § 122 AO jedem betroffenen Gesamtschuldner ein – bis auf den Abrechnungsteil – inhaltlich gleichlautender Bescheid gesondert bekannt zu geben.

Wird die Aufteilung abgelehnt, kann es im Einzelfall genügen, nur den Antragsteller zu bescheiden, z.B. wenn eine Aufteilung nicht in Betracht kommt, weil keine rückständige Steuer vorhanden ist. Werden durch die Ablehnung jedoch auch die Rechte der anderen Gesamtschuldner berührt, z.B. wenn die Ablehnung auf Verletzung von Mitwirkungspflichten gestützt wird, ist der Ablehnungsbescheid gegen alle Gesamtschuldner zu richten und jedem Gesamtschuldner bekannt zu geben.

9. Eintritt der Bestandskraft

Die Veranlagungsstelle hat den Eintritt der Bestandskraft zu überwachen und die Vollstreckungsstelle sofort zu verständigen, sobald die Aufteilungsbescheide bestandskräftig sind oder Einspruch eingelegt wird; gleiches gilt für die Erledigung des Einspruchs.

10. Absehen von der Erteilung eines Aufteilungsbescheids

Die Erteilung eines Aufteilungsbescheids ist nicht (mehr) erforderlich, wenn keine Vollstreckungsmaßnahmen ergriffen oder bereits ergriffene Vollstreckungsmaßnahmen wieder aufgehoben wurden. Gleiches gilt, wenn die Gesamtschuld bis zum Zeitpunkt der Bekanntgabe des Aufteilungsbescheids bereits beglichen wurde. Dies gilt auch dann, wenn die Tilgung der Gesamtschuld im Wege der Aufrechnung durch das FA erfolgt ist (BFH vom 12.06.1990 VII R 69/89, BStBl II 1991 S. 493). In diesen Fällen ist die Durchführung der Aufteilung durch Verwaltungsakt abzulehnen.

11. Änderung des Aufteilungsbescheids

11.1 Änderungsmöglichkeiten für Aufteilungsbescheide ergeben sich abschließend aus § 280 AO. Die übrigen Korrekturvorschriften der AO (§§ 130 ff. und 172 ff.) sind – außer § 129 AO – nicht anwendbar.

Nach § 280 Abs. 1 AO ist ein Aufteilungsbescheid zu ändern,
- wenn nachträglich bekannt wird, dass die Aufteilung auf unrichtigen Angaben beruht und die rückständige Steuer infolge falscher Aufteilung ganz oder teilweise nicht beigetrieben werden konnte,
- wenn sich die rückständige Steuer durch Änderung der Steuerfestsetzung erhöht oder vermindert.

11.2 Die Änderung ist von Amts wegen rückwirkend auf den ursprünglichen Aufteilungsstichtag durchzuführen, allerdings mit den aktuellen Beträgen. Nach dem Aufteilungsstichtag entstandene Säumniszuschläge sind nicht in die Aufteilung einzubeziehen, sondern weiterhin der Person zuzurechnen, die sie verursacht hat.

11.3 Ein laufendes Rechtsbehelfsverfahren steht einer Änderung nach § 280 AO nicht entgegen.

11.4 Nach Beendigung der Vollstreckung (= Tilgung des Rückstands oder endgültige Einstellung der Vollstreckung nach § 257 AO) ist eine Änderung des Aufteilungsbescheids nicht mehr zulässig. Wird die Steuer nach beendeter Vollstreckung erhöht, ist ggf. § 273 anzuwenden (s. Tz. 6.2.4).

Anhang 21
Aufteilung einer Gesamtschuld nach § 268 ff. AO

12. Einspruch

Gegen den Aufteilungsbescheid oder dessen Ablehnung bzw. Änderung ist der Einspruch gegeben. Einspruchsberechtigt ist jeder Gesamtschuldner, dem der Bescheid bekannt gegeben wurde.

Zulässig sind nur Einwendungen gegen die Art der Aufteilung und die Berechnung des Aufteilungsbetrages. Einwendungen gegen die Höhe der zugrunde liegenden Steuerfestsetzung können im Verfahren gegen den Aufteilungsbescheid nicht berücksichtigt werden (§ 270 Satz 2 AO).

Zum Einspruchsverfahren sind die Gesamtschuldner, die keinen Einspruch eingelegt haben und denen der Aufteilungs- oder Ablehnungsbescheid bekannt zu geben war, gem. § 360 Abs. 3 AO notwendig hinzuzuziehen (vgl. BFH-Beschluss vom 08.10.2002 III B 74/02, BFH/NV 2003 S. 195).

Sind die Einwendungen berechtigt, ist der angefochtene Bescheid auch dann zu ändern, wenn die Voraussetzungen des § 280 AO nicht vorliegen (Abhilfe gem. § 367 Abs. 2 AO).

Anhang 22
Formular zur Abtretungs- und Pfändungsanzeige

Formular zur Abtretungs- und Pfändungsanzeige

ACHTUNG
Beachten Sie unbedingt die Hinweise in Abschnitt V. des Formulars!
Zutreffendes bitte ankreuzen bzw. leserlich ausfüllen!

Eingangsstempel

Finanzamt

Raum für Bearbeitungsvermerke

☐ Abtretungsanzeige   ☐ Verpfändungsanzeige

I. Abtretende(r) / Verpfänder(in)

Familienname bzw. Firma (bei Gesellschaften)	Vorname	Geburtsdatum
	Steuernummer	
Ehegatte: Familienname	Vorname	Geburtsdatum

Anschrift(en)

II. Abtretungsempfänger(in) / Pfandgläubiger(in)

Name / Firma und Anschrift

III. Anzeige

Folgender Erstattungs- bzw. Vergütungsanspruch ist abgetreten / verpfändet worden:

1. **Bezeichnung des Anspruchs:**

   ☐ Einkommensteuer-Veranlagung   für   Kalenderjahr _____
   ☐ _____   für   Zeitraum _____
   ☐ _____   für   Kalenderjahr _____
   ☐

   ☐ Umsatzsteuerfestsetzung   für   Kalenderjahr _____
   ☐ Umsatzsteuervoranmeldung   für   Monat bzw. Quartal / Jahr _____

2. **Umfang der Abtretung bzw. Verpfändung:**

   ☐ **VOLL**-Abtretung / Verpfändung   voraussichtliche Höhe _____ €
   ☐ **TEIL**-Abtretung / Verpfändung   in Höhe von _____ €

3. **Grund der Abtretung / Verpfändung:** _____
   (kurze stichwortartige Kennzeichnung des der Abtretung zugrunde liegenden schuldrechtlichen Lebenssachverhaltes)

4. a) Es handelt sich um eine Sicherungsabtretung oder Verpfändung als Sicherheit:
   ☐ Ja   ☐ Nein

   b) Die Abtretung / Verpfändung erfolgte geschäftsmäßig:
   ☐ Ja   ☐ Nein

Anhang 22
Formular zur Abtretungs- und Pfändungsanzeige

5. Der Abtretungsempfänger / Pfandgläubiger ist ein Unternehmen, dem das Betreiben von Bankgeschäften erlaubt ist:

☐ Ja   ☐ Nein

IV. Überweisung / Verrechnung

Der abgetretene / verpfändete Betrag soll ausgezahlt werden durch:

☐ **Überweisung** auf Konto-Nr. _____   Bankleitzahl _____

Geldinstitut (Zweigstelle) und Ort _____

Kontoinhaber, wenn abweichend von Abschnitt II. _____

☐ **Verrechnung** mit Steuerschulden des / der Abtretungsempfängers(in) / Pfandgläubigers(in)

beim Finanzamt _____   Steuernummer _____

Steuerart _____   Zeitraum _____

(für genauere Anweisungen bitte einen gesonderten Verrechnungsantrag beifügen!)

V. Wichtige Hinweise

Unterschreiben Sie bitte kein Formular, das nicht ausgefüllt ist oder dessen Inhalt Sie nicht verstehen!

Prüfen Sie bitte sorgfältig, ob sich eine Abtretung für Sie überhaupt lohnt! Denn das Finanzamt bemüht sich, Erstattungs- und Vergütungsansprüche schnell zu bearbeiten.

Vergleichen Sie nach Erhalt des Steuerbescheids den Erstattungsbetrag mit dem Betrag, den Sie gegebenenfalls im Wege der Vorfinanzierung erhalten haben.

Denken Sie daran, dass die Abtretung aus unterschiedlichen Gründen unwirksam sein kann, dass das Finanzamt dies aber nicht zu prüfen braucht! Der geschäftsmäßige Erwerb von Steuererstattungsansprüchen ist nur Kreditinstituten (Banken und Sparkassen) im Rahmen von Sicherungsabtretungen gestattet. Die Abtretung an andere Unternehmen und Privatpersonen ist nur zulässig, wenn diese nicht geschäftsmäßig handeln. Haben Sie z.B. Ihren Anspruch an eine Privatperson abgetreten, die den Erwerb von Steuererstattungsansprüchen geschäftsmäßig betreibt, dann ist die Abtretung unwirksam. Hat aber das Finanzamt den Erstattungsbetrag bereits an den / die von Ihnen angegebenen neuen Gläubiger ausgezahlt, dann kann es nicht mehr in Anspruch genommen werden, das heißt: Sie haben selbst dann keinen Anspruch mehr gegen das Finanzamt auf den Erstattungsanspruch, wenn die Abtretung nicht wirksam ist.

Abtretungen / Verpfändungen können gem. § 46 Abs. 2 der Abgabenordnung dem Finanzamt erst dann wirksam angezeigt werden, wenn der abgetretene / verpfändete Erstattungsanspruch entstanden ist. Der Erstattungsanspruch entsteht nicht vor Ablauf des Besteuerungszeitraums (bei der Einkommensteuer / Lohnsteuer: grundsätzlich Kalenderjahr; bei der Umsatzsteuer: Monat, Kalendervierteljahr bzw. Kalenderjahr).

Die Anzeige ist an das für die Besteuerung des / der Abtretenden / Verpfändenden zuständige Finanzamt zu richten. So ist z.B. für den Erstattungsanspruch aus der Einkommensteuer-Veranlagung das Finanzamt zuständig, in dessen Bereich der / die Abtretende / Verpfändende seinen / ihren Wohnsitz hat.

Bitte beachten Sie, dass neben den beteiligten Personen bzw. Gesellschaften auch der abgetretene / verpfändete Erstattungsanspruch für die Finanzbehörde zweifelsfrei erkennbar sein muss. Die Angaben in Abschnitt III. der Anzeige dienen dazu, die gewünschte Abtretung / Verpfändung schnell und problemlos ohne weitere Rückfragen erledigen zu können!

Die Abtretungs- / Verpfändungsanzeige ist sowohl von dem / der Abtretenden / Verpfändenden als auch von dem / der Abtretungsempfänger(in) / Pfandgläubiger(in) zu unterschreiben. Dies gilt z.B. auch, wenn der / die zeichnungsberechtigte Vertreter(in) einer abtretenden juristischen Person (z.B. GmbH) oder sonstigen Gesellschaft und der / die Abtretungsempfänger(in) / Pfandgläubiger(in personengleich sind (2 Unterschriften).

VI. Unterschriften

1. Abtretende(r) / Verpfänder(in) lt. Abschnitt I. - Persönliche Unterschrift -
   Ort, Datum

   _____   _____

   (Werden bei der Einkommensteuer-Zusammenveranlagung die Ansprüche beider Ehegatten abgetreten, ist unbedingt erforderlich, dass **beide** Ehegatten persönlich unterschreiben.)

2. Abtretungsempfänger(in) / Pfandgläubiger(in) lt. Abschnitt II. - Unterschrift unbedingt erforderlich -
   Ort, Datum

   _____   _____

Stichwortverzeichnis

Stichwortverzeichnis

Es bezeichnen:

halbfette Zahlen = die Paragraphen des Gesetzes; das Gesetz wird mitaufgeführt
(z. B. **AO 149** = Paragraph 149 AO; **FGO vor 135** = vor Paragraph 135 FGO)

normale Zahlen = die Randziffern (z. B. **AO 6** 3 = Paragraph 6 AO lfd. Nr. 3)

Anh. = Anhang (z. B. **Anh. 15** 4 = Anhang 15 lfd. Nr. 4)

A

Abhilfebescheid
- Bestandskraft **AO 367** 1
- Rechtsbehelfsverfahren **AO 367** 1

Ablaufhemmung
- Abgabe der Steuererklärung **AO 171** 1
- Änderungsantrag **AO 171** 1
- Antrag auf Korrektur einer Steuerfestsetzung **AO 171** 2
- Antrag auf Steuerfestsetzung **AO 171** 2
- Außenprüfung, tatsächliche Prüfungshandlungen **AO 171** 13
- Auswertung der Prüfungsfeststellungen **AO 171** 1
- Beginn einer Außenprüfung **AO 171** 1f.
- Einkünfteerzielungsabsicht **AO 171** 26
- Ende der Festsetzungsfrist **AO 171** 2
- Erstattungsansprüche nach § 37 Abs. 2 AO **AO 171** 2
- Festsetzungsfrist **AO 171** 1f.
- Festsetzungsfrist, Verknüpfung mit Zahlungsverjährung **AO 171** 3
- Folgebescheid **AO 171** 2
- Grundlagenbescheid **AO 171** 2, 32
- Haftungsbescheid **AO 171** 2
- Kassation eines angefochtenen Bescheids **AO 171** 2
- Liebhaberei **AO 171** 26
- Prüfungsanordnung, rechtswidrige **AO 171** 1
- Rechtswidrigkeit der Anordnung des Prüfungsbeginns **AO 171** 12
- Steuerfahndung **AO 171** 2
- Unterbrechung einer Außenprüfung **AO 171** 11
- Verschiebung des Prüfungsbeginns **AO 171** 1
- vorläufige Steuerfestsetzung **AO 171** 1f.
- Vorläufigkeit **AO 171** 24

Ablehnungsbescheid
- Steueranmeldung, Versagung der Zustimmung **AO 168** 3

Abmeldung
- von Fahrzeugen, Vollstreckungsverfahren **Anh 9** 1

Abrechnungsbescheid
- Anfechtungsklage **FGO 152** 2
- Befugnis zur Erteilung **AO 218** 5
- missbräuchlicher Antrag **AO 218** 7
- Verwaltungsakt **AO 118** 4; 8
- Verwaltungsakt, vollziehbarer **FGO 69** 9

Abrechnungsverfahren
- formelle Bescheidlage maßgebend **AO 218** 6

Abruf von Bescheiddaten **AO 30** 18; **AO 150** 5

Abrundung
- Kleinbetragsverordnung **AO 156** 1

Abtretung
- Angabe zum Abtretungsgrund **AO 46** 17
- Erstattungszinsen **AO 46** 12
- Folge **AO 46** 2
- Formfehler **AO 46** 13
- Rechtsgeschäft, zugrundeliegendes, Unwirksamkeit **AO 46** 1
- Sicherungsabtretung, Leistungsempfänger **AO 46** 15
- Streit über Wirksamkeit **AO 46** 17
- Unwirksamkeit **AO 46** 1
- Verlustrücktrag **AO 46** 1
- Vertrauensschutz des FA **AO 46** 16

Abtretungsanzeige
- fehlende Unterschrift bei zusammenveranlagten Eheleuten **AO 46** 3
- Folgen bei Wirksamkeit **AO 46** 2
- Wirksamkeit **AO 46** 1

Abtretungsempfänger
- Rückforderungsschuldner auch bei gefälschter Unterschrift **AO 46** 7

Abzugsteuer
- Steueranmeldung; keine Festsetzung gegenüber Steuerschuldner **AO 167** 4

Adoption
- Angehörigeneigenschaft **AO 15** 1

Änderung
- Auswirkung auf Klageverfahren **FGO 68** 1
- Geringfügigkeit **AO 173** 1
- neue Tatsachen, Feststellungslast **AO 173** 2

Stichwortverzeichnis

- Steuerbescheid, Umfang des Vertrauensschutzes AO 176 2
- Steuerfestsetzung, Säumniszuschläge AO 240 1

Änderungsbescheid
- Antrag auf getrennte Veranlagung, Bindung an Zusammenveranlagungsbescheid AO 172 11
- Ergehen im finanzgerichtlichen Verfahren AO 132 1
- erstmaliger Erlass unter dem Vorbehalt der Nachprüfung AO 351 6

Akteneinsicht
- Steuerstrafverfahren Anh 12 14
- Anspruch des Denunzierten FGO 33 13
- Gerichtsakten FGO 78 4
- Grundsätze AO 91 2
- Konkursverwalter FGO 78 2
- Ort der ~ FGO 78 11
- Rechtsanspruch, fehlender AO 364 1
- vorzulegende Akten, vertrauliche Mitteilungen FGO 78 1
- Weigerung durch Finanzamt FGO 78 5
- Zuständigkeit, sachliche FGO 78 5

Aktenvorlage
- FG-Prozess FGO 86 1 ff.

Alleingesellschafter
- Haftung AO 69 5

Amtsermittlungspflicht
- Einzelermittlung AO 88 12
- Verletzung AO 88 15

Amtshilfe
- Art der Auskunftserteilung AO 117 2
- Bestimmungen, allgemeine AO 117 1
- Geheimhaltung AO 117 4
- Gesetzesauszug AO 117 1
- Grenzen AO 117 3
- Grundlagen AO 117 5
- Rechtsanspruch auf Unterlassung AO 117 6
- Spontanauskunft AO 117 8
- Verstoß gegen ordre public AO 117 11
- Vollstreckung ausländischer Steuerforderungen AO 117 11
- Voraussetzungen AO 112 1; AO 117 5
- Vorliegen AO 111 1
- Zahlungsaufforderung in fremder Sprache AO 117 11

Amtshilfeabkommen
- Doppelbesteuerung AO 117 5
- Steuersachen AO 117 5

Amtshilfepflicht
- Verpflichtete AO 111 1

Amtssprache
- Fremdsprachenkenntnis des Amtsträgers AO 87 1

Amtsträger AO 7 1
- Ausschluss von der Verfahrensmitwirkung AO 83 1
- Besorgnis der Befangenheit FGO 114 3
- Sachverständiger AO 30 3

Amtsträger, Haftungsbeschränkung
- Disziplinarmaßnahme AO 32 1

Androhungsverfahren
- Beendigung AO 328 1

Anfechtbarkeit
- Körperschaftsteuerbescheid in Verlustjahren AO 350 1

Anfechtung
- Änderungsbescheid, Nachschieben der Änderungsgründe AO 171 6
- Einwendungen des Anfechtungsgegners gegen Duldungsbescheid AO 191 5
- Entscheidung über Wiedereinsetzung AO 110 17
- Prüfungsanordnung AO 196 1, 3

Anfechtungsbeschränkung
- Anfechtung des Folgebescheids wegen Unwirksamkeit des Grundlagenbescheids AO 351 9
- Belehrungsgebot AO 352 2
- Beschränkung der Einspruchsbefugnis auf Empfangsbevollmächtigte AO 352 2
- Beschränkung der Einspruchsbefugnis auf vertretungsberechtigte Geschäftsführer AO 352 2
- Einspruchsbefugnis bei Liquidation der Gesellschaft AO 352 2
- Einspruchsbefugnis der einzelnen Feststellungsbeteiligten AO 352 2
- Einspruchsbefugnis nach Vollbeendigung der Gesellschaft AO 352 2
- Veranlagungswahlrecht von Ehegatten AO 351 5
- Widerspruchsrecht AO 352 2

Anfechtungsklage
- Abänderungsklage FGO 40 20
- Aufhebung des Nachprüfungsvorbehalts FGO 100 2
- Ausschlussfrist FGO 65 8
- Beschwer bei Gewinnfeststellungen FGO 40 21
- Festsetzung einer höheren Steuer FGO 40 24
- Unzulässigkeit wegen fehlender Klagebefugnis FGO 40 23
- Zulässigkeit ohne Vorverfahren FGO 44 1

Angehörige
- Beteiligung an einer Personengesellschaft AO 15 2
- Beziehungsaufhebung AO 15 1
- nächste ~ i. S. d. § 58 AO AO 58 1

Anhörung
- Heilung bei unterbliebener ~ AO 91 1

Anhörungsrüge
- Anwendungsbereich FGO 133a 1
- Besetzung des BFH FGO 133a 12
- Entscheidungen des BFH FGO 133a 1
- Fristbeginn FGO 133a 13
- Gegenvorstellung FGO 133a 4

Stichwortverzeichnis

- objektiv greifbar gesetzwidrige Anwendung von Prozessrecht **FGO 133a** 2
- Umdeutung einer „sofortigen Beschwerde" **FGO 133a** 11
- Verletzung des Anspruchs auf rechtliches Gehör **FGO 133a** 15
- Vertretungszwang **FGO 133a** 9
- Vorabentscheidung des EuGH, Nichteinholung einer ~ **FGO 133a** 7
- Voraussetzungen **FGO 133a** 3
- Zurückweisung einer Nichtzulassungsbeschwerde **FGO 133a** 10

Anlaufhemmung
- Antragsveranlagung **AO 170** 21
- Erbschaftsteuererklärung **AO 170** 13
- Grunderwerb, Anzeige Dritter **AO 170** 15
- Herausschieben der Festsetzungsfrist **AO 170** 1
- Schenkungsteuer **AO 170** 12, 17
- Steuererklärung ohne Unterschrift **AO 170** 5
- Steuererklärungspflicht des Entrichtungsschuldners **AO 170** 7, 11
- unvollständige Steuererklärung **AO 170** 14

Anrechnung
- Ehegatten, Aufteilung und Reihenfolge **AO 37** 2
- Korrektur **AO 130** 4

Anrechnungsverfügung
- Ermessen **AO 218** 9
- Rücknahme **AO 218** 9
- Rücknahme, Begründung **AO 130** 8

Anschrift
- Bekanntgabe **AO 122** 6

Anspruchsabtretung
- Wirksamkeit **AO 46** 1

Ansprüche
- Steuerschuldverhältnis, Verlustgefahr **AO 37** 3
- Strafen, Geldbußen, Steuerschuldverhältnis **AO 37** 1

Anstifter
- StGB **Anh 13** 2

Anweisungen für das Straf- und Bußgeldverfahren (Steuer) (AStBV (St) 2012) **Anh 12** AStBV(St)2012

Anzeige
- Berichtigungspflicht **AO 153** 4
- Steuerhinterziehung **AO 153** 4
- Steuerverkürzung **AO 153** 2

Anzeigeerstatter
- Steuergeheimnis **AO 30** 15

Anzeigepflicht
- mehrerer Dritter **AO 170** 2

Arbeitgeber
- Haftungsinanspruchnahme **AO 191** 18

Arbeitnehmerüberlassung
- Mitteilung der Finanzbehörden **AO 31a** 1

Archivierung
- digitale Unterlagen **AO 147** 9

Arrest
- Vollstreckungsverfahren **Anh 9** 1

Arrestanordnung
- Bestimmtheit **AO 324** 2

Arrestgrund
- Besorgnis der Erschwerung der Vollstreckung **AO 324** 1
- Besorgnis der Vereitelung der Vollstreckung **AO 324** 1

Arzt
- Empfängerbenennung **AO 160** 3

Atypisch stille Gesellschaft
- Rechtsbehelfsbefugnis **AO 352** 2

Aufbewahrungsfrist
- Maßgeblichkeit außersteuerlicher Fristen **AO 140** 2; **AO 147** 10

Aufbewahrungspflicht
- Bargeschäfte **AO 147** 12
- Erfüllung durch Verwendung von Mikrofilmaufnahmen **AO 147** 2
- Registrierkasse **AO 147** 12
- Taxameter **AO 147** 12
- Waage **AO 147** 12
- Wegstrecken-Zähler **AO 147** 12

Aufhebung
- Steuerfestsetzung, Säumniszuschläge **AO 240** 1
- Unzuständigkeit **AO 127** 2

Aufklärungsbedürfnis
- Überprüfung des Bestehens **AO 193** 2

Aufklärungspflicht
- Rechtsbehelfsbehörde **AO 365** 1

Auflösende Bedingung
- Verrechnungsvertrag **AO 226** 8

Aufrechnung
- Erfordernis der Kassenidentität **AO 226** 12
- Erstattungszinsen, Insolvenz **AO 226** 29
- Folgen bei fehlender Voraussetzung **AO 226** 4
- Gegenseitigkeit **AO 226** 30
- Gesamtvollstreckungsverfahren **AO 226** 20
- Haftungsanspruch **AO 226** 30
- Insolvenzverfahren **AO 226** 21, 30; **Anh 9** 4
- Nichtbezeichnung der Forderung **AO 226** 17
- Reihenfolge **AO 225** 1
- Rückwirkung einer ~, Säumniszuschläge **AO 240** 6
- Umbuchungsmitteilung **AO 226** 24
- Vollziehung des zu Grunde liegenden Steuerbescheids **AO 226** 16
- Zulässigkeit des Finanzrechtswegs **FGO 33** 1

Aufrechnungserklärung
- Behörde, zuständige **AO 226** 4

Stichwortverzeichnis

- Verwaltungsakt AO 118 2
- Wirkung AO 118 2

Aufsichtsbehörde
- Zuständigkeit, mehrfache örtliche AO 25 1

Aufteilung
- Anrechnung nach Einleitung der Vollstreckung geleisteter Zahlungen AO 276 3
- ESt-Zusammenveranlagung, unveränderte Steuerberechnung AO 268 4
- Säumniszuschlag AO 268 5
- Steuerschuld, vollstreckbare AO 268 8

Aufteilung einer Gesamtschuld
- Antragsberechtigung Anh 21 3
- Antragsverfahren (Form, Inhalt) Anh 21 3
- Aufteilung und Anrechnung von Beträgen Anh 21 6
- Aufteilungsbescheid, Absehen von Erteilung Anh 21 9
- Aufteilungsbescheid, Änderung Anh 21 9
- Aufteilungsbescheid, Bekanntgabe Anh 21 8
- Aufteilungsbescheid, Bestandskraft Anh 21 8
- Aufteilungsbescheid, Einspruch Anh 21 9
- Aufteilungsbescheid, Form und Inhalt Anh 21 7
- aufzuteilender Betrag Anh 21 5
- Durchführung Anh 21 4
- Maßstab AO 270 1; Anh 21 6
- Unzulässigkeit einer Aufrechnung AO 268 2
- von Ehegatten AO 268 2
- Voraussetzungen Anh 21 2
- Zeitpunkt Anh 21 4
- Zeitpunkt eines Antrags Anh 21 3
- Zulässigkeit eines Antrags Anh 21 3
- Zweck Anh 21 1

Aufteilungsantrag
- Schutzwirkung AO 268 7
- Verfahren Anh 21 3

Aufteilungsbescheid
- Absehen von Erteilung Anh 21 9
- Änderung Anh 21 9
- Bekanntgabe Anh 21 8
- Bestandskraft AO 277 1; Anh 21 8
- Einspruch Anh 21 9
- Form und Inhalt Anh 21 7

Auftragsrechnung
- Definition Anh 7 23

Aufwand
- Definition Anh 7 13

Aufzeichnungen
- Gewinnabgrenzung bei grenzüberschreitenden Geschäftsvorfällen AO 90 1

Aufzeichnungspflicht
- außersteuerliche AO 140 1

Augenscheinseinnahme
- Betriebsbesichtigung AO 200 1

Ausgaben
- Definition Anh 7 13

Auskunft
- Gebührenpflicht, Verfassungsmäßigkeit AO 89 15
- Lohnsteuer-Anrufungsauskunft AO 89 13
- unverbindliche ~ AO 89 17
- verbindliche ~ AO 89 4, 13
- Vertrauenstatbestand bei Änderung der Rechtslage AO 89 17
- Verwaltungsakt AO 89 13
- Widerruf einer verbindlichen ~ AO 89 14

Auskunftsanspruch
- Insolvenzverwalter AO 91 3

Auskunftsersuchen
- Angriffe gegen ~ ins Ausland FGO 33 15
- Ausland, Anfechtung AO 208 5
- Befragung einer Rechtsanwaltskammer AO 93 11
- Befragung von Dritten AO 93 9
- Begründung AO 93 2
- Dritte als Auskunftsperson AO 93 2
- Rangfolge bei mehreren Auskunftspflichtigen AO 93 2
- Steuerfahndung, Klage gegen ~ AO 208 4; FGO 33 12, 14
- Verhältnismäßigkeit AO 93 5
- Vollstreckungsverfahren AO 93 2
- Vollstreckungszwecke AO 93 11
- Voraussetzungen AO 93 2

Auskunftserteilung
- Finanzbehörde bei materiellen Fragen AO 89 3
- gewerberechtliche Verfahren AO 30 17
- im Besteuerungsverfahren gespeicherte Daten AO 91 2
- Voraussetzungen AO 91 2

Auskunftspflicht
- Chiffreanzeige AO 93 4
- Rechtsanwaltskammer AO 105 1
- Verhältnismäßigkeit AO 93 6
- Vollstreckungsverfahren AO 105 1

Auskunftspflichtiger
- Entschädigung AO 107 2

Auskunftsverweigerungsrecht
- Erlöschen der Vertretungsmacht AO 36 1
- Verwertungsverbot bei Aussage in Unkenntnis AO 101 1
- Verzicht AO 101 1

Auslandsbeziehung
- Anzeigepflicht AO 138 2

Auslegung
- allgemeine Verwaltungsanweisung AO 4 6
- keine Bindung der Finanzgerichte an Verwaltungsanweisungen AO 4 4
- Steuergesetze AO 4 1

Stichwortverzeichnis

Ausreiseverbot
- Vollstreckungsverfahren Anh 9 1

Ausschließlichkeit
- Stiftung, übergegangene Verbindlichkeiten AO 56 3

Ausschließlichkeitsgebot
- vermögensverwaltende Tätigkeit AO 56 2

Ausschlussfrist
- Anordnung einer zu kurz bemessenen ~ FGO 54 1
- Telefax-Übermittlung eines fristgebundenen Schriftsatzes FGO 54 2
- Verlängerbarkeit FGO 54 1
- vorbereitende Maßnahmen des FG vor Setzung der ~ FGO 79b 3

Außenprüfung
- abgekürzte AO 203 1
- Abgrenzung Beweiserhebung AO 193 1
- Ablauf AO 196 2
- Ablauf bei Verdacht einer Steuerstraftat AO 196 2
- Ablaufhemmung der Festsetzungsfrist AO 193 13
- Änderungssperre AO 202 3
- Änderungssperre des § 173 Abs. 2 Satz 1 AO AO 173 38
- Anschlussprüfung bei Großbetrieben AO 193 12
- Anspruch auf Durchführung AO 193 1
- Aufforderung zur Belegvorlage kein Verwaltungsakt AO 118 7
- Aufklärungsbedürfnis AO 193 14
- Ausdehnung des Prüfungszeitraums AO 196 3
- Ausdehnung ohne entsprechende Prüfungsanordnung FGO 100 7
- Ausdehnung, Voraussetzung AO 194 3
- Auskunft an ausländische Finanzbehörden AO 194 2
- Auskunftspflicht hinsichtlich dritter Personen AO 194 8
- Auswahlverfahren AO 193 12
- Auswertung erlangter Kenntnisse außerhalb des Prüfungszeitraumes AO 88 5
- Banken, Kontrollmitteilungen AO 194 10
- Beauftragung einer anderen Finanzbehörde AO 195 1
- Beginn AO 196 2
- Beginn als Ablaufhemmung AO 171 1
- Begründung der Prüfungsanordnung AO 196 3
- bei endgültiger Steuerfestsetzung AO 193 5
- Bekanntgabe der Prüfungsanordnung AO 196 4
- Erledigung zwischenstaatlicher Amtshilfe AO 194 1
- Ermessensausübung AO 193 14
- Festlegung des Prüfungsbeginns AO 197 2
- Festsetzung des Beginns, Form AO 119 4
- Festsetzungsverjährung AO 197 11
- Folgen bei vorsätzlicher Behinderung AO 196 1
- GbR AO 193 10
- Gegenstand AO 193 10
- Kontrollmitteilungen AO 194 8
- Kontrollmitteilungen, Anlass AO 194 7
- Kreditinstitute, Kontrollmitteilungen AO 194 2
- Lesbarmachung von eingescannten Belegen AO 200 6
- Mitwirkungspflichten AO 196 2; AO 200 6; Anh 4 7
- neue Tatsachen nach ~ AO 202 4
- Ort der ~ Anh 4 7
- Personengesellschaft und Gesellschafter AO 194 1
- Prüfungsgrundsätze Anh 4 7
- Prüfungsumfang bei erweiterter ~ AO 194 6
- Räume des FA, Durchführung AO 193 14
- Rechte AO 196 2
- Rechtsfolgen AO 193 1
- Rechtsgrundlage für Prüfung von Privatpersonen AO 193 1
- Selbstanzeige nach Beginn AO 371 3
- Umfang AO 194 1
- Unterbrechung AO 193 13
- Verhältnisse Dritter AO 194 8
- Verwertungsverbot AO 194 8; AO 199 3
- Voraussetzung für verbindliche Zusage AO 193 1
- Zusammenarbeit mit der Steuerfahndung Anh 12 53
- Zuständigkeit AO 195 1
- Zweckmäßigkeit AO 193 14

Außergerichtliche Schuldenbereinigung Anh 12 AStBV(St)2012

Außergerichtliches Rechtsbehelfsverfahren
- Ruhenlassen wegen anhängiger Musterverfahren AO 165 2

Aussetzung
- Antrag auf Zwangsversteigerung AO 118 5

Aussetzung der Vollziehung
- Ablehnung AO 361 10
- Ablehnung der Gemeinnützigkeit einer Körperschaft FGO 114 13
- Ablehnung ohne weitere Sachprüfung FGO 69 30
- Ablehnung, sofortige Vollstreckung AO 361 13
- Ansprüche, zu verzinsende AO 237 2
- Antrag AO 361 2; FGO 69 14
- Antrag auf Änderung oder Aufhebung FGO 69 28
- Antrag auf Festsetzung einer negativen Steuerschuld FGO 69 3
- Anwendungserlass AO 361 1
- Aufrechnung FGO 69 24
- Begehrung des Ansatzes von Verlustanteilen FGO 69 2
- Beitritt des BMF FGO 69 31
- Berücksichtigung eines höheren Verlustvortrags FGO 69 29

Stichwortverzeichnis

- Beschränkung auf
  „Unterschiedsbetrag" **AO 361** 12
- Beschränkungen verfassungsgemäß **FGO 69** 22
- Dauer **AO 361** 8
- Entscheidung über Sicherheitsleistung **AO 361** 9
- Erhebung von Säumniszuschlägen **AO 240** 3
- Erstattung entrichteter ESt-Vorauszahlungen **AO 361** 4
- Finanzamt **AO 361** 7
- Folgebescheid **AO 361** 6
- Grundlagenbescheid **AO 361** 5
- Klage **FGO 41** 4
- Musterverfahren **AO 165** 2
- Nebenbestimmung **AO 361** 9
- Sicherheitsleistung **AO 361** 9; **FGO 69** 36
- Steueranmeldung, Antrag des Vergütungsgläubigers **FGO 69** 16
- Streitwert **FGO 69** 33
- Verfassungswidrigkeit der streitentscheidenden Vorschrift **FGO 69** 26
- Vorbehalt des Widerrufs **FGO 69** 23
- vorläufige Steuerfestsetzung **AO 165** 2
- Vorlage an EuGH **FGO 69** 17
- Vorwegnahme der Hauptsacheentscheidung **FGO 69** 20
- Zahlungsfrist nach Ablehnung der AdV **FGO 69** 27
- Zugangsvoraussetzung **FGO 69** 18
- Zuständigkeit **AO 361** 3
- Zwangsversteigerung **FGO 69** 10
- Zweifel an der Rechtmäßigkeit eines Bescheides **FGO 69** 4
- Zweifel an Verfassungsmäßigkeit eines Steuergesetzes **FGO 69** 37

Aussetzungszinsen
- Betrag, teilweise ausgesetzter **AO 237** 1
- Entstehung des Zinsanspruchs, Einlegung einer Verfassungsbeschwerde **AO 237** 7
- Erhebung **AO 237** 1
- Erhebung bei Realsteuern **AO 237** 2
- Hauptsacheerledigung **AO 237** 4 f.
- unwirksame Steuerfestsetzung **AO 237** 8
- Verfahrensverknüpfung **AO 239** 2
- Voraussetzung für die Erhebung **AO 237** 1
- Zeitpunkt der Entstehung **AO 237** 4
- Zweck **AO 237** 6

Auswärtige Bearbeitung
- Definition **Anh 7** 16

Ausweisung
- Vollstreckungsverfahren **Anh 9** 1

Auszusetzende Steuer
- Berechnung **AO 361** 4

Authentifizierung
- elektronische Datenübermittlung **AO 150** 5

B

Bank
- Sammelauskunftsersuchen Steufa **AO 208** 6

Bankenprüfung
- Ermittlungsmöglichkeiten der Finanzbehörden **AO 30a** 4

Bankgeheimnis **AO 30a** 1, 5
- Ermittlungen der Steuerfahndung **AO 30a** 6 ff.
- Ermittlungsmöglichkeiten der Finanzbehörden **AO 30a** 4
- Zurechnung vereinnahmter Erträge, ausländische Wertpapiere **AO 30a** 9

Bargeschäft
- Aufzeichnungspflicht im Einzelhandel **AO 145** 2

Bauausführungen
- mehrere ~ als Betriebstätte **AO 12** 6

Bauleistungen
- örtliche Zuständigkeit, Steuerabzug **AO 20a** 3

Beamter
- dienstrechtliche Maßnahmen, Steuergeheimnis **AO 30** 9

Begründung
- fehlende ~, Rechtsfolge des § 126 Abs. 3 Satz 1 AO **AO 126** 2, 5
- Prüfungsanordnung **AO 196** 1

Begünstigung
- StGB **Anh 13** 12

Begünstigungsvoraussetzung
- Nichteinhaltung **AO 130** 6

Behindertenfahrtendienst
- Voraussetzungen für Steuervergünstigungen **AO 66** 1

Behindertenwerkstätte
- Erläuterung **AO 68** 1

Beigeladener
- Kosten, außergerichtliche **FGO 139** 5
- Kostenerstattung **FGO 139** 3

Beihilfe
- Definition **AO 369** 3
- StGB **Anh 13** 3

Beiladung
- Aufhebung einer zu Unrecht beschlossenen ~ **FGO 60** 6
- Befugnis zur Revisionseinlegung **FGO 60** 4
- Begründungspflicht **FGO 60** 23
- Beschwerde, Zulässigkeit **AO 174** 10
- Dritter **FGO 60** 29 f.
- Erwerb eines Mitunternehmeranteils **FGO 60** 35
- Finanzamt **FGO 60** 2
- gelöschte GmbH **FGO 58** 2
- gem. § 174 Abs. 5 Satz 2 AO **AO 174** 10
- Insolvenzverwalter, nicht beteiligter **FGO 57** 4
- Kinderfreibetrag **FGO 60** 22

Stichwortverzeichnis

- Kindergeld **FGO 60** 20
- nach Unanfechtbarkeit des Urteils **FGO 60** 3
- notwendige ~, ausgeschiedener Gesellschafter **AO 180** 10
- Revisionsverfahren **FGO 123** 1
- Rücknahme **FGO 60** 9
- Umsatzsteuer; GbR als Steuerschuldnerin **FGO 60** 24
- Umsatzsteuer; Steuerpflicht des Umsatzes **FGO 60** 21
- unzulässige **FGO 60** 8
- unzulässige Klage **FGO 60** 24
- Vergütungsgläubiger **FGO 60** 30
- widerstreitende Steuerfestsetzung **AO 174** 2

Beistoffe
- Definition **Anh 7** 18

Beitrittsgebiet
- verlängerte Festsetzungsfrist **Anh 1** 11

Bekanntgabe
- Anfechtung vor schriftlicher ~ **AO 355** 2
- Anschriftenfeld **AO 122** 6
- Bekanntgabeadressat **AO 122** 3
- Bevollmächtigte **AO 122** 5, 7
- Beweispflicht des FA bei bestrittenem Zugang **AO 122** 45
- Ehegatten **AO 122** 9
- Empfänger **AO 122** 5
- fehlende gemeinsame Empfangsbestätigung **AO 183** 6
- Feststellungsbescheid, Wirksamkeit **AO 124** 2
- Form **AO 122** 8
- gesetzliche Vertreter **AO 122** 10
- Grundsätze **AO 122** 2
- Heilung **AO 122** 38
- Inhaltsadressat **AO 122** 3
- Mitteilung über Buchführungspflicht **AO 141** 4
- Prüfungsanordnung **AO 196** 4
- Prüfungsanordnung bei Ehegatten **AO 197** 1
- Scheinadresse **AO 122** 38
- Schriftform **AO 122** 8
- Steuerbescheid **AO 122** 2
- Steuergeheimnis, Verhältnisse Dritter bei Steuervergünstigungen **AO 30** 5
- Telefax **AO 122** 36
- Übermittlung mit der Post, verspäteter tatsächlicher Zugang **AO 122** 43
- Verfahrens- und Formfehler **AO 122** 29
- Verwaltungsakt **AO 122** 2
- Vollendung der Steuerhinterziehung **AO 370** 4
- Widerruf **AO 122** 46
- Wochenende; Feiertag **AO 122** 39
- Zugangsvermutung, Erschütterung **AO 122** 48
- Zugangsvermutung, mangelnde Fristenkontrolle durch Steuerberater **AO 122** 41
- Zustellung gegen Empfangsbekenntnis, Datum der ~ **AO 122** 47
- Zustellung, Zugang vor Bescheiddatum **AO 122** 44
- Zustellvereinbarung am Wochenende **AO 122** 37

Bekanntgabeadressat
- Bekanntgabe von Verwaltungsakten **AO 122** 3

Bekanntgabemangel AO 122 29

Bekanntgabevermutung
- Wochenende oder Feiertag **AO 108** 1

Bekanntgabewille
- Aufgabe **AO 124** 7

Belege
- Vorlage von privaten ~ **AO 97** 1

Benennungsverlangen
- Basisgesellschaft (ausländische) **AO 160** 9, 13
- Commercial Paper Programm **AO 160** 10
- Domizilgesellschaft **AO 160** 9
- Unternehmen aus EU-Mitgliedstaat **AO 160** 8

Berichtigung
- nach Hinweis auf Verböserungsmöglichkeit **AO 367** 3
- Tatbestand **FGO 108** 1

Berichtigungsanzeige
- Anlaufhemmung **AO 170** 1, 4

Berufsgeheimnis
- Vorlage des Fahrtenbuches **AO 102** 1

Berufskammer
- Mitteilungen über Pflichtverletzung **Anh 2** 1
- Stellungnahme zum Haftungsbescheid **AO 69** 1

Berufspflichtverletzung
- Mitteilungen an Berufskammern **Anh 2** 1

Berufssport
- Zweck, gemeinnütziger **AO 52** 1

Bescheinigung in Steuersachen
- Erteilung **AO 111** 3

Beschlagnahme
- Anhaltspunkte für nichtsteuerliche Straftaten **AO 399** 1
- Anordnung **Anh 12** 29
- Begründung **Anh 12** 29
- bei Angehörigen der steuer- und rechtsberatenden Berufe **Anh 12** 27
- Durchsuchung **AO 399** 1
- Patientenkartei eines Arztes **Anh 12** 28
- Postbeschlagnahme **Anh 12** 29
- Zulässigkeit **Anh 12** 26

Beschluss
- Übertragung des Rechtsstreits auf Einzelrichter **FGO 113** 1

Beschwer
- außersteuerliche Bindungswirkung **AO 350** 4
- Ehegatten, bei Aufteilung der Steuerschuld **FGO 40** 6
- Ehegatten, Zusammenveranlagung **AO 350** 2

1241

Stichwortverzeichnis

- Geltendmachung **AO 350** 1
- höhere Gewinnfeststellung **FGO 40** 21
- mangelnde ~, im Revisionsverfahren **FGO 40** 2
- Steuerfestsetzung auf 0,– **AO 350** 1
- Verlustfeststellung **AO 350** 1
- Zerlegungsverfahren, Änderung zu Gunsten einer Gemeinde **AO 185** 2
- zu niedrige Festsetzung **AO 350** 1

Beschwerde
- Änderung der erstinstanzlichen Anträge **FGO 132** 1
- Festsetzung von Zwangsgeld **AO 328** 1

Beschwerde, außerordentliche
- Beschwerde wegen Nichtzulassung der Revision, Beschluss des BFH über **FGO 36** 2
- Statthaftigkeit **FGO 128** 8

Besetzung des Senats
- Verfahrensfehler **FGO 5** 3

Besorgnis der Befangenheit
- Amtsträger **FGO 114** 3
- Außenprüfer **AO 83** 2
- Meinungsäußerungen des Richters **FGO 51** 5
- Rechtsmittel gegen abweisenden Beschluss **FGO 51** 4
- Steuerberaterprüfer **AO 83** 3
- unterlassene Ablehnung **FGO 51** 6
- Vorliegen **AO 83** 1

Bestandskraft
- Abhilfebescheid **AO 367** 1
- Änderung von ESt-Bescheiden wegen außersteuerlicher Bindungswirkung **AO 172** 2
- Allgemeines **Vor 172** 1
- Antrag auf schlichte Änderung, Bezeichnung des Änderungsbegehrens **AO 172** 14
- Ausübung von Wahlrechten **Vor 172** 2
- Durchbrechung wegen nicht ordnungsgemäßer Umsetzung von EG-Richtlinien **AO 172** 13, 18
- Emmott'sche Fristenhemmung **AO 172** 13
- formelle ~, Unanfechtbarkeit **AO 168** 4
- Verstoß gegen Unionsrecht **AO 172** 18
- Vorbehaltsfestsetzung **AO 168** 4

Besteuerung
- nachträgliche **AO 61** 1

Besteuerung, korrespondierende
- widerstreitende Steuerfestsetzung **AO 174** 19

Besteuerungsgerechtigkeit
- Vorrang vor Verfahrensgrundsätzen **AO 85** 43

Besteuerungsunterlagen
- Mitteilung an Beteiligte **FGO 75** 1

Bestimmtheit
- Kirchensteuerfestsetzung **AO 119** 1
- Rechtsfolgen **AO 119** 5
- Verstoß, Folgen **AO 119** 3

Bestimmtheit, Steuerbescheid
- konkrete Bezeichnung des Lebenssachverhalts **AO 119** 12

Beteiligte
- Begriff **AO 78** 1
- Insolvenzverfahren **FGO 57** 4
- Rechtsstellung eines ~ gem. § 174 Abs. 5 AO **AO 174** 11
- Vorlageverfahren vor dem Großen Senat **FGO 122** 2

Beteiligung, wesentliche
- Definition **AO 74** 1

Betreuung
- Bekanntgabe Steuerbescheid **AO 79** 1
- Rechte und Pflichten des Betreuers **AO 79** 1

Betriebsanmeldung
- Anspruch auf Erteilung einer Steuernummer **AO 138** 3

Betriebsausgaben
- Abzug bei nicht benanntem Empfänger **AO 160** 1
- Abzug bei nichtbenanntem Empfänger **AO 160** 4

Betriebsbesichtigung
- Augenscheinseinnahme **AO 200** 1

Betriebsergebnisrechnung
- Aufgabe **Anh 7** 14

Betriebsgrößenklasse
- Verfahren zur Einordnung der Betriebe **Anh 4** 3

Betriebsprüfer
- Rechtswidrigkeit des Einsatzes **AO 82** 2

Betriebsprüfung
- Anordnung **Anh 4** 6
- Ausdehnung, Voraussetzung **AO 194** 3
- Beamter als Betriebsprüfer **Anh 4** 12
- Beginn **AO 171** 1
- Betriebsprüferbesprechung **Anh 4** 13
- Betriebsprüfungshelfer **Anh 4** 12
- BuStra **Anh 5** 1
- Durchführung **Anh 4** 6
- Einsatz als Betriebsprüfer **Anh 4** 12
- Entscheidung über Zweckmäßigkeit **AO 193** 2
- Erstreckung auf nichtbetriebliche Sachverhalte **AO 193** 3
- Istumsatz **Anh 7** 2
- Kennzahlen, steuerliche **Anh 7** 2
- Kontrollmitteilung **Anh 4** 8
- Mitwirkung des Bundes **Anh 4** 11
- Nebenkosten der Warenbeschaffung **Anh 7** 5
- Prüferausweis **Anh 4** 12
- Schlussbesprechung **Anh 4** 9
- Sollumsatz **Anh 7** 2
- Umfang **Anh 4** 4
- Umsatz, wirtschaftlicher **Anh 7** 2
- Unternehmen ausländischer Konzerne **Anh 4** 10
- Unternehmen, zusammenhängende **Anh 4** 10

Stichwortverzeichnis

- Unterrichtung der Bußgeld- und Strafsachenstelle **Anh 5** 1
- Verdacht, Steuerstraftat **Anh 5** 1
- Verwaltungsangestellter als Betriebsprüfer **Anh 4** 12
- Wareneingang, Ermittlung **Anh 7** 4
- zeitnahe ~ **Anh 4** 5
- Zusammenstellung Begriffe **Anh 7** 1

Betriebsprüfungsbericht
- Klage auf Übersendung **FGO 33** 10

Betriebsprüfungsordnung
- Abweichen von Prüfungsfeststellungen **Anh 4** 9
- Anordnung der Betriebsprüfung **Anh 4** 6
- Anwendungsbereich **Anh 4** 2
- Aufgaben der Betriebsprüfungsstelle **Anh 4** 2
- Aufstellen von Prüfungsgeschäftsplänen **Anh 4** 15
- Betriebskartei **Anh 4** 14
- Betriebsprüferbesprechung **Anh 4** 13
- Betriebsprüfungsarchiv **Anh 4** 16
- Durchführung der Konzernprüfung **Anh 4** 10
- Einleitung der Konzernprüfung **Anh 4** 10
- Fach-(Branchen)Prüferbesprechung **Anh 4** 13
- Feststellungen, Bericht und Auswertung **Anh 4** 9
- Größenklasse **Anh 4** 3
- Jahresstatistik **Anh 4** 15
- Kontrollmitteilung **Anh 4** 8
- Konzernprüfung **Anh 4** 10
- Konzernverzeichnis **Anh 4** 14
- Leitung der Konzernprüfung **Anh 4** 10
- Prüferausweis **Anh 4** 12
- Schlussbesprechung **Anh 4** 9
- Umfang der Betriebsprüfung **Anh 4** 4
- Verdacht der Ordnungswidrigkeit **Anh 4** 8
- Verdacht einer Steuerstraftat **Anh 4** 8

Betriebsprüfungsordnung (BpO 2000) **Anh 4 BpO 2000**

Betriebsprüfungsstelle
- Aufgaben **Anh 4** 2

Betriebsstoffe
- Definition **Anh 7** 16

Betriebstätte
- Bauausführungen, mehrere **AO 12** 6
- Erkundung von Bodenschätzen **AO 12** 1
- fahrbare Geschäftseinrichtung **AO 12** 1
- Geschäftseinrichtung **AO 12** 3
- Gewerbesteuer; Abgrenzung zur Betriebsstätte nach EStG **AO 12** 8
- inländische Zweigniederlassung, Eintragung im Handelsregister **AO 12** 2
- Mitbenutzung der Privatwohnung eines Arbeitnehmers **AO 12** 9
- Montage **AO 12** 4
- Pipeline **AO 12** 1
- Tätigwerden in fremden Räumlichkeiten **AO 12** 13
- Tankstelle, verpachtete **AO 12** 12
- Verfügungsmacht **AO 12** 13
- Verfügungsmacht (teilweise ~) **AO 12** 14
- Verkauf auf inländischen Wochenmärkten bei Wohnsitz in den Niederlanden **AO 12** 5
- Verkaufsstand **AO 12** 10
- Verkaufsstelle **AO 12** 10
- Verkehrsflughafen; Lärmmessstationen **AO 12** 15
- Verwurzelung **AO 12** 14

Betriebsübernahme
- Auskunft über Haftung **AO 75** 1

Betriebsvergleich
- äußerer und innerer **Anh 7** 24

Betrug
- äußerer und innerer **Anh 7** 24

Bevollmächtigter
- Auswirkung der Bestellung **AO 80** 1
- Bekanntgabe **AO 80** 5; **AO 122** 7

Beweisaufnahme
- Grundsatz der formellen Unmittelbarkeit **FGO 82** 4
- Verstoß gegen Grundsatz der Unmittelbarkeit der ~ **FGO 81** 2

Beweislast
- Ablauf der Aufbewahrungszeit **AO 182** 7
- Verteilung im Steuerprozess **AO 88** 3

Beweismittel
- Verifikationsgebot **AO 92** 1

Beweistermin
- Versäumung **FGO 82** 3

Beweiswürdigung
- Finanzgericht, Unterhaltszahlungen ins Ausland **FGO 96** 20
- Schätzung durch Finanzgericht **FGO 96** 21

Bezeichnung
- Bezugnahme auf ~ **FGO 65** 9

Bezüge
- Behandlung, steuerliche **AO 53** 1

BFH-Entscheidungen
- Anwendung **Anh 2** 1

Billigkeitsgründe, persönliche
- Erlass **AO 227** 2

Billigkeitsgründe, sachliche
- Erlass **AO 227** 1

Billigkeitsgründe, wirtschaftliche
- Erlass **AO 227** 2

Billigkeitsmaßnahme
- Abgrenzung **AO 163** 2
- Ablehnung eines Antrags auf Erlass **AO 163** 11
- abweichende Festsetzung von Steuern **AO 163** 1
- Darlegung der besonderen Umstände **AO 163** 14
- Rechtsmittel **AO 163** 1
- Sanierungsgewinn **AO 163** 15

Stichwortverzeichnis

- Verpflichtung AO 163 5
- Verschärfung der BFH-Rechtsprechung, Übergangsregelung AO 163 12
- Vollverzinsung AO 233a 9
- Vorsteuerabzug AO 163 13

Bindungswirkung, außersteuerliche
- Änderung von ESt-Bescheiden AO 172 2

Brennstoffe und Energie
- Definition Anh 7 17

Briefumschlag
- Verfügungsbereich FGO 47 6

Buchführung
- Erfordernis „geordnet" AO 146 1
- Offene-Posten-Buchhaltung AO 146 1
- Schätzung bei formell ordnungsmäßiger – AO 158 3

Buchführungsgrenze
- Bezugsgröße Betrieb AO 141 1
- Land- und Forstwirte AO 141 7

Buchführungspflicht
- Anwendung der Vorschriften Anh 1 8
- außersteuerliche AO 140 1
- Beginn der ~ bei Mitteilung über ~ ohne Begründung AO 141 3
- Bestrafung durch Verletzung AO 146 1
- Ende AO 141 9
- Feststellungen der Finanzbehörde AO 141 1
- Grenzen AO 141 1
- Grenzwert für den Beginn AO 141 6
- Hinweis auf Beginn AO 141 1
- Mitteilung als rechtsgestaltender VA AO 141 2
- Mitteilung über den Beginn AO 141 4
- Sonderbetriebsvermögen AO 140 3; AO 141 8
- Umsatzgrenze, Einbeziehung der Auslandsumsätze AO 141 10

Buchführungsvorschriften
- Folgen des Verstoßes AO 146 1

Buchprüfer, vereidigter
- Berufspflichten Anh 2 1
- Mitteilungen über Pflichtverletzung Anh 2 1

Bürgschaftsprovisionen
- Kostenerstattung FGO 139 2

Bundesfinanzhof
- Erinnerungen gegen den Kostenansatz, Entscheidungen über FGO 10 2

Bußgeld- und Strafsachenstelle
- Unterrichtung durch die Betriebsprüfung Anh 5 1

Bußgeldbescheid
- Einspruch Anh 12 51

Bußgeldverfahren
- Abweichungen vom Strafverfahren Anh 12 47
- Bekanntgabe des Bescheids Anh 12 50
- Bestimmungen, gesetzliche Anh 12 46

- Ermittlungsbefugnisse Anh 12 47
- Kosten des Verfahrens Anh 12 52
- Opportunitätsprinzip Anh 12 47
- Rechtsbehelf Anh 12 51
- Schutz von Bankkunden, Bankgeheimnis AO 30a 2

C

Chiffreanzeigen
- Auskunftsersuchen der Steuerfahndungsbehörde AO 208 4

CpD-Konten
- Verbot AO 154 1

D

D-Markbilanzgesetz
- verlängerte Festsetzungsfrist Anh 1 11

Darlehen
- Gestaltungsmissbrauch AO 42 3

Darlehensrückzahlung
- Scheingeschäft AO 41 7

Daten, geschützte
- Sammlung, Verfassungsmäßigkeit AO 88a 1

Datenschutz
- Auskunftserteilung bei Abruf von Konten- und Depotverbindungen AO 93 1
- Einschränkungen AO 93 4
- informationelle Selbstbestimmung; Datenerhebung AO 30 21
- statistische Vergleichswerte AO 30 21

Datenverarbeitung
- Archivierung elektronischer Rechnungen AO 147 9
- Datenzugriff, Prüfbarkeit digitaler Unterlagen AO 147 7
- Prüfbarkeit digitaler Unterlagen AO 147 8

Datenzugriff
- Buchführung AO 147 7
- Umfang AO 147 14
- Umfang bei Berufsgeheimnisträgern AO 147 15
- Umfang bei Einnahme-Überschuss-Rechnung AO 147 16

Denunzierter
- Anspruch auf Akteneinsicht FGO 33 13

Deutsche Einheit
- Überleitungsregelung Anh 1 10

Digitale Unterlagen
- Datenzugriff AO 147 7

Dinglicher Arrest AO 324 3
- Vollstreckungsverfahren Anh 9 1

Disziplinarverfahren
- Mitteilungen an Disziplinarstellen AO 30 16

Divergenz
– Vorliegen FGO 11 4
Divergenzvorlage
– Änderung des
  Geschäftsverteilungsplans FGO 11 5
Divisionskalkulation
– einfache, Definition Anh 7 22
Dolmetscher Anh 14
Domizilgesellschaft
– Empfänger von Ausgaben AO 160 1
– Mitwirkungspflicht AO 160 1
Doppelberücksichtigung
– irrtümliche ~, widerstreitende
  Steuerfestsetzung AO 174 1
Doppelverzinsung
– Hinterziehungszinsen AO 235 5
Dritter
– Verfahrensbeteiligter AO 174 1
Drittschützende Norm
– Konkurrentenklage AO 51 2
Drittwiderspruch
– Bereicherung AO 262 3
Drittwiderspruchsklage
– Durchbrechung des Steuergeheimnisses AO 30 5
– Einwendungen des
  Pfändungsgläubigers AO 262 2
Drittwirkung
– Haftungsschuldner AO 166 3
Duldungsbescheid
– Befugnis zum Erlass AO 191 1
– Einwendungen des
  Anfechtungsgegners AO 191 5
– Erlass AO 77 1
– Geltendmachung von Rechten AO 191 4
Duldungspflicht
– Adressatenkreis AO 77 1
Durchsuchung
– Ablauf Anh 12 31
– Anordnung Anh 12 29
– Begründung Anh 12 29
– Geschäftsräume Anh 12 32
– körperliche ~ Anh 12 32
– Nachweis und Rückgabe der
  Beweismittel Anh 12 33
– Rechtsbehelf Anh 12 45
– Wohnung Anh 12 33
– Zeit Anh 12 30
– Zulässigkeit Anh 12 25
– Zuziehung anderer Personen Anh 12 31
Durchsuchungsanordnung AO 287 1
Durchsuchungsbeschluss
– fehlender AO 287 3
Durchsuchungsermächtigung AO 287 1

E

E-Mail
– Einspruchseinlegung AO 87a 2
EG-Amtshilfe-Gesetz AO 117 1
EGAO Anh 1 1
Ehegatten
– Aufteilung einer Steuergesamtschuld AO 268 2
– Bekanntgabe von
  Prüfungsanordnungen AO 197 1
– Bekanntgabe von Steuerbescheiden AO 122 9
– Beschwer bei Aufteilung
  Gesamtsteuerschuld FGO 40 6
– Erstattungsanspruch AO 37 2
– gemeinsamer Erwerb eines
  Grundstücks AO 44 3
– Verspätungszuschlag AO 152 4
– zusammenveranlagte,
  Erstattungspfändung AO 37 7
– Zuständigkeit nach Trennung oder
  Scheidung AO 25 3
Eidesstattliche Versicherung
– Änderung der Vermögenslage nach Vorlage eines
  Vermögensverzeichnisses AO 284 8
– Beweis FGO 82 8
– Einspruch, aufschiebende Wirkung AO 284 4
– Einwendungen gegen die Pflicht zur
  Abgabe AO 284 2
– Terminsbestimmung AO 284 9
– Vollstreckungsverfahren Anh 9 1
– Zuständigkeit AO 284 1
Eigener Vorbetrieb
– Definition Anh 7 18
Eigentum
– Einbringung von Grundstücksanteilen in
  Personengesellschaft AO 39 11
– Treuhandverhältnis AO 39 9
Eigentum, wirtschaftliches
– Anteile an Kapitalgesellschaften AO 39 10
– Durchgangserwerb AO 39 21
– Forderungsverkauf AO 39 19
– formwirksamer Kaufvertrag AO 39 4
– Investitionszulage AO 39 7
– Mittelverwendungstreuhand AO 39 20
– Option auf Aktienerwerb AO 39 8
– Quotentreuhand AO 39 16
– Rückgängigmachung des
  Rechtsgeschäfts AO 39 5
– tatsächlicher Vollzug eines formwirksamen
  Vertrags AO 39 12
– Treuhandvereinbarung AO 39 3
– Treuhandverhältnis, tatsächlicher
  Vollzug AO 39 17
– Übergang bei Bedingungen AO 39 13, 15
– Unterbeteiligung an
  Kapitalgesellschaft AO 39 12

Stichwortverzeichnis

– Verträge zwischen nahen
  Angehörigen **AO 39** 18

**Einführungsgesetz zur Abgabenordnung
(EGAO) Anh 1** 1

Eingangsstempel
– Beweis **FGO 82** 8

Einheitliche und gesonderte Feststellung
– Sonderbetriebsausgaben **AO 180** 14

Einheitswert
– Festsetzungsfrist, Beginn **AO 170** 1

Einkommensteuer-Vorauszahlung
– einstweilige Anordnung gegen Ablehnung der Anpassung **FGO 114** 9

Einspruch
– Befugnis des Haftungsschuldners **AO 350** 3
– Beschwer **AO 350** 5; **AO 358** 1
– Bußgeldbescheid **Anh 12** 51
– Rücknahme **AO 362** 1
– Rücknahme, Geltendmachung der Unwirksamkeit **AO 362** 1
– Schlüssigkeit des Vortrags **AO 358** 1
– ungenaue Kennzeichnung im ~ **AO 357** 3
– Vollabhilfebescheid **AO 347** 3

Einspruchsbefugnis AO 352 1
– KG mit Einkünften aus VuV **AO 352** 3

Einspruchsentscheidung
– Bekanntgabe durch Telefax **AO 366** 2
– Grundlagenbescheid, Ablaufhemmung **AO 171** 33
– Klageantrag auf Aufhebung **FGO 100** 4
– Zustellung **AO 366** 1

Einspruchsfrist
– Nachholung der Unterschrift auf einer strafbefreienden Erklärung **AO 355** 9
– Pfändungen **AO 355** 3
– Steueranmeldung **AO 355** 4
– strafbefreiende Erklärung, fehlende Unterschrift **AO 355** 9
– unwirksame strafbefreiende Erklärung **AO 355** 9
– Vereinbarkeit mit Gemeinschaftsrecht **AO 355** 8
– Zugang des Einspruchs **AO 355** 10

Einspruchsrücknahme
– Treu und Glauben **AO 362** 3
– Widerruf **AO 362** 4

Einspruchsverfahren
– Veranlagungsverfahren, verlängertes **AO 367** 1
– Zuständigkeitsänderung **AO 367** 1

Einstandspreis
– Formel zur Ermittlung **Anh 7** 17

Einstweilige Anordnung
– Ablehnung der Herabsetzung von Einkommensteuer-Vorauszahlungen **FGO 114** 9
– gegen Ablehnung der Gemeinnützigkeit einer Körperschaft **FGO 114** 13

Einverständnis
– mündliche Verhandlung **FGO 6** 1

Einzelhandel
– Aufzeichnungspflicht bei Bargeschäft **AO 145** 1

Einzelkosten
– Definition **Anh 7** 19

Einzelrichter
– Entscheidungen durch konsentierten ~ **FGO 79a** 1
– Kostenansatz, Erinnerung gegen **FGO 10** 2
– Revision gegen Entscheidung **FGO 79a** 4
– Übertragung auf, Verpflichtung durch Finanzgericht **FGO 6** 4
– Wiederaufnahmeverfahren **FGO 79a** 2

Einziehung
– einer gepfändeten Geldforderung **Anh 9** 1
– StGB **Anh 13** 9

Einziehungsverfügung
– Forderung, gepfändete **AO 314** 1
– Verstoß gegen Vollstreckungsverbot **AO 314** 2

Elektronische Kommunikation
– elektronisch signiertes Dokument **AO 87a** 1
– Zugang elektronischer Dokumente **AO 87a** 1

Eltern
– Bescheide an Ehegatten mit Kindern, Bekanntgabe **AO 122** 11

Embargo
– Steuergeheimnis **AO 30** 9

Empfänger
– Bekanntgabe **AO 122** 5
– Domizilgesellschaft **AO 160** 1
– nicht benannt **AO 160** 1
– Verlangen nach Benennung **AO 118** 6

Empfangsbevollmächtigter
– Bekanntgabe des Feststellungsbescheids **AO 122** 14
– Bestellung **AO 123** 1
– Bestellung, Wirkung für künftige Bescheide **AO 183** 8

Empfangsbevollmächtigung
– fehlende gemeinsame ~ **AO 183** 6

Entrichtungspflichtiger
– Hinterziehungszinsen **AO 235** 3

Entschädigung
– Festsetzung **Anh 14** 6
– Zeugen **Anh 14** 2f.

Entschädigungsanspruch
– Auskunftspflichtige und Sachverständige **AO 107** 2
– nach Erlöschen der Vertretungsmacht **AO 36** 1

Entschädigungspflicht
– Auflösung **AO 107** 1

Stichwortverzeichnis

Entscheidung
- verbösernde ~ **AO 121** 3
- Vorliegen einer abweichenden ~ **FGO 11** 4

Erbe
- Auskunftserteilung **AO 45** 1
- Steuergeheimnis **AO 30** 5

Erbenhaftung
- Beschränkung **AO 265** 1

Erbfolge
- Bekanntgabe von Steuerverwaltungsakt **AO 122** 20

Erbschaftsteuer
- Bekanntgabe des Steuerbescheids **AO 122** 21

Ereignis
- rückwirkendes **AO 175** 2

Ergänzungsbescheid
- Gegenstand **AO 179** 1
- Nachholung des Hinweises nach § 181 Abs. 5 AO **AO 179** 1
- Zulässigkeit **AO 179** 1

Erhebungsverfahren
- Kleinbetragsverordnung **AO 218** 2

Erklärungspflicht
- Anwendungsregelung **Anh 1** 4

Erlass
- Änderung der Rechtsprechung **AO 227** 8
- Bestandskraft der Steuerfestsetzung **AO 227** 11
- Drittwirkung **AO 227** 10
- Einkommensteuer, Zusammenwirken verschiedener Regelungen **AO 227** 7
- Rechtslage bei Festsetzung der Steuer **AO 227** 8
- sachliche Billigkeitsgründe **AO 227** 1
- Säumniszuschlag **AO 227** 9
- Verfahren **AO 227** 5
- Verstoß gegen EG-Recht **AO 227** 11
- Voraussetzungen **AO 227** 1
- Widerruf **AO 131** 1
- Wirkung **AO 227** 10

Erlassantrag
- Ablehnung, Aussetzung der Vollziehung **AO 361** 2

Erlassbedürftigkeit **AO 227** 1

Erlasswürdigkeit **AO 227** 1

Erledigungserklärung
- aufschiebende Bedingung **AO 237** 4

Erlöschen
- Steueransprüche **AO 47** 7
- Steueransprüche, Gründe **AO 47** 1

Ermessen
- Ablehnung einer Rücknahme eines bestandskräftigen VA wegen versäumter Rechtsmittel **AO 5** 3
- Änderung gem. § 174 Abs. 3 AO **AO 174** 7
- Anspruch auf fehlerfreie Ausübung **AO 5** 4
- Beachtung des Verhältnismäßigkeitsgrundsatzes **AO 5** 5
- Empfängerbenennung **AO 160** 1
- Ergänzung oder Nachholung der Begründung **AO 5** 6
- Ermessensreduzierung auf Null **AO 5** 8
- Grundsätze **AO 5** 1
- Selbstbindung der Verwaltung **AO 5** 7
- Überprüfung rechtswidriger unanfechtbarer VA **AO 130** 1
- Voraussetzung **AO 5** 4
- Zweckmäßigkeit einer Außenprüfung **AO 193** 2

Ermessensausübung
- Grundsätze **AO 5** 1

Ermessensentscheidung
- Anwendung von § 127 AO **AO 127** 5
- Begründung **AO 5** 1
- Begründung der Auswahlentscheidung **AO 121** 7
- Nachholung oder Ergänzung **FGO 102** 6

Ermittlungsbericht
- Einsichtnahmeverweigerung, Finanzrechtsweg **FGO 33** 3

Ermittlungshandlungen
- erhebliche ~ im finanzgerichtlichen Verfahren **FGO 100** 17

Ermittlungsmaßnahmen
- Außenprüfung **AO 199** 2

Ermittlungspflicht
- neue Tatsachen **AO 173** 19

Ermittlungsverfahren
- Bekanntgabe der Einleitung **AO 397** 1
- Pflicht zur Einleitung **AO 397** 1

Ersatz
- Kosten **AO 347** 2; **AO 360** 6

Ersatzzustellung
- Anbringung der Mitteilung über Niederlegung **FGO 53** 5
- Unwirksamkeit einer als solcher nicht beurkundeten ~ **FGO 53** 4

Ersetzung
- im Einspruchsverfahren **AO 365** 1

Ersetzungsregelung
- analoge Anwendung außerhalb eines Einspruchsverfahrens **AO 365** 5

Erstattung
- Gesamtschuldner **AO 37** 1

Erstattungsanspruch
- Ablaufhemmung **AO 171** 2
- Abtretung **AO 37** 17
- Abtretung, Verpfändung, Pfändung **AO 46** 1
- bei Lohnsteuerabzug **AO 37** 8
- Ehegatten **AO 37** 2
- Erstattungsberechtigter **AO 37** 1
- Erwerb, geschäftsmäßiger **AO 46** 1

Stichwortverzeichnis

- Fälligkeitstag von Umbuchungen   AO 226 3, 7
- fehlender Rechtsgrund, Kindergeld   AO 37 10
- geschäftsmäßiger Erwerb bei ausländischen Arbeitnehmern   AO 46 8
- Haftung für Verlustgefahr   AO 37 5
- Kapitalertragsteuer   AO 37 15
- rechtswidrige Erhebung einer Abgabe, bestandskräftige Festsetzung   AO 37 12
- Rückforderung eines zuvor gepfändeten ~   AO 37 4
- Verzinsung von ~ aus Rechtsbehelfsverfahren   AO 236 5
- Vorauszahlung   AO 37 11
- zu Unrecht erstattete Steuern   AO 37 13
- zusammenveranlagte Ehegatten   AO 37 1

Erstattungspfändung
- zusammenveranlagte Ehegatten   AO 37 7

Erstattungszinsen
- Antragstellung, Notwendigkeit   AO 236 2
- Anzeige der Abtretung vor Steuerfestsetzung   AO 46 12
- Berechnungszeitraum   AO 236 2
- Zahlung, Voraussetzungen   AO 236 1
- Zahlungspflicht bei Realsteuern   AO 236 2

Erstbescheid
- Umdeutung in Änderungsbescheid   AO 128 1

Ertrag
- Definition   Anh 7 13

Erwerberhaftung
- mehrere Handlungen des Veräußerers   AO 75 2

Erzwingungsandrohung
- Sicherheit   AO 336 1

Existenzgefährdung
- Erlass   AO 227 3

F

Fälligkeit
- Einkommensteuer, Festsetzung   AO 220 3
- Steuervergütung   AO 220 1

Fälschung
- StGB   Anh 13 11

Fahrtenbuch
- Zeugnisverweigerungsrecht   AO 102 4

Fehlerberichtigung
- Grenzen   AO 177 4

Fertigungsgemeinkosten
- Definition   Anh 7 11

Fertigungslohn
- Definition   Anh 7 11

Fertigungsstoffe
- Definition   Anh 7 16

Festnahme
- Durchführung   Anh 12 35
- vorläufige, Zulässigkeit   Anh 12 35

Festsetzung
- Beschwer bei zu niedriger ~   AO 350 1
- bestandskräftige, Änderung gegenüber anderen Gesamtschuldnern   AO 172 5
- Stundungszinsen   AO 234 1
- Zwangsgeld   AO 328 1

Festsetzungsbescheid
- Grundlagenbescheid   AO 171 32

Festsetzungsfrist
- Ablaufhemmung   AO 153 2; AO 171 1
- Beginn einer Außenprüfung   AO 171 1
- Ehegatten, getrennte Verjährung auch bei Zusammenveranlagung   AO 169 11
- Emmott'sche Fristenhemmung   AO 169 13
- Feststellung einer Steuerhinterziehung   AO 169 12
- Feststellung einer Steuerhinterziehung nach dem Tod des Steuerpflichtigen   AO 169 2
- Freistellungsbescheinigung   AO 169 7
- Grundlagenbescheid   AO 171 2
- Herausschieben durch Anlaufhemmung   AO 170 1
- Herausschieben durch Antrag auf Prüfungsverlegung   AO 171 9
- nicht ordnungsgemäße Umsetzung von EG-Richtlinien   AO 169 13
- Steuerhinterziehung, Schuldausschließungsgrund   AO 169 5
- Subventionsbetrug, Investitionszulage   AO 169 4
- Treu und Glauben   AO 169 6
- Umsatzsteuer   AO 172 5
- Wahrung durch rechtzeitige Absendung des Steuerbescheids   AO 169 1
- Wiedereinsetzung   AO 169 6

Festsetzungsverjährung
- Anwendungsregelung   Anh 1 3
- Außenprüfung   AO 197 11
- Haftungsbescheid   AO 191 1
- verlängerte – im Beitrittsgebiet, D-Markbilanzgesetz   Anh 1 11
- Verspätungszuschlag   AO 169 1

Feststellung
- Betriebsausgaben bei Laborgemeinschaft   AO 180 1
- Gesamtobjekt   AO 180 1f.
- gleichartige Sachverhalte   AO 180 1
- nach Ablauf der Feststellungsfrist   AO 181 9
- Unterbeteiligung, atypisch stille   AO 179 2
- Unterbeteiligung, typisch stille   AO 179 3
- wirtschaftlicher Geschäftsbetrieb   AO 182 3

Feststellung, gesonderte
- Anwendbarkeit der Kleinbetragsverordnung   AO 156 1
- Erforderlichkeit   AO 180 11

Stichwortverzeichnis

Feststellungsbescheid
- Anfechtung durch Beteiligten **AO 183** 3
- Bekanntgabe **AO 122** 13
- fehlende Bekanntgabe an einen Beteiligten **AO 183** 4
- Festsetzungsfrist für Folgesteuer **AO 181** 4
- Hinweis **AO 181** 3
- Insolvenz **AO 251** 7
- Konkursforderung **AO 251** 1
- Vollstreckung im Konkursverfahren und Gesamtvollstreckungsverfahren **AO 251** 3
- Wirksamkeit **AO 124** 2

Feststellungsfrist
- Anfechtung des Feststellungsbescheids durch Dritte **AO 181** 14
- Bekanntgabe der Feststellung nur an einzelne Beteiligte **AO 169** 3
- Feststellung nach Ablauf der ~ **AO 181** 1 f., 9, 13, 15
- Feststellung von Einheitswerten **AO 181** 2
- Hemmung **AO 181** 8
- Wegfall des Vorbehalts der Nachprüfung **AO 181** 16
- zweistufige Feststellung, Feststellung nach Ablauf **AO 181** 12

Feststellungsfrist, Ablauf
- fehlender Hinweis nach § 181 Abs. 5 Satz 2 AO **AO 181** 17

Feststellungsinteresse
- Voraussetzung für Feststellungsklage **FGO 41** 1, 3

Feststellungsklage
- Begriff „Rechtsverhältnis" **FGO 41** 2
- Bruch des Steuergeheimnisses **FGO 41** 10
- Feststellungsinteresse **FGO 41** 3
- Nichtigkeit, Rechtskraft des Sachurteils **FGO 41** 9

Feststellungslast
- Mitwirkungspflicht **AO 90** 4
- Verteilung im Steuerprozess **AO 88** 3

Feststellungszeitraum
- Einkünfte aus Land- und Forstwirtschaft **AO 180** 9

Finanzamt
- Beiladung **FGO 60** 2

Finanzbehörde
- Aufgabenbereich **AO 16** 1
- Rechte und Pflichten im Ermittlungsverfahren der Staatsanwaltschaft **Anh 12** 42
- Rechte und Pflichten im gerichtlichen Steuerstrafverfahren **Anh 12** 43
- Verstoß gegen Fürsorgepflicht **AO 89** 2

Finanzrechtsweg
- Akteneinsicht des Haftungsschuldners **FGO 33** 5
- Angriffe gegen Auskunftsersuchen ins Ausland **FGO 33** 15
- Aufrechnungserklärung **FGO 33** 1
- Auskunftsuntersagungsverlangen gegen Finanzbehörde **FGO 33** 6
- Durchsuchung einer Bank, Weitergabe von Erkenntnissen **FGO 33** 18
- Einsichtnahme Ermittlungsbericht über Betriebsprüfung **FGO 33** 3
- Fristfestsetzung zur Entrichtung von verkürzten Steuern **FGO 33** 11
- Klage auf Übersendung eines Betriebsprüfungsberichts **FGO 33** 10
- Klage des Vollstreckungsschuldners gegen FA als Drittschuldner **FGO 33** 16
- Nettolohnvereinbarung, Streit um Bescheinigung des Bruttolohns **FGO 33** 19
- Schutz vor Vollstreckungsmaßnahmen **FGO 33** 7
- Selbstanzeige **FGO 33** 11

Finanzverwaltungsgesetz (FVG) **Anh 3**

Förderverein
- Anerkennung als steuerbegünstigt **AO 58** 1

Folgebescheid
- Anfechtung des ~ wegen Unwirksamkeit des Grundlagenbescheids **AO 351** 9
- Erlass vor Grundlagenbescheid **AO 175** 1
- Hemmung der Verjährung **AO 175** 1
- Irrtum bei Auswertung des Grundlagenbescheids **AO 175** 8
- Übersehen des Grundlagenbescheids **AO 175** 1

Forderung
- Allgemeinheit, Beispiele **AO 52** 1
- Pfändung **AO 309** 3
- Vollstreckung in ~ **Anh 9** 1

Form der Bekanntgabe **AO 122** 8

Formerfordernisse, zivilrechtliche
- Vertrag unter nahen Angehörigen **AO 88** 16

Forschungseinrichtungen
- Gemeinnützigkeit **AO 68** 3

Fortsetzungsfeststellungsklage
- Forderungspfändung **FGO 100** 20
- hilfsweiser Antrag **FGO 100** 9
- Lohnsteuerermäßigungsverfahren **FGO 100** 19
- Zulässigkeit **FGO 100** 6
- Zurücknahme einer Prüfungsanordnung **FGO 100** 5

Freistellungsbescheid
- Entscheidung über beschränkte Steuerpflicht **AO 155** 3
- fehlender, Behandlung bis Feststellung **AO 59** 1
- Körperschaft **AO 59** 1
- Überprüfungsturnus **AO 59** 1

Freistellungsbescheinigung
- Verwaltungsakt, Festsetzungsfrist **AO 169** 7

Freiwillige Zahlungen
- Vollverzinsung **AO 233a** 5, 9

1249

Stichwortverzeichnis

Freizeiteinrichtung
– Zweck, gemeinnütziger AO 52 1

Fremdleistungen
– Definition Anh 7 5

Fremdvergleich
– Mietvertrag unter Angehörigen AO 88 7

Frist
– Definition AO 108 1 f.
– Steuererklärung AO 149 1

Fristenerlass
– Ermessensentscheidung AO 149 2

Fristsetzung
– Finanzgericht, Entscheidungsreife AO 364b 5
– im finanzgerichtlichen Verfahren, Revisionsverfahren FGO 79b 1
– Schätzungsbescheid AO 364b 1, 3
– Verwaltungsakt AO 364b 2

Fristverlängerung
– Abgabe der Steuererklärung AO 149 1
– Antrag im vereinfachten Verfahren AO 149 4
– Antrag, Nachreichung AO 109 3
– Ermessensentscheidung AO 109 1
– Steuerberater, eigene Steuererklärung AO 109 2
– Steuererklärungsfrist AO 109 2

Fürsorgepflicht
– Verstoß der Finanzbehörde AO 89 2

FVG Anh 3

G

Galopprennen
– Gemeinnützigkeit AO 65 2

GbR
– Haftungsinanspruchnahme der Gesellschaft AO 191 20

GDPdU
– Archivierung digitaler Unterlagen AO 147 9
– Datenzugriff AO 147 7
– Prüfbarkeit digitaler Unterlagen AO 147 8

Gebrechlichkeitspflegschaft
– Zustellung FGO 58 3

Gegenvorstellung
– Prozesskostenhilfe FGO 142 9
– Rechtsgrundlage FGO 133a 4
– Statthaftigkeit FGO 142 9

Gehilfe
– StGB Anh 13 3

Geldfälschung
– StGB Anh 13 11

Geldwäsche
– Mitteilung der Finanzämter AO 31b 1
– Steuergeheimnis AO 30 9

Geldwäschebekämpfung
– Anzeige von Verdachtsfällen Anh 15 3
– Anzeigen von Behörden Anh 15 3
– Aufsicht Anh 15 4
– Aufzeichnungs- und Aufbewahrungspflicht Anh 15 2
– Ausführung der Sorgfaltspflichten durch Dritte Anh 15 2
– Bargeld Anh 15 1
– Begriffsbestimmungen Anh 15 1
– Bundeskriminalamt Anh 15 3
– Bußgeldvorschriften Anh 15 4
– elektronisches Geld Anh 15 1
– Freistellung von der Verantwortlichkeit Anh 15 3
– Identifizierung Anh 15 1
– interne Sicherungsmaßnahmen Anh 15 2
– Sorgfaltspflichten Anh 15 2
– Verbot der Informationsweitergabe Anh 15 3
– Verpflichtete Anh 15 1
– Zentralstelle für Verdachtsanzeigen Anh 15 3

Geldwäschegesetz (GwG) Anh 15

Gemeinde
– Anfechtung eines Steuermessbescheids AO 184 1

Gemeinkosten
– Definition Anh 7 20

Gemeinnützigkeit
– Ablehnung von Bewerbern auf Mitgliedschaft AO 59 3
– Anerkennung AO 51 1
– Aufnahmegesuch, Befürwortung durch Vereinsmitglieder AO 59 3
– Bedenken gegen Spendenabzug AO 55 8
– Berufssport AO 59 1
– Bescheinigung, vorläufige AO 59 1 f.
– Einstellung der gemeinnützigen Tätigkeit AO 51 1
– Förderung der Allgemeinheit, Stiftung AO 52 5
– Förderung im Ausland AO 52 4
– Freistellungsbescheid AO 59 1
– Freizeiteinrichtung AO 52 1
– Golfsport AO 52 1
– Großverein, Untergliederung AO 51 1
– Hobby-, Freizeitverein AO 52 1
– juristische Personen des öffentlichen Rechts AO 51 1
– Körperschaftsteuerbefreiung AO 52 6
– Krankenhaus AO 67 1
– Modellflugverein AO 52 1
– Rechtsmittel gegen Anerkennung FGO 114 13
– Spenden an im Ausland ansässige Einrichtungen AO 52 8
– Sponsoring AO 52 7
– Steuergeheimnis, Abzugsfähigkeit von Spenden AO 30 5
– Tierzucht AO 52 1
– Unterstützung einer anderen steuerbefreiten Körperschaft AO 52 11

- Vereine, politische AO 52 1
- Verstöße gegen Rechtsordnung AO 52 2
- vorbereitende Tätigkeit AO 51 1; AO 52 3
- Wahrnehmung gewerblicher Interessen der Mitglieder AO 52 10

Gemeinschuldner
- Erstattungsforderung gegen FA FGO 33 2

Gerichtlicher Vergleich
- Vollstreckungsverfahren Anh 9 1

Gerichtsbescheid
- Gewährung rechtlichen Gehörs im schriftlichen Verfahren FGO 90a 2
- Rechtsmissbrauch FGO 90a 4
- Verzicht auf mündliche Verhandlung FGO 90a 1

Gerichtsverfahren
- Unterrichtung des BMF und der anderen Länder Anh 2 1

Gesamtobjekt
- gesonderte Feststellung AO 180 1f., 4

Gesamtrechtsnachfolge
- Angabe im Steuerbescheid AO 45 1
- Ausgliederung durch Neugründung AO 45 4
- Bekanntgabe von Steuerverwaltungsakt AO 122 20
- Steuergeheimnis AO 30 5
- Übergang GbR auf Kapitalgesellschaft AO 45 2f.
- Verschmelzung Kapitalgesellschaften AO 45 5

Gesamtschuld
- Aufteilung Anh 21 1

Gesamtschuldner
- Auskünfte AO 44 2
- Ehegatten, gemeinsamer Erwerb eines Grundstücks AO 44 3

Gesamtstrafe
- StGB Anh 13 7

Gesamtvollstreckungsverfahren
- Feststellungsbescheid AO 251 3

Geschäftsbetrieb, wirtschaftlicher
- Auftragsforschung AO 14 4
- Beteiligung an einer Personengesellschaft AO 14 1, 6
- Forschungseinrichtung AO 14 4
- Krankenhaus, Überlassung von Geräten und Personal AO 14 3
- Trabrennen, Veranstaltung von ~ AO 14 5
- Vermietung und Verpachtung eines bebauten Grundstücks AO 14 2

Geschäftsführer
- Haftung für Steuer nach Amtsniederlegung AO 191 6
- Haftung wegen Zahlungsunfähigkeit innerhalb der Zahlungsschonfrist AO 69 6
- Haftungsschuldner für Lohnsteuer AO 69 2
- Verhalten, grob fahrlässig AO 69 5

Geschäftsführung, tatsächliche
- Aufgabenbereich AO 63 1
- Nachweis AO 63 1
- Stiftung AO 63 2
- Umfang der Überprüfung AO 63 4
- Verstöße gegen die Rechtsordnung AO 63 3

Geschäftsleitung
- Büro oder Wohnsitz des Geschäftsführers AO 10 1
- GmbH AO 10 1
- Kapitalgesellschaft AO 10 2
- Organgesellschaft AO 10 2
- Schifffahrtsunternehmen AO 10 3
- Tagesgeschäft AO 10 2
- Wochenende AO 10 5

Geschwister
- Angehörige AO 15 1

Gesellschafter
- ausgeschiedener, Klagebefugnis FGO 40 1; FGO 48 1
- Klagebefugnis, Hinzuziehung FGO 44 5

Gesetzesänderung
- Vertrauensschutz AO 4 10

Gesetzlicher Vertreter
- Alleingesellschafter einer GmbH AO 35 2
- Bekanntgabe AO 122 10
- Verzicht auf Umsatzsteuerbefreiung in Kenntnis der Zahlungsunfähigkeit, Haftung AO 34 3

Gesetzwidriges Verhalten
- Besteuerung, Bestrafung bei Steuerhinterziehung AO 40 1

Gesonderte Feststellung
- Einkunftsarten AO 180 2
- Gesamtobjekt AO 180 4
- gleichartige Sachverhalte AO 180 4
- Hinzuziehung im Einspruchsverfahren AO 360 2
- Laborgemeinschaft AO 180 4
- unzutreffende Einkunftsart, Anfechtbarkeit FGO 40 3
- Wohnsitzverlegung AO 180 2
- Zuständigkeit, örtliche AO 18 1
- Zuständigkeit, sachliche AO 18 1

Gestaltungsmissbrauch
- Darlehensgewährung an Eltern AO 42 3
- Gesamtplan AO 42 24
- Mehrwertsteuerrecht AO 42 14
- Organschaft, kommunale Holding-GmbH AO 42 16
- Steuerabzug nach § 34c EStG AO 42 6
- Verknüpfung verschiedener Verträge AO 42 2
- Vermietung an Ehegatten bei doppelter Haushaltsführung AO 42 5
- Vermietung an Eltern AO 42 4
- Vermietung unter Angehörigen AO 42 8

1251

Stichwortverzeichnis

Getrennte Veranlagung
- Änderung der Steuerfestsetzung, Bindung an Zusammenveranlagungsbescheid AO 172 11

Gewerbebehörden
- Auskunftserteilung an ~ AO 30 17

Gewerbesteuer
- Änderung des Zerlegungsbescheids AO 185 1

Gewerbeuntersagung
- Auskunftsersuchen der Gewerbebehörden AO 30 17
- Einleitung durch Anregung des Finanzamtes AO 30 17
- Vollstreckungsverfahren Anh 9 1

Gewinnfeststellung
- Änderung nach Ablauf der Feststellungsfrist AO 181 7

Gewinnfeststellungsbescheid
- Feststellung eines wirtschaftlichen Geschäftsbetriebs AO 182 3
- negativer, vorläufiger Rechtsschutz FGO 69 7

Gewissensgründe
- Verweigerung der Steuerzahlung AO 227 6

Gewöhnlicher Aufenthalt Vor 8 1
- Aufenthaltsdauer AO 9 2

Gläubiger
- Vollverzinsung AO 233a 2

Gleichartige Sachverhalte
- gesonderte Feststellung AO 180 1

Gleichheitssatz
- Bedeutung bei der Besteuerung AO 85 2

GmbH
- gelöschte ~, Beiladung FGO 58 2

GmbH-Geschäftsführer
- Amtsniederlegung AO 34 1
- Konzernverbund AO 34 9
- mangelnde Leitungsbefugnisse AO 34 9
- Verpflichtungen bei GmbH & Co AO 34 6

GmbH-Gesellschafter
- Alleingesellschafter als Verfügungsberechtigter AO 35 2

Grobes Verschulden
- Nichtbeachtung des Steuererklärungsformulars AO 173 1
- unterlassene Geltendmachung von Werbungskosten AO 173 26
- Voraussetzung AO 173 23
- Werbungskosten, unterlassene Geltendmachung AO 173 23

Größenklassen (§ 3 BpO) Anh 7 1

Großer Senat
- Anwendung von § 176 Abs. 1 Nr. 3 oder Abs. 2 AO FGO 11 8
- Besetzung bei Beschwerdeentscheidung FGO 11 6

- Verfahrensbeteiligte FGO 122 2
- Zulässigkeit einer Vorlage FGO 11 2

Grundgesetz
- Gesetzmäßigkeit des Verwaltungshandelns AO 85 4

Grundlagenbescheid
- Ablaufhemmung bei Folgebescheid AO 171 2
- Bescheinigung nach § 4 Nr. 21 UStG AO 175 31
- Bindungswirkung AO 175 1
- Bindungswirkung bei Fehlen eines ~ AO 175 27
- Bindungswirkung, Tarifbegrenzung nach § 32c EStG a.F. AO 175 20
- Entscheidungen ressortfremder Behörden AO 175 33
- Erlass nach Folgebescheid AO 175 1
- erneuter ~ ohne inhaltliche Änderung AO 182 8
- erneuter inhaltsgleicher ~ AO 175 6
- Feststellung des verrechenbaren Verlusts AO 179 16
- Feststellungen des Versorgungsamtes AO 171 32
- Feststellungslast AO 175 28
- Organgesellschaft AO 175 24
- Übersehen bei Folgebescheid AO 175 1
- unzutreffende Berücksichtigung im Folgebescheid AO 175 1
- Vollverzinsung, rückwirkendes Ereignis AO 233a 12
- wiederholender ~, Ablaufhemmung AO 171 34

Grundsätzliche Bedeutung
- Rechtsstreit FGO 115 1 f.

Grundsteuer
- Bekanntgabe von Steuer-/Steuermessbescheid AO 122 14

Grundstück
- Betreten AO 99 1

Gruppengemeinkosten
- Definition Anh 7 20

Gutachterausschuss
- Ablehnung wegen Besorgnis der Befangenheit FGO 82 5

GwG Anh 15

H

Haftung
- Adäquanztheorie AO 69 15
- andere Steuern als Steuerabzugsbeträge AO 69 2
- Anwendungsregelung Anh 1 4
- Auswahlermessen AO 69 4
- Bekanntgabe von Haftungsbescheiden AO 122 22
- Beschränkung AO 191 7
- BGB-Gesellschafter für Umsatzsteuer AO 191 2
- Erlösminderungen AO 69 17
- Ermessensentscheidung AO 69 17

Stichwortverzeichnis

- Ermittlung der Haftungssumme   AO 69 2
- Erwerber eines Handelsgeschäfts   AO 191 3, 9
- Geltendmachung   AO 69 1
- Geschäftsführer   AO 69 3, 15
- Geschäftsführer, für Lohnsteuer   AO 69 2
- Geschäftsführer, für Steuer nach Amtsniederlegung   AO 191 6
- GmbH-Geschäftsführer   AO 71 2
- Haftung des ehrenamtlich tätigen Vereinsvorsitzenden für steuerliche Verbindlichkeiten   AO 34 5
- Hinterziehungszinsen   AO 235 3
- hypothetischer Kausalverlauf   AO 69 12
- Insolvenzanfechtung   AO 69 15
- Insolvenzverwalter   AO 69 16
- Kausalität der Pflichtverletzung   AO 69 12, 15
- Liquidator einer GmbH   AO 69 9
- Mittäter   AO 71 9
- Mittäter, Ehegatte   AO 71 6
- Option zur Umsatzsteuer   AO 69 8
- Option zur Umsatzsteuerpflicht   AO 69 9
- Organgesellschaft   AO 73 2
- Organschaft   AO 73 1
- Pflichten der Vertreter und Verfügungsberechtigten   AO 69 2
- Säumniszuschläge   AO 69 2, 9
- Schutzzweck des § 69 AO   AO 69 12
- Sperrwirkung nach § 93 InsO   AO 69 7
- Steuerabzugsbeträge   AO 69 2
- Steuerhinterzieher, Umfang des Tatvorsatzes   AO 71 5
- Steuerhinterziehung   AO 71 3, 9
- Strohmann   AO 69 10
- Teilnehmer   AO 71 9
- Tilgung im Konkurs   AO 69 8
- Uneinbringlichkeit von Forderungen   AO 69 17
- Verpflichtung, vertragliche   AO 48 1
- vertragliche   AO 192 1
- Verwertung von Sicherungsgut   AO 69 9
- Zahlungsverjährung für Primärschuld   AO 191 16

Haftungsanspruch
- Entstehung   AO 38 5

Haftungsbescheid
- Änderung durch Steueranmeldung   AO 191 15
- Anfechtbarkeit, Einschränkung   FGO 42 1
- Anhörung zuständige Berufskammer   AO 191 1
- Befugnis zum Erlass   AO 191 1
- Beiladung Arbeitnehmer   FGO 60 3
- Festsetzungsfrist   AO 191 19
- Festsetzungsverjährung   AO 191 1
- Nichtigkeit   AO 119 5
- Stellungnahme der Berufskammer   AO 69 1
- Verhältnis zum Steuerbescheid   AO 191 19
- Zahlungsaufforderung   AO 219 1

Haftungsschuldner
- Einspruchs-/Klagebefugnis   AO 350 3
- Verhinderung Akteneinsicht durch ~   FGO 33 5

Halbreingewinnsatz
- Definition   Anh 7 10
- Formel zur Ermittlung   Anh 7 10

Handelsgesellschaft
- Bekanntgabe   AO 122 12

Handelsregister
- Löschung   Anh 9 1

Handlungsfähigkeit
- Beauftragter, besonderer   AO 79 2

Hauptsacheerledigung
- Zahlungsverjährung   AO 47 3

Heilung
- Begründung, fehlende   AO 126 5
- Prüfungsanordnung   AO 126 3

Herausgabeanspruch
- Vollstreckungsverfahren   Anh 9 1

Herstellungskosten
- i.S.d. § 6 EStG, Definition   Anh 7 11
- i.S.d. LSP   Anh 7 20

Hilfsbedürftigkeit
- Grenzen der wirtschaftlichen ~   AO 53 1

Hilfsperson
- Gebot der Unmittelbarkeit   AO 57 1

Hilfsrichter
- Verhinderung eines Richters   FGO 27 3

Hilfsstoffe
- Definition   Anh 7 16

Hinterziehungszinsen
- Doppelverzinsung   AO 235 5
- Einkommensteuer auf Einkünfte aus Kapitalvermögen   AO 235 16
- Entrichtungspflichtiger   AO 235 3
- Festsetzung   AO 235 17
- Gegenstand der Verzinsung   AO 235 2
- Haftung   AO 235 3
- Kompensationsverbot   AO 235 2
- Landessteuern   AO 235 2
- Personengesellschaft   AO 235 6
- Prämien   AO 235 2
- Realsteuer   AO 235 6
- Steuervergünstigung   AO 235 2
- Steuervergütung   AO 235 2
- Steuerverkürzung   AO 235 2
- Steuervorteil   AO 235 2
- Tatmittler   AO 235 12
- Verjährung   AO 235 7
- verkürzte Steuer   AO 235 2
- Vermögensteuer   AO 235 15
- Voraussetzungen   AO 235 2
- Vorauszahlung   AO 235 2
- Wirkung   AO 235 17
- Zinslauf   AO 235 4
- Zinslaufbeginn   AO 235 4
- zinslaufende   AO 235 4

Stichwortverzeichnis

- Zinsschuldner **AO 235** 2
- Zulage **AO 235** 2
- Zweck **AO 235** 2

Hinterzogene Steuern
- Aussetzung der Vollziehung von Bescheiden **AO 361** 5
- Schuldner der Hinterziehungszinsen **AO 235** 8

Hinweis
- Feststellung nach Ablauf der Feststellungsfrist **AO 181** 1, 3
- Feststellung nach Ablauf der Feststellungsfrist, Inhalt des ~ **AO 181** 11
- Feststellung nach Ablauf der Feststellungsfrist, Nachholung des ~ **AO 181** 10

Hinzuziehung
- Änderung des Verwaltungsaktes **AO 360** 1
- einfache **AO 360** 1
- Einspruch im Feststellungsverfahren **AO 360** 2
- Hinzugezogener, notwendiger Beigeladener **AO 360** 11
- Kindergeld **AO 360** 9
- Klagerecht, eigenständiges **AO 360** 11
- notwendige **AO 360** 1
- Steuerfestsetzung, widerstreitende **AO 174** 2
- Streitgenossen **AO 360** 11
- unzulässiger Einspruch **AO 360** 8
- Zusammenveranlagung **AO 360** 1

I

Illegale Beschäftigung
- Mitteilung der Finanzbehörden **AO 31a** 1

Informationsaustausch
- verbindlich Auskunft, Leistungen an Bundeseinrichtungen **AO 89** 11

Inhaltsadressat
- Bekanntgabe **AO 122** 3

Insolvenz
- Bekanntgabe von Steuerverwaltungsakten **AO 122** 17
- gesonderte und einheitliche Feststellung mit Auswirkung auf Vermögen des Gemeinschuldners **AO 180** 24
- Haftung bei Vermögenserwerb **AO 75** 1

Insolvenzplan Anh 9 6

Insolvenzverfahren
- Abgabenforderung **Anh 9** 2
- Anwendungsfragen zu § 55 Abs. 4 InsO **Anh 1** 1
- Aufrechnung **Anh 9** 4
- Behandlung von Ansprüchen aus dem Steuerschuldverhältnis **Anh 9** 1
- Bestreiten von Abgabenansprüchen **Anh 9** 3
- Einspruchsverfahren **AO 251** 9
- Eröffnung **Anh 9** 1
- Feststellung von Besteuerungsgrundlagen **AO 251** 7
- Geltendmachung von Abgabenansprüchen **Anh 9** 3
- Kraftfahrzeugsteuer **AO 251** 8, 13
- Masseverbindlichkeiten **Anh 1** 1; **Anh 9** 5
- Organschaft, Anfechtung von Steuerzahlungen **AO 251** 18
- Stellung des Insolvenzverwalters **Anh 1** 1
- Steuerbescheid über Null Euro **AO 251** 15
- Steuergeheimnis **AO 30** 14
- Steuerhinterziehung **AO 251** 14
- Umsatzsteuer als Masseverbindlichkeit **AO 251** 16
- Umsatzsteuerbescheid ohne Zahllast **AO 251** 17
- Vergütungsanspruch **AO 251** 12
- Vorsteuerbeträge **AO 251** 12
- Vorsteuervergütungsanspruch **AO 251** 11

Insolvenzverwalter
- Antrag auf Akteneinsicht **AO 34** 11
- Erklärungs- und Bilanzierungspflichten **AO 34** 8
- Haftung **AO 69** 16
- schwacher vorläufiger ~ als Vermögensverwalter oder Verfügungsberechtigter **AO 34** 10
- Vermögensverwalter **AO 34** 11

Investitionszulage
- Anwendung der Kleinbetragsverordnung **AO 156** 1
- Festsetzungsfrist bei Subventionsbetrug **AO 169** 4
- Festsetzungsfrist, Anlaufhemmung **AO 170** 10
- wirtschaftliches Eigentum **AO 39** 7

Istumsatz
- Definition **Anh 7** 2

J

Jahresbruttolohn
- Definition **Anh 7** 6

Journalist
- Pressegeheimnis, Angaben zu Teilnehmern einer Bewirtung **AO 102** 3

Juristische Person
- Androhung von Zwangsgeld **AO 328** 1
- Bekanntgabe **AO 122** 16
- mehrere gesetzliche Vertreter, steuerliche Pflichten, Aufgabenverteilung **AO 34** 4

Juristische Person des öffentlichen Rechts
- Vollstreckung gegen ~ **Anh 9** 1

Justizvergütungs- und -entschädigungsgesetz (JVEG) Anh 14

K

Kalkulation
- Arten **Anh 7** 21

Kalkulatorische Kosten
- Definition **Anh 7** 19

Stichwortverzeichnis

Kalkulatorischer Gewinn
- Definition Anh 7 19

Kalkulatorischer Unternehmerlohn
- Definition Anh 7 19

Kalkulierbare Steuern
- Definition Anh 7 18

Kameradschaft
- gemeinnützige Zwecke; Förderung der ~ als Nebenzweck AO 56 4

Kapitaleinkünfte
- Schutz von Bankkunden, Bankgeheimnis AO 30a 4 f.

Kapitalertragsteuer
- Erstattungsanspruch AO 37 15
- Schutz von Bankkunden, Bankgeheimnis AO 30a 3

Kassenfehlbetrag
- Schätzung AO 158 5

Kassensturzfähigkeit
- Voraussetzung ordnungsmäßiger Buchführung AO 146 2

Kennzahlen
- steuerliche, Begriff Anh 7 2

Kennzeichnung
- Vorbehalt AO 129 2

Kindergeld
- Erstattungsanspruch AO 37 10

Kirchensteuerfestsetzung
- Bestimmtheit, hinreichende AO 119 1

Kläger
- Ausbleiben des ordnungsmäßig geladenen ~ FGO 80 1

Klage
- Abhängigkeit des vorläufigen Rechtsschutzes von Klageart FGO 41 4
- Abhandenkommen der Klageschrift FGO 47 1
- auf Aufhebung der Einspruchsentscheidung FGO 100 4
- auf Zahlung von Prozesszinsen FGO 43 1
- Erhebung, Wirkung FGO 43 2
- Erweiterung nach Ablauf der Klagefrist FGO 65 4
- Fristwahrung bei Anbringung bei FA FGO 47 3
- gegen Einkommensteuerbescheid FGO 40 7
- gegen Vorläufigkeitsvermerk FGO 100 11
- Gesellschafter, ausgeschiedener FGO 40 1
- Nichtigkeit einer Prüfungsanordnung FGO 41 5
- Zulässigkeit FGO 40 5
- Zulässigkeit, bei Erhebung vor Abschluss des Einspruchsverfahrens FGO 44 3
- Zulässigkeit, ohne Vorverfahren FGO 44 1

Klagebefugnis
- atypisch stille Gesellschaft FGO 48 4
- Außen-GbR FGO 48 13
- Bauherrengemeinschaft FGO 48 3
- Gesellschafter, ausgeschiedener FGO 48 1
- Gesellschafter, individuelle Betriebsausgaben FGO 48 8
- Gesellschafter, Sonderbetriebsvermögen FGO 48 2
- Klage aller Gesellschafter FGO 48 5
- Kommanditist, Tonnagegewinn FGO 48 12
- Personengesellschaft, gesonderte und einheitliche Feststellung FGO 48 11
- Personengesellschaft, Vollbeendigung während Revisionsverfahren FGO 48 7
- rechtsformwechselnde Umwandlung FGO 48 14
- Schifffahrts-KG, Tonnagegewinn FGO 48 12
- unterbliebene Hinzuziehung der Gesellschafter FGO 48 10
- Wohnungseigentümergemeinschaft FGO 48 15

Klagebegehren
- Bezeichnung FGO 65 9
- Bezeichnung des Gegenstands FGO 65 15

Klagefrist
- Abweichungen bei den Datumsvermerken FGO 47 2
- Wahrung bei Abhandenkommen der Klageschrift FGO 47 1

Klagerücknahme
- Anfechtung FGO 72 5
- Kosten FGO 136 3
- Unwirksamkeit FGO 72 5
- Unwirksamkeit bei unzutreffendem Hinweis des Gerichts FGO 72 2
- Widerruf FGO 72 5

Klagerücknahme, Unwirksamkeit
- Jahresfrist FGO 72 4

Klageschrift
- eigenhändige Unterschrift FGO 64 5
- Schriftformerfordernis FGO 64 4
- Verfügungsbereich FGO 47 6

Klageverzicht
- Anforderung FGO 50 1
- Wirksamkeit FGO 50 3

Kleinbetrag
- Aufrechnung AO 218 3
- Entrichtung AO 218 2
- Umbuchung AO 218 3

Kleinbetragsregelung
- Stundungszinsen AO 234 5

Kleinbetragsverordnung
- Änderung Investitionszulage AO 156 1
- Änderung von gesonderten Feststellungen AO 156 1
- Änderung von Gewerbesteuermessbeträgen AO 156 1
- Änderung zugunsten des Steuerpflichtigen AO 156 3

Stichwortverzeichnis

- Änderung/Berichtigung von
  Steuerfestsetzungen   **AO 156** 1
- Erhebung von Kapitalertragsteuer   **AO 156** 1
- Erhebungsverfahren   **AO 218** 2
- Kraftfahrzeugsteuer bei Ende der
  Steuerpflicht   **AO 156** 1
- Rückforderung Wohnungsbauprämien   **AO 156** 1

Kleinstbetrag
- Behandlung   **AO 218** 3

Körperschaft, gemeinnützige
- Nachversteuerung   **AO 61** 2
- Rücklagen   **AO 55** 1
- Verlustausgleich aus Nicht-
  Zweckbetrieb   **AO 55** 1
- Verstöße der tatsächlichen
  Geschäftsführung   **AO 61** 2
- Wertsteigerung   **AO 55** 1

Kommanditist
- Klagebefugnis, Verlustfeststellung nach § 15a
  EStG   **FGO 44** 4

Kompetenzkonflikt
- verschiedene Gerichtszweige   **FGO 39** 2

Komprimierte Steuererklärung
- elektronische Datenübermittlung   **AO 150** 5

Konkurrentenklage
- drittschützende Norm   **FGO 40** 13
- drittschützende Norm, steuerbegünstigte
  Zwecke   **AO 51** 2
- Durchbrechung des Steuergeheimnisses   **AO 30** 5

Konkurs
- Anfechtungsprozess   **AO 191** 10
- Vollstreckungsverfahren   **Anh 9** 1

Konkursforderung
- Feststellungsbescheid gem. § 251 Abs. 3
  AO   **AO 251** 1 f.

Konkursverwalter
- Akteneinsichtsrecht im FG-Prozess   **FGO 78** 2
- Steuererklärungspflicht   **AO 34** 2

Konsentierter Richter
- Einverständnis der Beteiligten   **FGO 79a** 3

Kontenabruf
- Abruf von Konten- und
  Depotverbindungen   **AO 95** 1
- Anwendungsregelung 2011   **Anh 1** 10
- Verfassungsmäßigkeit von § 93 Abs. 7 und 8
  AO   **AO 93** 12
- Voraussetzungen   **AO 93** 3

Kontenwahrheit   **AO 154** 5
- Ahndung einer Verletzung   **AO 154** 3
- Verstoß   **AO 154** 2

Kontrollmitteilung
- Bankenprüfung   **AO 194** 10
- Betriebsprüfung   **Anh 4** 9
- Datenschutz; Zulässigkeit   **AO 30** 20

Konzernbetriebsprüfung
- Abstimmung und Freigabe der
  Berichte   **Anh 4** 10
- Berichte, Abstimmung und Freigabe   **Anh 4** 10
- Einleitung   **Anh 4** 10
- Grenzen   **Anh 4** 10
- Leitung   **Anh 4** 10
- Richtlinien zur Durchführung   **Anh 4** 10
- Unternehmen ausländischer Konzerne   **Anh 4** 10
- Voraussetzungen   **Anh 4** 10

Korrektur
- Vollverzinsung, ~ der Steuerfestsetzung oder der
  Anrechnung von Steuerbeträgen   **AO 233a** 6

Kostbarkeiten
- Verwertung   **Anh 9** 1

Kosten
- Definition   **Anh 7** 15
- des finanzgerichtlichen Verfahrens   **Vor 135** 2
- Klagerücknahme   **FGO 136** 3
- Revisionsrücknahme   **FGO 136** 5
- Streitgenossenschaft, notwendige   **FGO 136** 1
- teilweise Klageerledigung durch
  Berichtigungsbescheid   **FGO 136** 2

Kosten im finanzgerichtlichen Verfahren
- Aufwendungen zur zweckentsprechenden Rechts-
  verfolgung oder Rechtsverteidigung   **Vor 135** 2
- Beweisaufnahmegebühr   **Vor 135** 3
- Dokumentenpauschale   **Vor 135** 3
- Entgelte für Post- und
  Telekommunikationsdienstleistungen   **Vor 135** 3
- Erledigungsgebühr   **Vor 135** 3
- Festsetzungsverfahren   **Vor 135** 7
- Gebühren und Auslagen des
  Vorverfahrens   **Vor 135** 5
- Gebühren und Auslagen eines
  Bevollmächtigten   **Vor 135** 3
- Gebühren und Auslagen eines
  Klageverfahren   **Vor 135** 4
- Gegenstandswert   **Vor 135** 3
- Gerichtskosten   **Vor 135** 2
- Geschäftsgebühr   **Vor 135** 3
- Geschäftsreisen   **Vor 135** 3
- Kosten der Beteiligten   **Vor 135** 3
- Kostenentscheidung   **Vor 135** 2
- Terminsgebühr   **Vor 135** 3
- Umsatzsteuer   **Vor 135** 3
- Verfahrensgebühr   **Vor 135** 3
- Verzinsung des Erstattungsanspruchs   **Vor 135** 6
- Wertgebühren   **Vor 135** 3

Kosten- und Leistungsrechnung
- Aufgabe   **Anh 7** 14
- Kostenartenrechnung   **Anh 7** 14
- Kostenstellenrechnung   **Anh 7** 14
- Kostenträgerrechnung   **Anh 7** 14
- Leistungsrechnung   **Anh 7** 14

Stichwortverzeichnis

Kostenentscheidung
- Erledigungserklärung FGO 138 3 ff.
- verfassungswidriges Sonderopfer FGO 138 10

Kostenerstattung
- Beigeladener FGO 139 3
- Bürgschaftskosten FGO 139 2
- Rechtsanwalt in eigener Sache FGO 139 1
- Steuerbevollmächtigter/-berater in eigener Sache FGO 139 1
- Wirtschaftsprüfer in eigener Sache FGO 139 1

Kostenfestsetzung
- Finanzgericht FGO 151 1

Kostenstellenrechnung
- Aufgabe Anh 7 14

Kostenträgerrechnung
- Aufgabe Anh 7 14

Kraftfahrzeugsteuer
- Anwendung der Kleinbetragsverordnung AO 156 1

Krankentransport
- Voraussetzungen für Steuervergünstigungen AO 66 1

Kreditinstitute
- Auskunftsersuchen bei Strafverfahren Anh 12 59

Künstlersozialkasse
- Mitteilung an ~ AO 31 1

L

Laborgemeinschaft
- gesonderte Feststellung AO 180 1 f., 4

Ladungsfrist
- Nichteinhaltung FGO 91 1

Land- und Forstwirtschaft
- Vollverzinsung AO 233a 3

Landessteuern
- Hinterziehungszinsen AO 235 2

Legitimationsprüfung
- Wechsel eines Steuerinländers zum Steuerausländer AO 154 4

Leichtfertigkeit
- individuelle Fertigkeiten des Steuerpflichtigen AO 378 1

Leistungen
- Definition i.S.d. LSP Anh 7 21

Leistungsempfänger
- Bestimmung aus Sicht des Zahlungsempfängers AO 37 16
- Dritter als vermeintlicher Empfangsberechtigter AO 37 13

Leistungsgebot
- Säumniszuschlag AO 218 1

Leistungsmissbrauch
- Mitteilung der Finanzbehörden AO 31a 1

Leistungsrechnung
- Aufgabe Anh 7 14

Liebhaberei
- vorläufige Steuerfestsetzung AO 165 3
- Vorläufigkeit; Ablauf der Festsetzungsfrist AO 171 26

Liquidation
- Bekanntgabe AO 122 16 f.
- Bekanntgabe an Personengesellschaften AO 122 15

Lohn
- Definition Anh 7 6
- Haftung des Geschäftsführers, Kürzung des ~ AO 69 2

Lohnsteuer
- Rechtsgrund für Steuerzahlung AO 124 5
- Zahlungsgrund, Erstattungsanspruch AO 37 6, 8

Lohnsteueraußenprüfung
- Aufhebung Vorbehalt der Nachprüfung AO 164 4

Lohnsteuerhaftungsbescheid
- Nichtigkeit AO 119 5

Lohnwerte
- Definition Anh 7 6

Lotterie
- Zweckbetrieb AO 68 1

Lotterieveranstaltung
- Erläuterung AO 68 1

M

Mahnung
- Absehen bei Kleinbeträgen AO 218 3

Mandatsniederlegung
- Prozessvollmacht FGO 155 3

Masseverbindlichkeiten
- Insolvenzverfahren Anh 9 5

Materialgemeinkosten
- Definition Anh 7 11

Materialkosten
- Definition Anh 7 11

Mehrsoll
- Vollverzinsung AO 233a 5 f.

Mengenermittlung Anh 7 17

Mensa- und Cafeteria-Betrieb
- Voraussetzungen für Steuervergünstigungen AO 66 1

Mietvertrag
- Vertrag unter Angehörigen AO 41 3 ff.

1257

Stichwortverzeichnis

Mikrofilm-Grundsätze
- Neufassung AO 147 2
- Regelung, ergänzende AO 147 4
- Übersicht AO 147 5

Mikrofilmaufnahme
- Aufbewahrung AO 147 5
- Filmkontrolle AO 147 5
- Lesen und Wiedergeben AO 147 5
- Ordnungsprinzip der Aufzeichnung AO 147 5
- Rechtsgrundlage für Verwendung AO 147 3
- Verfahrensbeschreibung AO 147 5
- Verfahrenskontrolle AO 147 5
- Vernichten des Schriftgutes AO 147 5

Minderjährige
- Beschränkung der Haftung AO 265 3

Mindersoll
- Vollverzinsung AO 233a 5f.

Miteigentumsanteil
- Pfändung AO 309 6

Mitteilung
- Geldwäschebekämpfung AO 31b 1

Mitteilung i.S. des § 202 Abs. 1 Satz 3 AO
- Änderung nach ~ AO 164 6

Mitteilungsverordnung
- Anwendung AO 93a 1 ff.

Mittelverwendung
- Beurteilung von Aufwendungen AO 55 5
- steuerbegünstigte Körperschaft AO 55 4 f.

Mitunternehmeranteil
- Veräußerung, Feststellung, gesonderte AO 180 22

Mitunternehmerschaft
- eigenständiges Verfahren; Bindungswirkung für nachrangige Feststellungen AO 180 23

Mitwirkungspflicht
- Angabe des ausländischen Wohnsitzes AO 90 7
- Außenprüfung AO 196 2; Anh 4 7
- Außenprüfung, Lesbarmachung von eingescannten Belegen AO 147 14; AO 200 6
- Bestimmung des Umfangs AO 200 1
- Datenzugriff AO 147 14; AO 200 6
- Domizilgesellschaft, ausländische AO 160 1
- Gefahr der Strafverfolgung AO 90 7
- Gewinnabgrenzung bei grenzüberschreitenden Geschäftsvorfällen AO 90 1
- Hinweis auf Abweichung von Verwaltungsauffassung AO 90 5
- Rechtsfolgen bei Verletzung AO 90 6
- Umfang AO 200 1
- Unterhaltsleistung an Personen im Ausland AO 90 10 f.
- Vorlage bei Belegen AO 90 2

Mitwirkungspflicht, erhöhte
- Anwendung AO 90 3

- Steuerhinterziehungs- bekämpfungsverordnung AO 90 3

Montage
- Betriebstätte AO 12 4
- Unterbrechung AO 12 7
- vorbereitende Arbeiten AO 12 7
- Werklieferungsvertrag, Ende der ~ mit Abnahme des Werks AO 12 7

Motorsportclubs
- Gemeinnützigkeit AO 52 1

Mündliche Verhandlung
- Antrag nach Ergehen eines Vorbescheids FGO 90 1
- Ausbleiben des ordnungsmäßig geladenen Klägers FGO 80 1
- Ausschluss der Öffentlichkeit FGO 52 1
- Durchführung trotz unverschuldeten Versäumnisses des Termins FGO 119 1
- Einheitsbewertung FGO 94a 1
- Einreichung eines Schriftsatzes nach Beendigung FGO 93 2
- Entscheidung über Wiedereröffnung FGO 128 2; FGO 93 1
- Niederschrift FGO 94 1
- schlafender Richter FGO 90 8
- unentschuldigtes Fernbleiben als Rügeverzicht FGO 155 13
- Verstoß gegen Unmittelbarkeit der Beweisaufnahme FGO 81 2
- Verzicht FGO 90 7
- Verzichtserklärung FGO 90 3
- Verzichtserklärung, Auslegung und Wirkung FGO 90 11
- Verzichtserklärung, fehlende FGO 90 6
- Vorlage eidesstattlicher Versicherung nach Schluss der – FGO 96 6
- Wiederaufnahme, Besetzung des Senats FGO 5 2
- Wiedereröffnung FGO 93 2, 4
- wirkungsloser Verzicht FGO 90 9

Musterverfahren
- Vorläufigkeit, bestandskräftige Fälle AO 165 11

N

Nachforderungsbescheid
- Ausland AO 119 9
- Nichtigkeit AO 119 1
- Unbestimmtheit, inhaltliche AO 119 1

Nachforderungszinsen
- Treu und Glauben AO 233a 10

Nachhaltigkeit
- wirtschaftlichen Geschäftsbetrieben AO 64 1

Nachkalkulation
- Definition Anh 7 21
- Nachweis der Unrichtigkeit der Buchführung AO 158 2

Nachlass
- Vollstreckung, Bekanntgabe AO 122 20

Nachlasspflegschaft
- Bekanntgabe von Steuerverwaltungsakt AO 122 21

Nachlassverwaltung
- Bekanntgabe von Steuerverwaltungsakt AO 122 21

Nachprüfungsvorbehalt
- Anfechtungsklage gegen ~ FGO 100 2

Nachversteuerung
- Körperschaft, gemeinnützige AO 61 1

Nachzahlungszinsen
- Festsetzung AO 233a 19
- Umsatzsteuer AO 233a 18

Nebenbestimmung
- Folgen der Nichterfüllung AO 120 1
- Voraussetzung AO 120 1
- Vorbehalt der Nachprüfung AO 164 1
- Zulässigkeit AO 120 1

Nebenleistung, steuerliche
- Anwendung der AO AO 1 1
- Übergang auf Gesamtrechtsnachfolger AO 45 2
- Verspätungszuschlag AO 152 1

Negativer Feststellungsbescheid
- Bindung für Folgebescheide AO 182 5

Neue Tatsachen
- Änderungssperre AO 173 3
- Berücksichtigung im Revisionsverfahren FGO 118 1
- Feststellungsbescheid AO 173 3
- Feststellungslast AO 173 2
- Hinzuziehung archivierter Akten AO 173 2
- nach Außenprüfung AO 202 4
- Sachverständigengutachten AO 173 1
- Schätzungsveranlagung AO 173 3

Nichtanwendungserlass AO 4 10; AO 85 8

Nichtigkeit
- Änderungsbescheid AO 125 2
- Anfechtung eines nichtigen Verwaltungsakts AO 125 2
- Aussetzungsverfügung AO 125 2
- Bestimmtheit, mangelnde AO 119 3
- erneuter ESt-Bescheid AO 125 3
- falsche oder fehlende Begründung AO 125 2
- Feststellung der ~ eines Verwaltungsakts AO 125 2
- Folgebescheid nach nichtigem Grundlagenbescheid AO 125 2
- grobe Schätzungsfehler AO 125 4
- Haftungsbescheid, Aufgliederung der Haftungssumme AO 125 2
- inhaltliche Bestimmtheit des Verwaltungsakts AO 125 2
- Lohnsteuerhaftungsbescheid AO 119 5
- Rechtsschutz, vorläufiger, bei Antrag auf Feststellung FGO 114 5
- Schätzungsbescheid, grobe Schätzungsfehler AO 125 2
- Steuererklärung nicht eigenhändig unterschrieben AO 125 2
- Steuerfestsetzung nach Ablauf der Festsetzungsfrist AO 125 2
- Treu und Glauben AO 125 2
- Überschreitung der Zeichnungsbefugnis AO 125 2
- unterbliebene Hinzuziehung AO 125 2
- Verfahrens- und Formfehlern AO 125 2
- Verwaltungsakt AO 125 2
- Vorläufigkeitsvermerk AO 125 2

Nichtkalkulierbare Steuern
- Definition Anh 7 18

Nichtveranlagungsbescheinigung
- Definition AO 130 5

Nichtzulassungsbeschwerde
- Abweichung von BFH-Rsp. FGO 116 12
- Anforderungen an Beschwerdevorbringen FGO 116 5
- ausgelaufenes Recht FGO 116 6
- Begründung der ~ bei kumulativer Begründung des FG-Urteils FGO 116 13
- Begründungsanforderungen FGO 116 11
- Beteiligung eines Beigeladenen FGO 116 4
- Frist FGO 116 2
- Rechtsfortbildung FGO 116 10
- schlafender Richter FGO 116 8
- Schwerwiegende Fehler FGO 116 1

Niederschlagung
- Verfahrensregelungen Anh 9 1
- verwaltungsinterne Maßnahme AO 261 1

Notar
- Berufspflichten Anh 2 1
- Mitteilungen über Pflichtverletzung Anh 2 1

Notgeschäftsführer
- Vertreter AO 34 1

Notwendige Beiladung
- Ersatz durch Verfahrensverbindung FGO 73 1

Null-Situation
- Geschäftsveräußerung im Ganzen, keine Unbilligkeit der Vollverzinsung AO 233a 10

Nur-Lesezugriff
- Datenzugriff, Prüfbarkeit digitaler Unterlagen AO 147 7

Nutzungsrecht
- Gebäude auf fremdem Grund und Boden AO 39 2

NV-Fälle
- Vollverzinsung AO 233a 7

NV-Verfügung
- verfahrensrechtliche Bedeutung AO 155 5

Stichwortverzeichnis

O

Offenbare Unrichtigkeit
- Begriff **AO 129** 5
- Doppelberücksichtigung von Werbungskosten **AO 129** 4
- Einigung im Einspruchsverfahren **AO 129** 4
- Erkennbarkeit **AO 129** 5
- Erlass eines Verwaltungsaktes **AO 129** 1
- Fehler bei Erstellen eines EDV-Programms **AO 129** 2
- Fehler bei Tatsachenwürdigung **AO 129** 3
- mechanisches Versehen bei Nichtbeachtung einer Dienstanweisung **AO 129** 9
- Übersehen eines Grundlagenbescheids **AO 129** 6

Offenbarung
- zulässige ~ gegenüber Sozialversicherungsträgern **AO 31** 1
- Zulässigkeit **AO 30** 4

Offene-Posten-Buchhaltung AO 146 1

Ordnungsmittelverfahren
- Einstellung durch Beschluss **FGO 82** 10

Ordnungswidrigkeit
- Entscheidung, abschließende **Anh 12** 50
- Verdacht **Anh 4** 8
- Verdacht bei einer Betriebsprüfung **Anh 4** 8
- Zuständigkeit für Verfolgung und Ahndung **Anh 12** 49

Organschaft
- Haftung **AO 73** 1

P

Paraphe
- Unterzeichnung eines Schriftsatzes im FG-Verfahren **FGO 120** 8 f.

Parlament
- Steuergeheimnis **AO 30** 11

Passivlegitimation
- Einspruchsentscheidung, Behördenwechsel **FGO 63** 3
- nichtiger Verwaltungsakt **FGO 63** 2

Passivlegitimierung
- Änderung der Zuständigkeit, örtliche **FGO 63** 5, 7
- Beitreibungsersuchen **FGO 63** 9

Patentanwalt
- Berufspflichten **Anh 2** 1
- Mitteilungen über Pflichtverletzung **Anh 2** 1

Personalausweis
- Vollstreckungsverfahren **Anh 9** 1

Personengesellschaft
- Hinterziehungszinsen **AO 235** 6
- Teilbestandskraft der Gewinnfeststellung **AO 180** 26

Personengesellschaft, ausländische
- örtliche Zuständigkeit **AO 18** 2

Personenvereinigung, nichtrechtsfähige
- Bekanntgabe **AO 122** 12

Pfändung
- abtretbare Erstattungsansprüche und Steuervergütungen **AO 46** 5
- Abtretung im Regelinsolvenzverfahren **AO 46** 5
- Abtretung in Verbraucherinsolvenzverfahren **AO 46** 5
- Abtretung in Zusammenhang mit einem Insolvenzverfahren **AO 46** 5
- Abtretungsanzeige **AO 46** 5
- Abtretungsvertrag **AO 46** 5
- Änderung der Steuerfestsetzung **AO 46** 5
- Anfrage des Abtretungsempfängers **AO 46** 5
- Anspruch auf Eigenheimzulage **AO 46** 5
- Ansprüche **AO 46** 4 f.
- Antrag auf ESt-Veranlagung durch Pfändungsgläubiger **AO 46** 10
- Anzeige des Gläubigers **AO 46** 1
- Aufrechnung **AO 46** 4 f.
- Auslegung bei unklarer Angabe der Besteuerungszeiträume **AO 46** 11
- behördliche Pfändungsverfügung **AO 46** 4
- Bezeichnung des Drittschuldners, zuständiges Finanzamt **AO 46** 4
- Drittschuldnererklärung **AO 46** 4
- durch Hypothek gesicherte Forderung **Anh 9** 1
- Durchsuchungsbeschluss, fehlender **AO 287** 3
- Entstehung des gepfändeten Anspruchs **AO 46** 4
- Erinnerung **AO 46** 4
- Eröffnung des Insolvenzverfahrens nach Eingang des Pfändungs- und Überweisungsbeschlusses **AO 46** 4
- Eröffnung des Insolvenzverfahrens nach Zugang der Abtretungsanzeige **AO 46** 5
- Erstattungsberechtigung des Abtretenden **AO 46** 5
- Erstattungsberechtigung und Verfügbarkeit **AO 46** 4
- Hinterlegung **AO 46** 4
- Inhalt der Drittschuldnererklärung **AO 46** 4
- inhaltliche Voraussetzungen **AO 46** 4
- Insolvenzverfahren **AO 309** 9
- Kapitallebensversicherung **AO 309** 4
- kein Recht auf Veranlagungsantrag **AO 80** 4
- künftige Forderung **AO 309** 9
- Leistung an den Gläubiger, nachträgliche Änderung des Erstattungsanspruchs **AO 46** 4
- mehrfache **AO 46** 4 f.
- Mitteilung in der Drittschuldnererklärung **AO 46** 4
- Rechtsfolgen **AO 46** 4, 5
- Schutz bei fehlerhaften Pfändungs- und Überweisungsbeschlüssen **AO 46** 4

Stichwortverzeichnis

- Schutzwirkung der Anzeige AO 46 5
- Streit über die Wirksamkeit der Abtretungsanzeige AO 46 5
- Teilabtretung AO 46 5
- unwirksame Abtretungsanzeige AO 46 5
- Unwirksamkeit AO 46 4
- Verfügbarkeit des abgetretenen Anspruchs AO 46 5
- Verpflichtung zur Abgabe der Drittschuldnererklärung AO 46 4
- versehentliche Auszahlung an den Abtretenden AO 46 5
- versehentliche Auszahlung an den Steuerpflichtigen AO 46 4
- Verwertung Anh 9 1
- Voraussetzungen einer wirksamen Vorpfändung AO 46 4
- Vorpfändung AO 46 4, 19
- Wirksamkeit der Abtretung AO 46 5
- Wirksamkeit eines Pfändungs- und Überweisungsbeschlusses AO 46 4
- Wirkung der Vorpfändung AO 46 4
- Zugang der Abtretungsanzeige AO 46 5
- Zustellung des Pfändungs- und Überweisungsbeschlusses AO 46 4

Pfändungsbeschluss
- inhaltliche Bestimmtheit der gepfändeten Forderungen AO 46 9

Pfändungsgebühren
- Anwendungsregelung, EGAO Anh 1 7

Pfändungsschutz
- Kapitallebensversicherung AO 319 3
- Scheidungsvereinbarung AO 319 2
- unerlaubte Handlung AO 319 1
- vertragliche Unterhaltsleistungen AO 319 2

Pfändungsverfügung
- Angabe des Schuldgrundes AO 260 1 f.
- Drittschuldner, Zustellung an AO 260 3
- Inhalt, notwendiger AO 260 1

Pflegeleistung, häusliche
- Voraussetzungen für Steuervergünstigungen AO 66 1

Pflichterfüllung
- Aufforderung durch Finanzbehörde AO 34 1

Post
- Bekanntgabe AO 122 8

Prämie
- Anwendung der AO AO 1 1
- Hinterziehungszinsen AO 235 2

Pressegeheimnis
- Angaben zu Teilnehmern einer Bewirtung AO 102 3

Prozessfähigkeit
- Behandlung der Partei bei Streit über ~ FGO 58 1

Prozesskostenhilfe
- Antragsteller, Unkenntnis über Voraussetzungen FGO 142 8
- Bewilligungsantrag, Zeitpunkt FGO 142 1
- Entscheidung über ~, Verbindung mit Sachentscheidung FGO 142 10
- Erfolgsaussichten FGO 142 7
- Frist für Darlegung von Revisionszulassungsgründen FGO 142 6
- Gegenvorstellung FGO 142 10
- Grundsätze des Verfahrens FGO 142 7
- Hinweispflicht der Gerichte FGO 142 8
- Kindergeld für Ausländer FGO 142 4
- Konkursverwalter, masseärmer Konkurs FGO 142 5
- neuer Antrag FGO 142 10
- rechtzeitiger Antrag auf Vordruck FGO 142 3
- Zeitpunkt der Entscheidung FGO 142 7

Prozessvollmacht
- Nachweis im finanzgerichtlichen Verfahren FGO 62 1

Prozesszinsen
- Auszahlung, vorläufige AO 236 10
- Feststellungsbeteiligter AO 236 9
- Klage auf Zahlung FGO 43 1

Prüfer
- Befangenheit AO 193 10

Prüfungsanordnung
- Anfechtung AO 196 1, 3, 5
- Aufhebung und Erlass einer neuen ~ AO 196 3
- Ausdehnung des Prüfungszeitraums AO 196 12
- Ausdehnung Prüfungszeitraum ohne ~ FGO 100 7
- Beauftragung AO 196 13
- Beauftragung einer anderen Finanzbehörde AO 195 1
- Begründung AO 193 5
- Begründungserfordernis AO 196 3
- Bekanntgabe AO 196 4
- Bekanntgabe bei Ehegatten AO 197 1
- Bestimmung des Betriebsprüfers AO 196 14
- Personengesellschaft, erloschene AO 196 10
- Rechtsschutz, vorläufiger AO 196 1
- Revision, unzulässige AO 196 4
- Rücknahme, Fortsetzungsfeststellungsklage FGO 100 5
- Verwertung bei Rechtswidrigkeit AO 88 4
- zusammengefasste ~ gegen Ehegatten AO 196 6

Prüfungsbericht
- Abweichungen von den Feststellungen Anh 4 9
- Bekanntgabe AO 202 1
- Bindungswirkung AO 202 5
- Feststellungen, tatsächlich und rechtlich AO 202 5
- Inhalt AO 202 1
- keine Bindungswirkung für Veranlagungsstelle AO 4 7

1261

Stichwortverzeichnis

Prüfungsfeststellung
- Abweichen bei der Auswertung Anh 4 9
- Bericht und Auswertung Anh 4 9

Prüfungszeitraum
- Ausdehnung AO 193 11
- Umfang AO 193 9
- Umstellung zum Großbetrieb AO 194 5

R

Ratenstundung
- Stundungszinsen AO 234 4

Raum
- Betreten AO 99 1

Realsteuer
- Erhebung von Aussetzungszinsen AO 237 2
- Hinterziehungszinsen AO 235 6
- Zahlungspflicht bei Erstattungszinsen AO 236 2

Rechnungswesen
- Aufgaben eines geordneten ~ Anh 7 12
- Buchführung Anh 7 13
- Kosten- und Leistungsrechnung Anh 7 14
- Zweige Anh 7 12

Rechtliches Gehör
- Änderung der Rechtsprechung FGO 119 2
- Anhörungsrüge FGO 133a 1
- Nichtberücksichtigung eines Schriftsatzes FGO 96 8
- Verletzung FGO 119 1 f.; FGO 96 2
- Verpflichtung über Mitteilung neuer Verfahrensgesichtspunkte FGO 96 7
- Versagung FGO 96 1, 6

Rechtmäßigkeit
- Verwaltungsakt AO 131 1

Rechtsanwalt
- Berufspflichten Anh 2 1
- Mitteilungen über Pflichtverletzung Anh 2 1

Rechtsbehelf
- Behörde, zuständige AO 357 1
- Durchsuchung Anh 12 45

Rechtsbehelfsbelehrung
- Adressat der Klage FGO 55 2
- Auslegung FGO 55 1
- Erfordernisse AO 356 1
- Richtigkeit FGO 55 4
- Steueranmeldung AO 356 2
- Unrichtigkeit FGO 55 1 f.
- Vollständigkeit FGO 55 4

Rechtsbehelfsverfahren
- Änderung des Verwaltungsakts während ~ AO 365 1
- Vollstreckungsverfahren Anh 9 1
- Zuständigkeitswechsel AO 26 2

Rechtsbehelfsverzicht
- Erklärung AO 354 1
- Wirksamkeit AO 354 1; FGO 50 3

Rechtsfehler
- Ausschluss der Berichtigung AO 177 3
- Berichtigung nach § 129 AO AO 177 9
- Berücksichtigung verjährter Rechtsfehler AO 177 10
- neue Tatsache und ~ AO 173 8
- Saldierung AO 177 1
- Saldierungsrahmen AO 177 8
- Verfassungsmäßigkeit AO 177 10

Rechtsfehlerkompensation
- Berichtigung bei Verlustrückträgen AO 177 2

Rechtsgeschäfte
- Missbrauch von Gestaltungsmöglichkeiten AO 42 1
- unwirksam AO 41 1

Rechtsgrund
- Erstattung bei Lohnsteuerabzug AO 37 6, 8
- Lohnsteueranmeldung AO 124 6

Rechtshängigkeit FGO 66 1

Rechtsnachfolger
- Eintritt der Rechtsnachfolge AO 353 1
- Wirkung des Feststellungsbescheids AO 182 1

Rechtsprechungsänderung
- Änderungsbescheid vor ~ AO 176 9

Rechtsschutzbedürfnis
- Anfechtung mehrerer Änderungsbescheide FGO 40 12
- drittschützende Norm FGO 40 13
- hebeberechtigte Gemeinde FGO 40 11
- Kindergeld, Sozialleistungsträger FGO 40 17
- Leistungsurteil, Abwendung der Zwangsvollstreckung FGO 40 16
- Verfassungswidrigkeit AO 165 12
- vorläufige Steuerfestsetzung FGO 40 15

Registrierkasse
- Aufbewahrungspflicht AO 147 12
- Übergangsregelung AO 147 12

Reingewinn
- Definition Anh 7 10
- Formel zur Ermittlung Anh 7 10

Reisepass
- Vollstreckungsverfahren Anh 9 1

Restschuldbefreiung
- Insolvenz Anh 9 8

Revision
- Abweichung von Rsp. des BFH oder des EuGH FGO 115 17
- Auslegung von Verträgen FGO 118 6
- Berücksichtigung nachträglich eingetretener neuer Tatsachen FGO 118 1

- Darlegung der grundsätzlichen Bedeutung **FGO 115** 15
- Einlegung durch Telegramm **FGO 120** 4
- Gesamtwürdigung durch das FG **FGO 118** 8
- grundsätzliche Bedeutung **FGO 115** 1 f., 13
- Rücknahme, Folge **FGO 125** 3
- Rücknahme, Kosten **FGO 125** 3
- Rücknahme, Zustimmung zur ~ **FGO 125** 5
- Schlussfolgerungen des FG **FGO 118** 7
- teilbarer Streitgegenstand **FGO 115** 12
- teilweise Zulassung **FGO 115** 12
- Übersehen einer Verwaltungsanweisung **FGO 115** 16
- Untätigkeitsklage, verfrüht erhoben **FGO 115** 14
- Unterschrift durch Paraphe **FGO 120** 8
- Unzulässigkeit wegen mangelnder Beschwer **FGO 40** 2
- Verfahrensmangel **FGO 115** 5 f.
- willkürliche Entscheidung des FG **FGO 115** 12

Revisionsbegründung
- Anforderungen **FGO 120** 2
- Ausführung, Anforderung **FGO 120** 7
- vom Revisionskläger persönlich verfasste ~ **FGO 120** 1

Revisionsfrist
- selbständige Frist **FGO 120** 11

Revisionsrücknahme
- Kosten **FGO 136** 5

Richter
- dienstrechtliche Maßnahmen, Steuergeheimnis **AO 30** 9
- Folge unsachlichen Verhaltens **FGO 51** 1

Richterablehnung
- Revisionsgrund **FGO 51** 10
- Zielsetzung **FGO 51** 3

Richtigstellungsbescheid
- falsche Bezeichnung eines Beteiligten **AO 182** 6

Richtsatzschätzung
- buchführungspflichtiger Landwirt **AO 162** 11

Rohgewinnaufschlagsatz
- Definition **Anh 7** 7
- Formel zur Ermittlung **Anh 7** 7

Rohgewinnsatz
- Definition **Anh 7** 7
- Formel zur Ermittlung **Anh 7** 7

Rückforderung
- Abtretungsempfänger als Schuldner der ~ auch bei gefälschter Unterschrift **AO 46** 7
- Treu und Glauben **AO 37** 14

Rücklage
- Erträge wirtschaftlicher Geschäftsbetriebe **AO 58** 1
- Höchstgrenze für die Zuführung **AO 58** 1
- Körperschaft, gemeinnützige **AO 55** 1
- wirtschaftlicher Geschäftsbetrieb **AO 55** 3

Rücklagenbildung
- Bildung einer freien ~ **AO 58** 1
- Höchstgrenze **AO 58** 1
- Spendensammel- und Förderverein **AO 58** 1
- Voraussetzung, steuerbegünstigte Körperschaft **AO 58** 1
- Zulässigkeit **AO 58** 1

Rücknahme
- Entscheidung **AO 130** 1
- Zulässigkeit, begünstigter rechtswidriger VA **AO 130** 1
- Zulässigkeit, einer teilweisen ~ **AO 130** 1

Rückwirkendes Ereignis
- Änderung des Sachverhalts **AO 175** 13
- Änderung eines Wertansatzes in der Bilanz, Wirkung auf Folgejahre **AO 175** 3
- Antrag auf getrennte Veranlagung **AO 175** 11, 15
- Antragsrücknahme **AO 175** 26
- ausländische Schenkungsteuer **AO 175** 34
- Feststellungen des Versorgungsamtes **AO 171** 32
- Kapitalerhöhung, Bedingungseintritt **AO 175** 12
- Kirchensteuer-Erstattung **AO 175** 25
- Korrektur eines Bilanzansatzes **AO 175** 14
- Rechnung mit USt-Ausweis nach Verjährung **AO 175** 10
- rückwirkende Änderung steuerrechtlicher Norm **AO 175** 2
- Steuerbescheinigung, nachträgliche Vorlage **AO 175** 2
- Vergleich **AO 175** 23, 30
- Verzicht auf Steuerbefreiung **AO 175** 7
- Vollverzinsung **AO 233a** 3, 5 f., 12
- Vollverzinsung, Feststellungsverfahren **AO 175** 29

Rückzahlungsanspruch
- Geltendmachung **AO 155** 1

Ruhen des Verfahrens
- Musterverfahren **AO 165** 2

S

Sachaufklärungspflicht
- Finanzgericht, Zeugenvernehmung **FGO 96** 14

Sachbehandlung
- unrichtige ~ **AO 346** 1

Sachen
- Verwertung gepfändeter ~ **Anh 9** 1

Sachpfändung
- Durchsuchungsbeschluss, fehlender **AO 287** 3

Sachverhalte, gleichartige
- gesonderte Feststellung **AO 180** 2, 4

Sachverhaltsermittlung
- Aussetzung der Vollziehung durch BFH **FGO 76** 14
- Beiladung, Voraussetzungen **FGO 76** 13

1263

Stichwortverzeichnis

- Beweisantrag FGO 76 11; FGO 81 9
- Beweismaßreduzierung FGO 76 16
- Feststellungslast FGO 76 16
- Gesamtwürdigung mehrerer Beweisanzeichen FGO 76 15
- Indizien FGO 76 15
- Verwertung von Kenntnissen aus Außenprüfung AO 88 5

Sachverständiger
- Amtsträger AO 30 3
- Befangenheitsantrag FGO 82 4
- Entschädigungsanspruch AO 107 2

Sachverständiger, unabhängiger
- Verpflichtung zur Einschaltung AO 96 1

Säumnis
- Eintreten AO 240 1

Säumniszuschlag
- Änderung oder Aufhebung der Steuerfestsetzung AO 240 10
- Akzessorietät zur Hauptschuld AO 240 10
- Anwendungsregelung Anh 1 6
- Entrichtung von Kleinbeträgen AO 218 2
- Gesamtschuldnerschaft AO 240 1
- Haftungsschuldner AO 240 8
- Herabsetzung von Vorauszahlungen AO 240 3
- Höhe AO 240 1
- Leistungsgebot AO 218 1
- Rückwirkung einer Aufrechnung AO 240 6
- Schonfrist AO 240 1
- Steuerhinterziehung AO 370 13
- Stundung AO 240 3
- Übergang auf Gesamtrechtsnachfolger AO 45 2
- Unbeachtlichkeit des Verschuldens AO 240 2
- Unbilligkeit AO 258 3
- Verfahren bei Fälligkeitssteuern AO 240 1
- Vollstreckungsaufschub, mitgeteilter AO 240 4

Säumniszuschlag, Erlass
- Ermessensreduzierung auf Null AO 240 11

Sammelauskunftsersuchen
- Schutz von Bankkunden, Bankgeheimnis AO 30a 2; AO 93 2, 7
- Zulässigkeit AO 208 6; AO 93 2, 7

Satzung
- Anforderung AO 60 1
- Muster AO 60 1
- Muster für Verein AO 60 1
- Vermögensbindung AO 61 7
- Voraussetzungen für Steuervergünstigung AO 60 1

Satzungsmäßigkeit
- Auslegung der Satzung AO 59 3 f.; AO 60 4 ff.
- Festschreibung der künftigen Vermögensverwendung AO 60 5

Schätzung
- Abgabepflicht der Steuererklärung AO 162 1
- Änderung der Schätzungsmethode AO 162 15

- Anwendbarkeit des § 127 AO AO 127 1
- Besteuerungsgrundlagen AO 162 1
- Frage der Steuerverkürzung AO 162 7
- Gewinn aus Land- und Forstwirtschaft AO 162 14
- Nennung Vergleichsbetriebe AO 162 3
- Nichtigkeit AO 162 10
- Steuergeheimnis, Vergleichsbetriebe AO 30 5
- Streitgegenstand FGO 65 2
- Unterschreiten unterster Rohgewinnsatz AO 158 3; AO 162 2

Schätzungsbescheid
- Begründung der Besteuerungsgrundlagen AO 121 4
- Fristsetzung im finanzgerichtlichen Verfahren FGO 79b 2

Schätzungsfehler
- Nichtigkeit AO 125 4

Scheingeschäft
- Darlehensrückzahlung AO 41 7
- dinglicher Vollzug AO 41 8
- Kontoeröffnung durch Dritten AO 41 10
- Steuerhinterziehung AO 41 9
- tatsächlicher Vollzug eines zivilrechtlich unwirksamen Vertrags AO 41 12

Schlichte Änderung
- Antrag AO 172 1
- Bezeichnung des Änderungsbegehrens AO 172 14

Schlussbesprechung
- Betriebsprüfung Anh 4 9

Schmiergeldzahlung AO 160 1

Schmuggel
- Gewerbs- oder bandenmäßiger ~ AO 374 1

Schriftwechsel
- Bevollmächtigung AO 80 1

Schuldenbereinigungsverfahren
- Insolvenz Anh 9 7

Schuldgrund
- Angabe AO 260 1

Schuldner
- Vollverzinsung AO 233a 2

Schwarzarbeit
- Mitteilung der Finanzbehörden AO 31a 1

Selbstanzeige
- Anwendungsregelung Anh 1 10
- Gesetzesänderung 2011 AO 371 16
- Teil-Selbstanzeige AO 371 16
- Umfang Sperre AO 371 3
- Wirkung für Mittäter AO 371 2

Selbstbindung der Verwaltung
- Ermessensentscheidung AO 5 7
- gebundene Verwaltung AO 5 7

Stichwortverzeichnis

Selbstkosten
- Definition Anh 7 15

Selbstkostenpreis
- Bestandteil auswärtiger Bearbeitung Anh 7 16
- Bestandteil Betriebsstoffe Anh 7 16
- Bestandteil Brennstoffe und Energie Anh 7 17
- Bestandteil Fertigstoffe Anh 7 16
- Bestandteil Hilfsstoffe Anh 7 16
- Bestandteil Mengenermittlung Anh 7 17
- Bestandteil Sonderbetriebsmittel Anh 7 17
- Definition Anh 7 16
- Formel zur Ermittlung Anh 7 20

Selbstlosigkeit
- Angemessenheit von Aufwendungen AO 55 1
- Höhe der Beiträge, Gesamtbeitragsbelastung AO 55 1
- Stiftung, übergegangene Verbindlichkeiten AO 55 9
- Verlustausgleich eines Nicht-Zweckbetriebes AO 55 1
- Vermögenswerte der Körperschaft als Mittel i. S. d. § 55 AO AO 55 7

Selbstversorgungseinrichtungen
- Gemeinnützigkeit AO 68 4

Sicherheit
- Erzwingungsandrohung AO 336 1

Sicherheitsarrest
- persönlicher ~, Vollstreckungsverfahren Anh 9 1

Sicherheitsleistung
- Androhung der Erzwingung, einstweilige Anordnung FGO 114 2
- Anforderung bei ~ gegen Ermessensentscheidung FGO 114 1
- Anordnungsgrund FGO 114 9
- Art AO 248 1
- Aufhebung FGO 114 14
- Aussetzung der Vollziehung AO 361 9
- bei gewährter AdV AO 258 2
- Erlass einer verbindlichen Zusage FGO 114 15
- Feststellung der Nichtigkeit eines Verwaltungsakts FGO 114 5
- Klageart FGO 41 4
- Stundungsangelegenheiten FGO 114 6
- Unbilligkeit der Vollstreckung FGO 114 10
- Verfahren AO 248 1

Sicherungsnehmer
- Rechtsstellung, Verfügungsberechtigter AO 35 1

Sicherungsübereignung
- Abgrenzung Vermögensübernahme AO 262 2

Signatur
- Wirksamkeit der Übermittlung einer elektronisch übermittelten Klageschrift FGO 52a 1

Sollumsatz
- Definition Anh 7 2

Sonderbetriebsmittel
- Definition Anh 7 17

Sonderbetriebsvermögen
- Wirtschaftsprüfer AO 130 6

Sondergemeinkosten
- Definition Anh 7 20

Sortenrechnung
- Definition Anh 7 23

Sozialkosten
- Aufgliederung Anh 7 18

Sozialleistung
- Mitteilung der Finanzbehörden AO 31a 1

Sozialversicherungen, gesetzliche
- Mitteilung an ~ AO 31 1

Sozialversicherungsträger
- Auskunfts- und Amtshilfepflicht AO 111 2

Sozietät
- Empfangsbestätigung, fehlende gemeinsame AO 183 6

Spendensammelverein
- Anerkennung als steuerbegünstigt AO 58 1

Spendenwerbung
- Selbstlosigkeit, Angemessenheit von Ausgaben für ~ AO 55 1

Spontanauskunft
- Mitgliedstaat der EU AO 117 8

Sportliche Veranstaltung
- Ablösesumme AO 67a 2
- Aus- und Fortbildung AO 67a 1
- Bezahlung von Sportlern AO 67a 2
- Förderung des Sports AO 67a 1
- Schwimmbad AO 67a 1
- Schwimmunterricht AO 67a 1
- Spielgemeinschaft AO 67a 2
- Sportkurse und -lehrgänge AO 67a 3
- Sportreise AO 67a 1
- Vergütung für Sportler AO 67a 3
- Verkauf von Speisen und Getränken bei ~ AO 67a 1
- Vermietung von Sportstätten und -anlagen AO 67a 1
- Zweckbetrieb AO 67a 1
- Zweckbetriebsgrenze AO 67a 2
- Zweckbetriebsgrenze, Verzicht auf Anwendung des § 67a Abs. 2 AO AO 67a 3

Sportverein
- Mittelverwendungsgebot AO 55 9

Sprungklage
- Zulässigkeit FGO 45 1

Ständiger Vertreter
- keine Begründung einer Betriebsstätte AO 13 1

1265

Stichwortverzeichnis

Statistik
- Aufgabe **Anh 7** 24
- Betriebsvergleich, äußerer **Anh 7** 24
- Betriebsvergleich, innerer **Anh 7** 24

Stellengemeinkosten
- Definition **Anh 7** 20

Steueranmeldung
- Abgabe **AO 167** 1
- Ablehnungsbescheid bei fehlender Zustimmung **AO 168** 3
- Abzugsteuer; keine Festsetzung gegenüber Steuerschuldner **AO 167** 4
- Änderung eines Haftungsbescheids **AO 167** 2
- Anlaufhemmung der Festsetzungsfrist **AO 167** 2
- Aussetzung der Vollziehung auf Antrag des Vergütungsgläubigers **FGO 69** 16
- Aussetzung der Vollziehung bei Abzugsteuern **AO 168** 6
- Berichtigung **AO 168** 2
- Einspruch des Arbeitnehmers **AO 168** 11
- Einspruchsfrist **AO 168** 3, 10
- Festsetzung der LSt-Entrichtungssteuerschuld, Änderung **AO 167** 6
- Festsetzung, Notwendigkeit **AO 167** 1
- Kapitalertragsteuer **AO 168** 8
- Rechtsbehelfsbelehrung **AO 168** 7
- Rechtsgrund für Steuerzahlung **AO 168** 9
- Steuerbescheid bei Nichtabgabe der ~ **AO 167** 3
- Wirkung **AO 168** 1
- Zustimmungsbedürftigkeit **AO 168** 1

Steueranspruch
- Entstehung, mehrfache Änderung der Steuerfestsetzung **AO 38** 3
- Insolvenzforderung **AO 38** 6
- Sicherung im Steuerstrafverfahren **Anh 12** 34
- Steuerstrafverfahren **Anh 12** 34

Steuerbegriff
- i.S.d. Art. 105 ff. GG **AO 3** 2

Steuerbegünstigung
- drittschützende Norm **AO 51** 2
- Konkurrentenklage **AO 51** 2
- Steuergeheimnis **AO 51** 2

Steuerberater
- Berufspflichten **Anh 2** 1
- eigene Steuererklärung **AO 149** 3
- Fristverlängerung für Steuererklärungen **AO 149** 1
- Mitteilungen über Pflichtverletzung **Anh 2** 1
- Verfahren in eigener Sache, Kostenerstattung **FGO 139** 1

Steuerberatungsgesellschaft
- Berufspflichten **Anh 2** 1
- Mitteilungen über Pflichtverletzung **Anh 2** 1

Steuerbescheid
- Änderung **AO 172** 1
- Änderung in sonstigen Fällen **AO 175** 1
- Änderung wegen neuer Tatsachen **AO 173** 1
- Aufhebung **AO 172** 1
- Aufhebung in sonstigen Fällen **AO 175** 1
- Aufhebung wegen neuer Tatsachen **AO 173** 1
- Aufhebung wegen sonstiger Tatsachen **AO 173** 1
- Bekanntgabe **AO 122** 1
- Bezeichnung der festgesetzten Steuer **AO 157** 7
- Erwirken durch unlautere Mittel **AO 172** 8
- Form und Inhalt **AO 157** 1
- inhaltliche Bestimmtheit **AO 119** 12
- inhaltliche Bestimmtheit bei erneuter Steuerfestsetzung **AO 119** 10
- Vertrauensschutz bei Änderung **AO 176** 1
- Wirksamkeit bei Überschreitung Zeichnungsbefugnis **AO 155** 2

Steuerbevollmächtigter
- Berufspflichten **Anh 2** 1
- Mitteilungen über Pflichtverletzung **Anh 2** 1
- Verfahren in eigener Sache, Kostenerstattung **FGO 139** 1

Steuerdaten-Übermittlungsverordnung
- Anforderungen und Prüfung von Programmen **AO 150** 1
- elektronische Datenübermittlung **AO 150** 5
- elektronische Signaturen **AO 150** 1
- Haftung **AO 150** 1
- zusammenfassende Meldung **AO 150** 1

Steuerentrichtungsschuld
- Festsetzungsfrist **AO 170** 7, 11

Steuererklärung
- Abgabefrist **AO 149** 1
- Aufnahme an Amtsstelle **AO 151** 1
- ausländischer Arbeitnehmer **AO 150** 11
- einseitiger privater Vordruck **AO 150** 13
- Konkursverwalter **AO 34** 2
- längere Abwesenheit **AO 150** 8, 10, 12
- Telefax **AO 150** 3, 9
- Unterschrift **AO 150** 14

Steuererstattung
- Aussetzung der Vollziehung einer Steueranmeldung **FGO 69** 16
- Ehegatten, Aufteilung **AO 37** 2
- Wirkung, befreiende **AO 37** 1

Steuererstattungsanspruch
- Abtretung **AO 46** 6
- Entstehung, Verlustrücktrag **AO 38** 1

Steuererstattungsbetrag
- Verlustgefahr **AO 37** 3

Steuerfahndung
- Änderungssperre nach § 173 Abs. 2 AO **AO 208** 8
- Anfangsverdacht, Durchsuchung einer Bank **AO 208** 12
- Anfangsverdacht, Tafelgeschäfte, Bankgeheimnis **AO 208** 13
- Aufgaben **AO 208** 1; **Anh 12** 53

Stichwortverzeichnis

- Aufgaben, Strafverfolgungsverjährung **AO 208** 9
- Auskunft über Chiffreanzeigen **AO 208** 4
- Auskunftsersuchen, Anforderungen **AO 208** 4
- Beschränkungen von Verfassungs wegen **AO 208** 18
- Ermittlungsauftrag **AO 208** 16
- Funktion **AO 208** 5
- Klage gegen Auskunftsersuchen **AO 208** 4; **FGO 33** 14
- Kontrollbesuche **AO 208** 16
- Merkblatt über Rechte und Pflichten der Stpfl. **AO 208** 3
- Mitteilung an andere Stellen und Behörden **Anh 12** 56
- Nachforschungen, hinreichender Anlass **AO 208** 18
- Rechte und Pflichten **Anh 12** 53
- Sammelauskunftsersuchen **AO 208** 6, 17
- Schutz von Bankkunden, Verwertungsverbot **AO 30a** 6ff.
- Verwertungsverbot bei Bankkonten **AO 208** 11
- Voraussetzung **AO 208** 4
- Zusammenarbeit mit dem Bundeszentralamt für Steuern **Anh 12** 53
- Zusammenarbeit mit der Außenprüfung **Anh 12** 53, 56
- Zusammenarbeit mit der Zollverwaltung **Anh 12** 53
- Zuständigkeit **Anh 12** 53

Steuerfahndung, Zusammenarbeit mit
- Bundeszentralamt für Steuern **Anh 12** 57
- Gewerbezentralregister **Anh 12** 58
- Landeskriminalamt **Anh 12** 58
- Polizei und anderen Behörden **Anh 12** 58
- Staatsanwaltschaft **Anh 12** 58
- Zollverwaltung **Anh 12** 57

Steuerfahndungsdienst
- Aufgaben **AO 208** 1

Steuerfestsetzung
- Abrundung **AO 156** 1
- Absehen **AO 156** 1
- Änderung/Berichtigung, Anwendung der KBV **AO 156** 1
- Antrag, Ablehnung **AO 155** 5
- Anwendung der Vorschriften **AO 155** 1
- Aussetzung **AO 165** 1
- Endgültigkeitserklärung **AO 165** 1
- Erstattung von Kapitalertragsteuer **AO 155** 12
- Grundlagenbescheid **AO 155** 9
- Lohnsteuer-Entrichtungsschuld **AO 155** 11
- unbillige ~ **AO 163** 8
- Vorbehalt der Nachprüfung **AO 164** 1
- Vorbehalt der Nachprüfung, Unanfechtbarkeit **AO 168** 4
- vorläufige **AO 165** 1, 4
- widerstreitende **AO 174** 1
- widerstreitende, Berichtigung zu Lasten eines anderen Stpfl. **AO 174** 2
- widerstreitende, Rechtsstellung des Beteiligten **AO 174** 11

Steuerfestsetzung, widerstreitende
- Änderung der Schätzungsmethode **AO 174** 27
- Änderung der Vorjahresbilanz **AO 174** 20
- Auswirkungen in anderen VZ **AO 174** 23
- Beiladung, fehlende **AO 174** 18
- Betriebsaufspaltung **AO 174** 31
- FG-Urteil **AO 174** 28
- keine Änderung eines rechtmäßigen Steuerbescheids **AO 174** 32
- korrespondierende Besteuerung **AO 174** 19
- nachträgliche Entstehung des Widerstreits **AO 174** 36
- Personengesellschaft; Gewinnfeststellung **AO 174** 29
- Rechtsstellung des Beteiligten **AO 174** 11
- sachliche Verbindung zwischen verschiedenen Regelungstatbeständen **AO 174** 35
- Verbindung zwischen verschiedenen Regelungstatbeständen **AO 174** 35
- Vertrauensschutz nach § 176 AO **AO 174** 21
- Wechsel der Schätzungsmethode **AO 174** 22

Steuerfestsetzung, widerstreitende Folgeänderung
- keine Saldierung **AO 174** 30

Steuergeheimnis
- Abruf von Steuerdaten **AO 30** 1
- Abzugsfähigkeit von Spenden **AO 30** 5
- Anzeigeerstatter **AO 30** 15
- Arbeitnehmerüberlassung **AO 31a** 1
- Auskünfte an Gesamtschuldner **AO 44** 2
- Auskunft über Besteuerung eines Konkurrenten **AO 30** 5
- Auskunftserteilung an Gewerbebehörden **AO 30** 17
- Auskunftsverweigerungsrecht, Verzicht auf **AO 30** 7
- außersteuerlich zugelassene Durchbrechung **AO 30** 6
- außersteuerliches Strafverfahren **AO 30** 7
- Befugnis zur Offenbarung **AO 30** 4
- Benennung eines Anzeigeerstatters **AO 30** 22
- Berufspflichtverletzung, Unterrichtung der Berufskammern **AO 30** 7
- Beschlagnahme von Steuerakten nach der StPO **AO 30** 12
- Besteuerungsverfahren **AO 30** 5
- Dienstpflichtverletzung **AO 30** 16
- dienstrechtliche Maßnahmen **AO 30** 9
- Disziplinarverfahren **AO 30** 16
- Drittwiderspruchsklage **AO 30** 5
- Durchbrechung **AO 30** 5
- Durchführung eines Verwaltungsverfahrens nach dem SGB **AO 31a** 2
- Durchführung steuerlicher Verfahren **AO 30** 5
- Erbe **AO 30** 5
- Gegenstand **AO 30** 2
- Geldwäsche **AO 30** 9

Stichwortverzeichnis

- gerichtliche Verfahren in Vollstreckungsangelegenheiten AO 30 5
- Gesamtrechtsnachfolger AO 30 5
- illegale Beschäftigung AO 31a 1
- Informantenschutz AO 30 24
- Insolvenzverfahren AO 30 14
- Kindesmisshandlung AO 30 9
- Konkurrentenklage AO 30 5
- Leistungsmissbrauch AO 31a 1
- Misshandlung von Schutzbefohlenen AO 30 9
- Mitteilung an Bundesagentur für Arbeit AO 31 1, 3
- Mitteilung an Kammern AO 31 2
- Mitteilung an Künstlersozialkasse AO 31 1, 3
- Mitteilung an Sozialversicherungsträger AO 31 1, 3
- Mitteilung der Finanzbehörden AO 31a 1
- Mitteilungen an Disziplinarstellen AO 30 16
- Name des Anzeigeerstatters AO 30 15
- Nennung Vergleichsbetriebe bei Schätzungen AO 162 4
- Parlament und Untersuchungsausschuss AO 30 11
- Pfändungsverfügung, Anfrage beim Drittschuldner AO 30 23
- Recht auf steuerlichen Drittschutz AO 30 5
- Rechte Dritter bei Steuerbegünstigungen AO 51 2
- Richtigstellung unwahrer Tatsachen AO 30 9
- Schätzung, Vergleichsbetriebe AO 30 5
- Schwarzarbeit AO 31a 1
- Sozialleistung AO 31a 1
- Spontanauskunft, EU-Mitgliedstaat AO 30 26
- Spontanauskunft, USA AO 30 27
- StGB Anh 13 14
- Straf- und Bußgeldverfahren AO 30 5; Anh 12 54
- Strafanzeige, Strafantrag wegen nichtsteuerlicher Straftaten AO 30 13
- Subvention AO 31a 1
- Subventionsbetrug AO 30 9
- Umweltstraftaten AO 30 9
- Verbindung mehrerer Klageverfahren FGO 59 4
- Verbrechen AO 30 9
- Verfassungsmäßigkeit des § 31a AO AO 31a 2
- Verhältnismäßigkeit AO 30 29
- Verhältnisse Dritter bei Steuervergünstigungen AO 30 5
- Verpflichteter i.S.d. § 11 StGB AO 30 3
- verwaltungsgerichtliche Verfahren AO 30 5
- Vollstreckungsverfahren AO 30 5
- vorsätzlich falsche Angaben AO 30 10
- Wirtschaftsstraftat AO 30 9
- Zufallsfund AO 30 7
- Zusammenhang zwischen Offenbarung und Verfahrensdurchführung AO 30 29
- Zustimmung des Betroffenen AO 30 7

Steuergesetze
- Auslegung AO 4 1
- Lücken AO 4 3

Steuerhehlerei
- Haftung AO 71 1

Steuerhinterziehung
- Auswirkungen der Tat AO 370 58
- bandenmäßige ~ AO 370 18
- Begriff „entdeckt" AO 371 4
- Beihilfe AO 370 40
- Berichtigungspflicht nach § 153 AO AO 370 29, 37
- Darstellung der Berechnung im Urteil AO 370 48
- Ehegatte als Mittäter AO 370 14
- Eigenheimzulage AO 370 28
- Einkommensteuervorauszahlungen, Steuererklärung für Vorjahr AO 370 12
- Einreise AO 370 26
- Entdeckung der Tat AO 371 1
- Erstattungsansprüche AO 370 31
- Fälligkeitssteuern AO 370 44
- fingierte Steuerfälle AO 370 28, 39
- fortgesetzte AO 370 3, 53
- Freigabe zur Datenverarbeitung AO 370 39
- gesonderte Feststellung, Steuervorteil AO 370 36
- gewerbsmäßige ~ AO 370 18
- großes Ausmaß AO 370 58
- Haftung AO 71 1, 8 f.
- Haftung des Vertretenen AO 70 1
- Kaffeeimport AO 370 43
- Ketten- oder Karussellgeschäft AO 370 38
- Kettengeschäft AO 370 56
- Körperschaftsteuer AO 370 23
- Kompensationsverbot AO 370 8
- Kompensationsverbot, Vorsteuerabzug AO 370 30
- Missbrauch von Gestaltungsmöglichkeiten AO 370 3
- Mitarbeiter der Finanzverwaltung AO 370 22, 28, 39
- Mittäter AO 370 27
- Nichtabgabe der Steuererklärung AO 370 46
- Sachaufklärung im finanzgerichtlichen Verfahren FGO 96 15
- Schmuggel AO 370 25
- Schmuggelorganisation AO 370 15
- Steuerberater als Mittäter AO 370 21
- steuerliche Nebenleistungen AO 370 13
- Steuerverkürzung aus grobem Eigennutz in großem Ausmaß AO 370 55
- Strafzumessung AO 370 58
- Tabaksteuer AO 370 25
- Täuschungssystem, Strafzumessung AO 370 59
- Tateinheit AO 370 2, 55
- Tateinheit, Abgabe mehrerer verschiedener Steuererklärungen AO 370 32
- Tatmehrheit AO 370 39
- Tatvorsatz, bedingter AO 370 41
- Umsatzsteuer, Berücksichtigung des Vorsteuerabzugs AO 370 30
- Umsatzsteuer, Beteiligung an Hinterziehungssystem AO 370 45

- Umsatzsteuer, innergemeinschaftliche Lieferungen AO 370 34
- Umsatzsteuer, Vollendung der ~ bei Nichtabgabe der Jahreserklärung AO 370 35
- Umsatzsteuer, Vorsteuerabzug und Steuerpflicht der Ausgangsumsätze AO 370 42
- Umsatzsteuerjahreserklärung, Verhältnis zu Voranmeldungen AO 370 10f.
- Umsatzsteuerkarussell AO 370 38, 56, 59
- Unterlassen AO 370 44
- Untreue AO 370 39
- verdeckte Gewinnausschüttung AO 370 23
- Versuch AO 370 49f.
- Versuch; Abgrenzung von Vollendung im Fall der Schätzung wegen Nichtabgabe der Steuererklärung AO 370 51
- Vollendung AO 370 5
- Vollendung mit Bekanntgabe des Bescheids AO 370 4
- Vorsteuerabzug aus Rechnungen von Nicht-Unternehmern AO 370 16
- Zeitpunkt AO 370 44, 46
- Zigarettenschmuggel, bandenmäßige Begehung AO 370 57

Steuerhinterziehung, Beihilfe
- Haftung AO 71 7

Steuerhinterziehung, Umsatzsteuer
- Haftung AO 71 2

Steuerhinterziehungsbekämpfungsgesetz
- Anwendung AO 90 3

Steueridentifikationsnummer
- Aufbau AO 139d 1
- Datenübermittlung (Form und Verfahren) AO 139d 1
- erstmalige Vergabe AO 139d 1
- Rechtsverordnung AO 139d 1
- Steuergeheimnis AO 139d 1

Steuerliche Nebenleistungen AO 3 1
- Steuerhinterziehung AO 370 13
- Vollverzinsung AO 233a 8

Steuermessbescheid
- Anfechtung durch Gemeinde AO 184 7
- Anfechtung, Information der Gemeinde AO 184 1
- Erklärung, Zeitpunkt AO 184 8

Steuern AO 3 1

Steuernachforderung
- Verzinsung AO 233a 2

Steuernummer
- Anspruch auf Erteilung AO 138 3

Steuerordnungswidrigkeit
- Aufzählung Anh 12 48
- Ordnungswidrigkeiten nach anderen Gesetzen Anh 12 48

Steuerpflicht, beschränkte
- Entscheidungen im Freistellungsbescheid AO 155 3

Steuerpflichtiger
- Pflichten AO 33 1

Steuerschuldner
- Angabe AO 119 9
- atypische stille Gesellschaft AO 44 1

Steuerschuldverhältnis
- Ansprüche, Erstattungsberechtigter AO 37 1
- Ansprüche, Fälligkeit AO 220 1
- Entstehung der Ansprüche bei mehrfacher Änderung der Steuerfestsetzung AO 38 2
- Leistungen an Dritte AO 48 1
- Treu und Glauben AO 38 4
- Verwirklichung der Ansprüche aus dem ~ AO 218 1

Steuerstraftat
- Abgabe der Strafsache an Staatsanwaltschaft Anh 12 8
- Ankauf von Steuer-CDs AO 116 1
- Definition Anh 12 6
- Straftaten gleichgestellte ~ Anh 12 7
- Verdacht Anh 4 8
- Verdacht bei einer Betriebsprüfung Anh 4 8
- Vorspiegelung eines erheblichen Sachverhalts Anh 12 7
- Zuständigkeit nach Erlass eines Haftbefehls Anh 12 8
- Zuständigkeit, mehrfache, im Ermittlungsverfahren Anh 12 9
- Zuständigkeit, örtliche, im Ermittlungsverfahren Anh 12 9

Steuerstrafverfahren
- Akteneinsicht Anh 12 14
- Auskunftsersuchen an Dritte Anh 12 59
- Behandlung von Einwendungen Anh 12 44
- Belehrung über Einleitung Anh 12 11
- Bevollmächtigung, Nachweis und Dauer Anh 12 13
- Beweissicherung Anh 12 18
- Einstellung Anh 12 38
- Einwendungen, Wirkung Anh 12 45
- Ermittlungen durch die Außenprüfung AO 208 10
- Ermittlungen, Ziel und Umfang Anh 12 16
- Mitteilung über die Einleitung Anh 12 11
- Rechte und Pflichten der Finanzbehörde im Ermittlungsverfahren der Staatsanwaltschaft Anh 12 42
- Rechte und Pflichten der Finanzbehörde im gerichtlichen Verfahren Anh 12 43
- Schutz von Bankkunden, Bankgeheimnis AO 30a 2
- Unterstützung durch andere Behördenstellen Anh 12 19
- Verbindung und Abtrennung des Verfahrens Anh 12 16

Stichwortverzeichnis

- Verfolgung, Absehen und
  Beschränkung **Anh 12** 17
- Vermerk über Einleitung **Anh 12** 11
- Vernehmung **Anh 12** 20
- Verteidiger, Wahl und Bestellung **Anh 12** 12
- Verteidigerausschluss **Anh 12** 15
- Verteidigerstellung **Anh 12** 13

Steuervergünstigung
- Anforderung an die Satzung **AO 60** 1
- Ausschluss durch gesellige
  Zusammenkünfte **AO 58** 1
- Betätigungen, unschädliche **AO 58** 1
- Hinterziehungszinsen **AO 235** 2
- Steuergeheimnis, Abhängigkeit der Gewährung
  von Verhältnissen Dritter **AO 30** 5
- Umfang **AO 64** 1

Steuervergütung
- Hinterziehungszinsen **AO 235** 2

Steuerverkürzung
- Haftung des Vertretenen **AO 70** 1
- Hinterziehungszinsen **AO 235** 2
- Leichtfertigkeit, individuelle Fertigkeiten des
  Steuerpflichtigen **AO 378** 1

Steuerverkürzung, leichtfertige
- Zollzuschlag **AO 378** 3

Steuervorteil
- Hinterziehungszinsen **AO 235** 2

Steuerzahler, pünktlicher
- Erlass von Säumniszuschlägen **AO 240** 2

Steuerzahlung
- Verlustrisiko, Pflichtverletzung des FA bei
  Scheckannahme **AO 224** 3

StGB
- Auszug **Anh 13**

Stiftung
- Aufhebung, Rückerhalt der Zuwendung **AO 55** 1
- Grabpflege des Stifters,
  steuerunschädliche **AO 58** 1
- Unterhaltsgewährung,
  steuerunschädliche **AO 58** 1
- Zuwendungsgrenze **AO 58** 1

Stille Gesellschaft
- Einspruchsbefugnis bei atypisch ~ **AO 352** 2

Stoffbeistellung
- Definition **Anh 7** 18

Straf- und Bußgeldverfahren
- Behandlung der Eingänge bei BuStra und
  Steufa **Anh 12** 3
- bundeseinheitliche Anweisungen **Anh 12** 1
- Gehör, rechtliches **Anh 12** 2
- Legalitätsprinzip **Anh 12** 4
- Steuergeheimnis **Anh 12** 54
- Verfahrensgrundsätze **Anh 12** 2
- Zusammenarbeit der Dienststellen der
  Finanzverwaltung **Anh 12** 55

Strafbefehl
- Antrag auf Erlass **Anh 12** 39
- Antragstellung **Anh 12** 41
- Rechtsmittel **Anh 12** 41

Strafbemessung
- Geldstrafe **Anh 12** 40
- Tagessatz **Anh 12** 40

Strafgefangener
- Pfändungsschutz des Arbeitsentgelts **AO 319** 2

Strafgerichtliche Feststellungen
- Einwendung im finanzgerichtlichen
  Verfahren **FGO 76** 3

Strafgesetzbuch (StGB)
- Auszug **Anh 13**

Straftat, nichtsteuerliche
- Strafanzeige, Strafantrag wegen ~,
  Steuergeheimnis **AO 30** 13

Strafverfahren
- Abschluss **Anh 12** 38
- Einleitung **Anh 12** 10
- Einstellung **Anh 12** 38
- Ermittlungsverfahren, selbständiges **Anh 12** 5
- keine Aussetzung des Besteuerungsverfahrens bis
  zum Abschluss des Strafverfahrens **AO 393** 6
- Legalitätsprinzip **Anh 12** 4
- Mitwirkungspflicht des Beschuldigten im Besteue-
  rungsverfahren; Schätzung **AO 393** 6
- Verhältnis zum Besteuerungsverfahren **Anh 12** 4
- Zuständigkeit **Anh 12** 5

Strafverfolgung
- Absehen und Beschränkung **Anh 12** 17

Strafzumessung
- Kriterien **Anh 12** 37
- Milderungsgründe **Anh 12** 37

Streitgegenstand
- Schätzung **FGO 65** 2

Streitgenossenschaft
- Kosten, notwendige **FGO 136** 1
- Rücknahme der Klage durch ~ **FGO 59** 1
- Verbindung mehrerer Klageverfahren **FGO 59** 4

Streitwert
- Verfahren des vorläufigen
  Rechtsschutzes **FGO 69** 33

Strohmann
- Zurechnung **AO 41** 6

Stufendivisionskalkulation
- Definition **Anh 7** 22

Stundung
- Mitwirkung des BMF **AO 222** 2
- Rechtsschutz, vorläufiger **FGO 114** 6
- Säumniszuschläge **AO 240** 3
- technische Stundung **AO 222** 4
- Unterbrechung der Verjährung **AO 231** 1
- Verrechnungsstundung **AO 222** 4

Stichwortverzeichnis

- Voraussetzungen **AO 222** 1
- Widerruf als vollziehbarer Verwaltungsakt **AO 361** 2
- Zustimmungsgrenzen, Ländererlass **AO 222** 3

Stundungszinsen
- Aufrechnung **AO 234** 9
- Erhebung **AO 234** 1
- Festsetzung **AO 234** 1
- Kleinbetragsregelung, Anwendung **AO 234** 4
- Ratenstundung **AO 234** 4
- Verzicht **AO 234** 9
- Zinsberechnung **AO 234** 4
- Zinslauf **AO 234** 3

Subvention
- Mitteilung der Finanzbehörden **AO 31a** 1

Subventionsbetrug
- Festsetzungsfrist **AO 169** 4
- Haftung **AO 71** 4
- Steuergeheimnis **AO 30** 9
- StGB **Anh 13** 13

T

Täter
- StGB **Anh 13** 1

Täterschaft
- Definition **AO 369** 1

Tateinheit
- Steuerhinterziehung durch Unterlassen **AO 370** 55
- Steuerhinterziehung, Abgabe mehrerer verschiedener Steuererklärungen **AO 370** 32
- StGB **Anh 13** 5

Tatmehrheit
- StGB **Anh 13** 6

Tatsache
- Bekanntwerden, nachträgliches **AO 173** 1

Tatsache, neue
- Begriffsdefinition **AO 173** 6
- Beweislast **AO 173** 18
- erneute Änderung nach Aufhebung im Einspruchsverfahren **AO 173** 16
- Feststellung der Verfassungswidrigkeit eines Steuergesetzes **AO 173** 6
- Hinzuziehung archivierter Akten **AO 173** 13
- kein rückwirkendes Ereignis **AO 175** 2
- Kindergeld, Einkünfte des Kindes **AO 173** 17
- programmgesteuerte Steuerfestsetzung **AO 173** 11
- Rechtserheblichkeit **AO 173** 6
- Rechtsfehler und ~ **AO 173** 8
- Rechtsfehlerberichtigung **AO 173** 28
- Steuerverkürzung durch Finanzbeamten **AO 173** 12

Tatsächliche Verständigung
- Sachverhalt **AO 88** 2
- Steuerfestsetzung **AO 88** 2

Teil-Unterschiedsbeträge
- Vollverzinsung **AO 233a** 5f.

Teilrücknahme
- Wirkung des Verwaltungsakts **AO 365** 1

Telefax
- Bekanntgabe einer Einspruchsentscheidung **AO 366** 2
- elektronisches ~ mit eingescannter Unterschrift **FGO 120** 10
- Übermittlung eines fristgebundenen Schriftsatzes **FGO 54** 3
- Zeitpunkt des Zugangs **FGO 54** 3

Telekommunikationsüberwachung
- Durchführung **Anh 12** 36
- Zulässigkeit **Anh 12** 36

Termin
- Definition **AO 108** 1 f.

Terminsänderung
- Urlaub **FGO 155** 13

Terrorismusfinanzierung
- Anzeige von Verdachtsfällen **Anh 15** 3
- Anzeigen von Behörden **Anh 15** 3
- Aufsicht **Anh 15** 4
- Aufzeichnungs- und Aufbewahrungspflicht **Anh 15** 2
- Ausführung der Sorgfaltspflichten durch Dritte **Anh 15** 2
- Bargeld **Anh 15** 1
- Begriffsbestimmungen **Anh 15** 1
- Bundeskriminalamt **Anh 15** 3
- Bußgeldvorschriften **Anh 15** 4
- elektronisches Geld **Anh 15** 1
- Freistellung von der Verantwortlichkeit **Anh 15** 3
- Identifizierung **Anh 15** 1; **Anh 15** 2
- interne Sicherungsmaßnahmen **Anh 15** 2
- Sorgfaltspflichten **Anh 15** 2
- Verbot der Informationsweitergabe **Anh 15** 3
- Verpflichtete **Anh 15** 1
- Zentralstelle für Verdachtsanzeigen **Anh 15** 3

Testamentsvollstreckung
- Bekanntgabe von Steuerverwaltungsakt **AO 122** 21

Tilgung
- Wirkung auf Zahlungen über die festgesetzte Steuer hinaus **AO 47** 4

Titular-Geschäftsführer
- mangelnde Leitungsbefugnisse **AO 34** 9

Totalisator
- Gemeinnützigkeit **AO 65** 2

Treu und Glauben
- Ablauf der Festsetzungsfrist **AO 169** 6
- Änderung von Steuerbescheiden **AO 172** 9

Stichwortverzeichnis

- Auswirkung auf Steuerschuldverhältnis **AO 38** 4
- Bedeutung im Steuerrecht **AO 4** 2
- norminterpretierende Verwaltungsanweisungen **AO 4** 8
- Rückforderung **AO 37** 14
- Selbstbindung der Verwaltung **AO 4** 8
- Unverbindliche Auskunft **AO 4** 13

Treuhänder
- mehrstufiges Feststellungsverfahren **AO 179** 11

Treuhandschaft
- Auskunftsverweigerungsrecht bei Nachweis **AO 159** 1
- Nachweis **AO 159** 1

Treuhandvereinbarung
- wirtschaftliches Eigentum **AO 39** 3

Treuhandverhältnis
- Berücksichtigung **AO 179** 2
- Ehegatten **AO 39** 22

U

Übersetzer Anh 14

Übersetzung
- Anträge, fremdsprachliche **AO 87** 1

Umbuchung
- Organschaft **AO 226** 32
- Tilgungswirkung **AO 226** 32

Umsatzsteuer
- Bestandskraft **AO 172** 4
- örtliche Zuständigkeit im Ausland ansässiger Unternehmer **AO 21** 1
- Vollverzinsung, fehlerhafte Endrechnung **AO 233a** 9

Umsatzsteuer-Voranmeldung
- Verlust der Wirksamkeit durch Jahressteuerfestsetzung **AO 124** 9

Umsatzsteuerbefreiung
- Verzicht auf ~ in Kenntnis der Zahlungsunfähigkeit, Haftung des gesetzlichen Vertreters **AO 34** 3

Umweltstraftaten
- Steuergeheimnis **AO 30** 9

Unanfechtbarkeit
- Bedeutung **AO 168** 4

Unbewegliches Vermögen
- Vollstreckung in ~ **Anh 9** 1

Unbilligkeit
- Erhebung ESt **AO 163** 7
- Vollstreckung **Anh 4** 9

Unentgeltlichkeit
- Umwandlung in Entgeltlichkeit **AO 191** 4

Unmittelbarkeit
- Gemeinnützigkeit **AO 57** 1

Untätigkeitsklage
- Anfechtungsklage, Fortsetzung als **FGO 40** 25
- Erhebung vor Ablauf der Sechsmonatsfrist **FGO 46** 2
- Fortsetzung als Anfechtungsklage **FGO 44** 7
- Zurückweisung des Einspruchs während ~ **FGO 46** 3
- Zweck **FGO 46** 6

Unterbeteiligung
- Feststellung, gesondert und einheitlich **AO 179** 2f.

Unterhaltsstreitigkeiten
- Steuergeheimnis **AO 30** 9

Unternehmer, gewerbliche
- Aufzeichnung Wareneingang **AO 143** 1; **AO 144** 1

Unterschrift
- bestimmende Schriftsätze im FG-Verfahren, eingescannte ~ **FGO 120** 10
- Wirksame Steuerfestsetzung aufgrund nicht unterschriebener Steuererklärung **AO 124** 8

Unterschrift, eigenhändige
- Bevollmächtigter, Hinweis **AO 80** 3

Untersuchungsausschuss
- Steuergeheimnis **AO 30** 11

Untersuchungsgrundsatz
- Verpflichtung der Finanzbehörde **AO 88** 1

Urkundenvorlage
- Aufbewahrung von privaten Belegen **AO 97** 1
- Ausdruck von pdf-Dateien **AO 97** 1
- Notar **AO 104** 2
- Verlangen, Voraussetzungen **AO 97** 2
- Verweigerung **AO 104** 1

Urteil
- Bezugnahme auf andere Entscheidung **FGO 105** 4
- Rechtsmittelbelehrung **FGO 105** 1
- Zustellung ein Jahr nach Verkündung **FGO 104** 2

Urteil, rechtskräftiges
- Bindungswirkung **FGO 110** 3

Urteilsbegründung
- verkündetes Urteil **FGO 105** 7

Urteilsberichtigung
- Unrichtigkeit, offenbare **FGO 107** 2

Urteilsergänzung
- Tatbestand **FGO 109** 1

V

Veranlagung, betriebsnahe
- Ermessensentscheidung **AO 85** 1

Veranstaltung, gesellige
- Begriffsbestimmung **AO 68** 7

Stichwortverzeichnis

Verbindliche Auskunft
- Änderung AO 89 7
- Antragsteller AO 89 4
- Anwendung der StAuskV AO 89 10
- Aufhebung AO 89 7
- Berichtigung AO 89 7
- Bindungswirkung AO 89 7
- Einspruch AO 89 8
- Erteilung AO 89 6
- Festsetzung von Gebühren AO 89 9
- Form und Inhalt eines Auskunftsantrags AO 89 5
- Gebühr AO 89 9
- Gebühren, Anwendungsregelung 2011 Anh 1 10
- Gegenstandswert AO 89 9
- Rechtsbehelf AO 89 8
- Rechtsnachfolge AO 89 7
- Rechtsverordnung AO 89 2
- Rechtswidrigkeit AO 89 7
- Rücknahme AO 89 7
- Steuer-Auskunftsverordnung AO 89 2
- Voraussetzungen AO 89 5
- Widerruf AO 89 7
- Zeitgebühr AO 89 9
- Zuständigkeit AO 89 4

Verbindliche Zusage
- einstweilige Anordnung auf Erteilung FGO 114 15
- Rechtsmittel gegen Ablehnung AO 204 1
- Voraussetzung einer Außenprüfung AO 193 1

Verböserung
- Entbehrlichkeit des Hinweises AO 367 9
- Zulässigkeit AO 367 2
- Zulässigkeit nach Teilabhilfe AO 367 10

Verbraucherinsolvenzverfahren Anh 9 7
- Bekanntgabe von Steuerverwaltungsakt AO 122 18

Verbrauchsteuer
- Umsatzsteuer keine ~ AO 172 4

Verbrechen
- Steuergeheimnis AO 30 9

Verbundene Verfahren
- Kläger, unterschiedliche FGO 43 3
- Trennung FGO 43 2

Verdachtsnachschau, verbrauchsteuerrechtliche
- Wohnungsdurchsuchung AO 210 1

Verein
- Haftung des Vorsitzenden für steuerliche Verbindlichkeiten AO 34 5
- Vorsitzender als gesetzlicher Vertreter AO 34 7

Verfahren
- Einwendung gegen strafgerichtliche Feststellungen FGO 76 3
- Hinzuziehung AO 360 1
- Personen, ausgeschlossene AO 82 1

Verfahren vor Finanzgericht Anh 2 1

Verfahrensfehler
- Heilung AO 126 1

Verfahrensmangel
- Entscheidung ohne mündliche Verhandlung FGO 119 17

Verfahrensverbindung
- Ermessen FGO 73 3

Verfall
- StGB Anh 13 8

Verfassungswidrigkeit
- Aussetzung des finanzgerichtlichen Verfahrens wegen Musterverfahren FGO 74 7f.
- Billigkeitsmaßnahmen bei Klagerücknahme AO 163 8
- Erlass wegen ~ AO 227 1
- Rechtsschutzbedürfnis AO 350 1

Verfolgungsverjährung
- Anwendungsregelung Anh 1 9

Verfügungsberechtigter
- Bank als ~, Einflussnahme auf Geschäftsführung und Vermögensdispositionen AO 35 3
- GmbH-Gesellschafter AO 35 4
- zivilrechtliche Verfügungsmacht im Außenverhältnis AO 35 3

Verfügungsmacht
- Erlöschen AO 36 1
- zivilrechtliche ~, Verfügungsberechtigung AO 35 3

Vergleichsbetriebe
- Schätzung, Steuergeheimnis AO 30 5

Verjährung
- Beginn AO 229 1
- Erlöschen des Steueranspruchs, Prüfung von Amts wegen AO 47 6
- Gegenstand AO 228 1
- Hinterziehungszinsen AO 235 7
- StGB Anh 13 10

Verjährungsfrist
- Ermittlungshandlung AO 171 18

Verkündung
- Geschäftsstelle FGO 105 8

Verlobte
- Angehörige AO 15 1

Verlustabzug
- Einwand AO 351 8

Verlustausgleich
- Körperschaft, gemeinnützige AO 55 1

Verlustrücktrag
- Entstehungszeitpunkt des Steuererstattungsanspruchs AO 38 1
- Rechtsfehlerkompensation AO 177 2
- Vollverzinsung AO 233a 3, 5f.

Stichwortverzeichnis

Verlustzuweisungsgesellschaften
- Geltendmachung von negativen Einkünften AO 180 7

Vermietung und Verpachtung
- örtliche Zuständigkeit für gesonderte und einheitliche Feststellung AO 18 3

Vermögensbindung
- Änderung AO 61 4
- Auflösung der Körperschaft AO 61 1
- Festsetzungsverjährung AO 61 2 ff.
- Satzungsmängel AO 61 5
- Satzungsregelung AO 61 3

Vermögensteuer
- Vollverzinsung AO 233a 7

Vermögensverwaltende Gesellschaft
- Feststellung der Einkünfte eines betrieblich Beteiligten AO 180 25
- Umqualifizierung der Einkünfte AO 180 25
- Zebragesellschaft AO 180 25

Vernehmung
- Aussage, schriftliche Anh 12 23
- Durchführung Anh 12 21
- Ladung Anh 12 20
- Nichterscheinen des Beschuldigten Anh 12 23
- Nichterscheinen des Zeugen Anh 12 24
- Niederschrift Anh 12 22
- Rechtsstellung des Zeugen Anh 12 20

Verpfändung
- Anzeige des Gläubigers AO 46 1

Verpflichtungsklage
- Folgebescheid, Korrektur FGO 40 22

Verrechnung
- Vertrag AO 226 31

Verrechnungssatzverfahren
- Definition Anh 7 22

Verrechnungsvertrag
- auflösende Bedingung AO 226 8

Verschulden
- Antrag auf Verlustberücksichtigung AO 173 22
- grobes ~ des Steuerpflichtigen AO 173 3
- unbeachtlich AO 173 1, 3
- Verspätungszuschlag AO 152 1

Versicherung an Eides statt
- Weigerung AO 95 1

Verspätungszuschlag
- Abgabe-Schonfrist AO 152 9
- Anwendungsregelung Anh 1 3
- Festsetzung gegen Kapitalgesellschaft AO 152 5
- Festsetzung gegenüber Ehegatten AO 152 5
- Festsetzung, einheitliche und gesonderte Feststellung AO 152 1
- Herabsetzung Steuerschuld AO 152 3
- Notwendigkeit einer Begründung AO 152 1
- Sanktion und Prävention AO 152 8

- Steuerhinterziehung AO 370 13
- Übergang auf Gesamtrechtsnachfolger AO 45 2
- Überprüfung AO 152 2
- Verwaltungsakt AO 152 6

Verständigung
- Rechtsfrage AO 88 8
- Übernahme von Steuerschulden, Dritter AO 85 6

Versteigerer
- Aufzeichnungspflicht, außersteuerliche AO 140 1

Vertrauensschutz
- Änderung der Rechtsprechung, Zeitpunkt AO 176 11
- Auskunft AO 163 9
- Entwicklung der Rechtsprechung AO 176 8
- Rechtsprechungsänderung AO 176 9
- Treu und Glauben zu Gunsten der Finanzbehörde AO 176 1
- verbindliche Zusage AO 163 9

Vertreter
- Bestellung AO 81 2
- Bestellung von Amts wegen AO 81 1
- Rechte und Pflichten des Betreuers AO 79 1
- Verfahrenshandlung AO 81 2

Vertretungsmacht
- Auskunftsverweigerungsrecht nach Erlöschen der ~ AO 36 1
- Entschädigungsanspruch nach Erlöschen der ~ AO 36 1

Verwaltungsakt
- Abrechnungsbescheid AO 118 4, 8
- Änderung, Voraussetzung AO 172 3
- an Verstorbenen AO 119 7
- Anrechnungsverfügung AO 118 10
- Antrag auf Zwangsversteigerung AO 118 5
- Aufhebung bei Erlass durch unzuständige Behörde AO 127 2
- Aufrechnungserklärung AO 226 9
- Auslegung nach Treu und Glauben AO 120 2
- Begründung bei Steuerhinterziehung AO 121 8
- Begründung, Fehlen der vorgeschriebenen AO 121 1
- Beitreibungsersuchen AO 118 13
- Bindungswirkung anderer ~ AO 351 1
- Ergänzung AO 131 7
- Ergänzungsprüfungsanordnung AO 118 11
- erzwingbarer ~ AO 328 1
- Festlegung des Prüfungsbeginns AO 197 2
- Hinzutreten eines weiteren ~ AO 131 1
- Lohnsteuer-Anrufungsauskunft AO 118 12
- Mehrdeutigkeit AO 125 6
- Nebenbestimmung, Voraussetzung AO 120 1
- Neuberechnung der Steuer AO 118 9
- Neuberechnung der Steuer nach § 100 FGO FGO 100 21
- nicht erzwingbarer ~ AO 328 1
- Rechtmäßigkeit AO 131 1

1274

Stichwortverzeichnis

- rechtswidrige, nicht begünstigende ~ **AO 130** 1
- Rechtswidrigkeit **AO 130** 1
- Verlangen nach Empfängerbenennung **AO 118** 6
- Verlangen zur Benennung der Zahlungsempfänger **AO 160** 1
- vorläufiger Rechtsschutz bei Antrag auf Nichtigkeitsfeststellung **FGO 114** 5
- Widerruf rechtswidriger ~ **AO 130** 4
- Widerruf, nachträglich eingetretene Tatsache **AO 131** 2
- Wirksamwerden des Widerrufs **AO 131** 1

Verwaltungsanweisung
- Auslegung **AO 4** 6
- Nichtanwendungserlass **AO 4** 10
- Selbstbindung der Verwaltung **AO 5** 2

Verwaltungsausgaben
- Selbstlosigkeit, Angemessenheit von ~ **AO 55** 1

Verwaltungsvorschriften
- Berücksichtigung bei Ermessensausübung **AO 5** 1
- keine Bindung der Finanzgerichte **AO 4** 4

Verwaltungszustellungsgesetz (VwZG) **Anh 2**

Verweisungsbeschluss
- verschiedene Gerichtszweige **FGO 39** 2

Verwendungsverbot
- Offenbarung einer nichtsteuerlichen Straftat im Rahmen einer Selbstanzeige **AO 393** 5

Verwertung
- Aussetzung **Anh 9** 1
- gepfändeter Sachen **Anh 9** 1

Verwertungsverbot **Anh 12** 60
- Abgabe einer Steuererklärung während eines Steuerstrafverfahrens für frühere Besteuerungszeiträume **AO 393** 7
- Auskunft trotz Auskunftsverweigerungsrecht **AO 101** 1
- Beschwerde gegen Prüfungsanordnung **AO 196** 1
- Besteuerung **AO 85** 5
- Ermittlungen der Steuerfahndung, Schutz von Bankkunden **AO 30a** 6 ff.
- Fernwirkung **AO 88** 11
- unterlassene Belehrung nach § 393 AO **AO 393** 11
- Verletzung von Verfahrensvorschriften **AO 393** 11

Verwirkung
- Verhalten der Finanzbehörde **AO 4** 14
- Zeit- und Umstandsmoment **AO 4** 14

Verzicht auf Steuerbefreiung
- rückwirkendes Ereignis **AO 175** 7

Verzinsung
- Erstattungsansprüche **AO 236** 5

- Erstattungsansprüche aus Rechtsbehelfsverfahren **AO 236** 5
- Verzögerung im FA **AO 233a** 9

Verzögerungsgeld
- Verletzung von Mitwirkungspflichten **AO 146** 6

Vollabhilfebescheid
- Einspruch statthaft **AO 367** 11

Vollbeendigung
- Bekanntgabe an Personengesellschaft nach ~ **AO 183** 7

Vollmacht
- Nachweis im finanzgerichtlichen Verfahren **FGO 62** 1
- Nachweisverlangen **AO 80** 1

Vollschätzung
- Anwendung **AO 158** 1

VollstrA **Anh 8**

Vollstreckbarkeit
- Finanzgericht, vorläufige ~ von Kostenentscheidungen **FGO 151** 1

Vollstreckung
- Anfechtung außerhalb des Insolvenzverfahrens **Anh 9** 1
- Anordnung **Anh 9** 1
- Arrest **Anh 9** 1
- Aufhebung von Maßnahmen **Anh 9** 1
- bei Vermögensübernahme **Anh 9** 1
- Beschränkung **Anh 9** 1
- eidesstattliche Versicherung **Anh 9** 1
- Einleitung **Anh 9** 1
- Einstellung **Anh 9** 1
- Einwendungen **Anh 9** 1
- Ersuchen **AO 250** 1
- Finanzrechtsweg für Maßnahmen gegen ~ **FGO 33** 7
- gegen Ehegatten **Anh 9** 1
- gegen Erben **Anh 9** 1
- gegen Nachlass **Anh 9** 1
- gegen nichtrechtsfähige Personenvereinigung **Anh 9** 1
- gegen Nießbrauch **Anh 9** 1
- gegen Vermächtnisnehmer **Anh 9** 1
- Herausgabeanspruch **Anh 9** 1
- in Forderungen und andere Vermögensrechte **Anh 9** 1
- in Sachen **Anh 9** 1
- in unbewegliches Vermögen **Anh 9** 1
- juristische Person des öffentlichen Rechts **Anh 9** 1
- Pfändung einer durch Hypothek gesicherten Forderung **Anh 9** 1
- Pfändung und Einziehung einer Geldforderung **Anh 9** 1
- Unbilligkeit **Anh 9** 1
- unrichtige Sachbehandlung **AO 346** 1
- Verwaltungsakt **Anh 9** 1

Stichwortverzeichnis

- Verwertung gepfändeter Sachen **Anh 9** 1
- Voraussetzungen für den Beginn **Anh 9** 1
- Vorbereitung **Anh 9** 1

Vollstreckungs- und Insolvenzantrag **Anh 9** 1

Vollstreckungsanweisung (VollstrA) **Anh 8**

Vollstreckungsaufschub
- Säumniszuschläge **AO 240** 3
- Unterbrechung der Verjährung **AO 231** 3

Vollstreckungsauftrag
- Angabe des Schuldgrundes **AO 260** 1
- Vollstreckung in Sachen **Anh 9** 1

Vollstreckungsbehörden **Anh 9** 1

Vollstreckungsersuchen
- Amtshilfe **Anh 9** 1
- Ausführung **Anh 9** 1
- zwischenstaatliche Vollstreckungshilfe **Anh 9** 1

Vollstreckungsverfahren **AO 30** 5
- Vollstreckungstitel **AO 254** 2

Vollverzinsung
- Anpassung der Vorauszahlungen **AO 233a** 5
- Billigkeitserlass **AO 233a** 33
- Billigkeitsmaßnahmen **AO 233a** 9
- Einfuhrumsatzsteuer **AO 233a** 35
- Einkünfte aus Land- und Forstwirtschaft **AO 233a** 3, 28
- Erlass von Nachzahlungszinsen **AO 233a** 24
- erstmalige Steuerfestsetzung **AO 233a** 5
- freiwillige Zahlungen **AO 233a** 5, 9
- Geltungsbereich **AO 233a** 2
- Geschäftsveräußerung im Ganzen, Unbilligkeit **AO 233a** 10
- Gewinnausschüttung **AO 233a** 3
- Gläubiger der Zinsen **AO 233a** 2
- Grundlagenbescheid **AO 233a** 12
- Insolvenz, Aufrechnung mit Erstattungszinsen **AO 226** 29
- Kindergeldnachzahlung **AO 233a** 26
- Korrektur der Steuerfestsetzung oder der Anrechnung von Steuerbeträgen **AO 233a** 6
- Mehrsoll **AO 233a** 5 f.
- Mindersoll **AO 233a** 5 f.
- NV-Fälle **AO 233a** 7
- rückwirkendes Ereignis **AO 233a** 3, 5 f., 12
- rückwirkendes Ereignis im Feststellungsverfahren **AO 233a** 32
- Schuldner der Zinsen **AO 233a** 2
- Steuerabzugsbeträge **AO 233a** 34
- steuerliche Nebenleistungen **AO 233a** 8
- Teil-Unterschiedsbeträge **AO 233a** 5 f.
- Typisierung des Zinsvorteils **AO 233a** 33
- Umsatzsteuer, fehlerhafte Endrechnung **AO 233a** 9
- Unbilligkeit **AO 233a** 9
- Unterschiedsbetrag bei Änderung der Steuerfestsetzung **AO 233a** 22
- Verfassungsmäßigkeit **AO 233a** 33
- Verlustrücktrag **AO 233a** 3, 5 f., 31
- Verlustrücktrag, Unterschiedsbetrag gleich Null **AO 233a** 29
- Vermögensteuer **AO 233a** 7
- Verzögerung im FA **AO 233a** 10
- voller Zinsmonat **AO 233a** 3
- Zielsetzung **AO 233a** 9
- Zinsberechnung **AO 233a** 4
- Zinslauf **AO 233a** 3
- zinslaufende bei Erstattungszinsen **AO 233a** 10
- Zinssatz **AO 233a** 33

Vollziehungsaussetzung
- summarische Prüfung **AO 361** 3
- Voraussetzungen **AO 361** 2

Vollzugsdefizit
- strukturelles ~, Beschränkungen der Steuerfahndung **AO 208** 18

Vorauszahlung
- Berichtigungspflicht **AO 153** 1
- Erstattungsanspruch **AO 37** 11
- Herabsetzung, Säumniszuschläge **AO 240** 3
- Hinterziehungszinsen **AO 235** 2
- Vollverzinsung, Anpassung der ~ **AO 233a** 5

Vorbehalt der Nachprüfung
- Ablauf der Festsetzungsfrist **AO 164** 2
- Änderung des Steuerbescheides **AO 164** 3
- Änderung nach Mitteilung i.S. des § 202 Abs. 1 Satz 3 AO **AO 164** 6
- Aufhebung **AO 121** 3; **AO 164** 3, 16
- Aufnahme während Einspruchsverfahrens **AO 367** 1
- Entfallen **AO 164** 3
- Folgen des Unterbleibens **AO 164** 17
- Hinweispflicht bei Aufhebung **AO 367** 1
- Liebhaberei **AO 164** 16
- Steuerfestsetzung **AO 164** 3
- Unanfechtbarkeit der Steuerfestsetzung **AO 168** 4
- Verböserung **AO 164** 17 f.
- Vertrauensschutz **AO 164** 2, 15
- Vorläufigkeitserklärung bei Aufhebung **AO 164** 16
- Wegfall des Nachprüfungsvorbehalts mit Verjährungseintritt **AO 164** 13 f.
- Wirksamkeit trotz Rechtsbehelfsverfahren **AO 164** 5
- Zulässigkeit **AO 164** 1

Vorbescheid
- Antrag auf mündliche Verhandlung nach Ergehen **FGO 90** 1

Vorbetrieb
- eigener, Definition **Anh 7** 18

Vordrucke
- Amtlich vorgeschriebene ~ **AO 150** 4
- Grundsätze für die Verwendung **AO 150** 4
- maschinelles Ausfüllen **AO 150** 4
- Verwendung nichtamtlicher ~ **AO 150** 4

Stichwortverzeichnis

Vorkalkulation
- Definition Anh 7 21

Vorläufige Steuerfestsetzung
- Aussetzung der Vollziehung AO 165 2
- Klage gegen Nebenbestimmung AO 165 5
- Liebhaberei AO 165 3
- Musterverfahren AO 165 2
- Umfang, Ermittlung durch Auslegung AO 165 4
- Voraussetzung AO 165 6
- Zulässigkeit AO 165 1

Vorläufiger Rechtsschutz
- Abhängigkeit von Klageart FGO 41 4
- negativer Gewinnfeststellungsbescheid FGO 69 7

Vorläufigkeit
- Ablaufhemmung AO 171 1
- Berichtigung von Rechtsfehlern AO 177 5
- Erledigung eines Rechtsstreits in der Hauptsache AO 165 16
- Ermessensentscheidung AO 165 15
- Korrektur anderer Fehler AO 165 14
- Steuerfestsetzung, Änderung AO 165 20
- Umfang AO 165 1
- Umfang der ~ bei Musterverfahren AO 165 19
- Zweifel an rechtlicher Beurteilung AO 165 13

Vorläufigkeitsvermerk
- Nichtigkeit AO 165 10
- Unwirksamkeit AO 165 21

Vorschaurechnung
- betriebliche Anh 7 24

Vorverfahren
- Sachentscheidungsvoraussetzung FGO 44 1 f.
- Unzulässigkeit der Klage ohne ~ FGO 44 1 f.

VwZG Anh 2

W

Wahlrecht
- Ausübung, Bestandskraft Vor 172 2

Warenbeschaffung
- Begriff der Nebenkosten Anh 7 5

Wareneingang
- Definition Anh 7 4
- Ermittlung, Formel Anh 7 4

Wertpapiere
- Verwertung gepfändeter ~ Anh 9 1

Wertsteigerungen
- Körperschaft, gemeinnützige AO 55 1

Wertzeichenfälschung
- StGB Anh 13 11

Widerruf
- Erlass AO 131 1
- Verwaltungsakt, rechtswidriger AO 130 4

Widerstreitende Steuerfestsetzung
- Änderung zu Lasten eines anderen Stpfl. AO 174 2
- Erkennbarkeit der Nichtberücksichtigung eines Sachverhaltes AO 174 2
- geänderte Beurteilung der Einkünfteerzielungsabsicht AO 174 2

Wiederaufnahme des Verfahrens
- Antragsinhalt, notwendiger FGO 134 3
- gegen Beschluss des BFH FGO 134 2

Wiederaufnahmeverfahren
- nach Einzelrichterentscheidung FGO 79a 2

Wiedereinsetzung in den vorigen Stand
- Adressierungsfehler AO 110 5
- Anfechtung der Entscheidung AO 110 17
- Beschwerdebegründungsfrist FGO 56 21
- Büro-Versehen FGO 56 27
- Eingangsstempel des Gerichts FGO 56 32
- Elektronische Fristenkontrolle, Unterbrechung FGO 56 35
- Erläuterungen zum Bescheid an Berater AO 110 3
- Fehler eines Mitarbeiters FGO 56 23
- Fristversäumung durch FA FGO 56 31
- Geschäfts-/Dienstreisen FGO 56 5
- Gesetzesänderung FGO 56 18
- Gründe, Mitteilungsfrist AO 110 14
- Grundsätze der FGO, Geltung für Finanzbehörde FGO 56 26
- Hilfspersonen, Hinzuziehung von bei Fristwahrung FGO 56 7
- Jahresfrist für Nachholung AO 110 15
- Kontrollpflicht bei Unterauftrag FGO 56 13
- Kündigung der Prozessvollmacht FGO 56 20
- Mandatsniederlegung des Prozessbevollmächtigten FGO 56 1
- Nachschieben von Anträgen auf ~ nach Fristablauf FGO 56 34
- Nichteinhaltung der Jahresfrist wegen höherer Gewalt AO 110 15
- Postlaufzeit FGO 56 28
- Telefax-Übermittlung FGO 56 22, 29
- Versäumnis der Revisionsbegründungsfrist FGO 56 12
- Versand über Postaustausch FGO 56 14
- Verzögerung der Briefbeförderung AO 110 2
- Vortrag der Wiedereinsetzungsgründe FGO 56 33
- Vortrag nach Ablauf der Zweiwochenfrist FGO 56 19

Wiedereröffnung
- mündliche Verhandlung FGO 93 4

Wirtschaftliche Betrachtungsweise
- Besteuerungsgrundsätze AO 41 2

Wirtschaftlicher Einsatz Fertigungslöhne
- Definition Anh 7 6
- Formel zur Ermittlung Anh 7 6

1277

Stichwortverzeichnis

Wirtschaftlicher Geschäftsbetrieb AO 55 3
- Altmaterialsammlung AO 64 2
- Auftragsforschung AO 68 6
- Bandenwerbung AO 64 4
- Besteuerungsgrenze AO 64 2
- Beteiligung an einer
  Personengesellschaft AO 64 5
- Einnahmen aus sportlichen
  Veranstaltungen AO 64 2
- Feststellung AO 182 3
- Forschungseinrichtung AO 64 6
- Gewinnermittlung AO 64 2
- leistungsbezogene Einnahmen AO 64 2
- Nachhaltigkeit, Begriff AO 64 1
- Pachteinnahmen AO 64 7
- pauschale Gewinnermittlung AO 64 3
- regionale Untergliederungen AO 64 2
- Schätzung des Überschusses AO 64 3
- Umsatzsteuer AO 64 3
- Werbemaßnahmen AO 64 2

Wirtschaftlicher Halbreingewinn
- Definition bei Handelsbetrieben Anh 7 9

Wirtschaftlicher Reingewinn
- Definition Anh 7 10

Wirtschaftlicher Rohgewinn
- Definition Anh 7 7
- Formel zur Ermittlung Anh 7 7

Wirtschaftlicher Umsatz
- Definition Anh 7 2
- Formel zur Ermittlung Anh 7 3

Wirtschaftlicher Wareneinsatz
- Begriff Anh 7 5
- Formel zur Ermittlung Anh 7 5

Wirtschaftliches Eigentum
- formunwirksamer Kaufvertrag AO 39 4
- Investitionszulage AO 39 7
- Option auf Aktienerwerb AO 39 8
- Rückgängigmachung des
  Rechtsgeschäfts AO 39 5
- Treuhandvereinbarung AO 39 3

Wirtschaftsgut
- Zurechnung, anteilige AO 39 1

Wirtschaftsprüfer
- Berufspflichten Anh 2 1
- Mitteilungen über Pflichtverletzung Anh 2 1
- Verfahren in eigener Sache,
  Kostenerstattung FGO 139 1

Wirtschaftsstraftat
- Steuergeheimnis AO 30 9

Wohlfahrtspflege
- gesellige Veranstaltung AO 66 1
- häusliche Pflegeleistungen AO 66 1
- Krankentransport AO 66 1
- Mensa- und Cafeteria-Betrieb AO 66 1
- Zweckbetrieb AO 66 1

Wohnsitz Vor 8 1
- Aufenthalt, unregelmäßig AO 8 6
- Ausland AO 8 1
- Ehegatten AO 8 1
- Geburt im Ausland AO 8 10
- kein Vorrang eines ausländischen
  Wohnsitzes AO 8 5
- Kinder im Ausland AO 8 3 f.
- mehrere AO 8 2
- Melderegister AO 8 1
- Mittelpunkt der Lebensinteressen AO 8 5
- regelmäßige Nutzung AO 8 7
- Studium im Ausland AO 8 9
- vollständig eingerichtete Wohnung AO 8 5

Wohnsitz, inländischer
- Unterbrechung AO 8 1
- Voraussetzungen der Beibehaltung AO 8 1

Wohnungsbauprämie
- Anwendung der
  Kleinbetragsverordnung AO 156 1

Z

Zahlung
- Verzögerung bei der Einziehung AO 22 1
- Zeitpunkt bei Überweisung AO 224 5

Zahlungsanspruch
- Entscheidung über Streitigkeiten AO 218 1

Zahlungsaufforderung
- Entscheidung über Streitigkeiten AO 218 1
- Haftungsbescheide AO 219 1

Zahlungsverjährung
- Anrechnungsverfügung AO 232 4
- Unterbrechung durch Anfrage nach eidesstattlicher Versicherung AO 231 5
- Unterbrechung durch Aussetzung der
  Vollziehung AO 231 6
- Unterbrechung durch
  Wohnsitzanfrage AO 231 4
- Unterbrechungswirkung AO 231 9
- Wirkung, Säumniszuschläge AO 232 3

Zebragesellschaft
- gesonderte Feststellung, Umqualifizierung der
  Einkünfte AO 180 25

Zeichnungsrecht
- Wirksamkeit der Überschreitung AO 118 3

Zentralzuständigkeit
- Zuständigkeitsvereinbarung AO 21 2

Zerlegung
- Änderung AO 189 1 f.
- Akteneinsichtsrecht der Gemeinde AO 187 1
- Festsetzungsverjährung, Änderung ~ AO 189 3
- Gewerbesteuer, Änderung AO 185 1; AO 189 1
- Gewerbesteuer-Messbescheid,
  Änderung AO 189 5

Stichwortverzeichnis

Zerlegungsbescheid
- Mitteilung der Steuermessbeträge AO 188 1

Zerlegungssperre
- Antrag des Steuerpflichtigen AO 189 4

Zerlegungsverfahren
- Bekanntgabe AO 129 2

Zeugen
- Ordnungsgeld gegen nicht erschienenen ~ FGO 82 7

Zeugen, Sachverständige
- Entschädigung Anh 14
- Entschädigung, besondere Anh 14 2
- Vorschuss Anh 14 3
- Zeitaufwand Anh 14

Zeugnisverweigerung
- Rechtsbehelf FGO 82 1

Zeugnisverweigerungsrecht
- Gefahr strafrechtlicher Verfolgung AO 103 1
- geschiedener Ehegatte AO 101 3

Zielsetzung
- Vollverzinsung AO 233a 9

Zinsberechnung
- Stundungszinsen AO 234 5
- Vollverzinsung AO 233a 4

Zinsen
- Abrundung des zu verzinsenden Betrags AO 238 1
- Anwendungsregelung, EGAO Anh 1 5
- verzögerte Bearbeitung einer Steuererklärung AO 233a 9

Zinsfestsetzung
- Angabe unrichtiger Rechtsgrundlage AO 239 2

Zinslauf
- Ende AO 233a 3
- Hinterziehungszinsen AO 235 4
- Stundungszinsen AO 234 3
- Vollverzinsung AO 233a 3

Zinslaufbeginn
- Hinterziehungszinsen AO 235 4

Zinslaufende
- Hinterziehungszinsen AO 235 4

Zinsmonat
- Vollverzinsung, voller ~ AO 233a 3

Zinsschuldner
- Hinterziehungszinsen AO 235 3
- Steuerhinterziehung AO 235 8

Zinsvorteil
- Verspätungszuschlag AO 152 7

Zivilprozessordnung (ZPO) Anh 2

Zollfahndung AO 208 1

Zollverwaltungsgesetz (ZollVG)
- Auszug Anh 16 1

Zulässigkeit
- Klage FGO 40 5

Zulage
- Anwendung der AO AO 1 1
- Hinterziehungszinsen AO 235 2

Zurechnung
- Wirtschaftsgut AO 39 1

Zurückverweisung
- Wirkung FGO 126 3

Zusage
- korrekte Darlegung des Sachverhalts AO 4 5
- Rechtsfolgen aus Auskunft AO 204 2
- Unterschrift durch unzuständigen Amtsträger AO 204 3
- Vorbehalt AO 204 2

Zusage, verbindliche
- Bindungswirkung AO 206 1
- Form AO 205 1
- Widerruf AO 207 1
- Widerruf, ausdrücklicher AO 207 2

Zusammenveranlagung
- Hinzuziehung AO 360 1
- unterschiedliche Steuerfestsetzungen gegenüber den Gesamtschuldnern AO 44 4

Zuschätzung
- Anwendung AO 158 1

Zuschlagskalkulation
- Definition Anh 7 23

Zuständigkeit
- Überleitungsregelung aus Anlass der deutschen Einheit Anh 1 10
- Wechsel, Zeitpunkt der Änderung der ~ AO 26 5

Zuständigkeit, mehrfache örtliche
- Ehegatten AO 25 2
- Verletzung von Vorschriften AO 17 1

Zuständigkeit, örtliche
- ausländische Körperschaften, Personenvereinigungen, Vermögensmassen AO 20 1
- Haftungsbescheid gegen Geschäftsführer einer GmbH AO 20 2
- Maßnahme bei nicht einwandfreier Klärung AO 24 1
- natürliche Personen AO 19 2

Zuständigkeit, sachliche
- gesonderte Feststellung AO 18 1
- Rücknahme eines Verwaltungsaktes AO 16 1

Zuständigkeitsvereinbarung
- Bauleistungen AO 20a 2
- Form AO 27 1
- unterschiedliche Zuständigkeit für Ertragsteuern und Umsatzsteuer AO 27 1
- zentrale Zuständigkeit AO 20a 2

Zuständigkeitswechsel
- Auswirkung auf Rechtsbehelfsverfahren AO 26 2

Stichwortverzeichnis

- Behandlung durch die Finanzbehörden **AO 26** 1
- Beteiligtenwechsel im Revisionsverfahren **FGO 57** 2
- Fortführung des Verfahrens **AO 26** 4
- Insolvenz **AO 26** 3
- Kenntnis der Finanzbehörden **AO 26** 1
- Liquidation **AO 26** 3
- Verfahrensfortführung **AO 26** 1

Zustellung
- Aufbewahrung des Zustellungsvermerks **FGO 53** 17
- Bekanntgabe **AO 122** 8
- Besonderheiten bei der Bekanntgabe **AO 122** 25
- Bewirkung **FGO 53** 12
- Bezeichnung des Schriftstücks **FGO 53** 13
- Datumsvermerke, abweichende **FGO 53** 7
- Deutsche Post AG **FGO 53** 9
- Einlegung in eine frei zugängliche Mailbox **FGO 53** 16
- Empfangsbekenntnis **FGO 53** 12
- Fehlen des Datums auf Empfangsbekenntnis **FGO 53** 6
- Feststellungsbescheid, Hinweis auf den Gegenstand der Feststellung **AO 122** 42
- Gebrechlichkeitspflegschaft **FGO 58** 3
- Heilung **AO 122** 38
- kein Begründungszwang **AO 121** 5
- Ladung zur mündlichen Verhandlung **FGO 53** 8
- Steuernummer als Geschäftsnummer **FGO 53** 1
- unbekannter Aufenthalt des Prozessbevollmächtigten **FGO 53** 3
- Verstoß gegen Zustellungsvorschriften **FGO 53** 14
- wirksame ~ bei Niederlegung bei der Postanstalt **FGO 53** 2

Zuteilungsverfahren
- Unterschied zum Zerlegungsverfahren **AO 190** 1

Zuwendung
- wirtschaftlicher Vorteil **AO 55** 7

Zuwendungsgrenze
- Stiftung **AO 58** 1

Zwangsgeld
- Adressierung des Verwaltungsaktes **AO 328** 1
- Androhung **AO 328** 1
- Bekanntgabe des Verwaltungsaktes **AO 328** 1
- Beschwerde gegen die Androhung **AO 328** 1
- Beschwerde gegen die Festsetzung **AO 328** 1
- Festsetzung **AO 328** 1
- Höhe **AO 328** 1

Zwangsgeldandrohung
- Angehörige der steuerberatenden Berufe **AO 328** 1

- Beendigung des Verfahrens **AO 328** 1
- Begründung **AO 328** 1
- Bestimmtheit **AO 328** 1
- Fristbestimmung **AO 328** 1
- Hinweis auf Möglichkeit der Ersatzzwangshaft **AO 328** 1
- juristische Person **AO 328** 1
- wiederholte ~ **AO 328** 1

Zwangsmittel
- Anwendung **AO 328** 1
- Anwendungsbereich **AO 328** 1

Zwangsverfahren
- Beendigung **AO 328** 1

Zwangsversteigerung
- Antrag als Verwaltungsakt **AO 118** 5
- Aussetzung der Vollziehung **FGO 69** 10

Zwangsverwaltung
- Bekanntgabe von Steuerverwaltungsakt **AO 122** 19

Zwangsvollstreckung
- Einstellung, Ablehnung **AO 258** 1
- Unbilligkeit **AO 258** 5

Zweck, gemeinnütziger
- Abgrenzung von politischen Zwecken **AO 52** 1
- Berufssport **AO 52** 1
- Modellflugverein **AO 52** 1

Zweck, kirchlicher
- Verwaltung des Kirchenvermögens, Vermietung und Verpachtung von Grundbesitz **AO 53** 2
- Vorliegen **AO 54** 1

Zweck, mildtätiger
- Begriff **AO 53** 1
- Wohnungsvermietung **AO 53** 2

Zweckbetrieb **AO 68** 1
- drittschützende Norm **AO 65** 7
- Eislaufverein **AO 65** 3
- Freigrenze **AO 68** 1
- Konkurrentenklage **AO 65** 7
- Krankenhaus, Überlassung medizinischer Großgerätes und Personal **AO 65** 6
- Pferde, Einstellen und Betreuen **AO 65** 5
- Wettbewerb **AO 65** 3
- Wettbewerbswirkung; Vorrang § 68 AO vor § 65 AO **AO 68** 5

Zweigniederlassung
- Vermutung der Betriebstätte **AO 12** 2

Zwischenstaatliche Vollstreckungshilfe **Anh 9** 1